明治大正人物事典

I

政治・軍事・産業篇

日外アソシエーツ

A Biographical Dictionary of Japanese in the Meiji-Taisho era

I Politicians, Officers, Business Leaders

Compiled by
Nichigai Associates, Inc.

©2011 by Nichigai Associates, Inc.
Printed in Japan

> 本書はデジタルデータでご利用いただくことができます。詳細はお問い合わせください。

●編集スタッフ●河原 努／熊木 ゆかり／森岡 浩／久保庭 光代／矢野 由喜子／松村 愛
装 丁：赤田 麻衣子

刊行にあたって

　日本人男性の平均寿命はおよそ80歳といわれる。時代が大きく変化した明治元年を人間の0歳と考えると、明治を生きて大正時代が始まった時は45歳、昭和に入ったのは還暦を迎えた60歳、太平洋戦争に敗れた昭和20年は80歳となり、日本の近代はちょうど一人の人間の一生と同じようにみえる。いってみれば、明治期前半は学業を終え国内の諸制度が整った20代、明治後期は日露戦争で世界の強大国を破るという一つの大きな仕事を成し遂げた40代前後、大正期は国際連盟の常任理事国となって世界の五大国に認められるに至り、功成り名遂げた50代といえよう。

　近年、平安期や戦国期、幕末期については労作といえる新たな人物事典が出版されているが、司馬遼太郎の小説『坂の上の雲』がテレビドラマ化されるなど、昨今ふたたび脚光を浴びている明治時代も、今年改元から数えて100年目にあたり、大正デモクラシーに代表されるような大きな変革のあった大正時代も、意外なことに、まとまった総合人物事典がほとんどない時代といえる。

　本書は、明治・大正期に活躍した人物を、政治を中心とした「政治・軍事・産業」と文化を中心とした「文学・芸術・学術」に分けて掲載した、2分冊の「明治大正人物事典」である。一般的に人物事典類では近代以降は収録対象者が膨大になるため、非常に著名な人物のみに絞って収録するか、特定のジャンルに絞ったものになりがちである。本書は各巻とも約5,000人、合わせると約1万人を収録し、従来の事典では拾いきれなかった多くの人物を取り上げている。

　類書に、大正15年末までに亡くなった人物という収録基準の下、新聞の訃報記事を中心とした有名無名が入り交じった人々の集積である『明治過去帳』『大正過去帳』という偉大な先達があるが、本書は"活躍"を基準に選定した総合人物事典であり、明治・大正期を超えて足跡を記した人物も多く収録している。政治家でいえば、西園寺公望、犬養毅、

若槻礼次郎、文学者でいえば、島崎藤村、永井荷風、志賀直哉といった人たちで、この点において先行の2冊とは趣を異にする。

　また、弊社の『20世紀日本人名事典』(2004.7刊, 約3万人収録)と収録範囲が重なる人物もいるが、多くの人物について、7年の間に記述の増補・改訂が行われていることも付言しておく。

　編集にあたっては、遺漏のないよう、また内容に正確を期すよう努めたが、不十分な点もあるかと思われる。お気づきの点はご教示いただければ幸いである。明治・大正期の人物を調べる上での基本図書として、広く使って頂くことを期待し、行間から激動の時代を生きた人々の生き様を感じて頂けたらと思う。

　2011年5月

　　　　　　　　　　　　　　　　　　　　　　　　　日外アソシエーツ

目 次

凡 例 …………………………………………………… (6)

明治大正人物事典　Ⅰ　政治・軍事・産業篇

本 文 …………………………………………………… 3

分野別索引 …………………………………………… 683

凡　例

1．本書の内容
　1）本書は、明治・大正期に活躍した人物を掲載した、「明治大正人物事典」（2分冊）の第1分冊「Ⅰ　政治・軍事・産業篇」である。本書では皇族、政治家、官僚、法曹人、軍人、社会運動家、実業家、宗教家、社会事業家など5,345人を掲載している。
　2）記述内容は明治・大正期を中心としているが、幕末や昭和期にも活躍した人物についてはその時期の経歴にもふれている。また、肩書についても原則明治・大正期のものを採用しているため、たとえば昭和期以降の首相経験者（浜口雄幸、犬養毅、鈴木貫太郎ら）の肩書に「首相」は採用していない。

2．人名見出し
　1）見出しには、一般的な名前を採用した。使用漢字は原則常用漢字、新字体に統一した。
　2）姓・名それぞれの読みの五十音順に配列した。

3．記載事項
　　　記載事項およびその順序は以下の通り。
　　　職業・肩書・人物トピック／生没年月日／国籍／出生地／出身地／本名・旧姓名・別名など／屋号／専門分野／学歴・学位／資格／経歴／家族・親族／勲章褒章／受賞

　1）生没年月日の元号は、その人物が生まれた年のものを採用したが、改暦があった年で人物の誕生日が未詳の場合は、新しい元号を採用した。
　2）出生・出身地は、原則として当時の地名を採用し、現在の地名を補記した。

3）学歴は、卒業時の校名を採用した。
4）経歴中の年次は、日本人は和暦、外国人は西暦を採用した。

4．分野別索引
　　収録人物が活動した分野名のもとに、その見出し人名（及び該当頁）を示した。活動分野の一覧は、中扉の裏に記載した。

明治大正人物事典

I 政治・軍事・産業篇

【あ】

相生 由太郎　あいおい・よしたろう
大連商工会議所会頭
慶応3年(1867)4月28日～昭和5年(1930)1月3日
生 筑前国福岡(福岡県福岡市)　学 東京高商〔明治29年〕卒　歴 日本郵船、三井鉱山を経て、三井物産に入社。明治40年南満州鉄道(満鉄)に転じ、42年大連に福昌公司(埠頭荷役業)を設立。他に、土木建築、貸家、保険代理、石炭採堀等、数々の事業を展開。大正5年大連商工会議所会頭に就任、9年間つとめた。

愛甲 兼達　あいこう・かねさと
十五銀行頭取
文久2年(1862)11月～昭和3年(1928)10月17日
生 薩摩国(鹿児島県)　名 旧姓・旧名=津田　歴 薩摩藩士・津田伝助の長男に生まれ、のち愛甲氏を嗣ぐ。浪速銀行、勤検貯蓄銀行(現・鹿児島銀行)、南島拓殖製糖の取締役を兼任、十五銀行常務を経て、のち頭取となる。ほかに鹿児島電気軌道(現・鹿児島市営電車)、太洋商船、大隅鉄道、日本水電(現・九州電力)などの取締役を務めた。

愛沢 寧堅　あいざわ・やすかた
衆院議員(無所属)
嘉永2年(1849)7月15日～昭和4年(1929)3月4日
出 陸奥国標葉郡(福島県)　名 号=葵山　歴 明治15年福島県会を無視した県令三島通庸の暴政に反対し、県会議長河野広中らと、国事犯に問われて投獄された(福島事件)。22年憲法発布特赦で出獄、以後福島県から衆院議員に5回当選。31年第一次大隈内閣の時、対華二十一ヶ条要求交渉失敗を糾弾する国民外交同盟会の運動に参加した。

相島 勘次郎　あいじま・かんじろう
俳人　衆院議員(立憲国民党)
慶応3年(1867)12月19日～昭和10年(1935)4月4日
生 茨城県筑波郡小田村(つくば市)　名 別号=相島虚吼　歴 明治23年大阪毎日新聞社に入社し、編集主任、副主幹、顧問などを勤め、後衆院議員となり、憲政擁護、閥族打破を標榜した。27年正岡子規を知って俳句をはじめ新聞「日本」に投句し、のちに「ホトトギス」に参加。句集として「虚吼句集」「相島虚吼句集」がある。

会津小鉄　あいずのこてつ
侠客
弘化2年(1845)～明治18年(1885)3月19日
名 本名=上坂仙吉、幼名=鉄三郎、鉄五郎　歴 文久2年(1862年)陸奥会津藩主松平容保が京都守護職の際、会津藩中間部屋の部屋頭として人夫徴集や雑用の請負を行う。のち一家を構えて、京坂周辺に多くの子分を持つやくざの親分となり、維新後も人夫頭として勢力を持った。明治16年博徒狩りで捕えられた際は城砦のような賭場を構えており、翌年の出獄には7500人の子分が集まったといわれる。

相浦 紀道　あいのうら・のりみち
海軍中将　貴院議員　男爵
天保12年(1841)6月23日～明治44年(1911)4月1日
生 肥前国佐賀(佐賀県佐賀市)　名 通称=忠一郎　歴 肥前佐賀藩士の長男。藩の三重津海軍所に入り、藩の軍艦・延年丸の副長として戊辰戦争に参戦。箱館征討軍艦長となり功を立てた。明治4年海軍大尉となり、12年筑波艦長として北米西岸、ハワイ遠洋航海に参加。25～30年常備艦隊司令長官と佐世保鎮守府司令長官を各2回務め、27年連合艦隊が新編されると西海艦隊司令長官を兼ねて旅順口根拠地隊司令長官に任命された。28年海軍中将に昇進し、日清戦争の功により男爵となる。同年と32年に横須賀鎮守府司令長官を務めた。明治建軍の功績者で呉・佐世保鎮守府の計画・立案および建設に貢献した。また1回の座礁もなく運用術の権威といわれた。37年から貴院議員。　家 弟=相浦多三郎(陸軍少将)

相原 宇太郎　あいはら・うたろう
松山名物 "坊っちゃん団子"の生みの親
明治20年(1887)～昭和8年(1933)
生 愛媛県温泉郡古三津村(松山市)　出 愛媛県温泉郡古三津村に生まれ、19歳の時に松山の松ヶ枝町大門前の茶店 "茶屋又"(現・つぼや菓子舗)に婿入りする。以来、朝早くから働いて一間間口もない茶店を一代で純粋な菓子屋に育て上げた。同店は夏目漱石の小説「坊っちゃん」に登場する評判の団子屋のモデルとして知られ、大正10年それまで "湯ざらし団子" として出していた米もちに餡をまぶしただけの団子を、餡を抹茶、黄身、小豆の3種類にして食べやすいように串に刺し、名前も "坊っちゃん" にあやかって "坊っちゃん団子" と命名。戦後、松山の名物として知られるようになり、今日では松山市内の半数を超える菓子店が製造するまでになった。

相原 四郎　あいはら・しろう
海軍大尉
明治12年(1879)10月2日～大正10年(1921)1月8日　生 愛媛県温泉郡高井村(松山市)　学 海兵卒、海大選科卒　歴 松山中学・攻玉社中学を経て、明治31年海軍兵学校に入学。卒業後、37年海軍中尉として日露戦争の日本海海戦に従軍し、39年には大尉に進んだ。41年航空術研究員として海軍大学校選科に進学。42年には東京・不忍池で行われた竹骨複葉式グライダーの滑空試験に参加。フランス人技師ル・プリウルの操縦による試験機に搭乗し、高度36メートル・飛距離110メートルの滑空

飛行に成功した。これが我が国初のグライダーによる滑空飛行であった。大正9年ドイツに渡るが、10年1月搭乗した飛行機の墜落事故がもとで急性腹膜炎にかかり死去。日本初の航空事故犠牲者となった。

相原 文四郎　あいはら・ぶんしろう
海軍主計少将
明治3年(1870)12月23日～大正15年(1926)9月9日　生山梨県中巨摩郡稲積村(甲府市)　歴明治27年海軍主計候補生の試験に合格し、28年海軍に入り、日清戦争、北清事変、日露戦争に従軍した。33年磐手回航委員を命じられ英国に出張。大正8年海軍主計総監、10年佐世保鎮守府付となり、12年予備役に編入された。

青江 秀　あおえ・ひで
北海道庁理事官
天保5年(1834)1月3日～明治23年(1890)8月27日　生阿波国那賀郡西方村(徳島県阿南市)　歴明治4年大蔵省紙幣寮に出仕し、翌5年に紙幣権大属、6年に太政官紙幣助を歴任。8年「あけぼの新聞」の創刊に関係。のち鹿児島県や内務省などに勤務したのを経て、16年海軍省軍務局に入り、海軍歴史編纂掛に任ぜられて修史事業に従事した。19年北海道庁理事官に就任し、同年に非職となった。

青蔭 雪鴻　あおかげ・せっこう
僧侶　曹洞宗管長　永平寺62世貫首
天保3年(1832)1月8日～明治18年(1885)8月10日　生越前国府中(福井県越前市)　名俗姓＝薄父　歴幼い頃、美濃国大垣の全昌寺住職・無底和尚の下で得度し、天保14年(1844年)師の没後は兄弟子の鴻雪爪に師事。雪爪と越前国福井の孝顕寺に移り、慶応3年(1867年)同寺住職となった。明治4年永平寺監院。廃仏毀釈で荒廃した同寺の復興に尽力し、16年宗門初の貫首選挙で永平寺62世貫首に選ばれた。17年曹洞宗管長に就任。歴代貫首第一の能筆家といわれる。

青木 角蔵　あおき・かくぞう
生糸商人
天保7年(1836)～明治34年(1901)1月7日　出東京府南多摩郡百草村(東京都多摩市)　歴横浜の生糸商人。明治19年郷里の東京府南多摩郡百草村の松連(蓮)寺廃寺跡を買収し、20年百草園として公開。梅の名所として知られる。

青木 周蔵　あおき・しゅうぞう
外相　駐米大使　貴院議員(勅選)　子爵
天保15年(1844)1月15日～大正3年(1914)2月16日　生長門国(山口県)　名旧姓・旧名＝三浦、号＝琴城　歴蘭方医・三浦玄仲の次男に生まれ、のち長州藩医・青木研蔵の養子となる。洋学・医学を修め、明治元年長州藩費でドイツ留学、政治・法律を学んだ。6年外務省に入り、外務一等書記官心得、7年ドイツ公使館に勤務、外務一等書記官、以後駐独特命全権公使、駐オーストリア、駐オランダ公使兼任。13年再び駐独公使、駐オーストリア、駐デンマーク公使兼任。19年井上馨外相の外務次官、子爵、22年枢密顧問官、次いで山県内閣、松方内閣の外相、25年駐独公使兼駐ベルギー公使。27年駐英公使となり、陸奥宗光外相に協力、日英通商航海条約改正に調印した。この間、23～30年貴院議員。31年第二次山県内閣外相、32年枢密顧問官、39年駐米大使、41年3度目の枢密顧問官を歴任。著書に「青木周蔵自伝」がある。　家孫＝青木盛夫(外交官)

青木 庄蔵　あおき・しょうぞう
社会事業家　日本禁酒同盟委員長
文久3年(1863)～昭和22年(1947)
生大和国(奈良県)　歴20歳の時に大阪で酒の醸造・小売業をはじめるが、失敗。その困窮のさなかにキリスト教の存在を知り、信仰生活に入った。明治41年社会事業家・八浜徳三郎らとはかり、大阪に日本初の職業紹介所を開く。のち、社会改良のためには禁酒運動が必要であることを痛感し、日本禁酒同盟を結成して委員長に就任。東京に活動の拠点を移し、22年には私財10万円をもとに青木匡済財団を設立し、禁酒運動の宣揚・機関誌の発行に努めた。

青木 正太郎　あおき・しょうたろう
武相銀行頭取　衆院議員(自由党)
嘉永7年(1854)3月18日～昭和7年(1932)7月20日　生武蔵国西多摩郡堺村相原(東京都町田市)　歴剣道、漢学、洋学を修め、自由党に属して自由民権運動に挺身。堺村議、明治14年神奈川県議を経て、31年衆院議員に当選、2期務めた。以後は実業界で活躍し、武相銀行頭取、江之島電鉄社長、京浜電鉄社長、東京米穀取引所監査役などを歴任した。　家女婿＝青木昌吉(ドイツ文学者)

青木 甚九郎　あおき・じんくろう
東行社社長
文政4年(1821)～明治29年(1896)10月11日　生信濃国水内郡牟礼村(長野県上水内郡飯綱町)　名本名＝山岸　歴16歳の時に青木家の養子となる。明治6年長野県須坂に設立された生糸改良会社の副社長に就任。7年水車動力による器械製糸を導入し、品質の向上に努めた。同年仲間とともに製糸結社・東行社を創立、12年社長となる。20年には絹質向上のための水道を敷設するなど、製糸業の発展に尽くした。

青木 大三郎　あおき・だいざぶろう
実業家
安政6年(1859)7月10日～大正13年(1924)9月13日　生遠江国(静岡県)　学帝国大学工科大学〔明治17年〕卒　歴遠州掛川藩士・青木貞長の長男に生まれる。明治17年逓信省に入省、21年技師となり仙台電信建築課長、広島郵便課長、京都郵便電信局長、横浜郵便電信局長などを歴任。日清戦争

では大本営付。34年欧米へ派遣され帰国後、大阪郵便局長に就任。38年退職して実業界に入り、東京電力（のち東京電灯に吸収合併される）、日本漁業の設立に関わる。のち東信電気取締役として活躍した。

青木 貞三　あおき・ていぞう
内閣官報局長「信陽日報」創始者
安政5年（1858）～明治22年（1889）2月6日
生信濃国松本（長野県松本市）　名旧姓・旧名＝竹内　学筑摩県師範講習所卒　歴明治8年儒者・青木錦村の養子となる。師範学校卒業後、伊那小学校に赴任。のち上京して東京攻玉社に入り英語を学び、松本万年について漢学も修めた。錦村の遺志を継いで、東京・湯島天神で克己塾を主宰。16年太政官少書紀官を経て、18年内閣官報局長となるが、同年東京米商会所頭取に推されて実業界に転じる。また、「商業電報」や「信陽日報」の経営に当たり、甲信鉄道建設にも尽力した。　家養父＝青木錦村（儒者）

青木 宣純　あおき・のりずみ
陸軍中将
安政6年（1859）5月19日～大正13年（1924）12月12日　生日向国佐土原（宮崎県宮崎市）　名幼名＝平太郎（第3期）［明治12年］卒　歴日向佐土原藩士の長男。明治12年陸軍砲兵少尉に任官。17～20年中国に派遣され中国語を修得。24～26年ベルギーへ留学。日清戦争では第一軍参謀として出征。33年北清事変に際しては天津民政長官を務めた。陸軍を代表する中国通として知られ、日露戦争前夜の36年清国公使館付武官として赴任、謀略・諜略活動に従事。馬賊を使って後方攪乱などを行って側面から軍事行動を支援し日露戦争勝利に貢献、"謀略将軍"と呼ばれた。大正2年中将に昇進、旅順要塞司令官。8年予備役に編入。この間、6年袁世凱政府の軍事顧問、12年中華民国大総統・黎元洪の軍事顧問となり、日中親善に尽くした。　家女婿＝磯谷廉介（陸軍中将）

青木 八右衛門　あおき・はちえもん
実業家
嘉永2年（1849）1月20日～大正2年（1913）
生近江国（滋賀県）　歴明治26年から外国向け刺繍製品の開発に着手、彦根刺繍として完成させ、販路を海外に拡大。38年彦根工芸学校を創立、39年愛知川に分校をおいた。

青地 雄太郎　あおち・ゆうたろう
衆院議員（立憲国民党）
慶応1年（1865）5月～大正15年（1926）12月24日
生静岡県　学東京専門学校政治経済科［明治19年］卒　歴志太郡議、徴兵参事員、所得税調査委員などを務め、明治35年衆院議員に当選。以来4選される。後に、青島実業銀行頭取、早稲田大学評議員となった。

青山 謹之助　あおやま・ごんのすけ
殖産家
嘉永5年（1852）2月14日～大正12年（1923）5月18日　生常陸国（茨城県）　歴トマトの栽培とソースへの加工に成功し、郷里の茨城県ではじめてトマトソース製造を軌道にのせた。明治40年朝日村（阿見町）に大日本トマトソース製造組合を組織。村長も務めた。

青山 秀泰　あおやま・しゅうたい
僧侶（真言宗）仏教の米国布教に取り組む
明治8年（1875）～昭和9年（1934）
生富山県婦負郡古里村（富山市）　歴6歳の時に各願寺に入り、高野山で修行を積む。明治42年本山より米国での布教を命じられ渡米。日本移民と同じ境遇を経験しようと僧侶の身分を隠して農園や鉄道会社などで働いた。大正元年米国の篤志家の支援を受けてロサンゼルスに大師教会（現・高野山米国別院）を設立した。10年帰国。

青山 忠誠　あおやま・ただしげ
陸軍歩兵中尉　子爵
安政6年（1859）2月15日～明治20年（1887）7月26日　生江戸　出丹波国篠山（兵庫県篠山市）　名号＝環峰　学陸士［明治13年］卒　歴丹波篠山藩主・青山忠良の五男。明治5年吉野金陵の塾に入門、6年家督を継ぐ。7年陸軍幼年学校に入り、13年陸軍少尉に任官。17年子爵。18年近衛歩兵第一連隊小隊長となったが、20年病死した。この間、旧藩士の救済に努める一方、私財を投じて鳳鳴義塾（現・篠山鳳鳴高）を創立した。　家父＝青山忠良（丹波篠山藩主）、兄＝青山忠敏（丹波篠山藩主）

青山 貞　あおやま・ただす
元老院議官　男爵
文政9年（1826）9月3日～明治31年（1898）10月22日　生越前国（福井県）　名小三郎　歴越前福井藩士の長男。明治政府では内国事務局判事、京都府判事、会計官判事、岩鼻県知事、群馬県権知事、司法大丞などを歴任。明治12年退官したが、17年元老院議官として復帰。19年秋田県知事、22年元老院議官、23年貴院議員。　家長男＝青山元（貴院議員）、甥＝岡田啓介（首相・海軍大将）　勲勲二等瑞宝章

青山 元　あおやま・はじめ
貴院議員　男爵
安政4年（1857）8月3日～大正7年（1918）10月4日
生江戸　学駒場農学校農業本科［明治13年］卒　歴越前福井藩士・青山貞の長男に生まれる。明治19年農商務省に入り、25年同省技師となり、農事試験場技師、同徳島支場長、西ケ原蚕業試験場試験監督、牧場監督官などを歴任。この間、内国勧業博覧会事務官・審査官などで海外視察のため欧州に赴いた。31年家督を相続し、男爵となる。辞官の後、37年から貴院議員。　家父＝青山貞（秋田県知事）

青山 朗　あおやま・ほがら
陸軍少将 衆院議員(政友会) 名古屋市長

嘉永1年(1848)6月29日〜明治45年(1912)7月25日　出愛知県　歴陸軍軍人として佐賀の乱、西南戦争に従軍。同年陸軍少将となり予備役に編入。同年衆院議員に当選、1期。34年には名古屋市長も務めた。

青山 幸宜　あおやま・ゆきよし
貴院議員 子爵

嘉永7年(1854)11月20日〜昭和5年(1930)2月6日　出美濃国(岐阜県)　名幼名=峰之助　歴美濃八幡藩主青山家6代目・青山幸哉の二男に生まれ、文久3年(1863年)7代目藩主となる。東京築地の明治協撲、芝愛宕下の勧学義塾で英学を修める。明治元年大膳亮、のち郡上藩知事、大講義、権少教正を歴任し、17年子爵。帝国電気工業会長、玉川電気鉄道取締役、十五銀行取締役、日本印刷社長、東洋女子歯科医学専門学校校長、岩倉鉄道学校理事などのほか、赤坂区議も務めた。23年〜大正14年貴院議員。

赤井 景韶　あかい・かげあき
自由民権運動家

安政6年(1859)9月25日〜明治18年(1885)7月27日　出越後国高田(新潟県上越市)　歴高田藩士の子。明治10年西南戦争の際、徴募巡査を出願して新撰旅団に入団、のち神奈川県巡査となる。免職後貸席雇い、馬車夫などを経て、14年郷里で代言人(弁護士)を開業。頸城自由党結成と同時に入党し、16年の高田事件では内乱陰謀の罪で重懲役9年の刑。翌17年石川島監獄を脱獄するが、のち捕えられ、逃走中の殺人罪によって死刑に処せられた。

赤池 濃　あかいけ・あつし
警視総監 貴院議員(勅選)

明治12年(1879)1月〜昭和20年(1945)9月10日　生長野県埴科郡南条村(坂城町)　学東京帝国大学法科大学〔明治35年〕卒　歴大正7年静岡県知事となり、朝鮮総督府内務局長、内務省拓務局長を歴任。11年警視総監に就任。12年より勅選貴院議員を務めた。

赤石 行三　あかいし・こうぞう
弘前市長

天保1年(1830)〜明治29年(1896)9月5日　生陸奥国弘前(青森県弘前市)　名初名=赤石礼次郎　歴陸奥弘前藩士・土岐渡人貞行の二男。嘉永5年(1852年)水戸で母の仇を討ったのち自害した赤石愛太郎の名跡を継ぎ、安政2年(1855年)表書院番に取立てられた。慶応3年(1867年)京都留守居役として激動期の藩務にあたり、明治2年監察使として軍事鎮定慰労金を受ける。13年青森県議に当選、15年副議長を務めた。のち第五十九銀行取締役となり、24年弘前市長に就任したが、在任中に死去。

赤川 敬三　あかがわ・けいぞう
秋田県令 生田神社宮司

天保14年(1843)10月〜大正10年(1921)1月20日　生長門国(山口県)　歴長州藩医・赤川玄悦の長男。元治元年(1864年)下関戦争では膺懲隊を率いた。明治13年福岡県大書記官、15年青森県大書記官、16年内務省戸籍局長心得、同年〜19年秋田県令。21年東京府の小笠原島司となり、23年免官。35年西宮の広田神社宮司、40年神戸の生田神社宮司となった。　家父=赤川玄悦(長州藩医)

赤木 日正　あかぎ・にっしょう
僧侶 日蓮宗不受不施派管長

文政12年(1829)11月7日〜明治41年(1908)6月22日　生備前国津高郡九谷村(岡山県岡山市)　名本名=赤木亀次郎, 別名=釈日正, 字=楽山, 智誠, 号=宣妙院, 四十八公道人　歴天保8年(1836年)8歳で日蓮宗不受不施派不導師派の台山院日照の弟子となる。同派は当時江戸幕府によって禁じられていたため、たびたび弾圧を受け、日正も難を避けるため各地を転々とした。嘉永4年(1851年)摂津の本行寺で得度。のち導師派の高僧照光院日恵に師事し、6年師より智誠日正の名を賜った。江戸・大坂に遊学したのを経て、安政3年(1856年)備前国和気郡の大樹庵庵主となり、日蓮宗不受不施派の復興を目指して地下活動的な布教を開始。幕末期から維新後にかけてたびたび宗派の再興を嘆願し、新政府にも掛け合った結果、ついに明治9年派名と布教の公許を得た。その後、同派管長として岡山県津高郡金川村に妙覚寺を建立し、さかんに布教を行った。

赤座 弥太郎　あかざ・やたろう
官僚 教育者

文政13年(1830)11月30日〜明治35年(1902)5月1日　生豊後国岡(大分県竹田市)　名本名=赤座正直, 号=楽我, 再生　歴豊後岡藩士・小河一敏とともに藩内の尊王攘夷思想を鼓吹した。文久2年(1862年)薩摩藩の島津久光の上洛に乗じて脱藩。下関で薩摩藩士・西郷隆盛らと合流し、京都に赴いて国事に奔走するが、寺田屋事件に遭って帰郷した。慶応4年(1868年)九州鎮撫使・沢宣嘉の付添役を命じられ、長崎に出張。維新後は藩校・文武修道館知事兼塾頭となるが、岡に逃れてきた長州藩脱兵騒動の指揮者・大楽源太郎を匿ったかどで禁錮2年の刑を受けた。服役ののち官吏として大分県に出仕し、大分県属・別府警察署長・直入郡書記を歴任。晩年は官を退き、竹田中学で漢文を教えた。

赤阪 音七　あかさか・おとしち
赤阪鉄工所創業者

明治14年(1881)6月28日〜昭和28年(1953)8月17日　生兵庫県洲本町(洲本市)　名旧姓・旧名=沢　歴淡路島に旧家の四男として生まれる。父は資産を使い果たして製紙の下職を営んでおり、家業の手伝いや漁師を経て、11歳で大阪に出、石炭問屋

や材木商に奉公した。やがて鉄砲鍛冶の石川繁太に師事し、明治33年年期が明けると石川の実弟・石川源次郎と焼玉エンジンの製造に取り組むが失敗。鉄砲鍛冶や舞鶴での自転車の修理販売などを転々とし、36年舞鶴海軍工廠に入るも、38年独立を志して辞職。貸し自転車屋を営んだが借金がかさみ、40年夜逃げして上京。同年母の家を継ぎ、姓を沢から赤阪に改めた。同年池貝鉄工所に入社し、焼玉エンジン製作に成功。さっそく漁船・神社丸に据え付けられ、同船は我が国で初めて焼玉エンジンを装備した漁船となった。その後、静岡県焼津の漁業者組合が発動機船を次々と導入すると、43年より請われて焼津に腰を据えて、修繕事業に従事。大正元年独立して赤阪鉄工所を創業した。以後、船舶用内燃機関の開発・製造に力を注ぎ、同社興隆の基礎を築いた。 家長男＝赤阪正治(赤阪鉄工所社長)、孫＝赤阪全七(赤阪鉄工所社長)

赤沢 仁兵衛　あかざわ・にへえ
篤農家
天保8年(1837)10月10日〜大正9年(1920)3月6日 生武蔵国入間郡今福村(埼玉県川越市) 歴幕末より川越地方においてサツマイモ(川越芋)の栽培に取り組む。明治時代から川越芋の蔬菜・焼き芋用としての需要が増加するのに乗じて甘藷の増収法を研究。屑芋を種芋として使わない、うねを高くする、堆肥を多く与えるなどの赤沢式栽培法を確立し、これによって単位面積当たりの収量倍増を可能にした。明治43年「赤沢仁兵衛実験甘藷栽培法」を刊行、また講習会などを通じてその栽培法の公開・普及に努めた。

赤沢 元造　あかざわ・もとぞう
牧師 日本メソジスト教会監督
明治8年(1875)8月10日〜昭和11年(1936)5月12日 生岡山県赤磐郡周匝村(赤磐市) 学同志社中学部〔明治23年〕中退、テキサス州立大学(米国)卒、ヴァンダルヒルト大学神学部(米国)中退 歴同志社中学部在学中の明治22年に受洗。23年同校を病気退学したのち大阪の商業学校を卒業し、実業に従事した。28年酒販売のために渡ったハワイでメソジスト教会牧師・木原外七を知り、キリスト教への信仰を回復。カリフォルニア州サンノゼの太平洋神学校やテキサス州立大学などに学び、さらにヴァンダルヒルト大学神学部に入ったが、日本での伝道を志して中退した。帰国後、メソジスト派の牧師となり、堺・大阪東部・神戸中部などの各教会に勤務。また、大阪ランバス女学院長や日本メソジスト教会伝道局長も務め、昭和5年には同教会第4代監督に就任した。著書に「病間霊交録」、訳書にJ・ウェスリの「基督者の完全」がある。

赤司 鷹一郎　あかし・たかいちろう
文部次官
明治9年(1876)5月10日〜昭和8年(1933)11月7日 生肥前国(佐賀県) 学帝国大学法科大学〔明治30年〕卒 歴肥前佐賀藩士・赤司欽一の長男に生まれる。明治30年文部省に入省、参事官となる。のち行政法・教育制度の研究のためドイツ・フランスに留学。帰国後、維新史料編纂事務局長、普通学務局長を経て、文部次官を務める。大正13年退官し錦鶏間祗候となる。また文政審議会委員、大日本職業指導協会会長、安田修得会常務理事、東京植民貿易語学校長、東京保善商事同工業学校長、海外植民協会会長などを兼任した。

明石 元二郎　あかし・もとじろう
陸軍大将 台湾総督 男爵
元治1年(1864)8月1日〜大正8年(1919)10月26日 生筑前国(福岡県福岡市天神町) 学陸士(旧6期)〔明治16年〕卒、陸大〔明治22年〕卒 歴筑前福岡藩士・明石助九郎の二男。明治9年上京、安井息軒に漢学を学び、陸大卒業後の27年ドイツ留学。日清戦争に従軍、参謀本部員、フランス公使館付武官から35年ロシア公使館付武官。37年の日露開戦ではスウェーデンのストックホルムで、革命下のロシア内情の諜報活動に従い、欧州各地の過激派と接触、革命家に資金を提供するほか、ロシアの後方攪乱工作を展開した。ドイツ大使館付武官を経て、40年少将・韓国駐箚憲兵隊長となり、41年韓国駐箚軍参謀、43年同憲兵隊司令官、警務長官を兼務、韓国併合時には朝鮮義兵運動を弾圧。大正2年中将に進み、3年参謀本部次長、第一次大戦で青島戦に従軍、7年第6師団長、7年第7代台湾総督に就任し、大将に昇進。水力発電所建設や教育制度改革などの近代化につとめ、台湾では評価が高い。8年男爵。 家長男＝明石元長(貴院議員)

赤塚 源六　あかつか・げんろく
海軍大佐
天保5年(1834)10月〜明治6年(1873)6月11日 生薩摩国鹿児島城下(鹿児島県鹿児島市) 名本名＝赤塚真成、通称＝太郎、三之助、君太郎 歴薩摩藩士の四男で、生まれた年に父を亡くした。安政6年(1859年)誠忠組(精忠組)に参加。文久3年(1863年)薩英戦争の際には決死隊に加わり、戦功を上げた。慶応4年(1868年)春日艦長となり、幕府の軍艦開陽を撃退した。戊辰戦争にも従軍。明治4年海軍大佐となったが、6年病没した。

吾妻 謙　あがつま・けん
北海道当別町の開拓者
天保15年(1844)11月〜明治22年(1889)5月18日 生陸奥国玉造郡岩出山(宮城県大崎市) 名通称＝五左衛門、号＝蘇山 歴陸奥仙台藩の支藩岩出山領主伊達邦直の家臣。明治維新で削封となったため、北海道の分割を官に要請、邦直と共に旧領の士族、農民200余戸を当別に移し、2000町歩の開拓に成功。11年属吏となり、のち当別、篠崎の戸長となった。大麻、桑、穀菓、果樹の栽培や牧場経営に貢献した。

赤土 亮　あかど・りょう
衆院議員（政友会）
嘉永7年（1854）7月～明治39年（1906）6月11日
出石川県　歴石川県金石町長、石川県議を務める。明治31年より衆院議員に2選。

赤羽 一　あかば・はじめ
社会主義者
明治8年（1875）4月5日～明治45年（1912）3月1日
生長野県東筑摩郡広丘郷原（塩尻市）　名筆名＝赤羽巌穴　学東京法学院〔明治30年〕中退　歴東京法学院中退後、「神戸新聞」「革新」「警世」の記者を務める。明治35年田中正造の入獄をみて日本に失望し、「嗚呼祖国」を刊行して渡米、サンフランシスコ日本人社会主義協会の会員となる。38年帰国し、以後社会主義運動の理論家として活躍。40年創刊の「平民新聞」では記者となって、運動の統一性をはかった。43年労働者の立場から農民大衆との提携の必要性を説いた「農民の福音」を刊行して朝憲紊乱罪に問われ投獄され、獄中で病死した。

赤羽 四郎　あかばね・しろう
外交官
安政2年（1855）2月～明治43年（1910）1月28日
生陸奥国若松（福島県会津若松市）　名幼名＝弥四郎　学陸奥会津藩士・赤羽松陽の子。幼い頃より藩校・日新館に学び、柴四朗（東海散士）、山川健次郎らと交わり秀才と呼ばれた。沼間守一にフランス語を学び、明治5年吉田清成に同行して米国に留学してエール大学に入学、9年帰国し大学予備門訓導となる。12年外務省に転じ、13年外務三等書記生としてベルリン公使館に勤務。16年外務書記官となりロシア公使館に勤務し、18年米国のワシントン公使館に転じる。25年外相秘書官となり、同年一等書記官としてドイツ公使館に赴任。27年オランダ弁理公使となり同国との条約改正交渉に尽くした。33年清国特命全権公使、同年外務省参事官を兼任。この間、北清事変に手腕を振るった。のちスペイン公使に転じ、35年スペイン皇帝親政式に特派大使として参列し、40年帰国。日露戦争ではバルチック艦隊の消息を伝えて功があった。

赤星 典太　あかほし・てんた
長野県知事
明治1年（1868）9月7日～昭和33年（1958）6月13日
生肥後国熊本城下手取本町（熊本県熊本市）　学帝国大学法科大学〔明治29年〕卒　歴司税官となり、札幌税務管理局長、司法省参事官、行政裁判所評定官を歴任。大正2年熊本県知事、3年山口県知事を経て、4～10年長野県知事を務めた。この間、松本高校の設置、千曲川改修工事の具体化、県立中学四校の設置などに尽力した。10年長崎県知事。

赤星 弥之助　あかほし・やのすけ
実業家
嘉永6年（1853）～明治37年（1904）12月19日

生薩摩国（鹿児島県）　磯長孫四郎の子に生まれ、赤星家の養子となる。東京に出て、金貸し業その他の事業に関係し財を成した。裏千家・円能斎について茶を学び、井上馨の邸宅を購って山雲床の席を写し、たびたび茶事を催した。東山御物3点をはじめ、名物茶入17点、名物茶碗5点、利休尺八花入など天下の名器の蒐集に努めた。　家六男＝赤星六郎（ゴルファー）

赤間 嘉之吉　あかま・かのきち
実業家　衆院議員（政友会）
慶応4年（1868）2月～大正15年（1926）8月24日
出筑前国（福岡県）　学和仏法律学校〔明治35年〕卒　歴福岡県に務め、のち大蔵省に入り、煙草専売局事務官を経て、伊藤商店の総支配人となる。のち九州興業社長、福岡県教育会評議員、大正鉱業監査役などを務めた。大正6年衆院議員に当選、2期務める。

赤松 照幢　あかまつ・しょうどう
僧侶（浄土真宗本願寺派）　社会事業家
文久2年（1862）～大正10年（1921）8月24日
出京都　名号＝尚白斎　歴7歳から京都で修行する。明治19年赤松安子と結婚し、その実家である山口県徳山市の徳応寺住職となる。妻と協力して山口積善会、徳山婦人講習会（のち私立徳山女学校）などを設立、幼稚園、託児所もつくった。　家妻＝赤松安子（社会事業家）、息子＝赤松智城（宗教学者）、赤松克麿（社会運動家・政治家）、赤松五百麿（労働運動家）、娘＝赤松常子（参院議員）、弟＝与謝野鉄幹（歌人）、岳父＝赤松連城（僧侶）

赤松 新右衛門　あかまつ・しんうえもん
衆院議員（国民協会）
天保2年（1831）4月28日～明治36年（1903）9月16日　生常陸国（茨城県）　歴漢籍、書道を学ぶ。郷里の茨城県で自由民権運動に加わり、明治12年政治結社・同舟社社長となる。県議、結城郡長・豊田郡長・岡田郡長などを経て、23年から衆院議員（国民協会）に当選2回。

赤松 安子　あかまつ・やすこ
社会事業家　教育家
慶応1年（1865）～大正2年（1913）2月2日
生周防国都濃郡徳山（山口県周南市）　学京都府立女学校〔明治18年〕卒　歴西本願寺勧学の赤松連城の娘として生まれ、幼少の頃より漢学を学び、詩歌や絵画にも秀でた。明治18年京都府立女学校を卒業。19年に浄土真宗の僧侶与謝野礼巌の二男である照幢（歌人与謝野鉄幹の兄）と結婚し、既成宗教の枠に囚われない宗教的人道主義を模索していた夫を助けた。のち実家である徳山の徳応寺境内で徳山婦人講習会を開いて教育事業に取り組むようになり、20年には組織を拡張して白蓮女学校（のちの私立徳山女学校）を創立。さらに慈善事業を志して防長婦人相愛会を結成し、38年には真宗徳華

婦人会を設立して孤児の救済に乗り出すとともに地方への仏教思想宣布にも貢献した。実子に社会運動家赤松克麿、政治家赤松常子らがいる。[家]夫＝赤松照幢(僧侶)、息子＝赤松智城(宗教学者)、赤松克麿(社会運動家・政治家)、赤松五百麿(労働運動家)、娘＝赤松常子(参院議員)、父＝赤松連城(僧侶)

赤松 椋園　あかまつ・りょうえん
高松市長 漢詩人
天保11年(1840)～大正4年(1915)5月29日
[名]本名＝赤松範円　[歴]高松藩侍医渡辺立斎の子として生まれ、のち本姓赤松に復す。高松藩少参事、会計検査院出仕などを経て、高松市初代市長に就任した。のち博物館主事となり、「香川県史」などを編纂。晩年吟詠を愉しみ、関西漢詩壇の老将と称せられた。著書に「付一笑居詩集」「蕉竹書寮詩稿」「先朝私記」「萍水相逢」「日本政記撮解」などがある。

赤松 連城　あかまつ・れんじょう
僧侶(浄土真宗本願寺派) 仏教大学学長
天保12年(1841)1月17日～大正8年(1919)7月20日　[生]周防国徳山(山口県周南市)　[歴]幼少から僧籍に入り、明治元年山口県徳山の徳応寺の養子となった。この年長州と防州の寺院代表大州鉄然ら5人と共に、真宗西本願寺の改革に関する建言書を提出。5年英国留学、7年帰国。8年法主・明如の命を受け本願寺の教育制度の大改革を行い、その方針によって12年、最高学府「大教校」の開校に漕ぎつけ校長となった。33年大教校が仏教大学となり、学長に就任。大正11年龍谷大学と改制、改称された。大正3年宗教の中枢にありながら、本山疑獄事件に連座、自坊に退いた。子どもに男子がなく、長女・安子に歌人与謝野鉄幹の兄である照幢を婿に迎え徳応寺を継がせた。[家]孫＝赤松智城(宗教学者)、赤松克麿(政治家)、赤松五百麿(労働運動家)、赤松常子(労働運動家)、女婿＝赤松照幢(僧侶)

阿川 光裕　あがわ・みつひろ
台湾総督府事務官
弘化2年(1845)～明治39年(1906)12月27日
[生]伊勢国菰野城下(三重県三重郡菰野町)　[歴]伊勢菰野藩士。安井息軒の門に入り尊王攘夷運動に参加。明治維新の際は国事に奔走して志士の間に名を知られる。明治4年廃藩置県後に、福島・愛知県などの警部長を務め、のち台湾総督府事務官となる。福島では県令安場保和の依頼で後藤新平を援助した。

秋岡 義一　あきおか・ぎいち
衆院議員(政友会)
文久3年(1863)5月11日～大正14年(1925)3月30日　[生]大坂　[歴]明治27年衆院議員に当選、以来8選される。広軌鉄道改築準備委員会委員を務めた。また、朝鮮綿業、京阪電気鉄道、京阪土地建物各監査役、利別農場業務執行社員等となった。

秋月 左都夫　あきずき・さつお
外交官 駐オーストリア大使 読売新聞社長
安政5年(1858)1月26日～昭和20年(1945)6月25日　[学]司法省法学校〔明治17年〕卒　[歴]日向高鍋藩家老・秋月種節の三男。明治17年司法省に入省。18年外務省の官費留学生としてベルギーへ渡り、同省に転じた。37年駐スウェーデン公使兼駐ノルウェー公使、42年駐オーストリア大使。大正3年退官。4年宮内省御用掛、6年読売新聞社社長。8年第一次大戦のパリ講和会議に全権団顧問として出席した。10年京城日報社社長。[家]父＝秋月種節(日向高鍋藩家老)、弟＝鈴木馬左也(住友総本店総理事)

秋月 種樹　あきずき・たねたつ
書家 元老院議官
天保4年(1833)10月17日～明治37年(1904)10月17日　[生]日向国(宮崎県)　[歴]号＝秋月古香　[歴]少年時代から秀才をうたわれ、文久2年(1862年)昌平黌学問所奉行、3年若年寄格を兼務、第14代将軍・徳川家茂の侍読、若年寄を歴任。明治元年参与、次いで明治天皇侍読、公議所議長、民部大丞、左院小議官。5年欧米旅行、のち元老院議官。その間第十五銀行設立に参画。勅選貴院議員。漢詩、書、南画をよくした。詩集「古香公詩鈔」などがある。[家]父＝秋月種任(日向高鍋藩主)、兄＝秋月種殷(日向高鍋藩主)

秋田 半三　あきた・はんぞう
大阪糸綿木綿取引所理事長
明治2年(1869)11月～大正15年(1926)1月6日
[生]東京　[歴]東京府庁などを経て、明治26年大阪糸綿木綿取引所(のち大阪三品取引所)に入り、大正13年理事長となる。

秋野 孝道　あきの・こうどう
僧侶(曹洞宗)
安政5年(1858)4月18日～昭和9年(1934)2月20日　[生]遠江国相良(静岡県牧之原市)　[名]号＝大忍　[学]曹洞宗大学専門本校卒　[歴]秋野新七の三男として生まれる。静岡・長興寺で出家し、明治5年伊藤慶道について得度。13年兄弟子の加藤玄裔に嗣法し、西有穆山に師事して「正法眼蔵」を研究。総持寺、天徳寺、大洞院を経て、25年曹洞宗大学林学監、33年教頭、35年総監となる。38年永平寺の後堂・眼蔵会講師を務め、42年母校・曹洞宗大学(現・駒沢大学)学長に就任。大正5年静岡県袋井の可睡斎寺主、のち総持寺西堂、小田原・最乗寺寺主などを経て、昭和4年総持寺貫首、5年曹洞宗管長。著書に「禅宗綱要」「正法眼蔵講話」「五位要訣」「従容録講話」「黙照円通禅師語録」などある。

秋野 茂右衛門　あきの・もえもん
素封家
天保9年(1838)～明治23年(1890)8月10日

[生]出羽国田川郡加茂村（山形県鶴岡市） [名]旧姓・旧名＝秋野豊足, 号＝樟園, 名＝慶之丞 [歴]生家は出羽庄内屈指の富豪で、代々秋野茂右衛門を名のり、祖父以来出羽米沢藩の財政を援助したことから、士分にとり立てられた。安政3年（1856年）家督を継ぎ、慈善事業や教育事業を手掛ける。明治17年国学者の弟・秋野庸彦とともに加茂坂トンネル開削などに奔走、私財を投じて助成した。画にも秀で、樟園と号した。 [家]弟＝秋野庸彦（国学者）

秋葉 大助　あきば・だいすけ

人力車の改良者

天保14年（1843）7月～明治27年（1894）6月9日

[生]江戸 [名]幼名＝富三郎 [歴]家業の武器・馬具製造継ぐが、交通機関の将来を見越して、明治元年東京～川崎間で乗合馬車業を始める。和泉要助、鈴木徳次郎、高山幸助により考案された、人をのせて引く車を見て、これに幌やばねなどをつけて改良し、後世の人力車に近いものを製作。その後も改良、普及に努め、輸出も行った。銀座の店は明治時代の銀座のシンボルとなった。

秋庭 貞山　あきば・ていざん

僧侶（臨済宗）

嘉永7年（1854）9月26日～明治40年（1907）3月29日 [生]大和国（奈良県） [名]法名＝宗琢 [歴]7歳の時、玄性院・春谷の下で出家し、明治34年東京・品川の臨済宗東海寺の住職となる。開祖・沢庵の語録を蒐集して出版し、また文庫を解放する一方、福田会育児院や戦没者遺族のため托鉢・募金活動をした。

秋元 興朝　あきもと・おきとも

外交官 子爵

安政4年（1857）5月4日～大正6年（1917）4月23日

[出]上野国館林（群馬県館林市） [名]号＝蔚堂, 通称＝和三郎 [歴]下野高徳藩主・戸田忠至の二男で、明治4年上野館林藩主・秋元礼朝の養嗣子となり、興朝と名のった。25年弁理公使、28年特命全権公使。この間、日清戦争に出征。旧領・館林町城沼の墾田事業などにも尽くした。

秋元 国子　あきもと・くにこ

社会事業家

天保6年（1835）～明治41年（1908）2月20日

[出]信濃国（長野県） [名]旧姓・旧名＝山内 [歴]信濃小諸藩士・山内利右衛門の五女に生まれ、のち医師・秋元収蔵に嫁いだ。娘・秀子が本郷定次郎と結婚して栃木県那須野原で児童養育施設の育児暁星園を経営したが、業半ばで共に死亡したため、残された100人の園児と3人の孫を連れて上京。神田に同園の商業部を設けて薪炭を商って収入を得、園児を養育し全て職に就かせた。

秋山 吉五郎（1代目）　あきやま・きちごろう

金魚研究家

明治1年（1868）～昭和4年（1929）

[生]江戸深川（東京都江東区） [名]旧姓・旧名＝服部 [歴]実家は江戸・深川で川魚商を営み、屋号を「鮒五」といった。12歳の時に父を失い、一時船大工となるが、のちに川魚商・秋山家を継いで実家の業を復活させた。明治18年深川に金魚の養殖場を造営。以来、金魚の品種改良に精魂を傾け、シュウキンやシュブンキン・キャリコなど、数々の新品種を生み出した。また、錦鯉の開発にも当たり、シュウスイを作出している。そのほか、動物学者・箕作佳吉や外山亀太郎に協力して遺伝学の研究にも従事し、水産伝習所の実習生を養魚場に受け入れて後進の指導にも尽力。晩年は実業家・渋沢栄一の主唱で行われた皇居馬場先濠・日比谷濠への錦鯉放流を助けた。 [家]長男＝秋山吉五郎（2代目）（養魚家）

秋山 源兵衛　あきやま・げんべえ

実業家 貴院議員（多額納税）

明治7年（1874）9月1日～大正10年（1921）7月30日

[出]山梨県 [名]通称＝勝蔵 [学]慶応義塾卒 [歴]山梨県増穂村の大地主の家に生まれ、代々源兵衛を名のる。明治26年叔父の元蔵と秋山銀行を設立。35年山梨県議、大正8年貴院議員。

秋山 真之　あきやま・さねゆき

海軍中将

慶応4年（1868）3月20日～大正7年（1918）2月4日

[生]伊予国松山（愛媛県松山市） [名]幼名＝淳五郎 [学]海兵（第17期）〔明治23年〕卒 [歴]15歳で上京して大学予備門に入学。同期に同郷の親友・正岡子規がいた。明治19年海軍兵学校に転じ、23年首席で卒業。25年海軍少尉、27～28年の日清戦争に筑紫の航海士として参加。29年軍令部諜報課員。30年米国に留学。31年米西戦争観戦のため米国運送船などに乗り組んで観戦報告を送った。32年4月米国駐在、同年12月英国駐在、33年5月帰国。同年8月軍務局員、同年10月常備艦隊参謀。34年10月少佐、35年7月海大教官、36年10月常備艦隊参謀、同年12月第一艦隊参謀。38年6月連合艦隊参謀として日露戦争に参加、東郷平八郎司令長官の幕僚となり、黄海海戦、日本海海戦で丁字戦法、2字戦法などを献策、勝利に導いた。特に日本海海戦での名電文「本日晴朗ナレドモ波高シ」は戦略家・名文家としての名を高めた。同年11月海大教官となり海軍戦略などを講義。41～43年秋津洲、音羽、橋立、出雲各艦長。大正3年4月軍務局長としてシーメンス事件の処理に尽力。6年12月中将に昇進したが、翌年病没した。 [家]兄＝秋山好古（陸軍大将）, 孫＝大石尚子（衆院議員）

穐山 忠夫　あきやま・ただお

衆院議員

嘉永6年（1853）10月～明治37年（1904）5月13日

[出]広島県 [歴]広島県議、同議長を務める。明治27年より衆院議員に2選。

秋山 定輔　あきやま・ていすけ
衆院議員　「二六新報」創刊者
慶応4年(1868)7月7日～昭和25年(1950)1月19日　生備中国倉敷(岡山県)　学帝国大学法科大学法律科〔明治23年〕卒　歴明治23年会計検査院に入るが、26年「二六新報」を創刊し、その編集に当る。28年病臥のため休刊したが、33年再刊。三井攻撃、労働者懇親会、娼妓自由廃業支援などの運動で発禁処分などを受けるが、桂内閣打倒を目標に言論活動を展開した。その間、35年衆院議員に選出された。37年「東京二六新聞」と改題したが、44年桂との妥協で世評を悪くし、自ら後退した。桜田倶楽部を主宰し中国革命を資金面より支援。以後、組閣工作など政界の黒幕として活躍した。

秋山 藤吉　あきやま・とうきち
海軍主計総監
文久3年(1863)11月～昭和6年(1931)12月5日　生千葉県　歴明治38年佐世保工廠会計部長、41年舞鶴鎮守府経理部長、44年佐世保鎮守府経理部長を経て、大正3年呉鎮守府経理部長。6年海軍主計総監。同年予備役に編入。

秋山 広太　あきやま・ひろた
大阪合同紡績社長
慶応2年(1866)12月27日～昭和10年(1935)6月26日　名旧姓・旧名=佐分利　学東京工業学校卒　佐分利家に生まれ、のち秋山家を継ぐ。外交官・佐分利貞男の兄。農商務省を経て、明治34年大阪合同紡績(のちの東洋紡績)に入り、のち社長に就任した。　家弟=佐分利貞男(外交官)

秋山 雅之介　あきやま・まさのすけ
朝鮮総督府参事官　法学者
慶応2年(1866)1月23日～昭和12年(1937)4月11日　生安芸国(広島県)　学帝国大学法科大学〔明治23年〕卒　法学博士〔明治38年〕　歴明治23年大学を卒業して外務省試補となり政務局に勤務する傍ら、東京専門学校(現・早稲田大学)で国際法・保険法を講じる。外務省翻訳官、書記官を経て、30年参事官となり和仏法律学校(現・法政大学)講師を務め国際法を講義、37年陸軍省参事官となり法制局参事官を兼任。39年ジェノバで開催の万国赤十字条約改正会議に帝国政府委員として列席し、43年朝鮮総督府参事官を兼任。45年ワシントンの万国赤十字社総会などに政府委員兼日本赤十字社委員として出席、帰途朝鮮総督府より欧州特にボスニア、ヘルツェゴビナ及びバルカン半島の視察を命じられる。大正元年朝鮮総督府参事官兼陸軍省参事官となり、8年青島守備軍民政長官に転じ鉄道部長を兼ねた。11年退官後、法政大学理事に就任し、昭和6年～9年学長を務めた。ほかに女子専門学校理事長職にも就き、学界・教育界にも貢献した。著書に「国際公法」がある。

秋山 好古　あきやま・よしふる
陸軍大将
安政6年(1859)1月7日～昭和5年(1930)11月4日　生伊予国松山(愛媛県)　名通称=秋山信三郎　学陸士(旧3期)〔明治12年〕卒、陸大〔明治18年〕卒　歴明治19年東京鎮台参謀、20年～24年フランス留学。27年日清戦争に騎兵第一大隊長として従軍。29年乗馬学校(騎兵実施学校に改称)校長。34年清国駐屯軍参謀長、35年少将に進み、36年騎兵第一旅団長。37年日露戦争に従軍、田家屯の激戦、奉天会戦で秋山騎兵団の名を上げた。39年第一騎兵監。40年第2回万国平和会議に軍事委員として随行。42年中将となり、第十三師団長、近衛師団長、朝鮮軍司令官を歴任。大正5年大将。9年教育総監兼軍事参議官。12年予備役。13年から松山の北予中学校長を務めた。"日本陸軍騎兵の父"といわれた。　家弟=秋山真之(海軍中将)　勲勲一等旭日桐花大綬章

秋良 貞臣　あきら・さだおみ
塩業家　大日本塩業同盟会委員長
天保12年(1841)4月1日～明治38年(1905)4月20日　生周防国熊毛郡阿月村(山口県柳井市)　歴旧長州藩士。藩の殖産興業に携わる。維新後、防長塩田会の結成に努め、明治12年防長塩田会社社長となる。十州塩田惣代人、組合本部長、大日本塩業同盟会委員長などを歴任。31年には塩業調査会委員となり、日本塩業の発展に尽力した。

浅井 新九郎　あさい・しんくろう
旧肥後熊本藩士
文政9年(1826)～明治31年(1898)7月7日　生肥後国熊本(熊本県熊本市)　名=栄懐、号=鼎泉、搗謙　歴弘化3年(1846年)藩校・時習館の居寮生となる。元治元年(1864年)第一次長州征討では世子・細川護美(長岡護美)に従い、小倉へ出征した。慶応2年(1866年)京都留守居役や副奉行、用人を兼ねて京都で護美と藩論を勤王にまとめ、討幕に当たっては軍資金の調達に尽くした。明治10年熊本県最初の銀行である国立第九銀行の創設に力があった。

浅香 克孝　あさか・こくこう
衆院議員(憲政本党)
安政3年(1856)10月～大正3年(1914)1月5日　生東京　歴明治23年衆院議員に初当選、以来6期。東京府議、同郡部会副議長もつとめた。

浅川 敏靖　あさかわ・としやす
陸軍中将
万延1年(1860)4月18日～昭和8年(1933)6月29日　生甲斐国大泉村(山梨県北杜市)　学陸士騎兵科〔明治19年〕卒　歴代々酒醸造業を営む周蔵の子として生まれる。甲府徽典館に学び調導、校長を経て、陸軍軍人となる。明治19年少尉。22年陸軍留学生としてドイツに留学し、25年帰国。のち乗馬学校教官を務め、27年日清戦争で第一師団騎兵第一大隊中隊長として従軍。28年士官学校教官、36年陸軍省軍務局騎兵課長となり、日露戦争では豪

州から馬約1万頭を輸入するなど徴発・補充に当たる。37年臨時馬制調査委員会委員となり愛馬精神を養うための奨励事項を作成した。43年馬政局長官に就任、以後10年余り馬政に手腕を発揮し"浅川の馬政か、馬政の浅川か"とうたわれ、18年間の事業計画で国内総馬数150万頭に洋血を注入した。大正3年中将。9年辞職し、のち中央畜産会創立以来副会長を務める。13年中央競馬協会の事業として「日本馬政史」の編纂に従事、上古より大正10年にまで至る全5巻を、昭和3年に完成させた。

朝倉 親為　あさくら・ちかため
衆院議員（政友会）
天保4年（1833）2月～明治34年（1901）5月9日
⽣豊後国直入郡豊岡村下木（大分県竹田市）　歴豊後岡藩士親安の長男。明治17年大分県大野郡長、次いで直入郡長。23年の第1回衆院選で代議士となり、6期つとめた。政界引退後、私費を投じて水路、新田開拓、鉄道敷設など公共事業に貢献、また信用組合を創設した。　家五男＝朝倉毎人（政治家）

浅倉屋 久兵衛（9代目）　あさくらや・きゅうべえ
書籍商
文政6年（1823）～明治38年（1905）3月22日
名本名＝吉田久兵衛、号＝文淵堂、文積　歴江戸・浅草で代々続く書籍商の9代目。前田夏蔭に師事して歌をよくし、大槻如電らと交友を持った。明治維新後は「横文字百人一首」などを出版している。

浅田 徳則　あさだ・とくのり
通信総務長官 貴院議員（勅選）
嘉永1年（1848）10月26日～昭和8年（1933）3月30日　⽣京都　歴慶応4年（1868年）丹後久美浜県書記。明治7年外務省に移り一等書記生として駐米公使館に勤務。14年取調局長、15年公信局長、19年通商局長兼会計局長、21年弁理公使。22年神奈川県知事、24年長野県知事、29年新潟県知事、30年広島県知事、31年神奈川県知事を経て、33年外務総務長官兼官房長。同年通信総務長官。36年勅選貴院議員。実業界でも成田鉄道、東京電力、日本生糸の各社長を歴任した。

浅田 知定　あさだ・ともさだ
東洋製糖専務
文久2年（1862）～大正15年（1926）10月16日
⽣福岡県　学帝国大学卒　歴内務省に入省、台湾総督府で製糖事業の改善、発展に努める。明治40年退官。東洋製糖の創立者の一人で同社専務、のち新高製糖取締役を務めた。

浅田 信興　あさだ・のぶおき
陸軍大将 男爵
嘉永4年（1851）10月12日～昭和2年（1927）4月27日　⽣武蔵国川越（埼玉県川越市）　名旧姓・旧名＝坂口　歴川越藩士・坂口家の三男として生まれる。江川太郎左衛門に砲術を学び、戊辰戦争では官軍に属して関東・奥羽を転戦。明治5年陸軍少尉に任官。西南戦争では小隊長として勇戦して名を挙げた。日清戦争時は屯田兵参謀長を務めていたが、東京で赴いたので出征しなかった。歩兵第二十旅団長、同第五旅団長を経て、日露戦争時は近衛歩兵第一旅団長として出征。37年近衛師団長となり、40年戦功により男爵を授けられた。その後、39年第十二師団長、43年第四師団長、44年教育総監を歴任し、大正元年藩閥出身以外では珍しい陸軍大将に昇進した。

浅田 正文　あさだ・まさぶみ
日本郵船専務
嘉永7年（1854）7月20日～明治45年（1912）4月18日　⽣江戸　歴遠江横須賀藩士の長男として生まれる。幼い頃から小姓として藩主に仕えた。明治維新後、新政府の会計局に勤務。明治7年三菱商会に転じ、18年日本郵船が創立されると会計課支配人となる。のち理事、26年専務。同社の経理面の首脳として重きをなした。また東武鉄道、明治製糖など数多くの会社創設に参画した。

朝田 又七　あさだ・またしち
横浜鉄道社長 貴院議員（多額納税）
天保9年（1838）12月～大正3年（1914）1月5日
⽣三河国豊橋（愛知県豊橋市）　歴初め漁船の船頭をしていたが、横浜に出て労役に従事後、同地で回漕店を営み、岩崎弥太郎に認められて、三菱の艀の業務を取り仕切る。のち横浜鉄道社長、横浜船渠社長を務め、横浜実業界で重きをなした。傍ら明治12年以降、横浜市議となり、38年議長も務め、水道拡張事業に尽力する。その後、神奈川県議、横浜瓦斯局長、横浜水道事務所長、横浜商業会議所議員、神奈川県防疫顧問などを歴任。36～37年貴院議員も務めた。

浅沼 幸吉　あさぬま・こうきち
浅沼組創業者
天保8年（1837）3月～明治34年（1901）9月27日
⽣下総国富津（千葉県富津市）　名旧姓・旧名＝織本　歴下総富津の庄屋の二男。10歳を過ぎると地元の大工の棟梁に弟子入りして修業を始め、嘉永6年（1853年）宮大工を志して大和郡山へ移った。安政5年（1859年）焼失した郡山城の復旧工事に参加した際、普請方の浅沼伊蔵に腕の良さと陰日向のない働きぶりが認められ、文久元年（1861年）浅沼家と養子縁組し、家督を継いだ。明治維新後は普請方の役目を離れて大工の棟梁として生計を立て、明治25年建築請負業・浅沼組を創業した。　家二男＝浅沼猪之吉（1代目）、岳父＝浅沼伊蔵（郡山藩普請方）

浅沼 藤吉　あさぬま・とうきち
写真材料商
嘉永5年（1852）10月29日～昭和4年（1929）10月13日　⽣安房国安房郡滝口村（千葉県南房総市）　歴

元治元年(1864年)江戸に出て、明治4年日本最初の写真薬品・材料を扱う浅沼商会を東京・呉服町に創設。北庭筑波の紹介で内田九一・清水東谷・横山松三郎らの一流写真師を知る。8～9年頃に王子製紙に託して写真台紙の国産化を進め、10年京都支店を、11年大阪支店を開設した。14年頃から宮内省の写真材料の御用も務めた。また長崎の上野彦馬にスワン乾板を示educatedされ、乾板を輸入し始め、実弟・吉田勝之助を米国に留学させる。その帰国を待って、17年平河町に東京乾板製造会社を建設した。24年雑誌「写真新報」を復刊。本所横網町にカメラその他付属品の工場を設立し、32年パリ万博には自らが渡仏して製品を出品、帰国の際には活動写真機3台を購入して日本に紹介した。

浅野 氏祐　あさの・うじすけ
徳川家家令
弘化3年(1846)～明治33年(1900)1月8日
名 通称＝次郎八、一学　歴 安政3年(1856年)小姓組に入り、万延元年(1860年)使番から目付となる。文久元年(1861年)蕃書調所御用取扱、講武所取扱などを経て、諸大夫となり伊賀守。2年大目付、神奈川奉行、3年勘定奉行格兼外国奉行を兼ねる。その後、免職となり神奈川奉行在任中の「不平之儀」により隠居・蟄居。のち赦されると、慶応元年(1865年)陸軍奉行となり、美作守と改称。外国奉行、勘定奉行、若年寄並兼陸軍奉行を歴任し、維新後は徳川慶喜に従って水戸へ行き、さらに徳川家達の静岡移封に従った。2年静岡藩権大参事、のち静岡県参事となったが、5年辞任。23～28年徳川家の家令を務めた。

浅野 勘三郎　あさの・かんざぶろう
農事改良家
嘉永2年(1849)5月18日～昭和3年(1928)1月25日
出 陸奥国志田郡(宮城県)　名 本名＝早坂勘三郎　歴 浅野勘式稲扱機を考案、発売した。また醤油、清酒の醸造も行った。

浅野 順平　あさの・じゅんぺい
衆院議員(憲政会)
安政2年(1855)12月～大正14年(1925)9月23日
出 石川県　歴 和漢学を修めた。石川県議、同常置委員、四高設置に関し、北陸四県連合会議員となった。明治23年衆院議員に当選。以来9期、また、金沢電気取締役、北陸新聞社長等も務めた。

浅野 総一郎　あさの・そういちろう
浅野財閥創始者
嘉永1年(1848)3月10日～昭和5年(1930)11月9日
出 越中国氷見郡藪田村(富山県氷見市)　名 幼名＝泰治郎、前名＝浅野惣一郎　歴 医師の二男。慶応2年(1866年)豪農の鎌仲惣右衛門の養子となった頃から地元物産の販売などをはじめたが失敗が続き、明治3年には養家を追われた。5年上京し、御茶ノ水で砂糖を入れた水を販売する"冷やっこい屋"という商売をはじめたのを皮切りに、味噌、菓子、寿司などを包む竹の皮の販売、薪、炭と徐々に手を広げていき、6年横浜に薪炭・石炭の販売店を開設。8年火災で家と財産を失うが、すぐに再起を図り、横浜市営瓦斯局のコークスの処理に着目してこれを安価に買い入れて工部省の深川セメント工場に売却。さらに11年同瓦斯局からの委託で廃物のコールタールの販売を委託され、これを当時コレラの流行で不足しがちであった消毒用石炭酸に転用することで利益をあげた。また、王子抄紙部(のち王子製紙)への石炭販売を通じて、同社の総理・渋沢栄一の知遇を得、16年その後援で深川セメント工場を借り受けて浅野工場を創業。一方、他業種への進出を図り、16年磐城炭鉱を開設。18年東京府から瓦斯局の払い下げを受け、渋沢とともに東京瓦斯会社(現・東京ガス)を創立した。29年外国航路を開拓のため浅野回漕店を開業し、同郷の銀行家・初代安田善次郎らの協力を得ることに成功。31年安田の後援で浅野セメント合資会社(のち日本セメント)を創立。この間、30年の外遊の際に見た欧米諸国の港湾施設の充実ぶりに感銘を受け、帰国後に東京湾の埋立で出願を開始。大正2年埋立ての認可が下り、鶴見埋築株式会社(現・東亜建設工業)を創設して埋立事業を進める傍ら、埋立地とその周辺に浅野造船所、浅野製鉄所、旭硝子、日清製粉、日本鋼管などの関係する企業を誘致し、埋立地を横断する鶴見臨港鉄道(現・JR鶴見線)敷設なども手がけ、鶴見・川崎臨港地区を一大工業地帯に作り上げるなど、浅野財閥を形成した。また、浅野綜合中学、浅野共済病院を作るなど、社会事業にも功績があった。　家 長男＝浅野総一郎(2代目)、二男＝浅野良三(萱場工業社長)、三男＝浅野八郎(関東電工社長)、六男＝浅野義夫(東京シヤリング社長)、孫＝浅野五郎(浅野総業社長)、浅野総太郎(浅野学園理事)、女婿＝穂積八束(法学者)、白石元治郎(日本鋼管社長)

浅野 多吉　あさの・たきち
園芸家
安政6年(1859)2月2日～昭和23年(1948)7月31日
出 讃岐国(香川県)　歴 郷里の香川県仁尾村で温州ミカンを試作。明治23年和歌山県より苗木を仕入れて栽培を始め、近隣に広めた。

浅野 長太郎　あさの・ちょうたろう
越中銀行頭取　貴院議員(多額納税)
安政3年(1856)8月9日～昭和7年(1932)3月18日
出 越中国(富山県)　歴 富山県婦中町の地主。富山県議を務め、明治39年貴院議員。神通川の治水事業、飛越線(現・高山本線)の敷設や大日本人造肥料(現・日産化学工業)の誘致に尽力した。大正2年越中銀行を設立し、頭取。

浅野 長勲　あさの・ながこと
元老院議官　侯爵
天保13年(1842)7月23日～昭和12年(1937)2月1日
出 安芸国広島(広島県広島市)　名 幼名＝喜代

槌, 為五郎, 名＝長興, 茂勲, 号＝坤山　歴浅野家の支流に生まれ, 安政2年(1855年)安芸広島新田藩主の養子となり, 5年家督を相続。文久2年(1862年)安芸広島藩主・浅野家の世子となり, 藩主・長訓を補佐して幕末の難局に当たった。元治元年(1864年)第一次長州征討に際しては幕府と長州の間を調停し, 慶応2年(1866年)第二次長州征討でも幕軍による先鋒役を辞退。3年には大政奉還の建白書を出し, 王政復古の政変後の小御所会議にも参加。土佐の山内豊信(容堂)と岩倉具視・薩摩藩の間を取り持ち, 会議を無事終了へと導いた。4年新政府の会計事務総督, 議定となり, 明治2年家督を相続して藩主, 広島藩知事に就任。4年廃藩置県で東京へ移り, 5年我が国初の洋紙製造工場・有恒社を設立。13年元老院議官, 15年駐イタリア公使として渡欧。17年帰国して華族局長官, 23年貴院議員。また, "華族銀行"として知られる第十五国立銀行の創設にも関わり, 28～31年頭取を務めた。大名らしい風格の持ち主で, 明治維新を迎えた旧大名中の最長命の一人として"最後の大名"ともいわれる。家養父＝浅野長訓(安芸広島藩主)　勲勲一等旭日大綬章〔明治23年〕, 勲一等旭日桐花大綬章〔昭和3年〕

浅羽 金三郎　あさば・きんざぶろう
海軍大佐
文久1年(1861)～明治37年(1904)9月18日
学海兵(第10期)〔明治16年〕卒　歴明治7年14歳で海軍兵学寮に入り, 33年海軍中佐。37年日露戦争では平遠艦長として第二軍の上陸援護, 旅順口の封鎖に当たり功を立てたが, 9月特別任務で鳩冲に向かう途中敵の水雷に触れ艦と共に戦死。没後, 海軍大佐に進級した。

浅羽 靖　あさば・しずか
北海英語学校長　衆院議員(立憲同志会)
嘉永7年(1854)1月8日～大正3年(1914)10月22日
名旧姓・旧名＝岡, 幼名＝留蔵, 号＝苗邨　歴父は大坂城定番与力で, 9人きょうだい(4男5女)の三男。慶応3年(1867年)同じ与力であった浅羽家の養子となる。明治維新後, 上京して矢野龍敏の書生となり, 明治8年大蔵省に出仕。18年北海道理事官, 19年札幌区長, 20年道庁第二部次長, 23年同第三部長, 同年同会計主務官。24年札幌製糖会社社長。26年には浅羽農園を開いた。この間, 20年北海英語学校(現・北海高校)校長に就任。36年衆院選に立候補。37年当選人。政友会, 大同倶楽部, 中央倶楽部を経て, 立憲同志会に所属した。

浅原 才市　あさはら・さいち
浄土真宗信者　詩人
嘉永3年(1850)2月20日～昭和7年(1932)1月17日
生石見国邇摩郡小浜村(島根県大田市)　名法名＝釈秀素, 別名＝妙好人　職宗教詩　歴船大工として年季奉公をした後, 40歳すぎから下駄職人に。一方, 在家の信者として真宗に入信。33歳の時出家し, 釈秀素という法名を授かる。45歳の時父の死を機に聴聞(ちょうもん)に専念し, 自身の体験を通して受け止めた真宗の教えを, 宗教詩として表現。その多くが戦禍で失われたが, その後妙好人研究家・楠恭らによって「妙好人才市の歌」として整理, 出版された。また鈴木大拙の「日本的霊性」や「浄土系思想論」に詩が引用され, 水上勉により伝記紀行文「才市」も著わされる。日本画家・若林春暁による, 肖像画がある。

朝日 平吾　あさひ・へいご
初代安田善次郎の暗殺犯
明治23年(1890)～大正10年(1921)9月28日
生佐賀県西嬉野村(嬉野市)　学早稲田大学中退　歴大正5年仲間16人と満州に渡り, 薄天鬼の率いる馬賊隊に入り, 満蒙独立運動に参加。挫折して朝鮮, 満洲を放浪。8年帰国, 9年憲政会本部にいたり, 平民青年党の組織に奔走。また達人館, 神州義団など右翼団体の設立を計画したが失敗。10年9月28日「死の叫び声」を起草, 遺書を書き, 大磯の別荘に安田財閥創立者である初代安田善次郎を訪問, 短刀で刺殺し, その場で自殺した。

朝吹 英二　あさぶき・えいじ
三井呉服店専務理事　王子製紙会長
嘉永2年(1849)2月18日～大正7年(1918)1月31日
生豊前国下毛郡宮園村(大分県中津市)　名幼名＝万吉, 鉄之助, 号＝柴庵　学慶応義塾　歴生家は代々庄屋を務めた名家で, 8人きょうだい(4男4女)の二男。安政6年(1859年)に同じ村の朝吹家の養子となったが, 慶応元年(1865年)実家に戻った。伯母の夫である村上姑南に漢学を師事し, 広瀬林外や渡辺重春, 白石照山にも学んだ。明治2年大阪に出, 大学者をしていた藤本箭山を訪ねてきた福沢諭吉と邂逅。当初は西洋かぶれの福沢を暗殺しようと企てたが, やがて蒙を啓かれ, 同年福沢について上京し, 福沢家の玄関番となった。慶応義塾に学び, 5年同塾出版局主任となり, 8年同じ福沢門下である中上川彦次郎の妹と結婚した。11年同門の荘田平五郎の紹介で三菱商会に入る。13年岩崎弥太郎・大隈重信・福沢の肝煎りで貿易商会が設立されるとその支配人に転じたが, 19年多くの負債を引き受けて商会の活動を休止。25年鐘ケ淵紡績会社専務となり三井入りし, 31年三井呉服店専務理事, 35年王子製紙専務, 41年同会長, 42年三井合名参事を歴任。三井系諸会社の要人として財界に重きをなした。44年引退。自邸に茶室柴庵を設けるなど, 茶人としても知られ, 茶道, 香道, 国文学の蔵書1700点を母校・慶応義塾に寄贈した。家長男＝朝吹常吉(三越社長), 孫＝朝吹英一(木琴奏者), 朝吹三吉(仏文学者), 朝吹四郎(建築家), 朝吹登水子(仏文学者), 名取洋之助(写真家), 義兄＝中上川彦次郎(実業家), 女婿＝名取和作(実業家)

浅海 友市　あさみ・ともいち
漁業家
明治16年(1883)2月27日～昭和25年(1950)7月22日　生愛媛県　歴大正5年従来の沖取り網漁業から高能率の揚操り網を愛媛県南宇和郡に導入し、イワシ巻き網漁業の発展に寄与する。10年揚操り網の集魚灯にアセチレン灯を使用し、夜間における漁獲効率の向上に貢献した。

浅見 文吉　あさみ・ぶんきち
文林堂創業者
明治4年(1871)～昭和4年(1929)
生愛知県名古屋市　歴明治22年に上京し、書籍取次商の鶴喜で修業を積む。31年に独立し、日本橋大伝馬町に書籍取次の文林堂を創業。同店はのちに東京堂・北隆館・東海堂などと並ぶ七大取次の一つに数えられ、43年にはこれらの取次書店間における取引問題の覚書協定にも加わっている。また、雑誌の出版にも手を染め、大正3年には東京雑誌販売業組合の設立に発起人の一人として参画。関東大震災後は取次業から遠ざかり、教科書や参考書の販売に力を入れた。

浅見 与一右衛門　あさみ・よいちえもん
衆院議員(自由党) 岩村電気鉄道社長
天保14年(1843)10月5日～大正13年(1924)3月21日　生美濃国岩村(岐阜県恵那市)　名本名＝浅見俊章　歴酒造業兼庄屋の長男。慶応元年(1865年)家督を継ぎ、2年庄屋となる。明治12年岐阜県議、20年議長を経て、26年衆院議員に当選、2期務めた。また、私財を投じて岩村と大井町(現・恵那市)を結ぶ鉄道を計画、39年開通させた。

足利 義山　あしかが・ぎざん
僧侶(浄土真宗本願寺派) 京都仏教大学林総理
文政7年(1824)12月30日～明治43年(1910)6月16日　生備後国深津郡下岩成村(広島県福山市)　名幼名＝護命　歴光円院12世住職・了円の長男で、嘉永2年(1849年)勝願寺22世恵遠の養嗣子となり、足利姓を名のった。小早川文五郎に漢学を、慧海と泰巌に宗学を学ぶ。明治10年西本願寺の西山教授校の真宗学教授となり、大教校、進徳教校教授、大学林教授を歴任。この間、12年新市教校初代校長、24年勧学、31年京都仏教大学林総理(学長)を歴任した。　家娘＝甲斐和里子(女子教育家)

葦津 磯夫　あしず・いそお
福岡県議　筥崎宮宮司
天保11年(1840)10月～明治35年(1902)10月30日　生筑前国糟屋郡箱崎町(福岡県)　名旧姓・旧名＝大神国彦　歴筑前福岡藩士。明治元年地名の葦津から採って葦津磯夫に改名する。同年諸藩応接掛、3年福岡藩少属に任じ、東京在留警衛用掛となる。愛宕通旭の謀反に連座、また参議・広沢真臣暗殺の嫌疑で2度も投獄される。疑いが晴れてのち、6年大阪の生国魂神社禰宜、ついで太宰府神社権宮司となる。12年福岡県議に当選、16年県立農学校長に転じ農事改良に従事後、20年筥崎宮宮司兼香椎宮宮司などを務めた。　家息子＝葦津洗造(筥崎宮宮司)

葦津 実全　あしず・じつぜん
僧侶　臨済宗永源寺派管長
嘉永3年(1850)9月4日～大正10年(1921)3月9日　生紀伊国和歌山(和歌山県和歌山市)　名道号＝石蓮、号＝津梁軒　歴14歳の時に和歌山の明月院にて出家し、天台学や漢学を学ぶ。明治8年より東京・天真寺の荻野独園に師事し、のちその法を嗣いだ。26年臨済宗の釈宗演らと共に米国・シカゴで開催された万国宗教大会に出席。31年臨済宗に転じて東京・金地院に住し、経典の校訂・編纂などに従事、36年には臨済宗永源寺派管長に就任した。著書に「津梁録」「黄檗伝心法要冠註」「日本宗教未来記」「殺活自在論」などがある。

芦原 金次郎　あしはら・きんじろう
"芦原将軍"と称した誇大妄想狂
嘉永3年(1850)3月5日～昭和12年(1937)2月2日　歴明治から昭和にかけ、芦原将軍と自称した誇大妄想狂。父は下総高岡藩に仕えたが、早く父母と別れ、埼玉県深谷市の櫛問屋に引き取られた。妄想は20歳ごろから始まり、24歳で結婚したが離別。明治8年ごろから芦原将軍を自称、13年には「東京自由新聞」紙上に登場。5年癲狂院に収容されるが、脱走。暴行で懲役となり、再入院。次いで巣鴨、松沢病院と約51年間精神病院で生活。常に帝王と称し、贈られた韓国大礼服に身を飾って、妄想は専ら天下国家を論じた。巣鴨病院では院長の斎藤茂吉と出会い、歌によまれた。86歳で亡くなるまで絶えず新聞を賑わした。病名は進行麻痺、重症躁病、分裂病とまちまち。

安島 重三郎　あじま・じゅうざぶろう
衆院議員(憲政本党)
明治3年(1870)5月～昭和25年(1950)2月14日　生福島県　歴農蚕業を営む。石城郡会議員、福島県議、山田村長などを経て、明治37年衆院議員に当選1回。勿来軌道専務、常磐水力電気取締役も務めた。

芦森 武兵衛(10代目)　あしもり・ぶへえ
芦森工業創業者
嘉永5年(1852)～明治19年(1886)7月
生大坂江戸堀(大阪府)　名幼名＝熊次郎　歴長男として生まれる。明治10年に寛政3年(1791年)から中絶していた芦森本家を再興、代々の両替商と父が始めた小道具商を継いだが、11年両業を廃して大阪で綿麻糸商を営む。13年渋谷紡績所で輸入ロープとバンドを見て、弟の栄蔵(11代目武兵衛)とその国産化を志した。17年船舶用製縄機を持っていた横須賀造船所の附属製綱所に伝習生として入所。18年大阪へ戻り、露天に木製の製綱機を据え付けただけのロープ工場を開設したが、間もなく病に倒れた。その後、事業は11代目武兵衛に引

き継がれ、今日の芦森工業に発展した。　家弟＝芦森武兵衛(11代目)、甥＝芦森武兵衛(12代目)

飛鳥井 清　あすかい・きよし
九谷陶器会社創業者
天保14年(1843)9月23日～明治17年(1884)11月8日　出加賀国大聖寺(石川県加賀市)　名旧姓・旧名＝一色一之助　歴加賀大聖寺藩士。代々同藩の家老を務めた一色家の5代目。明治3年まで一色姓を称したが、その後飛鳥井と改姓。明治2年藩の権大参事、藩庁議長、3年藩学校主事となり、維新後の藩学校制度の改革を推進。廃藩置県後、区長から大蔵省に出仕したが、9年官を辞し金沢の円中孫平と渡米してフィラデルフィア万博を視察。10年帰国後、山中漆器の改良を始め、11年パリ万博に出品。12年陶芸家・竹内吟秋、塚谷竹軒らと九谷陶器を設立して社長となり、九谷焼を復興、業界の発展に貢献した。一方、8年には初めて鉛筆の製造を始め、11年加島松島社を設立した。　家息子＝飛鳥井孝太郎(日本陶器創業者)

飛鳥井 孝太郎　あすかい・こうたろう
日本陶器創立者
慶応3年(1867)～昭和2年(1927)7月29日　生加賀国大聖寺(石川県加賀市)　学東京工業学校卒　歴九谷陶器社長・飛鳥井清の子。欧州に留学、ドイツ人ワーグナーのもとで洋式製陶の技術を学び帰国。明治37年森村市左衛門、大倉孫兵衛らとともに愛知県鷹羽村則武(現・名古屋市)に日本陶器合名会社(現・ノリタケカンパニーリミテド)を設立、西洋式の丸窯をつくり陶磁器の工場生産、大量生産を可能とした。大正3年白磁器を完成させ、輸出向け陶器製造の先駆者となる。のち名古屋製陶所を創立した。　家父＝飛鳥井清(九谷陶器社長)

飛鳥井 雅望　あすかい・まさもち
公家 伯爵
天保13年(1842)5月3日～明治39年(1906)4月21日　生京都　歴安政2年(1855年)元服して昇殿を許され、4年侍従、万延元年(1860年)親王家司、元治元年(1864年)左近衛権中将、慶応3年(1867年)侍従専任などを務め、明治16年殿掌となる。19年非職。この間、7年家督を相続、17年華族令制定により伯爵を授かる。のち京都の蹴鞠保存会で師範として活躍した。後嗣なくして死去し襲爵の権利を失うが、雅望の跡を雅典の四男・恒麿が相続し、42年新たに伯爵を授かった。

東 武　あずま・たけし
北海タイムス社長 衆院議員(政友会)
明治2年(1869)4月27日～昭和14年(1939)9月3日　生大和国十津川村(奈良県吉野郡十津川村)　学東京法学院〔明治23年〕卒　歴明治22年奈良十津川郷に大水害が発生、23年郷民3000人余を率いて北海道に渡り、新十津川村、深川村を開拓した。31年北海道の大水害でも農民救済に活躍。32年北海

時事社を創立、34年「北海道毎日」「北門新報」と合併、北海タイムス社を設立、理事、社長となった。同年第1期北海道議選に当選2期務める。41年衆院議員に当選、通算10期。政友会に属した。

安住 伊三郎　あずみ・いさぶろう
実業家
慶応3年(1867)～昭和24年(1949)8月31日　出因幡国(鳥取県)　歴明治26年大阪に安住大薬房を創立し、蚊取り線香と蚤取り粉の製造販売を始める。海外にも販路を広げ、また上海などに工場を設立した。大正2年大阪貿易学校の創立に参画し人材養成に当たった。

畔上 楳仙　あぜがみ・ばいせん
僧侶 曹洞宗管長
文政8年(1825)7月15日～明治34年(1901)12月27日　生信濃国夜間瀬(長野県下高井郡山ノ内町)　名旧姓・旧名＝清水、幼名＝亀蔵、号＝大岡、諡号＝法雲普蓋禅師　歴10歳で得度し、曹洞宗の信濃国興隆寺に入る。その後、下総の孝顕寺や相模の松石寺・江戸駒込の栴檀林などで修業したのを経て帰郷し、興隆寺の徹山活英の法を継いだ。安政5年(1858年)以降、同寺の住職を皮切りに信濃松代の大林寺・上野国竜海院・長野県長国寺など数多くの寺を歴任し、明治7年には神奈川県最乗寺の特選住職となった。13年には総持寺に晋住して禅師の号を賜り、以後、約20年に渡って同寺に在職。この間、永平寺貫首や曹洞宗管長なども務め、永平寺・総持寺の両本山の分離独立を推進した。34年総持寺を退き、東京小石川の林泉寺に退隠。著書に「坐禅用心記落草談」「総持寺開祖御伝抄」などがある。

阿蘇 惟孝　あそ・これたか
神官 阿蘇神社宮司 男爵
元治1年(1864)2月24日～昭和11年(1936)2月28日　出肥後国(熊本県)　名幼名＝三千丸　歴阿蘇大宮司・惟敦を父として生まれる。明治12年教導職試補に、16年阿蘇神社宮司となる。23年皇典講究所の熊本県分所長となり、38年から熊本県阿蘇郡古城村鎮座県社国造神社社司を兼ねる。のち皇典講究所評議員を務めた。

阿蘇 惟治　あそ・これはる
神官 阿蘇神社大宮司
文化5年(1808)5月8日～明治10年(1877)9月12日　出肥後国阿蘇郡宮地(熊本県阿蘇市)　名幼名＝三千丸、通称＝上島　歴弘化3年(1846年)阿蘇神社の復興・造営に努めた。幕末に至ると真木和泉らと勤王運動に力を尽くした。明治2年新政府の参与・横井小楠が京都で暗殺されると、弾正台は暗殺者の助命を図って大巡察の古賀十郎を熊本へ派遣したが、この時に「天道覚明論」という偽書を小楠の著述として提出し、弾正台に協力した。

麻生 太吉　あそう・たきち
麻生商店社長　衆院議員

安政4年(1857)7月7日〜昭和8年(1933)12月8日　生筑前国(福岡県)　名幼名=鶴次郎　歴若くして立岩村戸長などに推され、明治5年父賀郎と共に石炭採堀に従事。13年炭坑事業を始め、17年鯰田炭坑を経営、麻生商店を創設、忠隈坑、木洞坑も増設し社長に就任。しかし恐慌と災害、資本不足で炭坑を売却、独自の販売機関を設けて苦境を乗り切り、石炭王と呼ばれ、石炭鉱業連盟会長に推された。また41年には嘉穂電燈会社、九州水力電気を創設し社長となり、九州財界に重きをなした。32年には衆院議員に当選、44年からは多額納税貴院議員を務めた。　家孫=麻生太賀吉(政治家・実業家)、曽孫=麻生太郎(元首相)

足立 愛蔵　あだち・あいぞう
陸軍中将

文久3年(1863)5月〜昭和7年(1932)2月23日　出讃岐国(香川県)　学陸士(旧6期)卒、陸大〔明治24年〕卒　歴明治16年陸軍砲兵少尉となり、第十二師団参謀、42年澎湖島要塞司令官、大正元年台湾総督府陸軍参謀長、2年野戦砲兵第三旅団長を歴任。3年中将となり輜重兵監を務め、5年旅順要塞司令官となる。この間、日清戦争に第五師団参謀長として、日露戦争に野砲兵第十一連隊長、第九師団参謀長として従軍した。

足立 儀代松　あだち・ぎよまつ
移民指導者

慶応3年(1867)4月7日〜大正9年(1920)4月29日　出伯耆国(鳥取県)　歴明治25年カナダに渡り、現地を調査して帰郷し、鳥取県西部弓浜地方の人々に海外移住を進めた。28年以降、2度にわたって移民を引率した。

安達 謙蔵　あだち・けんぞう
通信相　衆院議員(憲政会)

元治1年(1864)10月23日〜昭和23年(1948)8月2日　生肥後国熊本(熊本県熊本市)　名号=漢城　学済々黌　歴「九州日日新聞」記者として日清戦争に従軍した後、朝鮮で「朝鮮時報」「漢城新報」を創刊、社長。明治28年李朝の閔妃事件に連座、入獄。出所後、済々黌創立者で代議士の佐々友房の熊本国権党に参加、38年以来、衆院議員当選14回。帝国党、大同倶楽部、中央倶楽部を経て、大正2年立憲同志会結成とともに総務。3年第二次大隈内閣で新設の外務政務官。4年の総選挙では選挙参謀として大勝、選挙の神様といわれた。同年外務政務次官、12年憲政会創立で総務。14年加藤高明内閣の通信相、次の第一次若槻内閣でも留任。

安達 憲忠　あだち・けんちゅう
社会事業家

安政4年(1857)8月4日〜昭和5年(1930)12月2日　生備前国磐梨郡佐古村(岡山県赤磐市)　名幼名=林吉　学池田学校卒　歴9歳で僧籍に入ったが、池田学校卒後「山陽新聞」記者となった。25歳で自由党に入り民権運動に参加。明治20年東京府員となり、24年渋沢栄一の推薦で東京市養育院幹事に就任、「福島新聞」記者時代に知った瓜生岩を幼童世話係長に招いた。同院改革を手がけ、里親制度を開拓、感化部を設け、38年井之頭学校として分離、結核患者を板橋分院に分離。また杉山鍼按学校を設立、本願寺無料宿泊所を援助するなど、社会事業の実践に大きな足跡を残した。大正8年辞職、のち自由労働者宿泊所を設立した。著書に「貧か富か」「窮児悪化の状態」などがある。

安立 綱之　あだち・つなゆき
警視総監　貴院議員(勅選)

安政6年(1859)11月15日〜昭和13年(1938)12月2日　生薩摩国(鹿児島県)　名旧姓・旧名=国分　歴明治34年内務省警保局長、36年警視総監を経て、42年〜昭和13年貴院議員を務めた。

安立 利綱　あだち・としつな
福井県知事

天保3年(1832)〜明治25年(1892)9月28日　名旧姓・旧名=迫田　歴薩摩藩士で、元治元年(1864年)脱藩。明治維新後は警視庁に勤務。明治22年福井県知事となった。

足立 孫六　あだち・まごろく
衆院議員

天保14年(1843)9月〜明治44年(1911)7月27日　生遠江国城東郡丹野村(静岡県菊川市)　名旧姓・旧名=三橋、号=湛水　三橋家に生まれ、足立家の養嗣子となる。大庄屋から、明治6年浜松県第2大区の小区長を務め、8年凶荒に際し減租を主張して県官と対立、区長を罷免される。この頃、協同会を結成、その指導者として小作米基準の地価算定論や公選民会開設論を提唱した。9年浜松県に出仕、同年県会議員となり、自由民権を主張し浜松県民会の設立に貢献。浜松廃県で帰郷したが遠州会主導の買上米請願運動が起きると、竹村太郎と共に出願総代人に選ばれ、県庁と交渉、成功した。10年第11大区長、12年周智郡長となり、管内の殖産興業、道路開削などに尽力し、道路郡長の異名を取る。22年大同倶楽部に加盟、当23年の立憲自由党結成の際は静岡県常議員となった。25年から衆院議員に当選2回。また富士紡績・関西鉄道・九州鉄道などの発起人となる。傍ら、湛水と号し、俳諧を嵐牛に師事した。著書に「鉄道国有論」「俳諧集」がある。

足立 正声　あだち・まさな
男爵

天保12年(1841)9月20日〜明治40年(1907)4月19日　生因幡国鳥取城下庵丁人町(鳥取県鳥取市)　名通称=八蔵、字=興郷、名=老狸　歴文久元年(1861年)大西正庶と共に芳野立蔵に師事する。2年鳥取藩国事周旋方、3年8月鳥取二十士事件に連座、

鳥取荒尾家に幽閉されるが、慶応2年(1866年)7月同志と共に脱出、長門に行き山口明倫館で兵学を修めた。維新後弾正少忠などを経て、明治3年伊那県大参事、その後は宮内官僚として教部大丞、東宮亮、諸陵頭、図書頭を歴任。39年男爵。

安達 峰一郎　あだち・みねいちろう
国際連盟日本代表 国際法学者
明治2年(1869)6月9日〜昭和9年(1934)12月28日
[生]羽前国村山郡高楯村(山形県東村山郡山辺町) [学]帝国大学法科大学〔明治25年〕卒 法学博士〔明治40年〕 [資]帝国学士院会員〔大正14年〕, ベルギー学士院会員 [歴]明治25年外務省に入省。38年ポーツマス講話会議全権随員、41年フランス大使館参事官、大正2年駐メキシコ公使、6年駐ベルギー大使、昭和2年駐フランス大使となり、パリ不戦条約締結に尽力。この間、大正9年〜昭和4年国際連盟日本代表、4年には東洋人初の連盟理事会議長を務め、5年常設国際司法裁判所判事、6年同裁判所長となった。9年発病、アムステルダムで客死したが、オランダ国葬、常設国際司法裁判所葬で葬られた。ルーヴァン大学名誉教授。 [家]女婿=武富敏彦(外交官)

足立 民治　あだち・みんじ
北海道開拓使
弘化4年(1847)11月〜大正8年(1919)8月16日
[生]美濃国厚見郡(岐阜県) [名]旧姓・旧名=五郎 [歴]文久3年(1863年)17歳で新撰組に入隊。のち組を脱退し、官軍として戊辰戦争に参戦。明治2年弾正台巡察属となり、4年には25歳で北海道開拓使に入る。以来順調に昇進し北海道庁になった19年に退職。その後は同志の安藤虎禧らと共に蚕糸業を興し、農業経営も手がける。40年札幌区会議員。42年札幌商業会議所特別議員。大正2年札幌区長に当選するも辞退、"幻の札幌区長"といわれた。

渥美 契縁　あつみ・かいえん
僧侶(真宗大谷派) 東本願寺寺務総長
天保11年(1840)7月〜明治39年(1906)4月16日
[生]伊勢国亀山(三重県亀山市) [名]号=択堂, 三峰, 見白山人, 厳華 [歴]斎藤拙堂に漢学を学び、伏見の単章院に仏教の学を受け、亀山の真宗末寺の住職となった。明治5年東本願寺の改正掛、11年寺務総長の石川舜台が失脚後、執事、寺務総長などを歴任、30数年間財政整理や建築事業に功績を上げた。29年清沢満之らの宗門改新運動のため退陣した。著書に「浄土和讃勧信録」などがある。

穴沢 松五郎　あなざわ・まつごろう
農事改良家
明治14年(1881)〜昭和20年(1945)7月
[生]千葉県見広村(旭市) [歴]大正9年郷里の千葉県見広村(現・旭市)で穴沢式甘藷(サツマイモ)苗床を創始し、収穫の安定と増量をもたらした。千葉県内をはじめ、東北・北陸地方、さらに中国地方にまで指導に赴き、"2代目甘藷先生"と呼ばれた。

穴沢 祐造　あなざわ・ゆうぞう
北海道開拓者
安政4年(1857)〜大正8年(1919)9月
[生]陸奥国高野村(福島県) [歴]明治30年北海道に渡り土地貸付を受け移民を招致して開拓に務め、後志太櫓村(せたな町)に120戸を有する若松農場を開いた。

穴水 要七　あなみず・ようしち
実業家 衆院議員(政友会)
明治8年(1875)1月〜昭和4年(1929)1月3日
[生]山梨県甲府市 [名]旧姓・旧名=小野 [歴]幼時から伯父穴水嘉三郎の店に奉公、養子となったが、相場が好きで東京に出た。明治41年小野金六を頼り富士製紙に転じ、大正4年取締役、7年専務となった。同年政友会の推薦で甲府から衆院議員に当選、当選4回。また北海道電燈、小武川電力各社長、その他諸会社の重役を務めた。

阿野 公誠　あの・きんみ
宮内大丞
文化15年(1818)3月17日〜明治12年(1879)6月1日 [出]山城国(京都府) [歴]天保14年(1843年)侍従となり、文久2年(1862年)参議、慶応4年(1868年)権中納言。この間、安政5年(1858年)日米修好通商条約調印の勅許阻止を図る公家88人の列参に参加。文久2年(1862年)には久我建通、岩倉具視ら"四奸二嬪"を弾劾、失脚をさせた。同年議奏、国事御用掛に就任。明治維新後は、明治2年上局副議長となり、待詔院下局長官、集議員次官、留守次官、京都府権知事、宮内少輔などを歴任。4年宮内大丞。6年退官した。 [家]父=阿野実典(公卿), 弟=滋野井実在(公卿)

油小路 隆董　あぶらのこうじ・たかなお
殿掌取締 伯爵
天保10年(1839)1月12日〜明治41年(1908)3月13日 [歴]明治天皇の侍従となり、明治3年宮中勤番、16年殿掌。加茂葵祭、春日大社、男山八幡宮への勅使を務めた。28年伯爵を襲爵。のち殿掌取締。

油屋 熊八　あぶらや・くまはち
亀の井ホテル社長
文久3年(1863)7月16日〜昭和10年(1935)3月27日 [生]伊予国宇和島(愛媛県宇和島市) [歴]米問屋だった父親の屋号"油屋"を明治になって姓とする。28歳で町会議員になるが、2年後大阪に出て相場師となる。その後、4年間渡米し、ホテルの皿洗いや農場の手伝いをし、帰国前に洗礼を受ける。明治末49歳で大分県の別府温泉で旅館経営(亀の井旅館)を始め、またたく間に西洋式の立派なホテルに育てあげる。大正13年法人組織の亀の井ホテルに改称。またバス会社を設立して女性ガイドつきの観光バスを走らせるなど別府を大いに宣伝し、観光地として日本中に知られるようにPRに努めた。

安部 磯雄　あべ・いそお
キリスト教社会主義者　早稲田大学教授
元治2年(1865)2月4日～昭和24年(1949)2月10日　[生]筑前国(福岡県)　[名]旧姓・旧名＝岡本　[歴]同志社〔明治17年〕卒、ハートフォード神学校(米国)〔明治27年〕卒　[歴]明治12年同志社に入り、新島襄に触れ社会問題に関心を抱く。24～27年米国のハートフォード神学校に学び、のちベルリン大学を経て、28年帰国。31年幸徳秋水らと社会主義研究会を結成、33年社会主義協会に発展改称し、会長に就任。34年幸徳・片山潜らと日本初の社会主義政党・社会民主党を結成、即日禁止。大逆事件後、社会運動から遠ざかるが、大正13年日本フェビアン協会を設立、15年社会民衆党結成に導き、委員長となる。この間、明治32年～昭和2年早稲田大学教授。3年第1回普通選挙で東京2区から衆院議員に当選。また早大野球部の初代部長(明治35～昭和11年)でもあり、34年には最初の野球殿堂入りの一人となり、"学生野球の父"と呼ばれた。　[家]長男＝安部民雄(早稲田大学名誉教授・テニス選手)、娘＝赤木静(自由学園教師)

阿部 碧海　あべ・おうみ
殖産家
天保13年(1842)～明治43年(1910)6月　[生]加賀国(石川県)　[名]九谷焼　[歴]もと加賀藩士。明治2年金沢古寺町の自邸に錦窯を築いて、内海吉造を工長に民山窯以来の陶画工を従事させる。天災などによる経営不利のあとは専ら販路拡張に務め、松本佐平、松原新助らを助成。

阿部 興人　あべ・おきんど
衆院議員(無所属)　北海道セメント社長
弘化2年(1845)9月5日～大正9年(1920)1月2日　[生]阿波国板野郡木津村(徳島県鳴門市)　[名]幼名＝金兵衛　[歴]明治15年札幌に移り240万坪の未開地を開墾する。23年第1回総選挙に当選。徳島県から当選5回。また北海道上磯村に北海道セメント(のち浅野セメントとなる)工場を設立し社長となるなど、北海道実業界で活躍した。

阿部 乙吉　あべ・おときち
農民運動家
明治2年(1869)4月24日～昭和9年(1934)8月15日　[生]福岡県宗像郡野坂村(宗像市)　[名]旧姓・旧名＝高宮乙吉　[学]小倉師範〔明治22年〕卒　[歴]師範学校卒業後、福岡県下の小学校教員となり、のちに宮司、司法書士に。大正7年の米騒動をきっかけとして農民運動に参加し、11年九州農民学校を開設。13年日農九州同盟を結成し、昭和6年には日本民農組合を結成した。

阿部 亀治　あべ・かめじ
水稲品種「亀の尾」の生みの親
慶応4年(1868)3月9日～昭和3年(1928)1月2日　[生]出羽国田川郡大和村(山形県東田川郡庄内町)　[学]小学校中退　[歴]出羽国に地元の大地主・本間家の小作人の長男として生まれる。12歳から家業に従事、少ない土地で米の収量をあげるため乾田馬耕、耕地整理、水稲品種改良などの研究に尽力。25歳の時、隣村の熊谷神社を参拝した際に冷害にやられた稲の中で起立して穂を付けていた稲に着目、譲り受けて栽培と種子選別を重ね、明治30年冷害に強い水稲品種"亀の尾"を作り上げた。同品種は全国で作付けされ、コシヒカリ、ササニシキ、あきたこまちなどの良質米のルーツとなったことで知られる。昭和に入ってからは新品種の登場により飯米としては姿を消したが、酒米として再び注目された。　[勲]藍綬褒章〔昭和2年〕　[賞]農事功労賞〔大正10年〕

阿部 亀彦　あべ・かめひこ
広島県知事
明治8年(1875)9月～昭和3年(1928)7月26日　[生]大分　[学]東京帝国大学法科大学〔明治37年〕卒　[歴]大正8年高知県知事、11年広島県知事を歴任。

安部 熊之助　あべ・くまのすけ
園芸家　農村指導者　衆院議員
文久1年(1861)12月19日～大正14年(1925)8月24日　[生]豊前国企救郡長浜浦(福岡県北九州市小倉北区)　[名]旧姓・旧名＝岩松、別名＝熊之輔　[歴]明治10年に上京し、製缶所に勤務しながら独学で農業書を学ぶ。14年から中部地方各地を巡り、山梨県の広大な葡萄畑に影響されて果樹園芸を志した。18年に帰郷、県農会や帝国農会の会員として農村の指導に当たり、38年には私財を投じて足立山麓に園芸模範場を開き、果樹栽培の試験を行うなど農民福祉の向上と農業技術の改良に大きく貢献。また31年に福岡県議となるなど政界でも活躍し、大正4年には衆院議員に当選して政友会に所属、1期2年を務めた。著書に「日本の蜜柑」がある。　[家]祖父＝岩松助左衛門(庄屋、社会事業家)

阿部 蔵吉　あべ・くらきち
機業家
嘉永6年(1853)7月8日～明治39年(1906)8月19日　[生]出羽国鶴岡(山形県鶴岡市)　[歴]明治28年率先して生地・山形県鶴岡に羽二重の織工場を創設、山形県の羽二重産業発展の先駆けとなった。39年農商務相よりその功を表彰された。

安部 幸兵衛　あべ・こうべえ
実業家
弘化4年(1847)9月18日～大正8年(1919)9月6日　[生]越中国(富山県)　[名]旧姓・旧名＝加島　[歴]越中から江戸に出て堀江町の榎並屋庄兵衛に仕え、安政5年(1858年)横浜港が開港するや横浜で貿易業に従事。明治7年増田嘉兵衛と協力して店舗を設け、砂糖・小麦粉・石油・外米などの輸入業を営む。17年独立して横浜に新たに開業、増田屋と号して発展させ、のち大貿易商となった。この間、27年鈴木藤三郎らと日本製糖を興し、ついで横浜製糖(川崎)、帝国製粉、日清紡織などの会社を設立

し、数多くの銀行・会社の重役を務め、業績を上げる。また28年横浜舶来砂糖貿易引取組合を組織し組合長に就任した。

阿部 真造　あべ・しんぞう
宗教家
天保2年(1831)～明治21年(1888)3月21日
[生]肥前国長崎(長崎県)　[名]本名＝貞方良助、筆名＝帰正痴士、通称＝次平太　[歴]家業の長崎唐通事書記を継ぎ、万延元年(1860年)まで勤務。浦上で庄屋書記や手習師匠をつとめ、潜伏キリシタンに触れ、洗礼を受ける。大浦天主堂に隠れてプティジャンの助手となり、「聖教初学要理」など教書の刊行に従事。明治2年浦上教徒弾圧事件で香港に逃れ、3年帰国。5年出奔し棄教、教導職につき「弁正洋教」でキリシタンを排した。6年キリシタン禁制がとかれてからは東京に住んだ。著書に「夢醒真論」など。

阿部 泰蔵　あべ・たいぞう
明治生命保険創立者
嘉永2年(1849)4月27日～大正13年(1924)10月22日　[生]三河国吉田村(愛知県)　[名]旧姓・旧名＝豊田　[学]慶応義塾卒　[歴]藩儒太田魯作らに漢学を学び、津藩の斎藤拙堂の門に入り、かたわら蘭学を修めた。17歳で上京、蘭学、英学を研究、明治元年慶応義塾に入ったが、戊辰戦争で帰藩し従軍。その後義塾に戻った。卒後同校教授、次いで塾頭となった。3年大学南校で英語を教え、のち文部省少教授編輯権助、7年翻訳局に移り、9～10年渡米、12年辞任。14年荘田平五郎らと明治生命保険会社を設立、社長。24年さらに明治火災保険会社設立、社長となった。また東京海上保険取締役、交詢社理事を兼務。40年東明火災保険会社を設立、取締役。ほかに東京商業会議所特別議員、日本郵船監査役、生命保険協会理事長を歴任した。　[家]四男＝水上滝太郎(小説家)

阿部 徳吉郎　あべ・とくきちろう
大蔵官僚
慶応2年(1866)3月25日～明治40年(1907)1月15日　[生]出羽国(秋田県由利郡子吉村)　[学]帝国大学農科大学〔明治25年〕卒　[歴]明治30年大蔵省入り。39年煙草専売局技師主事として仏、米出張のため離日、米国到着後、病を得、40年1月15日リッチモンドで死去。病気はコレラと伝えられているが、米国人のディッキンスン一家が手厚い看護の手を差しのべたといわれる。リッチモンドには欧米滞在の知人が建てたという墓があり、墓碑には大日本帝国阿部徳吉郎卿とあり、裏面に漢文、台座に英文で経歴が刻まれているという。

阿部 徳三郎　あべ・とくさぶろう
弁護士　衆議院議員(政友会)
慶応3年(1867)9月～大正7年(1918)5月14日　[生]陸奥国(岩手県)　[学]明治法律学校〔明治22年〕卒　[歴]弁護士となり、一関町議、一関葉煙草仲買監査役、東京印刷取締役、第八十八銀行法律顧問を務めた。明治36年衆院議員に初当選。以来連続6選される。

阿部 彦太郎　あべ・ひこたろう
相場師　実業家
天保11年(1840)7月21日～明治37年(1904)5月5日　[生]近江国神崎郡能登川(滋賀県東近江市)　[歴]布問屋の阿部市郎兵衛の分家にあたり、京都で家業の紅花、生糸、ちりめん売買に従事した。その後大阪に出て、明治6年堂島で米穀の投機売買を始め、大胆、機敏さで勝運に乗り、その一挙一動が堂島米市場の大勢を左右するに至った。一方、吉野に植林事業を行い、内外綿、大阪商船、東洋汽船など各社重役も務めた。

阿部 浩　あべ・ひろし
衆院議員　東京府知事
嘉永5年(1852)1月3日～大正11年(1922)10月7日　[生]陸奥国盛岡(岩手県盛岡市)　[学]慶応義塾　[歴]陸奥南部藩士の長男で、藩校・作人館で原敬と机を並べ、終生の友となった。明治15年工部省権少書記、18年鉄道事務官などを経て、26年内務省社寺局長に転じる。以後、29年群馬県知事、29年千葉県知事、31年富山県知事、同年再び千葉県知事、36年新潟県知事を歴任。この間、25年衆院議員に当選、2期務めた。39年貴院議員に勅選。41年～大正元年、8～10年東京府知事を務めた。　[家]長男＝阿部金剛(洋画家)

阿部 房次郎　あべ・ふさじろう
東洋紡績会長
慶応4年(1868)1月18日～昭和12年(1937)5月12日　[生]近江国彦根(滋賀県彦根市)　[学]慶応義塾〔明治25年〕卒　[歴]明治37年経営不振の金巾製織に専務として入り、再建に尽力。その後大阪紡績、三重紡績と合併して大正3年東洋紡績が発足、山辺丈夫社長の下で専務となった。南洋、中国、インドにも販路を広げ綿布を輸出。15年社長。また昭和レーヨン、裕豊紡各社長、上毛電力、王子製紙、湖東紡各取締役、大阪商議所顧問、大日本紡績連合会会長などを歴任した。昭和6年勅選貴院議員。　[家]息子＝阿部孝次郎(東洋紡社長)

阿部 平助　あべ・へいすけ
今治タオルの創始者
嘉永5年(1852)4月24日～昭和13年(1938)11月16日　[生]伊予国越智郡今治(愛媛県今治市)　[歴]はじめ愛媛県今治で綿ネルの製造に従事していたが、大阪で目にしたタオルに将来性を見いだし、明治27年故郷にタオル工場を設立。29年には弟の阿部光之助らと共に阿部合名会社を創業し、30台のタオル織機を設置して生産の拡大をはかるが、販路などの問題で振るわなかった。しかし、弟の光之助や籠常三郎らの尽力により、大正期に入ってから今治のタオル製造業が急伸。のちに同地方は日本一のタオル産地として発展を遂げ、その先見性

などから、平助は今治タオルの創始者として評価されている。　家弟=阿部光之助（実業家）

阿部 政太郎　あべ・まさたろう
衆院議員（政友会）青森市長
安政6年（1859）12月～昭和9年（1934）10月4日
生陸奥国津軽郡浪岡村（青森県青森市）　学青森県師範予科〔明治11年〕卒、明治法律学校卒　歴陸奥津軽郡浪岡村の神官の長男に生まれる。父は考古学愛好家でリンゴ栽培の開拓者であった。明治11年青森県師範学校予科を卒業し、小学校教員となるが、のち青森県医学校監事、青森県御用掛を経て、上京し明治法律学校に学ぶ。帰郷後、政治を志し浪岡村議、南津軽郡議、青森県議などを経て、41年衆議院議員（政友会）に当選、1期務める。大正6年青森市長となり、一家で青森市に転居するが、8年青森市議選挙無効の責任を取り辞職する。14年再び青森市長に就任した。通算在職年数は4年で、この間、青函貨物輸送の開始、公会堂の新築、鉄道操車場の設置などを手掛け、青森市の発展に貢献した。　家息子=阿部合成（洋画家）

阿部 又吉　あべ・またきち
福島県吾妻村長
弘化4年（1847）7月6日～大正9年（1920）6月24日
出陸奥国耶麻郡長瀬村（福島県耶麻郡猪苗代町）歴戊辰戦争では陸奥二本松藩（福島県）母成峠守備農兵隊長として活躍。明治26年郷里の耶麻郡長瀬村（猪苗代町）村長、40年吾妻村村長。耶麻軌道の創立、中ノ沢温泉の開発に尽した。

阿部 光之助　あべ・みつのすけ
今治商業銀行創設者 初代今治町町長
安政5年（1858）3月8日～昭和8年（1933）1月8日
生伊予国今治（愛媛県今治市）　学実業家・阿部平助の弟に生まれる。明治23年愛媛県今治町の初代町長に就任、25年今治融通会社（のちの今治商業銀行）を創設した。29年兄・平助と共に阿部合名会社を設立し、33年英国製の動力機械を導入、これが今治綿業動力化の最初となった。35年伊予綿ネル組合を組織して組合長となり、以来20年間に渡り業者の団結と産業の近代化に尽力した。また長らく今治商工会長を務め、地域経済・社会の発展に貢献した。　家兄=阿部平助（今治タオル創始者）

阿部 武智雄　あべ・むちお
衆院議員（政友本党）
文久3年（1863）1月～昭和6年（1931）2月3日
生陸奥国羽野木沢村（青森県五所川原市）　学青森県師範卒　歴教員を経て政界に転じ、県会議員、衆院議員となった。また岩木川改修期成同盟会長として治水に尽力、さらに造林事業にも貢献した。

阿部 茂兵衛　あべ・もへえ
地方開発者
文政10年（1827）7月17日～明治18年（1885）6月23日　生陸奥国安積郡山（福島県郡山市）　学安

4年（1857年）小野屋を継ぐ。呉服太物、綿や生糸の売買も手広く営み、質屋を副業としたが、開国後生糸を輸出して巨利を博す。戊辰戦争のため郡山の町は焦土と化したが、そのさなかにも同志9人と生産会社をおこし、戦後の好況を見越して生糸の買占めなどを行う。新政府の東北開発に協力し、6年同志25人と開成社を創立、安積疎水事業に参画するなど地域開発に尽力した。

阿部 守太郎　あべ・もりたろう
外務省政務局長
明治5年（1872）11月10日～大正2年（1913）9月6日
生小倉県下毛郡桜州村（大分県中津市）　学三高〔明治26年〕卒、帝国大学法科大学政治学科〔明治29年〕卒　歴造り酒屋の長男。明治29年大蔵省に入省。30年外務省に転じ、33年加藤高明外相秘書官、34年駐英国公使館二等書記官、38年駐清国公使館一等書記官となり、以後中国通として重きをなした。42年参事官に転じ、小村寿太郎外相の下で条約改正委員会委員として関税自主権回復に力を尽くした。45年政務局長兼政調局長となったが、在任中の大正2年に対中国外交の協調性を右翼に攻撃され、9月5日岡田満、宮本千代吉に刺され、翌朝死去、同日特命全権公使に任ぜられた。　家二男=阿部守忠（クラレ会長）、従弟=広池千九郎、岳父=末弘直方（香川県知事）、義兄=山下啓次郎（建築技師）、義弟=江崎清（写真家）、野津鎮之助（侯爵）、女婿=山名時雄（大蔵官僚）

阿部 与之助　あべ・よのすけ
北海道開拓者
天保13年（1842）12月～大正2年（1913）6月30日
生出羽国飽海郡南平田村（山形県酒田市）　歴出羽南平田村・忠五郎の三男に生まれ、明治3年北海道岩内に渡る。6年札幌、8年白石と移り住み商店員、農業、飲食店業などを経て、豊平村（札幌市）で木材・雑穀商と土地開墾事業を始め、これが成功し巨万の富を得る。9年部落伍長、11年村総代人となり、学校の新設、道路の建設、造林などの公共事業に寄付金のほか所有地を提供するなどして尽力。30年から大正元年にかけて精進川沿いに行った大掛かりな植林は模範林として表彰された。

安部井 磐根　あべい・いわね
衆院副議長
天保3年（1832）3月17日～大正5年（1916）11月19日　生陸奥国安達郡二本松北条谷（福島県二本松市）　名通称=惣右衛門、初名=清介、号=梅叟、真清水廼舎　歴陸奥二本松藩士の子。戊辰戦争が起こると二本松藩も奥羽越列藩同盟に加わったが、官軍につくことを主張して仙台で幽閉された。明治2年家督を相続して町奉行となり、その後、若松県に出仕した。5年官を退き、9年二本松地方最初の金融機関である相生社を創立。11年第1回福島県議に当選、初代議長に就任。12年安達郡長となったが、15年辞任した。19年、23年再び県議に当選、

そのたびに議長に就いた。23年第1回衆院選より2選。31年返り咲き。通算4期。26年衆院副議長を務めた。

安保 清種　あほ・きよかず
海軍大将 男爵
明治3年（1870）10月15日～昭和23年（1948）6月8日　生佐賀県　名旧姓・旧名＝沢野　学海兵（第18期）〔明治24年〕卒　歴沢野種鉄の三男で、安保清康の養子となる。明治27年海軍少尉に任官。38年日露戦争の日本海海戦では連合艦隊旗艦・三笠の砲術長として参戦した。同年英国駐在、41年海軍大学校教官、43年秋津洲艦長、44年第二艦隊参謀、大正2年英国大使館付武官、4年軍令部出仕兼参謀、同年安芸艦長などを経て、9年軍令部次長、11年国際連盟海軍代表、12年艦政本部長、13年海軍次官、14年呉鎮守府司令長官。昭和2年海軍大将に進んで横須賀鎮守府司令長官。3年軍事参議官、4年ロンドン海軍軍縮会議全権顧問、5年浜口内閣の海相。この間、明治41年男爵を襲爵した。　家父＝沢野種鉄（海軍大佐）、岳父＝安保清康（海軍中将）、女婿＝鎌田正一（海軍少将）

安保 清康　あほ・きよやす
海軍中将 男爵
天保14年（1843）1月1日～明治42年（1909）10月27日　生備後国御調郡向島西村（広島県尾道市）　名旧姓・旧名＝林清康、通称＝林謙三、勇吉　歴医師の四男。12歳の時に広島に出て漢学・医学を修め、万延元年（1860年）長崎に遊学、何礼塾で英学を学び、のち英国軍艦に乗り組んで2年間軍学を学んだ。慶応2年（1866年）薩摩藩に招かれ海軍養成に従事、3年同藩の春日艦で三条実美らを筑前から迎え、明治元年同艦し、阿波沖で幕府の回陽艦と戦い、奥羽北越に転戦した。2年兵器権少丞となり、日本海軍の創設に従事。5年海軍大佐に進み、9年海軍省副官兼軍務局長。佐賀の乱、台湾の役、西南戦争に出征。13年海軍少将。18年元老院議官、19年主計総監・会計局長を経て、22年海軍少将に復任。23年海軍中将に進み海軍大学校長、24年佐世保鎮守府司令長官。27年予備役となったが、28年召集され呉鎮守府司令長官。29年男爵を授けられ、同年安保と改姓した。　家養子＝安保清種（海軍大将）

安保 庸三　あほ・ようぞう
松阪鉄道社長 衆院議員（政友会）
元治2年（1865）2月16日～昭和17年（1942）5月1日　生伊勢国（三重県）　名旧姓・旧名＝四方　歴才賀藤吉の指導を得て松阪電気を設立し、のち社長となる。更に松阪鉄道社長、勢和自動車社長、南勢新聞社長、松阪共産取締役、三重出版取締役などのほか、三重農工銀行、松阪劇場などの監査役を務めた。一方、松阪町議、飯南郡議、三重県議、同議長を経て、大正13年衆院議員（政友会）に当選1回。

天春 文衛　あまかす・ふみえ
衆院議員（政友本党）
弘化4年（1847）11月9日～昭和2年（1927）8月24日　生伊勢国（三重県）　歴三重県第二大区小区戸長、同朝明郡書記、三重県議、同常置委員を務めた。明治22年と25年に衆院議員に当選。30～37年多額納税貴院議員。大正6年、9年と再び衆院議員に当選した。

天野 快道　あまの・かいどう
僧侶 真言宗醍醐派管長 醍醐寺座主
弘化3年（1846）12月～大正12年（1923）2月5日　生隠岐国黒木（島根県隠岐郡）　名旧姓・旧名＝坂口、別号＝自覚心院　歴安政5年（1858年）隠岐国の神宮寺で得度。元治元年（1864年）高野山に上り、大安院で宥淵や別所栄؅に師事した。その後、佐伯慈瑞や和田智満ら当時著名の高僧を訪問して仏教学を究めるとともに、隠岐や愛媛などで熱心に布教活動を行った。明治30年醍醐寺執事に就任。さらに、大正10年には同寺座主・大僧正に上り、真言宗醍醐派の第4代管長となった。

天野 清兵衛　あまの・せいべえ
幡豆製糸社長
弘化2年（1845）9月～大正6年（1917）5月17日　生三河国（愛知県）　名旧姓・旧名＝坂部、号＝静民　歴愛知県上横須賀村（現・西尾市）で戸長、村会議長を務める。明治29年幡豆製糸を創設、社長に就任。西尾の英語学校の創設にも携わった。

天野 政立　あまの・まさたつ
自由民権運動家 神奈川県平塚町長
嘉永7年（1854）3月3日～大正6年（1917）1月3日　生相模国愛甲郡中荻野村（神奈川県厚木市）　歴相模野山中藩医の二男。少年時代に荻野山中陣屋焼討事件に遭遇した。明治維新で従軍した後、明治5年足柄県の巡査となり、10年荻野村用掛、12年戸長、13年愛甲郡役所書記を歴任。傍ら、国会開設運動に従事して署名や請願運動を展開した。15年相愛社を結成、17年愛甲郡で減租嘆願運動が起こるとその総代として元老院との交渉に当たった。19年大阪事件に連座して拘引され、外患罪で軽禁固1年6ケ月の判決を受けるが、22年憲法発布の特赦で出獄。その後は大井憲太郎らとの大同協和会結成や条約改正反対運動などで活躍し、26年大磯町助役や、39年平塚町長などを務めた。

雨宮 敬次郎　あめみや・けいじろう
武相鉄道社長
弘化3年（1846）9月5日～明治44年（1911）1月20日　生甲斐国東山梨郡牛奥村（山梨県甲州市）　歴百姓で庄屋を務める家の二男。8歳で神観・古屋周斎に師事し、漢学を修めた。安政5年（1858年）郷里で独立し、繭・生糸・蚕種の仲買を始め、その商売活動はのちに信州・江戸・横浜にまで及んだ。明治5年横浜に出て洋銀相場、蚕種貿易、生糸の売込みなどを行い、相場師としての経験を積む。9年ヨー

ロッパの養蚕不作による生糸相場の高騰に乗じて財を成し、それを元手に洋行した。13年東京・深川に我が国初の蒸気を使用した製粉工場である泰靖社を開設。18年には長野県北佐久郡軽井沢に800町歩に及ぶ土地を購入し、米国の開拓事業を模して同地の開発に着手した。19年官営浅草製粉所の払い下げを受け、20年日本製粉会社（現・日本製粉）を創業、軍需用堅パン・ビスケットを製造して巨利を博す。一方で殖産興業のための鉄道の有用性に着目し、21年甲武鉄道（現・JR中央本線）への投機を行って同社の取締役に就任。以降も24年川越鉄道（現・西武国分線）、26年北海道炭坑鉄道、東京市街鉄道、大師電気鉄道（現・京浜急行）、27年豆相人車鉄道などの設立・経営に関与した。28年水道疑獄に連座・入獄するが、間もなく釈放され、29年武相中央鉄道創立委員長、35年東京商品取引所理事長、37年京浜電気鉄道社長、38年江ノ島電気鉄道社長などを歴任した。甲州の若尾逸平らと並ぶ"甲州商人"の代表的存在であり、その投機を中心とした商略から"投機界の魔王""天下の雨敬"と称された。　家女婿＝雨宮亘（実業家）

雨宮 竹輔　あめみや・たけすけ
園芸家
万延1年（1860）4月8日〜昭和17年（1942）6月18日
生甲斐国牛奥村（山梨県甲州市）　歴明治17年同郷の実業家・雨宮敬次郎を頼って上京し、小沢善平の谷中撰種園でブドウ栽培とワイン醸造法を学ぶ。19年郷里の山梨県に帰り、東京から持ち帰ったデラウェア種の試植に成功。以後はその栽培と勧奨・普及に努めるとともに白渋病やフィロキセラなどの病害の防除にも力を尽くし、今日のブドウ栽培の基礎を作った。"デラ葡萄の父"と呼ばれた。

雨宮 亘　あめみや・わたる
仙人製鉄所社長
明治2年（1869）7月26日〜大正7年（1918）9月4日
生甲斐国（山梨県）　名旧姓・旧名＝広瀬　学帝国大学卒　歴雨宮敬次郎の婿養子となり、明治29年から義父の岩手県仙人鉄山の経営に当たる。44年義父の死後、全事業を継ぎ、仙人製鉄所社長、桂川電力社長、大日本軌道社長などを務めた。　家岳父＝雨宮敬次郎（実業家）

雨森 菊太郎　あめもり・きくたろう
衆院議員（中正倶楽部）
安政5年（1858）9月7日〜大正9年（1920）5月4日
生山城国（京都府）　名旧姓・旧名＝岩垣　学独逸語学校卒　歴京都市議、京都府議などを経て、明治31年衆院議員に当選。3期務めた。24年東京・大阪・京都の府知事が市長を兼任する市政特例撤廃の理由書を起草した。

綾小路 家政　あやのこうじ・いえまさ
大正天皇侍従　子爵
明治10年（1877）3月23日〜大正9年（1920）12月4日　歴大炊御門家信の八男に生まれ、綾小路茂俊の養子となり、子爵を嗣ぐ。明治天皇、大正天皇の侍従を務めた。馬術に優れ、主馬寮技師となる。　家父＝大炊御門家信（公卿）、養父＝綾小路茂俊（公卿）

綾部 惣兵衛　あやべ・そうべえ
衆院議員（憲政会）
慶応3年（1867）6月6日〜大正2年（1913）10月4日
生武蔵国入間郡川越（埼玉県川越市）　学帝国大学医科大学薬学科卒　歴東京薬学校で薬学を専攻、埼玉県川越で薬種商を開業。地方自治・公共事業に尽力、川越商業会議所会頭、埼玉県薬品監視員地方済生会員を務めた。明治41年以来衆院議員当選2回。大正元年立憲同志会に入党。

鮎瀬 淳一郎　あゆがせ・じゅんいちろう
開墾家　栃木県議
文政9年（1826）12月〜明治35年（1902）2月5日
生下野国那須郡伊王野村（栃木県那須郡那須町）　名本名＝鮎瀬栄長、号＝梅村　歴下野伊王野村の代々庄屋のちに鮎瀬祐之丞（梅園）の子として生まれ、のち家督を継いで名主となり、幕末には真岡陣屋支配所那須郡村々取締役を兼ねる。明治維新後、日光県の伊王野村外六か村総代となる。栃木県の地租改正係を務め、明治12年初の栃木県議となって連続3期12年間務めた。22年初の村会議員、28年県教育諮問会員などに就き、日光を荒廃から守るために安生順四郎らと保晃会を組織。一方、早くから那須野原の開拓に注目し、10年「那須野開墾録」を起草して栃木県に建言。有志と広大な伊王野村の官有林の払い下げを受けて開墾植林し、村有基本財産の基を作るなど大規模な開墾事業を行った。また養蚕・製茶の改良など那須地方の殖産の振興に尽力した。　家息子＝鮎瀬善太郎（栃木県議）

阿由葉 鎗三郎　あゆは・そうさぶろう
衆院議員
慶応1年（1865）〜大正10年（1921）
生江戸　名旧姓・旧名＝下山　家父は江戸の剣客・千葉周作の高弟として知られる北辰一刀流の達人・下山信之。父が武術掛を務めていた江戸の旗本・富田帯刀邸で生まれたという。のち、栃木県足利郡の大地主・阿由葉勝作の一族であり、伯父に当たる阿由葉吟次郎の養嗣子となる。以後、家業の撚糸業に従事する傍ら、足利倉庫株式会社などの経営に参画。明治44年には栃木県議に当選し、次いで衆院議員も2期務めた。　家父＝下山信之（剣客）、養父＝阿由葉吟次郎（実業家）

荒井 郁之助　あらい・いくのすけ
中央気象台長
天保6年（1835）4月29日〜明治42年（1909）7月19日　生江戸　名本名＝荒井顕徳　歴安政4年（1857年）長崎海軍伝習所に学び、海軍操練所頭取などを経て、慶応3年（1867年）歩兵官となる。戊辰戦争で榎本武揚の軍に参加、北海道仮政府の海軍奉行

となる。明治2年宮古湾で敗退の後、官軍に降服。5年特赦を受け、開拓使出仕となり北海道開拓に尽力した。その後、12年内務省測量局長、函館気象台長などを務め、20年中央気象台の初代台長に就任。24年辞職した。　家義弟＝安藤太郎（農商務省商工局長）

新井 奥邃　あらい・おうすい
キリスト教思想家

弘化3年（1846）5月5日～大正11年（1922）6月16日　生陸奥国仙台（宮城県仙台市）　名通称＝常之進　学昌平黌　歴明治維新前後榎本武揚の軍に従って各地を転戦。函館でロシア人牧師ニコライと会って入信し、明治4年森有礼らの渡米に際して随行した。米国で牧師ハリスの門に入り、以後30年その農場（カリフォルニア）で生活し、32年帰国。帰国後は謙和舎を起して舎監となり、学生などの教育に従事。ひたすら修道に精進し、37年「信感」を刊行。無所属のキリスト教徒として、以後も「雑録」など多くの小冊子を刊行した。また、明治から大正にかけ、田中正造や高村光太郎らに深い影響を与えた。「奥邃広録」（全5巻）、「新井奥邃著作集」（全10巻、春風社）がある。

新井 粂次郎　あらい・くめじろう
新井組創業者

生年不詳～昭和11年（1936）11月1日　出三重県津市　歴明治35年津市で土木建築請負業の新井組を創業。やがて兵庫県に拠点を移した。昭和11年に亡くなると長く家業を手伝ってきた長男の寅一が後を継いだが、間もなく寅一と六男の新井清一郎に召集令状が届いたため、13年五男の辰一が家業を継承した。同社は辰一の下で大きく発展した。　家長男＝新井寅一（新井組会長）、五男＝新井辰一（新井組社長）

新井 啓一郎　あらい・けいいちろう
衆院議員（政友会）

文久1年（1861）8月～大正13年（1924）3月4日　出武蔵国（埼玉県）　歴戸長、所得税調査委員、徴兵参事員等を経て、明治25年衆院議員に初当選。35年まで連続5期務めた。

荒井 賢太郎　あらい・けんたろう
枢密顧問官　枢密院副議長

文久3年（1863）10月～昭和13年（1938）1月29日　出越後国高田（新潟県上越市）　学帝国大学法科大学〔明治25年〕卒　歴大蔵省に入り、奈良県収税長、大蔵省主計官、同参事官、主計局長を経て、朝鮮総督府参与官、同度支部長官などを歴任。大正11年加藤友三郎内閣の農商務相となり、勅選貴院議員。その後枢密顧問官、行政裁判所長官、懲戒裁判所裁判長、枢密院副議長などを務めた。

新井 毫　あらい・ごう
衆院議員（国民協会）

安政5年（1858）11月～明治35年（1902）10月24日　生上野国勢多郡黒保根村（群馬県桐生市）　学慶応義塾卒　歴自由民権運動に従事し、明治23年第1回衆院選挙に当選。通算3期務めた。35年清国へ渡る途中、播磨灘で乗り合わせた船から転落して亡くなった。

新井 章吾　あらい・しょうご
衆院議員（政友会）

安政3年（1856）2月12日～明治39年（1906）10月16日　生下野国都賀郡吹上村（栃木県栃木市）　歴明治14年「栃木新聞」創刊、自治政談社を組織。18年栃木県議となったが、上京して自由民権運動に参加、大井憲太郎の大阪事件に連座、投獄された。22年大赦出獄、23年の第1回衆院選以来、栃木県から議員当選7回。その間拓務省北部局長を務めた。

新井 石禅　あらい・せきぜん
僧侶　曹洞宗管長　総持寺貫主

元治1年（1864）12月19日～昭和2年（1927）12月7日　生陸奥国梁川村（福島県伊達市）　名本名＝新井仙太郎、旧姓・旧名＝石井、号＝穆英　学曹洞宗本校卒　歴12歳で出家、福島県の梁川町興国寺の新井如禅の弟子となった。名古屋の護国院、小田原の最乗寺各住職を経て、大正9年曹洞宗大本山鶴見の総持寺貫主となった。10年太陽真鑑禅師の号を賜わり、同年ホノルル別院入仏式に参列、北米を巡遊。11年以降隔年3期曹洞宗管長を務めた。また曹洞宗大学林（現・駒沢大学）学監・教授、宗務院教学部長なども務めた。著書に「新井石禅全集」（全12巻）がある。

荒井 泰治　あらい・たいじ
台湾商工銀行頭取　貴院議員（多額納税）

文久1年（1861）5月16日～昭和2年（1927）3月3日　生陸奥国仙台（宮城県仙台市）　名幼名＝泰輔　学宮城中卒、仏学塾卒　歴明治13年上京して中江兆民の塾に学ぶ。14年東京横浜毎日新聞社の編集部記者、ついで嚶鳴社に入り改進党本部書記長を務め、18年大阪新報社編集長に転じる。のち日本銀行総裁秘書を経て、23年鐘淵紡績支配人、27年東京商品取引所常務理事、30年富士紡績の支配人を歴任。33年サミュエル商会台北支店長として台湾に渡る。のち台湾商工銀行頭取に就任。台湾肥料社長などを務める。44年～大正7年貴院議員（多額納税）。また仙台商業会議所特別議員を務めた。

新井 高四郎　あらい・たかしろう
南三社会長　群馬県議

慶応2年（1866）12月3日～昭和27年（1952）2月20日　出上野国（群馬県）　学東京法律学校卒　歴蚕種や養蚕の改良につくし、昭和6年製糸組合碓氷社の社長、翌年南三社会長となる。群馬県下の蚕糸業の指導につくした。明治32年群馬県議。

新井 日薩　あらい・にっさつ
僧侶　日蓮宗管長　身延山久遠寺73世法主

天保1年(1830)12月26日〜明治21年(1888)8月29日　生上野国山田郡桐生町(群馬県桐生市)　名字=文高、号=文明院、容月　歴天保10年(1839年)得度。嘉永元年(1848年)金沢の優陀那院日輝の立像寺充洽学園に学び、安政元年(1854年)東京・駒込の蓮久寺に入寺。明治2年諸宗道盟会に参加、5年大教院教মি、7年身延山久遠寺73世法主、日蓮宗管長となった。9年管長を退き、12年孤児院福田会を開設、会長。同年大教正、16年大教院から「充洽雑誌」を創刊、19年本門寺住職となった。

新井 有貫　あらい・ゆうかん
海軍中将

嘉永2年(1849)11月〜明治42年(1909)12月1日　生江戸　歴明治27年日清戦争では扶桑艦長として、黄海海戦で功を立てる。30年横須賀軍港部長、31年海軍少将に進み、33年横須賀港務部長兼予備艦部長を務める。35年一旦休職するが、37年大本営付となり、日露戦争でも仁川で沈没したロシアの軍艦ワリヤークの引き上げを成功させた。この間、浪速艦長も務める。明治建軍の功績者。38年中将。

新井 領一郎　あらい・りょういちろう
実業家

安政2年(1855)7月19日〜昭和14年(1939)4月10日　生上野国勢多郡水沼村(群馬県桐生市)　名旧姓・旧名=星野　歴群馬県水沼村(現・桐生市)に代々養蚕製糸業を営む彼の地方きっての分限者、星野家の五男として生まれる。明治9年佐藤百太郎が募ったオセアニック・グループに参加、森村豊らとオセアニック号で渡米し、佐藤・新井商会を設立して生糸貿易を行う。その後、兄・星野長太郎らが設立した同伸会社のニューヨーク総支配人となった。26年には森村・新井商会を設立し、大正12年三菱商事に吸収合併されるまで日米間の繊維・雑貨貿易の要となった。明治38年にはニューヨークに日米ビジネスマンの社交場・日本クラブを設立した。　家兄=星野長太郎(実業家)、孫=ライシャワー、ハル(駐日米国大使夫人)

荒尾 邦雄　あらお・くにお
帝国大学工科大学舎監

弘化3年(1846)8月〜明治39年(1906)11月15日　生肥後国熊本(熊本県熊本市)　歴代々肥後熊本藩の宝蔵院流槍術師範を務める家に生まれる。明治2年上京して慶応義塾、大学南校などに学び、英学・工学を修める。7年伊勢山田宮崎外国語学校教師となり、9年から工学寮に勤め、19年帝国大学工科大学舎監となった。

荒尾 精　あらお・せい
大陸浪人

安政6年(1859)6月25日〜明治29年(1896)10月30日　生尾張国枇杷島(愛知県)　名字=耕雲、東方斎　歴陸士(旧5期)〔明治15年〕卒　東京外語を中退、明治15年陸士を卒業、陸軍少尉に任官。16年歩兵第十三連隊付、19年参謀本部から清国に派遣され、上海の薬商岸田吟香の楽善堂を拠点に清国各地を調査。22年帰国、23年研究生200余人を連れて上海に渡航、日清貿易研究所を設立、日清戦争直前の諜報活動に当たった。戦後東方通商協会を設立するため台湾に渡ったが、台北で黒死病に倒れた。

新垣 弓太郎　あらかき・ゆみたろう
自由民権運動家

明治5年(1872)8月5日〜昭和39年(1964)3月19日　生沖縄県南風原　学沖縄尋常中〔明治26年〕中退　歴上京後、台湾に渡り、20歳代に警officerを務め、帰国後東京専門学校書記となり、下宿屋を営んだ。明治31年沖縄自由民権運動の提唱者謝花昇が上京した時知り合い、参政権獲得運動に参加、奈良原繁治下の沖縄県政を批判。運動挫折後、頭山満の紹介で孫文を知り、のち中国に渡って辛亥革命下の国民党に参加して活躍した。大正12年帰郷。戦中沖縄戦で妻が日本兵に銃殺され、戦後は沖縄独立論者として通した。

荒川 邦蔵　あらかわ・くにぞう
内務省県治局長

嘉永5年(1852)4月〜明治36年(1903)10月11日　生山口県　学大学東校卒　歴山口に生まれ、長州藩医・荒川芳庵の養子となる。幼時より蘭学を修め、明治3年ドイツに留学し法律学を学んで、7年帰国。以来官吏となり、外務省奏任取扱御用掛、参事院議官補、太政官少書記官、内務少書記官、卿官房書記官などを経て、18年法制局参事官となり地方自治制度の創立に従事する。21年山県有朋に随い内務省参事官として欧米を巡遊し、23年帰国。24年内務省衛生局長、25年福井県知事を務め、31年内務省県治局長となる。同年6月退官、その後は帝国党の組織作りに尽力、幹事を務めた。

荒川 五郎　あらかわ・ごろう
衆院議員

慶応1年(1865)6月17日〜昭和19年(1944)8月3日　生安芸国山県郡八重村(広島県山県郡北広島町)　学日本大学法律科卒　歴通信省副参政官を経て、大東文化協会常任理事、大日本養正会理事長、全国私立学校協会理事長などを務め、憲政会政務調査会長となる。明治37年初当選以来、当選10回。

荒川 政七(1代目)　あらかわ・まさしち
荒川化学工業創業者

文政8年(1825)5月19日〜明治37年(1904)11月20日　生摂津国吹田(大阪府吹田市)　名後名=荒川政六　歴農家の二男として生まれる。大坂道修町の薬種問屋・小野平助商店に丁稚奉公に出て、安政3年(1856年)別家独立を許されて大坂伏見町に生薬商の玉屋を開業した。明治9年荒川政七商店を創業。13年長女・ハツと結婚した婿養子の2代目荒川政七に家督を譲り、荒川政六を名のった。隠居後は別宅で平穏な日々を過ごす傍ら、作業所を併設して松脂の加工や桶泡の製造などを手がけた。そ

の後、2代目政七の早世によりハツが家業を継ぎ、孫の荒川正太郎・菊治郎兄弟の代になって荒川化学工業として大きく発展した。　家長女＝荒川ハツ、孫＝荒川正太郎（荒川林産化学工業社長），荒川菊治郎（荒川林産化学工業社長），女婿＝荒川政七（2代目）

荒川 義太郎　あらかわ・よしたろう
長崎県知事 貴院議員（勅選）
文久2年（1862）9月28日～昭和2年（1927）4月1日　生武蔵国北豊島郡金杉村（東京都台東区）　学東京大学法学部〔明治17年〕卒　歴内務省に入り、御用掛、明治19年内務属となり岡山県書記官。22年内務参事官、23年富山県、次いで群馬、神奈川各県書記官、30年鳥取県知事、32年三重県知事、33年香川県知事を経て、同年長崎県知事。43年退官して横浜市長。同年錦鶏間祇候、勅選貴院議員となった。

有川 矢九郎　ありかわ・やくろう
実業家
天保2年（1831）9月14日～明治41年（1908）10月3日　名名＝貞実　歴薩摩藩士。文久3年（1863年）大砲打方戦兵として薩英戦争に従軍。その後は、薩摩藩の海軍に参加し、翔鳳丸・胡蝶丸・三邦丸の乗組員を務める。戊辰戦争中では船奉行・軍艦掛に任ぜられ、兵員の輸送に尽力。維新後、明治5年に藩から三邦丸を払い下げられ、次いで6年大蔵省から鹿児島丸を貸与されて海運業に転じた。その傍ら、7年の台湾出兵では海兵の輸送に協力している。

有坂 成章　ありさか・なりあきら
陸軍中将
嘉永5年（1852）2月18日～大正4年（1915）1月12日　生周防国岩国（山口県岩国市）　名旧姓・旧名＝木部　歴慶応2年（1866年）岩国藩の日新隊に入り、戊辰戦争に参加。明治6年陸軍兵学寮で語学専修生となり、15年砲兵大尉。このころから火砲の改良に尽力、23年砲兵会議審査官、29年東京砲兵工廠提理となり、31年有坂砲といわれる31年式速射砲を完成。国内生産だけでなく独仏両国にも注文して日露戦争に威力を発揮した。旅順攻略には26サンチ榴弾砲の使用を提案、陥落の要因となった。39年中将。44年技術審査部長。

有島 武　ありしま・たけし
官吏 実業家
天保13年（1842）2月10日～大正3年（1914）12月2日　生薩摩国（鹿児島県）　歴薩摩藩士・北郷久信に仕え、戊辰戦争時は日本海に出陣。明治5年租税寮に出仕、11年欧米視察。帰国後大蔵省少書記官、15年横浜税関長、のち関税局長、国債局長。26年退官して十五銀行取締役。日本鉄道専務、日本郵船監査役などを兼任。　家息子＝有島武郎（小説家）、有島生馬（画家）、里見弴（小説家）

有栖川宮 貞子　ありすがわのみや・さだこ
有栖川宮熾仁親王妃
嘉永3年（1850）10月27日～明治5年（1872）1月9日　生江戸　名幼名＝茂姫　歴水戸藩主・徳川斉昭の十一女。慶応3年（1867年）兄で徳川第15代将軍に就任した徳川慶喜の養女となり、明治3年有栖川宮熾仁親王と結婚と結婚したが、5年に亡くなった。　家夫＝有栖川宮熾仁（元老院議長），父＝徳川斉昭（水戸藩主）

有栖川宮 幟仁　ありすがわのみや・たかひと
有栖川宮第8代
文化9年（1812）1月5日～明治19年（1886）1月24日　生京都　名幼称＝八穂宮　歴有栖川宮韶仁親王の子。文政5年（1822年）光格天皇の養子となり、翌年親王宣下。弘化2年（1845年）父の死により家をつぎ、中務卿、国事御用掛となる。禁門の変後、長州藩内通の嫌疑を受けて罷免され、参朝停止および他人面会・他行禁止となる。慶応3年（1867年）国事御用掛に復任するが、政争への関与を嫌い辞退。維新後は議定、神祇関係の要職を歴任した。明治4年隠居。書道、歌道に優れ、祐宮（明治天皇）の師範を務めた。

有栖川宮 威仁　ありすがわのみや・たけひと
海軍大将・元帥 有栖川宮第10代
文久2年（1862）1月13日～大正2年（1913）7月5日　生京都　名幼称＝稠宮　学グリニッジ英国海軍大学校　歴有栖川宮幟仁親王の第4王子。明治7年海軍兵学寮に入り、西南戦争に従軍。11年兄・熾仁親王の後嗣として親王宣下。13年海軍少尉に任官。14～16年英国へ留学、22～23年欧米を歴訪。23年葛城、高雄、25年千代田の艦長、26年横須賀海兵団長などを歴任。日清戦争では松島艦長として従軍。32年東宮輔導となり、36年6月まで皇太子（大正天皇）の教導に当たる。32年海軍中将、37年海軍大将を経て、大正2年元帥府に列し元帥海軍大将となった。　家妻＝有栖川宮慰子，父＝有栖川宮幟仁，兄＝有栖川宮熾仁

有栖川宮 董子　ありすがわのみや・ただこ
有栖川宮熾仁親王妃
安政2年（1855）5月12日～大正12年（1923）2月7日　生越後国（新潟県）　名幼名＝栄姫　歴越後新発田藩主・溝口直溥の七女として生まれる。明治6年7月有栖川宮熾仁親王の継妃として結婚。西南戦争が始まると親王と共に佐野常民を援助して博愛社（のち日本赤十字社）を興した。20年より10年間慈恵病院幹事長を務めた。　家夫＝有栖川宮熾仁，父＝溝口直溥（新発田藩主）

有栖川宮 熾仁　ありすがわのみや・たるひと
有栖川宮第9代 元老院議長
天保6年（1835）2月19日～明治28年（1895）1月15日　生京都　名幼称＝歓宮　歴有栖川宮幟仁親王の長子。嘉永2年（1849年）親王宣下。4年（1851年）和宮親子内親王との婚約の内旨を受けるが、

と将軍徳川家茂の婚姻を内定したため、成婚辞退の願出を差し出した。公武合体論の盛んな元治元年（1864年）、尊攘運動支持のかどで国事御用掛を免ぜられた。慶応3年（1867年）王政復古の政変によって新政府の総裁職。以後、皇族の第一人者として公務を担当。戊辰戦争には東征大総督として参加。明治維新後は、兵部卿、福岡藩知事を経て、明治8年元老院議官、翌年議長に就任。西南戦争においては征討総督。13年左大臣となり、18年参謀本部長、22年参謀総長を兼任。藩閥勢力の中核となり、重要な役割を果たした。「熾仁親王日記」がある。　家妻＝有栖川宮董子、父＝有栖川宮幟仁、弟＝有栖川宮威仁

有栖川宮 慰子　ありすがわのみや・やすこ
有栖川宮威仁親王妃
文久4年（1864）2月8日～大正12年（1923）6月29日
　生加賀国（石川県）　歴加賀藩主・前田慶寧の四女として生まれる。明治13年有栖川宮威仁親王と結婚。幼い頃から野口之布に漢学を、松岡環翠に日本画を、高崎正風に和歌を学ぶ。英語・フランス語に堪能で、22年威仁親王の欧米視察に随伴した他、38年にはドイツ皇太子の結婚式に天皇・皇后の名代として参列した。慈恵病院幹事長、のち総裁を務めた。　家夫＝有栖川宮威仁、父＝前田慶寧（加賀藩14代藩主）

有田 音松　ありた・おとまつ
有田ドラッグ創業者
慶応3年（1867）～昭和19年（1944）
　生安芸国広島（広島県）　歴先祖は備後福山城主に仕えた槍術指南役ともいわれる。14歳で大阪の薬問屋に奉公。遊び好きで、新聞を発行してゆすりなどを働く。やがて朝鮮に渡り韓満売薬商会を設立したが、失敗。帰国後の明治37年有田ドラッグ商会を設立、薬品販売を開始。ドラッグ王を自称したがインチキ商法が知れわたる。新聞を武器に信用回復を図るが、大正14年雑誌「実業之世界」と対立、論争に敗れ業界から消えた。詐欺および誇大広告違反、売薬法違反などで送検された。

有田 義資　ありた・よしすけ
三重県知事 津市長
嘉永6年（1853）12月25日～没年不詳
　生伊勢国（三重県）　歴安政4年（1857年）家督を相続。明治8年内務省に入省。33年徳島県知事、同年福島県知事、39年群馬県知事、41年三重県知事を歴任。大正5～10年津市長も務めた。　家女婿＝松村菊勇（海軍中将）

有地 品之允　ありち・しなのじょう
海軍中将 貴院議員 男爵
天保14年（1843）3月15日～大正8年（1919）1月17日　生長門国萩（山口県萩市）　名信政、号＝一葦、幼名＝熊蔵　歴戊辰戦争において、奥州各地で功をあげ、明治2年近衛兵大隊軍監となる。3年ヨーロッパ軍事視察、4年陸軍少佐に任官。7年海軍に転じ、常備艦隊司令長官などを経て、25年海軍中将、呉鎮守府司令長官となる。28年日清戦争に際し再び常備艦隊司令長官となり、台湾占領に従事。30年貴院議員。大正6年枢密顧問官。海軍思想の普及に力をいれ、日本海事協会を設立し、理事長としても活躍した。　家弟＝梨羽時起（海軍中将）、三男＝有地藤三郎（海軍造兵大佐）

有福 恂允　ありふく・じゅんすけ
萩の乱で挙兵した旧長州藩士
天保2年（1831）～明治9年（1876）12月3日
　生長門国萩（山口県萩市）　名通称＝半右衛門　歴文久3年（1863年）祐筆役、同年藩校・明倫館舎長となる。三条実美らの七卿が長州へ落ちてきた際には御用掛を務めた。明治維新後は萩で家塾を開いたが、明治9年前原一誠らの萩の乱に加わり、処刑された。

有馬 四郎助　ありま・しろすけ
社会事業家 網走監獄初代所長
文久4年（1864）2月2日～昭和9年（1934）2月9日
　生薩摩国（鹿児島県鹿児島市下荒田町）　名旧姓・旧名＝益満　歴北海道集治監網走分監（網走監獄）長、内務省監獄局計表課長、市谷監獄署長などを経て、神奈川典獄となり、明治39年小田原に幼年監獄を創設。幼年保護会を設立し少年釈放者保護事業を始める。昭和2年豊多摩刑務所長に就任。4年には汎米社会事業会議に日本代表として出席した。

有馬 新一　ありま・しんいち
海軍中将 男爵
嘉永4年（1851）1月26日～明治42年（1909）12月6日　生薩摩国鹿児島（鹿児島県鹿児島市）　名旧姓・旧名＝築瀬新之丞　学海兵（第2期）明治7年卒　歴薩摩藩士の子に生まれる。初め築瀬新之丞、のち有馬家を継いで新一と改名した。海軍兵学寮第2期生で、明治7年首席で卒業し少尉補となる。8年米国に航海し、10年西南戦争では筑紫に乗り組む。15年大尉。23年高等軍法会議判士となり、大佐。日清戦争では金剛の艦長となり、戦利艦・鎮遠の回航委員長を務める。28年橋立艦長。30年英国で竣工した八島の回航委員長としてスエズ運河を見事通過させ操艦の名手として知られた。33年北清事変には艦隊司令官、日露戦争では海軍教育本部長、艦政本部長、呉鎮守府司令長官を務めた。35年海軍中将に進み、36年東京軍法会議判士長となる。39年第一艦隊司令長官に就任。40年男爵。42年佐世保鎮守府司令長官在任中に死去した。

有馬 藤太　ありま・とうた
司法省小判事
天保8年（1837）～大正13年（1924）7月
　生薩摩国鹿児島（鹿児島県鹿児島市）　父は薩摩藩の砲術師範。攘夷派であったが薩英戦争、藩命により英国人監督を命じられ、その護衛についたこともある。鳥羽・伏見の戦いでは中村半次郎

有馬 秀雄　ありま・ひでお
衆院議員（政友会）

明治2年（1869）3月～昭和29年（1954）12月10日　生福岡県　学駒場農学校実科〔明治25年〕卒　歴台湾総督府嘱託、久留米六十一銀行頭取、寺島町長などを経て、東京市議、京都府議、東京都議などを務める。明治45年衆院議員に初当選以来当選4回。

有馬 頼万　ありま・よりつむ
農商務省御用掛　伯爵

元治1年（1864）6月15日～昭和2年（1927）3月21日　回筑後国久留米（福岡県久留米市）　歴筑後久留米藩主・有馬頼咸の五男に生まれる。明治10年兄・頼匡が隠居、有馬家を嗣いで伯爵となる。明治維新後は宮内省式部職御用掛、農商務省御用掛などを歴任。日清戦争の際、軍資金として私財を投じ、また旧藩領の久留米に中学校を設立した。

有馬 良橘　ありま・りょうきつ
海軍大将　枢密顧問官

文久1年（1861）11月15日～昭和19年（1944）5月1日　生紀伊国（和歌山県）　学海兵（第12期）〔明治19年〕卒　歴明治21年海軍少尉に任官。日露戦争の緒戦では第一艦隊参謀として旅順港口閉塞作戦を指揮した。37年音羽、38年笠置、39年磐手の艦長、40年第二艦隊参謀長、41年砲術学校校長、43年軍令部参謀第一班長、大正元年第一艦隊司令官、3年海軍兵学校校長、5年教育本部長、6年第三艦隊司令長官を経て、8年海軍大将。11年予備役に編入。昭和6年明治神宮宮司となり、同年枢密顧問官となった。

有松 英義　ありまつ・ひでよし
法制局長官　貴族院議員（勅選）

文久3年（1863）6月10日～昭和2年（1927）10月24日　回岡山県　学独逸学協会学校卒　歴明治21年高等文官試験合格、判事試補、23年判事。以後司法省参事官、農商務省参事官、法制局参事官、内務省警保局長、三重県知事を経て再び警保局長、大正5年法制局長官兼拓殖局長官。この間、明治44年勅選貴院議員。大正9年より枢密顧問官。

有本 国蔵　ありもと・くにぞう
有本本店創業者

万延1年（1860）3月～昭和19年（1944）　生丹後国舞鶴（京都府舞鶴市）　歴12歳で丁稚奉公に出、大阪の洋服店に入る。のち独立して有本本店を創業。明治32年大阪市議。明治から昭和にかけて郷里の舞鶴に図書館用地購入費や公会堂建築費など多額の寄付を行った。

有森 新吉　ありもり・しんきち
衆院議員（庚申倶楽部）

安政7年（1860）1月26日～昭和8年（1933）11月18日　生備前国岡山城下（岡山県岡山市）　学専修学校理財科〔明治14年〕卒、ストラスブルグ大学政治科〔明治24年〕卒　歴ドイツ留学の後、学習院教授、函館中学校長を務める。のち岡山県議を経て、明治45年以来衆院議員に当選3回。また「山陽新報」主筆・社長ほか多くの会社役員を歴任した。

有吉 忠一　ありよし・ちゅういち
朝鮮総督府政務総監　横浜市長

明治6年（1873）6月2日～昭和22年（1947）2月10日　生豊岡県宮津（京都府与謝郡与謝野町）　回東京都　学三高卒、帝国大学法科大学〔明治29年〕卒　歴内務省に入り、島根、兵庫各県参事官、内務参事官、官房台湾課長を経て、明治41年千葉県知事、43年韓国統監府総務長官、朝鮮総督府総務部長官、44年宮崎県知事、大正4年神奈川県知事、8年兵庫県知事。大正11～13年朝鮮総督府政務総監、14年横浜市長。昭和5～21年勅選貴院議員。横浜商工会議所会頭、日本商工会議所副会頭なども務めた。　家長男＝有吉義弥（日本郵船社長）、弟＝有吉明（外交官）

有賀 善五郎（14代目）　あるが・ぜんごろう
商人　群馬県議

天保12年（1841）～明治18年（1885）9月11日　回上野国（群馬県）　名名＝秀成　屋大三　歴13代目有賀善五郎の長男で、"天下一"の商標で知られた家業の生糸問屋を相続した。明治12年群馬県議。　家父＝有賀善五郎（13代目）

有賀 長文　あるが・ながふみ
三井合名常務理事

慶応1年（1865）7月7日～昭和13年（1938）9月11日　生摂津国（大阪府）　学帝国大学法科大学政治学科〔明治22年〕卒　歴明治22年法制局試補となり、貴院書記官、農商務省工務局長を務め、31年辞任。欧米漫遊後の33年井上馨の秘書となり、35年井上の推薦で三井同族会理事に就任、42年三井合名理事、大正11年常務理事となった。ほかに王子製紙、日本製鋼所、三井信託、三井生命、北海道炭礦汽船などの重役を兼任、"三井の宮内大臣"といわれた。昭和10年常務理事を辞め相談役、11年相談役も辞任した。日本工業倶楽部専務理事、日経連常務理事も務めた。　家兄＝有賀長雄（国際法学者）

有賀 文八郎　あるが・ふみはちろう
実業家　宗教家
慶応4年(1868)3月5日～昭和21年(1946)8月19日　生陸奥国白河(福島県白河市)　名イスラム名＝アフマッド　歴10代の若さで小学校校長を務めたのち横浜で英語を学ぶ。次いで貿易会社に入社して南洋貿易に従事し、インド・ボンベイ赴任中にイスラム教に入信。日本におけるイスラム教徒の先駆者となる。帰国後は会社を経営する傍ら、モスク建立資金のために私財を投じるなど、イスラム教の日本定着に尽力。還暦後は実業界を引退してイスラム教の布教に専念した。

粟津 高明　あわず・たかあきら
キリスト教伝道者
天保9年(1838)4月29日～明治13年(1880)10月29日　生江戸　名通称＝桂二郎　歴近江膳所藩士の子。明治維新前に脱藩し、明治元年J.C.ヘボン、J.H.バラらに英語を学ぶ中でキリスト教に惹かれ、同年バラから受洗した。2年大蔵省に出仕し、次いで海軍兵学寮教師となり、英語を教える傍ら伝道に従事。5年日本基督公会(横浜公会)の設立に参加。6年には東京のキリスト者たちと築地に東京公会(のち新栄教会)を組織し、伝道教師長老に選ばれた。9年公会への外国宣教師からの干渉に反対して同会を脱退し、教会の独立・自治を主張して麻布の自宅に日本教会を設立。没後同教会は小崎弘道の新桜田協会と合併し、霊南坂教会となった。

粟津 清亮　あわつ・きよすけ
保険学者　日本傷害火災海上社長
明治4年(1871)4月20日～昭和34年(1959)3月23日　生京都府　名旧姓・旧名＝浅田　学帝国大学卒。日本火災取締役、日本傷害火災海上社長を歴任。保険学者としても活躍し、保険学会を主宰した。著作に「保険学要綱」「華西俗談」など。

粟野 善知　あわの・ぜんち
岩手県南都田村長　胆沢振興の祖
元治1年(1864)～昭和6年(1931)　生岩手県胆沢郡南都田村(奥州市)　歴岩手県南都田村(現・奥州市)に生まれる。明治32年南都田村長になり、35年岩手県初の耕地整理に着手。約300ヘクタールに渡る大規模な耕地整理は当時としても珍しく、二毛作や馬耕が容易になるなど同地方が岩手県有数の穀倉地帯となる土台を築いた。他にも消防や農協など地域づくりに尽力したが、大事業による借金のために失脚したといわれる。

粟谷 品三　あわや・しなぞう
衆院議員(無所属)
文政13年(1830)3月～明治28年(1895)11月10日　生大坂　歴銃砲火薬商を営んでいた。戸長となり、しばしば大阪府議となる。明治23年衆院議員に初当選。以後連続4期務めた。

淡谷 清蔵(5代目)　あわや・せいぞう
青森商業会議所会頭　衆院議員　青森市長
弘化3年(1846)9月～大正12年(1923)7月10日　生陸奥国(青森県青森市)　歴青森随一の呉服屋に生まれる。呉服業の傍ら、金融業・盛融合資会社を営み、明治45年同社が青森銀行に買収されると、頭取に就任。この間、青森商業会議所(現・青森商工会議所)の設立にも参加し、31年第2代会頭に就任した。一方、早くから政界にも進出。22年青森町議(31年の市制施行後は市議)、35年県議を経て、36年衆院議員。37年の衆院解散後は出馬せず、41年青森市長となるが、水道部慰労問題で43年辞任。以後政界を引退し、青森大火の復興などに力を尽くした。

安生 順四郎　あんじょう・じゅんしろう
酪農家　栃木県議
弘化4年(1847)9月30日～昭和3年(1928)5月15日　生下野国上都賀郡久野村(栃木県鹿沼市)　歴明治6年に戸長となり、栃木県下の学区取締などを歴任。9年には同県初の本格的牧場である発光路牧場を開き、牝牛の飼育や牛乳の販売などを始めた。12年栃木県議となるともに、その初代議長に選ばれ、以後3度に渡って議長職を務めた。17年県議を退いたのち、19年に郷里上都賀郡の郡長に就任し、23年まで在職。その一方で旧会津藩主松平容保を会長に立てて保晃会を結成し、その副会長として日光山の社寺保存に尽力した。明治30年代以降、政界・酪農・保晃会から引退した。

安瀬 敬蔵　あんぜ・けいぞう
自由民権運動家
天保12年(1841)～明治42年(1909)　生陸奥国田村郡堀田村(福島県田村市)　歴明治6年福島県常葉区長・河野広中の下で同区区長を務める。7年に河野が石川区長に転任すると、その後任として常葉区長に就任し、次いで喜多方区長となった。この頃から河野らの影響を受けて自由民権運動に加わり、12年喜多方地方の肝煎らとかって民権結社・愛身社を結成。しかし、15年に反民権運動の急先鋒である三島通庸が福島県令として着任すると、直ちに弾圧を受けて逮捕・投獄された。間もなく釈放されたが、17年には加波山事件の主導者の一人・三浦文次を匿ったために再び逮捕された。晩年は郷里で暮らしたという。

安藤 厳水　あんどう・いずみ
陸軍中将
元治1年(1864)6月12日～昭和10年(1935)1月28日　生土佐国土佐郡小高坂村(高知県高知市)　学陸士卒　歴高知県士族・安藤厳技の長男に生まれる。明治16年陸軍歩兵少尉となり、陸軍士官学校生徒隊長、43年歩兵第五旅団長、大正2年歩兵第一旅団長などを歴任。4年中将となり、第十三師団長に就任。予備役編入後は帝国在郷軍人会副会長、同顧問を務めた。

安藤 兼吉　あんどう・かねきち
弁護士 日本電灯会社専務
慶応2年(1866)～大正7年(1918)12月22日
[生]美濃国海津郡海西村(岐阜県海津市) [名]旧姓・旧名=佐久間 [学]明治法律学校卒 [歴]佐久間氏に生まれ、のち安藤の姓を名乗る。慶応義塾、明治法律学校に学び、明治24年代言人(弁護士)となり、のち東京市議を務める。東京弁護士会常議員会議長だった大正元年、弁護士を辞めて実業界に入り、日本電灯会社の設立に尽力、専務に就任した。

安藤 亀太郎　あんどう・かめたろう
衆院議員(政友会)
安政6年(1859)5月～明治38年(1905)2月1日
[出]神奈川県 [学]東京法学院〔明治29年〕卒 [歴]明治31年より衆院議員を連続3期務めた。

安東 九華　あんどう・きゅうか
衆院議員(国民協会)
文政8年(1825)3月25日～明治37年(1904)1月8日
[生]豊後国西国東郡(大分県) [名]本名=安東宗明,字=子成 [歴]帆足万里の藩校に学び、父の没後庄屋を継いだ。明治15年大分県西国東郡の郡長、23年第1回衆院選に当選、代議士として活躍。その間、秋月の乱、西南の役には福岡県属として鎮圧に努力。また公共事業にも尽力、その功績を称えて寿蔵碑が郷里に建てられた。

安藤 謙介　あんどう・けんすけ
京都市長 新潟県知事 衆院議員
嘉永7年(1854)1月1日～大正13年(1924)7月30日
[生]土佐国安芸郡羽根(高知県室戸市) [学]東京外国語学校〔明治19年〕卒, ペテルブルク大学 [歴]田野学館、藩校致道館に学ぶ。明治5年上京しニコライ塾でロシア語を学び、のち塾頭となる。9年外務省に入りロシア領事館勤務のためニコライと共にロシアに渡る。11年ペテルブルク公使書記生となる。在勤しながら余暇に大学で法学・行政学を修め、15年にはペテルブルク大学日本語学教授を務めた。18年帰国し、20年司法省に転じ名古屋控訴院検事となり、23年岐阜地裁検事正に進む。以来、前橋、熊本、横浜などの地裁検事正を歴任。29年富山県知事に任命され、31年千葉県知事となるが、同年辞して実業界に入り成田火災保険社長、植田無煙炭鉱会社社長を務める。36年富山県から衆院議員に当選1回。37年愛媛県知事となるが、42年休職、43年韓海漁業を創立して社長に就任。44年長崎県知事、大正2年新潟県知事となるが、3年第二次大隈内閣になって退官。同年～7年横浜市長、同年～9年京都市長を務めた。

安東 貞美　あんどう・さだみ
陸軍大将 台湾総督 男爵
嘉永6年(1853)8月19日～昭和7年(1932)8月29日
[生]信濃国飯田(長野県飯田市) [学]大阪兵学寮卒
[歴]信濃飯田藩士で槍指南役・安東辰武の三男に生まれ、母は歌人の菊子。初め久吉、のち貞美と改める。習字と文学を高遠藩の儒者・中村黒水らに学び、明治3年大阪兵学寮に入り、5年陸軍少尉、16年少佐となる。26年欧州へ出張、27年帰国して大佐となり、31年少将、台湾守備混成第二旅団長。この間、参謀本部出仕、陸軍士官学校校長を務め、西南戦争、日清戦争に従軍、日露戦争では歩兵第十九旅団長として出征、中将に昇進。40年男爵を授かる。43年第十二師団長、45年朝鮮駐剳軍司令官を経て、大正4年台湾総督、大将となった。

安藤 庄太郎　あんどう・しょうたろう
安藤建設創業者
安政4年(1857)10月～明治44年(1911)3月23日
[出]美濃国稲葉郡長良村(岐阜県岐阜市) [歴]少年の頃に東京・神田で瓦業を営んでいた叔父を頼って上京。明治6年土木建設工事請負業の安藤方を創業。26年陸軍・鉄道・逓信各省の出入り業者となり、日清戦争に前後して陸軍から小石川の東京砲兵工廠の建設を一手に引き受けて社業の基礎を確立した。36年民間工事第1号として愛国生命保険(現・日本生命)の日比谷本館を新築。44年合名会社の安藤組(現・安藤建設)を設立、代表社員となったが、間もなく没した。 [家]二男=安藤徳之助(安藤組社長)

安藤 新太郎　あんどう・しんたろう
衆院議員(政友会)
慶応4年(1868)1月～大正8年(1919)2月13日
[出]兵庫県 [学]明治法律学校 [歴]日本汽船問屋業同盟会会長、ほかに辰馬汽船、浦賀船渠などの重役となる。明治36年衆院議員に当選。以来連続4期務める。後に第16回列国議会同盟会議に参列した。

安藤 太郎　あんどう・たろう
農商務省商工局長 禁酒運動家
弘化3年(1846)4月8日～大正13年(1924)10月27日 [生]江戸四谷北町(東京都新宿区) [名]字=忠経
[歴]志摩鳥羽藩医・安藤文鐸の子。安政元年(1856年)安井息軒に漢学を学ぶ。文久元年(1861年)坪井芳洲の塾に寄宿して蘭学を、箕作秋坪について英学を修めた。2年海軍操練所の生徒となり、慶応元年(1865年)陸軍伝習所に入った。4年榎本武揚に従って箱館へ転戦、五陵郭に籠城した。明治3年赦免され、4年大蔵省に出仕。間もなく外務省に転じ、岩倉使節団に随行。6年帰国。7年香港副領事、10年香港領事、17年上海領事、19年ハワイ総領事、24年外務省通商局長兼移民課長、28年農商務省商工局長を歴任。30年退官。この間、21年榎本より贈られた酒樽を妻が割ったことから禁酒に踏み切り、同年受洗。以後はキリスト教宣教と禁酒運動にも力を注いだ。31年日本禁酒同盟会会長。 [家]義兄=荒井郁之助(中央気象台長)

安藤 黄楊三　あんどう・つげぞう
大分県議
文久2年(1862)11月6日～昭和20年(1945)3月29日 [生]豊後国松岡村(大分県大分市) [学]外国語学

校中退 歴郷里・豊後の儒者に学んだのち上京し、外国語学校に学ぶが、病を得て3年で帰郷。のち大阪で簿記を習い、次いで再び東京に上ってフランス語と理財学を修めた。一時期、渡欧を志すが、父に反対されて頓挫し、郷里に戻って家業の醤油醸造業に従事した。その傍らで政治活動に参加し、改進党に所属。地元で県友社を興して機関誌「県の友」を創刊。明治23年には小原正朝とともに大分改進党の機関誌「大分新聞」を発行し、党の活動を側面から支えた。24年郡会議員となり、26年には大分県議に当選。また、明治大分水路の建設事業にも奔走、日本勧業銀行から資金を借り入れ、財政難のため中断されていた同事業を32年に完成させた。大正5年には豊後銀行を創立した。 家六男=安藤楢六(実業家)

安藤 就高　あんどう・なりたか
会計検査院副長
文政13年(1830)4月30日〜明治19年(1886)1月10日　生美濃国安八郡名森(岐阜県安八郡安八町)　歴藩に出仕し、堤防の修築、橋梁の架設など民治に尽力。租法・財政に精通し、明治元年会計事務局出仕となり、商法司判事、商法司知事、出納司知事を歴任。2年民部官出仕に転じ、庶務司判事、監督司知事、監督正を経て、3年大蔵少丞となり、この間太政官札の発行事務に敏腕をふるった。4年租税助、ついで検査頭となる。地租改正令の発布以来地租改正局の事務にもあたり、元年〜8年歳入出決算を管掌した。14年会計検査院副長に就任。

安藤 則命　あんどう・のりなが
元老院議官 東京警視庁中警視
文政11年(1828)3月〜明治42年(1909)11月23日　生薩摩国鹿児島(鹿児島県鹿児島市)　名通称=十郎　歴もと薩摩藩士。明治元年東京府中中取締隊長、5年邏卒総長などを経て、7年東京警視庁設置とともに権大警視・中警視となり、川路利良大警視を補佐する役を務めた。12年には藤田組贋札事件を追及し、上層部の干渉によって罷免された。17年元老院議官を経て、23年貴院議員に勅選された。

安藤 福太郎　あんどう・ふくたろう
実業家
文久4年(1864)1月〜大正15年(1926)4月1日　生信濃国(長野県)　歴明治18年上京して井筒屋香油店に務め、5年後には番頭に取り立てられる。のち某家の養子となり資本を得て化粧品店を営み、米国製歯磨きを手本に歯磨きを開発し、象印の名で発売し成功する。その後、養家を去り独立して化粧品店の経営を続け、口中香錠カオール、香水オリヂナル、歯磨きエレファント、安福石鹸などが好評を博した。

安中 常次郎　あんなか・つねじろう
安中電機製作所創業者
明治4年(1871)12月〜大正2年(1913)4月8日　生犬上県彦根町安養寺中町(滋賀県彦根市)　名旧姓・旧名=福山　学札幌農学校,工手学校電工科〔明治32年〕卒　歴彦根で酒造業を営む家の五男。明治32年帝国大学工科大学助手となり、大学で経験を積むうちに無線電信の将来性に着目。33年神田に無線電信機の主要部品であるインダクションコイルの研究・開発のため安中電機製作所(現・アンリツ)を創業した。同社は我が国唯一の無線通信機製造会社として、海軍省や陸軍省、通信省の指定工場となり業績を伸ばし、その開発により「三六式無線電信機」は海軍の全艦船に配備され、日露戦争における日本海海戦でも哨戒艦・信濃丸から打電された電文により連合艦隊はいち早い行動を可能とし、海戦の完勝に貢献した。　勲勲六等瑞宝章〔明治40年〕

安楽 兼道　あんらく・かねみち
警視総監 貴院議員(勅選)
嘉永3年(1850)12月12日〜昭和7年(1932)4月12日　生薩摩国(鹿児島県)　名旧姓・旧名=新納　歴新納家に生まれ、安楽家の養子となる。明治8年警視庁警視となり、以来警察畑を歩く。29年山口県知事、30年福島県知事、31年岐阜県知事、32年内務省警保局長を経て、33年警視総監。37年勅選貴院議員。

安楽 勇十郎　あんらく・ゆうじゅうろう
明治銀行総支配人
明治1年(1868)10月25日〜大正15年(1926)8月23日　生薩摩国(鹿児島県)　名旧姓・旧名=佐藤　学東京帝国大学卒　歴明治31年警視庁に入るが1年で辞し、実業界に転じる。明治銀行総支配人、琵琶倉庫取締役などを歴任した。　家養父=安楽兼道(貴院議員)

【い】

飯 忠七　いい・ちゅうしち
今治築港の功労者
天保12年(1841)12月〜大正11年(1922)1月　生伊予国今治(愛媛県今治市)　歴伊予今治藩の御用紺屋であった吉田屋の長男として生まれる。明治維新に際して今治の将来は海運を盛んにしなければならないと考え、弟に家業を譲り海運業を始める。明治4年大阪との間に押切船と呼ばれた早船を就航させて綿替木綿輸送を始め、9年には苦心の末に蒸気船の寄港を実現させた。その後も船待ち客のための旅館の開設や灯台建設を提唱するなど今治築港のために尽力、11年ついに今治を四国最初の開港場とすることに成功した。

飯島 喬平　いいじま・きょうへい
大審院検事

明治10年(1877)9月～大正10年(1921)3月5日
⑰神奈川県　㊊東京帝国大学法科大学卒 法学博士〔大正8年〕　㊟明治37年東京地裁判事任官、以後司法参事官、司法相秘書官、大審院検事を歴任した。また、法律取調委員会、臨時法制審議会、特殊権利審査会、臨時条約改正委員会の幹事、委員を務めた。著書に『民法要論』『民法物権篇』『契約法総則』『商法総則』などがある。

飯島 善太郎　いいじま・ぜんたろう
鉄道信号創業者
生没年不詳
㊟明治22年米国のワグナー社に入社。27年帰国して芝浦製作所に入り、電灯用変圧器を製作。37年飯島変圧器製作所を創業。大正8年安中電機製作所と合併して安中電気飯島工場となった。昭和2年吉村電機商会鉄道信号部と合併、鉄道信号を設立。3年には三村工場・塩田工場と合併し日本信号となった。

飯島 保作　いいじま・ほさく
十九銀行頭取 古川柳研究家
文久3年(1863)9月21日～昭和6年(1931)7月26日
⑰信濃国上田(長野県上田市)　㊉旧姓・旧名＝和泉、号＝花月、雪堂　㊊上田二番小卒　㊟信州上田の名家・和泉七の子に生まれ、のち飯島家の養子となる。小学校を卒業して三等郵便局長となる。一時政治に関心を持ち、改進党系の結社・己丑倶楽部に入って活躍。明治29年生地の長野県上田町の収入役、32年郡議となる。一方、諏訪倉庫や上田倉庫の取締役、上田商業会議所会頭などを歴任して経済界に腕を振るう。大正8年十九銀行頭取に就任、昭和恐慌に際し六十三銀行との合併による八十二銀行の創立に奔走したが、合併直前の昭和6年7月、腸チフスで急逝した。若い頃から文学を好み、花月、雪堂の号で、和歌・狂歌・川柳に優れた作品を残す。江戸庶民文学の研究家としても知られ、特に古川柳の研究に造詣が深く、岡田三面子らと親交があった。古書の収集に力を入れ、その蔵書1万冊は花月文庫として上田市立図書館に寄贈された。著書に『花月随筆』『川柳真田三代記』などがある。

飯塚 森蔵　いいずか・もりぞう
自由民権運動家
嘉永7年(1854)6月2日～没年不詳
⑰武蔵国秩父郡下吉田村(埼玉県秩父市)　㊟田中千弥に師事。明治13年群馬県南甘楽郡平原村の小学校教師となり、16年校長に就任。自由民権思想の影響を受け、17年下吉田村に帰り村の筆生(助役)となる。同年11月1日田代栄助を秩父困民党総理として農民3000人と決起、乙大隊長となって東京に向かったが、武装鎮台兵の反撃で解体、消息を絶った。欠席裁判で重懲役11年。潜伏先の愛媛県で死亡したとされるが、異説があり、20年北海道へ脱出、自由党笠松立太を頼り、26年12月23日に釧路近辺のアイヌコタンで没したとされる。

飯田 岩治郎　いいだ・いわじろう
大道教教祖
安政5年(1858)3月23日～明治40年(1907)5月16日　⑰大和国生駒郡(奈良県生駒郡安堵町)　㊟文久3年(1863年)腹痛にかかったところを天理教教祖・中山みきに治療してもらい、以来、彼女から深い感化を受ける。やがて、みきから授かった「水のさづけ」(水を媒体として神の恵みを取り次ぐ能力)を用いて人々を救済するようになった。明治14年に上京し、私塾を営む傍ら、みきの創始した天理教の布教・勢力拡大に尽力。みきの死後は教導職試補・天理教平安支教会会長などを歴任。29年みきからの啓示を受けて本部の改革を志すが、そのために本部指導者と対立し、40年天理教を去った。33年かつての平安支教会の信者を主体に大道教を結成。35年に授かった御詞(永遠の教書とされる)などをもとに教団の基礎固めを行った。

飯田 歌子　いいだ・うたこ
実業家
天保2年(1831)～明治40年(1907)10月12日
⑰京都　㊟京都の呉服店・高島屋の創業者である初代飯田新七の長女。嘉永4年(1851年)上田家から商才に長けた直次郎(のち二代新七)を婿養子に迎える。嘉永5年(1852年)以降、家督を継いだ夫と共に店の経営にあたり、大いに業績を伸ばした。元治元年(1864年)禁門の変によって店が焼失するが、幸いにも倉と商品に損害はなく、すぐさま商売を再開。彼女は自ら呉服太物を背負って行商に出るなど率先して働き、夫や店員たちを励ました。明治3年には京都高辻通烏丸西に新店舗を築造。7年に父が、11年には夫が相次いで没するが、後を継いだ長男・直次郎(三代新七)を盛り立て、店員制度の改革や商品・流通の改良を図り、業務の拡大に尽力。のちに高島屋は英国やフランスにも貿易店を開設するまでに成長した。㊋父＝飯田新七(1代目)、夫＝飯田新七(2代目)、長男＝飯田新七(3代目)、二男＝飯田新七(4代目)

飯田 英三　いいだ・えいぞう
陸軍中将
安政5年(1858)～大正3年(1914)10月20日
⑰下野国(栃木県)　㊊陸士(第4期)〔明治14年〕卒　㊟明治27年日清戦争に従軍。37年日露戦争では近衛歩兵第四連隊長として沙河の会戦で活躍。大正元年近衛歩兵第一旅団長、2年歩兵第三十二旅団長。3年陸軍中将。

飯田 義一　いいだ・ぎいち
三井合名参事
嘉永3年(1850)12月22日～大正13年(1924)2月10日　⑰長門国(山口県)　㊟長州藩士族だが、明治維新で実業を志し、明治7年鉄道寮に入った。17年三井物産会社に転じ、大阪支店長を経て、34年理事、43年取締役となった。三井銀行、三井鉱山各

取締役、三井合名会社参事も務めた。大正3年ジーメンス事件で起訴され、三井関係諸会社の職を辞任。その後、芝浦製作所、王子製紙などの重役として活躍した。

飯田 新七(2代目)　いいだ・しんしち
商人
文政10年(1827)～明治11年(1878)9月9日
[生]京都　[名]旧姓・旧名=上田直次郎　[歴]京都の香具商・上田家の二男。嘉永4年(1851年)古着商であった飯田家に婿入りし、5年家督を継いで2代目新七を名のった。安政2年(1855年)家業を呉服木綿商に転換。誠実・廉価を旨に信用を高め、店を高級呉服店として発展させ、今日の高島屋の基礎を築いた。　[家]妻=飯田歌子, 長男=飯田新七(3代目), 二男=飯田新七(4代目), 岳父=飯田新七(1代目)

飯田 新七(4代目)　いいだ・しんしち
高島屋創立者
安政6年(1859)10月28日～昭和19年(1944)2月3日　[名]本名=飯田鉄三郎　[歴]2代目新七の二男。明治21年兄・3代目新七引退により家督を相続する。高島屋呉服店の支店を大阪・東京に出店するなど事業を拡大し、42年高島屋飯田合名会社に改組し社長となる。更に大正8年株式会社高島屋呉服店に改組し、一旦相談役に退くが、昭和2～17年社長に就任。この間、5年高島屋と改称し本格的な百貨店に発展させた。　[家]父=飯田新七(2代目), 兄=飯田新七(3代目)

飯田 護　いいだ・まもる
自由民権運動家
嘉永3年(1850)～昭和5年(1930)
[生]陸奥国菊多郡植田村(福島県いわき市)　[歴]郷里・福島県で自由民権運動に加わり、明治10年同志の遠藤致・赤津作兵衛らとともに政治結社・興風社を設立。15年には福島事件に連座して国事犯の教唆者として逮捕され、会津若松に送られた。16年に釈放されるが、17年加波山事件への関与を疑われて取り調べを受けた。民権運動から身を引いたのちは映画館の聚楽館を経営。晩年は福島県平地方で神職として活躍した。また、大和流弓術の名人としても知られた。

飯野 喜四郎　いいの・きしろう
埼玉県議 武州鉄道創業者
慶応4年(1868)6月28日～昭和15年(1940)3月21日　[生]武蔵国綾瀬村(埼玉県蓮田市)　[学]粕壁中卒　[歴]青年時代に自由民権運動の影響を受け、政治家を志す。明治20年飯野運送店を開業、開通した東北本線で蓮田の特産であるサツマイモを東北地方に販売。27年より埼玉県議を37年間、通算11期。議長も務めた。埼玉県東部の教育の普及に取り組み、粕壁中学(現・春日部高校)や浦和高校(現・埼玉大学)の設置に力を注いだ。元荒川、中川、古利根川などの河川改修や耕地整理などにも携わり、埼玉県政に尽力した。また大正8年武州鉄道を創業、蓮田～岩槻間に鉄道を敷設した。

飯野 吉三郎　いいの・きちさぶろう
"日本のラスプーチン"と呼ばれた神道行者
慶応3年(1867)～昭和19年(1944)2月3日
[生]岐阜県　[歴]長野県飛騨山中で神道修行、行者として上京、加持祈祷に信者が集まった。明治37年満州に渡り、38年3月10日の奉天大会戦など戦局を予言し、児玉源太郎大将の信任を得た。日露戦後、児玉の紹介で山県有朋、伊藤博文ら軍官民有力者に知遇され、大正年間、東京渋谷区穏田に大邸宅を構え、"穏田の行者"と敬われた。宮中に出仕し、皇室の信任厚かった女子教育者・下田歌子とのスキャンダルが評判になったが、下田と結んで貞明皇后の信頼を得、皇太子(昭和天皇)の外遊問題に介入するなど、日本のラスプーチンともいわれた。大正14年政争がらみの詐欺汚職事件で失脚した。松本米次郎の「怪行者と妖婦征伐記」がある。

飯野 寅吉　いいの・とらきち
飯野海運創業者
元治2年(1865)2月1日～昭和24年(1949)1月31日
[生]筑前国鞍手郡直方村尾崎(福岡県直方市)　[歴]生家は農家で、5人きょうだいの二男(2番目)。長兄と父母が早く亡くなったため、18歳で幼い3人の弟妹の面倒をみることになった。呉服問屋から石炭問屋に転じて修業を積み、明治20年神戸の石炭商・中西商店に移り、23年同地で独立。32年海軍の舞鶴鎮守府開庁に伴い京都府余部村(現・舞鶴市)に石炭販売業及び人夫供給業の飯野商会を創業。やがて新進のために石炭納入で大手筋と競争するのは容易ではなかったことから、大手筋と妥協して石炭納入から手を引く代わりに、大手筋納入炭の港内荷役を一手に引き受けることにして港運業に転じ、舞鶴最大の港運業者となった。大正期に入ると海軍の肝いりで徳山や呉に支店を開設、大正7年社名を飯野商事に改めて株式会社とした。11年飯野商事の引受貨物輸送の円滑化を図るため飯野汽船を設立して海運業に進出した。　[家]三男=飯野豪三(飯野重工業会長), 孫=飯野浩久(飯野商会社長)

飯村 丈三郎　いいむら・じょうざぶろう
衆院議員(東洋自由党)
嘉永6年(1853)5月～昭和2年(1927)8月13日
[出]常陸国(茨城県)　[歴]いばらき新聞社長を経て、明治23年第1回総選挙で衆院議員に当選、連続2期務めた。

井内 恭太郎　いうち・きょうたろう
徳島県名西郡長
嘉永7年(1854)4月10日～昭和9年(1934)3月9日
[出]阿波国(徳島県)　[歴]徳島県庁に入る。海部、麻植、美馬郡長を経て、明治35年名西郡長となる。麻名用水、板名用水の建設、道路の建設、養蚕伝

習所の設置などに尽力した。

井内 太平　いうち・たへい
井内衡器製作所創業者

文久3年(1863)6月25日～大正13年(1924)6月4日
歴徳島で家業の呉服反物商を継ぐが、大正2年井内衡器製作所を設立。5年台秤の目盛り針が回転するスピンスケールを発明。阿波商業会議所会頭なども務めた。また港湾整備、水道の敷設などに尽力した。

家永 芳彦　いえなが・よしひこ
衆院議員

嘉永2年(1849)10月10日～大正2年(1913)8月6日
生肥前国(佐賀県佐賀郡西田代町)　学安政3年(1856年)肥前佐賀藩校・弘道館に学び、藩海軍の孟春艦隊に入って奥羽に従軍した。明治5年上京、江藤新平邸に寄宿、その征韓論に共鳴、佐賀に帰り、7年新平とともに佐賀の乱で官軍と戦った。15年西進国仙らと長崎改進党を組織、22年「長崎新報」を発刊、社長となった。長崎市議を10年務め、23年第1回衆院選に当選。大正2年桂太郎の同志会に入った。

祝 辰巳　いおう・たつみ
台湾総督府民政長官

慶応4年(1868)2月～明治41年(1908)5月25日
出出羽国村山郡(山形県)　学帝国大学法科大学卒
歴大蔵省に入り、沖縄県収税長を経て、明治29年台湾総督府に移って財務局長、殖産局長などを務める。39年民政長官となるが、41年5月病没した。

鋳方 徳蔵　いがた・とくぞう
陸軍中将

元治1年(1864)9月～昭和8年(1933)12月25日
出肥後国熊本(熊本県熊本市)　学陸士(旧8期)卒、陸大〔明治26年〕卒　歴鋳方豊年の弟に生まれ、明治19年陸軍砲兵少尉となる。参謀本部部員、陸軍大学校教官を務め、日露戦争では鴨緑江軍参謀副長として従軍。44年佐世保要塞司令官、大正元年野戦砲兵第二旅団長、4年由良(兵庫県)要塞司令官、のち第三師団参謀、大本営陸軍幕僚参謀などを歴任。5年中将。7年予備役に編入となり、のち中国に赴き張之洞の軍事顧問を務めた。

五十嵐 甚蔵　いがらし・じんぞう
第四銀行頭取　貴院議員(多額納税)

明治6年(1873)4月27日～昭和10年(1935)6月28日　出新潟県笹岡村(阿賀野市)　名初名＝直彦
学慶應義塾卒　歴新潟県笹岡村の地主の家に生まれる。新発田銀行頭取を経て、大正10年第四銀行と合併し頭取となる。新潟新聞監査役、新潟県地主協会会長も務めた。14年貴院議員。

五十嵐 喜広　いがらし・よしひろ
社会事業家　日本育児院設立者

明治5年(1872)5月20日～昭和19年(1944)7月13日　出山形県　学松村介石に学び、キリスト教に入信。岐阜県古川町で伝道活動をはじめ、明治28年同県初の児童収容施設の飛騨育児院を設立。29年岐阜市に移し濃飛育児院、39年日本育児院(現・日本児童育成園)を設立。

井狩 弥左衛門　いかり・やざえもん
滋賀県議　貴院議員(多額納税)

天保15年(1844)10月～明治34年(1901)5月23日
歴明治12年私財を投じて郷里の滋賀県北里村(現・近江八幡市)の荒れ地を開墾。15年滋賀県初の農産物共進会を開き、18年大津割引会社設立に参加。滋賀県議を経て、30年多額納税貴院議員。滋賀農会会頭も務めた。

生井 順造　いくい・じゅんぞう
陸軍少将

安政5年(1858)～明治43年(1910)7月29日
出美濃国(岐阜県)　学陸士(旧2期)卒、陸大〔明治23年〕卒　歴明治37年日露戦争に歩兵第五十九連隊長(鴨緑江軍直轄)として出征、全軍の右翼を固めて奉天の会戦を戦う。のち歩兵第五十三連隊。41年少将となり歩兵第四旅団長を務めた。

井口 省吾　いぐち・しょうご
陸軍大将

安政2年(1855)8月10日～大正14年(1925)3月4日
出静岡県　学陸士(旧2期)卒、陸大〔明治18年〕卒
歴明治20年ドイツ留学。23年帰国して陸大教官、野戦砲兵第四連隊大隊長、27年日清戦争時第二軍参謀、37年日露戦争開戦時参謀本部総務部長、次いで満州軍参謀を務めた。39年陸大校長、大正元年第十五師団長を経て、5年大将に進み、軍事参議官となった。

井口 貞法尼　いぐち・ていほうに
尼僧(曹洞宗)

嘉永4年(1851)2月25日～大正10年(1921)7月23日　生越後国刈羽郡小国村(新潟県長岡市)　歴安政6年(1859年)に9歳で越後国魚沼郡小出島村柳原庵に入り出家。元治元年(1864年)以降6年に渡って尼寺で学び、その後は各地で修行した。この間に孤児の救済事業を志し、明治20年柳原庵の第3世住職となってから孤児の養育を開始。引き取って育てた孤児の数は33年間に100人を越え、43年曹洞宗管長より金5円を贈呈され、大正10年には新潟県知事からの表彰を受けた。没後、尼を慕う人々によって子育地蔵尊が建立された。　質新潟県知事表彰〔大正10年〕

生本 伝九郎　いくもと・でんくろう
官僚　岡山県勧業課長

嘉永1年(1848)3月21日～明治42年(1909)1月2日　生備前国赤坂郡下市村(岡山県赤磐市)　歴はじめ、岡山県内務部に勤務し、勧業課長を務める。明治13年同県令・高崎五六の指示により、士族授産のため児島湾干拓事業の計画立案に従事。以来、たびたび政府に事業の調査書を具申した。14年内

務省はお雇い外国人技師ムルドルを児島湾に派遣。この時の復命書が基となり、同干拓事業が着手されることとなった。のち、滋賀・兵庫県内の郡長や十州塩田組合長などを歴任。また、新聞経営などにも携わった。

池内 進六　いけうち・しんろく
根室裁判所予審判事
天保8年(1837)6月～大正2年(1913)8月
出上野国前橋(群馬県前橋市)　名旧姓・旧名＝矢部　歴もと上野前橋藩士で、幼い頃から刀槍などの武術に優れ、奥義を極めて後進子弟の指導に当たった。明治初年には製糸業の改良に貢献し、10年群馬県警部となり、沼田警察署長などを務める。14年判事補に転じ、前橋・沼田・高崎・釧路などの各裁判所判事を歴任。36年根室裁判所予審判事となった。

池貝 庄太郎(1代目)　いけがい・しょうたろう
池貝鉄工所創立者
明治2年(1869)10月10日～昭和9年(1934)7月28日　出東京都　名千葉県　歴安房加山藩士の子。明治15年横浜に出て、西村機製造所の徒弟となり、19年田中製作所(後の芝浦製作所)に転じ、旋盤の修理改造技術を習得。22年独立して東京・芝に池貝工場を設立、同年国産第一号の旋盤を完成。のち池貝式セミディーゼル機関、ガソリン石油機関、超高速度旋盤などの製作に成功、100件以上の発明特許をとった。39年工場を合資会社池貝鉄工所に改組、大正2年株式会社に改組(池貝鉄工の前身)。東京鉄工機械同業組合副会長を務め、我が国の機械工業界に大きく貢献した。池貝同族合資会社代表社員。長男・勝雄が2代目庄太郎を襲名した。　家長男＝池貝庄太郎(2代目)

池上 慧澄　いけがみ・えちょう
僧侶(臨済宗妙心寺派)　妙心寺住職
安政3年(1856)2月29日～昭和3年(1928)9月22日　生筑後国(福岡県)　名旧姓・旧名＝宮本、号＝湘山、柏蔭室　歴京都妙心寺の越渓守謙や小林宗補に師事し、臨済宗妙心寺派の僧となって宗補の法を継ぐ。号を湘山、柏蔭室と称した。のち妙心寺住持、臨済宗大学(現・花園大学)学長などを務めた。

池上 三郎　いけがみ・さぶろう
函館控訴院検事長
安政2年(1855)～大正3年(1914)10月10日
生陸奥国会津(福島県)　歴幼くして会津藩藩校・日新館に入る。戊辰戦争では護衛隊に加わって従軍。明治4年上京して慶応義塾に学び、ついで高島嘉右衛門に師事。19歳の時、土浦の化成塾に招かれて英学を教える。のち「東京日日新聞」記者を経て、10年司法省に入り、当時一問題となった庄内藩松平親懐事件に参し名を知られた。のち大審院や宮城・大阪・長崎・神戸など各地の地裁検事を経て、函館控訴院検事長に進み、大正2年休職となった。

池上 四郎　いけがみ・しろう
警察官僚　大阪市長
安政4年(1857)4月18日～昭和4年(1929)4月4日
出陸奥国会津(福島県)　歴会津藩士の二男として生まれる。明治10年警視局一等巡査となり、以後累進して24年坂本町、26年下谷、28年神田、29年麹町の各警察署長を務め、31年千葉県警部長、32年兵庫県警部長、33年大阪府警部長、38年大阪府事務官兼第四部長、40年大阪府警察部長を歴任。大正2年退官、大阪市長となる。昭和2年朝鮮総督府政務総監を務めた。　家女婿＝川嶋孝彦(内閣統計局長)

池上 雪枝　いけがみ・ゆきえ
社会事業家　少年感化院の先駆者
文政9年(1826)2月1日～明治24年(1891)5月2日
生大阪　名旧姓・旧名＝大久保　歴医者の家に生まれ、幼少期は公家の近衛家に預けられる。早くから才女と称され、教養もあり、維新期には、志士と公家との書簡往復に携わったという。嘉永5年(1852)に結婚するが、夫が商売に失敗したため、易断で生計を立てた。その一方で神道の布教にも従事し、明治16年大阪に自身の神道祈祷所を建設した。また、天満宮周辺にいる非行少年の救済事業を志し、同年池上感化院を設立(日本初の感化院と言われる)。17年には施設を松が枝町に移し、授産所を併設して少年たちに英語や石鹸製造を学ばせた。さらに18年には感化院教育を紹介した雑誌「雪枝草紙」を刊行。しかし、間もなく資金難から感化院の経営が悪化。20年以降は、半ば閉鎖の状態となった院の再建に奔走するが、果たせないままに没した。　家孫＝村上華岳(日本画家)

池知 重利　いけじ・しげとし
公益家　志士　高知県議
天保2年(1831)～明治23年(1890)7月23日
生土佐国長岡郡西野地村(高知県南国市)　名初名＝重胤、通称＝池知退蔵　歴土佐藩士。若い頃より文武に優れ、土佐勤王党に入り、京都で尊皇攘夷運動に従事。戊辰戦争に際しては土佐藩を尊王にまとめ、軍監兼断金隊長となって活躍した。維新後は土佐へ帰り、地方自治に尽力。西野地村(現・南国市)戸長、9年長岡郡区長兼学区取締。一方、7年頃には古勤王党の領袖となっており、士族授産のために尽力。11年同志とマッチ製造業の百倣社を設立。香美社長兼校長として子弟教育にあたったり、嶺南社香長学舎を開設して後進を指導した。また自由民権論が起こると、高陽会を設立して「高陽新報」「弥生新聞」を発行。土佐国州会議員、高知県議を歴任した。

池田 章政　いけだ・あきまさ
貴院議員　第十五国立銀行頭取　侯爵
天保7年(1836)5月3日～明治36年(1903)6月5日
生肥後国人吉(熊本県人吉市)　名旧姓・旧名＝相

良　歴肥後人吉藩主・相良頼之の二男で、備中鴨方藩主・池田政善の養嗣子となる。弘化4年(1847年)鴨方藩2万5000石を継ぐ。慶応4年(1868年)2月本藩の備前岡山藩が勅命で討幕軍に参加となったため、慶喜実弟にあたる藩主・茂政は隠遁・養子願を出して許され、3月宗家を相続。以後岡山藩は勤王討幕に参加して各地に出兵し、賞典禄2万石を下賜された。閏4月議定、5月刑法官副知事、9月明治天皇東幸に供奉。明治2年4月刑法官知事、5月麝香間祗候を経て、6月版籍奉還により岡山藩知事、4年廃藩により退任。以後東京に移住し、11年第十五国立銀行頭取などを務めた。17年侯爵。

池田 岩三郎　いけだ・いわさぶろう
海軍中将
明治7年(1874)8月~昭和12年(1937)2月10日
生広島県　学海軍機関学校(第3期)〔明治29年〕卒
歴明治31年海軍に入り、大正5年英国駐在造船監督官、のち海軍大学校教官兼教育本部部員、第六戦隊機関長を経て、9年第一艦隊機関長、10年教育本部第三部長、12年海軍機関学校長、佐世保海軍工廠長などを歴任。13年中将、14年海軍省軍需局長となる。昭和3年軍令部出仕、4年待命となり、つい で藤永田造船所社長を務めた。

池田 応助　いけだ・おうすけ
自由民権運動家 台湾殖産会社社長
嘉永2年(1849)1月18日~大正9年(1920)1月28日
生土佐国(高知県)　名本名=池田政宅　歴土佐藩医・池田敬斎の長男に生まれる。父業を継がず、明治4年政府の御親兵として陸軍に入り、少佐となり熊本鎮台大隊長に進むが、6年征韓論が敗れたため郷里の高知に帰り、立志社に加わる。10年の西南戦争の際、林有造らの蜂起計画に参加し5年の禁獄刑を受ける。16年青森監獄を出て帰郷。20年大阪・自由亭での全国有志大懇親会に板垣退助らと出席するなど自由派と連携を保つ。のち四国鉄道会社設立などを提唱して実業界に転じ、晩年は台湾殖産会社社長を務めた。

池田 亀治　いけだ・かめじ
衆院議員(政友会) 池田銀行頭取
慶応3年(1867)6月~昭和9年(1934)3月8日
出秋田県　歴秋田県議、県農会長を経て、大正6年衆議員に当選。以来連続4期務める。帝国農会議員、同評議員、所得調査委員となった。池田銀行頭取もつとめた。

池田 亀太郎　いけだ・かめたろう
"出歯亀"の通称を付けられた犯罪者
明治7年(1874)9月20日~没年不詳
生東京府湯島(東京都文京区)　歴植木職と鳶職を生業とする。明治41年3月22日に東京・牛込大久保で起きた人妻の強姦致死事件の犯人として逮捕され、無期懲役の刑を受けた。日頃から女湯ののぞきを趣味にしていたことから容疑をかけられたといわれ、公判では終始無罪を主張したが、冤罪か否かは不明。通称"出歯亀"で、以来この名は痴漢・ノゾキの代名詞となった。在獄13年で仮出所。昭和8年再びのぞきの容疑で捕まるが、即日微罪釈放された。

池田 経三郎　いけだ・けいざぶろう
大阪近江銀行頭取
慶応3年(1867)11月3日~大正12年(1923)1月17日　生備前国岡山城下(岡山県岡山市)　学独逸学協会学校〔明治28年〕卒　歴父は備前岡山藩士で、4人兄姉(3男1女)の末っ子の三男。明治19年上京、関新吾や花房義質の書生となり独逸協会学校に学ぶ。27年日本銀行に入行。同年池田家の養嗣子となった。31年大阪の近江銀行支配人に転じ、38年専務、43年頭取に就任。同行の発展に大きく寄与した。大正7年大阪商業学校理事長。　家兄=小林樟雄(衆院議員)、野中勝明(陸軍少将)

池田 謙三　いけだ・けんぞう
第百銀行頭取 東京貯蔵銀行頭取
安政1年(1854)12月3日~大正12年(1923)11月29日　生但馬国出石郡宵田(兵庫県豊岡市)　歴但馬国出石の旧家の長男。明治9年上京、東京府の地租改正取調部の雇員となる。やがて内務省入省を志望して勧商局長代理に直談判するも首尾良く行かなかったが、その行動が局内の評判となり、神鞭知常のひきで同局に入省。13年原六郎の誘いを受け、勧商局が移籍していた大蔵省を退官し、朝吹英二らの三五組に入り生糸貿易業に従事。16年原に請われて第百銀行支配人に転じ、19年取締役兼支配人となると同時に東京貯蔵銀行取締役も兼ね、事実上の経営者として第百銀行を当時の五大銀行の一つに育て上げ"第百の池田か、池田の第百か"といわれた。45年第百銀行、東京貯蔵銀行の各頭取に就任。日清戦争後の明治29年東京手形交換所委員長となり、日本貿易協会委員長、同会長なども務めた。

池田 謙蔵　いけだ・けんぞう
農事改良家 三田育種場長
天保15年(1844)11月29日~大正11年(1922)2月20日　歴伊予松山藩士の子として生まれる。明治4年米国に留学。帰国後は勧業寮に入り、8年にできた内務省内藤新宿出張所で樹芸掛に任ぜられた。9年フィラデルフィア万博に副総裁兼審査官・西郷従道の随員として派遣され、米国南部の米作・綿作状況の視察や農具の購入などを行う。また、このとき養蜂やモモの缶詰技術を日本に持ち帰った。12年前田正名のあとを受けて三田育種場長に就任し、園芸技術導入・園芸学発展に貢献。同年東京付近の農業関係者と図り、東京農談会を設立した。14年には勧業局側の発起人の一人として大日本農会の結成に参画し、同会が分裂した後も全国農事会の幹事を務めるなど、農業団体の先覚者として活躍した。長男は園芸学者の池田伴親。　家長男=池田伴親(園芸学者)

池田 藤八郎　いけだ・とうはちろう
衆院議員（立憲国民党）

文久2年（1862）12月23日～明治44年（1911）7月7日　⽣出羽国飽海郡酒井新田村（山形県酒田市）　名旧姓・旧名＝本間　歴地主・本間光貞の二男。明治12年上京して中村正直に漢学と英学を習う。18年池田家の養子となった。酒田町議、同町長、飽海郡議を経て、35年山形県議。41年衆院議員に当選したが、在任中に亡くなった。1期。出羽銀行頭取なども務めた。　家兄＝本間光義（衆院議員）

池田 寅治郎　いけだ・とらじろう
中央生命保険社長　衆院議員（国民党）

元治1年（1864）4月3日～大正14年（1925）10月23日　⽣備中国後月郡井原村（岡山県井原市）　学慶応義塾〔明治23年〕卒　歴少年時代、興譲館の館長坂田警軒に師事した。明治23年に慶応義塾を卒業したのち、教員・新聞記者などを経てタバコ製造・販売業の村井兄弟商会に入社。33年タバコ業視察のため米国に渡り、帰国後はタバコ専売局に転じて東京第二専売局長を務めた。40年清国・漢口で東亜製粉会社を設立し、専務に就任。その後は越後室田石油会社専務取締役などを歴任したほか、44年の井笠鉄道の開業にも参画した。大正4年立憲国民党の推薦を受けて衆院議員に当選し、1期2年に渡り国政に参与。また、母校興譲館の経営難に際しては、同窓の内から同志を募り、興譲館維持会を結成した。

池田 成章　いけだ・なりあき
両羽銀行頭取

天保11年（1840）5月26日～大正1年（1912）10月11日　⽣出羽国米沢（山形県米沢市）　名旧姓・旧名＝香坂　歴明治14年沖縄県吏となり、17年大蔵省に転じたが19年退官。郷里に帰り実業に転じ、両羽銀行頭取となり、山形県財界に重きをなした。一方、漢字に精通し、文章をよくし、上杉鷹山の伝記を著す。　家息子＝池田成彬（三井合名常務理事）

池田 八次郎　いけだ・はちじろう
公共事業家

元治1年（1864）～昭和5年（1930）　⽣肥前国彼杵郡土井之首村（長崎県長崎市）　歴ウラジオストク、朝鮮、樺太（サハリン）に渡り、明治23年頃には1400人余の配下を擁したという。帰国後、郷里・長崎県土井之首村での賭博を憂い8年間掛けて止めさせた。無学文盲であったが、のち水産・練炭生産などに関与して成功し巨財を得て、長崎ペーロンの発展に尽力した。公共事業への貢献を讃え、村民による彰徳記念碑が建てられた。

池田 宏　いけだ・ひろし
帝都復興院計画局長　京都府知事

明治14年（1881）～昭和14年（1939）1月7日　学京都帝国大学卒　歴内務省に入省。地方局などを経て、大正初期から省内で革新的な都市政策の推進役となる。大正6年佐野利器らに呼びかけ"都市研究会"を結成。造語「都市計画」の作者で8年公布の都市計画法の起草者でもある。9年社会局初代局長。12年の関東大震災の際は帝都復興院計画局長も務めた。その後、京都府知事を経て、昭和元年神奈川県知事に就任。同潤会初代理事長も務めた。

池田 孫一　いけだ・まごいち
東北鉱業会専務幹事

嘉永6年（1853）8月12日～大正11年（1922）3月4日　⽣出羽国仙北郡（秋田県大仙市）　名号＝梨軒　歴はじめ郡役所に勤務するが、間もなく辞職して秋田織組社に入社。のち、当時有望とされていた鉱山業に転じ、全財産を投じて雄勝郡の田子内鉱山を採掘、良質な金銀を掘り当てた。明治30年東北鉱業会を設立し、専務幹事に就任。その後も国家的事業として大々的な鉱山経営を展開し、大館市の花岡鉱山の開発にも尽力したほか、黒川油田地帯の調査、天然アスファルトの活用研究などに当たった。また、石州流の茶人としても知られる。　家息子＝池田謙三（教育者）、池田淑人（洋画家）

池田 安政　いけだ・やすまさ
陸軍中佐

天保4年（1833）～明治12年（1879）5月　回河内国（大阪府）　歴河内狭山藩家老の子。蘭学や洋式兵学を修め、幕末には広沢真臣や坂本龍馬らと交流。鳥羽・伏見の戦いでは京都の警護についた。明治4年陸軍中佐となったが、9年病のため退官した。　家女婿＝大島貞益（経済学者）

池田 有蔵　いけだ・ゆうぞう
西陣織物同業組合組長　京都府議

元治1年（1864）10月～昭和5年（1930）3月22日　回若狭国（福井県）　名幼名＝総蔵　歴先代池田有蔵の長男に生まれる。明治25年家督を相続して有蔵を襲名する。16年から京都で西陣織の製造を始め、のち西陣製織を創立して斬新な図案の製品を生み出す。西陣織物専務、京都商業会議所議員、西陣織物同業組合組長、大日本織物中央会会頭などを務め、京都織物業界の元老として活躍。また京都府議も務めた。

池田 竜一　いけだ・りゅういち
日清生命保険社長

明治5年（1872）10月26日～昭和4年（1929）2月11日　回愛媛県　歴早稲田大学卒　歴ドイツで法学を学び、明治38年母校・早稲田大学の講師となる。のち実業界に転じ、日清生命保険社長に就任。マレイ護謨公司、東京地下鉄の役員も務めた。

池田 類治郎　いけだ・るいじろう
畜産家

天保8年（1837）9月3日～明治35年（1902）8月27日　⽣美作国真島郡見尾村（岡山県真庭市）　歴維新後に畜産業の改良を進め、岡山県真島郡菅谷村に990

池谷 繁太郎　いけたに・しげたろう
衆院議員（自由党）

嘉永6年（1853）6月～明治41年（1908）3月3日　生駿河国富士郡大宮東町（静岡県富士宮市）　名＝茂時、号＝岳雲　歴幕末期に伊豆韮山の江川塾で漢籍や砲術を学ぶ。維新後の明治5年に副戸長となったのを皮切りに学区取締・医務取締・第二大区長・町村連合会議長などを歴任し、静岡県富士地方の医療・教育・文化の発展に尽くした。9年に静岡民会議員に選ばれたのを経て、13年静岡県議に当選。その一方で国会開設運動を進め、同年に静岡県の建白総代を務めた。さらに静岡県改進党や岳南自由党の結成に参加するなど、同県における自由民権運動の重鎮として活躍。国会開設後の27年には総選挙に出馬・当選し、衆院議員を1期務めた。

池上 四郎　いけのうえ・しろう
陸軍少佐

天保13年（1842）～明治10年（1877）9月24日　生薩摩国鹿児島城下樋之口町（鹿児島県鹿児島市）　歴薩摩藩医の長男。鳥羽・伏見の戦いに従軍、ついで東山道先鋒総督府の本営付となり転戦。明治2年鹿児島常備隊の教佐となり、4年御親兵四大隊の一部を率いて上京、近衛陸軍少佐となる。5年征韓問題が起こると外務省出仕となり、西郷隆盛の命により満州を視察。6年西郷に従って下野、鹿児島で私学校創立に尽力。10年西南戦争では薩軍五番大隊長として熊本城攻囲軍を指揮。8月西郷に従って可愛嶽を突破し、城山で戦死した。

池原 鹿之助　いけはら・しかのすけ
藤田組理事 大阪市助役

明治4年（1871）8月13日～昭和10年（1935）1月5日　生愛媛県小松町（西条市）　学東京法学院卒　歴苦学して高等文官試験に合格。農商務省に入り、内務省に転じて奈良県参事官となる。のち鶴原定吉の庇護を受け、明治34年定吉が大阪市長になると抜擢されて大阪市助役に就任する。菅沼達吉高級助役から厳しい訓育を受け、定吉の市長辞任と共に、37年藤田組理事に招かれる。宇治川電気、堺セルロイドなどの重役も兼任し、大阪商業会議所議員も務める。大正9年日本水道衛生工事を設立して取締役となった。

池袋 秀太郎　いけぶくろ・ひでたろう
大蔵省造幣局長

明治5年（1872）8月17日～大正13年（1924）1月16日　生鹿児島県　学帝国大学卒　歴大蔵省に入り、札幌税務管理局長、東京塩務局長などを経て、明治39年煙草専売局経理部長。大正2年造幣局長。　家岳父＝得能通昌（官僚）

池辺 吉十郎　いけべ・きちじゅうろう
西南戦争で挙兵した旧肥後熊本藩士

天保9年（1838）～明治10年（1877）10月26日　生肥後国熊本（熊本県熊本市京町）　歴肥後熊本藩の砲術師範の子として生まれる。明治2年熊本藩少参事軍備局主宰となるが、3年藩政改革のために免職される。5年横島村（現・熊本県横島町）に移り住んで私塾を開き、辛島格らを育てた。10年西南戦争が起こると熊本隊を組織して薩摩軍に参加し"肥後の西郷"と呼ばれたが、鹿児島近郊で捕らえられ、長崎で処刑された。長男は東京朝日新聞主筆を務めた池辺三山。　家長男＝池辺三山（東京朝日新聞主筆）

池松 時和　いけまつ・ときかず
京都府知事

明治6年（1873）8月16日～昭和28年（1953）4月17日　生鹿児島県　学東京帝国大学法科大学〔明治31年〕卒　歴明治45年福井県知事、大正2年千葉県知事、3年滋賀県知事、6年和歌山県知事、9年大阪府知事を経て、11年京都府知事。昭和8年都ホテル会長。

生駒 主税　いこま・ちから
旧小倉藩士

文政10年（1827）11月11日～明治33年（1900）6月26日　生豊前国小倉（福岡県北九州市）　名＝正煕、初名＝庄之助、九一郎、号＝松濤　歴豊前小倉藩の御近習番頭、側用人などを歴任。慶応2年（1866年）第二次長州征討では小倉軍の隊長として戦い、戦後の和議談判では正使として長州との折衝に当たった。戊辰戦争では小倉軍の副将として出陣し、総監府軍監として奥羽各地を転戦。明治7年の佐賀の乱には鎮撫隊を率いた。のち中学育徳学校長となり、9年の秋月の乱では豊津に侵入した秋月軍の撃退に成功した。晩年は豊津で過ごした。

井坂 孝　いさか・たかし
横浜興信銀行頭取

明治2年（1869）12月8日～昭和24年（1949）6月19日　生常陸国（茨城県水戸）　学帝国大学法科大学〔明治29年〕卒　歴明治29年東洋汽船に入り、41年専務取締役。大正3年辞職、4年横浜火災保険に迎えられ専務、9年社長。第一次大戦後、破産した七十四銀行の整理に当たり、横浜興信銀行を設立し副頭取から頭取に就任。10年から横浜商工会議所会頭を務め、関東大震災後の横浜の復興に尽力。昭和7年東京瓦斯社長、他にホテル・ニューグランド社長、横浜船渠会長、日本郵船取締役なども兼任した。戦中、戦後、日本工業倶楽部理事長、枢密顧問官などを歴任した。

井坂 直幹　いさか・なおもと
秋田木材創業者

万延1年（1860）9月10日～大正10年（1921）7月27日　生常陸国水戸（茨城県水戸市）　学慶応義塾卒　歴水戸藩士の長男として生まれる。水戸学を修め、

彰考館で「大日本史志類」編纂に携わる。洋学を志して彰考館を追われると福沢諭吉を慕い慶応義塾に学び、首席で卒業する。「時事新報」記者から実業家・大倉喜八郎の知遇を得て実業界に転じ、林産商会の支店長として秋田県・能代に赴任。明治30年能代木材合資会社と能代挽材合資会社を創設。その後、設立した秋田製板合資会社の3社を合併し、40年秋田木材を創業。以来、全国の主要都市での支店展開や、関連事業として電気、鉄工事業を興すなど伝統的家内工業の域を出なかった明治期の木材産業を一新。機械化や多角化を進める一方、労働組合を認めるなど先駆的な経営手法を実践し、東洋一の企業グループと称された。

猪崎 保直　いさき・やすなお
実業家　愛媛県西外海村長
嘉永6年(1853)～明治43年(1910)
生伊予国南宇和郡西外海村福浦（愛媛県南宇和郡愛南町）　歴明治40年頃それまでこぎ漁だったカツオ釣り船に石油発動機をつけて操業を開始、その成功により動力船が南宇和郡内に広まり、漁獲高増大に貢献。またカツオ製法の改良にも力を入れ、40年に行われた水産共進会では東宮御買い上げ品に選ばれる栄誉を得た。のちに酒造業にも手を染めるなど資産家として成功し、西外海村村長も務めた。

諫早 家崇　いさはや・いえたか
貴院議員　男爵
嘉永7年(1854)4月20日～明治45年(1912)1月24日　生肥前国諫早（長崎県諫早市）　歴肥前佐賀藩諫早領主・諫早兵庫の長男に生まれ、叔父の同藩家老で16代目諫早領主・一学の養嗣子となった。明治4年ドイツに留学し経済学を修めて帰国。13年から外務省御用掛となり、太政官、参事院などに勤め、26年貴院議員。30年男爵。　家養父＝諫早一学（貴院議員）

諫早 一学　いさはや・いちがく
貴院議員（多額納税）
文政10年(1827)9月1日～明治28年(1895)12月17日　生肥前国（佐賀県）　歴肥前佐賀藩家老で、同藩諫早領の第16代領主で第12代茂洪。第15代武春が夭折したため、文久2年(1862年)家督を相続、佐賀城内で政務を執った。慶応4年(1868年)諫早へ戻る。明治23年より貴院議員。　家養子＝諫早家崇（貴院議員）

伊沢 多喜男　いざわ・たきお
台湾総督　貴院議員（勅選）
明治2年(1869)11月24日～昭和24年(1949)8月13日　生信濃国高遠（長野県伊那市）　歴帝国大学法科大学政治学科〔明治28年〕卒　信濃高遠藩士の子で、教育家・伊沢修二の弟。内務省に入省。明治40年和歌山県知事、42年愛媛県知事、大正元年新潟県知事を経て、3年第二次大隈内閣で警視総監に就任したが、4年大浦事件にからんで辞職。5年

勅選貴院議員。13年台湾総督、15年東京市長を務めた。政党には籍を置かなかったが民政党を応援して政党政治を支持し、枢密院では軍部の専横や対米戦争に反対し続けた。　家息子＝伊沢竜作（関東特殊製鋼常務）、飯沢匡（劇作家）、兄＝伊沢修二（教育家）

伊沢 良立　いざわ・りょうりつ
大日本製糖常務
慶応3年(1867)1月23日～昭和2年(1927)1月11日
出山城国（京都府）　学慶応義塾〔明治20年〕卒
歴伊沢一郎の二男として生まれ、本家・伊沢良作の養子となる。明治20年時事新報社に入り、27年三井銀行、のち三井物産を経て、住友銀行本店副支配人となる。42年「日糖疑獄」渦中の大日本製糖に招かれて常務となり、藤山雷太社長らと会社を再建する。一方、大正3年弥生商会を創立して、初めゴム靴、タイヤの製造を営み、のち北海道弥生炭坑を経営して成果を収める。また内外ビルディング、東京会館、北海道鉄道、雨竜鉄道などの創立や経営にも尽力した。

石井 菊次郎　いしい・きくじろう
外相　貴院議員（勅選）　子爵
慶応2年(1866)3月10日～昭和20年(1945)5月25日　生上総国長生郡茂名村（千葉県茂原市）　旧姓・旧名＝大和久　学帝国大学法科大学〔明治23年〕卒　歴明治23年帝国大学法科大学〔卒業し、外務省に入省。同期に伊集院彦吉と秋山雅之介がいた。清国公使館に勤務中の33年、北清事変に遭遇して北京で籠城を経験。33年総務局電信課長、35年人事課長兼務、同年取調課長兼務、37年通商局長を経て、41年第一次西寺内閣、第二次桂内閣で外務次官。45年駐フランス大使に転出、大正4年第二次大隈内閣の外相に就任。この間、明治44年男爵、大正5年子爵。同年勅選貴院議員、6年駐米大使となり、ランシング国務長官との間で日本が満蒙において特殊権益を持つことを米国に認めさせた石井・ランシング協定を締結。9年再び駐フランス大使。10年から国際連盟理事会日本代表、昭和2年退官。4年以降枢密顧問官を務めた。20年5月の東京大空襲で戦災死した。著書に「外交余録」「外交随想」がある。　家養父＝石井邦猷（元老院議官）　勲勲一等旭日大綬章〔大正4年〕

石井 吉之助　いしい・きちのすけ
桑田商会支配人
明治6年(1873)～明治45年(1912)
歴京都の老舗写真材料商・桑田商会の創業者である桑田正三郎の女婿で、同商会の支配人として内外の取引に当たった。明治37年には岳父とともに大阪で浪華写真倶楽部を結成するなど、写真界の諸相に重要な役割を果たした。また、浅沼商会社主・浅沼藤吉の信任も厚く、その命を受けて米国や中国の視察も行った。　家岳父＝桑田正三郎（実業家）

石井 絹治郎　いしい・きぬじろう
大正製薬創業者

明治21年(1888)2月14日〜昭和18年(1943)5月9日　生香川県三豊郡比地二村(三豊市)　学神田薬学校〔明治39年〕卒　歴生家は農業で、4人きょうだい(3男1女)の三男。尋常小学校卒業後、菓子卸業に奉公に出たが、明治34年上京する本家に同行し、馬喰町の薬業・桃春堂や神田の大木商店で働いた後、神田薬学校(現・明治薬科大学)の夜学に通い、18歳で薬剤師の国家試験に合格。20歳にならないと免状は交付されなかったため、下宿していた宮内省侍医・岡氏の計らいにより同省侍医寮薬局で実習を受け、小川正季東京高等師範学校教授の下で助手を経験。41年満20歳になったため牛込左内町に泰山堂薬局を開業。大正元年大正製薬所を設立し、「体素」「ヘモグロビンエキス」「ヘモグロビン菓子」などの製造販売を開始。4年には薬局を譲渡して製薬業務に専念。昭和3年株式会社化。この間、大正15年東京府薬剤師会会長、昭和4年日本薬剤師会副会長を務め、薬剤師の業権拡張に尽力。売薬法改正にこぎ着け、薬剤師の地位向上に大きく貢献した。12年衆院選に立候補した。　家長男＝石井輝司(コブルラボラトリー社長)

石井 謹吾　いしい・きんご
東印拓殖社長　衆院議員(政友会)

明治10年(1877)10月〜大正14年(1925)9月2日　生埼玉県新郷村　学東京法学院〔明治28年〕卒　歴司法官試補、内務属となり、奈良県参事官、滋賀県事務官、神奈川県港務部長を経て、秋田県内務部長、群馬県内務部長を歴任。米国で開催の幼年者保護万国会議に委員として参列した。また再度欧米各国を視察、南洋・インドなども数回視察した。のち弁護士を開業、多年に渡り業務に従事する。また東印拓殖社長、南洋興業社長を務めた。イタリア、オランダより勲章を授与。大正13年衆院議員(政友会)に当選1回。著書に「憲法俗論」「満鮮支那遊記」「欧亜港政資料」がある。

石井 邦猷　いしい・くにみち
元老院議官　佐賀県知事

天保8年(1837)6月〜明治26年(1893)2月3日　生豊後国日出(大分県速見郡日出町)　名幼名＝虎雄　歴文久3年(1863年)脱藩して信州松代藩蟻川塾で西洋兵法を学び、慶応2年(1866年)豊後日出藩主に召還されて藩の兵制改革にあたった。版籍奉還後、日出藩大参事となったが、明治2年新政府に出仕。4年兵部権少丞、ついで陸軍中佐となるが、5年陸軍を退き、佐賀県参事となる。以後、内務省出仕、警保局長、10年内務権大書記官、14年監獄局長などを歴任。18年三重県令、21年佐賀県知事を経て、22年元老院議官。　家養子＝石井菊次郎(外相)

石井 十次　いしい・じゅうじ
社会事業家　岡山孤児院創立者

慶応1年(1865)4月11日〜大正3年(1914)1月30日　生日向国児湯郡上江村(宮崎県児湯郡高鍋町)　学岡山県立甲種医学校中退　歴小学教員、警察官を経て、明治15年岡山の医学校に入学。17年キリスト教に入信、初めカトリック、のちプロテスタントに改宗、孤児・貧児救済を志し、20年岡山市内に孤児教育会を設立。次いで医学校を中退、23年岡山孤児院を設立、救済事業に専念した。24年濃尾大震災に際し、被災孤児100余人を収容、盲唖院、博愛医館なども創設。27年から宮崎県茶臼原(現・西都市)に原野を譲り受け院児の一部を移し、開拓に当たらせた。39年東北の大飢饉では孤児800余人も含め1200人を岡山孤児院に収容、42年児童全員を茶臼原に移し、植民村を作った。さらに大阪に分院友愛社を創設、保育所、夜間学校を設け、日本最初のキリスト教社会事業家として貢献した。彼の"敬天愛人"の精神は大阪の石井記念愛染園、西都市の石井記念友愛社に引き継がれている。著書に「石井十次日誌」。　家孫＝児島虎一郎(大原美術館評議員・石井記念友愛社創設者)

石井 省一郎　いしい・しょういちろう
茨城県知事　貴院議員(勅選)

天保12年(1841)12月28日〜昭和5年(1930)10月20日　生豊前国企救郡片野村(福岡県北九州市小倉北区)　歴豊前小倉藩士。慶応2年(1866年)第二次長州征討に他藩応接掛を務め、小倉落城後、長州との和議に務めた。戊辰戦争で奥州へ出兵。2年民部官書記、同年6月庶務司判事、7月民部大録、8月大蔵大録兼務。次いで民部官改め民部省監事大佑、3年庶務大佑、4年土木権助に転じ土木頭などを歴任。10年西南戦争では熊本県権県令心得として山県有朋に従い、地方鎮圧に務めた。17年以来岩手県令、岩手県知事、24年茨城県知事を務め、30年勅選貴院議員。

石井 忠恭　いしい・ただやす
広島控訴院検事長　貴院議員(勅選)

天保4年(1833)8月〜明治37年(1904)7月13日　歴肥前佐賀藩士。明治5年司法権少判事となり、19年広島控訴院検事長。31年勅選貴院議員。

石井 辰子　いしい・たつこ
社会事業家　岡山孤児院院長

文久3年(1863)〜昭和2年(1927)3月21日　生福岡県　学同志社病院附属京都看護婦学校〔明治26年〕卒　歴関西法律学校(現・関西大学)の創立者の一人である吉田一士と結婚するが、間もなく夫が早世。その後、同志社病院附属の京都看護婦学校に入り、看護学を学ぶ。のち、病気入院していた岡山孤児院院長・石井十次の知遇を得、卒業後は石井の勧めにより同院で孤児の養育に当たった。明治28年石井と再婚。35年には院内に看護科を設け、看護教育を開始した。石井の没後はその遺志を引き継ぎ、大正10年4代目同院長に就任。　家前夫＝吉田一士(教育者)、後夫＝石井十次(社会事業

家)

石井 常英　いしい・つねひで
台湾総督府覆審法院長
文久4年(1864)1月20日～大正6年(1917)7月13日
[生]肥前国佐賀(佐賀県佐賀市)　[名]旧姓・旧名＝納富　[学]帝国大学〔明治20年〕卒　[歴]佐賀藩士・納富利邦の二男に生まれ、石井虎次郎の養子となる。判事試補を経て、横浜地裁判事となる。各地に転任し、のち横浜地裁裁判長、明治40年台湾総督府覆審法院長に就任した。

石井 亮一　いしい・りょういち
社会事業家　精神薄弱児教育の先駆者
慶応3年(1867)5月25日～昭和12年(1937)6月13日　[生]肥前国佐賀(佐賀県佐賀市)　[学]築地立教学校〔明治23年〕卒　[歴]肥前佐賀藩士の子で、鍋島家奨学生として立教に学び、キリスト教に入信。明治23年立教女学校教諭、翌年6月教頭となった。24年濃尾大地震の際、孤児をひきとり、孤女学院を創設。孤児の中に精神薄弱児がおり、その教育施設視察のため29年渡米。帰国後精薄児教育に専念、30年学院を滝乃川学園と改称、保母養成部を設置。36年渡辺筆子と結婚。昭和3年現在の国立市に移転。9年日本精神薄弱児愛護協会を結成、初代会長となった。また東京府児童鑑別委員会委員も務めた。著書に「白痴児―其研究及教育」「石井亮一全集」(全3巻)がある。[家]妻＝渡辺筆子(女子教育者)

石井 良一　いしい・りょういち
蓬莱銀行頭取
明治2年(1869)9月26日～昭和25年(1950)1月6日　[生]佐賀県武雄町(武雄市)　[名]旧姓・旧名＝山崎　[学]武雄中卒　[歴]大阪市電気鉄道部長などを経て、大正14年佐賀県若松市長に就任。11年郷里の佐賀県武雄町に蓬莱銀行を創設し、頭取となる。のち佐賀県史蹟名勝天然記念物調査委員を務めた。遺稿に「武雄史」がある。

石谷 董九郎　いしがや・とうくろう
衆院議員(政友会)
天保11年(1840)5月～明治41年(1908)2月13日
[生]鳥取県　[歴]鳥取県議、同議長を務める。明治27年衆院議員に当選。通算3期務めた。

石川 敦古　いしかわ・あつふる
陸軍少将
安政2年(1855)2月～明治41年(1908)1月22日
[生]常陸国(茨城県)　[歴]水戸藩士。明治10年西南戦争に警部補として従軍。14年陸軍御用掛となり、同年憲兵副長に任ぜらる。28年東京憲兵隊長、のち台湾総督府の憲兵隊長などを経て、39年東京の第一憲兵隊長に再任された。40年少将となり予備役に編入となった。

石川 亀翁　いしかわ・きおう
金魚鑑定家
天保2年(1831)～明治36年(1903)8月5日
[生]江戸芝浜松町(東京都港区)　[名]本名＝石川亀吉　[歴]幼少より金魚を好み、江戸・浅草千束町に居を移し金魚商を営む。飼育・鑑定も行い、観魚会を主宰した。明治維新となって時勢大いに変わり、金魚を養う者ほとんど跡を絶つに至ったが、これに屈せず不振となっていた金魚業界の立て直しに貢献、中興の祖とされる。

石川 邦光　いしかわ・くにみつ
北海道の開拓者
天保3年(1832)～大正12年(1923)8月26日
[生]陸奥国伊具郡角田(宮城県角田市)　[名]通称＝貞力、源太、大和、号＝翠雲、雲巣　[歴]仙台藩一門筆頭。父義光の跡を継ぎ陸奥角田2万1000石の領主となるが、戊辰戦争で領地を失った。明治2年北海道への移住を志し、室蘭郡の支配を許されて家臣51人を先発として送り込むが、やがて角田での帰農を主張する家臣たちの反発に遭って本人の入植は頓挫。室蘭郡支配を罷免され、支配地も伊達邦茂らの手によって分割されたが、同地に残った旧臣たちは国元から呼び寄せた邦光の弟光親を頂いて夕張郡アロヨ原野の切り開き、開拓地に角田の名を付けた。

石川 伍一　いしかわ・ごいち
軍事探偵
慶応2年(1866)5月23日～明治27年(1894)9月20日　[生]出羽国(秋田県鹿角市)　[歴]明治11年上京、島田重礼の塾や興亜校で漢学や中国語を修める。17年清国との貿易を志して上海へ渡り、海軍大尉の曾根俊虎に中国語を習う傍ら、同国の事情を調査。のち陸軍から派遣された荒尾精の下で上海・漢口を中心に四川省の奥地や西北地方、蒙古境、長江以北などを遊歴して軍事から人情風俗までを詳しく調査し、陸軍にその地図日記類を提出。23年帰国。その後、再び中国へ渡り、朝鮮半島沿岸の潮流・深浅調査に従事した。27年日清戦争が勃発すると同地に残って偵察活動を行ったが、天津城内潜伏中に捕えられて、銃殺された。[家]弟＝石川連平(陸軍中将)、甥＝石川達三(小説家)

石川 三四郎　いしかわ・さんしろう
社会運動家　無政府主義者　評論家
明治9年(1876)5月23日～昭和31年(1956)11月28日　[生]埼玉県児玉郡旭村山王堂(本庄市山王堂)　[名]旧姓・旧名＝五十嵐、号＝石川旭山　[学]東京法学院〔明治34年〕卒　[歴]明治35年万朝報社、36年平民社に入社。37年「消費組合の話」を刊行し、非戦運動、社会主義運動をする。38年「新紀元」、40年「世界婦人」「平民新聞」を刊行。40年から43年にかけて投獄される。大正2年から9年にかけてヨーロッパを放浪。帰国後はアナーキストとして多くの本を著し、関東大震災後、日本フェビアン協会、農民自治会に参加した。昭和2年東京・世田谷で半農生活に入り、戦時中は東洋文化史の

研究に専念した。著書に「哲人カアペンター」「西洋社会運動史」「古事記神話の新研究」「土民芸術論」「東洋文化史百講」「わが非戦論史」「自叙伝」などがある。

石川 七財　いしかわ・しちざい
三菱汽船管事
文政11年(1828)4月8日～明治15年(1882)7月30日　生土佐国(高知県)　名幼名＝七左衛門、号＝花渓　土佐藩の足軽の家に生まれ、吉田東洋に下横目に登用される。維新後藩所有の船舶の運営をまかされた岩崎弥太郎の非行探索を命ぜられ、明治3年大阪に出張するが、遂に岩崎に服属し、九十九商会に入社、七財と改名した。以後川田小一郎と共に岩崎を助けて三菱財閥創業に尽力、7年三菱汽船管事となり、三菱の海運部門を指揮した。

石川 舜台　いしかわ・しゅんたい
僧侶 真宗大谷派上席参務
天保12年(1841)10月8日～昭和6年(1931)12月31日　生加賀国金沢城下土取場永町(石川県金沢市)　歴21歳で京都東本願寺の高倉学寮に学び、24歳で帰郷し私塾「慎憲塾」を開いた。明治5年法主大谷光瑩に随行し欧米を視察、帰国後、本山改正掛として東本願寺の本山、教団改革、教学、学制改革に取り組ർた、近代化を推進した。また政府の廃仏棄釈政策の転換に西本願寺の島地黙雷らと組んで当った。11年寺務総長に就任したが失脚。30年本山の保守派渥美契縁退陣の後を受け上席参務となり、再び宗政を握るなど、変革期の東本願寺宗政のひのき舞台で活躍した。しかし失脚のあげく僧籍剥奪の宗門最高処罰にあうこと3度、曲折にも富む宗門人生を歩んだ。38年富山県石動の道林寺に入寺。著書に「石川舜台師選集」「本願寺宗政論」「真宗史料集成」などがある。

石川 照勤　いしかわ・しょうきん
僧侶(真言宗智山派) 成田山新勝寺第15世住職
明治2年(1869)10月10日～大正13年(1924)1月31日　生下総国成田(千葉県成田市)　名幼名＝中村兵蔵　学真言宗中学林卒　歴明治11年成田山新勝寺に入り、原口照輪に師事。京都、東京で修学、27年新勝寺第15代住職となった。日清戦争では広島の大本営に赴き、31年渡米、欧州各地、インドを歴訪、33年帰国。成田山の5代事業といわれる成田中学、成田高女、成田図書館、成田山感化院(のちの千葉感化院)、成田幼稚園を経営した。著書に「不亡録」。

石川 正蔵　いしかわ・しょうぞう
札幌新聞創業者
文政9年(1826)5月25日～明治21年(1888)7月25日　生江戸日本橋檜町(東京都中央区)　名号＝石川正叟　歴家業の刀剣類売買を経て、東京為替仏に勤務。明治5年同店の札幌店に支配人として赴く。のち札幌における会社第一号となる馬車運送会社を設立。旅館経営、マッチ製造など多くの事業を手がけ、13年には「札幌新聞」を発刊した。

石川 素童　いしかわ・そどう
僧侶 曹洞宗管長 総持寺貫首
天保12年(1841)12月1日～大正9年(1920)11月16日　生尾張国大曽根(愛知県名古屋市)　名旧姓・旧名＝道家、俗名＝寿三郎、号＝牧牛、諡号＝大円玄致禅師　歴9歳で出家。長門、信濃、尾張などで修業、名古屋泰増寺に帰り、元治元年(1864年)総持寺、明治8年豊橋の龍拈寺、以後彦根清凉寺、東京豪徳寺、小田原最乗寺各住職を経て、38年石川県鳳至郡の大本山総持寺貫首となった。31年総持寺が炎上、復興に努力したが、神奈川県鶴見へ移転を主唱、反対を押し切り、40年伽藍を造営、44年遷座式を行った。その間39年に曹洞宗第8代管長に就任。以後台湾、朝鮮などへも行った。

石川 台嶺　いしかわ・たいれい
僧侶 三河大浜事件の首謀者
天保14年(1843)1月1日～明治4年(1871)12月29日　生三河国(愛知県)　名俗姓＝石川　歴三河国順成寺了皆の子で、石川了英の養子となり、蓮泉寺に入寺。明治2年星川法沢らと三河護法会を結成し、その幹事となる。4年菊間藩大浜支庁の小参事服部純の廃仏政策に反対し、僧侶・門徒・農民ら3000人を率いて大浜支庁に向かったが、一揆は敗北して逮捕され、首謀者として処刑された(三河大浜事件)。

石川 藤八(7代目)　いしかわ・とうはち
実業家
文久4年(1864)2月1日～大正3年(1914)1月19日　生紀伊国尾鷲(三重県尾鷲市)　名本名＝松本市松　歴尾張国知多郡乙川村(愛知県半田市)の石川家の養子となり、7代目藤八を襲名。同家は木綿仲買を業とし、明治3年織物製造業に転業して本店の他にも分工場や出機を経営していた。のちに同家の下宿人であった豊田佐吉が研究した力織機に注目し、29年石川木綿織工場を設立。30年には同工場を豊田との合資会社とし、乙川綿布合資会社に改組して日本で初めて豊田の国産力織機60台を使用した。やがて、ここでの製品が三井物産に評価され、豊田式力織機が世間に知られるようになった。のち豊田は社の運営から離れるが、石川は単独で工場経営を続け、41年には松本市松の名で三ッ星織工所を設立。なお豊田と協力した人物は6代目藤八であるとも言われている。

石川 篤三郎　いしかわ・とくさぶろう
実業家
慶応1年(1865)11月25日～大正13年(1924)7月1日　生讃岐国(香川県)　歴大阪に出て浪速文庫を卒業して、横浜税関水道警察部に勤務し、明治20年吉沼時計店支配人に転じ、同店解散後、村井兄弟商会に入ったが間もなく病を得て退社、のち竹パイプの製造に従事した。40年西村和平と大阪で日本電線製造合資(現・三菱電線工業)を創立して

石川 文右衛門　いしかわ・ぶんえもん
写真材料商
天保13年(1842)～明治36年(1903)6月
生大坂(大阪府)　歴家は代々大坂で金銀の両替商を営み、五花街中央に店を持った。明治4年からは俳優や芸妓の写真を販売。劇場の開場の度に佐野景明に俳優たちの写真を撮影させて、それらを卸売りし、自ら紙焼にも従事したという。8年には写場を設置し、大いに写真業に精励したが、33年頃には他業に転じた。

石川 理紀之助　いしかわ・りきのすけ
農業指導者　秋田県農会会長
弘化2年(1845)2月15日～大正4年(1915)9月8日
生羽後国南秋田郡山田村(秋田県潟上市)　名本名＝石川貞直、旧姓・旧名＝奈良　歴幼少から学を好み、戊辰戦争では軍務についたが、のち農業技術の改良を志し、明治5年秋田県勧業部牧畜係となり、以後勧業議会、歴観農話連を結成、稲苗の交換など農業技術の研究を推進。15年以降には旱害で衰微した山田村の復興に尽力、中村直三の腐米改良研究に協力した。28年全国農事会、秋田県農会の創立にも尽力。29年よ農事計画の基礎資料となる総合実態調査「適産調」を秋田郡等49か村で実施した。また大日本農会総裁北白川宮能久親王の命で九州に遊説、衰村復興の力となった。著作に「草木谷山居成績」「稲種得失弁」など870余冊、和歌、格言の類も多い。

石黒 岩次郎　いしぐろ・いわじろう
農事改良家
万延1年(1860)8月3日～大正12年(1923)1月30日
生越中国(富山県富山市)　歴明治40年水稲品種「愛国」の中から新品種「銀坊主」を発見、全国的に栽培された。「コシヒカリ」はその孫種にあたる。

石黒 涵一郎　いしぐろ・かんいちろう
衆院議員
嘉永7年(1854)11月3日～大正6年(1917)10月2日
生丹後国舞鶴(京都府舞鶴市)　名号＝五峰　歴丹後田辺藩士の長男。藩校に学んだ後、藩から選ばれて大阪の兵学寮に入り、明治9年代言人(弁護士)となって法曹界で活躍。18年の大阪事件などの訴訟に弁護した。また山陽自由党を組織、大同倶楽部に参加、欧米との不平等条約改正では、フランスから来日した法学者ボアソナードの意見書を秘密出版して投獄された。その後自由党、維新会に入った。31年から衆院議員当選3回。　家父＝石黒胖(藩校明倫館教授)

石黒 久賀子　いしぐろ・くがこ
福祉事業家
弘化3年(1846)9月15日～大正14年(1925)3月15日　生越後国三島郡片貝村(新潟県小千谷市)　名旧姓・旧名＝安達　歴文久元年(1861年)志士として活躍していた石黒忠悳と結婚。明治維新後、夫は軍医となり、陸軍軍医総監・子爵にまで昇ったが、この間に1男1女をもうけ、その子育てに尽くした。傍ら、積極的に篤志看護や兵士の慰問に取り組み、日露戦争中には出征軍人とその家族を気遣い、広島の病院に運ばれた戦傷者の安否を家族たちに伝達。また、日本赤十字社の事業にも関わり、同社特別社員にもなった。　家夫＝石黒忠悳(陸軍軍医総監)、長男＝石黒忠篤(政治家)

石黒 慶三郎　いしぐろ・けいざぶろう
石杉社創業者
慶応3年(1867)8月20日～昭和23年(1948)3月15日　生丹後国加佐郡舞鶴(京都府舞鶴市)　名旧姓・旧名＝大石　歴京都・舞鶴に大石家の三男として生まれ、同町の石黒易兵衛の養子となる。叔父の石黒寛次は初代田中久重(東芝創業者)と佐賀藩精錬方で同僚であり、その影響もあって電気分野の将来性に着目し、若い頃に大阪に出て機械技術の習得に励み、上京すると三吉電機工場に勤務した。明治27年逓信省電信灯台用品製造所の技術者となり、日清戦争が起こると瀬戸内海での機雷敷設作業に従事。終戦後はその除去作業にも当たり、その手腕を評価した陸軍より技師として勧誘されたが、通信機製造を志していたため、28年通信省の同僚であった杉山鎌太郎と合資会社の石杉社を創業した。34年杉山と別れたが社名はそのまま継承。41年阿部電線製造所と合併して共立電機電線株式会社として専務となり、主要通信機会社の一つに数えられた。大正8年社長。12年経営悪化により共立電機株式会社として再出発、昭和6年には安中電機製作所と合併して安立電気(現・アンリツ)となった。　家叔父＝石黒寛次(佐賀藩精錬方)、義兄＝吉村鉄之助(実業家)

石黒 務　いしぐろ・つとむ
福井県令
天保11年(1840)12月28日～明治39年(1906)3月19日　生近江国彦根元安養寺町(滋賀県彦根市)　名別名＝石黒伝右衛門　歴近江彦根藩士の子に生まれ、生後7ヶ月で父を亡くして家督を相続し百石を領した。藩校・弘道館に学び、また藩主・井伊直憲の信任厚かった。文久2年(1862年)内目付となり、横浜・堺・伏見の警備に当たる。慶応3年(1867年)藩が朝命遵奉を決した際は、家老・岡本黄石に与して徳川慶喜を新政府に参加せしめると主張し、軽輩組の無条件遵奉説に敗れた。戊辰戦争では会津攻略に従軍して百石を加増され二百石を領した。明治維新後は藩権少参事、権大参事に進み、激動期の藩政に活躍。のち静岡大書記官などを経て、明治14年福井県令を務める。また井伊家世子の家庭教師も務めた。明治以後、名を務と改める。

石郷岡 文吉　いしごうおか・ぶんきち
新聞人　衆院議員　弘前市長
文久3年(1863)～昭和13年(1938)
生=陸奥国弘前(青森県弘前市)　学=東奥義塾　歴=東奥義塾に学んだのち自由民権運動に参加し、東洋回天社の中心人物として活躍。明治22年弘前市議となる。次いで24年に中津軽郡議、29年には補欠選挙で青森県議に当選。36年と40年には県会議長に推されている。さらに41年衆議院議員に選ばれ、1期を務めた。その一方、新聞人としても活動し、明治32年発刊の「北辰新報」、大正2年発刊の「弘前新聞」の経営に参画している。大正7年には第10代弘前市長に就任。以後、3度に渡って同職を務め、官立弘前高等学校の誘致などに手腕を振るった。

石坂 金一郎　いしざか・きんいちろう
埼玉県議
安政4年(1857)5月14日～大正4年(1915)3月1日
生=武蔵国幡羅郡中奈良村(埼玉県熊谷市)　歴=農の家に生まれる。明治8年鯨井勘衛ら6人と政治的社交団体・七名社を結成し、学習会、演説会を開いた。15～27年埼玉県議。　家=息子=石坂養平(衆院議員)

石坂 周造　いしざか・しゅうぞう
実業家
天保3年(1832)1月1日～明治36年(1903)5月22日
生=信濃国水内郡桑名川村(長野県飯山市)　名=旧姓・旧名=渡辺、幼名=源蔵、前名=宗順　信濃国桑名川村で組頭を務めていた渡辺家に生まれる。長じて江戸に上り、幕府の鍼医・石坂宗哲の養子となった。幕末期、尊皇攘夷運動に加わり、文久3年(1863年)志士の清河八郎らとともに同志を糾合して浪士隊を結成。同年4月には清河らと横浜の外人居留地焼計を企てるが、事前に察知され、清河は暗殺、石坂も幕府に捕らられた。明治3年に釈放されたのち、石油採掘事業の有望性を知り、4年には義兄の山岡鉄舟らの後援を得て長野石炭油会社を設立。以後、米国から輸入した採掘機械などを用い、長野の善光寺付近や新潟県三島郡尼瀬村などで採掘を試みるが、いずれも失敗に終わった。その後も破産やたび重なる失敗に屈せず採掘を続け、32年には遂に新潟県刈羽郡で採油に成功。しかし、鉱区を独占することはなく、他業者にも開放した。　家=養父=石坂宗哲(鍼医師)、義兄=山岡鉄舟(幕臣、政治家)

石坂 荘作　いしざか・しょうさく
実業家
明治3年(1870)～昭和15年(1940)
出=群馬県吾妻郡原町(東吾妻町)　歴=小学校卒業後、母校の教員や日清戦争従軍を経て、台湾に渡る。明治32年基隆に石坂商店を創業。36年日本人も台湾人も分け隔てなく無料で授業を受けられる夜学校・基隆夜学会を、6年後には私設図書館の石坂文庫を開設。当時、一部の人しか学ぶ機会のなかった台湾の人々に働きながら学ぶ機会を与え、"聖人"と称された。夜学校、図書館ともに台湾で初めての試みで、今日でも私立光隆高級家事商業職業学校、基隆市立図書館として現存する。

石坂 昌孝　いしざか・まさたか
自由民権運動家　衆議院議員(自由党)　群馬県知事
天保12年(1841)4月22日～明治40年(1907)1月13日　生=武蔵国南多摩郡野津田村(東京都町田市)　歴=豪農・石坂家の三男で、安政4年(1857年)母方の実家である豪農で野津田村(現・東京都町田市)名主の石坂家を継いだ。明治維新後に戸長となり、会同所の設立や村民の合議制を採用するなど新しい村政運営を模索し、近隣の模範村と称された。明治4年には青少年の教育機関として小野郷学を設立。11年多摩地区最初の民権結社を組織して武相の民権家を組織化を図る。12年神奈川県議、初代県会議長となるが、1年で辞任して上京。14年東京の民権団体の活躍に触発され、村野常右衛門らと政社結社・融貫社を結成し、各地で演説を行って国会開設を請願し続けた。15年自由党に加入したが、18年同志の多くが大阪事件に連座したため、融貫社はやがて自然消滅した。その後も、20年に三大事件建白運動に参加するなど自由民権のために奔走、財産を使い果たしたが、借金をして23年第1回総選挙に神奈川三区から出馬・当選。連続3期務め、関東における自由党の重鎮として活躍した。29年板垣退助内相のもとで群馬県知事に就任。33年政友会創立に参画。娘・美那は詩人で評論家の北村透谷と結婚した。　家=長男=石坂公歴(自由民権運動家)、女婿=北村透谷(詩人・評論家)

石坂 公歴　いしざか・まさつぐ
自由民権運動家
慶応4年(1868)1月16日～昭和19年(1944)8月
出=武蔵国多摩郡(東京都町田市)　歴=衆議院議員も務めた自由民権運動家・石坂昌孝の長男。明治14年14歳で上京。父が自由民権運動の指導者であったことから自身も運動に参加するが、19年東大予備門へ入学後は、父の民権運動への家族の傾向、自由党の解散などの窒息状態から抜け出すため渡米。在米日本人愛国同盟を結成し、新聞を発行した。太平洋戦争が始まると日系人の強制収容所に入れられ、昭和19年76歳で死去した。　家=父=石坂昌孝(自由民権運動家)

石沢 謹吾　いしざわ・きんご
典獄
文政13年(1830)11月14日～大正6年(1917)5月12日　生=信濃国(長野県)　名=号=信雅　信濃飯田藩士・石沢家に生まれ、江戸藩邸で育つ。安政4年(1857年)郡奉行となり、南山騒動で功を立て、慶応2年(1866年)飯田藩家老となる。明治2年藩の大参事。8年警視庁に出仕、警視となり、のち典獄として監獄施設の改善に貢献した。

石沢 慈興　いしざわ・じこう
僧侶(真宗大谷派)憶念寺住職
慶応1年(1865)6月16日～昭和15年(1940)12月8日　生=陸奥国川内村(青森県むつ市)　名号=岳陽　学哲学館卒　歴生家は青森県川内村の憶念寺。東京の哲学館に学び、哲学者・井上円了や仏教学者・河口慧海らに師事。同館卒業後に帰郷して教師となり、川内尋常高等小学校教諭や北海道函館の恵以尋常小学校校長などを歴任。43年には実家の憶念寺住職となった。大正初期に川内村の安部城銅山の煙害が問題化すると、被害に遭った住民のために請願書を起草し、環境改善を求めた。また、書や漢詩も嗜み、詩集に「報国百詠」などがある。

石塚 英蔵　いしづか・えいぞう
東洋拓殖総裁 貴院議員(勅選)
慶応2年(1866)7月23日～昭和17年(1942)7月28日　生=江戸　出=福島県　学帝国大学法科大学〔明治23年〕卒　歴明治23年内閣法制局参事官、24年同書記官兼任。韓国政府顧問官、台湾総督府参事官長、関東州民政署民政長官などを経て、39年関東都督府民政長官に就任。その後総監府参与官、朝鮮総督府取調局長官、農工商部長官などを歴任、大正5年東洋拓殖総裁となった。同年勅選貴院議員となり、昭和9年4月まで務めた。この間、4年浜口内閣により台湾総督に任命された。6年霧社事件の責任を取り退官、9年枢密顧問官となる。

石塚 重平　いしづか・じゅうへい
自由民権運動家 衆院議員
安政2年(1855)10月10日～明治40年(1907)8月12日　生=信濃国佐久郡小諸(長野県小諸市)　歴父・重之助の没後、幼少より町政に参加し、副戸長・町議・郡議などを務める。自由民権運動に加わり、明治10年生地の長野県小諸で民権結社・盤鴻社を興し、以後佐久地方の民権運動を指導した。14年板垣退助らが大阪で自由党を創立すると聞き長野県同志会を代表して参加、結成と共に入党。17年同党を一旦解散し、同年小諸文武館を設立したが、飯田事件で拘引(釈放)、18年大井憲太郎らの大阪事件(朝鮮事件)に連座、資金調達者として入獄する。22年憲法発布の大赦令で出獄し、23年立憲自由党、31年憲政党、33年政友会の創立に参画、長らく幹事を務めた。27年第4回総選挙で長野県から衆院議員に当選、以後当選4回。全院委員長、33～34年第四次伊藤内閣の渡辺国武蔵相の下で官房長となる。36年伊藤博文総裁の専制に反対して板倉中らと共に政友会を除名された。37年ハワイに行き日本人会長を務め、38年帰朝後は大同倶楽部を組織する。また布施銀行取締役、小諸貯蓄銀行取締役も務めた。

石田 一郎　いしだ・いちろう
海軍少将
文久2年(1862)11月15日～昭和9年(1934)1月2日　生=長門国萩(山口県萩市)　学海兵(第11期)〔明治17年〕卒　歴明治20年海軍少尉に任官。日清戦争で第五号水雷艇長として、威海衛の戦いに従軍。38年日露戦争時に和泉艦長を務め、日本海でバルチック艦隊を発見するなどの戦功をたてた。同年佐世保水雷団長、39年鎮遠、40年磐手、42年肥前の艦長を経て、43年舞鶴、佐世保各水雷団長。同年少将に進み、大正元年予備役に編入。

石田 英吉　いしだ・えいきち
農商務次官 貴院議員 男爵
天保10年(1839)11月8日～明治34年(1901)4月8日　生=土佐国安芸郡中山村(高知県安芸郡安田町)　名別名=伊呎周吉　歴文久元年(1861年)大坂に出て緒方洪庵に入門。3年吉村寅太郎らの天誅組挙兵に参加したが、幕軍に敗れ長州に脱走。元治元年(1864年)禁門の変に従軍、重傷して再び長州に逃れた。慶応元年(1865年)高杉晋作の奇兵隊に参加、2年坂本龍馬の海援隊に入り長崎へ出張、海軍事務に尽力。戊辰戦争では振遠隊の御用掛として奥羽鎮圧に出征、軍監として転戦。2年長崎県小参事、8年秋田県令、16年長崎県令、21年千葉県知事、23年農商務次官、25年高知県知事など歴任。29年男爵。31年貴院議員。　家女婿=横山助成(東京府知事・警視総監)

石田 音吉(2代目)　いしだ・おときち
京都府議 石田衡器製作所創業者
文久1年(1861)12月～大正9年(1920)
歴醤油店や新聞・薬の取次販売を営む初代石田音吉の長男として生まれ、20歳で家業を継ぐ。頼まれて度量衡法施行を機に明治26年石田衡器製作所(現・イシダ)を創業、3年後には年間1万台もの木の棒ばかりを製造し、36年第5回内国勧業博覧会でも数々の褒賞を得るなど、全国屈指のはかり製造会社に育て上げた。一方、23年から京都府議、28年から京都市議として琵琶湖疎水事業の成就や平安神宮造営、内国勧業博覧会開催、市立動物園開設などに尽くした他、本願寺筆頭総代も務めた。　家曽孫=石田隆一(イシダ社長)

石田 貫之助　いしだ・かんのすけ
富山県知事 衆院議員(無所属)
嘉永2年(1849)12月1日～昭和9年(1934)10月8日　出=兵庫県　歴兵庫県議5期、同議長を務める。明治23年より衆院議員に4選。30年富山県知事。また、「神戸又新日報」を発刊した。

石田 幸吉　いしだ・こうきち
衆院議員(憲政会) 石見銀行頭取
明治5年(1872)2月～大正15年(1926)8月9日
生=島根県邇摩郡波積本郷(江津市)　学慶応義塾〔明治27年〕卒　歴慶応義塾卒業後、地方産業の開発を志して郷里の島根県に帰郷。石見銀行を設立して頭取を務めた他、邇摩郡議や島根県議などを歴任して地元政界でも活躍。明治36年衆院選に当選、憲政会に所属し、6期17年に渡って国政に携わった。その間、山陰縦貫鉄道の敷設や私財を投

じて産業・教育に当たるなど、地域の活性化に貢献した。

石田 仁太郎　いしだ・じんたろう
弁護士　衆院議員
慶応2年(1866)～昭和15年(1940)
⊞肥後国(熊本県)　学明治法律学校卒　歴明治法律学校を卒業後、東京で代言人(弁護士)を開業。明治22年宇都宮代言人組合に入り、昭和4年まで同地で弁護士活動を行った。この間、宇都宮商業会議所特別議員や宇都宮商工会議所顧問などを歴任。政界でも活躍し、明治32年憲政本党から栃木県議選に出馬し当選。37年には衆院議員に選ばれ、国民党に所属し、同党の代議士会長なども務めた。日露戦争時には朝鮮・満州地方を巡察して功があり、勲四等旭日小綬章を授けられている。44年にローマで開催された列国議員会議に参加したのちは一時期政治活動から離れたが、大正3年には宇都宮市議に当選、昭和4年同市長。　勲勲四等旭日小綬章

石田 友治　いしだ・ともじ
キリスト教の教化指導者
明治14年(1881)～昭和17年(1942)
⊞秋田県　学デサイブル神学校(米国)卒　歴大正2年新聞人で評論家の茅原華山と雑誌「第三帝国」を創刊、大正デモクラシーの中で民本主義を唱え、「新しき人道主義」を標榜した。7年「文化運動」と改題、11年教育運動家で出版家の下中弥三郎に経営を譲り、啓明会運動の機関誌とした。日本国際教育会理事、YMCA宗教部主事などを務め、自由大学運動にも投じた。

石田 虎松　いしだ・とらまつ
在ニコライエフスク副領事
明治7年(1874)8月21日～大正9年(1920)3月13日
⊞加賀国小松(石川県小松市)　歴シベリア出兵中の大正9年ロシアのパルチザンの襲撃をうけた、いわゆる尼港事件当時、副領事としてニコライエフスクに駐在。3月13日男女2児と妻に手をかけ、重要書類を焼いて、海軍少佐・三宅鴎二と刺し違えた。　勲勲六等旭日章

石田 平吉　いしだ・へいきち
実業家　衆院議員(憲政会)
嘉永6年(1853)～昭和4年(1929)11月18日
⊞筑前国(福岡県)　歴筑前福岡藩の陪臣の家に生まれ、漢学を学ぶ。明治維新後、福岡で商業を営んだが失敗に帰す。明治7年博多に移り海運業を始め、岩崎弥太郎を東京に訪ね三菱汽船の博多寄港の協力を得る。西南戦争では陸軍輸送に従事し、22年九州鉄道敷設の際には建築材料の運搬事業で成功を収める。のち門司に移って下関間の航海業を開始して事業を拡大、門司に私設水道を敷設するに至る。門司市議を経て、41年から衆院議員(憲政会)に当選2回。

石田 米助　いしだ・よねすけ
実業家　広陵中学創立者
安政3年(1856)11月23日～大正4年(1915)10月2日　⊞安芸国府中(広島県安芸郡府中町)　歴広島市でも有数の呉服商で、明治41年廃校の危機に直面していた広陵中学を支援し、42年設立者として認可され校主となる。以来設備の充実を図り、今日の広陵学園発展の基礎を築いた。

石田 六次郎　いしだ・ろくじろう
社会運動家　仙台基督教会育児院理事長
元治1年(1864)10月9日～昭和12年(1937)7月24日　⊞備中国窪屋郡八田部村(岡山県総社市)　歴郵便局書記、巡査などをして、明治20年上京して受洗する。22年鉄道局の火夫となり、25年日本鉄道会社に移り青森県に赴任する。31年待遇改善を要求し、停職処分を受ける。要求のほとんどが通って復職し、のちに東北各地の助役、機関区長などを歴任。退職後は教会や公共のために尽し、仙台基督教会育児院理事長に就任した。

石谷 源蔵　いしたに・げんぞう
林業家　鳥取県議
安政5年(1858)9月8日～昭和7年(1932)1月31日
⊞因幡国(鳥取県)　歴鳥取県智頭村で杉の育苗、木材搬出技術の改良、動力製材機の導入、林業組合の結成など、林業近代化と地域振興に尽した。明治22年鳥取県議。

石谷 伝四郎　いしたに・でんしろう
衆院議員(大同倶楽部)
慶応2年(1866)4月29日～大正12年(1923)12月29日　⊞因幡国(鳥取県八頭郡智頭町)　学独逸学協会学校卒　歴ロッシェル氏経済学を翻訳。鳥取銀行頭取、智頭報徳社長などを歴任。明治31年より衆院議員を通算3期務め、大同倶楽部に属した。大正7年多額納税の貴院議員。

伊地知 幸介　いじち・こうすけ
陸軍中将　男爵
嘉永7年(1854)11月6日～大正6年(1917)1月23日
⊞薩摩国(鹿児島県)　学陸士卒　歴薩摩藩士の長男として生まれる。明治12年砲兵少尉に任官。13～15年軍事研修のためフランスに留学。17年陸軍卿で親戚に当たる大山巌の欧州巡遊に随行し、ドイツに留学。21年帰国。日清戦争では大本営参謀として各地を転戦した。英国公使館付武官、33年参謀本部第一部長などを経て、日露戦争で乃木希典将軍率いる第三軍参謀長として旅順攻撃に従事、力攻めにより多くの死傷者を出した。旅順陥落後は旅順要塞司令官に任ぜられた。戦後、中将に昇進し、男爵となる。41年第十一師団長。大正2年予備役に編入。

伊地知 貞馨　いじち・さだか
歴史家
文政9年(1826)～明治20年(1887)4月15日

生薩摩国(鹿児島県鹿児島市) 名旧姓・旧名=堀仲左衛門、変名=堀小太郎、初名=徳之助、通称=又十郎、壮之丞 歴薩摩藩士・堀右衛門の三男。薩摩藩主・島津斉興の中小姓となり、嘉永3年(1850年)斉興に従って上京。昌平坂学問所に学ぶ。その後、西郷隆盛らと交わり、安政6年(1859年)大老・井伊直弼の暗殺計画を画策。文久2年(1862年)姓を堀から伊地知に改める。江戸留守居役、当番頭勝手方掛などを務め、島津久光の公武合体運動を助けた。明治4年外務省に出仕、琉球に在勤して制度改革に携わり、「沖縄志」(全5巻)を著した。14年修史局に勤務。 家二男=伊地知壮熊(実業家)

伊地知 季清　いじち・すえきよ
陸軍少将
安政1年(1854)～明治38年(1905)10月14日
出薩摩国(鹿児島県)　学陸士卒　歴もと薩摩藩士。明治10年陸軍少尉となる。27年日清戦争には砲兵中佐として出征。28年台湾総督府参謀を務める。33年少将となり、同年呉要塞司令官、36年由良(兵庫県)要塞司令官を務めた。

伊地知 季珍　いじち・すえたか
海軍中将
安政4年(1857)3月26日～昭和10年(1935)4月7日
出薩摩国(鹿児島県)　学海兵(第7期)〔明治13年〕卒　歴明治16年海軍少尉に任官。34年武蔵、金剛、35年浪速、36年出雲、39年鹿島の艦長となり、41年呉工廠長。この間、日露戦争には出雲艦長として出征、第二艦隊旗艦を務めた。44年海軍中将。大正元年第二艦隊司令長官、2年艦政本部長、3年横須賀鎮守府司令長官、4年呉鎮守府司令長官を歴任。6年後備役に編入。

伊地知 壮熊　いじち・そうくま
小倉鉄道社長
元治1年(1864)9月4日～昭和6年(1931)6月30日
歴米国留学を経て、明治25年通信省鉄道技師となる。帝国鉄道庁、鉄道院を経て、小倉鉄道社長、日田鉄道社長を歴任。　家父=伊地知貞馨(志士)

伊地知 彦次郎　いじち・ひこじろう
海軍中将
安政6年(1859)12月14日～明治45年(1912)1月4日　出薩摩国(鹿児島県)　学海兵(第7期)〔明治13年〕卒　歴薩摩藩士の子。明治16年海軍少尉に任官。33年常備艦隊参謀長、35年松島艦長。日露戦争には連合艦隊旗艦である三笠艦長を務め、日本海海戦で東郷平八郎指揮のもと、バルチック艦隊を撃破した。39年教育本部第一部長、40年同第二部長兼務、41年練習艦隊司令官を経て、43年海軍中将に進み馬公要港部司令官。

伊地知 正治　いじち・まさはる
宮中顧問官　修史館総裁　伯爵
文政11年(1828)6月1日～明治19年(1886)5月23日　生薩摩国鹿児島城下千石馬場(鹿児島県鹿児島市)　名幼名=季靖、通称=龍駒、龍右衛門、号=一柳　歴合伝流兵学の奥儀を極め、西郷従道、三島通庸らを育てる。文久2年(1862年)薩摩藩軍奉行、慶応4年(1868年)東山道先鋒総督府参謀となり会津戦争で功績をあげる。明治3年鹿児島藩大参事。4年新政府に入り、7年左院議長。8年修史館総裁となり官command修史事業を推進する。12年宮内省御用係となり、17年伯爵を授けられた。19年には宮中顧問官に任ぜられた。

石野 寛平　いしの・かんぺい
実業家
嘉永1年(1848)12月～大正10年(1921)9月16日　生肥前国平戸(長崎県平戸市)　歴平戸藩士に生まれ、明治維新後は佐賀県庁を経て、福岡県に勤務して鉱業を担当。その後辞職して炭坑業に専念。日露戦争後には若松商工会会長もつとめた。

石橋 禹三郎　いしばし・うさぶろう
海外事業家
明治2年(1869)7月4日～明治31年(1898)1月　生肥前国平戸(長崎県平戸市)　歴呉服太物商人の第10子。明治16年家を出て福岡英語学校に入り、のち東京の成立学校を卒業。米国人の同校嘱託教師デニングの紹介で渡米し、働きながらリンカーン学校、オークランド実業専門学校などで政治経済学を修める。チリ革命には米国海兵として参戦。25年父の病のため帰国したが、26年フランスがシャム(タイ)に侵略したことを知ると、翌年シャムへ行き、政府要人に日本との提携を説いた。また、同国への日本人移民を計画、シャム殖民会社を設立したが、途中で挫折した。

石橋 健蔵　いしばし・けんぞう
陸軍中将
安政6年(1859)6月～昭和2年(1927)5月12日
生丹波国多紀郡篠山(兵庫県篠山市)　学陸士(旧3期)、陸大〔明治18年〕卒　歴丹波篠山藩家老・石橋義制の長男に生まれる。明治8年元藩士・青山忠誠に召されて上京、島田重礼の塾に学び、10年忠誠に従って陸軍士官学校に入る。16年第1期生として陸軍大学校に入学、ドイツ参謀少佐メッケルと親交し新戦術を研究した。日清戦争には留守第六師団参謀長を務める。33年北清事変の際に第五師団参謀長として北京城攻略に活躍。日露戦争には第二師団参謀長として出征、38年歩兵第三旅団長となり、奉天会戦などを戦う。42年歩兵第七旅団長、43年歩兵第八旅団長を歴任。45年中将。退役後は帰郷して、もと藩主創設の鳳鳴義塾塾主代理として子弟の育英に尽力した。

石橋 為之助　いしばし・ためのすけ
衆院議員(公正会)　神戸市長
明治4年(1871)6月2日～昭和2年(1927)4月28日
出大阪府　学同志社英学校卒　歴米国留学ののち、明治30年「大阪朝日新聞」の記者となる。41年か

ら衆院議員(公正会)に当選3回。大正11年神戸市長を務めた。

石橋 甫　いしばし・はじめ
海軍中将
文久2年(1862)7月2日～昭和17年(1942)1月12日
出加賀国(石川県)　学海兵(第10期)〔明治16年〕卒　歴加賀藩士の六男。明治37年高砂、38年アメリカ丸、姉川、橘立、39年吾妻の艦長。40年海軍兵学校教頭兼監事長、41年尼見、42年富士の艦長。同年艦政本部第二部長を経て、43年東京商船学校校長。大正3年海軍中将となり、予備役に編入。12年同校長を退く。

石橋 政方　いしばし・まさかた
外務大書記官
天保11年(1840)3月～大正5年(1916)12月26日
名初名=助十郎、号=雨窓　歴代々長崎でオランダ通詞を務める家に生まれる。自身も嘉永元年(1848年)稽古通詞になったのを皮切りに小通詞末席などを歴任。オランダ語の通訳を務める傍らオランダ海軍将校や英国人L.フレッチャーから英語を学んだ。幕末には神奈川奉行支配として外交交渉に参与し、元治元年(1864年)御勘定格通弁御用頭取に就任。一方、万延2年(1861年)啓蒙的な英会話書「英語箋」を著し、文久2年(1862年)に横浜英学校が設立されると助教として米国人宣教師S.R.ブラウンを助けた。維新後は新政府に出仕し、外国官一等訳官・外務大訳官・外務権少丞を経て外務大書記官にまで累進。明治26年に官を辞して民間会社に転じた。硯友社の小説家石橋思案は長男。アーネスト・サトウとの共著で「英和口語辞典」などがある。　家長男=石橋思案(小説家)、父=石橋助十郎(オランダ通詞)

石原 健三　いしはら・けんぞう
宮内次官　神奈川県知事　貴院議員(勅選)
文久4年(1864)1月13日～昭和11年(1936)9月4日
生備前国邑久郡箕輪村(岡山県瀬戸内市)　学帝国大学法科大学〔明治22年〕卒　歴明治22年司法省に入り、参事官試補となる。32年内務省参事官官房文書課長、34年内務記官兼警保局保安課長を経て、同年山梨県知事、36年千葉県知事、41年高知県知事、43年静岡県知事、44年北海道庁長官、大正元年愛知県知事、3年神奈川県知事を歴任。4年宮内次官に就任。11年勅選貴院議員。

石原 半右衛門　いしはら・はんうえもん
衆院議員(三四倶楽部)
弘化4年(1847)6月～昭和5年(1930)2月20日
出京都　歴漢学を修めた。岩手県尋常師範学校長、京都師範学校幹事、船井郡長を経て、川辺村議、京都府議、同置議員となった。明治23年衆院議員に当選、以降5期務める。平安遷都千百年記念祭協賛会評議員、第4回内国勧業博覧会評議員を務めた。

石原 彦太郎　いしはら・ひこたろう
衆院議員(自由党)　甲府市長
安政1年(1854)11月～明治30年(1897)8月30日
出甲斐国(山梨県)　歴山梨県議を務める。明治27年衆院議員に当選、1期。30年甲府市長となったが、間もなく没した。

井島 茂作　いじま・もさく
実業家　衆院議員(憲政会)
安政2年(1855)8月8日～大正14年(1925)8月31日
出伊勢国(三重県)　歴漢学を修める。三重県四日市の勧業委員や四日市商業会議所会頭などを務める。明治29年四日市町立商業学校創立委員となり、のち同校校長に就任。31年四日市市長となる。また養老鉄道、揖斐川電力などの監査役も務めた。大正6年衆院議員(憲政会)に当選1回。

石光 真臣　いしみつ・まおみ
陸軍中将
明治3年(1870)5月～昭和12年(1937)12月8日
出肥後国(熊本県)　学陸士(第1期)卒、陸大〔明治33年〕卒　歴陸士卒後砲兵少尉、陸大卒後参謀本部付、明治34年砲兵少佐・野砲第十五連隊大隊長、35年参謀本部員、36年台湾・基隆要塞参謀となり諜報活動に従事。以後野砲第十連隊大隊長、旅順要塞参謀長、下関要塞参謀、野砲第八連隊長などを経て、44年第十師団参謀長。大正2年参謀本部課長、5年支那駐屯軍司令官、憲兵司令官、馬政局長官、8年中将、11年第一師団長、14年予備役。中学校以上の学生軍事教練の発案者。のち明倫会、国本社などの愛国運動に尽力。　家兄=石光真清(陸軍少佐)

石光 真清　いしみつ・まきよ
陸軍歩兵少佐　軍事探偵
慶応4年(1868)8月31日～昭和17年(1942)5月15日　生肥後国熊本(熊本県熊本市)　名変名=菊池正三　学陸士(旧11期)〔明治22年〕卒　歴神風連、西南戦争を経験、日清戦争に中尉で台湾戦役従軍。ロシア研究と情報収集のためロシア留学願いを出して明治32年黒龍江奥地のブラゴベシチェンスクに潜入。予備役後菊池正三の変名でハルビンに写真館を開き、諜報活動を続けた。37年少佐、日露戦争後は浪人となり、一時東京・世田谷村の3等郵便局長となったが、錦州で貿易商を始め、ロシア革命後田中義一参謀次長の指名で大正6～8年黒龍江州アレキセーフスク付近で諜報活動に従事。以後事業に失敗、失意の生活を送った。著書に長男・真人がまとめた「石光真清の手記」(「城下の人」「曠野の花」「望郷の歌」「誰のために」の全4部作)などがある。　家弟=石光真臣(陸軍中将)、息子=石光真人(新聞記者)　賞毎日出版文化賞〔昭和33年〕「誰のために」

石室 孝暢　いしむろ・こうちょう
僧侶　第239世天台座主
天保8年(1837)8月4日～明治32年(1899)5月31日

生武蔵国　名旧姓・旧名＝浅倉　歴大納言・葉室長順の猶子。弘化4年(1847年)江戸寛永寺吉祥院の僧侶・円中について得度し、文久2年(1862年)より比叡山で天台教学を学ぶ。元治元年(1864年)華王院に入って東塔執行代を務め、維新後には京都曼殊院の門跡となった。また、天台宗の宗務にも携わり、同宗総務局局長や大僧正・学頭正観院などを歴任。明治30年には天台座主(第239世)に就任した。

石本 鑅太郎　いしもと・かんたろう
実業家　衆院議員(憲政会)
元治1年(1864)4月4日～昭和8年(1933)12月30日　生土佐国長岡郡岡豊村(高知県南国市)　学大学予備門　歴上海でフランス語・中国語を学び、日清・日露戦争に通訳として従軍。台湾総督府専売局翻訳官、関東州民政署勤務を経て、明治40年阿片販売の特許を取得、巨万の利を得た。以後、満州で炭坑、銀行、油房、製紙など幅広く事業を展開、大連高等女学校や「奉天日日新聞」なども経営し、大連市長も務めた。大正4年衆院議員に当選、2期務めた。弟の権四郎らと満蒙独立運動に取り組み、私財を運動に投じた。32年権四郎が満州で遭難すると没地である熱河に赴いたが、健康を害して大連で没した。　家弟＝石本権四郎(大陸浪人)

石本 権四郎　いしもと・ごんしろう
大陸浪人
明治13年(1880)9月15日～昭和7年(1932)12月11日　生高知県長岡郡岡豊村(南国市)　歴上京して杉浦重剛の称好塾や明治学院に学ぶ。日露戦争が起こると歩兵少尉として従軍、旅順攻撃で重傷を負う。戦後、満州で様々な事業を経営していた兄・鑅太郎を助ける傍ら、特務機関員として蒙古王族やラマ僧などに接近して第二次満蒙独立運動に参加。また東シベリアに反革命政権を樹立したコサック軍人のセミョーノフの軍でも活躍した。満州事変勃発後、熱河問題解決のために同地に潜入しようとして中国軍便衣隊に銃殺された。　家兄＝石本鑅太郎(実業家)

石本 新六　いしもと・しんろく
陸軍中将　男爵
嘉永7年(1854)1月20日～明治45年(1912)4月2日　生播磨国姫路(兵庫県姫路市)　学陸士(旧1期)〔明治11年〕卒、フォンテンブロー砲工学校(フランス)〔明治14年〕卒　歴明治2年藩の貢進生として大学南校に入り、軍学、フランス語を学んだ。11年陸軍士官学校を卒業後、フランスへ留学しフォンテンブロー砲工学校に学んだ。20年帰国、28年工兵大佐、29年工兵課長、30年築城本部長兼砲工学校長など歴任。35年陸軍総務長官兼法務局長、36年からは陸軍次官として約10年にわたって寺内正毅陸相を支えた。37年陸軍中将。40年男爵。44年第二次西園寺内閣の陸相となったが病気のため辞任した。　家長男＝石本恵吉(実業家)、二男＝石本憲治(満鉄理事)、三男＝石本寅三(陸軍中将)、四男＝石本巳雄(地震学者)、五男＝石本五雄(陸軍少将)、兄＝石本綱(陸軍中佐)、女婿＝滝川政次郎(国学院大学名誉教授)

石山 基正　いしやま・もとなお
宮内省雅楽部副長　子爵
天保14年(1843)4月7日～明治27年(1894)12月28日　歴石山基文の長男。安政3年(1856年)元服して昇殿を許され、4年右兵衛権佐。元治元年(1864年)禁門の変が勃発すると参朝・他行・他人面会を禁止された。慶応3年(1867年)赦され、王政復古の変後は三職書記御用掛となり、間もなく参与兼会計事務局権判事。のち宮内省雅楽部副長兼掌典を務めた。　家父＝石山基文(公卿)

伊集院 兼常　いじゅういん・かねつね
大日本土木社長
天保7年(1836)～明治42年(1909)6月20日　生薩摩国鹿児島(鹿児島県鹿児島市)　歴もと薩摩藩士。戊辰戦争などで海軍創設に尽力、明治維新後、田辺正義・児玉利国らと共に海軍省に入り、明治11年工部省営繕局に転じて間もなく退官、鹿鳴館の建築に従事する。のち参宮鉄道社長、大日本土木社長を務め、実業界で活躍した。

伊集院 兼知　いじゅういん・かねとも
貴院議員　園芸家　子爵
明治3年(1870)10月9日～昭和32年(1957)2月19日　名旧姓・旧名＝本荘　歴丹後宮津藩主・本荘宗武の三男で、海軍軍人・伊集院兼寛の養子となる。明治31年養父の死去に伴い子爵を襲爵。37年貴院議員に選ばれ、研究会に所属。昭和14年引退。刀剣や釣りなどを愛好する趣味の人であったが、特に園芸家として知られ、数々の洋ランを栽培し、「蘭科培養の要諦」などの著書がある。　家父＝本荘宗武(丹後宮津藩主)、養父＝伊集院兼寛(海軍少将)

伊集院 兼善　いじゅういん・かねよし
高知県令
文化14年(1817)～明治16年(1883)3月5日　出薩摩国(鹿児島県)　歴内務少書記官を経て、明治15～16年高知県令を務めた。　家長男＝伊集院兼寛(貴院議員)、三男＝野元綱明(海軍中将)

伊集院 五郎　いじゅういん・ごろう
海軍大将・元帥　男爵
嘉永5年(1852)9月27日～大正10年(1921)1月13日　生薩摩国鹿児島(鹿児島県鹿児島市)　学海兵卒、英国海軍大学〔明治16年〕卒　歴薩摩藩士の長男。慶応4年(1868年)鳥羽・伏見の戦いに参加。明治新政府下で海軍に入り、明治10年西南戦争に従軍。同年末から19年まで長く英国へ留学、同国の海軍大学を卒業した。28年軍令部第一局長、30年第二局長、31年軍令部次長心得、32年軍令部次長を経て、35年常備艦隊司令官となり、英国王エド

ワード7世の戴冠式に参加。36年再び軍令部次長となり、39年艦政本部長を兼務。同年第二艦隊司令長官、41年第一艦隊司令長官、42年海軍軍令部長を歴任し、43年海軍大将。大正6年元帥府に列し元帥海軍大将となった。この間、40年男爵を授けられた。33年には考案した信管が採用され、伊集院信管として配備され、日露戦争で使用された。 家長男＝伊集院松治（海軍中将）、二男＝大野竹二（海軍少将）。 勲勲一等旭日大綬章〔明治39年〕

伊集院 俊　いじゅういん・しゅん
海軍少将　鹿児島市長
明治4年（1871）3月～大正14年（1925）2月7日
出薩摩国（鹿児島県）　学海兵（第21期）〔明治27年〕卒　歴明治28年海軍少尉に任官。日清戦争、北清事変に従軍。34年南清、福州に駐在してのち軍令部付となり、日露戦争には第三艦隊参謀として出征。大正4年宗谷、5年津軽艦長、6年駐支邦公使館付武官、大正8年海軍少将となり軍令部参謀、9年佐世保防備隊司令を務める。12年予備役に編入され、鹿児島市長となった。

伊集院 彦吉　いじゅういん・ひこきち
外交官　外相　男爵
元治1年（1864）6月19日～大正13年（1924）4月26日　出薩摩国（鹿児島県）　学帝国大学法科大学法律学科〔明治23年〕卒　歴薩摩藩士・伊集院吉次の二男。攻玉社、大学予備門を経て、明治23年帝国大学法科大学を卒業し、外務省に入省。同期に石井菊次郎と秋山雅之介がいた。釜山、仁川、天津の各領事を経て、35年在天津総領事となり、37～38年在牛荘領事を兼ねる。40年大使館参事官として英国に在勤。小村寿太郎からその将来を嘱望され、41年清国公使に就任。日露戦争後における満州の諸問題について日清間の交渉に当たった。在任中の44年には辛亥革命が起こるが、以降も大正2年に山座円次郎と交代するまで日中外交で活躍した。5年駐イタリア大使となり、8年パリ講和会議全権委員としてパリに出張。9年男爵。10年初の外務省情報部長。11年関東庁長官。12年第二次山本内閣の外相となるが、13年内閣総辞職により辞任し、間もなく没した。 家父＝伊集院吉次（鹿児島藩士）、岳父＝大久保利通（政治家）

石渡 秀雄　いしわた・ひでお
篤農家
天保14年（1843）～大正5年（1916）
生伊豆国門野原村（静岡県伊豆市）　歴伊豆地方における椎茸栽培の先覚者で、椎茸の榾木の配列法として現在でも広く用いられている合掌法を考案。また、乾燥や貯蔵の方法についても研究を進めた。明治30年には田方郡の棚場山に椎茸栽培所を設立し、後進への技術指導に尽力。その功労によって32年農商務大臣功労賞、43年に農林大臣顕彰状を受けた。一方、戸長や郡会議員を務めるなど地方政界でも活躍。大正5年には田方郡椎茸同業組合の

初代会長となった。孫は小説家の井上靖で、その自伝的小説「しろばんば」にも石守林太郎の名で登場する。 家孫＝井上靖（小説家） 賞農商務大臣功労賞〔明治32年〕、農林大臣顕彰状〔明治43年〕

石渡 秀吉　いしわた・ひできち
衆院議員（無所属）
明治3年（1870）9月～昭和8年（1933）7月30日
生神奈川県三浦郡浦賀町（横須賀市）　学慶応義塾、専修学校などに学び、明治25年家業の醤油の販路拡張のためハワイへ渡る。26年帰国。39年より神奈川県浦賀町議を通算3期。また、45年衆院議員に当選、1期務めた。大正14年浦賀町長に当選、2期。

石渡 敏一　いしわた・びんいち
司法次官　内務書記官長　貴族議員（勅選）
安政6年（1859）11月26日～昭和12年（1937）11月18日　生江戸　学東京大学法学部英法科〔明治17年〕卒　法学博士〔明治38年〕　歴司法省に入り、明治19年欧州留学、帰国後東京控訴院検事、大審院検事、32年ベルギーの万国監獄会議派遣。次いで民事局長、司法次官を経て、39年第一次西園寺内閣の書記官長。辞任後勅選貴族議員。のち東京瓦斯会社社長。 家長男＝石渡荘太郎（蔵相）、弟＝辰沢延次郎（実業家）

出石 猷彦　いずし・みちひこ
陸軍少将
弘化5年（1848）1月～昭和9年（1934）4月4日
生備前国岡山城下（岡山県岡山市）　名旧姓・旧名＝井上、幼名＝正之介、勝簽　学陸士卒　歴旧岡山藩士。維新期には藩の砲兵分隊長を務めた。陸軍教導団を経て陸軍士官学校を卒業し、明治8年陸軍少尉に任官。熊本鎮台に勤務し、神風連の乱や西南戦争の熊本城籠城戦で活躍した。日清戦争では宇品運輸通信部長・宇品兵站兼碇泊場司令官として戦功を立て、金鵄勲章・旭日小綬章を受ける。のち砲兵射的校長や対馬警備隊司令官などを歴任し、35年には少将に昇進。37年佐世保要塞司令官として日露戦争に従軍し、38年に召集解除となった。 勲旭日小綬章

和泉 邦彦　いずみ・くにひこ
衆院議員（無所属）
嘉永2年（1849）2月～大正2年（1913）6月6日
生鹿児島県　歴明治3年警視庁に入り、7年台湾征討、10年西南戦争に従軍。17年清国福州駐在武官の小沢豁郎らと清国の秘密結社哥老会と通じ反清運動を計画したが、柴五郎武官になだめられた。また東洋学館設立計画にも参加。のち「鹿児島新聞」を創刊、県会議員、国会議員となり東洋問題に尽力した。

泉 智等　いずみ・ちとう
僧侶（真言宗）　金剛峯寺第388世座主
嘉永2年（1849）1月12日～昭和3年（1928）9月25日

[生]阿波国麻植郡鴨島町殿居（徳島県吉野川市）　[名]号＝物外　[歴]万延元年（1860年）阿波国板野郡矢武村の荘厳院・礒通大和尚について得度し、文久3年（1863年）四度加行を修め、慶応元年（1865年）徳島藩儒・柴六部に漢籍を学ぶ。明治元年高野山で修行の後、京都智積院で密教学を学ぶ。6年徳島県泉福寺住職。12年より全国を巡錫し荘厳院・高野山円通寺・長崎延命寺・山口県満願寺・奈良県吉祥寺など30余ケ寺に転住。また函館市高野山、鹿児島市最大乗院などを復興した。19年大僧正。33年から8年間京都仁和寺門跡を務め、41年真言宗泉涌寺派管長となり、泉涌寺長老を16年間務める。大正12年11月高野山派管長及び金剛峰寺第388世座主となって入山し、同時に真言宗連合総裁を兼ねる。14年三派合同の古義真言宗が成立すると共に推されて初代管長に就任。宗門の最高峰に位置し書画に秀でていた。明治20年以来、毎年宮中後七日御修法の供僧あるいは大阿を務めた。また真言宗京都大学総理（学長）、高野山大学総長として宗門教育に努め、高野山図書館を完成させた。

和泉 要助　いずみ・ようすけ
人力車を発明
文政12年（1829）11月25日〜明治33年（1900）9月30日　[生]筑前国鞍手郡中泉村（福岡県直方市）　[名]旧姓・旧名＝長谷川、出水、幼名＝藤太郎　[歴]嘉永3年（1850）福岡藩士・出水要の養子となって要助と改名、ついで和泉と改姓した。4年福岡藩主に従って江戸に出て、安政3年（1856年）町役人となり町方上水掛を兼任。開港後の横浜に輸入された馬車をヒントに、明治2年鈴木徳次郎、高山幸助と乗用車の製作に取り組んで成功する。3年人力車と名付けて東京府より製造と営業の認可を受けると、旧来の駕籠かきからしばしば迫害を受けたという。同年8月3人とも同業の総行事に任命され、車数の調査、車税の徴収にも当たった。6年収税業務が戸長に移り、総行事が廃止されるに及んで、政府から慰労金と発明に関する失費を賜った。10年第1回内国勧業博覧会に人力車を出品し竜紋章を受賞するが、以後発明者らの存在は忘れられる。発明当初、特許を申請したが受け入れられなかった。のち人力車の繁栄ぶりに比べ発明者の零落に同情した「風俗画報」主筆・野口勝一、代議士・関信之介らが運動して年金給与案を衆院に建議するが否決される。人力車は便利な交通機関として東京駅構内に200台常置（昭和13年全廃）されるなど市電・タクシーの登場まで活躍した。

泉 麟太郎　いずみ・りんたろう
北海道夕張郡角田村の開拓者
天保13年（1842）〜昭和4年（1929）　[生]陸奥国角田（宮城県角田市）　[名]旧姓・旧名＝添田　[歴]仙台藩角田領主・石川邦光の家臣で、明治3年邦光の命で第1陣51人と共に北海道室蘭郡に移住したが、家臣の反対で邦光が率いる第2陣の移住が失敗、同地は伊達邦成らの支配となる。のち邦光の弟・光親を招き開拓事業に従事、23年夕張郡アノロ原野に1村を造り角田村（現・栗山町）と名付けた。この間、治水事業、牧畜などに功績を残す。

井関 盛艮　いせき・もりとめ
神奈川県知事　横浜毎日新聞創刊者
天保4年（1833）4月21日〜明治23年（1890）2月12日　[生]伊予国宇和島（愛媛県宇和島市）　[名]初名＝峰尾、字＝公教、通称＝斎右衛門、号＝鶴陰　[歴]18歳の時に伊予宇和島藩主・伊達宗城の近侍に任ぜられ、のち大目付役軍使兼帯寺社奉行。慶応2年（1866年）藩命により長崎に赴任、坂本龍馬、五代友厚、本木昌造らと交流を持ち、英国公使アーネスト・サトウからは"宇和島藩士で最も重要な人物"と賞賛された。維新後、徴士外国事務掛参与助勤として新政府に出仕。外務大丞に進み、諸外国との修好条約締結交渉に当たった。神奈川県権副知事を経て、明治3年知事となり、子安峻らと日本初の日刊新聞紙である「横浜毎日新聞」を創刊した。その後、宇和島県参事、名古屋権令、島根県令などを歴任。9年退官後は実業界に転じ、東京商法会議所議員、東京株式取引所頭取などを務めた。東京一八王子間の鉄道開設など産業・交通の発展にも力を注いだ。

磯貝 静蔵　いそがい・せいぞう
嘉義県知事
嘉永3年（1850）〜明治43年（1910）8月17日　[生]美濃国大垣（岐阜県大垣市）　[歴]美濃大垣藩士。水戸天狗党の乱の平定、幕末戦争に加わり、戊辰戦争には岩倉具視の配下として従軍、奥州各地に転戦し功を立てた。明治維新後、大蔵省に入り横浜税関吏となり、のち神奈川県大書記官などを経て、明治29〜30年台湾で台南県知事を務め、鳳山県知事、嘉義県知事を兼務した。

磯貝 浩　いそがい・ひろし
衆院議員（憲政会）　東洋倉庫社長
元治1年（1864）8月〜昭和26年（1951）8月22日　[生]愛知県　[歴]愛知県議、同参事会員を経て大正4年から衆院議員に連続4選。14年から昭和8年まで貴院に在任した。そのほか愛知県農工銀行頭取、医薬制度調査会委員等をつとめた。

磯崎 定吉　いそざき・さだきち
潜水夫　南部もぐりの祖
明治5年（1872）〜大正13年（1924）　[生]岩手県九戸郡種市村小橋（洋野町）　[歴]岩手県種市村に生まれる。幼い頃に両親を失い、農業の傍ら村一番の素潜りの腕を生かし、ウニやアワビを採って生計を支える。明治32年前年に村の沖に沈没していた貨客船・名護屋丸の解体作業に来た千葉県のもぐりの頭領・三村小太郎に作業員として雇われ、この時、三村にもぐりとしての素質を見込まれて潜水技術を伝授され、最低2年かかる技術を2〜3ケ月で習得。同年十和田湖

神社の再建費用を捻出するため十和田湖底に山をなす賽銭の引き揚げを依頼され、成功させる。この資金を元にして一族を中心に、70キロにのぼる潜水装備を身につけて沈没船の解体や潜水漁業に従事するもぐりを育成し、潜水夫として高い評価を得る"南部もぐり"を誕生させた。

磯野 小右衛門　いその・こえもん
大阪商業会議所会頭
文政8年(1825)10月13日〜明治36年(1903)6月11日　生長門国阿武郡萩椿町(山口県萩市)　歴18歳で下関に出て米相場に関心を持つ。嘉永3年(1850年)大坂に出、安政3年(1856年)堂島浜通りで米問屋を開業。元治元年(1864年)長州藩、笠間藩の勤王の志士を庇護したため幕府の嫌疑を受けて投獄されたが、まもなく町旦下となる。明治2年禁裏御用達となり、名字帯刀を許された。4年大阪北大組大年寄、同年堂島米穀所を設立し頭取に就任。12年五代友厚らと大阪商法会議所創立に尽力、16年大阪株式取引所頭取、24年大阪商業会議所会頭、27年帝国商業銀行創立、30年堂島米穀取引所理事長に就任するなど、関西実業界に多大な足跡を残した。

磯野 計　いその・はかる
明治屋創業者
安政5年(1858)8月14日〜明治30年(1897)12月14日　生美作国津山(岡山県津山市)　学東京大学〔明治12年〕卒　歴美作津山藩士の二男。明治元年同藩出身の洋学者・箕作麟祥の塾に入って英語を学び、2年上京して箕作秋坪の三叉学舎、次いで在京中の麟祥の塾に入った。3年大学南校(現・東京大学)に入り、12年に卒業すると法学士の資格を得て友人たちと代言業(弁護士)を開いた。13年三菱会社の給費留学生として渡英、複式簿記などの商業実務を研修。後年、我が国で初めて複式簿記を採用した人物とされる。17年三菱がグラスゴーの造船所に発注して竣工した新造船・横浜丸の事務長としての帰国の途につき、帰国後、三菱会社神戸出張所取締を経て、18年食料品や雑貨の船舶納入業と食料品卸を兼ねた結社・三友組を創業。間もなく磯野の個人商店となり、明治屋と改称した。21年横浜の香港籍ビール会社ジャパン・ブルワリー(麒麟ビールの前身)の総代理店となり、「麒麟ビール」を一手販売に従事。また、天然鉱泉「三ツ矢平野水」(「三ツ矢タンサン」)を売り出したり、損害保険ブローカーやゴム事業にも着手した。30年1月機械・鉄材の輸入商社である磯野商会を設立したが、その年の末に急性肺炎に罹って急逝した。米井源治郎は父方のまたいとこにあたる。　家孫＝磯野計蔵(明治屋社長)、女婿＝磯野長蔵(明治屋社長)

磯林 真蔵　いそばやし・しんぞう
陸軍大尉
嘉永6年(1853)3月3日〜明治17年(1884)12月7日

生土佐国(高知県)　歴土佐藩士の長男。明治4年上京して御親兵となり、陸軍教導団、陸軍士官学校に学ぶ。10年西南戦争に従軍、戦傷を負った。15年朝鮮国公使館付武官となったが、17年京城で殺害され、殉職した。　家養子＝磯林直明(陸軍少将)

磯辺 包義　いそべ・かねよし
海軍少将　貴族議員(勅選)
天保13年(1842)6月〜大正6年(1917)6月4日　生豊後国(大分県)　幼幼名＝虎之助、号＝同岬庵　歴明治4年海軍大尉となる。8年春日艦長、14年清輝、のち迅鯨、海門、筑紫、金剛、浪速、高千穂、厳島の艦長に歴任。小野造船所所長、横須賀屯営長、予備艦総理、常備小艦隊参謀長、22年佐世保軍港司令官・佐世保鎮守府造船部長、呉軍港司令官を経て、26年海軍少将となる。軍法会議判士長なども務めた。この間、24年フランスに出張した。29年勅選貴院議員。

磯部 醇　いそべ・じゅん
弁護士　大審院判事
安政6年(1859)2月〜昭和11年(1936)10月10日　生美濃国笠松(岐阜県羽島郡笠松町)　学東京大学法学部〔明治16年〕卒　歴明治16年大学を卒業、代言人(弁護士)となる。18年増島六一郎らと18名で英吉利法律学校(現・中央大学)を創設。同年長崎高商学校長に任ぜられたが、19年検事に転じた。43年大審院判事を退くと名古屋で弁護士を開業。名古屋弁護士会会長、名古屋無尽社長なども務めた。

磯部 四郎　いそべ・しろう
法学者　弁護士　衆院議員
嘉永4年(1851)7月15日〜大正12年(1923)9月1日　生越中国富山(富山県富山市)　名旧姓・旧名＝林、幼名＝秀太郎　学法学博士〔明治40年〕　歴越中富山藩士・林家の四男で、同藩の上野家の養子となった。明治元年脱藩して磯部四郎をのり、2年許されて帰藩するを上京、昌平黌に学んだ。4年大学南校、5年司法省法学校に入り、8年官費でフランスへ留学。パリ大学で法律、政治、経済学を専攻し、11年帰国。12年判事に任官。13年より民法編纂作業に従事した。17年司法省権大書記官、19年大審院判事、24年大審院検事、同年同次席検事。25年退官して代言人(弁護士)を開業。31年より東京組合弁護士会会長を5回務め、大逆事件では奥宮健之の弁護人となった。この間、23、35〜41年衆議議員に当選。通算4期。大正3年勅選貴院議員。12年9月関東大震災のため亡くなった。著書に「帝国憲法講義」「刑法正解」「民法釈義」「日本刑法講義」「商法釈義」「刑事訴訟法講義」などがある。　家孫＝林忠康(弁護士)、従弟＝林忠正(美術商)

磯部 為吉　いそべ・ためきち
徳島県設置を実現
天保7年(1836)〜明治32年(1899)9月2日

磯辺 尚　いそべ・ひさし
弁護士　衆院議員（政友会）
明治8年（1875）11月〜昭和11年（1936）11月1日
[出]福井県　[学]東京帝国大学法科大学英法科〔明治32年〕卒　[歴]弁護士となり、東京市議。大正6年以来東京府から衆院議員当選4回、政友会に所属。

磯部 保次　いそべ・やすじ
東京瓦斯常務　衆院議員（政友会）
慶応4年（1868）7月26日〜昭和3年（1928）12月4日
[生]常陸国（茨城県）　[学]慶応義塾〔明治24年〕卒
[歴]明治24年播但鉄道に入り、28年東京馬車鉄道に転じ、のち同社が合併して東京鉄道と改称し、42年取締役となる。43年同社が東京市に買収されると安楽兼道らと千代田瓦斯を設立し、45年これが東京瓦斯に合併され取締役となり、のち常務に就任したが、第一次大戦に際し料金値上げに絡んで発生した東京市会疑獄により引責辞職した。他に三ツ引商事専務、吾妻川電力会社専務、旭工事社長など多数の会社の重役を務めた。この間、41年から衆院議員（政友会）に当選2回。

磯部 最信　いそべ・よしのぶ
大成教会創始者・管長
文政3年（1820）〜明治30年（1897）1月7日
[歴]家は代々、御三卿・田安家に仕えた。六人部是香の影響で国学を学ぶ。維新後、明治7年頃相川県（現・新潟県佐渡）権参事となったが、辞官して国典・皇学を学ぶ。9年初めて教導職試補となり、10年平山省斎と神道・大成教を創始し、12年大成教会を設立。23年平山の没後、管長となった。著作に「安心立命訣」など。

磯村 音介　いそむら・おとすけ
保土谷曹達社長
慶応3年（1867）11月11日〜昭和9年（1934）4月13日　[生]上野国（群馬県）　[学]東京帝国大学中退　[歴]京都府尋常中学嘱託教諭を経て、明治28年神戸商業会議所書記長となり、江商合資会社、日本精糖など、糖業界の発展に尽力。大正5年東洋曹達専務取締役となり、14年保土谷曹達社長に就いた。

磯村 豊太郎　いそむら・とよたろう
北海道炭礦汽船専務
明治1年（1868）11月7日〜昭和14年（1939）10月26日　[生]豊前国（大分県中津市）　[学]慶応義塾〔明治22年〕卒　[歴]明治22年通弁となり、23年逓信省に入って通相後藤象二郎秘書官となった。その後母校慶応義塾で教鞭をとりながら執筆活動、時事新報社に入った。さらに日本銀行勤務の後、29年三井物産に入社。36年営業部長兼機械及鉄道用品取扱首部長、42年ロンドン支店長となった。大正2年北海道炭礦汽船が三井経営に移った際、専務取締役として経営再建に当たった。また日本製鋼所、輪西鉱山会長、夕張鉄道、日本製鉄、東京瓦斯などの役員も兼ねていた。昭和4年実業功労により勅選貴院議員。

磯山 清兵衛　いそやま・せいべえ
自由民権運動家
嘉永5年（1852）〜明治24年（1891）
[生]常陸国潮来（茨城県）　[歴]家は酒造業。明治12年茨城県行方郡書記となって、自由民権運動に投じ、自由党創立に参画、国会開設請願、酒税軽減の建白などを行った。上京後本所に自由党の青年壮士に剣道を教える有一館を開設。18年自由党解党後、大井憲太郎らの朝鮮改革運動に参加、有一館の有志、同自由党同志らと爆弾を密造、大阪、長崎から密かに朝鮮渡航を図ったが、事件が発覚し、捕らえられた（大阪事件）。23年憲法発布大赦で出獄した。

猪田 正吉　いだ・しょうきち
軍事探偵
明治3年（1870）〜没年不詳
[出]筑後国久留米（福岡県久留米市）　[歴]中国の上海に渡り、荒尾精が設立した日清貿易研究所に入る。明治27年日清戦争に陸軍通訳官として従軍。諜報活動に当たり、同年10月敵情視察のため遼寧省花園口に上陸後、消息不明となった。

井田 文三　いだ・ぶんぞう
自由民権運動家　神奈川県議
嘉永6年（1853）7月11日〜昭和11年（1936）11月11日　[出]武蔵国橘樹郡長尾村（神奈川県川崎市）　豪族の家に生まれる。明治15年武蔵・橘樹郡書記から神奈川県議となる。同年民権結社・頼母子講を創立。40年代地主総代として多摩川築堤運動に尽力した。

井田 譲　いだ・ゆずる
陸軍少将　元老院議官　男爵
天保9年（1838）9月22日〜明治22年（1889）11月29日　[生]美濃国大垣（岐阜県大垣市）　[名]通称＝五蔵、雅号＝雷堂、悟窓　[歴]美濃大垣藩出仕を経て、文久3年（1863）年京都禁裏守護士として長州征討に従軍。明治元年軍務官権判事、3年生野県知事、のち久美浜県知事、長崎県知事、大蔵大丞を歴任し、4年陸軍少将に就任。西南戦争時は陸軍卿代理をつとめた。13年から特命全権公使として欧州に駐在。帰国後、16年元老院議官、のち陸軍大学校校長となる。22年男爵。　[家]息子＝井田磐楠（貴院議員）

板垣 退助　いたがき・たいすけ
内相　自由党総裁　伯爵

天保8年(1837)4月17日～大正8年(1919)7月16日 [生]土佐国高知城下中島町(高知県高知市) [名]旧姓・旧名=乾退助、幼名=猪之助、諱=正形、号=無形 [歴]土佐藩士の出身。山内容堂の側用人、大監察などを歴任。慶応元年(1865年)江戸で学び、3年中岡慎太郎と共に西郷隆盛と会見、討幕の密約を結ぶ。戊辰戦争では大隊司令・総督府参謀として会津攻略に活躍。この頃乾姓から先祖の旧姓板垣に復す。土佐藩大参事を経て、4年明治政府の参議となるが、6年征韓論争に敗れて下野。7年後藤象二郎、江藤新平らと東京で愛国公党を結成し、副島種臣らと民撰議院設立建白書を提出。また高知で立志社を設立して自由民権運動の口火を切る。14年国会開設が決まると自由党を結成し、その総理となる。15年外遊。17年自由党解党。20年伯爵(一代限り)。23年国会開催に伴い再び愛国公党を組織し、立憲自由党に合流、24年自由党に改組し総裁に就任。29年には第二次伊藤内閣の内相をつとめた。31年自由党・改進党が合流して憲政党を組織すると、大隈重信と隈板内閣(第一次大隈内閣)をつくり、内相に就任。33年憲政党を解散、政友会に合流し、これを機に政界から引退した。晩年は社会事業などに尽力した。15年に岐阜で暴漢に襲われた際(岐阜遭難事件)の発言「板垣死すとも自由は死せず」は、民権運動の標語になった。著書に「武士道観」「板垣退助全集」がある。

板垣 董五郎 いたがき・とうごろう
開墾殖産家 板垣新田を開墾
天保10年(1839)1月～明治16年(1883)12月 [生]出羽国北村山郡東根村(山形県東根市) [名]本名=日野董五郎 [歴]出羽東根村(現・山形県)の北方組名主。戊辰戦争に際し松前藩に軍資金千余両を調達。その返還金で、明治2年東根村の藩林60ヘクタールの払い下げを受け、入植者を募り私財を投じて開墾、3年板垣新田と命名した。11年には東根村ほか79村から減租請願の委任を受けて上京、2年間滞在して政府に認めさせた。13年東根村など5村の戸長となった。

板倉 勝憲 いたくら・かつのり
貴院議員 子爵
明治4年(1871)9月24日～昭和3年(1928)7月29日 [学]東京帝国大学法科大学〔明治31年〕卒 [歴]大正2年襲爵し、6年より貴院議員。貴族院の院内会派・研究会の幹部に。国民外交同盟会に参加して中国問題に傾注した。 [家]父=板倉勝達(福島藩主・子爵)

板倉 勝達 いたくら・かつみち
貴院議員 子爵
天保10年(1839)5月1日～大正2年(1913)7月16日 [生]陸奥国福島(福島県福島市) [名]前名=渋川教之助 [歴]陸奥福島藩主板倉家9代目藤俊の弟・勝定の長男に生まれる。初名は千之助、のち渋川教之助を名のり福島藩家老を務める。戊辰戦争では奥羽越列藩同盟に参加、のち帰順する。2000石減で国替えを命ぜられ隠居・謹慎した板倉勝尚のあと、明治元年家督を継いで福島藩主板倉家12代目となり、名を勝達と改める。福島城召し上げにより替地に会津大沼郡を与えられ、2年更に領地替えとなり新設の三河重原藩主に転じた。2万8000石。家臣150人余と共に重原の原野に入植、明治用水を開削する。同年6月から4年の廃藩まで重原藩知事。のち司法大解部、群馬裁判所副所長、判事などを歴任。この間、宮内省、農商務省の各御用掛となる。17年子爵となり、23～44年貴院議員を務めた。

板倉 源太郎 いたくら・げんたろう
農場経営者
慶応4年(1868)8月19日～昭和13年(1938)11月19日 [生]三河国(愛知県) [歴]愛知県明治村(現・安城市)で水稲、麦栽培、園芸、家畜飼育を手がけるデンマーク式の多角的農業を営んだ。

板倉 胤臣 いたくら・たねおみ
衆院議員(自由党)
天保11年(1840)9月2日～明治28年(1895)8月21日 [生]上総国長柄郡茂原(千葉県茂原市) [歴]25歳で上京、芳野金陵らの塾に学び、尊王精神を養成。明治元年上総安房監察兼知事柴山典の属官、4年の廃藩置県後、千葉県第7大区郡副戸長、また第8大区区長。10年県会議員となり、議長。23年第1回衆院選に当選、自由党に属した。

板倉 中 いたくら・なかば
衆院議員(中正会)
安政3年(1856)9月1日～昭和13年(1938)3月5日 [生]千葉県 [歴]早くから政界に入り、明治23年第1回衆院選以来当選11回。大正にかけて尾崎行雄らと活躍、電力国営、航空国防などを力説した。大正4年増師問題にからむ大浦内相の議員買収事件に連座、政界を引退、千葉県茂原町に隠棲した。仮名文字論者として知られる。

板倉 松太郎 いたくら・まつたろう
大審院部長 早稲田大学専門部教授
慶応4年(1868)4月23日～昭和15年(1940)6月15日 [生]江戸 [学]帝国大学法科大学法律学科〔明治21年〕卒 法学博士〔大正5年〕 [歴]明治21年判事補から、23年判事となり、各地の地裁判事を歴任。30年東京控訴院判事、34年函館控訴院部長、36年東京控訴院検事、同年大審院判事、40年大審院検事などを経て、大正13年大審院部長。昭和6年退官。この間、大正15年～昭和11年早稲田大学専門部教授。

井谷 正命 いたに・まさみち
初代愛媛県日吉村長 愛媛県議
慶応4年(1868)8月3日～昭和9年(1934)10月25日 [生]伊予国宇和郡日向谷村(愛媛県北宇和郡鬼北町) [学]関西法律学校 [歴]伊予国に日向谷村・下鍵山村の庄屋を務める家の三男として生まれる。関西法

律学校などに学ぶ。明治23年市町村制が導入されると、23歳の若さで初代日吉村村長に就任。教育に力を入れて、村長の月給6円を上回る7円で教員を採用して優秀な教師を集め、36年には自宅を開放して私立日吉実業学校を創設、自ら教壇に立って農林業や国語、算術を教えた。また山間地である日吉を交通の要所とするために宇和島や高知へ向かう国道を誘致、今日の日吉発展の基礎を築いた。のち北宇和郡議、39年愛媛県議を務めた。

伊丹 重賢 いたみ・しげかた
元老院議官 男爵
文政13年(1830)10月7日～明治33年(1900)7月15日 生京都粟田(京都府京都市東山区粟田口) 名別名=伊丹蔵人 歴梅田雲浜の門に学び、朝彦親王(久邇宮朝彦)に仕えて国事に奔走。安政5年(1858年)安政の大獄に座して捕えられ、翌年追放となる。一旦は追放を許されたが、万延元年(1860年)彦根藩に、文久3年(1863年)再び幕吏に捕えられた。慶応3年(1867年)右京大進。明治元年内国事務局権判事、同年大阪判事、2年刑部大判事、4年司法中判事、同年司法少輔、5年左院中議官を歴任。11年元老院議官となった。29年男爵を授けられ、23～33年勅選貴院議員。 勲勲一等瑞宝章〔明治33年〕

伊丹 弥太郎 いたみ・やたろう
東邦電力社長 貴院議員(多額納税)
慶応2年(1866)12月12日～昭和8年(1933)10月3日 生肥前国佐賀(佐賀県佐賀市) 歴明治26年父の始めた栄銀行の頭取を継ぎ、金融業・セメント業を興す。45年九州電灯鉄道の創立に主に社長となり、大正11年関西電灯と合併して改称した後身の東邦電力の社長に就任し、日本屈指の電灯電力会社とした。また佐賀セメント、佐賀農工銀行など20数社の重役を務めた。7～14年貴院議員(多額納税)。

板谷 宮吉 いたや・みやきち
板谷商船創業者 樺太銀行頭取
安政4年(1857)5月～大正13年(1924)5月13日 生越後国(新潟県) 出北海道 歴漁商網で藩御用も勤めた板谷家の四男。明治3年同郷の海産商を頼って北海道へ渡り、5年間奉公。8年小樽に移って海産商に勤め、15年独立。26年小型汽船を購入して海運業にも乗りだし、32年板谷合名、45年板谷商船を設立。44年には日本一ハワイ間の定期航路を開いた。"北海道の海運王"と呼ばれ、樺太銀行を創立して頭取も務めた。

市井 善之助 いちい・ぜんのすけ
農事改良家
文久2年(1862)12月12日～大正10年(1921)10月25日 生近江国甲賀郡大野村(滋賀県甲賀市) 歴滋賀県大野村に耕地整理組合を設立し、明治44年から長さ約900メートルの用水路の開削を開始し、3年後に完成させた。

市川 栄之助 いちかわ・えいのすけ
日本におけるプロテスタント初の殉教者
天保2年(1831)～明治5年(1872)12月26日 生上総国(千葉県) 歴維新後、東京・芝で貸本屋を営む。この頃、貸本のことで宣教師のD・C・グリーンと親しくなり、その感化でプロテスタントを信仰するようになる。また、グリーンや宣教師ギューリックにも日本語を教えた。明治3年グリーンの神戸行きに随行。ここで新政府によるキリスト教禁令が解かれるのを密かに待つが、4年6月ヘボン訳の「馬可(マルコ)伝」を所持していたとして妻と共に逮捕。京都弾正台出張所に移送されたのち5年12月26日に獄死した(日本におけるプロテスタント初の殉教者)。

市川 紀元二 いちかわ・きげんじ
日露戦争で戦死した最初の学徒出身兵
明治6年(1873)2月17日～明治38年(1905)3月7日 生静岡県豊田郡中泉(磐田市) 名旧姓・旧名=青山 学東京帝国大学工科大学電気工学科〔明治30年〕卒 歴庄屋・青山家に生まれ、市川姓を名のった。東京帝国大学で電気工学を学び、明治35年京浜電鉄の技術部長となる。37年応召して日露戦争に従軍、遼陽の首山堡の戦闘で功を立てて全軍に布告され、陸軍中尉に昇進。38年奉天会戦で戦死した。中泉府八幡宮境内に市川公園を作り銅像が建立された。また東京大学の構内にも抜刀姿の銅像が建てられたが、太平洋戦争後に静岡護国神社境内に移された。

市川 金三郎 いちかわ・きんざぶろう
象印マホービン創業者
生没年不詳
生愛知県中島郡朝日村(一宮市) 歴農家に生まれる。大阪で電球加工の職人をしていた際に魔法瓶を知り、自分の手で中瓶を作ってみたところ売れたため、独立を決意。大正7年兄の銀三郎と大阪で市川兄弟商会(現・象印マホービン)を創業。当初は魔法瓶の中瓶の製造のみを行っていたが、やがて組立と販売も手がけるようになった。昭和2年ラジオの真空管を作りたいと渡社して上京。ラジオの真空管事業の他にも医療用レントゲンの真空管事業にも進出して成功した。 家兄=市川銀三郎(象印マホービン創業者)、甥=市川重幸(象印マホービン社長)、市川隆義(象印マホービン副社長)

市川 銀三郎 いちかわ・ぎんざぶろう
象印マホービン創業者
生年不詳～昭和27年(1952)7月23日 生愛知県中島郡朝日村(一宮市) 歴農家の長男。大阪の繊維問屋・伊藤商店に奉公に出たが、両親から親元に戻るように説得され、郷里の愛知県に戻って大工見習いとなる。大正7年弟の金三郎と大阪で市川兄弟商会を創業。当初は魔法瓶の中瓶の製造のみを行っていたが、やがて組立と販売も手がけるようになった。昭和2年金三郎がラジオの真

空管を作りたいと退社すると一人で経営を担った。23年株式会社協和製作所を設立したが、体調を崩して長男・重幸に社業を譲った。没後、同社は象印の商標から命名された象印マホービンとして発展した。[家]弟=市川金三郎(象印マホービン創業者)、長男=市川重幸(象印マホービン社長)、三男=市川隆義(象印マホービン副社長)

市川 堅太郎　いちかわ・けんたろう
陸軍中将
明治3年(1870)8月～大正14年(1925)2月5日
[生]加賀国(石川県)　[学]陸大卒　[歴]加賀藩士の長男に生まれる。明治33年陸軍大学校を卒業して参謀本部付となり、陸軍大学校教官を務める。日露戦争には陸軍第四軍参謀、後備混成旅団参謀長として従軍。41年第二師団参謀長、大正3年歩兵第七旅団長、5年歩兵第三十九旅団長、6年朝鮮駐箚軍参謀長、7年朝鮮軍参謀長などを歴任。7年中将となり由良要塞司令官を務める。8年第十五師団長となった。

市川 幸吉　いちかわ・こうきち
農事改良家　東京府農会議員　神奈川県議
天保12年(1841)11月～大正10年(1921)3月5日
[生]武蔵国大岱村(東京都東村山市)　[歴]文久2年(1862年)農業の上京を視察するため諸国を巡歴。郷里武蔵国大岱村に帰った後、穀類や肥料を試作し、周囲の農家に頒布した。また、茶や夏蕎麦の栽培奨励や植林、郷土の特産品である村山飛白の品種改良などをすすめ、東村山地方の殖産興業に大きく貢献した。これらの功により、明治24年緑綬褒章を受章。晩年は地方政界で活躍し、東村山村議・東京府農会議員・神奈川県議を歴任した。[勲]緑綬褒章〔明治24年〕

市川 清次郎　いちかわ・せいじろう
海軍中将
生年不詳～昭和11年(1936)10月16日
[出]三重県　[歴]明治39年艦政本部第二部長、40年第一艦隊機関長、41年軍務局機関課長、42年呉鎮守府機関長、44年横須賀鎮守府機関長、同年海軍機関学校長、大正2年教育本部第四部長を経て、3年艦政本部第四部長兼教育本部第三部長。同年海軍中将。4年技術本部第五部長、5年機関局長。12年予備役に編入。

市川 徹弥　いちかわ・てつや
陸軍通訳官
文久2年(1862)9月19日～昭和2年(1927)3月24日
[生]筑前国筑紫郡御笠村(福岡県筑紫郡)　[学]日清貿易研究所卒　[歴]荒尾精の日清貿易研究所で学び、明治27年日清戦争に陸軍通訳を志願して従軍。28年台湾総督府に務める。日露戦争では陸軍通訳官として第一軍司令部付、満州軍政委員、遼東兵站監部付などを歴任。のち神戸・大阪で綿貿易を営んだ。

市川 文蔵　いちかわ・ぶんぞう
市川銀行頭取　衆院議員(憲政会)
元治1年(1864)11月22日～昭和10年(1935)5月4日　[生]甲斐国巨摩郡(山梨県)　[名]本名=市川保貫　[歴]漢学を修める。生家は甲斐巨摩郡の旧家で、名は保貫、のち文蔵を襲名する。中巨摩郡議、五明村村長、山梨県議などを経て、明治41年貴院議員となり、45年から衆院議員(憲政会)に当選2回。山梨農工銀行頭取、市川銀行頭取、富士水電取締役、明穂乾燥社長、峡西電力社長などを務めた。

市川 正寧　いちかわ・まさやす
大蔵省主税局長
天保14年(1843)～明治18年(1885)4月20日
[生]信濃国筑摩郡北深志堂町(長野県松本市)　[歴]祖父の代から信濃松本藩の算学師範役を務め、和算家・中島這季の二男として生まれる。15歳の時に同藩・市川家の養子となった。明治元年藩の大属となるが、まもなく大蔵省に入り、地租改正の立案などに従事。14年大蔵権大書記官、17年租税局長、同年主税局長、18年一等主税官を歴任した。[家]父=中島這季(和算家)、兄=中島這寮(和算家)

市川 安左衛門　いちかわ・やすざえもん
実業家　栃木県議
天保13年(1842)～明治43年(1910)8月29日
[生]下野国足利郡田島村(栃木県足利市)　[歴]田島村の名主の長男に生まれる。江戸の儒者・藤森天山の塾で2年間学び、安政6年(1859年)田島村に戻る。文久元年(1861年)組頭となり、2年父の死と共に名主兼勧農方となる。明治8年地租改正のための地主総代(公選)を務めた。12年第1回栃木県議に当選、日光東照宮保存、県立足利病院設立、那須野が原開発、日本鉄道(東北本線)開通に尽力するなど、県会で活躍した。青年時代から自由民権論に共鳴し、自ら足利郡の指導者でもあったため、県令の三島通庸と対立、18年県議を辞し、その後は足利の産業界の近代化に生涯を捧げた。23年市川絹糸合資を創立し、27年には足利機業組合3代目組合長に選ばれ、広く両毛地方一帯の産業界の指導に当たった。また「足利新報」(現・上毛新聞)を発刊した旭음社を経営、31年から両毛実業新報社を経営するなど、教育界・新聞界にも貢献した。

市川 量造　いちかわ・りょうぞう
自由民権運動家　長野県議
弘化1年(1844)12月8日～明治41年(1908)2月25日　[生]信濃国筑摩郡北深志東町(長野県松本市)　[名]幼名=泰之助、号=松堂　[歴]名主の長男。松本藩の祐筆・岩崎八百之丞に学ぶ。明治5年下横田の戸長となり、筑摩県権令・永山盛輝に提言して下問会議を起こさせて議員となり、同年「信飛新聞」を発刊し地方新聞の先駆けとなった。また、松本城内で博覧会を開くことを権令に建白。当時天守閣が競売されていることを知り競売の金を工面、6年から数回に渡り博覧会の開催に成功、天守閣を

解体から救った。9年筑摩県が長野県に合併されて「信飛新聞」が廃刊になると、「松本新聞」を創設して継承紙とし、自由民権思想を広めた。11年長野県議となり、13年奨匡社を結成して国会開設運動に活躍。15年南佐久郡長となり運動を中止した。18年下高井郡長となるが、翌19年郡長を辞し甲信鉄道敷設運動に関与、松本―甲府間の敷設本免許を得る。しかし甲府―御殿場間は溶岩のため危険とされ本免許が得られず計画は挫折した。著書に「佐久間象山伝」「鶴雲集」がある。

市来 乙彦 いちき・おとひこ
蔵相 日本銀行総裁 貴院議員(勅選)
明治5年(1872)4月13日～昭和29年(1954)2月19日 [生]鹿児島県 [学]一高卒,帝国大学法科大学政治学科〔明治29年〕卒 [歴]明治29年大蔵省に入省。36年主計局予算決算課長、38年大蔵書記官、42年大蔵省参事官、44年主計局長を経て、大正5年大蔵次官。7年勅選貴院議員。11年加藤友三郎内閣の蔵相を務めた。12年9月内閣総辞職により日本銀行総裁。昭和3年東京市長、22年参院議員。

市来 宗介 いちき・そうすけ
西南戦争で挙兵した旧薩摩藩士
嘉永2年(1849)～明治10年(1877)9月24日
[生]薩摩国鹿児島(鹿児島県鹿児島市) [名]諱=政直,別名=市木宗助 [歴]明治5年鉱山学および農業の研修のため米国へ留学。10年西南戦争でおじの西郷隆盛に従い出征、城山で戦死した。 [家]おじ=西郷隆盛(政治家・陸軍大将)

市来 政方 いちき・まさかた
宮中顧問官
安政6年(1859)11月13日～大正13年(1924)7月29日 [出]薩摩国(鹿児島県) [歴]薩摩藩士の四男に生まれる。明治初年宮内省に入り、式部官兼宮内書記官を経て、主殿頭となる。主殿寮の廃止と共に宮中顧問官となり、山階宮宮務監督を務めた。

一坂 俊太郎 いちさか・しゅんたろう
自由民権運動家 愛日銀行頭取 徳島市長
安政3年(1856)7月6日～大正12年(1923)2月4日
[生]阿波国徳島(徳島県徳島市) [歴]阿波徳島藩の志士・新居水竹に学ぶ。明治7年民権家・小室信夫の指導の下、井上高格・賀川純一ら旧徳島藩の同志と共に民権結社・自助社を結成。8年に政府の「立憲政体漸立の詔」に対する注釈書として同社が出した「通諭書」が讒謗律に抵触し禁固刑を受けた(通論書事件)。12年放免されると司法省に出仕し、京都府書記官、宮城県書記官、逓信省書記官を歴任。29年退官後は愛日銀行頭取を務めるなど実業界で活躍した。40年～大正11年徳島市長を務め、上下水道の整備に尽くした。

一条 実輝 いちじょう・さねてる
海軍大佐 貴院議員 公爵
慶応2年(1866)8月24日～大正13年(1924)7月8日
[生]京都 [名]旧姓・旧名=四条,幼名=孝丸 [学]海兵卒 [歴]四条隆謌の七男。明治16年一条家を相続し、17年公爵。20年海軍少尉候補生となり、22年フランスに留学。25年フランス製艦・松島に乗り込み帰国する。26年大尉となり、28年日清戦争の戦功により勲六等を授与。33年横須賀鎮守府兵事官、のち大佐に進み、37年フランス公使館付武官となり、39年スイスで開催の万国赤十字会議に出席。40年東宮侍従長、45年掌典次長を経て、大正2年宮中顧問官となり、3年祭官長に任官。9年明治神宮宮司となる。明治24年から貴院議員。 [家]父=四条隆謌(陸軍中将)

一条 順子 いちじょう・じゅんこ
左大臣・一条忠香の妻
文政10年(1827)2月4日～明治41年(1908)1月24日 [名]幼称=満津宮,号=松寿院 [歴]伏見宮邦家親王の第2王女で、幼称は満津宮。嘉永5年(1852年)公卿・一条忠香に輿入れし、順子と改名。文久3年(1863年)夫と死別したのちは、剃髪して松寿院と号した。明治元年明治天皇の皇后に義理の娘である寿栄君(昭憲皇太后)が決定すると、2年に京都・烏丸今出川の邸宅へ移住。23年東京に上り、41年赤坂の私邸で没した。和歌や管弦をたしなんだ。 [家]夫=一条忠香(公卿),父=伏見宮邦家,姉=二条恒子,妹=大知文秀(尼僧),大知文秀(尼僧),村雲日栄(尼僧) [勲]勲二等宝冠章

市田 兵七 いちた・ひょうしち
衆院議員(政友会) 木造両盛銀行頭取
安政3年(1856)3月25日～大正3年(1914)5月29日
[出]陸奥国青森(青森県) [歴]明治24年青森県議を務める。37年より衆院議員に2選。木造両盛銀行頭取も務めた。

市田 弥一郎(1代目) いちだ・やいちろう
市田創業者
天保14年(1843)2月12日～明治39年(1906)6月30日 [生]近江国彦根(滋賀県彦根市) [名]旧姓・旧名=青山,幼名=常三郎,後名=弥惣八,号=柳陰 [歴]紙や荒物を商う近江彦根藩・井伊家の御用商である木綿屋の三男。文久3年(1863年)近郷の商人・市田弥惣右衛門の養嗣子となり、弥一郎に改名。天秤棒を担いだ持ち下り商となり、明治6年養父に実子が生まれたこともあって分家し、東京で独立。7年日本橋に京呉服問屋を構えた。15年火事により店を新築した際、請負元・島田藤吉のアイデアにより天井をガラス張りにし、31年の改装の際には店頭をガラス引き戸にするなど採光を考えた明るい店舗とし、25年には日本初のPR誌といわれる「市田」を創刊。36年に売り出した「ブドーセル」は大ヒット商品となった。この間、29年家督を長男に譲って京都・南禅寺畔に隠居。名を弥惣八と改めた。 [家]長男=市田弥一郎(2代目)

一ノ倉 貫一 いちのくら・かんいち
衆院議員(帝国党) 岩手県農工銀行頭取

安政3年(1856)12月28日～大正11年(1922)12月11日　囲陸奥国和賀郡小山田村(岩手県北上市)　歴明治35年より衆院議員に2選。岩手県農工銀行頭取も務めた。

一瀬 益吉　いちのせ・ますきち
養蚕家　山梨県議
慶応1年(1865)12月2日～大正10年(1921)5月28日　囲甲斐国(山梨県)　歴明治32年山梨県上野村長。34年新品種の桑を発見し、大正5年一瀬桑と命名され、優良種として全国的に普及した。製糸場益進館の設立や桑園改良にも尽力した。4年山梨県議。

一戸 兵衛　いちのへ・ひょうえ
陸軍大将
安政2年(1855)6月20日～昭和6年(1931)9月2日　囲陸奥国(青森県弘前市田代町)　学陸軍戸山学校　歴明治7年陸軍兵学寮内の戸山学校に入学。西南戦争に従軍し負傷した。のち日清戦争で功を立て、34年少将となる。日露戦争では乃木大将の下で旅順攻略戦に参画。戦後、中将を経て、大正4年大将となり教育総監に就任。9年退役し、学習院長。13年明治神宮宮司となり、没年までその職にあった。15年より帝国在郷軍人会長をつとめた。戦歴中で最も名高いのは旅順攻撃における盤龍山諸堡塁の奪取、特に同堡塁団の一つロシア名P堡塁の奪取で、その戦功を表彰するため一戸堡塁と命名された。

一庭 啓二　いちば・けいじ
実業家
弘化1年(1844)～明治44年(1911)4月17日　囲近江国滋賀郡大津町(滋賀県大津市)　名号＝酔仙　歴近江国の大津百艘船仲間のひとり。慶応3年(1867年)加賀大聖寺藩士・石川巌と共に長崎でオランダ人技師ボーゲルから造船技術を習得。のち大聖寺藩の援助を得て、明治2年外輪式蒸気船・一番丸(5トン)を建造。船長として、琵琶湖の大津―海津間に航路を開いた。俳句をよくし、文章にも優れていた。

市橋 保治郎　いちはし・やすじろう
福井銀行頭取　福井県議
文久4年(1864)1月1日～昭和29年(1954)11月18日　囲越前国(福井県)　歴明治25年福井県議となり、30年同議長を務め、九頭竜川などの治水対策事業に尽力した。32年福井銀行の設立に参画し、大正7年頭取に就任。

市原 定直　いちはら・さだなお
陶工　高知銀行頭取
弘化4年(1847)～明治42年(1909)10月　囲土佐国(高知県)　名通称＝温三郎、号＝烟山　歴土佐藩の足軽で、陶工の初代市原峴山の養子。慶応4年(1868年)歩兵七番小隊銃手として松山藩攻撃や戊辰戦争に従軍した。維新後、近衛兵とし

て皇居の周囲を警護するが、明治6年郷土の先達・板垣退助の下野と共に退官・帰郷。以後、養父とともに能茶山焼の製作・発展に従事した。その傍ら、板垣の主宰する立志社に加わり、自由民権運動に挺身。のちには実業家としても活躍し、高知銀行頭取を務めるなど、その活動は多岐に渡った。また、陶芸の方面では、土佐陶器組合を組織し、販路の拡大に力を注いだことでも知られる。　家養父＝市原峴山(陶工)

市原 ツギ　いちはら・つぎ
育種家
明治14年(1881)3月1日～昭和20年(1945)2月5日　囲熊本県阿蘇郡白水村(南阿蘇村)　名旧姓・旧名＝園田　歴阿蘇郡久木野で農業を営む市原熊彦と結婚。もともと稲作に興味があり、自家の試験田で稲の試験栽培を進め、試行錯誤ののち「おつぎ神力」と呼ばれる稲の品種を発見。これが熊本県農業試験場に採用され、試験・改良を加えた結果、大正12年には水稲品種「福神」として開発され、県の奨励品種に選ばれた。

市原 盛宏　いちはら・もりひろ
朝鮮銀行初代総裁
安政5年(1858)4月5日～大正4年(1915)10月4日　囲肥後国阿蘇郡宮地村(熊本県阿蘇市)　学同志社英学校〔明治12年〕卒 Ph.D.(エール大学)　歴母校の幹事となり、新島襄の信任を得、米国エール大学へ留学、Ph.D.を取得した。帰国後、同志社政法学校教授、教頭を経て、日本銀行に入る。渋沢栄一に認められ、明治32年第一銀行に転じた。35年渋沢栄一に随行して欧米各地を巡視、帰国後一時横浜市長を務めたのち、第一銀行に復帰。39年韓国総支店支配人となり、44年朝鮮銀行設立とともに初代総裁に就任した。

市村 貞造　いちむら・ていぞう
衆院議員(政友本党)　日刊常総新聞主筆
明治19年(1886)7月～大正14年(1925)12月26日　囲茨城県　学早稲田大学政治経済科〔明治44年〕卒　歴茨城県議、「日刊常総新聞」主筆の他、衆院議員を1期務めた。

伊月 一郎　いつき・いちろう
海軍大佐
嘉永1年(1848)11月7日～明治24年(1891)6月3日　囲江戸芝三田四国町(東京都港区)　囲阿波国(徳島県)　名後名＝江戸一郎、阿波徳島藩士の長男。江戸・三田の徳島藩邸で生まれ、文久3年(1863年)父に従い帰郷。慶応2年(1866年)藩命により長崎へ留学、芳川顕正らと蘭学を学んだ。明治2年海軍兵学寮に入り、3年第1回海軍留学生して英国へ渡る。クリミア戦争を実見し、新知識の吸収に努めた。8年帰国。21年英国公使館付武官、23年英国公使館付留学生取締並。24年帰国して海軍大佐となったが、間もなく没した。

一色 耕平　いっしき・こうへい
愛媛県議
安政6年(1859)5月20日～昭和23年(1948)8月25日　⊞伊予国桑村郡明理川村(愛媛県西条市)　歴明治27年愛媛県壬生川(現・西条市)村長に就任、34年～大正15年村長(のち町に昇格して町長)として在職。この間、桑村郡会議員、愛媛県議も務めた。公私の別を明らかにすることに厳しく、あらゆる公金支出を領収書添付の上で自ら議会に報告したほか、自らを律するために27冊に上る町政反省日記を在任中途切れることなく書き続けた。明治38年住友四阪島精錬所の煙害問題が起こると農民を立場に立って国、県、住友と対話交渉を行い、煙害源除去と被害補償を実現させた。またその補償金の一部を周桑高等女学校の増築や壬生川奨農会(館)設立に充てるなど、郡内の教育・農業振興にも尽力した。著作に「愛媛県東予煙害史」がある。

井出 謙治　いで・けんじ
海軍大将
明治3年(1870)5月9日～昭和21年(1946)10月30日　⊞東京都　学海兵(第16期)(明治23年)卒　歴明治24年海軍少尉に任官。36年海相秘書官、42年豊橋、大正2年磐手の艦長などを経て、3年呉鎮守府参謀長、4年第四戦隊司令官、5年軍務局長、9年海軍次官。13年海軍大将となった。14年予備役に編入。日本海軍の潜水艦の先駆者の一人。　家弟=井出勝(日本銀行株式局長)

井手 三郎　いで・さぶろう
上海日報社長　衆院議員(憲政会)
文久3年(1863)5月～昭和6年(1931)11月16日　⊞肥後国(熊本県)　学済々黌(明治20年)卒　歴清国に留学後、陸軍通訳として日清戦争に従軍。東亜同文会上海支部長となり「上海日報」を創刊した。上海居留民団行政委員、同副議長を務めた。明治45年より衆院議員に2選。

井出 繁三郎　いで・しげさぶろう
鉄道省監督局長　衆院議員(政友会)
元治1年(1864)10月～昭和7年(1932)12月12日　⊞出羽国(秋田県)　学帝国大学法科大学仏法科(明治22年)卒　歴東京地方裁判所判事、逓信省鉄道事務官、同書記官、鉄道院参事、同理事、北海道、神戸各鉄道管理局長、鉄道省監督局長を歴任して退官。大正13年衆院議員に当選、奈良電気鉄道会社取締役会長、帝国鉄道協会長を兼任した。

井手 為吉　いで・ためきち
自由民権運動家
安政6年(1859)9月29日～明治38年(1905)5月　⊞信濃国佐久郡北相木村(長野県南佐久郡北相木村)　名別名=治雄　歴信濃国北相木村の富豪の家に生まれる。明治10年に上京し、漢学者島田重礼に師事。その傍らでフランス法やフランス革命史などの書籍を読み、自由民権思想の影響を受けた。12年より郷里の学校の教師や村会議員を務め、16年には北相木村戸長兼学務委員に就任。この間、自由党に入党し、教え子の井手代吉らとともに貧困に喘ぐ同村の再建を議したが、状況は好転しなかった。17年秩父で興った困民党に呼応して、その軍用金方として資金調達に奔走するが、蜂起に失敗して逮捕・入獄。22年大赦で出獄後は治雄と名を改め、群馬県吾妻郡書記・利根郡書記を歴任した。

井手 毛三　いで・もうぞう
衆院議員(政友会)
嘉永3年(1850)1月10日～昭和4年(1929)9月15日　⊞備中国真島郡西河内村(岡山県真庭市)　歴山田方谷に学ぶ。大区長、岡山県議、同議長を務め、明治27年衆院議員に当選。以来5期務めた。41年帰郷し、以来昭和3年まで落合町長をつとめた。

伊藤 一郎　いとう・いちろう
衆院議員(無所属)
嘉永3年(1850)4月～大正4年(1915)4月25日　⊞讃岐国三豊郡財田村(香川県三豊市)　名号=楓堂　歴明治16年県議に推されたが就任せず、板垣退助の愛国公党組織に協力、23年第1回衆院選に当選、代議士として活躍。のち香川県善通寺に住み、仏界に尽力した。

伊藤 梅子　いとう・うめこ
伊藤博文の妻
嘉永1年(1848)11月8日～大正13年(1924)4月12日　⊞山口県　名旧姓・旧名=木田　長門国(山口県)裏町の芸妓で小梅を名のった。伊藤博文とは料亭・林亀で知り合い、才気煥発なところを伊藤に気に入られ、慶応2年(1866年)結婚。後年、和歌や英語を学び、博文の妻として賢婦人、良妻賢母の典型といわれた。長女は末松謙澄、二女は西源四郎に嫁いだ。　家夫=伊藤博文(首相)、女婿=末松謙澄(政治家・文学者)、西源四郎(外交官)

伊藤 修　いとう・おさむ
弁護士　東京法学社創立者
安政2年(1855)～大正9年(1920)　⊞豊後国(大分県)　歴豊後杵築藩士の家に生まれる。明治10年代言人(弁護士)となり、法学塾・法律学舎を開いていた元田直の下で訴訟業務に従事。13年金丸鉄、薩埵正邦とともに東京法学社(現・法政大学)創立に参画。26～28年東京弁護士会会員。

伊藤 音市　いとう・おといち
農事改良家
安政2年(1855)12月26日～明治45年(1912)1月16日　⊞周防国小鯖村(山口県山口市)　歴水稲の品種改良に勤め、明治22年「穀良都」、33年「光明錦」を作った。「穀良都」は西日本で広く栽培された。

伊藤 乙次郎　いとう・おとじろう
海軍中将
生年不詳～昭和16年(1941)3月27日

〔明治27年〕卒 歴明治38年軍務局先任局員、40年浅間艦長、41年駐ドイツ公使館付武官、44年水路部長を経て、45年佐世保鎮守府参謀長。大正4年海軍中将に進み、呉工廠長。6年技術本部長、9年予備役に編入。

伊藤 一隆　いとう・かずたか
北海道庁水産課長　北海道禁酒会会頭
安政6年（1859）3月13日〜昭和4年（1929）1月5日
生江戸汐留（東京都港区）　名旧姓・旧名＝平野、旧名＝徳松　学札幌農学校卒　歴明治5年開拓使仮学校に入学し、9年に米国人教育者W.S.クラークの立ち会いのもと聖公会の神父W.デニングから洗礼を受ける。13年札幌農学校の第一期生として卒業ののち開拓使物産局に勤務。以来一貫して水産行政に携わり、19年渡米して北米大陸の水産事業を視察。また北海道庁初代水産課長に就任して千歳鮭鱒孵化場の設置や中層網など漁具の開発・改良を行うなど北海道における水産業の発展・振興に力を注いだ。一方、キリスト者としても15年に無教派主義の札幌独立教会を設立、20年からは全国初の禁酒運動を指導して北海道禁酒会会頭を務め、さらに英国宣教師バチェラーとともにアイヌ人保護にも尽力。27年の退官後は帝国水産会社や北水協会初代会頭としての活躍のほか新潟での石油開発も行った。　家娘＝松本恵子（翻訳家）

伊藤 亀太郎　いとう・かめたろう
土木建設業者　伊藤組創業者
文久3年（1863）12月26日〜昭和19年（1944）6月27日　生越後国（新潟県）　歴明治26年札幌に建設請負業を開業。31年宣教師でアイヌ研究者として知られるジョン・バチェラー博士の邸宅を手がけた他、旭川偕行社、札幌郵便局、北一条教会などで建築で知られる。

伊藤 喜十郎（1代目）　いとう・きじゅうろう
イトーキ創業者
安政2年（1855）3月16日〜昭和11年（1936）2月1日
生大坂　名旧姓・旧名＝小野五十三郎、池田喜十郎　歴大坂・高麗橋の質商、小野十右衛門の六男。幼い頃に播磨屋池田家の養子となり、池田五十三郎となったが数年を経ずに養父母と死別。祖名を継いで池田喜十郎を名のるも、同家本家が不運に遭ったことから生家に戻った。明治9年三井銀行大阪支店、11年三十四銀行大阪本店勤務を経て、13年両替商・伊藤善兵衛の長女と結婚して婿入りし、伊藤喜十郎となった。15年から両替商に従事、19年養父が勤めていた高田久右衛門事務所に入り、高田を援けて大阪毛糸紡績（のち大阪毛織）、摂津紡績（現・ユニチカ）の設立に関与。23年第3回内国勧業博覧会を見学、数々の発明特許品を見てこれらを世に広めることを生業にしようと考え、伊藤喜商店を創業。28年養父の死去により家督を相続。昭和8年株式会社に改組した。明治36年ホッチキスとゼムクリップの輸入販売を始めてその登録商標を持ち、普及に貢献した他、金銭記録出納機「ゼニアイキ」、ベント式金庫などを売り出し、我が国屈指の事務用品製造メーカーとなった基盤を築いた。　家長男＝伊藤喜十郎（2代目）

伊藤 吉太郎　いとう・きちたろう
書店主
嘉永4年（1851）〜昭和7年（1932）
生陸奥国八戸城下（青森県八戸市）　歴明治18年八戸に書籍・楽器・理化学器械などを販売する伊吉商店を開店。また26年には八戸地方初の活版印刷業も開始、商家の宣伝広告を主に取り扱った。43年三戸郡役所に多くの書籍を寄贈し、今日の自動車文庫の先駆となる伊吉巡回文庫をはじめ、以後11年間に渡り三戸郡内を巡回して無料で書物を貸し出し、地域住民に利用された。

伊藤 恭之介　いとう・きょうのすけ
秋田銘醸社長　衆院議員
明治3年（1870）2月28日〜昭和13年（1938）12月15日　生羽後国仙北郡（秋田県大北市）　歴18歳の時に父と死別したため、江戸時代初期からの旧家である伊藤家の第13代当主となる。馬産を業とする傍ら、明治25年言論団体「済々議会」を結成し、貧家の子弟に学費の援助を行う。25歳の時に秋田県畜産議員となり、以後、県畜産組合長・馬政調査委員などを歴任。馬の品種改良にも尽力し、大正天皇の即位大典に際しては、自らが育成した泰山号を献上した。また、長らく秋田県議も務め、大正4年には衆院議員に当選し、立憲同志会に所属。のち憲政会に移り、同会の秋田県支部長として県政界に大きな影響力を持った。11年密造酒の防止と秋田清酒普及のために秋田銘醸を設立し、初代社長に就任、一般公募によって命名された清酒「爛漫」を販売した。この他にも、開田事業にも力を注いだ。　勲藍綬褒章〔昭和3年〕

伊藤 きん　いとう・きん
料亭の女将
弘化3年（1846）8月13日〜大正4年（1915）4月14日　生江戸　名源氏名＝鳰鳥　歴もとは源氏名を鳰鳥といい、吉原の花魁として活躍。のち小説家の仮名垣魯文や新聞人の福地桜痴、政治家の伊藤博文らの愛顧を受けて東京・浜町に料亭「喜楽」を開業。明治17年には築地に店を移し、「新喜楽」に改称した。きっぷの強い名物女将として知られ、日露戦争開戦の際には、時の首相・桂太郎が国家の一大事を願うが高額のブローチを妻に買い与えたのをいましめたという。晩年は池上に如意庵を建てて住んだ。

伊藤 欽亮　いとう・きんりょう
ジャーナリスト　日本銀行発行局長
安政4年（1857）8月4日〜昭和3年（1928）4月28日
生長門国（山口県）　学慶応義塾〔明治13年〕卒　歴長州藩士の家に生まれ、藩校明倫館や攻玉社を

経て、慶応義塾に学ぶ。明治13年に卒業したあと新聞記者となり、「鎮西日報」や「静岡新聞」などで活動。15年に「時事新報」創刊と同時に記者となり、のちにはその編集を担当した。29年には日本銀行に移って発行局長や文書局長を歴任し、39年陸羯南の主宰する新聞「日本」を買収して社長に就任、政友会寄りの論陣を張った。大正3年に社屋の火災のため「日本」が廃刊したのちは、慶応義塾系の交詢社理事や千代田生命理事など実業界で活躍。一方、言論界でも雑誌「ダイヤモンド」を監修し、同誌などに多くの論説を執筆するなど健筆を揮った。著書に「伊藤欽亮論集」(石山賢吉編)がある。

伊東 熊夫　いとう・くまお
京都府茶業組合取締所初代会頭　衆院議員
嘉永2年(1849)12月～大正2年(1913)5月7日
生京都府普賢寺(京田辺市)　歴京都・普賢寺に茶農業を営む庄屋の長男として生まれる。明治10年地元有志と南山義塾を設立、青少年の育成に努める。17年京都府茶業組合取締所初代会頭に就任、18年には山城製茶会社を興して貿易会社を通さない茶輸出を行う。25年シカゴ万博に日本喫茶店を出店、世界に対して大々的に日本の緑茶を宣伝した嚆矢となった。また「日本立憲政党新聞」を創刊したほか、伏見銀行頭取、伏見商業会議所会頭を務めた。政治家としても京都府会議員、同郡部会議長を務め、26年第1回衆院選挙に当選した。

伊東 圭介　いとう・けいすけ
衆院議員(自由党)
安政4年(1857)8月～明治28年(1895)2月5日
出陸奥国(岩手県)　歴代言人(弁護士)を務める。明治23年第1回総選挙で衆院議員に当選。通算2期。

伊藤 謙吉　いとう・けんきち
実業家　衆院議員
天保7年(1836)2月～大正6年(1917)2月24日
出伊勢国(三重県)　歴判事となり、佐賀・徳島の始審裁判所長を歴任。内務書記官、三重県大書記官を経て、明治23年衆院議員に当選、2期務める。高知県寒川鉱山を経営し、東京歌舞伎座社長、東京株式取引所理事などを務めた。

伊藤 小左衛門(5代目)　いとう・こざえもん
実業家
文政1年(1818)12月18日～明治12年(1879)5月21日　出伊勢国室山村(三重県四日市市)　名=尚長　歴伊勢国室山村で家業の味噌・醤油醸造業を継ぎ、のち酒造業に進出する。茶・生糸の将来性に着眼、茶の輸出に成功。明治7年動力機械による製糸工場を創設した。

伊藤 小左衛門(6代目)　いとう・こざえもん
実業家
天保14年(1843)5月18日～明治43年(1910)7月29日　出伊勢国四郷村室山(三重県四日市市)　名幼名=小平治、号=運久　歴伊勢四郷村室山で家業の製糸、製茶、醤油、清酒醸造業を継ぎ、6代目小左衛門となる。明治26年生糸合名会社を設立し、生糸を欧米に輸出、支店をニューヨークに設けた。

伊東 栄(1代目)　いとう・さかえ
帝人パピリオ創業者
弘化3年(1846)11月15日～明治44年(1911)2月23日　出江戸下谷御徒町(東京都台東区)　名幼名=羊吉、前名=正保、栄之助　学横浜仏蘭西語伝習所　歴蘭方医・伊東玄朴の四男で、嘉永2年(1849年)黒沢守二郎の養子となるが、のち離縁。元治2年(1865年)横浜仏語伝習所に学ぶ。慶応2年(1866年)騎兵差図役に任命されて徳川慶喜の警備役となる。明治2年横須賀製鉄所の土木少佑となり、二等訳官、三等中師を経て、会計掛一等訳官。6年欧州に派遣され、同時にウィーン万博に出張する中牟田倉之助海軍少尉の通訳を務めた。中牟田の帰国後は留学生の身分に戻り、約1年半に渡り会計学を研究。その後、22年に小野浜造船所を退職するまで約20年間造船界に属した。のちファブルブランド商会の東京代理店を引き受け、軍需品を扱う商人に転身。34年軍事関係から手を引いて化粧品を扱う事業を起こし、37年無鉛白粉を開発、のちに長谷川伸彦に協力して伊東胡蝶園(現・パピリオ)を創業した。　家父=伊東玄朴(蘭方医)、長男=伊東栄(2代目)

伊東 栄(2代目)　いとう・さかえ
実業家
明治6年(1873)8月1日～昭和4年(1929)7月28日
出東京　名旧姓・旧名=諸宮　学慶応義塾、高等商業　歴初代伊東栄の長男に生まれる。父と共に御園白粉などの製造販売に従事し、明治44年父の死後、伊東胡蝶園(現・パピリオ)を継ぎ、名を謙吉から栄に改める。のち父の業績を執筆し「伊東栄伝」「父とその事業」として出版した。　家父=伊東栄(1代目)(実業家)

伊藤 里之助　いとう・さとのすけ
神奈川県茅ケ崎町長
慶応3年(1867)～大正13年(1924)3月2日
生相模国茅ケ崎村(神奈川県茅ケ崎市)　歴小笠原東陽に学ぶ。明治27年神奈川県茅ケ崎村長、41年茅ケ崎町初代町長に就任。砂丘地帯の開発、別荘誘致や結核療養所南湖院の設立に尽くした。大正10年相模鉄道(現・JR相模線)開設にも尽力。

伊東 主一　いとう・しゅいち
陸軍歩兵中佐
安政2年(1855)3月24日～明治32年(1899)2月15日　出薩摩国(鹿児島県)　陸士卒　歴父は薩摩藩士。明治15年陸軍少尉となり、25年ロシアへ留学。28年台湾南進軍参謀として従軍。30年ロシア公使館付武官となり国情調査に従事したが、同国で病死した。

伊藤 重兵衛(4代目)　いとう・じゅうべえ
園芸家
安政2年(1855)10月～大正5年(1916)8月
出江戸　幼名=常太郎　居常春園　歴明治5年東京・駒込の植木職の4代重兵衛を継ぐ。サクラソウの研究、品種改良にあたり、「桜草銘鑑」を著した。10年、14年、23年内国勧業博覧会に出品し受賞。31年巣鴨町長となった。

伊藤 俊三　いとう・しゅんぞう
大陸浪人
明治1年(1868)9月～大正2年(1913)12月10日
出東京　歴明治19年清(中国)に渡り、日清戦争に通訳として従軍。29年から台湾総督府に務め、33年清の重慶提督の顧問となる。北清事変には北京に滞在し市街の刑務行政に努め、飲料水を改善した。また日露戦争に際して鉄道爆破や日本への義勇兵募集に活躍したという。のち安東(現・丹東)で煉瓦製造・倉庫業・木材伐採・製塩輸入などを営んだ。

伊藤 次郎左衛門(14代目)
いとう・じろうざえもん
松坂屋百貨店店主
嘉永1年(1848)6月14日～昭和5年(1930)12月6日
出愛知県　旧姓・旧名=伊藤祐昌、後名=伊藤治助　歴尾張藩御用達商人筆頭で、江戸初期から続く呉服太物商である13代伊藤次郎左衛門の二男として生まれる。慶応2年(1866年)家督を相続、14代目伊藤次郎左衛門となる。明治に入ると尾張藩会計係、大蔵省為替方を務めた。10年第十一国立銀行設立に参画、14年伊藤銀行、26年伊藤貯蔵銀行を設立。一方、家業の呉服商の方では8年に大阪支店を開店、43年株式組織として商号を"いとう屋呉服店"に改称(大正14年"松坂屋"に改称)。大正13年引退して四男に家督を譲った。この間、明治41年多額納税の貴院議員を務めた。　父=伊藤次郎左衛門(13代目、祐良)、四男=伊藤次郎左衛門(15代目、祐民)

伊東 祐賢　いとう・すけかた
衆院議員(政友会)　津市初代市長
天保7年(1836)3月26日～明治35年(1902)5月27日　出伊勢国津(三重県津市)　初名=謹衛、号=松濤　歴藩士で藩校・有造館に学び、のち同館の句読師を務める。津藩大属を経て、明治維新後は三重県権中属・警部、朝明郡長、安濃郡長を歴任。その後、三重県議、初代津市長などを経て、明治23年から衆院議員に当選2回。関西鉄道創立委員を務め、また私学励精館を創立し館長となった。

伊東 祐麿　いとう・すけまろ
海軍中将　元老院議官　子爵
天保5年(1834)8月25日～明治39年(1906)2月26日　出薩摩国鹿児島城下上清水馬場(鹿児島県鹿児島市)　号=玄達　歴慶応4年(1868年)薩摩藩軍艦・春日丸副艦長となり、阿波沖で幕艦開陽丸と、2年箱館で幕艦回天丸と戦った。明治3年海軍少佐となり竜驤副艦長、4年同艦長。5年海軍少将に進み、7年佐賀の乱、10年西南戦争に出征。11年海軍中将となり、13年軍務局長、17年海軍兵学校校長を歴任。同年子爵。18年元老院議官、23～39年貴院議員。　弟=伊東祐亨(海軍大将・元帥)、女婿=萩原守一(外交官)、桜孝太郎(海軍主計総監)

伊東 祐保　いとう・すけやす
海軍大佐
明治4年(1871)～大正3年(1914)10月18日
生佐賀県　学海兵卒　歴日清戦争に従軍。日露戦争では磐手艦長などを務める。第一次大戦に高千穂艦長として出征、大正3年10月中国膠州湾外でドイツ水雷艇の攻撃を受け沈没、乗組員271名と共に戦死した。

伊東 祐亨　いとう・すけゆき
海軍大将・元帥　伯爵
天保14年(1843)5月12日～大正3年(1914)1月16日　生薩摩国鹿児島城下上清水馬場(鹿児島県鹿児島市)　歴薩英戦争に参加、英艦斬り込み計画に失敗。神戸の勝海舟の塾に入り航海術を学んだ。維新後創設された海軍に入り、明治4年海軍大尉。春日、日進、扶桑、比叡、筑波など数々の軍艦艦長を歴任し、明治19年常備小艦隊司令官、22年海軍省第一局長兼海軍大学校校長、25年横須賀鎮守府司令長官、26年常備艦隊司令長官。27年日清戦争では連合艦隊司令長官として海軍の指揮を執り、黄海海戦では定遠・沈遠という巨艦を擁する清国の北洋艦隊を破った。また、大連、旅順、威海衛などを攻略。28年軍令部長となり、子爵を授けられた。31年海軍大将。39年元帥府に列せられ、元帥海軍大将となった。40年伯爵。薩摩閥の長老として海軍部内に藩閥勢力を培った。　兄=伊東祐麿(海軍中将)　勲大勲位菊花大綬章〔大正3年〕

伊藤 仙太郎　いとう・せんたろう
実業家　貴院議員
安政4年(1857)～昭和2年(1927)
生遠江国金谷河原町(静岡県島田市)　歴明治7年上京し、共慣義塾(慶応義塾)で政治・経済を学ぶ。29年郷里の静岡県金谷に富国製糸工場を創設。静岡県生糸同業組合視察員として米国に派遣される。大正4年製茶需要の視察で再渡米するなど生糸・茶業の発展に尽力する。一方、金谷商工銀行を設立。明治19年東海道本線・金谷駅を建設、大正14年大井川鉄道の金谷―千頭間の開通にも貢献した。貴院議員、静岡県議、静岡県商工銀行取締役、大井川鉄道取締役など100余の役職を歴任した。

伊藤 大八　いとう・だいはち
衆院議員(政友会)　満鉄副総裁
安政5年(1858)11月15日～昭和2年(1927)9月10日　生信濃国伊那郡伊賀良村(長野県飯田市)　旧姓・旧名=平沢　歴明治9年上京、中江兆民の仏学塾に学んだ。20年陸軍幼年学校訳官、陸軍測量

部員兼務。23年第1回帝国議会開設以来、衆院議員当選5回。31年政友会創立に参加、政務調査委員理事、43年幹事長、次いで院内総務、相談役など歴任。この間、31年の第三次伊藤内閣で通信省参事官兼鉄道局長。大正2年南満州鉄道(満鉄)副総裁に就任。

伊藤 忠兵衛（1代目） いとう・ちゅうべえ
伊藤忠商事創業者 近江銀行創立者
天保13年(1842)7月2日～明治36年(1903)7月8日 [生]近江国犬上郡豊郷村(滋賀県犬上郡豊郷町) [名]幼名＝栄吉、名＝以時、字＝子愛 [歴]父は半農半商の近江商人で、紅長の屋号で呉服太物を行商した5代目伊藤長兵衛。2人兄弟の二男。嘉永6年(1853年)兄に従ってはじめて行商に出かけ、以降は近村を中心に小売行商に従事。安政5年(1858年)からは持下り(出張卸販売)を始め、慶応2年(1866年)に第二次長州征討が勃発した際には衣糧の需要を見越して、戦乱の中を馬関(現・下関市)まで赴き、巨利を博した。明治5年大阪・本町に呉服太物商の紅忠(べんちゅう)を開業。関東の機業家と直接取引をすることで原価を抑え、良品の選別を容易にするなど商才を発揮し、15年には京都に支店(縮緬問屋)を開設。また、近江商人の伝統を受け継ぎ、利益を本家、店、店員に3分する"利益三分主義"を採用するなど独自の経営方針をとった。17年には紅忠を丸紅伊藤本店に改称。一方で貿易にも関心を持ち、18年伊藤外海組を組織して神戸に本店、米国サンフランシスコに支店を設け、刺繍、むしろ、雑貨などを輸出。19年には二男の精一(2代目忠兵衛)の誕生をきっかけに大阪・心斎橋筋に伊藤西店を開いてラシャの輸入卸を始め、鹿鳴館時代の到来による毛織物の需要増加によって業績を伸ばし、大阪の長者番付の常連となった。27年同郷の実業家と共同で近江銀行を創立し、専務取締役となった。 [家]二男＝伊藤忠兵衛(2代目)、父＝伊藤長兵衛(5代目)、兄＝伊藤長兵衛(6代目)、女婿＝伊藤忠三(丸紅会長)。

伊藤 長次郎（4代目） いとう・ちょうじろう
神栄初代社長 兵庫県議
天保8年(1837)～明治28年(1895)9月10日 [生]播磨国印南郡今市村(兵庫県高砂市) [名]号＝晩香 [歴]生家は、一橋家の所領であった播磨国今市村(現・兵庫県高砂市)で干イワシや木綿、穀類などを商っていた伊藤家で、2代目長次郎の三男。3代目であった兄が早世したため4代目を継ぎ、安政4年(1857年)領主の一橋家から奉公ぶりを認められて名字帯刀を許され同心格五人扶持を賜り、慶応2年(1866年)には藩出張所取締筆頭に任じられた。慶応元年(1865年)一橋家領内に木綿会所が設けられると、同家家臣であった渋沢栄一の推薦でこれに関わり、土地集積の手がかりを掴んだ。明治維新後は地租改正と綿作の衰微に着目して耕地の買い占めに乗りだし、播磨で1000町歩(1000ヘクタール)に及ぶ広大な土地を取得。神戸開港に際してはいち早く下山手の土地6万坪を入手した他、市街地の20万坪を得、我が国の10大地主の一人に数えられた。明治10年姫路第三十八国立銀行の設立に参画して、副頭取、頭取を歴任。20年生糸輸出と地方製糸業への金融を目的に神栄会社を設立、26年株式会社に改組した。 [家]長男＝伊藤長次郎(5代目)、父＝伊藤長次郎(2代目)、兄＝伊藤長次郎(3代目)。

伊藤 長次郎（5代目） いとう・ちょうじろう
兵庫県農会長 貴院議員(多額納税)
明治6年(1873)4月11日～昭和34年(1959)6月12日 [生]兵庫県伊保村(高砂市) [学]日本法律学校 [歴]4代目伊藤長次郎の長男。明治36年兵庫県農会長、37年伊藤家農会長となり、耕地整理、米の品質改良を推進。41年兵庫県県農協会会長、大正5年兵庫県信用組合連合会会長。貴院議員も務めた。著作に「欧米管見談」などがある。 [家]父＝伊藤長次郎(4代目)。

伊藤 鋌次郎 いとう・ていじろう
大陸浪人
明治22年(1889)～大正10年(1921) [生]秋田県弁天村(湯沢市) [学]東京物理学校卒 [歴]陸軍教導団を出て歩兵特務曹長となる。大正5年第二次満蒙独立運動に加わる。7年ロシア反革命派のセミョーノフ軍に義勇隊幹部として参加し、ロシアのチタ方面で活動した。10年中国奉天(瀋陽)で病死した。

伊藤 伝右衛門 いとう・でんえもん
大正鉱業社長 衆院議員
万延1年(1860)11月26日～昭和22年(1947)12月15日 [生]筑前国(福岡県飯塚市) [歴]少年の頃から丁稚奉公、小鉱山の穴掘りなどをする。明治31年から炭鉱経営を始め、牟田炭鉱で巨富を積み、一代で身代をなし"炭鉱王"と呼ばれた。大正3年大正鉱業、昭和12年伊藤合名を設立。この間、明治36年衆議院議員にも当選。44年52歳の時、華族・柳原燁子(白蓮,27歳)と再婚、世にいう赤銅御殿を建てたが、昭和初頭焼失し、大正鉱業は昭和39年倒産した。 [家]三男＝伊藤八郎(伊藤家育英会理事長・大正鉱業社長)、孫＝伊藤伝一(福岡電子計算センター社長)。

伊藤 伝七（9代目） いとう・でんしち
実業家
文政11年(1828)10月25日～明治16年(1883)9月28日 [生]伊勢国(三重県) [名]名＝知則、前名＝伝之右衛門 [歴]家業の酒造業を継いだ後、明治13年長男・伝一郎(10代目伝七)らと共に三重県初の機械紡績工場・三重紡績所(現・東洋紡)を設立にあたった。

伊藤 伝七（10代目） いとう・でんしち
東洋紡績社長
嘉永5年(1852)6月24日～大正13年(1924)8月12

日 ⓖ伊勢国三重郡宝山村(三重県四日市市) ⓝ幼名=清太郎、前名=伝一郎、字=子誠、号=城渓 ⓗ酒造業・9代目伊藤伝七の長男。紡績を志し、明治10年堺紡績に入所。19年渋沢栄一の援助を受け、三重紡績の創立に参画、20年同社支配人。30年代に入ると数々の紡績会社を買収・合併し、大正3年東洋紡績に発展して副社長、5年社長を務めた。9年退任。この間、明治26年四日市市商業会議所副会頭なども務め、四日市の発展にも尽くした。大正7年貴院議員(多額納税)。 ⓗ緑綬褒章〔明治40年〕

伊藤 東太夫　いとう・とうだゆう
殖産家
弘化3年(1846)〜大正6年(1917)4月18日
ⓖ美濃国太田村(岐阜県海津市) ⓗ明治10年和歌山から温州ミカンの苗を入手し、斜面を開墾しミカン園を作る。美濃国太田村特産となる石津ミカン栽培の基礎を築いた。

伊藤 徳三　いとう・とくぞう
実業家　衆院議員(政友会)
嘉永6年(1853)6月2日〜大正10年(1921)4月26日
ⓖ尾張国(愛知県) ⓗ明治2年上京、英学を学び、尾張藩の先輩鷲津毅堂らに啓発された。奥羽巡撫使丹羽雪に従って奥州偵察、7年の佐賀の乱平定後、佐賀裁判所に勤め、間もなく辞任、長崎に行き米人デビンソンに英学を師事、「長崎自由新聞」を創刊。代言人(弁護士)となり20年大阪で法律事務に従事、かたわら尼ケ崎紡績、大阪瓦斯、今宮紡績など設立。大阪府議、大阪弁護士会長を務めた。31年衆院議員となり、政友会幹事。36年政界引退、京津、大津電車を経営、また韓国瓦斯電気会社を設立、監査役。

伊藤 徳太郎　いとう・とくたろう
衆院議員(政友会)
万延1年(1860)10月〜明治38年(1905)11月
ⓖ上総国山武郡大総村(千葉県山武郡横芝光町) ⓗ和漢の学を修め、千葉農工銀行、成田鉄道会社各取締役となった。地方行政に参加しながら、衆院議員に当選6回、政友会に属した。

伊藤 雋吉　いとう・としよし
海軍中将　貴院議員(勅選)　男爵
天保11年(1840)3月28日〜大正10年(1921)4月10日 ⓖ丹後国手代町(京都府舞鶴市宮津口) ⓗ丹後田辺藩の下級藩士だったが、蘭学や兵学を学び、大村益次郎の鳩居堂塾で西洋兵学を修める。明治2年海軍入りして水路業務に携わり、日本初の水路測量図「塩飽諸島実測図」を作製。練習艦筑波の艦長として海軍初の遠洋航海を指揮し、米国サンフランシスコ訪問を果たす。14年海軍兵学校長、15年官制の海運会社・共同運輸の社長となたため、18年横須賀造船所長として海軍に戻り、艦政局長などを経て、23年の国会開設で海軍中将、海軍次官に相次ぎ就任。9年間の次官在任中には装備の近代化をはじめ、海軍省所管事務政府委員として海軍諸制度の制定や改革に尽くした。32年勅選貴院議員。帝国海軍の創設に貢献し、34年の舞鶴鎮守府の開設に努めたといわれる。28年男爵。

伊東 知也　いとう・ともや
衆院議員(無所属)
明治6年(1873)4月〜大正10年(1921)11月26日
ⓖ山形県 ⓖ東京専門学校卒 ⓗ二六新聞社に入り、明治27〜28年の日清戦争に従軍記者として活躍。その後北満州、東部シベリア地方を巡歴、黒龍会結成に参加、ロシア情勢を調査。また中国華南各地を歩き、対華問題に貢献した。45年以来衆院議員当選3回。

伊藤 直純　いとう・なおずみ
衆院議員　著述家
万延1年(1860)12月30日〜昭和8年(1933)8月8日
ⓖ出羽国横手(秋田県横手市) ⓝ筆名=耕余農夫 ⓖ専修学校卒 ⓗ須田水明の三近堂に学んだのち上京、根本通明・大沼枕山に師事して漢学を修めた。明治法律学校を卒業したのち帰郷、青年会で活動し、明治20年には秋田県議に当選。その傍ら、耕余農夫の筆名で小説をものしたり、同門の書家赤星藍城を秋田に招くなど、秋田地方における文化的な空気の醸成にも功があった。31年には衆院議員となり、奥羽本線の敷設や国道の整備に尽力。政界を引退した後は、公園や史跡の整備・保存をすすめ、「後三年役」「耕余叢話」などの資料集を編んだ。

伊藤 野枝　いとう・のえ
婦人運動家　評論家
明治28年(1895)1月21日〜大正12年(1923)9月16日 ⓖ福岡県糸島郡今宿村(福岡市) ⓝ本名=伊藤ノエ ⓖ上野高女〔明治45年〕卒 ⓗ明治42年上京、上野高女4年に編入。そこで辻潤を知り同棲。その影響のもと大正2年青鞜社に入り、4年には「青鞜」の編集を担当、のち主宰の平塚らいてうに代わり発行責任者となり、女性の封建的地位の打破に努めた。この間、辻潤のもとを去って大杉栄と同棲し、5年世紀のスキャンダル・日蔭茶屋事件によってジャーナリズムから総攻撃を受ける。同年大杉栄と結婚して無政府主義活動に入り、「文明批評」を創刊。12年9月大杉栄とともに憲兵大尉甘粕正彦によって虐殺された(甘粕事件)。28年の短い生涯の間、7人の子どもを産む(大杉との間に5人)かたわら、ゴールドマン「婦人解放の悲劇」の翻訳のほか、創作・評論を意欲的に発表。「伊藤野枝全集」(全2巻、学芸書林)、「定本伊藤野枝全集」(全4巻、学芸書林)がある。 ⓚ夫=大杉栄(無政府主義者)、四女=伊藤ルイ(市民運動家)

伊東 春義　いとう・はるよし
神奈川県葉山町長
天保13年(1842)5月〜大正14年(1925)5月16日
ⓖ相模国三浦郡木古庭村(神奈川県三浦郡葉山町)

村長に就任。以来、同村の教育・産業の発展に尽力し、大正14年の同村の町制移行後も引き続いて町長となり、町政を執りしきった。また、この間、明治26年には神奈川県議にも選ばれている。

伊藤 博邦　いとう・ひろくに
式部長官　公爵
明治3年(1870)2月2日〜昭和6年(1931)6月9日
出周防国(山口県)　名旧姓・旧名＝井上　学学習院卒　歴山口県士族・井上五郎三郎(井上馨の実兄)の四男として生まれる。幼名勇吉。明治11年伊藤博文の養嗣子となる。長じてドイツに留学、帰国後宮内庁に入り式部次長、主馬頭、式部長官などを歴任し、昭和4年日本銀行監事となる。この間の明治42年養父の跡を継ぎ公爵、貴院議員となった。　家息子＝伊藤博精(公爵)、兄＝井上勝之助、養父＝伊藤博文、伯父＝井上勝、叔父＝井上馨

伊藤 広幾　いとう・ひろちか
衆院議員(政友会)　北海道殖産銀行創立者
明治2年(1869)12月3日〜大正12年(1923)4月4日
生陸奥国稗貫郡(岩手県)　出北海道　学札幌農学校〔明治25年〕卒　歴札幌農学校を卒業し、農業を営む。北海道夕張郡角田村で水田開発を努め、同村を北海道水田の模範地とした。角田村議、村・郡農会長を経て、明治33年北海道農会副会長。大正8年北海道殖産銀行を創立し頭取に就任。9年衆院議員(政友会)に当選し1期務めた。

伊藤 博文　いとう・ひろぶみ
首相　政友会総裁　元老　公爵
天保12年(1841)9月2日〜明治42年(1909)10月26日　生周防国熊毛郡束荷村野尻(山口県光市)　名旧姓・旧名＝林、幼名＝利助、前名＝伊藤俊輔、号＝伊藤春畝、滄浪閣主人　歴農家・林家に生まれ貧困の中で育つが、安政元年(1854年)父が長州藩の中間・伊藤家の養子となったことにより下級武士の身分を得る。4年吉田松陰の松下村塾に学び、幕末の動乱期には師や同藩の桂小五郎(木戸孝允)、高杉晋作、久坂玄瑞らの影響を受けて尊皇攘夷運動に加わり、京都、江戸、長崎の各地を転々とした。文久3年(1863年)志願して井上聞多(井上馨)と渡英するが、ここで攘夷の不可能を悟り、4年下関砲撃の報を聞いて帰国したあとは開国論に転換して列国との講和に努めた。その後、高杉らの倒幕運動に挺身。明治維新後、新政府に出仕して初代兵庫県知事となり、明治2年大蔵少輔兼民部少輔などを経て、4年工部大輔。同年岩倉使節団に副使として参加し、欧米を歴訪。6年帰国後は内治優先を主張して西郷隆盛ら征韓派を排し、大久保利通や岩倉具視を援けて政府の中枢に参画、参議兼工部卿に就任した。11年大久保の死後はその後継として内務卿となり、さらに明治14年の政変で大隈重信が下野してからは政府の実質的な最高

指導者となった。15年憲法制度調査のため約1年に渡って渡欧。帰国後、プロシア憲法など近代西欧における国家体制の影響の下、国内の支配機構や諸制度の確立に尽力し、17年には華族制を施行して自ら伯爵となる。18年形骸化していた太政官制を廃止して内閣制度を創始し、初代内閣総理大臣となって第一次伊藤内閣を組閣した。23年井上馨外相の条約改正交渉が漏洩し、それが自由民権派のみならず政府内部からも激しく批判されたため首相を退いた。この間、井上毅ら有能なスタッフを従え、枢密院議長として憲法草案及び皇室典範の起草に力を注ぎ、同年大日本帝国憲法の発布を実現させた。25年第二次内閣を組閣し、条約改正と日清戦争を乗り切ったあとは板垣退助の自由党と連携。31年第三次内閣を組織したが、地租増徴に失敗したため退陣した。33年自ら政友会を結党して総裁となり、さらに同年第四次内閣を組閣するが、貴族院を中心に巨大な派閥を擁する山県有朋と対立し、わずか7ヶ月の短命内閣に終わった。39〜42年韓国統監府初代統監。42年満州視察の際、朝鮮独立運動家・安重根によりハルビン駅で暗殺された。傍ら、女子の高等教育の必要性を痛感し、19年女子教育奨励会創立委員会を結成して委員長となり、21年東京女学館を創立した。　家養子＝伊藤博邦(式部長官)、女婿＝末松謙澄(政治家・文学者)

伊東 平蔵　いとう・へいぞう
佐賀図書館館長　横浜市立図書館館長
安政3年(1856)12月〜昭和4年(1929)5月2日
出阿波国(徳島県)　学東京外国語学校卒　歴イタリアに留学して、イタリア語と図書館について研究。帰国後、明治15年に文部省専門学務局で「図書館示諭事項」を起稿。35年、東京の私立大橋図書館の創立時に主事を務める。38年、東京市長の依頼で市立日比谷図書館の設計案を答申、39年準備事務主任となったが、40年宮城県立図書館に招かれた。東京外語学校の教授をしていた大正2年、佐賀図書館の創立委員となり、設立後は副館長、2代目館長を務めた。大橋図書館時代から日本図書館協会に参加し、長く評議員を務める。その後、横浜市立図書館の建設事務主任、開館と同時に初代館長に就任。

伊東 巳代治　いとう・みよじ
農商務相　枢密顧問官　東京日日新聞社長　伯爵
安政4年(1857)5月9日〜昭和9年(1934)2月19日
生肥前国長崎(長崎県)　歴明治4年上京、電信寮に入り、6年兵庫県六等訳官。9年上京、伊藤博文に才を認められ10年工部省に採用された。14年参事院議官補となり、11年伊藤の渡欧に随行、帝国憲法の原案作成に参画。18年第一次伊藤内閣の首相秘書官、22年第二次伊藤内閣書記官、25年第二次伊藤内閣書記官長、31年第三次伊藤内閣の農商務相を務め、伊藤の懐刀として活動。一方24〜37年東京日日新聞社長として官僚政治擁護の紙面を作った。

その間、32年枢密顧問官、36年帝室制度調査局副総裁。大正6年臨時外交調査会委員となり、7年のシベリア出兵には単独出兵を主張。11年伯爵。昭和2年の金融恐慌の際は幣原外交を非難して若槻内閣を崩壊させた。またロンドン海軍軍縮条約に猛反対するなど、一貫して日本の拡張路線を推進した。

伊東 要蔵　いとう・ようぞう
実業家 衆院議員(政友会)
元治1年(1864)3月17日～昭和9年(1934)5月9日
生遠江国(静岡県)　学慶応義塾〔明治14年〕卒　歴慶応義塾、次いで大阪商業講習所で教え、辞任後郷里の静岡県で私塾経世社、養蚕伝習所を創立、子弟の調育に努めた。明治22年県会議員、次いで議長。以後浜松信用銀行取締役、同頭取、三十五銀行頭取、富士紡績会社監査役、浜松委託会社取締役などを務め、東海財界の重鎮として活躍した。富士紡績社賓。42年以来衆院議員当選2回。

伊東 義五郎　いとう・よしごろう
海軍中将 貴院議員 男爵
安政5年(1858)5月16日～大正8年(1919)2月22日
生信濃国(長野県)　学海兵(第5期)〔明治11年〕卒、フランス水雷学校〔明治21年〕卒　歴信濃松代藩士の四男。明治5年海軍兵学寮に入学、14年海軍少尉に任官。17年フランス、ドイツに留学して砲術と水雷を研究。21年帰国。26年佐世保水雷隊司令となり、日清戦争では西海艦隊参謀長として出征。34年常備艦隊司令長官、35年横須賀鎮守府艦政部長となり日露戦争時は横須賀工廠長を務めた。38年海軍中将。40年男爵。44年貴院議員。のち実業界に転じて大日本石油鉱業社長に就任。家女婿＝武者小路公共(外交官)、本野盛一(外交官)

伊東 米治郎　いとう・よねじろう
日本郵船社長
文久1年(1861)12月26日～昭和17年(1942)5月3日　生伊予国宇和島元結掛(愛媛県宇和島市)　学ミシガン大学(米国)卒　歴若い頃に渡米し、苦学してミシガン大学を首席で卒業。明治29年帰国して日本郵船に入社。上海、ロンドンの支店長、営業部長、専務を経て、近藤廉平の後を受けて社長に就任。大正13年退任。外字新聞・ジャパンタイムズ社長も務めた。

伊藤 柳太郎　いとう・りゅうたろう
陸軍歩兵少佐
明治3年(1870)～明治38年(1905)3月
生山口県　歴日清戦争に出征後、台湾守備隊勤務を経て、明治34年清国駐屯軍中隊長。36年蒙古に招かれて、喀喇沁王府の将士に軍事訓練を行う。37年少佐に進み、後備歩兵第二十二隊大隊長となる。38年戦役には海拉爾附近の鉄道を爆破して功を立てた。

伊藤 六郎兵衛　いとう・ろくろべえ
丸山教祖
文政12年(1829)7月15日～明治27年(1894)3月30日　生武蔵国橘樹郡登戸村(神奈川県川崎市)　名旧姓・旧名＝清宮、初名＝米吉、六蔵、行名＝孝行　歴嘉永5年(1852年)郷里武蔵国登戸村の地主伊藤家の養子となり、のち家名の六郎兵衛を襲名。同村は富士信仰の講社丸山講の本場で、六郎兵衛も14歳の頃から講員として修行を積み、富士山への信仰を深めた。明治3年祈祷師のお告げによって、神から"地の神一心行者"の称号を許されたとして更なる修行に励み、富士信仰に基づいた独特の神道的教義(丸山教)を確立。以後、祈祷や病気平癒の呪術などを人々に施して徐々に信徒を獲得するが、公認を得ていなかったため政府からたびたび弾圧された。そこで、8年に布教活動の合法化をはかって神道家の宍野半が主宰する富士一山講社(のちの扶桑教)に入り、その副管長などを歴任。18年には神道丸山教会として独立し、神道事務局に属して政府の宗教政策と歩調を合わせた。26年大教正に補任。

伊藤 弥　いとう・わたる
福島県議
慶応3年(1867)～大正7年(1918)2月11日
生陸奥国安達郡(福島県)　歴福島県本宮町議、福島県議、本宮町長などを歴任。大正2年福島県愛馬会を結成、競馬施設誘致に取り組み、福島競馬場設置に尽くした。

到津 公熙　いとうず・きみひろ
神官 宇佐神宮宮司 男爵
明治2年(1869)8月19日～昭和11年(1936)8月7日　生豊前国宇佐(大分県宇佐市)　歴代々宇佐神宮宮司を務める家に生まれる。明治34年宮司を継ぐ。大正5年退任。8年再び宮司となり、昭和6年まで務めた。家孫＝到津公斉(宇佐神官宮司)、女婿＝到津保夫(宇佐神官宮司)

絲原 権造　いとはら・ごんぞう
篤農家
文政10年(1827)～明治28年(1895)
生出雲国仁多郡(島根県)　名初名＝徳右衛門　歴出雲国仁多郡の鉄師・絲原徳右衛門の子。長じて家督を継いだ際、藩主の勧めにより絲原権造に改名した。以来、洋鉄の輸入により、苦境に立たされた家業のたたら製鉄を盛り返すために心血を注ぐ。その傍ら、農業の振興に尽力し、明治11年農事試験係に任ぜられるとともに島根県大谷村と三成村の私有地に植物試験場を造営。13年には国内数十種の稲種の栽培試験に着手し、陳列所を開いて自由に作物を観覧させたほか、希望者には無料で稲種を配布した。さらに15年には桑苗の試験場を開設。農産物のみならず、デボン種の牛を農商務省より借り受けて畜産業をはじめるなどその活動は手広く、19年からは私有地270町歩を開放し

伊奈 初之丞　いな・はつのじょう
実業家
文久2年(1862)11月～大正15年(1926)6月10日
歴4代目伊奈長三の子として生まれる。愛知県で家業の陶芸を継ぐ。登り窯を改良し、下水道用の土管、モザイクタイルなどの建築用陶器を開発し、常滑窯業の近代化の礎を築いた。　家長男＝伊奈長三郎(伊奈製陶所創業者)

稲垣 信　いながき・あきら
牧師　横浜海岸教会牧師
嘉永1年(1848)12月3日～大正15年(1926)4月9日
生信濃国上田(長野県上田市)　歴上田藩士の子として生まれる。長崎・横浜に遊学した際にキリスト教の存在を知り、明治8年に帰郷して聖書研究会や上田禁酒会を結成。9年には宣教師J.H.バラより洗礼を受けた。これをきっかけとして、上田在住の士族・商人にキリスト教徒が増えたため、同年上田基督教会を設立し、その長老に選ばれた。のち上京して築地神学校で学び、11年には伝道試補の位を取得。12年日本最古のプロテスタント教会である横浜海岸教会に着任し、同教会初の日本人牧師となった。また、植村正久らと共に「旧約聖書」の日本語訳にも取り組んでいる。穏和な性格で信徒に慕われ、日本基督一致教会の大会議長としても活躍。

稲垣 示　いながき・しめす
自由民権運動家　衆院議員(政友会)
嘉永2年(1849)8月20日～明治35年(1902)8月9日
生越中国射水郡二口村(富山県射水市)　名号＝虎岳　歴富山県の大富豪の家に生まれる。明治14～16年石川県議。14年板垣退助らと自由党を結成、18年大井憲太郎らと大阪事件を起こし、資金調達に奔走、長崎で逮捕され軽禁錮5年。22年出獄、北陸自由党の代表として活躍。25年以来衆院議員当選3回、政友会の創立とともに入党、臨時協議員となった。一方、13年「北陸日報」、15年「自由新誌」を創刊、22年には「北陸公論」社長。　家弟＝稲垣 良之助(社会運動家)

稲垣 恒吉　いながき・つねきち
京都瓦斯社長　京都商工会議所会頭
元治1年(1864)8月28日～昭和5年(1930)6月18日
生越前国(福井県)　歴明治13年京都に出て呉服商・稲垣藤兵衛商店に入り、25年才覚を認められて紡績業・縮緬製織業を営む稲垣藤作の養子となり、30年家業を助けて合名会社とし業務担当社員、のち第一絹糸紡績社長を継ぐ。42年京都瓦斯の創立に参画して取締役となり、大正15年社長に就任。この間、5年京都電灯取締役、8年中華企業取締役、9年京都拓殖社長を務めたほか、多数の会社重役を兼務した。また京都商業会議所会頭、京都商工会議所会頭を歴任、京都実業界の重鎮として活躍

稲垣 満次郎　いながき・まんじろう
外交官　南進論者
文久1年(1861)9月26日～明治41年(1908)11月25日
生肥前国平戸清水川(長崎県平戸市)　歴明治10年17歳で長崎監獄に就職。のち上京して中村正直に入門、旧藩主松浦厚に随行して英国に渡り、ケンブリッジ大学留学。24年「東方策」を刊行、日本の太平洋進出を唱えた南進論者として名をあげた。30年シャム公使館弁理公使、36年スペイン特命全権公使となった。　勲勲一等瑞宝章〔明治41年〕

稲垣 太祥　いながき・もとよし
貴院議員　子爵
安政6年(1859)6月11日～昭和7年(1932)1月27日
生近江国(滋賀県)　歴近江山上藩主・稲垣太清の長男として生まれる。明治2年父の病気により山上藩知事代理となる。18年宮内省御用掛、25年貴院議員。　家父＝稲垣太清(山上藩主)

稲垣 義方　いながき・よしかた
初代金沢市長
天保12年(1841)～明治41年(1908)7月6日
生加賀国(石川県)　名幼名＝丑之助　歴加賀藩士。明治元年藩の改作奉行、続いて軍艦棟取役を務める。戊辰戦争では藩の軍艦・李百里丸を率いた。新政府の石川県大属となり、廃藩後は政治結社忠告社に加わり、県政界に地歩を築く。その後、県吏を経て、明治7年岩村県知事に登用され、金沢区長に就任。22年市制実施に伴う市長選では、旧加賀藩士で実業界で成功した長谷川準也(2代市長)と争った末に勝利し、初代金沢市長となった。25年市議の半数改選で惨敗、26年不信任決議により辞職。その後は能美郡、鳳至郡の郡長を務め、晩年は仏門に帰依した。

稲垣 良之助　いながき・りょうのすけ
社会運動家
明治1年(1868)11月22日～大正6年(1917)11月23日
生越中国(富山県)　歴年少より剣をよくした。東京築地の有一館に入り、長兄・示に従い自由民権運動に加わる。明治18年大井憲太郎の大阪事件に連座し禁錮2年となる。のち示の「北陸公論」の編集を助け、高知の片岡健吉らと交流した。　家兄＝稲垣示(衆院議員)

稲沢 徳一郎　いなざわ・とくいちろう
衆院議員(憲政本党)
安政4年(1857)～明治45年(1912)6月4日
生下野国那須郡上江川村(栃木県さくら市)　歴明治21年立憲改進党に入党。栃木県議を経て、30年上江川村長。36年衆院議員に当選、1期。39年再び上江川村長となる。

稲田 邦植　いなだ・くにたね
北海道開拓者　男爵
安政2年(1855)11月18日～昭和6年(1931)5月26

日 ㊂淡路国洲本城内（兵庫県洲本市）　㊔別名＝稲田九郎兵衛　㊕慶応元年（1865年）家督を相続。阿波徳島藩家老で淡路洲本城代だったが、戊辰戦争の際には東征大総督有栖川宮熾仁親王を守り、各地に転戦して功を立てた。3年稲田騒動（庚午事変）により開拓使を命ぜられ、北海道静内郡に移住して開拓事業に従事。10年西南戦争が起こると少尉として東京に駐兵。28年目名村の土地家屋を分家邦征に譲り、徳島県美馬郡猪尻に帰住。29年男爵を授けられ、大正9年隠居した。

稲田 又左衛門　いなだ・またざえもん
衆院議員（議員倶楽部）
天保5年（1834）1月21日～明治43年（1910）3月2日
㊂肥前国大村（長崎県大村市）　㊕大村藩藩校五教館に学び、用人などを務め、文久3年（1863年）大村藩勤王37士の一人。明治元年本年、2年大村藩権大参事、廃藩置県とともに長崎県西彼杵郡長、12年長崎区長、17年長崎治安裁判所判事補。23年の第1回衆院選に当選、31年引退。

稲葉 三右衛門　いなば・さんえもん
公共事業家
天保8年（1837）9月21日～大正3年（1914）6月22日
㊂美濃国（岐阜県）　㊕伊勢・四日市で廻船問屋を営む。明治6年四日市港の修築に着手し、私財を投じて17年完成。四日市市の繁栄の礎を築いた。

稲葉 滝三郎　いなば・たきさぶろう
陸軍歩兵大佐
文久1年（1861）～明治38年（1905）3月1日
㊕美濃曽根城主・稲葉一鉄の後裔。明治15年陸軍少尉に任官。33年広島陸軍地方幼年学校校長。37年日露戦争に歩兵第二十一連隊長として出征。38年奉天会戦に加わり、戦死した。

稲葉 道貫　いなば・どうかん
僧侶（真宗大谷派）
文政5年（1822）～明治29年（1896）
㊂美濃国池田（岐阜県揖斐郡池田町）　㊔字＝得心、号＝香雨　㊕広瀬旭荘、広瀬淡窓に漢学を師事した。高倉学寮で真宗学を修めた後、郷里に戻り兄・道教の主宰する背busy楼で指導に当たった。明治12年東京弘教書院に招かれ「縮刷大蔵経」の校訂に従事。16年光慶寺住職となり、26年擬講に任じられた。

稲葉 正縄　いなば・まさなお
式部官　子爵
慶応3年（1867）7月2日～大正8年（1919）3月23日
㊕明治12年山城淀藩主稲葉正邦の養子となった。21年英国留学、25年帰国。東宮侍従となり、31年子爵、32年式部官となった。　㊂父＝松浦詮（平戸藩主・貴院議員・伯爵）

稲畑 勝太郎　いなはた・かつたろう
化学者　稲畑産業創業者
文久2年（1862）10月30日～昭和24年（1949）3月29日　㊂京都　㊎京都師範　㊕京都で亀屋正軒の屋号で菓子舗を営む家の長男。元治元年（1864年）3歳のときに禁門の変で生家が焼失したため、慶応元年（1865年）一家で三条大橋近辺に移り、菓子舗を再開。幼少時から神童と謳われ、明治5年には京都府下の小学生の中から選抜されて明治天皇の御前で読本を読誦する栄誉に浴した。10年に京都府からフランス留学を命ぜられ、リヨン工業学校で応用化学や純正化学を学んだ。17年リヨン大学に進み、応用化学を専攻した。18年帰国して京都府御用掛となり府の勧業課に勤務して織物・染色関係の業務に従事するとともに、新設の京都染工講習所で講師を務めた。また、同年皇居御造営御用掛に任ぜられ、宮殿内の装飾用織物・染色の調査に当たった。20年京都織物会社の創設に参画し、21年技師長。23年同社を辞して京都市上京区に稲畑染料店（現・稲畑産業）を創業、パリのサンドニー紹介の代理店として輸入染料などを販売した。30年稲畑商会本店を大阪に移し、同年稲畑染工場を創立した。また、同年にはフランスから映画の父と呼ばれるリュミエール兄弟のフィルム（シネマトグラフ）を初めて日本に持ち帰り、初の試写会を開催。日本映画史の最初の1ページを開いた。33年には義和団事件の勃発をかんがみ、日本の将兵の死傷者を減少させるため軍隊用カーキ色染を創案。38年稲畑商会を合資会社化して社長に就任。大正7年株式会社に改組。昭和12年相談役に退いた。この間、大正6年大阪商業会議所副会頭、11年第10代会頭に選出され、昭和9年まで在職。大正15年より勅選貴院議員。　㊑長男＝稲畑太郎（稲畑産業社長）、孫＝稲畑勝雄（稲畑産業社長）、稲畑武雄（稲畑産業社長）　㊐レジオン・ド・ヌール勲章〔大正3年〕、勲三等旭日中綬章〔昭和9年〕

稲原 寅惣　いなはら・とらそう
地域改良家
弘化2年（1845）～昭和5年（1930）
㊂長門国豊浦郡楢崎村（山口県下関市）　㊕元治元年（1864年）旧清末藩の久野村庄屋を拝命。明治9年二箇村村長の時2箇村の溜池を築き旱魃を防ぐ。27年山林原野荒蕪地を開墾して25町歩の固地を得、溜池17箇所を築造。34年より委員長として鹿児島県下の耕地整理の工事に着手し、60余町歩の工事を完成した。　㊐藍綬褒章

稲村 新六　いなむら・しんろく
陸軍少将
元治1年（1864）7月～大正15年（1926）6月
㊂信濃国（長野県）　㊎陸士卒　㊕日清戦争に従軍後、明治31年清国公使館付武官となり上海に派遣され、また南洋大学の教師を務める。この間、江蘇省・浙江省の軍事地図の作成に従事した。日露戦争後、41年北支駐屯隊長、44年歩兵第三十七連隊長などを務め、大正3年陸軍少将となり予備役に編入される。

稲村 藤太郎　いなむら・とうたろう
弁護士　日東電工初代社長
明治13年(1880)4月15日～昭和5年(1930)1月1日
生千葉県君津郡富津町(富津市)　学中央大学　歴中央大学で英法を学ぶ。明治35年検事を経て、東京・芝で法律事務所を開き弁護士として活動。また、金沢紡績の役員も務めた。大正7年日東電気工業(現・日東電工)の設立に参加、初代社長に就任。昭和5年金沢紡績役員会出席のために滞在していた金沢市で急性盲腸炎のため急逝した。

稲茂登 三郎　いなもと・さぶろう
東京商業会議所副会頭　衆院議員(政友会)
慶応2年(1866)3月9日～昭和11年(1936)3月1日
生上野国(群馬県)　学群馬県立中卒　歴東京で攻玉社に学ぶ。明治41年衆院議員(政友会)に当選、2期務める。のち東京市場建物社長となり、大正14年東京商業会議所副会頭を務めた。家兄＝木暮武太夫(1代目)、甥＝木暮武太夫(2代目)

乾 新兵衛(1代目)　いぬい・しんべえ
乾汽船創業者
文久2年(1862)2月24日～昭和9年(1934)11月4日
生摂津国八部郡北野村(兵庫県神戸市)　名旧姓・旧名＝前田、幼名＝鹿蔵　歴兵庫の酒造業・乾家に奉公、のち婿入して家督を相続。家業の他に金融業も営み、日露戦争では古船を購入して御用船に提供するなど海運業に乗り出した。明治41年乾合名を設立。第一次大戦でも巨利を得、昭和8年乾汽船を設立。晩年、政友会総裁の田中義一へ300万円を融資して世間を騒がせ、議会で論議された。家長男＝乾新治(乾汽船社長)、二男＝乾新三(乾紙社長)

乾 孚志　いぬい・ふし
大審院検事
安政6年(1859)8月～昭和3年(1928)3月18日
出肥後国(熊本県)　名旧姓・旧名＝菅沼　学帝国大学卒　歴明治19年司法官試補となる。前橋、広島各地裁所長を経て、大審院検事を務めた。

犬飼 源太郎　いぬかい・げんたろう
実業家　衆院議員
明治2年(1869)7月21日～大正12年(1923)9月12日　生備中国都宇郡山地村(岡山県倉敷市)　名号＝竹荘、柿園　学明治法律学校〔明治24年〕卒　歴祖父は漢学者の犬飼松窓。明治19年東京成学館に入学するが、間もなく退学。次いで21年明治法律学校に入り、政治・法律を修めた。同校卒業ののち郷里・岡山に戻り、29年都宇郡より岡山県議に選出され、以後3期を務める。その間、36年と44年には県会議長に選ばれた。政界での活動の傍ら、花筵の製造業にも携わり、31年花筵同業組合を設立するとともに、粗製乱造を防ぐため検査制度の導入を断行。35年には合資会社・金三商会を設立し、本格的な花筵の直輸出に着手した。39年花筵同業組合長に就任。大正3年には政治家・坂本金弥の辞職に伴う衆院議員補欠選挙に出馬し、当選。つづく第12回及び13回の衆院議員選挙でも議席を守り、犬養毅率いる立憲国民党の一員として活躍した。家祖父＝犬飼松窓(漢学者)　賞日英博覧会協賛名誉大賞〔明治43年〕

犬養 毅　いぬかい・つよし
文相　衆院議員(革新倶楽部)
安政2年(1855)4月20日～昭和7年(1932)5月15日
生備中国都窪郡庭瀬(岡山県岡山市)　名号＝木堂　学慶応義塾〔明治13年〕中退　歴父は備中庭瀬藩士。明治8年上京、慶応義塾に学ぶ。15年立憲改進党創立に参加。「郵便報知新聞」「朝野新聞」で活躍し、23年第1回総選挙より18期連続して代議士に当選。31年舌禍で辞任した尾崎行雄の後任として第一次大隈内閣の文相として初入閣したが、内閣総辞職のため2週間で退任。憲政党、憲政本党、国民党を経て、大正11年革新倶楽部を結成。12年第二次山本内閣の通信相兼文相。高橋是清率いる政友会、加藤高明率いる憲政会と結んで護憲三派として第二次護憲運動を起こし、超然内閣として成立した清浦内閣を打倒。13年加藤高明内閣が成立すると通信相。14年革新倶楽部を政友会に合同させ政界を引退するが、間もなく復帰。昭和4年政友会総裁、6年首相となるが、7年五・一五事件で暗殺された。尾崎行雄と並んで"憲政の神様"と称された。家息子＝犬養健(政治家・小説家)、孫＝犬養道子(評論家)、犬養康彦(共同通信社長)　勲勲一等旭日桐花大綬章〔昭和7年〕

犬塚 勝太郎　いぬずか・かつたろう
農商務次官　衆院議員　大阪府知事
慶応4年(1868)3月4日～昭和24年(1949)7月2日
生出羽国鶴岡城下鷹匠町(山形県鶴岡市)　学帝国大学法科大学〔明治22年〕卒　歴内務省に入り、明治23年西郷従道内相秘書官、24年長崎県参事官、26年鉄道庁事務官、同年通信省参事官、29年法制局参事官。鉄道事業視察のため渡欧し、31年帰国、鉄道布設にあたった。32年通信省鉄道局長、37年青森県知事、同年内務省土木局長、39年渡欧、43年渡米、同年長崎県知事、44年大阪府知事、大正2年通信次官、のち農商務次官を歴任。大正4年政友会所属の衆院議員1期を経て、9年～昭和22年貴院議員を務めた。家父＝犬塚盛巍(司法官)

犬塚 太郎　いぬずか・たろう
海軍中将
明治8年(1875)10月～昭和11年(1936)7月17日
出佐賀県　学海兵〔第25期〕〔明治30年〕卒、海大〔明治41年〕卒　歴旧肥前佐賀藩士の長男。明治32年海軍少尉に任官。日露戦争で千代田砲術長を務める。42年海軍兵学校教官兼監事、大正5年須磨、6年新高の艦長、同年東宮武官、10年侍従武官兼務、13年第五戦隊司令官を経て、14年鎮海要港部司令官。同年海軍中将。昭和2年予備役に編入し、5年秩父宮付別当となる。

犬塚 信太郎　いぬずか・のぶたろう
実業家
明治7年(1874)～大正8年(1919)12月10日
[学]高等商業卒　[歴]明治23年三井物産に入り、39年南満州鉄道に転じ理事となる。のち立山水力電気、大湊興業、ジョホール護謨栽培の取締役を務めた。

犬丸 石雄　いぬまる・いしお
岡山県石井村長
弘化1年(1844)～明治32年(1899)9月19日
[出]備前国岡山(岡山県岡山市)　[名]諱＝秀久　[歴]備前岡山藩士。槍術に優れ、幕末の兵制改革の際、精鋭隊の隊士となって、明治2年箱館戦争に従軍。その後、藩命により水軍研究のため横須賀、佐賀に、ついで清国(中国)に遊学。5年帰国後は産業界に転じ、士族授産のため岡山養蚕伝習所を開設して頭取となる。岡山の鉄道敷設に関わった。10年から御野郡下出石村(現・岡山市)副戸長、戸長を経て、26～28年石井村長を務めた。　[家]長男＝犬丸鉄太郎(実業家)、二男＝犬丸巌(大審院判事)

井上 馨　いのうえ・かおる
外相 元老 侯爵
天保6年(1835)11月28日～大正4年(1915)9月1日
[出]周防国吉敷郡湯田村高田(山口県山口市)　[名]幼名＝勇吉、別名＝井上聞多、号＝井上世外　[歴]長州藩士・井上家の二男で、一時志道家の養子となった。江戸の江川太郎左衛門塾で砲術を修め、万延元年(1860)藩主の小姓役となり聞多の名を賜った。尊皇攘夷運動に身を投じ、文久2年(1862)高杉晋作らと英国公使館焼き討ち事件を起こす。3年志道家を離れて井上姓に戻り、伊藤俊輔(伊藤博文)、遠藤謹助、山尾庸三、野村弥吉(井上勝)と渡英。途中に立ち寄った上海でいち早く開国論に転じ、伊藤らを驚かせた。4年下関砲撃の報を聞いて急遽帰国、列国との講和に努めた。元治元年(1864年)第一次長州征討に際して武備恭順を主張するが、会議に帰路に刺客に襲われ、全身に四十余針もの傷を負うも奇跡的に助かった。この時、致命傷になった一撃を防いだのは馴染みの芸者・中西君尾から贈られた手鏡であった。新政府では大蔵省で秩禄処分、地租改正、殖産興業などの政策に当たったが、6年尾去沢鉱山の私有問題を司法卿・江藤新平に追及され官を辞した。7年実業界に転じ、益田孝と先収会社(現・三井物産)を起こしたが、8年大阪会議を周旋して官界に復帰、同年元老院議官。9年江華島事件処理の特命副全権弁理大臣として日朝修好条規を結んだ。同年再び渡欧して財政・経済を研究。11年帰国して参議兼工部卿、12年兼外務卿となり、18年第一次伊藤内閣で外相に就任。不平等条約の改正に力を尽くし、その地ならしとして風俗慣習の欧米化を図って鹿鳴館を頂点とする極端な欧化政策を展開したが、国民の反発も強まり、政府は条約改正交渉の無期延期を決め、辞職を余儀なくされた。以後も、21年黒田内閣の農商務相、25年第二次伊藤内閣の内相、31年第三次伊藤内閣の蔵相を歴任した。34年第四次伊藤内閣総辞職後、組閣の大命が降下したが、これを拝辞した。40年貴院議員。また、財界の黒幕として隠然たる影響力を誇り、特に三井家とは同家最高顧問を務める間柄で、西郷隆盛は井上を"三井の番頭"と揶揄したといわれる。前述の尾去沢鉱山事件や、政商・藤田組による藤田組偽札事件にも関与が取りざたされるなど、悪名も高かった。傍ら、世外と号して茶道や美術品収集でも知られた。　[家]妻＝井上武子、養子＝井上勝之助(外交官)

井上 角五郎　いのうえ・かくごろう
日本製鋼所創立者 衆院議員(政友本党)
安政6年(1859)10月18日～昭和13年(1938)9月23日　[出]備後国(広島県深安郡)　[学]慶応義塾〔明治15年〕卒　[歴]明治15年朝鮮政府顧問となり、甲申政変後の19年帰国。20年渡米。21年帰国して後藤象二郎らの大同団結運動に参加、「大同新聞」の記者となった。23年第1回衆議院選挙で当選、以後13回当選。26年北海道炭礦鉄道に入り32年専務、39年北海道人造肥料社長となり40年日本製鋼所を設立、会長となる。大正5年京都電気鉄道会長、6年日本製鋼会長、8年日本ペイント会長など各社の社長、会長を歴任した。多くの炭鉱や鉄道の開発・整備に辣腕をふるい、"井の角さん"と呼ばれた名物男だった。

井上 一雄　いのうえ・かずお
陸軍工兵大尉
明治9年(1876)～明治44年(1911)7月7日
[歴]明治33年工兵少尉。36年袁世凱に招かれ清国に赴いたが、日露戦争勃発により北京の青木大佐の許に特別任務班の一員となる。44年仙台工兵隊中隊長として架橋演習に従事中、不慮の重傷を負い急逝した。

井上 勝之助　いのうえ・かつのすけ
駐ドイツ大使 式部長官 侯爵
文久1年(1861)7月11日～昭和4年(1929)11月3日
[出]周防国(山口県)　[歴]明治4年ヨーロッパに留学し、法律学を学ぶ。12年帰国し、大蔵省に入省。続いて日本銀行に入った。その後、外務省権少書記官に任官。31年駐ドイツ公使兼駐ベルギー公使、ついで駐イタリア大使に就任。大正6年宮内省に出仕し、宗秩寮総裁となり、10年式部長官を経て、15年枢密顧問官に任ぜられた。侯爵。　[家]養父＝井上馨(明治の元勲)、養子＝井上三郎(陸軍少将)

井上 要　いのうえ・かなめ
伊予鉄道社長 衆院議員
慶応1年(1865)5月5日～昭和18年(1943)3月18日
[出]伊予国喜多郡菅田村(愛媛県大洲市)　[歴]独学で法律を学び、21歳で代言人(弁護士)を開業したが、大隈重信の感化を受けて立憲改進党に入り、明治30年愛媛県議に当選、35年からは衆院議員を3期務める。この間、20年の伊予鉄道会社(現・伊予鉄道)創立の時委員に選ばれ、のち社長に就任。さ

らに破綻に瀕した電気事業を救済・合併して伊予鉄道電気会社に拡大し、県内インフラ整備の先駆けとなった。松山商工会議所会頭、愛媛県商工国体連合会会長も務め、県内商工業界の発展に努めた。また北予中学(現・松山北高)、松山高商(現・松山大学)の創立にも尽力した。

井上 亀太郎　いのうえ・かめたろう
治水家
天保7年(1836)8月12日～明治38年(1905)
生 日向国諸県郡本庄村(宮崎県東諸県郡国富村)
歴 日向国本庄村は水利が悪く、明治13年宮永八百治ら有志7人と本庄川左(北)岸に用水路をひくことを発起。14年工事に着手し、17年本庄用水路を完成させる。22年には流石の難工事も終わり、全て完成した。　勲 藍綬褒章

井上 敬之助　いのうえ・けいのすけ
衆院議員(政友会)
慶応1年(1865)3月～昭和2年(1927)8月10日
生 近江国石部村(滋賀県湖南市)　歴 会社重役、滋賀県議を経て、明治35年以来衆院議員当選6回。政友会に属した。

井上 兼吉　いのうえ・けんきち
大陸浪人
明治15年(1882)4月12日～昭和7年(1932)
生 長崎県南高来郡三会村(島原市)　歴 陸軍に入営して日露戦争に従軍。大正5年第二次満蒙独立運動に参加。8年頃から兄とともにロシアのチタで旅館を経営し、同国の反革命派セミーノフを援助した。13年大本教の出口王仁三郎と結んで蒙古に宗教国家樹立を図ったが失敗した。中国の紅卍字会と関係を持った。

井上 源三郎　いのうえ・げんざぶろう
巴川製紙所創業者
嘉永5年(1852)2月17日～大正9年(1920)1月20日
生 大坂今橋　名号 呉山　大坂・今橋の紙問屋・堺屋の二男。明治に入って家産が傾き、明治11年上京、15年より内閣印刷局に書記として勤務。23年家業を再興するため飯田橋に紙商・井上商店を創業。主に官公庁との取引を行った。やがて電気通信事業の発展に伴って需要が高まってきた鑽孔紙や電気絶縁紙の国産化に取り組んだ。この間、大正3年取引先であった静岡県入江町(現・静岡市)の吉川製紙場が経営困難になるとこれを譲り受け、工場の傍らを流れている巴川の名をとって巴川製紙所と命名。6年株式会社に改組して初代社長に就任。9年当時流行していたスペイン風邪のため急逝した。　家 長男＝井上源之丞(巴川製紙所社長・凸版印刷社長)

井上 孝哉　いのうえ・こうさい
衆院議員(政友会)内務次官
明治3年(1870)10月14日～昭和18年(1943)11月22日　生 岐阜県　学 東京帝国大学法科大学英法科

〔明治30年〕卒　歴 明治30年内務省に入り、滋賀県警察部長、神奈川県第四部長、警視総監官房主事、警保局書記官を経て41年佐賀県知事となった。42年東洋拓殖理事となるが、大正5年退社して官界に復帰。富山、神奈川、大阪の各府県知事を経て11年加藤友三郎内閣、13年清浦内閣の内務次官となった。この間9年には衆議院議員に当選、無所属から庚申倶楽部、中正倶楽部、政友会に属し、政友会総務、政調会長を務めた。当選4回。

井上 公二　いのうえ・こうじ
帝国生命保険社長
文久3年(1863)11月24日～大正14年(1925)1月18日　生 備中国松山(岡山県高梁市)　名号＝春園、宕山　学 慶応義塾〔明治18年〕卒　歴 備中松山藩士・井上公一の長男に生まれる。号を春園、宕山と称した。明治12年再興された高梁・有終館に学び、13年上京、三島中洲の二松学舎、ついで同人社、慶応義塾に進む。18年卒業と同時に米国に留学。21年帰国して渋沢栄一の推薦を受け銅山王・古河市兵衛の下に入る。鉱業事務所で会計課長、32年支配人などを務め、38年古河鉱業が設立されると理事に就任する。43年同社足尾鉱業所長、大正6年古河合名会社理事となり、古河全事業の統轄に当たる傍ら、系列会社の重役を兼任。この間、足尾鉱毒事件や労働争議に伴う暴動などの打開に当たる。10年総理事を辞し相談役に退いた。11年帝国生命保険(のちの朝日生命保険)社長に就任。謡曲・長唄・茶道などに通じ、国風を好んだ。

井上 毅　いのうえ・こわし
法制局長官 文相 子爵
天保14年(1843)12月18日～明治28年(1895)3月17日　生 肥後国熊本城下坪井町(熊本県熊本市)
名号 旧姓・旧名＝飯田、通称＝多久馬、号＝梧陰　歴 肥後熊本藩家老・長岡監物の家臣である飯田権五郎の三男で、同藩士・井上家の養子となった。長岡監物の創設した必由堂に学び、次いで監物の勧めで木下犀潭に入門。文久2年(1862年)藩校・自習館に学んだ。慶応3年(1867年)藩命で江戸に遊学し、林正十郎にフランス学を師事。いったん帰郷するが、明治3年再度上京して大学南校に入り中舎長に任ぜられた。4年司法省に出仕、5年司法制度調査のため渡欧する江藤新平の随員に選ばれ、江藤は諸事情により中止したものの自身はそのままフランス、ドイツへ留学、6年帰国。7年大久保利通の下で頭角を現し、8年「王国建国法」を表してプロシアの憲法をはじめて我が国に紹介。10年太政官大書記官、11年内務大書記官などを務め、14年大隈重信が政党内閣と国会の即時開設を主張すると、プロシア憲法に範をとった欽定憲法の構想を提出して岩倉具視ら政府首脳に採用され、以後、これを基礎として憲法起草の下準備を始めた。明治十四年の政変では伊藤中心の薩長政府を樹立するため大隈の追い落としに成功し、新設の参事院議官に就任。また、国会開設の勅諭も起草した。

内閣書記官長、図書頭を兼ねて諸法令の起草と整備に当たり、18年からは伊藤の下で内閣制度の創設に関わる一切の企画を取りしきった。19年ドイツ人法律顧問ロエスレルを招き、伊藤を責任者として帝国憲法の起草を本格的に開始、自身は主として憲法本文と皇室典範を担当し、対立する意見や学説を比較しながら慎重に起草を進め、21年確定草案を完成させた。同年法制局長官に就任し、枢密院が設置されると枢密院書記官長も兼任。23年枢密顧問官。26年第二次伊藤内閣の文相となり、実業教育の振興を図った。 家養子＝井上匡四郎（鉱山学者・政治家）、岳父＝木下犀潭（儒学者）、義弟＝木下広次（京都帝国大学初代総長）

井上 準之助　いのうえ・じゅんのすけ
日本銀行総裁　蔵相
明治2年(1869)3月25日～昭和7年(1932)2月9日　生豊後国日田郡大鶴村（大分県日田市）　学帝国大学法科大学英法科〔明治29年〕卒　歴明治29年日本銀行に入り、30年英国、ベルギーに留学。帰国後、大阪支店長、本店営業局長、ニューヨーク代理店監督など歴任。44年横浜正金銀行に入り、大正2年頭取、8年日銀総裁に就任する。12年第二次山本内閣の蔵相となり、関東大震災後の救済・復興に従事。13年勅選貴院議員。金融恐慌時の昭和2年再び日銀総裁。4年浜口内閣の蔵相となり、金解禁とデフレ政策を実行。7年1月民政党総務となるが、同年2月血盟団員・小沼正に暗殺された。著書に「戦後に於ける我国の経済及金融」「井上準之助論叢」（全4巻）がある。 家四男＝井上四郎（アジア開発銀行総裁）、甥＝井上良雄（文芸評論家）

井上 甚太郎　いのうえ・じんたろう
実業家　衆院議員（政友会）
弘化2年(1845)3月～明治38年(1905)8月23日　生讃岐国高松（香川県高松市）　歴讃岐高松藩の御用掛として砂糖の専売に従事。明治8年から塩業界に入り、十州塩田組合の東讃支部長となって生産調整を進めたが、20年農商務省の生産制限法に反対し紛争を起こし、その後組合を脱退した。一方、板垣退助の自由民権論に共鳴し塩谷町に高松立志社を建てて運動し、19年投獄された。28年政府から清（中国）の塩業調査に派遣され、31年塩業調査会委員に任命される。35年から衆院議員（政友会）に当選3回、塩専売法の審議で活躍した。また中国福建省に棉花を試作し、農工商の視察を行った。著書に「日本塩業改良の始末」「塩業改良論」「日本塩業論」がある。

井上 正一　いのうえ・せいいち
大審院部長　衆院議員（無所属）
嘉永3年(1850)2月25日～昭和11年(1936)10月3日　生山口県　学司法省明法寮〔明治9年〕卒、パリ大学〔明治11年〕卒　法学博士〔明治21年〕　歴明治3年長州藩の貢進生として大学南校に入り、司法省明法寮でボアソナードに師事。8年フランスへ留学、11年パリ大学を卒業。17年帰国。東京控訴院検事、大審院部長を歴任後、23年第1回総選挙で衆院議員に当選。1期務めた。

井上 高格　いのうえ・たかのり
衆院議員（弥生倶楽部）　徳島市長
天保2年(1831)6月11日～明治26年(1893)4月24日　生阿波国（徳島県）　名通称＝悦之丞、大進、号＝黙識　歴阿波徳島藩士の子。文久3年(1863年)物頭、慶応元年(1865年)目付となり、2年京都に出て真木和泉、桂小五郎、宮部鼎蔵らと交流を持った。戊辰戦争にも従軍。明治維新後は徳島藩参政、徳島県大参事などを務め、退官後は自由民権運動に従事し、自助社を結成。13年旧藩主・蜂須賀家の家令となった。22年徳島市の初代市長、23年第1回総選挙で衆院議員に当選、1期。25年落選。

井上 武子　いのうえ・たけこ
鹿鳴館社交の華と謳われた井上馨の妻
嘉永3年(1850)3月～大正9年(1920)3月21日　生上野国田島村（群馬県）　名旧姓・旧名＝新田　歴実家は、南北朝時代の名称・新田義貞の子孫であるという。上野国田島村で生まれ、江戸の深川で育つ。維新後、薩摩藩出身の外国判事・中井弘に嫁ぐが、明治2年に離婚。同年、当時大蔵少輔であった井上馨と再婚した。9年夫、娘末子とともにヨーロッパへ渡り、西洋式社交術を修得。その他にも福沢諭吉の愛弟子・中上川彦次郎から英語を学び、社交界に必要不可欠な文学・料理・ファッション・テーブルマナーなどの知識を吸収した。11年に帰国後、外務卿となって欧化政策を進めた夫を助け、鹿鳴館での舞踏会や仮装会・慈善バザーを主催し、日本社交界の華として活躍。欧化政策の破綻後は、家庭人として夫を支えた。 家夫＝井上馨（政治家）

井上 竹次郎　いのうえ・たけじろう
歌舞伎座副社長
嘉永2年(1849)2月～明治42年(1909)6月25日　生京都　歴明治23年証券業界に入り、株式投機で名を挙げる。一時兜町の仲買人の間で、"井の竹"の異名をとった。29年田村成義らと協力して、千葉勝五郎から歌舞伎座を買収、副社長となった。姉は政治家・後藤象二郎の妻。 家義兄＝後藤象二郎（政治家）

井上 桓征　いのうえ・たけゆき
海軍大佐
明治15年(1882)1月31日～昭和31年(1956)12月17日　生山口県　学海兵（第32期）〔明治37年〕卒　歴明治38年海軍少尉に任官。大正9年海軍中佐となり、10年ロンドン軍縮会議に随員として参加。11年海軍大学校教官。13年海軍大佐となり、昭和2年予備役に編入。暗号解読の専門家で、9～16年外務省の電信官を務めた。

井上 長次郎　いのうえ・ちょうじろう
慈善事業家

文化8年(1811)4月19日～明治23年(1890)10月31日　[出]武蔵国秩父郡秩父大宮(埼玉県秩父市)　[名]号=井上如常　[歴]商人の子。安政年間から堕胎・棄児などの防止に取り組み、幕府に棄児養育所の設置を訴えた他、社会育嬰講を起こした。明治維新後も社会救済事業に尽くして"秩父聖人"と称された。　[勲]藍綬褒章〔明治18年〕

井上 伝蔵　いのうえ・でんぞう
自由民権運動家

嘉永7年(1854)6月26日～大正7年(1918)6月23日　[生]武蔵国秩父郡下吉田村(埼玉県秩父市)　[名]別名=伊藤房次郎、俳号=柳蛙　[歴]埼玉県下吉田村(のち吉田町)きっての商家に生まれる。若くして"丸井の旦那"と呼ばれ、近隣村との連合議会の副議長も務めた。東京で自由民権運動の高まりに接し、明治17年自由党に入る。同年9月秩父農民の蜂起を組織しようとして田代栄助を最高指導者に迎え、秩父困民党を結成。同年11月の武装蜂起(秩父事件)に際しては会計長となり指導的役割を果たした。指導部潰滅後、村内に潜伏、欠席裁判で死刑判決を受けた。しかし、20年頃伊藤房次郎の変名で北海道に逃亡。苫小牧、石狩、札幌などを経て、45年石狩に移住。結婚し、3男3女をもうける。また、八幡神社の祭典委員を務め、柳蛙の俳号で句会にも参加するなどして余生を送った。

井上 篤太郎　いのうえ・とくたろう
京王電気軌道専務　衆院議員

安政6年(1859)6月13日～昭和23年(1948)11月28日　[出]相模国愛甲郡三田村(神奈川県厚木市)　[学]明治法律学校〔明治15年〕卒　[歴]元治元年(1864年)江戸に上り、母の実家・島田家に寄宿して好文堂に通学。慶応3年(1867年)帰郷して漢学などを修めたのち、明治6年再び東京に出て有楽舎でドイツ学を学んだ。8年父の死により帰郷し、愛甲役所書記などを経て、三田村村会議員に選出。13年三度上京し、明治法律学校で法律を修めた。厚木地方の自由民権運動において中心的な役割を果たし、18年神奈川県議補選に当選、22年まで3期を務める。23年日本絹綿紡績会社の支配人兼技師長となるが、和田豊治の知遇を得た後、34年和田が専務になった富士瓦斯紡績に入社。この間、蚕繭解舒液や絹糸紡績製造法など数十件を発明して特許を取得し、蚕糸・紡績業の発展に貢献。45年衆院議員に当選、1期。政友会に属した。大正2年和田の推薦で経営危機に陥っていた玉川電気鉄道の取締役兼支配人となり、3年衆議院解散を機に議員を辞して以降は実業に専念し、4年同じく和田と森村左衛門の勧めで東京から府中・八王子までの鉄道敷設を計画するも資金繰りが悪化していた京王電気軌道(現・京王電鉄)の専務に就任。昭和3年京王電気軌道社長兼専務となり、10年社長退任後も株主の強い要望で社に残り、新設された会長職に就いた。21年勅選貴院議員。　[家]息子=井上正温(京王電鉄監査役)、孫=井上正忠(京王電鉄社長)、井上定雄(京王プラザホテル社長)　[勲]勲四等瑞宝章〔大正5年〕、藍綬褒章〔昭和3年〕、紺綬褒章〔昭和11年〕

井上 友一　いのうえ・ともいち
東京府知事

明治4年(1871)4月10日～大正8年(1919)6月12日　[生]加賀国金沢(石川県金沢市)　[名]号=明府　[学]帝国大学法科大学〔明治26年〕卒　法学博士〔明治42年〕　[歴]明治26年内務省に入省。県治局、地方局、内務書記官を経て、30～41年府県課長、33年欧米出張、34年行政裁判所評定官兼務。日露戦争後は地方改良運動を推進、社会慈善事業育成に尽力。41年神社局長、大正3年明治神宮造営局長、4年東京府知事となった。7年の米騒動時には公設廉売市場、簡易食堂を開設、経済保護事業の先駆となった。著書に「都市行政及び法制」「救済制度要義」がある。

井上 虎治　いのうえ・とらじ
阪堺電鉄社長　衆院議員(政友会)

明治2年(1869)9月6日～昭和4年(1929)12月29日　[生]播磨国飾磨郡飾西村(兵庫県姫路市)　[歴]通信省通信書記、大阪商船助役、富島組総務理事を経て、帝国サルベージ、阪堺電鉄社長を歴任。大正13年衆院議員に当選、1期務める。

井上 仁郎　いのうえ・にろう
陸軍中将

元治1年(1864)5月24日～大正9年(1920)1月1日　[出]伊予国(愛媛県)　[学]陸士卒　[歴]明治28年軍事鉄道研究のためドイツに留学。日清戦争では寺内正毅少将の副官を務める。日露戦争には臨時軍用鉄道監督部長として大本営によって交通の円滑化に尽力した。陸軍省軍務局工兵課長、43年交通兵旅団長を経て、大正3年航空学校の視察に渡欧する。4年交通兵団長となり、同年陸軍中将に進んだ。5年臨時軍用気球研究会長、同年下関要塞司令官を務める。交通兵科の元老として活躍し、退官後は民間航空界と軍との連絡に努めた。

井上 八郎　いのうえ・はちろう
第二十八国立銀行頭取

文化13年(1816)9月16日～明治30年(1897)4月2日　[出]日向国東臼杵郡延岡(宮崎県延岡市)　[名]名=清虎、号=井上延陵　[歴]日向延岡藩士の子。江戸に出て千葉周作について剣術を学ぶ。嘉永6年(1853年)幕臣となり、慶応2年(1866年)講武所剣術師範役、4年歩兵頭兼遊撃隊取。同年徳川家が駿河国へ移るとこれに従い、浜松奉行、浜松勤番組頭などを務め、明治4年から士族授産として堀留運河の開削に当たった。また、11年第二十八国立銀行創立に際して頭取に就任した。

井上 光　いのうえ・ひかる
陸軍大将　男爵

嘉永4年(1851)11月8日〜明治41年(1908)12月17日　⊞周防国岩国(山口県岩国市)　図旧姓・旧名＝森脇　学大阪青年学校中退　歴周防岩国藩士・森脇家の二男で、同藩士・井上家の養子となる。精義隊員として戊辰戦争に従軍した。明治4年上京して陸軍大尉となり、10年西南戦争で功を立て、11年熊本鎮台参謀副長となった。日清戦争では第二軍参謀長として参戦。日露戦争では第十二師団長として出征、鴨緑江攻略を成功させ勇名を馳せた。39年第四師団長、40年男爵。41年陸軍大将に進んだ。

井上 彦左衛門　いのうえ・ひこざえもん
衆院議員(憲政本党)

嘉永6年(1853)10月25日〜昭和4年(1929)5月2日　⊞駿河国安倍郡豊田村八幡(静岡県静岡市)　歴静岡県の大地主の長男。豊田村議、聯合会議員、水利土工会議員、県会議員、徴兵参事会員、所得税調査委員などを歴任。また野崎銀行、静岡銀行などの創立に参画、取締役支配人を務めた。明治23年第1回以来、衆院議員に当選12回。その間静岡県農工銀行創立委員となり、頭取を務めた。

井上 広居　いのうえ・ひろやす
秋田市長　衆院議員(憲政会)

元治1年(1864)10月4日〜昭和31年(1956)6月5日　⊞出羽国秋田城下(秋田県秋田市)　図旧姓・旧名＝小貫、幼名＝金之助、号＝雪竹　学東京専門学校〔明治19年〕卒　歴小貫久之進の二男に生まれ、幼名は金之助。7歳で井上福治の養嗣子となる。四如堂や神水素堂塾に学び陽明学も修める。のち「秋田新報」の主筆となり、明治22年「秋田魁新報」を創刊、31年社長に就任。大正5年一旦社長を退くが、昭和12〜20年再任した。この間、明治25年秋田市議となり、30年議長、35年秋田県議となり、のち議長を務め、45年衆院議員(憲政会)に当選2回。大正6年から17年間秋田市長を務めた。党派にとらわれず市民・県民の希望に応え、茨島工業地帯、船川・秋田港の連結開発、新国道、大秋田市構想などの長期計画を立て秋田の事業開発に貢献した。また公私の区別をはっきりつける言動で言論界・政界の長老としても活躍。雪竹の号で書家としても知られる。

井上 平四郎　いのうえ・へいしろう
玉ノ井の涌水を引くための灌漑工事を行う

天保6年(1835)10月27日〜明治30年(1897)10月12日　⊞豊後国国東郡志手村(大分県)　歴豊後国国東郡志手村(現・大分県)の農民。この地方の干害対策のため、明治16年玉ノ井の涌き水を引く用水路の開削工事を開始、18年完成させた。灌漑面積は20ヘクタールに及んだ。

井上 操　いのうえ・みさお
大阪控訴院部長

弘化4年(1847)〜明治38年(1905)2月23日　⊞信濃国松代(長野県長野市)　学司法省明法寮〔明治9年〕卒　歴司法省明法寮でボアソナードに学び、多くの翻訳に従事。明治19年法律学士、司法官となる。同年東京大学教授から大阪控訴院評定官、同部長に転じ、関西法律学校(現・関西大学)の創立に参加、20年大阪事件の裁判長として名を馳せた。24年退職し郷里に帰る。著書に「刑法述義」「治罪法講義」「民法詳解」「民事訴訟法(明治23年)述義 全」など多数。

井上 保次郎　いのうえ・やすじろう
東洋製紙創立者

文久3年(1863)11月3日〜明治43年(1910)6月27日　⊞大阪　歴家業の両替商を営み、明治19年愛知県半田の第百三十六国立銀行を継承して経営。28年井上銀行と改称、33年百三十銀行に合併した。その後、巻煙草用紙の製造を計画、39年東洋製紙会社を設立、優良紙製造に成功、専売局の用紙全部を納入した。また九州、山陽、関西各鉄道会社、日本貯蓄銀行などの重役を務め、関西実業界に重きをなした。

井上 良馨　いのうえ・よしか
海軍大将・元帥　子爵

弘化2年(1845)11月2日〜昭和4年(1929)3月22日　⊞薩摩国鹿児島城下(鹿児島県鹿児島市)　図幼名＝直八　歴文久3年(1863年)薩英戦争に参加して重傷を負う。戊辰戦争では春日に二等士官として乗り組み、幕府軍艦・開陽と阿波沖で海戦。明治2年の宮古湾海戦や箱館攻略にも参加した。4年海軍中尉に進み、朝鮮江華島付近で停泊中に砲撃され、陸戦隊を上陸させた(江華島事件)。11年清輝船長として欧州を巡視。19年軍務局次長、同年同局長、21年海軍大学校長を兼務、22年海軍省第一局長兼海軍大学校長、同年常備艦隊司令長官、24年海軍参謀部長、25年佐世保鎮守府司令長官、26年横須賀鎮守府司令長官、28年西海艦隊司令長官、同年常備艦隊司令長官、29年呉鎮守府司令長官、33年再び横須賀鎮守府司令長官。34年海軍大将。44年元帥府に列し元帥海軍大将となった。この間、20年男爵、40年子爵を授けられたが、一代華族論を唱え、襲爵を辞退した。海軍の薩摩閥の長老。　家岳父＝伊集院兼善(高知県令)、女婿＝西尾壽治郎(海軍少将)

井上 利助　いのうえ・りすけ
商人

文政4年(1821)9月15日〜明治29年(1896)7月22日　⊞山城国葛野郡嵯峨村(京都府京都市)　歴安政5年(1858年)農業を弟に譲り、商売で身を立てるように京都・室町の繊維問屋・美濃作に奉公に出た。慶応3年(1867年)別家を許され、綾小路室町に美濃利を創業。明治10年代には中京区で屈指の大問屋となり、京都商工銀行や京都商工貯金銀行の創立にも関わった。

井上 良智　いのうえ・りょうち
海軍中将　男爵
嘉永4年(1851)6月11日～大正2年(1913)1月1日
出薩摩国(鹿児島県)　学アナポリス米国海軍兵学校〔明治14年〕卒　歴薩摩藩士に生まれ、戊辰戦争に出征。明治4年海軍に入り、5年米国に留学して造船学・航海術などを学び、14年アナポリス海軍兵学校を卒業。帰国後、海軍中尉となり、筑紫艦長、30年秋津洲艦長を経て、同年佐世保鎮守府参謀長。31年から10年間、侍従武官を務める。38年海軍中将。40年男爵。

井口 丑二　いのくち・うしじ
大日本神国教創始者
明治4年(1871)～昭和5年(1930)
生長崎県　歴農商務省技師となり、海外滞在数年、帰国後辞任。二宮尊徳の研究に専念、大正5年岐阜県恵那郡蛭川村に大日本神国教を創始した。昭和2年二宮尊徳全集刊行を計画、その編集に関与した。著書には「日本語源」「大二宮尊徳」「太古史明徴」などがある。

猪俣 道之輔　いのまた・みちのすけ
自由民権運動家　神奈川県議
安政2年(1855)12月～昭和15年(1940)11月24日
出相模国南金目村(神奈川県平塚市)　名本名＝森道之輔　歴明治14年湘南社の創立に参加、国民主権を主張した。同年神奈川県議、43年平塚町長。キリスト教に入信し、中郡盲人学校や中等教育学校の設立にも尽くした。

祷 苗代　いのり・しげしろ
衆院議員(政友本党)
明治9年(1876)12月～昭和2年(1927)5月13日
出鹿児島県　学日本大学〔明治42年〕卒　歴沖縄県国頭郡の小学校校長、のち東京市東陽小学校校長を務める。明治42年日本大学を卒業して司法官試補となり、のち弁護士の業務に従事する。大正9年から衆院議員に当選2回。

伊庭 貞剛　いば・さだたけ
住友家総理事
弘化4年(1847)1月5日～大正15年(1926)10月23日　出近江国蒲生郡武佐村西宿(滋賀県近江八幡市)　名幼名＝耕之助、号＝幽翁　歴近江国に代官の長男として出生。17歳のとき勤皇討幕の商人・西川吉輔の知遇を得慶応3年(1867年)出京、朝廷方の警備隊員となる。維新後、明治政府で末端の司法官として出仕、明治12年大阪上等裁判所判事を依願免官。まもなく叔父・広瀬宰平の勧めで住友家に入り、14年本店支配人となる。27年別子鉱業所に紛争が勃発すると同所勤務となり、29年同所支配人に任ぜられ、煙害問題紛争処理、精錬所の四阪島移転などにあたった。30年総理事心得、32年本店に戻り、33年総理事。住友の近代化を進め、住友林業、住友化学工業などの母体をつくった住友"中興の祖"。37年勇退し、大正12年顧問を最後に引退。また、大阪紡績、大阪商船の重役、大阪商業学校校長なども務め、明治23年には第1回衆院議員に当選した。　家叔父＝広瀬宰平(住友家総理事)

伊庭 三郎　いば・さぶろう
陸軍歩兵少佐
明治22年(1889)～大正9年(1920)10月14日
生和歌山県海草郡鳴神(和歌山市)　学陸士〔明治40年〕卒、所沢航空学校〔大正4年〕卒　歴明治43年陸軍少尉に任官。44年第3期飛行練習生として所沢航空学校に入隊、大正4年首席で卒業。卒業と共に教官となり、7年英国の航空学校に留学。8年帰国して陸軍大尉に進み、陸軍航空学校副官となり教官を兼ねる。9年10月所沢で飛行機操縦中に火災事故で殉職した。没後、少佐に進級。

伊庭 想太郎　いば・そうたろう
星亨の暗殺犯
嘉永4年(1851)10月～明治36年(1903)9月
生江戸　歴旧肥前唐津藩主小笠原家の嗣子・小笠原長生(のち海軍中将)の家庭教師を務めた。一方私塾文友館を創立、のち東京農学校校長。日本貯蓄銀行設立に参与した。明治34年東京市役所で政治家星亨を暗殺、無期懲役となった。　家父＝伊庭軍兵衛(幕府講武所剣術師範)、養子＝伊庭孝(音楽評論家)

井花 伊兵衛　いはな・いへえ
実業家
文政5年(1822)1月1日～明治40年(1907)1月1日
生近江国高島郡西庄村(滋賀県高島市)　歴家業の酒造業を継いだ後、嘉永5年(1852年)近江国海津村で、肥料用石灰の製造を開始。また汽船・湖上丸を建造して、明治4年琵琶湖の大津―海津間に就航させるなど、交通・輸送にも力を尽くした。

井原 喜代太郎　いはら・きよたろう
衆院議員(憲政会)
文久3年(1863)6月～大正9年(1920)8月6日
出肥前国(佐賀県)　歴佐賀県議、議長を務める。鹿島銀行頭取等を務めたのち、大正4年の衆院選挙に初当選。以来連続3回当選するが、3期目の任期中に死去。

井原 昂　いはら・のぼる
島根県知事
天保11年(1840)10月13日～大正12年(1923)1月15日　生土佐国高岡郡佐川(高知県高岡郡佐川町)　名旧姓・旧名＝古沢、別名＝岩神圭一郎、通称＝応ဍ　歴土佐藩家老深尾家の家臣・古沢南洋の長男。本家の岩神家を嗣ぎ岩神圭一郎と称し、さらに曽祖父・井原家を再興して井原昂と名のった。武市瑞山に剣を学び、文久元年(1861年)土佐勤王党に加盟する。2年上京し、平井隈山の宿に投じ列藩の志士と交わる。3年武市の下獄に関わり、父、弟・迁

郎(滋)と共に入獄。慶応3年(1867年)赦免され、深尾重要に従い松山討伐に従軍する。明治初年に藩兵の教頭・助教を経て、3年東京に出て一等士官となり官界に入る。4年大阪鎮守台出仕、ついで司法省検事局、8年元老院権少書記官を務める。9年高知県権参事となるが、10年官を辞して大江卓と立志社の挙兵計画に加わり禁錮10年の刑を受け秋田監獄に入る。16年特赦出獄し、のち山梨県大書記官、35~37年島根県知事を務めた。 [家]弟=古沢滋(自由民権運動家)

伊原木 藻平(3代目) いばらぎ・もへい
天満屋百貨店社長

慶応2年(1866)2月7日~昭和20年(1945)12月3日 [生]備前国上道郡西大寺村(岡山県岡山市) [名]幼名=久三郎、号=葦川 [学]岡山商法講習所 [歴]天満屋呉服店店主・2代目伊原木藻平の養子となる。岡山商法講習所に学んだのち、29年より西大寺紡織会社長となるが、1年で辞任。30年養父から伊原木呉服店の経営を譲られ、以後、合名会社化や正札販売・クジ付き大売り出しなどの新商法で徐々に勢いをつけた。36年には養父の引退に伴い3代目藻平を襲名。大正7年同店を天満屋株式会社に改組し、13年には岡山市に洋館木造3階建ての新店舗を建設した。 [家]養父=伊原木藻平(実業家)、婿養子=伊原木伍朗(実業家)

揖斐 章 いび・あきら
陸軍少将

弘化1年(1844)~明治14年(1881)10月26日 [生]江戸 [名]旧姓・旧名=揖斐吉之助、諱=政和、政朗 [歴]幕臣の子。昌平黌で学び、慶応元年(1865年)歩兵差図役、2年歩兵差図役頭取。フランス式の陸軍伝習を受け、4年鳥羽・伏見の戦いで重傷を負った。歩兵頭、撤兵頭、小筒組頭並などを歴任し、徳川家が静岡に移ると沼津兵学校三等教授となったが、明治元年新政府に召され、大阪兵学寮教官に就任。兵学寮では鬼教官として怖れられたといわれる。3年陸軍少佐に任官。7年名古屋鎮台参謀長、同年大阪鎮台参謀長を経て、10年西南戦争に別動第一旅団参謀長として出征。11年西部監軍部参謀。13年陸軍少将に進み名古屋鎮台司令官となったが、病死した。

井深 梶之助 いぶか・かじのすけ
キリスト教指導者 明治学院名誉総理

嘉永7年(1854)6月10日~昭和15年(1940)6月24日 [生]陸奥国会津若松(福島県会津若松市) [学]東京一致神学校卒 [歴]戊辰戦争に参加。明治3年会津藩から派遣され横浜留学、米国人宣教師の私塾に学び、6年キリスト教に入信。11年東京一致神学校卒業後、13年麹町教会の牧師、母校の助教授の後、19年明治学院教授、副総理。23年渡米、ユニオン神学校に学び、24年帰国、明治学院総理となった。大正10年辞任、名誉総理、在職中、文部省の抑圧政策に抗議、キリスト教学校における聖書講義を礼拝を行う権利を回復した。また日本基督教会大会議長に選ばれ、パリ、エジンバラ、チューリヒなどの世界大会に出席した。著書に「天地創造論」「救拯論」「基督言行録」などがある。

井深 彦三郎 いぶか・ひこさぶろう
陸軍通訳 衆議院議員

慶応2年(1866)7月2日~大正5年(1916)4月4日 [生]陸奥国会津若松(福島県会津若松市) [歴]荒尾精に従い清国で情報活動に従事。日清戦争で陸軍の通訳を務め、台湾総督・樺山紀紀の部下となる。日露戦争では特務機関に属し、のち奉天居留民団長となった。明治45年衆院議員となる。 [家]兄=井深梶之助

飯降 伊蔵 いぶり・いぞう
天理教本席

天保4年(1833)12月28日~明治40年(1907)6月9日 [生]大和国宇陀郡室生村向渕(奈良県宇陀市) [歴]大工を家業とし、元治元年(1864年)妻の流産後の経過が悪く、天理教の中山みきに治病を頼み、全快したため夫婦で入信。42歳だったが、大工の技を生かし信者の「つとめ場所」を建築、明治6年木製の「甘露台」模型を製作。15年中山家に住み込み、きみの共働者として布教活動。20年みき没後、教祖後継者として教団の最高指導者となった。以後"本席"として没するまで"おさしづ"を行った。筆録された言葉は1万数千件にのぼり、天理教の三原典の一つ「おさしづ」(全7巻)に収められている。

井部 栄範 いべ・えいはん
久万銀行頭取

天保13年(1842)1月25日~大正3年(1914)2月22日 [生]紀伊国(和歌山県和歌山市) [歴]紀伊和歌山藩・江川家の第6子。嘉永5年(1852年)大和長谷寺で得度して仏門に入る。慶応元年(1865年)伊予国に渡り、石手寺、浄瑠璃寺の執事を兼務した。明治2年井部姓となる。5年愛媛県久万町にある大宝寺に入山、執事となり、寺の山林を伐採して維新後の混乱期を乗り切る。郷里が林業地帯の大和・吉野に近いことから久万地域が林業に適していると判断して植樹を始めるが、7年大宝寺が全焼したのを機に寺の再興と地域発展のために還俗して山林事業に専念。風土・地質・地形を調べて綿密な計画を立てて植林を行い、また地域の人々にも杉の苗木を配って植林を進めるなど、今日林業で知られる上浮穴郡の基礎を築いた。19年愛媛県議、22年菅生村長。26年久万融通会社を設立、34年久万銀行に改組して頭取を務めた。 [勲]藍綬褒章〔明治26年〕

今井 磯一郎 いまい・いそいちろう
衆院議員(国民協会)

天保12年(1841)1月~明治42年(1909)9月10日 [生]愛知県 [歴]愛知県議、同常置委員を経て、明治23年衆院議員に当選、以降4選される。岡崎商業会

議所会頭、岡崎米穀取引所理事長、三河電力社長などを歴任した。

今井 伊太郎　いまい・いたろう
タマネギ栽培業者
元治1年（1864）12月8日〜昭和16年（1941）11月19日　回和泉国日根郡吉見村（大阪府泉南郡田尻町）　歴和泉地方の特産でありながら、明治以降の輸入物綿製品のために没落した綿作の代替作物としてタマネギに注目し、父の佐次平と共に栽培。しかし当時の人の味覚には合わなかったため全く売れず、"食べられないものを作る馬鹿、損をするタマネギを作る奴"などと冷笑されていたという。明治27年コレラが大流行した際にタマネギに薬効ありと噂されたのがきっかけで、徐々にタマネギが食されるようになった。36年には優良品種「泉州黄」を作出、のちに和歌山や淡路島に母球を移植して、それぞれ国内における一大タマネギ産地となる契機を作ったほか、海外輸出にも力を注ぎ、"玉葱王"と呼ばれるに至った。　家父＝今井佐次平（タマネギ栽培業者）

今井 兼昌　いまい・かねまさ
海軍少将
安政5年（1858）11月〜明治40年（1907）7月25日　回薩摩国鹿児島（鹿児島県鹿児島市）　学海兵（第7期）〔明治13年〕卒　歴陸軍少将・今井兼利の二男。明治16年海軍少尉に任官。24年伏見宮博恭、山階宮菊麿の両王に従いドイツへ留学。27年帰国。32年豊橋、金剛、33年扶桑、筑波の艦長、35年海軍兵学校教頭兼監事長、36年鎮遠、38年常磐の艦長、同年横須賀海兵団長を経て、39年海軍少将。同年横須賀水雷団長。　家父＝今井兼利（陸軍少将）

今井 貫一　いまい・かんいち
大阪府立図書館館長
明治3年（1870）10月24日〜昭和15年（1940）4月18日　回徳島県那賀郡羽ノ浦村（阿南市）　学三高卒、東京帝国大学文科大学史学科〔明治30年〕卒　歴明治18年大阪に出、三高、東京帝国大学文科大学に学ぶ。函館中学校論、滋賀一中教頭、愛知三中校長を経て、36年大阪図書館長に就任。昭和8年退職。10年大阪市立美術館館長。退職後は住友家の史料編纂にあたった。

今井 清彦　いまい・きよひこ
神官　伏見稲荷大社宮司
万延1年（1860）5月10日〜大正11年（1922）10月3日　回伊勢国（三重県）　学神宮本教館卒　歴神宮本教館で学び、明治15年伊勢神宮宮掌となる。16年日比谷神宮教院録事、権大講義となり宇都宮本部副長を兼ねた。18年大阪本部に転じ、21年再び伊勢神宮に入り主典となり、23年神祇官復興を運動する。24年福井県の気比神宮司、29年藤島神社宮司などを経て、39年皇典講究所幹事となり国学院大主事を兼務。大正3年伊勢神宮少宮司、11年京都の伏見稲荷大社宮司となった。

今井 健　いまい・けん
陸軍歩兵中尉
元治1年（1864）〜明治27年（1894）9月10日　回薩摩国（鹿児島県）　学陸士卒　歴戸山学校教官を務め、日清戦争では大島混成旅団に所属し、歩兵第十一連隊付中尉として出征。明治27年平壌総攻撃の際に、船橋里の激戦で戦死した。　家父＝今井兼利（陸軍少将）

今井 五介　いまい・ごすけ
片倉製糸紡績副社長
安政6年（1859）11月15日〜昭和21年（1946）7月9日　回信濃国（長野県）　名旧姓・旧名＝片倉　歴製糸家の初代片倉兼太郎の実弟。明治10年今井家の婿養子となった。18年松本大同義塾の塾長となったが、19年農商務省蚕繭試験場の講習生となり、20年渡米、23年帰国、片倉一族が新設した松本片倉製糸所の社員となり、28年片倉組設立で正式に共同経営者として参加した。42年には松本電鉄社長に就任した後、大正9年片倉製糸紡績発足と同時に副社長、昭和8年社長となった。また日華蚕糸、片倉生命保険、日本蚕糸統制会社、片倉殖産などの社長を歴任、片倉製糸王国の中心人物となった。　家兄＝片倉兼太郎（1代目）（製糸家）

今井 佐次平　いまい・さじへい
タマネギ栽培業者
天保7年（1836）3月〜明治41年（1908）7月7日　回和泉国日根郡吉見村（大阪府泉南郡田尻町）　歴和泉国日根郡吉見村を含めた河内・和泉地方はワタの一大産地であったが、明治以降に安価な外国産綿の輸入が始まると綿作は壊滅的な被害に遭い、代替作物の栽培が検討されるようになった。そこで佐次平とその子・伊太郎が着目したのがタマネギであったが、当時の人の味覚には合わなかったため全く売れず、"食べられないものを作る馬鹿、損をするタマネギを作る奴"などと冷笑されていたという。明治27年コレラが大流行した際にタマネギに薬効あると噂されて以来タマネギも食されるようになり、やがて伊太郎は優良品種「泉州黄」を作出して"玉葱王"の異名をとった。　家息子＝今井伊太郎（タマネギ栽培業者）

今井 清次郎　いまい・せいじろう
実業家
万延1年（1860）〜明治41年（1908）4月27日　回京都堺町（京都府京都市下京区）　歴勅題菓子で知られた京都の老舗・亀屋良介の5代目。父は真平。壮年の頃に家運やや傾くが、自ら菓子の製造に奮起し持ち直す。明治15年京都博覧会の品評審査員に挙げられ、以来内国勧業博覧会を始めとして地方の品評会・共進会開催に菓子審査員を務め、18年京都菓子商組合長、19年菓子商組合常議員となり、業界に尽力した。また学を西谷淇水に、書を福井直造に、歌を尾崎宍夫に、また俳句を不識庵聴秋らに受けた。

今井　太郎右衛門　いまい・たろうえもん
商人
文政7年(1824)～明治10年(1877)12月5日
生長門国萩(山口県萩市)　名旧姓・旧名＝井関、号＝似幽　歴幼い頃から吉田松陰に私淑。のち京都の長州藩御用商人・大黒屋の養子となる。諸国の志士と交流を持ち、尊皇攘夷運動を援助した。桂小五郎(木戸孝允)が三条大橋下に潜伏していた時には毎日食事を運ばせたといわれる。元治元年(1864年)禁門の変では長州方の軍資兵站を担ったが、兵火で自宅を焼き払われ、長州に亡命した。維新後は木戸からの任官要請を固辞し、志士の遺墨などを収集し暮らした。一方、明治5年三国幽眠、梅辻秋漁らと我が国最初の公共図書館といえる集書会社を設立した。

今井　藤七　いまい・とうしち
今井百貨店創業者
嘉永2年(1849)12月24日～大正14年(1925)10月24日　生越後国南蒲原郡三条町(新潟県三条市)　歴23歳の時函館の商店員となり、のち独立して呉服反物や醬油の販売を開始し、大正6年札幌に今井百貨店を創業。小樽、室蘭、函館、旭川に進出し、北海道を代表するデパートに築き上げた。

今井　信郎　いまい・のぶお
坂本龍馬の暗殺犯といわれる
天保12年(1841)10月2日～大正7年(1918)6月25日　生江戸湯島(東京都文京区)　名為忠　歴直参・今井守胤の長男として生まれる。榊原鍵吉に剣術の直心影流を学び、21歳で免許皆伝。幕府講武所範代などを経て、慶応3年(1867年)京都見廻組与力頭に。戊辰戦争では衝鋒隊副隊長として東北を転戦し、明治2年箱館五稜郭で降伏、戦犯として入牢。この時、坂本龍馬暗殺に京都見廻組がかかわり、見張役を務めたと証言したとされる。裁判で禁固刑となるが、5年特赦。のち静岡県に出仕し、伊豆七島巡視として八丈島に赴任。西南戦争勃発と同時に退職し、警視局に西郷討伐隊の編成を建議し、その隊長として九州に赴任途中西郷が戦死した報に接し、初倉村(現・島田市)に帰農。キリスト教に入信。村長や榛原郡農会長などを務めた。明治39年知友の旧新撰組隊士・結城無二三の長男である結城礼一郎が聞き書きした記事が雑誌に転載され、「自分こそが龍馬を斬った本人であると今井信郎が語る」として発表されたが、弁明をしなかった。

今泉　良子　いまいずみ・りょうし
農業指導者　佐賀県農会長
慶応1年(1865)4月14日～昭和18年(1943)3月　生肥前国佐賀郡(佐賀市)　歴佐賀県農会長となり、水稲害虫のメイチュウの駆除に尽力。二期作を廃して晩稲一期作を推進し、虫害を減らすことに成功した。

今北　洪川　いまきた・こうせん
僧侶(臨済宗)
文化13年(1816)7月10日～明治25年(1892)1月16日　生大坂　名幼名＝三郎、諱＝宗温、号＝虚舟、蒼龍窟　歴摂津国嶋村(現・大阪市福島区)の儒者の子。父の影響で儒学・漢学を学び、藤沢東畡に入門。「孟子」を読んで大悟して禅への関心を強め、出家を志するも周囲に反対されて一旦は妻子をもうけるが、天保11年(1840年)父母や妻と別れて相国寺で出家。「鬼大拙」と呼ばれた大拙承演の下で厳しい修行を続け、さらに師の勧めで岡山・曹源寺の儀山善来にも師事し、嘉永6年(1853年)儀山の法統を継ぐ。安政元年(1854年)嵯峨鹿王院、2年同地の瑞応院を経て、6年周防岩国藩主・吉川家の招きで永興寺の住職となり、僧堂を再興。文久2年(1862年)幕末期の廃仏思想の蔓延に対抗し、儒学と禅の一致をはかった「禅海一瀾」を著して同藩主・吉川有格に献呈した。明治5年教部省の設置後は地方の教化に従事。8年東京臨済宗十山総贅大教師に就任した上京。同年より教部省の命で鎌倉の円覚寺に住し、釈宗演や鈴木大拙らすぐれた弟子を育てた。また、在家に対しても布教活動を進め、山岡鉄舟や鳥尾小弥太らといった明治の顕官の帰依を受け、円覚寺中興の祖と称された。

今西　清之助　いまにし・せいのすけ
実業家
嘉永2年(1849)～明治34年(1901)
歴横浜に出奔の後、明治6年今村商店を開き、仲買、両替商に従事。7年上京、仲買人で活躍したが15年廃業。17年陸奥宗光に随行して渡米。帰国後大阪の井上保次郎商店と提携、今井商店を開き、21年今村銀行を設立。19年両毛鉄道・九州鉄道の創立発起人となり取締役に就任。以後東京馬車鉄道、関西、参宮、山陽名鉄道、摂津電鉄、中国鉄道、両山、北越、京都、東武、近江各鉄道の創立発起人または経営者となり、鉄道事業に活躍した。

今西　林三郎　いまにし・りんざぶろう
阪神電鉄社長　衆院議員
嘉永5年(1852)2月5日～大正13年(1924)8月27日　生伊予国(愛媛県)　学三菱商業学校卒　歴一時三菱社員を勤め、明治14年大阪で回漕問屋を経営。16年大阪同盟汽船取扱会社社長、18年同社と大阪商船が合併、回漕部長、支配人となった。22年辞任、石炭問屋、綿糸商を開業、関西屈指の豪商となった。また25年山陽鉄道支配人、26年阪神電鉄創立に参加、専務を経て、社長に就任。この間大阪商業会議所、大阪三品取引所創立にも参画、のち大阪商業会議所会頭。大阪市議を経て、大正4年愛媛県から衆院議員に当選した。

今福　元頴　いまふく・もとひで
自由民権運動家　神奈川県議
天保14年(1843)6月12日～大正13年(1924)8月1日　生相模国中新田村(神奈川県海老名市)　歴相

模国の豪農に生まれる。明治12年神奈川県議となり、13年国会開設運動の県総代として活躍。14年高座郡長。

今村 恵猛　いまむら・えみょう
僧侶　浄土真宗本願寺派開教師
慶応3年(1867)5月27日～昭和7年(1932)12月23日　生福井県　学慶応義塾〔明治26年〕卒　歴中学教師を経て、明治32年西本願寺ハワイ布教監督の里見法爾に招かれ、開教師としてハワイ渡航。33年里見に代わり監督(のち開教総長)となり、仏教青年会、婦人会などを設置、寺、学校も開設、非日系人対象には英語伝導を進め、ハワイに本願寺王国を築いた。昭和5年にはホノルル汎太平洋仏教青年会を主催した。著書に「本派本願寺布哇開教史」。

今村 和郎　いまむら・かずろう
行政裁判所評定官　貴院議員(勅選)
弘化3年(1846)9月～明治24年(1891)5月3日　生土佐国(高知県)　歴明治2年より東京・神田の箕作麟祥の家塾でフランス語を学ぶ。4年フランスへ留学。帰国後、内務少書記官、外務省権大書記官などを務めた。23年勅選貴院議員、24年行政裁判所評定官。この間、15年板垣退助と後藤象二郎が渡仏した際に通訳として同行、板垣がクレマンソーやビクトル・ユーゴーと会見した際に立ち会った。

今村 勤三　いまむら・きんぞう
衆院議員(改進党)　奈良鉄道社長
嘉永5年(1852)2月～大正13年(1924)10月26日　生大和国生駒郡安堵村(奈良県生駒郡安堵町)　歴伴林光平に和漢を学んだ。明治4年父を継いで里正となり、廃藩置県で戸長、区長を務めた。14年大阪府議となり、15年大和国15郡の人民総代として上京、内務卿に廃県となった奈良県の分県請願書を提出、16年2度目の請願書を出したが却下され、さらに元老院議長・佐野常民に建白して20年遂に奈良県設置が決定。その功績で県議、議長となった。のち讃岐鉄道会社の敷設工事を完成、21年養徳新聞社を創立、社長。23年以来衆院議員当選2回、改進党に所属。26年奈良鉄道会社を設立して社長。30年奈良農工銀行を興し頭取、36年郡山紡績社長を兼務した。

今村 次吉　いまむら・じきち
大蔵省ロシア駐在財務官
明治14年(1881)3月～昭和18年(1943)　学東京帝国大学法科大学〔明治37年〕卒　歴フランス語学者・今村有隣の二男。大蔵省事務官、ロシア駐在財務官を経て、亜細亜林業社長、日露実業常務を務めた。東京高等師範附属小学校時代に坪井玄道からサッカーの手ほどきを受けたといわれ、一高・東京帝大時代は陸上選手として活躍。明治33年に行われた大学の運動会では200メートル、400メートル、1000メートルの3種目で優勝した経験を持つ。後年、大日本体育協会筆頭理事を務め、大正10年日本蹴球協会(現・日本サッカー協会)設立に際して初代会長に就任。憲章・規約の制定、機関誌「蹴球」の発刊、協会旗章の決定、全国優勝競技会(現・天皇杯)の創設、FIFA加盟など協会の基盤づくりに尽力した。昭和8年退任。大日本レスリング協会会長も務めた。平成17年日本サッカー殿堂が創設され、第1回殿堂入りを果たした。　家父＝今村有隣(フランス語学者)、兄＝今村新吉(京都帝国大学教授)

今村 七平　いまむら・しちへい
福井新聞社長　衆院議員(憲政会)
文久2年(1862)12月～昭和15年(1940)1月23日　出越前国(福井県)　歴福井県議を経て、大正4年より衆院議員に連続2選。また「福井日本新聞」を発刊、のち合併で「福井新聞」となる。

今村 清之助　いまむら・せいのすけ
両毛鉄道社長代理　東京株式取引所仲買人
嘉永2年(1849)3月3日～明治35年(1902)9月26日　生信濃国下伊那郡(長野県)　名幼名＝周吉　歴農家に生まれるが、商人を志し横浜で行商などを行う。明治11年東京株式取引所設立発起人の一人となり、仲買人に。17年陸奥宗光に同行して欧米を漫遊、帰国後「外遊漫録」を刊行。19年両毛鉄道の設立発起人となり、のち社長代理。以後、数多くの鉄道会社に関わる。21年今村銀行を設立。

今村 信敬　いまむら・のぶたか
陸軍中将
嘉永6年(1853)8月～大正10年(1921)9月30日　出加賀国金沢(石川県金沢市)　歴加賀藩士の子として生まれる。陸軍に入り、日露戦争では歩兵第十四連隊長として出征。沙河会戦後、歩兵第二十三旅団長となり、奉天会戦に参加した。44年陸軍中将。

今村 信行　いまむら・のぶゆき
大審院判事
天保11年(1840)12月～明治42年(1909)9月21日　生信濃国伊那郡山吹村(長野県下伊那郡高森町)　歴片桐春一について文武を修め、平田篤胤没後門人となった。また砲術を飯田藩鏑木氏に、槍術を安東氏に学んだ。明治2年横浜に出て、ヘボンの辞書著述に助力して感化を受け、5年司法省に入り、10年判事となる。岡山始審裁判所長、東京控訴院判事などを経て、23年東京控訴院部長、29年大審院判事。この間、民事訴訟法、裁判所構成法などの法典編纂に関与、また法律取調報告委員、民事訴訟法調査委員などを務める。14年東京大言人組合の提起に係る東京日日新聞社長・福地桜痴に対する名誉回復の訴訟、東京府下売薬商一同対時事新報社の売薬効能問題に関する訴訟事件などを手掛けた。著書に「民事訴訟法詳解」「民事訴訟法正解」などがある。　家長男＝今村恭太郎(広島控訴院長)

今村 百八郎　いまむら・ひゃくはちろう
秋月の乱で挙兵した旧筑前秋月藩士
天保13年(1842)～明治9年(1876)12月3日
生筑前国秋月(福岡県朝倉市)　名本名＝今村増貞、旧姓・旧名＝宮崎　歴筑前秋月藩士・宮崎丹下の三男に生まれ、幼少時に藩主・黒田長元の側室である今村正子の養子となった。維新後秋月藩権大属に任ぜられ、藩政に関与するが、廃藩置県後諸国の志士と交わり、国権拡張を主張。明治9年10月熊本で神風連の乱が起こると、27日益田静方、兄の宮崎車之助らと同志を率いて挙兵した(秋月の乱)。豊津で乃木連隊に敗れ、秋月で政府軍と戦うが再び敗れ、福岡枡木屋の獄で処刑された。　家兄＝宮崎車之助

今村 恭太郎　いまむら・やすたろう
広島控訴院長
明治2年(1869)1月～昭和11年(1936)12月7日
学明治法律学校卒　歴明治29年判事となり、神戸地裁所長、東京地裁所長、広島控訴院長などを歴任。38年に起きた日比谷焼き討ち事件の裁判長を務めた。　家父＝今村信行(大審院判事)

今村 力三郎　いまむら・りきさぶろう
弁護士
慶応2年(1866)5月2日～昭和29年(1954)6月12日
生信濃国(長野県飯田市)　名号＝徹堂　学専修学校〔明治21年〕卒　歴明治21年専修学校を出て一時裁判官を務めた後、代言人(弁護士)を開業。民事、商事のほか刑事事件では官選弁護人として活躍、33年の足尾銅山鉱毒事件、43年の大逆事件、大正12年の第一次共産党事件、続く虎ノ門事件、昭和7年の五・一五事件や神兵隊事件、9年の帝人事件など数多くの事件を担当した。これらの事件で今村は、捜査当局の行き過ぎと事実の歪曲に対し、被告の人権擁護に終止、大逆事件の処理と当局の弾圧的態度を非難した。著書に「法廷五十年」がある。

井村 智宗　いむら・ちそう
僧侶(浄土真宗本願寺派)
安政5年(1858)～大正5年(1916)9月5日
出兵庫県　歴兵庫県の浄土真宗本願寺派の真浄寺住職となる。日下部正一が同寺に身を寄せたのがきっかけで自由民権運動家の磯山清兵衛らと知り合い、朝鮮での活動資金調達に協力した。明治18年大阪事件に連座して捕らえられたが、無罪放免となる。晩年布教師として朝鮮に赴いた。

井山 惟誠　いやま・いせい
自由民権運動家
慶応3年(1867)12月6日～明治38年(1905)7月7日
生越中国氷見郡鞍川村(富山県氷見市)　歴5歳の時、摂津の寺に遣られ仏門に入ったが、その後、もと富山藩儒の杏凡山や岡田呉陽に詩や書を学ぶ。同郷の広瀬鎮子らと交流し、国会開設運動に参加。明治18年大井憲太郎らの大阪事件に連座して逮捕され、22年特赦となった。

井山 憲太郎　いやま・けんたろう
農業指導者 玉島村農会長
安政6年(1859)6月18日～大正11年(1922)3月11日　出肥前国玉島村(佐賀県唐津市)　歴故郷の佐賀県玉島村でミカン栽培を推進。明治32年柑橘栽培改良会を結成。41年玉島村農会長。

入江 為守　いりえ・ためもり
東宮侍従長 御歌所所長 貴院議員 子爵
慶応4年(1868)4月2日～昭和11年(1936)3月19日
生京都　名幼名＝太美麻呂　歴京都の冷泉家の三男に生まれる。明治7年入江為福の養子となり為守と改名。30年貴院議員になる。大正3年から昭和元年12月まで、東宮侍従長として皇太子だった昭和天皇に仕える。絵、和歌、書道にもすぐれ、御歌所の所長も兼任した。「明治天皇御集」「昭憲皇太后御集」の編纂部長をつとめた。　家実父＝冷泉為理、養父＝入江為福、長男＝入江相政(宮内庁侍従長)

色川 三郎兵衛　いろかわ・さぶろべえ
実業家 衆院議員
天保13年(1842)11月2日～明治38年(1905)2月21日　生上総国武射郡境村(千葉県山武郡芝山町)　名旧姓・旧名＝海保　歴常陸国土浦の色川家の養子となり、幕末期には家業の醤油醸造業に従事。維新後は自由民権運動に参加、次いで土浦を地盤に政界入りを果たし、茨城県議となった。明治23年立憲改進党初代会長として衆院議員に当選、2期。土浦を水害から守るため治水工事に尽くし、鉄道の計画路線変更や河口水門の建設に取り組んだ。また土浦米穀取引所、土浦五十銀行、土浦運送などの重役を務めた。

岩井 勝次郎　いわい・かつじろう
岩井商店創業者
文久3年(1863)4月11日～昭和10年(1935)12月21日　生丹波国南桑田郡旭村(京都府亀岡市)　名旧姓・旧名＝藍山　歴農家・藍山家の二男。明治8年大阪にでて、貿易商である母の兄・岩井文助の加賀屋岩井文助商店(加賀文)に入り、22年文助の長女と結婚、岩井家の養子となった。29年独立して岩井商店を創立。いちはやく居留地貿易を脱して英国との直取引に着手した他、内では創業家と商店の区分を明確とした家憲の制定などを通じて経営体制の近代化を図り、大正元年株式会社化を行う。第一次大戦の好景気に乗って業績を伸ばし、大正期には大阪繊維工業(現・ダイセル化学工業)、大阪鉄板製造(現・日新製鋼)、日本曹達工業(現・トクヤマ)、関西ペイント、日本橋梁、中央毛糸紡績(現・東亜紡織)などを次々と設立した。3年大阪貿易協会初代会長を務めるなど、関西財界の重鎮として活躍。5年から京都帝国大学から推薦を受けた優秀な学生に無償で奨学金を支給する岩井奨学基金を提供するなど、教育にも貢献した。没後の

昭和18年、岩井商店は岩井産業と改称、43年日商と合併して日商岩井（現・双日）となった。　家二男＝岩井雄二郎（岩井産業社長）、孫＝岩井英夫（日商岩井会長）、伯父＝岩井文助（商人）

岩井 勝太郎　いわい・かつたろう
開拓者
嘉永2年（1849）～昭和4年（1929）10月29日
出下総国印旛郡（千葉県）　歴千葉県印旛沼付近の水田を水害から守ろうと、明治22年ごろ利根川開疏計画を訴えた。のちグレ（簀立漁）、オダ（於朶漁）の推進など漁業の振興にも尽力した。

岩井 信六　いわい・しんろく
禁酒運動家　岩井靴店創業者
安政7年（1860）1月23日～明治30年（1897）11月5日　出越後国（新潟県）　歴東京・築地の伊勢勝製靴場で製靴技術を学び、明治9年叔父・森源三が副校長をつとめる札幌農学校の靴工となる。11年独立して開業。16年洗礼を受けてクリスチャンとなり、20年北海禁酒会の結成にあたり、副会頭に就任。禁酒運動に従事した。　家叔父＝森源三（札幌農学校長）

石井 大宣　いわい・だいせん
僧侶（浄土宗）　増上寺住職
享和2年（1802）～明治17年（1884）1月29日
出信濃国（長野県）　名本名＝小山、字＝一譲、号＝恭蓮社温誉良阿　歴文政元年（1818年）より江戸・増上寺で修行する。江戸の霊巌寺、伝通院住職などを務めた後、明治5年増上寺を継ぐ。11年静岡県以東の東部管長となった。

岩泉 正意　いわいずみ・まさもと
青森県議
天保12年（1841）～明治42年（1909）
出陸奥国八戸城下（青森県八戸市）　歴八戸地方の開明的人材のひとり。盛岡藩の日新堂に学び、明治維新に際して八戸藩のために奔走。明治10年青森県第九大区長となり、12年には青森県議会でJ.S.ミルの「代議政体」を講義した。16年官職を退く。

岩男 三郎　いわお・さぶろう
徳島県知事
嘉永4年（1851）5月9日～明治42年（1909）7月15日
出肥後国（熊本県）　歴肥後熊本藩士の三男。横井小楠の家塾に学び、文久3年（1863年）海軍操練所に入り、長崎の済美館で英語を学んだ。明治5年長岡護美と米国エール大学へ留学。帰国後は制度取調御用係や内務省恩賞課長などを務め、三重・静岡県・愛知県の書記官などを経て、29年秋田県知事、32年福井県知事、35年宮崎県知事、38年徳島県知事を歴任した。

岩尾 伏次郎　いわお・ふしじろう
酪農家
慶応4年（1868）5月10日～昭和8年（1933）7月21日　出豊後国日田郡豆田村（大分県日田市）　学教英中学　歴14歳の時に父から13ヘクタール余りの農園の管理を任される。その一方で師である日田咸宜園塾頭・諫山菽村より乳業の必要性を教えられ、長崎や島原などで乳牛の調査に従事。明治29年乳牛のホルスタインを購入して日田に岩尾牧場を開き、本格的な酪農をはじめた。また、蔬菜園芸にも注目し、大正元年より牛の堆肥を利用した温床栽培にも取り組んでいる。後進の指導や日田酪農協同組合の設立などにも当たり、日田酪農の父と呼ばれる。その他にも、整骨を得意とした。　家長男＝岩尾忠治（医師）、二男＝岩尾精一（政治家）

岩倉 具定　いわくら・ともさだ
宮内相　公爵
嘉永4年（1851）12月27日～明治43年（1910）3月31日　出京都　歴岩倉具視の二男。慶応2年（1866年）孝明天皇の近侍し、同年中御門経之ら公家22人の列参に加わり朝政刷新を訴えた。戊辰戦争では東山道鎮撫総督、江戸開城後は奥羽征討白河口総督。3年米国へ留学。5年帰国後、内務省、神奈川県などに出仕。17年兄・具綱の隠退により家督を継ぎ、18年父の功により公爵を授けられる。のち宮中に入り、23年侍従職幹事、学習院長、枢密顧問官、42年宮内相を歴任した。　家父＝岩倉具視（政治家）、弟＝岩倉具経（宮中顧問官）

岩倉 具綱　いわくら・ともつな
宮中顧問官
天保12年（1841）4月14日～大正12年（1923）10月16日　出京都　歴公卿・富小路敬直の長男で、岩倉具視の養子となる。安政2年（1855年）元服し昇殿を許される。5年日米修好通商条約調印の勅許阻止を図る公家88人の列参に参加。文久2年（1862年）養父が勅勘を蒙ったため差控となるが、慶応元年（1865年）孝明天皇の近習に加えられた。2年中御門経之ら公家22人の列参に加わり朝政刷新を訴え、再び差控を命ぜられた。3年王政復古の政変後は書記御用となり、4年参与となり内国事務権輔。6年宮内大録、ついで掌典となり、多年掌典長をつとめ、大正4年宮中顧問官に就任した。　家養父＝岩倉具視

岩倉 具経　いわくら・ともつね
宮中顧問官　子爵
嘉永6年（1853）6月17日～明治23年（1890）10月17日　出京都　歴岩倉具視の三男として生まれる。戊辰戦争に東山道鎮撫副総督、江戸開城後は奥羽征討白河口副総督となったが、勤学のため辞して帰京。東征の功により堂上に列せられ、一家を創立。3年米国留学、11年帰国、太政官大蔵権少書記官、のちに大蔵省、外務省に勤務。17年男爵。同年外務省書記官としてロシア公使館に在勤。21年帰国後、北白川宮別当、23年宮中顧問官。24年子爵。　家父＝岩倉具視（政治家）、兄＝岩倉具定（宮内相）

岩倉 具視　いわくら・ともみ
政治家
文政8年(1825)9月15日～明治16年(1883)7月20日　[生]京都　[名]旧姓・旧名=堀河,幼名=周丸,号=華竜,対岳　[歴]堀河康親の二男で、天保9年(1838年)岩倉具慶の養嗣子となり具視と名のる。嘉永6年(1853年)歌道の門人として関白・鷹司政通に近づき、安政元年(1854年)孝明天皇の侍従、4年近習となる。5年老中・堀田正睦が日米修好通商条約調印の勅許を得るため上洛すると、その阻止を図って公家88人による列参を主導、また、政治意見書「神州万歳堅策」を孝明天皇に内奏し、政治の表舞台に登場。和宮降嫁問題では、公武合体による幕府に対する朝廷の地位向上を画策してこれを推進。和宮の江戸行きにも随行、朝廷に対する詫び状ともいえる将軍・徳川家茂自筆の誓詞を得た。しかし、尊王攘夷派が力を持つようになると佐幕派とみなされ、辞官・剃髪して洛北の岩倉村で蟄居を余儀なくされた。慶応2年(1866年)中御門経之や大原重徳らと通じて公家22人の列参による朝廷改革を図るも失敗。大政奉還後の3年11月、洛中帰住が許されて表舞台に復帰。大久保利通らと王政復古を画策し、政変を断行した。明治維新後は新政府の中心人物となり、参与、議定、副総裁、輔相、大納言、右大臣を歴任。4年条約改正の延期と海外視察のため特命全権大使として米国・欧州を歴訪(岩倉使節団)。6年帰国後は病中の三条実美に代わって征韓論で割れる政府の調停に当たり、西郷隆盛の朝鮮行きを阻止した。7年には征韓派の土佐士族に襲われた。西郷・木戸孝允・大久保亡き後も政府の要として重きをなしたが、自由民権運動の高まりを受けて憲法に対する意見を徴した際、大隈重信の急進的な英国流の議院内閣制及び憲法制定構想を知るに及び、井上毅が唱えた漸進的なプロシア流の欽定憲法構想を支持し、伊藤博文をその起草者に指名。16年憲法調査のため渡欧した伊藤の帰国を待ち望みながら病死した。この間、9年華族会館の2代目館長となり、10年華族銀行として第十五国立銀行を設立するなど、華族の扱いについても心を砕いた。　[家]父=堀河康親(公卿),養父=岩倉具慶(公卿),養子=岩倉具綱(宮中顧問官),二男=岩倉具定(宮内相),三男=岩倉具経(宮中顧問官)

岩佐 普潤　いわさ・ふにん
僧侶(天台宗)
文政12年(1829)10月2日～明治34年(1901)1月4日　[生]筑後国浮羽(福岡県)　[名]別号=即真　[歴]比叡山西塔大仙院(天台宗)の僧・光観に従い、顕教・密教を学ぶ。嘉永6年(1853年)近江の安楽律院の僧・性憲のもとで受戒。次いで江戸に出て定明院の慧澄に師事して仏教学の研究に邁進し、安政4年(1857年)には魚山の梵唄秘曲の伝承を受けた。この間、天台三大部の講席にも参加している。維新後は安楽律院や岡山の仏心寺・滋賀の泰門院の住職などを歴任。また、後進の指導にも携わり、明治13年天台宗中学林の校長となった。その教えを受けた者に輪王寺宮公現らがいる。

岩崎 勲　いわさき・いさお
衆院議員(政友会)
明治11年(1878)2月25日～昭和2年(1927)1月18日　[生]静岡県　[学]東京帝国大学法科大学〔明治36年〕卒　[歴]弁護士となり、日本弁護士協会理事、東京弁護士会常議員。衆院議員当選4回。政友会の中堅として活躍。大正15年2月松島事件の中心人物とされて投獄され、病気保釈出所した。

岩崎 馬之助　いわさき・うまのすけ
官僚
天保5年(1834)11月29日～明治20年(1887)12月22日　[生]土佐国安芸郡井ノ口(高知県安芸市)　[名]諱=維慊,字=君義,号=秋溟,克堂,晦堂　[歴]岩崎弥太郎と同族で、少年時代は間崎滄浪(間崎哲馬)、細川潤次郎とともに三奇童といわれた秀才。岡本寧甫に師事した後、江戸で安積艮斎に入門。帰郷して、慶応2年(1866年)致道館文館助教。土佐勤王党に参加、戊辰戦争には軍記役として加わり、「東征記」を著した。維新後は政府に仕え、西南戦争では山県参軍の書記、明治14年文部権少書記官。18年辞官。

岩崎 革也　いわさき・かくや
社会主義者 須知銀行頭取 京都府議
明治2年(1869)12月21日～昭和18年(1943)10月13日　[生]丹波国須知村(京都府船井郡京丹波町)　[名]本名=岩崎茂三郎　[歴]明治28年父の死後、家業の酒造業を継いだが数年後廃業。33年郷里の京都府須知村長、34年町制で初代町長。36年一家をあげて上京、以来社会主義運動に投じ、堺利彦、幸徳秋水らと交際、「平民新聞」の財政を援助。40年帰郷、須知銀行頭取として、昭和17年解散まで務めた。その間須知町長を3回、郡会議員、郡参事会員を務めた。大正12年～昭和2年京都府議。40年ころから政友会に属し、犬養毅と親交。

岩崎 一高　いわさき・かずたか
衆院議員(政友会) 松山市長
慶応3年(1867)2月15日～昭和19年(1944)3月22日　[出]伊予国(愛媛県)　[学]専修学校法律科〔明治19年〕卒　[歴]伊予松山藩士の長男。「海南新聞」の経営に従事し、政友会の県支部長を務めるなど愛媛県政界で重きをなした。大正8年衆院議員に当選。通算2期。12年松山市長。15年退任。道後湯之町町長も務めた。

岩崎 達人　いわさき・たつと
海軍少将
生年不詳～昭和16年(1941)11月1日
[出]福島県　[学]海兵(第6期)〔明治12年〕卒,海大〔明治22年〕卒　[歴]明治33年秋津洲、34年高砂、35年八島の艦長。36年艦政本部第二部長を経て、39年同部第一部長。同年海軍少将に進み、40年韓国

統監付。42年予備役に編入。

岩崎 俊弥　いわさき・としや
旭硝子創業者
明治14年(1881)1月28日〜昭和5年(1930)10月16日　生東京府　学一高卒　歴一高を中退し、明治33年英国へ留学。ロンドン大学で応用化学を学んだ。帰国後の37年、乗馬を好んだことから近衛騎兵隊に志願。除隊後は板ガラスの将来性に目を着け、39年島田孫市とともに大阪島田硝子製造合資会社を設立し、ベルギー式を導入して板ガラスの国産化に着手。しかし、事業の進捗が悪かったことから島田と手を切り、40年尼崎に旭硝子株式会社を創業して社長に就任。当初は人力に頼り習得に時間を要するベルギー式手吹法を行っていたため業績は思うように伸びず、実家の三菱銀行からも融資に難色を示されるなど資金面で苦境に立たされたが、新製法のラーバス法を導入し、工場を新築するなど再起を図る。第一次大戦が勃発して一大窓ガラス生産国であったベルギーが没落。特需景気もあって国産窓ガラスの必要性が高まったため、この機運に乗じて工場を増設して増産体制を確立した。12年の関東大震災により横浜・鶴見の工場などが大打撃を受け、自ら陣頭で指揮してその復興に当たった。14年満鉄との共同出資で大連に昌光硝子株式会社を創立したが、昭和5年参禅した帰りに突然倒れ、そのまま死去した。乗馬や写真、謡曲など幅広い趣味を持ったが、特に蘭の栽培家として知られ、100種類以上の新種を作出。権威あるサンダース・リストにも掲載されるなど、斯界の第一人者と目された。　家父=岩崎弥之助(実業家)、兄=岩崎小弥太(実業家)、弟=岩崎輝弥(実業家)、祖父=後藤象二郎(政治家)、伯父=岩崎弥太郎(三菱財閥創始者)、義兄=蘆貞吉(園芸家)　勲勲四等瑞宝章〔昭和5年〕

岩崎 久弥　いわさき・ひさや
実業家
慶応1年(1865)8月25日〜昭和30年(1955)12月2日　生土佐国安芸郡井口村字一ノ宮(高知県安芸市)　学ペンシルベニア大学(米国)卒　歴三菱財閥創始者・岩崎弥太郎の長男。明治8年慶応義塾に入学したのち、11年より父の創立した三菱商業学校で英語や簿記などを修めた。父没後の19年、米国ペンシルベニア大学に留学。24年帰国して叔父・岩崎弥之助の下で三菱社副社長となるが、26年三菱社を三菱合資会社に改組すると弥之助から社長の座を譲り受けた。27年東京・丸の内に本社機能を移転、これを皮切りに順次同地にオフィスビルを建設して、丸の内オフィス街の端緒を開いた。29年生野銀山と佐渡金山、それに当時最新鋭の精錬施設を備えた大阪精錬所を一括して払い下げを受け、三菱社・弥之助時代から経営する高島炭坑をはじめとする筑豊・長崎・北海道・東北各地の炭坑・鉱山などと併せて経営、鉱業部門は一時三菱グループの収益の40％を占めるに至った。30年合資会社神戸製紙所(現・三菱製紙)を設立。40年明治屋、日本郵船と共同でジャパンブルワリー社を買収して麒麟麦酒株式会社を創立した。41年事業の拡大に伴って父以来の社長独裁制を廃し、各部に事業のマネジメント権を委譲する各部独立採算制(現在でいう事業部制)を採用し、組織の近代化を図った。大正5年社長を辞し、もともと動植物についての造詣が深かったことから農牧経営に転身、8年東山農事株式会社を設立し、海外での大規模な拓殖事業も展開した。13年アジア学研究のための図書館として東洋文庫を設立するなど文化面でも貢献した。　家父=岩崎弥太郎(三菱財閥創始者)、長男=岩崎彦弥太(三菱合資副社長)、二男=岩崎隆弥(三菱製紙会長)、長女=沢田美喜(エリザベス・サンダースホーム園長)、孫=岩崎寛弥(三菱銀行取締役)、叔父=岩崎弥之助(三菱財閥2代目)、従弟=岩崎小弥太(三菱合資社長)

岩崎 萬次郎　いわさき・まんじろう
自由民権運動家　衆院議員
嘉永5年(1852)〜明治44年(1911)
生下野国都賀郡佐川野村(栃木県下都賀郡野木町)　歴明治12年郷里栃木県佐川野村の戸長に選ばれる。のち自由民権運動に共鳴して自由党に入り、17年には栃木県議に選出される。しかし、同年の加波山事件に関係したとして逮捕される。つづく大阪事件でも関連を疑われるが、間もなく免訴となった。大同団結運動に際しては大同協議会の幹事を務め、元老院への条約改正中止建白などで活躍。23年自由党から第1回総選挙に出馬して当選。26年に同党脱党後は下野自由倶楽部を結成して活動を続けるが、第3回・4回総選挙で落選と振るわず、晩年は憲政本党の幹事に就任した。

岩崎 弥太郎　いわさき・やたろう
三菱財閥創始者
天保5年(1834)12月11日〜明治18年(1885)2月7日　生土佐国安芸郡井口村字一ノ宮(高知県安芸市)　名本名=岩崎寛、幼名=敏、字=好古、号=穀堂、東山　歴土佐の地下浪人(郷士の株を売り同地に居ついた浪人)・岩崎弥次郎の長男。伯父に当たる土佐の儒者・岡本寧甫に学んだ。安政元年(1854年)藩儒・奥宮慥斎の従者として江戸に上り、慥斎の勧めで安積艮斎の見山塾に入るが、父の投獄を知り帰国、父の冤罪を訴えたため自身も投獄され、出獄後は居村からの追放を言い渡された。のち赦されて当時蟄居の身であった吉田東洋に師事し、東洋の甥に当たる後藤象二郎の知遇を得る。師が藩の参政に挙げられるとその推挙により出仕し、同年には東洋の命で外国事情調査のため長崎を視察。文久2年(1862年)師が暗殺され武市瑞山ら土佐勤皇党が藩政の実権を握ると、急遽藩主の江戸参勤に随行することとなるが、その途中で隊列を離れたとの理由で帰国を命ぜられ、郷里の井ノ口村に閉居した。慶応3年(1867年)再び藩に起用されて開成館長崎出張所に赴任し、後藤を助け

るとともに坂本龍馬の海援隊の活動も支援。明治元年同所閉鎖後も同地に留まるなど土佐藩の長崎貿易を実質的に主導した。2年藩の開成館大阪出張所に転勤し、3年高知藩少参事に任ぜられて藩の大阪での事務を監督。同年明治政府が藩営商会所禁止令を出すと、大阪出張所を藩から切り離して九十九商会を設立し、汽船による運輸業を起こして藩の海運の全権を握った。4年官を辞し、九十九商会を拠点として実業界入り。同年9月石川七財、川田小一郎、中川亀之助らと三川商会を創業して海運業を始めた。6年同商会を三菱商会に改組して自身による独裁体制に切り替え、7年東京に本店を移して三菱蒸気船会社に改称するとともに社長に就任。同年の征台の役に際しては軍事輸送の命に応じ、政府から絶大な信頼を受けるようになった。8年内務卿・大久保利通が推進した本邦海運振興政策により郵便物輸送や外国定期航路の開設、海員の育成などの業務を委託され、それに伴って国から船舶と助成金を受領。同年郵便汽船三菱会社に改称し、上海航路を皮切りに外国への航路を開くなど順調に業績を伸ばした。10年の西南戦争では軍事輸送を独占して巨利を手中にし、日本最大の独占海運会社となる。以後、海運業で蓄積した資本を元に事業の多角化を進め、8年霊岸島に三菱商船学校を、11年神田錦町に三菱商業学校をそれぞれ創立するなど、海員及び商業教育の発展にも貢献した。 家弟=岩崎弥之助（三菱財閥2代目）、長男=岩崎久弥（三菱合資社長）、孫=岩崎彦弥太（三菱合資副社長）、岩崎隆弥（三菱製紙会長）、沢田美喜（エリザベス・サンダース・ホーム園長）、女婿=幣原喜重郎（首相）、加藤高明（首相）

岩崎 弥之助 いわさき・やのすけ
三菱財閥2代目当主 男爵
嘉永4年（1851）1月8日～明治41年（1908）3月25日 生土佐国安芸郡井口村（高知県安芸市） 歴土佐の地下浪人・岩崎弥次郎の二男。兄は岩崎弥太郎。明治5年兄の勧めで米国へ留学。帰国後の6年、兄が創業した三菱商会副社長となり、創業期の三菱の経営に心血を注いだ。18年兄の没後、その後を継いで社長となる。同年政府が後援する三井系の共同運輸との海運業をめぐる激烈な競争のあと、これを合併して日本郵船会社を設立。以後は同社に海運事業の一切を移管し、別に三菱社を設立して"海"から"陸"へ方針を転換。20年長崎造船所の払い下げを受けて近代的な造船業を開始したのを皮切りに次々と事業を拡大。22年には東京・丸の内の陸軍用地を買い取り、現在の丸の内オフィス街のもとを作った。23年勅選貴院議員。26年商法の実施により三菱合資会社に改組し、29年社長を兄の長男である久弥に譲るが、温和な久弥に代って引き続き監務として会社の経営に当たった。同年第4代日本銀行総裁に就任し、30年の金本位制への転換を円滑に実施した。19年男爵。一方で学問を好み、師・重野安繹の修史事業を後援したほか、書籍・古美術の収集も行い、清国の陸心源の蔵書を買い取って静嘉堂文庫を設立した。 家兄=岩崎弥太郎（三菱財閥創始者）、長男=岩崎小弥太（三菱合資会社社長）、二男=岩崎俊弥（旭硝子創業者）、三男=岩崎輝弥（農場経営者）、岳父=後藤象二郎（政治家）、甥=岩崎久弥（三菱合資会社社長）

岩下 清周 いわした・せいしゅう
北浜銀行常務 衆院議員（中正会）
安政4年（1857）5月28日～昭和3年（1928）3月19日 生信濃国松代（長野県長野市） 学東京商法講習所〔明治11年〕卒 歴明治11年三井物産に入り、16年パリ支店長となり、桂太郎、原敬らと支遊。帰国後辞任、22年品川電燈創立に尽力、関東石材など経営。24年中上川彦次郎に招かれ三井銀行副支配人。29年辞して30年北浜銀行常務、次いで頭取に就任。40年衆院議員。大正4年背任横領（北浜銀行事件）で起訴され、有罪となった。13年出獄。 家息子=岩下壮一（宗教家）

岩下 方平 いわした・みちひら
元老院議官 子爵
文政10年（1827）3月15日～明治33年（1900）8月15日 生薩摩国（鹿児島県） 名通称=左二、左次右衛門、別名=方美 歴薩摩藩の上級武士の家柄で、同藩の大久保利通らと共に藩の改革派である誠忠組（精忠組）を結成。次いで江戸詰の側用人に任ぜられ、薩英戦争の和平交渉に当たるなど、対外交渉で活躍した。慶応元年（1865年）家老に昇進。2年幕府の第二次長州征討に際し、幕府軍に協力せず薩摩藩からの出兵を拒絶して側面から長州藩を助けた。同年11月には幕府がパリ万博に使節団を派遣したのに対抗し、薩摩藩に帰属していた琉球国の使節団代表として同博覧会に参加。同時に気骨ある態度で欧米諸国と交渉し、3年9月に帰国した。維新後、徴士参与・外国事務判事として新政府に出仕し、以後、大阪府判事・京都府権知事・大阪府大参事・元老院議官などを歴任。明治20年子爵。23年貴院議員。

岩瀬 覚栄 いわせ・かくえい
僧侶 浄土宗西山深草派管長
元治1年（1864）～昭和3年（1928）2月9日 出愛知県 歴西山専門学校長などを経て、大正13年愛知県岡崎市の円福寺住職。14年西山深草派管長に就任、総本山・京都誓願寺住職となった。

岩瀬 弥助（4代目） いわせ・やすけ
西尾鉄道初代社長 岩瀬文庫創設者
慶応3年（1867）10月6日～昭和5年（1930）1月3日 生三河国（愛知県西尾市須004町） 名幼名=吉太郎 学小卒 歴肥料商を営む富商の家に生まれる。小卒後、家業を継ぎ、明治22年4代目弥助を名乗る。投資家としても活躍、30年代には西三河でも屈指の資産家となった。31年西尾町長を務めるが1年余りで辞任。44年西尾—岡崎間を結ぶ軽便鉄道の開通に尽力、初代社長を務めた。この間、40年私立図書館・岩瀬文庫（西尾市亀沢町）を建設し、41年

5月開館。蔵書は室町時代後期の「後奈良天皇宸翰般若心経」を始め、江戸末期の図鑑「本草図説」全195冊、「柳原家旧蔵資料」約1000点など重要文化財を含む8万点余りで、中国、朝鮮半島など国内外の古い書物から近代にかけて収集され、分野も歴史、国文学、宗教、美術など多岐にわたる。現在も全国各地の学者が閲覧に訪れ、世界的にも高く評価されている。

岩田 伊左衛門　いわた・いざえもん
農政家

天保2年(1831)10月2日～明治35年(1902)9月27日　生丹後国加佐郡岡田村字大俣(京都府舞鶴市)　名本名＝岩田忠直　歴生家は丹後加佐郡大俣村の大庄屋。安政元年(1854年)家を継ぐ。同時に川中組(旧・岡田三ケ村)大庄屋役に選ばれる、山間の小集落間の道路を整備し、私財を投じて開墾。また凶作飢饉に対する処置として、豊作時に増納させる方法を採用した。慶応2年(1866年)の2度の洪水の後には大規模な堤防工事を行い、村民を救済。3年川口下組の大庄屋も兼ね、明治5年には第十四大区長となった。地租改正事業を行い、小学校創設、製紙業の振興など産業の発展にも尽くした。

岩田 一郎　いわた・いちろう
大審院判事

明治1年(1868)10月～大正10年(1921)10月22日　出広島県　学帝国大学法科大学〔明治28年〕卒　法学博士〔大正9年〕　歴明治28年横浜地裁判事を振り出しに、宮城控訴院部長、東京控訴院判事などを歴任し、大正2年大審院判事となった。専門は民事訴訟法で、その権威として中国政府に招聘されたこともある。

岩田 きぬ　いわた・きぬ
社会事業家　大阪聖徳館院母

明治2年(1869)9月13日～昭和22年(1947)6月6日　生大阪府池田町(池田市)　名旧姓・旧名＝松浦　歴明治23年貿易商の岩田民次郎と結婚。24年夫の事業拡大に伴って札幌に移るが、火災にあって全財産を失った。のち大阪に帰ってうどん屋を開き、再起に成功。生活にゆとりが出来ると、夫婦で慈善事業に関心を持つようになり、35年大阪市南区に大阪養老院を設立。次いで、大正2年には院舎を旧秋野坊の太子堂に移し、大阪聖徳館(現在の聖徳会大阪老人ホーム)に改称した。昭和2年に院舎を放火されて存続の危機に瀕するが、夫婦の熱意が通じ、間もなく再建された。はじめは困難だった経営も、貧民救済法の施行で補助金が出るようになり、次第に安定。それでも晩年に至るまで率先して働き、社会福祉に献身した。

岩田 惣三郎　いわた・そうざぶろう
実業家

天保14年(1843)3月15日～昭和8年(1933)8月24日　出尾張国(愛知県)　歴初め尾張一宮で綿糸・綿布の販売を営む。明治7年家督を継いだ兄・岩田常右衛門と共に大阪に出て綿糸商を始め店舗をかまえる。17年独立し勤勉努力して、22年摂津紡績(現・ユニチカ)を起こした。26年大阪三品取引所の設立に関わり、29年尾州銀行を創立した。また甲子興業もし、大阪商業会議所議員となって実業界に貢献した。一方、信仰心篤く仏門に帰依して大谷派本願寺の諸役員を務めた。

岩田 太郎　いわた・たろう
養蚕家

明治4年(1871)10月14日～昭和11年(1936)5月16日　生茨城県高野村(守谷市)　歴郷里の茨城県高野村で家業の養蚕業を継ぎ、蚕種開発に努める。明治29年養蚕講習所を設立、雑誌「蚕業之灯」を発行、34年大日本蚕業研究会を創設するなど蚕糸業の発展に尽力した。

岩田 正彦　いわた・まさひこ
赤坂喰違事件の襲撃者

嘉永2年(1849)～明治7年(1874)7月9日　生土佐国土佐郡(高知県土佐市)　歴維新後、近衛砲兵隊付陸軍曹長を任じられる。明治6年下総志津村で演習中に征韓論決裂を聞いて憤慨し、飲酒して軍規を破り禁固刑となる。同年12月ゆるされる。征韓派の参議西郷隆盛らが辞職した原因が岩倉具視にあるものとして、7年1月武市熊吉ら同志8人と岩倉を東京の赤坂喰違で襲撃。3日後に逮捕され、同年7月武市らとともに処刑された。

岩田 衛　いわた・まもる
福島県知事

明治12年(1879)7月2日～昭和17年(1942)6月9日　生熊本県　学帝国大学法科大学〔明治28年〕卒　歴大正9年鳥取県知事、11年福島県知事。昭和2～4年長岡市長も務めた。

岩田 民次郎　いわた・みんじろう
社会事業家

明治2年(1869)2月25日～昭和29年(1954)5月12日　生岐阜県　歴明治35年大阪市南区の東立寺内に大阪養老院を設立。36～41年「養老新報」を発行。大正8年～昭和23年民生員として社会事業に尽くした他、25年には第1回全国養老事業大会を開催するなど日本の老人福祉発展に力を注いだ。

岩垂 邦彦　いわだれ・くにひこ
日本電気創業者

安政4年(1857)8月15日～昭和16年(1941)12月20日　生豊前国企救郡篠崎村(福岡県北九州市)　学工部大学校電信科〔明治15年〕卒　歴豊前小倉藩士で、藩末には藩政を担った喜田村修蔵の二男。藩大目付役であった叔父・岩垂小兵衛の養子となり、明治12年家督を相続した。8年上京し、工部大学校に入学。15年工部省に入ると電信建設掛に配属され、登場したばかりの電話の架設作業にも従事。19年官を辞して渡米、発明王エジソンが創立したエジソン・ゼネラル社で働く。21年米国を訪

れた外山修造と丹羽正道から大阪電灯の技師長就任を要請され帰国。25年エジソン・ゼネラル社から発展した世界最大の電気会社ゼネラル・エレクトリック社（GE）の大阪市以東の販売権（のち日本全国の一手販売権に変更）を獲得したが、28年社がGEの信義を破る行いをしたため退社。販売権は大阪電灯から岩垂個人へと移り、また、米国を代表する弱電メーカーで、世界最大の電話関連機器製造メーカーでもあったウエスタン・エレクトリック社（WE）の代理権も得、一浪人ながらGE・WEという米国を代表する電気会社の代理権を持った。31年WEと、日本最大の電話関連機器製造メーカーであった沖電気との提携を仲介したが、WEが沖の態度に不信を持って破談。代わって仲介人であった岩垂がWEの日本進出パートナーとなり、日電商会を経営していた前田武四郎の協力を得、三吉正一の三吉電機工場を買収。こうして日本電気合資会社が誕生し、32年には我が国初の外資系会社として日本電気株式会社に改組した。 家父＝喜田村 修蔵（豊前小倉藩士）、孫＝岩垂 孝一（萬有製薬社長）、岩垂 英二（萬有製薬専務）、女婿＝岩垂 亨（萬有製薬創業者）

岩永 省一　いわなが・しょういち
日本郵船専務
嘉永5年（1852）4月18日〜大正2年（1913）3月12日
生 肥前国大村（長崎県大村市）　名 旧姓・旧名＝後藤　学 慶応義塾　歴 肥前大村藩士・後藤多仲の二男に生まれ、のち岩永勝馬の養子となる。明治元年長崎に出て荘田平五郎に英語を学び、2年上京し慶応義塾に入る。3年藩の留学生として渡英、5年には文部省留学生となり渡米、9年帰国。のち福沢諭吉の推薦で郵便汽船三菱会社に入社、上海・長崎・神戸の各支店で勤務。18年同社が共同運輸会社との合併で日本郵船と名称変更し横浜支店長、のち本店支配人となり、32年専務に就任。44年病気で退職するまで海事業に従事した。その後、明治生命保険の重役を務めた。

岩永 マキ　いわなが・まき
キリスト教信者　社会事業家
嘉永2年（1849）3月3日〜大正9年（1920）1月27日
生 肥前国西彼杵郡浦上村（長崎県長崎市）　歴 先祖代々の隠れ切支丹の農家に生まれる。明治2年政府によるキリスト教徒弾圧（浦上四番崩し）で岡山藩に流され、鶴島で開墾などの苦役に服す。6年キリスト教禁制撤廃で帰郷。7年浦上一帯を襲った台風で赤痢、天然痘が流行した際、ド・ロ神父と共に救護活動に従事。その際生じた孤児や捨児を集めて孤児院（のちの浦上養育院）を開き養育にあたる。11年処女らの修道会 "浦上十字会" が設立され、修道女たちと共同生活をしながら孤児養育や養老事業に献身した。8年から浦上修道院院長を兼任した。

岩根 静一　いわね・せいいち
畜産家　北海道開拓家
嘉永5年（1852）2月6日〜大正6年（1917）4月14日
生 淡路国洲本（兵庫県洲本市）　歴 明治4年もと阿波徳島藩家老・稲田邦植に従い北海道日高静内郡に移る。6年東京の開拓使仮学校現業生として米国式農業を学んだ後、主に牧畜研究に努め、11年開拓使日高新冠牧場主任となる。15年官を辞し沙流郡に牧場を開き優良馬の生産に力を尽くし、のち大畜産家となった。

岩橋 轍輔　いわはし・てつすけ
四十四国立銀行頭取
天保6年（1835）5月21日〜明治15年（1882）10月28日　歴 紀伊藩士。四十四国立銀行頭取を経て、明治12年北海道の函館に開進社を設立。下湯川、長万部などの開拓にあたった。

岩原 謙三　いわはら・けんぞう
芝浦製作所社長　日本放送協会会長
文久3年（1863）10月21日〜昭和11年（1936）7月12日　生 加賀国大聖寺（石川県加賀市）　学 東京商船学校〔明治16年〕卒　歴 明治4年上京。九段の英学校を経て、16年東京商船学校を卒業して三井物産に入社。神戸支店長、ニューヨーク支店長、本店理事を経て、39年常務。43年芝浦製作所取締役に転じ、大正9年社長に就任。昭和5年退任。この間、3年シーメンス事件で海軍高官への贈賄が発覚、有罪判決を受けた。13年東京放送局が発足すると理事長となり、15年東京・大阪・名古屋の放送局が合同して日本放送協会が設立されると同会長に就任。以来、昭和11年に亡くなるまで務めた。

岩淵 熊次郎　いわぶち・くまじろう
鬼熊事件の殺人犯
明治25年（1892）〜大正15年（1926）9月30日
生 千葉県香取郡久賀村（多古町）　歴 大正15年8月19日深夜、女性がらみの恨みから殺人2件、傷害4件、放火に及んで、下総台地の森林に逃走。42日間、のべ3万6000人の警察の動員態勢にもかかわらず、捕り逃がし、岩淵の自殺により、事件は幕切れとなった。この間、新聞は鬼熊と名付けて懸賞金をかけたほか、演歌師にも歌われるなど、世評を集めた。

岩村 定高　いわむら・さだたか
元老院議官
文政11年（1828）11月〜明治32年（1899）1月7日
生 肥前国（佐賀県）　歴 明治9年三重県の初代県令となり、県政の確立に尽くした。17年元老院議官。24年勅選貴族院議員となった。

岩村 高俊　いわむら・たかとし
宮中顧問官　貴院議員（勅選）　男爵
弘化2年（1845）11月10日〜明治39年（1906）1月3日　生 土佐国幡多郡宿毛（高知県宿毛市）　名 通称＝精一郎　歴 慶応3年（1867年）上洛、坂本龍馬ら

の暗殺者とされる三浦久太郎を陸奥宗光ら16人で襲撃。戊辰戦争で東山道総督府軍監として信越、奥羽に転戦。維新後宇都宮、神奈川県各権参事、明治7年佐賀県令となり、佐賀の乱を鎮定、同年愛媛県令。特設県会開設、地租改正、町村会開設など、近代愛媛の基礎を築いた。以後、内務省大書官、石川、愛知、福岡、広島の県令・知事を歴任。25年勅選貴院議員、31年宮中顧問官となる。29年男爵。　家息子＝岩村透(美術評論家)、兄＝岩村通俊(男爵・貴院議員)、林有造(衆院議員)

岩村 通俊　いわむら・みちとし
北海道庁長官 農商務相 貴院議員(勅選) 男爵
天保11年(1840)6月10日～大正4年(1915)2月20日　生土佐国幡多郡宿毛(高知県宿毛市)　名幼名＝猪三郎、通称＝左内、雅号＝貫堂、俳号＝素水　歴土佐藩家老・伊賀家に仕えた岩村英俊の長男で、林有造、岩村高俊は実弟。土佐勤王党に参加し、戊辰戦争では御親兵総取締として従軍。新政府に出仕すると、明治2年箱館府権判事、開拓判官、5年開拓大判官を務めて北海道の開拓に従事。6年佐賀県県権令に転じて旧来の複雑な土地制度を整理し、その行政手腕を高く評価された。7年弟・高俊に同職を譲って工部省に転じるが、佐賀の乱では内務卿・大久保利通に従って戦地に赴き、弟を助けた。9年山口裁判所長となり、萩の乱の関係者を処断。10年の西南戦争後には大久保の信任を受けて鹿児島県令となり、県の再建に腐心した。13年元老院議官、14年会計検査院長、16年沖縄県令兼検事、17年恩給局長、同年司法大輔を経て、19年北海道庁の初代長官に就任。土地払下規則を公布して移住者の便を図るなど、拓殖制度の改革に尽くした。21年再び元老院議官となり、同年農商務次官から、22年第一次山県内閣に農商務相として入閣。23年宮中顧問官、同年勅選貴院議員、24年宮内省御料局長を歴任。29年男爵に叙せられた。　家五男＝岩村通世(司法官)、弟＝林有造(衆院議員)、岩村高俊(貴院議員・男爵)、甥＝林譲治(衆院議長)

岩本 栄之助　いわもと・えいのすけ
株式仲買人
明治10年(1877)4月2日～大正5年(1916)10月27日　生和歌山県海草郡下津町(海南市)　住大阪府大阪市南区　学大阪高卒、明星外語学校　歴株式仲買人・岩本栄蔵の二男。明治39年大阪株式取引所仲買人となる。日露戦争後の狂乱相場で200万円の利益を獲得、若くして"北浜の風雲児"と称された。"義侠の人"とも呼ばれ、43年相場で得た資金100万円(現在の100億円以上)を大阪市に寄付、大正の名建築といわれる中之島の中央公会堂(大正7年竣工)を建てたことで知られる。また、野村証券創立者・野村徳七の窮地を救うなどのエピソードの持ち主でもある。第一次大戦後の相場に失敗し、5年10月自宅でピストル自殺を図り、5日後死亡した。　家父＝岩本栄蔵(株式仲買人)

岩元 禧　いわもと・き
沖縄県知事
明治12年(1879)7月2日～昭和19年(1944)
生鹿児島県　学東京帝国大学法科大学〔明治41年〕卒　歴島根県、茨城県の内務部長を経て、大正12～13年沖縄県知事を務めた。昭和8～11年鹿児島市長。

岩元 信兵衛　いわもと・しんべえ
実業家 衆院議員(政友会)
元治1年(1864)11月～大正6年(1917)4月14日
生薩摩国(鹿児島県)　歴呉服商・山形屋を営み、現金掛け値無しの正札付き販売の実施や、座売り式から陳列式に販売方法を改めるなど商いの近代化を図り、今日の山形屋デパートを築いた。南島興産、第百四十七銀行、鹿児島貯蓄銀行、鹿児島電気などの創立にも参画。明治25年鹿児島市議を経て、35年衆院議員に当選。鹿児島初の"平民代議士"となり連続3期務めた。42年多額納税貴院議員。　家養子＝岩元達一(山形屋会長、貴院議員)

岩本 晴之　いわもと・はるゆき
衆院議員(政友会)
天保4年(1833)12月16日～大正2年(1913)11月21日　生阿波国(徳島県)　歴香川家に生まれ、岩本家の養子となる。新居水竹について漢学を修めた。明治19年徳島県土木課長、22年内務課長などを経て、35年より衆院議員に当選4回。政友会に属した。

岩本 良助　いわもと・りょうすけ
機業家
嘉永2年(1849)～明治36年(1903)
生下野国足利井草町(栃木県足利市井草町)　名旧姓・旧名＝篠崎　歴明治5年先代岩本良助の養子となり、織物製造業に就く。6年から越後塩沢の絣を研究、足利織物に絣を取り入れ、10年フランス式ジャカード機を足利地方に初めて導入。15年輸出向け縮織に転換して羽二重を製織、輸出業界の中心となって活躍した。33年には農商務省から、足利織物近代化の父といわれる近藤徳太郎らとともに絹織物工業視察のためヨーロッパに派遣された。　勲緑綬褒章〔明治29年〕

岩本 廉蔵　いわもと・れんぞう
公共事業家 久米郡大庄屋
天保2年(1831)～大正5年(1916)1月30日
生伯耆国久米郡弓原村(鳥取県東伯郡北栄町)　歴伯耆国弓原村の大庄屋。万延元年(1860年)から私財を投じて北条砂丘の開拓をはじめ、約77ヘクタールを開く。維新後は300ヘクタールに及ぶ牧場を経営、牧牛の品種改良などにも携わった。また、自由民権運動に影響を受け、国会開設の建白や地租改正反対運動でも活躍。さらに、鳥取藩の儒者だった土壇適処を招いて松神村に研志塾を開設するなど、地域の産業・教育などに尽くした功績は大きい。

岩谷 松平　いわや・まつへい
煙草製造業者　衆院議員

嘉永2年(1849)2月2日～大正9年(1920)3月10日　生薩摩国(鹿児島県)　歴明治10年上京、銀座で呉服太物商を開業、13年たばこ販売業を始め、さらに紙巻たばこ製造の天狗屋を開いた。製品に金天狗、銀天狗などの銘をつけ、新聞などに「国益の親玉」「驚く勿れ税額千八百万円」などの奇抜な標語で大宣伝、"天狗煙草"の名が知れわたった。14年日本商人共進会を興し、15年共同運輸、帝国工業、大日本海産などを創立。また商業会議所議員、衆院議員(1回、無所属)にも当選した。37年たばこ官営後は諸種の会社重役のほか、養鶏、養豚事業に従事した。

岩山 敬義　いわやま・たかよし
元老院議官　石川県知事

天保10年(1839)～明治25年(1892)1月13日　生薩摩国(鹿児島県)　歴明治12年内務省勧農局少書記官、のち農商務省農務局長、農商務大書記官などを歴任、18年駒場農学校校長を兼任。のち元老院議官に転じる。20年3代宮崎県知事を経て、24年7代石川県知事となったが、在任中の25年1月病死した。

印南 丈作　いんなみ・じょうさく
治水開墾功労者　事業家　那須開墾社社長

天保2年(1831)7月16日～明治21年(1888)1月7日　出下野国日光(栃木県日光市)　歴那須野ケ原開発を志し、那須疏水開削に尽力。資金不足を補うため、伊藤博文らを動かすが、没後に完成した。

【う】

植木 枝盛　うえき・えもり
自由民権運動家　衆院議員(自由倶楽部)

安政4年(1857)1月20日～明治25年(1892)1月23日　生土佐高知城下井口村(高知県高知市)　学海南私塾　歴土佐藩士の長男。明治6年上京して藩立の海南私塾に入学、福沢諭吉らの啓蒙思想に啓発された。7年板垣退助の演説に共鳴して政治に開眼。9年には「郵便報知新聞」に投稿した文章「猿人君主」が官憲の忌諱にふれ投獄されるが、政治への熱は冷めず、10年高知に帰って立志社に参加し、以後板垣の片腕として愛国社を再興、ついで国会期成同盟を組織。13年自由党準備会を結成、14年板垣を総理とする自由政党の自由党を結成、機関誌の編集・執筆と全国遊説に活躍した。同年民主主義的な私擬法「日本国国憲案」を起草。15年酒税軽減を要求して酒屋会議を開いた。17年自由党が解党すると高知に戻り、19年から21年まで高知県議。23年愛国公党の創立に参画し、同年第1回総選挙では高知県から出馬し当選。さらに同年立憲自由党の結成に加わるが、第1回帝国議会では板垣らと対立し、土佐派29議員とともに同党を脱党。24年第2回帝国議会で衆議院が解散すると自由党に復帰したが、その直後に没した。毒殺説もある。徹底した人民主権論者で、明治政府の専制的性格に反対、自由民権運動の指導に当たった。また、西洋政治理論や各国の歴史に通じ、多くの著書、論文を残し、「民権自由論」「天賦人権弁」「一局議院論」「東洋之婦女」などがある。他に近代詩史初期の詩作として「民権田舎歌」「民権自由数え歌」があり、民権思想普及を目的に平易に表現されている。

植木 亀之助　うえき・かめのすけ
植木組創業者

安政6年(1859)6月25日～昭和9年(1934)1月31日　生越後国与板(新潟県長岡市)　歴農家の長男。明治維新後に運送業をはじめたが、運搬先の工事現場で無料で仕事を手伝って土木の仕事を身につけ、修業を積んだ。明治11年明治天皇の北越巡幸に際して道路の改修工事に協力。18年土木建設請負業の植木組を創業。新潟県内で数多くの土木事業を手がけ、社発展の基礎を築いた。　家長男＝植木豊太(植木組社長)、二男＝植木鼎(植木組専務)

植木 元太郎　うえき・もとたろう
島原鉄道創立者　衆院議員(政友会)

安政4年(1857)8月2日～昭和18年(1943)1月25日　出長崎県多比良村(雲仙市)　歴漢学・国学を修める。長崎県多比良村で家業の酒造業を継ぐ。多比良村議、長崎県議、政友会創立委員などを務める。明治35年衆院議員(政友会)となり、当選2回。一方、長崎農工銀行取締役、島原貯蓄銀行取締役、口ノ津鉄道社長、温泉鉄道社長、島原商工会顧問などを歴任。41年島原鉄道を創立して社長となり、大正2年諫早―島原湊間を開通させた。昭和15年初代島原市長に就任した。

上坂 忠七郎　うえさか・ちゅうしちろう
漆業者

天保10年(1839)9月10日～大正7年(1918)5月26日　生越前国今立郡朽飯村(福井県越前市)　名幼名＝忠助　歴水戸藩で父と共に漆業を営み、明治10年の第1回内国勧業博覧会では品質の良さが高く評価されて表彰を受けた。明治中期には関東や東北地方を中心に毎年数百人の漆掻職人を送り出すまでの業者に成長。また地方政界にも活動し、県会議員や村長を歴任、土木工事や農業の改良、出征軍人とその留守家族の援助など社会事業にも力を尽くした。　賞内国勧業博覧会表彰(第1回)〔明治10年〕

上塚 周平　うえずか・しゅうへい
ブラジル移民の父

明治9年(1876)6月12日～昭和10年(1935)7月6日　生熊本県下益城郡城南町赤見(熊本市)　学五高卒、

東京帝国大学法科大学〔明治40年〕卒　歴父は横井小楠の門下生。熊本英学校、済々黌から五高、東京帝大に学ぶ。明治41年皇国殖民会社と契約し、第1回笠戸丸ブラジル移民の監督としてブラジルに渡り、大正2年帰国。6年再びブラジルに渡り、7年ノロエステ線プロミッソン駅近くに上塚植民地を建設、12年には同線リンス駅奥に第2上塚植民地を建設した。生涯、在ブラジル日本人のため尽力し、昭和8年に日本移民渡伯25周年記念祭で移民功労者として表彰された。

上杉 茂憲　うえすぎ・もちのり
元老院議官 沖縄県知事 伯爵
天保15年（1844）2月18日～大正8年（1919）4月18日　生出羽国米沢（山形県米沢市）　歴最後の出羽米沢藩主。慶応元年（1865年）父の名代として京都警衛に当る。4年奥羽越列藩同盟に従うが政府軍に降伏、のち庄内・会津に進撃し、謝罪降伏の実を挙げた。同年家督を相続、2年版籍奉還により同藩知事となり、4年廃藩と共に朝命により東京に移居。5年ケンブリッジ大学に留学。14年第2代沖縄県令に就任と同時に人材養成に力を注ぎ、県費留学制度を設けて東京に留学生を送った。この中から謝花昇、太田朝敷、高嶺朝教、岸本賀昌らが輩出している。書記官池田成章の献策もあって沖縄の実情調査を行い、県政改革、特に国税の超過徴収の軽減を中央政府に具申したが受け入れられず、16年県令を解任。奨学金3000円を沖縄のために寄付し、戦前の沖縄県知事の中では異例の民主的な県政を行った県令として、現在でも沖縄では高く評価されている。16年元老院議官に就任。17年伯爵。23年貴院議員。著書に巡回視察記録「上杉県令巡回日誌」。

上田 有沢　うえだ・ありさわ
陸軍大将 男爵
嘉永3年（1850）2月14日～大正10年（1921）11月30日　生阿波国（徳島県）　歴阿波徳島藩士の二男として生まれる。戊辰戦争後、陸軍に入り、明治4年兵制改革に伴い陸軍大尉心得となる。西南戦争には広島鎮台中隊長、日清戦争では第五師団参謀として出征。31年陸軍大学校長、34年歩兵第二十二旅団長、35年教育総監部参謀長を務め、日露戦争では第五師団長として転戦。台湾守備軍司令官、39年第七師団長、41年近衛師団長、44年韓国駐剳軍司令官などを歴任し、45年大将に昇進。この間、40年男爵を授けられた。

上田 蟻善　うえだ・ありよし
社会運動家
明治25年（1892）～昭和6年（1931）7月13日　生京都府京都市　学京都薬学専乙　歴薬種問屋や大学病院で働いた後、京都で薬局店を経営。この頃から「へちまの花」などを購読し、投稿する。自ら「へいみん」を創刊し、大正8年アナキストの立場から「新労働組合主義」を刊行し、禁錮4ヶ月に処せられる。のち社会民衆党に参加し、労働運動を指導するが、昭和6年除名され、全国労農大衆党結党の準備中に急逝した。

植田 好太郎　うえだ・こうたろう
社会運動家
明治26年（1893）3月6日～昭和13年（1938）9月10日　生大阪府　学明治大学法学部〔大正7年〕卒　歴大正8年友愛会に参加し、9年大原社会問題研究所助手となる。同年結成の日本社会主義同盟の発起人ともなり、鈴木文治らと農民組合結成などに努力する。フランス語に堪能で、フランスの労働運動、サンディカリズム、ソレルの紹介なども積極的に行い、自らもアナルコサンディカリズムに傾斜した。のち渡欧し13年頃ベルリンにいたと言われる。

植田 小太郎　うえだ・こたろう
東京絵具染料商組合頭取
嘉永4年（1851）6月15日～大正8年（1919）1月5日　生江戸　名旧姓・旧名＝藤田　歴東京・神田で染料や染め物を扱う商人となり、東京絵具染料商組合頭取を務める。明治18年大日本織物協会を創立し理事となって会務を処理、会計の任に当たり、30有余年貢献した。また"神田の慈善翁"として知られた。

上田 治一　うえだ・じいち
西濃鉄道設立者
文久3年（1863）9月22日～昭和5年（1930）2月19日　生美濃国（岐阜県）　歴明治24年岐阜県の金生山で石灰生産を始める。消石灰輸送のため国鉄美濃赤坂駅から同山麓までの鉄道の敷設を進め、昭和2年西濃鉄道を設立した。

上田 照遍　うえだ・しょうへん
僧侶（真言宗新安祥流）東大寺戒壇院長老
文政11年（1828）8月10日～明治40年（1907）9月22日　生阿波国名東郡（徳島県）　名旧姓・旧名＝仁木, 字＝竜眼, 号＝無庵　歴はじめ阿波国千光寺の住職・仁恵に師事する。その後、高野山や京・大坂の各地を歴訪して論議や悉曇・華厳・天台などを学び、顕教・密教ともに精通した。安政3年（1856年）河内国延命寺に赴き、住職・宝肝の許で修業。師の法を受けて真言宗・新安祥流の正嫡となり、元治元年（1864年）には同寺を継いだ。維新後、廃仏毀釈に抗して各地で講演を開き、護法に尽力。のち高野山大学林教師・大阪府学頭・東寺定額僧などを経て明治19年東大寺戒壇院の長老となった。博識をもって知られ、晩年は真言宗の始祖・弘法大師の全集編纂に心血を注ぐ。

上田 仙太郎　うえだ・せんたろう
外交官 ロシア研究家
慶応3年（1867）1月2日～昭和15年（1940）3月23日　生肥後国鹿本郡桜井村（熊本県熊本市）　学独逸学協会学校〔明治28年〕卒、ペテルブルク大学（ロシ

ア)法科卒　[歴]済々黌で明治の国権主義政治家・佐々友房に学ぶ。明治21年に上京。独逸学協会でドイツ語を修得したのち、29年にロシア留学。苦学の末、33年にペテルブルク大学に入学し、同級のレーニンと友人になる。日露戦争を前にして、駐在武官・明石元二郎と共に謀略活動に従事し、講和後の39年には駐露大使館員として、日露の関係回復に尽力。在ロシア生活は25年に及び、外務省のソ連関係者の先達として、"ノン・キャリア外交官の鏡"と呼ばれた。

上田 武治郎　うえだ・たけじろう
奈良県議
嘉永2年(1849)10月23日～大正6年(1917)4月2日
[生]奈良県西井戸堂村(天理市)　[歴]庄屋の家に生まれる。明治4年私財を投じて奈良県初の私立小学校を創設。奈良県議を経て、22年二階堂村初代村長となる。大和米の品質改良に取り組み、34年大和米輸出同業組合を設立した。

上田 集成　うえだ・ためしげ
養蚕家
天保6年(1835)11月16日～大正9年(1920)11月24日　[生]日向国諸県郡小林村(宮崎県小林市)　[歴]栃木県で桑作りを学び、帰郷して宮崎県小林村の霧島山麓で桑栽培を始める。養蚕を指導し、近隣地域の重要産業に発展させた。

上田 太郎　うえだ・たろう
陸軍中将
生年不詳～昭和12年(1937)5月16日
[生]岐阜県　[学]陸士〔明治25年〕卒　[歴]明治25年陸軍少尉に任官。45年歩兵第七十二連隊長、大正4年第十三師団参謀長、6年歩兵第十一旅団長を経て、8年第五師団留守司令官。10年陸軍中将に進み、第十九師団長。13年予備役に編入。

上田 忠一郎　うえだ・ちゅういちろう
自由民権運動家　神奈川県議
嘉永1年(1848)～大正3年(1914)
[生]武蔵国橘樹郡溝ノ口村(神奈川県川崎市)　[歴]豪農の二男として生まれる。慶応元年(1865年)17歳で家督を継ぐ。溝ノ口周辺五ケ村の戸長を務め、明治12年には第1回神奈川県議に当選。神奈川県の民権運動家として知られた石坂昌孝らと自由民権運動に取り組んだ。

上田 兵吉　うえだ・ひょうきち
陸軍少将　貴院議員　男爵
明治2年(1869)2月12日～昭和6年(1931)9月6日
[生]阿波国(徳島県)　[名]旧姓・旧名＝杉崎　[学]陸士卒、陸大卒　[歴]第十七師団参謀長、歩兵第二十四旅団長を歴任。大正8年予備役となり、14年～昭和6年貴院議員。

上田 休　うえだ・やすみ
旧肥後熊本藩士

文政13年(1830)2月18日～明治10年(1877)9月30日　[生]肥後国熊本城下山崎天神小路川端(熊本県熊本市)　[名]名＝一徳、通称＝久兵衛、号＝清渓、半田　[歴]肥後熊本藩で主流派の学校党に属し、藩の京都留守居役として公武合体路線を進め、名を挙げた。明治維新後は私塾を開き、明治7年佐賀の乱、10年の西南戦争でも軽挙を戒め、中立の鎮撫隊を組織して治安維持に当たったが、その活動を政府に誤解されて捕えられ、内乱罪で斬首刑に処せられた。

上田 立夫　うえだ・りっぷ
儒学者・横井小楠の暗殺犯
天保12年(1841)～明治3年(1870)10月10日
[生]石見国邑智郡上田所村(島根県邑智郡邑南町)　[歴]明治2年1月5日津下四郎左衛門らと新政府参与・横井小楠を暗殺。捕縛され、斬罪となった。

植竹 三右衛門　うえたけ・さんえもん
四一銀行頭取　貴院議員(多額納税)
嘉永7年(1854)2月15日～昭和8年(1933)
[生]下野国川西町(栃木県大田原市)　[幼名]虎次郎　[歴]生家は醤油醸造業を営む。明治7年家督を継いで三右衛門を襲名。はじめは家業に従事するが、10年頃から那須野が原の植林開墾を行い、のちには馬匹の改良などにも力を注いだ。30年農村金融を目的とした栃木県農工銀行を創立。このほか、黒羽銀行や氏家銀行・那須商業銀行の設立にも参画し、四一銀行頭取などを務めた。また、西沢金山や宇都宮瓦斯会社、「下野新聞」などの経営に当たり、恩寵財団済生会の評議員として公共事業にも貢献するなど、栃木における政財界の重鎮として多方面に渡って活躍。44年には貴院議員に当選し、大正14年まで在任した。　[家]長男＝植竹熊次郎(実業家)、二男＝植竹龍三郎(下野電力社長)、養子＝植竹春彦(実業家・政治家)　[叙]勲四等瑞宝章

植竹 龍三郎　うえたけ・りゅうざぶろう
下野電力社長　衆院議員
明治13年(1880)～昭和17年(1942)
[生]栃木県　[学]東京高商　[歴]栃木財界の重鎮・植竹三右衛門の二男。東京高等商業学校に学んだのち中国大陸に渡り、朝鮮及び満州で貿易業と発電事業に従事。帰国後は下野電力株式会社社長となり、東京・日光間の高速度電車鉄道の企画立案などに携わった。大正9年朝鮮時代からの有能な部下の補佐を得て衆院議員選挙に出馬し、当選。以来、同郷の渡辺陳平とともに政友会で活躍したが、同党幹事長の森恪と意見が合わず、政界を引退した。また、昭和期は日光登山鉄道や宇都宮自動車などを経営するが、晩年は出家したという。　[家]父＝植竹三右衛門(四一銀行頭取)、兄＝植竹熊次郎(実業家)

上西 威　うえにし・たけし
大気社創業者

明治18年(1885)9月～昭和23年(1948)1月23日 生兵庫県揖保郡岩見港(たつの市) 歴明治38年陸軍の連隊通訳として日露戦争に従軍。40年帰国後はストロング商会などいくつかの外国商社に勤め、42年レイボルド商会に入るとサクションガス・エンジンやディーゼル・エンジンの輸入販売に従事。大正2年ドイツ製建築材料と設備機器の輸入販売のため、通訳仲間であった早川芳太郎らと合資会社建材社(現・大気社)を創業、レイボルド商会内に事務所を構えた。独立と同時に駐日ドイツ大使館の暖房工事を完成させ、3年事務所を日本橋に移して名実ともにレイボルド商会から独立。4年より東京海上火災保険ビルの暖房設備を手がけ(7年完成)、建築設備会社としての地位を確立した。 家叔父＝上西亀之助(実業家)

上野 幾子　うえの・いくこ
外交官・上野景範の妻

安政3年(1856)8月29日～明治41年(1908)8月12日 名旧姓・旧名＝八木岡 歴幕臣の娘として生まれ、15歳の時に薩摩出身の外交官・上野景範と結婚。明治8年特命全権公使としてロンドン滞在中の夫のもとへ赴き、外交官夫人として夫を助けた。また、英国に発注していた日本海軍初の甲鉄艦を扶桑と名付け、10年に行われた同艦の進水式では女王役を務めて話題となった。12年に帰国したのちも外交の要職に携わる夫を支え、鹿鳴館時代に先駆けて自邸で西洋風の夜会を開催。21年に夫と死別後は小松宮家に仕えた。 家夫＝上野景範(外交官)

上野 景範　うえの・かげのり
駐オーストリア公使 元老院議官

天保15年(1844)12月1日～明治21年(1888)4月11日 生薩摩国鹿児島城下(鹿児島県鹿児島市) 名幼名＝定次郎、通称＝敬介 歴薩摩藩士の子。安政3年(1856年)長崎で蘭学、英学を学んだ。文久2年(1862年)洋学研究のため上海へ密航。3年池田長発を正使とした幕府使節欧使節が同地に寄港した際、欧州行きを企てたが逆に送還され、元治元年(1864年)鹿児島の開成所で英語を教えた。慶応4年(1868年)1月外国事務局御用掛となり、同年香港、2年ハワイへ派遣される。3年民部権少丞、同年大蔵権大丞となり、新紙幣製造・国債処分のため英国へ出張。4年横浜運上所事務総裁などを経て、5年外務省に転じて外務少輔、6年外務卿代理、7年特命全権公使として英国に駐在。12年帰国して外務少輔、13年外務大輔。15年駐オーストリア公使を経て、18年元老院議官となった。

上野 教道　うえの・きょうどう
尼僧(曹洞宗) 社会事業家

安政2年(1855)1月3日～昭和7年(1932)6月19日 生越中国下新川郡五箇庄(富山県下新川郡朝日町) 名本名＝上田もと 歴7歳で父を亡くしたため仏門に入り、12歳で剃髪。明治5年無住であった下新川郡市振の普門庵に入って住職となり、上野教道を名乗った。以後熱心に慈悲行を実践し、十六羅漢や釈迦像を造って寺に安置、昭和2年には庵の伽藍を整備した。その傍らで社会奉仕にも取り組み、托鉢と質素倹約で蓄えた浄財を基に火災や飢饉の罹災民救恤に当たり、公共施設の建設・補修や身寄りのない孤児の保護・養育などにも力を尽くした。また日本赤十字社や愛国婦人会にも率先して参加し、日本赤十字社から三等特志章や新潟県知事表彰を受けた。 賞日本赤十字社三等特志章、新潟県知事表彰〔昭和2年〕

上野 朔　うえの・さく
大分県佐賀関町長

弘化4年(1847)4月4日～昭和8年(1933)2月22日 生豊後国(大分県) 歴肥後熊本藩士の子として生まれる。町役場や警察署勤務を経て明治23年に大分県佐賀関町長に就任。5期18年の在職期間中、衰退した佐賀関港の再興をはかり、大正2年久原製鉄所の精錬署誘致を決定。しかし、煙害問題が表面化して誘致反対運動が激化したため、3年に町長を辞職し、誘致も一時頓挫した。4年には煙害防止実験に成功した会社側が再び佐賀関への進出をはかり、これに伴って反対派が暴動を起こし、大規模な争乱事件に発展。その間にも上野は、大分県知事に援助を求めるなど誘致に向けた運動に奔走。やがて反対運動も沈静化し、6年には東洋一の大煙突を誇る佐賀関精錬所の操業が開始され、賛否両論を抱えながらも町政発展の基盤となった。

上野 季三郎　うえの・すえさぶろう
大膳頭

元治1年(1864)3月6日～昭和8年(1933)2月28日 生出羽国秋田郡(秋田県由利本荘市) 名旧姓・旧名＝中田 学東京高商〔明治20年〕卒 歴はじめ外交官となり、明治25年にサンフランシスコ領事館書記となったのを皮切りにドイツ公使館書記・シドニー総領事などを歴任。43年には宮内省に転じて宮内大臣秘書官に就任し、次いで式部官や大膳頭を務めた。昭和4年依願免官。

上野 相憲　うえの・そうけん
僧侶(真言宗豊山派) 長谷寺56世化主

天保3年(1832)～明治31年(1898)12月20日 出江戸小石川(東京都文京区) 名字＝玄識、号＝竹堂、塚聞 歴弘化4年(1847年)染井西福院の田下憲尊に入門し、受戒する。嘉永2年(1849年)大和・長谷寺の永雅に師事し、明治4年東大寺戒壇院の彗訓に菩薩戒を受けた。また、啓本に幸心流、田下憲尊に慈猛流を受けるなど、密教諸流を学び事相を究める。12年真言宗大会議の議長を務め、下野・鶏足寺、東京・弥勒寺に歴住。19年新義派大学林監督。27年長谷寺能化、30年大僧正。

上野 富左右　うえの・とみぞう
自由民権運動家

元治1年(1864)2月～明治22年(1889)

校教師を経て、明治16年自由党に入党。17年自由党員富松正安らが茨城県加波山に蜂起した加波山事件に連座、投獄されたが、無罪放免。18年朝鮮改革を掲げた大井憲太郎の大阪事件に連座、入獄。19年無罪。20年憲法草案要領書類から「西哲夢物語」と題して出版、軽禁錮1年。22年憲法発布恩赦の前日獄死。

上野 八郎右衛門　うえの・はちろうえもん
水産家　富山県議
明治10年（1877）12月10日～昭和14年（1939）8月13日　出富山県阿尾村（氷見市）　幼名＝八太郎
歴富山県の網元の家に生まれる。大正元年日高式ブリ大謀網を改良し、上野式ブリ大敷網を考案。越中式ブリ大謀網の原型となった。阿尾村長、富山県議、富山県水産会長などを歴任。

上野 松次郎　うえの・まつじろう
宇都宮銀行頭取　衆院議員
安政7年（1860）3月10日～昭和14年（1939）
生下総国銚子（千葉県銚子市）　歴宇都宮の肥料商・上野家の養子となり、明治20年家督を継いで家業に従事。27年宇都宮商業会議所の設立とともに会頭に推され、以来約20年間に渡って在職し、宇都宮の経済発展に力を尽した。その一方、政界でも活動し、大正3年宇都宮市会議長に就任。6年は政友会から衆院選挙に立候補して当選し、1期務めた。

上野 弥一郎　うえの・やいちろう
衆院議員（政友会）
嘉永3年（1850）6月～昭和4年（1929）6月4日
生丹後国加佐郡岡田中村（京都府舞鶴市）　歴32歳から26年間、京都府議6期、府会議長を経て、明治35年より衆院議員に連続3選。政友会の京都支部幹部として党の拡大に努め、京都政界の実力者として名を馳せた。

上埜 安太郎　うえの・やすたろう
衆院議員（政友会）
慶応1年（1865）12月11日～昭和14年（1939）4月4日　出越中国礪波郡西五位村（富山県高岡市）　歴富山県議、同議長、高岡市長、司法省参事官、田中内閣の鉄道政務次官、地方森林会議員、道路会議議員、富山市長などを歴任。明治35年衆院議員初当選以来連続当選10回。また「北陸公論」「越中新報」「北陸新報」「富山新報」などを経営、東洋漁業を創立し、捕鯨事業にもたずさわる。

植場 平　うえば・はかる
衆院議員
安政2年（1855）3月2日～昭和4年（1929）8月17日
生讃岐国（香川県高松市）　旧姓・旧名＝高橋
歴大阪で実業に就き、府会議員、高槻銀行取締役となった。一方国勢調査員、大阪地方裁判所小作調停委員を務めた。明治から大正にかけ衆院議員

当選8回、民政党に属した。

上原 鹿造　うえはら・しかぞう
実業家　弁護士　衆院議員（憲政本党）
慶応1年（1865）12月13日～昭和10年（1935）10月4日　出豊後国（大分県）　学大分師範〔明治20年〕卒、東京専門学校行政科〔明治25年〕卒　歴明治31年上原家を再興する。この間、小学校訓導・校長を経て、25年代言人（弁護士）となり、30年鳩山和夫・花井卓蔵らと共に日本弁護士協会を設立し理事・編輯主事、のち副会長を務める。36年衆院議員に当選1回。のち京成電気軌道（現・京成電鉄）や万歳生命保険の創立に関わり、重役を務める。更に東京珈琲社長となり、ボルネオゴム、成田電軌、南洋ゴム、日本建築紙工の重役、早稲田大学監事を兼任した。

上原 伸次郎　うえはら・しんじろう
海軍少将
万延1年（1860）5月11日～大正7年（1918）3月19日
出信濃国（長野県）　学海兵（第7期）〔明治13年〕卒　歴信濃松代藩士・上原宇三郎の子。明治16年海軍少尉に任官。32年摩耶、赤城、33年須磨、34年秋津洲、明石の艦長を歴任。35年教育本部第一部長、36年砲術練習所長、佐世保鎮守府参謀長。日露戦争では海軍兵学校教頭兼監事長として教育に当たった。39年敷島艦長、呉鎮守府参謀長を経て、40年海軍少将。42年予備役に編入。

上原 多市　うえはら・たいち
大陸浪人
明治16年（1883）9月～大正5年（1916）9月
生山口県　学萩中卒　歴清国に渡って勉学し、明治39年中亜旅行に赴いて伊梨将軍長庚の下に武備学堂総教頭となる。44年単身でロシア領に入り、45年2月タシケントで軍事探偵として投獄され、大正2年8月特赦。その後も、青島、南京などで活躍した。

上原 太一　うえはら・たいち
海軍中佐
明治14年（1881）～大正6年（1917）6月11日
生山口県　歴大正5年第一次大戦の際、榊艦長としてインド洋及び大西洋に出動。6年6月榊は司令艦明石に従って根拠地に帰る途中、ドイツ潜水艦の放った魚雷により撃沈され、57人の乗組員と共に殉職した。没後、海軍中佐に進級。

上原 豊吉　うえはら・とよきち
渋沢商店支配人
嘉永7年（1854）11月1日～大正12年（1923）1月6日
歴明治7年渋沢栄一の後援で渋沢喜作が設立した渋沢商店の支配人となる。47年の長きに渡り米穀の改良及び米穀取引上の改善に尽力した。

上原 勇作　うえはら・ゆうさく
陸軍大将・元帥　子爵
安政3年（1856）11月9日～昭和8年（1933）11月8日

生日向国都之城(宮崎県都城市) 名旧姓・旧名＝龍岡 学陸士(第3期)〔明治12年〕卒 歴日向都城藩家老・龍岡資弦の二男で、上原家の養子となる。明治4年上京して野津道貫の書生となり、のちその娘を娶った。5年大学南校に入るが、野津の勧めで陸軍軍人の道に進み、8年陸軍幼年学校、10年陸軍士官学校に入る。12年陸軍工兵少尉に任官、13年陸士工兵科を首席で卒業。14〜18年フランスへ留学、フォンテンブロー砲工学校に学んだ。27年日清戦争に第一軍参謀として従軍。途中で第一軍司令官が山県有朋から野津に代わり、同参謀副長として岳父を補佐した。29年参謀本部第四部長、32年同第三部長兼第五部長、33年陸軍砲工学校校長、34年工兵監を経て、37年日露戦争でも野津が指揮する第四軍の参謀長を務めた。戦後の39年工兵監に復帰、41年第七師団長、44年第十四師団長。45年石本新六陸相の急死により第二次西園寺内閣の後任陸相に就任したが、2個師団増設を強硬に要求。容れられないと、大正元年帷幄上奏権を行使して首相を通さずに直接天皇に辞表を奉呈。陸軍は軍部大臣現役武官制を盾にして後任陸相の推薦を拒否し、内閣は総辞職に追い込まれた。2年第三師団長、3年教育総監となり、4年陸軍大将に進み、同年参謀総長に就任。以来、12年まで同職に君臨、10年元帥府に列し元帥陸軍大将となった。陸軍三長官といわれる陸相・教育総監・参謀総長の全てを務めた最初の人物で、山県有朋から田中義一に繋がる長州閥に対する、反長州閥を代表する存在であった。この間、明治40年男爵、大正10年子爵。 家岳父＝野津道貫(陸軍大将・元帥)、女婿＝大塚惟精(広島県知事)、大林義雄(大林組社長)

植村俊平 うえむら・しゅんぺい
大阪市長
文久3年(1863)10月19日〜昭和16年(1941)11月19日 生長門国(山口県) 学帝国大学法科大学〔明治19年〕卒 歴帝国大学法科大学助教授を経て、英国ロンドンで法律学を修め帰国。日本銀行副支配人、明治33年九州鉄道支配役、41年鉄道院理事。43年第4代大阪市長に就任、45年まで務めた。

植村季野 うえむら・すえの
牧師・植村正久の妻
安政5年(1858)8月5日〜昭和5年(1930)6月7日 生紀伊国日高郡南部村(和歌山県日高郡みなべ町) 名旧姓・旧名＝山内、号＝秋華 学フェリス女学校卒 歴庄屋の家に生まれる。活発な性格で、幼少時には男装して儒者の私塾に学んだ。明治8年横浜に出てフェリス女学校に入学。10年には友人の島田嘉志子(若松賤子)とともに横浜海岸教会で洗礼を受け、キリスト教徒となった。15年牧師の植村正久と結婚。以後、内助の功を尽くして夫の伝道活動を支えた。和漢の古典に詳しく、一時期漢文教師として明治女学校で教鞭を執ったこともある。 家夫＝植村正久(牧師)、兄＝山内量平(牧師)、三女＝植村環(牧師)

植村澄三郎 うえむら・ちょうさぶろう
大日本ビール常務
文久2年(1862)10月11日〜昭和16年(1941)1月17日 生甲斐国(山梨県甲府市) 歴明治22年北海道炭礦鉄道会社設立と同時に入社し経理部支配人となり、26年監査役。27年渋沢栄一の勧めで、札幌麦酒専務に就任。札幌・日本・大阪の3ビール会社を合併し、39年大日本麦酒を創立、常務に就任。昭和3年取締役、のち相談役に退く。この間、原料麦の改良、麦芽・ホップの国産化などに務めた。 勲緑綬褒章〔大正4年〕

植村永孚 うえむら・ながたか
海軍中将
生年不詳〜昭和6年(1931)1月27日 生岐阜県 学海兵(第2期)〔明治7年〕卒 歴明治22年海軍省第一局第一課長、24年大島艦長、26年佐世保鎮守府参謀長、27年旅順口根拠地隊長参謀長、28年秋津洲、29年高千穂、同年比叡、30年吉野、31年鎮遠、33年初瀬の艦長を経て、34年横須賀鎮守府港務部長、35年同艦政部長を兼務。38年海軍中将に進み、同年旅順口鎮守府港務部長、馬公要港部司令官。40年予備役に編入。

植村正久 うえむら・まさひさ
牧師 神学者 評論家 東京神学社創設者
安政4年(1857)12月1日〜大正14年(1925)1月8日 生江戸芝露月町(東京都港区) 生上総国山辺郡武謝田村(千葉県東金市) 名幼名＝道太郎、号＝謙堂、謙堂漁叟、桔梗生 歴明治元年一家で横浜に移る。6年プロテスタント教会横浜公会で受洗し、宣教師S・R・ブラウンの神学塾で神学教育を受ける。12年下谷一致教会牧師となり、18年開拓伝道を開始し、20年番町一致教会(現・富士見町教会)を設立、終生牧師を務める。この間、日本基督公会、日本基督一致教会、日本基督教会で指導的役割を果たした。37年神学校の東京神学社を創設し、神学教育と牧師の養成にあたった。一方、文筆による社会活動も行い、13年「六合雑誌」の創刊に際して編集者となり、17年「真理一斑」を、18年「福音週報」の主筆としても活躍した。「旧約聖書」の翻訳、西洋文学の紹介など、近代文学に与えた影響は大きいものがある。「植村正久著作集」(全7巻)がある。 家孫＝佐波薫(「明日之友」編集長)、佐波正一(東芝社長)、中村妙子(翻訳家)、女婿＝佐波亘(牧師)

上山英一郎 うえやま・えいいちろう
大日本除虫菊創立者
文久2年(1862)〜昭和18年(1943)9月7日 生紀伊国有田郡(和歌山県) 学慶応義塾卒 歴慶応義塾卒業後、郷里の和歌山県有田に戻り、家業のミカン栽培に従事。明治18年ミカンの輸出を志して上山商店(のち大日本除虫菊)を創業。恩師の福沢諭吉の紹介で米国でのミカン販売を計画して

いたH.E.アモアにミカンの苗を提供したのをきっかけに除虫菊の種子を譲り受け、その栽培に着手。全国への普及に力を入れ、23年世界初の棒状蚊取り線香「金鳥香」を発明。35年には渦巻き形にして飛躍的に燃焼時間を延ばすことに成功した。

魚住 逸治　うおずみ・いつじ
衆院議員（改進党）
安政4年（1857）5月～明治32年（1899）12月25日
生播磨国加古郡母里村（兵庫県加古郡稲美町）　歴農業に従事。明治9年戸長、16年兵庫県議となり、改進主義者として活躍。23年の第1回衆院選以来、議員当選3回、改進党に属した。

ヴォーリズ, ウィリアム・メレル
Vories, William Merrell
宣教師　社会事業家　建築家　近江兄弟社創立者
明治13年（1880）10月28日～昭和39年（1964）5月7日　生米国カンザス州レブンワース　名日本名＝一柳米来留　学コロラド大学（米国）〔1904年〕卒　歴1905年（明治38年）キリスト教伝道のため来日、滋賀県近江八幡の滋賀県立商業学校（現・八幡商）英語教師として赴任。教師のかたわら聖書研究やテニスを教え、学校にYMCAをつくったが、キリスト教反対者のため学校を解職された。1908年京都で設計監督業を始め、大同生命ビル、大阪、京都の大丸、関西学院、神戸女学院、豊郷小学校などを設計した。1910年吉田悦蔵らと近江基督教伝道団（近江ミッション）を設立、1912年伝道雑誌「湖畔の声」を創刊。1914年（大正3年）琵琶湖周辺を伝道するガリラヤ丸を進水させ、各地に教会を設立。また多くの病院やサナトリウム・近江療養院などを経営し、近江八幡を中心に独自の宣教を行った。1919年旧小野藩主の血を引く華族・一柳満喜子と結婚、一柳米来留と名のる。1933年（昭和8年）近江勤労女学校を設立。1934年近江ミッションを近江兄弟社と改め、メンソレータムの販売代理業を始め、近江セールズを設立。1944年製造も行う株式会社近江兄弟社とした。1941年には日本に帰化。1942年より東京帝国大学、京都帝国大学で英語・英文学を講じた。戦後、1947年近江兄弟社小学校、中学校、1948年高等学校を開設。1958年近江八幡名誉市民となった。著書に「吾家の設計」「失敗者の自叙伝」など。　家妻＝一柳満喜子（近江兄弟社学園創立者）　勲勲三等瑞宝章〔昭和39年〕　賞近江八幡市名誉市民〔昭和33年〕、日米修交通商100年記念功労者〔昭和35年〕

鵜飼 郁次郎　うかい・いくじろう
衆院議員
安政2年（1855）7月21日～明治34年（1901）9月27日　生佐渡国（新潟県佐渡市）　名旧姓・旧名＝羽生　学東京師範卒　歴円山溟北に学び、のち東京師範を卒業。明治13年国会開設運動に加わり、新潟県佐渡の代表として請願書を提出。この間、東京府雇、新潟師範学校教員、相川中学教員、公立

中学佐渡饗教諭を務める。新潟県議を経て、23年第1回衆院選挙に当選、立憲自由党に属し、2期務めた。また雑誌「回天」を発行した。

鵜飼 節郎　うかい・せつろう
衆院議員（政友会）
安政3年（1856）5月19日～昭和6年（1931）9月5日
生陸奥国盛岡（岩手県盛岡市）　歴陸奥盛岡藩の藩校・作人館に学び、明治7年台湾出兵、10年西南戦争に従軍。警部補心得となり、のち岩泉村村長、岩手県議となる。また鈴木舎定の求我社に入り、新聞各紙に評論を発表して自由民権思想の普及に努めた。35年から衆院議員に当選2回。

鵜飼 大俊　うがい・たいしゅん
僧侶（浄土宗）
弘化3年（1846）8月4日～明治11年（1878）1月15日
生尾張国中島郡片原一色村（愛知県稲沢市）　名幼名＝岩次郎、字＝実証、号＝法蓮社性誉円阿、碧窓、独正堂　歴江戸・増上寺の学寮に入り、儒学者・安井息軒の塾でも学ぶ。明治3年同門で親交の深かった出羽米沢藩士・雲井龍雄の企てた政府転覆事件に関わり、投獄される。6年釈放され、僧職に復帰。7年大教院大講義となった。

鵜飼 徹定　うがい・てつじょう
僧侶　浄土宗管長　知恩院門跡
文化11年（1814）3月15日～明治24年（1891）3月15日　生筑後国（福岡県）　名旧姓・旧名＝鵜飼、号＝瑞蓮社、順誉、金剛、宝阿、松翁古渓、古経堂爛人、松影道人、仏眼南谿、杞憂道人　歴筑後久留米藩士・鵜飼万五郎政善の二男。6歳で京都で仏教と儒学を、江戸・増上寺で浄土宗学を修める。文久元年（1861年）武蔵国の浄国寺住職。明治2年諸宗同徳会盟主となり、仏教擁護とキリスト教排斥運動に努めた。5年浄土宗初代管長、7年知恩院75代門跡。18年五山交番管長制の初代管長に就任。古経典籍の収集に努め、「古経索録」をはじめとする多くの古典籍目録を作成。また、和歌や詩文をよくした。著書に「仏法不可斥論」「笑耶論」「古経題跋」などがある。

宇垣 一成　うがき・かずしげ
陸軍大将
慶応4年（1868）6月21日～昭和31年（1956）4月30日　生備前国赤磐郡潟背村（岡山県岡山市）　名幼名＝杢次　学陸士（第1期）〔明治23年〕卒、陸大〔明治33年〕卒　歴明治24年陸軍少尉に任官。35～37年ドイツへ留学。大正2年陸軍省軍事課員、3年陸軍歩兵第5連隊長、4年軍事課長、陸軍歩兵学校校長、5年参謀本部第一部長、8年同総務部長、陸軍大学校校長、10年第十師団長、11年教育総本部長、12年陸軍次官を経て、13年から清浦圭吾、加藤高明、若槻礼次郎各内閣の陸相。14年陸軍大将。第二次大隈内閣下で2個師団増設を働きかけたが、自身が陸相となると軍備の整理を進め、4個師団の削減を断行。その予算を軍備の近代化に充て"宇垣軍

縮"といわれた。また、陸軍内に"宇垣閥"を形成し、大きな影響力を持った。昭和期にはいるとたびたび首相候補にも挙げられ、"政界の惑星"とも呼ばれた。

浮岳 尭文　うきおか・ぎょうもん
僧侶（天台宗）深大寺住職
明治2年（1869）4月8日～大正9年（1920）
[生]武蔵国多摩郡烏山村（東京都世田谷区）　[学]早稲田専門学校英語科・文学科　[歴]深大寺の浮岳尭欽僧正の養子となり、明治16年得度。天台宗大学附属中、東京英語学校、早稲田専門学校英語科・文学科に学び、川崎市の法泉寺住職となる。同寺の再興に尽力する傍ら、32年同寺に成志学校を設立して尋常小学校を修了した子どもたちを教えた。のち深大寺住職、天台宗神奈川教区長などを務めた。

浮田 桂造　うきた・けいぞう
実業家　衆院議員
弘化3年（1846）2月5日～昭和2年（1927）9月16日
[生]大阪　[名]旧姓・旧名＝梅咲　[歴]大阪府議、南区長を経て、明治23年の第1回総選挙で衆院議員に当選、2期務めた。また大阪舎密工業社長、東洋水材防腐取締役、関西水力電気取締役のほか、共同火災海上運送保険、北浜銀行、浪速銀行などの役員を務める。大阪鉄道、天満紡績の創立にも関わった。

浮田 佐平　うきだ・さへい
実業家
慶応3年（1867）10月～昭和14年（1939）2月1日
[生]美作国津山城下伏見町（岡山県津山市）　[歴]浮田卯佐吉の子に生まれる。明治13年父が開いた座繰製糸場を、18年受け継ぐ。20年座繰製糸を器械製糸に改め、23～25年蒸気繰に改良、大正元年機械動力で玉繭から節糸製糸をすることを考案する。明治23年内国勧業博覧会で繭が有功3等賞、生糸が褒章を受賞、43年日英万国博覧会で生糸が銀牌を受賞した。大正7年生糸共同荷造所岡山社を組織、同年岡山県蚕糸同業組合組合長を務める。以後、絹織物を製造するなど事業を拡大し、昭和17年まで浮田製糸を操業した。傍ら、植林、製材所、ミツマタの栽培、果樹園、大釣り県道の敷設運動、奥津峡の観光開発、佐平焼の製造など数種の事業に携わった。[賞]蚕糸業功労者表彰〔大正9年〕、実業功労者表彰〔大正14年〕

浮谷 権兵衛　うきや・ごんべえ
治水事業家　千葉県議
明治11年（1878）2月18日～昭和25年（1950）12月31日　[生]千葉県　[歴]明治38年水害を防ぐため、千葉県真間川周辺の改修、土地改良事業を提唱。44年東葛飾郡八幡町外九ヵ町村耕地整理組合を結成、組合長となり、大正8年工事を完成させた。9年千葉県議。

右近 権左衛門（10代目）　うこん・ごんざえもん
日本海上保険社長
嘉永6年（1853）9月17日～大正5年（1916）2月9日
[出]越前国（福井県）　[歴]明治17年家業の回漕業を継いだ後、近代的な海運業を志して、大阪に出る。遠洋航路事業を始め、成功を収めた。29年浅野財閥創設者・初代浅野総一郎らと日本海上保険（現・日本火災海上保険）を設立し、32年社長に就任。

宇佐川 一正　うさがわ・かずまさ
陸軍中将　東洋拓殖初代総裁　貴院議員
嘉永2年（1849）11月10日～昭和2年（1927）11月10日　[出]周防国山口（山口県山口市）　[名]旧姓・旧名＝藤村　[学]陸軍戸山学校〔明治7年〕卒　[歴]長州藩士・藤村太郎右衛門の四男に生まれ、宇佐川久平の養子となる。明治7年陸軍少尉、12年中尉となり、第一師団参謀、近衛師団参謀、第十師団参謀長、軍務局軍務課長、34年歩兵第二十旅団長などを経て、35年軍務局長。39年中将に進み男爵となる。41年朝鮮に作られた東洋拓殖初代総裁に就任。大正6年から貴院議員を務めた。

鵜崎 庚午郎　うざき・こうごろう
牧師　日本メソジスト教会監督
明治3年（1870）3月17日～昭和5年（1930）4月3日
[生]兵庫県姫路市　[学]関西学院〔明治24年〕卒　[歴]漢学者・鵜崎久平の子に生まれる。明治19年神戸パルモア英学院に入学し、20年米国人宣教師W.R.ランバスから洗礼を受ける。東京英和学校神学部から、22年関西学院英語神学科に転学し、24年卒業。のち米国バンダビルト大学留学を経て、三高、関西学院、青山学院などで教鞭を執る。一方、24年から8年間神戸・広島・大阪・京都などの教会牧師として伝道活動を行った。40年日本メソジスト教会機関誌「護教」主筆。のち伝道局長、総会書記を務め、大正2年長崎鎮西学院長。8年から3期12年間日本メソジスト教会監督を重任し、この間世界各地の宣教大会などに日本代表として出席した。

宇佐美 勝夫　うさみ・かつお
東京府知事
明治2年（1869）5月12日～昭和17年（1942）12月26日　[出]出羽国米沢（山形県米沢市）　[学]一高卒、帝国大学法科大学政治科〔明治29年〕卒　[歴]出羽米沢藩士の二男。明治41年富山県知事、43年朝鮮総督府参与官に転じ、同年内務部長官、大正6～8年には同府土木局長を兼務。大正10年東京府知事に就任。14年内閣賞勲局総裁、昭和2年資源局長官。9年勅選貴院議員。[家]二男＝宇佐美洵（日銀総裁）、三男＝宇佐美毅（宮内庁長官）、岳父＝池田成彬（実業家）

宇佐美 春三郎　うさみ・しゅんざぶろう
衆院議員
弘化2年（1845）～明治27年（1894）

生豊後国日出村(大分県速見郡日出町) 歴生家は豊後国日出の老舗・南郡屋。のち、家督を継いで同店の12代目当主となる。幕末には藩の商法会所頭取として活躍。維新後は政界で活動し、明治5年日出村副戸長に就任。一方で士族授産の一環として、貸金業・互助結社の朝陽社(のちの朝陽銀行)の設立に参画した。次いで、12年には大分県議に当選して以後4期在職。この間、副議長も務めた。常に大分の近代化を主張し、道路の敷設や「大分新聞」の創刊などに尽力。副議長在職中には新道(現在の国道10号線)開通の際、日出村域のみ道を4間に拡幅したことで知られる。23年第1回衆院選に出馬し、当選。 家孫=宇佐美健吉(実業家、俳人)

宇佐美 祐次　うさみ・すけつぐ
三重県議
文久2年(1862)3月20日～昭和22年(1947)12月26日 出伊勢国(三重県) 学慶応義塾卒 歴明治44年三重県議となり、大正4年議長。三重県農会副会長、三重郡畜産養蚕組合長などを歴任した。

鵜沢 宇八　うざわ・うはち
衆院議員(政友会)
慶応3年(1867)5月～昭和18年(1943)10月13日 出千葉県 学東京専門学校、慶応義塾大学 歴明治45年衆院議員初当選。当選8回。大正14～15年多額納税の貴院議員。東洋捕鯨取締役、神中鉄道監査役も務めた。

鵜沢 総司　うざわ・そうし
陸軍歩兵大佐
文久1年(1861)～明治37年(1904)10月16日 出下総国佐倉(千葉県佐倉市) 学陸士卒 歴佐倉藩士の二男に生まれる。明治9年陸軍教導団を経て、のち陸軍士官学校に入る。27年日清戦争には比志島枝隊の副官として従軍。37年日露戦争には第五師団歩兵第四十一連隊長として出征。10月激戦となった沙河の会戦で戦死した。没後、大佐に昇進した。

鵜沢 総明　うざわ・ふさあき
弁護士 法学者 衆院議員(政友会)
明治5年(1872)8月2日～昭和30年(1955)10月21日 出千葉県茂原市 名幼名=惣市 学東京帝国大学法科大学独法科〔明治32年〕卒 法学博士〔明治41年〕 歴明治32年弁護士を開業。38年の日比谷焼打ち事件、虎連事件、大阪松島遊廓事件、永田軍務局長を刺殺した相沢中佐事件、帝人事件など明治～昭和の刑事大事件の弁護に当たり、戦後は極東国際軍事裁判(東京裁判)の日本側弁護団長として無罪論を展開した。一方明治41年以来、衆院議員当選5回、政友会で総務委員などを務め、昭和3年勅選貴院議員。また、長く明治大学教授を務め、9年以来総長を4度務めた。15年大東文化学院総長。主著に「政治哲学」「法律哲学」などがある。

氏家 直国　うじいえ・なおくに
自由民権運動家
安政1年(1854)～明治37年(1904)
歴明治維新後陸軍に入る。その後自由民権運動に加わり、その指導者大井憲太郎と親交。17年自由党解党の直後、秩父事件鎮圧に向かったが、逆に蜂起の人々を激励したという。憲太郎らの大阪事件前、奈良県信貴山の千手院を襲って資金調達を図り、捕まって重禁固2年、罰金30円の判決を受けた。23年の憲法発布で大赦、放免され、のち中国に渡った。

潮 恒太郎　うしお・つねたろう
大審院検事
慶応1年(1865)11月～大正8年(1919)6月21日 出島根県 歴明治20年判事となり、東京地裁、東京控訴院に勤務。シーメンス事件では予審判事を務めた。大正8年大審院検事に任ぜられる。 家弟=潮恵之輔(内務次官)

潮田 千勢子　うしおだ・ちせこ
社会教育家 日本婦人矯風会頭
天保15年(1844)9月21日～明治36年(1903)7月4日 生信濃国飯田(長野県飯田市) 名旧姓・旧名=丸山 学横浜聖経女学校卒 歴慶応元年(1865年)潮田健次郎と結婚したが、明治16年夫に死別。17年上京して女学校を卒業、幼児保育や基督教伝導に従事。また女子授産場を開設、次いで婦人矯風会に入って、醜業婦救済所を設け、社会教化、慈善事業に尽力。足尾鉱毒事件には救済婦人会を組織して活躍。その後、東京婦人慈善会を起こし、貧民婦女の救済、教育に努めた。 家兄=丸山龍川(漢学者)、孫=潮田江次(政治学者)

牛越 佐市　うしごえ・さいち
公共事業家
文政9年(1826)12月15日～明治32年(1899)8月17日 生信濃国更級郡日名村(長野県長野市) 歴安政年間に犀川に舟便を開こうと幕府に請願、松代・松本両藩の援助を得て通船の免許を取り、交通を開いた。松代藩はこの功績から名字帯刀を許して士籍に列し、日名村口留守所の役人を務めた。その後も新田開発や道路の開通、学校の創立など、公共事業に尽くした。

牛島 謹爾　うしじま・きんじ
馬鈴薯王 在米日本人会会長
文久4年(1864)1月6日～大正15年(1926)3月27日 生筑後国鳥飼村(福岡県久留米市) 学東京高商予科卒 歴豪農の三男。江碕済に師事した後、上京して二松学舎に入り、東京高等商業学校(現・一橋大学)本科を受験するが落第し、渡米を志す。明治21年友人の日比翁助らの協力を得て単身サンフランシスコに渡り、働きながら英語を学習した。この間、米国人の食生活におけるジャガイモの重要性を見抜き、22年頃にカリフォルニア州ニューホープ村に15エーカーの耕地を借りてジャガイモの小

作を、次いで日本人の同志らと23年頃から荒廃地の開墾に着手し、ジャガイモ栽培に成功した。さらに次々と近隣の荒地を切り拓いて大ジャガイモ農園を作り、経営する農場の総面積は4万4000エーカーに及ぶといわれた。そのジャガイモは米国人の間で絶大な支持を得るに至り、"ポテト王ジョージ・シマ"の名で親しまれた。41年在米日本人会が組織されるとその初代会長に推され、米国で日本人移民排斥の機運が高まりつつあった時期にあって強い指導力を発揮し、日米両国の融和と親善に尽力。大正15年日本に帰国する途中に立ち寄ったロサンゼルスで客死した。

宇治田 虎之助　うじた・とらのすけ
陸軍砲兵大佐
慶応1年（1865）〜明治38年（1905）3月1日
生紀伊国和歌山（和歌山県和歌山市）　歴陸軍省および教育総監部の要職を経て、砲兵大佐に進み、日露戦争に第九師団野戦砲兵第九連隊長として出征。明治38年3月の奉天会戦で四方台を攻撃中に戦死した。

牛場 卓蔵　うしば・たくぞう
山陽鉄道会長　衆院議員
嘉永3年（1850）12月28日〜大正11年（1922）3月5日　生伊勢国（三重県）　名旧姓・旧名＝原平　学慶応義塾〔明治7年〕卒　歴内務省、兵庫県、太政官、大蔵省（主税官）などに奉職、また朝鮮政府顧問、時事新報、日本土木会社などを経て、明治20年山陽鉄道会社に入社。総支配人、取締役、専務などを務め、37年取締役会長に就任。25年には衆院議員に当選、1期つとめた。　家女婿＝新井領一郎（実業家）

牛丸 友佐　うしまる・ともすけ
国家主義者
明治5年（1872）3月〜昭和2年（1927）10月28日
生秋田県　名通称＝潤亮　歴日清戦争・北清事変・日露戦争に従軍。内田良平と交わり黒龍会に入る。明治39年朝鮮に渡り韓国併合に協力。のち朝鮮の官吏、朝鮮総督府嘱託となり、朝鮮及朝鮮人社を設立、雑誌を発行した。

宇宿 行輔　うしゅく・こうすけ
陸軍中将
生年不詳〜昭和18年（1943）11月19日
出鹿児島県　学陸士（旧7期）卒、陸大〔明治24年〕卒　歴明治18年陸軍少尉に任官。39年歩兵第三十連隊長、40年第十八師団参謀長、42年歩兵第十四連隊長、43年歩兵第十三旅団長を経て、大正3年歩兵第八旅団長。4年陸軍中将に進み、東京湾要塞司令官。6年予備役に編入。

碓氷 勝三郎　うすい・かつさぶろう
北海道蟹缶詰の嚆矢
安政1年（1854）〜大正5年（1916）
生越後国三島郡与枝町（新潟県長岡市）　歴明治8年北海道にわたり、根室で食料雑貨商、昆布採取業などを経て、20年酒造業を始め、魚介類の缶詰業にも進出。日清戦争の好況により発展し、またエビ・カニ肉の酸化を防ぐ硫酸紙による内包技術を開発して、対外貿易事業として大きく成功した。

薄井 龍之　うすい・たつゆき
大審院判事
天保3年（1832）4月〜大正5年（1916）11月29日
生信濃国伊那郡飯田（長野県飯田市）　名号＝小蓮京都に出て頼三樹三郎に師事、江戸に出て野田笛浦に経史を、佐久間象山に兵学を学んで、幕府の儒官となった。頼が幕吏に捕まった時、奪回しようとして逮捕され入獄。脱獄して武田耕雲斎らの水戸天狗党挙兵に参加したが失敗した。徳川慶喜が大政奉還後、軍務局に出仕。戊辰戦争に軍監として東states に歴戦。のち岩倉具視に召喚され、3年開拓史監事、7年六等判事、10年大書記官、11年東京裁判所判事、名古屋裁判所長、15年大審院判事。次いで秋田地方裁判所長などを歴任。25年退官した。高橋お伝の裁判官でも知られる。

臼井 哲夫　うすい・てつお
衆院議員
文久3年（1863）1月〜昭和10年（1935）6月29日
生肥前国（長崎県島原市）　学慶応義塾卒　歴明治13年松田正久らと私立勧業懇話会を興し、また同年西海日報社を創立、社長として執筆。改進党入党。のち総武鉄道、上野鉄道などを創立、吾妻川電力株式会社社長となった。明治以来衆院議員当選7回。

太秦 供康　うずまさ・ともやす
貴院議員　男爵
慶応2年（1866）10月29日〜大正14年（1925）1月30日　名旧姓・旧名＝堀河供乗　歴明治17年男爵。21年陸軍歩兵少尉、のち少佐。皇族付武官、元帥副官などを務めた。44年貴院議員。　家養父＝太秦供親

宇田 成一　うだ・せいいち
自由民権運動家　福島県議
嘉永3年（1850）〜大正15年（1926）7月17日
生陸奥国耶麻郡下柴村（福島県喜多方市）　歴代々陸奥会津藩肝煎の家に生まれるが、明治元年会津地方で起こった一揆で家を焼かれた。長じて自由民権運動に加わり、11年喜多方で愛身社を結成。14年には会津自由党を起こし、同地方における民権派の中心となる。15年会津六郡連合会の組織によって議員となり、会津三方道路開削での強制的夫役反対の運動を指導し福島県令三島通庸と対立。さらに同志と共に出訴を画策するが、中途で逮捕。これを聞きつけた農民たちが宇田らの引き渡しを官憲に要求し、流血事件（福島事件）に発展。宇田は一旦放免されたが、官吏侮辱の罪で再び追われる身となり、東京や新潟を放浪の末に逮捕された。19年に出獄ののちは大同団結運動に

挺身し、25年には福島県議に当選。晩年には郡会議員や関柴村長などを歴任した。

宇田 友四郎　うだ・ともしろう
土佐商船創立者 衆院議員(憲政会)
万延1年(1860)3月25日～昭和13年(1938)10月9日 [生]土佐国香美郡岸本町(高知県香南市) [歴]土佐運輸を創立して寺田亮を社長に、自らは支配人として采配を振るい、のち高知汽船と合併して土佐郵船と改称し支配人となる。27年土洋商船を興し大阪支店長、のち4社合併による帝国商船が発足し常務を務め、32年土佐共同汽船と合併し土佐商船を創立、横山慶爾を社長に、自らは常務に就任。日露戦争では同社の船が御用船となり、自己の持ち船も提供して利益を上げた。40年土佐商船の事業を大阪商船へ譲与して海運事業から手を引き、41年土佐電気鉄道社長(4代目)となる。大正11年土佐電気を設立し、昭和9年社長を引退。また、高陽銀行頭取、土佐銀行頭取などを歴任、大正11年～昭和4年高知商業会議所会頭を務めるなど、土佐財界に大きく貢献し大御所と呼ばれた。傍ら、大正9年川崎幾三郎と共に土佐中学を創設し高知県教育界にも尽力。政界においては、明治44年～大正8年高知県議、2～8年高知市議を経て、13年衆院議員(憲政会)に、14年貴院議員に当選し活躍した。[家]養子＝宇田耕一(政治家)

内田 嘉吉　うちだ・かきち
台湾総督
慶応2年(1866)10月12日～昭和8年(1933)1月3日 [生]江戸神田駿河台(東京都千代田区) [学]帝国大学法科大学〔明治23年〕卒 [歴]逓信省に入り、逓信次官を経て、台湾総督府民政長官、台湾総督などを歴任。退官後は日本無線電信の社長などを務めた。明治期の逓信官僚として日本の海事行政の国際化の中心人物として活躍した。また、海外出張の際、西洋の大航海時代の航海記、探検記をはじめ、世界各地の歴史・地理書を精力的に収集したことで知られる。これらのコレクションは"内田嘉吉文庫"として貴重な史料となっている。

内田 瀞　うちだ・きよし
北海道庁殖民地選定主任
安政5年(1858)8月13日～昭和8年(1933)9月3日 [生]土佐国高知城下(高知県高知市) [学]札幌農学校〔明治13年〕卒 [歴]明治9年北海道に渡り、札幌農学校の1期生としてクラーク博士から直接教えを受けた。開拓使御用掛、道庁殖民地選定主任を務め、北海道開拓の基本となる入植地の区画割りを行なった。27年キリスト教による理想の農場を目指して、雨竜郡妹背牛町に内田農場を開設。また上川郡鷹栖で松平農場を経営。

内田 康哉　うちだ・こうさい
外相 枢密顧問官 満鉄総裁 伯爵
慶応1年(1865)8月10日～昭和11年(1936)3月12日 [生]肥後国(熊本県) [学]帝国大学法科大学〔明治20年〕卒 [歴]外務省に入り、米英在勤の後、清国公使館一等書記官、外務次官を経て、明治34～39年駐清国公使。のち駐オーストリア大使兼スイス公使、42年駐米大使を経て、44年第二次西園寺内閣の外相に就任。大正5年駐ロシア大使、帰国後、7年より原内閣、高橋内閣、加藤友三郎内閣の外相を務める。この間、パリ講話会議、ワシントン会議に出席。9年伯爵、12年枢密顧問官。昭和3年パリ不戦条約に全権として調印、その違憲問題で4年辞任。6年満鉄総裁。7年斎藤内閣の外相に迎えられ、満州国の承認、国際連盟脱退と続く国際的孤立化の外交を推進、"焦土外交"と批判された。8年9月外相辞任。 [家]甥＝内田健三(政治評論家)

内田 小太郎　うちだ・こたろう
内田洋行創業者
明治4年(1871)6月～大正13年(1924)10月3日
[生]佐賀県小城郡多久村(多久市) [歴]明治26年上京。30年逓信省文官試験に合格。33年台湾の台北郵便局に赴任するも、間もなく台湾土地調査局の測量隊員に転じて台湾全土を測量して回った。35年から中国―台湾の貿易に手を染め、一時は蓄財に成功したが、37年破産して帰国。以後は鉄道局に勤務し、38年日露戦争では鉄道野戦隊員として従軍、鉄道路線の保持や新規敷設などに携わる。40年南満州鉄道(満鉄)の営業開始とともに入社して大連本社に勤めたが、日本からの測量機器・製図用品・事務用品の輸入を志すようになり、42年退社して、43年輸入業者の翠苔号を創業。満鉄向けの貿易を開始した。これに伴い、満鉄への営業を義兄の清水善次に任せ、自身は帰国して大阪に翠苔号仕入部を開設。大正4年第一次大戦に参戦した日本がドイツ租借地の青島を陥落させたのを機に同地へ支店を出店。6年社名を内田洋行に統一し、事業を拡大した。 [家]長男＝内田憲民(内田洋行社長)

内田 定槌　うちだ・さだつち
駐トルコ大使
元治2年(1865)1月17日～昭和17年(1942)6月2日
[生]豊前国小倉(福岡県北九州市) [学]帝国大学法科大学〔明治22年〕卒 [歴]明治22年外務省に入省。23年在上海副領事、26年在京城領事となり、閔妃暗殺事件の際に詳細な報告書を作成した。29年在ニューヨーク領事、39年駐ブラジル公使を経て、45年駐スウェーデン公使となる。この間、ドイツとの単独講和につき打診した。12年駐トルコ大使となり両国の国交進展に尽くした。

内田 司馬彦　うちた・しばひこ
大審院検事
明治3年(1870)～昭和3年(1928)12月29日
[出]肥後国(熊本県) [学]明治法律学校卒 [歴]佐賀、名古屋、京都各地裁検事を経て、松江、福井、鹿児島の各地裁検事正を歴任。のち大審院検事となる。

内田 忠光 うちだ・ただみつ
実業家
明治3年(1870)～大正11年(1922)12月
[生]筑前国福岡(福岡県) [名]幼名=庚 [歴]叔父・浩太郎の経営する赤池炭鉱に入社、機械課長を務め、のち経営に参加する。明治27年甲午農民戦争(東学党の乱)には弟・良平の渡鮮を助ける。日露戦争後、良平らの国家主義運動支援の資金獲得のため、自身も朝鮮に渡り大同洋行、北韓漁業、北京西山炭鉱などを興したが失敗した。 [家]弟=内田良平(国家主義者)

内田 貞音 うちだ・ていおん
尼僧(浄土宗) 教育家
文化11年(1814)11月13日～大正7年(1918)4月17日 [生]江戸日本橋(東京都中央区) [名]俗名=徳子,号=常蓮社教誉住阿 [歴]幼時、実家が火災に遭ったため両国にある祖父母の許で育つ。ここで観音信仰の影響を受け、元治元年(1864年)浄土宗の僧侶福田行誡の許で出家、貞音に改名した。明治13年から順教徹定とともに鹿児島で布教を行い、16年には活動の拠点として鹿児島市小松原町に布教所を設立。のち輪島聞声が京都・知恩院境内に設立した尼衆学校で教えることとなり、21年の開校式後に同校の初代監督兼教授となった。また大阪・大宝寺内にも尼衆学校の支校を開くなど、尼僧教育の発展に大きく寄与した。

内田 はま うちだ・はま
日本初のバプテスト教会受洗者
弘化4年(1847)12月21日～昭和11年(1936)3月12日 [生]江戸(東京都) [名]旧姓・旧名=鳥山 [歴]播磨姫路藩士の娘として生まれ、元治元年(1864年)同藩の川崎十作と結婚。のち夫とともに内田家に入籍した。戊辰戦争に際し、夫が彰義隊に参加したため家禄を失い、次いで夫とも死別。維新後はキリスト教を信仰し、東京公会の宣教師タムソンやフルベッキの指導を受ける。さらに、フルベッキの紹介でバプテスト教会の宣教師J.H.アーサーの家に住み込みで働くようになり、その感化によって明治8年神田川でバプテスト式の洗礼(浸令)を受け、日本人初のバプテスト教会員となった。以後、伝道師となり、親類42人を同教会員にするなど家庭伝道を中心に活動。34年からは仙台の尚絅女学校の舎監を務めた。

内田 平四郎 うちだ・へいしろう
殖産家 富士郡紙業組合会長
天保10年(1839)～明治43年(1910)
[生]駿河国吉原宿(静岡県富士市) [歴]明治2年より富士山麓の内山入会地の開拓をはじめ、三椏や桑・茶を栽培。また、愛鷹山麓の村々にも同様の栽培を勧めるなど、生産力の向上に努めた。12年手漉き和紙の事業化を図り、栢森貞助とともに鉤玄社を設立。さらに19年には富士郡三椏同業会を発足させて常務委員に就任し、製糸技術の指導や品種改良に力を注いだ。その後、静岡県製紙部評議員や富士郡紙業組合会長などを歴任し、静岡の製紙業発展に大きな足跡を残した。

内田 政風 うちだ・まさかぜ
石川県令
文化12年(1815)～明治26年(1893)10月18日
[生]薩摩国(鹿児島県) [名]通称=仲之助 [歴]糧秣調達と運搬の才能に優れ、文久2年(1862年)島津久光が江戸に下る際、随行して武器を運び、翌年藩命により周旋役となる。禁門の変、戊辰戦争でも軍需品の供給にあたった。のち藩参与、金沢県大参事、石川県令などを務め、その後、島津家家令となった。

内田 正敏 うちだ・まさとし
海軍中将 男爵
嘉永4年(1851)3月15日～大正11年(1922)5月11日 [生]土佐国高知城下築屋敷(高知県高知市) [歴]土佐藩士の家に生まれる。苦学して上京後、慶応4年(1868年)親兵隊に所属。明治4年海軍兵学寮に入り、11年少尉となる。19年から軍艦筑紫、金剛、比叡の各副長を務め、比叡では23年の台風で沈没したトルコ軍艦の遭難将兵を本国まで送還、日本とトルコの親善に貢献した。その後、鳳翔、千代田、高砂、八島の各艦長、呉、横須賀の各海兵団長を歴任。千代田を率いて日清戦争に従軍し、軍功を立てた。33年少将に昇進し、佐世保海軍港務部長、常備艦隊司令官、呉海軍港務部長を経て、38年中将に累進。日清・日露戦争での功績によって男爵位を受け、43年貴院議員に勅選された。

内田 良平 うちだ・りょうへい
国家主義者 大日本生産党総裁 黒龍会主幹
明治7年(1874)2月11日～昭和12年(1937)7月26日 [生]福岡県福岡市 [学]東洋語学校卒 [歴]玄洋社に学ぶ。明治27年朝鮮に渡り、天佑俠を組織して東学党を応援。30年シベリア単独横断後、サンクトペテルブルクに赴き、ロシアの内情を視察。34年大アジア主義と天皇主義を標榜して黒龍会を結成、主幹。同年「露西亜亡国論」を刊行、日露開戦を主張。36年対露同志会に参加。38年孫文らの中国革命同盟会の結成に寄与。日露戦争後は韓国統監府嘱託となり、日韓合邦運動に力を注ぐ。大正14年加藤高明首相暗殺未遂事件で入獄。昭和6年ファッション的大衆組織・大日本生産党を組織して総裁、満蒙独立運動、日本のシベリア進出を推進した。 [家]叔父=平岡浩太郎(玄洋社社長)

内野 辰次郎 うちの・たつじろう
陸軍中将 衆院議員(政友会)
慶応4年(1868)8月～昭和8年(1933)12月5日
[出]福岡県 [学]陸士〔明治23年〕卒,陸大(第16期)〔明治35年〕卒 [歴]明治24年陸軍少尉に任官。43年陸軍戸山学校教官、45年近衛師団参謀長、大正2年教育総監部第一課長、4年歩兵第二十、7年第四十各旅団長を経て、8年第七師団長、陸軍中将。12

年予備役に編入。13年福岡4区から衆議員に当選。通算4期つとめ、政友会の総務となる。満州上海派遣軍ならびに在留邦人慰問議員団長として派遣された。

内野杢左衛門　うちの・もくざえもん
自由民権運動家　神奈川県議
嘉永6年(1853)～昭和5年(1930)3月2日
生武蔵国多摩郡蔵敷村(東京都東大和市)　名号＝秀峰　歴名主の家に生まれる。自由民権運動に参加し、吉野泰三、砂川源五右衛門らと民間憲法草案を立案。また天正、蔵敷村など近隣の村の古文書を編集した「里正日誌」(64冊)を著した。神奈川県議などを歴任。

内村鑑三　うちむら・かんぞう
キリスト教思想家
万延2年(1861)2月13日～昭和5年(1930)3月28日
生江戸小石川鳶坂上(東京都文京区)　出群馬県高崎市　学札幌農学校〔明治14年〕卒、アマースト大学(米国)〔明治20年〕卒、ハートフォード神学校(米国)〔明治21年〕中退　歴高崎藩(群馬県)藩士の子として江戸の藩邸で生まれる。有馬英学校、東京外国語学校(現・東京外国語大学)英語科を経て、明治10年札幌農学校に第2期生として入学。同期生に新渡戸稲造、宮部金吾らが居り、W.S.クラークの感化を受けてキリスト教に入信、翌11年受洗。14年開拓使御用掛となり勧業課漁猟科、16年農商務省農務局水産課に勤務。17年米国に渡り、アマースト大学、ハートフォード神学校に留学。21年帰国、新潟県北越学館仮教頭、22年水産伝習所教師を経て、23年第一高等中学(一高)講師となったが、24年教育勅語に対する敬礼の仕方が不敬事件を起し免職となる。26年井上哲次郎と"教育と宗教の衝突"論争。この頃より著作活動に入り「基督信徒の慰め」「求安録」、自伝「余は如何にして基督信徒となりし乎」(英文)などを著わす。30～31年朝報社「万朝報」記者。31年「東京独立雑誌」、33年「聖書之研究」、34年「無教会」を創刊。32年女子独立学校校長に就任。34年朝報社客員記者として足尾鉱毒事件を世に訴える。日露戦争では幸徳秋水、堺利彦らと非戦平和論を主張し、退社。以後自宅で聖書研究会を開き、伝道・聖書の研究生活に入る。聖書のみの信仰に基づく無教会主義を唱え、塚本虎二、矢内原忠雄、南原繁らの門下生を育て、志賀直哉、小山内薫、有島武郎らの文学者、知識人に強い影響力を与えた。「内村鑑三全集」(全40巻、昭55～59年)がある。　家長男＝内村祐之(精神医学者)

内山愚童　うちやま・ぐどう
僧侶(曹洞宗)　社会主義者
明治7年(1874)5月17日～明治44年(1911)1月24日　生新潟県北魚沼郡小千谷町(小千谷市)　幼名＝慶吉　学小千谷高等小学校卒、曹洞宗第12中学本科修了　歴明治23年仏門に入り、30年得度

し、37年箱根大平台林泉寺の住職となる。その頃から社会主義に関心を抱き、幸徳秋水らと交際する。以後「無政府共産」「無政府主義道徳否認論」などのパンフレットを秘かに発行し、禁錮2年に処せられる。又、坑夫の置いていったダイナマイトの所持で懲役10年に処せられる。43年発生の大逆事件では服役中に起訴され、44年刑死した。服役中に曹洞宗の審尋院の処分により僧籍を剥奪されたが、平成5年83年ぶりに処分が取り消され、名誉回復した。

内山小二郎　うちやま・こじろう
陸軍大将　男爵
安政6年(1859)10月20日～昭和20年(1945)2月14日　生江戸　学陸士(旧3期)〔明治13年〕卒、陸大〔明治21年〕卒　歴明治16年近衛野砲兵連隊付、26年第一師団参謀、28年ロシア公史館付から34年野砲兵第一旅団長となり37年日露戦争に従軍、鴨緑江軍参謀を務めた。41年東京要塞司令官、45年第十二師団長、大正2～11年侍従武官長をつとめた。10年に男爵、12年陸軍大将、予備役となった。

内山正如　うちやま・しょうにょ
声明家(新義真言宗智山派)　僧侶
慶応1年(1865)9月15日～大正11年(1922)9月26日　生越後国(新潟県)　歴乙宝寺に入寺し、瑜伽教如に師事。明治19年上京し、小石川同文社に入学。20年博文館を創立し、雑誌「日本大家論集」「日本之教学」などを創刊。大正元年に退社するまでに、師の教如の校本や口述を編纂、出版した。2年乙宝寺34世となる。晩年は鎌倉扇ケ谷に隠居した。贈権少僧正。

内山信治　うちやま・しんじ
丸山製作所創業者
生年不詳～昭和7年(1932)12月22日
生新潟県　旧姓・旧名＝加藤　新潟県高田町の加藤家の四男で、幼い頃に内山家の養子となる。明治20年代にドイツから輸入された蛇腹式消火器の実験を見たのがきっかけとなり、兄の丸山安治と消火器の製造販売を事業化、丸山商会を創業。42年兄から丸山商会の経営を託され、東京で丸山商会を開業した。昭和12年同社は株式会社丸山製作所となった。　家兄＝丸山安治(丸山商会創業者)、長男＝内山良治(丸山製作所社長)、孫＝内山治男(丸山製作所社長)

内山安兵衛　うちやま・やすべえ
自由民権運動家　衆院議員(政友会)
慶応1年(1865)12月～昭和11年(1936)9月28日
生武蔵国多摩郡五日市村(東京都あきる野市)　名本名＝内山末太郎　同人社　生家は武蔵多摩郡五日市村の豪農で、本名は内山末太郎、のち安兵衛を名乗る。同人社に学び、林業を営む。キリスト教に入信。明治13年深沢権八らと組織した五日市学芸講談会は「五日市憲法草案」を起草する基盤となった。一方、神奈川県議、東京府議、同

郡部会副議長を務め、大正9年衆院議員(政友会)に当選1回。10年五日市鉄道社長となり、秋川水力電気会社重役も務めた。

宇都宮 鼎　うつのみや・かなえ
海軍主計総監　早稲田大学教授

慶応1年(1865)9月12日〜昭和9年(1934)4月19日　生越後国蒲原郡中野村(新潟県長岡市)　専財政学;金融学　歴政法の学を修め、明治26年海軍主計官としてドイツに留学、7年間滞欧して政治・経済学を修得、主に財政・金融を学んだ。帰国後、海軍大学校勤務、海軍経理学校長、呉鎮守府経理部長などを務め、大正2年主計総監となった。のち早稲田大学教授に就任。学習院、慶応義塾大学でも教鞭を執った。

宇都宮 金之丞　うつのみや・きんのじょう
宇徳運輸創立者

文久2年(1862)1月10日〜大正8年(1919)8月13日　生江戸　歴生家は薩摩藩の金吹場(藩の貨幣鋳造所)御用を仰せつかり名字帯刀を許された商家で、10人きょうだい(8男2女)の四男。日本運輸会社の支配人となり、明治23年輸入機械の運搬、重量貨物の運送などをする宇都宮徳蔵回漕店(のちの宇徳運輸)を横浜に開業。大正4年店を株式会社に改め社長に就任、京浜運河社長、輸出水産社長のほか、秋田木工、日本製鋼、東海生命保険、日本自動車会社などの重役も兼任した。　家兄=宇都宮徳蔵(宇徳創業者)

宇都宮 仙太郎　うつのみや・せんたろう
酪農家　北海道製酪販売組合創立者

慶応2年(1866)4月14日〜昭和15年(1940)3月1日　出豊前国(大分県中津市)　歴17歳で上京、先輩・福沢諭吉の勧めで札幌真駒内の種畜場(エドウィン・ダン開設)の牧童となった。米国イリノイ州のガーラ牧場で研修、明治30年札幌で乳しぼり(搾乳)とバター製造を開始、ホルスタイン種を輸入。大正12年畜牛研究会を結成、のちに北海道製酪販売組合、さらに酪連、雪印乳業に発展し、"北海道酪農の父"と呼ばれる。「役人に頭を下げず、牛にウソを言わず、酪農は健康によい」の牛飼三徳を唱えた。死後道民の酪農葬が行われた。

宇都宮 善道　うつのみや・ぜんどう
僧侶(浄土宗)　知恩院執事長

安政3年(1856)5月15日〜昭和3年(1928)8月23日　出尾張国(愛知県)　名旧姓・旧名=加藤　歴明治6年増上寺の石井大宣から法を受ける。31年京都の称名寺住職。浄土宗宗会議長を経て、大正2年執綱。総本山知恩院執事長を務めた。

宇都宮 太郎　うつのみや・たろう
陸軍大将

文久1年(1861)3月18日〜大正11年(1922)2月15日　生肥前国佐賀(佐賀県佐賀市)　名旧姓・旧名=亀川　学陸士(旧7期)[明治18年]卒、陸大〔明治23年〕卒　歴鍋島藩士亀川貞一の四男で、のち宇都宮家を継ぐ。明治23年参謀本部に入り、英国公使館付武官、参謀本部第一・第二各部長を経て、大正3年第七師団長、5年第四師団長、7年朝鮮軍司令官を歴任。8年陸軍大将となり、軍事参議官に補せられた。桂太郎、仙波太郎の両大将とともに"陸軍の三太郎"と呼ばれた。　家子=宇都宮徳馬(政治家)

宇都宮 徳蔵　うつのみや・とくぞう
宇徳創業者

嘉永5年(1852)12月1日〜昭和8年(1933)2月9日　生薩摩国鹿児島(鹿児島県鹿児島市)　歴生家は薩摩藩の金吹場(藩の貨幣鋳造所)御用を仰せつかり名字帯刀を許された商家で、10人きょうだい(8男2女)の二男。少年時代には西郷隆盛や大久保利通の謦咳に接した。明治5年上京、鹿児島から持参した薩摩琵琶本などを売り歩いた。一旦郷里に戻り、7年再び上京。芝で郷里の物産を扱う鹿児島物産商会を起こし、銀座で同じく鹿児島の特産品を扱っていた岩谷天狗と激しく競争した。11年茨城物産を設立。その後、東京近県の県庁御用商人や水戸での英語学校経営、日清戦争の従軍酒保、台湾での御用商人・妓楼経営などを経験し、29年台湾から帰国。横浜で回漕業を営んでいた弟・金之丞を頼り、30年横浜の店を譲り受けて宇都宮徳蔵回漕店(現・宇徳)を創業した(金之丞は東京店に専念し宇都宮回漕店を経営)。三井物産の出入り商人として基盤を固め、40年東京に本店を移転。大正4年には株式会社に改組、重量物運搬の実績を積み重ねて業績を伸ばした。昭和5年79歳で右腕の白田謙四郎に社長を譲った。　家弟=宇都宮金之丞(実業家)

宇都宮 誠集　うつのみや・のぶちか
三崎夏みかんの生みの親

安政2年(1855)5月8日〜明治40年(1907)5月4日　生伊予国三崎村(愛媛県西宇和郡伊方町)　歴大阪で漢学を学んだのち、18歳で故郷の愛媛県三崎村(現・伊方町)に帰郷。小学校教員、村役場書記を経て、31歳の時に三崎郵便局長に就任。農民たちの所得向上を図り、試行錯誤の結果、明治16年大阪や萩から夏みかんの苗を購入して村民に奨励、今日三崎が夏みかんの銘柄産地に発展する基礎を築いた。毎年2月、顕彰碑の前で遺徳を偲んでJA職員により慰霊祭が行われる。

内海 忠勝　うつみ・ただかつ
内相　京都府知事　男爵

天保14年(1843)8月19日〜明治38年(1905)1月20日　生周防国吉敷郡吉敷村(山口県山口市)　名姓・旧名=吉田、通称=義助、豪助、精一　歴吉敷毛利家の家臣の家に生まれ、内海家の養子となった。文久3年(1863年)宣徳隊の結成に参加。元治元年(1864年)奇兵隊に入り、禁門の変に参戦するが敗れた。慶応2年(1866年)第二次長州征討に際して

は幕府の征長軍を破るのに功績があった。同年8月蘭学校に入学。明治3年兵庫県大参事、同年神奈川県大参事を経て、4年岩倉使節団に参加して欧州を巡遊。6年帰国後は、7年大阪府参事、10年大阪府大書記官、同年長崎県権令、11年山口県令、17年三重県令、18年兵庫県令、19年兵庫県知事、22年長野県知事、24年神奈川県知事、28年大阪府知事、30年京都府知事を歴任。32年貴院議員に勅選されるが、33年会計検査院長に転じた。同年男爵。34年第一次桂内閣の内相に就任したが、自身に近い伊藤博文が政友会総裁から枢密院議長に転じたのを機に、病気と称して辞職した。37年再び貴院議員。[勲]勲一等大綬章〔明治35年〕。

宇土 照蔵　うど・てるぞう
大陸浪人
明治16年(1883)1月～明治45年(1912)7月15日　[生]大分県宇佐郡豊川村(宇佐市)　[学]明治大学卒　[歴]大学卒業後、朝鮮に渡る。明治43年日韓併合の後、満州で同地の朝鮮人の行動を調査。大陸浪人の川島浪速らと満蒙独立運動に携わったが、奉天省海竜付近で中国軍の包囲を受け戦死した。

宇野 円三郎　うの・えんざぶろう
治山治水事業家　和気郡書記
天保5年(1834)5月21日～明治44年(1911)7月20日　[生]備前国和気郡福田村(岡山県備前市)　[名]号=宇野栞山　[歴]農業を営み、明治維新期には和気郡福田村の庄屋として民政に尽くした。維新後、和気郡書記などを歴任。明治以降、岡山県下は山林が荒廃して洪水や土砂災害が頻発したため、明治15年岡山県令高崎五六に治水建言書を提出、水源のある山地への砂防工事や植林が治水に必要であることを主張した。これがもととなって16年に岡山県砂防工施行規則が公布されることとなり、県下の治水治山に著しい効果を上げた。彼の主張はのち他県にも採用され、次いで30年には政府によって公布された砂防法にも取り上げられた。著書に「(治水植林)本源論」などがある。

宇野 清左衛門　うの・せいざえもん
青森県農工銀行頭取　貴院議員
嘉永2年(1849)5月28日～大正15年(1926)3月22日　[生]青森県南津軽郡六郷村上十川(黒石市)　[歴]明治・大正を通しての南黒地方第一の大地主、豪農で、青森県下納税額10位を下回ったことがない多額納税者であった。明治23年生地の青森県南津軽郡六郷村の村長となる。青森県森林会議員、大日本産業組合中央会会員などを務めたほか、青森県農工銀行頭取、33年尾上銀行を創立して取締役となり、また黒石銀行取締役などを歴任した。30年貴院議員に立候補して落選したが、大正3年に当選して念願を果たす。明治44年仇敵の間柄だった加藤宇兵衛の長男に孫娘みよ(長男勇作の長女)を嫁がせ、仲人は県政界の実力者・竹内清明で、政略結婚との世評が立った。[家]長男=宇野勇作(衆院議員)

宇野沢 辰雄　うのさわ・たつお
ガラス工芸家　ウノサワ創業者
慶応3年(1867)6月4日～明治44年(1911)6月23日　[生]江戸本郷丸山(東京都文京区)　[名]旧姓・旧名=山本　[専]ステンドグラス　[学]東京職工学校機械科卒　[歴]備後福山藩・江戸留守居役を務めた山本晴次の三男で、江戸・本郷の福山藩江戸下屋敷で生まれる。東京職工学校(現・東京工業大学)機械科の1期生で、明治19年ドイツの建築家ベックマンが建言し留学費用までを負担した"ベックマン貸費生"に選ばれ、ドイツに留学。ベルリンのルイ・ウェストファル工房でステンドグラスとエッチングの技術を修めた。23年帰国すると東京・芝に我が国初のステンドグラス工房を開設。木内真太郎、別府正太郎、松本三郎といった人々を輩出し、戦前の我が国ステンドグラスの主流をなして、国会議事堂の議場及び廊下のステンドグラスなどを手がけた。やがて機械への転業を図り、ステンドグラス工房を養父の宇野沢辰美に譲渡。自身は32年麻布に国産ポンプの製造を目指して宇野沢組鉄工所を創業。40年には東京勧業博覧会に各種ポンプを出品して一等賞を得た。没後、13歳だった長男・辰次が名目上の所主と就任、実兄の山本鑑之進が相談役となり、義弟の二見鋼太郎が経営にあたって鉄工所を守り、ポンプ専業メーカーとして発展させた。[家]長男=宇野沢辰次(宇野沢組鉄工所社長)

馬越 恭平　うまこし・きょうへい
大日本麦酒社長　貴院議員(勅選)
天保15年(1844)10月12日～昭和8年(1933)4月20日　[生]備中国後月郡木之子村(岡山県井原市)　[名]別名=馬越化生　[歴]医家に生まれる。13歳で大阪の鴻池家に奉公し、明治維新後益田孝の知遇を得、明治6年先収会社(三井物産の前身)に入社。9年三井物産設立時に横浜支店長に就任。24年三井物産を代表して日本麦酒の重役に就任し、同社の経営再建に成功。三井の中心的存在となるが、29年退社し、ビール事業に打ち込んだ。31年岡山県より衆院議員に選出。39年日本麦酒、札幌麦酒、大阪麦酒の合併による大日本麦酒設立に際し社長に就任。没年まで務めた。戦前大日本麦酒は一貫して独占的地位を占め、"ビール王"と称された。大正13年勅選貴院議員になったほか、帝国商業銀行頭取を務めるなど、100以上の会社に関係し、財界の長老的存在であった。昭和4年日本工業倶楽部会長。茶人としても知られた。

馬屋原 彰　うまやばら・あきら
行政裁判所評定官　貴院議員(勅選)
天保15年(1844)2月13日～大正8年(1919)1月8日　[生]山口県　[歴]慶応2年(1866年)第二次長州征討で征長軍を石州口の激戦に破って殊勲をたてる。明治初年藩より選抜されて東京で学び、4年民部省左

院五等議官に任ぜられ、のち同少書記官に昇進。この間「和蘭議院議員選挙法」「万国公法略」などを訳述した。のち、元老院権少書記官、行政裁判所評定官。24年貴院議員に勅選される。　家弟=馬屋原二郎(貴院議員)

馬屋原 二郎　うまやばら・じろう
大阪地裁所長　貴院議員(勅選)
弘化4年(1847)10月17日～大正4年(1915)11月2日　生山口県　歴慶応元年(1865年)同志を糾合し干城隊を編成。のち外国艦隊の馬関襲撃および幕府の征長軍を迎え撃って功をたてる。明治3年欧州に留学、帰国後、判事となり、函館、神戸、大阪の各地裁所長を歴任。36年貴院議員に勅選される。著書に「防長十五年史」がある。　家兄=馬屋原彰(貴院議員)

海浦 篤弥　うみうら・あつや
大陸浪人
明治2年(1869)1月～大正13年(1924)8月1日
生陸奥国津軽郡(青森県)　学英吉利法律学校中退
歴明治23年朝鮮に渡り、27年東学党の全琫準と会見、再起を促した。31年漢城に日本商品の陳列所を開いた。著作に「初斎遺稿」などがある。

梅浦 精一　うめうら・せいいち
石川島造船社長
嘉永5年(1852)6月13日～明治45年(1912)3月17日　生越後国長岡(新潟県長岡市)　歴越後長岡藩の儒者・山田愛之助の蘭学を、明治元年江戸に出て石井謙道に医学を学んだが、医者をあきらめ、5年大蔵省紙幣寮に入り、6年新潟県一等訳官兼新潟県学校教員、次いで内務省勧商寮に転じた。12年東京商法会議所に入り、渋沢栄一の知遇を得て、14年横浜生糸連合荷預所支配人。18年石川島造船所に入り、26年渋沢会長の下、専務、42年社長となった。また、東京湾汽船会社(現・東海汽船)を設立。後藤毛織、東京水力電気、名古屋瓦斯、広島水力電気などの社長や取締役も務めた。

梅上 沢融　うめがみ・たくゆう
僧侶(浄土真宗本願寺派)　日本人僧侶初の洋行者
天保6年(1835)～明治40年(1907)1月4日
生江戸麻布(東京都港区)　名法名=連枝　歴麻布の善福寺に生まれる。のち西本願寺の法主・広如の養子となり、明治元年より大阪広教寺の住職を務めた。5年には西本願寺の新法主となった明如の代理として島地黙雷・赤松連城らとともにヨーロッパに渡航(日本の僧侶初の洋行)。英国・フランス・ドイツなどで西洋の宗教事情を視察したほか、キリスト教の遺跡も見学した。6年に帰国した後は、西本願寺の諸職を歴任し、31年には同執行長に就任した。　家養父=広如(僧侶)

梅沢 道治　うめざわ・みちはる
陸軍中将
嘉永6年(1853)10月4日～大正13年(1924)1月10日　生陸奥国(宮城県)　歴陸奥仙台藩士・道真の二男に生まれる。明治2年箱館戦争で旧幕府軍に属し流罪となる。釈放後、大阪青年社に入り、5年陸軍少尉。日清戦争に歩兵第二十三連隊大隊長として従軍。日露戦争に近衛後備混成旅団長として出征、沙河の会戦で梅沢支隊の名を高める。44年中将、第六師団長となった。

梅高 秀山　うめたか・しゅうざん
僧侶(浄土真宗本願寺派)　扇城女学校創立者
嘉永3年(1850)～明治40年(1907)
生豊前国上毛郡三毛門村(大分県豊前市)　名本名=梅高直次郎、旧姓・旧名=別府、幼名=直次郎、通称=式部卿　歴豊前国三毛門村の手永(大庄屋)別府家に生まれ、7歳で同村の善正寺の養子に入って梅高姓を名のり出家。長じて広瀬淡窓の咸宜園に入門し学んだ。やがて女子中等教育の必要性を説き、中津町の明蓮寺住職・重松天祐、同光専寺住職・菅原秀行らと語らい、また、町内仏教各宗派協同会の援助で中津の旧城内三ノ丁の別府又十郎所有の家屋を校舎に充て女子中学校を創立。大分県下初の女子中等教育機関で、今日の扇城学園に発展した。

梅渓 通善　うめたに・みちたる
殿掌
文政4年(1821)7月19日～明治32年(1899)10月13日　生京都　歴六条有言の二男。天保5年(1834年)元服、元治元年(1864年)参議。この間、安政5年(1858年)日米修好通商条約調印の勅許阻止を図る公家88人の列参に参加。明治維新後は宮内権大丞、神祇少副、殿掌などを歴任した。　家長男=梅渓通治(公卿)、父=六条有言(公卿)

梅原 亀七　うめはら・かめしち
大阪商工銀行頭取　衆院議員
明治3年(1870)11月23日～昭和4年(1929)5月2日　生大阪府　歴漢学・英語学・経済学・法政学を修める。明治の末に大阪株式取引所仲買人となり、のち同組合委員長に就任。大日本冷蔵社長、帝国新聞社長、大阪商工銀行頭取のほか、伊勢電気鉄道、浪速火災保険、台北製糖、京成電気軌道、共立火災保険などの各取締役を歴任。明治45年三重郡部から衆院議員に当選1回。大阪市議も務めた。

梅原 修平　うめはら・しゅうへい
貴院議員(多額納税)
天保8年(1837)～明治33年(1900)1月28日
生相模国大住郡南秦野村(神奈川県秦野市)　歴生家は代々、相模国南秦野村で酒造業を営む。若い頃、幕府の儒者・林鶴梁に漢学を、小沢安斎に歌学を、萩原太郎に剣術を学んだ。幕末期には南秦野村の名主として活躍する一方、近隣の子弟に和歌や剣術を教え出家。維新後、神奈川県二十二区副戸長・大住郡大総代・区長・南秦野村会議員などを歴任。明治23年には多額納税者として貴院議員に選ばれ、30年まで務めた。

梅屋 庄吉　うめや・しょうきち
映画事業家　中国革命の援助者

明治1年(1868)11月26日～昭和9年(1934)11月23日　⟦生⟧肥前国長崎(長崎県)　⟦歴⟧遠縁の貿易商・梅屋家の養子となる。明治15年はじめて中国・上海に渡り、続いて渡米を志すが、乗り込んだ船がフィリピン沖で火災に遭いミンドロ島に漂着、九死に一生を得た。27年写真館・梅屋照相館を開業。28年同地で革命家の孫文と出会って肝胆相照らす仲となり、以後、孫の革命運動を財政面から支援した。31年フィリピンの独立戦争に参加。37年日露戦争の勃発でシンガポールに転じ、ここで映画の存在を知り、写真館経営だけでなく映画の興行も行って巨利を得た。38年映写機やフランスのパテー社の映画を携えて帰国。39年パテー社と自身のイニシャルにちなむ名前の映画会社・M・パテー商会を設立し、東京で本格的に映画興行を開始し、「大西郷一代記」などの映画製作にも進出。43年白瀬矗中尉を隊長とする南極探険隊が出発すると、大隈重信の依頼で自社の撮影班を同行させ、現在「日本南極探検」(45年)として保存されている日本でもっとも古い長編記録映画を撮影させた。44年中国で辛亥革命が起こると自社の写真技師を派遣し、革命の現場を撮影させたが、これはすぐには公開せず、2年後に米国亡命中のため革命の場に立ち会うことができなかった孫文を招いて上映し、大いに感謝されたという。この他にも亡命中の孫文を自宅にかくまい、宋慶齢との結婚を取り持つなど、その交流は単に資金援助のみに留まらなかった。45年手形映画製作会社であった吉沢商店、横田商会、福宝堂を糾合し、日本活動写真(日活)を設立し、取締役に就任。しかし映画産業で儲けた大金を惜しげもなく革命に費やしたので反対派から糾弾され、大正2年には辞職した。

浦 敬一　うら・けいいち
大陸浪人

万延1年(1860)4月～没年不詳　⟦生⟧肥前国平戸(長崎県平戸市)　⟦学⟧専修学校〔明治16年〕卒　⟦歴⟧熊本の佐々友房、熊谷直亮らと交わり、清国の経略を志して明治20年渡清。上海で薬店・楽善堂を経営する岸田吟香宅を拠点に滞在2年、中国語に習熟、弁髪にし清国人と間違われるほどになった。たまたま参謀本部の命で来た荒尾精とともに清国各地の調査に従事した。22年9月中止していた伊犂(イリ)に向かい、単身砂漠横断の途についたが、行方不明となった。

浦上 正孝　うらがみ・まさたか
大陸浪人

文久2年(1862)～大正9年(1920)9月　⟦生⟧筑前国福岡(福岡県)　⟦歴⟧年少から国事に奔走し、玄洋社に入り条約改正問題に志士として活躍する。日露戦争に義勇軍として参加。頭山満に率いられて、辛亥革命に加わる。のち朝鮮で干拓事業を興した。

浦上 隆応　うらかみ・りゅうおう
僧侶　真言宗御室派管長　仁和寺門跡

安政3年(1856)～大正15年(1926)11月10日　⟦生⟧和泉国泉北郡横山村(大阪府和泉市)　⟦歴⟧明治3年高野山に入山し金蔵院通応について得度し、高幡竜暢に伝法灌頂を受ける。6年光明院鎫瓊幢について報恩院流を受け、また一流伝授を受けた。8年竜善から初重二重三重を受法した。24年自性院において栄厳から受法、29年東京で雲照から初二三重を、栄秀からも相伝した。また旭雅から新安流の奥義を皆伝し広く野沢諸流を伝えた。大正4年泉涌寺で禁智等から随流を受けた。この間、高野山大学林、東寺総黌で教鞭を執り、目白僧園でも調育し、真言宗学階の最高位に位した。また高野山で円通寺住職、横浜東福寺住職、無量寿院門首などを経て、9年御室派管長、京都仁和寺門跡、大僧正となる。14年高野・御室・大覚寺の三派合同古義真言宗が成立した際には、管長職を辞して門跡として教学に専念した。著書に「真言宗綱要」「般若心経帰一録」「仏教霊魂論」「事相口決」などがある。

浦田 長民　うらた・ながたみ
神官　伊勢神宮少宮司

天保11年(1840)1月28日～明治26年(1893)10月2日　⟦生⟧伊勢国度会郡山田浦田町(三重県伊勢市)　⟦名字⟧穀夫、通称=織部、鉄二郎、穀太郎、土佐、号=改亭　⟦歴⟧安政4年(1857年)世襲の伊勢神宮内宮権禰宜となったが、尊王を志し、江戸、京都に出て志士と交わり、三条実美らと通じ、神宮護衛隊を組織しようとして幕吏に捕えられた。慶応3年(1867年)許され、明治元年度会府御用掛、2年度会県少参事となり、4年神祇省7等出仕、5年伊勢神宮少宮司として帰任した。その間、神嘗祭の儀式など諸祭儀式典の整備をはかり、「明治祭式」(29冊)を撰定、刊行。10年禰宜降格に抗議して神官を去る。15年東京控訴院判事となり、16年帰郷、度会郡長、鈴鹿郡長、さらに奄芸、河曲郡などの郡長を務めた。著書に「神典採要」「大道本義」などがある。

浦野 大蔵　うらの・だいぞう
日本最初の正教会三使徒の一人

天保12年(1841)1月22日～大正5年(1916)3月18日　⟦生⟧能登国狼煙村(石川県珠洲市)　⟦名⟧本名=浦野立三　⟦歴⟧20歳頃函館に移住し、慶応4年(1868年)沢辺琢磨、酒井篤礼とともに司祭ニコライから洗礼を受け、日本で最初の正教会の使徒となる。布教のため東北に移るが、宮古に住みつき、活動を離れる。医院を開いて医療に専念し、曹洞宗に改宗、立三と改名。ニコライから授かったと思われるイコンは終生大切にしていた。

占部 観順　うらべ・かんじゅん
僧侶(真宗興正派)

文政7年(1824)～明治43年(1910)1月19日　⟦生⟧摂津国西成郡中島村(大阪府大阪市東淀川区)

名諱=観誠, 号=快楽院 歴真宗大谷派の了願寺に生まれ, 広瀬旭荘に漢学を学んだ後, 宗学を修めた。三河・唯法寺の住職となり, 明治維新後, 真宗4派の真宗局教授に就任。明治24年嗣講, 30年真宗大学初代学監。この間, 教義上の問題「たのむ・たすけたまえ」について信順説を展開し, 細川千巌・武田行忠・宮地義天らの請求派と法論を展開。31年高倉学寮の安居講師を務めた際に講義が紛糾したため, 32年嗣講を解任された。のち興正派に転じ, 勧学となり, 愛知県に一乗寺を設立した。 家父=占部観政(了願寺住職)

浦山 太吉　うらやま・たきち
八戸共商会代表

嘉永6年(1853)〜大正14年(1925)

生陸奥国八戸城下(青森県八戸市) 歴13歳で盛岡藩の重要な港の一つであった野辺地の豪商野坂勘左右衛門に奉公し, 読み・書き・算盤を修得。維新後に帰郷, 父の後見のもと秋田県鹿角郡で鉛の採掘事業をはじめ, 構内に軽便鉄道(東北地方初の鉄道と言われる)を敷設するなど採鉱輸送の円滑化を図った。この頃から北海道・東京間の中継や地域物流の拠点として八戸港の築港を企図し, 実現に向けての運動を開始している。12年八戸地域の商業資本を結集, また東京第三銀行と提携して海運と為替を扱う八戸共商会を創設。また14年には日本鉄道株式会社(国鉄の前身)の理事委員となり, 東北本線の八戸経由を実現させるべく奔走した。15年に持ち船の遭難が相次いで八戸共商会が倒産, のち酪農業に転じて小国牧場を経営。生涯一貫して八戸港の築港を主張し続け, 38年には海運・鉄道・観光施設などを備えた大八戸築港計画図を作成するなど, 現在その先見性が高く評価されている。

瓜生 岩　うりゅう・いわ
社会事業家　福島育児院創設者

文政12年(1829)2月15日〜明治30年(1897)4月19日 生陸奥国小田付村(福島県喜多方市) 名旧姓・旧名=渡辺, 別名=油면岩として生まれるが, 幼くして父を失い, 家も焼失した。14歳で叔母に預けられ, 叔父で会津藩医を務めた山内春朧の教育を受けた。呉服商だった夫の死後, 戊辰戦争で傷兵救助に当たり, 旧藩校日新館の再興, 会津藩子女の教育に尽力。明治5年上京, 深川の救養会所の救貧事業を実地研修, 帰郷後窮民救済事業に着手。20年福島に移り, 22年福島救育所を設立。24年再上京, 養育院(後の東京市養育院)の幼童世話係長となった。同年帰郷して各地に育児会を開き, 26年福島育児院, 若松に産婆介護婦養成所ならびに済生病院を創設した。27年日清戦争に際し上京, 甘藷水あめを作り, その利益を傷病兵救助に回した。同年宮内大臣夫人と瓜生会を設け事業拡大を図った。没後の33年浅草公園に銅像が建てられた。 勲藍綬褒章〔明治29年〕

瓜生 震　うりゅう・しん
三菱合資会社副支配人

嘉永6年(1853)6月11日〜大正9年(1920)7月9日 生越前国(福井県) 名旧姓・旧名=多部, 号=瓜生百里 歴福井藩士の子に生まれ, 長崎で蘭学を修め, 坂本龍馬の海援隊に入って活躍。明治4年工部省鉄道寮に入り, 同年岩倉具視ら一行に随って欧米巡遊。8年帰国後再び鉄道寮に入ったが10年官を辞め, 三菱経営の高島炭礦会社に入り, 長崎事務所支配人, 26年三菱合資会社副支配人, 32年営業部長を歴任。41年大日本製糖会社監査役となったが, 彼の整理案が入れられず退社, 再び三菱合資会社に復帰, 傍系の麒麟麦酒, 東京海上保険, 汽車製造, 日本興業銀行などの重役を務めた。 家兄=瓜生寅(官僚・実業家)

瓜生 外吉　うりゅう・そときち
海軍大将　男爵

安政4年(1857)1月2日〜昭和12年(1937)11月11日 生加賀国(石川県) 学アナポリス米国海軍兵学校〔明治14年〕卒 歴加賀大聖寺藩士の二男。明治5年海軍兵学寮に入り, 8年米国へ留学してアナポリスの海軍兵学校に学ぶ。14年帰国して海軍中尉に任官。25年フランス公使館付武官, 30年秋津洲, 扶桑の艦長, 31年佐世保鎮守府軍港部長, 32年松島, 八島の艦長, 33年軍令部第一局長, 36年常備艦隊司令官。日露戦争では第二艦隊司令官を務めた。38年竹敷要港部司令官, 39年佐世保, 42年横須賀の鎮守府司令長官。大正元年海軍大将に進み, 2年予備役に編入。この間, 明治40年男爵を授けられた。海軍有数の米国通であった。11年勅選貴院議員。 家妻=瓜生繁子(東京音楽学校教授), 義兄=益田孝(実業家・男爵), 益田克徳(実業家), 義弟=益田英作(茶人), 女婿=森恪(政治家・実業家), 山下芳太郎(実業家)

瓜生 寅　うりゅう・はじめ
官僚　実業家　瓜生商会設立者

天保13年(1842)1月15日〜大正2年(1913)2月23日 生越前国(福井県) 名旧姓・旧名=多部, 幼名=胙作 歴父は福井藩士だったが, 幼くして両親を失う。京都で新宮涼庭に医学, 真狩琢次に蘭学を学び, ついで長崎で英語を修め, のち幕府英語所教授となる。維新後, 明治4年大学南校助教授となり, のち文部省に出仕, 5年の学制の編成に尽力。同年大蔵省に転じ印紙を創設。7年工部省鉄道輔となり, 山崎・敦賀間の鉄道工事に携わり, 桂川鉄橋を完成させた。他に神戸・大阪に税関を設置するなど活躍したが, 10年病を得て12年退官。のち実業界に入り, 日本鉄道会社幹事などを経て, 下関に外国船船積代理店・瓜生商会を設立し, 下関商業会議所副会頭も務めた。著訳書に「啓蒙智恵之環」「中外貨幣度量考」「交道起源」など。 家弟=瓜生震(三菱合資会社副支配人)

漆 昌巌　うるし・しょうがん
衆院議員（政友会）
嘉永3年（1850）1月1日～昭和9年（1934）1月22日
⽣伊勢国桑名郡江内村（岐阜県海津市）　学増上寺学寮卒　歴仏籍を学んで法禅寺住職。品川町会議員、郡会議員を経て品川町長。明治から大正にかけ衆院議員当選6回、政友会に属した。また品川馬車鉄道、日本製氷、大井銀行、品川白煉瓦などの社長、重役を務めた。

売間 九兵衛　うるま・くへえ
公共事業家
弘化2年（1845）～明治45年（1912）
⽣丹後国与謝郡波路村（京都府宮津市波路）　歴宮津から北陸や京都へつながる交通の要所だった栗田峠は、荷車や人力車が通れない道幅だったため、京都府が同車道掘削を決定する1年前の明治13年、住民とともに掘削の趣旨書を提出。工事は15年頃から始まり、貫通に私財を投げ打って尽力、地元からも約3700人の労力提供を受け難工事の末、約5年後に長さ120メートル、幅4.6メートル、高さ4メートルの栗田隧道が完成した。これにより京都―宮津間が片道2泊3日から直通乗合馬車で15時間に短縮され、物資輸送が大いに便利となった。

海野 謙次郎　うんの・けんじろう
衆院議員（政友会）
弘化3年（1846）4月～大正2年（1913）10月16日
⽣伊勢国明合村（三重県津市）　歴漢学を修め、伊勢銀行、三重農工銀行各取締役。一戸長、県議、所得税調査委員などを務め、明治37年前後衆院議員当選3回、政友会に属した。

海野 孝三郎　うんの・こうざぶろう
茶業家　中央会議所静岡出張所長　静岡県議
嘉永5年（1852）2月1日～昭和2年（1927）11月1日
⽣駿河国安倍郡井川村（静岡県静岡市）　歴徳川家康のとき以来、歴代将軍家の御用茶管理を務める家に生まれる。幕末期から明治初期にかけて二回にわたって江戸に遊学し、帰郷後は茶業の改良に取り組んだ。その一方で、明治15年より静岡県議を務める。17年静岡県茶業組合取締所の創設に際して理事となり、以後、安倍郡茶業組合長・静岡県茶業組合連合会議所副会頭・中央会議所理事などを歴任。この間、20年に清水再製所を設立。次いで29年には大谷嘉兵衛らとともに日本製茶会社を創業し、販路拡大のため米国やヨーロッパ・アジアの各地を視察してまわった。また茶の主要産地である静岡市に近い清水港を茶の一大輸出拠点とすべく奔走し、39年日本郵船神奈川丸による同港からの製茶の輸出を実現。これにより茶の産地での静岡と、その輸出港としての清水港とが大いに発展することとなった。大正3年中央会議所静岡出張所長に就任。

【え】

英照皇太后　えいしょうこうたいごう
孝明天皇女御
天保5年（1834）12月13日～明治30年（1897）1月11日　⽣京都南大路　名諱＝夙子、称号＝基君　歴関白・九条久忠の六女に生まれる。弘化2年（1845）統仁親王の妃に決まり、3年親王が即位して孝明天皇となると、嘉永元年（1848年）女御として入内、6年正三位に昇叙。万延元年（1860年）裕宮（明治天皇）の実母（実は中山慶子・のちの一位局）と公称された。慶応3年（1867年）皇太子睦仁親王（明治天皇）即位により皇太后となり仙洞御所に移り、明治5年東京の赤坂離宮、7年青山御所に移った。皇后とともに宮廷の近代化に努めた。31年死去により英照皇太后の追号された。有職故実に詳しく、養蚕に関心を持った。　家父＝九条尚忠（関白）、弟＝九条道孝（宮内省掌典長）、松園尚嘉（神官）　勲勲一等宝冠章

永田 藤平　えいだ・とうへい
実業家　大阪府議　奈良県義
天保11年（1840）11月23日～明治42年（1909）3月21日　⽣大和国下市村（奈良県吉野郡下市町）　歴生地・大和国下市村の戸長、大和15部併合時に大阪府議を務め、明治20年奈良県議となる。吉野川への石柱鉄梁による千石橋の架設、吉野銀行創設などに力を尽くした。　家長男＝永田藤兵衛（実業家）

永田 藤兵衛　えいだ・とうべえ
吉野銀行頭取　奈良県議
明治4年（1871）1月10日～大正13年（1924）2月29日　⽣奈良県吉野郡下市町　号＝可峰　歴奈良県議を務めた永田藤平の長男。奈良県下市町で家業の林業・製材業を継ぐ。明治36年奈良県議。38年吉野銀行頭取に就任。大正3年吉野桶木会社を創立、4年洞川電気索道の設立に関わるなど、奥吉野地方の木材資源の開発に貢献した。　家父＝永田藤平（奈良県議）

江頭 安太郎　えがしら・やすたろう
海軍中将
慶応1年（1865）2月12日～大正2年（1913）1月23日　⽣肥前国（佐賀県）　学海兵（第12期）〔明治19年〕卒、海大〔明治25年〕卒　歴日清戦争では金剛航海長、明治30年高砂回航長として英国出張、帰国後海軍省人事課勤務。日露戦争で大本営参謀をつとめ、40年生駒艦長、41年少将となり、旅順鎮守府参謀長、佐世保鎮守府参謀長を経て、海軍省人事局長、同事務局長などを歴任。大正2年中将。　家三男＝江頭豊（チッソ社長）、孫＝江藤淳（文芸評論

家)、曾孫=皇太子妃雅子

江上 津直　えがみ・つなお
地域産業指導者
文政10年(1827)～明治38年(1905)3月
[生]肥後国山鹿郡(熊本県山鹿市)　[歴]幕末、思想家の横井小楠に師事し、実学を学ぶ。維新後の明治3年山本・山鹿・菊池・合志郡政少属に任ぜられ、製茶の改良・絹織物工場の建設などを行って地域産業の興隆に尽力。同年に辞任したのちは、郷里・山鹿温泉の整備に後半生を捧げ、同温泉発展の礎を築いた。

江川 次之進　えがわ・つぎのしん
印刷業者
嘉永4年(1851)～明治45年(1912)
[歴]明治20年ころ東京・日本橋に江川活版製造所開業、24年ころ書家久永其頴の筆による行書体を2号活字に鋳造することに成功。次いで5号、3号と鋳造、仙台、大阪に支店を設けた。28年大阪の青山進行堂(青山安吉)と特約、久永式行書体母型を関西にも普及させた。

江木 千之　えぎ・かずゆき
枢密顧問官 文相
嘉永6年(1853)4月14日～昭和7年(1932)8月23日
[生]周防国岩国(山口県岩国市)　[学]工部大学校中退　[歴]周防岩国藩士・江木俊敬の長男。明治3年藩命により大阪の原田一道の塾に学び、4年上京して開拓使学校、大学南校、工部大学校などに学ぶ。7年同校を中退して文部省に入り、9年長崎師範教諭、同年少視学、15年会計局長、18年文部少書記官、19年視学官、同年参事官、24年普通学務局長を歴任。25年内務省に転じ、26年県治局長、29年茨城県知事、30年栃木県知事、同年愛知県知事、31年広島県知事、36年熊本県知事を務めた。37年貴院議員に勅選され、山県有朋系の幸倶楽部、茶話会に属した。また、大正2年教育調査会、3年教科用図書調査委員会、6年臨時教育会議などの委員として"国民精神の作興"を土台とする教育制度の改革に携わった。13年清浦内閣に文相として入閣したが、半年で同内閣が総辞職した後は枢密顧問官となった。　[家]養子=江木翼(政治家)、弟=江木衷(法律家)、江木精夫(陸軍大佐)

江木 欣々　えぎ・きんきん
弁護士・江木衷の妻
明治10年(1877)～昭和5年(1930)2月20日
[名]本名=江木えい子、旧姓・旧名=関、別号=欣々栄　[歴]愛媛県令を務めた関新平の二女。東京・新橋で芸者となり、美貌をうたわれた。弁護士の江木衷と結婚。書画、篆刻を学び、詩、謡曲、乗馬を趣味とし、社交界に名をはせた。大正14年夫と死別してからは寂しい晩年を送り、昭和5年自殺した。妹・ませ子は鏑木清方の名作「築地明石町」のモデルとして知られる。　[家]夫=江木衷(弁護士)、父=関新平(愛媛県令)

江木 翼　えぎ・たすく
法相 貴院議員(勅選)
明治6年(1873)4月24日～昭和7年(1932)9月18日
[生]山口県玖珂郡御庄村(岩国市)　[学]東京帝国大学法科大学英法科〔明治30年〕卒 法学博士〔大正9年〕　[歴]酒造家・羽村家の三男で、江木千之の養子となる。山口高等中学、東京帝国大学法科大学を卒業し、内務省に入省。大正元年の第三次桂内閣及び3年の第二次大隈内閣で内閣書記官長を務めた。5年大隈内閣総辞職と共に貴族院議員に勅選。憲政会の結成に参画し、貴族院内における同党の中心として奮闘し、選挙法改正問題では比例代表制の導入を主張した。9年法学博士。9年護憲三派による加藤高明内閣が成立すると三たび内閣書記官長に就任、14年同内閣の改造により法相となった。続く15年の第一次若槻内閣でも留任し、朴烈事件や松島遊郭疑獄などの事後処理に腐心した。昭和3年民政党筆頭総務、4年浜口内閣では鉄道相ながら同内閣の中心閣僚として活躍、ロンドン軍縮会議の成立に努めた。6年第二次若槻内閣でも留任、満州事変の拡大に反対しつづけ、立憲民政党の総裁候補として将来を嘱望されたが、同年9月病死した。　[家]父=羽村卯作(酒造家)、養父=江木千之(文相)、弟=国光勉造(医師)

江木 衷　えぎ・ちゅう
弁護士 法学者
安政5年(1858)9月19日～大正14年(1925)4月8日
[生]周防国岩国(山口県岩国市)　[名]幼名=倉吉、号=冷灰　[学]東京大学法学部〔明治17年〕卒 法学博士〔明治33年〕　[歴]周防岩国藩士・江木俊敬の二男。明治17年警視庁に入り、のち司法省、農商務省、外務省に勤務した。24年品川弥二郎内相秘書官。傍ら、18年英吉利法律学校(現・中央大学)の創設、教鞭を執った。民法典論争では英法派・延期派の代表として磯部四郎らと論争した。26年弁護士を開業、37年、大正2年に東京弁護士会会長を務めた。一方、森槐南、本田種竹らと一詩社を設立、「冷灰漫筆」「山窓夜話」などで政治を批判した。妻・江木欣々は元新橋芸者で、社交界の名花として知られた。著書に「法律解釈学」「現行刑法汎論」「法律解釈学」「国家道徳論」などがある。　[家]妻=江木欣々、兄=江木千之(官僚)、岳父=関新平(愛媛県令)

江口 三省　えぐち・さんせい
新聞記者 衆院議員(自由党)
安政5年(1858)10月9日～明治33年(1900)12月27日　[生]土佐国安芸郡西分村(高知県安芸郡芸西村)　[名]後名=小松三省　[学]立志学舎、慶応義塾　[歴]上京して語学、政治、経済学を修めた。自由民権運動に参加し、土佐派の指導的人物として活躍。「東雲新聞」「自由」などの政論新聞で健筆を振るった。明治25年第2回衆院選に小松三省の名で高知県から当選、第3、第4回にも当選した。しかし自由党の妥協化にあきたらず、33年札幌に渡った。著書

も多く、ヘンリー・ジョージの訳書「社会問題」は
転換期の自由党に影響を与えた。

江口 麟六　えぐち・りんろく
海軍中将
生年不詳〜昭和16年(1941)3月19日
[出]佐賀県　[学]海兵(第12期)〔明治19年〕卒　[歴]明治21年海軍少尉に任官。38年千早、須磨の艦長、39年竹敷要港部参謀長、41年生駒、43年薩摩の艦長、44年横須賀鎮守府工廠艤装員兼八雲艦長、同年佐世保鎮守府参謀長、45年砲術学校校長、大正2年水路部長を経て、3年馬公要港部司令官。4年海軍中将に進み、横須賀鎮守府工廠長。6年予備役に編入。

江沢 金五郎　えざわ・きんごろう
天賞堂創業者
嘉永5年(1852)〜没年不詳
[出]上総国夷隅郡大多喜(千葉県夷隅郡大多喜町)　[歴]中村正直「西国立志編」、福沢諭吉「学問のすゝめ」の刺激を受けて、間もなく上京。12年東京・銀座に天賞堂を設立し時計やダイヤを販売。正札売り、通信販売、広告宣伝、ショーウィンドー、商品券など知恵とアイデアで時計・貴金属商の王座にのし上がり、店の名が夏目漱石「虞美人草」にも登場するほど華やかな存在となった。

江沢 潤一郎　えざわ・じゅんいちろう
社会事業家
嘉永5年(1852)3月〜昭和2年(1927)3月
[出]上総国(千葉県)　[名]本名＝上代潤一郎　[歴]千葉県勝浦の豪農に養子に入る。雪害の防止、小学校創設、道路の開削、種痘の実施などに尽力。改良イワシ揚繰網を完成・普及させるなど、沿岸漁業の発展にも寄与した。

江角 千代次郎　えずみ・ちよじろう
衆院議員(大同倶楽部) 湖西銀行頭取
元治1年(1864)11月18日〜昭和9年(1934)6月19日　[出]島根県　[歴]漢籍を修めた後、村議、町村組合会議員、簸川郡議、徴兵参事員、所得税調査委員を務め、明治31年8月に島根郡部より衆院議員に初当選。以後4期連続して務めた。

江副 靖臣　えぞえ・やすおみ
実業家 佐賀新聞社長 衆院議員
嘉永4年(1851)4月〜大正4年(1915)4月24日
[出]肥前国佐賀郡(佐賀県佐賀市)　[名]旧姓・旧名＝野口　[学]横浜ヘボン学校卒　[歴]肥前佐賀藩の藩校・弘道館を経て、慶応義塾、横浜ヘボン学校に学ぶ。明治17年「佐賀新聞」を創刊し、社長に就任。その後、弁護士の資格を得て業務に従事、佐賀取引所の設立や佐賀市制実施に尽力。佐賀市議・議長、佐賀県議・議長を務め、45年衆院議員に当選1回。また佐賀取引所理事長、佐賀実習女学校主となった。

江田 国通　えだ・くにみち
陸軍少佐
嘉永1年(1848)9月6日〜明治10年(1877)3月4日
[出]薩摩国鹿児島城下(鹿児島県鹿児島市)　[名]通称＝正蔵　[歴]藩校造士館に学び、16歳で薩英戦争に参加。慶応3年(1867年)島津久光に従って上洛、禁門の守衛に当たり、戊辰戦争では鳥羽・伏見の戦い、次いで上総、下総へ脱走幕軍を追い、さらに上野の彰義隊戦、奥羽白河から会津若松まで転戦した。2年御親兵として上洛、陸軍少尉、7年少佐となった。10年西南戦争には近衛歩兵第一連隊第二大隊長として従軍。木次越の激戦で戦死した。

越渓守謙　えっけいしゅけん
僧侶(臨済宗)
文化7年(1810)〜明治17年(1884)1月12日
[出]若狭国高法(福井県)　[名]号＝本光寂　[歴]10歳の時、若狭・常高寺で得度し、18歳から阿波・興源寺で修行する。のち備前・曹源寺の棲梧に師事。天保10年(1839年)但馬・光福寺、嘉永元年(1848年)丹後・智恩寺に歴住。山城・相国寺の無為に参禅して前板となり、妙心寺天授庵に移った。明治16年兵庫県に楊岐寺を創立し、師の儀山善来を勧請開山として、その法統を嗣いだ。

越叟 義格　えっそう・ぎかく
僧侶(臨済宗)
天保8年(1837)5月3日〜明治17年(1884)6月18日
[出]筑前国(福岡県)　[名]俗姓＝松尾　[歴]文久3年(1863年)京都・相国寺の越渓守謙に師事。明治7年富山県高岡市の国泰寺住持となり、のちに剣術家・山岡鉄舟の援助で同寺を法灯派本山とした。また東京・谷中に全生庵を開いた。

江戸 周　えど・まこと
茨城新聞副社長 茨城県議
安政4年(1857)10月10日〜昭和2年(1927)1月28日　[出]常陸国(茨城県)　[歴]明治23年茨城新聞社に入社、のち副社長。40年茨城県議。水戸商業会議所副会頭、水戸瓦斯取締役なども歴任。

衛藤 薫　えとう・かおる
公益家
文政7年(1824)4月13日〜大正3年(1914)8月19日　[出]豊後国直入郡折立村(大分県竹田市)　[歴]豊後折立村の庄屋の家に生まれ、嘉永6年(1853年)父の跡を継ぐ。村の里正で、明治維新後は副戸長を務める。水の便も悪く荒廃した丘陵地の折立村に、慶応4年(1868年)延長約2.4キロの井路(折笠井路)を開削し、約19ヘクタールの新田を開き、村内30世帯の水田を潤した。また寺子屋を作り子弟を養育した。明治4年井路の傍らに記念碑が建てられ、44年大分県より一等有功賞を受賞した。

江藤 新作　えとう・しんさく
衆院議員(改進党)
文久3年(1863)10月〜明治42年(1909)

明治18年大井憲太郎らの大阪事件に連座、逮捕されたが、予審免訴。のち進歩党入党、36年佐賀県から衆院議員となり、以後連続4回当選。著書に「南白江藤新平遺稿」。 家父＝江藤新平（政治家）

江藤 新平　えとう・しんぺい
司法卿 参議 佐賀の乱の首謀者
天保5年（1834）2月9日～明治7年（1874）4月13日　生肥前国佐賀郡八戸村（佐賀県佐賀市）　名本名＝江藤胤雄、幼名＝慎太郎、又蔵、号＝南白　歴佐賀藩下級武士の子に生まれ、藩校弘道館に学ぶ。上佐賀代官などを務めた。文久2年（1862年）脱藩して上洛、公卿姉小路公知に接近、無期謹慎となる。慶応3年（1867年）赦され、郡目付。明治元年江戸開城後、軍征大総監督府の軍監として江戸に入り、江戸鎮台判事。2年中弁となり、制度局取締辞掛として官制改革案を草して中央集権化をはかった。4年文部大輔、次いで左院副議長を経て、5年司法卿となり司法権の独立司法制度の整備に力を尽くした。6年4月参議となったが、10月西郷隆盛らの征韓論に同調、辞職。7年板垣退助らと民撰議院設立建白書を提出したが、佐賀の征韓主張者らに勧められ、首領となり同年2月挙兵（佐賀の乱）、しかし政府軍に鎮圧され薩長、土佐に逃れたが阿波に密行の途中逮捕されて刑死した。著書に「図海策」など。

江藤 哲蔵　えとう・てつぞう
衆院議員（政友会）
明治5年（1872）8月3日～大正6年（1917）6月24日　生熊本県菊池郡陣内（大津町）　学東京専門学校〔明治32年〕卒　歴16歳で上京、共立学校を苦学して卒業。帰郷して自由党入会。のち九州私学校を創立したが、閉鎖して再上京、東京専門学校で行政学を学んだ。明治37年衆院議員となり、41年欧米視察、帰国後政友会幹事。45年代議士再選、大正2年通信省参事官となり、3年辞任。のち政友会幹事長。

江藤 正澄　えとう・まさずみ
神官 考古学者 太宰府神社宮司
天保7年（1836）10月12日～明治44年（1911）11月22日　生筑前国夜須郡秋月鷹匠町（福岡県朝倉市）　名旧姓・旧名＝上野　歴秋月藩士の二男として生まれる。文久2年（1862年）同藩の医師・江藤家の養子となる。明治元年国学者の立場から藩政改革を建白。3年神祇官権少史、6年太宰府神社宮司を経て、奈良県の川上神社や広瀬神社の大宮司を歴任。初めて奈良県下の寺社の宝物を興福寺に集めて博覧会を行った。10年帰郷、膨大な蔵書と考古出土品を売り生計を立てた。20年大社教神官、21年沖縄神宝調査に従事、34年には帝国古蹟調査会福岡支部監事を務めるなど、考古学者として活躍。有職故実学者、社会教育家、歌人としても知られた。

榎 市次郎　えのき・いちじろう
滋賀県伊香立村長 岐阜県議

嘉永7年（1854）6月～大正13年（1924）　生滋賀県伊香立村（大津市）　歴明治22年滋賀県伊香立村初代村長に就任。私財を投じて和邇川の護岸工事を完成させた。のち岐阜県議。

榎本 武揚　えのもと・たけあき
外相 海軍中将 子爵
天保7年（1836）8月25日～明治41年（1908）10月26日　生江戸下谷御徒町（東京都台東区）　名通称＝榎本釜次郎、号＝梁川　歴幕臣の二男で、弘化4年（1847年）昌平黌に入り、下中浜万次郎の塾に学ぶ。嘉永6年（1853年）第2期伝習生として長崎の海軍伝習所に学んだ。安政5年（1858年）江戸に帰り海軍操練所教授。文久元年（1861年）開陽丸建造監督を兼ねてオランダへ留学、造船学、船舶運用術、国際法などを学び、慶応2年（1866年）帰国、軍艦乗組頭取、海軍奉行となった。戊辰戦争では幕府の海軍副総裁として主戦論を唱え、江戸開城後も政府軍への軍艦引き渡しを拒否、全艦隊を率い仙台、北海道へと脱走。箱館の五稜郭にたてこもり抗戦した（箱館戦争）。2年降伏して入獄、5年特赦となり、開拓使に出仕。7年海軍中将兼特命全権公使としてロシアに赴き、千島樺太交換条約を締結。12年外務省二等出仕、13年海軍卿、15年清国在勤特命全権公使として伊藤博文全権と共に天津条約を締結。18年内閣制度の発足にもとづき第一次伊藤内閣が成立すると、旧幕府関係者として唯一人、通信相として入閣。21年黒田内閣で農商務相、22年森有礼暗殺により文相を兼務。24年第一次松方内閣では大津事件のために辞職した青木周蔵の後を受け外相となり、27年第二次伊藤内閣で農商務相を務めた。20年子爵。

江橋 厚　えばし・あつし
衆院議員（公同会）
嘉永7年（1854）2月～昭和2年（1927）2月7日　生信濃国（長野県）　歴代言人（弁護士）を経て、明治23年第1回総選挙で衆院議員に当選。通算2期務める。

海老名 弾正　えびな・だんじょう
牧師 キリスト教思想家 同志社総長
安政3年（1856）8月20日～昭和12年（1937）5月22日　生筑後国柳河（福岡県柳川市）　名幼名＝喜三郎　学同志社英学校〔明治12年〕卒　歴熊本洋学校時代、熊本バンドの一人としてジェーンズの導きで受洗する。明治12年同志社卒業後は安中、前橋、東京、熊本、神戸で牧師として活躍。また熊本英学校、熊本女学校を創設。23年日本基督伝道会社社長に就任。30年東京で基督同志会を結成、本郷教会牧師となる。大正9年から昭和4年にかけては同志社総長を務めた。その間「新人」「新女界」などを刊行し、また植村正久との間に"福音主義論争"が行なわれた。著書は多く「彼得前後書註釈」「耶蘇基督伝」「人間の価値」「基督教新論」などがある。　家いとこ＝徳富蘇峰（評論

家), 徳冨蘆花(小説家)

海老名 季昌　えびな・としまさ
福島県若松町長
天保14年(1843)～大正3年(1914)8月23日
[生]陸奥国会津(福島県会津若松市)　[名]幼名=秀次郎, 前名=秀松, 郡治, 号=陽亭　[歴]会津藩士。嘉永4年(1841年)上総・安房の軍事奉行に任ぜられた父に従い、富津で育つ。この頃、種子島流砲術を学び、藩主・松平容保の御前で上覧試射を成功させ御酒を賜った。その後、江戸の書学寮や会津の藩校日新館で儒学・剣術・弓術などを修めた。文久3年(1863年)家督を継ぎ、元治元年(1864年)には京都に在って、禁門の変に参戦。慶応3年(1867年)藩命によってパリ万博に参列する幕府遣欧特使・徳川昭武に従って渡欧し、ヨーロッパ各地を視察した。帰国後は藩の枢機に参画し、戊辰戦争では若年寄・家老として官軍との戦いを指揮するが、敗れて戦争責任を追求された。のち赦免されて他の会津藩士と共に陸奥国斗南に移住。明治8年には警視庁に出仕し、警部補・福島県一等属・北会津郡長などを経て若松町長に就任。会津市政発布に向けての基礎固めに尽くした。晩年はキリスト教を信仰したという。

海老名 みや　えびな・みや
伝道師 婦人運動家 日本婦人会会長
文久2年(1862)11月6日～昭和27年(1952)3月4日
[生]肥後国(熊本県)　[名]旧姓・旧名=横井, 別名=美也　[学]同志社女学校卒　[歴]父は幕末の思想家・横井小楠。明治2年父が暗殺されると熊本に移り、熊本洋学校教師ジェーンズの妻から英語を教わる。8年熊本洋学校に編入。東京遊学を経て10年には京都の同志社女学校に入学し、同校長の新島襄から洗礼を受けた。15年兄の友人であった牧師の海老名弾正と結婚し、夫を助けて安中・東京・熊本・京都・神戸で布教活動に当たった。この間、伯母の矢島楫子と共に日本基督教婦人矯風会の設立に参画。また竹崎順子の熊本女学校創設にも協力した。42年に夫が「新女界」を創刊すると安井てつと共に編集を担当、大正6年から同誌の社説を執筆し、家庭や結婚の問題などについて論じた。その後も夫を助けて朝鮮伝道や北米日系人啓発運動に従事。7年には米国・ピッツバーグで開かれた世界キリスト教徒大会に出席し、日本婦人代表として講演を行った。のち日本婦人会・日本基督教婦人矯風会・基督教女子青年会・基督教連合婦人会などの会長を歴任した。　[家]夫=海老名弾正(牧師), 父=横井小楠(思想家), 兄=横井時雄(宗教家), 伯母=竹崎順子(教育者), 矢島楫子(婦人運動家), 徳富久子

海老名 隣　えびな・りん
婦人運動家 東京基督教婦人矯風会副会頭
嘉永2年(1849)4月～明治42年(1909)4月20日
[生]陸奥国会津(福島県会津若松市)　[名]旧姓・旧名=日向　[歴]会津藩士の娘として生まれる。17歳の時に藩の軍事奉行・海老名季昌と結婚。明治5年警視庁の官吏となった夫とともに上京。21年には東京霊南坂教会牧師・綱島佳吉の下で洗礼を受けて熱心なキリスト教徒となり、東京基督教婦人矯風会に入って社会運動に従事した。26年に帰郷したのちは若松幼稚園や会津女学校を設立し、幼児及び女子の教育に尽くした。　[家]夫=海老名季昌(官吏)

江間 俊一　えま・しゅんいち
衆院議員(憲政会)
文久1年(1861)5月10日～昭和8年(1933)5月31日
[生]遠江国見付(静岡県磐田市)　[学]明治法律学校卒　[歴]明治23年代言人(弁護士)となり法曹界に活躍。また、31年東京府議、35年東京市議となり、43年市会議長。39年より衆院議員当選4回。江間式心身鍛練法の創始者。憲政会に所属。

江守 清　えもり・きよし
江守商事創業者
明治8年(1875)2月16日～昭和2年(1927)11月23日　[生]福井県今立郡西鳥羽村(鯖江市)　[名]旧姓・旧名=大平　[歴]生家は福井藩の中級藩士の家柄で、三男として生まれる。明治26年大阪の薬種問屋・田畑利兵衛商店に丁稚奉公に出、33年遠戚の江守家を継いだ。39年福井市に江守薬店を開いて独立。昭和2年52歳で亡くなると、若干22歳の長男・清喜が家業を継承、今日の江守商事に発展させた。
[家]長男=江守清喜(江守商事社長)

遠藤 温　えんどう・おん
衆院議員(大成会)
文政6年(1823)9月1日～明治29年(1896)6月4日
[出]陸奥国桃生郡深谷北村(宮城県石巻市)　[名]字=伯理, 通称=九三郎, 号=朝陽山人, 深谷　[歴]代々酒造業を営む大肝煎の家系で、万延元年(1860年)献金により士籍に列した。幼い頃から斎藤竹堂につき、江戸に出て昌平黌に学んだ。帰藩後は勤王派として活動した。明治維新後は仙台藩の藩政改革で中心的な役割を担い、12年宮城県議に当選して副議長や議長を歴任。23年第1回総選挙で当選し、衆院議員を1期務めた。

遠藤 喜太郎　えんどう・きたろう
海軍少将
安政3年(1856)2月16日～明治35年(1902)7月16日　[出]加賀国金沢(石川県金沢市)　[学]海兵(第5期)〔明治11年〕卒　[歴]明治14年海軍中尉に任官。23年海相秘書官、26年駐英国公使館付武官、30年帰国。31年浪速、松島の艦長、32年常備艦隊参謀長を経て、33年海軍少将となり佐世保鎮守府艦隊司令官となる。同年常備艦隊司令長官、34年軍令部第三局長を務めたが、35年病没した。

遠藤 謹助　えんどう・きんすけ
大蔵省造幣局長
天保7年(1836)～明治26年(1893)9月13日

生長門国萩(山口県萩市) 歴文久3年(1863年)志道聞多(井上馨)、伊藤俊輔(博文)、野村弥吉(井上勝)、山尾庸三らと共に英国ロンドンに留学。慶応2年(1866年)帰国。維新後は、英国で学んだ造幣技術を買われ、明治2年通商権正、4年造幣権頭、7年大蔵大丞、14年造幣局長を歴任した。この間、16年に造幣局構内に植えられた桜並木を一般公開することを提案、"桜の通り抜け"として関西の春の風物詩となった。

遠藤 敬止　えんどう・けいし
第七十七国立銀行頭取
嘉永2年(1849)～明治37年(1904)6月15日
生江戸 出陸奥国会津(福島県) 学慶応義塾
江戸の藩邸に生まれる。開成所で英語を学び、戊辰戦争では会津藩士として転戦し、会津の鶴ケ城に籠城。敗戦後投獄されたが、明治2年赦免となり、早稲田塾、久留米中学の英語教師を経て、慶応義塾に入学。6年大蔵省銀行事務講習所の講師となり、簿記機械、為替手形などの標本を作製。また「銀行実験論」の翻訳も手掛けた。のち渋沢栄一に見いだされ、仙台の第七十七銀行設立に際して教授役として派遣され、14年同行頭取に就任。宮城商法会議所(現・仙台商工会議所)会頭、仙台市収入役を歴任した。29年会津銀行を設立、相談役。一方、23年鶴ケ城跡が競売にかけられると私財を旧藩主の松平家に献上し、松平家が払い下げを受けるよう尽力した。

遠藤 允信　えんどう・さねのぶ
神官 塩釜神社宮司
天保7年(1836)～明治32年(1899)4月20日
生陸奥国栗原郡川口村(宮城県栗原市) 名通称=文七郎、号=睡竜斎 歴陸奥国栗原郡川口の領主で、安政元年(1854年)仙台藩奉行に就任。翌年幕府の諮問に対し幕政弾劾、尊王攘夷を主張。文久2年(1862年)上洛して攘夷の意を述べ、攘夷の内勅を得、藩内勤王派の興隆に尽力した。翌年藩内の佐幕派の運動により内勅無視が決定、勤王派は弾圧され、自領川口に逼塞。明治元年奥羽諸藩の同盟が決裂して佐幕派が斥けられるに及んで、再び執政となり、勤王を主張して仙台藩の危機を救った。2年上洛して版籍奉還に参画。のち明治政府の待詔院に出仕、ついで仙台藩の権大参事、また神祇少祐、権少教正に補される。のち神職に転じ、氷川、平野などの諸社の宮司を経て、24年国幣中社塩釜神社宮司となった。32年退官。

遠藤 十次郎　えんどう・じゅうじろう
実業家 裏磐梯開発の先駆者
元治1年(1864)～昭和10年(1935)
生陸奥国(福島県会津若松市) 歴会津若松の商家に生まれる。のち米穀商である遠藤家の婿養子となり、分家して醤油醸造業を営み、明治34年には運送業にも手を広げる。43年21年の磐梯山噴火後に荒れ地になっていた裏磐梯一帯の官有地開発の権利を譲り受け、私財を投じて植林・造林を行い裏磐梯の開発に着手。大正12年会津商人の宮森太左衛門らと磐梯土地株式会社を設立、道路整備などを行い"東洋のスイス"を目指して開発に力を注いだ。

遠藤 慎司　えんどう・しんじ
陸軍主計監 和歌山市長
嘉永6年(1853)3月30日～昭和7年(1932)4月7日
出紀伊国(和歌山県) 学開成学校卒 歴明治10年陸軍省に入り、のちドイツに留学。経理学校長などを経て、36年経理局主計課長、37年韓国駐箚軍経理部長、主計監を歴任。大正4年和歌山市長。

遠藤 貞一郎　えんどう・ていいちろう
周防徳山藩士
天保12年(1841)6月2日～明治21年(1888)6月15日 生周防国徳山(山口県周南市) 名通称=希一、貞一、儀右衛門、号=培園、変名=白井貞一郎 歴周防徳山藩医・遠藤春岱の子。文久2年(1862年)高杉晋作らの英国公使館焼き討ち事件に参加。元治元年(1864年)禁門の変に際して江戸で捕らえられ、備中新見藩の江戸屋敷に幽閉された。慶応2年(1866年)帰国。明治2年の世子・毛利元功に従い英国へ留学、3年帰国。徳山藩大参事を経て、内務省に出仕。大津郡長や赤間川区長も務めた。 家父=遠藤春岱(医師)

遠藤 秀景　えんどう・ひでかげ
衆院議員(自由党)
嘉永6年(1853)12月1日～明治44年(1911)5月
出石川県 歴早くから漢学を修めた。明治10年西南戦争で石川県士族島田一郎らが西郷隆盛を援けることを主張したが、兵糧不足を理由に反対。島田が大久保利通内相を暗殺後、実力で政権をとることを悟り、盈進社を興し、不平の徒を集め、旧藩主前田家に士族授産金を要請、起業社を設立、北海道開拓、千島漁業を始めたが失敗。22年石川県議、議長となり、23年金沢市から衆院議員に当選した。

遠藤 友四郎　えんどう・ゆうしろう
国家主義者
明治14年(1881)6月27日～昭和37年(1962)4月28日 生福島県 学同志社神学校〔明治40年〕中退 歴横浜で独学、救世軍を知ってキリスト教に入信。明治39年同志社神学校に入り、高畠素之を知り社会主義思想に傾倒。大学中退後、足尾鉱毒問題にかかわり、高畠と社会主義新聞「東北評論」を創刊。大正7年堺利彦の売文社に入社、高畠と国家社会主義グループを率いた。14年以後高畠と離れ、民族派として昭和10年まで個人誌「日本思想」に拠り、尊皇愛国、日本主義を唱えた。著書に「社会主義者になった漱石の猫」「財産奉還論」などがある。

遠藤 庸治　えんどう・ようじ
衆院議員(政友会)　初代仙台市長

嘉永2年(1849)10月11日～大正7年(1918)1月10日　[生]陸奥国仙台(宮城県仙台市)　[歴]生地の仙台で代言人(弁護士)を開業、ついで弁護士の業務に従事する。宮城県議・議長を経て、明治22年初代仙台市長に就任。第2期・6期代の市長を重任し、市営電力・市電・上下水道などの事業の実現に努めた。また宮城農工銀行頭取となる。36年衆院議員(政友会)に当選2回。

遠藤 良吉　えんどう・りょうきち
衆院議員(政友会)

安政2年(1855)～昭和6年(1931)12月6日　[生]陸前国桃生郡北村湖崎(宮城県石巻市)　[名]号＝李楊　[歴]村上家から遠藤温之の養子となった。宮城県議から衆院議員となり、当選4回。政友会に属した。晩年阿片事件のための罪を得て政界を引退した。

【　お　】

お栄　おえい
"ラシャメンお栄"と呼ばれた料亭女将

万延1年(1860)～昭和2年(1927)5月　[名]本名＝道永えい、通称＝稲佐お栄、ラシャメンお栄　[歴]開港と同時にロシア艦船で賑わった長崎稲佐に来て、旅館や料亭で働きながら長崎のロシア将校集会所でロシア語を学び、9年間ロシアに滞在。帰国後の明治24年ニコライ皇太子を接待。のち料亭旅館を経営し、日露戦争で捕虜になったステッセル将軍らの世話をした。"ラシャメンお栄"と呼ばれた。

大井 憲太郎　おおい・けんたろう
自由民権運動家　衆院議員(憲政党)

天保14年(1843)8月10日～大正11年(1922)10月15日　[生]豊前国宇佐郡高並村(大分県宇佐市)　[名]旧姓・旧名＝高並、幼名＝彦六、別名＝馬城台二郎、馬城山人　[学]大学南校　[歴]幼少から漢学を学び、20歳のころ大坂に出て蘭学・英学を修め、さらに江戸に出て仏学・化学を学ぶ。幕府の開成所密局に出仕。戊辰戦争では幕軍。明治2年箕作麟祥に師事し、大学南校に入り、7年民選議院設立に加藤弘之と論争。8年元老院少書記となり翌年免官。同年愛国社創立に参画。その後は代言人(弁護士)として活動する傍ら、急進的自由民権運動のリーダーとなる。15年自由党に参加。17年秩父の借金党を指導、18年朝鮮の内政改革運動の大阪事件を起こして逮捕され、禁錮9年の刑を受けた。22年の大赦令で出獄、中江兆民らと自由党再興を図り、23年立憲自由党設立。同年「あづま新聞」を創刊、翌

年廃刊。25年自由党を脱党、東洋自由党を結成、普通選挙を唱え、日本労働協会、小作条例調査会を設け社会運動の先駆的役割を果たした。同党は26年解党。27年衆院議員に当選、31年自由党、進歩党の合同に尽くし憲政党総務。32年普通選挙期成同盟会(後の普通選挙同盟)を片山潜らと結成。37年と41年に衆院議員に当選。晩年は満鉄の援助を受け、対外強硬論を主張した。著書に「時事要論」「自由略論」など。

大井 成元　おおい・しげもと
陸軍大将　貴院議員

文久3年(1863)9月10日～昭和26年(1951)7月15日　[生]山口県　[名]旧姓・旧名＝大井菊太郎　[学]陸士(旧6期)[明治16年]卒、陸大[明治21年]卒　[歴]明治16年歩兵第二十三連隊付、21年沖縄に分遣され、23年ドイツに留学、28年第二軍参謀として日清戦争に従軍。35年ドイツ公使館付、39年ドイツ大使館付となり、帰国後、陸軍省軍務局軍事課長、45年陸軍大学校長、大正3年第八師団長、7年第十二師団長としてシベリア出兵に従軍、8年ウラジオ派遣軍司令官。9年大将、10年軍事参議官、同年男爵、12年予備役となった。13年貴院議員、公正会に属し右翼運動を推進。昭和8年三六倶楽部理事、10年天皇機関説排撃の先頭に立った。11年国体擁護た在郷将校会を結成、広田内閣倒閣後の組閣をめぐって宇垣内閣を流産に追い込んだ。15年内閣参謀、17年翼賛政治会顧問。

大井 卜新　おおい・ぼくしん
衆院議員　大阪商業会議所副会頭

天保5年(1834)3月10日～大正13年(1924)5月11日　[生]紀伊国牟婁郡平谷村(三重県熊野市)　[歴]大坂に出て蘭学、医学を修め、文久元年(1861年)医師開業。のち大坂病院講師となり、明治4年文部少助教から中助教に進むが、辞して洋薬機械所を設立。洋薬問屋・外科機械などを営み、のち硫酸製造業を起こして実業界に入る。伊有鉄道、大阪電燈、硫酸肥料などの諸会社を創立し、24年大阪商業会議所副会頭に就任。一方、大阪市東区会議員、同議長、大阪府会議員を歴任、37年には衆院議員となり、42年再選、45年政界を退いて実業に専心し、関西実業界で活躍した。　[家]養子＝大井憲太郎(自由民憲運動家)

大家 百次郎　おおいえ・ひゃくじろう
園芸家

嘉永5年(1852)3月5日～大正4年(1915)10月27日　[生]伊予西宇和郡矢野崎村(愛媛県八幡浜市)　[歴]生地・愛媛県向灘浦地方は漁業や養蚕などが農家の主な収入源になっており、農事の改良を思い立ち、明治27年九州から夏ミカンや温州ミカンの苗を導入し栽培を開始。以来、研究と改良を重ねて"日の丸ミカン"の基礎を確立し、同地方を全国有数のミカン産地に育て上げた。また、私塾を開いて武道を教授するなど、青少年の育成にも力を注

大池 忠助　おおいけ・ちゅうすけ
朝鮮実業の開拓者
安政3年(1856)4月20日～昭和5年(1930)2月1日　生対馬国(長崎県)　歴明治8年朝鮮に渡り、釜山で貿易・海運・製塩・水産・精米・旅館業など多方面で事業を興し、先駆的開拓を行い朝鮮産業の発達に尽力、釜山財界の大立者となる。日清戦争・日露戦争では軍事に功労があった。

大石 正吉　おおいし・しょうきち
海軍少将
生年不詳～昭和13年(1938)5月2日
回京都府　学海兵(第24期)〔明治30年〕卒、海大〔明治41年〕卒　歴明治31年海軍少尉に任官。大正4年橋立、5年音羽、周防の艦長、6年海軍兵学校教頭兼監事長を経て、8年榛名、9年扶桑の艦長。10年海軍少将。同年教育本部第二部長、12年大湊要港部司令官。13年予備役に編入。

大石 誠之助　おおいし・せいのすけ
社会主義者　医師
慶応3年(1867)11月4日～明治44年(1911)1月24日　生紀伊国新宮(和歌山県新宮市)　名号=禄亭永升、禄亭、無門庵　学同志社中退、オレゴン州立大学(米国)医学部〔明治28年〕卒　歴明治23年渡米、28年オレゴン州立大学医学部を卒業、ドクトルの学位を得て帰国、29年郷里新宮で医院を開業。31年シンガポールに渡り伝染病研究に従事。32年ボンベイ大学で医学を研究、34年帰国。このころから社会主義に関心を持ち「牟婁新報」「平民新聞」などに論説を書き、社会主義運動に参加。39年上京し幸徳秋水や堺利彦、森近運平、片山潜らと交わり、41年幸徳、菅野すがらを診察した。大石は爆裂弾の原料である塩素酸カリを宮下太吉に送った、などの理由で43年6月大逆事件に連座、起訴され、翌年1月死刑の判決を受け、処刑された。また都々逸や狂歌もよくし、鶯谷金升から禄亭永升の号を受け情歌作者としても活躍した。「大石誠之助全集」(弘隆社)がある。

大石 保　おおいし・たもつ
韓海漁業会社取締役　東京府議会議長
慶応4年(1868)1月4日～大正13年(1924)12月3日　生土佐国長岡郡(高知県)　学明治学院神学部卒　歴牧師となったが、のち実業界に入り、明治43年韓海漁業会社を創立、取締役兼支配人。また海王漁業会社を創立、重役を兼ねた。この間、人造麻布製造発明に成功、専売特許を得、漁業の発展に貢献した。その後、帝国実業貯蓄銀行頭取。また、大正4年東京市議となり、のち東京府議会議長も務めた。

大石 正巳　おおいし・まさみ
衆院議員　農商務相
安政2年(1855)4月11日～昭和10年(1935)7月12日　生土佐国長岡郡池村(高知県高知市)　歴戊辰戦争に従軍。明治7年板垣退助の立志社に入り、自由民権運動、国会開設運動に従事。14年自由党結成で幹事。15年板垣の洋行に反対、脱党。20年後藤象二郎の大同団結に応じ、各地で遊説。25年朝鮮駐箚弁理公使となり、防穀令解除を談判、韓国に損害賠償金11万円を約させた。26年帰国、29年進歩党結成に参加、松方内閣の成立を斡旋。30年農商務次官、31年憲政党結成創立委員、大隈内閣成立で農商務相。憲政党分離後、国民党総務。大正2年桂太郎の立憲同志会に参加、4年政界引退。衆院議員当選6回。

大泉 梅治郎　おおいずみ・うめじろう
仙台ホテル創業者
安政3年(1856)2月3日～昭和12年(1937)1月2日　生陸奥国仙台(宮城県仙台市)　名旧姓=梅村　歴明治20年仙台駅前に旅館大泉屋支店を出店。弁当部(現・伯養軒)開設、ホテルへの改造(現・仙台ホテル)などで事業を発展させた。仙台市議も務めた。

大井上 輝前　おおいのうえ・てるちか
北海道集治監初代典獄
嘉永1年(1848)10月22日～明治45年(1912)1月4日　生伊予国大洲(愛媛県大洲市)　名旧姓・旧名=井上　歴幕末に脱藩し米国に留学。慶応3年(1867年)帰国し戊辰戦争に参加。明治2年箱館府弁官(通訳館)となり、対露渉外事務に当たる。16年内務省監獄局に転じ、18年釧路集治監(のち北海道集治監)初代典獄となる。服役者の鉱山労働禁止、感化矯正のためのキリスト教主義導入、監獄への野球や草競馬の導入など、服役者の人道的処理に尽力した。28年「御真影」をめぐる不敬事件で辞任。その後、札幌区議会議員などを務めた。

大内 青巒　おおうち・せいらん
僧侶　仏教運動家　東洋大学学長
弘化2年(1845)4月17日～大正7年(1918)12月16日　生陸奥国仙台(宮城県仙台市)　名本名=大内退、字=巻之、別号=藹々、露堂　歴幼い頃に父母を失い、陸奥仙台藩士・但木土佐に育てられた。のち水戸に出て曹洞宗の照庵のもとで出家し、泥牛と号した。万延元年(1860年)師に従って江戸に移り、禅を原坦山、仏典を福田行誡、漢学を大槻磐渓に学んだ。明治初年推薦されて西本願寺法主・大谷光尊の侍講を務めるが、やがて禅浄一致を説いて還俗。以後、在家主義を主張して布教活動を進め、5年にはキリスト教を排撃した「駁尼去来問答」を刊行した。7年島地黙雷、赤松連城らと「共存雑誌」「報四叢談」を編、8年「明教雑誌」を創刊し、護法論、信教自由論、戒律論などを幅広く論じて仏教啓蒙思想家として活躍した。12年各宗連合の共同により和敬会を結成。20年には在家化道に関心を持つ曹洞宗の僧侶や信者を集めて曹洞扶宗会を創立、同会における民衆教化の指針として「洞上在家

修証義」を著述し自由信教・自由布教を唱えたが、結局同会はのちに曹洞宗団に吸収された。22年仏教徒の政治団体・尊王奉仏大同団を設立し、尊王と奉仏の両立を説いた「尊皇奉仏論」を発表。さらに鴻盟社を組織してその指導者となり、多くの門弟を育てた。大正3年東洋大学学長。7年永平寺参詣中に急死した。　家息子＝大内青坡（洋画家）、大内青圃（彫刻家）

大内 暢三　おおうち・ちょうぞう
東亜同文書院院長　衆院議員（政友会）
明治7年（1874）3月～昭和19年（1944）12月31日
出福岡県　学東京専門学校〔明治35年〕卒　歴コロンビア大学に留学し、帰国後早稲田大学講師、東亜同文会理事を務めた。東方文化事業のを創立に際し、その総委員として上海研究所に駐在した。後に東亜同文書院院長に就任。また、明治41年福岡第3区より衆院議員に当選。通算5期を務めた。　家息子＝大内義郎（愛知大学教授）、孫＝大内順子（ファッション評論家）

大内 義一　おおうち・よしかず
陸軍少将
明治4年（1871）10月～昭和4年（1929）10月2日
生香川県　学陸士卒、陸大卒　歴陸軍参謀本部部員、東宮武官、近衛歩兵第三連隊長を経て、大正3年第一次大戦では青島攻略戦で第十八師団への増加部隊として、歩兵第三十四連隊（歩兵第二十九旅団）を率いて出征。6年近衛師団参謀長、7年少将となり侍従武官を務める。11年歩兵第三十三旅団長となった。

大海原 重義　おおうなばら・しげよし
岡山県知事
明治15年（1882）11月8日～昭和15年（1940）11月21日　生滋賀県彦根町（彦根市）　学学習院高等科〔明治37年〕卒、東京帝国大学法科大学〔明治41年〕卒　歴滋賀の士族で、のち司法官、実業家となった大海原尚義の長男。明治42年香川県属、43年同県事務官、のち熊本県事務官。大正2年埼玉県警部長に抜擢され、ついで千葉県警部長、長崎県警部長。8年京都府内務部長、9年東京府内務部長、11年山梨県知事、内務省神社局長、13年岡山県知事。一時休職を経て、昭和2～4年京都府知事。　家父＝大海原尚義（司法官・実業家）

大浦 兼武　おおうら・かねたけ
内相　農商務相　警視総監　男爵
嘉永3年（1850）5月6日～大正7年（1918）9月30日
生薩摩国薩摩郡宮之城字屋地（鹿児島県薩摩さつま町）　歴戊辰戦争で薩摩藩の奥羽征討に参加。明治4年警察制度が布かれ邏卒小頭、司法省警部、8年警視庁警部補。10年西南戦争に参戦、陸軍中尉、中隊長などで活躍。15年三等警視、20年警視庁第三局次長、富山県書記官。21年警保局次長、24年警保局主事などを経て、26年島根、28年山口、29年熊本各県知事。31年第二次山県内閣及び34年

第一次桂内閣で警視総監。33年貴院議員。以後、36年桂内閣の通信相、41年第二次桂内閣の農商務相、大正元年第三次桂内閣内相、3年大隈内閣の農商務相、4年内相を歴任。この間、大正2年立憲同志会結成に参加、同党の指導にあたる。しかし4年選挙違反が問題（大浦内相事件）となり依願免官、鎌倉に閑居した。40年男爵。大日本武徳会長を務め、また南米移民事業など公共事業にも尽力した。
勲勲一等旭日大綬章

大江 卓　おおえ・たく
社会運動家　衆院議員
弘化4年（1847）9月25日～大正10年（1921）9月12日　生土佐国幡多郡柏島（高知県幡多大月町）　名旧姓・旧名＝斎原、通称＝秀馬、治一郎、卓造、号＝天也　歴慶応3年（1867年）土佐藩の陸援隊に入って倒幕運動に加わり、鳥羽・伏見の戦いにも参加。明治維新後、兵庫県判事補、外国事務御用掛などを経て、上海に渡航。帰国後は神戸で穢多非人廃止運動を手がけた。4年民部省、次いで神奈川県庁に入り、5年神奈川県令となり、ペルー国汽船マリア・ルス号の中国人奴隷売買を摘発、中国人苦力を解放。7年大蔵管理事官、8年退官、後藤象二郎の蓬莱社に入った。10年西南戦争に挙兵をはかって11年投獄された。17年出獄、21年後藤の大同団結運動に参加、23年立憲自由党創立に参画し、同年衆院議員に当選、予算委員長などを務めた。25年落選、実業界に転じ、東京株式取引所副会頭、京釜鉄道重役などを務めた。42年財界引退、大正3年僧籍に入り、同年帝国公道会を創設、副会長に任じて融和事業など部落解放に尽力した。

大岡 育造　おおおか・いくぞう
衆院議長　文相
安政3年（1856）6月3日～昭和3年（1928）1月26日
生長門国豊浦郡小串村（山口県下関市）　歴長崎医学校に入ったが、後上京、講法学館、司法省法学校などで学ぶ。明治23年「江戸新聞」を買収、「中央新聞」と改称し、その社長となった。同年帝国議会開設に際し、山口県選出の衆院議員となり、以来当選12回。この間、32年に欧米漫遊、帰国後政友会総務となる。36年東京市参事会員となり、次いで市会議長となった。大正元年以来、衆院議長に就任すること3回。3年山本内閣の文部大臣となったが、間もなく退官、その後は政友会の長老として政界に重きをなした。　家息子＝大岡龍男（俳人）

大岡 熊次郎　おおおか・くまじろう
篤農家　郷土史家　岡山県議
天保13年（1842）5月20日～大正9年（1920）6月1日
生美作国勝南郡池ケ原村（岡山県津山市）　名旧姓・旧名＝岡、名＝忠成、別名＝熊治郎、号＝雲外　歴幕末期には生地・美作国の中庄屋を務め、一時、津山藩の外交掛なども兼任。維新後は北条県（のち岡山県に合併）勝南郡第21区長となり、明治6年県下

で血税一揆が勃発すると、農民の慰撫・説得に当たった。7年北条県議に選ばれ、県内の地租改正問題に取り組む。次いで11年には勝田郡役所書記となり、旱魃や凶作で疲弊した農民の救済に尽力した。13年郡役所を辞して自由民権運動に身を投じ、美作同盟会(のち美作自由党に発展)に参加。さらに、同年勝南郡から岡山県議に出馬して当選し、25年までの連続3期を務めた。また、勝南郡連合養蚕所の設立に奔走するなど養蚕業の発展にも携わり、31年山陽蚕種製造合資会社社長に就任。大正9年勝田郡畜産組合副組合長。郷土史家としても著名で、寛政の駕籠訴訟の主導者である曽祖父・岡伊八郎の残した「美作一国記」の増補改訂を行った。著書は他に「美作一覧記」「美作国郷村支配記」などがある。　家曽祖父＝岡伊八郎(篤農家)

大賀　旭川　おおが・きょくせん
僧侶(真宗大谷派) 撥英園半学舎主宰
文政2年(1819)11月29日〜明治39年(1906)1月24日　生伊勢国朝明郡東大鐘村(三重県四日市市)　名本名＝大賀賢励　歴伊勢国東大鐘村にある浄円寺住職の長男として生まれる。幼い頃より勉学を好み、天保14年(1843)に豊後国に赴き広瀬淡窓の咸宜園に入門。弘化3年(1846年)学問を修めて帰郷。嘉永3年(1850年)京都に出て東本願寺大学寮に学び、能登出身の僧侶・頓成と浄土真宗の本義を巡る論戦を行い、一躍その名を知られた。文久2年(1862年)父が病に倒れたため浄円寺住職となるが、慶応元年(1865年)には弟への本座を譲り、忍藩大矢知興譲学校開設に伴い教頭職に就任。明治5年には官命により全国の真宗大谷派僧侶の学力を東京・浅草本願寺で5ヶ月にわたって試験するなど、真宗教学界の重鎮として活躍した。10年浄円寺境内に私塾・撥英園半学舎を開設し、子弟の教育に専念した。また師の淡窓の衣鉢を継ぐ漢詩人でもあった。著書に「三条述義」「旭川詩鈔」などがある。　家長男＝日野梅渓(漢詩人)

大川　英太郎　おおかわ・えいたろう
日出紡織社長
安政2年(1855)12月27日〜昭和8年(1933)11月20日　生武蔵国三芳野村(埼玉県坂戸市横沼)　歴祖父・大川平兵衛は神道無念流を極めた剣術の名人で、その腕を買われて武蔵川越藩士となった。母は尾高惇忠の妹で、渋沢栄一は母の妹の夫。明治40年大阪紡績の取締役となる。45年日出紡織を創立、専務を経て、社長に就任。和歌山第一綿ネル取締役なども務めた。　家弟＝大川平三郎(実業家)、田中栄八郎(実業家)、伯父＝尾高惇忠(実業家)、叔父＝渋沢栄一(実業家)

大川　健介　おおかわ・けんすけ
漁業家　湊町漁業組合組合長
嘉永1年(1848)4月10日〜昭和2年(1927)3月26日　生常陸国那珂湊(茨城県ひたちなか市)　名旧姓・旧名＝神田　歴菓子製造業・大川家に養子に入るが、明治15年漁業に転じる。24年湊町漁業組合初代組合長。漁港の改修に尽力した。

大川　平三郎　おおかわ・へいざぶろう
大川財閥創始者　富士製紙社長
万延1年(1860)10月25日〜昭和11年(1936)12月30日　生武蔵国三芳野村(埼玉県坂戸市横沼)　歴祖父・大川平兵衛は神道無念流を極めた剣術の名人で、その腕を買われて武蔵川越藩士となった。母は尾高惇忠の妹で、渋沢栄一は母の妹。後年、渋沢の四女を娶った。明治5年上京して渋沢の書生となり壬申義塾や大学南校(現・東京大学)で学び、8年渋沢が設立した抄紙会社(現・王子製紙)に入社。我が国初の製紙技師となり、12〜13年米国へ留学して製紙技術を学んで帰国したが、旧知の初代浅野総一郎に請われ、渋沢の後援を得て浅野セメントの創立にも参加。夕方5時までは王子製紙、以降はセメント工場で働いた。26年王子製紙専務。31年王子製紙の最大株主である三井財閥の意向で藤山雷太が同社を乗っ取ると、社を放逐された。サッポロビールや上海の華章造紙公司を経て、36年東肥製紙の経営再建を引き受けて九州製紙を設立、社長と合併した。ついで、39年中央製紙、大正3年樺太工業などを設立、8年には富士製紙社長に就任。王子製紙と激しい販売合戦を演じて"製紙王"と呼ばれ、大川財閥を形成したが、昭和4年富士製紙の大株主であった穴水要七が亡くなると、その遺言により同社の株は王子製紙に売却され、8年同社は王子製紙と合併した。この間、3年勅選貴院議員。大正13年には大川育英会を創設した。　家兄＝大川英太郎(実業家)、弟＝田中栄八郎(実業家)、孫＝大川慶次郎(競馬評論家)、伯父＝尾高惇忠(実業家)、叔父＝渋沢栄一(実業家)

大木　遠吉　おおき・えんきち
司法相　伯爵
明治4年(1871)8月5日〜大正15年(1926)2月14日　生東京府　学学習院卒　歴大木喬任の長男。病弱で学校に行かず、明治32年父の死に伴い伯爵を継ぐ。40年貴族議員の伯爵議員補欠選挙に出馬し、藩閥出身の候補者に対抗するが落選。41年補欠選挙に当選して貴院議員となり、伯爵同志会の中心人物として44年まで在職した。大正7年再び貴院議員となり、伯爵団と研究会の合同に尽力。また、政友会の原敬と親しく、上院の別働隊として党に私財を投じ、9年原内閣に司法相として入閣。続く高橋内閣でも留任し、11年の加藤友三郎内閣では鉄道相を務めた。辞職後は貴族院内の研究会の中枢となり、政友会が分裂して政友本党が創立されると水野錬太郎らと提携して政本提携に奔走した。一方でアジア問題に関心を持ち、東京同交会、国民外交同盟会などに関係し、公道会会長、大日本国粋会会長、帝国農会会長を兼ねるなど貴族院内でも異色の存在であった。　家父＝大木喬任(政治家)、岳父＝伊達宗敦(貴院議員)、義弟＝伊達順之助(大陸浪人)

大木 口哲　おおき・こうてつ
日本製薬社長 横浜貯蓄銀行頭取
安政2年(1855)6月10日～大正12年(1923)1月26日 [生]信濃国上田(長野県上田市) [名]旧姓・旧名=森野, 幼名=石太郎 [歴]明治6年上京、薬種商大木家に雇われ、やがて養子となった。日本橋に新店を設け、伝来の霊薬五臓円のほか、同業者の調薬法を買収、多くの薬を販売、のち大木合名会社を設立した。東京売薬盛徳会を創立して幹事となり、日本製薬会社を設立、東京売薬商組合頭取、全国連合売薬大会議長、東京製塩会社取締役、また横浜米穀取引所理事長、横浜貯蓄銀行頭取などを務めた。

大木 喬任　おおき・たかとう
司法卿 東京府知事 伯爵
天保3年(1832)3月23日～明治32年(1899)9月26日 [出]肥前国佐賀(佐賀県佐賀市) [歴]肥前佐賀藩士の長男。嘉永年間より枝吉神陽の義祭同盟に参加し、勤王派として活動するとともに藩内の改革を提唱。新政府が成立すると参与職外国事務局判事、軍務官判事などを務める。この間、江藤新平と東京遷都を建白、それが認められると明治天皇の東行に供奉して以降東京に在勤し、明治元年末には東京府知事に任ぜられた。2年東京府大参事、3年民部大輔を経て、4年民部卿となるが、間もなく民部省が廃止されたため文部省に転じ、文部卿として学制を制定した。5年教部卿を兼ね、6年より参議。同年～13年司法卿を兼任。明治初年に沸騰した征韓論に対しては反対の立場をとり、8年秋月の乱、萩の乱ののち特命を受けて現地で首謀者の処刑を遂行。13年元老院議長の傍ら、民法編纂総裁を兼ね、民法をはじめとする諸法令の整備に当たった。明治十四年の政変で一旦兼職を辞したが、間もなく司法卿兼任となり、16年文部卿。17年華族令の制定に伴って伯爵に封じられるなど、藩閥政府において佐賀出身者の中核として重きを成した。18年元老院議長、21年枢密顧問官、22年枢密院議長を経て、23年第一次山県内閣に司法相として入閣。24年第一次松方内閣の文相に就任し、25年内閣総辞職と共に枢密院議長に再任された。[家]長男=大木遠吉(政治家)

大北 作次郎　おおきた・さくじろう
衆院議員(進歩党)
天保14年(1843)10月26日～明治34年(1901)1月26日 [出]大和国(奈良県) [名]号=桂峯 [歴]戸長、徴兵事務官、郡書記などを務め、明治14年奈良県を併合した大阪府議となり、奈良県再設置のために尽力する。のち奈良県議を経て、27年衆院議員(進歩党)に当選1回。土倉庄三郎らと伊勢街道の宇野峠など吉野地方の道路改修に尽くした。また吉野郡尋常中学を創立した。

正親町 公董　おおぎまち・きんただ
公卿
天保10年(1839)1月24日～明治12年(1879)12月27日 [生]京都 [歴]中山忠能の三男で、正親町実徳の養子となる。嘉永3年(1850年)侍従に任じられ、4年元服して昇殿を許される。文久3年(1863年)国事寄人に任ぜられ、長州監察使として西下。八月十八日の政変で差控に処せられたが、慶応3年(1867年)赦される。王政復古の政変で参与に任じられ、4年左近衛権中将に昇った。明治2年陸軍少将。4年免官。 [家]長男=正親町実正(大正天皇侍従長), 父=中山忠能(公卿), 養父=正親町実徳(公卿)

正親町 実正　おおぎまち・さねまさ
大正天皇侍従長 貴院議員 伯爵
安政2年(1855)6月7日～大正12年(1923)6月26日 [生]京都 [学]東京大学理学部物理化学専攻卒 [歴]正親町公董の長男。文久2年(1862年)孝明天皇侍従。明治維新後、東大に学んで薬剤師の免許を得、明治12年宮内省御用掛、侍医寮薬剤掛となった。17年伯爵。23年貴院議員となり、院内会派・研究会の幹部として活躍。32年埼玉県知事。賞勲局総裁も務めた。大正7年侍従長、10年再び賞勲局総裁。[家]父=正親町公董(公卿), 祖父=中山忠能(公卿)

大草 慧実　おおくさ・えじつ
僧侶(真宗大谷派)
安政5年(1858)～明治45年(1912)1月30日
[出]京都 [学]東本願寺教校 [歴]真宗大谷派の僧侶。明治23年富山県の井波別院輪番を経て、27年東京の浅草別院輪番となる。30年巣鴨監獄が仏教教講師を免じてキリスト教の教講師を用いると、同志と阻止運動を起こし撤回させた。また政府の宗教法案が貴族院に持ち込まれると同志と同法案否決に尽力し、否決させることに成功した。一方、出獄者の収容保護施設や貧民や自由労働者のための無料宿泊所を作るなど社会改善運動にも力を注いだ。

大串 竜太郎　おおぐし・りゅうたろう
徳島県議 徳島貯蓄銀行頭取
弘化2年(1845)3月18日～大正14年(1925)1月28日 [生]阿波国板野郡五条村(徳島県阿波市) [歴]長門・周防・伊予に売場を持つ藍商人大串家の養子となる。新居与一助に師事して漢学を学ぶ。長じて家業に従事し、のち西条村組頭庄屋・高知県御用掛などを経て明治12年高知県議に選ばれ、高知県からの徳島分県に奔走。13年に徳島県議となり県会議長を4期務めて、吉野川の改修工事など公共事業を推進した。また実業界でも活躍し、15年旧徳島藩家老賀島政範らと共に徳島銀行を創立して頭取に就任、さらに27年徳島電燈会社を、30年には徳島鉄道株式会社を設立。その後も徳島倉庫社長や徳島貯蓄銀行頭取などを歴任し、徳島の経済発展に大きく貢献した。

大口 喜六　おおぐち・きろく
衆院議員(政友会)
明治3年(1870)5月25日～昭和32年(1957)1月27日 [生]愛知県豊橋 [学]帝国大学医科大学薬学科

〔明治23年〕卒。薬局を営業、明治26年改進党に入党、28年豊橋町議、31年豊橋町長となり、36年愛知県議を兼任。39年市制施行で40年初代豊橋市長となった。45年衆議院選に当選、犬養毅傘下の国民党、革新倶楽部に所属したが、同倶楽部が政友会と合同して政友会所属となる。当選10回。この間、大正9年豊橋市議会議長、昭和2年田中内閣の大蔵政務次官。3年田中政友会内閣の多数派工作に、武藤山治の実業同志会と政実協定を結んだ。また矢作水力、東京化学工業重役、国民更生金庫理事長も務めた。 豊橋市名誉市長〔昭和13年〕、豊橋市名誉市民〔昭和28年〕

大久保 意吉　おおくぼ・いきち
畜産家　茨城県朝日村長
慶応2年(1866)4月15日～昭和20年(1945)12月14日　茨城県朝日村(稲敷郡阿見町)　茨城県朝日村産馬組合長、村農会会長を経て、朝日村村長を歴任。明治21年から牧場を経営し、優良馬の導入、種付け所や競馬場の設置に尽くす。また綿羊飼育の普及にも努めた。

大久保 一翁　おおくぼ・いちおう
幕臣　政治家　東京府知事　元老院議官　子爵
文化14年(1817)11月29日～明治21年(1888)7月31日　江戸　本名＝大久保忠寛、幼名＝金之助、通称＝三四郎、三市郎、初名＝忠正、号＝石泉、桜園　旗本・大久保忠向の子。天保13年(1842年)家督を相続。ペリー来航後の安政元年(1854年)、老中の阿部正弘に抜擢されて目付兼海防掛となる。3年外国貿易取調掛に任じられ、蕃書調所総裁を兼任して講武所の創設に尽力。4年長崎奉行に挙げられたが就任を固辞。同年駿府奉行、6年京都町奉行を務めたが、同年安政の大獄で志士の捕縛に当たった部下の専横を正そうとして逆にその職を追われ、西ノ丸留守居に左遷、さらに罷免された。文久元年(1861年)外国奉行として本格的に幕政に復帰、さらに大目付や御側御用取次を歴任。大政奉還が行われる数年前より、大政奉還を前提とした諸侯会議論を構想、松平慶永らに影響を与えたが、将軍後見職であった一橋慶喜や老中の板倉勝静らの手により講武所に転じられ、間もなく京都町奉行時代の過失を咎められ罷免・差控に処された。元治元年(1864年)勘定奉行に任じられたが5日後には罷免され、慶応元年(1865年)隠居して一翁と名のった。同年第二次長州征討に際して大坂に召され、長州への寛大な処置を講じたが容れられなかった。4年鳥羽・伏見の戦いで幕府軍が敗れた後、会計総裁、次いで若年寄に任じられ、恭順論を主導して勝海舟とともに徳川家の救解及び江戸無血開城に力を尽くした。明治維新後は静岡に移住した徳川家当主・徳川家達を補佐して藩政に携わり、静岡藩権大参事、静岡県参事を務めた。5年文部省二等出仕を命じられ、東京府知事に就任。8年教部少輔、10年元老院議官。20年子爵を授けられた。　息子＝大久保三郎(植物学者)

大久保 源吾　おおくぼ・げんご
衆院議員
安政6年(1859)～昭和15年(1940)　下野国押切村(栃木県小山市)　父は下野国押切村の名主と古河藩の大庄屋を兼属した。若干18歳で押切村戸長に就任。次いで明治23年に寒川村長となる。32年には栃木県議に選ばれ、政友会に所属。特に渡瀬川水系の河川改修事業を進め、下都賀郡南部の洪水災害防止に大きく寄与した。大正4年には衆院議員に立候補して当選(無所属)。政界での活動の傍ら、部屋銀行や私立英学校の設立に関係するなど、金融・教育事業でも活躍した。

大久保 重五郎　おおくぼ・じゅうごろう
園芸家
慶応3年(1867)8月13日～昭和16年(1941)1月15日　備前国磐梨郡弥上村(岡山県岡山市)　千種小卒　小学校を卒業後、篤農家の小山益太に師事して漢学と果樹栽培を学ぶ。明治19年郷里岡山県弥上村に果樹園を開いて桃の栽培をはじめ、同時に栽培技術を研究。大正3年には師の小山に同行して倉敷奨農会農業研究所に入り、長きに渡って果樹園の主任管理者を務めた。桃の品種改良にも努め、「白桃」種や「大久保」種を発見。これらは太平洋戦争中から戦後にかけて我が国における桃の主要品種となり、岡山を桃の一大生産地に押し上げる原動力となった。また、噴霧器や剪定鋏を発明し、農具改良にも貢献。没後、桃の新品種育成功労者として日本園芸会から表彰された。　日本園芸会表彰〔昭和17年〕

大久保 諶之丞　おおくぼ・じんのじょう
公共事業家　香川県議　愛媛県議
嘉永2年(1849)8月16日～明治25年(1892)12月14日　讃岐国三野郡財田上ノ村(香川県三豊市)　23歳で財田上ノ村役場に勤務、明治9年戸長。21年愛媛県議、22年香川県議。讃岐より阿波に通じる四国街道の開削を志して奔走、19年着工し、23年讃岐阿波新道部分が開通(27年全線開通)。傍ら、讃岐鉄道開業や吉野川導水計画などに尽力し、四国と本州を結ぶ架橋計画も唱えた。また北海道移民の奨励にも努めた。

大久保 鉄作　おおくぼ・てっさく
衆院議員(政友会)
嘉永5年(1852)11月20日～大正10年(1921)7月5日　出羽国(秋田県)　藩校で漢学を修めた。のち東京に遊学、明治8年「朝野新聞」に入社。14年地元で「秋田日報」を創刊、秋田改進党を結成。17年県議となり、18年議会。のち自由党に属し、星亨と結んで政友会に入党。衆院議員当選2回。39年秋田市長となった。

大久保 利貞　おおくぼ・としさだ
陸軍中将　神官　霧島神宮宮司
弘化3年(1846)～大正7年(1918)9月30日

生薩摩国(鹿児島県)　歴明治9年海軍中尉となるが、10年陸軍大尉に転じる。日清戦争には歩兵第五旅団長、のち第二師団参謀長として参戦、威海衛を攻略した。日露戦争には少将、留守歩兵第十七旅団長となり、ついで後備歩兵第三旅団長を務め、38年中将。退官後は霧島神宮宮司となった。

大久保 利武　おおくぼ・としたけ
大阪府知事　貴院議員

慶応1年(1865)4月13日～昭和18年(1943)7月13日　出薩摩国(鹿児島県)　学エール大学(米国)卒　歴大久保利通の三男として生まれる。台湾総督府、内務省勤務ののち、鳥取、大分、埼玉各県知事、農商務省商工局長、大阪府知事を歴任。大正6年貴院議員。　家父=大久保利通(政治家)、兄=大久保利和(貴院議員)、牧野伸顕(政治家)、長男=大久保利謙(日本史学者)

大久保 利和　おおくぼ・としなか
貴院議員　侯爵

安政6年(1859)7月7日～昭和20年(1945)1月20日　出薩摩国(鹿児島県)　歴維新の元勲・大久保利通の長男。明治4年岩倉使節団に同行して渡米、米国に留学。11年父の遭難により家督を継ぐ。18年大蔵権少書記官、のち大蔵省主計官。23年貴院議員。昭和3年隠棲し、議員も退いた。米国留学中に、弟の牧野伸顕とともに、日本人として最初にベースボールをプレーしたともいわれる。　家父=大久保利通(政治家)、弟=牧野伸顕(政治家)、大久保利武(大阪府知事)、甥=大久保利謙(日本史学者)

大久保 利通　おおくぼ・としみち
政治家　内務卿

文政13年(1830)8月10日～明治11年(1878)5月14日　生薩摩国鹿児島城下高麗町(鹿児島県鹿児島市)　名前名=利済、通称=正助、一蔵、号=甲東　歴薩摩藩の下級藩士の長男で、3歳上の西郷隆盛は同じ町内の幼なじみ。弘化3年(1846年)藩の記録所助役として出仕。嘉永3年(1850年)藩主・島津斉興の後継を巡るお家騒動・お由羅騒動(高崎崩れ)で島津斉彬派に立った父が遠島処分を受け、自身も役職を免ぜられた。4年斉彬が藩主となり、6年復職して蔵役、安政4年(1857年)徒目付。やがて西郷や吉井友実、税所篤、伊知地正治らと誠忠組(精忠組)を結成、斉彬が没するとその領袖として同志の大量脱藩を計画したが、藩主・島津忠義とその父で藩の実質的な指導者である国父・島津久光に諭され未遂に終わった。以後、久光に接近し、文久元年(1861年)勘定方小頭から小納戸役に異例の抜擢を受け、藩政に参画。2年小納戸役開取、3年御側役に進んで久光の下で公武合体に努めたが、西郷が藩敵に復帰すると藩を倒幕の方向に傾け、慶応年間は京坂で討幕派の中心人物として岩倉具視らと結んで朝廷工作に従事。3年第15代将軍・徳川慶喜が大政を奉還すると岩倉と組んで王政復古の政変を断行、戊辰戦争の際は京都に留まり岩倉、木戸孝允らと新政府の基礎固めに当たった。明治2年参議となり、東京奠都や版籍奉還、廃藩置県を推進。4年大蔵卿となり、同年岩倉使節団の副使として欧米視察に出発。6年帰国後は留守政府で論争になっていた西郷の朝鮮派遣(征韓論)に内治優先を唱えて反対の立場をとり、参議に就任して閣議で年来の友である西郷と対立。収拾に苦慮した太政大臣・三条実美が急病に倒れると岩倉が代理となって西郷の朝鮮派遣延期に持ち込んだため、西郷以下の征韓派参議は政府を去った(明治六年の政変)。同年初代内務卿を兼任、警察から殖産興業までを内政を広く司って政府を主導。7年佐賀の乱を鎮定して首謀者である江藤新平らの処刑を実施した後、台湾出兵を行い、その後始末として全権弁理大臣として清国へ赴き出兵を"義挙"として認めさせた。8年下野していた木戸と板垣退助と妥協して(大阪会議)、漸進的に立憲政治に移行することを確約する一方、頻発する士族反乱を抑え込み、10年西郷が決起した西南戦争では最高指揮を執った。その後も内政の整備に尽くしたが、11年紀尾井坂で石川県士族に襲われ暗殺された。　家長男=大久保利和(貴院議員)、二男=牧野伸顕(宮内相)、三男=大久保利武(大阪府知事)、孫=大久保利謙(日本近代史学者)、女婿=伊集院彦吉(外交官)

大久保 徳明　おおくぼ・のりあき
陸軍中将

万延1年(1860)8月15日～大正6年(1917)4月20日　生土佐国土佐郡小高坂村(高知県高知市)　学陸士〔明治12年〕卒　歴土佐藩士の家に生まれる。陸軍幼年学校を経て、明治12年士官学校を卒業。工兵少尉となり、35年台湾補給廠長、37年陸軍運輸本部長兼宇品碇泊場司令官などを歴任。39年少将に進み、陸地測量部長を務めた。大正元年中将に昇進、旅順要塞司令官に任じられたのち待命。3年予備役に入った。

大久保 春野　おおくぼ・はるの
陸軍大将　男爵

弘化3年(1846)8月18日～大正4年(1915)1月25日　生遠江国磐田郡見付宿(静岡県磐田市)　名通称=忠次、幼名=初太郎、変名=堀田提一郎、堀江提次郎、堀江提一郎　歴大久保忠尚の長男に生まれ、幼名は初太郎。明治維新時に尊皇攘夷思想に感化され、遠州報国隊に加わり、慶応4年(1868年)東征軍に隊員として参加、戊辰戦争で戦功を上げる。明治3年5月陸軍大阪兵学寮の幼年学舎に入り、同年10月同校教官・フランス騎兵大尉ビュランの帰国に同行、そのまま留学しロルネーイに師事、軍事刑法学を学ぶ。8年帰国後、少佐。日清戦争に従軍、27年少将、29年大阪混成第七旅団を率い台湾に、日露戦争時に第六師団長として満州に赴く。33年陸軍中将、教総参謀長などを務め、41年薩長出身者以外では初の陸軍大将となる。この間、戸山学校校長、士官学校校長などを歴任。日露戦争

の功により勲一等旭日大綬章を受賞、40年男爵となる。招魂社（靖国神社）の創立に尽くし、初代宮司となり祭典取調所（国学院大学の前身）の設立を図った。報国隊従軍中、フランス留学中は堀田堤一郎、堀江堤次郎、堀江堤一郎などの変名を用いた。　家父＝大久保忠尚（海軍主計大監）、女婿＝川村鉄太郎（貴院議員）　勲勲一等旭日大綬章

大久保 不二　おおくぼ・ふじ
実業家　衆院議員
嘉永5年（1852）10月3日～大正13年（1924）10月9日　生常陸国（茨城県）　歴漢学を修める。明治11年郷里の茨城県に政治結社・絹水社を興し自由民権運動に加わる。戸長、区長、郡書記を歴任、のち宮城県議を経て、36年衆院議員に当選1回。また丸水商会を設立して社長に就任。タバコ産業の発展に尽力し、石炭などの採掘事業に従事した。茨城県農工銀行監査役も務めた。

大久保 弁太郎　おおくぼ・べんたろう
衆院議員（無所属）
嘉永5年（1852）5月～大正8年（1919）4月4日
生阿波国美馬郡半田（徳島県美馬郡つるぎ町）　歴美馬郡議、高知県議、徳島県議を経て、明治26年衆院議員当選。通算6期を務める。また、農工銀行取締役も務めた。

大隈 綾子　おおくま・あやこ
政治家・大隈重信の妻
嘉永3年（1850）10月25日～大正12年（1923）4月28日　歴幕臣・三枝某の娘で、明治2年大隈重信と結婚、50余年間、夫を援け、貞淑、徳行の人として、犬養毅は「男なりせば、老候以上の人物」とほめたたえた。　家夫＝大隈重信（首相）

大隈 栄一　おおくま・えいいち
オークマ創業者
明治3年（1870）9月3日～昭和25年（1950）2月5日
生肥前国神埼郡三田川村目達原（佐賀県神埼郡吉野ケ里町）　名旧姓・旧名＝小柳　父は木蝋を営み、6人きょうだい（4男2女）の四男。11歳で大隈家の養子となる。明治24年独学で福岡県巡査の採用試験に合格して巡査となり、結婚。岳父は発明好きで、その中の成功作である製麺機に着目し、29年佐賀麺機製造合資会社を設立。30年会社を解散して名古屋へ出、31年大隈麺機商会を創業。製麺機の製造販売を始めたが、日露戦争の際に軍需品生産を手がけ、第一次大戦で再び軍需品の生産需要が起こったため、大正5年大隈鉄工所（現・オークマ）と改称。工作機械の生産に進出し、同社を総合工作機械メーカーへと発展させる基盤を作った。　勲緑綬褒章〔昭和3年〕、勲五等瑞宝章〔昭和17年〕

大隈 熊子　おおくま・くまこ
大隈重信の長女
文久3年（1863）11月14日～昭和8年（1933）5月17日　生肥前国（佐賀県）　歴大隈重信の長女として佐賀に生まれ、幼時実母・江副は"故ありて"離別。明治4年東京に移り、父と継母と共に住む。12年17歳で南部英麿と結婚、35年離婚。以来大隈家にあって、客の多い同家の奥を一手に取りしきる。大正11年父を、翌年継母を失い、以後その祠を護り続ける。昭和7年秋病に冒され翌8年5月死去。"婦徳"のある人として周囲の人々に慕われ、現在では貴重本となった「大隈熊子夫人言行録」がある。　家父＝大隈重信

大隈 重信　おおくま・しげのぶ
首相　早稲田大学創立者　侯爵
天保9年（1838）2月16日～大正11年（1922）1月10日　生肥前国佐賀城下（佐賀県佐賀市）　名初名＝八太郎　生家は肥前佐賀藩の砲術師範の家柄。藩の教育方針である葉隠主義になじまず蘭学を学ぶようになり、慶応元年（1865年）長崎五島町に英学塾・致遠館を開設。3年脱藩を企てるが送還され、1ケ月の謹慎を命ぜられた。復帰後は前佐賀藩主・鍋島直正に重用され、明治元年外国事務局判事として横浜に在勤。キリスト教問題で英国公使パークスと互角に議論した手腕を買われ、同年外国官副知事に昇進。その後、民部大輔、大蔵大輔となり、鉄道や電信の敷設、工部省の開設に尽くした。明治3年参議、6年大蔵卿、7年台湾征討・10年西南戦争の各事務局長官、11年地租改正事務局総裁。この間、大久保利通の下で財政問題を担当、秩禄処分や地租改正を進め、殖産興業政策を推進して近代産業の発展に貢献した。14年国会即時開設を主張し、さらに開拓使官有物払下げに反対して薩長派と対立したため免官され下野（明治14年の政変）。15年小野梓、矢野龍渓らと立憲改進党を結成。20年伯爵。21年第二次伊藤内閣の外相となり政界に復帰。続く黒田内閣でも留任し、条約改正交渉を進めたが、外国人判事の任用に非難が集中し、国粋主義者・来島恒喜に爆弾を投じられて片脚を失い辞職した。29年改進党を立憲進歩党に改組。同年松方内閣の外相。31年自由党の板垣退助と連携して憲政党を結成し、最初の政党内閣である第一次大隈内閣（隈板内閣）を組織したが4ケ月で瓦解。大正期に入り第一次護憲運動の高揚によって三度政界に戻り、大正3年第二次大隈内閣を組閣。第一次大戦参戦、対華21ヶ条の要求、軍備増強などを行い、5年に総辞職。16年侯爵となった。この間、一貫して教育について関心を持ち、明治15年東京専門学校を創立。35年大学組織に改めて校名を早稲田大学とし、40年教育界を退くと同大総長に就任して教育活動に専念した。著書に「大隈伯昔日譚」「開国五十年史」（全2巻・編著）「大隈侯論集」「東西文明の調和」などがある。　家孫＝大隈信幸（駐コロンビア大使）

大熊 徳太郎　おおくま・とくたろう
篤農家
嘉永2年（1849）7月～大正10年（1921）

生武蔵国足立郡鳩ケ谷大字三ツ和庄（埼玉県鳩ケ谷市）　歴明治19年平柳勧農会を組織し、農業改善についての談話会を各所で開く。同年第1回農産物品評会を開催。27年から蓮根やクワイの栽培法の改良、レンゲ種子の共同購入、二毛作の実施、麦作法の改良などに尽力するなど農業指導者として活躍した。

大熊 鵬　おおくま・ほう
軍事探偵
明治4年（1871）～没年不詳
出筑後国竹野郡船越村千代久（福岡県うきは市）　名幼名＝常太郎　歴明治23年荒尾精が上海に諜報活動機関・日清貿易研究所を設立するとこれに参加。27年日清戦争が始まると帰国して陸軍通訳官となる。同年10月中国内地の敵状偵察に出たまま消息を断った。

大倉 和親　おおくら・かずちか
日本陶器創業者
明治8年（1875）12月11日～昭和30年（1955）7月1日　生東京日本橋（東京都中央区）　歴慶応義塾正則本科〔明治27年〕卒、イーストマン・ビジネスカレッジ（米国）〔明治28年〕卒　歴日本陶器合名会社（現・ノリタケカンパニーリミテド）設立者の一人・大倉孫兵衛の長男。明治27年伯父・森村市左衛門が経営する森村組に入社。28年渡米。ニューヨーク州のイーストマン・ビジネスカレッジに留学し、同年森村組ニューヨーク店の森村ブラザーズに勤めた。36年帰国し、37年伯父や父らが愛知県鷹羽村則武（現・名古屋市）に日本陶器合名会社を設立すると、弱冠29歳で代表社員に就任。大正6年株式会社に改組して社長。11年退任。この間、明治45年日本陶器工場内に衛生陶器研究所を開設。大正6年福岡県小倉に東洋陶器（現・TOTO）を設立。また、日本陶器創業当初から碍子の製造にあたり、8年同社から碍子部門を分離独立させ日本碍子（日本ガイシ）を設立した。10年には伊奈製陶所設立に参画し、13年伊奈製陶（現・INAX）株式会社設立に伴い会長を務めた。昭和11年には日本碍子より点火栓部門を分離、創立発起人として日本特殊陶業を設立するなど、現在我が国の窯業界のトップメーカーとなった各社の創業に関わった。　家父＝大倉孫兵衛（日本陶器設立者）、二男＝大倉譲次（大倉陶園代表取締役）、伯父＝森村市左衛門（森村組創業者・男爵）、女婿＝渡辺正雄（日本カーバイト工業社長）、近藤友右衛門（信友社長）、小原謙太郎（貴院議員・男爵）、吉村成一（横浜銀行頭取）　勲緑綬褒章〔昭和3年〕

大倉 喜八郎　おおくら・きはちろう
大倉財閥創始者
天保8年（1837）9月24日～昭和3年（1928）4月22日　生越後国北蒲原郡新発田（新潟県新発田市）　名号＝鶴彦　歴安政元年（1854年）江戸に出て麻布の鰹節店の店員となり、4年独立して下谷上野町に乾物店を開店。開港後の横浜港を訪れた際に鉄砲の取引に目をつけ、慶応元年（1865年）神田和泉橋に大倉屋銃砲店を開業。戊辰戦争では奥羽征討総督・有栖川宮熾仁親王の愛顧を受けてその武器取引を一手に取り扱い、財を成した。明治に入り、銀座の煉瓦街化が進められると、銀座1丁目部分の工事を請け負って土木事業にも参入。同年欧米視察に出発、ロンドンで岩倉使節団随員であった木戸孝允や大久保利通に面会して製絨所の建設を勧め、帰国後は自ら千住製絨所の御用商人となった。6年大倉組商会を設立して貿易事業を開始。いち早く朝鮮貿易をはじめ、17年にはインド貿易に乗り出し、26年には合名会社大倉組に発展させた。この間、11年渋沢栄一と東京商法講習所（現・東京商工会議所）を設立。その後も日清・日露両戦争で巨利をあげ、国内では、19年に東京電灯を興したのをはじめ、大日本麦酒、日清精油、帝国劇場、東京毛織などを経営。同年土木部門を有限責任日本土木会社に改組し、フランク・ロイド・ライト設計になる「帝国ホテル」をはじめ、「皇居奥宮殿」「歌舞伎座」などの建設に当たる。26年大倉土木組（現・大成建設）に改め、個人経営に戻した。また、35年漢陽鉄廠に対して日本人初の対華借款を結び、満州の本渓湖鉱山の開発に手をつけて日中合名の本渓湖煤鉄公司を興すなど積極的に海外事業を拡大。44年株式会社大倉組を設立し、合名会社大倉組の事業をその商事部門に移行。大正6年同社を持株会社とし、大倉商事、大倉土木、大倉鉱業を直系3社とする一大財閥を築いた。4年男爵を授爵。一方で教育事業にも力を注ぎ、明治31年大倉商業学校（現・東京経済大学）を創立した。　家息子＝大倉雄二（著述家）　勲旭日大綬章〔昭和3年〕

大蔵 平三　おおくら・へいぞう
陸軍中将　男爵
嘉永5年（1852）12月21日～明治44年（1911）8月25日　生備中国都宇郡帯江沖新田村（岡山県倉敷市）　名旧姓・旧名＝大野、幼名＝岡之介　歴8歳で父を失い、その遺志で祖を同じくする横浜市の絶家・大蔵虔安の家を再興した。13歳で京都に出て林ündung亭に学び、慶応2年（1866年）岡山に帰郷、犬飼松窓の門に入る。明治2年上京して開成学校に入りフランス語を修める。その後、大阪・横浜などでフランス語を学び、6年陸軍に入り、8年陸軍少尉に任官。フランス語の原書で西欧の騎兵について研究する傍ら、陸軍士官学校教官、参謀本部課員などを務め、19年陸軍大学校教授、24年騎兵第一大隊長、25年陸軍省軍務局馬政課長。29年より軍馬補充部本部長を務め、31年騎兵監を兼務。31年靖国神社拝殿造営委員長を命じられる。35年欧州各国に1年間出張、軍馬・騎兵に関する調査を行った。37年陸軍中将、40年日露戦争の功により男爵となった。騎馬については陸軍の第一人者で、騎兵隊の設置や馬匹の改良などに貢献した。　家三男＝大蔵公望（満鉄理事）、弟＝浅野応輔（電気工

者）

大倉 孫兵衛　おおくら・まごべえ
日本陶器設立者
天保14年（1843）4月8日～大正10年（1921）12月17日　⬚生江戸四谷（東京都新宿区）　⬚歴父から絵草紙出版の錦栄堂万屋を継ぐ。明治8年大倉書店、22年大倉洋紙店を創業。一方、妻の兄である森村市左衛門が森村組を開業して貿易業を始めると、請われて森村の事業に協力。やがて森村組が陶磁器を主要貿易品とするようになり、37年森村、飛鳥井孝太郎らと愛知村鷹羽村則武（現・名古屋市）に日本陶器合名会社（現・ノリタケカンパニーリミテド）を設立。その後も、長男の和親とともに東洋陶器、日本碍子などを設立し、日本窯業界に大きく貢献した。　⬚家長男＝大倉和親（東洋陶器創業者）、義兄＝森村市左衛門（森村組創業者）

大倉 保五郎　おおくら・やすごろう
大倉書店社長
安政4年（1857）5月～昭和12年（1937）4月14日　⬚生上総国木更津（千葉県木更津市）　⬚名旧姓・旧名＝鈴木　⬚歴鈴木与四郎の子として生まれ、東京府の大倉さとの養子となる。明治9年義父・大倉孫兵衛から錦栄堂万屋の経営を譲り受けて大倉書店を創業し、辞典など数多くの書籍を刊行する。東京書籍商組合長、東京出版協会会長などを歴任し出版界の長老として活躍した。　⬚家義兄＝大倉孫兵衛（実業家）

大河内 庄五郎　おおこうち・しょうごろう
開拓者
嘉永1年（1848）～大正3年（1914）11月　⬚生尾張国海西郡政成新田（愛知県海部郡飛島村）　⬚歴万延年間（1860～1861年）に尾張海西郡政成新田の堤防が決壊し、田畑が流失、村民が離散したため、祖父・庄兵衛の遺志を継いで、明治2年から再開墾に着手する。旧村民50世帯を呼び戻し、12年までに新政成新田約230ヘクタールを開拓。のち村長を務めた。

大河内 輝剛　おおこうち・てるたけ
実業家　衆院議員
安政1年（1854）11月28日～明治42年（1909）10月9日　⬚生江戸　⬚学慶応義塾〔明治11年〕卒　⬚歴上野高崎藩主大河内（松平）家3代目・輝聰の二男に生まれる。慶応義塾塾監・教師、明治19年広島師範学校校長などを経て、日本郵船に勤める。27年日清戦争には軍隊輸送事務および用船事務の監督に従事。28年欧米を視察し帰国後、日本製糖、東洋印刷、京浜電気鉄道に関与した。この間、35年高崎市から衆院議員に当選、2期務める。40年歌舞伎座の社長となり内部組織を改良、幹部技芸員を置き劇の発展に貢献した。また帝国劇場・帝国ホテル重役も歴任した。　⬚家父＝大河内輝聰（高崎藩主）

大河内 正質　おおこうち・まさただ
貴院議員　子爵
天保15年（1844）4月10日～明治34年（1901）6月2日　⬚生越前国今立郡鯖江城内（福井県鯖江市）　⬚名初名＝鮑徳、号＝梅偃　⬚歴鯖江藩主・間部詮勝の五男として生まれ、大多喜藩主・大河内正和の養子となる。文久2年（1862年）養父の死により家督を継ぐ。元治元年（1864年）奏者番、慶応元年（1865年）若年寄に進み、3年（1867年）老中格。4年（1868年）戊辰戦争に際しては老中と連名で6ケ国の公使に局外中立を要求。藩地に戻った後は朝廷より官位を奪われ、将軍徳川慶喜からは老中格を免ぜられ、大多喜城内、次いで場外の寺院に謹慎。間もなく佐倉藩に幽囚されていたが、同年8月許されて官位・領地ともに復した。2年大多喜藩知事。版籍奉還後は兵部省、宮内省に出仕した。17年子爵。20年東京・麹町区長、23年貴院議員。　⬚家実父＝間部詮勝（鯖江藩主）、養父＝大河内正和（大多喜藩主）、長男＝大河内正敏（理化学研究所所長）

大越 兼吉　おおこし・かねきち
陸軍歩兵中佐
慶応3年（1867）7月27日～明治38年（1905）3月7日　⬚生陸奥国磐前郡白水村（福島県いわき市）　⬚学陸士（第1期）〔明治23年〕卒　⬚歴明治18年陸軍教導団に入り、23年陸軍士官学校を第1期生として卒業、24年陸軍少尉に任官。27年日清戦争には中尉として従軍。37年日露戦争では歩兵第六連隊大隊長として沙河の会戦などに参加、38年3月黒溝台の戦闘で重傷を負い、拳銃で自殺した。死後、中佐に進級した。　⬚家二男＝大越兼二（陸軍大佐）、女婿＝板垣征四郎（陸軍大将）

大越 亨　おおごし・とおる
滋賀県知事
天保15年（1844）9月～明治29年（1896）1月11日　⬚生陸奥国宇多郡（福島県）　⬚名幼名＝慎八郎　⬚歴磐城中村藩士で、戊辰戦争では総督府参謀の先鋒軍使として活躍。明治15年徳島県、17年熊本県、23年山梨県の大書記官を経て、24年滋賀県知事。在職中の29年に亡くなった。

大坂 金助　おおさか・きんすけ
青森商業会議所会頭　衆院議員
弘化2年（1845）10月27日～大正14年（1925）3月12日　⬚生陸奥国蜆貝村（青森県青森市）　⬚歴幼くして両親と死別、孤児となる。一時ヤクザの世界に身を置くが、明治5年の青森大火を機に、塩町に貸座敷・大金楼を開業。のち酒造業、質屋を開き、15年日本鉄道会社の株を大量に取得。株価の高騰で莫大な利益を得、堤川以東の広大な土地を買収、大地主となる。青森商業銀行、青湾貯蓄銀行、青森電燈会社、青森瓦斯会社などを設立し、青森商業会議所会頭となる。一方、青森市議、青森県議、貴院議員、衆院議員も務めた。

121

大崎 連　おおさき・むらじ
開拓事業家
安政5年(1858)～昭和4年(1929)11月15日
生肥前国山田村(長崎県)　名旧姓・旧名＝林斌
歴長崎県山田村で、明治27年から約30年かけて干潟を干拓、260ヘクタールの新田を開拓した。

大作 理三郎　おおさく・りさぶろう
社会運動家
明治9年(1876)2月29日～大正7年(1918)12月16日　生埼玉県　学小卒　歴小学校卒業後、豊秋学舎で漢学を修め、明治21年上京して宮内庁の給仕となり、傍ら有為塾に学んだ。のち共立美術学校講師、桜寧書院主幹兼漢学教師となるが、35年宮島詠士の善隣書院に学び、まもなく清国(中国)に渡って川島浪速らの知遇を得て、唐継堯らの中国革命運動の協力者となり、のち顧問を務めた。大正7年12月香港で客死した。

大迫 貞清　おおさこ・さだきよ
元老院議官 警視総監 子爵
文政8年(1825)5月7日～明治29年(1896)4月27日
生薩摩国鹿児島城下平之町(鹿児島県鹿児島市)
名通称＝喜左衛門　歴薩摩藩士・山之内立幹の四男に生まれ、大迫貞邦の養子となる。万延元年(1860年)以降京都守衛に当たり、鳥羽・伏見の戦いでは二番遊撃隊隊長、のち東山道先鋒総督本営付として従軍。2年薩摩の藩政改革では参政、3年権大参事を務めた。5年陸軍少佐、ついで中佐に進むが、7年文官に転じ、静岡県藩令をふりだしに9年同県令、16年警視総監、元老院議官、19年沖縄県令、20年再び元老院議官を歴任。20年勲功により子爵となる。27年鹿児島県知事を最後に退官した。23～29年勅選貴族院議員。

大迫 尚道　おおさこ・なおみち
陸軍大将
嘉永7年(1854)7月25日～昭和9年(1934)9月12日
生薩摩国(鹿児島県)　学陸士〔明治12年〕卒　歴薩摩藩士大迫新造の二男。明治12年砲兵少尉、参謀本部員を経て、22年ドイツに留学し、ドイツ公使館付武官となる。帰国後、野砲第一連隊大隊長となり、日清戦争で第一軍参謀、日露戦争では第二軍参謀長として奉天会戦を指揮した。その功により39年野砲兵監となり、第十八師団長、第四師団長などを歴任。大正4年大将、軍事参議官となった。8年予備役編入、13年退役した。その後は救世国を組織、愛国思想の鼓吹に努めた。　家兄＝大迫尚敏(陸軍大将)

大里 忠一郎　おおさと・ただいちろう
製糸家 六工社社長
天保6年(1835)8月～明治31年(1898)6月7日
生信濃国埴科郡西条村六工(長野県長野市松代町)
名旧姓・旧名＝相沢　歴信濃松代藩士で戊辰戦争の際、藩命を帯びて東山道征討総督岩倉具定に謁し、甲府から上田、松代、北越の戦いに参加した。

明治4年廃藩後、士族授産のため蚕糸業に着目、6年西条村東六工に西条村製糸場(のち六工社に改称)を設けた。15年松代町に進出し新工場を建設、考案の蒸気罐を装置し、松代製糸の名を高め、わが国の養蚕製糸業発展に貢献した。22年農商務省の委嘱でイタリア、フランスを視察、帰国後大日本農会農芸委員となり、各地で講演、蚕業の発展を図り、多くの褒賞を得た。勲藍綬褒章〔明治24年〕

大沢 界雄　おおさわ・かいゆう
陸軍中将
安政6年(1859)9月24日～昭和4年(1929)10月15日　生愛知県　学陸士(旧4期)〔明治14年〕卒、陸大〔明治21年〕卒　歴大沢霊姓の二男に生まれる。明治14年陸軍歩兵少尉。ドイツ駐在後、34年参謀本部第三部長となり、陸軍大学校兵学教官、37年大本営運輸通信長官を兼任。44年由良要塞司令官、45年中将となった。

大沢 善助　おおさわ・ぜんすけ
京都電燈会社社長
嘉永7年(1854)2月9日～昭和9年(1934)10月10日
生京都府京都市上京区富小路通丸太町下ル　歴父は侠客で、のち父の大親分にあたる大沢清八の養子となる。大沢本家を出て白米商、魚商、瀬戸物商、古道具商などに従事。この間、得意先である同志社の寄宿舎にかよううちに新島襄の感化を受け、キリスト教に入信。23年時計、自転車の輸入、製造、販売を始め、京都に時計工場を設立し、大沢商会を創立した。京都府政にもかかわり、琵琶湖の疏水工事を着手、電気事業にも進出、25年京都電燈会社の3代目社長に就任、日本最初の遠距離送電に成功した。昭和2年まで在任。また釜山電燈、日本水力、大同電力などに関係、さらに京都陶器、京都商工銀行各重役、京都商工会議所副会頭も務めた。　家父＝大垣屋音松(京都の侠客)、養父＝大沢清八(会津の侠客)、長男＝大沢徳太郎(実業家)

大沢 多門　おおさわ・たもん
青森県八戸町戸長
天保5年(1834)～明治39年(1906)
生陸奥国(青森県八戸市)　名旧姓・旧名＝根井沢、幼名＝新吾、通称＝定右衛門　歴八戸藩士の根井沢家に生まれ、嘉永3年(1850年)16歳で家禄50石を相続。また教育者栃内吉忠の塾に入門し、国学・神道・仏教・砲術などを学んだ。のち川口奉行や納戸役・車台方筒打方・江戸勝手御用取次役などを経て慶応4年(1868年)京都守護勤務となる。明治元年の野辺地戦争に際しては八戸隊副隊長として活躍するが、戦の虚しさを悟ってお多福信仰に帰依、5年に八戸地方最初の劇場となる於多福座を創設し、演劇や博覧会などを行った。6年八戸町戸長に就任。9年豊年祈願の祭りであり八戸の民俗芸能でもある「えんぶり」が青森県参事によって禁

止されると、その復活のために奔走。豊年祭への改称や神社の繁栄を名目にするなどの努力を行って14年に「えんぶり」の復活に成功した。また29年には新羅神社と神明宮に御輿を寄進、法霊神社の御輿と併せて三社大祭とするなど地域の活性化に大きく貢献した。

大塩 秋平 おおしお・しゅうへい
酪農家
嘉永5年(1852)7月21日～昭和2年(1927)6月21日 出因幡国(鳥取県) 名旧姓・旧名=滝田 歴明治10年乳牛の飼育を始め、13年から搾乳業も行う。牛乳の他、バターやチーズの製造にもあたった。

大芝 惣吉 おおしば・そうきち
宮崎県知事 衆院議員(政友会)
明治1年(1868)9月～大正14年(1925)10月7日 出甲斐国(山梨県) 学和仏法律学校〔明治23年〕卒 歴弁護士を経て、明治27年弘前区裁判所判事となる。のち秋田・東京・大分などの地裁あるいは区裁判所の検事、佐賀県警察部長、富山県・福島県の警察部長及び内務部長を歴任。大正2年群馬県知事、6年佐賀県知事、8年再び群馬県知事、11年宮崎県知事を務めた。この間、4年福島県から衆院議員に当選1回。

大島 寛爾 おおしま・かんじ
実業家 衆院議員(政友会)
嘉永6年(1853)12月29日～昭和8年(1933)4月24日 出肥前国高来郡(長崎県) 名旧姓・旧名=佐々木 学東京法学院 歴和漢学・法律学を学び、代言人(弁護士)の業務に従事する。明治19年埼玉県議となり、27年議長を務める。45年埼玉郡部より衆院議員(政友会)に当選1回。また浦和町長、武州銀行取締役、埼玉電燈社長、浦和商業銀行頭取、埼玉県自彊会会長などを務めた。

大島 久満次 おおしま・くまじ
神奈川県知事 衆院議員(政友会)
慶応1年(1865)10月23日～大正7年(1918)4月27日 出江戸 名旧姓・旧名=永井 学帝国大学法科大学英法科〔明治21年〕卒 歴尾張藩士・永井匡威の五男に生まれ、大島家の養子となる。明治21年帝国大学を卒業して法制局参事官試補となり衆院書記官兼法制局参事官を務める。台湾総督府警視総長を経て、41年同民政長官、45年神奈川県知事。大正4年より衆院議員に当選2回。 家兄=永井久一郎(漢詩人・実業家)、阪本釤之助(漢詩人・貴院議員)、甥=永井荷風(小説家)

大島 健一 おおしま・けんいち
陸軍中将 貴院議員(勅選)
安政5年(1858)5月9日～昭和22年(1947)3月24日 出美濃国(岐阜県) 学陸士〔明治14年〕卒 歴明治14年砲兵少尉、陸士教官を経て23～27年ドイツ留学。砲工学校教官、30年監軍部参謀兼山県有朋元帥副官、参謀本部員、日露戦争で大本営兵站総
監部参謀長、39年参謀本部第四部長、41年参謀本部総務部長、45年参謀次長を歴任。大正2年中将となり、3年陸軍次官、5年大隈内閣の陸相、寺内内閣にも留任、日中陸軍共同防敵協定の調印、シベリア出兵などに携わった。7年青島守備軍司令官、8年6月予備役。9年勅選貴院議員、昭和15～21年枢密顧問官。 家長男=大島浩(陸軍中将)

大島 小太郎 おおしま・こたろう
唐津銀行頭取 佐賀県議
安政6年(1859)8月9日～昭和22年(1947)12月17日 出肥前国唐津(佐賀県唐津市) 学三菱商業学校、二松学舎 歴明治18年唐津銀行頭取、のち佐賀県議。九州鉄道、唐津鉄道、北九州鉄道などの実現、唐津電灯の設立、唐津港の開港に尽力。

大島 貞敏 おおしま・さだとし
大阪控訴院検事長
天保9年(1838)11月23日～大正7年(1918)4月15日 出但馬国(兵庫県) 歴兵学者・大島貞薫の長男。明治3年明治政府に出仕。弾正台、大阪府を経て、司法省に入り、東京上等裁判所判事、高知裁判所長。一時退官したが、14年再び仕官し、長崎裁判所長、19年大阪始審裁判所長。この頃、関西法律学校(現・関西大学)創立に携わった。23年東京地方裁判所長、長崎控訴院検事長、31年大阪控訴院検事長を歴任し、36年退官。 家父=大島貞薫(兵学者)、弟=大島貞恭(陸軍少将)、大島貞益(経済学者)

大島 貞恭 おおしま・さだゆき
陸軍少将
天保13年(1842)9月17日～明治31年(1898)3月31日 出但馬国(兵庫県) 名幼名=恭次郎 歴兵学者・大島貞薫の二男。慶応4年(1868年)兵学校方助役、明治2年三等教授、同年大阪兵学寮御用掛、3年兵学少助教、4年同兵学少教授、8年陸軍士官学校御用兼勤、同年同教官、同年陸軍省参謀局第四課に転じ、10年同課長、11年参謀本部編纂課長、16年電信課長、同年陸軍大学校教授兼任、18年同教授専任、20年同教官。22～23年ドイツへ留学。26年休職。27年留守歩兵第二旅団長。29年陸軍少将に進み予備役に編入。 家父=大島貞薫(兵学者)、兄=大島貞敏(大阪控訴院検事長)、弟=大島貞益(経済学者)

大島 信 おおしま・しん
衆院議員(公同会)
嘉永6年(1853)9月16日～明治32年(1899)3月14日 出薩摩国(鹿児島県) 名旧姓・旧名=信正熊 学駒場農学校卒 歴埼玉県庁を経て、内務省に入る。明治20年奄美大島の農民のために、鹿児島商人の黒砂糖流通独占を批判する「大島郡糖業意見」を発表。25年より衆院議員に連続3選。奄美大島への海底電線の敷設に尽力した。

大島 誠治　おおしま・せいじ
会計検査院検査官　四高校長
安政3年(1856)1月8日～明治45年(1912)1月6日　⑬肥前国(長崎県)　⑭司法省明法寮〔明治9年〕卒　⑲肥前大村藩の貢進生として大学南校(現・東京大学)でフランス語を学ぶ。明治9年司法省明法寮を卒業。文部省に入り、権少書記官、参事官、大臣秘書官、四高校長などを歴任。のち会計検査官に転じ、軍事費の検査などに当たった。日仏協会、日伊協会などの活動にも努めた。

大島 直道　おおしま・なおみち
内務省参事官
明治14年(1881)11月21日～大正12年(1923)4月15日　⑬鹿児島県　⑭東京帝国大学法科大学政治科〔明治41年〕卒　⑲福島県事務官を振り出しに佐賀県・広島県の警察部長、神奈川県内務部長を歴任。警視庁官房主事を経て、内務省参事官に転じ勅任監察官となる。大正11年欧米視察を命じられ、ドイツに滞在中の大正12年4月、ベルリンで急死した。　⑳兄=大島直治(北九州大学学長)

大島 久直　おおしま・ひさなお
陸軍大将　子爵
嘉永1年(1848)9月5日～昭和3年(1928)9月28日　⑬出羽国久保田(秋田県秋田市)　⑲秋田藩士の子に生まれる。明治4年陸軍中将。西南戦争に従軍後、陸軍省総務局次長などを歴任。明治23年から29年まで通算約3年間陸軍大学校校長を務め、幕僚・教官・指揮官の養成、特に用兵高等化に尽力した。教え子には田中義一・山梨半造らがいる。25年歩兵第五旅団長、同年監軍部参謀長などを経て、日清戦争では歩兵第六旅団長として出征、のち台湾総督府参謀長を務める。日露戦争では第九師団長として旅順包囲作戦に参加。39年大将となり、近衛師団長、教育総監、軍事参議官を歴任。子爵を授かる。

大島 正義　おおしま・まさよし
養蚕家　神奈川県議
安政4年(1857)3月15日～大正12年(1923)6月26日　⑬相模国中新田村(神奈川県海老名市)　⑲小笠原東陽に学び、明治14年石坂昌孝らの武相懇親会に参加。23年神奈川県議。また蚕の温暖飼育法の普及などにあたった。著作に「清白養蚕新説」。⑳弟=大島正健(言語学者)

大島 要三　おおしま・ようぞう
大島組創立者　衆院議員(憲政会)
安政6年(1859)2月15日～昭和7年(1932)3月23日　⑬武蔵国北埼玉郡大桑村(埼玉県加須市)　⑬福島県　⑲17歳の時上京し土工となる。のち土木請負業者となり、東海道線、日本鉄道、岩越線などの工事に従事。明治27年奥羽線板谷峠トンネルの工事を完成して以来、土木請負業・大島組として独立。本籍を福島県に移し、電気事業、鉄道工事など当時の先端をゆく事業を手がけて福島県経済界

の中心人物となった。また大正13年以来衆院議員に2回当選し、憲政会の資金源として政界にも地歩を築いた。

大島 義昌　おおしま・よしまさ
陸軍大将　子爵
嘉永3年(1850)8月15日～大正15年(1926)4月10日　⑬長門国萩(山口県萩市)　⑲長州藩士の長男。明治2年大阪兵学寮に入り、3年大坂陸軍青年学舎に学び、4年陸軍少尉心得。10年西南戦争に大隊長として従軍。20年東京鎮台参謀長、21年第一師団参謀長、24年歩兵第九旅団長。27年日清戦争に混成第九旅団長として出征、28年男爵を授けられた。31年第三師団長となり、37年日露戦争に同師団を率いて出征。戦後、子爵に進んだ。38年陸軍大将となり関東総督、39年関東都督、45年軍事参議官を歴任。大正4年後備役に回り、9年退役した。　⑳息子=大島陸太郎(陸軍少将)、女婿=長岡春一(外交官)、本堂恒次郎(陸軍軍医監)

大城 孝蔵　おおしろ・こうぞう
ダバオ日本人会会長　フィリピン移民の指導者
明治14年(1881)2月10日～昭和10年(1935)10月30日　⑬沖縄県金武　⑭東京帝国大学農科大学実科中退　⑲明治37年沖縄県初のフィリピン移民監督としてマニラに渡る。避暑地バギオへ通じるルソン島のベンゲット道路の工事に従事するが、難工事で移民1500人のうち700人が犠牲となった。工事完成後は失業したため、ミンダナオ島ダバオへ移民を引率、マニラ麻栽培に成功し、農業移民の基盤を築いた。40年太田恭三郎と太田興業を設立、副社長となり麻山経営と開拓にあたる。大正7年ダバオ日本人会を創立、初代会長。また動力応用麻挽機(ハゴタン)を発明した。原住民にも慕われ、バゴセロ(バゴ・オーシロ)という地名も残る。

大洲 鉄然　おおず・てつねん
僧侶(浄土真宗本願寺派)　西本願寺執行長
天保5年(1834)11月5日～明治35年(1902)4月25日　⑬周防国大島郡久賀村(山口県大島郡周防大島町)　㉓幼名=要、字=後楽、号=石堂、九香　⑲周防覚法寺の大洲雪道の二男に生まれ、弘化2年(1845年)得度。周防の志士、僧・月性の薫陶を受ける。元治元年(1864年)勤王僧として真武隊を編成、高杉晋作の挙兵に応じて、第二奇兵隊を組織、幕軍と戦い周防周辺を鎮定した。明治元年赤松連城らと西本願寺本山の改革を建議、本山参務となった。廃仏毀釈の実行が盛んになった3年島地黙雷と上京、政府に寺務寮設置を請願。5年設立された大教院に反対、真宗分離運動を指導した。9年鹿児島で開教に当たったが、間諜と疑われて薩軍に逮捕、投獄された。10年釈放され、15年京都本山の執行、21年執行長となった。27年日清戦争では本山臨時部長となり、従軍僧の派遣、朝鮮の布教に尽力した。

大須賀 さと子　おおすが・さとこ
社会運動家

明治14年(1881)9月4日～大正2年(1913)5月27日　生愛知県額田郡藤川村(岡崎市)　名本名＝大須賀さと　学日本女医学校卒　歴小学校を卒業してしばらく家業を手伝ったのち上京、はじめ青山女学院、ついで日本女医学校に学ぶ。在学中から幸徳秋水や堺利彦らの金曜会講演会に参加し、社会主義に触れた。この頃、社会運動家の山川均や神川松子らと知り合い、山川らが「総同盟罷工論」を秘密出版する際には自身の下宿を提供。明治41年山川と結婚するが、同年6月の赤旗事件で夫共々逮捕され、重禁固1年の判決を受けた。その後は独学で写真術を学び、夫の出獄後に一旦帰郷。43年岡山で薬局を経営していた夫の許に戻るが、間もなく病に罹り、大正2年5月に死去した。女性エスペランチストの草分けとしても知られ、"円満女史"のニックネームで同志に慕われた。　家夫＝山川均(社会運動家)

大須賀 庸之助　おおすが・ようのすけ
衆院議員(政友会)

嘉永3年(1850)11月～明治39年(1906)4月17日　出千葉県　歴千葉県議を経て、明治23年衆院議員に当選し、通算4期を務めた。

大杉 栄　おおすぎ・さかえ
無政府主義者　革命家　評論家

明治18年(1885)1月17日～大正12年(1923)9月16日　生香川県丸亀　学名古屋陸軍幼年学校〔明治34年〕中退、東京外国語学校仏語科〔明治38年〕卒　歴在学中より足尾鉱毒事件に関心を持ち、明治38年より平民社に出入りし社会主義運動に傾斜。39年の東京市電値上反対事件で入獄、41年赤旗事件で再入獄。この間、幸徳秋水の影響で無政府主義者となる。45年荒畑寒村と「近代思想」「平民新聞」を創刊したのをはじめ、大正2年サンジカリズム研究会主宰、7年「労働運動」創刊と活発な運動を展開。この間、5年三角関係から神近市子に刺される"日蔭茶屋事件"を機に伊藤野枝と家庭を持つ。9年日本社会主義同盟の創設に参加。同年上海のコミンテルン極東社会主義者大会、11年ベルリン国際無政府主義大会に出席し、労働者の自由連合を提唱。12年パリのメーデー集会で検束されて国外追放。同年帰国し、関東大震災の際に麹町憲兵隊に拘引され、9月16日伊藤野枝、甥・橘宗一とともに軍部に虐殺された(甘粕事件)。著書に「正義を求める心」「自由の先駆」「自叙伝」「日本脱出記」、訳書にクロポトキン「一革命家の想出」、ダーウィン「種の起源」など。「大杉栄全集」(全14巻、現代新潮社)がある。　家妻＝伊藤野枝(婦人運動家・評論家)、四女＝伊藤ルイ(市民運動家)

太田 三郎　おおた・さぶろう
朝鮮銀行理事

明治4年(1871)3月27日～大正11年(1922)12月28日　出石川県金沢市　学東京帝国大学法科大学〔明治31年〕卒　歴東京貯蔵銀行、第百銀行、第一銀行を経て、明治42年朝鮮銀行に入行。仁川支店長、出納局長、発行課長を務め、大正4年大連支店長、6年理事。

太田 三次郎　おおた・さんじろう
海軍大佐

慶応1年(1865)12月16日～大正6年(1917)1月22日　出愛知県　学海兵(第12期)〔明治19年〕卒　歴明治21年海軍少尉に任官。日清戦争では有栖川宮威仁親王に従って殊勲を立て、日露戦争時は捕獲審検所評定官を務める。38年海軍大佐。ドイツ、フランス、清国などに駐在した経験を持ち、44年予備役に編入。大正3年のシーメンス事件で海軍の粛正を訴えて山本内閣を弾劾したため、勲位を奪われ免官となった。　家女婿＝鶴岡信道(海軍少将)

太田 清蔵(4代目)　おおた・せいぞう
衆院議員(政友会)　第一徴兵保険社長

文久3年(1863)8月19日～昭和21年(1946)4月4日　生福岡県　名幼名＝新平　歴明治20年代から筑紫銀行、博多絹綿紡績、田川採炭、博多湾鉄道を設立して実業界で活躍。大正14年第一徴兵保険(現・東邦生命保険)社長に就任。一方、明治22年博多市議を経て、41年衆院議員(政友会)、大正14年貴院議員を歴任。昭和4年私鉄疑獄事件に連座して公職を辞任。

太田 貞固　おおた・ていこ
陸軍少将

嘉永1年(1848)～明治40年(1907)10月21日　生信濃国(長野県)　歴明治3年藩命により大阪兵学校に学ぶ。5年陸軍少尉に任官。日露戦争に近衛後備歩兵第二連隊長として出征。38年後備歩兵第一旅団長。同年陸軍少将。

太田 徳三郎　おおた・とくさぶろう
陸軍中将

嘉永2年(1849)7月～明治37年(1904)9月7日　生安芸国広島(広島県広島市)　名旧姓・旧名＝田中　歴安芸広島藩士で、田中家に生まれ、のち太田氏を嗣ぐ。幼より砲術を学び、明治元年藩命によりフランスとスイスに軍事留学する。5年フランスでブランションに師事、更にスイス兵学校に学ぶ。8年帰国して陸軍に出仕。14年砲兵大尉としてイタリア、オーストリア、フランスへ大阪砲兵工廠から造兵技術研究のため派遣される。帰国後は同工廠で製鋼技術を指導する傍ら、21年司法省顧問として来日したアレッサンドロ・パテルノストロが駐日公使コマンドゥール・レナアト・デ・マルチノと図って設立した伊学協会の創立会員に加わり、理事の一人となる。更に3回目の洋行をした。23年から大阪砲兵工廠提理を長く務め、27年日清戦争では陸軍砲兵大佐として兵器・弾薬の製造・修理に当たる。35年中将に進んだ。

太田 秀次郎　おおた・ひでじろう
警察官

慶応3年(1867)4月7日〜昭和3年(1928)8月20日
生信濃国長野(長野県長野市)　歴警察官となり、明治26年朝鮮の釜山領事館警察署長に赴任。28年閔妃殺害事件に連座して逮捕されるが無罪となる。出獄後、上海・釜山などで警察署長や居留民団長などを務め、釜山や中国遼寧省安東の発展に尽くした。

太田 広城　おおた・ひろき
奥尻島開発者

天保9年(1838)〜明治44年(1911)3月
生陸奥国三戸郡角柄折村(青森県三戸郡階上村)　名本名＝太田久伝　歴戊辰戦争の際、使節として戦事の応酬にあたる。本営が秋田へ向かうが、吹雪を冒して政府軍の印章を持って帰藩し、八戸の安全に大きく貢献した。のち八戸藩集議員となり大参事に当選、開墾事業に従事した。明治11年第四十四及び六十国立銀行を創立。13年退任して北海道奥尻島に渡り、35年に同島を去るまで学校・道路の開設、小樽間の定期航路や漁業の改善などに尽力した。

太田 政弘　おおた・まさひろ
警視総監

明治4年(1871)10月4日〜昭和26年(1951)1月24日　生山形県　学東京帝国大学法科大学英法科〔明治31年〕卒　歴内務省に入り三重県参事官、宮崎、島根、愛媛各県警察部長、警視庁消防本部長、同第一部長を経て大正元年内務省警保局長。2年に福島県知事、4年石川県知事、5年熊本県知事、8年新潟県知事、12年愛知県各知事を歴任、13年加藤高明内閣の警視総監となった。15年勅選貴族院議員。昭和4年関東州長官、6年台湾総督となり、7年退官。

太田 峰三郎　おおた・みねさぶろう
官僚

文久3年(1863)2月23日〜大正3年(1914)4月6日
生筑前国福岡(福岡県福岡市)　学帝国大学法科大学〔明治21年〕卒　歴福岡藩士の三男に生まれる。明治21年判事試補となるが、ついで法制局参事官試補に転じ、22年欧米諸国の視察を命じられ、23年帰国、貴族院書記官となる。31年農商務省農務局長を経て、同年貴族院書記官長となり行政裁判所評定官を兼任した。林田亀太郎と共に議院法学者の権威として知られた。

太田 紋助　おおた・もんすけ
アイヌ民族指導者　農業改良家

弘化3年(1846)1月16日〜明治25年(1892)4月3日
生蝦夷地厚岸(北海道厚岸町)　名幼名＝サンケクㇽ　歴厚岸場所の番人を務める中西紋太郎を父に、アイヌ人のシラリコトムを母に持つ。8歳で父と死別し、厚岸・国泰寺の住職に読み書きや算術を学んだ。はじめ厚岸地方を支配していた佐賀藩の開墾掛に雇われ、維新後は開拓使四等牧畜取扱を務める。明治15年に官を辞して独立し、アイヌ民族の経済的自立のために私財を投じて昆布干場を設立。次いで17年には駒場農学校に赴いて裸麦や小麦の栽培法を修得し、厚岸郡別寒辺牛村でアイヌ人農民の農業指導に当たった。23年厚岸原野に屯田兵村の新設が計画されると、その土地選定に尽力。その功績を顕彰し、建設された村は太田村と名付けられた。他にも農業・漁業を通じてアイヌの発展に尽力し、北海道庁長官表彰を受けるが、25年函館出張中に急死した。　賞北海道長官表彰

太田 保太郎　おおた・やすたろう
弁護士　摩耶鋼索鉄道社長

安政6年(1859)3月〜昭和9年(1934)10月29日
出越後国(新潟県)　学東京大学卒　歴検事を経て、明治24年代言人(弁護士)を開業する。一方、神戸市議・議長として活躍。また摩耶鋼索鉄道社長のほか、神戸電気・兵庫電鉄などの法律顧問を務めた。

太田 龍太郎　おおた・りゅうたろう
北海道愛別村長

文久3年(1863)〜昭和10年(1935)
出肥後国(熊本県)　歴北海道愛別村村長を務め、明治43年鉄道の敷設場所調査のために石狩川源流部に分け入り、この時の記録を「北海タイムス」(現・北海道新聞)に「霊場碧水」と題して連載、名勝の層雲峡を広く知らしめた。44年幼なじみである後藤新平逓信相兼鉄道院総裁に石狩川上流域を国立公園にして保護するよう求める陳情書を提出、その後国立公園制度が制定され、昭和9年大雪山一帯が国立公園に指定された。

大滝 甚太郎　おおたき・じんたろう
札幌商業会議所会頭

慶応2年(1866)10月15日〜昭和15年(1940)4月26日　生越後国岩船郡(新潟県)　歴明治5年北海道札幌に移住し、家業の造り酒屋を継いだが、火災により木材業経営に転身。道内だけでなく、朝鮮、中国への輸出も手掛ける。木材業発展には治山や治水が不可欠と考え、植林、造林にも力を注ぎ、北海道造林合資会社を設立。北海道木材業組合会長、札幌木材商組合長などを務め、北海道木材業界の重鎮として活躍した。札幌商業会議所会頭を通算5期20年務めたほか、札幌区議、市議として市制発展にも尽くした。

大田黒 惟信　おおたぐろ・これのぶ
政治家　実業家

文政10年(1827)〜明治34年(1901)4月22日
歴旧熊本藩士。明治元年新政府に出仕して徴士・軍務官判事試補となり、函館戦争では政府軍参謀として活躍した。3年には熊本藩権少参事に就任し、藩政改革に尽力。廃藩置県後、八代県参事・大審院判事などを歴任。9年熊本県民会議長となるが、同年熊本を拠点とする国粋的不平士族の一派・神

風連の襲撃に遭い、辛くも難を逃れた。その後は東京に移り、実業界で活動した。

大田黒 重五郎　おおたぐろ・じゅうごろう
実業家
慶応2年（1866）6月15日～昭和19年（1944）7月28日　生江戸音羽（東京都文京区）　名旧姓・旧名＝小牧　学東京高商〔明治23年〕卒　歴明治24年熊本の旧家大田黒惟信の婿養子となり、27年三井元方に入社、三井物産に配属された。32年芝浦製作所主事となり、万年赤字を解消、翌年下期から黒字に転じ、電気機械専門工場に育成した。37年専務取締役となり米国GE社と結んで業界トップメーカーとした。また水車専門の電業社原動機製作所を育成した。39年箱根水力電気を設立、大井川開発の日英水力電気、九州水力電気、鬼怒川水力電気、四国水力電気などの各社設立に参画。大正9年に三井を辞め、昭和5年九州電気軌道社長となり整理再建に成功した。10年6月引退。　家息子＝大田黒元雄（音楽評論家）

太田黒 伴雄　おおたぐろ・ともお
神風連の乱の首謀者
天保6年（1835）～明治9年（1876）10月25日　生肥後国（熊本県）　名旧姓＝飯田　歴神官の太田黒氏に入婿。朱子学、陽明学を学び、のち熊本の国学者林桜園に入門して復古的尊攘主義者となる。郷里で国学と敬神思想を説いて信望を集め、旧熊本藩士族有志と敬神党（神風連）を結成、これを主宰する。明治9年政府の廃刀令を不満として、170余名の同志と共に熊本藤崎神社の社前に兵をあげ（神風連の乱）、鎮台司令官種田政明、県令安岡良亮を斬るが流弾にあたり敗死した。

大竹 貫一　おおたけ・かんいち
衆院議員（第一議員倶楽部）
安政7年（1860）3月12日～昭和19年（1944）9月22日　生越後国（新潟県）　学新潟英語学校卒　歴明治19年新潟県議となり3期務めた。その間20年に三大事件建白運動に参加、保安条例により東京追放。27年以来衆院議員に当選16回。大日本協会、進歩党、同志倶楽部、憲政会、革新倶楽部、革新党などを経て、昭和7年国民同盟に転じた。この間、遼東半島返付に反対の国論を起こし、日露戦争には主戦論を唱え、講和反対の日比谷焼き打ち事件の首謀者として起訴され、日韓合併の主張者など対外硬派として知られた。13年貴院議員となったが翌年辞退して引退した。

大竹 沢治　おおたけ・さわじ
陸軍少将
明治8年（1875）5月5日～大正12年（1923）7月29日　生新潟県　学陸大〔明治35年〕卒　歴陸軍に入り、日露戦争では満州軍総司令部参謀（作戦）として出征、第十三団参謀などを務める。39年ドイツに留学し、帰国後、陸軍大学校教官、参謀本部課長を経て、大正6年歩兵第三十八連隊長となる。9年

少将に進み、10年国際連盟陸軍代表随員、11年参謀本部第一部長を務めた。

大谷 籌子　おおたに・かずこ
真宗本願寺派法主・大谷光瑞の妻
明治15年（1882）11月5日～明治44年（1911）12月27日　名旧姓・旧名＝近衛　学華族女学校初等科卒　歴公爵・近衛通孝の三女で、貞明皇后の姉。明治25年10歳で西本願寺に入り、次いで華族女学校初等科を卒業。大口鯛二から和歌と書の手ほどきを受け、足利義山に仏典などを学ぶ。32年浄土真宗本願寺派の大谷光瑞と結婚。35年に夫が同派の法主に就任すると、ともに清国巡教を行うなど大いに夫を助けた。その一方で仏教婦人会でも活躍。その後、慈善事業・女子教育の調査のためにヨーロッパ各国を歴訪し、43年に帰国。　家父＝近衛通孝（公爵）、妹＝貞明皇后（皇后）、夫＝大谷光瑞（僧侶）

大谷 嘉兵衛　おおたに・かひょうえ
横浜商業会議所会頭　貴院議員（多額納税）
弘化1年（1844）12月22日～昭和8年（1933）2月3日　生伊勢国飯高郡谷野村（三重県松阪市）　名幼名＝藤吉, 元吉　歴5人兄姉（4男1女）の末っ子の四男。文久2年（1862年）横浜に出て、伊勢屋小倉藤兵衛の店で製茶貿易業に従事。慶応3年（1867年）横浜居留地のスミス・ベーカー商会を経て、4年独立し製茶売込業を始め、明治10年代には横浜最大の製茶売込商となった。28年日本製茶社長。この間、5年製茶改良会社を設立、17年には全国茶業組合を組織。23年茶組合中央会議長、42年茶業組合中央会議所会頭。製茶貿易の基礎を築き、32年米国で開催された第1回万国商業大会に日本代表として出席、米国が設けた製茶輸入関税の撤廃に尽力した。一方、30年横浜商業会議所会頭、大正6年横浜取引所理事長、13年日本貿易協会会長を務め、第七十四国立銀行頭取、横浜貯蓄銀行頭取、常磐生命保険社長なども歴任。この間、明治22年横浜市議、23年市議会議長となり、同年神奈川県議、40年、大正7年貴院議員。　勲勲三等瑞宝章〔明治39年〕

大谷 喜久蔵　おおたに・きくぞう
陸軍大将　男爵
安政2年（1855）12月28日～大正12年（1923）11月26日　生越前国敦賀（福井県敦賀市）　学陸士〔明治11年〕卒　歴明治4年兵士として大阪鎮台彦根分営に入ったのち陸軍士官学校に学び、11年同校の第二期卒業生となる。日清戦争では第六師団参謀として従軍し、戦後第四師団参謀長・近衛師団参謀長などを務めたのち31年新設の教育総監部本部長に就任。さらに陸軍戸山学校長となり、士官の教育に力を注いだ。日露戦争に際しては第三軍兵站監として旅順攻略戦における補給線の確保に尽力し、のち韓国駐箚軍参謀長に転出。その後、教育総監部参謀長・第五師団長などを歴任し、第一

次大戦勃発で青島守備軍司令官を務めた。大正5年には大将に昇進し、6年軍事参議官、7年のシベリア出兵の浦塩派遣軍司令官などを経て9年に予備役に編入、同時に男爵に叙された。

大谷 吟右衛門 おおたに・ぎんえもん
兵庫県農工銀行頭取
明治5年(1872)10月4日～昭和3年(1928)3月26日 回兵庫県 学東京帝国大学卒 歴大阪商船釜山支店を経て、明治35年兵庫県農工銀行支配人、大正6年頭取。神戸信託、神戸瓦斯、ベルベット石鹸役員なども務めた。

大谷 光瑩 おおたに・こうえい
僧侶 真宗大谷派(東本願寺)第22世法主 伯爵
嘉永5年(1852)7月27日～大正12年(1923)2月8日 生京都 名幼名=光養丸、法号=現如、雅号=愚邨 歴万延元年(1860年)得度。明治3年北海道に渡り、開拓・開教事業を推進した。5年欧州を視察、教団近代化の見分をひろめる。22年真宗大谷派(東本願寺)第22世門主となり、28年本堂、大師堂の再建事業を成し遂げた。29年伯爵。41年法主を子の光演に譲り、引退した。大僧正。 家父=大谷光勝(真宗大谷派第21世法主)、二男=大谷光演(第23世法主)、十一男=大谷瑩潤(真宗大谷派宗務課長・衆院議員)

大谷 光演 おおたに・こうえん
僧侶 真宗大谷派(東本願寺)第23世法主 伯爵
明治8年(1875)2月27日～昭和18年(1943)2月6日 生京都府京都市 名法号=彰如、俳名=大谷句仏、雅号=春坡、蕪孫、愚緑 歴真宗大谷派第22世法主光瑩(現如)の二男。10歳で得度。明治33年まで東京で南条文雄、村上専精、井上円了らについて修学。同年5月仏骨奉迎正使として暹羅(タイ)訪問。34年6月真宗大谷派副管長、41年11月第23世法主を継ぎ、管長となった。44年宗祖650回遠忌を修したが、朝鮮で鉱山事業に失敗、昭和2年管長を退いた。大正12年伯爵。書画、俳句をよくし、明治31年「ホトトギス」により高浜虚子、河東碧梧桐に選評を乞うた。大正3年以降は雑誌「懸葵」を主宰。句集「夢の跡」「我は我」「句仏句集」などがある。書は杉山三郎に師事し、絵画を幸野楳嶺、竹内栖鳳に学んだ。画集「余事画冊」がある。 家父=大谷光瑩(真宗大谷派第22世法主)、弟=大谷瑩潤(真宗大谷派宗務課長・衆院議員)、長男=大谷光暢(第24世法主)、孫=大谷光紹(東京本願寺住職)、大谷暢順(本願寺維持財団東山浄苑理事長・名古屋外大名誉教授)、大谷暢裕(第25世法主)、大谷光道(真宗大谷派井波別院代表役員)

大谷 光勝 おおたに・こうしょう
僧侶 真宗大谷派(東本願寺)第21世法主
文化14年(1817)3月7日～明治27年(1894)1月15日 生京都 名幼名=予丸、諱=光勝、号=愚阜、別名=厳如 歴東本願寺20世法主光朗の三男。弘化3年(1846年)光朗の隠退により東本願寺21世となる。万延元年(1860年)徳川家からの用材寄進により、消失した本堂を再建し、家康廟を堂側に建立。文久3年(1863年)軍費1万両を幕府に献納し、徳川家からも寄進を受けるなどの関係が続いていたが、明治になり尊王の立場に換え、東海・北陸の門徒を巡教して朝廷に献納した。維新後は華族に列せられ、また寺務や制度の近代化を進め、北海道や海外での布教にも尽力した。22年法主を光瑩に譲り隠退した。 家父=大谷 光朗(真宗大谷派第20世法主)、息子=大谷 光瑩(真宗大谷派第22世法主)

大谷 幸四郎 おおたに・こうしろう
海軍中将
明治5年(1872)7月25日～昭和12年(1937)6月24日 生高知県安芸郡土居村(安芸市) 学海兵(第23期) 歴明治29年〔明治31年海軍少尉に任官。日露戦争で水雷艇長として従軍。大正5年春日、6年敷島、7年須磨、鹿島、8年扶桑の艦長、9年第三水雷戦隊司令官、10年第一水雷戦隊司令官、11年大湊要港部司令官、12年海軍水雷学校校長を経て、13年海軍中将となり海軍大学校校長。15年舞鶴要港部司令官、昭和3年第二艦隊司令長官、呉鎮守府司令官を務めた。5年予備役に編入。

大谷 光瑞 おおたに・こうずい
僧侶 浄土真宗本願寺派第22世門主
明治9年(1876)12月27日～昭和23年(1948)10月5日 生京都府京都市西本願寺 名幼名=峻麿、法号=鏡如 学学習院本科中退、共立学校中退 歴浄土真宗本願寺派(西本願寺)第21世法主・光尊(明如)の長男。幼少時より「略書」「孝経」などを学び、8歳で山科別院の学問所へ。明治18年得度して鏡如光瑞名を乗る。31年貞明皇后の姉九条籌子(かずこ)と結婚。32年側近の猛反対を押し切って英国留学、世界に目を開く。35年西本願寺留学生を率いて西域・インド探検隊(大谷探検隊)を編成、ロシア領トルキスタンに入り、インドで仏跡を調査。翌年父明如上人の死により帰国、38年第22世門主を継ぎ、管長を兼任。2年後再び探検隊を派遣、43年3度目の探検隊を送り敦煌周辺を調査した。これらの成果は「西域考古図譜」「新西遊記」(昭12年)にまとめられている。一方、門主としては六甲山麓に別邸二楽荘を建て、武庫仏教中学を設立、教団の近代化を進めた。しかし負債と本山の疑獄事件のため大正2年本願寺住職、管長職を辞任。以後、中国、南洋などで農園経営、8年光寿会を結成、機関誌「大乗」を発行、サンスクリット仏典の蒐集研究や著作に従事。戦争中は近衛内閣の参議などを務めた。大連で終戦を迎え、22年帰国、公職追放となる。著書に「大谷光瑞全集」(全13巻)「大谷光瑞興亜計画」(全10巻)などがある。 家父=大谷光尊(浄土真宗本願寺派第21世門主)、弟=木辺孝慈(真宗木辺派第20世門主)、大谷光明(浄土真宗本願寺派管長事務代理)、大谷尊由(貴院議員)、妹=九条武子(歌人)

大谷 幸蔵　おおたに・こうぞう
商人
文政8年(1825)5月～明治20年(1887)4月6日
⬚生信濃国更級郡羽尾村(長野県千曲市)　⬚生家は代々豪農ながら幼くして父を亡くし、素行がおさまらず若い頃は俠客をもって任じた。やがて紬織物の商いを始め、江戸・日本橋で大黒屋幸蔵を称して松代の産物を扱った。文久3年(1863年)松代産物会所が出来ると羽尾村物産改所取締役となり、翌年には信濃松代藩の産物方御用達に任じられた。戊辰戦争に際しては藩の資金方として外国武器を購入して収めた。明治3年から13年まで4回にわたってイタリアへ渡航し蚕種販売を試み、販路を広げる努力を重ねたが、不良蚕種が増え没落した。この間、最初の洋行中に松代騒動が発生し、藩札暴落の責任者として自邸が農民の焼き打ちにあった。

大谷 光尊　おおたに・こうそん
僧侶　浄土真宗本願寺派第21世門主　伯爵
嘉永3年(1850)2月5日～明治36年(1903)1月18日
⬚生京都　⬚名字=子馨、幼名=峨君、法号=明如　⬚歴明治4年父光沢の死により浄土真宗本願寺派門主となり、5年伯爵を授けられた。6年文部省の大教正となり、明治初年の政府の宗教政策に重要な位置を占めた。教団の宗制、教育制度の近代化に尽力、本願寺教団の近代的発展の基礎を築いた。⬚家息子=大谷光瑞(浄土真宗本願寺派第22世門主)、木辺孝慈(真宗木辺派第20世門主)、大谷光明(本願寺派管長事務代理)、大谷尊由(貴院議員)、娘=九条武子(歌人)

大谷 尊由　おおたに・そんゆ
僧侶(浄土真宗本願寺派)　政治家
明治19年(1886)8月19日～昭和14年(1939)8月1日　⬚生京都府　⬚名号=大谷心斎　⬚歴浄土真宗本願寺派第21世法主・光尊(明如)の四男。明治37年本願寺渡東半島臨時支部長として日露戦争に従軍布教、41年神戸善福寺住職、43年本願寺派執行長となり渡欧、その後も3回欧米を訪問した。49年兄光瑞と共に中国、南洋で教線拡大に従事。護持会財団理事長を経て大正10年管長事務取扱となり兄を補佐した。昭和3年貴院議員。12年6月第一次近衛内閣の拓務相となった。1年後辞任、北支開発会社総裁、内務参議になった。著書に「国土荘厳」「超塵画譜」「潮来笠」などがある。⬚家父=大谷光尊(浄土真宗本願寺派第21世門主)、兄=大谷光瑞(浄土真宗本願寺派第22世門主)、木辺孝慈(真宗木辺派第20世門主)、大谷光明(浄土真宗本願寺派管長事務代理)、妹=九条武子(歌人)

大谷 竹次郎　おおたに・たけじろう
演劇興行主　松竹創立者
明治10年(1877)12月13日～昭和44年(1969)12月27日　⬚生京都府京都市三条　⬚歴父は相撲興行に携わる。明治17年母方の祖父が京都・祇園座の売店の株を買い、一家も協力したことから、双子の兄・白井松次郎とともに小学生ながら父母の手伝いで場内の売り歩きを始める。29年19歳の時、父の代理で新京極・阪井座の金主を務め、33年阪井座を買収、建物が老朽化していた為、同じく売りに出されていた祇園座を買い取って阪井座跡地に移築して京都歌舞伎座と改め、その座主となった。35年元旦、新京極に明治座を開場、兄とその名を一字ずつ取って松竹合名社を設立。39年南座を得て京都劇壇を制し、兄が初代中村鴈治郎と手を結んで大阪への進出を図ると、もっぱら京都を守った。43年1月新富座を、9月本郷座を買収して東京に進出、ついに歌舞伎座を手中に収めた。兄は関西、自身は関東を担当し、昭和3年松竹合名社の個人経営を解消して株式会社の松竹興業に改組、社長に就任。この年市村座の経営を任され、4年には帝国劇場の経営を向こう10年の契約で引き受けて名実ともに我が国の演劇興行界に君臨することとなり、大阪の歌舞伎俳優、新派俳優はもとより、東京の歌舞伎俳優の大半、文楽の経営などを押さえて一大演劇王国を築きあげた。この間、大正9年松竹キネマ合名社を設立して映画製作にも進出。その後、一族の城戸四郎らの手により映画事業は大きな発展を遂げた。昭和30年文化勲章を受章。これまで水ものとされた演劇興行の近代化に大きな功績を残した。⬚家兄=白井松次郎(松竹創立者)、二男=大谷隆三(松竹社長)、孫=大谷信義(松竹社長)　⬚賞紺綬褒章〔大正11年〕、藍綬褒章〔昭和3年〕、緑綬褒章〔昭和3年〕、文化勲章〔昭和30年〕

大谷 愍成　おおたに・みんじょう
僧侶　浄土宗執綱　大正大学理事長
明治4年(1871)3月17日～昭和3年(1928)7月11日　⬚生尾張国(愛知県)　⬚名旧姓・旧名=原田、号=檀尾社戒誉忍阿　⬚歴浄土宗専門学院卒、大善寺住職、天徳寺住職、増上寺執事長を経て、大正13年浄土宗執綱。15年大正大学初代理事長となった。著作に「普光観智国師」「浄土のみのり」など。

大谷 靖　おおたに・やすし
内務省庶務局長　貴院議員(勅選)
天保15年(1844)9月14日～昭和5年(1930)3月6日　⬚生周防国岩国(山口県岩国市)　⬚歴明治2年福岡県の官吏となり、以来大蔵権書記官、同書記官、太政官少書記官を経て、内務省に転じ、内相書記官、会計局、庶務局長兼造神宮副使、内務書記官などを歴任、大正3年退官。錦鶏間祗候を許され、済生会理事長を兼務、8年勅選貴院議員。

大多和 新輔　おおたわ・しんすけ
陸軍中将
明治2年(1869)11月～昭和8年(1933)11月25日　⬚生山口県　⬚学陸士〔明治23年〕卒　⬚歴歩兵第一連隊付、陸軍戸山学校教官、陸軍省軍務局課員を経て、歩兵第二十二連隊長、歩兵第二十六旅団長、浦潮派遣軍兵站部長など歴任。大正9年陸軍中将。

12年予備役に編入。

大津 淳一郎　おおつ・じゅんいちろう
衆院議員

安政3年（1856）12月23日～昭和7年（1932）1月29日　生常陸国多賀郡川尻村（茨城県日立市）　歴早くから自由民権を唱え、明治12年「茨城新報」編集長。13年興民公会を結成、同年茨城県議に選出。14年水戸で「茨城日日新聞」を創刊。16年立憲改進党に入党。23年第1回衆院選以来、茨城県から議員当選13回。改進党幹事、憲政本党常議員、憲政会総務、大蔵省副参政官、文部省参政官、文政審議会委員などを歴任。昭和2年勅選貴族院議員。民政党長老として顧問を務めた。著書に「大日本憲政史」（全10巻）がある。

大津 麟平　おおつ・りんぺい
徳島県知事

慶応1年（1865）10月18日～昭和14年（1939）12月31日　生肥後国合志郡杉水村（熊本県菊池郡大津町）　名号＝獲堂　学帝国大学法科大学〔明治23年〕卒　歴大正3年岩手県知事、8年徳島県知事。10年退官。12～15年東亜同文書院院長。その後、大日本武徳専門学校校長も務めた。

大塚 かね　おおつか・かね
社会事業家　ハンセン病院慰廃園監督補

安政2年（1855）～昭和21年（1946）4月11日　出陸奥国（福島県）　名旧姓・旧名＝高橋　歴陸奥福島藩士の子として生まれる。明治18年医師で牧師の大塚正心と結婚。東京・目黒のハンセン病院慰廃園の監督補となり、夫とともに伝道と医療に尽力した。大正14年夫の死別後は、好善社の理事として慰廃園の経営にあたった。

大塚 慊三郎　おおつか・けんざぶろう
内務官僚

嘉永2年（1849）～大正13年（1924）4月16日　出周防国（山口県）　名旧姓・旧名＝福原　歴旧岩国藩士。栗栖天山に師事して、慶応2年（1866年）必死組に入隊。戊辰戦争では精義隊に属し東北各地に従軍する。明治維新後は内務省土木局次長、奈良県書記官などを歴任。明治3年旧岩国藩主吉川家の家令を務めた。

大塚 惟明　おおつか・これあき
南海鉄道社長　大阪市議

元治1年（1864）4月2日～昭和3年（1928）12月28日　生肥後国阿蘇（熊本県）　学三一神学校卒　歴14歳で上京し東京府立第一中学から大学予備門に進むが、キリスト教の影響を受け、大阪の聖テモテ学校、東京三一神学校で学ぶ。牧師となり、大阪聖ヨハネ教会に勤務。のち実業家に転向、明治25年山陽鉄道に入り、重役を務める。讃岐鉄道運輸主任・総支配人も務め、28年南海鉄道専務、43年社長に就任。大正4年片岡直輝に職を譲り阪堺軌道との合併に奔走、鉄道事業に敏腕を振るった。千日

土地建物取締役、大阪市議も務めた。

大塚 笹一　おおつか・ささいち
高屋織物社長　岡山県議

明治6年（1873）6月8日～昭和16年（1941）12月17日　生岡山県後月郡高屋村（井原市）　学興譲館卒　歴織物業に従事。のち、弱冠26歳で郷里岡山県高屋村の村長となる。明治37年に村長を退任ののちは実業に専念、中備織物同業組合を結成し、県の織物業界における指導者として活躍。大正4年岡山県議に当選、政治活動を再開した。6年高屋織物合資会社（現・タカヤ）を設立、7年同社を株式会社化して社長に就任。8年岡山県織物組合連合会の創立に伴い、初代会長に選ばれた。　勲緑綬褒章〔昭和13年〕

大築 尚志　おおつき・たかゆき
陸軍中将

天保6年（1835）11月5日～明治33年（1900）6月12日　名幼名＝保太郎　歴下総佐倉藩士の長男。文久2年（1862年）蕃書調所教授手伝となり、元治元年（1864年）幕臣となる。慶応4年（1868年）歩兵差図頭取。明治元年沼津に兵学校設立の準備をしていた阿部邦之助の依頼で西周を訪ねて兵学校頭取に迎え、自身も教授、歩兵将校科取締を務めた。4年陸軍中佐、11年陸軍大佐となり、14年砲兵局長。19年陸軍少将に進み砲兵会議議長、20年砲兵監。23年休職したが、27年日清戦争では臨時東京湾守備隊司令官を務めた。32年陸軍中将となり、後備役に編入。　家三男＝大築千里（京都帝国大学教授）、四男＝大築仏郎（麹町学園理事長）、弟＝大築彦五郎（開拓使支庁外務課詰訳文掛）、女婿＝田中義一（首相・陸軍大将）

大築 彦五郎　おおつき・ひこごろう
開拓使支庁外務課詰訳文掛

嘉永3年（1850）12月～明治17年（1884）8月26日　生下総国佐倉（千葉県佐倉市）　歴元治元年（1864年）幕府の開成所独乙学に入所し、ドイツ語を学ぶ。慶応元年（1865年）山内作左衛門・市川文吉らとともに日本初のロシア留学生に選ばれ、医学を専攻。4年幕府の瓦解を受けて帰国し、開成所教授試補に任ぜられた。2年開拓使大主典となって樺太に赴任。次いで開拓使支庁外務課に訳文掛として出仕し、箱館に勤務した。10年に病気のため辞職して帰京し、回復後再び箱館に移るが、17年同地で他界した。　家兄＝大築尚志（陸軍中将）

大槻 吉直　おおつき・よしなお
北海道庁理事官

天保11年（1840）10月～大正14年（1925）5月3日　生陸奥国宇多郡中村（福島県相馬市）　歴陸奥中村藩士。明治3年中村藩権大属となり、廃藩置県後は磐前県に出仕した。10年内務省三等属として任官するがまもなく農商務省に移り、同一等属、同書記官を歴任した。23年北海道庁理事官に就任。その後、福島県農工銀行頭取などを務めた。

大坪 二市　おおつぼ・にいち
篤農家
文政10年(1827)9月9日～明治40年(1907)7月20日 [生]飛騨国吉城郡国府村(岐阜県高山市) [名]旧姓・旧名＝岡田, 初名＝仁助, 号＝霊芝庵菊仙 [歴]飛騨国有数の豪農の家に生まれる。のち大坪家の養子となって仁助を称し、次いで二市に改めた。明治維新後、"考える農業"を唱導し、耕地の区画整理や茶・菜種・桐の栽培などを実施。また、"はさ"と呼ばれるイネ乾燥法の導入やトウモロコシの品種改良なども行った。明治14年には岐阜県安八郡の棚橋五郎とともに第一回全国農談会に参加し、その体験や農法を発表するなど、篤農家として知られた。他方、霊芝庵菊仙の号で狂歌や川柳をよくし、「農具揃」「明治見聞史」「履歴七部集」などの著書もある。

大寺 安純　おおでら・やすずみ
陸軍少将 男爵
弘化3年(1846)2月12日～明治28年(1895)2月9日 [生]薩摩国鹿児島城下(鹿児島県鹿児島市) [名]幼名＝弥七 [歴]藩校・造士館に学び、20歳で造士館教官。戊辰戦争に従軍。明治4年西郷隆盛に従って上京、同年陸軍少尉。7年征台の役、10年西南戦争に従軍。22年第二師団、24年第四師団、25年第一師団の各参謀長を務めた。欧州巡遊中の27年、日清戦争が起こり急遽帰国し、出征。同年陸軍少将。28年第十一旅団長として威海衛攻略に戦傷を負い、戦死した。没後、男爵を追贈された。 [家]女婿＝小坂平(陸軍中将)

大戸 復三郎　おおと・ふくさぶろう
衆院議員 岡山商業会議所会頭
万延1年(1860)～大正13年(1924)1月12日
[生]備後国府中(広島県府中市) [学]東京法律学校〔明治16年〕卒 [歴]明治16年に明治法律学校を卒業したのち司法省に出仕。次いで19年には岡山区裁判所判事となった。辞官後は代言人(弁護士)を開業。その傍ら、実業界でも活動し、東京生命・朝日生命・共立絹糸紡績・備後水力電気・大隅炭坑などの創立に関与。また、28年には両備鉄道株式会社(現在のJR福塩線)設立の発起人にもなった。さらに政界でも活躍し、衆院議員・岡山市議・同議長を歴任。大正10年には岡山商業会議所会頭に推され、13年まで務めた。

大友 亀太郎　おおとも・かめたろう
神奈川県議 札幌開拓の祖
天保5年(1834)4月27日～明治30年(1897)12月14日 [生]相模国足柄下郡上府中村(神奈川県小田原市) [名]本名＝大友玄英, 旧姓・旧名＝飯倉 [歴]農家の長男に生まれるが、安政2年(1855年)家業を弟に譲り、二宮尊徳の門下に入る。江戸幕府の蝦夷地開懇の命に従い、6年に箱館(函館)に渡り、慶応2年(1866年)石狩原野を踏査して現在の東区一帯を開拓、豊平川の水を引いて用水路を開設したことで知られる。明治30年札幌を去って故郷の小田原に戻り、神奈川県議などを歴任した。

大鳥 圭介　おおとり・けいすけ
枢密顧問官 駐清国公使 男爵
天保4年(1833)2月25日～明治44年(1911)6月15日 [生]播磨国赤穂郡赤松村岩木(兵庫県赤穂郡上郡町) [名]旧姓・旧名＝小林, 諱＝純彰, 号＝如楓 [歴]播州赤穂の医師の家に生まれる。はじめ岡山の閑谷黌で漢学を学び、嘉永5年(1852年)大坂にある緒方洪庵の適塾に入る。安政元年(1854年)蘭学者・坪井忠益に入門、次いで伊豆韮山代官・江川英敏の下で兵学や砲術を修めた。慶応2年(1866年)江川の推薦で幕府に出仕して両番格歩兵差図役役勤方となり、フランス式の歩兵訓練に当たった。以後、同頭取、歩兵頭並、歩兵頭を経て、明治元年歩兵奉行に就任。幕府軍が鳥羽・伏見の戦いで敗れると、江戸開城に反対して強行に主戦論を主張。同年4月江戸無血開城がなると同志200人を率いて東北に奔り、宇都宮、日光、会津で新政府軍と戦った。さらに仙台で海軍副総裁の榎本武揚らと合流して箱館に移り、陸軍奉行として五稜郭で新政府軍に抗した。2年降伏し東京で入獄。5年大赦によって出獄したのちは新政府に任官、開拓使出仕兼大蔵少丞を皮切りに7年陸軍四等出仕、8年工部権頭兼製作頭、同年工部頭、10年工部大書記官兼工作局長、14年工部技官、15年工部大学長、15年元老院議官、19年学習院長などを歴任。この間、5年に大蔵少輔・吉田清成に随行して渡米。また9年と13年には内国勧業博覧会御用掛として同博覧会の事務や審査に当たった。22年駐清国公使となり、26年からは朝鮮駐箚公使も兼任。27年甲午農民戦争(東学党の乱)に際して韓国王に清国軍撤退、内政改革の実行を迫り、日清戦争の端を作った。帰国後、枢密顧問官。33年男爵に叙せられた。著書に「獄中日記」「幕末実戦史」「阿膠編」「石炭編」「如楓家訓」などがある。 [家]長男＝大鳥富士太郎(外交官・男爵), 二男＝大鳥次郎(薬学者), 孫＝大鳥蘭三郎(慶応義塾大学教授)

鴻 雪爪　おおとり・せっそう
御岳教管長
文化11年(1814)1月1日～明治37年(1904)6月18日 [生]備後国因島(広島県尾道市) [名]旧姓・旧名＝宮地, 字＝清拙, 別号＝鉄面清拙, 江湖翁 [歴]6歳の時に石見国津和野の大定院住職・無底(曹洞宗)について出家。その後、越前武生の竜泉寺や加賀祇陀寺・岐阜大垣の全昌寺・能登総持寺などを転々とするが、この間に岐阜大垣藩家老小原鉄心と親交を結び、国事に関心を持った。安政4年(1857年)福井藩主松平慶永の招きで福井孝顕寺の住職となり、慶永からの篤い信頼を受けた。慶応3年(1867年)には彦根の清涼寺に転任。維新に際して盛んに国事を論じ、文化移入のためにキリスト教の開放を建言した。維新後は宗教行政に携わり、教導職御用掛や左院小議生などを歴任。また、神・儒・

仏三派を合同させて軽率な廃仏論に対抗し、僧侶の肉食妻帯の禁令解除などに尽力した。明治4年に還俗。5年には官を辞し、大教院院長や琴平神社祠官を経て18年から御岳教第2代管長を務めた。著書には「山高水長図説」「江湖翁遺藁」などがある。　家養子＝鴻雪年（宗教家）

鴻　雪年　おおとり・せつねん
御嶽教管長
文久1年（1861）～昭和11年（1936）11月21日
出江戸　歴のちに広島藩主となる浅野長勲の実弟に生まれ、初名は荻命。のち宗教家・鴻雪爪の養子となり、雪年と改名する。神道御岳教管長を長年務め、昭和初年頃に退職した。　家養父＝鴻雪爪（宗教家）

大鳥　富士太郎　おおとり・ふじたろう
駐メキシコ公使　貴院議員　男爵
慶応1年（1865）12月23日～昭和6年（1931）11月7日　出江戸　学帝国大学法科大学〔明治23年〕卒　歴外交官・大鳥圭介の長男。明治29年台湾総督府民政局参事官兼台北支庁長、34年台湾総督府参事官。その後、在ウラジオストック総領事、駐フランス大使館参事官、駐メキシコ公使を歴任。大正12年より貴院議員を務めた。　家父＝大鳥圭介（外交官・男爵）、弟＝大鳥次郎（薬学者）

大西　伍一郎　おおにし・ごいちろう
大西銀行頭取　衆院議員（憲政会）
安政5年（1858）8月～大正6年（1917）2月25日
生和泉国堺（大阪府堺市）　歴代々堺で具足屋と称して両替商を営む富豪の家に生まれる。明治14年大西銀行を設立し、頭取を終身務める。また堺商業会議所副会頭、大阪電機製造取締役、大阪電気信託取締役も務めた。一方、29年堺市長を経て、41年から衆院議員に当選3回。

大西　性二郎　おおにし・せいじろう
"ピス健"と呼ばれた神出鬼没のピストル強盗
明治20年（1887）～大正15年（1926）12月6日
生東京都　名別名＝守神健次　歴早くに父を亡くし、浅草の不浪児から旅役者となり、強盗を犯したあげくに殺人で無期懲役。一度に恩赦で出所し、14年からはピストル強盗を開始。関東、関西を股にかけて荒らし、非常線を巧みに突破、警官殺人など犯行を重ねる。手配写真6万枚という大捜査により、神戸市内に潜伏中を逮捕され、大正15年に処刑された。

大西　常右衛門　おおにし・つねえもん
初代京都府青谷村長
嘉永3年（1850）～昭和2年（1927）
出山城国綴喜郡青谷村（京都府城陽市）　歴地元の大地主で、明治22年市町村制施行により初代青谷村村長に就任。青谷村は梅栽培が盛んだったが、明治時代に入り海外輸出のための茶園へ切替える農家が目立つようになり梅林は縮小。茶の輸出量

が急速に減るとともに地域経済も低迷していった。30年頃、地元有力者らと青谷梅林保勝会を設立。江戸時代から有名だった観梅の地を守り、新たに観光客を呼びこもうと観梅道や橋を整備、梅林の紀行文や景勝図をまとめた「青谷絶賞」を刊行するなど尽力。その結果多いに賑わい、のち青谷梅林駅が奈良鉄道（現・JR奈良線）に常設された。

大西　正雄　おおにし・まさお
実業家
天保11年（1840）9月28日～大正8年（1919）10月17日　出上野国高崎（群馬県高崎市）　歴武道の道に入り、26歳で槍術の指南役となり、幕末には水戸の志士と交わり国事に奔走した。明治維新後、大小砲教授役となるが、廃藩置県後は実業界に身を投じ、横浜に生糸商を営む。明治7～22年王子製紙に務めた後、29年横浜電線製造の設立に加わり取締役となる。以来、資産を作り大地主となる。更に東洋護謨取締役、東洋製薬社長、横浜製鋼社長、大安生命保険社長も務めた。

大貫　真浦　おおぬき・まうら
神官　伏見稲荷神社宮司
嘉永3年（1850）11月～大正5年（1916）12月31日
生下野国都賀郡鹿沼宿（栃木県鹿沼市）　歴下野鹿沼宿の氏神今宮神社の社家に生まれる。文久3年（1863年）江戸の平田鉄胤の門に入り8年間の学業の後、明治4年帰郷し今宮神社の祠掌となる。6年日光東照宮禰宜、8年官幣大社・札幌神社宮司、13年函館八幡宮宮司、25年伊勢神宮禰宜、27年京都の官幣大社・石清水八幡宮宮司などを歴任。34年伏見稲荷神社宮司となり没するまでの15年間勤続した。この間、21年北海道皇典講究分所所長、皇典講究所講演主任、41年京都府皇典講究分所所長を務める。著書に「稲荷神社史料」「荷田東麿翁」「羽倉春満伝」「荷田春満翁伝」「檪の舎和歌集」「都賀の舎随筆集」などがある。

大沼　十右衛門　おおぬま・じゅうえもん
商人　仙台市議
弘化4年（1847）～明治40年（1907）9月3日
出陸奥国柴田郡（宮城県）　歴呉服商を営み、明治22年仙台市議となる。17年の台風で廃港となった野蒜港再建のため、33年衆院に建議し満場一致で可決されるなど国会へも働きかけ、10余年私財を投じて苦心するが成功しなかった。また乃木将軍と親交があり、夜を徹して議論したという。

大沼　渉　おおぬま・わたる
陸軍少将　男爵
天保15年（1844）8月～明治32年（1899）10月14日
生下野国黒羽（栃木県大田原市）　名幼名＝統太郎　歴下野黒羽藩士の子で、戊辰戦争では軍監として転戦して戦功を立てた。明治2年藩権大参事。その後、西郷隆盛の推挙により一躍陸軍少佐に任官。仙台鎮台参謀長を経て、18年陸軍少将に進み、歩兵第九旅団長。24年近衛歩兵第一旅団長となるが、

25年眼疾により休職。27年留守第六師団長事務取扱。32年男爵を授けられた。一時、貴院議員に推されたが固辞、武人の道を全うした。

大野 亀三郎　おおの・かめさぶろう
衆院議員（同志会）
文久1年（1861）8月2日〜大正3年（1914）4月
出美濃国岩村（岐阜県）　歴興業銀行、岐阜移民、蘇東銀行、北海道馬匹奨励、釜山埋築などの重役を務め、日本興業銀行創立委員。一方岐阜県議を務め、第2回衆院議選以来議員当選10回。

大野 豊四　おおの・とよし
陸軍中将
明治4年（1871）12月〜昭和12年（1937）7月19日
出佐賀県　学陸士卒、陸大卒　歴明治26年陸軍歩兵少尉となる。陸軍戸山学校教官、台湾総督府陸軍参謀、第一師団参謀、参謀本部部員、第十一師団参謀、岩国連隊区司令官、歩兵第十五連隊長などを歴任。大正2年第十四師団参謀長となり、6年近衛歩兵第一旅団長、7年朝鮮軍参謀長を経て、10年中将となり第十七師団長を務める。14年予備役となった。

大野 盛郁　おおの・もりふみ
京都市長
慶応2年（1866）4月〜昭和19年（1944）2月16日
出薩摩国（鹿児島県）　学東京帝国大学法科大学政治学科〔明治31年〕卒　歴大学卒業後、日本製布会社、新京阪鉄道、相互運輸倉庫の各取締役を経て、島津忠済公爵家財産整理、同家北海道後志鉱山次長を務める。明治41年京都市助役に迎えられ、大正元年市参与、6年第5代京都市長に就任。しかし、市長選挙での汚職事件により、7年5月辞職した。その後、日本製布会社社長となった。

大庭 寛一　おおば・かんいち
愛媛県知事
元治1年（1864）〜大正5年（1916）
生薩摩国（鹿児島県）　学帝国大学法科大学〔明治20年〕卒　歴明治20年内務省に入省。31年愛媛県知事。33年病気を理由に辞職し、34年退官。日韓併合後は、45年まで京城府尹を務めた。

大場 茂馬　おおば・しげま
弁護士　大審院判事　衆院議員
明治2年（1869）〜大正9年（1920）12月20日
生出羽国（山形県）　専刑法学　学東京法学院卒法学博士〔大正2年〕　歴明治26年仙台で弁護士を開業、28年地方判事となり、38年退職してドイツ留学。41年帰国、大正2年大審院判事となったが翌年辞職、弁護士に戻った。山形県から衆院議員当選3回。娼妓の自由廃業、指紋法の実施などに先鞭をつけ、刑法学の近代化に寄与した。著書に「刑法総論」（全2巻）「刑法各論」（全2巻）がある。勲
勲三等旭日小綬章

大庭 二郎　おおば・じろう
陸軍大将
元治1年（1864）6月23日〜昭和10年（1935）2月11日　生山口県　学陸士（旧8期）〔明治19年〕卒、陸大〔明治25年〕卒　歴明治19年歩兵少尉、陸大卒後は参謀本部に出仕し、兵站総監部副官、28年ドイツ留学。32年帰国して陸大教官、歩兵第二連隊長、37年日露戦争には第三軍参謀副長となり、旅順攻略戦の作戦を立てたが失敗し、38年後備第二師団参謀長に左遷。42年戸山学校長、45年陸軍歩兵学校長、第一次大戦にロシア大本営付としてロシア軍に従軍、大正4年第三師団長となりシベリア出兵。9年朝鮮軍司令官、同年大将。12年教育総監兼軍事参議官、15年予備役編入、昭和9年退役。長州軍閥の最後の一人。

大橋 淡　おおはし・あわし
門司市議　門司商工会議所頭
弘化5年（1848）2月17日〜明治42年（1909）11月19日　学慶応義塾大学卒　歴秋田県で英語教員をつとめた後、明治17年三菱合資に入社。28年豊州鉄道田川採炭販売部長に転じ、32年独立して門司に石炭商を開業。同年門司市議となり、36年議長をつとめた。また、門司商工会議所頭もつとめた。

大橋 艶之助　おおはし・えんのすけ
ジャム製造のパイオニア
明治18年（1885）〜大正9年（1920）1月17日
生長野県更級郡村上村（埴科郡坂城町）　歴明治43年更級地方の特産品である杏の加工に成功した小出保一郎らと共に丸三ジャム製造所を設立。以来、その経営者となって卓越した手腕を揮い、日本におけるジャム製造の先駆者として積極的に事業を推進。大正3年には東京に進出するが、5年に急死した。

大橋 十右衛門　おおはし・じゅうえもん
衆院議員（憲政本党）　越中義塾創設者
安政6年（1859）〜昭和15年（1940）2月2日
生越中国射水郡掛開発村（富山県高岡市）　名名＝弘、字＝伯毅、廉陽、幼名＝東吉、号＝二水　歴町年寄の子として生まれる。明治12年京都に出て漢学を修め、さらに東京で英語を学び、小野梓、矢野龍渓、島田三郎、尾崎行雄らと交友を持つ。14年富山県に帰郷、海内果の勧めにより県内初の4年制私立中学である越中義塾を創設。17年閉校後は自由民権運動に参加し、18年富山県議となる。35年衆院議員に当選、1期務めた。

大橋 誠一　おおはし・せいいち
農政家
安政5年（1858）7月21日〜昭和9年（1934）10月27日　生伊勢国伊曽島村福吉（三重県桑名市）　名号＝如雷　歴明治25年三重県農友会、ついで三重県畜産会を創立。木曽川改修に伴う水利組合を設立。34年郡会議長。また如雷と号して俳句、短歌、書もよくした。

133

大橋 房太郎　おおはし・ふさたろう
大阪府議 淀川治水功労者

万延1年(1860)10月14日～昭和10年(1935)6月30日　生摂津国東成郡放出(大阪府大阪市鶴見区)　名号=士房　学明法館　歴家は代々摂津東成郡(大阪府)放出村の庄屋。東京に出て鳩山和夫の書生になるが、明治18年淀川大洪水の知らせを受け帰郷、この大災害を機に淀川治水工事への取り組みを決意。20年放出村戸長となり、24年大阪府議に当選、7期連続26年間務める。また淀川治水会副会長を務め、29年洋行帰りの技師・沖野忠雄のプランによる「淀川改修法案」の国会通過に貢献し、42年竣工される。のち水路に土砂の流出を防ぐ「淀川低水工事」始める運動を起こし、大正6年の淀川再氾濫後は淀川再改修成同盟を結成、12年から暴風雨に負けない堤防工事を継続させるなど、36年間に渡り改修工事に尽力し"淀川治水の父"と感謝された。

大橋 頼摸　おおはし・らいも
衆院議員(政友会) 静岡新報社長

文久1年(1861)2月～大正1年(1912)11月5日　生遠江国磐田郡井通村小立野(静岡県磐田市)　学浜松中学師範連養科卒　歴小学校訓導、郡書記、官選戸長、井通村長を経て、明治21年静岡県議。22年自由党に入り、のち政友会に所属。41年より衆院議員に2回当選。また静岡県農会長、天竜川東縁水防組合長、静岡新報(現・静岡新聞)社長、静岡印刷社長を務めた。

大浜 忠三郎(2代目)　おおはま・ちゅうざぶろう
実業家 衆院議員(憲政会)

明治4年(1871)4月1日～大正14年(1925)11月24日　生相模国(神奈川県)　名幼名=茂七郎　学東京専門学校〔明治20年〕卒　歴初代大浜忠三郎の長男。家業の洋糸織物商を継ぐ。横浜市議・議長、神奈川県議などを経て、大正9年から衆院議員(憲政会)に当選2回。また横浜生命保険社長、横浜倉庫取締役、横浜取引所理事長、神奈川県農工銀行取締役、横浜商業会議所議員などを務めた。　家父=大浜忠三郎(1代目)

大林 芳五郎　おおばやし・よしごろう
大林組創業者

元治1年(1864)9月14日～大正5年(1916)1月24日　生大坂　名幼名=由五郎　歴11歳で呉服商に丁稚奉公、のち土木建築請負業を見習い、明治25年独立して土木建築業・大林組を開業。大阪築港、第5回内国勧業博覧会、韓国京義鉄道などの工事を請負い、業績をあげた。42年合資会社とし、大林組の基礎を確立。以後、伏見桃山御陵、次いで伏見桃山東御陵の工事を請負い、さらに近鉄の生駒トンネル、東京駅などの大工事を完成した。　家孫=大林芳郎(大林組社長)

大原 孝四郎　おおはら・こうしろう
倉敷紡績所頭取

天保4年(1833)11月2日～明治43年(1910)7月6日　生備前国岡山(岡山県岡山市)　名旧姓・旧名=藤田、幼名=幸三郎、号=子容、新渓　歴備中岡山藩儒の子として生まれ、大原節斎に師事。安政5年(1858年)綿仲買、呉服・穀物問屋などを営む倉敷屈指の豪商・大原壮平(児島屋与兵衛)の養嗣子となる。明治15年家督を継ぎ、松方デフレによる経済の混乱のなか、巧みな土地金融を展開して財産の基礎を確立。20年大橋沢三郎、小松原慶太郎、木村利太郎ら倉敷の青年有志が倉敷紡績所の設立を計画すると、その十分な調査と綿密に練られた原案に賛同して出資し、21年同所の完成と共に初代頭取となった。なお、同社の社標である二重の輪に三つ星を配した通称"二・三"のマークは、師・森田節斎の提唱した謙受説にちなむ。以来、堅実な経営で順調に業績を伸ばし、倉敷地方屈指の資産家に成長した。24年には倉敷銀行を創設して頭取に就任。31年には子息・孫三郎の提案によって大原奨学会を設け、広く社会事業や教育を助成した。39年倉敷紡績社長を退任。一方で和歌や茶道にも通じ、明治20年代には自ら京都に骨董品を買いに行き、帰郷して地元の人々を集めて観賞会を開くなど、美術品の目利き・収集家としても知られた。　家三男=大原孫三郎(実業家)

大原 重徳　おおはら・しげとみ
公卿

享和1年(1801)10月16日～明治12年(1879)4月1日　生京都　名幼名=常麿、字=徳義　歴大原重尹の五男。天保2年(1831年)従三位・右近権中将。安政5年(1858年)日米修好通商条約の勅許に反対。文久2年(1862年)左衛門督に任ぜられ、勅使として東下し、勅命を伝えて幕府改革を約束させた。文久3年(1863年)寺田屋事件に関連した勅書改竄の罪で蟄居。元治元年(1864年)に赦免されたが、兵庫の開港に反対し、また御前会議で朝政改革を強硬に主張するなどしたため、慶応2年(1866年)閉門させられた。翌3年(1867年)ゆるされて参議となり、岩倉具視と連携して王政復古を実現させた。維新後は刑法官知事などを歴任した。　家息子=大原重実(公卿)、三男=大原重朝(貴院議員)、女婿=長谷信成(公卿)

大原 重朝　おおはら・しげとも
貴院議員 伯爵

嘉永1年(1848)5月21日～大正7年(1918)12月14日　生京都府　名幼名=常丸、通称=備後権介、左馬頭　歴大原重徳の三男。嘉永7年(1854年)叙爵、備後権介を経て、慶応2年(1866年)左馬頭。同年父や中御門経之ら公家22人の列参にも加わり朝政刷新を訴え、差控となる。3年赦され、4年参与・弁事となった。明治7年宮内省に出仕、12年外務省御用掛を務める。21年伯爵、23年貴院議員。　家息子=大原重明(雅楽家)、父=大原重徳(公卿)、兄=

大原重実（公卿）

大原 重実 おおはら・しげみ
外務少書記官
天保4年（1833）9月12日～明治10年（1877）9月6日
 生 別名＝綾小路俊美、幼名＝常丸 歴 大原重徳の子。天保8年（1837年）叙爵し、備後権介、侍従。安政元年（1855年）綾小路有良の養嗣子となり、名を俊美と改めたが、慶応4年（1868年）大原姓に復した。同年左少将。この間、文久3年（1863年）勝手に諸藩士と交わったことにより蟄居処分を受けた。戊辰戦争が起こると近江で討幕の兵を募り、海軍先鋒、海軍先鋒総督を命ぜられた。さらに江戸鎮台補、関八州監察使、弁事などを歴任。明治2年公議所議長、ついで酒田県知事に転じ、4年外務省に出仕して外務少丞、少書記官を務めたが、10年自邸で強盗に殺害された。 家 父＝大原重徳（公卿）

大原 孫三郎 おおはら・まごさぶろう
社会・文化事業家　倉敷紡績社長
明治13年（1880）7月28日～昭和18年（1943）1月18日 生 岡山県窪屋郡倉敷村（倉敷市） 学 東京専門学校中退 歴 倉敷紡績所初代頭取・大原孝四郎の二男。明治30年上京して東京専門学校（現・早稲田大学）に入るが、放蕩を重ねて高利貸しから借金をするようになり、34年郷里に連れ戻される。このとき高利貸しとの間に立って借財の返済交渉を行っていた義兄・原邦三郎が心労で早世したため自責の念にかられ、岡山で孤児院を経営していた石井十次の感化を受けて悔い改め、38年キリスト教の洗礼を受けた。39年父の後を継いで倉敷紡績社長と倉敷銀行頭取に就任。以来、順調に業績を伸ばす一方、電力を確保するために備北電気、備作電気、中国水力電気などを設立し、資金調達のために地元銀行を合併して第一合同銀行（現・中国銀行）を創業した。大正15年には当時リスクが大きく手を着ける者が国内にいなかった人絹製造事業に乗り出し、倉敷絹織（現・クラレ）を設立して繊維事業の多角化に成功。これらの合理的経営により関西財界屈指の実力者となった。一方、社会問題にも積極的に取り組み、明治43年地作小作問題の解決と農事改良を目的に大原家奨農会（のち大原農業研究所、現・岡山大学資源生物科学研究所）を設立。大正年間に入り、労使交渉の激化や米騒動の勃発など社会運動が高まりを見せる中で、8年私財を投じて大原社会問題研究所（現・法政大学附属大原社会問題研究所）を開設した。文化面でも児島虎次郎や川島理一郎ら洋画家を保護し、児島らに依頼して西洋の名画を収集させ、昭和5年我が国初の西洋美術館である大原美術館を建設。柳宗悦らの民芸運動にも理解を示し、日本民芸館設立も支援した。 家 長男＝大原総一郎（倉敷紡績社長）、孫＝大原謙一郎（クラレ副社長）、父＝大原孝四郎（倉敷紡績創業者） 歴 紺綬褒章〔大正9年〕、勲三等瑞宝章〔昭和5年〕

大東 義徹 おおひがし・ぎてつ
衆院議員（大同倶楽部）司法相
天保13年（1842）7月～明治38年（1905）4月8日
 生 近江国（滋賀県） 名 旧姓・旧名＝小西新左衛門、幼名＝勘蔵、通称＝中口大蔵 歴 近江彦根藩士・小西家に生まれ、のち大東に改姓。藩校・弘道館に学び、砲術を得意とした。幕末期には尊攘運動に挺身し、藩論を尊王倒幕に導く。戊辰戦争では官軍について奥羽に転戦。明治3年彦根藩少参事を経て、4年岩倉使節団に参加して欧米を巡遊。5年帰国、6年山梨裁判所長となったが、間もなく征韓論を支持して下野。7年郷里に集議社を創立して自由民権運動に身を投じた。10年の西南戦争では西郷隆盛を支援しようとするが、京都で入獄。出獄後も民選議院設立に奔走し、23年第1回総選挙に当選し、以後7期を務め、対外強硬派として知られた。31年憲政会の創立に参画し、同年第一次大隈内閣（隈板内閣）に司法相として入閣。同内閣の総辞職後、政界から引退した。風貌が西郷隆盛に似ていたことから"近江西郷"と呼ばれた。

大日向 作太郎 おおひなた・さくたろう
秋田県議
安政7年（1860）1月1日～大正3年（1914）10月23日
 生 出羽国雄勝郡（秋田県雄勝郡羽後町） 歴 23歳で父と死別し、家督を相続。商用で全国各地を巡るうち、郷里秋田県の産業基盤の脆弱さを悟り、港湾の整備を思いついた。明治22年秋田県議に当選。以来、一貫して秋田の船川築港を主張し続け、30年船川築港期成同盟を結成して委員長となり、同港の整備と発展に精力を傾注した。しかし、日露戦争の直前であったために築港は延期された。35年秋田県会議長。38年には編集監督として「秋田新報」の経営に参画。40年任期満了に伴って政界を引退し、鉱山事業に従事するが、失敗に終わった。

大藤 藤三郎 おおふじ・とうさぶろう
大藤創業者
弘化2年（1845）～大正10年（1921）6月6日
 歴 御所の大膳寮に勤務する。聖護院蕪菁と壬生菜を用いて千枚漬けを考案。発酵法から、維新後、酢漬け法を開発し、漬物屋・大藤を創業。

大間知 芳之助 おおまち・よしのすけ
実業家
明治13年（1880）3月16日～大正15年（1926）1月27日 生 富山県富山市 学 東亜同文書院卒 歴 中国上海の東亜同文書院を卒業し、漢口を経て、大正3年天津の木材商東宝号に勤務。のち済南に同文商務公所を開設し、日中貿易に尽力する。金融組合、小学校の設立などにも貢献し、推されてたびたび民会議長、行政委員会委員などを務めた。

大海原 尚義 おおみばら・ひさよし
東京宝石貴金属社長
弘化4年（1847）10月20日～大正10年（1921）1月4日 生 近江国（滋賀県） 歴 近江彦根藩士の長男。

135

維新の際、国事に奔走。のちドイツで憲法・行政法を学び、司法官となって内務省、司法省に勤める。官界を退いてからは実業界に入り、大阪火災保険取締役、近江鉄道取締役を歴任。明治40年東京宝石貴金属を設立し社長となった。[家]長男＝大海原重義（京都府知事）

大三輪 長兵衛　おおみわ・ちょうべえ
北海道産物商社総代
天保6年（1835）6月～明治41年（1908）1月31日　[生]筑前国糟屋郡筥崎町（福岡県福岡市）　[回]大坂　[名]旧姓・旧名＝大神、幼名＝貫十　[歴]嘉永4年（1851年）長崎で通商貿易に心を寄せ、安政5年（1858年）大坂へ出て各種問屋業を営む。文久2年（1862年）幕府の箱館産物会所（大阪）付き問屋となり、北海道の松前藩と直接取引して巨万の富を得る。明治2年通商司付き北海道産物商社の総代として北海道に赴任。6年大久保利通内務卿に通商貿易の心要を説いた建白書を提出。商法会議局の設立を切望し、12年には政府に願い出て我が国最初の手形交換所創設を許された。11年第五十八国立銀行頭取。27年甲午農民戦争（東学党の乱）に際して朝鮮に渡り、大倉喜八郎らと京仁鉄道敷設権獲得に奔走、33年米国の鉄道業者モースからその敷設権買収に成功し、朝鮮の政治・経済界でも活躍した。この間、大阪市議なども務め、31年より衆議院議員（政友会）に2回当選。[家]父＝大神嘉納（筥崎宮宮司）

大村 純英　おおむら・すみひで
陸軍少将 伯爵
明治5年（1872）1月16日～昭和8年（1933）5月8日　[出]佐賀県　[歴]大村武純の長男に生まれ、伯爵・大村純雄の養嗣子となり、昭和2年襲爵する。陸軍に入り、大正7年大佐に進み、歩兵第四十六連隊長を務める。12年少将となり、歩兵第二十三旅団長を務めた。

大村 彦太郎（10代目）　おおむら・ひこたろう
白木屋社長 貴院議員
明治2年（1869）3月26日～昭和2年（1927）12月13日　[出]京都府　[名]幼名＝和吉郎、別名＝大村梅軒　[学]ケンブリッジ大学（英国）卒　[歴]白木屋呉服店・9代目店主彦太郎の長男として京都に生まれる。商業素修学校で学び、のち上野松坂屋呉服店にて変名で2ケ月間修業。明治20年米国を経て英国に留学し、ケンブリッジ大学を卒業。28年帰国して10代目を継ぎ、東京の店舗設備を洋式にし人気を得、大阪・京都に支店を開く。大正7年貴院議員。東京銀行、日本織物の役員も務めた。また茶道、謡曲に造詣が深く、茶湯は裏千家に学び13世円能斎と親交を持った。その縁で今日庵が衰微し利休堂・利休像などが人手に渡りかけた時巨額の費用で買い取り今日庵へ返納した。[家]父＝大村彦太郎（9代目）

大村 益次郎　おおむら・ますじろう
兵学者

文政7年（1824）5月3日～明治2年（1869）11月5日　[生]周防国吉敷郡鋳銭司村（山口県山口市）　[名]＝永敏、幼名＝惣太郎、別名＝村田良庵、村田蔵六　[歴]医師・村田孝益の長男。はじめ梅田幽斎に蘭学を学び、広瀬淡窓や緒方洪庵、奥山静叔らに師事した。嘉永2年（1849年）適塾の塾頭を任されるが、3年帰郷して医者を開業。6年伊予宇和島藩に招かれて兵書の翻訳や軍艦製造に従事した。安政3年（1856年）江戸で私塾・鳩居堂を経営するとともに、幕府の蕃書調所教授、4年講武所教授などを務め、神奈川滞在のヘボンに英語を学んだ。万延元年（1860年）長州藩に出仕。文久元年（1861年）より江戸詰となるが、3年の八月十八日の政変後に帰藩。元治元年（1864年）四ケ国艦隊の下関砲撃後には中心となって善後処理に当たるが、藩内において尊攘派が不利になると一時退けられた。やがて長州の藩論が倒幕に固まると藩軍事面の中枢に復帰し、慶応元年（1865年）藩主・毛利敬親の命で大村益次郎に改名。2年第二次長州征討では石州口軍事参謀として幕府軍を撃破。以後も藩の兵制改革を進め、兵装の近代化、軍事組織の再編を行った。王政復古の政変後は毛利元徳に従って上洛して新政府に出仕、軍防事務局判事加勢、同判事、軍務官判事などを歴任し、新政府の軍政事務を統括。戊辰戦争では新政府軍を指揮して上野に立て籠もる彰義隊を殲滅させ、さらに東北戦線の指揮にも当たり、軍務官副知事として箱館を鎮定、戊辰戦争を終結させた。2年兵部省設置と共に兵部大輔に任ぜられ、陸軍はフランス式、海軍は英国を採用、藩兵の解除、徴兵制の実施など本格的な軍制改革に着手したが、それに反対する士族に京都木屋町で襲われて負傷し、療養中に没した。

大森 安仁子　おおもり・あにこ
社会事業家 有隣園園長
安政3年（1856）12月7日～昭和16年（1941）8月3日　[生]米国ミネソタ州　[名]旧名＝シュプレー、アニー　[歴]美術・文学を学び、フランスやイタリアなどヨーロッパにも留学した。明治42年米国・コネティカット州で日本人体育指導者・大森兵蔵と出会い、結婚。次いで43年には夫とともに来日して有隣婦人会を創設し、私費を投じて東京淀橋に児童福祉施設・有隣園を開いた。大正2年に夫と死別するが、彼女はなおも日本に留まって福祉事業を続け、11年には日本国籍を取得。12年の関東大震災の後はさらに事業を拡大し、託児所や職業紹介所・簡易宿泊所も経営した。画は文展に入選するほどの腕前を持ち、また、「更級日記」や「聖徳太子」などの英訳を手がけるなど多芸で知られた。[家]夫＝大森兵蔵（体育指導者）

大森 喜右衛門（11代目）　おおもり・きえもん
秩父銀行創設者
嘉永6年（1853）2月17日～大正15年（1926）12月4日　[出]武蔵国秩父郡（埼玉県）　[歴]絹の買い継ぎ問屋に生まれる。東京、京都に支店を開設する他、明

治27年秩父銀行を創立。33年柿原万蔵らと秩父絹織物同業組合を設立。

大森 熊太郎　おおもり・くまたろう
園芸家

嘉永4年(1851)5月16日～明治35年(1902)7月23日　生備前国津高郡栢谷村(岡山県岡山市)　名本名=大森政光、幼名=佐五郎　歴漢学者の森芳滋に和漢学を学ぶ。はじめ、岡山の半田山官林の番所に勤務し、次いで郵便御用取扱となった。8年師や山内善男とともに栢谷村西山の官林2ヘクタールの払い下げを受け、士族授産をはかるための開墾に着手。当初は桑や茶などを栽培したが、11年よりアメリカ種ブドウの栽培・ぶどう酒の醸造に重点を置くようになった。16年には欧州種のブドウを導入し、その品種改良と普及に尽力。さらに、19年岡山県初のガラス温室を建設するなど、技術革新にも余念がなかった。23年には第3回内国勧業博覧会に出品した加温ブドウで一等有功賞を受賞。24年からは宮中顧問官・花房義質の招きで上京し、果樹栽培の試作・研究・講演に従事した。35年には兵庫県明石農事試験場の園芸主任に就任したが、間もなく病のため急逝した。　賞内国勧業博覧会一等有功賞(第3回)〔明治23年〕

大森 定久　おおもり・さだひさ
神官

文化3年(1806)10月～明治19年(1886)1月5日　生越中国氷見郡上庄村(富山県氷見市)　歴越中上庄村天満宮の祠官で、安政4年(1857年)上京して国学者・六人部是香に師事。6年帰国。明治元年神祇官神祭方御用掛となり、2年能登の気多大社の神祭調方・復飾神職教諭方、3年越中の立山雄山神社、4年能登の石動山伊須流伎比古神社の各復飾神職教諭方を命ぜられ、神仏分離に尽くした。

大森 鐘一　おおもり・しょういち
枢密顧問官 貴院議員 男爵

安政3年(1856)5月14日～昭和2年(1927)3月5日　生駿河国屋形町(静岡県静岡市)　名幕臣の子として駿府に生まれる。明治2年静岡学問所に入学、4年同所教授。のち上京し林欽次の塾生となりフランス法学を学ぶ。陸軍造兵司、陸軍省、司法省を経て、明治13年太政官権書記官。18年欧州へ出張、ドイツの自治制度を調査し帰国後、御雇教師モッセらと共に市制・町村制の制定に従事。23年内務省県治局長となり、25年警保局長を兼務。26年長崎県知に転じ、30年兵庫県知事、33年内務総務長官、35年京都府知事を歴任。42年貴院議員、大正4年男爵となり、大正天皇即位大礼事務官を務める。5年皇后宮大夫となり、12年枢密顧問官を兼任した。

大矢 馬太郎　おおや・うまたろう
衆院議員 盛岡市長

明治3年(1870)6月～昭和14年(1939)7月11日　生岩手県　歴明治34年岩手県議、40年盛岡市長を経て、大正5年貴院議員。9年衆院議員に当選、1期務めた。

大屋 斧次郎　おおや・おのじろう
旧上野館林藩士

天保5年(1834)11月～明治12年(1879)12月17日　生上野国(群馬県)　名本名=大屋祐義、旧姓・旧名=中村、号=東寧　歴上野館林藩士で、文久3年(1863年)同志とともに藩政改革を担った家老・岡谷磨介を弾劾し、辞職に追い込んだ。この一件により一時蟄居を命じられ、後に長州の松下村塾で学んだ。明治維新後は横浜県少参事を経て、明治5年司法省に出仕。建白書を数多く提出し、"建白屋"の異名をとったが、知遇のあった西郷隆盛の下野に伴い自らも職を辞した。12年西南戦争後に宮内省に自著『永世特立論』『訐姦志』を奉じ、割腹自殺して果てた。

大矢 四郎兵衛　おおや・しろべえ
衆院議員(憲政本党)

安政4年(1857)12月19日～昭和5年(1930)9月25日　生越中国鷹栖村(富山県)　名幼名=愛一　歴漢学を修め、改進主義を唱えて、越中改進党を結成、立憲改進党に同盟。富山県鷹栖村長、郡議、県議を務めた。また庄川通運取締役、中越新聞社長、富山日報社長、中越銀行重役を歴任。第5回衆院選以来議員当選4回。憲政本党に属した。

大矢 正夫　おおや・まさお
自由民権運動家

文久3年(1863)11月6日～昭和3年(1928)7月13日　生相模国高座郡栗原村(神奈川県座間市)　名号=蒼海、幼名=保太郎　歴明治11年より神奈川県で小学校教師を務めたのち上京。景山英子の紹介で有一館に出入りするうち、17年大井憲太郎の朝鮮独立運動計画(大阪事件)を知ってこれに参加。18年蜂須賀邸に会合する要人襲撃を図ったが会が流れて中止となり、続いて資金調達のために同郷の恩人で資産家の大矢弥市などの家を襲って失敗。さらに座間戸長役場の公金強奪を企てたが、事前に発覚して逮捕され、軽禁錮6年に処せられた。24年特赦で出獄した後は自由党・政友会の壮士として活動した。晩年は株取引に従事。

大山 巌　おおやま・いわお
陸軍大将・元帥 内大臣 元老 公爵

天保13年(1842)10月10日～大正5年(1916)12月10日　生薩摩国鹿児島城下加治屋町(鹿児島県鹿児島市)　名号=赫山　歴西郷隆盛の従弟で、薩摩藩士・大山彦八の二男。文久2年(1862年)上京、倒幕運動に参加、寺田屋事件では危うく難を逃れたが謹慎を命じられた。黒田清隆らと江戸で洋式操連術を学び改良の12斤鉄砲をつくった。のち大久保利通らと王政復古運動に奔走、明治元年の鳥羽・伏見の戦いで砲隊長となり会津若松城陥落までの戦争に参加した。2年渡欧、普仏戦争を視察後、フランスに留学、軍政を学んだ。帰国後、陸軍省第

一局長少将に任官、西南戦役では旅団司令長官として活躍。13年陸軍卿となり、17年陸軍の俊英を同道、欧米に出張、各国の兵制を研究。帰国後、18年第一次伊藤内閣の陸軍大臣に就任、以後第二次松方内閣まで6代の内閣の陸相を務めた。24年大将に昇進。日清戦争では第二軍司令官、日露戦争では総司令官を務め、山県有朋につぐ明治陸軍の実力者になった。31年元帥府に列し元帥陸軍大将となった。40年公爵。病没まで元老、内大臣を務めた。　家後妻＝大山捨松（日本初の女子留学生）二男＝大山柏（先史考古学者）、従兄＝西郷隆盛（明治の元勲）、女婿＝井田磐楠（貴院議員）　勲勲一等旭日大綬章〔明治15年〕、勲一等菊花大綬章〔明治35年〕

大山 捨松　おおやま・すてまつ
"鹿鳴館の華"と謳われた大山巌の妻
安政7年（1860）2月24日～大正8年（1919）2月18日　生陸奥国若松（福島県会津若松市）　名旧姓・旧名＝山川捨松、幼名＝咲子　学バッサー大学（米国）〔明治15年〕卒　歴陸奥国会津藩家老・山川尚江を父に生まれる。明治4年岩倉使節団に加わり、我が国初の女子留学生として津田梅子らとともに渡米。この時、"捨松"に改名。ニューヘブンのヒルハウス高校、バッサー大学などに学び、15年帰国。16年陸軍卿の大山巌と結婚。17年華族女学校設立準備委員、21年には宮内省の依頼で洋幼顧問係となった。32年津田梅子が女子英学塾（津田塾大学）を設立するに際して顧問となり、以後同塾の育成に力を注いだ。また、日赤篤志看護婦会、愛国婦人会、日赤理事など多くの慈善・奉仕活動にも積極的に励んだ。東京・日比谷に開設された社交場・鹿鳴館で、貴婦人として鹿鳴館外交を担い、"鹿鳴館の花"と謳われた。　家夫＝大山巌（元帥）、兄＝山川浩（陸軍少将）、山川健次郎（物理学者・東京帝国大学総長）　勲勲四等宝冠章

大山 綱介　おおやま・つなすけ
駐イタリア公使
嘉永6年（1853）1月22日～大正1年（1912）8月21日　生薩摩国（鹿児島県）　歴明治17年外務書記官となり、弁理公使を経て、32年駐イタリア公使。

大山 綱昌　おおやま・つなまさ
岡山県知事 貴院議員（勅選）
嘉永6年（1853）11月～昭和9年（1934）10月18日　生鹿児島県　歴鹿児島県士族。明治8年警視庁に勤め、10年陸軍中尉となり西南の役に従軍、憲兵大尉、一等警視補、参事官、工務局次長、商工局次長などを経て、佐賀、山梨、長野、岡山各県知事を歴任。大正元年勅選貴院議員。錦鶏間祗候を許された。

大山 綱良　おおやま・つなよし
鹿児島県令
文政8年（1825）11月16日～明治10年（1877）9月30日　生薩摩国（鹿児島県）　名幼名＝格之助、旧姓＝樺山　歴樺山善助の二男で、大山家の養子となる。茶道と武術に秀で、初め薩摩藩主島津家の茶坊主であったが、戊辰戦争で奥羽征討軍参謀として秋田へ赴くなど、次第に藩有力者として頭角を現す。維新後、明治4年薩摩藩参事、7年初代鹿児島県令となる。しばしば新政府の方針を無視し、私学関係者を多数県官に登用した。10年西南戦争では官金を拠出したり声明文を書くなどして西郷隆盛を助けたが、西郷らの敗北後は官爵を奪われ、長崎で斬刑に処せられた。

大山 久子　おおやま・ひさこ
外交官・大山綱介の妻
明治3年（1870）1月～昭和30年（1955）2月17日　名本名＝大山ヒサ、旧姓・旧名＝野村　学お茶の水女学校　歴明治3年毛利藩攘夷倫館会長での貴院議員を務めた野村素介の子として生まれる。その後お茶の水女学校で学ぶ傍ら、山勢松韻に師事して山田流箏曲に打ち込み、同門の今井慶松とも親交を続けた。21年伊藤博文夫妻の媒酌で薩摩出身の外交官・大山綱介と結婚し、渡仏。その後、オランダ、オーストリア、ハンガリーに在勤し、28年帰国。32年から39年までは特命全権公使である夫とともにイタリアに勤務。その間、書道や琴、ピアノ、声楽などの多彩な趣味とたくみな話術で外交官夫人としての才能を発揮し、皇族や貴族、政府高官、芸術家などと親交を結んだ。作曲家プッチーニに日本について語り、「蝶々夫人」に少なからぬ影響を与えたといわれる。43年夫の死後は隠居生活を送り、昭和20年東京大空襲後、長男を亡くしたのち、神奈川・戸塚のホームで生活。30年同ホームの火災で焼死した。　家夫＝大山綱介（外交官）、父＝野村素介（貴院議員）、孫＝沢田寿夫（上智大学教授）

大脇 順若　おおわき・まさより
第七国立銀行取締役
文政8年（1825）12月3日～明治38年（1905）2月20日　生土佐国高知（高知県高知市）　名通称＝興之進、弥十郎、変名＝大橋渡之助　歴土佐藩士。小姓格から馬廻格を経て中老格に進む。江戸在勤中の安政5年（1858年）に将軍継嗣問題が起こった際、藩主・山内豊信の密命を受けて京都に潜入。大橋渡之助の変名で暗躍した、公卿・三条実万らに接近するとともに朝廷内の情勢を探った。その後も幡多郡奉行や軍備御用など、藩の要職を歴任。慶応4年（1868年）には仕置役として戊辰戦争に従軍し、兵站部門で活躍した。維新後は実業界に転じ、明治10年第七国立銀行の設立と同時に取締役に就任。晩年はキリスト教を信奉した。

大和田 熊太郎　おおわだ・くまたろう
茨城県議
慶応1年（1865）8月19日～昭和9年（1934）2月2日　生常陸国前渡村（茨城県ひたちなか市）　歴明治39年茨城県前渡村村長となる。大正8年茨城県議。9

年前渡村甘藷蒸切干製造組合を設立した。

大和田 荘七　おおわだ・しょうしち
大和田銀行設立者
安政4年(1857)2月11日～昭和22年(1947)1月30日　[出]越前国(福井県)　[名]本名=大和田亀次郎、旧姓・旧名=山本　[歴]敦賀の船荷問屋・大和田家の養子となり、明治20年家督を継ぐ。25年大和田銀行を設立。40年敦賀商業会議所初代会頭。敦賀港の国際貿易港指定、港湾の整備などに尽力した。

岡 市之助　おか・いちのすけ
陸軍中将 男爵
安政7年(1860)3月7日～大正5年(1916)7月30日　[出]長門国萩(山口県萩市)　[学]陸士(旧4期)〔明治14年〕卒、陸大〔明治21年〕卒　[歴]明治27年日清戦争に第一師団参謀として従軍、次いで北清事変、日露戦争にも参加。大正元年中将、2年第三師団長、3年第二次大隈内閣の陸相となり、朝鮮に2個師団設置を実現。男爵。

岡 喜七郎　おか・きしちろう
警視総監 鳥取県知事 貴院議員(勅選)
慶応4年(1868)4月23日～昭和22年(1947)7月4日　[出]備前国御津郡大安寺村(岡山県岡山市)　[学]帝国大学法科大学卒　[歴]岡山県の農家・伊丹家の長男として生まれ、旧旗本の岡家の養子となる。明治37年秋田県知事を経て、38年伊藤博文が韓国統監府の初代統監となると、同府警務総長に抜擢された。43年鳥取県知事、大正2年内務省警保局長、3年勅選貴院議員。7～11年警視総監を務めた。

岡 幸七郎　おか・こうしちろう
漢口日報社長
慶応4年(1868)7月21日～昭和2年(1927)4月　[出]肥前国平戸(長崎県平戸市)　[歴]明治29年清国に渡り、日露戦争に通訳として従軍。のち中国の漢口に30年間滞在し、この間「漢口日報」を発行、20数年社長を、また日本居留民会長を10数年務めた。昭和2年漢口に排日運動が起こり帰国、同年病没した。

岡 十郎　おか・じゅうろう
東洋捕鯨社長
明治3年(1870)6月29日～大正12年(1923)1月8日　[出]山口県阿武郡　[名]旧姓・旧名=西村　[学]慶応義塾卒　[歴]在学中に福沢諭吉の導きで水産業を志す。のち家業の酒造業に従事し、明治30年には山口県議となる。朝鮮近海におけるロシア太平洋捕鯨会社のめざましい活躍に影響され、ノルウェー式捕鯨技術の導入により漁業の近代化を図るべく32年には日本遠洋漁業株式会社(のち東洋漁業、東洋捕鯨)を設立。以後、捕鯨独占資本として業績を上げ、漁業によって日本の資本主義発達を牽引した。また、渋沢栄一や浅野総一郎らとメキシコ漁業調査会を結成し、その会長として南米チリ沿岸の漁業調査や海外漁場開発などに当たった。

丘 宗潭　おか・そうたん
僧侶(曹洞宗) 仏教学者
万延1年(1860)9月9日～大正10年(1921)8月19日　[生]尾張国(愛知県)　[名]号=大潤　[学]曹洞宗大学林〔明治27年〕卒　[歴]明治7年に名古屋の長楽寺で得度し、浜松の普済寺住職・長普門や西有穆山らのもとで参禅。27年曹洞宗大学林を卒業とともに岐阜県の洞雲寺を住持し、次いで兵庫県の養源寺や伊豆の修善寺に移った。その傍ら、34年から母校曹洞宗大学林の教授となり、事務学監などを兼任。38年には曹洞宗の大本山・永平寺で5度に渡って「正法眼蔵」を講じ、同年に師家に任ぜられた。その後、熊本の大慈寺住職や永平寺監院を経て大正7年曹洞宗大学学長に就任するが、9年に病気のため退任した。著書に「霞丘老漢説戒」「曹洞宗綱要」「禅の信仰」などがある。

岡 喬　おか・たかし
自由民権運動家
安政4年(1857)～大正13年(1924)　[出]筑前国(福岡県)　[歴]旧福岡藩士で、明治10年福岡征韓党の挙兵に参加して捕らえられ、3年間を獄中で過ごす。のち自由民権運動に取り組み、北陸へ遊説。15年郷里の福岡に戻り、国家主義団体・玄洋社の発展に尽くした。

岡 千代彦　おか・ちよひこ
社会運動家 労働演芸家
明治6年(1873)2月～昭和31年(1956)10月31日　[生]島根県松江市外中原町　[名]筆名=起雲、別号=岡拍子木亭　[歴]小学校卒業後、15歳頃から文選工として各地を転々とし、上京後「都新聞」の職工長となる。明治32年結成の活版工組合に参加し、33年「活版界」を創刊。39年結成の日本社会党評議員となり、40年「平民新聞」を編集する。一方で労働演芸家としても活躍し「ペスト」「仏蘭西改革」などを発表。大正6年以降は東京印刷同業組合役員、代議員、機関誌編集委員など経営者団体の仕事に専念した。

岡 兵一　おか・ひょういち
警視庁警部 青森県中津軽郡長
天保13年(1842)～明治24年(1891)12月20日　[出]陸奥国弘前(青森県弘前市)　[歴]弘前藩士小野派一刀流師範の長男。幼い頃から武道に励み、戊辰戦争では各地を転戦して功を挙げた。剣道場・北辰堂の代表的剣士。明治13年頃警視庁警部となり、15年朝鮮派遣公使・花房義質に随行。壬午事変で公使館が朝鮮兵らに襲撃された際、大使を守り脱出に成功、その武勇伝が新聞で報じられた。23年青森県中津軽郡長。　[勲]勲六等瑞宝章〔明治24年〕

岡 烈　おか・れつ
大正生命保険専務 帝国麦酒社長
元治1年(1864)4月23日～大正6年(1917)5月14日　[生]山口県厚狭郡船木村(宇部市)　[学]明治法律学校卒　[歴]明治22年家督を継ぎ、松下村塾に入って漢

139

学を修め、のち明治法律学校に入って法律、経済を学ぶ。卒業後大蔵省に入省し、税務官となり、金沢、広島、小倉の各税務署に勤務。39年退官し、神戸鈴木商店の支配人となり、のち千代田瓦斯の創立に参画し、東京瓦斯との合同により同社取締役に推され、45年帝国麦酒を創立して社長に就任。大正3年大正生命保険を創立して専務となる。

岡内 重俊　おかうち・しげとし
高等法院陪席判事 元老院議員 男爵
天保13年(1842)4月2日～大正4年(1915)9月19日　生土佐国潮江村(高知県高知市)　名通称=岡内俊太郎　歴坂本龍馬の海援隊に入り、秘書役。明治2年刑法官となり、6年欧州巡遊、帰国後司法大検事となり、長崎上等裁判所長心得、大審院刑事局詰、高等法院陪席判事を歴任、19年元老院議員。23年勅選貴族院議員、33年男爵。晩年政友会に属した。

岡崎 運兵衛　おかざき・うんべえ
衆院議員(憲政会)
嘉永3年(1850)6月～大正8年(1919)12月　生出雲国稲原村(島根県出雲市)　歴豪農の出で、松江の豪家岡崎運兵衛の養子となり家督を嗣ぐ。明治15年松江で山陰新聞社を創立。続いて「松江日報」「松陽新報」を発刊。一方貧民救済のため恵愛社を設立、山陰自由党を創立。松江地方の公共のため尽力。その間大正にかけて衆院議員当選7回。憲政会に所属。

岡崎 久次郎　おかざき・きゅうじろう
衆院議員(同交会)
明治7年(1874)5月～昭和17年(1942)3月20日　生神奈川県横浜市　学東京高商〔明治28年〕卒　歴東京商業会議所議員、大日本自転車、日米商店各社長、昭和軍靴下、北海道水力電気各取締役等を務める。また財団法人「光之村」を創立、理事に就任する。明治45年神奈川3区より衆院議員に当選。以来、通算6期務めた。著書に「蚕業国策樹立論」がある。

岡崎 国臣　おかざき・くにおみ
東京株式取引所理事長 松陽新報社主
明治7年(1874)6月12日～昭和11年(1936)5月22日　生島根県簸川郡久木村(斐川町)　名旧姓・旧名=勝部　学東京帝国大学法科大学政治科〔明治33年〕卒　歴松江中学から五高、東京帝国大学を経て、農商務省に入る。山林局事務官、群馬・福井の各県事務官、農商務省参事官・事業官・文書課長などを歴任。元島根県知事・大浦兼武の知遇を得て、松江の代議士・岡崎運兵衛の養嗣子となる。大正3～7年衆議院書記官長を務め、同年実業界に転じ東京株式取引所(現・東京証券取引所)理事に就任、13年～昭和9年理事長を務める。第三銀行、大national宮島鉄道、千代田証券の重役も務めた。大正8年から養父が創立した松陽新報社(現・山陰中央新報社)の社主となり、実弟の勝部本右衛門を副社長として経営に当たった。また松江高校、片倉製糸の誘致にも尽力した。　家養父=岡崎運兵衛(政治家)

岡崎 邦輔　おかざき・くにすけ
農相 衆院議員(政友会)
嘉永7年(1854)3月15日～昭和11年(1936)7月22日　生紀伊国(和歌山県)　歴明治21年従兄の陸奥宗光特命全権公使に随って渡米、ミシガン大学で学び、23年帰国。24年以来衆議院議員当選10回。30年自由党に入党。陸奥没後、星亨と結び、憲政党内閣崩壊、33年政友会創立などに活躍、同年星亨通信相官房長。大正元年犬養毅、尾崎行雄らと桂内閣反対、憲政擁護運動を起こした。4年政友会総務委員。10年原敬死後、政友会刷新派を支持し第二次護憲運動に活躍。普通選挙法成立に尽力した。14年加藤高明内閣の農相。昭和3年勅選貴族院議員。著書に「憲政回顧録」。　家孫=岡崎久彦(駐タイ大使)、従兄=陸奥宗光

岡崎 熊吉　おかざき・くまきち
社会運動家
安政3年(1856)6月21日～昭和8年(1933)12月17日　生備前国上道郡玉井村(岡山県岡山市)　歴幕末に勃発した渋染一揆の指導者・笹岡村の良平の甥。地元の私塾で学んだのち上京し、芝増上寺の石井法大師に師事して漢学を修めた。のち徳島県の警察官となるが、すぐに退職して帰郷し、自由民権運動に参加。民権左派の要員として活躍し、常に山陽自由党の領袖小林樟雄と行動を共にした。その後、被差別部落解放運動に身を投じ、明治35年三好伊平次らとともに備作平民会を組織。さらに岡山県同志会や岡山県連合改善会を結成し、その中心人物として徐々に運動の機運を高めていった。大正9年官民一体の相互協和により岡山県協和会ができると、その副会長に就任し、講演や宣伝活動などを通じて融和運動の促進をはかった。

岡崎 熊治　おかざき・くまじ
農事改良家
明治7年(1874)12月4日～昭和10年(1935)3月27日　生茨城県金砂郷村赤土(常陸太田市)　歴明治32年赤土煙草耕作改良組合を設立。36年内国勧業博覧会で優等賞を受賞。39年にはサンフランシスコ万博に出品。40年皇室御用に指定された。

岡崎 清九郎　おかざき・せいくろう
水産功労者
天保3年(1832)～大正6年(1917)　生豊後国(大分県北海部郡佐賀関町一尺屋)　歴漁師の家に生まれる。全国に先がけて漁業者向けの信用組合を設立し、水族の繁殖保護、水産製造法の改良など水産業の発展に尽くした。　勲藍綬褒章〔明治15年〕

岡崎 生三　おかざき・せいぞう
陸軍中将 男爵
嘉永4年(1851)1月3日～明治43年(1910)7月27日

土佐国幡多郡中村(高知県四万十市) 歴土佐藩士の長男で、京都に上り坂本龍馬に知られ土佐勤王党に入る。慶応4年(1868年)18歳の時、土佐藩兵となる。同年鳥羽・伏見の戦いに参加、さらに東征軍六番小隊に属し各地に転戦した。明治4年御親兵として上京、5年陸軍中尉。10年西南戦争に従軍。19年近衛第四連隊大隊長、22年東宮武官を務め、27～28年日清戦争では威海衛占領軍参謀長として出征した。31年第二師団参謀長、34年歩兵第十五旅団長となり、日露戦争には沙河会戦まで指揮を執った。遼陽会戦で陣頭指揮した夜襲戦、饅頭山での攻防で知られる。39年2月歩兵第二十旅団長、7月陸軍中将に進み第十三師団長となった。40年日露戦争の功により男爵を授かった。 家長男=岡崎正雄(陸軍大佐)

岡崎 高厚 おかざき・たかあつ
自由民権運動家 大阪府議
嘉永6年(1853)～明治37年(1904)5月23日
生伊予国松山(愛媛県松山市) 名旧姓・旧名=高橋 歴伊予松山藩儒・高橋与鹿の二男に生まれ、故あって幼時に同藩岡崎家を継ぐ。藩校・明教館、高知の致道館で学び、明治維新後は東京で法律を研究。大阪に移り代言業(弁護士)を開業、大阪代言人組合副会長を務めた。一方、明治14年大阪で中島信行らと立憲政党を組織し民権運動を始め、言論を浸透させるべく「大阪日報」「日本立憲政党新聞」「浪華新聞」などを主宰し、また出版会社を設立して政治に関する活動家の著作を多数出版した。この他、大阪府議、大阪市議に選ばれ府政・市政に関与、大阪商法会議所、神戸商業会議所、大津汽船などの役員も歴任した。

岡崎 貞伍 おかざき・ていご
海軍機関中将
生年不詳～昭和17年(1942)7月15日
出宮城県 学海軍機関学校(第2期)〔明治28年〕卒 歴明治30年海軍機関少尉に任官。大正6年第三艦隊機関長、7年第二艦隊機関長、8年佐世保鎮守府機関長、9年教育本部第三部長、10年舞鶴工廠長を経て、11年佐世保工廠長。12年海軍機関中将に進み、13年海軍機関学校校長。14年予備役に編入。

岡崎 藤吉 おかざき・とうきち
実業家 貴院議員
安政3年(1856)5月～昭和2年(1927)11月26日
生肥前国(佐賀県) 名旧姓・旧名=石丸 学開成学校卒 歴佐賀藩士・石丸六太夫の二男に生まれ、岡崎真鶴の養子となる。明治27年岡崎汽船を創設、海運業を始め、日清戦争で巨利をおさめる。40年神戸海上運送火災保険(同和火災海上保険の前身)、大正6年岡崎銀行(神戸銀行の前身)を設立し財界各方面に活躍した。 家養子=岡崎忠雄(神戸銀行会長)

岡沢 精 おかざわ・くわし
陸軍大将 子爵

天保15年(1844)7月7日～明治41年(1908)12月12日 生江戸 出長門国萩(山口県萩市) 歴長州藩士の長男。大村益次郎の塾に学び、戊辰戦争に従軍。明治3年陸軍大阪第二教導隊に入営。4年御親兵大隊長となり、10年西南戦争には別働第一旅団参謀長として従軍。16年近衛参謀長、18年歩兵第八旅団長、24年陸軍次官兼軍務局長となったが、25年病気のため休職。日清戦争では大本営軍事内局長兼侍従武官として明治天皇の側近となり、陸軍中将に昇進。戦後、男爵を授かった。29年から12年間にわたって侍従武官長を務め、明治天皇の信頼が厚かった。37年陸軍大将に進み、38年子爵。 家二男=岡沢精三(陸軍大佐)、女婿=有吉明(外交官)、渡辺良三(陸軍中将)

小笠原 耕一 おがさわら・こういち
青森県議
明治1年(1868)～昭和2年(1927)
生陸奥国奥瀬村(青森県十和田市) 学東奥義塾卒 歴教員や役場職員を経て、明治30年頃から農業に従事。のち政治を志して青森県雇となり、35年法奥沢村長に就任、同年冷害による凶作に際会し、その救済事業として奥入瀬渓流沿いの林道開削を推進した。44年青森県議に当選、当時の県知事武田千代三郎と共に十和田湖の観光開発を志し、青森市から八甲田を抜けて十和田湖に至る道路の開発に尽力。大正5年には同湖の国立公園化を進めるべく文人大町桂月らと協力して「十和田国立公園規成趣意書」を作成、さらに青森・秋田両県の有志とはかって十和田国立公園規成会を結成した。昭和2年県議現職のまま死去。

小笠原 武英 おがさわら・たけひで
宮中顧問官
弘化3年(1846)4月29日～明治44年(1911)8月15日 生長門国豊浦郡長府(山口県下関市) 名旧姓・旧名=福原、幼名=省三 歴長府藩士の二男に生まれ、長じて清末藩士・小笠原藩平の養嗣子となる。幼名は省三。文久3年(1863年)藩主・元純に従い上京、八月十八日の政変には七şub卿に随伴して下下す。慶応2年(1866年)第二次長州征討で清末藩の育英隊を率いて石州口で防戦し、のち占領地・石見国の治安に努めた。明治維新後は、5年上京して宮内省に出仕、皇宮警察署長、主殿頭を務め、44年宮中顧問官となった。

小笠原 忠忱 おがさわら・ただのぶ
豊津藩知事 貴院議員 伯爵
文久2年(1862)2月8日～明治30年(1897)2月5日
生豊前国小倉城内(福岡県北九州市) 慶応元年(1865年)父が亡くなるが、維新の動乱期のため訃報は秘される。2年(1866年)第二次長州征討に際して長州軍の攻撃を受け、小倉から田川郡香春に撤退した後、父の喪を発して襲爵。明治元年香春藩知事、3年豊津藩知事。6年英国に留学。23年貴院議員。 家父=小笠原忠幹(旧小倉藩主)、長男

＝小笠原長幹（国勢院総裁）、孫＝小笠原忠統（小笠原流礼法32代目宗家）、小笠原日英（瑞竜寺12世門跡）

小笠原 貞信　おがさわら・ていしん
衆院議員（自由党）福島民報創業者
嘉永6年（1853）2月～明治36年（1903）2月18日
生陸奥国（福島県）　学司法省法学校〔明治17年〕卒　歴司法省法学校（現・東京大学）を卒業後、判事となり千葉と仙台の地方裁判所に勤めた。明治22年福島に戻り代言人（弁護士）を開業、福島県弁護士会長を務めた。福島自由党幹部の平島松尾から機関誌「福島民報」創立委員に選ばれ、社長に就任。27年福島民報合資会社、30年福島自由倶楽部を設立した。この間、25年より衆院議員に2選。

小笠原 伝次　おがさわら・でんじ
土木篤志家
天保11年（1840）8月13日～大正4年（1915）4月18日　生土佐国長岡郡田井村（高知県土佐郡土佐町）
歴16歳で父を失うが、家業に精励し家財を豊かにした。一門は代々篤志家の気質を持ち慈善や公益を行ったが、伝次もまた生地・土佐長岡郡田井村を経由して高知から愛媛に至る本山線道路の険阻を憂い、明治12年私財を投じ道路の改修に着手、自ら指導監督の任に当たると共に率先して工事に携わり、協力者・工費寄付者を得て、7年間掛けて完成させる。19年高知県より四国新道開削工事の監督に任命され、9年間で160キロの道路を造り、人々から敬愛の念を以て「道路狂」と呼ばれた。また慈善家で、篤農家でもあったと伝えられている。

小笠原 長生　おがさわら・ながなり
海軍中将　文筆家　子爵
慶応3年（1867）11月20日～昭和33年（1958）9月20日　生江戸　出佐賀県唐津市　名号＝金波楼主人　学海兵（第14期）〔明治20年〕卒　歴肥前唐津藩世子で老中を務めた小笠原長行の長男。明治17年子爵。22年海軍少尉に任官。34年愛国婦人会創立に参画。37年日露戦争で軍令部参謀となり、45年常磐艦長、大正元年香取艦長をつとめ、大正7年海軍中将となり、10年予備役に編入。この間、3年東宮御学問所幹事を務めた。10年宮中顧問官文才に長け、著書に「海戦日録」「東郷元帥評伝」「撃滅」「元帥伊東祐亨」などがある。　家父＝小笠原長行（唐津藩世子・老中）、義弟＝佐藤鉄太郎（海軍中将）

岡田 逸治郎　おかだ・いつじろう
実業家　衆院議員
天保10年（1839）12月20日～明治42年（1909）10月4日　生近江国（滋賀県）　歴和漢学を修める。組頭、庄屋、郷長、戸長、区長などを務め、滋賀県に出仕、学区取締兼医務取締となる。この間、慶応元（1865年）郷里の近江（滋賀県）守山宿の伝馬所元締役となり、明治3年運輸会社を興す。5年石田川を開削し坂本・堅田への航路を開いた。のち滋賀県議・議長、滋賀商業学校校長を経て、27年衆院議員に当選1回。

岡田 磐　おかだ・いわお
岡山市長
嘉永6年（1853）5月6日～昭和2年（1927）2月17日　生備中国都宇郡撫川村（岡山県岡山市）　名号＝捨川　歴犬飼松窓の塾に学び、のちの政治家・総理大臣犬養毅とは同門。明治6年小田県庁に出仕し、小田県が岡山県となった後は警察官僚として警部・津山署長・巡査教習所長・警察部警務課長などを歴任した。33年苦田郡長に転じるが、間もなく岡山県庁を退職し、35年周囲に推されて岡山市長に就任。3期16年にわたる在任期間中、上水道工事・岡山商業補習学校の創立・衛生試験所の開設・屎尿くみ取りの市営化などを実施し、大いに治績を上げた。市長退任後、岡山県農工銀行頭取を務める傍ら、漢詩文に遊んだ。

岡田 宇之助　おかだ・うのすけ
茨城県知事
明治5年（1872）12月～昭和24年（1949）10月17日　名旧姓・旧名＝原　学東京法学院〔明治29年〕卒　歴島根県、長野県の参事官、愛媛県内務部長を経て、大正元年～6年茨城県知事を務めた。

岡田 亀久郎　おかだ・かめくろう
製茶業家
弘化2年（1845）～明治34年（1901）8月20日　生伊賀国西山（三重県伊賀市）　歴代々津藩士の家に生まれ、幼時父に従って大和（奈良県）添上郡古市村に移る。明治4年廃藩置県の際に帰農して同地で茶の栽培に着手した。静岡県紅茶伝習所で製茶法を研究し、12年自費で古市村に紅茶伝習所を設立。東京・横浜・神戸などに貿易実況を視察し、14年紅茶製造所を造り、その製品は岡田製（古市製）として全国に知られた。

岡田 啓介　おかだ・けいすけ
海軍大将
慶応4年（1868）1月21日～昭和27年（1952）10月17日　生越前国（福井県）　学海兵（第15期）〔明治22年〕卒、海大〔明治32年〕卒　歴越前福井藩士の長男。明治23年海軍少尉に任官。日露戦争では春日副長として日本海海戦を戦った。41年海軍水雷学校校長、43年春日、大正元年鹿島の艦長、2年佐世保工廠造呉部長、3年第二艦隊司令官、第一水雷戦隊司令官、4年第三水雷戦隊司令官、技術本部第二部長兼第三部長、海軍省人事局長、6年佐世保工廠長、7年艦政本長、9年艦政本部長、12年海軍次官を経て、13年海軍大将。同年連合艦隊司令長官、15年横須賀鎮守府司令長官。昭和2年田中内閣、7年斎藤内閣で海相を務め、9年首相に就任したが、二・二六事件で青年将校に襲われ九死に一生を得るも内閣は総辞職した。　家長男＝岡田貞外茂（海軍大佐）、二男＝岡田貞寛（海軍主計少佐）、娘＝迫水万亀（日本生活文化交流協会会長）、女婿＝迫水久常（内閣書記官長）、義弟＝松尾伝蔵（陸軍大佐）

岡田 五郎　おかだ・ごろう
陸軍中尉
明治27年(1894)～大正8年(1919)6月30日
学陸軍砲工学校卒　歴陸軍砲工学校を卒業後、航空兵科に転じる。大正8年飛行訓練中に墜落死した。

岡田 孤鹿　おかだ・ころく
衆院議員(弥生倶楽部)福岡日日新聞社長
天保5年(1834)7月～明治39年(1906)5月3日
生筑後国山門郡城内村(福岡県柳川市)　名幼名=亀次、前名=作蔵　歴明治維新後福川藩公議員、盛岡県大参事を経て、7年孤鹿と改名し三潴県(福岡県)庁に出仕。13年福岡県議となり民権運動に参加、政談社を組織。15年副議長、22年議長。この間、21～22年「福岡日日新聞」(現・西日本新聞)社長。23年柳川自由倶楽部から衆院議員に当選、2期。27年北海道開拓民として入植した。

岡田 佐平治　おかだ・さへいじ
農政家
文化9年(1812)～明治11年(1878)3月3日
生遠江国佐野郡倉真村(静岡県掛川市)　名諱=清忠、号=無息軒、通称=佐平治、字=至誠　歴天保10年(1839年)家督をつぎ、庄屋、掛川藩用達となる。嘉永元年(1848年)安居院庄七を通じて二宮尊徳の弟子となり、報徳主義に感銘を受けて家則「雲仍遺範(ウンジョウイハン)」を作成。また窮民救済のため米50俵を60年間にわたって提供したり、金100両を藩主に献納するなど、報徳仕法の推進や諸村の経済改革などに尽力した。のち尊徳が没するとその教えを引きつぎ、長男良一郎と共に遠州地方の報徳運動の発展に努め、明治8年掛川に遠江国報徳本社を設立、大日本報徳社の前進となった。著書に「報徳発明録」。

岡田 繁治　おかだ・しげじ
実業家
明治13年(1880)7月21日～大正14年(1925)5月23日　生鳥取県　歴謄写版の改良に取り組み、岡田式謄写版を完成。生産を拡大し、旧朝鮮、中国などにも販売した。

岡田 重久　おかだ・しげひさ
陸軍中将
明治3年(1870)11月15日～昭和11年(1936)8月8日　生高知県香美郡立田村(南国市)　学陸士卒、陸大卒　歴歩兵第四十連隊長、第十二師団参謀長、台湾第一守備隊司令官、歩兵第一旅団長などを歴任。大正11年陸軍中将となる。

岡田 庄作　おかだ・しょうさく
大審院判事 弁護士 明治大学教授
明治6年(1873)3月～昭和12年(1937)5月4日
生島根県邇摩郡波積村(江津市)　学明治法律学校〔明治35年〕卒 法学博士〔大正13年〕　歴明治35年判検事試験に合格。大分、熊本各地裁検事を経て、43年ドイツに留学。ミュンヘン大に学び、帰国後東京地裁検事、東京控訴院判事、大審院判事となった。かたわら明大で刑法を講じた。大正2年辞任、弁護士を開業、東京弁護士会会長を務めた。のち明大教授。

小方 仙之助　おがた・せんのすけ
牧師 青山学院院長
嘉永6年(1853)12月26日～昭和17年(1942)9月22日　生江戸　名旧姓・旧名=狼塚　学デポー大学(米国)〔明治18年〕卒 神学博士　歴木綿商・狼塚忠兵衛の子で、幼くして同業の小方家の養子となる。明治6年米国サンフランシスコへ渡り、11年受洗。デポー大学神学部に学び、神学博士の学位を取得。18年帰国後は東京英和学校(現・青山学院)教授、22年同校主に。23～26年銀座メソジスト教会牧師、27年東京連会長、32年名古屋連会長。40年三派合同成立後は東京部長となった。42年青山学院院長に就任した。

緒方 多賀雄　おがた・たかお
陸軍中将
明治2年(1869)2月～昭和10年(1935)1月5日
生肥後国(熊本県)　学陸士卒　歴明治24年陸軍歩兵少尉となり、陸軍戸山学校教官、広島地方幼年学校校長、歩兵第四連隊長、歩兵第七十九連隊長などを歴任。大正5年歩兵第九旅団長を経て、9年陸軍中将に進み旅順要塞司令官となった。

尾形 多五郎　おがた・たごろう
農業指導者 愛媛県議 香川県議
嘉永2年(1849)8月17日～大正13年(1924)12月31日　生讃岐国香川郡安原下村(香川県高松市)　歴村尾篁山に師事し、駒場農学校で学ぶ。香川県農談会会長、安原村初代村長、愛媛県、香川県各県議を務めた。養蚕、畜産を振興した。

岡田 只治　おかだ・ただじ
岐阜県戸田村長
嘉永3年(1850)5月19日～大正3年(1914)9月10日　生美濃国戸田村(岐阜県関市)　歴庄屋に生まれ、のち岐阜県戸田村村長となる。長良川中流域の川中島にある同村のため、明治33年鉄物と滑車を使った「岡田式自動渡船装置」を考案。また、各務用水完成に尽力した。

岡田 貫之　おかだ・つらゆき
陸軍少将
嘉永6年(1853)11月6日～大正7年(1918)11月2日　生因幡国(鳥取県)　学陸士卒　歴明治9年砲兵科から輜重兵科に転じ行李など諸種の器具を改良し陸軍に貢献した。日清戦争では伏木丸輸送指揮官を務め、32年輜重兵監。37年少将。日露戦争には研究改良した輜重車が功を奏し勲二等を授与した。

岡田 令高　おかだ・のぶたか
大日本綿糸紡績連合会専務理事
嘉永4年(1851)～明治24年(1891)
生島根県　学大学南校,慶応義塾　歴明治5年大蔵

省租税寮に出仕し、9年フィラデルフィア万博事務官として渡米。以後紡績技術の勧業指導にあたり、14年官立愛知紡績所設立と共に所長に就任、19年同所が払下げとなるまで人材の育成、技術の普及活動に努めた。20年尾張紡績会社商務支配人となり、創業に尽力。23年大日本綿糸紡績連合会専任理事に推され、綿花輸入税、綿糸輸出税の廃止運動など業界の指導調整にあたった。

尾形 兵太郎　おがた・ひょうたろう
弁護士 衆院議員(憲政本党)
嘉永4年(1851)11月14日～昭和9年(1934)1月6日
[生]備前国岡山城下(岡山県岡山市)　[学]岡山藩兵学校　[歴]岡山藩兵学校教授を務める。のちに弁護士となる。また大阪東区第三連合区会議長、大阪弁護士会長を歴任。明治35年衆院議員に当選。以来3期連続務めた。

岡田 普理衛　おかだ・ふりえ
神父 当別トラピスト修道院院長
安政6年(1859)11月14日～昭和22年(1947)7月1日　[生]フランス・ノルマンディー　[名]旧名=プーリエ, フランソワ　[学]バユー大神学校卒　[歴]バユー大神学校に学んだのち、ブリックベック修道院で司祭や副院長を務める。明治30年日本でトラピスト修道院が設立されることなり、招かれて北海道の当別トラピスト修道院の初代院長に就任。31年には終身院長に選ばれ、33年には信徒である岡田初太郎の養子となって日本に帰化。以後、全生涯を日本での伝道に捧げ、身寄りのない子供を修道院に収容して育てたほか、荒れ地の開拓・開墾・植林を進めるなど広く社会のために貢献した。また、院の経営や孤児の社会復帰を助けるために、ホルスタイン種の乳牛を輸入して酪農及び乳製品の製造を開始。特に、バターとバター飴は今日でも同院の名産品として知られ、近隣の酪農スタイルの変化に大きな影響を与えた。

岡田 文次　おかだ・ぶんじ
栃木県知事 貴院議員
明治7年(1874)1月7日～昭和18年(1943)
[生]山形県米沢市　[名]旧姓・旧名=浜田　[歴]主に警察・内務官僚として沖縄県参事官や千葉県警察部長・警視総監官房主事などを歴任。明治44年栃木県知事となり、渡良瀬川・那珂川への架橋や学校への補助などを実施。一方、県議会では国民党と政友会の政争が激しく、特に大正元年の議会では議長不在のまま開会するなど、その在任中は波瀾が多かった。3年に樺太庁長官に転じ、その後、警視総監や貴院議員を務めた。

岡田 ますこ　おかだ・ますこ
初の女性駅員
明治20年(1887)11月25日～没年不詳
[生]愛知県名古屋市　[学]本郷女子美術学校, 築地立教女学校　[歴]士族の娘で、本郷女子美術学校や築地立教女学校に学ぶ。明治34年13歳で調査掛見習に採用されて鉄道職員となり、36年には日本初の女性駅員として新橋駅の出札掛に登用された。この時、ともに採用されたのは彼女のほか加島しず・河野さく・近藤きみのらいずれも十代の少女で、十日に一日の公休という労働条件の中、朝9時から午後の4時まで筒袖の改良服に袴という服装で健気に働いたという。その後、37年には調査掛に転任した。

岡田 満　おかだ・みつる
阿部守太郎の暗殺犯
明治27年(1894)12月17日～大正2年(1913)9月9日　[出]福岡県　[歴]大正2年中国第二革命で袁世凱政府の将軍であった張勲の部下が南京で起こした日本人殺傷事件(第二次南京事件)に対して中国への強硬論が高まる中、同志の宮本千代吉と阿部守太郎外務省政務局長を襲い、刺殺した。3日後、弁護士宅で割腹自殺した。

岡田 三善　おかだ・みよし
海軍少将 横浜市長
明治2年(1869)8月15日～昭和2年(1927)12月12日　[出]愛知県　[学]海兵(第16期)〔明治23年〕卒　[歴]明治24年海軍少尉に任官。大正3年壱岐、4年厳島、5年橋立の艦長を経て、7年海軍少将。退役後、逗子開成中学校長、横浜市長を務めた。

岡田 善長　おかだ・よしなが
陸軍少佐
天保9年(1838)～明治40年(1907)9月26日
[出]江戸　[歴]徳川末期の幕臣で、江戸深川扇橋辺に住し千五百石を知行する。水戸藩の武田耕雲斎らの天狗党の乱に際し、鎮定の命を受け鹿島(茨城県)で戦う。明治維新後、陸軍少佐となり、明治17年から宮内省御用掛侍従を務める。25年頃に病気となり職を辞した。

岡田 良一郎　おかだ・りょういちろう
報徳運動家 大日本報徳社社長 衆院議員
天保10年(1839)10月21日～大正4年(1915)1月1日　[生]遠江国佐野郡倉真村(静岡県掛川市)　[名]幼名=清行, 字=廉夫, 号=淡山　[歴]14歳で二宮尊徳の塾に入り、父・佐平治と共に報徳信者となった。郷里で父に代わり名主を継ぎ、明治元年小区長、大区長を経て、6年浜松県少属。8年父の跡を継いで遠州報徳社(44年に大日本報徳社に改称)社長となり、45年辞任するまで報徳運動に尽力した。一方、政治面では静岡県議を経て、23年から衆院議員2回当選、30年に引退。実業面では掛川銀行頭取、資産銀行取締役などを歴任し、25年には掛川信用組合をつくり理事長に就任。また私塾の冀北学舎や農学舎を創立、英学、漢学、農学を教えた。著書に「活法経済論」「報徳国富論」「報徳斉家論」「淡山論集」(全4巻)などがある。　[家]父=岡田佐平治(報徳運動家), 長男=岡田良平(文部官僚・政治家), 二男=一木喜徳郎(法学者・政治家)

岡田 良平　おかだ・りょうへい
文相 貴院議員（勅選）
元治1年（1864）5月4日〜昭和9年（1934）3月23日
[生]遠江国佐野郡倉真村（静岡県掛川市）　[学]帝国大学文科大学哲学科〔明治20年〕卒 法学博士　[歴]大学院に学び、明治23年第一高等中学（一高の前身）教授。26年文部省に入り、視学官、山口高等中学校長、書記官兼会計課長などを歴任し、33年実業学務局長、34年総務長官となる。40年京都帝国大学総長、41年桂内閣文部次官、大正5年寺内内閣、13年加藤高明内閣、15年第一次若槻内閣の各文相を歴任。この間、明治37年〜昭和4年勅選貴院議員。その後4年枢密顧問官、5年産業組合中央会会頭をつとめた。　[家]父＝岡田良一郎（報徳運動家・政治家）、弟＝一木喜徳郎（法学者・政治家）　[勲]勲一等旭日桐花章

岡野 喜太郎　おかの・きたろう
駿河銀行創始者
元治1年（1864）4月4日〜昭和40年（1965）6月6日
[生]駿河国沼津（静岡県沼津市）　[学]韮山師範〔明治18年〕中退　[歴]明治20年貯蓄組合 "共同社" を創立、28年根方銀行を設立、頭取となった。29年駿東実業銀行、45年駿河銀行と改称、頭取として地方金融に貢献。昭和32年長男豪夫に譲った。この間明治32年駿東貯蓄銀行、大正9年東洋醸造、昭和15年駿河代弁会社を設立したり地元企業の役員として活躍、沼津市名誉市民第1号に選ばれた。静岡県多額納税者で101歳の長寿を全うした。　[家]長男＝岡野豪夫（駿河銀行頭取）　[賞]沼津市名誉市民

岡野 友次郎　おかの・ともじろう
陸軍中将
明治2年（1869）11月〜昭和5年（1930）3月9日
[出]信濃国（長野県）　[学]陸軍大卒　[歴]陸軍省運輸部本部長、東京湾要塞司令官などを歴任。大正10年陸軍中将。

岡上 菊栄　おかのうえ・きくえ
社会福祉活動家 博愛園園母
慶応3年（1867）9月5日〜昭和22年（1947）12月14日　[出]土佐国（高知県高知市）　[歴]坂本龍馬の姉・乙女を母に、土佐藩山内家の御典医・岡上樹庵を父に生まれる。明治43年41歳の時、高知市内の小学教師を退職。夫と5人の子供がいたが、44年児童養護施設・博愛園（現・高知県香美市）の初代園母として単身赴任。以来戦後の昭和22年に死去するまで40年間、看護、掃除、洗濯などの奉仕活動を続けた。　[家]父＝岡上樹庵（土佐藩御典医）、叔父＝坂本龍馬

岡橋 治助　おかはし・じすけ
第三十四国立銀行頭取 天満紡績社長
文政7年（1824）12月14日〜大正2年（1913）11月2日　[生]大和国十市郡味間村（奈良県磯城郡田原本町）　[名]幼名＝留吉、後名＝岡橋清左衛門　[歴]天保13年（1842年）大坂に出て、太物商島屋で商売見習をし、安政3年（1856年）島屋の別家油屋治助の店を持ち、木綿商を始め、大阪屈指の木綿問屋となった。明治11年第三十四国立銀行（三和銀行の前身）を設立、頭取に就任。一方和歌山第四十三、日本共同、中立貯蓄、日本中立の各銀行にも関係。さらに大阪・河南の諸鉄道、日本生命保険、日本火災保険、日本倉庫、帝国物産など30余の事業創設に参画した。また20年に天満紡績会社を設立し社長となり、ほかに日本棉花、日本紡績などの育成・発展に努め、大阪綿紡界の草分けとなった。大阪商業会議所特別議員。41年隠居して清左衛門と改名。

岡林 寅松　おかばやし・とらまつ
社会運動家
明治9年（1876）1月30日〜昭和23年（1948）9月1日
[生]高知県高知市鷹匠町　[歴]『平民新聞』の読者として、幸徳秋水の非戦論に共鳴し、以後大阪平民社と交流をもつ。内山愚童に爆裂弾の製法をきかれ、そのために明治43年の大逆事件に連坐して死刑判決を受けるが、特赦で無期懲役となる。昭和6年仮出所し、病院勤務のかたわらローマ字運動に参加した。

岡部 次郎　おかべ・じろう
衆院議員（憲政会）
元治1年（1864）8月31日〜大正14年（1925）7月
[出]信濃国（長野県）　[学]シカゴ大学（米国）卒　[歴]同人社に学び、英・米・仏・独に留学しシカゴ大学で学位取得。ハワイでキリスト教伝道師となり、ハワイ革命に義勇軍として活躍。明治36年帰国、外務省翻訳局を経て、北海タイムス主筆。37〜38年の日露戦争に従軍、戦後営口に住み、居留民団長、会社重役を兼任。のち長野県から衆院議員当選4回。

岡部 竹治郎　おかべ・たけじろう
蚕糸業者 静岡県知波田村長
文久1年（1861）〜大正元年（1912）
[生]遠江国敷智郡大知波村（静岡県湖西市）　[名]旧姓・旧名＝岡田　[歴]遠江国大知波村の名門、岡部家の養子。三河吉田藩の藩校・時習館に学ぶ。長じて遠江国湖西地方の養蚕業改良を志し、養父・岡部十五郎らと図って湖西養蚕共談会を組織。同会を養蚕製糸集談会に発展させ、湖西のみならず湖東地方にも養蚕改良を浸透させた。明治23年知波田村長に推されたほか、茶業・漁業組合長、敷知郡会議員などを歴任。30年には白須賀の山本庄次郎らと協力して浜名郡養蚕学校設立に尽力するなど、養蚕業の組織化・発達に貢献した。　[家]養父＝岡部十五郎（篤農家）

岡部 太郎　おかべ・たろう
牧師
文久2年（1862）1月2日〜昭和19年（1944）4月9日
[出]信濃国春日村（長野県）　[学]同志社神学校卒　[歴]明治26年から新潟県、京都府、群馬県などの教会で牧師を務める。徳富蘇峰、蘆花らと親交をもつ。

安中教会時代には「上毛教会月報」を編集。大正6年長野県春日村に帰郷し、佐久組合教会で伝道にあたった。　家弟＝岡部次郎（衆院議員）

岡部 長職　おかべ・ながもと
司法相 東京府知事 貴族院議員 子爵
嘉永7年（1854）11月16日～大正14年（1925）12月27日　生江戸　国和泉国岸和田（大阪府岸和田市）　名幼名＝第次郎、弥次郎　学エール大学（米国）〔明治15年〕中退　歴和泉国岸和田藩主・岡部長発の長男として江戸で生まれる。安政3年（1856年）父のあとを継いで藩主となった叔父・長寛の養嗣子となり、明治元年家督を相続。2年岸和田藩知事となるが、4年廃藩置県で辞職。8年米国へ渡りエール大学に学び、15年には英国に転じてケンブリッジ大学で学んだ。16年帰国、17年子爵。19年公使館参事官となり英国へ赴任。22年青木周蔵外相から異例の大抜擢を受け、入省3年で参事官から一足飛びに外務次官に就任。条約改正交渉に従事したが、24年大津事件により引責辞任した。この間、23年貴院議員に選ばれ、24年院内の最大会派・研究会の設立に参画して、重きをなした。30年東京府知事を兼務。41年第二次桂内閣の司法相となるが、在任中に大逆事件が起こり、その処理に苦しんだ。大正5年枢密顧問官。　家長男＝岡部長景（文相）、三男＝村山長挙（朝日新聞社長）、八男＝岡部長章（侍従）、父＝岡部長発（和泉岸和田藩主）、養父＝岡部長寛（和泉岸和田藩主）

岡村 貢　おかむら・みつぎ
上越鉄道創設者 衆院議員
天保7年（1836）4月11日～大正11年（1922）1月7日　生越後国魚沼郡大沼村（新潟県南魚沼郡塩沢町）　名幼名＝岡村大次郎、号＝雲仙　歴代々庄屋を務めた家に生まれ、漢学を修める。28歳で付近31ケ村最寄組元庄屋となり苗字帯刀を許される。明治5年柏崎県第4区長、9年新潟県第13大区長を経て、12年南魚沼郡長を務め、15年官を辞した。27年から衆院議員（進歩党）に当選2回。郡長時代から越後と上州を結ぶ鉄道を計画し、同年上越鉄道を創設したが、日清戦争の余波を受け会社は解散。その後安田善次郎らと再起を図るが政府の許可が出ず、大正8年になって政府直轄で着工された。この間、資金の調達、実地の踏査測量などに全財産を投じるなど上越線の開通に尽力し、のち功績を讃えて石打駅に銅像が建立された。

岡本 頴一郎　おかもと・えいいちろう
社会運動家
明治13年（1880）9月12日～大正6年（1917）7月27日　生山口県吉敷郡大内村（山口市）　学早稲田第一学院卒　歴早くから社会主義に関心を抱き、明治37年大阪でランプ製造工となる。その間大阪平民社に出入りし、43年の大逆事件に連坐して無期懲役となり、服役中獄死した。

岡本 健三郎　おかもと・けんざぶろう
大蔵省土木頭 日本郵船会社理事
天保13年（1842）10月13日～明治18年（1885）12月26日　生土佐国土佐郡潮江村（高知県高知市）　名前名＝義方　歴土佐藩士。幕末期には藩の下目付を務める。同藩の坂本龍馬と親交が深く、慶応3年（1867年）龍馬とともに福井に行き、由利公正と会見。明治維新後は新政府に出仕し、4年大蔵省営繕正、5年同省土木頭。同年ウィーン万博用務のためオーストリアへ出張。征韓論が起こると西郷隆盛ら征韓派に同調して大久保利通、岩倉具視らと対立するが、6年敗れて下野した。7年板垣退助、後藤象二郎、江藤新平、小室信夫らと民撰議院設立建白書を起草し、政府に提出。10年西南戦争では林有造らの立志社挙兵計画に協力し、ポルトガル商人から小銃3000挺を購入しようとして発覚、禁獄2年の判決を受けた。出獄後の14年、自由党に参加。その後は実業界に入り、18年日本郵船会社の創立に際して理事となった。

岡本 貞烋　おかもと・ていきゅう
実業家
嘉永6年（1853）11月9日～大正3年（1914）10月19日　生相模国小田原（神奈川県小田原市）　学慶応義塾〔明治7年〕卒　歴小田原藩士の家に生まれるが、幼時に父を失い貧苦のうちに成長。のち白川、熊本、群馬各県に奉職し、明治13年退官して上京。15年時事新報社創立に参画し印刷部長、25年帝国海上保険創立委員に挙げられ支配人に就任、29年相談役となる。一代で大実業家となり鐘ケ淵紡績、東京市街鉄道、台湾製糖、千代田生命保険などの役員を歴任した。また早くからサロンの重要性を主張し、交詢社を設立、常議員となり、また帝劇創設にも尽力。　家長男＝岡本癖三酔（俳人）

岡本 春三　おかもと・はるぞう
陸軍少将
明治7年（1874）～没年不詳
生岡山県岡山市　学陸士〔明治29年〕卒、陸軍砲工学校高等科〔明治33年〕卒、東京帝国大学工科大学電工科〔明治37年〕卒　歴陸軍士官学校を卒業後、陸軍砲工学校高等科、東京帝国大学工科大学電工科に学ぶ。明治40年ドイツへ留学し、兵器研究に従事した。以後、兵器技術・開発分野で活躍し、東京精器製造所・東京工廠技術課長を経て、大正10年陸軍少将となり舞鶴要塞司令官。12年陸軍技術本部第三部長に転じ、13年科学研究所第二課長を最後に予備役に編入された。

岡本 兵四郎　おかもと・ひょうしろう
陸軍中将
弘化3年（1846）6月9日～明治31年（1898）6月28日　生紀伊国（和歌山県）　歴明治5年陸軍少佐に任官。6年東京鎮台参謀本、10年西南戦争に際して征討第一旅団参謀長。11年中部監軍部参謀、14年西部監軍部参謀、15年兼陸軍大学校幹事、16年幹事専

任、19年歩兵第六旅団長、26年休職。27年留守第二師団長。31年陸軍中将となり予備役に編入。

岡本 兵松　おかもと・ひょうまつ
商人 社会事業家
文政4年(1821)8月5日〜明治31年(1898)10月6日
生三河国碧海郡新川町(愛知県碧南市)　幼名=篠吉　歴家は南部屋を号して農業、味噌・醤油製造及び廻船業を営んでおり、菊間藩の御用達も務めた。安政5年(1858年)から都築弥厚の計画した安城ケ原の水路開発に協力。以来、20年以上の歳月を費やし、伊予田与八郎とともに私財を投じて工事に尽力。明治維新以降は家督を弟に譲って石井新田(現・愛知県安城市)に移って工事を続け、苦心の末、明治14年明治用水としてこれを竣工させた。16年その功績により、伊予田とともに藍綬褒章を授けられたが、経済的には恵まれず、晩年は開拓地で寺子屋の師匠となって糊口をしのいだ。

岡本 柳之助　おかもと・りゅうのすけ
陸軍少佐 大陸浪人
嘉永5年(1852)8月14日〜明治45年(1912)5月14日　生江戸赤坂(東京都港区)　居和歌山県　名旧姓・旧名=諏訪、号=東光　幼時岡本家の養子となる。維新のとき、16歳で和歌山藩の歩兵隊長を務める。廃藩後、津田出に引立てられ新政府の軍人となり、西南戦争後少佐、明治11年竹橋事件に座して官職を褫奪され、浪人となる。朝鮮の政治家・金玉均らと親交を結ぶなど、朝鮮問題に深く関わる一方、28年には閔妃暗殺のクーデターを指揮し投獄される。44年辛亥革命のときに中国に渡り、翌年客死した。著書には「紀州徳川近世記」「政教中正論」「東洋政策」「風雲回顧録」などがある。

岡本 弥　おかもと・わたる
部落解放運動家
明治9年(1876)12月25日〜昭和30年(1955)3月8日　生和歌山県伊都郡端場村(橋本市)　名幼名=弥三郎　学簡易小卒　歴明治26年19歳で端場村村長となり、同時に青年進徳会を結成。また早くから被差別運動に参加し、36年大阪で大日本同胞融和会を結成、融和運動の全国組織をはかる。大正9年「特殊部落の解放」を刊行。13年和歌山県同和会副会長に就任。14年有馬頼寧らとともに全国融和連盟を創立、委員となる。生涯を融和運動の指導者として活躍した。

岡谷 惣助(9代目)　おかや・そうすけ
実業家
嘉永4年(1851)2月7日〜昭和2年(1927)2月
生尾張国名古屋(愛知県名古屋市)　歴明治元年金物商笹屋の家督を継承。藩命により伊藤、関戸両長者と並んで三人衆の為替店を開き国税、地方税を取り扱った。また農商会社、第十一国立銀行などの創立に参与。4年地元有志と七宝会社を設立、七宝焼の製造、販売に努め、オーストリア、米国、フランス万国博に出品、輸出振興に尽力。また名

古屋紡績所創設に参画、時計、燐寸などの製造に関係、21年には愛知銀行を創立、頭取となった。42年岡谷合資、岡谷保産合名を設立、さらに三重紡績重役など中京地方財界に重きをなした。この間39年には勅選貴院議員に選ばれた。大正15年隠居し、家督を10代惣助に譲った。　家息子=岡谷惣助(10代目)

岡山 兼吉　おかやま・けんきち
衆院議員
嘉永7年(1854)7月〜明治27年(1894)5月28日
生遠江国(静岡県)　学開成学校卒　歴明治15年法律事務所を開き、東京専門学校の創立に参画して講師となる。18年英吉利法律学校(現・中央大学)の創立に尽力。大同団結運動に加わり、第1回総選挙に静岡第3区より当選したが、吏党大成会に所属。

小川 運平　おがわ・うんぺい
大陸浪人 中国研究家
明治10年(1877)8月10日〜昭和10年(1935)1月14日　生埼玉県　歴初め近代中国・蒙古の研究に努め、明治32〜33年北清事変に陸軍通訳として従軍、のち3年間中国に滞在して「北清大観」を著す。37年日露戦争にも出征し、のち頭山満らと、44年の辛亥革命を援助。対支連合会、国民外交同盟会などに参加した。著書「満洲博物篇」「熱河概観」を著した。

小河 源一　おがわ・げんいち
衆院議員
安政6年(1859)6月19日〜大正5年(1916)12月27日　生豊前国長洲町(大分県宇佐市)　歴明治19年代言人(弁護士)となり、山口県で開業。一方防長同志会を結成、次いで自由党入党、憲政党山口支部幹事。政友会結成で入党、山口支部幹事。第7回総選挙以来、衆院議員当選7回。議会に露探問題を提出、有名になった。

小川 光義　おがわ・こうぎ
僧侶(真言宗)
嘉永6年(1853)3月30日〜昭和4年(1929)12月14日　生阿波国(徳島県)　歴高野山で修行し、明治32年京都・安祥寺の住職となる。44年真言宗各派連合議会議長を務めた。大正4年総務・高野派として高野山宗祖一千年記念大法会を執行、奥院廟拝殿などの建設に当たる。昭和4年大覚寺門跡となった。

小河 滋次郎　おがわ・しげじろう
社会事業家 監獄学者 国立感化院初代所長
文久3年(1863)12月3日〜大正14年(1925)4月2日
生信濃国小県郡上田町(長野県上田市)　名旧姓・旧名=金子　学東京専門学校〔明治17年〕卒、帝国大学法科大学専科〔明治19年〕卒 法学博士〔明治39年〕　歴ドイツに留学、明治19年内務省属として警保局に入り、24年監獄局獄務課長となり、その間東京帝国大学で監獄学を講義。28年欧米の監

獄状況を視察、41年監獄法制定に尽力、同年清国政府獄務顧問に招かれ法典起草に参加。帰国後の43年辞任して社会問題、監獄問題の研究に専念。国立感化院創立に参加、救済事業調査会委員となり、大正2年大阪に社会事業協会を起こし、7年全国に率先して大阪府に方面委員制度を創設、現在の民生委員制度のさきがけとなった。また6年には国立感化院初代所長。13年財団法人日本生命済生会理事。著書に「監獄学」「監獄法講義」「笞刑論」「救恤十訓」などがあり、昭和17〜18年「小河滋次郎著作選集」(全3巻)にまとめられた。

小川 鉎吉 おがわ・ぜんきち
明治製糖会長
安政2年(1855)12月5日〜大正8年(1919)6月23日　生尾張国名古屋(愛知県名古屋市)　別名=録吉　学大学南校　歴尾張藩士・小川辰三の二男として名古屋に生まれる。大学南校に学び、明治3年米国に留学、4年ラトガース大学に入り理科を修める。4年間の滞在の後、6年帰国し文部省に入り、大阪専門学校の教員となるが、のち三菱汽船に転じ、横浜・長崎・神戸などの支店長を歴任。29年日本郵船のロンドン支店長となり、35〜44年取締役に。この間、39年相馬平治らと共に明治製糖を創立し会長に就任。スマトラ興業を設立のほか、神戸電気鉄道、東明火災海上などの重役を兼任した。

小川 トク おがわ・とく
殖産家 染色家 久留米絣織の創始者
天保10年(1839)〜大正2年(1913)12月24日
生武蔵国足立郡宮ケ谷塔村(埼玉県さいたま市)　出筑後国三潴郡鳥飼村(福岡県)　名別名=小川とも　歴父・善五郎の三女に生まれ、幼少の時に父母と死別、小さい時から機織を習い熟練した技術を持つ。結婚して男児を産み、のち江戸定住の久留米藩士の乳母となり、慶応4年(1868年)6月久留米に下り筑後国三潴郡鳥飼村に住む。明治9年木綿織りを始め、当時すでに盛んだった久留米絣の改良を思い立ち、田中久重の援助を受け織機を改良、縞織に成功、"久留米縞織"と名付けて売り出し大評判となる。その後、この技術を後人に指導、11年には伝習生の大石平太郎らが機械化し、26年久留米縞織組合が結成された。同組合から久留米縞織を創始開発し久留米地方の一大産業に発展させた功績を讃え頌徳表と報恩金が贈られた。43年郷里の埼玉に帰って晩年を送った。

小川 平吉 おがわ・へいきち
衆院議員(政友会) 司法相
明治2年(1869)12月1日〜昭和17年(1942)2月5日　生信濃国(長野県)　学帝国大学法科大学独法科〔明治25年〕　歴明治25年代言人(弁護士)となり、34年近衛篤麿に従って上海の東亜同文書院創立に参画。36年衆院議員に当選、通算10回当選。日露戦争の際は主戦論の急先鋒となり、38年9月日比谷焼打ち事件の主謀者として投獄されるが無罪。この間、33年に政友会に入り、大正4年幹事長、9年原内閣の国勢院総裁、14年第一次加藤高明内閣の司法相、昭和2年田中内閣の鉄道相(副総理格)を歴任。4年私鉄疑獄、売勲事件に連座して逮捕され、11年懲役2年で入獄。政界を引退。15年恩赦。鉄相当時、全国の駅名を右横書きにし、説明のローマ字を廃止した。　家長男=小川平一(衆院議員)、二男=小川平二(政治家)、四男=小川平四郎(外交官)、五男=堤平五(トーメンフランス社長)、孫=宮沢喜一(首相)、小川元(衆院議員)、岳父=金井之恭(貴院議員)、女婿=宮沢裕(政治家)、斉藤樹(内務官僚)

小川 又次 おがわ・またじ
陸軍大将 子爵
嘉永1年(1848)7月24日〜明治42年(1909)10月20日　生豊前国小倉(福岡県北九州市)　名幼名=助太郎　学大阪兵学寮卒　歴筑前小倉藩士の長男で、藩兵として第二次長州征討に従軍。大阪兵学寮に学び、明治5年陸軍少尉に任官。7年台湾征討、10年西南戦争に従軍し、熊本城籠城戦では敵陣を突破する奥保鞏を援護した。15年広島鎮台参謀長、17年歩兵第八連隊長、18年参謀本部管西局長、同第二局長、23年歩兵第四旅団長、25年近衛歩兵第一旅団長。27年日清戦争では山県有朋第一軍司令官の参謀長を務め、28年戦功により男爵となった。30年陸軍中将、第四師団長となり、37年日露戦争に出征。南山の戦闘や大石橋の夜襲などで活躍したが、38年遼陽の会戦で負傷して帰国。同年陸軍大将。40年子爵に進み、同年予備役に編入。戦術家として知られ、"今謙信"と呼ばれた。　家女婿=杉山元(陸軍大将・元帥)

小川 義綏 おがわ・よしやす
牧師 日本基督公会創立者
天保2年(1831)〜大正1年(1912)12月19日　生武蔵国多摩郡分梅村(東京都府中市)　名通称=鹿之助　歴文久3年(1863年)新生活を求めて横浜に出る。同年米国人宣教師ダビッド・タムソン博士の日本語教師となり、同博士の「ヨブ記」翻訳を助け、伝道も手伝い、明治2年受洗。5年押川方義ら有志と共に横浜居留地に我が国最初のプロテスタント教会・日本基督公会を創立、長老に推され、6年東京支会分立の際、長老兼伝道師となった。10年按手礼を受け、奥野昌綱と共に日本最初の牧師となり、日本各地を巡回伝道する。19年東京・本郷に明星教会が設立され、その牧師として36年まで在任。以後自由伝道に務めた。

沖 牙太郎 おき・きばたろう
沖電気工業創業者
嘉永1年(1848)4月8日〜明治39年(1906)5月29日　生安芸国沼田郡新庄村(広島県広島市)　名幼名=正太郎、別名=秀江　歴裕福な農家に6人きょうだいの末っ子として生まれる。万延元年(1860年)広島城下の植木師・吉崎家の養子となるが、農業を

嫌って従兄の小川理助について銀細工を学んだ。元治元年（1864年）第一次長州征討に際して江戸で武具製作を習得してきた次兄が帰藩してきたことから、一族で広島藩の武具所に入り、武器製作に従事。やがて上京を志したが養父に反対され、明治7年郷里を出奔。東京で同郷の先輩である電信寮修技課長・原田隆造の書生となり、さらに原田の紹介で電信寮製機所の雑役夫となった。ここでお雇い外国人技師ルイス・シェーファーの指導を受けて電信器械の製造をはじめ、8年シェーファーが帰国すると技術一等見習下級に任ぜられ、10年電信寮が電信器に改編すると九等技手二級に昇進、一躍同寮の中堅技術者となった。この頃から同僚と図って製機所内にヤルキ社を作って電気製品の国産化を進め、自身も紙製ダニエル電池・漆塗線を考案して工部省から表彰を受けた。12年製機所の下請工場を開設。13年製機所を正式に辞職し、14年東京・銀座に電気機械製造・販売の明工舎を創業した。同年の第2回内国勧業博覧会では顕微音機を出品し、有功二等賞を受賞。15年陸軍省に納品した軍用携帯印字機と軍用電池が高い評価を受け、軍備拡張の機運も相まって受注が増大、会社としての基礎を確立した。18年ロンドンで開かれた万国発明品博覧会に漆塗線を発表し、銀牌を受ける。22年工場名を沖電機工場に改称。一方、電話の普及は当初さほど進んでいなかったが、29年政府の電話拡張計画が議会で了承されると、急激に電話機の需要が増え、後発の日本電気（NEC）と熾烈な電話機売込み競争を繰り広げるなど、現在にいたる代表的電話機メーカーとしての地位を確立した。33年社を匿名組合沖商会（現・沖電気工業）に改編。

隠岐 重節　おき・じゅうせつ
陸軍少将
嘉永1年（1848）3月8日〜明治39年（1906）4月21日
生下総国佐倉（千葉県佐倉市）　歴明治3年大阪兵学寮に入る。10年西南戦争に参加。17年陸軍大学校教授となる。27年日清戦争に歩兵第一連隊（第二軍、第一師団）として従軍。31年歩兵第二十三連隊長を務め、34年陸軍少将となる。37年日露戦争では後備歩兵第一旅団長（満州軍総予備）として奉天の会戦に加わった。

沖 禎介　おき・ていすけ
軍事探偵
明治7年（1874）6月〜明治37年（1904）4月21日
生長崎県平戸町（平戸市）　学東京専門学校中退　歴明治26年五高を退学して上京、東京専門学校に入って康有為を知り、法規の漢訳を手伝った。学校を中退、右翼運動家内田良平の黒龍会に出入りした。34年清国に渡り、北京の東文学社教師、次いで校長代理となったが、36年文明学社を創立。37年日露戦争が起こると、陸軍通訳となり北京公使館付武官が組織した特別任務班に参加、横川省三ら同志6人と北満に潜入、スパイ活動に従い鉄橋爆破を企だててロシア軍に捕まり、横川らとハルビン郊外で銃殺刑に処せられた。

沖 守固　おき・もりかた
元老院議官　男爵
天保12年（1841）6月13日〜大正1年（1912）10月8日　生江戸　号号＝九皐　歴鳥取藩江戸詰の絵師一峨の長男。文久元年（1861年）家督を継ぎ、3年鳥取に移り、周旋用務のため京・江戸を行き来した。元治元年（1864年）禁門の変の前に京より早追で帰国し、長州藩に協力するための出兵を要請、さらに京都、岡山へ派遣された。同年8月御小姓、9月弟鈴の堀庄次郎暗殺事件のため2年間幽閉。慶応2年（1866年）いわゆる20士の長州への脱走の時、これを援助した。明治元年京都留守居、公用人、公務人、2年鳥取藩少参事、権大参事を経て、4年から新政府に出仕し、特命全権大使岩倉具視に従って欧米を歴遊。英国に8年間滞在したのち、神奈川、長崎各県知事を経て、元老議官となり、23年勅選貴院議員も務めた。

沖 良賢　おき・りょうけん
高知県議
嘉永2年（1849）4月29日〜大正9年（1920）2月13日　生土佐国幡多郡三崎村（高知県土佐清水市）　名通称＝恵之助　歴土佐藩士。幼少の頃から、安岡十州・木戸鶴州に師事して学問を修め、また樋口嘉吉・山崎真九郎らの下で剣術や砲術を修業した。戊辰戦争に参加して戦功を立て、藩の徒士格に昇進。維新後は幡多郡に出仕し、書記を務めた。明治26年以後、村長・幡多郡会議員・高知県議・郡会議長などを歴任。

荻田 常三郎　おぎた・つねさぶろう
飛行家
明治18年（1885）〜大正4年（1915）1月
生滋賀県愛知郡八木荘村（愛荘町）　学彦根中中退　歴彦根中学を中退後、軍隊生活を経て、家業の呉服商を継ぐ。やがて国内民間飛行家に憧れ、大正2年渡仏して飛行術を学ぶ。3年5月卒業して帰国、6月兵庫県で開かれた第1回民間飛行機競技会に出場、愛機「颪風号」を駆って第1位の成績を修めた。4年1月東京―大阪間の懸賞飛行に参加しようと練習中、京都稲荷山付近で墜落死した。飛行場の建設を志していたが、死後に遺志を継いだ彦根中の後輩で八日市の油商・熊木九兵衛らの尽力により民間飛行場が完成した。

荻野 独園　おぎの・どくおん
僧侶　臨済宗相国寺派管長・住職　大教院長
文政2年（1819）6月〜明治28年（1895）8月10日
生備前国児島郡山坂村（岡山県玉野市下山坂）　名幼名＝勝五郎、名＝元規、承珠、字＝独園、号＝退耕庵　歴備前国児島郡の豪農の家に生まれる。8歳で叔父のいる掌善寺（臨済宗）に入り、13歳で出家、元規と称した。天保7年（1836年）豊後の帆足万里のもとで6年間儒学を修め、12年京都の臨済宗相

国寺で大拙承演に学び、承珠と名を改める。明治3年相国寺住職に就任。各宗と図って、5年大教院の設置を実現させ、院長に就任。また臨済宗、曹洞宗、黄檗宗の禅門三宗の総管長となり、神仏両道宗意交説を主張した。著書に「近世禅林僧宝伝」「近世禅林」(全3巻)。

荻野 万太郎　おぎの・まんたろう
足利銀行頭取
明治5年(1872)～昭和19年(1944)
[生]栃木県足利　[学]足利織物講習所卒　[歴]商家の生まれ。明治28年第四十一国立銀行に入行、業務見習いの一方、足利銀行創設に参画、23歳で頭取に選ばれ、在職40年に及ぶ。また栃木県議としても活躍、35年の足尾鉱山事件で鉱毒救済会会長を務めた。水力発電、染色事業、ガス事業などにも関係した。

沖原 光孚　おきはら・こうふ
陸軍中将 貴院議員 男爵
嘉永1年(1848)3月3日～昭和6年(1931)9月11日
[出]周防国岩国(山口県岩国市)　[名]旧姓・旧名=松浦　[学]陸軍戸山学校[明治6年]卒　[歴]もと周防岩国藩士で、松浦国蔵の四男に生まれ、沖原為蔵の養嗣子となる。明治6年山口藩一番大隊中尉となり、34年陸軍中将に昇進。この間、東京鎮台第二連隊副官などを経て、27年日清戦争には歩兵第十三連隊長として出征。威海衛攻略時に直属の大寺安純少将を失うほどの激戦を制し、28年歩兵第一旅団長、歩兵第四旅団長、29年歩兵第八旅団長、34年第十一師団長、37年留守第九師団長を歴任。日露戦争には第十五師団長として従軍、40年男爵となる。陸軍省総務局人事課長、高等軍法会議判士長なども務めた。44年～大正14年貴院議員。

沖山 権蔵　おきやま・ごんぞう
離島開拓家
天保11年(1840)～昭和6年(1931)
[出]伊豆国八丈島(東京都八丈町)　[歴]明治21年伊豆・八丈島の南の鳥島開拓に従事。33年初の沖縄県大東島開拓団に参加。南大東島に上陸後、最初に飲料水となる池を発見し、"権蔵池"と命名された。

大給 恒　おぎゅう・ゆずる
賞勲局総裁 枢密顧問官 伯爵
天保10年(1839)11月13日～明治43年(1910)1月6日　[生]江戸　[出]三河国(愛知県)　[名]幼名=三junior次郎、初名=松平乗謨、号=亀崖　[歴]嘉永5年(1852年)三河国(愛知県)奥殿藩を襲封。文久3年(1863年)幕府の許可を得て信濃国(長野県)国府口(のち龍岡)に移る。のち若年寄、慶応2年(1866年)老中格となる。明治4年龍岡藩知事、6年式部寮賞牌取調御用掛、9年賞勲局設置のもとない副長官となる。10年西南戦争に際し、佐野常民と博愛社(のちの日本赤十字社)を創立し、副社長となる。11年賞勲局副総裁、28年総裁となり、40年伯爵を授

けられる。42年枢密顧問官。賞勲の職務に忠実であらんとして、日常の交際を一切絶つという、謹言実直ぶりで知られた。[家]父=松平乗利(三河奥殿藩主)

奥 繁三郎　おく・しげさぶろう
衆院議員(政友会) 京都瓦斯社長
文久1年(1861)6月25日～大正13年(1924)9月8日
[生]山城国綴喜郡八幡(京都府八幡市)　[学]京都師範[明治12年]卒　[歴]代々男山神社の神官。教職ののち、明治17年大阪法学舎で法律を学び、代言人(弁護士)を開業。27年京都府議、郡会議長。31年以来京都府から衆院議員当選8回。自由党、憲政党、政友会に所属し、44年政友会幹事長となる。大正3年衆院議長、6～9年再び議長。一方、京都瓦斯、京都電気軌道各社長など関西実業界で活躍した。

奥 保鞏　おく・やすかた
陸軍大将・元帥 伯爵
弘化3年(1846)11月19日～昭和5年(1930)7月19日　[生]豊前国小倉(福岡県北九州市)　[歴]豊前小倉藩士で、慶応2年(1866年)幕府方として第二次長州征討に従軍。明治4年陸軍に入り、5年陸軍大尉に任官。7年佐賀の乱に中隊長として従軍、戦傷を負った。同年台湾出兵にも出征。10年西南戦争では熊本城に籠城、突囲隊を率いて敵陣を突破し、衝背軍との連絡を成功させた。19年近衛歩兵第一旅団長、24年東宮武官長、同年近衛歩兵第二旅団長を務め、27年日清戦争では第五師団長として出征。29年第一師団長、30年近衛師団長、31年東京防禦総督、33年東部都督を経て、36年陸軍大将。日露戦争では第二軍司令官として遼陽会戦、沙河会戦、黒溝台会戦、奉天会戦などを指揮。39年より参謀総長。44年元帥府に列し元帥陸軍大将となった。この間、28年男爵、40年伯爵。一介の武弁として政治的な野心を持たず、日露戦争時は唯一の藩閥以外の軍司令官を務めた。[家]長男=奥保夫(陸軍少将)

奥川 吉三郎　おくがわ・きさぶろう
林業家
天保4年(1833)～明治45年(1912)
[出]伊勢国熊野(三重県)　[歴]伊勢国熊野で林業家として活躍した。明治20年頃に建築された私邸が子孫により熊野市に寄贈され、紀南ツアーデザインセンターとして利用されている。

奥沢 庄平　おくざわ・しょうへい
実業家
嘉永2年(1849)7月2日～大正9年(1920)3月13日
[出]下野国(栃木県)　[歴]明治7年織物買継業奥沢家の養子となる。18年結城物産織物商組合を設立。28年結城銀行の創立に関わった。

奥田 栄之進　おくだ・えいのしん
衆院議員(政友会)
元治1年(1864)2月～昭和20年(1945)1月7日

奥田 角四郎　おくだ・かくしろう
陸軍一等主計正
慶応4年(1868)7月～昭和2年(1927)7月25日
[生]尾張国(愛知県)　[歴]明治43年頃に参謀本部物資調査班員となり、満州および中国全省の物資調査を行う。その報告書は、のちの対中作戦動員の基礎資料となり、その後も陸軍経理学校に保存された。陸軍一等主計正に累進した。

奥田 亀造　おくだ・かめぞう
漁業家　衆院議員(政友会)
明治5年(1872)3月8日～昭和19年(1944)3月24日
[生]鳥取県大谷村(岩美町)　[学]鳥取中　[歴]網元の家に生まれる。鳥取中学を卒業して、のち皇学・漢学を修める。明治37年水産業に従事し、38年汽船トロール漁業を試み、のち小型底引き網漁を考案する。また朝鮮半島沿岸の漁場を開拓、太平洋でマグロ漁業に従事して、角輪組を設立し社長に就任、帝国水産会特別議員を務める。大正6年衆院議員(政友会)に当選1回。14年～昭和7年貴院議員。

奥田 貫昭　おくだ・かんしょう
僧侶(天台宗)　浅草寺住職
弘化3年(1846)3月16日～明治33年(1900)9月22日　[生]京都室町　[名]幼名＝胤千代、松彦、号＝菩提心院、別名＝貫昭　[歴]醍醐家家臣の家に生まれる。14歳の時、比叡山松林院の貫信のもとで出家。顕密二教を修め、明治7年京都・護浄院の湛海の跡を継ぐ。8年少講義となり、北海道を巡錫。13年師に推されて信濃・善光寺大勧進副住職となり、監獄の教誨に努め、大勧進内に養育院を設けた。16年東京・浅草寺の住職となり、大修理により復興に尽くした。

奥田 正香　おくだ・まさか
名古屋商業会議所会頭
弘化4年(1847)3月1日～大正10年(1921)1月31日
[生]尾張国名古屋(愛知県名古屋市)　[歴]旧尾張藩士。藩校明倫堂で学ぶ。明治の初め上京、芝増上寺の僧となる。のち志を変え愛知県庁に入るが、これも辞して実業を志し、名古屋で味噌・醤油の販売を始めた。20年尾張紡績会社、名古屋電灯を創立。26年名古屋商業会議所会頭に推され、名古屋株式取引所を創立して理事長となった。さらに日本車輛、明治銀行、名古屋瓦斯、名古屋電力などの社長を兼任、東邦瓦斯、豊橋瓦斯、一宮瓦斯などの要職も務めた。大正2年再び僧となる。

奥田 義人　おくだ・よしと
法相　文部次官　衆院議員　男爵
万延1年(1860)6月14日～大正6年(1917)8月21日
[生]因幡国鳥取(鳥取県鳥取市)　[学]東京大学〔明治17年〕卒　法学博士〔明治36年〕　[歴]因幡鳥取藩士の三男。明治17年太政官御用掛として官界に入り、23年農商務省特許局長、25年内閣官報局長、26年内閣書記官記録課長兼務、28年衆議院書記官長、29年拓殖務次官、30年農商務次官を歴任するなど、伊藤博文系官僚として活躍。一方で民法に精通し、18年英吉利法律学校の創立に関与して以来、同校幹事やその後身である中央大学の理事などを務めた。31年退官してヨーロッパに外遊、帰国後の32年文部次官に就任。33年第四次伊藤内閣で法制局長官となり、続く第一次桂内閣でも留任するが、行政整理問題で桂らと意見が合わず、35年辞任した。同年衆院議員に当選、2期。41年宮中顧問官。45年勅選貴院議員。大正2年第一次山本内閣に文相として入閣、3年法相に転任。辞職後は中央大学学長、4年東京市長となったが、在任中に死去した。その死により男爵に叙せられた。　[家]長男＝奥田剛郎(中央大学名誉教授)、女婿＝和田正彦(大蔵省銀行局長)

奥田 柳蔵　おくだ・りゅうぞう
衆院議員(憲政会)
明治1年(1868)11月2日～昭和17年(1942)2月10日　[生]鳥取県　[歴]大和村議、気高郡議、鳥取県議を経て、明治41年鳥取郡部より衆院議員に当選。以降、連続3回当選を果たす。また、鳥取農工銀行取締役、大正鳥取銀行頭取、鳥取貯蔵銀行頭取等を歴任。

奥平 謙輔　おくだいら・けんすけ
萩の乱で挙兵した旧長州藩士
天保12年(1841)1月21日～明治9年(1876)12月3日　[生]長門国萩土原(山口県萩市)　[名]居正、号＝弘毅斎　[歴]藩校・明倫館に学ぶ。文久3年(1863年)下関で外国船への砲撃に参加。慶応2年(1866年)干城隊に入り、戊辰戦争では越後や会津を転戦。明治2年越後府権判事として佐渡に赴任するも、間もなく辞職して帰郷した。9年熊本の神風連の乱に呼応し、前原一誠らと萩で挙兵するが捕えられ(萩の乱)、反乱罪により処刑された。

奥平 昌邁　おくだいら・まさゆき
中津藩知事　伯爵
安政2年(1855)4月～明治17年(1884)11月26日
[生]江戸　[歴]伊予宇和島藩主・伊達宗城の三男。文久3年(1863年)豊前中津藩主・奥平昌服の養子となり、慶応元年(1865年)従五位美作守に叙任される。明治元年父に代り大阪城を警衛し、前将軍徳川慶喜が朝敵の汚名を蒙ると、徳川家の存続を朝廷に哀訴嘆願した。2年中津藩知事となり、4年廃藩により知事を免ぜられ、米国に留学。6年帰国し、13年東京府議、14年芝区長に就任し、15年辞職した。17年伯爵。　[家]父＝伊達宗城(伊予宇和島藩主)、養父＝奥平昌服(豊前中津藩主)、弟＝伊達宗曜(貴院議員・男爵)

奥戸 善之助 おくと・ぜんのすけ
　弁護士
　明治4年(1871)～昭和3年(1928)4月11日
　⽣大阪府　学明治法律学校卒　歴初め司法官となり、大阪地裁部長を務め、明治33年大阪で弁護士を開業した。著書に「法律講話集」などがある。

小国 磐 おぐに・いわお
　陸軍少将
　安政3年(1856)3月～明治34年(1901)2月2日
　⽣周防国(山口県)　歴兵部省兵学寮に入る。明治3年フランスに留学し軍事学・フランス語を学ぶ。帰国後、陸軍大学校教授、砲工学校校長などを務める。日清戦争後に金州で創設された占領地総督府の工兵部長として満州(中国東北部)に渡った。33年陸軍少将。

奥野 市次郎 おくの・いちじろう
　衆院議員(政友会)
　万延1年(1860)8月24日～大正8年(1919)8月
　⽣京都　歴中学校、師範学校の教師を経て、自由党に入り、明治21年京都府会議員となった。一方「京都新聞」「自由新聞」「東京新聞」「自由通信」などを監督。35年京都府から衆院議員となり、政友会に属し、院内幹事を務めた。

奥野 小四郎 おくの・こしろう
　衆院議員(政友会)
　安政4年(1857)7月～大正4年(1915)12月31日
　⽣淡路国洲本(兵庫県洲本市)　歴明治24年洲本町の町長となった。その間町会、郡会、県会議員を務めた。町長在任中、高等小学校が廃校される、原来太郎校長と学科研究会を興して生徒を収容。また交通、道路、衛生面の開発に尽力、29年同志佐野助作らと淡路紡績会社を創設、失業救済に貢献。衆院議員に当選、地方開発功労者となった。

奥野 昌綱 おくの・まさつな
　牧師
　文政6年(1823)4月4日～明治43年(1910)12月5日
　⽣江戸下谷御徒町(東京都台東区)　歴旧姓・旧名＝竹内、幼名＝銀三郎　歴上野東叡山春性院に入り、嘉永2年(1849年)輪王寺宮(北白川宮能久親王)に仕え、御納戸役まで進む。明治維新の上野彰義隊の戦いに敗れ、榎本武揚に従い咸臨丸で北上中遭難、静岡に潜伏。維新後、横浜のキリスト教信者小川義綏の紹介で宣教師ヘボンの日本語教師となり、明治5年ブラウンから受洗。ヘボンの新約聖書和訳を助け、ヘボン著「和英語林集成」第2版の編集に参加。10年按手礼を受け、小川とともに日本最初の牧師となった。その後東京に移り、麹町教会、銀座教会で伝道。また讃美歌の和訳、その他漢文のキリスト教文献の訓点標語・和訳をし文書伝道にも貢献した。

奥宮 健之 おくのみや・けんし
　自由民権運動家

　安政4年(1857)11月12日～明治44年(1911)1月24日　⽣土佐国土佐郡布師田村(高知県高知市)　歴明治3年上京し、立志社以来の自由民権運動に参加。14年自由党に入党し、政治演説、政治講談をする。15年人力車夫を組織して車会党を結成。17年名古屋事件に連坐し、未決中に脱獄未遂事件をおこし無期徴役に処せられる。30年特赦で出獄し、33年パリへ行き西欧各地を歩いて35年に帰国。その後社会主義に関心を抱き、平民新聞社に出入りする。40年ラングーンを経て中国に渡るが、短期間で帰国。幸徳秋水に爆弾の製造法を伝えたことがもとで、43年の大逆事件に連坐し、44年処刑された。　家父＝奥宮慥斎(漢学者)

奥宮 衛 おくのみや・まもる
　海軍少将 横須賀市長
　万延1年(1860)10月7日～昭和8年(1933)1月7日
　⽣土佐国土佐郡潮江村(高知県高知市)　別名＝剛衛　学海兵(第10期)[明治16年]卒　歴日清戦争の黄海海戦に扶桑艦長心得として従軍。日露戦争の日本海海戦では松島艦長として活躍した。39年出雲艦長、40年海軍砲術将校学校長、41年三笠艦長を経て、44年海軍少将となり横須賀水雷団長。同年従兄に当たる社会運動家・奥宮健之が大逆事件に連坐したため、大正元年退官。6年横須賀市長に就任。昭和2年逗子開成中学校長となり、学校の財団法人化や運動場の整備・吹奏楽部の創設などを推進し、同校の発展に尽くした。8年同校長を在任中に急死した。　家従兄＝奥宮健之(社会運動家)

奥村 五百子 おくむら・いおこ
　婦人運動家 愛国婦人会創立者
　弘化2年(1845)5月3日～明治40年(1907)2月7日
　⽣肥前国松浦郡唐津(佐賀県唐津市)　歴東本願寺派僧侶の娘。はじめ浄土真宗福成寺の住職に嫁したが死別し、水戸藩士の鯉淵彦五郎と再婚、勤王家の父の影響で尊王攘夷運動に参加。明治20年離婚後政治に傾倒、唐津開港問題などに関与し、日清戦争後には朝鮮の光州に実業学校をおこした。33年北清事変が起こると、東本願寺を説いて出征兵慰問使を派遣させ戦地を視察、軍人遺族の救護こそ婦人の務めと痛感し、34年愛国婦人会を発起した。以後、組織づくりに奮闘し同会を飛躍的に発展させた。

奥村 円心 おくむら・えんしん
　僧侶(真宗大谷派) 朝鮮布教の先駆者
　天保14年(1843)～大正2年(1913)
　⽣肥前国唐津高徳寺(佐賀県唐津市)　歴明治10年朝鮮の釜山開港と同時に真宗大谷派(東本願寺)釜山別院輪番となり、元山別院、仁川支院を開設。一旦帰国したが、30年再び朝鮮に渡り光州を中心に布教活動を行う。妹の五百子も呼んで共に学校の設立、殖産興業の奨励に尽くした。　家父＝奥村了寛(高徳寺住職)、妹＝奥村五百子(愛国婦人会創立者)

奥村 亀三郎　おくむら・かめさぶろう
衆院議員

天保15年(1844)2月～明治34年(1901)11月3日　生下野国(栃木県)　名旧姓・旧名＝大川　歴大川家に生まれ、下総結城(茨城県)の豪商・奥村家の養子となる。漢学を修め、結城藩土地開拓掛となり、のち自由民権運動に加わる。結城町議、茨城県議・議長を経て、明治31年衆院議員に当選1回。また結城銀行を創立した。

奥村 謙蔵　おくむら・けんぞう
佃煮業者 東京・佃島の佃煮の先駆者

嘉永2年(1849)～明治35年(1902)　生常陸国行方郡粗毛村(茨城県行方市)　歴明治2年に上京し、佃島で小魚の保存食を研究。様々な試行錯誤を経てハゼでの保存食製造に成功し、これを佃島の名をとって佃煮と名付けた。5年に郷里・常陸国行方郡に帰り、霞ケ浦で獲れた小魚を佃煮として製造し、東京の本店で販売。これが日清・日露戦争で軍用食に採用されて注目を浴びるようになり、全国的に普及することとなった。

奥村 甚之助　おくむら・じんのすけ
労働運動家

明治7年(1874)7月28日～昭和5年(1930)10月24日　生京都府京都市下京区今熊野宝蔵町　歴京都や東京で多くの仕事を転々とし、日清戦争に従軍した後、日本電気などを経て、大正4年奥村電機に入社。8年友愛会(総同盟の前身)に入り、奥村電機争議で活躍。以後労働運動家として活躍し、9年検挙されて懲役4カ月に処せられた。その後も労働運動を指導し、14年懲役6カ月に処せられる。同年の総同盟分裂の際は左派について京都地方評議会会長となる。労働農民党に属し、昭和2年京都府会議員、4年には京都市議となり、同年新労農党の結成に参加したが、5年除名された。

奥村 善右衛門　おくむら・ぜんえもん
衆院議員

天保11年(1840)～大正3年(1914)9月6日　生大坂　名旧姓・旧名＝中川　歴慶応2年(1866年)養家・奥村家を相続。明治22年に市町村制が公布されて以降、大阪の地方政界で活躍し、区会議員・市会議員を歴任。明治37年には衆院議員に当選し、公共事業に力を尽くした。和漢の学に深い造詣を持っていたという。

奥村 栄滋　おくむら・てるしげ
地方政治家 神官 金沢市長 男爵

嘉永6年(1853)9月7日～大正12年(1923)3月17日　生加賀国金沢(石川県金沢市)　名通称＝義十郎　歴代々加賀金沢藩家老を務める家に生まれる。初め藩世子・前田利嗣の学友に選ばれて京都に遊学し、のち江戸に出て川田甕江に学んだ。明治2年家督を継ぎ、尾山神社神職、金沢市参事会員などを経て、31年金沢市長となる。35年辞して再び尾山神社宮司を務めた。33年男爵。

小倉 卯之助　おぐら・うのすけ
海軍中佐

明治11年(1878)8月15日～昭和15年(1940)3月4日　生東京都　学海兵(第26期)〔明治31年〕卒　歴明治33年海軍少尉に任官。44年相模、同年筑波の航海長。45年水路部図誌科員。大正2年海軍中佐に進み、同年予備役に編入。7～8年にかけて南洋を探検、新南群島(南沙諸島)を発見した。　家女婿＝横山一郎(海軍少将)

小倉 処平　おぐら・しょへい
西南戦争で挙兵した旧日向飫肥藩士

弘化3年(1846)～明治10年(1877)8月17日　生日向国宮崎郡飫肥(宮崎県日南市)　名旧姓・旧名＝長倉、名＝良儔　歴日向飫肥藩士・長倉家の二男で、小倉家の養子となる。江戸に出て安井息軒に学び、また藩命により長崎で英学を修めた。明治維新後、藩の子弟に西洋の学問を学ばせることを主張して小村寿太郎らを長崎、次いで大学南校に進学させた。政府に貢進生制度を建言して実現させ、3年学術取調のためロンドンへ留学。6年帰国したが征韓論のため下野・帰郷。7年佐賀の乱に敗れた江藤新平が飫肥に逃れて来るとこれ保護したため禁固刑を受けた。10年西南戦争で薩軍に身を投じ"飫肥西郷"と呼ばれたが、自刃して果てた。　家兄＝長倉訒(日向飫肥藩士)

小倉 武之助　おぐら・たけのすけ
美術収集家 南鮮合同電気社長 朝鮮電力社長

明治3年(1870)8月6日～昭和39年(1964)12月26日　生千葉県　学帝国大学法科大学英法科〔明治29年〕　歴南鮮合同電気、朝鮮電力各社長のほか、大邱商工銀行頭取、北鮮合同電気、朝鮮石油各取締役を兼務した。古美術品の収集家として知られ、古代朝鮮の美術品約800点を収めた小倉コレクションを設立した。

小倉 常吉　おぐら・つねきち
小倉石油社長

慶応1年(1865)9月25日～昭和9年(1934)1月1日　生武蔵国大里郡(埼玉県)　名旧姓・旧名＝柴崎　歴12歳で上京、日本橋水油問屋・長谷川商店の小僧となり、私塾最上舎で漢学、数学、英語を学ぶ。明治22年独立して石油販売業をはじめ、のち日本精油石油を買収、全国灯台の石油の一手納入権を得た。35年新潟の原油採掘に着手、のち製油工場建設、秋田県豊川油田採掘法が成功。第一次大戦後、原油の輸入と精製に取り組み、大正14年小倉石油を設立(昭和16年日本石油に合併)。新潟、秋田に油田を持ち、横浜に東洋一の精油所を造り、原油積取汽船も数隻所有するなど大石油会社に育て上げた。また石油の一斗缶を考案したことでも知られる。

小倉 信近　おぐら・のぶちか
司法省官房長 群馬県知事

嘉永2年(1849)4月22日～大正15年(1926)10月1

日　出出羽国（山形県）　歴出羽米沢藩士の子。明治29年福島県知事、33年三重県知事、同年群馬県知事を経て、司法省官房長。

小倉 久　おぐら・ひさし
岐阜県知事 初代関西法律学校校長
嘉永5年（1852）1月15日～明治39年（1906）11月4日　生上野国沼田（群馬県沼田市）　学大学南校　蔵弁護士　歴上野沼田藩士の長男で、江戸の藩邸で生まれる。明治3年藩の貢進生として大学南校に入学。5年司法省法学校に転じ、9年卒業。同年～12年フランスへ留学。帰国後、司法省御用掛兼太政官御用掛として民法典編纂に従事。14年太政官御用掛、15年元老院権少書記官、駅逓官を務め、17年リスボン万国郵便会議に出張。帰国後、横浜駅逓出張局長兼郵便局長となるが、19年司法畑に戻り、大阪控訴院検事となる。この頃、関西法律学校（現・関西大学）の創立に関わり、初代校長となる。21年退官し、大阪で代言人（弁護士）事務所を開業。31年内務省警保局長兼監獄局長に抜擢され、再び官途に就く。以後、32年和歌山県、33年徳島県、35年富山県、38年大分県の各知事を歴任。39年岐阜県知事在職中に病死した。

小倉 鋲一郎　おぐら・びょういちろう
海軍中将
嘉永6年（1853）7月～昭和3年（1928）12月13日　生江戸　学海兵（第5期）〔明治11年〕卒　歴明治14年海軍少尉に任官。30年高雄、31年橋立、34年吾妻、35年朝日の艦長、36年横須賀鎮守府参謀長などを歴任。日露戦争に連合艦隊付属の第一特務艦隊司令官として出征。38年海軍省人事局長、41年海軍中将。42年予備役に編入。

小倉 文子　おぐら・ふみこ
女官 典侍
文久1年（1861）10月6日～昭和4年（1929）1月28日　歴公卿で明治維新後に華族・伯爵となる小倉正季の娘。明治13年より宮中に出仕し、女官として権典侍・典侍を歴任。約35年に渡って明治天皇・皇后（のちの昭憲皇太后）に仕え、大正5年昭憲皇太后の崩御に伴って京都に隠退した。　家父＝小倉正季（公卿）

小栗 孝三郎　おぐり・こうざぶろう
海軍大将
慶応4年（1868）8月4日～昭和19年（1944）10月15日　生加賀国（石川県）　学海兵（第15期）〔明治22年〕卒、海大〔明治32年〕卒　歴加賀大聖寺藩士の三男。明治23年海軍少尉に任官。我が国の潜水艇の先覚者で、38年初めて誕生した第一潜水艇隊司令となり第一号艇長を兼ねた。大正元年艦政本部第一部長、3年英国大使館付武官、5年軍務局長、同年第六戦隊司令官、6年呉工廠長、9年第三艦隊司令長官、10年舞鶴鎮守府司令長官を歴任。12年海軍大将。13年予備役に編入。

小栗 貞雄　おぐり・さだお
衆院議員（中立倶楽部）
文久1年（1861）11月28日～昭和10年（1935）3月16日　生江戸　名旧姓・旧名＝矢野　歴矢野龍渓の弟に生まれ、大隈重信の勧めで幕臣・小栗忠順の家を嗣ぐ。英学を修め、明治4年欧州に留学。帰国後、日本最初の産児制限論といわれる「社会政策改良実論」を著した。また会社社長、新聞社主幹などを務める。「郵便報知新聞」の経営に関わった後、31年衆院議員に当選1回。　家兄＝矢野龍渓（ジャーナリスト）

小栗 三郎　おぐり・さぶろう
商人
天保6年（1835）9月22日～明治43年（1910）6月22日　生三河国（愛知県）　屋万三商店　歴代々、三郎兵衛を名乗る肥料商人の家に生まれる。屋号を万三商店といい、幕末期から農業や酒造、千石船を使った魚肥・雑穀の運搬を行うなど、手広い経営で知られた。のち家督を継いで10代目当主となるが、明治維新ののち三郎に改名。明治初期には三井物産の有力な仲買人として活躍し、明治中期には地元である愛知県半田の知多紡績や丸三麦酒といった企業の設立・経営に参画した。本業である肥料業でも、日露戦争後に豆粕の製造をはじめるなど着実に業績を伸ばし、日本屈指の企業に成長した。また、知多商業会議所の創設にも関わっており、知多地方の経済発展に果たした役割は大きい。

小栗栖 香頂　おぐるす・こうちょう
僧侶（真宗大谷派） 中国布教の先駆者
天保2年（1831）8月4日～明治38年（1905）3月18日　生豊後国戸次（大分県）　名幼名＝実丸、号＝八州、蓮船　歴弘化元年（1844年）広瀬淡窓の門に入って儒学を学び、嘉永5年（1852年）京都に出て高倉学寮（東本願寺）で倶舎、法相、真言などを研究、明治元年擬講となった。明治初期、宗名公称制度の確立、北海道開拓布教などに尽力。6年清国に渡り、内蒙古、外蒙古で大谷派本願寺の布教に従事。7年帰国、9年再び上海に渡り、谷了然らと同地に東本願寺別院を開創、翌年病気で帰国。27～28年の日清戦争では捕虜の説法、慰問に当たった。著書に「真宗教旨」「喇嘛教沿革」「蓮船詩歴」「北京紀遊」「耶蘇擯斥策」「破邪一百条」「蓮船法語」（64巻）などがある。

小河 一敏　おごう・かずとし
宮内省御用掛
文化10年（1813）1月21日～明治19年（1886）1月31日　生豊後国直入郡竹田（大分県竹田市）　名初名＝崇、通称＝弥右衛門　歴初め角田九華に入門し朱子学を修める。その後陽明学の知行合一を体得。儒、仏、国学にも通じ、槍剣、詩歌にも秀で、若くして参政の地位に昇るが保守派と対立し、嘉永元年（1848年）免職。文久2年（1862年）薩摩の同志

と京都で挙兵をしようとするが寺田屋の変で失敗。帰藩後禁固され、慶応4年(1868年)釈放。維新後は内国事務権判事。堺県知事、宮内大丞、宮内省御用掛などを歴任した。著書に「王政復古義挙録」「鶏肋詩稿」「千引草百首」「再因私記」「凶荒秘録」「変態事変」など。

小越 平陸　おごし・へいりく
中国探検家
慶応2年(1866)～昭和4年(1929)12月
田越後国(新潟県)　歴海軍生活7年間の後、ロシア事情を追究しようとして日清戦争に会し、のち勝海舟の知遇を得て清(中国)に渡る。30余年滞在し、中国22省中、新疆・広西の2省を除き全ての省を踏破した。著書に「白山黒水録」「黄河治水」がある。

小坂 千尋　おさか・ちひろ
陸軍歩兵中佐
嘉永3年(1850)12月22日～明治24年(1891)11月7日　田周防国岩国(山口県岩国市)　幼名=勇熊、名=賢、字=彬　学横浜兵学校、サン・シール陸軍士官学校(フランス)卒　歴周防岩国藩士の子。明治2年横浜兵学校に入学。3年藩命でヨーロッパに留学、フランスのサン・シール陸軍士官学校を卒業した。これが、日本軍人が外国の兵学校を卒業した嚆矢とされている。11年に帰国した後は陸軍士官学校教官となり、16年より陸軍大学校教官も務めた。17年と21年の2回、欧米を視察。22年陸軍中佐に進み総務局第三部長、23年軍務局第一軍事課長に就任したが、コレラにより病没した。　家義弟=西田恒夫(陸軍中将)

尾崎 伊兵衛　おざき・いへえ
三十五銀行頭取　静岡商工会議所会頭
弘化4年(1847)8月15日～昭和4年(1929)
田駿河国(静岡県)　歴静岡県の大地主・茶商で静岡市の北番町に多くの土地を所有、開発を進めると共に外国商社を誘致し、同地を茶業の中心地に育て上げた。三十五銀行頭取、静岡商工会議所会頭、静岡県茶業組合連合会議所議長などを歴任した。　家長男=尾崎元次郎(衆議院議員)、孫=尾崎忠次(ボーイスカウト日本連盟先達)

尾崎 琴洞　おざき・きんどう
公共事業家　福井県議
天保8年(1837)1月20日～明治38年(1905)12月21日　田越前国大野郡大野町七間(福井県大野市)　名本名=尾崎広、旧姓・旧名=布川、通称=弥右衛門　歴越前大野藩の町人。名門・布川家に正諫の二男として生まれ、尾崎家を嗣ぐ。池田塾より藩校・明倫館に学び、経営の才に富み仁慈の心篤く町民から敬慕された。元治元年(1864年)水戸天狗党の事件で被害を受けた藩内中島村などの村民を私財を投じて救済。明治2年町年寄、ついで坊長となり、3年大野大火後は罹災者を集めて開拓を進め、明治村を開く。その後、戸長、福井県議を務め、地域の発展に尽力した。

尾崎 邦蔵(1代目)　おざき・くにぞう
実業家
天保9年(1838)11月15日～明治28年(1895)10月22日　田備前国児島郡児島之口村(岡山県倉敷市)　歴安政元年(1854年)備中児島で綿糸・染料販売及び製織業の味吉屋を創業。備中や播磨から仕入れた手紡糸や植物染料を児島地方の織物業者に売り、また、児島の織物製品を仕入れて大坂に売却するなどして巨利を得た。のちには繊維業の改良にも着手し、文久年間にはいち早く洋糸の将来性に着目、その製品開発と販売に心血を注いだ。さらに明治6年には植物染料に代わって輸入品の新染料の販売を開始。10年には長崎で発明されたばかりのメリヤス製織機を児島地方に導入し、製織生産の向上に貢献した。一方、販路の拡大にも余念なく、児島と大消費地・大阪を結ぶ汽船航路の確立を図り、18年尼崎汽船の定期航路就航を実現させた。その後、彼の事業は子孫に受け継がれ、尾崎商事株式会社となって今日に至っている。　家孫=尾崎邦蔵(2代目)(実業家)

尾崎 三良　おざき・さぶろう
元老院議官　法制局長官　男爵
天保13年(1842)1月22日～大正7年(1918)10月13日　田山城国葛野郡西院村(京都府京都市)　名別名=戸田雅楽、小沢床次、雅号=四寅居士、四虎山人　歴京都仁和寺坊官の家に生れる。三条実美に仕え尊攘運動に参加、文久3年(1863年)の政変後、三条に従い長州、太宰府で活動。明治元年英国留学、6年帰国、太政官に仕え、以後左院議官、内務大丞、法制局主事、元老院議官、法制局長官、宮中顧問官などを歴任。23年勅選貴族院議員、26年錦鶏間祗候。29年男爵授爵。また泉炭鉱社長、房総鉄道監査役となり、朝鮮の京釜鉄道の創立に参加し、取締役となる。晩年は維新史料編纂会委員を務めた。著書に「尾崎三良日記」「尾崎三良自叙略伝」(全3巻)がある。　勲勲一等瑞宝章

尾崎 忠治　おざき・ただはる
大審院院長　枢密顧問官　男爵
天保2年(1831)2月2日～明治38年(1905)10月16日　田土佐国高知下(高知県高知市)　名幼名=源八郎、号=愚明　歴国学者の奥宮慥斎に学び、明治3年刑部大解部。4年司法大解部に転じ、司法省判事、8年長崎上等裁判所長心得、10年大阪上等裁判所長、17年東京控訴院長、19年大審院長を歴任。23年枢密顧問官、33年男爵。

尾崎 信太郎　おざき・のぶたろう
社会事業家
明治4年(1871)1月16日～昭和12年(1937)5月3日　田因幡国(鳥取県)　学同志社英学校卒　歴明治39年鳥取市に孤児院(のち鳥取育児院、現・鳥取こども学園)を創設し、院長。機関紙「鳥取慈善新報」なども発行。

尾崎 元次郎　おざき・もとじろう
衆院議員(正交倶楽部)
明治3年(1870)9月～昭和20年(1945)1月9日　田静岡県　学静岡県立尋常中[明治23年]卒　歴陸軍歩兵大尉となり、日清・日露戦争に従軍。その後、静岡市教育会長、静岡精華女学校長、静岡地方森林会議員、静岡市茶業組合長を経て、明治45年衆院議員に当選。通算3期を務める。また、富士製茶社長、静岡貯蓄銀行頭取、三十五銀行取締役、商工会議所会頭、帝国森林会理事をも務める。
家父=尾崎伊兵衛(三十五銀行頭取)

尾崎 行雄　おざき・ゆきお
法相 文相 衆院議員 東京市長
安政5年(1858)11月20日～昭和29年(1954)10月6日　田相模国津久井郡又野村(神奈川県相模原市)　旧姓・旧名=尾崎彦太郎、号=尾崎咢堂、学堂、愕堂、卒翁、莫哀荘主人　学慶応義塾[明治9年]中退　歴神奈川の生まれだが、少年時代を伊勢市で過ごす。明治12年「新潟新聞」、次いで「報知」「朝野」などの記者をし、14年統計院権少書記官となるが、政変で辞職。15年「郵便報知新聞」論説委員となり、大隈重信の立憲改進党結成にも参加。以降、ジャーナリスト、政治家として活躍。20年第一次伊藤内閣の条約改正に反対、保安条例で東京退去処分を受け外遊。23年第1回総選挙に三重県から立候補、当選。以来昭和28年に落選するまで連続当選25回。明治31年第一次大隈内閣の文相。33年政友会設立委員。36～45年東京市長(国会議員兼務)を務め、町並み整理や上下水道拡張などで実際政治家としての手腕を発揮した。その間、ワシントンに桜の苗木を贈る。大正元年第一次護憲運動に奔走。3年第二次大隈内閣の法相。5年憲政会筆頭総務。原内閣の時、普選運動の先頭に立ち、10年政友会除名。11年犬養毅の革新倶楽部に参加したが14年政友会との合同に反対して脱会、以後無所属。昭和6年ごろから高まる軍国主義・ファシズムの批判を展開、さらに近衛内閣=大政翼賛会と東条内閣の"独裁政治"を非難。17年翼賛選挙での発言で不敬罪として起訴されたが、19年無罪。20年議会の戦争責任を追及、自ら位勲等を返上、議員の総辞職論を唱えた。戦後は世界平和主義を提唱、世界連邦建設運動を展開。代議士生活63年の記録を樹立、"議会政治の父""憲政の神様"として名誉議員の称号を贈られ、35年国会前に尾崎記念会館(憲政記念館)が建設された。著書に「墓標に代えて」「わが遺言」などのほか、「尾崎咢堂全集」(全12巻)がある。　家妻=尾崎テオドラ、長男=尾崎行輝(日本航空取締役)、三女=相馬雪香(国際MRA日本協会副会長・難民を助ける会会長)、孫=尾崎行信(最高裁判事)、女婿=相馬恵胤(子爵)　賞憲政功労者表彰[昭和10年]、国会名誉議員[昭和28年]、東京名誉市民[昭和28年]

小崎 利準　おざき・りじゅん
岐阜県知事

天保9年(1838)1月18日～没年不詳　田伊勢国亀山(三重県亀山市)　名旧姓・旧名=小崎公平　歴明治元年笠松県判事、2年同少参事、3年大参事、4年岐阜県の誕生とともに同県参事となり、6年権令。以来、25年にわたって岐阜県知事として県政に尽くした。

長田 銈太郎　おさだ・けいたろう
内務省参事官
嘉永2年(1849)7月27日～明治22年(1889)3月31日　田駿河国(静岡県)　名別名=長田銈之助　歴長田家は尾張の士豪で、直参旗本の長子として生まれる。父に従い江戸に出、安政7年(1860年)講武所で剣術を習う。文久元年(1861年)蕃書調所(のち開成所)でフランス語や洋式兵学を修め、慶応元年(1865年)フランス公使の関西視察旅行に通訳として同行。早くから幕臣中の逸材として知られた。2年開成所助教授となり、横浜仏蘭西語学伝習所に入学。3年には大御番格歩兵差図役・頭取勤方となり、軍事にも関与。4年幕府が倒れる直前に開成所頭取となる。一時、静岡に退くが、まもなく新政府に招かれて官界入りし、明治2年横浜兵学校教官。4年大蔵省から米国に派遣される。5年外務省入りし、三等書記官としてパリの日本大使館、9年二等書記官としてロシアに赴任。11年帰国後、宮内省権大書記官兼太政官格大書記官となり、明治天皇の側近として外国公使謁見の際に通訳を務めた。19年山県有朋の計らいにより内務省参事官に就任。22年愛知県知事の内命を受けるが、赴任直前に事故死した。7年にフランスから帰国する際に土産として持ち帰ったバリカン・エ・マール社製の散髪機器は、日本での名称バリカンの由来となっている。　勲神聖アンナ勲章(ロシア)[明治9年]

長田 桃蔵　おさだ・とうぞう
衆院議員(昭和会)
明治3年(1870)8月～昭和18年(1943)7月18日　田京都府　学日本法律学校[明治27年]卒　歴淀町長、京都府農会長、帝国農会議員を経て、大正6年京都3区より衆院議員当選。通算4期を務めた。また、京都競馬倶楽部理事、奈良電気鉄道専務等を歴任。　家孫=谷川俊太郎(詩人)、女婿=谷川徹三(哲学者)

長田 文次郎　おさだ・ぶんじろう
衆院議員
文久1年(1861)～昭和2年(1927)　田隠岐国布施村(島根県隠岐郡隠岐の島町)　歴明治20年島根県議となり、27年まで3度再選。この間、同じ隠岐選出の県会議員・中西荘太郎とはかって「隠岐国二町村制ヲ施行建議」を県議会に提出した。31年には衆院議員に立候補し、当選。37年郷里・布施村の村会議員に選ばれ、次いで38年には同村長に就任。以後、昭和2年までの23年間に渡って村政を司り、造林などを通じて村の産業を

小山内 鉄弥　おさない・てつや
衆院議員(立憲国民党) 弘前市長
嘉永6年(1853)7月～明治44年(1911)11月26日
生陸奥国弘前(青森県弘前市)　歴明治元年箱館五稜郭戦争に参加、10年警視局警部となったが、辞めて帰郷、青森県北郡相内村で牧場を経営。38年弘前市長、41年衆院議員に当選した。

小沢 愛次郎　おざわ・あいじろう
衆院議員(政友会) 剣道家
文久3年(1863)12月～昭和25年(1950)6月20日
学埼玉中卒　歴幼時から剣道を愛好。中学卒業後私塾を開いて漢学を研究した。衆院議員当選5回。星野仙蔵議員とともに、剣道を学校体育の正科にするよう再三議会に提案、第24議会で通過させた。大正15年武徳会範士、興武館道場を経営。小沢丘範士の父。

小沢 武雄　おざわ・たけお
陸軍中将 貴院議員(勅選) 男爵
天保15年(1844)11月10日～大正15年(1926)1月29日 生豊国企救郡小倉(福岡県北九州市)　歴豊前小倉藩士の家に生まれる。慶応2年(1866年)第二次長州征討では先鋒として戦い、小倉落城後は赤心隊別隊幹事として主戦を堅持、長州藩との和議には随員として参加。戊辰戦争では東征軍に属し奥羽に転戦、同年若松民政局に出仕、2年軍務官筆生に転じ、兵部省少録、権大録、大録を経て、4年兵部権少丞、陸軍少佐に任じ、10年の西南戦争では陸軍大佐として山県参軍の参謀を務めた。11年少将、18年中将に進み、士官学校長、参謀本部長を歴任、23年勅選貴院議員となる。また西南戦争の際に博愛社を設立、のち日本赤十字社と改称して副社長として活躍、傍ら旧藩小倉の実業振興にも尽力した。

小沢 徳平　おざわ・とくへい
陸軍歩兵大佐
安政2年(1855)10月～大正3年(1914)2月
生江戸　学陸軍士　歴明治11年陸軍少尉。18年特務機関として中国天津に派遣され、中国通として活躍。日清・日露戦争に従軍し、のち歩兵第五十七連隊長、麻布連隊区司令官などを歴任。39年大佐となる。43年予備役に編入した。

押上 森蔵　おしあげ・もりぞう
陸軍中将
生年不詳～昭和2年(1927)2月16日
学陸士(第2期)卒　歴明治12年陸軍少尉に任官。29年台湾守備混成第一旅団参謀長、30年東京兵器本廠長、36年兵器本廠長を経て、43年陸軍中将となり、旅順要塞司令官。大正2年予備役に編入した。

忍岡 稜威兄　おしお・いつえ
自由民権運動家 岡山県議
嘉永6年(1853)8月6日～大正6年(1917)12月30日
生備中国浅口郡西原村(岡山県倉敷市)　名旧姓・旧名=岡、名=義清、幼名=克太郎、字=子裕、号=竹墩　歴漢学者の阪谷朗廬・教育者の西毅一らに師事。明治11年「好學雑報」の編集に携わる。12年岡山県議に当選。その傍らで自由民権運動に参加し、備前・備中・美作三国の民権派有志を糾合して両備作三国親睦会を結成した。さらに同会における国会開設運動の先頭に立ち、岡山県内で署名活動を展開。この結果、9万人余りの署名が集まると備中代表として上京し、これを元老院に提出した。それからしばらくは東京に留まり、国会開設の同志の間を周旋、国会開設請願大会の開催や憲法制定などを画策した。その後、実業界に転じ、浪速銀行重役・浪速演劇会社長・美濃商業銀行頭取などを歴任。晩年は東京に住んだ。

押川 則吉　おしかわ・のりきち
内務次官 貴院議員(勅選)
文久2年(1862)12月19日～大正7年(1918)2月18日　生鹿児島県　名旧姓・旧名=押川/千代太郎
学駒場農学校〔明治13年〕卒　歴鹿児島藩士の長男として生まれる。明治16年農商務省に入省。21～24年欧州に出張。農商務技師、台湾総督府民政局事務官、同殖産部長、山口、山形、大分、長野、岩手、熊本などの知事を歴任。第二次桂内閣の農商務次官、第三次桂内閣の内務次官を務め、44年貴院議員に勅選。大正6年八幡製鉄所長官に就任したが、収賄事件の責任を追求され、7年2月自宅で自殺した。

押川 方義　おしかわ・まさよし
牧師 仙台神学校院長 衆院議員(政友会)
嘉永4年(1851)12月16日～昭和3年(1928)1月10日　生伊予国松山(愛媛県松山市)　名幼名=熊三
学東京開成学校、横浜英学校　歴松山藩士・橋本家の三男に生まれ、押川家の養子となる。明治2年藩の貢進生として東京開成学校に入学、4年横浜英語学校に転じ、同校で教えていた宣教師S.R.ブラウンとJ.H.バラーの感化でキリスト教に入信した。5年我が国初のプロテスタント教会・日本基督公会の創立に参画。9年新潟へ伝道に赴き、13年には仙台に移り、14年仙台教会を創設して東北地方の伝道に努めた。19年W.E.ホーイの協力を得て伝道者育成のため仙台神学校を設立、初代院長に就任。24年東北学院と改称、神学生だけではなく本科・予科を設置して普通の学生にも門戸を開いた。同じく19年にはホーイとキリスト教に基づく女子教育を目的に宮城女学校(現・宮城学院)も創設、現在では両校とも東北を代表する名門校として名高い。27年大日本海外教育会を興し、29年朝鮮に渡り京城学堂を創立した。34年実業界に進出、鉱山採掘、油田開発を手がけ、さらに大正6年郷里で憲政会から衆院議員に当選、通算2期務めた。　家長

男=押川春浪(小説家)，二男=押川清(野球選手)

小島 龍太郎　おじま・りゅうたろう
社会運動家
嘉永2年(1849)11月27日〜大正2年(1913)1月5日
生 江戸　出 土佐国高知城下(高知県高知市)　名 旧姓・旧名=徳増屋　歴 高知城下の富商の家に生まれる。明治初年長崎で平井義十郎にフランス語を学ぶ。22年以降、農商務省、大分県、衆院の各書記官などを務め、25年酒井雄三郎、高野房太郎らと社会問題研究会を結成。36年幸徳秋水、堺利彦らの平民社の後援者となり、以後、社会主義運動のため資金援助を続けた。中江兆民、西園寺公望とは友人で、37年11月13日付「平民新聞」(発禁)に訳載された「共産党宣言」の原本提供者でもある。訳書にエミール・アコラス「仏国民法提要」(全18巻)がある。

小関 亨　おぜき・とおる
第九十九国立銀行頭取
文化12年(1829)〜明治45年(1912)1月30日
生 肥前国北松浦郡(長崎県)　名 幼名=治作、前名=与右衛門　歴 剣道師範を父に生まれ、幼名を治作、のち与右衛門と改め、備前平戸藩士となる。慶応3年(1867年)大阪留守居を務め、明治2年藩権大参事。11年第九十九国立銀行(のちの第九十九銀行)を創設し頭取に就任、養蚕製糸業を興し、また植松捕鯨組を創設した。

小曽根 喜一郎　おぞね・きいちろう
実業家
安政3年(1856)〜昭和12年(1937)3月31日
出 摂津国八部郡(兵庫県)　名 旧姓・旧名=松本、幼名=直太郎　歴 明治29年川西清兵衛らと日本毛織を創立。30年から神戸で湊川の改修工事を行う。神戸報国義会を運営し、社会事業に尽くした。

小田 貫一　おだ・かんいち
衆院議員
安政3年(1856)3月〜明治42年(1909)7月22日
出 安芸国佐伯郡宮内村(広島県廿日市市)　歴 神官の出で、明治7年以来宮内村長を数回勤め、18年県議、25年広島県から衆院議員に6回当選。42年広島市長。

織田 喜作　おだ・きさく
静岡県議　初代静岡県麻機村長　俳人
嘉永3年(1850)5月5日〜明治42年(1909)10月17日　生 駿河国安倍郡有永村(静岡県静岡市)　名 俳号=麻山　歴 駿河国安倍郡有永村の庄屋の子に生まれる。明治11年小区会の議長に当選、のち連合戸長、安倍郡議、静岡県議などを経て、22年安倍郡麻機村発足と共に初代村長に就任。村内の道路改良や小学校の整備に尽力、巴川の治水事業、柑橘栽培・製茶業・養蚕業など多方面に渡って地域の産業振興に貢献し、30年藍綬褒章を受賞。一方、芭蕉の門人・杉山杉風の白兎園の13世で麻山と号

し、俳句を詠んだ。後年、麻機小学校内に辞世の句「此の世にはなき道に入る寒さ哉」の頌徳碑が建立された。　勲 藍綬褒章〔明治40年〕

小田 喜代蔵　おだ・きよぞう
海軍少将
元治3年(1863)6月15日〜明治45年(1912)4月25日　出 肥前国唐津(佐賀県唐津市)　学 海兵(第11期)〔明治17年〕卒　歴 明治19年海軍少尉に任官。27年日清戦争に水雷艇艇長として従軍。32年英国へ留学し機雷を研究。37年日露戦争では連合艦隊付属敷設隊司令として旅順港内に機雷を敷設、ロシアの旗艦ペトロパブロフスク号を沈没させた。42年海軍下瀬火薬製造所長、44年呉工廠水雷部長を務め、同年海軍少将となるが、45年亡くなった。小田式機雷の発明者。

小田 為綱　おだ・ためつな
政治思想家　衆院議員(三四倶楽部)
天保10年(1839)9月〜明治34年(1901)4月5日
生 陸奥国野田通宇部村(岩手県久慈市)　学 国文学・漢学を修め、幕末期に南部藩校・作人館教授として原敬らを指導。明治10年田子町の明治政府転覆未遂事件(真田大古事件)で檄文を起草、首謀者の一人として入獄。13年「憲法草稿評林」で元老院の憲法草案を批判、皇帝の廃止・統帥権の議会への帰属を訴える。のち郷里の九戸地方や八戸義塾で教育活動にあたる。22年専制政府に対抗し、第2の維新革命を目ざし、旺盛な政治活動を行う。31年岩手2区から衆院議員に当選、2期つとめた。「三陸開拓上言書」(8年)「陸羽開拓書」(22年)など度々政府に建言書を提出した。

小田 知周　おだ・ともちか
衆院議員(中正会)　高松市長　高松商業会議所会頭
嘉永4年(1851)8月11日〜大正8年(1919)7月15日　生 讃岐国香川郡高脇村(香川県高松市)　名 旧姓・旧名=十河、幼名=友吉、通称=米蔵、号=稼亭、海堂　歴 十河家に生まれたが伯父の養子となり、明治4年小田家を継ぐ。6年香川県に出仕したが、11年退官。13年より香川県議。23年高松市議も兼ね、3期目の29年に2代目の高松市長に就任。45年衆院議員に当選。高松商業会議所会頭なども務めた。22年「香川新報」を創刊して社長に就任。同紙は今日の「四国新聞」へ発展した。　家 息子=小田栄次、孫=小田友吉

織田 信愛　おだ・のぶよし
幕臣
文化11年(1814)〜明治24年(1891)10月14日
名 通称=謙次郎、賢司　歴 天保11年(1840年)家督を相続。安政3年(1856年)高家を仰せ付け、慶応2年(1865年)陸軍奉行並、3年海軍奉行並。4年2月高家再勤、4月免職。明治維新後は織田賢司と改名して北海道開拓使や帝室博物館に勤め、天産物の研究に従事。農業の改良にも取り組んだ。

織田 又太郎　おだ・またたろう
農業技術者　石川県農学校長
文久2年(1862)3月14日〜大正7年(1918)11月9日
生加賀国(石川県)　学駒場農学校卒　歴茨城第一中学教諭を経て、明治20年農事巡回教師となる。農家に科学的農法として肥料の過リン酸石灰を普及させた。農事講習所設立に尽くし、29年茨城県立簡易農学校長、31年石川県農学校長を歴任。

小田 安正　おだ・やすまさ
岡山市長
天保15年(1844)5月29日〜明治41年(1908)6月8日　生備前国上道郡花畑(岡山県岡山市)　歴岡山藩士の家に生まれる。藩史生・少監察・岡山県権少属聴訴課出仕を経て、明治10年岡山県で初めて代言人(弁護士)を開業。15年より地方政界で活動し、岡山区会議員・同議長・岡山県議・岡山市議を歴任。22年には岡山市助役となり、初代同市長・花房端連や2代目市長・新庄厚信を補佐した。27年第3代岡山市長に就任。2期8年に渡る任期の間、児島湾の開拓や旭川の改修に着手し、上道郡網浜や国富村を市内に編入させるなど市域の拡大にも尽力。また、六高を誘致し、岡山県立商業学校や山女学校・岡山県立女子師範学校を開くなど教育の発展にも心血を注いだ。しかし、浄水場の設置問題で失敗し、35年に辞職。

小田 頼造　おだ・らいぞう
社会主義者　僧侶
明治14年(1881)〜大正7年(1918)
生山口県佐波郡島地村(山口市)　名号=野声　歴早くから社会主義に関心を抱き、平民社の運動に参加し伝道行商をする。明治37年牟婁新報社に入って社会主義理論の啓蒙運動をする。のちに社会主義を離れ、僧侶となった。

尾高 惇忠　おだか・あつただ
富岡製糸工場初代所長　第一国立銀行仙台支配人
文政13年(1830)7月27日〜明治34年(1901)1月2日　生武蔵国榛沢郡手計村(埼玉県深谷市)　名幼名=新五郎、字=子行、号=尾高藍行　歴幼少から「四書」「五経」、神道無念流を学ぶ。17歳のとき、10歳下の従弟・渋沢栄一に「論語」を教える。元治元年(1864年)天狗党事件に連座して入獄。明治元年上野の彰義隊に参加。3年渋沢の推薦で官営富岡製糸工場長となる。9年本省(大蔵省)と意見が対立して辞職。10年第一国立銀行に入行、盛岡、仙台各支配人を歴任。傍ら製藍法の改良普及に尽力し、著書に「蚕桑長策」「藍作指要」がある。家二男=尾高次郎(実業家・漢学者)、従弟・義弟=渋沢栄一

尾高 次郎　おだか・じろう
南洋殖産会社社長
慶応2年(1866)2月17日〜大正9年(1920)2月4日　生武蔵国大里郡八基村(埼玉県深谷市)　名号=刀江　学東京高商〔明治25年〕卒　歴明治25年第一国立銀行(のち第一銀行)に入行。名古屋・四日市・釜山・仁川の各支店長を歴任し、釜山・仁川の日本人商業会議所会頭、居留民会議長を兼任した。36年東京に帰り、以来15年間同行監査役をつとめる。この間、明治37年朝鮮興業会社専務や42年東洋生命保険会社社長もつとめた。大正5年南洋殖産会社を設立し社長となり、南洋開拓の先鞭をつけた。ほかに武州銀行(のち埼玉銀行)頭取など多数の会社の重役を兼任した。家父=尾高惇忠(官営富岡製糸工場所長)、長男=尾高豊作(出版人・教育家)、二男=大川鉄雄(実業家)、三男=尾高朝雄(法哲学者)、四男=尾高鮮之助(美術研究家)、五男=尾高邦雄(社会学者)、六男=尾高尚忠(指揮者)、岳父=渋沢栄一

小田川 全之　おだがわ・まさゆき
土木事業家　古河銀行監査役
文久1年(1861)2月22日〜昭和8年(1933)6月29日　生江戸小石川(東京都文京区)　学工部大学校土木工学科〔明治16年〕卒　工学博士〔大正4年〕歴幕臣・小田川彦一の長男に生まれる。明治16〜19年群馬県御用掛・東京府御用掛となり土木事業に従事。20〜23年私設鉄道のほか民間土木事業に関与した。同年古河家に入り足尾銅山で土木工作を管掌し、30年には足尾銅山鉱毒予防工事を担当した。33年米国を視察旅行し、帰国後も引き続き足尾銅山に在勤したが、36年古河本店(古河鉱業の前身)理事となり、39年と40年欧州を旅行、各国の土木鉱山事業を調査見学した。44年から足尾鉱業所長を兼任。また42年足尾鉄道が創立され取締役、のち社長に就任、大正7年国有鉄道となるまで務めた。10年還暦を期に古河合名会社から引退したが、その後も古河銀行監査役のほか、各種土木学会会員として鉱業界発展に貢献した。

愛宕 通旭　おたぎ・みちてる
公家
弘化3年(1846)10月9日〜明治4年(1871)12月3日　歴久我建通の子で、愛宕通致の養子となる。安政6年(1852年)元服して昇殿を許される。慶応2年(1866年)には中御門経之ら公家22人の列参にも加わり朝政刷新を訴えた。4年参与・軍防事務局親兵掛、神祇官判事を務めたが免官。明治維新後の遷都による京都の衰微を憂え、また、攘夷主義者であったことから新政府の政策に強い反感を抱いており、天皇の京都還幸や攘夷決行を目的に政府転覆を計画。明治4年京都で密議中に逮捕され、外山光輔らと自刃を命じられた。家父=久我建通(公卿)、養父=愛宕通致(公卿)

小田切 磐太郎　おだぎり・いわたろう
衆院議員(政友会)　山形県知事
明治2年(1869)10月〜昭和20年(1945)9月22日
生信濃国(長野県)　学帝国大学法科大学〔明治28年〕卒　歴明治45年山形県知事。大正5年沖縄県知事となったが、7日後に退官。6年から衆議員に

2選。その後は実業界で活躍し、長野商工会議所会頭も務めた。

小田切 万寿之助　おだぎり・ますのすけ
上海総領事　横浜正金銀行取締役
慶応4年(1868)1月25日～昭和9年(1934)9月12日
[学]東京外国語学校卒　[歴]明治17年外務省留学生として中国に渡り、外務省書記生となりサンフランシスコ、ニューヨークに在勤、29年杭州在勤領事、35年上海総領事。38年懇望されて正銀銀行に入り、取締役として中国借款事業に尽力した。第一次大戦後のベルサイユ講和会議に西園寺公望全権の随員として渡欧。　[家]父＝小田切盛徳(旧米沢藩儒者)、長男＝小田切武林(銀行家)

小田島 由義　おだじま・ゆうぎ
秋田県議
弘化2年(1845)～大正9年(1920)7月29日
[名]旧姓・旧名＝内田　[歴]盛岡藩の尾去沢銅山支配人であった内田九兵衛の6男として生まれ、同藩の花輪給人・小田島家の養子となる。戊辰戦争では花輪給人隊の総取締役として秋田に出兵。廃藩置県後は江刺県花輪寸陰館の舎長を務めるが、明治5年工部省に転じ、東京鉱山寮に入った。15年に秋田へ帰った後は地方政界で活動し、16年秋田県議に当選。次いで17年には鹿角郡長に就任し、郷里の発展・開発に努めた。

尾立 維孝　おだて・これたか
台湾高等法院検察官長
安政1年(1854)12月16日～昭和2年(1927)6月21日　[生]豊前国宇佐郡津房村(大分県宇佐市)　[学]二松学舎卒、司法省法学校　[歴]中津の白石照山の塾に学んだ後、明治10年上京して二松学舎に入る。卒業後は司法省法学校で学び、16年判事補。東京始審裁判所、各地の地裁検事を経て、27年宮崎地裁検事正、ついで宇都宮地裁検事正となり、足尾鉱毒事件などを担当。名古屋地裁検事正を経て、32年台湾高等法院検察官長に就任。国文学、漢文学に通じたほか、「宇佐郡地理伝記」「宇佐宮文書」「津房遺지」など歴史関連の著書を執筆した。

小谷 源之助　おだに・げんのすけ
漁業開拓者
慶応3年(1867)1月8日～昭和5年(1930)7月1日
[田]安房国(千葉県)　[学]慶応義塾　[歴]明治30年米国カリフォルニア州に移住し、アワビ潜水器漁業を開始。35年 英国人アレンと共同で缶詰会社を設立した。

越智 橘園　おち・きつえん
僧侶(真宗興正派)
天保7年(1836)11月5日～明治39年(1906)5月1日
[田]大和国(奈良県)　[名]幼名＝主税、別号＝皆梅、諱＝等耀　[歴]嘉永2年(1849年)より儒学者の上田洪亭に師事。6年京都・興正寺で得度し、安政元年(1854年)から谷三山に漢学を学ぶ。本願寺学林寮

で宗部を修めた後、文久2年(1862年)大和国の光蓮寺住職となる。明治5年より奈良県諸宗寺院取締役などを務める一方、私学興譲学館の創設に尽した。

越智 専明　おち・せんみょう
僧侶(浄土宗)　大正大学教授
嘉永3年(1850)10月11日～大正11年(1922)9月14日　[田]伯耆国(鳥取県)　[名]本名＝河上専明、字＝珂音、号＝心蓮社一誉念阿　[専]浄土宗史　[歴]慶応4年(1868年)増上寺で明賢から法を学ぶ。明治32年浄真寺住職。のち宗教大学(現・大正大学)教授。著作に「浄土宗年譜」など。

越智 彦四郎　おち・ひこしろう
西南戦争で挙兵した旧筑前福岡藩士
嘉永2年(1849)10月12日～明治10年(1877)5月1日　[生]筑前国(福岡県)　[名]旧姓・旧名＝井上　[歴]井上家の第二子で、明治維新後に分家して本姓の越智姓を名のった。戊辰戦争では藩兵として東北地方を転戦して戦功をあげた。明治7年佐賀の乱では鎮撫隊を率いて三瀬方面へ出張。8年同志と強忍社を結成した。10年西南戦争が起こり西郷軍が熊本城を攻めるとこれに呼応、福岡城を攻めたが敗れた。日向に出て西郷軍との合流を図るが捕縛され、斬刑に処された。

越智 茂登太　おち・もとた
愛媛県議
万延1年(1860)7月21日～昭和14年(1939)10月14日　[生]伊予国周布郡来見村(愛媛県西条市)　[歴]長く愛媛県周布郡で農業と郵便事業を行う。来見村郵便局長を経て、明治26年桑郡中川村村長に就任。48年間村長を務め、この間、周桑銀行や周桑電気株式会社の設立、約1000ヘクタールの村有林の造成、水路の改修など村民の生活向上と将来を見据えた地域づくりに力を注いだ。別子・千原鉱山の煙害問題でも農民の先頭に立ち解決に尽力、千原での精錬を中止させることに成功した。また明治29年から昭和6年まで4期に渡って愛媛県議を務めたほか、郡会議員、郡会議長、県会議長、県政会長、県畜産組合連合会長などを歴任。

落合 謙太郎　おちあい・けんたろう
駐イタリア大使
明治3年(1870)2月21日～大正15年(1926)6月4日　[生]滋賀県東浅井郡大郷村(長浜市)　[学]三高〔明治25年〕卒、帝国大学法科大学政治学科〔明治28年〕卒　[歴]材木商の長男。三高から東京帝国大学法科大学に学び、上京すると杉浦重剛の称好塾に入門。明治28年外務省に入省、幣原喜重郎とは高校・大学・入省とも同期。38年ポーツマス講和会議に主席書記官として出席。42年駐ロシア大使館参事官、44年奉天総領事、大正4年駐オランダ公使兼デンマーク公使を経て、9年駐イタリア大使。11～12年ローザンヌ会議に全権大使として出席した。

落合 豊三郎　おちあい・とよさぶろう
陸軍中将
文久1年(1861)2月29日～昭和9年(1934)9月31日　出出雲国(島根県)　学陸士(旧3期)〔明治13年〕卒、陸大〔明治19年〕卒　歴出雲松江藩士の三男。陸軍士官学校工兵科に進み、明治19年工兵出身として初めて陸軍大学校を卒業。ドイツ、イタリアの公使館付武官を経て、32年要塞整備を担当する参謀本部第五部長に就任。日露戦争には第二軍参謀長として出征、38年満州軍総兵站監部参謀長。43年中将。大正3年東京湾要塞司令官。

落合 寅市　おちあい・とらいち
自由民権運動家　秩父困民党指導者
嘉永3年(1850)9月17日～昭和11年(1936)6月26日　生武蔵国秩父郡般若村(埼玉県秩父郡小鹿野町)　名旧姓・旧名＝黒沢　歴農業、炭焼に従事。一方、秩父困民党の指導者として活躍。明治17年大井憲太郎の秩父来訪を機に自由党に入党。郡役所へ負債延納を願い出たが入れられず、同年10月困民党大隊副長として蜂起(秩父事件)したが失敗、東京を経て、愛媛県別子銅山に潜伏。その間18年重慶役10年の判決、同年大井らの朝鮮内政改革クーデター(大阪事件)に加わり、資金集めの強豪を企て、門司で逮捕された。22年憲法発布の大赦で出獄。以後、勤皇尊皇立憲志士を自称した。

落合 直言　おちあい・なおこと
西南戦争で挙兵した志士
弘化4年(1847)～明治10年(1877)4月20日
生武蔵国多摩郡駒木野村(東京都青梅市)　名通称＝五十馬　歴明治3年相楽総三ら赤報隊士の慰霊のため信州下諏訪に碑が建立されるに当たって委員の一人となり、慰霊祭を実施した。4年公家の外山光輔、愛宕通旭を擁立して天皇の京都還幸と攘夷決行を目的とする政府転覆計画を企てたが発覚、逮捕される。同年終身禁獄を申し渡され、中村恕助らと鹿児島県預りとなった。10年西南戦争が起こると中村らと西郷軍に加わり転戦、保田窪の激戦で病死した。　家兄＝落合直亮(国学者)、落合直澄(国学者)

乙骨 亘　おつこつ・わたる
官僚
生年不詳～明治21年(1888)9月10日
生江戸　名após＝上田綱二　歴幕末の儒学者・乙骨耐軒の二男。文久3年(1863年)外国奉行・池田長発を正使とする幕府遣仏使節に理髪師として随行。帰国後、幕府の通訳などを務めた。明治7年開拓使、10年内務省に出仕。20年大蔵省に転任したが、21年没した。上田家の養子となって上田綱二に改名し、訳詩集「海潮音」で知られる詩人・上田敏は長男。　家長男＝上田敏(詩人・評論家・英文学者)、父＝乙骨耐軒(儒学者)、兄＝乙骨太郎乙(英学者)、甥＝乙骨三郎(音楽学者)

小野 惟一郎　おの・いいちろう
蚕糸技術者　大分県蚕業講習所長
嘉永1年(1848)12月13日～昭和2年(1927)8月24日　生豊後国(大分県)　歴肥後熊本藩士・小野家の養子となり、肥後藩領の鶴崎郡務出張所に勤務。維新後、明治3年に藩が設置した鶴崎支部養蚕所を任され、大野川河畔に桑畑と養蚕園を開設。廃藩置県後に同所が大分県に移管されると、引き続いて業務を監督。7年には同所を大分町に移転し、製糸機械を取り入れるなど製糸・養蚕業の近代化を図った。14年大分県下の各郡に養蚕業の小組合を設置し、更にそれらの連合体として蚕業原社を設立。次いで20年大分に50台の繰糸機を有する大分製糸会社を開業し、21年に大分県蚕業講習所が出来ると初代所長に就任。大分の養蚕業改良・発展に尽くした。　勲緑綬褒章〔明治26年〕

小野 英二郎　おの・えいじろう
日本興業銀行総裁
元治1年(1864)6月23日～昭和2年(1927)11月26日　生筑後国柳川(福岡県柳川市)　学同志社〔明治17年〕中退、オベリン大学卒、ミシガン大学大学院修了 Ph.D.(ミシガン大学)　歴明治17年渡米し、オベリン大学、ミシガン大学で学んだのち、23年帰国、恩師新島襄に招かれて同志社政法学校教授となる。29年日本銀行に転じ、44年営業局長、大正2年日本興業銀行に移り副総裁、12年総裁に就任した。傍ら、日仏銀行副総裁、共立鉱業会社長、昭和銀行創立委員長などを兼ね、財界に重きをなす。関東大震災後の中小企業救済、船舶融資にあたった。

小野 義真　おの・ぎしん
日本鉄道社長　小岩井農場創立者
天保10年(1839)～明治38年(1905)5月8日
生土佐国幡多郡宿毛(高知県宿毛市)　名旧姓・旧名＝立田、別名＝立田春江、立田強一郎、小野生駒、号＝桃斎　歴郷士の長男として生まれる。安政7年(1860年)大坂に出、緒方洪庵の適塾に学ぶ。帰郷後、郷校文館の句読師となり、西洋事情を講じた。慶応2年(1866年)仕置役小頭。竹内綱が大坂の宿毛蔵屋敷の経営を任せられると宿毛と大坂の物資交流事業に携わった。明治2年宿毛に戻る。同年小野に改姓。3年工部省に出仕、4年10月大蔵少丞、同年11月土木頭に進む。7年退官して三菱の創業者・岩崎弥太郎の相談役となり、三菱興産の基礎確立に貢献。日本鉄道設立にも参画し、20年副社長、25年社長。24年上野―盛岡間の鉄道開設を記念して農場を設立、小野の"小"、岩崎家の"岩"、鉄道局長だった井上勝の"井"と関係者の頭文字を取り、小岩井農場と命名した。　家長男＝小野十三郎(実業家)、二男＝福地悟朗(活動弁士)

小野 金六　おの・きんろく
東京割引銀行頭取　富士製紙社長
嘉永5年(1852)8月18日～大正12年(1923)3月11

161

日 [生]甲斐国巨摩郡河原部村（山梨県韮崎市） [歴]家業の酒造業のかたわら、早くから米や塩を商い、19歳の時、長崎で養蚕業を学び桑の栽培、養蚕に取り組んだ。さらに赤穂からの塩の買い付けに成功した。明治6年上京、東京府雇を経て貿易業小野組、廻米問屋の重役となり、10年ごろ米の大買占めに成功。13年甲府の第十国立銀行東京支配人、第九十五銀行、割引銀行各頭取を経て、26年東京割引銀行を創設、頭取となった。また静岡県富士市に富士製紙（本州製紙富士工場）を創立、北海道釧路に工場建設、さらに日本製紙を合併、大阪にも工場を建てた。引き続き駿豆鉄道、東京市街鉄道、両毛鉄道、日本電燈、富士電気などを傘下におさめ、甲州財閥の一人として重きをなした。

小野 荘五郎　おの・しょうごろう
伝道師
天保12年（1841）～明治40年（1907）8月2日
[名]幼名=信次郎, 字=成之, 号=雲崖, 教名=イアコフ [歴]仙台藩士。家は代々、能楽を世職とし、550石を領する大番士であった。戊辰戦争では藩の南の境である駒ケ峰を警備。次いで、磐城口・白河口の戦いで官軍に敗れた仙台藩の形勢を取り戻すべく竹内寿貞ら同志と共に勇義隊を結成し、その隊長となった。維新後は再挙をはかるため雌伏するが、明治3年ロシア正教信者となった旧友・沢辺琢磨の勧めで武具を売り払って函館に渡り、4年同教の司祭・ニコライの下で洗礼を受けた。同年末布教のため仙台に帰郷。10年には東北地方では初となる月三回発行の雑誌「講習余誌」を創刊した。その後、全国の各地を巡回し、ロシア正教の布教に努めた。

小野 善右衛門　おの・ぜんえもん
商人
文政9年（1826）4月～明治33年（1900）5月5日
[出]京都 [名]本名=田和匀貞, 幼名=長之助 [歴]京都の豪商・小野善に務める。万延元年（1860年）小野家の別家・西村家を継ぎ、勘六と称し、明治4年小野善右衛門を名乗る。明治維新後、為替方として新政府の資金調達に協力したが、政府の政策変更で、明治7年倒産。整理後、小野商会を設立した。

小野 尊光　おの・たかてる
神官 日御碕神社宮司 貴院議員 男爵
嘉永2年（1849）12月8日～昭和12年（1937）11月20日 [生]出雲国日御碕村（島根県出雲市） [歴]明治7年日御碕神社の宮司を継ぐ。地元の窮民の救済に、災害地の義援金の拠出などに努め、20年には遷宮も実施した。華族令により男爵を授けられ、34年貴院議員に選出される。宮司を辞し政界に入ると、山陰本線の敷設、私有地を提供しての日御碕灯台の建設、海岸道路の整備、日御碕小学校の建設などに尽力。また養蚕、樟脳の原料となる楠の栽培の奨励など地元の活性化に貢献した。40年小野に居を移し、出雲姓を改めて小野と称した。

小野 太三郎　おの・たさぶろう
慈善事業家 小野慈善院設立者
天保11年（1840）1月15日～明治45年（1912）4月5日 [生]加賀国金沢堀川町（石川県金沢市） [歴]生家は古書商。16歳の頃から窮民のために尽力。明治維新の初めに藩の非人小屋が廃止になり、路頭に迷った人のために家屋を用意して100人ほどを収容した。明治38年には小野慈善院（現・陽風園）を設立、つねに窮民と寝食を共にしていた。同院は今日の社会福祉施設に連なる我が国で最も古い救済施設のひとつと云われる。

小野 忠造　おの・ちゅうぞう
初代青森県三好村長 岩木川治に力を尽くす
安政2年（1855）～昭和2年（1927）
[生]陸奥国北郡鶴ケ岡村（青森県五所川原市） [名]幼名=竹次郎 [歴]陸奥国鶴ケ岡村（現・青森県五所川原市）に庄屋を務めた小野家の四男として生まれる。明治22年鶴ケ岡村、藻川村、高瀬村が合併して発足した三好村の初代村長となるが、24年青森県議選違反に連座して辞職。その後、洪水の常習地域であった同村の治水事業に従事し、私費を投じて岩木川の治水と新田開発に尽力。岩木川や十川、鳥谷川などの測量を行い、県や国に治水事業の早期着工を請願するが入れられず、28年許可のないまま村人たちと10日間で全長2キロの堤防を構築。無許可工事のため一部を県に取り壊されたが、長年同村を洪水から守り"小野忠土手"と呼ばれた。

小野 藤兵衛（3代目）　おの・とうべえ
実業家
天保13年（1842）～明治36年（1903）
[生]武蔵国荏原郡羽田村（東京都大田区） [歴]武蔵国荏原郡羽田村の呉服商の子に生まれる。明治33年羽田銀行を設立。一方、36年羽田小学校仮校舎を建設。のちに息子の4代目藤兵衛が同郡最大の小学校を完成させた。

小野 正朝　おの・まさとも
旧長州藩士
文政11年（1828）～明治40年（1907）8月21日
[生]長門国萩（山口県萩市） [名]旧姓・旧名=山根, 通称=為八, 変名=山根正朔 [歴]長州藩士。弘化5年（1847年）より吉田松陰に師事し、兵学を学ぶ。安政元年（1854年）の黒船来航の際、萩藩医であった実父とともに相模国浦賀の警護に従事し、次いで隆安流砲術を修めた。勤王の志篤く、5年には地雷火による老中・間部詮勝の暗殺を企てたが、果たせず土蔵に禁錮された。のち赦され、文久3年（1863年）海防御手当御用掛として下関に赴き、長州藩の外国艦隊砲撃に参加。また、高杉晋作の奇兵隊に協力して弾薬の調製を担当し、第二次長州征討でも活躍した。維新後、整武隊大砲司令や好義隊惣轄などを経て軍務から離れ、司法省雇として山口県仮裁判所に勤務。しかし、明治10年の西南戦

争では政府軍のために焼夷弾を製造したという。14年仏教に帰依して山口県監獄所教誨師を務めたが、23年には黒住教に改宗し、その布教に心血を注いだ。

小野 光景　おの・みつかげ
横浜正金銀行頭取 貴院議員
弘化2年(1845)3月15日～大正8年(1919)9月18日
生信濃国伊那郡小野村(長野県上伊那郡辰野町)　名幼名＝彦太郎　歴小野兵助の二男として生まれる。幼名は彦太郎。高遠藩校・進徳館に学び、横浜に出て名主役の父を助け、生糸売込商の小野商店を経営する。明治13年原善三郎と共に横浜商法会議所の設立に寄与し、28年横浜会議所と改称、副会頭となり、のち横浜商業会議所会頭。一方、15年横浜正金銀行頭取に就任、同年横浜商法学校(市立横浜商業学校の前身)を創立した。43年貴院議員。

尾野 実信　おの・みのぶ
陸軍大将 関東軍軍事司令官
慶応1年(1865)10月～昭和21年(1946)4月19日
生筑前国福岡(福岡県)　学陸士(旧10期)〔明治21年〕卒、陸大〔明治29年〕卒　歴日清戦争、日露戦争に従軍、戦後軍務局歩兵課長、ドイツ大使館付武官から大正3年参謀本部第一部長、5年中将、第十師団長、第十五師団長、教育総監部本部長を経て10年陸軍大将。11年大将となり関東軍司令官。12年軍事参議官となり、宇垣陸軍大臣の軍縮案に強く反対した。14年予備役。

小野 吉彦　おの・よしひこ
大分銀行頭取 衆院議員(進歩党)
安政1年(1854)～明治41年(1908)3月3日
出大分県　歴大分県農工銀行頭取、大分銀行頭取を兼任。衆院議員に当選、県進歩党の幹部を務めた。

小野 隆助　おの・りゅうすけ
衆院議員 香川県知事
天保10年(1839)4月～大正12年(1923)9月4日
生筑前国太宰府(福岡県太宰府市)　歴筑前福岡藩士・小野氏伸の子で、叔父は志士の真木和泉。父・叔父の薫陶を受け和漢の学を修め、尊皇の大義を知る。文久年間父と馬関(下関)に渡り、三田尻で三条実美に謁見。明治維新時には藩命を帯びて東上し江戸・駿府・京都の間を往復、戊辰戦争には新政府軍の参謀として従軍した。明治2年藩の兵制改革に参画して大隊長となり、藩大属、太宰府神社神職を経て、御笠・那珂・席田・粕屋・宗像の郡長、筑紫中学校長などを歴任。23年衆院議員に当選、通算3期。31年香川県知事。　家叔父＝真木和泉(志士)

尾上 栄文　おのえ・えいぶん
官吏 長崎県権典事
天保9年(1838)～明治41年(1908)12月15日
生肥前国長崎(長崎県長崎市)　名旧姓・旧名＝小川、幼名＝亥代松、与一郎、号＝春耕　歴実父は長崎

奉行の組下を務めた。安政2年(1855年)幕府の海軍伝習所に入り、オランダ軍士官の下で砲術や練兵術を学ぶ。慶応3年(1867年)長崎で英国人水兵が何者かに惨殺されるという事件が起こると、その捜査に尽力。また、明治元年の天草富岡代官所襲撃事件では、海援隊員の吉井源馬らとともに現地に赴き、暴徒の鎮圧に成功した。維新後は官途に就き、取締役助役や長崎県権典事などを経て退官。明治7年政治家・後藤象二郎の推薦で高島炭坑局の支配人となった。

尾上 作兵衛　おのえ・さくべえ
国栄機械製作所創業者
明治5年(1872)8月29日～昭和19年(1944)9月19日　名旧姓・旧名＝池内賢次　歴播磨国(現・兵庫県)の名族・赤松一族の流れを汲む池内家の二男。明治25年播磨姫路藩の御用商人で名字帯刀を許された商家・尾上家に婿入りした。30年家督を相続して7代目当主となり、養祖父の名・作兵衛を襲名。36年姫路市議に当選。大正5年タングステン電球製造の姫路電球株式会社を創業、7年には同社の電球製造機械修理のため国栄機械製作所を創業して社長に就任。昭和11年国栄機械製作所を合名会社に改組。株式会社への改組準備を進めていた19年に病没した。同社は、28年国産初の硬貨計算機「AC-1」を開発、初めて「GLORY(グローリー)」の商標を用いた。46年グローリー工業、平成18年グローリーとなり、硬貨・紙幣処理機やたばこ自販機のトップメーカーに成長した。　家長男＝尾上作次(国栄機械製作所社長)、三男＝尾上寿作(グローリー工業社長)、四男＝尾上信次(グローリー工業社長)、六男＝尾上政次(中央大学名誉教授)、孫＝尾上寿男(グローリー会長)、弟＝池内善雄(台湾高等法院院長)

小野江 善六　おのえ・ぜんろく
社会事業家 遠江国報徳社副社長
文政9年(1826)～明治39年(1906)
生遠江国周智郡森村(静岡県周智郡森町)　名旧姓＝山中、別名＝豊長　歴浜松の商人・絞屋小野江善六の養子。報徳思想家・安居院圧七に師事し、二宮尊徳の報徳精神を学ぶ。幕末期、浜松藩主・井上河内守に申し出て敷智郡島之郷村の開発に着手し、茶の栽培を開始。次いで、井上家の勝手方用達となって藩の財政改革に参画し、積穀仕法を実施した。慶応年間には藩の浜松隊長に任ぜられ、王政復古に際しては浜松の民にその趣旨を説いて回ったと言われている。維新後は浜名湖の干拓や同湖沿岸地域の開墾・開発に従事し、明治13年四ツ池に水車式木綿紡績機を設置。その傍ら、報徳思想の鼓吹に努め、遠江国報徳社幹事・同副社長を歴任した。

尾上 又次郎　おのえ・またじろう
園芸家
明治5年(1872)2月10日～昭和35年(1960)11月12

日　生愛媛県風早郡萩原村（松山市）　歴明治22年愛媛県風早郡浅海村の尾上家の養子となる。28年松山で聞いた講演をきっかけに果樹の栽培を志し、園芸家の三好保徳からリンゴ・ナシ・ミカンの苗を貰い、浅海村に戻って栽培を開始。その中でもナシの成績が著しく、近隣の農家もそれに追随したため村全体でナシ栽培が盛んとなり、同地方は県下有数のナシ産地に成長した。また、果樹栽培の技術革新も行い、病害虫を駆除するためのガス燻蒸機を開発。

小野崎　通亮　おのざき・みちすけ
神官　古四王神社宮司　貴院議員（勅選）
天保4年（1833）2月29日～明治36年（1903）7月21日　生出羽国秋田郡久保田（秋田県秋田市）　歴平田派国学を学び、吉川忠行・忠安父子らと尊王を唱える。文久3年（1863年）雷風義塾を創設。明治元年藩校明徳館教授兼砲術頭となり、藩内兵備の充実に努めた。戊辰戦争に際しては遊撃隊参謀として庄内・南部に出陣、各所で戦功をあげた。維新後京都に赴き、明治2年神祇官判事試補、3年秋田藩権参事に任じられ、15年古四王神社宮司となった。30年貴院議員も務めた。

小野田　五郎兵衛　おのだ・ごろべえ
静岡県可美村長
万延1年（1860）～昭和6年（1931）
生駿河国上川根村（静岡県榛原郡川根本町）　名旧姓・旧名＝殿岡、幼名＝頼平　歴明治16年静岡県敷智郡高塚村（現・浜松市）の名家・小野田家の養子となる。養家の先代は東海道を往来する旅人に麦飯を施したことで知られ、「麦飯長者」の称があった。23歳で家督を継承。22年入野村（現・浜松市）の村議に選ばれ、静岡県議・入野村長を経て、大正4年に同村が可美村となってからも村長を続けた。この間、よく村政に当たり、水田の開発や蓮池の埋立といった公共事業を献身的に進めた。また、勤倹貯蓄を推奨し、浜松貯蓄銀行を設立。小学校新設の際に自分の土地を無償で提供するなど、教育にも大きく貢献した。

小野田　元熈　おのだ・もとひろ
香川県知事　内務省警保局長　貴院議員（勅選）
弘化5年（1848）2月11日～大正8年（1919）6月12日　生上野国館林（群馬県館林市）　名旧姓・旧名＝藤野、幼名＝貞治、号＝南海　歴父は上野国館林藩士・藤野逸平で、5人きょうだい（2男3女）の4番目の二男。文久2年（1862年）同藩士の小野田家の養子となる。明治4年遷卒となり、10年西南戦争にも大警部として出征した。12年川路利良に随行して渡欧。13年帰国。警視庁会計局長、書記局長を務めた後、19年東京府島司となったが、21年長野県書記官、25年兵庫県書記官を経て、26年内務省警保局長に就任。30年茨城県知事となり、31年山梨県知事、32年静岡県知事、33年宮城県知事、35年香川県知事を歴任した。43年勅選貴院議員。　勲勲

一等旭日大綬章〔明治39年〕

小野寺　正敬　おのでら・まさのり
王子製紙会社設立者
弘化2年（1845）1月26日～明治40年（1907）10月31日　生江戸　歴幕臣の子に生まれ、幕末には幕府歩兵指図役を務める。戊辰戦争の折には伏見から各地を転戦して会津若松城に入った。明治3年米国に渡り製紙法を学ぶ。7年帰国し、渋沢栄一と共に抄紙会社（のちの王子製紙）を興し抄紙方長となる。のちコーベ・ペーパー・ミル、27年東京板紙の技師長などを務めた。また三菱製紙・岡山製紙・西成製紙などの重役・顧問として事業の発展に尽力した。

小畑　美稲　おばた・うましね
宮城控訴院長　元老院議官　男爵
文政12年（1829）9月20日～大正1年（1912）11月12日　生土佐国土佐郡一宮村（高知県高知市）　名通称＝小畑孫次郎　歴初め奥宮慥斎について陽明学を学んだが、土佐勤王党に加盟して同志と国事に奔走。文久3年（1863年）勤王党の獄で入獄。維新後赦免され新政府に仕え、明治2年弾正大巡察となり、以後法曹界で活動。4年司法大解部に任じ、7年岩倉具視襲撃の赤坂喰違坂事件では主任判事として審理を行った。10年九州騒擾に際して奔走し、のち京都地方裁判所長、ついで名古屋、宮城控訴院長を歴任。17年元老院議官となり、23年より勅選貴院議員。26年香川県知事となり、29年男爵を授けられる。

小幡　高政　おばた・たかまさ
官僚　第五十銀行頭取
文化14年（1817）11月19日～明治39年（1906）7月27日　生周防国吉敷郡恒富村（山口県山口市）　名旧姓・旧名＝祖式、通称＝蔵人、彦七　歴長州藩士祖式家に生まれ、のち小幡家の養子となる。嘉永3年（1850年）家督を継ぐ。大組物頭弓頭役や萩町奉行などを経て江戸留守居役となり、安政6年（1859年）には志士・吉田松陰の処刑にも立ち会った。文久2年（1862年）公儀間周旋御内用掛に任ぜられ、江戸と京都を往復。元治元年（1864年）一旦職を辞すが、間もなく三田尻頭人役として再出仕し、幕長戦争などで戦功を立てた。慶応3年（1867年）には郡奉行となり、明治元年長州藩の民政主事に就任。廃藩置県後は新政府に迎えられ、少議官・宇都宮県参事・小倉県参事・小倉県権令を歴任した。9年に退官したのちは萩に帰り、夏みかんの栽培を奨励して士族授産に大きく貢献。また、実業界でも活躍し、第百十銀行頭取などを務めた。

小畑　種吉　おばた・たねきち
水産家　帝国水産会副会長
明治12年（1879）4月1日～昭和16年（1941）7月15日　生神戸市駒ケ林の網元。明治38年駒ケ林浦漁協に、初めて鮮魚の共同販売所作った。水産救護会の設立に尽くしたほか、帝国水産会副会長をつ

とめた。

小畑 豊之助 おばた・とよのすけ
陸軍中将
明治5年(1872)～昭和19年(1944)
[生]島根県秋鹿郡西長江村(松江市) [学]陸大卒 [歴]松江中学を卒業後、陸軍士官学校・陸軍大学校に進み、陸軍軍人となる。陸軍士官学校教官・陸軍大学校教官・騎兵第二十連隊隊長・騎兵第一旅団長などを経て大正13年軍馬補充部本部長に就任。この間、ヨーロッパに渡り、軍事事情の視察・研究に従事している。15年累進して陸軍中将となり、同年予備役に編入された。

小花 作助 おばな・さくすけ
官僚 小笠原出張所所長
文政12年(1829)2月24日～明治34年(1901)1月17日 [生]信濃国木曽(長野県) [名]本名=小花邦孚,初名=作之助,号=白香 [歴]旗本の子として生まれる。文久元年(1861年)外国奉行水野忠徳の一行に随行して小笠原諸島に渡り、同地の地勢・戸口などを調査。これは幕末、日本近海における外国船航行の増加に伴い、無人の同諸島を外国から保護して日本の領有とするためのものであった。一行の内地帰還後も現地に留まって移民・開発の計画を立てるが、幕末期における国内騒乱のため文久3年(1863年)引き上げを命じられた。慶応元年(1865年)には幕府遣欧使節の一員としてヨーロッパに派遣され、製鉄技師の雇入・諸条約の締結などに従事。帰国ののち幕府の外国奉行支配調役や町奉行調役を務め、維新後は新政府に出仕して東京府権典事などを歴任した。明治8年小笠原諸島の領有が再び議論されるようになり、過去の経験を買われて同地を再調査。次いで9年には内務省権少丞・小笠原御用掛・小笠原出張所所長に就任し、実質的な責任者として同地の開発・経営に大きな役割を果たした。

小原 重哉 おはら・じゅうさい
元老院議官
天保7年(1836)～明治35年(1902)5月28日
[生]備前国上道郡倉田村(岡山県岡山市) [名]号=米華 [歴]文武を修め、藤本鉄石らと尊攘を唱えた。元治元年(1864年)新撰組の松山幾之助を暗殺、投獄された。維新後司法省判事となり、監獄法改正の任に当たり、内務省監獄局次長、次いで元老院議官、勅選貴院議員。絵画に造詣深く、絵画共進会、内国勧業博覧会審査員も務めた。

小原 新三 おはら・しんぞう
新潟県知事
明治6年(1873)3月13日～昭和28年(1953)6月27日 [生]東京都 [学]東京帝国大学法科大学政治学科〔明治30年〕卒 [歴]明治30年貴族院に入る。その後、朝鮮総督府内務部地方局長、忠清南道長官、同総督府農商工部長官を務め、大正9年和歌山県知事、12年新潟県知事。

小原 伝 おはら・つとう
陸軍中将
文久1年(1861)12月14日～昭和3年(1928)3月29日 [生]伊予国(愛媛県) [学]陸士(旧5期)〔明治17年〕卒,陸大〔明治22年〕卒 [歴]伊予国士族・小原家の五男に生まれ、明治10年幼年学校に学ぶ。15年陸軍砲兵少尉となり、22年近衛砲兵連隊中隊長。26年ドイツへ留学し、28年帰国。のち軍参謀、オーストリア公使館付、ドイツ公使館付武官などを経て、日露戦争では第十二師団参謀長として出征。のち陸軍大学教官、砲工学校長も務めた。大正3年中将。4年第五師団長となる。

小原 適 おはら・てき
衆院議員 男爵
天保13年(1842)2月～明治43年(1910)4月9日
[歴]勤王を唱え、鳥羽・伏見の戦いに従軍。明治2年大垣藩大参事となり、和歌山七等出仕を経て、同県権参事。官を退いて外遊、25年衆院議員に当選、33年男爵、41年勅選貴院議員。

小原 文平 おはら・ぶんぺい
陸軍歩兵大佐
安政1年(1854)～明治38年(1905)1月26日
[出]陸奥国仙台(宮城県仙台市) [歴]陸奥仙台藩士の長男。陸軍に入り、西南戦争に陸軍伍長として従軍。明治16年陸軍少尉に任官。日清戦争では歩兵第十一連隊副官として出征、"鬼小原"と称された。北清事変にも従軍。日露戦争には後備歩兵第三十一連隊長として従軍し、黒溝台の戦いで戦死した。

小原 正朝 おはら・まさとも
大分県議
弘化1年(1844)～明治22年(1889)12月19日
[出]豊後国直入郡(大分県) [歴]高井存斎に師事、尊王運動に投じ、維新後藩庁に勤め従六位大書記官。明治10年西南の役には官軍に加わり、竹田、中津などで鎮圧に努めた。15年豊州改進党総理、21年大分県会議長。22年「大分新聞」を創刊、地方政界に尽力した。

帯谷 幸助 おびたに・こうすけ
帯谷商店社主
安政2年(1855)3月8日～昭和8年(1933)11月15日
[生]和泉国南郡木島村(大阪府貝塚市) [名]旧姓・旧名=田中 [歴]岸和田の棉買・木綿商での丁稚奉公を経て独立。明治8年製油業を営む帯谷治平の養子となり、分家して帯谷商店を設立、棉・木綿を取引した。17年頃より綿布の生産を始めたが業績が上がらず、農家などに織機や綿糸を貸与して綿布を織らせる出機屋に転じる。のち出機屋を結集して設立された貝塚織物会社の社長に就任するが、内紛のため会社が長く続かず、元の出機屋に戻った。日清戦争以前から集散地大阪船場の問屋との綿糸取引を行い、日露戦争以後には綿布販売・取引をしていたが、その頃より商店の経営を養子吉次郎に委任。その後、同商店は順調に業績を伸ば

し、昭和9年頃には工場6軒、広幅力織機3516台を擁する大規模な専業織布工場に成長した。　家養子=帯谷吉次郎(実業家)

小布施 新三郎　おぶせ・しんざぶろう
金融家　東京株式取引所相談役
弘化2年(1845)2月14日～大正14年(1925)2月17日　生信濃国(長野県)　歴明治維新後、横浜に出て外国商会に勤め、かたわらドル相場などを研究。12年東京・兜町に小布施商店を開業、公社債株式仲買業と古金銀売買業を経営。20年代初めの活況、日清、日露から第一次大戦などの好況で業績を伸ばした。また東京株式取引所監査役、のち相談役を務めた。

小渕 志ち　おぶち・しち
実業家
弘化4年(1847)10月2日～昭和4年(1929)3月16日　生上野国勢多郡富士見村(群馬県前橋市)　農家の二女。安政3年(1856年)座繰機械による糸繰を始め、文久元年(1861年)から前橋の製糸工場に勤務。のち結婚するが、夫の暴力に耐えかねて明治12年に出奔し、愛知県二川町に移った。ここで製糸技術の指導を依頼され、小規模の製糸工場を創業。16年にはその規模を拡大して100坪の工場に50人の職工を雇い、三遠地方における製糸業の中心となった。25年座繰による玉糸製糸を考案、さらに32年には蒸気機関を導入して技術革新をはかるなど先見性に基づく経営で業績を伸ばした。37年には同業者とともに共同販売・共同購入を目的とした菊水社を設立。大正時代以降は工場火災やたび重なる自然災害・世界不況のために経営が危うくなるが、いずれも適切な対処で乗り切り、同地方の製糸業を盤石なものとした。その間、内国勧業博覧会三等賞や三遠玉糸製造同業組合功労賞などを受賞。　賞内国勧業博覧会三等賞〔明治26年〕、三遠玉糸製造同業組合功労賞〔明治42年〕、大日本蚕糸戒愛知支部長表彰〔大正2年〕

尾見 浜五郎　おみ・はまごろう
衆院議員(政友会)
慶応1年(1865)5月25日～昭和7年(1932)1月15日　生常陸国村田村(茨城県筑西市)　歴農業を営み、郷村・茨城県村田村の村議、のち村長、真壁郡長などを経て、明治37年衆院議員に当選、2期務めた。38年佐々友房らと大同倶楽部を組織するが、のち政友会に移る。また真壁郡議会会長なども務め、農村の改善にも尽力した。

小美田 隆美　おみだ・たかよし
国家主義者
嘉永5年(1852)～大正14年(1925)3月3日　生肥前国島原(長崎県島原市)　歴文才に優れ、明治28年渡辺昇と大日本武徳会を創立し副会長となる。伊藤博文・木戸孝允らに接し、政界の裏面で杉山茂丸と共に活躍。のち内田良平と共に、対露開戦に備えて朝鮮に渡り、日韓合邦運動を展開、第一革命に尽力した。

表 与兵衛　おもて・よへえ
農政家
嘉永4年(1851)8月19日～大正11年(1922)11月10日　生加賀国河北郡小坂(石川県金沢市)　歴明治35年千葉から郷里の石川県にハスの種を持ち帰り、小坂地域の蓮根を品種改良し、"加賀れんこん"の基礎を作った。

尾本 知道　おもと・ちどう
海軍中将
嘉永2年(1849)12月28日～大正14年(1925)1月3日　生静岡県　歴海軍参謀部第一課長、高雄艦長などを経て、明治27年日清戦争時の旗艦松島の艦長となる。33年佐世保鎮守府艦政部長、36年馬公要港部司令官。38年中将。

小柳津 要人　おやいず・かなめ
丸善社長
天保15年(1844)2月15日～大正11年(1922)6月21日　生三河国岡崎(愛知県岡崎市)　歴明治6年横浜の丸屋商社(のち丸善)に入社。33年丸善社長に就任。洋書輸入を手がけ、丸善書籍部門の基礎を築いた。

小山 幸右衛門　おやま・こうえもん
農業指導者　気仙農学校初代校長
明治6年(1873)2月28日～昭和30年(1955)8月12日　生岩手県　学岩手県立農事講習所卒　歴岩手県立農事講習所講師などを経て、大正9年気仙農学校(現・大船渡東高)初代校長。気仙郡農会長、県農会長を務めた。

小山田 信蔵　おやまだ・しんぞう
衆院議員(政友本党)
明治3年(1870)10月1日～大正13年(1924)9月　生茨城県　歴実業界に入り、太田鉄道、豆相鉄道、隅田川倉庫などの社長を務めた。また水戸商業銀行頭取、北海道炭礦監査役を歴任。明治37年からの日露戦争以来衆院議員当選5回。政友本党に所属。

小里 頼永　おり・よりなが
松本市長　衆院議員(弥生倶楽部)
安政2年(1855)5月～昭和16年(1941)7月3日　生江戸　生長野県松本市　学筑摩県師範講習所〔明治8年〕卒　歴信濃松本藩の江戸藩邸屋敷に生まれ、慶応元年(1865年)藩地に戻り藩校・崇教館に学ぶ。明治維新後は筑摩県師範講習所を卒業して小学校教師となった。明治21年長野県議、23年第1回総選挙で衆院議員に当選、1期。35年松本町長となり、40年市政施行に伴い松本市の初代市長となり、昭和12年まで明治・大正・昭和の3代30年にわたって市政を担当した。

折田 兼至　おりた・かねたか
衆院議員(九州進歩党)
安政5年(1858)1月～大正12年(1923)6月5日

折田 平内　おりた・へいない
栃木県知事　貴院議員（勅選）
弘化3年（1846）12月7日～明治38年（1905）5月6日
⽣薩摩国（鹿児島県）　歴鹿児島で勤王の志士と交わり、戊辰戦争に従軍。明治4年開拓使出仕となり、同大主典、開拓幹事、同少書記官、同権大書記官、内務大書記官を経て、15年山形県令、19年福島県知事、21年警視総監。22～27年栃木県知事を務め、23年足尾鉱毒問題が初めて県会に建議されると、知事として鉱毒試験田を設けて土壌分析を行わせ、また議会と諮って古河鉱業と被害民との間に示談契約を結ばせるなど解決に努めた。29年広島県知事、30年滋賀県知事を歴任。また、27年貴族院議員に選ばれ、錦鶏間祗候となる。

折田 要蔵　おりた・ようぞう
神官　湊川神社初代宮司
文政8年（1825）7月7日～明治30年（1897）11月5日
⽣薩摩国（鹿児島県）　別名＝折田年秀　歴祖父の田中玄淵に育てられ、天保10年（1839年）藩校の造士館に学ぶ。弘化2年（1845年）江戸に出て昌平黌に入り、箕作阮甫に師事。文久3年（1863年）薩英戦争に際しては砲台築造や大砲の鋳造に当たった。元治元年（1864年）島津久光に登用され100人扶持を与えられ、摂海砲台築造掛に就任。明治6年神戸市にある湊川神社の初代宮司となり、2度の退職を挟んで亡くなるまで同職を務めた。後年、宮司在任中に記した「折田年秀日記」（全3巻）が刊行された。

折原 巳一郎　おりはら・みいちろう
衆院議員
明治2年（1869）8月～昭和8年（1933）11月13日
⽣上野国（群馬県）　学帝国大学法科大学英法科〔明治29年〕卒　歴内務省に入り、奈良、島根両県知事を経て、大正6年千葉県知事、11年兵庫県知事を歴任。13年兵庫県から衆院議員に当選1回。

折目 徳巳　おりめ・よしみ
徳島県貞光村長
安政6年（1859）～大正3年（1914）8月30日
⽣阿波国美馬郡（徳島県美馬郡）　歴代々、徳島藩の御銀主を務める家柄。維新後、地方政界で活躍し、美馬郡会議員・徳島県議を経て、明治34年貞光村長に選ばれた。また、多芸をもって知られ、剣術・俳諧・書画・浄瑠璃に通じた。

折本 良平　おりもと・りょうへい
水産家
天保5年（1834）12月5日～明治45年（1912）5月4日
⽣常陸国（茨城県）　歴地引き網漁を行うが、明治13年頃風力を利用した帆引き舟を考案した。

【 か 】

何 礼之　が・のりゆき
翻訳官　内務大書記官　貴院議員（勅選）
天保11年（1840）7月13日～大正12年（1923）3月2日　⽣肥前国彼杵郡長崎村伊良林郷（長崎県長崎市）　幼名＝礼之助　歴長崎唐通事の長男に生まれ、中国語を学んで家職を継ぐ。また長崎英語伝習所で英語を学ぶ。明治元年開成所御用掛、3年大学少博士となり、4年岩倉使節団に一等書記官として随行する。帰国後、内務省に出仕、翻訳事務に従事。のち内務権大丞、内務大書記官、元老院議官、高等法院予備裁判官を歴任し、24年貴族院議員に勅選された。訳書にモンテスキュー「万法精理」などがある。

貝島 太助　かいじま・たすけ
炭鉱事業家　貝島炭礦創業者
弘化2年（1845）1月11日～大正5年（1916）11月1日
⽣筑前国鞍手郡直方（福岡県直方市）　歴炭坑夫の長男として生まれ、8歳から鞍手郡新入炭鉱で炭坑労働に従事。明治元年以来炭鉱経営を手がけ、幾度の失敗を経たのち、西南戦争の際巨利を博し、17年大之浦炭鉱を入手、やがて約60万坪の炭田を獲得した。23年井上馨の知遇を得、以後その援助を受ける。日清戦争時の炭価暴騰によって事業は躍進し、この頃の開発炭区は約290万坪、未掘鉱区約135万坪、炭坑夫約7300名といわれた。31年貝島礦業合名会社（のちの貝島炭礦株式会社）を設立し、社長に就任。36年には鉱区922万坪、年産60万トンの筑豊一の炭鉱王となる。なお太助死後も貝島家の経営は5男太市に引き継がれ、第一次大戦を通じて発展、大戦後貝島合名と改称、炭鉱・商業などの諸会社を設立した。（家五男＝貝島太市（日本石炭鉱業会会長）

改野 耕三　かいの・こうぞう
衆院議員
安政4年（1857）3月5日～昭和3年（1928）5月19日
⽣播磨国揖保郡太田村（兵庫県揖保郡太子町）　歴兵庫県下の戸長、郡書記を務め、のち農商務省官房長、兵庫県議、同曾置委員、南満州鉄道会社理事などを歴任。衆院議員当選11回、政友本党、政友会に属した。

甲斐荘 楠香　かいのしょう・ただか
高砂香料工業創業者　京都帝国大学助教授
明治13年（1880）5月21日～昭和13年（1938）6月25日　⽣京都府京都市　学三高卒、京都帝国大学理工科純正化学科〔明治37年〕卒　歴南北朝時代の名将・楠木正成の末裔にあたる甲斐荘家に生まれる。京都帝国大学講師、明治39年助教授として久

原躬弦教授の下につく。43年教職を辞して香料研究のために自費で渡欧。天然香料のメッカといわれる南フランスのグラースで学んだ後、久原の推薦でミツワ石鹸丸見屋に採用され、その留学生としてスイスの世界的香料会社・ジボダン社で合成香料の研究に従事した。大正3年帰国してミツワ化学研究所の香料課長兼農事課長となったが、8年退社。9年高砂香料(現・高砂香料工業)を創業した。11年より東京の蒲田町議も務めた。　家弟＝甲斐庄楠音(日本画家)

海部 壮平　かいふ・そうへい
養鶏家 名古屋コーチンの生みの親
弘化4年(1847)～明治28年(1895)

出尾張国名古屋(愛知県名古屋市)　歴尾張藩士で、25歳で郷里の名古屋を離れて愛知県池林村(現・小牧市)でよろず屋を営んだがうまくいかず、養鶏業に転身。家禽コレラで鶏が全滅するなど窮地にも立ったが、柵の中で親鶏に卵を抱かせてかえす"母鶏孵化"を考案した他、中国産のバフコーチンと国産鶏を掛け合わせるなど品種改良にも取り組み、明治15年名古屋コーチンの原点となる海部種を生み出して養鶏場を2000羽を超える当時日本一の規模にまで育て上げた。海部種は京阪地区で名古屋コーチンと呼ばれるようになり、日本家禽協会の日本実用鶏第一号にも選ばれた。

海部 正秀　かいふ・まさひで
養鶏家
嘉永5年(1852)1月26日～大正10年(1921)1月

出尾張国(愛知県)　歴尾張藩士。維新後、池之内村(小牧市)で兄の海部壮平と協力して鶏の品種改良に努め、明治15年ごろ地鶏と中国産のバフコーチンを交配して海部種(名古屋コーチン)を作り出した。　家兄＝海部壮平

恢嶺　かいれい
僧侶(浄土宗)
天保10年(1839)8月8日～明治18年(1885)2月15日　出尾張国名古屋(愛知県名古屋市)　名諱＝恢嶺、字＝痴堂、号＝曠蓮社、廓誉、別名＝岸上恢嶺　歴嘉永4年(1851年)名古屋・瑞宝寺の文嶺の下で出家。7年江戸・増上寺で学ぶ。明治元年同宗学寮主。浄土宗学校の設立を提唱し、開設後、東京の本校司教となる。11年京都の西部本校(西部大学林)司教に転任。16年宇治平等院住職に就任。著書に「選択集纂註」「説教帷中策」などがある。

海江田 信義　かえだ・のぶよし
元老院議官 子爵
天保3年(1832)2月11日～明治39年(1906)10月27日　出薩摩国(鹿児島県)　名旧姓・旧名＝有村、日下部、通称＝武次、号＝俊斎　歴薩摩藩士・有村兼善の長男。嘉永5年(1852年)江戸に出て藤田東湖に師事。僧・月照や西郷隆盛らと大老・井伊直弼による幕政の打倒を計画するが頓挫し、安政5年(1858年)安政の大獄後に月照と鹿児島に逃れた。6年

西郷、大久保利通らと誠忠組(精忠組)を結成。7年三弟の有村次左衛門らが桜田門外で井伊大老を討ち、手傷を負った次左衛門は自害、二弟の有村雄助も大老襲撃の成功を朝廷に伝えるため京都に向かう途中に捕らえられ、藩命により自刃した。文久元年(1861年)同藩の日下部家の養子となり、養家の旧姓である海江田を名のる。2年島津久光の上洛及び江戸行に随行するが、その帰途に武蔵国生麦(現・神奈川県横浜市)で生麦事件に際会し、奈良原喜左衛門に斬られた英国人リチャードソンに止めを刺した。3年の薩英戦争では英艦奪取を試みるが失敗。戊辰戦争では東海道先鋒総督参謀となり、江戸城受取りに功労があったが、大村益次郎との間で戦略上の対立があり辞任した。明治維新後、新政府の弾正大忠などを務めるが、大村益次郎暗殺犯の処刑に異議を唱えたため謹慎。のち赦され、明治3年奈良県知事、14年元老院議官などを歴任。20年子爵。同年渡欧し、ウィーンでシュタインに法学を学んだ。23年貴族議員、24年枢密顧問官。著書に「実歴談」がある。　家女婿＝東郷平八郎(海軍大将・元帥)、東郷吉太郎(海軍中将)

嘉悦 氏房　かえつ・うじふさ
衆院議員(弥生倶楽部)
天保4年(1833)1月～明治41年(1908)10月30日　出肥後国上益城郡(熊本県)　歴明治維新後、地方県令となったが、のち政界に入り明治13年熊本県会議長。15年県下の同志を集めて九州改進党を組織、中央の民党に応じて声名を馳せた。一方、九州鉄道の敷設に尽力した。九州改進党が自由党に合併されて後も党長老として尊敬され、26年衆院議員に推された。のち憲政党東北支部長。　家長女＝嘉悦孝子(教育家)

利井 鮮妙　かがい・せんみょう
僧侶(浄土真宗本願寺派) 西本願寺勧学
天保6年(1835)4月10日～大正3年(1914)1月1日　出摂津国三島郡如是村(大阪府高槻市)　歴25歳で得度し、美濃(岐阜県)の行照、肥後(熊本県)の僧亮に学び、弘化4年生家の摂津常見寺の住職となる。7～8年頃私塾精舎について、15年の明朗と共に本照寺に行信教校を設立し、後進を育てた。29年浄土真宗本願寺派の勧学となる。著書に「宗要論題決択編」など。　家兄＝利井明朗(僧侶)

利井 明朗　かがい・みょうろう
僧侶(浄土真宗本願寺派) 西本願寺執行長
天保3年(1832)11月14日～大正7年(1918)11月19日　出摂津国三島郡如是村(大阪府高槻市)　名号＝心海院、素外　歴住職・常越の長男に生まれ、正家の摂津常見寺の住職を継ぎ、嘉永2年(1849年)浄土真宗本願寺派西本願寺の総会所に務める。文久元年(1861年)親鸞600回忌の際、末寺大会を開き僧職者による宗務遂行を主張した。明治4年弟・鮮妙に常見寺住職を譲る。15年弟と共に摂津富田の本照寺に人材育成の練習場・行信教校を設立。19

年西本願寺の執行長に就任、本山講を設けて債務を整理し財政を立て直した。著書に「心浄院病床法語」がある。　家弟＝利井鮮妙（僧侶）

加賀田 勘一郎（1代目）　かがた・かんいちろう
加賀田組創業者
明治11年（1878）3月21日〜昭和14年（1939）6月19日　生新潟県中蒲原郡馬越村（新潟市）　歴生家は農家で、7人弟妹（3男4女）の長男。明治28年17歳で土木請負業を創業。治水工事に加えて、鉄道工事を請け負って加賀田組発展の基盤を固め、昭和11年新潟県土木建築請負業組合発足に際しては初代組合長に就任した。　家長男＝加賀田勘一郎（2代目）、二男＝加賀田二四夫（加賀田組取締役）

曜日 蒼龍　かがひ・そうりゅう
僧侶（浄土真宗本願寺派）
安政2年（1855）〜大正6年（1917）1月29日　生豊後国（大分県）　歴光徳寺の長男として生まれる。明治22年ハワイに渡り、浄土真宗本願寺派の僧として在留邦人に布教を行った。

加賀美 嘉兵衛（1代目）　かがみ・かへえ
地方政治家
天保6年（1835）10月22日〜明治24年（1891）10月14日　生甲斐国八代郡南八代村（山梨県笛吹市）　名本名＝加賀美光則、通称＝次左衛門　歴甲斐屈指の素封家で知られる南八代村の豪農・加賀美家に生まれる。明治11年八代郡長となり、東山梨郡長も兼ねる。のち山梨県内の民権派に対抗して立憲保守党の組織作りに尽力した。　家長男＝加賀美嘉兵衛（2代目）（衆院議員）

加賀美 嘉兵衛（2代目）　かがみ・かへえ
実業家 衆院議員（実業同志倶楽部）
文久3年（1863）8月28日〜昭和8年（1933）4月9日　生甲斐国（山梨県）　名本名＝加賀美平八郎　歴先代加賀美嘉兵衛の長男に生まれる。英学・漢学を学び、のち家督を継いで2代目を名乗る。生地・山梨県で佐野広乃の自由民権運動を支援し、佐野の死後、私塾・成器舎の塾長となり子弟の育成に当たる。山梨県議を経て、明治25年から衆議員（実業同志倶楽部）に当選3回。31年山梨農工銀行の設立に加わり、頭取に就任。また葡萄酒醸造会社・興工社・勧農社・済美社・駿甲鉄道の各取締役、盡誓社・峡中時事・峡中日報・学術協会雑誌・山梨土木の各社長、奥商銀行副頭取などを歴任。郡議、山梨県蚕糸業取締所議員、山梨英和女学校評議員なども務めた。　家父＝加賀美嘉兵衛（1代目）（政治家）

香川 敬三　かがわ・けいぞう
皇后宮大夫 枢密顧問官 伯爵
天保10年（1839）11月15日〜大正4年（1915）3月18日　生常陸国茨城郡下伊勢畑村（茨城県常陸大宮市）　名変名＝鯉沼伊織、小林彦次郎、蓮見東太郎、字＝心豊、号＝東州　歴水戸藩士。尊王攘夷運動に参加し、文久3年（1863）藩主徳川慶篤に従って上京、天下の志士と交際し、国事に奔走する。後に岩倉具視に仕え、王政復古の計画に参画。戊辰戦争に際して軍監となり、流山で近藤勇捕縛に功をなす。明治3年欧米を視察し、帰国後、宮内大丞、宮内大書記官、皇后宮大夫、皇太后宮大夫等を歴任。42年枢密顧問官。20年子爵を授けられ、40年伯爵。

賀川 純一　かがわ・じゅんいち
自由民権運動家
安政4年（1857）〜明治25年（1892）11月19日　生阿波国板野郡（徳島県）　名旧姓・旧名＝磯部　歴酒造業磯部家の三男に生まれ、賀川家の養子となる。自由民論を唱えて、明治7年井上高格らと徳島で政治結社・自助社を創設、理論上の指導者だった。しばしば上京して板垣退助に認められ、元老院書記官に抜擢されたが、8年自助社社員による朝憲紊乱事件に関係して辞職。帰郷後は高松、徳島の支庁長を務め、最後は神戸で海運業を経営した。息子はのちに牧師となり、社会運動家として活躍した賀川豊彦。　家息子＝賀川豊彦（キリスト教社会運動家）

香川 真一　かがわ・しんいち
大分県令 岡山県牛窓町長
天保6年（1835）4月6日〜大正9年（1920）3月　生備前国岡山（岡山県岡山市）　歴岡山藩下士の家に生まれ、嘉永6年（1853年）藩命により下曽根金三郎に西洋流砲術を学ぶ。ついで岡山藩が房総海岸警備に当たると、安房北条陣屋を担当。慶応元年（1865年）邑久郡奉行となって功績をあげ、また身を挺して開港記を提唱した。明治元年岡山藩議長、翌年岡山藩権大参事に抜擢され江戸藩邸詰となる。4年岩倉具視に従って欧米を視察、のち伊万里県参事、工部省勧工助、大分県令などを歴任した。12年退官後は牛窓町長などを務め、花筵の輸出など産業振興に尽力、岡山地方財界の重鎮として活躍した。

香川 輝　かがわ・てる
岡山県知事
文久2年（1862）1月〜大正12年（1923）3月28日　生周防国（山口県）　学大学予備門卒　歴長州藩士の二男。東京大学予備門を卒業ののち内務省に入り、内務書記官や内務省参事官・警保局主事などを務める。明治33年には鳥取県知事に任ぜられ、以後、佐賀県や福井県、朝鮮・慶尚南道の知事・長官を歴任した。大正8年には岡山県知事に就任し、当時の総理大臣・原敬が率いる政友会の党勢拡大に尽力。これにより、同年の県会議員選挙と9年の衆議院選挙では政友会が躍進し、同県で初めて政友会系の県会議長が誕生した。また、第一次大戦後の不況を打破するために岡山県内の産業基本調査を実施し、現状把握と再建計画の確立に努めた。

香川 富太郎　かがわ・とみたろう
陸軍中将

嘉永6年(1853)～昭和12年(1937)12月17日
🏠広島県　🎓明治10年陸軍少尉となる。西南戦争・北清の変・日清戦争に従軍。陸軍省事務局歩兵課長を経て、37年日露戦争には歩兵第四十八連隊長として出征、38年歩兵第二十四旅団長となり、40年歩兵第三十五旅団長、41年歩兵第十一旅団長を歴任する。44年中将。

賀川 豊彦　かがわ・とよひこ
キリスト教社会運動家　牧師　社会事業家

明治21年(1888)7月10日～昭和35年(1960)4月23日　🏠兵庫県神戸市　🏛徳島県　🎓明治学院高等部神学予科〔明治40年〕卒、神戸神学校〔明治44年〕卒、プリンストン神学校卒　📜自由民権運動家・賀川純一の息子として神戸市に生まれる。4歳の時に両親を失い、明治26年徳島県の賀川本家に引き取られる。徳島中学、明治学院予科を卒業した後、神戸神学校に進み、同校在学中から貧民街に入って伝道活動を始める。大正3年渡米、プリンストン大、プリンストン神学校で学ぶ。6年帰国後も貧民街に戻り、8年日本基督教会で牧師の資格を得る。9年ベストセラーになった小説『死線を越えて』を刊行して有名になる。同年神戸購買組合を創設。10年川崎造船、三菱神戸造船争議を指導して検挙。その他、農民運動、普選運動、共同組合運動、神の国運動などを創始し、日米開戦には反戦的平和論者として行動し、憲兵隊に留置される。戦後は日本社会党の結成に加わり、顧問となる。またキリスト新聞社を創立し、「キリスト新聞」や口語訳「新約聖書」の刊行に尽力、死去するまで国内外で伝道に努めた。一方、著述活動もめざましく、自伝系小説5冊、虚構系小説21冊を数え、新聞に連載、収載された小説も数多い。戦後はノーベル文学賞候補にも挙げられた。他の主な小説に「キリスト」「石の枕を立てて」「一粒の麦」など、詩集に「涙の二等分」「永遠の乳房」などがあり、『賀川豊彦全集』(全24巻、キリスト新聞社)がある。　👪父＝賀川純一(自由民権運動家)、妻＝賀川ハル(社会福祉家)、息子＝賀川純基(賀川豊彦記念松沢資料館館長)

書上 順四郎　かきあげ・じゅんしろう
渋沢商店支配人

弘化4年(1847)5月～明治45年(1912)3月25日　🏠上野国大間々町(群馬県みどり市)　📛旧姓・旧名＝高木　📜高木家に生まれ、のち書上家を嗣ぐ。維新後、渋沢喜作の保健・荷為替事業に地方主任として加わり、明治13年横浜生糸売込問屋・渋沢商店の支配人となる。20年頃一時店を辞して上野倉賀野に光監社を設立し、自ら製糸業を経営したが、22年渋沢栄一のすすめで再び渋沢商店支配人となり、その後長くつとめた。傍ら、横浜火災運送保険会社、横浜蚕糸外四品取引所の創立、経営に尽力した。

柿崎 欽吾　かきざき・きんご
弁護士

文久3年(1863)1月～大正13年(1924)12月30日　🏠駿河国沼津(静岡県沼津市)　📛旧姓・旧名＝田所　🎓帝国大学法科大学英法科〔明治21年〕卒　📜沼津藩士の子として生まれる。同人社・大学予備門を経て、明治21年に帝国大学法科大学英法科を卒業し、大阪始審裁判所の判事補となった。その傍ら、関西法律学校(現・関西大学)講師として国際法を講じた。24年に退官して代言人(弁護士)を開業。以来、大阪法曹界の有力者として大阪府議・大阪市議、大阪商業会議所特別議員などを歴任し、42年には大阪弁護士会会長に就任。また、関西法律学校の理事・監事・専務理事としても活躍し、大正11年には念願であった同校の大学昇格を実現させた。

蠣崎 富三郎　かきざき・とみさぶろう
陸軍中将

文久1年(1861)3月9日～大正13年(1924)8月30日　🎓陸士(旧6期)〔明治16年〕卒、陸大〔明治24年〕卒　📜松前藩士の子に生まれる。フランスに留学。帰国後は陸軍大学校教官・陸軍戸山学校教官などを務める傍ら、ドイツ・フランスからの輸入に過ぎず、顧慮されることもなかった日本陸軍の兵站に関する研究を36年頃からはじめ、兵站勤務令などの改正に尽くした。日露戦争では第一軍兵站監部参謀長として後方輸送業務を担当。のち第十師団参謀長を歴任して、大正3年第十一師団長に就任、同年中将に昇進し、6年に待命となった。

鍵富 三作(1代目)　かぎとみ・さんさく
実業家　新潟県議

天保4年(1833)7月15日～明治41年(1908)3月30日　🏠越後国(新潟県)　📜越後の大地主の家に生まれるが、父の没後、19歳で米の投機商に転身。明治元年米価の暴騰により投獄され、投機から撤退するが、7年には持寄米売買所を設立して米の輸出を開始。次いで13年に実業家の益田孝らと共同で東京風帆船(のちの共同運輸)を組織し、海運業にも進出した。また、新潟銀行取締役や新潟電灯株式会社監査役・新潟県議などを歴任。新潟屈指の富豪として県内外の企業に投資を行い、新潟港の築港や新潟中学・新潟商業会議所・北越鉄道会社の設立にも関与するなど、地域経済・産業の発展に大きく貢献した。　👪養子＝鍵富三作(2代目)

柿沼 竹雄　かきぬま・たけお
岩手県知事

慶応4年(1868)7月3日～昭和26年(1951)　🏠下野国(栃木県)　🎓一高卒、東京帝国大学法科大学〔明治31年〕卒　📜大正5年高知県知事、8年岩手県知事を務めた。　👪祖父＝柿沼広身(日光二荒山神社宮司)

柿沼 谷蔵　かきぬま・たにぞう
下野紡績社長

嘉永7年(1854)6月11日～大正9年(1920)11月26日　生上野国館林(群馬県館林市)　名旧姓・旧名=増山,幼名=政吉,後名=柿沼谷雄　歴慶応元年(1865年)江戸に出て綿糸業・柿沼谷蔵の店に奉公し、その人物を認められて同家の養子となり、明治12年家督を継ぎ先代の名を襲名して谷蔵と改名、以来業務を拡張して業界にその名を知られるところとなる。更に下野紡績(のちの三重紡績)社長のほか、東京瓦斯紡績、富士瓦斯紡績、東亜製粉、帝国海上保険、第一生命保険などの重役を務め、東京商業会議所特別議員となり実業界で重きをなした。一方、18年から日本橋区議となり公共・教育事業に貢献、日本橋倶楽部、日本橋女学館などの創立にも関わる。大正5年家督を長男に譲り、名を谷雄と改め専ら公共事業に尽力した。

柿原 万蔵　かきはら・まんぞう
上武鉄道社長
万延1年(1860)6月～大正8年(1919)5月12日
生武蔵国秩父郡大宮(埼玉県秩父市)　名幼名=吟三郎　歴武蔵国秩父(現・埼玉県)で絹の買い継ぎ問屋を営む家の長男。祖先は近江大津藩士で、江戸に出て商人となり、2代目万蔵のとき秩父に移ってきたといわれる。家督を相続後、4代目万蔵を襲名。秩父地方の産業改良に尽力し、明治28年同業の大森喜右衛門らとはかって品質の改良と製品の統一を目的に秩父織物同業組合を結成。また、同年には機業家への投資を目的とした西武商工銀行を創設し、その取締役となった。一方で産業開発のために秩父―館林間の鉄道誘致に奔走し、27年大森や柿原竹三郎ら土地の有力者たちと上武鉄道期成同盟会を組織して鉄道敷設請願を開始。同会を母体として32年上武鉄道株式会社(現・秩父鉄道)が創立されると初代社長となり、33年熊谷起点の工事を着工。34年には熊谷―寄居間を開業させた。しかし、日清戦争後の不況などもあって資金繰りに苦しみ、社長や役員は無報酬で、また柿原も私財を投じて工事を進めたが、36年波久礼まで開業した頃に病を得、社長職を親戚の柿原定吉に譲り、以後は療養生活を送った。

筧 雄平　かけひ・ゆうへい
公共事業家
天保13年(1842)10月10日～大正5年(1916)3月12日　出因幡国下味野村(鳥取県鳥取市)　歴明治9年郷里の下味野村(鳥取市)の村有原野の開拓と共有林造成事業に着手。23年繁忙期の農家のため託児所を開設し、また蔵書を提供して図書館を開くなど、公益事業にも尽力した。

景山 甚右衛門　かげやま・じんうえもん
四国水力電気社長 衆院議員(政友会)
安政2年(1855)4月14日～昭和12年(1937)10月18日　出讃岐国(香川県)　歴漢学を修め、戸長、連合町村議となる。明治21年讃岐鉄道を設立して社長となり、22年琴平―多度津―丸亀間を開業した。多度津銀行頭取、讃岐紡績取締役、讃岐農工銀行取締役、四国水力電気社長などを務めた。29年から衆院議員(政友会)に当選4回。

影山 禎太郎　かげやま・ていたろう
栃木県議 下野新聞社長
安政4年(1857)11月～明治45年(1912)2月13日
生下野国足利郡菅田村(栃木県足利市)　学慶応義塾　歴庄屋の家に生まれ、16歳の頃に上京して慶応義塾に学ぶ。一旦帰郷したのち再び東京に出て博聞社に入社し、活版印刷業に従事した。のち、帰郷して郷里栃木県菅田村の学務委員・村議・同議長などを歴任。明治12年足利郡役所の新築費寄付問題が起こると、寄付の割り当てが不当なことに憤り、自由民権運動に接近。16年には栃木における同運動の牙城であった「栃木新聞」の経営を引き継ぎ、17年に同県庁の宇都宮移転を機に本社も同地に移し、「下野新聞」に改称。不偏不党を標榜し、犬養毅や田口卯吉ら大物記者の寄稿や政治・外交面の充実などで紙面の刷新をはかった。18年には栃木県議に選ばれ、自由党に所属し当選2回。谷中村堤防汚職事件ののちに政界を退き、以後は新聞経営に専念、自ら校正を手がけるなど常に陣頭に立って指揮をとり、35年には社を株式会社組織に改組した。

影山 秀樹　かげやま・ひでき
衆院議員
安政4年(1857)4月～大正2年(1913)10月15日
出駿河国富士郡岩松村(静岡県富士市)　学沼津学校卒　歴富士勧業会社を創立して社長。静岡県議を2期。静岡農工銀行頭取となり、韓国大邱民団長を務めた。衆院議員当選3回。郷里岩松村の村長も務めた。

籠橋 休兵衛　かごはし・きゅうべえ
実業家 陶業者
天保12年(1841)3月4日～大正10年(1921)10月13日　生美濃国駄知村(岐阜県土岐市)　歴明治4年生地の岐阜県駄知村で製陶業を、24年陶磁器仲買業も始める。25年清(中国)向け新製品で成功。29年多治見に、40年清に進出した。

笠井 順八　かさい・じゅんぱち
小野田セメント創業者
天保6年(1835)5月5日～大正8年(1919)12月31日
生長門国(山口県)　名旧姓・旧名=有田　歴長州藩の下級武士の家に生まれ、萩の藩校明倫館に学ぶが門閥主義を嫌って中退し、理財や計数などを独学。安政5年(1858年)抜擢されて郡奉行・御蔵元役所本締役などを歴任、高杉晋作や前原一誠らの知遇を得た。維新ののち山口県庁に出仕、明治5年県勧業局主任に就任して殖産興業・士族授産に努めたが、7年山口県大属を最後に官を辞した。8年石造りの倉庫を見学してセメントの存在を知り、当時国内には東京深川の官営セメント工場しかなかったことから、14年士族授産を目的に初の民営

セメント製造会社を山口県小野田に設立し社長に就任。のち順調に業績を伸ばし、22年日本ではじめて乾式製造法を導入、24年には濃尾大地震の復旧工事で巨利を上げてアジアを中心に海外への輸出を開始し、同年社名を小野田セメント製造株式会社に改称した。日清戦争後の不況で社の経営が危機に瀕すると、私財をなげうって損失を補填。34年に社長を辞任。

笠井 信一　かさい・しんいち
北海道庁長官　貴院議員（勅選）
元治1年（1864）6月19日～昭和4年（1929）7月25日
生駿河国富士郡（静岡県）　学帝国大学法科大学〔明治25年〕卒　歴内務省に入り、明治40年岩手県知事、大正3年岡山県知事を経て、8年北海道庁長官。10年勅選貴院議員。岡山県知事時代に大正天皇から受けた貧民状態に関する下問を契機として、6年済世顧問制度を創設。7年大阪に設立された方面委員制度の先駆となった。この制度の精神的基調を、昭和3年著書「済世顧問制度の精神」にまとめ、後に全国に施行された方面委員制度に大きな影響を与えた。

風早 公紀　かざはや・きんこと
公卿　子爵
天保12年（1841）8月21日～明治38年（1905）2月28日　生京都　歴風早実豊の子。弘化4年（1847年）家督を継ぐ。元治元年（1864年）福原越後らに率いられて長州藩士が大挙上京すると、北小路随光らと共に上書して、長州藩士の嘆願を容れるべき旨を建言した。明治6年教部省中講義となるがまもなく辞し、13年宮中祗候となる。のち氷川、日枝、石上、橿原各神社の宮司を歴任した。

風間 日法　かざま・にっぽう
僧侶（日蓮宗）
文久1年（1861）6月1日～昭和13年（1938）2月20日　生近江国（滋賀県）　名初名＝随学　学大阪宗門学校卒　歴三重県の仏眼寺・清水日運に学ぶ。大阪宗門学校を卒業し、日蓮宗の僧となる。初名は随学、のち日法と称した。明治37年本山立本寺住職となる。のち大僧正。日蓮宗大学林（現・立正大学）の創立に尽力し、日蓮宗大学林本科、立正大学教授・学長を務め、のち名誉学長。また立正商業学校の創立にも尽力した。昭和7年日蓮宗管長に就任。

嵩 俊海　かさみ・しゅんかい
僧侶（浄土真宗）　漢詩人
天保8年（1837）11月9日～大正8年（1919）3月10日　生武蔵国比企郡（埼玉県）　名字＝啓要、号＝古香　歴武蔵国比企郡の浄土真宗了善寺の住職。江戸で大沼枕山に漢詩を学ぶ。郷里で春雨塾を開塾し、漢学・歴史・文章の3科を置いた。字は啓要で、古香とも号し、国学の権田直助、和歌の井上淑蔭と共に"埼玉の三学者"と称された。

梶川 重太郎　かじかわ・じゅうたろう
陸軍歩兵少佐
元治1年（1864）～明治35年（1902）7月2日
生陸奥国三戸村（青森県三戸郡三戸町）　学陸士（旧7期）〔明治18年〕卒、陸大〔明治24年〕卒　歴地元の暇修塾で学び、明治13年三戸小学校の第1回生として卒業。直ちに同校の助教員となるが、14年辞し職業軍人を目指して上京。15年陸軍士官学校に入学、18年卒業して少尉となり小倉歩兵第十四連隊の旗手として勤務する。21年陸軍大学校に入学後、中尉に昇進。24年首席で卒業し、明治天皇より「竜光」の銘入り軍刀を賜る。26年から参謀本部に勤務し、朝鮮や中国を往来して軍事機密の調査活動に当たった。27年大尉として日清戦争に出征。32年には英国留学を命じられる。35年帰国して北京公使館付武官として清（中国）に派遣され、ロシア軍の満州進出の状況調査などに当たるが、健康を害し、同年7月割腹自殺（病死説あり）した。

梶川 光　かじかわ・ひかる
国家主義者
文久2年（1862）～明治43年（1910）2月
名旧姓・旧名＝月成　歴玄洋社に入り、明治22年来島恒喜が大隈重信に爆弾を投じた事件に関わり、兄の月成勲と共に投獄される。出獄後、頭山満に師事し、28年三浦公使に従って朝鮮に渡る。閔妃暗殺事件に関与し、再び投獄されるが無罪となる。その後は実業界に転じ、谷口石炭店の支配人となり、日露戦争後は炭鉱を経営した。　家兄＝月成勲（実業家）

梶川 良吉　かじかわ・りょうきち
海軍少将
安政5年（1858）8月～明治42年（1909）10月6日
生因幡国（鳥取県）　学海兵（第7期）〔明治13年〕卒　歴日露戦争では仮装巡洋艦の日本丸艦長を務め、日本海海戦後はロシアから鹵獲した戦艦壱岐艦長に転じた。明治39年艦政本部第二部長、同年舞鶴鎮守府艦政部長を歴任。40年海軍少将。

加治木 常樹　かじき・つねき
西南戦争で挙兵した志士
安政2年（1855）2月27日～大正7年（1918）7月24日　生薩摩国鹿児島（鹿児島県鹿児島市）　歴明治10年西南戦争では西郷隆盛に従う。のち挙兵の真相を「西南血涙史」にまとめて、同志の冤をそそいだ。15年平岡浩太郎らと大陸政策を謀ったが時機を逸し、事を挙げるに至らなかった。のち福岡県警に勤務、甘木警察署長、同県保安課長などを歴任。

梶野 敬三　かじの・けいぞう
衆院議員（憲政党）
嘉永7年（1854）6月2日～明治33年（1900）2月27日　生相模国津久井郡（神奈川県）　学漢学を修め、戸長、村議、組合町村連合会議員などを務める。明治13年国会開設運動で郷里・神奈川県津久井郡の

総代となる。15年自由党に入党。17年武相困民党事件では銀行・会社と農民との仲裁に当たり紛争の解決に尽くした。神奈川県議を経て、31年から衆院議員(政友会)に当選2回。

梶野 甚之助　かじの・じんのすけ
実業家
安政3年(1856)3月25日～昭和17年(1942)8月5日
生相模国津久井郡(神奈川県津久井郡)　歴8歳の時に父と死別して醤油業の丁稚となり、20歳頃には横浜灯台局に勤める。明治12年横浜市蓬莱町に自動車工場を開き、木製の前輪駆動二輪車及び三輪車の製造を開始。のち事業の拡大を期して同市高島町に工場を移転。ここで現在と同じ鉄製・タイヤ使用の安全型自転車を製造し、28年にはその製品が電信用に納入されたのをはじめ、宮内省や参謀本部にも採用され、一部は海外にも輸出された。28年第4回内国勧業博覧会で受賞、35年自転車業界を視察するため米国に渡るなど、我が国における自転車草創期の先駆者として活躍した。しかし、大正5年に工場を閉鎖。晩年は東京都大田区に隠棲した。　賞内国勧業博覧会受賞(第4回)〔明治28年〕

鹿島 岩吉　かじま・いわきち
鹿島創業者
文化13年(1816)～明治18年(1885)4月29日
生武蔵国入間郡小手指村上新井(埼玉県所沢市)　歴鹿島市左衛門家の二男。江戸に出て四谷の大工で修業をした後、天保11年(1840年)中橋正木町に店を構え、やがて伊勢桑名藩、筑前福岡藩など3つの大名屋敷の出入りとなった。安政5年(1858年)日米修好通商条約が締結され横浜開港が決定すると、江戸の店を畳んでいち早く同地へ進出。横浜居留地第一号の商館である「英一番館」や、第二号である「ウォルシュ・ホール商会」(通称・アメリカ一番館)などを建築し、西洋館建築の棟梁として名を馳せた。明治9年隠居。家業を継いだ嗣子・鹿島岩蔵は、13年鉄道請負に転向、鹿島組を設立し鹿島岩蔵が初代組長に就任。以後、各地の鉄道工事を請け負って大いに発展し、今日の鹿島の基礎を築いた。昭和22年社名を鹿島建設に変更した。　家二男＝鹿島岩蔵(鹿島組初代組長)

鹿島 岩蔵　かじま・いわぞう
鹿島組創業者
天保15年(1844)～大正1年(1912)
生江戸(東京都)　歴父は大名屋敷出入りの大工。10歳で母が病死。父の再婚を機に家業を弟に譲り、べっ甲商・幸手屋に奉公。店主の長女と結婚後の明治元年貿易商として横浜に出たが、営業不振で父の鹿島組を手伝う。毛利邸、抄紙会社工場を建築。明治12年には鉄道工事の請負で鹿島組の名を上げ、現・鹿島建設の礎を築く。13年鉄道請負業に転換。

鹿島 ゑつ　かじま・えつ
芸妓
明治13年(1880)～大正14年(1925)
生江戸新川(東京都中央区)　芸芸名＝ぽん太　歴東京新橋玉の家の名妓で、ぽん太と称した。大阪の豪商鹿島家の養子で、豪勢な遊蕩ぶりから「今紀文」と呼ばれた鹿島清兵衛に落籍され、妻となる。清兵衛は写真館を経営、美人絵葉書のモデルにぽん太を用いたのが縁で身請けしたが、家産を蕩尽したため鹿島家を追われ、本郷で写真業を営む。長唄や踊りで生計を支え、また撮影助手をつとめ、貞女ぽん太と称された。大正13年夫と死別後は舞踊で家を支え、長男は梅若能に出、長女くに子は坪内逍遙の養女となり、のち飯塚友一郎と結婚した。

鹿島 則文　かじま・のりぶみ
神宮 伊勢神宮大宮司
天保10年(1839)1月13日～明治34年(1901)10月10日　生常陸国鹿島郡鹿島(茨城県鹿嶋市)　歴鹿島神宮大宮司鹿島則孝の長男に生まれる。文久3年(1863年)鹿島に文武館を設立したが、その思想・行動が幕府の忌諱に触れ、八丈島に流された。明治6年鹿島神宮の大宮司となり、17年伊勢神宮の大宮司に就任。祭儀復興、神宮皇学館の整備拡充、「古事類苑」の刊行などに尽くした。31年内宮炎上の責を取って辞任。　家父＝鹿島則孝(鹿島神宮大宮司)

鹿島 秀麿　かじま・ひでまろ
衆院議員(憲政会)
嘉永5年(1852)8月～昭和7年(1932)3月27日
回兵庫県　学慶応義塾　歴徳島藩小日付、文学助教となった。明治維新後、兵庫県議、同副議長、洲本中学校長等を歴任。その後、明治23年兵庫県部より衆院議員に当選し、通算9期を務めた。また、藩但鉄道社長、阪神電気鉄道取締役等を歴任。

鹿島 万平　かじま・まんぺい
鹿島紡績所創立者
文政5年(1822)10月6日～明治24年(1891)12月29日　生江戸深川(東京都江東区)　歴嘉永2年(1849年)伝馬組木綿・繰綿問屋を開業し、6年横浜開港と同時に同地で綿花貿易に従事、巨利を博す。慶応4年(1868年)三井組に入り、横浜に生糸荷為替組合を組織。ついで政府の命により、通商商社および小金原開墾会社を創立。北海道に商社の出張所を開いて海産貿易を行い、釧路厚岸地方の荒地を開拓して北海道開発に尽力。また明治5年三井組の協力を得て、東京滝野川に鹿島紡績所を創設し、民間におけるわが国最初の近代紡績工場となった。20年東京紡績を設立し鹿島紡績所を吸収。

鹿島 万兵衛　かじま・まんべえ
東京紡績会社監査役
嘉永2年(1849)11月5日～昭和3年(1928)7月16日
生江戸　歴年季奉公を経て、慶応元年(1865年)に

元服。明治2年に父の鹿島万平が北海道・東京間の荷為替を開業して以来、その片腕として活躍し、東京・滝野川の紡績工場経営や北海道の開拓・海産物製造など幅広く事業を展開。20年には北海道庁長官岩村通俊の命で清国の商業を視察し、帰国後は父の設立した日本昆布会社の社長や東京紡績会社の取締役を務めた。24年に父が没すると、日本昆布会社を辞して北海道の漁業と対中国貿易を事業の中心に据え、大正期には台湾で製材業を興した。また、書や文筆にもすぐれ、その著書「江戸の夕栄」は幕末・明治期における江戸の街の記録として名高い。　家父＝鹿島万平（実業家）

梶山 鼎介　かじやま・ていすけ
衆院議員

嘉永1年（1848）10月20日～昭和8年（1933）3月25日　生長門国（山口県）　名初名＝喜代三郎　歴旧長府藩士。慶応元年（1865年）保守派の重臣・林郡平を暗殺したために角島へ流罪となるが、間もなく赦されて京都に上り、薩摩藩邸に潜伏。土佐の坂本龍馬らとも交流があった。戊辰戦争では報国隊軍監として従軍し、北越地方を転戦した。明治4年藩主毛利元敏に随行して米国及びヨーロッパに渡り、織物の研究に従事。帰国後、8年に香川県権参事となり、次いで陸軍参謀局に勤務して18年に陸軍中佐。のち内務省地理局長や朝鮮弁理公使などを歴任し、27年には衆院議員に当選して日清戦争期の政界で活躍した。

賀集 久太郎　かしゅう・きゅうたろう
園芸家

文久1年（1861）6月15日～明治33年（1900）10月19日　生淡路国三原郡賀集村（兵庫県南あわじ市）　学兵庫県立医学校卒　歴代々、里正を務めるという淡路の名家に生まれる。兵庫県立医学校を卒業後、明治21年郷里で開業。27年脳病にかかり、一家を挙げて京都に移住、療養に努めた甲斐あって間もなく快癒した。この間、父の影響もあり早くから園芸を志し、親族であった平瀬氏の種苗部を受け継いで京都長者町の自園を朝陽園と号し、園芸の研究及び改良に尽力した。28年「朝顔培養全書」を刊行。31年には「芍薬花譜」を著して園芸家を大いに裨益した。さらに30年頃からはバラの研究をはじめ、温湯潅水法などを考案、これらをまとめて「薔薇栽培新書」の編集を計画したが、突然の脳充血により完成を見ぬまま死去。同書は没後遺稿集として上梓された。

柏井 園　かしわい・えん
牧師　キリスト教史学者　文明評論家

明治3年（1870）6月24日～大正9年（1920）6月25日　生土佐国土佐郡福井村（高知県高知市）　学同志社普通学校〔明治24年〕卒　歴土佐藩士の子。高知県立尋常中学に入るが、明治16年同校で校長の辞職を求める運動があり、校長への同情から退学。同年高知共立学校に移り、キリスト教の影響を強く受け、20年同校の教員であった宣教師グリナンの下で受洗。24年同志社普通学校を卒業して高知英和女学校教師となるが、26年植村正久にその才能を認められ、上京して明治学院講師となる。傍ら、「福音新報」の編集も担当。36年明治学院神学部教授に昇進し、同時に日本基督教会牧師となる。同年米国ニューヨークのユニオン神学校に留学。38年に帰国後、植村が新設した東京神学社教頭に転じ、教会史や聖書神学などを講じた。一方で一番町・下谷の両教会での説教や聖書の改訳なども行い、39年日本基督教青年会主事となって雑誌「開拓者」を創刊。3年にはキリスト教に基づく精神文化発展のため雑誌「文明評論」を興すが、6年同誌に掲載された田川大吉郎の論文が不敬罪に問われ、その責任を負って東京神学社教頭を辞した。以後は青山学院、聖書学院などで教えたほか、8年より千駄ケ谷日本基督教会牧師を兼任。福音主義の立場から評論活動を続け、著書「基督教史」は我が国最初の包括的キリスト教史といわれる。

柏木 義円　かしわぎ・ぎえん
牧師　キリスト教思想家　評論家

安政7年（1860）3月9日～昭和13年（1938）1月8日　生越後国三島郡与板（新潟県長岡市）　学東京師範〔明治11年〕卒、同志社普通学校〔明治22年〕卒　歴新潟県の浄土真宗西光寺住職の長男に生まれる。明治11年東京師範卒業後、19歳で群馬県の細野西小学校校長になる。ここでキリスト教を知り、同志社英学校に入学するが中退。細野東小学校長となり、16年受洗。22年同志社普通学校を卒業し、同志社予備校主任を経て、25年熊本洋学校校長代理となる。30年安中教会牧師に就任。以後牧師として、キリスト教の立場から多くの評論を発表し、31年「上毛教界月報」を創刊し、非戦論、社会主義、権力批判の論陣をはった。著書に「柏木義円集」（2巻）がある。

柏倉 文四郎　かしわぐら・ぶんしろう
治水家

天保13年（1842）～明治36年（1903）　生出羽国長崎村（山形県東村山郡中山町）　名名＝信敏　歴生家は出羽長崎村の豪農。山形盆地西部の水不足解消のため、明治21年安孫子兼次郎の協力を得て左沢村の最上川から取水する最上堰を造った。用水路の総延長は約21キロメートル。灌漑面積は約1300ヘクタール。

柏田 盛文　かしわだ・もりふみ
衆院議員　文部次官

嘉永4年（1851）3月22日～明治43年（1910）6月20日　生鹿児島県　学慶応義塾〔明治12年〕卒　歴郷里鹿児島に帰り、県議、議長を務めた。明治22年四高校長、25年衆院議員当選、31年千葉県知事、32年文部次官。その後茨城、新潟各県知事を歴任、36年休職。

柏原 長繁　かしわばら・ながしげ
海軍大佐
嘉永5年(1852)2月23日〜明治33年(1900)11月21日　生江戸　名本名=藤田　学攻玉社卒　歴陸奥津軽藩士・藤田家の二男で、柏原家の養子となる。明治5年海軍少尉に任官。24年磐城、28年平遠、29年済遠、30年筑紫、31年笠置の艦長を歴任した。家兄=藤田潜(教育家)

柏原 文太郎　かしわばら・ぶんたろう
衆院議員
明治2年(1869)2月〜昭和11年(1936)8月10日　生下総国印旛郡成田町(千葉県成田市)　学東京専門学校卒　歴育英事業に従事、東亜商業、清華学校、東亜同文書院、目白中学などを設立、東亜同文会幹事、横浜商業会議所顧問を務めた。衆院議員当選4回。

柏村 信　かしわむら・まこと
第十五国立銀行支配人
文政6年(1823)7月6日〜明治28年(1895)12月10日　生長門国萩(山口県萩市)　名安致、通称=茂一郎、数馬、変名=柏原瀬兵衛、号=後凋　歴長州藩士。志士・明治新政府の参議・広沢真臣は弟に当たる。嘉永4年(1851年)手廻組に加えられて小姓となり、射術・砲術を学ぶ。安政6年(1859年)には西洋銃術を習い、文久元年(1861年)以降は小隊司令、銃陣稽古助教・小納戸御用取計などを務めた。文久3年(1863年)の長州藩による下関攘夷戦争に参加したのちは奥番頭格として国事に奔走し、薩長同盟に際しては薩摩の西郷隆盛・大久保利通にも面会している。維新後は山口藩大監察・学校主事・権大参事などとして藩政に参画するが、廃藩置県で官を辞し、毛利家の家令に転じる。その後は実業界で活動し、第十五国立銀行支配人・華族会館賛人などを歴任。明治17年には電灯事業の将来性に着目し、実業家の大倉喜八郎・原六郎らと東京電燈会社を設立した。家弟=広沢真臣(志士・政治家)

梶原 友太郎　かじわら・ともたろう
竜ケ迫の開拓者
天保5年(1834)〜大正12年(1923)12月27日　生伊予国北宇和郡津島(愛媛県宇和島市)　歴明治9年から始まった高知県幡多郡大月町竜ケ迫の開拓グループリーダーとして、農業、漁業の振興などに活躍した。

梶原 仲治　かじわら・なかじ
日本勧業銀行総裁
明治4年(1871)7月〜昭和14年(1939)1月6日　生北海道　学東京帝国大学法科大学英法科〔明治32年〕卒　歴若き日に上京、苦学して牛込小学校の代教員となった。明治32年日本銀行に入り、大阪支店長、ロンドン代理店支配人、本店調査局長を歴任したが、後横浜正金銀行に転じ、頭取に挙げられ、大正11年日本勧業銀行総裁となった。昭和2年に辞任。以後、大阪瓦斯取締役、東京株式取引所理事長、肥料工業組合理事長、工業組合中央会長、日本産業協会会長、学士会監事、日仏会館理事などを歴任した。6年2月にはベルギー皇帝からグラン・オフシェー・レオポール勲章を受けた。勲グラン・オフシェー・レオポール勲章(ベルギー皇帝より)〔昭和6年〕

粕谷 義三　かすや・ぎぞう
衆院議長　衆院議員(政友会)
慶応2年(1866)8月15日〜昭和5年(1930)5月4日　生武蔵国入間郡藤沢村(埼玉県入間市)　名旧姓・旧名=橋本、号=竹堂　学ミシガン大学(米国)卒　歴明治12年島村孝司に経学、洋書を師事。19年米国留学、財政、経済、政治学を学んで22年帰国。板垣退助らの「自由新聞」主筆となり、埼玉県議を経て、31年以来衆院議員当選10回、政友会幹部として活躍。大正12年〜昭和2年衆院議長を務めた。また書をよくし竹堂と号した。

加瀬 禧逸　かせ・きいつ
弁護士　衆院議員(無所属)
明治6年(1873)9月25日〜昭和3年(1928)5月4日　生千葉県　学東京法学院卒　歴日清戦争従軍後、弁護士を開業。日本弁護士協会理事などを経て、明治37年衆院議員に当選、通算5期を務めた。また旭町電燈所取締役なども務めた。家五男=加瀬俊一(外交官)、孫=加瀬英明(外交評論家)

賀田 金三郎　かだ・きんざぶろう
賀田組創業者　大倉組台湾支配人
安政4年(1857)9月16日〜大正11年(1922)7月4日　生長門国萩(山口県萩市)　歴父は札差商人で、長州藩の儒者馬島春海に学び、家業を継ぐ。明治18年上京して藤田組に入り、20年の大倉組との合併の際松山出張所主任に抜擢、のち広島支店長となる。日清戦争後、満州に支店開設を計画したが、三国干渉のために挫折し、方針を転換して大倉組台湾支配人として台湾に渡った。30年台北に駅伝車を設置し社長に就任、島内交通事業を興す。32年賀田組を創立、鉄道敷設、港湾修築など台湾の開発に尽力、台湾・朝鮮の植民地経営に力をふるった。

片岡 倉吉　かたおか・くらきち
公共事業家
慶応3年(1867)11月4日〜昭和6年(1931)7月27日　生常陸国(茨城県)　学陸軍歩兵学校卒　歴生地の茨城県太田町(常陸太田市)で太田無尽商会の設立など、各種事業に参加。昭和2年の日照りを契機に水道事業に乗り出し、3年お茶の水簡易水道組合、6年太田水道を設立、地元の飲料水を確保した。

片岡 健吉　かたおか・けんきち
自由民権家　衆院議員　同志社社長
天保14年(1843)12月26日〜明治36年(1903)10月31日　生土佐国高知城下(高知県高知市)　名幼名=寅五郎、諱=益光　歴土佐藩馬廻核に生まれ、文

久3年(1863年)郡奉行・普請奉行。戊辰戦争に従軍、明治2年藩中老職、4年権大参事となり、欧州巡遊、5年帰国。6年海軍中佐、征韓論を支持して官を辞し土佐に帰り、立志社を創立、民権運動を指導した。また8年には愛国社創立に参加。10年板垣らと民選議院設立建白書を提出。一方西郷の役が始まり、林有造ら立志社内の暴動計画で逮捕され、禁獄100日を言い渡された。12年県議となり議長。13年愛国社大会議長となり、国会開設請願書を提出。14年高知新聞社長、15年海南自由党を結成。18年受洗、高知教会長老。20年三大事件建白運動に参加、保安条例違反で軽禁錮2年に。22年大赦、23年以来高知県から衆議院議員に8回当選、副議長、議長を歴任。自由党解散後、政友会に属したが、36年退党。のち同志社社長、土陽新聞社長、日本基督教青年会理事長をつとめた。

片岡 七郎 かたおか・しちろう
海軍大将 男爵

嘉永6年(1853)12月14日〜大正9年(1920)1月2日 [生]薩摩国(鹿児島県) [学]海兵(第3期)〔明治9年〕卒 [歴]薩摩藩士の二男。明治10年海軍少尉に任官。22年ドイツに出張、23年ドイツ公使館付武官として27年帰国して金剛、浪速、橋立、八島の各艦長を歴任。31年常備艦隊参謀長、32年人事課長、同年呉鎮守府艦隊司令官、33年呉鎮守府艦政部長、35年竹敷要港部司令官、36年第三艦隊、38年第一艦隊司令長官、39年艦政本部長。40年男爵を授けられ、43年海軍大将。大正3年シーメンス事件に際して高等軍法会議判士長を務めた。6年予備役、7年後備役に編入。

片岡 利和 かたおか・としかず
明治天皇侍従 貴院議員(勅選) 男爵

天保7年(1836)10月9日〜明治41年(1908)11月2日 [生]土佐国土佐郡潮江村(高知県高知市) [名]別名=那須盛馬、片岡源馬 [歴]永野家に生まれ、土佐藩家老・深尾家家臣の片岡家の養子となる。文久元年(1861年)土佐勤王党に加盟したが1年で謹慎を命ぜられる。元治元年(1864年)8月14日に同志と脱藩、慶応年間には諸藩の志士の間を奔走した。戊辰戦争には北越に従軍し、柏崎監軍となる。維新後は東京府参事や侍従などを歴任、明治天皇の相撲の相手などをつとめた。明治33年男爵となり、39年貴院議員に勅選された。

片岡 直輝 かたおか・なおてる
大阪瓦斯社長 貴院議員(勅選)

安政3年(1856)7月3日〜昭和2年(1927)4月13日 [生]土佐国高岡郡下半山村(高知県高岡郡津野村) [名]幼名=欣三郎 [学]海軍主計学校卒 [歴]父は土佐郷士で、2人兄弟の長男。明治6年上京、電信学校、続いて海軍主計学校に入り、11年海軍主計副に任官。19年海軍大主計に進み、西郷従道海相に従い渡欧。21年軍艦厳島の建造監督官として渡仏。24年厳島主計長及び回航事務取扱委員として帰国、

待命となった。25年同郷の河野敏鎌内相秘書官、河野の文相就任により同秘書官となったが、河野死去により退任。大阪府書記官から、29年日本銀行に転じ、30年大阪支店長に抜擢された。32年退職して大阪瓦斯創立に関わり、34年同社長に就任、大正6年まで務めた。この間、明治38年本格的に大阪市内のガス供給を開始するなど、同社発展に手腕を発揮。また、大正4〜12年南海電鉄、6〜11年阪神電鉄社長を務め、大阪財界の世話人的存在として重きをなした。9年勅選貴院議員。[家]長男=片岡直方(実業家)、弟=片岡直温(実業家・政治家)

片岡 直温 かたおか・なおはる
蔵相 衆院議員 日本生命保険社長

安政6年(1859)9月18日〜昭和9年(1934)5月21日 [生]土佐国高岡郡下半山村(高知県高岡郡津野村) [学]高知陶冶学校〔明治8年〕卒 [歴]9歳で父が死去したため寺の小僧となる。のち高岡郡役所勤務を経て、14年上京、高陽会を組織し、自由党と対抗。17年内務省に入り滋賀県警察部長で退官。22年引世助太郎と共同で日本生命保険会社を設立、副社長から28年社長。31年衆院選に当選。大正13年護憲三派内閣で若槻礼次郎内相の内務政務次官。14年加藤高明内閣の改造で商工相、15年第一次若槻内閣の蔵相に就任。昭和2年震災手形整理法案に関連した議会で「東京渡辺銀行が破綻した」の答弁が、昭和金融恐慌の引き金になって若槻内閣総辞職。5年衆院選で落選し貴院議員。著書に『大正昭和政治史の一断面─続回想録』がある。[家]兄=片岡直輝(実業家)、女婿=片岡安(建築家)

片岡 信子 かたおか・のぶこ
片岡直輝・直温の母

天保2年(1831)8月1日〜大正8年(1919)5月25日 [生]土佐国高岡郡佐川郷(高知県高岡郡佐川町) [名]旧姓・旧名=山口 [歴]山口彦作の長女として生まれ、郷士・片岡直англ に嫁ぐ。国事に奔走する夫を援け、勤王の志士を援助した。慶応3年(1867年)夫が亡くなると極貧生活の中で2人の息子を養育、長男・直輝、二男・直温とも関西財界の重鎮となった。晩年は桃山で送り、恵まれた中で養蚕・機織などに励み、質素倹約に努めるなど賢婦として知られた。[家]長男=片岡直輝(実業家)、二男=片岡直温(実業家・政治家)

片岡 春吉 かたおか・はるきち
実業家

明治5年(1872)2月4日〜大正12年(1923)2月10日 [出]岐阜県 [名]旧姓・旧名=三輪 [歴]明治29年東京モスリン(大東紡織の前身)に入り、毛織物の技術を学ぶ。31年愛知県津島で縞モスリンを製造後、着尺セル(サージ)の製造に転じ、毛織物業界に変革をもたらした。

片桐 酉次郎 かたぎり・とりじろう
海軍主計大監 衆院議員(中正会)

文久1年(1861)6月19日～昭和13年(1938)12月27日　生陸奥国(福島県)　歴明治14年日本海軍に入り、主計畑を歩く。31年呉海兵団主計長などを経て、37年海軍主計大監となり予備役に編入。大正3年衆院議員に当選、1期務めた。

片倉 市助　かたくら・いちすけ
片倉工業創業者

文政6年(1823)1月7日～明治23年(1890)12月24日　生信濃国(長野県)　歴諏訪明神健御名方命の子・片倉辺命の子孫とされ、代々農業を営む名主を務める家柄に生まれる。明治6年長男の初代兼太郎が邸前の小屋で10人繰り座繰り製糸を始め、製糸業に着手。9年長男に家督を譲り、悠々自適の生活を送る傍ら、陰に陽に息子たちの事業を監督・補佐した。明治28年製糸事業の拡大に伴い片倉組(現・片倉工業)を設立。　家長男=片倉兼太郎(1代目)、二男=片倉光治(製糸業者)、三男=今井五介(片倉製糸紡績社長)、四男=片倉兼太郎(2代目)、孫=片倉兼太郎(3代目)

片倉 兼太郎(1代目)　かたくら・かねたろう
製糸業者　片倉組初代組長

嘉永2年(1849)11月29日～大正6年(1917)2月3日　生信濃国諏訪郡三沢村(長野県岡谷市)　名本名=片倉宗兼、号=如水　歴明治6年邸前の小屋で10人繰り座繰り製糸を始め、製糸業に着手。9年家督を相続。11年父の同意を得、天竜川畔に32人繰りの洋式機械による製糸工場・垣外製糸場を開設。次弟・片倉光治を中心に一家で経営に当たった。同年従弟の片倉俊太郎が手がけていた一之沢社など地元の同業者と生糸共同出荷組合深沢社を設立、12年には同社を発展改組して開明社を組織して品質向上に努め、開明社生糸として名声を博した。14年俊太郎の経営する製糸事業を合同、27年兼太郎(片倉本家)、分家した光治(新家)、俊太郎(新宅)の3家が協力して力を注ぐという意味で三全社とし、28年片倉組を設立して初代組長となった。一族一門で製糸事業に取り組んで業界第1位に躍進、今日の片倉工業の基礎を築いた。36年以降は北海道などで農林事業を開始し、41年から朝鮮各地で土地・林野を買収、殖産事業を進めた。39年片倉合名を設立して財閥形態をとった。　家父=片倉市助(片倉工業創業者)、弟=片倉光治(製糸業者)、今井五介(片倉製糸紡績社長)、片倉兼太郎(2代目)、甥=片倉兼太郎(3代目)

片倉 兼太郎(2代目)　かたくら・かねたろう
片倉製糸紡績社長

文久2年(1862)12月24日～昭和9年(1934)1月8日　生信濃国(長野県)　名本名=片倉宗広、号=南湖、海堂　歴片倉組創業者・初代兼太郎の養嗣子となり、明治27年から川岸製糸所所長を務める。大正6年2代目兼太郎を襲名し片倉組組長となる。9年片倉製糸紡績を設立し社長に就任。　家兄(養父)=片倉兼太郎(1代目)(片倉組初代組長)、片倉兼太

郎(3代目)(片倉製糸紡績社長)

堅田 少輔　かただ・しょうすけ
衆院議員(議員倶楽部)

嘉永3年(1850)10月26日～大正8年(1919)11月29日　生長門国萩城平安古(山口県萩市)　名旧姓・旧名=高洲、通称=堅田大和　歴長州藩士・高洲元忠の五男で、二兄は第一次長州征討の責任を取り切腹した藩家老・国司信濃。嘉永4年(1851年)堅田家の養子となる。慶応元年(1865年)八幡隊総督となり、第二次長州征討では芸州口から豊前小倉へ転戦。3年鋭武隊総督となり、戊辰戦争に参加した。明治4年藩費留学生として米国コロンビア大学へ留学。8年帰国して工部大学校技手。10年辞職して東京で成章学舎を設立し、17年山口中学教諭、20年山口高等中学教授。24年衆院議員に当選、通算2期。湯野村長も務めた。　家兄=国司信濃(長州藩家老)

交野 時万　かたの・ときつむ
公家　子爵

天保3年(1832)5月19日～大正3年(1914)1月17日　生山城国(京都府)　歴交野時晁の子。天保13年(1842年)元服して昇殿を許され、伊予権守となる。安政元年(1854年)権少納言となり、侍従を兼ね、文久元年(1861年)家督を継承、慶応2年(1866年)左京大夫、3年議奏勤仕に任ぜられた。この間、安政5年(1858年)日米修好通商条約調印の勅許阻止を図る公家88人の列参に参加。文久3年(1863年)には幕府の上奏した攘夷期限に関する公家68人の上書に参加した。明治維新後は氷川神社、日吉神社の大宮司を務め、明治17年子爵、21年御歌所設立と共に参候となり、長く務めた。

片平 信明　かたひら・のぶあき
農業指導者　駿河東報徳社社長

文政13年(1830)3月15日～明治31年(1898)10月6日　生駿河国庵原郡杉山村(静岡県静岡市)　名幼名=嶺三郎、通称=九郎左衛門　歴駿河国杉山村の名主の二男で、24歳の時に兄が没したため家督を継ぎ、九郎左衛門を襲名。同村の戸長となるが、幕末開港後の豆燈油・石油の輸入によって村の主要産物であった毒茬(あぶら桐)が衰退したため、代わって茶や桑の栽培を村人に推奨した。しかし、輸出の減退や茶の価格騰貴で村の経済が危機に瀕したため、明治9年二宮尊徳の報徳主義による村の再生を決意。同年12月には尊徳の直弟子である柴田順作の指導を受けて杉山報徳社を設立。11年には組織を拡大して駿河東報徳社とし、25年同社長に就任。駿河地方に新しい農業基盤を造った。また、農村教育にも力を注ぎ、明治11年杉山報徳学舎(のち杉山農業補習学校)を創立して青年に義務教育をほどこした。

片淵 琢　かたぶち・たく
社会事業家

安政6年(1859)～明治40年(1907)3月21日

出肥前国杵島郡(佐賀県)　号=錦浦　歴副島種臣の知遇を得、東京に自活研究会を設立して苦学生を援助する。内相・品川弥二郎に重んじられ、日本最初の労働者信用組合を作った。また日本初のロシア語学校の設立にも尽力する。のち朝鮮に赴き朝鮮問題にも関わった。著書に「コサック東方侵略誌」「南洲遺訓」などがある。

片山 遠平　かたやま・えんぺい
日本勧業銀行副総裁
天保14年(1843)10月~明治33年(1900)7月20日　出加賀国(石川県)　歴明治5年大蔵省を経て、内務省、農商務省に勤務。21年農商務省農務局次長となり、23年内国勧業博覧会事務官。のち日本勧業銀行副総裁を務めた。

片山 七兵衛(1代目)　かたやま・しちべえ
遠洋漁業の先駆者
安政5年(1858)~大正5年(1916)11月22日　生駿河国益津郡(静岡県焼津市)　名旧姓・旧名=近藤　近藤市右衛門の二男として生まれ、のち片山家の養子となる。若い頃から鰹の研究に深い関心を持ち、漁場の開発研究に努める。明治40年東海遠洋漁業を設立。遠洋漁業の将来を見越し漁船動力化の必要性を説き、発動機付き漁船を建造、業界の先頭を切って近代化に望むなど、鰹釣り漁業の振興に尽力し焼津漁業の基礎を築いた。

片山 潜　かたやま・せん
社会運動家 国際共産主義運動指導者
安政6年(1859)12月3日~昭和8年(1933)11月5日　生美作国条郡羽出木村(岡山県津山市)　名幼名=藪木管太郎、号=深甫　学岡山師範中退、グリンネル大学(米国)、エール大学(米国)　歴庄屋の二男に生まれる。岡山師範中退後上京、印刷工の傍ら勉学に励み、明治14年渡米、グリンネル大学、エール大学で学ぶ。留学中キリスト教に入信。29年帰国、日本の労働運動、社会主義運動、生協活動の先駆者となり、31年安部磯雄、幸徳秋水らと社会主義研究会を設立、34年には社会民主党を結成。37年アムステルダムの第二インター第6回大会に日本代表として出席、ロシア代表のプレハーノフとの不戦を誓う握手は有名。その後、東京市電スト指導で検挙され、出獄後大正3年渡米、以後国外にあった。ロシア革命後の10年ソ連入りし、11年コミンテルン幹部会員に選ばれ、日本共産党の結成とその後の活動を指導。'27年テーゼ、'32年テーゼの作成に参画。死後クレムリンの赤壁に葬られる。著書に「日本の労働運動」「わが回想」「片山潜著作集」などがある。　家娘=片山やす(ソ日友好協会副会長)

加知 貞一　かち・ていいち
実業家
明治11年(1878)10月1日~昭和6年(1931)1月5日　生美濃国土岐郡稲津村(岐阜県土岐市)　学東京高師卒　歴明治43年中国吉林省立実業学校の教師となるが、同地方の木材資源に着目、大正3年職を辞してその企業化を図る。約3年間を費やし、時の吉林省政府及び北京中央政府に運動して伐採及び営業権を得て、更に富士製紙会社分工場の誘致、運搬用の鉄道敷設を計画したが、ロシア・中国との交渉に行き詰まり挫折する。のち吉林省に製紙会社・共栄起業が設立され、顧問として活躍するが、昭和5年病を得て帰国した。

華頂宮 郁子　かちょうのみや・いくこ
華頂宮博経親王妃
嘉永6年(1853)8月5日~明治41年(1908)11月13日　生陸奥国盛岡(岩手県盛岡市)　名通称=糸姫　歴盛岡藩主南部利剛の長女。明治7年5月華頂宮博経親王(伏見宮邦家親王の一二男)と御結婚。8年長男博厚を御出産。　家父=南部利剛(盛岡藩主)

華頂宮 博経　かちょうのみや・ひろつね
海軍少将 華頂宮第1代
嘉永4年(1851)3月18日~明治9年(1876)5月24日　名幼称=隆宮、法名=尊秀　歴嘉永5年(1852年)知恩院門主を相続。万延元年(1860年)8月孝明天皇の養子となり、11月親王宣下があり博経の名を賜わった。得度して法名を尊秀と名乗るが、明治元年復飾して三品に叙せられ、博経と復名、華頂宮を称した。議定職、会計事務総督を兼ね、また8月皇学所御用掛を仰せ付られ大学寮設置のため尽力。3年海軍学術研究のため米国留学するが、8年病のため帰国。のち西海諸道を風土・民俗等視察のため巡視、ついで東北方面に出発を前にして再び病に倒れ再起を果たせなかった。9年危篤に及んで海軍少将に任ぜられた。

勝 海舟　かつ・かいしゅう
海軍卿 元老院議官 伯爵
文政6年(1823)1月30日~明治32年(1899)1月19日　生江戸本所亀沢町(東京都墨田区)　名本名=勝安芳、幼名=義邦、通称=麟太郎、安房、安房守、別号=飛出　歴下級幕臣・勝左衛門太郎(小吉)の長男に生まれる。13歳頃から島田虎之助について剣術を修め、弘化2年(1845年)頃から永井青崖について蘭学を学ぶ。嘉永3年(1850年)赤坂で蘭学塾を開く。6年のペリー来航に際して積極開港論を軸とする海防策を建議。安政2年(1855年)下田取締掛手付となり、ついで長崎海軍伝習に幹部学生として参加。6年軍艦操練所教授方頭取。万延元年(1860年)、咸臨丸を指揮して太平洋を横断してサンフランシスコに行く。帰国後、蕃書調所頭取助、講武所砲術師範役、軍艦操練所頭取などを歴任し、文久2年(1862年)軍艦奉行並に就任。元治元年(1864年)軍艦奉行となるが、蛤門の変以降の幕府反動化で失脚する。慶応2年(1866年)軍艦奉行に再任し、第二次長州征討、長州との和議談判などを調停。4年幕府方軍事総裁として西郷隆盛と談判して江戸城無血開城に成功したことで知られる。5年海軍大輔となり、6年参議兼海軍卿、8年元

老院議官を歴任。21年枢密顧問官になるなど、明治維新で活躍した。20年伯爵。著書に「吹塵録」「海軍歴史」「陸軍歴史」のほか、「勝海舟全集」(全22巻、講談社)がある。

勝 小鹿　かつ・ころく
海軍少佐
嘉永5年(1852)2月17日～明治25年(1892)2月8日
[学]アナポリス米国海軍兵学校〔明治10年〕卒　[歴]勝海舟の長男。慶応3年(1867年)米国へ留学し、アナポリスの海軍兵学校に学ぶ。明治10年帰国して海軍に入り、11年海軍少佐。13年摂津艦副長、18年横須賀屯営副長などを務めた。24年予備役に編入。

香月 経五郎　かつき・けいごろう
佐賀の乱で挙兵した旧肥前佐賀藩士
嘉永2年(1849)～明治7年(1874)4月13日
[生]肥前国佐賀(佐賀県佐賀市)　[歴]肥前佐賀藩校・弘道館に学び、慶応3年(1867年)長崎の致遠館で英学を修めた。明治2年大学南校に入学後、米英留学を命ぜられ、4年米国滞在中に岩倉使節団に同行した旧藩主・鍋島直大の補佐役を務めた。オックスフォード大学で経済学を学び、6年帰国。7年1月佐賀県中属。2月佐賀の乱に際して政府に出兵猶予を願い、岩村高俊に建議書を提出するも認められず、江藤新平の征韓党に同調して挙兵の指導者となるが敗れ、江藤とともに四国へ逃走。高知で捕縛され、佐賀で処刑された。

香月 恕経　かつき・ゆきつね
衆院議員
天保13年(1842)6月～明治27年(1894)
[生]筑前国夜須郡下浦村(福岡県朝倉市)　[歴]筑前秋月藩学校の訓導を務め、維新後郡村教導兼監察となった。明治6年福岡の農民決起に関係、国事犯として投獄された。7年赦免。12年夜須郡で集志社を設立、社長。以後甘木中学校長、玄洋社監督、「福陵新聞」主幹を経て、22年第1回衆院選に当選した。

勝野 吉兵衛　かつの・きちべえ
実業家
天保4年(1833)3月6日～大正3年(1914)3月6日
[生]美濃国(岐阜県)　[名]本名=鈴木二明　[歴]明治6年岐阜県初の10人繰り器械製糸をはじめ、9年には48人繰り水力利用の器械製糸へと規模を拡大する。たびたびの不況を乗り越え、25年県下最大の製糸工場に発展させた。のち愛知県の岡崎や知多に製糸会社を設立。

勝又 昱　かつまた・いく
宮城県議 宮城県湊小学校初代校長
弘化5年(1848)2月6日～大正8年(1919)5月5日
[生]陸奥国石巻(宮城県石巻市)　[歴]上京して中村正直の家塾に学び、ハリストス正教会に入信。明治13年郷里の宮城県石巻に帰り、湊小学校初代校長。

教会を建て、布教にあたった。17年宮城県議となり、交通、産業の開発に努めた。

勝間田 稔　かつまた・みのる
新潟県知事
天保13年(1842)12月～明治39年(1906)1月30日
[生]周防国山口(山口県山口市)　[名]初名=百太郎　[歴]もと長州藩士。戊辰戦争では越後新発田本営の軍監を務め、ついで会津戦争に加わる。明治2年判事試補となり柏崎に在勤、4年山口県大属などを経て、12年内務権少書記官、のち大書記官となる。17年清仏戦争により局外中立新法規実施方委員を命じられる。18年愛知県令となり、以後愛知県、愛媛県、宮城県、新潟県の知事を歴任し、33年休職。宮内省図書頭も務めた。

勝山 宗三郎　かつやま・そうざぶろう
実業家
天保2年(1831)～明治16年(1883)5月24日
[生]上野国前橋(群馬県前橋市)　[名]幼名=伴助　[歴]17歳で家業の製糸業を継ぐ。安政6年(1859年)横浜開港にともない、生糸の輸出を始める。明治8年旧前橋藩営器械製糸を買取ると、糸繰り器械の改良などにより優良品を製造、米国からの信頼を得て多量の注文を受け、事業を拡大した。11年改良座繰製糸勝山社を創立した。

勝山 直久　かつやま・なおひさ
自由民権運動家 長野県議
元治1年(1864)12月12日～昭和3年(1928)10月6日　[生]信濃国高井郡沼目村(長野県須坂市)　[名]旧姓・旧名=堀　[歴]明治16年に自由党党員となり、自由民権運動に加わる。21年には政府の条約改正を不服とし、東山道信濃国の人民726名の総代として上京、元老院に「条約改正中止外建白書」を提出した。帰郷後は高井友誼会や信濃倶楽部創立委員会などで活動し、長野で行われた第3回東北十五州大懇親会にも参加。その後、郡会議員・名誉職参事会員などを経て40年長野県議に当選し、河東鉄道(現在の長野鉄道)の敷設に尽力した。晩年は東京に住んだ。

桂 潜太郎　かつら・せんたろう
宮中顧問官
安政1年(1854)12月9日～昭和3年(1928)11月21日　[生]長門国阿川村(山口県下関市)　[名]旧姓・旧名=細迫　[歴]細迫礼介の長男に生まれ、明治17年先代庄右衛門の養子となり、絶家・桂家を興す。11歳の時に脇釜鑑の私塾に入り漢学・詩文を学び、ついで阿川文学寮で経史を修め、のち東京専門学校(現・早稲田大学)校外生となり、英法を学んだ。9年華族部局に出仕し、15年宮内省内に華族局が設置され属官となり、のち爵位局主事に就任、宮内書記官を兼任した。更に東宮主事に転じ、大正2年宮中顧問官を務めた。

桂 誉恕　かつら・たかひろ
新潟県議

天保9年(1838)6月3日～明治14年(1881)2月1日　生越後国蒲原郡新津(新潟県新潟市)　名通称＝謹吾　歴越後国新発田藩新津組の大庄屋を務める桂誉重の長男として生まれる。父と同じく鈴木重胤に国学を学ぶ。嘉永5年(1852年)父の跡職を命ぜられ、大庄屋となる。戊辰戦争に際しては、近隣の付近の藩や村が奥羽列藩同盟に荷担して佐幕を表明したのに対し、父とともに勤王を唱え、郷村の子弟を組織して新発田藩主の出兵を妨害した。また、新政府軍を助け、自邸を会津征討越後口総督の嘉彰親王の本営として提供した。維新後は戸長、青海神社祀官、新潟県議などを歴任。一方で教育事業や殖産興業、社倉の設置、石油事業にも尽力した。　家父＝桂誉重(大庄屋)

桂 太郎　かつら・たろう
陸軍大将　首相　元老　公爵

弘化4年(1847)11月28日～大正2年(1913)10月10日　生長門国萩城下平安古町(山口県萩市)　名号＝海城　歴長州藩士の長男。万延元年(1860年)藩の西洋軍隊に参加し、戊辰戦争では第四大隊に属して東北地方を転戦。明治3年ドイツへ留学して軍事を学び、6年帰国。7年陸軍に出仕し、8年再びドイツへ駐在武官として赴き、その軍政の調査研究に従事した。帰国後は陸軍首脳である山県有朋に参謀本部の独立を建言し、15年参謀本部管西局長、18年総務局長、19年陸軍次官を歴任、23年軍務局長を兼務し陸軍政の整備に努めた。27年日清戦争に第三師団長として出征、28年軍功により子爵を授けられた。29年台湾総督を経て、31年第三次伊藤内閣に陸相として初入閣し、同年陸軍大将に昇進。次いで第一次大隈内閣(隈板内閣)、第二次山県内閣、第四次伊藤内閣と4内閣3年間にわたって留任した。34年首相となり、35年日英同盟を締結。37年日露戦争が開戦するや挙国一致で難局を一貫して勤め上げたが、講和条約であるポーツマス条約への不満から民衆が講和反対運動を起こすに至って退陣に追い込まれ、西園寺公望に政権を譲った。以降、西園寺と交互に首相を務め、"桂園時代"と呼ばれた。44年公爵。人心収攬術に長けており、ニッコリ笑ってポンと肩を叩くことから"ニコポン"とあだ名され、次第に山県の影響から離れて政界に独自の勢力を伸ばした。大正元年8月明治天皇の崩御に伴い内大臣兼侍従長として宮中入り。12月陸軍二個師団増設が拒否されたことにより上原勇作陸相が辞表を提出し第二次西園寺内閣が倒れると、宮中から出て第三次内閣を組閣するが、陸軍の横暴ぶりと藩閥政治の復活が世間から強い反発を受け、第一次護憲運動がわき起こったため、2年2月には総辞職を余儀なくされた。この年、自身の政党として立憲同志会結成を図ったが、結党前に病没した。7年9ヶ月の首相在任期間は戦前戦後を通じて最長。この間、明治16年独逸学協会の一員として独逸学協会学校創設に参画し、20～23年同校長を務めた。また33年には台湾協会会頭として台湾協会学校(現・拓殖大学)を創立、初代校長に就任した。　家弟＝桂二郎(実業家)、二男＝井上三郎(陸軍少将・侯爵)、孫＝桂広太郎(貴院議員)

桂 徳次　かつら・とくじ
大陸浪人

明治13年(1880)～大正5年(1916)9月16日　生鹿児島県鹿児島市薬師町　歴明治37年日露戦争には第一軍に属して各地に転戦し、のちモンゴル語を学び、内モンゴルの武備学堂教官となる。45年以降、粛親王の満蒙独立運動に身を投じ、大正5年9月吉林・黒竜両省軍との戦いで戦死した。

桂 久武　かつら・ひさたけ
西南戦争で挙兵した旧薩摩藩士

文政13年(1830)5月28日～明治10年(1877)9月24日　生薩摩国(鹿児島県)　名=歳貞、通称=小吉郎、四郎、右衛門　歴日置領主・島津久徹の五男で、桂久徴の養子となる。薩摩藩の大目付・家老加判役に進み、幕末期にあっては武力討幕論を支持した。明治維新後は、執政心得、権大参事、都城県参事を歴任後、明治6年豊岡県権令となる。西南戦争では西郷隆盛軍に参加し、小荷駄隊長として活躍したが、城山で戦死した。

葛城 理吉　かつらぎ・りきち
公共事業家　石川県議

天保2年(1831)～明治30年(1897)4月30日　生能登国地頭町(石川県羽咋郡志賀町)　歴生地の能登国地頭町村の村長、石川県議などを務め、荒地の開拓、道路の修築、製塩業の復興など地方殖産興業に功績があった。また、教育の普及にも尽くした。　勲藍綬褒章〔明治28年〕

勘解由小路 資孚　かでのこうじ・すけこと
東宮侍従　貴院議員　子爵

万延1年(1860)9月13日～大正14年(1925)6月18日　出京都　歴明治5年宮内省九等出仕、16年司法省御用掛として、裁判所書記。20年明宮祗候を許され、22年東宮侍従、26年家督を継いで子爵。その後辞任して貴院議員となった。

加藤 昃　かとう・あきら
和歌山市長　紀陽銀行頭取

嘉永7年(1854)2月24日～昭和13年(1938)9月20日　名旧姓・旧名＝茨木、幼名＝六之助　歴紀州藩士・茨木家の三男。明治13年和歌山区書記となり、22年和歌山市収入役、23年助役、同年和歌山県議を経て、30年和歌山市長。大正3年退任。紀陽銀行頭取なども務めた。

加藤 仡夫　かとう・いさお
中国革命援助者

明治11年(1878)6月6日～明治44年(1911)11月4

日 生東京下谷（東京都台東区） 出群馬県館林 学陸士（第12期）卒 歴日露戦争に従軍し歩兵大尉、戦後陸大に入学。この頃から孫文、黄興らと親交があり、中国革命援助を政府に働きかけて陸大を追われ、大尉も免官となった。明治42年中国に渡り、李烈鈞に迎えられ、広東講武学堂教官、雲南体育学社総弁となる。44年武昌蜂兵に呼応して革命に参加したが、功山駅で殺害された。

加藤 宇兵衛　かとう・うへえ
衆院議員
文久1年（1861）12月28日～昭和4年（1929）8月22日　出陸奥国（青森県）　歴豪農の長男。青森県議、同参事員を経て、明治35年衆院議員初当選。以降3選。40～44年多額納税の貴院議員。津軽鉄道会社社長もつとめた。

加藤 万治　かとう・かずはる
伝道師　平和運動家　水戸友会伝道所主任
安政2年（1855）6月14日～昭和7年（1932）7月9日　生越中国黒部（富山県黒部市）　歴医学を志して上京し、メソジスト派の教会でキリスト教に入信、まもなくフレンド（クエイカー）派に移った。東京赤坂で病院を経営するW・N・ホイットニーの許で医術を学ぶ傍ら、明治22年評論家北村透谷らと日本平和会の設立に参画し、機関誌「平和」を拠点に平和運動を推進。保歯社（のちのライオン歯磨）の製造所に勤務したこともあったが、農村での医療と伝道を志し、27年基督友の会の発足で水戸友会伝道所主任に就任したのを機に29年水戸に移住。以後、水戸を拠点とした伝道・平和運動に一生を費やし、33年にキリスト教青年会の創立に当たった。また34年には水戸禁酒会を結成して禁酒運動を展開。

加藤 勝弥　かとう・かつや
衆院議員
安政1年（1854）～大正10年（1921）11月5日　出越後国岩船郡八幡村（新潟県村上市）　歴早くから政治運動に入り、明治7年板垣退助の自由民権論に呼応して民権運動を指導。北越会館館長を務め、のち新潟県議となった。23年国会開設以来衆院議員当選3回、政友会に属し、同会協議員となった。

加藤 定吉　かとう・さだきち
海軍大将　貴院議員　男爵
文久1年（1861）11月18日～昭和2年（1927）9月5日　生江戸　出静岡県　学海兵（第10期）〔明治16年〕卒　歴幕臣の子として江戸に生まれ、明治元年家族と駿河国沼津へ移る。明治16年海軍兵学校を首席で卒業、19年海軍少尉に任官。秋津洲、橋立の各艦長を経て、装甲巡洋艦春日艦長として日本海海戦に参加。大正元年海軍中将に進み、横須賀工廠長、2年第二艦隊司令長官となり、第一次大戦では極東のドイツ軍と交戦、青島攻略戦で戦功を立てた。4年教育本部長、5年呉鎮守府司令長官などを歴任。7年海軍大将。12年予備役、15年後備役に編入。この間、5年男爵を授けられ、14年より貴院議員を務めた。　家兄=加藤泰久（陸軍少将）

加藤 定吉　かとう・さだきち
衆院議員（憲政会）
明治3年（1870）11月～昭和9年（1934）4月14日　出静岡県　学慶応義塾〔明治24年〕卒　歴北支部、満州で貿易業務にたずさわる。大正4年衆院議員に初当選以来連続3期務めた。

加藤 重三郎　かとう・じゅうざぶろう
実業家　衆院議員（政友本党）　名古屋市長
文久2年（1862）5月29日～昭和8年（1933）6月19日　出尾張国名古屋（愛知県名古屋市）　学明治法律学校〔明治17年〕卒　歴尾張藩士・高木家の二男。新潟県の長岡区裁判所監督判事、高田区裁判所監督判事、台湾覆審法院長などを歴任。のち弁護士業を経て、明治39年名古屋市長、大正9年愛知県から衆院議員（政友本党）に当選1回。また石川鉄道社長、東海道電気鉄道取締役に就任した。

加藤 次郎　かとう・じろう
官僚
嘉永2年（1849）～明治10年（1877）10月　出備前国岡山（岡山県岡山市）　名旧姓・旧名=山口、名=信実　歴備前岡山藩士・加藤家の養子となる。戊辰戦争では東北に出征して負傷。明治3年同藩の西毅一らと上海に渡り、帰国後は西を助けて岡山県の教育に携わり、学制改革にあたる。その後、米国に3年間留学。7年台湾で番社事件が起こると偵察のため自ら赴いた。10年西南戦争では政府軍に参加したが、同年10月病死した。

加藤 宗七　かとう・そうしち
社会運動家
安政2年（1855）4月20日～明治18年（1885）11月28日　生陸奥国田村郡瀬川村（福島県田村市）　歴自由民権運動に携わり、奔走。明治18年加波山事件で入獄中の同志慰問のため上京中、大井憲太郎の朝鮮内政改革運動の計画を知り、大阪事件に加わる。先発隊の一員として長崎に行くが捕らえられ、留置中に天然痘に罹り死去した。

加藤 高明　かとう・たかあき
首相　外交官　憲政会総裁　伯爵
安政7年（1860）1月3日～大正15年（1926）1月28日　生尾張国佐屋（愛知県愛西市）　名旧姓・旧名=服部総吉　学東京大学法学部〔明治14年〕卒　歴尾張藩佐屋代官の家臣・服部重文の二男で、明治5年同藩の加藤家の養子となる。7年東京外国語学校に入学し、高明に改名。14年東京大学法学部を首席で卒業して三菱会社に入社。16年海運業研究のため英国に遊学し、同地で陸奥宗光の知遇を得た。18年帰国後は三菱本社副支配人を経て、同年日本郵船に入社。19年三菱財閥創始者・岩崎弥太郎の長女と結婚。20年陸奥の勧めで外務省に入り、大隈重信外相秘書官として条約改正交渉に当たった。

23年大蔵省に転じ、24年銀行局長、監査局長、25年主税局長を歴任。27年日清戦争が開戦すると陸奥外相の招きで外務省に戻り、駐英公使に就任。以後約5年に渡って在職する間、日清戦争中・後の外交を担うとともにチェンバレン、グレイら英国の政治家との親交を深め、親英外交の樹立と維持に努めた。33年第四次伊藤内閣の外相となり、対露強硬路線と日英同盟を推進。同内閣総辞職後は政友会に接近し、35年高知県から衆院議員に当選。桂内閣打倒のために伊藤と大隈重信を提携させたが、37年の総選挙には出馬せず、同年伊東巳代治から「東京日日新聞」を引き継ぎ社長として経営に当たった。39年第一次西園寺内閣の外相となるが、鉄道国有化に反対して在職55日で辞任。41年駐英大使となり関税自主権回復や第三次日英同盟の締結などに功があった。大正2年に伊藤が没した後は一転して桂太郎に近付き、同年第三次桂内閣に外相として入閣。さらに桂の組織した立憲同志会に参加し、同年桂の死去を受けて総裁に就任。3年第二次大隈内閣では副首相格の外相として入閣するが、第一次大戦での対独参戦や対中国強硬路線を強く推し進め、袁世凱政権に対華二十一ケ条の要求を認めさせるなど強引な手法から元老の怒りを買った。4年同内閣総辞職後は貴院議員に勅選。同年旧大隈内閣の与党三派の合同によって憲政会が組織されるとその総裁となり、原敬率いる政友会と対抗。13年の第二次護憲運動では革新倶楽部、政友会と護憲三派を形成して清浦内閣を打倒、同年6月首相として組閣し、普通選挙法、治安維持法を制定した。14年内紛で総辞職後は憲政会単独による第二次内閣を組織したが、首相在任中死去した。この間、明治44年男爵、大正5年子爵を経て、15年伯爵。 家岳父=岩崎弥太郎（実業家）、義弟=木内重四郎（内務次官）、幣原喜重郎（首相・外交官）

加藤 恒忠 かとう・つねただ
駐ベルギー公使 衆院議員 松山市長
安政6年（1859）1月22日〜大正12年（1923）3月26日 生伊予国松山（愛媛県松山市） 名旧姓・旧名＝大原、幼名＝忠三郎、号＝加藤拓川 学司法省法学校中退、パリ法科大学（フランス） 松山藩儒者大原有恒（観山）の三男に生まれる。明治9年司法省法学校入学、原敬、陸羯南らと同級になり親交を結ぶ。16年パリ法科大学に入学、19年パリ在留のまま交際官（外交官）試補となり、その後外務省参事官、ベルギー駐在特命全権公使等を歴任。39年スペイン皇帝結婚式に参列。40年辞職し、41年衆院議員に当選。大阪新報社長兼任。45年〜大正12年勅選。貴院議員をつとめ、8年特命全権大使としてシベリアへ出張、反赤軍を支持。また第一次大戦後は国際連盟協会愛媛支部長として平和思想の普及と尽力。晩年は11年松山市長に推された。遺稿集「拓川集」（全6巻）がある。子規の母八重は長姉にあたる。 家父＝大原有恒（儒者）、甥＝正岡子規（俳人）

加藤 友三郎 かとう・ともさぶろう
海軍大将・元帥 首相 子爵
文久1年（1861）2月22日〜大正12年（1923）8月24日 生安芸国広島城下大手町（広島県広島市） 学海兵〔第7期〕（明治13年）卒、海大〔明治21年〕卒 歴安芸広島藩士の三男。明治16年海軍少尉に任官。日清戦争時は吉野砲術長、日露戦争では第二艦隊参謀長を経て、38年連合艦隊参謀長として日本海海戦を陣頭指揮した。同年軍務局長、39年海軍次官、42年呉鎮守府司令長官、大正2年第一艦隊司令長官を経て、4年海軍大将。同年第二次大隈内閣の海相となり、続く寺内内閣、原内閣、高橋内閣でも留任。約8年間にわたって海相として軍政家として手腕を振るい、戦艦8隻・巡洋艦8隻を基幹とする八八艦隊計画という大規模な艦隊整備計画を推進したが、10年ワシントン会議に首席全権委員として出席、英国・米国と海軍軍縮条約に調印して自らが推し進めた八八艦隊計画を葬った。11年首相に就任して貴院中心の超然内閣を組織。痩せており蒼白な顔色から"燃え残りのロウソク"と揶揄され、その内閣も"残燭内閣"と呼ばれたが、軍縮やシベリア撤兵などを実現させた。12年在任中に病死した。この間、9年男爵を授けられ、12死去すると子爵に進み、元帥府に列せられ元帥海軍大将となった。 家養子＝加藤隆義（海軍大将） 勲大勲位菊花大綬章〔大正12年〕

加藤 忍九郎 かとう・にんくろう
三石耐火煉瓦社主
天保9年（1838）〜大正7年（1918）7月5日 生備前国和気郡野谷村（岡山県備前市） 歴安政6年（1859）父の後を継いで備前国野谷村の名主となる。維新後は野谷村議に選ばれるが、明治4年に公職から退き、酒造業を営んだ。のち岡山県庁で目にした石筆に将来性を見いだし、5年より三石の蝋石を用いた石筆の製造を開始。これが学制発布によって児童の筆記用具に用いられるようになり、急激に業績を伸ばした。22年にはパリ万博でその製品が高く評価され、褒状を受けた。23年大阪の学用品問屋橋本定吉と提携し、大阪石筆合資会社を設立。また、石筆の製造過程で排出される屑石を用いて蝋石煉瓦の開発に成功し、同年三石煉瓦製造所を興した。同社は日清戦争などによる煉瓦の需要増加に乗じて事業を発展させ、のちには三石耐火煉瓦に改組。また、蝋石鉱脈の発掘にも心血を注ぎ、31年には大平鉱山を買い取ってその開発に着手、これがのちの大平鉱山株式会社の基盤となった。 賞パリ万博褒状〔明治22年〕

加藤 平四郎 かとう・へいしろう
衆院議員
嘉永7年（1854）2月23日〜昭和10年（1935）3月18日 生備中国（岡山県真庭郡勝山町） 歴石井謙堂に蘭学を学ぶ。維新後、自由民権運動に参加、明治23年に岡山県第7区から衆院議員に当選、4期つとめた。その後、静岡県知事、山梨県知事を経て、

40年から甲府市長をつとめた。第4回内国勧業博覧会評議員を務めた。

加藤 政之助　かとう・まさのすけ
衆院議員（憲政会）

嘉永7年（1854）7月18日～昭和16年（1941）8月2日 [生]武蔵国（埼玉県） [学]慶応義塾 [歴]明治11年「大阪新報」主幹、14年北海道官有物払い下げに反対、また「報知新聞」に拠り自由民権を唱えた。13年埼玉県議、15～23年県会議長、25年以来衆院議員当選12回。改進系に属し、憲政本党常議員、大蔵参政官、憲政会政調会長、総務などを務めた。昭和2年勅選貴院議員。他に出羽石油会社、函館馬車鉄道各社長、東上鉄道取締役、東京家畜市場社長、大東文化学院総長などを歴任。著書に「西洋穴探」「欧米婦人の状態」「世界大観と新日本の建設」「回天綺談」などがある。

加藤 正義　かとう・まさよし
日本郵船会社副社長 東京市議

嘉永7年（1854）2月23日～大正12年（1923）12月24日 [生]伯耆国日野郡渡村（鳥取県日野郡日野町） [歴]地方官吏として地租改正などに従事したのち、明治18年農商務権書記官となる。同年同少輔森岡昌純とともに共同運輸会社に出向、三菱会社との間を調停、合併して日本郵船会社が設立されるとともに、設立案文を起草した。22年理事、26年株式会社に改組され取締役、日清戦争中の27年副社長に就任、大正4年まで20年余在任した。この間、明治34年朝鮮、中国を視察、帰国後、長江航路の湖南汽船会社を設立して社長、さらに日清汽船会社を設立した。傍ら、扶桑海上保険社長、帝国海事協会、日本海員掖済会各理事、東京湾築港協会委員などを務め、海運界の隆昌に貢献。また東京市会議長も務めた。

加藤 本四郎　かとう・もとしろう
外交官

明治3年（1870）4月～明治41年（1908）11月22日 [生]豊後国玖珠郡（大分県） [学]帝国大学法科大学〔明治28年〕卒 [歴]明治28年外務省に入り、京城公使館、ロンドン公使館などに勤務。32年蘇州、のち香港、34年仁川領事を経て、39年に天津総領事、40年に奉天総領事。

加藤 義之　かとう・よしゆき
実業家

明治2年（1869）12月25日～昭和6年（1931）1月29日 [生]羽前国松嶺町（山形県酒田市） [学]高等商業〔明治24年〕卒 [歴]明治24年東京倉庫（のちの三菱倉庫）に入社。41年大阪支店支配人となり、大正3年本店支配人に転じ、5年常務に就任。11年取締役に退く。この間、菱華倉庫社長、共同運輸社長なども兼任した。

加藤 六蔵　かとう・ろくぞう
衆院議員（同志倶楽部）

安政5年（1858）4月～明治42年（1909）6月21日 [生]愛知県 [学]慶応義塾〔明治12年〕卒 [歴]海運業、醤油醸造業を営む傍ら、尾三農工銀行、宝飯銀行取締役、豊橋商業会議所会頭などを歴任。また愛知県議、愛知郡農会長も務め、明治23年衆院議員に初当選以来、通算6期務めた。

門野 幾之進　かどの・いくのしん
千代田生命保険社長 慶応義塾塾頭

安政3年（1856）3月14日～昭和13年（1938）11月18日 [生]三重県 [学]慶応義塾〔明治6年〕卒 [歴]福沢諭吉に知られ17歳で慶応義塾の助教授となり、明治11年板垣退助と共に立志社を興し湯島共慣義塾教頭となった。14年大隈重信らの立憲改進党創立に参加し、さらに時事新報社、交詢社設立にも尽力、15年慶応義塾塾頭となった。32年欧米を巡遊、帰国後、衆院議員となったが、実業界に転じ、37年千代田生命を創設、社長に就任。他に千代田火災、千歳海上火災、第一機罐保険の各社長、時事新報社会長、三井信託取締役、東邦電力監査役などを務めた。昭和7年勅選貴院議員。 [家]弟＝門野重九郎（実業家）

上遠野 富之助　かどの・とみのすけ
名古屋鉄道社長 名古屋商業会議所会頭

安政6年（1859）10月19日～昭和3年（1928）5月26日 [生]出羽国横手（秋田県横手市） [学]東京専門学校卒 [歴]「秋田日報」記者を経て、東京専門学校に入学。卒業後、「郵便報知新聞」政治記者となるが、名古屋の実業家・奥田正香に認められ、明治26年名古屋商業会議所に入り、書記長となる。以後、奥田を補佐し、42年同副会頭、大正10年～昭和2年会頭を務めた。この間、名古屋鉄道を設立し社長を務めた他、明治銀行、日本車輛製造、名古屋電力（東邦電力）、名古屋瓦斯（東邦瓦斯）などの会社設立に参画し役員を兼任。一方、明治38～42年名古屋市会議員も務めた。

楫取 素彦　かとり・もとひこ
元老院議官 男爵

文政12年（1829）3月15日～大正1年（1912）8月14日 [生]長門国大津郡三隅村（山口県長門市） [名]旧姓・旧名＝松島、幼名、諱＝希哲、字＝士毅、通称＝伊之助、文助、素太郎、号＝耕堂 [歴]萩藩士。藩医・松島瑞蟠の二男。天保11年儒者・小田村家の養子となる。藩校・明倫館に学んだ後、江戸に出て安積良斎に師事。帰藩後、明倫館助教となる。吉田松陰の妹と結婚し、松陰の活動（松下村塾など）を援助した。また幕末の志士として、第二次長州征討の際、開戦阻止に尽力。明治3年楫取と改名。維新後は足利県参事、熊谷県令、群馬県令、元老院議官、宮中顧問官、貴院議員を歴任。この間、群馬県令を務めていた15年に、我が国最初の"廃娼令"を布達した。20年男爵。 [家]兄＝松島剛蔵（萩藩士）、義兄＝吉田松陰

金井 俊行　かない・としゆき
地方行政家　郷土史家　長崎市会議長
嘉永3年（1850）1月6日～明治30年（1897）8月26日
⃞生肥前国彼杵郡長崎村西山郷（長崎県長崎市）　⃞名幼名＝清之助　⃞歴家は代々長崎代官手代で、慶応元年（1865年）父のあとを継いで長崎代官所書記となり、明治元年長崎府軍用方属役、のち長崎県、佐賀県の書記官を経て、19年長崎区長に就任。22年市制実施により退官、長崎市会議長となる。教育、交通、下水道改良などに功績があったが、特に24年には市民の反対を押切って本河内に上水道源を竣工させた。また長崎史に関する著述が多く、著書に「長崎年表」「増補長崎年表」「島原地変」「南高来郡温泉案内記」「長崎略史」「長崎水道一班」などがある。

金井 之恭　かない・ゆきやす
書家　元老院議官
天保4年（1833）9月18日～明治40年（1907）5月13日　⃞生上野国佐位郡島村（群馬県伊勢崎市）　⃞名字＝子温、通称＝文八郎、五郎、梧楼、号＝金洞、錦鶏　⃞歴新田氏支族の子孫と伝えられる家に生まれ、父の影響で高山彦九郎に私淑。文久年間から上州東南部の同志を糾合して、尊王攘夷運動を展開。元治元年（1864年）水戸天狗党を支援。また慶応3年（1867年）新田義貞の後裔・新田満次郎を擁立し、尊王派浪士隊による下野国都賀郡出流山での倒幕挙兵に呼応しようとしたが、事前に幕府方に知られ逮捕された。翌年官軍の手で上野国岩鼻陣屋の獄中から救出され、再び新田満次郎を頭とする尊王隊を組織して東北戦争に従軍。明治元年市政局に出仕して以来諸官を歴任。西南戦争に総督参謀、15年内閣大書記官等を経て、21年元老院議官、24年勅選貴院議員となった。書家としては明治3筆の一人とされる。

金尾 稜厳　かなお・りょうごん
僧侶　衆院議員　島根県知事
嘉永7年（1854）1月18日～大正10年（1921）3月23日　⃞生安芸国（広島県）　⃞歴河野徹に経史を学んで僧となった。明治6年上京、英学を修め正伝寺住職。9年本願寺大学林監督、13年大阪教務所管事。14年本願寺に宗会が開会すると第1回議員となる。15年旧安芸広島藩主・浅野長勲がイタリア公使として赴任する際に同行し、英国へ留学。以来イタリア、オーストリア、ドイツ、ロシア、東亜諸国を視察、さらにオーストリアのシュタイン博士に立憲政度を学び、18年帰国。本願寺学務局庶務局長、護持会副会長、22年特選会衆兼務。22年還俗して僧籍を離れ、政界入り。23年第1回総選挙に当選。通算8期。また、31年富山県、33年島根県の各知事も務めた。

金岡 又左衛門　かなおか・またざえもん
富山電燈社長　衆院議員（憲政本党）
文久4年（1864）1月～昭和4年（1929）6月10日　⃞生越中国（富山県）　⃞歴医学、漢学を修める。新庄町議、富山県議、議長を経て、明治27年衆院議員に当選、以後3回当選して計4期を務めた。富山電燈社長、富山日報社長もつとめた。また育英事業に資金を投じ多くの人材を世に出した。

金久保 万吉　かなくぼ・まんきち
陸軍中将
慶応1年（1865）9月4日～昭和13年（1938）4月8日　⃞生武蔵国埼玉県（埼玉県）　⃞学陸士卒、陸大卒　⃞歴金久保浅右衛門の二男に生まれる。明治21年陸軍歩兵少尉となり、日露戦争では第四師団参謀（第二軍）として従軍。のち第八師団参謀長、十師団参謀長、大正3年歩兵第十八旅団長、5年歩兵第四十旅団長、7年旅順要塞司令官を経て、同年中将となり、第十師団長を務めた。10年予備役に編入となった。

金沢 仁作　かなざわ・じんさく
衆院議員　帝国製紙社長
文久1年（1861）11月7日～昭和3年（1928）12月8日　⃞生大坂堺　⃞歴明治11年東京に赴き大蔵省銀行簿記伝習所に入り銀行事務を研究し、第四十二銀行に入行。22年父が平野紡績を興すと帰郷し、経営を助け、父の没後は社長を務める。35年摂津紡績と合併して重役となり、大正2年帝国製紙を創立、社長に就任した。一方、明治42年市政刷新を図り大阪市民会を組織、43年大阪市議となり、大正4年大阪市から衆院議員（正交倶楽部）に当選、2期務める。また朝鮮無煙炭鉱・日本生糸・鞄商船・大日本紡績・平野大豆などの取締役を兼ね、大阪の発展に寄与した。

金田 徳光　かなだ・とくみつ
徳光教教祖
文久3年（1863）9月20日～大正8年（1919）1月4日　⃞生和泉国堺（大阪府堺市）　⃞河内国若江郡八尾（大阪府八尾市）　⃞名旧姓・旧名＝岡田徳松、金田徳松　⃞歴生家は堺の商家。9歳で刃物商に奉公にでる。少年時代から山岳信仰の修行に惹かれ、犬鳴山、高野山などにこもる。明治11年金田家の養子となり金田徳松となり、15年刃物店を開業したが、一方真言密教と山伏・行者の呪術、神道思想の混じった加持祈祷、病気直し、占いによって帰依者を増やした。40年御嶽教大講義となる。大正元年相場師小田切徳照、日本国教大道社の山内良千らの支持をうけて、御嶽教に所属する徳光教会（本部・大阪府下天王寺村の自宅）を設立。この時徳光と改名。その教えを「神訓」18箇条として提示した。教育勅語を教義の本旨として国家主義を唱導、教祖の"お振替"による病気直しや、相場の予言があたるという評判で、第一次大戦の戦争景気にのって盛行した。死後、教勢は衰えたが、その宗教思想は"ひとのみち"、PL教団にうけつがれた。

金原 磊　かなはら・らい
安田銀行協議役

安政4年(1857)7月12日～昭和9年(1934)1月28日　歴農商務省に入り、明治24年安田銀行福島支店に移る。第八十二銀行、明治商業銀行などの取締役を経て、安田銀行協議役、東京砂利鉄道、日本昼夜銀行の取締役を歴任した。

金丸 鉄　かなまる・まがね
弁護士 東京法学社創立者

嘉永5年(1852)～明治42年(1909)11月25日　生豊後国(大分県)　名幼名=四郎、号=箕山、諱=英直　歴豊後杵築藩士の二男。19歳で上京し、明治10年出版社・時習社を設立。社主兼編集長として日本初の法律専門誌の一つ「法律雑誌」を創刊した。また、同郷の先輩で法学塾・法律学舎の元田直と親交を結んだ。13年元田の助力を得て、伊藤修、薩埵正邦とともに東京法学社(現・法政大学)を創設。15年代言人(弁護士)の資格を取得格。19年大阪府議となった。

金森 吉次郎　かなもり・きちじろう
治水家 衆院議員

元治1年(1864)12月29日～昭和5年(1930)10月13日　生美濃国大垣(岐阜県大垣市)　歴幼い頃から水害対策の必要性を痛感、長じて大垣輪中委員長などを務めた。明治29年の大水害では大水に襲われた大垣を救うため、木曽川下流の堤防を命がけで切り崩し、被害の拡大を防いだ。その後、上流での治山・改修の必要性を建議、ついに三川(木曽川・長良川・揖斐川)の改修を完成させ、水害の猛威を押えた。33年衆院議員。

金森 通倫　かなもり・つうりん
牧師 神学者

安政4年(1857)8月15日～昭和20年(1945)3月4日　生肥後国玉名郡小天村(熊本県玉名市)　名本名=金森正則　歴同志社英学校〔明治30年〕卒　同志社卒業後岡山教会牧師、同志社神学科教授、校長などを歴任して明治23年退職。番町教会牧師となって、24年「日本現今之基督教並ニ将来之基督教」を刊行するが、1年足らずで番町教会を去り、その後自由党、三井鉱山、東京米穀取引所に関係し、33年から大正3年にかけて内務省、大蔵省の嘱託となる。のち救世軍に入って伝道活動を続けた。家長男=金森太郎(山形県知事)

金山 従革　かなやま・じゅうかく
富山日報社長 衆院議員(進歩党)

元治1年(1864)11月～昭和11年(1936)12月12日　生越中国(富山県立山町)　歴富山日報社長、立山軽便鉄道取締役などを歴任。また明治31年衆院議員を1期務めた。

金山 尚志　かなやま・しょうし
韓国統監府会計課長

安政6年(1859)～明治40年(1907)3月31日　生筑前国那珂郡吉岡村(福岡県福岡市)　学福岡師範〔明治8年〕卒　歴明治8年師範学校を卒業して小学校教員となり、更に法学院に入り卒業と共に横浜始審裁判所判事補、ついで検事に転じ、20年同裁判所判事、21年重罪裁判所陪席などを経て、23年貴族院書記官となる。30年内務省参事官を兼ね、38年から韓国統監府の書記官、会計課長を務めた。

可児 孝次郎　かに・こうじろう
臼杵商談会会頭

嘉永6年(1853)10月4日～昭和6年(1931)4月2日　生豊後国臼杵(大分県臼杵市)　歴豊後臼杵藩で醸造業を営む家に生まれる。長じて家業に従事し、明治9年頃から近隣の若手商人たちと商業振興グループを結ぶ。18年そのグループが臼杵商談会に発展すると、その初代会頭に就任。以後、臼杵海産会社(魚市場)の設立・臼杵港の移転・道路の改修・臼杵銀行の創業などを次々と行い、臼杵の近代化に尽した。また、鉄道敷設事業にも携わり、日豊本線を臼杵に誘致するべく奔走し、42年日豊鉄道海岸線期成同盟会を結成。その結果、43年に臼杵を経由する海岸線ルートが決まり、大正4年に臼杵駅の完成をみた。

金子 角之助　かねこ・かくのすけ
自由民権運動家 神奈川県藤沢町長

慶応2年(1866)12月～昭和12年(1937)9月24日　生相模国(神奈川県)　名旧姓・旧名=武藤　歴明治18年有一館長・磯山清兵衛の誘いで大井憲太郎らの大阪事件に加わり、軽懲役2年の刑を受ける。45年神奈川県藤沢町長。のち全国町村長会を組織して会長を務めた。

金子 喜一　かねこ・きいち
社会主義者

明治8年(1875)10月21日～明治42年(1909)10月8日　生神奈川県久良岐郡笹下村(横浜市)　学ハーバード大学(米国)大学院修了　歴明治31年徳富蘇峰の紹介で「埼玉経済新報」主筆となり、32年頃同社の援助で渡米する。渡米中、社会主義思想に近づき、36年米国社会民主党に入党。以後在米社会主義者として活躍した。

金子 堅太郎　かねこ・けんたろう
法相 初代日米協会会長 伯爵

嘉永6年(1853)2月4日～昭和17年(1942)5月16日　生筑前国福岡(福岡県福岡市)　号=渓水　学ハーバード大学(米国)法律学科〔明治11年〕卒　歴明治4年藩主とともに岩倉具視使節団に同行して渡米、ハーバード大学で学ぶ。11年帰国後、大学予備門講師、元老院権少書記官となり、制度取調局で伊藤博文のもと大日本帝国憲法起草に参画。18年第一次伊藤内閣の首相秘書官、枢密院議長秘書官。22年議会制度調査のため渡米。23年帰国、貴族院書記官長、農商務次官から第三次伊藤内閣で農商務相。33年第四次伊藤内閣の司法相。同年政

友会創立に参加。37年日露戦争開戦と同時に秘密大使として渡米、ルーズベルト大統領相手の戦時諒解工作に当たり、日露講和を有利に導いた。39年から枢密顧問官。大正6年初代日米協会会長。昭和9年伯爵。10年天皇機関説に反対し、軍部革新派に協力した。 [賞]ハーバード大学名誉法学博士号〔明治32年〕

金子 新太郎　かねこ・しんたろう
陸軍歩兵大尉

元治2年(1865)4月4日～明治44年(1911)11月26日　[生]越後国刈羽郡野田村(新潟県柏崎市)　[歴]明治26年荒井甲子之助と共に上海に渡り、自らも煎餅を焼いて旅費に当てながら中国各地を視察した。帰国後間もなく陸軍少尉となり、日清戦争に従軍。35年福島安正少将の推薦で清(中国)の貴陽武備学堂の教官に就任、約3年間務めた。37年日露戦争が起こると辞して帰国、後備歩兵第五十一連隊中隊長として出征、大尉に進んで各地を転戦した。のち推されて郷里・新潟県野田村の村長となる。44年再び中国に渡った際、辛亥革命の勃発で革命軍に加わり、同年11月漢陽で戦死した。

金子 直吉　かねこ・なおきち
鈴木商店支配人

慶応2年(1866)6月13日～昭和19年(1944)2月27日　[生]土佐国吾川郡名野川村(高知県吾川郡仁淀川町)　[歴]土佐藩の免許商人・金子甚七の子。家が貧しかったため学校に行かず10歳の頃から紙屑買いなどで家計を支えた。明治10年砂糖屋の丁稚となったのを皮切りに、乾物商、質屋など勤め先を転々とし、19年神戸に出て樟脳商・鈴木商店に入社。やがて主人・鈴木岩治郎の代わりに樟脳の取引を任せられるなど頭角を現し、27年岩次郎の病没後は未亡人のよねを助け、番頭として店の業務を取り仕切った。33年台湾の樟脳販売が専売制になると、その販売権を得て巨財を築いた。35年同商店を合名会社化して支配人に就任。事業の多角化を推し進め、関係会社も50社を数えるなど、同商店を神戸製鋼所や帝人など数多くの傍流各社を興した。第一次大戦が勃発すると鈴木商店の貿易事業を積極的に拡大し、砂糖、小麦、米、肥料から煙草、マッチ、セルロイド、人絹、鉄、船舶などまでに至る広範な商品を取引してさらに業績を伸ばす。大正7年には年間取扱高は約16億円となり、関係企業も50社を数えるなど、三井・三菱の二大財閥に匹敵する一大勢力へと成長させた。9年国際汽船株式会社社長。11年以降の大戦後の不況で急速に経営が悪化。12年から主要取引先である台湾銀行から派遣された下坂藤太郎の指示の下で経営再建に乗り出すが、昭和初期の大恐慌で同銀行からも取引を停止され、昭和2年同商店は破綻した。以降は倒産後の整理を進めるとともに旧直系企業の太陽曹達を持株会社化して鈴木商店の再建を夢見たが、かなわぬまま没した。 [家]二男＝金子武蔵(哲学者)

金子 尚雄　かねこ・ひさお
社会事業家　上毛孤児院創設者

慶応4年(1868)1月25日～昭和16年(1941)9月4日　[生]武蔵国埼玉郡(埼玉県)　[名]号＝孤友　[歴]明治22年キリスト教に入信。同志社大学入学を志すが、宮内文作の勧めで25年群馬県前橋市に上毛孤児院(現・上毛愛隣社)を創設。妻の金子おなじと共に孤児の救済をはじめ、禁酒・廃娼運動にも尽した。 [家]妻＝金子おなじ(社会事業家)

金子 政吉　かねこ・まさきち
横浜取引所理事長　横浜貿易銀行頭取

安政1年(1854)～大正11年(1922)4月5日　[生]下野国塩谷郡氏家宿(栃木県さくら市)　[名]旧姓・旧名＝鈴木　[歴]若年の頃に父と共に横浜に出て蚕糸売り込みに従事。明治14年太田町の金子五兵衛の養子となり、27年原善三郎の知遇を受けその勧めにより横浜で生糸商・阿波屋を営む。傍ら、横浜市議を務め、28年横浜商業会議所が設立されると議員に選ばれ、以来数期務めた。29年横浜貿易銀行を設立し、頭取に就任。横浜火災保険会社、横浜倉庫会社など各種の事業に関与し、大正6年横浜取引所理事長に就任、その発展を図ったが、9年財界の恐慌に遇い、取引所の営業を半年に渡り休業し危機を乗り切った。

金子 政吉　かねこ・まさきち
俠客

安政4年(1857)～昭和9年(1934)3月8日　[生]江戸　[名]通称＝佃政　[歴]"魚河岸の政"といわれた東京佃島の親分。大正12年関東大震災の際に住民を指揮し佃島を火災から守った。魚河岸の築地移転・争議解決に奔走し、貧しい患者のため東京市立築地病院に20万円の寄付を計画するなど、住民の福祉に尽くした。

金子 増耀　かねこ・ますてる
製鋼業者

万延2年(1861)2月11日～昭和13年(1938)2月3日　[生]江戸　[歴]明治12年東京砲兵工廠に勤務中、フランス人技師から洋式の鉄鋼鋳造技術を習得。陸軍鋳鋼所、八幡製鉄所、日本鋳鋼所などに務める。大正7年大阪に金子鋳鋼所を設立し、芴洞興業、雨宮商店などの取締役も務めた。日本鋳鉄業界の先駆者で、銅像鋳造にも勝れ、靖国神社広場の大村益次郎像も作製した。

金子 元三郎　かねこ・もとさぶろう
衆院議員

明治2年(1869)4月～昭和27年(1952)4月11日　[生]北海道　[歴]明治37年衆院議員初当選。以降3選。定山渓鉄道、北海道造林各社長を経て、豊山銀行、丁酉銀行各頭取となる。また、北海道拓殖計画調査会委員となった。貴院には大正14年から昭和14年まで在任した。

金子 弥平　かねこ・やへい
大陸浪人
安政1年(1854)12月〜大正13年(1924)2月17日
出奥国(岩手県)　学慶応義塾　歴南部藩の出身で、慶応義塾に学ぶ。明治8年森有礼駐清公使に従って清国へ渡る。11年帰国して中国語学校を設立。のち品川弥二郎の知遇を得て外務省に入り、25年品川が国民協会を組織すると下野して同協会のために尽力した。清国・営口で日本雑貨店を営む傍ら、満州の物産流通事業にも携わった。日露戦争が起こると事業を棄てて安東県に移り、鴨緑江の木材事業や高梁酒製造に従事し、同県市政にも関与、晩年は京都に隠棲して中国革命の志士などを援助した。

鐘崎 三郎　かねざき・さぶろう
軍事探偵
明治2年(1869)1月2日〜明治27年(1894)
生筑後国三潴郡青村(福岡県久留米市)　歴神職の子で、早くに両親を亡くす。陸軍幼年学校に入ったが、兄が亡くなったことから中退し、家を継いだ。その後、長崎で中国語を学び、中国各地へ赴く。27年日清戦争が始まると同志と軍事探偵として働き、大本営付通訳官に抜擢されて明治天皇に拝謁する破格の栄誉に浴した。第二軍司令官である大山巌に従い、再度戦場へ赴いたが、敵情視察中に捕らえられ殺害された。

兼松 習吉　かねまつ・しゅうきち
陸軍少将
明治7年(1874)3月17日〜昭和11年(1936)11月24日　出滋賀県　学陸軍砲工学校本　歴陸軍砲工学校卒業後、ドイツに留学。明治36年母校の教官となる。のち近衛砲兵連隊大隊長、野砲兵第二旅団長を務めた。大正10年少将。

兼松 房治郎　かねまつ・ふさじろう
兼松商店創業者
弘化2年(1845)5月21日〜大正2年(1913)2月6日
生大坂江之子島(大阪府大阪市西区)　名旧姓・旧名=広間、通称=兼松濠洲　歴江戸に出て岡部駿河守に小姓として仕え、親戚の兼松家を継ぐ。元治元年(1864年)フランス兵について陣兵方式を学び、歩兵指図役下役並見習に抜擢。同年幕府軍の小隊長に任ぜられ、筑波に出陣した。しかし、武士としての将来性に限界を感じ、2年帰阪して商業を志した。慶応2年(1866年)第二次長州征討に際しては、長州に赴いて軍用品の取引に携わった。明治維新前後には横浜などで綿糸・雑貨の輸出に従事したが、明治3年普仏戦争の影響で欧州各国が不況に陥ったため商売に失敗。米国人宣教師J.H.バラの塾や横浜の外国語学校で英語を学び、5年大阪に帰って米国への渡航を企てるが、横浜時代の英語の師・伊藤弥次郎の勧めで、6年三井組銀行部大阪支店に入社した。9年同行の取締役に就任するとともに、米商会所(のち堂島米商会所)の設立に尽力し、その重役を兼務。14年健康不良のため三井を辞すが、回復後の15年より大阪商船の創設に参画。17年同社の発足に伴って取締役となるも、19年辞任。20年経営不振にあった「大阪日報」を買収、21年「大阪毎日新聞」と改称して自身が直接経営に当たるとともに、東海散士(柴四郎)を主筆に招いて、今日の「毎日新聞」の基礎を作った。この間、オーストラリアとの直接貿易を計画し、22年同新聞を本山彦一に譲って神戸に兼松房治郎商店(現・兼松)を創業。23年にはシドニーに支店を設置して本格的に日豪貿易を開始、その確立に貢献した。33年からは中国貿易にも進出し、やがては台湾などにも販路を拡大した。

嘉納 治兵衛　かのう・じへえ
白鶴酒造会長
文久2年(1862)1月2日〜昭和26年(1951)1月
出大和国添上郡西御門町(奈良県奈良市)　名号=鶴翁　歴奈良の神司中村家の三男で、明治20年「白鶴」酒造元6代治兵衛の長女慶と結婚、22年7代目を襲名。嘉納家6代没後の家政を改革、家業を盛り上げた。茶人であり美術品収集でも有名で、昭和9年白鶴美術館を設立した。

嘉納 治郎右衛門(8代目)
かのう・じろうえもん
醸造家 本嘉納商店社長
嘉永6年(1853)7月3日〜昭和10年(1935)3月19日
生摂津国御影(兵庫県神戸市)　歴明治15年家督を相続し、家業の醸造業に従事。この年商標令が発布され、従来の銘柄「本稀」を「菊正宗」と改名・登録した。醸造の改善に苦心し、杉桶の改良を志して国産タンクの使用を発明。40年本嘉納商店を合資会社とし、大正8年株式会社に改組。15年別に本嘉納合名会社を設立し、土地、建物、有価証券などの投資事業をも行った。また灘商業銀行を創立し頭取に就任、日本醸造酒会監事、武庫汽船取締役、日本相互貯蓄銀行相談役などを歴任した。

嘉納 治郎作　かのう・じろさく
廻船業者
文化10年(1813)10月24日〜明治18年(1885)9月15日　出近江国坂本(滋賀県大津市)　名名=希芝、字=玉樹　歴摂津国御影村の廻船問屋嘉納次作の養子となり、家業をついで幕府廻船業を営む。また勝海舟のもとで和田崎、神戸、西宮の砲台築造工事を請け負った。慶応3年(1867年)出願して幕府所有の汽船を預かり、江戸・神戸・大坂間の定期航路を開いたが、これはわが国における洋式船定期航路の先駆となった。維新後は海軍権大書記官に任ぜられた。なお三男の治五郎は講道館を創始した。

加納 宗七　かのう・そうしち
実業家 神戸市の加納町に名をのこす
文政10年(1827)〜明治20年(1887)5月5日
出紀伊国(和歌山県)　歴紀伊国和歌山に酒造業の

二男として生まれる。慶応3年(1867年)坂本龍馬暗殺の報復として行われた天満屋騒動に関与。事件後、神戸に逃れて材木商を営み、回船業や船宿業も兼ねた。明治4年神戸の生田川付け替え工事を請け負い、付け替えで生まれた旧川の堤や川底の土地を入手。それらの土地を整備して神戸市街の骨格を作り、現在の加納町にその名を残した。また郷里の和歌山でも紀ノ川に堆積した土砂をさらえる事業などに携わった。

加納 久宜　かのう・ひさよし
鹿児島県知事 帝国農会初代会長 子爵
嘉永1年(1848)3月19日～大正8年(1919)3月2日
[生]江戸本所(東京都墨田区)　[名]千葉県　[名]旧姓・旧名＝立花　[学]大学南校卒　[歴]立花種道の二男に生まれ、加納久恒の養子となり、慶応3年(1867年)上総一宮藩主加納家4代目を嗣ぐ。明治維新後、一宮藩知事。大学南校に学び卒業後、明治6年文部省に出仕、新潟師範校長などを務め、14年判事に転じ、のち大審院検事となる。17年子爵となり、23～30年、37年～大正8年貴院議員。この間、明治27～33年鹿児島県知事を務め、農事改良に着手し、全国農事会幹事長、帝国農会初代会長などを務めた。[家]二男＝加納久朗(日本住宅公団初代総裁)

鹿子木 小五郎　かのこぎ・こごろう
岐阜県知事 貴院議員(勅選)
慶応3年(1867)2月25日～大正11年(1922)4月1日
[生]肥後国(熊本県)　[学]独逸学協会学校卒　[歴]熊本、横浜などの地裁判事を歴任。明治27年法制局参事官に任じられる。42年農商務省工務局長。43年香川県知事、大正3年和歌山県知事、6年岐阜県知事。10年勅選貴院議員。

樺島 礼吉　かばしま・れいきち
帝国電灯社長
明治9年(1876)4月22日～大正14年(1925)3月17日　[生]福岡県久留米　[学]東京帝国大学工科大学〔明治35年〕卒　[歴]儒者・樺島石梁の子孫の家に生まれる。明治35年大学を卒業後、郷里・福岡県久留米に樺島商会を創立して電気機械器具の製造販売に従事した。37年清(中国)政府に招かれて南京総督府工業顧問となり江南高等実業学堂総教習を兼任。43年帰国しエルゼー・ヒーリング商会東京出張所技師となる。大正2年のち帝国電燈常務となり功績を挙げ、のち帝国瓦斯電気社長のほか、諸会社の重役として活躍した。昭和10年青山禄郎により「樺島礼吉君伝」が出版された。

樺山 可也　かばやま・かなり
海軍少将
明治10年(1877)10月14日～昭和7年(1932)10月27日　[生]鹿児島県　[学]海兵(第26期)〔明治31年〕卒、海大〔明治42年〕卒　[歴]明治33年海軍少尉に任官。大正5年軍令部第四課長、7年周防艦長、8年海軍大学校教官、9年生駒艦長、10年長門艦長を経て、11年横須賀防備隊司令。同年海軍少将。12年

砲術学校長、連合艦隊参謀長、13年呉鎮守府参謀長。14年予備役に編入。昭和4年より鹿児島市長を務めた。

樺山 資雄　かばやま・すけお
宮崎県知事
天保10年(1839)4月～明治32年(1899)11月16日
[生]薩摩国(鹿児島県)　[名]旧姓・旧名＝樺山平左衛門　[歴]明治18年栃木県知事、22年佐賀県知事、28年岐阜県知事、30年宮城県知事、31年宮崎県知事を歴任した。[家]二男＝樺山資英(貴院議員)

樺山 資紀　かばやま・すけのり
海軍大将・元帥 台湾総督 伯爵
天保8年(1837)11月12日～大正11年(1922)2月8日　[生]薩摩国鹿児島城下高見馬場(鹿児島県鹿児島市)　[名]旧姓・旧名＝橋口、通称＝覚之進、号＝華山　[歴]薩摩藩士・橋口家の三男で、長兄の橋口兼三は元老院議官となり、二兄の橋口伝蔵は寺田屋事件で殺害された。樺山家の養子となり、薩英戦争や戊辰戦争に従軍。明治4年陸軍少佐に任官。7年台湾出兵には西郷従道に従って出征。10年西南戦争では熊本鎮台参謀長として熊本城を死守した。11年近衛参謀長、14年警視総監を務め、陸軍少将。16年陸軍少将のまま海軍大輔となり、17年海軍少将に転じた。18年海軍中将に進み、19年軍務局長、同年海軍次官。23年第一次山県内閣の海相として入閣し、第一次松方内閣でも留任した。25年予備役に編入され、枢密顧問官。27年日清戦争で現役に復帰して海軍軍令部長に補され、客船を改造した西京丸に乗り込んで黄海海戦に参加した。28年2月以の海軍大将となり、初代台湾総督に就任。同年伯爵、枢密顧問官。29年第二次松方内閣で内相、31年第二次山県内閣では文相を務めた。36年元帥府に列し元帥海軍大将となった。[家]養子＝樺山愛輔(実業家)、孫＝樺山丑二(モルガン銀行顧問)、白洲正子(随筆家)、兄＝橋口兼三(元老院議官)、橋口伝蔵(薩摩藩士)、甥＝橋口勇馬(陸軍少将)　[勲]大勲位菊花大綬章

樺山 資英　かばやま・すけひで
満鉄理事
明治1年(1868)11月19日～昭和16年(1941)3月19日　[学]エール大学(米国)ロースクール〔明治24年〕卒、エール大学院〔明治26年〕修了　[歴]各地の知事を歴任した樺山資雄の二男。明治21年米国へ留学、コロンビア大学やエール大学に学ぶ。26年帰国。28年陸軍通訳、同年台湾総務府参事官。29年拓務相、30年首相、31年文相の各秘書官を務めた。大正3～8年満鉄理事。12年9月第二次山本内閣の内閣書記官長に就任。13年勅選貴院議員。東洋火災保険社長なども務めた。[家]父＝樺山資雄(宮崎県知事)、岳父＝高島鞆之助(陸軍中将)

樺山 資美　かばやま・すけよし
衆院議員(自由党)
嘉永5年(1852)3月～明治30年(1897)2月16日

山で良基・道応・禅城らに密教を習い、旭雅らに倶舎・唯識を学ぶ。明治初年以来30年間高野山大学林で教鞭を執り、学頭、法印を歴任。32年宝性院門主、38年東寺法主、大僧正、東寺派管長を経て、大正12年高野山真言宗管長・金剛峯寺第387世座主となった。

鎌田 三之助 かまだ・さんのすけ
宮城県鹿島台村長 衆院議員(同志研究会)
文久3年(1863)1月13日～昭和25年(1950)5月3日
⊡宮城県大崎市 ⊡明治法律学校中退
⊡宮城県鳴瀬川流域の大地主で、仙台藩士の流れをくむ鎌田家に生まれる。政治家を志して明治法律学校に学び、32歳で宮城県議となり、明治35年衆院議員に当選。2期務める。洪水被害の多発する地元・鹿島台村にある品井沼の排水工事が着手されると移民事業に乗り出し、メキシコに渡るが、品井沼排水工事を巡る住民対立のため帰国。42年鹿島台村長に就任、以来10期38年に渡って務め品井沼干拓事業と村政立て直しに尽力した。村長在任中は報酬や旅費を一切受け取らずわらじ履きで通したことから"わらじ村長"と呼ばれた。鹿島台町の鎌田記念ホール内に記念展示室がある。⊡
四男=大槻洋四郎(ワカメ養殖研究家)

鎌田 宜正 かまた・よしまさ
陸軍少将
安政5年(1858)～大正1年(1912)9月17日
⊡阿波国徳島(徳島県徳島市) ⊡明治5年陸軍少尉となる。西南戦争、日清戦争に従軍。日露戦争では歩兵第四十連隊長(独立第十師団)として出征、38年奉天会戦前に少将となり歩兵第十六旅団長(第二軍、第八師団)を務め力戦した。

釜屋 忠道 かまや・ただみち
海軍中将
生年不詳～昭和14年(1939)1月19日
⊡山形県 ⊡海兵(第11期)[明治17年]卒 ⊡明治20年海軍少尉に任官。37年龍田、38年佐渡丸、沖島の艦長。38～39年駐清公使館付武官。39年日進、40年出雲、41年肥前の艦長、同年佐世保海兵団長、42年横須賀水雷団長、43年旅順鎮守府参謀長、44年横須賀鎮守府参謀長、45年佐世保鎮守府予備艦隊司令官、大正2年佐世保鎮守府艦隊司令官を経て、同年馬公要港部司令官。3年海軍中将に進み、4年予備役に編入。

釜屋 六郎 かまや・ろくろう
海軍中将
生年不詳～昭和15年(1940)8月15日
⊡山形県 ⊡海兵(第14期)[明治20年]卒 ⊡明治22年海軍少尉に任官。42年千代田、千歳の艦長、43年竹敷要港部参謀長、大正元年安芸、4年霧島の艦長、同年水路部長を経て、7年第二水雷戦隊司令官。8年海軍中将に進み、9年予備役に編入。

薩摩国(鹿児島県) ⊡西南戦争では西郷軍に加わり、熊本、鹿児島各地を転戦、負傷して政府軍に降伏した。明治14年河野主一郎らとともに政治結社三州社を設立、社長となり政治教育などに従事。鹿児島県議を経て、23年自由党(会派名は弥生倶楽部)から衆院議員に当選、1期務めた。

加太 邦憲 かぶと・くにのり
大阪控訴院院長 貴院議員(勅選)
嘉永2年(1849)5月19日～昭和4年(1929)12月4日
⊡伊勢国桑名城内(三重県桑名市) ⊡幼名=三次郎、通称=篏殿介、名=孝基、号=吉甫、白鷹 ⊡司法省明法寮[明治9年]卒 ⊡桑名藩士の子として生まれる。大塚桂に漢学を師事、藩校・立教館に学ぶ。明治3年藩の貢進生として大学南校に入る。5年司法省明法寮(司法省法学校)第1期生に転じてボアソナードらにフランス法律学を学ぶ。9年卒業、司法省に出仕して母校の生徒幹事兼助教を命じられ、15年校長。18年東京大学法学科部長心得、19年翻訳課長、司法省書記官。同年フランス、ドイツに留学し、23年帰国。その後、大津地裁、京都地裁、東京地裁の各所長を経て、31年大阪控訴院院長に就任。38年退官。43年貴院議員に勅選された。自伝に「自歴譜」、訳書にビコウ「仏国民法釈要」がある。

鎌田 景弼 かまた・かげすけ
初代佐賀県知事
天保13年(1842)～明治21年(1888)6月18日
⊡号=酔石、字=伯寧、通称=新兵衛、平十郎 ⊡もと肥後熊本藩士。明治9年司法七等判事、11年高知裁判所所長、14年頃司法権大参事を経て、15年頃参事院員外議官補を兼ねる。16年佐賀県令となり、19年佐賀県知事に就任。九州鉄道の開設などに尽くしたが、21年任期中に死去した。⊡単光旭日章[明治20年]

鎌田 勝太郎 かまだ・かつたろう
塩業会社社長 讃岐紡績社長
文久2年(1862)1月22日～昭和17年(1942)3月28日 ⊡讃岐国(香川県) ⊡諱=正康、号=淡翁 ⊡慶安年間創業の醤油業・鎌田の長男に生まれる。明治11年上京、福沢諭吉に師事。16年20歳で坂出大浜に塩業会社を設立、社長となる。以来塩業の振興に尽力し、大日本塩業協会設立に参画。他に讃岐紡績社長、坂出銀行頭取など多くの事業・会社に関与した。一方、香川県議、衆院議員1期を経て、30年～大正14年貴院議員も務め、晩年は鎌田共済会を設立して育英・社会事業に尽くした。

鎌田 観応 かまた・かんおう
僧侶(真言宗) 金剛峯寺第387世座主
嘉永2年(1849)5月11日～大正12年(1923)8月8日
⊡尾張国名古屋(愛知県名古屋市) ⊡旧姓・旧名=松下、字=照厳、号=如月 ⊡尾張藩士・松下勘十郎の三男に生まれる。万延元年(1860年)播磨百代寺で出家、雲厳の弟子となる。17歳の時に高野

上泉 徳弥　かみいずみ・とくや
海軍中将　社会教育家

慶応1年(1865)9月25日～昭和21年(1946)11月27日　⊞出羽国(山形県)　学海兵(第12期)〔明治19年〕卒、海大〔明治27年〕卒　歴出羽米沢藩士の長男。明治21年海軍少尉に任官。27年の日清戦争には呉鎮守府参謀、大連湾要港部副官として従軍、31年「八重山」副長、33年「秋津洲」副長、36年軍令部副官。日露戦争では大本営参謀、38年「浪速」艦長、39年「吾妻」艦長、41年「生駒」艦長、42年「薩摩」艦長、大正2年横須賀及び佐世保水雷隊司令官、同年第一艦隊司令官、3年中将となり予備役に編入。その後大日本主義を唱えて各地を講演旅行、10年教化団体国風会会長となった。昭和5年のロンドン海軍軍縮条約批准に反対を唱え、6年満州侵略では徹底遂行を、8年国際連盟脱退を主張、共産主義撲滅のため全国教化団体大会を開くなど、軍国主義的な思想教化に活動した。　家
岳父=宮島誠一郎(政治家)

神尾 光臣　かみお・みつおみ
陸軍大将　男爵

安政2年(1855)1月11日～昭和2年(1927)2月6日　⊞信濃国諏訪(長野県)　歴父は諏訪藩士。明治7年陸軍教導団に入り、9年卒業後、西南戦争に曹長として出征。戦功により陸軍少尉試補となり、以来累進して大正4年大将となる。この間、日清戦争には第二軍参謀として大山大将の幕下にあり、日露戦争でも歩兵第二十二旅団長として旅順攻撃に参加。3年第一次大戦では第十八師団長として青島攻略を指揮、ついで青島守備軍司令官に就任するなど、中国問題に長く関係し、軍では有数の中国通といわれた。　家娘=有島安子(有島武郎夫人)

神川 マツ子　かみかわ・まつこ
社会運動家　翻訳家

明治18年(1885)4月28日～昭和11年(1936)10月27日　⊞広島県広島市大須賀町　名本名=西川マツ、旧姓・旧名=神川マツ　学広島女子校卒、日本女子大学校中退、青山女学院英文科　歴広島女子校、日本女子大学校を経て、青山女学院で英語、ロシア語を学び、二葉亭四迷に師事。在学中、平民社に出入りして、幸徳秋水、堺利彦らと交流し、社会主義婦人講習会などで演説を行う。明治38年平民社婦人部の一員として治安警察法の女子の政社加入・政治集会禁止条項の改正請願の署名運動を行う。平民社解散後、幸徳らの金曜演説会に参加。福田英子主宰の「世界婦人」に多数寄稿。41年6月赤旗事件で検挙され8月無罪で釈放されるが、拘留中に拷問を受ける。出獄後はいったん帰郷するが再上京、柏木に住み社会主義者との交流を続ける。42年6月台湾に渡り、兄の友人・西川末三と結婚して帰国。以後は社会主義運動から離れ、ロシア文学研究に打ち込み、「婦人公論」「女王」などに評論や翻訳を執筆。大正9年夫が測機舎を設立すると、これを助け奔走した。著書に「測機舎を語る」がある。

神永 喜八　かみなが・きはち
実業家

文政7年(1824)12月25日～明治43年(1910)3月25日　⊞常陸国多賀郡上小津田村(茨城県北茨城市)　歴実家は酒の醸造と材木商を経営。江戸滞在時に郷里・常陸国上小津田村で産出される石炭が品質も高く有望であることを知り、帰郷ののち江戸商人の後援を受けて採掘を開始。嘉永4年(1851年)には北常陸に炭坑を開き、磯原からの水運を利用して江戸に石炭を出荷した。その後も常磐地方南部で次々と炭田を開発し、同地方の石炭産業興隆の基礎を確立。明治4年には販路の拡大をはかるため東京・深川に支店を設立した。

神野 勝之助　かみの・かつのすけ
大蔵次官　貴院議員(勅選)

慶応4年(1868)4月7日～昭和3年(1928)10月5日　⊞江戸　学帝国大学法科大学〔明治29年〕卒　歴大蔵省に入り、印刷局長、理財局長、事務次官を歴任。大正11年～昭和3年貴院議員。

神野 金之助(1代目)　かみの・きんのすけ
紅葉屋経営　名古屋電気鉄道社長

嘉永2年(1849)4月15日～大正11年(1922)2月20日　⊞尾張国海部郡江східні村(愛知県愛西市)　名本名=神野重行、幼名=岸郎　歴明治9年兄・小吉の養子先である名古屋の紅葉屋(洋反物商)の事業に参加。土地担保金融などで巨利を得、名古屋実業界に認められて、10年名古屋米商会所取締役に選任。その後、豊橋、伊勢などの開拓・植林事業を行ない、名古屋屈指の資産家となった。家業のほか、明治銀行頭取、福寿生命保険社長、名古屋電気鉄道社長などを務めた。37年貴院議員。　家息子=神野金之助(2代目)(名古屋電気鉄道社長)

上村 翁輔　かみむら・おうすけ
海軍中将

明治2年(1869)～大正9年(1920)8月17日　⊞薩摩国(鹿児島県)　学海兵(第14期)〔明治20年〕卒　歴日清戦争で大和航海長、日露戦争で常磐副長として出征、大正元年横須賀鎮守府参謀長。3年第一次大戦では第六戦隊司令官、第三戦隊司令官として青島攻撃に参加した。4年第四戦隊司令官、舞鶴工廠長。5年海軍中将に進んで待命となり、6年予備役に編入。

上村 彦之丞　かみむら・ひこのじょう
海軍大将　男爵

嘉永2年(1849)5月1日～大正5年(1916)8月8日　⊞薩摩国鹿児島(鹿児島県鹿児島市)　学海兵(第4期)〔明治10年〕卒　歴薩摩藩士の長男で、慶応3年(1867年)赤松小三郎に英式兵学を学ぶ。慶応4年(1868年)鳥羽・伏見の戦いに従軍し、戊辰戦争では会津に転戦した。明治4年海軍兵学寮に入り、12年海軍少尉に任官し、英国に留学。22年横須賀

鎮守府参謀を経て、24年摩耶、26年鳥海、27年秋津洲の各艦長。28年常備艦隊参謀長、30年人事課長、32年駐英造船造兵監督長。33年軍務局長となり、35年軍令部次長を兼ね、同年常備艦隊司令官。36年海軍中将に進み、教育本部長。日清戦争には海軍大佐・秋津洲艦長として従軍。日露戦争では第二艦隊司令長官としてウラジオストックのロシア艦隊と戦うもたびたび翻弄され、留守宅に石を投げられるなど国民から非難を浴びたが、37年8月蔚山沖海戦でこれを撃滅した。また、38年日本海海戦では佐藤鉄太郎参謀の意見を容れて独断専行でバルチック艦隊を追撃、大勝利に貢献。同年横須賀鎮守府司令長官。40年男爵を授けられ、42年第一艦隊司令長官、43年海軍大将。44年軍事参議官となり、大正3年後備役に編入。

上村 正之丞　かみむら・まさのじょう
海軍中将
嘉永4年(1851)5月～明治41年(1908)3月13日
回薩摩国(鹿児島県)　学海兵(第3期)〔明治9年〕卒　歴明治11年海軍少尉に任官。28年水雷術練習所長、29年扶桑、30年橋立の艦長、31年横須賀水雷団長、33年富士艦長、同年呉水雷団長、34年馬公要港部司令、36年佐世保鎮守府艦政部長、同年佐世保工廠長を歴任。38年海軍中将。40年予備役に編入。

神谷 源蔵　かみや・げんぞう
青森県百石村戸長
天保12年(1841)9月28日～大正3年(1914)11月29日　生陸奥国会津松(福島県会津若松市)　歴文久2年(1862年)藩主・松平容保の京都守護職就任に伴って京都に赴き、都下の警護に従事。慶応4年(1868年)の会津戦争では白虎隊の若い藩士を率いて官軍を相手に奮戦するが、及ばず。その後、他の会津藩士とともに陸奥国斗南に移住し、明治6年からは家族と共に青森県三沢村に住んだ。11年三沢村を含む百石村・天ケ森村の初代戸長に選ばれ、以来、約10年に渡って在職。その間、常に村民の側に立ち、地租や漁業税の改正、国有原野開墾などの諸問題で村民の利益確保に尽力した。また、三沢村の百石村からの独立にも成功し、今日の三沢市の基盤確立にも大きく貢献。20年に依願退職後も村議や助役として活躍した。

神谷 源之助　かみや・げんのすけ
実業家
嘉永6年(1853)4月8日～昭和4年(1929)9月29日　回三河国(愛知県)　歴生家は三河国(愛知県)高浜で鬼瓦製造業を営む。明治19年常滑の伊藤清吉の助言を入れ、登り窯を築いて土管製造を始め、"三河土管"として全国に知られた。

神谷 大周　かみや・だいしゅう
僧侶(浄土宗) 霊巌寺住職
天保12年(1841)～大正9年(1920)2月15日
生三河国(愛知県)　名号=甘黙、東海主人　歴15歳で名古屋・建中寺の大基上人について得度。宗乗・倶舎などを学び、ついで江戸・伝通院の高順上人、京都・智積院の龍謙法印について諸経を究める。明治5年大講義に進み、13年少教正となる。11年浄土宗東部宗学校教授、12年東京深川の霊巌寺の住職となった。26年宗学本校教授。37年浅草・幡随院住職を兼ね、大正2年大僧正に進む。3年「選択宗要義」を著し浄土各派の異説を統一した。ほかの著書に「結縁五重筌蹄」など。

神谷 卓男　かみや・たくお
衆院議員
明治4年(1871)12月～昭和4年(1929)10月22日
回京都府与謝郡宮津町(宮津市)　学同志社卒　歴米国留学を経て韓国政府財務官、道書記官、明治43年日韓合併後、朝鮮総督府道事務官を経て平安北道内務部長。その後名古屋市高級助役、衆院議員となった。

神谷 伝蔵　かみや・でんぞう
牛久シャトー経営者
明治3年(1870)10月11日～昭和11年(1936)10月20日　生出羽国山形城下旅籠町(山形県山形市)　名旧姓・旧名=小林、別名=神谷伝兵衛　歴上京して本郷湯島の金原医籍店に勤務したが、やがて神谷伝兵衛の経営するワイン業者神谷酒造に入社。のち働きぶりが認められて伝兵衛の養子となり、その後継者となった。伝兵衛と共に国産ブドウを使用したワイン醸造に取り組み、明治27年フランスへ留学。デュボア商会の所有するボルドーのカルボフラン村醸造所でワイン用ブドウの栽培法・醸造法を研究した。ワイン醸造の修業証を取得したのち、ワイン用ブドウの苗木や土壌のサンプル、醸造機械などを携えて31年に帰国。すぐさまブドウの栽培地探しに着手し、はじめ伝兵衛の出身地である三河に候補地を求めるが適切な場所が見つからず、のち茨城県牛久に適地を見いだして栽培を開始。34年牛久産ブドウによるワインの醸造に成功し、36年にはフランスの著名な醸造所をモデルとした本格的醸造設備の牛久シャトーを建設した。のちにはワインのみならずシャンパンも醸造するようになり、できあがった品物は各地の勧業博覧会などに出品し、高い評価を得た。大正11年伝兵衛の死後、2代目伝兵衛を襲名。　家養父=神谷伝兵衛(1代目)

神谷 伝兵衛(1代目)　かみや・でんべえ
神谷酒造創業者 神谷バー創業者
安政3年(1856)2月11日～大正11年(1922)4月24日　生三河国幡豆郡松木島村(愛知県西尾市)　名幼名=松太郎　歴酒造家を志し、酒樽作りの見習いから始めるが、タガをうまくはめられず断念した。雑貨の行商などを経て、明治6年横浜に出、混成酒醸造のフレッセ商会に入って洋酒製造法を修めた。7年父が亡くなり家督を継承、伝兵衛を名のった。8年東京・深川の米穀商を経て、麻布の酒

商に勤め、醸造・販売に従事。にごり酒を売り歩いて、寺島宗則や後藤象二郎の愛顧を受けた。13年浅草で独立、"みかはや銘酒店"として酒の一杯売りを開始(45年店舗内部を西洋風に改造し店名を神谷バーと改めた)。14年より日本人の口に合う甘いぶどう酒の再製を考え、輸入ぶどう酒の再製販売を開始。蜂印と父の号からとった「香竄」の商標を用い、18年「蜂印」、19年「香竄」を商標登録した。27年小林伝蔵(2代目神谷伝兵衛)を養子に迎え、3年間のフランス留学に派遣。伝蔵帰国後の30年、茨城県牛久の土地を開拓して神谷葡萄園を開設。36年神谷酒造合資会社を設立、大正8年株式会社に改組した。この間、34年1月東京府議に当選、9月辞任。酒造税則の改正運動にも取り組んだ。　家養子＝神谷伝蔵

神谷 与平治　かみや・よへいじ
報徳運動家 農事指導者
天保2年(1831)10月10日〜明治38年(1905)10月17日　生遠江国長上郡下石田村(静岡県浜松市)　名本名＝神谷正信、幼名＝力伝、号＝誠翁　歴与平治(7代)は世襲名。祖父の代から安居院庄七に報徳仕法を学び、弘化4年(1847年)下石田法徳社を設立。明治維新後は戸長を務め、郡の勧農係を拝命し、農事指導者として各地を回って活躍。明治20年三遠農学社を創立し、農事の改良、農具の改良に尽くした。著書に「広益伝」がある。

上山 満之進　かみやま・みつのしん
台湾総督 貴院議員
明治2年(1869)9月27日〜昭和13年(1938)7月30日　生周防国佐波郡江泊村(山口県防府市)　学帝国大学法科大学英法科〔明治28年〕卒　歴明治28年内務省に入省。その後、法制局に転じ、青森・山口各県参事官、行政裁判所評定官を務めた。41年農商務省山林局長、大正元年熊本県知事を経て、3年大隈内閣の農商務次官に就任。7年貴院議員、15年台湾総督。昭和10年枢密顧問官に任ぜられた。　家義兄＝光田健輔(長島愛生園初代園長)

亀井 一郎　かめい・いちろう
大陸浪人
明治17年(1884)〜昭和7年(1932)4月
生三重県志摩郡布施田村(志摩市)　名旧姓・旧名＝井上　歴井上家に生まれ、のち東京市東大久保・永福寺の住持の養嗣子となり、亀井姓を継いで第25世となる。僧名は祥光。宮崎滔天と知り合って中国問題に関心を寄せ、明治44年辛亥革命が起こると、僧籍を捨てて萱野長知に従って上海に渡り、革命軍に協力した。昭和7年上海に没した。

亀井 英三郎　かめい・えいざぶろう
宮城県知事 警視総監 貴院議員(勅選)
元治元年(1864)3月24日〜大正2年(1913)2月16日　生肥後国(熊本県)　学帝国大学法科大学〔明治21年〕卒　歴肥後熊本藩士の三男。明治23年法制局参事官、31年同局第一部長を経て、35年徳島県知

事、37年静岡県知事、38年宮城県知事を歴任、"良二千石"と評された。明治41年第二次桂内閣の警視総監。44年勅選貴院議員となった。

亀井 覚平(1代目)　かめい・かくへい
カメイ創業者
天保15年(1844)〜明治23年(1890)
生肥後国(熊本県)　歴明治2年家業である甕屋から商売替えし、寒天・昆布・雑穀などを扱う乾物問屋のかめやを創業。当初は天秤棒を担いだ行商であったが、熊本市新町に店舗を構えるまでになった。23年病気のために46歳で亡くなると、末弟が2代目覚平として跡を継ぎ、今日の亀井通産及びカメイホールディングスへと発展させた。　家弟＝亀井覚平(2代目)

亀井 甚三郎　かめい・じんざぶろう
実業家
安政3年(1856)2月6日〜昭和5年(1930)6月3日
生伯耆国(鳥取県)　歴明治20年倉吉融通の設立に関わり、21年倉吉私学校を設立。23年山陰製糸を起こし、フランスの機械を導入。乾燥貯繭法を考案し、蚕糸同業組合を設立した。43年倉吉電気の創立に参加。

亀井 文平　かめい・ぶんぺい
カメイ創業者
明治16年(1883)4月23日〜昭和12年(1937)3月18日　生岩手県江刺郡伊手村(奥州市江刺区)　歴祖先は酒造業を、父は漁網の販売を営んでおり、長男として生まれる。成長した頃には家運は傾いており、仙台の雑貨商・高野商店に奉公に出た。明治36年塩釜に雑貨商の亀井商店(現・カメイ)を開いて独立。41年日本石油の三陸沿岸代理販売店となり、大正年間に金華山漁場の開拓と発動機船の発達によって石油需要が拡大すると、それに伴って売り上げを伸ばした。また、漁業の発展に伴って酒類を取り扱うことも増えたため、酒類販売にも進出した。昭和7年株式会社に改組して初代社長に就任。10年病気のため社長を退いた。　家養子＝亀井運蔵(亀井商店社長)、孫＝亀井文蔵(亀井商店社長)、亀井昭伍(亀井商店社長)

亀岡 勝知　かめおか・かつとも
第百四十六国立銀行頭取
文政6年(1823)5月29日〜明治23年(1890)8月14日　生安芸国(広島県)　歴江戸吉祥寺で禅学を修め、仏門にあったが還俗して倒幕運動に参加した。維新後は、広島県や大蔵省の官吏などを経て、明治12年第百四十六国立銀行(現・広島銀行)を創立し、その頭取となった。

亀岡 泰辰　かめおか・やすたつ
陸軍少将
嘉永5年(1852)〜昭和8年(1933)1月7日
生上野国(群馬県)　学大阪兵学寮卒　歴明治10年陸軍少尉となる。西南戦争・日清戦争に従軍。37年

日露戦争では後備歩兵第五十連隊長として出征し旅順要塞を攻略、38年旅順要塞衛戍司令官を務めた。40年少将。同年予備役に編入となり、偕行社の創立に尽力、また在郷軍人信用組合長を務めた。

亀田 介治郎　かめだ・すけじろう
相場師
弘化1年(1844)〜大正1年(1912)12月23日
生播磨国曽根(兵庫県)　歴初め織物の行商をしたが、明治2年頃から大阪堂島で米穀仲買商を営み、米相場をはり、亀政と称した。一度失敗して広島に逃げたが、7年大阪に帰り、さらに18年東京に出て蛎殻町に居を構え、廻米問屋、株式市場で活躍。その相場駆け引きの俊敏さから「雷光将軍」と呼ばれた。

亀山 理平太　かめやま・りへいだ
徳島県知事
明治4年(1871)12月17日〜大正4年(1915)3月4日
生岡山県御野郡今村(岡山市)　学東京帝国大学法科大学〔明治31年〕卒　歴明治33年山形県警察部長、36年長崎県警察部長、38年韓国公使館付警視、40年韓国併合とともに理事官、43年台湾総督府警視総長を歴任。大正4年徳島県知事となったが、3ケ月余で病死した。　家長男=亀山孝一(衆院議員)

賀茂 厳雄　かも・いわお
海軍中将
生年不詳〜昭和25年(1950)1月5日
生静岡県　歴明治42年第一艦隊機関長、43年佐世保鎮守府機関長、44年工機学校校長、大正2年教育本部第三部長を経て、3年海軍機関学校校長。5年海軍中将。6年予備役に編入。

賀茂 水穂　かも・みずほ
神官 靖国神社宮司
天保11年(1840)5月12日〜明治42年(1909)3月1日　生遠江国浜名郡宇布見(静岡県浜松市)　歴生家は代々金山彦神社の祠官。幕末、勤王の志士と交わり、大久保春野らの遠州報国隊に参加、東征大総督有栖川宮の先鋒として従軍し、上野彰義隊討伐にあたった。のち明治政府に士官し、明治6年海軍少秘書、7年佐賀の乱に従軍。海軍大秘書、大主計、権少書記官などを歴任し、24年靖国神社宮司に就任した。また歌学に長じていたという。

蒲生 仙　がもう・せん
衆院議員
安政2年(1855)12月〜明治41年(1908)3月10日
生薩摩国鹿児島郡荒田村(鹿児島県鹿児島市)　学法律学校卒　歴明治維新変革の時、法律、経済学を修め、参事院議官補、法制局参事官などを経て、衆院議員当選4回。議員引退後鹿児島に帰り、旧藩主を援け、山ケ野金山鉱業事務長となった。

嘉門 長蔵　かもん・ちょうぞう
大阪メリヤス創業者 日本物産社長

嘉永5年(1852)〜昭和10年(1935)7月1日
生大坂阿波座(大阪府大阪市)　歴若い頃は宮相撲大関として鳴らした。22歳で結婚後、木灰の仲買を始める。明治18年メリヤス製造業に転じ、シャツ、手袋などの製造を始める。当時メリヤス製品は高級品で、大半が輸入品だったが、21年店舗を構えると、工具たちが作った製品を背負って夫婦で全国を売り歩いた。日清戦争後は中国や東南アジアへの輸出も始める。45年渾大防芳造、堀文平と大阪莫大小(大阪メリヤス、明正紡織の前身)を設立。大正9年には日本物産を設立して、安住伊三郎らと輸出事業を展開した。大阪メリヤス業界の功労者として知られる。

加屋 霽堅　かや・はるかた
神風連の乱の首謀者
天保7年(1836)1月13日〜明治9年(1876)10月24日　生肥後国熊本城下高田原(熊本県熊本市)　名通称=栄太、楯行　歴熊本藩士の家に生まれるが、16歳の時に父が事に座して自刃したため、母の里で窮乏の中で育ち、のち国家老・溝口蔵人の食客となる。林桜園の原道館で国学を学び、尊王派として頭角を現す。文久2年(1862年)長岡護美の衛士の一人として上洛。3年学習院録事にあげられたが、八月十八日の政変では七卿に随行して長州に赴き、禁門の変で罪を得て元治元年(1864年)から慶応3年(1867年)まで熊本に投獄された。明治元年釈放され、熊本藩のため諸藩との折衝にあたる。4年河上彦斎の挙兵計画に連座して投獄。7年加藤社の神官に任ぜられたが、9年廃刀令を機に太田黒伴雄らと神風連の乱を起こし、熊本鎮台に突入、歩兵営で戦死した。

萱野 長知　かやの・ながとも
大陸浪人
明治6年(1873)〜昭和22年(1947)4月14日
生高知県高知市　学高知共立学校中退　歴明治23年上京。24年上海に渡り「東京日日新聞」通信員となる。のち、香港で孫文と交流し、38年東京での孫文らの中国革命同盟会結成を助け、宮崎滔天らと「革命評論」を創刊した。孫文と終始行動をともにし、日中各地で活動。昭和12年国民政府高官に接触し、日中和平工作をはかるが失敗した。21年貴院議員。著書に「中華民国革命秘笈」。

賀陽宮 邦憲　かやのみや・くにのり
賀陽宮第1代
慶応3年(1867)6月1日〜明治42年(1909)12月8日
生京都　名幼称=厳宮、前名=久邇宮邦憲　歴久邇宮朝彦親王の第二男子に生まれるが、病弱なため明治20年弟の邦彦王を継嗣とし、25年侯爵・醍醐忠順の長女と結婚、賀陽宮を称した。28年神宮祭主に任ぜられ、33年宮家を創立。　家父=久邇宮朝彦、弟=久邇宮邦彦、久邇宮多嘉、東久邇稔彦(首相)　勲大勲位菊花大綬章〔明治36年〕

辛島 格　からしま・いたる
熊本市長
嘉永7年(1854)5月10日〜大正2年(1913)5月23日
生肥後国熊本城下塩屋町(熊本県熊本市)　名別号=武熊、泉堂　歴代々肥後熊本藩儒の家に生まれる。初め武熊、のち格を改め、泉堂と号した。熊本藩校・時習館に学ぶ。その後、鴻儒碩学を訪ねて師事し、明治12年熊本師範学校副監事となり、同校教授方を兼務する。のち葦北、八代郡長を経て、明治30年熊本市長となり、15年間余り在職し、新市街の建設に尽力した。

辛島 祥平　からしま・しょうへい
殖産家　俳人　大分県農会初代会長　辛島織創始者
天保4年(1833)〜明治30年(1897)10月12日
生豊前国宇佐郡駅館村大字辛島(大分県宇佐市)　名号=静斎、藤果室華迹　歴明治元年東京に遊学。帰郷後は殖産興業を志し、滋賀県から桑の苗を購入して、養蚕を始める。機織師を招いて技術を学び、絹織物・辛島織を創始。18年絹織工養成の国華校を設立するなど、普及に努めた。農商工業の発展のため、機関紙「私立勧業会報」「勧業」を発刊。28年大分県農会が結成されると、初代会長に就任。一方、野本白巌に漢学を学び、藤果室華迹と号した。また無味庵如灰に俳諧を学んで、静斎と号して一派を成した。

烏丸 光徳　からすまる・みつえ
宮内大輔　初代東京府知事
天保3年(1832)7月20日〜明治6年(1873)8月15日
生京都　歴公卿・烏丸光政の長男。万延元年(1860年)侍従となる。文久3年(1863年)国事参政となり尊王攘夷派の公卿として活動したが、八月十八日の政変により失脚。長州に赴いた三条実美ら七卿とは行動を別にして京都に残り、差控を命じられた。慶応3年(1867年)王政復古参与として復帰。明治元年8月初代東京府知事となったが、11月には退任した。2年5月京都に出張して留守次官、9月宮内大輔。3年皇太后宮大夫を兼任した。　家父=烏丸光政(公卿)

烏丸 光亨　からすまる・みつゆき
公卿　伯爵
元治2年(1865)2月7日〜明治42年(1909)12月9日
生京都　歴烏丸光徳の二男。明治6年家督を相続。17年伯爵。華族中の奇人として知られ、詩文や書に優れた。　家父=烏丸光徳(公家)

唐橋 在正　からはし・ありさだ
貴院議員　子爵
嘉永5年(1852)11月3日〜昭和7年(1932)4月4日
出京都　歴菅原道真の後裔。明治5年米国に留学。帰国後、茨城県に出仕。19年子爵。23年貴院議員。大喪使冩官、御歌所参候などを務めた。　家五男=錦小路頼孝(貴院議員)、弟=錦小路在明(子爵)

唐渡 房次郎　からわたり・ふさじろう
大審院検事
明治2年(1869)〜大正13年(1924)3月16日
生讃岐国高松(香川県高松市)　学明治法律学校〔明治23年〕卒　歴明治21年第1回判検事登用試験に合格し、甲府区裁判所検事となる。福井地裁検事正を経て、大正9年大審院検事に就任した。

唐牛 桃里　かろうじ・とうり
青森県議
天保9年(1838)〜明治32年(1899)
名本名=唐牛包篤、幼名=撫四郎　歴代々、陸奥黒石藩の重臣を務める家に生まれる。明治2年黒石藩が箱館戦争に150余名の藩兵を派遣した際、その隊長に任ぜられ、千代ケ岱の戦いなどで奮戦。明治維新後は藩権大参事、青森県第二大区長などを経て、11年初代南津軽郡長に就任。15〜17年青森県議を務めた。18年西津軽郡長。士族の授産事業にも尽くす。詩文や書もたしなむ文人としても知られた。

河合 亀太郎　かわい・かめたろう
河合製薬創業者　カワイ肝油ドロップの開発者
明治9年(1876)6月8日〜昭和34年(1959)7月19日
出静岡県　学東京薬学校卒　薬学博士　歴明治43年ミツワ化学研究所主任となり、44年体に良いとされていた肝油をゼリー状にしてドロップとして発売。大正12年河合研究所(河合製薬の前身)を設立。昭和7年より12年間日本薬剤師会会長を務めた。

川合 清丸　かわい・きよまる
日本国教大道社設立者　社会教育家
嘉永1年(1848)11月21日〜大正6年(1917)6月24日　生伯耆国河村郡(鳥取県東伯郡)　名字=子徳、号=山陰道士　歴神官の家に生まれ、太一垣神社社掌となる。のち鳥尾得庵に師事、上京して神儒仏統一の尊王愛国主義の国教創設を提唱し、明治21年日本国教大道社を創立、雑誌「大道叢誌」を発刊。25年学館大道館を設立し子弟の教育にあたった。以後30年にわたり活躍し、会員3万を超える国家主義の一勢力となった。著書に「川合清丸全集」(全10巻)、「大和魂」「建国の大本」など。

川合 直次　かわい・なおじ
衆院議員
明治7年(1874)12月〜昭和13年(1938)8月4日
出新潟県　歴農業を営んでいたが、高田市長、直江津商業銀行専務取締役、高田市農会長、教育会長、新潟県体育協会副会長等を務めた。明治45年衆院議員に初当選以来通算4期務めた。

河合 日辰　かわい・にっしん
僧侶　日蓮宗管長　妙顕寺第54世貫主
安政2年(1855)4月14日〜昭和18年(1943)6月18日　生備後国深安郡広瀬村(広島県福山市)　名本名=河合謙四郎、法名=啓勇、号=静照院　歴仏への信心が篤く、明治2年に後月郡の円信寺に入り、

勤行を重ねる。20歳で同郡の妙福寺住職となり、20年には鳥取の名刹芳心寺住職に転任した。のち日蓮宗大檀林の林長を経て31年に京都妙顕寺第54世貫主に就任。以来、40余年に渡って寺を住持し、学識・人徳ともに備わった高僧として慕われた。大正8年には推されて日蓮宗管長の座に就き、大僧正となった。著書に「妙法蓮華経寿量品探霊記」などがある。

河合 操　かわい・みさお
陸軍大将
元治1年(1864)9月26日～昭和16年(1941)10月11日　[生]大分県　[学]陸士(旧8期)〔明治19年〕卒、陸大〔明治25年〕卒　[歴]明治19年歩兵少尉、陸大卒業後歩兵第五連隊付、28年台湾総督府参謀、35年ドイツ留学。日露戦争には少佐で第四軍参謀、第三軍参謀副長で従軍。戦後再びドイツ留学、帰国後陸大教官、軍務局歩兵課長、43年少将、歩兵第七旅団長、陸軍省人事局長、陸大校長、大正4年中将、6年第一師団長、10年関東軍司令官として満州へ赴任、同年4月大将、11年軍事参議官、12年参謀総長、15年予備役。昭和2年枢密顧問官、13年議定官となった。

川勝 鉄弥　かわかつ・てつや
牧師 バプテスト教会牧師
嘉永3年(1850)10月26日～大正4年(1915)6月1日　[生]肥前国大村(長崎県大村市)　[歴]大村藩士。戊辰戦争に従軍し、奥羽地方を転戦。次いで上野戦争にも参加するが、そこで弾丸を受けて重傷を負った。維新後、キリスト教宣教師のJ.H.バラから英語を学ぶうちにキリスト教への関心が深まり、明治7年に受洗。さらに8年からN.ブラウンの許で聖書の学習・翻訳などに従事し、12年「新約聖書」の全訳「志無伊久世無志与」を完成させた。また、同年に按手礼を受けて日本人初のバプテスト教会牧師となり、以後はキリスト教の伝道に専念。北は北海道から南は沖縄まで、その足跡は全国に遍く、特に九州・中国地方など日本南部におけるバプテスト教会の発展に大きく寄与した。

川上 九郎　かわかみ・くろう
紙幣寮印刷局活版部長
天保2年(1831)～明治12年(1879)9月2日　[生]薩摩国鹿児島(鹿児島県鹿児島市)　[歴]旧薩摩藩士。明治維新後、紙幣寮に出仕し、大属、印書局雇を経て、印刷局活版部長を務めた。

川上 賢三　かわかみ・けんぞう
実業家
元治1年(1864)8月18日～昭和8年(1933)　[生]肥前国唐津(佐賀県唐津市)　[歴]明治18年ウラジオストックに渡り、雑貨商を営みながらロシア語を研究。旅順で建築請負業を開業すると、極東太守アレキセイエフの知遇を得、市内の衛生事業を委託される。日露開戦に先だち、同事業を利用して旅順要塞内の軍事諜報活動にあたった。戦後は大連で実業家となり、満州における銀行、会社の創設に寄与。また、満州の農業開発などに尽力した。昭和4年頃東京に帰った。

川上 佐七郎　かわかみ・さしちろう
実業家
嘉永4年(1851)3月23日～大正6年(1917)10月21日　[生]鹿児島県　[歴]助八郎の長男として生まれる。日本海陸保険取締役、大阪舎密取締役、川崎造船所取締役を歴任。帝国商業銀行の設立に尽力し、大阪株式取引所の理事を務めた。

川上 俊介　かわかみ・しゅんすけ
実業家
明治3年(1870)12月12日～大正11年(1922)2月9日　[生]鹿児島県　[学]京都帝国大学法科大学〔明治36年〕卒　[歴]川上親郷の二男に生まれる。明治28年東京帝国大学法科に入学するが中途退学して文部省に出仕。30年京都帝国大学書記に転じ、31年大阪の鹿島組に入社、外国貿易に従事した。32年京都帝国大学法科に入学し、36年卒業と同時に浪速銀行に入り、38年欧米諸国の銀行業務を視察、41年帰国し、42年東京支店長。のち東京瓦斯電気常務に就任。傍ら、朝日興業、帝国製糖などの重役も務めた。

河上 清吉　かわかみ・せいきち
陸軍少将
明治2年(1869)～昭和11年(1936)6月16日　[生]越前国丹生郡国見村(福井県福井市)　[学]陸士卒　[歴]日清戦争・日露戦争に従軍。大正7年シベリア出兵に歩兵第三十五連隊長(第九師団、歩兵第三十一旅団)として出征。10年陸軍少将に進むと共に歩兵第三十六旅団長となった。

川上 操六　かわかみ・そうろく
陸軍大将 子爵
嘉永1年(1848)11月11日～明治32年(1899)5月11日　[生]薩摩国鹿児島郡吉野村(鹿児島県鹿児島市)　[歴]薩摩藩士の三男。藩校・造士館に学び、戊辰戦争に藩兵小隊長として従軍。明治4年御親兵として上京、陸軍中尉となる。征韓論沸裂後も官にとどまり、佐賀の乱、西南戦争に従軍。西南戦争では単身で薩軍に包囲されていた熊本城に向かい、城内に入った。17年大山巌に随行して欧州兵制を視察。19年近衛第二旅団長としてドイツへ留学、2年間にわたって兵制を研究。日本陸軍の兵制をフランス式からドイツ式に転換。22年参謀次長就任後は、統帥・陸軍教育の充実につとめ、軍事情報収集に尽力。また、福島安正、田村怡与造、宇都宮太郎ら有為の人材を集めて参謀本部の基礎を固めた。27年日清戦争では大本営陸軍上席参謀兼兵站総監として作戦を主導、その勝利に大きく貢献した。28年子爵。31年1月参謀総長に就任、9月大将に昇進したが、間もなく病没した。[家]女婿＝小原伝(陸軍中将)　[勲]勲四等旭日小綬章、勲一等旭日大綬章

川上 親晴　かわかみ・ちかはる
警視総監 京都市長 貴院議員(勅選)
安政2年(1855)5月11日～昭和19年(1944)5月12日　[出]薩摩国(鹿児島県)　[歴]明治38年富山県知事、42年和歌山県知事、京都市長、大正元年警視総監、3年熊本県知事を歴任。5年勅選貴院議員。

川上 鎮石　かわかみ・ちんせき
宮内省主殿寮主事
天保10年(1839)～明治44年(1911)8月10日
[生]武蔵国大里郡手計村(埼玉県深谷市)　[名]通称=川上邦之助　[歴]尾高惇忠に師事。郷里を出奔後、京都に出て志士と交わり、岩倉具視の下に出入りした。慶応3年(1867年)鷲尾隆聚を擁して高野山で挙兵。その後、二条城警衛となるが、慶応4年(1868年)2月英国公使パークス襲撃事件が起こると犯人と目され隠岐に流された。明治元年10月改元により恩赦となる。のち上京して山岡鉄舟らと親交重ね、宮内省に出仕。主馬亮、主殿寮主事などを歴任した。40年退官。　[勲]勲三等瑞宝章〔明治44年〕

川上 俊彦　かわかみ・としつね
駐ポーランド公使 日魯漁業社長
文久1年(1861)12月29日～昭和10年(1935)9月12日　[生]越後国(新潟県)　[名]幼名=銀太郎　[学]東京外国語学校露語科〔明治17年〕卒　[歴]村上藩士の長男に生まれ、藩校の克従館で漢学を修めた。明治19年外務省に入省。33年ウラジオストック貿易事務館に配属され、日露開戦に際してロシア在住日本人4000人の送還作業に当たった。また旅順要塞陥落後に行われた、乃木希典大将とステッセル将軍による戦後処理会談“水師営の会見”では両者の通訳を務めた。40年ハルビン領事館開設に伴い初代総領事に就任、42年ハルビン駅頭で伊藤博文が暗殺された際には、流れ弾を肩に受け負傷した。大正2年満鉄理事となり、ロシア情報の収集に従事。ロシア外交の第一人者として重きをなし、9年ロシア隣国であるポーランドの初代公使となった。のち北樺太鉱業会長、日魯漁業社長などを歴任した。

川上 直本　かわかみ・なおもと
百三十九銀行頭取
天保2年(1831)12月19日～明治22年(1889)7月19日　[名]別名=彊, 通称=多聞, 藤太夫, 号=健堂　[歴]越後高田藩士。東条琴台らに儒学を師事。文久元年(1861年)目付、2年町奉行を経て、元治元年(1864年)側用人に抜擢される。戊辰戦争の際には藩論をまとめ、新政府軍に従った。明治2年大参事。のち百三十九銀行頭取を務めた。

川北 元助　かわきた・げんすけ
公共事業家
弘化3年(1846)6月12日～大正11年(1922)2月10日　[出]伊勢国石薬師村(三重県鈴鹿市)　[歴]明治42年～大正3年独力で三重県石薬師村の70余の木橋・土橋を石橋にかけかえた。

川喜田 四郎兵衛　かわきた・しろうべえ
第百五国立銀行頭取
嘉永7年(1854)1月5日～大正8年(1919)7月31日
[出]伊勢国(三重県)　[歴]明治27年第百五国立銀行頭取。また津電灯を設立。津市会議長、津商業会議所会頭なども務めた。　[家]女婿=川喜田半泥子(1代目)

河北 俊弼　かわきた・としすけ
陸軍少佐 在サンフランシスコ領事
天保15年(1844)4月～明治24年(1891)3月8日
[生]長門国萩(山口県萩市)　[名]幼名=河北義次郎
[歴]安政5年(1858年)萩の松下村塾に入り吉田松陰の教えを受ける。御楯隊、整武隊軍監として国事に尽くす。慶応3年(1867年)天野清三郎と共に英国へ留学。明治5年英国公使館御用掛となり、6年大蔵大録の心得としてポンド債募集の任務に就いた。同年8月帰国。7年台湾蕃地事務局御用掛、9年大蔵少丞。10年西南戦争に従軍して陸軍少佐となり、11年広島衛戍司令官。21年在サンフランシスコ領事、23年在サンフランシスコ領事館出納官を経て、同年京城公使館書記官、同代理公使。24年2月在京城総領事を兼任したが、3月肺結核のため急逝した。

川口 木七郎　かわぐち・きしちろう
衆院議員(立憲国民党)
明治3年(1870)4月5日～昭和12年(1937)10月17日　[出]兵庫県　[歴]飾磨郡議、兵庫県議を経て、明治35年衆院議員となり、当選通算4回。醸造業を営み山陽醤油社長を務めたほか、神戸信託、姫路三十八銀行、姫路銀行、飾磨銀行、神栄生糸のそれぞれ取締役に就任した。

川口 武定　かわぐち・たけさだ
海軍主計総監 貴院議員 男爵
弘化3年(1846)1月26日～大正7年(1918)1月19日
[出]紀伊国(和歌山県)　[名]号=梅谷　[歴]明治5年神奈川県権大属、のち大蔵省租税監吏総長に就任。佐賀の乱・西南戦争に従軍。19年から陸軍軍吏学舎長、陸軍大学校教官、陸軍経理学校校長を歴任して、26年海軍に移り主計総監・海軍省経理局長となる。海軍主計科の産みの親とも言うべき人物の一人。28年日清戦争の功により男爵を授かる。30年予備役に編入され、31年宮内次官となり小松宮別当を兼任。この間、18年伊藤特派全権大使に随行して清(中国)、22年欧州各国に出張した。37～44年貴院議員。晩年は俳句に遊び梅谷と号した。

川口 彦治　かわぐち・ひこはる
愛知県知事
明治3年(1870)12月10日～昭和30年(1955)5月
[生]宮崎県西諸県郡加久藤村(えびの市)　[学]七高造士館卒, 東京帝国大学政治学科〔明治32年〕卒　[歴]明治32年警視庁に入る。大正2年大分県知事、3年

奈良県知事、6年秋田県知事、8年熊本県知事、10年愛知県知事を歴任。その後、不動産貯蓄銀行取締役を務めた。

川越 進　かわごえ・すすむ
衆院議員（中央倶楽部）
嘉永1年（1848）5月～大正3年（1914）11月16日
生日向国（宮崎県）　歴鹿児島県議、議長、宮崎県議、議長、北那珂郡長等を歴任、明治23年衆院議員となり、通算5期を務めた。日州燐礦肥料会社社長。

川越 壮介　かわごえ・そうすけ
徳島県知事
明治9年（1876）2月6日～昭和29年（1954）3月10日
生鹿児島県　学東京帝国大学卒　歴大正8年沖縄県知事、10年徳島県知事となる。昭和2～10年宮崎市長。この間、大淀川にかかる橘橋の鉄筋コンクリート化を実現させた。

川崎 幾三郎　かわさき・いくさぶろう
高知商業会議所会頭
安政2年（1855）10月29日～大正10年（1921）11月10日　生土佐国高知城下八百屋町（高知県高知市）　名幼名＝常次郎　歴商家に生まれるが、16歳の時家財が没収される。18歳で金物店を始め、これを商社化して成功した。明治15年慶応社魚市場を興し、19年高知商工会を創立。以降、土佐蚕糸、高知新聞、土佐銀行、土佐紡績、土佐電灯、土佐セメント等、各種の会社設立、経営に関与し、土佐財界の元老といわれる。34年より終生高知商業会議所会頭。また大正8年宇田友四郎らと共に、資金30万円を投じて私立土佐中学（現・土佐高校）を創設した。

川崎 栄助　かわさき・えいすけ
実業家
嘉永4年（1851）7月20日～大正10年（1921）11月15日　生安房国平郡本郷（千葉県安房郡鋸南町）　歴12歳で横浜に出て足袋商・植屋儀助の店に奉公し、明治7年独立して同地に店舗を開く。10年東京日本橋に移り屋号を万栄（川崎商店の前身）と称して足袋・木綿織物を製造販売した。一方、33年当時経営不振の富士瓦斯紡績（のちの富士紡績）の改革に当たり、翌34年取締役も務め、和田豊治専務を助け社運の隆盛に貢献した。また南亜公司、小倉製紙所、横浜電気、房総煉乳、日本電化工業などの重役を務めた。

川崎 正蔵　かわさき・しょうぞう
造船業者　川崎造船所創立者
天保8年（1837）7月10日～大正1年（1912）12月2日
生薩摩国鹿児島城下大黒町（鹿児島県鹿児島市）
名幼名＝磯吉　歴17歳の時長崎に出て貿易に従事、藩命によって金・米を扱った。鹿児島町吏、さらに大坂の蔵屋敷用達を命ぜられたが、貿易に着目して藩庁を説き、西洋型帆船数隻を購入して薩摩

国産物を畿内に輸送、巨利を博した。明治4年上京し、6年帝国郵便汽船会社副社長となり、東京・琉球間の郵便航路開始に尽力したが、同社は11年に三菱汽船会社と合併する。10年大阪に官糖取扱店を開き、また琉球反物の運送販売により巨利を得、念願であった造船業を開始。11年築地造船所、13年兵庫川崎造船所を開業、19年には官営兵庫造船所の払下げを受けて、20年川崎造船所（現・川崎重工業）を設立。29年川崎造船所を株式に改組し、顧問に退いた。一方、23年に多額納税貴院議員、31年「神戸新聞」を創刊、38年神戸川崎銀行を開設、監督に就任した。また美術品の収集でも知られ、神戸の自邸内に美術館をつくり、長春閣と名付けた。

河崎 助太郎　かわさき・すけたろう
衆院議員（第一控室会）
明治6年（1873）1月13日～昭和18年（1943）2月21日　生大阪府　学神戸私立英学校卒　歴大阪地裁商事調停委員、大阪織物同業組合長を経て、岐阜商工会議所会頭。大正4年衆院議員に当選、4期を務めた。羊毛紡織業に携わり、日本毛糸紡績、朝日毛糸紡績、東洋織工業、東洋毛糸紡績、共同毛織、日本整毛工業、新興人絹、河崎商事のそれぞれ社長を務めた。

川崎 祐名　かわさき・すけな
陸軍会計監督長　貴院議員（勅選）　男爵
天保4年（1833）11月～明治39年（1906）1月13日
生薩摩国鹿児島（鹿児島県鹿児島市）　名別名＝川崎正右衛門　歴薩摩藩士の子に生まれる。文久年間禁裏守護についた藩兵の兵糧掛を勤め、戊辰戦争では鹿児島藩の小荷駄奉行代理として白河・会津方面を転戦した。明治維新後は、4年会計司となり、7年兵部省（のちの陸軍省）に出仕し台湾出兵に会計事務総括として都督に随行、8年第五局次長となり、10年西南戦争では征討第四旅団会計部長を兼務。同年鹿児島陸軍運輸局長を兼ね、11年第五局副長、12年会計局副長、14年会計局長。この間、11年陸軍会計監督、14年陸軍会計監督長に進んだ。24年予備役に編入され、勅選貴院議員。33年男爵。この間、9年米国で開催されたフィラデルフィア万博に出張した。　家女婿＝白仁武（内閣拓殖局長官）

川崎 卓吉　かわさき・たくきち
内務次官　貴院議員（勅選）
明治4年（1871）1月18日～昭和11年（1936）3月27日　生安芸国（広島県）　学東京帝国大学法科大学独法科〔明治36年〕卒　歴明治40年内務省に入り、静岡県小笠郡長、警視庁警務部長、福島県知事、台湾総督府内務部長、同警務部長、同殖産局長、名古屋市長などを歴任。大正13年内務省警保局長、14年内務次官、15年勅選貴院議員。昭和2年憲政会（直後に民政党）に入党。4年浜口内閣の法制局長官、6年第二次若槻内閣書記官長。7年民政党総

197

務、幹事長、11年岡田内閣文相、次いで広田内閣の商工相となった。

川崎 田豆雄　かわさき・たずお
神官 歌人 神宮大講義

文政11年(1828)10月21日〜明治33年(1900)9月2日　[生]備前国邑久郡土師村(岡山県瀬戸内市)　[名]旧姓・旧名＝高原、通称＝豊後、号＝清道、百枝、桜丈、真楢、御楢、甫頡、秀庫　[歴]実家は備前国土師村の片山日子神社の社司。10歳で同国香登村の大内神社祀官・川崎頼母の養子となる。業合大枝に国学・歌学を、また上田及淵に神典学を学ぶ。幕末期は備前藩の神職組頭役や大ани役臨時式事肝入を務め、社軍隊の幹部として活躍。維新後には神社改正掛に任ぜられ、明治2年京都に出張して藩内の神social取調書上帳を神祇官に提出した。明治5年からは神職として邑久郡の安仁神社に奉仕。19年には同社禰宜に昇り、28年に辞職した。その傍ら、神宮大講義・皇典講究所委員を歴任し、古記録の調査などにも従事した。清雅な歌風をもつ歌人としても著名。歌集に「於之碁呂島」などがある。

川崎 八右衛門　かわさき・はちえもん
川崎銀行創立者

天保5年(1834)12月〜明治40年(1907)1月13日　[生]常陸国鹿島郡海老沢村(茨城県東茨城郡茨城町)　[歴]川崎財閥の創始者。生家は代々水戸藩の金銭御用達で、廻船問屋を兼ねる郷士。また、幕末には水戸藩の財政改革に功績があった。明治3年北海道開拓に従事したのち、7年東京に川崎組を創立、大蔵省国税取扱方、諸官庁の為替業務を行う。13年川崎銀行(昭和2年第百銀行と合併、18年三菱銀行に吸収された)と改称、多角的事業経営の拠点とした。主な事業として、水戸鉄道、入山採炭会社、日本酒造火災保険(現・日本火災海上保険)、常総鉄道、京成軌道、東京精米などの経営がある。明治38年引退。

川崎 寛美　かわさき・ひろみ
日本銀行国庫局長 男爵

文久3年(1863)8月8日〜大正15年(1926)9月4日　[生]薩摩国(鹿児島県鹿児島市塩屋町)　[名]幼名＝正熊　[歴]明治8年横浜の英国ワッソン女史方に寄寓して英語を習得し、16歳の頃に寛美と改名。19歳で大学予門の1級生より外務省御用掛となった。この頃激務の余暇に、のちに子爵となる曽根荒助からフランス語を学んだ。22歳でロンドン公使館会計主任となる。19年官制改革で交際官試補、20年パリ公使館会計主任に転じ、25年帰国後、外務翻訳官記録課長となり、29年ロシア帝戴冠式に参列のため山県有朋に随行する。帰国後、外務省会計課長となるが、30年官を辞して日本銀行に入り国庫局長となり台湾の金庫事務検査のため全島を視察した。36年京釜鉄道常務理事を命じられ、39年鉄道国有案が成立し同社が解散するまで就任した。同年家督を継ぎ男爵を襲爵した。産業振興の必要

性を痛感し、41年金網製造機を開発、42年特許を得て川崎工場を設立する。その後は盛んに自己の発明品を製作・販売した。

川崎 安之助　かわさき・やすのすけ
衆院議員

慶応3年(1867)4月〜昭和5年(1930)9月21日　[生]山城国乙訓郡大山崎村(京都府乙訓郡大山崎町)　[歴]京都府下の政界に活躍、山崎銀行頭取などを務め、衆院議員当選6回。政友会に属したが、大正2年桂内閣打倒の憲政擁護運動が起こり、尾崎咢堂らと政友会脱党、中正会員となった。以来憲政会に属し、京都支部長として活躍。

川崎 芳太郎　かわさき・よしたろう
川崎造船所副社長 川崎銀行頭取 男爵

明治2年(1869)1月7日〜大正9年(1920)7月13日　[生]鹿児島県　[名]旧姓・旧名＝鬼塚　[歴]川崎造船所創業者・川崎正蔵の甥。明治23年駐米公使高平小五郎の援助によりニューヨークの商業学校に学び、帰国後川崎造船所に入社。25年川崎正蔵の養嗣子となる。29年株式会社川崎造船所副社長に就任。38年川崎銀行頭取となり、福徳生命、川崎汽船、国際汽船、大輸海運など多くの会社重役を兼任。また、神戸高商(現・神戸大学)を創立した。大正9年男爵となる。[家]おじ(養父)＝川崎正蔵(川崎造船所創業者)

川崎 良三郎　かわさき・りょうざぶろう
陸軍歩兵少佐

明治7年(1874)11月〜大正14年(1925)9月5日　[生]広島県　[歴]陸大〔明治34年〕卒　[歴]明治34年大尉。36年営口駐在。日露戦争では諜報を担当。満州馬賊を操り敵状視察に務める。のち4年間のドイツ留学後、第十一連隊付となり、満州守備の人に就いた。

川路 利恭　かわじ・としあつ
福岡県知事

安政3年(1856)4月28日〜大正14年(1925)1月12日　[生]薩摩国(鹿児島県)　[名]旧姓・旧名＝五代　[歴]我が国警察制度の父である川路利良の養子。内務省に入り、ドイツに留学。滋賀県警察部長、警視庁第一・第二部長をへて、明治33年岐阜県知事、39年奈良県知事、41年熊本県知事、45年福岡県知事。[家]養父＝川路利良

川路 利良　かわじ・としよし
大警視

天保5年(1834)5月11日〜明治12年(1879)10月13日　[生]薩摩国鹿児島郡吉野村比志島(鹿児島県鹿児島市)　[名]通称＝正之進、号＝竜泉　[歴]旧薩摩藩士。薩英戦争、禁門の変などで西郷隆盛に認められ、江戸に出て洋式練兵を学び、千葉周作に剣を習った。明治元年の戊辰戦争には鳥羽、伏見、白河、会津まで従軍、上野彰義隊鎮圧にも功を樹てた。功により兵具奉行。4年東京府大属となり、5

年灤卒総長、次いで警保局兼大警視に任ぜられた。同年警察制度調査のため渡欧、6年帰国、警察制度改革の建白書を提出。司法権と警察権の分立を主張、司法省の管轄だった警察が内務省管轄となり、7年東京警視庁が設置されて大警視となった。10年の西南戦争には少将となり、警視庁別働隊を率いて八代に上陸、薩軍の背後をついて熊本城を救い鹿児島に入った。12年再び渡欧したが病気となり帰国。語録に部下の植松直久が記録補筆した「警察手眼」がある。

河島 醇　かわしま・あつし
衆院議員（議員倶楽部）北海道庁長官
弘化4年(1847)3月6日～明治44年(1911)4月28日 生薩摩国鹿児島城下長田町(鹿児島県鹿児島市) 名幼名＝新之丞、号＝磐石 歴明治7年外務書記官となり、その後ドイツ、ロシア、オーストリア各公使館に勤務。この間各地の大学で学び、帰国後、大蔵権大書記官兼外務権大書記官。15年伊藤博文の渡欧に随行。のち再三渡欧し、主にドイツの財政事務を調査。18年末議会参事官。23年以来鹿児島県より衆院議員に当選4回。自由党、第三議会、同盟倶楽部、立憲革新党、議員倶楽部などに所属。30年日本勧業銀行総裁、32年滋賀、ついで福岡県知事、36年勅選貴族議員、39年北海道庁長官となった。

川島 宇一郎　かわしま・ういちろう
衆院議員
天保12年(1841)10月5日～明治37年(1904)12月15日 出近江国尾村(滋賀県高島市) 歴京都で岩垣月洲に漢学を学び、滋賀県長尾村の自宅で教える。滋賀県議・議長を経て、明治24年から衆院議員に当選2回。晩年は近江米同業組合長となり、また高島銀行を設立し頭取を務めた。

川島 純幹　かわしま・じゅんかん
福井県知事
文久3年(1863)11月2日～大正9年(1920)10月25日 出筑前国(福岡県) 学帝国大学法科大学〔明治19年〕卒 歴明治25年鹿児島高等中学造士館教授、26年佐賀尋常師範学校校長、奈良県師範学校校長を歴任。17年川島織物工場を設立。のち佐賀、大分、千葉、鳥取の各県書記官を経て、40年滋賀県知事、大正2年鳥取県知事、6年福井県知事を務めた。

川島 甚兵衛(2代目)　かわしま・じんべえ
織物業者 染織家 川島織物工業創立者
嘉永6年(1853)5月22日～明治43年(1910)5月5日 出京都 名幼名＝弁次郎、号＝恩輝軒主人 賞帝室技芸員〔明治31年〕 歴京都の呉服悉皆屋上田屋(川島)甚兵衛の長男に生まれ、明治12年父の死後、家業を継ぐ。17年川島織物工場を設立。のち縮緬、唐錦、綴錦などの織法を改良。19年渡欧し、フランスでゴブラン織を研究。帰国後、その特長を綴錦に採用。代表作に「犬追物図」「富士巻狩図」「百花百鳥」など。 家父＝川島甚兵衛(1代目)、長男＝川島甚兵衛(3代目)

川島 浪速　かわしま・なにわ
満豪独立運動家 大陸浪人
慶応1年(1865)12月7日～昭和24年(1949)6月14日 生信濃国松本(長野県松本市) 学外国語学校中退 歴日清戦争時は軍事通訳をつとめ、台湾総督府官吏を経て、明治34年清で警務学校を設立。粛親王と交わり、大正2年川島芳子を養女に迎える。清朝滅亡後は満蒙独立運動に携わり、満州建国の下地を作った。 家養子＝川島芳子(清朝粛親王家第14王女)、甥＝原田伴彦(大阪市立大学名誉教授・部落解放研究所理事長)

川島 令次郎　かわしま・れいじろう
海軍中将
元治1年(1864)9月14日～昭和22年(1947)11月22日 出石川県 学海兵(第11期)〔明治17年〕卒、海大〔明治24年〕卒 歴明治19年海軍少尉に任官。27年侍従武官となり、29年英国へ留学。32年英国公使館付武官。34年帰国、36年宮古、同年松島、38年磐手の各艦長。40年艦政本部第一部長、42年軍令部参謀、42年海軍大学校校長、43年第三艦隊司令長官、45年水路部長を経て、大正2年海軍中将。3年旅順要港部司令官。5年予備役に編入。同年東伏見宮家の別当となり、11年～昭和8年同宮務監督を務めた。 家三男＝橘井真(東京計器製作所社長)、義弟＝中村静嘉(海軍少将)

河津 祐之　かわず・すけゆき
司法省刑事局長 通信次官
嘉永2年(1849)4月8日～明治27年(1894)7月12日 生三河国西端(愛知県碧南市) 名旧姓・旧名＝黒沢、幼名＝孫四郎 学大学南校 歴三河藩士・黒沢家に生まれる。早くから洋学を志し、蕃所調所や洋所調所で英語、フランス語を修める。幕府の外国方翻訳掛となり、湯島の英仏学校で教える一方、「西洋易知録」「英和対訳辞書」「西洋英傑伝」などを刊行して語学の才能を示した。明治2年幕臣・河津祐邦の婿養子となって家督を継ぎ、河津祐之を名のる。3年大学南校(現・東京大学)に出仕。教育制度調査の目的で、5年文部省からフランス留学を命じられたが、養父死去により、6年帰国。その後、文部省五等に出仕。この間、フランス人法学者ボアソナードの助手として、多くの翻訳を手掛ける。8～12年元老院大書記官の一方、嚶鳴社に参加し、ミニエの「仏国革命史」を翻訳。同書は当時の青年たちの愛読書となり、自由民権思想の普及に貢献した。その後、司法省入りし、13年検事、14年大阪控訴裁判所長。16年名古屋控訴院転任を辞退して大阪の「立憲政党新聞」に入り、主幹を務める。また法律鑑定所・明法館を開設した。のち再び仕官して、19年司法大書記官、24年の大津事件に際しては刑事局長、同年通信次官。 家息子＝河津暹(経済学者)

河瀬 秀治　かわせ・ひではる
農商務大書記官 富士製紙創業者

天保10年(1839)12月15日～昭和3年(1928)4月2日 ⓖ丹後国与謝郡宮津(京都府宮津市) 图旧姓・旧名=牛窪、号=雲影 歴旧宮津藩士。幕末の安政6年(1859年)頃より、専ら国事に奔走。明治維新後は、県知事、県令を歴任。産業の振興に着目し、米国より農具を購入し、印旛県令時代には茶樹の栽培を奨励、群馬、入間両県では養蚕製糸の改良を図り、製糸工場を建設。明治7年内務大丞。翌年内務省博物館掛となって以来、内外の博覧会の事業、工芸美術の振興に尽し、岡倉天心、フェノロサらと共に明治の美術界に貢献した。大蔵、農商務大書記官を歴任し、13年渡欧、帰国後の14年退官。以後、実業界で活躍し、商業会議所の設立に参画。また「中外商業新報」を創刊し、富士製紙会社を創立した。

河瀬 真孝 かわせ・まさたか
枢密顧問官 駐英公使 子爵
天保11年(1840)2月9日～大正8年(1919)9月29日 ⓖ周防国吉敷郡佐山村(山口県山口市) 图旧姓・旧名=石川、幼名=小五郎 歴萩の明倫館に学び、尊王攘夷運動に参加。文久2年先鋒隊に属し活躍。元治元年(1864年)御楯隊に加わり、慶応元年(1865年)高杉晋作の下関挙兵に遊撃隊を率いて参加。翌年、幕長戦に遊撃隊参謀として戦功をたてる。明治3年英国留学を命ぜられ、4年帰国、工部少輔、侍従長を歴任。6年イタリア、オーストリアに駐在。10年特命全権公使に昇進。16年帰国し、元老院議官、司法大輔などを経て、17～26年駐英公使。この間、子爵に叙せられ、ロンドン日本協会会長も務めた。36年枢密顧問官に親任。

河田 悦治郎 かわだ・えつじろう
養蚕家 河田蚕種製造所創業者
元治1年(1864)～昭和6年(1931)
ⓖ尾張国春日井郡田楽村(愛知県春日井市) 歴父は漢方医。12歳で養蚕を志し、明治14年一人で約30アールの桑畑を切り開いて養蚕を開始。しかし、次々と蚕が病死したことから、17年河田蚕種製造所を開設して本格的な蚕研究を始めた。大正12年には中国とオランダ産の外来種を交配して、一つの繭からとれる生糸が従来より6割も多い新品種を発見。昭和5年には蚕種の生産額日本一を達成したが、6年病没した。没後、会社はカネボウ系の会社に吸収された。

河田 景与 かわだ・かげとも
元老院議官 子爵
文化11年(1828)10月18日～明治30年(1897)10月12日 ⓖ京都伏見(京都府京都市) 歴因幡鳥取藩士で剣の達人であった。嘉永4年(1851年)家督を継ぎ伏見留守居となり、文久3年(1863年)京都留守居を兼任。鳥取藩の攘夷親征論の中心となり、同年8月京都本圀寺で藩の重臣殺害事件を起こし、謹慎、幽閉などにあう。元治元年(1864年)禁門の変にも活躍し、慶応2年(1866年)幕府の第二

次長州征討に際して、脱藩して長州藩に投じた。戊辰戦争には東山道先鋒総督府参謀、大総督府参謀として従軍。明治3年京都府大参事、弾正大忠、福岡藩大参事、翌年鳥取県権令を歴任し、11年元老院議官に就任した。20年子爵。

川田 小一郎 かわだ・こいちろう
日本銀行総裁 貴院議員(勅選) 男爵
天保7年(1836)8月24日～明治29年(1896)11月7日 ⓖ土佐国土佐郡杓田村(高知県高知市) 歴土佐藩士分となり、明治元年藩領伊予国川之江銅山の朝廷奉還をめぐる争議に敏腕を振い、藩内の勧業、鉱山、通商事務を担当。藩営土佐商会の岩崎弥太郎と知り合い、4年廃藩置県後同商会を岩崎に譲り、岩崎が三菱商会として経営するのを援ける。8年郵便汽船三菱会社では幹事を務め、鉱山・炭鉱の買収や経営、石炭販売などで活躍し、三菱財閥創業に尽力した。22年松方正義蔵相の要請により日本銀行総裁に就任。国立銀行紙幣償却や銀行統一などに力を尽くした。また、日清戦争の戦費および戦後処理、金本位制への移行などに取り組んだ。23年勅選貴族院議員、28年男爵。

川田 谷五郎 かわた・たにごろう
実業家
天保8年(1837)3月15日～明治44年(1911)10月20日 ⓖ武蔵国荏原郡大森(東京都大田区) 歴明治初期に横浜の町役人を務め、外国人と多く交際した。その際、彼らの被っていた麦稈真田帽子の国産化を思い立ち、明治5年より製造に着手。地元である東京・大森の麦藁細工の技法を利用して作った麦稈帽子用の麦稈真田は、試行錯誤のすえ明治7年には横浜在留の米国人から注文を受けるほどの品質と評価を得るようになった。内需も拡大し、明治16年には羽田や矢口などに工場を建設。のちには海外への輸出もはじめ、大森の主要産業としての地位を占めるに至った。

川田 兵治 かわた・ひょうじ
養蚕家
文久3年(1863)8月12日～昭和4年(1929)2月3日 ⓖ武蔵国榛沢郡(埼玉県) 歴明治8年禁止されていた秋蚕の飼育に成功。埼玉県令・白根多助らの援護を得て秋蚕飼育を訴え、11年禁止条例を廃止させた。

河田 熙 かわだ・ひろむ
徳川家家扶
天保6年(1835)～明治33年(1900)3月11日
图字=伯絅、通称=貫之助、号=貫堂 歴儒学者・河田迪斎の長男で、佐藤一斎は母の父に当たる。安政5年(1858年)学問所教授方出役を命ぜられ、6年家督を継いで大御番次席御儒者見習となる。万延元年(1860年)奥御右筆所詰、文久元年(1861年)奥御右筆、2年当御番上席御儒者、外国奉行支配組頭、3年御目付。同年横浜鎖港談判の遣欧使節随員としてフランスに渡る。談判中に鎖港不可能を

悟り幕府に建言するが忌避を被り、免職・閉門の処分を受けた。のち陸軍奉行並支配として復帰、慶応3年(1867年)開成所頭取、4年目付、大目付に進んだ。明治維新後は徳川家達に従って静岡に下り、静岡藩少参事に就任。廃藩後は上京して徳川家家扶となり、明治10～15年家達の英国留学に随行した。　家父=河田迪斎(儒学者)、祖父=佐藤一斎(儒学者)、甥=河田烈(蔵相)。

川田 龍吉　かわだ・りょうきち
横浜ドック専務 男爵
安政3年(1856年)3月4日～昭和26年(1951)2月9日
生土佐国土佐郡朴田村(高知県高知市)　名幼名=熊之助　学慶応義塾医学所中退　歴父は実業家で日銀総裁を務めた川田小一郎。明治10年父の友人である実業家の岩崎弥太郎の命を受けて渡英し、機械工学や造船学を学ぶ。17年帰国したのち日本郵船に入社。さらに横浜ドックに出向し、35年まで専務として経営に当たった。この間、29年父の急死に伴い、男爵を襲爵。39年函館ドック専務(実質的に社長)に就任し、経営難にあった同社の再建に尽力した。39年北海道七飯村に1200ヘクタールの土地を購入、七飯村清香園と名付けて大々的に農場経営を始め、海外の種苗商を通じて数種のジャガイモを輸入。米国産の「アイリッシュ・コブラー」という品種が早熟で病害虫にも強いことを認めると、40年から試作・栽培に入った。これが評判となり次第に道内各地に普及、いつしか男爵の爵位にちなんで"男爵芋"と呼ばれるようになった。44年函館ドックを退職した後は自身の農場を会社組織化し、機械を試験的に導入するなど北海道の農業近代化に尽力した。一方、横浜ドック時代の明治34年に米国からロコモビル社製蒸気自動車を購入し、我が国初のオーナードライバーになったことでも知られる。　家父=川田小一郎(実業家)。

河内 礼蔵　かわち・れいぞう
陸軍中将
生年不詳～昭和2年(1927)2月10日
出鹿児島県　歴明治37年歩兵第四連隊長、44年歩兵第十五旅団長、大正4年歩兵第三十五旅団長を経て、5年陸軍中将となり第二師団長。9年予備役に編入。

川面 凡児　かわつら・ぼんじ
神道家
文久2年(1862)4月1日～昭和4年(1929)2月23日
生豊前国宇佐郡小坂村(大分県宇佐市)　名本名=川面恒次、字=吉光　歴豊後の涵養塾で漢学、国文学を学び、さらに私塾を開いたのち、明治18年上京。苦学して仏典を学び、29年「自由党党報」「長野新聞」主宰。40歳頃から古神道の復活を志し、39年稜威会を創立、「大日本世界教宣明書」を発行。41年雑誌「大日本世界教」発行。大正時代に入ると、その文筆、講演活動が神社界において注目され、大正3年海軍と財界の後援で古典研究会を創立。実践的神道家で、禊行を本領とした。10年社団法人宣明所を設立。「天行居」という超国家主義的神秘主義を説き、ファシズムの神道的裏づけを与えた。著書に「日本古典真義」「天照大神宮」、「川面凡児全集」(全10巻)。

川手 文治郎　かわて・ぶんじろう
金光教教祖
文化11年(1814)8月16日～明治16年(1883)10月10日　生備中国(岡山県)　歴農家川手条次郎の養子。安政2年(1855年)42歳の厄年に大病にかかるが九死に一生を得て、その治癒をきっかけとして、祟り神と畏れられていた金神を、守り神としての天地金乃神として信仰するようになり、6年金光教を立教し、その教祖となる。現実生活に即した教えによって農民層を中心に信者を集め、官憲や山伏などから迫害に会うが、明治元年には生神金光大神の神号を得た。

河波 荒次郎　かわなみ・あらじろう
衆院議員
慶応1年(1865)8月～昭和7年(1932)2月21日
出福岡県　学東京専門学校〔明治21年〕卒　歴福岡県筑紫郡会議員、議長を経て、福岡県議となる。大正6年衆院議員に初当選以来通算3期務めた。

川西 清兵衛　かわにし・せいべえ
日本毛織会長 神戸商工会議所会頭
慶応1年(1865)7月18日～昭和22年(1947)11月19日　生兵庫県　名旧姓・旧名=筑紫、幼名=音松　歴大坂・高麗橋の蝋商、筑紫三郎助の五男で、明治23年兵庫県の素封家・川西家の養子となった。初等教育を優秀な成績で卒業したが、上級の学校には進まず早くから家業に携わった。羊毛貿易の先駆者・兼松房治郎と知り合い、29年軍用の毛布、服地の製造を行う日本毛織株式会社を設立して社長に就任。31年養父が死去したため6代目清兵衛を襲名。32年本格的に毛布製造を開始し、海軍・陸軍に製品を納入して日露戦争時に巨利を博した。40年自身が中心となり兵庫電気軌道(山陽電気鉄道の前身)を創立。大正2年日本毛糸紡績会社を設立して社長となるが、7年には日本毛織に吸収合併させた。その後も同年川西商事(11年川西倉庫に改称)、13年神戸生糸、昭和2年共立モスリン、3年昭和毛糸紡績、4年日亜拓殖など多数の関連企業を設立して社長や重役を兼ね、川西コンツェルンを形成。日本羊毛工業会会長、神戸商工会議所会頭なども歴任し、阪神財界及び羊毛業界で重きをなした。一方、早くから航空機にも注目し、大正6年中島知久平の航空機製造事業に出資して後には共同経営を進め、9年川西機械製作所(現・富士通テン)を創業。昭和3年同社の飛行機部門を分離し、川西航空機を設立して相談役となった。　家息子=川西龍三(川西航空機創設者)　勲緑綬褒章〔大正2年〕、紺綬褒章〔大正10年〕

河野 栄蔵　かわの・えいぞう
実業家 青森県議
慶応3年(1867)2月20日～昭和2年(1927)1月10日
⑴陸奥国川内(青森県むつ市) ㊊はじめ、郷里青森県川内村の戸長役場や登記所に勤務。のち、同県田名部の海産物商・山崎卯之助に認められ、その下で漁業に従事。明治30年には山崎とともに下北半島の東通村で行われていたマグロの大謀網漁に出資し、折からの豊漁で巨利を得た。41年に独立し、山崎らとの合名会社である安野崎商店を設立して海産貿易の業務を担当。また、実業界・銀行界でも活躍し、陸奥汽船会社・下北貯蓄銀行・下北酒造会社・田名部軌道会社などで社長を務め、下北地方の産業・交通の発展に寄与した。44年には青森県議となり、大正13年には県会議長に選ばれた。

河鰭 公篤　かわばた・きんあつ
宮内省掌典 子爵
安政4年(1857)10月14日～大正11年(1922)10月20日 ⑴京都 ㊊子爵・河鰭実文の子。明治43年家督をつぎ、ついで子爵を襲爵。宮内省に出仕し、長く掌典を務め、勅任待遇となる。㊁父＝河鰭実文(子爵)

河鰭 実文　かわばた・さねふみ
元老院議官 子爵
弘化2年(1845)4月5日～明治43年(1910)7月16日
⑴京都 ㊃旧姓・旧名＝三条 ㊊右大臣三条実方の五男で、万延元年(1860年)右近衛権中将河鰭公述の養子となる。戊辰戦争の際、錦旗奉行及び大総督府参謀として功を立てた。翌年兄実美の命により薩摩に赴き、西郷隆盛の東上を促す。明治3年東京府出仕となり、10月東京府権少参事、6年英国へ留学。のち内務省御用掛、内務権少書記官、元老院議官、貴族議員を歴任した。17年子爵。㊁父＝三条実方(右大臣)、養父＝河鰭公述(右近衛権中将)、兄＝三条実美(右大臣)、息子＝河鰭公篤(宮内省掌典)

川原 袈裟太郎　かわはら・けさたろう
海軍中将
明治2年(1869)12月11日～昭和8年(1933)9月6日
⑴肥前国佐賀(佐賀県佐賀市) ㊋海兵(第17期)〔明治23年〕卒 ㊊明治25年海軍少尉に任官。明治39年伏見宮博恭王付副官、41年海軍軍令部参謀、42年鹿島副長、43年鈴谷艦長を務め、44年～大正3年ロシア大使館付武官。3年日進、同年摂津の各艦長を歴任し、5年海軍水雷学校長となり、7年より海軍砲術学校長を兼任。同年第五戦隊司令官。9年海軍中将。10年第二戦隊司令官、同年旅順要港部司令官。12年予備役に編入。

川原 忠次郎　かわはら・ちゅうじろう
窯業家
嘉永2年(1849)4月～明治22年(1889)1月26日
⑴肥前国有田(佐賀県西松浦郡有田町) ㊊明治6年ウィーン万博に伝習生として渡欧、製陶技術を学ぶ。帰国後、内務省で製陶技術を指導。江戸川製陶所の設立にも尽力した。12年帰someone、有田で精磁会社を設立。16年アムステルダム万博に渡航、フランスで買い付けた製陶機械を20年より稼働させ、原料処理工程から成型工程に至るまで完全な機械化を実現させた。

河原 信可　かわはら・のぶよし
大阪商船社長
天保13年(1842)～明治41年(1908)1月
⑴備前国(岡山県) ㊊維新前後は叔父・森下景端、花房業連、新庄厚信らと志しを同じにし、国事に奔走。明治4年柏崎県参事となる。旧岡山藩士たちが出資して設立された神戸の海運会社・借行会社が経営不振で倒産寸前になると、社長に就任して経営を再建。のち住友の広瀬宰平らとともに大阪港出入の汽船主を統合して大阪商船を創立、取締役、副社長、社長となった。㊁叔父＝森下景端(大分県令)

川原 茂輔　かわはら・もすけ
衆院議員(政友会)
安政6年(1859)9月15日～昭和4年(1929)5月19日
⑴肥前国西松浦郡大川内村(佐賀県伊万里市) ㊊明治7年草場書山の塾で漢学を学び、早くから佐賀県政界・実業界で活躍し、佐賀県会議長、佐賀日日新聞社長など歴任。25年以来衆院議員当選10回、政友会に属したが、大正13年政友会改造問題のため除名され、政友本党に入党。昭和2年政友会に復帰、4年衆院議長となった。

河原 要一　かわはら・よういち
海軍中将
嘉永3年(1850)～大正15年(1926)12月17日
⑴薩摩国(鹿児島県) ㊊明治初年海軍兵学寮に入り、22年参謀出仕を務める。日清戦争では吉野艦長として出征。30年常備艦隊司令長官、32年海軍兵学校長に就任。36年中将。

川人 深太郎　かわひと・きよたろう
陸軍中将
慶応3年(1867)11月3日～大正14年(1925)2月21日 ⑴阿波国(徳島県) ㊋陸士卒、陸大卒 ㊊徳島藩士・川人利里郎の子に生まれる。明治22年陸軍工兵少尉となり、第五大隊中隊長、陸軍士官学校教官、下関要塞参謀、第十大隊長、砲工学校教官、技術審査部付同部評議員などを歴任。日清戦争では第二軍兵站電信部副官として出征、のち下関要塞司令部副官を務める。日露戦争では第二臨時築城団築城班長として従軍、のち第十六師団参謀となる。その後、陸軍大学校教官を務め、大正8年中将となり、予備役に編入された。

川淵 竜起　かわぶち・りょうき
広島市長
万延1年(1860)4月8日～昭和16年(1941)2月1日

⽣土佐国吾川郡八田村（高知県吾川郡いの町）　学高知師範〔明治10年〕卒　歴小学校教師をつとめたのち上京し、司法省法律学校に学ぶ。各地裁検事正や控訴院検事長を経て、大正14年広島市長に就任、昭和4年までつとめた。

河辺 貞吉　かわべ・ていきち
牧師　日本自由メソヂスト教団創設者
元治1年（1864）6月26日～昭和28年（1953）1月17日　⽣筑前国博多（福岡県福岡市博多）　歴明治18年渡米。一たん実業界に入ったが、20年サンフランシスコでキリスト教に入信、同地の日本人教会に大信仰覚醒運動を起こし、熱烈な説教と伝道を行い、25年から米国西海岸で日本人移民を対象に伝道の旅を続けた。27年帰国、29年淡路で伝道を開始、米国の流れをくむ日本メソジスト教会を創設した。著書に「再臨と其準備」「勝利の生涯」「恩寵の七十年」などがある。

川真田 徳三郎　かわまた・とくさぶろう
衆院議員（新政会）
安政7年（1860）2月～大正7年（1918）11月22日　⽣阿波国（徳島県）　歴麻植郡議、徳島県議、徴兵参事員等を歴任、明治23年衆院議員となり、以後当選8回通算9期を務めた。阿波商業会議所会頭、阿波国共同汽船専務、徳島鉄道社長のほか、阿波藍の社長及び同業組合組長も務めた。

川村 迂叟　かわむら・うそう
商人
文政5年（1822）5月17日～明治18年（1885）6月4日　⽣江戸　名名＝富之、通称＝伝左衛門、別号＝楓橋　歴江戸・日本橋新右衛門町で幕府御用達を務める材木商で、下野宇都宮家に出入りし、文久年間には藩主・戸田忠恕の山陵修復事業に資金を無利息で提供。また、宇都宮周辺の開墾を行ったり、養蚕業を援助するなど宇都宮藩の財政立て直しに寄与した。一方で尊王家としても知られた。維新後は、明治7年洋式製糸工場を鬼怒川岸に開設した。

川村 永之助　かわむら・えいのすけ
養蚕家
天保12年（1841）11月9日～明治42年（1909）1月18日　⽣出羽国川尻（秋田県秋田市）　歴父は秋田の養蚕方役所に勤務。明治4年同役所を譲り受けて新たに養蚕業を始めた。のち輸出蚕種の製造を企図し、10年郷里・秋田県川尻村に養蚕組合・川尻組を組織。11年には福沢諭吉の紹介で招聘した養蚕技術者・大橋淡をイタリアに派遣した。次いで14年自身も同国トリノに赴き、川尻組の販売出張所を設置した。18年には日本からの輸出種紙4万6千のうち4分の一を川尻組が占めるに至るが、蚕に微粒子病が蔓延したために大損害を受け、同年出張所を閉鎖した。

川村 景明　かわむら・かげあき
陸軍大将・元帥　子爵
嘉永3年（1850）2月26日～大正15年（1926）4月28日　⽣薩摩国鹿児島（鹿児島県鹿児島市）　名旧姓・旧名＝野崎　歴薩摩藩士・野崎家に生まれ、川村家の養子となる。薩英戦争、戊辰戦争に従軍、明治10年上京して御親兵となり、5年陸軍少尉に任官。9年萩の乱、10年西南戦争に出征した。22年参謀本部第一局長、24年歩兵第八旅団長を経て、27年日清戦争に近衛歩兵第一旅団長として従軍、台湾平定に従事した。30年第一師団長、34年第十師団長、37年日露戦争では独立第十師団を指揮して従軍、38年陸軍大将に進み鴨緑江軍司令官を務めた。大正4年元帥府に列し元帥陸軍大将となった。この間、明治28年男爵、40年子爵。　家女婿＝成田正峰（陸軍中将）、藤津準一（陸軍少将）

川村 矯一郎　かわむら・きょういちろう
保護司制度設立の先覚者
嘉永5年（1852）～明治23年（1890）
⽣豊前国（大分県中津市）　歴中津藩の武士の家に生まれる。その後、大阪に出て自由民権運動に参加し、政治犯として3回刑務所に収監、明治13年出所。天竜川の治水事業の仕事に携わったことをきっかけに更生保護に取り組むようになり、刑務所内の待遇改善を説いた。その後、静岡刑務所副所長に就任。所長時代、更生を誓って出所した男性が社会から見放され自殺した事件に遭遇し、21年保護司制度の原点となった日本初の更生保護組織を設立したが、病気のため38歳で亡くなる。

河村 譲三郎　かわむら・じょうざぶろう
司法次官　貴院議員（勅選）
安政6年（1859）2月10日～昭和5年（1930）4月13日　⽣京都　学法学博士〔明治32年〕　歴明治19年欧州留学、帰国後司法省参事官、東京控訴院検事、35年ハーグ万国国際法会議に出席、39年司法次官から大審院部長。大正8年会計検査院懲戒裁判官となり、法律取調委員会などに活躍。のち勅選貴院議員、錦鶏間祗候を許された。民法、民事訴訟法に詳しく、訳書に「独逸帝国民事訴訟法典」。

川村 純義　かわむら・すみよし
海軍大将　参議　伯爵
天保7年（1836）11月11日～明治37年（1904）8月12日　⽣薩摩国（鹿児島県）　歴薩摩藩士の長男。長崎海軍伝習所に学び、戊辰戦争に従軍して戦功をあげた。明治2年兵部大丞、4年兵部少輔、5年海軍少輔を歴任、6年欧米へ出張。7年海軍中将兼海軍大輔となり、10年西南戦争に出征。11年参議となって海事卿を兼ねた。17年伯爵を授けられ、18年宮中顧問官。21年予備役に編入して枢密顧問官。近代海軍の建設に大きな役割を果たした。34年皇孫（昭和天皇）の養育主任となった。没後、海軍大将に昇進した。

川村 竹治　かわむら・たけじ
内務次官　台湾総督
明治4年（1871）7月17日～昭和30年（1955）9月8日

203

30年〕卒　歴通信省書記官、内務省書記官、内務参事官、台湾総督府内務局長、和歌山、香川、青森各県知事、内務省警保局長、拓殖局長官を経て大正11年加藤友三郎内閣の内務次官となった。同年6月辞任して勅選貴院議員となり、南満州鉄道総裁に就任した。次いで政友本党から政友会顧問、台湾総督、昭和7年犬養内閣の法相となったが、同年五・一五事件で依願免官。その後は夫人文子経営の川村女学院（現・川村学園）顧問なった。　家妻＝川村文子（川村女学院創立者）

川村 ハル　かわむら・はる
海軍軍人・川村純義の妻
弘化2年（1845）2月12日〜昭和5年（1930）5月27日
生薩摩国（鹿児島県）　名旧姓・旧名＝椎原、別名＝はる子　歴薩摩藩士・椎原家に生まれ、長じて同藩出身の川村純義（のち宮中顧問官・海軍大将・伯爵）に嫁ぐ。明治34年夫が皇孫・裕仁親王（のちの昭和天皇）の養育主任を命ぜられ、雍仁親王（のちの秩父宮）とともに自宅に預かり、その里親として養育に努めた。この時、彼女は両親王を甘やかさず、困難に耐え得る人物を育成するために厳しい躾を施したと言われている。37年夫の死によって養育の役目を解かれた。　家夫＝川村純義（海軍大将）

河村 武道　かわむら・ぶどう
国家主義者
明治9年（1876）1月10日〜明治40年（1907）1月31日　生福岡県大名町（福岡市）　歴黒田藩の重臣・河村五郎の長男に生まれる。年少より中国語を学び、玄洋社に入る。明治27年同志と猶興議会を、29年には玄洋社内に武術道場・明道館を創設する。また先に柔道は自剛天真流の極意を受けていた。37年日露戦争では玄洋社の藤井種太郎・樋口満らと満州義軍に参加した。

河村 正彦　かわむら・まさひこ
陸軍中将
慶応4年（1868）5月6日〜大正13年（1924）3月18日　出長門国萩（山口県萩市）　学陸士〔明治22年〕卒、陸大〔明治30年〕卒　歴長州藩士の子として生まれる。陸軍に入り、明治33年から3年間ドイツに留学して軍政を学ぶ。日露戦争では第二軍兵站部高級副官として出征。大正2年ドイツ大使館付武官となり、第一次大戦が勃発すると観戦武官としてオランダに赴任。4年歩兵学校長、同年参謀本部付、5年歩兵第二旅団長、7年歩兵学校長、同年中将。10年第十三師団長。シベリア出兵に際しては西川虎次郎陸軍中将に代わって第十師団の指揮を執り、ウスリー沿岸のゲリラ掃討戦に従事した。著書に「改正独日歩兵操典比較研究」、訳書にリーツマン「将兵戦術の教育」がある。

川村 益太郎　かわむら・ますたろう
高知県議
明治6年（1873）11月23日〜昭和17年（1942）12月11日　出高知県香美郡夜須村（香南市）　歴明治36年より3期連続して高知県議を務め、手結港の修築に尽力をする。昭和11年より15年まで夜須村長となる。

川村 又助　かわむら・またすけ
万古陶器商工組合長
天保14年（1843）6月〜大正7年（1918）
出伊勢国（三重県）　歴四日市万古焼の行商から始め、明治9年職人を集めて製造に転じる。18年万古陶器商工組合を組織し組合長となる。33年合資会社川村組陶器製造場を設立、土瓶・灰皿・玩具などの万古焼製品を米国に輸出する。昭和5年株式会社に改組して更に事業を拡大した。

河村 善益　かわむら・よします
東京控訴院検事長　貴院議員（勅選）
安政5年（1858）1月21日〜大正13年（1924）9月21日　出石川県　学司法省法学校卒〔明治12年〕卒　歴判事となり、京都地方裁判所長、福井地方裁判所長、大阪控訴院部長、大審院判事、大阪地方裁判所長。明治32年フランス、イタリア、ベルギーに派遣され、39年函館控訴院長、大審院検事から40年東京控訴院検事長。のち勅選貴院議員、竹田宮司務監督となった。

川目 亨一　かわめ・こういち
大審院検事
嘉永6年（1853）〜明治40年（1907）2月20日
出江戸　歴初め昌平黌に学び、芹沢教授に師事して漢学を修める。明治元年静岡に移り中村正直、林維純の塾に入った。10年司法省出仕生徒として法律学を研究し、12年司法省に入り、判事から検事に転じ、大審院検事となる。在職中に秩父事件（暴動）、加波山事件、大井憲太郎の大阪事件、津田三蔵の大津事件、児島大審院院長らの懲戒事件などの大獄を担当して名声を博した。刑法に精通し、20年以降、独逸学協会学校を始めとする法律学校に刑法を講じた。

河本 磯平　かわもと・いそへい
実業家
明治1年（1868）〜明治32年（1899）1月30日
出備中国真庭郡（岡山県）　歴閑谷黌で学び、日清貿易研究所に入る。日清戦争では陸軍通訳として従軍。戦後、大東汽船上海支店長に就任。傍ら日清英学堂を創設し、「亜東時報」を創刊したりと活躍したが、明治32年自殺した。

川本 達　かわもと・とおる
衆院議員　郷土史家
安政5年（1858）2月3日〜昭和15年（1940）1月24日　出対馬国（長崎県対馬市）　学東京開成学校卒　歴厳原町・下県郡議を経て、明治20年に長崎県議となり、25年には衆院議員に選出された。のち厳原第百二銀行頭取・対馬漁業組合頭取・対馬汽船

会社社長・仁田村長・鶏知村長などを歴任。対馬及び長崎県の政財界で活躍する一方、大正時代以降は対馬の郷土史研究にも従事した。著書に「対馬遺事」「日韓交通史」、共著に「対馬誌」「対馬人物志」などがある。

河盛 仁平　かわもり・にへい
実業家
天保4年(1833)2月15日～明治18年(1885)4月20日 [生]和泉国堺(大阪府堺市) [名]幼名=新次郎, 初名=仁兵衛 [歴]堺南中之町で暮らし、綿布問屋・河内屋を構える。多くの船舶を使って青森や北海道まで取引を広げた。維新後、堺念仏寺三層塔の保存、高野山金剛峯寺の二堂再建や、各地の土木事業などに尽力した。

河盛 又三郎　かわもり・またさぶろう
河又醤油創業者 堺市商工会会頭
慶応3年(1867)11月～昭和16年(1941)11月
[出]和泉国堺(大阪府堺市) [歴]生地の堺に河又醤油を設立し、社内の研究機関で河又菌を発見。早くから醸造工程の機械化に取り組んだ。堺市議、同市商工会会頭などを務めた。

河原田 次重　かわらだ・じじゅう
河原田電気社主
明治9年(1876)12月28日～昭和4年(1929)2月23日 [生]秋田県角館(仙北市) [歴]秋田県角館の名望家の長男として生まれる。早くから農村指導者として立ち、町農会長や北部連合勧農会長などを歴任。明治34年には実業専修学舎を創立した。42年頃から電力事業を志し、私財を投じて43年に河原田電気を設立。45年には桧木内川の上流にドイツ・シーメンス社製の最新式発電機を導入した発電所を建設し、角館・大曲など5町4村(当時)の約3400戸への送電を開始した。 [家]孫=河原田次剛(政治家)

河原田 盛美　かわらだ・もりはる
農商務省技手 福島県議
天保13年(1842)10月5日～大正3年(1914)8月5日
[生]陸奥国南会津郡宮沢村(福島県) [名]通称=愛七郎, 数衛 [歴]名主の長男に生まれ、農学を志して養蚕、製糸改良に励む。戊辰戦争では会津藩士として国境警備などに当たる。明治2年若松県生産局に入り、6年大蔵省に出仕、のち農商務省に転じた。同省で水産行政に携わり、20年「日本水産製品誌」の編纂企画を担当。帰郷後は農業に従事し、36年福島県議となった。 [家]養子=河原田稼吉(衆院議員)

菅 克復　かん・こくふく
宮城紡績所社長 宮城県議
天保8年(1837)6月23日～大正2年(1913)2月20日
[出]陸奥国(岩手県) [歴]陸奥一関藩(岩手県)藩士。宮城郡長、宮城県議などを務め、明治12年荒巻村三居沢(仙台市)に宮城紡績所をおこす。16年社長となり、21年工場内の水力を利用して東北地方で初の電灯を灯した。

閑院宮 載仁　かんいんのみや・ことひと
陸軍大将・元帥
慶応1年(1865)9月22日～昭和20年(1945)5月20日 [生]京都府京都市 [学]陸士卒, 陸大卒 [歴]伏見宮邦家親王の第16皇子。明治5年閑院宮家6代目継嗣となって同家を再興。11年親王宣下され、15年からフランス留学、中学、陸士、騎兵学校、陸大に学んで帰国。32年参謀本部に入り、欧州視察後、34年騎兵第二旅団長。日露戦争に従軍、その後第一師団長近衛師団長から大正元年大将、軍事参議官、8年元帥。10年皇太子裕仁親王(昭和天皇)のヨーロッパ訪問に指導役として随行。昭和6～15年参謀総長を務めた。 [家]長男=閑院純仁(陸軍少将), 五女=戸田華子(旧皇族)

神崎 慶次郎　かんざき・けいじろう
福岡県議
慶応2年(1866)10月30日～昭和27年(1952)6月6日 [生]筑前国宗像郡神興村(福岡県) [歴]小倉の神崎家の養子となり、家業の酒造業を引き継ぐ。明治32年企救郡議、33年福岡県議に当選。大正7年小倉市議に転じ、昭和2年からは市長をつとめた。また、明治37年からは高級旅館梅屋旅館を経営した。

神崎 正蔵　かんざき・しょうぞう
自由民権運動家
安政1年(1854)～大正3年(1914)
[出]相模国(神奈川県) [歴]養蚕・製茶業を営む。明治15年天野政立らと生地の神奈川県愛甲郡に相愛社を創立。民権学習会の講学会を開き、また地租軽減運動では郡総代として活躍した。

神崎 正誼　かんざき・まさよし
実業家
天保8年(1837)9月25日～明治24年(1891)12月14日 [出]薩摩国(鹿児島県) [名]号=弘道軒 [歴]薩摩藩士正容の長子。活版鋳型師の大川光次郎に活字の知識を得て、活字製造業に転向。明治7年2月松田敦朝らと築地に開業。楷書活字に着手するが字母製法に苦心、事業の失敗に直面したが勝安芳の助力で島津、黒田両公の後援をうけ、9年義兄上野景範に活字鋳造機を送られ楷書活字の販路を確立。

神田 兵右衛門　かんだ・ひょうえもん
社会公共家
天保12年(1841)2月18日～大正10年(1921)1月13日 [生]播磨国印南郡大塩村(兵庫県姫路市) [名]旧姓・旧名=梅谷, 号=松雲 [歴]慶応3年(1867年)会計官御用掛となり、奥羽征討費出納を掌った。同年学館(明親館)を、翌年洋学校を設立するなど、教育事業に尽力。また兵庫新川開削工事を完成して貨物運輸の便を図った。明治11年兵庫商法会議所頭となり、兵庫・神戸両港の開港と拡張に取り組んだ。その他、神戸市の施設事業に当り、その

間、市議、同議長などを務めた。

神田 鐳蔵　かんだ・らいぞう
神田銀行創立者
明治5年(1872)8月29日～昭和9年(1934)12月8日
生愛知県海部郡蟹江　学名古屋商〔明治21年〕卒　歴家業の酒造業に従事。明治26年名古屋株式取引所創設と共に、株の思惑買占で40万円という巨利を得たが、日清戦争後の不況下に破産。32年上京、紅葉屋商店を創設し、有価証券の仲介業を営んだ。鉄道株の売買で巨富を築き、渋沢栄一の援助で国債の欧州輸出を行うなど、"証券界の鬼才"と称された。のち紅葉屋銀行を創設、大正7年神田銀行と改称。さらに諸会社を主宰し、育英・公共事業にも関係したが、昭和2年金融恐慌で倒産した。

神成 文吉　かんなり・ぶんきち
陸軍歩兵大尉　八甲田山遭難事件の被害者
明治1年(1868)12月～明治35年(1902)1月27日
生羽後国鷹巣〔秋田県北秋田市〕　学陸軍教導団歩兵科〔明治21年〕卒　歴陸軍教導団歩兵科に学ぶ。明治34年陸軍大尉に昇り、青森歩兵第五連隊中隊長を拝命した。日露開戦を睨んで青森県八甲田山で雪中行軍訓練が行われると、計画作成と部隊の指揮を担当。35年1月21日に大隊長の指令を受け、隊員210名とともに出発。しかし、折からの悪天候に装備や事前調査の不足などの悪要素が重なり、神成を含めて199名が猛吹雪の山中で命を落とした。

管野 すが　かんの・すが
社会主義者　新聞記者
明治14年(1881)6月7日～明治44年(1911)1月25日　生大阪府大阪市北区絹笠町　名号＝幽月、筆名＝管野須賀子　歴19歳の時、東京・深川の商人と結婚したが、22歳の時離婚、大阪で作家の宇田川文海に師事し、「大阪新報」の記者になり、木下尚江の影響で次第に社会主義運動に近づく。明治37年婦人矯風会大阪支部代表として上京、その折"平民社"を訪ねて堺利彦と知り合う。のち荒畑寒村と結婚するが数ヶ月で離婚、幸徳秋水と同棲するようになる。この間、「牟婁新報」「毎日電報」などの記者を経て、42年秋水と「自由思想」を発刊、アナーキズムに共鳴。43年服役中に天皇暗殺計画(大逆事件)が発覚、連座して翌年1月絞首刑に処された。手記「死出の道艸」、自伝小説「露子」のほか、「管野須賀子全集」がある。

神戸 挙一　かんべ・きょいち
東京電燈社長　東洋モスリン専務
文久2年(1862)2月21日～大正15年(1926)11月25日　生甲斐国南都留郡東桂村(山梨県都留市)　学和仏法律学校卒　歴幼時、生家が没落して九州地方を流浪。明治18年単身上京して若尾逸平の知遇を得、東京馬車鉄道支配人、日本鉄道専務を歴任。41年甲州財閥系の東洋モスリンの創設に参画、設立と同時に常務となり、同専務に就任。かたわら、鉄道運輸、東武銀行などの要職を務め、44年東京電燈に入り、大正9年社長に就任し、東京電燈の黄金時代を築いた。

冠 弥右衛門　かんむり・やえもん
真土村騒動の指導者
弘化2年(1845)～明治21年(1888)12月15日
生相模国大住郡真土村(神奈川県平塚市)　歴相模国真土村の農民。明治維新後の地租改正に際し、同村の戸長松木長右衛門は、土地の質置主から借りた印鑑を悪用して地券を自分の名義にしてしまった。これに憤った弥右衛門を代表とする農民たちは、土地を略奪されたとして裁判所に訴え出るが、敗訴となる。逆に、松木から厳しく訴訟費用と小作料を取り立てられ、窮した農民は明治11年10月26日に松木宅を襲撃し、松木とその家族を殺傷(真土騒動)。この事件のあと、弥右衛門らは逮捕され、死刑の判決を受けるが、神奈川県内各地で助命嘆願運動が起こり、遂に終身刑に減刑された。弥右衛門は17年に釈放されたのち出家し、間もなく没するが、この一連の運動は神奈川における自由民権運動の先駆けとして重要な意義を持つものと評価されている。

観輪 行乗　かんりん・ぎょうじょう
僧侶　黄檗宗管長　万福寺住職
文政9年(1826)～明治29年(1896)9月1日
生陸奥国仙台(宮城県仙台市)　名俗姓＝板垣、号＝甘露道人、楽哉　歴陸奥国仙台藩士の二男。陸奥国仙台・万寿寺の周民徳安の下で出家。21歳の時、諸国を遊歴する。その後、因幡国鳥取・顕功寺の良忠如隆に師事し、万延元年(1860年)師と摂津国富田の慶瑞寺に移り、同国の自敬庵や近江・正宗寺の住職を務めた。のちに師から法統を継ぎ、明治17年宇治・万福寺住職、黄檗宗管長に就任。18年大教正となる。著書に「観輪和尚語録」がある。

【き】

紀 俊秀　きい・としひで
和歌山市長　万寿生命保険社長　男爵
明治3年(1870)10月～昭和15年(1940)9月20日
生和歌山県　学学習院卒　歴和歌山県日前・国懸神宮の宮司。大正12年和歌山市長。上水道の創設や交通機関の整備に力を注いだ。貴族議員を務めた他、博愛生命保険、万寿生命保険などの社長も歴任した。

木内 重四郎　きうち・じゅうしろう
朝鮮総督府農商工部長官　貴院議員(勅選)
慶応1年(1865)12月10日～大正14年(1925)1月9日　生上総国山武郡千代田村(千葉県山武郡芝山町)　名本名＝木内孝胤、号＝東洋　学帝国大学法

科大学政治学科〔明治21年〕卒 歴生家は千葉県の旧家で、7人きょうだい（3男4女）の6番目の三男。明治14年最優秀の成績で中学を卒業したが、2人の兄が早世して事実上の長男であったことから東京への遊学を許されず、学友の大和久菊次郎を木内家の養子として父母に孝養を尽くすことを頼み、自らは脱走して東京へ遊学の作戦を練り、決行した（間もなく遊学を許され大和久は実家に戻った）。15年大学予備門に入り、21年帝国大学法科大学政治学科を卒業。22年新聞に発表した論文が井上毅法制局長官の目にとまり、法制局へ入局。同年参事官試補となり議員制度調査のため海外へ出張。23年帰国して貴院書記官、24年陸奥宗光農商務相に気に入られ農商務省参事官を兼ね、25年農商務省官房庶務課長。26年内務書記官兼貴院書記官、31年3月農商務省商務局長、11月商工局長、38年統監府農商工務総長、40年内務次官、41年統監府農商工部次官、43年朝鮮総督府農商工部長官を歴任。44年勅選貴院議員。大正5年京都府知事となるが、7年府会議員買収疑獄"豚箱事件"を起こした。 家長男=木内良胤（外交官）、二男=木内信ർ（経済評論家）、岳父=岩崎弥太郎（実業家）、義兄=岩崎久弥（三菱合資社長）、加藤高明（首相）、女婿=渋沢敬三（実業家）

気賀 林　きが・りん
商人
文化7年（1810）～明治16年（1883）
生遠江国引佐郡気賀村（静岡県浜松市） 名旧姓・旧名=竹田、幼名=賀子徳、通称=林右衛門、半十郎、号=淡庵 歴竹田家に生まれ、気賀家の養子となり、明治4年気賀林と改名。領主旗本・近藤家の御用達としてその財政に貢献、浜名湖北の特産である琉球表（畳表）の販売で台頭し、西遠地方の豪商となった。明治維新後は静岡藩に建白して堀留運河の開削、三方原茶園の造成などに私費を投じた他、明治11年第二十八国立銀行の創立に参画して副頭取に就任した。 家長男=気賀半十郎（第二十八国立銀行頭取）

菊岡 義衷　きくおか・ぎちゅう
僧侶（天台宗）延暦寺執行
慶応1年（1865）8月29日～昭和11年（1936）2月18日 生越前国（福井県） 歴大正5年天台宗西部大学学長兼比叡山中学校長となる。8年辞任。12年延暦寺執行、昭和2年宗機顧問に任じられ、4年京都山科の毘沙門堂門跡となった。

菊川 与三平　きくかわ・よそへい
菊川鉄工所創業者
文政8年（1825）～明治21年（1888）4月28日
生伊勢国大湊（三重県伊勢市） 歴嘉永元年（1848年）弟と鍛冶業の菊川鉄手所を始め、和釘、船釘、大工道具、船舶金具などを製作。それらに"菊印"を付して品質を誇り、好評を博した。没後、後を継いだ長男・安之助と二男・与三吉は力を合わせて家業を発展させ、明治29年国産初の製材機「菊川式マサツ送り自動丸鋸機」を製作、30年には菊川鉄工所を創立した。 家長男=菊川安之助（菊川鉄工所社長）、二男=菊川与三吉（菊川鉄工所副社長）、孫=菊川靖之（菊川鉄工所社長）、菊川茂（菊川鉄工所社長）

菊田 粂三郎　きくた・くめさぶろう
自由民権運動家
万延1年（1860）～大正5年（1916）
生相模国（神奈川県） 名旧姓・旧名=山本 歴明治16年自由党に入り、18年大井憲太郎らの大阪事件に加わる。軽懲役7年の刑を受けるが、22年明治憲法発布の特赦で釈放された。

菊竹 嘉市　きくたけ・かいち
福岡県書籍雑誌商組合長 金文堂代表
慶応4年（1868）5月1日～昭和10年（1935）4月16日
生筑後国久留米米屋町（福岡県久留米市） 学久留米中中退 歴筑後久留米の書籍商二文字屋・菊竹儀平の長男に生まれる。明治18年父が他界したため学業を中退して家業を継ぐ。店名を金文堂と改め、卸問屋兼業、定価現金販売、陳列式店舗などの新機軸を打ち出した。42年火災で店舗・家財を焼失するが、業務を発展させ、大正7年福岡に支店を出し、11年洋風の大店舗を新築し合資会社の代表社員となる。また九州各地に金の字を付けた系列店を独立させた。福岡県書籍雑誌商組合長も務め、長年に渡って同業界の福利増進に尽力した。

菊池 侃二　きくち・かんじ
衆院議員（中正会）
嘉永3年（1850）9月～昭和7年（1932）11月25日
生大坂 歴弁護士業に従事。後に大阪市議、大阪府議、大阪府立商業学校長を務め、大阪府知事になる。「立憲政友党新聞」「関西日報」を発行。明治23年衆院議員初当選。以降3選。

菊池 貫平　きくち・かんぺい
秩父困民党総理
弘化4年（1847）1月7日～大正3年（1914）3月17日
生信濃国南佐久郡八那池（長野県南佐久郡小海町） 歴代言人（弁護士）をつとめたが、明治17年秩父事件に参加。困民党参謀長となり、軍事五ケ条を起草。皆野で憲兵隊との銃撃戦を指揮し、信州を転戦、のち総理となる。東馬流の一戦で敗北し、逃亡。敗戦後甲州で逮捕され、欠席裁判で死刑となる。のち大赦により、38年網走監獄より帰郷。

菊地 喜市　きくち・きいち
社会運動家
明治12年（1879）～昭和2年（1927）12月25日
生新潟県北蒲原郡加治村（新発田市） 歴大正3年工友会を組織し、5年友愛会本部に勤めて総務部庶務課主任などを歴任し、12年頃総同盟を退いた。その間「労働及産業」誌の俳句選者もした。

菊池 恭三　きくち・きょうぞう
大日本紡績社長
安政6年(1859)10月15日～昭和17年(1942)12月28日　生伊予国西宇和郡川上村(愛媛県八幡浜市)　名幼名＝文造　学工部大学校機械工学科〔明治18年〕卒 工学博士〔大正4年〕　歴苗字帯刀を許された代々の庄屋・菊池家の三男。明治4年伊予吉田藩士・鈴木家の養嗣子となったが、6年勉強のため郷里を離れることを願うも許されなかったことから生家に戻った。9年弟と大阪へ出て大阪英語学校に入学。11年上京し、12年より工部大学校(現・東京大学工学部)で機械工学を専攻した。18年4番の成績で卒業して海軍の横須賀造船所に入所。20年大蔵省大阪造幣局に転じたが、平野紡績の紡績技術担当の話を持ち込まれたため海外留学と引き替えにこれを了承。英国・フランスで機械紡績技術を修得し、21年帰国して同社支配人兼工務部長となった。22年尼崎紡績、23年摂津紡績の創立に関与し、三社の支配人兼工務部長を兼務した。34年平野紡績が摂津紡績に合併され、大正4年摂津紡績社長を兼任。7年尼崎紡績と摂津紡績を合併して大日本紡績(現・ユニチカ)が発足、昭和11年まで社長、15年まで会長を務めた。この間、大正15年勅選貴院議員。同年日本レーヨン社長、昭和2年共同信託社長なども歴任した。　家弟＝田中泰董(川崎造船所取締役)　勲藍綬褒章〔大正2年〕、紺綬褒章〔大正10年〕、勲四等瑞宝章〔昭和9年〕、勲三等瑞宝章〔昭和17年〕

菊池 九郎　きくち・くろう
衆院議員(憲政本党)東奥義塾創立者
弘化4年(1847)9月18日～大正15年(1926)1月1日　生陸奥国弘前(青森県弘前市)　名幼名＝喜代太郎　歴陸奥弘前藩士の子。早く父を失って母の手で育てられ、安政5年(1858年)藩校・稽古館に入り皇漢学を修めた。御書院番・小姓組として藩主に仕えたが、慶応4年(1868年)藩論が勤王に傾いて奥羽越列藩同盟を脱退すると、これを不服として脱藩、官軍と戦った。明治2年許されて帰藩し、同年慶応義塾、3年薩摩藩英学校に留学して福沢諭吉や西郷隆盛の感化を受けた。5年東奥義塾の創設に中心的な役割を担い、後進の育成に尽くした。この間、同塾で英学教師を務めた米国人宣教師J.イングより受洗している。11年塾の関係者と政治結社・共同会を結成して自由民権運動に携わり、15年青森県議、22年初代弘前市長となるなど地方政界でも活躍。23年第1回総選挙で衆院議員に当選、以来連続9選。また、21年「東奥日報」を創刊して社長を務め、30年山形県知事、31年農商務省農務局長も歴任した。41年政界を引退し湘南海岸に移り住むが、再出馬を要請され、44年再び弘前市長となった。リンゴ栽培や養蚕も手がけ、殖産・水産事業にも功績を残した。

木口 小平　きぐち・こへい
陸軍一等卒
明治5年(1872)8月8日～明治27年(1894)7月29日　生岡山県川上郡成羽村(高梁市)　歴明治25年広島の歩兵第二一連隊第三大隊第十二中隊に二等卒として入営。27年日清戦争にラッパ手として従軍、7月朝鮮成歓の安城川の岸で戦死した。死んでも口からラッパを離さなかった忠勇美談の主として37年国定修身教科書にも登場。また、軍歌「安城の渡」でもその名が広まった。しかし、当初美談のラッパ手は白神源次郎と報道されており、事実は不明。

菊地 駒次　きくち・こまじ
外務省臨時平和条約事務局第二部長
明治11年(1878)3月23日～昭和10年(1935)1月17日　出静岡県　学東京帝国大学卒　歴法制局参事官から外務省に転じ、書記官、参事官、臨時平和条約事務局第二部長などを務めた。大正13年東北帝国大学講師。

菊池 慎之助　きくち・しんのすけ
陸軍大将
慶応2年(1866)2月15日～昭和2年(1927)8月22日　生常陸国(茨城県)　名旧姓・旧名＝戸田　学陸士(第11期)〔明治22年〕卒、陸大〔明治30年〕卒　歴日清戦争に近衛歩兵第三連隊大隊副官、日露戦争には第四軍司令部管理部長として出征。この間、明治36・39年にドイツとロシアで軍事研究に従事。のち大正4年人事局長、7年教育総監部本部長、8年第三師団長、10年参謀次長、11年朝鮮軍司令官などを歴任。12年大将。15年教育総監となったが、在職中に死去した。

菊池 武夫　きくち・たけお
弁護士 司法省民事局長 貴院議員(勅選)
嘉永7年(1854)7月28日～明治45年(1912)7月6日　出陸奥国盛岡(岩手県盛岡市)　学東京開成学校卒、ボストン大学(米国)卒 法学博士〔明治21年〕　歴陸奥南部藩士の長男。東京開成学校の大学南校へ入る。8年東京開成学校在学中、同級の鳩山和夫、小村寿太郎、斎藤修一郎らと文部省留学生となり、米国ボストン大学法学部に留学。バチェラー・オブ・ロウの学位を得、13年帰国して司法省に入省。24年民事局長を最後に退官し、代言人(弁護士)を開業。開業に際し、従四位菊池武夫という新聞広告を出したが、代言人の広告に位階を記したのはこれを嚆矢とする。この間、21年穂積陳重らと我が国初の法学博士の学位を授与された。24年勅選貴院議員。また、英吉利法律学校(現・中央大学)創立に参画し、第2代学長を務めた。

菊池 武徳　きくち・たけのり
衆院議員(政友会)
慶応3年(1867)7月23日～昭和21年(1946)2月11日　出陸奥国(青森県)　学慶応義塾〔明治20年〕卒　歴『時事新報』記者となり、のち九州鉄道会社に勤務、門司市参事会員となる。明治36年衆院議員に当選、通算4期を務めた。日宝石油会社取締役、

吾妻牧場会社監査役、「演芸画報」社長を歴任。

菊池 楯衛　きくち・たてえ
青森リンゴの開祖
弘化3年(1846)～大正7年(1918)4月8日
生陸奥国弘前(青森県弘前市)　歴弘前藩士。廃藩置県後、青森県庁に出仕。早くから果樹園芸に関心を持ち、明治8年内務省勧業寮より西洋果樹の苗木をうけ、長官の命令によって青森県庁構内で栽培した。リンゴ、ぶどう、桃、桜桃、杏、李、梨そのほかの西洋果樹の青森県内への輸入の最初であった。また函館在留の米国人より馬鈴薯を手に入れて栽培したり、北海道の七飯勧業場の米国人技師から接木法などリンゴ栽培技術を学んでこれを広めたりした。弘前に戻ってからは、士族仲間を集めて化育社を設立、接木繁殖を実施して苗木を供給した。とくにリンゴの栽培と販路拡張に尽くし、リンゴを青森県の一大特産品とした恩人として知られる。　家長男＝菊池秋雄(京大名誉教授・果樹園芸学)、孫＝菊池卓郎(弘前大名誉教授・果樹園芸学)

菊池 長四郎　きくち・ちょうしろう
実業家　貴院議員
嘉永5年(1852)12月10日～大正9年(1920)8月28日　生江戸　名旧姓・旧名＝大橋　歴大橋陶庵の子として生まれ、先代菊池長四郎の養子となる。東京日本橋元浜町で呉服店佐野屋を営み、明治22年東海銀行(第一勧業銀行の前身)を設立、頭取に就任。八千代生命保険、富士製紙、東洋製粉、東洋モスリンなどの取締役を兼任した。30年貴院議員。

菊地 東陽　きくち・とうよう
オリエンタル写真工業技師長
明治16年(1883)2月4日～昭和14年(1939)4月5日　生山形県　名本名＝菊地学治　歴祖父は東北地方で最初の写真館を開いた写真師・菊地新学。明治31年東京銀座の写真館で技術を習い、本国各地で修業、18歳で家業の写真館を継いだ。37年渡米。大正7年感光性乳剤の製造に成功、8年帰国してオリエンタル写真工業を創立し、取締役技師長となった。10年人像用印画紙の国産に成功、「オリエント」と名づけて販売。昭和4年社長となり、印画紙、乾板、フィルムの3本建製造販売態勢を確立した。　家父＝菊地宥清(写真師)、祖父＝菊地新学(写真師)

菊池 虎太郎　きくち・とらたろう
小笠原島開拓者
天保8年(1837)～明治33年(1900)2月5日
歴仙台藩士で、江戸に出て医業を営む傍ら洋式兵法を研究。元治元年(1864年)水戸天狗党の筑波山挙兵に参画したとして幽閉される。慶応元年(1865年)脱藩して松前に下ったが、明治元年帰藩、坂英力と合わず禁固され、のち許されて戊辰戦争に従軍した。しかし再び脱藩して諸国を周遊。明治4年大赦の命が下ると士を捨て、仙台に帰って養蚕伝習、機織業など殖産興業に努めた。のち20年には小笠原島開拓にも尽力、甘蔗の耕作を奨励するなど島の発展に寄与した。

菊亭 修季　きくてい・ゆきすえ
北海道開拓者　貴院議員　侯爵
安政4年(1857)5月6日～明治38年(1905)10月8日　生京都　卒北海道　名旧姓・旧名＝今出川　歴公卿・鷹司輔煕の末子として京都に生まれ、元治元年(1864年)公卿・今出川実順の養嗣子となり、明治維新後に菊亭と改姓する。明治3年東上して昌平黌に学び、5年東京に移る。農事に熱心で、11年北海道に渡り土地の開墾に先駆をつけ、12年開拓使御用掛、ついで農商務省御用掛となり、農務局事務取扱、北海道事業管理局事務取扱、16年札幌農業事務所副長などを歴任。この間、函館・札幌の農業仮博覧会委員となる。19年免官後、北海道の上白石(現・菊水元町、菊亭の菊と豊平川の水から命名)に農場を開いた。22年伯父・三条実美らと北海道雨竜原野に5万ヘクタールの土地貸し下げを受け、雨竜華族農場を組織したが、24年解散、分割。同年籍を北海道に移す。26年深川村メム(深川市)に約6千ヘクタールの菊亭農場を開き、浅沼靖・東武と計り実十津川より100戸団体での入植者を入れ、青木利八を管理人とした。32年耕地の大半を森源三に譲渡、35年残りの耕地を小作人に分譲、37年学校・寺院・警察などの敷地を寄付、他は開拓負債整理のために売却、全地を処分した。17年侯爵。23年から貴院議員。36年政友会に入り、のち幹事長に就任。

木越 安綱　きごし・やすつな
陸軍中将　貴院議員　男爵
嘉永7年(1854)3月25日～昭和7年(1932)3月26日　生石川県　名旧姓・旧名＝加藤　学陸士(旧1期)〔明治10年〕卒　歴明治10年陸軍少尉。ドイツに留学し、19年帰国、桂太郎とともに、ドイツ式軍政を採用した。日清、日露の戦役に従軍、27年中将。その間台湾守備隊参謀長、陸軍軍務局長、第三師団参謀、韓国臨時派遣隊司令官、第五師団長などを歴任。40年男爵。大正元年第三次桂内閣の陸相を務め、9年貴院議員となる。

木佐 徳三郎　きさ・とくさぶろう
衆院議員　両全製糸社長
嘉永6年(1853)6月～昭和16年(1941)
生出雲国坂田村(島根県簸川郡斐川町)　名旧姓・旧名＝勝部、号＝平疇、平田　歴実家は出雲国坂田村の豪農・勝部家。明治14年同国平田の名家・木佐家の養子となり、同家8代当主となる。幕末期に楯縫郡下郡役を務め、維新後は実業界に入って養蚕伝習所や製糸場の設置・経営に当たった。25年衆院議員に当選。30年には平田銀行を設立し、頭取に就任。さらに35年には両全製糸会社を創業し、蒸気機関を導入して大いに業績を伸ばした。また交通事業にも力を入れ、宍道湖の水運を目的に蓬莱社を興したほか、大正3年には一畑軽便鉄道の社

長にも選ばれている。文化人を手厚く保護した実父・勝部本右衛門栄忠ゆずりで絵画・茶道に明るく、平疇または平田と号し浅井柳塘門下の画人としても知られた。　家父=勝部栄忠（豪農）

岸 清一　きし・せいいち
弁護士　貴院議員（勅選）
慶応3年（1867）7月4日～昭和8年（1933）10月29日　生出雲国松江（島根県松江市）　学帝国大学法科大学〔明治22年〕卒 法学博士〔明治43年〕　歴明治26年弁護士試験に合格、以後、法曹界で活躍し、岩崎家、東京市などの顧問弁護士を務める。一方、43年嘉納治五郎とともに大日本体育協会（現・日本体育協会）を設立。大正10年には2代目会長に就任。また東京弁護士会会長、貴院議員、国際オリンピック委員会（IOC）委員などを歴任した。　家いとこ=若槻礼次郎

貴志 弥次郎　きし・やじろう
陸軍中将
明治7年（1874）6月～昭和13年（1938）1月27日　学陸士〔明治28年〕卒、陸大卒　歴歩兵少尉に任官し、累進して大正14年陸軍中将となる。この間、参謀本部付、陸軍歩兵学校教官、歩兵第六十六連隊長、支那駐屯軍司令部付を経て、歩兵第三十一旅団長、関東軍司令部付及び下関要塞司令官などを歴任。中将になってからは日露戦争に出征して勇名を馳せ、また張作霖華やかなりし頃は奉天特務機関長として大陸で活躍した。待命後は国粋会、乃木講などに関係した。

岸上 克己　きしがみ・かつみ
社会運動家
明治6年（1873）11月28日～昭和37年（1962）6月21日　生栃木県宇都宮市　名筆名=香摘、岸上克己　歴明治30年活版工の懇話会創立に参加するが、32年活版工組合が解消し、誠友会に参加。「労働世界」に寄稿し、36年毎日新聞に入社。そのかたわら「平民新聞」「光」などに寄稿する。39年以降「埼玉毎日」「埼玉日日」などの主筆をつとめ、大正14年浦和町議となり、15年名誉助役となる。戦後も浦和市選挙管理委員などを歴任した。

岸田 伊之助　きしだ・いのすけ
実業家
嘉永2年（1849）～昭和7年（1932）　生摂津国八部郡（兵庫県）　歴神戸で外国人向けに牛肉の卸売り・小売りを始め、明治20年洋風建築の大井肉店本店（愛知県明治村に移築保存）を新築。35年ごろ牛肉の味噌漬けを考案し、神戸肉の評判を高めた。

木島 才次郎　きじま・さいじろう
共同出荷組合朝陽社初代組合長
明治5年（1872）8月15日～昭和8年（1933）2月11日　生神奈川県平塚　歴神奈川県平塚でキュウリの促成栽培を行い、病虫害予防にボルドー液を使用した。明治41年共同出荷組合朝陽社を設立、初代組合長。

岸本 吉右衛門　きしもと・きちえもん
岸本商店店主
安政5年（1858）1月7日～大正13年（1924）10月28日　生大坂　名旧姓・旧名=村田　歴明治16年大阪の鉄鋼問屋・岸本家の長女と結婚。28年家督を相続、吉右衛門を襲名。明治末期インドのベンガル製鉄から銑鉄の極東での販売権を得て輸入を開始。大正7年にはインド鉄鋼会社の設立に参画、インド銑鉄の大量輸入に貢献した。日本鋼管創設に際しては発起人として大阪での株主とりまとめに尽くした。この間、明治45年岸本製釘所、大正5年岸本製鉄所を設立して生産部門にも進出した。

岸本 五兵衛（1代目）　きしもと・ごへえ
海運業者　岸本汽船創立者
天保8年（1837）2月～昭和2年（1927）　生播磨国加東郡下東条村（兵庫県小野市）　名=佳季　歴農家の三男に生まれ、20歳の時に大阪の廻漕問屋・赤穂屋に奉公に出る。慶応2年（1866年）主家の後援を受けて北海産荷受問屋・河内屋を開業した。傍ら、肥料を商い財をなし後年の岸本汽船の基礎を築いた。明治17年長男に家を譲り、佳季と改名した。

岸本 五兵衛（2代目）　きしもと・ごへえ
岸本汽船社長
慶応2年（1866）11月30日～大正4年（1915）1月19日　歴荷受問屋・肥料商を営む初代岸本五兵衛の長男で、明治17年家督を相続し五兵衛を襲名。19年海運業を興し、日清、日露戦争で巨利を得、41年岸本汽船会社を設立、社長に就任。大正3年には所有汽船数・トン数ともわが国第3位を占めた。この間、明治28年大阪実業銀行監査役になるなど、金融業にも進出した。　家父=岸本五兵衛（1代目）

岸本 鹿太郎　きしもと・しかたろう
陸軍大将
明治2年（1869）1月9日～昭和17年（1942）9月3日　生美作国東南条郡押入村（岡山県津山市）　学陸士〔明治27年〕卒、陸大〔明治34年〕卒　歴明治37～38年の日露戦争に歩兵大尉、運輸通信副官として従軍。その後参謀本部勤務、陸大教官、広島連隊区司令官、大正7年少将、歩兵第六旅団長、参謀本部第三部長、同総務部長、12年中将、第五師団長、教育総監本部長、東京警備司令官などを歴任、昭和4年大将となり予備役となった。

岸良 兼養　きしら・かねやす
大審院院長　元老院議官
天保8年（1837）8月～明治16年（1883）11月15日　生薩摩国鹿児島（鹿児島県鹿児島市）　名幼名=俊助、通称=岸良元之丞　歴旧薩摩藩士。維新後、議政官史官試補、監察司知事、刑部少丞、司法少丞

を経て、明治6年権大検事となり、7年の佐賀の乱の裁判などに関わる。この間、5年司法省の命を受け欧米に留学。8年大検事、10年大審院検事長、12年大審院長と累進し。14年司法少輔に転じ、16年元老院議官となる。

木津 慶次郎　きず・けいじろう
三重県玉滝村長
明治2年（1869）1月7日～昭和2年（1927）
国三重県　歴三重県玉滝村（現・伊賀市）の収入役を経て、明治37年村長となる。玉滝銀行を設立して村民金融の便をはかり、水口・玉滝両街道の改修、灌漑、植林などの施策によって、44年日本一の模範村として内相から表彰された。

木曽 源太郎　きそ・げんたろう
神宮
天保10年（1839）～大正7年（1918）
生肥後国熊本城下（熊本県熊本市）歴平田銕胤、鈴木重胤らから平田派国学を学び、尊王論を唱える。文久3年（1863年）脱藩して京都に行き、旭健と変名し、同年10月沢宣嘉を擁し、平野国臣らと但馬生野に挙兵し、軍中総指揮をとったが敗れて長州に走った。翌年禁門の変で戦う。維新後徴士となり伊勢度会府判事になる。のち湊川神社、鎌倉宮などの宮司を歴任し、教導職に任ぜられた。

喜早 伊右衛門　きそう・いえもん
治水家
弘化2年（1845）9月21日～明治39年（1906）11月22日　生出羽国村山郡楯岡（山形県村山市）歴出羽村山郡楯岡の富豪・喜早家に生まれる。当地は水利の便が悪く、例年旱害に苦しむ農民を見て貯水池の築堤を考案。明治9年から6年間を費やし、私財を投じて同地に東沢堤を築き、灌漑用水池・東沢溜め池を完成させ、近隣7ヶ村200ヘクタールの耕地を潤した。また学校基金、道路修築、貧民救済などのほか、地方公衆の利益に関する事業には率先して巨額の寄付をし、地方自治や教育面でも業績を残した。　勲藍綬褒章〔明治26年〕

キダー，アンナ　Kidder, Anna H.
宣教師
1840年～1913年11月23日
国米国　生米国ニューハンプシャー州アマースト　学カレドニア・アカデミー卒　歴学校卒業後、一時ロード・アイランド州プロビデンスの黒人孤児院で教える。1875年（明治8年）11月米国バプテスト派教会宣教師として来日。東京駿河台の森有礼邸内に喜田英和学校を設立。のち駿台英和学校と改称され、東京における有数の学校として発展したが、関東大震災のため校舎が倒壊し閉校された。女子教育に従事する傍ら、K.M.ヤングマンの目黒慰廃園における救らい事業にも協力した。

木田 伊之助　きだ・いのすけ
陸軍少将

慶応3年（1867）～昭和8年（1933）1月12日
生陸奥国（宮城県）学陸士卒、陸大卒　歴日清戦争・日露戦争に出征。大正4年陸軍少将となり対馬警備隊司令官を務め、6年舞鶴要塞司令官などを歴任。8年待命となり、のち右翼団体の関東国粋会総裁となった。また一方、帝国大学経済学部の聴講生となって2年間勉学した話は有名である。

喜多 長七郎　きた・ちょうしちろう
開拓家
弘化2年（1845）～大正9年（1920）
生大和国葛上郡鳥井戸村（奈良県御所市）歴大和葛上郡鳥井戸村の農民で、明治3年宇智郡阿田峰の開墾に着手し、約20ヘクタールを開く。9年土地の払い下げを受けて大野新田と命名、移住農民を募って更に約50ヘクタールを開き、のち200ヘクタールの果樹園地帯に発展させた。また農会の創立、模範試作田の設置、道路の改修、砂防事業など公共事業に大いに貢献した。

木田 韜光　きだ・とうこう
僧侶（曹洞宗）
嘉永6年（1853）～大正4年（1915）7月11日
生長門国（山口県）名道号＝遼空　学曹洞宗大学林卒　歴18歳の時に出家し、郷里・山口県にある大寧寺（曹洞宗）の僧・天外石類の法を嗣ぐ。明治22年曹洞宗末派総代議員に選ばれて以来、宗務院総務・宗議会議員・同議長・特選議員を歴任するなど、同宗の宗政の枢機に参与。また、群馬長年寺や愛知護国院の住職も務め、曹洞宗大学林でも教鞭を執った。編著に「曹洞宗宗要問答」「雑居準備曹洞宗徒の心得」などがある。

喜多 又蔵　きた・またぞう
日本綿花社長
明治10年（1877）9月11日～昭和7年（1932）1月31日　生奈良県南葛城郡葛城村（御所市）学大阪商〔明治27年〕卒　歴豪農・長七郎の三男として生まれる。明治27年日本綿花（現・ニチメン）に入る。インドのボンベイ派出員などを経て、36年支配人となり中国市場を開拓。43年取締役、のち常務、副社長。大正6年社長に就任。一方、鈴政式織機（のちの遠州織機）、東亜製油、東亜製麻、日華紡織などの社長を務めた。また8年丸亀商店（のち喜多合名）を設け、雑貨輸出、南洋事業、紡織業、製糸業を営む。7年にはパリ講和会議随員の一人に選ばれる。11年日本経済連盟理事も務めた。

北岡 龍三郎　きたおか・りゅうさぶろう
社会運動家
明治11年（1878）～昭和22年（1947）5月26日
生高知県土佐郡朝倉村（高知市）歴農業に従事し、兵役後、高知県師範学校体操教師となる。そのかたわら農民運動に参加し、大正8年高知県農民組合を組織して会長に就任する。9年師範学校を退職し、以後も農民運動に参加した。

211

北ケ市 市太郎　きたがいち・いちたろう
人力車夫
安政6年（1859）12月3日～大正3年（1914）11月3日
⊞加賀国（石川県）　歴明治24年5月ロシア皇太子ニコライ（のち皇帝ニコライ2世）が襲われた大津事件のとき、ギリシャのジョージ親王の車の後押しをする。犯人・津田三蔵を取り押さえた一人として、日露両国政府から褒賞を与えられた。

北垣 国道　きたがき・くにみち
内務次官 京都府知事 京都市長 男爵
天保7年（1836）8月27日～大正5年（1916）1月16日
⊞但馬国養父郡能座村（兵庫県養父市）　名通称＝北垣晋太郎、号＝静屋　歴庄屋の長男で、池田草庵に師事して漢学を学んだ。文久3年（1863年）尊皇攘夷運動の影響を受けて上京、同年平野国臣の起こした生野の変に荷担したが、松田造之の推挙で鳥取藩士となった。明治維新後は新政府に出仕。明治4年より開拓使で北海道開拓事業に従事し、8年元老院少書記官、10年熊本県大書記官、11年内務省庶務局長を経て、12年高知県令。13年徳島県令を兼ね。14～25年京都府知事を務め、琵琶湖疎水事業を完成させた。22年京都市の成立により京都市長を兼ねた。25年内務次官、同年北海道庁長官、29年拓殖務次官を歴任、同年男爵を授けられた。32年貴院議員、45年枢密顧問官。　勲勲一等瑞宝章〔明治39年〕、勲一等旭日大綬章〔大正5年〕

北風 正造　きたかぜ・しょうぞう
第七十三国立銀行頭取
天保5年（1834）2月11日～明治28年（1895）12月5日　⊞山城国紀伊郡竹田村（京都府京都市伏見区）　名旧姓・旧名＝長谷川、前名＝荘右衛門貞忠　歴少年期、九条道孝に近侍ののち、兵庫津の名主北風荘右衛門の養子となり廻船業に従う。安政5年（1858年）幕府が大坂に箱館産物会所、兵庫にその出張所を設置した際、その用達及び箱館産物捌方取締となる。文久元年（1861年）北浜名主役となり、3年兵庫に諸商物江戸積仲間株を出願し許可される。明治元年郷学明親館を興し、また商法会所元締、商法司判事、2年会計官商法司判事となる。政府が通商為替両社をおくと、頭取となり、6年辞任。10年米商会社、第七十三国立銀行を創立し頭取に就任。11年商法会議所の設立に尽くした。しかし家業は衰退し18年破産した。

北方 心泉　きたかた・しんせん
僧侶（真宗大谷派）
嘉永3年（1850）～明治37年（1904）
⊞加賀国金沢（石川県金沢市）　歴明治9年以来本願寺の布教僧となる。ついで留学生として上海に渡り、16年帰国。31年再び中国に渡り南京に学堂を建て、33年帰国。中国滞在中、文人兪曲園らと深く交流し、金石学を学んだ。絵画・詩文の才があり、また書に秀れ、篆書をよくした。「東瀛詩選」の編集に協力した。

北川 嘉平　きたがわ・かへい
農政家 滋賀県豊郷村長
明治5年（1872）9月5日～昭和13年（1938）12月9日
⊞滋賀県豊郷村（犬上郡豊郷町）　歴明治36年厚生社信用組合を創立、44年組合長として産業組合の基礎を作った。この間、滋賀県豊郷村の村長を務め、明治43年耕地整理組合を設立し、地下水を動力で汲み上げる揚水事業に尽した。

北川 矩一　きたがわ・くいち
実業家 衆院議員（大成会）初代宇治山田市長
弘化2年（1845）4月4日～大正7年（1918）8月3日
⊞伊勢国（三重県）　名旧姓・旧名＝後藤、字＝三秀、号＝竹涯　歴三重県議・議長を経て、明治23年衆院議員（大成会）に当選1回。山田銀行や参宮鉄道の創立に関わる。40年初代宇治山田市長に就任。憲法発布式典に参列した。

北川 清助　きたがわ・せいすけ
農政家
文政9年（1826）～明治35年（1902）4月3日
⊞周防国吉敷郡陶村（山口県山口市）　歴長州藩士で、元治元年（1864年）から同藩領の吉敷郡小郡で代官を務める。幕末・維新期には農兵隊頭取として藩内勤王派を支援。また、明治2年に起こった長州藩諸隊脱隊騒動の鎮撫にも活躍した。4年に退官したのちは郷里・吉敷郡陶村に定住し、農事改良に従事。特に養蚕や養鶏・ヤギの放牧などを奨励し、多角経営による農業の近代化に尽したことで知られる。

喜多川 孝経　きたがわ・たかつね
実業家 衆院議員（進歩党）
安政6年（1859）4月～昭和5年（1930）11月2日
⊞山城国（京都府）　歴皇学・漢学を修め、農業を営む。南山義塾主幹を務め、明治16年同社長となる。連合戸長、京都府議、綴喜郡長などを経て、27年から衆院議員に当選2回。また山城起業頭取、山城農産社長、洛北倉庫監査役などを務めた。

北川 武　きたがわ・たけし
陸軍少将
安政5年（1858）～大正2年（1913）1月3日
⊞尾張国（愛知県）　学陸士（第3期）卒　歴陸軍士官学校を卒業後、ドイツへ留学。日清戦争に従軍し、占領地総督府兵站司令官などを務めた。明治35年電信教導大隊長、38年工兵監事務取扱、38年電信教導大隊長。44年陸軍少将。

北川 信従　きたがわ・のぶより
新潟県知事 長崎市長
万延1年（1860）6月15日～大正13年（1924）4月27日　⊞土佐国（高知県安芸郡北川村）　学司法省法学校〔明治16年〕卒　歴父は居合術家・北川信通で、2人兄弟の弟。長く検事畑を歩き、明治31年台湾地方法院検察官長、34年宇都宮地裁検事正、37年大審院検事、38年長崎地裁検事正を歴任。40年

長崎市長。大正3年栃木県知事、5年新潟県知事。家父=北川信通(居合術家)、兄=北川忠惇(自由民権家)

北川 波津　きたがわ・はつ
社会事業家
安政5年(1858)1月9日～昭和13年(1938)3月3日
生常陸国水戸(茨城県水戸市)歴水戸藩士の娘として生まれる。25歳の時に結婚したが、間もなく離婚。明治29年東北の三陸沖で大津波が発生すると、罹災して両親を失った児童26人を引き取って養育。これを基にして32年に東京孤児院を開き、以後約40年に渡って身寄りのない子供たちを育てた。また、孤児院の機関誌を発行し、世論に孤児教育の必要性を喚起し続けた。

北古賀 竹一郎　きたこが・たけいちろう
海軍中将
安政5年(1858)8月3日～大正15年(1926)8月14日
出肥前国(佐賀県)学海兵(第6期)〔明治12年〕卒、海大〔明治21年〕卒歴明治32年海軍省軍務局兵器課長、33年駐英造船造兵監督官、34年艦政本部第一部長、同年東京造兵廠長兼務、39年呉工廠長、41年舞鶴工廠長、同年海軍水雷学校校長兼横須賀水雷団長を経て、42年海軍中将。44年予備役に編入。

北島 伊登子　きたじま・いとこ
女官
嘉永5年(1852)～明治45年(1912)3月20日
歴明治17年宮中の御用掛となり、20年権掌侍に就任し樟内侍と称した。英語・フランス語に堪能で、皇后(昭憲皇太后)の通訳を務める。日露戦争では皇后の慰問使として佐世保などに出張した。高崎正風に師事し、和歌にも優れ、宮中の才媛との誉れが高かった。

北島 七兵衛　きたじま・しちべえ
紀伊銀行頭取 和歌山県議
嘉永4年(1851)6月～昭和9年(1934)3月15日
出伊国和歌山(和歌山県和歌山市)旧旧姓・旧名=深見、幼名=藤次郎歴先代・北島七兵衛の養子となり、綿ネル商を営む。和歌山織布社長、紀伊銀行頭取などを務める傍ら、明治22年以降和歌山市議、和歌山県議なども務めた。

北島 斉孝　きたじま・なりのり
出雲教管長 貴院議員 男爵
文久3年(1863)7月29日～大正7年(1918)11月9日
出出雲国(島根県)歴天穂日命の直系の子孫とされ、千家と並んで代々出雲大社の祠官を務める家柄に生まれる。明治15年権宮司、26年家督を継いで出雲教管長となる。41年貴院議員。

北島 秀朝　きたじま・ひでとも
長崎県令
天保13年(1842)1月1日～明治10年(1877)10月10日生下野国大山田(栃木県那須郡那珂川町)出常陸国(茨城県)旧旧姓・旧名=益子、通称=時之助、千太郎歴水戸藩士で、明治維新後に新政府に出仕。明治2年東京府権大参事、3年大参事を経て、5年和歌山県権令、同県令、7年佐賀県令、9年長崎県令を歴任した。

北島 良吉　きたじま・りょうきち
横浜地裁判事 社会事業家
明治4年(1871)12月～大正12年(1923)8月11日
生石川県輪島町(輪島市)学明治法律学校〔明治31年〕卒歴東京および横浜地裁判事を務める。大正5年退官後は刑務協会常務理事として出獄者や非行少年の保護など社会事業に尽くした。著書に「法窓随筆」がある。

北白川宮 富子　きたしらかわのみや・とみこ
北白川宮能久親王妃
文久2年(1862)8月8日～昭和11年(1936)3月20日
歴伊予宇和島藩主・伊達宗徳の第二女。鹿児島藩主・島津久光の養女となり、明治19年北白川宮能久親王と結婚。次いで成久王を御出産。28年能久王は台湾遠征中に死没。以後、子女の養育につとめた。家夫=北白川宮能久、父=伊達宗徳(宇和島藩主)

北白川宮 成久
きたしらかわのみや・なるひさ
陸軍大佐 北白川宮家第3代
明治20年(1887)4月18日～大正12年(1923)4月1日学陸大卒歴北白川宮能久親王の第3王子に生まれる。明治28年北白川宮第3代目となり、42年房子内親王(明治天皇の第七皇女)と結婚した。39年陸軍中央幼年学校を卒業し、陸軍士官学校、砲工学校などを経て、大正9年陸軍大学校に入学。この間、明治41年砲兵少尉となり、43年中尉、大正2年大尉、7年少佐、11年中佐に昇進。近衛砲兵連隊付、同中隊長、野戦砲兵第四連隊大隊長などを務めた。欧州訪問中の大正12年4月、パリ郊外で自動車事故に遭い死去。同年大佐。明治40年から貴院議員。家父=北白川宮能久

北白川宮 能久
きたしらかわのみや・よしひさ
陸軍大将
弘化4年(1847)2月16日～明治28年(1895)10月28日旧旧姓・旧名=満宮、別名=上野宮、輪王寺宮、公現法親王歴伏見宮邦家親王の第9子に生まれる。安政5年(1858年)輪王寺宮付弟となり、親王宣下し、名を能久と賜り、得度して公現と称した。慶応3年(1867年)輪王寺門主となる。戊辰戦争に際し幕府方についたため伏見宮御預けとなるが、明治2年罪を赦され伏見宮に復帰。3年能久を復名し、同年ドイツに留学。10年帰国。この間、5年北白川宮を相続。7年陸軍少佐となり、25年陸軍中将に進んで第六師団長、26年第四師団長。28年近衛師団長として台湾に向い

213

台湾征討軍の指揮に当たったが、同地で病没。陸軍大将に進級。東京地学協会会長、大日本農会会頭、第2回内国勧業博覧会総裁、ドイツ学協会会長なども務めた。［家］長男＝竹田宮恒久（陸軍少将）、三男＝小松輝久（海軍中将）、兄＝山階宮晃、久邇宮朝彦、小松宮彰仁（陸軍大将・元帥）、弟＝伏見宮貞愛（陸軍大将・元帥）、清棲家教（貴院議員）、閑院宮載仁（陸軍大将・元帥）、東伏見宮依仁（海軍大将・元帥）、女婿＝甘露寺受長（宮内省掌典長）、有馬頼寧（政治家）

喜谷 市郎右衛門 きたに・いちろうえもん
実母散本舗9代目店主
弘化4年（1847）～明治40年（1907）5月5日
［出］江戸　［歴］婦人薬の老舗・実母散本舗の9代目店主として、東京の中橋で家業を盛んにし、売薬商組合初代頭取となる。一方、東京市内にレールを敷き車両を馬車に引かせて走らせる馬車鉄道が初めて設けられた時に東京馬車鉄道の創設に尽力、明治19年東京電燈会社の設立に際しては発起人の一人となってアーク灯の設置に貢献した。21年富士製紙の創立に参与、取締役となる。また帝国ホテル、東京建物、第三国立銀行、興業貯蓄銀行などの重役を務め実業界で活躍した。このほか、東京府議などの公職にも就いた。

北能 喜市郎 きたの・きいちろう
秋田県議
慶応2年（1866）3月7日～昭和19年（1944）11月5日
［出］羽国由利郡（秋田県にかほ市）　［歴］明治22年に20代で郷里金浦村の収入役となり、財政ですぐれた手腕を発揮。のち、その実務能力が高く評価され、28歳で村長に推された。以来、金浦港の改修・整備に尽力し、港に続く道路の敷設や荷揚げ場の建設を行った。また、漁業組合や秋田県水産会の創立にも参画。さらに、漁船や漁具の共同倉庫を建てるなど、漁業の発展にも大きく貢献した。大正4年秋田県議となる。

北野 元峰 きたの・げんぽう
僧侶 曹洞宗管長 永平寺67世貫主
天保13年（1842）11月1日～昭和8年（1933）10月19日　［出］越前国大野郡鍬掛村（福井県大野市）　［歴］幼名＝十吉、号＝不二庵　［歴］北野孫四郎の十男に生まれ、上野・最興寺の哲量について出家し江戸・青松寺の素信魯亥の法を継ぎ、明治6年同寺の住職となる。教導取締、総持寺院、44年朝鮮布教総監、大正9年永平寺貫主、曹洞宗管長となる。この間、永平寺と総持寺の両本山分離抗争に際し調停に務めた。著書に「起信論講義」「金剛経講義」「証道歌講話」「北野元峰禅師法話集」など。

北畠 道龍 きたばたけ・どうりゅう
僧侶（浄土真宗本願寺派）
文政3年（1820）9月16日～明治40年（1907）11月15日　［出］紀伊国（和歌山県）　［歴］諱＝南英、幼名＝宮内、循教、別号＝魯堂　［歴］紀伊国和歌浦・法福寺（浄土真宗）の住職北畠大法の子。長じて父の跡を嗣ぎ、同寺住職となる。早くから仏教・儒教の書物を読み、柔術・剣術など武道にも秀でた。美濃の行照に師事して宗学を修め、のちには本願寺学林の年預参事に挙げられたが、宗派内の改革を唱えたため追放。維新の動乱期には僧兵部隊の法福寺隊を組織し、天誅組の乱や長州征討などで戦功を立てた。その功によって紀州藩小参事に任ぜられ、ドイツ式訓練を採用するなど藩の兵制を改革。維新後は新政府からの誘いを固辞し、京都でドイツ語を学習し、来日独逸人大井憲太郎（のちの自由民権運動の大立者）らと日本最初の私立法律塾・講法学社を開いた。また、浄土真宗宗主大谷光尊から篤い信頼を受け、明治12年には寺務所の東京移転などを含む大胆な宗派改革を建言。14年本山の派遣で欧米を視察し、帰途インドに立ち寄り、近代日本人で初めて仏跡を探訪した。17年に帰国するが、反対の意見が多かったため宗派改革に失敗し、のち浄土真宗を離れた。著書に「法話受筆」「真宗真要」「法界独断」などがある。

北畠 治房 きたばたけ・はるふさ
大阪控訴院院長 貴院議員 男爵
天保4年（1833）1月1日～大正10年（1921）5月2日　［出］大和国（奈良県）　［名］別称＝平岡鳩平　［歴］法隆寺の寺侍。伴林光平らと交流し、尊王攘夷運動に従事する。文久3年（1863年）天誅組の変に参加、姓名を平岡鳩斎と改め、勘定方として各所に転戦。明治維新後、大隈重信、五代友厚らと交わり、その推挙により横浜開港場裁判官となる。明治十四年の政変により辞職し、改進党に参加。のち、20年東京控訴院検事長、23年大審院判事、24年大阪控訴院院長に就任。29年男爵。41～44年貴院議員。

北畠 通城 きたばたけ・みちくに
神官 霊山神社宮司 男爵
嘉永2年（1849）10月5日～明治21年（1888）10月15日　［歴］久我建通の四男。明治元年柏崎県知事、2年兵庫県知事に任ぜられる。同年元服して昇殿を許され、3年大阪陸軍兵学所に入る。同年一家を立て、4年久我から北畠に改姓。同年病気のため兵学所を退く。17年男爵。18年福島県の霊山神社宮司となった。［家］父＝久我建通（公卿）

北原 雅長 きたはら・まさなが
長崎市長
天保14年（1843）12月24日～大正2年（1913）7月24日　［出］陸奥国（福島県）　［名］旧姓・旧名＝神保、号＝清華、歌仏庵　［歴］会津藩家老・神保利孝（通称・内蔵助）の二男に生まれ、北原家の養子となる。藩主・松平容保に仕え、禁門の変で戦い、戊辰戦争では若松城を守って新政府に捕えられた。明治6年工部省に出仕。のち秋田県書記官、長崎県書記官を経て、22年初代長崎市長に就任。その後、東京・下谷区長も務めた。37年戊辰戦争を初めて反政府側からとらえた文久2年（1862年）から明治元

年に至る記録「七年史」(全20巻)を刊行した。晩年は浜松に隠居し歌仏庵と号した。　家実父＝神保利孝(会津藩家老)

北村 佐吉　きたむら・さきち
弁護士 衆院議員(政友会)
嘉永7年(1854)10月～大正10年(1921)5月25日　生加賀国(石川県)　歴漢学・法律学を修め、代言人(弁護士)の業務に従事。堺代言人組合会長、大阪代言人組合副会長を務める。一方、大阪府議、堺市議を経て、明治35年から衆院議員(政友会)に当選3回。堺商業の創立に尽くし、堺教育会長を務めた。

北村 重威　きたむら・しげたけ
精養軒創業者
文政2年(1819)～明治39年(1906)
生京都　歴伏見宮家の連枝(兄弟)で京都仏光寺門跡・随念上人の寺侍として生まれる。幕末の動乱を経て、明治元年岩倉礼服した際上京。5年馬場門に精養軒を開店の先矢、焼失。6年三条実美の援助で京橋に再建。同じころ岩倉の勧めで上野公園に進出した。現在の精養軒は別経営。

北村 重頼　きたむら・しげより
陸軍中佐
弘化2年(1845)～明治11年(1878)3月2日
名通称＝長兵衛　歴慶応4年(1868年)鳥羽・伏見の戦いで藩の命令を無視して薩長軍に加わり、土佐藩を討幕の側に立たせた。板垣退助の下で戊辰戦争を戦い、明治4年御親兵設置に際して陸軍少佐となる。5年陸軍中佐。6年征韓論で下野したが、間もなく復職。10年西南戦争が起こると高知へ帰り、県内の挙兵計画の鎮撫に当たった。

北村 益　きたむら・ます
青森県八戸町長
明治1年(1868)12月1日～昭和26年(1951)4月15日　生陸奥国八戸(青森県八戸市)　名幼名＝万寿太、俳号＝百仙洞古心　歴八戸の裕福な家に生まれる。病弱だったが、16歳で北辰一刀流を修めて以来、武道に励む。明治22年私塾・八戸青年会を結成、旧士族の子弟の教育に努めた。40年八戸町長に就任、八戸築港と久八鉄道着工を掲げる"大八戸論"を提唱した。大正7年再任。昭和4年四町村合併による市制施行の際、市長に推されるが断る。晩年は俳句など風流人として暮らした。八戸新聞社長もつとめた。

北村 雄治　きたむら・ゆうじ
北海道開拓者
明治4年(1871)～明治36年(1903)8月7日
生山梨県中巨摩郡鏡中条村(南アルプス市)　歴山梨県の酒造家。明治26年北海道空知郡岩見沢村の石狩川沿岸約480ヘクタールの土地の貸し下げを請け入植。途中病に倒れたが、開拓は弟の北村暠が引き継いで戸数120余の農場に育て、33年同地は北村として岩見沢村から分村独立した。また会社数社を創立した。

北脇 永治　きたわき・えいじ
二十世紀梨の普及に努める
明治11年(1878)10月1日～昭和25年(1950)1月23日　生鳥取県松保村(鳥取市)　専二十世紀梨　歴明治37年千葉県松戸から二十世紀梨の苗木を取り寄せ、郷里の鳥取県松保村(現・鳥取市)でその栽培と普及に努める。黒斑病の防除、共同出荷販売体制の確立などに力を尽くし、二十世紀梨を鳥取県の特産品に育て上げた。

吉川 重吉　きっかわ・ちょうきち
貴院議員 男爵
安政6年(1859)12月24日～大正4年(1915)12月27日　生周防国岩国(山口県岩国市)　学ハーバード大学(米国)〔明治16年〕卒　歴周防岩国藩主・吉川経幹の二男。明治3年11歳で上京、開成学校に学ぶ。4年岩倉使節団に従って渡米、16年ハーバード大学を卒業。欧州を巡り、同年帰国。外務省に入り、同御用掛、参事官、駐ベルリン大使館書記官などを歴任した。26年貴院議員。　家父＝吉川経幹(周防岩国藩主)、長男＝吉川元光(子爵)、二男＝吉川重国(式部官)、五女＝岩田幸子、女婿＝原田熊雄(政治家)、和田小六(東京工業大学学長)、獅子文六(小説家)

吉川 日鑑　きっかわ・にちかん
僧侶 日蓮宗管長 身延山久遠寺74世法主
文政10年(1827)11月17日～明治19年(1886)1月13日　生土佐国(高知県)　名旧姓・旧名＝吉川誠研、号＝清舎、自厚院、清身　歴土佐藩士の子。6歳で天高山妙国寺住職の日凝の弟子となる。15歳から京都・六条檀林(本圀寺)や下総・飯高檀林で学んだ後、嘉永3年(1850年)加賀・立像寺の充治園で日輝に師事。慶応2年(1866年)下総・妙光寺に入る。明治7年院代として身延山を統轄。9年身延山久遠寺74世法主となり、火災で焼失した同寺殿堂の復旧に尽くした。11～12年日蓮宗4代管長を務めた。

木戸 孝正　きど・たかまさ
宮中顧問官 侯爵
安政4年(1857)7月26日～大正6年(1917)8月10日　生山口県　名幼名＝彦太郎　歴長州藩士・来原良蔵の長子に生まれるが、明治17年木戸正二郎の嗣子となる。米国留学を経て、開成学校、東京大学理学部、大阪専門学校などで学ぶ。家督を継いだ後、宮内省に入り、35年東宮侍従長兼式部官、41年宮中顧問官式部官兼掌典別当、のち宮中顧問官専任、44年維新史料編纂委員を歴任。漢詩、和歌、花卉、盆栽をたしなんだ。

木戸 孝允　きど・たかよし
政治家
天保4年(1833)6月26日～明治10年(1877)5月26

日 ⓖ長門国萩呉服町(山口県萩市) ⓝ通称=桂小五郎、別名=貫治、準一郎、号=松菊、変名=新堀松輔 ⓡ長州藩医・和田昌景の二男で、天保11年(1840年)同藩の桂九郎兵衛の養子となる。嘉永2年(1849年)吉田松陰の松下村塾に入門。5年江戸に遊学して初代斎藤弥九郎の剣術道場・錬兵館に入り、その塾頭を務めた他、江川太郎左衛門(江川英龍)に砲術を学んだ。安政5年(1858年)帰藩して有備館用掛、次いで同舎長となる。海防への関心から万延元年(1860年)水戸藩の尊攘派と結ぶなど他藩の志士たちと交流し、同じ松陰門下の久坂玄瑞、高杉晋作らと長州における尊王倒幕運動の中心となった。文久3年(1863年)八月十八日の政変で尊攘派公卿が京都を追われた後も同地に留まり、長州藩への信頼回復に腐心。元治元年(1864年)京都留守居となるが、真木和泉ら尊攘激派による武力行使を抑え切れず同年禁門の変が勃発したため、広江孝助の偽名で但馬に逃れた。慶応元年(1865年)帰藩して藩政の刷新に着手し、大村益次郎を登用して軍制を改革。2年坂本龍馬の斡旋により西郷隆盛・大久保利通らと薩長同盟の密約を結び、3年には長州を訪れた西郷・大久保と倒幕の挙兵について協議した。王政復古の政変後は京都に出て新政府の中枢に参画し、同年五箇条の御誓文の起草に当たり、開国和親の方針を鮮明にした。また、封建領主制を改革するために版籍奉還を建白し続け、明治2年自らが中心となりこれを実施。3年参議に就任。4年には西郷、大久保らとの協議に基づき廃藩置県を行った。一方で民衆の不満をそらすため征韓を主張していたが、4年岩倉使節団副使として西欧を視察した際、内政整備の必要を痛感し、6年帰国してからは内治優先を掲げて征韓論には反対の立場を取った。7年大久保や岩倉具視らが台湾出兵を主張すると、これに反対し参議を辞職。8年の大阪会議で大久保らと大審院・元老院の設置など立憲制の方針を定めるとともに参議に復帰。同年第1回地方官会議議長となるが、9年病で参議を退任、西南戦争の最中に病没した。西郷、大久保とともに"維新の三傑"の一人に数えられる。 ⓚ父=和田昌景(長州藩医)、養父=桂九郎兵衛(長州藩士)、孫=木下幸一(内大臣)

木戸 豊吉 きど・とよきち
衆院議員(政友会)
文久2年(1862)8月～昭和2年(1927)3月15日
ⓖ京都 ⓢ京都師範卒、和仏法律学校卒 ⓡ明治43年衆議院議員当選。それ以後は府政に関わり、京都府議、府会議長などを務め、大正10年議長当時、若林府知事と対立、引退した。その後政友会から立候補、"寝そべって当選"し有名になった。

城所 元七(1代目) きどころ・もとしち
養蚕家
弘化2年(1845)～明治35年(1902)
ⓖ甲斐国(山梨県) ⓡ静岡県西伊豆の土肥村に養蚕を勧め、また天城山麓に桑や三椏などを栽培し、土地開発に尽くした。養蚕業の先覚者。 ⓚ息子=城所元七(2代目)

城所 元七(2代目) きどころ・もとしち
養蚕家 静岡県議
明治8年(1875)～昭和20年(1945)
ⓖ伊豆国土肥村(静岡県伊豆市) ⓝ幼名=京太郎 ⓡ西伊豆地方における養蚕業の先覚者であった父・初代元七の没後、2代目元七を襲名。父の業を継いで養蚕に従事し、蚕種協同組合を作って蚕種改良をはかり、養蚕業の発展に大きく貢献。また温泉の開発や樟脳の研究・製造も行った。他方、地方政界でも活躍し、明治31年以降土肥村議、田方郡議、静岡県議などを歴任。 ⓚ父=城所元七(1代目)、義弟=城所長六(実業家)

木梨 精一郎 きなし・せいいちろう
元老院議官 長野県知事 男爵
弘化2年(1845)9月9日～明治43年(1910)4月26日
ⓖ長門国萩(山口県萩市) ⓝ本名=木梨恒準、通称=助太郎、号=宮圃 ⓡ長州藩士の長男。藩校・明倫館に入って文武を修め、文久3年(1863年)下関戦争に参加。戊辰戦争では毛利内匠に従って上京し、鳳輦勤番、東海道鎮撫総督参謀となって東征。ついで奥羽追討白河口総督参謀となり磐城平城攻めを指揮、仙台追討兵の総軍監などを務めた。明治維新後は、3年山口藩軍事権少参事、陸軍大属、廃藩後は、4年兵部少丞、5年兵制改革に伴い陸軍少丞、6年免ぜられ、7年内務省に転じ、9年内務少丞、10年内務少書記官、陸軍中佐となる。14年新潟県大書記官、17年長野県令、19年長野県知事、22年元老院議官を歴任。23年から勅選貴院議員。29年男爵。43年帰郷の途中、京都御幸町の中村旅館で病没した。

木南 正宣 きなん・まさのぶ
大阪市助役
明治17年(1884)～昭和5年(1930)7月15日
ⓖ大阪府南河内郡 ⓝ号=巨池 ⓢ京都帝国大学卒 ⓡ大阪市役所に入り吏員を務め、大正9年大阪市助役となる。14年欧米先進国の市政を視察のため外遊に出て美術振興の必要性を感じ、帰国後、市立美術館の建設を推進、大阪美術協会の創設に寄与するなど大阪美術界の発展に貢献、私財も投じた。昭和3年病を得て退職。

木下 謙次郎 きのした・けんじろう
衆院議員(政友会)
明治2年(1869)2月28日～昭和22年(1947)3月28日 ⓖ大分県 ⓢ司法省法学校卒 ⓡ明治35年衆院議員に当選、以来当選9回。国民党、新政会、改進党、政友会と転じ、この間逓信省参政官、鉄道省参政官、政友本党総務などを経て昭和4年田中内閣の関東庁長官となり、のち貴院議員。食通として知られ庖技に長じ、中国料理に詳しかった。著書に『美味求真』がある。東京歯科医学専門学校理事、開成中学理事も務めた。 ⓚ兄=木下淳太郎

木下 成太郎　きのした・しげたろう
衆院議員

慶応1年(1865)8月～昭和17年(1942)11月13日　囲蝦夷(北海道)　学大学予備門　歴厚岸町議、北海道議、水産組合長、政友会総務等を歴任。明治45年衆院議員に当選、通算7期を務める。また、我国初の沃度加里製造に携わったのち農牧業を営み、北海道新聞の刊行、帝国美術学校を設立しその校主となるなど各方面で活動。

木下 周一　きのした・しゅういち
埼玉県知事

嘉永2年(1849)9月～明治40年(1907)6月4日　囲肥前国佐賀(佐賀県佐賀市)　歴明治維新後上京し、明治4年文部省・陸軍省の留学生としてドイツに留学、法律学を学ぶ。帰国後の7年、司法省に入る。太政官権少書記官、参事院議官補、法制局事務官などを経て、岡山県、台中県(台湾)、埼玉県の知事を勤めた。晩年病を得て職を辞す。

木下 哲三郎　きのした・てつさぶろう
大審院判事

嘉永5年(1852)12月～明治40年(1907)7月30日　囲肥後国熊本城下新屋敷町(熊本県熊本市)　学司法省法学校〔明治17年〕卒　歴司法省法学校でフランス法学を学ぶ。明治19年司法省参事官となり、22年大審院判事に転じる。ボアソナードに始まる仏国派に属し、法曹界一方の重鎮であった。24年来日中のロシア皇太子を負傷させた大津事件の裁判にあたり、大審院判事として判決に関わった。

木下 尚江　きのした・なおえ
キリスト教社会主義者　小説家

明治2年(1869)9月8日～昭和12年(1937)11月5日　囲信濃国松本天白町(長野県松本市)　名筆名=樹蔭生、緑鬢翁、松野翠、残陽生　学東京専門学校邦語法律科〔明治21年〕卒　歴郷里で代言人(弁護士)開業、明治26年「信府日報」の主筆となり、30年中村太八郎らと普通選挙運動を行い検挙された。32年上京して毎日新聞社に入り、廃娼運動、足尾鉱毒事件、星亨誅斬事件、天皇制批判の論説で活躍した。34年安部磯雄、幸徳秋水らと社会民主党の創立に参加。また幸徳らの週刊「平民新聞」を支援、日露非戦論を展開した。この時期に小説「火の柱」「良人の自白」などを発表。35年総選挙に立候補したが落選。38年東京で立候補したが官憲の圧迫が強く演説会すら開けず、日比谷焼打事件で「平民新聞」は発行停止、平民社は解散に追い込まれた。38年石川三四郎らとキリスト教社会主義を唱導して雑誌「新紀元」を発刊、時事評論の筆をふるった。39年実母の死に衝撃も加わり、心機一転、社会主義を捨て「毎日新聞」を退き、「新紀元」を廃刊、伊香保に隠棲。小説「霊か肉か」を書き、次いで三河島に隠栖、「乞食」を書いた。43年岡田虎二郎の下で静坐法の修行に入った。

木野戸 勝隆　きのと・かつたか
神官　賀茂別雷神社宮司

嘉永7年(1854)11月9日～昭和4年(1929)11月13日　囲伊予国喜多郡大洲(愛媛県大洲市)　歴伊予大洲で加藤家の臣・勝誼を父に生まれる。幼くして漢学を修め、古学堂に入り古学を専修した。のち平田篤胤門下の矢野玄道に学ぶ。明治7年京都に出た後、駿河浅間神社、三島神社、岩代霊山神社、久能山東照宮に勤め、26年伊勢神宮権禰宜となり、ついで神宮皇学館教頭、27年伊勢神宮禰宜に昇進する。28年神郡名勝誌編輯に携わり、38年古事類苑を校閲した。43年少宮司となり神宮皇学館館長、徴古館長・農業館長を兼務。のち近江多賀神社宮司、大正7年京都の賀茂別雷神社宮司を歴任し、9年勅任官待遇となり、昭和4年隠退した。著書に「富士浅間大神御伝略記」「祭式摘要」「定本古語拾遺」「神典翼補遺」「新撰姓氏録考証補遺」「矢野先生外伝」など多数。

木原 仙八　きはら・せんぱち
陸軍中将

生年不詳～昭和19年(1944)4月27日　囲広島県　学陸士〔明治29年〕卒、陸大〔明治36年〕卒　歴明治30年陸軍少尉に任官。大正5年広島連区司令官、7年歩兵第九連隊長を経て、10年近衛歩兵第二旅団長、12年第一師団指令部。15年陸軍中将。同年予備役に編入。

紀平 雅次郎　きひら・まさじろう
三重県議　安濃郡勧業委員長

嘉永4年(1851)1月3日～昭和3年(1928)2月15日　囲伊勢国(三重県)　歴明治14年三重県議となり、以後6期当選。また安濃郡勧業委員長を務め、農事の改良や桑栽培の奨励に努める。安濃鉄道や伊勢銀行の創設にも関わった。　家息子=紀平正美(哲学者)

木全 多見　きまた・たみ
陸軍少将

安政3年(1856)12月14日～昭和11年(1936)2月7日　囲備前国岡山城下(岡山県岡山市)　学陸士〔明治11年〕卒　歴岡山遺芳館で漢学・英語・仏学を学ぶ。明治8年陸軍士官学校第1期生として入学し特科生となり工兵科を習得。在学中の10年、西南戦争に工兵見習士官として従軍し少尉に進級。11年卒業し東京鎮台工兵大隊付となる。14年士官学校工兵科の教官となり地形学を教授、19年から3年間フランスに留学。帰国後は第一師団工兵隊中隊長を務める。23年陸軍砲工学校教官となり、45年に退役するまで工兵技術教育に当たり、陸軍工兵技術界の権威であった。この間、日清戦争では大阪第四師団参謀、日露戦争では築城本部長として活躍、40年少将に進む。退役後は小田原で商工補習学校を設立して子弟教育に尽力した。　家弟=大西祝(哲学者)

木村 浅七(1代目)　きむら・あさしち
機業家　木村絹織物工場主
嘉永1年(1848)～大正5年(1916)6月8日
[生]上野国山田郡川内村須永(群馬県桐生市)　[名]旧姓・旧名=星野　[歴]慶応2年(1866年)木村家の養嗣子となり、3年家業の機織り業を継ぐ。明治16年ジャカード紋織機を用いて輸出向けの絹織物製造に転向、24年には米国への直輸出に踏み切った。のち渋沢栄一らと堀越善重郎の堀越商会を支援して、米国ニューヨークやカナダのモントリオールに支店を設け輸出拡大を図った。44年工場にスイス製の織機を導入するなど、日本有数の絹織物工場を作りあげた。明治期足利町の輸出絹織物業育成・発展の功労者。[家]孫=木村浅七(2代目)

木村 鋭市　きむら・えいいち
駐チェコスロバキア公使　南満州鉄道会社理事
明治12年(1879)5月～昭和22年(1947)7月21日
[生]島根県神門郡古志村(出雲市)　[名]号=圭峯、燕青　[歴]東京帝国大学卒　[歴]島根県師範学校在学中に寄宿生の同盟休校を指揮したため、放校処分を受けた。上京して一高・東京帝国大学に学び、卒業ののちは住友銀行に勤務するが間もなく退社。のち外交官に転じ、大正8年のパリ講和会議や10年のロンドン海軍軍縮会議で随行員を務めた。駐米大使館一等書記官・外務省参事官・外務省亜細亜局長・チェコスロバキア公使などの要職を歴任し、昭和3年に退官。次いで南満州鉄道会社理事に就任したが、敗戦による引き揚げの途中に発病し、故郷の出雲市で死去。著書に「世界大戦と外交」などがある。

木村 延吉　きむら・えんきち
凸版印刷副社長
嘉永6年(1853)～明治44年(1911)12月3日
[生]江戸麻布桜田町(東京都港区)　[歴]維新前、金属彫刻の研究に励み、明治7年印刷局に出仕するとともに、ドイツ人リーベルについて技術をみがく。のち壁紙製造を志し、東洋壁紙製造会社を設立。また33年凸版印刷合資会社を設立、41年取締役となった。

木村 戒自　きむら・かいじ
陸軍中将
生年不詳～昭和14年(1939)1月21日
[出]三重県　[学]陸士[明治27年]卒、陸大[明治35年]卒　[歴]明治27年陸軍少尉に任官。大正2年野砲第十二連隊長、5年野砲第十八連隊長、6年第七師団参謀長、8年野砲第三旅団長を経て、9年砲兵監部付。12年陸軍中将に進み、同年予備役に編入。

木村 格之輔　きむら・かくのすけ
弁護士　衆院議員(立憲国民党)
嘉永4年(1851)9月～大正5年(1916)7月18日
[出]常陸国(茨城県)　[歴]代言人(弁護士)となり、のち弁護士業務に従事。茨城県議を経て、明治27年

より衆院議員に7期連続当選。

木村 久太郎　きむら・きゅうたろう
日本ヒューム管創業者　太平洋炭鉱創業者
慶応3年(1867)9月19日～昭和11年(1936)10月22日　[生]伯耆国西伯郡境町(鳥取県境港市)　[歴]父は薬種商・岡本屋を営み、9人兄姉(8男1女)の八男。9人目の子であることから久(九)太郎と名付けられた。明治19年大阪に出て土工人夫となり、23年土木請負師に出世。29年台湾に渡り土木工事に従事したが、32年金山を買収して鉱業に転じた。その後、台湾でいくつもの鉱山を経営し、台湾鉱業界の先覚者として活躍。大正5年個人経営であった炭鉱事業を株式会社に改組して木村鉱業を設立。基隆船渠社長、基隆軽便鉄道社長も務めた。6年木村鉱業の事業一切を大倉財閥に譲渡して東京に進出。同年北海道釧路に春採炭鉱を購入し、9年隣の鉱区の三井鉱山別保炭鉱と合併して太平洋炭礦株式会社を設立して社長に就任。13年にはオーストラリアのヒューム社から遠心力応用鉄筋コンクリート管(ヒューム管)の東洋一手製作販売権を獲得、14年日本ヒュームコンクリート(現・日本ヒューム管)を設立して社長。

木村 久寿弥太　きむら・くすやた
三菱合資総理事
慶応1年(1865)12月2日～昭和10年(1935)11月23日　[生]土佐国土佐郡石井村(高知県)　[学]帝国大学法科大学政治学科[明治23年]卒　[歴]明治23年三菱合資に入社、28年長崎支店長、ついで神戸支店長、本店炭礦部長、三菱鉱業監事、三菱製紙社長、三菱製鉄社長を歴任し、大正9年三菱合資専務理事、さらに11年総理事に就任。昭和10年に辞職するまで三菱銀行、三菱鉱業、三菱信託など三菱系諸会社の重役を兼ね三菱財閥の中枢として運営に当たった。その間、大正6年日本工業倶楽部の創立委員、昭和6年創立の全国産業団体連合会の顧問など諸種の公職もつとめた。[家]弟=田岡嶺雲(社会評論家)

木村 九蔵　きむら・くぞう
養蚕改良家
弘化2年(1845)10月10日～明治31年(1898)1月29日　[生]上野国緑野郡高山村(群馬県藤岡市)　[名]旧姓・旧名=高山　[歴]上野国緑野郡高山村(現・群馬県)の農家・高山家の五男として生まれ、武蔵国児玉郡新宿村(現・埼玉県)の木村家の養子となる。高村家二男で実兄の高山長五郎とともに養蚕の研究に取り組み、明治5年一派温暖育法を考案。10年同志とともに養蚕改良競進組を組織し、17年競進社を設立。兄が設立した高山社と競いながら、養蚕技術の改良と技術伝習に努めた。政府の命を受けてヨーロッパ蚕糸業の視察も行った。14年新蚕種「白玉新撰」を創出した。[家]兄=高山長五郎(養蚕改良家)　[歴]緑綬褒章[明治27年]

木村 浩吉　きむら・こうきち
海軍少将
文久1年(1861)7月23日～昭和15年(1940)1月14日 [生]江戸 [学]海兵(第9期)〔明治15年〕卒 [歴]軍艦奉行を務めた木村芥舟の長男。明治18年海軍少尉に任官。38年呉水雷団長、39年水雷術練習所長、40年海軍水雷学校校長、41年佐世保水雷団長を経て、42年海軍少将。43年舞鶴水雷団長。大正元年予備役に編入。 [家]父=木村芥舟(幕臣), 弟=木村駿吉(海軍技師)

木村 錠吉　きむら・じょうきち
労働運動家
明治3年(1870)11月16日～昭和23年(1948)8月23日 [生]東京市小石川区小日向水道町(東京都文京区) [歴]明治30年海軍工廠横須賀造船所の見習職工となり、以後工場を転々とし、39年川崎造船所造船工作部に入り、45年英国に渡って造船技術を学ぶ。帰国後、川崎造船所工場長となるが、友愛会に参加し、大正8年友愛会関西労働同盟会初代会長となる。同年川崎造船所を退職し、友愛会九州出張所主任に就任するなど労農運動で活躍。労働農民党に参加し、新労農党結成にあたっては神戸支部長に就任。戦時中も反ファッショ闘争を推進した。

木村 信二　きむら・しんじ
大陸浪人
安政2年(1855)～明治44年(1911)9月22日
[出]陸奥国若松(福島県会津若松市) [歴]陸奥会津藩校日進館に学び、のち東京に遊学。明治9年前原一誠の乱に呼応して永岡久茂ら会津藩士による思案橋事件に加わり、入獄。15年出獄し、18年清(中国)福州にわたって写真店を開く。経営の傍ら大陸事情調査にあたり、国事に貢献。日清戦争には海軍通訳として従軍した。 [家]おじ=東海散士(政治家・小説家), 柴五郎(陸軍大将)

木村 清四郎　きむら・せいしろう
日本銀行副総裁
文久1年(1861)6月5日～昭和9年(1934)9月24日
[生]備中国小田郡三谷村(岡山県小田郡矢掛町) [学]慶応義塾〔明治16年〕卒 [歴]「中外物価新報」に関係し、同紙の論説を担当。明治18年主幹となり経営の一切を引受けて同紙を主宰、23年「中外商業新報」と改題、社名を商況社(現・日本経済新聞社)と改め、同紙を代表的経済紙に発展させた。30年日銀総裁岩崎弥之助の勧めで日銀副支配役として入行。34年営業局長、39年理事、大正8年副総裁に就任。震災手形や金解禁問題をはじめ、日銀の政策運営に重要な役割を果たし、事実上の総裁と目された。15年病のため辞職。昭和2年勅選貴院議員、その他帝室経済顧問、日銀参与、簡保積立金運用委員会委員、千代田生命取締役などを務めた。

木村 誓太郎　きむら・せいたろう
衆院議員(憲政本党)
弘化4年(1847)1月～大正8年(1919)7月25日
[出]三重県 [歴]明治維新前後、藩の土地開拓などに関与した。三重県議、議長を経て、明治27年から衆院議員に5期連続当選したのち、多額納税により貴院議員となる。関西鉄道会社を設立してその取締役を務めた。

木村 静幽　きむら・せいゆう
大阪土木社長
天保12年(1841)8月～昭和4年(1929)12月12日
[生]陸奥国弘前(青森県弘前市) [名]幼名=竹次郎, 通称=九郎右衛門, 名=隆道 [歴]陸奥弘前藩主・津軽承昭の近習小姓を務め、藩主から静幽の名を授けられた。明治4年上京。6年大倉組商会(のち大倉組)設立に際して、出資者である津軽家の代表として理事に就任。20年日本土木会社理事を経て、23年同社解散にあたり大阪支店を独立させ大坂土木社長となり、青森—大館間の鉄道敷設などを手がけた。広島電力取締役、大阪アルカリ社長、大阪モスリン監査役などを歴任。昭和7年遺志により郷里の弘前に木村産業研究所が設立され、地場産業振興に大きな足跡を残した。 [勲]紺綬褒章〔昭和2年〕

木村 壮介　きむら・そうすけ
海軍軍医総監
生年不詳～昭和14年(1939)3月28日
[出]鹿児島県 [歴]明治30年常備艦隊軍医長、32年医務局第一課長兼海軍軍医学校校長代理、33年軍医学校校長、同年呉病院長、34年医務局第二課長、35年米国駐在を経て、35年軍医学校校長、37年医務局第一課長を兼務。38年海軍軍医総監に進み、医務局長。大正5年予備役に編入。

木村 荘平　きむら・そうへい
牛鍋いろは創業者
天保12年(1841)～明治39年(1906)4月27日
[生]山城国宇治(京都府宇治市) [歴]薩摩藩御用商を務め、明治維新後神戸で茶貿易を営み、薩摩閥の警視庁大幹部の誘いで上京。屠場、肉問屋、火葬場、鉱泉旅館などを経営、のち東京市議にもなった。明治20年頃から東京市中随所に牛鍋店いろはを開店、東京名物として成功させた。多くの妾を持ち、生まれた子供は30人。中から多くの小説家、美術家などの芸術家を輩出した。 [家]息子=木村荘太(作家), 木村荘八(画家), 木村荘十(作家), 木村荘十二(映画監督)

木村 剛　きむら・たけし
海軍中将
慶応2年(1866)～昭和4年(1929)9月23日
[出]陸奥国桃生郡北村(宮城県石巻市) [学]海兵(第15期)〔明治22年〕卒 [歴]代々大番士を務める家に木村景直を父に生まれる。明治23年海軍少尉に任官。大正3年横須賀鎮守府参謀長、5年舞鶴工廠長、7年佐世保工廠長などを務め、7年海軍中将。12年

予備役に編入。

木村 長七　きむら・ちょうしち
古河本店理事長

嘉永5年(1852)5月22日～大正11年(1922)8月12日　[生]京都　[名]幼名＝豊四郎　[歴]幕末に米穀生糸商・小野組に入り、のち同組横浜支店長となり生糸の輸出取引に関係。明治10年同組倒産後、古河市兵衛のもとで銅山経営に当たり、21年足尾銅山鉱業所長、30年古河本店理事となり、36年市兵衛の死と共に理事長に就任。38年古河鉱業会社監事長、42年理事長を歴任。2代目主人古川潤吉没後、3代目幼主古川虎之助の後見人となった。大正2年引退し、古河合名会社顧問、古河家相談役となる。

木村 恒太郎　きむら・つねたろう
静岡県議

天保5年(1834)4月～明治17年(1884)10月20日　[生]伊豆国賀茂郡城東村大川(静岡県賀茂郡東伊豆町)　[名]幼名＝徳太郎、通称＝木村恒右衛門、号＝春台　[歴]6歳で「学庸」を暗誦し、12歳で江戸に出て学問を修めた。19歳で伊豆賀茂郡大川村の庄屋を継ぐ。明治4年足柄県が設置されると、第五大区四小区副長兼学区取締に。9年足柄県が廃されると静岡県第九大区長となり、地租改正の事務にあたる。10年依田佐二平と豆陽中(現・下田北高)を設立した他、汽船会社の創設にも尽力。公正な処理や態度で人々の信頼を集め、11年の県会開設後は毎期議員に推され、"県会老爺"と称された。

木村 仁佐　きむら・にさ
漁師

明治6年(1873)～昭和20年(1945)　[生]青森県浪岡町(青森市)　[名]旧姓・旧名＝対馬　[歴]12歳の時に平舘村の木村家の養子となる。長じて漁業に従事し、明治38年頃から同村の前田清吉と共に平舘海峡におけるタラ漁の漁獲高拡大のために網やロープの改良を重ね、一度の網で2万匹のタラを収穫できる沖タラ底建網を考案。これにより大正から昭和初期にかけて陸奥湾沿岸域の漁獲は飛躍的に向上した。またタラ漁以外に、春の北海道におけるニシン漁でも腕ききの船頭として活躍した。

木村 宣明　きむら・のぶあき
陸軍歩兵中佐

嘉永5年(1852)2月15日～大正4年(1915)4月15日　[生]尾張国西春日井郡法持寺村(愛知県北名古屋市)　[名]旧姓・旧名＝池山、幼名＝重太郎　[歴]陸士卒池山氏に生まれ、幼名は重太郎。のち木村氏を名乗り、名を宣明と改めた。明治9年兵学寮を卒業し陸軍少尉試補となる。10年西南戦争に従軍、14年中尉に進んだ。16年清(中国)に派遣され、約4年間揚子江方面の地理研究に従事した。27年日清戦争では大尉となり歩兵第四連隊付として出征、のち少佐となり第二軍兵站司令官を務めた。北清事変には第五師団兵站司令官を務め、36年中佐と

なる。のち予備役に編入され振武学校教頭を務めた。37年日露開戦に当たり再び出征後、振武学校に復帰し、終生中国留学生の教育に尽力した。

木村 半兵衛(3代目)　きむら・はんべえ
織物買継商 篤志家

天保4年(1833)～明治19年(1886)3月21日　[生]武蔵国本庄宿(埼玉県本庄市)　[名]旧姓・旧名＝内田、号＝槐陰、幼名＝政七　[歴]父は武蔵国本庄宿で農商を営む名主。嘉永年間に下野国足利郡小俣村の木村家を継ぎ半兵衛を襲名、足利の織物買継商・木半を繁盛させる。明治に入ると、私財を投じて小俣学校開設、備蓄用米穀倉設置を行い、第四十一国立銀行足利支店の設立などにも尽くした。

木村 半兵衛(4代目)　きむら・はんべえ
足利機業組合頭取 衆院議員(憲政本党)

安政3年(1856)12月～昭和9年(1934)9月12日　[生]下野国(栃木県)　[名]幼名＝勇三　[歴]3代目木村半兵衛の子で、父の設立した小俣学校で漢学などを修める。政治や経済の啓蒙運動に従事し、明治14年足利で最初の新聞「叢鳴珍談」(現・下野新聞)を発行。19年父の死により家督を相続して4代目半兵衛を襲名。家業の織物問屋を営み、足利組買継盟主として輸出絹織物の発展と粗製濫造防止に力を注いだ。足利機業組合頭取、両毛鉄道副社長、東洋柞蚕社長なども務めた。一方、21年栃木県議に当選、6期務め、副議長、議長を歴任。また35年から衆院議員に4選。県議時代は足尾銅山の鉱毒被害処理について田中正造と対立した。[家]父＝木村半兵衛(3代目)　[勲]黄綬褒章〔明治20年〕、緑綬褒章〔明治30年〕

木村 政次郎　きむら・まさじろう
東京毎夕新聞社長 衆院議員(政友会)

慶応1年(1865)7月8日～昭和24年(1949)1月9日　[生]千葉県　[歴]黒田清隆の書生から身を興し産業界に入った。東京青物市場の頭取、札幌製糖会社支配人、横浜米穀取引所理事となった。明治34年「週刊商況新聞」を買収、「東京毎夕新聞」と改題、昭和16年の統制廃刊まで続けた。この間35年には東京急報社を受け継ぎ「米相場通信」を発行、37年全国の米穀取引所に呼びかけ商業通信社を設立した。大正6年千葉県8区から衆院議員に立ち当選3回。

木村 正幹　きむら・まさもと
三井物産副社長 東京電燈社長

天保14年(1843)～明治36年(1903)1月21日　[生]長門国萩(山口県萩市)　[歴]はじめ京都府に出仕、大属となるが、明治6年井上馨設立の先収会社に入社。9年同社を引き継いで設立された三井物産会社副社長に就任、益田孝社長と共に三井の貿易・商業部門の発展に尽力。26年常務理事、翌年三井家大元方監査役となり、28年同家を代表して東京電燈に入社、取締役社長に就任して三井の支配力を強めようとしたが成功せず、まもなく辞職した。

木村 安兵衛　きむら・やすべえ
パン製造業者　木村屋創業者
文化14年(1817)～明治22年(1889)7月26日
[生]常陸国河内郡田宮村(茨城県牛久市)　[歴]江戸に出て武家に仕えたが、維新後東京府職業授産所の事務職に就職。明治2年芝日蔭町にパン屋文英堂を開業。同年火災にあい、5年頃再び木村屋の名で銀座4丁目に店を開いた。イースト菌が知られていない時代に、米糀で小麦粉を発酵させる独自の製法を開発、日本酒の香りのするパンであんを包み、「あんパン」として発売した。和洋折衷のパンは評判を呼び、8年宮内省御用達となる。日露戦争後駅売りを始め、大衆菓子として広まった。また軍隊に食パンを納入、米食に代わるものとして食パンが日本人に認識されるきっかけを作った。

木村 利右衛門　きむら・りえもん
横浜貿易倉庫社長　貴院議員
天保5年(1834)11月8日～大正8年(1919)8月20日
[生]上総国君津郡小櫃村(千葉県袖ケ浦市)　[名]旧姓・旧名=松崎　[歴]横浜開港後の明治初年、同地で生糸・織物の輸入を行い、25年以降は蚕糸の売込みにつとめる。また、13年横浜正金銀行(のちの東京銀行)の創立に尽力し、25年横浜共同電燈会社(のちの東京電力)、29年横浜電線製造会社(のちの古河電工)、横浜貿易倉庫などの社長、東京瓦斯紡績取締役などをつとめた。22年横浜市議、35年貴院議員となり、横浜財界を代表した。

木村 利三郎　きむら・りさぶろう
治水家　滋賀県議　甲賀銀行頭取
安政5年(1858)6月5日～大正15年(1926)10月7日
[生]近江国(滋賀県甲賀市)　[歴]明治22年滋賀県竜池村(甲南町)に4.3ヘクタールの野田池を作り、36ヘクタールを灌漑した。竜池村長、滋賀県議、甲賀銀行頭取などを務めた。

肝付 兼行　きもつき・かねゆき
海軍中将　大阪市長　貴院議員　男爵
嘉永6年(1853)3月16日～大正11年(1922)1月13日　[出]薩摩国(鹿児島県)　[歴]明治5年海軍省に入り、同年海軍中尉に任官。水路測量畑を歩き、21年水路部長。29年陸軍大学校教官、37年海軍大学校長を兼任。38年海軍中将に進み、39年予備役に編入。40年男爵を授けられた。44年貴院議員に選ばれ、大正2年大阪市長となった。著書に「波魂濤魄」「ネルソン」などがある。　[家]女婿=石橋和(岐阜県知事)

木本 凡人　きもと・ぼんじん
社会運動家
明治21年(1888)～昭和22年(1947)5月4日
[生]大分県　[名]本名=木本正胤、別名=青十字凡人　[学]大阪歯科医専中退　[歴]早くから大阪に出て征露丸(クレオソート丸薬)の製造販売をしながら社会運動家と交流、運動を支援した。月丘浅香と結婚、のち岡部さとえと内縁関係を結ぶ。大正9年大阪青十社を結成し青インク刷りタブロイド版の「青十字」を発行、部落解放運動を起こす一方、青十字凡人の名で「種を蒔く人」などに執筆する。10年日本社会主義同盟に参加、11年水平社の創立に尽力した。

京極 高徳　きょうごく・たかのり
貴院議員　子爵
安政5年(1858)11月5日～昭和3年(1928)5月21日
[歴]伯父の讃岐丸亀藩主・京極朗徹の嗣子となった。明治19年青山御所に勤め、明宮祗候などを経て、23年以来貴院議員。子爵。

京極 高典　きょうごく・たかまさ
貴院議員
天保7年(1836)10月19日～明治39年(1906)1月14日　[生]江戸　[出]讃岐国多度郡多度津(香川県)　[名]幼名=於兎之助、旧名=高徳　[歴]安政4年(1857年)伯父で讃岐多度津藩主・京極高琢の世子となる。6年(1859年)封襲。明治2年多度津藩知事。4年海路で東京に移るが、途中、遠州灘で強風に遭い汽船が沈没、家財・記録など一切が流出したと言われる。17年子爵を受け、23年貴院議員。　[家]伯父=京極高琢(多度津藩主)、二男=京極高備(子爵)

京極 高備　きょうごく・たかよし
貴院議員　子爵
明治6年(1873)7月30日～昭和8年(1933)10月25日　[出]香川県多度津　[名]幼名=於兎吉　[学]学習院高等科〔明治31年〕卒　[歴]讃岐多度津藩主・京極高典の二男。明治39年子爵となり、43年貴院議員。この間、陸軍軍人として日清・日露戦争に従軍した。　[家]父=京極高典(讃岐多度津藩主)

清浦 奎吾　きようら・けいご
首相　枢密院議長　司法次官　伯爵
嘉永3年(1850)2月14日～昭和17年(1942)11月5日　[生]肥後国鹿本郡来民町(熊本県山鹿市)　[名]旧姓・旧名=大久保　[歴]生家は肥後国鹿本の明照寺で、熊本城下の浄行寺の養子となるが、やがてそこを去って清浦の姓を称した。豊後国日田の咸宜園で漢学を修め、明治4年熊本で私塾を開設。埼玉県で小学校長や下級官吏を経て、9年司法省に入省。13年太政官少書記官、14年参事院議官補、17年太政官権大書記官兼内務権大書記官などを務め、治罪法の起草や新聞紙条例の改正などに携わった。17年山県有朋内務卿の下で内務省警保局長となり、治安立法、警察・監獄制度の整備に従事。24年警察制度視察のため渡欧。25年帰国して司法次官となり、29年第二次松方内閣で法相として初入閣。31年第二次山県内閣でも法相に再任され、治安警察法制定などを推進。34年第一次桂内閣では三たび法相に就任したが、36年農商務相に転じた。38年内相を兼任。一方で24～39年貴院議員を務め、山県系官僚出身議員の一員として研究会を主導、政党勢力に対抗した。39年枢密顧問官。大正3年第一次山本内閣の崩壊後に後継首相に指名されたが、

221

建鑑予算の問題で海軍と折り合いがつかず、結局組閣の大命を拝辞したことから、"鰻香居士"(鰻の香りをかいだだけで食べることが出来ない)とあだ名された。6年枢密院副議長、11年議長。13年第二次山本内閣の後をうけて首相となり、貴族院の研究会を基盤として主要閣僚を同会から選ぶといった超然内閣を組織したが、政党側は憲政会・政友会・革新倶楽部による護憲三派を結成して対抗。このため衆院を解散するも総選挙で大敗を喫し、半年で総辞職した。この間、明治35年男爵、40年子爵、昭和3年伯爵。

清岡 公張　きよおか・たかとも
枢密顧問官 子爵

天保12年(1841)7月10日～明治34年(1901)2月25日　生土佐国安芸郡田村村(高知県安芸郡田野町)　名通称=半四郎、袋作、変名=式部諫尾　歴土佐藩郷士の家に生まれ、少壮時、伊勢に遊学して経史を学ぶ。勤王の志深く、上京して諸藩の志士と交わる。ついで、藩命により三条実美の衛士となる。文久3年(1863年)八月十八日の政変後、七卿に従い国事に奔走。慶応3年(1867年)三条実美に従い太宰府に移り、王政復古後入京。明治元年東山道鎮撫総督府大監察に任ぜられ、甲斐府権判事、福島県権知事等を経て、司法省に出任。16年元老院議官、ついで宮内省図書頭、17年には子爵を授けられ、23年貴院議員、31年枢密顧問官に任ぜられた。　家兄=清岡道之助(勤王志士)

清岡 等　きよおか・ひとし
岩手日報社社長 盛岡電気社長 盛岡市長

文久3年(1863)12月8日～大正12年(1923)8月10日　生陸奥国盛岡(岩手県盛岡市)　学太平学校卒　歴明治15年岩手県庁に入庁。27年盛岡市長。岩手日報社の主筆、同社長、盛岡電気社長を務めた。

清沢 満之　きよざわ・まんし
僧侶(真宗大谷派) 宗教哲学者 大谷大学初代学長

文久3年(1863)6月26日～明治36年(1903)6月6日　生尾張国名古屋黒門町(愛知県名古屋市黒門町)　名本名=清沢貞太郎、旧姓・旧名=徳永、幼名=満之助　学帝国大学文科大学哲学科〔明治20年〕卒　歴尾張藩士徳永永則の子。明治11年真宗大谷派本山東本願寺で得度し、東本願寺育英学校に入学。15年東京大学に入り、帝国大学文科大学哲学科を卒業後、大学院に進む。一高、哲学館(東洋大学)の講師を経て、21年真宗大谷派の京都府尋常中学校長となり、高倉学僚でも宗教哲学を講じた。同年結婚により、愛知県大浜の西方寺住職となり清沢姓を継ぐ。1年後、校長を辞任、平僧員となり禁欲的な修道生活に入ったが、健康を害した。また宗門改革運動にもかかわり、白川党に参加して活動したが、30年除名された。32年僧籍を回復、新法主光演の招請で東上、新法主の補導に当たった。また34年東京に移転した真宗大学(現・大谷大学)の初代学監(学長)に就任。33年本郷森町の居宅に浩々洞の名を掲げ、34年雑誌「精神界」を発刊、佐々木月樵らと精神主義運動を展開した。徹底した他力主義、主観主義的な主客合一の信念、実践の重視を内容とし、近代的な自我の確立によって仏教の近代化をめざした。やがて結核が進み郷里に退いた。著書に「精神講話」「仏教講話」「宗教哲学骸骨」「清沢満之全集」(全8巻)などがある。

清棲 家教　きよす・いえのり
貴院議員

文久2年(1862)5月22日～大正12年(1923)7月13日　生江戸　名別名=渋谷家教、幼称=六十宮　歴伏見宮邦家親王の第15王子に生まれる。六十宮と称され、慶応2年(1866年)六十麿と命名され、二条斉敬の猶子となり、京都の真宗仏光寺の相続が決まって仏光寺権僧正・教応の養子となる。慶応4年(1868年)斉敬の猶子を止め、改めて邦家親王の実子として仏光寺を相続した。明治5年華族とされ、渋谷を家名とする。6年出家して仏光寺の住職となり、7年名を家教と改める。同年権少教正、ついで権大教正を経て、13年大教正となる。21年伏見宮へ復帰となり改めて華族に列し、清棲家を創立して伯爵となる。家名の由来は伏見宮の京都今出川の御殿を清洲御殿また清棲御殿と称されていたことから清棲を選んだという。23年から貴院議員。この間、30年山梨県知事、31年茨城県知事、36年和歌山県知事、40～45年新潟県知事を歴任。宮中顧問官なども務めた。　勲勲三等旭日中綬章〔明治39年〕

清藤 幸七郎　きよふじ・こうしちろう
大陸浪人

明治5年(1872)6月21日～昭和6年(1931)1月4日　生熊本県熊本市　名号=呑気　歴幼少の頃から東亜問題に志し、大正12年上京。宮崎寅蔵、内田良平らと孫文の中国革命運動を支援。のちフィリピン独立運動にも参加した。晩年は下中弥三郎と平凡社を興し、標準漢字自習辞典、大字典、月刊「鑑賞文選」の編集刊行などに携わった。

吉良 平治郎　きら・へいじろう
郵便逓送人

明治19年(1886)～大正11年(1922)1月　生北海道　歴アイヌの出身で、郵便局の間で郵便物を運搬する郵便逓送人を務める。大正11年釧路郵便局から16キロ先の昆布森郵便局まで郵便物を運ぶため北海道釧路町の山中を吹雪をおして移動中に、風雪で進めなくなり、重さ約17キロの郵便物を自分のマントで被い、後で発見しやすいようにと目印の杖をたてて集落を目指したが、途中で殉職した。この逸話は戦前戦中の修身の教科書に滅私奉公の美談として掲載された。

桐野 利秋　きりの・としあき
陸軍少将

天保9年(1838)12月～明治10年(1877)9月24日　生薩摩国鹿児島郡吉野村(鹿児島県鹿児島市)　名

旧姓・旧名＝中村半次郎、通称＝信作　薩摩藩士の子。貧苦の中で育ち、伊集院鴨居の下で示現流の奥義を極めた。文久2年(1862年)島津久光の上京に従い、中川宮朝彦親王付きの護衛となる。諸藩の志士と交際、薩摩藩の兵学教授も務めた洋学者・赤松小三郎を暗殺するなど"人斬り半次郎"の異名で恐れられた。元治元年(1864年)以降は西郷隆盛の下で倒幕運動に奔走。戊辰戦争では薩摩軍小頭見習として従軍、次いで東海道先鋒総督軍に所属して江戸に入り、のち会津征討督軍軍監を務めた。明治2年藩政改革により鹿児島藩常備隊大隊長、4年兵部省に出仕して陸軍少将に任官。5年熊本鎮台司令長官、6年陸軍裁判所長。同年征韓論が容れられず西郷が下野するとこれに従い、7年同志である別府晋介、村田新八らと私学校を設立して西郷派士族の教育と団結に尽力した。10年西南戦争が起こると四番大隊長を務め、西郷軍の総指揮者として各地を転戦したが、同年9月鹿児島県城山で戦死した。

木呂子 退蔵　きろこ・たいぞう
自由民権運動家
文政10年(1827)11月3日～明治34年(1901)5月11日　羽前国(山形県)　本名＝木呂子元孝、通称＝鉞太郎、善兵衛、号＝退蔵　羽前山形藩士。弘化元年(1845年)中小姓として抜擢される。2年藩主・秋元志朝の上野国館林(現・群馬県館林市)移封に従うが、出羽に残っていた藩領の漆山の支配に不行き届きがあったため、安政3年(1856年)大目付として漆山陣屋に派遣され、領内の改革に尽力。一方で勤皇の志篤く、文久3年(1863年)館林断髪党の一員として家老の岡谷瑳磨介を弾劾し、退職に追い込んだ。元治元年(1864年)幕府の長州征討に際しては、藩主と朝廷との朝旋に奔走したが、禄を減じられ、さらに永蟄居を命ぜられた。明治元年赦されて戊辰戦争に従軍し、藩兵の軍監として宇都宮や三国峠、東北地方を転戦して大いに戦功を立て、戦後、明治新政府より恩賞を受けた。維新後は大谷原に移住して官途につくことはなかったが、12年以降は同志とはかって国会開設を請願するなど自由民権運動に挺身。18年には士族救済のため北海道に移住した。

宜湾 朝保　ぎわん・ちょうほ
政治家　歌人
文政6年(1823)3月5日～明治9年(1876)8月6日　琉球国首里(沖縄県那覇市)　唐名＝向有恒、号＝松風斎　文久2年(1862年)琉球王府三司官となり、国王の補佐に尽力。明治5年維新奉祝の慶賀使として上京し、琉球国王尚泰を琉球藩王に封ずとの詔勅をうけて帰る。しかし琉球処分問題で親清国派の非難を浴びたため、8年引責辞任し、翌年失意のうちに没した。薩摩歌人八田知紀の門弟で桂園派の歌人としても知られ、家集「松風集」がある。

金獅 広威　きんし・こうい
僧侶(黄檗宗)万福寺住職
文政6年(1823)4月16日～明治11年(1878)6月12日　江戸　俗姓＝津呂　医師の三男。11歳で京都・如意寺の松洞仁翠について出家。のち春日潜庵に陽明学を師事。元治2年(1865年)但馬・興国寺住持を経て、京都・仏国寺住持。明治5年京都・万福寺6世となる。

金田一 勝定　きんだいち・かつさだ
和算家　岩手軽便鉄道社長
弘化5年(1848)2月12日～大正9年(1920)12月31日　陸奥国盛岡(岩手県盛岡市)　盛岡銀行、盛岡電気、岩手軽便鉄道の創立に加わり、取締役、社長を務めた。和算家としても知られ、著書に「算法自問答」などがある。

銀林 綱男　ぎんばやし・つなお
北越鉄道社長
天保15年(1844)3月19日～明治38年(1905)9月20日　越後国頸城郡今井村(新潟県糸魚川市)　字＝士常、号＝間雲　父の医業を継ぐのを好まず、高田の倉石同窩に入門して経史を学び、さらに江戸、富山に遊学し、帰国後室孝次郎、滋野七郎らと交わって尊王攘夷を唱えた。戊辰戦争に当り、居之隊が編成されると関矢孫左衛門らと共に参加し、平定後は越後府、水原県、新潟県の吏を経て、長く東京府に勤めて大書記官となる。明治25年埼玉県知事に就任し、退官後は北越鉄道会社社長を務めた。

金原 明善　きんばら・めいぜん
実業家　治水・治山家　社会事業家
天保3年(1832)6月7日～大正12年(1923)1月14日　遠江国長上郡安間村(静岡県浜松市)　幼名＝弥一郎、通称＝久平、久右衛門　生家は静岡県浜名郡の大地主で、4人妹弟の一番上の長男。8代目久右衛門を襲名したが、明治6年より明善を名のった。郷里はたびたび天竜川の水害に苦しめられてきたことからその水害防止を生涯の悲願とし、慶応4年(1868年)3月京都民生局に建白書を提出。明治元年再び京都民生局に建白書を出して浜松藩主・井上河内守と水防工事を担任することになった。同年明治天皇が浜松を通りかかった際、出頭を命じられ、名字帯刀を許された。10年内務卿・大久保利通に陳情して先祖伝来の家財を全て献納して治水事業に当てる決意を示し、県より治河協力社に毎年2万3000円を10年間にわたって下げ渡すことが決定した。11年その功により平民ながら再び明治天皇に拝謁する栄誉に浴した。13年河川改修が県の事業となったことにより治河協力社を解散、以後は植林事業に努めた。一方、治河協力社から東京の丸善銀行に大金を預けていた関係で、同行破綻に際して整理に着手。18年整理会社として東里為換店を開設し、事業は33年合名会社金原銀行に引き継がれた(昭和15年三菱銀行に買収・吸収

された)。また、京都の豪商・井筒屋小野組の整理にも携わり、井筒ポマードの基礎を築いた。25年天竜川沿岸で伐採される木材運搬のため天竜運輸を創業、今日の丸運に発展。21年静岡県出獄人保護会社(のち静岡県勧善社)を設立し、出獄人保護事業も行った。この他、各種公共事業に関係した。 歴勲六等瑞宝章〔明治35年〕、勲四等瑞宝章〔大正4年〕、勲三等瑞宝章〔大正12年〕

【く】

陸 九皋 くが・きゅうこう
大久保利通の暗殺に関与
天保14年(1843)1月7日～大正5年(1916)8月17日 出加賀国(石川県) 名本名=陸義猶、字=正路、通称=静一郎、号=板養堂、俟軒、不知名斎、別名=中村他三郎 歴加賀藩士・陸次左衛門の長男に生まれ、幼くして井口皐川に入門。明治維新に際し脱藩して西郷隆盛、桐野利秋らと交わる。征韓論が起こると東京へ出て、明治11年大久保利通暗殺計画に加わり斬奸状を起草、新聞社に送り逮捕されて終身禁獄刑に処せられるが、22年の憲法発布で特赦で出獄。のち金沢の歴史編纂員となる。著書に「南越陣記」「北越戦記」「加賀藩勤王記事」「道徳書」など。

久我 房三 くが・ふさぞう
岡山県議
嘉永6年(1853)12月20日～明治36年(1903)12月27日 出備後国安那郡法成寺村(広島県福山市) 名旧姓・旧名=門貝、名=苗知、号=松谷 歴備中国小田郡の素封家・久我源三郎の養子。備後福山藩儒・浜野章吉に師事し、藩校・誠之館の教授となった。また、養父が設立した私塾・明志学舎の経営にも当たり、多くの子弟を教育した。明治8年小田郡小二区の戸長に就任し、以後、西浜村戸長、岡山県議を歴任。22年には岡山県金浦村長に選ばれ、34年に同村の町制発布後も引き続き町長を務めた。一方、実業界でも活躍し、岡山県農工銀行や山陽商業銀行の設立・経営に参画。四書五経や詩文に秀で、田能村直入や多田松荘といった文人との交遊も多かった。 家養父=久我源三郎(政治家)

九鬼 隆義 くき・たかよし
摂津三田藩主 貴院議員 子爵
天保8年(1837)4月5日～明治24年(1891)1月24日 出丹波国綾部(京都府綾部市) 歴丹波綾部藩主・九鬼隆都の子。安政6年(1859年)襲封し、摂津三田藩主となる。一切の旧式を廃して人材登用に努め、白洲退蔵、小寺泰次郎を抜擢してそれぞれに藩政、財政を委ね、藩政改革を断行した。維新に際しては諸藩に先がけ帰農を奏請。明治2年三田藩知事に就任し、4年廃藩により免ぜられた。のち白洲、小寺らの意見により神戸に志摩三商会を設立し、実業に従事。神戸が開港されるとその発展を予測して土地を買入れ、巨財を築いた。 家義父=九鬼精隆(摂津三田藩主)、実父=九鬼隆都(丹波綾部藩主)

九鬼 紋七(1代目) くき・もんしち
四日市鉄道社長 衆院議員
慶応2年(1866)1月24日～昭和3年(1928)3月15日 生伊勢国(三重県) 歴伊勢の大地主として巨万の富を積み、肥料商を営む家に生まれる。漢籍を修め、家業に従事し、東洋紡績取締役を始め数社の重役を務める。のち四日市米穀取引所の創立に関わり、四日市銀行取締役、四日市鉄道社長、四日市商業会議所会頭などを歴任、県下実業界に重きをなした。一方、四日市町議、四日市市議などを務め、大正4年衆院議員(公正会)に当選1回。 家長男=九鬼紋七(2代目)

九鬼 隆一 くき・りゅういち
美術行政家 枢密顧問官 男爵
嘉永5年(1852)8月7日～昭和6年(1931)8月18日 生摂津国三田町(兵庫県三田市) 名旧姓・旧名=星崎、字=成海 歴摂津(兵庫)三田藩家老星崎貞幹の二男で、慶応2年(1866年)16歳で丹波綾部藩家老九鬼隆周の養子となった。維新後上京、慶応義塾に学び、福沢諭吉の薫陶を受けた。大学南校勤務を振り出しに官途につき、文部少補時代、各地の寺社、古美術品などを調査、また明治12年には佐野常民の龍池会に参加、フェノロサに啓発され、政府の文教政策を反映、岡倉天心を配下に彼の活動を応援。博物館が宮内省図書寮所属となった21年、ワシントン特命全権公使から帰国、同省図書頭となり、博物館行政に活躍、のち帝国博物館総長に就任した。他に帝室技芸員選択委員、古社寺保存会会長、内外博覧会の審査総長、総裁などを歴任した。郷里の兵庫県三田に三田博物館を設立。枢密顧問官もつとめた。 家息子=九鬼周造(哲学者)

久木村 治休 くきむら・じきゅう
陸軍少佐
天保14年(1843)～昭和12年(1937)
出薩摩国(鹿児島県) 歴文久2年(1862年)島津久光に従って上京。その帰路、武蔵国生麦村(現・神奈川県)で英国人4人が久光の行列に乗り入れたため、英国人を殺傷した(生麦事件)。この事件に端を発した薩英戦争や戊辰戦争に参加し、明治10年の西南戦争では政府軍の一員として戦った。日清戦争を経て、62歳で日露戦争にも志願して出征。奉天会戦では勇猛な戦いぶりから"老鬼神"と呼ばれた。陸軍少佐で退役。その後、昭和まで生き、90余歳で亡くなった。

日下 義雄　くさか・よしお
福島県知事 衆院議員(政友会)
嘉永4年(1851)12月25日～大正12年(1923)3月18日　生陸奥国会津若松(福島県会津若松市)　名旧姓・旧名=石田,幼名=五助　学大阪英語学校卒,ユニバーシティ・カレッジ(英国)　歴陸奥会津藩主・松平容保の侍医を務めた石田龍玄の長男。慶応4年(1868年)鳥羽・伏見の戦いで負傷。江戸で加療後,大鳥圭介の隊に投じて箱館五稜郭に拠って官軍と戦った。弟は白虎隊に加わり飯盛山で自刃した。明治3年井上馨の知遇を得て大阪英語学校に入学,日下義雄を名のった。4～7年米国へ留学。帰国後,紙幣寮七等出仕となり,9年井上の渡欧留学に随行,11年からロンドンに留まって統計学を研究した。13年帰国して太政官権大書記官兼内務権大書記官,17年農商務権大書記官を経て,19年長崎県令,同年長崎県知事,25年福島県知事となり,岩越鉄道敷設に尽力した。29年第一国立銀行監査役に就任,41年まで務めた。35年衆院議員に当選。通算2期。東邦火災保険社長なども務めた。

日下部 正一　くさかべ・しょういち
社会運動家
嘉永4年(1851)～大正2年(1913)8月5日　出肥後国(熊本県)　歴玄洋社の平岡浩太郎らと接し,明治17年上海に東洋学館を設立するに当たり,発起人の一人として中江兆民・宗像敬・末広重恭らと上海に渡り開校の準備に奔走する。18年大井憲太郎・磯山清兵衛らの大阪事件に連座し投獄されたが,のち無罪放免となった。

草刈 親明　くさかり・しんめい
弁護士 衆院議員(自由党)
安政3年(1856)7月9日～明治37年(1904)1月6日　生陸奥国仙台(宮城県仙台市)　名幼名=草刈光之進　学仙台師範〔明治10年〕卒　歴陸奥仙台藩士の子。苦学して伝習学校(のち仙台師範学校)を卒業して教員となるが,明治10年西南戦争に従軍。のち代言人(弁護士)の資格を取り,自由党員となって仙台の民権結社・本立社の社員として自由民権運動にも奔走。22年の三大事件建白運動では代表として上京し,条約改定中止の建白書を政府に提出した。27年衆院議員(自由党)に当選,2期務める。板垣退助門下の論客として,31年隈板内閣では群馬県知事となるが,廃止されていた公娼を独断で復活させ,就任5ヶ月後の同年末,罷免される。のち政友会会員として弁護士の業務に従事した。

草刈 武八郎　くさかり・たけはちろう
衆院議員(政友会)
嘉永6年(1853)7月8日～昭和17年(1942)11月1日　出肥前国(長崎県)　歴明治27年から衆院議員に4期連続当選。九十九銀行取締役,平戸貯蓄銀行締役等を務めた。

草山 貞胤　くさやま・さだたね
神職 農事改良家 御岳神社宮司
文政6年(1823)5月1日～明治38年(1905)8月25日　生相模国(神奈川県)　歴相模国大住郡平山村(現在の神奈川県秦野市)の御岳神社で宮司を務める。その傍ら,幕末期から煙草の改良を思い立ち,嘉永2年(1849年)より栽培法の研究を進めて良品の生産に成功した。さらに明治21年には水車を利用した煙草刻み機を開発。これにより煙草の大量生産が可能となり,秦野地方における煙草産業発展の礎を築いた。

櫛引 武四郎　くしびき・たけしろう
中国革命運動協力者
明治8年(1875)3月～大正2年(1913)9月　生青森県弘前　歴東奥義塾に学び,ついで陸軍教導団に入る。日清戦争に一等軍曹として出征し重傷を負い,快復後,同郷の山田良政を頼って中国に渡り,南京同文書院に学ぶ。明治33年孫文の革命派を助け,恵州蜂起,辛亥革命,第二革命と戦い続け,大正2年9月南京陥落の際に戦死した。

櫛引 弓人　くしびき・ゆみんど
興行師
安政6年(1859)～大正13年(1924)7月26日　生陸奥国五戸(青森県三戸郡五戸町)　学慶応義塾　歴明治18年26歳で渡米。26年シカゴ万博で興行師としてのスタートを切り,日本茶園を開き,日本娘による茶のサービスで評判を集めた。29年アトランタに日本庭園と球場場を開設。その後,セントルイス万博,シアトル万博など数々の万博を手がけ,43年ロンドン日英大博覧会では日本村支配人として活躍,"博覧キング"の異名をとる。大正4年日本で初めて飛行機を輸入し,チャールズ・ナイルズ,アート・スミス,カザリン・スチンソンなどの飛行士を招いて妙技を紹介した。

久次米 兵次郎(9代目)　くじめ・ひょうじろう
阿波藍商 久次米銀行創立者
文政12年(1829)5月11日～大正2年(1913)3月3日　生阿波国名東郡北新居村(徳島県徳島市)　名本名=久次米義周,幼名=国太郎　歴久次米家は代々藍商と材木商を営む豪商で,明治2年家督を相続。12年資本金50万円で久次米銀行を設立して転進をはかる。しかし明治10年代の拡張主義の破産と23年恐慌の打撃で38年崩壊した。

串本 康三　くしもと・こうぞう
衆院議員(政友会)
文久2年(1862)9月～大正8年(1919)1月21日　出広島県　歴奥海田村議,広島市議,広島県議を経て,明治31年衆院議員に当選,通算4期を務めた。広島汽船取締役,関西皮革取締役。

九条 道実　くじょう・みちざね
宮内省掌典長 公爵
明治2年(1869)12月15日～昭和8年(1933)1月19

日 [生]京都 [歴]家は五摂家の一。明治22年英国に遊学、29年帰国して宮内省に出仕、掌典、式部官を兼任し、のち掌典長となる。39年父・道孝が没し家を継ぎ襲爵。明治・大正天皇の葬儀、大正・昭和天皇の即位大典をとりしきった。 [家]父=九条道孝(公爵・宮内省掌典長・貴院議員), 妹=貞明皇后(九条節子)

九条 道孝　くじょう・みちたか
宮内省掌典長 貴院議員 公爵
天保10年(1839)5月1日～明治39年(1906)1月4日 [生]京都 [名]幼名=優麿 [歴]関白・九条尚忠の長男。安政元年(1854年)昇殿し、累進して慶応3年(1867年)左大臣となる。その年、佐幕派として参朝を停められたが、明治元年再出仕を許され、氏長者となり、奥羽鎮撫総督に任命されて仙台に赴く。ついで岩沼、盛岡、久保田等東北各地に転戦。2年左大臣を辞し、戊辰の戦功により永世禄800石を賜わる。弾正尹に任じたが、4年免ぜられ、麝香間祗候となる。17年公爵。同年宮内省に入り掌典長に就任。23年貴院議員。30年英照皇太后の葬儀にあたり、大喪使事務官を兼任。31年掌典長を辞し、麝香間祗候となった。 [家]父=九条尚忠(関白), 息子=九条道実(公爵・宮内省掌典長), 四女=貞明皇后(九条節子), 姉=英照皇太后(孝明天皇女御), 弟=松園尚嘉(神官) [勲]菊花大綬章〔明治30年〕

葛生 東介　くずう・とうすけ
国家主義者
文久2年(1862)11月11日～大正15年(1926)2月8日 [生]下総国相馬郡布佐(千葉県我孫子市) [名]本名=葛生玄晫 [学]千葉県立医学校中退 [歴]代々医を業とする家に生まれ、幼くして宮内君浦に漢学を学び、18歳で千葉県立医学校に入学したが半年で中退。のち青柳高鞆に国学を学ぶ。「総房共立新聞」「東海新聞」の各主筆として時事を論じた。また演壇に立ち自由民権運動を支持、条約改正に反対し数度当局により投獄される。明治22年外相・大隈重信襲撃事件に関わる。一方、この頃金玉均と交わり朝鮮問題に努めた。34年内田良平らと黒龍会を組織、幹事となる。のち大日本国防義会、福岡海軍協会を創立した。晩年は茨城県鹿島郡荒波村に隠棲。 [家]弟=葛生能久(国家主義者)

葛生 能久　くずう・よしひさ
国家主義者 黒竜会代表
明治7年(1874)7月25日～昭和33年(1958)2月3日 [生]千葉県 [歴]明治34年内田良平らと政治結社「黒竜会」を組織。民間団体として対露戦に備えた。また中国辛亥革命で袁世凱と妥協を図った革命軍説得のため何回も中国へ渡った。昭和6年黒竜会を中心とした大日本生産党の幹部となり、大政翼賛会委員ともなった。戦後A級戦犯容疑で巣鴨拘置所に収監され、23年釈放された。黒竜会刊「東亜先覚志士紀伝」(全3巻)の監修者でもある。

楠内 友次郎　くすうち・ともじろう
軍事探偵
元治2年(1865)2月16日～明治27年(1894)9月 [出]肥後国(熊本県) [名]旧姓・旧名=青木 [歴]青木家の二男で、楠内家の養子となる。軍人を志望したが視力不足で果たせず、東京専門学校(現・早稲田大学)で法律を専攻した。上海で荒尾精の日清貿易研究所に学び、27年日清戦争が勃発すると戦時偵察任務に従事したが、清国に捕まり処刑された。

楠田 英世　くすだ・ひでよ
元老院議官 新潟県知事 男爵
文政13年(1830)11月～明治39年(1906)11月 [生]肥前国佐賀(佐賀県佐賀市) [歴]戊辰戦争に仁和寺宮参謀で従軍。明治2年新潟県知事、3年大学大丞、4年司法中判事、明法権頭、明法頭などを経て9年元老院議官、13年民法編纂委員。33年男爵。 [勲]勲二等瑞宝章〔明治39年〕

楠瀬 喜多　くすのせ・きた
自由民権運動家
天保7年(1836)9月9日～大正9年(1920)10月18日 [生]土佐国弘岡(高知県高知市) [歴]車力人夫頭袈沙丸儀平の長女。小山興人の塾で漢学を学ぶ。明治2年土佐藩の剣道指南役楠瀬実と結婚、剣道・薙刀を学び、かたわら鎖鎌も修得した。明治7年夫と死別後は、立志社の演説会に熱心に参加、自ら選挙に投票しようとしたが果たせず、県庁に投票権を請求した。これは日本初の婦人投票権の請求である。また、"民権婆さん"として自ら壇上に立って各地を遊説したといわれるが、実際には活動家の支援をしたにすぎない。晩年は潮江村の寺に託居、念仏三昧の余生を送る。

楠瀬 幸彦　くすのせ・さちひこ
陸軍中将
安政5年(1858)3月15日～昭和2年(1927)10月13日 [生]土佐国高知城下(高知県高知市) [学]陸士〔明治13年〕卒 [歴]明治6年上京。陸軍に入って、14～18年フランス、21年ドイツに留学。以後、陸大教官、露国駐在公使館付武官、第十二師団参謀長、対馬警備隊司令官、由良要塞司令、樺太守備隊司令官・樺太庁長官などを歴任。この間、28年に起きた朝鮮の閔妃殺害事件に連座して一時入獄した。40年中将、44年技術審査部長。大正2年6月～3年3月第一次山本内閣の陸相をつとめた。

久須美 三郎　くすみ・さぶろう
実業家
文政5年(1822)～明治9年(1876)2月7日 [生]越後国三島郡島田村(新潟県長岡市) [名]名=祐命, 号=霞外 [歴]幕府の旗本で越後国三島郡の領主・稲葉氏の代官。江戸で儒者・朝川善庵や蘭学者・大槻磐渓に学ぶ。戊辰戦争に際して新政府軍に味方し、食糧や物資の補給に尽力。また、領主・稲葉穂波を説得して新政府軍に呼応させた。しかし、彼の邸宅は幕府方の会津・桑名両藩兵に占拠

され、焼き払われたという。維新後、越後府の官吏であった楠田英世の紹介で参議・大隈重信らに認められ、大隈に越後の油田開発を進言。これによって大隈の援助を得ることができ、我が国における初の油田開発の端緒が開かれたが、志半ばで没した。

楠美 冬次郎　くすみ・とうじろう
勧農家
文久3年（1863）〜昭和9年（1934）
生 陸奥国中津軽郡清水村大字富田（青森県弘前市） 歴 陸奥弘前藩士の家に生まれる。明治13年頃から青森県中津軽郡でブドウとリンゴの栽培を始め、23年「楠美」と名付けたリンゴで第3回内国勧業博覧会の有功二等賞を獲得。また、同年初の品種解説書「苹果要覧」を編集した。33年には津軽産業会を設立。同会員でつくった津軽果樹研究会で研究に打ち込み、特に病害中駆除法で知られたほか、一口かじって品種名を言い当てるほど品種鑑別の技術に長じた。大正13年果樹組合指導員として中国・大連に渡り、没するまで技術の指導に尽くした。 家 父＝楠美晩翠（平曲家）、弟＝楠美恩三郎（作曲家）、祖父＝楠美太素（平曲家）、叔父＝館山漸之進（平曲家）、本多庸一（教育家）

久須美 秀三郎　くすみ・ひでさぶろう
実業家 衆院議員（憲政本党）
嘉永3年（1850）3月15日〜昭和3年（1928）1月18日
出 越後国（新潟県） 歴 数学・漢学を修め、訓導、副大区長、戸長、三島郡参事会員などを経て、明治13年新潟県議となる。また日本石油、北越鉄道の創立に関わり、日本石油取締役、長岡銀行取締役、越佐新聞発行所所長、岡日進社評議会長、越後鉄道社長のほか、北越銀行、寺泊銀行の監査役を歴任。35年衆院議員に当選、2期務めた。

楠本 武俊　くすもと・たけとし
大分セメント社長
文久1年（1861）10月27日〜昭和3年（1928）11月27日 生 紀伊国日高郡東内原村（和歌山県日高郡日高町） 学 幼名＝竹松 学 慶応義塾〔明治17年〕卒 歴 楠本権吉の二男に生まれ、のち楠本恒助の養子となる。明治17年大蔵省に入り、ついで一時、塩原の英語学校校長となるが、27年日本郵船に転じ、日清戦争当時は仁川支店長を務める。のち香港支店長などを経て、大正5年旭セメントが設立されると社長に就任。11年同社が大分セメントに合併されると副社長となり、のち社長を務める。他に大船渡セメント、秩父セメントの各重役も務めた。

楠本 正隆　くすもと・まさたか
衆院議長（進歩党） 男爵
天保9年（1838）3月20日〜明治35年（1902）2月7日
生 肥前国大村（長崎県大村市） 幼名＝平之允、小一郎、号＝西洲 歴 肥前大村藩の藩校頭取となり、尊王攘夷運動に投じる。維新後明治元年徴士、長崎裁判所権判事、九州鎮撫使参謀助役、3年外務大丞、5年外務大丞から新潟県令となり、大河津事件などを鎮定。8年内務大丞兼東京府権知事、10年東京府知事、12年元老院議官、同院副議長を歴任。23年衆院議員に当選、以後4回当選、26年衆院副議長、ついで26〜29年議長を務めた。同盟倶楽部、立憲革新党、進歩党、憲政本党に所属。この間2度東京市会議員に選ばれ、29年男爵。

楠本 正敏　くすもと・まさとし
貴院議員 男爵
慶応2年（1866）10月1日〜昭和13年（1938）2月19日 生 肥前国大村（長崎県大村市） 幼名＝清七郎 歴 明治38年男爵を襲爵。43年〜大正14年貴院議員。また、9年まで都新聞社長。日本競馬協会評議員としてその創立に尽力した。

楠本 正徹　くすもと・まさゆき
大陸浪人
明治8年（1875）〜明治30年（1897）2月
生 長崎県佐世保市 歴 長崎県の針尾島に生まれる。儒学者の楠本端山・碩水兄弟の甥にあたり、おじたちに学んだ。上京後は杉浦重剛の称好塾に入った。日清戦争では軍属として神尾光臣陸軍中佐に従って威海衛攻略に従った。明治29年内田良平とウラジオストックへ渡り、10月から12月にかけて単身でロシア・満州・朝鮮の国境を視察したが、旅行中に傷病にかかり、30年2月に没した。 家 おじ＝楠本端山（儒学者）、楠本碩水（儒学者）

朽木 綱貞　くちき・つなさだ
陸軍少将 子爵
明治8年（1875）12月2日〜昭和4年（1929）9月6日
出 京都府福知山 学 東京帝国大学工科大学応用化学科〔明治37年〕卒 工学博士 歴 丹波福知山藩主・朽木為綱の長男。東京帝国大学卒業後、陸軍に入る。陸軍科学研究所第二課長、同火薬研究所所長、同造兵廠火工廠長などを歴任した。大正10年陸軍少将。13年予備役に編入。火薬や毒ガス研究の権威として知られた。 家 父＝朽木為綱（丹波福知山藩主）

クーデンホーフ 光子　くーでんほーふ・みつこ
クーデンホーフ伯爵夫人
明治7年（1874）7月16日〜昭和16年（1941）8月28日 国 オーストリア 生 東京麻布（東京都港区） 旧姓・旧名＝青山光子 歴 骨董屋の娘として生まれる。東京・芝の社交倶楽部・紅葉館に3、4年勤めた後、自家の店を手伝う。明治25年18歳の時オーストリア駐日代理公使ハインリッヒ・クーデンホーフ・カレルギー伯爵と結婚。29年渡欧後はボヘミア（現・チェコ）のロンスペルク城に住み、語学の他、伯爵夫人としての貴族の教養を身につける。39年夫が急死。親族に一人で帰国することを勧められるが、法廷で争い、夫の遺言通り遺産をすべて相続、7人の子（四男三女）の後見人に。第一次大戦後ウィーン郊外のメードリンクに移り、領地、

財産の管理を一手に引き受け、ウィーン社交界でも衆目を浴びた。のち二男リヒャルトがパン・ヨーロッパ主義を提唱、"欧州連盟案の母" "ECの祖母"として知られる。その生涯は伝記のほか、テレビや舞台でも取りあげられている。　家夫＝クーデンホーフ・カレルギー、ハインリッヒ（伯爵）、二男＝クーデンホーフ・カレルギー、リヒャルト（パン・ヨーロッパ主義提唱者）

工藤 吉次　くどう・きちじ
衆院議員（政友会）
明治5年（1872）9月～昭和11年（1936）1月9日
出山形県　学明治法律学校〔明治26年〕卒　歴判事となり、のち弁護士として働く。盛岡市議を経て、明治45年衆院議員に岩手郡部より立候補して当選。以来連続3期当選。

工藤 吉郎兵衛　くどう・きちろべえ
育種家
万延1年（1860）12月28日～昭和20年（1945）11月18日　出出羽国田川郡（山形県）　幼名＝慶治郎　歴生地の山形県田川郡で農業を継ぐ。加藤茂苞の指導を受け、乾田に適した「敷島」「日の丸」など34の水稲新品種を育成。なかでも「福坊主」は、優良品種として長く東北地方で栽培された。

工藤 此吉　くどう・このきち
水産業者
天保9年（1838）～昭和5年（1930）
生陸奥国（青森県東津軽郡外ケ浜町）　歴安政2年（1855年）より北海道増毛へ出稼ぎに行き、親方の下について漁業に従事。万延元年（1860年）父と共に利尻島へ渡り、同島石崎を根拠地として漁業経営をはじめた。明治24年から建網を構えて本格的にニシン漁を開始、以来建網を3か統に増やして着実かつ順調に漁を営み、故郷三厩に豪邸を建造、また多くの山林や土地を所有するなど巨万の富を築いた。また、三厩の義経寺に石燈籠と百三十段の石段を寄進している。しかし、明治末期よりニシン漁の不漁が続き、間もなく没落。

工藤 善太郎　くどう・ぜんたろう
衆院議員
万延1年（1860）～昭和7年（1932）10月2日
生陸奥国南津軽郡大杉村（青森県青森市）　歴明治12年以来県議など地方政界で活躍、45年衆院議員に当選、小作米品評会をつくり、産業組合を組織するなど農業功労者。のち民政党顧問。

工藤 卓爾　くどう・たくじ
衆院議員　青森市長
万延1年（1860）3月25日～大正14年（1925）7月19日　生陸奥国弘前（青森県弘前市）　旧姓・旧名＝中田　学青森師範予科〔明治11年〕卒、青森県立専門学校文学科〔明治15年〕卒　歴陸奥津軽藩士の二男で、工藤家の養子となった。青森師範学校、青森県立専門学校に学んで教師や青森県庁職員を務め、明治17年「陸奥日報」主筆に迎えられる。19年青森県議、25年衆院議員に当選。29年青森町長に転じ、周囲の町村との合併を推進して31年に青森市を誕生させ、初代市長に就任した。依頼通算4期20年に渡る市政では、女子師範学校や工業徒弟校の開設など教育面の充実に重点を置き、また、43年に起きた青森市大火からの復興にも尽力した。大正6年政友会から衆院議員に当選。この間、明治42年青森商業銀行頭取などを務めるなど、青森の発展に貢献した。

工藤 轍郎　くどう・てつろう
篤農家　開墾功労者
嘉永2年（1849）～昭和2年（1927）
生陸奥国（青森県上北郡七戸町）　歴南部藩士の長男に生まれる。初め萩の沢（七戸町）など上北郡内各地の開墾、上水事業に取り組んだ。明治17年以後、七戸町と旧大深内村（現・十和田市）にまたがる荒屋平382ヘクタールの開拓に生涯をささげた。また牧場を開き洋種馬を取り入れて産馬の改良を行うなど畜産振興にも貢献した。　勲藍綬褒章〔明治27年〕

工藤 則勝　くどう・のりかつ
大審院検事
弘化4年（1847）～大正5年（1916）1月11日
生陸奥国弘前（青森県弘前市）　歴陸奥弘前藩藩校・稽古館に学び皇漢学を修める。明治5年司法省に入り、11年判事となる。14年検事となり、東京地裁検事正、函館控訴院検事長を経て、36年大審院検事に進んだ。

工藤 行幹　くどう・ゆきもと
衆院議員（憲政本党）
天保12年（1841）12月28日～明治37年（1904）4月21日　生陸奥国弘前（青森県弘前市）　名旧姓・旧名＝櫛引、幼名＝峰次郎　歴明治元年弘前藩士として戊辰戦争に従軍。維新後明治2年公議所書記、民部省土木権大祐、三重県大属、師範学校長などを歴任。のち帰郷、東・北津軽郡長、20年大同団結派に参加、22年第2代東奥日報社長。23年大同派から第1回衆院選に当選、以来代議士当選9回。自由党、立憲革新党、進歩党、憲政党、憲政本党、三四倶楽部、憲政本党と歩み、進歩党では党幹部として活躍。また国民同盟会、対露同志会などの対外硬運動にも関係した。

久邇 倪子　くに・ちかこ
香淳皇后の生母
明治12年（1879）10月19日～昭和31年（1956）9月9日　出東京　歴公爵島津忠義の第七女。明治32年久邇宮邦彦王と結婚、良子、智子（大谷光暢の妻）、信子（三条西公正の妻）を生む。戦争中は大日本婦人会総裁、大日本母子愛育会総裁などを務めた。昭和22年皇籍を離脱。　家夫＝久邇宮邦彦、長男＝久邇朝融（聖徳太子奉賛会総裁）、娘＝香淳皇后（良子）、大谷智子、三条西信子

国井 庫　くにい・くら
衆院議員（立憲国民党）
文久3年（1863）7月～大正8年（1919）5月27日
出=出羽国（山形県）　学=明治法律学校〔明治19年〕卒　歴=準訓導、代言人（弁護士）を経て弁護士業務に従事したほか、山形新聞社長を務めた。明治35年より衆院議員に4期連続当選。

国貞 廉平　くにさだ・れんぺい
愛知県令 萩藩権大参事
天保12年（1841）3月22日～明治18年（1885）1月18日　生=長門国萩松本村（山口県萩市）　名=名は景孝、景廉、景行、直之進、通称＝鶴之進、国貞直人、別名＝逸水清助、号＝韓山、寒庵　歴=長州藩士。一時、逸水清助と名のる。藩校明倫館に入り、万延元年（1860年）20歳で江戸に出て、桜田藩邸の有備館に学ぶ。大橋訥庵にも学んだ。文久元年（1861年）出仕。慶応元年（1865年）鎮静会議員となり内乱収拾に力を尽くす。3年長州藩参謀。維新後、藩の権大参事となり、明治3年直人から廉平に改名。7年内務省に出仕、9年愛知県参事、10年県大書記官を経て、13～18年第4代愛知県令。尾西・尾北の農民一揆、県庁舎の建設、諸村の地租改正嘆願書問題などで活躍した。

国沢 新兵衛　くにさわ・しんべえ
満鉄理事長 衆院議員（政友会）
元治1年（1864）11月23日～昭和28年（1953）11月26日　生=江戸　出=高知県　学=帝国大学工科大学土木〔明治22年〕卒 工学博士〔大正4年〕　歴=九州鉄道会社に入社。その後、逓信省鉄道技師を経て、明治39年南満州鉄道（満鉄）創立とともに理事となり、副総裁、理事長を歴任。大正8年退社、9年高知県から衆院議員に当選、政友会に属した。14年帝国鉄道協会会長、昭和3年朝鮮京南鉄道会長、12年日本通運初代社長となった。　家=兄＝国沢新九郎（洋画家）

国司 仙吉　くにし・せんきち
秋田県令
弘化3年（1846）～没年不詳
生=山口県　歴=長州藩士で、母は萩の乱を起こした政治家・前原一誠の異父姉。松下村塾に学び、明治維新後は木更津県権参事、印旛県参事を務め、6～8年秋田県令。その後、鉱山寮に入り、18年工部省少書記官。　家=叔父＝前原一誠（政治家）

国重 正文　くにしげ・まさぶみ
神官 富山県知事 稲荷神社宮司
天保11年（1840）10月15日～明治34年（1901）10月27日　生=長門国萩（山口県萩市）　名=通称＝篤次郎、号＝半山　歴=慶応元年（1864年）には長州藩・明倫館の頭人役を務めていた。明治維新後、内務省に入り、明治4年京都府に入り同参事、印旛県参事官。16年石川県から分離・独立した富山県の初代県令に就任、19年同知事。21年内務省社寺局長。退官後は26～29年東京国学院長、31年官幣大社・稲荷神社宮司を務めた。

国武 喜次郎　くにたけ・きじろう
久留米絣商人
弘化4年（1847）～昭和2年（1927）
生=筑後国久留米（福岡県久留米市）　歴=久留米通町の魚屋に生まれる。15歳の時父が死去。父の遺言にそむいて転業を決意、久留米絣商人となり、全国に取引網を持つ江州商人と提携し販路を広げる。明治4年廃藩置県に際して一気に他県へ進出、九州はもとより中・四国、関西へと久留米絣を宣伝。10年の西南戦争の景気で大繁盛した。

国富 友次郎　くにとみ・ともじろう
岡山市長
明治3年（1870）2月3日～昭和28年（1953）12月1日　生=岡山県浅口郡鴨方村（浅口市）　学=岡山師範〔明治23年〕卒　歴=岡山実科女学校の創立に参画、校長を務めた。また県会議員、市会議員、岡山市長などを歴任。茶の湯をよくし、速水流岡山支部長を務めた。　家=四男＝山本郁夫（杏林大学学長）

久邇宮 朝彦　くにのみや・あさひこ
久邇宮第1代
文政7年（1824）1月28日～明治24年（1891）10月29日　生=京都　名=旧姓・旧名＝中川宮朝彦親王、法号＝尊融法親王　歴=伏見宮邦家親王の第4子。仁孝天皇の養子となり奈良一条院門跡、嘉永5年（1852年）青蓮院門跡となり、天台座主。英才の誉れ高く護良親王の再来と称された。条約勅許に反対し、一橋慶喜の擁立運動で幕府に忌まれ相国寺に幽閉される。文久2年（1862年）処分を解除され、青蓮院門跡に復した。同年還俗して中川宮と称し、公武合体を唱え、孝明天皇の意を受けて長州攘夷派を京から追放。尊攘派に忌まれ、慶応4年（1868年）広島藩預かりとなるが、明治8年親王の位を回復し、一家を立てて久邇宮と称した。

久邇宮 邦彦　くにのみや・くによし
陸軍大将 久邇宮第2代
明治6年（1873）7月23日～昭和4年（1929）1月27日　生=京都府　名=幼称＝世志宮　学=陸士〔明治29年〕卒, 陸大〔明治35年〕卒　歴=久邇宮朝彦親王の第3男子。兄・賀陽宮邦憲王が病弱なため、明治20年久邇家を継承。皇族として初めて陸士、陸大を卒業。以後陸軍に所属、日露戦争出征、旅団長、師団長を歴任し、大正12年大将に進み、薨去の際し元帥府に列せられた。明治32年島津忠義公の第七女・倪子（ちかこ）姫と結婚。三王子、三王女をもうけられ、第一王女良子女王は昭和天皇の皇后にならされた。　家=父＝久邇宮朝彦、長女＝香淳皇后（昭和天皇皇后良子）、三女＝大谷智子（東本願寺法主・大谷光暢夫人）、兄＝賀陽宮邦憲、弟＝久邇宮多嘉、東久邇稔彦（首相）

久邇宮 多嘉　くにのみや・たか
神宮祭主

明治8年(1875)8月17日～昭和12年(1937)10月1日　生京都府愛宕郡鴨村(京都市左京区)　歴久邇宮朝彦親王の第5王子。明治40年水無瀬忠輔の長女・静子と結婚。大正8年神宮祭主に任ぜられ、以来陛下の大御手代として神宮に奉仕した。　家父＝久邇宮朝彦、兄＝賀陽宮邦憲、久邇宮邦彦、弟＝東久邇稔彦(首相)

工野 儀兵衛　くの・ぎへえ
カナダ移民
安政1年(1854)～大正5年(1916)8月12日
回紀伊国(和歌山県)　歴家業は船大工。明治21年バンクーバーに渡り、製材所に勤め、のち船大工、旅館経営、未開地の開墾などに従事。郷里・和歌山県の青年の移住に力を注ぎ、33年加奈陀三尾村人会を設立した。44年帰国。

久野 初太郎　くの・はつたろう
自由民権運動家
万延1年(1860)7月17日～昭和7年(1932)10月11日　生上野国前橋(群馬県前橋市)　歴英語・漢学を修め、「上毛新聞」記者として時事問題を論じ、「絵入自由新聞」などで自由民権を主張する。明治18年大井憲太郎らの朝鮮独立運動支援計画に加わり服役した(大阪事件)。

久能 司　くのう・つかさ
陸軍中将
生年不詳～昭和14年(1939)4月18日
回福井県　学陸士卒　歴明治15年陸軍少尉に任官。37年歩兵第十連隊長、38年歩兵第三十九連隊長、41年陸軍中央幼年学校校長、43年歩兵第十八旅団長、45年歩兵第十九旅団長を経て、大正2年臨時朝鮮派遣隊司令官。4年陸軍中将に進み、同年予備役に編入。

久原 庄三郎　くはら・しょうざぶろう
藤田組取締
天保11年(1840)～明治41年(1908)12月30日
生長門国萩(山口県萩市)　名旧姓・旧名＝藤田、号＝保徳　歴酒造業を営むまた、のち久原家の養子となる。はじめ義兄の藤田千代之助や実兄の藤田鹿太郎らと家業に従事するが、明治6年大阪で兵部省の御用達を勤めていた弟・藤田伝三郎に招かれ、鹿太郎と共にその商社に入る。12年偽金事件で兄や弟が拘留されると、代わって伝三郎の商社を切り盛りし、14年には三兄弟の組合・藤田組を設立。以後、無謀な投機に走りがちな社主の伝三郎をよく補佐し、主に土木部門を担当。17年には小坂銅山を買収し、鉱山技師の大島高任を招いて事業の近代化をはかるなど、藤田組の発展に大きく寄与した。のち日本土木や阪堺鉄道(のちの南海電鉄)などの事業にも参画。38年家督を四男の房之助に譲り、引退した。　家兄＝藤田鹿太郎(実業家)、弟＝藤田伝三郎(実業家)、四男＝久原房之助(実業家)

久布白 直勝　くぶしろ・なおかつ
牧師　東京市民教会創立者
明治12年(1879)2月11日～大正9年(1920)6月3日
生熊本県　学ユニテリアン神学校(米国)卒　歴済々黌、五高を経て、米国に留学、ハイスクール卒業後、バークレーのユニテリアン神学校に入学、受洗。卒業後、ハーバード大学へ推薦入学。明治42年シアトル日本人教会に赴任。43年牧師の娘・大久保落実と結婚。大正2年帰国し大阪教会副牧師となる。のち高松、東京で伝道活動。9年東京市民教会(現・東京都民教会)の会堂を建設したが献堂式前に死去した。著書に「基督教の新建設」がある。　家妻＝久布白落実(キリスト教婦人運動家)

久保 伊一郎　くぼ・いいちろう
衆院議員(中央倶楽部)
慶応2年(1866)1月～大正14年(1925)4月7日
回大和国(奈良県)　歴奈良県議、南葛城郡議、土地収用審査委員等を歴任、明治35年から衆院議員に4期連続当選。酒造業を営むほか、大和銀行専務も務めた。

久保 勇　くぼ・いさむ
実業家
慶応3年(1867)3月1日～昭和9年(1934)5月20日
生薩摩国鹿児島(鹿児島県鹿児島市)　学帝国大学法科大学〔明治23年〕卒　歴薩摩藩士の長男に生まれる。明治23年日本銀行に入り金庫事務及び経済事情研究のため欧米に留学を命じられ、29年松方内閣の成立と共に首相秘書官となったが、のち官を辞し、37年商工業視察のため渡米、帰国後実業界に入る。東銀行取締役、北辰石油会社取締役を経て、43年東海生命保険の創立に加わり、専務となる。大正5年辞して羊毛整製社長、大日本農具社長となり、日本護護蹄鉄会社専務を兼任した。

久保 市三郎　くぼ・いちさぶろう
栃木県農工銀行頭取
慶応3年(1867)7月10日～昭和31年(1956)3月1日
生武蔵国埼玉郡三田ケ谷村(埼玉県羽生市)　学慶応義塾〔明治26年〕卒　歴栃木県農工銀行頭取、下野新聞会長を歴任。明治40～44年、昭和7～14年貴院議員をつとめた。

久保 断三　くぼ・だんぞう
長州藩士
天保3年(1832)閏11月8日～明治11年(1878)10月2日　回長門国萩松本村(山口県萩市)　名名＝久清、通称＝清太郎、松太郎、号＝崧東、愛竹　歴天保15年(1844年)家督を継ぐ。父は吉田松陰の養父・久満の養父で、少年時代から玉木文之進に師事し、松陰やその兄・杉民治とは同門。嘉永元年(1848年)松陰の門下となり、安政2年(1855年)から2年余、江戸に勤務。文久2年(1862年)浦賀負の兵衛警備に従って入京。帰国後は松下村塾の指導を引き継ぐ傍ら、諸郡の代官などを務めた。明治維新後は藩の会計主事や山口県参事を務め、6年名東県

(現・徳島県)権令、8年度会県(現・三重県)県令に就任した。

久保 憲郷　くぼ・のりちか
神官　日枝神社宮司
安政5年(1858)8月～大正8年(1919)2月
[生]江戸麹町(東京都千代田区)　[歴]family学を受け国学に精通した。明治6年教導職試補となり、7年少講義、9年権講義に進み、10年神道事務局講師、14年大講義となる。17年皇典講究所(現・国学院大学)文学部助教、23年国学院講師兼幹事、27年東京府神職取締所長、ついで皇典講究所試験委員を歴任。33年日枝神社宮司となり、大正2年神社奉祀り調査会および明治神宮造営局嘱託、のち東京府神職会会長を務めた。著書に「清園淳辞集」がある。

久保 貢　くぼ・みつぐ
ニチアス創業者
嘉永3年(1850)～明治45年(1912)4月25日
[歴]工部省工作局玻璃製造所勤務を経て、明治27年栄屋誠貴と大阪市南区に久栄商店を設立。「物部井口アスベスト」の製造・販売を始める。29年日本アスベスト株式会社(現・ニチアス)を設立、32年2代目社長に就任。38年取締役。この間、31年「汽缶漏水防御用アスベスト塗料」を発明、34年専売特許を取得。また、35年「耐火煉瓦」、36年「焔管保存法」の特許を取得した。

窪添 慶吉　くぼぞえ・けいきち
水産功労者　ブリ大敷網導入者
安政6年(1859)8月22日～大正12年(1923)8月10日　[生]土佐国高岡郡上ノ加江村(高知県高岡郡中土佐町)　[歴]明治28年上ノ加江村長に就任。宮崎県のブリ大敷網に着目し、31年加江崎沖に網を敷設し大漁獲をみる。のち事業を拡大させ、高知県を日本有数のブリ漁業に発展させる基礎を築いた。35年退任後は大敷網の研究に専念し、38年京都府の伊根村漁業組合に請われて共同経営を行うなど、地方のブリ大敷網の漁業発展にも寄与した。

久保田 伊平　くぼた・いへい
勧農家
天保4年(1833)～明治22年(1889)5月
[生]大和国宇陀郡三本松村(奈良県宇陀市)　[歴]兄八が放蕩し家が傾いたため、分家して松煙製造、木材売買に従事し、家運の挽回を図った。また水利に乏しく、常に旱害のため産物の収穫が思わしくない三本松村の村人のために、領主の許可を得、慶応3年(1867年)私有山林を売った資金で貯水池の築造に着手、明治2年に竣工した。これを鶴池という。以後同村は旱害にみまわれることなく、新墾八町余を得て自給するに至った。この他、慈善救済、道路改修など、公共のために尽くすところが多かった。　[褒]藍綬褒章〔明治15年〕

久保田 鼎　くぼた・かなえ
文部官僚　東京美術学校長
安政2年(1855)～昭和15年(1940)1月10日
[生]豊前国中津(大分県中津市)　[歴]明治7年文部省写字生、文部権小録、文部属、東京職工学校幹事から22年帝国博物館主事、23年東京美術学校幹事兼任、28～33年帝国博物館工芸部長、32年から同美術工芸部長兼任。31年の東京美術騒動で岡倉天心校長に辞職を勧め、騒動を収拾、同年現職のまま東京美術学校長心得、33～34年同校長となった。40年奈良帝室博物館長となり、京都帝室博物館長を兼任、大正13年奈良帝室博物館専任。昭和6年退任した。古社寺保存会委員も務めた。

久保田 貫一　くぼた・かんいち
和歌山県知事
嘉永3年(1850)5月17日～昭和17年(1942)6月13日　[生]但馬国(兵庫県)　[歴]外務省、内務省などの書記官を経て、明治24年埼玉県知事となる。25年の衆院議員選挙で民党への選挙大干渉を行い、県民、県会議員から大反発を受け、休職となった。のち和歌山県知事などを務めた。

久保田 政周　くぼた・きよちか
東洋拓殖総裁　栃木県知事
明治4年(1871)5月2日～大正14年(1925)1月22日　[生]東京下谷竹町(東京都台東区)　[学]帝国大学卒　[歴]内務省書記官、栃木県知事を経て、明治39年南満州鉄道の創設に際し理事となり、市街造営、病院・学校建設などに当たる。のち東京府知事、内務次官、横浜市長、東洋拓殖総裁を歴任した。

久保田 権四郎　くぼた・ごんしろう
クボタ創業者
明治3年(1870)10月3日～昭和34年(1959)11月11日　[生]備後国御調郡大浜町(広島県尾道市)　[名]旧姓・旧名＝大出権四郎　[歴]生家は桶屋を兼ねた農家で、4人きょうだい(3男1女)の末っ子。明治18年大阪に出て看貫(はかり)鋳物師の黒尾鋳造所に奉公。御礼奉公を終えると塩見鋳物に移って技術を磨く傍ら、「一銭の金を惜しんで風呂屋へも床屋へも行かず命がけで」貯金に励み、23年同地で大出鋳物を開業して19歳で独立。27年大出鋳造所に改称、30年取引先の久保田燐寸器械製造所の主人・久保田藤四郎から養子に懇望されて久保田姓となり、社名も久保田鉄工所に改めた。33年立込丸吹法による鋳鉄管製造、37年「立吹回転式鋳造装置」の開発に成功し、鉄管メーカーとしての地位を固めた。大正3年には工作機械の製造を開始。やがてスチームエンジンや製鉄機械、農工用発動機、はかりなどにも進出して多角化を図り、株式会社に改組した昭和5年頃には鉄管分野のトップメーカーに成長。12年には堺に東洋一の発動機専門工場を開設し、全国シェアの5割以上を占めた。24年長男に社長を譲り退任した。　[家]長男＝久保田静一(久保田鉄工所社長)、二男＝久保田藤造(久保田鉄工所会長)　[勲]紺綬褒章〔大正12年〕、緑綬褒章〔昭和3年〕、勲五等瑞宝章〔昭和18年〕、藍綬褒章〔昭

和28年〕, 勲三等旭日中綬章〔昭和34年〕 賞帝国発明協会有効賞, 日本鉄鋼協会香村賞

窪田 静太郎　くぼた・せいたろう
社会事業家　行政裁判所長官

慶応1年(1865)9月22日～昭和21年(1946)10月6日　生備前国(岡山県)　学帝国大学法科大学〔明治24年〕卒　法学博士〔大正5年〕　歴内務省に入り, 明治36年衛生局長, 43年行政裁判所評定官, 大正11年長官となった。昭和7年枢密顧問官となり, 以後, 懲戒裁判所長官, 文官高等懲戒委員長, 議定官, 宗秩寮審議官, 日本赤十字社理事などを歴任した。一方, 明治33年貧民研究会を発足, 41年中央慈善協会設立に関与し, 大正10年に改組された中央社会事業協会の副会長となり, 以後, 社会事業の育成に尽力した。「窪田静太郎論集」がある。

窪田 常吉　くぼた・つねきち
自由民権運動家

元治1年(1864)12月24日～大正13年(1924)10月12日　生加賀国金沢(石川県金沢市)　歴加賀藩士・山本惟の子に生まれ, 窪田家を継いだ。稲垣示らと交流し,「自由新誌」「自由新論」に執筆して入獄。明治18年大井憲太郎らの大阪事件には渡韓実行組の一人として長崎まで赴いたが露見, 連座して禁固2年に処せられた。

久保田 日亀　くぼた・にちき
僧侶　日蓮宗管長

天保12年(1841)～明治44年(1911)4月13日　生駿河国清水(静岡県静岡市)　名字＝戒静, 号＝妙地院　歴日蓮宗の身延山西谷檀林や下総国の飯高檀林などで宗学を修める。のち日蓮宗の重鎮・新居日薩の推奨により, 公卿などへの進講を行った。東京・芝の大教院助教や千葉弘法寺・中山法華経寺・東京池上本門寺の住職などを経て明治36年日蓮宗管長に就任。日蓮宗大学林(現在の立正大学)の創立に尽力するなど, 幕末・明治の動乱期における日蓮宗の基礎固め・近代化に大きく寄与した。

久保田 譲　くぼた・ゆずる
教育行政家　文相　男爵

弘化4年(1847)5月10日～昭和11年(1936)4月14日　生兵庫県　学慶応義塾卒　歴明治5年文部省権中録, 以来大書記官, 広島師範学校長, 文部省会計局長, 普通学務局長, 文部次官などを経て, 36年第一次桂内閣の文相となった。39年戸水事件で引責辞職。高等教育改革を中心とする学制改革を構想し臨時教育会議副総裁を務めた。のち枢密顧問官, 昭和9年宗秩寮審議官, 議定官を歴任。男爵。著書に「教育制度改革論」がある。家長男＝久保田敬一(鉄道次官)

久保田 与四郎　くぼた・よしろう
衆院議員(立憲国民党)

文久3年(1863)1月11日～大正8年(1919)4月24日　生信濃国小県郡長瀬村(長野県上田市)　学慶応義塾　歴英国ロンドンに留学後, 小学校訓導, 弁護士, 長野県議を経て, 明治35年から衆院議員に4期連続当選。

熊谷 喜一郎　くまがい・きいちろう
石川県知事

慶応2年(1866)4月12日～昭和24年(1949)10月9日　生江戸(東京都)　学帝国大学医科大学〔明治25年〕卒　歴内務省に入省。明治41年山梨県知事, 大正3年石川県知事。

熊谷 五右衛門　くまがい・ごえもん
衆院議員(翼賛議員同盟)

慶応1年(1865)6月～昭和17年(1942)9月1日　生福井県　歴坪井村長, 坂井郡会議員, 福井県議, 同議長, 地方森林会議員を経て, 丸岡町長を務める。また福井日報社長も務める。明治45年衆院議員に初当選。以来通算7回当選。

熊谷 武五郎　くまがい・たけごろう
通信省仙台通信管理局長

天保13年(1842)2月～明治35年(1902)7月23日　生出羽国仙北郡六郷(秋田県仙北郡美郷町)　名本名＝熊谷直光, 字＝士方, 変名＝富岡虎之助, 号＝三郎　歴国学者で仙北郡熊野神社宮司を務めた熊谷直清の弟。18歳の時に江戸に出て剣術を修め, 下総佐倉藩の師範となる。明治元年帰郷, 仙台藩使節誅戮に富岡虎之助と名のって参加した功が認められて奥羽鎮撫総督府書記となり, 各地を転戦して功を挙げた。2年岩倉具視の知遇を得て, 駅逓局権判事となる。その後, 本県知事を経て, 7年渋沢栄一の後任として大蔵大丞に就任。10年華族銀行支配人, のち第四十四銀行頭取, 21年仙台通信管理局長を歴任した。詩や書もよくし, 将棋は7段の腕前だった。　家兄＝熊谷直清(国学者・神職)

熊谷 直太　くまがい・なおた
弁護士　衆院議員

慶応2年(1866)7月21日～昭和20年(1945)2月19日　生出羽国鶴岡城下(山形県鶴岡市)　学東京帝国大学法科大学英法科〔明治30年〕卒　歴新橋・東京各地方裁判所判事, 長崎・東京各控訴院判事を歴任, のち弁護士の業務に従事する。明治45年山形2区より衆院議員に当選, 通算9期つとめる。道路会議議員, 加藤高明内閣, 犬養内閣の司法政務次官をつとめ, 政友会総務となる。満州派遣郡慰問議員団長として派遣される。

熊谷 直孝　くまがい・なおたか
商人　鳩居堂当主(7代目)　京都大年寄

文化14年(1817)6月15日～明治8年(1875)2月3日　生京都寺町姉小路　名通称＝久右衛門, 字＝公友, 号＝酔香　歴京都の筆墨・香商の鳩居堂4代目当主で, 社会救済事業で知られる熊谷直恭の長男。父の志を継いで窮民の援助や種痘などに力を尽くす。また頼山陽らと親交があり, 勤王派町民として志

士を支援した。慶応3年(1867年)侍従の鷲尾隆聚らが高野山で挙兵すると密かに軍資金を提供した。明治2年全国最初の小学校である上京第27校を設置するなど、京都市民の代表者である大年寄の一人としても京都の近代化に積極的な役割を果たした。　家父=熊谷直恭(商人)

熊谷　直行　くまがい・なおゆき
社会事業家　鳩居堂8代目当主
天保14年(1843)6月4日～明治40年(1907)3月17日　生京都寺町柏小路　名別名=香具屋久兵衛　歴京都の筆墨・香商鳩居堂の8代目。薫香の経験を生かし、中国から輸入していた墨を研究し筆墨の事業化に成功。明治13年東京銀座に支店を設けるなど、同店を大店舗に発展させた。また民間産業を奨励するなど社会事業にも尽力した。　家父=熊谷直孝(鳩居堂7代目当主)

熊坂　長庵　くまさか・ちょうあん
明治のニセ札事件の犯人にされ獄死
弘化1年(1844)～明治19年(1886)4月29日　生神奈川県愛甲郡愛川町　歴農家の一人っ子に生まれる。地元の関戸芳苢塾門下生として漢文・算術にたけ、特に絵はずば抜けた才能を持ち、天才少年といわれたほど。10代で江戸に出て、女流南宋画家・奥原晴湖に師事、帰郷して画工、のち中津小の初代校長となる。明治10年代に全国を騒がせた"ニセ2円札事件"の犯人として逮捕され、無期徒刑(懲役)の判決を受けた。19年、42歳で獄死。

熊野　敏三　くまの・びんぞう
大審院判事　弁護士
安政1年(1854)12月22日～明治32年(1899)10月26日　生長門国阿武郡萩松本(山口県萩市)　学司法省明法寮〔明治9年〕卒　法学博士〔明治21年〕　歴明治5年大学南校(現・東京大学)に入学するが、まもなく司法省法学校に転入。9年卒業と同時に司法省の留学生としてフランスに派遣され、パリ大学に入学。16年ドクトゥール・アン・ドロワの称号得て帰国。東京和仏学校を経て、19年東京控訴院判事、20年司法省参事官、民事法草案編委員、23年大審院判事に就任。他に法典調査会主査なども務め、民法や商法をはじめ各種法案の起草に功績を残した。

隈部　親信　くまべ・ちかのぶ
陸軍少将　長野県小諸町町長
明治2年(1869)～昭和9年(1934)8月6日　生信濃国(長野県小諸市)　死東京都　学陸士〔明治23年〕卒　歴明治24年陸軍少尉に任官。43年朝鮮総督府警務部長兼憲兵隊長、大正6年関東憲兵隊長を経て、陸軍少将。8年予備役に編入。14年小諸町町長に就任。旧小諸城跡に設置されていた懐古園の整備にも力を注いだ。

隈元　政次　くまもと・まさじ
陸軍中将

安政2年(1855)9月24日～昭和12年(1937)8月12日　生薩摩国鹿児島稲荷町(鹿児島県鹿児島市)　歴明治5年陸軍幼年学校に入り、10年陸軍士官学校予科に在学中、少尉試補として西南戦争に従軍する。のち日清戦争に出征し、日露戦争では近衛野戦砲兵連隊長、37年舞鶴要塞司令官、40年野戦砲兵第二旅団長などを経て、43年東京湾要塞司令官を務める。44年中将。大正2年待命となり予備役に編入となった。

久米　良作　くめ・りょうさく
東京瓦斯社長　日本鉄道会社副社長
慶応4年(1868)7月20日～昭和9年(1934)2月9日　生武蔵国児玉郡児玉(埼玉県本庄市)　名初名=松太郎、号=遠峰　学東京法学院〔明治24年〕卒　歴上京して慶応義塾に学び、のち東京法学院に入り、明治24年卒業して父の業を助ける傍ら、田桑会社を興した。30年日本鉄道会社取締役、31年理事委員となり東北本線・高崎線・常磐線などの鉄道路線の拡張に尽くす。39年副社長となり国有鉄道への移管手続きに当たる。のち東京瓦斯に転じ常務となり、43年副社長、大正3年社長に就任。傍ら朝鮮瓦斯・日本製粉・東京モスリン・久米同族・帝国火薬工業・平和海上火災保険・北海道瓦斯・国際信託・三河鉄道・東京回漕などの社長・取締役・監査役を兼ねた。

蔵内　次郎作　くらうち・じろさく
鉱業家　衆院議員(政友会)
弘化5年(1848)1月～大正12年(1923)7月18日　出豊前国築上郡下城井村(福岡県筑上郡築上町)　歴明治12年から礦業に従事、16年福岡県田川郡弓削村で石炭採掘を始め、以来他の各地でも採掘に成功、筑豊地方有数の礦業家となった。また貧民救済、公共事業にも尽力した。明治41年以来衆院議員当選4回、政友会に属した。

蔵内　保房　くらうち・やすふさ
蔵内工業社長
文久3年(1863)5月25日～大正10年(1921)8月21日　出福岡県　名旧姓・旧名=蔵内安太郎　歴叔父である蔵内次郎作の養嗣子となり保房と改名。福岡県田川郡で複数の炭鉱を経営した。　家叔父=蔵内次郎作(衆院議員)

蔵園　三四郎　くらその・さんしろう
衆院議員(第一議員倶楽部)
明治2年(1869)1月14日～昭和14年(1939)4月6日　出鹿児島県　学明治大学　歴明治大学に学んだ後、弁護士として活躍。その後、神田区議、同議長を経て、大正13年より衆院議員に連続6選。

倉田　雲平　くらた・うんぺい
月星化成創立者
嘉永4年(1851)4月14日～大正6年(1917)6月7日　出筑後国久留米(福岡県久留米市)　歴20歳頃、足袋に着眼して長崎に赴き、足袋製造業者に弟子入

り。明治5年久留米に帰り西南戦争で軍用の足袋と法被をひきうけ利益を得る。32年九州、関西、朝鮮、中国まで販路をひろめ各種の発明特許を得る。大正6年つちやたび合名(現・月星化成)を創立した。

倉田 利作　くらた・りさく
大小切騒動の指導者
生年不詳〜明治6年(1873)8月23日
歴山梨県の農民。明治5年増収強化をはかるため明治政府が山梨県下で江戸時代から用いられていた大小切と呼ばれる特殊な税法を廃止した際、これに反対して農民一揆を主導した(大小切騒動)。一揆鎮圧後、準流10年の刑を言い渡されたが服役中に脱走、捕縛・処刑された。

倉知 鉄吉　くらち・てつきち
外務次官　貴院議員
明治3年(1870)12月3日〜昭和19年(1944)12月22日　生加賀国金沢(石川県金沢市)　学帝国大学法科大学〔明治27年〕卒　歴明治27年に帝国大学法科大学を卒業し、内務省に入る。30年には外務省に移り、政務局参事官やドイツ大使館書記官・通商局参事官・政務局長などを歴任。明治の元勲・伊藤博文から篤く信任され、日韓併合に際してはその準備委員として外交文書の原案作成などに当たった。45年内田康哉外務大臣のもとで外務次官となり、大正2年に退官。その後、貴院議員に互選され、中国への借款事業などを後援した。

倉富 恒二郎　くらとみ・つねじろう
福岡県議
嘉永4年(1851)〜明治24年(1891)8月
生福岡県　名諱=胤文、字=伯錫、号=竜村　歴漢学者・倉富篤堂の子、弟は枢密院議長を務めた倉富勇三郎。草場佩川、広瀬林外らに漢学を学び、東京で法律を修める。郷里・福岡で自由民権思想を唱え、明治13年県議となる。「福岡日日新聞」(現・西日本新聞)の創刊に参加した。　家父=倉富篤堂(漢学者)、弟=倉富勇三郎(枢密院議長)

倉富 勇三郎　くらとみ・ゆうざぶろう
枢密院議長　貴院議員(勅選)　男爵
嘉永6年(1853)7月16日〜昭和23年(1948)1月26日　生福岡県　名号=城山　学司法省法学校〔明治12年〕卒 法学博士〔明治41年〕　歴判事試験に合格、司法省に入り、民刑局部長、同参与官、大審院検事、大阪控訴院検事長、東京控訴院検事長、韓国法務局次官、同統監府参与官、同司法行長官、朝鮮総督府司法部長官を歴任。大正2年第一次山本内閣の法制局長官となり、3年勅選貴院議員、9年枢密顧問官で帝室会計審査局長を兼任、14年枢密副議長、15年同議長となった。同年男爵。その後議会総裁となり、昭和9年退官、前官礼遇を受け、郷里福岡に引退。書をよくした。　家父=倉富篤堂(漢学者)、兄=倉富恒二郎(福岡県議)

倉次 亨　くらなみ・とおる
佐倉同協社初代社長
文政12年(1829)6月28日〜明治38年(1905)1月18日　生江戸　歴明治4年廃藩置県後、佐倉藩は士族授産のため旧演武場跡に相済社を設立、その一部として政府から払下げられた原野(印旛郡上勝田村字富山)を茶園としたが、5年同志20余人と共に同地に移り、同心協力によって茶園を開いた。9年には社員489人、最盛時には茶畑94ヘクタール、製茶約23トンを生産したが、大正11年時勢の変化により解散した。　勲藍綬褒章〔明治19年〕

グラバー，ツル
歌劇「蝶々夫人」のモデルといわれる
嘉永2年(1849)〜明治32年(1899)3月23日
名旧姓・旧名=談川　生大坂で造船業を営んだ談川安兵衛の長女。文久2年(1862年)豊後竹田藩士の山村国太郎と結婚したが、元治元年(1864年)離婚。明治維新後、長崎のグラバー園で知られる英国人商人トーマス・グラバーの日本人妻となり、違腹の子である倉場富三郎を育て上げ、グラバーと添い遂げた。明治期の長崎を舞台にしたプッチーニの歌劇「蝶々夫人」のモデルといわれる。　家夫=グラバー、トーマス(商人)

グラバー，トーマス　Glover, Thomas Blake
グラバー商会創立者
1838年6月6日〜1911年12月16日
国英国　生英国スコットランド　名日本姓=倉場　歴20歳の頃上海に渡り商業に従事したが、1859年(安政6年)長崎に渡来して大浦に住む。1861年(文久元年)貿易商として独立、1862年グラバー商会を設立し、海産物や金銀の輸出に従事、諸藩に銃器・火薬・軍艦を納入して巨利を博した。1865年大浦海岸に我が国初の鉄道を敷設した。また、長州藩士や鹿児島藩士の英国派遣を助け、薩長提携、薩長同盟の成立に協力した。しかし、1870年(明治3年)破産しグラバー商会は閉鎖され、神戸に移る。以後、三菱の顧問として高島炭鉱の経営などに関係した。1893年東京に移る。1908年維新における功績に対し日本政府より勲二等旭日重光章が贈られた。長崎市南山手にあるグラバー邸は重要文化財として明治期洋館建築の代表作として保存されている。　家息子=倉場富三郎(実業家)　勲勲二等旭日重光章〔1908年〕

蔵原 惟郭　くらはら・これひろ
衆院議員(立憲同志会)
文久1年(1861)7月6日〜昭和24年(1949)1月8日
生肥後国阿蘇郡黒川村(熊本県阿蘇市)　名幼名=三治兵衛　学熊本洋学校、同志社英学校卒 Ph.D.　歴熊本洋学校、同志社英学校で学んだ後、明治17年米国に渡り、さらに23年英国に渡って24年帰国、熊本洋学校・女学校校長となる。29年岐阜県の中学校長を経て、翌年上京、帝国教育会主幹となり、図書館の普及につとめた。33年政友会創立に参加、

日露戦争後、立憲国民党、立憲同志会に所属。41年〜大正4年衆院議員を務め、国定教科書反対、普選運動で活躍した。8年立憲労働義会を設立し労働運動と普選運動の結合を目ざす。晩年は共産主義に理解を示し、極東平和友の会発起人のほか労農救援会や学芸自由同盟人にも関係した。 家 二男＝蔵原惟人（プロレタリア運動家・ロシア文学者）

庫本 恵範 くらもと・けいはん
僧侶 高野山真言宗寺務検校執行法印
文化1年（1804）〜明治21年（1888）12月25日
出 讃岐国小豆郡草壁村（香川県小豆郡小豆島町） 歴 文化13年（1816年）讃岐国の誓願寺の玄叡に師事。19歳の時、正法寺住職となる。高野山での修行の後、庫蔵院住持。明治12年高野山寺務検校執行法印となった。

栗須 七郎 くりす・しちろう
部落解放運動家 全国水平社中央委員
明治15年（1882）2月17日〜昭和25年（1950）1月21日 出 和歌山県東牟婁郡本宮村（田辺市） 歴 小学校代用教員を経て上京し、19歳で通信省に入る。日露戦争で看護兵として出征し金鵄勲章を受ける。被差別運動とたたかい、大正11年全国水平社結成と同時に中央委員となり、部落解放運動の先駆者として活躍した。その思想と禁欲的行動から"水平の行者"の異名をとる。大阪無産大衆党員。著書に「水平審判の日」「水平宣言」「水平の行者」などがある。

栗塚 省吾 くりづか・しょうご
大審院部長 衆院議員（政友会）
嘉永6年（1853）11月16日〜大正9年（1920）11月3日 出 越前国南条郡武生町（福井県越前市） 学 大学南校卒 歴 フランス留学後、司法省書記官となり、司法卿秘書官、司法省刑事局長、同民事局長、大審院検事、同部長などを歴任。辞任後弁護士となり、東京の本所区会議員、同議長を務めた。衆院議員当選3回。

栗田 愛十郎 くりた・あいじゅうろう
公益家
万延1年（1860）〜大正12年（1923）2月
生 伊予国（愛媛県伊予市） 歴 伊予国に農家の子として生まれる。のち下灘村議や村書記として村政の基礎を築く。明治38年同地の豊田郵便局（現・下灘郵便局）初代局長となり、道路建設や定期航路開発などに尽力。大正初期から地元漁民の間で巾着網を使った漁法が行われ、土地の名を取って"三豊巾着網"として操業されていたが、経営不振で借金を抱えた危機的状況に陥っており、漁業者の熱望によりその建て直しに参画。当時では画期的な組合員による株制度や、日掛け貯金の実施などを行い、経営改善に成功した。亡くなった大正12年末に三豊網組合員たちにより感謝の記念碑が建立された。

栗田 富太郎 くりた・とみたろう
海軍少将
明治5年（1872）11月11日〜昭和7年（1932）11月9日 出 青森県西津軽郡森田村（つがる市） 学 海軍機関学校（第3期）〔明治29年〕卒 歴 明治31年海軍少機関士に任官。37年日露戦争では旅順港閉塞作戦に参加して負傷。大正4年第三戦隊機関長、同年第四戦隊機関長、5年海軍大学校教官、6年練習艦隊機関長、7年海軍機関学校練習科員、8年第二艦隊機関長、同年第一艦隊機関長を歴任、9年海軍機関少将となり舞鶴鎮守府機関長。12年予備役に編入。

栗田 直八郎 くりた・なおはちろう
陸軍中将
万延1年（1860）12月〜大正15年（1926）8月31日
出 三重県 学 陸士（旧8期）〔明治31年〕卒、陸大〔明治25年〕卒 歴 陸軍に入り、歩兵第十旅団副官、陸軍大学校兵学教官、参謀本部部員、陸軍経理学校教官などを経て、日露戦争には第一軍参謀として出征、奉天会戦後に第六師団参謀長（第二軍）に転じた。43年歩兵第三十五旅団長、大正元年近衛歩兵第二旅団長、3年教育総監部本部長などを経て、4年中将となり、朝香宮と久邇宮の宮務監督を務め、11年これを辞す。また5年第十四師団長、8年東京衛戍総督を務めた。

栗野 慎一郎 くりの・しんいちろう
外交官 子爵
嘉永4年（1851）11月17日〜昭和12年（1937）11月15日 出 福岡県 歴 明治14年外務省に入省し、翌年外務権少書記官となる。以来外務省の諸職につき通信省に転じ通相秘書官・取調局次長から東京郵便電信学校長を歴任後、再び外務省に戻って取調・政務各局長となる。27年から各国大使を務め、日露開戦時にはロシア兼スウェーデン公使としてロシアに赴任中であった。39〜44年フランス大使を務めて退官、翌45年子爵に叙せられる。のち昭和7年枢密顧問官に任ぜられ、宗秩寮審議官も兼ねた。

栗林 五朔 くりばやし・ごさく
実業家 衆院議員（政友会）
慶応2年（1866）5月1日〜昭和2年（1927）5月4日
生 越後国南蒲原郡大崎村（新潟県三条市） 出 北海道 歴 漢学を修める。明治22年北海道函館に渡り農牧に従事、25年室蘭で雑貨・酒店を開く。42年同地で石炭荷役や運送業を主とする栗林合名（現・栗林商会）を設立、また船舶、倉庫業も経営した。室蘭町議、北海道議・議長を経て、大正9年から衆院議員（政友会）に当選2回。

栗原 イネ くりはら・いね
ダイドーリミテッド創業者
嘉永5年（1852）3月5日〜大正11年（1922）1月31日 出 下野国安蘇郡植村字伊保内（栃木県佐野市） 歴 父は農家で、5人妹弟の長女。父が家を出て行

き、失意の母と4人の妹弟を養うために朝から晩まで働き、一家を支えた。明治元年高島家、5年川田家に嫁したが、それぞれ離婚。11年加藤庄平と3度目の結婚をした後、上京。夫婦でさまざまな職業を試み、困った末に田舎で習い覚えた機織りを始め、東京双子縞を織り始める。以来、朝3時から深夜1時まで織り続けるという日々を約5年間にわたって続け、17年借金をして織機7台を買い、賃機を脱して本所林町に工場を設立した。21年庄平と離婚、以後女手ひとつで栗原稲工場を営み、亜麻織、綾織、四つ織などの新機軸をこらした。26年からはジャガード機を導入して輸出向けの紋甲斐絹を織り始め、39年には綿の瓦斯糸を用いた瓦斯模擬風通織(擬風通)がヒットして発展の基盤を築いた。45年栗原紡織工場と改称。大正2年隠居した。7年同社は栗原紡織合名となり、昭和16年企業合同で大同毛織(現・ダイドーリミテッド)が誕生した。
家長男=栗原幸八(栗原紡織合名代表社員)、孫=栗原勝一(大同毛織社長)　緑綬褒章〔大正8年〕

栗原 幸八　くりはら・こうはち
実業家 セル製造の草分け
明治9年(1876)3月1日～昭和5年(1930)12月21日　生栃木県安蘇郡田沼町(佐野市)　名旧姓・旧名=川田　歴川田房吉の長男に生まれ、栗原家の養子となる。東京で織物業を始めた母の栗原イネを助ける傍ら、東京高等工業学校助教授について織物の実践と理論を研究し、新製品の開発に従事。明治35年セル地を織りだし当時の流行となる。37年モスリン製織を企て、40年本所柳島に工場を設立。大正5年東京織物製造同業組合長、7年栗原紡織(のちのダイドーリミテッド)を設立し代表に就任した。

栗原 信近　くりはら・のぶちか
農村指導者 第十国立銀行頭取
天保15年(1844)9月21日～大正13年(1924)6月14日　生甲斐国巨摩郡穴山村次第建(山梨県韮崎市)　名幼名=栗原希助、別名=栗原伝右衛門、号=紫山樵夫、梧園耕史　歴第十国立銀行頭取から農村指導者に転向。富士川の新水路開拓、ぶどう栽培などに力を注いだ。また二宮尊徳の報徳思想を説きながら、わらじがけで山梨県内をまわり、明治の二宮尊徳と呼ばれた。　藍綬褒章〔明治37年〕

栗原 亮一　くりはら・りょういち
衆院議員(政友会)
安政2年(1855)3月～明治44年(1911)3月13日　生志摩国鳥羽(三重県鳥羽市)　歴旧鳥羽藩士。明治の初め上京、同人社に学び、9年小松原英太郎と「草莽雑誌」を発行、反政府的論説を掲載して発禁となった。10年西南の役後板垣退助の立志社に入り、自由民権論を唱えた。自由党結成に参加、「自由新聞」の主筆を務めた。清仏戦争には新聞記者として清国に渡航。板垣の渡欧に随行後、大阪の「東雲新聞」に執筆。23年愛国党創立に参加、三重県から衆院議員となり当選10回。憲政党、政友会

に属し大蔵省官房長となったが、42年日本製糖の贈賄事件に連座入獄。日本興業銀行、南満州鉄道各設立委員を務めた。

栗本 勇之助　くりもと・ゆうのすけ
弁護士 栗本鉄工所創業者
明治8年(1875)～昭和23年(1948)12月13日
回和歌山県和歌山市　学東京帝国大学法科大学〔明治31年〕卒　歴東京帝国大学法科を卒業後、司法試験補、弁護士を経て、実業界入り。明治42年紀野吉工所を創業して水道・ガスの鋳鉄管の製造を開始した。大正3年の栗本鉄工所を皮切りに、大阪製鉄、栗本鋳銑管、満州栗本工所などを設立。10年大阪商業会議所副会頭。昭和5年ジュネーブ国際労働会議日本代表も務めた。

栗生 武右衛門　くりゅう・ぶえもん
京浜電気鉄道社長
嘉永6年(1853)8月15日～昭和11年(1936)1月23日　生紀伊国和歌山(和歌山県和歌山市)　名幼名=福之助　歴代々ろうそくと肥料の販売を家業とする家に生まれ、幼名は福之助。先代から家督を相続し武右衛門を襲名。上京して山栗商店を創業し、米穀仲買業を営む。東京精米取締役、東京株式取引所仲裁委員、東京商業会議所議員などを務め業界に貢献。また日露戦争の後、京浜電気鉄道社長に就任し当時経営難に陥った同社の再建に尽力した。

来島 恒喜　くるしま・つねき
大隈重信の暗殺未遂犯
安政6年(1859)12月～明治22年(1889)10月18日　生筑前国福岡城下薬研町(福岡県福岡市)　歴福岡藩士の子に生れ、幼時より大久保正名や海妻甘蔵の教義塾に学び、さらに高場乱の高場塾に学び、平岡浩太郎、頭山満らに兄事した。的野氏に一時養われて的野姓を称した。西南戦争後、旧士族達の向浜焼に入り、明治12年向島義塾に入り、筑前共愛会の国会開設運動に参加し、玄洋社の社員となった。16年上京して、のち中江兆民の塾に入り、馬場辰猪、勝海舟らと交わり、朝鮮問題を研究し、19年には小笠原に渡る。20年井上馨外相の条約改正案に反対運動をおこし、翌21年帰郷。大隈重信外相が条約改正に着手すると22年再び上京して、来島姓に復し、玄洋社を退社。同年10月条約改正に反対するため大隈を霞ケ関外務省門前で爆弾を投じて襲い重傷を負わせた。自身はその場で自刃。

久留島 通簡　くるしま・みちひろ
貴院議員 子爵
安政6年(1859)10月14日～大正8年(1919)10月21日　歴豊後森藩主で、明治12年家督相続、17年子爵。23年～大正8年貴院議員。

来栖 七郎　くるす・しちろう
衆院議員(政友会)

明治16年(1883)7月～昭和3年(1928)5月24日 生茨城県相馬郡北文間村(龍ケ崎市) 学日本法律学校卒, 東京政治学校卒 歴「二六新報」「帝国通信」などの新聞記者を経て、衆院議員当選2回。殖民協会理事長を務めた。

来栖 壮兵衛 くるす・そうべえ
横浜商業会議所副会頭 改進党幹部
安政2年(1855)3月～大正6年(1917)4月9日 生常陸国水戸(茨城県水戸市) 歴神奈川県横浜市水戸に生まれるが、父と共に横浜に出、明治3年雑貨貿易の家業を継承、壮兵衛を襲名。横浜貿易商組合に入り横浜港湾改良論を唱えた。24年横浜船渠会社創立に参画、のち専務。また日清生命保険、横浜実業銀行、ラサ燐礦などの重役を兼ねた。この間、22年横浜市議、横浜市参事会員、23年には第1回衆院選挙に神奈川県第1区選挙立会人を務め、改進党幹部として衆院議員島田三郎を支援した。36年横浜政財界の代表として横浜商業会議所副会頭となる。

車戸 宗功 くるまど・むねいさ
神職 高宮神社社掌
天保6年(1835)2月10日～明治36年(1903)1月8日 生近江国犬上郡多賀村(滋賀県犬上郡多賀町) 名通称=造酒、号=屋別酒舎 歴近江国犬上郡多賀神社の神官。国学者・平田篤胤に師事し、国学を修めた。幕末、尊皇攘夷運動に挺身し、神領であった同神社内の自邸を勤王派志士たちの集会所とした。この間、長州の桂小五郎や伊藤俊輔(博文)らの知遇を得、桜田門外の変ののち藩論が定まらない彦根藩に彼らを紹介。以後、長州・彦根両藩の仲介に努めるが、文久2年(1862年)嫌疑をかけられて投獄された。が、間もなく赦免され、維新後は高宮神社の社掌などを務めた。

黒井 悌次郎 くろい・ていじろう
海軍大将
慶応2年(1866)5月22日～昭和12年(1937)4月29日 生出羽国米沢(山形県米沢市) 学海兵(第13期)〔明治20年〕卒、海大〔明治26年〕卒 歴出羽米沢藩士で同藩少参事を務めた黒井繁形の二男。明治21年海軍少尉に任官。31年海相秘書官。日露戦争には海軍陸戦隊重砲隊指揮官として旅順攻略に参加、旅順陥落に大きな役割を果たした。39年ロシア公使館付武官、41年敷島艦長を経て、42年佐世保海軍工廠長、45年舞鶴予備艦隊司令官、大正2年練習艦隊司令官、3年横須賀海軍工廠長、4年馬公要港部司令官、5年旅順要港部司令官、7年第三艦隊司令長官、8年舞鶴鎮守府司令長官を歴任。9年海軍大将。10年予備役、昭和6年後備役に編入。 家長女=石井悌子(テニス選手)

黒板 伝作 くろいた・でんさく
月島機械創業者
明治9年(1876)6月22日～昭和8年(1933)12月27日 生長崎県東彼杵郡西大村(大村市) 学五高

〔明治30年〕卒, 東京帝国大学工科大学機械工学科〔明治33年〕卒 歴士族出身の警察官で、折尾瀬村村長も務めた黒板要平の二男。兄は日本史学者の黒板勝美。明治27年4月大村尋常中学を卒業すると家計が苦しかったことから郷里の折尾小学校の準訓導となったが、9月兄の支援もあって五高に入学。東京帝国大学工科大学在学中は鈴木藤三郎の鈴木鉄工部で働きながら学び、33年卒業すると同社に技師として入社した。38年鈴木と対立して退職を決意、4月東京鉄工所機械部を創業。しかし、間もなく工場の立ち退きを迫られたため月島へ移転、8月東京月島機械製作所として出直すことになった。大正6年月島機械株式会社を設立し、7年には5年制夜学の黒板徒弟養成所を設置。10年定款を変更して初代社長に就任。大日本製糖の小名木川工場増設工事を請け負って社の基礎を固め、その発展に力を尽くした。 家二男=黒板駿等(月島機械社長)、三男=黒板伸夫(清泉女子大学文学部教授)、兄=黒板勝美(日本史学者)、甥=今里広記(日本精工社長)

黒岡 季備 くろおか・すえよし
植民事業家
嘉永5年(1852)～明治18年(1885)10月14日 生薩摩国(鹿児島県) 名幼名=勇之丞 歴明治4年清(中国)の上海に派遣されて中国語を学ぶ。7年台湾出兵の際、西郷従道に随行。次いで事態収拾のため北京に派遣された全権大使・大久保利通の随員を務める。清との和議成立後は台湾で事業を興し、植民事業に従事した。

黒岡 帯刀 くろおか・たてわき
海軍中将 貴院議員
嘉永4年(1851)8月2日～昭和2年(1927)12月19日 生薩摩国(鹿児島県) 名功名=城之助 歴薩摩藩士の長男。慶応2年(1866年)より1年間、江戸へ遊学。明治3年英国留学を命じられ、英仏両国で海軍を学んだ。6年帰国、7年海軍少尉。8年中尉となり、ウラジオストックに派遣され沿海州及び朝鮮国境のロシア領を偵察。13年有栖川宮威仁親王の英国留学に随従。16年帰国。17年軍事部第五課長、同年第四課長、19年参謀本部海軍第三局長、21年横須賀鎮守府参謀長、24年筑波艦長、28年浪速艦長、30年台湾総督海軍部府参謀長。36年海軍中将。同年予備役に編入され、貴院議員となった。 家弟=山口九十郎(海軍中将)、岳父=得能良介(大蔵省印刷局長) 勲勲二等瑞宝章、旭日重光章

黒金 泰義 くろがね・やすよし
内閣拓殖局長 山口県知事
慶応3年(1867)7月13日～昭和16年(1941)3月24日 生出羽国米沢(山形県米沢市) 学帝国大学法科大学英法科〔明治29年〕卒 歴警視庁に入り、明治31年警視。山口県警部長、栃木県警部長を経て、39年依願退職するが、40年復職して北海道庁拓殖部長、大正元年群馬県知事、3年大分県知事、4年

山口県知事を歴任。大正9年第14回衆院選に山形県から出馬し、当選。14年内閣拓殖局長。昭和2年退職し、3年第16回衆院選、5年第17回衆院選で当選。通算3期。この間、浜口内閣の鉄道政務次官となり、党では憲政会政務調査会長、民政党総務を務めた。　家息子＝黒金泰美（衆院議員）

黒川 栄次郎　くろかわ・えいじろう
黒川練工場創業者

慶応2年（1866）1月6日～昭和23年（1948）11月21日　出京都　名旧姓・旧名＝金山　学京都高等工芸卒　歴明治24年福井で絹織物の不純物を取り去る黒川練工場（現・セーレン）を創る。42年黒川式雲斑除去精練法を考案、羽二重の粗悪化を防ぐことに成功。福井羽二重の品質向上に尽くした。

黒川 幸七（1代目）　くろかわ・こうしち
黒川木徳証券創業者

天保14年（1843）～明治33年（1900）2月
生山城国乙訓郡（京都府）　歴少年時代に父親を相次いで亡くし、安政3年（1856年）大坂に出て石崎喜兵衛商店に奉公する。以来、勤勉に働いて主人から認められ、文久年間には独立して銭両替商店の黒川幸七商店（現・黒川木徳証券）を創業した。明治維新後は金銀売買、洋銀取引、公債・証書・株券の売買譲渡などを行って繁盛し、明治11年には大阪株式取引所の仲買人となった。16年丸三銀行の倒産で経営難に陥るが、自身の懸命な働きや、妻のリウが身の回りの物を売って従業員の給料を払うなどの内助の功もあって持ち直した。

黒川 誠一郎　くろかわ・せいいちろう
行政裁判所評定官

嘉永2年（1849）12月6日～明治42年（1909）4月12日　出加賀国金沢（石川県金沢市）　家蘭方医・黒川良安の長男。加賀藩から派遣され、横浜語学所で英語、フランス語を学び、さらに江戸で石見津和野藩士・吉木順吉からフランス語を習った。慶応4年（1868年）帰郷して金沢に道済館を開設、吉木を招き、英語やフランス語を講じた。明治2年石川県の県費留学生としてフランスへ渡り、パリ大学で法律学を学んだ。7年帰国すると司法省に出仕、ボアソナードを助けて民法作成に貢献した。　家父＝黒川良安（蘭方医）

黒川 フシ　くろかわ・ふし
社会事業家　社会福祉法人乳児保護協会会長

明治21年（1888）6月13日～昭和38年（1963）12月8日　生山口県　名旧姓・旧名＝平口　歴関東大震災後の大正13年、夫の黒川直胤とともに神奈川県乳児保護協会を設立。以来、貧しい家庭の乳幼児保護及び養育に生涯を捧げる。母子福祉事業の促進をはかるため、昭和18年に愛児会館を開設。さらに、20年には全日本合農園を開き、多角的な乳幼児保護事業を展開した。それらの功績が認められ、35年には朝日賞を受賞。　家夫＝黒川直胤（社会事業家）　賞朝日賞〔昭和35年〕

黒川 通軌　くろかわ・みちのり
陸軍中将　男爵

天保14年（1843）1月14日～明治36年（1903）3月6日　生伊予国周布郡小松（愛媛県西条市）　歴伊予小松藩士の長男。文久3年（1863年）東予に亡命してきた沢宣嘉を三木佐三、田岡俊三郎ら同志と庇護した。明治3年兵部省に入って糺問少佑となり、同年糺問大佑、4年糺問権正、同年糺問正。6年陸軍裁判所長。8年より軍馬局長を兼務。10年西南戦争に別働第二旅団参謀長として従軍。11年陸軍少将に進み、13年広島鎮台司令官、15年中部監軍部長心得。18年陸軍中将となり名古屋鎮台司令官、21年第三師団長、24年第四師団長を経て、26年東宮武官長兼東宮太夫。この間、20年陸軍刑法編纂などの功により男爵を授けられた。

黒木 為楨　くろき・ためもと
陸軍大将　伯爵

天保15年（1844）3月16日～大正12年（1923）2月3日　生薩摩国鹿児島城下加治屋町（鹿児島県鹿児島市）　名旧姓・旧名＝帖佐、幼名＝七左衛門　歴薩摩藩士の三男。鳥羽・伏見の戦いでは川村純義の部下として参加、東山道、東北を転戦。明治4年上京して御親兵となり、陸軍大尉に任ぜる。8年広島鎮台第十二連隊長となり、10年西南戦争に従軍。16年参謀本部管東局長、18年歩兵第五旅団長、23年近衛歩兵第二旅団長を経て、26年陸軍中将となり第六師団長。日清戦争では威海衛を占領、鶏冠山を陥落させた。29年近衛師団長、30年西部都督、36年陸軍大将。37年第一軍司令官として日露戦争に出征、鴨緑江の緒戦から奉天会戦まで連戦して戦功を挙げた。42年後備役に編入。大正6年枢密顧問官。この間、明治28年男爵、40年伯爵。　家長男＝黒木三次（貴院議員）、三男＝黒田清（貴院議員）、岳父＝黒田清隆（首相）

黒木 親慶　くろき・ちかよし
陸軍歩兵少佐

明治16年（1883）2月1日～昭和9年（1934）3月14日　生宮崎県　学陸士（第16期）〔明治37年〕卒、陸大〔明治45年〕卒　歴明治38年歩兵第四十六連隊付少尉として日露戦争に出征。大正2年士官学校教官。3年参謀本部に入り、4～7年第一次大戦中のロシアに駐在。シベリア出兵にあたり、7年から参謀本部付ないし第三師団司令部付として、反革命派のセミョーノフ軍の顧問を務めたが、陸軍中央部がセミョーノフ支援を中止したため、8年解任、帰国。参謀本部付となり、翌9年退役、三六倶楽部会長に就任した。

黒沢 兼次郎　くろさわ・けんじろう
大陸浪人

明治8年（1875）～昭和2年（1927）3月31日　生富山県富山市　学東京外国語学校卒　歴大蔵省勤務となり、袁世凱の財政顧問・佃一予に従い中国に渡る。日露戦争では陸軍の特別任務班に属し、

のち通訳として張作霖の監視に当たる。その後、天津で燐寸会社を起こし事業に従事、同地の居留民団理事、居留民会会長、日本人商業会議所嘱託などを務めた。

黒沢 準　くろさわ・ひとし
陸軍中将
明治11年(1878)8月19日〜昭和2年(1927)9月5日　[出]宮城県　[学]陸士〔明治31年〕卒、陸大〔明治40年〕卒　[歴]明治36年歩兵少尉に任官し、43年から3年間ロシア駐在武官、大正3〜7年の第一次大戦には独立第十八師団参謀、関東軍兵站参謀長、チタ特務機関長を務める。9年参謀本部作戦課長、11年軍務局軍事課長。12年少将となり、参謀本部第一部長、歩兵第三十七旅団長、参謀本部総務部長などを歴任。陸軍有数の戦術家として知られた。昭和2年休職、死後中将に進級。

黒沢 鷹次郎　くろさわ・ようじろう
第十九国立銀行頭取
嘉永2年(1849)11月23日〜大正8年(1919)1月27日　[出]信濃国佐久郡穂積村(長野県南佐久郡佐久穂町)　[歴]はじめ家業の酒造・太物仲次業に従事し、明治初年には横浜で生糸の輸出取引を始めた。明治9年土地の有力者とはかって金融機関彰真社を設立し、10年には長野県上田で第十九国立銀行の設立に参加し、取締役に就任。次いで20年に頭取となり、経営不振からの挽回に奔走、同銀行の大株主茂木惣兵衛の助言をもとに製糸業者への積極的な融資を行い、横浜への生糸輸送にかかる販売代金立替払い(荷為替取組)などを実施した。また繭倉庫として27年に上田倉庫、42年に諏訪倉庫を設立するなど、製糸業の発展にも大きく貢献。大正8年第十九銀行頭取在任のまま死去。

黒住 成章　くろずみ・なりあき
弁護士　衆院議員(政友会)
明治8年(1875)12月16日〜昭和3年(1928)7月16日　[出]岡山県岡山市　[学]和仏法律学校〔明治35年〕卒　[歴]黒住秀治の長男に生まれる。明治36年判検事登用試験に合格、司法官試補として函館地裁詰となるが、37年退官し函館で弁護士を開業。函館弁護士会長、函館区議会議を経て、大正9年函館選挙区から衆院議員(政友会)に当選、農林参与官などを務める。14年2期目の途中で辞し、弁護士に戻る。昭和2年田中内閣の成立と共に司法参与官に就任するが、3年6月出張先の宮崎県で倒れ、7月死去した。

黒住 宗篤　くろずみ・むねあつ
黒住教初代管長
嘉永1年(1848)6月21日〜明治22年(1889)9月27日　[出]備前国御野郡上中野村(岡山県岡山市)　[歴]安政3年(1856年)9歳で黒住教第3代教主となる。明治5年黒住講社を称し、6年大教院に属した。9年神道黒住派として神道事務局より別派独立すると共に、同教初代管長に就任、15年黒住教と改称した。[家]祖父=黒住宗忠(黒住教教祖)

黒住 宗子　くろずみ・むねやす
黒住教第3代管長
明治9年(1876)11月28日〜昭和11年(1936)7月9日　[出]岡山県御津郡今村(岡山市)　[歴]明治22年岡山県閑谷黌に入り、28年まで西毅一に漢学を学ぶ。28年より東京で北白川宮邸内篤信学舎に入塾、谷口仲秋に漢学を、宮地厳夫に国学を学んだ。30年黒住教第3代管長に就任、天皇制下における教団組織の整備にあたった。[家]父=黒住宗篤(黒住教第3代教主)

黒瀬 義門　くろせ・よしかど
陸軍中将　貴院議員　男爵
弘化3年(1846)1月29日〜大正8年(1919)9月2日　[出]備前国岡山城下船頭町(岡山県岡山市)　[歴]岡山藩士・源六郎の長男に生まれる。明治元年岡山藩学兵学館に学び、選抜されて大阪兵学寮青年舎に入学。4年陸軍少尉、5年中尉に進級し砲兵第七大隊副官となる。佐賀の乱、萩の乱を経て、10年西南戦争の田原坂の戦いでは砲身に水をかけながら砲撃を続けるという戦歴を残した。18年砲兵中佐で熊本の砲兵第六連隊長、21年砲兵射的学校長を務め、同年砲兵大佐に進む。26年砲兵学校長兼将校生徒試験常置委員長を務め、砲兵会議員も兼務した。日清戦争では第二軍砲兵部長として出征、28年少将、野砲兵監、ついで要塞砲兵監となる。34年中将、36年台湾総督・児玉源太郎の下で参謀長となって台湾に赴き、37年台湾守備軍司令官となり、日露戦争では留守第七師団長を務めた。40年男爵。44年貴院議員。[勲]勲一等大綬章〔明治39年〕

黒田 清隆　くろだ・きよたか
首相　枢密院議長　元老　侯爵
天保11年(1840)10月16日〜明治33年(1900)8月23日　[出]薩摩国鹿児島城下(鹿児島県鹿児島市)　[名]号=羽皐、通称=了介　[歴]薩摩藩士の長男。江戸の江川太郎左衛門(江川英龍)に砲術を学ぶ。幕末期には尊王攘夷運動に挺身し、西郷隆盛を助けて薩長連合の成立に尽力。戊辰戦争では官軍参謀として北越・庄内・蝦夷地を転戦し、特に五稜郭攻撃では主将・榎本武揚を降伏させるなど大きな戦功を立てたが、戦争終結後には自ら剃髪して榎本の助命のために奔走。新政府では、明治2年外務権大丞、同年兵部大丞を経て、3年開拓次官となり、4年には欧米の開拓方法を導入すべく渡米して米国農務長官ホーレス・ケプロンの招聘を決定した。同年開拓長官の欠員により次官のまま開拓使の最高責任者となり、6年には屯田兵の創設を建白。これが容れられると、7年陸軍中将を兼務、同年開拓長官に昇進。札幌農学校の開設や官営工場・官営農園の誘致など北海道の開拓に大きく貢献したが、一方で専制的な面も多く、開拓使の人脈を薩摩閥で固めた。9年江華島事件に際して、特命全権大使

として朝鮮に赴き、軍事力を背景に日朝修好条規を締結。西南戦争では征討参軍として出陣。14年開拓使官有物払下げ事件が起こると世論の糾弾を受けて開拓長官を免ぜられ、内閣顧問の閑職に追いやられた。薩摩閥の巨頭として18年太政官制度の改革に伴い右大臣就任が噂されたが、その直情径行かつ酒乱の性格に宮中から反対の声が上がり、実現しなかった。19年シベリア・欧米を歴訪し、そのときの見聞を「環游日記」としてまとめた。20年第一次伊藤内閣に農商務相として入閣し、21年伊藤の後を受けて第2代総理大臣に就任。在任中の22年には大日本帝国憲法が発布され、また大隈重信を外相に起用して条約改正に努めたが、大隈の失敗と共に1年で退任した。同年枢密顧問官、25年第二次伊藤内閣の通信相、28年枢密院議長などを歴任。17年伯爵、28年侯爵。　家女婿＝黒木為楨（陸軍大将）　歴大勲位菊花大綬章〔明治33年〕

黒田 清綱　くろだ・きよつな
元老院議官 歌人 子爵
文政13年（1830）3月21日～大正6年（1917）3月23日　生薩摩国鹿児島城下高見馬場（鹿児島県鹿児島市）　名通称＝新太郎、号＝滝園　歴幼少より藩学造士館の童子員として学び、22歳の時島津斉彬により史館見習役、ついで史館同役に挙げられ、元治元年（1864年）軍賦役となる。慶応2年（1866年）幕府が第二次長州征討に当って筑前にある五卿を大阪に招致しようとした際、藩命により太宰府に赴き、幕臣に談判して五卿の移転をくいとめた。次いで同年薩摩藩の正使として山口を訪れ、藩主毛利敬親の引見を受けるなど、幕末期志士として国事に奔走。明治元年山陰道鎮撫総督府参謀を命ぜられ、凱旋後鹿児島藩参政となった。3年弾正少弼、4年東京府大参事、5年教部少輔、ついで文部少輔、8年元老院議官となり、20年子爵授爵、23年勅選貴院議員、33年枢密顧問官に就任、宮内省御用掛を兼ねた。歌を八田知紀に学び、滝園社を開いて子弟を教授。45年御歌所長高崎正風の没後は大正天皇、貞明皇后の御製御歌をみた。歌集に「庭につみ」「滝園歌集」など。　家養子＝黒田清輝（洋画家）

黒田 新六郎　くろだ・しんろくろう
実業家
天保4年（1833）7月25日～明治27年（1894）4月5日　生丹波国桑田郡牧村（大阪府豊能郡豊能町）　歴生地・丹波国桑田郡牧村で寒天の製造技術の改良にあたり、明治17年水産博覧会では三等賞牌を受賞した。21年大阪、京都、兵庫の同業者と二府一県連合凍寒脂製造組合を設立。

黒田 綱彦　くろだ・つなひこ
衆院議員 第十七銀行頭取
嘉永3年（1850）1月21日～大正2年（1913）5月14日　生備前国岡山（岡山県）　歴はじめ兵学館に入り、廃藩後元老院権中書記となる。明治19年内務省参事官、ついで内務省図書局長を経て、25年衆院議員となる。日清戦争に際し、日本赤十字社救護班理事として中国に渡った。37年福岡第十七銀行頭取に就任。著書に「仏国法律要略」（全2巻）、「仏国森林法」など。

黒田 長成　くろだ・ながしげ
貴院副議長 侯爵
慶応3年（1867）5月5日～昭和14年（1939）8月14日　生筑前国秋月（福岡県朝倉市）　学ケンブリッジ大学（英国）　歴明治11年家督を継ぎ、17年侯爵。同年～22年ケンブリッジ大学に遊学。帰国後式部官となったが、23年辞任。25年貴院議員となり、37年副議長に就任。大正13年枢密顧問官。宗秩寮審議官、議定官などを兼任した。　家長男＝黒田長礼（鳥類学者）、父＝黒田長知（筑前福岡藩主）、孫＝黒田長久（山階鳥類研究所所長）

黒田 長知　くろだ・ながとも
福岡藩知事 侯爵
天保9年（1838）12月19日～明治35年（1902）1月7日　生江戸柳原（東京都千代田区）　名初名＝慶賛、通称＝健若、官兵衛　歴伊勢津藩主・藤堂高猷の二男として江戸藩邸に生まれる。嘉永元年（1848年）筑前福岡藩主・黒田長溥の養嗣子となり、名を長知と改める。文久3年（1863年）八月十八日の政変の後、病中の長溥に代って上京、長州藩の赦免と公武合体を朝廷・幕府に訴えた。慶応2年（1866年）第二次長州征討後に上京、二条城で国事への意見を開陳。明治2年家督を相続、同年版籍奉還により福岡藩知事。4年戊辰戦争出兵による財政難から藩当局が貨幣贋造を行っていたことが発覚、藩知事を罷免された。同年欧米に留学、のち明治憲法起草者の一人となる金子堅太郎、三井合名理事長を務める団琢磨らを抜擢して同行させた。　家息子＝黒田長成（貴院副議長）、実父＝藤堂高猷（伊勢津藩主）、養父＝黒田 長溥（筑前福岡藩主）

黒田 久孝　くろだ・ひさたか
陸軍中将 男爵
弘化2年（1845）～明治33年（1900）12月4日　生江戸　名旧名＝久馬介、久馬　歴幕末に横浜でフランス式陸軍伝習を受け、京都御用掛を命じられ、砲兵差図役頭取となる。明治維新後、駿河駿東郡上香貫村西島（沼津市）に移り同地の豪農神部家に仮寓した。沼津兵学校教授を務め、明治4年同校の新政府移管により陸軍大尉兼兵学大助教となり上京。士官学校副提理、砲兵内務書取調、砲兵会議議員などを歴任。10年西南戦争では征討軍参謀を務める。砲兵第一方面提理兼東京砲兵工廠提理、参謀本部海防局長などを務め砲兵大佐に進み、19年参謀本部第三局長となり、砲兵会議議長を務める。23年野戦砲兵監になり、少将に進んだ。27年日清戦争には第一軍砲兵部長として出征。28年東京湾要塞司令官となり、男爵を授かる。29年東京防禦総督部参謀長、30年中将となり東宮武官

長に転じた。

黒野 猪吉郎　くろの・いきちろう
竹田水電社長
安政3年(1856)3月14日～大正10年(1921)8月27日　⊞豊後国竹田(大分県竹田市)　名号＝式朝、竹苞　歴19歳で家業の醸造業を継ぐ。のち京都疎水発電を見て、竹田での水力発電事業を企図、玉来川と稲葉川の合流点における落差に目を着け、明治32年に黒川文哲らと竹田水電社を設立し、社長となった。33年には稲葉川に水力発電所が完成し、竹田・玉来・豊岡の736戸に送電、大分における水力発電の先駆けとなった。その後、政治・経済・金融の分野でも活躍。また文芸にも才能を発揮し、書や和歌・俳句・謡曲をよくした。

黒部 銑次郎　くろべ・せんじろう
鉱山師
弘化4年(1847)8月～大正1年(1912)
⊞阿波国(徳島県)　学慶応義塾　歴徳島藩士の家に生まれ、はじめ藩校に学び、のち上京して慶応義塾に入った。徳島はもともと製塩業が盛んな土地であったが、彼は欧米に岩塩坑や塩泉がある事を知り、日本での岩塩採掘を志した。全国調査ののち明治9年長野県伊那大鹿村の鹿塩を選び、坑道の掘削を開始。また塩泉による製塩も同時に行い、第一回内国勧業博覧会に「山塩」の名で出品して高い評価を受けた。また、25年軍医松本順の勧めで保養を目的とした塩泉浴場(鹿塩鉱泉)を開業。鹿塩での岩塩の採掘は開始以来30年以上に渡って続けられたが、41年政府調査団の現地調査により岩塩層が確認されないことが判明した。

黒宮 許三郎　くろみや・こさぶろう
水利功労者
嘉永5年(1852)3月15日～明治35年(1902)9月4日
⊞尾張国海西郡川治村(愛知県愛西市)　歴生家は大庄屋。明治4年尾張海西郡の開墾、熱田港付近の開墾を手がける。わが国3大水利工事に数えられた明治用水(12年起工、17年竣工)の工費8万円余りを、伊予田与八郎、岡本兵松などと共に負担した。
勲藍綬褒章〔明治16年〕

桑島 省三　くわしま・しょうぞう
海軍中将
明治3年(1870)～大正14年(1925)8月4日
⊞淡路国(兵庫県)　歴日露戦争で水雷艇長、駆逐艦長を務める。大正8年第三水雷戦隊司令官、9年第二水雷戦隊司令官を経て、10年水雷学校長に就任。12年鎮海要港部司令官を務め、同年海軍中将、13年将官会議議員となった。

桑田 正三郎　くわた・しょうざぶろう
写真材料商 桑田商会創業者
安政2年(1855)～昭和7年(1932)12月2日
⊞京都堺町御池　名旧姓・旧名＝小山　歴明治維新後、京都舎密局に出入りしたことから写真術の研究を志し、神戸の横田朴斎や市田左右太に師事した他、大阪の和田、石川から営業写真の印画法などを学び、大井ト新、石橋松之助などの写真材料商から写真材料に関する知識を得る。明治6年京都で開業、当時の高官や美人のポートレイトや風景写真を作成して展覧したところ評判を呼んだ。8年紙商であった桑田家に婿養子に入り、写真印画の制作のかたわら写真材料を販売する桑田商会を創業。同時に石版印刷の機械材料の販売も手がけ、大阪を本店として関西を代表する写真材料商に成長。22年榎本武揚を会長とする日本で最初のアマチュア写真団体・日本写真会の創立会員となる。23年第3回内国勧業博覧会に出品。28年第4回内国勧業博覧会には嵐山の風景を撮影した写真などを出品。大正5年還暦の記念として、全国の写真師78人の経歴・事跡を記録した「月乃鏡」を編集・刊行した。

桑田 豊蔵　くわた・とよぞう
大陸浪人
明治8年(1875)～大正12年(1923)9月29日
⊞鳥取県　学東京専門学校政治科〔明治31年〕卒　歴明治31年清(中国)福州の東文学堂の教習となり10余年務める。一時帰国ののち「報知新聞」特派員として北京に渡り、陸宗与・曹汝霖らと交わる。在留中は順天時報にも関係し多方面に活動、天宝山銀鉱を三菱に斡旋するなど、中国との交渉に手腕を示した。

桑田 安三郎　くわた・やすさぶろう
陸軍中将
明治6年(1873)12月～昭和6年(1931)2月21日
⊞広島県　学陸士卒　歴日清、日露戦争に従軍したが、特に日露戦争では師団参謀長として第三軍に従い、乃木将軍の幕下で旅順の攻略に功があった。

桑原 政　くわばら・ただす
実業家 衆院議員(中正倶楽部)
安政3年(1856)2月～大正1年(1912)9月9日
⊞江戸　学工部大学校卒　歴欧米各国を巡遊、帰国後工部技手、大学校教授補、工部大学助教授となった。のち住友別子銅山、藤田組に招かれ、清国天津海関道台盛宣懐に招聘されて同国炭坑鉱山などを調査。豊州鉄道取締役、同社顧問技師、第4・5回内国博覧会審査官、明治炭坑社長を歴任。衆院議員当選3回。

桑原 楯雄　くわばら・たてお
神官 招魂社社司
嘉永4年(1851)10月～大正7年(1918)4月10日
⊞駿河国(静岡県)　名旧姓・旧名＝鈴木　歴駿河国(静岡県)の焼津神社の神主を務める家に生まれる。慶応4年(1868年)桑原真清、大久保春野らの勧めで太田健太郎らと赤心隊を組織し、新政府軍に同行して江戸で警備にあたる。明治2年招魂社(靖国神社)の社司。のち帰郷して真清の養子となった。

241

桑原 仁三郎　くわばら・にさぶろう
実業家
天保3年(1832)～明治44年(1911)12月14日
出武蔵国(埼玉県)　歴初め左官であったが、明治初年に西洋人から煉瓦の焼成法を習い製造を始める。開設当初の国会議事堂の造営を請け負うなど、一代にして20万円余の資産を作ったという。

桑山 仲治　くわやま・ちゅうじ
明治時代に日本一の大男と呼ばれた
明治4年(1871)～昭和3年(1928)
出宮崎県串間市　歴211センチ、184キロという巨漢で、明治時代に日本一の大男と呼ばれた。体はあまり丈夫ではなかったが米俵を片手で軽々と持ち上げる力持ちとして知られ、人々から"六尺どん"の名前で親しまれた。

桑山 鉄男　くわやま・てつお
通信次官
明治14年(1881)11月1日～昭和11年(1936)2月20日　出愛媛県　学東京帝国大学法科大学〔明治39年〕卒　歴明治39年通信省に入り、事務官、京都郵便局監理課長、通信省参事官兼通信監察官、通信大臣秘書官、文書課長などを歴任。この間、43年通信事業研究のためオーストリアへ留学、大正8年朝鮮へ出張した。9年初代簡易保険局長となり、13年通信次官。のち退官して、昭和4年から貴院議員(勅選)となり、傍ら弁護士を開業した。

郡司 成忠　ぐんじ・しげただ
海軍大尉　開拓者
万延1年(1860)11月17日～大正13年(1924)8月15日　生江戸　名旧姓・旧名=幸田、幼名=金次郎　学海兵(第6期)〔明治12年〕卒、海大〔明治21年〕卒　歴幕臣・幸田成延の二男で、郡司家の養子となる。明治5年海軍兵学寮に入り、15年海軍少尉に任官。海軍大尉にまで昇進したが、26年北方警備と千島開拓を企画して予備役に入り、報効義会を設立、千島占守(シュムシュ)島移住を計画した。同年予備兵50名を率いて占守島上陸を行ったが失敗。一行中には後年日露戦争直前に軍事探偵として活躍、ハルビンで刑死した横川省三も「朝日新聞」記者として加わっていた。29年家族らと再度上陸し農業開拓、漁業開発に従事。日露戦争では政府の特殊任務を帯びてシベリアで活動し、9年帰国した。家弟=幸田露伴(小説家)、幸田成友(歴史学者)、妹=幸田延(ピアニスト)、安藤幸(バイオリニスト)

【け】

慶雲海量　けいうんかいりょう
僧侶　真言宗豊山派管長　長谷寺57世化主
天保4年(1833)～明治33年(1900)10月9日
出下総国木更津(千葉県木更津市)　歴7歳の時、上総・照光寺の智教の下で出家。嘉永3年(1850年)大和・長谷寺の深賢に伝法灌頂を、海如に野沢諸流、通済に秘奥を受けるなど、教相を究めた。明治14年同寺能満院に入り、28年室生寺を兼務。30年新義派大学林管主、真言宗東京高等中学林長などを経て、31年長谷寺能化。32年大伝法院(根来寺)座主、33年豊山派の独立にあたり、管長に就任した。

慶田 政太郎　けいだ・まさたろう
陶業家
嘉永5年(1852)～大正13年(1924)
出鹿児島県　歴明治25年瀬島熊助窯が経営者交代の末におじの慶田茂平の手に移り、田之浦陶器所(慶田窯)となり、27年この窯の経営を継ぎ、窯主となる。鹿児島市清水町田之浦は慶応元年(1865年)から藩窯が立ち、廃藩後は会社に移り、ついで共有となり、個人経営となって、ついに廃窯に帰した窯が多く、製品の品質も低下していた。錦手製を改良し当時の薩摩焼の改善に努めた。没後はその子・泰輔が跡を継いだ。

【こ】

小疇 伝　こあぜ・つたう
大審院判事
明治7年(1874)～明治45年(1912)1月29日
生兵庫県姫路　学東京帝国大学法科大学〔明治31年〕卒　歴判事となり、以来累進して明治43年大審院判事に就任。著書に「日本刑法論―大審院判決引照批評」(全2巻)で知られる。

小池 勇　こいけ・いさむ
自由民権運動家　岐阜県議
嘉永7年(1854)9月16日～昭和15年(1940)2月10日　出美濃国(岐阜県)　学岐阜師範卒　歴明治13年小学校教師をやめ、「愛岐日報」に入るが14年退社。愛知・岐阜県下での演説会や雑誌の発行など自由民権運動に尽力。19年静岡事件で12年の実刑判決。40年岐阜県議となり、議長も務めた。

小池 九一　こいけ・くいち
社会事業家
明治11年(1878)1月24日～昭和30年(1955)12月5日　生長野県松本市　歴呉服屋の父が破産し10歳から孤児となり、13年間各地で奉公生活を送る。明治33年北海道に渡り、道庁勤務を経て、41年北海道庁立感化院の主事となり、大正3年からは院長を兼任し感化院の経営に手腕を振るった。8年私財を投じて札幌報恩学園を設立し、半世紀に渡り少年愛護・知的障害児救済などに貢献した。この間、12年内務省の命を受けて欧米各国の社会事業・感化教育を視察し進んだ方法論を日本に紹介した。視察の成果は同学園でも、14年から印刷部・西洋洗濯部・木工部などの授産部運営、15年から女子用の調理・裁縫実技教育などに反映される。　勲
藍綬褒章〔昭和29年〕

小池 国三　こいけ・くにぞう
山一証券創業者　小池銀行創立者
慶応2年(1866)4月10日～大正14年(1925)3月1日　生甲斐国甲府(山梨県甲府市)　名旧姓・旧名＝浅川　学小卒　歴小卒後、若尾逸平家に奉公し、明治23年若尾が貴族議員となると秘書になる。後、独立し30年東京・兜町に株式仲買店の小池国三商店を開く。40年合資会社に改組。大正6年同社を解散し、山一合資会社(山一証券)を設立。この間、3年東京株式取引組合委員長となる。その後、小池銀行の創設をはじめ、富士製紙、東京瓦斯、九州炭鉱などの重役を歴任した。

小池 靖一　こいけ・せいいち
衆院議員
嘉永6年(1853)1月10日～昭和3年(1928)1月13日　生加賀国金沢(石川県金沢市)　歴法制局書記官、内務省監獄局長を歴任。衆院議員1期を経て、大正9年～昭和3年貴院議員。

小池 張造　こいけ・ちょうぞう
外務省政務局長　久原本店理事
明治6年(1873)2月8日～大正10年(1921)2月25日　生福島県福島市　学帝国大学法科大学政治学科〔明治29年〕卒　歴外交官補となり、朝鮮在勤を命ぜられ、ついで英国在勤に転じ、加藤高明に認められた。明治33年加藤外相の下に秘書官兼書記官として外務省に帰り、34年清国、35年英国公使館在勤、39年ニューヨーク総領事、40年サンフランシスコ総領事、41年奉天総領事、45年英国大使館参事官を歴任。大正2年外務省政務局長となり、加藤外相の下で対華21カ条要求、中国第三革命にあたり精力的に活動した。6年実業界に転じ、久原本店理事、東亜興業取締役を兼任。6年政府の特派財政経済委員として米国に派遣された。

小池 仁郎　こいけ・にろう
北海道水産会長　衆院議員
慶応2年(1866)5月～昭和11年(1936)1月24日　生越後国中頸城郡潟町(新潟県)　歴明治初年新潟から北海道の根室町に移住。北海道会議員、根室水産会長、北海道水産会長、帝国水産副会長などを歴任、水産業界に重きをなした。大正4年から衆院議員当選7回、逓信政務次官を務めた。

小池 安之　こいけ・やすゆき
陸軍中将
元治1年(1864)3月21日～昭和6年(1931)10月11日　生常陸国(茨城県)　学陸士(旧8期)卒、陸大〔明治26年〕卒　歴明治14年陸軍教導団に入る。日清戦争に従軍し、日露戦争では満州軍参謀(情報)として出征。44年歩兵第十二旅団長、大正元年独立守備隊司令官、3年近衛歩兵第二旅団長、5年憲兵司令官などを歴任して、同年中将となる。7年第六師団長を務め、10年予備役に編入となった。

肥塚 龍　こいずか・りゅう
衆院副議長　東京府知事
弘化5年(1848)1月10日～大正9年(1920)12月3日　生播磨国揖西郡中島村(兵庫県たつの市)　歴農家の出身で、文久元年(1861年)学問で身を立てるため一時僧籍に入る。2年京都に上り、各地の寺院で修行する一方で漢学を習う。慶応年間には京都郊外の草庵に入り、明治3年京都・高倉四条の西念寺の住職となるが、5年還俗して上京。中村正直の同人社で英学を修めた。8年大内青巒の家に寄宿していた縁で大内が経営していた「東京曙新聞」の編集事務を手伝うこととなり新聞界入り。同年島田三郎の後任として横浜毎日新聞社に入社。一時病気のため退職したが、11年嚶鳴社の結成に参加し、12年沼間守一が社長に就任して嚶鳴社の機関新聞となった「東京横浜毎日新聞」に再入社。社説を担当した他、「国会論」を連載して注目を集める。15年沼間と立憲改進党に入党、「嚶鳴雑誌」「東京輿論新誌」などで自由民権論を展開。一方で同年神奈川県議に当選して政治家としての活動もはじめ、東京市議、東京市会参事会員などを経て、27年第3回総選挙に兵庫県から出馬し当選。以後当選8回。この間、29年第二次松方内閣で農商務省鉱山局長となり、31年第一次大隈内閣の成立に伴い東京府知事に任ぜられた。41～44年衆院副議長。大正2年立憲同志会の結成に参加。6年政界を引退して実業界に転じた。

小泉 策太郎　こいずみ・さくたろう
衆院議員　ジャーナリスト
明治5年(1872)11月3日～昭和12年(1937)7月28日　生静岡県賀茂郡南伊豆町　号号＝三申　歴漁師の子として生まれる。小学校を卒業後、明治19年上京して鉄物商に丁稚奉公に入るが、20年帰郷して小学校教員となる。20年頃から文筆を志し、24年「静岡日報」記者となるが、間もなく辞して上京し、小説家・村上浪六に食客となった。27年板垣退助社長の「自由新聞」に入社し、幸徳秋水、堺利彦らと相識る。28年「めさまし新聞」に移り、史論家として注目されるようになった。31年「九

州新聞」主筆となるが、のち三たび上京し、37年週刊「経済新聞」を創刊して成功したのを機に相場師・実業家として巨利を得る。45年静岡県から衆院議員に当選、以後、連続7選。政友会に属し、顧問や総務を歴任しながら護憲三派の結成や田中義一の総裁就任などで暗躍するなど"政界の黒幕"と呼ばれたが、昭和3年田中義一と意見対立のため脱党。晩年は西園寺公望の伝記執筆に力を注いだ。　家七男＝小泉淳作（日本画家）、八男＝小泉博（俳優）

小泉 日慈　こいずみ・にちじ
僧侶 日蓮宗管長 身延山久遠寺法主
天保12年（1841）1月15日〜大正12年（1923）3月23日　生加賀国（石川県）　歴宗寿寺の日観について得度、のち下総香取郡（千葉県）の中村檀林で学ぶ。のち三村日修・新居日薩に師事し、静岡県・蓮永寺の住職となる。明治10年談林寺を起こし、また甲府の稲門普通学校校長を務める。18年日蓮宗務監督、39年日蓮宗大学林々長を経て、42年身延山久遠寺法主、大正2年日蓮宗管長となった。

小泉 信吉　こいずみ・のぶきち
横浜正金銀行支配人 慶応義塾塾長
嘉永2年（1849）2月3日〜明治27年（1894）12月8日　生紀伊国（和歌山県）　紀伊藩士・小泉文庫の子。慶応2年（1866年）藩の留学生として江戸に出、草創期の慶応義塾で洋学を学ぶ。明治維新後、大学南校の教授となるが、明治7年中上川彦次郎とともに英国へ留学。11年帰国して大蔵省に出仕したが、12年福沢と門下生たちによって横浜正金銀行が設立されると取締役、副頭取を務めた。一方で交詢社の設立にも関係。14年海外経済事情の調査のためヨーロッパへ出張し、帰国後の15年大蔵省に復帰して奏任御用掛、主税局地方税課長を歴任。20年慶応義塾総長となり同塾大学部開設の準備などに尽力。22年慶応義塾規約の制定後、塾長に推されたが、23年病気のため辞職した。同年日本銀行取締役、24年横浜正金銀行本店支配人。　家長男＝小泉信三（経済学者・慶応義塾塾長）、孫＝小泉信吉（海軍主計大尉）、秋山加代（随筆家）、小泉タエ（随筆家）

小泉 正保　こいずみ・まさやす
陸軍中将
安政2年（1855）2月13日〜大正6年（1917）10月23日　生常陸国（茨城県）　学陸士卒　陸軍に入り北京公使館付武官などを経て、明治31年第五師団参謀長となる。36年少将に進み、37年日露戦争では歩兵第二十四旅団長として出征、38年第三軍参謀長を務める。39年歩兵第六旅団長、41年台湾第一守備隊司令官を経て、43年陸軍中将となり第十師団長を務め、45年第八師団長となった。

小泉 了諦　こいずみ・りょうたい
僧侶（真宗誠照寺派）
嘉永4年（1851）11月5日〜昭和13年（1938）1月6日

学慶応義塾　歴福井県鯖江にある真宗誠照寺派法林寺の住職。慶応義塾で学び、博多の万行寺で七里恒順に師事。明治22年本山の命でインド、セイロン（現・スリランカ）でサンスクリット、パーリ語を修める。帰国後は布教活動に専念した。

小出 五郎　こいで・ごろう
弁護士 衆院議員
明治7年（1874）9月18日〜昭和30年（1955）2月21日　生岡山県真島郡栗原村（真庭市）　学明治法律学校〔明治29年〕卒　歴明治29年に明治法律学校を卒業し、弁護士となる。法律事務所勤務を経て東京・神田錦町で開業し、主に民事訴訟を取り扱った。45年には生地・岡山から政友会所属で衆院選挙に立候補し、当選（大正4年まで在任）。大正9年には東京に地盤を移して再び衆院選挙に出馬するも、次点で落選し、以後は政界を退いて弁護士としての活動に重きを置いた。その後、母校・明治大学の顧問や東京閑谷会幹事などを歴任。また、長野県の赤倉温泉に魅せられ、大正中期からその開発・宣伝に尽くしている。　家兄＝小出浦助（実業家）、養子＝小出廉二（教育者）

鯉沼 九八郎　こいぬま・くはちろう
自由民権運動家 栃木県議
嘉永5年（1852）12月13日〜大正13年（1924）12月29日　生下野国壬生（栃木県下都賀郡壬生町）　豪農に生まれ、長じて皮革・骨紛製造に従事。明治政府の有司専政に憤りを感じ、栃木自由党に加わって自由民権運動に挺身。明治16年頃から自由党の勢力挽回をはかって大臣や有力官僚たちの暗殺を企図するようになる。三島通庸が栃木県令として着任すると、宇都宮に移転した栃木県庁の開庁式にて三島の爆殺を謀るが、爆裂弾が製造中に暴発して負傷。これにより、残った同志は加波山にて挙兵し、いわゆる加波山事件が勃発した。事件後の裁判では首謀者の一人として有期徒刑15年の判決を受け、北海道中空知監獄で藁の製造にあたるが、改悛のあとが見られたため26年に出獄。32年栃木県議に選出され、以後12年間に渡って県政に参与した。44年に政界を引退。

郷 純造　ごう・じゅんぞう
大蔵次官 貴院議員（勅選） 男爵
文政8年（1825）4月26日〜明治43年（1910）12月2日　生美濃国黒野村（岐阜県岐阜市）　歴弘化元年（1844年）江戸に出て旗本用人の若党となり、清水太郎の門に学んだ。慶応末年幕府の散兵番代、明治元年工係差図役取附。同年明治政府の会計局組頭、3年大蔵省丞、7年国債頭、10年国債局長、17年大蔵少輔兼主税局長、19年大蔵次官を歴任し21年退官。24年勅選貴院議員、32年錦鶏間祗候を拝し、33年男爵。　家二男＝郷誠之助（実業家）、孫＝石原恵香（茶道宗徧流四方庵8世家元）

郷 誠之助　ごう・せいのすけ
実業家 貴院議員 男爵

弘現　こうげん
僧侶（真言宗智山派）智積院40世化主
文政1年（1818）～明治11年（1878）12月1日
⬚生佐渡国羽茂郡大杉村（新潟県佐渡市）　⬚字＝義観　⬚歴9歳の時、佐渡・精行寺の病現の下で出家。天保3年（1832年）より京都・智積院で学ぶ。安政4年（1857年）帰郷し、蓮華峰寺住職となり、教化に努めた。明治2年智積院能化、3年大僧都。5年教部省権少教正を務める。7年養命寺に隠退したが、佐々木義範の没後、再び寺務を執った。

上坂 伝次　こうさか・でんじ
農事改良家
慶応3年（1867）1月12日～昭和23年（1948）7月31日　⬚生越中国小鹿野村（富山県滑川市）　⬚歴明治35～36年の凶作を機会に、魚肥にかわる水田用自給肥料として裏作のレンゲ栽培に取り組む。大正8年積雪にも耐えられる新品種を作ることに成功、レンゲ栽培は全国的に普及した。

高坂 万兵衛　こうさか・まんべえ
広島商業会議所会頭
元治1年（1864）4月7日～昭和13年（1938）3月16日　⬚生安芸国（広島県）　⬚歴明治13年快燧社を興し、マッチを製造。29年楽全堂を創立し、安価な軸木を使用して業績を伸ばす。40年清国に日清燧寸を設立、東南アジアに販路を拡大した。大正4年広島商業会議所会頭。

神崎 修三　こうざき・しゅうぞう
衆院議員（政友会）
嘉永5年（1852）12月～大正6年（1917）5月4日　⬚生紀伊国（和歌山県）　⬚歴和歌山県議、同常置委員、同参事会員を経て、明治35年和歌山県部より衆院議員に当選、4期。

神津 邦太郎　こうず・くにたろう
酪農家　神津牧場創設者
慶応1年（1865）10月24日～昭和5年（1930）12月2日　⬚生信濃国佐久郡志賀村（長野県佐久市）　⬚学慶応義塾　⬚歴長野県の豪農に生まれ、若くして福沢諭吉の門下生となり、慶応義塾に学ぶ。上海に留学し洋学を研鑽、帰国早々の明治20年、群馬県西牧村（現・下仁田町）に神津牧場を開く。家畜は牛のジャージ種が主で22年早くもバターを製造し、国産バター第1号として名声を博す。38年米国農商務省の嘱託として渡米。その時全財産をはたいて米国内のチャンピオン級の牛45頭を直輸入、これらその後の経営や、日本の乳牛改良にも多大な貢献を果たした。明治末には500ヘクタールの大牧場に仕上げたが、理想を追い求めたため借財が積もり、同地は人手に渡り、失意の内に死去。しかしその後財団法人神津牧場として経営は継続され観光名所となっている。　⬚賞緑綬褒章〔明治43年〕

郷田 兼徳　ごうだ・たかのり
青森県令
天保11年（1840）～大正7年（1918）
⬚名旧姓・旧名＝東郷嘉一郎　⬚歴薩摩藩士の子。明治維新後、越後府判事補に任官。水口県少参事、東京府権少参事を経て、15～16年青森県令。

合田 福太郎　ごうだ・ふくたろう
衆院議員（憲政本党）
万延1年（1860）5月～大正10年（1921）5月29日　⬚生伊予国（愛媛県）　⬚学愛媛師範高等師範科卒　⬚歴小学校訓導を経て、愛媛県議、土居村長となる。明治31年愛媛県部より衆院議員に当選、4期。

河内 暁　こうち・あかつき
陸軍主計総監
慶応3年（1867）8月1日～昭和5年（1930）4月15日　⬚生長門国豊浦郡綾羅木（山口県下関市）　⬚歴陸軍に入り、千住製織所長、関東軍経理部長、陸軍主計総監を歴任。

幸地 朝常　こうち・ちょうじょう
琉球国存続運動家
天保14年（1843）～明治24年（1891）
⬚生琉球国（沖縄県）　⬚名唐名＝向徳宏　⬚歴琉球国の有力士族の家に生まれ、同国最後の国王・尚泰の妹を妻とする。明治9年琉球国が明治政府により強圧的に併合（琉球処分）されると王府の命により国に密出国、福建や天津、北京などで琉球国存続を清国政府に訴えた士族グループである"脱清人"の中心人物として活動。日清両国による琉球分割案が出た際には国王候補に挙げられた。20年清国政府に対して琉球王国復旧の嘆願書を提出。　⬚家義兄＝尚泰（琉球国第17代国王）

幸徳 秋水　こうとく・しゅうすい
社会主義者
明治4年（1871）9月23日～明治44年（1911）1月24

日　生=高知県幡多郡中村町（四万十市）　名本名＝幸徳伝次郎　学中村中卒　歴薬種商と酒造業を営む旧家の三男に生まれ、子どもの頃から神童といわれた。少年期から自由民権思想を抱き、明治21年中江兆民の書生となり、その思想・人格に感化される。「自由新聞」「広島新聞」「中央新聞」を経て、31年「万朝報」の論説記者となり、名文家として頭角を現す。同年社会主義研究会に入り社会主義者に転じ、34年片山潜らと社会民主党を結成（即日禁止）。36年日露開戦に反対して堺利彦らと平民社を結成、「平民新聞」を発刊、開戦後も"非戦論"を展開する。38年「平民新聞」は廃刊させられ、同紙の筆禍事件で入獄。出獄後、保養を兼ねて渡米、39年在米日本人で社会革命党を結成。この頃よりクロポトキンなどの影響でアナーキズムに傾斜する。帰国後の40年第2回日本社会党大会で直接行動論を掲げ、片山らの議会政策派と論争、堺らと金曜会を結成して社会主義講演会を組織、42年管野すがと「自由思想」を創刊。43年天皇暗殺計画"大逆事件"に連座し逮捕、翌年1月絞首刑に処せられた。著書に「廿世紀之怪物帝国主義」「社会主義神髄」「基督抹殺論」「幸徳秋水全集」（全11巻）などがある。　家甥＝幸徳幸衛（洋画家）

興然　こうねん
僧侶
嘉永2年（1849）4月14日～大正13年（1924）3月15日　生出雲国（島根県出雲市）　名旧姓・旧名＝板垣、別名＝グナラタナ比丘　歴10歳のとき出雲横田の岩屋寺に入り、明治15年横浜の三会寺の住僧となる。19年師にして叔父の雲照に勧められてセイロン（スリランカ）に渡り、グナラタナの長老スマナティッサの下でパーリ語を学んだ。23年具足戒を授けられて南方仏教における比丘となり、のちにはグナラタナ比丘を称した。24年からはインド各地の仏教史跡を巡歴。帰国後、南方仏教の戒律を日本に定着させるために奔走し、釈尊生風会を創設。　家叔父＝雲照（僧侶）

河野 元育　こうの・げんいく
実業家
天保12年（1841）8月23日～明治28年（1895）10月4日　生備中国（岡山県井原市）　歴洪庵塾を出た後郷里の村医者となったが、戊辰戦争の最中江戸に出る。彰義隊の一員として闘い、維新後は実業家に。東京・深川で大規模な船大工（造船所）を営んでいた。　家弟＝馬越恭平（実業家）

向野 堅一　こうの・けんいち
奉天商業会議所副会頭
慶応4年（1868）9月4日～昭和6年（1931）9月17日　生筑前国直方（福岡県直方市）　歴上海の日清貿易研究所で学び、明治26年卒業。日清戦争時に陸軍通訳官として特別任務に従い、戦後は台湾征討軍に従軍。29年北京に筑紫洋行を開いて日本公使館の用達業を営む。北清事変（義和団事件）で北京の家財を失うなどの災禍にあったが陸軍派遣軍調達に尽力。日露戦争時に奉天（現・瀋陽）に移り兵站部に貢献、戦後39年茂林行を設立。石炭販売、ガラス製造、貸家業を営み奉天実業界での地歩を築き、大正6年から6年間奉天商業会議所副会頭を務めた。その他、瀋陽建物専務、正隆銀行取締役、奉天連合町内会長などを歴任し、満州財界を指導した。向野晋編「向野堅一従軍日記」（私家版）がある。　家曾孫＝向野康江（茨城大学教育学部准教授）

河野 主一郎　こうの・しゅいちろう
青森県知事
弘化3年（1846）11月25日～大正11年（1922）2月12日　生薩摩国（鹿児島県）　名幼名＝仲吾　歴鹿児島県士族で、のち近衛大尉となる。明治6年西郷隆盛に従い職を辞し帰郷、私学校の創立に尽力。10年西南戦争では5番大隊1番小隊長として出征し田原坂の戦い、城東会戦に参加、のち正義隊、破竹隊隊長を務め可愛岳突破の後、西郷と共に城山に籠城するが、軍使として下山し捕えられる。14年出獄後、帰郷して三州社社長となり自由民権運動に加わる。また三州塾を開塾し塾長として後進を養成した。19年川村純義の斡旋で海軍留学生となり清国に渡り各地を巡歴。のち日本水産会社社長に就任したが、27年日清戦争が起こると松村雄之進らと義勇兵団を組織、陸軍省雇員となって従軍。30年青森県知事となるがまもなく官を辞し故郷に隠棲。晩年は霧島神宮宮司を務めた。

河野 庄太郎　こうの・しょうたろう
鹿児島肥料社長　衆議院議員
文久3年（1863）5月～昭和9年（1934）4月11日　生薩摩国（鹿児島県）　歴鹿児島肥料社長となり、鹿児島郵船取締役、牛尾金山取締役、鹿児島実業新聞社取締役のほか、鹿児島電気、鹿児島貯蓄銀行、第百四十七銀行、薩摩製糸などの重役を兼任した。一方、鹿児島市議、鹿児島商業会議所常議員となり、大正4年衆議院議員に当選、1期務めた。

河野 忠三　こうの・ちゅうぞう
奈良県知事
嘉永4年（1851）6月15日～没年不詳
生長門国（山口県）　名旧姓・旧名＝白根　歴長州藩士・白根家に生まれ、河野家の養子となった。明治27年岡山県知事、31年島根県知事、33年茨城県知事、36年奈良県知事を歴任。　家父＝白根多助（埼玉県令）、兄＝白根勝治郎（官僚）、白根専一（内務次官）

河野 恒吉　こうの・つねきち
陸軍少将　ジャーナリスト
明治7年（1874）3月～昭和29年（1954）5月19日　生山口県　学陸士（明治29年）卒、陸大（明治35年）卒　歴騎兵第三連隊付、明治36年騎兵学校教官、37年日露戦争に第二軍参謀として従軍。39年参謀本部員となり、日露戦争史の編纂に従事。45

年朝鮮総督府付武官、大正4年騎兵第十二連隊長、6～8年ヨーロッパ出張、8年騎兵第十六連隊長。ワシントン会議では尾崎行雄の軍備縮小同志会会員。10年少将、予備役。その後大阪朝日新聞社に客員として軍事顧問を担当。戦後軍部の歴史に筆を執り、著書「国史の最黒点」(全2巻)を刊行した。

河野 敏鎌　こうの・とがま
内相 子爵
天保15年(1844)10月20日～明治28年(1895)4月24日 生土佐国高知城下北奉公人町(高知県高知市) 名通称＝万寿弥 歴土佐藩士・河野家の長男。安政5年(1858年)江戸に出て安井息軒に師事。文久元年(1861年)帰藩し、江戸滞在中に意気投合した武市瑞山らと土佐勤王党を結成した。2年には五十人組に参加して江戸と京都を往復し、坂本龍馬らとも交わるが、3年藩論が公武合体に急転したことから逮捕され、以後6年にわたって入獄。明治維新後に赦され、同郷の後藤象二郎の紹介で江藤新平の知遇を得、明治2年待詔院に出仕。4年広島県参事、5年司法少丞などを経て、同年江藤らと欧州へ出張。帰国後は、6年司法大丞兼大検事、7年権大判事となり、佐賀の乱後には裁判長としてかっての上司であった江藤らを厳しく審理した。8年元老院議官、11年同副議長を経て、13年文部卿に就任し、教育令の改正を推進。14年農商務省の新設に伴い農商務卿となるが、明治十四年の政変で大隈重信らと下野した。15年大隈の立憲改進党結成に参加して副総理。17年運営に行き詰まった同党の解党を主張したが、容れられなかったため脱党した。19年東京株式取引所頭取、20年東京府議、21年枢密顧問官。25年第一次松方内閣の農商務相として入閣、司法相、内相も務めた。同年第二次伊藤内閣では文相を務めた。26年子爵。

河野 広中　こうの・ひろなか
自由民権運動家 衆院議員 農商務相
嘉永2年(1849)7月7日～大正12年(1923)12月29日 生陸奥国田村郡三春(福島県田村郡三春町) 名号＝河野磐州 歴幕末の戊辰戦争で三春藩を官軍支持にまとめ官軍参謀の板垣退助を知った。維新後、若松県官吏。明治8年福島に政治結社・石陽社を結成、東北地方の自由民権運動の先駆けとなる。その後、自由党結成に参加し幹部として活躍。13年国会開設の請願書を政府に提出。一方、14年福島県会議長となり、翌年着任した県令三島通庸と対立、福島事件に連座、下獄。22年出獄、翌年第1回衆院議員選に出馬、以後14回当選。30年自由党を脱党、憲政本党入り。35年衆院議長。38年日露講和反対運動を起こし日比谷焼打ち事件で投獄され、翌年釈放。大正4年第二次大隈内閣の農商務相となる。家孫＝河野守宏(評論家)、甥＝河野広躰(自由民権運動家)

河野 広躰　こうの・ひろみ
自由民権運動家
文久4年(1864)1月15日～昭和16年(1941)1月24日 生陸奥国田村郡三春(福島県田村郡三春町) 名号＝北洲 歴叔父・河野広中の感化を受け、土佐の発揚社に学び、自由民権運動に参加。明治15年福島事件で検挙、高等法院に送られたが免訴、釈放された。16年集会条例違反で罰金10円。17年福島事件で弾圧を加えた栃木県令三島通庸の暗殺を図ったが事前に漏れ、爆裂弾をもって同志と加波山に挙兵の檄を発した(加波山事件)。逃亡中栃木県で捕えられ、19年無期徒刑の判決を受けた。27年恩赦で北海道空知集治監から出獄。その後進歩党に入り、星亨に従って渡米、帰国後は移民事業に従事した。家叔父＝河野広中(自由民権運動家)

河野 法善　こうの・ほうぜん
僧侶 時宗管長 遊行寺64世
安政2年(1855)10月～大正12年(1923)1月9日 生京都 名旧姓・旧名＝荒木、号＝不染 歴慶応2年(1866年)生地の京都で時宗金光寺の僧・他阿尊覚について出家し、西部学寮で学ぶ。明治7年教導試補となり教務院勤務ののち、8年兵庫真光寺の学林で研鑽、18年下総善照寺に入り、間もなく本山(相州遊行寺)執事に転じ、32年時宗会議を興して宗門の向上を図る。44年管長となり、神奈川県藤沢の清浄光寺(遊行寺)64世を継ぎ、他阿尊昭と称した。大僧正。

河野 通好　こうの・みちよし
陸軍中将
嘉永3年(1850)～大正7年(1918)3月18日 生山口県 歴明治2年京都練兵所に入り、4年陸軍少尉となる。西南戦争に従軍。日清戦争には歩兵第十五連隊長(第二軍、第一師団、歩兵第一旅団)として出征、金州・旅順を攻略。30年少将に進むと共に台湾守備混成第二旅団長、ついで台湾補給廠長を務める。33年留守歩兵第二十一旅団長、37年留守第八師団長を歴任して、39年中将となった。

河野 安信　こうの・やすのぶ
産業功労者
文政3年(1820)～明治18年(1885)9月17日 生信濃国下高井郡野沢村(長野県下高井郡野沢温泉村) 名通称＝重次郎 歴弘化2年(1845年)蔓を切る道具"にぎりかんな"を考案し、同地方に繁茂するあけび蔓を利用して草履やカゴなどを作り、村内に普及させる。明治8年内国勧業博覧会に蔓細工品を出品して褒賞を受けるなど、世間にも認知を広め、その後、あけび蔓細工は農閑期の副業として発達し、野沢温泉の名物となった。また、織機や細工用の道具や細工物も考案し、死後、村の功労者として健命寺境内に頌徳碑が建てられた。

鴻池 善右衛門(10代目)
こうのいけ・ぜんえもん
第十三国立銀行創立者
天保12年(1841)8月2日～大正9年(1920)6月16日

こうのいけ

鴻池 善右衛門

こうのいけ・ぜんえもん

大坂 本名=鴻池幸富、幼名=丑之助、善九郎、後名=鴻池喜右衛門、俳名=香雪庵炉酔 大坂の豪商・鴻池善右衛門家の第10代当主。鴻池一族の山中又七郎の長男に生まれ、弘化3年(1846年)本家・善右衛門家(9代目)の養嗣子となり、安政5年(1858年)10代を襲名。幕末維新期は経営困難に陥るが明治10年第十三国立銀行(のちの鴻池銀行)を設立。さらに蓬莱社、日本生命保険、大阪倉庫などの設立に参加、家業の再建に努めた。しかし晩年の数十年間は病床から離れることができなかった。俳諧を好む風流人でもあった。 養父=鴻池善右衛門(9代目、幸実)、長男=鴻池善右衛門(11代目、幸方)

鴻池 善右衛門(11代目)

こうのいけ・ぜんえもん

鴻池銀行創立者 鴻池合名創立者 男爵

慶応1年(1865)5月25日~昭和6年(1931)3月18日 大阪府大阪市 本名=鴻池幸方、幼名=善次郎 10代目鴻池善右衛門の長男。明治17年家督を相続し、第十三国立銀行頭取、大阪倉庫社長に就任。30年国立銀行を鴻池銀行とし、33年合名組織に、大正8年には株式組織に改変し隆盛に導いた。10年鴻池合名会社を興し、有価証券の売買、土地家屋の賃貸譲渡などを経営した。以後、関西金融界において確固不動の地位を築く。明治44年男爵。 父=鴻池善右衛門(10代目)

鴻池 忠治郎

こうのいけ・ちゅうじろう

鴻池組創業者

嘉永5年(1852)8月10日~昭和20年(1945)8月8日 摂津国西成郡北伝法村(大阪府大阪市) 幼名=伊之助 明治4年父・鴻池幸七から家業の廻船問屋を引き継ぐとともに、土木や建築の人員を供する個人営業を創業。31年頃から内務省の三池貞一郎主任技師らの要請により淀川改良工事に従事。大正7年株式会社鴻池組を、昭和11年合資会社鴻池組を設立。15年鴻池共運株式会社に改組した。 長男=鴻池忠三郎(鴻池組社長)

光妙寺 三郎

こうみょうじ・さぶろう

逓信省参事官 衆院議員

嘉永2年(1849)8月~明治26年(1893)9月27日 周防国三田尻(山口県防府市) 旧姓・旧名=末松 学パリ大学(フランス)[明治11年]卒 三田尻の僧光明寺半雲の三男に生まれる。長州征討の時僧籍を脱し、長州軍に参加。維新後長崎でフランス語を学ぶ。明治3年西園寺公望の秘書として渡仏し、フランス憲法を学ぶ。帰国後、西園寺公望の興した「東洋自由新聞」の記者となるが、のち官途につき、太政官権少書記官、13年外務書記官、15年駐仏公使館書記官、19年司法省参事官兼大審院判事などを歴任し、22年逓信省参事官に就任、25年まで務めた。その間18~22年明治法律学校(現・明治大学)でフランス憲法を講じた。また23年山口1区から衆院議員となり、第一議会に列

した。 息子=東屋三郎(俳優)

神鞭 知常

こうむち・ともつね

衆院議員(憲政本党)

嘉永1年(1848)8月4日~明治38年(1905)6月21日 丹後国与謝郡石川村(京都府与謝郡与謝野町) 旧姓・旧名=鞭、号=謝海 安政6年(1859年)京都で働き、帰郷後元治元年(1864年)再上洛、蘭学、漢学を学んだ。宮津藩に仕え、明治3年上京、英学を修めた。5年星亨と知り、6年大蔵省十一等出仕となり、米国出張。12年大蔵省一等属、14年農商務省にも務め17年大蔵省権大書記官から主税局次長、局長となった。23年衆院議員となり当選7回。31年安部井盤根らと大日本協会を組織。29年松方内閣、31年大隈内閣の各法制局長官。以後憲政本党に属し、国民同盟会、対露同志会を組織、対外硬派の指導的地位にあった。 息子=神鞭常孝(大蔵官僚)、女婿=山座円次郎(外交官)

河本 香芽子

こうもと・かめこ

伝道師 日本基督教会長老

慶応2年(1866)8月22日~昭和31年(1956)5月30日 但馬国出石(兵庫県豊岡市) 旧姓・旧名=植松 6歳の時に洋学者・加藤正矩の養女となる。明治17年同郷の医学士・加藤重次郎と結婚。夫の海外留学中に宣教師ミラー夫妻の影響でキリスト教に触れ、21年盛岡協会で洗礼を受けた。帰国した夫の反対に遭い、一時期教会から離れるが、40年頃にはキリスト教伝道に復帰し、牧師・植村正久の東京一番町教会や教会婦人会などで活動。のち植村が設立した日本基督教会夫人伝道会に参加し、その理事や会長などを歴任した。大正10年には日本基督教会初の女性長老となった。 養父=加藤正矩(洋学者)、夫=河本重次郎(眼科学者)

神山 郡廉

こうやま・くにひろ

元老院議官 男爵

文政12年(1829)1月13日~明治42年(1909)8月20日 土佐国高知城下中島町(高知県高知市) 幼名=君風、通称=左多衛 文久年間に吉田東洋に抜擢されて土佐藩の要職につき、慶応3年(1867年)10月には大政奉還建白書の署名人の一人となる。12月王政復古の政変により参与となり、新政府の行政官弁事、刑法官副知事を務めた。明治4年長野県権令、5年島根県権令、6年和歌山県令、さらに元老院議官、高等法院陪席判官を歴任。20年男爵を授けられ、23年帝国議会開設とともに貴院議員に勅選された。

郡 葆渟

こおり・ほそう

衆院議員

弘化4年(1847)4月2日~大正7年(1918)3月27日 筑前国福岡城下極楽寺町(福岡県福岡市) 本名=郡保宗、幼名=乃、通称=直澄 福岡藩士となり、文久3年(1863年)外国船と下関で砲火を交えた際は福岡藩境黒崎に出陣した。明治維新後、銃手頭となり、のち納戸役を勤め京都・江戸に出向

いた。青柳種信の説に傾倒して国学を修め、上京の際は権田直助・平田銕胤に師事した。のち土取忠良門に入ろうとしたが病を得て帰郷。廃藩後は筥崎宮祠官となり、ついで京都白峰神社、伊勢神宮、吉田神社などの神職を務め、明治7年再び帰郷した。のち筑前共愛会など政治社の首領として民論の指導に当たり、12～13年頃に愛国社大会が大阪で開催された時は筑前の代表有志として出席し副会長を務めた。更に有志らと国会開設運動を進め、25年衆院議員に選ばれた。この間、福岡区長、福岡市議、28年福岡市参事会員、のち福岡県議などを歴任。また内務省准奏任御用掛を経て、参事院にも務めた。その後、嘉穂郡長などを務め、34年引退した。

古賀 定雄 こが・さだお
香川県権令
天保3年(1832)3月～明治10年(1877)11月18日
出肥前国(佐賀県) 名通称=一平 歴肥前佐賀藩士の子。慶応4年(1868年)日田御領所御用掛となり、2年品川県権知事、4年同県知事にを経て、同年佐賀藩大参事、伊万里県参与。5年伊万里県が佐賀県と改称すると佐賀県参事となった。宮内少丞、足柄県参事、名東県権令を経て、8年香川県権令。大木民平(喬任)、江藤新平と"佐賀の三平"と称された。

久我 誓円 こが・せいえん
尼僧 善光寺大本願住職・大僧正
文政11年(1828)1月7日～明治43年(1910)12月12日 名幼称=真喜宮 歴伏見宮邦家親王の第3王女で、幼称は真喜宮。久我通明の養女となり、天保4年(1833年)信濃の善光寺に入って得度。7年江戸・芝の増上寺の明譽上人のもとで受戒し、8年上人号の宣下を受けて善光寺内の二大寺のひとつ大本願(浄土宗)の住職となった。以後、大本願の地位確立に尽力し、明治24年に善光寺が焼失すると、その再建に奔走(35年再建成就)。28年京都に得浄明院を開き、京都淑女高等女学校の経営にも参画した。33年大僧正に累進。歌人であった養父の学を受けて和歌をよくし、書にも巧みで草書を得意とした。家父=伏見宮邦家、養父=久我通明(公卿)、姉=二条恒子、一条順子、妹=大知文秀(尼僧)、村雲日栄(尼僧)

古賀 辰四郎 こが・たつしろう
商人 尖閣諸島の開拓者
安政3年(1856)1月18日～大正7年(1918)8月15日 生筑後国(福岡県) 歴明治12年琉球処分の年、福岡県から沖縄へ寄留し、古賀商店を開設、ヤコウガイの殻や羽毛などを採集し輸出をする。のち石油資源で戦後注目された尖閣諸島を発見、日清戦争直前、日本政府に借地請願したが所属不明を理由に却下。戦勝の翌年29年、30年間無償借地許可を受け、出稼ぎ移民を引連れて尖閣諸島の開拓に乗り出す。羽毛の採取、フカヒレ・鰹節の製造、燐の採掘などの事業を展開し、沖縄の産業振興に貢献した。賞藍綬褒章〔明治42年〕

久我 通久 こが・みちつね
東京府知事 貴院議員 侯爵
天保12年(1841)11月28日～大正14年(1925)1月10日 生京都 歴嘉永7年(1854年)近衛権少将に任ぜられ、ついで権中納言、権大納言となる。戊辰戦争では東北平定に戦功をあげ、明治2年陸軍少将、兵部少輔となる。17年侯爵。23年帝国議会開設とともに貴族院議員となる。26年宮中顧問官、29年東京府知事、41年麝香間祗候、43年宮内省宗秩寮総裁を歴任した。大正10年貴院議員を辞し引退。家父=久我建通(内大臣)

古賀 庸蔵 こが・ようぞう
衆院議員
嘉永6年(1853)2月1日～昭和10年(1935)8月2日 生豊前国小倉(福岡県北九州市) 学和仏法律学校卒 歴警察署長などをつとめたのち、明治15年代言人(弁護士)となって小倉で開業。その後、小倉市議、議長を経て、37年からを衆院議員に2期つとめた。

古賀 廉造 こが・れんぞう
内閣拓殖局長官 貴院議員(勅選)
安政5年(1858)1月16日～昭和17年(1942)10月1日 生肥前国(佐賀県) 学東京大学法学部〔明治17年〕卒 法学博士 歴司法官、東京地方裁判所、東京控訴院、大審院各検事、判事を経て、明治39年第一次、44年の第二次西園寺内閣の内務省警保局長、また内閣拓殖局長官を務めた。大正元年貴院議員となるが、12年阿片事件に連座し、懲役1年6月(執行猶予)の判決を受け、貴族院議員除名。その後大連取引所事件、支那紙幣偽造事件などに連座した。

黄金井 為造 こがねい・ためぞう
実業家 衆院議員(政友会)
慶応1年(1865)6月26日～昭和9年(1934)10月14日 生相模国愛甲郡玉川村大字七沢(神奈川県厚木市) 学東京英和学校卒 歴明治15年上京して慶応義塾に入り、ついで高等商業学校に学び、更に東京英和学校を卒業。32年神奈川県愛甲郡議となり、35年郡会議長などを経て、43年衆院議員に当選1回。酒造業、肥料商を営み、神奈川県酒造組合長、神奈川県産牛馬組合組長、神奈川県農会会長を務める。また全国酒造組合連合会の設立に尽力し、大正3年同会設立から副会長を務め、昭和3年会長に就任。また4年日本酒造組中央会の創立と共に会長となった。日本の酒造業の発展に多大な業績を挙げ、また農事畜産などへの貢献も偉大であるため、全国各府県の有志者によって、同年京都府葛野郡松尾村の官幣大社・松尾神社外苑に銅像が建立された。名は為蔵とも書く。

小北 寅之助　こきた・とらのすけ
牧師
慶応1年(1865)8月18日〜昭和7年(1932)8月26日 [生]丹波国桑田郡千代川村今津(京都府亀岡市) [学]同志社神学校〔明治23年〕卒 [歴]明治16年京都に出て山本覚馬に師事して法学などを学び、さらにその影響でキリスト教を信仰するようになった。23年に同志社神学校を卒業ののち熊本県八代教会に赴任して伝道を行い、29年には丹後教会に転任。42年北海道名寄に渡って天塩教会(名寄)教会を創立、次いで大正15年札幌北部教会の設立に参画した。またアダム・スミス「国富論」の感化から小北同胞会を組織し、一族をあげて伝道活動に従事したことでも知られる。著書に「恩寵のあかし」などがある。

国分 勘兵衛(9代目)　こくぶ・かんべえ
国分商店店主
嘉永4年(1851)2月29日〜大正13年(1924)1月 [生]伊勢国(三重県) [歴]8代目勘兵衛の長男として伊勢に生まれる。文久年間(1861〜1864年)江戸に上り父を手伝って醤油の醸造並びに販売に従事したが、明治維新の大変革に際し売掛金の回収不能などにより家運危機に瀕したため、明治12年家督を継いで9代目となり、13年従来の醤油製造を廃止し、食品販売問屋の国分商店を開業。ビール、缶詰なども扱い販路を広げ、大正4年に合名会社として、大日本麦酒、麒麟麦酒の代理店も務めた。養嗣子・秀次郎が10代目勘兵衛を継いだ。

国分 三亥　こくぶ・さんがい
朝鮮総督府高等法院検事長
文久3年(1863)12月25日〜昭和37年(1962)5月1日 [生]備中国高梁(岡山県高梁市) [名]号=漸庵 [学]司法省法学校〔明治18年〕卒 [歴]明治20年検事となり、横浜・岡山各地方裁判所検事、甲府・高知各地裁検事正、大阪控訴院検事、大阪地裁検事正を経て41年韓国政府検事総長に招かれ、日韓合併後の朝鮮総督府高等法院検事長に就任、総督府司法部長官を兼任。大正9年退官、錦鶏間祗候。のち丸の内銀行頭取、宮中顧問官、昭和2年二松学舎理事、次いで理事長、名誉教授、6年逗子開成中学理事長を歴任した。

小久保 喜七　こくぼ・きしち
衆院議員(政友会)
元治2年(1865)3月23日〜昭和14年(1939)12月14日 [生]下総国猿島郡(茨城県) [名]号=城南 [歴]中島撫山の私塾で漢学を学び、明治14年から「興論新報」「曙新聞」で自由民権、藩閥政権打倒を唱えた。17年加波山事件、18年大阪事件で逮捕されたが無罪。大隈重信外相の条約改正案に反対、22年同外相襲撃事件で検挙投獄されたが無罪。25年茨城県議、県会副議長。29年引退したが、41年衆院議員で復帰、当選6回。政友会に属し幹事、政調会長を務めた。大正9年逓信省勅任参事官、昭和3年貴院議員。自由通信社長、小田急鉄道取締役も務めた。著書に「城南片鱗」「城南詩鈔」など。

小榑 久衛　こぐれ・きゅうえ
地域改良家 埼玉県議
天保15年(1844)7月30日〜大正10年(1921)6月24日 [出]武蔵国賀美郡(埼玉県) [歴]明治13年埼玉県議、23年賀美村(現・上里町)村長となる。教育の普及、悪疫や水害の防止などに尽くし、また蚕種の粗製乱造防止のため武州蚕糸組合、東部蚕業改良会社を設立した。

木暮 武太夫　こぐれ・ぶだゆう
衆院議員(政友会)
安政7年(1860)2月〜大正15年(1926)3月25日 [生]上野国伊香保(群馬県渋川市) [名]旧姓・旧名=篤太郎 [学]慶応義塾 [歴]町議、郡議、明治18年群馬県議を経て、23年第1回帝国議会以来、衆院議員を7期務める。また農工銀行、伊香保鉱泉場の取締役となった。 [家]長男=木暮武太夫(運輸相)

小坂 善之助　こさか・ぜんのすけ
衆院議員(政友会) 信濃毎日新聞創業者
嘉永6年(1853)11月〜大正2年(1913)12月21日 [出]信濃国(長野県) [歴]戸長、郡町村連合会議員、同議長、更級郡長兼埴科郡長、南安曇郡長兼北安曇郡長、長野県議、上水内郡参事会員、徴兵参事員、所得税調査委員を歴任。明治23年長野郡部より衆院議員に当選。4期。「信濃毎日新聞」を創立。また、信濃銀行頭取、長野電燈取締役会長、北海道拓殖銀行監査役も務める。 [家]長男=小坂順造(電源開発総裁・衆院議員), 三男=小坂武雄(信濃毎日新聞社長)

小崎 弘道　こざき・ひろみち
牧師 同志社大学名誉教授
安政3年(1856)4月14日〜昭和13年(1938)2月26日 [生]肥後国熊本本山町(熊本県) [名]幼名=太郎 [学]同志社英学校卒 [歴]明治9年熊本洋学校でジェーンズより受洗、牧師となり、明治、大正、昭和を通して日本プロテスタント教会形成に大きく貢献した代表的指導者の一人。上京して、12年東京京橋に新肴町教会を設立、13年東京第一基督教会(のちの日本基督教団霊南坂教会)を設立、昭和6年まで牧師を務めた。また、植村正久らと東京基督教青年会(YMCA)を組織、会長となり、機関誌「六合雑誌」を創刊。キリスト教出版社警醒社も設立した。明治19年上流階級にも伝道し、番町教会を建て、儒教を基礎としてキリスト教を論じた「政教新論」を著す。23〜30年新島襄のあとをうけて同志社総長。ほかに日本組合基督教会会長、日本基督教連盟会長を務めた。

越 寿三郎　こし・じゅさぶろう
俊明社社長
元治1年(1864)4月8日〜昭和7年(1932)3月11日 [生]信濃国須坂(長野県須坂市) [名]旧姓・旧名=小

田切 歴20歳の時に越家の養子となる。明治18年郷里長野県須坂の製糸結社・俊明社に加わり、蒸気機関を利用した二六釜を導入して業績を伸ばし、27年同社の社長に就任。33年には須坂織物株式会社を興し、長野のみならず埼玉・愛知にも工場を増設した。次いで大正13年に長野製糸を設立して俊明社から独立。外国から優良蚕種を輸入するなど養蚕業にも力を注ぎ、原料生産から出荷までを全て自社で行う独自の生産体制を確立、最盛期には6千の釜を抱える大製糸会社に発展した。その一方、信濃電気株式会社や吉田カーバイト工場・信越窒素肥料株式会社などの創設や、高井銀行・農工銀行の経営にも参画。また、大正15年に創立された須坂商業学校に関与するなど、教育界でも活躍した。しかし、昭和恐慌の煽りを受けて急速に社運が傾き、昭和5年に長野製糸は倒産。

小塩 八郎右衛門　こしお・はちろうえもん
衆院議員(政友会)
慶応1年(1865)11月10日～昭和22年(1947)1月17日　出神奈川県　歴相川村長、神奈川県議、地方森林会議員、県農会副会長、徴兵参事官、所得調査委員を歴任。大正6年神奈川6区より衆議院議員に当選。2期。また、多額納税により貴院議員。神奈川県農工銀行頭取、産業組合中央会支部長となる。

児島 惟謙　こじま・いけん
大審院院長　衆院議員(進歩党)
天保8年(1837)2月1日～明治41年(1908)7月1日　生伊予国宇和郡宇和島(愛媛県宇和島市)　名旧姓・旧名=金子、緒方、幼名=種次郎、五郎兵衛、別号=天赦、有終　歴伊予宇和島藩家老・宍戸家の家臣・金子惟彬の四男。土佐・長崎に遊学し、坂本龍馬や五代友厚らと交流。幕末期には尊王攘夷運動に参加し、慶応2年(1866年)大坂に赴いて国事に奔走。3年脱藩し、児島惟謙を名のって京都・大坂で倒幕運動を進めた。戊辰戦争で北海道総督参謀・楠田英世の下について東北各地を転戦。明治4年司法省に出仕、司法卿・江藤新平にその才能を認められた。福島上等裁判所在勤中にはワッパ騒動に際会し、公正な裁判ぶりで注目される。9年名古屋裁判所長、12年大審院民事乙局長、14年長崎控訴裁判所長を経て、16年大阪控訴裁判所所長。24年大審院院長に就任するが、同年滋賀県大津でロシア皇太子ニコライが巡査・津田三蔵に負傷させられる事件(大津事件)が起こると、対露関係を憂慮して津田を極刑に処すべきと主張する政府や元老の裁判干渉を退け、皇室犯ではなく謀殺未遂罪の適用を主張し、津田に無期徒刑の判決を言い渡した。同裁判は、司法権の独立と裁判の神聖を守ったものとして称賛され、児島は"護法の神"と呼ばれた。しかしそのために政府から忌避され、24年大審院判事らによる花札賭博事件の責を負って辞職。27年勅選貴院議員となり、31年には衆院議員となって進歩党に所属。38年再び貴院議員に勅選された。　家長男=児島正一郎(外交官)

古島 一雄　こじま・かずお
ジャーナリスト　衆院議員(政友会)
慶応1年(1865)8月1日～昭和27年(1952)5月26日　生但馬国豊岡(兵庫県豊岡市)　名号=一念、古一念　歴但馬豊岡藩の勘定奉行の家に生まれる。小卒後の明治12年上京、浜尾新の書生となり共立学校、同人社などに学ぶ。14年帰郷後、再び上京して杉浦重剛の塾に入り、21年杉浦の薦めで政教社に入社。雑誌「日本人」記者から「日本」記者となり、31年「九州日報」主筆を兼務。32年「日本新聞」に復帰。同紙では長谷川如是閑や正岡子規らを見いだし、紙面を提供して活躍の場を与えた。39年社内紛争のため退社、雑誌「日本人」に戻り誌名を「日本及日本人」としたが、41年「万朝報」記者に転じた。44年三浦梧楼や頭山満らに推され衆議院補選に当選して政界入りし、立憲国民党、革新倶楽部、政友会に所属して犬養毅の懐刀として活躍。三浦らと共に護憲三派連合の成立を斡旋し、大正13年第一次加藤高明内閣が成立すると犬養通信相の下で通信次官に就任。14年普通選挙法成立を機に政友会と革新倶楽部の合同を企て、これが成立すると犬養と共に政界を引退。昭和7～22年勅選貴院議員。著者に「一老政治家の回想」がある。

小島 源三郎　こじま・げんざぶろう
弁護士　秋田県知事
明治7年(1874)11月～昭和9年(1934)5月19日　出群馬県　学東京帝国大学卒　歴内務省に入省して静岡県、兵庫県の内務部長などを務める。大正5年秋田県知事に就任したが、吉乃鉱山精錬所設置問題で反対の地元民を支援したため、在職9ヶ月にして休職となった。15年静岡市長。昭和6年弁護士を開業した。

児嶋 幸吉　こじま・こうきち
鳥取ガス創立者
安政4年(1857)11月～昭和4年(1929)　生因幡国(鳥取県鳥取市)　歴19歳で酒造業を始めや、精穀会社や海運業を興し、やがて台湾・大連・ボルネオで15年間にわたる事業を展開した。大正6年60歳の時、鳥取商工会(現・鳥取商工会議所)会頭に就任。のち鳥取ガスを創立した。

児島 正一郎　こじま・しょういちろう
外交官
明治8年(1875)1月1日～明治33年(1900)7月4日　生東京神田(東京都千代田区神田)　学東京高商卒　歴司法官・児島惟謙の長男。明治33年外交官補として北京の日本公使館に勤務。直後の北清事変で公使館を警備中に銃弾をうけ、同年7月死去した。　家父=児島惟謙(大審院院長)

児島 惣次郎　こじま・そうじろう
陸軍中将
明治2年(1869)12月8日～大正11年(1922)10月18日　生備前国上道郡八幡村(岡山県岡山市)　名旧

こじま

姓・旧名＝長野　学陸士〔明治23年〕卒、陸大〔明治31年〕卒　歴明治24年歩兵少尉に任官し、以来累進して大正7年陸軍中将となる。この間山県元帥副官、独逸駐箚公使館付武官、陸大教官、陸軍省軍事課長、陸軍歩兵学校長、朝鮮憲兵司令官、サガレン（樺太）派遣軍司令官を歴任し、11年陸軍次官に就任。軍政通として知られ、山県元帥副官時代に在郷軍人会組織を献策、また山梨陸軍大臣を助けて軍縮を断行するなど幾多の軍政改革を行った。

小島 太郎一　こじま・たろいち
新潟県議
慶応4年（1868）4月5日～大正9年（1920）9月29日
生越後国蒲原郡粟生津村（新潟県燕市）　歴幼くして鈴木惕軒に入門し秀才の誉れ高く、長じて生地・新潟県粟生津村の村議、県議などを経て、大正8年県会議長を務める。治水事業に尽力し、信濃川支流の西川に水害防止の水門を作った。また新潟県耕地整理組合理事にも推された。9年9月事務のため滞京中に病を得て没した。

小島 仲三郎（1代目）　こじま・ちゅうざぶろう
ブルドックソース創業者
慶応3年（1867）12月13日～大正12年（1923）9月29日　生信濃国上伊那郡三沢村（長野県伊那市）　歴信濃国（現・長野県）に生まれ、幼い頃に一家で上京、深川で石材業を営んだ。明治11年父が亡くなり、長男であったことから家督を相続したが、家業を継がずに日本橋の三垣・鈴木恒吉商店に勤務。32年独立して和洋酒缶詰食料品の卸業の三沢屋商店を開業。38年八丁堀に工場を建設してソースの製造を開始。ソースは委託製造で、依頼先からそれぞれのブランドで販売されていたが、独自の販売網によるソースは「犬首印」ブランドで販売。やがて図柄が他社の「狼印」と紛らわしいため、ウスターソースの発祥の地・英国の国犬であるブルドッグにあやかって「ブルドック」の商標を登録した。大正12年関東大震災の直後に病死したが、長男が2代目小島仲三郎を名のり、今日のブルドックソースへと発展させた。　家長男＝小島仲三郎（2代目）

小島 百蔵　こじま・ひゃくぞう
玩具業
安政5年（1858）～昭和17年（1942）
生大坂　歴丁稚奉公から始めてさまざまな職業を編歴し、明治20年30歳のとき上京、縁あって玩具卸商を開業。以後はその仕事ひとすじに歩む。東京玩具卸商同業組合副会長を30年間務めた。昭和14年近代日本の玩具研究のためにはまたと得難い貴重な証言集「自分を語る」（小竹書房）を刊行。玩具業界人の書いた個人的な著書では最初のもので、絵本史には不可欠の書。

小島 文次郎　こじま・ぶんじろう
五万石騒動の主導者
文政8年（1825）～明治3年（1870）9月7日
生上野国群馬郡上小塙村（群馬県高崎市）　名別名＝小島文治郎、小島正治　歴上野国上小塙村（現・群馬県高崎市）の農民。明治2年上野高崎藩領の45ケ村の農民が八公二民といわれた苛酷な年貢の減免を求めて嘆願運動を起こすと（五万石騒動）、佐藤三喜蔵、高井喜三郎とともにその大惣代に選ばれ、藩の年貢の苛烈さを証明すべく資料を収集し、訴状を作成。老父母、妻、三人の子どもを親戚に預け、同年10月高崎城に強訴し、さらに新政府の岩鼻県役所にも訴えて出たが、藩の弾圧に遭い佐藤、高井とともに逮捕・斬首された。

小島 政五郎　こじま・まさごろう
相模鉄道創業者　瀬谷銀行頭取
明治11年（1878）2月3日～昭和20年（1945）2月17日　生神奈川県鎌倉郡瀬谷村（横浜市）　歴神奈川県瀬谷の素封家に生まれ、明治30年家督を相続。40年瀬谷銀行を創立して頭取となり、自邸に本店を設置した。顧客は主に地方農民であったが、町田、橋本、厚木にも支店を置くなど堅実な経営により、預金は短期間で200万円に達したという。45年小島量為株式会社を設立。この間、各地を視察しているうちに瀬谷近辺の交通が不便なのに気付き、地方人から鉄道敷設の要望があったのを機に、大正6年分家の小島政八らとともに神中軌道株式会社（現・相模鉄道）の創業に参画。創立委員長を経て、初代社長に就任。8年社名を神中鉄道に改称。第一次大戦後の好況で測量技術者が不足していたことと、用地買収に手間取ったことから、線路の敷設が遅れ、斉藤和太郎に社長職を譲り取締役となったが、横浜―二俣川間開業前の14年に辞任した。　勲紺綬褒章〔昭和5年〕

小島 好問　こじま・よしただ
陸軍少将
安政3年（1856）5月9日～大正8年（1919）5月15日
生駿河国志太郡西益津村（静岡県藤枝市）　学陸士卒　歴明治4年大阪兵学寮幼年舎に入り、陸軍士官学校に進む。10年西南戦争に従軍。12年フランスに留学しベルサイユ工兵第一連隊付となり、フォンテンブロー砲工専門学校で学び、15年帰国。陸軍士官学校教官となり参謀本部海防局勤務を兼ねる。日清戦争には第一軍兵站電信提理として従軍。35年陸軍大佐となり、翌36年ドイツ、フランスに派遣される。37年日露戦争には第五臨時築城団長として出征、軍用木材廠長を務め、のち鴨緑江採木公司を創立した。40年統監府の初代営林廠長となり、同年少将に進んだ。

越山 太刀三郎　こしやま・たちさぶろう
衆院議員（庚申倶楽部）
文久3年（1863）5月～昭和4年（1929）6月11日
生伊勢国（三重県津市）　学滋賀師範卒　歴教師となり、間もなく上京、日報社社長の伊東巳代治に認められ日報社代表社員となった。次いで帝国商業銀行、東京電燈会社監査役、東台銀行会長、大

252

正板硝子取締役を務めた。衆院議員当選2回。

古城 管堂　こじょう・かんどう
京城商業会議所副会頭
安政4年(1857)7月25日～昭和9年(1934)11月1日　生豊後国国東郡(大分県)　学東京大学医学部〔明治13年〕卒　歴明治15年下田病院長となるが、20年朝鮮に渡り仁川居留地病院長に就任。その後、一時郷里に帰り医院を開業したのち、36年再び朝鮮に渡って実弟の経営する賛化病院の院長、及び京城医師会長を務めた。41年医師を廃業して、精米業、鉱山業の経営に着手、実業界に入る。朝鮮実業銀行頭取の他、国東銀行、朝鮮銀行、朝鮮火災海上保険の各取締役、京城園芸商社長、京城商業会議所副会頭などを務め、京城経済界の元老の存在であった。

五条 為功　ごじょう・ためこと
貴院議員 子爵
明治6年(1873)10月～昭和2年(1927)10月26日　歴公家の子として京都下京七本松に住み、明治30年父の後を襲って子爵。貴院議員選出2回。　家父=五条為栄(元老院議官)

五条 為栄　ごじょう・ためしげ
陸軍少将 元老院議官 子爵
天保13年(1842)3月21日～明治30年(1897)7月16日　生山城国愛宕郡(京都府京都市)　歴嘉永元年(1848年)穀倉院学問料を賜わり、安政2年(1855年)元服、昇殿を許され文章得業生。万延元年(1860年)大学頭、文久2年(1862年)侍従、3年文章博士。4年2月元治の年号を申請。勤王の志厚く、長州と通じていたため、元治元年(1864年)の禁門の変で参朝停止などに処せられた。慶応3年(1867年)許され、明治元年征討大将軍嘉彰親王の錦旗奉行、中四国追討監軍となった。同年参与兼刑法事務局権判、三等陸将、2年陸軍少将などを経て元老院議官、貴院議員、子爵。

古城 弥二郎　こじょう・やじろう
干拓事業家 熊本県八代郡長
安政4年(1857)1月26日～明治45年(1912)1月22日　生肥後国(熊本県)　歴警察官として各県勤務ののち、郷里である熊本県各地の郡長を務める。明治33年八代郡長のとき郡直営の八代海干拓工事に着手、37年郡築新地を完成させた。

小菅 丹治(1代目)　こすげ・たんじ
伊勢丹創業者
安政6年(1859)～大正5年(1916)2月25日　生相模国高座郡円行村(神奈川県藤沢市)　旧姓・旧名=野渡　歴生家は自作農の旧家・野渡家で、6人きょうだい(4男2女)の二男(2番目)。明治4年東京・湯島の伊勢庄呉服店に入る。14年神田佐久間町の米穀商・伊勢屋の婿養子に入り、小菅姓となった。19年神田旅籠町に分家して呉服太物商の伊勢屋丹治呉服店を創業。実弟の細田半三郎と力を合わせて、一代で三越・白木屋・松屋・松坂屋と並ぶ東京の五大呉服店の一つに育て上げ、"帯と模様の伊勢丹"と評判を取った。45年東京呉服店組合会長。没後、長女の婿養子となり家業を継いだ2代目小菅丹治が同社を今日の伊勢丹百貨店に発展させた。また、日蓮宗に帰依して、田中智学に師事した。　家弟=細田半三郎(小菅合名代表社員)、孫=小菅丹治(3代目)、女婿=小菅丹治(2代目)、小菅千代市(伊勢丹会長)

小菅 知渕　こすげ・ともひろ
陸軍工兵大佐
天保3年(1832)3月12日～明治21年(1888)12月18日　生江戸　旧姓・旧名=関、通称=辰之助　学沼津兵学校卒　歴幕臣・関家に生まれ、小菅家の養子となる。幕府でフランス式陸軍教育を受け、工兵隊として我が国最初の工兵隊を編成した。戊辰戦争では会津や箱館を転戦。明治4年兵部省に入り、5年兵学大助教、7年兵学少教授。12年参謀本部測量課長、17年同測量局長。19年陸軍工兵大佐。21年陸地測量部長となったが、同年末に亡くなった。

小関 観三　こぜき・かんぞう
陸軍歩兵中佐 飛行家
明治23年(1890)3月9日～昭和4年(1929)4月18日　生秋田県岩城町(由利本荘市)　旧姓・旧名=大平　歴大平発三の二男に生まれ、13歳の時に旧亀田藩士で陸軍軍人だった小関重六の養子となる。明治43年士官候補生として歩兵第二十六連隊に入隊し、44年歩兵少尉に任官。大正2年第2期航空術修業将校に選ばれて所沢気球隊に入隊、第一次大戦に青島(中国)に従軍、陸軍飛行史上初の空中戦を行う。のち大尉となり、高等飛行の妙技はますます世間の注目を集め、同年9月13日第1回国勢調査宣伝のため福士中尉と共に東京上空で宣伝ビラを散布して36回の宙返りを行い観衆を魅了し、17日には405回の宙返りをするなど花形パイロットとして知られた。10年フランス駐在武官を務め、15年少佐、のち中佐。昭和4年4月岐阜県の各務原飛行場で編隊長として航空部隊の指揮中に墜落し殉職した。

古泉 性信　こせん・しょうしん
僧侶 天台真盛宗管長
安政3年(1856)～大正8年(1919)8月17日　生三重県　名号=真紹　歴三重県で西福寺の古泉性全に学び、明治6年同寺住職。44年天台真盛宗管長となった。

五代 五兵衛　ごだい・ごへえ
社会事業家
嘉永1年(1848)12月7日～大正2年(1913)9月12日　生大坂　歴17歳で失明するが、不動産業などで成

功。明治33年大阪盲唖院を開校し、京都盲唖院の創立者古川太四郎を院長に招く。40年校舎などを大阪市に寄付、学院は市立大阪盲唖学校と改称された。

五代 友厚　ごだい・ともあつ
大阪商法会議所初代会頭
天保6年(1835)12月26日～明治18年(1885)9月25日　[生]薩摩国鹿児島郡城ケ谷(鹿児島県鹿児島市)　[名]幼名＝徳助, 才助, 号＝松陰　[歴]薩摩藩士。安政4年(1857年)選抜されて長崎海軍伝習所に留学。6年藩主から外国汽船購入を命じられて上海に渡り、ドイツ汽船の購入に成功。帰国後、この船は天祐丸と命名され艦長に任ぜられたが、文久3年(1863年)の薩英戦争では艦とともに拿捕されて英軍の捕虜となり、西洋との軍事力・技術力の差をまざまざと見せつけられて開国の必要性を痛感したという。慶応元年(1865年)藩を説得して森有礼ら14名の留学生を連れて欧州を視察。帰国後は同藩の西郷隆盛、大久保利通や長州の桂小五郎、土佐の坂本龍馬らと交流して国事に奔走した。明治元年新政府に登用され、2年会計判事に任ぜられて新政府の財務に関与し、通商会社・為替会社の設立にも大きく貢献したが、松島遊郭設置問題などにからみ1ケ月余りで会計官権判事に左遷された。同年これを機に下野してからは大阪に戻って実業界で活動し、6年弘成館を興して天和銅山や半田銀山など各地で鉱山の開発と経営を行った。9年には外国製の藍の輸入を防止するため製藍工場の朝陽館を設け、国産藍の製造・販売にも当たった。同年堂島米商会所、11年大阪株式取引所の設立に力を尽くし、同年大阪商法会議所(現・大阪商工会議所)を開いてその会頭に就任するなど、関西実業界におけるリーダーとして活躍した。一方、商業教育の発展を図るため、13年鴻池や住友などといった豪商を動かして大阪・立売堀に大阪商業講習所(現・大阪市立大学)を創立した。特に薩摩と深い結びつきを持ち、有力な政商として重きをなしたが、14年北海道開拓使官有物払下げ事件に関与したために世間から大きな批判を浴びた。　[家]曽孫＝五代富文(宇宙開発事業団副理事長)

小平 甚右衛門　こだいら・じんうえもん
松代騒動の主導者
天保14年(1843)10月23日～明治4年(1871)5月26日　[生]信濃国更級郡上山田村(長野県千曲市)　[名]旧姓・旧名＝宮原, 幼名＝頼三郎　[歴]信濃国上山田村(現・長野県千曲市)の宮原家に生まれ、同村の小平家の婿養子となる。明治3年松代藩の経済混乱により農民たちの生活が窮乏したため、自らが主導者となって一揆を起こした(松代騒動)。一揆勢は一時数万人に膨れ上がって松代城に押しかけ、藩知事・真田幸民に藩札の額面通用と石代相場の引き下げを認めさせたが、自身は捕えられ処刑された。

小竹 トメ　こたけ・とめ
小竹商店経営　明治期の札幌三女傑の一人
弘化4年(1847)～明治42年(1909)
[歴]明治9年秋田県からきょうだいを頼って単身で北海道に渡り、結婚。札幌のススキノで荒物店・小竹商店を創業。22年夫と死別した後も商いの手を広げ、晩年は十勝地方で農地開拓も手がけた。31年「北海日日新聞」が募集した読者投票で"札幌三女傑"の一人に選ばれた。

児玉 愛次郎　こだま・あいじろう
宮内省大書記官
天保11年(1840)～昭和5年(1930)2月13日
[生]長門国阿武郡(山口県)　[歴]長州藩士で、元治元年(1864年)幕府恭順派の同志と、反対派の志士・井上聞多(のちの井上馨)を襲撃して重傷を負わせた。明治維新後は宮内省に出仕、大書記官兼皇后宮亮などを務めた。

児玉 伊織　こだま・いおり
畜産家　宮崎県議
慶応3年(1867)9月5日～昭和11年(1936)9月23日　[生]日向国(宮崎県)　[歴]明治32年宮崎県の宮崎町長となる。宮崎県農会書記長、県産牛馬組合副会長、宮崎県議などを歴任。宮崎競馬倶楽部を興し、大正12年公認競馬場を発足させた。昭和2年県会議長。

児玉 一造　こだま・いちぞう
東洋綿花専務
明治14年(1881)3月20日～昭和5年(1930)1月30日　[生]滋賀県犬上郡彦根町(彦根市)　[学]滋賀商〔明治33年〕卒　[歴]丁稚奉公などを経て、県立滋賀商業を経て、静岡商助教諭を経て、明治34年三井物産に入り、名古屋支店長、大阪支店棉花部長を歴任。大正9年棉花部を独立させ東洋棉花(現・トーメン)を創立し専務に就任。13年三井物産取締役、昭和2年東洋棉花会社長となり、綿業界の再建に尽力した。また、豊田紡織、菊井紡織各重役、諸種の公職に就いた。　[家]兄＝豊田利三郎(トヨタ自工社長)

児玉 源太郎　こだま・げんたろう
陸軍大将　内相　台湾総督　子爵
嘉永5年(1852)閏2月25日～明治39年(1906)7月23日　[生]周防国岩国(山口県岩国市)　[名]幼名＝百合若, 健　[歴]周防徳山藩士の長男。戊辰戦争に従軍し、明治2年兵部省に入る。4年陸軍少尉。佐賀の乱、神風連の乱に従軍、西南戦争では熊本鎮台参謀副長として熊本城での籠城戦を戦った。18年参謀本部管東局長、同第一局長、19年陸軍大学校幹事兼務、20年監軍部参謀長兼陸大幹事、兼陸大校長。24年ヨーロッパを視察。25年陸軍次官兼軍務局長として日清戦争を迎え、29年陸軍中将に進む。31年第三師団長に補されるが間もなく台湾総督に就任。39年まで務める間、後藤新平を民政局長に抜擢して二人三脚で台湾統治の基礎を固めた。この間、33年第四次伊藤内閣の陸相、34年第一次桂

内閣の陸相、内相、文相を兼務したが、日露戦争前夜の36年、対ロシア戦略を練っていた田村怡与造参謀次長の急逝を受け、内相を退任して降格人事で参謀次長に就任。37年陸軍大将に昇進。日露戦争では満州軍総参謀長として大山巌総司令官を補佐、勝利に貢献した。39年参謀総長に就任、また南満州鉄道（満鉄）創立委員長も務めたが、病死した。この間、28年男爵、39年子爵。没後、嗣子の秀雄が伯爵に叙された。　家長男＝児玉秀雄（内相）、三男＝児玉友雄（陸軍中将）、四男＝児玉常雄（陸軍大佐）、五男＝児玉国雄（大同セメント社長）、七男＝児玉九一（厚生次官）、孫＝穂積重行（大東文化大学名誉教授）、岩佐美代子（鶴見大学名誉教授）、女婿＝穂積重遠（民法学者）、藤田嗣雄（法制史学者）、木戸幸一（内大臣）、義弟＝波多野毅（陸軍中将）

児玉 仲児　こだま・ちゅうじ
衆院議員（政友会）
嘉永2年（1849）11月〜明治42年（1909）1月24日
生和歌山県那賀郡粉河町（紀の川市）　学慶応義塾卒　歴和歌山県議、同副議長、議長、那賀郡長などを経て、衆院議員当選3回。

児玉 德太郎　こだま・とくたろう
陸軍少将
安政4年（1857）〜明治38年（1905）10月27日
生紀伊国和歌山（和歌山県和歌山市）　歴明治8年陸軍少尉となる。27年日清戦争に従軍。33年少将となり、34年工兵会議議長、36年築城本部長を務める。37年日露戦争には第一軍工兵部長として出征、鴨緑江の戦いで敵前架橋に成功した。

児玉 利国　こだま・としくに
海軍少将 貴院議員（勅選）
天保11年（1840）4月23日〜大正14年（1925）4月26日　生薩摩国（鹿児島県）　名幼名＝平輔　歴明治4年陸軍大尉となり、5年海軍省に転じる。征台問題が起こった際、外務卿・副島種臣の命を受けて淡南および台湾の各地を調査して帰国。ついで大久保利通の一行に従って北京に赴き、裁判折衝に参与した。19年常備小艦隊参謀長、同年参謀本部海軍部第一局長、22年海軍参謀部第一課長、24年横須賀鎮守府参謀長を務め、26年海軍少将となり予備役に編入。29年台湾総督府民政局事務官。29年勅選貴院議員。

児玉 亮太郎　こだま・りょうたろう
衆院議員（政友会）
明治5年（1872）9月〜大正10年（1921）10月25日
生和歌山県那賀郡粉河村（紀の川市）　学同志社〔明治28年〕卒、ミシガン大学（米国）〔明治31年〕卒 Ph.D.（ミシガン大学）　歴「大阪毎日新聞」記者、京都帝国大学経済学部講師、同志社大学講師、逓信大臣・内務大臣各秘書官、北海道拓殖銀行営業部長、富士製紙主事などを歴任。衆院議員当選4回。

小塚 逸夫　こつか・いつお
愛知馬車鉄道社長 愛知県議
嘉永4年（1851）3月13日〜明治31年（1898）3月1日
生尾張国中島郡上祖父江村（愛知県尾西市）　名幼名＝好太郎　歴祖父・直持は本居宣長の門下の国学者であり、父もまた国学に通じた。明治13年愛知県議に当選、27〜29年議長。傍ら、25年岡本清三、堀尾茂助らと電気鉄道敷設を出願。しかし、電気鉄道は当時まだ日本では本格的に敷設されていなかったため馬車鉄道に計画を変更して再出願した。これが27年愛知馬車鉄道株式会社として正式に発足すると、初代社長に推され、名古屋電気鉄道（現・名古屋鉄道）に社名変更後の30年まで務めた。

籠手田 安定　こてだ・やすさだ
滋賀県知事 貴院議員 男爵
天保11年（1840）3月21日〜明治32年（1899）3月30日　生肥前国平戸（長崎県平戸市）　名旧姓・旧名＝桑田、前名＝桑田源之丞　歴明治6年頃約300年ぶりに籠手田姓に復する。文武、特に剣に長じ、文久元年（1861年）平戸藩主松浦詮に近習、慶応3年（1867年）主命で上洛、王政復古の動静を偵察。明治元年大津県判事試補、次いで判事、2年大参事、6年滋賀県参事、8年権令、11年県令。17年元老院議官、18年島根県令、同県知事、新潟県知事、滋賀県知事を歴任、"良二千石"の称を得たが、30年退官。30年貴院議員、錦鶏間祗候となり、男爵となった。

後藤 快五郎　ごとう・かいごろう
米子商工会会頭 島根県議
元治1年（1864）5月9日〜昭和2年（1927）1月11日
生出雲国能義郡宇波村（島根県安来市）　名旧姓・旧名＝小林　学松江中卒　歴明治20年に鳥取県米子の名家・後藤家の養子となり、その11代目当主となって倉庫業・タバコ製造販売業などに従事。米子実業界の重鎮として米子商工会頭を務めたほか、鳥取県議・米子町会議員を歴任するなど、政界でも活躍した。33年に山陰地方の鉄道開設事業が興ると、私財を投じて工事に協力。また、米子に駅や鉄道車両修繕基地を誘致するなど、鉄道の整備と地方の発展に貢献し、その功績をたたえて境線（現・山陰本線）の一駅に後藤駅の名称が付けられた。　賞米子市名誉市民

後藤 環爾　ごとう・かんじ
僧侶 浄土真宗本願寺派本山執行長
明治4年（1871）1月〜昭和11年（1936）2月23日
生伊予（愛媛県）　号＝素雲　学仏教大学卒　歴伊予宇和島港外九島の念称寺の長男に生まれ、明治15年父が宿毛清宝寺の住職となったため父母と共に宿毛に移り住む。32年大学を卒業して帰郷。父の手伝いをしていたが、33年鎮西女学院を創設、35年京都本山教学所に入り、37年日露戦争には本願寺の従軍布教僧を命じられ第三軍司令部付とし

て活動した。38年東京築地本願寺に務め、大正12年の関東大震災には被災者の宿泊所・簡易診療所を多数設置して救済に努めた。ついで復興局理事として灰燼に帰した築地本願寺の再建に取り組み、世界宗教建築の粋を取り入れた大寺院を完成させた。

後藤 兼三　ごとう・けんぞう
海軍少将
明治12年(1879)6月15日〜昭和12年(1937)2月6日　[出]福岡県　[学]海軍機関学校(第10期)〔明治35年〕卒　[歴]明治36年海軍機関士に任官。日露戦争には戦艦三笠分隊長として出征。対馬機関長、安芸機関長、第一水雷戦隊機関長、海軍機関学校教官、海軍大学校教官などを歴任。大正12年海軍省機関局第一課長を経て、13年海軍少将となる。14年予備役に編入。日本電波社長などを務めた。

後藤 謙太郎　ごとう・けんたろう
社会運動家　詩人
明治28年(1895)〜大正14年(1925)1月20日　[生]熊本県葦北郡日奈久町(八代市)　[歴]国内各地や満州などを転々とし、坑夫生活などをしながら反軍やアナキズムの運動に入る。一方、各地から「労働者」「労働者詩人」などに詩、短歌を発表、放浪のアナキスト詩人として知られた。大正11年いわゆる"軍隊宣伝事件"で逮捕され、服役中の東京巣鴨監獄で縊死した。

後藤 純平　ごとう・じゅんぺい
弁護士
嘉永3年(1850)〜明治10年(1877)10月22日　[生]豊後国日田郡(大分県日田市)　[歴]大分の儒者・竹田寿平に学ぶ。明治3年生地の豊後国大分郡で日田一揆を指導し逮捕される。6年出獄を許され、法学を学んで、大分県中津で代言人(弁護士)となった。西南戦争では増田宋太郎らとともに中津隊を組織し、西郷軍に参加。鹿児島の城山で降伏し、10年処刑された。

後藤 象二郎　ごとう・しょうじろう
農商務相　逓信相　伯爵
天保9年(1838)3月19日〜明治30年(1897)8月4日　[生]土佐国高知城下片町(高知県高知市)　[名]本名=後藤元曄、幼名=保弥太、通称=良輔、号=暘谷　[歴]安政5年(1858年)弱冠にて抜擢され土佐藩場多郡奉行などを勤め、文久3年(1863年)江戸に出て航海術、蘭学、英学を学んだ。元治元年(1864年)土佐に帰り、大監察に任じ、藩主山内豊信(容堂)に登用されて藩政の中心となった。慶応2年(1866年)長崎、上海に出張、3年坂本龍馬と会い啓発され、藩主に大政奉還を建白させこれを実現した。この間藩家老格となり、維新後新政府の参与に任じ、外国事務掛、同事務局判事、大阪府知事、工部大輔、左院議長、参議などを歴任。明治6年征韓論に敗れて辞職。7年板垣退助らと愛国党を組織し、民撰議院設立建白書を提出。8年元老院議官となったが再び辞職、一時高島炭坑を経営して失敗、岩崎弥太郎に譲渡。14年板垣の自由党結成に参加、弾圧を避けて15年板垣と洋行。16年帰国、朝鮮独立党を援助したが失敗。20年条約改正反対運動統一を呼びかけ大同団結運動を提唱したが、保安条例による運動への弾圧を受けて同志を裏切り、22年黒田内閣の逓信相となった。その後23年山県内閣、24年松方内閣の逓信相、25年第二次伊藤内閣の農商務相となり、取引所設置の醜聞で27年辞任した。20年に伯爵。[墓]青山墓地(東京都港区)　[勲]勲一等旭日大綬章〔明治22年〕

後藤 恕作　ごとう・じょさく
東京毛織創業者
安政5年(1858)3月6日〜昭和4年(1929)4月　[生]播磨国揖東郡網干村(兵庫県姫路市)　[歴]明治2年12歳の時大阪に出、神戸の英十六番館に務めた後、8年清国に渡り、中国語と毛織物染色の技術を学ぶ。13年帰国後、民間初の毛糸紡績業を始め、14年府下大井町に毛織製造所を設立。19年東京毛布製造会社を創設。日清戦争時の軍需で巨利を博したが、36年三井に買収され品川毛織となる。同年島田毛織製造所を設立、40年後藤毛織と改称。大正6年東京製絨などと合併し、東京毛織を設立したが、12年の関東大震災で東京工場は全滅した。[勲]緑綬褒章〔昭和3年〕

後藤 新平　ごとう・しんぺい
内相　東京市長　満鉄総裁　伯爵
安政4年(1857)6月4日〜昭和4年(1929)4月13日　[生]陸奥国胆沢郡水沢町(岩手県奥州市水沢区)　[学]須賀川医学校卒　[歴]陸奥水沢藩小姓役の長男で、幕末の洋学者・高野長英は大叔父に当たる。明治2年胆沢藩大参事として着任した安場保和に見いだされ、海軍大将・首相となる斎藤実とその給仕となった(後年には安場の娘と結婚)。福島県第一洋学校、須賀川医学校に学んだ後、9年愛知県病院三等医に転じ、14年愛知県立病院長兼愛知医学校長に就任。15年岐阜で演説中の板垣退助が襲撃され負傷した際に往診した。この間、内務省衛生局長であった長与専斎に認められ、16年内務省衛生局に出仕。23年ドイツへ私費留学し、25年帰国後は衛生局長となるも、26年相馬事件に連座し入獄。27年無罪判決が出て釈放されると石黒忠悳の推薦により日清戦争帰還兵の検疫を担当、それが認められて衛生局長に復帰した。31年台湾総督となった児玉源太郎から同総督府の民政局長、民政長官に抜擢され、台湾統治に手腕を振るった。36年勅選貴族議員。39年満鉄初代総裁となり満鉄の基礎を築くが、41年桂太郎首相から満鉄を逓信省の管轄とすることを提案され、代りとして第二次桂内閣に逓信相として入閣するとともに鉄道院総裁も兼任。桂系の政治家として活躍し、大正元年第三次桂内閣でも逓信相兼鉄道院総裁・拓殖局総裁として再任。2年桂の立憲同志会創立に参加するが、桂の没後に加藤高明と後継総裁を争い、敗れたため脱党した。5年寺内内閣の内相、7年外相

を務め、シベリア出兵を推進。同内閣総辞職ののち、9年東京市長に推され、市財政の建て直しと東京の都市計画を主導。12年関東大震災後に組閣された第二次山本内閣では内相兼帝都復興院総裁に就任し、大震災後の東京復興計画の立案・実行に力を尽くした。卓抜な着想と、科学的な調査に基づいた施策が持ち味で、その雄大な計画から"大風呂敷"の異名があった。 岳父=安場保和(地方行政家)、女婿=鶴見祐輔(政治家・評論家)、孫=鶴見和子(社会学者)、鶴見俊輔(評論家)

後藤 武夫　ごとう・たけお
帝国データバンク創業者
明治3年(1870)8月18日~昭和8年(1933)2月25日
生筑後国三潴郡荘島村(福岡県久留米市)　学関西法律学校〔明治30年〕卒　歴明治16年福岡中学に学ぶが、20年司法官を志して卒業を待たず家出同様に上京。東京英語学校に入ったが酒食に溺れて生活を持ち崩し、全国を放浪。20歳で兵役に就くために帰郷し、母校の井尻高等小学校の教員となった。27年大阪に出て関西法律学校(現・関西大学)に入学、苦学して30年卒業すると「福岡日日新聞」(現・西日本新聞)の記者となったが、32年大阪本社小倉支社長を辞して上京。帝国商業興信所に入り、33年独立して京橋に帝国興信社を創業。同年定期刊行物として雑誌「商海時報」を刊行、35年より誌名を「帝国経済雑誌」とした。同年社名を帝国興信所に改め、39年株式会社に改組するも、41年再び個人経営に戻した。以後は全国に調査網を拡げ、我が国屈指の興信所に育て上げ、今日の帝国データバンクへと発展する基礎を築いた。また、大正5年には日本魂社を設立、雑誌「日本魂」を発行。明治45年、大正3年、9年衆院選に立候補した他、3~11年東京市議を務めた。 家長男=後藤勇夫(帝国興信所所長)、弟=後藤貞雄(陸軍大佐)、後藤兼三(海軍少将)、後藤多喜雄(鹿児島県知事・千葉県知事)　賞文部省社会教育功労者表彰〔昭和3年〕

後藤 常伴　ごとう・つねとも
陸軍少将
嘉永1年(1848)~明治40年(1907)5月18日
生播磨国明石(兵庫県明石市)　歴陸軍に入り、佐賀の乱や西南戦争などで功を立てる。23年歩兵第十二連隊長、27年日清戦争では留守近衛師団参謀長、日露戦争では後備第五十八連隊長を務めた。39年少将となった。

後藤 半七　ごとう・はんしち
実業家
弘化4年(1847)~明治31年(1898)
生出羽国東村山郡山寺町(山形県山形市)　歴はじめ箱館で丸二呉服店の売り子をしていたが、明治4年から今井藤七とともに木綿類を借り受け、札幌地方で行商をはじめる。のち札幌・創成橋の近くで屋台を出店。22年には電灯に着目し、北海道で初めて蒸気を利用した電灯事業を興した。

後藤 祐明　ごとう・ひろあき
岩手県知事
明治5年(1872)7月~昭和15年(1940)2月26日
生佐賀県　学東京帝国大学法科大学〔明治37年〕卒　歴明治37年司法官試補となり、39年千葉地裁検事に任官。大正6年島根県警察部長、8年北海道拓殖部長、9年拓殖局次長を経て、12年大分県知事、13年岩手県知事。

後藤 房之助　ごとう・ふさのすけ
八甲田山麓雪中行軍遭難事件の生還者
明治12年(1879)~大正13年(1924)
生宮城県栗原郡姫松村(栗原市)　歴陸軍伍長であった明治35年、青森県八甲田山で行われた青森歩兵第五連隊の雪中行軍に参加。折からの悪天候に装備や事前調査の不足などの悪要素が重なり、参加した隊員210名中199名が命を落としたが、凍傷で両脚の膝から下と、全ての指を失いながらも生還した(八甲田山麓雪中行軍遭難事件)。その後、宮城県姫松村の村議を2期務めた。

後藤 文一郎　ごとう・ぶんいちろう
衆院議員(政友会)
文久1年(1861)4月~昭和3年(1928)9月29日
生愛知県　学東京法学校卒　歴弁護士の業務に従事する。愛知県議を経て、明治31年愛知郡部より衆院議員当選、4期。

後藤 勇吉　ごとう・ゆうきち
飛行家 初の日本一周飛行に成功
明治29年(1896)~昭和3年(1928)2月29日
生宮崎県延岡市南町　学延岡中(旧制)卒　歴明治29年醤油醸造を営む家に生まれる。43年中学2年の時、陸軍大尉・徳川好敏が日本初の飛行を達成したのに触発され、操縦士を志す。19歳で上京後、民間パイロットの草分けとして知られた白戸栄之助の助手となる。その後、白戸が日本各地の飛行大会で使った複葉水上機「巌号」を入手し、独学で飛行訓練を続ける。大正5年宮崎で独力飛行に成功後、9年帝国飛行協会主催の飛行競技大会で優勝。パイロットの免許制度が整った10年には、日本人初のライセンスを取得。13年国産機「春風号」の耐久試験として初の日本一周飛行を達成したほか、15年大阪からソウルを経て中国・大連を結ぶ海外航路も開拓し、民間航空界の第一人者として注目を集めた。昭和3年同協会がリンドバーグの大西洋横断に対抗して計画した太平洋横断飛行に挑戦したが、鹿島市の山中に墜落し、33歳の若さで亡くなった。

小納 宗吉(1代目)　こな・そうきち
網元 鰊建網親方
弘化2年(1845)~明治29年(1896)
生加賀国江沼郡塩屋村(石川県加賀市)　歴20歳のころ、北海道の小樽に渡航し、当時(明治維新のころ)最も開けていた松前で海産物貿易の仕事を始

める。事業は順調に伸び、40歳のころ松前を引きはらって焼尻島（北海道羽幌沖の小島）へ移り、永住の居を構え、鰊場の漁業権も手に入れて鰊建網の親方として成功。島と本道とを結ぶ海底電信の敷設に奔走したが、完成を見ずに死亡。北海道開拓の先人。

小西 和　こにし・かなう
衆院議員

明治6年（1873）4月26日～昭和22年（1947）11月30日　⊡香川県寒川郡名村（さぬき市）　⊡札幌農学校〔明治25年〕卒　⊡「東京朝日新聞」記者、日本海洋会理事、南満州製糖取締役社長などを歴任。明治45年香川1区より衆院議員に8選。憲政会党務委員長、民政党総務となる。第14回万国議員商事会議（パリ）、第25回列国議会同盟会議（ベルリン）に参列する。著書に「日本の高山植物」、「瀬戸内海論」がある。

小西 新右衛門（11代目）　こにし・しんえもん
酒造家

嘉永4年（1851）3月～明治39年（1906）5月25日　⊡摂津国伊丹（兵庫県伊丹市）　⊡銘酒「白雪」の醸造元で、日本貯金銀行頭取など関西財界の要職をつとめた。

小西 甚之助　こにし・じんのすけ
衆院議員

安政2年（1855）9月～昭和3年（1928）　⊡讃岐国寒川郡長尾村（香川県さぬき市）　⊡板垣退助の自由党に入り、香川県自由党を指導、国会開設運動に奔走。明治23年国会開設とともに衆院議員となり、第11回まで連続当選。小学校教科用図書審査員、香川県会議員なども務めた。

小西 伝助　こにし・でんすけ
文人　江東義会会長

明治2年（1869）12月15日～大正6年（1917）11月28日　⊡出羽国（秋田県大仙市）　⊡幼名＝平蔵、字＝行庸、号＝平洲、無住庵、玄路、苔養　⊡中学退学後、大曲の学者高垣重明のもとで学ぶ。一時東京に遊学し、帰郷後の明治18年文学研究団体の共攻会を結成。次いで28年に同会と大曲青年会との連合により大東義会が発足すると、その会長となった。のち再び上京し、30年東華堂を設立して法律書などを刊行。同年、従兄で評論家の後藤宙外やその友人である島村抱月・水谷不倒・小杉天外らとはかり「新著月刊」を発行した。また、実業界でも活躍し、鉱山の開発や石炭の試掘・電力事業・運輸業などに従事。特に石油の試掘事業で名高く、石油王国秋田の基礎を固めた功績は大きい。その他にも、大正3年に起きた強首地震では、私財を投じて罹災民の救恤に当たった。　⊡従兄＝後藤宙外（評論家）

小西 六右衛門　こにし・ろくえもん
小西六写真工業創業者

弘化4年（1847）8月4日～大正10年（1921）10月5日　⊡江戸　⊡本名＝杉浦六右衛門、幼名＝六三郎　⊡5代目杉浦六右衛門の長男。はじめ江戸・日本橋の薬種商、富士屋弥助で見習い修業し、安政6年（1859年）父が麹町で幕府御用を務める薬種問屋の小西屋六兵衛店を譲られたことから、親元に帰って父を補佐した。明治5年自身の写真を撮影してもらったのがきっかけで、6年から写真材料の取扱いをはじめる。9年麹町の店を弟の金次郎に譲り、日本橋本町に写真・石版機材、薬種取扱いの小西本店を開業。写真機材の国産化の必要性を感じ、15年から写真暗箱・写真台紙・石版機械の製造に着手。27年に勃発した日清戦争では報道写真班に同店製の四切暗函が配布され、戦地においても確実な戦況撮影を実現させ、さらに信用と評価を高めた。同年「写真月報」を創刊。35年淀橋に六桜社を創立して感光材の製造にも手を着け、36年国産初の写真用印画紙「さくら白金タイプ」を開発。さらに37年「さくらPOP」、38年「さくらセロイジン紙」などを次々と世に送り出した。以降も「チェリーカメラ」「チャンピオン」といった廉価版写真機の販売や写真関係の図書出版、インキ部の創設など多角的な経営を進め、写真の普及に伴って小西の名は写真業界の雄として広まった。大正10年店を合資会社小西六本店（のちコニカ、現在・コニカミノルタホールディング）に改組して相談役となるが、同年死去した。　⊡長男＝小西六右衛門（7代目）

近衛 篤麿　このえ・あつまろ
貴院議長　枢密顧問官　公爵

文久3年（1863）6月26日～明治37年（1904）1月2日　⊡京都府上京区　⊡号＝霞山　⊡ライプツィヒ大学（ドイツ）〔明治23年〕卒　⊡公卿・近衛忠房の長男で、母は薩摩藩国父・島津久光の娘。明治6年父の死により家督を相続し、祖父・近衛忠熙に育てられる。12年大学予備門に入るが、13年病気で中退、以後は独学で和漢英の学を修める。17年公爵。18年よりオーストリア、ドイツに留学し、政治学、経済学を学ぶ。23年貴院議員となり、以後一貫して華族こそが皇室の藩屏であることに念頭を置き、その社会的地位の向上に尽力。院内に三曜会、懇話会、月曜会を組織して常に歴代の藩閥官僚政府を批判し続けた。28年学習院長に就任し、華族教育の改革に着手。29年貴院議長。また、中国大陸が欧米列強に分割されてゆく中で、国家主義的な見地から大陸問題に深い関心を寄せ、日清戦争後に「日清同盟論」を公刊して東亜の大同団結を主張。31年には同文会を組織。次いで犬養毅らの東亜会と合同して東亜同文会に改組し会長となり、"支那保全、朝鮮扶掖"を掲げて大陸各地への駐在員派遣、現地新聞の発行、揚子江海運への進出などを進めた。33年には上海に同文学堂（後の東亜同文書院）を開設。同年北清事変を機に満州問題に容喙してきたロシアへの危機感から国民同盟会を組織し、36年には対露同志会を結成、対露強

硬論を鼓吹した。同年枢密顧問官。　家妻＝近衛貞子、長男＝近衛文麿（首相）、二男＝近衛秀麿（指揮者）、三男＝近衛直麿（雅楽研究家）、四男＝水谷川忠麿（春日大社宮司）、父＝近衛忠房（公卿）、祖父＝近衛忠熙（公卿）、島津久光（薩摩藩国父）、岳父＝前田慶寧（加賀藩主）

許斐 鷹助　このみ・たかすけ
実業家
嘉永2年（1849）11月～没年不詳
生筑前国鞍手郡下境村（福岡県直方市）　歴酒造業に生まれ、咸宜園などに遊学した後、西南戦争では薩摩軍に参加。帰郷後は直方多賀神社神官を経て、直方で採炭を始め、明治20年代には"筑豊の炭坑王"と呼ばれた。しかし、44年の洪水で炭坑が水没したことをきっかけに没落した。

木場 貞長　こば・さだたけ
文部官僚 教育行政家
安政6年（1859）9月3日～昭和19年（1944）6月3日
生薩摩国鹿児島（鹿児島県鹿児島市）　学東京大学文学部政治理財学科〔明治15年〕卒 哲学博士（ハイデルベルク大学）〔明治18年〕、法学博士〔明治32年〕　歴文部省に入り明治15年ドイツ留学、帰国後文部省御用掛となり、森有礼文相の下、19年学制改革を援けて以来、教育行政に携わり、兵庫県書記、22年法制局参事官、26年文部大臣秘書課参事官、普通学務局長、官房長、文部次官、高等教育会議委員など歴任。また東京帝国大学法科大学、東京高等師範、慶大各講師、39年貴院議員、大正3年行政裁判所第三部長となり11年まで務めた。著書に「教育行政」がある。

小橋 一太　こばし・いちた
内務次官 衆院議員
明治3年（1870）10月1日～昭和14年（1939）10月2日　生熊本県 名号＝杳城 学五高卒、東京帝国大学法科大学英法科〔明治31年〕卒　歴熊本藩京都留守居役の長男。五高から東京帝国大学法科大学に進み、明治31年内務省に入省。43年衛生局長、大正2年地方局長、3年土木局長を経て、7～11年の4年間にわたって内務次官を務め、水野錬太郎、床次竹二郎両内相を支えた。この間、9年政友会から衆院議員に当選。通算3期。13年清浦内閣書記官長となり、政友会から分離した政友本党に参加、15年党幹事長。昭和2年民政党結成に参画。4年浜口内閣の文相となるも、間もなく越後鉄道疑獄事件で辞任した。12年東京市長に就任した。

小橋 栄太郎　こばし・えいたろう
衆院議員（中央倶楽部）
元治2年（1865）3月～昭和7年（1932）8月14日
生蝦夷（北海道）　学函館商船〔明治15年〕卒　歴東京で自由民権運動に参加する。のち北海道に戻り、明治27年「北のめざまし」を創刊。33年政友会函館支部を組織し、函館区議、北海道議・副議長を経て、41年衆院議員に当選1回。一方、鉱業に従事した。

小橋 勝之助　こばし・かつのすけ
社会事業家
文久3年（1863）1月25日～明治26年（1893）3月12日　生播磨国赤穂郡矢野村（兵庫県相生市）　学神戸医学校予科〔明治15年〕卒　歴はじめ医師を志し、神戸医学校予科を卒業後、上京して神田共立英和学校に学ぶ。しかし、間もなく結核にかかり、帝国大学病院に入院した。この頃、社会事業家・高瀬真卿の心学に影響を受け、退院後はその社会福祉事業に参加。のちキリスト教に触れ、明治20年に洗礼を受けて街頭伝道に従事した。22年母の死をきっかけに郷里兵庫県に帰り、23年友人の小野田鉄弥らの協力を得て播州博愛社を設立し、孤児の救済事業に献身。濃尾地震の際にはキリスト教事業家の石井十次とともに被災地に赴き、肉親を失った子供たちを保護した。さらに孤児教育の一環として北海道の開拓を企図するが、現地視察の帰途に結核が再発し、26年3月に没した。その孤児救済事業は、実弟の実之助夫妻や林歌子に引き継がれ、今日に至っている。　家弟＝小橋実之助（社会事業家）

小橋 実之助　こばし・じつのすけ
社会事業家 博愛社社長
明治6年（1873）1月14日～昭和8年（1933）6月19日　生兵庫県赤穂郡矢野村（相生市）　歴兄・小橋勝之助と共に勉学のため東京に出て、兄は医学を、自身は英学・漢学・数学を学んでいたが、明治20年頃C.M.ウィリアムズより洗礼を受ける。これが転機となって兄と共に帰郷、キリスト教信仰に基づいた教育事業に生涯を打ち込むこととなる。23年郷里の兵庫県矢野村の土地家屋を投じて貧児・孤児の救済、教育事業を始めた。小野田鉄弥、兄・勝之助らと図って文庫・学校・施療所・感化院・孤児院などの構想を持つ博愛社を創設、26年兄が病没したため遺志を継ぎ20歳で2代目社長となる。その後、25年から協力していた林歌子の助力を得て社団法人化し、27年博愛社を大阪府西成郡津村に移し孤児の養育に当たった。また歌子の紹介でプール女学校教師・山本かつえを知り、37年かつえと結婚、尋常小学校を併設し、里子制度を取り入れるなど協力して同社発展の基礎を築いた。昭和8年実之助が没すると、かつえが3代目社長となり、財団法人に組織変更し理事長を兼務した。　家妻＝小橋かつゑ（社会事業家）

小橋 藻三衛　こばし・もざえ
衆院議員（政友会）
慶応2年（1866）12月21日～昭和22年（1947）1月22日　生備前国邑久郡久々井村（岡山県備前市）　学岡山県師範〔明治19年〕卒　歴明治29年岡山県議、大正2年議長を経て、4年岡山3区より衆院議員に当選し4選。また岡山県蚕糸同業組合長、同畜産会長、同運送組合長、同織物同業連合組合長などを

歴任。　家弟＝高草美代蔵（衆院議員）

小橋 元雄　こばし・もとお
熊本県阿蘇郡長
天保11年（1840）11月～大正3年（1914）11月1日
生肥後国（熊本県）　名初名＝恒蔵、号＝松雪　歴肥後熊本藩士で、藩校・時習館に学んだ。明治4年広沢真臣暗殺の嫌疑を掛けられ藩邸に禁固された。7年佐賀の乱、9年神風連の乱では県庁の依頼により藩士の鎮撫に努めた。12年阿蘇郡長となったのを皮切りに、山鹿、山本、菊池、合志、八代、葦北の各郡長を歴任。その後、肥後藩国事史料編纂委員、内閣維新史料編纂委員となった。　家長男＝小橋一太（政治家）

小早川 秀雄　こばやかわ・ひでお
国家主義者
明治3年（1870）3月27日～大正9年（1920）4月15日
生肥後国熊本（熊本県熊本市）　名号＝鉄軒　学熊本師範本　歴朝鮮の「漢城新報」記者を務めていた明治28年、安達謙蔵に従い閔妃暗殺事件に荷担し、広島に入獄した。32年「九州日日新聞」主筆、のち社長に就任。熊本県議も務めた。

小林 喜作　こばやし・きさく
猟師　登山案内人
明治8年（1875）～大正11年（1922）4月5日
生長野県　歴北アルプス南部を縄張りとして、明治から大正にかけてクマ300頭、カモシカ2000頭を撃ったといわれる。大正9年槍ヶ岳東鎌尾根に登山道を開設、これは喜作新道とよばれ、槍ヶ岳登山の普及に貢献した。同年土橋荘三を案内して北鎌尾根を初下降。11年松方三郎を案内して北鎌尾根より槍ヶ岳に登るなど、北アルプス登山の有能な案内人としても知られている他、同年槍ヶ岳殺生小屋を開業した。

小林 樟雄　こばやし・くすお
自由民権運動家　衆院議員（自由党）
安政3年（1856）9月16日～大正9年（1920）4月9日
生備前国船頭町（岡山県岡山市）　名号＝樟南　歴岡山藩士の子。藩校兵学館、英仏普通学館に学んで上洛、フランス法の研究中、自由民権思想に共鳴。明治11年岡山に帰り、県民を代表して国会開設建白書を太政官に提出。13年国会期成同盟に入り、14年自由党結成に加盟。17年清仏戦争が起こると後藤象二郎らと謀り、朝鮮から清国追い出しを画策したが失敗。18年大阪事件に連座、大井憲太郎らと捕まり、軽禁獄6年判決、上告中余罪がわかり重懲役9年に処せられた。22年憲法発布大赦で出獄。23年国会開設とともに衆議院議員となり当選3回。自由党、立憲革新党などに属した。

小林 乾一郎　こばやし・けんいちろう
衆院議員（政友会）
弘化2年（1845）6月～昭和4年（1929）1月1日
回日向国諸県郡国富村（宮崎県東諸県郡国富村）

歴英学を修め、宮崎県延岡中学教師を経て延岡学社英語教員。その後宮崎県議、同議長となり、衆院議員当選5回。

小林 源蔵　こばやし・げんぞう
衆院議員（政友会）
慶応3年（1867）3月6日～大正10年（1921）1月9日
回出羽国米沢（山形県米沢市）　学帝国大学法科大学〔明治27年〕卒　歴鉄道省に入り、鉄道事務官。明治35年鉄道事業視察のため欧米派遣。37年日露戦争に鉄道隊で従軍、捕虜となって2年間抑留された。39年帰国、鉄道理事となり、衆院議員に当選3回。

小林 五助　こばやし・ごすけ
神奈川県議　神奈川県川崎町長
安政5年（1858）～昭和15年（1940）
生美濃国恵那郡茄子川村（岐阜県中津川市）　名旧姓・旧名＝成瀬　歴美濃国に農家の四男として生まれる。23歳頃に上京し、30歳のとき神奈川県川崎の小林家に婿養子に入り、家業の貸座敷業・藤屋楼を営む。50歳で陶器商に転じた。傍ら、川崎町議、橘樹郡議を歴任し、大正5年川崎町長に就任。2期8年務め、市政移行を果たした。晩年は神奈川県議を務めた。

小林 佐兵衛　こばやし・さへえ
侠客　社会事業家　司馬遼太郎の小説「俄」のモデル
文化12年（1829）～大正6年（1917）8月20日
生大坂　名通称＝北の赤万　歴早くから侠客として立ち、幕末には大坂警備を担当していた一柳対馬守の要請で捕吏頭となるが、禁門の変で敗れた長州藩士の逃亡を助けるなど侠気に富む行動で知られた。維新後、渡辺昇大阪府知事から消防事業を依託され、北の大組頭取となって活躍。また米相場で巨財を成し、その資産を投じて小林授産所を設立、内職の教授や子弟の通学援助など貧民のために尽力。明治44年には米相場の騰貴に喘ぐ貧民を救済すべく取引所に乗り込んで相場を崩し、世の喝采を浴びた。さらに高野山に身寄りのない貧民700人の無縁墓を建立。その生涯は浪速侠客の典型であり、司馬遼太郎の小説「俄」のモデルにもなっている。

小林 重吉　こばやし・じゅうきち
北海道函館の町年寄
文政8年（1825）1月13日～明治35年（1902）4月30日　生松前地箱館（北海道函館市）　歴明治元年榎本武揚の脱走艦隊が箱館に拠り、海中に網索を張って政府軍艦船の突入を防いだ時、同志とともに政府軍に密告し、持船虎久丸の水手となって夜間に網索を切断、政府軍進撃の便を図った。漁業家で、場所請負人として人望があり、漁業・漁網の改良、漁猟の奨励に努めた。三石郡姨布村に刻昆布製作所を設け、16年長切昆布を産出、清国輸出の途を開いた。また大野村に新田を起こし、赤川村に植林をし、願乗寺川に架橋し、箱館山下に地中泉を

掘って水道を通すなど、多くの公益事業に尽力した。他に船体の改良、商船学校創設にも尽した。

小林 全信　こばやし・ぜんしん
僧侶（臨済宗）
安政1年（1854）～大正5年（1916）9月5日
生京都　歴臨済宗の僧で、京都の相国寺慈照院の住職を務める。春日潜庵に陽明学を学ぶ。大陸浪人を後援し、荒尾精と親交があるなど禅門の豪僧として重きをなした。

小林 宗輔　こばやし・そうほ
僧侶 臨済宗妙心寺派管長
天保10年（1839）3月5日～明治36年（1903）3月16日　生若狭国大飯郡山中村（福井県大飯郡高浜町）
名本名＝前田、道号＝虎関、諡号＝宣明成住禅師　歴臨済宗の禅僧。郷里の若狭（現・福井県）常高寺で出家。嘉永3年（1850年）京都相国寺の越渓守謙に学び、明治6年京都の丹波覚王寺住職となる。32年臨済宗妙心寺派管長に就任した。

小林 泰一　こばやし・たいいち
社会運動家
明治29年（1896）～昭和4年（1929）7月28日
出長野県川辺村（上田市）　学早稲田大学中退　歴吉野作造の黎明会、東京帝国大学の新人会に共鳴し、大正9年上田市で信濃黎明会の創設に参加。尾崎行雄らを招き、普通選挙、軍縮などの運動を展開した。

小林 忠治郎　こばやし・ちゅうじろう
小林写真製版所創業者
明治2年（1869）～昭和26年（1951）
名旧姓・旧名＝原田徳三郎　歴忍藩士の子として生まれる。兄が開設した写真館に奉公し、明治33年写真技術を学ぶためにに渡米、ボストンで写真技術とコロタイプ印刷を修めた。帰国後、京都の洋品店の養子となり、下京区に小林写真製版所を創業。我が国における写真印刷技術のパイオニアの一人とされる。　家孫＝小林祥一（日本電気化学社長）

小林 忠兵衛　こばやし・ちゅうべえ
小林製薬創業者
嘉永3年（1850）11月28日～昭和2年（1927）
歴文久元年（1861年）名古屋の味噌溜商・万信商店に奉公に出る。明治3年独立して同地で醤油の製造販売に従事。19年雑貨・化粧品・洋酒の店、小林盛大堂を創業。大正元年合資会社小林大薬房を創立して、我が国薬業の中心地である大阪へ進出。8年名古屋と大阪の2店を合併して株式会社に改組した。没後の昭和15年、同社の製剤部門が分離独立し、小林製薬となった。　家長男＝小林吉太郎（小林製薬社長），三男＝小林房五郎、孫＝小林映三（小林製薬社長）

小林 徳一郎　こばやし・とくいちろう
実業家
明治3年（1870）11月11日～昭和31年（1956）1月4日　生島根県邑智郡高原村（邑南町）　歴明治18年頃から福岡県田川郡の炭坑で働き、30年小倉に転じて土木建築請負業を始め、侠客として知られた。大正8年小林組に改組した。

小林 寿郎　こばやし・としお
青森県横浜村長 ジャガイモ栽培の普及に尽力
安政4年（1857）～大正11年（1922）6月5日
生陸奥国会津（福島県）　歴会津藩士の家に生まれ、明治2年会津藩の陸奥斗南移封に従う。そこで藩の開墾指導者である広沢安任に認められ、上北郡役所に出仕、以後郡内の農業・産業の振興に尽力した。21年に渡米、牧畜業を視察して種牛馬を購入し帰国。25年には日本最初のジャガイモ栽培技術書「馬鈴薯」を刊行し、ジャガイモ栽培の重要性を説いた。

小林 富次郎（1代目）　こばやし・とみじろう
実業家
嘉永5年（1852）～明治43年（1910）11月13日
生武蔵国北足立郡与野町（埼玉県さいたま市）　歴酒造業を営む7代目小林喜助の四男。元治元年（1864年）父が兄（8代目喜助）に家督を譲ると、父の郷里である越後国直海浜村（現・新潟県上越市）に移った。明治10年25歳で上京。石鹸工場・鳴鳳舎の職工となり、12年支配人に抜擢された。事業の失敗を経て、24年甥が営む東京・本所の石鹸工場の一隅に小林富次郎商店（現・ライオン）を開業。石鹸、マッチ、ヤシ油、香料などの取次からスタートし、甥の工場で生産される石鹸製品の販売を専門に行うようになったが、歯磨粉製造に転換して29年「ライオン歯磨」を発売。今日のライオンの基礎を築いた。　家養嗣子＝小林富次郎（2代目）

小林 虎三郎　こばやし・とらさぶろう
旧越後長岡藩士
文政11年（1828）～明治10年（1877）8月24日
生越後国（新潟県）　名名＝虎、字＝炳文、号＝双松、寒翠　歴越後長岡藩士・小林誠斎の三男。藩儒と父に学問を学び、17歳で藩校崇徳館の助教となる。嘉永3年（1850）藩命により江戸に出、父の友人であった洋学者・佐久間象山に師事。吉田寅次郎（松陰）と並んで"象山門下の両虎"と称され、師からは"事を天下になすものは吉田だが、我が子の教育を頼むなら小林だけだ"と評された。師の影響を受けて開国論を唱え、安政元年（1854年）ペリーが再び来航した際には師の横浜開港説に賛同して幕閣に献言したため罪に問われ、同年帰郷。戊辰戦争では河井継之助と意見を異にし、非戦論を唱えた。明治2年戦争に敗北して戦禍を被り、取りつぶしは免れたものの禄高を大きく減らされた藩の大参事に就任。長岡の復興や教育振興に尽力し、同年国漢学校を開設。この時、支藩の三根山藩より見舞として米100俵が送られると、分配を切望する藩士たちには1粒も分け与えず、売却益を学校の

費用に充当した。非難を浴びると、"いま食べられないからといって子弟の教育を怠れば、いつまでたっても食えない境地から脱することはできない"と説いて、ついに納得を得た。この逸話は小説家の山本有三の手により「米百俵」として戯曲化されて広く知られるようになり、平成に入ると小泉純一郎首相の所信表明演説にも引用され再び脚光を浴びた。　家弟＝小林雄七郎（衆院議員）

小林 日董　こばやし・にっとう
僧侶 日蓮宗管長
弘化5年（1848）1月17日〜明治38年（1905）7月31日　生越後国出雲崎（新潟県三島郡出雲崎町）　名字＝是純、号＝時中院　歴11歳で得度し、下総国飯高にある日蓮宗の檀林で修学。明治6年新居日薩（のち身延山久遠寺住職）の弟子となり、共に各地を巡って布教・講義を行った。12年郷里新潟の中教院教師となったのを皮切りに、新津の妙蓮寺住職や京都の妙顕寺住職などを歴任。24年には日蓮宗の第9代館長に推され、二期を務めた。31年日蓮宗の大檀林林長に転じ、以後は宗門子弟の教育と宗内の学制改革に尽力。37年には東京・大崎に日蓮宗大学林（現在の立正大学）を創立した。

小林 信近　こばやし・のぶちか
伊予鉄道創立者 衆院議員（改進党）
天保13年（1842）8月28日〜大正7年（1918）9月24日　生伊予国松山（愛媛県松山市）　名旧姓・旧名＝中島、幼名＝乙次郎、通称＝伊織、伝左衛門、七兵衛、舎　歴伊予松山藩士・中島包隼（漢山）の二男で、嘉永6年（1853年）同藩の小林信ної養子となった。万延元年（1860年）藩主・久松定昭の小姓に挙げられる。明治6年より陶器製造や製茶を営み、9年旧藩主の委嘱で士族授産のため牛行舎を設立して製紙・製織・製靴事業を開始。10年愛媛県特設議会議員に当選し、その初代議長に選ばれた。11年松山に第五十二国立銀行（現・伊予銀行）を創立し頭取に就任。15年商法会議所の創設に参画して初代会頭。また、愛媛における言論機関確立のため「海南新聞」（現・愛媛新聞）の経営にも参加し、16年社長。21年我が国初の私設軽便鉄道である伊予鉄道会社（現・伊予鉄道）を創立して初代社長に就任。32年退任。23年松山市議会の発足に伴い初代議長。25年には改進党から衆院議員に出馬し当選、1期。34年伊予水力電気（現・四国電力）を創設し、石手川上流に日本3番目の水力発電所を建設した。子孫には財を残さないという清廉ぶりで、晩年は松山の借家でゼニガメを飼育して余生を送った。　家父＝中島漢山（儒学者）

小林 紀茂　こばやし・のりしげ
小林時計店経営
文政12年（1829）〜明治41年（1908）11月19日　生下総国（千葉県）　歴江戸に出て、初代小林時計店に入る。のち家名を継ぎ長崎で欧米製時計を輸入、大名などへ調達した。維新後は宮内省、皇族邸に出入りして御用達。明治29年欧米の時計工場も視察、時計製造業の先鞭をつけた。後に多額納税者に列した。

小林 八郎兵衛　こばやし・はちろうべえ
敷島紡績創業者
生没年不詳
歴大阪市八軒家で綿花問屋を営んでいたが、明治20年日本綿繰会社を設立、伝法村（現・大阪市）に伝法工場を建設した。23年八幡紡績を設立し、京都に八幡工場を建設した。同年業績不振に陥った八幡紡績を日本綿繰が買収、25年には日本綿繰が業績不振で解散した。同年8月有限責任伝法紡績会社（現・シキボウ）を設立。26年本社を大阪市福島区上福島に移転、福島紡績株式会社に改称。その後、関連会社との合併を繰り返し、昭和19年朝日紡績を合併し社名を敷島紡績と改称した。

小林 秀知　こばやし・ひでとも
実業家
天保9年（1838）〜明治41年（1908）2月23日　生長門国山口（山口県）　歴もと長州藩士。明治維新の際に藩論が二派に分かれたとき正義派に属して尊攘論を主張し、戊辰戦争には東北地方を転戦した。明治4年工部省に入り、佐渡銀山の支配役、6年官営三池炭鉱の主任となり外国技師の反対を排して事業を拡張した。21年三池炭鉱の民間移管を機に退官、実業界に入る。始め板ガラスの製造所を山口県下に設けたが、技師の不熟練で失敗に帰した。のち東京電気鉄道敷設計画に関わる。27年同志と倉谷鉱山を設立し重役として晩年まで経営に携わった。

小林 平三郎　こばやし・へいざぶろう
実業家
天保8年（1837）2月9日〜明治13年（1880）2月20日　生越前国大野郡勝山町（福井県勝山市）　名初名＝初太郎、別名＝伊兵衛　歴勝山藩校成器堂で漢学を学ぶ。文久3年（1863年）坂谷道路の工事を監督。また明治5年製糸事業を興し、11年には製糸の輸出を行うなど、事業を拡げた。

小林 雄七郎　こばやし・ゆうしちろう
衆院議員（弥生倶楽部）
弘化2年（1845）12月23日〜明治24年（1891）4月4日　生越後国（新潟県）　学慶応義塾卒　歴越後長岡藩士。江戸で学び、慶応義塾で英書を研究。文部・大蔵・工部省などに勤務後、翻訳や政治小説などの著述、郷里の子弟の育英事業に従事。明治23年第1回総選挙に当選、衆院議員となる。"米百俵"の逸話で知られる小林虎三郎の弟。　家兄＝小林虎三郎（越後長岡藩士）

小林 芳郎　こばやし・よしろう
大阪控訴院検事長
安政4年（1857）〜昭和11年（1936）3月23日　生肥前国水ケ江村（佐賀県佐賀市）　歴東京控訴院

判事、東京地方裁判所検事正などを経て、大正2年大阪控訴院検事長に就任、9年まで務めた。この間4年大隈内閣の大浦兼武内相の選挙違反問題(大浦事件)を陣頭指揮した。また、司法官僚の長老として、小原直、小山松吉らを育てた。

孤峰 白巌　こほう・はくがん
僧侶(曹洞宗)
弘化2年(1845)5月10日～明治42年(1909)3月8日
生越前国南条郡中津原村(福井県越前市)　歴豪農の家に生まれ、11歳で霊道禅師の下に出家して、翌年得度し曹洞宗の僧となる。のち尾張(愛知県)瑞泉寺の鉄心、文久元年(1861年)祇園寺の禅棟らに学ぶ。明治15年権中講義、16年能登(石川県)永光寺の住持となり、荒廃した同寺の復興に尽くした。

小間 粛　こま・しゅく
衆院議員(自由党)
天保14年(1843)8月～明治33年(1900)3月25日
生加賀国(石川県)　歴漢籍を修め、戸長、小学校訓導、珠洲郡書記などを務める。また、明治12年郷里の石川県議となる。自由党員として民権運動に加わり、16年高岡での北陸七州有志大懇親会の発起人の一人となった。23年第1回総選挙で愛国公党から立候補して当選、2期務める。また「北陸日報」を経営した。

駒井 喜兵衛　こまい・きへえ
駒井鉄工創業者
明治6年(1873)～没年不詳
名旧姓・旧名＝小野源吉　歴近江膳所藩士・小野善吾の二男。江戸時代から続く建築金物商・駒井喜兵衛の養子となり、明治16年10歳の時に駒井喜兵衛商店を開業。まだ幼かったため、実質的な経営は先代の未亡人である養母が担った。38年鉄工部を新設して一貫請負に飛躍、鉄物生産を開始。大正5年海運業に進出したが、第一次大戦後の不況で打撃を被り、7年破産。自らの家屋敷を手放して逼塞を余儀なくされた。8年氏家新の協力を得、商社的な性格から脱皮して鉄骨加工専業の合資会社・駒井商店が発足。昭和11年駒井鉄工所に社名変更し、18年株式会社に改組。19年二男の駒井英二が社長に就任した。同社は平成元年駒井鉄工に社名変更。家二男＝駒井英二(駒井鉄工所社長)、孫＝駒井和夫(駒井鉄工所社長)

小牧 昌業　こまき・まさなり
漢学者　内閣書記官長　愛媛県知事
天保14年(1843)9月12日～大正11年(1922)10月25日　生薩摩国(鹿児島県)　名幼名＝善次郎、字＝偉卿、号＝桜泉　学文学博士[大正9年]　歴薩摩藩士の子。江戸で塩谷宕蔭に師事し、薩摩藩校・造士館の教師となった。明治維新後は新政府に出仕。明治4年清国へ留学し、香港で英語を習得。7年開拓使に入り、8年幹事、10年少書記官、11年大書記官を務め、黒田清隆の側近として活躍。15年開拓使が廃止されると太政官大書記官に転じ、内閣制度施行後は文部大臣秘書官、農商務相秘書官などを経て、21年黒田内閣で首相秘書官、内閣書記官長を務めた。同内閣の退陣後は、22年奈良県知事、23年帝国奈良博物館長兼務、27年愛媛県知事を歴任。30年勅選貴院議員、31年枢密院書記官長。大正4年宮内省御用掛となり、大正天皇に漢学を進講した。9年文学博士となり、11年宮中顧問官に任ぜられた。文章家としても知られ、著書に「桜泉集」「順聖公事跡」などがある。家長男＝小牧暮潮(ドイツ文学者・詩人)

駒田 小次郎　こまだ・こじろう
衆院議員(政友会)
万延2年(1861)1月～大正15年(1926)4月19日
生加賀国(石川県)　歴養蚕栽桑法を修める。石川郡蚕糸業組合長、石川県農会長、県蚕糸同業組合長、県養蚕巡回教師、石川県農学校教授嘱託などを務める。一方、明治25年第2回総選挙の石川県第2区で選挙干渉により当選した政府系の新田甚左衛門を辞職に追い込む。その補欠選挙で官憲に抗して逮捕され、釈放をめぐっては死傷者が出た(寺田事件)。41年衆院議員(政友会)に当選1回。

駒田 作五郎　こまだ・さくごろう
実業家
嘉永2年(1849)10月29日～明治28年(1895)2月22日　生伊勢国(三重県)　名名＝経綸、通称＝貞之丞　歴茶の栽培法や製茶方法の研究・改良に従事。その製品は、第2回内国勧業博覧会二等を始め、様々な品評会で受賞した。紅茶の製造も手がけ、明治14年製茶輸出会社を興す。16年には三重県製茶会社も設立した。

小松 彰　こまつ・あきら
東京株式取引所頭取
天保13年(1842)3月9日～明治21年(1888)3月24日　生信濃国筑摩郡松本(長野県松本市)　名幼名＝金八、左右輔　歴嘉永4年(1851年)松本藩の藩校崇教館に入り、安政5年(1858年)江戸に出て、初め塩谷宕陰に、ついで古賀謹堂に学ぶ。この間、河井継之助と親交があった。文久3年(1863年)佐久間象山に師事し、象山が暗殺されるとの遺子・格を援助。明治維新後倉敷県判事などを経て、明治6年文部大丞となり、ついで豊岡県令から再び文部大丞となったが、11年東京株式取引所が創立されると、15年渋沢喜作初代頭取のあとを受けて頭取に就任した。

小松 丑治　こまつ・うしじ
社会運動家
明治9年(1876)4月15日～昭和20年(1945)10月4日　生高知県高知市帯屋町　名号＝天愚　歴高知師範附属小学校高等科　学神戸海民病院で薬局勤務をしていた明治38年頃から「平民新聞」を読んで社会主義に関心を抱き、大阪平民社と交流する。のちに内山愚童に爆裂弾の製法を教えたことから、明治43年の大逆事件に連座、無期懲役に処せられ

263

た。昭和6年に仮出獄した後は養鶏業を営んだ。

小松 謙次郎　こまつ・けんじろう
鉄道相 通信次官 貴院議員(勅選)
文久3年(1863)11月11日～昭和7年(1932)10月15日　生信濃国松代(長野県長野市)　学帝国大学法科大学〔明治21年〕卒　歴通信省に入り、参事官、為替管理局長、高等海員審判官、通信局長などを経て明治33年次官となり、45年辞職。のち勅選貴院議員、貴族院研究会に属し、大正13年清浦内閣の鉄道相となり、研究会幹部として活躍。昭和7年京城日報社長となったが、就任途中急死。

小松 済治　こまつ・せいじ
司法省民事局長 横浜地裁所長
嘉永1年(1848)～明治26年(1893)
生紀伊国和歌山安田村(和歌山県)　名前名＝馬島済治　歴叔父の馬島瑞園に従い会津に渡る。日新館に入学、山本覚馬に蘭学を学ぶ。18才の時長崎で西洋医学の初歩教育を受けた後、ハイデルベルク大学医学部に留学。のち、法学の勉学に転じる。明治3年帰国、会津藩滅藩のため和歌山藩に属して小松に改姓する。のち紀州侯の顧問となり、東京裁判所に勤務。岩倉使節団に2等書記官として随行し、再度ヨーロッパに渡る。6年ウィーン万博で事務官を兼任。帰国後、20年司法省民事局長、のち横浜地裁所長などを務める。没後、ハイデルベルク大学の学籍簿から1868年に学籍登録していたことが判明し、日本人ドイツ留学生の第1号となる。

小松 直幹　こまつ・なおもと
海軍中将
明治8年(1875)10月19日～昭和7年(1932)9月12日　生高知県土佐郡江ノ口村(高知市)　学海兵(第25期)〔明治30年〕卒、海大〔明治40年〕卒　歴日清戦争、北清事変、日露戦争、第一次大戦に従軍。大正5年対馬、6年伊吹、7年常磐の艦長、8年軍令部第二課長、10年第三戦隊参謀長、11年呉鎮守府参謀長、12年霞ケ浦海軍航空隊司令を歴任し、14年海軍中将。同年予備役に編入後は、帝国飛行協会総理事として航空界に尽力した。

小松 春郷　こまつ・はるちか
金魚養殖家
天保9年(1838)9月24日～大正3年(1914)3月28日　生大和国郡山(奈良県大和郡山市)　名本名＝小松直之進　歴大和郡山藩士。幕臣・勝海舟や英国陸軍大佐フラクモールらについて砲術・鉄砲術・練兵術を研究し、慶応元年(1865年)藩の兵庫砲台銃隊組頭となる。維新後は砲兵少尉や司令官を歴任。廃藩置県ののち官を辞し、金魚や鯉の養殖・販売業に転じた。以後、金魚の生産技術の向上や品種改良に尽力。明治10年の内国勧業博覧会をはじめ数多くの博覧会・共進会に金魚を出品し、高い評価を得た。また、12年に錦鱗社を興し、近在の農家に養殖技術を教授するなど斯業の発展に貢献するなど、大和郡山を日本有数の金魚生産地に育て上げた。　賞内国勧業博覧会褒状〔明治10年〕

小松 秀夫　こまつ・ひでお
陸軍大尉
明治9年(1876)12月9日～明治38年(1905)7月1日　生秋田県　学陸士(第10期)〔明治31年〕卒　歴農家の三男。明治32年陸軍少尉に任官。35年陸軍大学校に入り、36年田村怡与造参謀本部次長の密命により満州で軍事探偵として諜報活動に従事。37年原隊である歩兵第二十五連隊に中隊長として復帰し、同年陸軍大尉。38年2月日露戦争に出征、7月戦死した。生前、「読売新聞」に軍事探偵としての活躍を描いたモデル小説「橘英男」が連載され、後年には木村毅の小説「密使」も書かれた。

小松宮 彰仁　こまつのみや・あきひと
陸軍大将・元帥
弘化3年(1846)1月16日～明治36年(1903)2月18日　生京都　名旧姓・旧名＝東伏見宮嘉彰、幼称＝豊宮　歴伏見宮邦家親王の第8子。嘉永元年(1848年)正月仁和寺門跡を相続、安政5年(1858年)親王宣下を受け嘉彰の名を賜る。慶応3年(1867年)王政復古の政変により還俗して議定。4年軍事総裁となり征東大将軍、海軍務総督。戊辰戦争では会津征討越後口総督として従軍。明治2年兵部卿に任命され、英国へ留学。帰国後は佐賀の乱の征討総督を務め、西南戦争にも従軍した。13年陸軍中将、同年近衛都督。15年東伏見宮より小松宮に改称し、彰仁と改名。23年陸軍大将に進み、24年近衛師団長、28年参謀総長。31年には元帥府に列せられた。　家父＝伏見宮邦家、兄＝山階宮晃、久邇宮朝彦、弟＝北白川宮能久(陸軍大将)、華頂宮博経(海軍少将)、伏見宮貞愛(陸軍大将・元帥)、清棲家教(貴院議員)、閑院宮載仁(陸軍大将・元帥)、東伏見宮依仁(海軍大将・元帥)

小松宮 頼子　こまつのみや・よりこ
小松宮彰仁親王妃
嘉永5年(1852)6月18日～大正3年(1914)6月26日　生筑後国久留米(福岡県久留米市)　名幼名＝朋姫　歴久留米藩主有馬頼咸の長女。明治2年11月小松宮彰仁親王と御結婚。篤志看護婦人会総裁を務めた。36年夫と死別。　家夫＝小松宮彰仁(陸軍大将・元帥)、父＝有馬頼咸(筑後久留米藩主)

小松原 英太郎　こまつばら・えいたろう
枢密顧問官 文相
嘉永5年(1852)2月6日～大正8年(1919)12月26日　生備前国御野郡(岡山県岡山市)　学慶応義塾中退　歴明治8年から「曙新聞」「評論新誌」などに執筆、9年筆禍事件で入獄、11年出獄。「朝野新聞」に入り、12年岡山で「山陽新報」発行。13年外務省に入り、17年ベルリン駐在、20年帰国後埼玉県知事となり、以後内務省警保局長、静岡、長崎各県知事、司法、内務各次官を歴任。33年勅選貴院議員。41年第二次桂内閣で文相兼農商務相、大正5～8年枢密顧問官。その間、大阪毎日新聞社長、日英博

覧会総裁、港湾調査会長、さらに東洋協会専門学校（現・拓殖大学）校長、日華学会、東洋協会各会長、皇典講究所長、国学院大学長などを歴任した。

駒林 広運　こまばやし・ひろゆき
衆院議員（大同倶楽部）
安政3年（1856）11月～昭和10年（1935）11月23日
[生]出羽国（山形県）　[歴]山形県議、同常置委員を経て、明治23年衆議員に当選、5期。また奥羽土功取締役その他数会社の重役となる。

小宮 三保松　こみや・みほまつ
大審院検事
安政6年（1859）5月～昭和10年（1935）12月29日
[生]周防国（山口県）　[学]司法省法学校卒　[歴]司法省法学校第1期生として卒業。明治23年東京始審裁判所検事となる。のち貴族院・枢密院の書記官、大審院検事、李王職次官などを歴任。錦鶏間祗候となる。「古事記」「日本書紀」「万葉集」などの古典文学の研究でも知られた。

小村 寿太郎　こむら・じゅたろう
外相 外務次官 侯爵
安政2年（1855）9月16日～明治44年（1911）11月26日　[生]日向国飫肥（宮崎県日南市）　[歴]日向飫肥藩士の長男。明治2年長崎に遊学。3年藩の貢進生に挙げられて上京し、大学南校に入学。7年同校が開成学校に改組されると法学部に進み、8年文部省の第1回留学生として米国ハーバード大学に留学、法律を修めた。13年帰国して司法省に入ったが、17年外務省に転じ、19年翻訳局次長、21年同局長。26年清国公使館一等書記官となるが、大鳥圭介公使が京城に勤務だったため臨時公使代理に任ぜられ、日清開戦前には強硬論を唱えた。27年帰国して政務局長、28年駐朝鮮弁理公使となり、閔妃暗殺事件の善後処理に奔走するとともにロシアとの交渉にも当たり、小村・ウェーバー協定を結んだ。29年外務次官に転任し、以後、伊藤博文・山県有朋・西園寺公望・西徳次郎・大隈重信の各外相の下で活躍。31年駐米公使、33年駐露公使を経て、34年駐清公使となり全権として北清事変議定書に調印した。同年第一次桂内閣の外相に就任して日露開戦外交を推進し、35年日露協商論を抑えて日英同盟の締結に成功。38年のポーツマス講和会議では全権としてロシア蔵相ウイッテを相手にポーツマス条約を締結して南樺太領を取りつけた。しかし賠償については放棄したため、激怒した国民は日比谷焼打ち事件を起こし、自身の邸宅も焼打ちされた。39年枢密顧問官に退き、同年駐英大使。41年第二次桂内閣の外相として再任され、第二次条約改正交渉で関税自主権の回復に成功したほか、日露協約締結、韓国併合などに携わった。44年貴院議員。この間、35年男爵、40年伯爵、44年侯爵。　[家]長男=小村欣一（外交官）、二男=小村捷治（ジャーナリスト）、女婿=佐分利貞男（外交官）

小村 俊三郎　こむら・しゅんざぶろう
外交官 ジャーナリスト 東京朝日新聞論説委員
明治3年（1870）9月3日～昭和8年（1933）4月12日
[生]日向国（宮崎県）　[学]高等師範中退　[歴]明治30年再従兄・小村寿太郎の後援により北京に留学し中国語を修める。のち訳官となり北京公使館に入り、青木宣純中佐の秘書官や一等通訳官などを務め、日中外交に尽くす。この間、外務書記生として渡英した。退官後、「東京朝日新聞」「読売新聞」「東京日日新聞」などの論説委員となり中国問題を論評した。

小村 鄰　こむら・ちかし
神官 伊勢神宮禰宜
嘉永1年（1848）11月9日～大正9年（1920）2月5日
[生]下総国古河（茨城県古河市）　[歴]下総古河藩士の長男。砲術家として下野足利藩に仕えた父に従う。戊辰戦争・上野戸倉の役に従軍して明治維新後、求道館（復興した足利学校）で教える傍ら、川上広樹に国学を学ぶ。明治5年栃木町神明宮の祠官となり、ついで二荒山神社権宮司、札幌神社宮司などを経て、33年伊勢神宮禰宜となった。

小室 三吉　こむろ・さんきち
三井物産取締役 三井合名参事
文久3年（1863）7月9日～大正9年（1920）10月18日
[生]江戸　[学]東京商法講習所〔明治16年〕卒　[歴]明治初年英国に渡り経済学を学ぶ。12年間滞在した後、帰国。明治17年三井物産に入社、香港、上海、ロンドンなどの海外支店長を経て、39年理事、42年取締役、三井合名参事兼任。のち監査役、三井家同族会理事を務め、大正7年退社。この他東京海上保険、大正海上保険などの重役として東京実業界に重きをなした。　[家]父=小室信夫（政治家）

小室 信夫　こむろ・しのぶ
共同運輸会社創立者
天保10年（1839）9月30日～明治31年（1898）6月5日　[生]丹後国与謝郡岩滝村（京都府岩滝町）　[歴]生家は丹後の生糸問屋で、回漕業者も兼ねた豪商。生家の京都支店に勤め、やがて尊王運動に身を投じ、文久3年（1863年）同志とともに京都等持院にある足利尊氏の木像を梟首して逃亡生活に入る。元治元年（1864年）徳島藩に自首して入獄。明治元年釈放されて徳島藩徴士となり、さらに新政府に出仕して2年上野岩鼻県権知事、3年徳島藩大参事を歴任。5年阿波徳島藩主・蜂須賀茂韶に従って欧米を視察し、英国で見た立憲君主制度や鉄道事業に関心を持つ。6年帰国後は左院三等議官となるが、間もなく辞して自由民権運動に参加し、7年板垣退助、江藤新平、後藤象二郎らと民撰議院設立建白書を提出した。8年大久保利通、木戸孝允、板垣らの大阪会議を斡旋。のち実業界に転じて製糸・製麻・鉄道・銀行など幅広く事業を展開し、15年には政府からの船舶払下げにより北海道運輸会社を設立した。16年には井上馨らの援助で共同運輸会

社(現・日本郵船)の創立に尽力。24年勅選貴院議員。　家息子=小室三吉(実業家)

五明 良平　ごめい・りょうへい
愛知時計電機創業者
生年不詳~大正14年(1925)3月6日
歴名古屋の素封家で、明治26年時計製造業に目を付けて水野時計製造所と資本提携し、愛知時計製造合資会社を設立。31年株式会社に改組すると名古屋財界の重鎮・鈴木聡兵衛を社長に迎え常務に就任。45年愛知時計電機株式会社に社名変更。大正7年取締役。11年経営の一線を引いた。　家二男=五明得一郎(愛知機械工業社長)

米田 虎雄　こめだ・とらお
明治天皇侍従 宮中顧問官 子爵
天保10年(1839)1月~大正4年(1915)11月27日
生肥後国熊本城下町内坪井(熊本県熊本市)　名本名=米田を保、旧姓・旧名=長岡、別通称=虎之助　歴慶応2年(1866年)9月兄の跡を継いで、熊本藩の家老となる。戊辰戦争では熊本藩兵総指揮者として東北各地に転戦した。明治3年熊本藩権大参事となり、実学党による改革を推進した。4年宮内省に出仕、10年陸軍歩兵中佐となり、のち侍従長に転じる。元田永孚らと共に明治天皇の側近にあり侍従職幹事を務めた。25年男爵、のち子爵。37年宮中顧問官兼任。また狩猟をよくし、41年以後主猟頭も兼任した。

子安 峻　こやす・たかし
読売新聞社長 日本銀行監事
天保7年(1836)1月2日~明治31年(1898)1月15日
生美濃国大垣(岐阜県大垣市)　名幼名=鉄五郎、号=悟風　歴美濃大垣藩士。嘉永6年(1853年)ペリー率いる米国艦隊到着の報を聞いて師・佐久間象山とともに浦賀に赴き、黒船を実見。文久2年(1862年)洋書調所教授手伝、横浜運上所翻訳通訳係を経て、慶応3年(1867年)いったん帰郷するが、間もなく神奈川に戻って前の職に復帰し、明治維新後は神奈川裁判所翻訳官として引き続き新政府に出仕。明治2年かねてからの知人であり神奈川裁判所初代判事でもあった寺島宗則の手引きで外務省翻訳官となり、5年のマリア・ルス号事件では外務少丞として事件の解決に尽力、その功績によりロシア皇帝から神聖アンナ第三等勲章を授与された。のち外務権大丞に進む。傍ら、3年日本ではじめて鉛活字を用いた「横浜毎日新聞」の創刊に参画し、創刊初期の企画立案と編集を担当。同年本野盛亨、柴田昌吉と活版印刷技術の向上を目的として阿部印刷・日就社を横浜に設立し、外人を雇い入れて日本人職工に技術を習得させた。6年ジョン・オゴルビイの英語辞書を対訳して英和辞書『附音英和字彙』を同社から出版。同年社を東京に移し、7年「読売新聞」を創刊して初代社長に就任。10年退官後は新聞界の他、実業界でも活動。15年日本銀行創立事務御用掛を命ぜられ、日銀の創立とと

もに初代監事に就任。22年デフレによる炭鉱経営の失敗の責を取り読売新聞社長を辞したが、24年まで社主として在社した。初めて和文モールス信号を考案した人物としても知られる。

小柳 卯三郎　こやなぎ・うさぶろう
衆院議員(自由党)
天保14年(1843)3月~大正4年(1915)9月6日
出新潟県西蒲原郡小吉村(新潟市)　歴農業に従事、漢学を学んだ。自由民権を唱え、新潟県議となって北陸政界に貢献。のち自由党に入って新潟県から衆院議員当選3回。

小柳 九一郎　こやなぎ・くいちろう
東京府議
安政6年(1859)5月15日~昭和5年(1930)2月22日
出武蔵国多摩郡国分寺本村(東京都国分寺市)　歴東京府国分寺長、東京府議などを務める。明治22年甲武鉄道(現・JR中央本線)開通の際、国分寺駅開設のため敷地2000坪を寄付した。

小山 愛司　こやま・あいじ
弁護士 ジャーナリスト 郷土史家 長野県議
慶応1年(1865)~昭和18年(1943)
出信濃国佐久郡前山村(長野県佐久市)　名旧姓・旧名=茂木　学東京専門学校法律科卒　歴明治18年長野県野沢に市立日曜学塾を開設し、自ら学費を蓄えたのち、19年上京して東京専門学校法律科に学ぶ。同校を首席で卒業後、代言人(弁護士)を開業。28年「信濃雑誌」を編集・発行し、また「信濃新聞」を発刊して健筆を振るった。30年長野県議に当選し、図書館の設置、中学校の増設、県道変換問題などで活躍。33年高崎地方裁判所の判事に任用されたが、父が死去したため退官し、再び弁護士となった。間もなく病気のため弁護士を廃業したが、回復後は満洲語研究や長野の地方史研究に没頭した。著書に『信濃史源考』『満洲地之略沿革記・満文研究録』などがある。

小山 憲栄　こやま・けんえい
僧侶(浄土真宗本願寺派) 仏教専門大学学長
文政10年(1827)~明治36年(1903)5月12日
生紀伊国海草郡亀川(和歌山県海南市)　名初名=秀旭、号=亀陰、諡号=誓願院　歴郷里・紀伊国の華厳学者である芳英に師事。次いで、安芸の浄真や豊後日田の広瀬淡窓、筑前の宝雲、豊前の松島善譲らを訪問し、宗学をはじめとして倶舎・唯識・漢籍を修めた。帰郷後は和歌山の本弘寺(浄土真宗本願寺派)の住職を務める傍ら、宝雲の上足である宝月のもとで倶舎及び唯識の考究を進めた。明治17年西本願寺の普通教校教授となり、司教を経て25年には勧学職に昇る。この間、たびたび仏教大学(現・龍谷大学)で教鞭を執り、35年には仏教専門大学の初代学長に就任したが、36年同在職中に死去。著書に『観経玄義分講義』『十二因縁啓蒙』などがある。

小山 健三　こやま・けんぞう
文部次官　三十四銀行頭取　貴院議員（勅選）
安政5年（1858）6月13日～大正12年（1923）12月19日　生武蔵国埼玉郡忍城郭内（埼玉県行田市）　歴父は武蔵藩士で、5人きょうだい（1男4女）の2番目の長男。明治5年上京、宮崎正謙や福田理軒らについて高等数学などを修める一方、化学や語学も学んだ。長野県、群馬県で教員を務めた後、15年文部省に出仕。16年長崎県学務課長兼師範学校長、22年第五高等中学教諭、24年東京高等工業学校教授、28年東京高等商業学校校長を経て、31年1月文部省実業教育局長、5月文部次官。32年三十四銀行頭取に就任。34年大阪銀行会議所委員長、37年大阪手形交換所委員長を務めるなど、財界でも活躍した。大正9年勅選貴院議員。　勲勲二等瑞宝章〔大正12年〕

小山 秋作　こやま・しゅうさく
陸軍大佐
文久2年（1862）6月1日～昭和2年（1927）9月15日　生越後国長岡（新潟県長岡市）　学陸士卒　歴越後長岡藩医の三男に生まれる。陸軍少尉となり、荒尾精によって上海に設置された日清貿易研究所に現職のまま加わる。帰国後、大尉となり近衛師団に属して台湾に渡った。日露戦争では奉天軍政官を務める。のち参謀本部に属して中国関係の問題処理に当たった。大佐に昇進するが、病気になり退役。南洋スラバヤに南洋起業を創立し、のち同社を解散して南亜公司と合併した。　家兄＝小山正太郎（洋画家）、小山吉郎（海軍造船少将）

小山 進　こやま・すすむ
神職　諏訪神社宮司
天保7年（1836）～明治41年（1908）10月3日　生信濃国飯山町（長野県飯山市）　名旧姓・旧名＝山本　歴山本家に生まれ、母方の小山姓を名乗る。13歳で信州上田の呉服店・成沢金兵衛の徒弟となり22年間務め、許されて主家の蔵書を読破して勤王を志す。幕末、江戸に出て相楽総三らと交わり国事に奔走した。明治2年外務省に入り、丸山作楽に従い樺太（サハリン）に出張、日露の境界査定に関わる。5年広沢参議暗殺の嫌疑を受けて投獄される。6年壱岐住吉神社権宮司、のち長崎神道事務分局長、長野県の諏訪神社宮司などを経て、松本神道事務局長兼四柱神社祠官を務め、大教正となった。この間、皇典講習所を開いて神道の振興に努め、和歌や書もよくした。編著に「樺太概覧」がある。

小山 谷蔵　こやま・たにぞう
衆院議員（日本進歩党）
明治9年（1876）8月～昭和26年（1951）1月1日　回和歌山県　学コロンビア大学（米国）卒 Ph.D.（コロンビア大学）　歴米国コロンビア大学に学ぶ。台湾総督府翻訳官、文部省副参政官、第二次若槻内閣の内務参与官、米内内閣外務政務次官な

どを歴任。明治45年衆院議員に初当選。以来通算8回当選。

小山 久之助　こやま・ひさのすけ
民権運動家　衆院議員
安政6年（1859）2月～明治34年（1901）10月3日　生信濃国小諸（長野県小諸市）　名号＝聘斎　歴郷里・信濃小諸で山本杏園の漢学塾に学ぶ。のち新潟県師範学校に進むが、間もなく上京して仏学塾に入門。また中江兆民に師事し、幸徳秋水と並んで兆民門下の双璧と謳われた。師の自由民権思想に共鳴し、師とともに「政理叢談」を発刊。明治20年に兆民が保安条例のために皇居三里外追放の処分を受けると、後藤象二郎らと全国を遊説し、民権思想の鼓吹に尽力した。さらに、21年には兆民や幸徳らと「東雲新聞」を創刊。31年長野県五区から衆議院選挙に出馬し、初当選。はじめ自由党に属するが、党首・板垣退助の変節に憤って兆民と共に脱党し、立憲改進党に入った。

小山 益太　こやま・ますた
果樹園芸家
文久1年（1861）9月12日～大正13年（1924）7月1日　生備前国赤磐郡可真村稲田（岡山県赤磐市）　歴岡山県赤磐郡書記を経て、明治22年から果樹栽培に従事。桃や梨などの品種改良や病害虫駆除法の研究を行い、また販路の拡大にも努めるなど岡山県の果樹栽培振興に貢献した。

小山 松吉　こやま・まつきち
大審院検事総長
明治2年（1869）9月28日～昭和23年（1948）3月27日　生常陸国（茨城県水戸市）　名旧姓・旧名＝高橋　学独逸学協会学校専修科〔明治25年〕卒　法学博士〔昭和15年〕　歴明治26年司法官試補、29年検事、熊本、長崎、東京勤務。34年判事に転じ、長崎地方裁判所判事、同控訴院判事、同地裁部長。39年再び検事となり東京控訴院検事、神戸地方裁判所検事正、長崎控訴院検事長、大審院検事を経て大正10年判検事登用試験弁護士試験各委員長、13年検事総長に就任、以来在職8年に及ぶ。この間大逆事件、朴烈、虎ノ門事件などを扱った。昭和7年斎藤内閣の法相。　家孫＝山下洋輔（ジャズピアニスト）

小山 光利　こやま・みつとし
京城日報社総務
明治2年（1869）9月15日～大正13年（1924）3月20日　回静岡県　学慶応義塾〔明治26年〕卒　歴明治28年日韓通商協会特派員として京城に赴任。42年東洋拓殖に転じ、大正10年京城日報社総務。朝鮮半島北部におけるロシア人の動静調査など行う一方、産業・教育方面の開発に努めた。

小山 六之助　こやま・ろくのすけ
李鴻章の狙撃犯
明治2年（1869）3月10日～昭和22年（1947）8月4日

生上野国(群馬県館林市)　名本名=小山豊太郎　学慶応義塾　歴父は田中正造の改進党に所属し、明治16年群馬県議の当選した小山孝八郎。栃木中学を卒業し、慶応義塾に進むが、壮士の群れに入り、六之助に改名。政治講談・伊藤漫遊の門下生となり痴狂と号すも、やがて大日本正義館に入り、28年3月下旬で清国全権大使・李鴻章を狙撃。逮捕されて無期徒刑囚となったが、40年英照皇太后崩御の恩赦で仮出獄すると、43年獄中体験記「活地獄」を出版。後年右翼の総師・頭山満の庇護を受け、忘雪と号して書道塾と碁会所を営んだ。　家父=小山孝八郎(群馬県議)

小山田　繁蔵　こやまだ・しげぞう
海軍中将
明治9年(1876)12月2日～昭和10年(1935)7月14日　生岩手県　学海兵(第27期)〔明治32年〕卒　歴明治34年海軍少尉に任官。大正8年浅間、9年摂津の艦長、11年呉鎮守府人事部長、13年侍従武官を経て、昭和2年海軍中将。3年予備役に編入となり、宮内省御用掛を務めた。

是山　恵覚　これやま・えかく
僧侶(浄土真宗本願寺派)　仏教学者
安政4年(1857)～昭和6年(1931)1月10日　生備後国(広島県)　宗浄土真宗　学浄土真宗本願寺派大教校　歴実家は広島県世羅郡の真行寺(浄土真宗本願寺派)。明治4年教専住職の福間浄観に入門し、宗学を学ぶ。8年には師に従って京都に上り、西山別院内の教授役や大教校で学業を続けた。のち一時的に崇信学校の教員となるが、12年より大分の松島善譲に師事し、宗学研究を再開。21年父の死によって真行寺住職を継ぎ、寺内に光闡寮を開いて後進を指導した。29年真宗の大学林教授となり、次いで33年には仏教大学(のちの龍谷大学)教授に就任、浄土真宗学の第一人者といわれた。大正8年に教授の職を退いたのちは勧学寮長・宗学院長を歴任。著書に「往生論註講義」「往生礼讃録講録」「安心決定録講話」などがある。

木幡　久右衛門(13代目)　こわた・きゅうえもん
社会事業家　私立松江図書館長
慶応3年(1867)3月18日～明治42年(1909)11月22日　生出雲国意宇郡宍道村(島根県松江市)　名幼名=礼之助、孝良、号=黄雨　学東京専修学校卒　歴出雲国宍道村の名家に生まれ、家督を継いで13代久右衛門を襲名。幼少時から松江の学者・沢野修輔に学ぶ。明治21年には東京に上り、東京専修学校で法律学や理財学を修めた。帰郷後は農談会や郡農会を開き、郷里の農事改良を推進。山陰線宍道駅の用地を提供するなど、地元の近代化にも大きく寄与した。その傍らで文化活動にも携わり、32年私費を投じて私立松江図書館を設立し(京都以西では初の図書館)、館長に就任。島根県におけるアマチュア写真や自転車の先覚者としても知ら

れ、その活動は多方面に渡った。　家長男=木幡久右衛門(14代目)

金剛　宥性　こんごう・ゆうしょう
僧侶(真言宗智山派)　智積院43世化主
文政4年(1821)～明治28年(1895)1月13日　生安房国長狭郡大山村(千葉県鴨川市)　名字=智友、号=不可得、如意金剛、別名=宥性　歴12歳で智積院の頼如に入門、安房・成就院の慶真に従って出家する。のち根来寺の信海のもとで修行し、亮誘・頼如に灌頂を受け、竜謙・隆栄・弘阿らに事相を学び、野沢諸流を究める。天保10年(1839年)より智積院で顕密二教を修めた。明治6年醍醐寺座主、17年東寺総黌教師、23年智積院能化となり、大学林主管を兼務。同年大伝法院(根来寺)座主、25年大僧正。

権田　愛三　ごんだ・あいぞう
篤農家　麦踏みの考案者
嘉永3年(1850)～昭和3年(1928)
出武蔵国(埼玉県熊谷市)　歴明治時代に麦踏みを始め、二毛作や土入れ、広幅うねまきなど麦の栽培改良法を次々に考案。全国各地に栽培法を広め、"麦翁""麦王"と呼ばれ、全国にその名を知られた。

昆田　文治郎　こんだ・ぶんじろう
古河合名会社理事長
文久2年(1862)9月28日～昭和2年(1927)1月29日　生越後国新発田(新潟県新発田市)　学東京専門学校〔明治18年〕卒　歴越後新発田藩士・昆田佐一郎の長男に生まれ、明治4年分家・昆田謙左衛門の養子となる。18年代言人(弁護士)となり、仙台で開業。古河市兵衛の知遇を得て、29年法律顧問として古河本店に入り、足尾鉱毒事件や労働争議などの処理に当たる。大正2年古河合名会社理事に進み、3年総務部長を兼任。6年古河鉱業専務理事に転じ、7年株式会社に改組し専務、9年副社長となる。10年古河合名会社理事長に就任して古河財閥の総責任者となった。ほかに旭電化工業、帝国生命保険会社などの重役も兼ねた。

権田　雷斧　ごんだ・らいふ
僧侶　真言宗豊山派管長
弘化3年(1846)12月22日～昭和9年(1934)2月7日　生越後国三島郡(新潟県)　歴真言宗豊山派に属する正法寺住職快阿の長男。6歳で出家、11歳で長谷寺に登り、倶舎、唯識、因明を学ぶ。明治5年曹洞宗に改宗、雷斧と改名するが、11年真言宗豊山派に復籍、正法寺住職となる。34年豊山派管長兼総本山長谷寺化主に就任、41年豊山大学長、大正15年大正大学へ合同するに伴いその教授となり、昭和3年同学長、5年自坊へ帰った。この間、大正5年東大で両部曼荼羅を講じ、13年中国潮州に渡り伝法灌頂を行う。教相、事相両面にわたって最高の碩学と仰がれ、近代における真言宗の代表的学僧とされる。著書に「密教綱要」「続続秘曲」「我観密教発達志」など多数。

渾大防 益三郎　こんだいぼう・ますさぶろう
鴻村銀行頭取
天保13年(1842)5月17日～大正3年(1914)2月17日　生備前国児島郡下村(岡山県倉敷市)　名旧姓・旧名=高田　歴父の死後、兄・埃二とともに家業である塩業を営む。明治12年第1回岡山県議選に当選し、約1年のあいだ県政に参与。13年政府から払い下げられた紡績機を基にして下村紡績所を設立し、次いで児島蚕業株式会社社長、岡山権蚕糸同業組合長などを歴任。21年には児島養昌社を興し、瀬戸内海における養殖業の先覚者となった。22年市町村制の発布に伴い、鴻村長に就任。29年鴻村銀行を創業、その頭取に就任。児島地方の経済・産業の発展に貢献したが、36年同行が倒産するとその後は振るわなかった。　家父=高田雲岫(実業家)、兄=渾大防埃二(実業家)、養子=渾大防芳造(実業家)

渾大防 芳造　こんだいぼう・よしぞう
大阪メリヤス創業者
慶応4年(1868)6月～昭和12年(1937)4月11日　生備中国上房郡水田村(岡山県高梁市)　名旧姓・旧名=太田　歴上京して遊学後、『日本新聞』の記者となり、明治26年実業界に転じる。35年実業家・渾大防益三郎の養子(二女の女婿)となる。大阪の泉州紡績支配人、福島紡績社長を経て、45年嘉門長蔵らと明正紡織の前身、大阪莫大小(大阪メリヤス)を創業。わが国紡績産業の開拓者の一人で、大阪商業会議所議員にも選ばれた。　家義父=渾大防益三郎(実業家)

近藤 栄蔵　こんどう・えいぞう
社会運動家　全国戦災者業団理事長　春陽会理事長
明治16年(1883)2月5日～昭和40年(1965)7月3日　生東京市小石川諏訪町(東京都文京区)　学カリフォルニア農学校(米国)卒　歴薬屋で丁稚奉公の後、明治35年渡米、苦学して農学校を卒業。43年帰国して貿易商を営んだが、大正9年再び渡米、片山潜に会って革命宣伝連盟に入会。8年帰国。10年大杉栄らの週刊「労働運動」に参加。同年上海のコミンテルン極東部委員会に出席、帰途下関で検挙された。同年8月「暁民共産党」結成に参加、委員長。12年6月の第一次共産党事件の寸前ソ連へ亡命。13年プロフィンテルン常任委員。15年帰国後は共産党と離れ、昭和3年日本労農党・日本大衆党に参加、国家社会主義運動へ転向。

権藤 貫一　ごんどう・かんいち
衆院議員(公同会)　長野県知事
弘化1年(1844)12月～大正4年(1915)1月10日　生福岡県　歴明治23年衆院議員に当選、通算2期。30年長野県知事に就任した。

近藤 喜八郎　こんどう・きはちろう
製鉄業家
天保9年(1838)～明治43年(1910)　生伯耆国日野郡根雨村(鳥取県日野郡日野町)　歴生家は代々鉄の精錬業を営む。明治4年廃藩置県の際、日野県長に選ばれる。ヨーロッパからの鉄の輸入により、旧来の鉄山業は苦境に陥ったが、精錬法を改良して、わが国の製鉄事業に貢献した。　勲緑綬褒章〔明治30年〕、勲六等単光旭日章

近藤 実左衛門　こんどう・じつざえもん
侠客
文政8年(1825)～明治36年(1903)6月5日　生尾張国愛知郡上郷村(愛知県愛知郡長久手町)　歴中京地方にその名を轟かせた博徒・北熊一家の親分。念流剣術の達人でもあり、代官の内偵係を務めて功績を立て、名字帯刀を許される。慶応4年(1868年)尾張藩の要請で博徒や侠客からなる集義隊を結成し、戊辰戦争では官軍として北陸地方などで転戦。しかし、尾張藩が徳川御三家のひとつであったため、彼らの功績は新政府に認められず、隊士の多くはもとの博徒に戻った。実左衛門も一時その剣の腕を見込まれて尾張藩明倫堂の剣術指南役となるが、間もなく下野し、再び侠客となって一家を率いた。明治15年賭博の罪で逮捕。このあと残された一家の者は、自由党の奥宮健之の思想に影響を受けて過激な自由民権運動を進め、活動資金を調達するために連続強盗を働く(名古屋事件)。65歳で恩赦出獄後は、逮捕前の縄張りを取り戻すため、瀬戸一家と抗争した。

近藤 準平　こんどう・じゅんぺい
衆院議員(大成会)
天保12年(1841)6月～明治33年(1900)8月4日　生遠江国長上郡有玉村(静岡県浜松市)　歴父・大三郎は耐軒と号し、浜松藩主に仕えた儒者。維新の頃には曽我耐軒とともに佐幕開港を唱えた。三河岡崎藩で儒官となり、明治7年内務省に出仕。10年帰郷し、12年静岡県議に当選、副議長。同年末には岡県の官吏となり、益津、周智、小笠などの各郡長を歴任。この間、23年第1回総選挙で衆院議員に当選、大成会に所属して1期務めた。　家父=近藤耐軒(儒学者)

権藤 成卿　ごんどう・せいきょう
農本主義思想家
慶応4年(1868)3月21日～昭和12年(1937)7月9日　生筑後国久留米(福岡県久留米市)　名本名=権藤善太郎、号=聞々道人,聞々子　歴若いころ中国や朝鮮を旅行。明治35年上京して内田良平らの黒龍会に参加、文筆活動に入る。41年中国人向けの「東亜月報」を発行。大正8年には「皇民自治本義」を著し農民自治を説き、9年自治学会を創立した。血盟団の井上日召と親交があり、五・一五事件の際に邸内を血盟団員に開放し、警視庁に留置された。　家父=権藤松門(郷士・国学者)、弟=権藤震二(ジャーナリスト・実業家)

近藤 富重　こんどう・とみしげ
社会事業家

こんとう　　　　　　　明治大正人物事典　I 政治・軍事・産業篇

慶応2年(1866)～大正13年(1924)8月22日　生出羽国米沢(山形県米沢市)　歴山形県米沢で組紐業に従事し、刑務所に出入りするうちに出獄者保護の必要を痛感し、明治28年出獄者や孤児の世話をする米沢商会を設立した。大正13年3月司法大臣より金牌を授与。

権藤　久宣　ごんどう・ひさのぶ
陸軍少佐
生年不詳～明治41年(1908)10月2日
生福岡県　名旧姓・旧名＝山手　学陸士卒、陸大〔明治36年〕卒　歴明治27年陸軍少尉に任官。日清戦争では歩兵第二十四連隊旗手として出征。36年陸軍大学校を首席で卒業。日露戦争では歩兵第二十四連隊中隊長として出征して旅順攻撃に加わり、鴨緑江軍参謀も務めた。日露戦争後はドイツ駐在武官、陸軍大学校教官を務めたが、病死した。

近藤　真鋤　こんどう・ますき
外交官
天保11年(1840)4月1日～明治25年(1892)11月1日　生伊予国(愛媛県)　近江国大津(滋賀県大津市)　名号＝訥斎　父は伊予小松藩の郷士だったが、大津に移住し、医者に転じた。17歳で蘭学を学び、また美濃大垣の江馬蘭斎(春齢)に師事し、医学を修める。のち京都で開業、公卿の姉小路公知や沢宣嘉らの知遇を受け、侍医を務めた。明治4年外務権大録、5年外務大録、6年英国在勤、9～11年釜山在勤、10年外務権少書記官、13年初代在釜山領事、16年外務権大書記官、19年記録局長を経て、20年駐朝鮮代理公使。

近藤　弥三郎　こんどう・やさぶろう
千葉県議
慶応3年(1867)6月25日～昭和16年(1941)11月4日　生上総国望陀郡袖ケ浦村(千葉県袖ケ浦市)　歴明治22年千葉県中川村(現・袖ケ浦市)収入役、32年村長となる。小櫃川を利用した用水施設を設置し、また耕地整理、開墾、農業技術の普及にも尽くした。40年千葉県議。

近藤　利兵衛(2代目)　こんどう・りへえ
実業家
安政6年(1859)4月5日～大正8年(1919)4月21日　生江戸四谷忍町(東京都新宿区)　下野国(栃木県)　名旧姓・旧名＝松熊、幼名＝岩吉　歴松熊林蔵の三男として江戸に生まれ、幼名は岩吉。幼時より奉公に出て、明治22年日本橋の洋酒問屋・先代近藤利兵衛(義兄)の養子となり、25年2代目となり家督を継ぐ。先代が発売元となった神谷伝兵衛醸造の蜂印香竄葡萄酒の販売で業績を伸ばし、大正7年店を株式会社に改組した。のち豊国銀行取締役も務めた。　家養父＝近藤利兵衛(1代目)

近藤　良空　こんどう・りょうくう
僧侶(新義真言宗豊山派)　声明家
安政5年(1858)12月12日～大正13年(1924)12月11日　生越後国西蒲原郡国上村(新潟県燕市)　歴明治2年より智山智積院に学ぶ。10年豊山に転派、17年豊山長谷寺に登る。23年長谷寺金蓮院住職。のち東京へ移住し、宗務庁勤務を経て正覚寺住職に。本山の年中行事、法式、声明の故実家として活動。大正12年「豊山声明大典」を刊行した。

近藤　廉平　こんどう・れんぺい
日本郵船社長　貴院議員　男爵
嘉永1年(1848)11月25日～大正10年(1921)2月9日　生阿波国麻植郡西尾村(徳島県吉野川市)　学大学南校　歴明治5年三菱商会に入り、吉岡鉱山、高島炭鉱を経て、16年横浜支社支配人となる。18年日本郵船設立後、22年理事、東京支配人、26年専務、27年副社長を経て、28年社長に就任。以後没するまで社長を務め、遠洋定期航路の開設、近海航路の充実などを図り、同社を世界最大の海運企業に育てあげた。44年男爵。大正7年貴院議員。

紺野　登米吉　こんの・とめきち
実業家
明治11年(1878)～大正14年(1925)
生岩手県　学東北学院工科卒　歴明治31年自由移民としてハワイに渡る。初め新聞記者となるが、後に測量技師兼甘蔗請負人に転身して財を築いた。大正4年当地で身売りに出されたコナ開発会社を買収し、ハワイで最初の日本人経営者となる。第一次大戦中の砂糖価格の暴騰により莫大な利益を得るが、戦後は価格低迷で経営危機に陥る。さらに13年には突如降った大雨により事業そのものが破壊的な打撃を受けた。翌14年失意のうちに病魔に襲われ、入院したハワイの病院で47年の生涯を終えた。

【さ】

西園寺　公望　さいおんじ・きんもち
首相　政友会総裁　元老　公爵
嘉永2年(1849)10月23日～昭和15年(1940)11月24日　生京都(京都府京都市)　名幼名＝美麿、号＝陶庵　学パリ第4大学(ソルボンヌ)卒　歴徳大寺公純の二男で、嘉永5年(1852年)西園寺師季の養子となる。安政4年(1857年)元服して昇殿を許され、文久元年(1861年)右近衛権中将・近習となり、宮中に出仕。慶応3年(1867年)王政復古の政変により新政府の参与となり、戊辰戦争にも従軍。明治元年新潟府知事。3年パリ・コミューンの渦中にあるフランスへ渡り、パリ第4大学(ソルボンヌ)で学ぶとともに若き日のクレマンソーや中江兆民らと交わる。13年帰国し、14年明治法律学校(現・明治大学)を創立。また、フランス帰りの自由主義者として兆民とともに「東洋自由新聞」を

創刊し社長となったが、明治天皇の咎めを受けて退社した。同年参事院議官補に任ぜられ、15年伊藤博文に随って渡欧し憲法調査に従事。16年帰国後は参事院議官、18年駐オーストリア公使、20年駐ドイツ公使兼ベルギー公使を経て、24年賞勲局総裁となり、傍ら法典調査会副総裁などを兼ねて法典調査に当たった。23年帝国議会発足当初より貴院議員となり、26年副議長。27年第二次伊藤内閣に文相として初入閣。28年陸奥宗光外相の病気辞職により外相を兼任。31年第三次伊藤内閣でも文相に任ぜられたが、間もなく病気で辞任。33年伊藤らと政友会を創立し、総務委員。同年枢密院議長となるが、36年辞職し、伊藤の後任として政友会総裁。39年桂内閣退陣の後を受けて第一次西園寺内閣を組織。44年第二次桂内閣のあと、第二次西園寺内閣を組織するが、大正元年陸軍が要求する2個師団増設問題で陸軍と対立し、総辞職を余儀なくされた。この桂太郎と交互に政権を担当した時期を"桂園時代"という。3年憲政擁護運動により第三次桂内閣打倒の機運が高まると、政友会総裁を原敬に譲って辞任。7年寺内内閣退陣後も組閣の大命を受けたが拝辞し、代わりに原を推薦した。8年パリ平和会議首席全権に任ぜられ、ベルサイユ条約に調印。大正元年より元老として遇され、松方正義の没後は"最後の元老"として英国流の立憲君主主義と自由主義的な議会政治を実現するため、選挙により衆議院の多数派となった政党指導者を首相に推薦し、政党政治を"憲政の常道"を定着させた。この間、明治17年侯爵、大正9年公爵。
家父＝徳大寺公純（公卿）、兄＝徳大寺実則（明治天皇侍従長）、弟＝住友友純（住友銀行創設者）、孫＝西園寺公一（政治家）、甥＝高千穂宣麿（英彦山神社座主・博物学者）

才賀 藤吉 さいが・とうきち
実業家 衆院議員
明治3年（1870）7月～大正4年（1915）7月
生大阪府大阪市西区南堀江 歴一介の電気技師であったが、明治末期に大阪で才賀電機商会を興し、才賀王国と呼ばれる巨大なコンツェルンを形成。また岩村電気軌道や信濃鉄道（現・JR大糸線）などの地方私道事業、電力事業にも手を広げ電気王とも呼ばれたが、常に経営は苦しく、三井の不正手形事件を機に、大正3年倒産。一方明治42年に設立された美濃電気軌道の初代社長を務め、次々と路線網を拡大。また長良軽便鉄道や岐北軽便鉄道も吸収し、美濃電の基礎を築いた。しかし、経営不振に陥り、昭和5年旧・名古屋鉄道との合併を余儀なくされ、名岐鉄道と社名も変更された。明治41年愛媛県から衆院議員に当選。

三枝 七内 さいぐさ・しちない
殖産家 山梨県議
天保8年（1837）6月25日～明治45年（1912）1月30日 生甲斐国巨摩郡御影村（山梨県南アルプス市）歴年少にして江戸に出て平田篤胤の門に学ぶ。のち生地の甲斐（山梨県）御影村に帰り、選ばれて名主となる。明治維新の初めに地租改正などに尽力し、明治11年中巨摩郡長となる。15年立憲保守党を結成、山梨県議となり議長を務める。山梨治水協会会長に就任、釜無川の水害対策に功を立てた。また官民有の山野を借り入れて10万余株の苗木を栽植し植林事業を進めた。

三枝 彦太郎 さいぐさ・ひこたろう
日本化学工業社長 衆院議員（政友会）
明治6年（1873）10月22日～昭和4年（1929）4月17日 生山梨県南都留郡東桂村（都留市） 学錦城学校 歴東京英語学校および錦城学校に学び、実業に従事して日本化学工業社長、日本乳酸取締役、桂電灯取締役、電灯広告代表社員などを務めた。大正9年山梨県より衆院議員（政友会）に当選1回。

西郷 菊次郎 さいごう・きくじろう
京都市長
万延2年（1861）1月2日～昭和3年（1928）11月27日 生大隅国大島郡龍郷村（鹿児島県大島郡龍郷町）歴奄美大島配流中の西郷隆盛と島民愛加那との間に生まれる。鹿児島の英語学校で学び、明治5年11歳から2年間米国に留学。10年17歳の時、父・隆盛に伴い西南戦争に従軍、片足を失う。17年外務省に入省、米国、台湾（宜蘭支庁長）などで長く勤務。37年北垣国道京都府知事の推薦を受けて、京都市長に就任。公共事業を推進した。退職後は地元の金山に勤務し、のち金山のある集落で夜間学校を開き教育にあたった。 家父＝西郷隆盛（明治維新の元勲）、息子＝西郷準（大学野球選手）

西郷 小兵衛 さいごう・こへえ
西南戦争で挙兵した西郷隆盛の弟
弘化4年（1847）10月11日～明治10年（1877）2月27日 生薩摩国鹿児島城下（鹿児島県鹿児島市） 名名＝隆武、初名＝彦吾 歴薩摩藩士西郷隆盛・従道の弟。16歳で藩の御式官所勤務となるが、兄・隆盛が罪を得たのに連座して左遷。戊辰戦争では兄たちに従って奥州各地を転戦し、戦功を立てた。維新後に賞典禄を賜るが、すぐには仕官せず、京都の儒学者・春日潜庵の許で学んだ。次いで上京するが、征韓論論争のため帰郷し、鹿児島県加世田郷の副区長に就任。10年兄の隆盛が旧薩摩藩の不平士族を率いて決起すると（西南戦争）、西郷軍の一番大隊一番小隊長に任ぜられ、政府軍を迎え撃つが、同年2月27日熊本県の黒瀬で戦死した。 家兄＝西郷隆盛（志士、軍人）、西郷従道（海軍軍人）

西郷 隆盛 さいごう・たかもり
陸軍大将 参議
文政10年（1827）12月7日～明治10年（1877）9月24日 生薩摩国鹿児島城下下加治屋町山之口馬場（鹿児島県鹿児島市） 名幼名＝小吉、吉之介、号＝南洲、通称＝吉之助、変名＝菊池源吾 歴薩摩藩士・西郷吉兵衛隆盛の長男。安政元年（1854年）中小姓に挙げられて江戸へ赴き、藩主・島津斉彬の信任を得

て庭方役を務める。第13代将軍・徳川家定の継嗣問題では一橋慶喜の擁立に動き、内勅降下を実現させるため京都で活動したが、井伊直弼の大老就任により失敗。5年安政の大獄が始まると幕府の追及を受けて逃亡中の身であった僧・月照を伴って薩摩に帰るが、後ろ盾であった斉彬の死もあって藩庁は態度を硬化させ、そのために絶望して月照とともに鹿児島湾海中にて投身自殺を図ったが、自身は助かった。その後、菊池源吾と名を改め、大島に配流。文久2年(1862年)島津久光に召還され、大島三右衛門に改名して徒目付・庭方兼務として復帰し、朝幕間の周旋に奔走するが、独断での上洛や諸藩の志士との交流などで久光から疑念をかけられ、徳之島・沖永良部島にて蟄居を命ぜられた。元治元年(1864年)赦されて藩政の中枢に復帰し、禁門の変、第一次長州征討などに従軍。長州処分に際しては長州の三家老を禁門の変の責任者として切腹させ、ほぼ無血で事態を収拾した。慶応2年(1866年)坂本龍馬の斡旋で長州の桂小五郎(木戸孝允)と会見して薩長連合の密約を締結。以降は討幕に邁進し、王政復古の政変後、幕府を挑発して鳥羽・伏見の戦いを引き起こした。さらに東征大総督府参謀として東下し、勝海舟との会見で江戸城の無血開城に成功した。明治維新後は第一の功臣と遇されて新政府への出仕を求められたが一旦辞退し、門閥打破を掲げて薩摩藩の改革に従事。4年薩摩・長州・土佐三藩による親兵編成を条件に新政府に出仕し、陸軍大将兼参議となるが、6年征韓の議(征韓論)が容れられず下野・帰郷した。7年鹿児島に私学校を作って子弟の教育に当たるが、10年不平士族に擁された西南戦争を起こし、1万5000の兵を率いて熊本城攻撃に出発。しかし新政府軍に敗れて鹿児島に逃れ、城山で自刃した。そのため朝敵とされたが、22年憲法発布の特赦で名誉が回復された。　家長男=西郷寅太郎(陸軍中佐)、息子=西郷菊次郎(京都市長)、弟=西郷従道(海軍大将・元帥)、西郷小兵衛(陸軍軍人)、孫=西郷吉之助(法相)、西郷隆明(スターライト工業会長)、従弟=大山巌(陸軍大将・元帥)

西郷 従道　さいごう・つぐみち
海軍大将・元帥 内相 侯爵
天保14年(1843)5月4日～明治35年(1902)7月18日　生薩摩国鹿児島城下加治屋町(鹿児島県鹿児島市)　名幼名=竜助、通称=信吾　歴薩摩藩士・西郷吉兵衛の三男で、西郷隆盛の弟。幼い頃両親を亡くし、13歳で島津家の茶坊主となって竜庵と称したが、のち還俗。兄の影響で尊王攘夷運動に身を投じ、大老・井伊直弼の暗殺計画(突出事件)にも参画した。文久2年(1862年)寺田屋事件に座して謹慎を命ぜられるが、間もなく赦されて薩英戦争、禁門の変などに従軍。鳥羽・伏見の戦いで重傷を負った。明治維新後は新政府に出仕し、明治2年山県有朋と欧州を巡察して兵制を調査。3年帰国後は兵部権大丞、4年兵部大丞、同年兵部少輔を務め、5年陸軍少将。兄が征韓論問題で下野した

後も政府に残り、7年陸軍中将・台湾蕃地事務都督となり、同年4～12月として大久保利通らによる制止を振り切って台湾出兵を強行した。10年西南戦争では兄に加担せず陸軍卿代理として東京に留まる。11年参議兼文部卿に就任し、同年～13年陸軍卿、17年～18年農商務卿を兼務。18年第一次伊藤内閣が組閣されると陸軍中将のまま海軍大臣兼農商務相として入閣。以後は海軍に転じ、21年黒田内閣、22年第一次山県内閣でも留任。23年内相に転じて続く第一次松方内閣でも留任したが、24年大津事件により辞任した。その後、25年に枢密顧問官となり、また、品川弥二郎らとともに国民協会を結成してその会頭となる。26年第二次伊藤内閣の海相として復帰、第二次松方内閣、第三次伊藤内閣、第一次大隈内閣でも留まり、31年まで在職した。この間、山本権兵衛ら若手を起用して腕を振るわせ、日本海軍の整備と発展に大きく貢献した。27年海軍大将。31年海軍軍人として初めて元帥府に列した。同年から33年まで第二次山県内閣の内相。"小西郷"と呼ばれ、兄・同様の包容力と茫洋たる人柄から藩閥を越えた人望を集めた。17年伯爵、28年侯爵。　家兄=西郷隆盛(明治維新の元勲)、岳父=得能良介(大蔵官僚)、女婿=楢原陳政(外交官)、古河虎之助(古河財閥3代目当主)

西郷 寅太郎　さいごう・とらたろう
陸軍歩兵大佐 貴院議員 侯爵
慶応2年(1866)7月12日～大正8年(1919)1月4日　生薩摩国(鹿児島県)　学プロイセン陸軍士官学校〔明治24年〕卒、陸軍戸山学校射撃科〔明治31年〕卒　歴西郷隆盛の長男に生まれる。軍事研究のためドイツに留学し、プロイセン陸軍士官学校に入学する。明治24年卒業後、ドイツ国陸軍少尉に任官したが、帰国して、28年陸軍中尉となり、日清戦争に従軍、大正5年陸軍大佐となる。この間、第一師管軍法会議判士、歩兵第五十五連隊大隊長、歩兵第一連隊大隊長、東京俘虜収容所所長、大正4年習志野俘虜収容所所長を歴任した。また明治35年父・隆盛の偉勲により華族に列し侯爵を授かる。同年から貴院議員を務めた。　家父=西郷隆盛(明治維新の元勲)

税所 篤　さいしょ・あつし
枢密顧問官 奈良県知事 子爵
文政10年(1827)11月5日～明治43年(1910)6月21日　生薩摩国(鹿児島県)　名幼名=長蔵、通称=喜三左衛門、別称=篤満、容八、号=巌舎、鵬北　歴薩摩藩士・税所篤能の二男。西郷隆盛や大久保利通とは古くから親交があり、薩摩藩庁の勘定所郡方や三島方蔵役などを務めた。安政5年(1858年)入水自殺を図った西郷を介抱し、文久2年(1862年)には大久保らと工作して奄美大島に配流されていた西郷の召還に成功した。元治元年(1864年)禁門の変に出陣するが負傷。第一次長州征討に参加した後は都落ちした尊攘派七卿の筑前遷移などにも活躍した。鳥羽・伏見の戦いでは御蔵役として大

坂に在勤し、軍資金・資材の調達に奔走。維新後は新政府に出仕し、明治2年河内県知事、同年兵庫県権知事、3年堺県知事など地方官を歴任し、21年初代奈良県知事となった。一方、14年元老院議官を経て、23年宮中顧問官、38年枢密顧問官も務めた。20年子爵。美術品の鑑定にも秀で、正倉院御物整理掛なども務めた。

税所 篤文　さいしょ・あつぶみ
陸軍中将
安政2年(1855)7月〜明治43年(1910)2月25日
生薩摩国鹿児島（鹿児島県鹿児島市）　学陸士〔明治12年〕卒　歴明治12年陸軍少尉となる。日清戦争の威海衛の戦いに功を立て、29年陸軍省軍務局砲兵課長となり、30年欧州に派遣される。帰国後、35年少将となり呉要塞司令官、36年広島湾要塞司令官を歴任。37年日露戦争には第二軍砲兵部長として出征、終戦まで弾薬の不足に悩まされながら転戦し、40年旅順要塞司令官を務めた。42年中将。

斎藤 斐　さいとう・あきら
衆院議員 茨城農工銀行頭取
安政2年(1855)5月15日〜昭和13年(1938)12月9日　生下総国守谷町（茨城県守谷市）　学慶応義塾卒　歴親戚の下で漢学を学んだのち、明治7年に上京。慶応義塾を卒業して茨城県に帰郷し、自由民権運動に参加した。茨城県議を経て22年に衆議院選挙に出馬し当選、2期を務めた。その後、銀行界に転じ、33年には茨城農工銀行頭取に就任。大正期には茨城県下における銀行合併の立て役者として活躍した。

斎藤 宇一郎　さいとう・ういちろう
農事改良家 衆院議員（革新倶楽部）
慶応2年(1866)5月18日〜大正15年(1926)5月10日　生秋田県由利郡平沢村（にかほ市）　学帝国大学農科大学卒　歴明治学院教授となるが、志願して近衛歩兵第四連隊に入り、明治27年日清戦争に従軍、大尉。農商務省林務官を務めた後、32年帰郷、農事改良に尽力。秋田県側の推進する湿田通し苗代と対立しながら乾田馬耕法に成功、コメの生産を大幅に引き上げた。35年から衆院議員当選8回。憲政本党、憲政会、革新倶楽部に所属、自由主義政治家として活躍。また帝国農会特別議員、小作制度調査委員、秋田県教育会長を務め、横荘鉄道会社を創設、社長となった。　家息子＝斎藤憲三（TDK創設者）

斎藤 卯八　さいとう・うはち
衆院議員
嘉永6年(1853)12月8日〜明治45年(1912)2月9日　生甲斐国中巨摩郡今諏訪村（山梨県南アルプス市）　歴家は名主。明治5年副戸長、8年地租改正総代、11年戸長。25年県会議員となり副議長。27年衆院議員当選。32年釜無川架橋を提唱、開国橋を完成、私財を投じて公益に尽くした。

斎藤 普春　さいとう・かたはる
神職
嘉永7年(1854)1月26日〜大正2年(1913)3月26日　生近江国彦根（滋賀県彦根市）　名通称＝猶太郎、号＝伊豆廼舎　歴近江彦根藩の藩校・弘道館で学び、のち井上頼圀らに師事し伊豆廼舎と号し、国学・歌道に通じた。丹生川上神社、吉野神宮、香椎宮、忌部神社などの宮司を歴任。著書に「阿波資料」「飯尾氏考」「践祚御贊考」などがある。

斎藤 勝広　さいとう・かつひろ
農事改良家
天保11年(1840)2月15日〜明治43年(1910)8月20日　生石見国美濃郡内田村（島根県益田市）　歴石見国内田村の庄屋の家に生まれるが、嘉永6年(1853年)藩命により、同郡梅月村の庄屋に転任。明治2年父の死に伴って家督を継ぎ、梅月村のみならず本俣賀・左ヶ山・小俣賀などの庄屋も務めた。14年凶作に備えて養老舎を設立。15年からは自宅で農談会を開催するようになり、農業知識の共有・普及に心血を注いだ。その他にも桜島大根を改良した斎藤大根の開発・婦人農談会の結成・備荒を目的とした千歳倉の設置などを行い、農事改良・農村生活の改善に功績があった。著書に「農業方法」「林業の方法」などがある。

斎藤 兼次郎　さいとう・かねじろう
社会運動家
万延1年(1860)〜大正15年(1926)1月2日
生江戸　歴明治30年頃から社会主義運動に参加し、33年社会主義協会幹事となり、36年平民社に参加。以後多くの社会主義運動に参加し、大正9年日本社会主義同盟に加盟した。

斎藤 義一　さいとう・ぎいち
群馬県高崎町長
天保13年(1842)〜明治37年(1904)7月4日
生上野国高崎（群馬県高崎市）　歴上野高崎藩士で、江戸の藩邸に生まれ、安井息軒に儒学を学ぶ。明治元年朝命の同藩に下る時、選ばれて伊達氏の旧領陸前牡鹿外2郡の管治に当たる。2年同藩藩黌を興すに際し教授となり、ついで高崎を始め各地の小学校設立に尽力。高崎町長、同町議、高崎県議などを務め、町市政の発展に尽くした。

斎藤 珪次　さいとう・けいじ
衆院議員（政友会）
万延1年(1860)3月25日〜昭和3年(1928)3月21日　生武蔵国北埼玉郡三田ケ村（埼玉県羽生市）　歴慶応義塾、外国語学校に学び、明治16年自由党入党。25年以来衆院議員当選7回。政友会の闘士として活躍。30年「自由新聞」主幹、31年内務大臣秘書官。

斎藤 謙蔵　さいとう・けんぞう
古本商
嘉永3年(1850)〜明治40年(1907)
生越前国福井（福井県福井市）　歴戊辰戦争の時、

榎本武揚の脱走組に加わり箱館五稜郭で戦うが、敗れて樺太に逃れる。のち上京し、神田のニコライ教会堂の委託で聖書を販売、「バイブル」と綽名される。ついで下谷池の端で琳琅閣という和漢書専門の古本店を開き、古本販売業に専念、浅草の朝倉屋と共に同業を代表するにいたった。

斎藤 孝至　さいとう・こうし
海軍中将

万延1年(1860)3月28日～昭和2年(1927)10月30日　出陸奥国(福島県)　学海兵(第7期)〔明治13年〕卒　歴明治16年海軍少尉に任官。23～25年英国へ留学。28年侍従武官となり、32年筑紫、大和、和泉、33年浪速の各艦長。同年海軍省副官、35年軍務局第一課長兼第二課長を兼務。38年第三艦隊参謀長、38年八雲艦長、39年佐世保鎮守府参謀長、40年軍令部参謀第一班長、42年呉予備艦隊司令官。44年海軍中将に進み、予備役に編入。

斎藤 孝治　さいとう・こうじ
東京府議

安政3年(1856)2月4日～大正6年(1917)8月22日　出下総国古河(茨城県古河市)　学明治法律学校卒　歴明治10年西南戦争に従軍。32年弁護士から東京府議となり、のち議長。東京博覧会、大正博覧会各顧問、明治大学監事も務めた。

斎藤 七五郎　さいとう・しちごろう
海軍中将

明治2年(1869)12月12日～大正15年(1926)7月23日　出陸前国仙台荒町(宮城県仙台市)　学二高中退、海兵(第20期)〔明治26年〕卒、海大〔明治35年〕卒　歴小学校教師となるが、海軍を志して上京し、明治26年海軍兵学校を卒業。28年海軍少尉に任官。35年海軍大学校を首席で卒業。日露戦争に際しては仁川丸、弥彦丸の指揮官として旅順口閉塞作戦に参加し勇名を謳われた。第一次大戦では巡洋艦八雲艦長としてインド洋方面で警備活動に従事。大正7年呉鎮守府参謀長、11年海軍中将に進み第五戦隊司令官、12年練習艦隊司令官を経て、13年軍令部次長となったが、在任中に病没した。

斎藤 修一郎　さいとう・しゅういちろう
農商務次官　中外商業新報社長

安政2年(1855)7月12日～明治43年(1910)5月7日　出越前国府中(福井県越前市)　号=半狂学人、談笑門人　学大学南校、ボストン大学(米国)　歴沼津兵学校付属小学校や大学南校で学んだのち、明治8年第1回官費留学生に選ばれて米国のボストン大学に留学。13年に帰国して外務省に入り、外務権大書記官や翻訳局長・公使館参事官などを務め、外務卿井上馨の知遇を得た。21年井上の農商務大臣就任にともなって農商務省に移り、大臣秘書官や商務局長・農務局長などを経て26年には農商務次官に就任。27年に退官後は実業界に転じ、中外商業新報社長や東京米穀取引所理事長など歴任した。

斎藤 季治郎　さいとう・すえじろう
陸軍中将

慶応3年(1867)7月3日～大正10年(1921)2月26日　出和泉国堺(大阪府堺市)　学陸士(第11期)〔明治22年〕卒、陸大〔明治30年〕卒　歴明治22年陸軍少尉に任官。32年清国政府に招聘され、約5年間に渡って杭州武備学堂の教官を務める。日露戦争では第三軍参謀として旅順攻囲戦に従軍。39年朝鮮駐屯軍参謀となり、40年韓国統監府勤務を兼任。この間、清韓国境に関わる間島問題を担当した。大正2年中国公使館付武官、4年支那駐屯軍司令官を経て、5年中国公使館付武官に再任。7年中将。8年帰国して第十一師団長に就任。9年シベリア出兵に参加したが陣中で病没した。陸軍内の中国通として知られた。　賞勲一等旭日大綬章〔大正10年〕

斎藤 善右衛門(9代目)　さいとう・ぜんえもん
斎藤報恩会創立者　衆院議員

嘉永7年(1854)閏7月28日～大正14年(1925)7月25日　出陸奥国桃生郡前谷地村黒沢(宮城県石巻市)　名幼名=養之助、名=有成、通称=善寿郎、号=無一庵　歴大地主・斎藤善右衛門家の長男。慶応4年(1868年)父が戊辰戦争で戦没したため、叔父の後見のもと家督を相続。明治2年善寿郎を名のり、3年9代目善右衛門に改名。13年宮城県議となるがすぐに辞職。25年には衆院議員となったが1年余で辞職して実業家としての仕事に専念。大正10年300万円を投じて斎藤報恩会を創立し、学界に寄与した。土地1000余町歩を有し、東北随一の富豪といわれた。

斎藤 高行　さいとう・たかゆき
報徳運動家　農政家

文政2年(1819)10月22日～明治27年(1894)6月12日　名通称=粂之助、号=大原　歴天保11年(1840年)江戸に出て留守居役となる一方、従兄を通じて二宮尊徳を知り、弘化2年(1845年)に入門。以後尊徳に従い真岡、樟ケ島、花田、日光などでの仕法(農村改革)を助ける。嘉永4年(1851年)相馬藩に戻り、のち相馬藩御仕法掛代官所を命ぜられ、同藩での復興仕法に尽力した。維新後、相馬興復局総裁及び少参事に推されたが受けず、報徳教義の体系化や普及に全力を注ぎ、尊徳門下四天王の一人に数えられた。著書に「報徳外記」「二宮先生語録」など。

斎藤 多須久　さいとう・たすく
大成教会長

天保6年(1835)8月17日～明治26年(1893)8月16日　出上野国勢多郡苗ケ島村(群馬県前橋市)　歴上野国沼田の神官宮沢正治に漢籍を学び、郷里で寺子屋を開いた。のち権田直助に従い医術を学び、さらに京に出て医師錦小路氏について修業を積む。傍ら勤王の志士藤本鉄石らと交わり、尊王運動に従事。維新後は帰郷し医業を営み、明治2年村の葬祭を神式に改めさせた。東国の神葬祭はこれに始

まるといわれる。5年以降、前橋八幡宮祠官、貫前神社禰宜などを務め、高山神社創建に尽力。のち大成教を創設して神道の布教に努め、26年大教正となった。

斎藤 司　さいとう・つかさ
農事指導者　神官
慶応1年(1865)1月～昭和12年(1937)1月25日
⑪筑前国鞍手郡上有木村(福岡県宮若市)　歴神職の家に生まれ、近隣の神官に国学や理数学を学ぶ。家が田畑作をしていたため早くから農業に関心を持ち、江戸時代中期の農学者宮崎安貞の「農業全書」などをもとに明治22年に麦作専門の農学書「発明・麦作改良新書」を著述、農学者横井時敬の塩水選種法を紹介するとともに、福岡の先進農業地帯の水田における麦作と菜種栽培の二毛作の普及を唱えた。のち故郷の笠松神社などの神職を務めた。　家父＝斉藤重次(神官)

斎藤 恒三　さいとう・つねぞう
東洋紡社長
安政5年(1858)10月17日～昭和12年(1937)2月5日　⑪長門国(山口県)　名旧姓・旧名＝藤井　学工部大学校〔明治5年〕卒　歴大阪造幣局勤務時代に大阪紡績会社の機械据え付けに従事。明治19年三重紡績に技術長として入社。専務を経て、大正3年大阪紡績との合併により成立した東洋紡の専務となり、9年社長に就任、15年まで務めた。この間大日本紡績連合会委員、名古屋商工会議所特別議員などを歴任。

斎藤 利行　さいとう・としゆき
元老院議官　参議
文政5年(1822)1月11日～明治14年(1881)5月26日　⑪土佐国(高知県)　名旧姓・旧名＝渡辺弥久馬　歴初め渡辺弥久馬と称す。13代土佐藩主山内豊熈の御側物頭となる。おこぜ組の一人として活躍するが反対党のため失脚、その後吉田東洋の抜擢をうけ、豊熈夫人智鏡院の御用役に新おこぜ組の一人として務める。安政の初め近習目付となり、同3年(1856年)頃藩の銃隊を組織するにあたり、その操練教授となり、のち仕置役に昇進。慶応3年(1867年)7月長崎における英国水兵殺害事件に関し、後藤象二郎と共に談判委員として活躍。維新後斎藤利行と改名し、新政府に仕える。明治3年2月刑部大輔、5月参議となり、4年2月新律綱領撰修の功を賞される。7年宮内省に出仕し、8年から死去するまで元老院議官を務めた。　勲勲二等旭日重光章

斎藤 仁太郎　さいとう・にたろう
衆院議員
元治2年(1865)3月～昭和8年(1933)4月22日　⑪陸奥国桃生郡(宮城県)　歴漢籍を修め、農業を営む。桃生郡議、宮城県議、赤井村長などを経て、大正13年衆院議員に当選1回。また仙北亜炭取締役、宮戸石材社長、振興商事常務などを務めた。

斎藤 一　さいとう・はじめ
旧新撰組隊士
天保15年(1844)1月1日～大正4年(1915)9月28日　⑪江戸　名変名＝一瀬伝八、別名＝山口次郎、藤田五郎　歴幕臣の子として生まれる。剣術をよくし、小野派一刀流を学んだといわれる。また天然理心流も修め、近藤勇の道場である試衛館にも出入りしていたとされる。文久3年(1863年)近藤の浪士隊(のち新撰組)結成に参加し、同年八月十八日の政変にも出陣。元治元年(1864年)池田屋騒動、禁門の変で活躍し、同年新撰組の編制が副長助勤制から小隊長制に改められると四番組長に任ぜられる。慶応元年(1865年)には三番組長となり、沖田総司、永倉新八とともに撃剣師範も兼任。その後、伊東甲子太郎に従って新撰組を離れるが、後に復帰して、山口次郎と名のって鳥羽・伏見の戦いや会津戦争に従軍し、一時は近藤の不在や土方歳三の負傷などにより隊長を務めたこともあった。会津戦争に敗北した後は、一瀬伝八と名のって会津藩士に合流。維新後には他の会津藩士とともに斗南に移住し、藤田五郎に改名した。のち警視局(警視庁)に出仕し、明治10年警部補に就任して西南戦争に出征。24年警部を最後に警視庁を退職した後は東京高等師範学校附属の東京教育博物館看守を務め、32年には東京女子高等師範学校庶務係兼会計係に転じ、42年まで勤務した。

斎藤 寿雄　さいとう・ひさお
医師　衆院議員(政友本党)
弘化4年(1847)2月10日～昭和13年(1938)2月17日　⑪上野国甘楽郡高瀬村(群馬県富岡市)　学大学南校　歴大学南校で学び、医師となる。郷里の群馬県高瀬村(富岡市)で医院を開業。検疫官、北甘楽郡立病院副院長、郡衛生会会頭、郡教育会会長、群馬県医師会会長、医師購買組合理事長、信用販売生産購買組合長などを歴任。一方、小幡村議、北甘楽郡議、群馬県議を経て、明治31年から衆院議員(政友本党)に当選3回。富岡女学校、甘楽キリスト教会を設立し、また小学校の給食普及にも尽力した。

斎藤 実　さいとう・まこと
海軍大将　朝鮮総督
安政5年(1858)10月27日～昭和11年(1936)2月26日　⑪陸奥国水沢(岩手県奥州市水沢区)　名幼名＝富五郎　学海兵(第6期)〔明治12年〕卒　歴明治15年海軍少尉に任官。17年米国大使館付武官、19年より欧州へ出張し、21年帰国。30年秋津洲、31年厳島の艦長を経て、31年海軍次官。33年海軍総務長官兼軍務局長、36年艦政本部長兼務、同年海軍次官。37年軍務局長、38年教育本部長をそれぞれ兼務。39年第一次西園寺内閣の海相に就任して以来、第二次桂、第二次西園寺、第三次桂、第一次山本内閣と5内閣8年間にわたって在任。大正元年海軍大将に進んだが、3年シーメンス事件の責任を取りで予備役に編入された。8年～昭和2年と4～6

年朝鮮総督を務め、高揚する民族運動を背景に武断政治から文化政治へと舵を切った。2年ジュネーブ海軍軍縮会議全権委員、枢密顧問官。7年の五・一五事件後に組閣、政党と軍の中間的な挙国一致内閣を組織したが、9年帝人事件のため総辞職。10年内大臣に就任したが、11年二・二六事件で暗殺された。 [家]岳父＝仁礼景範（海軍中将）

斎藤 恂　さいとう・まこと
日本昼夜銀行副頭取

明治3年(1870)11月20日～昭和8年(1933)6月10日　[生]武蔵国埼玉郡日勝村（埼玉県南埼玉郡日勝町）　[学]独逸学協会学校〔明治29年〕卒　[歴]明治30年大蔵省に入り、同省書記官、銀行局銀行課長、北海道拓殖銀行設立委員などを経て、33年日本興業銀行設立委員となり、35年理事に就任。そして45年日仏銀行設立にあたって同行取締役を兼任。大正3年興銀を辞し、翌年安田保善社に入社、監査部長、銀行部長などを経て、理事となる。また8年日本昼夜銀行専務となり、ついで副頭取に就任。安田銀行、第三銀行監査役も兼ね。安田財閥の金融活動を担った。

斎藤 美知彦　さいとう・みちひこ
第八十七国立銀行支配人

弘化4年(1847)～大正2年(1913)1月27日　[生]豊前国小倉（福岡県北九州市）　[歴]小倉藩士の嫡男。明治維新後、第八十七国立銀行支配人となり、九州鉄道、門司築港の創立に参加した。

斎藤 元宏　さいとう・もとひろ
陸軍歩兵中尉

明治20年(1887)10月10日～大正5年(1916)6月　[生]山形県飽海郡南平田村（酒田市）　[学]陸士〔明治42年〕卒、陸大〔大正4年〕中退　[歴]明治42年陸軍歩兵少尉を経て、中尉となる。この間、第二十六連隊付から第五十二連隊付に転じ朝鮮警備を務めた。大正2年陸軍大学校に入学したが、川島浪速らの満蒙独立運動の計画を知り、4年卒業間近の大学校を無断退学して満州（中国東北部）に渡り川島らの計画に参加した。5年6月下旬、参謀として出発した直後に敵に襲われ索倫山中で戦死した。

斎藤 桃太郎　さいとう・ももたろう
宮内顧問官

嘉永6年(1853)2月13日～大正4年(1915)12月26日　[出]江戸　[歴]昌平黌に学ぶ。明治6年イタリアに留学、8年イタリア公使館付書記生見習となる。帰国後、外務省に入り、のち宮内庁に移って御用掛、式部官、宮内大臣秘書官、宮内書記官、内事課長、有栖川宮別当などを歴任。また東宮大夫に抜擢され東宮職制改正などに尽力、ついで帝室会計審査局長官、宮中顧問官を務めた。

斎藤 安雄　さいとう・やすお
衆院議員（政友会）深谷銀行頭取

慶応1年(1865)6月1日～昭和6年(1931)1月28日　[生]武蔵国中瀬村（埼玉県深谷市）　[学]埼玉師範中等科〔明治18年〕卒　[歴]小学校訓導、明治27年埼玉県議を経て、31年衆院議員に当選、通算5期。深谷銀行頭取も務め、大正14年多額納税の貴院議員となった。

斎藤 遊糸　さいとう・ゆうし
実業家

文政4年(1821)3月3日～明治33年(1900)12月19日　[生]越前国勝山（福井県勝山市）　[歴]旧姓・旧名＝林、通称＝治兵衛　[歴]養家・斎藤家の家運を盛り返すため、呉服商を経営。万延元年(1860年)郷里・越前国勝山藩に開かれた産物会所（のち生産局に改称）の世話役となり、維新後も引き続きその任に当たる。生糸生産の改良・増産・奨励に力を注ぎ、明治9年には勝山製糸会社を設立。さらに海外への直接輸出を開始し、その製品はニューヨーク市場で高く評価された。　[勲]緑綬褒章〔明治25年〕

斎藤 力三郎　さいとう・りきさぶろう
陸軍中将

文久1年(1861)9月5日～大正4年(1915)5月26日　[生]上総国市原郡鶴舞（千葉県市原市）　[学]陸士（旧4期）卒、陸大〔明治22年〕卒　[歴]明治10年陸軍教導団に入り、12年士官学校に転じ卒業後、少尉となる。京城公使館付武官を経て、37年日露戦争の開戦で韓国駐箚軍参謀長となり、ついで第十一師団参謀長として旅順戦を戦う。42年歩兵第二十五旅団長、45年歩兵第一旅団長、大正2年教育総監部本部長を歴任。3年中将となり、第十八師団長を務めた。

斎藤 龍　さいとう・りょう
大阪地裁判事 大津事件の資料「廻瀾録」を執筆

安政6年(1859)～大正10年(1921)　[回]伊予国宇和島（愛媛県宇和島市）　[歴]明治24年5月訪日中のロシア皇太子ニコライ（後の皇帝ニコライ2世）が大津で巡査・津田三蔵に襲われ負傷した事件（大津事件）で、かつての上司である児島惟謙に司法の独立を説き、自分の意見を書面にして大津事件担当の7人の判事にも送り、内閣の干渉を阻んで司法権の独立を守った児島の支えとなった。児島とのやりとりを事件の翌年に「廻瀾録」にまとめたが、事件後は政府からにらまれ、検事となってから九州に左遷され、病気退職した。

斎藤 良輔　さいとう・りょうすけ
衆院議員（憲政本党）

弘化3年(1846)6月～明治42年(1909)6月22日　[回]出羽国（山形県）　[歴]和漢学を修めた後農業を営む。かたわら里正、戸長、町村連合会議員、水利土功会議員、山形県議、同議長等を歴任。明治25年衆院議員に初当選、以後通算6回当選する。

斎藤 和平太　さいとう・わへいた
衆院議員（政友会）

慶応1年(1865)4月～大正14年(1925)9月24日

越後国（新潟県）　歴漢学を修め、石油採掘、北海道開墾の業に従事。のち、西蒲原郡議、新潟県議、小池村長を経て、明治31年に衆院議員に初当選。以後連続4回当選。

西原 清東　さいばら・せいとう
衆院議員　同志社社長
文久1年(1861)9月8日～昭和14年(1939)4月11日　生土佐国高岡郡出間村（高知県土佐市出間）　学立志学舎　歴明治17年立志学舎に入り、代言人（弁護士）の資格を得る。21年には全国最年少の38歳で、憲政党から衆議院議員に当選。32年同志社社長に就任。35年渡米して、ハートフォードの神学校に入学。のちテキサス州ウェブスターに西原農場を創設、郷里より移民を導入してテキサス米を作り"ライス・キング"と呼ばれた。大正7年ブラジルへ再移民、在14年で甘蔗栽培や米作りを試みた。この間、移民会社支配人として移民促進に尽力、"移民の父"といわれた。

済門 文幢　さいもん・ぶんどう
僧侶（臨済宗）
文政7年(1824)11月16日～明治38年(1905)9月4日　生美濃国（岐阜県）　名旧姓・旧名＝河田、道号＝文幢、号＝斗室　歴江戸の松宗寺（臨済宗妙心寺派）などで学び、のち美濃国瑞竜寺の住職・雪潭紹璞の法を嗣ぐ。明治維新後の廃仏毀釈に際しては、僧綱長に推され、仏法を護持するために各宗派の取りまとめに奔走。明治15年には京都五山の一つ東福寺の住職となり、前年の火災によって痛手を被った同寺の復興に尽くした。また、日露戦争では戦地に赴き、兵士たちの慰問に当たった。著書に「斗室集」「養生弁」などがある。

佐伯 旭雅　さえき・きょくが
僧侶（真言宗）　泉涌寺143世長老
文政11年(1828)～明治24年(1891)1月31日　生阿波国三好郡三野村（徳島県三好市）　名旧姓・旧名＝内田、字＝恵浄、号＝霊洞、謚＝月輪大師　歴3歳で父を失い、12歳の時に郷里・阿波三好郡滝寺の霊雅について出家。のち京都に上り、宗学を修めたほか、華厳・倶舎・唯識・天台・儀軌などを究める。安政5年(1858年)讃岐に赴いた際、重病に罹った善通寺の僧・厳獣から随心院流の印可を授けられ、同寺の寺務を委嘱された。維新後には廃仏毀釈に抵抗、良泉や雲照らと協力して護法に尽力し、明治5年教部省の設置を実現させた。9年教部省の命により随心院門跡となり、次いで11年泉涌寺の第143世長老に就任。15年に同寺が焼失したが、いち早くその復興に乗り出し、17年に復旧工事を完成させた。21年同寺を退いて随心院に戻り、23年以降は勧修寺住職を兼務した。特に倶舎学に詳しく、「冠導倶舎論」「倶舎論名所雑記」「真言宗安心」などの著書がある。

佐伯 剛平　さえき・ごうへい
弁護士　自由民権運動家

嘉永5年(1852)～明治44年(1911)10月15日　生備中国（岡山県）　歴明治初年上京し、講法学舎で法律を学び代言人（弁護士）となる。傍ら馬場辰猪、大石正巳らと自由民権運動に参加、演説を巧みにした。33年会津若松で弁護士を開業。

佐伯 隆基　さえき・りゅうき
僧侶　真言宗智山派管長　智積院44世化主
天保2年(1831)11月～明治30年(1897)10月3日　生陸奥国菊多郡後田村（福島県いわき市植田）　名旧姓・旧名＝赤津隆基、号＝生玉隠士、字＝芳仁　歴9歳で出家し、武蔵国川崎（現・神奈川県川崎市）平間寺（川崎大師）の佐伯隆珊に師事。佐伯姓を継いで修行に励み、明治6年同寺住職を継ぐ。24年真言宗智山派管長、26年智積院44世化主となる。私財を投じて荒れ果てた同院を再興し、30年大僧正。また、醍醐寺末寺を同院末寺に改めるなど、同派の基盤を確立、中興の祖と称された。

坂 三郎　さか・さぶろう
茶業指導者　静岡県議
弘化1年(1844)12月2日～大正10年(1921)12月22日　生駿河国沼津町（静岡県沼津市）　歴駿河国沼津町で茶商を営む坂家の養子。文久元年(1861年)から養家の茶園を経営するようになり、山城や近江から茶師を招いて積極的に宇治茶の製法を取り入れ、その普及に尽くした。明治9年江原素六や依田治作ら沼津の実業家たちとかつて叢流社（のち積信社）を設立、茶の再製と米国への輸出を行い、一時は巨利を博した。16年に欠損が出た同社を解散して全国製茶先進会審査掛に就任し、17年には静岡県作業取締所役員となり横浜へ出張。以後、茶業組合中央本部横浜製茶検査所長、静岡県茶業組合連合会議所議長、茶業組合中央会議所議員などを歴任して製茶業の改良・発展に大きく貢献した。また沼津町議を経て、30年静岡県議になるなど、地方政界でも活躍した。

坂 仲輔　さか・なかすけ
新潟県知事　藤田組総務理事
明治3年(1870)1月29日～大正14年(1925)8月14日　生周防国吉敷郡吉敷村（山口県山口市）　学東京高商中退　歴長州藩士の長男。東京高等商業学校在学中の明治28年、高等文官試験に合格。同校校長の排斥運動を起こして退学となったことから、30年会計検査院検査官補に任官。38年愛知県書記官、40年神奈川県事務官、41年茨城県知事、44年石川県知事を経て、大正3年新潟県知事となるが、間もなく退官。5年藤田組に入り総務理事に就任した。

酒井 猪太郎　さかい・いたろう
実業家　大阪市議
明治12年(1879)3月～昭和7年(1932)8月18日　生大阪府　名初名＝幸三郎、別名＝酒井猪兵衛　歴大阪の雑喉場で魚問屋の坂又商店主人の五男に生まれる。家督は文兵衛の長男・猪兵衛が継ぎ、そ

の養子となったが、兄・猪兵衛は早世したため、店を守り2代目猪兵衛を襲名し発展させた。雑喉場の魚問屋仲間のリーダーとなり、利益を事業に投じ不動産会社・大秀組や別府温泉土地などの会社経営を手掛けて成功し巨万の富を得た。また日本動産火災保険副社長、富島組・旭商事の監査役を務める。大阪市議にも選ばれ、大阪雑喉場(魚市場)大尽といわれた。

阪井 重季　さかい・しげき
陸軍中将　男爵
弘化3年(1846)11月24日〜大正11年(1922)3月1日　[生]土佐国高知城下(高知県高知市)　[名]旧姓・旧名=二川元助　[歴]土佐藩士・二川家に生まれ、のち改姓して阪井を名乗った。慶応4年(1868年)の戊辰戦争では藩兵小隊長として板垣退助を助け、会津若松城攻撃に参加して軍功を立てた。明治新政で親兵となり、明治10年西南戦争に参加、のち近衛師団入り。20年陸軍大佐に進み、日清戦争に出兵中、少将となった。その後、松山歩兵第十旅団長、近衛歩兵第二旅団長などを経て、35年中将に昇進。日露戦争には後備兵第一師団長として出征した。これらの功績により男爵となり、富士生命保険社長を務めたほか、貴院議員として活躍。学問にも優れ、随鷗吟社で詩作にふけった。

酒井 襄　さかい・じょう
米国移民の先駆者
明治7年(1874)〜没年不詳　[生]京都府宮津市　[学]同志社卒　[歴]大学卒業後米国へ留学、エール大学、ニューヨーク大学で財政学を学ぶ。当時鉄道が開通し脚光を浴びつつあったフロリダ半島に注目し、理想社会を夢見て移住を決意。いったん帰国して日本で仲間や出資者を募るなど積極的に働きかけ、最終的にマイアミの北約150キロの地点に日本人の農園を開いた。"ジョー"の呼び名で親しまれた。大正14年頃に亡くなった。

境 二郎　さかい・じろう
島根県令
天保7年(1836)〜明治33年(1900)2月9日　[生]長門国萩(山口県萩市)　[名]本名=境建直、旧姓・旧名=斎藤栄蔵、字=子彦、通称=二郎、号=泉峯　[歴]長州藩士・斎藤貞順の二男に生まれ、のち同藩士・境三兵衛の養嗣子となる。初め吉田松陰に師事し、万延元年(1860年)江戸に出て塩谷宕陰に学び明倫館教授となる。文久元年(1861年)郷里に戻り府中藩世子・毛利元敏、徳山藩世子・毛利元功の指導役を務める。慶応元年(1865年)萩藩の「尊攘事蹟」編集に当たった。明治5年滋賀県参事、7年島根県参事、ついで島根県令を歴任。晩年、萩に退いて松下村塾保存会を作った。

酒井 忠亮　さかい・ただあき
貴院議員　子爵
明治3年(1870)10月2日〜昭和3年(1928)8月1日　[学]東京帝国大学法科大学卒　[歴]明治17年華族令に

より子爵。34年以来貴院議員に選ばれ、研究会に所属、常務委員を務めた。また横浜正金銀行、海外興産、高砂商事などで重役。[家]父=酒井忠經(越前敦賀藩主)

酒井 忠興　さかい・ただおき
園芸家　伯爵
明治12年(1879)6月6日〜大正8年(1919)9月22日　[学]学習院卒、東京音楽学校卒　[歴]播磨姫路藩主・酒井忠邦の長子。明治20年家督を継ぎ、伯爵を襲爵。園芸家として小石川町の自邸に多くの花卉を栽培し、特に熱帯植物は700種を有し東京一と称された。また、写真の愛好家としても知られ、22年頃に写真入絹団扇や写真入帛紗綿地写真などを発明して工芸写真の発展に貢献。30年代には自邸で年に春秋の2回、幻燈会を開いた。[家]父=酒井忠邦(播磨姫路藩主)、養子=酒井忠正(貴院議員・農相)、岳父=三条実美(政治家・公卿)

酒井 忠篤　さかい・ただすみ
旧庄内藩主　伯爵
嘉永6年(1853)2月13日〜大正4年(1915)6月8日　[生]出羽国鶴岡(山形県鶴岡市)　[歴]出羽庄内藩主・酒井忠発の四男として生まれる。文久2年(1862年)家督を相続。3年(1863年)幕命により新徴組を預かり、江戸市中取締りを命じられる。慶応3年(1867年)松山・上山・前橋・西尾各藩と江戸の薩摩藩邸を焼き討ちした。戊辰戦争では奥羽越列藩同盟に参加して官軍に抵抗したが、明治元年9月隠居していた父の決断により降伏。東京・芝の清光寺で謹慎し、弟の忠宝に家督を譲った。2年赦されると旧藩士を率いて鹿児島に赴き、西郷隆盛の知遇を得て兵学を学ぶ。4年京都省に出仕、5年陸軍少佐に任官。同年西郷の勧めにより兵学修業のためドイツへ留学。12年帰国。この間、10年中佐に昇進。13年家督を再び相続。同年官を辞して郷里の鶴岡に帰った。17年伯爵。[家]父=酒井忠発(庄内藩主)、弟=酒井忠宝(庄内藩主)、孫=酒井忠明(酒井家第17代目当主)

堺 為子　さかい・ためこ
社会運動家
明治5年(1872)5月19日〜昭和34年(1959)1月2日　[生]石川県金沢　[ख]大阪府　[名]旧姓・旧名=加為子、別名=堺タメ　[学]老松小卒　[歴]早くから堺利彦らの「平民新聞」などを愛読し、明治37年上京して平民社に住み込みとして入社、炊事、雑用などをし、内部から平民社をささえた。38年堺利彦と結婚。治安警察法5条改正署名請願運動などの婦人運動にも参加した。女性社会主義運動家の先駆者の一人。著書に「台所方三十年」「妻の見た堺利彦」がある。[家]夫=堺利彦(社会主義者)

酒井 調良　さかい・ちょうりょう
庄内柿の生みの親
嘉永1年(1848)〜大正15年(1926)　[生]出羽国酒田(山形県酒田市)　[歴]酒田市内に畑を

借り、新潟産の種なし柿にさまざまに接ぎ木をして増やし始める。東大農学部教授に指導を仰ぎ、焼酎を使ってシブ抜きに成功、平核無柿（ヒラタネナシガキ）を生み出した。これがのちに庄内柿と呼ばれた。

堺 利彦　さかい・としひこ
社会主義者　ジャーナリスト　評論家
明治3年（1870）11月25日～昭和8年（1933）1月23日　生豊前国仲津郡豊津村（福岡県京都郡みやこ町）　名号＝堺枯川、筆名＝貝塚渋六　学一高〔明治21年〕中退　歴豊津藩士族の子として生まれる。一高中退後、小学校教師、新聞記者などを経て、明治32年万朝報社に入社。35年社会主義協会に参加。日露戦争の開戦前夜、幸徳秋水、内村鑑三らと共に「万朝報」に非戦論を展開。36年同社退社後は幸徳と平民社を創設し、週刊「平民新聞」を発刊して社会主義の狼火をあげる。39年日本社会党結成に参加、同党禁止後は幸徳系の金曜会に属したが、41年赤旗事件で入獄。以後は売文社を拠点にマルクス主義の立場をつらぬき、"冬の時代"にも、風刺的な戯文を書いて抵抗し、大正期の思想、社会運動に強い影響をあたえた。大正9年日本社会主義同盟を結成、11年日本共産党創立に参加して総務幹事長（委員長）に就任。翌年検挙後は社会民主主義に転じ、無産政党を支持。昭和2年共産党を脱党。4年普通選挙法による東京市議に最高点で当選。評論家・小説家としても活躍し、代表作に「悪魔」「肥えた旦那」「楽天囚人」「売文集」「猫のあくび」「猫の百日咳」など。「堺利彦全集」（全6巻）がある。　家妻＝堺為子（社会運動家）、長女＝近藤真柄（婦人運動家）

境 豊吉　さかい・とよきち
弁護士　日本製粉創業者
元治1年（1864）3月14日～昭和22年（1947）　生筑後国（福岡県久留米市）　歴有馬藩士である境善右衛門の二男。24歳で代言人（弁護士）の資格を得て、三菱の顧問弁護士となる。明治25年業績が悪化した日本製粉の整理を志摩万次郎から依頼され、第四十国立銀行頭取の南条新六郎と相談し、東京製粉合資会社を設立。29年改組し日本製粉株式会社を創立、専務に就任。大正元年辞任。その後、三菱および岩崎家の専任顧問弁護士となった。

酒井 明　さかい・めい
初代徳島県知事　第四十銀行副頭取
嘉永4年（1851）～明治40年（1907）3月10日　生尾張国名古屋（愛知県名古屋市）　歴尾張藩士の子。藩校・明倫堂で漢学を学び、明治元年同校訓導。5年滋賀県に出仕、のち権少属、東京出張所主席、8年内務権参事、10年書記官を経て、13年徳島県大書記官に転じる。同年県令に昇格、19年初代徳島県知事となった。22年退官後は、丁酉銀行頭取、第四十銀行副頭取、日本鉄道会社理事などを歴任。また旧藩主徳川家の相談役を務めた。

酒井 雄三郎　さかい・ゆうざぶろう
社会運動家　評論家
万延1年（1860）9月9日～明治33年（1900）12月9日　生肥前国小城（佐賀県小城市）　名号＝九皐、茫々学人　歴佐賀県立中学を卒業後、上京して中江兆民の仏学塾に学び、卒業後も中江兆民に師事。「国民之友」などに関係し、明治23年農商務省嘱託として渡仏。そこで社会運動に関心を抱き、24年の第2インタナショナル・ブリュッセル大会に日本人最初のインタナショナル大会列席者として出席するなど、社会運動の先駆的紹介者として活躍。25年には社会問題研究会を組織する。また西園寺公望の朝鮮行に随行し、32年には「朝日新聞」の特別通信員として2度目の渡仏をするが、現地で客死した。著書に「列国社会党大会議」など。

堺 与三吉　さかい・よさきち
外交官
明治6年（1873）～昭和6年（1931）11月19日　生福岡県糟屋郡和白村（福岡市東区）　歴幼少より学才に優れ、生地・福岡県糟屋郡の郡費生として上海に新設の日清貿易研究所に留学し優秀な成績で卒業する。明治27年日清戦争時には陸軍通訳となり第一師団司令部付として従軍し、のち海軍省翻訳係となる。ついで外務省通訳生に転じ、31年支那重慶に赴任した。日露戦争後、奉天領事館書記生、同副領事、チチハル領事館の初代領事、43年長沙領事、更に蘇州領事などを経て、大正2年広東総領事代理となる。第一次大戦には第十八師団司令部付として青島戦に従軍し、5年再び長沙領事となり、8年広東総領事、11年吉林総領事を務めた。

酒井 理一郎　さかい・りいちろう
花池織工場設立者　夏木園設立者
弘化1年（1844）～大正11年（1922）11月　生尾張国（愛知県）　名本名＝村手理一郎　歴文久3年（1863年）に織物業を始め、明治17年愛知県宮地花池村（現・一宮市）に県下初の合資工場である花池織工場を設立し、毛織物の国産化に取り組んだ。大正7年夏木園を設立し、慈善事業などにも尽くした。

榊田 清兵衛　さかきだ・せいべえ
衆院議員（政友会）
元治1年（1864）5月26日～昭和4年（1929）10月10日　生出羽国仙北郡大曲村（秋田県大仙市）　歴漢学を修め、町会、県会各議員、同参事会員、同議長を務め、大曲銀行、県農工銀行各取締役。明治41年以来衆院議員当選7回。政友会に属した。大正13年政友会分裂で床次竹二郎の政友本党結成に参加、昭和4年政変で新党俱楽部が政友会に復帰した時、床次について復党、同会顧問となり、終始床次と行動を共にした。

榊原 幾久若　さかきばら・きくわか
大審院判事
文久3年（1863）9月3日～昭和11年（1936）2月19日

さかきはら　　　　　　明治大正人物事典　Ⅰ 政治・軍事・産業篇

出愛知県　学帝国大学法科大学〔明治19年〕卒　歴明治27年司法官試補となる。東京地裁判事、東京控訴院判事、判検事登用試験委員、弁護士試験委員、宇都宮地裁所長、東京控訴院部長を経て、大審院検事及び判事を歴任し、大正13年退官した。大審院在任中より同院の判決例の編纂に関与し功績を残した。

榊原 昇造　さかきばら・しょうぞう
陸軍中将
安政6年（1859）10月〜昭和15年（1940）9月10日
出江戸　学陸士卒　歴明治12年陸軍少尉に任官。35年教育総監部参謀、37年乙碇泊場司令官、同年第三軍工兵部長、38年工兵監事務取扱、同年築城本部長、42年韓国駐剳憲兵隊長、43年韓国駐剳軍参謀長を経て、同年広島湾要塞司令官。大正元年陸軍中将に進み、由良要塞司令官。3年予備役に編入。

榊原 豊　さかきばら・ゆたか
滋賀県議
天保8年（1837）9月15日〜明治33年（1900）6月16日　出近江国膳所（滋賀県大津市）　名=蝗、通称=蕎穂、変名=櫛名田連男　歴近江膳所藩士で、文久3年（1863年）同志と攘夷決行を藩主に献策して容れられなかったため、俗論派の家老を討とうとして失敗、幽閉された。元治元年（1864年）沢島信三郎・村田清一らと脱藩して長州に入り、三条実美らに従って太宰府に赴いた。慶応3年（1867年）実美に従って上京、鳥羽・伏見の戦いにも参加した。帰藩後は戊辰戦争にも従軍。明治2年膳所藩権大参事、4年大津県参事。25年滋賀県議となった。

坂口 仁一郎　さかぐち・にいちろう
衆院議員 漢詩人 随筆家
安政6年（1859）1月3日〜大正12年（1923）11月2日
生越後国中蒲原郡阿賀浦村（新潟県新潟市）　号=坂口五峰　歴越後の大地主の家に生まれる。明治4年郷里の漢学者・大野恥堂の下で漢学を修める。7年上京して同人社で英語を学ぶとともに漢詩を森春濤に師事。12年帰郷して米穀取引所に勤務し、頭取代理、頭取を歴任。17年新潟県議となり、18年議長に挙げられた。35年衆院議員に当選し、以来8回当選する間に憲政会新潟支部長や同党総務などを務め、加藤高明や犬養毅とも親交があった。一方で24年「新潟新聞」社長に就任して没するまで務め、傍ら同紙に北越の詩人の伝記である「北越詩話」を連載。漢詩人としても活躍し、関沢霞庵の雪鴻会などに出席したほか、「新詩府」「百花欄」などにも作品を寄せた。漢詩集に「五峰遺稿」がある。小説家・坂口安吾は五男。　家五男=坂口安吾（作家）、孫=坂口綱男（写真家）

坂崎 斌　さかざき・びん
自由民権運動家 ジャーナリスト
嘉永6年（1853）11月7日〜大正2年（1913）2月17日　生江戸（東京都）　出土佐国（高知県）　名本名=坂崎斌、号=坂崎紫瀾、幼名=謙次、別名=鉄香女史、芸名=馬鹿林鈍翁　歴江戸の土佐藩邸に藩医・坂崎耕芸の二男として生まれる。安政3年（1856年）土佐に戻り、藩校・致道館で漢学などを修める。明治5年彦根の学校教官となったが、上京して7年板垣退助の愛国公党結成に参画。8年司法省に出仕、松本裁判所判事に就任したが、征韓論のため下野。10年松本新聞主筆に転じ、11年高知に帰り、百傚社編纂長。13年「高知新聞」編集長となり、以後、「土陽新聞」「自由灯」などの新聞で自由民権の論陣を張った。15年政治演説が禁止されると遊芸稼人の鑑札を受けて馬鹿林鈍翁を名乗り、民権講釈の一座を組むが、芸能界初の不敬罪に問われた。また同年板垣の遭難事件を劇化した「東洋自由曙」を上演。「自由灯」退社後は諸新聞の記者を務める傍ら執筆活動を行い、後藤象二郎や板垣の伝記を著した。晩年は維新史料編纂局編纂委員を務めた。著作に坂本龍馬を描いた小説「汗血千里駒」の他、「鯨海酔侯」「維新土佐勤王史」などがある。日本で初めてビクトル・ユゴーの翻訳を手がけたことでも知られる。　家長男=坂崎坦（哲学者）

坂田 鉄安　さかた・かねやす
神道禊教長
文政3年（1820）〜明治23年（1890）3月18日
歴天保12年（1841年）父の坂田正安と禊教教祖・井上正鉄の門人となる。師から厚い信頼を受け、師の没後も各地で禊教を布教。文久2年（1862年）寺社奉行から活動内容について取り調べを受け、他の門弟たちと所払いに処せられた。明治維新後も布教活動を続け、明治9年惟神教会禊社を結成、12年には東京・下谷に師を祀る井上神社を創建した。15年神道禊教長。

坂田 警軒　さかた・けいけん
衆院議員 漢学者
天保10年（1839）5月5日〜明治32年（1899）8月15日　出備中国川上郡九名村（岡山県井原市）　名通称=坂田丈平、名=丈、字=夫卿、別号=九邨　歴阪谷朗廬の興譲館（後月郡寺戸村）で15歳から学び、都講となった。万延元年（1860年）肥後の木下犀潭に入門、慶応元年（1865年）江戸に出て安井息軒に師事。帰国後岡山藩家老池田天城の賓師となり、明治元年興譲館長となった。12年岡山県議、次いで議長、19年京都同志社講師、23年以来衆院議員当選3回。のち慶応義塾、高等師範、斯文学会、哲学館などの講師を務めた。

坂田 重次郎　さかた・じゅうじろう
外務省通商局長
明治2年（1869）11月12日〜大正8年（1919）11月26日　出島根県仁多郡奥出雲町　学島根師範中退、東京高商卒　歴外務省に入省。在釜山領事、在英国総領事を経て、外務省通商局長。第一次大戦に際して駐スペイン特命全権公使として講和会議に出席したが、講和成立後にマドリードで亡くなった。

坂田 貞　さかた・ただす
貴院議員（多額納税）
文久3年（1863）8月～昭和12年（1937）9月25日
出肥後国（熊本県）　学二松学舎　歴12歳の時坂田家の養子となる。熊本県議、八代郡議を経て、大正14年～昭和7年貴院議員。明治新田干拓、郡築干拓を手がけた。九州商業銀行取締役、九州新聞社監査役などを歴任。　家息子＝坂田道男（衆院議員・八代市長）、孫＝坂田道太（衆院議長）

阪田 恒四郎　さかた・つねしろう
サカタインクス創業者
安政4年（1857）7月～昭和19年（1944）3月5日
生大坂（大阪府）　出安芸国（広島県）　名号＝桃雨　歴生家は、代々紺屋の屋号で安芸国忠海（現・広島県）で海運業を営んだ。父は少年の頃に忠海を離れて大坂で幕府御用商の銅吹所（精錬所）と専売所を営む熊野屋に奉公しており、大坂で二男として生まれる。4歳で父に従って忠海に帰り、23歳で広島県豊田郡役所に書記として採用された。明治28年に退職して広島市で銀行員となったが、29年大阪に出て九条村に、我が国初の新聞インキ製造事業の阪田インキ製造所を創業。39年阪田商会に改称。大正6年二男に経営を託して引退したあとは俳諧に勤しんだ。その後、昭和8年同社は株式会社に改組し、62年社名をサカタインクスに変更した。　家二男＝阪田素夫（阪田商会社長）、孫＝阪田一夫（阪田商会社長）、阪田寛夫（小説家・詩人）、大中恩（作曲家）、女婿＝大中寅二（作曲家）

坂田 虎之助　さかた・とらのすけ
陸軍歩兵大佐
慶応2年（1866）4月21日～明治41年（1908）9月10日　出紀伊国海草郡雑賀村（和歌山県和歌山市）　学陸士〔明治22年〕卒、陸大〔明治30年〕卒　歴紀伊藩士・坂田巌三の長男。明治22年陸軍少尉に任官。日清戦争には近衛師団副官として出征。36年より両広総督軍事最高顧問を務め、40年陸軍大佐。中国側の要請で任期を延長したが、41年同地で客死した。　家父＝坂田巌三（陸軍主計少将）、義弟＝村井清規（陸軍少将）、蠟崎富三郎（陸軍中将）、田昌（大蔵次官）

阪谷 芳郎　さかたに・よしろう
蔵相　大蔵次官　貴院議員　子爵
文久3年（1863）1月16日～昭和16年（1941）1月14日　出備前国（岡山県）　回東京都　学東京大学文学部政治学理財学科〔明治17年〕卒　法学博士　歴大蔵省に入り、主計局調査課長、予算決算課長、日清戦争では大本営付として戦時財政を運用、明治30年主計局長、34年大蔵省総務長官、36年次官、39年西園寺内閣の蔵相となり日露戦後の戦時公債を整理償還。40年男爵、蔵相辞任後洋行し、45～大正4年東京市長。5年パリ連合国経済会議に出席、6年貴院議員、以後5選。昭和に入り軍部の財政拡張要求に反対し、「狒虎（ヒットラー）にまんまとぱい喰はされて国をあやまる罪ぞ恐ろし」の狂歌がある。学校、学会など文化事業に多く関係し"百会長"といわれた。初の国勢調査や軍艦三笠の保存に尽力。16年子爵。　家長男＝阪谷希一（植民地官僚）、二男＝阪谷俊作（図書館学者）、岳父＝渋沢栄一

坂野 鉄次郎　さかの・てつじろう
通信省大阪通信局長
明治6年（1873）11月14日～昭和27年（1952）6月5日　生岡山県岡山市　学東京帝国大学法科大学政治科〔明治31年〕卒　歴通信省に入省。大正4年大阪通信局長を最後に退官。この間、当時の郵便事業の運営に科学的調査分析方法を導入し、通信地図の創案、郵便物区分規程の制定等の功績があり、"郵便中興の恩人"と呼ばれた。

坂本 幾次郎　さかもと・いくじろう
漁業家
天保14年（1843）11月20日～大正7年（1918）11月22日　出肥前国松浦郡玉之浦（長崎県五島市）　歴旧来の零細漁法を改め、紡績網などの漁具の開発を進め、ブリを大量に捕る湾内定置網を考案して成功を収めた。

坂本 格　さかもと・いたる
実業家
元治2年（1865）3月～大正10年（1921）
生筑後国八女郡豊岡村（福岡県八女市）　学東京法学院〔明治24年〕卒　歴明治24年東京法学院を卒業して郷里の福岡県に戻り地方政界に活躍、福岡県議を務める。のち日本が台湾を領有すると、台湾の産業開発に従事、樟脳製造などを行う。一旦、日本に帰り日本農業・福岡興業銀行などの会社重役となったが、日露戦争で満州（中国東北部）視察後、39年撫順に雑貨店を開く。傍ら在留邦人のため居留民会長となり尽力、煉瓦製造・木材販売などで成功を収めた。大正10年病を得て静養のため帰国途中、船上に没した。

阪本 清俊　さかもと・きよとし
社会運動家　大和同志会副会長
元治1年（1864）7月1日～昭和24年（1949）12月29日　出大和国掖上村（奈良県御所市）　学明治法律学校卒　歴明治法律学校（現・明治大学）卒業後、奈良県掖上村（現・御所市）柏原北方区長などを務める。融和事業に取り組み、明治45年大和同志会の結成に参加して副会長となる。大正4年南葛城郡議。

坂本 金弥　さかもと・きんや
衆院議員
元治2年（1865）3月～大正12年（1923）10月22日
生備前国岡山城下（岡山県岡山市）　学仏蘭西法律塾中退　歴明治22年入江武一郎らと鶴鳴会を創立、政治運動をし、24年備作同好倶楽部と改称、さらに雑誌「進歩」を発行、のち「日刊新聞」として

発刊。この間、帯江鉱山を経営、40年大島製錬を創立、中国屈指の鉱山家となった。その間県会議員を経て、31年から衆院議員に7選。進歩党、国民党を経て桂太郎の同志会に入り幹部となった。

坂本 三郎　さかもと・さぶろう
山梨県知事 報知新聞副社長
慶応3年(1867)10月6日～昭和6年(1931)4月14日　回武蔵国町田(東京都町田市)　名旧姓・旧名＝渋谷　学東京専門学校卒　歴幕臣・坂本平兵衛の養子となり、明治32年家督を相続。高等文官試験に合格して検事となり、三条区裁判所検事を務める。のち判事に転じ、新潟地裁判事、水戸地裁判事、東京地裁判事、東京控訴院判事などを経て、30年ドイツに留学、ドクトル・ユーリスの学位を得て帰国。行政裁判所評定官、法制局参事官を経て、大正3年第二次大隈内閣成立と同時に秋田県知事となり、5年山梨県知事。その後、実業界に身を投じ東北興業社長、報知新聞副社長などを歴任した。また早稲田大学理事・維持員も務めた。かつて樋口一葉の婚約者だった。

阪本 釤之助　さかもと・さんのすけ
漢詩人 鹿児島県知事 名古屋市長 貴院議員(勅選)
安政4年(1857)6月24日～昭和11年(1936)12月16日　回尾張国愛知郡鳴尾(愛知県名古屋市南区)　名旧姓・旧名＝永井、号＝阪本蘇園、字＝利卿、百錬、別号＝三橋　歴尾張藩士・永井匡威の三男。若くして漢学を青木樹堂、漢詩を森春濤に学ぶ。明治15年元老院議官の坂本政均の養子となり、23年家督を相続。35年福井県知事、40年鹿児島県知事。44年～大正6年名古屋市長。この間、明治44年勅選貴院議員、大正9年～昭和7年日本赤十字社副社長、9年枢密顧問官。また、兄・久一郎とともに漢詩に長じ、阪本蘇園の名で漢詩人としても活躍、雑誌「百花欄」「漢詩春秋」などに作品を発表した。小説家・高見順は庶子。　家長男＝阪本瑞男(外交官)、二男＝阪本越郎(詩人・ドイツ文学者・心理学者)、息子＝高見順(小説家・詩人)、養父＝坂本政均(元老議官)、兄＝永井久一郎(実業家・漢詩人)、弟＝大島久満次(神奈川県知事・衆議院議員)、孫＝高見恭子(タレント)、甥＝永井荷風(小説家)

坂本 志魯雄　さかもと・しろお
軍事探偵
明治4年(1871)4月1日～昭和6年(1931)4月11日　生高知県長岡郡瓶岩村(南国市)　歴中外商業新報」記者、のち樺太庁嘱託となりアレクサンドロフスク港に出張。明治27年日清戦争には軍事探偵となり満蒙で活躍。29年フィリピン独立運動の際、台湾総督乃木希典の密命を帯びて活躍した。また中外石油会社取締役を務めた。昭和3年高知県から衆院議員となり、政友会に属した。　家兄＝坂本素魯哉(政治家)

坂本 素魯哉　さかもと・そろや
衆院議員(政友会)

明治1年(1868)9月26日～昭和13年(1938)8月3日　生土佐国長岡郡瓶岩村(高知県南国市)　学明治法律学校卒　歴明治29年日本銀行に入行。台湾銀行淡水出張所長、彰化銀行専務を経て、大正9年衆院議員に当選し、1期つとめた。　家弟＝坂本志魯雄(政治家)

坂本 俊篤　さかもと・としあつ
海軍中将 貴院議員 男爵
安政5年(1858)10月25日～昭和16年(1941)3月17日　生武蔵国豊島郡渋谷宮益坂(東京都渋谷区)　回信濃国諏訪(長野県)　学海兵(第6期)　歴明治12年卒　歴高島藩士の二男として生まれる。明治17年海軍中尉に任官。同年～20年フランスに留学。帰国後、26年海大教官兼軍務局1課、30年海大教頭、38年同校長、39年教育本部長を歴任して海軍内教育の充実に力を注いだ。同年中将。海大の創設時の功労者で、教官に陸軍の明石元二郎を招くなど、戦術・戦略家の育成に努めた。40年男爵。大正2年予備役に編入。6年～昭和14年貴院議員を務め、石油資源の開発、軍縮問題などを研究した。

坂本 直寛　さかもと・なおひろ
自由民権運動家
嘉永6年(1853)10月5日～明治44年(1911)9月6日　生土佐国安芸郡安田村(高知県安芸郡安田町)　名旧姓・旧名＝高松、通称＝南海男、号＝無外　歴土佐の郷士高松順蔵の二男、母千鶴は坂本龍馬の姉。明治2年伯父坂本権平の養子となる。英学を志し立志学舎に学ぶ。10年頃から文筆活動を開始し、17年高知県議、18年キリスト教に受洗。20年の暮れ、三大事件建白運動の総代として活躍、保安条例の適用を拒否して投獄された。30年北海道北見に入植し、移民結社・北光社を創立、自ら社長となり、キリスト布教と開拓移民の指導にあたる。35年夕張で大日本労働至誠会の結成に人道主義的立場から参加、会長となり、苛酷な労働を強いられた炭鉱労働者や小作農民のために尽力した。　家おじ＝坂本龍馬(志士)

坂本 則美　さかもと・のりよし
実業家 衆院議員
弘化4年(1847)11月26日～大正2年(1913)9月15日　生土佐国土佐郡一宮村(高知県高知市)　歴兄・則敏が胎児や乳児圧殺の悪習を矯正する目的で組織した会社の経営に加わり、のち社長となる。高知育児会(現・高知慈善会)を設立。貧しい乳幼児の救済や児童の教育に力を注いだ。この間、明治12年高知県議となり、副議長も務めた。りち京都府に転じ、18年琵琶湖から京都への引水事業を行う疏水事務所理事に就任。25年衆院選に当選、連続2期務めた。また、総武鉄道社長、北海道鉄道社長、夕張炭鉱社長を歴任した。

坂元 八郎太　さかもと・はちろうた
海軍少佐 軍歌「坂元少佐(赤城の奮戦)」のモデル
嘉永7年(1854)1月1日～明治27年(1894)9月17日

出薩摩国(鹿児島県) 学海兵(第5期)〔明治11年〕卒 歴明治10年西南戦争に従軍。13年海軍少尉に任官。18〜19年、26〜27年英国、22〜23年ロシアへ出張。23年海軍少佐となり、24年ロシア公使館付武官、26年吉野副長を経て、27年赤城艦長。同年日清戦争の黄海海戦で戦死、軍歌「坂元少佐(赤城の奮戦)」のモデルとなった。

坂元 英俊　さかもと・ひでとし
衆院議員(政友会)
文久3年(1863)6月〜昭和31年(1956)2月14日
出日向国(宮崎県) 学慶応義塾 歴農業を営むかたわら、庄内村議、宮崎県議などを務め、明治35年衆議院議員に初当選。以来、4期連続当選。ほかに陸軍雇員、台湾総督府台中県属などをつとめた。

坂本 政均　さかもと・まさひら
大審院判事　元老院議官
天保2年(1831)12月〜明治23年(1890)1月15日
出讃岐国(香川県) 名旧姓・旧名=赤井 歴高松藩儒・赤井東海の第三子で、幕臣坂本家の養子となる。蘭方医・杉田玄端、緒方洪庵らに学び、長崎で米国人ヘボンに師事。明治元年民法裁判所留役となり、その後、大蔵省、民部省、司法省などを経て、10年判事、14年宮城控訴院長心得、15年大審院勅任判事、のち高等法院陪席裁判官を歴任し、元老院議官となった。

阪本 良彦　さかもと・よしひこ
大陸浪人
明治23年(1890)8月1日〜大正10年(1921)
生三重県南牟婁郡御船村(紀宝町) 歴名古屋野砲兵第三連隊に入営し、累進して砲兵軍曹となったが、大陸会員・山崎仁而少尉の感化を受けて東亜問題に志し、退役後、西岡光三郎少尉に伴われて満州に渡る。奉天に赴き、或いは張作霖暗殺計画に参加、また蒙古軍砲兵隊の副官として満蒙独立運動に関わり、大正7年セミョーノフが反革命軍を興すと旧蒙古軍の同志らと共に参加するなど、満州各地に活躍する。10年病気となり大連で没した。

坂本 与惣次郎　さかもと・よそじろう
埼玉県議
嘉永2年(1849)7月15日〜大正15年(1926)10月28日 出武蔵国埼玉郡(埼玉県) 名旧姓・旧名=小林与惣次郎 歴埼玉県議、秩父郡長などを務め、大正8年深谷町長、秩父農、深谷商の創立に尽くした。

坂本 理一郎　さかもと・りいちろう
農村指導者　衆院議員
文久1年(1861)3月7日〜大正6年(1917)4月3日
生出羽国仙北郡美郷町(秋田県) 名号=東嶽 歴16歳で上京し、根本通明に漢学、中村正直に英語、津田仙に農学を学ぶ。20歳の時に帰郷して自由民権運動に挺身し、明治16年には民権系雑誌「北斗新報」を発行した。のち郡会議員、同議長、県

議などを経て、27年衆院議員に当選し、3期を務めた。37年貴院議員。政界での活動の傍ら、長らく郡農会長として農村を指導し、耕地整理や乾田馬耕などを導入。また、農村青年を教育するために勧農会を結成するなど、農業・農村の発展に寄与し、大日本農会総裁から表彰された。

昌谷 彰　さかや・あきら
埼玉県知事　樺太庁長官
明治3年(1870)1月〜没年不詳
生岡山県津山市 学帝国大学法科大学〔明治29年〕卒 歴大審院判事を務めた昌谷端一郎の長男。東京府内務部長を経て、明治44年大分県知事、大正3年埼玉県知事。5〜8年、13〜15年樺太庁長官を2度務めた。家父=昌谷端一郎(大審院判事)

酒匂 景信　さかわ・かげあき
陸軍大尉
嘉永3年(1850)8月15日〜明治24年(1891)3月14日 出日向国都城(宮崎県都城市) 学陸士〔明治11年〕卒 歴明治4年御親兵として上京、7年教導団砲兵科、11年陸軍士官学校を卒業。この間、西南戦争にも従軍した。13年地誌地図作製のために清国に派遣され、16年帰国の際に好太王碑の拓本を持ち帰ったことで知られる。17年陸軍大尉。

崎久保 誓一　さきくぼ・せいいち
社会運動家　ジャーナリスト
明治18年(1885)10月12日〜昭和30年(1955)10月30日 生三重県南牟婁郡市木村(御浜町) 学高小卒 歴明治39年「紀南新報」記者となり、ついで「滋賀日報」「牟婁新報」記者をしているなかで大石誠之助を知り、大逆事件に連坐して無期懲役となる。昭和4年仮出獄し、農業に従事した。

佐久間 鋼三郎　さくま・こうざぶろう
東洋移民会社社長
明治5年(1872)〜明治44年(1911)1月6日
生東京牛込早良町(東京都新宿区) 名旧姓・旧名=保田 学慶応義塾〔明治28年〕卒 歴秀英舎(現・大日本印刷)社長を務めた保田久成の三男で、同社創業者の一人である佐久間貞一の養子となる。明治28年慶応義塾卒業後、養父が経営する東洋移民会社に入社。31年養父が死去し、その跡を継いで社長に就任。東京板紙、秀英舎などの役員も務める。メキシコなどに渡航して移民事業を視察、数千人の移民を輸送するなど、移民事業に功績を残した。家父=保田久成(印刷業)、養父=佐久間貞一(秀英舎創業者・大日本図書創業者)

佐久間 左馬太　さくま・さまた
陸軍大将　台湾総督　伯爵
天保15年(1844)10月10日〜大正4年(1915)8月5日 生長門国萩(山口県萩市) 名本名=佐久間直矩、旧姓・旧名=岡村 歴大村益次郎に西洋兵術を学ぶ。慶応2年(1866年)第二次長州征討では長州軍大隊長として功をあげた。戊辰戦争には東北各

地に転戦、のち陸軍に入り、明治5年陸軍大尉、西海鎮台付となり、以後佐賀、台湾、西南の諸戦乱に従軍。19年12月中将に進み、20年第二師団長、27年日清戦争では第二軍に属して威海衛作戦に当った。その作戦後占領地総督となり、のち近衛師団長、中部都督となり、31年大将に昇進。35年予備役となったが、37年日露戦争には現役に復帰、東京衛戌総督を経て、39年〜大正4年台湾総督を務めた。この間明治40年軍功により伯爵となる。

佐久間 勉 さくま・つとむ
海軍大尉
明治12年(1879)9月13日〜明治43年(1910)4月15日 生福井県三方郡八村字北前川(三方上中郡若狭町) 学海兵(第29期)〔明治34年〕卒 歴明治36年海軍少尉、37年中尉に進級。日露戦争には軍艦"吾妻"乗組、第十五艦隊付、笠置分隊長心得として従軍。その後、潜水艦の研究に従事し、39年大尉に昇進。41年11月日本最初の潜水艇(57トン)の艇長となったが、43年4月広島県沖合で訓練中に沈没、乗組員13名とともに殉職した。この極限状態で事故原因などを詳細にメモしていたことが分かり、その強い責任感が世間の反響を呼んだ。

佐久間 貞一 さくま・ていいち
秀英舎創業者 大日本図書創業者
嘉永1年(1848)5月15日〜明治31年(1898)11月6日 生江戸下谷南稲荷町(東京都台東区) 名幼名=千三郎 歴幕臣・佐久間家の二男。兄が早世したことから実質上の長男であり、父も早くに亡くした。慶応4年(1868年)彰義隊に加わり、戊辰戦争では上野の戦いに参加。明治維新後、静岡の沼津兵学校に入り、3年薩摩藩が兵学校を設立して沼津兵学校から教師を招聘すると、選ばれて鹿児島に赴任した。6年東京に戻り、7年大内青巒と「教会新聞」を創刊。8年同紙が廃刊となると宏仏海と明教社を設立して仏教系新聞の「明教新誌」を出した。9年同紙印刷のため印刷所を買収し、秀英舎(現・大日本印刷)を創業。すぐに中村正直「西国立志編」の印刷を手がけ、明治初期有数のベストセラーである同書のおかげで創業初期の基盤を確立。12年沼間守一が「東京横浜毎日新聞」を起こすと、編集局を秀英舎内に置き、印刷も担当した。14年秀英舎に鋳造部製文堂を設置して活字の自家鋳造を、18年同部に石版部を設けて石版印刷を開始。23年大日本図書会社を設立。また、24年吉川泰二郎と共働して日本吉佐移民合名会社を、吉川没後の30年には同社の事業一切を継承する東洋移民合資会社を設立して海外移民事業にも取り組んだ。一方、工場経営者として使い捨てにされて␣く職工たちを目の当たりにし、労働問題や社会問題にも積極的に発言。明治期の労働運動を幅広く応援し、"日本のロバート・オーウェン"とも称された。22年より東京市議も4期務めた。 家長男=佐久間長吉郎(大日本印刷社長)、養子=佐久間鋼三郎(東洋移民社長)、孫=佐久間裕六(大日本

図書社長)、義兄=保田久成(秀英舎社長) 勲緑綬褒章〔明治31年〕

佐久間 友太郎 さくま・ともたろう
水産家 草津信用組合頭取 広島県養蠣水産組合長
明治9年(1876)7月5日〜昭和21年(1946)1月29日 生広島県広島市草津 歴広島市草津でカキ養殖の技術向上に努め、大正13年広島県における初期筏垂下法普及の基礎を作った。草津信用組合頭取、広島県養蠣水産組合長などを歴任した。

佐久間 浩 さくま・ひろし
陸軍歩兵少佐
安政4年(1857)〜大正10年(1921)4月 生上総国(千葉県) 学陸士卒 歴明治12年陸軍士官学校に入り、卒業後、25年私費で清(中国)に留学。日清戦争では陸軍大尉として近衛師団に属し台湾に出征。35年から安徽省巡撫の顧問を7年間務め、同地方の政情に通じ、軍事教育に貢献した。この間、少佐に昇進した。

桜井 一久 さくらい・いっきゅう
弁護士 衆院議員(国民党)
安政5年(1858)4月〜明治43年(1910)6月18日 生加賀国金沢(石川県金沢市) 学司法省法学校〔明治17年〕卒 歴加賀藩士。明治17年司法省に入り、18年判事。神戸始審裁判所判事、24年松江始審裁判所判事となるが、しばらくして職を辞し、弁護士に転じる。41年兵庫県神戸市より衆議院議員に当選、国民党に所属して、1期務めた。

桜井 義肇 さくらい・ぎちょう
僧侶(浄土真宗本願寺派)
明治1年(1868)10月16日〜大正15年(1926)7月30日 生大阪府 歴浄土真宗本願寺派の僧。明治19年西本願寺の普通学校(現・龍谷大学)在学中、高楠順次郎らと反省会を設立、禁酒運動を推進する。20年機関誌「反省会雑誌」(32年中央公論と改題)を発刊、編集に当たる。還俗後も仏教の海外布教に尽力した。

桜井 敬徳 さくらい・きょうとく
僧侶(天台宗)
天保5年(1834)9月13日〜明治22年(1889) 生尾張国西阿野(愛知県常滑市) 名幼名=広孝、字=順慶 歴10歳で出家して、尾張国(現・愛知県)松栄寺の観智に入門し、旭順に受戒。嘉永3年(1850年)近江国(現・滋賀県)園城寺法明院の敬彦に師事し、文久元年(1861年)同院住職。明治5年教部省教導職を命じられ、各地を回った。18年日本美術研究家のアーネスト・フランシスコ・フェノロサに戒を授けた。

桜井 熊太郎 さくらい・くまたろう
弁護士
元治1年(1864)8月〜明治44年(1911)3月1日 生備中国上房郡高梁町(岡山県高梁市) 名号=禿

山, 不苟軒, 高梁 [学]帝国大学法科大学〔明治28年〕卒 [歴]備中松山城下の薬種商の長男に生まれる。有終館で荘田霜渓に漢学を学んだ後、明治17年上京して洋学を修める。21年帝国大学法科大学に入学、28年卒業して内務省に入り社寺沿革の調査に従事、のち拓殖務省に移る。32年退官して弁護士を開業する。翌33年「二六新聞」社員となり、娼妓の廃業問題や足尾鉱毒事件について論じ、38年には日露戦争の戦後処理を非難して世論に訴え、日露講和条約反対の民衆暴動・日比谷焼打事件に連座して下獄するが、のち無罪となった。

柵瀬 軍之佐　さくらい・ぐんのすけ
実業家　衆院議員
明治2年(1869)1月15日～昭和7年(1932)8月28日 [生]陸奥国西磐井郡中里村(岩手県一関市) [学]英吉利法律学校〔明治22年〕卒 [歴]山梨日日新聞」主筆から明治25年嚶鳴社、さらに「毎日新聞」編集長に転じ、立憲改進党入党。その後赤羽万次郎と「北国新聞」を発刊。27年日清戦争には「毎日新聞」戦時通信員となった。31年大倉組台湾支店支配人、38年合名会社柵瀬商会を設立、石炭、火薬、銅鉄などを販売。40年以来衆院議員当選6回。大正14年加藤高明内閣政務次官となり、昭和2年辞職、民政党相談役。商工会議所、関税審議会、肥料調査委員会各委員も務めた。

桜井 静　さくらい・しずか
衆院議員(憲政本党)
安政4年(1857)10月～明治38年(1905)8月25日 [生]下総国香取郡東条村(千葉県香取郡多古町) [名]旧姓・旧名＝吉村 [歴]千葉県立学校を卒業し千葉県吏となる。明治12年「国会開設懇請協議案」を各府県会に送付し、14年「総房共立新聞」を創刊、社長に就任。海外移住殖民調査のため北米およびカナダ各国を巡遊、のち北海道で造林・開墾事業に従事し、ついで大連で桜井組を経営、大連居留民会長を務める。その後、千葉県議を経て、35年から衆院議員(憲政本党)に当選2回。

桜井 慎平　さくらい・しんぺい
金沢裁判所長
天保5年(1834)4月15日～明治13年(1880)11月1日 [生]周防国吉敷郡名田島(山口県山口市) [名]＝直義 [歴]文久3年(1863年)小郡地方の有志で集義隊を結成、その総督となる。元治元年(1864年)の禁門の変や、慶応2年(1866年)の第二次長州征討に参戦し、戊辰戦争にも従軍した。明治維新後は新政府に出仕、明治3年兵部権大丞、4年兵部少丞、5年陸軍小丞を務め、6年辞職。7年司法省に出仕、8年判事となり大阪上等裁判所に勤務。9年金沢裁判所長となった。

桜井 忠興　さくらい・ただおき
貴族院議員　子爵
弘化5年(1848)1月8日～明治28年(1895)4月29日 [歴]摂津尼崎藩主・桜井忠栄の第7子として生まれ、文久元年(1861年)襲封。同年7月禁門の変に西宮を守衛、慶応元年(1865年)幕府の第二次長州征討に進んで従軍を請い、3年11月諸侯会同の朝命に応じて上京した。明治2年版籍奉還により尼崎藩知事となる。のち大和の大神神社の宮司となったが、西南戦争に際し日本赤十字社の前身である博愛社の創立に尽力。自邸を同社に寄付し、自ら長崎に仮病院を設けて負傷者の救援に当った。17年子爵、23年貴族院議員となるがまもなく辞任した。 [家]父＝桜井忠栄(摂津尼崎藩主)

桜井 忠剛　さくらい・ただたか
初代尼崎市長　洋画家
慶応3年(1867)4月17日～昭和19年(1944)10月15日 [名]号＝天華 [歴]尼崎藩主桜井家の正統だが、父・忠顕の隠居により大叔父の忠栄がこれを継いだため分家となる。早くから東京に出て勝安房邸に寄寓し川村清雄に学ぶ。明治20年東京府工芸品共進会で妙技2等賞、23年内国勧業博で褒状を受ける。27年頃松原三五郎らと第一次関西美術会を結成。31～33年新古美術品展で3等賞銅牌、34年同展で2等賞銀牌を受ける。33年京都美術協会に入り、34年京都で第三次関西美術会創立に参画し同会委員となる。同年同会第1回批評会で3等賞を受けるが、38年尼崎町長となり、大正5年尼崎市の初代市長に就任してからは次第に画壇から退いた。のち昭和3年、7年と3度市長を務めた。

桜井 勉　さくらい・つとむ
山梨県知事　衆院議員(自由党)
天保14年(1843)9月13日～昭和6年(1931)10月12日 [生]但馬国出石(兵庫県豊岡市) [名]号＝児山 [歴]但馬(兵庫県)出石藩参政・桜井一太郎の二男に生まれる。漢学および越後流兵法・剣法・馬術・砲術を修める。嘉永5年(1852年)父の功により新地百石を賜り出石藩貢士となる。権少参事、権大参事を経て、明治維新後は出石県大惨事兼出石神社宮司から松山県権参事となる。東京に戻り内務権大書記官を経て、明治11年地理局長、12年山林局長、14年内務大書記官となり、22年徳島県知事、のち山梨県知事、台湾の新竹県知事などを歴任。27年兵庫県から衆院議員(自由党)に当選1回。40年錦鶏間祗候となる。出石地方の製糸事業の改良、教育の普及に尽力した。詩文をよくし、また郷土に関する著書が多数ある。 [勲]勲三等瑞宝章〔明治24年〕

桜井 平吉　さくらい・へいきち
自由民権運動家　愛国正理社社長
嘉永6年(1853)3月12日～大正9年(1920)8月18日 [生]信濃国佐久郡東長倉村(長野県北佐久郡軽井沢町) [名]本名＝桜井武貞、旧姓・旧名＝柳沢、別称＝北民 [歴]少年時代、上野国高崎の商家に奉公し、その精勤ぶりを頌えられて高崎小僧とあだ名された。のち横浜に遊学して写真術を修得し、明治15年ごろ長野県飯田に移って写真館を開業。その傍

ら、16年に愛国正理社を結成して社長となり、政談演説会などを通じて自由民権の思想を宣揚した。さらに愛国公道協会の村松愛蔵らと共謀して明治政府の転覆をもくろむが、17年に名古屋から煙硝火薬を送った事実を突き止められて事が露見（飯田事件）。これによって家宅捜査・逮捕され、禁固3年6ヶ月の判決が出るが、22年大日本帝国憲法発布の特赦によって出獄した。以後は、大阪に移り、火薬工場を経営。晩年は郷里長野県軽井沢に帰り、浅間山の軽石から金を得る事業を進めるが、失敗に終わった。

桜井 能監　さくらい・よしかた
内務省社寺局長
　天保15年（1844）6月10日〜明治31年（1898）6月4日　[名]旧姓・旧名＝村岡多聞、号＝錦岡　[歴]旧姓・桜井梅室の子。京都・妙法院を継ぎ、村岡多聞を名のった。維新後は桜井姓に戻り、明治2年新政府に出仕。10年太政官少書記官兼内務少書記官。11年内務権大書記官、14年内務大書記官を経て、15年内務省社寺局長となり皇典講究所の創立に尽くした。19年宮内書記官、内事課長、21年帝室制度取調局委員、内相秘書官兼宮内書記官。[家]父＝桜井梅室（俳人）　[勲]旭日中綬章〔明治28年〕

桜田 儀兵衛　さくらだ・ぎへえ
初代京都府柳原町長
　天保3年（1832）〜明治26年（1893）11月7日　[生]山城国愛宕郡元銭座跡村（京都府京都市下京区）　[名]幼名＝繁蔵　[歴]39歳の時、解放令が発令され地区の戸長に就任、その後すぐに六条村、銭座跡村、大西組が集まった柳原庄の連合戸長となる。解放令発令後、ほとんどの被差別身分地区は財力不足などの理由からそれまでの支配から抜け出せなかったが、小学校建設のための土地と費用の提供、火災や天災による被災者を救済、コレラの流行時には衛生状態保持を努力するなど私財を投げ打ち地区改善に尽力、行政手腕を発揮した。またドイツ人技師を招き、本格的な製靴場の設置を考えるなど実業家としても活躍した。明治22年市町村制施行により柳原庄は愛宕郡柳原町に変更、選挙により初代町長に当選した。

酒匂 常明　さこう・つねあき
農商務省農務局長　大日本製糖社長
　文久1年（1861）11月27日〜明治42年（1909）7月11日　[生]旧但馬国出石（兵庫県豊岡市）　[学]駒場農学校〔明治16年〕卒　農学博士　[歴]16年駒場農学校（東京大学農学部の前身）農学科・農芸化学科を卒業し、17年母校の教職に就き、19年農商務省属を兼ねる。農事巡回教師として全国に米作改良のため乾田・深耕・施肥改良を唱えた。22年欧州に派遣され、特にドイツの土地整備法などの研究を深め、24年帰国。農科大学教授兼農商務省技師となり、「米作新論」を著し"米博士"と称された。25年北海道庁財務部長として赴任。北垣国道長官に

進言して白石や亀田に稲作試験地を設け、札幌農学校の稲作否定の時期に移民の水田代から直播法への道を奨励し北海道米作の普及に貢献した。29年臨時北海道鉄道敷設部に転じ、30年拓殖民部長。廃官により、のち農商務省農務局長となる。経験的稲作法を批判した「改良日本稲作法」を著し、また耕地整理法・勧業銀行法の成立、農会法の整備に尽力する。渋沢栄一に望まれて、39年大日本製糖社長に就任するが、日糖疑獄が起こり、42年7月責任を取って短銃自殺した。

左近允 孝之進　さこんじょう・こうのしん
神戸盲学院創設者　日本初の点字新聞を刊行
　明治3年（1870）5月〜明治42年（1909）　[生]鹿児島県鹿児島市上竜尾町　[歴]日清戦争に従軍したのち除隊し、その後、26歳で白内障のために失明。鍼灸の技術を習得する一方で、点字活版印刷機の発明や、盲目の子どもたちのために神戸盲学院を設立するなど、視覚障害者教育に尽くした。38年には我が国初の点字新聞「あけぼの」を刊行した。

佐々木 栄介　ささき・えいすけ
宮城県議　宮城農工銀行頭取
　安政5年（1858）8月16日〜昭和15年（1940）4月19日　[生]陸奥国田尻村（宮城県大崎市）　[歴]宮城県田尻村の村長、宮城県議などを務めた。明治30年宮城農工銀行設立に参加、大正2年頭取に就任。

佐々木 男也　ささき・おとや
実業家
　天保7年（1836）5月26日〜明治26年（1893）11月25日　[生]長門国（山口県）　[名]別名＝宇多朔太郎　[歴]長州藩士。長崎で洋式兵学を学び、万延元年（1860年）帰萩して銃陣教練助教となり、西浜操練場開場に参加。文久2年（1862年）上京して藩邸の右筆役、次いで京都の周旋役に抜擢され、帰藩後は政務座役見習となる。元治元年（1864年）第一次長州征討では南園隊総督として戦った。明治元年国政方御内用、伊崎県令を兼ね、2年施政司試補となった。維新後は実業家に転じ、11年百十銀行支配人、のち共同運輸会社、郵船会社支配人に就任した。

佐々木 嘉太郎（1代目）　ささき・かたろう
五所川原銀行創業者　貴院議員（多額納税）
　天保12年（1841）6月15日〜大正3年（1914）12月3日　[生]陸奥国津軽郡（青森県五所川原市）　[名]旧姓・旧名＝中村、幼名＝一太郎　[歴]13歳の頃から陸奥国五所川原の呉服店に勤務するが、そこでの働きが認められ、同地の富商・佐々木家の養子となる。慶応3年（1867年）に分家し、同地平井町に呉服商「布嘉」を開店。自ら遠方に赴いて品を仕入れるなど非常な努力で巨富を築く。さらに明治10年代の松方正義蔵相のデフレ政策下で一気に田畑を買い入れ、青森県屈指の豪商に成長した。明治28年津軽鉄道株式会社の設立に参画。次いで30年に五所川原銀行を創業し、地元の金融業界にも参

入した。37年貴院議員。

佐々木 清麿　ささき・きよまろ
実業家
慶応2年(1866)8月27日〜昭和9年(1934)2月12日　生伊勢国津(三重県津市)　幼旧名=清丸　学帝国大学法科大学〔明治26年〕卒　歴伊勢・津の西本願寺派の光蓮寺住職の家に生まれる。明治26年第一国立銀行に入行。渋沢栄一の秘書を経て、京城支店長となり韓国政府嘱託を兼任した。のち四日市支店長、本店文書調査課長、本店営業部副支配人などを務める。41年韓国倉庫の整理に当たり専務、のち東洋生命保険社長となって朝鮮興業監査役を兼任した。

佐々木 銀一　ささき・ぎんいち
社会運動家
明治23年(1890)4月13日〜昭和5年(1930)4月8日　生岡山県小田郡笠岡町(笠岡市)　歴大正11年岡山労働組合の創立に参加し、岡山労働学校の開設に尽力する。労働農民党の岡山県における中心人物として活躍し、のち社会民衆党などにも加わった。

佐々木 弘造　ささき・こうぞう
開拓者 青森県議
嘉永3年(1850)9月9日〜大正12年(1923)8月13日　生陸奥国弘前(青森県弘前市)　幼旧姓・旧名=鎌田、幼名=又吉　歴弘前藩士であったが、明治維新に際して帰農し、北津軽郡七和村に移住。その後、同地の戸長・村長・郡議・青森県議を歴任。明治28年自らが中心となって下北半島の近川の開拓に着手し、5年間で55戸350人を入植させた。その間、寒冷地帯である同地に適した水田耕作のために試行錯誤し、水原式直播器やトラクターなど近代的な農具を導入。農業知識の向上を目的とした農談会などの開催にも積極的で、大正7年には北海道博覧会を視察している。また、学校や発電所などのインフラ整備にも尽力し、10年の大湊線開通に伴い、駅を近川に誘致させた。

佐々木 五三郎　ささき・ごさぶろう
社会事業家
慶応4年(1868)6月10日〜昭和20年(1945)4月27日　生青森県弘前市　歴幼時に母と父を相次いで失い、10歳で成田家の里子となる。東奥義塾に学んだのち上京して英学を志すが、病気のため帰郷。26歳で実家に復籍、傾きつつあった家業の種種商を継ぎ、その再建に成功。明治35年の大凶作に際し、孤児の保護を企図して数人の孤児を自宅に引き取り、38年有志から寄付を募って東北育児院を開設した。はじめちり紙・蝋燭の行商で育児院の経営安定をはかるが、のち孤児による楽団を編成して活動写真の巡回を開始、大正3年には弘前で初の常設映画館となる慈善館を建てた。昭和6年育児院を弘前愛成園に改称し、7年には身寄りのない高齢者のために弘前養老救護院(のち弘前養老院・弘前温清園に改称)を設立した。

佐々木 正蔵　ささき・しょうぞう
衆院議員
安政2年(1855)〜昭和11年(1936)2月7日　生筑前国三井郡味坂村(福岡県小郡市)　歴漢学を修め、戸長、福岡県議、町村連合会議長、内務省土木会議議員、治水会議常任幹事などを経て、明治23年第1回以来福岡県から衆院議員当選10回。大成会、国民協会、山下倶楽部、憲政本党、憲政会などに属し、農商務省参事官兼山林局長を務めた。

佐々木 慎思郎　ささき・しんしろう
東京海上火災保険専務
嘉永1年(1848)5月15日〜大正12年(1923)9月1日　生江戸　歴我が国最初の保険会社である東京海上火災保険の監査役、取締役、専務を務め、同社及び保険業界の発展に尽くした。鉱業界でも活躍した他、二十銀行頭取、東京商業会議所特別議員などを歴任して財界人として重きをなした。大正12年関東大震災で被災して亡くなった。

佐々木 甚蔵　ささき・じんぞう
開拓事業家
慶応2年(1866)1月24日〜昭和29年(1954)12月11日　生因幡国(鳥取県)　歴明治35年鳥取砂丘東部の多鯰ケ池近辺の山林を開墾し、梨・柿などの果樹栽培を始めた。大正6年からは隣接する福部地区の海岸砂防事業に力を尽くした。

佐々木 政義　ささき・せいがい
衆院議員(無所属)
安政3年(1856)9月26日〜明治40年(1907)5月19日　生和泉国(大阪府)　学京都師範卒　歴公立小学校教員、郡書記、大阪府議、士族授産事業負担人、所得税調査委員を歴任。明治23年大阪府郡部より衆院議員に当選、6期。また南海鉄道ほか取締役、大阪農工銀行監査役となる。家九男=佐々木勇蔵(泉州銀行頭取)

佐々木 清七　ささき・せいしち
西陣織業者
天保15年(1844)11月8日〜明治41年(1908)7月23日　生京都西陣(京都府京都市上京区)　歴25歳で先代佐々木清七の養子となり、機業に従事。織法の改良を志し、疋田鹿子織、蓬莱織などを創出、佐々木織として輸出も行った。明治19年宮内省御用達、23年帝室技芸員。25年西陣織物合名を設立。26年シカゴ万博に「祇園山鉾図繍珍壁掛」を出品した。日本撚糸評議員、西陣織物同業組合相談役として活躍した。

佐々木 専治　ささき・せんじ
労働運動家
明治20年(1887)8月24日〜昭和6年(1931)10月13日　生宮城県名取郡岩沼町(岩沼市)　歴明治41年頃上京し、東京市電気局に入局。大正8年日本交通労働組合の結成に参加し、9年から10年にかけて市電争議を指導して解雇される。12年に復職し、13

287

年東京市電従業員自治会を創立して執行委員となり、14年執行委員長となった。以後、左右の分裂に際しその統一のため中立代表として尽力した。

佐々木 善次郎 ささき・ぜんじろう
専売局製造部長
文久2年(1862)8月4日～昭和8年(1933)9月28日 [生]伊予国(愛媛県) [学]駒場農学校〔明治13年〕卒 農学博士 [歴]農商務省に入り、明治26年農事試験場技師、更に大蔵省鑑定官、東京煙草専売局所長、専売局製造部長などを歴任した。

佐々木 高行 ささき・たかゆき
枢密顧問官 参議 侯爵
文政13年(1830)10月12日～明治43年(1910)3月2日 [生]土佐国吾川郡長浜瀬戸村(高知県高知市) [名]幼名=弥太郎、松之助、万之助、通称=三四郎、諱=高富、高春 [歴]土佐藩士・佐々木家の二男で、家禄はもともと百石であったが出生前に父が没して大幅に禄を削られ、貧苦の中で育った。長じて藩の作事奉行、郡奉行、普請奉行、大目付などを歴任して藩政に参画。一方で武市瑞山の影響で国事に奔走し、藩内の保守、公武合体、勤王各派の間に立って活躍。慶応2年(1866年)山内豊信(容堂)の命で太宰府に在った三条実美と会見し、帰国後藩論を倒幕にまとめた。3年には坂本龍馬、後藤象二郎らと連携し、藩主に大政奉還の建議を勧めた。鳥羽・伏見の戦いでは海援隊を率いて長崎奉行所を占領し、治安維持に尽力。明治維新後、新政府に出仕。明治2年刑法官副知事、刑部大輔、3年参議、4年司法大輔を務め、同年より岩倉使節団に参加して欧米を巡歴し、ヨーロッパ諸国の司法制度を調査した。6年征韓論争に敗れ板垣退助ら土佐出身の官僚・軍人の多くが下野する中で政府に留まり、10年の西南戦争では高知に派遣されて不平士族の抑制に当たり、西郷軍に加担した同郷の片岡健吉、林有造らを逮捕。11年一等侍補に任ぜられて明治天皇の側近となり、14年漸進的な立憲制度確立を目指して谷干城らと中正党を形成、伊藤博文ら政府の主流派に対抗した。明治十四年の政変で参議兼工部卿に就任。18年内閣制度の制定とともに宮中顧問官、21年枢密顧問官。29年皇典講究所長兼国学院長を兼任。42年貴族議員。一方で君徳の培養に力を注ぎ、常宮、周宮ら皇女の教育主任も務めた。また、西村茂樹らと敬神、尊王、愛国の思想普及のために明治会を組織した。この間、17年伯爵、42年侯爵。 [家]女婿=児玉淳一郎(大審院判事)

佐々木 道元 ささき・どうげん
社会運動家
明治22年(1889)2月10日～大正5年(1916)7月15日 [生]熊本県熊本市西坪井町 [歴]早くから熊本評論社に出入りし、社会主義運動に入る。明治43年の大逆事件に連坐し、44年死刑判決を受けたが、翌日特赦により無期懲役に。千葉監獄で服役中に病死した。

佐々城 豊寿 ささき・とよじゅ
婦人運動家 日本基督教婦人矯風会副会頭
嘉永6年(1853)3月29日～明治34年(1901)6月15日 [生]陸奥国仙台(宮城県仙台市) [名]本名=佐々城とよし、旧姓・旧名=星 [歴]仙台藩士・漢学者星雄記の三女。17歳の時上京して中村正直に漢学を学んだ。明治10年医者佐々城本支と結婚、一男三女をもうけた。17年受洗。19年矢島楫子らと東京婦人矯風会を設立、書記となる。20年「女学雑誌」に「積年の習慣を破るべし」「婦人文明の働」などを発表。22年婦人政治運動を志して婦人白標倶楽部を設立した。26年矯風会が全国的に統一され日本基督教婦人矯風会ができると、会頭の矢島楫子を助け副会頭となる。夫の没後、子女を伴って北海道室蘭郡絵柄村に移住、開墾を始めたが健康を害し8年後帰京。晩年は内村鑑三に師事した。長女信子の国木田独歩との恋愛は「欺かざるの記」により広く知られている。 [家]長女=佐々城信子(「或る女」のモデル)、姪=相馬黒光(中村屋創業者)

佐々木 長淳 ささき・ながのぶ
養蚕技術者
文政13年(1830)9月3日～大正5年(1916)1月25日 [生]越前国(福井県) [名]幼名=鉄太郎、号=雀洲、通称=佐々木権六 [歴]越前福井藩士の子。嘉永6年(1853年)父の死により家督を相続。安政4年(1857年)藩の製造方頭取となり、大砲・小銃・火薬・船舶など洋式兵器の製造に従事、福井藩初の2本マスト帆船・一番丸を建造した。慶応3年(1867年)3月藩命により兵器購入のため渡米、ジョンソン大統領やグラント将軍にも面会した。12月帰国。明治3年藩が外国人教師を招聘すると、雇傭外人取扱方となり、W.E.グリフィスの応接に当たった。廃藩置県は新政府に出仕、工部省勧工寮に属して養蚕業務を担当。明治6年ウィーン万博に派遣され、その後、技術伝習生としてオーストリア、イタリア、スイスで養蚕・製糸・紡績技術を学んだ。7年帰国し、内務省勧業寮の内藤新宿試験場で蚕業試験を開始。宮内省の養蚕御用も務めた。28年退官。蚕種の近代的な検査法を確立した「蚕種検査規則」の発布(19年)に功績があり、日本の近代的養蚕技術導入の先駆者である。 [家]長男=佐々木忠次郎(昆虫学者)

佐々木 秀司 ささき・ひでじ
共済生命保険常務 香川県知事
明治13年(1880)11月～昭和9年(1934)11月14日 [生]福島県 [学]東京帝国大学法科大学〔明治40年〕卒 [歴]明治40年警視庁に入り、41年警視となり四谷警察署長、栃木県事務官、石川・群馬・新潟各県の警察部長、山形・神奈川の各県内務部長を歴任。大正9年欧米を視察して帰国、11年香川県知事に就任。その後、実業界に転じ、安田保善社参与となり同社の調査部創設に関与して調査部長兼庶

務部長となり、のち共済生命保険常務を務めた。

佐々木 文一　ささき・ぶんいち
衆院議員
明治1年(1868)12月15日～昭和5年(1930)10月16日　生=美濃国可児郡伏見村(岐阜県可児郡御嵩町)　歴=明治41年岐阜県から衆院議員となり、当選4回。請願委員長を務め、政友会幹事、協議員。また日本大学理事を務めた。

佐々木 平次郎　ささき・へいじろう
実業家 衆院議員(政友会)
明治6年(1873)4月22日～昭和10年(1935)4月21日　生=秋田県由利郡金浦町(にかほ市)　歴=北海道函館で漁業を経営。樺太定置漁業水産組合長、露領水産組合評議員を務め、北日本汽船、北海鉄道各重役、樺太漁業、佐々木倉庫、壽都鉄道各社長。早くから政友会に属し、北海道3区から衆院議員当選6回。議員代表としてウラジオ派遣軍慰問、日露漁業交渉のためウラジオに数回渡った。また漁業条約改訂顧問としてモスクワにも出張。

佐々木 安五郎　ささき・やすごろう
衆院議員(新正倶楽部)
明治5年(1872)1月17日～昭和9年(1934)1月1日　生=山口県豊浦郡阿川村(下関市)　名号=照山　学=九州学院文学部〔明治27年〕卒　歴=農家の四男。明治27年九州学院を卒業後、一時鉱山で働いたが、同年日清戦争に際して軍夫百人長として出征。30年台湾総督府吏員となったが、間もなく辞職。32年雑誌「高山国」を発刊すると共に、33年より「台湾民報」主筆を務め、総督府を批判した。34年以降、大和の資産家・土倉鶴松の依嘱でたびたび内蒙古を探検し、同地の王族らと親しくなったことから「蒙古王」といわれた。一方で佃信夫らと日東倶楽部を組織して対外進取を主張し、38年の講和問題同志連合会運動にも参加。41年山口県より総選挙に出馬し当選。以来当選4回の間に又新会、立憲国民党、革新倶楽部、新正倶楽部などに属し、対外強硬論を唱えると共に時の官僚政治・藩閥政治を批判するなど、野党の闘将として活躍した。大正7年には浪人会の結成にも参画した。　家=義兄=川島浪速(大陸浪人)

佐々木 勇之助　ささき・ゆうのすけ
第一国立銀行頭取
嘉永7年(1854)8月8日～昭和18年(1943)12月28日　生=江戸　名号=茗香　歴=明治6年第一国立銀行(現・みずほ銀行)創立と同時に入行。頭取の渋沢栄一に見込まれ、銀行伝習生として英人シャンドから銀行簿記を修得、帳面課長、支配人、取締役を経て39年渋沢に代わって総支配人となり、大正5年には第2代頭取に就任。7年東京銀行集会所会長、昭和6年頭取を退き相談役。また東洋生命相談役も兼ねた。

佐々木 陽太郎　ささき・ようたろう
帝室林野管理局長官
嘉永3年(1850)7月5日～大正1年(1912)10月16日　生=長門国萩(山口県萩市)　歴=明治5年大蔵省勧農寮に入る。22年兵庫県収税長となり、23年宮内省に転じて御料局主事。43年帝室林野管理局長官。大正元年電車から転落し、その怪我により亡くなった。

佐々木 了綱　ささき・りょうこう
僧侶(真宗大谷派) 歌人
文政9年(1826)2月15日～明治34年(1901)1月2日　生=信濃国松本(長野県松本市)　名号=竹亀、松園　歴=生家は信濃国松本の正行寺(真宗大谷派)。鎌倉時代の名将・佐々木高綱の後裔という。10歳の時に父が没し、同寺の住職となる。以来、享和年間に焼失したままになっている同寺の堂塔を約15年かけて再建。その間、弘化4年(1847年)には京都に上り、千種有功に和歌を、八条院隆祐に「万葉集」を学び、また大徳寺の僧・大綱宗彦に従って参禅した。明治維新に際して廃仏毀釈の論議が起こると、これに抗して仏法を守り続け、安曇・筑摩両郡にある23の浄土真宗寺院を存続させた。和歌にも一家を成し、明治10年には松本同好会を起こして同地方の歌壇を牽引。58歳の時に両目を失明するが、なおも歌への情熱は衰えず、初心者の指導などに尽くした。

佐崎 了重　さざき・りょうじゅう
僧侶(浄土真宗本願寺派)
文政10年(1827)10月5日～明治21年(1888)12月11日　名=通称=宰相、別名=宗鱗　歴=越後国の浄土真宗本願寺派・竜厳寺住職を務め、維新の際は尊王方として活動。明治8年少講義となる。21年真宗教導取締として布教中に亡くなった。著書に「越後名所旧跡略記」がある。

佐々倉 桐太郎　ささくら・きりたろう
兵学権頭
天保1年(1830)～明治8年(1875)12月17日　生=江戸下谷(東京都台東区)　名=旧姓・旧名=結城、幼名=勝太郎、名=義行　歴=幕臣の結城家に生まれ、幕府奉行与力・佐々倉家の養子となった。嘉永6年(1853年)ペリー来航に際しては中島三郎助とともに米艦に赴き、その応接に当たった。安政2年(1855年)幕府の第1期海軍伝習生となり長崎に遊学。4年江戸に戻り築地の軍艦操練所教授方となった。7年咸臨丸の教方として乗り組んで運用方を務め、遣米使節の一員として渡米した。帰国後は文久3年(1863年)から慶応元年(1865年)まで肺結核のため休職。復帰後は浜御殿で海軍伝習に携わった後、幕府瓦解により静岡へ移った。明治4年兵部省に出仕して海軍兵学寮に勤め、5年兵学寮監長、6年兵学権頭。8年病のために辞職し、間もなく亡くなった。

佐々田 懋　ささだ・すすむ
衆院議員(自由党)

安政2年(1855)11月6日～昭和15年(1940)3月27日 ⓖ石見国那賀郡木田村(島根県浜田市) ⓔ和漢学を修めた後、浜田県議、浜田県十五等出仕、郡賀郡議、島根県議、同議長を務めた後、明治23年に島根県から衆院議員に初当選。以来3期連続してつとめる。また出雲電気社長にもなる。

笹田 伝左衛門　ささだ・でんざえもん
東陽倉庫創業者
生年不詳～明治31年(1898)11月
ⓔ酢の製造業を営み、明治23年名古屋商業会議所設立の発起に参加。26年名古屋株式取引所の発起人に加わり、同理事。同年名古屋倉庫株式会社を設立、社長に就任。28年会長。没後の大正14年、名古屋倉庫は東海倉庫と合併、15年東陽倉庫となった。

笹田 黙介　ささだ・もくすけ
埼玉県初代警部長
弘化3年(1846)7月20日～大正14年(1925)6月8日
ⓖ長門国(山口県) ⓔ埼玉県設置当初に白根多助県令を補佐して、庶務・警察・監獄の行政事務の基礎を確立。明治15年埼玉県の初代警部長となり、17年秩父事件の処理などに手腕を発揮した。

佐々野 富章　ささの・とみあき
長崎県議
慶応1年(1865)4月26日～昭和10年(1935)8月19日 ⓖ肥前国福江(長崎県五島市) ⓧ旧姓・旧名＝御厨 ⓔ長崎市で代言人(弁護士)を開業。明治23年長崎県議となり、40年から5期18年間にわたって議長を務めた。昭和6年長崎日日新聞社長。

笹目 八郎兵衛　ささめ・はちろべえ
事業家 茨城県議
弘化1年(1844)12月8日～明治28年(1895)4月23日 ⓖ常陸国新治郡高浜村(茨城県石岡市) ⓔ家業の廻漕問屋を継ぎ、明治23年頃、東京や千葉・銚子への蒸気船を使った水上輸送と車や馬による陸上輸送を始める。14年には茨城県議を務め、常磐線高浜ルートの建設に尽力した。

笹森 卯一郎　ささもり・ういちろう
牧師 鎮西学院院長
慶応3年(1867)1月14日～明治44年(1911)6月12日 ⓖ陸奥国弘前(青森県弘前市) ⓔ東奥義塾卒、デボー大学(米国)卒 ⓔ陸奥弘前藩士の長男に生まれる。明治13年弘前中学に入学し、14年東奥義塾へ転学する。18年弘前教会で本多庸一牧師より洗礼を受ける。同年米国に留学、デボー大学に入学してバチュラー・オブ・フィロソフィーの学位を、更に同大学院を修了しドクトル・オブ・フィロソフィーの学位を受け、26年帰国、その後出島教会牧師兼鎮西学館の教授・副館長を務める。39年鎮西学院と改称し日本人初代院長となる。また、34年長崎YMCAを結成し、39年会館を建設、その基礎を築くなど社会運動にも貢献した。　ⓕ弟＝笹森順造(政治家)

佐治 幸平　さじ・こうへい
衆院議員(政友会)
文久1年(1861)11月～大正6年(1917)8月13日 ⓖ陸奥国大沼郡高田(福島県大沼郡会津美里町) ⓔ早くから福島地方産業の開発に尽力、明治27年以来衆院議員当選6回、政友会に属し、議会では農村政策に力をそそいだ。大内らと議会では農村政策に力をそそいだ。また若松市長にも就任、市政に功労があった。

佐治 実然　さじ・じつねん
僧侶 社会運動家 日本ゆにてりあん協会会長
安政3年(1856)9月15日～大正10年(1921)7月31日 ⓖ播磨国神東郡八千種村(兵庫県神崎郡福崎町) ⓧ幼名＝督丸 ⓔ明治4年得度し、8年円覚寺住職となる。13年京都の大谷派本願寺の教師教校を卒業後、大内青巒と知り合い仏教演説家としても各地を伝道するが、21年帰俗。大内らと尊皇奉仏大同団を組織し、23年の第1回衆院選にも立候補した。27年日本ゆにてりあん協会会長となり、30年には社会問題研究会に入会。片山潜らと親交し、平民社の運動にも協力したが、政府の弾圧がはげしくなると共に運動から離れた。この間東京・麻布区議、東京府議などを務めた。著書に「如何に家政を整理すべきか」がある。

指田 茂十郎　さしだ・もじゅうろう
実業家
天保13年(1842)～明治35年(1902)7月2日
ⓖ武蔵国羽村町(東京都羽村市) ⓔ代々、玉川上水の水番役を務める家柄に生まれ、万延元年(1860年)水番役となる。多摩川沿いの村々に養蚕を奨励するため、群馬県や長野県を視察し、新しい技術を導入。一方、明治19年大日本蚕組合中央部議員、22年羽村銀行発起人を務めるなど、金融業界でも活躍した。また、20年甲武鉄道創立委員、24～25年青梅鉄道創立委員長となり、鉄道の開通に尽力した。

指田 義雄　さすだ・よしお
衆院議員(政友会) 東京米穀商品取引所理事長
慶応3年(1867)1月3日～大正15年(1926)9月23日 ⓖ武蔵国北埼玉郡下岡村(埼玉県) ⓔ東京法学院〔明治23年〕卒 ⓔ弁護士となり、明治42年日糖事件の処理にあたり、その手腕を認められて同社常任重役となる。翌43年東京米穀商品取引所改革運動に乗り出し、大正5年同所理事長に就任。次いで大洋火災を創立して社長となり、他に西武鉄道、日本倉庫各社長、東京商業会議所副会頭などを務め、実業界に重きをなした。また明治45年埼玉5区から衆院議員に連続4回当選。

佐瀬 熊鉄　させ・くまてつ
医師 衆院議員(憲政本党)
慶応1年(1865)12月10日～昭和4年(1929)9月5日 ⓖ岩代国会津(福島県) ⓔ石鴎 ⓔ海軍軍医学校〔明治20年〕卒 ⓔ陸奥会津藩家老・一瀬要人の二男で、佐瀬家を嗣ぐ。明治15年海軍軍医学

校に入学、20年卒業し海軍少軍医候補生となる。鈴木天眼・中野天門らと交わり職を辞して、27年朝鮮に渡る。韓国政府の嘱託を受けて警務庁医務・監獄署医務・訓練隊衛生事務・裁判医事顧問などを務めるが、28年閔妃暗殺事件に連座して広島に入獄される。29年免訴放免となり、30年再び朝鮮に渡り親日党の策動を援助した。35年福島県から衆院議員(憲政本党)に当選1回、政界に活躍したが、日露戦争に際し三度朝鮮に渡り、宋秉畯・尹始炳・李容九らと往来して一進会の組織を助け、同会顧問となる。39年韓国農商工部の嘱託となり平壌に赴き無煙炭砿の開拓に従事し、対露利権問題に尽力した。その後も朝鮮の産業開発などに生涯を捧げ、朝鮮問題の功労者として知られる。俳句をよくし石鴎と号した。 家父＝一瀬要人(陸奥会津藩家老)

佐田 介石　さだ・かいせき
僧侶(浄土真宗)
文化15年(1818)4月8日～明治15年(1882)12月9日 名＝断識、号＝等象斎 歴実家は寺で、京都に出て本願寺、東福寺、南禅寺などで修行。西洋の天文学や地理学が仏教を害すると考えて地動説に反対し、天動説を主張した。維新後も文明開化の風潮に反対し、"ランプ亡国論"などによって舶来品を排斥して国産品を愛用するよう訴え、国粋主義思想のリーダーとなって保守派の支持を受けた。著書に「鎚地球説略」、「視実等象儀詳説」、「天地論往復集」など。

佐田 素一郎　さだ・もといちろう
外務大録
天保3年(1832)12月10日～明治40年(1907)10月3日 生筑後国(福岡県) 名＝白芽 嘉永5年(1852年)江戸に出て昌平黌に学び、安政4年(1857年)帰藩、6年藩校明善堂寮長となる。文久3年(1863年)4月親兵を率いて上京するが、藩論一変して佐幕派のために同志38人と幽閉される。のち中山忠光の奔走により許され、同年6月家老有馬監物に従って上京、下関応援のため砲台建造の朝命を拝す。大里に下って防備を行い、政変で西下した三条実美に長州湯田で謁するが、11月帰藩すると禁固、禄を没収され士籍を削られた。明治元年復仕し、藩主有馬頼咸に従って上京、内外に斡旋した。同年新政府に出仕、軍務官判事試補、徴士となる。2年朝鮮交際私議を太政官に建白、朝鮮に赴き王政維新の国書授受の談判にあたるが受領を得ず、帰って征韓の建白を行う。4年辞官し、家居して史籍文筆に親しみ、晩年は史談会を起こして幹事を務めた。

佐竹 作太郎　さたけ・さくたろう
東京電燈社長 衆院議員(政友会)
嘉永2年(1849)3月15日～大正4年(1915)8月17日 生山城国愛宕郡大原村(京都府京都市左京区) 歴明治10年若尾逸平の推挙により第十国立銀行に入行、15年頭取に就任。28年若尾の腹心として東京電燈に入り、取締役を経て、32年社長となり、没年まで務めた。この間、発電所の設立、資本集中などに尽力した他、東京電車鉄道、富士身延鉄道などにも要職を占め、いわゆる甲州財閥の一員として活躍した。また甲府市議、山梨県議を務め、35年以来衆院議員に当選5回、政友会に所属した。

佐竹 義理　さたけ・よしただ
貴院議員 子爵
安政5年(1858)9月4日～大正3年(1914)4月26日 出出羽国(秋田県) 名旧姓・旧名＝相馬、号＝恒堂、幼名＝常丸 歴陸奥中村藩主・相馬充胤の次子として生まれ、慶応2年(1866年)叔父に当たる出羽秋田新田藩主・佐竹義諶の養子となる。4年維新の動乱に備えて、秋田新田に椿台城を築く。明治2年養父の隠居で藩主となり、3年藩を羽後岩崎(現・湯沢市)に移して岩崎藩に改称、岩崎藩知事となった。廃藩後は子爵を授けられ、貴院議員、国光生命保険会社社長などを歴任。 家実父＝相馬充胤(陸奥中村藩主)、養父＝佐竹義諶(秋田新田藩主)

佐竹 義文　さたけ・よしぶみ
熊本県知事
明治9年(1876)11月4日～没年不詳
生東京都新宿区 学東京帝国大学法科大学法律科〔明治36年〕卒 歴奈良県、滋賀県、福岡県の内務部長を務めた後、大正6年鳥取県知事、8年香川県知事、12年和歌山県知事、13年愛媛県知事、14年熊本県知事を歴任した。

佐竹 利市　さたけ・りいち
佐竹製作所創業者
文久3年(1863)～昭和33年(1958)
生安芸国(広島県東広島市) 歴独学で数学を学び、明治29年から精米機の試作を始める。資金調達のために家屋敷まで手放す苦労があったが、31年に1号機を完成。大恐慌による危機を乗り越えて、佐竹製作所を精米機のトップメーカーに育てた。 家長男＝佐竹利彦(佐竹製作所社長) 勲発明表彰・藍綬褒章〔昭和19年〕

定平 吾一　さだひら・ごいち
陸軍砲兵大尉
明治9年(1876)～明治45年(1912)2月
生岡山県小田郡新山村(笠岡市) 学陸士卒 歴明治32年砲兵少尉となり、日露戦争には大尉として出征し負傷する。のち軍職を退き、中国問題に関心を持ち、中国革命を目指す宮崎滔天・萱野長知・黄興らと交わるが、病気となり、45年没した。

佐々 鶴城　さっさ・たずき
神職 国学者 出雲大社主典
天保9年(1838)6月7日～明治38年(1905)3月17日 生出雲国(島根県) 名＝寿忠、藤房、易直、通称＝鉄之丞、別号＝藤壺 歴代々、出雲大社の社家を務める家に生まれる。同社の宮司・千家尊孫に和

歌を、その子・尊澄に国学を学び、さらに津和野の大国隆正や萩の近藤芳樹に師事して国学を修めた。維新後は教部省に入り、島根の日御碕神社や京都梅宮神社などの宮司を歴任。晩年は出雲に帰り、出雲大社主典を務めた。「梅舎大人略伝」「皇国名義考」など国学に関する著書多数。

佐々 友房　さっさ・ともふさ
衆院議員（大同倶楽部）

嘉永7年（1854）1月23日～明治39年（1906）9月28日　[生]肥後国熊本（熊本県熊本市坪井町）　[名]幼名＝寅雄、坤次、号＝克堂、鵬洲　[歴]肥後熊本藩士・佐々陸助の二男で、先祖は戦国武将・佐々成政といわれる。藩校・時習館に学ぶ傍ら、肥後勤王党の一員であった叔父・佐々淳次郎の薫陶を受け、尊攘論に影響を受けた。明治10年の西南戦争では西郷隆盛の挙兵に呼応して熊本隊に参加、一番隊小隊長を務めたが、敗れて捕らえられる。12年病気のため特赦を受けて出獄すると同心学舎を熊本に創立。14年には紫溟会を結成し、勤王思想と国権拡張を主張した。15年同心学舎を私立中学の済々黌（現・済々黌高校）に改組し、その校長となる。17年紫溟会を紫溟学会に改め、22年下部組織として熊本国権党が設立されるとその副総理となり、谷干城、浅野長勲らの日本倶楽部とともに大隈重信外相の条約改正案に反対した。23年第1回総選挙に当選して衆院議員となり、以後9期連続で当選して没するまで在職した。この間、議会では25年国民協会、32年帝国党、38年大同倶楽部をそれぞれ設立して中心メンバーとなり、また、国民同盟会や対露同志会などにも参加するなど対外硬派の急先鋒として活躍した。大陸通としても知られ、袁世凱、李鴻章、大院君らとも交流があり、東亜同文会とも深い関係を持った。　[家]三男＝佐々弘雄（法学者・参院議員），弟＝佐々正之（ジャーナリスト），孫＝紀平悌子（参院議員），佐々淳行（評論家・内閣安全保障室長）

颯田 本真　さった・ほんしん
尼僧　社会事業家

弘化2年（1845）11月28日～昭和3年（1928）8月8日　[生]三河国幡豆郡吉田村（愛知県西尾市）　[名]俗名＝りつ、尊称＝布施行者　[歴]安政3年（1856年）12歳で三河碧南郡貞照院の高橋天然の許にて出家。釘を打って閉ざした箱の中で苦行したと言われる慈本尼に私淑して寝ずの修行を重ね、文久2年（1862年）慈教庵を創建し住職となった。明治14年京都の黒谷金戒光明寺の観定より宗祓両脈を相承。23年三河の大津波を機に難民救済を志し、以後24年の濃尾地震から大正13年の神奈川県藤沢における大津波までの約30年間を被災者の救済事業に捧げた。難民に布団や衣類などを施してまわった。その足跡は全国23県150カ所に渡り、訪問や施しを行った戸数も10万余に及んだという。　[家]妹＝颯田諦真（尼僧）

薩摩 治兵衛　さつま・じへえ
実業家（錦糸布商）

天保1年（1830）～明治43年（1910）2月22日　[生]近江国犬上郡四十九院村（滋賀県犬上郡豊郷町）　[名]幼名＝与三吉、与惣吉、後名＝薩摩治良平　[歴]幼少時に父を失い、極貧の生活を送る。10歳の時江戸の豪商綿問屋小林吟右衛門の店に入り、辛苦の末に大番頭となる。慶応3年（1867年）独立して日本橋に和洋木綿商店を開店。横浜で金巾（薄手の綿織物）や洋糸の輸入に従事して巨利を博す。東京のほか横浜、大阪、京都など支店を拡げ、明治30年代には東京で最大の綿糸布商に成長した。また明治15年日本初の1万錘紡績会社である大阪紡績の設立に参加した。　[家]孫＝薩摩治郎八（パリ日本館建設官）

里井 円治郎　さとい・えんじろう
実業家

慶応1年（1865）6月6日～昭和12年（1937）6月21日　[生]和泉国佐野村（大阪府泉佐野市）　[歴]明治18年タオル製織の研究を始める。20年製品化に成功、中国に輸出。39年大阪府佐野村（現・泉佐野市）で佐野タオル共同会を組織し、同地をタオルの一大産地に育てた。

佐藤 栄助　さとう・えいすけ
サクランボ・佐藤錦の生みの親

明治2年（1869）～昭和25年（1950）　[生]出羽国（山形県東根市）　[歴]山形県東根で味噌・醤油の醸造業を営んでいたが、明治40年果樹栽培に転業。大正元年から輸送に適したサクランボの品種改良に取り組み、味はいいが日持ちのしない「黄玉」と、日持ちはいいが酸味の勝った「ナポレオン」の交配・選抜を繰り返し、13年砂糖のような甘さと美しい赤色とを持ち合わせた新品種を作出。昭和3年には「佐藤錦」と命名され、友人でありその命名者でもある苗木商・岡田東作の協力によって世に出た。以来、「佐藤錦」はサクランボの優良品種として普及し、現在では全国の約7割以上を占める山形県のサクランボ収穫量のうち、約8割を占めるまでになった。

佐藤 勝三郎　さとう・かつさぶろう
リンゴ栽培農家　キリスト教指導者

嘉永6年（1853）12月27日～昭和8年（1933）11月7日　[生]陸奥国津軽郡（青森県南津軽郡藤崎町）　[歴]私塾に学んだのち藤崎村の村用係などを務める。明治17年親交があった青森のキリスト教指導者本多庸一から洗礼を受けてキリスト教徒となり、教会を藤崎に建設すべく奔走、20年東北で2番目となる藤崎メソジスト教会を設立した。18年宣教師ジョン・イングの指導でリンゴ栽培を志し、長谷川誠三らキリスト教徒の同志とはかって株式組織の敬業社を設立、真那板沼の荒れ地を開墾しリンゴ園経営を開始。同社の組合長・社長・支配人など八面六臂の活躍で青森リンゴの普及と生産拡大に

尽力、26年秋には明治天皇にリンゴを献上し、一時は函館や横浜にも出荷するほどの業績を上げた。しかし27年頃から病虫害の被害が激しくなり、34年に敬業社は解散、佐藤は社のリンゴ園を単独で買い取って経営を続行。のち郡会議員として地方政界でも活動、また陸奥鉄道の設立に大きく関与し、同社の取締役となるなど実業界でも活躍した。

佐藤 鋼次郎 さとう・こうじろう
陸軍中将
文久2年(1862)4月5日～昭和2年(1927)9月18日
[生]尾張国名古屋城下(愛知県名古屋市) [学]陸士(第8期)〔明治19年〕卒 [歴]尾張藩士の家に生まれ、日清・日露戦争、第一次大戦に従軍し、大正5年中将に昇進。その間陸軍大学校教官、旅順要塞参謀長、陸軍技術審査部審査官、清国駐屯軍司令官、重砲監などを歴任した。6年予備役となったのち、評論家として軍制改革問題について発言し、とくに総力戦理論を提唱して注目された。また、同仁会常務理事として北平同人病院の改革及び漢口同仁病院の建設に尽力し、10年には日本食糧会社を興した。著書に「国民的戦争と国家総動員」がある。

佐藤 里治 さとう・さとじ
自由民権運動家 衆院議員(大同倶楽部)
嘉永3年(1850)3月～大正2年(1913)12月21日
[生]羽後国西村山郡酒味(山形県) [歴]里正、副戸長、山形県議、同常置委員、同副議長、議長を経て明治23年山形郡部から衆院議員に初当選、以来通算8回当選している。また、山形県蚕糸業中央部会議長、鉄道会議員にもなる。

佐藤 潤象 さとう・じゅんぞう
衆院議員(新正倶楽部) 中央鉄道専務
文久2年(1862)8月24日～昭和28年(1953)7月11日 [生]肥後国熊本(熊本県熊本市) [学]二松学舎,同人社 [歴]上京して二松学舎で漢学を、同人社で英語を修める。佐賀県属、熊本県収税属、同県属、農商務省営林主事、林務官などを経て、明治28年韓国農商工部に招聘される。35年釜山埋築に転じ、43年朝鮮瓦斯電気専務、大正5年朝鮮軽便鉄道常務、8年同社が中央鉄道に改称すると同専務。13年熊本第一区から衆院議員に当選、1期務めた。

佐藤 昌蔵 さとう・しょうぞう
衆院議員(政友会)
天保4年(1833)6月25日～大正4年(1915)11月30日 [出]陸奥国和賀郡黒沢尻(岩手県北上市) [歴]戊辰戦争中、奥羽越列藩同盟加盟に反対、勤王を唱えた。城中勤番に抜擢され、明治2年盛岡藩権少参事、3年少参事、4年廃藩置県で盛岡県権典事、以後岩手県西磐井郡長、茨城県東茨城郡長などを経て23年以来岩手県から衆院議員当選数回。予算委員長、請願委員長などを務めた。北大総長佐藤昌介は長男。 [家]長男＝佐藤昌介(北大総長)

佐藤 助九郎(1代目) さとう・すけくろう
実業家
弘化4年(1847)6月18日～明治37年(1904)10月20日 [出]越中国柳瀬村(富山県砺波市) [歴]文久2年(1862年)越中柳瀬村(富山県砺波市)に佐藤組(現・佐藤工業)を設立。神通川・庄川などの治水工事を手掛ける。明治25年からの常願寺川改修ではデ・レーケを招き指導を受けた。明治中期からは東海道本線・中央本線などの鉄道工事にも進出した。 [家]養子＝佐藤助九郎(2代目)(実業家・貴院議員)

佐藤 助九郎(2代目) さとう・すけくろう
実業家 貴院議員
明治3年(1870)8月27日～昭和6年(1931)10月30日 [生]越中国東砺波郡柳瀬村(富山県砺波市) [名]旧姓・旧名＝北村, 初名＝堯春 [歴]先代佐藤助九郎の養子となり、家業の土木建築請負業に従事。明治36年柳瀬村長に推され、また多額納税による貴院議員となる。その後、富山鉄道、立山酒造、中越銀行、高岡銀行、東洋絹織物、立山製紙、高岡電燈などの重役を務めた。

佐藤 正 さとう・ただし
陸軍少将
嘉永2年(1849)6月1日～大正9年(1920)4月27日
[生]安芸国広島(広島県広島市) [歴]広島藩士の四男として生まれる。明治5年東京鎮台9番大隊小隊長、陸軍少尉。萩の乱や西南戦争に従軍し、27年日清戦争では元山支隊長として平壌攻撃に参加。28年4月牛荘の戦いで左脚に敵弾を受けて左脚切断の戦傷を負い、退役を余儀なくされた。同年10月少将。29年広島市長、31年宮中顧問官、32年東亜同文会幹事長、34年愛国婦人会事務総長などを歴任した。

佐藤 暢 さとう・ちょう
栃木県知事 博多湾鉄道会長
嘉永3年(1850)12月～明治43年(1910)9月7日
[生]薩摩国(鹿児島県) [歴]薩摩藩士。明治維新後、東京府に勤め、明治7年台湾の役に従軍。その後、東京府取締組頭、大阪府収税長、群馬県書記官、内閣書記官などを歴任。27年栃木県知事に。足尾鉱毒の予防工事を訴え、奉呈書を書く。30年職を解かれた。のち実業界に入り、博多湾鉄道社長、川崎造船取締役などを務めた。

佐藤 鉄太郎 さとう・てつたろう
海軍中将
慶応2年(1866)7月13日～昭和17年(1942)3月4日
[生]出羽国田川郡鶴岡高町(山形県鶴岡市) [名]旧姓・旧名＝下向 [学]海兵(第14期)〔明治20年〕卒 [歴]鶴岡藩士の子として生まれ、佐藤家の養子となる。明治22年海軍少尉に任官し、25年大尉、赤城航海長、日清戦争の黄海海戦で負傷。その後、少佐時代に英米に駐在して戦史研究を進め、35年に「帝国国防論」を執筆。その海主陸従的な所論が陸軍

側の反発を買うが、国防論の権威として知られる。日露戦争では第二艦隊参謀を務め、のち海大教官、第一艦隊参謀長、軍令部次長、海大校長などを歴任。大正5年中将に昇進し、12年予備役。昭和9〜17年勅選貴院議員。学習院教授も務めた。他の著書に「帝国国防史論」「国防新論」がある。

佐藤 徳助　さとう・とくすけ
福島県原町長
明治3年(1870)4月7日〜大正4年(1915)7月13日
[生]福島県相馬郡原町(原町市)　[歴]明治30年福島県原町の初代町長となり、3期務めた。この間、原町実業補習学校(現・相馬農業高校)を設立。相馬電気会社を設立するなど、原町市の礎を築いた。また“野馬追町長”と呼ばれ、祭場となっている雲雀ヵ原の官有地30ヘクタールの払い下げを実現。35年には「野馬追いの唱歌」を自作するなど野馬追いの紹介に努めた。

佐藤 俊宣　さとう・としのぶ
自由民権運動家
嘉永3年(1850)9月10日〜昭和4年(1929)4月13日
[出]武蔵国日野(東京都日野市)　[歴]武蔵国日野(現・東京都日野市)の名主。明治17年雑誌「武蔵野叢誌」に薬の広告に名を借りて政府を批判した戯文「日東家伝勅命丸」を投稿。18年新聞紙条例違反で重禁固3年の刑を受けた。

佐藤 信寛　さとう・のぶひろ
島根県令
文化12年(1815)12月27日〜明治33年(1900)2月15日　[生]長門国萩(山口県萩市)　[名]幼名=三郎,名=寛作,号=茅斎,櫟村　[歴]長州藩士の長男。弘化2年(1845年)藩の軍学教授。明治3年浜田県権知事となり、9年同県と島根県が合併すると島根県令となった。10年退任。岸信介、佐藤栄作両首相の曽祖父にあたる。　[家]曽孫=岸信介(首相),佐藤栄作(首相)

佐藤 範雄　さとう・のりお
神道金光教会学問所初代校長
安政3年(1856)8月6日〜昭和17年(1942)6月20日
[生]備後国安那郡上御領村(広島県福山市)　[歴]明治18年神道金光教会を創設、33年には神道から金光教を独立させるなど、同教で中心的役割を担い、その発展に尽くした。27年には神道金光教会学問所(現・金光学園)を設立、初代校長に就任。また様々な社会奉仕活動に努めた。　[家]五男=佐藤博敏(金光教教老)

佐藤 甫　さとう・はじめ
軍事探偵
明治20年(1887)〜昭和4年(1929)3月29日
[生]熊本県益城郡杉合村(熊本市)　[名]号=回山　[歴]年少の頃、熊本・済々黌に学ぶ。明治36年の日露戦争直前、シベリアに渡り中国・ロシアの情勢を探る。開戦に際してロシア官憲により中央アジアに追放され、欧州経由で帰国した。42年参謀本部の命を受けて嘉悦敏大佐と共に雲南・貴州・四川の各省を踏査し、大正元年大連の福昌公司に入り勤務の余暇に満蒙事情を研究した。のち青島特務機関で通訳と諜報活動に当たる。昭和4年3月青島で没した。

佐藤 秀顕　さとう・ひであき
逓信省電気局長
嘉永4年(1851)7月2日〜大正10年(1921)3月24日
[生]伊勢国(三重県)　[歴]伊勢津藩士・佐藤兵衛の養嗣子となり藩主に抜擢されて大阪・東京、横浜の各地に遊学する。明治5年黒田清隆の知遇を得て開拓使権少書記官より大書記官に進み、ついで北海道庁理事官となる。8年黒田公使に随行して朝鮮に赴き、のち農商務省農務局次長に転じ、25年逓信相秘書官を経て、逓信省の電気局長兼管船局長を務めた。29年造船奨励法、航海奨励法の制定に尽力した。退官後、錦鶏間祗候となった。

佐藤 秀蔵　さとう・ひでぞう
実業家 貴院議員(多額納税)
嘉永4年(1851)3月28日〜昭和9年(1934)3月27日
[生]陸奥国磐井郡(岩手県)　[名]幼名=亀次郎　[歴]幼名は亀次郎。のち家督を継いで秀蔵を襲名した。明治31年から岩手県の摺沢村議、東磐井郡議を務める。一方、実業に従い横尾社長、天民社取締役、八十八銀行取締役、陸中国東山製糸組合長などを歴任。42〜44年貴院議員。

佐藤 三喜蔵　さとう・みきぞう
高崎五万石騒動の指導者
文政2年(1819)〜明治3年(1870)2月4日
[生]上野国群馬郡上中居村(群馬県高崎市)　[名]別名=造酒之助　[歴]明治2年高崎藩領45カ村の農民が、不作減納、税制改正などを高崎藩庁に訴えた“高崎五万石騒動”の指導者的立場に立ち、腕力に優れたことから、大総代のひとりに数えられた。翌年捕らえられて斬首となった。

佐藤 弥六　さとう・やろく
農業指導者 青森県議
天保13年(1842)〜大正12年(1923)
[生]陸奥国弘前(青森県弘前市)　[歴]陸奥弘前藩士の二男。文久2年(1862年)藩命により江戸に遊学し、海軍術を習得する傍ら福沢諭吉の塾で英学を、横浜で商法を修める。慶応4年(1868年)京都に出て西洋兵学を修得するため広瀬元恭の時習堂に入門。幕末から明治初期の変革期にあって国事に奔走しつつ再び横浜で商法を学ぶが、兄が死んだため帰郷し、兄嫁と結婚して家督を継いだ。以後は維新後に没落した士族の生活を助けるため養蚕やリンゴ・ブドウの栽培を指導。また唐物店を開いて自ら店頭に立って商売し、青森に支店を置くまで成長した。その一方で郡会議員、明治21年青森県議となるなど地方政界でも活躍。26年リンゴ160種について図解したうえ、原産地・形状・時期・接木

の仕方並びに青森で実際に栽培されている61種について説明した「林檎図解」を著述。他の著書に「陸奥評林」「陸奥のしるべ」などがあり、藩の歴史や林政についても通暁した。 家六男=佐藤紅緑、孫=サトウハチロー(詩人)、佐藤愛子(作家) 賞緑白綬有功賞〔明治29年〕

佐藤 愛麿　さとう・よしまろ
外交官
安政4年(1857)3月28日～昭和9年(1934)1月12日
生陸奥国弘前(青森県弘前市)　名旧姓・旧名=山中　学デボー大学(米国)〔明治14年〕卒 法学博士〔大正6年〕　歴陸奥弘前藩士・山中逸郎の二男に生まれ、同藩勘定奉行・佐藤清衛の養子となって家督を継ぐ。米国に留学し、明治14年デボー大学を卒業、バチェラー・オブ・アーツの称号を受ける。19年公使館書記官となり、外務書記官、公使館一等書記官を経て、33年駐メキシコ公使となり、38年日露講和会議に随員として活躍。39年駐オランダ公使となり、41年万国平和会議に参列する。大正3年駐オーストリア・ハンガリー大使となるが、第一次大戦が勃発、国交断絶と共に帰国し外務省臨時勤務となった。のち駐米国大使となり、7年待命となって帰国。その後、宮内省御用掛(伏見宮家別当)を務める。6年米国デボー大学並びにプリンストン大学より法学博士の名誉学位を受けた。
家養父=佐藤清衛(弘前藩勘定奉行)

里見 義正　さとみ・よしまさ
官吏
文久2年(1862)6月30日～昭和2年(1927)3月27日
生丹波国船井郡(京都府)　学東京外国語学校支那語学科〔明治15年〕卒　歴丹波園部藩士・里見義紀の長男に生まれ、のち叔父・石原半右衛門の嗣子となる。外国語学校で支那語を学び、長崎裁判所書記となり、明治25年辞して単身、清国福建省に渡り樟脳採取事業に従事、のち福州南台で雑貨商を営む。日清戦争では海軍の通訳を務め、28年海軍編修書記、29年台湾総督府に転じ、30年弁務署長を務める。42年台湾の富豪・林家の家政整理を依託され同家総督となったが、同族争いに巻き込まれ、43年辞任し帰国した。

真田 増丸　さなだ・ますまる
大日本仏教救世軍主管
明治10年(1877)7月25日～大正15年(1926)2月17日　生福岡県築上郡(豊前市)　学東京帝国大学文科大学哲学科〔明治41年〕卒　歴浄土真宗本願寺派浄円寺の三男として生まれ、大分県宇佐の東陽円成の門に入る。大正4年大日本仏教救世軍を結成、主管として九州の八幡を中心に全国的な布教活動を行う。6年「救世」「済美」誌を発行。12年には「点字救世軍」を発刊し、エスペラント語による雑誌も発行した。街頭宣伝と労働者布教に特色があり、天皇中心主義の念仏信仰を熱烈に説いた。著書に「信念の叫び」(遺著)がある。

佐野 助作　さの・すけさく
衆院議員
天保15年(1844)7月～明治43年(1910)9月
生淡路国津名郡塩垣村(兵庫県淡路市)　歴洲本町の大庄屋の養子となる。早くから人望を集め、郡会・県会議員となり、議長数回。水産会長、農会長も務め、町民の福利増進、地方開発に尽力。同志阿部瑞穂らと淡路紡績会社を創設、のち鐘淵紡績会社を誘致して洲本町振興に貢献した。衆院議員にも当選。明治41年洲本町長となった。

佐野 前励　さの・ぜんれい
僧侶　日蓮宗宗務総監
安政6年(1859)2月18日～大正1年(1912)9月7日
生江戸浅草(東京都台東区)　名旧姓・旧名=下河　歴小笠原氏の家臣・下河家に生まれ、山谷正法寺住職・佐野日遊の養子となり、のち池上本門寺中教院で新居日薩に学ぶ。明治21年日蓮宗の組織改革を提案するが失敗。のち宗門に残る多年の因襲を打破しようと平民主義を主張し、ついに宗規の改正を断行し、43年推されて宗務総監となった。就任後、朝鮮布教の開始、日宗財団の設立、東京感化院の経営などに当たった。九州の信徒からは"佐野の御前"、朝鮮の信徒からは"佐野大人"と呼ばれた。

佐野 常民　さの・つねたみ
元老院議長　日本赤十字社創設者　伯爵
文政5年(1822)12月28日～明治35年(1902)12月7日　生肥前国佐賀郡早津江(佐賀県佐賀市)　名旧姓・旧名=下村　歴肥前佐賀藩士・下村家の五男で、天保3年(1832年)同藩医・佐野常徴の養子となる。藩校・弘道館に入り、次いで江戸に出て古賀侗庵に儒学を学ぶ。また、京都の広瀬元恭について蘭学と化学を修め、嘉永元年(1848年)大坂の緒方洪庵の下で洋学と医術を研修した。のち再び江戸に出て伊東玄朴、戸塚静海に理化学を教わる。6年藩の精錬方主任となって長崎海軍伝習所に派遣され、蒸気機関車模型や電信機の試作に没頭。文久元年(1861年)海軍取調方付役となり、自身の新知識を動員して日本初の蒸汽船凌風丸の製造に成功。慶応3年(1867年)には藩代表としてパリ万博に参加するため渡仏。明治3年兵部少丞として新政府に出仕し、日本海軍の創設に尽力。4年工部大丞兼灯台頭、5年ウィーン万博副総裁、8年元老院議官、13年大蔵卿、14年元老院副議長、15年同議長、18年宮中顧問官、21年枢密顧問官を歴任。25年第二次伊藤内閣に農商務相として入閣した。20年子爵、28年伯爵。この間、10年西南戦争に際して、西洋の赤十字制度に倣って大給恒らと博愛社を創設、負傷者救護に当たった。20年博愛社を日本赤十字社と改称して初代社長に就任、同社の基礎を築いた。一方で龍池会(のち日本美術協会)の結成にも参画し、美術工芸界の発展にも寄与した。

佐野 経彦　さの・つねひこ
神理教初代管長

天保5年(1834)2月16日～明治39年(1906)10月16日　生豊前国徳力(福岡県北九州市)　歴神道十三派の一つ、神理教の教祖。饒速日命を祖とする巫部(かんなぎべ)の子孫といい、家伝来の秘法となる神道行事に基づき、言霊信仰を理論的に発展させた。幼少時より神祭に興味を持ち、のち西田直養に入門、国学、神道、歌道を学び、衆生救済のため医学を志す。幕末期には高杉晋作、平野国臣らと交際があり、自らも志士として活動。維新後は医学に従事し、門弟に惟神(かんながら)の道を説いた。明治12年神道教導職となる。翌13年神理協会を小倉に設立、北九州を中心として各地に巡教、しだいに信者を増やした。27年神理教が教派神道の一派として公認され、御嶽教から独立すると、その初代管長に就任。家伝の教え、禁厭、占いなどをもって布教、教化活動を行った。主著に「有神弁」「神理階梯」「神理学入門」など。

佐野 友三郎　さの・ともさぶろう
山口県立図書館館長

元治1年(1864)～大正9年(1920)5月13日　生上野国(群馬県前橋市)　学東京帝国大学卒　歴中学教師、台湾総督府事務官を経て、明治33年秋田県立図書館長。明治36年3月、新設された山口県立図書館の初代館長に就任。ここで公開書架、巡回文庫の実施、山口式十進分類法の創案など多くの先進的業績を挙げる一方活発な理論活動も展開。大正4(1915)年には文部省より派遣されて渡米、それまでの理論、実践活動の集大成ともいうべき図書館学の古典的名著「米国図書館事情」を著わす。日本図書館界のリーダーとして活躍を期待されていた矢先、大正9年自ら命を絶った。

佐野 楽翁　さの・らくおう
篤農家　西洋リンゴ栽培のパイオニア

天保9年(1838)11月15日～大正12年(1923)10月9日　生陸奥国津軽弘前蔵王町(青森県弘前市)　名旧姓・旧名＝楠美、通称＝吉郎兵衛　歴旧弘前藩士。嘉永5年(1852年)同藩の佐野家の養子となる。慶応3年(1867年)銃隊長に任ぜられ京都内の護衛に従事。戊辰戦争では、鳥羽・伏見の戦いや庄内藩追討などに参加した。明治4年旧藩主の薦めにより陸奥国野里村に帰川し、養蚕技術などを伝習。9年には青森県からリンゴ苗木400本を受ける500本の西洋果樹を配布され、果樹栽培に転じた。中でも西洋リンゴの可能性に注目し、11年野里村から弘前に移ってリンゴ園を開くとともに、接木法を試みるなど栽培法の改良にも携わった。さらに23年には内国勧業博覧会にリンゴを出品して有功褒状を受けるなど、リンゴ王国・青森の先覚者の一人として大きな業績を残している。また、和歌や平曲を嗜み、明治21年には平曲の秘伝を伝授された。　賞内国勧業博覧会有功褒状〔明治23年〕

佐野 理八　さの・りはち
実業家

天保15年(1844)2月15日～大正4年(1915)8月14日　生近江国神崎郡鍛冶屋村(滋賀県)　歴幼少の頃より豪商外村与左衛門に奉公する。文久3年(1863年)23歳の時、生糸買入れのため福島地方に下向。明治初年古河市兵衛の小野組に入り、5年奥羽総支配人となり、福島に移住した。翌6年二本松製糸場長となり、製糸業の拡張と改良に努めた。7年小野組は倒産するが、刻苦して事業を継続。明治天皇東北巡幸の際は同製糸場に立ち寄り、また改良生糸を米国に輸出するなど販路拡張を図った。のち鉱山経営も行った。　勲藍綬褒章〔大正4年〕

佐羽 喜六　さば・きろく
実業家

安政5年(1858)～明治33年(1900)4月1日　生下野国足利郡葉鹿村(栃木県足利市)　名本名＝佐羽喜禄、旧姓・旧名＝青木　歴青木儀平の六男に生まれ、14歳で群馬県桐生の豪商・4代目佐羽吉右衛門に仕え、のち女婿となる。桐生織物の改良に努め、明治20年日本織物を創設、織姫繻子を生産した。33年4月清(中国)出張の際に船が沈没し死去。

佐分利 貞男　さぶり・さだお
外務省条約局長

明治12年(1879)1月20日～昭和4年(1929)11月29日　生東京　学東京帝国大学法科大学〔明治38年〕卒　歴明治38年外務省に入り、フランス在勤を経て、大正8年パリ講話会議全権委員随員となる。同年より米国在勤となり、ワシントン会議、日米移民問題に活躍、この間幣原喜重郎駐米大使の知遇を得る。13年帰国し、幣原外相のもとで通商局長となる。15年条約局長として中国国民革命の時期における"幣原外交"の推進に尽力した。昭和2年参事官としてジュネーブ海軍軍縮会議全権委員随員となり、同年から英国在勤。4年幣原が外相に再任するとともに中華民国特命全権公使に任命され、日華条約改訂交渉を開始。同年交渉打合せのため一時帰国中自殺した。　家兄＝秋山広太(大阪合同紡績社長)、岳父＝小村寿太郎(外交官)

佐保山 晋円　さほやま・しんえん
僧侶　華厳宗管長　東大寺別当

弘化3年(1846)～大正4年(1915)2月12日　生大和国郡山(奈良県大和郡山市)　名旧姓・旧名＝足立　歴安政5年(1858年)奈良・東大寺の永恩について得度する。明治11年東大寺塔中・持宝院の住職となる。大僧都、大僧正、華厳宗学頭と進み、33年華厳宗管長を務める。のち東大寺別当となり、在任中に大仏殿などを修理した。

鮫島 員規　さめじま・かずのり
海軍大将　男爵

弘化2年(1845)5月10日～明治43年(1910)10月14日　生薩摩国鹿児島(鹿児島県鹿児島市)　歴薩摩

296

藩士の長男に生まれる。明治5年海軍少尉に任官。22年金剛、23年扶桑の各艦長を経て、24年フランスで建造された軍艦松島の回航委員長として出張、初代松島艦長となった。27年常備艦隊参謀長から、27年日清戦争直前に編成された最初の連合艦隊参謀長に就任、旗艦松島に乗り組み黄海海戦に参戦。第一遊撃隊司令官として活動。28年常備艦隊司令長官、29～31年海軍大学校校長を務める。この間、30年海軍中将となり海軍少佐・坂本俊篤の応用実学を主意とする改革意見を取り入れ、学識を豊富にすることを主眼とする海軍大学校条例改正に関わった。31年横須賀鎮守府司令長官、32年再び常備艦隊司令長官を経て、33年佐世保鎮守府司令長官。38年海軍大将、40年予備役に編入。同年男爵を授かった。 [家]養子=鮫島具重(海軍中将)、女婿=竹下勇(海軍大将)。

鮫島 慶彦　さめしま・けいひこ
衆院議員
慶応1年(1865)9月～昭和3年(1928)10月8日 [出]薩摩国(鹿児島県) [学]二松学舎卒 [歴]郷里で村議、副議長を経て、明治41年以来衆院議員当選5回。また南薩鉄道社長、万瀬水力電気、薩摩製糸各重役を務めた。

鮫島 重雄　さめじま・しげお
陸軍大将　男爵
嘉永2年(1849)8月8日～昭和3年(1928)4月17日 [生]薩摩国鹿児島(鹿児島県鹿児島市) [学]陸士卒 [歴]薩摩藩士の二男として生まれる。明治4年御親兵の一員となり上京、8年工兵少尉に任官。日清戦争には近衛師団参謀長として出征。33年由良要塞司令官、35年東京湾要塞司令官を務め、37年日露戦争の旅順攻撃で戦傷を負った土屋光春に代わって第十一師団長に就任。乃木希典第三軍司令官に砲兵との協力作戦を進言して旅順攻略を成功に導いた。39年第十四師団長。44年大将に昇進した。

鮫島 十内　さめじま・じゅうない
漁師　大沖鰯施網の考案者
嘉永5年(1852)5月～明治36年(1903)11月22日 [生]肥後国天草郡富岡(熊本県天草郡苓北町) [歴]代々、肥後国天草富岡で漁師を営む。イワシの大漁を目指し、篝火で魚を網に誘い込む大沖鰯施網(十内網、八田網とも)を考案。明治26年にはシカゴ万博にその模型を出品し、優等賞を受賞。さらに、網船の改良にも成功し、天草のみならず長崎県の平戸や五島でも操業した。また、富岡漁業組合筆頭理事などを務め、天草の漁業発展に力を尽くした。 [賞]シカゴ万博優等賞〔明治26年〕

鮫島 相政　さめじま・すけまさ
衆院議員
安政4年(1857)1月18日～明治44年(1911)12月12日 [生]薩摩国揖宿郡頴娃村(鹿児島県南九州市) [歴]鹿児島県議、同議長を務め、明治31年以来鹿児島県から衆院議員に当選3回。33年政友会創立準備委員となり、のち幹事として活躍。政界引退後検事となり北海道室蘭に在勤した。

鮫島 武之助　さめじま・たけのすけ
内閣書記官長　貴院議員(勅選)
嘉永1年(1848)11月10日～昭和6年(1931)2月20日 [生]薩摩国(鹿児島県) [学]慶応義塾〔明治6年〕卒 [歴]米国留学後外国語学校教諭。明治14年東京府に勤め、外務省に転じ書記生となりワシントン駐在数年。その後外務大臣秘書官、ローマ公使館書記生、外務省参事官、総理大臣秘書官、弁理公使などを経て、第三次・第四次伊藤内閣の書記官長となり、伊藤博文の新党計画や閣内調整を助けた。29年勅選貴院議員。36年退官、以後日本銀行監事を長く務めた。

鮫島 尚信　さめしま・なおのぶ
駐フランス特命全権公使
弘化2年(1845)3月10日～明治13年(1880)12月4日 [生]薩摩国鹿児島城下山之口馬場(鹿児島県鹿児島市) [名]変名=野田仲平、通称=誠蔵 [歴]薩摩藩士。藩医の子で、文久元年(1861年)オランダ医学研究生として長崎に遊学、ついで何礼之、瓜生寅に英学を学ぶ。帰藩後薩摩開成所の訓導師となる。慶応元年(1865年)藩命により五代友厚らと英国留学。この時野田仲平と変名した。ロンドン大学のユニバーシティカレッジの法文学部に入学し、3年森有礼、長沢鼎らと渡米し、トーマス・レーク・ハリスの結社"新生社"に入り、ぶどう園で働きながら学ぶ。明治元年帰国し、外国官権判事、2年東京府判事、権大参事、3年外務大丞、ついで駐英・仏・独・北連邦少弁務使に任ぜられ、フランス在勤となり、中弁務使、弁理公使から、6年特命全権公使に進んだ。8年帰国し議定宮、11年まで寺島外務卿のもとで外務大輔を務めた。同年再びフランス特命全権公使となり、ついでベルギー・スペイン・ポルトガル・スイス公使兼任となって、将来を期待されたがパリで客死した。

佐柳 藤太　さやなぎ・とうた
千葉県知事
明治3年(1870)9月～大正14年(1925)2月24日 [生]讃岐国(香川県) [学]東京法学院〔明治25年〕卒 [歴]文官高等試験に合格して内務省に入省、長野県参事官、新潟県参事官・事務官、山形県内務部長、福岡県内務部長などを経て、大正元年滋賀県知事、3年千葉県知事を歴任。退官後、熊本市長、小樽市長を務めた。

沢 簡徳　さわ・かんとく
貴院議員(勅選)
天保9年(1838)9月～明治36年(1903)10月 [歴]文久2年(1862年)講武所頭取から目付となり、3年生麦事件の償金支払問題に連座。明治維新後徴士刑法官判事試補、3年刑部大丞、7年若松県令、8年五等判事兼任、9年五等判事。10年東京第4区大区長、11年神田区長、24年勅選貴院議員となった。

沢 茂吉　さわ・しげきち
赤心社副社長 北海道議
嘉永6年(1853)11月6日～明治42年(1909)9月15日 [生]摂津国三田(兵庫県三田市) [学]慶応義塾卒 [歴]摂津三田藩校・造士館や慶応義塾に学ぶ。卒業後、教職や製乳業などに従事するが、明治8年摂津第三三田教会の設立と共にキリスト教の洗礼を受けた。15年北海道開拓を目的とした赤心社に入社し、北海道浦河に移住。16年には同社の副社長となり、牧畜や馬の品種改良・醤油の製造など多角的な農業経営を指導した。また、浦河公会や私立赤心学校の開設にも尽力し、同地における文教の興隆に大きく寄与した。北海道議も務めた。

佐和 正　さわ・ただし
青森県知事
天保15年(1844)1月18日～大正7年(1918)11月6日 [生]陸奥国仙台(宮城県仙台市) [歴]仙台藩士の子に生まれ、藩校・養賢堂に学ぶ。明治維新後、警察官となり、警視に進む。この間、明治12年川路利良大警視の欧米巡遊に従い各国の警察を視察。18年伊藤博文特命大使に従い清国に派遣される。22年内務書記官となり、同年青森県知事に就任。29年辞して錦鶏間祗候となる。

沢 宣元　さわ・のぶもと
宮内官 侍従 男爵
文久2年(1862)1月1日～昭和9年(1934)2月16日
[出]京都 [歴]幕末の公卿・沢宣嘉の二男で、明治28年父の功績により一家を立て、男爵を受ける。外務省、宮内省に出仕し、侍従を務めた。大正10年退官。 [家]父=沢宣嘉(公卿)

沢 宣嘉　さわ・のぶよし
外務卿
天保6年(1835)12月23日～明治6年(1873)9月27日 [生]京都 [名]通称=主水正, 号=春川, 変名=姉小路五郎丸 [歴]攘夷親征の急進論を唱え、安政条約締結の反対を主張して上書したが、文久3年(1863年)八月十八日の政変で京都を追われ、三条実美ら公卿6人と共に長州に下った。同年10月但馬生野で平野国臣らの挙兵の計画に首領として迎えられ、挙兵するが失敗、讃岐、伊予にしばらく潜伏した後、長州へ。明治維新後、参与、九州鎮撫総督、長崎裁判所総督を経て、長崎府知事を務める。明治2年外国宮知事となり、同年7月官制改革によって設置された外務省の外務卿に就任。4年8月盛岡県知事に任命されたがすぐに辞任。6年2月ロシア駐在特命全権公使に任命されるが赴任する前に病死した。 [家]養父=沢為量(公卿), 二男=沢宣元(宮内官)

沢 来太郎　さわ・らいたろう
衆院議員
慶応1年(1865)10月15日～大正12年(1923)3月23日 [生]陸前国栗原郡沢辺村(宮城県栗原市) [歴]仙台市に東北義塾を設立、育英事業に携わり、明治14年公教会を興し自由民権論を広めた。27年血誠義団を組織、「仙台新聞」を発行。30年自由党から憲政本党に入り県政界に活躍。33年朝鮮、中国を視察、35年以来衆院議員当選6回。44年再び朝鮮、中国を回り、45年政務調査所を設立、政務を調査発表。大正3年政友会に所属、東北商業、三星炭鉱各重役。著書に「陸海軍軍政整理論」「帝国国有財産総覧」などがある。

沢田 牛麿　さわだ・うしまろ
福岡県知事
明治7年(1874)2月6日～昭和33年(1958)1月29日
[生]高知県高知市潮江町 [学]山口高〔明治29年〕卒, 東京帝国大学法律学科第三部〔明治32年〕卒 [歴]明治32年陸軍省に入省。参事官、36年警察監獄学校教授兼任、37年東京府参事官第三部長、39年朝鮮統監府警視、同年書記官を兼務、42年鹿児島県内務部長。大正7年青森県、8年佐賀県、10年石川県、11年福岡県の各知事を歴任。昭和2年北海道庁長官。14年勅選貴院議員。

沢田 佐一郎　さわだ・さいちろう
篤農家
元治1年(1864)～明治41年(1908)6月21日
[生]富山県西砺波郡是戸村(高岡市) [名]俳号=嘯夫
[歴]算数に長じ、また嘯夫と号し俳句を良くした。祖先の遺志を継ぎ地場産業の発達に尽力。富山県西礪波郡是戸村の村長、富山県農会評議員などを務め、明治29年県知事より農事改良の功を賞せられる。30年東京に開設の中央農事大会に出席して前田正名会頭より田区改正特別委員に推され、以来前田と共に各地を視察して農事の改良・発達に尽くした。39年大日本農会総裁・伏見宮貞愛親王より功績を表彰された。

沢田 佐助　さわだ・さすけ
衆院議員(政友会)
安政2年(1855)11月～明治44年(1911)7月3日
[出]大坂 [歴]大阪府議、大阪商業会議所議員を経て、明治35年以来衆院議員当選4回、政友会に属し、協議員を務めた。

沢田 俊三　さわだ・しゅんぞう
弁護士
嘉永6年(1853)7月～明治42年(1909)5月5日
[生]武蔵国忍(埼玉県行田市) [学]エール大学(米国)〔明治20年〕卒 [歴]もと武蔵忍藩士。東京に出て学問を修めた後、横浜で神奈川県法律顧問ジョージ・ヒルに学ぶ。明治3年藩洋学校二等教授、7年工部省に出仕。10年判事補となり新潟裁判所に勤務するも、まもなく代言人(弁護士)となり、東京府議にも選ばれる。その後、米国のペンシルベニア大学を経て、エール大学で学位を得て、21年東京代言人組合副会頭となる。早稲田大学、慶応義塾の講師の他、王子製紙取締役も務めた。

沢田 半之助　さわだ・はんのすけ
労働運動家
明治1年(1868)～昭和9年(1934)6月17日
生 陸奥国岩瀬郡須賀川町(福島県須賀川市)　歴 明治23年頃渡米しサンフランシスコで洋服の修理などをする。29年頃帰国し洋服進調所を開設、そのかたわら30年に職工義友会を結成するなど、日本における労働組合運動の創立に参加し、初期の労働運動家として活躍した。

沢田 久子　さわだ・ひさこ
沢田三兄弟の母
慶応3年(1867)～昭和4年(1929)
生 因幡国岩井郡浦富村(鳥取県岩美郡岩美町浦富)　歴 資産家・沢田忠兵衛の長女。幼い頃に両親と兄を失い、兄嫁の実家で育つが、17歳で生家に帰る。兵庫県の森信五と結婚して沢田分家を創始。明治25年から夫は浦富村長、鳥取県議を務め、30年から北海道各地で漁業・牧場経営に従事した。この間、留守を守りながら5男4女を育て、長男・節蔵と二男・廉三は外交官、三男の退蔵は実業家として名をなし、"沢田三兄弟"と呼ばれた。また、浦富婦人会会長を長く務め、浦富基督教会を創立するなど地域のためにも貢献した。　家 長男=沢田節蔵(外交官)、二男=沢田廉三(外交官)、三男=沢田退蔵(実業家)

沢田 実　さわだ・みのる
中国革命運動協力者
明治12年(1879)～大正10年(1921)
生 京都府船井郡園部村(南丹市)　学 京都帝国大学法科大学[明治37年]卒　歴 明治37年三井物産に入社し、上海支店に勤務。この時南方革命派の志士と交わり、41年香港支店に移ると孫文一派と交流を深めた。辛亥革命当時は革命党員のために便宜をはかった。大正10年広東で病没。

沢田 寧　さわだ・やすし
衆院議員(政友会)
嘉永5年(1852)10月～昭和12年(1937)3月16日
生 静岡県　歴 漢学及び法律学を学んだ後、浜松県訓導、浜松町議、同町長を経て、明治35年8月に衆院議員に初当選。以後連続4期つとめる。また弁護士にも従事した。

沢野 利正　さわの・としまさ
殖産家　素麺営業組合頭取
嘉永3年(1850)4月14日～昭和3年(1928)9月2日
生 播磨国(兵庫県)　歴 兵庫県林田村(現・姫路市)村長を経て、明治26年素麺営業組合頭取となる。手延べそうめんの品質向上と販路拡大をはかり、播州特産「揖保乃糸」の名を高めた。

沢原 為綱　さわはら・ためつな
公共事業家　貴院議員(多額納税)
天保10年(1839)7月19日～大正12年(1923)4月8日　生 安芸国呉(広島県呉市)　歴 廃藩置県の際、広島と岡山との境界論争を自ら斡旋して解決をはかる。明治11年から広島県安芸郡長、同郡所得税調査委員などを経て、23～30年貴院議員となり、大阪築港、小樽築港、広島市の上水道敷設などに尽力した。また安芸郡内海田市と船越村との埋立争議の仲裁を試み、広島県下の学生に学資を給与するなど公益のために貢献した。

沢辺 正修　さわべ・せいしゅう
自由民権運動家
安政3年(1856)1月10日～明治19年(1886)6月19日　生 丹後国与謝郡宮津(京都府宮津市)　歴 明治4年廃藩後、京都府綴喜郡田辺村の小学校に教え、11年宮津の天橋義塾社長となり、自由民権思想の普及に努めた。13年国会期成同盟第2回大会に京都府代表として出席、同会幹事。その後立憲政党幹事、常議員。日本立憲政党新聞社の会計監督を兼任。解党後、京都府議。

沢辺 琢磨　さわべ・たくま
ギリシャ正教司祭　日本ハリストス正教会司祭
天保5年(1834)1月5日～大正2年(1913)6月25日　生 土佐国土佐郡潮江村塩屋崎(高知県高知市)　名 旧姓・旧名=山本数馬、洗礼名=パウエル　歴 土佐藩士の子に生まれ、江戸に出て千葉周作門下となる。従弟の坂本龍馬らと共に武市瑞山に学び、早くから勤王運動に従事。江戸で奔走中、安政4年(1857年)懐中時計盗難故買事件に関係して箱館に逃れた。この地で神明社宮司沢辺氏の女婿となり、沢辺琢磨と改名。箱館ロシア領事館に出入りしてロシア正教のニコライ神父を知り、熱心な攘夷論者ゆえニコライに論争を挑んだが、逆に教理を説かれて改心し、慶応4年(1868年)日本ハリストス正教会で最初の受洗者の一人となる。ニコライを助けて伝道に努め、明治4年上京して開教の準備をし、翌年仙台に開教するが迫害にあい下獄。放免後巡回教師として全国に布教した。8年日本人で初の司祭となり、27年東京麹町教会主任司祭となった。

沢村 則正　さわむら・のりまさ
第百五十一国立銀行頭取
嘉永1年(1848)6月25日～明治43年(1910)2月25日　生 肥後国(熊本県)　名 幼名=熊彦、大八　歴 もと肥後熊本藩士。明治3年藩庁常備兵第一大隊司令となり、同年巡察使心得として豊後での日田騒動鎮圧に向かう。9年神風連の乱が起こると、政府の内命を受けて肥後から薩摩へ入り、反乱状況を偵察して功を挙げた。これにより水沢県知事に任じられるが辞退。12年銀行条例が改正されると、第百五十一国立銀行の創設に尽力し、頭取となる。一方、佐々友房、津田静一らと民権運動をすすめ、国権党結成に関わった。24年シカゴ万博事務委員、のち肥後製紙を創立して専務となった。

沢山 精八郎　さわやま・せいはちろう
実業家　貴院議員(多額納税)

安政2年(1855)11月3日～昭和9年(1934)3月21日 囲肥前国大村(長崎県大村市) 歴肥前大村藩士の長男に生まれる。長崎広運館で英学を修める。実業界に入り、長崎で船舶給水業を創業し、島原水電、沢山汽船、沢山兄弟商会などの社長となり、遠洋漁業社長、九州汽船社長、長崎銀行頭取、長崎製鉄所取締役などのほか、長崎商業会議所副会頭も務めた。一方、明治32年から長崎市名誉参事会員となり、長崎市議、長崎県議を務め、大正14年～昭和7年貴族議員(多額納税)となる。また日蓮宗の信仰厚く、長崎に一寺を建立した。

沢山 保羅　さわやま・ぽうろ
牧師

嘉永5年(1852)3月22日～明治20年(1887)3月27日 囲周防国吉敷郡吉敷村(山口県山口市) 名幼名＝馬之進 歴長州藩士の長男。郷校・憲章館で漢学を修め、また、三原の吉村駿、今治の渡辺渉に陽明学を学んだ。明治3年神戸に出て、宣教師のD.C.グリーンについて英語を教わる中でキリスト教を知り、5年グリーンの紹介により渡米してイリノイ州エバンストンのノースアメリカン大学予科に留学。6年同地で洗礼を受け、使徒パウロの名をとって保羅(ぽうろ)と改名した。日本での伝道を志して神学を学び、9年帰国。郷里の先輩・内海忠勝による官界の誘いを断って伝道の道を歩むことを決断し、10年大阪に我が国で初めて外国の宗教団体の援助を受けない自給教会・浪花教会を設立し、初の日本人牧師となった。11年にはキリスト教精神に基づく女性教育を目指し自給学校の梅花女学校を設立し、この"梅花"の名は設立者有志が所属していた梅本町教会、浪花教会にちなむ。また同年、各地に伝道者を送る目的で新島襄らと日本基督伝道会社を設立した。終生一貫して日本の教会の自給独立を唱え、日本教会費自給論を説いた。20年結核のため34歳で夭折した。

三条 実美　さんじょう・さねとみ
太政大臣 公爵

天保8年(1837)2月7日～明治24年(1891)2月18日 囲京都梨木町(京都府京都市上京区) 名幼名＝福麿、字＝遜叔、別名＝梨木誠斎、号＝梨堂 歴三条実万の第4子。安政元年(1854年)兄・公睦が亡くなり三条家の嗣子となり、同年元服して昇殿を許される。3年右近衛権少将。安政の大獄により辞官・落飾した父の志を継いで尊皇攘夷派の公家として成長、その中心人物となる。文久2年(1862年)左近衛権中将、権中納言、議奏となり、攘夷督促の勅使として副使の姉小路公知と江戸に赴いた。同年末に国事御用掛が設置されるとその一員に補せられる。3年5月には第14代将軍・徳川家茂に攘夷決行を約束させるなど尊皇攘夷運動は最高潮に達したが、八月十八日の政変で公武合体派の巻き返しに遭い、沢宣嘉、三条西季知、四条隆謌、錦小路頼徳、東久世通禧、壬生基修の7人で長州へ逃れた(七卿落ち)。第一次長州征討後の慶応元年(1865年)、太宰府の延寿王廟へ約3年の幽居を余儀なくされるが、この間に薩摩藩との提携を強め、また岩倉具視と気脈を通じて画策に努めた。3年王政復古の政変により京都へ戻り議定、次いで副総裁兼外国事務総督、関東監察使を歴任。岩倉と並んで新政府の最高実力者の一人となり、2年右大臣、4年太政大臣に就任。以降、内閣制度が設置されるまで同職に在り、名目上の政府首班の地位にあった。6年征韓論で政府内が対立すると収拾に苦慮して急病に倒れた。11年賞勲局総裁兼任、17年華族令制定で公爵。18年内閣制度の新設により内大臣となった。22年黒田内閣総辞職後、一時首相を兼任した。23年貴院議員。 家息子＝三条公輝(掌典長)、河鰭実英(昭和女子大学学長)、父＝三条実万(公家)、弟＝河鰭実文(子爵)、岳父＝鷹司輔熙(公家)

三条西 公允　さんじょうにし・きんあえ
明治天皇侍従 伯爵

天保12年(1841)5月22日～明治37年(1904)6月13日 囲山城国(京都府) 名幼名＝徳丸 歴三条西季知の子。安政4年(1857年)左近衛権少将となり、5年日米修好通商条約調印の勅許阻止を図る公家88人の列参に参加。慶応4年(1868年)皇太后宮権亮、明治2年水原県知事、3年新潟県知事を歴任。のち侍従・大鳥神社大宮司などを経て、12年再び侍従となり、24年退任。17年伯爵。 家父＝三条西季知(公卿)

山東 直砥　さんとう・なおと
育英事業家

天保11年(1840)2月7日～明治37年(1904)2月14日 囲紀伊国和歌山(和歌山県和歌山市) 名旧姓・旧名＝栗栖、号＝三栗、通称＝一郎 歴紀伊藩士・栗栖儀平の長男に生まれ、のち母方の姓を継ぐ。通称は一郎、三栗と号した。僧籍に入り高野山の僧となったが、還俗して播磨の河野鉄兜に師事し、大坂に出て松本奎堂・松林飯山・岡鹿門らの双松岡塾に学ぶ。尊王攘夷運動に加わって追われ、箱館でロシア語を修めロシア行きを志したが果たせず、その後、北辺鎮護の重要性を感じて海援隊に接触、更に長崎・京都で樺太の開拓の急務を論じた。明治元年箱館府権判府事となるが、間もなく辞して東京で育英事業の北門社を創設し開塾して子弟を養成、また猛山学校の設立にも関わった。4年神奈川県参事を勤めたが、8年辞して民権論を主張し土佐の自由民権論者らと交流した。

三宮 義胤　さんのみや・よしたね
宮内省式部長 男爵

天保14年(1843)12月24日～明治38年(1905)8月14日 囲近江国滋賀郡真野浜村(滋賀県大津市) 名旧姓・旧名＝三上 歴真宗正源寺住職の長男に生まれ、嘉永5年(1852年)得度。のち上京し、勤王派志士として行動、頼三樹三郎、梅田雲浜らと交流をもつ。王政復古の際、鷲尾隆聚と高野山に挙

兵、戊辰戦争には仁和寺宮の小軍監として北越、奥羽に転戦した。明治2年兵部権少丞、3年10月東伏見宮に随行して英国に渡る。10年1月より2等書記官としてドイツ公使館に勤め、13年9月帰国。16年12月外務省から宮内省へ移り、18年大書記官、28年式部長となり10年余り務める。29年男爵となる。

【し】

椎野 宰資　しいの・さいすけ
徳島県勧業課長
嘉永7年(1854)2月18日〜大正6年(1917)8月20日　⑲阿波国名東郡(徳島県)　歴はじめ高知の呉服店で働くが、のちに郷里徳島県に帰り、名西郡役所に勤務。明治15年に徳島県庁に移り、農業・産業関係の事務を担当した。24年には勧業課長に抜擢され、積極的に勧農会や農談会を開催。中でも、のちに徳島の特産品となるネーブルオレンジの栽培を奨励したことで知られる。また、「徳島県勧業年報」の編集・発行にも従事。34年には勝浦郡長に就任し、勝浦街道の整備や治水事業に大きな業績を残した。著書に「阿波国藍業略誌」などがある。

椎野 正兵衛　しいの・しょうべえ
実業家
天保10年(1839)1月17日〜明治33年(1900)11月8日　⑲相模国小田原(神奈川県小田原市)　歴元治元年(1864年)横浜に出て加太八兵衛商店に入る。のちその営業を継いで明治5年呉服織物商・小野屋を開業。6年ウィーン万博に絹織物を出品するために渡欧。7年横浜と小田原に絹製ハンカチ工場を、15年横浜に刺繍工場を建設。海外向けに"S・SHOBEY"ブランドのガウンやハンカチ、ネクタイなどを輸出し、特にスカーフは"横浜スカーフ"と呼ばれ今日まで続く伝統産業となった。㊊曾孫＝椎野秀聡(椎野正兵衛商店社長)　勲藍綬褒章〔明治29年〕

椎葉 糾義　しいば・ただよし
大陸浪人
明治2年(1869)11月15日〜昭和5年(1930)3月3日　⑲長崎　歴軍人を志して陸軍教導団に入り、明治10年西南の役には抜刀隊を組織して従軍。のち教導団で銃剣術を教授した。その後、東亜問題に関心を抱き、軍を辞めて、川上賢三のもとシベリアの情勢を研究。日清戦争従軍後、内田良平と満州へ行き、ロシアの極東政策を視察。ウラジオストック方面の地図を製作して軍部に提供もした。その後、佐世保において石炭事業に成功したが、北海道での炭坑経営に失敗し、財産の大半を失った。

塩沢 徳次郎　しおざわ・とくじろう
乗合馬車の創始者
天保10年(1839)〜明治40年(1907)4月15日　⑲信濃国伊那郡飯田(長野県飯田市)　歴15歳で江戸に出て阿部豊後守の馬丁となり、明治維新後は近衛騎兵連隊、桜田門外砲兵連隊などの馬丁取締を勤める。明治10年には退役し、鴻ノ台に厩を設けて東京―高崎間の継ぎ替えの馬を飼育し、傍ら高崎―浦和間に日本初の乗合馬車事業を始めた。22年東京本所菊川町乗合馬車会社に入社して馬丁取締となる。26年赤馬車を作り、九段―本所間の馬車交通を開く。翌27年頃から東京―千葉―佐倉―成田間、東京―八王子間の郵便物を輸送するなど交通通信事業の発展に尽くした。

塩田 奥造　しおだ・おくぞう
実業家　衆院議員
嘉永3年(1850)10月15日〜昭和2年(1927)2月6日　⑲下野国下都賀郡吹上村(栃木県栃木市)　歴明治4年の廃藩置県に際して事務を担当。郷里吹上村など32か村の戸長や学区取締などを経て13年に栃木県議。その一方で、横堀三子らと連携して国会開設運動を行い、自由党に参加して全国各地で演説会を開いた。そのため、一時期投獄されるが、出獄ののち県議に返り咲き、同議長を務めた。23年には第1回総選挙に当選して衆院議員となり、以後、3回連続で当選。27年の総選挙で落選した後は実業界に転じ、東京火災保険会社取締役・東京米穀取引所理事・京浜銀行支店長・玉川電気鉄道株式会社取締役などを歴任。また、33年よりハワイで事業を開始し、塩田バンクを興したほか、日本人会を組織して移民の保護にも活躍した。39年東洋製糖株式会社を設立。

塩田 三郎　しおだ・さぶろう
外交官
天保14年(1843)11月6日〜明治22年(1889)5月12日　⑲江戸浜町(東京都中央区)　㊂幼名＝篤信、号＝松雲　歴幕府奥医師・塩田順庵の子。安政3年(1856年)父について箱館に赴き、漢学を栗本鋤雲に、英学を名村五八郎に、仏学をフランス人カションに学び、文久3年(1863年)帰府して通弁御用となった。兄の病死により嗣子となる。同年池田長発を正使とする横浜鎖港談判使節に通弁御用出役として随行、元治元年(1864年)帰国。慶応元年(1865年)には外国奉行・柴田剛中に従って英仏2国を訪問。3年外国奉行支配組頭に進む。明治維新後は横浜で仏学を教えたが、明治3年民部省に出仕して民部権少丞となり、同年外務権少丞に転じ、さらに外務権大記となり鮫島尚信少弁務使の渡欧に随行。4年岩倉使節団にも随行し、6年外務大丞、外務大書記官、外務少輔などを歴任。14年井上馨外務卿の下で各国使臣と条約改正の折衝にあたった。18年清国駐箚全権公使となり清国に赴任したが、同地で客死した。㊊父＝塩田順庵(医師)

塩田 泰介　しおた・たいすけ
三菱造船常務

慶応3年(1867)11月10日～昭和13年(1938)2月5日　生備前国赤坂郡今井村(岡山県赤磐市)　学帝国大学工科大学造船学科〔明治23年〕卒　工学博士〔大正4年〕　歴11歳で上京、松田金次郎の書生となり英学・数学・国学・漢学を学ぶ。明治14年大阪商船学校に入学し、15年修了後、造船製図手となる。20年帝国大学工科大学造船学科に入学し、23年卒業。三菱合資に入って造船技師となり、30年英国へ渡り造船事業を視察して帰国。31年我が国初の本格的航洋商船・常陸丸の建造主任をはじめ、阿波丸・加賀丸・大治丸などの建造主任を務めた。38年神戸造船所副長に転出、40年2代目所長となり、同造船所の基礎を固めた。41年長崎造船所副長、44年同造船所4代目所長となり、民間工場で初の主力戦艦・霧島を竣工させた。大正3年彦島造船所(下関)の初代所長を兼任。4年造船部専務理事を経て、6年三菱造船の設立により常務に就任。14年顧問。

塩野 義三郎(1代目)　しおの・ぎさぶろう
塩野義商店社長
嘉永7年(1854)3月17日～昭和6年(1931)12月29日　生大坂　名別名=義一　歴大坂・道修町の薬種問屋、塩野屋吉兵衛の三男。慶応3年(1867年)父のもとで見習い店員となり、明治7年分家、11年独立して道修町に薬種問屋の塩野義三郎商店を創業。当初は和漢薬の取扱いを専門としたが、19年から西洋薬種の輸入・販売を開始して売上げを伸ばし、24年には旧来の大福帳を廃止して複式簿記を採用するなど、経営の近代化を推進した。25年大阪相生町に工場を建設して製薬業も兼ね、カフェインや塩化すずなどを生産した(32年閉鎖)。30年からは従来の外国商館との取引に加えて、英国ダッフ商会、独国ラインハート商会といった海外商社との直接取引も開始し、いち早く輸入新薬や臓器製剤の販売を行い、43年にはドイツで発表されたばかりの梅毒治療薬サルバルサンの輸入をはじめた。41年閉鎖されていた相生町の工場を再開して東京帝国大学で薬学を修めた二男・長次郎に新薬の開発に当たらせ、42年自家新薬第一号「アンタチヂン」を製造・販売。43年大阪・海老江に塩野製薬所を開設し、相生町工場の機能を同所に移した。45年長次郎が開発した心臓新薬「ヂギタミン」が大ヒットし、大正期に入ってからは第一次大戦下の好況もあって社業を進展させた。大正8年営業部門と製薬部を合併させて株式会社塩野義商店に改組し、社長に就任。9年引退し、長男に義三郎の名を譲って義一を称した。　家長男=塩野義三郎(2代目)、二男=塩野長次郎(薬学者)

塩野 倉之助　しおの・くらのすけ
多摩北部困民党頭取
文政9年(1826)5月8日～明治40年(1907)10月1日　生武蔵国多摩郡川口村(東京都八王子市)　歴明治17年神奈川県川口村(現・東京都八王子市)の村議となる。同年不況で苦しむ村民を糾合して困民党を結社し、警察署に強訴したが逮捕される。23年憲法発布の特赦により釈放された。　家孫=塩野良作(自由民権運動家)

塩谷 武次　しおのや・たけじ
陸軍工兵中尉　国家主義者
明治18年(1885)11月30日～大正7年(1918)8月　生和歌山県　学陸士卒　歴大阪幼年学校を経て、士官学校を卒業し、陸軍工兵少尉に任官。鉄道連隊付となり、中尉に進む。日独戦争は青島攻囲戦に参加し、軍政時代の中国・青島で駅長を務める。大正4年以降、満蒙独立運動に参加。のちセミョーノフ軍の日本義勇隊参謀となる。7年満洲里での中国兵との戦闘後、談判に赴いて射殺された。

塩谷 良翰　しおのや・りょうかん
群馬県邑楽郡長
天保6年(1835)7月～大正12年(1923)10月10日　生出羽国東村山郡漆山(山形県山形市)　卒上野国館林(群馬県館林市)　名通称=甲介, 号=謙堂　歴出羽東村山に生まれ、のち上野館林藩士となる。16歳で江戸に出て経書を学ぶ。安政7年(1860年)桜田門外の変に浪士の嫌疑を受け宿舎を追われた。文久元年(1861年)関西各地を歴遊し、勤王の志士と交わり国事に奔走する。慶応4年(1868年)藩論を尊皇にまとめ、幕府軍の大鳥圭介と戦う。のち大村益次郎に属し、古河・結城・宇都宮の諸藩を説き尊皇方となす。大総督府参謀付、民部省大佑、明治3年登米県(宮城県)大参事などを歴任後、9年官を辞し銀行業に就いた。27年邑楽郡長となるが間もなく退官した。著書に「塩谷良翰懐古録」がある。

塩見 政治　しおみ・まさじ
亜鉛鉱業会社専務
明治11年(1878)1月5日～大正5年(1916)10月22日　生大阪府　学大阪医学校卒, 京都帝国大学医科大学　歴大阪で医師を開業後、北多尾化学研究所を設立、肺病新薬"レスピラチン"を創製発売して巨利を収めるが、のちその製薬が無効という事実が世間に発表され、発売を中止した。その後、亜鉛精錬を研究し、明治45年亜鉛鉱業会社を創立、専務に就任し、第一次大戦景気で巨富を得た。しかしまもなく病に倒れたため、大阪の理化学研究所設立にあたり資本として100万円を献じた。

志賀 法立貞　しが・たいら
和歌山県議　和歌山商業会議所初代会頭
安政4年(1857)9月30日～昭和4年(1929)6月24日　生紀伊国和歌山(和歌山県和歌山市)　名幼名=米吉　歴明治15年和歌山県議、31年和歌山市議となる。41年「和歌山タイムス」を発刊。和歌山商業会議所初代会頭、和歌山米穀・綿糸取引所理事長などを歴任した。

志賀 親朋　しが・ちかとも
ロシア語通訳

天保13年(1842)11月8日～大正5年(1916)9月20日 [生]肥前国長崎浦上渕村(長崎県長崎市) [名]通称=浦太郎 [歴]家は代々長崎代官支配地浦上渕村の庄屋で、安政元年(1854年)庄屋見習となり、所管の稲佐郷石炭回所および飽浦製鉄所置付品取締に就く。5年ロシア軍鑑長崎来訪の際、士官についてロシア語を学ぶ。文久元年(1861年)箱館在勤のロシア語通弁となり、同年の露鑑対馬侵入事件で通訳として活躍した。慶応2年(1866年)外国奉行小出秀実に従いヨーロッパ経由でロシアに行く。維新後は、外務省に出仕、明治5年ロシアのアレクセイ親王来日に際しては接待御用を命ぜられ、明治天皇と親王の通訳を務めた。6年には柳原公使の樺太千島交換条約交渉の通訳に当たる。10年退官、長崎に帰り、日露親善に努めた。

志賀 友吉 しが・ともきち
大陸浪人
明治29年(1896)～大正5年(1916)
[出]和歌山県和歌山市 [歴]三村豊陸軍少尉部下の同志となり、大正5年に満州へ渡る。同年5月満州の実力者・張作霖を暗殺しようと三村少尉とともに馬車に体当たりして爆死した(張作霖爆殺事件)。張作霖は無事だった。

志賀 直温 しが・なおはる
実業家
嘉永6年(1853)2月24日～昭和4年(1929)2月16日
[生]陸奥国中村(福島県相馬市) [学]慶応義塾〔明治9年〕卒 [歴]陸奥中村藩士・志賀直道の子に生まれる。明治4年上京して尺振八の塾に入り、ついで慶応義塾に転じ、9年卒業して帰郷。12年福島県の第一銀行に入る。18年同行を辞して総武鉄道の創設に参画し、26年設立と同時に専務に就任。日本醋酸製造取締役、東洋薬品取締役、帝国生命保険取締役、第一火災海上保険取締役なども務めた。志賀直哉の父。 [家]二男=志賀直哉

志方 勢七 しかた・せいしち
実業家
万延1年(1860)9月24日～大正10年(1921)9月25日 [名]旧姓・旧名=三好, 前名=清三郎 [歴]志方家の養子となり、勢七を襲名し肥料商店の経営に当たる。のち摂津製油社長、明治40年日本綿花社長を務め、泉尾綿毛製紙会長、豊田式織機取締役、和泉紡績取締役を兼任するなど関西財界の重鎮として活躍した。

志方 鍛 しかた・たん
広島控訴院長
安政4年(1857)5月9日～昭和6年(1931)1月21日
[生]武蔵国(埼玉県) [学]司法省法学校〔明治17年〕卒 [歴]富山地方裁判所部長、大阪、東京各控訴院判事、甲府、千葉各地裁所長、大審院判事などを経て、広島控訴院長に就任した。

四竈 孝輔 しかま・こうすけ
海軍中将
明治9年(1876)10月26日～昭和12年(1937)12月11日 [生]宮城県 [学]二高中退, 海兵(第25期)〔明治30年〕卒, 海大〔明治41年〕卒 [歴]陸奥仙台藩家老・四竈信直の四男。明治32年海軍少尉に任官。大正6年東宮武官兼侍従武官、10年侍従武官、13年大湊要港部司令官。14年海軍中将となり、予備役に編入。昭和9年より伏見宮別当。「侍従武官日記」を遺した。 [家]岳父=宮島誠一郎(政治家)

式地 亀七 しきじ・かめしち
篤農家
明治21年(1888)1月21日～昭和34年(1959)4月21日 [生]高知県土佐郡土佐町高須 [名]旧姓・旧名=池添 [歴]少年時代は手におえない暴れ者とよばれる。研究心旺盛で農事に励み、明治44年水稲二期作用品種“相川44号”の原種の育成に成功。21歳で相川採種組合長に就任。“相川”の純系の保全と農家への普及に貢献した。

式田 喜平 しきた・きへい
農事改良家
天保12年(1841)8月11日～大正3年(1914)1月10日 [生]大和国檜垣村(奈良県天理市) [歴]大和国檜垣村(現・奈良県天理市)の農家に生まれる。各地から稲・麦などの種苗を収集。明治8年自費で農事試験所を作り、希望者に良種を無料で頒布した。大和米の改良にも努めた。28年奈良県農事試験場技手兼農事巡回教師。

鴫原 佐蔵 しぎはら・さぞう
園芸家
天保9年(1838)10月5日～大正5年(1916)11月22日 [出]陸奥国信夫郡(福島県) [歴]福島県笹木野萱場の荒野を開墾。明治20年梨の試植を始め、栽培に成功。近隣への普及、指導にも努め、萱場梨の特産地にした。

慈教 じきょう
僧侶 補陀落寺住職
天保7年(1836)～明治39年(1906)
[生]安芸国安芸郡牛田村(広島県広島市) [歴]明治元年高野山から伊予国(現・愛媛県西条市禎瑞)にある補陀落寺に住職として赴任、以来40年に渡って同寺で信心と労働に努めた。布施や賽銭は一切受け取らず、自ら働いて金銭を得て、供養塔や灯篭の建立など寺の整備の行った。また殺生を嫌い、年に数回裸になって蚊に血を吸わせたり、洗濯する際にシラミを一旦除けておき後でまた服に戻すなど、あらゆる生き物を慈しんだ。その無欲で慈悲深い人柄から、人々から“伊予の良寛さん”と呼ばれ慕われた。

重岡 薫五郎 しげおか・くんごろう
衆院議員(政友会)
文久2年(1862)1月～明治39年(1906)6月21日

伊予国(愛媛県) 司法省法学校卒、パリ法科大学(フランス)卒 法学博士(パリ大学) 帰国後判事試補。第三高等中学教授を経て外務省に転じ、通商局長、のち文部省官房長、また法典調査委員を歴任。辞任後弁護士を開業。自由党に入党し、明治27年以来愛媛県から衆議院議員連続当選7回。のち憲政会、政友会に属した。

滋野 清武　しげの・きよたけ
飛行家 陸軍操縦教官 男爵
明治15年(1882)~大正13年(1924)10月13日
愛知県名古屋市　東京　別名=バロン滋野 東京音楽学校卒、ジュビシー飛行学校(フランス)、コードロン飛行学校(フランス)〔昭和45年〕卒 陸軍中将で男爵の滋野清彦の三男。明治43年夫人を亡くしたのを機に渡仏、ジュビシー飛行学校、コードロン飛行学校に学ぶ。鋼線製の単葉飛行機「滋野式和香鳥号」を開発し、日本の航空技術を世界的に有名にした。45年帰国、陸軍の操縦教官を務めた。また、大正3年第一次大戦中、フランス空軍に飛行大尉として従軍して勇名をはせ、バロンと呼ばれて敬愛された。民間パイロット第1号。 父=滋野清彦(陸軍中将・男爵)、息子=滋野清鴻(ピアニスト) レジオン・ド・ヌール勲章

滋野 清彦　しげの・きよひこ
陸軍中将 男爵
弘化3年(1846)2月8日~明治29年(1896)9月16日
長門国(山口県)　通称=謙太郎　奇兵隊に入り、戊辰戦争に従軍。明治維新後は陸軍に入り、佐賀の乱や西南戦争に征討軍の参謀として出征。15年陸軍少将となり名古屋鎮台司令官、18年歩兵第四旅団長、19年陸軍士官学校長、20年将校学校監などを歴任。25年陸軍中将に進み、予備役に編入。この間、20年男爵を授けられた。 三男=滋野清武(飛行家)、孫=滋野清鴻(ピアニスト)

重野 謙次郎　しげの・けんじろう
衆院議員(政友会)
嘉永7年(1854)10月~昭和5年(1930)11月5日
出羽国東村山郡天童(山形県天童市)　山形県議、副議長、議長、山形市議などを務め、明治25年以来山形市から衆院議員当選5回。33年政友会創立で臨時協議員となり、のち幹事。

滋野 七郎　しげの・しちろう
神官 弥彦神社宮司
天保6年(1835)12月19日~明治19年(1886)3月16日 越後国頸城郡糸魚川(新潟県糸魚川市) 嘉永6年(1853年)糸魚川藩主松平日向守の祈願所持命院の院主、のち権大僧都となり、越佐真言宗の袈裟頭となる。後ぞ勤王を唱えて京坂・下越間を往来して志士と交わり、戊辰戦争では方義隊(居之隊)を編制して転戦。のち大村益次郎暗殺の被疑者藤本鉄樹をかくまった罪で投獄されたが間もなく許され、明治5年青海神社祠官、8年弥彦神社禰宜となり、10年宮司に進んだ。15年弥彦に明訓校を創立し、子弟教育の先駆者となった。

滋野井 公寿　しげのい・きんひさ
公家 伯爵
天保14年(1843)6月4日~明治39年(1906)9月21日 山城国(京都府) 安政3年(1856年)元服して昇殿を許され、侍従となる。幕末は尊攘派公家として国事に奔走。王政復古の政変後、慶応4年(1868年)佐渡裁判所総督、佐渡鎮撫使、甲斐府知事となり、明治2年甲斐県知事兼甲府城守に就任したが、3年水害に遭った領民を独断で救恤したため謹慎となり、のち辞職。以後桂宮祇候などを務め、17年伯爵を授けられた。 父=滋野井実在(公卿)

重松 太三郎　しげまつ・たさぶろう
三木金物組合商会創業者
安政3年(1856)~大正10年(1921)
播磨国(兵庫県三木市) 兵庫県三木に三木金物組合商会を設立、高品質の軍用シャベルなどを開発。大正9年社名を三木金物商会に改名、炭鉱向けにも販路を拡大した。

重松 翠　しげまつ・みどり
陸軍中尉
明治20年(1887)~大正3年(1914)4月26日
高知県土佐郡小高坂村(高知市)　陸士〔明治42年〕卒 大正2年陸軍中尉に進む。陸軍幼年学校時代から飛行機の研究に熱中。同年所沢飛行隊の練習生募集に応じたが不合格となったため、陸相に血書を提出。熱心さを認められ志望を達したが、3年着陸の際に墜落事故死した。

重見 熊雄　しげみ・くまお
陸軍中将
文久1年(1861)4月15日~昭和3年(1928)5月9日
山口県　陸士(旧6期)〔明治12年〕卒、陸大〔明治23年〕卒 明治12年陸士卒業後、陸軍砲兵少尉に任官。以来昇進して大正2年陸軍中将。日露戦争では近衛師団参謀長として出征。38年参謀本部付、42年参謀本部第四部長、大正3年下関要塞司令官など歴任した。 二男=重見伊三雄(陸軍中将)

重宗 芳水　しげむね・ほうすい
明電舎創業者
明治6年(1873)7月11日~大正6年(1917)12月30日 山口県玖珂郡岩国町(岩国市) 旧姓・旧名=江木 工手学校機械科〔明治24年〕卒 生家は旧周防岩国藩士・江木家で、2人兄弟の二男。早く父を亡くし、明治15年母の実家・重宗家の養子となる(明電舎4代目社長で参院議員も務めた重宗雄三は養父の三男で、戸籍上は弟だが本来は従弟)。20年上京して遠縁(実父の兄の義兄)にあたる三吉正一の経営する三吉電機工場に勤務する傍ら、夜は築地の工手学校機械科に学ぶ。27年電灯

電力機械部主任。30年工場閉鎖決定に伴い独立、東京・京橋で電機製造業を始める。社名・明電舎の"明"は"明治"に由来する。"明電舎モートル"の名で知られる電動機(モーター)の製作で知られ、当時の東京で使用される約6割のシェアを持った。大正元年棚倉電気株式会社を設立、6年明電舎を株式会社組織とし、初代社長に就任した。　家妻=重宗 たけ(明電舎社長)、二男=重宗 芳水(2代目)(明電舎社長)、従弟=重宗 雄三(明電舎社長・参院議長)、重宗 和伸(映画プロデューサー)。

志佐 勝　しさ・まさる
海軍主計総監　貴院議員(勅選)
文久4年(1864)2月6日〜昭和3年(1928)3月20日　生肥前国松浦郡福江(長崎県五島市)　歴肥前福江藩士の長男として生まれる。明治7年長崎の英語学校に入学したが、のち海軍に入り、18年海軍省御用掛、19年海軍主計となる。扶桑・松島・近江丸・吉野の主計長、海軍経理学校校長兼教官、41年佐世保経理部長、44年軍令部出仕、45年海軍省経理局長などを歴任。大正3年海軍主計総監。12年予備役に編入となり、同年から勅選貴院議員を務めた。

獅子吼 観定　ししく・かんじょう
僧侶(浄土宗)黒谷金戒光明寺住職
文政2年(1819)6月2日〜明治32年(1899)1月10日　生美濃国(岐阜県)　名旧姓・旧名=大野、号=高蓮社梁誉真阿　歴江戸・増上寺で瑞誉に師事し、のち学頭に進む。深川・霊巌寺住職を務めた後、明治12年浄土宗大本山黒谷金戒光明寺法主。29年大僧正となった。

宍戸 璣　ししど・たまき
元老院議官　子爵
文政12年(1829)3月15日〜明治34年(1901)10月1日　生長門国萩松本村(山口県萩市)　名旧姓・旧名=安田、幼名=三郎、辰之助、号=敬宇、前名=山県半蔵　歴長州藩士安田直温の三男。吉田松陰に師事し、尊王攘夷の志士として活躍した。功績が認められ、慶応元年(1865年)家老宍戸備前の養子となる。明治2年山口藩権大参事、4年司法大輔、5年教部大輔兼文部大輔を務め、ついで10年に元老院議官に就任。12年には特命全権公使として清国に駐在、琉球帰属問題に当たった。15年宮内省に出仕、17年参院議員、18年元老院議官。20年に子爵を授けられ、23年から30年まで貴院に在任した。

宍野 半　ししの・なかば
扶桑教初代管長
天保15年(1844)9月9日〜明治17年(1884)5月13日　生薩摩国隈之城(鹿児島県薩摩川内市)　歴国学者平田銕胤に学ぶ。維新後、明治5年教部省に入り宗教行政に携わったが、翌年辞して静岡県浅間神社宮司に就任。長谷川角行を開祖とする富士講などを統合し、富士山を中心とした国家神道の確立を目指した。吉田、須走一帯の諸社の祠官も兼ね、富士一山講社を設立、8年には丸山講を吸収して扶桑教会と改称、さらに15年には独立して扶桑教を称し、初代管長に就任した。造化三神を"元の父母"と呼び、富士山を三神の神体として信仰することを説いた。

四条 隆謌　しじょう・たかうた
陸軍中将　元老院議官　侯爵
文政11年(1828)9月9日〜明治31年(1898)11月24日　生京都　歴尊攘派の公卿として知られ、文久3年(1863年)国事寄人となり攘夷決行を主張したが、同年8月の政変で三条実美らいわゆる"七卿落ち"の一人として西走、慶応元年(1865年)大宰府へ移される。戊辰戦争では錦旗奉行、中国四国追討総督、仙台追討総督、奥羽追討平潟口総督などを務め、明治5年以後は大阪、名古屋、仙台各鎮台司令官を歴任、14年陸軍中将まで昇進し、元老院議官を兼ねた。24〜31年貴院議員。　家七男=一条実輝(海軍大佐)、弟=四条隆平(奈良県令・貴院議員)

四条 隆平　しじょう・たかとし
元老院議官　男爵
天保12年(1841)4月21日〜明治44年(1911)7月18日　生京都　歴四条隆生の三男で、嘉永6年(1853年)兄・隆謌の養子となる。安政元年(1854年)元服して昇殿を許される。文久3年(1863年)八月十八日の政変で尊攘派公卿として知られた兄が長州に落ちると差控を命じられたが、9月赦された。元治元年(1864年)公家38卿による横浜鎮港督促の連署建言に名を連ね、慶応2年(1866年)中御門経之ら公家22人の列参にも加わり朝政刷新を訴えた。3年紙筆御用掛。鳥羽・伏見の戦いでは伊勢津藩陣営に赴き、帰順説得に成功した。ついで北陸道鎮撫副総督、柏崎県知事、越後府知事、若松県知事、4年五条県知事、奈良県令などを歴任。15年太政官権少書記官兼元老院権少書記官、21年元老院議官。30年男爵を授けられ、37〜44年貴院議員。　家兄=四条隆謌(公卿・陸軍中将)

静間 知次　しずま・ともじ
陸軍中将
明治9年(1876)5月5日〜大正15年(1926)12月7日　生山口県　学陸士(第7期)〔明治29年〕卒、陸軍砲工学校卒　歴工兵少尉に任官、以来累進して大正14年陸軍中将に昇級。この間、野戦鉄道提理部員(日露戦後時)、参謀本部員、陸軍砲工学校及び陸軍大学校教官を経て、大正4年伊太利大使館付武官となり、第一次大戦欧州戦線に従軍。のち国際連盟軍事常設委員、大正9年国連航空代表、12年参謀本部付、13年2月第十七師団司令部付、同年12月砲工学校長、15年工兵監など歴任。

志津里 得隣　しずり・とくりん
僧侶(浄土真宗本願寺派)西本願寺大学林教授
文政5年(1822)3月5日〜明治31年(1898)11月5日　生豊前国蠣瀬(大分県中津市)　名別号=特隣、諡

号＝正受院　歴豊前蠣瀬の照雲寺住職・戒定の二男として生まれる。長じて豊後専光寺（浄土真宗）に入り、兄の善譲から宗学を学ぶ。嘉永5年（1852年）京都に上り、西本願寺の学林に入学。維新後、本願寺派の司教・勧学を歴任し、明治20年には大安居で「観無量寿経」を講じた。27年西本願寺大学林教授。著書に「観無量寿経記」「本典要門章講義」「宗教別論八題」などがある。

志田 岩太郎　しだ・いわたろう
汽船事務長
明治5年（1872）～大正7年（1918）10月
生青森県三戸郡三戸町　学弘前中〔明治24年〕卒　歴新聞・通信の業に従事し、明治33年日本郵船に入り事務員、事務長として諸船に乗り込む。日露戦争では陸軍御用船・土佐丸の事務長を、第一次大戦では海軍御用船・加賀丸の事務長を務める。大正7年欧州航路・平野丸の事務長に転じ、10月アイルランド沖でドイツ潜航艇に撃沈され、死去。

志田 力二　しだ・りきじ
海馬島開発者
明治3年（1870）7月19日～大正14年（1925）2月14日　生肥後国下益城郡中山村（熊本県上益城郡甲佐町）　学小卒　歴幼少の頃に父を失い家貧しく、小学校を卒業して農業に従事する。18歳の時、北海道利尻島で出稼ぎ漁師となる。明治24年ロシア領となった樺太探検を試み、海馬島（現・ロシア領モネロン島）に漂着。のち同島に漁場を開き、山野を開拓した。38年同志と共にロシア軍の同島上陸を撃退する。その後も開発に従事、のち養狐事業を計画し、大正8年大日本養狐を設立した。

志立 鉄次郎　しだち・てつじろう
日本興業銀行総裁
慶応1年（1865）6月9日～昭和21年（1946）3月16日　生出雲国（島根県）　学東京帝国大学法科大学経済学科卒　歴明治22年日本銀行に入行し、欧米に3年間留学したのち30年から西部支店長を務めた。その後、九州鉄道経理局長や住友銀行本店支配人など経済界の要職を歴任。また「朝日新聞」経済部長としても活躍し、経済論などに健筆を揮った。大正2年日本興業銀行総裁に就任。9年には日本代表としてジュネーブで開催された国際経済会議に出席した。青木徹二との共監修に「銀行信託講座」がある。

仕立屋 銀次　したてや・ぎんじ
スリの親分
慶応2年（1866）～昭和10年（1935）
生江戸浅草（東京都台東区）　名本名＝富田銀蔵　歴父は浅草猿屋町署の刑事。13歳で日本橋の仕立屋に奉公し、21歳で独立。のちスリの大親分清水熊の跡目をつぐが、明治42年逮捕された。

七里 恒順　しちり・ごうじゅん
僧侶 浄土真宗本願寺派執行
天保6年（1835）7月11日～明治33年（1900）1月29日　生越後国三島郡飯塚村（新潟県長岡市）　国福岡県　名旧姓・旧名＝井上、号＝松花子　歴西本願寺派の明鏡寺に生まれる。安政元年（1854年）豊前国（福岡県）の勧学月珠に入門し、慶応元年（1865年）博多の万行寺に入って住職となる。3年私塾甘露窟を再興して門弟の教育にあたった。明治13年西本願寺の宗主明如の召喚によって上京し、東京移転問題における北畠道龍と大洲鉄然の軋轢を調停、14年本山執行職についたが、15年帰郷。以後、終生自坊から離れず布教に専念したため、万行寺は明治前半期における念仏信仰の中心地のひとつとなった。

幣原 喜重郎　しではら・きじゅうろう
外相
明治5年（1872）8月11日～昭和26年（1951）3月10日　生大阪府北河内郡門真村（門真市）　学帝国大学法科大学法律学科英法科〔明治28年〕卒　歴明治28年農商務省に入るが、翌年外務省に転じた。電信課長、在オランダ・デンマーク公使などを経て、大正4年外務次官に起用され、8年駐米大使となり、10年ワシントン軍縮会議に全権委員として出席。病気静養などを経て、13年外相に就任。約5年3ヶ月外相として在任し、加藤高明、第一次若槻、浜口、第二次若槻と続く民政党内閣で外交を担当。対米、対中政策の改善、ロンドン軍縮会議批准等に努め、「幣原外交」と呼ばれる親英米政策をとった。昭和期に入り、終戦後の昭和20年10月首相に就任。22年衆院議員に当選、24年衆院議長を務めた。家長男＝幣原道太郎（国文学者）、兄＝幣原坦（台北帝国大学総長）、岳父＝岩崎弥太郎（三菱財閥創始者）、義兄＝加藤高明（政治家）

紫藤 寛治　しとう・かんじ
衆院議員（国民協会）
天保3年（1832）3月～明治30年（1897）6月15日　国肥後国（熊本県）　歴和漢学を修めたのち、戊辰戦争・西南戦争に従軍。里正、熊本県議をつとめ、明治23年から連続4期衆院議員に当選。製糸業改善発達に尽力した。

品川 忠道　しながわ・ただみち
外交官
天保11年（1840）12月9日～明治24年（1891）8月18日　生肥前国長崎（長崎県）　歴オランダ語、英語に通じ、ペリー来航後、横浜で通訳となる。明治2年民部省通商小佑、3年通商権大佑、ついで外務大録となり、通商大佑を兼ねた。4年伊達宗城、柳原前光に従って日清修好通商条約締結のため渡清、翌5年領事に就任。ついで上海に本庁を設置、鎮江、漢口、九江、寧波の兼轄を命じられ、総領事に進む。17年帰国、農商務省に転じて通商局長となった。辞官後は実業界に入り、電気関係の会社を興した。

品川 弥一　しながわ・やいち
牧畜事業家　子爵
明治3年(1870)11月～大正13年(1924)12月11日
歴政治家・品川弥二郎の長男として生まれる。明治18年畜産研究のためドイツへ留学。帰国後、農商務省牧場総督官補。退官後、北海道に改進社牧場を開いた。この間、33年襲爵。　家父=品川弥二郎(政治家)

品川 弥二郎　しながわ・やじろう
内相 枢密顧問官　子爵
天保14年(1843)閏9月29日～明治33年(1900)2月26日　生長門国(山口県)　名変名=橋本八郎　歴長州藩士・品川弥市右衛門の一人息子。安政4年(1857年)松下村塾に入門し、吉田松陰に師事。やがて師の影響で尊王攘夷運動に挺身し、文久2年(1862年)の英国公使館焼討ち事件、元治元年(1864年)の禁門の変などに参加。戊辰戦争では奥羽鎮撫総督参謀として東北地方・蝦夷地へと転戦し、この間「宮さん宮さん」の俗謡の歌詞を作ったといわれる。明治3年普仏戦争視察のため渡欧し、ドイツに駐在して外務省書記官などを務める。9年帰国後は内務大丞、10年内務大書記官、13年内務少輔、14年農商務少輔、15年農商務大輔を務め、殖産興業政策を推進。農業・林業の振興に努め、14年大日本農会、15年大日本山林会を創設した。また、三菱に対抗して国家主導の共同運輸会社を設立と、両者を合併させた日本郵船会社の誕生にも関係した。14年にはドイツ学振興のために独逸学協会を結成し、16年ドイツ語の教育機関としてドイツ学協会学校(現・独協大学)を創立した。17年子爵。18年駐ドイツ公使。帰国後、21年宮中顧問官、22年枢密顧問官となり、24年には第一次松方内閣に内相として入閣。民党に対する強硬派として知られ、25年の第2回総選挙では民党に対する大規模な選挙干渉を行うが、そのために各方面から非難を浴び、責を負って辞任した。同年西郷従道らと国民協会を組織して副会頭となり、国家主義的な立場から自由党との連携を模索しはじめた第二次伊藤内閣と対立。32年同党の解散に伴い枢密顧問官に復帰。晩年は京都の自邸に尊攘堂を設立し、維新志士の遺墨収集などに当たった。　家長男=品川弥一(牧畜事業家)

篠崎 桂之助　しのざき・けいのすけ
横浜日本基督公会長老
嘉永5年(1852)5月15日～明治9年(1876)9月25日　生駿河国(静岡県)　名号=桂号　歴幕臣の家に生まれる。幼少時から神童の称があり、国学者・平山省斎に師事して漢学を修めた。明治3年横浜に出てプロテスタントの宣教師J.H.バラに英語を学び、やがてその影響でキリスト教に接近。5年正月には日本人を中心とする祈祷会の開催をバラに願い出たと言われている。同年バラのもとで洗礼を受け、以後は日本初のプロテスタント教会である横浜日本基督公会(横浜バンド)の設立者の一人(のち同会の長老)として積極的に活動。7年に宣教師の間で教派分立の動きがあると、公会は外国教派から独立すべきとの意見書を提出するなど、草創期の日本プロテスタントの形成に力を尽くした。熱心な無宗派主義者としても知られていたが、肺病を患い24歳で早世した。

篠田 武政　しのだ・たけまさ
陸軍歩兵少佐
明治2年(1869)3月～明治37年(1904)9月19日　生長門国(山口県萩市)　学陸士〔明治24年〕卒　歴陸士卒業後、歩兵少尉に任官、日清戦役には中尉で出征。30年陸大に入り、卒業後大尉に進み、34年清国駐屯軍付として北京に赴任。以来、清国事情の研究に従事。日露戦役には、1000の馬賊隊を率いて各地で活躍し、のち第三軍付として旅順攻略戦に参加、水師営東方保塁に向って突撃中戦死した。

信太 時尚　しのだ・ときなお
富山県知事
明治10年(1877)1月～大正11年(1922)9月23日　名旧姓・旧名=柿岡　学東京帝国大学法科大学〔明治35年〕卒　歴高知県、長崎県の内務部長を経て、大正11年1月富山県知事となったが、9月病没した。

篠原 国幹　しのはら・くにもと
陸軍少将
天保7年(1836)12月5日～明治10年(1877)3月4日　生薩摩国鹿児島城下平町中小路(鹿児島県鹿児島市)　名通称=冬一郎　歴藩校造士館に学んで頭角をあらわし、俊才と、句読師にあげられた。文久2年)伏見の寺田屋事件に連座し、謹慎処分。戊辰戦争では薩摩藩三番小隊長として各地に転戦、功により賞典禄8石を受ける。明治2年鹿児島常備隊大隊長となり、4年御親兵の大隊長として上京し兵部省参謀局に出仕、陸軍大佐となる。5年少将となり近衛局に勤めたが、6年征韓論に敗れた西郷隆盛に従い下野、7年鹿児島私学校を設立、監督となる。10年西南戦争には薩摩一番大隊長として出陣、軍略に長じ、熊本城強襲を主張したが果たせず、熊本県田原坂の吉沢峠で戦死した。

篠原 善次郎　しのはら・ぜんじろう
実業家
安政2年(1855)～昭和5年(1930)2月26日　生薩摩国(鹿児島県鹿児島市)　歴明治4年同郷の北海道開拓使長官黒田清隆の命によって畜産を専門に農学を修め、北海道庁に勤務。15年に同庁を辞職して青森に移り、16年乗合馬車4台を購入して青森・弘前間の貨客輸送を開始するが、間もなく病気のため他人に事業を譲渡した。24年東北本線が開通すると東北と北海道との交易に着目、北海道から雑穀やでんぷんなどを移送して巨利を得た。次いで製糸事業を志し、大正8年紙漉工場を設立してちり紙の生産に着手。また青森市内の交通が不便なことから公共交通機関の設置に尽力し、まず

307

13年から自身が乗合自動車の経営を行って事業の可能性を市当局に認めさせ、15年には市に自動車6台と1万5千円を寄付、これがもととなって同年に市交通部が誕生し、現在の青森市営バスの基礎となった。その後も総務という名誉職ながら市営バス事業を監督した。

篠原 忠右衛門　しのはら・ちゅうえもん
商人
文化7年(1810)～明治24年(1891)12月24日
出甲斐国八代郡東油川村(山梨県笛吹市)　名字=長喜、通称=甲州屋忠右衛門、篠原保太郎、号=可雲
歴江戸に出て金座に勤めるが、父の死により帰郷して家督を相続。村名主を勤め、弘化3年(1846年)郡中総代となり、安政2年(1855年)まで務めた。6年横浜開港に際して横浜本町に甲州屋を開業、我が国で初めて外国商人との生糸貿易を行ったとされる。明治7年八王子に移って教育社を設立。11年相模国高座郡上鶴間の原野を開き、23年郷里へ帰った。

篠原 無然　しのはら・むぜん
社会事業家
明治22年(1889)3月7日～大正13年(1924)11月14日　出兵庫県　本名=篠原禄次　学早稲田大学中退　歴大正3年から岐阜県吉城郡上宝村に居住し、飛騨地方の社会教育に力を注いだ。また名所史蹟の設定、登山道の改修などにも携わった。著書に「青年会の組織と事業」がある。

四宮 有信　しのみや・ゆうしん
衆院議員(憲政本党)
安政6年(1859)4月～明治36年(1903)12月12日
出千葉県　歴漢学を修め、農業を営むかたわら、戸長、印旛郡徴兵参事員、学芸委員、千葉県議となる。明治27年に衆院議員に初当選。以来連続4期つとめる。また房総馬車会社をも経営した。

柴 勝三郎　しば・かつさぶろう
陸軍中将
文久3年(1863)12月18日～昭和13年(1938)1月19日　出常陸国下館(茨城県筑西市)　学陸士(旧7期)卒、陸大〔明治23年〕卒　歴明治18年陸軍歩兵少尉となる。参謀本部課員、陸軍省勤務、屯田兵中部都督部参謀、陸軍大学校教官、海軍大学校教官、教育総監部第一課長、近衛歩兵第三連隊長などを経て、43年朝鮮駐剳軍参謀長、大正元年関東都督府参謀長、同年軍務局長心得となる。この間、日露戦争には大本営参謀から遼東守備軍参謀となり、奉天開戦直前に第四軍の参謀副長として同会戦を戦う。4年中将となり、第十八師団長を務めた。

柴 五郎　しば・ごろう
陸軍大将
安政6年(1859)5月3日～昭和20年(1945)12月13日　生陸奥国会津(福島県)　学陸士(旧第3期)〔明治12年〕卒　歴藩閥の外にありながら陸軍

将、軍事参議官にまで進み、中国問題の権威として重きをなした。明治元年10歳の時会津若松城落城、捕虜となって東京に護送され、脱走して流浪、下僕生活、給仕などを経て幼年学校、陸士を卒業した。16年近衛砲兵大隊小隊長、22年砲兵大尉、近衛砲兵連隊小隊長、23年陸軍省砲兵課員、27年英国公使館付、28年日清戦争出征。33年清国公使館付となり、義和団事件では北京の公使館に籠城した。日露戦争には野砲第十五連隊長として出征。40年少将、41年佐世保要塞司令官、42年重砲第二旅団長、大正2年中将、下関要塞司令官、8年大将、台湾軍司令官、10年軍事参議官、12年予備役となる。石光真人編著「ある明治人の記録」がある。　家兄=東海散士(政治家)、甥=木村信二(大陸浪人)

志波 三九郎　しば・さんくろう
衆院議員(自由党)　秋田県知事
嘉永3年(1850)3月5日～明治36年(1903)6月29日　出肥前国高来郡(長崎県)　名旧姓・旧名=中島　歴佐賀藩校に学び、のち英語学を修める。明治12年長崎県議に当選、15年県会議長となり、以後11年余にわたって議長を務める。27年から衆院議員(自由党)に当選3回。31年より石川県知事、静岡県知事、秋田県知事として活躍した。

柴 太一郎　しば・たいちろう
旧会津藩士
天保10年(1839)～大正12年(1923)4月28日
出陸奥国若松城下(福島県会津若松市)　歴文久2年(1862年)会津藩主・松平容保の京都守護職就任に従い京都に赴任。公用方として公武間の融和に貢献した。慶応4年(1868年)鳥羽・伏見の戦いでは、軍事奉行添役として出陣。その後、戊辰戦争に転戦、会津城外の激戦で負傷し、投獄された。釈放後、斗南(青森県)に移り、同藩の創立に尽力、下北部長などを務めたが、糧米購入の代金事件に連座、入獄。明治10年釈放され、西南戦争で敗れた鹿児島県の戦後処理を担当。のち会津に帰り、大沼郡長、南会津郡長を務めた。　家弟=東海散士(政治家・小説家)、柴五郎(陸軍大将)

柴 豊彦　しば・とよひこ
陸軍少将
明治3年(1870)～大正6年(1917)9月1日
出安芸国(広島県)　学陸軍大卒　歴日露戦争で戦功を立て、第十八団参謀長、歩兵第三十二連隊長などを歴任。大正5年陸軍少将。

志波 安一郎　しば・やすいちろう
衆院議員(政友会)
明治6年(1873)9月～昭和7年(1932)6月10日
出佐賀県　学三高卒　歴地方の銀行に勤めた後長崎県農工銀行監査役となった。一方県会議員から衆院議員当選4回。政友会に属した。

柴岡 晋　しばおか・すすむ
日向水力電気創業者

嘉永1年(1848)11月25日～大正12年(1923)9月29日 出土佐国(高知県) 歴宮崎県都城警察署長、鹿児島県の郡長などを歴任し、退官。明治39年大和田伝蔵らと日向水力電気を設立、宮崎県清武町黒北に発電所を建設した。

芝川 又右衛門(2代目) しばかわ・またえもん
実業家
嘉永6年(1853)10月7日～昭和13年(1938)6月9日 生摂津国西成郡伏見町(大阪府大阪市) 歴生家は両替商、外国雑貨貿易商。明治5年大阪中之島で第一商社を設立、貿易、為替業を行ったが失敗し、9年解散。この間、8年家督を継ぎ、13年ランプ商・平栄種吉がランプ口金の製造に成功すると、共同出資して三平舎を設立、販売を一手に引き受け、輸出するまでに至った。ついで住友との共同出資により日本蒔絵会社を創設、紙製漆器業を始め、のち芝川漆器会社と改称した。蔵書家として知られ、漢詩、和歌、俳句、茶道をよくした。また邸宅が犬山市の博物館明治村に移築され、一般公開されている。

柴田 家門 しばた・かもん
文相 内閣書記官長
文久2年(1862)12月18日～大正8年(1919)8月25日 生長門国萩(山口県萩市) 名号=岑堂 学帝国大学法科大学[明治23年]卒 歴明治23年内務書記官、31年法制局参事官兼務を経て、32年内務省地方局長、34～39年第一次桂内閣の書記官長。36年勅選貴院議員。41年第二次桂内閣の書記官長。44年拓殖局総裁を兼ね、大正元年第三次桂内閣の文相として入閣した。

芝田 忠五郎 しばた・ちゅうごろう
陸軍主計総監
明治3年(1870)5月～昭和7年(1932)1月30日 生三重県 学陸軍経理学校[明治31年]卒 歴明治32年陸軍に入り、経理局課員、第九師団および第二十師団の経理部長を経て、大正10年経理局建築課長、11年第四師団経理部長、13年台湾軍経理部長、15年関東軍経理部長などを歴任。昭和2年陸軍主計総監となった。

柴田 忠次郎 しばた・ちゅうじろう
貿易商 活動写真最初の輸入者
生年不詳～明治42年(1909)9月27日 出三河国(愛知県) 歴明治29年米国で映写機を購入、技師を伴って帰国。我が国に初めて活動写真を輸入し、30年東京・神田の錦輝館で昼夜2回の上映を行い好評を博した。"活動写真"の名称は、この時にジャーナリストの福地源一郎(桜痴)が命名したものとされる。のち再度渡米し、米国に帰化した。

柴田 豊彦 しばた・とよひこ
陸軍少将
明治3年(1870)～大正6年(1917)9月1日 歴明治24年陸軍少尉に任官。日露戦争に従軍して武功を立てた。大正5年陸軍少将に進み、待命となった。

柴田 花守 しばた・はなもり
実行教初代管長
文化6年(1809)1月8日～明治23年(1890)7月11日 生肥後国(熊本県) 名幼名=権次郎、別名=咲行 歴肥前小城藩士三枝礼助の子。平田派の国学を学んだのち、不二道の開祖小谷三志に入門。諸国で布教活動を行ううち、次第に富士信仰を基盤に持ちつつ復古神道的色彩を加えた独自の教えを説くようになり、明治11年実行社を組織し、15年神道実行派として独立、17年実行教の初代管長に就任した。著書に「本教大記」「古道或問」「実行録」など。

柴原 亀二 しばはら・かめじ
弁護士
慶応3年(1867)～昭和10年(1935) 生播磨国(兵庫県) 名号=桷川 学帝国大学法科大学[明治21年]卒 歴龍野藩士・柴原和の長男に生まれる。明治22年欧州に留学し英国、ドイツ、フランスで法律学を学び、28年帰国し弁護士となる。29年台湾総督府参事官に選ばれ、のち鳳山支庁長に就任。33年職を辞し東京で翻訳、著述などを行う。35年大阪朝日新聞に論説記者として入社し、36年清国に特派され、北京で公使・内田康哉らと関わる。38年帰国後退社し、44年フィリピンとの貿易を計画し神戸にユニオン商会を設立したが失敗に終わり、大正10年神戸で再び弁護士を開業し、傍ら著述に従事した。著書に「政府及政党」など。 家父=柴原和(貴院議員)

柴原 和 しばはら・やわら
元老院議官 千葉県令
天保3年(1832)2月7日～明治38年(1905)11月29日 生播磨国龍野(兵庫県たつの市) 歴若くして江戸に出、大槻磐渓、安井息軒に学び、また京都で梁川星巌などに師事。尊王倒幕の志を抱き、国事に奔走。安政6年(1859年)から諸国を歴遊、一時脱藩し森田節斎の塾頭を務めた。のち帰藩して藩学の助教となり、元治元年(1864年)頃から主に京にあって周旋し藩の方向を誤らせなかった。明治2年待詔院に出仕、以後甲府県大参事、岩鼻県大参事、宮城県権知事を経て、4年木更津県権令となり、6年印旛県権令を兼任、同年両県合併により千葉県令に就任。地方民会の創設、教育・警察・地租改正などで治績をあげ、8年には地方官会議幹事を務めるなど、日本三県令の一人に数えられ、12年元老院議官、21年山形県知事、22年香川県知事を歴任し、27年勅選貴院議員となった。

柴山 典 しばやま・てん
宮崎県知事
文政5年(1822)～明治17年(1884) 生筑後国(福岡県) 歴久留米藩士の家に生まれ、

漢学を学ぶ。尊王運動に信念を燃やし、志士として活動する。戊辰戦争で官軍にはせ参じ、上野国前橋などを鎮圧した。慶応4年(1868年)7月46歳で新政府軍から安房上総知県事に任ぜられ、房総のうち新政府が没収した旧幕府領と旗本知行地を治めるだけではあったが、千葉県で最初の県政を敷いた。明治2年、県庁所在地の地名をとって宮谷(みやざく)県となり、宮谷県権知事(副知事相当)に就任、利根川治水、北総の新田開発などに力を注いだ。4年5月宮谷県知事に任ぜられるが、同年7月の廃藩置県で免職となる。

柴山 矢八　しばやま・やはち
海軍大将　男爵

嘉永3年(1850)7月13日〜大正13年(1924)1月27日　生薩摩国(鹿児島県)　歴薩摩藩医・柴山良庵の三男。戊辰戦争に従軍した後、明治5年開拓使からの留学生として米国へ留学。7年帰国して海軍中尉に任官。8年江華島事件の交渉のため黒田清隆弁理大使に従い朝鮮に渡る。12年初代水雷練習所長、16年水雷局長、17年軍事部第三課長、同第二課長を兼務、19年参謀本部海軍部第二局長、同年11〜20年西郷従道海相に随行して欧米に出張。22年筑波艦長、24年横須賀鎮守府参謀長、同年海門、26年高千穂の艦長、26年海軍兵学校校長、27年佐世保鎮守府司令長官、30年常備艦隊司令長官、32年海軍大学校校長、33年呉鎮守府司令長官、38年旅順口鎮守府司令長官を歴任し、38年海軍大将。40年予備役に編入。大正4年男爵を授けられた。家息子=柴山昌生(海軍少将)、兄=柴山良助(薩摩藩士)、柴山愛次郎(薩摩藩士)、従兄=東郷平八郎(海軍大将・元帥)。

渋川 忠二郎　しぶかわ・ちゅうじろう
弁護士　関西法律学校創立者

嘉永7年(1854)4月21日〜大正14年(1925)1月15日　生出雲国(島根県)　歴出雲松江藩士の子として生まれ、藩校修道館で御雇い外国人アレキサンドルにフランス語などを学ぶ。次いで東京に遊学し、中江兆民の私塾に入って学を修めた。8年より大阪上等裁判所に勤務し、通訳業務に従事。18年に代言人(弁護士)の免許を取得し、大阪事件などで弁護人を務めた。その傍らで法律学校の開設を企図し、明治13年大阪法学舎の設立に関与、26年には関西法律学校(現・関西大学)を創立した。37年島根県から総選挙に出馬するが落選。39年大阪弁護士会会長。

渋沢 栄一　しぶさわ・えいいち
第一国立銀行頭取　子爵

天保11年(1840)2月13日〜昭和6年(1931)11月11日　生武蔵国榛沢郡血洗島村(埼玉県深谷市)　名幼名=栄二郎、号=青淵　歴武蔵国血洗島村(現・埼玉県深谷市)の大農家・渋沢市郎右衛門の長男。文久元年(1861年)江戸に出た際、海保漁村の塾や北辰一刀流の千葉周作の道場に通う傍ら、尊攘派志士として活動。3年京都に出奔、ここで一橋家重臣であった平岡円四郎の知遇を得、その推薦で元治元年(1864年)一橋慶喜に仕える。慶応2年(1866年)慶喜の将軍就任とともに幕臣となり、陸軍奉行支配調役に任ぜられた。3年慶喜の弟・徳川昭武に随行して渡欧し、西欧の近代的産業設備や経済制度を学んだ。明治元年帰国し、2年静岡に我が国最初の株式会社・商法会所を設立して頭取に就任。同年滞欧中の財務管理を伊達宗城に認められ、その推挙で新政府に出仕。大蔵少丞、大蔵大丞、紙幣頭などを歴任する一方、抄紙会社(のち王子製紙)や第一国立銀行(のち第一銀行、第一勧業銀行を経て、現・みずほ銀行)の設立に当たった。大蔵大輔・井上馨と財政制度の確立に尽力するが、予算編成をめぐって大隈重信や江藤新平ら他省の上層部と対立し、6年退官。8年第一国立銀行頭取に就任(大正5年まで)。以後、12年我が国初の本格的紡績会社である大阪紡績(現・東洋紡)、東京海上保険会社(現・東京海上日動火災保険)、17年日本鉄道(現・JR各社)、18年東京瓦斯会社、日本郵船会社、19年日本電灯会社、20年帝国ホテル、札幌麦酒(現・サッポロビール)、東京人造肥料(現・日産化学工業)、22年東京石川島造船所(現・IHI)、25年東京貯蓄銀行(現・りそな銀行)、26年貴賓会(現・日本交通公社)、29年日本勧業銀行(現・みずほ銀行)、30年渋沢倉庫、32年上武鉄道(現・秩父鉄道)、33年日本興業銀行、39年京阪電気鉄道、40年帝国劇場、42年東亜興業など、500余社の創立・合併・経営に関係した。また、11年東京商法会議所の設立に伴い会頭となった他、経済関係団体を多数組織して実業界・財界の指導的立場にあり、自ら財閥を作らず、日本における近代産業の育成を第一に考えて活動したこともあいまって"日本資本主義の父"と呼ばれる。この間、33年男爵。大正9年子爵。5年実業界を引退した。一方で幼少時に「論語」など儒教精神に親しんだことから、道徳経済合一論を唱えて公益に重点を置いたことでも知られ、明治13年博愛社(現・日本赤十字社)、19年養育院慈善会、40年東京慈恵会、41年中央慈善協会、大正2年結核予防会などを設立。教育では、明治11年東京商法講習所(現・一橋大学)、21年東京女学館、33年大倉商業学校などの創立に関与した。家三男=渋沢正雄(日本製鉄社長)、四男=渋沢秀雄(東宝会長・随筆家)、孫=渋沢敬三(日銀総裁・蔵相)、穂積重遠(法学者)、尾高朝雄(法哲学者)、尾高邦雄(社会学者)、尾高尚忠(作曲家)、従兄=渋沢喜作(実業家)、尾高惇忠(富岡製糸工場長)、女婿=穂積陳重(法学者)、阪谷芳郎(政治家)。

渋沢 喜作　しぶさわ・きさく
東京株式取引所理事長

天保9年(1838)6月10日〜大正1年(1912)8月30日　生武蔵国榛沢郡血洗島村(埼玉県深谷市)　名幼名=成一郎　歴生家は豪農。従弟の渋沢栄一らと共に尊攘運動に加わるが、のち一橋家に仕官し、慶応2年(1866年)慶喜が将軍に就くと幕臣に抜擢さ

れ、奥祐筆。戊辰戦争期には鳥羽・伏見の戦いに従軍、敗れて江戸に帰ったのち彰義隊を組織、榎本武揚の軍に加わり箱館五稜郭に拠る。明治2年榎本軍が敗れ入獄、5年出所し栄一の助力により大蔵省に出仕、6年小野組に入る。同組破産後、7年独立して渋沢商店を開業、東京で廻糸委託販売業を、さらに横浜で生糸売込業を経営。20年深川正米市場を設立し頭取、29年東京株式取引所理事長に就任、のち東京商品取引所理事長も務め、投機事業界を代表する一人となった。また北海道製薬会社社長、田中鉄工所会長など多くの会社の重役、社長を務め実業界での各方面で活躍した。 家従弟=渋沢栄一（実業家）

渋谷 兼八　しぶたに・かねはち
我が国における機船底引き網漁業の創始者
明治21年（1888）9月19日〜昭和43年（1968）12月16日　生島根県島根郡片江浦（松江市）　学大日本水産会漁船船員養成所修了　歴米国渡航を志し、21歳のとき水主として日本郵船のセイロン丸に乗り込むが、航海中に観た英国のトロール漁船に感銘を受け、下船。明治44年より日本水産会漁船船員養成所で学び、修了ののち島根県水産試験場に入って機船による手繰網の試験操業に従事した。大正2年に独立し、仲間と共に方結丸を建造。次いで7年には動力による網の巻上機を発明し、これをもとに我が国初の機船底引き網漁をはじめた。9年合名会社島根組を設立し、二艘の漁船による底引き網漁を考案するが、11年コレラの流行で漁獲物の販路が被害を受けて解散。その後は大資本の台頭のため、振るわなかった。　賞黄綬褒章〔昭和30年〕

渋谷 在明　しぶや・ざいめい
陸軍中将
安政3年（1856）6月19日〜大正12年（1923）12月14日　生江戸　出紀伊国（和歌山県）　学陸士（旧2期）卒、陸大〔明治19年〕卒　歴紀伊藩士の長男として江戸に生まれ、陸大卒後、陸軍騎兵少尉となる。参謀本部部員、東宮および侍従武官、近衛騎兵連隊長および騎兵第五連隊長、陸軍騎兵実施学校校長を経て、34年騎兵第一旅団長、36年騎兵監などを歴任。この間、日清戦争には近衛騎兵大隊長として出征、37年日露戦争には第一軍兵站監として従軍した。39年重兵監を務め、明治41年陸軍中将。のち予備役に編入となり、宮内省主馬頭を務め、大正10年宮中顧問官となった。

渋谷 真意　しぶや・しんい
尼僧　浄土真宗仏光寺派法主
嘉永3年（1850）12月26日〜大正13年（1924）5月19日　名旧姓・旧名＝松平、別号＝微妙定院　歴播磨明石藩主・松平斉韶の五女として生まれ、万延元年（1860）浄土真宗仏光寺派第25代の真達上人に嫁ぐ。幕末、禁門の変による仏光寺の焼失と真達の病気退隠などで痛手を受けた同派の再興をはか

り、慶応2年（1866年）伏見宮家から六十宮（のち家教上人）を迎えて法嗣とした。明治5年剃髪して真意と号し、同時に華族に列せられて渋谷に改姓。21年家教上人が伏見宮家に復帰したため、その子・隆教上人を法嗣に立て、自らが第27代仏光寺派法主となった。以後、30年に本山議会を、33年には興教会財団を設立するなど派内の改革と近代的教団確立に尽力し、同派中興の祖と呼ばれる。また、女性への布教にも積極的で、39年には仏光寺派婦人教会を開いた。38年に隆教上人に法主職を譲り、引退。　家父＝松平斉韶（播磨国明石城主）、夫＝真達（僧侶）

渋谷 善作　しぶや・ぜんさく
長岡商業会議所会頭
文久3年（1863）12月10日〜昭和6年（1931）11月1日　生越後国刈羽郡高田村（新潟県柏崎市）　名旧姓・旧名＝飯塚、号＝渋谷宗雲、閑日庵　学慶応義塾〔明治16年〕卒　歴飯塚弥兵衛の三男として生まれ、明治30年渋谷権之助の養子となる。この間、12年上京し中村正直の同人社で学び、慶応義塾に転じ16年卒業、更に同志社に入り神学・哲学を修め、郷里に戻り新潟女学校、北越学院で教鞭を執る。明治29年長岡銀行の創立に参画し取締役・支配人、のち専務、晩年は副頭取に就任。傍ら、長岡貯蓄銀行、北越製紙、新潟信託、日本石油、長岡鉄道、北越新報社の各重役を務める。また長年に渡り長岡市会議長、長岡商業会議所会頭なども務め、北越財界の重鎮として活躍した。茶人としても知られ、宗偏流の中村木兆庵、領宗和尚に茶湯を学び、家元より皆伝を受ける。号を宗雲、閑日庵と称した。

渋谷 彦右衛門　しぶや・ひこえもん
自由民権運動家
嘉永4年（1851）〜大正13年（1924）5月2日　生相模国上鶴間村（神奈川県相模原市）　歴相模国上鶴間村（現・神奈川県相模原市）の豪農。国会開設運動や武相懇談会に参加。明治17年武蔵・相模7郡150ケ村にまたがる困民党の指導者となり、同年御嶽峠事件で逮捕された。

渋谷 良平　しぶや・りょうへい
愛知県議
弘化1年（1844）〜昭和8年（1933）4月2日　歴豊後の広瀬淡窓の塾に入り漢詩を学んだ。のち名古屋に出て市会、県会各議員を務め、地方自治に尽力。自由党尾張支部長として活躍。また「新愛知」新聞を創刊した。

島 惟精　しま・いせい
元老院議官　岩手県令
天保5年（1834）4月1日〜明治19年（1886）5月11日　生豊後大野郡千歳村（大分県豊後大野市）　名本名＝阿南、通称＝唯蔵　歴豊後府内藩士。広瀬淡窓の私塾・咸宜園に入門後、江戸に遊学して塩谷宕陰の塾に入り、昌平黌にも学んだ。京都滞在を経

て帰藩し、藩校・遊焉館の教授となる。尊王への志から倒幕をはかり捕えられたが、維新の風に乗じて脱獄、一転して藩政顧問となり、藩論をまとめる。明治2年仕官して弁官雇となり、同年若松県判事、3年民部権少丞兼大蔵権少丞、4年盛岡県参事、6年初代岩手県令、17年内務省土木局長、同年参事院議官、18年9代茨城県令など要職を歴任。19年5月元老院議官に転じ、3日後に病没した。

島 弘毅　しま・こうき
陸軍歩兵中佐
天保15年（1844）7月〜明治34年（1901）3月30日
生伊予国松山（愛媛県松山市）歴明治4年陸軍に入り、6年中尉の時清国に派遣され、中国語を学ぶ。7年台湾出兵が起るに及び一旦帰国し、8年再び清国に渡り、奉天、吉林、黒龍江の三省を踏査した。のち数度にわたり清国に派遣され、特務機関としての任務を果たした。日清戦争の際には、第五師団司令付として出征し、のち第一軍司令部付となり、戦後台湾守備に就いたが、30年中佐で現役を退いた。

島 省左右　しま・しょうぞう
富山県議
嘉永7年（1854）8月20日〜明治31年（1898）7月2日
出越中国射水郡佐野村（富山県高岡市）歴明治初年政界に活躍。12年北立社を創立、政治思想を啓発した。さらに金沢で「北陸日報」「自由新論」「自由新誌」などを発行、また富山で北鳴館、高岡に共愛館を開設、自由民権思想の普及に努めた。18年大井憲太郎らの朝鮮改革運動（大阪事件）に連座、入獄。20年無罪出獄。その後富山県議、村議なども務めた。

島 真一　しま・しんいち
農商務省山林局監督課長
明治9年（1876）〜明治44年（1911）5月21日
生山形県米沢市 学二高卒、東京帝国大学法科大学英法科〔明治35年〕卒 歴農商務省に入省。仙台、鹿児島の大林区署を経て、山林局監督課長、青森、鹿児島の大林区署長を務めた。

島 定治郎　しま・ていじろう
日米板硝子社長　貴院議員（多額納税）
明治10年（1877）3月5日〜昭和10年（1935）4月19日　生大阪府三島郡茨木町（茨木市）学慶応義塾〔明治26年〕卒　歴明治26年慶応義塾を卒業して実業界に入り、35年福島紡績に勤務の後、日米板硝子社長、日本硝子工業社長、大日本炭鉱取締役、日露漁業監査役を務める。また島商店・島貿易会社を経営して貿易業界に名を成した。大正4年欧州を、7年米国を視察した。同年〜14年貴院議員（多額納税）。

島 徳蔵　しま・とくぞう
実業家
明治8年（1875）4月20日〜昭和13年（1938）11月3日　生大阪 歴明治28年大阪の私塾を出て、家業の株式取引所仲買人となった。株式売買を続け、大正5〜15年大阪取引所理事長を務め、「北浜の島徳」として天才相場師といわれた。また第一次大戦後に続出した大小会社の発起人に名を連ね「会社屋」とも呼ばれた。さらに中国の天津、上海各取引所理事長のほか阪神電鉄社長など多くの事業を手がけた。昭和2年に取引所法違反事件に連座、8年には売塩事件、9年愛国預金銀行にからむ背任横領事件で入獄、破産申請を受けた。

島 義勇　しま・よしたけ
佐賀の乱で挙兵した旧肥前佐賀藩士
文政5年（1822）9月12日〜明治7年（1874）4月13日
出肥前国（佐賀県）名通称＝団右衛門、字＝国華、号＝楽斎、桜陰、超然窩、従吾道人 歴佐賀藩校弘道館で国学を学んだのち江戸で佐藤一斎の門人となり水戸の藤田東湖を知る。安政4年（1857年）佐賀藩の藩命により蝦夷・樺太を視察して「入北日記」を著す。戊辰戦争に大総督府軍監として従軍、明治2年蝦夷開拓使首席判官として札幌市街地の建設に尽力した、のち大学少監、侍従、秋田県権令などを歴任した。7年佐賀憂国党を率いて佐賀の乱を起こしたが失敗、鹿児島で捕えられ斬罪に処せられた。

島上 勝次郎　しまがみ・かつじろう
労働運動家
明治14年（1881）8月24日〜大正12年（1923）9月1日　生三重県度会郡黒瀬村（伊勢市）歴小卒後、農業に従事。明治38年上京し職工となり、40年東京市電の車掌となる。労働者生活の中で労働組合の必要性を感じ、中西伊之助らと共に大正8年日本交通労働組合を結成。9年市電罷業に参加して馘首され、未決監に投じられた。のち東京市電相扶会の組織にあたり、その指導につとめ、12年電気局に復し、相扶会会長に就任。無政府主義的な自由連合主義を奉じていた。

島川 毅三郎　しまかわ・きさぶろう
外交官
明治1年（1868）9月〜明治41年（1908）1月21日
生伊勢国津（三重県津市）名旧姓・旧名＝玉置
学三師範〔明治19年〕卒 歴津藩士・玉置格之助の長男に生まれる。明治19年三重県師範学校を卒業して津高等小学校に勤めるが、22年衆院選挙運動に関わり免職となる。兵役で入営中に神尾光臣の知遇を得て、神尾に従い清（中国）に渡る。のち清国公使館付通訳官などを務めるが病気となり一時帰国、41年病を押して吉林領事となり、日清間の間島問題、天宝山銀鉱問題などの均衡に当たった。病が悪化して帰国途中に死去した。

島川 文八郎　しまかわ・ぶんはちろう
陸軍大将
元治1年（1864）3月10日〜大正10年（1921）7月16

日 [生]三重県 [学]陸士（旧7期）卒 [歴]明治21年陸軍砲兵射撃学校教官となり、24年ベルギー、フランスに留学。帰国後、27年東京砲兵工廠板橋火薬製造所長となり、帝国大学工科大学講師を兼任。31年再び渡欧、帰国後“31年式速射砲”を製作して無煙火薬の応用を案出した。日露戦争では野戦砲兵第三連隊長として出征。42年少将に昇進し陸軍兵器局長、のち技術本部長。大正8年大将に昇進し、翌年予備役に編入された。

島地 大等　しまじ・だいとう
僧侶（浄土真宗本願寺派）仏教学者
明治8年（1875）10月8日〜昭和2年（1927）7月4日 [生]越後国中頸城郡三郷村（新潟県上越市） [名]旧姓・旧名＝姫宮, 幼名＝等 [学]西本願寺大学林高等科〔明治32年〕卒 [歴]新潟・勝念寺の姫宮大円の二男に生まれ、明治35年盛岡市の願教寺住職であった島地黙雷の養嗣子となる。同年東京高輪の仏教大学で印度仏教教理史を講じた。同年インドに渡り、西本願寺法嗣大谷光瑞の仏教史跡探究の一行に加わり、翌年帰国。39年以降曹洞、浄土、日蓮、天台など各宗大学、東洋大の講師を歴任。大正6年西本願寺幼法嗣の教育を担当した。7年東京帝国大学文科大学仏教の講師となる。14年最高の学階である勧学に。著書に「思想と信仰」「教理と史論」「天台教学史」「真宗大綱」「日本仏教教学史」など。 [家]養父＝島地黙雷（僧侶）, 実父＝姫宮大円（学僧）

島地 黙雷　しまじ・もくらい
僧侶 評論家 浄土真宗本願寺派執行長
天保9年（1838）2月15日〜明治44年（1911）2月3日 [生]周防国佐波郡和田村（山口県周南市） [名]旧姓・旧名＝清水清水, 幼名＝繁丸, 俗名＝謙致, 号＝無声, 益渓, 縮堂 [歴]周防・専照寺の清水円随の四男に生まれる。元治元年（1864年）長州藩が火葬を禁じた時、「送葬論」を書いて批判した。慶応2年（1866年）周防・妙誓寺の住職となり島地姓を名のる。同年大洲鉄然と共に改正局という学校を萩に設け、真宗僧徒の子弟を教育した。明治元年赤松連城らと京都真宗本願寺の宗規の乱れを改革、3年鉄然と共に上京。民部省内に寺院寮を設置するよう太政官に建議して成功。また木戸孝允の内意で雑誌「新聞雑誌」を編集発刊した。5年西本願寺から宗教事情視察のためヨーロッパに派遣され、6年帰国。明治政府に建議書を送り、政教分離と信教の自由を主張。また神仏合同の大教院分離を建白。神仏分離を策し、廃仏毀釈後の仏教新生のため尽力した。さらに白蓮社を興し、雑誌「報四叢談」を発行。僧侶指導に尽くした。9年西本願寺執行、のち執行長、25年盛岡願教寺住職、27年勧学となった。一方21年女子文芸学舎（千代田女学園の前身）を興し、日本赤十字社の創立に関与した。43年満州に渡り戦死者の遺霊を弔った。著書に「維摩経講義」「念仏往生義」「三国仏教略史」（全3巻）「仏教各宗綱要」、「島地黙雷全集」（第5巻）などがある。 [家]息子＝島地威雄（生物学者）

島津 珍彦　しまず・うずひこ
貴院議員 男爵
天保15年（1844）10月22日〜明治43年（1910）6月16日 [歴]文久元年（1861年）父久光が宗家に復帰した後をうけて、大隅重富領1万4060石。慶応3年（1867年）西郷隆盛らの討幕論に賛成、京都守衛に当たり、鳥羽・伏見、函館に転戦。明治9年鹿児島師範校長、22年男爵。照国神社宮司、鹿児島造士館長を務め、23年貴院議員。 [家]父＝島津久光（薩摩藩主）

島津 源蔵（1代目）　しまず・げんぞう
島津製作所創業者
天保10年（1839）5月15日〜明治27年（1894）12月8日 [生]京都 [歴]仏具職人の二男。父・清兵衛に従って家業を手伝い、安政3年（1856年）型紙商・菱屋の養子となったがすぐに実家に戻り、万延元年（1860年）京都・木屋町二条で鋳物師として独立。明治維新後、同地の近辺にできた京都舎密局に出入りするようになり、ここで明石博高や三田忠兵衛らに導かれて舶来の技術や機械に触れたのがきっかけで、明治8年理化学器械製造の島津製作所を創業。10年第1回内国勧業博覧会にスズ製の医療用ブーシーを出展し、褒状を受けた。同年京都府知事・槇村正直からの依頼で水素ガス軽気球を作成し、11年京都御所で人を乗せての飛揚を成功させ、一躍その名を高めるとともに我が国における気球製作のパイオニアとなった。また、舎密局のドイツ人技師ワグネルやオランダ人薬学士ヘールツらの指導を受けて理科器械の研究を重ね、小学校などの諸教育機関の充実にしたがって業績を伸ばし、同社を明治期の理科教育現場の実験器具を一手に引き受ける会社に育て上げた。14年の第2回内国勧業博覧会では蒸留器、マグデブルグ半球で有功二等賞を受賞。16年京都博覧会審査委員に就任。同年「小学物理啓蒙」に自社製の理科器械の広告を掲載し、19年以降は松方財政以降の不況の中にあってたびたび工場を拡張するなど、企業としての基礎固めを行った。19年科学技術の振興普及をはかるため、「理化学的工芸雑誌」を創刊。同年京都師範学校金工科の教師に任ぜられたが、1年後、長男の梅治郎（2代目島津源蔵）に交代した。一方で業務の余暇に依頼に応じて鋳物も制作しており、作品に京都引接寺の大鰐口、東福寺月輪廟の宝珠などがある。 [家]長男＝島津源蔵（2代目）

島津 忠亮　しまず・ただあきら
貴院議員 伯爵
嘉永2年（1849）5月11日〜明治42年（1909）6月26日 [生]日向国佐土原（宮崎県宮崎市） [歴]日向佐土原藩主・島津忠寛の長男に生まれる。明治元年京都に遊学、のち江戸の昌平黌に学び、2年米国に留学する。10年西南戦争の際には勅使柳原前光に随い鹿児島に行き、ついで佐土原に赴き教育殖産を大いに奨励する。12年東京赤坂区長を務め、17年子爵、24年父の功績により伯爵となる。23年から

島津 忠済　しまず・ただなり
貴院議員　公爵
安政2年(1855)3月9日〜大正4年(1915)8月19日
生薩摩国鹿児島(鹿児島県鹿児島市)　名幼名=真之助、初名=久済、号=秋碧園　歴島津久光の六男。明治5年明治天皇が鹿児島に行幸された際、病気の父に代わって天皇を奉迎・奉送した。6年父とともに上京。7年父の命を受けて九州を視察し、佐賀の乱後の鹿児島県内及び九州の事情を報告した。21年父の死に伴い、公爵を継ぐ。23年貴院議員。以後、33年麝香間祗候、43年宗秩寮審査官などを歴任。この間、兄の忠義と連署して東宮御学問の件について建言。また、秋碧園と号して熱心に変化アサガオの作出に取り組み、あさがお礼大会や東京朝顔研究会の重鎮としてたびたび品評会に出品した。　家息子=島津忠承(日本赤十字社社長)、島津久大(外交官)、父=島津久光、兄=島津忠義(薩摩藩主)

島津 忠弘　しまず・ただひろ
式部官　男爵
明治25年(1892)10月18日〜大正11年(1922)10月13日　生鹿児島県　名幼名=諄之助　歴薩摩藩士・島津忠義の六男。明治28年分家して男爵家を創設。宮内省に入り式部官を務めた。　家父=島津忠義(薩摩藩主)、兄=島津忠重(公爵)、島津忠備(男爵)、祖父=島津久光

島津 忠義　しまず・ただよし
鹿児島藩知事　公爵
天保11年(1840)4月21日〜明治30年(1897)12月26日　生薩摩国鹿児島(鹿児島県鹿児島市)　名旧姓・旧名=島津茂久　歴安政5年(1858年)薩摩藩主・島津斉彬の遺言により、19歳で藩主となる。父・久光が後見役となり、国父として藩政の実権を握る体制は最後まで続いた。安政の大獄が進行すると、勤王派の大久保利通らが脱藩して大老・井伊直弼暗殺を謀ろうとした際、自ら尊王の志のあることを自筆の手書を授けて脱藩を思いとどまらせ、挙国一致による藩政改革をめざし、軍備強化に努めた。元治元年(1864年)藩政改革に着手、特に開成所を設けて海陸軍事を攻究させた。慶応元年(1865年)藩士を留学生としてヨーロッパへ派遣、軍隊は英国式を採用し、英国公使パークス夫妻を鹿児島に招いて薩英親善を図り、新式の紡績機械を英国から購入して工場を建てるなど、藩の近代化に努めた。3年討幕の密勅が下ると兵を率いて京都に上り、戊辰戦争ではその中心勢力として活躍した。明治維新後は新政府の議定・参議、明治2年鹿児島藩知事、17年公爵、23年貴院議員に列した。没後は国葬となった。　家父=島津久光(薩摩藩国父)、伯父=島津斉彬(薩摩藩主)

島津 長丸　しまず・ながまる
貴院議員　男爵
明治4年(1871)9月18日〜昭和2年(1927)2月1日
生鹿児島県　歴薩摩藩一門宮之城島津家の子で久光の孫。2歳で家督を継ぎ、明治30年男爵、貴院議員。日本水電、鹿児島電軌道各監査役。

島津 久光　しまず・ひさみつ
左大臣　公爵
文化14年(1817)10月24日〜明治20年(1887)12月6日　生薩摩国(鹿児島県)　名号=双松、大簡、玩古道人　歴島津斉彬の異母弟。嘉永4年父斉興の死後、後嗣決定で斉彬に敗れたが、斉彬の死後、安政5年(1858年)遺命により久光の子、忠義が後嗣となると、久光は国父として藩の実権を握る。文久2年(1862年)国事周旋のため兵を率いて上洛、伏見の寺田屋で尊攘派の志士を弾圧(寺田屋騒動)。公武合体運動推進のため、勅使大原重徳を擁して江戸に入り、幕政を改革させる。帰途、生麦事件を起こし、翌3年薩英戦争を招いたが、のち和解した。同年八月十八日の政変後、幕政、朝政に参加。元治元年(1864年)禁門の変で長州の兵と戦って勝ち、以後公武合体派の中心人物となる。維新後明治7年征韓論の分裂で弱体化した明治政府に入り左大臣となるが、極端な保守的性格のため、当時の欧化政策をとっていた政府と合わず、8年辞官、帰国した。10年の西南戦争の際は鎮撫を試みた。17年公爵となり、晩年は修史事業を進めた。　家長男=島津忠義(貴院議員・公爵)、父=島津斉興(薩摩藩主)、兄=島津斉彬(薩摩藩主)

島田 一良　しまだ・いちろう
大久保利通の暗殺犯
嘉永1年(1848)〜明治11年(1878)7月27日
生加賀国金沢(石川県金沢市)　歴加賀藩の足軽の子として生れ、藩の洋式兵術練習所壮猶館に学ぶ。戊辰戦争に従軍、兵制改革に際し抜擢されて徒士となり、のち陸軍大尉に進んだ。西郷隆盛に心酔し、金沢で忠告社を結成して征韓論を唱えるが、明治10年西南戦争に参加しようとして果たせなかった。翌11年5月、145名の不平士族と共謀して斬奸状を携え大久保利通内務卿を東京・紀尾井坂で暗殺(紀尾井坂の変)。のち自首し、7月斬罪に処せられた。

島田 帰　しまだ・き
釜山日本商業会議所会頭
嘉永4年(1851)6月16日〜大正2年(1913)9月19日
生大和国櫛羅(奈良県)　名旧姓・旧名=関, 幼名=賢次郎　歴大和櫛羅藩士・関祐忠の二男に生まれ、のち同藩士・島田平作の養子となり、名を帰と改めた。慶応3年(1867年)組合銃隊の鼓手となり、明治2年用人役心得に進む。6年海軍省に出仕、のち大蔵省を経て、22年第一国立銀行に入り、27年釜山支店に赴任。33年辞職して日韓商船取締役となり、のち第五十八銀行釜山支店支配人、釜山

信用組合理事、釜山日本商業会議所会頭などを歴任、釜山に約20年間留まり、朝鮮経済界に貢献した。また居留民団長として終始公共のために尽力した。

島田 久兵衛　しまだ・きゅうべえ
島田商店7代目店主
元治1年（1864）12月9日～昭和7年（1932）10月2日　⒢江戸日本橋（東京都中央区）　⒩初名＝直太郎　⒢帝国大学医科大学薬学科選科卒　⒢先代久兵衛の長男として生まれる。初名は直太郎。のち名を久兵衛に改め、家業の薬品商・島田商店を継ぎ7代目店主となり、欧米の新薬の輸入販売に当たり、日本の医薬学界に貢献、東京薬種貿易商組合役員に選ばれる。明治37年薬品器械類直輸入商・島久商店の代表社員となり、日露戦争後、京城・大連などに支店を開いた。ほかに東洋酸素など2～3の会社重役にも就いた。

島田 剛太郎　しまだ・ごうたろう
長崎県知事
慶応3年（1867）9月15日～昭和20年（1945）2月28日　⒢越前国（福井県）　⒢帝国大学卒　⒢明治23年農商務省に入省。山林局調査課長などを経て、埼玉・岐阜・長崎の各県知事を務めた。

島田 三郎　しまだ・さぶろう
ジャーナリスト　衆院議長　毎日新聞社社長
嘉永5年（1852）11月7日～大正12年（1923）11月14日　⒢江戸　⒩旧姓・旧名＝鈴木、幼名＝鐘三郎、号＝沼南　⒩御家人・鈴木家の三男。昌平黌に学び、明治維新に際して徳川家の駿河移封に従い、2年沼津兵学校に入って英書を学ぶ。4年上京して江藤新平の家で家庭教師をしながら大学南校に通うが、やがて大蔵省付属英学校に転学。同校在学中、洋行を計画して米人宣教師ブラウンに英語を習い、その費用を得るため「横浜毎日新聞」の翻訳記者となる。7年同新聞の社員総代・島田豊寛の養子となり、同紙の主筆に就任、自由民権を主張した。8年元老院の設置に伴って同院法律調査局に入り、法律を専攻。更に13年河野敏鎌の推薦で文部権大書記官に抜擢されるが、明治十四年の政変で下野し、「横浜毎日新聞」から改称した「東京横浜毎日新聞」に拠った。15年立憲改進党の創立に参加。同年神奈川県議補選に当選し、議長も務めた。19年植村正久牧師により受洗。21年欧米に外遊し、宗教活動や貧民救済事業を見学し、22年帰国後には廃娼を唱えた。23年第1回総選挙に立候補して当選、連続14選。27年肥塚龍の日清戦争従軍に伴い毎日新聞社長に就任。一方でユニテリアン協会に参加して社会運動にも関心を深め、足尾鉱山鉱毒事件、労働組合結成などに取り組む。41年新聞界から引退。大正2年立憲同志会に参加し、3年にはシーメンス事件を糾弾して第一次山本内閣を倒閣に追い込んだ。4年衆院議長に就任。同年憲政会に参加するが、10年同党の党議に反して軍備制限決議に賛成し、さらに内田信也の珍品事件を理由に同党を離脱した。雄弁家として知られ、"島田しゃべ郎"の異名をとった。　⒩養父＝島田豊寛（横浜毎日新聞社員総代）

島田 孝之　しまだ・たかゆき
衆院議員
嘉永3年（1850）5月3日～明治40年（1907）1月15日　⒢越中国東砺波郡般若野（富山県高岡市）　⒢明治8年新川県教務監督を経て、青森県野辺地警察署長。14年郷里に帰り北辰社を創設。のち立憲改進党に入党。16年富山県議から議長となり、22年帝国憲法発布の祝典に出席。23年以来衆院議員当選4回。28年中越鉄道会社を設立、35年富山日報社長、富山農工銀行頭取となった。著書に「湘洲詩鈔」がある。

島田 糺　しまだ・ただす
衆院議員
嘉永6年（1853）1月～大正3年（1914）5月2日　⒢土佐国吾川郡秋山村甲殿（高知県高知市）　⒢明元年致道館砲術取立役、藩兵小隊司令となったが、辞めて8年地方郡区会議長、区長、14年高知県議となった。板垣退助らの自由党に入り、吾川郡の領袖となった。17年高知県水産会々頭、20年高知県海面漁業組合頭取、26年県会議長。35年以来衆院議員当選2回。

島田 孫市　しまだ・まごいち
ガラス技術者　東洋ガラス創業者
文久2年（1862）5月5日～昭和2年（1927）1月19日　⒢豊前国島田村（大分県中津市）　⒢長男として生まれ、祖母に育てられる。9歳で大分県中津の薬種商・浜田屋に奉公に出、店で扱う薬びんのほとんどが舶来品であったことからガラス製造を志した。明治11年上京、工部省品川工作分局の伝習生となってガラス製作技術を習得。16年同局の推挙により大阪の日本硝子に転じたが、20年退社。21年大阪で島田硝子製造所を創業、26年には閉鎖されていた日本硝子の敷地を買収して工場を移転。35年板ガラスの国産化に成功、この功績により緑綬褒章を受けた。この間、内国勧業博覧会や海外万博などに出品・受賞して明治後期のガラス産業の第一人者となった。39年三菱の岩崎俊弥と提携して大阪島田硝子製造合資会社を設立、副社長に就任したが、41年意見対立により退社。同年大阪に新工場を設けて島田硝子を創業。大正14年株式会社島田硝子製造所（現・東洋ガラス）に改組。昭和2年講演中に脳溢血で倒れ、急逝した。　⒢緑綬褒章〔明治35年〕

島田 保之助　しまだ・やすのすけ
衆院議員
安政5年（1858）10月～昭和2年（1927）2月21日　⒢近江国野洲郡野洲村（滋賀県野洲市）　⒢県議となり、「江州新聞」を発刊、自治の発達に努めた。明治41年以来衆院議員当選2回。滋賀県憲政会支部

長として活躍した。

島中 雄三　しまなか・ゆうぞう
社会運動家　ジャーナリスト　評論家
明治14年(1881)2月18日～昭和15年(1940)9月16日　[生]奈良県磯城郡三輪町(桜井市)　[歴]明治38年「火鞭」の同人となった頃から社会主義に関心を抱き、雑誌編集者としてすごす。大正12年政治問題研究会を作り、15年社会民衆党創立で執行委員となる。のち東京市議にもなり、東京市政刷新に関心をもった。

島貫 兵太夫　しまぬき・ひょうだゆう
牧師　日本力行会創立者
慶応2年(1866)7月9日～大正2年(1913)9月6日　[出]陸奥国(青森県)　[学]仙台神学校卒　[歴]押川方義から洗礼を受け、押川が院長を務めた仙台神学校に学ぶ。日本基督教会の牧師となり、苦学生の世話に力を尽くす。明治33年日本力行会を創立。同会に渡米部を設けて移民事業を手がけた。

島村 浅夫　しまむら・あさお
実業家
文久2年(1862)5月13日～昭和6年(1931)7月7日　[出]豊前国小倉(福岡県北九州市)　[学]慶応義塾別科〔明治19年〕卒　[歴]明治14年上京して、翌15年福沢諭吉の書生となり、慶応義塾で学ぶ。19年同塾別科を卒業して小田原英語学校で教鞭を執り、翌20年慶応義塾に転じた。22年日本郵船に入り、40年門司支店長、のち本店調度部長などを経て、専務に就任。この間、日清戦争・日露戦争に陸海軍御用船事務取扱を務める。のち一時退社したが、昭和4年再び入社して取締役となり、傍ら近海郵船会長、扶桑海上火災保険・国際通運・大正製麻などの重役も兼ねた。

島村 干雄　しまむら・たてお
陸軍中将
安政3年(1856)7月2日～明治43年(1910)11月9日　[生]土佐国土佐郡久万村(高知県高知市)　[歴]明治6年上京して陸軍幼年学校に学ぶが病気のため退学となり、7年熊本鎮台司令長官だった同郷の先輩・谷干城を頼って兵士となり、佐賀の乱、台湾出兵に従軍。日清戦争後、第三師団参謀長となり、37年日露戦争には歩兵第十二旅団長として出征。その後、久留米、弘前の各旅団長を務めた。この間、10年陸軍少将となり、37年少将に昇進、43年11月死去に際し中将となった。

島村 速雄　しまむら・はやお
海軍大将・元帥　男爵
安政5年(1858)9月20日～大正12年(1923)1月8日　[生]土佐国高知城西本丁(高知県高知市)　[名]幼名＝午吉　[学]海兵(第7期)〔明治13年〕卒　[歴]明治16年海軍少尉に任官。21年英国に留学。24年帰国後、海軍参謀部に出仕。日清戦争では黄海海戦で旗艦松島に乗り組み、戦傷を負った。33年常備艦隊参謀長、同年教育本部第一部長、34年海軍大学校教官兼務、35年初瀬艦長、36年常備艦隊参謀長、同年第一艦隊兼連合艦隊参謀長。38年第二艦隊司令官となり、日本海海戦に際しては藤井較一第二艦隊参謀長と共にバルチック艦隊の対馬海峡通過を説き、海戦勝利に貢献した。同年第四艦隊司令官、39年海軍兵学校校長、40年ハーグ平和会議出席、41年海軍大学校校長、42年第二艦隊司令長官。44年英国王ジョージ5世の戴冠式に天皇名代の東伏見宮依仁親王に供奉し、鞍馬・利根の両艦を率いて英国に向う。帰国後、佐世保鎮守府司令長官、大正3年教育本部長を経て、同年～9年軍令部長。この間、4年海軍大将に進み、5年男爵を授けられる。12年死去に際して元帥府に列せられ、元帥海軍大将となった。海軍における戦術の大家として知られた。

島村 久　しまむら・ひさし
外交官
嘉永3年(1850)2月18日～大正7年(1918)1月13日　[生]備前国上道郡八幡村(岡山県岡山市)　[歴]明治9年外務省に入省。24年官房庶務課長、25年会計課長兼務、同年在ニューヨーク総領事、26年在メキシコ総領事。27年日清戦争で大本営付、第二軍付となり、丁汝昌提督の投降交渉に当たった。28年在ホノルル総領事、30年ハワイ弁理公使、31年官房会計課長、32年特命全権公使。同年退官すると鴻池銀行専務理事となった。また、鎌倉に能楽堂を建てた。

島村 光津　しまむら・みつ
蓮門教教祖
天保2年(1831)3月18日～明治37年(1904)2月13日　[生]長門国豊浦郡田部村(山口県下関市)　[名]旧姓・旧名＝梅本　[歴]長門国田部村(現・山口県菊川町)の農家に生まれる。弘化4年(1847年)小倉の豆腐商と結婚。明治初年重病に罹ったところを小倉藩士柳田市兵衛の祈祷により全快したことから柳田に入門、法華教に基づく"事の妙法"の教えを受ける。10年柳田の死後、独立して事の妙法敬神所を開設。神水を用いた病気直しなどを行い評判を集めたが、11年信者の子どもを死亡させたことから警察に拘留される。15年東京に進出、活動を合法化するために神道の大成教に属し、蓮門講社を称した。毎年のようにコレラや伝染病が流行する世相を背景に、神水による病気直しで驚異的な発展を遂げ、23年大成教の最高位である大教正となり、"天理蓮門"と並び称された。しかし24年同教をモデルとした尾崎紅葉の小説「紅白毒饅頭」、新聞「万朝報」などの邪教批判や、警察や内務省社寺局などの圧迫により、教勢は急速に衰えた。

島本 徳次郎　しまもと・とくじろう
島本銀行創業者
嘉永4年(1851)～大正14年(1925)　[出]山城国(京都府)　[歴]京都府・南山城を代表する

茶商として知られ、明治18年山城製茶の設立に参画。34年島本銀行、大正11年宇治田原自動車商会を設立、京都経済界で活躍した。

島本 仲道　しまもと・なかみち
自由民権運動家
天保4年(1833)4月18日〜明治26年(1893)1月2日
⊞土佐国土佐郡潮江村(高知県高知市)　歴土佐藩士。幼時より陽明学を好み、東遊して安井息軒の門に入り、久坂玄瑞らと交わる。土佐勤王党に加わり、文久2年(1862年)藩主山内豊範上洛の実現に尽力した。3年勤王党の獄にあって終身禁錮となる。維新後許され、松山征討に出陣した。新政府に仕え、兵部権少丞、地方官を経て、司法省に入り、明治5年司法大丞、さらに大検事、警保頭を兼任。司法卿江藤新平に信頼され、司法制度の改正、新律綱領の制定に尽力した。6年征韓論が敗れ、江藤と共に下野。のち民権運動に従い、14年自由党顧問となり、河野敏鎌の親友として活躍したが、20年保安条例により東京から追放された。多摩困民党顧問も務めた。

清水 篤守　しみず・あつもり
外交官　外務省御用掛
安政3年(1856)10月14日〜大正13年(1924)10月19日　⊞江戸　名旧姓・旧名=徳川　学コロンビア大学(米国)　歴水戸藩主徳川慶篤の二男として生まれ、明治3年御三卿の一つ清水家の第7代当主となる。4年私費で米国に渡り、コロンビア大学法科に入学。ニューヨークや英国のロンドンに滞在したのち帰国するが、10年には再び米国・ボストンへ留学した。帰国後は外交官として活躍し、清国北京公使館付や外務省御用掛を歴任。17年には華族に列せられ伯爵となるが、34年には爵位を返上した。　家父=徳川慶篤(水戸藩主)

清水 市太郎　しみず・いちたろう
弁護士　衆院議員(政友会)
慶応1年(1865)9月〜昭和9年(1934)12月19日
⊞尾張国知多郡鬼崎村(愛知県常滑市)　学帝国大学法科大学英法科〔明治22年〕卒、ミドルテンプル大学(英国)〔明治26年〕卒　歴判事試補、海軍教授、法政局参事官、弁護士などを経て、明治41年愛知9区より初当選。以後、連続6回当選を果たした。在任中、ハーグ(オランダ)で開かれた第18回列国議会同盟会議に参列した。

清水 宇助　しみず・うすけ
海軍主計中将
慶応2年(1866)3月〜大正13年(1924)11月17日
⊞武蔵国入間郡(埼玉県)　学海軍主計学校〔明治22年〕卒　歴明治22年海軍主計学校を卒業して軍艦金剛乗組を命じられ、翌23年海軍少主計となる。27年日清戦争には天城艦の主計長、37年日露戦争では連合艦隊の旗艦三笠の主計長を務める。のち呉海軍工廠計算課長、佐世保海軍会計部長、艦制本部会計課長などを歴任。大正3年海軍経理学

校校長を経て、同年海軍主計総監に就任。4年横須賀経理部長、5年呉経理部長を務め、9年海軍主計中将となった。

清水 喜助(2代目)　しみず・きすけ
清水組(現・清水建設)棟梁
文化12年(1815)11月〜明治14年(1881)8月9日
⊞越中国礪波郡井波(富山県南砺市)　名本名=清水清矩、旧姓・旧名=藤沢、幼名=清七　歴同郷の初代清水喜助の入り婿となり、建築請負の清水組(現・清水建設)棟梁となる。安政6年(1859年)初代の死去により2代目を継承。文久2年(1862年)幕府から外国人家屋工事の定式請負人に任命され、開港場横浜で神奈川ドイツ公使館などを建築。やがて東京に活躍の舞台を移し、慶応4年(1868年)東京・築地の外国人居留地に和洋折衷の「築地ホテル館」、明治に入り「第一国立銀行」(三井банハウス)、「為替バンク三井組」などを建設。その技法・意匠は洋風と和風が混在し、いわゆる擬洋風建築の典型でもあった。明治初頭の洋風建築に貢献し、清水建設の礎を築いた。　家岳父=清水喜助(1代目)

清水 謙吾　しみず・けんご
治水家　初代東京府江北村長　東京府議
天保11年(1840)〜明治40年(1907)7月7日
⊞武蔵国南足立郡沼田村(東京都足立区)　名旧姓・旧名=堀内、俳号=淡如　歴堀内庄左衛門の二男に生まれ、のち清水氏を継ぐ。生地・東京府南足立郡沼田村など4村の戸長となり、東京府議を務める。明治19年東京の荒川堤が修築された際、郡長の尾崎斑象と協力して資金を集め、高木孫右衛門に依頼して桜3000本を植える。のち"荒川堤の桜"と呼ばれ、名所となる。22年初代江北村長。また荒川堤桜花の詩文歌俳を収集して「昭代楽事」を刊行した。

志水 小一郎　しみず・こいちろう
陸軍省法務局長　貴院議員(勅選)
嘉永7年(1854)2月22日〜昭和7年(1932)7月20日
⊞肥後国熊本(熊本県熊本市)　学北海道開拓使学校中退　歴肥後熊本藩士の長男。明治4年北海道開拓使学校に入ったが、中退して工部省に勤務した。のち軍に入り、10年西南戦争に出征して少尉、14年歩兵中尉となる。のち文官に転じ、陸軍裁判中録事・大録事・少主理・審事を経て、16年理事となり、38年陸軍省法務局長に就任。法制研究のため欧州に派遣され、陸軍刑法の確立に尽くした。大正10年退官し、13年から貴院議員(勅選)を務めた。

清水 隆徳　しみず・たかのり
衆院議員(憲政会)
文久2年(1862)8月〜昭和4年(1929)10月21日
⊞伊予国(愛媛県)　歴愛媛県議、同常置委員、同議長を経て、明治27年愛媛郡部より初当選。以後、大正4年まで通算4回当選。また、愛媛県農業銀行

頭取、伊予水力電気株式会社取締役も歴任した。

志水 直　しみず・ただし
名古屋市長 衆院議員(政友会)

嘉永2年(1849)4月21日～昭和2年(1927)4月26日　出尾張国名古屋(愛知県名古屋市)　学漢学・英語・フランス語・中国語を修める。明治6年陸軍に入り少尉となる。7年大尉に進み、佐賀の乱・神風連の乱・萩の乱・西南戦争に従軍し功を立て勲五等双光旭日章を受ける。11年参謀本部副官となり、同年諜報勤務の将校取締として清(中国)に派遣され、15年帰国、少佐となる。17年大山陸軍卿に随行して欧州を歴遊、22年中佐に進む。23年陸軍省高級副官兼参事官となり、25年予備役に編入するが、日清戦争に出征し、歩兵大佐で退役。30年郷里・名古屋に戻り、23年県民より推されて市長となり市政に当たる。35年名古屋市から衆院議員(政友会)に当選1回。晩年は東京・牛込に暮らした。

清水 及衛　しみず・ともえ
農業指導者 野中信用組合創立者

明治7年(1874)6月8日～昭和16年(1941)10月26日　出群馬県野中村(前橋市)　歴明治35年群馬県野中村(現・前橋市)に野中信用組合を創立し、貯金の奨励と農事改良を進める。大正13年同組合を木瀬信用購買販売利用組合に発展させ、組合長となった。

清水 彦五郎　しみず・ひこごろう
帝国大学書記官

嘉永7年(1854)11月19日～大正2年(1913)4月15日　出筑後国柳河(福岡県柳川市)　学開成学校卒　歴筑後国柳河藩士で、17歳の時、藩の貢進生として開成学校に学び、明治17年文部省に仕官。21年東京帝国大学書記官兼舎監となる。31年東京商業学校校長に転じ、34年東京帝国大学書記官に帰任した。

清水 宗徳　しみず・むねのり
実業家 衆院議員

天保14年(1843)12月11日～明治42年(1909)8月18日　出武蔵国入間郡(埼玉県)　歴皇漢学を修める。蚕糸業の発展に努め、明治10年埼玉県最初の機械製糸工場賜業社を開設する。14年同志と横浜に同伸会社を設立し生糸の直輸出を図った。また川越鉄道敷設に尽力、入間川砂利採取事業を営む。一方、埼玉県長を経て、23年衆院議員に当選1回。内国勧業博覧会審査委員も務めた。著書に「入間郡町村名誌」「養蚕読本」などがある。

清水 宜輝　しみず・よしてる
実業家

安政3年(1856)5月13日～昭和9年(1934)9月7日　出越後国高田(新潟県上越市)　歴清水宜義の長男に生まれる。上京して中村正直の同人社に学び、明治7年大蔵省銀行局の官費生となる。海外留学から帰国後、10年十五国立銀行創立と同時に入社、

30年株式会社化され普通銀行となった十五銀行の取締役に就任し、昭和2年引退した。この間、丁酉銀行、岩越鉄道、高田瓦斯の各取締役を兼任。明治40年上越電気取締役、のち中央電気に改称し社長も務めた。

清水 佳之助　しみず・よしのすけ
社会事業家

嘉永7年(1854)10月22日～大正9年(1920)5月2日　出越後国中頸城郡春日村(新潟県上越市)　歴新潟県で戸長や村長を歴任。明治10年代に流行したコレラの予防に尽くし、浮浪者の救済にあたった。34年中頸城郡春日村(現・上越市)の自宅に和敬孤児院を開設した。

清水谷 公考　しみずだに・きんなる
開拓使次官 箱館府知事

弘化2年(1845)9月6日～明治15年(1882)12月31日　出京都(京都府)　歴慶応4年(1868年)箱館裁判所総督、ついで箱館府知事となる。同年秋、榎本武揚率いる旧幕軍の来襲で青森へ撤退。のち反撃する政府軍を指揮して箱館を奪回し、戦後処理に当たった。明治2年7月開拓使次官となるが、9月辞任して、勉学のため大阪開成所に入る。その後東京へ。4年ロシア留学を命じられ、岩倉使節団に同行して渡欧、8年2月帰国した。

清水次郎長　しみずのじろちょう
侠客 実業家

文政3年(1820)1月1日～明治26年(1893)6月12日　出駿河国清水(静岡県静岡市清水区)　名本名＝山本長五郎　歴駿河国清水湊の船持船頭・雲不見三右衛門の子として生まれるが、元旦に生まれた子どもは賢才か極悪かという迷信により叔父の米問屋・山本次郎八の養子となる。"次郎長"の通称は次郎八の長五郎から。幼い頃から悪童として鳴らし寺子屋から追い出され、禅叢寺という寺に預けられたが長続きしなかった。養父の死後、生業を継いで資産を蓄えたが、生来侠気に富んでいたことから清水湊の無宿となり、博徒の親分として勇名を馳せた。甲州の黒駒の勝蔵、尾州穂北の久六、桑名の穴生ら六らと縄張り争いを繰り広げ、中でも慶応2年(1866年)荒神山で勝蔵一家と戦い、吉良の仁吉らが敗死した大抗争は浪曲などで広く知られている。明治元年東征総督府から道中探索方に命じられて境涯を一変させ、同年幕府方を脱して清水湊へ漂着し、官軍の攻撃で多数の戦死者を出していた咸臨丸の遺体を収容して弔ったことがきっかけで山岡鉄舟や榎本武揚らの知遇を得た。7年山岡らの勧めにより正業につき、模範囚を率いて富士の裾野の開墾を行った他、清水港を整備して蒸気船の定期航路を開くなど、実業家として活躍。17年家から武器や賭博道具が発見され逮捕されたが、18年仮出獄した。

志村 喜代作　しむら・きよさく
海軍中佐

明治25年(1892)～大正15年(1926)3月22日　歴大正2年海軍航空隊の専科学生として東京帝国大学理学部を卒業し、海軍少尉に任官。14年海軍少佐。15年海軍に献納された飛行機の試験飛行中に墜落死し、中佐に進んだ。

志村 源太郎　しむら・げんたろう
農務官僚　日本勧業銀行総裁
慶応3年(1867)3月1日～昭和5年(1930)8月23日　生甲斐国人志村(山梨県)　学帝国大学法科大学〔明治22年〕卒　歴明治22年駒場農林学校教授、23年農商務省に移り参事官、書記官、特許局審判官、製鉄所事務官を経て30年工務局長。31年辞任、日本勧業銀行相談役を務めた後、横浜正金銀行に転じ、海外支店の検査役。35年再び日本勧業銀行に戻り副総裁、44年総裁。大正11年勅選貴院議員。小作調査会特別委員長、産業組合中央会会頭、帝国農会会評議員、蚕糸業組合中央会会長、大日本米穀会会頭などを務めた。また東京商業会議所特別議員のほか日本窒素肥料、富士瓦斯紡績、富士電力などの重役を務めた。

下 啓助　しも・けいすけ
水産技師　水産講習所所長
安政4年(1857)5月～昭和12年(1937)8月21日　生江戸　歴小学校の教員を務めたのち明治17年農商務省に入る。以後、一貫して水産行政に当たり、初の全国的な水産業実体調査を実施して27年にその報告を「水産業特別調査」としてまとめた。のち水産課長・水産講習所所長などを歴任して退官。著書に水産行政の貴重な証言として高い評価を得ている『明治大正水産回顧録』や『露領漁業沿革史』などがある。

下飯坂 権三郎　しもいいざか・ごんざぶろう
衆院議員(政友会)
嘉永5年(1852)11月～大正12年(1923)12月19日　生陸奥国(岩手県)　歴塩釜村議、水沢町議、水沢町長、岩手県議などを経て、明治23年岩手4区より初当選。以後、明治31年まで通算4回当選した。

下出 民義　しもいで・たみよし
衆院議員(政友本党)　名古屋電燈副社長
文久1年(1861)12月～昭和27年(1952)8月16日　生愛知県　歴名古屋市議、同参事会員、名古屋商業会議所議員を経て、大正9年愛知4区より衆院議員に当選。また、名古屋電燈副社長、愛知電気鉄道取締役、名古屋株式取引所相談役なども歴任した。

下岡 忠治　しもおか・ちゅうじ
衆院議員(憲政会)　内務次官　秋田県知事
明治3年(1870)10月2日～大正14年(1925)11月22日　生摂津国川辺郡広根村(兵庫県川辺郡猪名川町)　名号＝三峰　学三高〔明治25年〕卒、帝国大学法科大学政治学科〔明治28年〕卒　家酒造業の二男。第三高等中学から東京帝国大学法科大学に学び、明治28年内務省に入省。39年秋田県知事、

41年農商務省農務局長、大正元年農商務次官、2年枢密院書記官長、3年内務次官を歴任。4年より衆院議員に4選。憲政会の幹部で、13年朝鮮総督府政務総監となったが、14年在任中に病死した。　家義弟＝白根竹介(貴院議員)

下川 馬次郎　しもかわ・うまじろう
実業家
天保4年(1833)9月24日～明治38年(1905)3月4日　生武蔵国江北村(東京都足立区)　家武蔵国江北村の人。明治8年東京府宮城村(現・足立区)に煉瓦工場を建設し、10年第1回内国勧業博覧会で褒状を受けた。荒川の荒木田土を原料とするその煉瓦は、東京・銀座、丸の内のビルや舗道に用いられた。

下郷 伝平(1代目)　しもごう・でんぺい
長浜銀行頭取　貴院議員
天保13年(1842)12月～明治31年(1898)5月19日　生近江国長浜(滋賀県長浜市)　名旧姓・旧名＝久道　歴古器物、米穀、油を商って資産をつくり、明治16年大阪製麻所を買収して業務を拡張。20年近江製糸社を創立。長浜銀行頭取をはじめ、関西にある多くの会社の役員を務めた。一方、9年以降南新町副戸長、同戸長、長浜町議などを歴任、23～30年貴院議員を務めた。　家長男＝下郷伝平(2代目)　勲黄綬褒章

下条 於菟丸　しもじょう・おとまる
海軍機関少将
文久1年(1861)9月27日～大正9年(1920)2月28日　生出羽国米沢(山形県米沢市)　歴海軍少機関士に任官。日露戦争では旅順港水雷敷設隊機関長を務めた。40年海軍機関少将に昇進。第三艦隊機関長、横須賀鎮守府機関長、海軍教育本部第三部長などを歴任した。

下条 正雄　しもじょう・まさお
海軍主計大監　貴院議員(勅選)
天保14年(1843)7月～大正9年(1920)12月1日　生出羽国米沢(山形県米沢市)　名号＝桂谷　歴佐世保鎮守府主計部長、海軍主計学校長などを歴任し、明治26年海軍主計大監で予備役に編入。30年貴院議員に勅選。また桂谷と号して絵をたしなみ、帝室博物館評議員も務めた。

下城 弥一郎　しもじょう・やいちろう
機業家　伊勢崎織物同業組合組合長　群馬県議会議長
嘉永6年(1853)3月9日～明治38年(1905)12月12日　生上野国佐波郡殖蓮村下植木(群馬県伊勢崎市)　名諱＝茂実　歴代々伊勢崎藩主酒井氏より領内機業取締を命ぜられていた家に生まれ、明治10年頃から世家の機業に没頭。伊勢崎機業の改善を志して14年伊勢崎太織会社を設立、翌年社長に就任。のち社名を伊勢崎織物同業組合と改め、組合長となる。品質管理をはかり、伊勢崎銘仙の振興に尽くした。28年買継業を開始し、翌年国庫の補助を得て伊勢崎染織学校の創設に尽力。その他各

種の公共事業に貢献、また群馬県議、ついで議長となる。実業方面では日本織物会社専務をはじめ、多くの銀行の監査役をつとめた。　勲緑綬褒章〔明治25年〕

下田 収蔵　しもだ・しゅうぞう
広島県佐伯郡長
天保14年(1843)～明治35年(1902)9月
生安芸国広島(広島県広島市)　歴明治2年政事堂権少属となり、広島県参事官、沼田高宮山県郡長、佐伯郡長などを務める。広島県知事・千田貞暁を助けて宇品築港、厳島桟橋架設、同宝物館建設に尽くした。32年退官し、33年侯爵・浅野家扶となった。　家養子=下田次郎(教育学者)

下村 亀三郎　しもむら・かめさぶろう
製糸家 長野県議
慶応3年(1867)～大正1年(1912)12月5日
生信濃国小県郡上丸子村(長野県上田市)　学慶応義塾　歴明治22年故郷の長野県丸子村に製糸会社・依田社を創立し社長に就任。製糸業の共同化に努め、32年小県製糸組合を組織し組合長となる。37年長野県より選ばれて米国セントルイス万博の視察に赴き、ついで米国の生糸市場・機業地を巡覧して帰国。のち製糸および生糸取引法の改良を図り、43年には米国へ輸出するまでに発展させた。また依田社の共同事業として銀行・病院・工女養成所・倉庫・瓦斯事業・繭糸工場・生糸取引所などを設置し、各社の重役も兼任、好成績を挙げた。一方、この間に小県郡議、長野県議を歴任し、44年丸子村長となり、翌45年町制施行により丸子町初代町長を務めた。

下村 耕次郎　しもむら・こうじろう
下村汽船社長
明治4年(1871)～昭和4年(1929)11月16日
出滋賀県　名旧姓・旧名=川村　歴川村鐘太郎の弟に生まれ、明治22年下村久の養子となる。26年大阪商船に入社、のち大阪鉄工所専務を15年間務め、日本電力専務に転じ、昭和4年副社長となる。また下村汽船社長、東京加工綿業社長、大阪機械工作所社長を務め、数社の重役を兼ねた。

下村 正太郎　しもむら・しょうたろう
豪商 大丸呉服店店主
嘉永6年(1853)～明治22年(1889)6月23日
生山城国伏見(京都府京都市)　名諱=兼篤、通称=浅治郎、正太郎　歴明治元年大丸呉服店本家の10代目を相続。天皇大坂親征に1万両を献納し、新政府の商法司御用となった。2年東京為替会社設立に出資し、三井高福、三井高喜、小野善助らとともに総頭取となった。4年には博会社を設立し、日本初の博覧会を開いた。　家長男=下村正太郎(大丸初代社長)

下村 善太郎　しもむら・ぜんたろう
生糸商 前橋市長

文政10年(1827)4月28日～明治26年(1893)6月4日　生上野国前橋(群馬県前橋市)　歴家は前橋で小間物商を営む。のちに米相場に失敗したため、嘉永3年(1850年)武蔵国八王子(現・東京都八王子市)に移り、糸屋源兵衛から資金を借りて繭糸商に転業。横浜開港後には輸出生糸の取引で巨利を博し、文久3年(1863年)家族とともに前橋に戻った。明治12年揚返所昇立社を設立するが、19年大きな損失を蒙った。一方、私財を投じて群馬の交通網の整備などに当たり、9年群馬県庁舎を高崎から前橋に移すために尽力した。25年前橋市制施行とともに初代市長に就任。

下村 房次郎　しもむら・ふさじろう
実業家 新聞人
安政3年(1856)4月4日～大正2年(1913)2月21日
生紀伊国和歌山(和歌山県和歌山市)　歴年少の頃、藩立の時習館および兵学寮で学び、のち大阪に出て学を修め、明治9年和歌山県準判任御用掛となり、13年「和歌山日日新聞」主幹を経て、18年東京に出て通信省に務め、郵便電信学校の創設など行政の整備と吏員の養成に尽くし、また雑誌「交通」を発刊する。26年退職し、以後、「東京日日新聞」客員となり、内国生命保険の設立に関わり顧問を務める。34年には日露貿易の急務を唱え、当局者に力説すると共にロシア国公使と会見して貿易に関する覚え書きを交換し、また同志25名とロシアに赴くなど日露貿易を推進した。この間、台湾茶株式会社の創立に尽力、傍ら通信官吏練習所講師を兼ねた。著書に「教育新論」「済世小言」「交通汎論」「官吏論」「鉄道論」などのほか多数。ジャーナリストの下村宏(海南)は長男。　家長男=下村海南(ジャーナリスト)

下元 鹿之助　しももと・しかのすけ
土佐電気製鋼社長 衆院議員
明治8年(1875)8月26日～昭和22年(1947)10月22日　生高知県高岡郡東又村(四万十町)　学高知県立農林学校卒、東京蚕糸学校卒　歴20歳頃まで生家の農業を手伝ったのち高知県立農林学校・東京蚕糸学校に学び、養蚕技術を修める。その後、母校・高知県立農林学校の教師を経て高知県庁に入り、養蚕業の振興に力を尽くした。大正3年郷里・東又村村長となり、次いで4年に高知県議に選出され、副議長も務めた。一方、実業界でも活躍し、高知製糸株式会社支配人・高知瓦斯監査役・四国水電社長などを歴任。12年には土佐電気製鋼を設立し、その社長に就任した。13年衆院選挙に立候補して当選。以後、3度に渡って議席を守り続け、高知における民政党の有力者として重きをなした。　家弟=下元熊弥(陸軍軍人)

釈 雲照　しゃく・うんしょう
僧侶(真言宗御室派) 仏教学者 仁和寺33世門跡
文政10年(1827)3月20日～明治42年(1909)4月13日　生出雲国神門郡東園村(島根県出雲市)　名本

名＝渡辺雲照、幼名＝竹二、字＝大雄、別名＝雲照、雲照律師 歴天保7年(1836年)10歳で岩屋寺の慈雲上人に就いて、得度剃髪。弘化元年(1844年)高野山の実賢に伝法灌頂を受け、さらに諸師を訪ねて、律・雲伝神道を学ぶ。明治初年の廃寺毀釈や神仏分離に反対し、宗内では新古会同の宗利を実現し、戒律主義の復興を主張した。20年東京に目白僧園を開設、また、十善会、夫人正法会を興し、機関誌「十善宝窟」「法の母」を創刊。その"内省的態度"は新仏教運動や、沢柳政太郎、清沢満之らに大きな影響を及ぼした。31年岡山に連島僧園を開設、37年仁和寺門跡となり、大僧正。著書に「大日本国教論」「仏教大意」「十善大意」など。

釈 興然　しゃく・こうねん
僧侶
嘉永2年(1849)～大正13年(1924)
生島根県 歴安政5年(1858年)出家。伯父・釈雲照にすすめられ、明治19年セイロンに渡る。南方仏教の戒律をうけ、帰国後、日本に南方僧団を移植しようとした。

釈 宗演　しゃく・そうえん
僧侶 臨済宗円覚寺派第2代管長
安政6年(1859)12月18日～大正8年(1919)11月1日 生若狭国大飯郡高浜村(福井県大飯郡高浜町) 名旧姓・旧名＝一ノ瀬、幼名＝常次郎、前名＝祖光、号＝洪嶽、楞伽窟 学慶応義塾学 歴若狭国小浜(現・福井県)の常高寺に寄留し、龍旧、貫道らに学ぶ。親類に当たる越渓守謙のもとで得度、釈を氏とし、名を祖光とする。のち宗演に改名。明治10年備前・曹源寺の儀山善来の下で、11年からは鎌倉・円覚寺の今北洪川に師事し、18年洪川の印可を受けるが、退嬰的な仏教界に飽き足らず慶応義塾に入学し、福沢諭吉の教えを受けた。21年福沢の勧めでセイロンへ渡り、同地で3年間修行。22年師・洪川の命で神奈川県の宝林寺住職となるが、25年洪川の死去に伴い円覚寺派管長に就任。26年シカゴで開催された第1回万国教大会(世界宗教会議)に日本代表として参加し、初めて欧米に禅を紹介した。36年請われて建長寺派管長を兼任。38年から欧米に外遊して禅の布教を行い、米国では大統領セオドア・ルーズベルトとも会見。39年野田卯太郎、大岡育造ら政財界人の後援を受けて碧巌会を興し「碧巌録」を講じたが、参会者は毎回300人以上にのぼった。円覚寺派・建長寺派の両管長を辞したのちも教えを請う者が多く集い、3年臨済宗大学(現・花園大学)学長に就任。5年には再び円覚寺派管長に推された。弟子に鈴木大拙らがおり、また、河野広中、大石正巳、夏目漱石、杉村楚人冠ら多くの著名人が師事・参禅したことでも知られる。

シャンド，アレキサンダー・アラン
Shand, Alexander Allan
銀行家　銀行制度確立に貢献

1844年2月11日～1930年4月12日
国英国 生スコットランド・アバーディーン 歴1863年(文久3年)来日、チャータード・マーカンタイル銀行横浜支店長を務める。この頃自宅に、のちに総理大臣となり、わが国財政界の大立者となった高橋是清がボーイとして住み込んでいた。1872年(明治5年)渋沢栄一による国立銀行創設に伴い、経営指導の外国人教師として雇用される。1873年日本初の銀行簿記の教科書「銀行簿記精法」を執筆。同年8月箱根で静養中に長男を疫痢で亡くし、10月一時帰国。1874年再来日。自ら大蔵省官吏や銀行員に銀行簿記や金融業務を教授し、我が国の銀行制度確立に貢献した。1877年満期解職により帰国。その後、パース・バンク副支店長などを務めた。日露戦争の戦費調達のために高橋是清が英国で銀行団と折衝を行い、希望額の半分の500万ポンドで譲歩しかけた際に米国の投資銀行クーンロープ商会を紹介、希望額1000万ポンド調達を実現させた。

重城 保　じゅうじょう・たもつ
衆院議員
天保4年(1833)4月17日～大正1年(1912)9月13日
生上総国望陀郡根村柳(千葉県木更津市) 名幼名＝安治郎 歴代々、上総国望陀郡根村柳で地主を務める家に生まれる。維新後、木更津県の郡中地券掛として活躍。同県の千葉県移行後は、県令・柴原和の信任を得て代議人や育児取締役などを務め、9年には千葉県会開会に伴って同議長に推された。その後、安房郡長・後君津郡長を経て23年衆院議員に選出された。

宗般 玄芳　しゅうはん・げんぽう
僧侶 臨済宗大徳寺派管長
嘉永1年(1848)～大正11年(1922)12月23日
歴大分県円福寺の住持を経て、明治41年臨済宗大徳寺派管長となる。

十文字 信介　じゅうもんじ・しんすけ
衆院議員
嘉永5年(1852)～明治41年(1908)8月12日
生陸前国涌谷(宮城県遠田郡涌谷町) 歴明治4年東京に出て箕作麟祥に英学を学んだ。学農社の編集長から広島、宮城各県勧業課長、鹿学校長、宮城郡長などを務めた。23年第1回総選挙に代議士当選。のち銃砲、消火器、農具などを販売、「農業雑報」を発行した。晩年失明。

十文字 大元　じゅうもんじ・だいげん
金門製作所創業者
明治1年(1868)10月15日～大正13年(1924)12月21日 生陸奥国遠田郡元涌谷村(宮城県遠田郡涌谷町) 学専修学校卒 歴河原左大臣源融を祖先とする таких家の出身で、4人兄姉(2男2女)の末っ子。明治14年祖父の弟・十文字栗軒の養子となった。21年専修学校で経済学を専攻、23年卒業して米国へ留学。27年帰国すると兄・信介と十文字兄弟商会

を開設。31年同商会において農事雑報社を創設し、雑誌「農事雑報」を発行。この間、29年友人・荒居三郎が輸入した、エジソンの手による活動写真機「ヴァイタスコープ」を東京・神田の錦輝館にて公開。「ヴァイタスコープ」の元の意味"動く見せ物"にちなんで"活動写真"と命名し、自ら映像の解説をして映画の活弁の始まりともいわれる。36年兄の失明によりこれまでの事業全てを兄に譲り、37年ガスメーターの国産化に着手して、38年金門商会（現・金門製作所）を創業。大正2年十字式平円盤型量水器を完成させ、水道メーターの国産化にも成功した。この間、大正元年衆院選に立候補。また、中井房五郎の治療により脊髄病が快癒したことから、5年より中井の開発した健康法を"自彊術"と命名し、その宣伝・普及に努めた。 家 妻＝十文字こと（女子教育家）、長男＝十文字俊夫（十文字学園理事長）、兄＝十文字信介（衆院議員）、孫＝十文字一夫（十文字学園理事長）、小野田元（金門製作所社長）、小野田博（東京理化工業代表）、女婿＝小野田忠（金門製作所社長）

執行 軌正　しゅぎょう・のりまさ
名古屋控訴院検事長

文久2年（1862）12月～大正14年（1925）7月2日

生 肥前国佐賀（佐賀県佐賀市）　歴 執行軌家の養子となる。明治27年判検事登用試験に合格。熊谷区裁判所検事を振り出しに川越区・横浜区の裁判所検事、のち静岡・広島・京都などの地裁検事正を経て、宮城・名古屋控訴院検事長を務めた。

宿輪 卓爾　しゅくわ・たくじ
水産家

慶応3年（1867）11月26日～大正15年（1926）5月26日　生 肥前国北松浦郡奈留島村（長崎県五島市）　学 長崎師範卒　歴 五島列島の奈留島村で、明治36年漁業組合を設立し、初代組合長となる。キビナゴ漁業の協同化、スルメ加工技術の導入など、離島漁業の振興に尽力。また子弟のため奨学金制度を確立した。

修多羅 亮延　しゅたら・りょうえん
僧侶（天台宗）浅草寺住職

天保12年（1841）12月5日～大正6年（1917）10月17日　名 俗姓＝山田　歴 江戸、寛永寺松林院の実延に学び、天台宗の僧となり比叡山宝積院、東京市谷の自証院、府中安養寺の住職を経て、明治15年浅草寺の住職となる。のち大僧正となり、天台宗機顧問、天台宗東部大学黌管、天台宗大学学長を務めた。

首藤 多喜馬　しゅとう・たきま
陸軍中将

生年不詳～昭和16年（1941）11月8日

生 東京都　学 陸士〔明治23年〕卒、陸大〔明治31年〕卒　歴 明治24年陸軍少尉に任官。42年参謀本部戦史課長、大正2年第十三師団参謀長を経て、4年歩兵第六旅団長。8年陸軍中将に進み、予備役に編入。

春藤 嘉平　しゅんどう・かへい
青森県知事 呉市長

明治12年（1879）8月27日～昭和28年（1953）

生 岡山県児島郡八浜町（玉野市）　学 東京帝国大学法科大学法律学科〔明治38年〕卒　歴 明治45年三重県警察部長、大正3年埼玉県警察部長、4年山梨県内務部長を経て、10年青森県知事。11～14年呉市長、4～5年川崎市長。

城 数馬　じょう・かずま
朝鮮覆審法院院長 登山家

元治1年（1864）8月7日～大正13年（1924）1月23日　生 筑後国久留米（福岡県久留米市）　学 帝国大学法科大学〔明治21年〕卒　歴 生家は代々筑後久留米藩に馬術をもって仕えた。明治12年上京、司法省法学校、帝国大学法科大学に学び、卒業後は司法省に入って参事官補、次いで大審院書記長となった。25年官を辞して代言人（弁護士）を開業。また、政治家としても東京市議、同副議長、日本橋区議などを歴任。41年京城控訴院長に就任、日韓併合後は朝鮮覆審法院長を務めた。一方、当時有数の高山植物収集家として名高く、各地の高山に登って多くの珍種を採集。34年画家の五百城文哉や東京帝国大学教授の松村任三と謀り、日光に高山植物園を開設することを計画、のちに東大附属植物園日光分園の開園として結実した。35年には八ヶ岳でウルップソウや祖父の名にちなんで命名したツクモソウなどの新種を数種発見。38年日本山岳会の結成に参画、最年長であることと社会的地位の高さから後見人（会員番号1番）に推された。著書に「刑法原理」「内地雑居論」「民法財産論」などがある。

荘 清次郎　しょう・せいじろう
三菱合資会社専務理事

文久2年（1862）1月20日～昭和1年（1926）12月25日　生 肥前国大村（長崎県大村市）　学 大学予備門〔明治18年〕卒、エール大学（米国）卒　歴 大村（長崎県）藩士の家に生まれる。エール大学に学び、明治20年法律の修士の学位を取得。欧米各国を歴遊し、23年帰国。また、25年第百十九国立銀行大阪支店支配人、のち三菱合資会社庶務部長を経て、大正5年三菱合資会社専務理事・監事に就任。この間、製紙事業を主に担当し、三菱製紙創業に尽力した。理化学研究所常務委員、飛行協会理事、養育院理事も務めた。 家 息子＝荘清彦（三菱商事社長）、娘＝福島慶子（随筆家）

城 常太郎　じょう・つねたろう
労働運動家

文久3年（1863）1月～明治37年（1904）7月26日　生 肥後国（熊本県熊本市竹屋町）　歴 神戸で靴工として修業をつんだのち、明治21年サンフランシスコに渡り、皿洗いなどをして働き、のちに靴直し兼靴製造業を始める。26年日本人職工を集めて加

州日本人靴工同盟会を組織し、29年頃帰国。30年高野房太郎らと職工義友会や労働組合期成会を組織するなど、明治初期の社会主義者として活躍した。やがて運動から離れ、神戸へ移り、神戸製靴合資会社を設立。のち高野と中国に渡り、34年には天津製靴会社を設立した。

昭憲皇太后　しょうけんこうたいごう
歌人　明治天皇皇后

嘉永2年(1849)4月17日～大正3年(1914)4月11日　[名]御名＝美子、幼名＝勝子、富貴君、壽栄君　[歴]五摂家の一つ、左大臣一条忠香の三女、母は新畑大膳種成の娘民子。幼名勝子、富貴君、寿栄君、後に美子。慶応3年(1867年)女御に内定、明治元年12月入内して皇后となる。幼少より古今和歌集を読み、和歌をよくし、その数3万6千首。「昭憲皇太后御集」「現代短歌全集」(改造社)に収められている。維新の志士の遺族、日清、日露戦役の傷病者を慰問、日本赤十字社などを通じて社会事業に尽され、また東京女子師範、華族女学校(女子学習院)の設立など女子教育の振興に貢献された。明治天皇死去の後は皇太后となり青山御所に移り、死後昭憲皇太后と追号された。実子はなかった。　[家]夫＝明治天皇、父＝一条忠香(左大臣)

庄司　良朗　しょうじ・よしろう
衆院議員(政友会)

明治12年(1879)12月～昭和6年(1931)6月22日　[出]静岡県駿東郡原町(沼津市)　[学]早稲田大学卒　[歴]沼津商業教諭を経て駿東郡会議員、同議長、静岡県議、同参事会員。駿豆新聞社長兼主筆、のち静岡朝報を経営した。他に東駿銀行監査役、沼津市畜産組合長も務めた。第15回以来静岡県2区から衆院議員当選3回、政友会に属した。

城島　又八　じょうじま・またはち
警視庁刑事

文久1年(1861)～大正13年(1924)8月7日　[歴]警視庁に30有余年刑事として勤める。この間、捜査不可能とまで言われた小石川7人殺し、軽井沢外国人宣教師殺しなどの難事件を解決し、警察界の名物男として知られていた。

韶舜　しょうしゅん
僧侶(天台宗)　浅草寺住職

文政8年(1825)4月1日～明治19年(1886)3月30日　[出]出雲国島根郡(島根県)　[名]字＝懸契、号＝如風、別名＝唯我韶舜　[歴]天保8年(1837年)出雲・円流寺の泰道の下で出家し、鰐淵寺で天台宗を学ぶ。弘化3年(1846年)比叡山で修行し、覚洞に灌頂を受ける。維新後の廃仏棄釈の中で護法に努め、明治4年各宗同盟会の総裁主となり、5年大教院大講義。6年東京・浅草寺住職に就任。18年明道協会会長、天台宗大学林支校校長、19年大僧正。

勝田　主計　しょうだ・かずえ
蔵相　貴院議員(勅選)

明治2年(1869)9月15日～昭和23年(1948)10月10日　[出]伊予国松山(愛媛県松山市)　[名]俳号＝勝田宰洲、勝田明庵　[学]一高政治科[明治25年]卒、帝国大学法科大学政治科[明治28年]卒　[歴]父は伊予松山藩士で、9人きょうだい(7男2女)の五男。明治16年松山中学に入学、同級に秋山真之、2級に正岡子規がおり、親交を持った。19年上京、一高、帝国大学法科大学に学び、28年大蔵省に入省。29年高等文官試験に合格。31年函館税関長となり、34年フランスへ出張してロシア研究に従事。36年帰国して総務局文書課長、40年臨時国債整理局長、理財局長となり、朝鮮銀行や東洋拓殖の設立に力を注いだ。大正元年第三次桂内閣で大蔵次官となり、第一次山本内閣まで若槻礼次郎、高橋は清両蔵相に仕えた。3年勅選貴院議員、4年朝鮮銀行総裁。5年寺内内閣の大蔵次官、間もなく蔵相となり積極財政を推進。中国北方政権(段祺瑞)を相手に西原亀三と組み西原借款を実施した。13年清浦内閣で再び蔵相となり、昭和3年田中内閣の文相。鈴木貫太郎とは明治34年の欧州へ出張する客船で同室して以来の昵懇の仲で、昭和20年鈴木内閣の組閣に際して蔵相就任を求められたが老齢を理由に断り、女婿の広瀬豊作を推薦した。また、一高時代に子規から勧められた句作をつづり、明庵、宰洲と号した。著書に「黒雲白雨」「ところてん」「宰洲句日記」などがある。　[家]四男＝勝田龍夫(日本債券信用銀行会長)、女婿＝広瀬豊作(蔵相)、中野善敦(岐阜県知事)、玉置敬三(通産事務次官)

正田　貞一郎　しょうだ・ていいちろう
日清製粉創業者

明治3年(1870)2月28日～昭和36年(1961)11月9日　[出]神奈川県横浜市　[出]群馬県館林市　[学]高等商業[明治24年]卒　[歴]生家は群馬県館林において米文の名で米問屋を営み、明治に入って醤油醸造業に従事した。横浜で外国米輸入商をしていた正田作次郎の長男として生まれるが、翌年父が風邪をこじらせて26歳で亡くなり、群馬県館林の祖父の下で育てられた。明治17年上京、20年高等商業学校(現・一橋大学)に入学。外交官を志望していたが、卒業直前に家業の醤油醸造業を担っていた叔父が急逝したことから本家の家業を手伝うことになった。33年館林製粉株式会社を創立、専務。40年日清製粉を合併、館林製粉の名前は地方的な名前に聞こえるからと日清製粉の名を残した。本社を東京に移して専務となり、大正13年社長、昭和14年会長、24年相談役。2年大正天皇の姪の植村澄三郎と発起人となり、我が国初の製パン用イースト製造会社・オリエンタル酵母工業を発足。また、6年日本栄養食料(現・日本農産工業)、11年日清製紙(現・アテナ製紙)なども設立した。17年東武鉄道会長。21年貴院議員に勅選。　[家]二男＝正田建次郎(数学者)、三男＝正田英三郎(日清製粉社長)、四男＝正田英三郎(日本農産工業社長)、孫＝正田彬(慶応義塾大学名誉教授)、長男＝正田巌(日本銀行監事)、皇后美智子、二男＝正田修(日清

製粉社長)、義弟=正田卓治(オリエンタル酵母会長) [勲]藍綬褒章〔昭和31年〕、勲三等旭日中綬章〔昭和36年〕 [賞]館林市名誉市民〔昭和33年〕

荘田 平五郎　しょうだ・へいごろう
実業家　三菱長崎造船所支配人
弘化4年(1847)10月1日～大正11年(1922)4月30日　[生]豊後国臼杵(大分県臼杵市)　[歴]臼杵藩士の子。少年期には藩校集成館で白山照山に学び、のち鹿児島開成所に学ぶ。明治3年慶応義塾に入り、福沢諭吉の下で教鞭をとる。8年岩崎弥太郎から嘱望され三菱汽船会社(三菱会社)に入り翻訳係となり、13年管事兼会計課長、18年日本郵船理事、19年三菱社支配人を経て、20年三菱長崎造船所に支配人として赴任、三菱の造船・造機部門興隆の基礎作りに貢献する。この間、東京丸の内ビル街建設を遂行。この他、保険事業にも関与し、29年東京海上火災保険、大正6年明治生命保険の取締役会長となり、別に日本勧業銀行設立委員、東京商業会議所特別議員をつとめた。

勝田 四方蔵　しょうだ・よもぞう
陸軍中将　貴院議員　男爵
弘化2年(1845)11月～大正7年(1918)7月9日
[生]山口県　[歴]明治4年陸軍大尉、兵部省権大録となる。8年江華島事件では黒田清隆に随行し朝鮮に渡り、10年西南戦争では第三旅団参謀長を務め、のち男爵。第二軍工兵部長、30年東京湾要塞司令官、32年下関要塞司令官などを務め、33年陸軍中将。40年予備役となる。44年貴院議員。

庄野 金十郎　しょうの・きんじゅうろう
弁護士　衆院議員(政友会)　福岡日日新聞社長
安政4年(1857)2月28日～昭和3年(1928)8月12日　[生]筑前国(福岡県)　[名]旧姓・旧名=渡辺　[歴]渡辺平内の長男に生まれ、のち庄野家の養子となる。明治13年福岡で代言人(弁護士)を開業し、福岡弁護士会会長を務め法曹界に重きをなした。一方、福岡県議・議長を経て、41年衆院議員に当選1回、政友会福岡支部長として地方政界に活躍した。また長年に渡って「福岡日日新聞」に関与し、のち社長も務めた。

松風 嘉定(3代目)　しょうふう・かじょう
陶業家　松風陶歯製造創業者
明治3年(1870)10月～昭和3年(1928)1月9日
[生]愛知県瀬戸　[名]本名=松風常太郎　[歴]明治22年京都陶器に入社。翌23年松風松風家を継ぎ、3代目嘉定となる。39年松風陶器合資を創立、輸出陶器や高圧碍子を製造し、大正11年には松風陶歯製造(現・松風)を設立するなど、京都の陶業発展に貢献した。　[勲]緑綬褒章〔大正3年〕

浄法寺 五郎　じょうほうじ・ごろう
陸軍中将
慶応1年(1865)4月～昭和13年(1938)1月20日
[生]下野国(栃木県)　[学]陸士(旧9期)〔明治20年〕卒、陸大卒　[歴]明治20年歩兵少尉に任官し、大正6年陸軍中将となる。その間、ドイツ駐在、オーストリア公使館付武官、陸大教官兼元師副官などを経て、第十七、第一各師団参謀長、歩兵第二十九旅団長、青島守備軍参謀長となり、ついで近衛歩兵第二旅団長、陸大校長、東宮御学問所評議員、第二十師団長を歴任した。昭和3年予備役に編入。

少林 踏雲　しょうりん・とううん
僧侶(臨済宗)
嘉永2年(1849)～明治44年(1911)9月
[生]豊後国佐賀関(大分県大分市)　[名]旧姓・旧名=姫野　[歴]13歳の時に錦江寺に入って得度し臨済宗の僧となる。15歳で伊予(愛媛県)の金剛山菩提寺・晦岩和尚に参学し、美濃(岐阜県)の虎渓山で月船に従い数年間修学、更に鎌倉の円覚寺で学んだ。月船の没後、美濃に戻り三明寺に住した。明治13年臨済派大本山妙心寺の命で土佐幡多郡長泉寺の再興を行い、その後も廃仏毀釈で荒廃した高知県各地の寺の復興に努め、20余寺を再興する。25年には五台山吸江寺を再興し、39年同志と共に護国会を設立した。

白井 遠平(1代目)　しらい・えんぺい
衆院議員(政友会)　磐城炭礦会社社長
弘化3年(1846)4月29日～昭和2年(1927)10月9日
[生]下野国芳賀郡真岡(栃木県真岡市)　[陸]陸奥国磐城郡上小川村(福島県いわき市)　[名]旧姓・旧名=佐藤　[歴]安政3年(1856年)父が家族とともに陸奥国磐城郡上小川村の名主白井家に入り同家を継ぐ。福島平藩の神林復所塾に学び、福島県菊多、磐城、西白河各郡長などを務め、自由民権運動家として福島事件にも参加。のち県会議員、副議長を経て、明治23年以来衆院議員当選3回、政友会に属した。その間26年磐城炭礦会社を創設、採炭に初めて動力機械を使った。28年入山採炭会社、37年好間炭礦を開発、39年株式会社とし社長として常磐炭田の開発に貢献した。また帝国冷蔵会社取締役、殖産興業を奨励し、蚕糸改良に尽くした。

白井 遠平(2代目)　しらい・えんぺい
衆院議員
明治2年(1869)12月～昭和9年(1934)
[歴]東京英語学校、東京農林学校に学び、極東製菓会社社長、福島貯蓄銀行、磐城銀行、平製氷、植田水力電気、東部電力各社重役を兼任。また福島県議、次いで衆院議員当選4回。

白井 二郎　しらい・じろう
陸軍中将
慶応3年(1867)6月11日～昭和9年(1934)9月3日
[生]長門国(山口県)　[学]陸士(旧9期)卒、陸大〔明治26年〕卒　[歴]明治20年陸軍歩兵少尉に任官。陸軍大学校教官を経て、日露戦争では第三軍参謀として出征、旅順攻囲戦、奉天会戦を戦う。のち侍従武官、45年歩兵第二十八旅団長、大正2年歩兵第六旅団長、4年朝鮮総督府付武官、5年歩兵第四十旅

団長などを歴任。同年8月中将となり、旅順要塞司令官を務め、7年第八師団長に就任。10年予備役に編入となる。退役後は、国華徴兵保険会社の名誉顧問となった。

白井 新太郎　しらい・しんたろう
富士水力電気創立者 衆院議員

文久2年(1862)10月22日～昭和7年(1932)12月10日　生陸奥国若松(福島県会津若松市)　号号＝如海　歴明治11年上京し学を修め、16年南部次郎が芝罘(チーフー)領事として赴任するのに従って渡清し、華南の中国革命運動の機密に関わった。のち荒尾精の漢口楽善堂に拠るが、21年東京で福本日南らと共に東邦協会を設立。27年台湾総督府の嘱託となり抗日土匪掃討に尽力、32年官塩売捌組合顧問となって台湾全島に食塩専売制度を布く道を開いた。また台湾商工公司顧問として土木建築方面にも手腕を振るった。39年内地に帰り、富士水力電気会社を創立し、駿豆鉄道取締役を兼任。大正6年衆院議員となった。

白井 松次郎　しらい・まつじろう
演劇興行主 松竹創立者

明治10年(1877)12月13日～昭和26年(1951)1月23日　生京都府京都市三条　名旧姓・旧名＝大谷　歴父は相撲興行に携わる。明治17年母方の祖父が京都・祇園座の売店の株を買い、一家も協力したことから、小学生ながら双子の弟・大谷竹次郎とともに父母の手伝いで場内の売り歩きを始める。30年長男ながら夷谷座の売店全ての権利を持っていた白井家の養子となるが、弟の入営により実川正右一座の巡業を手がけて興行の道に入り、35年元旦、新京極に明治座を開場、弟とその名を一字ずつ取って松竹合名社を設立。39年初代中村鴈治郎と手を結んで大阪への進出を図り、43年弟が上京して東京に地歩を固めると、自身は関西、弟は関東を担当することとなり、次々と劇場を買収した。昭和3年松竹合名社の個人経営を解消して株式会社の松竹興行に改組。同年弟は市村座の経営を任され、4年には帝国劇場の経営を向こう10年の契約で引き受け、名実ともに我が国の演劇興行界に君臨することとなり、大阪の歌舞伎俳優、新派俳優のすべてと、東京の歌舞伎俳優の大半、文楽の経営などを押さえて一大演劇王国を築きあげた。この間、大正9年松竹キネマ合名社を設立して映画製作にも進出。その後、一族の城戸四郎らの手により映画事業は大きな発展を遂げた。それまで水ものとされた演劇興行の近代化に大きな功績を残した。　家弟＝大谷竹次郎(松竹創立者)、二男＝白井昌夫(松竹取締役)、養子＝白井信太郎(松竹副社長)　賞紺綬褒章〔大正11年〕、藍綬褒章〔昭和3年〕、緑綬褒章〔昭和3年〕、勲四等瑞宝章〔昭和26年〕

白石 喜之助　しらいし・きのすけ
牧師 メソジスト教会金沢部長

明治3年(1870)8月15日～昭和17年(1942)2月9日　生薩摩国(鹿児島県)　学同志社中退、明治学院神学科〔明治28年〕卒　歴はじめ同志社に学び、明治25年夏期伝道で三重県津地方に赴くが、間もなく中退。28年明治学院神学科を卒業し、30年に按手礼を受けて日本基督教会の牧師として新潟に赴任。33年メソジスト派に移籍し、静岡県掛川教会牧師を皮切りに浜松・市川・甲府・サンフランシスコ・青山・名古屋・沼津・浜松高町・金沢の各教会の牧師を歴任して昭和10年に退職した。その間、大正9年から14年までのサンフランシスコ教会在任中には米国における排日運動高揚の最中で伝道活動に尽力し、山梨・静岡・金沢では同派の支部長を務めた。一方、明治34年社会主義協会に入会し、伝道の傍ら社会主義思想の啓蒙・宣伝に努めた。またロシアの文豪トルストイの影響で平和運動にも挺身、37年の日露戦争に際してはメソジスト派機関誌「護教」に「余が非戦論」を著し、社会主義者としての視点とキリスト者的な愛他思想から非戦の論陣を張った。43年にはトルストイと文通。著書に「古代印度哲学」「基督教の宇宙観及人生観」「基督教読本」「女性基督教読本」など多数ある。

白石 重太郎　しらいし・じゅうたろう
実業家

明治3年(1870)1月16日～昭和4年(1929)12月23日　生伊予国今治(愛媛県今治市)　歴伊予今治藩士・白石知次郎の五男に生まれる。幼にして父母を失うが勤勉に努め、明治27年今治銀行に入る。33年伊予紡績大阪支店長に転じ、のち東京に出て時事新報社に勤務ののち、東京商業会議所書記長を経て、大正2年奉天に南満州製糖を設立して専務となる。京城電気、大星公司、東洋軒などの重役も務めた。また数社の創立・経営に関与した。

白石 元治郎　しらいし・もとじろう
日本鋼管創業者

慶応3年(1867)7月21日～昭和20年(1945)12月24日　生陸奥国白河郡釜子村(福島県白河市)　名旧姓・旧名＝前山　学帝国大学法科大学法律科〔明治25年〕卒　歴越後高田藩士・前山家に、2人兄弟の二男として生まれる。明治15年伯父・白石家の養嗣子となる。帝国大学法科大学に学び、25年初代浅野総一郎の経営する浅野商店に入社。26年新設された同商店石油部の初代支配人に抜擢され、27年渋沢栄一の媒酌で浅野の二女・萬子と結婚した。29年浅野が東洋汽船を設立したのに伴ってその支配人となり、32年同サンフランシスコ支店に赴任。帰国後の36年、東洋汽船取締役に選ばれる。杉村濬駐ブラジル公使の依頼でブラジル移民にも協力し、41年同社の笠戸丸で第1回の移民団を同地へ送り込んだ。43年社の実務を井坂孝に譲って同社専務を退任。44年大倉組の今泉嘉一郎から新しい製鉄会社の創設を持ちかけられ、45年我が国初の民営製鉄会社である日本鋼管株式会社

(現・JFEスチール)を設立して社長に就任。第一次大戦中には好況の波に乗って会社の基盤を固めるとともに、京浜工業地帯形成の立役者の一人となったが、戦後の不況に伴う鋼管株の暴落で経営不振に陥り、10年大川平三郎に社長職を譲って副社長に退く。昭和11年大川の死により社長に復帰した。　家岳父=浅野総一郎(1代目)

白石 葭江　しらいし・よしえ
海軍少佐
明治6年(1873)12月20日~明治37年(1904)5月3日　生東京府　名旧姓・旧名=白石良智　学海兵(第21期)〔明治27年〕卒　歴明治28年海軍少尉に任官。日清戦争では威海衛襲撃作戦で活躍。北清事変では軍艦笠置の陸戦隊を率いて大沽砲台を攻略するなど、数々の戦功を立てる。しかし、熱血漢であるために誤って部下を殴殺し、重禁固2年の刑に処されたこともあった。明治37年日露戦争で旅順閉港作戦に参加、その第三次作戦で戦死したと伝えられたが、実際は捕虜となったのち、同年の末に獄中で病死したといわれる。

白岩 龍平　しらいわ・りゅうへい
日清汽船専務
明治3年(1870)7月9日~昭和17年(1942)12月27日　生美作国吉野郡宮本村(岡山県美作市)　名号=子雲　歴16歳で上京。同県人の野崎武吉郎から学費を援助され、明治23年荒尾精が上海に設立した日清貿易研究所の研究生として中国に渡る。27年日清戦争の勃発に伴い、通訳官として広島大本営付を命ぜられた。日清戦争終結後、知人の清国人とともに上海と蘇州・杭州とを航路で結ぶ大東汽船会社を興し、次いで36年には湖南省内地の水上交通である湖南汽船会社を設立した。41年には大東・湖南など4社を合併させて日清汽船会社を創立し、その専務取締役に就任。また、この間、明治31年に政治家・近衛篤麿らとともに東亜同文会の創立に参画している。一貫して日中友好に尽力し、日中戦争には反対の立場をとり続けた。　家妻=白岩艶子(歌人)

白神 新一郎　しらかみ・しんいちろう
宗教家
文政1年(1818)5月25日~明治15年(1882)4月24日　生備前国岡山城下中之町(岡山県岡山市)　歴岡山で池田家御用達米穀商人を営んでいたが、安政6年(1859年)眼病を患い、明治元年金光教に入信。教祖川手文治郎に会って眼病が完治し、教祖から「白神」という神号を与えられる。4年金光教で初めてとなる布教書『御道案内』を著述。金光教の全国的な布教を目指し、再三にわたる警察の弾圧にも屈せず、特に大阪を中心に布教活動に努めた。

白川 資訓　しらかわ・すけのり
大掌典 伯爵
天保12年(1841)11月15日~明治39年(1906)12月7日　生京都　歴神祇伯の家系に生まれ、嘉永4年(1851年)神祇伯に任じられる。安政4年(1857年)右近衛権少将を兼ね、元治元年(1864年)中将に進む。慶応4年(1868年)神祇事務総督となり、間もなく参与神祇事務局輔、議定職神祇事務局督に。その後も神祇大副や大掌典を務め、宮中祭祀に関与した。

白川 福儀　しらかわ・とみよし
松山市長 海南新聞社長
安政5年(1858)9月10日~大正5年(1916)1月4日　生伊予国松山(愛媛県松山市)　名旧姓・旧名=門田、号=拓北　歴松山藩校の明教館に学んだのち上京し、漢学者三島中州の経営する私塾に入る。明治12年に帰郷して自由民権運動に参加。以後、長尾忠明・藤野政高らの権派系政治結社・公共社に拠り、その機関紙『海南新聞』の編集を担当。同編集長を経て明治17年には同社長に就任するなど、自由党系の論客として活躍した。25年愛媛県議になると同時に議長に選ばれ、29年には松山市長に就任。市長を退いた後は教育界で活動し、北予中学会専務理事や北予中学校長を歴任。

白川 義則　しらかわ・よしのり
陸軍大将 男爵
明治1年(1868)12月12日~昭和7年(1932)5月26日　生伊予国松山(愛媛県松山市)　学陸士(旧1期)〔明治23年〕卒、陸大〔明治31年〕卒　歴明治24年少尉、陸大在学中に日清戦争従軍。31年近衛師団参謀、ドイツ留学後、陸士教官となる。日露戦争では歩兵第二十一連隊大隊長として従軍。大正2年以後、中支派遣軍司令官、歩兵第九旅団長、陸軍省人事局長、陸士校長、第一・十一師団長、陸軍航空本部長、関東軍司令官を歴任。この間、大正14年陸軍大将。昭和2年田中内閣の陸相、4年軍事参議官、7年上海派遣軍司令官。上海事変停戦後の同年4月29日、天長節記念式場で朝鮮人民族主義者尹奉吉が投げた爆弾で重傷を負い、5月死去した。男爵。　家妹=船田ミサヲ(女子教育者)

白洲 退蔵　しらす・たいぞう
横浜正金銀行頭取
文政12年(1829)7月15日~明治24年(1891)9月14日　生摂津国三田薬師寺町(兵庫県三田市)　名幼名=純太郎、諱=良翔　歴父は三田藩儒・白洲文吾郎。弘化2年(1845年)大坂に留学、篠崎小竹に師事。3年昌平黌に入学、古賀謹一郎に学び、のち父と共に藩校造士館の教授となる。安政元年(1854年)ペリー来航に際し、小物見役に命じられ黒船を偵察。4年家督を継ぐ。6年九鬼隆義が13代三田藩主になるに及び、藩財政の再建と教学の振興に努めた。文久3年(1863年)町奉行兼郡奉行に就任。慶応3年(1867年)大政奉還に際し、藩主を補佐していち早く廃刀・断髪を主張し、藩論を討幕に統一した。明治元年大参事に就任。4年廃藩後は実業界に身を投じ、16年横浜正金銀行頭取、19年岐阜

県大書記官などを務めた。　家父=白洲文吾郎（三田藩儒者）、孫=白洲次郎（東北電力会長）

白戸 栄之助　しらと・えいのすけ
飛行家
明治19年（1886）～昭和13年（1938）3月24日
生青森県北津軽郡金木（弘前市金木町）　学明治高小卒　歴建具職人として務めた後、上京して徳川好敏大尉に師事。中野気球隊を除隊後、奈良原三次大尉の門に入り、民間飛行士を志す。明治45年5月神奈川県川崎競馬場でわが民間航空初の有料飛行会に参加、プロ飛行士第1号となる。大正4年「白戸式旭号」を携え弘前練兵場で公開飛行。5年日本最初の民間水上機「白戸式巌号」で民間初の離水に成功。また白戸飛行練習所を開設し、民間飛行士の養成に努める。11年伊藤音次郎と東西定期航空会を結成、東京─大阪間の定期航空を開始した。13年引退して木工製造業を営む。

白鳥 鴻彰　しらとり・こうしょう
青森県議
元治1年（1864）3月25日～大正4年（1915）4月11日
生陸奥国津軽郡（青森県青森市）　名初名=鴻幹　学東京専門学校政治科卒　歴父・慶一は青森県議・衆院議員を務めた政治家。明治27年父の衆議院選挙出馬の際、巧みな演説で父を応援し、その当選に貢献した。のち郷里青森県荒川村の村長を経て36年青森県議に選ばれ、連続して2期を務めた。この間、明治維新によって国有林に編入された荒川・高田両村の民有林の返還を求めて訴訟を起こし、弁護士も付けずに自ら法廷で弁論するなどの努力のすえ41年に勝訴。これによって払い戻された民有林を共同経営するために、山林組合を設立した。絵画や文筆にもすぐれ、その著書『日本国字論』では漢字による煩雑な表記を避けた新しい日本語を考案・提唱している。　家父=白鳥慶一（政治家）

白仁 武　しらに・たけし
八幡製鉄所長官　日本郵船社長
文久3年（1863）10月21日～昭和16年（1941）4月20日　生福岡県　学帝国大学法科大学政治学科〔明治23年〕卒　歴明治24年内務省に入り、内務省参事官、北海道庁参事官となり、「北海道小学読本」を編集、アイヌ地名に漢字をあてた。内務省神社局長の後36年栃木県知事、41年関東都督府民政長官で満州に赴任、旅順工科学堂（旅順工大）創設に尽力。大正6年拓務局長官、7年八幡製鉄所長官となり、東洋製鉄の併合に大改革を実行。13年退官、日本郵船社長に迎えられ、近海郵船、海外興業各社長を兼任、東洋汽船の合併、浅間丸などの新造で北米、欧州航路の充実を図った。昭和4年に引退。

白根 熊三　しらね・くまぞう
海軍中将
生年不詳～昭和14年（1939）8月31日
生山口県　学海兵（第24期）〔明治30年〕卒、海大〔明治40年〕卒　歴明治31年海軍少尉に任官。大正5年千歳艦長、7年軍令部先任副官、8年比叡、9年石見の艦長、10年第一艦隊参謀長、11年連合艦隊参謀長兼務。13年教育局長を経て、14年海軍兵学校校長。同年海軍中将。昭和2年予備役に編入。

白根 専一　しらね・せんいち
逓信相　内務次官　貴院議員　男爵
嘉永2年（1849）12月22日～明治31年（1898）6月14日　生長門国萩（山口県萩市）　名旧姓=白根伴八　歴長州藩士・白根多助の二男。幼少時に萩原家の養子となったが、のち実家に戻る。明治維新後に上京して福沢諭吉の塾に入る。明治5年司法省に出仕。9年秋田県権参事、10年同少書記官、11年同大書記官を経て、12年内務少書記官、13年庶務局長、17年内務大書記官、18年総務局次長兼戸籍局長、19年内務書記官。21年愛媛県知事、22年愛知県知事に転じ、23年第一次山県内閣の西郷従道内相の下で内務次官となり、続く第一次松方内閣で品川弥二郎が内相になったのちも留任。25年第2回総選挙では品川の指揮の下で大規模な民党弾圧の選挙干渉を行い、内外から非難された。品川の引責辞任後は後任の副島種臣の排撃を画策し、これを辞任に追い込むが、自らも辞職して宮中顧問官に退いた。28年第二次伊藤内閣の逓信相として入閣し、第二次松方内閣でも留任した。30年男爵、貴院議員。山県有朋の懐刀といわれ、山県閥の有力官僚として将来を嘱望されたが、31年死去した。　家二男=白根松介（宮内次官）、父=白根多助（埼玉県令）、兄=白根勝治郎（官僚）、弟=河野忠三（奈良県知事）、女婿=斯波孝四郎（三菱重工業社長）、甥=白根竹介（兵庫県知事）

白根 多助　しらね・たすけ
埼玉県令
文政2年（1819）5月6日～明治15年（1882）3月15日
生周防国吉敷郡吉敷村（山口県山口市）　名旧姓・旧名=太田、諱=翼、変名=大田翼、号=梅園　歴周防萩藩士の太田家に生まれ、白根家の養子となる。美祢郡宰を経て、大坂の長州藩邸に勤務し、文久3年（1863年）公卿・中山忠光らの京都脱出を援助した。また志士たちの活動資金調達においても活躍。元治元年（1864年）帰郷してからは所帯方役として会計事務に当たり、藩財政の維持に尽力。慶応2年（1866年）手廻組に加えられ、明治元年会計庶務方、3年美禰郡等管事、同年藩会計大属を歴任した。廃藩置県後の4年、埼玉県権参事に転じ、5年同参事、6年同権令を経て、8年同県令に就任。以来、埼玉県政で治績を挙げ、特に税法整備については他府県もこれを参考・準拠したほどであった。しかし、在任中の15年に発病し、明治天皇もしばしば侍臣を遣わして慰問に向かわせたが、その甲斐なく同年3月に没した。　家息子=白根勝治郎（官僚）、白根専一（内務次官）、河野忠三（奈良県知事）

327

白水 淡　しろうず・あわし
陸軍中将
文久3年（1863）6月～昭和7年（1932）1月25日
[生]筑前国（福岡県）　[学]陸士（旧9期）卒, 陸大〔明治26年〕卒　[歴]白水喜一の二男として生まれる。明治20年歩兵少尉。日清戦争では歩兵第六旅団副官、日露戦争では第七師団参謀、歩兵第三十五連隊長として従軍。のち歩兵第七連隊長、第九師団参謀長、第十二旅団長・朝鮮駐箚軍参謀長などを経て、大正6年陸軍中将。7年シベリア出兵に第十二師団付として参戦、8年第十四師団長を務めた。

志波 六郎助　しわ・ろくろうすけ
社会教育家
嘉永1年（1848）10月20日～昭和5年（1930）3月12日　[出]肥前国神埼郡脊振村（佐賀県神埼市）　[歴]明治8年青年矯風会を組織。31年以降は毎朝山に登り、ほら貝を吹き鳴らして早起きを奨励した。大正6年からはほら貝を背負って全国を巡回、早起きと長生きを説いた。郷里の植林にも尽力。

陣 軍吉　じん・ぐんきち
衆院議員（翼賛議員同盟）
明治2年（1869）2月～昭和18年（1943）1月13日
[出]宮崎県　[歴]宮崎警察署長を務めた後、韓国政府に招かれて韓国政府警視に就任。その後、統監府警視まで務めて帰国。大正6年宮崎県より出馬し初当選。13年まで3期連続当選、昭和12年までに通算5回当選した。また、静岡県磐田郡長、宮崎県農会議長なども歴任した。　[家]孫＝陣軍陽（書家）

進 十六　しん・そろく
行政裁判所評定官
天保14年（1843）12月2日～昭和3年（1928）5月16日　[生]長門国美祢郡大田村（山口県美祢市）　[名]初名＝美祢介, 通称＝吉太郎, 号＝竜城　[歴]長州藩校・明倫館に学び、有備館舎長となる。のち明倫兵学校で兵学を講義。戊辰戦争で会津攻撃に参加した。明治維新後、判事となり名古屋地裁所長、行政裁判所評定官などを務めた。

宍道 政一郎　しんじ・まさいちろう
出雲製織創業者
明治9年（1876）11月16日～昭和13年（1938）5月2日　[生]島根県神門郡下塩冶村（出雲市）　[学]島根師範〔明治32年〕卒, 東京高工教員養成所紡織科〔明治39年〕卒　[歴]郷里の島根県で小学校訓導などを務めた後、東京高等工業（のちの東京工業大学）で紡織を学ぶ。39年一宮紡績会社に入社、のち大阪織物に技師長として務め、一時英国に留学しビロード製造法を研究して帰国、ベッチン業の飛躍的発展の基礎を築く。大正8年退職、帰郷して、9年出雲製織を創立し専務に就任。のち大阪帆布、中央紡績を吸収合併して、10年社長となり手腕を振るい石見人絹工場、宍道工場など次々と増設、繊維工業の発展に尽力。また宍道報恩社を設立し教育文化にも貢献した。

新庄 厚信　しんじょう・あつのぶ
岡山市長
天保5年（1834）4月17日～明治36年（1903）3月8日
[生]備前国岡山城下（岡山県岡山市）　[名]旧姓・旧名＝友野　[歴]岡山藩奥坊主友野家に生まれ、同藩士新庄家を継ぐ。勤王の志篤く、維新の際京都に出て諸藩の間を奔走、岡山藩の藩論を勤王に統一することに貢献した。明治元年行政官書記に任ぜられ、徴士、権弁事、2年柏崎県権知事、4年岡山県参事などを経て、6年同県権令に就任。のちいったん辞職するが、7年置賜県権令、8年5等判事を兼任。9年置賜県廃県解職後は二十二国立銀行の設立に参画、また士族授産、公共事業に尽力。22年初代岡山市長となった。

進藤 喜平太　しんどう・きへいた
玄洋社社長 衆院議員
嘉永3年（1850）12月5日～大正14年（1925）5月11日　[生]筑前国（福岡県）　[歴]藩校・文武館に学び、戊辰戦争に従軍。明治9年萩の乱に連座して捕らえられる。釈放後、箱田六輔らと玄洋社を設立、のち社長となる。また39～41年衆院議員も務めた。
[家]四男＝進藤一馬（福岡市長）

神藤 才一　しんどう・さいいち
衆院議員（立憲同志会）
安政4年（1857）8月～昭和9年（1934）1月5日
[出]神奈川県　[学]陸士〔明治12年〕卒, リヨン大学（フランス）法律科〔明治28年〕卒 法学博士　[歴]留学から帰国後、陸軍に入り大尉まで累進。明治31年神奈川郡部より初当選。以後、45年までに通算4回当選。また、教育にも関心をもち、政治・外交・法律の専門学校である無学館やフランス語学校の設立に携わり、慶応・早稲田・明治などの諸大学でも教鞭をとる。著書に「今日の露西亜」「欧州列強外交秘史」など。

進藤 作左衛門　しんどう・さくざえもん
秋田県議
慶応3年（1867）10月13日～昭和16年（1941）3月1日　[生]出羽国仙北郡峰吉川（秋田県大仙市）　[名]幼名＝繁吉, 号＝半仙　[歴]出羽国峰吉川で山林を営み、代々作左衛門を称した。市町村制の発布に伴い各地で自治体の統合・分離が議論されると、郷里の代表として峰吉川の独立を主張したが容れられず、同村は刈和野との合併を余儀なくされた。その後も粘り強く県知事らと交渉した結果、33年峰吉川村の独立が認められ、初代村長に就任。以来、大正15年までの7期務め、同村の発展に貢献した。また、明治26年秋田県議に当選し、大正8年同議長。半仙と号し、漢詩や和歌も嗜んだ。　[勲]藍綬褒章〔昭和15年〕

新村 豊作　しんむら・とよさく
報徳運動家
文化13年（1816）～明治12年（1879）9月
[生]遠江国周智郡森町村（静岡県周知郡森町）　[名]旧

姓・旧名=山中、通称=里助、利助、豊三、豊三郎 歴嘉永5年(1852年)来訪した相模の安居院庄七に報徳の道を教わる。6年岡田佐平治らとともに日光の二宮尊徳を訪ね、親しく教えを受けた。以後、森町報徳社を設立してその社長となり、近隣に報徳社の結成を促すとともに道路の補修、堤防の改修、困窮者の救済を行うなど公益に尽くした。明治9年岡田らと図って各社を統合し、遠江報徳社を結成。その設置に関与した報徳社は100を数えるといわれ、社員も数千人にのぼった。養嗣子の理三郎は初代報本社社長を務めたほか、弟の小野江善六、伊藤七郎平も報徳運動に挺身した。 家養嗣子=新村理三郎(報徳運動家)、弟=小野江善六(報徳運動家)、伊藤七郎平(報徳運動家)

【す】

末次 直次郎 すえつぐ・なおじろう
海軍少佐
明治3年(1870)〜明治37年(1904)5月20日
生山口県都濃郡富田村(周南市) 学海兵(第18期)〔明治24年〕卒 歴明治27年海軍少尉に任官。日清戦争では第一号水雷艇小鷹に乗り組み戦功があった。和泉、葛城、愛宕の各艇長、佐世保水雷団第四水雷艇隊艇長、第九水雷艇長などを経て、36年暁艇長。37年旅順口閉塞の際に駆逐艇暁に乗り組み、偵察中に戦死した。

末永 節 すえなが・みさお
中国革命運動協力者
明治2年(1869)11月12日〜昭和35年(1960)8月18日 生筑前国那珂郡春吉(福岡県福岡市春吉六軒屋) 学中学修猷館中退 歴中学修猷館4年のとき海外雄飛を志して中退、函館や長崎で船員となる。明治27年日清の開戦を画策した天祐俠事件で爆弾入手の疑いで警察に拘引され、以後アジア革命に身を投じる。29年若松市の野半介宅で宮崎滔天と知り合い革命資金をつくるためシャムに渡る。シャム開拓は失敗。また、33年に滔天や来日した孫文らと東京麹町で共同生活をする。辛亥革命の際、日本人として初めて清国の革命軍と接触し日本の支援グループを先導、革命の要所にいた一人だった。 家いとこ=内田良平(黒竜会主宰者)

末延 道成 すえのぶ・みちなり
東京海上火災保険会長
安政2年(1855)10月19日〜昭和7年(1932)5月24日 生土佐国香美郡夜須村(高知県香南市) 学東京大学法学部〔明治12年〕卒 歴留学後三菱汽船会社入社、支配人、明治18年日本郵船となり副支配人、21年海外巡遊。24年明治生命保険、明治火災保険各取締役、30年東京海上火災取締役会長と

なり29年間務めた。他に山陽鉄道取締役、北越鉄道、東武鉄道、豊川鉄道各社長、北樺太石油、北樺太鉱業などの重役も務めた。26年法典調査会委員、30年東京商業会議所議員、大正15年勅選貴院議員となる。

末弘 厳石 すえひろ・げんせき
大審院刑事部長
安政4年(1857)12月1日〜大正11年(1922)3月10日 生豊後国(大分県) 学司法省法学校〔明治17年〕卒 歴高知、盛岡、山口の各始審裁判所に勤務し、明治25年東京地方裁判所部長、のち大審院判事に転じ、刑事部長に就任した。大正10年退官。 家長男=末弘厳太郎(法学者)

末広 照啓 すえひろ・しょうけい
僧侶(天台宗) 天台宗大学学長
明治7年(1874)12月〜大正14年(1925)12月14日
生東京本所(東京都墨田区) 名旧姓・旧名=吉川 歴画家・吉川久三の三男に生まれる。11歳で出家し天台宗の僧となり、東京下谷の金嶺寺住職、荒井照源に師事、のち同寺の住職となる。天台宗大学学長、中学部管長を務める。駒込中学(現・駒込高)の創立に尽力した。

末弘 ヒロ子 すえひろ・ひろこ
日本初の美人コンテスト優勝者
明治26年(1893)5月〜昭和38年(1963)3月18日
生福岡県小倉市(北九州市) 学学習院女学部〔明治41年〕中退 歴小倉市長を務めた末弘直方の四女として生まれる。明治41年学習院女子部在学中の16歳の時に、「時事新報」が募集した日本初の美人コンテストで優勝。同コンテストは、米紙「シカゴ・トリビューン」が世界一の美人を選ぼうと世界中の報道機関に呼びかけたものの国内予選で、世界大会で6位に選ばれた。しかし、学習院院長の乃木希典により"他の生徒に悪い影響を与える可能性がある"として学習院を放校処分となった。乃木はその身を案じて、友人である野津道貫元帥の長男である野津鎮之助を結婚相手として紹介し、野津侯爵家に嫁いだ。 家夫=野津鎮之助(貴院議員)、父=末弘直方(小倉市長)、義父=野津道貫(陸軍大将・元帥)

末松 謙澄 すえまつ・けんちょう
内相 衆議院議員 文学者 子爵
安政2年(1855)8月20日〜大正9年(1920)10月5日
生豊前国京都郡前田村(福岡県行橋市) 名幼名=線松、号=青萍、筆名=笹波萍二 学東京高師中退、ケンブリッジ大学(英国)卒 文学博士〔明治21年〕、法学博士〔大正5年〕 歴帝国学士院会員〔明治40年〕 歴大庄屋・末松七右衛門の四男。村上仏山の私塾・水哉園で漢学を学び、明治4年上京して大槻磐渓、近藤真琴に師事する傍ら、高橋是清から英語を教わった。7年「東京日日新聞」記者となり、和漢洋の文才を認められて笹波萍二の筆名で同紙の論説や外字紙の翻訳記事を担当した。8年同紙の

主筆・福地桜痴の紹介で伊藤博文の知遇を得て官界に転じ、同年黒田清隆に随行して朝鮮へ出張。9年工部省権少丞、10年太政官権少書記官を経て、西南戦争では山県有朋の秘書官として従軍した。11年外交官として英国へ留学し、ケンブリッジ大学で文学・法律を研修。19年帰国、20年内務省県治局長。23年第1回総選挙に郷里・福岡県から当選。以後、連続3選して大成会・中央交渉部など吏党側に属した。24年貴院議員。この間、22年伊藤の長女と結婚。26年第二次伊藤内閣で法制局長官として初入閣。31年第三次伊藤内閣の逓信相。33年政友会の創立に当たってはこれに参加して伊藤を助け、その結果同年に成立した第四次伊藤内閣では内相に就任した。一方、英国滞在中の15年に世界初となる「源氏物語」英訳版を出版した他、21年より英国の女流作家クレイの小説を邦訳した「谷間の姫百合」を刊行したりするなど、文学者としても活動。同年文学博士。桜痴と演劇改良にも取り組んだ。日露戦争時は英国に出張して同国における対日世論の向上に貢献。39年枢密顧問官となり。40年子爵に叙された。晩年はローマ法の研究を進め、40年帝国学士院会員、大正5年法学博士。「修訂・防長回天史」（全12巻）を編纂し、「日本文章論」「歌楽論」「青萍集」など著作は文学、歌学、法律、歴史、美術など多岐に渡る。　家岳父＝伊藤博文（首相）

末吉 忠晴　すえよし・ただはる
衆院議員
天保3年（1832）～明治36年（1903）7月10日
出大和国（奈良県）　歴維新前大和から江戸に出て、明治初年公共事業に携わり、麹町区会議長、東京市会議長、同参事会員、市助役などを経て衆院議員となった。

菅 運吉　すが・うんきち
材木商
文化14年（1817）3月～明治10年（1877）8月10日
出羽国雄勝郡川井村（秋田県湯沢市）　名別名＝秋田屋仁左衛門　歴父太右衛門のあとをついで19歳で川井村肝煎（村役人）となる。また秋田藩にも登用されて藩の林政に携わる。その後、藩の御用達として江戸に出て、秋田屋仁左衛門と称して材木問屋を開く。秋田藩のほか幕府、水戸・尾張・紀伊の御三家の御用達にもなって大成功を収め、苗字帯刀をゆるされ、37年秋田の紀文と称された。明治4年秋田へ帰ったのも本拠を能代に移し、士族支援にあたるなど秋田の経済界に重きをなした。

菅 広州　すが・こうしゅう
僧侶（臨済宗）大徳寺管長
天保11年（1840）1月9日～明治40年（1907）8月15日　出但馬国（兵庫県）　名法名＝宗沢、俗姓＝田村　歴11歳で祐德寺にて得度し、明治7年徳禅位の資格を得る。9年京都・大徳寺の芳春院住職を経て、25年大徳寺管長となった。

菅 礼治　すが・れいじ
秋田商法会議所会頭
天保12年（1841）～明治45年（1912）3月27日
出出羽国雄勝郡（秋田県湯沢市）　歴"幕末の紀文"と称された木材商人「秋田屋」の菅運吉の子。早くからすぐれた商才を発揮し、父から江戸深川の材木店を任され、支店を増やすなど徐々に商路を拡大。江戸城で火災が起こると、その復旧に尽力して幕府から信頼され、幕府や御三家の御用達も務めた。維新後、新政府より通商司に任ぜられるが、間もなく辞任して秋田に帰り、明治11年第四十八国立銀行を設立して支配人に就任。次いで13年秋田商法会議所の創設に参画し、その初代会頭に挙げられた。その後も秋田と東京を往来して実業家渋沢栄一らの知遇を得、渋沢の依頼によって土崎第一銀行を開業。また、23年の秋田銀行設立に際しても尽くすところがあった。31年東京に移住し、以後は鉱山の経営などに当たった。　家父＝菅運吉（木材商），子＝菅礼之助（実業家）

須貝 快天　すがい・かいてん
農民運動家
文久1年（1861）11月3日～昭和4年（1929）7月20日　出越後国北蒲原郡中条町（新潟県胎内市）　名幼名＝留吉　歴青年期から壮年期にかけて北海道で暮らす。のち帰郷し、明治41年新潟県の移出米検査実施に伴う負担の増加に反対して中条郷小作人協会を結成し、農民運動を開始。大正4年頃、「新潟毎日新聞」中条支局を担当。5年快天に改名。9年同協会を農村革新会に発展させて会長に就任し、11年産米検査に関わる補償米の要求を目的とした三升米運動を指導した。12年新潟県議に当選。しかし尊皇主義を奉じたため、社会主義の影響を受けた日本農民組合とは合わず、15年同組合から脱退した平野力三らの全日本農民組合同盟創立に参画し、副会長となった。昭和3年同顧問。

菅井 誠美　すがい・まさみ
愛媛県知事
嘉永2年（1849）2月22日～昭和6年（1931）3月18日　出薩摩国（鹿児島県）　歴佐藤家の三男に生まれ、明治3年菅井家の養子となり、6年家督を相続。9年大久保利通の内命を受け鹿児島に帰郷、西郷隆盛らの動向を探ったが、私学校党に捕らえられた。これが西南戦争の遠因にもなった。35年栃木県知事、37年愛媛県知事。私立獣医学校校長や箱根湯本町長も務めた。

菅沼 達吉　すがぬま・たつきち
実業家　大阪市助役
万延2年（1861）2月8日～大正4年（1915）5月3日
出江戸本所亀沢町（東京都墨田区）　本陸奥国仙台（宮城県）　名旧姓・旧名＝森，幼名＝精一郎，号＝召水　学東京帝国大学卒　歴陸奥仙台藩大目付・森泰次郎の子に生まれ、12歳で菅沼家の養子となる。伯父・成島柳北や箕作秋坪に漢学・英語学を

学ぶ。二高教授兼舎監として9年間務めた後、銀行界に転じ、日本銀行大阪支店長を経て、山口銀行頭取に就任。のち手腕を買われて大阪市高級助役に選ばれ市政を担当。大阪電燈取締役も務め、関西政財界の重鎮として活躍した。　家四男＝森繁久弥（俳優）、叔父＝成島柳北（儒学者）

菅沼 豊次郎　すがぬま・とよじろう
弁護士
慶応4年(1868)8月1日～昭和2年(1927)12月27日　生大分県　学帝国大学法科大学〔明治26年〕卒　歴菅沼茂の二男として生まれる。明治27年司法官試補、同年判事となり五条区裁判所、奈良地裁、大阪地裁を経て、30年退官し大阪市内で弁護士を開業。大阪弁護士会会長を2期務めた。毎日新聞、鴻池銀行、藤田銀行、南海電鉄、京阪電鉄を始め10数社の顧問弁護士として活躍、関西法曹界の重鎮として貢献した。

菅野 勘兵衛　すがの・かんべえ
商人
弘化3年(1846)～明治43年(1910)
生陸奥国（宮城県登米市）　歴現在の宮城県登米市に生まれる。江戸時代から明治にかけ、父から北上川を利用して米や生糸などを運ぶ回船問屋を受け継ぎ、東京や福井にまで販路を広げた。

菅野 伝右衛門　すがの・でんえもん
高岡商業会議所初代会頭
安政6年(1859)3月～明治33年(1900)10月10日　生越中国高岡（富山県高岡市）　名本名＝菅野友次郎　歴越中高岡の地主・菅野家6代目。実業界に入り、明治22年高岡銀行を設立、副頭取、のち頭取を務める。26年高岡紡績を創立、29年高岡商業会議所初代会頭となる。一方、22年から高岡市参事会員に3選。富山県議を経て、30年から貴院議員（多額納税）となり、33年3月辞した。

菅野 尚一　すがの・ひさいち
陸軍大将
明治4年(1871)3月21日～昭和28年(1953)6月20日　生山口県　学陸士（第2期）〔明治24年〕卒、陸大〔明治32年〕卒　歴日清戦争に歩兵第十一連隊付少尉で従軍、負傷。日露戦争には歩兵第十四隊補充大隊長で出征、大本営参謀、第三軍参謀となった。戦後英国駐在、陸軍省軍務局歩兵課長などを経て、大正7年軍務局長。第二十師団長、11年台湾軍司令官、14年大将、15年軍事参議官、昭和2年予備役。

菅谷 元治　すがや・げんじ
ダイダン創業者
元治1年(1864)3月4日～昭和22年(1947)3月19日　生江戸本郷真砂町（東京都文京区）　学東京職工学校染織科〔明治21年〕卒　歴上野高崎藩士の二男で、同藩家老を務めた菅谷清章の子孫。明治18年東京職工学校（現・東京工業大学）染織科に進み、平賀義美に師事。在学中は名古屋の代言人（弁護士）・阪上有三が同校に依頼していた綿毛交織との洗滌染色法の研究に従事した。21年卒業すると名古屋に赴任、阪上の名古屋製絨所創業に参画したが、1年半で倒産。23年平賀の斡旋で大阪の藤田組鉱山部に職を得、24年職工学校時代からの親友で天満織物の技師長を務めていた小林銀三の誘いで、同社の染色部門を引き受けて独立、天満染工場と命名した。その後、染色業界を去り、34年機械器具輸入販売業の南陽商会を買収して営業を継承。36年菅谷商店を創業、40年大阪電気商会の看板を掲げて本格的に電気工事業に進出。その後、39年職工学校同窓の村井季四郎と共同で暖房工事を営む村井菅谷営業事務所を作り、大正4年村井の共同経営辞退により事業を継承する大阪暖房商会を設立。7年両社を合併して合資会社の大阪電気商会大阪暖房商会（現・ダイダン）とし、昭和8年株式会社に改組した。18年大阪電気鉄管工業に社名変更した、会長に退いた。　家二男＝菅谷清（大阪電気暖房取締役）、三男＝菅谷三郎（大阪電気暖房社長）、四男＝菅谷知巳（大阪電気暖房社長）、六男＝菅谷六郎（ダイダン会長）、七男＝菅谷健児（大阪電気暖房社長）、孫＝菅谷節（ダイダン社長）

菅原 時保　すがわら・じほう
僧侶（臨済宗）
慶応2年(1866)4月2日～昭和31年(1956)8月29日　生越後国（新潟県）　名号＝曇莘軒、道号＝寿仙　歴明治16年群馬県吉祥寺で得度、19年鎌倉円覚寺で学び、20年鎌倉建長寺宗学林に入学。23年神奈川県了義寺通翁の法を嗣ぎ、28年了義寺住職。5年後京都建仁寺の島地黙雷に参じ37年印可を受け、同年天源院住職。38年臨済宗建長寺派管長に就任、建長寺住職、大教正となった。この間堂塔修理に尽力、鎌倉中学設立途中、関東大震災に遭い、堂宇、唐門などが大破、再度復興に尽くした。著書に「独語心経」「碧巌録本話」「禅海浮沈七十年」「禅に学ぶ」「参禅入門」「金剛経講義」などがある。

菅原 伝　すがわら・つたう
衆院議員
文久3年(1863)8月25日～昭和12年(1937)5月9日　生陸奥国遠田郡涌谷村（宮城県遠田郡涌谷村）　学大学予備門卒　歴明治19年渡米、パシフィック大学に入学して、21年サンフランシスコで在米日本人愛国有志同盟会を結成。帰国後自由党に入り新聞「十九世紀」を発刊。26年再渡米。31年以来宮城県から衆院議員当選16回。政友会に属し、この間「人民新聞」を発刊、社長。大正19年加藤高明内閣の海軍参与官、政友会総務。国有財産調査会、補償審査会各委員。　勲勲三等瑞宝章

菅原 恒覧　すがわら・つねみ
鉄道工業会社長　鉄道請負業協会初代理事長
安政6年(1859)7月24日～昭和15年(1940)4月10日　生陸奥国磐井郡二関村（岩手県一関市）　名幼

名=忠之介 学帝国大学工科大学土木工学科〔明治19年〕卒 歴一関藩士の二男。藩校教成館、宮城英語学校に学ぶ。明治13年工部大学校（のち帝国大学工科大学）土木工学科に入学。19年卒業して鉄道局に入り、官吏として鉄道建設に従事。21年佐賀振業社に転じ、九州鉄道第2期線の工事に従事。23年redefine武鉄道に移り、24年建築課長兼鉄道課長。その後、川越鉄道、青梅鉄道、豆相鉄道の技師長として工事を監督した。31～32年自費で欧米視察すると、帰国後菅原工業事務所（のち菅原工務所に改称）を設立し、測量、設計、監督を請け負う。特に博多湾鉄道の監督請負は新しい業務として不讃された。39年中央線の善知鳥トンネル完成で名をあげ、40年請負業社を合わせて鉄道工業合資会社を創設し理事長に就任。大正6年難工事の丹那トンネル東口工事を完成させて、業界において重要な地位を占めるようになった。昭和8年同社は株式会社となり、社長。この間、大正5年鉄道請負業協会（現・土木工業協会）を創立し、初代理事長に就任。土木業界の近代化や建設業の地位向上に大きな役割を果たした。著書に「甲武鉄道市街線紀要」「槐門遺芳」がある。 家二男＝菅原通済（江ノ島電鉄社長)、孫＝菅原春雄（フタバ倉庫社長）

菅原 通敬　すがわら・みちよし
枢密顧問官 大蔵次官
明治2年（1869）1月6日～昭和21年（1946）12月18日　生宮城県　学帝国大学法科大学〔明治28年〕卒　歴大蔵省に入り、沖縄県庁税長、函館税務管理局長、同税関長、神戸税務監督局長、大蔵省事官などを経て明治42年主税局長、大正4年大蔵次官。その間2年には東北振興会を創立、会長。また信託事業を起こし、信託協会会長を務めた。5年～昭和13年貴院議員。5年東洋拓殖総裁、13～21年枢密顧問官。

杉 孫七郎　すぎ・まごしちろう
枢密顧問官 子爵
天保6年（1835）1月16日～大正9年（1920）5月3日
生長門国萩（山口県萩市）　名旧姓・旧名＝植木、諱＝重華、号＝松城　歴安政2年（1855年）藩校明倫館に学び、吉田松陰の薫陶を受けた。文久元年（1861年）遣欧使節に随行。3年久留米藩の内紛調停、元治元年（1864年）四国連合艦隊の下関砲撃の講和談判、慶応元年（1865年）高杉晋作ら萩急進派の鎮撫に当たり、2年長征軍に参謀として石州口に出陣、3年肥前大村、芸州と飛び、同年の討幕出兵に参謀として進発、明治元年福山、松山に転戦、山口に帰った。同年山口藩権大参事、廃藩後4年宮内大丞、5年秋田県令、10年宮内大輔、15年特命全権公使を歴任し、17年宮内省2等出仕。20年子爵。27年東宮御用掛、30年枢密顧問官、39年議定官兼任。

杉浦 治郎右衛門（9代目）
すぎうら・じろうえもん
一力亭当主（9代目）

文政3年（1820）9月28日～明治28年（1895）2月24日　生山城国（京都府）　名本名＝杉浦為充　歴京都・祇園の老舗茶屋として知られる一力亭の9代目当主。東京への遷都で沈滞化した京都を活気づけようと企画された内国勧業博覧会の関連行事として、芸妓の歌舞を公衆の面前で披露するアイデアを考案。弱冠34歳の舞踊師匠である片山春子（3代目井上八千代）を抜擢し、明治5年京都の名物行事となった都をどりを創立し、祇園の発展に貢献した。また3年日本最初の検黴治療所、6年婦女職工引立立会社（のちの遊所女紅場）を設立した。2年には下京第三十三番組小学校（現・弥栄小学校）創設にも力を注ぎ、初代校長を務めた。教科書として「両読国学入門」を著すなど、学問にも秀でた。

杉浦 譲　すぎうら・ゆずる
駅逓正
天保6年（1835）9月25日～明治10年（1877）8月22日　生甲斐国山梨府中二十人町（山梨県甲府市）
名幼名＝昌太郎、名＝愛蔵、字＝子基、号＝温齋　歴幕臣で3代にわたって甲府勤番を務める杉浦家に、7人きょうだい（5男2女）の一番上の長男として生まれる。文久元年（1861年）江戸に出て外国奉行支配書物御用出役となり、3年外国奉行・池田筑後守の随員として渡仏。鎖港の予定が開国の必要を痛感し、元治元年（1864年）帰国するとその旨を建言した。慶応3年（1867年）外国奉行支配調役としてパリ万博使節の徳川昭武に随行。4年外国奉行支配組頭に就任、明治維新に際しては新政府に外交事務の引き継ぎを行った。大政奉還により静岡に移った後は静岡学問所教授となった。明治3年親友である渋沢栄一の推挙もあって新政府に出仕。4年には郵便制度創業に際して最高責任者の駅逓権正に就任、外遊中の前任者で、友人の前島密に代わってその制度の整備・確立に尽くした。4年初代駅逓正に昇格。7年内務地理頭となり内務大丞と戸籍頭を兼務。10年内務大書記官地理局長となったが、在任中に病死した。この間、富岡製糸場の建設実務に携わった他、5年日報社から創刊された「東京日日新聞」（現・毎日新聞）に関与。条野採菊らにフランスで見聞した日刊新聞について話し、免許願書や日報社の社則・社員信条を起草するなど、社主的な立場で同紙に関わった。

杉江 善右衛門　すぎえ・ぜんえもん
実業家
文政5年（1822）～明治18年（1885）
生近江国栗太郡山田村（滋賀県草津市）　歴幼い頃から琵琶湖の開発を志し、幕末には丸子船により栗太郡（現・草津市）と大津との交通を盛んにした。明治9年には谷口嘉助に資金の援助を仰ぎ、琵琶湖上initial蒸気船である千歳丸を購入し、これを湖上に走らせた。湖南汽船会社を設立し、現在の琵琶湖汽船の基礎を築いた。

杉下 太郎右衛門　すぎした・たろううえもん
衆院議員（憲政本党）貴院議員（多額納税）
慶応3年（1867）9月～大正7年（1918）5月4日
⑪岐阜県　歴学務委員、徴兵参事員、吉城郡議等を経て、明治31年岐阜7区より衆院議員に初当選し、2期を務めた。40年多額納税の貴院議員。

杉田 金之助　すぎた・きんのすけ
弁護士　早稲田大学教授
安政6年（1859）1月25日～昭和8年（1933）6月24日
⑪美濃国（岐阜県）　学東京専門学校〔明治20年〕卒　歴明治20年東京専門学校（現・早稲田大学）を卒業して判事となる。25年米国に留学してミシガン大学・エール大学で学び、マスター・オブ・ローおよびドクター・オブ・シビルローの学位を得た。帰国後、東京地裁判事、農商務省特許局商標審査課長などを歴任。のち退官して弁護士・弁理士を開業し、傍ら早稲田大学教授となりローマ法を講じた。

杉田 仙十郎　すぎた・せんじゅうろう
篤農家　石川県議
文政3年（1820）11月6日～明治26年（1893）1月10日　⑪越前国坂井郡波寄村（福井県福井市）　名通称＝次郎兵衛　歴代々、越前坂井郡波寄村（現・福井県福井市）で大庄屋を務める豪農の家に生まれる。天保14年（1843年）父の跡を継いで大庄屋となり、九頭竜川の治水事業などに力を尽くしたほか、福井藩惣会所の調和締役兼惣代助役なども務めた。安政4年（1857年）村のために学校を設立するが、農民の分に過ぎるものとして藩の忌避に触れ、配下の27ヶ村の庄屋や長百姓が連名で、その徳行を挙げて嘆願したのも空しく、大庄屋の職を解かれた。のち復職し、明治元年軍岸水門四郷堤並用悪水洗取締り、3年郷長などを歴任。若い頃から経世済民の志を抱き、明治期以降にはその志を長男・杉田定一に引き継ぎ、その後ろ盾として地租改正や国会開設運動にも関与した。12年最初の石川県議に当選するが、13年には辞職し、以降は定一の政治活動を物心両面で支えた。　家長男＝杉田定一（政治家）

杉田 定一　すぎた・ていいち
民権運動家　衆院議長　政友会幹事長
嘉永4年（1851）6月2日～昭和4年（1929）3月23日
⑪越前国坂井郡波寄村（福井県福井市）　名号＝鶉山　歴吉田東篁の塾などに学び、海老原穆の「評論新聞」に入り民権論を提唱、時の政府を攻撃して入獄。明治11年板垣退助らと愛国社を再興、福井県の地租改正再調査運動を指導、筆禍で入獄。14年自由党結成に参加。17年清仏戦争で清国に渡航し、上海に東洋学館を興した。18年欧米漫遊、20年帰国。23年以来衆院議員当選9回、憲政党結成に参加、31年大隈内閣の北海道庁長官。33年政友会創立に参画、36年衆院副議長、38～41年議長、41年政友会幹事長。45年～昭和4年勅選貴院議員。

大正13年政友本党に属したが、昭和2年政友会に復帰して顧問。著書に「血痕記」「経世新論」「国是策」「東亜管見」などがある。

杉田 日布　すぎた・にっぷ
僧侶　身延山久遠寺法主
安政2年（1855）11月29日～昭和5年（1930）12月7日　⑪甲斐国（山梨県）　名字＝湛誉、号＝智明院　学西谷檀林　歴西谷檀林で学んだ後、明治11年大教院で新居日薩に師事。18年山梨県の昌福寺に入る。静岡県の本覚寺住職、日蓮宗大学（現・立正大学）学長などを経て、大正13年身延山久遠寺法主、14年日蓮宗管長となった。石橋湛山の父。　家息子＝石橋湛山

杉田 文三　すぎた・ぶんぞう
農業指導者　埼玉県村農会長
明治2年（1869）9月4日～昭和2年（1927）3月7日
⑪武蔵国比企郡大河村増尾（埼玉県比企郡小川町）　学埼玉師範　歴農業の傍ら醤油製造と質屋を営む家に生まれる。卒業後、故郷の高等小学校の教師となる。のち農業に転じて麦などの品種や農具の改良などを研究し、農政ジャーナリストとして実地の実験に基づく多くの農学書を著述。また村農会長として比企郡における郡農会や産業組合の設立にも力を尽くした。著書に「麦作全書」「実用農業新書」「麦菽改良栽培法」、藤井平八との共著に「実用養鶏全書」がある。

杉田 与三郎　すぎた・よさぶろう
日本板硝子創業者
明治18年（1885）～昭和41年（1966）2月
⑪大阪府大阪市　学シカゴ大学（米国）〔明治42年〕卒　歴生家は古くから薪炭商を営んでおり、住友銅吹所の炭方を務めた家柄。中学を卒業後、渡米して6年間留学。明治42年シカゴ大学を卒業し、大正元年大阪の貿易商社・島商店に入社。ある時、取引先からビール瓶の大量引き合いがあったことから大阪随一の製瓶工場を訪れると、いまだに手吹きで瓶を作っていたため、工場長と話して米国製の製瓶機械の導入を決意。米国で仮契約を終えて帰国すると、出張中に工場長が急死していたため、新たに製瓶会社を設立することになり、大正5年日本硝子工業設立に際して取締役支配人となった。6年同社が大日本麦酒の子会社となったことから、かねてより興味を持っていたコルバーン式板ガラス製法を我が国に導入する新会社設立を試み、米国リビー・オーエンス・シートグラス・カンパニーより特許を譲り受け、7年日米板ガラス（現・日本板硝子）を創業して代表取締役常務。11年取締役となり、昭和3年退任。晩年は農場経営に余生を送り、宮崎県東郷村で亡くなった。

杉野 喜精　すぎの・きせい
東京株式取引所理事長　山一証券創立者
明治3年（1870）9月6日～昭和14年（1939）5月2日
⑪東京本所（東京都墨田区）　⑪青森県　学官立銀

行事務講習所卒　歴津軽藩士の長男に生まれる。明治20年日本銀行に入行。愛知銀行、名古屋銀行取締役支配人。日露戦後の取付騒ぎで40年辞任。上京して日本橋に八幡屋株式店を開業。43年小池合資会社入社。大正6年小池国三のもとで山一合資会社を創立、12年株式会社に改組し、山一証券と改称、初代社長に就任、証券業を先駆的に推進した。昭和10年東京株式取引所理事長となった。

杉野 孫七　すぎの・まごしち
海軍兵曹長
慶応2年(1866)12月19日〜明治37年(1904)3月27日　生伊勢国河芸郡栄村字磯山(三重県鈴鹿市)　歴明治19年海軍志願兵として浦和屯営に入る。日進・富士・筑波・武蔵などの諸艦に乗り組み、新造軍艦回航委員付として2度渡欧。27年日清戦争には第五号水雷艇に乗り組んで従軍。36年朝日に転乗、朝日水雷長・広瀬武夫少佐の知遇を得る。翌37年日露戦争に上等兵曹として出征。広瀬武夫指揮する福井丸に乗り組み旅順港閉塞戦に参加、同年3月戦死。兵曹長に進む。文部省唱歌「広瀬中佐」の歌詞で「杉野は何処……」と歌われた。

杉原 栄三郎　すぎはら・えいざぶろう
東京商業会議所副会頭　東京府議
慶応1年(1865)5月20日〜昭和11年(1936)1月28日　生江戸　歴家は祖父の頃から両替商を営み繁栄した。北海道および満州・朝鮮を視察して帰国、内国商品陳列館長となり、日清戦争では陸軍御用商人として巨利を得た。のち杉原商会を創立、雑貨の海外輸出に従事し、横浜および米国サンフランシスコに支店を設けた。大正11年関東大震災による打撃を蒙るまで商勢盛んだった。この間、明治30年東洋メリヤスを創立して社長に就任、メリヤス事業の発展に尽力した。また長田銀行・北武鉄道・箱根土地・共益倉庫・帝国火災保険・加富登麦酒・小田原電気鉄道・大日本護謨・東京会館などの重役を務め、東京米穀商品取引所理事に就任し、財界の重鎮として活躍した。一方、25年下谷区議となり、29年東京市議に選ばれる。32年東京府議となり、翌33年東京市議に再選し、以来重選して、40年東京府会議長を務める。また、同年東京商業会議所議員に推され、大正4年副会頭に就任。そのほか諸種の公職を務めた。

杉村 正太郎　すぎむら・しょうたろう
杉村倉庫創業者
明治7年(1874)2月6日〜昭和18年(1943)11月　生大阪府　歴大阪で代々、両替商・錫屋両替店を営む素封家の長男。明治21年父を亡くして正太郎を襲名、父の友人であった中兵衛が後見役となり、34年には、やはり父の友人であった五代友厚の四女と結婚した。家業は両替商から砂糖問屋に転じ、砂糖問屋の廃業後は山林・土地及び倉庫の経営にあたり、28年安治川沿いで倉庫業の杉村安治川支店を創業。大正8年株式会社杉村倉庫に改

組。14年辞任。この間、明治42〜45年大阪市議を務めた。　家岳父＝五代友厚(実業家)　勲紺綬褒章〔大正7年〕

杉村 甚兵衛(2代目)　すぎむら・じんべえ
杉村商店社長　東京モスリン紡績会長
嘉永6年(1853)3月18日〜大正15年(1926)　生京都　歴16歳の時に伯父である初代杉村甚兵衛の養子となる。25歳の時に家督を継いで2代目甚兵衛となり、家業の合羽装束商を営む。早くから洋反物に着目して外国商館と直接交渉を行い、明治中期には従業員を欧州に派遣して、直輸入の交渉にも携わった。薄手の平織り毛織物であるモスリンの国産化に尽力し、自ら色モスリン開発に成功。明治29年東京モスリン紡織(現・大東紡織)設立に参画、17年間に渡って会長を務め、"モスリン王"と呼ばれた。

杉村 濬　すぎむら・ふかし
駐ブラジル公使
弘化5年(1848)2月16日〜明治39年(1906)5月21日　生陸奥国盛岡(岩手県盛岡市)　名幼名＝順八　歴南部藩士の家に生まれ、のち江戸に出て、島田重礼に入門し塾頭となる。明治7年征台の役に参加、8年退官し、「横浜毎日新聞」の論説記者となった。13年外務省御用掛、のち外務省書記生として朝鮮・京城に赴任、15年壬午の変にはあやうく難をのがれた。19年京城公使館書記官。28年閔妃暗殺事件に関連して逮捕されたが、翌年免訴、ついで台湾総督府事務官に就任。33年外務省通商局長として海外移民計画を立案、37年南米移民事業促進のためブラジル公使となった。著書に「在韓苦心録」がある。　家息子＝杉村陽太郎(外交官)

杉本 重遠　すぎもと・しげとお
大分県知事
弘化3年(1846)〜大正10年(1921)
生江戸浜町(東京都中央区)　出群馬県館林市　名幼名＝太郎吉　歴上野国館林藩士の子として江戸浜町中屋敷に生まれる。幼名は太郎吉。3歳の時、全家で館林に帰郷。幼くして文武を修め、のち藩の造士書院に入り槍術・漢籍を学び、藩の表小姓となる。明治維新の際、藩外交官補助となり、のち国事外交係として江戸に住み天下の形勢を国許に内報した。明治元年鎮将府の官掌となり、2年館林藩権少参事、4年取締組組長、7年権少検事、大警部、14年宮城上等裁判所検事を歴任し、17年欧米各国へ派遣され、18年帰国。のち徳島県書記官、警視庁警務局長、新潟県書記官などを経て、30年大分県知事となる。31年退官後は地方財界に貢献、自ら群馬商業銀行の経営に尽力した。

杉本 道山　すぎもと・どうざん
僧侶(曹洞宗)　鶴見総持寺貫主
弘化4年(1847)〜昭和4年(1929)10月16日
生尾張国愛智郡鳴海村(愛知県名古屋市)　歴13歳で出家し曹洞宗の僧となり、明治9年郷里の愛知県

鳴海町(名古屋市)瑞泉寺の住持となる。のち愛知県曹洞宗録副長、曹洞宗大学林(現・駒沢大学)学長、朝鮮曹洞宗布教総監、最乗寺住職、東京出張所長、曹洞宗総務院尚書などを経て、大本山鶴見総持寺貫首を務めた。

杉本 又三郎 すぎもと・またさぶろう
鮮魚商 大阪府議会議長
慶応1年(1865)～昭和15年(1940)1月27日
歴明治40年冷蔵庫を応用した日本初の鮮魚冷蔵運搬船を建造。41年には鉄道院の委託により冷蔵貨車の試験操業を行う。海苔養殖にも従事した。第24・25期大阪府議会議長も務めた。

杉山 彬 すぎやま・あきら
外交官
文久2年(1862)2月5日～明治33年(1900)6月10日
生江戸小石川(東京都文京区) 名幼名=萬蔵 歴常陸水戸藩士の子。明治17年外務省に出仕。30年公使館書記生となり清(中国)北京に赴任。33年義和団の乱の際、公使館を護ろうとしたが殺害された。

杉山 岩三郎 すぎやま・いわさぶろう
実業家
天保12年(1841)8月15日～大正2年(1913)7月18日 生備前国岡山(岡山県岡山市) 歴文久3年(1863年)禁裏守衛にあたり、慶応3年(1867年)岡山藩の精鋭隊士、明治元年藩兵の監軍として奥羽征討に加わり各地に転戦し功を立てた。廃藩置県の際岡山県典事となり、5年島根県参事となるが、同年辞職して岡山に戻り、実業界に転じた。有終社を組織して同藩士の団結を図り、岡山紡績所の創立などで士族産業に尽力。23年には欧米を視察、28年中国鉄道社長に就任。この他二十二銀行、岡山電気軌道、井笠軽便鉄道などの創立に関与し、岡山の地域発展に貢献。剛毅果断な人柄より"備前西郷"と称せられた。

杉山 克巳 すぎやま・かつみ
開拓者 青森県六戸村村長 三本木開墾社社長
安政7年(1860)2月6日～昭和11年(1936)10月21日 生陸奥国六戸村(青森県上北郡六戸町) 歴陸奥六戸の豪農の家に生まれる。人望があり、明治36年同地の消防組初代組頭に選ばれた。さらに三本木開拓社長として原野の開発に従事し、舘野公園や集落保有林を設けるなど、地域の開発に大きく貢献した。のち、上北郡会議員や青森県議などを経て、大正12年六戸村長に就任。

杉山 茂丸 すぎやま・しげまる
政治家
元治1年(1864)8月15日～昭和10年(1935)7月19日 生筑前国(福岡県福岡市) 歴13歳の時ルソーの民約論を読み、明治13年上京、自由民権運動に参加。22歳の時、玄洋社の頭山満を知り、帝国主義的な海外膨張政策に共鳴、炭鉱獲得など資金面で活躍。22年大隈重信外相襲撃事件に関係して投獄され、また伊藤博文暗殺を企てたが逆に説伏された。のちに伊藤、山県有朋、桂太郎ら長州閥と親交を結ぶ。日露戦争中、桂の依頼で渡米、公債募集で活躍。43年韓国併合では韓国と日本の橋渡しをし、南満州鉄道(満鉄)創設、日本興業銀行や台湾銀行の設立など内外諸問題の裏面で暗躍した。官途に就かず浪人を以て任じた明治政財界のフィクサー。 家長男=夢野久作(作家)

杉山 重義 すぎやま・しげよし
自由民権運動家 牧師 早稲田大学教授
安政4年(1857)6月27日～昭和2年(1927)1月24日
生備前国(岡山県岡山市一番町) 学慶応義塾〔明治7年〕卒、ハートフォード神学校(米国) 歴岡山に生まれ、松山藩立洋学校に学び、明治6年大阪で宣教師ゴードンにより受洗。7年慶応義塾卒業後、自由民権運動に参加し、10年「攪民新誌」編集長を務めた後、上京して共同社に入る。12年「福島毎日新聞」に主筆として迎えられると、福島県の自由民権運動家と親しく交わり、弾正ケ原事件では国事犯として検挙されたが、のち無罪。13年「返事評論」編集長、「東京政談」印刷長を経て、17年加波山事件で再び捕えられた。小崎弘道牧師との出会いがきっかけで政治運動から足を洗い、小崎の東京第一基督教会(のち霊南坂教会)の執事となり、のち牧師。21年「基督教新聞」主筆を兼任。その後、「毎日新聞」記者、ハワイのヒロ日本人教会牧師を経て、28～30年ハートフォード社会学校・神学校で社会学・経済学を研究。のち早稲田大学教授となり、早稲田実業学校校長を兼任。41年大隈重信の大日本文明協会で出版編集員を務め、労働組合期成会弁士としても片山潜らと活動した。

杉山 四五郎 すぎやま・しごろう
衆院議員
明治3年(1870)1月6日～昭和3年(1928)6月13日
生越後国北蒲原郡島塚村(新潟県新発田市) 名旧姓・旧名=小川 学帝国大学法科大学政治科〔明治27年〕卒 歴大学卒業後、内務省に入り、山梨県、神奈川県の参事官を務める。明治33年海港都市行政調査のため渡欧し、ドイツ、フランスで政治学を修めた。帰国後、内務省参事官などを経て、43年高知県知事に就任。大正4年政友会から衆院議員に当選。のち宮崎県知事、京都府知事、内務省次官などを歴任した。 家養父=杉山叙(丸亀税務官理局長)

杉山 辰子 すぎやま・たつこ
宗教家 ボランティアの先駆者
慶応4年(1868)7月28日～昭和7年(1932)6月27日
生美濃国羽島郡笠松(岐阜県羽島郡笠松町) 歴生家は名主だったが、家が没落ののち仏道修行に入り、法華経の教義を学ぶ。明治43年医師村上斎と共に愛知県藤岡村で医院を開業、医療は村上が担当し、辰子は仏法による教化を行った。大正3年名古屋市に仏教感化救済会(現・法音寺学園・日本福

杉山 彦三郎　すぎやま・ひこさぶろう
篤農家　静岡県議

安政4年(1857)7月5日～昭和16年(1941)2月7日　⓰駿河国安倍郡有度村(静岡県静岡市)　⓱生家は駿河安倍郡有度村(現・静岡市)の医家で、農業と酒造業も兼ねた。茶の栽培に志し、明治4年から10年に渡って山野を開拓し、3丁余りの茶園を開く。10年より農商務省技師の多田元吉から茶の指導を受け、栽培と製造を実施。また清国出身の胡秉枢から紅茶について教わり、さらに緑茶についても静岡県南山村の山田文助を招き、伝習所を創設しその技術を伝習させた。明治30年代には南洋開発事業に失敗したため一時期茶の栽培が頓挫したが、41年孟宗竹の藪の跡を開いて造った茶園の北側で「やぶきた」の原樹を発見し、増殖を開始。「やぶきた」の育成を進めたほか、「安倍1号」など緑茶14種、紅茶8種を創成した。また、地方政治にも参画し、明治26～29年静岡県議、36～37年有度村村長を務めた。さらに土地の有志と共に有修学舎を設立するなど、教育事業でも活躍した。　⓲大日本農会緑白綬有功章〔昭和3年〕

杉山 義雄　すぎやま・よしお
秀英舎社長

慶応2年(1866)9月18日～昭和8年(1933)4月8日　⓰遠江国(静岡県)　⓱旧姓・旧名＝永田　⓲明治法律学校卒　⓱大正9年～昭和7年秀英舎(現・大日本印刷)社長を務める。この間、東京印刷同業組合組長を務め、出版業界・印刷業界に活躍した。また第四銀行東京支店支配人、大丸呉服店専務理事、日本書籍取締役、日本開墾取締役、中和銀行頭取などを兼任。昭和女子薬学専門学校(現・昭和薬科大学)の設立に関わり理事長に就任した。

菅 実秀　すげ・さねひで
荘内銀行創設者

文政13年(1830)1月8日～明治36年(1903)2月17日　⓰出羽国鶴岡(山形県鶴岡市)　⓲通称＝善太右衛門、号＝臥半　⓱庄内藩藩主の近習。江戸警備を指揮。藩主の側用人でもあった。戊辰戦争で藩軍事掛りとなり、先頭に立って戦った。敗れたあとも旧庄内藩の藩主を取り巻く保守派の総帥として、戦後処理に奔走した。廃藩置県で酒田県権参事となり、松ケ岡開墾事業にも着手。7年ワッパ騒動で権参事を辞任。8年鹿児島へ行き西郷隆盛に師事する。西郷没後鶴岡に戻り、御家禄派頭領として六十七銀行(現・荘内銀行)を創設したほか、様々な事業を起こした。明治23年「南洲翁遺訓」を刊行。

調所 広丈　ずしょ・ひろたけ
鳥取県知事　貴院議員

天保11年(1840)4月1日～明治44年(1911)12月30日　⓰薩摩国鹿児島(鹿児島県鹿児島市)　⓱戊辰戦争では新政府軍の一員として各地を転戦。箱館戦争では同藩の黒田清隆の幕下として活躍した。戦後、黒田の招きで開拓使に入り、大書記として札幌で民事などに携わった。明治9年札幌農学校開校と共に校長を兼任。しかし、同校の経営に関しては御雇い外国人教師クラークに一任し、自らは北海道の生活改善に専念。樺太に視察して馬ソリや丸太式家屋を北海道に持ち込むなど、寒地の生活に適した施策を行った。15年には初代札幌県令に就任し、豊平川の改修や鉄道の敷設に尽力。22年高知県知事に転任するが、25年の臨時総選挙では警官を動員して大規模な選挙干渉を行い、多数の死傷者を出した。のち鳥取県知事を経て、27年勅選貴院議員。

鈴置 倉次郎　すずおき・くらじろう
衆院議員

慶応3年(1867)3月～大正15年(1926)5月6日　⓰尾張国(愛知県)　⓲帝国大学法科大学政治科〔明治23年〕卒　⓱大蔵省に入り検査官補。明治29年辞任、民声倶楽部を結成、愛知県政に貢献。35年衆院議員に当選、桂太郎の同志会創立に参加、憲政党に改称後も引き続き所属。その間外務副参政官、大正13年加藤高明内閣の文部政務次官となり、以後若槻礼次郎首相、岡田文相らに仕えた。

鈴木 岩治郎　すずき・いわじろう
鈴木商店創業者

天保12年(1841)7月17日～明治27年(1894)6月16日　⓰武蔵国川越(埼玉県川越市)　⓰兵庫県神戸市　⓱大阪の米雑穀問屋・辰巳屋の丁稚となり、のち番頭に取り立てられ、明治3年姫路の漆商の五女よねと結婚。以後、業運の伸長に努め、鈴木商店として独立。以後、業運の伸長に努め、同地第一流の商店に発展した。没後、妻よねが同店の経営に当たり事業を拡大、さらに金子直吉によって総合商社・鈴木商店へと発展した。

鈴木 梅四郎　すずき・うめしろう
実業家　衆院議員(政友会)

文久2年(1862)4月26日～昭和15年(1940)4月15日　⓰信濃国水内郡安茂里村(長野県長野市)　⓲慶応義塾〔明治20年〕卒　⓱時事新報記者、横浜貿易新報社長から三井銀行調査係長、横浜支店長を経て王子製紙専務。この間明治43年に苫小牧に新聞用紙専門工場を建設した。日本殖民会社社長を兼任。晩成社を設立、育英事業に尽力。また社団法人実費診療所を創立した。45年に衆院議員に立ち当選3回。犬養毅の国民党に属し党幹事長。他に第一火災保険、三越などの重役を兼ねた。著書に「平和的世界統一政策」「医薬国営論」「昭和維新の大国是」「立憲哲人政治」「福沢先生の手紙」などがある。

鈴木 浦八　すずき・うらはち
農事改良者　静岡県議

嘉永5年(1852)12月1日～大正7年(1918)10月30

日　歴生家は大庄屋を務める農家。明治6年磐田加茂西村戸長となり、天竜川の治水などで活躍し、16年には静岡県議に当選。20年県内の耕地整理の際に畦畔改良（静岡式）と呼ばれる新手法を考案・実施、23年の第3回内国勧業博覧会にその改良成績を出品し、褒賞を受けた。以後その普及と指導に力を尽くし、19世紀末まで静岡県内における大半の耕地がこの方式で整理され、岐阜や高知・千葉・宮城・山形各県にまで採用されるに至った。　賞内国勧業博覧会褒賞（第3回）〔明治23年〕

鈴木　英太郎　すずき・えいたろう
大審院判事

明治3年（1870）4月9日～大正11年（1922）10月10日　生越後国岩船郡金屋村（新潟県村上市）　学帝国大学法科大学独法科〔明治28年〕卒　法学博士〔大正9年〕　歴明治32年判事となり、東京区裁判所判事、34年同判事部長、40年東京控訴院刑事部長を経て、大正2年大審院判事となる。法律取調委員、判事検事登用試験委員、弁護士試験委員などを務めた。法律学の特に訴訟法に精通していて「法律行為と訴訟行為を論ず」を始め著名な論文が多い。

鈴木　恵照　すずき・えしょう
僧侶（真言宗）

明治2年（1869）～昭和3年（1928）12月25日　生阿波国（徳島県）　歴真言宗の僧となり、明治32年泉大僧正の法嗣として大和（奈良県）信貴山成福院主となる。信貴山を隆盛に導くと共に、大正6年同山の事業として大阪に少年保護院積慶会および施療院の積慶病院を設立するなど社会事業にも貢献した。

鈴木　音高　すずき・おとたか
自由民権運動家

文久2年（1862）7月8日～大正13年（1924）2月28日　生駿河国庵原郡辻村（静岡県静岡市）　名旧姓・旧名＝山岡、幼名＝音次郎　歴幕臣の山岡家に生まれ、明治5年鈴木家の養子となる。静岡学問所附属小学校や東京の中江兆民の仏学塾に学び、政治活動に興味を抱き、15年に静岡で結成された岳南自由党に入って自由民権運動に加わる。16年代言人（弁護士）免許を取得し、静岡で開業。このあとも演説を中心とした政治活動を続けるが、同年10月に1年間の演説禁止を命じられた。これを機に実力行使による改革を志すようになり政府転覆・大臣謀殺などを画策、資金調達のために強盗を行うなど暗躍。しかし、19年に事件が発覚し逮捕され（静岡事件）、強盗罪により有期徒刑14年の刑に処された。30年7月に特赦で出獄したのち米国へ渡り、東洋貿易会社を設立して鉄道請負事業などに従事。33年不法に日本人労働者を移植し、いわゆる米国移民事件を起こした。　家長男＝ジョージ・山岡（弁護士）

鈴木　貫太郎　すずき・かんたろう
海軍大将

慶応3年（1867）12月24日～昭和23年（1948）4月17日　生和泉国大鳥郡久世村（大阪府堺市）　凶千葉県　学海兵（第14期）〔明治20年〕卒、海大〔明治31年〕卒　歴下総関宿藩領の和泉国久世村の生まれる。明治22年海軍少尉に任官。27年日清戦争で対馬水雷艦艇長として参加、日露戦争では第五駆逐隊、第四駆逐隊司令として従軍。大正2年舞鶴水雷隊司令官、第二艦隊司令官、海軍省人事局長を経て、3年第二次大隈内閣の海軍次官となり、シーメンス事件後の海軍粛正を行なう。5年軍務局長を兼務。6年練習艦隊司令官、7年将官会議員、海軍兵学校校長、9年第二艦隊司令長官、10年第三艦隊司令長官、11年呉鎮守府司令長官を経て、12年海軍大将。13年連合艦隊司令長官、軍事参議官を務め、14年軍令部長。昭和4年予備役に編入されると侍従長兼枢密顧問官に任ぜられ、昭和天皇の側近として仕えた。11年二・二六事件では反乱将校に襲撃を受けるも奇跡的に一命をとりとめた。19年枢密議長。20年4月組閣の大命を受け、首相として太平洋戦争敗戦に導いた。　家長男＝鈴木一（侍従次長）、弟＝鈴木孝雄（陸軍大将）、女婿＝藤江恵輔（陸軍大将）

鈴木　久次郎　すずき・きゅうじろう
衆院議員（革新倶楽部）

慶応2年（1866）7月～昭和6年（1931）12月29日　凶千葉県　学専修学校　歴千葉県議を経て、明治35年8月千葉8区より衆院議員に初当選。通算7回当選を果たす。また、南総銀行・久留米銀行取締役、日本緬羊毛織・大平炭砿各社長等を務めた。

鈴木　久太夫　すずき・きゅうだゆう
篤農家　荏原郡農談会会頭

文政12年（1829）5月25日～明治24年（1891）4月9日　生武蔵国荏原郡上北沢村（東京都世田谷区）　歴武蔵国荏原郡上北沢村（現・東京都世田谷区）の菅沼勝右衛門に師事して農事を学び、選種、接木、さし木などに長じた。弘化元年（1844年）から穀物の試作と優良採取の普及を進め、安政3年（1856年）種子土囲法を考案。維新後は米国産の小麦の試作に従事し、砂糖の手搾機械、軽便測量器、改良鍬などといった多くの農具を発明して勧業博覧会にも出品した。明治14年荏原郡農談会会頭に就任。

鈴木　清　すずき・きよし
北海道開拓団赤心社社長

嘉永1年（1848）4月29日～大正4年（1915）3月21日　生摂津国（兵庫県）　歴三田藩士の家に生まれ、維新後に神戸で書店を経営するが失敗。間もなくアメリカン・ボード宣教師のJ・D・デーヴィスの伝導に感銘を受け、明治7年に同じアメリカン・ボードの宣教師であったD・C・グリーンにより受洗、摂津第一協会（神戸協会）最初の会員となった。13年キリスト教主義と愛国心に基づく北海道開拓団

赤心会を設立して社長となり、牛肉缶詰業に成功。その製品は内外の博覧会に出品され、高い評価を受けた。また神戸区議会議長・神戸商工会議所議員などを歴任。

薄 定吉　すすき・さだきち
岐阜県知事
文久2年(1862)1月～昭和2年(1927)12月16日　生備前国上道郡(岡山県岡山市)　学帝国大学法科大学〔明治21年〕卒　歴四高教授を経て、明治24年内務省に転じ、39年岐阜県知事に就任、大正2年まで務めた。

鈴木 定直　すずき・さだなお
高知県知事
嘉永6年(1853)3月～大正3年(1914)9月19日　生日向国児湯郡南高鍋村(宮崎県児湯郡高鍋町)　名幼名=半造　歴日向高鍋藩士の長男。明治10年上京し、警察官となる。31年警視総監官房主事、32年大分県知事、34年内務省警保局長、35年群馬県知事、同年滋賀県知事、40年高知県知事。

鈴木 左内　すずき・さない
八幡塚村名主 多摩川に木造橋を架橋
天保9年(1838)～明治42年(1909)12月24日　出武蔵国荏原郡八幡塚村(東京都大田区)　歴家業の筏宿を継ぐ傍ら、武蔵国荏原郡八幡塚村の名主を務める。明治7年多摩川下流の六郷川に180年ぶりとなる橋を架け、名前をとって"左内橋"と呼ばれた。多摩川に架けられた橋としては近代初の木造橋で、渡橋銭をとる有料橋だったが、架橋の翌年から3年連続で洪水により破損し、11年多摩川洪水により押し流された。その後、再度の架橋に尽くしたが、経済的な負担が大きく、架橋運動から手を引いた。

鈴木 三郎助(2代目)　すずき・さぶろうすけ
味の素創業者
慶応3年(1867)12月27日～昭和6年(1931)3月29日　生相模国三浦郡堀内村(神奈川県三浦郡葉山町)　名幼名=泰助　歴父は初代鈴木三郎助で、4人きょうだい(2男2女)の一番上の長男。明治8年二姉と父を流行病の腸チフスで亡くし、家督を相続。10年小笠原東陽の耕余塾で漢学と数学を学び、13年浦賀の酒商・加藤小兵衛方に奉公に出た。17年家業を継いだが、20年経営がうまく行かないので米相場で挽回しようと手を出すが失敗、資産を次々と失った。この頃、母と妻が海藻からヨードをとり始め、その製造事業に従事。27年弟・忠治が横浜商業学校を卒業すると兄弟で事業を発展させ、40年合資会社鈴木製薬所を設立した。45年合資会社鈴木商店に社名変更。大正6年株式会社に改組して社長に就任。この間、明治41年池田菊苗の発明したグルタミン酸ソーダの特許権共有者となり、42年「味の素」として製造・販売を開始。また、大正6年東信電気、昭和3年昭和肥料を設立して各社長を務めた。　家長男=鈴木三郎助(3代目)、父=鈴木三郎助(1代目)、母=鈴木ナカ(実業家)、弟=鈴木忠治(昭和電工社長)、孫=鈴木三郎助(4代目)　勲紺綬褒章〔大正9年〕、勲四等瑞宝章〔昭和3年〕　賞帝国発明協会功労賞〔大正15年〕

鈴木 三蔵　すずき・さんぞう
農業指導者 恵那郡南北農区連合農談会会頭
天保3年(1832)5月18日～大正4年(1915)6月25日　生美濃国恵那郡苗木村(岐阜県中津川市)　歴美濃苗木藩の足軽の家に生まれる。幕末、江戸の藩邸に勤務しながら二宮尊徳の学問と平田学を修める。明治3年藩の勧農掛となるが間もなく帰郷。7年近江に赴いてその牛耕技術を恵那郡に移植、14年には内国勧業博覧会で持立型の犂を購入し、馬耕の普及に尽力した。また10年から郡北部の15ヶ村連合農談会会頭を務め、さらに郡南北連合農談会の結成と共に会頭に就任、農村の指導に当たった。その他、木曽川の架橋工事など公共事業にも貢献した。

鈴木 重遠　すずき・しげとお
衆院議員(三四倶楽部)
文政11年(1828)11月19日～明治39年(1906)4月7日　生江戸　出伊予国(愛媛県)　学昌平坂学問所に学ぶ。安政4年(1857年)松山藩奉行、以後家老、大参事を務め、明治4年廃藩で免官。11～20年海軍省属官として横須賀造船所に勤務。20年旧藩主の内命により愛媛に帰り大同団結運動に参加。この間、14年自由党結成に参加。21年愛媛県議を経て、23年第1回総選挙以来愛媛県より衆院議員当選5回。立憲革新党、進歩党、憲政党、憲政本党、三四倶楽部に属した。35年国民同盟会、日露開戦では対露同志会を組織した。

鈴木 舎定　すずき・しゃてい
政治家
安政3年(1856)2月13日～明治17年(1884)1月1日　生陸奥国盛岡(岩手県盛岡市)　歴盛岡藩士、少年時代上洛、中村正直の門に学び、盛岡に帰って求我社を結成、自由民権運動を唱え、奥羽各地を巡説した。明治14年自由党結成に参加、幹事、常議員を務めた。

鈴木 昌司　すずき・しょうじ
自由民権運動家 衆院議員(弥生倶楽部)
天保12年(1841)9月18日～明治28年(1895)4月30日　生越後国頸城郡北代石村(新潟県上越市)　名幼名=保逸郎、号=竹外　歴明治10年明十社(のちの鳴鶴社)を結成、早くから自由民権を唱えた。12年新潟県会開設とともに県議に当選。13年鳴鶴社、14年頸城自由党、のち北辰自由党、旧友会、越佐同盟会などを結成。16年高田事件に連座し逮捕されるが無罪放免となる。県会議長を経て、23年以来衆院議員当選2回。自由党、弥生倶楽部に属した。27年再び頸城自由党を結成、幹事長となった。

鈴木 信教　すずき・しんきょう
僧侶　社会事業家　如宝寺住職
天保14年(1843)3月25日～明治25年(1892)10月2日　⊞出羽国村山郡(山形県)　歴7歳で玉井村の相応寺に入り、慈恩寺、立石寺徒弟、二本松藩玉井村相応寺の徒弟。13歳から10年間、京都の智積院で修行し、明治元年から25年まで福島県郡山の如宝寺住職を務めた。貧困による出生児の間引きの風習をやめさせたり、孤児や貧しい子どもたちを養子・養女として入籍させ、200余人を養育した。また、門前縞という織物を考案し、子どもたちに織らせた。

鈴木 誠作　すずき・せいさく
実業家　青森県大湊港開港運動
慶応2年(1866)2月6日～昭和5年(1930)3月1日　⊞出羽国米沢(山形県米沢市)　学帝国大学法科大学政治学科〔明治24年〕卒　歴満州、モンゴル、シベリアを視察し、帰国後、下北開発に着目。明治43年大湊開港期成同盟会を組織し、政府に大湊開港請願書と大湊鉄道速成請願書を併願した。大正7年大湊興業を設立、専務に就任。昭和2年大湊冷蔵庫を創立。大湊港を本州と北海道の中継港として繁栄させ、下北産業の発展に寄与した。福井県敦賀とウラジオストク間の定期航路開設にも尽力した。南満州鉄道が開設されると嘱託となり、粛親王家の顧問に就任。張作霖、袁世凱、孫文らと親交し、日中問題の調整に努めた。晩年は東南アジア各地を視察、アジア民族大同団結を唱えた。

鈴木 宗言　すずき・そうげん
大審院検事　旭薬品工業社長
文久3年(1863)2月6日～昭和2年(1927)2月24日　⊞安芸国(広島県)　名旧姓・旧名=柴野　学帝国大学法科大学〔明治21年〕卒　歴柴野宗八の弟としてて生まれ、明治6年鈴木正言の養子となり、のち分家して一家をなした。21年帝国大学法科を卒業して判事補となり、23年判事に任じ、横浜地裁判事、同部長、東京控訴院判事、同部長、名古屋地裁院長を経て、台湾総督府覆審法院長、大審院検事を歴任。退官後、実業家に転じ旭薬品工業を創立し社長となった。

鈴木 摠兵衛(8代目)　すずき・そうべえ
名古屋取引所理事長　衆院議員
安政3年(1856)2月21日～大正14年(1925)12月23日　⊞尾張国名古屋(愛知県名古屋市)　歴名古屋市会議長、愛知県議、同参事会員、名古屋商業会議所副会頭。また名古屋生命保険、愛知材木、時計製造、名古屋倉庫、名古屋瓦斯各取締役、名古屋取引所理事長などを歴任。名古屋市から衆院議員当選5回。この間軍需評議会評議員、東洋拓殖設立委員、臨時国民経済調査委員、臨時財政調査委員などを務め、中央倶楽部所属。のち多額納税者として貴院議員に2度選ばれた。

鈴木 摠兵衛(9代目)　すずき・そうべえ
実業家
明治4年(1871)8月～昭和7年(1932)7月7日　⊞愛知県名古屋市鍋屋町　名前名=鈴四郎　学名古屋商卒　歴明治28年8代目鈴木摠兵衛の養子となり、大正14年家業の材木商を継ぐと共に9代目摠兵衛を襲名。材木商を営む傍ら各種事業に関係し、同族会社社長を始め、愛知時計電機などの取締役、日本貯蓄銀行重役、名古屋材木商工同業組合長などを務め、中京財界の重鎮として地方産業の発展に尽力する。また名古屋図書館に鹿山文庫を寄贈するなど公共事業にも貢献した。

鈴木 荘六　すずき・そうろく
陸軍大将
元治2年(1865)2月19日～昭和15年(1940)2月20日　⊞越後国(新潟県)　学陸士(第1期)、陸大卒　歴明治24年騎兵第四大隊付、27年同中隊長で日清戦争に従軍、日露戦争には第二軍参謀。41年参謀本部作戦課長、次いで騎兵第三旅団長、騎兵監。大正8年第五師団長、ロシア革命干渉でシベリアに出征。台湾軍司令官などを経て13年大将、朝鮮軍司令官、15年参謀総長、昭和5年予備役。6年帝国在郷軍人会長、7年枢密顧問官。

鈴木 大亮　すずき・だいすけ
石川県知事　貴族院議員　男爵
天保13年(1842)7月17日～明治40年(1907)2月1日　⊞陸前国遠田郡中埣村(宮城県遠田郡美里町)　歴江戸に出て江川太郎左衛門に砲術を研習、また漢学を学んだ。明治4年北海道開拓史、のち農商務省、大蔵省各大書記官、秋田、石川両県知事。26年黒田清隆邇相の次官、28年華族に列し男爵。31年勅任貴院議員となった。　勲勲二等旭日重光章

鈴木 孝雄　すずき・たかお
陸軍大将
明治2年(1869)10月29日～昭和39年(1964)1月29日　⊞千葉県　学陸士(第2期)〔明治24年〕卒　歴明治25年野砲第一連隊付、日清戦争に従軍、30年第七師団副官、35年陸大教官、日露戦争に野砲第八・第十連隊大隊長で出征。45年野砲第二十一連隊長、大正3年軍務局砲兵課長、10年陸士校長を経て第十四師団長、13年技術本部長、昭和2年大将、8年予備役。13年靖国神社宮司、17年大日本青少年団長、27年偕行社会長などを務めた。　家兄=鈴木貫太郎(海軍大将・首相)

鈴木 楯夫　すずき・たてお
社会運動家　全国労農大衆党中央委員
明治13年(1880)1月3日～昭和21年(1946)1月15日　⊞愛知県海東郡井和村(あま市)　歴20代で幸徳秋水らが発行する「平民新聞」の非戦論に共鳴。巡査をしていたが社会主義の新聞雑誌を購読していたため免職となり、これを機として社会主義運動に入る。明治40年上京し友愛義団のメンバーと交流。43年大逆事件のまきぞえをくい不敬罪で懲

339

役5年に処せられる。出獄後は普通選挙期成会を結成。労働農民党などを経て、昭和4年社会民衆党から名古屋市議に当選。1期務めた後、評論活動に入る。明治期から議会を通じた無産階級の地位向上を目指した。

鈴木 哲朗　すずき・てつろう
水産家　宮城県議
慶応2年(1866)10月11日～昭和8年(1933)3月28日　生陸奥国気仙郡唐桑村(宮城県気仙沼市)　学英吉利法律学校　歴明治20年渡米。帰国後、郷里の宮城県唐桑村で家業の海産物商を継ぐ。マグロ巻き網の改良に努め、鈴木式巻き網を考案した。船長として遠洋漁業にも進出。宮城県議、唐桑村長なども歴任。

鈴木 伝五郎　すずき・でんごろう
自由民権運動家　貴院議員(多額納税)
安政4年(1857)11月～明治43年(1910)11月1日　生讃岐国高松(香川県高松市)　歴生家は讃岐国高松の豪商・伏見屋。明治8年佐々木清三・十河権三郎と同志と共に文明開化的啓蒙活動を目的とした博文社を結成し、新聞縦覧所を設置。自由民権運動にも参加し、10年には高松立志社を組織した。さらに14年香川県初の新聞紙として歴史的価値の高い「腰抜新聞」を創刊。23年多額納税の貴院議員となった。　家養子＝鈴木幾次郎(第3代高松市長)、孫＝鈴木義伸(第11代高松市長)

鈴木 藤三郎　すずき・とうざぶろう
日本精製糖社長　衆院議員
安政2年(1855)11月18日～大正2年(1913)9月4日　生遠江国周智郡森村(静岡県周智郡森町)　名旧姓・旧名＝太田、幼名＝才助　歴代々菓子業の鈴木家を嗣ぐ。明治21年上京し、氷糖工場を設立、砂糖精製法の発明に成功。28年日本精製糖(39年大阪製糖と合併して大日本製糖と改称)の創立に参加、33年台湾製糖を創立し社長、36年日本精製糖社長となり、製糖業界の指導者的存在となる。39年合併を機に辞職、40年には醤油醸造を工夫して日本醤油醸造社長となるが、42年失脚し財産を失う。晩年には釧路に水産工場、東京に澱粉製造所、静岡県佐野に農園を設けた。159件の特許を申請した発明家でもある。また36年に衆院議員をつとめた。

鈴木 徳次郎　すずき・とくじろう
人力車を発明
文政10年(1827)～明治14年(1881)3月26日　生武蔵国多摩郡上高田村(東京都中野区)　歴江戸に出て呉服町に住み、明治元年西河岸に割烹店を開業。交通に不便を感じ、和泉要助、高山幸助と乗用車の製作に取り組んで、2年成功する。3年3月人力車と名付けて東京府より製造と営業の認可を受けると、旧来の駕籠かきからしばしば迫害を受けたという。同年8月3人とも同業の総行事に任命され、車数の調査、車税の徴収にも当たった。6年収税業務が戸長に移り、総行事が廃止されるに及

んで、政府から慰労金と発明に関する失費を賜った。10年第1回内国勧業博覧会に人力車を出品し竜紋章を受賞するが、以後発明者らの存在は忘れられる。発明当初、特許を申請したが受け入れられなかった。のち人力車の繁栄ぶりに比べ発明者の零落に同情した「風俗画報」主筆・野口勝一、代議士・関信之介らが運動して年金給与案を衆院に建議するが否決される。人力車は便利な交通機関として東京駅構内に200台常置(昭和13年全廃)されるなど市電・タクシーの登場まで活躍した。

鈴木 利亨　すずき・としゆき
帝国商業銀行重役　大蔵省監察局長
天保9年(1838)～大正3年(1914)11月3日　生江戸　歴初め旗本の士。明治維新後、静岡県吏となり、明治4年大蔵省租税局に出仕、ついで農商務書記官、大蔵省監察局長をつとめた。26年退官、帝国商業銀行創立に参画し重役となる。美術に愛好深く、日本美術協会幹事としても活躍した。

鈴木 寅彦　すずき・とらひこ
衆院議員
明治6年(1873)3月23日～昭和16年(1941)9月18日　生福島県会津若松市　学東京専門学校邦語政治科〔明治29年〕卒　歴日本曹達社長、北海道瓦斯会長、東京瓦斯・朝鮮鉄道各専務等を務めた。また、明治41年福島2区より衆院議員初当選。以後4回当選した。

鈴木 ナカ　すずき・なか
味の素創業者・2代目鈴木三郎助の母
弘化3年(1846)～明治38年(1905)10月
生相模国三浦郡秋谷村(神奈川県横須賀市)　名旧姓・旧名＝高山　歴慶応3年(1867年)鈴木忠七(初代三郎助)と結婚、葉山で穀物と酒類を商う。明治8年夫と二女が腸チフスで他界。その後、長男・泰助が2代目三郎助を継ぐが、米相場に手を出したため資産をほとんどを失う。家計のためにと避暑客を相手とした間貸しを始めたところ、客の製薬会社技師・村田春齢から海岸に打ち上げられる海草カジメからヨードが採れることを聞き、村田の指導のもと嫁・テルと試行錯誤を重ね、ヨードを採ることに成功。二男・忠治も加わってヨードカリ、ヨードチンキなどを製造した。38年に他界した後、40年鈴木製薬所が設立され、池田菊苗博士が発明したグルタミン酸ソーダ製造法を事業化。今日の味の素へと発展した。　家夫＝鈴木三郎助(1代目)、長男＝鈴木三郎助(2代目)、二男＝鈴木忠治(昭和電工社長)、孫＝鈴木三郎助(3代目)

鈴木 準道　すずき・のりみち
福井市長
天保12年(1841)9月9日～大正10年(1921)2月13日　生越前国福井城下豊島中町(福井県福井市)　名通称＝拾五郎、号＝梅叟　歴慶応4年(1868年)越前福井藩の郡奉行となり、「郡宰心得方大概」などを執筆。明治4年福井県権典事などを経て、9年大

垣裁判所支庁長・判事補、22〜28年初代福井市長。公職を退いた後は旧主である松平侯爵家の家扶となった。晩年は維新史料編纂委員。著書に「長防征伐略記」などがある。

鈴木 秀男　すずき・ひでお
社会運動家
明治17年(1884)2月3日〜明治38年(1905)7月1日
歴明治35年受洗し、平民社、社会主義協会などに接して、37年横浜平民結社を創立。のち曙会を結成するが、38年出征し、同年戦死した。

鈴木 不二三　すずき・ふじぞう
水利事業家
文政11年(1828)11月11日〜明治45年(1912)2月22日　生日向国延岡(宮崎県延岡市)　歴日向延岡藩士で、明治2年高千穂世直し一揆鎮定のために日向国上野村に赴く。水利が悪く水田を作れない農民の窮状を知り、上野・下野両村の有志に出資をつのって天ケ淵用水(のち浜の瀬用水)を開削した。

鈴木 馬左也　すずき・まさや
住友総本店総理事
文久1年(1861)2月24日〜大正11年(1922)12月25日　生日向国高鍋(宮崎県児湯郡高鍋町)　名旧姓・旧名＝秋月　学帝国大学法科大学〔明治20年〕卒　歴明治20年内務省に入省。愛媛県、大阪府、岐阜県の書記官、農商務省の参事官を歴任後、29年住友本店に入る。31年理事、32年別子鉱業所支配人兼任、35年本店支配人を経て、37年総理事に就任。以来19年にわたって住友グループに君臨、経営組織の改革に尽力した。この間、42年に住友本店を住友総本店に改称、大正10年住友合資会社に改組された。　家父＝秋月種節(日向高鍋藩家老)、兄＝秋月左都夫(外交官)

鈴木 万次郎　すずき・まんじろう
医師　衆院議員
万延1年(1860)3月〜昭和5年(1930)2月26日
生陸奥国安達郡本宮(福島県本宮市)　学東亜医学校卒　歴福島師範科、東京外語に学び医学校に転じた。開業試験合格、医師となったが、愛国生命保険会社長、都ホテル、加富登麦酒、白棚鉄道各取締役も務めた。明治23年福島県から第1回総選挙以来衆院議員当選5回。晩年民政党に属した。

鈴木 要三　すずき・ようぞう
下野製麻社長　栃木県議
天保9年(1838)〜明治37年(1904)3月26日
生下野国都賀郡日光奈良原村(栃木県鹿沼市)　名＝冨教、初名＝鉄之助　歴家は屋号を大林堂という薬種商で、高麗人参などを扱う。明治元年より郷里・都賀郡で戸長や区長を歴任。のち実業に転じ、明治11年実業家・安田善次郎の後援を得て栃木県に第四十一国立銀行を設立した。12年栃木県議に当選(1期)。20年には下野製麻紡績会社(現在の帝国繊維鹿沼工場)を興し、社長に就任。長男の

要吉をフランスに派遣して洋式紡績技術を学ばせるなど先見の明に富む経営を行い、鹿沼地方の産業振興に大きな役割を果たした。晩年は北押原村の名誉村長に選ばれた。

鈴木 四十　すずき・よそ
実業家
明治7年(1874)12月21日〜昭和3年(1928)7月27日　生神奈川県横浜　学三高〔明治21年〕卒、グラスゴー大学機械科卒　歴明治21年英国のグラスゴー大学に留学後、米国に渡りフィラデルフィアのボールドウィン工場製図室に勤務する。35年帰国して外資会社・セールフレザー会社に入り、のち同社がセール商会と改称すると機械部長となる。この間、グラスゴー大学の先輩・高峰譲吉が興した高峰商事の専務を務め、高峰の没後、社長に就任した。その後、同社が異商事会社と改称されるにおよび専務となった。

鈴木 よね　すずき・よね
鈴木商店社長
嘉永5年(1852)〜昭和13年(1938)5月6日
生播磨国姫路(兵庫県姫路市)　名旧姓・旧名＝西田　歴生家は万漆製造所の看板を掲げ大きく商いをしていた。明治10年26歳で神戸商人・鈴木岩治郎と再婚、両替店鈴木商店を開く。27年岩治郎が急逝した為、社長に就任。金子直吉、柳田富士松の2人の番頭を信頼して仕事をまかせ、台湾の官営樟脳の販売権を獲得して発展の糸口をつかみ、また、九州に作った大里製糖所をきっかけに急成長。大正3年勃発した第一次大戦の際には直吉がすぐに船舶をはじめすべての商品の買い出動を命じ、のちの価格の暴騰により大戦直後の6年では15億4000万円の貿易年商額を達成、三井、三菱を抜いて日本一の座を得、大正財閥の花形となった。盛時、合名会社鈴木商店の系列会社は65社、従業員2万5000人に及び、統合商社の元祖ともいうべき鈴木王国を築き上げた。広大な屋敷に住み、"日本一の金持ち後家さん"と呼ばれた。昭和2年の倒産後は長男もとで余生を送り、専ら歌道に親しんだという。また、神戸市立女子商業学校設立に貢献した。

鈴木 利兵衛(2代目)　すずき・りへい
漆器商人
天保5年(1834)11月13日〜明治37年(1904)11月12日　生陸奥国若松(福島県会津若松市)　名＝幸蔵、利輔　歴22歳で初代利兵衛の後を継ぐ。戊辰の戦乱で疲弊した若松の漆器業を憂い、同志と職工の救済営業の方途を改善した。

須田 幹三　すだ・かんぞう
治水事業家　茨城県議
万延1年(1860)〜大正10年(1921)
生常陸国(茨城県)　歴常陸国鹿島郡須田新田の開拓者である須田官蔵の一族。地主でもある。明治25年に改進党所属の茨城県議となり、霞ヶ浦落口

護岸工事をはじめ架橋工事や北利根川の改修工事などの治水事業に力を尽くす。日露戦争後には茨城県知事に「農事督励私案」を提案したほか、「香澄村是」の策定委員長を務めるなど地域の農業や産業振興を積極的に指導。　家子=須田誠太郎(治水家)、親類=須田官蔵(開拓者)

須藤 嘉吉　すどう・かきち
衆院議員(憲政会)
嘉永4年(1851)4月～大正14年(1925)12月14日
生上野国碓氷郡嶺村(群馬県安中市)　歴明治25年群馬県議、同参事会員、同副議長を経て、35年衆院議員に当選、5期つとめる。憲政本党、憲政会に属した。また地方実業界でも活躍し精糸碓氷社取締役、農工銀行取締役を務めた。

首藤 周三　すどう・しゅうぞう
大分県議
文政12年(1829)12月28日～大正5年(1916)10月28日　生豊後国大分郡光吉村(大分県大分市)　名幼名=米太郎、諱=統令、字=甫田、号=鉄漠、醍軒、綿山　歴少壮の頃、四国の宇和島や豊後国日田の咸宜園などに遊学し、漢学や詩文・剣術を修める。幕末期、尊皇攘夷運動に身を投じ、長三洲(のち書家として名をなす)らと日田代官所の襲撃を計画。しかし、ことが露見して慶応2年(1866年)に捕えられ、獄に繋がれた。維新後、赦免されて日田県知事松方正義に用いられ、以後は地方官として活躍。同県の別府支庁在職中には、数多くの難題を乗り越えて別府港築港を実現させた。その傍ら、大分市にある西寒多神社の禰宜を兼務。のち、大分県議にもなり、明治大分水路の建設などに尽力した。

須藤 善一郎　すどう・ぜんいちろう
衆議院議員　秋田県本荘町長
文久3年(1863)9月18日～昭和12年(1937)4月10日　生出羽国由利郡本荘町(秋田県由利本荘市)　歴地主の家に生まれるが、早くに両親を亡くし、17歳で家督を相続。はじめ馬産を業とし、明治20年繁殖用牝馬を購入して近隣の農家に貸付を開始して以来、馬産の改良に尽力し、29年には秋田県畜産会長に就任した。この年、秋田県内で大洪水が起こると、被害民救済と被災地復興に奔走して名を挙げ、明治31年には衆院議員に当選し、憲政本党に所属(当選2回)。さらに40年には郷里本荘町の町長に選ばれた。一方、北海道への開拓支援も行い、資金を投じて農民を入植させた。また、相撲好きとしても知られ、照風・国光ら秋田県出身力士の名付け親にもなっている。

須藤 時一郎　すどう・ときいちろう
実業家　衆院議員
天保12年(1841)～明治36年(1903)4月15日
生江戸　歴父は幕臣高梨仙太夫。昌平黌で漢学を修め、のち英書を学ぶ。17歳の時須藤氏を嗣ぐ。評定所留役となり、外国方に転じ、池田長発に従っ

てフランスに赴き、帰国後歩兵指図役を命ぜられる。戊辰戦争では東北に転戦。のち尺振八の塾で英語を教え、出仕して大蔵省御用掛となり、明治5年紙幣寮紙幣助に進む。廃藩ののち各種の銀行監査役、相談役などを歴任した。また府会議員、市会議員となって東京府政に功あり、衆院議員もつとめた。　家弟=沼間守一

首藤 陸三　すとう・りくぞう
衆院議員
嘉永4年(1851)3月～大正13年(1924)5月31日
生陸奥国登米郡(宮城県)　歴新潟県庁から大蔵省出仕、宮城県属、仙台師範学校長となった。のち宮城県議、同副議長、第2回総選挙以来宮城県郡部選出の衆院議員に当選9回、憲政会に属した。

須永 伝蔵　すなが・でんぞう
酪農家
天保13年(1842)～明治37年(1904)8月13日
生武蔵国大里郡成沢村(埼玉県熊谷市)　歴渋沢栄一の従弟に当たり、栄一の推挙で一橋家に仕えた。慶応4年(1868年)彰義隊の幹部となるが脱退、徳川慶喜に従い水戸に行き守衛し、仙台藩・二本松藩の同志と謀るところがあったが事成らず、大勢が定まるを見て、明治維新後は紅茶製造・牧畜などを学び、帰農する。明治13年から箱根で牧場・耕牧舎を経営。その後、村長に推され、また神奈川県牧畜業者総代となり、牧畜業の発展のために尽力した。帰農後も、謹慎を解かれた慶喜をしばしば駿府(静岡県)に訪ね、また窮した旧友らを推薦して就職させたという。　家従兄=渋沢栄一

須長 漣造　すなが・れんぞう
武相困民党指導者
嘉永5年(1852)5月25日～昭和15年(1940)10月19日　生武蔵国多摩郡谷野村(東京都八王子市)　歴八王子谷野村一の豪農で高利貸。明治5年から11年間、戸長(村長)を務める。大不況下で借金の担保に次々田畑を失っていく村で、困民党を結成、負債返済延期運動、金貸し会社に対する行政指導要求などをするが、投獄され、一小作人に没落。昭和15年貧困のうちに死んだ。

砂川 雄峻　すなかわ・かつたか
弁護士　衆院議員(憲政本党)　大阪弁護士会会長
安政7年(1860)2月～昭和8年(1933)4月15日
生播磨国姫路(兵庫県姫路市)　歴東京大学法学部法律科〔明治15年〕卒　歴江戸へ遊学、開成学校に学び、同校が東京大学に改称すると英法・仏法を修め、明治15年卒業。大隈重信の頼みで坪内逍遙・高田早苗らと東京専門学校(現・早稲田大学)の創立に参画し、創立後は講師となり法律を教えた。16年大阪に移り代言人(弁護士)を開業すると共に東京で重信が組織した改進党の関西での活動事務を司る。以後、25年大阪府議、30年府会議員となり、大阪弁護士会会長、大阪商工会議所議員などを務める。35年衆院議員(憲政本党)に当選1

回、政界でも活躍。また関西大学理事に就任、同大及び大阪英法学校の講師を兼務。関西法律学校監事・講師も務める。晩年は弁護士に徹し関西法曹界の重鎮といわれた。

砂川 泰忠　すながわ・やすただ
事業家　自由民権家
天保9年(1838)～明治44年(1911)7月27日
出武蔵国北多摩郡砂川村(東京都立川市)　名通称＝砂川源五右衛門泰忠　歴武蔵国砂川村の名士の家に生まれる。明治2年物資輸送の船を玉川上水に往来させる要望を政府に出願。3年許可され、5年通船が禁止されるまで、羽村―大木戸間に舟を通行させた。11～20年初代北多摩郡長。14年北多摩の政社・自治改進党結成にあたり議長に選出され、民権活動に尽力。22年甲武鉄道敷設の誘致を進め、26年三多摩の東京府編入賛成派として活動した。三条実美、江藤新平らと親交があった。

砂本 貞吉　すなもと・ていきち
牧師　広島女学会創立者
安政3年(1856)9月30日～昭和13年(1938)5月7日
出安芸国己斐(広島県広島市西区)　歴明治15年航海術を修める目的で渡英するつもりでいたが、寄港先の米国に留まってキリスト教に入信。米国の神学校で学び、19年帰国。20年神戸在住の宣教師J.W.ランバスの協力を得て広島美以(メソジスト)教会を設立、広島の子女に対する伝道と新しい女子教育のための女子塾・広島女学会(現・広島女学院)を創立した。のちハワイ、日本各地の教会で牧師を歴任し、東京で死去した。

栖原 角兵衛(10代目)　すはら・かくべえ
漁業家　実業家
天保7年(1836)～大正7年(1918)
出紀伊国海部郡(和歌山県)　名本名＝中尾寧幹　歴安政6年(1859年)箱館奉行の外国銀銭通用取扱方。樺太、千島列島などの北洋漁業開発にあたった。明治28年三井物産に事業を委託、栖原屋を閉じた。

周布 公平　すふ・こうへい
枢密顧問官　貴院議員(勅選)　男爵
嘉永3年(1850)12月6日～大正10年(1921)2月15日　出長門国萩(山口県萩市)　名号＝水石　歴毛利氏愛に仕え、元治元年(1864年)家督を継ぎ、山口агар兵隊支。維新後海外留学、明治9年司法省に入り、11年太政官権少書記官、14年権大書記官、18年法制局法制部長、20年公使館参事官などを経て、22年内閣書記官長となった。23年勅選貴院議員、24年兵庫県知事、30年行政裁判所長官、33年神奈川県知事、のち枢密顧問官。41年男爵。

住 治平　すみ・じへえ
東予物産創業者
天保3年(1832)～明治44年(1911)
出伊予国(愛媛県四国中央市)　歴11歳で父を失

う。嘉永5年(1852年)身内の援助を得て大阪に赴き回船問屋に奉公、雇われ船頭にまで出世する。安政3年(1856年)帰郷、独立して運送船商いを開業、10年後、妻の病気を機に和紙などの商売を始める。大阪で修業した経験から資金の重要性を認識し、明治25年東予物産を創業。また当時土佐和紙に押されて低迷していた伊予和紙の需要を伸ばすために和紙原料の漂白を研究し、上質で安価な改良和紙の開発に成功、36年第5回内国勧業博覧会紙各種の部で3位に輝いた。晩年も紡績工場の誘致に取り組むなど、地元産業の発展に力を尽くした。

須見 千次郎　すみ・せんじろう
衆院議員(憲政会)
弘化3年(1846)12月10日～昭和2年(1927)4月12日　出阿波国美馬郡三島村(徳島県美馬市)　歴剣道を修め貫心流免許皆伝。実業界に入り、阿波紡織会社監査役、徳島毎日新聞社監査役、阿波製糸会社取締役、八十九銀行取締役会長を歴任。また県会議員を務め、徳島県郡部選出の衆院議員当選4回、憲政会に属した。

住 民平　すみ・みんべい
岐阜県議
弘化4年(1847)5月～大正11年(1922)5月7日
出飛騨国高山(岐阜県高山市)　歴飛騨国高山(岐阜県)で製糸業を営む。同地方発展のため鉄道敷設を推進した。また水力発電所の建設にも取り組み、飛騨電灯を設立。明治27年岐阜県議。

角 利助　すみ・りすけ
実業家　衆院議員(同盟倶楽部)
嘉永6年(1853)12月12日～昭和3年(1928)3月23日　出三河国知多郡内海町(愛知県)　学慶応義塾卒　歴三重県議・議長を経て、明治24年衆院議員に当選2回。「伊勢新聞」の創刊に関わり、鳥羽商船学校長事務取扱、大日本遠洋漁業社長などを務める。

住友 吉左衛門(15代目)
すみとも・きちざえもん
住友家第15代当主　男爵
元治1年(1864)12月21日～大正15年(1926)3月2日　出京都　名本名＝住友友純、旧姓・旧名＝徳大寺、幼名＝隆麿、号＝住友春翠、知足斎、知不足　学学習院法律撰科〔明治25年〕中退　歴徳大寺家の六男として生まれ、明治25年住友登久の養嗣子となり、26年15代吉左衛門を継ぎ、友純と称す。別子銅山を基礎に、28年住友銀行を創設して金融界に進出。32年倉庫業を開始。大正10年住友総本店が合資会社となると社長に就任。14年信託業務を開始、貿易・機械・電線などにも事業を拡張、住友を三井、三菱と並ぶ三大財閥の1つに発展させた。また、明治33年には皇居前広場に「楠公銅像」の建立を果たし、大阪図書館(大阪府立中之島図書館)の創設など公共施設の寄付にも熱心であった。中国古銅器の収集家としても知られ、そのコレク

ションは泉屋博古館(京都市)で公開されている。44年男爵。　家父=徳大寺公純(公卿)、兄=徳大寺実則(侍従長・内大臣)、西園寺公望(首相)、息子=住友吉左衛門(16代目)

炭谷 小梅　すみや・こうめ
社会事業家 女性解放運動家 岡山孤児院寮母
嘉永3年(1850)12月23日~大正9年(1920)11月17日　生備前国岡山城下(岡山県岡山市)　学神戸女学校　歴幼少のころ両親と死別。5歳ごろから踊り、三味線を習い、のち芸者になる。明治維新後、岡山県課長中川横太郎と出会い落籍され側妾となる。中川はキリスト教、民権運動にも熱心だった人物で、小梅もキリスト教に近づき、14年受洗、中川との関係を清算する。教会の雑用をしながら自立、岡山教会婦人伝導師となる。15年発足の岡山女子懇親会のメンバーとして女性解放運動などで活躍。16年孤児教育事業の父といわれた石井十次が岡山で孤児院を設立するや孤児の寮母となり、石井没後も孤児院を守り、そこで終生を過した。

摺沢 静夫　すりざわ・しずお
陸軍中将
生年不詳~昭和17年(1942)4月20日
生宮城県　歴明治10年陸軍少尉に任官。30年歩兵第十八連隊長、33年近衛歩兵第一連隊長、36年第七師団参謀長、37年歩兵第九旅団長、40年台湾第二守備隊司令官を経て、43年歩兵第十五旅団長。44年陸軍中将に進み、予備役に編入。

諏訪 与三郎　すわ・よさぶろう
労働運動家
明治29年(1896)1月29日~昭和6年(1931)10月4日　生東京市芝区新網町(東京都港区)　学明治〔明治41年〕卒　歴多くの新聞社の植字工をし、大正8年の新聞印刷工組合正進会の結成に発起人として参加。大杉栄を師と仰ぎ、9年の日本社会主義同盟にも参加し、以後アナキズムが壊滅していくまで、アナキストとして論陣をはった。

【せ】

清 釜太郎　せい・きんたろう
衆院議員
明治7年(1874)3月3日~大正10年(1921)5月28日　生静岡県富士郡柚野村(富士宮市)　学早稲田大学〔明治36年〕卒　歴『中央新聞』記者から尾崎行雄東京市長秘書となり、内記課に勤め、臨時治水調査委員。明治40年以来静岡県から衆院議員に数回当選した。

清野 長太郎　せいの・ちょうたろう
神奈川県知事

明治2年(1869)4月1日~大正15年(1926)9月15日　生讃岐国高松(香川県高松市)　学帝国大学法科大学〔明治28年〕卒　歴清野彦三郎の長男として生まれる。明治28年内務属となり警保局に出仕し、29年富山県理事官、ついで神奈川県理事官を経て、30年内務省事務官となり、36年ベルギーで開催の人口学万国会議に委員として派遣される。39年秋田県知事、同年新設の南満州鉄道理事に就任。大正2年官を辞すが、5年再び起用され兵庫県知事となり、口入れ所(職業紹介所)を設けるなど社会事業を推進した。13年憲政会内閣が成立して神奈川県知事、ついで、14年復興局長官となった。

瀬川 安五郎　せがわ・やすごろう
実業家 鉱山開発の先駆者
天保6年(1835)7月27日~明治44年(1911)12月24日　生岩手県盛岡市　歴9歳の時両替屋の父に死別し、父の義兄・近江屋覚兵衛の下で奉公。商才を認められ両替屋を継ぐが、のち小野組に迎えられ、小野組秋田支店長に就任。小野組退社後は米、生糸など手がけ、さらに鉱山経営に乗り出す。戸中金山(岩手)、荒川鉱山などを経営する傍ら、町づくりに積極的に取り組み、小学校、神社、寺院など建立。血縁者に女優・長岡輝子がいる。

関 清英　せき・きよひで
警視総監 貴院議員(勅選)
嘉永4年(1851)5月7日~昭和2年(1927)1月22日　生肥前国(佐賀県)　歴明治9年司法省に出仕。佐賀県知事、群馬県知事、長崎県知事、警視総監を歴任し、39年貴院議員となる。　家兄=関新平(愛媛県知事)

関 重忠　せき・しげただ
海軍少将
文久3年(1863)11月22日~昭和20年(1945)3月12日　生相模国(神奈川県)　学海軍機関学校　歴明治17年海軍機関科士官として渡英、グリニッジ海大などに学ぶ。海軍兵学校機関学科教官を務め、日露戦争に際しては戦艦朝日の機関長。41年舞鶴鎮守府機関長。44年少将に昇進。　家父=関重麿(旧小田原藩士)

関 実叢　せき・じつそう
僧侶 臨済宗妙心寺派管長
嘉永4年(1851)1月1日~明治37年(1904)10月21日　生豊後国海部郡佐伯(大分県佐伯市)　名旧姓・旧名=杉,法名=定実　歴豊後(大分県)佐伯の養堅寺に生まれる。久留米の梅本寺の羅山和尚について得度し、尾張(愛知県)徳源寺の繋嶺道契に師事、その法を継ぐ。のち生地・大分県佐伯の養賢寺・徳源寺・京都妙心寺の住持となる。師の俗姓を継いで関と名乗る。明治36年臨済宗妙心寺派管長。

関 信之介　せき・しんのすけ
衆院議員(政友会)

嘉永6年(1853)2月～大正6年(1917)1月20日 生常陸国久慈郡久米村(茨城県常陸太田市) 歴早くから自由民権を唱え、水戸市議、茨城県議を務め、水戸弁護士組合会長。明治25年以来茨城県から衆院議員当選10回、政友会に属した。

関 新平　せき・しんぺい
愛媛県知事
天保13年(1842)11月～明治20年(1887)3月7日 生肥前国(佐賀県) 歴肥前佐賀藩士の子で、江藤新平、大木喬任(大木喬任)と並んで"肥前の三平"と称された。明治5年茨城県権参事、6年参事(知事)。8年裁判官に転じ、9年浦和裁判所長、10年熊谷裁判所長を歴任。13年愛媛県令、19年愛媛県知事となったが、在任中に亡くなった。 家弟＝関清英(警視総監・貴院議員)

関 宗喜　せき・そうき
北海道拓殖銀行理事
安政1年(1854)～大正7年(1918)11月29日 生江戸 歴明治6年入間県に出仕し、以来熊本、愛知、鹿児島の各県および農商務省、大蔵省などに務め、林務官、会計検査院、内閣、台湾総督府などに歴任。31年通信省に転じ書記官となり、36年経理部長に進む。また南満州鉄道の創立委員を命じられ幹事となり、45年北海道拓殖銀行理事に就いた。

関 直彦　せき・なおひこ
衆院副議長　翻訳家
安政4年(1857)7月16日～昭和9年(1934)4月21日 生紀伊国(和歌山県) 学東京大学法学部〔明治16年〕卒 歴福地源一郎の日報社に入り、明治21～25年社長。23年以来和歌山から衆院議員当選10回、31年憲政本党、以後立憲国民党、革新倶楽部、革新党に属した。大正元～4年衆院副議長。明治25年弁護士となり大正12年東京弁護士会長。昭和2～9年勅選貴院議員、7年安達謙蔵らと国民同盟結成。英国宰相ビーコンスフィールドの「コニングスビー」を「政党余談春鶯囀」として翻訳、著書「七十七年の回顧」がある。

関 直之　せき・なおゆき
養魚家　東京湾周辺における養魚の先駆者
嘉永3年(1850)1月5日～昭和14年(1939)5月 生埼玉県 歴明治10年より東京の深川平井町で養魚をはじめる。のち深川洲崎にある渋沢栄一所有の東京湾に面した園池を利用して鯉や鰻などを養殖。次いで30年には前田家の養魚池を長期間借用し、渋沢の協力のもとで洲崎養魚株式会社を設立、東京湾岸における魚介類の養殖事業の拡大・発展に尽力し、大いに業績を上げた。

関 一　せき・はじめ
大阪市長　社会政策学者
明治6年(1873)9月26日～昭和10年(1935)1月26日 生静岡県伊豆 歴東京府 学東京高商〔明治26年〕卒　法学博士 歴神戸商業教諭、新潟商業教諭を経て、明治30年東京高商教授に就任。31～33年ベルギーに留学。帰国後、交通政策、工業政策などを研究。大正3年大阪市助役に転出、都市改良、公設市場開設、市営住宅建設、市役所の機構改革(都市計画部の設置など)などを推進した。12年市長となり、御堂筋の整備、大阪商科大学の設置、総合大阪都市計画の策定などを行って大阪の都市基盤整備に務め、昭和6年には3選された。都市問題に関しては日本有数の権威とされ、九州帝国大学で都市問題の連続講義を行った。また、9年からは貴院議員も務めた。 家孫＝関淳一(大阪市長)

関 春茂　せき・はるしげ
自由民権運動家　衆院議員(憲政本党)
安政4年(1857)～昭和14年(1939)
生陸奥国八戸(青森県八戸市) 名号＝虚舟 学青森県師範学校八戸分校〔明治12年〕卒 歴陸奥八戸藩士で、明治維新後、八戸初の英学校・開文舎に入って自由主義思想に触れ、明治9年八戸光来会で伝令を受けてギリシャ正教に入信した(八戸で初の受洗と言われる)。教員を務める傍ら自由民権運動に参加し、13年八戸で初の民権結社となる暢伸社を結成。21年には青森県議となり、奈須川光宝らとともに組織した自由党系結社・八戸土曜会を背景に県政界で重きをなした。32年副議長。37年には憲政本党から衆院選に当選し、1期務めた。その後、県会に復帰し、通算10期24年に及ぶ県議生活の後、湊村長を経て、八戸町長となり、周辺自治体との合併や八戸築港を推進して昭和4年の八戸市誕生を実現させた。漢詩人としても一家をなし、明治14年の明治天皇東北行幸の際には漢文の祝詞を贈った。

瀬木 博尚　せき・ひろなお
博報堂創業者
嘉永5年(1852)10月6日～昭和14年(1939)1月22日 生越中国富山(富山県富山市) 歴越中富山藩士の長男。藩校・広徳館に学び、戊辰戦争では富山藩が幕府に味方した東北諸藩の征討を命じられたため、17歳で長岡城攻撃に参加した。その後、富山町の区長などを務めるが、明治27年本来の働き場所を見つけるため41歳で上京。牛乳配達や、めざまし新聞校正係・編集手伝いなどを経て、28年日本橋に雑誌広告取次業の博報堂を創業。当初は教育雑誌への取次を主としたが、やがて当時の大手出版社である博文館の雑誌出版物の広告を一手に扱うようになり、30年には新聞に掲げる書籍広告の取次を始め、32年千代田町に移転した際に新聞雑誌広告取次業を称した。一方で出版業も行い、31年スポーツ雑誌の嚆矢である「運動界」を創刊、当時学生間で流行していたボートレースなどを特集。33年からは国民の政治意識向上のため「帝国少年議会議事録」(のち「帝国青年議会議事録」に改題)を刊行した。日露戦争時には「戦時画報」などの売り上げ増に伴って広告業も進展し、

全国展開も開始。43年博文館の坪谷善四郎が経営していた日刊通信「内外通信」を貰い受けたのを機に社名を内外通信社に改め、広告部門を内外通信社博報堂とした。大正5年廃刊の危機に瀕していた東京盲亜教育会の機関紙継続のため、私財を投じた。12年関東大震災で社屋が焼失するも、自身の主治医であった吉岡弥生が経営する医院の再建に奔走。やがて社業を復興し、13年博報堂を株式会社に改組。同年郷里・富山市内の全小学校及び市立図書館に「瀬木児童文庫」を寄贈した。また、震災で大量の資料が灰燼に帰したのを憂い、15年私財15万円を東京帝国大学法学部に寄付。同大はこれを基として、昭和2年管理者に穂積重遠、収集主任に宮武外骨を選任して明治新聞雑誌文庫を設立。外骨の優れた見識により、貴重な明治期刊行の新聞雑誌を多数収集した。12年日本新聞協会相談役。[家]息子=瀬木博信(博報堂社長)、瀬木博政(博報堂会長)、孫=瀬木庸介(博報堂社長)、瀬木博雅(博報堂副社長)、瀬木博基(駐イタリア大使)
[勲]紺綬褒章〔昭和3年〕

関 文炳　せき・ぶんぺい
海軍大尉
嘉永3年(1850)12月26日～明治25年(1892)4月25日　[生]信濃国上諏訪(長野県)　[歴]明治6年水路寮の生徒となり、12年海軍大尉に任官。18年伊藤博文特派全権大使に随行して清国へ出張。19年参謀本部海軍部に出仕して改めて清国へ赴き、天津に書店を開いて商人を装いながら、威海衛や膠州湾の軍事調査に従事。22年一時帰国後、再び清国へ戻った。25年朝鮮の仁川からの帰国途中、出雲丸の沈没事故に遭い、亡くなった。[家]長男=関干城(海軍少将)

関 守一　せき・もりかず
神官　高岡関野神社神主
天保1年(1830)12月13日～明治15年(1882)3月4日　[生]越中国礪波郡高岡(現・富山県高岡市)　[歴]代々、越中国高岡(現・富山県高岡市)の関野神社の神主を務める家に生まれる。幼少時、金沢に出て同藩儒・西坂成菴に師事。安政4年(1857年)京に上って平田流の国学者・六人部是香に国学・神道を学び、のち吉田流神道における祭式の紊乱を嘆いて「神祭式徴証」を著述した。5年越中国社家触頭に就任。明治3年には加越能三州神仏取調委員に任ぜられ、新政府の神仏分離政策を助けた。6年教部省に召されて上京し、大教院の設立に参画。さらに新川県教導取締を命ぜられ、帰県ののち富山に中教院の設置を建議し、ここを拠点として神道理念の普及に当たった。この間、地方民政でも活躍し、4年高岡町長、5年射水郡区長を歴任した。

関 文奕　せき・もんえき
僧侶　臨済宗妙心寺派管長
文政2年(1819)8月1日～明治31年(1898)12月31日　[生]美濃国武儀郡神洞村(岐阜県美濃市)　[家]

号=樹王軒、別名=無学文奕, 文奕　[歴]文政10年(1827年)清泰寺の探源の弟子となり、16歳の時から諸国を巡る。天保9年(1838年)大坂に遊学し、備前・国清寺の月珊古鏡や出雲・玉昌寺の懶隠に禅を学ぶ。12年(1841年)には、江戸に出て、佐藤一斎に儒学を学んだ。弘化4年(1847年)帰郷の後、備前の曹源寺や筑後の梅林寺に歴遊し、慶応2年(1866年)梅林寺住職となる。明治7年京都・妙心寺542世、管長となり、のち東京大教院に出て、禅宗大教校校長、8年禅宗九派管長、9年権大教正などを歴任した。

関 義臣　せき・よしおみ
大審院検事　貴院議員(勅選)　男爵
天保10年(1839)11月1日～大正7年(1918)3月31日　[生]越前国武生(福井県越前市)　[家]旧姓・旧名=山本　[歴]山本家の二男で、越前福井藩の重臣・本多家に仕えた。文久2年(1862年)土佐の海援隊に参加。福井藩主であった松平春嶽に認められ関家を立てた。慶応4年(1868年)大阪司農局に出仕。2年租税局長、次いで会計局長兼任。4年鳥取県権参事、同年局長兼令。7年大蔵権大丞。11年判事となり、16年高等法院陪席裁判官、19年宮城控訴院検事長、23年大審院評定官。同年検事に転じて大審院検事。24年徳島県知事、32年山形県知事。この間、30年勅選貴院議員。40年男爵を授かった。
[勲]勲二等旭日中綬章

関 和知　せき・わち
衆院議員
明治3年(1870)10月～大正14年(1925)2月18日　[生]千葉県長生郡東浪見村(一宮町)　[号]号=白洋　[学]東京専門学校邦語政治科〔明治28年〕卒、プリンストン大学(米国)卒　[歴]千葉民報主筆となり、明治30年日刊紙「新総房」を発行、主筆兼印刷工、配達夫で活躍。35年エール大留学、プリンストン大に転じた。39年帰国、「万朝報」「東京毎日新聞」記者、英文雑誌「日本の産業」編集主任を務めた。41年以来衆院議員当選7回、憲政会に属した。大正2年ハーグ万国平和会議出席、のち司法省副参政官を経て、加藤高明内閣の陸軍政務次官。著書に「現代政治の理想と現実」。

関口 隆吉　せきぐち・たかよし
元老院議官　静岡県知事
天保7年(1836)9月17日～明治22年(1889)5月17日　[生]江戸　[号]号=黙斎　[歴]幕臣で嘉永5年(1852年)父の職である御弓持与力を継ぐ。米艦が浦賀に来航するや攘夷論を唱え、反対派の勝海舟を九段坂に襲って失敗した。明治元年江戸開城の際、精鋭隊頭取と町奉行支配組頭を兼帯し、のち市中取締役員となる。5年三潴県権参事、8年山口県令に就任し、9年前原一誠の乱が起ると、直ちにこれを平定し、10年西南戦争時には前原の残党の動きを制した。のち高等法院陪席判事、元老院議官、17年静岡県令、19年同県知事を歴任した。

関口 忠篤 せきぐち・ただあつ
大蔵省預金局次長
天保3年(1832)～明治42年(1909)9月
歴幕府代官手代として人望を集め、徳川幕府倒壊後は静岡藩の郡方改役に登用される。新治県典事、のち内務省、大蔵省に務め、専ら会社監督の事務を受け持ち、ついで預金局次長に転じた。明治26年退官。

関口 友愛 せきぐち・ともちか
長野県議
嘉永5年(1852)～大正14年(1925)5月
生信濃国松本(長野県松本市) 歴信濃松本藩士・関口友忠の長男に生まれる。柴田利直について漢学を学び、また日本外史、古今集遠鏡、尾張の家苞などを勉学する。明治元年召し出されて従士となり、7年小学校校長を経て、筑摩県庁、飯田区裁判所、大審院、函館控訴院勤務などを経て、15年長野県に帰郷、文芸を志し各種の新聞・雑誌に寄稿し、また金井潭・浅井洌・降矢敬吾らに説いて「後凋社」を組織、文学法律の研究向上を図る。17年長野県議に当選。19年から小県、更級兼埴科、東筑摩の各郡長を務め、38年塩尻吉江銀行支配人となった。

関口 八兵衛 せきぐち・はちべえ
実業家 衆院議員
嘉永3年(1850)7月5日～明治45年(1912)1月21日
生常陸国(茨城県) 名旧姓・旧名=木村 歴木村家に生まれ、漢学を修め、のち郷里・茨城県の上菱醤油醸造元・関口家の婿養子となる。自家醸造の醤油を各種博覧会に出品する。明治20年からビール醸造も始め、22年上菱麦酒はパリ万博で銅賞を受賞した。23年衆院議員に当選1回。他にソース製造業、煉瓦石製造、牧畜業を営んだ。

関沢 明清 せきざわ・あききよ
漁業先覚者 水産伝習所初代所長
天保14年(1843)2月17日～明治30年(1897)1月9日 生加賀国金沢(石川県金沢市) 歴旧加賀藩士。15歳で江戸に出て蘭学、航海術を学ぶ。藩命でロンドンに留学、明治元年帰国し、5年正院六等出仕となり、6年ウィーン万博事務官の折、西洋の人工孵化養殖を知り水産に関心をもつ。8年のフィラデルフィア万博の折、米国の水産事情を調査研究、魚類孵化出を習得。帰国後水産振興策の必要を進言、那珂川サケ漁の網元と提携し我国初の人工孵化に成功。22年水産伝習所(現・東京水産大学)初代所長、東京農林学校水産専修科教授など歴任。退官後は館山で捕鯨業に従事。近代水産界のパイオニアとして、各種技術の紹介普及、後進の育成に努力したが、30年マグロ漁中に心臓発作で没した。

関島 金一郎 せきじま・きんいちろう
大村益次郎の暗殺犯
天保10年(1839)5月10日～明治2年(1869)12月29日 生信濃国下伊那郡名古熊村(長野県飯田市) 名通称=徳右衛門 歴京都で神祇伯の白川家に入門、国学を学んだ。落合直亮や相良総三、松尾多勢子らと尊皇攘夷運動に奔走。明治2年9月神代直人らと京都・三条木屋町の宿舎に大村益次郎を襲撃。同年処刑された。

関田 駒吉 せきだ・こまきち
海軍少将 郷土史家
明治8年(1875)1月3日～昭和14年(1939)11月5日 生高知県長岡郡大篠村(南国市) 学海兵(第24期)〔明治30年〕卒 歴明治31年海軍少尉に任官。大正5年満洲艦長、6年海軍大学校教官、8年水路部測量課長兼務、9年水路部第一課長兼第二課長、同年同第二部長。11年海軍少将に進んで待命となり、12年予備役に編入。その後は郷土史家として「土佐史談」などに発表した。

関戸 覚蔵 せきど・かくぞう
衆院議員
天保15年(1844)11月8日～大正5年(1916)5月9日 生常陸国行方郡潮来(茨城県潮来市) 学東京高師中退 歴戸長、郡書記、茨城県勧業課長から県会議員。明治25年以来茨城県1区から衆院議員当選3回。27年立憲革新党結成に参加した以外は中立系か無所属。「いばらき新聞」創刊、のち文部省維新史料編纂嘱託。著書に「東陲(刀水)民権史」「水戸城」などがある。

関根 柳介 せきね・りゅうすけ
衆院議員(政友会)
天保10年(1839)11月～大正7年(1918)3月
生武蔵国南葛飾郡奥戸村(東京都葛飾区) 歴内務省出仕、鹿児島県属、大蔵省属、福井県属などを経て、明治35年以来東京府郡部選出の衆院議員当選3回。政友会協議員。また台湾民政局嘉義弁務署長を務めた。

関野 善次郎 せきの・ぜんじろう
衆院議員(憲政会)
嘉永6年(1853)5月～昭和10年(1935)11月15日 生越中国(富山県) 歴富山市議、同議長、富山県議、同議長、富山市長を経て、明治23年衆院議員に初当選。通算して6期を務めた。また、第十二国立銀行頭取、米穀肥料取引所理事長、中越鉄道取締役等を務めた。

関本 諦承 せきもと・たいしょう
僧侶 西山浄土宗管長
万延1年(1860)～昭和13年(1938)
生紀伊国(和歌山県) 名号=真空 歴14歳の時に出家し、郷里・和歌山県の総持寺の僧・岡学に師事。のち、和歌山や奈良などで学び、明治41年に総持寺の住職となる。次いで、大正7年西山浄土宗の総本山である京都・粟生の光明寺に転じ、8年には西山浄土宗光明寺派管長となった。同年に西山専門学寮を設立し、12年に同校長に就任。女子教

育にも力を注ぎ、同年和歌山に修德高等女学校を、昭和2年京都に西山高等女学校を創立した。著書に「西山国師御法話」「西山両部相承考」「信仰講話」などがあり、「関本諦承全集」全3巻がある。

石門 慈韶　せきもん・じしょう
僧侶（臨済宗）建仁寺住職
天保3年（1832）2月15日～明治37年（1904）9月20日　生京都　名旧姓・旧名＝石川竜太　歴京都・臨済宗建仁寺に入り、全室慈猊の下で受戒。了堂慈穏の法統を継いだ。慶応2年（1866年）京都・真如寺、明治19年建仁寺の住職を務めた。

関屋 斧太郎　せきや・おのたろう
国家主義者
慶応1年（1865）～明治33年（1900）
生加賀国金沢（石川県金沢市）　歴年少より盈進社に入り、のち玄洋社に投じ、平岡浩太郎の知遇を得て、平岡の経営する上海の製靴店に身を寄せて中国問題研究に従事。更に朝鮮に転じ、27年甲午農民戦争（東学党の乱）の際には島田経一らと共に東学党の挙兵のため、日本で同志を募り爆薬入手に奔走中、逮捕され入獄した。

関矢 儀八郎　せきや・ぎはちろう
衆院議員（政友会）
安政5年（1858）10月～大正13年（1924）11月
生越後国刈羽郡枇杷島村（新潟県柏崎市）　歴自由党、政友会に所属、新潟県議を数回務めた。明治35年以来衆院議員当選3回、政友会協議員、新潟支部長を務めた。露領水産組合評議員を務め、シベリア沿海州に漁場を租借、経営に当たった。

関矢 孫左衛門　せきや・まござえもん
北海道開拓者 衆院議員
天保15年（1844）1月24日～大正6年（1917）6月21日　生越後国刈羽郡高田村（新潟県柏崎市）　名旧姓・旧名＝飯塚　歴安政5年（1858年）関矢家の養子となり、慶応年間より兄・村山空谷と共に志士と交わる。戊辰戦争では北陸鎮撫を命ぜられ、方義隊（居之隊）を編成して長岡城攻撃に活躍、明治10年西南戦争に従軍。11年長岡六十九銀行頭取となり、12年北魚沼郡長（のち南魚沼郡長を兼任）となって治績をあげた。18年北海道開拓のため北越殖民会社を設立、社長として、野幌、江別、晩生内などで2400町歩を開拓した。この間23年第1回帝国議会が開設されると同時に衆院議員に当選。勲藍綬褒章〔大正1年〕

関谷 連三　せきや・れんぞう
陸軍中将
明治11年（1878）7月～昭和6年（1931）8月10日
生山口県厚狭郡生田村（山口県小野田市）　学陸士卒、陸大卒　歴明治32年歩兵少尉に任官、以来累進して昭和3年陸軍中将に昇級。この間、陸軍大学校を卒業後、第一師団参謀、歩兵第六十七連隊長、陸軍省軍務局歩兵課長、歩兵第三十八旅団長、第四師団司令部付など歴任し、昭和3年予備役に編入。

世古 格太郎　せこ・かくたろう
宮内権大丞
文政7年（1824）～明治9年（1876）9月22日
生伊勢国松阪（三重県松阪市）　名通称＝喜兵衛、字＝延世、号＝子直　歴伊勢松阪で御用達の酒造業を営む豪商の家に生まれる。国学を本居内遠、足代弘訓に、儒学を斉藤拙堂に学ぶ。安政元年（1854年）弘訓と共に京都に入って三条実万・実美父子の知遇を得、尊王派志士たちと交流し、池内大学を松阪に匿ったりもした。水戸藩密勅事件の際に暗躍したかどで江戸に幽閉一年ののち追放され、伊勢一志郡に蟄居を命ぜられたが、文久2年（1862年）に赦免された。維新後は新政府に出仕し、権弁事、京都府判事、留守権判官、宮内権大丞を歴任。また古社寺保存会の創立に画策した。著書に「銘肝録」「地獄物語」「安政文久日記」など。

勢多 章甫　せた・のりひら
国学者 明法博士大判事
文政13年（1830）5月22日～明治27年（1894）12月8日　生鎌倉末期の明法家・中原章房の子孫。父の跡を継ぎ、検非違使、明法博士となる。元治元年（1864年）頃、学習院で国学を講義。維新後、皇学所、宮内省などに務めた。著作に「嘉永年中行事」「先朝紀略」などがある。

瀬戸 十助　せと・じゅうすけ
織物業者
天保7年（1836）～明治30年（1897）9月18日
生紀伊国日高郡藤井村（和歌山県御坊市）　歴12歳で和歌山の質屋に奉公に出る。のち紀伊特産の紋羽織商となり、和歌山商会所手代も務めた。明治2年紀伊藩が西洋式軍隊を取り入れた際、軍服として採用した紋羽織が使用に耐えなかったため、その改良に着手し、5年起毛木綿服地を考案。これはのちに大阪兵部省でも採用されて各地に広まり、フランネルに似ていたことから綿ネル、紀州ネルと呼ばれた。9年には和歌山織工所を設立して量産体制に入った。

銭高 善造　ぜにたか・ぜんぞう
銭高組創業者
安政7年（1860）1月27日～昭和7年（1932）4月13日　生和泉国（大阪府）　名旧姓・旧名＝四至本　歴大坂の四至本家に生まれ、14歳の時に隣村の大工棟梁、銭高作次に弟子入り。21歳で一人前となり、その腕と人柄を見込まれて同家の養子となった。御礼奉公が済むと上京して洋風建築の技法を学び、明治20年大阪市で土木建設業の銭高組を創業。大正元年合資会社とし、昭和6年株式会社に改組。この間、3～4年尾崎村村長を務めた。　家長男＝銭高作太郎（銭高組社長）、二男＝銭高久吉（銭高組社長）

妹尾 万次郎　せのお・まんじろう
小倉商工会初代会長 小倉市議

安政4年(1857)4月14日～昭和14年(1939)12月10日 [生]豊前国小倉(福岡県北九州市) [歴]明治16年家業を継承して精米業に従事し、さらに鉄工所を経営。39年小倉商工会初代会長を経て、小倉市議に当選し、45年議長をつとめた。

瀬見 善水 せみ・よしお
和歌山県議 歌人
文政10年(1827)～明治25年(1892)1月13日
[生]紀伊国日高郡(和歌山県) [名]通称=彦右衛門,号=翠湾,鳥岳山人 [歴]紀伊国日高郡(現・和歌山県)の大庄屋の家に生まれる。弘化3年(1846年)家職を継ぎ、のち紀伊藩の小筒打五十人の頭取に任ぜられる。文久3年(1863年)天誅組の乱に際しては代官代理として警備に当たった。明治維新後は藩政改革に伴って日高郡民政知局事、藩少参事となる。明治5年和歌山県戸長係を経て、6年同郷の陸奥宗光の推薦により神奈川県大属に就任したが、1年で辞し、和歌山県勧業御用係や同県議などを歴任した。一方、本居内遠、伊達千広門下の歌人としても知られる。

世良田 亮 せらた・たすく
海軍少将
安政3年(1856)10月3日～明治33年(1900)8月1日
[生]信濃国上田(長野県上田市) [学]アナポリス米国海軍兵学校〔明治14年〕卒 [歴]信濃上田藩士の長男。明治5年海軍兵学寮に入学。8年米国へ留学してアナポリスの海軍兵学校に学ぶ。14年帰国して海軍中尉に任官。20年から約3年間、清国公使館付武官として清国海軍の実情を調査した。日清戦争では天龍艦長を務め、28年大和、金剛の艦長、31年海軍省軍務局軍事課長、32年富士艦長などを歴任し、33年軍艦三笠回航委員長として英国に出張。帰国後の33年海軍少将に進み呉鎮守府艦隊司令官。同年佐世保鎮守府参謀長に転じたが、8月病没した。この間、海軍兵学寮時代に小川義綏、D.トムスンらについてキリスト教を学び、洗礼を受ける。23年日本基督教会信徒として植村正久を助けて同教会・市ケ谷講習所の設立に加わる。また、日本基督教会伝道局局員、東京基督教青年会理事長などを務め、植村正久の信任が厚かった。

千家 尊澄 せんげ・たかずみ
神官 国学者 出雲大社宮司
文化7年(1810)～明治11年(1878)8月21日
[出]出雲国(島根県) [名]幼名=国麻呂,号=松壺 [歴]出雲国造・出雲大社宮司の家に生まれる。一族の千家俊信や本居内遠、俊信の高弟岩政信比古に師事して国学を学び、他にも近藤芳樹や大国隆正・鈴木重胤らとも交流し、和歌にも造詣が深かった。明治2年出雲大社御杖代および出雲国造職をつぐ。神社令の改正によって位記を奉還したが、長きに渡って中絶していた神寿詞奏上の古儀を再興し、これ以後、千家氏が出雲大社の神事を取り仕切ることとなった。著書に「松壺文集」「松壺歌集」「歌神考」など。

千家 尊福 せんげ・たかとみ
神道家 司法相 出雲大社大宮司 男爵
弘化2年(1845)8月6日～大正7年(1918)1月3日
[生]出雲国(島根県) [歴]出雲国造で国学者の千家尊澄の長男。明治5年出雲大社大宮司となり、11年第80代出雲国造を継承。5年政府の大教宣布運動では大教正・神道西部管長を兼ね、庶民への教化に当たった。6年各地の出雲講・甲子講を出雲大社敬神講社として組織化し、これを出雲大社教会に改組して出雲大社の祭神である大国主命の精神の普及に努めた。11年神社制度の改正により同社宮司。15年宮司を辞し、教派を独立させて神道大社派(のち神道大社教に改称)の初代管長に就任。17年男爵。21年元老院議官に転じて政界に進出、23年には貴院議員に選ばれ、院内会派・研究会の設立に尽くした。25年文部省普通学務局長、27年埼玉県知事、30年静岡県知事、31年東京府知事を経て、41年第一次西園寺内閣に司法相として入閣した。また、歌をよくして「大八洲歌集」があり、「年の始めのためしとて」で始まる唱歌「一月一日」の作詞者としても知られる。詩人・千家元麿は息子。 [家]息子=千家元麿(詩人),父=千家尊澄(出雲国造・国学者) [勲]勲一等旭日大綬章

仙石 政固 せんごく・まさかた
貴院議員 子爵
天保14年(1843)12月15日～大正6年(1917)10月23日 [出]但馬国出石(兵庫県豊岡市) [名]幼名=鋭雄 [歴]但馬出石藩主・仙石久道を祖父に、政賢の嫡男に生まれるが、安政年間にに父を亡くし、慶応元年(1865年)叔父である藩主・仙石久利の養子となった。明治維新の際には藩主に代わって国事に奔走し、2年新政府に出仕、学校権判事、大学少監などを経て、3年家督を継いで仙石家8代目当主となり出石藩知事を務める。4年少議官、のち侍従、宮内省出仕、内務省書記官などを歴任。17年子爵。23年から貴院議員を務めた。

仙石 貢 せんごく・みつぐ
満鉄総裁 鉄道相 衆院議員(憲政会)
安政4年(1857)6月2日～昭和6年(1931)10月30日
[出]土佐国(高知県) [学]工部大学校土木工学科〔明治11年〕卒 工学博士〔明治24年〕 [歴]東京府雇、工部省御用掛、鉄道権少技長、鉄道3等技師を歴任。明治21年欧米視察、29年逓信省鉄道技監、次いで鉄道局管理課長、同運輸部長。31年退官、筑豊鉄道、九州鉄道各社長、福島木材、猪苗代水力電気、日本窒素肥料各重役。41年以来高知県から衆院議員当選3回、戊申倶楽部、国民党、同志会、憲政会に属した。大正3年大隈内閣の鉄道院総裁、13～15年第一次、第二次加藤高明内閣の鉄道相、昭和2年民政党結成に参画、4～6年南満州鉄道総裁。勅選貴院議員。

専崎 弥五平　せんざき・やごへい
宮内省御用邸定番

文政13年(1830)1月11日～明治34年(1901)8月12日　[生]摂津国八部郡二茶屋村(兵庫県神戸市中央区)　[歴]生家は屋号を鉄屋といい、代々雑業を営む。文久3年(1863年)長州藩が摂海防備につくその用達となり、同年8月の政変により三条実美ら尊攘派七卿が西下する際、その乗船及び三田尻までの船中用達に尽力したが、このため幕吏の迫害を受けた。ついで元治元年(1864年)長州藩兵が入洛すると自宅を宿舎に提供し、負傷者を看護したため、大坂町奉行所に投獄される。のち許されたが、家財四散のため長州藩に走った。維新後は神戸で旅館・廻漕業を営み、陸海軍用達もつとめた。その邸は明治19年御用邸として宮内省に買上げられ、以後御用邸定番をつとめた。

泉水 宗助　せんすい・そうすけ
千葉県議

安政3年(1856)1月27日～昭和4年(1929)1月13日　[生]下総国桜井村(千葉県木更津市)　[歴]明治13年千葉県桜井村(現・木更津市)で海苔養殖の普及に尽くし、22年東京湾漁業組合千葉県頭取に就任。41年農商務省原図「東京湾漁場図」を復刻。千葉県議も務めた。

千田 軍之助　せんだ・ぐんのすけ
衆院議員(政友会)

安政3年(1856)2月～大正3年(1914)3月2日　[生]紀伊国那賀郡長田村(和歌山県紀の川市)　[歴]明治19年和歌山県那賀郡の自由民権会を組織、「紀陽新聞」を発刊。27年以来和歌山県から衆院議員当選4回、政友会に属し、院内幹事、協議員を務めた。農民の福利増進に努め、紀勢縦貫鉄道の建設に尽力。また私立猛山学校を設立、子弟育成にも貢献した。

千田 貞暁　せんだ・さだあき
広島県知事　貴院議員　男爵

天保7年(1836)7月29日～明治41年(1908)4月23日　[生]鹿児島県　[歴]薩摩藩士の子として生まれ、幕末の志士として活躍。明治維新後、東京、広島、新潟、和歌山、愛知、京都、宮崎各地の知事を歴任。この間、広島県知事の際に宇品港の建設に取り組み、予定工期の2倍、工費も4倍となる困難な工事を完成させたが、計画の甘さの責任を問われ、罰俸の処分を受けた。一方、第2回総選挙では選挙干渉で名をあげた。また男爵を授けられ、明治37年貴院議員となった。

千田 登文　せんだ・とぶみ
陸軍歩兵少佐

弘化4年(1847)～昭和4年(1929)4月16日　[生]加賀国金沢(石川県金沢市)　[歴]加賀藩士で、小野派一刀流の使い手として知られた。明治維新後、陸軍に入り、のち歩兵少佐となる。明治10年西南戦争に田原坂で奮戦、武功を立てた。また西郷隆盛自刃後、埋められた首を掘り当てたと言われる。

仙頭 武央　せんとう・たけなか
海軍中将

元治1年(1864)3月25日～大正8年(1919)12月11日　[生]土佐国安芸郡穴内村(高知県安芸市)　[名]幼名＝外太郎　[学]海兵(第10期)〔明治16年〕卒　[歴]安芸町年寄役・仙頭武英の四男として生まれる。申議学舎で船本楠吉に学び、上京して海南私塾に入学する。明治19年海軍少尉に任官。日露戦争時は千代田分隊長として、日露戦争には対馬艦長として従軍。38年浪速、春日、39年八雲の艦長を経て、41年横須賀海兵団長、同年海軍砲術学校校長兼務、同年呉海兵団長、44年呉鎮守府艦隊司令官。大正2年待命となり、3年海軍中将に進み予備役に編入される。

仙波 太郎　せんば・たろう
陸軍中将　衆院議員

安政2年(1855)4月21日～昭和4年(1929)2月19日　[生]伊予国温泉郡久米村(愛媛県松山市)　[学]陸士(旧2期)〔明治12年〕卒、陸大〔明治18年〕卒　[歴]仙波幸雄の長男に生まれる。明治12年陸軍少尉となり、23年駐在武官としてドイツに留学し帰国後、少佐。日清戦争時の30年第三師団参謀長、36年清国駐屯軍司令官、37年少将として日露戦争に従軍した。43年中将、大正3年第一次大戦時には第三師団長を務め、桂、宇都宮と共に"陸軍の三太郎"と称された。大正5年予備役に回り岐阜市外に移り在郷軍人団の指導に当たる。7年衆院議員を務めた。

【そ】

宗 重正　そう・しげまさ
厳原藩知事　伯爵

弘化4年(1847)11月6日～明治35年(1902)5月25日　[生]対馬国府中(長崎県対馬市)　[名]前名＝宗義達　[歴]対馬国府中藩主の家に生まれ、文久2年(1862年)襲封。新政府より朝鮮との外交を従来通り委任される。厳原藩知事を経て、外務大丞などを歴任。17年伯爵。その間、歌道に親しみ、作品は「大八洲家集」「現今自筆百人一首」などに収録されている。

草郷 清四郎　そうごう・せいしろう
小田原電気鉄道社長

弘化3年(1846)1月2日～大正13年(1924)8月9日　[生]紀伊国和歌山(和歌山県和歌山市)　[学]慶応義塾　[歴]紀伊藩士・草郷家の四男に生まれる。慶応2年(1866年)江戸に上り開成学校にフランス語を学ぶ。ついで福沢諭吉の塾に転じ、明治元年郷里に帰り紀伊藩騎兵指揮官となり、2年官軍と共に大阪

城に入城したが、のち脱して再び福沢塾に入る。6年諭吉の勧めで慶応義塾内に代言社を創設して社長となり、7年文部省大学東校に招かれて総幹事となる。12年辞して、13年横浜正金銀行に入り10余年在職、26年当時社務混乱にあった筑豊鉄道会社に移り経理部長として32年まで在職し社運の回復に尽力する。34年小田原電気鉄道(のちの箱根登山鉄道)社長に就任した。

左右田 金作　そうだ・きんさく
左右田銀行創設者 神奈川県議
嘉永2年(1849)10月9日～大正4年(1915)3月26日
[出]上野国(群馬県)　[歴]文久3年(1863年)横浜で両替商を始める。不動産取引や洋銀相場で財を築き、明治28年左右田銀行を設立した。また神奈川県議、貴院議員を歴任。　[家]息子=左右田喜一郎(左右田銀行頭取)

相馬 愛蔵　そうま・あいぞう
中村屋創業者
明治3年(1870)10月15日～昭和29年(1954)2月14日　[生]信濃国安曇郡白金村(長野県安曇野市)　[学]東京専門学校〔明治23年〕卒　[歴]豪農の三男で、1歳で父を、6歳で母を亡くす。明治19年松本中学を中退して上京、東京専門学校(現・早稲田大学)に転入。学友・宮崎湖処子の影響により、同年市ケ谷教会でキリスト教の洗礼を受けた。23年同校を卒業すると北海道に渡り、伊藤一隆らと禁酒運動に従事。24年帰郷すると農村の革新運動を展開、特に養蚕業の研究・振興に力を注ぎ、蚕糸を春・夏・秋の3回収穫することに成功、その成果を27年「蚕種製造論」としてまとめた。34年妻と上京し、東京・本郷のパン屋・中村屋を譲り受け開業。以後、正直一途の経営と、37年に発明したクリームパンが好評を博し、40年には新宿に支店を出すまでに至った。42年店舗拡張のため、本店を新宿駅前に移転。一方で長野時代からの親友・荻原や中村彝、中原悌二郎、戸張弧雁ら若い画家・彫刻家たちを支援して店内に芸術的な雰囲気を加え、"インテリ・パン屋"として評判を呼んだ。大正4年からは頭山満の依頼で日本に亡命中のインド独立運動家ラス・ビハリ・ボースを匿い、その身柄を要求する英国大使館からの追及を毅然として退け続けた。7年長女の俊子がボースと結婚。8年にはロシアの亡命詩人エロシェンコを中村屋で保護。他にも朝鮮独立運動家・林圭、インドの詩人タゴール、ハンガリーの民俗学者パラートンらとも交流を持った。ボースからインドカレーの製法を教わり、"カリーライス"として売り出した他、エロシェンコ直伝のロシア料理ボルシチ、ルパシカなど国際色豊かな新メニューを創始し、評判を呼んだ。　[家]妻=相馬黒光(随筆家), 長女=ボース俊子, 息子=相馬安雄(中村屋社長), 孫=相馬雄二(中村屋社長), 女婿=ボース, ラス・ビハリ(インド独立運動家)

相馬 貞一　そうま・ていいち
リンゴ栽培家 産業組合運動の先駆者
慶応2年(1866)～昭和10年(1935)
[生]青森県竹館村(平川市)　[名]幼名=源太, 前名=相馬政治　[学]東京専門学校　[歴]政治を志し、東京専門学校に進むが、帰郷して先代からのリンゴ園の経営を継ぐ。山間地帯にリンゴ栽培を導入。明治40年リンゴの共同販売を目的に、竹館村林檎購買販売組合(農協の前身)を設立。リンゴの共同選果・販売を実施したほか、農薬や肥料の共同購入も行い、東北一の模範組合に成長、全国に名を知られた。また、リンゴを原料にジャム、ジュース、シャンパンの加工にも意欲を燃やしたが、失敗に終わった。　[家]三男=相馬貞三(民芸運動家)

相馬 哲平　そうま・てっぺい
第百十三銀行頭取 相馬商店創立者
天保4年(1833)5月5日～大正10年(1921)6月6日
[生]越後国新発田(新潟県新発田市)　[歴]北海道函館に移住して開拓事業に着手する傍ら、北海道の金融機関の整備を志し、明治13年第百十三国立銀行、29年函館貯蓄銀行、さらに相馬銀行などを設立。また大正4年相馬合名(持株会社)、8年相馬商店(主力事業会社)なども設立した。すでに明治30年頃には北海道で100万町歩を超える土地を開墾していたが、この間、土地集積を強めて大地主となり、北海道有数の地方財閥となった。7年勅選貴院議員。神山茂編「相馬哲平伝」がある。

相馬 永胤　そうま・ながたね
横浜正金銀行頭取 専修大学学長
嘉永3年(1850)11月20日～大正13年(1924)1月25日　[生]近江国(滋賀県)　[歴]彦根藩士の家に生れ、儒者安井息軒に学ぶ。戊辰戦争では藩の東征軍に従い各地を転戦。藩命により鹿児島に留学したのち、米国に留学しコロンビア大学、エール大学に学ぶ。明治12年帰国、司法省に入り代言人(弁護士)、ついで14年判事に任ずるが、辞して目賀田種太郎、田尻稲次郎らと東京専修学校(現・専修大学)の創立に参与。18年横浜正金銀行に入り、30年頭取に就任。興銀監査役も兼任。39年退職して専修大学学長となった。　[家]孫=相馬信夫(カトリック司教)

早山 清太郎　そうやま・せいたろう
北海道開拓者
文化14年(1817)11月14日～明治40年(1907)8月1日　[生]陸奥国西白河郡米村(福島県西白河郡西郷村)　[名]旧姓・旧名=小針己之丞　[歴]早山家から小針家に養子に入るが、嘉永5年(1852年)エゾ地に渡る。安政4年(1857年)札幌に移住し、開墾を始め、翌年、道央で初めて米づくりに成功。定山渓に至る道路建設など札幌の開拓に生涯をささげた。

副島 種臣　そえじま・たねおみ
外務卿 内相 書家 伯爵
文政11年(1828)9月9日～明治38年(1905)1月31

日 ⽣肥前国佐賀(佐賀県佐賀市) 名幼名=龍種、通称=副島二郎、号=副島蒼海、一々学人 歴肥前佐賀藩の国学者・枝吉忠左衛門の二男。嘉永3年(1850年)大隈重信、江藤新平らと兄・枝吉神陽が主宰する楠公義祭同盟に参加し、国事に奔走。同年京都に上り、大原重徳ら公卿や矢野玄道、田中河内介ら尊攘派の志士と交流。また、青蓮院宮朝彦親王から佐賀藩兵100人の上洛を促されて帰藩するが、藩主・鍋島直正に拒否され、藩校の国学教授を命じられた。安政6年(1859年)同藩の副島利忠の養子となる。元治元年(1864年)藩が長崎に設置した致遠館の学監となり、大隈らと宣教師フルベッキについて英語や米国憲法、欧米事情を教わる。慶応3年(1867年)大隈らと脱藩して江戸に赴き、原市之進を通じて大政奉還を画策するが、捕えられて藩から謹慎処分を受けた。明治維新後、新政府の参与・制度取調局判事となって福岡孝弟とともに政体書を起草。同年種臣に改名。4年渡欧した岩倉具視に代わって外務卿に就任し、同年のロシアとの樺太国境問題や5年の琉球藩帰属問題、マリア・ルス号事件の解決に努力。6年には特命全権公使として清国に渡り、日清修好条規の締結交渉に当たった。同年征韓論を唱えて辞職。7年自宅で愛国公党を結成し、同年板垣退助、江藤新平、由利公正らと民撰議院設立建白書を提出したが、やがて運動からは離脱した。その後、元老院議官や参議などへの就任を要請されたが拒絶し、9年より清国を漫遊。帰国後、12年宮内省御用掛一等侍講などを務め、17年伯爵。19年宮中顧問官、21〜23年枢密顧問官を経て、25年第二次松方内閣に内相として入閣するが、3ケ月で辞任。同年から38年まで再び枢密顧問官を務め、また東方協会会長として民間外交にも尽力した。近代を代表する能書家の一人で、漢詩人としても著名。 家三男=副島道正(衆院議員)、父=枝吉忠左衛門(国学者)、兄=枝吉神陽(義祭同盟主唱者)

添田 敬一郎 そえだ・けいいちろう
衆院議員(日本進歩党)
明治4年(1871)8月28日〜昭和28年(1953)10月20日 ⽣福井県 学東京帝国大学法科大学英法科〔明治31年〕卒 歴内務省に入り、大分県警察部長、滋賀県などの内務部長、埼玉、山梨、山形各県知事を経て大正6年内務省地方局長。9年退官、協調会に入り、12年衆院補欠選挙に当選以来7回当選。

添田 寿一 そえだ・じゅいち
日本興業銀行総裁 大蔵次官 報知新聞社社長
元治1年(1864)8月15日〜昭和4年(1929)7月4日 ⽣筑前国遠賀郡島門村(福岡県遠賀郡遠賀町) 学東京大学文学部政治学理財学科〔明治17年〕卒 法学博士〔明治32年〕 歴明治17年大蔵省主税局御用掛となり、旧藩主黒田長成に従って渡欧、ケンブリッジ大学、ハイデルベルク大学に学ぶ。20年帰国し、大蔵省主税官、参事官、大臣秘書官、書記官、監督局長などを経て、31年大蔵次官となる。この間、早大、専修学校、学習院、高等商業学校、東大などで経済学の講義を担当した。32年台湾銀行頭取となり、35年日本興商銀行総裁に就任。大正2年総裁辞任後、中外商業新報社長に就任、4年鉄道院総裁となった。のち報知新聞社長、同社顧問を経て、14年〜昭和4年勅選貴院議員を務めた。この間、財政、経済、労働、社会政策など多方面にわたって指導的役割を果たしたが、特に金本位制実施や台銀、興銀、日仏銀行の創立、発展などに功績があった。

曽我 祐準 そが・すけのり
陸軍中将 貴院議員(勅選) 子爵
天保14年(1843)12月25日〜昭和10年(1935)11月30日 ⽣筑後国柳河(福岡県柳川市) 歴明治元年明治政府に出仕、戊辰戦争には海軍参謀として加わり、箱館・五稜郭攻略に武勲をたてる。4年陸軍大佐、6年少将。その後、兵学頭、陸軍士官学校長を歴任。10年西南戦争には第四旅団司令長官として出征する。14年谷干城らとともに国憲(憲法)制定を上奏。15年参謀本部次長、16年陸軍中将に進級。17年子爵授爵。19年山県有朋らと対立して休職となる。東宮大夫・宮中顧問官を経て、24年貴院議員に勅選される。大正4年枢密顧問官に任ぜられたが、12年辞して以後閉居。また明治31年日本鉄道会社社長も務めた。

曽我部 道夫 そがべ・みちお
衆院議員 福岡県知事
嘉永3年(1850)1月5日〜大正12年(1923)3月13日 ⽣阿波国美馬郡里村(徳島県美馬市) 歴明治25年衆院議員に当選、1期。26年岐阜県知事、28年島根県知事、31年福岡県知事を歴任。

外海 銕次郎 そとみ・てつじろう
実業家
慶応2年(1866)5月〜昭和8年(1933)4月7日 ⽣近江国(滋賀県) 名旧姓・旧名=田村 歴田附家に生まれ、のち外海家を継ぐ。米国に渡り綿花取引に従事し、明治32年帰国。綿糸を清(中国)に輸出して成功する。のち丸松合資を設立しメリヤス製造業を営む。傍ら、日米綿業取締役、大阪輸出メリヤス同業組合理事長などを務め、更に昭和2年日本輸出メリヤス組合連合会理事長を兼任した。この間、大正9年から8年間大阪商工会議所議員も務めた。

曽祢 荒助 そね・あらすけ
蔵相 法相 農商務相 韓国統監 衆院副議長 子爵
嘉永2年(1849)1月28日〜明治43年(1910)9月13日 ⽣長門国萩(山口県萩市) 名旧姓・旧名=宍戸 歴長州藩家老・宍戸潤平の三男で、同藩の曽祢家の養子となる。文久3年(1863年)より藩校・明倫館に学び、戊辰戦争では東北各地を転戦。明治2年御親兵中隊司令。3年軍人を志して大阪兵学寮に入り、フランス語を習得して5年よりフランスへ留

学。10年帰国して陸軍に出仕したが、14年太政官に転じて少書記官を皮切りに、18年法政局参事官、19年内閣記録局長、21年官報局長兼務を経て、23年議会開設に伴い初代衆議院書記官長となるなど、法制系の実務官僚として活躍した。25年辞任して第2回衆院選に山口県から出馬して当選、中央交渉部や議員倶楽部に属して政府を後援し、同年衆院副議長を務めた。26～30年駐フランス公使。31年第三次伊藤内閣に法相として初入閣し、同年第二次山県内閣では農商務相となった。33年勅選貴院議員。34年第一次桂内閣に起用され、日露戦争時には増税を推進して戦費の調達に当たった。39年桂内閣退陣と共に辞職し、枢密顧問官に転任。40年子爵。同年韓国副統監となり、42年には暗殺された伊藤博文の後を受けて統監に就任したが日韓併合には消極的で、病気のため辞任した。 家息子＝曽祢達蔵（建築家）、孫＝曽祢武（物理学者）、曽祢益（外交官・参院議員） 歴旭日桐花大綬章

曽根 静夫　そね・しずお
台湾総督府民政局長 北海道拓殖銀行初代頭取
弘化2年（1845）8月3日～明治36年（1903）5月31日
生安房国平郡佐久間村（千葉県安房郡鋸南町） 歴青年期に明治維新を迎え、明治5年北条県（現・岡山県美作地方）に出仕。14年大蔵省に入り、のち国債局長に進む。拓殖務省北部局長、台湾総督府民政局長、31年山形県知事などを歴任。32年北海道拓殖銀行設立委員となり、33年同行の初代頭取に就任した。

曽根 俊虎　そね・としとら
海軍大尉
弘化4年（1847）10月6日～明治43年（1910）5月21日 出出羽国米沢（山形県米沢市） 名幼名＝小太郎 歴出羽国米沢藩儒・曽根兎庵の子。藩校・興譲館に学び、江戸で洋学を修めた。明治5年海軍少尉に任官。6年副島種臣に従い清国へ赴いた他、たびたび清国に出張。19年参謀本部海軍部編纂課長心得となり、「法越交兵記」を著して安南（ベトナム）に対する政府の無関心な態度を批判、免官・収監となった。21年無罪となるが海軍を辞し、一浪人として中国問題を研究した。

曽根原 千代三　そねはら・ちよぞう
陸軍通訳 実業家 南京同文書院中国語教授
明治9年（1876）8月～明治42年（1909）9月
生長野県 歴東京で学び、のち神戸で弁護士・桜井一久の書生となって勉学した。ついで京都で荒尾精の門に入る。明治28年荒尾の斡旋で陸軍通訳となり台湾に赴任した。のち南京に行き南京同文書院の開設に当たりその創立事務を助け、中国語教授兼学生の立場で修学する。その後、宮坂九郎に従って重慶に行き、新利洋行に入り、四川の物産輸出で同地の産業発展に尽力した。

園 基祥　その・もとさち
公家 伯爵

天保4年（1833）11月11日～明治38年（1905）10月30日 生京都 歴園基茂の子で、園基万の養子となる。天保13年（1842年）元服し昇殿を評され、安政5年（1858年）日米修好通商条約調印の勅許阻止を図る公家88人の列参に参加。6年侍従となり、万延元年（1860年）睦仁親王家司となって右近衛権中将に任ぜられた。長女・祥子は明治天皇に仕えて典侍となり、2皇子6皇女をもうけ、孫にあたる皇子女の養育にもあたった。17年伯爵。家職として雅楽を掌り、和歌をよくし、詠歌は「千歳乃幾久」「昔の春」「菊の下葉」「さみだれ集」などに収められている。

園池 公静　そのいけ・きんしず
公家 子爵
天保6年（1835）6月25日～大正8年（1919）10月8日
生京都 歴嘉永3年（1850年）元服して昇殿を許される。5年右京大夫、元治元年（1864年）右近衛権少将。慶応2年（1865年）には中御門経之ら公家22人の列参にも加わり朝政刷新を訴えた。王政復古の政変後、奈良府知事、明治2年奈良県知事。3年侍従。

園池 実康　そのいけ・さねやす
宮中顧問官 子爵
安政4年（1857）12月4日～昭和3年（1928）4月23日
生京都 歴明治25年宮内省に入り、掌典を経て、掌典次長を務める。のち宮中顧問官となった。大正14年父の退隠の後を承けて子爵となる。

園田 孝吉　そのだ・こうきち
横浜正金銀行頭取 男爵
弘化5年（1848）1月19日～大正12年（1923）9月1日
生大隅国大良村（鹿児島県大口市） 名旧姓・旧名＝宮内 学大学南校卒 歴薩摩藩重臣北郷家の家臣。幕末に英学を修め、維新後貢進生となって大学南校入学。外務省へ出仕、維新7年から駐英領事などで通算15年英国滞在。23年退官し、松方正義蔵相の推薦で横浜正金銀行頭取に就任。日銀との提携策をとり、欧米並の為替銀行制度に改革、英蘭銀行とも取引を開始。30年健康を害し辞任するが、請われて31年～大正4年十五銀行頭取を務め、また興銀、満鉄、東拓、韓国銀行などの設立委員を歴任。この間、東京銀行集会所副会長の地位にあり、日本鉄道、帝国運輸倉庫、日本郵船、日英水力電気、東京海上火災などの要職をつとめた。大正7年男爵。関東大震災に遇い没した。荻野仲三郎「園田孝吉伝」がある。

薗田 宗恵　そのだ・しゅうえ
僧侶（浄土真宗本願寺派） 仏教大学学長
文久3年（1863）7月27日～大正11年（1922）1月3日
生和泉国日根郡小島村（大阪府泉南郡岬町） 名旧姓・旧名＝浅井、号＝鶴堂 学帝国大学文科大学哲学科〔明治25年〕卒 歴和泉・教円寺の浅井宗泰の長男で、和歌山・妙慶寺の薗田香潤の法嗣となる。明治11年得度。西本願寺大教校兼学部卒業後、

本願寺より東京留学を命じられ、大学予備門、帝国大学に学んだ。25年卒業して西本願寺文学寮教授、30年文学寮長。32年西島覚了を伴って最初の西本願寺米国開教使として渡米。北米各地の在留邦人に伝道し、また白人を中心とする法人仏教団体も設立。34年ドイツへ留学し、当時ヨーロッパ各地の宗教事情を視察していた大谷光瑞法主に従い、インド仏跡の調査にも参加した。36年帰国。38年仏教大学(現・龍谷大学)学長となり、44年勧学。大正元年仏教大学学長を退くも、4年再任した。著書に「聖徳太子」「仏教通観」などがある。

園田 多祐　そのだ・たすけ
公共事業家　兵庫県議
文政13年(1830)8月2日～明治32年(1899)8月18日　[生]丹波国多紀郡大山村(兵庫県篠山市)　[名]名=定義、字=成功、号=抱甕　[歴]丹羽篠山の大庄屋の二男に生まれる。幼くして父を失い、篠山藩の学者・渡辺弗措に学び、藩の御用達となった。維新後は大里正、区長、兵庫県議、銀行頭取などを務めた。また、多額の資材を投じて公共事業に尽力し、16年丹波多紀郡と氷上郡の難所をつなぐ鐘ケ坂隧道を完成させた。　[勲]藍綬褒章〔明治19年〕

園田 太邑　そのだ・たむら
熊本県議
安政1年(1854)～昭和3年(1928)10月22日　[生]肥後国阿蘇郡坂梨村(熊本県阿蘇市)　[名]号=蘇門、千里軒牛歩　[歴]熊本で元田永孚・竹崎茶堂に学ぶ。和漢の学に通じ、郷里・阿蘇郡北坂梨村で塾を開き、内田康哉・林田亀太郎・高木第四郎らを教える。明治12年熊本県議となり、九州改進党、ついで自由党、のち政友会の重鎮として活躍。蘇門、千里軒牛歩と号し、詩歌をよくした。

園田 安賢　そのだ・やすかた
北海道庁長官　警視総監　貴院議員　男爵
嘉永3年(1850)9月1日～大正13年(1924)8月7日　[生]薩摩国(鹿児島県)　[歴]薩摩藩士の長男として生まれる。戊辰戦争に従軍後、警察に入る。明治5年大警部、8年警視庁に出仕。15年石川県警部長、23年警視副総監を経て、警視総監。29年男爵となり、30年貴院議員。31年警視総監に復帰したが、間もなく北海道庁長官となり、開拓10ケ年計画などを推進した。のち宮中顧問官。39年退官後は実業界で活躍し、朝鮮棉花社長、共正銀行頭取などを務めた。

園田 六左衛門　そのだ・ろくざえもん
新潟県から長野県まで独力で道を切り開いた人
文化9年(1812)～明治24年(1891)　[生]越後国魚沼郡早川村(新潟県南魚沼市)　[歴]越後国早川村の農家に生まれる。農閑期には同村から長野県の小谷村にある小谷温泉まで多くの人々が湯治に訪れていたが、遠回りを余儀なくされていたため、地元の山を越える最短ルートを切り開くことを発案。村人の賛同を得られなかったが、農閑期を利用して独力で山林を切り開き、文久2年(1862年)23年をかけて道をつけた。その際、沿道のブナ林に着目して炭焼き職人を招き、製炭業を興して村を活性化させた。

園山 勇　そのやま・いさむ
衆院議員(政友会)
嘉永1年(1848)3月3日～大正10年(1921)8月14日　[生]島根県　[名]旧姓・旧名=斎藤　[歴]藩立皇漢学校大教授、島根県議、長野・宮崎各県知事を経て、明治27年島根郡より、衆院議員初当選。以後4回当選を果たした。また、蚕糸会社社長も務めた。

祖父江 重兵衛　そふえ・じゅうべえ
機業家
弘化1年(1844)～明治43年(1910)12月1日　[生]尾張国丹羽郡栄村(愛知県江南市)　[歴]呉服卸商を営む。明治11年士族授産のために設立された愛知物産で木綿織物の技術を指導する。機織の改善に努力し、梳毛織に取組み、太陽織という新機を案出した。また14年伊藤次郎左衛門、岡谷惣助らと共に名古屋紡績会社および岐阜織物会社を設立、名古屋地方に最初の機械制大工場をもたらした。　[勲]緑綬褒章〔明治34年〕

征矢野 半弥　そやの・はんや
衆院議員(政友会)　福岡日日新聞社長
安政4年(1857)8月～明治45年(1912)2月9日　[生]筑前国福岡(福岡県福岡市)　[歴]旧福岡藩士。福岡県議、同議長を経て、明治22年福岡日日新聞(現・西日本新聞)社長となる。27年から衆院議員に6選。晩年国民の海外発展を策し、朝鮮・中国・豪州などに人を派遣して調査させた。

尊純　そんじゅん
僧侶　時宗管長　清浄光寺(遊行寺)住職
天保4年(1833)～明治44年(1911)7月31日　[生]周防国(山口県)　[名]俗名=稲葉覚道　[歴]尊覚に師事。山梨・一蓮寺住職などを務めたのち、明治39年清浄光寺(遊行寺)住職、時宗管長となった。

【た】

他阿 尊覚　たあ・そんかく
僧侶(時宗)　清浄光寺(遊行寺)住職
文政2年(1819)9月5日～明治36年(1903)6月28日　[生]越後国南蒲原郡三条(新潟県三条市)　[名]旧姓・旧名=風間、別号=大善、而染　[歴]14歳の時、郷里・越後国三条の乗運寺で得度。兵庫真光寺・京都七条学寮で学び、嘉永6年(1853年)越後国高田の称念寺住職となる。嘉永7年(1854年)京都法国寺に移り、ついで江戸の浅草寮の学頭に転じた。維新期に廃仏毀釈が起こると、仏教界の動揺を鎮め

るために各地を巡歴するなど、仏法の護持に尽力。のち山形光明寺・山梨一蓮寺を経て明治22年藤沢の清浄光寺（時宗）に転住し、遊行上人61世を継承した。

醍醐 忠順　だいご・ただおさ
貴院議員 侯爵

文政13年（1830）3月17日～明治33年（1900）7月4日　⬚京都　⬚内大臣・醍醐輝弘の三男。天保12年（1841年）左近衛権少将、ついで中将、安政4年（1857年）権中納言、文久3年（1863年）権大納言。安政5年（1858年）条約勅許問題が起ると勅問に預かり、ただ一人畿内を除く開市開港を許可すべしの意見を述べた。王政復古の政変後、参与となり内国事務掛、大阪鎮台督、大阪裁判所総督を兼任。大阪府知事も務めた。また、昭憲皇太后の皇后宮大夫となり、侍従、侍従番長など天皇の側近として仕えた。17年侯爵。23年貴院議員。　⬚二男＝醍醐忠敬（元老院議官）、父＝醍醐輝弘（公卿）、孫＝醍醐忠重（海軍中将）

醍醐 忠敬　だいご・ただゆき
元老院議官

嘉永2年（1849）10月4日～明治32年（1899）5月23日　⬚京都　⬚醍醐忠順の二男。慶応元年（1865年）右近衛権少将。戊辰戦争では奥羽鎮撫副総督に任じられ、間もなく同参謀として従軍。新政府では留守権判官、宮内権大丞、元老院議官を務めた。　⬚父＝醍醐忠順（貴院議員）、三男＝醍醐忠重（海軍中将）

大正天皇　たいしょうてんのう
第123代天皇

明治12年（1879）8月31日～大正15年（1926）12月25日　⬚東京　⬚学習院〔明治27年〕中退　⬚明治天皇の第3皇子で、生母は権典侍の柳原愛子。幼宮（はるのみや）嘉仁（よしひと）と命名される。幼い頃は脳膜炎を病むなど病気の連続で、7歳まで外祖父・中山忠能の邸宅で育てられる。明治20年儲君となり、立太子の儀を行って皇太子となる。27年学習院が罹災したため、赤坂離宮内の御学問所で川田甕江、三島中洲、本居豊穎から漢学・国学を学ぶとともに、フランス人サラザンについて洋学も修める。33年九条道孝の四女・節子と結婚して妃とし（貞明皇后）、34年第1皇孫・裕仁親王（昭和天皇）が誕生した。皇后とは仲むつまじく、淳宮（秩父宮）、光宮（高松宮）、澄宮（三笠宮）の4皇子を授かり、側室を置かず一夫一妻を貫いた。日露戦争では陸海軍大佐として大本営附となり、戦功により陸海軍少将に昇進。皇太子時代は沖縄を除く全府県を巡幸し、明治40年には合併前の韓国を親善訪問した。45年7月30日明治天皇の崩御に伴い123代天皇として即位し、大正と改元。大正4年11月京都で即位の大礼を挙行。政治には直接関係することは少なかったが、即位後数年で政務多忙により病気が進行し、10年11月25日皇族会議によ

り皇太子裕仁親王が摂政に任ぜられた。以後は静養に努めたが、大正15年12月25日葉山御用邸で崩御。文才豊かで、特に漢詩に優れた。　⬚妻＝貞明皇后、長男＝昭和天皇、二男＝秩父宮雍仁、三男＝高松宮宣仁、四男＝三笠宮崇仁、父＝明治天皇、実母＝柳原愛子

大知 文秀　だいち・ぶんしゅう
尼僧 山村円照寺第6世門跡

天保14年（1843）1月29日～大正15年（1926）2月14日　⬚幼称＝福喜宮　⬚伏見宮邦家親王の第7王女で、幼称は福喜宮。弘化4年（1847年）孝明天皇の猶子となって山村の円照寺に入り、嘉永4年（1851年）得度、大知文秀と号す。皇族最後の尼門跡として同寺第6世となるが、明治6年皇族が法体であるのを憚っての還俗。しかし、のち法体を許されて円照寺に戻った。禅に深く帰依し、和歌や文章にも秀でて日記や旅行記などを残している。　⬚父＝伏見宮邦家、姉＝二条恒子、一条順仁、久我誓円（尼僧）、妹＝村雲日栄（尼僧）

大道 長安　だいどう・ちょうあん
僧侶（曹洞宗）救世教創始者

天保14年（1843）4月1日～明治41年（1908）6月15日　⬚越後国蒲原郡新発田（新潟県新発田市）　⬚旧姓・旧名＝本田、通称＝救世仁者、号＝忍哉童子、無争当主人、雪隣斎、妙力門主人　⬚嘉永元年（1848年）長岡の曹洞宗長興寺で得度、安政元年（1854年）若狭の海源寺大道大樹から伝法を受ける。明治6年岡山県の長安寺住職となり、大道長安と改名。8年長興寺に転住。9年新潟県曹洞宗教導職取締に就任し、権中講義、ついで16年権大講義に補されるが、宗門に安住できず、救世主義を唱えて、19年長野で救世会を設立、新仏教運動をおこす。22年機関誌「救世之光」を発行。宗門からは排斥されたが、28年東京麹町に本部をおき、京浜を中心に各地を布教した。観世音菩薩を本尊とし、観音経に基づいて妙力門を説いて救世教を創始、孤児院経営なども社会事業をおこなった。没後の昭和15年曹洞宗復帰を特赦。著書に「観音経講義」「大道長安仁者全集稿本」など。

大道 久之　だいどう・ひさゆき
神官 大阪天満宮宮司

文久3年（1863）～昭和4年（1929）4月17日　⬚京都　⬚旧姓・旧名＝堀川　⬚徳大寺家諸大夫・堀川久民の二男に生まれる。幼少より雅楽を修め、13歳で宮内省式部寮伶員（楽人）となり、15歳で石清水勅祭御神楽の儀に人長を務め、ついで四天王寺の舞楽の再興にも関わる。17歳で大阪天満宮の社家・大道家の婿養子となり、以後50年に渡って同神社に奉仕し、大阪神職会の元老であった。

大道 良太　だいどう・りょうた
鉄道院東京鉄道局長

明治12年（1879）7月14日～昭和9年（1934）2月22日　⬚滋賀県　⬚京都帝国大学法科大学政治学科

〔明治36年〕卒　歴明治36年内務省に入省。41年鉄道院参事兼総裁秘書兼官房保健課長、42年官房文書課長、大正元年総裁秘書兼務、2年神戸鉄道管理局庶務課長、4年官房保健課長、5年九州鉄道管理局長、8年門司鉄道管理局長、9年神戸鉄道管理局長、神戸鉄道局長、同年東京鉄道局長。12年退官。13年東京市電気局長。

大道寺 繁禎　だいどうじ・しげよし
第五十九国立銀行創立者　青森県議会初代議長
天保15年（1844）6月10日～大正8年（1919）2月26日　生陸奥国弘前（青森県弘前市）　名通称=族之助、号=楸園　歴津軽藩最後の家老。維新後、桑やリンゴの栽培を奨励し地域開発に力を尽した。青森県第三大区長を経て、明治11年第五十九国立銀行（青森銀行の前身）を創立し、初代頭取に就任。弘前農具会社社長、弘前電燈会社社長も務めた。一方、政界では保守派の領袖として活躍、12年公選議員による第1回青森県議会初代議長に選ばれる。40年弘前市立図書館長を務めた。歌人としても知られ、「弘前市民の歌」を作詞した。また大正2年陸奥史談会会長となり郷土史界にも貢献した。

田内 栄三郎　たうち・えいざぶろう
愛媛県織物同業組合連合会長
文久3年（1863）6月21日～昭和4年（1929）8月17日　生伊予国松山（愛媛県松山市）　学松山中卒　歴第五十二国立銀行勤務を経て明治26年田内織機所を設立し、伊予絣の製造に従事。その傍ら、社内に研究所を設置して機織りの技術改良をはかるなど、品質の向上に努めた。大正初期の不況時には、その打開のために業界を先導して新式織物の製造や経営の近代化を推進。大正10年中予織物、11年東洋染業会社を設立してクレープや広幅織物などを製造し、国内のみならず中国や東南アジアにまで製品を輸出するなど、販路の拡大にも成功した。伊予織物工業組合長・愛媛県織物同業組合連合会長・県工業研究会長など、業界の要職を歴任。その他にも、松山紡績・伊予鉄道の役員や松山市議なども務めた。

多賀 宗之　たが・むねゆき
陸軍少将
明治5年（1872）9月18日～昭和10年（1935）10月23日　生高知県　学陸士卒　歴明治35年中国の軍閥・袁世凱の軍事顧問を務める。44年歩兵第四十八連隊大隊長、同年参謀本部付で北京に駐在。大正6年江蘇省督軍顧問。11年陸軍少将となり、12年予備役。

高井 敬義　たかい・のりよし
陸軍中将
天保15年（1844）～大正6年（1917）12月1日　生阿波国（徳島県）　歴明治9年戸山学校に入り、10年西南戦争に従軍。歩兵第十連隊長を経て、30年陸軍少将となり歩兵第十五旅団長を務める。31年台湾守備混成第三旅団長、33年歩兵第二十四旅団長を歴任して、37年日露戦争では留守第三師団長を務めた。39年中将。44年退役となった。

高尾 亨　たかお・とおる
外交官
明治9年（1876）11月25日～昭和6年（1931）3月26日　生東京　学神田共立学校卒、国民英学会卒　歴明治28年北京に赴き中国語、漢学を学び、32年外務省通訳生となる。37年外務書記生に転じ、39年2等通訳官、ついで公使館3等書記官。大正5年南京領事、7年成都総領事に進み、10年外務省情報部第一課長心得となり、ワシントン会議に随員として出席した。のち漢口総領事となる。伊集院彦吉の信望厚く、伊集院が関東長官（大正11年）、外相（12年）になるにあたり、秘書官として補佐の任を尽した。昭和4年退官し、鴨緑江採木公司理事長となった。

高尾 平兵衛　たかお・へいべえ
社会運動家
明治28年（1895）12月1日～大正12年（1923）6月26日　生長崎県北高来郡諫早村（諫早市永昌町）　学小卒　歴大正8年大杉栄の北風会に入り、鉱山労働同盟会を組織。10年吉田一らの労働社に参加し、宮嶋資夫らとは黒瓢会を主宰した。アナキストとして活躍する一方でコミンテルンとも関係し、11年モスクワに渡り、レーニンとも会見した。同年帰国して日本共産党に入るが、翌年離党。のちのアナ・ボル対立でアナキスト派の側に立ち、12年戦線同盟を組織。同年6月反動団体撲滅を唱えて赤化防止団長米村嘉一郎宅を襲ったが、逆に米村に射殺された。

高岡 増隆　たかおか・ぞうりゅう
僧侶（真言宗）
文政6年（1823）3月15日～明治26年（1893）4月30日　生大坂　名旧姓・旧名=三宅、諱=隆定、大心、字=智瑞、号=不背　歴大坂の医師の三男として生まれる。6歳のとき阿波享深寺で出家し、以後、同寺の隆賢、讃岐極楽寺の増公、備前蓮台寺の増旭らに師事して儒学、顕教、密教を修める。天保10年（1839年）般若院の深雅に伝法灌頂を受けた。弘化元年（1844年）高野山に上り、嘉永2年（1849年）高野山月輪院に住す。3年河内の長栄寺の智幢のもとで受戒するとともに、悉曇、律部を学んだ。のち隆快、蓮金院海応らに神道を、野々口隆正、萩原広道らに国学、皇学を教わる。明治元年各地で廃仏論が高まりを見せると、各宗派による同盟の盟主となり、3年教部省大講義、神仏合併の大教院議事長、6年権少教正などを歴任し、仏教界の混乱鎮定に努めた。12年高野山無量院主となるとともに大教師、定額位にのぼり、14年高野山大塔再建の起工式を開いた。21年徳島の太竜寺を兼管し、その再興に尽力。この間、高野山大学林を創設し、事教両学を講じるなど、宗派内の教育事業にも大きな足跡を残した。24年寺務検校大和尚位に就き、

権大僧正に進んだ。

高岡 直吉　たかおか・なおきち
初代札幌市長 鹿児島県知事
安政7年(1860)1月22日～昭和17年(1942)9月1日
生石見国津和野(島根県鹿足郡津和野町)　学札幌農学校卒　歴藩校・養老館、浜田県立英語所に学び、官立東京英語学校に入学、のち札幌農学校に進学する。卒業後、山口・北海道で官吏となり、明治41年宮崎県知事。44年県出身者として初の島根県知事となり、製紙・織物・陶器・八雲塗など産業の振興を図り、工業試験所、隠岐に水産実習所なども創設した。その後、鹿児島県知事、門司市長を経て、初代札幌市長となり電車の市営化など都市基盤の整備を進め、のち東京で没した。　家弟＝高岡熊雄(北海道帝国大学総長)

高木 英次郎　たかぎ・えいじろう
海軍大佐
嘉永4年(1851)12月28日～明治37年(1904)5月31日　生肥前国佐賀(佐賀県佐賀市)　歴慶応元年(1865年)肥前佐賀藩の御船手稽古所(三重津海軍所)に入り、戊辰戦争にも従軍。明治7年海軍少尉に任官。10年西南戦争に従軍。18年磐城艦長、24年水路部図誌科長、27年連合艦隊航海長を経て、28年海軍大佐。その後、呉海兵団長、水路部測量科長を務めた。

高木 吉造　たかぎ・きちぞう
日野銀行頭取
嘉永7年(1854)3月19日～明治26年(1893)7月11日　生武蔵国日野(東京都日野市)　歴武蔵国日野の豪農で、のちに自由党員として活動した。また、日野銀行の設立に携わり、明治17年頭取に就任。日野煉瓦工場、多摩川砂利会社設立にも携わった。

高木 顕明　たかぎ・けんみょう
僧侶(真宗大谷派) 社会運動家
元治1年(1864)5月21日～大正3年(1914)6月24日　生尾張国(愛知県)、名旧姓・旧名＝山田、幼名＝妻二郎　学尾張小教校〔明治15年〕5級卒　歴真宗大谷派が運営する小学校や私塾で学び、明治30年新宮市の浄泉寺住職となる。週刊平民新聞などを購読して非戦論に傾倒し、新宮在住の大石誠之助と交友を持った。42年東京より戻ってきた大石と会合をもったが、このことから大逆事件に巻き込まれ、44年紀州グループの一員として死刑判決を受けた(大石は刑死)。翌日、死刑から無期懲役に減刑され秋田監獄に送られたが、大正3年獄中で自殺した。真宗大谷派は高木を擯斥(僧籍剥奪)処分としたが、平成8年処分を取り消して名誉を回復するとともに謝罪した。

高木 作蔵　たかぎ・さくぞう
陸軍少将
安政2年(1855)～明治38年(1905)6月7日
生紀伊国(和歌山県)　歴明治8年陸軍少尉に任官。

27年日清戦争に兵站総監部参謀として従軍。30年第四師団長、31年陸軍士官学校校長を経て、32年陸軍少将。37年教育総監部参謀長。

高木 貞衛　たかぎ・さだえ
広告代理業者
安政4年(1857)2月26日～昭和15年(1940)10月22日　生阿波国(徳島県)　歴明治維新後、多くの仕事を転々とし、のち「大阪日報」に入社。明治23年広告取次所万年社を大阪に創立。42年広告、広告取引の実際を見聞するため欧米を外遊し、帰国後、広告代理業と弥称して広告業を確立、「広告論叢」「広告年鑑」を創刊した。昭和15年、万年社創立50周年の祝賀会を開いた。

高木 三郎　たかぎ・さぶろう
実業家
天保12年(1841)～明治42年(1909)3月28日
名旧姓・旧名＝黒川　歴庄内藩士黒川友文の二男として生まれ、のち高木家を継ぐ。安政6年(1859年)軍艦操練所に入学し、勝海舟の塾に入る。慶応3年(1867年)軍艦操練を命ぜられ、同年米国に留学。明治元年帰国するが、外務省留学生として再渡米、5年米国在留弁務使館書記となる。以後6年サンフランシスコ副領事、9年ニューヨーク領事を歴任し、13年辞職。同年間伸会社を設立して副社長となり、生糸の輸出を開始、31年社長に就任した。生糸荷造箱の改良、生糸保存法の発明などに努め、国産生糸直輸出に尽力した。

高木 習道　たかぎ・しゅうどう
僧侶(天台宗) 善光寺大勧進住職
天保15年(1844)～明治37年(1904)12月3日
生尾張国名古屋(愛知県名古屋市)　歴大坂四天王寺の宝戒大阿闍梨の高弟。美濃(岐阜県)華厳寺の住職を経て、信濃・善光寺の大勧進住職となる。京都・善峰寺の住職を兼ねた。

高木 仙右衛門　たかぎ・せんえもん
伝道師
文政7年(1824)2月12日～明治32年(1899)4月13日　生肥前国長崎市(長崎県長崎市)　名洗礼名＝ドミニコ　歴家は代々、江戸時代を通じて長崎の潜伏キリシタンの慈悲役を務めた。慶応元年(1865年)のいわゆるキリシタン信徒発見以来、自宅に聖ヨゼフ堂と名付けられた秘密聖堂を開設。3年自葬事件を機にキリシタンへの弾圧が再発すると、信徒の要として勇敢に抵抗した。同年以降、浦上の潜伏キリシタンたちに対して大弾圧(浦上四番崩れ)が起こると、捕らえられて激しい拷問を受けるが改宗せず、明治元年主要信徒の家族とともに津和野に流された。6年に釈放された後は帰郷して伝道師となり、布教のほかにも赤痢療養所や孤児院の設立、福祉、教育事業など広く社会のために力を尽くした。著書である「仙右衛門覚書」は浦上四番崩れの貴重な資料として知られる。

高木 豊三　たかぎ・とよぞう
司法次官　貴院議員（勅選）

嘉永5年（1852）5月17日〜大正7年（1918）3月15日

生丹波国　学法学博士　歴丹波国代官・高木文右衛門の四男。京都でフランス語を修め、のち上京、司法省法学校でフランス法を学び、明治17年判事となる。19年在官のままドイツ留学し、23年帰国後、福島地裁所長、大審院判事、司法次官などを歴任。30年退官後、弁護士となる。33年貴院議員。東京大学のほか各法律学校講師、日本赤十字社法律顧問などを務めた。著書に「刑法論」「民事訴訟法論」がある。

高木 文平　たかぎ・ぶんぺい
京都商工会議所初代会長

天保14年（1843）3月11日〜明治43年（1910）

生丹波国桑田郡神吉村（京都府南丹市）　歴代々神吉村の大庄屋を務める家に生まれ、祖父の代からは船井郡八木町の代官を務める。戊辰戦争に際しては官軍に恭順の意を示し、民心の動揺を防いだ。明治2年私財を投じて私学校を創設、これを村に寄付。8年京都府監察となり、教育・殖産事業に貢献。21年京都市議・琵琶湖疏水事務所常務員として米国を視察、水力発電所の必要性を痛感して建設に尽力、日本初の水力発電所を誕生させた。また日本初の市街電車である京都電気鉄道の初代社長、宇治川電気取締役なども務めた。

高木 政勝　たかぎ・まさかつ
宗教家

弘化4年（1847）〜大正5年（1916）3月16日

生美濃国養老郡日吉村（岐阜県養老郡養老町）　歴九州の広瀬塾に学び、上京して華族学校で漢籍を教えたが、のち弁護士となる。その後、仏法の研究を志し、真宗大谷派の小栗栖香頂の門に入る。以来、真宗の信者となり護法会・是真会などを設立して全国を巡歴、仏教の布教に努めた。晩年には少壮の僧侶らを自宅に集めて仏学を講じた。

高木 正年　たかぎ・まさとし
衆院議員

安政3年（1856）12月9日〜昭和9年（1934）12月31日　生武蔵国品川宿（東京都品川区）　名旧姓・旧名＝細川　歴武州府中で木村芥舟に和漢を学び、伯爵金子堅太郎に行政学を師事。明治12年郷里に帰り、13年金子伯と講法会を設け法律研究に尽力。15年東京府会議員、次いで同常置委員。22年帝国憲法が発布されると、憲法を講法会の研究科目とし、次いで「東海政法雑誌」を発刊。23年以来衆院議員当選13回。29年京都からの帰途、車中で失明したが、民政党長老として39年間、憲政のため尽力した。

高木 龍淵　たかぎ・りゅうえん
僧侶　臨済宗天竜寺派管長

天保13年（1842）10月7日〜大正7年（1918）9月11日　生丹波国福知山（京都府福知山市）　名＝元碩、号＝休耕　歴京都・天竜寺の由利適水に師事。明治19年天竜寺住職、25年臨済宗天竜寺派管長に就任。また神戸市に徳光院を開いた。

高倉 藤平　たかくら・とうへい
堂島米穀取引所理事長　北浜銀行頭取

明治7年（1874）11月1日〜大正6年（1917）9月7日

生堺県岸和田（大阪府岸和田市）　歴岸和田の素封家に生まれ、家業の木綿商を営むが、綿糸の思惑買いで失敗。のち北浜、堂島に出入り、明治29年株式仲買店を開くが多額の損失を被り閉店。36年米穀取引所仲買人となり、翌年株式仲買人も兼ね、日露戦争後の財界の膨張と株式界の波瀾に乗じて奇利を博し、巨富を築いた。40年堂島米穀取引所理事、45年同理事長に就任。投機界の成功者として保険、銀行界にも関与、浪速火災保険、有隣生命保険の社長、北浜銀行頭取をはじめ大正銀行、京都貯蓄銀行、太平銀行、日本冷蔵、帝国土地、伊勢電気鉄道などの重役として多方面にわたり活躍した。

高倉 寿子　たかくら・としこ
女官

天保11年（1840）〜昭和5年（1930）1月27日

歴左大臣・一条忠香に出仕、明治元年忠香の3女美子（のちの昭憲皇太后）が明治天皇の皇后として入内する際、輔導役として宮中に入り典侍となる。のち女官長。皇太后の没後、大正4年職を辞し京都に隠棲。

高崎 五六　たかさき・ごろく
元老院議官　東京府知事　男爵

天保7年（1836）2月19日〜明治29年（1896）5月6日

生薩摩国鹿児島郡川上村（鹿児島県鹿児島市）　歴薩摩藩士で幕末期公武合体派の志士として活躍。明治維新後、地方官を務め、明治4年置県参事、5年中議官教部御用掛、8年岡山県令、17年参事院議官、18年元老院議官、19年東京府知事を歴任。20年男爵。

高崎 親章　たかさき・ちかあき
大阪府知事　貴院議員（勅選）

嘉永6年（1853）5月1日〜大正9年（1920）12月27日　生薩摩国（鹿児島県）　名幼名＝半十郎　歴維新後上京し、明治8年警視庁警部補。9年鹿児島出張の時私学校党に監禁された。その後警視第2等警察使となり地方官などを経て、25年内務省警保局長、26年茨城、29年長野、30年岡山、33年宮城各県知事、同年京都府、35年大阪府各知事を歴任した。44年辞任、錦鶏間祗候を許される。この間、26年勅選貴院議員。その後日本製鋼所取締役会長、浪速銀行、大阪城東土地会社各重役を務めた。

高崎 元彦　たかさき・もとひこ
海軍少佐

明治2年（1869）8月8日〜明治37年（1904）8月26日

学アナポリス米国海軍兵学校卒　歴御歌所初代所

長を務めた男爵・高崎正風の長男。明治22年米国のアナポリス海軍兵学校に入学。28年海軍少尉に任官。37年軍艦春日の分隊長として日露戦争に出征。8月旅順攻撃に参加して戦死した。　家=父＝高崎正風（歌人・男爵），岳父＝横井古城（戦史研究家）

高崎 安彦　たかさき・やすひこ
宮内省式部官 貴院議員 男爵
明治2年（1869）3月15日～明治44年（1911）1月1日　生=薩摩国鹿児島（鹿児島県鹿児島市）　歴=明治20年米国に留学。24年帰国後直ちに宮内省式部官となる。38年韓国に派遣される伊藤博文に随行。また西園寺公望の清（中国）訪問に随う。29年男爵を襲爵。30年から貴院議員。衆芸に通じ，謡曲・義太夫・球戯などを得意とした。　家=父＝高崎五六（内務官僚）

高沢 節五郎（1代目）　たかざわ・せつごろう
菊水酒造創業者
安政4年（1857）～明治38年（1905）2月
歴=明治5年本家当主の叔父・高沢正路から酒製造権を譲り受け，独立。酒蔵を借りて造り酒屋を始めた。14年創業。29年清酒製造の免許を新潟県知事から公布される。以後，"お客様に喜ばれる酒造り"をモットーに酒を造り続け，菊水酒造発展の礎を築いた。

高志 大了　たかし・だいりょう
僧侶（真言宗）長谷寺能化
天保5年（1834）7月11日～明治31年（1898）8月25日　生=伊予国温泉郡高岡村（愛媛県松山市）　諱=智盛，字＝章龍，号＝大空房　歴=幼少時から出家を志し，16歳から石手寺の章栄に師事。嘉永4年（1851）大和の長谷寺に登り，永雅のもとで入壇灌頂を受けた。その後，雲井坊に住するとともに，真浄，覚了に性相学を，海如，啓本に小野・広沢二流を学ぶ。明治3年大寺戒壇院の恵澗のもとで登壇受戒。8年石手寺に住し，11年には教導職となって大教院で宗務に従事。16年護国寺貫主となったが，17年の火災で寺を焼失し，その復興を高城義海に引き継いだ。24年長谷寺能化に任ぜられ，さらに大法教院（根来寺）の座主も兼ねた。27年には真言宗長者，大僧正に昇り，日清戦争時には勅命により大元帥法を修した。

高階 幸造　たかしな・こうぞう
神官 広田神社宮司
元治1年（1864）8月～大正11年（1922）1月
生=但馬国豊岡（兵庫県豊岡市）　歴=但馬豊岡藩士の三男に生まれる。明治13年郷里の村社に奉仕し，21年兵庫県皇典講究所理事兼教授となり，分所新築事業を担当する。全国神職会の創立に参画し，31年総務委員，幹事となる。大阪の四条畷神社宮司，兵庫の伊和神社宮司を歴任し，36年広田神社宮司となり，ついで兵庫県神職督務所長ならびに皇典講究分所所長を務めた。著書に「神皇事蹟」「祭文私稿」「広田神社誌」などがある。

高島 嘉右衛門　たかしま・かえもん
易学者 北海道炭礦鉄道社長
天保3年（1832）11月1日～大正3年（1914）11月14日　生=常陸国新治郡牛渡村（茨城県かすみがうら市）　回=江戸三十間堀（東京都中央区銀座）　名=幼名＝清三郎，号＝高島呑象　歴=少年時代，江戸に出て材木商を営むのに成功するが，万延元年（1860年）金貨密貿易で幕府に捕えられる。獄中，易学書を精読。慶応元年（1865年）出獄後，横浜で貿易商を始め，巨利を得る。ホテル業，廻船問屋経営のほか，ガス事業，神奈川湾埋め立て（現・高島町），鉄道敷設事業も手がけた。北海道開拓にも乗り出し，明治25年北海道炭礦鉄道会社社長となり，石狩・十勝に高島農場を開設。36年東京市街電気鉄道会社社長。この間，易理の研究もつづけ，38年「高島易断」（全18巻）を著し，名声を得た。

高島 小金治　たかしま・こきんじ
実業家
文久1年（1861）4月8日～大正11年（1922）3月28日　生=上野国前橋（群馬県前橋市）　学=慶応義塾〔明治2年〕卒　歴=明治2年慶応義塾講師となったが，のち民権運動に携わる。17年ヤマサ醤油の拡販のため外遊する浜口成則に随行し欧米を視察，途中ニューヨークで客死した浜口の遺志を継ぎサンフランシスコに醤油店を開業。帰国後，大倉喜八郎の内外用達会社に入社し取締役に就任。以後大倉の右腕となって実業界で活躍した。大倉組副頭取・取締役，日本豆粕製造（のちの日清製油）初代社長のほか，日本皮革，鉄道銀行，日本製紙（のちのリーガルコーポレーション），新高製糖，大倉商事などの重役を歴任した。

高島 茂徳　たかしま・しげのり
陸軍中佐
弘化1年（1844）～明治9年（1876）10月24日
名=旧姓・旧名＝福田，幼名＝松次郎，通称＝兵衛，四郎兵衛，四郎，四郎平　歴=幕臣・福田好政の三男で，砲術家・高島秋帆の養子となる。文久元年（1861年）蕃書調所英語教授出役，2年英学世話心得となり，元治元年（1864年）子々孫々に先立たれた砲術の大家・高島秋帆の養嗣子となった。慶応4年（1868年）砲具差図役頭取を経て，沼津兵学校三等教授を務める。明治3年陸軍兵学寮に出仕，7年陸軍中佐。8年熊本鎮台幕僚准官参謀となり，9年熊本衛戍司令官を命ぜられた。同年神風連の乱で反乱士族に襲われ殺害された。　家=養父＝高島秋帆（砲術家）

高島 鞆之助　たかしま・とものすけ
陸軍中将 拓殖相 枢密顧問官 子爵
天保15年（1844）11月9日～大正5年（1916）1月11日　生=薩摩国鹿児島城下高麗町（鹿児島県）　名=諱＝昭光，号＝革丙　歴=文久2年（1862年）島津久光に従い上洛。戊辰戦争に従軍。明治3年侍従番長，7年陸軍大佐，10年西南戦争に従軍，少将。12年ドイツ，フランス留学。13年熊本，14年大阪各鎮台司令

官、15年西部監軍部長、16年中将。17年子爵。20年第四師団長、24年第一次松方内閣の陸相となった。25年枢密顧問官、29年第二次伊藤内閣の拓務相、続いて第二次松方内閣の拓務相、陸相。32年再び枢密顧問官となった。

高島 兵吉　たかしま・ひょうきち
衆院議員
慶応1年(1865)6月15日～昭和21年(1946)2月20日　生阿波国板野郡撫養町(徳島県鳴門市)　歴徳島県議を経て、大正6年4月に徳島2区から衆院議員に初当選。以来通算5回つとめた。

高嶋 米峰　たかしま・べいほう
宗教家 仏教学者 東洋大学学長
明治8年(1875)1月15日～昭和24年(1949)10月25日　生新潟県中頸城郡吉川村(上越市)　名幼名＝大円　専真宗学　学哲学館教育学部〔明治29年〕卒　歴井上円了の著作助手として母校の機関誌「東洋哲学」の編集にたずさわる。のち短期間「北国新聞」記者となるが、まもなく帰京して元の職業に戻るとともに中学講師となる。32年新仏教同志会を結成し、33年大日本廃娼会に参加。33年「新仏教」を創刊。34年鶏声堂書店を開業。35年「日本歴史譚」を匿名で刊行。39年丙午出版社を設立。大正元年「漢詩」を創刊。大正6年東大に印度哲学講座を開く。その後もいろいろな学校の講師や役員を経て東洋大学教授に就任、学長をも歴任した。著書には「般若心経講話」「一休和尚伝」「物の力心の力」「高嶋米峰自叙伝」などがある。　家父＝高嶋宗明(真照寺住職)

高島 義恭　たかしま・よしたか
実業家
嘉永6年(1853)9月25日～大正15年(1926)11月8日　生肥後国熊本城下内坪井町(熊本県熊本市)　歴藩校時習館に学ぶ。明治10年西南戦争で西郷軍に加わり敗北、帰順し広島監獄に入れられた。出獄後、佐々友房らと紫溟会を組織して政治運動をおこす。のち実業界に投じ、大阪商船会社を経て、福岡県門司に築港会社を設立、取締役に就任。24年細川旧藩主の家扶となり、同家の財政の基礎を確実なものにした。31年細川家家扶を辞し、朝鮮釜山埋築会社を組織。埋築竣成の後、釜山港と釜山市街の繁華の基礎をつくり、その記念として高島町の名を残した。

高須 峯造　たかす・みねぞう
弁護士 衆院議員(議員集会所)
安政4年(1857)3月25日～昭和9年(1934)5月14日　生伊予国越智郡近見村(愛媛県今治市)　学慶応義塾卒　歴漢学塾で学んだ後、明治12年上京し慶応義塾に入学。15年帰省し代言人(弁護士)開業。16年26歳で愛媛県議となり、民権論者として活躍。25年衆院議員に当選、1期務める。大正3年には立憲同志会愛媛支部長となり、以後、普選運動に全力を傾注し、第1回普選では無産派候補の応援に奔走

した。また愛媛新報社長も務めた。

高須賀 穣　たかすか・ゆずる
衆院議員(政友会) オーストラリア米作の元祖
慶応1年(1865)2月13日～昭和15年(1940)2月16日　生伊予国温泉郡藤原村(愛媛県松山市)　名本名＝高須賀伊三郎　学慶応義塾大学理財科中退　歴伊予松山藩の下級武士の出で、大学を中退して渡米、米国の大学を卒業。帰国後、明治31年より衆院議員に連続2選。38年オーストラリアへ渡り、ビクトリア州よりマレー川流域の洪水常習地を借り受けて米作実験を行う。以来、洪水や旱魃といった厳しい自然条件と苦しい経済的事情のもとで失敗と休作を重ね、実験を断念した。昭和14年失意のうちに帰国、15年郷里の松山で他界した。

高杉 金作　たかすぎ・きんさく
衆院議員 弘前商業会議所会頭
万延1年(1860)～昭和6年(1931)　生陸奥国高杉村(青森県弘前市)　学東奥義塾卒　歴東京で法律を学んだのち、郷里・青森県高杉村の戸長や村議を経て、明治24年大地主互選で中津軽郡議となる。次いで同年青森県議に選出され、参事会員を務めるなど十数年に渡って県政界で重きをなした。大正4年には政友会から衆院選挙に出馬して当選。長らく政友会青森支部の顧問や役員を務め、同会の重鎮であった。一方、実業家・理財家としても活躍し、三戸銀行監査役・弘前銀行監査役・弘前商業会議所会頭などを歴任して青森・弘前の実業界を牽引した。昭和6年第五十九銀行頭取在任中に死去。

高田 露　たかだ・あきら
衆院議員
嘉永7年(1854)8月15日～大正4年(1915)2月19日　出肥後国(熊本県)　歴熊本藩士。時習館に学び、竹添進一郎に師事。その後、大阪開成所、大阪兵学寮に学ぶ。明治7年台湾出兵に従軍。帰国後、同志とともに民権党を結成。10年西南戦争に協同隊を組織し、小隊長として各地に転戦、延岡で官軍に降り、東京の市ケ谷に入獄した。出獄後、熊本県人吉で開墾社を創立し、開墾事業に従事。一方自由党、政友会に属し、35年衆院議員に当選、4期務めた。

高田 一二　たかだ・いちじ
自由民権運動家
元治2年(1865)3月7日～昭和17年(1942)11月27日　生土佐国長岡郡本山郷大石村(高知県長岡郡本山町)　名本名＝黒岩、号＝雁山　歴医師の二男として生まれる。自由民権運動に身を投じ、明治15年嶺北自由党を結成。20年三大事件建白運動では嶺北地方の総代として上京するが、保安条例違反で逮捕・投獄された。25年高田家の養子となる。27年土佐郡議、29年同郡参事会員に当選。31年から衆院議員・片岡健吉の秘書を務めたが、34年実業界に転身。保険業界や新聞業界で活躍した。

家五女=村山友子(高知県連合婦人会会長),孫=村山博良(高知県医師会会長)

高田 嘉助　たかた・かすけ
実業家
慶応4年(1868)8月〜大正3年(1914)11月16日
生備後国(広島県)　歴備後で鋳造業を営む家に生まれ、明治23年から家業に従事する。27年製塩釜の改良に成功して、自ら試験場を設けて普及を図り、瀬戸内海沿岸地方、満州、朝鮮方面まで販路を拡張した。37年新市村村長となり、また私立の博教校(中学)を設立してその校主となった。

高多 久兵衛　たかた・きゅうべえ
農政家　石川県安原村長
嘉永4年(1851)12月12日〜明治40年(1907)1月7日　生加賀国石川郡上安原村(石川県金沢市)　歴代々、加賀国上安原村で農業を営む。明治21年同村民と図り、石川郡模範農場で他地域に先駆けて田区改正を実施。この行動は高く評価され、彼に倣って耕地を整理する試みが各地でなされた。また、久兵衛自身も高知・千葉・宮崎などに赴き、自らの方法の指導・普及に当たった。22年安原村村長に就任。

高田 小次郎　たかた・こじろう
第百国立銀行頭取
弘化4年(1847)〜明治45年(1912)3月28日
生因幡国(鳥取県)　歴もと因幡鳥取藩士で、明治初年に上京。原六郎に協力して旧藩主のために東京に第百国立銀行を創立し、のち頭取に就任して手腕を振るい、36年間同行に在職した。また東京貯蓄銀行取締役を兼任した。

高田 三六　たかた・さんろく
国家主義者
慶応3年(1867)〜大正7年(1918)12月29日
生豊前国小倉(福岡県北九州市)　学陸士卒　歴陸軍幼年学校を経て、陸軍士官学校を卒業。明治22年歩兵少尉となり、ついで中尉に進む。のち免官となり一時北海道庁技師となったが、30年職を辞し、31年シベリアに渡って3年間留まり同地の状況を視察、また海軍省および農商務省の特殊任務に従事した。黒龍会の結成に尽力し、また内田良平らと日露協会を設立して理事、ついで常務員となり、常に国事に奔走した。大正4年南洋方面の調査研究にも赴いた。宝蔵院流槍術の宗家・高田又兵衛の裔。

高田 重右衛門　たかた・じゅうえもん
養蚕家　高田式桑樹仕立法の発明者
嘉永2年(1849)2月13日〜大正9年(1920)9月29日
生出羽国平鹿郡増田(秋田県)　歴石田四郡兵衛に奉公の後、12代目安倍五郎兵衛に"秋田式春切り桑樹栽培法"を学び、五郎兵衛の門人として代講も務めた。また同栽培法を更に工夫した"高田式桑樹仕立て法"や"高田刈り"を考案し、来講者も数百人におよび他県にまで伝習された。明治34年農科大学でこの方法を用いて実験を行い、"高田刈り"の名称は広く全国に知られるところとなり、農商務大臣功労賞、帝国発明協会功労賞碑・表彰状を受賞。また農商務省嘱託として桑の萎縮病を研究し藍綬褒章を受章した。長坂又兵衛との共著に「秋田式桑樹栽培法」がある。

高田 慎蔵　たかだ・しんぞう
高田商会創立者
嘉永5年(1852)2月2日〜大正10年(1921)12月26日　生佐渡国相川(新潟県佐渡市)　歴慶応元年(1865年)佐渡奉行所に出仕し、のち佐渡県外務調査役兼通訳となる。明治3年上京して築地の英国人ペアーの商店に入り、13年独立して商売を始める。20年欧州の商業を視察、帰国後、直輸入機械販売の高田商会をおこす。日清、日露両戦争では軍需品を扱い、大いに発展させた。41年合資会社に改組。

高田 道見　たかだ・どうけん
僧侶(曹洞宗)
安政5年(1858)11月9日〜大正12年(1923)4月16日　生備後国比婆郡敷島村(広島県庄原市)　名道号=墙外　歴12歳で郷里・備後比婆郡にある仲蔵寺の僧・智道黙音について得度。次いで、広島・堺・宇治・三河など各地の寺院に参聞し、師兄に当たる雷光黙心の法を嗣いだ。明治16年に上京し、曹洞宗の学林である栴檀林に入学。さらに東京・芝の青松寺の住職・北野元峰に師事した。この間、仏教青年会を組織するなど積極的に行動。27年以降は「通俗仏教新聞」「真如界」「法輪」などの教界誌を発行し、民衆の教化・布教に努めた。38年愛媛・新居浜の瑞応寺住職となるが、主に東京の仏教館に滞在することが多く、晩年はそこで文書伝道に明け暮れた。著書に「連月説教」「仏教人生論」「観音経講話」などがある。

高千穂 宣麿　たかちほ・のぶまろ
英彦山神社座主　博物学者　男爵
元治1年(1864)12月〜昭和25年(1950)12月23日
生京都　田福岡県　名旧姓・旧名=徳大寺　専昆虫学　歴中納言・徳大寺実則の二男として生まれ、明治3年5歳のとき東京に移り住む。訓蒙学舎、学習院、学農社などに学び、11歳ごろから興味を持った博物学を専攻するため理科大(東大理学部の前身)への進学にそなえていたが、16年18歳のとき突然豊前(福岡県)彦山の座主・高千穂家の養子となり、英彦山神社3代目宮司に。40年叔父の西園寺公望が首相に就任するに及び貴族院議員(大正14年まで)となり、宮司の職を嗣子・俊麿に譲った。一方、生涯博物学への情熱を失わず、神官となってからも「動物学雑誌」などの専門誌への投稿を続けた。33年には高千穂昆虫学実験所(のち九州昆虫学研究所)を旗揚げし、後年九州帝国大学に寄付して今日の九大農学部附属彦山生物学実験所に

引き継がれている。44年以降農事試験場、東京帝室博物館などの嘱託を務めた。晩年に自叙伝「鶯嶺仙話」(昭21年)を残した。 家父=徳大寺実則(侍従長・公爵)、兄=徳大寺公弘(貴院議員)、叔父=西園寺公望(首相)

高津 仲次郎　たかつ・なかじろう
衆院議員(政友会)
安政4年(1857)10月～昭和3年(1928)12月19日
生上野国緑野郡中島村(群馬県藤岡市)　学専修学校法律科・経済学科修了　歴群馬電力、烏川電力を創立。他に東京電力、渡良瀬水電、上毛電気の要職にも就く。明治23年群馬2区から衆院議員に初当選。以来、通算4回当選した。

高津 柏樹　たかつ・はくじゅ
僧侶　黄檗宗管長　万福寺住職
天保7年(1836)4月7日～大正14年(1925)9月1日
生豊前国小倉(福岡県北九州市)　名旧姓・旧名=青柳　歴豊前小倉藩士・青柳彦十郎の二男に生まれ、のち黄檗宗の僧となる。豊前福聚寺の月桂に依って得度し、その法を嗣ぐ。明治2年万福寺の紀綱改革に参加し、豊前養徳院の住持となる。5年教務省の命により宗務代理となり、6年神奈川県小教院長に就任、12年訓盲院の創設に尽力し、20有余年に渡り盲唖生徒の誘導に専心した。44年黄檗宗管長となった。

鷹司 熙通　たかつかさ・ひろみち
陸軍少将　侍従長　公爵
安政2年(1855)2月16日～大正7年(1918)5月17日
生京都　歴五摂家の一つ鷹司家の当主・輔熙の第11子に生まれる。幼時出家し三宝院を相続するが、のち還俗して鷹司侯爵家を継ぐ。明治5年ドイツに留学し軍事研修、11年帰国し陸軍戸山学校に入学。12年歩兵少尉、のち少将まで昇進する。のち侍従武官となり、馬術に優れていたので明治天皇の乗馬の相手を務め、また自邸でも常に名馬を飼育していた。大正元年侍従長となり、公私にわたる相談役として大正天皇に仕えた。7年3月東京麻布本村町の自宅にて脳溢血で倒れ、5月現職のまま死去。 家父=鷹司輔熙、兄=九条道孝、息子=鷹司信輔(鳥類学者・公爵)、姪=貞明皇后

高辻 修長　たかつじ・おさなが
宮中顧問官　東宮侍従長　明治天皇侍従　子爵
天保11年(1840)11月29日～大正10年(1921)6月20日　名幼名=興暖　生生家は公卿で、儒道文筆をもって奉仕し、代々文章博士となる。安政5年(1858年)少納言、同年侍従を兼ね、万延元年文章博士、文久3年(1863年)大内記となる。元治元年(1864年)長州藩士の大挙上京に際し、北小路随光らと共に同藩の嘆願を容れるよう建議し、さらに慶応2年(1866年)中御門経之ら22卿が朝政の改革・征長軍の解兵などを建言した時もこれに参加し、差控を命ぜられた。翌3年許されて出仕し、明治天皇の漢籍の講学をつとめる。明治2～17年侍従として側近に奉仕、18年子爵。のち明宮(大正天皇)御用掛、東宮亮、皇太后亮兼帝室会計審査官を歴任し、31年東宮侍従長、35年宮中顧問官をつとめた。

高取 伊好　たかとり・これよし
高取鉱業社長
嘉永3年(1850)11月12日～昭和2年(1927)1月7日
生肥前国小城郡多久(佐賀県多久市)　名旧姓・旧名=鶴田、幼名=生三郎、節之助、号=西渓　学工部省鉱学寮〔明治7年〕卒　歴肥前多久藩士・鶴田家の三男で、安政5年(1858年)同藩士・高取家の養嗣子となり、万延元年(1860年)家督を相続。慶応3年(1867年)本藩主・鍋島家の命により長崎で英学を修業。明治3年上京。三叉塾、慶太義塾を経て、工部省鉱学寮に入って鉱山学を修め、7年高島炭坑に勤務した。15年香燒及び中ノ島炭坑技術長。長崎県、佐賀県の炭鉱開発を行い、42年杵島炭坑を買収し、大正6年高取合資会社、7年高取鉱業を設立。また、2年より肥前電気鉄道社長も務めた。 家兄=鶴田皓(元老院議官)　勲緑綬褒章〔明治44年〕、紺綬褒章〔大正9年〕

高島 順作　たかとり・じゅんさく
衆院議員
慶応4年(1868)4月～昭和33年(1958)2月8日
生越後国(新潟県)　歴和漢学を修めた後、西頸城郡議、同議長、能生町議、同町長などを経て、大正4年衆院議員に初当選。以来通算4期。この間、衆院全院委員長を務める。ほかに能代銀行頭取、中央電気、日本ステンレス、富士炭礦などの要職にも就いた。また第23、24回の列国議会同盟会議(ワシントン・オタワ、パリ)に参列した。 家孫=高島修(衆院議員)、曾孫=高島修一(衆院議員)

高梨 哲四郎　たかなし・てつしろう
衆院議員(政友会)
安政3年(1856)2月～没年不詳
歴法学を修めた後、代言人(弁護士)となる。明治23年7月に衆院議員に初当選。以来通算7回つとめる。台湾総督府民政局参事官、横浜株式取引所理事長を歴任。

高野 源之助　たかの・げんのすけ
実業家　衆院議員(交友倶楽部)
嘉永1年(1848)4月～明治40年(1907)6月15日
生蝦夷(北海道)　歴戊辰戦争に従軍して東北を転戦、日光口の戦いで戦功を立てた。明治維新後、大阪で実業界に入るが、明治6年北海道小樽に移り、大竹作右衛門とともに回漕店を経営。のち拓殖銀行創立委員、小樽銀行頭取、北海生命保険社長、北海道鉄道取締役、大同生命保険取締役などを歴任し、30年小樽商業会議所会頭。一方で政界でも活躍し、北海道議を経て、36年衆院議員1期を務めた。

高野 積成　たかの・さねしげ
殖産家
弘化3年(1846)2月～明治42年(1909)8月10日
生 甲斐国東八代郡下岩崎村(山梨県甲州市)　歴 古屋蜂台に学ぶ。勧業の志厚く、養蚕の改良を企て、慶応2年(1866年)蚕種製造に着手、桑園の改良、籠飼などを行って近隣に勧誘した。また明治の初め、製糸工場の必要を感じ、明治7年東八代郡で最初の36人操工場を完成させた。のち八王子、南多摩郡製糸場新設に際し、依頼を受けて工事を指揮。12年山梨県勧業御用掛となり、16年藤川栃木県令に従い、同県下の養蚕及びぶどう栽培の発達に寄与した。23年山梨師範女子部養蚕教授に就任、また葡萄栽培会を設け、50町歩以上を開拓した。

高野 孟矩　たかの・たけのり
台湾総督府高等法院長　衆院議員
嘉永7年(1854)1月23日～大正8年(1919)1月4日
生 陸奥国宇多郡谷地小屋村(福島県相馬郡新地町)　歴 陸奥仙台藩士の陪臣の子として生まれる。上京後、政治家の大木喬任の書生となり、明治13年大木の推挙により検事に任官。大阪上等裁判所などに勤めた。16年判事となり、24年札幌地裁所長、27年新潟地裁所長を歴任。29年台湾総督府高等法院の初代院長に就任。30年10月政府により院長を免ぜられると、裁判官の身分は憲法により保障されているとして転任を拒否、同年12月懲戒免官された。以後、政府に対して訴訟を起こし、処分の撤回はなされなかったものの、台湾の司法官に憲法上の身分保障があることを認めさせることに成功した。36年衆院議員に当選、2期務めた。

鷹野 徳右衛門　たかの・とくえもん
公共事業家
文政8年(1825)～明治37年(1904)5月
出 加賀国(石川県)　歴 もと加賀(石川県)清水谷の郷士。明治維新前、悪路で物資の運搬に難渋していた庶民のために、金沢と富山県福光間の車道開削を計画したが許されず、明治11年になってやっと石川県より許可を得て着工、私財を投じるなどして、17年完成させた。　勲 藍綬褒章〔明治20年〕

高野 房太郎　たかの・ふさたろう
労働運動家　日本の労働組合運動の創始者
明治元年(1868)11月24日～明治37年(1904)3月12日　出 長崎県西彼杵郡長崎区銀屋町(長崎市)　名 幼名＝久太郎　学 横浜商夜学校、サンフランシスコ商業学校(米国)〔明治25年〕卒　歴 明治10年一家と共に上京、横浜の伯父のもとで働きながら夜学に通う。19年渡米してサンフランシスコで苦学10年、その間24年に同地の日本人労働者と職工義友会を結成した。27年ニューヨークに移り、アメリカ労働総同盟(AFL)のオルガナイザーとなる。29年帰国後は「ジャパン・アドバタイザー」の記者となり労働問題を寄稿。30年城常太郎らと職工義友会を再組織し、自ら日本最初の労働運動の宣伝文書「職工諸君に寄す」を発表する。同年労働組合期成会を結成し幹事となり、鉄工組合結成、「労働世界」の創刊などに尽力するなど明治初期の労働運動思想家として活躍した。　家 弟＝高野岩三郎(経済学者・社会運動家)

高野 正誠　たかの・まさなり
ワイン醸造家
嘉永5年(1852)9月21日～大正12年(1923)9月4日
出 甲斐国(山梨県)　歴 明治10年山梨県の祝村葡萄酒醸造伝習生としてフランスに留学。帰国後、大日本山梨葡萄酒でワイン醸造に従事、勝沼ワインの基礎を築いた。著書に「葡萄三説」がある。

高野瀬 宗則　たかのせ・むねのり
農商務省権度課長
嘉永5年(1852)～大正4年(1915)4月3日
出 近江国(滋賀県)　学 東京大学理学部物理学科〔明治12年〕卒　歴 東京物理学講習所(現・東京理科大学)の創立者の一人。大学卒業後、駒場農科学校で教鞭を執る。明治19年農商務省権度課長。度量衡の整備に尽力し、22年には度量衡法が制定された。著書に「物理試験問題答案」「大日本度量衡全書〈第1巻〉」「度量衡制度詳解」がある。

高橋 お伝　たかはし・おでん
毒婦と喧伝された女性犯罪者
嘉永3年(1850)～明治12年(1879)1月31日
生 上野国利根郡下牧村(群馬県利根郡みなかみ町)　名 本名＝高橋でん　歴 実父は上野沼田藩の重臣・広瀬半右衛門といわれ、伯父・高橋九右衛門の養女となる。慶応3年(1867年)高橋浪之助を婿養子にしたが、明治2年夫がハンセン病に罹り、看病を続けるも借金を嵩んで郷里を出奔。横浜で娼婦となり治療費を稼いだが、夫は病死した。夫の死後は生糸商に囲われるも、小川市太郎と相愛になり同棲。やがて古物商の後藤吉蔵に借金を申し込み一夜をともにするが、翌朝吉蔵が借金を断ったため、殺害して所持金を奪い逃走した。間もなく捕縛され、12年市ケ谷監獄で斬首刑に処せられた。没後、毒婦と喧伝され、仮名垣魯文「高橋阿伝夜叉譚」をはじめ、小説や演劇の題材となった。

高橋 音松　たかはし・おとまつ
商人　ぶつぎり牛鍋店高橋の初代
文化12年(1815)～明治16年(1883)11月12日
出 能登国鳳至郡本郷村(石川県輪島市)　歴 慶応年間(1865～1868年)の頃に横浜にて吉田町堤で牛肉の串焼きを始め、末吉町に移り牛肉を煮る料理法に工夫を重ねて独自のタレを精製、明治元年牛鍋を考案して"ぶつぎり牛鍋店高橋"を開業した。その後も調味と改良を試みて苦心の末に成功、味が評判を呼び、松本順・宮川香山ら当時の第一人者にも絶賛された。また、18年横浜末吉町付近の低地を自費で埋め立てるなど公益にも尽力し、知事から表彰された。

高橋 嘉太郎　たかはし・かたろう
衆院議員（政友会）

嘉永5年（1852）2月〜昭和3年（1928）12月18日　⑳陸奥国（岩手県）　㊕早くから政界に投じ、板垣退助の自由党に参加。明治41年、大正6年の2回衆院議員に当選、政友会岩手支部長、岩手新聞社長をつとめた。

高橋 其三　たかはし・きぞう
宮中顧問官

明治11年（1878）12月〜昭和9年（1934）11月23日　⑳長野県　㊔旧姓・旧名＝山崎　㊕東京帝国大学法科大学〔明治37年〕卒　㊕長野県士族・山崎就正の二男に生まれ、のち高橋佐次郎の養子となる。明治37年大学を卒業して宮内省に入り、宮内事務官、内匠寮会計課長、帝室林野局次長を経て、宮中顧問官となり久迩宮付別当を兼務、31年間宮中に務めた。

高橋 喜惣治　たかはし・きそうじ
衆院議員（自由党）

嘉永3年（1850）6月〜大正7年（1918）4月15日　⑳上総国上埴生郡鶴枝村（千葉県茂原市）　㊔別名＝高橋左京　㊕幼時より漢籍を学ぶ。明治初年以来戸長となり、地租改正総代人、区議、郡議、12年から千葉県議、県勧業諮問会員、県会名誉会員、県教育会議長などを務める。また私立中学を設立して子弟の教育に当たるなど地方民政に尽力した。のち禅徒生命保険副社長に就任。27年衆院議員に当選1回を経て、30〜37年貴院議員。著書に「紫海拾章」「紅鶴山房双存」「芸陽紀程」「北遊雑稿」「湖山文鈔」がある。

高橋 久次郎　たかはし・きゅうじろう
衆院議員（憲政会）

安政5年（1858）7月〜大正5年（1916）6月11日　⑳島根県　㊕漢学を修め、農業を営むかたわら簸川郡議、島根県議、道路会議議員等を歴任。明治23年から通算5回衆院議員に当選。他に郡農会長、郡農青年農業団総裁等を務めた。

高橋 健三　たかはし・けんぞう
治水家

文政11年（1828）12月15日〜明治38年（1905）4月5日　⑳越後国蒲原郡保明新田（新潟県南蒲原郡田上町）　㊕越後国蒲原郡保明新田の庄屋。信濃川と加茂川との合流点にある同地は、昔から洪水が頻発していた。そのため治水の必要性を悟り、同志の田沢与一郎や佐藤又市らとはかって信濃川下流域の大河津から日本海の須走へ直接放流する約10キロの分水事業を計画。以後、その実現に向けて奔走し、明治3年官営事業として大河津分水路が着工すると、用弁掛に任ぜられて資材の調達や工事監督に当たった。8年に経費不足や災害などで工事は一時中断するが、その後も信濃川の治水事業に尽力し、18年の同川堤防改修工事などにも関与。晩年は東京に住んだ。

高橋 健三　たかはし・けんぞう
内閣書記官長　ジャーナリスト

安政2年（1855）9月〜明治31年（1898）7月22日　⑳江戸本所（東京都墨田区）　㊔号＝自恃居士　㊕東京大学〔明治11年〕中退　㊕書家・高橋石斎の子。明治3年下総曽我野藩の貢進生として大学南校（現・東京大学）に入り、法律学を学ぶ。12年官吏となり、17年文部権少書記官、16年官報告掛兼務、18年官報局次長を経て、22年内閣官報局長に就任。二葉亭四迷は官報局長時代の部下であった。この間、「東京電報」の創刊に関与し、22年同紙を「日本」に改組して杉浦重剛、陸羯南らとともに国粋主義を鼓吹した。23年フランスへ出張。25年官報局長を辞し、26年より「大阪朝日新聞」客員として国粋主義の立場から論説を発表する一方、岡倉天心と美術雑誌「国華」を発刊した。27年雑誌「二十六世紀」を創刊・主宰し、政府攻撃の論陣を張った。29年松方正義と大隈重信の連立内閣となった第二次松方内閣（松隈内閣）の書記官長に就任したが、同年「二十六世紀」における土方久元宮内相批判記事が問題となり、また肺結核の悪化もあって、31年辞職した。　㊕父＝高橋石斎（書家）

高橋 是清　たかはし・これきよ
首相　政友会総裁　日本銀行総裁　子爵

嘉永7年（1854）閏7月27日〜昭和11年（1936）2月26日　⑳江戸芝露月町（東京都港区）　㊔幼名＝和喜次　㊕幕府御用絵師の川村庄右衛門の庶子で、陸奥仙台藩の足軽・高橋是忠の養子となる。藩留守居役に才能を見込まれ、横浜にて英語を修業。慶応3年（1867年）仙台藩留学生に選ばれて米国へ渡るが、下僕として売られるなど苦汁をなめた。明治維新後帰国し、明治2年開成学校に入学するが、間もなく同校の三等教授手伝となり、14歳で英語を教える立場となった。一方で森有礼やフルベッキらの薫陶を受けるが、悪友の誘いで放蕩生活に入り、4年辞職。一時は芸妓屋の手伝いなどもしたが改心し、唐津藩英学教師を経て、6年文部省に出仕。8年大阪英語学校校長、9年東京英語学校教員。14年農商務省に転じ、15年調査課長、17年商標登録所長、19年専売特許局長を務め、20年商標特許制度の創設に際して初代特許局長に任ぜられた。22年海外発展の礎となるべく官を辞し、ペルーに渡って銀山開発を行うが、廃坑を買わされ失敗。帰国後の25年日本銀行に入行し、26年馬関支店長、29年横浜正金銀行取締役兼支配人、30年副頭取、32年日銀副総裁、38年勅選貴院議員、39年横浜正金銀行頭取兼任などを歴任し、44年日銀総裁に就任。この間、松方正義蔵相を助けて金本位制の確立に尽力した他、日露戦争の戦費調達のためたびたび外債募集を成功させるなど、銀行家として手腕を発揮した。大正2年第一次山本内閣の蔵相として初入閣するとともに政友会に入党。7年原内閣でも蔵相

を務め、10年原暗殺の後を受けて首相兼蔵相、政友会総裁に就任するが、11年閣内の不一致により総辞職。13年第二次護憲運動の高まりを受け、政友会の領袖として護憲三派を形成し、衆院議員に鞍替え当選。同年護憲三派による加藤高明内閣が成立すると農商務相に任ぜられ、14年同省を農林省と商工省に分割して両省の大臣を兼ねた。同年政友会総裁を田中義一に譲って政界を引退するが、昭和2年金融恐慌を受けて田中義一内閣の蔵相に再任し、支払猶予令（モラトリアム）を公布して金融機関を救済するなど恐慌の収束に尽力した。犬養内閣、斎藤内閣、岡田内閣でも留任して景気回復に努めたが、11年二・二六事件で暗殺された。この間、明治40年男爵、大正9年子爵。ふくよかな風貌から"だるま"の愛称で国民に親しまれ、日銀総裁の他に蔵相を5回も務め"財政の神様"とも呼ばれた。 家六男＝高橋是彰（大倉商事取締役）、孫＝藤間苑素娥（舞踏家）、高橋賢一（北海道議）、高橋正治（三井物産副社長） 勲大勲位菊花大綬章

高橋 志摩五郎　たかはし・しまごろう
箱根宮城野土地社長　東京化粧品製造連合会長
慶応2年（1866）1月～昭和8年（1933）3月13日
生信濃国（長野県）　名旧姓・旧名＝戸祭　歴化粧品貿易商を営み、アイデアル化粧品本舗、高橋東洋堂、箱根宮城野土地の各社長を兼任。東京化粧品製造連合会長も務めた。

高橋 正作　たかはし・しょうさく
農事指導者
享和3年（1803）～明治27年（1894）6月23日
生出羽国雄勝郡松岡村（秋田県湯沢市）　名幼名＝新蔵、名＝常作、正作、本姓＝千葉　歴肝煎（村役人）高橋利右衛門の養子となり、文政9年（1826年）肝煎を引きつぐ。また雄勝、平鹿2郡の諸産業係、荒地開発地方も兼務した。各地を視察して農学を学び、天保4年（1833年）の大飢饉では私財を投じて農民を救済し、秋田藩より救民係、農事奨励係に任ぜられる。また特に養蚕業の発展に尽力し、弘化年間（1844～47年）米沢の養蚕家植木四郎兵衛について桑苗に関する技術を学び、帰国後普及に努めた。明治11年秋田県より農業振興のための指導者（老農45名）の一人に選ばれ、農事指導にあたった。「除稲虫之法」「強霜火災之害除術」「凶年難勧誌」「農業随録」など農業関連の著作も多い。

高橋 庄之助　たかはし・しょうのすけ
実業家
明治6年（1873）～大正8年（1919）8月
生北海道札幌　歴明治34年シベリアに渡り、黒竜江（アムール河）河畔のブラゴベシチェンスクで土木業を経営、同地の在留日本人会会長を務めた。日露戦争に際しては陸軍の嘱託として満州の物資調査に従事。のち長春実業銀行、吉長窯業などの重役を務め、満州の実業界で活躍した。

高橋 新吉　たかはし・しんきち
日本勧業銀行総裁　九州鉄道社長　男爵
天保14年（1843）10月～大正7年（1918）11月
生薩摩国鹿児島城下（鹿児島県鹿児島市）　家は薩摩藩士。長崎に遊学して英学者何礼之の塾に学び、洋行費と学資を得るために前田献吉とその弟正名と共に英和辞書編纂に着手した。慶応2年（1866年）の江戸開成所版「英和対訳袖珍辞書」を底本とし、フルベッキの援助を得、戊辰戦争前後に脱稿、明治2年「和訳英辞林」として上海の米国長老派教会美華書院の印刷で初版を発行、6年東京版を刊行した。この間3年米国に留学。4年帰国し、大蔵省租税寮に出仕、以後大蔵権少書記官、長崎税関長、長崎県権大書記官など財政の局に当り、20年九州鉄道創立と共に社長、31年日本勧業銀行総裁に就任。また30年より貴族院勅選議員、大正7年男爵となった。

高橋 真八　たかはし・しんぱち
陸軍中将
明治9年（1876）7月～昭和13年（1938）5月19日
出香川県　学陸士卒　歴明治33年陸軍工兵少尉となる。陸軍砲工学校教官などを経て、昭和3年佐世保要塞司令官、4年陸軍砲工学校工兵科長などを歴任。7年築城本部長となり、中将に昇進した。築城の権威として知られる。10年予備役に編入された。

高橋 捨六　たかはし・すてろく
弁護士
文久2年（1862）3月10日～大正7年（1918）8月14日
出越前国（福井県）　名旧姓・旧名＝木内　学東京大学法学部〔明治18年〕卒　歴福井藩士・木内盛潔の子に生まれ、高橋左十郎の養子となる。明治18年大学を卒業して官途についたが、幾ばくもなく辞して代言人（弁護士）となり、東京弁護士会に属し、28年から会長となって活躍した。日本銀行や正金銀行などの顧問を務め、更に正金銀行に入行して副支配人となり内国課長を兼務、のち調査役を経て、監査役を務めた。また英吉利法律学校（現・中央大学）の創立に尽力した。

高橋 正意　たかはし・せいい
京都府議
天保11年（1840）～明治41年（1908）1月6日
出京都府　歴明治11年下京第23組合戸長を経て、14年京都の上下京連合区議となり、慶応4年（1868年）の東京遷都にともなう京都への恩賜金を疎水工事の資金とするよう主張し、実施させた。以来、京都市議、府議を歴任。

高橋 善一　たかはし・ぜんいち
東京駅長　鉄道省副参事
安政3年（1856）8月1日～大正12年（1923）5月20日
生三河国豊橋（愛知県豊橋市）　名旧姓・旧名＝河合　歴河合善七の二男に生まれ、のち高橋家の養子となる。18歳から鉄道に勤め事務を執り、ついで鉄道敷設の任を帯び仁川君平に抜擢されて神戸

に赴き、大阪駅・名古屋駅を経て、明治28年新橋駅長となる。のち東京駅長に転じ、鉄道省副参事に進んだ。大正11年鉄道生活40余年に別れを告げて職を辞した。

高橋 箒庵 たかはし・そうあん
茶道研究家 三井合名理事
文久1年(1861)8月28日〜昭和12年(1937)12月12日　⑲常陸国水戸(茨城県水戸市)　⑭本名=高橋義雄　⑭慶応義塾卒　⑭慶応義塾で福沢諭吉に推挙されて、明治5年「時事新報」入り。英国留学後、24年三井銀行に勤務。28年三井合名理事に就任。三越呉服の近代化をはかり、デパートメント・ストアの形を定着させた。また茶の湯と邦楽を趣味とし、財界に茶の湯を広めるなど、数寄者と呼ばれる文化人を集めた。また茶道具名器を集大成した「大正名器鑑」を編集・出版。茶の湯ジャーナリズムの先鞭をつけた「東都茶会記」(13冊)、日記「万象録」など文筆の面でも名高い。文化事業の一端として護国寺茶室群を建設した。　⑲長男=高橋忠彦(タンゴ評論家)

高橋 琢也 たかはし・たくや
農商務省山林局長 沖縄県知事 貴院議員
弘化4年(1847)12月17日〜昭和10年(1935)1月20日　⑲安芸国(広島県)　⑭幼時に両親を亡くし困難の中で勉学に励み、明治初年に上京して洋学を学び、3年大学南校教授となる。5年陸軍兵学寮に出仕し、ドイツ兵制翻訳調査など外国文献の翻訳に当たる。のち参謀本部を経て、18年農商務省に移り林務官、技師兼山林・森林監督官、山林局長を務める。31年宮内省に転じ10余年勤務、大正2年沖縄県知事となる。8年から貴院議員(勅選)。この間、北海道庁、臨時博覧会事務局などの嘱託、森林法調査委員などを務めた。また三井物産、北海道炭鉱などの顧問、東京医学専門学校の理事長に就任、経営に尽力する。昭和3年第14回万国議院商事会議および第25回列国議会同盟会議(ベルリン)に出席した。

高橋 藤兵衛 たかはし・とうべえ
陸軍通訳
嘉永5年(1852)〜明治36年(1903)　⑲肥前国(長崎県)　⑭明治14年より清国の山東省芝罘(煙台)で雑貨店、旅館を経営。同地に移住した日本人の草分けで、日清戦争では特殊任務や通訳として活動。日露戦争に際しても特殊任務についたが、開戦前に病没した。

高橋 富枝 たかはし・とみえ
宗教家
天保10年(1839)10月28日〜大正10年(1921)4月20日　⑲備中国浅口郡六条院西村(岡山県浅口市)　⑭幼名=子美登、称号=金照明神　⑭幼い頃から近隣にある天台宗の寺で説法を聞くなど、宗教的な雰囲気の中で育つ。安政4年(1857年)19歳で備中国大島中村(現・岡山県笠岡市)の黒住芳太郎と結婚するが、生まれた子が10日余りで亡くなった心労から離婚し、間もなく実家に帰った。この間、婚家の隣人の黒住直之丞から金光大神の教えを聞き、金光教に入信。信仰を深め、"千人に一人の氏子"として教祖から金照明神の称号を許された。元治元年(1864年)教会を設立して布教活動を開始、特に女性の救済に努め、多くの信者を獲得。一方で、その存在を快く思わない山伏や村人から排斥されたが、毅然とした態度で対応し、慶応元年(1865年)には白川家から神拝の許状を得ることにより、その活動が公認された。生涯独身を貫く覚悟であったが、一代のみの信仰を好まない金光大神の教えにより、明治元年柔術師の仁科藤之丞と結婚し、4男1女をもうけた。18年岡山県知事の認可を受け、神宮金光教会六条院支会所を設立した。

高橋 直治 たかはし・なおじ
衆院議員(無所属)
安政3年(1856)1月〜大正15年(1926)2月18日　⑲蝦夷(北海道)　⑭小樽区会議員などを経て、明治35年北海道庁小樽区より初当選。以後、41年までに通算3回当選。大正14〜15年多額納税の貴院議員。また、小樽米穀取引所理事長、小樽委託業組合長、小樽海陸物産商組合長なども歴任した。

高橋 長秋 たかはし・ながあき
肥後銀行頭取
安政5年(1858)9月13日〜昭和4年(1929)7月3日　⑲肥後国熊本城下内坪井町(熊本県熊本市)　⑭もと熊本藩士。明治10年西南戦争では熊本隊に加わり池辺吉十郎に従って政府軍と戦う。12年同心学舎(済々黌高の前身)の創立に参画。のち佐賀県勤務を経て、第一高等中学の舎監に転じたが、20年から実業界に入り、33〜34年の財界恐慌に敏腕を揮った。更に大阪百三十銀行副頭取となり経営破綻を救済し財政手腕を認められた。肥後銀行頭取などを経て、熊本電気を創立し、熊本市の電車開通などに尽力した。

高橋 彦次郎 たかはし・ひこじろう
実業家
元治1年(1864)4月7月〜昭和7年(1932)1月19日　⑲尾張国(愛知県名古屋市)　⑭旧姓・旧名=旧名=高橋彦治郎　⑭明治28年株式仲買人の免許を得、その活躍ぶりから"押切り将軍"の異名をとった。39年には退隠したが、大正8年推されて名古屋株式取引所理事長となり、昭和4年まで在職した。大正海運会社社長のほか数社の重役も兼ね、名古屋商業会議所議員なども務めた。　⑲息子=田中徳次郎(東邦電力専務)、乾豊彦(日本ゴルフ協会名誉会長)、孫=田中精一(中部電力相談役)

高橋 光威 たかはし・みつたけ
衆院議員 「大阪新報」主筆
慶応3年(1867)12月〜昭和7年(1932)4月9日　⑲越後国北蒲原郡(新潟県)　⑭慶応義塾法科〔明

治26年〕卒 歴福岡日日新聞社に入り、間もなく渡欧、ケンブリッジ大などで法律、経済を学び、農商務省嘱託としてトラストについて研究、出版。また米国製鉄王カーネギーの著書を翻訳「米国繁昌記」として出版。カーネギーの招きで渡米、帰国後福日主筆。のち原敬の「大阪新報」主筆となり、原内閣成立で内閣書記官長。明治41年以来新潟県から衆議院議員当選8回。日魯漁業、大北漁業各監査役も務めた。

高橋 本吉　たかはし・もときち
衆院議員
明治6年(1873)2月17日〜大正9年(1920)11月26日　生秋田県鷹巣町(北秋田市)　学東京高師卒、プリンストン大学(米国)卒 M.A.　歴小学校時代の師・内藤湖南に大きな影響を受けた。のち上京して、東京高等師範学校を卒業し、早稲田中学教師を経て、農商務省に入る。35年同省の実習生として渡米し、プリンストン大学でマスター・オブ・アーツの学位を取得。帰国後、南満州鉄道社員となったのを皮切りに、関東総督府秘書官やジャーデン・マジソン商会大連出張所主任、南満州太興合名会社と職を転々とした。この間、キリスト教徒としても活動し、東京富士見教会の長老に推された。6年には衆議院議員に当選し、9年の総選挙でも再選。政友会の幹事として原敬首相の信任も厚く、9年11月原の命を受けて日米問題調査のため米国に渡るが、シアトル到着後間もなく急死した。

高橋 義信　たかはし・よしのぶ
衆院議員(政友会) 東京市議
元治1年(1864)5月5日〜昭和4年(1929)11月28日　生美濃国安八郡川並村(岐阜県大垣市)　歴17歳の時伊勢桑名に出て米仲買店を開いたが失敗。明治17年兵役、除隊後近江に陶器会社を設立、社長。自由民権論にひかれて上京、25年大隈重信らに爆発物を送った容疑で捕まったが、8カ月で出獄、鉱山業に従事後、33年京都で仏教感徳会を創設、社会教化に尽力。衆議院議員当選3回、政友会に属した。また東京の下谷区会議長、東京府会、市会議員を務め、東京下水工事完成に貢献した。

高幢 龍暢　たかはた・りゅうちょう
僧侶 真言宗大覚寺派管長 大覚寺第46世門跡
文政10年(1827)12月18日〜大正1年(1912)9月2日　生讃岐国三木郡池戸村(香川県)　名号=峨峰　歴天保10年(1839年)讃岐三木郡前田村の八幡宮内当押光寺・龍静阿闍梨につき仏門に入る。儒学を高松菱儒・山川孫水に、和歌を藤村叡運に、宗学を高野山釈迦分院・霊雄、性徳院、寂如、大覚寺・神海僧正に習得し、讃岐(香川県)の屋島寺住持、八栗寺住持を務め、権少僧正となる。明治11年京都山城の高尾山神護寺の住持を務め、31年嵯峨大覚寺第46世門跡、33年大僧正、大覚寺派管長となる。37年真言宗各派連合長者(総裁)を務めた。

高畠 素之　たかばたけ・もとゆき
社会運動家 社会思想家
明治19年(1886)1月4日〜昭和3年(1928)12月23日　生群馬県前橋市北曲輪町　学同志社神学校〔明治40年〕中退　歴上野前橋藩士の五男。前橋中学在学中に前橋教会に通い、同教会の堀貞一の下で受洗。傍ら「平民新聞」を読んで社会主義に共鳴し、37年同志社神学校に進学ののち京都社会主義談話会を結成した。やがてキリスト教に疑問を抱き、40年同校を退学。41年幸徳秋水の直接行動論に影響を受けて郷里・前橋で社会主義新聞「東北評論」を刊行するが、同誌に掲げた赤旗事件の評論により禁錮2ケ月の刑を受け、獄中で英訳版のマルクス「資本論」を読破した。44年堺利彦の売文社に参加して雑誌「新社会」に寄稿し、第一次大戦後におけるヨーロッパの社会主義の最新事情やロシア革命の実態をいち早く紹介するなど、大正初期における社会主義運動の鼓吹に努めた。のち急速に国家社会主義運動に傾き、大正7年山川均との間で「政治運動と経済運動」をめぐって論争。8年堺、山川らと袂を分かち、「国家社会主義」を創刊。同年〜13年「資本論」全3巻を日本ではじめて完訳。以後、2回にわたって改訳し、戦前における唯一の「資本論」の全訳本として多数の読者を獲得した。11年には上杉慎吉と急進国家主義経綸学盟を結成。その後さらに右傾化を強め、晩年は赤尾敏の建国会の後援もするなど、昭和初期の国家社会主義運動に大きな影響を与えた。他の著書に「幻滅者の社会観」「批判マルクス主義」「自己を語る」「人は何故に貧乏するか」などがある。

高林 維兵衛　たかばやし・いへえ
静岡農工銀行頭取
元治1年(1864)9月11日〜大正11年(1922)4月　生遠江国長上郡有玉下村(静岡県浜松市)　歴江戸時代初期から浜松藩の独礼庄屋を務める旧家に生まれる。明治8年郷里に庶民を対象とした積志銀行を設立。29年産業組合を興し組合長、また米麦貯蓄組合を設立するなど20有余年地元産業の指導育成に当たり、村会議員として村政にも参画した。静岡農工銀行頭取、西遠銀行頭取、遠江銀行頭取、日英水電取締役、遠州銀行取締役などを歴任。　家長男=高林兵衛(時計収集家)

高平 小五郎　たかひら・こごろう
外交官 駐米大使 男爵
嘉永7年(1854)1月1日〜大正15年(1926)11月28日　生陸奥国一関(岩手県一関市)　名旧姓・旧名=田崎　学開成学校〔明治6年〕卒　歴陸奥一関藩士・田崎三徹の三男で、文久3年(1863年)同藩士・高平真藤の養子となる。明治6年工部省に出仕し、9年外務省に転じた。25年駐オランダ公使兼スウェーデン公使、27年駐イタリア公使、28年駐オーストリア公使、32年外務次官、33年駐米公使を歴任。38年ポーツマス講和会議に小村寿太郎とともに全権委員として出席。39年男爵を授けられ、40年駐

イタリア大使、41年駐米大使。国務長官ルートとの間に高平・ルート協定を締結した。43年伏見宮貞愛親王に随行して渡英、大正3年退官した。大正6年貴院議員に勅選された。

高松 誓　たかまつ・せい
僧侶(真宗大谷派)
安政2年(1855)～明治36年(1903)8月4日
生 筑後国荒木村(福岡県久留米市)　学 真宗大学寮卒　歴 筑後国荒木村の浄光寺住職の五男として生まれ、のち高松姓を継いだ。明治10年の西南戦争では郷里の青年たちを率いて薩摩軍と戦った。のち真宗大学寮(現・大谷大学)に学び、東本願寺の寺務役僧となる。台湾が日本領有になると、台南で彰化別院を主宰。さらに清(中国)の厦門に東本願寺南清布教総監部を設けて厦門別院を主宰し、同地慰留民のために尽くした。

高嶺 朝教　たかみね・ちょうきょう
衆院議員(政友会)首里市長
明治1年(1868)12月15日～昭和14年(1939)1月12日　生 沖縄県首里(那覇市)　学 慶応義塾中退　歴 明治26年沖縄初の新聞「琉球新報」創刊に参加。33年沖縄銀行を設立、初代頭取。42年第1回沖縄県議に当選、初代議長。大正3年沖縄初の衆院議員に最高点当選、政友会に属した。その間旧琉球王尚泰をかついで県知事にしようとする公同会運動に参加、また謝花昇らの民権運動と対立した。琉球処分後の沖縄政・財・言論界のリーダーとして活躍。のち首里市長。

高村 謹一　たかむら・きんいち
国家主義者
明治14年(1881)12月30日～昭和8年(1933)3月20日　生 福岡県筑紫郡山口村(筑紫野市)　歴 幼くして父を亡くし、明治29年東京に出て弁護士・浜地八郎の書生となる。苦学して、のち国竜会露語学校に学び内田良平の知遇を得た。35年工兵第十二中隊に入営し、日露戦争に出征後、39年内田が中国安東県に設立した大同公司で業務を監督。公司閉鎖後も朝鮮通信社、国竜会などで内田を助け、対外問題に尽力した。

高柳 嘉一　たかやなぎ・かいち
茶業家
弘化2年(1845)11月19日～大正9年(1920)8月26日　生 肥前国嬉野(佐賀県嬉野市)　歴 明治18年中国茶と宇治茶の折衷製茶法を開発。佐賀県茶業組合事務所、製茶伝習所を開設した。

高柳 覚太郎　たかやなぎ・かくたろう
衆院議員(革新倶楽部)浜松市長
慶応3年(1867)10月～昭和12年(1937)12月21日　生 静岡県　学 東京法学院〔明治23年〕卒　歴 弁護士として活躍。その後浜松市長を務める。明治41年衆院議員に初当選。以来通算4回当選。

高山 圭三　たかやま・けいぞう
堂島米取引所支配人
文久2年(1862)5月7日～昭和9年(1934)3月13日　生 筑前国早良郡吉成村(福岡県福岡市)　学 東京専門学校卒　歴 東京米商会所頭取・青木貞三に随行し欧州の取引所を視察して帰国、明治20年大阪堂島米穀取引所支配人となる。のち三井呉服店に入り、同店閉店後、三井経理部の用務を帯びて清(中国)を漫遊する。39年共同火災保険の創立に尽力し、関西営業部支配人となった。その後、関西信託の役員や日本鋳鋼所・日章火災・塚口土地などの監査役を務め、日本放送協会理事を兼ねた。晩年は大阪商業会議所副会頭を務めた。

高山 善右衛門　たかやま・ぜんえもん
宮城県議
文久3年(1863)2月30日～昭和3年(1928)3月1日　生 陸奥国角田(宮城県角田市)　名 孝良　学 独逸学協会学校中退　歴 陸奥国角田の商家に生まれる。維新後、外交官を志して上京したが、一人息子であったため帰郷。明治23年角田町議、24年宮城県議に当選。36年副議長。農村振興や救農対策に力を注ぎ、39年から私財を投じて郷里の角田町に阿武隈川から水を引く用水路(角田上水)を敷設、人々から"上水"の名を贈られた。　家 孫＝高山彰(角田市長)

高山 長五郎　たかやま・ちょうごろう
養蚕改良家・指導者
文政13年(1830)4月17日～明治19年(1886)12月10日　生 上野国緑野郡高山村(群馬県藤岡市)　名 本名＝高山重礼　歴 上野国緑野郡高山村(現・群馬県)の農家の二男。長五郎は通称。18歳で家督を継ぎ、養蚕飼育法の研究に打ち込む。明治元年蚕の温暖育と清涼育を折衷した清温育と称する新しい飼育法を完成させる。3年には自宅内に高山組を組織して門下生の指導を開始。6年からは授業員(養蚕教師)を各地に派遣して巡回指導に当たらせた。17年官許を得て養蚕改良高山社を設立。実弟で武蔵国児玉郡新宿村(現・埼玉県)の木村家の養子となった木村九蔵も、一派温暖育法を考案して養蚕改良競進組(のち競進社)を設立。兄弟で競いながら、養蚕技術の改良と技術伝習に努めた。　家 弟＝木村九蔵(養蚕改良家)

高山 伝蔵　たかやま・でんぞう
宮崎県飫肥区長
文政10年(1827)～明治37年(1904)
歴 飫肥藩の相談中、同藩校・振徳堂会頭などを務め、明治維新後は飫肥区長を務めた。西南戦争に際しては周囲が西郷軍に同調して主戦論に傾く中で一人反対を唱えた。西郷軍が劣勢になり政府軍が飫肥に近づくと降伏を申し入れて領民を守ったが、自身は区長の地位と士族の身分を剥奪され、山形の監獄に送られた。刑期を終えた後は飫肥に戻り、歌の道にいそしんだ。　家 息子＝高山真平

(衆院議員)

高山 長幸　たかやま・ながゆき
衆院議員

慶応3年(1867)7月28日～昭和12年(1937)1月19日　生伊予国(愛媛県)　学慶応義塾〔明治22年〕卒　歴三井銀行に入行。本店副支配人、函館、深川、三池、長崎各支店長を歴任。明治41年以来衆院議員当選6回。のち雨龍炭鉱、第一海上火災保険、大日本製糖、帝国商業銀行各重役を務め、昭和7年東洋拓殖総裁となった。

財部 彪　たからべ・すすむ
官僚

弘化2年(1845)1月28日～明治42年(1909)4月8日　生薩摩国伊敷村(鹿児島県鹿児島市)　歴戊辰戦争で鳥羽・伏見の戦い、会津攻撃などに従い、明治10年西南戦争には権少警部として川上親賢陸軍大尉と共に鹿児島に従軍し、征討別働隊第一旅団付となり功があった。15年山形県警部長となり、京都府・広島県の警部長を歴任。25年北海道庁書記官となり函館区長を兼ねた。26年勲六等瑞宝章を受け、29年台北庁書記官、30年沖縄県書記官などを務める。同年官を辞し東京に居を構えた。

財部 彪　たからべ・たけし
海軍大将

慶応3年(1867)4月7日～昭和24年(1949)1月13日　生日向国(宮崎県)　学海兵(第15期)〔明治22年〕卒　歴日向都城藩士で歌人の財部実秋の二男。明治23年海軍少尉に任官。29年常備艦隊参謀、30年英国へ留学して32年より同国駐在、33年帰国。37年大本営参謀、40年英国出張、同年宗谷、41年富士の各艦長、同年第一艦隊参謀長、42年海軍次官。大正3年シーメンス事件の余波を受け一時待命となったが、4年第三艦隊司令官、同年旅順要港部司令官、6年舞鶴鎮守府、7年佐世保鎮守府、11年横須賀鎮守府の各司令長官を歴任。この間、8年海軍大将。12年から昭和5年10月の間に海相に3度就任。5年のロンドン軍縮会議には全権として出席、補助艦制限の条約に調印、反対派の攻撃の矢面に立ち海相を辞任した。7年予備役に編入。海軍の実力者・山本権兵衛の女婿であり、その為異例のスピード出世を遂げたため、海軍内には批判もあった。　家父=財部実秋(日向都城藩士・歌人)、岳父=山本権兵衛(海軍大将)

多木 久米次郎　たき・くめじろう
多木製肥所社長　衆院議員(政友会)

安政6年(1859)5月28日～昭和17年(1942)3月15日　生播磨国加古郡別府村(兵庫県加古川市別府町)　歴20歳で魚肥商の家業を継ぐ。明治23年過燐酸肥料(人造肥料)製造を始め、大正7年株式に改組し、多木製肥所社長。同年別府軽便鉄道社長も務める。また、自身の理想の実践として、朝鮮で4000町歩の模範農場を経営。この間、兵庫県農会長、加古郡会議長、兵庫県議を経て、明

41年衆院議員初当選。以降6選。貴院には昭和14年から17年まで在任。

滝 定助　たき・さだすけ
名古屋銀行頭取　名古屋商工会議所副会頭

明治2年(1869)1月15日～昭和7年(1932)10月27日　生尾張国名古屋東万町(愛知県名古屋市)　名初名=正太郎　学愛知一中〔明治18年〕卒　歴名古屋で呉服卸商を営む先代滝定助の長男に生まれ、明治36年家業を継ぎ、定助を襲名。39年滝定合名会社に改組して代表社員となる。京都・大阪・上海に支店を設け、織物商・輸入商としてめざましい発展を遂げ、43年には欧米を旅行、大正3年から度々中国・朝鮮を視察した。名古屋銀行頭取、東陽倉庫社長、帝国撚糸織物社長などをはじめ幅広く実業界に進出、中京財界の重鎮として活躍。10年名古屋商工会議所会頭を務めた。また昭和4年商工審議会臨時委員・内閣資源局委員となり、6年全国産業団体連合会常任委員に選ばれた。

滝 信四郎　たき・のぶしろう
滝兵商店社長

慶応4年(1868)7月15日～昭和13年(1938)11月26日　生尾張国(愛知県)　歴明治28年名古屋の繊維問屋・滝兵(現・タキヒヨー)の5代目を継ぐ。34年丁稚奉公制を改革し、月給制や公休日制を採用して店員の待遇を改善した。また大正15年滝実業学校を創設した。

滝 兵右衛門　たき・ひょうえもん
名古屋銀行初代頭取　東海倉庫創業者

天保14年(1843)6月14日～没年不詳　生尾張国丹羽郡東野村(愛知県江南市)　歴名古屋銀行初代頭取を経て、明治39年発起人総代として東海倉庫株式会社を設立。渋沢栄一とともに相談役に就任した。東海倉庫は大正14年に名古屋倉庫と合併、15年東陽倉庫となった。

滝 弥太郎　たき・やたろう
岡山地裁所長

天保13年(1842)4月15日～明治39年(1906)12月10日　生長門国萩(山口県萩市)　名本名=滝厚徳、号=蠖里　学安政5年(1858年)松下村塾に入って吉田松陰に学び、高杉晋作・久坂玄瑞らと尊王攘夷運動を行う。文久元年(1861年)父の病死により家督を継ぎ、3年河上弥市と共に奇兵隊総督となる。元治元年(1864年)小納戸役に転じたが、同年俗論政府に投獄される。慶応元年(1865年)正義回復して放免され、第二次長州征討では石州口に出陣し戦功を立てた。明治維新後は新政府に出仕して長崎地裁判事、佐賀地裁判事、大阪控訴院部長、岡山地裁所長などを歴任。晩年には佐波郡長も務める。退職後は萩の山田村に帰住した。

滝上 卯内　たきがみ・うない
滝上工業創業者

明治2年(1869)1月7日～昭和12年(1937)12月3日

滝田 融智　たきた・ゆうち
僧侶(曹洞宗)

天保8年(1837)～明治45年(1912)

🅖尾張国(愛知県)　🅝号＝泰円　🅔曹洞宗の僧となり、泰円と号した。初め信州松本の禅刹・全久院に修学し、その師・吉丈が美濃関町・龍泰寺に移るとこれに従い、吉丈の死後は雲水として各地で行脚し、長崎・皓台寺の伝翁に参じた。伝翁の死後その遺志を継いで、道元の師・天童如浄の宝塔の所在を探究するため、明治10年頃2度に渡って清(中国)の天童山を訪れて目的を達し、新たに杭州西湖の浄慈寺に如浄禅師の宝塔を建立。帰国後、岐阜県の天長寺住持となり、のち龍泰寺に帰り住職を務めた。晩年は教務から離れて画筆に親しんだ。

滝本 金蔵　たきもと・きんぞう
開拓者

文政9年(1826)3月～明治30年(1897)2月9日

🅖武蔵国児玉郡本庄村(埼玉県本庄市)　🅝旧姓・旧名＝野村　🅔農家に生まれるが、幼少時に両親を亡くしたため、江戸に出て大工となる。25歳の時に相模国小田原(現・神奈川県小田原市)の滝本家に入婿。安政5年(1858年)募集に応じて幕臣・荒井小一郎の蝦夷地開墾に参加し、長万部陣屋に数ケ月とどまったのを経て、幌別郡登別に赴き、同地の開拓に従事した。アイヌ人に案内された薬湯で妻のリューマチが治ったことから温泉経営も兼ねるようになり、登別温泉の端緒を開く。さらに旅館やサケ・マス漁場、牧馬場なども経営したほか、温泉周辺の交通整備も行い、明治24年には私費2000円を投じて登別市街から温泉までの約7キロの馬車道を整備するなど、同地方の発展に大きく貢献した。

滝谷 琢宗　たきや・たくしゅう
僧侶(曹洞宗)　永平寺63世貫首

天保7年(1836)12月22日～明治30年(1897)1月31日　🅖越後国中魚沼郡仙田村(新潟県十日町市)　🅝旧姓・旧名＝小川, 幼名＝五三郎, 道号＝魯山, 号＝蘇翁, 諡号＝真晃断際禅師　🅔越後国刈羽郡の真福寺(曹洞宗)の住職・祖伝について得度。次いで、万延元年(1860年)には同寺の大円俊道から嗣法した。江戸・駒込の吉祥寺学寮や金沢天徳院の僧・旃崖奕堂の許で学んだのち、越後正円寺・英林寺・神奈川最乗寺を歴住。明治18年曹洞宗の大本山である永平寺の63世貫首となり、曹洞宗宗制の編纂を指揮した。さらに20年には曹洞宗管長に就任。洞上行持軌範や曹洞教会修証義の編集に携わるなど、近代における同宗の規範・規則整備に尽くすところがあった。24年に永平寺を退き、晩年は東京・麻布富士見町に住んだ。著書に「曹洞宗革命策」「修灯義筆蹄」などがある。

多久 乾一郎　たく・けんいちろう
東宮侍従　男爵

嘉永5年(1852)5月～明治34年(1901)11月

たきかわ

🅖近江国坂田郡春照村(滋賀県米原市)　🅝小学校を卒業した明治12年、長浜の野鍛冶に丁稚奉公に出て、やがて名古屋の鍛冶屋に移る。28年独立して名古屋で鍛冶屋・鍛冶定を開業、主に建築用のボルトやナットを製造した。35年父の隠居を受けて戸主となる。大正9年工場を移転拡張し、13年合資会社の滝上鉄工所を設立。この間、5年に長男・定次郎が合名会社の滝上鉄工所を創業し、昭和12年滝上鉄骨鉄筋工業株式会社に改組。14年滝上工業に社名変更した。没後の17年、合資会社滝上鉄工所は滝上工業に吸収合併された。　🅗長男＝滝上定次郎(滝上工業社長)、四男＝滝上清次(滝上工業社長)、五男＝滝上俊夫(滝上精機社長)、六男＝滝上俊一(滝上工業社長)、孫＝滝上賢一(滝上工業社長)、滝上茂(滝上精機社長)

滝川 具和　たきがわ・ともかず
海軍少将

安政6年(1859)7月22日～大正12年(1923)2月12日　🅖江戸駿河台(東京都千代田区)　🅛海兵(第6期)〔明治12年〕卒, 海大〔明治21年〕卒　🅔明治15年海軍少尉に任官。25年清国に派遣され軍事調査に従事。日清戦争では軍艦筑紫の副長を務めた。30年北京公使館付武官、35年ドイツ公使館付武官となり、日露戦争では欧州で特別任務に携わった。39年朝日艦長を経て、同年海軍少将に進み、旅順鎮守府参謀長となった。42年予備役に編入。　🅗義弟＝名和又八郎(海軍大将)

滝川 弁三　たきがわ・べんぞう
神戸商業会議所会頭　滝川中学創立者

嘉永4年(1851)11月21日～大正14年(1925)1月12日　🅖長門国豊浦郡長府村(山口県下関市)　🅝幼名＝百十郎, 武熊　🅛旧長府藩士。戊辰戦争では報国隊書記兼斥候として北越に出征。明治4年京都に出て英学を学び、13年神戸で組合を設立して、マッチ製造を始める。のち独立して滝川燧寸(マッチ)製造所を設立し、大正元年東洋燧寸株式会社と改称、昭和2年には東洋、日本、公益の3社協同して大同燧寸会社を設立、社長に就任。この間、神戸商業会議所会頭、貴院議員(多額納税)なども務めた。また晩年は育英事業にも力を注ぎ、私財を投じて滝川中学を設立した。

滝口 吉良　たきぐち・よしなが
衆院議員(同志会)　防長銀行頭取

安政5年(1858)10月27日～昭和10年(1935)8月18日　🅖長門国阿武郡明木村(山口県萩市)　🅛慶応義塾〔明治19年〕卒　🅔山口県の豪族。明治21年以来県会議員当選4回、議長を務めた。23年貴院多額納税議員。33年農商務省嘱託でパリ万博に出席、欧米漫遊。37年衆院議員に当選、政友会、のち同志会に属した。大正6年の補欠選挙に再選。この間防長銀行頭取、萩銀行、朝鮮勧業会社各重役。また朝鮮に農場を開拓した。

出肥前国（佐賀県）　歴肥前佐賀藩家老の子に生まれる。明治4年米国に留学しニューヨーク、ニューブランズウィックに行き、9年帰国。16年内務省出仕を経て、21年宮内省に入り東宮侍従となった。この間、17年父が没し家督を継ぐ。30年華族に列し男爵を授けられた。

多久 茂族　たく・しげつぐ
佐賀県権令
天保4年（1833）9月20日～明治17年（1884）12月20日　出肥前国（佐賀県）　名幼名＝松千代、千松、初名＝美族　歴肥前佐賀藩家老・多久領第11代領主。藩主・鍋島直正に仕え、嘉永元年（1848年）から長崎警備に従事。安政2年（1855年）より江戸・桜田の藩邸に入り、元治元年（1864年）第一次長州征討に出陣。戊辰戦争では東北征討軍の白川口参謀を務めた。明治4年浜松県権令、5年伊万里県権令を経て、佐賀県権令を歴任した。

宅 徳平　たく・とくへい
実業家
嘉永1年（1848）7月12日～昭和7年（1932）4月15日　生和泉国堺（大阪府堺市）　歴先代・宅徳平の長男に生まれ、明治2年家督を相続、襲名した。家は代々泉州堺で酒造業を営み、清酒「沢亀」の醸造元として知られる。39年宅合名会社を設立して社長となる。日本精糖社長、大日本塩業社長をはじめ、大阪貯蓄銀行、南海鉄道、堺貯蓄銀行、堺瓦斯、東邦火災保険、日本教育生命保険、大阪麦酒、大日本麦酒などの重役を兼ねた。更に堺市議、堺商工会議所特別議員なども務めた。

田口 運蔵　たぐち・うんぞう
社会運動家
明治25年（1892）5月1日～昭和8年（1933）12月26日　生新潟県北蒲原郡紫雲寺村小川（新発田市）　名旧姓・旧名＝金井　学二高中退　歴大正3年頃密航者として海外を放浪。7年渡米し、アメリカ社会党に参加。8年在米日本人社会主義者団を結成する。アメリカ共産党に入党し10年コミンテルン大会に日本人代表として参加。引き続きソ連に在住し、12年一時帰国した。また「文芸戦線」の同人としても活躍した。

田口 亀造　たぐち・かめぞう
労働運動家
明治15年（1882）11月4日～大正14年（1925）1月18日　生群馬県群馬郡岩鼻村（高崎市）　歴18歳で上京したが、間もなく足尾銅山で鉱夫として働らく、明治40年の社会暴動で社会問題にめざめ、芝浦製作所などで働き左党連盟に参加。大正12年関東労働同盟会会長に就任した。

田口 謙吉　たぐち・けんきち
参天製薬創業者
安政5年（1858）～昭和3年（1928）10月
出安芸国（広島県）　学開成学校理科中退　歴安芸

広島藩士・田口牧翁の二男。高木松居、木下桑宅に漢学を学び、藩の学問所で英語を習得した。明治6年上京して開成学校（現・東京大学）理科に入ったが、老いた親の世話をするために3年後に中退。郷里・広島で県立中学の英語教師となった。12年大阪に出て「大阪日報」（現・毎日新聞）に入社し、自由民権運動に加わった。19年より大阪府議となり、大阪港の築港に力を注いだ。一方、23年北浜に田口参天堂を開業。風邪薬「ヘブリン丸」を売り出すと評判を呼び、全国にニセ薬が出回るほどのヒット商品になった。32年には点眼薬「大学目薬」を発売、ひげとメガネの博士の商標の子どもにも知られるほどの有名商品となり、中国やインド、東南アジアにまで輸出された。大正3年合名会社、14年株式会社に改組し、今日の参天製薬に発展した。

田口 精爾　たぐち・せいじ
実業家 開明墨汁の発明者
明治6年（1873）～昭和3年（1928）1月
生岐阜県　学岐阜師範〔明治27年〕卒、東京工業附属工業教員養成所〔明治33年〕卒　歴小学校の教員を務めた後、明治31年東京工業附属工業教員養成所に入る。33年卒業後、墨汁の研究に専念、開明墨汁（墨の元）の発明に成功、以来30年以上に渡って製造、国内はもちろんアジア全域に販路を広げた。

田口 太郎　たぐち・たろう
官史
天保11年（1840）4月27日～大正12年（1923）4月20日　生安芸国広島（広島県広島市）　歴安政3年（1856年）16歳で藩学の句読師となり、のち助教に進む。文久3年（1863年）執政辻将曹（維岳）に伴われ同志山田養吉らと上京、広島藩尊攘派の中心として活躍。また英国遊学を計画したが失敗した。元治元年（1864年）禁門の変後、山田養吉と長州に藩の使者として派遣される。のち江戸に出て開成所で学び、慶応2年（1866年）幕府の選抜により同校教官に就任、個人に洋学を教え、藩からも少年生40余名を送って同所で学ばせた。明治元年藩校洋学教授となり、2年藩費で英国に留学、6年帰国し、翌7年紙幣寮権助に任ぜられた。以後太政官、海軍省、司法省の諸官を歴任した。

田窪 藤平　たくほ・とうへい
製塩業者
文政11年（1828）6月21日～大正7年（1918）4月2日　生伊予国越智郡波止浜（愛媛県今治市）　歴14歳の時から父に従って塩田での労働に従事。嘉永4年（1851年）24歳で伊予・讃岐・播磨・備前・備後・安芸各地の塩田を視察して製塩法を研究し、地質や環境の差に応じて作業法を変える必要性を悟った。のち伊予国大三島の井口浜（現・愛媛県上浦町）の支配大工となったのを手始めに、同島口総塩田などの塩田改良を行い、特に宗方塩田では入れ替え

土(撒砂)を改良して1塩田の年産高を8000俵まで増加させた。のちにその手腕を買われて塩田改良の指導のため安芸や備後などに招聘され、各地に自身の製塩法を普及させた。

武居 綾蔵 たけい・あやぞう
実業家
明治3年(1870)12月～昭和7年(1932)12月9日
 生 信濃国諏訪郡湖南村(長野県諏訪市)　学 高等商業〔明治25年〕卒　歴 明治25年東京の高等商業を卒業して大阪商業学校教諭となり3年間勤めるが実業界に転じ、初め日印貿易会社に入社する。37年同社が、内外綿(のちの新内外綿)に合併となり、45年取締役、大正11年頭取に就任。在華日本紡績同業会委員長などを務め、日本の紡績業界に貢献する。のち日満経済協和会を創立し、満州貿易に尽力、また大阪朝日新聞社内東亜調査会の評議員として東亜事情の研究に努めた。

竹井 澹如 たけい・たんにょ
公共事業家　埼玉県議
天保10年(1839)12月3日～大正1年(1912)8月7日
 出 上野国(群馬県)　名 本名=市川澹如、通称=万平、号=幽谷　歴 武蔵国熊谷(埼玉県)の本陣・竹井家を継ぐ。荒川の出水を防ぐため私費を投じて突堤(万平出し)を築く。明治12年埼玉県議となり初代議長を務めた。

武井 守正 たけい・もりまさ
枢密顧問官　鳥取県知事　東京火災保険社長　男爵
天保13年(1842)3月25日～大正15年(1926)12月4日　生 播磨国姫路(兵庫県姫路市)　名 幼名=寅三、通称=逸之助　歴 父は播磨姫路藩士で、4人きょうだい(3男1女)の二男。河合惣兵衛ら同藩の尊皇攘夷派と交わり、文久3年(1863年)1月御用商・紅屋又左衛門の暗殺に参加、自宅に幽閉された。7月幽閉を解かれて京都へ上り、旧知の松本奎堂の挙兵(天誅組の変)に際して軍資金の一部を調達。その後、藩の禁戒を破り他藩士と交際したことが露見して再び幽閉され、元治元年(1864年)親友の河合伝十郎や萩原虎六ら同藩の尊攘派がことごとく藩により誅殺されると(甲子の獄)、永牢を申しつけられ、慶応4年(1868年)まで3年余にわたって獄中で過ごした。明治維新後、新政府に出仕。明治2年角田県知事、4年平県(磐前県)権令を務め、7年内務少丞となり内務省に四局が設置されると第一局長、8年第四局長。同年内務権大丞に昇って9年総務局用度課長(会計課長)、10年内務権大書記官会計局長。14年農商務省の新置に伴い会計局長に就任。同年の明治十四年の政変後には山林局長を兼務。17～18年欧州出張を経て、21年鳥取県知事。25年石川県知事に任じられるが赴任せず退官した。以後、初代安田善次郎と手を携えて実業界で活動。26年帝国海上保険創立に参画、社長に就任。29年東京火災保険社長。この間、24年～大正12年勅選貴院議員。同年枢密顧問官。明治40年男爵を授けられた。　家 二男=武井守成(ギタリスト)、女婿=小幡酉吉(外交官)

武石 敬治 たけいし・けいじ
衆院議員(政友会)
安政5年(1858)6月15日～明治37年(1904)10月13日　出 出羽国(秋田県湯沢市)　歴 秋田県議、常置委員、副議長を経て、明治23年秋田郡部より衆院議員に当選。以後、36年まで通算6回の当選を重ねる。

武石 浩波 たけいし・こうは
飛行家
明治13年(1880)～大正2年(1913)5月4日
 生 茨城県那珂郡　歴 渡米し、シラート飛行場で操縦技術を学ぶ。大正2年大阪・京都間をカーチス百馬力機で飛行し、京都深草練兵場に着陸の際、突風により墜落し死亡。日本初の民間飛行家の犠牲者である。

武市 庫太 たけいち・くらた
衆院議員(無所属)
文久3年(1863)10月25日～大正13年(1924)10月20日　出 愛媛県伊予郡永田村(松前町)　名 号=幡松　学 同志社英学校〔明治17年〕中退　歴 庄屋の長男。武知五友、村井俊明に師事した。同志社英学校に進むが、明治17年父の死により中退して帰郷、家督を継いだ。27年愛媛県議、29年愛媛県農会創設に伴い初代会長。31年衆院議員に当選。通算6期。松山中学時代から正岡子規と親交を結び、子規は随筆に"良友"としてその名を挙げた。

武市 彰一 たけいち・しょういち
衆院議員(無所属)　徳島市長
文久2年(1862)8月～昭和14年(1939)12月29日
 出 阿波国　学 東京専門学校政治科　歴 明治22年徳島市議、23年徳島県議を経て、27年衆院議員に当選。通算4期。大正11～14年徳島市長。

竹内 栄喜 たけうち・えいき
陸軍少将　日本史学者
明治6年(1873)2月26日～昭和10年(1935)7月25日　生 福岡県　専 軍事史　学 陸士(第9期)〔明治30年〕卒、陸大〔明治41年〕卒　歴 明治30年陸軍士官学校9期卒業、さらに41年陸軍大学校20期を卒業し、陸軍参謀本部に勤務。大正初年福岡24連隊に配属され、軍務の傍ら元寇についての研究に従事。のち近衛師団参謀長を経て大正11年第九司令部付となり、陸軍少将に進んだ。13年歩兵第三十九旅団長。14年予備役に編入、以後2年間は聴講生として東京帝国大学で日本史学者池内宏に学び、昭和7年には陸軍大学校で「元寇戦役」についての課外講義を行った。著書に「元寇の研究」「国防の知識」などがある。

竹内 金太郎 たけうち・きんたろう
弁護士

明治3年(1870)2月11日～昭和32年(1957)11月11日 [生]新潟県高田(上越市) [学]東京帝国大学法科大学英法科〔明治33年〕卒 [歴]明治33年農商務省に入ったが、大正4年大浦兼武内相の疑獄事件に連座して辞任。「東京日日新聞」に入り編集主幹となった。42年10月伊藤博文暗殺を「伊藤薨去」の号外で連報した。その後、弁護士を開業、鈴弁殺し、阿部定事件、血盟団事件、二・二六事件、極東国際軍事裁判などの弁護人として活躍した。

竹内 正策　たけうち・せいさく

陸軍中将

嘉永4年(1851)～大正11年(1922)5月3日

[生]土佐国高知城下(高知県高知市) [歴]もと土佐藩士で、明治4年御親兵として上京し陸軍大尉。西南戦争、日清戦争に従軍、この間軍務局第二軍事課長、第一軍兵站参謀長、東宮武官、静岡歩兵第三十四連隊長、歩兵第十二旅団長などを歴任。日露戦争では樺太に出征し、40年中将。41年待命となり以来静岡に住み在郷軍人団の指導に尽力した。大正4年渡米視察したこともあるが、のち結核を病み、11年5月自殺した。

竹内 清明　たけうち・せいめい

衆院議員

安政5年(1858)～昭和4年(1929)

[生]陸奥国(青森県弘前市) [歴]陸奥弘前藩士の子。明治10年西南戦争が勃発すると召募巡査として従軍。戦後は警視庁巡査となり、12年帰郷して東津軽郡役所書記に就任。この頃より政治活動を志し、19年黒石を拠点とする政治結社・益友会の常任書記となり、山形村長、郡会議員を経て、41年より衆院議員を1期務めた。以後、青森県政界で隠然たる影響力を持ち、政友会所属の原敬と提携して44年県政界の大多数を占めていた国民党県本部を解散させ、政友会への大挙入党を主導した。政友会青森県本部長を務め、大正7年の原敬の首相就任後は、青森港築港や八戸鮫港改修、岩木川改修などで政府から多額の予算を引き出すのに成功。当時、官選の青森県知事が真っ先に就任の挨拶に出向いたため、"私設知事"とあだ名された。また、政治活動の傍ら、明治19年より黒石で株式組織のリンゴ園経営を行い、官有原野への開墾など殖産にも力を注いだ。

竹内 綱　たけうち・つな

衆院議員(自由党) 京釜鉄道専務理事

天保10年(1839)12月26日～大正11年(1922)1月9日 [生]土佐国幡多郡宿毛村(高知県宿毛市) [名]通称＝万次郎,諱＝吉綱 [歴]土佐藩家老・伊賀家の家臣の家柄に生まれる。理財に明るく、文久2年(1862年)目付役として伊賀家の財政を担当。戊辰戦争では伊賀家の嫡子・陽太郎に従って東北各地を転戦した。明治3年大阪府典事、4年府権少参事、5年権参事となり、警察制度の整備や河川改修など府政の発展に貢献。6年大蔵省に転じたが間もなく辞職し、9年後藤象二郎の蓬莱社に入社して高島炭坑の経営に当たった。10年西南戦争の際、林有造らとともに銃器を購入して西郷軍に呼応しようとした罪で禁獄1年の判決を受け入獄。12年に出獄した後は後藤や板垣退助らを助けて自由民権運動に挺身し、14年自由党の結成に参画。20年保安条例により東京からの退去を命ぜられるが、23年の第1回総選挙では高知県から出馬して当選。以降衆院議員に当選2回。この間、第二次伊藤内閣と自由党との提携を推進し、政友会の結成に奔走した。29年朝鮮半島の京釜鉄道の創立に関与し、34年常務、36年専務理事を歴任。芳谷炭坑社長も務め、40年以降は東京の実業界で活躍。また、私財を投じて私立高知工業学校(現・高知工業高校)や秋田鉱山専門学校(現・秋田大学鉱山学部)を創立した。外交官で戦後に首相を務めた吉田茂の実父。著書に「竹内綱自叙伝」がある。 [家]長男＝竹内明太郎(実業家・政治家),五男＝吉田茂(首相)

武内 徹　たけうち・とおる

陸軍中将 福井市長

慶応3年(1867)5月4日～昭和4年(1929)11月25日

[出]越前国福井(福井県福井市) [学]陸士〔明治20年〕卒,陸大卒 [歴]明治20年陸軍工兵少尉となる。日清戦争に従軍、日露戦争では野戦鉄道堤理として出征した。陸軍省軍務局工兵課長、44年参謀本部第三部長などを歴任。大正5年中将、交通兵団長となる。7年浦塩派遣軍野戦交通部長を経て、8年参謀本部付となり、9年予備役に編入される。10年福井市長を務めた。

竹内 明太郎　たけうち・めいたろう

小松製作所創業者 衆院議員(政友会)

安政7年(1860)2月28日～昭和3年(1928)3月23日

[生]土佐国宿毛村(高知県宿毛市) [歴]実業家・政治家の竹内綱の長男で、首相となった吉田茂は実弟。明治3年父に従って大阪に出て岩崎英語塾に、6年父の転勤により上京し東京同文社や仏学塾に学んだ。父と同じく自由民権運動に挺身し、自由党に入党して「東京絵入自由新聞」を発行。実業家でもあった父を助け、明治19年佐賀県芳谷鉱山の経営や、27年竹内鉱業株式会社の設立に参画。34年欧米を視察。帰国後、茨城無煙炭、夕張炭鉱各社重役、さらに竹内鉱業会社、九州唐津鉄工場の重役を歴任。35年より石川県小松の遊泉寺銅山を経営。大正3年には橋本増次郎が製造した国産自動車第1号「DAT号」の出資者となる(DATとは同じく製造に関わった田健治郎、青山禄郎、竹内の頭文字からとられたものである)。6年鉱山機械製造・修理の小松鉄工所を設立したが、9年第一次大戦後の不況と銅価の下落が原因となり、遊泉寺鉱山を閉山。10年小松鉄工所を改組して小松製作所に創立し、オーナー兼相談役として経営に参画した。一方、大正4年衆院議員に当選、以後6年、9年と3選し、政友会相談役などを務めた。また、父とともに高知工業学校(現・県立高知工業高校)設立に

協力した他、早稲田大学理工科の新設にも尽力した。　家長男＝竹内強一郎(小松製作所専務)、父＝竹内綱(実業家・政治家)、弟＝吉田茂(首相)、孫＝竹内啓一(一橋大学名誉教授)、義弟＝白石直治(実業家・政治家)、中田薫(法制史学者)、甥＝吉田健一(評論家・英文学者・小説家)、白石多士良(土木工学者)、白石宗城(新日窒社長)

竹内 余所次郎　たけうち・よそじろう
社会運動家

慶応1年(1865)4月30日～昭和2年(1927)4月20日　生加賀国金沢〔石川県金沢市〕　歴明治35年社会問題研究会をおこし、36年「平民新聞」の創刊に協力する。38年渡米し、39年の日本社会党の結成大会で議長に推される。のち全国各地を転々とし、大正10年ブラジルに渡航した。

竹尾 治右衛門(11代目)　たけお・じえもん
実業家

明治12年(1879)1月～昭和6年(1931)12月16日　生大阪府　名初名＝治太郎　学大阪商〔明治32年〕卒　歴代々治右衛門の名を嗣ぐ呉服商・竹尾商店の十代目の長男に生まれる。のち11代目を嗣ぎ社長となる。大日本紡績、三十四銀行、共同信託などの重役を務め、竹尾結核研究所を創設して社会事業にも尽力した。

武岡 豊太　たけおか・とよた
実業家

元治1年(1864)7月～昭和6年(1931)6月19日　生淡路国三原郡北阿万村〔兵庫県南あわじ市〕　名号＝楽山　歴学問を好み郷校で助教となり、のち明石郡郡吏となるが、幾ばくもなく去って神戸で共済社、水産会社、土木会社などを設立し主宰。明治30年設立された湊川改修株式会社で改修工事を担当、4年の歳月を掛け湊川の付け替え工事を完成させ、新開地を開発した。一方、漢の学を修め、特に松浦辰男の門に学んで和歌をよくし、謡曲・囲碁・書道のいずれも玄人の域に達したが、生涯で最も力を注いだのは勤王家の書画と浮世絵の蒐集であった。明治維新史を研究し日柳燕石、松本奎堂、森田節斎らの事蹟を明らかにした。また名社大寺の復興、学校の建設など公共事業に貢献した。著書に「森田節斎と郡山」「森田節斎と姫路」「松本奎堂事蹟」などがある。

竹垣 純信　たけがき・すみのぶ
海軍中佐

明治14年(1881)～大正6年(1917)6月11日　生新潟県　学海軍機関学校卒　歴第一次大戦中、駆逐艦榊の機関長としてインド洋、大西洋に出征。大正6年榊が地中海でドイツの潜水艦に撃沈され、戦死した。海軍中佐。

竹腰 徳蔵(1代目)　たけこし・とくぞう
殖産家

嘉永4年(1851)～大正10年(1921)3月　生上野国群馬郡箕輪〔群馬県高崎市〕　歴酒造業を営む家に生まれる。家業の傍ら、榛名山麓の御料地を借り受け、松・杉・檜などの植林事業を行った。また白川流域の開発や牧場経営による馬の改良などにも携わった。　家息子＝竹腰徳蔵(2代目)

竹下 勇　たけした・いさむ
海軍大将

明治2年(1869)12月4日～昭和24年(1949)7月6日　生鹿児島県　名旧姓・旧名＝山元　学海兵(第15期)〔明治22年〕卒、海大〔明治31年〕卒　歴薩摩藩士・山元家の二男で、竹下家の養子となる。明治23年海軍少尉に任官。35年米国公使館付武官となり、38年日露戦争後に帰国。40年須磨、41年春日、42年出雲の艦長、43年軍令部第四班長、大正元年筑波、敷島の艦長を経て、同年第一艦隊参謀長、2年軍令部第四班長兼海軍大学校教官、4年軍令部第一班長、5年第二戦隊司令官、6年第一特務艦隊司令官、7年軍令部次長。8年パリ講和会議に随員として参加し、9年国際連盟海軍代表となった。11年帰国して第一艦隊司令長官となり連合艦隊司令長官を兼務。12年海軍大将。13年呉鎮守府司令長官、14年軍事参議官。昭和4年予備役に編入。海軍在郷軍官団体・有終会理事長や、大日本相撲協会(現・日本相撲協会)会長も務めた。　家岳父＝鮫島員規(海軍大将)

竹代 治助　たけしろ・じすけ
岩屋海運創業者

嘉永5年(1852)～大正13年(1924)11月19日　生淡路国〔兵庫県〕　歴明治4年岩一岩屋間の渡船業を始め、のち岩屋海運を設立。大正11年摂陽商船と共同で播淡連絡汽船を設立。岩屋漁協組合長、岩屋町町長を歴任した。

武田 行忠　たけだ・ぎょうちゅう
僧侶(真宗大谷派)

文化14年(1817)～明治23年(1890)5月29日　生越後国水原〔新潟県阿賀野市〕　名幼名＝忠丸、号＝非雲閣、好古閣、香院　歴越後・無為信寺の五男。天保6年(1835年)京都の高倉学寮に入り、叔父の香樹院徳龍に学ぶ。また諸派に遊学し、特に性相学に精通した。嘉永元年(1848年)高倉寮司。明治2年員外擬講、16年嗣講となり、夏安居に「易行品」を開講。22年講師となり「往生礼讃」を講義。宮地義天・細川千巌とともに占部観順の異義問題の処理にあたった。　家父＝徳英(無為信寺住職)、叔父＝香樹院徳龍(高倉学寮講師)

武田 九平　たけだ・くへい
社会運動家

明治8年(1875)2月20日～昭和7年(1932)11月29日　生香川県香川郡浅野村〔高松市〕　学尋常小卒　歴明治31年労働組合期成会に入り、34年大阪に帰って労働組合期成会を作ったが成功せず「大阪平民新聞」の発行に協力。大石誠之助、森近運平らとつきあい、明治43年の大逆事件に連坐し無期懲役

に処せられ、昭和4年仮出獄した。

武田 三郎　たけだ・さぶろう
陸軍中将
文久2年(1862)7月13日～昭和15年(1940)4月2日 生信濃国安曇郡北小谷村(長野県北安曇郡小谷村) 専弾道学 学陸士(第8期)卒 工学博士 歴明治19年砲兵少尉に任官。37年砲工学校教官。43年ヨーロッパに出張。44年技術審査部審査官を経て、大正3年砲工学校校長。5年中将に進み、同年東京湾要塞司令官。6年予備役に編入。ドイツの陸軍砲兵誌に論文が掲載されるなど弾道学の権威として知られ、現役軍人として初めて工学博士号を授与された。火兵学会初代理事長も務めた。

武田 千代三郎　たけだ・ちよさぶろう
青森県知事 神宮皇学館長
慶応3年(1867)4月24日～昭和7年(1932)5月26日 生江戸 学帝国大学〔明治22年〕卒 歴東大在学中、英人教師ストレンジからスポーツを学びその普及を志す。明治32年秋田県知事、41年青森県知事。44年には、嘉納治五郎の大日本体育教会創立を助け副会長となる。"駅伝競争"の命名者でもあり、著書『理論実験・競技運動』は日本人による体系的スポーツ指導書の祖として有名。

武田 貞之助　たけだ・ていのすけ
弁護士 衆院議員(国民党)
慶応4年(1868)4月15日～昭和17年(1942)3月11日 生近江国伊香郡(滋賀県) 学滋賀師範〔明治17年〕卒、関西法律学校〔明治24年〕卒 歴明治24年法律学校を卒業し、代言人(弁護士)の業務に従事する一方、私立の大阪商業学校を経営する。また福井商店、右近商事などの監査役を務める。41年衆院議員(国民党)に当選1回。郷里・滋賀県伊香郡の小学校・女学校に多額の寄付をした。著書に「手形早分り」などがある。

武田 篤初　たけだ・とくしょ
僧侶(浄土真宗本願寺派) 仏教専門大学学長
弘化4年(1847)4月～明治38年(1905)2月12日 生和泉国泉南郡桑畑村(大阪府阪南市) 歴和泉桑畑村の浄土真宗本願寺派南栄寺8世恵瓊の長男に生まれる。安政6年(1859年)得度。明治6年父の跡を継いで南栄寺の住職となる。石田村・神光寺の慧洲上人に書を学び、岸和田の藩儒・土屋鳳洲の塾に、のち伊勢の土居氏にも学ぶ。年に出て、間もなく千葉で師範学校の教鞭を執る。13年本願寺教学局に入り、20年教務科員となり、神戸市の善福寺住職に転じ万福寺住職を兼ねた。のち北海道開教監査総長、文学寮長、布教局長などを歴任し、31年執行、教学参議部総裁、顧問所顧問となる。32年大谷光瑞法主の外遊に随行して渡欧、帰国後再び顧問所顧問に就任した。36年仏教専門大学学長、37年再び執行に就任した。高輪仏教大学学長も務めた。日露戦争開戦後は重要使命をもって中国北京に渡航したが、38年2月天津で病没した。

武田 範之　たけだ・はんし
僧侶(曹洞宗) 大陸浪人
文久3年(1863)11月23日～明治44年(1911)6月23日 生筑後国(福岡県) 名旧姓・旧名=沢、幼名=半次、号=洪疇、保寧山人 歴久留米藩士の三男に生まれる。11歳の時に福岡の武田家の養子となる。明治16年新潟県顕聖寺の根松玄道について出家、長岡曹洞宗寺門学校に学ぶ。21年上京。24年頃朝鮮に渡り、27年甲午農民戦争(東学党の乱)が起こると玄洋社の的野半介らが日清戦争開戦の端緒を作ろうと組織した天佑侠団に参加。28年朝鮮王妃・閔妃暗殺に関与して投獄された。33年顕聖寺住職。34年黒竜会結成に参画、39年韓国統監府が設置されると同会幹事の内田良平らと渡韓して日本仏教の進出に力を注ぐ傍ら、日韓合邦運動に尽力した。

武田 秀雄　たけだ・ひでお
海軍機関中将
文久2年(1862)11月16日～昭和17年(1942)2月16日 生土佐国高知城下北与力町(高知県高知市) 学海軍機関学校〔明治16年〕卒 歴土佐藩中老・中山秀友の長男。フランスに2度留学し、駐在した。明治36年機関大監になり、38年徳山海軍煉炭製造所の初代所長となって、海軍の燃料工業の基礎を作る。大正2年海軍機関中将となり、海軍機関学校校長に就任。3年予備役編入となる。以後、三菱合資会社顧問、三菱造船所会長などを歴任し、重工業振興に尽した。家従兄=武田秀山(陸軍少将) 勲勲二等瑞宝章〔昭和15年〕

武田 秀山　たけだ・ひでのぶ
陸軍少将
嘉永6年(1853)12月30日～明治35年(1902)12月24日 生土佐国高知城下南与力町(高知県高知市) 歴土佐藩士・中山家の長男で、本姓の武田姓に復した。明治3年高知藩兵から陸軍に入る。26年歩兵第二十一連隊長、28年第一軍付、同年第一師団参謀長、31年陸軍少将に進み、歩兵第二旅団長。33年台湾総督府幕僚参謀長となったが、病死した。家妻=武田無著(尼僧)、長男=武田秀一(陸軍中将)

竹田 黙雷　たけだ・もくらい
僧侶 臨済宗建仁寺派管長
嘉永7年(1854)7月2日～昭和5年(1930)11月15日 生壱岐国(長崎県) 名別名=黙雷宗渕 歴平戸松浦藩士・竹田克治の三男。明治元年博多に出て崇福寺の蘭陵和尚の門下に入る。3年京都の上り、妙心寺、大徳寺、建仁寺を経て、28歳で久留米・梅林寺の三生軒こと獣禅玄達に弟子入り。ここで悟達し印記を受けた。20年建仁寺派管長の後嗣となり、禅堂の再建にあたった。25年建仁寺派管長に就任、昭和5年まで歴代最長の36年間にわたって同職にあった。また、茶人としての世評も高く、独特の隷書を得意とした。

武田 敬孝　たけだ・ゆきたか
華頂宮家令

文政3年（1820）2月4日～明治19年（1886）2月7日　生伊予国大洲中村（愛媛県大洲市）　名通称＝亀五郎、号＝韜軒、熱軒、天経、伯佐　歴伊予大洲藩士の長男。天保10年（1839年）江戸に出て大橋訥庵や佐藤一斎に師事。藩主の侍講となり、藩校・明倫堂教授も務めた。幕末は藩命で安芸や土佐、長州の各藩に使し、文久2年（1862年）京都に赴いて周旋方として奔走。藩論を勤王に統一する上で大きな役割を果たした。明治2年胆沢県権知事を務めた後、静寛院宮家、梨本宮家、華頂宮家の家令となり、宮内省に出仕した。

竹田宮 恒久　たけだのみや・つねひさ
陸軍少将　竹田宮第1代

明治15年（1882）9月22日～大正8年（1919）4月23日　名旧姓・旧名＝北白川宮恒久　学陸士〔明治36年〕卒、陸大〔明治43年〕卒　歴北白川宮能久親王の第一王子に生まれ、明治39年竹田宮を創始し、41年昌子内親王（明治天皇の第七皇女）と結婚。36年陸軍騎兵少尉となり、日露戦争では野戦近衛師団司令部副官を務める。38年中尉となり、41年皇典講究所総裁に就任する。44年騎兵少佐、大正7年大佐となり、近衛騎兵連隊付、第一師団司令部付などを歴補し、8年少将に進んだ。明治35年から貴院議員。

武市 安哉　たけち・あんさい
自由民権運動家　衆院議員（弥生倶楽部）

弘化4年（1847）4月1日～明治27年（1894）12月2日　生土佐国長岡郡（高知県）　歴土佐藩郷士の分家に生まれ、本家を相続した。鳥羽・伏見の戦いに参加後、高知の士族民権運動に参加、自由党員となり、明治5年高知県議を経て、25年地元民に推されて衆院議員となる。この間、18年に高知教会でキリスト教に入信。政界の汚なさに失望して26年辞職し、キリスト教信仰による理想農村づくりを目指して26人の青年と共に北海道浦臼へ渡る。翌27年の急死により農場は長く続かなかったが、今も町の子孫たちにその気風を残している。

武市 喜久馬　たけち・きくま
陸軍少尉　赤坂喰違坂事件関係者

弘化4年（1847）～明治7年（1874）7月9日　生土佐国土佐郡潮江村（高知県高知市）　歴武市熊吉（正幹）の弟。維新後近衛隊付陸軍少尉となる。明治6年征韓論が敗れたため同志と共に辞職。7年1月14日兄・熊吉らとともに右大臣・岩倉具視を赤坂喰違坂で襲撃した。のち捕縛され7月9日斬罪に処せられた。　家兄＝武市熊吉（赤坂喰違坂事件首謀者）

武市 熊吉　たけち・くまきち
陸軍大尉　赤坂喰違坂事件首謀者

天保11年（1840）～明治7年（1874）7月9日　生土佐国土佐郡潮江村（高知県高知市）　名本名＝

武市正幹　歴土佐藩士で藩校致道館に学ぶ。戊辰戦争に従軍し、甲斐勝沼・下野宇市の役で斥候として活躍。維新後新政府に仕え、明治4年陸軍大尉、5年外務省十等出仕となったが、5年征韓論が起ると、西郷隆盛、板垣退助らの命により満州に赴き、偵察の任を果して6年帰国。岩倉具視一行の欧米視察からの帰国によって征韓論が敗れたため、憤激して7年1月14日同志とともに岩倉を赤坂喰違坂で襲撃した。現場に残された下駄が証拠となり、捕縛後斬罪に処せられた。　家弟＝武市喜久馬（赤坂喰違坂事件関係者）

武市 正俊　たけち・まさとし
飛行家

明治23年（1890）～大正6年（1917）4月13日　生高知県　歴中学卒業後、米国の飛行学校に学ぶ。第一次大戦中はフランス軍に航空下士官として入隊。シャルトル陸軍飛行学校に入るが、大正6年訓練飛行中に墜落死した。

武市 森太郎　たけち・もりたろう
武市木材社長

嘉永2年（1849）7月24日～昭和6年（1931）11月16日　生阿波国勝浦郡大谷（徳島県徳島市）　歴13歳の頃に藍商・久次米兵次郎店に奉公し、明治元年東京支店勤務、9年同支配人となる。明治22年独立して木材商を営む。のち事業の拡大に伴い、事業を会社組織とし、武市木材社長および武市合名会社代表社員となる。興東木材倉庫、東北林業、東京木材倉庫などの重役も務めた。

武富 邦鼎　たけとみ・くにかね
海軍中将

嘉永5年（1852）11月～昭和6年（1931）11月17日　生肥前国（佐賀県）　歴藩校・弘道館に学び、戊辰戦争では上野彰義隊征討の軍に加わり、ついで東北戦争に従軍した。明治5年海軍砲術生徒となり、以後艦長、海軍軍令部出仕、横須賀鎮守府参謀、東宮武官、南清艦隊司令長官、海軍省軍務局長、大湊要港司令官などを歴任して、42年海軍中将となった。日露戦争では磐手艦長、第三、四艦隊司令官として樺太占領などに従軍した。

武富 時敏　たけとみ・ときとし
蔵相　貴院議員（勅選）

安政2年（1855）12月9日～昭和13年（1938）12月22日　生肥前国（佐賀県）　名号＝唇堂　歴明治初年東京に遊学し、のち佐賀の乱に加わったが無罪となる。その後再上京し大学南校に学び、また九州改進党の結成に参加。16年佐賀県議となり、18年議長に就任。23年の第1回総選挙で当選し、3回から14回まで連続当選、大正13年貴院議員に勅選される。この間、農商務省商工局長、大蔵省参事官、内閣書記官長などを歴任し、のち逓信大臣、大蔵大臣に就任した。紅木屋侯爵のあだ名があった。　家息子＝武富敏彦（外交官）

竹中 安太郎　たけなか・やすたろう
陸軍少将
弘化3年(1846)～明治38年(1905)8月10日
⊞長門国下関(山口県下関市)　歴陸軍に入り、西南戦争・日清戦争に従軍。明治33年北清事変で功を立てた。日露戦争に第二軍兵站監として出征したが、38年広島で病死した。少将。

竹内 一次　たけのうち・かずつぐ
軍事探偵
慶応4年(1868)7月～昭和2年(1927)9月18日
⊞三河国(愛知県蒲郡市)　歴明治27年雑貨商人としてハワイへ渡ろうとするが失敗。のちウラジオストクで写真館を開業、信用を得て同地居留民の団長となった。31年から川上操六参謀総長の命により秘密諜報任務に携わる。日露戦争中は一時帰国したが、戦後再びシベリアへ渡り、ハバロフスクで写真館を開いて諜報関係の軍人を援助した。大正10年日本のシベリア撤兵と共に帰国、東京で暮らした。

武内 才吉　たけのうち・さいきち
天津商工銀行頭取
安政2年(1855)9月～昭和3年(1928)8月30日
⊞大坂　歴明治初年に横浜で新燧社を興して雑貨輸出業を開業。のち貿易業を営み、天津商工銀行頭取となる。また武斎汽船を創立して社長に就任した。この間、英領ボルネオのラバダットで椰子の栽培を試みたこともある。

武内 作平　たけのうち・さくへい
衆院議員
慶応3年(1867)10月23日～昭和6年(1931)11月8日　⽣伊予国今治(愛媛県今治市)　学関西法律学校卒、東京専門学校卒　歴明治30年大阪に法律事務所を開設、大阪地裁検事局所属弁護士を務め、大阪弁護士会会長。一方大阪土地建物、岡山電気軌道、阪神電鉄各重役などを歴任。明治35年愛媛県より衆院議員となり、以後大阪から当選8回。憲政会、民政党に属し、愛媛県民政党支部長。海軍、大蔵各政務次官、衆院予算委員長、民政党総務を歴任。昭和6年第二次若槻内閣の法制局長官となった。

竹内 赳夫　たけのうち・たけお
陸軍少将
慶応2年(1866)～大正6年(1917)12月22日
⽣丹波国福知山(京都府福知山市)　学陸士〔明治23年〕卒、陸大卒　歴明治24年陸軍工兵少尉に任官。日清戦争・日露戦争に出征し、母校・陸軍大学校の教官、大正2年第八師団参謀長などを歴任。5年第一次大戦で占領したドイツ租借地青島の軍政長官となった。同年少将。

竹内 正志　たけのうち・まさし
衆院議員
嘉永7年(1854)4月16日～大正9年(1920)9月3日
⽣備前国岡山城下(岡山県岡山市)　学慶応義塾卒　歴明治8年「草莽雑誌」を創刊、自由党創立にも参加した。18年欧米遊学後、閑谷黌教頭を経て、25中国民報に入社。27年から衆院議員に7回当選、20年間務めた。31年には農商務省水産局長となる。

竹腰 正己　たけのこし・まさわれ
貴院議員　男爵
明治4年(1871)8月20日～昭和8年(1933)10月4日
⊞岐阜県　名幼名=於菟　学学習院卒　歴美濃今尾藩主・竹腰正旧の長男に生まれ、幼名は於菟。明治10年家を継ぎ、17年男爵となる。25年米国カンバラ大学に留学し、法律学を修めて帰国。44年～大正14年貴院議員を務めた。　家父=竹腰正旧(今尾藩主)

竹橋 尚文　たけはし・なおぶみ
陸軍中将
嘉永4年(1851)2月6日～明治39年(1906)5月10日
⽣加賀国金沢(石川県金沢市)　歴明治3年大阪兵学寮青年学舎に入り、4年陸軍少尉となる。5年教導団砲兵第一大隊副官、6年大尉、12年少佐に進み熊本鎮台砲兵第三大隊長を務め、20年砲兵大佐となる。この間、陸軍省砲兵局人員課長、砲兵会議議員、砲兵に関する各種調査委員を務めた。野戦砲兵第五連隊長などを経て、24年東京砲兵工廠提理となって6年間兵器改良に努める。29年少将となり由良要塞司令官を務め、33年兵監に転じた。35年中将となり、のち予備役に編入された。

武部 小四郎　たけべ・こしろう
西南戦争で挙兵した旧筑前福岡藩士
弘化3年(1846)7月～明治10年(1877)5月3日
⽣筑前国福岡城下(福岡県)　歴新政府の政策に不満をいだき、明治7年佐賀の乱に応じようとして果せなかった。8年頃に福岡で矯志社を設立。10年西南戦争に呼応して越智彦四郎、舌間慎吾らと挙兵したが、捕えられて斬首された。

武満 義雄　たけみつ・よしお
衆院議員(政友会)
文久3年(1863)2月～昭和6年(1931)6月19日
⊞鹿児島県　学東京法学院　歴鹿児島県議、鹿児島県議常置委員を経て、明治35年鹿児島県郡部より衆院議員に当選。以後、大正4年まで6期連続当選を果たした。また、鹿児島新聞社顧問、政友会鹿児島県支部幹事長も務めた。

竹村 藤兵衛　たけむら・とうべえ
衆院議員(山下倶楽部)　中京銀行頭取
天保2年(1831)2月～明治34年(1901)11月14日
⊞京都　歴明治25年京都2区より衆院議員に当選。以後、31年まで連続4期当選を果たした。在任中は、勧業諮問委員、地方衛生会委員、所得税調査委員を歴任した。また実業界でも、中京銀行頭取、日本貿易銀行取締役、京都銀行監査役などを務めた。

377

竹本 長十郎 たけもと・ちょうじゅうろう
青取一揆の首謀者
天保11年(1840)～明治5年(1872)1月6日
生土佐国吾川郡用居舟形村(高知県吾川郡仁淀川町) 名=安右衛門、別名=平兵部輔 歴農民。池川郷校明誠館で学び知力に優れていた一方、草相撲で優勝するほどの巨漢で、黒住教の熱心な信者でもあった。明治4年徴兵反対の青取一揆が起こると、総大将を懇請され、平兵部輔を名のって総指揮を執った。戸長役場の徴兵関係の書類を焼き、その後高知県庁の襲撃を計画したが、出動前に逮捕され、5年1月処刑された。

竹本 要斎 たけもと・ようさい
園芸家
天保2年(1831)～明治32年(1899)
名=正明、通称=隼人正、別号=其日庵、旭窓 歴500石の旗本の家に生まれる。安政6年(1859年)御小姓組頭取を経て、文久元年(1861年)から元治元年(1864年)にかけて外国奉行を2度務め、神奈川奉行や開成所総奉行も兼務。在任中は下関事件や生麦事件、英国公使館焼き討ち事件など攘夷派による外国人殺傷が横行する外交的に難しい時期であったが、善処の功績により、御側御用取次に昇進。慶応元年(1865年)菊之間縁頬詰に任ぜられた。明治維新後は江戸北郊の北豊島郡高田村に移って子・隼太と陶磁器の製造事業を興し、工場を含翠園と称して植木鉢や美術品を製造。明治3年田中芳男と九段坂旧薬園地で物産会を開催するなど博覧会事業にも関与し、10年の第1回内国勧業博覧会でも審査員を務めた。園芸を好み、アサガオの栽培では大家と呼ばれ、幕末期から明治期にかけて奇品流行の中心人物であった。 家子=竹本隼太(陶芸家)

武山 勘七 たけやま・かんしち
実業家
嘉永7年(1854)2月2日～明治40年(1907)8月24日
生尾張国名古屋(愛知県名古屋市) 美濃屋 歴江戸時代から名古屋万屋町で美濃屋という呉服太物商を営み、代々、勘七を名乗る。富商として知られ、明治時代前期には99町余の広大な土地を所有する地主でもあった。明治期に活動した勘七は、家業の商いにとどまらず実業界でも活躍し、名古屋紡績会社の設立に参画。また、堀川銀行頭取・第十一銀行取締役・帝国撚糸監査役・名古屋米穀取引所理事長などの諸職を歴任し、名古屋の経済界の中心人物として重きを成した。

田坂 善四郎 たさか・ぜんしろう
実業家 月賦販売の創始者
明治9年(1876)8月5日～昭和6年(1931)8月24日
生愛媛県 歴椀船で瀬戸内海沿岸を行商していた商人の子として生まれる。自身も愛媛県桜井で桜井漆器を行商していたが、日露戦争前に福岡市に進出、漆器や衣類・家具などを伝統的な無尽講式販売や革新的な出張陳列販売で商い、大いに成功した。また、日本で初めて分割支払いを導入し、月賦販売を創始。その許には故郷の愛媛県から多くの売り子が集まり、そこから丸井の創業者青井忠治や緑屋(現・西武クレジット)社主岡本虎二郎など、のちの月賦販売確立に力のあった人材を輩出した。

田坂 初太郎 たさか・はつたろう
日本ペイント社長 衆院議員
嘉永4年(1851)12月15日～大正10年(1921)11月24日
生伊予国弓削(愛媛県越智郡上島町) 学東京大学 歴燧灘に浮かぶ弓削島の素封家の家に生まれる。上京して東京大学に学ぶが、家運が傾いたため19歳で水夫見習いとなる。明治10年警視庁水上警察署に入り、品川警備船の仁風丸で水夫監督を務めた。次いで同署長の薦めで小型船長の免許を取り、14年には甲種船長資格を取得。その後、三井物産など民間企業で船長を務めたのを経て独立。自身で数隻の汽船を所有し、巨利を得た。28年にはペンキ塗料工業の先駆者である光明社の出資社員となり、亜鉛華精製法の特許をとってペンキ製造法の改良に尽力。30年には同社を株式会社化して日本ペイント株式会社を設立し、その初代社長に就任した。また、品川銀行頭取・因島船渠取締役・愛媛県石炭会社理事長などを歴任して実業界に重きをなしたほか、郷里弓削に海員学校(現・弓削商船高専)を設立し、後進の指導にも力を注いだ。41年には衆院議員に当選。主に四阪島精錬所の煙害問題解決で活躍した。

但馬 惟孝 たじま・これたか
海軍大佐
安政6年(1859)～明治37年(1904)11月30日
生薩摩国(鹿児島県) 学海兵(第9期)〔明治15年〕卒、海大〔明治24年〕卒 歴明治30年海軍中佐。36年済遠艦長となり、37年日露戦争に出征。11月旅順口外で戦死し、海軍大佐に進級。

田島 善平 たじま・ぜんべい
群馬県議
天保13年(1842)2月16日～昭和4年(1929)4月11日
生上野国佐位郡島村(群馬県伊勢崎市) 歴明治5年に蚕種の輸出を行う島村勧業の設立に参加し、蚕卵紙を輸出するためイタリアに出かけるなど旺盛に活動、群馬県の蚕糸業発展に貢献した。一方、19年には実利的開化思想に惹かれてキリスト教に入信し、自宅に島村教会を創立して伝道活動に当たった。また自由党に入って政界でも活動、群馬県議・副議長などを歴任し、足尾鉱毒事件や廃娼運動などに取り組んだ。実業界・政界での活動に専念するに従って教会の倫理に反するようになり、ついには除名処分となるが、のちに悔い改めて教会に復帰した。

田島 達策 たじま・たつさく
ミツウロコ創業者 衆院議員

安政5年(1858)5月3日～昭和13年(1938)2月5日 生上野国多野郡美九里村大字神田(群馬県藤岡市)　号=城山　学専修学校法学科〔明治16年〕卒　歴酒造と農業を兼ねる豪農の二男。少年時代の5年間を叔父の井田家で育ち、明治3年生家に戻る。8年出奔して上京、芳野金陵の塾に入った。在学僕として農作業に従事することが多く、学問に専心できなかった。9年塩谷青山の学僕となったが、10年父母が相次いで亡くなり、郷里に戻った。14年再び上京、旧知の代言人(弁護士)・滝沢信次郎の紹介でその母校である専修学校(現・専修大学)法学科に学ぶ。19年群馬県で運送業を開業。25年営業不振であった東京・神田の三鱗運送店の経営を引き受けて三鱗社(現・ミツウロコ)と改称し、東京に進出。28年三鱗合資会社に改組。39年には世界一周旅行に出た。大正5年神戸の山口運送店、静岡の天竜運送店と合同して明治運送及び日本運送が発足、息子の庄太郎が常務となり、自身は取締役となった。4年には三鱗に石炭部を創設、8年三鱗石炭を設立。15年三井物産との合併により三鱗煉炭原料を設立、煉炭事業や石炭販売でトップメーカーとしての地位を築いた。また、5年西上電気社長となって電力業界に入り、6年群馬電力発足に際して副社長となり、14年群馬電力と早川電力の合併により東京電力となると同社長を務めた。大正6年には衆院議員に当選、1期。次期衆院選にも出馬を要請されたが固辞し、実業に専念した。　家息子=田島庄太郎(三鱗社長)、孫=田島震(ミツウロコ社長)　勲紺綬褒章〔昭和13年〕

田島 直之　たじま・なおゆき
林業家

文政3年(1820)～明治21年(1888)11月
生周防国玖珂郡錦見村(山口県岩国市)　通称=与次右衛門、号=愛林　歴周防国玖珂郡に進む。30歳の頃から儒学を学び、のち実学や経済に進んだ。特に林業に精通し、弘化4年(1847年)郷里・周防国玖珂郡田尻山の建山総締となる。以来、同山の植林に従事し、独自の芝草採取法を編み出して多大な成果を上げた。また、桑の栽培や養蚕を奨励するなど、地域産業の興隆にも力を注いだ。元治元年(1864年)に藩の紙蔵頭入に就任。同年、隊長として幕長戦争(第一次長州征討)に従軍したのち、藩命で豊後国木浦山に赴き、鉱山学を修得。帰藩後は岩国藩領内の各地で鉱山を開発した。明治6年からは山口県の軍事用材・鉄道用枕木の管理を担当。19年には玖珂郡勧業農会を設立した。この間、多年にわたる林産業への功績が評価され、東京山林共進会から銀杯と金一封を贈られている。著書に「山林助農説」「稲田増殖説」がある。

田島 応親　たじま・まさちか
陸軍砲兵大佐

嘉永4年(1851)6月18日～昭和9年(1934)4月12日
生江戸赤坂(東京都港区)　幼名=金太郎　歴文久3年(1863年)より講武所で砲術を学ぶ。この時、弱冠12歳ながら信号用の火箭を開発し、大人たちを驚かせたという。慶応2年(1866年)には横浜の仏語伝習所に入所し、フランス語を修得。慶応3年(1867年)にフランス軍事顧問団が来日した際には幕府伝習隊の砲兵隊に属し、その主任教師ブリュネ大尉の下でフランス語や砲術に関する知識を深めた。江戸幕府の崩壊後は、榎本武揚ら旧幕臣とともに函館に籠城し、官軍に抵抗するが、敗れて英国軍艦に救助された。のち陸軍軍人として新政府に任官し、明治13年にはフランス駐在武官に就任。20年には日本初の海軍砲である28サンチ砲を製造、これはのちの日露戦争における旅順攻略戦で大きな威力を発揮することとなる。陸軍大佐で退官ののち、学習院の教師を務めた。

田島 弥平　たじま・やへい
養蚕家　青山御所養蚕所教師

文政5年(1822)8月～明治31年(1898)2月10日
生上野国佐波郡島村(群馬県伊勢崎市)　名=邦寧、字=子寧、号=南畚　歴父・弥兵衛とともに蚕種の改良に従事。それまで用いられてきた蚕の温暖育から清涼育に切り替えて成功し、その普及に尽力した。明治5年実業家・渋沢栄一の援助により、同業の田島武平らと蚕種販売・輸出の島村勧業会社を設立。12年には蚕種の販売と研究を兼ねてイタリアに渡り、顕微鏡を使った蚕の検査法・飼育法を学んだ。13年に帰国した後は西洋の養蚕技術の移植に努め、蚕の品種改良や飼育技術の発達に大きく寄与した。また、たびたび宮中に召し出され、紅葉山御養蚕所や青山御所の養蚕所で教師を務めた。これらの業績が評価され、18年農商務卿特賞、25年緑綬褒章を受章。著書に「養蚕新論」などがある。　勲緑綬褒章〔明治25年〕　賞内国勧業博覧会鳳紋賞牌〔明治10年〕、農商務卿特賞〔明治18年〕

田尻 稲次郎　たじり・いなじろう
財政学者　大蔵次官　東京帝国大学教授　子爵

嘉永3年(1850)6月29日～大正12年(1923)8月15日　生京都　貫鹿児島県　号=北雷　学大学南校、エール大学〔明治11年〕卒　法学博士〔明治21年〕　賞帝国学士院会員〔明治39年〕　歴薩摩藩士であった父の郷里鹿児島と長崎に学び、明治元年上京。慶応義塾、開成所、海軍操練所、大学南校に学んだのち、4年米国留学しエール大学で経済・財政学を専攻、12年帰国。13年大蔵省少書記官、14年文部省御用掛、18年大蔵省調査局第四部長、19年国債局長などを歴任。この間、専修学校(現・専修大学)創立に参画し、帝国大学法科大学教授を兼任。その後、22年大蔵省銀行局長、24年主税局長、25年大蔵次官を務めた、財政金融制度の創設に貢献。34年会計検査院長、大正7年東京市長に就任した。この間、明治24～34年、大正7～12年勅選貴院議員。明治28年男爵、40年子爵授爵。「経済大意」「財政と金融」など財政学および金融論、銀行論などの著書多数。

田尻 栄太郎　たじり・えいたろう
殖産家
明治3年(1870)1月3日～昭和21年(1946)2月25日
生大阪府三島村(茨木市)　歴郷里・大阪府三島村(現・茨木市)の湿地を利用してコリヤナギの栽培に成功、同地の特産物となった。

田尻 清五郎(3代目)　たじり・せいごろう
殖産家
文政4年(1821)8月11日～大正3年(1914)8月9日
生豊前国下毛郡和田村田尻(大分県中津市)　歴庄屋の子として生まれ、18歳で家督を相続、3代目清五郎を名乗る。余水川の新開事業、野田御林の開墾等の新田開発、ハゼの木を植えて木蝋を生産、田尻塩田の開発などに尽くす。明治26年新港を塩田西隅に築造し製塩業を発展させた。村の子供に自家製の菓子を配ったことも有名で"清五郎菓子"の名を残し、死後村民は余水川神社(俗称・清五郎神社)を建立した。

田代 栄助　たしろ・えいすけ
自由民権運動家　秩父事件の最高指導者
天保5年(1834)8月14日～明治18年(1885)5月17日　生武蔵国秩父郡大宮(埼玉県秩父市)　歴生家は江戸時代は名主であったが維新後没落、侠客とも三百代言ともいわれた。明治17年井上伝蔵、加藤織民らの要請で秩父困民党の最高指導者に迎えられ、借金10年据え置き、40年賦返済、学校費・雑収税・村費減免を要求する請願運動を展開した。武装蜂起の延期を主張したが、急進論に押され、同年11月困民党軍の総理として6300余名を率いて蜂起を決行した(秩父事件)。本陣は崩壊、敗走して山中にひそんだが密告により捕えられ、18年副総理・加藤織平らとともに死刑となった。

田代 重右衛門　たしろ・じゅうえもん
大日本紡績常務
嘉永7年(1854)1月2日～昭和7年(1932)12月14日
生美濃国大野郡下座倉村(岐阜県揖斐郡大野町)　名幼名=松太郎　歴綿花・綿糸・藍・茶商を生業とする棉屋に生まれ、幼名は松太郎。寺子屋で学び、11歳の頃には父・重兵衛に従い商売に出た。明治14年大阪で岩田惣三郎と綿糸商を営むが、一旦郷里に引き上げる。26年尼崎紡績に入社し、27年副支配人、34年取締役になる。41年東洋紡績、のち東京紡績、日本紡績、摂津紡績を合併し、大正7年大日本紡績(のちのユニチカ)と改称、常務に就任。13年相談役に退き、日本貯蓄銀行相談役などを兼務した。

田代 進四郎　たしろ・しんしろう
衆院議員
嘉永3年(1850)11月～大正15年(1926)3月13日
生肥前国小城(佐賀県小城市)　歴藩校興譲館に学び、戊辰戦争には奥羽に従軍。鎮静後東京に遊学、代言人(弁護士)となった。10年仙台で自由民権を唱え、若生精一郎、箕浦勝人らと政談演説を開いた。以来宮城県会議長、仙台市会議長、弁護士会長などを務め、45年衆院議員に当選した。

田代 季吉　たしろ・すえきち
自由民権運動家
嘉永3年(1850)5月19日～大正3年(1914)3月4日
生陸奥国耶麻郡飯里村(福島県耶麻郡西会津町)　名旧姓・旧名=小野木　歴刀剣造りを業とする。雲井龍雄の挙兵に関与、のち自由民権運動に加わり、明治15年福島事件で罰金刑を受ける。17年加波山事件に関係し、18年大井憲太郎らの大阪事件に加盟して捕えられ、武器の製造に当たった罪で軽禁錮2年の刑に処せられる。憲法発布に際して特赦により出獄した。

田添 鉄二　たぞえ・てつじ
社会主義者
明治8年(1875)7月24日～明治41年(1908)3月19日　生熊本県飽田郡美登利村(熊本市)　学鎮西学院神学科、シカゴ大学(神学・社会学)　歴熊本英学校で学び、明治25年メソジスト教会で受洗。31～33年シカゴ大学に留学。帰国後、「長崎絵入新聞」および「鎮西日報」主筆を務めた後、37年上京して「経済進化論」を刊行。早くから社会主義に近づき、39年の日本社会党発足では評議員に選ばれる。「新紀元」「平民新聞」などに評論を発表し、明治初期社会主義者として活躍した。他の著書に「近世社会主義史」などがある。

多田 好問　ただ・こうもん
内閣書記官
弘化2年(1845)～大正7年(1918)11月17日
生京都　名号=東蕪　歴もと公卿岩倉家の臣で、明治維新後、岩倉具視に従って東京に行き新政府に仕える。東蕪と号し、有職故実に詳しく、太政官を経て、明治21年内閣書記官となり、記録課長として皇室行事の典例調査に従事した。

多田 作兵衛　ただ・さくべえ
衆院議員(政友会)
天保14年(1843)9月～大正9年(1920)1月4日
生筑前国朝倉郡栗田村(福岡県朝倉郡筑前町)　歴明治22年から福岡県議を数回務め、27年以来福岡県から衆院議員当選7回、自由党、憲政会、政友会に属し、田畑地価修正、地主保護政策の推進に努めた。党内では協議員、懲罰委員長を歴任。

多田 順映　ただ・じゅんえい
社会事業家　僧侶　受念寺(浄土真宗)住職
文久1年(1861)4月～大正12年(1923)7月19日
生美濃国(岐阜県)　歴岐阜県清水村(現・揖斐川町)の浄土真宗本願寺派受念寺の住職。明治33年同寺に仏教育児院(のち清水育児院)を設立、孤児の養育を始めた。また非行少年の感化施設である豊富学院を設立、42年岐阜県代用感化院の指定を受けた。44年両院の初代院長に就任。

多田 元吉　ただ・もときち
内国勧業博覧会審査官 茶業近代化の功労者
文政12年(1829)6月11日～明治29年(1896)4月2日　[生]上総国富津村(千葉県富津市)　[歴]上総国富津村(現・千葉県富津市)に網元の長男として生まれる。のち江戸に出て剣客として知られた千葉周作の道場に通う。万延元年(1860年)神奈川奉行下番世話役助となり、慶応2年(1866年)長州出兵に参加。大政奉還がなると将軍家に従って静岡に移り、茶の栽培で成功を収める。間もなく、紅茶生産を急務としていた新政府に登用され、明治8～10年清国、インドなどを視察してその製法の調査研究に従事。帰国後は内務省に勤務、24年に引退するまで日本各地を巡回して紅茶の伝習に努めた他、インドから持ち帰った苗を元に品種改良を行うなど、茶業の近代化に尽力。また長く内国勧業博覧会の審査官を務めた。　[勲]藍綬褒章〔明治23年〕

多田 保房　ただ・やすふさ
陸軍少将
嘉永5年(1852)3月～昭和10年(1935)5月15日
[生]加賀国(石川県)　[学]陸士卒　[歴]明治初年以来の各戦役に参加し、10年陸軍少尉となる。日清戦争に従軍。日露戦争では仙台野戦砲兵第二連隊長として出征し、38年少将に昇進した。39年澎湖島要塞司令官を務め、40年第一師団付、41年待命となった。

太刀 フシ　たち・ふし
社会運動家
明治7年(1874)12月28日～昭和17年(1942)1月31日　[出]奈良県　[歴]明治16年10歳の時に京都・北野劇場の女子大演説会で「人も亦花の如きものか」と題して、花に都と田舎の区別がないように人にも区別があるはずがないと論じた。

立 嘉度　たち・よしのり
官僚 第九十五国立銀行頭取
弘化2年(1845)6月17日～明治12年(1879)12月18日　[生]江戸　[名]幼名=広作,号=知静　[歴]幼い頃に父と北海道箱館へ渡り、名村泰蔵に英語を、フランス人カションにフランス語を学んだ。文久元年(1861年)第1回幕府遣欧使節に通訳として随行。慶応元年(1865年)横須賀製鉄所の訳官に就任。明治維新後は新政府に出仕して外務大丞、大蔵大丞を務めた。退官後、第九十五国立銀行頭取となった。
[家]養子=立作太郎(国際法学者・外交史学者)

立入 奇一　たちいり・きいち
衆院議員(議員集会所)
天保15年(1844)4月～明治28年(1895)2月5日
[出]三重県　[名]別名=上西庄五郎,号=痴堂　[歴]伊勢津藩士。三重県庁に入り、地租改正や諸規則の建白書を政府に提出。三重県議を経て、明治23年第1回総選挙に当選、衆院議員となる。連続2期。また三重協同会を組織し、雑誌「勢海の灯」を発行した。

立川 勇次郎　たちかわ・ゆうじろう
弁護士 京浜電気鉄道専務 イビデン創業者
文久2年(1862)2月20日～大正14年(1925)12月14日　[生]美濃国大垣(岐阜県大垣市)　[名]旧姓・旧名=清水　[歴]美濃大垣藩士・清水常右衛門の二男で、明治10年同藩の立川家の養子となる。師範学校を卒業後、小学校教師となったが、のち法律を修め、20歳の若さで代言人(弁護士)の資格を取得して岐阜で開業。19年東京に出て法律事務所を開く傍ら、実業にも関心を抱き、21年野口元之助らと東京市内における電気鉄道敷設を請願したが、政府に却下された。九州で石炭業を経営した後、26年再び上京し、雨宮敬次郎、藤岡市助と電気鉄道計画を再出願。29年川崎大師の参詣客を見込んだ鉄道敷設計画を立てて川崎電気鉄道(現・京浜急行大師線)を設立し、30年大師電気鉄道に改称。その専務として藤岡らと協力し、32年川崎六郷橋―川崎大師間に関東初の電気鉄道を開業させた。同年同社を雨宮らとともに計画した京浜間の鉄道敷設計画と合同させるため、社名を京浜電気鉄道(現・京浜急行)に改める。36年渋沢栄一らの指導で東京電車鉄道と合併させられることになった際には乗車賃均一制を唱えてこれに反対し、独立の維持と同社の経営に専念するため京浜電鉄専務を辞した(40年まで取締役として在職)。一方で、31年藤岡とともに東京白熱電灯製造を興し、電球・電気機器の製造に従事。その後、44年郷里・岐阜で養老鉄道の敷設に尽力。さらに大垣での電力事業への参画を求められ、大正元年揖斐川電気(現・イビデン)を創設して初代社長となった。

立木 兼善　たちき・かねよし
元老院議官
天保5年(1834)～明治41年(1908)
[生]兵庫県津名郡谷村(淡路市)　[歴]医師・杉浦恒庵の第7子として生まれ、七郎と名づけられる。長じて稲田家家臣・林家の養子となり、尊王攘夷派として活躍。明治2年維新政府から若森県(茨城県)の権知事に任命され、さらに若松県、福島県の権知事を歴任。その後福岡県知事、横浜裁判所所長を経て、18年小笠原島の島司に。22年元老院議官、正四位に任命され、のち官界を退いてからは京都の松尾大社や日光東照宮を管轄する二荒山神社の官司を務めた。その波乱に満ちた一生を記した自叙伝などを含む資料約300点余は、彼の子孫から寄贈を受けた淡路文化史料館(洲本市)に保存されている。

立花 小一郎　たちばな・こいちろう
陸軍大将 福岡市長 貴院議員 男爵
万延2年(1861)2月10日～昭和4年(1929)2月15日
[生]筑後国柳河(福岡県柳川市)　[学]陸士(旧6期)〔明治16年〕卒,陸大〔明治22年〕卒　[歴]柳川藩士の長男として生まれる。明治16年陸軍少尉に任官。日露戦争には第四軍参謀副長として従軍。奉天会戦直前に大本営参謀に転じる。38年ポーツマス講

話会議に小村寿太郎全権の随員として派遣された。駐米大使館付属武官、朝鮮駐箚憲兵隊司令官、第十九・四師団長、関東軍司令官などを歴任。9年大将。10年浦塩派遣軍司令官としてシベリア徴兵に尽力。12年予備役に編入。福岡市長、14年貴院議員も務めた。

橘 周太　たちばな・しゅうた
陸軍歩兵中佐
慶応1年(1865)9月15日～明治37年(1904)8月31日　⊞肥前国南高来郡千々石村(長崎県雲仙市)　学陸士(旧9期)〔明治20年〕卒　歴明治20年少尉となり、24年東宮武官、28年大本営付、30年戸山学校教官、35年少佐昇進と同時に名古屋陸軍地方幼年学校長に就任。その間「新兵教育」「歩兵夜間教育」「森林通過法」を著した。37年日露戦争開始と共に歩兵第二軍管理部長、ついで歩兵第三十四連隊第一大隊長となり、同年8月遼陽近郊の首山堡攻撃を指揮、重傷に屈せず奮戦し戦死。死後、海軍の広瀬武夫中佐と並び"軍神橘中佐"と称賛された。軍歌や小学唱歌にうたわれ、軍国主義のシンボルとなった。

立花 種恭　たちばな・たねゆき
宮内省用掛 貴院議員 子爵
天保7年(1836)2月28日～明治38年(1905)1月30日　⊞江戸深川(東京都江東区)　没陸奥国(福島県)　名鐘之助、号=廉斎　歴嘉永2年(1849年)伯父の跡を継ぎ陸奥下手渡藩主となる。3年藩領の半分が召し上げられ、代わりに筑後三池郡を与えられる。文久3年(1863年)若年寄、慶応3年(1867年)会計奉行、4年老中格会計総裁を歴任。同年職を辞して帰藩。東北にある下手渡領は近隣の佐幕派諸藩の影響で奥羽越列藩同盟に参加し、九州にある三池領は近隣の勤王派諸藩の影響で新政府方につくという状況にあり、上洛中に東北鎮撫の朝命を受けると下手渡領は同盟を離脱したと見なされ仙台藩の攻撃を受け、陣屋を焼き払われた。明治元年三池に移り、2年三池藩知事。10年華族学校(学習院)初代校長に就任。23年貴院議員。宮内省御用掛なども務めた。　勲勲四等瑞宝章、旭日小綬章

立花 照夫　たちばな・てるお
神官 諏訪神社宮司
安政2年(1855)11月5日～大正11年(1922)10月15日　⊞肥前国長崎東上町(長崎県長崎市)　歴東京で国学を学び、工部省に出仕。明治14年官を辞して郷里の長崎に帰郷。16年金刀比羅神社、諏訪神社の祠官となり、33年諏訪神社宮司となった。この間、22年全国神職会を組織、神祇官の再興に取り組んだ。

立花 寛治　たちばな・ともはる
農事改良者 貴院議員 伯爵
安政4年(1857)9月5日～昭和4年(1929)2月5日　⊞筑後国柳河(福岡県柳川市)　名幼名=経丸　学農社農学校卒　歴筑後柳河藩主・立花鑑寛の二

男。明治6年兄・鑑良の死去により家督を相続。学習院を経て、津田仙設立の学農社農学校に学び、卒業後は三田育種場に勤めた。17年伯爵。19年福岡県川辺村に私立農事試験場を開設し、米・麦の品種改良や水田裏作の普及、果樹・桑・茶などの栽植を行い、種苗交換会を通じ農事の発展に貢献した。23～37年貴院議員。　家父=立花鑑寛(筑後柳河藩主)

辰馬 悦蔵　たつうま・えつぞう
白鷹創業者
天保6年(1835)～大正9年(1920)9月　⊞摂津国西宮(兵庫県西宮市)　歴年少のときから天満の商家にあずけられ、鍛えられる。文久2年(1862年)西宮で「白鷹」を創業。品質第一主義、超一流主義に徹した。

辰馬 吉左衛門(13代目)
たつうま・きちざえもん
辰馬本家酒造相談役 辰馬海上火災保険社長
慶応4年(1868)5月5日～昭和18年(1943)10月10日　⊞摂津国西宮(兵庫県西宮市)　名旧姓・旧名=辰馬篤市　歴「白鹿」酒造元・北辰馬家の長男に生まれるが、明治16年「白鹿」酒造元である辰馬本家の養子となり、30年家督を相続、13代吉左衛門を襲名。大正5年辰馬汽船、6年辰馬本家酒造、8年夙川土地の各株式会社を設立して相談役となる。また8年には辰馬海上火災保険(現・興亜火災海上保険)を設立して社長となり、関西で指折の実業家となった。同年財団法人・辰馬学院を設立、甲陽中学、甲陽高等商業学校を設立した。　家父=辰馬悦蔵(白鷹創業者)

辰馬 きよ　たつうま・きよ
酒造業者
文化6年(1809)7月6日～明治34年(1901)1月16日　⊞摂津国西宮(兵庫県西宮市)　名別名=きよこ　歴灘の清酒「白鹿」の醸造元である辰馬家に生まれる。安政2年(1855年)婿養子である夫が没したため、以後は女手ひとつで家業の酒造をもり立てた。のち優秀な杜氏であった栄之介を番頭に抜擢し、業務拡大に着手。東京へ酒を輸送するための和船を購入して運搬能力の強化を図ったほか、蒸気力を精米の動力に、石炭を醸造の燃料に用いるなど酒造の近代化を進めた。その醸造高は明治32年に1万8千石を数えており、灘地方最大の酒造業者といわれた。　家父=辰馬吉左衛門(酒造業者)

立川 雲平　たつかわ・うんぺい
自由民権運動家 衆院議員(政友会)
安政4年(1857)8月27日～昭和11年(1936)1月24日　⊞淡路国(兵庫県)　学明治法律学校卒　歴兵庫県淡路島で漢学を修め小学校教員となったが、のち明治法律学校に学び、代言人(弁護士)となり、明治16年洲本(淡路島)に代言人事務所を開設する。18年岩村田(佐久市)の茂木彦太夫に十九銀行頭告訴事件の依頼を受け長野県を訪れる。龍野周

郎らと交流が始まり、岩村田に本籍を移し、自由民権運動にも指導的役割を果たした。20年信濃大懇親会で条約改正に反対して建白書提出を提案する。24年長野県議を経て、25年から衆院議員(政友会)に当選3回。理想団にも加入した。38年帝国議会で政府の社会主義者弾圧を批判する議会演説を行い、国会演説の中で「社会主義」という言葉を最初に取り上げたといわれる。42年汚職事件に連座して収監され、議員を辞職し政治の第一線から引退した。島崎藤村の「破戒」の市村代議士のモデルといわれる。

田付 七太　たつけ・しちた
駐ブラジル大使
慶応3年(1867)9月1日～昭和6年(1931)5月31日
生 長門国(山口県)　名 旧姓・旧名=坪井　学 帝国大学法科大学英法科[明治29年]卒　歴 坪井宗一の三男に生まれ、のち田付景賢の養嗣子となる。外交官及び領事官試験に合格して、明治29年外務省に入省。以来、公使館・大使館の各書記官及び参事官を務め、のちチリ・アルゼンチン・オランダなどの公使を歴任。大正12年ジュネーブの国際連盟総会に日本代表随員として出席。同年からブラジル大使に就任し移民問題に尽力した。またこの間の8年、パリ平和会議で全権西園寺公望を補佐し、その功により勲一等を授与する。昭和4年退官後は海外移民組合連合会の理事長を務めた。

田附 政次郎　たつけ・まさじろう
実業家 綿糸布貿易の貢献者
文久3年(1863)12月15日～昭和8年(1933)4月26日　生 近江国神崎郡五峰村(滋賀県東近江市)　歴 田附甚五郎の長男として生まれ、明治9年叔父・伊藤忠兵衛の紅忠店で丁稚奉公後、家業の呉服・太物・麻布の持下がりに従事。22年大阪で綿糸布商として独立、35年田附糸店を設立、大正10年田附商店を株式組織とした。のち大阪紡績取締役、山陽紡績社長、和泉紡績社長を務め、初代大日本綿糸布商連合会委員長に就任。一方、東洋紡績、江商などの設立に尽力した。大阪三品取引所での相場活動で"田附将軍"と呼ばれた。

辰沢 延次郎　たつざわ・のぶじろう
実業家
慶応1年(1865)10月～昭和6年(1931)10月14日
生 江戸　名 旧姓・旧名=石渡　学 東京商船学校航空科[明治18年]卒　歴 辰沢豊三郎の養子となり、明治10年家督を相続。18年商船学校卒業後、海運業に従事。札幌木材、狩野川電力、空中電気、東京乗合自動車の各社長などを務めた。日本画家・横山大観を物心両面から支援した。　家 兄=石渡敏一(貴院議員)

龍野 周一郎　たつの・しゅういちろう
衆院議員(政友会) 益友社社長
元治1年(1864)4月7日～昭和3年(1928)4月11日
生 信濃国(長野県)　名 別名=先憂亭後楽　学 上田中卒　歴 明治14年益友社を興して社長。同年自由党に入党、先憂亭後楽を名乗って各地で遊説。村会議員、長野県議を経て、31年衆院議員に当選。政友会に所属。通算5期つとめ、板垣退助の右腕として名を残した。また田沢炭鉱会社をおこした。　家 孫=龍野武昌(明星大学教授)

巽 孝之丞　たつみ・こうのじょう
横浜正金銀行常務
元治1年(1864)12月～昭和6年(1931)6月11日
生 紀伊国那賀郡(和歌山県)　名 旧姓・旧名=吉川　学 慶応義塾卒　歴 明治16年横浜正金銀行に入り、ロンドン支店支配人を経て、大正9年常務となる。井上準之助蔵相の内命で、関東大震災復興のための外債引受団結成に尽力した。

立見 尚文　たつみ・なおぶみ
陸軍大将 男爵
弘化2年(1845)7月19日～明治40年(1907)3月6日
生 江戸八丁堀(東京都中央区)　生 伊勢国桑名(三重県桑名市)　名 旧姓・旧名=町田　歴 伊勢桑名藩士・町田家の三男として江戸藩邸で生まれ、町田家の養子となる。昌平黌に学び、京都に出て藩の周旋方となった。戊辰戦争では雷神隊を率いて官軍と戦い、越後、長岡、会津を転戦。越後では奇兵隊参謀・時山直八を討ち取り、山県有朋を敗走させた。以来、陸軍に君臨した山県も百は上がらなかったといわれる。明治5年上京、6年司法省出仕を経て、10年西南戦争に際して新撰旅団に参加して一足飛びに陸軍少佐に任官。同旅団参謀副長として従軍。22年第三師団参謀長、近衛参謀長、24年近衛師団参謀長を経て、27年陸軍少将となり歩兵第十旅団長として日清戦争に出征。見事な戦闘指揮をみせ、直属の上長であった野津道貫は"東洋随一の用兵家"と激賞した。28年戦功により男爵。29年台湾総督府軍務局長、30年同陸軍部参謀長から、31年第八師団長に就任。38年日露戦争では同師団を率い黒溝台会戦、沙河会戦を戦い、39年陸軍大将に進んだが、間もなく没した。没後、嗣子・豊丸が子爵に叙された。　家 長男=立見豊丸(貴院議員)、兄=町田武須計(初代桑名町長)、女婿=野口坤之(陸軍中将)、高橋義章(陸軍中将)、七里恭三郎(陸軍通訳)、古賀義男(陸軍少将)、鈴木孝雄(陸軍大将)

竜山 慈影　たつやま・じよう
僧侶(真宗大谷派)
天保8年(1837)11月27日～大正10年(1921)1月4日　生 越後国(新潟県)　名 別名=中川誠一郎、号=天香、香温院　学 東本願寺高倉学寮　歴 浄土真宗の東本願寺高倉学寮で宗学を学ぶ。文久3年(1863年)東本願寺第21世・大谷光勝の密命を帯びて長崎に遊学し、中川誠一郎の偽名を用いてキリスト教の調査に従事。明治維新の動乱期には、宗門の擁護に奔走した。のち石川県の願成寺住職。その一方で宗学研究や著述を続け、育英教校・教師教校・

真宗大学教授を経て明治34年より大谷派講師を務めた。著書に「安楽集講録」「選択集講録」「観念法門講録」などがある。

伊達邦成　だて・くにしげ
北海道開拓功労者 男爵
天保12年(1841)10月28日〜明治37年(1904)11月29日　[生]陸奥国玉造郡岩出山(宮城県大崎市)　[名]通称＝藤五郎、号＝培達園主人　[歴]仙台藩支藩岩出山藩主の子として生まれ、のち同支藩亘理藩主の後を嗣ぐ。維新後、家禄を減らされ、領地は南部藩の支配地となるなど、家臣1362戸を養する途に窮したため、明治2年旧臣救済に北海道有珠郡への開拓移住する許可を得て、自身も養母と共に移住。旧臣団の移住は3〜13年、計8回に及び、辛酸の末ついに豊饒な部落を経営するに至った。その功により25年華族に列し男爵を授けられ、33年彼の名に因み移住地五個村を合して伊達村(現・伊達市)と名づけた。　[家]養母＝伊達保子、兄＝伊達邦直(岩出山藩主・北海道開拓功労者)

伊達邦直　だて・くになお
武士 北海道開拓功労者
天保5年(1834)9月12日〜明治24年(1891)1月12日　[生]陸奥国玉造郡岩出山(宮城県大崎市)　[出]北海道　[名]幼名＝大力、通称＝弾正、英橘、号＝桃園　[歴]伊達義盛の長男。陸奥仙台藩岩出山領主。戊辰戦争に敗れ明治維新後、北海道移住を計画して明治5年家臣とともに石狩郡当別村に入植。アスパラガス、玉ねぎなどの西洋野菜の栽培や洋式農具など新しい技術や知識を積極的に取り入れ当別村の礎を築いた。　[家]弟＝伊達邦成(北海道開拓功労者)

伊達邦宗　だて・くにむね
伯爵
明治3年(1870)9月10日〜大正12年(1923)5月27日　[生]陸前国仙台(宮城県仙台市)　[名]幼名＝菊重郎、字＝子徳、号＝松洲　[学]ケンブリッジ大学(英国)　[歴]陸奥仙台藩主・伊達慶邦の七男。明治32年兄・宗基の嗣子となり邦宗と改名。大正6年伯爵を襲爵。長じてケンブリッジ大学に留学、経済学を修める。帰国後、仙台一本杉邸に養種園を創設、果樹・蔬菜の改良普及に努め、若い農業者育成に尽力した。また、十数年かけて伊達家の家系、歴代藩主の事跡、仙台城築城の経緯などを詳細に記録した「伊達家史叢談」をまとめたことでも知られる。　[家]父＝伊達慶邦(陸奥仙台藩主)

伊達時　だて・とき
医師 衆院議員(政友会)
嘉永2年(1849)10月〜大正5年(1916)10月29日　[出]相模国(神奈川県)　[歴]明治14年神奈川県で最大の民権結社・湘南社の創立に加わり、幹事となる。神奈川県議を経て、36年衆院議員(政友会)に当選1回。中郡医師会会長、神奈川県医師会会長を務める。中郡盲人学校・女子敬業学舎の設立、東海道本線二宮駅の開設などに尽力した。また湘南馬車鉄道社長も務めた。

伊達宗敦　だて・むねあつ
貴院議員 男爵
嘉永5年(1852)5月27日〜明治43年(1910)12月6日　[回]伊予国宇和島(愛媛県宇和島市)　[歴]明治元年事件に連座、官位を停止されたが、3年仙台藩知事。4年英国遊学、8年帰国。22年男一家と帰国し、男爵。帝国議会の初期から貴院議員に互選された。　[家]父＝伊達宗城(伊予宇和島藩主)、女婿＝大木遠吉(政治家)

伊達宗興　だて・むねおき
広島県権令
文政7年(1824)〜明治31年(1898)2月9日　[回]紀伊国(和歌山県)　[名]旧姓・旧名＝成田、通称＝五郎　[歴]紀伊藩士・成田家の五男で、同藩士で歌人・国学者として知られた伊達千広の養嗣子となる。文久3年(1863年)脱藩して藩政改革を訴えたが、4年帰藩し、慶応2年(1865年)幽閉される。3年赦免された。明治維新後は和歌山県大参事を経て、明治4年広島県の参事、権令となった。8年退任。明治の政治家・外交官の陸奥宗光は養父の実子で、義弟にあたる。　[家]養父＝伊達千広(歌人・国学者)、義弟＝陸奥宗光(政治家・外交官・伯爵)

伊達宗曜　だて・むねてる
貴院議員 男爵
明治13年(1880)5月11日〜大正11年(1922)7月16日　[回]伊予国宇和島(愛媛県宇和島市)　[学]学習院卒　[歴]伊予宇和島藩主・伊達宗城の十男。大正9年貴院議員。　[家]父＝伊達宗城(伊予宇和島藩主)、兄＝奥平昌邁(豊前中津藩主)

伊達宗城　だて・むねなり
民部卿 大蔵卿
文政1年(1818)8月1日〜明治25年(1892)12月20日　[生]江戸　[回]伊予国(愛媛県)　[名]旧姓・旧名＝山口、幼名＝亀三郎、字＝子ригин、号＝藍山、南洲　[歴]旗本・山口直勝の二男。文政12年(1829年)伊予宇和島藩主・伊達宗紀の養子となり、弘化元年(1844年)家督を継ぐ。藩政改革、特に富国強兵、殖産事業に力を注ぎ、賢侯として知られた。安政5年(1858年)の将軍継嗣問題では一橋慶喜擁立派(一橋派)に加わったため、安政の大獄により11月隠居。その後も島津久光、松平慶永、山内豊信らと公武合体派の諸侯として活躍。王政復古後、議定、外国官事務総督、外国官知事、参議などを歴任し、明治2年民部卿兼大蔵卿等となる。4年全権大使として清国に派遣され日清修好条規締結に努めた。のち華族会館第一部長、16年修史館副総裁。　[家]三男＝奥平昌邁(豊前中津藩主)、十男＝伊達宗曜(貴院議員・男爵)、養子＝伊達宗紀(伊予宇和島藩主)、弟＝伊達宗孝(伊予吉田藩主)、孫＝柳原前光(外交官・政治家)

伊達 宗陳　だて・むねのぶ
宮中顧問官　侯爵

万延1年(1860)12月16日～大正12年(1923)2月7日　出伊予国宇和島(愛媛県宇和島市)　歴伊予宇和島藩主・伊達宗徳の長男に生まれる。明治19年英国へ留学し帰国後、式部官。38年侯爵、のち貴族院議員となり、主猟官、宮中顧問官などを歴任した。　家父＝伊達宗徳(宇和島藩主)、叔父＝伊達宗敦(男爵)。

伊達 保子　だて・やすこ
北海道開拓功労者

文政10年(1827)閏6月9日～明治37年(1904)7月13日　生陸奥国仙台(宮城県仙台市)　幼名＝佑姫、別名＝伊達和子、院号＝貞操院保子　歴仙台藩第11代藩主・伊達斉義の娘として仙台城で生まれる。幼名を佑姫、和子ともいう。弘化元年(1844年)17歳で親戚筋の支藩亘理藩の伊達邦実に嫁ぐが、安政6年(1859年)死別。落飾し院号を貞操院保子と称し、同じ支藩の岩出山藩から伊達邦成を養嗣子に迎えた。戊辰戦争で敗れた後、北海道開拓を積極的に支持、自らも明治4年2月、周囲が引き留めるのを押しきり邦成や旧家臣の家族とともに北海道有珠(現・伊達市有珠町)に移住した。開墾作業に苦しむ旧藩士を慰め励まし、開拓者たちの精神的支柱になるとともに自ら産業振興に尽力、その後の伊達養蚕の基礎を築いた。嫁入り道具の享保雛、天保雛などは現在、伊達市開拓記念館に保存されている。　家養子＝伊達邦成(北海道開拓功労者)

伊達 林右衛門(5代目)　だて・りんえもん
商人

生年不詳～明治41年(1908)1月2日

出陸奥国(福島県)　名旧姓・旧名＝山崎繁松、後名＝翁記　歴慶応2年(1866年)漁場請負人を務める伊達家の養子となる。明治4年択捉島の4郡及び北海道・宗谷、枝幸、利尻、礼文の漁場持ちとなるが、9年樺太・千島交換条約により樺太の漁場を失った。

立石 斧次郎　たていし・おのじろう
通訳

天保14年(1843)9月16日～大正6年(1917)1月13日　生江戸小日向(東京都文京区)　名旧姓・旧名＝小花和、幼名＝為八、後名＝長野桂次郎、愛称＝トミー　歴幕臣の小花和度正の二男として生まれ、オランダ通詞・立石得十郎の養子となる。安政7年(1860年)養父に従い、16歳の最年少で通訳見習として新見正興率いる遣米使節に随行。同地ではすぐに米国人とうち解け、幼名の"為八"が"トミー"と聞こえたことから"トミー"の愛称で親しまれ、各地の新聞に大きく取り上げられた。文久3年(1863年)母方の米田姓を名のる。維新後は長野桂次郎と改名し、金沢藩校・致遠館の英語教師などを経て、明治4年岩倉使節団に参加。6年帰国して工部省鉱山寮に出仕。のちハワイ移民監察官、大阪控訴院通訳官などを歴任した。夏目漱石とは近い親戚筋に当たる。　家孫＝桜井成広(青山学院大学名誉教授)

立石 寛司　たていし・かんじ
衆院議員(自由党)

文政10年(1827)6月～明治27年(1894)1月10日　出肥前国平戸(長崎県平戸市)　名幼名＝八助、初名＝恒定　歴肥前平戸藩藩士。剣術、兵学、長崎の大木藤十郎に砲術を学び、嘉永6年(1853年)大砲鋳造奉行になる。安政元年(1854年)家督を継ぎ、諸右衛門恒定と称し、明治元年寛司に改名。長崎県議、副議長などを歴任後、23年衆院議員に当選、自由党(会派名は弥生倶楽部)に所属し、2期務めた。

立石 岐　たていし・ちまた
自由民権運動家　衆院議員(自由党)

弘化4年(1847)5月13日～昭和4年(1929)4月4日　生備中国浅口郡船尾村(岡山県倉敷市)　名旧姓・旧名＝小野、幼名＝夏五郎、勝助　歴慶応2年(1866年)大庄屋立石正介の養子となるが、明治4年の愛宕・外山攘夷事件で養父共々逮捕され、禁錮百日の刑に処された。のち一揆などで荒廃した美作地方の農業・産業を立て直すため養蚕を導入。11年中島衛ら土地の名望家とはかり、養蚕普及団体の共之会を結成して私立養蚕伝習所を開設、その所長を務めた。12年岡山県議に当選、第一回県議会閉会後には忍峡稜威兄・小松原英太郎らと両備作三国懇親会を興し、国会開設請願運動に奔走。14年には美作同盟会を組織し、機関誌「美作雑誌」を通じて国会開設と地方自治の拡充を主張した。この間にも養蚕事業を続け、同年二宮製糸会社を設立。しかし、松方デフレで農村が経済的打撃を受け、16年に同社は閉鎖、更に民権運動の衰退も相まって、17年に帰郷した。その後、一時司法省判事補に転じるが、間もなく美作に復帰。23年美作選挙区から第1回総選挙に出馬し当選、自由党に所属した。31年に政界を引退し実業界で活躍したが、晩年はキリスト教の伝道に従事した。　家養父＝立石正介(志士)

蓼沼 丈吉　たでぬま・じょうきち
実業家　衆院議員

文久3年(1863)7月28日～大正8年(1919)7月1日　生下野国安蘇郡三好村(栃木県佐野市)　歴家は呉服商であったが、他に石灰工業、山林事業を経営して財をなした。栃木県農工銀行、葛生銀行、下野織物、葛生鉄道、上毛モスリンなどの要職につき、明治32年より群馬県議となり、34年衆院議員に就任。また育英に心を用い、44年(財)蓼沼慈善団を設立、有為の青年を養成した。

建野 郷三　たての・ごうぞう
元老院議官　大阪府知事　神戸商業会議所会頭

天保12年(1841)12月1日～明治41年(1908)2月16日　生豊前国小倉(福岡県北九州市)　名旧姓・旧

名=牧野、幼名=勇太郎、前名=弥次左衛門　歴慶応2年(1866年)第二次長州征討の際、小倉落城後、同志と赤心隊を結成して主戦を堅持し、和議ののち、香春藩の参政となる。明治3年英国留学、10年宮内省御用掛となり、同年西南戦争では警備隊に従軍、翌11年太政官権大書記官を兼任。13年大阪府知事に就任、以後9年間同市区改正などに治績をあげた。22年元老院議官となり、同年米国特命全権公使に任ぜられた。27年実業界に転じ、神戸商業会議所会頭、唐津興業鉄道会社社長、日本移民会社監督、内外物産貿易会社取締役などとして活躍した。

立野　寛　たての・ひろし
旧安芸広島藩士

文政13年(1830)4月22日～明治18年(1885)3月15日　生安芸国(広島県)　歴安芸広島藩士の家に生まれ、藩校及び坂井虎山に学ぶ。16歳で藩校句読師となり、嘉永6年(1853年)藩用達所詰。文久2年(1862年)藩が江戸に周旋方を設けると同時にその一員となって尊攘を唱え、征長の役の頃には長州藩との連絡を担当した。戊辰戦争では日誌方兼参謀として越後に出陣。明治2年版籍奉還は藩の大属となり、廃藩置県後も引き続き大属を務めたが、7年退官。11年同志と共に「広島新聞」を発刊した。

館野　芳之助　たての・よしのすけ
自由民権運動家

万延1年(1860)～明治24年(1891)9月22日　出常陸国(茨城県)　歴早くから自由民権を唱え、同志と筑波山上に集まり、自由党本部改革を期して爆弾製造中片手を失う。明治18年大井憲太郎らの朝鮮独立党救援資金収集の途次、茨城県で計画暴露の端を作り、逮捕され大阪で投獄されたが、22年憲法発布で特赦、出獄した。

立山　弟四郎　たてやま・ていしろう
農業指導者

慶応3年(1867)11月3日～昭和12年(1937)7月30日　生出羽国鹿角郡(秋田県鹿角市)　名旧姓・旧名=内藤　学毛馬内小学校卒　歴叔父に当たる立山周助の養子となり、養家の家業である養蚕業に従事。のち鹿角郡養蚕同業組合を組織し、その議員として鹿角の養蚕業を牽引した。43年毛馬内森崎耕地整理組合の顧問となり、以後鹿角郡内の耕地整理に尽力。また、乾田耕作法や暗渠排水などの農業技術の奨励、「高富」「晩生錦」など米の品種開発、小作人組合や秋田県種苗交換会の設立などを進め、秋田県の農業発展に大きな役割を果たした。一方で小学校時代の師・和井内貞行のけ十和田湖開発事業を支援。のちには秋田鉄道や鹿角自動車会社の重役を歴任して交通網整備に当たるなど、地域開発にも貢献した。篤く神道を信仰したことでも知られ、収集した書籍をもとに「立山文庫」(のちの十和田図書館)を作った。

田中　市太郎　たなか・いちたろう
日本綿花社長

元治2年(1865)1月5日～明治41年(1908)8月30日　生大阪　歴16歳の頃より父の業に従い、明治16年大阪製燈の創立に参加し、以後父が創立する会社には全て重役として関わり、摂津製油、大阪アルカリ、大阪セメントなどの取締役を務める。34年日本綿花社長となり没するまでその職にあった。一方、諸種の会社重役として活躍、また大阪商業会議所副会頭に就任した。41年上海支店欠損事件の調査に行き健康を害し、帰国途中長崎で客死した。　家父=田中市兵衛(実業家)

田中　市兵衛　たなか・いちべえ
大阪商法会議所会頭　大阪商船社長

天保9年(1838)9月6日～明治43年(1910)7月25日　生大阪貳　歴明治元年家業の干鰯問屋を継ぎ、近畿地方一円に肥料商売の拡大を図った。10年には金沢仁兵衛らと第四十二国立銀行を設立して頭取に就任。これを足掛かりとして実業界に乗り出し、17年の大阪商船設立(28年社長)をはじめ、関西貿易、神戸桟橋、日本綿花などや、阪堺・山陽・阪神・南海各鉄道会社の創立にも関わった。他に大阪商法会議所(現・大阪商工会議所)会頭、大阪肥料取引所理事長、大阪毎日新聞監査役などの要職を歴任し、松本重太郎と並ぶ明治の大阪財界の重鎮として活躍した。

田中　栄助　たなか・えいすけ
公共事業家

嘉永6年(1853)2月14日～昭和8年(1933)5月2日　出美濃国小野村(岐阜県岐阜市)　歴灌漑用井戸の掘削、稲の品種改良、開墾と土地改良など、地域農業の発展に努める。富有柿の普及にも尽くした。

田中　栄八郎　たなか・えいはちろう
日産化学工業社長

文久3年(1863)8月16日～昭和16年(1941)3月16日　生武蔵国三芳野村(埼玉県坂戸市横沼)　名旧姓・旧名=大川　歴祖父・大川平兵衛は神道無念流を極めた剣術の名人で、その腕を買われて武蔵川越藩士となった。母は尾高惇忠の妹で、渋沢栄一は母の妹の夫。明治8年一家で上京、12年兄・大川平三郎が勤務していた王子製紙に職工として入社。16年同社前にあった飯屋の一人娘と結婚、田中姓となった。28年王子製造所を設立して社長に就任、29年関東酸曹に改称。31年王子製紙が三井財閥に乗っ取られ兄が同社を放逐されると、ともに退社。以後、兄の事業を助けて大川財閥の発展に尽くし、中央製紙副社長、日本フエルト社長、大日本人造肥料社長、日出紡績社長などを歴任。昭和12年大日本人造肥料が日本産業と合併、新設の日本化学工業、間もなく社名変更した日産化学工業の社長となった。　家兄=大川英太郎(実業家)、大川平三郎(実業家)、伯父=尾高惇忠(実業家)、叔父=渋沢栄一(実業家)　叙紺綬褒章〔大正7年〕

田中 音吉　たなか・おときち
亀山共同社創業者
弘化5年(1848)1月〜大正5年(1916)8月
⊞伊勢国鈴鹿郡亀山(三重県亀山市)　穀米穀・製茶業を営むが、明治19年前橋や八王子で蚕糸業を視察し、20年から郷里の三重県亀山で製糸業に着手。のち機械伝習所の設置や従業員の教育にも力を注ぎ、30年亀山共同社(のち亀山製糸会社)を設立した。

田中 亀之助　たなか・かめのすけ
衆院議員(政友会)
慶応2年(1866)4月22日〜昭和8年(1933)8月20日
⊞武蔵国川崎(神奈川県川崎市)　旧姓・旧名＝島田　歴島田五兵衛の四男として生まれ、川崎宿久根崎の旅籠・会津屋を営む田中嘉衛門家を継ぐ。明治31年会津屋の土地全てを用地に提供して大師電鉄創業に参加した。その後、川崎町助役、町長、神奈川県議を歴任し、41年衆院議員に当選。1期務めた。

田中 義一　たなか・ぎいち
陸軍大将　政友会総裁　男爵
元治1年(1864)6月22日〜昭和4年(1929)9月29日
⊞長門国萩(山口県萩市)　名幼名＝音熊、号＝素水　学陸士(旧8期)〔明治19年〕卒、陸大〔明治25年〕卒　歴長州藩士・田中信佑の三男。明治7年萩町役場の給仕となり、9年前原一誠が起こした萩の乱に参加した。赦されて小学校の代用教員や判事の書生を経て、15年上京。16年陸軍教導団に入り、19年陸軍士官学校を卒業して陸軍少尉に任官。25年陸軍大学校を卒業。日清戦争には歩兵第二旅団副官、第一師団参謀として出征。31年ロシアへ留学。35年帰国後すると参謀本部ロシア課主任となり、36年陸軍大学校教官を兼ねながら、37年日露戦争開戦とともに大本営参謀、満州軍参謀に転じた。42年軍務局軍事課長、43年陸軍少将に進み歩兵第二旅団長。44年軍務局長となり上原勇作陸相の下で2個師団増設を推進したが失敗。大正元年歩兵第二旅団長に再任し、4年陸軍中将に昇進して参謀次長。一方で欧米視察の知見から青年団の必要性を悟り、5年全国の青年団を統一して全国青年団中央部を組織し、その理事長に就任した。7年原内閣に陸相として入閣し、シベリア出兵を指揮。10年陸相を辞任するとともに陸軍大将に進んだ。12年第二次山本内閣に陸相として入閣。この頃から政界入りを模索し、14年高橋是清の推薦で政友会総裁に迎えられ、15年勅選貴院議員。昭和2年第一次若槻内閣の崩壊に伴い首相に就任、政友会を率いて組閣し外相・拓務相を兼任。4年7月総辞職し、9月急死した。この間、大正9年男爵。　家長男＝田中龍夫(衆院議員)、息子＝田中義昭(大洋漁業専務)、孫＝小沢克介(衆院議員)、岳父＝大築尚志(陸軍中将)、女婿＝小沢辰郎(衆院議員・山口県知事)

田中 喜太郎　たなか・きたろう
衆院議員(憲政会)
安政6年(1859)6月〜昭和11年(1936)5月31日
⊞石川県　歴石川県議、同副議長等を経て、明治31年石川郡部より、衆院議員に初当選し、以後5回当選を果たす。また、機業副社長、一ノ明銀行取締役等を務めた。

田中 清文　たなか・きよふみ
田中銀行頭取　衆院議員
明治5年(1872)10月〜昭和26年(1951)10月3日
⊞富山県　学中央大学卒　歴富山県議、衆院議員を歴任。大正7〜14年貴院議員。

田中 銀次郎　たなか・ぎんじろう
堺化学工業創業者
明治5年(1872)6月11日〜昭和15年(1940)2月10日　⊞岐阜県土岐郡土岐町(瑞浪市)　学愛知薬学校〔明治25年〕卒　歴単身名古屋に出て愛知薬学校(現・名古屋市立大学)で学び、薬剤師の資格を取得。卒業後は上京して米国人が経営する赤坂病院に薬剤師として勤務するなか、ドクターのホイットミーから薬化学の指導を受けた。明治27年独立して東京・大島村(現・江東区)で東京化学薬品所を創設、ヨードホルムの国産化に成功。その後も催眠薬抱水クロラールやクロロホルム、亜鉛末、亜鉛華などの製造に従事。大正6年日本塗料の取締役技師長に就任。7年堺精煉所を創業。9年合資会社となし、昭和8年株式会社堺化学工業が発足。無鉛の白粉を作るための酸化亜鉛を供給し、鉛毒被害の防止に貢献した。　家女婿＝伊藤道次(堺化学工業社長)

田中 銀之助　たなか・ぎんのすけ
実業家　日本ラグビーの祖
明治6年(1873)1月20日〜昭和10年(1935)8月27日　⊞神奈川県横浜　歴共立学校、学習院に学び、のちケンブリッジ大学に留学。明治30年田中銀行取締役、大正2年田中鉱業を創立し取締役、同社繁栄の基礎を築いた。一方、明治32年慶応義塾の英語教師として来日したエドワード・クラークと日本初のラグビーチームを結成、ラグビーを日本に紹介した。　家伯父＝田中平八(実業家)、曽孫＝田中慎一(ラグビー選手)

田中 国重　たなか・くにしげ
陸軍大将
明治2年(1869)12月17日〜昭和16年(1941)3月9日　⊞鹿児島県　学陸士(第4期)〔明治26年〕卒、陸大〔明治33年〕卒　歴近衛騎兵大隊付となり、日清戦争に出征する。明治33年騎兵第十連隊中隊長、35年参謀本部部員となり、37年満州軍参謀として日露戦争に従軍する。39年米国大使館付、大正3年侍従武官、6年英国大使館付となり、8年から10年にかけてベルサイユ、ワシントン両会議随員となる。11年第十五師団長に、14年近衛師団長に、15年台湾軍司令官となり、昭和4年大将となって予

備役編入となった。8年在郷軍人右翼団体明倫会の総裁に就任した。

田中 健三郎　たなか・けんざぶろう
宮内省侍従職 宮内式部官
弘化2年(1845)～明治41年(1908)1月28日
歴 安芸広島藩士。維新の際は兄・正元とともに国事に奔走し、明治元年鉱山司に出仕、7年外務省に移る。ローマ公使館勤務を経て、宮内式部官となり、帝室制度取調掛、閑院宮家令、侍従職などを務めた。

田中 源太郎　たなか・げんたろう
実業家 衆院議員(無所属)
嘉永6年(1853)1月3日～大正11年(1922)4月3日
出 丹波国桑田郡亀山(京都府亀岡市)　名 号=高道、水石、別名=垂水源太郎　歴 生家は丹波亀山藩御用達で、4人きょうだい(3男1女)の2番目の二男。庄屋・垂水家へ養子に出されたが、慶応4年(1868年)兄の夭折のため復籍して家督を相続。明治2年亀岡陸車会社、4年三丹物産、17年京都株式取引所、同亀岡銀行、19年京都商工銀行などを創設。34年京都鉄道、36年北海道製麻、大正2年京都電燈の各社長を歴任するなど、従弟の浜岡光哲らと京都財界の中心人物として活躍した。この間、明治13年京都府議に当選。23年第1回総選挙で衆院議員に当選、通算3期を務めた。30年貴院議員(多額納税)。大正11年郷里・亀岡からの帰路、乗っていた車輌が脱線して渓流に転落し、鉄道事故死した。家 従弟=浜岡光哲(実業家・政治家)、曽孫=田中正恭(著述家)

田中 賢道　たなか・けんどう
自由民権運動家
安政2年(1855)～明治34年(1901)8月27日
生 肥後国(熊本県)　歴 生家は肥後の医家。竹崎茶堂の日新堂に学び、植木学校で民権思想の影響を受ける。西南戦争の際には西郷軍の熊本協同隊に加わり、懲役5年。13年特赦で出獄後、熊本相愛社員として自由民権運動に奔走。明治14年上京し、自由新聞社に入る。28年朝鮮の閔妃暗殺事件に連座して投獄された。釈放後、ハワイ移民のための会社を興し、政友会に入党した。

田中 健之助　たなか・けんのすけ
弁護士
明治10年(1877)～大正13年(1924)9月28日
生 埼玉県蕨町(蕨市)　学 中央大学卒　歴 水戸区裁判所を振り出しに、神戸・横浜・大阪・京都の地裁検事を歴任。この間、第二次大隈内閣の大浦内相汚職事件、大阪の北浜銀行事件などを担当して名声があった。大正5年退官して大阪地裁所属の弁護士となり、関西法曹界に活躍した。

田中 玄蕃(12代目)　たなか・げんば
実業家
弘化2年(1845)～昭和11年(1936)1月1日

生 下総国(千葉県銚子市)　名 名=直衛、謙蔵　歴 下総国銚子で醤油醸造業(商標ヒゲタ)を営む家に生まれる。明治20年総武鉄道の設立に参加、30年本所―銚子間の全線を開通させた。著書に金兆子の号で「醤油沿革史」がある。

田中 幸三郎　たなか・こうざぶろう
実業家
安政2年(1855)3月1日～昭和3年(1928)5月15日
出 武蔵国(埼玉県)　歴 明治10年森村組に入る。42年錦窯組の創立と共に主任となり、44年商況視察のため渡米。大正6年株式会社化され取締役に就任。東洋陶器、森村商事などの役員も兼ねた。7年森村組監査役に推され、14年辞して顧問となる。また日本碍子、日本陶器、南米商事、日本貿易、日本鉛筆製造、東洋文具、東洋護謨工業などの重役に就任した。

田中 耕造　たなか・こうぞう
東京府議
嘉永4年(1851)6月28日～明治16年(1883)11月7日　出 江戸　名 本名=田中信雅　歴 福地源一郎、中江篤介らにフランス語を学び、大学校、司法省、元老院、警視庁、文部省に出仕、博識で知られた。明治12年渡仏、エミール・アコラスについて政法二学を研究。14年辞職後は、著書の出版、仏学塾、出版局などの設立に尽力。15年東京府議となり、また「自由新聞」にも関係した。著書に「警察一班」「欧米警察見聞録」「行政訴訟論」、共訳に「仏民民法国字解」など。

田中 弘太郎　たなか・こうたろう
陸軍大将
元治1年(1864)9月29日～昭和13年(1938)6月5日
出 丹波国園部(京都府南丹市)　学 陸士卒　歴 明治20年砲兵少尉に任官し、日清、日露の両役に出征。大正2年陸軍少将に昇進し、陸軍科学研究所長、陸軍技術本部長などを歴任。その後大将に任ぜられ、13年待命となり、のち予備役に入った。陸軍での科学の権威であった。

田中 耕太郎　たなか・こうたろう
海軍中将
慶応4年(1868)3月26日～昭和14年(1939)11月9日　出 丹波国篠山(兵庫県篠山市)　学 海兵(第16期)〔明治23年〕卒　歴 明治24年海軍少尉に任官。33年ロシアへ留学、36年帰国。41年ロシア公使館付武官。大正4年軍令部参謀、5年軍令部第三班第五課長、5年ロシア出張、6年軍令部出仕兼参謀、7年ロシア出張、8年軍令部第三班長、11年海軍中将。12年予備役に編入。

田中 定吉　たなか・さだきち
衆院議員(政友会)
明治3年(1870)2月25日～昭和4年(1929)1月5日
生 讃岐国高松(香川県高松市)　学 専修学校理財科卒　歴 郷里高松で市議となり、次いで香川県議、

議長を務め、高松商業会議所会頭。明治36年以来衆議院議員当選5回、政友会に属した。一方高松銀行、高松土地建物、東京郊外土地などの重役を兼ねた。

田中 舎身　たなか・しゃしん
仏教運動家　大乗会創立者
文久2年(1862)12月3日〜昭和9年(1934)9月2日
生美濃国本巣郡川崎村(岐阜県瑞穂市)　名本名=田中弘之　学私塾で国漢、仏教を学ぶ。明治20年通信省の官吏となったが、間もなく辞し、29年普選問題を中心として幸徳秋水、木下尚江らと行動を共にしたが、のち見解を異にして別れ、衰微した仏教を復興するため仏教会館を設立。36年月刊「東亜の光」を創刊。教師を経て、大正9年大乗会を組織し、会長に就任、仏教の普及に尽力した。このほか東洋大学の騒擾事件、東本願寺の限定相続問題、左翼陣営の反宗教運動との闘争などに折衝、活躍。のち、大日本国粋会顧問、長野県及び岐阜県国粋会長などをつとめた。

田中 正造　たなか・しょうぞう
社会運動家　衆議院議員　足尾鉱毒事件の指導者
天保12年(1841)11月3日〜大正2年(1913)9月4日
生下野国安蘇郡小中村(栃木県佐野市)　名幼名=兼三郎　歴19歳で名主を継ぎ、領主・六角家を批判して領地追放となる(六角家事件)。江刺県(現・岩手県)官吏を経て、明治12年「栃木新聞」を創刊。自由民権運動に参加。13年栃木県議、19年県会議長。この間中節社を組織し、県令・三島通庸の施政に反対して投獄される。23年第1回衆院選で当選、以来6期つとめる。24年から半生をかけて足尾鉱毒問題にとりくみ古河財閥や政府を追及、議会活動と被害農民の"押出し"(大挙上京請願運動)を展開。33年の大弾圧(川俣事件)後、憲政本党を脱党、34年議員を辞し、幸徳秋水筆の直訴状により天皇に直訴。37年谷中村に居を移し、39年以降は中村遊水池化反対運動にかかわり、44年下野治水菱道会を設立、利根川・渡良瀬川の治水問題に貢献した。「田中正造全集」(全20巻)がある。

田中 次郎　たなか・じろう
陸軍中佐
嘉永7年(1854)3月〜昭和10年(1935)11月24日
生長門国(山口県)　学陸軍戸山学校　歴明治10年西南戦争では教導団歩兵大隊付となり、城山の戦いに参加する。16年陸軍戸山学校に入学。37年日露戦争では旅順攻撃に加わり、二〇三高地の激戦で負傷した。陸軍中佐。のち宮内省に務めた。

田中 次郎　たなか・じろう
通信省通信局長　日本石油専務
明治6年(1873)10月13日〜昭和6年(1931)7月10日　生佐賀県佐賀郡川上村(佐賀市)　名旧姓・旧名=副島　学東京帝国大学法科大学〔明治31年〕卒　歴肥前小城藩士・副島萬九郎の二男に生まれ、田中義達の養子となる。明治31年通信省に入り通信

務官となり、34年京城郵便局長、44年通信省通信局長などを歴任、通信行政に携わり敏腕を振るった。大正5年退官して実業界に入り、翌6年日本石油理事に就任。のち取締役を経て、専務を務めた。また北辰会理事、北樺太油田監査役に推され、諸種の産業団体に関与し貢献した。

田中 治郎左衛門　たなか・じろうざえもん
社会事業家　津市議
万延1年(1860)3月27日〜昭和20年(1945)8月22日　生三重県　名旧姓・旧名=平野　学慶応義塾大学卒　歴明治24年木綿問屋・田端屋を営む田中家を継ぐ。津市議などを務め、大正8年議長。津市立工芸学校の移転や愛児園創設などに尽くした。

田中 祐四郎　たなか・すけしろう
衆院議員
慶応4年(1868)2月〜昭和16年(1941)6月8日
生京都　学立命館大学法律科・経済科卒　歴上鳥羽村長、京都府議、同議長、京都市議などを経て、明治35年京都2区より衆院議員に初当選。通算3期を務めた。また、淀川低水工事期成同盟会長をも務めた。

田中 善助　たなか・ぜんすけ
実業家　三重県上野町長
安政5年(1858)10月5日〜昭和21年(1946)3月28日　生三重県上野町(伊賀市)　歴下駄屋の息子に生まれ、15歳で金物屋・田中家の養子に。のち、三重県内初の水力発電所の建設や、近鉄伊賀線の前身となる鉄道の開通を手がけたほか、大正13年から昭和4年まで町長として下水道整備にあたるなど、伊賀の近代化に貢献。事業家として成功を収める一方、鉄城の号で書画や陶芸など趣味の世界でも万能の才能を発揮した。

田中 善立　たなか・ぜんりゅう
衆院議員(政友会)
明治7年(1874)11月〜昭和30年(1955)2月20日
生愛知県　学哲学館〔明治28年〕卒　歴大谷派本願寺の中国福建省泉州布教所駐在員として布教活動に携わる。明治45年衆院議員に当選、以来通算7回当選。この間、海軍省副参政官、第一次若槻内閣文部政務次官、鉄道会議議員、憲政会総務、愛知県中央鉄道会社社長などを歴任。著書に「台湾及南方支那」がある。　家三女=田中君枝(洋画家)

田中 太介　たなか・たすけ
田中車輌創業者
明治9年(1876)8月7日〜昭和38年(1963)3月
生兵庫県川辺郡尼崎町松之下(尼崎市)　名幼名=作之介、一字=耕山　学大阪市立商〔明治25年〕中退　歴生家は兵庫県尼崎で代々神田屋の屋号で肥料商を営む。5人きょうだい(3男2女)の4番目の二男。大阪市立商業学校(現・大阪市立大学)に通い、予科を終えたところで中退。同年大阪の古蒲団商に見習い奉公に出、3ケ月の見習いを終えて帰郷した。

自ら行商を買って出て修業を積んだ後、26年大阪の名望家・西岡卯兵衛の養子となったが、長兄が放蕩者であったため家業を継ぐことになり、28年生家に戻って肥料荒物商を経営。やがて肥料叺(かます)の取扱高全国一となった。大正4年荒物雑貨関係の商いを整理し、新たに鉄材取引に進出。座礁した軍艦笠置、音羽の引き揚げ処分や焼け落ちた東京国技館の鉄材解体処分を手がけた。7年尼崎に田中鋳工所を設立。第一次大戦後、鋼材の暴落を機会に鉄道車両の製造を思い立ち、9年田中鋳工所を田中車輛工場に衣替え。昭和10年田中車輛と名会社に改組し、14年株式会社田中車輛を設立。19年会長。20年戦災による企業再建を図るため経営を近畿日本鉄道(近鉄)に譲渡、近畿車輛として近鉄傘下に入り、同社の取締役となった。 [家]長男＝田中太一(田中車輛社長)、孫＝田中太郎(近鉄百貨店社長) [勲]紺綬褒章〔昭和12年・14年・21年〕

田中 智学　たなか・ちがく
仏教運動家　仏教学者

文久1年(1861)11月13日～昭和14年(1939)11月17日　[生]江戸日本橋(東京都中央区)　[名]号＝巴雷、師子王国人　[歴]明治3年日蓮宗門に得度するが、12年脱宗帰俗して在家仏教運動をはじめ、13年横浜で蓮華会を結成、17年には東京で立正安国会をおこす。23年「龍口法難論」を述作し、34年「宗門之維新」を刊行。44年日本国体学を提唱して日本の法華経的解釈を試み、台頭しつつあった国家主義と呼応してその運動を進めた。大正3年立正安国会等を合同して新たに国柱会をおこし、独自の日蓮主義運動を展開した。国体学の提唱者であると同時に仏教革新運動者でもあり、近代日蓮信仰の開拓者でもあった点が、高山樗牛らの文学者に影響を与えることになった。著書に「宗門之維新」「日蓮上人之教義」「大国聖日蓮上人」など。 [家]二女＝若浜汐子(歌人)

田中 長太郎　たなか・ちょうたろう
初代愛媛県一本松村長

嘉永1年(1848)～大正15年(1926)　[出]伊予国(愛媛県)　[歴]明治11年愛媛県南宇和郡内でも屈指の豪農として知られた田中家の養子となり、21年家督を相続。のち一本松村(現・一本松町)初代町長に就任。それまで湿田と葦が群生した沼地が広がり、耕作には不向きだった同村広見地区の耕地整理に尽力。約4年の歳月をかけて完成させ、南宇和郡内を代表する穀倉地帯となる礎を築いた。

田中 長兵衛(1代目)　たなか・ちょうべえ
釜石鉱山田中製鉄所創業者

天保5年(1834)～明治34年(1901)11月7日　[生]遠江国榛原郡男神村(静岡県牧之原市)　[名]旧姓・旧名＝新井　[歴]遠江国男神村(現・静岡県相良村)に生まれる。江戸の釘鉄銅問屋に奉公に出、のれん分けにより鉄屋の屋号で麻布飯倉に金物屋を開き独立。三田の薩摩藩邸の御用商人・田中家の養子となり、京橋北紺屋町で米穀問屋を営む。維新後は官省の御用商人として陸海軍の鉄材・兵糧を扱う。明治18年知遇を得ていた旧薩摩藩士で、大蔵卿を務める松方正義との縁から女婿の横山久太郎らと工部省が経営に失敗した釜石製鉄所の再興に着手、製鉄に成功して20年釜石鉱山田中製鉄所を創設。八幡製鉄所の操業安定まで銑鉄供給を担い、我が国の近代製鉄業確立に貢献した。 [家]長男＝田中長兵衛(2代目)、女婿＝横山久太郎(田中製鉄所初代所長)

田中 長兵衛(2代目)　たなか・ちょうべえ
実業家

安政5年(1858)10月20日～大正13年(1924)3月9日　[生]江戸(東京都)　[歴]御用商人・田中長兵衛の長男として生まれる。工部省が経営に失敗した釜石鉱山の払下げを受け、明治20年釜石鉱山田中製鉄所を創立し、同山経営の基礎を確立。27年同所において野呂景義の指導で日本初のコークス製鉄に成功。日清戦後、台湾に鉱山を開くなど鉱業界に名をはせ、大正6年経営を集中して田中鉱山を設立。第一次大戦後は不況と釜石争議などにより衰退し、13年釜石製鉄所を三井鉱山に譲渡した。 [家]父＝田中長兵衛(1代目)

田中 綱常　たなか・つなつね
海軍少将　貴院議員(勅選)

天保13年(1842)11月21日～明治36年(1903)3月25日　[出]薩摩国(鹿児島県)　[歴]明治4年陸軍大尉心得となり、9年海軍省に出仕して、10年海軍大尉。17年海軍省調度局長、19年兵器製造所長、22年造兵廠長、23年比叡艦長、24年水雷術練習艦・迅鯨艦長、同年呉鎮守府兵器部長を経て、26年海軍少将に進み予備役に編入。29年より勅選貴院議員。

田中 貞吉　たなか・ていきち
南米探検家　海外植民事業家

安政4年(1857)～明治38年(1905)12月9日　[生]周防国岩国(山口県岩国市)　[歴]岩国藩士の子に生まれる。明治4～5年頃もと岩国藩主・吉川重吉に随行して米国に渡り、ボストンのライス中学に留学。帰国後、海軍省に勤務、ついで東京郵便電信学校校長となる。27年日清戦争で第二軍郵便部長として従軍、台湾総督府郵便部長などを勤めた後、海外植民事業を計画して南米各地を詳しく探検する。結果、32年の森岡商会によるペルー移民、38年の東洋汽船による南米航路開始の道を開いた。 [勲]勲五等双光旭日章

田中 友一　たなか・ともいち
養魚事業家

明治6年(1873)3月22日～昭和14年(1939)6月25日　[生]群馬県板鼻町(安中市)　[名]旧姓・旧名＝佐藤　[歴]明治27年から郷里の群馬県板鼻町(現・安中市)で鯉の養殖を始める。水産動物学者の藤田経信の助言により池の改修を行い、44年"三角型流

水養鯉法"を完成させた。著書に「田中式養鯉法」がある。

田中 鳥雄　たなか・とりお
衆院議員(自由党)
嘉永1年(1848)2月〜明治41年(1908)2月5日　[生]伊豆国田方郡大竹村(静岡県田方郡南町)　[歴]静岡県議を経て、明治25年衆院議員に当選。通算2期。天蚕の飼育や、製茶・養蚕技術の指導に努めた。著書に「椎茸養成法」がある。　[家]長男=田中萃一郎(史学者)

田中 尚房　たなか・なおふさ
神官　北野神社宮司
天保10年(1839)11月22日〜明治24年(1891)12月7日　[生]尾張国(愛知県名古屋市)　[名]幼名=田中哲作、田中哲郎　[歴]代々尾張藩主の侍医。早くから国学を学び、とくに有職故実に通じた。また医術を好んで、26歳のとき「皇国病名集」2巻を藩主に献上。明元年国学教授、4年中学助教試補を務めた。熱田神宮少宮司、伊賀国敢国神社宮司、八坂神社宮司を経て、9年北野神社宮司となり、15年間その任にあった。著書に「歴世服飾考」(8巻)、「男女頭髪考」などがある。

田中 長嶺　たなか・ながね
殖産家
嘉永2年(1849)〜大正11年(1922)6月30日　[生]越後国三島郡才津村(新潟県長岡市)　[名]幼名=重次郎　[歴]慶応元年(1865年)絵画を学ぶために上京したが、明治2年母の懇望により農業に入る。傍ら菌学を研究し、19年より矢田部良吉の下で菌学を学ぶ。23年田中延次郎との共著で我が国最初の菌類学書である「日本菌類図説」を出版。また、人工接種によるシイタケ栽培法や木炭改良法などを研究、28年田中式改良窯を考案した。他の著書に「香蕈培養図説」「十余三産業絵詞」「炭焼手引草」などがある。

田中 博　たなか・ひろし
京都電燈副社長
慶応2年(1866)8月10日〜昭和32年(1957)6月15日　[生]越後国(新潟県)　[名]旧姓・旧名=長谷川　[歴]明治42年京都電灯に支配人として入り、43年取締役、45年常務、大正15年副社長、昭和2年社長を歴任し、16年相談役に退く。一方、大正8年日本水力設立にあたり取締役、14年大阪放送電監査役。12年両社の合併により大同電力取締役となり、昭和14年までつとめた。また電気協会会長、京都商工会議所会頭、都ホテル社長もつとめ、京都財界に重きをなした。

田中 不二麿　たなか・ふじまろ
教育行政家　政治家　司法相　枢密顧問官　子爵
弘化2年(1845)6月12日〜明治42年(1909)2月1日　[生]尾張国名古屋(愛知県名古屋市)　[名]通称=国之輔、号=夢山、静淵　[歴]尾張藩士の子。慶応2年

(1866年)より藩政・明倫堂の監生、助教並を務める。一方で尊王論者として藩論をまとめ、参与として藩政にも参画した。新政府に出仕、明治2年大学校御用掛、3年中弁、4年文部大丞。同年文部省理事官として岩倉使節団に参加し、欧米の教育制度を視察、帰国後にはそのときの報告を「理事功程」としてまとめ刊行した。6年文部少輔、7年文部大輔に就任。文部卿が欠員であったため文部省の実質的な最高責任者として活躍、文部省顧問の米国人マレーと協力し、明治5年施行の学制の下での全国的な学校制度の確立に力を尽くした。この間、9〜10年米国へ教育制度調査のため出張。11年欧米の教育事情に明るいことを買われ、米国流の自由主義的で教育の地方分権化を目指した「日本教育令」の草案を作成。これに伊藤博文の修正が入り、12年教育令として施行された。13年司法卿に転じ、14年参事院副議長、17年駐イタリア公使を経て、20年駐フランス公使となり、駐スペイン、駐ポルトガル公使も兼任した(一時期は駐ベルギー、駐スイス公使も兼務)。23年帰国して枢密顧問官を経て、24年第一次松方内閣に司法相として入閣。25年再び枢密顧問官となり、同年子爵に叙せられた。森春濤門下の漢詩人としても知られ、特に絶句に巧みであった。　[家]長男=田中阿歌麿(湖沼学者)

田中 平八　たなか・へいはち
東京米商会所頭取　第百十二国立銀行頭取
天保5年(1834)7月11日〜明治17年(1884)6月8日　[生]信濃国伊那郡赤須村(長野県駒ケ根市)　[名]旧姓・旧名=藤島、幼名=釜吉、諱=政春、字=子和　[歴]18歳の時飯田の糸商田中兵兵衛の養子となる。安政6年(1859年)横浜開港後、生糸・茶の貿易に従事し巨利を得たが失敗。上京して清河八郎ら尊王派の志士と交わり、さらに水戸天狗党にも参加して入獄した。出獄後、横浜に戻り豪商大和屋に寄食、のち再び生糸売込・洋銀相場で巨利を博し"天下の糸平"の異名をとる。慶応元年(1865年)両替店を開き、明治元年洋銀取引所を創設したほか、横浜の貿易商社、為替会社の頭取になり、高崎藩財政改革にも参画。6年東京の中外商行会社肝煎に就任。9年東京・日本橋に田中組(のち田中銀行)を創立。10年東京米商会所創立とともに頭取となって定取引の基礎を作った。11年には第百十二国立銀行を設立し、生糸取扱と金融業務をさらに拡大させた。またガス・水道などの公共施設にも尽力した。　[家]甥=田中銀之助(実業家)

田中 政明　たなか・まさあき
陸軍主計総監
文久3年(1863)12月〜昭和5年(1930)8月28日　[生]駿河国府中(静岡県静岡市)　[学]陸士〔明治17年〕卒、陸大卒　[歴]駿河府中藩士の長男に生まれる。明治18年陸軍歩兵少尉となる。のち陸軍大学校を卒業して陸軍経理学校教官、陸軍大学校教官、第三師団経理部長、第十四師団経理部長を経て、

陸軍経理学校長、大正元年朝鮮駐剳軍経理部長、3年第一師団経理部長、7年経理局長などを歴任。同年主計総監となった。この間、日露戦争では第十三師団経理部長として出征した。

田中 光顕　たなか・みつあき
陸軍少将 宮内相 学習院院長 警視総監 伯爵
天保14年（1843）9月25日～昭和14年（1939）3月28日　生土佐国高岡郡佐川（高知県高岡郡佐川町）　名旧姓・旧名=浜田、幼名=顕助、号=青山、前名=浜田辰弥　歴土佐藩士。武市瑞山（半平太）に師事。明治維新に際して土佐勤王党に属して維新の王事に奔走し、明治元年兵庫県権判事となる。ついで大蔵権少丞、戸籍頭などを経て、4年岩倉遣外使節団員として欧米に派遣される。帰国後、7年陸軍省に入り、会計検査官となり、西南戦争では征討軍会計部長として活躍。同役後、会計局長などを経て、14年少将となり、21年予備役に編入される。この間、元老院議官、会計検査院長などを兼任。22年警視総監に転じ、25年子爵を授けられ、同年学習院院長、31年宮内次官に就任。40年伯爵に昇ったが、同年本願寺文庫別荘買上げをめぐる収賄事件によって42年宮内大臣を辞任、政官界から引退した。大正7年臨時帝室編修局総裁。著書に「維新風雲回顧録」「歴代御製集」「維新夜話」。

田中 守平　たなか・もりへい
太霊道教祖
明治17年（1884）9月8日～昭和3年（1928）12月7日　生岐阜県恵那郡武並村（恵那市）　歴小学校教師・大蔵省印刷局・内閣統計局などに勤務しながら国粋主義思想を鼓吹。日露戦争前の明治36年、桜田門にて明治天皇に開戦を直訴したために不敬罪で逮捕されたが、精神病と見なされて釈放、郷里に帰された。そこで4ヶ月間蟄居する間に山中で断食修行をし、霊能力を得たとされる。名古屋で国粋主義的政治結社を設立し逮捕・釈放されたのを経て43年に「太霊道真典」を著し、宇宙の本源・神格である太霊を説いた。さらに44年には中国に渡って大陸浪人たちと交流し、帰国後宇宙霊学寮を開いて宗教活動を開始、大正5年には太霊道本院に改称。霊子と呼ばれる生命の実体を働かせることにより病気や悪癖を正すことができるなどと唱え、国粋主義と西洋的心霊主義に基づく宗教観として注目されたが、昭和3年の田中の死によって急速に衰退した。

田中 勇三　たなか・ゆうぞう
青森商業会議所会頭
慶応1年（1865）～昭和16年（1941）8月10日　生陸奥国弘前（青森県弘前市）　歴明治22年青森市で藁加工品の移出業を開始。31年から日本鉄道の運送取扱人となり、秋田県小坂鉱山の資材運搬を一手に引き受けて巨財をなした。その後、青森臨港倉庫社長や青森市会議長・青森商業会議所会頭などを歴任し、同市における政財界の重鎮として活躍。また、積極的に土地投資を行い、債務として所持していた新町を同市屈指の繁華街に成長させた。　家子=田中敬三（実業家）

田中 譲　たなか・ゆずる
実業家 衆院議員
明治7年（1874）8月～昭和9年（1934）5月16日　生和歌山県西牟婁郡周参見（すさみ町）　歴工業学校を卒業後、福井県・島根県の土木工手、農商務省営林技手を経て、松村組に入り、のち社長に就任。大正13年から衆院議員に当選2回、実業同志会に属し同党幹部として活躍する。また大阪市議、日本土木建築請負業者連合会本部理事、高木銀行取締役、山本絹紡織取締役などを務める。昭和5年政界並びに実業界より引退した。

田中 遜　たなか・ゆずる
衆院議員（政友会） 伯爵
元治1年（1864）9月16日～昭和17年（1942）7月5日　生土佐国高岡郡佐川村（高知県高岡郡佐川町）　歴土佐藩家老深尾家家臣の家に生まれ、同郷の伯爵田中光顕の養子となる。明治35年衆院議員に当選したが、以後は政界を離れ、財界で活躍した。昭和7年襲爵。　家養父=田中光顕

田中 頼庸　たなか・よりつね
神道神宮教管長 伊勢神宮宮司
天保7年（1836）5月～明治30年（1897）4月10日　生薩摩国（鹿児島県）　名号=雲岫　歴文久年間藩命により上洛。明治初年藩校造士館国学局初講に任じ、神社奉行となる。4年神祇省に入り、5年教部大録、6年権少教正兼教部大録、7年神宮大宮司兼権中教正、ついで権大教正に進み、9年大教正となる。翌10年伊勢神宮宮司となり、12年神道事務局副管長、15年退いて神道神宮教管長に就任した。古典に精通し、古典の校訂本をはじめ国学者として多数の著書がある。著書に「校訂日本紀」「校訂古事記」「神宮祭神略記」「校訂古語拾遺」「神徳論」「祝詞集」など。

田中丸 善蔵　たなかまる・ぜんぞう
実業家
嘉永5年（1852）2月4日～明治45年（1912）4月8日　生肥前国小城郡（佐賀県）　歴佐賀県牛津で荒物店を営み、明治27年佐世保市の支店で呉服小売業を開始する。海軍工廠購買部からの受託経営などにより業務を拡大し、44年田中丸合名を組織してデパート玉屋の基礎を築いた。

棚田 嘉十郎　たなだ・かじゅうろう
文化財保護運動家
万延1年（1860）4月5日～大正10年（1921）8月16日　生大和国奈良町（奈良県奈良市）　歴奈良県の植木商で、明治33年から私財を投じて平城宮跡の保存運動を始め、45年奈良駅前に道程を示す大石標を建立した。大正2年平城宮大極殿跡保存会を発足させた。

棚橋 寅五郎　たなはし・とらごろう
工業化学者　日本化学工業創業者

慶応2年(1866)9月4日～昭和30年(1955)12月11日　生越後国古志郡川西村(新潟県長岡市)　学大学予備門〔明治22年〕卒、帝国大学工科大学応用化学科〔明治26年〕卒　工学博士〔大正4年〕　歴生家は庄屋の家柄で、5人きょうだいの二男。明治17年上京、成立学舎、大学予備門を経て、帝国大学工科大学応用化学科に入学。卒業論文には海藻からヨードカリを製造する研究を選び、特許を取得。26年大学を卒業すると実業界に身を投じ、立川勇次郎、竹原雄之助と棚橋製薬所と麻布製薬を創業。27年苦境に陥ったが、無煙火薬原料である硝石の製造を陸軍次官であった児玉源太郎に意見具申して容れられ、経営を回復した。40年日本化学工業、大正2年電炉工業を設立。4年日本製錬株式会社を設立して棚橋製薬所と麻布製薬の事業一切を継承した。ヨウ素の研究から、その副産物である塩素酸カリウム、硝酸カリウムの創製に進み、明治43年硝酸バリウム、大正2年リン製造の工業化に成功。我が国化学工業の先駆者であり、明治40年日本化学工業創業時に初めて"化学工業"という言葉を用いた。　家長男＝棚橋幹一(日本化学工業社長)、孫＝棚橋純一(日本化学工業社長)、岳父＝銀林綱男(埼玉県知事)、女婿＝大塚寛治(日本化学工業社長)　勲紺綬褒章〔昭和17年〕、藍綬褒章〔昭和19年〕、勲三等瑞宝章〔昭和30年〕　賞帝国発明協会帝国表彰有功賞〔大正8年・昭和7年〕、帝国発明協会地方表彰優等賞〔大正11年〕、帝国発明協会地方表彰特等賞〔昭和10年〕、帝国発明協会名誉大賞・恩師記念賞〔昭和13年〕、軍需大臣表彰〔昭和20年〕、発明協会発明功労者表彰〔昭和25年〕

田辺 有栄　たなべ・ありひで
山梨銀行頭取　衆院議員

弘化2年(1845)10月7日～明治44年(1911)9月14日　生甲斐国山梨郡於会郷(山梨県)　歴甲府の徽典館に学び、元治元年(1864年)幕府の檄にこたえ、水戸天狗党の武田耕雲斎の西下を阻止した。明治5年甲州97か村の農民騒動の指導者として逮捕されたが、まもなく放免。10年山梨・静岡両県間の駅費の訴訟に際し、県総代として活躍した。12年県会開設と共に県会議員となり、自由民権運動に挺身。23年第1回総選挙で衆院議員に当選、巴倶楽部に属した。その後実業界に転じ、山梨銀行を創立、頭取に就任。また東山梨郡養蚕組合長、河川道路調査委員などを務めた。

田辺 熊一　たなべ・くまいち
衆院議員(政友会)

明治7年(1874)1月25日～昭和15年(1940)4月17日　生新潟県　学東京法学院〔明治34年〕卒　歴巻町長、新潟県議を経て、明治41年衆院議員に初当選。以来通算9回当選。この間、鉄道会議議員を務め、また日本馬匹改良取締役、日清紡績取締役、東武銀行監査役、政友会総務などを務める。

田辺 太一　たなべ・たいち
清国臨時代理公使　元老院議官　漢学者

天保2年(1831)9月16日～大正4年(1915)9月16日　名号＝田辺蓮舟　歴儒学者・田辺石庵の二男。嘉永2年(1849年)昌平黌に入り、安政2年(1855年)甲府徽典館学頭となる。4年長崎海軍伝習所の第3期生。6年外国方となり、文久元年(1861年)外国奉行・水野忠徳が隊長を務めた小笠原諸島検隊に調役として参加した。3年同支配に進み、横浜鎮港談判使節・池田長発に随行してパリに赴く。慶応3年(1867年)徳川昭武遣欧使節の随員としてパリ万博に出席した。明治維新後は横浜で輸入商を営んだが、徳川家の静岡移封後、沼津兵学校の教授となる。明治3年新政府に迎えられ、外務少丞に就任。4年岩倉使節団に書記官長として随行。12年清国勤務、14年清国臨時代理公使となる。16年元老院議官、23年元老院廃止後は勅選貴院議員。晩年は維新史料編纂会委員を務め、名著「幕末外交談」(全2巻)を著わした。また詩文をたしなみ、「蓮舟遺稿」がある。　家父＝田辺石庵(儒学者)、長女＝三宅花圃(小説家・歌人)、女婿＝三宅雪嶺(評論家)

田部 長右衛門(21代目)　たなべ・ちょうえもん
山林地主　貴院議員(多額納税)

嘉永3年(1850)9月11日～昭和17年(1942)2月14日　生出雲国(島根県)　名旧姓・旧名＝宇山、幼名＝虎三郎、諱＝長秋、号＝琴峰　歴母里藩士。早くから槍術を学び、小姓として藩に仕え、明治維新に際しては藩内で最初に断髪した。7年島根県吉田村の大地主である田部家の養嗣子となり、18年に22代目長右衛門を襲名。以後、日本有数の山林地主として50年間に200万本の杉檜苗を植え付けるなど林業の振興に尽力、23年貴院議員。事業の傍ら琴峰と号して俳句を嗜み、美術工芸の鑑賞を愛好したことでも知られる。

田辺 貞吉　たなべ・ていきち
住友銀行本店支配人　東京師範学校校長

弘化4年(1847)11月14日～大正15年(1926)1月3日　生江戸　出静岡県　名幼名＝秀之助　歴駿河沼津藩士・田辺直之丞の長男として江戸で生まれる。洋学を学び、御藩士を務めた。慶応4年(1868年)立法局議奏、少参事を経て、文部省に入り、明治12年東京師範学校校長。14年実業界に転じ、住友に入社、重役局員、23年神戸支店支配人となり、37年退職するまで住友財閥の幹部として活躍した。その後も関西財界の重鎮として共同火災保険、共同生命保険、京阪電気鉄道などの社長を歴任した。　家弟＝手島精一(工業教育指導者)

田辺 輝実　たなべ・てるざね
宮城県知事　貴院議員(勅選)

天保12年(1841)11月11日～大正13年(1924)10月

19日　生丹波国(兵庫県)　名幼名=源吾、号=賓松庵　歴丹波柏原藩士の長男。江戸に出て山田兵庫らに学ぶ。明治2年弾正小忠大監察。内務省大書記官に転じ、山林局長、土木局長を務め、14年高知県令、16年初代宮崎県知事、農商務省山林局長、27年佐賀県知事、29年三重県知事、36年宮城県知事を歴任。38年～大正13年勅選貴院議員。

田部　正壮　たなべ・まさたけ
陸軍中将　広島市長
嘉永2年(1849)11月7日～昭和14年(1939)9月21日　歴安芸広島藩士の長男。明治3年大阪兵学寮に入り、6年陸軍少尉に任官。28年近衛師団兵站監、29年歩兵第二連隊長、36年歩兵第十六旅団長を経て、38年歩兵第五旅団長。40年陸軍中将に進み、予備役に編入。大正6～11年広島市長を務めた。

田辺　良顕　たなべ・よしあき
元老院議官　高知県知事
天保5年(1834)4月1日～明治30年(1897)2月8日　生越前国福井(福井県福井市城東)　名字=子順　歴代々福井藩士を務める家に生まれる。弘化4年(1847)家督を継ぐ。武術に秀で、戊辰戦争では遊撃隊長として従軍。明治4年上京、東京府第一大区取締から少警視に進む。西南戦争に際しては陸軍中佐兼任で警視隊350人を率いて各地を転戦。のち権中警視、一等警視、巡査総長、内務権大書記官を歴た。16年高知県令(19年県知事と改められる)に就任、道路網や港湾の整備を行い、それまで陸の孤島だった高知開発の基礎を築いた。21年元老院議官となり、元老院廃止後は錦鶏間祗侯の名誉を与えられた。晩年は京都に隠居した。　勲二等瑞宝章

谷　謹一郎　たに・きんいちろう
日本勧業銀行監査役
嘉永2年(1849)8月23日～大正3年(1914)11月8日　出豊後国佐伯(大分県佐伯市)　名号=朝軒　歴旧佐伯藩士で、明治維新後は大蔵省に出仕。明治30年日本勧業銀行が創設されると理事となり、のち監査役。東海生命保険社長も務めた。

谷　玖満子　たに・くまこ
陸軍軍人・谷干城の妻
弘化1年(1844)12月25日～明治42年(1909)12月19日　生土佐国高知(高知県高知市)　歴文久2年(1862年)土佐藩士・谷干城と結婚、極貧の夫を助けた。夫は山内豊信(容堂)の信任を得て重役となり、維新後は陸軍少将に進んだ。明治10年西南戦争では熊本鎮台司令長官として熊本籠城に成功した夫に従い、城内での炊事や負傷兵看護に当たった。東京に住んでからは牛込市谷の邸内に桑を植えて養蚕を試み、年々9石余のマユを生産、子女の服料に当て、郡人を驚かせた。旧藩主・山内豊範の死後、遺命で嗣子・豊景を養育した。のち愛国婦人会理事となり、都下の慈善会、婦人会などに尽くした。　名夫=谷干城(軍人・政治家)

谷　重喜　たに・しげき
自由民権運動家　立志社副社長
天保14年(1843)4月24日～明治19年(1886)8月20日　生土佐国(高知県)　名幼名=平三、通称=神兵衛、号=甲山　歴土佐藩士・谷重昌の長男で、儒学者・谷秦山の兄・戊辰戦争では東征土佐藩大隊司令・板垣退助に属して四番小隊長として出征、功をあげる。藩の権少参事を経て、明治3年陸軍大佐となり、大阪鎮台参謀本部などを歴任。9年佐賀の乱後に辞職して下野し、板垣を助けて立志社に入り、10年副社長となった。西南の役に際しては高知の獄に連座し、禁錮1年の刑に処せられる。14年自由党結成に参加し、「自由新聞」の会計掛や自由党常議員を務めた。15～16年板垣の外遊中は自由党総理の職を代行した。19年山内家家令。著書に「幽囚録」がある。

谷　新助　たに・しんすけ
実業家　貴院議員　大阪薬学校創設者
弘化4年(1847)7月15日～大正7年(1918)8月15日　出大坂　歴大阪で薬種商・回春堂を経営。明治9年大阪薬学校を創立した。大阪府議などを経て、39年貴院議員。

谷　干城　たに・たてき
陸軍中将　農商務相　子爵
天保8年(1837)2月12日～明治44年(1911)5月13日　生土佐国高岡郡窪川村(高知県高岡郡四万十町)　名通称=守部、号=隈山　歴代々儒者の家に生まれる。安政3年(1856)江戸に出て安積艮斎、塩谷宕陰、安井息軒に師事した。帰藩して藩校の助教となるが、武市瑞山の公武合体説の影響を受けて国事に奔走。慶応2年(1866年)長崎に派遣され、坂本龍馬に親交。3年には薩摩の西郷隆盛と会見し、薩摩・土佐間の連携強化に力を尽くした。戊辰戦争では東山道総督府大軍監として従軍し、会津城攻防戦などで活躍。明治維新後は土佐藩少参事として藩政改革に従事するが、4年新政府の陸軍に出仕して陸軍大佐兼兵部権大丞となり、5年陸軍少将。6年熊本鎮台司令長官に任ぜられ、7年佐賀の乱が起こるとその鎮圧に当たった。台湾出兵に際しては台湾蕃地事務参事として西郷従道を補佐。9年神風連の乱で殺害された種田政明の後任として熊本鎮台司令長官に再任し、10年の西南戦争では西郷隆盛率いる薩摩軍に熊本城を包囲されるも、2ヶ月に及ぶ籠城戦で死守し、官軍の勝利に貢献した。11年陸軍中将となり、12年陸軍士官学校校長、13年中部監軍部長兼務。三浦梧楼、鳥尾小弥太らとともに陸軍部内の反主流派を形成するが、同年議会開設を建白して山県有朋らの主流派と対立し、陸軍を去る。17年宮内省に出仕して学習院院長に就任。同年子爵。18年内閣制度の発布と共に第一次伊藤内閣が組閣されると農商務相となり、唯一の土佐藩出身者として入閣するが、国粋主義的な立場から井上馨外相らによる欧化政策や条約改正案に反対し、20年辞職。22年には陸羯

南らの新聞「日本」の発行を後援して在野の保守勢力の結集をはかり、大隈重信外相による条約改正を批判した。23年貴院議員となり、三浦・鳥尾らと三曜会、懇話会を主宰し、軍備増強・行政費削減を主張するなど反政府的な立場を貫いた。31年の地租増徴問題では農民保護の観点からこれに反対し、また日露開戦・日英同盟についても否定的な態度をとった。35年日本弘道会会長。 家父＝谷万七(土佐藩校教授) 歴旭日桐花大綬章〔明治44年〕

谷 鉄臣 たに・てつおみ
左院一等議官

文政5年(1822)3月15日～明治38年(1905)12月26日 生近江国彦根(滋賀県彦根市) 名旧姓・旧名＝渋谷、初名＝退一、字＝百錬、号＝太湖、如音 歴生家は近江国彦根で町医者を営む。長じて江戸や長州に遊学し、儒学や蘭方医学を修めた。帰郷後は家業に従事したが、経世の志があり、文久3年(1863年)には士分に取り立てられて彦根藩に出仕。はじめ同藩の重臣・岡本黄石の配下に属し、京都で諸藩士と交流するなど、藩の外交に参画。のちに参政にまで昇り、藩政の枢機に携わった。明治維新後は徴士として新政府に仕え、彦根藩大参事・左院大議官・左院一等議官などを歴任。明治6年に退官して京都に隠棲し、陽明学を研究した。著書に「四書分類心解」「大学提綱」などがある。

谷 弥五郎 たに・やごろう
博徒 河内十人斬り事件の犯人

明治1年(1868)～明治26年(1893)6月8日

歴幼い頃に孤児となり、大阪河内地方の赤坂水分村で育つ。長じて猟師となり、その傍ら博打を好んだ。10歳年上の農民・木戸熊太郎と義兄弟の契りを結ぶが、熊太郎が赤坂村会議員松永家の二男に妻を奪われ、さらに借金を踏み倒されて殴打されたことから、ともに報復を企図。明治26年5月25日の夜半に熊太郎とともに松永家へ押し入り、老婆や子供を含む10人を殺害した(河内十人斬り事件)。この事件によって500人の警官が動員され、大がかりな山狩りで追いつめられた二人は6月8日に自決した。

谷 義信 たに・よしのぶ
実業家 大蔵省造幣助

天保13年(1842)1月20日～明治36年(1903)9月16日 生江戸 名旧姓・旧名＝坪井、幼名＝敬也、通称＝敬三郎 歴蘭学者・坪井信道の子。洋算家・小野広胖に数学を、実兄・坪井信道(二世)及び坪井信larvikに医学を、横浜の石橋助左衛門に英語を学ぶ。慶応3年(1867年)谷家の養子となり、義信と改名。維新後は新政府に出仕し、鉱山権大祐を経て明治4年造幣助となった。7年に退官して実業界に入り、東京王子製紙会社や東京印刷株式会社などで活躍した。 家父＝坪井信道(蘭学者)、兄＝坪井信道(3代目)(洋学者)

谷川 達海 たにがわ・たつみ
弁護士 岡山商業会議所会頭

嘉永5年(1852)2月11日～大正10年(1921)4月22日 生備前国岡山(岡山県岡山市) 名旧姓・旧名＝入江、通称＝定次郎、号＝原泉 歴備前岡山藩士・入江家に生まれ、同藩槍術指南役を務める谷川家の養子となった。明治6年西毅一らと郷学・閑谷学校を再興。岡山県庁や神戸裁判所岡山支所に勤めた後に上京、法律を学んで代言人(弁護士)の資格を取得し、13年岡山代言人組合の初代組合長となった。この間、12年士族授産を目的とした有終社を結成し、実業界での活動を開始。17年経営不振に陥っていた岡山紡績所を譲り受け岡山紡績会社に改組、18年社長に就任して積極経営で再建に成功、岡山の紡績業発展の基礎を確立した。40年京都の絹糸紡績会社との合併を機に職を退き、44年同社と東京の鐘ケ淵紡績との合併により引退。岡山商業会議所の初代会頭や岡山市議、市議会議長なども歴任。禅に深く傾倒した他、山田方谷門下の陽明学者としても一家を成した。

谷川 利善 たにかわ・としよし
農業技師 園芸試験場技師

明治13年(1880)～昭和21年(1946)4月10日 学東京帝国大学農科大学農科卒 歴東京帝国大学農科大学農科を卒業後、米国コーネル大学農学科園芸学科で園芸学を修める。明治41年に帰国してからは農事試験場園芸部に勤務し、果樹の品種改良に取り組んだ。大正年間には「谷川文旦」や珠心胚実生の「谷川温州」「谷川夏橙」といった柑橘系の新品種を作出。そのほか「興津桃」をはじめとするモモ類や「九十九びわ」「瑞穂びわ」といったビワ類、さらにはナシやイチジクなどでも新しい栽培品種を生み出している。また大正5年頃には南満州鉄道の委嘱で満州の果樹調査に当たり、その報告として「満州之果樹」(正続)を著した。著書は他に「柑橘の根接について」(上林諭一郎と共著)がある。

谷河 尚忠 たにかわ・ひさただ
衆院議員(自由党) 盛岡女学校校長

天保5年(1834)3月1日～大正7年(1918)6月27日 出陸奥国(岩手県) 歴岩手県議、同副議長、教育協会副会長などを経て、明治23年岩手1区より衆院議員に当選。以後、27年まで通算4回当選。31年高知県知事も務めた。

谷口 清八 たにぐち・せいはち
実業家

弘化2年(1845)6月12日～明治44年(1911)8月8日 生肥前国佐賀(佐賀県佐賀市長瀬町) 名幼名＝敬次郎 歴代々、肥前佐賀藩の鋳物師を務めるなかに生まれる。幕末の頃から大砲などの武器の鋳造に着手し、明治16年佐賀市に谷口鉄工場を設立、諸機械を製造。外国製品を凌ぐほどの優良な水道用鋳鉄管を生み出し、"鉄管王"と称される。福岡市

東公園の亀山上皇像および日蓮上人像の鋳造を手がけた。 勲緑綬褒章〔明治42年〕

谷口 留五郎 たにぐち・とめごろう
福岡県知事
慶応3年(1867)2月18日〜昭和17年(1942)3月15日 生大和国〔奈良県〕 学帝国大学法科大学〔明治23年〕卒 歴明治39年徳島県知事、41年岡山県知事、44年鹿児島県知事、大正3年福岡県知事を歴任。

谷口 直吉 たにぐち・なおきち
地域開発家
明治1年(1868)〜昭和24年(1949)
生〔岐阜県〕 歴明治20年代に岐阜県側の御岳山開発を始め、登山路を改修や旅館の設置などを行った。

谷口 房蔵 たにぐち・ふさぞう
大阪合同紡績社長
万延2年(1861)1月5日〜昭和4年(1929)4月8日 生大坂 歴大阪に出て綿布商を創業、以来綿紡績業につくした。大阪合同紡績(のち東洋紡に吸収合併)、和泉紡績、吉見紡績、同興紡績の各社長などを務め、関西紡績業界の重鎮として活躍。大阪織物同業組合長、大日本織物連合会副会長、大阪市議ならびに参事会員などにも推され、大正14年に華日本紡績同業者会成立以来その委員長にも推された。 家息子=谷口豊三郎(東洋紡績社長)、孫=谷口雄一郎(御幸毛織社長)

谷沢 龍蔵 たにざわ・りゅうぞう
衆院議員(大同倶楽部)
嘉永5年(1852)6月〜大正7年(1918)4月1日
生近江国〔滋賀県〕 学小浜藩立学校 歴代言人(弁護士)などを経て、大津町議、滋賀県議、県会議長、大津市議などを歴任した後、明治27年大津市より衆院議員に当選。以後、37年までに通算4回当選。また、大津地裁所属弁護士会長、法律取り調べ委員、琵琶湖治水会長なども務めた。

谷田 繁太郎 たにだ・しげたろう
陸軍中将
明治5年(1872)6月12日〜昭和13年(1938)7月5日 生大阪府 学陸士卒、陸大卒 歴明治27年工兵少尉。陸軍大学校教官、陸軍省軍務局工兵科長、大正8年に広島湾要塞司令官、10年工兵監、11年築城本部長などを歴任。10年陸軍中将。14年予備役編入後は帝国飛行協会総務理事、満州協和会奉天本部長、同和自動車工業会社理事長などを務めた。

谷田 文衛 たにだ・ふみえ
陸軍中将
安政2年(1855)8月9日〜昭和5年(1930)5月5日
生阿波国〔徳島県〕 学陸大〔明治19年〕卒 歴徳島藩士の長男に生まれる。明治6年大阪鎮台守衛となり、7年台湾出兵に従軍。10年西南戦争の際には

熊本城にたてこもり西郷軍の攻撃から守り、11年陸軍少尉となる。陸軍大学校を卒業後、参謀本部付となり、陸軍中央幼年学校長、35年歩兵第二十旅団長、36年台湾総督府陸軍幕僚参謀長、40年歩兵第十・第二十二旅団長などを歴任。42年中将となり憲兵司令官を務める。この間、日清戦争・日露戦争・日独戦争などに参加し、明治維新以来の参戦武官の長老であった。大正5年待命となった。

谷野 格 たにの・かく
台湾高等法院院長
明治7年(1874)8月〜大正12年(1923)6月10日
生兵庫県 専法律学;国際公法;刑法 学東京帝国大学法科大学〔明治32年〕卒 法学博士〔大正5年〕 歴明治34年東京区裁判所検事となり、以後、東京地方裁判所検事、司法省参事官、東京控訴院検事、大審院判事を歴任。大正6年台湾総督府判官、8年台湾高等法院院長を務めた。

谷本 伊太郎 たにもと・いたろう
実業家
明治3年(1870)4月9日〜昭和3年(1928)3月12日 生因幡国気高郡酒津村(鳥取県鳥取市) 学東京帝国大学法科大学〔明治31年〕卒 歴明治31年三菱合資銀行部に入り、38年東京倉庫大阪支店長に転じ、ついで神戸支店長を経て、大正6年常務となる。同社が三菱倉庫と改称後も引き続き常務を務め、12年会長に就任。菱華倉庫会長、共同運輸会長も兼務し、倉庫業界に大きく貢献した。

谷元 道之 たにもと・みちゆき
東京株式取引所頭取
弘化2年(1845)〜明治43年(1910)2月21日
生薩摩国(鹿児島県) 歴薩摩藩士として戊辰戦争の際には東北各地を転戦する。明治2年外務省に勤め、のち権大書記官となり米国に留学。帰国後、海軍に入り主計中監を務める。その後、実業界に身を投じ、14年東京馬車鉄道を創設し社長に就任。22年東京株式取引所頭取に推され、東京府議も務める。東京馬車鉄道を解散後は諸事業を興すも失敗、晩年は実業界より引退して仏門に帰依し、また和歌を嗜んだ。

谷森 真男 たにもり・まさお
元老院議官 香川県知事
弘化4年(1847)5月17日〜大正13年(1924)12月10日 生江戸 歴明治2年官吏となり、少史などを経て、23年太政官権大書記官、さらに内閣書記官、元老院議官、香川県知事を歴任、31年勅選貴院議員となった。維新当時、国事に尽力し、また歴代天皇の御陵発見に貢献した。

田沼 義三郎 たぬま・ぎさぶろう
愛国生命保険専務
慶応3年(1867)1月15日〜昭和24年(1949)1月3日 生越後国高田(新潟県上越市) 学一高〔明治23年〕卒 歴明治17年東京大学予備門に入り、23年

第一高等中学を卒業。同期には夏目漱石や正岡子規がいた。大学には進まず三井物産に入り、上海・香港・横浜の各支店に勤務。30年東洋汽船会社、43年南満州鉄道(満鉄)に入社。満鉄では中村が公総裁に認められ、満鉄代表として営口水道電気社長、大連汽船社長、南満製糖取締役などを歴任した。大正7年帰国、8年愛国生命保険に入社して取締役、専務。13年東京市長となっていた中村に請われ東京市助役に就任。15年助役を辞して酒匂砂利、三光家具、大正製作といった赤字会社の社長となり再建に奔走、さらに日本電熱線製造と横浜工業の社長にも就いた。昭和7年ステンレス鋼の専業メーカーとして日本金属工業株式会社を設立、社長に就任した。

田沼 太右衛門　たぬま・たえもん
横浜米穀取引所理事長 横浜学園創立者
嘉永6年(1853)6月28日〜昭和7年(1932)3月30日　生武蔵国北葛飾郡天神島村(埼玉県幸手市)　歴武蔵国八代村(現・埼玉県)素封家の二男。慶応3年(1867)叔父・田沼新左衛門に招かれ横浜へ出、明治4年の家督を継いで米穀・木材商となった。13年横浜共益社を設立、同時に醤油・薪炭の販売を営む。20年書籍出版業も始め、国定教科書の翻訳出版も行った。同年横浜電灯社長、29年横浜米穀取引所理事長。一方、8年真砂町総代に当選して以来、9年神奈川第一大区議員、26年横浜市議、28年神奈川県議、32年県会副議長を歴任した。36年横浜女学校を継承し、40年県会議員を辞して女子教育に専念。同校は学校法人横浜学園へと発展した。家長女=田沼志ん(教育家)、女婿=関根順三(学習院教授)

種子田 秀実　たねだ・ひでみ
陸軍中将
慶応3年(1867)12月29日〜昭和11年(1936)4月25日　生薩摩国鹿児島(鹿児島県鹿児島市)　学陸士〔明治25年〕卒,陸大卒　歴明治25年陸軍歩兵少尉となる。日清戦争に出征、日露戦争では第十二師団参謀として従軍。近衛師団参謀長を経て、大正6年歩兵第七旅団長、9年第八師団司令部付となる。10年中将となり、旅順要塞司令官を務めた。

種田 政明　たねだ・まさあき
陸軍少将
天保8年(1837)8月〜明治9年(1876)10月24日　生薩摩国鹿児島城下高麗町(鹿児島県鹿児島市)　歴薩摩藩士の家に生まれ、同郷の先輩・西郷隆盛の知遇をえて世に出た。戊辰戦争で宇都宮において薩摩藩六番隊長となり白河、会津等に転戦した。明治4年兵部省に出仕、翌年陸軍少丞に、6年には陸軍少将、東京鎮台長官に任ぜられた。9年1月熊本鎮台長官となり、在任中の同年10月神風連の乱が起こり、殺害された。

田内 三吉　たのうち・さんきち
陸軍少将
安政3年(1856)2月4日〜昭和15年(1940)10月18日　生土佐国土佐郡江ノ口村(高知県高知市)　学陸士〔明治12年〕卒　歴明治12年陸軍少尉に任官。35年東宮武官を経て、37年大本営付。41年陸軍少将。同年予備役に編入。大正4年澄宮御養育掛長となり、昭和13年三笠宮となるまでつとめた。

頼母木 桂吉　たのもぎ・けいきち
衆院議員
慶応3年(1867)10月10日〜昭和15年(1940)2月19日　生安芸国(広島県)　名旧姓・旧名=井上　学一高卒　歴米国に留学し、帰国後浅草区議、東京市議をつとめる。また「報知新聞」記者、同社営業部長を経て実業界に入り、東京毎日新聞社、帝国通信社などの社長を歴任。大正4年東京市より衆院議員となり、連続9回当選。この間、公友倶楽部、憲政会に所属し、大正11年憲政会幹事長、13年同総務、14年〜昭和2年逓信政務次官、4年民政党総務などを歴任し、11年広田内閣の逓信大臣となる。のち報知新聞社長、14年東京市長となった。家養子=頼母木真六(政治家)、妻=頼母木駒子(バイオリニスト)

田畑 常秋　たばた・つねあき
鹿児島県令代理
文政11年(1828)閏8月〜明治10年(1877)4月14日　生薩摩国(鹿児島県)　名通称=平之丞　歴代々、薩摩藩主に仕え、旧幕時代には家老座筆頭書役、郡奉行、郡役奉行などを歴任。明治維新後は新政府に出仕し、明治5年鹿児島県典事、7年権参事、9年参事を経て、10年大書記官に就任。同年西南戦争の際、西郷軍に加担した鹿児島県令・大山綱良が逮捕されると県令代理となり、西郷軍を助けるため部下の右松祐永らに糧food、兵器、兵士の調達に当たらせた。しかし、岩村通俊が後任の県令として着任すると聞いて大山と同様の扱いを受けると悟り、右松らに後を託して自刃した。

田原 法水　たはら・ほうすい
僧侶(真宗大谷派)
天保14年(1843)12月15日〜昭和2年(1927)2月15日　生豊後国(大分県)　歴明治9年一向宗布教のため、長崎・正ét寺住職の身で沖縄に渡る。一向宗は琉球で国禁であったため、布教が露見して、10年門徒300余人が捕えられ、流刑その他の刑に処された。11年上京し、中央政府及び京都本山に働きかけて解禁の許可を得、那覇に仮設教所を設け、のちの真教寺の基礎を築いた。

玉井 清太郎　たまい・せいたろう
飛行家 日本飛行学校創設者
明治25年(1892)6月11日〜大正6年(1917)5月20日　生三重県　歴大正5年東京府の羽田穴守に日本飛行学校(のち羽田飛行場)を創設。6年日本最初の3人乗りプロペラ機・玉井式3号機を製作、同年東京上空を飛行中に芝浦海岸で墜落死した。家弟=玉井藤一郎(飛行家)

玉井 庸四郎　たまい・ようしろう
牡鹿軌道創業者　金華山自動車創業者
元治2年(1865)2月2日〜昭和26年(1951)1月11日　生陸奥国仙台(宮城県仙台市)　歴牡鹿軌道、金華山自動車を創業、宮城県の交通業発展に尽くした。また牡鹿半島の万石浦で種牡蠣の養殖を始め、一大産地に育て上げた。

玉置 半右衛門　たまおき・はんえもん
実業家　鳥島(無人島)開拓者
天保9年(1838)10月1日〜明治44年(1911)11月1日　生伊豆国八丈島大賀郷(東京都八丈町)　名号=信天翁　歴流人の島八丈島に生まれ、流人の一人、浅草の棟梁から大工の術を学ぶ。安政5(1858)年横浜に渡り、大工の職につくが、文久2(1862)年出稼ぎ大工として小笠原に渡り官舎建設の棟梁となる。この時、米国帰りの中浜万次郎と出会って鳥島の話を聞き、この無人島の開拓を思いつく。明治21年東京府より鳥島拝借の許可を得て渡島し、以来、専ら"アホウドリ"の捕獲に従事、羽毛輸出などの事業を興し財をなしたが、そのために鳥島のアホウドリは絶滅寸前まで減少した。晩年は沖縄県大東島で製糖および磷礦の事業を営んだ。

玉木 文之進　たまき・ぶんのしん
萩の乱後に自刃した旧長州藩士
文化7年(1810)9月24日〜明治9年(1876)11月6日　生長門国(山口県)　名名=正一、字=蔵甫　歴吉田松陰の父・杉百合之助の弟で、玉木正路の養子となる。天保13年(1842年)萩城下に松下村塾を創設し、子弟の教育にあたる。甥の松陰も幼少の頃より文之進の厳しい教育を受け、のちに塾の主宰者となった。藩校・明倫館の都講、異船防御手当掛、諸郡の代官などを歴任し、明治2年第一線より引退後、松下村塾を再興したが、9年萩の乱に一門・子弟が多く参戦して負傷や戦死となった責任をとって自刃した。

玉塚 栄次郎(1代目)　たまずか・えいじろう
玉塚商店創業者
万延1年(1860)11月3日〜大正9年(1920)12月20日　生江戸日本橋(東京都中央区)　名旧姓・旧名=小島　歴玉塚栄蔵の養子となり、明治6年日本橋の砂糖問屋・堺屋に奉公。14年日本橋の株式仲買業・山県保兵衛商店に入る。24年独立して株式仲買業・玉塚商店を開業。晩年、天保銭主義を唱え、雑誌「天保銭主義」などを刊行、貯蓄の必要性を説いた。

玉手 弘通　たまて・ひろみち
大阪石油会社社長
天保15年(1844)5月〜大正15年(1926)4月23日　生大和国高市郡(奈良県)　名旧姓・旧名=中村、旧名=越智政平　歴大和高取藩士の四男として生まれる。僧籍に入るが、のち越家を継いで武術修行に励む。幕末は勤王の志士として奔走し、絶家だった玉手家を再興して玉手弘通と改名。維新後、新政府に出仕して会計局に勤務したが、刑法官の大原重徳に誘われて弾正台に転じ、大巡察として大村益次郎襲撃事件犯人を全員逮捕する功を挙げた。明治4年職を辞して大阪で石油販売業を営み、17年大阪石油会社社長に就任。大阪商船や大阪電灯などの創設・経営にも参画した。傍ら、堂島米商会所頭取、大阪商工会議所副会頭も務め、新分肌の実業家として信望を集めた。

玉乃 世履　たまの・せいり
大審院長
文政8年(1825)7月21日〜明治19年(1886)8月9日　生周防国岩国(山口県岩国市)　名旧姓・旧名=桂、幼名=辰次郎、多門、通称=泰吉郎、東平、字=公素、号=五龍、鐘芳　歴周防岩国藩士・桂家に生まれる。同藩の儒者・玉乃九華に師事し、師の没後にその後を継いで玉乃姓を名のった。25歳のとき藩命で上洛し、梁川星巌、斎藤拙堂らに詩文を学ぶとともに、頼三樹三郎、梅田雲浜、月照ら尊攘派の志士らと交わった。帰藩後は藩校教授兼侍読などを務めた。慶応2年(1866年)第二次長州征討に際しては農兵隊の北門団を組織して幕府軍と戦った。明治維新後、岩国藩公議人となるが、広沢真臣の推薦で新政府に出仕し、明治2年民部少丞兼大蔵少丞、3年民部権大丞、4年東京府権大参事を歴任。同年司法省に入り司法中判事、司法権大判事などを務め、広沢真臣暗殺事件裁判などを担当する一方で江藤新平司法卿の下で各種法典の編纂に当たった。9年大審院が創設されるとその子院長代理(院長は欠員)となり、11年正式に初代大審院長に就任。12年司法大輔に転じ、元老院議官を兼ねた。この間、大久保利通暗殺事件や山科生幹事件、立志社陰謀事件、西南戦争関係の裁判にかかわり、"明治の大岡忠相"と呼ばれた。14年大審院長に再任。16年の福島事件の裁判では極刑を望む政府から圧力をかけられたが、大部分の関係者を無罪にし、残りの有罪者も内乱陰謀の成立を認めながら情状酌量で刑を軽くするなど、司法権の独立に腐心した。19年在職中に自殺。漢詩人としても知られた。

玉松 真幸　たままつ・まさき
貴院議員　男爵
安政6年(1859)3月11日〜明治40年(1907)5月26日　名旧姓・旧名=山本　歴山本実政の二男。明治5年玉松操の養子となり、家督を継いだ。28年貴院議員。家父=山本実政(公卿)、養父=玉松操(国学者・政治家)

玉利 親賢　たまり・ちかかた
海軍中将
嘉永6年(1853)10月3日〜大正5年(1916)8月24日　生薩摩国鹿児島城下上竜尾町(鹿児島県鹿児島市)　学海兵(第5期)〔明治11年〕卒　歴明治4年海軍兵学寮に入り、10年西南戦争に従軍。14年海軍少尉に任官。32年秋津洲艦長、軍令部第二局長を経て、

34年より駐英公使館付武官。アルゼンチンがイタリアで建造中の軍艦がロシアに売り渡されようとしていることを知り、本国に購入を打診。これが後の日進、春日の2艦となり、日露戦争で活躍した。38年旅順口鎮守府参謀長、39年南清艦隊司令官、41年大湊要港部司令官を経て、42年海軍中将となり、馬公要港部司令官を務めた。44年予備役に編入。　家弟=玉利喜造（農学者）

田丸 猪吉　たまる・いきち
水産家　千葉県太海村長
明治8年(1875)10月5日～昭和6年(1931)3月7日　出千葉県　歴千葉県太海村（現・鴨川市）村長を務め、発動機船の導入やテングサ栽培の実施など、漁業の近代化に力を注いだ。退任後はかつお節製造技術の改良を進め、"太海節"を普及させた。

田丸 慶忍　たまる・きょうにん
僧侶（浄土真宗本願寺派）
文化13年(1816)9月27日～明治16年(1883)3月7日　生豊前国下毛郡落合村（大分県中津市）　名諱=性叡、別名=慶忍　歴豊前・雲西寺住職乗願の三男。弘化元年(1844年)長久寺住職・芳慶の養子となり、嘉永6年(1853年)同寺住職を継ぐ。一方、筑前の鳥水宝雲に師事し、性相学を学んだ後、月珠の門下となり、宗乗を修める。この間、嘉永元年(1848年)得業、安政5年(1858年)助教を経て、慶応3年(1867年)司教。明治3年西本願寺学林の安居で「住生要集」を副講し、7年勧学となる。14年安居本講で「般舟讃」を講義した。著書に「本願成就文講録」「起信論略解」などがある。説教に優れ、各地で教化活動を行った。　家実父=乗願（雲西寺住職）、養父=芳慶（長久寺住職）

田村 顕允　たむら・あきまさ
北海道開拓者　北海道議
天保3年(1832)11月6日～大正2年(1913)11月20日　生陸奥国亘理郡小堤村（宮城県亘理郡亘理町）　名旧姓・旧名=常盤、通称=新九郎、号=珠山　歴常盤顕信の四男に生まれ、兄の夭折のため家督を継ぐ。安政4年(1857年)江戸に遊学し、昌平黌に学ぶ。慶応元年(1865年)陸奥仙台藩の一門である亘理伊達家の家老となる。戊辰戦争後の明治2年、家緑を削られ困窮していた主家を救うために主君・伊達邦成に北海道移住を建言し、明治政府に有珠郡支配の許可を得て同地への移住を実行。開拓経営の中心人物として家臣団の先頭に立ち、西洋農機具の導入や畜産の奨励、農社の結成、有珠郷学校の設立など様々な施策を行い、今日の伊達市の基礎を築いた。室蘭ほか三郡（虻田、有珠、幌別）郡長、紋鼈製糖会社社長などを歴任。34年北海道議を務めた。

田村 一三　たむら・いちぞう
軍事探偵
明治15年(1882)1月2日～明治37年(1904)4月15日　出宮崎県　学宮崎中（旧制）卒　歴明治35年

北京へ渡り、日本語教師となる。37年日露戦争が起こると横川省三、沖禎介らと特別任務に従事。ロシア軍の補給路に当たる東清鉄道の爆破を図ったが、襲撃を受けて戦死した。

田村 市郎　たむら・いちろう
実業家
慶応2年(1866)1月～昭和26年(1951)11月28日　生長門国（山口県萩市）　名旧姓・旧名=久原　歴明治後半よりトロール漁業と北洋漁業に進出し、田村汽船漁業部、日魯漁業を設立。大正に入ってからはトロール漁業に専念し、大正6年共同漁業を支配下に収め、各種漁業、加工、販売部門を兼営した。その後日本汽船社長に就任。のち鮎川義介の日産コンツェルンに参加、昭和8年日本水産の形成に尽力した。　家兄=久原房之助（実業家）

田村 怡与造　たむら・いよぞう
陸軍中将
嘉永7年(1854)10月11日～明治36年(1903)10月1日　生甲斐国東八代郡相興村（山梨県笛吹市）　学陸士（旧2期）卒　歴神官の長男で、弟の田村沖之甫、守衛も陸軍中将。小学校教師を経て、明治8年上京して陸軍士官学校に入る。在学中、西南戦争に従軍。12年陸軍少尉に任官。16～21年ドイツへ留学。日清戦争では大本営兵站総監部参謀から第一軍参謀副長として従軍したが、参謀長小川又次と意見が合わず帰国した。川上操六参謀次長の庇護を受け、一時ドイツ公使館付武官となるが、30年以後参謀本部付となり、33年陸軍少将に進んで総務部長兼第一部長、35年参謀次長に就任。川上亡き後は、"第2の川上"と称され、対ロシア戦略を練ったが、36年病没した。後、陸軍中将に進級。　家弟=田村沖之甫（陸軍中将）、田村守衛（陸軍中将）、女婿=山梨半造（陸軍大将）、本間雅晴（陸軍大将）、早川新太郎（陸軍少将）、甥=田村義冨（陸軍中将）

田村 英二　たむら・えいじ
実業家
嘉永6年(1853)～大正4年(1915)11月2日　生阿波国勝浦郡（徳島県）　歴阿波国勝浦郡の地主の家に生まれる。若くして横浜に出て航海運輸・製茶貿易に従事し帰郷。士族授産の目的でマッチ製造所・徳裕社や製紙会社を創設。傍ら、北海道開拓にも尽力した。明治12年高知県議となり、徳島に再置後も県会議員を続け副議長、徳島商業会議所副会頭も務める。23年第1回総選挙に立候補するが井上高格に敗れ、東京に移り経済人として活躍。明教保険、日本陶業、大日本麦酒、東京電気などの各重役に就任、麻布区会議長も務めた。

田村 沖之甫　たむら・おきのすけ
陸軍中将
慶応2年(1866)～大正8年(1919)4月12日　生甲斐国（山梨県）　学陸士〔明治20年〕卒、陸大〔明治32年〕卒　歴明治21年陸軍少尉に任官。32年陸軍大学校を卒業し、軍事研究のためドイツに

派遣される。39年陸大教官。43年駐ドイツ公使館付武官として再び渡独。大正2年軍務局砲兵課長、4年参謀本部第四部長、5年野砲兵第一旅団長、6年陸軍砲工学校校長を歴任。7年陸軍中将。[家]兄=田村怡与造（陸軍中将）、弟=田村守衛（陸軍中将）

田村 駒治郎（1代目） たむら・こまじろう
田村駒創業者 貴院議員（多額納税）

慶応2年（1866）6月18日～昭和6年（1931）3月31日 [生]摂津国豊島郡池田村槻木（大阪府池田市） [歴]旧姓・旧名=笹部 [家]生家は酒造業を営む旧家・笹部家で、6人きょうだい（4男2女）の二男（3番目）。明治9年父が43歳で急逝したため、兄と学校を中退して働き、11年関東呉服店へ丁稚奉公に出たが、1年もたたないうちに主家が没落して帰郷。12年池田の酒造業・西田与兵衛方に奉公し、16年田村家の養子となる。17年モスリン友禅染色業の岡島千代造商店に転じ、24年には岡島合名会社の共同出資者となった。26年無地染めの鮮明な染色法を完成。27年大阪で神田屋田村商店を創業、手染めモスリン友禅の卸販売を開始。自身は製品作りに専念し、三弟の平松徳三郎がセールスに回るという二人三脚で店を大きくし、輸入の金巾更紗に独自の意匠を施して爆発的な人気を呼び、"意匠の田村駒"と評判を取った。41年岡島合名会社を退いて自社の経営に専念、合名会社田村駒友禅工場を開設。大正7年株式会社田村駒商店を設立した。一方、10年大阪市議となり、14年貴族院の多額納税議員となった。[家]長男=田村駒治郎（2代目）、弟=平松徳三郎（田村駒商店代表取締役） [勲]緑綬褒章〔昭和4年〕

田村 惟昌 たむら・これまさ
衆院議員（憲政本党）

安政3年（1856）3月～大正15年（1926）7月30日 [回]越中国（富山県） [歴]富山県議、同副議長、県勧業諮問会員を経て、明治23年7月に衆院議員に初当選。以来、通算4回当選。また富山日報社社長を務めた。

田村 順之助 たむら・じゅんのすけ
衆院議員（政友本党）

安政5年（1858）8月～昭和14年（1939）1月19日 [回]下野国（栃木県） [歴]栃木県議、同常置委員、副議長を経て、明治27年3月に衆院議員に初当選。以来、通算11期つとめた。

田村 新吉 たむら・しんきち
衆院議員 神戸商業会議所会頭

文久3年（1863）12月～昭和11年（1936）11月9日 [生]大坂中之島（大阪府大阪市） [学]ショトクワ大学会理文科（米国）〔明治17年〕卒 [歴]明治10年神戸の輸出茶商に勤務。17年渡米、21年バンクーバーに日加貿易店を開業。30年神戸に本店を移し、各地に支店を設け、欧米、中国、南洋に業務を拡張した。また日加合同貯蓄銀行、日加信託、日本精糖、東京内燃機工業各株式会社を経営。カナダ政府名誉領事官、44年神戸商業会議所副会頭、のち会頭となった。大正4年神戸市から衆院議員当選、7年臨時国民経済調査会委員などを務めた。8年ワシントンの国際労働会議資本家代表、14年貴院議員となった。

田村 太兵衛 たむら・たへえ
実業家 初代大阪市長

嘉永3年（1850）8月4日～昭和2年（1927）9月16日 [回]大阪 [名]別名=丸亀太兵衛、幼名=太七、号=友松 [歴]大阪心斎橋筋の呉服商・丸亀太兵衛（田村氏）の長男に生まれ、幼名は太七。明治12年家督を相続、丸亀屋3代目当主となり、京都疏水開削事業や道路の改修、各種運動・事業を援助した。22年大阪市制施行第1回大阪市議、24年大阪商業会議所副会議となる。31年大阪市長選で住友家15代目当主・吉左衛門友純と争い僅差で初代大阪市長となる。就任と同時に丸亀屋を番頭もろとも高島屋呉服店に譲渡。上水道拡張工事に着手、市立高等商業学校の創設など市政に尽力したが、34年辞任、のち大阪博物場長を務め、趣味の美術工芸品を収集した。書画・骨董の鑑識眼は周知されていて、書いた鑑定書は"太兵衛さんのお墨付き"と呼ばれて専門の古美術商の間でも幅を利かせた。また友松と号し十八会会員となるなど、茶人としても風流を好んだ。

田村 直臣 たむら・なおおみ
牧師

安政5年（1858）8月9日～昭和9年（1934）1月7日 [生]大坂堂島天満（大阪府大阪市） [学]東京一致神学校〔明治12年〕卒 [歴]与力の子に生れる。明治6年上京、築地大学校で宣教師カロザーズの教えを受け、受洗、東京第一長老教会を設立。銀座教会（のち数寄屋橋教会と改称）牧師となる。北村透谷や岸田劉生らに洗礼を授けた。13年植村正久らと東京青年会を設立「六合雑誌」刊行に参加。15～19年米国・プリンストン神学校に留学、26年「The Japanese Bride（日本の花嫁）」を米国で出版し、日本女性の男性への隷属を記したのが国辱的として日本基督教会牧師を除籍されたが、大正15年復帰した。その後日曜学校の発展に尽力し、日本日曜学校協会を設立し、会長に就任。日本の日曜学校事業の先駆者。8年から終生、日本基督教会巣鴨教会牧師をつとめた。週刊子ども新聞「わらべ」の創刊や「幼年教育双書」100巻を発行。主著に「信仰五十年史」「二十世紀日曜学校」。

田村 文四郎 たむら・ぶんしろう
北越製紙創業者

嘉永7年（1854）～大正9年（1920） [回]越後国（新潟県） [歴]稲刈りのあと肥料にするか捨てられていた稲わらに目をつけ、わらを原料にボール紙をつくる。長岡市の信濃川べりに工場を建て、明治40年北越製紙を創業。 [家]息子=田村文吉（参院議員・北越製紙社長）

田村 又吉 たむら・またきち
篤農家 静岡県稲取村長
天保13年(1842)1月5日～大正10年(1921)10月
[生]伊豆国賀茂郡稲取(静岡県賀茂郡東伊豆町) [専]稲取村(静岡県)村長 [歴]明治9年静岡県稲取村地主総代、20年稲取村ほか4ケ村戸長を経て、22～25年稲取村村長。この間、大部分が山林で耕地が少なく、漁業で生計を立てていた同村に、寒天の原料となる"てんぐさ"の栽培を広めて村の特産品として村費を捻出し、学校、病院、水道などのインフラ整備に努めた。28年報徳運動家で柑橘栽培を広めていた片平信明と知り合ったことがきっかけに同村に柑橘栽培を広め、これらにより36年稲取村は全国三大模範村の一つに選ばれた他、今日ミカンの産地として知られる静岡県加茂郡の基礎を築いた。 [勲]藍綬褒章〔明治37年〕

田村 守衛 たむら・もりえ
陸軍中将
明治4年(1871)2月18日～大正12年(1923)6月13日 [生]山梨県 [学]陸士(第5期)卒、陸大〔明治34年〕卒 [歴]神官の七男で、兄の田村怡与造、沖之甫も陸軍中将。明治27年陸軍少尉に任官。34年陸軍大学校を首席で卒業。大正3年東京都督府高級参謀、6年陸大幹事を経て、7年陸軍少将。同年騎兵第一旅団長、10年騎兵学校長から、11年陸大校長となったが在任中に病死。陸軍中将に進んだ。 [家]兄=田村怡与造(陸軍中将)、田村沖之甫(陸軍中将)、岳父=藤本太郎(陸軍中将)

田村 利七 たむら・りしち
東京紡績社長
弘化5年(1848)2月23日～明治44年(1911)12月13日 [生]江戸深川仲町(東京都江東区) [家]旧姓・旧名=宮島 [歴]明治4年三井御用所に入り、9年三井銀行横浜支店長。19年同志と東京・深川に東京紡績を設立、社長に就任。同社はユニチカの前身の一つとなった。

田母野 秀顕 たもの・ひであき
自由民権運動家
嘉永2年(1849)～明治16年(1883)11月29日
[生]陸奥国三春(福島県田村郡三春町) [家]旧姓・旧名=赤松、幼名=恵寛、前名=田母野千秋 [歴]三春藩士の子に生れるが、幼くして父を失い、修験者田母野浄因に養われる。戊辰戦争の際、河野広中らと三春藩の恭順を説き、会津討伐の官軍に協力。のち河野らと共に自由民権運動に加わり、明治11年三師社を設立、自由党福島部の結成、「福島自由新聞」の創刊に尽力し、東北地方に民権論をおこした。国会開設運動、自由党結成にも活躍したが、15年福島事件に連座し、翌16年軽禁獄6年の刑を受け、石川島に幽閉され、獄死した。

樽井 藤吉 たるい・とうきち
社会運動家 衆院議員
嘉永3年(1850)4月14日～大正11年(1922)10月25日 [生]大和国宇智郡霊安寺村(奈良県五条市) [家]別名=森本藤吉、号=丹芳、丹木 [歴]明治元年上京して、井上頼囶、林鶴梁に学ぶ。西南戦争時は西郷隆盛に加担した。15年長崎県島原で東洋社会党を結成、社会平等と公衆の最大福利を綱領に採択したが、翌年逮捕される。出獄後「佐賀日報」の編集に携わる。のち大陸に渡り、上海で東洋学館の設立に参加。朝鮮独立党の金玉均に交わり、18年大阪事件に連座。25年衆院議員に当選。東洋自由党を結成。一時森本姓を名のり、28年旧姓(樽井)に復帰する。30年には社会問題研究会幹事となり、足尾鉱毒事件にも関心を持つ。晩年は朝鮮や清国で鉱山を経営。著書に大アジア主義に基づく日韓対等合併を主張した「大東合邦論」や「明治維新発祥記」などがある。

丹 悦太 たん・えつた
社会運動家
明治4年(1871)9月23日～昭和34年(1959)11月15日 [生]愛媛県周桑郡小松町新屋敷(西条市) [歴]宇品造船所に勤務し、大正9年広島労働連盟を創立、同年日本社会主義同盟に参加するなどして活躍。アナキストとして活躍し、14年呉自由労働者組合を結成。15年黒色青年連盟に参加。のち沖縄に移り、昭和3年糸満国色青年連盟を結成するなどした。

団 琢磨 だん・たくま
三井合名会社理事長 男爵
安政5年(1858)8月1日～昭和7年(1932)3月5日
[生]筑前国福岡荒戸町(福岡県) [家]旧姓・旧名=神屋駒吉 [学]マサチューセッツ工科大学(米国)鉱山学科卒 工学博士〔明治32年〕 [歴]12歳で団家の養子となる。明治4年旧福岡藩主黒田長知の従者として岩倉使節団とともに渡米し、そのまま留学。マサチューセッツ工科大で鉱山学を修め、11年に帰国後、大阪専門学校、東京帝国大学で教鞭をとったが、17年に工部省三井鉱山局次席に転じたあと三池鉱山局技師に。その間、大型ポンプの導入を進言して炭坑技術調査のため渡欧。三池鉱が三井に売却されたあと三井三池炭鉱社事務長に就任すると、デーヴィポンプを強行採用して業績をあげた。以後、26年三井鉱山合資会社専務理事、42年三井合名会社参事、44年三井鉱山会長を経て、大正3年益田孝の後任として三井合名会社理事長に就任、三井財閥の事業を統括した。また6年日本工業倶楽部初代理事長、12年日本経済連盟理事長、昭和3年会長となって財界のリーダー役を務め、浜口内閣の労働組合法案に反対する。しかし三井ドル買い事件で反財閥糾弾のヤリ玉にあがり、7年3月血盟団員菱沼五郎の凶弾により倒れた。昭和3年男爵。 [家]長男=団伊能(実業家・政治家)、二男=団勝磨(発生生物学者・東京都立大学名誉教授)、孫=団伊玖磨(作曲家)

弾 直樹 だん・なおき
穢多頭

文政6年(1823)～明治22年(1889)7月9日
[生]摂津国菟原郡灘住吉村(兵庫県神戸市東灘区) [名]幼名=小太郎、通称=弾左衛門 [歴]寺田利左衛門の長子で、天保10年(1839年)幕命により、江戸・浅草の穢多頭12代目弾左衛門の養子となる。のち13代目となり、明治3年陸海軍造兵司所属の皮革製造伝習授業御用製造所を設立し、洋式皮革、軍靴の製造を開始。しかし翌年賤民解放令が発布され、皮革取り扱いの特権を失って大打撃を受けたため、三井組の手代北岡文兵衛と弾・北岡組を作って製靴部門を興し、復興を図った。同社はのちに東京皮革株式会社に引きつがれた。

丹後 直平 たんご・なおへい
衆院議員(政友会)
安政2年(1855)10月～大正9年(1920)3月17日
[出]越後国(新潟県) [学]東京大学文学部 [歴]北蒲原郡議、新潟県議、徴兵参事員などを経て、明治23年新潟県郡部より衆院議員に当選。以後、27年までの3期連続および35年から37年までの3期連続の通算6回当選を果たした。

丹沢 善利(1代目) たんざわ・よしとし
生盛薬館創業者
安政2年(1855)～明治41年(1908)
[生]甲斐国(山梨県) [歴]生薬屋、旅館業などを営むだもや、上京して薬の行商・生盛薬館を創業。家宝の徳本大医の医方書「梅花無尽蔵」によって薬を処方し、軍服姿のセールスマンによって販路を広げた。 [家]息子=丹沢善利(2代目)

【 ち 】

近野 鳩三 ちかの・きゅうぞう
陸軍中将
慶応1年(1865)8月～大正12年(1923)1月5日
[生]肥後国玉名郡花簇村(熊本県玉名郡和水町) [学]陸大卒 [歴]明治19年陸軍工兵少尉となり、26年陸軍大学校に入る。工兵大隊中隊長、参謀本部出仕、陸軍大学教官、工兵会議員などを務め、日露戦争では戦死した大木房之助大佐に代わって工兵第一大隊長として旅順攻撃に参加。参謀本部員、40年陸軍砲工学校教官などを歴任。大正2年少将に進み広島湾要塞司令官を務め、3年工兵監に転じ、7年中将となる。

千頭 清臣 ちかみ・きよおみ
鹿児島県知事 二高教授 貴院議員(勅選)
安政3年(1856)11月8日～大正5年(1916)9月9日
[生]土佐国土佐郡江ノ口村(高知県高知市) [名]幼名=徳馬 [学]東京大学文学部〔明治13年〕卒 [歴]土佐藩士の二男に生まれる。大学予門で教え、明治19年英国留学。帰国後、一高教諭、高知中学校長、造士館教授、二高教授を歴任。のち内務書記官に転じ、30年栃木県知事、31年宮城県知事、33年新潟県知事、同年鹿児島県知事を務め、40年勅選貴院議員。その後、一時「東京日日新聞」を経営した。著書に「那翁伝」「坂本龍馬伝」など。

力石 雄一郎 ちからいし・ゆういちろう
宮城県知事
明治9年(1876)6月30日～昭和8年(1933)3月17日
[生]愛媛県喜多郡大洲町(大洲市) [学]一高卒、東京帝国大学法科大学〔明治33年〕卒 [歴]旧伊予大洲藩士の長男に生まれ、上京して旧制中学に入る。明治35年内務省に入省し、43年～大正2年長野県内務部長を務め、県庁・県会議事堂の建設に尽力した。岐阜県内務部長を経て、3年長野県知事、4年大分県知事、6年茨城県知事、10年宮城県知事、昭和2年秋田県知事、3年新潟県知事、同年大阪府知事を歴任。

千種 有任 ちぐさ・ありとう
宮内省御用掛 子爵
天保7年(1836)11月14日～明治25年(1892)9月2日 [生]京都 [歴]千種有文の子。嘉永3年(1850年)叙爵。安政5年(1858年)日米修好通商条約調印の勅許阻止を図る公家88人の列参に参加。文久元年(1861年)侍従となった。明治2年右近衛権少将に任じられ、3年伊那県知事、宮内権大丞。14年宮内省御用掛。17年子爵。 [家]父=千種有文(公卿)

竹林坊 光映 ちくりんぼう・こうえい
僧侶 天台宗管長
文政2年(1819)12月19日～明治28年(1895)8月15日 [生]豊後国東郡中村(大分県杵築市) [名]字=曇覚、号=棘樹、一如庵、如々院、別名=赤松光映 [歴]病弱であったが、文政11年(1828年)9歳で江戸に上り、13年東叡山見明院光千に帰依して仏道に入る。天保10年(1839年)比叡山に上って修行し、弘化2年(1845年)大阿闍梨となる。嘉永元年(1848年)本佳院から金台院に移り、さらに3年比叡山に戻って修禅院に住す。安政2年(1855年)寿昌院に転じて徳川家廟の別当職に任ぜられ、5年には大僧都に進んだ。文久2年(1862年)には大和談山竹林坊に転住して学頭職、権僧正となり、さらに同年孝明天皇に拝謁して紫衣を賜る。慶応3年(1867年)僧正に昇進。戊辰戦争に際しては江戸に出、新政府軍が上野に立てこもった彰義隊ら幕府軍を攻めると、輪王寺宮らの護衛に当たった。その後、仙台藩、庄内藩に身を寄せたのを経て、大坂の四天王寺に謹慎。明治2年許されて金台院里坊に住し、8年延暦寺座主、12年大教正。同年管長を辞したのちは滋賀院を再興し、さらに四天王寺、毘沙門堂に住した。著書に「黙坐消遺集」「三張眉目」「西遊記骨目」などがある。

千阪 高雅 ちさか・たかまさ
内務官僚 実業家 貴院議員(勅選)

天保12年（1841）閏1月19日～大正1年（1912）12月3日　[生]出羽国米沢（山形県米沢市）　[名]幼名＝浅之助, 諱＝迪, 字＝康民, 通称＝与市, 左郎右衛門, 号＝梁川, 嘉遯斎　[歴]文久3年（1863年）家督を継ぎ、慶応2年（1866年）米沢藩国家老、維新の変に軍事総督。明治3年大参事となり、4年藩主に従って英国遊学、6年帰国。内務省に入り、9年権少丞。10年西南戦争に従軍、陸軍中佐。12年石川県令、次いで内務大書記官、さらに岡山県令、同知事を歴任。のち退官して実業界に転じ、両羽銀行、宇治川水電、横浜水電、横浜倉庫、東京米穀商局取引所などの重役を務めた。27年～大正元年勅選貴院議員。　[家]二男＝千阪智次郎（海軍中将）

千阪 智次郎　ちさか・ともじろう
海軍中将
慶応4年（1868）2月15日～昭和11年（1936）2月23日　[生]出羽国米沢（山形県米沢市）　[学]海兵（第14期）〔明治20年〕卒　[歴]岡山県知事などを務めた千阪高雅の二男。明治22年海軍少尉に任官。40年東宮武官、44年津軽、45年生駒、大正元年八雲の各艦長を経て、3年佐世保鎮守府参謀長、同年練習艦隊司令官、4年教育本部第一部長、6年第二戦隊司令官を経て、同年海軍中将となり馬公要港部司令官。7年第二遣外艦隊司令官、8年鎮海要港部司令官、9年海軍兵学校校長。12年予備役に編入。　[家]父＝千阪高雅（内務官僚・実業家）

千葉 勝五郎　ちば・かつごろう
興行師 東京歌舞伎座創立者
天保5年（1834）～明治36年（1903）4月13日
[生]信濃国伊那郡中沢村（長野県駒ケ根市）　[歴]嘉永2年（1849年）頃15、6歳で父兄らと江戸に出て奉公、のち京橋の佐竹藩士・千葉恒五郎の養子となり芝居の衣装屋を継ぐ。芝居の衣装作りと共に、演劇改良会に参加して演劇の振興に尽くす。明治20年浅草公園裏に吾妻座をつくる。22年福地桜痴の勧めで東京京橋木挽町に歌舞伎座を創立、相座元となり日本演劇界の拠点としての基礎を作った。29年歌舞伎座を売却して引退。"千葉勝"の愛称で演劇人から親しまれた。

千葉 卓三郎　ちば・たくさぶろう
自由民権運動家
嘉永5年（1852）6月17日～明治16年（1883）11月12日　[生]陸前国栗原郡白幡村（宮城県栗原市）　[歴]父は仙台藩の下級藩士で、妾腹の子として生まれ、生まれた時にはすでに父は亡くなっていた。藩校・養賢堂で大槻磐渓に師事し、戊辰戦争では白河口の戦いを経験。石川桜所に医学を、鍋島一郎に国学を、桜井恭伯に浄土真宗を学び、さらにロシア正教に入信して布教活動に従事するが、入獄の憂き目にあった。出獄後は安井息軒や米国人のロバート・サミュエル・マクレイらにつき、思想遍歴を重ねた。三多摩地方の神奈川県五日市（現・東京都あきる野市）にあった五日市勧能学校（現・五日市小学校）で教職についていた頃、同地の自由民権運動に加わり、民権結社・五日市学芸懇談会にも参加。明治14年私擬憲法草案を起草したが、16年結核のために早世した。他に「読書無益論」「タクロン・チーバー氏法律格言」などを遺している。昭和43年歴史家の色川大吉により、同地の旧家で自由民権運動の拠点となった深沢家の土蔵から、その私擬憲法草案が発見された。これは全204条からなり、うち国民の権利に150条を割くなど、当時起草された私擬憲法草案の中でも極めて民主主義的な憲法草案として名高く、"五日市憲法"として知られる。

千葉 貞幹　ちば・ていかん
長野県知事
嘉永5年（1852）2月10日～大正2年（1913）3月26日
[生]大和国十津川（奈良県吉野郡十津川村）　[歴]奈良県士族・千葉清宗の長男に生まれ、高野山三宝院で学ぶ。慶応期に鷲尾侍従の高野山義挙に参加。明治6年宮内省に出仕、7年司法省に転じ、24年大津地裁所長、27年岡山地裁所長、のち神戸地裁所長などを歴任し、33年行政裁判所評定官。39～44年大分県知事を務め、同県初の本格的長期計画「農業奨励ニ関スル施設計画」を作成。農事講習所の開設、日豊線の延長、発電所・変電所の完成など大分県の産業の発展に貢献した。同年7月長野県知事に就任、在任中の大正2年脳溢血で急逝した。

千葉 禎太郎　ちば・ていたろう
衆院議員（政友会） 神国生命保険会社社長
弘化4年（1847）2月～昭和6年（1931）4月21日
[生]上総国市原郡海上村（千葉県市原市）　[歴]漢学を修める。千葉県内の戸長、村会議員、県会議員を経て、衆院議員当選5回、政友会に属した。実業界では神国生命保険会社社長、興業貯蓄銀行監査役、成田鉄道監査役を歴任。一方農業界、水産界、教育界で多くの名誉職を務めた。

千葉 十七　ちば・とうしち
憲兵 安重根と親交を結んだ看守
明治18年（1885）～昭和9年（1934）
[出]宮城県栗原市　[歴]憲兵として満州・旅順の刑務所に勤務していた明治42年、ハルビン駅で伊藤博文を暗殺した韓国人・安重根が収監され、看守として接する中で、その人格と見識に敬愛の念を抱く。獄中で安を厚遇したが、43年安は処刑された。その直前、世話になった礼にと遺墨を贈られた。大正10年退役して宮城県栗原市に帰郷。その後は遺墨を守り亡くなった。

千葉 松兵衛　ちば・まつべえ
実業家
元治1年（1864）1月24日～大正15年（1926）11月24日　[生]江戸　[歴]家業のタバコ商を継ぎ、明治16年輸入外国タバコに対抗して千葉商会を設立。以来、巻タバコの製造を進め、「白牡丹」「菊世界」などの銘柄を創出した。37年葉煙草専売法公布後は、

高等演芸場取締役、池貝鉄工所監査役などをつとめた。

長 連豪 ちょう・つらひで
大久保利通の暗殺犯
嘉永6年(1853)～明治11年(1878)7月27日
⽣能登国穴水(石川県鳳珠郡穴水町) 名初名＝此木小次郎 歴加賀藩士。藩校明倫館に在学中、明治維新を迎える。以後、旧姓の長氏を名乗った。明治初年の政変では、西郷隆盛をはじめとする征韓論派に共鳴。西郷の下野後は同郷の島田一良とともにたびたび鹿児島に赴き、西郷の股肱・桐野利秋らの知遇を得た。10年西南戦争に呼応して挙兵を企てるが失敗し、11年島田と共に東京・紀尾井坂で参議・大久保利通を暗殺。ただちに捕らえられ、同年7月27日斬刑に処された。

長 煕 ちょう・ひろし
水産家 兵庫県議
安政6年(1859)1月20日～大正10年(1921)8月29日 ⽣但馬国香住村(兵庫県美方郡香美町) 歴明治35年郷里の兵庫県香住村で香住浦漁業組合を組織して組合長となり、漁業の近代化と漁港の整備に尽力した。兵庫県議、香住村長も務めた。家二男＝長耕作(水産家)

千輪 性海 ちわ・じょうかい
僧侶 福祉事業家 光清寺住職
安政5年(1858)1月1日～大正1年(1912)11月5日 ⽣備前国岡山城下(岡山県岡山市) 名幼名＝安千代 歴備前岡山城下の光清寺に生まれる。大阪や博多で仏教の修行を積んだのち、実家である光清寺住職となる。明治12年京都の本願寺から備前国奨学掛に任ぜられ、社会教化に従事した。17年岡山監獄の教誨師となるが、出獄後の青少年囚に行き場がなく、再び犯罪に走る者も多かったことから、21年光清寺の一角に岡山感化院を設立。岡山県で初となる感化施設として青少年の保護矯正や職業指導などを行った。また、岡山仏教青年会や同婦人会を結成し、社会教育にも携わった。30年に岡山感化院が備作恵済会に合流したのちは、同会の感化院幹事として活躍。31年教務所長。

珍田 捨巳 ちんだ・すてみ
外交官 枢密顧問官 伯爵
安政3年(1856)12月24日～昭和4年(1929)1月16日 ⽣陸奥国弘前(青森県弘前市) 学東奥義塾、アスベリー大学(米国)〔明治14年〕卒 歴津軽藩士の家に生まれ、藩学校を経て、東奥義塾に学ぶ。同義塾の第1回留学生として米国のアスベリー大へ留学。明治18年大隈重信の推挙で外務省入り。各国の領事、公使を歴任後、外務総務長官、外務次官を経て、41年駐独大使となり、条約改正の実現に尽力した。その後、駐英大使を歴任。この間、第一次大戦後の大正8年パリ講和会議に全権大使として出席。9年枢密顧問官に任ぜられ、10年宮内省御用掛となり、まだ皇太子だった昭和天皇の半年間の訪欧に随行。皇太子の信任あつく東宮大夫となり、13年の結婚の儀を挙行。昭和2年3月から4年1月まで侍従長を務め、天皇の即位礼を挙行した。

【つ】

塚田 清一 つかだ・せいいち
陸軍歩兵大佐
安政2年(1855)～昭和9年(1934)11月11日
⽣因幡国鳥取(鳥取県鳥取市) 歴明治2年鳥取藩より選ばれてフランスの武官に軍事教練を受け、上京して皇宮警護の任に就き、ついで皇族付武官となる。この間、日清戦争・日露戦争に出征した。乃木大将副官を務め、大将没後は乃木十三日会会長を務め、邸内に乃木小社を祀った。

塚田 達二郎 つかだ・たつじろう
官僚
明治1年(1868)～明治45年(1912)4月25日
⽣信濃国(長野県) 学帝国大学卒 歴大蔵省国債局長などを務めたが、明治43年桂太郎首相の公債政策を漏洩して休職。44年第二次西園寺内閣の蔵相山本達雄により参事官として復帰した。

塚原 嘉藤 つかはら・かとう
弁護士 衆院議員(政友本党)
明治14年(1881)10月～昭和5年(1930)11月13日 ⽣長野県東筑摩郡日向村(麻績村) 学東京帝国大学法科大学独法科〔明治42年〕卒 歴弁護士、弁理士の資格を取得し、東京で弁護士開業。小穴製作所、日本無線電信電話、梁瀬自動車などの法律顧問を務めた。のち政界に入り政友会に所属。大正7年(社)日本アルプス会を設立に参加し、郷土開発に尽力。9年長野県第7区より衆院選に当選。

塚原 周造 つかはら・しゅうぞう
官僚 実業家 日本海員掖済会理事長
弘化4年(1847)4月20日～昭和2年(1927)9月14日 ⽣下総国豊田郡(茨城県) 名号＝夢舟 学慶応義塾 歴江戸の開成所、箕作塾、慶応義塾で学ぶ。明治5年大蔵省管船課に入って海事行政を整備し、13年前島密らと日本海員掖済会を創立し、のち理事長に就任。19年逓信省管船局長となった。その後、29年東洋汽船を設立した。

塚本 勝嘉 つかもと・かつよし
陸軍中将 男爵
弘化4年(1847)11月20日～明治45年(1912)1月15日 ⽣美濃国大垣(岐阜県大垣市) 名旧姓・旧名＝土井、幼名＝琢磨 歴美濃大垣藩士の家に生まれ、幼名は琢磨。明治5年陸軍少尉となる。佐賀の乱、西南戦争を経て、日清戦争には歩兵第六連隊長と

して従軍。陸軍大学校校長、第六師団参謀長などを経て、30年少将に進み、歩兵第二十一旅団長となる。日露戦争中の37年中将となり、男爵の爵位を受ける。37年第四師団長、39年第九師団長を務め、41年予備役に退き、金沢市に閑居した。

塚本 くの子　つかもと・くのこ
陶器商
文政10年（1827）5月〜明治29年（1896）7月26日
生近江国神崎郡川並村（滋賀県東近江市）　歴弘化3年（1846年）同郷の陶器商塚本権右衛門と結婚、文久2年（1862年）夫の死後、娘に養子平次郎を迎えて主とし、江戸日本橋伊勢町に店舗を構え、陶器の他に紙、荒物、太物などを取引して商売を発展させた。明治8年平次郎が死去すると、自ら陣頭に立って経営を指揮、西南戦争時の物価の暴落にも対応し店をさらに隆盛にした。17年孫平三郎に店を委ね、晩年は仏道に帰依した。　家夫＝塚本権右衛門（3代目）（陶工）

塚本 清治　つかもと・せいじ
内務次官　貴院議員（勅選）
明治5年（1872）11月5日〜昭和20年（1945）7月11日　生兵庫県姫路市　名旧姓・旧名＝河田　学三高卒、東京帝国大学法科大学英法科〔明治35年〕卒　歴河田家の二男で、塚本家の養子となる。大正2年京都府内務部長、4年内務監察官、同年神社局長、9年地方局長兼務、10年地方局長専任、11年社会局長官、12年内務次官。13年退官。同年加藤高明内閣の法制局長官、14年内閣書記官長となった。15年勅選貴院議員。　家女婿＝式村義雄（大蔵省金融局長）

塚本 ふじ　つかもと・ふじ
婦人運動家
明治3年（1870）〜昭和2年（1927）1月4日
生兵庫県神戸市　歴神戸における婦人運動の先駆者として知られる。大阪朝日新聞社主催の全関西婦人連合会議長、神戸高等女学校教諭など歴任。晩年は思想上の煩悶に加えて、不治の眼病を患い、極度の神経衰弱に陥っていたといわれる。

塚本 正之　つかもと・まさゆき
滋賀県議
天保3年（1832）5月1日〜大正7年（1918）2月28日　生近江国神崎郡川並村（滋賀県東近江市）　名通称＝粂右衛門　歴近江商人の家に生まれ、兄を助けて家業に励む。万延元年（1860年）分家。兄と共に郷里のため多額の私財を投じ、道路・学校の建設や植林事業を行った。のち滋賀県議、滋賀県農工銀行取締役などを歴任。

津軽 承昭　つがる・つぐあきら
弘前藩知事　伯爵
天保11年（1840）8月12日〜大正5年（1916）7月19日　生江戸　歴陸奥国弘前（青森県弘前市）　名旧姓・旧名＝長岡護明、津軽承烈、幼名＝寛五郎、号＝桃林亭、桃園、仙桃、琴調　歴熊本藩主細川斉護の四男に生まれ、安政4年（1857年）陸奥国弘前藩主津軽順承の婿養子となり、6年襲封し第12代弘前藩主となった。西蝦夷地の警備と経営などの他、軍制改革を行い、新たに武器の製造にも乗り出した。元治2年（1865年）京都御所南門の警備を命ぜられる。明治維新に際し、勤王方として箱館戦争に参加して功を立て、奥州触頭に任命され、一時東北15藩を配下とした。明治2年版籍奉還し、弘前藩知事となる。4年廃藩置県の実施により東京に移った。10年宮中祗候を拝命、のち爵香間祗候に転じる。17年伯爵。第十五国立銀行取締役を務めた。和歌をたしなみ、宮中の御題に対する詠進歌は多数にのぼる。　家実父＝細川斉護（肥後熊本藩主）、養父＝津軽順承（陸奥国弘前藩主）、養子＝津軽英麿（貴院議員）

津軽 承叙　つがる・つぐみち
貴院議員　子爵
天保11年（1840）8月29日〜明治36年（1903）12月7日　名幼名＝本次郎、初名＝朝澄　歴宗家一門の津軽順昭の二男。津軽承保の養子となり、嘉永4年（1851年）陸奥黒石藩主・津軽家4代目を相続。戊辰戦争では宗藩弘前藩とともに新政府側に属した。のち黒石藩知事、宮中勤番などを務める。17年子爵を授けられ、23〜30年貴院議員。　家父＝津軽順朝、養父＝津軽承保

津軽 英麿　つがる・ふさまろ
貴院議員　伯爵
明治5年（1872）2月25日〜大正8年（1919）4月7日　生青森県　名旧姓・旧名＝近衛　歴旧陸奥弘前藩主・津軽承昭の養子となる。明治19年欧州留学、ドイツ、スイスの大学で学び、37年帰国。40年韓国宮内府書記官、44年李王職事務官兼任。大正3年式部官、5年伯爵を継ぐ。7年貴院議員に当選。　家兄＝近衛篤麿（貴院議長）

月形 潔　つきがた・きよし
樺戸集治監初代典獄
弘化4年（1847）6月27日〜明治27年（1894）1月8日　生筑前国（福岡県）　名号＝篁村　歴明治7年司法省に出仕。内務省権少書記官を務めた後、14年北海道月形町にある月形刑務所の前身である、樺戸集治監の初代典獄（所長）に就任。18年まで5年間務めた。同町の名前の由来にもなった。

月田 藤三郎　つきだ・とうざぶろう
農商務省耕地整理課長　東京農業大学理事長
明治3年（1870）1月26日〜昭和14年（1939）1月7日　生群馬県　学帝国大学農科大学農学科〔明治29年〕卒　農学博士〔大正8年〕　歴農商務省に入り農務局農政課長などをつとめたのち、東京市の区画整理局長となる。また産業組合中央会副会長、帝国耕地協会副会長なども歴任。農林行政の第一線で活躍し、特に明治32年の耕地整理法制定にあたって耕地整理と土地生産性の結合の必要性に関する

405

提言発表などをした。

月成 勲　つきなり・いさお
朝鮮新義州民団長　玄洋社社長

万延1年(1860)11月14日～昭和10年(1935)12月16日　⽣筑前国(福岡県)　歴福岡藩家老・月成元観の三男として生まれる。明治12年頭山満、箱田六輔らが創設した向陽義塾の塾生となり来島恒喜らと交わる。玄洋社系の新聞として創刊された「福陵新報」に勤務後、熊本県で炭鉱を経営し、32年博多米穀取引所理事長。日露戦争の時、中国に渡り、のち朝鮮の新義州で各種の事業を興す。晩年は福岡に帰り、大正8年玄洋社相談役、9年社長を務めた。　家弟=梶川光、義弟=明石元二郎

津久居 彦七　つくい・ひこしち
佐野織物組合長　衆院議員

嘉永7年(1854)3月～昭和4年(1929)6月29日　⽣上野国邑楽郡渡瀬村(群馬県)　⺓栃木県佐野市　歴栃木県佐野町の豪商・津久居平槌の養子となり家督を継ぐ。洋綿商の傍ら、地域産業に尽力。佐野織物同業組合長、佐野綿縮会社社長、佐野銀行取締役などを務めた。一方、佐野町長、安蘇郡議を経て、明治41年衆院議員(国民党)。貴院議員。また足尾鉱毒事件で活躍した田中正造の後援者としても知られる。

津久居 平吉　つくい・へいきち
陸軍歩兵少佐

明治4年(1871)11月15日～昭和6年(1931)9月16日　⽣熊本県(佐野市)　学陸士卒　歴明治27年陸軍に入り歩兵少尉となり、日清戦争に従軍。旅順、威海衛の攻撃に参加した。36年北京に留学し清国事情を研究。日露戦争開戦直前、八達嶺でロシア軍の電話線を切断するなど特別任務に就いた。第一師団司令部付を経て、日露戦争後、少佐に進み、満州独立守備隊大隊長となるが、辛亥革命の際に革命派の藍天蔚らと通じて停職となり、予備役に編入された。のち熊岳城付近で農場を経営し、果樹栽培などで成績を上げ、また水田開拓に尽力するなど満州の開発に貢献した。

筑紫 熊七　つくし・くましち
陸軍中将

文久3年(1863)1月～昭和19年(1944)1月21日　⽣肥後国(熊本県)　学陸士(旧第9期)〔明治21年〕卒　歴明治27年要塞砲兵第二連隊付、32年参謀本部本部員などを経て、日露戦争では大本営参謀をつとめる。大正2年兵器局長に、10年技術本部長などを歴任し、12年予備役編入となる。昭和9年満州国参議府副議長となり、14年平沼内閣で国民精神総動員中央連盟理事長に就任した。著書に「台風に直面して」がある。

佃 一誠　つくだ・かずしげ
大蔵省印刷局長　日本勧業銀行理事

明治3年(1870)9月～大正10年(1921)12月29日　⽣加賀国石川郡一木村(石川県白山市)　学東京帝国大学法科大学〔明治31年〕卒　歴明治31年大蔵省に入り、32年司税官となる。広島県税務管理局詰、ついで税関事務官となり函館税関に勤務、33年横浜税関に移り、34年税関監視官を兼ね、以来、松江・丸亀・神戸の各税務監督局長などを歴任。40年専売局収納部長を経て、大蔵省参事官に進み、日本興業銀行監理官を兼務。大正3年印刷局長となり、のち日本勧業銀行理事に転出した。

佃 一予　つくだ・かずまさ
日本興業銀行初代副総裁

元治1年(1864)7月12日～大正14年(1925)3月14日　⽣伊予国松山(愛媛県松山市)　名旧姓・旧名=山路　学帝国大学法科大学〔明治23年〕卒　歴伊予松山藩士・山路一審の二男に生まれ、同藩・佃家に養われてのち家督を継ぐ。明治14年松山中学を終え、政治家を志し上京。常盤会寄宿舎に入り、帝国大学法科を卒業する23年まで舎監を務める。硬骨漢で大の文学嫌いとして知られ、当時舎生・正岡子規らの文学活動に批判攻撃を加えた。大学卒業後、内務省に入り、広島県・栃木県の参事官を務める。のち大蔵省参事官となり、松方正義首相の秘書官を務めた後、大阪税関長に転じ、神戸税関長を兼任するが、まもなく児玉源太郎陸相の要請で陸軍省参事官となり経理事務の改革に貢献する。更に児玉の推薦で、35年から5年間清(中国)直隷総督・袁世凱の財政顧問を務め、独自の創業に基づいて財政刷新に努力した。日露戦争の際、日清の協同工作に尽くす。39年帰国して日本興業銀行初代副総裁となり、大正2年南満州鉄道理事に転じ、在任中に鞍山製鉄所の創設に尽力。6年任期が満ちて東京に帰り報徳銀行頭取に就任したが、第一次大戦後の反動時代に入り同銀行は破綻、私財を投げ出して責任を負い預金者の救済に苦しむ中、病を得、14年没した。

津下 四郎左衛門　つげ・しろうざえもん
儒学者・横井小楠の暗殺犯

嘉永1年(1848)～明治3年(1870)10月10日　⽣備前国上道郡沼(岡山県岡山市)　名本名=津下正義, 変名=土屋信夫　歴父は名主で、岡山の阿部守衛に剣を学ぶ。備前岡山藩家老伊木家の分家に仕え、慶応4年(1868年)備中松山征討に参加。脱藩・上洛後、土屋信夫の変名で尊王攘夷派の志士と交わり、明治2年1月5日上田立夫らと新政府参与・横井小楠を暗殺。捕縛され、斬罪となった。大正2年遺子・津下鹿太が森鴎外を訪れて父の履歴を語り、鴎外はこれをもとに史伝「津下四郎左衛門」を執筆した。

辻 暎　つじ・あきら
大陸浪人

明治3年(1870)11月28日～昭和5年(1930)9月17日　⽣東京下谷上根岸(東京都台東区)　歴内田良平の黒竜会に入り、ロシアや満州で活動。のち青

島市救済育嬰所の運営に携わり、妻と多くの孤児の育成に力を尽くした。

辻 維岳　つじ・いがく
元老院議官　男爵
文政6年（1823）7月4日～明治27年（1894）1月4日　生安芸国（広島県）　名通称＝勘三郎、辻将曹、号＝僊風　歴安芸広島藩の執政を経て、文久2年（1862年）執政首座となり、藩政改革を推進。第一次長州征討で幕長の和解に務め、慶応2年（1866年）第二次長州征討では先鋒を辞したため謹慎処分を受ける。3年藩論を倒幕に導き、大政奉還を建議して広島藩の発言力維持に尽力した。明治維新後は内国事務局判事、大津県知事を務め、明治23年元老院議官、男爵となった。

辻 喜代蔵　つじ・きよぞう
社会事業家
天保12年（1841）7月9日～大正11年（1922）6月6日　生伊勢国（三重県）　歴明治12年三重県度会郡農事通信員、26年県農事講習所実習講師となり、博覧会、品評会の審査員を務めた。また五十鈴川下流の汐合川への架橋や鳥羽街道の開通に尽くした。

辻 啓太郎　つじ・けいたろう
京都府議
天保8年（1837）1月15日～大正4年（1915）5月16日　生丹波国北桑田郡山国村（京都府京都市右京区）　歴郷士の家に生まれ、少年期に京都に出て花園妙心寺で漢籍を学んだ。帰郷して、安政元年（1854年）庄屋見習。慶応4年（1868年）西園寺公望の徹文に応じ同志と勤王軍山国隊を編成、因州藩軍に所属して東征し北関東から会津まで転戦した。その功で金品を賜り、因州藩主もまた終身禄を与えた。のち戸長、村長、京都府会議員、郡農会長などを歴任、地方政治に貢献した。

辻 新次　つじ・しんじ
文部次官　貴族議員　男爵
天保13年（1842）1月9日～大正4年（1915）11月30日　生信濃国松本（長野県松本市）　名幼名＝理之助、号＝信松　歴文久元年（1861年）蕃書調所で舎密学（化学）、仏学を学ぶ。慶応2年（1866年）開成所教授手伝に任命され、維新後、明治2年同校少助教、4年大助教と進み、同年文部省に出仕、文部権少丞兼大助教となる。以後、大学南校校長、文部書記官、普通学務局長などを経て、19年初代文部次官に就任、25年まで歴代文相を補佐して明治期学校教育の基本体制の確立に貢献した。この間、16年大日本教育会（のち帝国教育会）を創設し、17年会長となり教育改革に尽くす。また19年に仏学会が設立され初代会長に選出、20年には東京仏学校を開設した。27年仁寿生命保険社長、29年貴族議員。41年男爵。

辻 忠右衛門　つじ・ちゅうえもん
実業家
弘化2年（1845）1月29日～昭和5年（1930）6月23日　生近江国（滋賀県）　歴辻八郎の二男に生まれ、安政4年（1857年）辻忠吾の養子となる。明治15年大阪に硫酸瓶製造会社を創立して社長となり、傍ら雑種陶器および煉瓦の製造を始め、のち大阪窯業と改称して煉瓦事業を拡大、26年煉瓦製造専業とした。36年化粧煉瓦、38年耐火煉瓦の製造を開始し、40年貝塚煉瓦会社・和泉煉瓦会社を合併して更に発展。コンクリートの使用普及により、大正5年セメント製造に着手、15年同部門を分離して大阪窯業セメントとした。神戸桟橋、大日本塩業、摂津製油、大日本人造肥料、大阪曹達、鳴尾馬匹改良、大阪株式取引所などの創立・経営にも関わった。

辻 寛　つじ・ゆたか
衆院議員（憲政会）
文久1年（1861）10月～昭和4年（1929）9月24日　生伊勢国三重郡水沢村（三重県四日市市）　学三重師範卒、東京専門学校政治経済科卒　歴中学教員から、三重県議に。また「三重新聞」を創設、社長。衆院議員当選3回、地方政界に重きをなした。

辻 利右衛門　つじ・りえもん
宇治茶製造業者
天保15年（1844）5月24日～昭和3年（1928）1月8日　生山城国宇治（京都府宇治市）　歴生地山城（京都府）宇治で茶業を営む。宇治茶の製茶法の改良に取り組み、明治初年に抹茶用の葉茶から良質の煎茶を作ることを考案し「玉露」と名付け、その製法を完成させた。のち販路拡大と生産増加にも努め、玉露は広く一般にも普及し、宇治の茶業を再興させた。

辻野 惣兵衛　つじの・そうべえ
和歌山県議　紀伊毎日新聞社長
嘉永7年（1854）5月21日～昭和3年（1928）12月6日　生紀伊国那賀郡（和歌山県）　歴明治20年和歌山県議となり、27年議長。一方、26年「紀伊毎日新聞」を創刊、社長。和歌山米穀取引所理事長、和歌山農工銀行重役なども務めた。

対馬 嘉三郎　つしま・かさぶろう
北海道開発者　衆院議員　札幌商業会議所初代会頭
天保7年（1836）11月～大正3年（1914）12月24日　生陸奥国弘前（青森県弘前市）　歴陸奥津軽藩士の子で、箱館戦争に従軍し、のち弘前藩公用人。明治4年廃藩置県後、青森県役人から、5年開拓使に務め、開拓庫中主典、開拓中主典を経て、開拓属となる。11年官を辞し開拓に専念、味噌・醤油醸造業の札幌興成社を興し産を成す。更に大有社を創設し米穀雑貨の輸入販売、海産物の輸出業を営む。北海道製麻会社、北海道炭砿鉄道、北海道製糖会社などの創立に尽力、また22年北海道電燈舎を設立し、24年水力発電で営業を開始、文化都市・札幌の誕生に大いに貢献した。函樽鉄道創立委員・鑑査役、19年札幌区総代会の総代人の一人に選ばれ、32年札幌区議、ついで初代区長を経て、36年

407

衆院議員に当選、40年札幌商業会議所初代会頭、42年小樽商工会議所会頭を歴任した。晩年は札幌区の元老として重んぜられたが、45年東京に転住し、公爵近衛家評議員を託された。

津島 源右衛門　つしま・げんえもん
金木銀行頭取　衆院議員(政友会)
明治4年(1871)6月~大正12年(1923)3月4日
回青森県　国西津軽郡中　歴青森県議を経て、明治45年衆院議員に当選、のち多額納税により貴院議員となる。農業を営むほか、金木銀行頭取を務めた。　家長男=津島文治(政治家)、六男=太宰治(小説家)

辻本 菊次郎　つじもと・きくじろう
農民運動家
明治17年(1884)9月12日~昭和5年(1930)1月1日
回奈良県二上村(香芝市)　歴大正11年創立された日本農民組合に入り、15年奈良県連合会長となり、同県内の小作争議を指導した。

辻本 福松　つじもと・ふくまつ
福助創業者
文久1年(1861)7月2日~明治42年(1909)5月8日
生和泉国堺(大阪府堺市)　歴綿糸商の四男。明治15年地元・堺で足袋装束卸商の丸福を創業。26年堺足袋装束組合の設立を主導、初代組合長に就任。足袋縫いにミシンを用いることを考案し、28年我が国で初めて足袋縫いミシンの特許を取得。32年丸福の商標取り消しを訴えられ敗訴したことから、33年新たに福助を商標登録。のち、ポスターや新聞広告などを通じて福助足袋の名を広め、足袋業界をリードした。　家養子=辻本豊三郎(福助社長)、孫=辻本英一(福助社長)

都筑 馨六　つづき・けいろく
枢密顧問官　外務次官　文部次官　男爵
万延2年(1861)2月17日~大正12年(1923)7月6日
生上野国群馬郡稲荷台(群馬県高崎市)　回愛媛県　名旧姓・旧名=藤井、筆名=琴城、難験　学東京大学文学部政治学理財学科〔明治14年〕卒 法学博士〔明治40年〕　歴高崎藩の名主の二男に生まれ、西条藩士の養子となる。横浜修文館、カロルザル英学塾で英語を学ぶ。東大卒業後の明治15年ドイツに留学。ドイツ語、フランス語に習熟し、19年帰国、外務省に入る。外相井上馨の秘書官となり、のち女婿となる。20年渡仏。22年再び公使館書記官となる。23年山県有朋首相秘書官、のち法制局参事官、内務省土木局長、宮内省図書頭を歴任。30年文部次官、31年外務次官、32年勅選貴院議員。33年伊藤博文の政友会結成に参加。36年枢密院書記官長、40年特命全権大使。41年男爵。42年枢密顧問官となり、以来15年間この職にあった。　家岳父=井上馨(外相)

鼓 包武　つずみ・かねたけ
陸軍少将

弘化3年(1846)~大正3年(1914)9月20日
回長門国(山口県)　歴長州藩士で、大村益次郎に兵学を学び、明治の初め陸軍に入る。西南戦争で戦功を立て、陸軍大学校教授、騎兵局長を歴任。日清戦争では留守第六師団参謀長を務め、明治29年軍馬補充部本部長。30年少将となった。

津田 出　つだ・いずる
元老院議官　陸軍少将
天保3年(1832)3月~明治38年(1905)6月2日
生紀伊国(和歌山県)　名号=芝山　歴蘭学、徂徠学を学び、紀伊藩の小姓兼奥右筆組頭をつとめたが、幕末国事に関係して幽閉される。明治維新に際して許され、明治2年紀伊藩大参事となり財政面で活躍。他藩に先んじて郡県制、徴兵制を実施した。4年廃藩後、明治政府に入り大蔵少輔。6年以後陸軍に入り、陸軍会計監査長となり、7年陸軍少将、陸軍大輔に進む。8年元老院議官ついで刑法草案審査委員となり、刑法、治罪法、陸軍刑法などの起草審査を行う。高等法院陪席裁判官をつとめ、23年勅選貴院議員となる。のち辞任し、大農法を唱えて千葉県の原野開拓などにあたった。維新三傑と合わせて四傑といわれる場合もあったと言われ、日本陸軍の徴兵制度を最初に発案実施したのが津田で、山県有朋は当面の責任者であったにすぎないという。徂徠学、蘭学の先輩として敬せられ、陸奥宗光をはじめ、数多くの人材を門下から輩出した。

津田 永佐久　つだ・えいさく
青森県議　青森県川内村長
嘉永2年(1849)3月13日~明治43年(1910)9月19日
生陸奥国北会津郡若松材木町(福島県会津若松市)　名旧姓・旧名=渡部、幼名=栄三郎　歴旧会津藩士。藩主・松平容保の京都守護職就任に伴い、その供奉員として上洛。維新後は会津藩の陸奥国斗南転封で下北半島に移り、明治8年からは同地の川内村に住んだ。17年青森県議に当選。20年には川内村の戸長となり、町村制発布後の22年には初代の同村長に推された。以来、5期20年に渡って村政に携わり、特に積極的に植林を行って森林を村の財産と呼ばれるまでに育て上げた。また、農事や教育の振興にも力を注ぎ、36年自治功労により藍綬褒章を受章。文章や絵もよくした。　勲藍綬褒章〔明治36年〕、勲七等青色銅葉章〔明治41年〕

津田 鍛雄　つだ・かじお
実業家　衆院議員(壬寅会)
明治4年(1871)5月1日~大正10年(1921)11月30日
生岡山県児島郡天城村(倉敷市)　学同志社〔明治22年〕卒、東京専門学校卒　歴6歳の時、旧天城藩士で陸軍少尉だった父・一陣が西南戦争で戦死し、母に育てられる。京都・東京で学び、22歳で岡山に帰郷後、有志と共に岡山英学校を創立。味野紡績、児島銀行の創立にも参画し重役に就任。明治35年衆院議員に当選し小派閥の壬寅会に属し

津田 興二　つだ・こうじ
玉川電鉄社長
嘉永5年(1852)～没年不詳
[出]豊前国(大分県)　[学]大学南校中退、慶応義塾卒
[歴]豊前中津藩士の二男。大学南校(現・東京大学)に学ぶが、病気のために中退。名古屋師範学校教員を経て、明治9年大分県中津に帰郷。漢学塾・進修館を改革して校長となった。再び上京すると慶応義塾に学び、卒業後は福岡県下の師範学校で校長兼教授を務めた。その後、新聞界に入り、「新潟新聞」「大務新聞」「時事新報」などで記者として活動。25年実業界に転じて三井に入り、三井物産横浜支店長や製糸工場の総監督などを歴任。42年請われて玉川電鉄社長に就任、客車輸送の他、砂利輸送販売や電灯供給事業、遊園地事業などに力を注ぎ、経営再建に成功した。昭和3年退社。

津田 維寧　つだ・これやす
福岡県企救郡長
文政13年(1830)8月11日～明治27年(1894)12月18日　[出]豊前国(福岡県)　[歴]行橋の水哉園に学び、大庄屋を務める。明治維新後は区長を経て、明治11年企救郡長に就任。14年間務めて、小倉の町づくりに尽力した。

津田 三蔵　つだ・さんぞう
大津事件の犯人
安政1年(1854)12月29日～明治24年(1891)9月30日　[出]江戸下谷(東京都台東区)　[出]伊賀国上野鉄砲町(三重県)　[歴]明治4年名古屋鎮台に入り、西南戦争に従軍。17年三重県巡査、18年滋賀県巡査となり、のち守口署に配属となる。24年5月11日来日中のロシア皇太子ニコライ(のちのニコライ2世)を大津市内で警護中、皇太子に斬りつけ、頭部2ヶ所に傷を負わせた(大津事件)。犯行の動機は皇太子の訪日が日本を侵略するための形勢視察と考えたからという。5月27日大津地裁で開かれた大審院法廷で謀殺未遂により無期徒刑の判決を受け、北海道釧路集治監に収容されたが、9月肺炎を起こし死亡した。

津田 静一　つだ・せいいち
政客 植民政策家
嘉永5年(1852)～明治42年(1909)11月28日　[出]肥後国熊本城下坪井(熊本県熊本市)　[名]通称=亀太郎、号=海溟、図南　[学]エール大学(米国)　[歴]明治8年北京公使館一等書記官見習、次いで大蔵省紙幣局学場幹事兼教員となった。辞任後熊本に帰り、紫溟学会を設け、自由民権を排し、国権論を唱えた。「紫溟雑誌」、「九州日日新聞」を創刊。18～20年ロンドンに留学、その後再び文学館を興し、植民事業を説き県民に南米移民を勧め、県民数百人を連れて台湾の蕃地開発を実践、成功した。晩年旧主細川家の家令を務めた。

土井 七郎兵衛　つちい・しちろべえ
豪商
天保5年(1834)～明治42年(1909)5月4日　[出]陸奥国仙台(宮城県仙台市)　[名]本名=土井林七、旧姓・旧名=庄司、号=挙芳　[歴]陸奥仙台の豪商で、大町に住して質屋を営み、多数の書籍や貴重な古文書を所蔵した。また挙芳と号して和歌や俳句を親しんだ。土井晩翠の父。　[家]息子=土井晩翠

土川 善澂　つちかわ・ぜんちょう
僧侶(浄土宗)
元治1年(1864)9月4日～昭和5年(1930)3月3日　[出]越前国福井(福井県福井市)　[歴]13歳で得度。明治27年以来、浄土宗立の大学、専門学校などの教授、校長を務め、44年権大僧都の称号を受ける。のち本山副議長、大本山専修道場の上首、審議院議長を務めた。さらに家政高等学校長、大僧正、准司教を経て、浄土宗の最高学階である勧学に上り、昭和3年知恩院住職となった。　[家]息子=江藤澄賢(清浄華院法主)

土田 万助　つちだ・まんすけ
農業指導者 秋田県議
明治2年(1869)1月6日～昭和17年(1942)6月15日　[出]出羽国大雄村(秋田県)　[歴]父祖の事業を継いで農業振興に尽くし、米の検査制度の確立や品質改良、耕地整理、植林などを行った。秋田県議を経て、大正7年～昭和7年貴院議員(多額納税)。　[家]長男=土田荘助(衆院議員)

土橋 長兵衛　つちはし・ちょうべえ
土橋電気製鋼所長 電気炉製鋼の発明者
慶応4年(1868)8月1日～昭和14年(1939)11月13日　[出]信濃国諏訪郡上諏訪(長野県諏訪市)　[名]初名=田実治　[歴]酒造業を営む家に生まれる。のち宗家である土橋家の養嗣子となり、長兵衛を襲名。国産の金物製造を志し、明治37年諏訪湖畔に亀長電気工場を設立。40年には長野県島内村に工場を移し、安曇野電気株式会社と電力供給の契約を交わした。その傍ら、電気冶金の研究を進め、東京帝国大学教授俵国一らの協力を得て42年には日本初の電気炉製鋼に成功。のち社名を土橋電気製鋼所に改め、高速度鋼材・特殊鋼の開発や松本・箕輪への分工場増設などで大正前期には全盛期を迎えるが、第一次大戦後の不況で製鋼業から撤退。しかし、晩年に至るまで電気冶金の研究を続け、そのために財産を使い果たしたという。　[家]兄=土橋八千太(神父、天文学者)

土持 政照　つちもち・まさてる
社会事業家

天保5年(1834)～明治35年(1902)12月4日 生薩摩国沖永良部島和泊(鹿児島県大島郡和泊町) 歴生地・沖永良部和泊で横目を務める。文久2年(1862年)同地に配流されてきた薩摩藩士・西郷隆盛を世話し、劣悪な環境であった牢を座敷牢に改築するなど、厚く遇した。のちには西郷と義兄弟の契りを結び、その感化を受けて明治3年島に備荒互助組織である社倉を設立。その他にも政治・経済面で島の発展に尽くすところがあった。

土屋 興　つちや・おき
実業家　衆院議員(政友会)
明治16年(1883)2月～昭和2年(1927)12月1日
回静岡県　学慶応義塾〔明治43年〕卒、ロンドン大学(英国)政治経済科〔大正3年〕卒　歴明治43年慶応義塾を卒業後、英国に留学してロンドン大学に政治経済を学ぶ。のち「大阪毎日新聞」記者から実業界に転じ、東洋加工紙取締役、富士護謨工業取締役、富士川製紙取締役、関東紡織取締役のほか、富士薬品工業などの重役、土屋代表社員を務める。また荏原郡議、大崎町議を務めた。大正9年衆院議員(政友会)に当選2回。

土屋 邦敬　つちや・くによし
農事改良家　維新期の岐阜で地方行政を推進
天保2年(1831)3月11日～明治11年(1878)9月1日
生美濃国武儀郡上有知村(岐阜県美濃市)　名通称=兵十郎、号=有隣、双山、苔石　歴美濃国武儀郡上有知村の惣年寄土屋家に生まれる。自覚で農事改良を志し、道路や用水路の開設、橋梁の架設、耕地整理などを行い、農産物の増産に努める。慶応2年(1866年)には尾張藩士三浦千春と、宮崎安貞の「農業全書」を出版して農政に尽くし、また学校を起して子弟教育にもあたった。明治6年には岐阜県より郡中惣代に任じられるなど、維新期の新政策の地域での推進者として活躍した。書画をよくし、同郷の画家村瀬秋水や長崎の画僧日高鉄翁などと交わる。特に蘭を得意とし、鉄翁と並び称された。

土屋 竜憲　つちや・たつのり
ワイン製造業者
安政6年(1859)～昭和15年(1940)
回甲斐国東山梨郡下岩崎村(山梨県甲州市)　名幼名=助次郎　歴明治10年祝村葡萄酒醸造の伝習生として高野正誠とともにフランスに留学。帰国後、ワイン醸造に従事。21年東京・日本橋に販売所を設けて甲斐産葡萄酒の名で販売した。のち東八代郡議、祝村長などを務めた。

土屋 信民　つちや・のぶたみ
関東庁高等法院長
明治6年(1873)3月23日～昭和8年(1933)5月21日
生東京　学東京帝国大学法科大学〔明治32年〕卒　歴明治32年司法官試補となり、東京区裁判所検事代理・判事、東京地裁判事・部長代理、東京控訴院判事などを歴任して、39年関東都督府法院判官に転任。この間、34年から一高講師を兼務した。大正4年関東庁地方法院長、13年関東庁高等法院長を務める。昭和3年欧米各国へ出張を命じられ、4年帰国。満州国の建国に際し立法に参画した。

土谷 秀立　つちや・ひでたつ
実業家　ゴム製造のパイオニア
嘉永2年(1849)～没年不詳
生江戸本所(東京都墨田区)　名旧姓・旧名=田崎　歴松前藩士・田崎家に生まれ、のち土谷氏の養子となる。早くからゴム工業の将来性に注目し、その製造法の研究を進めた。明治19年には兄弟の田崎忠簾・忠恕・長国とはかり、日本初のゴム製造会社である三田土ゴム製造合名会社を設立。以来、蒸気動力や電気動力を駆使してゴムの生産・改良に努力し、陸海軍や国内外の鉄道・鉱山に製品を供給し、巨利を博した。また、電気事業に必要な絶縁物エボナイトや軍用の無線電信用絶縁物の分野でも大いに業績を上げた。

土屋 光春　つちや・みつはる
陸軍大将　男爵
嘉永1年(1848)8月26日～大正9年(1920)11月17日　生三河国岡崎(愛知県岡崎市)　名旧姓・旧名=渡利　学大阪兵学寮卒　歴岡崎藩士・渡利家の四男として生まれ、のち同藩の土屋家の養子となる。明治5年陸軍少尉に任官。佐賀の乱、西南戦争に従軍、日清戦争では大本営参謀を務めた。近衛歩兵第一師団長を経て、日露戦争では第十一師団長として出征し旅順攻撃に参加したが、重傷を負って一時内地に後送された。38年第十四師団長として再び出征。40年戦功により男爵を授けられた。43年大将に昇進、同年予備役に編入。のち帝国軍人後援会副会長を務めた。　家弟=土屋光金(海軍中将)

堤 清六　つつみ・せいろく
日魯漁業創立者　衆院議員(政友会)
明治13年(1880)2月15日～昭和6年(1931)9月12日　生新潟県南蒲原郡三条町(三条市)　学新潟商卒　歴家業の呉服商に従事。日露戦争後、日本がロシア領沿海州の漁業権を獲得すると、明治39年平塚常次郎と共同で堤商会を設立、カムチャツカ半島のサケ漁にのりだし、サケ、マス、カニ等の缶詰加工業を手掛けて成功、巨利を博す。大正9年輸出食品会社取締役、10年日魯漁業会社を創立し社長に就任。同時に南樺太漁業、大北漁業会社などを起こし、カニ漁を始め、トロール漁法を推進。また帝国水産会ほか各種水産業団体の要職につき、日露漁業交渉に意を注いだ。13年以来衆院議員に2回当選するが、昭和4年島徳事件と賞勲局疑獄事件で政界から退いた。

堤 長発　つつみ・ちょうはつ
宮崎農工銀行頭取
嘉永2年(1849)8月22日～昭和2年(1927)9月27日
回日向国(宮崎県)　名本名=鈴木長発　歴旧高鍋

410

藩士で、維新後は宮崎県、千葉県、大蔵省に勤務。明治20年東京控訴院書記長。25年帰郷して児湯郡長となる。30年宮崎農工銀行頭取。

堤 正誼　つつみ・まさよし
宮中顧問官　男爵
天保5年(1834)11月6日～大正10年(1921)7月19日　出越前国足羽郡新屋敷(福井県福井市)　歴安政4年(1857年)江戸に出、海軍教授所に入って航海術を学び、また騎兵操練法、槍術も修めた。5年大砲方兼使者となり、万延元年(1860年)帰藩。文久2年(1862年)征長の役には小倉に出陣し、戊辰戦争には越後および奥羽に転戦した。明治2年福井県大参事となり、4年宮内省に出仕して明治天皇の侍従を奉仕。以後宮内官をもって終始し、30年宮内次官、31年内匠頭、33年東宮御所御造営局長となる。33年功により男爵を授けられ、宮中顧問官に任ぜられた。

堤 猷久　つつみ・みちひさ
衆院議員(憲政本党)
嘉永6年(1853)3月～大正14年(1925)1月20日　出福岡県　歴福岡県農務課長を経て、金辺鉄道監査役、若松築港取締役に就任。明治23年衆院議員となり、通算5期を務めた。

綱島 佳吉　つなじま・かきち
牧師
万延1年(1860)6月24日～昭和11年(1936)6月27日　出美作国真島郡新庄村(岡山県真庭郡新庄村)　学同志社英学校神学科〔明治17年〕卒、エール大学(米国)神学科〔明治26年〕卒　神学博士　歴大阪に出て医学を学び、明治10年浪花教会で沢山保羅から受洗。17年同志社英学校卒業後、牧師となり、京都、東北、東京で伝道。エール大留学後は引退するまで番町教会牧師を務めた。その間、民間外交使節として朝鮮、米国、英国へ渡った。

恒石 熊次　つねいし・くまじ
篤農家
嘉永6年(1853)8月3日～昭和9年(1934)7月25日　出土佐国香美郡西川村舞川(高知県香美市)　歴明治17年ミツマタ栽培に取組みはじめる。21年高知県がミツマタの栽培を奨励、地元の人達にも勧め、指導に務める。30年頃には村内でも認められるようになる。一生を通じてミツマタを導入し、地元の経済振興に尽力した。

恒岡 直史　つねおか・なおふみ
奈良県議　大阪鉄道副社長
天保11年(1840)11月27日～明治28年(1895)8月19日　出大和国(奈良県)　名através=直主、通称=卓次郎、完次郎　歴大和芝村藩士。文久3年(1863年)藩の大坂警衛、ついで天誅組討伐の斥候兼砲隊長。明治元年公儀人となり、藩を代表して東京へ出る。2年権大参事。4年大和一国が奈良県となると、5年県吏として迎えられ、9年からの大和15郡併合時に堺県議、大阪府会議長などを歴任。奈良県再設置に尽力し、20年奈良県議、のち議長を務めた。22年奈良と大阪湊町を結ぶ大阪鉄道の副社長となったほか(当時社長は空席)、石炭開発や銀行業にも乗りだし、政界・実業界で活躍した。

恒松 隆慶　つねまつ・たかよし
実業家　衆院議員(政友会)　島根県会議長
嘉永6年(1853)5月11日～大正9年(1920)6月29日　出石見国邇摩郡静間村(島根県大田市)　名旧姓・旧名=梶野　歴明治初年から島根県で戸長、村長、郡会議員、県会議員、同副議長、議長などを務めた。この間、県の農水、蚕糸、教育など公共事業に尽力。27年の第3回以来衆院議員当選10回、政友会に属し島根政界に重きをなした。さらに県内の農工銀行、石見銀行各取締役、ほか数社の重役を務めた。

恒屋 盛服　つねや・せいふく
国家主義者
安政2年(1855)～明治42年(1909)7月19日　出奥国白河(福島県白河市)　歴初め白河藩黌・修道館に学び、のち上京して興亜会付属の中国語学校に入る。また朝鮮語を修め、日清戦争が勃発すると当時亡命中の朴泳孝と共に朝鮮に渡り、朝鮮の内政改革に関与した。その後、東亜同文会幹事を務め、頭山満らと国民同盟会を組織し、日露開戦を唱えた。また海外移民の必要を唱えてメキシコに渡航したこともあり、移民問題に関する数種の著述を公にした。

津野 一輔　つの・かずすけ
陸軍中将
明治7年(1874)1月28日～昭和3年(1928)2月24日　出山口県　学陸士(第5期)卒、陸大〔明治34年〕卒　歴大尉となり、日露戦争に第五師団付参謀として出征。ドイツ派遣後、明治42年より近衛歩兵第二連隊長、近衛歩兵第二旅団長、サハリン州派遣軍参謀長、軍務局長、陸士校長、教育総監部本部長を歴任。大正12年陸軍中将に累進、13年宇垣陸相の下で陸軍次官となり、軍縮整理に敏腕をふるった。15年近衛師団長。

都野 巽　つの・たつみ
旧周防岩国藩士
文政11年(1828)6月～明治27年(1894)3月11日　出周防国岩国(山口県岩国市)　名旧姓・旧名=有福新輔、名=敬之、通称=有福槌三郎、新助、新左衛門、泰　歴初め有福姓で、明治2年都野巽に改名した。玉乃九華に学び、江戸に出ると使番役兼留守居助役を務める傍ら、大橋訥庵の門人となり、また、江川太郎左衛門(江川英龍)や高島秋帆らに砲術を師事した。慶応2年(1866年)の第二次長州征討に際しては大番組一手武士奉行を務め、精義隊副督となった。戊辰戦争にも従軍、精義隊・敬城隊を率いて戦功を立て、仙台に入城した。2年会津若松藩判事、3年岩国藩権大参事、4年山口県大属

411

となり、7年退職。12年大津郡長、14年佐波郡長。その後、松尾・梅宮・貴船各神社の宮司も務めた。

角田 喜右作　つのだ・きうさく
養蚕家　群馬県蚕種業組合連合会初代会長

嘉永6年（1853）11月15日～明治43年（1910）6月25日　⑲上野国勢多郡樽村（群馬県渋川市）　⑯号＝刀山　⑰上野国勢多郡樽村の名主一の長男に生まれる。少年期から学問に励み、上京して沼間守一に英語・漢文・数学・法学を学ぶ。帰郷後、20歳で樽村ほか2ケ村の戸長となり、明治15年から群馬県議を連続4期務める。25年横野村（赤城村）村長。一方、22年蚕種改良組合を結成し良質蚕種の共同購入を試み、自らも新品種を製造するなど、蚕業発展に貢献、38年群馬県蚕種業組合連合会初代会長となる。また27年赤城興業組合を創設して組合長に就任、赤城山麓御料地6000ヘクタールの開墾植林にも尽力。農事行政に専心し、同年前田正名と共に東京で全国農事大会を開催し全国農政の統一を図った。39年群馬県農会副会長となる。群馬における自由民権運動の先駆者でもあった。明治期群馬県政界の立役者で、同県三老農の1人と称される。

津野田 是重　つのだ・これしげ
陸軍少将　衆院議員（政友本党）

明治6年（1873）11月25日～昭和5年（1930）9月2日　⑲東京　⑯熊本県　⑰陸士（第6期）〔明治28年〕卒、陸大〔明治33年〕卒　⑱陸軍に入り、明治28年歩兵少尉に任官。日露戦争では第三軍参謀として出征し、38年1月5日水師営において乃木司令官とステッセル将軍が歴史的会見を遂げた際、その通訳をつとめた。大正4年歩兵第十一連隊長。8年陸軍少将、予備役に編入。9年奈良県から衆院議員に立候補し当選、1期務めた。⑲三男＝津野田知重（信濃毎日新聞社顧問）

角田 他十郎　つのだ・たじゅうろう
大陸浪人

元治1年（1864）3月2日～昭和2年（1927）10月26日　⑲加賀国金沢城下下本多町（石川県金沢市）　⑯旧姓・旧名＝福岡、号＝蕪城　⑰金沢医学校卒　⑱金沢藩士・福岡久祐の子に生まれ、のち角田氏を継いだ。医学修業を志し東京に出たが断念し、25歳の頃、朝鮮に渡り京城日本公使館員となる。日清戦争後に帰国して北海道に赴き、札幌で中野二郎の「北門新報」の経営、露清語学校の設立に協力。また札幌電燈会社社長となる。日露戦争には第十二師団の軍属として従軍。のち大阪で陸軍用達業を営み、明治末年には朝鮮で開墾事業を行った。

角田 忠行　つのだ・ただゆき
神官　歌人　熱田神宮大宮司

天保5年（1834）11月6日～大正7年（1918）12月15日　⑲信濃国岩村田（長野県佐久市）　⑯通称＝由三郎、変名＝米川信濃　⑰安政2年（1855年）岩村田藩を脱藩。江戸に出て、藤田東湖・平田銕胤の塾

で学ぶ。諸藩の志士と交わり、文久3年（1863年）京都・等持院の足利氏木像斬首事件に加担。慶応3年（1867年）米川信濃と変名して沢為量の家令となり、王事に奔走。明治維新後は皇学所監察、学制取調御用掛などを務めるが、急激な平田学への改革を弾劾され辞任。加茂神社少宮司などを経て、明治7年熱田神宮少宮司となり、10年大宮司。尾張造を伊勢神宮の神明造に改造し、両宮を同格とするなどの復興事業を手掛けた。歌人としても知られ、「伊吹舎歌集」「忠行歌集」などのほか、「古史略」「葬事略記」などの著書を残した。

角田 秀松　つのだ・ひでまつ
海軍中将

嘉永3年（1850）2月12日～明治38年（1905）12月13日　⑲陸奥国会津（福島県会津若松市）　⑰陸奥会津藩医・角田良智の二男。戊辰戦争に従軍した後、他の会津藩士と青森県斗南に移るが、間もなく船員を志して上京。明治7年の台湾出兵に際して民間輸送船の乗組員として活躍したのが認められ、10月長崎海軍出張所雇、12月には海軍少尉に任官。8年の江華島事件では陸戦隊を率いて敵砲台を制圧、10年の西南戦争でも軍功を立てた。日清戦争後の台湾割譲に伴って同地に赴任し、28年台湾総督府参謀副長兼海軍局長、29年同総督府軍務局海軍部長、30年同総督府海軍参謀長を歴任。同年佐世保鎮守府予備艦隊司令官、31年呉鎮守府艦隊司令官、32年常備艦隊司令官を務め、33年海軍中将となり艦政本部長。34年常備艦隊司令長官。36年竹敷要港司令長官に任ぜられたが、38年任地対馬で病没した。海軍きっての論客として知られ、航海術に明るく、軍艦「清輝」の航海長時代には日本の軍艦で初めてヨーロッパ航海を行っている。40年長男に男爵が追贈された。

椿 角太郎　つばき・かくたろう
果樹園芸家

明治1年（1868）11月1日～昭和37年（1962）10月24日　⑯山口県阿武郡徳佐村（山口市）　⑰明治30年果樹園を始め、関西以西で初めてリンゴ栽培に成功。40年頃には接ぎ木により無核ユズを作りだし、"角太郎ユズ"と呼ばれた。山口県徳佐村村議も務めた。

椿 蓁一郎　つばき・しんいちろう
秋田県知事

嘉永3年（1850）～昭和10年（1935）9月10日　⑲江戸八丁堀（東京都中央区）　⑯伊勢国桑名（三重県桑名市）　⑰旧姓・旧名＝塚田　⑱東京師範校　⑰伊勢桑名藩士・塚田家の二男に生まれ、長じて同藩士・椿家に養子入りして家督を継ぐ。藩校・五教館で学び、幕末動乱期は幕府側につき、江戸城開城の際には新政府軍に抵抗して脱出した。戊辰戦争後、桑名へ帰るが、明治6年東京師範学校に入り、7年度会県師範学校訓導、12年三重県師範学校校長、飯高飯野郡長、高等師範学校教諭。その後、

津波古 政正　つはこ・せいせい
政治家

文化13年(1816)8月21日～明治10年(1877)
[生]琉球国首里(沖縄県那覇市)　[名]唐国名＝東国興
[歴]士族の家に生まれる。天保11年(1840年)清に留学し、当代屈指の儒学者孫衣言に学ぶ。8年後に帰国し、様々な職を務めた後、尚泰王の国師(相談役)になる。のち留学中に身につけた国際感覚を活かして政治家として頭角を現し、琉球処分の際には版籍奉還を主張し、また牧志・恩河事件では尚泰王に的確な助言を行った。琉球(尚泰王)が幕末維新期をうまく生き残れたのは、彼の貢献に負うところが大と評される。

津幡 文長　つばた・ぶんちょう
実業家

安政2年(1855)10月15日～大正12年(1923)1月5日　[生]陸奥国津軽郡(青森県青森市)　[歴]横浜の輸出業者と提携し、陸奥湾の干しアワビやナマコ・昆布といった海産物の集荷・輸出を行う。その成功を背景に明治15年頃から潜水夫によるアワビ漁を開始し、のちには鯛・鮪の建網や水産加工も営んだ。品質改良にも熱心で、サメや昆布・スルメなど従来みられなかった魚介類の加工に成功。また、水産業のみならずマンガンの採掘事業を興し、巨利を博した。

津原 武　つはら・たけし
衆院議員(翼賛議員同盟)

明治1年(1868)10月～昭和28年(1953)5月20日
[生]京都　[歴]関西法律学校卒、和仏法律学校卒　[歴]宮津町議、与謝郡議、同議長、京都府議、宮津町長等を歴任。大正4年衆院議員に当選、通算5期を務めた。また弁護士業務に従事、京都府弁護士会副会長のほか、丹後織物、丹後縮緬同業組合長、加悦鉄道社長、丹後縮緬工業組合理事長を務めた。

坪井 九八郎　つぼい・くはちろう
実業家　農商務省副参政官　男爵

明治9年(1876)8月27日～昭和3年(1928)10月7日
[生]東京　[学]京都帝国大学法科大学卒〔明治40年〕
[歴]明治31年に父督相続、襲爵。37年日本製鋼所に入り、東京出張所勤務、43年台湾、45年上海から北京、ハルビン、南北満州、朝鮮の実業を視察。のち台湾製糖会社取締役、月島機械、愛国貯蓄銀行、天津信託などの重役を務めた。44年貴院議員。大正4年渡米中、大隈内閣の成立で農商務省副参政官となり帰国、5年辞職。[家]父＝坪井航三(海軍中将・男爵)

坪井 航三　つぼい・こうぞう
海軍中将　男爵

天保14年(1843)3月7日～明治31年(1898)1月30日　[生]周防国佐波郡三田尻(山口県防府市)　[名]旧姓・旧名＝原、号＝花浦　[歴]医師の二男として生まれ、医師坪井信友の養子となる。医官として長州藩の軍艦庚申丸などに乗船。慶応2年(1866年)幕府の長州征討以降医の地位を捨て海軍入り。明治4年海軍大尉、甲鉄艦副長。5年岩崎弥太郎と米国東洋艦隊コロラドに乗り、清国沿岸を巡航、米国コロンビア大学で学んだ。日清戦争では連合艦隊・吉野、秋津洲、浪速の3隻からなる第一遊撃隊の司令官を務め、朝鮮豊島沖海戦で清国兵を乗せた高陞号(英国船籍の商船)を、また黄海海戦では清艦を撃沈し、制海権の確保に貢献。"指揮官先頭・単縦陣"の艦隊陣形を発案、実践し、以後の海軍戦術に大きな影響を与えた。28年男爵、29年海軍中将、30年横須賀鎮守府司令長官。

津村 重舎(1代目)　つむら・じゅうしゃ
津村順天堂創業者

明治4年(1871)7月5日～昭和16年(1941)4月28日
[生]奈良県宇陀郡伊那佐村大字池上(宇陀市)　[名]姓・旧名＝山田　[歴]生家・山田家は山持ちの素封家で、奈良盆地の米と吉野地方の木材の中継ぎを生業とした。4人きょうだい(3男1女)の二男(2番目)で、兄はロート製薬創業者の山田安民。父方の縁戚である森田家の養子となったが、血縁に当たる養母が亡くなったため、叔父(父の弟)の養子となって津村家を継いだ。教員生活を経て、上京。明治26年母の実家・藤村家に奈良時代から伝わる婦人専門薬「中将湯」を売り出そうと東京・日本橋で津村順天堂を創業。すぐに大々的な広告を打って「中将湯」の知名度向上を図り、28年には中将姫の図柄を入れた我が国初のガスイルミネーション看板を工場に設置。さらにいち早くアドバルーンを宣伝に用いるなど"PRの天才"と呼ばれた。38年東亜公司を設立して取締役、大正2年社長となり、日中貿易に従事。5年には合資会社アーセミン商会設立に関与して代表社員に就任。7年第一製薬株式会社(現・第一三共)に改組すると、8年社長。13年津村研究所と薬用植物園を創設、特に植物園は最盛期には23万坪という東洋一の広さを誇り、我が国の生薬学研究に貢献した。牧野富太郎らの植物研究も支援し、学術雑誌「植物研究雑誌」の出版を援助した。この間、明治37年～大正15年東京市議(5期)、明治43年～大正14年小石川区議(4期)を兼ね、14年からは多額納税議員として貴族院に議席を持った。[家]長男＝津村重舎(2代目)、二男＝津村重孝(ツムラ副社長)、三男＝津村幸男(ツムラ副社長)、孫＝津村昭(ツムラ社長)、風間八左衛門(ツムラ社長)、兄＝山田安民(ロート製薬創業者)、弟＝津村岩吉(津村敬天堂経営)　[勲]紺綬褒章〔大正11年・昭和6年・16年〕、勲四等瑞宝章〔昭和9年〕

津村 重兵衛　つむら・じゅうべえ
和歌山市倉庫社長　和歌山紡績社長　和歌山県議
天保14年(1843)6月16日～明治41年(1908)6月5日　生紀伊国名草郡平岡村(和歌山県和歌山市)　名旧姓・旧名＝明渡八九郎　歴材木商・津村重兵衛の婿養子となり、農業の傍ら、材木商を営む。明治元年尾本を買占め、大地主となる。12～15年和歌山県議。26年和歌山市倉庫会社を興し、社長。米を預かり、その米券を発行して種々の取引を行った。また米穀取引所を創設し、理事長に就任。34年には和歌山紡績社長となり、倒産寸前だった同社の再建を手がけた。和歌山水力電気取締役なども務めた。

鶴 丈一郎　つる・じょういちろう
大審院判事
安政5年(1858)11月3日～大正15年(1926)11月28日　生肥前国佐賀(佐賀県佐賀市)　学司法省法学校〔明治17年〕卒　歴肥前佐賀藩士に生まれる。明治17年司法省に入り、司法警察細則取調掛となり、19年から神戸・広島・鳥取・大阪の各地裁検事を経て、31年大審院判事となる。葉煙草一厘事件の判事、また幸徳秋水事件(大逆事件)の裁判長として知られる。

鶴田 皓　つるた・あきら
元老院議官
天保5年(1834)12月26日～明治21年(1888)4月11日　生肥前国(佐賀県)　歴江戸に出て安積艮斎、羽倉簡堂に学び、安政3年(1856年)帰国、郷学の教諭となった。戊辰戦争には藩兵に従って会津を攻め、のち東京に留まって、明治2年大学少助教、3年刑部少判事となり、新律綱領、改定律令の選定にあたった。5年ヨーロッパ視察を命じられ、帰国後、明法権頭、司法大丞、一等法制官を歴任。さらに元老院議官、参事院議官となり、刑法、治罪法、陸軍刑法、海軍刑法などの制定に参画、明治国家の刑法体系の基礎を築いた。共編に「各国刑法類纂」がある。　家弟＝高取伊好(実業家)

鶴田 丹蔵　つるた・たんぞう
侠客
天保8年(1837)～大正3年(1914)9月22日　生大坂　名通称＝難波の福　歴幕末、諸大名の参勤交代時に荷物を運ぶ道中師として実力をつけ、維新後は博徒の親分に転じて大阪を拠点に勢力を張った。しかし明治17年博徒の大刈り込みで逮捕され、懲役7年過料300円を課せられて服役。兄事していた侠客小林佐兵衛の尽力で仮釈放され、出獄後は正業に就き難波で風呂屋を営んだ。その他にも大阪相撲の頭取などを務め、その門下からはのちに仁侠代議士と呼ばれた政治家吉田磯吉らを輩出した。

鶴原 定吉　つるはら・さだきち
衆院議員(政友会)　関西鉄道社長　大阪市長
安政3年(1856)12月15日～大正3年(1914)12月2日　生筑前国福岡雁林ノ町(福岡県福岡市)　学東京大学文学部政治理財学科〔明治16年〕卒　歴外務省に入り、天津領事、上海領事を務めた後、明治25年日本銀行に転じ、のち理事。32年辞任、欧米漫遊。33年政友会創立で総務委員。34年大阪市長となり、電気事業の市営を断行。38年韓国統監府総務長官となり、40年の第三次日韓協約締結に当たった。41年辞任し関西鉄道、大日本人造肥料、中央新聞各社長などを務めた。45年福岡県から衆院議員当選、政友会相談役となった。

鶴見 守義　つるみ・もりよし
大審院判事
安政5年(1858)3月12日～昭和14年(1939)12月　生下野国日光(栃木県日光市)　学司法省法学校〔明治17年〕卒　歴明治9年栃木県の貢進生として司法省法学校に入学。17年司法省御用掛、19年大阪始審裁判所詰判事。23年部長判事。関西法律学校(現・関西大学)創立に関わり初代学監を務めた他、フランス民法を講じた。28年長崎控訴院判事、32年大審院判事を歴任。大正11年退官。

【て】

鄭 永慶　てい・えいけい
実業家
安政5年(1858)～明治27年(1894)7月17日　生肥前国(長崎県)　歴外交官・鄭永寧の長男で、代々唐通事を務める家に生まれる。明治5年京都府仏学校でレオン・デュリーにフランス語を学び、7年米国エール大学へ留学。12年帰国して外務省御用掛、13年岡山師範中学教諭を経て、15年大蔵省に勤務。20年退官し、21年東京・西黒門町に日本初の本格的なコーヒー店・可否茶館を開いた。株に手を出して失敗し、25年米国に渡航、同地で客死した。　家父＝鄭永寧(外交官)

鄭 永寧　てい・えいねい
外交官
文政12年(1829)8月11日～明治30年(1897)7月29日　生長崎県　名旧姓・旧名＝呉、通称＝右十郎　歴長崎の唐通事・呉用蔵の第五子として生まれ、兄弟はいずれも秀才として知られた。のち同じく唐通事の鄭家の養子となる。無給稽古通事から万延元年(1860年)小通事過人に進み、この間、兄の泰蔵に中国語を、養父に英語を学ぶ。明治維新後、外務省に入って大訳官に任ぜられ、明治3年李鴻章・曽国藩と会見して条約締結を打診。4年には柳原前光、伊達宗城による日清修好条規通商章程締結交渉にも同席した。5年上海領事代理、7年一等書記官を経て、権大書記官に進むが、外交上の意見の違いから14年司法省に転じ、法典編纂の資料とす

るために大清会典に訓点を付した。18年外務省に戻り、伊藤博文の通訳として天津条約締結に尽力。19年に退官。呉啓太との共著に「官話指南」がある。　家長男=鄭永昌(外交官)、二男=鄭永邦(外交官)

鄭 永邦　てい・えいほう
外交官 大使館二等書記官
文久2年(1862)12月28日～大正5年(1916)8月20日　生肥前国長崎(長崎県長崎市)　学東京外国語学校卒　歴家は代々長崎奉行の唐通事として清朝との交渉に当たり、父・永寧も外交官・司法官として活躍。彼も長じて外務省に入り、明治13年北京公使館通訳見習となる。18年第二回北京談判に際して公使館御用掛に任命られ、父の代わりに全権大使伊藤博文の通訳を務めた。日清戦争ののち、27年から北京公使館在勤。33年の北清事件では他の公使館員が敵の銃撃に倒れる中で清国との交渉の一切を引き受け、事変後の事後処理でも辣腕を発揮した。38年小村寿太郎全権大使の随行員として北京条約の締結に尽力。次いで39年には英国大使館に転じるが、のち再び北京公使館に復帰した。大正2年に退官。　家父=鄭永寧(外交官)、兄=鄭永昌(外交官)

貞明皇后　ていめいこうごう
大正天皇皇后
明治17年(1884)6月25日～昭和26年(1951)5月17日　生東京神田(東京都千代田区)　学華族女学校中等科修了　歴御名節子(さだこ)。五摂家の一つ、九条公爵家道孝の四女。高円寺の農家でお育ちになり、明治33年に16歳で皇太子嘉仁親王(大正天皇)とご結婚。裕仁親王(昭和天皇)をはじめ、秩父宮、高松宮、三笠宮の4皇子をご出産。この嫡出の男子の相次ぐ誕生により、皇室の一夫一婦制が宮中に初めて確立。45年7月30日明治天皇の死去に伴う嘉仁親王践祚により皇后になられる。病弱な大正天皇と若い摂政を助けて宮中をとりしきり、国際親善にもご尽力。終生の事業として養蚕の奨励、救ライ(ハンセン病)事業、灯台職員のご慰問を続けられたが、大正天皇死後は皇太后として大宮御所で起居された。その和歌、漢詩は「貞明皇后御集」にまとめられている。　家夫=大正天皇、長男=昭和天皇、父=九条道孝(公爵)、妹=大谷紝子(真宗本願寺派大裏方)

出口 王仁三郎　でぐち・おにさぶろう
大本教聖師
明治4年(1871)7月12日～昭和23年(1948)1月19日　生京都府穴太村(亀岡市)　学旧姓・旧名=上田喜三郎　歴少年時代言霊学を学ぶ。代用教員、牛乳販売業などに従事したが、明治31年神秘体験を重ねて病気治しの布教活動を始める。同年丹波郡綾部町の出口なおと会い、32年なおを教主とする金明霊学会を設立、会長となり、翌年娘すみと結婚。36年なおの"筆先"によって王仁三郎と改名。大正5年皇道大本と称し、6年には機関誌「神霊界」を発刊、活発な布教活動を行った。"下からの世直し"を訴えたため10年及び昭和10年不敬罪などで2度の弾圧を受けた(第一次・第二次大本教事件)。ねばり強い法廷闘争の後、17年保釈。戦後、21年愛善苑の名称で再建。また、生涯に10万首近いとされる驚異的な数の歌を詠んだ。歌集に「霧の海」「言華」「浪の音」、口述書に「霊界物語」(81巻)「天祥地瑞」、他に「出口王仁三郎全集」(全8巻)「出口王仁三郎著作集」(全5巻)がある。　家妻=出口すみ(2代目教主)、長女=出口直日(3代目教主)、孫=出口聖子(4代目教主)、出口和明(愛善苑責任役員・作家)、義母=出口なを(大本教開祖)、女婿=出口日出麿(大本教尊師・教主補)、女婿=出口伊佐男(大本教総長)

出口 すみ　でぐち・すみ
大本教教主(2代目)
明治16年(1883)2月3日～昭和27年(1952)3月31日　生京都府何鹿郡本宮町(綾部市)　学別名=出口澄子　歴明治25年大本教の開祖、母・出口なをの神がかりに出会う。33年金明霊学会会長・上田喜三郎(出口王仁三郎)と結婚し、大正7年なをの死後、大本教2代目教主となる。大正6年から機関誌「神霊界」を発行。"下からの世直し"を訴えて10年及び昭和10年の2度不敬罪などで厳しい弾圧に遭う(第一次・第二次大本事件)。第二次大本事件では投獄され、6年余り獄中生活を送った。戦後、愛善苑の名で再興した。著書に「おさながたり」。　家母=出口なを(大本教開祖)、父=出口王仁三郎(大本教聖師)、長女=出口直日(3代目教主)、孫=出口聖子(4代目教主)、出口和明(愛善苑責任役員・作家)、女婿=出口日出麿(大本教尊師・教主補)、出口伊佐男(大本教総長)

出口 なを　でぐち・なお
大本教開祖
天保7年(1836)12月16日～大正7年(1918)11月6日　生丹波国福知山(京都府福知山市)　学本名=出口なか　歴大工・桐村五郎三郎の長女。17歳で叔母出口ゆりの養女となり、安政2年(1855年)四方豊助(出口政五郎)を婿とする。11人の子を生むが5人しか育たず、明治17年には破産するなど貧苦の生活を送り、金光教に入信。25年旧正月の5日から神がかりとなって、"大立替"の予言を繰り返し、大本教を開教。27年以降これは"お筆先"として記される。31年上田喜三郎(出口王仁三郎)に出会い、32年金明霊学会を設立。翌年王仁三郎を五女の婿に迎える。30年代半ばに大量に書かれた筆先は王仁三郎により漢字仮名交じりの文に整えられて発表され、社会的影響力を持った。大日本修斎会を経て、大正5年皇道大本と改称。　家五女=出口すみ(2代目教主)、孫=出口直日(3代目教主)、出口伊佐男(大本教総長)、曽孫=出口聖子(4代目教主)、出口和明(愛善苑責任役員)、女婿=出口王仁三郎(大本教聖師)、孫の夫=出口日出麿(大本教

尊師・教主補

手代木 勝任 てしろぎ・かつとう
高知県権参事
文政9年(1826)3月9日～明治37年(1904)6月3日　生=陸奥国会津(福島県会津若松市)　名=旧姓・旧名=佐々木、幼名=源九郎、斎宮、通称=直右衛門　歴=陸奥会津藩主・松平容保の側近として仕え、安政6年(1859年)監察となる。文久2年(1862年)容保の京都守護職就任に伴って上洛し、公用人として枢機に参画、京都内の町奉行や新撰組などを管理した。戊辰戦争に際して奥羽越列藩同盟の取りまとめに奔走し、会津戦争では若年寄として籠城戦を指揮。戦後、戦争責任を問われて美濃国に幽閉されるが、明治5年に赦免されて新政府に仕え、左院少議生、香川県権参事、高知県権参事を歴任。9年に官を辞し、岡山に移って郡吏や区長を務めた。家=弟=佐々木只三郎(陸奥会津藩士)

手塚 亀之助 てずか・かめのすけ
陶業家
天保13年(1842)～明治33年(1900)3月4日　生=肥前国有田(佐賀県西松浦郡有田町)　歴=肥前(佐賀県)有田大樽の陶磁商・清三郎の三男に生まれる。明治の初め京阪で陶磁器販売に従事。明治8年深川栄左衛門を社長として郷里・有田に香蘭社を設立、12年深海墨之助・辻勝蔵らと精磁会社を設立、自ら社長となった。18年西郷農商務卿より功労賞を授かった。

手塚 正次 てずか・しょうじ
衆院議員
明治8年(1875)1月22日～大正13年(1924)12月6日　生=山梨県　歴=明治33年政友会結成と共に入党する。山梨県議・議長を経て、41年衆院議員に当選3回。積隆銀行取締役、大日本重石鉱業取締役などを務めた。

手塚 猛昌 てずか・たけまさ
実業家
嘉永6年(1853)11月22日～昭和7年(1932)3月1日　生=長門国阿武郡須佐村(山県県萩市)　名=旧姓・旧名=岡部　学=慶応義塾　歴=神職を務めた後、慶応義塾に学ぶ。明治27年庚寅新社で「汽車汽船旅行案内」を編集・発行するが、これが今日の時刻表のルーツといわれる。一方、星亨らと東京市街鉄道を興す。39年東洋印刷を設立し社長、40年帝国劇場の創立にも参画。のち大阪で嗳々堂を設立した。

手塚 太郎 てずか・たろう
長崎控訴院長
文久2年(1862)1月16日～昭和7年(1932)11月19日　生=江戸　学=司法省法学校卒　歴=医師・手塚良仙の長男に生まれる。仙台地裁所長を経て、大阪地裁検事正となる。のち名古屋控訴院検事長、長崎控訴院院長などを歴任。日本生命済生会理事長も務めた。

鉄 伝七 てつ・でんしち
実業家 茨城県議
嘉永2年(1849)7月1日～大正4年(1915)4月9日　生=茨城県大津村(北茨城市)　歴=郷里の茨城県大津村(現・北茨城市)に鮑の缶詰工場を設立。明治40年鰹節事業にも進出した。茨城県議、議長も務めた。

寺井 純司 てらい・じゅんじ
衆院議員(政友会)
嘉永3年(1850)5月～大正6年(1917)11月17日　生=陸奥国津軽郡弘前(青森県弘前市)　学=慶応義塾で英語を学び、戊辰戦争で盛岡藩征討、箱館戦争に従軍。のち弘前英漢学校学係、小学校長となった。また町会、郡会、県会議員、副議長、議長を経て、衆院議員当選4回、政友会に属した。

寺内 正毅 てらうち・まさたけ
陸軍大将・元帥 首相 伯爵
嘉永5年(1852)閏2月5日～大正8年(1919)11月3日　生=周防国吉敷郡平井村(山口県山口市)　名=旧姓・旧名=宇田、幼名=寿三郎　歴=長州藩の下級武士・宇多田家に生まれ、母の生家・寺内家の養嗣子となった。御楯隊隊員として山田顕義の指導を受け、第二次長州征討で幕府軍と戦う。戊辰戦争では整武隊士として箱館戦争に従軍。2年京都・河東操錬場でフランス式歩兵術を修め、4年陸軍少尉に任官。10年西南戦争に近衛歩兵第一連隊第一大隊第一中隊長として出征するが、田原坂の戦いで右腕を負傷した。15年閑院宮載仁親王に随行してフランスへ留学し、公使館付武官・留学生取締を務めるとともにフランス式の士官養成法などを研修。19年帰国後は陸相官房副長、陸相秘書官を経て、20年陸軍士官学校長、24年第一師団参謀長。25年参謀本部第一局長、27年日清戦争の際は大本営運輸通信長官として兵站部門を担当した。31年初代教育総監、33年参謀本部次長、34年陸軍大学校校長を務め、35年第一次桂内閣で陸相として初入閣。続く第一次西園寺内閣、第二次桂内閣でも留任し、44年までの約9年にわたる在職中、陸軍の諸制度の整備に尽くす一方、日露戦争時の陸相として作戦計画の立案にも携わった。39年陸軍大将。43年韓国併合で陸相のまま初代朝鮮総督を兼任し、武断政策を推進。大正5年元帥府に列せられ、元帥陸軍大将となった。同年山県有朋の推挙により首相となり、臨時外交調査委員会を設置して政党勢力の取り込みを図るなど挙国一致体制を試みるが、貴族院を主体とした超然一致内閣であり、自身の頭頂部が関西の神様であるビリケンのように尖っていたこともあって"ビリケン(非立憲)内閣"と揶揄された。中国の革命勢力打倒のため段祺瑞政権に多額の借款(西原借款)を実施した他、シベリア出兵などを行ったが、7年の米騒動が全国に飛び火して世情が騒然とし、軍隊の出動や言論弾圧といった手法も世論の反発を招き、その責任を取り総辞職した。この間、明治40年子爵、44年伯爵。家=長男=寺内寿一(陸軍大将・元帥)、岳父=長谷川貞雄

(海軍主計総監)、女婿=児玉秀雄(内相) 勲大勲位菊花大綬章

寺垣 猪三　てらがき・いぞう
海軍中将
生年不詳~昭和13年(1938)6月1日
出石川県 学海兵(第6期)〔明治12年〕卒、海大〔明治22年〕卒 歴明治32年海軍省先任副官、33年松島、34年吉野、同年千歳、36年浅間、敷島の艦長、38年横須賀鎮守府参謀長、39年第二艦隊司令官、41年舞鶴水雷団長、同年南清艦隊司令官を経て、同年第三艦隊司令官。42年海軍中将に進み、43年竹敷要港部司令官。大正元年予備役に編入。

寺島 秋介　てらじま・あきすけ
元老院議官 男爵
天保11年(1840)10月15日~明治43年(1910)7月29日 出周防国熊毛郡高水村(山口県周南市) 歴吉田松陰に学び、明治元年東征大総督・有栖川宮熾仁親王の副参謀として上野の彰義隊と戦って功を樹てた。同年奥羽鎮撫総督府参謀として出陣、2年掌典禄450石を受けた。10年西南戦争には警察隊の編成に当たり陸軍大尉となり、のち警視内務権少書記官、社寺局次長、23年元老院議官・錦鶏間祗候、24年貴院議員、29年男爵を授けられた。

寺島 誠一郎　てらじま・せいいちろう
貴院議員 伯爵
明治3年(1870)9月9日~昭和4年(1929)5月18日 出鹿児島県 学学習院修了、ペンシルベニア大学(米国)〔明治28年〕卒、パリ法科大学(フランス)〔明治32年〕卒、パリ政治学院外交科(フランス)〔明治35年〕卒 歴明治20年米国、フランスに留学。37年英・伊・白・独・墺など諸国を巡遊し、帰国後、外務省嘱託となる。38年外務大臣秘書官、39年~昭和4年貴院議員を務めた。また三井信託監査役など実業界の面でも活躍した。 家父=寺島宗則(外務卿・伯爵)、長男=寺島宗従(東京慈恵会常務理事)

寺島 直　てらじま・なおし
大審院民事部長
天保8年(1837)~明治43年(1910)6月29日 出下総国香取郡小見川(千葉県香取市) 歴尊王攘夷を唱えて梅田雲浜らと行動を共にする。明治維新後、敦賀県参事、大審院判事、民事部長などを務める。一方、41歳で初めてフランス語を学び、またドイツ語を研究、司法省顧問のフランス人ボワソナードと日本民法の編集に携わった。

寺島 ノブヘ　てらじま・のぶえ
社会事業家 友愛養老院創設者
慶応3年(1867)4月12日~大正7年(1918)5月19日 出伊予国(愛媛県) 学京都看病婦学校卒 歴愛媛県宇和島でキリスト教メソジスト派の洗礼を受ける。同志社の京都看病婦学校を卒業後、神戸に友愛派出看護婦会を設立、会長に就任。明治32年友愛養老院(現・神戸老人ホーム)を開いた。

寺島 宗則　てらじま・むねのり
外交官 政治家 外務卿 枢密院副議長 伯爵
天保3年(1832)5月23日~明治26年(1893)6月6日 出薩摩国出水郷(鹿児島県阿久根市) 図旧姓・旧名=長野、幼名=徳太郎、別名=松木弘安、出水泉蔵、松木弘庵、前名=寺島陶蔵 歴天保7年(1836年)伯父・松木宗保の養子となり、弘化2年(1845年)松木家を継いで弘安と名乗る。翌年藩命を受けて江戸で医学を学ぶ。万延元年(1860年)幕府の蕃書調所教授手伝となり、文久2年(1862年)福沢諭吉らと遣欧使節に随行して渡英、2年間ロンドンに滞在。帰国したが攘夷党の勢力が強く藩に帰れず、松木弘庵と変称して幕府に仕え、開成所教授を務めた。慶応2年(1866年)から寺島姓に改名、当初陶蔵と称した。明治元年新政府の参与外国事務掛を命ぜられ同年日英・日独通商条約調印に全権として参加。神奈川県知事、2年外務大輔、5年駐英大弁務使、特命全権公使、6~12年外務卿、文部卿、法制局長、元老院議長を経て、15年駐米公使。この間、台湾出兵、樺太・千島交換条約締結など、重大な国際問題の殆どに当たった。17年宮中出仕に補せられ、伯爵となった。18年宮中顧問官、19年枢密顧問官、さらに24年枢密院副議長を歴任。一方、幕府蕃書調所在職中、島津斉彬に従って電信の実用化と実験に従事、2度の渡欧で電信の効用をつぶさに体験、この道の先達となった。神奈川県知事時代の明治2年京浜間に最初の電信事業を開業させた。また安政6年(1859年)以来、横浜、神戸、長崎にあった英米仏各国の郵便局を明治8~13年にかけ次々撤去させ郵便行政権を確保した。この間、わが国を万国郵便連合や万国電信連合に加盟させるなど、電信・郵政事業に並々ならぬ力量を発揮、"電信の父"といわれた。 家父=長野成宗(=祐雨、薩摩藩士)、養父=松木宗保、長男=寺島誠一郎(貴院議員)

寺田 栄　てらだ・さかえ
衆院書記官長 貴院議員(勅選)
安政6年(1859)11月19日~大正15年(1926)1月13日 出陸奥国(福島県) 歴明治10年国事犯で除籍となり、別に一家を樹てた。その後東京裁判所判事となり、横浜・高崎各裁判所判事を経て、30年衆院書記官、大正6年書記官長となった。13年勅選貴院議員。

寺田 甚与茂　てらだ・じんよも
岸和田紡績社長 第五十一国立銀行頭取
嘉永6年(1853)10月~昭和6年(1931)11月23日 出大坂 歴家貧しく幼時から丁稚奉公し、質屋の店員から一代で巨富を築き、明治14年岸和田第五十一国立銀行頭取となる。岸和田紡績社長のほか、南海鉄道、大同電力、共同信託、高野山鉄道など大阪の発展に貢献した十数社の創設に関与し、重役も引き受けて関西財界の重鎮として活躍。泉州

産業開発の恩人でもあり、地方自治・公共事業にも広く尽力した。実業家・寺田元吉は実弟。　家弟＝寺田元吉（実業家）

寺田 祐之　てらだ・すけゆき
広島県知事
嘉永3年（1850）12月26日～大正6年（1917）3月14日　生信濃国（長野県）　歴慶応3年（1867年）家督を相続。明治34年鳥取県知事、39年岡山県知事、41年宮城県知事、大正2年広島県知事。5年退任。

寺田 彦太郎　てらだ・ひこたろう
衆院議員
文政5年（1822）2月4日～明治36年（1903）10月6日　生遠江国山名郡福島村福田（静岡県磐田市）　名号＝観海　歴西尾藩領であった遠江国福島村福田の庄屋の家に生まれる。自身も天保7年（1836年）に同村の庄屋、次いで天保13年（1842年）に大庄屋となった。同じく西尾藩領内で庄屋を務める八木美穂（国学者）・美樹父子の影響を受け、国学思想に基づいた村政を実施。港湾の整備や河川改修・荒れ地の開墾などの開発事業を進め、大いに村民の生活を安定させた。また、製塩業や養鰻業を興し、村の殖産興業・経済の発展に尽力。明治27年には周囲に推されて73歳で衆議院選挙に出馬し、当選。憲政本党に属し、三期に渡って国政で活躍した。著書に『国教のもとい』などがある。　家長男＝寺田彦八郎（実業家）

寺田 彦八郎　てらだ・ひこはちろう
養魚家
弘化3年（1846）8月1日～大正2年（1913）6月23日　生静岡県山名郡福島村（磐田市）　歴父の事業の一つであった養魚業を継ぎ、明治12年よりボラやウナギの養殖を開始。16年水産博覧会に「養魚場図」を出品して農商務卿褒状を受賞。さらに東海道本線の開通によって大阪への鮮魚輸送が可能となり、徐々に業績を伸ばし、やがて静岡県福田地方の主要産業として成長するに至った。また防潮林の造成や、静岡の篤志家金原明善と協力して天城山へ植林を行うなど、社会事業にも力を尽くした。　家父＝寺田彦太郎（政治家）　賞水産博覧会農商務卿褒状〔明治16年〕

寺田 元吉　てらだ・もときち
五十一銀行頭取
安政2年（1855）3月24日～昭和6年（1931）4月8日　生大坂　歴明治7年清酒醸造を始める。14年兄・寺田甚与茂が頭取を務める岸和田第五十一国立銀行の常務となる。のち泉州織物社長、和泉水力電気社長、関西製鋼社長、東洋麻糸紡績社長、五十一銀行頭取などを務めた。　家兄＝寺田甚与茂（実業家）

寺田 利吉　てらだ・りきち
寺田紡績工廠社長
安政4年（1857）9月3日～大正7年（1918）12月10日　生大坂　学大阪府立第二中卒　歴明治29年岸和田紡績取締役となる。40年寺田銀行、大正元年寺田紡績工廠を設立し、頭取、社長を務めた。実業家の寺田甚与茂・元吉は異父兄にあたる。　家異父兄＝寺田甚与茂（実業家）、寺田元吉（実業家）

寺西 秀武　てらにし・ひでたけ
陸軍歩兵大佐
明治2年（1869）12月7日～昭和26年（1951）1月11日　生石川県　名幼名＝佳一郎　学陸士〔明治23年〕卒、陸大〔明治34年〕卒　歴明治24年陸軍少尉に任官。42年湖広総督顧問、44年参謀本部付を経て、45年陸軍大佐。大正元年歩兵第二十九連隊長、2年湖北督軍顧問。3年予備役に編入。中国軍閥の軍事顧問を務めた。

寺原 長輝　てらはら・おさてる
福岡県知事
安政2年（1855）1月14日～没年不詳　生薩摩国（鹿児島県）　名旧姓・旧名＝園田研輔　歴主に警察畑を歩き、明治29年内務省警保局長。32年奈良県知事、36年茨城県知事、39年福岡県知事を務めた。

寺見 機一　てらみ・きいち
日本郵船ウラジオストック支店長
嘉永1年（1848）5月1日～明治36年（1903）10月30日　生備前国岡山（岡山県岡山市）　学ペテルブルク大学（ロシア）　歴備前岡山藩士の子として生まれる。明治5年25歳で東京に遊学。ここで、同郷の外交官・花房義質の知遇を得、明治6年花房のロシア公使就任に随行してロシアの首都ペテルブルクに留学。ペテルブルク大学で理化学を学んだ。明治11年ロシア公使・榎本武揚とともにシベリアを横断して帰国したのち、外務省に出仕。外務二等書記官・ウラジオストック港貿易事務官補などを経てロシア公使館書記官となる。のち北海道の開拓事業を志し、23年北海道庁典獄兼北海道川上郡長に就任。29年には日本郵船会社に入社して実業界に転じ、ウラジオストック支店長（のちインチョン・プサン支店長を兼任）として対ロシア・東アジア貿易で活躍した。明治36年同社長・近藤廉平とともに中国東北地方を視察するが、その途上で病死した。

出羽 重遠　でわ・しげとお
海軍大将　男爵
安政2年（1855）12月17日～昭和5年（1930）1月27日　生陸奥国会津若松（福島県会津若松市）　名幼名＝房吉　学海兵（第5期）〔明治11年〕卒　歴陸奥会津藩士の長男。戊辰戦争の時に白虎隊に加わったが、城内にいて出撃しなかった。明治13年海軍少尉に任官。日清戦争では常備艦隊参謀長を務めた。33年常備艦隊司令官、34年横須賀鎮守府艦政部長、35年軍務局長兼軍令部次長、36年常備艦隊司令官、日露戦争には第一艦隊第三戦隊司令官として従軍。38年第四艦隊司令長官、第二艦隊司令

長官、42年佐世保鎮守府司令長官、44年第一艦隊司令長官を経て、45年海軍大将。この間、40年男爵。大正3年海軍の収賄事件であるシーメンス事件が発覚すると事件の査問委員長を務めた。明治期唯一の非薩摩出身の海軍大将としても知られる。

田 健治郎　でん・けんじろう
衆院議員　逓信相　農商務相　男爵
安政2年(1855)2月8日～昭和5年(1930)11月16日　生丹波国氷上郡下小倉村(兵庫県丹波市)　歴郷里で儒学などを学んだあと、明治7年熊谷県庁に出仕して官界入り。8年愛知県に転じ、以後、高知、神奈川、埼玉各県の警察部長を歴任。23年後藤象二郎逓信相の下で書記官となり、郵務・通信局長を経て、逓信次官を務めた。この間29年にはハンガリーで開かれた万国電信会議に参加する。その後、政友会結成に参加、35年衆院議員に当選するが36年脱党。同年大浦兼武逓信相の下で再び次官となる。39年～大正15年勅選貴院議員。5年寺内内閣の逓信相、8年台湾総督、12年第二次山本内閣の農商務相・司法相、15年枢密顧問官などを歴任。民間では関西鉄道会社や九州炭鉱の社長、南洋協会会頭、電気協会会長などをつとめた。明治40年男爵。　家孫＝田英夫(政治家)

田 艇吉　でん・ていきち
衆院議員(自由党)　住友総本店支配人
嘉永5年(1852)9月6日～昭和13年(1938)11月27日　生兵庫県　歴明治12年兵庫県議、24年より衆院議員に4選。住友総本店支配人や、阪鶴鉄道、柏原電燈、日本製炭、西宮土地、東洋製鋼所、由良電燈、千日土地建物の各社長、柏原合同銀行会長などを歴任した。　家長男＝田昌(衆院議員)

【と】

土井 市之進　どい・いちのしん
陸軍少将
慶応2年(1866)12月5日～昭和24年(1949)3月18日　生長門国(山口県)　学陸士〔明治22年〕卒　歴長州藩士の長男で、陸軍中将の三浦梧楼の甥にあたる。明治22年陸軍少尉に任官。中国通として知られ、日露戦争中は満州で活動。大正元年北京駐屯歩兵隊長、2年歩兵第五十二連隊長、5年支那駐屯軍司令部付、同年歩兵第十二連隊長を経て、7年陸軍少将。8年予備役に編入。その後、萩町長も務めた。　家叔父＝三浦梧楼(陸軍中将)

戸井 嘉作　とい・かさく
衆院議員
文久2年(1862)1月～昭和20年(1945)4月27日　生神奈川県　学甲府神官学校　歴横浜商品倉庫、横浜可鍛鉄製作所を設立してそれぞれの専務に就任。横浜市議、道路会議議員、民政党総務となり、大正4年衆院議員に当選、通算7期を務めた。

土居 喜久弥　どい・きくや
製紙家
安政5年(1858)5月5日～明治44年(1911)1月26日　生土佐国吾川郡伊野(高知県吾川郡いの町)　歴明治19年伊野製紙会社の職工となり、同社の再建に尽力。28年工夫して舶来の木屑を製紙の原料に補填、これより木屑の用途がはじめて内外にひろまる。36年土佐紙合資会社を創立。のち土佐紙工業と改称して社長となり、業界の発展に尽力、世間から「製紙の虫」と称された。

土居 光華　どい・こうか
自由民権運動家　衆院議員
弘化4年(1847)6月24日～大正7年(1918)12月11日　生淡路国三原郡倭文村(兵庫県南あわじ市)　名号＝淡山　歴森田節斎に師事し、和歌を橘千蔭、海上胤平らに学ぶ。維新時は岩倉具視に侍講している。明治7年民権派の「報国新誌」を創刊。徳島藩校教授、公議人、弁事を経て、翻訳を主とする北辰社の社長となり、「東海暁鐘新聞」を発行、岳南自由党総理などとなる。19年三重県飯高、飯野、多気三郡長に就任、ついで衆院議員となった。女子教育や被差別部落解放などにも先駆的な活動をした。著書に「孟子七篇」「七珠講義」「英国文明史」などがある。

土井 八郎兵衛　どい・はちろべえ
林業家　尾鷲銀行頭取
明治5年(1872)10月10日～昭和29年(1954)8月12日　生三重県牟婁郡尾鷲(尾鷲市)　学東京専修学校卒　歴明治26年家業の林業を継ぐ。植林方法の改良に取り組み、水力応用の挽材機や原動機を用いて経営を飛躍的に発展させた。30年尾鷲銀行(現・百五銀行)頭取に就任。著書に「紀州尾鷲地方森林施業法」がある。

土居 通夫　どい・みちお
大阪商業会議所会頭　大阪電燈社長　衆院議員
天保8年(1837)4月21日～大正6年(1917)9月9日　生伊予国宇和島(愛媛県宇和島市)　名旧姓・旧名＝大塚、幼名＝万之助、彦六　歴4歳の時宇和島藩士村松家の養子となるが、23歳で父の母方の姓・土居を名のる。慶応元年(1865年)宇和藩を脱藩して大坂に出、京坂地方で志士として活動。維新後、外国事務局に入り、五代友厚の下で大阪運上所に勤務、明治2年大阪府権少参事となる。5年司法省に移って東京裁判所権少判事、兵庫裁判所裁判長、大阪上等裁判所裁判長などを歴任した。17年鴻池家家政整理の際、同年顧問となり財界に入る。20年大阪株式取引設立委員、21年大阪電燈、のち長崎電燈の社長に就任。27年衆院議員。28年大阪商業会議所会頭となり、以後死亡するまで22年間務めた。33年欧米視察後、大阪商店改良会を組織、

内国勧業博覧会開催などにつとめ、また中国、朝鮮への商品輸出にも尽くし、大阪商工業界の長老的存在の一人となった。

土居 通博　どい・みちひろ
土居銀行頭取 貴院議員(多額納税)
慶応4年(1868)4月24日～昭和14年(1939)12月8日 [生]美作国西北条郡下田邑(岡山県津山市) [学]明治法律学校〔明治23年〕卒 [歴]明治39年～大正4年貴院議員。

藤 金作　とう・きんさく
衆院議員(政友会)
天保15年(1844)9月～昭和7年(1932)3月19日
[出]福岡県 [歴]村、郡の官吏を経て、村議、郡議、福岡県議、徴兵参事員等を歴任、明治27年より衆院議員に7期連続当選。植林事業にも携わった。

道永 通昌　どうえい・つうしょう
僧侶(黄檗宗) 万福寺住職
天保7年(1836)～明治44年(1911)2月6日
[生]伊勢国茂福(三重県四日市市) [名]旧姓・旧名=林 [歴]実家は浄土真宗の証円寺。6歳で出家し、伊勢天聖院の住職・実聞真聴に師事。安政元年(1854年)には京都の万福寺に赴き、良忠如隆の許で参禅した。のち、師・真聴の法を継ぐ。さらに豊前国小倉福聚寺の万丈悟光の印可も受け、幕末・維新期は豊後観音寺で住職を務めた。維新後、天聖院住職・教部省権訓導などを経て明治13年万福寺(黄檗宗)住職となり、第三十一次開戒会を指導した。編著に「在家安心法語」などがある。

道契　どうかい
僧侶(真言宗)
文化13年(1816)～明治9年(1876)7月23日
[生]備後国安那郡神辺(広島県福山市) [名]旧姓・旧名=黒瀬, 字=天霊, 号=甑瓦子 [歴]10歳のとき備後国安那郡の持宝院で出家。河内・高貴寺の智幢に具足戒を、京都・智積院の海応に灌頂を受けた。天台や禅にも通じ、仁井田南陽から経史を、森田節斎から文章を学ぶなど、博学で知られた。弘化3年(1846年)以降は美作・円通寺に住し、幕末期には尊王論に加担して鞍懸寅二郎、桜井新三郎らといった志士たちと交流。一方で「続日本高僧伝」の執筆を進め、慶応3年(1867年)に完成させたが、生前には公刊されず、没後の明治39年、大内青巒、吉川半七の尽力により全巻が刊行された。明治維新後は廃仏毀釈に抗し、京都で仏教復興に尽力。5年教導職の設置により中講義、大講義を歴任した。他の著書に「闢邪大義護法談」「密宗祖影讃」「保国編」などがある。

東海 散士　とうかい・さんし
小説家 ジャーナリスト 衆院議員(憲政本党)
嘉永5年(1852)12月2日～大正11年(1922)9月25日 [生]安房国天羽郡富津(千葉県富津市) [名]本名=柴四朗 [歴]陸奥会津藩士。戊辰戦争に従軍、官軍の会津城攻撃に対戦、落城後東京に拘禁。明治10年西南戦争では「東京日日新聞」に戦報を送った。11年渡米、ハーバード大学、ペンシルベニア大学で経済学を学び18年帰国。20年政治小説「佳人之奇遇」初編を刊行、文名をあげた。19～30年にかけ続編を執筆。一方国権主義を主張、農商務相・谷干城に招かれ19年再び洋行。20年帰国、21年「大阪毎日新聞」主筆となり、また雑誌「経世評論」を発刊し、後藤象二郎の大同団結運動に尽力。25年第2回衆院選挙に福島から当選、憲政本党に所属、農商務次官、外務参政官などを務めた。著書は他に「東洋之佳人」「埃及近世史」などがある。 [家]弟=柴五郎(陸軍大将), 甥=木村信二(大陸浪人)

道家 斉　どうけ・ひとし
農商務省農商務局長
安政4年(1857)2月20日～大正14年(1925)10月30日 [出]備前国岡山(岡山県岡山市) [歴]大学南校で語学を学び、明治17年農商務省に入り、水産局長、農商務局長を務めた。大正9年退官し、勅選貴院議員となる。また日本勧業銀行理事、産業組合中央会副会頭、農村電化協会長を務めた。11年第4回国際労働会議政府代表。

東郷 静之介　とうごう・しずのすけ
海軍少将
生年不詳～昭和17年(1942)1月22日
[出]鹿児島県 [学]海兵(第13期)〔明治20年〕卒 [歴]明治40年人事局首席局員、43年周防艦長を経て、44年横須賀海兵団長兼壱岐艦長。大正元年海軍少将に進み、舞鶴鎮守府参謀長。2年予備役に編入。

東郷 平八郎　とうごう・へいはちろう
海軍大将・元帥 侯爵
弘化4年(1847)12月22日～昭和9年(1934)5月30日 [生]薩摩国鹿児島城下加治屋町(鹿児島県鹿児島市) [歴]薩摩藩士として薩英戦争、戊辰戦争に参加し、明治4年英国へ留学。国際法などを修め、11年帰国して海軍中尉に任官。17年天城、19年大和、浅間の艦長を務め、同年より病気療養に入る。23年呉鎮守府参謀長、24年浪速艦長、27年呉鎮守府海兵団長。27年再び浪速艦長となり、日清戦争開戦直前の遭遇戦で、停船に応じない約1100人の清国兵を乗せた英国籍の商船・高陞号を撃沈。英国籍の船を沈めたことから対日世論は悪化したが、間もなく戦時国際法に則った行為であることが判明すると、一転評価を高めた。28年常備艦隊司令官、29年海軍大学校校長、32年佐世保鎮守府司令長官、33年常備艦隊司令長官、34年舞鶴鎮守府司令長官を経て、日露戦争開戦直前の36年、第一艦隊兼連合艦隊司令長官に就任。以来、日露戦争を通じて海軍の指揮を執り、旅順港封鎖作戦などを実施。37年海軍大将に進み、同年の日本海海戦では世界最強と謳われたロシアのバルチック艦隊に完勝、“アドミラル・トーゴー”の名を世界に轟か

せた。38年軍令部長、42年軍事参議官。大正2年元帥府に列せられ、元帥海軍大将となった。3年東宮御学問所総裁となり、皇太子裕仁（昭和天皇）に帝王学を授けた。その後、神格化されて海軍内に絶大な影響力を持ち、ロンドン海軍軍縮条約に反対して軍政に容喙するなど悪影響も及ぼした。この間、明治40年伯爵、昭和9年死去に際して侯爵を授けられた。　家長男＝東郷彪（園芸家）、二男＝東郷実（海軍少将）、岳父＝海江田信義（官僚）、従弟＝柴山矢八（海軍大将）、甥＝東郷吉太郎（海軍中将）

東郷 正路　とうごう・まさみち
海軍中将
嘉永5年（1852）3月1日～明治39年（1906）1月4日　出越前国（福井県）　名幼名＝哲吉　学海兵（第4期）〔明治10年〕卒　歴越前福井藩士の子。明治12年海軍少尉に任官。28年武蔵、30年第八重山、同年済遠、32年八雲などの艦長を経て、35年海軍兵学校校長。36年第六戦隊司令官。38年海軍中将となり第四艦隊司令官。40年長男に男爵が追贈された。　家長男＝東郷安（日本無線社長）、二男＝東郷二郎（海軍少将）、兄＝東郷竜雄（福井市長）

東条 定太郎　とうじょう・さだたろう
植林家
嘉永3年（1850）4月8日～大正12年（1923）10月12日　生甲斐国中巨摩郡榊村（山梨県南アルプス市）　歴明治9年山梨県中巨摩郡の榊村戸長となり、のち中巨摩郡議、勧業委員長などを務める。18～22年村有林（まぐさ）場の高室川沿岸や高尾山入会御料地に植林。37年私有地に県下一の苗床を設置し、毎年10数万本の苗木を産出した。45年から3年間かけて野々瀬村に合計40万本以上を植林するなど、その後も山梨県内各地の造林事業に尽力し、官より賞を受けた。

東条 英教　とうじょう・ひでのり
陸軍中将　戦史研究家
安政2年（1855）11月8日～大正2年（1913）12月16日　生陸奥国（岩手県）　学陸大〔明治18年〕卒　歴明治10年西南戦争に従軍して陸軍少尉となり、16年陸大開設とともに入学、ドイツ人教官メッケルに学ぶ。21年ドイツに留学し、戦史・戦術を学ぶ。帰国後、参謀本部に入り、同時に陸大教官として戦術を講じた。日清戦争では大本営参謀となり、戦後「日清戦史」の編纂部長となる。のち元帥山県有朋に従いヨーロッパに行く。34年陸軍少将、日露戦争には歩兵第八旅団長として従軍したが病気のため帰国、38年留守近衛第一旅団長となり、日露戦後は朝鮮京城守備旅団長となるが再び病気のため帰国。40年中将進級と同時に予備役編入。以後兵学書の著述に専念した。著書に「戦術麓の塵」など。　家長男＝東条英機（首相・陸軍大将）

藤堂 高成　とうどう・たかしげ
貴院議員　男爵

慶応3年（1867）2月12日～昭和5年（1930）10月23日　生三重県　名旧姓・旧名＝竹内　歴竹内治則の二男に生まれ、藤堂高節の二女・いくを妻とし婿養子となった。藤堂伯爵家の分家に当たる。明治27年神宮皇学館の舎監兼助教授となる。39年男爵。44年～大正14年貴院議員。昭和2年から再び貴院議員となった。都市計画中央委員会委員、鉄道会議議員などを務めた。

藤堂 高泰　とうどう・たかやす
百五銀行頭取
文政11年（1828）4月27日～明治20年（1887）8月28日　名字＝栄、通称＝仁右衛門、号＝拙窩　歴伊勢国津藩主の一門に生まれ、のち藤堂高覚の養子となり、その家を継いで同藩城代家老を務める。元治元年（1864年）藩主・藤堂高猷の代理として上京。山崎の戦いでは約3000人の藩兵を率いて出陣した。戊辰戦争では新政府軍の東海道先鋒隊長を務め、藩兵を率いて東北地方を転戦して戦功を立てる。明治2年帰藩して津藩の執政兼総裁となり、さらに同年津藩大参事に就任した。3年に辞職したのちは神祇少裕兼神宮少宮司に転じた。その後、実業界で活躍し、11年百五銀行の設立とともにその頭取となった。

藤平 謹一郎　とうへい・きんいちろう
下野新聞社長　栃木県議
文久2年（1862）11月～昭和4年（1929）10月28日　生下野国芳賀郡市羽村（栃木県芳賀郡市貝町）　歴宇都宮金庫や下野銀行・下野新聞社などの社長や取締役を歴任し、栃木県の財界における要人であった。また、栃木県議としても活躍し、民政党に所属。その他にも、用水の整備や農業の指導、清原農学寮（のちの栃木県農業大学校）の設立など、社会事業の方面でも大きな業績を残した。　家息子＝藤平真（教育者）

藤間 源左衛門　とうま・げんざえもん
島根県大社町長
天保13年（1842）～明治43年（1910）
生出雲国（島根県）　名号＝月清　歴家は代々、酒造と廻船を営む。また苗字帯刀を許され、松江藩の本陣を務めており、幕末の浜田城落城の際には浜田藩主の本陣となり、慶応4年（1868年）山陰道鎮撫のため下向してきた西園寺公望の本陣にもなった。2年出雲大社領の大年寄、3年同大庄屋を務めるなど、早くから町政に参画し、県議などを経て、明治23年初代大社町長に就任。酒蔵を改装して大社地方にはじめての学校を作った他、公立製糸伝習所、貧民院を開設するなど、広く公益のために尽くした。一方、幼少時から学問を好むとともに、月清と号して国漢学・茶道など多彩な趣味を持ち、その邸宅には多くの文人墨客が訪れた。

当麻 辰次郎　とうま・たつじろう
梨の品種"長十郎"の発見者
文政9年（1826）11月1日～明治38年（1905）4月11

日 ⓘ武蔵国大師河原村(神奈川県川崎市) ㊉神奈川県大師河原村(現・川崎市)で農業を営む傍ら、梨の新種改良に努める。明治22年新品種を発見、屋号にちなみ"長十郎"と命名。30年黒星病の発生で各地の梨園が打撃を受けた時も"長十郎"はわずかな被害で収まったことから、病虫害に強く、多収穫な品種として注目を集め、全国各地に広まった。

当山 久三 とうやま・きゅうぞう
自由民権運動家 沖縄県議
明治1年(1868)11月9日〜明治43年(1910)9月17日 ⓘ琉球国金武(沖縄県国頭郡金武町) ㊉沖縄師範卒 ㊉明治26年郷里の金武小学校長となるが、薩摩出身の郡長の沖縄蔑視に業を煮やし、28年校長を辞め並里総代(のちの村会議員)となり、開墾と村民の啓蒙に尽力。のち東京に留学を決意して、30年東京淀橋小学校長に就任、進学の準備を整えた。しかし謝花昇が上京し、県知事奈良原繁治下での沖縄の窮状を聞き帰郷、謝花らと民権運動に挺身した。弾圧により運動が挫折した後、ハワイへの移民運動に活路を求めて農民の救済に尽力。42年初の県会議員選挙に最高点で当選した。

頭山 満 とうやま・みつる
国家主義者
安政2年(1855)4月12日〜昭和19年(1944)10月5日 ⓘ筑前国福岡(福岡県福岡市) ㊉旧姓・旧名=筒井、号=立雲 ㊉興志塾 ㊉福岡藩士の子として生れる。興志塾に学び、西郷隆盛の大陸政策に共鳴、明治8年矯志社を結成。萩の乱に参加して入獄していたため西南の役には参加できなかった。12年向陽社を組織し、国会開設運動を推進。14年箱田六輔、平岡浩太郎らと玄洋社を結成、自由民権運動の一派として活動し、大陸進出を主張する大アジア主義を唱え、金玉均、孫文、ボースらの亡命者を助けた。その後、国家主義に移行、22年条約改正問題や対露開戦論などを論じ、日本国家主義運動の中心人物として活躍した。終始公職につかず在野生活を続け、右翼の巨頭として政界の黒幕であった。 ㊉三男=頭山秀三(国家主義者)

東陽 円月 とうよう・えんげつ
僧侶(浄土真宗本願寺派)
文政1年(1818)〜明治35年(1902)12月17日 ⓘ豊前国国東(大分県豊後高田市) ㊉諡号=浄満院 ㊉生家は豊後国東の西光寺(浄土真宗)。豊前の学者・恒藤醒窓に漢学を、柳ヶ浦蓮光寺の覚照らに宗学を学んだ。27歳で浄土真宗本山の学林に入り、宝雲に師事。後、京都・栗田口の僧・雷雨の下で天台宗学の研究にも従事した。安政6年(1859)には浄土真宗四日市御坊の再建に協力。その功績により、西本願寺門主・広如から「東陽閣」の扁額を与えられ、以後東陽を姓とした。維新前後における廃仏毀釈の高揚に対しては、門主・広如及び明如を助けて護法に貢献。明治12年からは福岡の乗桂教校で宗学を講じた。この間、助教

司教を経て21年勧学に就任。しかし、23年に行った「愚禿集」の講義が異端と見なされたため、帰郷。その後、自坊の西光寺で東陽学林を開き、後進の教育に余生を捧げた。編著に「本典仰信録」「二種深信詳解」などがある。

遠武 秀行 とおたけ・ひでゆき
海軍大佐 横須賀造船所所長
天保13年(1842)〜明治37年(1904)7月12日 ⓘ薩摩国(鹿児島県) ㊉旧薩摩藩士。幕末に討幕運動に参加。維新後兵部省に入り海軍部に所属。明治8年横須賀造船所長となり、11年欧米の造船所を視察後、国内の民間造船所の間接保護を開始した。15年共同運輸副社長などを経て、18年海軍主船局副長、19年海軍大佐、24年予備役となる。その後、23年創立の日本鋳鉄に取締役技師として入り、鋳鉄製造所、博多湾鉄道などを創立した。

遠山 規方 とおやま・のりかた
陸軍少将
弘化5年(1848)1月〜大正5年(1916)1月25日 ⓘ出羽国久保田城下(秋田県秋田市) ㊉初名=直太郎 ㊉出羽秋田藩士の子。幼い頃に父を亡くし、伯父の小野崎通孝に育てられる。吉川忠行の惟神館で国学を学んだのち、師の子息・忠安や従兄の小野崎通亮らと雷風義塾の創立に参画。慶応2年(1866年)より藩の砲術所詰役として砲術調練の指導を行った。4年勤皇派によるクーデターに加わり、仙台藩使節一行襲撃事件でも一隊を率いて斬り込む。戊辰戦争では遊撃隊の参謀として由利戦線に参戦し、戦功を立てた。明治維新後、兵制が英国式に改められると秋田藩大隊副官となり、明治4年秋田藩陸軍中尉。廃藩置県後は仙台鎮台に移って兵部省の陸軍中尉に任官し、9年大尉に昇進。10年の西南戦争では田原坂の激戦で負傷した。17年近衛局に移り、東宮侍従武官。日清戦争には陸軍中佐として従軍し、第四師団兵站監を務めた。35年後備役に編入されたが日露戦争でも戦地に赴き、黒溝台の戦いで左腕に重傷を負った。39年陸軍少将。

遠山 正和 とおやま・まさかず
衆院議員(政友会)
嘉永4年(1851)3月〜明治40年(1907)11月8日 ⓘ讃岐国丸亀(香川県丸亀市) ㊉明治初期、香川県の区長、学区取締を務め、のち県会議員に選ばれ、同議長。また丸亀商業銀行、丸亀実業会社などの取締役を務めた。丸亀市から衆院議員当選3回、政友会に属した。

戸狩 権之助 とがり・ごんのすけ
衆院議員(政友会) 山形商業会議所会頭
嘉永6年(1853)3月3日〜大正12年(1923)3月12日 ⓘ出羽国米沢(山形県米沢市) ㊉明治7年山形県議、次いで常置委員となった。22年米沢市議となり、24年県参事会員、また山形市会議員も務めた。28年山形運輸会社取締役、のち山形米穀生糸取引所理事長、山形商業会議所会頭などを務めた。35

年以来衆院議員当選7回。

土宜 法竜　とき・ほうりゅう
僧侶（真言宗）金剛峯寺第386世座主
嘉永7年（1854）8月～大正12年（1923）1月10日
生尾張国名古屋（愛知県名古屋市）　名旧姓・旧名＝臼井、幼名＝光丸、号＝雲外、木母堂　学慶応義塾別科卒　歴真言宗の学僧。4歳の時出家し法竜と称する。慶応義塾を出て、高野山、東京、京都に学び明治12年高野山学林長になる。14年真言宗法務所課長、16年香川県三谷寺住職。26年シカゴ万国宗教大会に日本仏教代表委員として出席。会議終了後ヨーロッパに渡り、パリに5ケ月間滞在、またロンドンで南方熊楠と会う。39年仁和寺門跡・御室派管長、41年真言宗各派連合総裁となり、大正9年金剛峯寺第386世座主・高野山真言宗管長に就任。高野山大学総理（学長）兼任。「木母堂全集」「南方熊楠・土宜法竜往復書簡」がある。

土岐 裕　とき・ゆたか
海軍主計総監
弘化4年（1847）～明治40年（1907）8月5日
生尾張国犬山（愛知県犬山市）　歴もと尾張犬山藩士。年少のころ京都に出て緒方塾で学び、のち日光県の学頭に推される。明治8年海軍中経理、海相秘書官、官房主事などを経て、33年海軍省司法局長、34年海軍主計総監となった。

時岡 鶴吉　ときおか・つるきち
実業家
慶応2年（1866）～昭和14年（1939）
生丹波国何鹿郡上杉（京都府綾部市上杉町）　歴神戸で工業薬品の仲買人として成功を収める。大正年間、郷里の京都府上杉が干ばつの被害に遭っている窮状を聞き及び、私財を投げうって溜め池を作ることを申し出、村人の協力もあり、7年9月からわずか7ケ月で貯水量4万2千トンの溜め池を完成させた。村人はその功績を子孫に伝えるため、溜め池の横に時岡神社を建立した。溜め池の他にも神社の改修費や消防車の購入費を寄付するなど、郷里の発展に力を注いだ。

時田 光介　ときた・みつすけ
実業家
天保7年（1836）6月～大正5年（1916）5月12日
生長門国（山口県）　名本名＝時田少輔、旧姓・旧名＝転、幼名＝謙次郎　歴長府藩士で、転（うたた）家より井上家を継ぎ、のち時田と改姓。幼名は謙次郎、のち光介を名乗り、少輔と改めた。幼くして文武を修め、寺社奉行、馬関攘夷の軍議・砲台構築に従事、のち下関外国人応接係を歴任。功山寺の五卿応接係となり、坂本龍馬と桂小五郎の会談を斡旋し薩長同盟の実現に努める。第二次長州征討、戊辰戦争には出陣。明治維新後は、2年豊浦藩大参事、廃藩後に山口県官吏を経て、13年官を辞し実業界に転じて商社を興し、炭坑経営・水路開削・原野開発に当たり、のち愛知県で開墾事業に尽く

して名声を博した。晩年は専ら詩歌を楽しんだ。

時任 為基　ときとう・ためもと
元老院議官　大阪府知事
天保12年（1841）～明治38年（1905）9月1日
生薩摩国鹿児島（鹿児島県鹿児島市）　歴維新後東京府典事、のち開拓使権大書記官、函館支庁長、宮崎県知事などを経て、元老院議官。さらに高知、静岡、愛知、大阪、宮城各府県知事を歴任した。31年退官し、勅選貴院議員となる。

常磐井 堯熙　ときわい・ぎょうき
僧侶　真宗高田派管長　男爵
弘化1年（1844）12月27日～大正8年（1919）5月23日　生京都　歴関白・近衛忠熙の七男に生まれ、有栖川宮幟仁親王の養子（第二王子）となる。嘉永7年（1854年）伊勢（三重県）の真宗専修寺に入り、文久元年（1861年）円禧の後を継いで住職となり派内の異議問題を鎮定して派名を高田派と公称した。明治9年真宗四派連合管長となって近代真宗の興隆に奔走した。法名は初め円禔、のち堯熙。5年初めて常磐井氏を称し、29年男爵となる。また18年兄・近衛忠房の三男（堯猷）を養嗣子とした。和歌をよくし、「さみだれ集」「千代のみどり」「明治開花和歌集」などに収録されている。

徳川 昭武　とくがわ・あきたけ
最後の水戸藩主
嘉永6年（1853）9月24日～明治43年（1910）7月3日　生江戸　歴常陸国水戸（茨城県水戸市）　名幼名＝松平余八麿、字＝子明、初諱＝昭徳、号＝鑾山　水戸藩主・徳川斉昭の第18子として生まれる。元治元年（1864年）兄・昭訓の死によって京都に上り禁闕守衛に任じられ、侍従、次いで民部大輔に叙される。同年7月の禁門の変では営御殿東階付近を警護した。慶応2年（1866年）清水家の当主となり、従四位下左近衛権少将。3年パリ万博に将軍徳川慶喜の名代として参加し、外国奉行向山黄村ら28人の使節団を伴って渡仏。博覧会終了後もパリに留まり、フランス語などを学んだ。明治元年幕府崩壊の報を受けて帰国、徳川慶篤の後を受けて最後の水戸藩主となった。2年新政府の命で箱館戦争に従軍。同年の版籍奉還して水戸藩知事となるが、北海道開拓を志し、旧藩士とともに率先して天塩国（上川支庁の北半と留萌支庁の全域）に入植した。4年水戸藩知事を免ぜられ、7年陸軍少尉。9年フィラデルフィア万博に派遣され、引き続き10年フランスに再留学。14年帰国したのちは麝香間祗候となり、以後長年にわたり明治天皇に奉仕した。また、狩猟や釣り、自転車や焼き物など多趣味の人物であり、36年頃からは写真撮影にも熱意を傾け、生涯に撮影した写真は1500枚以上にも及んだ。　家父＝徳川斉昭（水戸藩主）、兄＝徳川慶篤（水戸藩主）、徳川慶喜（15代将軍）、養子＝徳川敬（外交官）　勲勲一等瑞宝章〔明治43年〕

徳川 篤敬　とくがわ・あつよし
外交官　侯爵

安政2年(1855)9月30日～明治31年(1898)7月12日　[生]常陸国水戸(茨城県水戸市)　[名]幼名＝鉄之丞、鉄千代　[学]陸士〔明治11年〕卒　[歴]水戸藩主・徳川慶篤の長男として生まれる。叔父である昭武の養子となり、のち水戸家を継ぐ。明治11年陸軍士官学校を卒業後、12年から約3年間フランスに留学。17年侯爵を授けられる。その後、外交官として活躍し、弁理公使、特命全権公使(イタリア駐箚)を務めた。帰国後は25年式部官、28年式部次長を歴任。写真を趣味とし、26年6月大日本写真品評会を設立して会頭に就任。また日清戦争時には慰問使として従軍し、戦況の撮影に当たった。[家]父＝徳川慶篤(水戸藩主)、二男＝徳川宗敬(参院議員)、叔父(養父)＝徳川昭武(水戸藩主)

徳川 家達　とくがわ・いえさと
貴院議長　徳川家第16代当主　公爵

文久3年(1863)7月11日～昭和15年(1940)6月5日　[生]江戸　[名]幼名＝徳川亀之助　[歴]徳川家第16代当主。明治元年第15代徳川慶喜の大政奉還に伴い宗家を継ぎ家達と改名。同年駿河中城主として70万石を賜封され、2年版籍奉還で静岡藩知事、3年廃藩置県で藩知事を退いた。10～15年英国に留学。17年公爵、23年貴院議員、36～昭和8年貴族院議長。その間大正3年組閣の内命を辞退。11年第一次大戦後のワシントン軍縮会議に全権委員で出席。昭和11～14年国際オリンピック委員会(IOC)委員を務め、アジア初の東京五輪招致に尽力したが、幻の大会に終った。また16代様として日本赤十字社長、恩賜財団済生会、東京慈恵会、日米協会各会長を務めた。妻泰子は近衛文麿の伯母。[家]長男＝徳川家正(外交官)、父＝徳川慶頼(田安家当主)、弟＝徳川達孝(田安家当主)

徳川 権七　とくがわ・ごんしち
植林家　佐賀県脊振村長

安政2年(1855)12月27日～大正13年(1924)11月18日　[生]肥前国神埼郡(佐賀県)　[歴]明治37年佐賀県脊振村村長に就任。国有林約3000ヘクタールの払い下げを受けて植林に尽力、全国有数の村有林を持つ村づくりを推進した。大正8年反対農民の騒乱事件のため辞任した。

徳川 達孝　とくがわ・さとたか
侍従長　貴院議員　伯爵

慶応1年(1865)5月25日～昭和16年(1941)2月18日　[生]松平慶頼の四男。兄家達の徳川家継承で田安家当主に。明治17年伯爵を継ぎ、30年貴院議員となり、衆院議員選挙法改正調査会委員を務めた。大正3年～昭和3年侍従長。のち日本弘道会会長。伯爵。　[家]父＝徳川慶頼(田安家当主)、兄＝徳川家達(徳川第16代当主)、息子＝徳川達成(伯爵)、孫＝徳川宗賢(学習院大学教授)

徳川 茂承　とくがわ・もちつぐ
和歌山藩知事　貴院議員　侯爵

天保15年(1844)1月15日～明治39年(1906)8月20日　[生]江戸　[田]和歌山県　[名]初名＝頼久　[歴]紀伊支藩の伊予西条藩主・松平頼学の子に生まれ、安政5年(1858年)紀伊藩主徳川斉彊の養子となり襲封、将軍家茂から茂の一字を与えられ茂承と改名。参議に任ぜられ、6年権中納言となる。慶応2年(1866年)第二次長州征討の先鋒総督として広島に出陣、芸州口と石州口の戦闘を指揮したが、石州戦線で敗北。家茂の死去に伴い15代将軍に推されたが固辞し、一橋(徳川)慶喜を推薦した。4年東海道総督に出兵を命ぜられ会津攻撃に参加した。明治2年版籍奉還で和歌山藩知事に就任。4年廃藩置県で知事を免ぜられ東京府貫属となった。17年侯爵。また23～39年貴院議員を務めた。[家]父＝松平頼学(伊予西条藩主)、養父＝徳川斉彊(紀伊藩主)

徳川 義礼　とくがわ・よしあきら
貴院議員　侯爵

文久3年(1863)9月19日～明治41年(1908)5月17日　[歴]讃岐高松藩主・松平頼聡の二男。尾張藩主・徳川慶勝の養子となり、明治13年家督を継ぐ。17年侯爵。23年貴院議員。　[家]実父＝松平頼聡(讃岐高松藩主)、養父＝徳川慶勝(尾張藩主)

徳川 好敏　とくがわ・よしとし
陸軍中将　飛行家　男爵

明治17年(1884)7月24日～昭和38年(1963)4月17日　[生]東京　[学]陸士〔明治36年〕卒　[歴]明治43年臨時軍用気球研究会委員となり、飛行機購入とその操縦技術修得のため欧州へ出張。帰国後、代々木練兵場で日本初の飛行を行う。大正11年飛行学校教官となり、昭和2年飛行第一連隊長。以後、明野飛行学校長、所沢飛行学校長などを経て、19年召集されて陸軍航空士官学校長。終戦後は、日本航空機操縦士協会名誉会長、航空同人会会長等を歴任。なお、3年に男爵を授けられた。

徳川 慶喜　とくがわ・よしのぶ
貴院議員　公爵

天保8年(1837)9月29日～大正2年(1913)11月22日　[生]江戸小石川(東京都文京区)　[田]常陸国水戸(茨城県水戸市)　[名]旧姓・旧名＝一橋慶喜、幼名＝七郎麿、昭致　[歴]水戸藩主徳川斉昭の七男に生まれ、弘化4年(1847)一橋家を継ぐ。ペリー来航の際は米国の要求拒否を具申したが容れられず、将軍継嗣問題で井伊大老ら紀伊派の推す慶福(家茂)に敗れ、安政の大獄では隠居謹慎を命じられる。井伊直弼没後は家茂の後見職となったが、慶応2年(1866)に家茂が没すると、徳川家最後の15代将軍に就任。在職わずか1年の間にフランス公使レオン・ロッシュの助言により欧州式の各種制度をとり入れることで幕政の改革を図ったが、時勢には抗すべくもなく、慶応3年自ら大政を奉還、270

年間の幕政に終止符を打った。これに対し賊軍との声もあったが、その後、勝海舟のとりなしで復権。以後、静岡県に住み、狩猟、謡曲、囲碁、写真などを楽しむ日を送る。やがて貴院議員となって明治13年正二位に叙せられ、35年には公爵に列せられる。　家父=徳川斉昭（水戸藩主），息子=徳川慶久（公爵），孫=高松宮喜久子，徳川慶光（貴院議員・侯爵）

徳川 慶久　とくがわ・よしひさ
貴院議員　公爵
明治17年（1884）9月2日〜大正11年（1922）1月22日　生東京　学東京帝国大学法科大学卒　歴15代将軍・慶喜の第7子として生まれる。大正2年父・慶喜を継いで公爵となり，8年赤十字慰問使として欧州に派遣される。　家父=徳川慶喜（第15代将軍），娘=高松宮喜久子，榊原喜佐子（「徳川慶喜家の子ども部屋」の著者），息子=徳川慶光（公爵）

徳川 頼倫　とくがわ・よりみち
貴院議員　侯爵
明治5年（1872）6月27日〜大正14年（1925）5月20日　生東京　学学習院卒　歴明治39年旧紀伊藩主である徳川茂承の家督を相続。大正11年宮内省宗秩寮総裁。自邸内に私設図書館である南葵文庫を創設し，関東大震災後に同文庫を東京帝国大学へ寄付した。日本図書館協会総裁も務めた。この間，明治29年欧米に留学。　家兄=徳川家達（公爵），養父=徳川茂承（紀伊和歌山藩主）

徳差 藤兵衛（6代目）　とくさし・とうべえ
衆院議員
万延1年（1860）〜昭和19年（1944）
生陸奥国（青森県）　名旧姓・旧名=小笠原　歴青森県東津軽郡筒井村（現・青森市）の名家・徳差家の婿養子。家督を継ぎ，6代目藤兵衛を名乗る。明治23年に青森県議に初当選。その傍ら，26年筒井村の学務委員となり，小学校改築の際には用地を提供するなど，村の教育の発展に尽くした。30年牧野真青森県知事による県議会解散を受けて県議を退き，31年衆院選挙に出馬・当選。以後，3期に渡って国政の場で活躍した。大正2年筒井村長に就任。同村が歩兵第五連隊の所在地であったことから，特に馬兵の振興・普及に努め，産馬組合の組織・専門技師の招聘・軍馬改良などを進めた。

徳田 真寿　とくだ・しんじゅ
実業家　収集家
慶応3年（1867）5月15日〜昭和19年（1944）
生肥前国（長崎県佐世保市）　名通称=頓痴畸屋　歴長崎県江迎町の人で，町で金融業を営む。一方で古銭や切手を収集し，古銭は唐銭や外国紙幣も含めて2000〜3000種類，切手は2万枚ほども集めた。70歳を過ぎてからは"だるま絵"も描いた。また"三角形は円に通じる，三角形を合わせると円になる。円は時間，空間，無限の発展性を表し，安定性もあり，一円融合の精神ともつながる"との信念を持ち，家具や調度，墓に至るまで徹底して三角形にこだわった奇人としても知られた。

徳田 寛豊　とくだ・ひろとよ
天照教教祖
文政13年（1830）4月17日〜明治25年（1892）5月25日　生上野国群馬郡大類村（群馬県高崎市）　歴薩摩，水戸の藩士と交わって尊王攘夷を志し，嘉永6年（1853年）黒船来航の際伊勢神官で誓いを立てた。万延元年（1860年）桜田門外の変に関係し，のち各地を転々とし，さらに京都で活動。維新後，国教神道をめざし天照教を創始，明治12年富士南麓に本教教会所を設立した。一時教徒20万人に及んだという。

徳大寺 公弘　とくだいじ・きんひろ
貴院議員　公爵
文久3年（1863）8月14日〜昭和12年（1937）1月4日　歴英国に留学。のち宮内省御用掛となり明宮勤務。大正8年父・実則の死去により公爵を襲爵，貴院議員となる。　家父=徳大寺実則（侍従長・公爵），弟=高千穂宣麿（英彦山神社宮司），叔父=西園寺公望（首相）

徳大寺 実則　とくだいじ・さねつね
侍従長　宮内卿　内大臣　公爵
天保10年（1839）12月6日〜大正8年（1919）6月4日　生京都　歴天保14年（1843年）昇爵。文久2年（1862年）権中納言，国事御用掛となり，3年議奏となるが，尊王攘夷運動に関わったため同年8月十八日の政変で罷免される。慶応3年（1867年）復権，明治元年参与，議定，内国事務総督となり，権大納言に任ぜられる。3年長州藩内訌に宣撫使として下向。4年官内省に出任を命ぜられ，侍従長，官内卿となり，長く明治天皇の側近に奉仕する。17年侯爵を授けられ，18年華族局長，のち爵位局長を歴任。24年内大臣兼侍従長。44年公爵に昇爵。明治天皇の没後辞職。明治23年より貴院議員も務めた。　家父=徳大寺公純（右大臣），弟=西園寺公望（首相），住友吉左衛門（15代目），息子=徳大寺公弘（貴院議員），高千穂宣麿（英彦山神社宮司・博物学者）

徳永 参二　とくなが・さんじ
社会運動家
明治16年（1883）〜昭和10年（1935）9月28日
生兵庫県揖保郡神岡村（たつの市）　学大阪医専中退　歴大正初期から社会主義運動に近づき，大正11年以降水平社運動に加わる。13年全四国水平社創立大会の議長をつとめ，14年全国水平社第4回大会で四国連合会から推されて中央委員となった。

得能 亜斯登　とくのう・あすと
箱館府判事
天保8年（1837）〜明治29年（1896）10月10日
生伊予国宇和島（愛媛県宇和島市）　名通称=得能通顕，林玖十郎　歴早く伊予宇和島藩士・伊達宗

425

城の側近として国政に加わり、慶応3年(1867年)までに京坂、防長に使して主君の活躍を助けた。明治元年太政官にて参与職に任ぜられ、有栖川宮総督の下に西郷、広沢らと東征軍の参謀となり、また参謀兼監軍として甲州に赴き鎮撫して民政を行った。2年箱館府判事に任ぜられたが、4年病のため退官帰国、静養のかたわら伊達家の家政に参与した。

得能 通昌　とくのう・みちまさ
大蔵省印刷局長 貴院議員(勅選)
嘉永5年(1852)1月25日～大正2年(1913)5月14日　[生]薩摩国荒田(鹿児島県鹿児島市)　[名]大蔵省管下の印刷局に入り、18年間勤務、印刷局長となった。日清・日露の両役には、よく戦時要求に応え、勲二等、年金500円を大賜された。印刷局長辞任後、勅選貴院議員となった。

得能 良介　とくのう・りょうすけ
大蔵省印刷局長
文政8年(1825)11月9日～明治16年(1883)12月27日　[生]薩摩国鹿児島(鹿児島県鹿児島市)　[名]旧姓・旧名＝得能新右衛門、諱＝通生、号＝薫山　[歴]17歳の時に初めて藩庁に出仕。幕末には小松帯刀、大久保利通、西郷隆盛らを助けて国事に奔走。明治3年大久保の推薦で明治政府の民部大丞兼大蔵大丞に任ぜられ、以後、大蔵権大丞、出納頭を歴任。5年出納帳簿の洋式改正をめぐって渋沢栄一と衝突、免官となったが、間もなく司法省に採用され、7年には紙幣頭として大蔵省に復帰。10年紙幣寮が紙幣局に組織改正されると紙幣局長となり、同年12月同局が印刷局となったのに伴い、11年初代印刷局長に就任した。特に優れた国産紙幣を製造するために抄紙改善し、キヨソネら外国人技師の招聘や人材育成、防贋術の研究、石版法の修得などに努めた。さらに防贋対策として写真術を導入するため、11年局内に写真撮影所を設けて横浜の外国人営業写真師スチルフリードを招聘。のち同所の撮影技術が評判となり、写真館代わりとして一般客の撮影も請け負った。また12年には中部・東海・近畿地方の古美術調査を実施、三枝守富らによって国宝の貴重な写真が数多く撮影され、鵜飼玉川も美術品の鑑定士として参加した。この間、銀行行政にも関与し、国立銀行条例の改正を推進。のち males長の通昌も印刷局長となった。　[家]長男＝得能通昌(印刷局長)

徳久 恒範　とくひさ・つねのり
富山県知事 貴院議員(勅選)
天保14年(1843)12月28日～明治43年(1910)12月30日　[生]肥前国佐賀(佐賀県佐賀市)　[歴]もと肥前佐賀藩士で、明治4年佐賀藩少参事、ついで文部省に入ったが、5年陸軍少佐に任官。12年熊本県一等警部、同県警部長、石川県少書記官、石川・栃木・兵庫の各県書記官を経て、25年富山県知事となり、のち香川・熊本・広島の各県知事を歴任し、

錦鶏間祇候となる。37年から貴院議員(勅選)を務める。傍ら、同志と共に武徳会を組織し会長を兼ねた。この間、内務省御用掛、臨時博覧会事務局委員などを務める一方、実業界でも東洋製糖、東京醤油、東京瓦斯工業などの会社設立に尽力した。西南戦争で戦死した徳久恒敏は実弟。

徳丸 作蔵　とくまる・さくぞう
在汕頭領事
万延1年(1860)12月～大正2年(1913)12月10日　[生]肥後国(熊本県)　[歴]年少の頃、鳩野茂庵の門に学び、のち東上、明治17年天津に渡り帰国後、日清戦争には陸軍通訳官、30年外務省の通訳生となり、30年から北京公使館に赴任。31年2等通訳官に進む。31年戊戌の政変では弾圧された康有為・梁啓超らを保護し、33年北清事変では西徳二郎公使と共に北京に籠城する。のち重慶副領事を経て、領事を務め、汕頭領事に転じた。中国在住10数年に及び、大正2年鎮海で没した。

土倉 庄三郎　どぐら・しょうざぶろう
林業家 吉野林業の先覚者・指導者
天保11年(1840)4月10日～大正6年(1917)7月19日　[生]大和国吉野郡川上村大滝(奈良県吉野郡川上村)　[名]幼名＝亟之助　[歴]代々吉野地方有数の山林地主。吉野スギで知られる林業で、地元だけでなく、群馬、兵庫、滋賀、台湾にも植林し、吉野林業の特徴である密植法を広めた。地元・川上村村長も務めたが、一方で自由民権運動に共鳴して活動家や政党にも資金を提供し、"立憲政党の大蔵省"と呼ばれた。共著に「林政意見」がある。

床次 竹二郎　とこなみ・たけじろう
内相 政友本党総裁
慶応2年(1866)12月1日～昭和10年(1935)9月8日　[生]薩摩国鹿児島(鹿児島県鹿児島市)　[学]帝国大学法科大学政治科〔明治23年〕卒　[歴]徳島県・秋田県知事を経て、内務官僚の出世コースを歩み、明治44年西園寺内閣の原敬内相の次官に就任、大正2年には鉄道院総裁となった。同年政友会入りし、現職官吏の入党として話題に。翌3年には衆院議員に当選(以後通算8回)。この間7年原内閣、ついで高橋内閣の内相となり折からの社会運動の高揚に対抗した。原の死後は政権志向を強め、なりふりかまわず政界を遊泳したが、結局は失敗。13年に清浦内閣を支持して政友会を割り政友本党を結成して総裁に就任、のち憲政会と合流して民政党を発足させたが、翌年脱党、新党の画策も思うにまかせず、昭和4年政友会に復帰し顧問。6年犬養内閣の鉄道相、さらに9年には党議に反して岡田内閣の逓信相となったため政友会を除名され、逓相在任のまま急逝した。　[家]二男＝床次徳二(衆議員・徳島県知事)

戸沢 正実　とざわ・まさざね
新庄藩知事 子爵
天保3年(1832)閏11月17日～明治29年(1896)8月

13日 歴出羽新庄藩主・戸沢正令の長男。天保14年(1843年)。文久2年(1862年)秋京都守衛を命ぜられた。慶応4年(1868年)戊辰戦争に鎮撫使副総督沢為量らと庄内を攻撃。しかし消極的ではあったが、奥羽越列藩同盟に加盟、同盟軍の戦局不利になるやいち早く、7月秋田と共に同盟を脱退。そのために同盟軍に攻められ新庄城は落城、秋田に逃れるが、10月帰城した。明治2年版籍奉還後、新庄藩知事となり、17年子爵授爵。

利光 鶴松　としみつ・つるまつ
小田急電鉄創業者 衆院議員(政友会)

文久3年(1863)12月31日～昭和20年(1945)7月4日　生豊後国大分郡稙田村(大分県大分市)　学明治法律学校卒　歴明治14年郷里を出奔し頭成小学校の助教員をして学費を稼ぐとともに、帆足亮吉の塾に学んだ。上京後は代言人(弁護士)を目指し、19年明治法律学校に入学。20年代言人試験に首位合格して神田猿楽町に代言人事務所を開設。傍ら大同団結運動に身を投じ、23年には大井憲太郎の自由党に参加して党の大分県代表や東京支部幹事を務めた。やがて星亨の知遇を得てその片腕となり、29年東京市議に当選。31年には衆院議員となり(2期)、同年憲政党の結成に際して幹事。33年伊藤博文を総裁として成立した政友会に加わり、関係者5000人以上を招待して行われた結党懇親会の幹事役も務めた。この間、雨宮敬次郎らとともに32年東京市街鉄道を創立。間もなく実業界での活動に主軸を移し、38年東京市街鉄道取締役を経て、39年同社と東京電気鉄道、東京電車鉄道を合併させて東京鉄道会社(東京都電の前身)を設立した。また、日光で鉱山開発に当たったのがきっかけで、43年鬼怒川水力電気を創業して同社長。44年東京鉄道会社を東京市の市有に移管させ、その精算人となして後始末に奔走した。大正9年地下鉄の敷設を目論んで東京高速鉄道を設立し、高架地下併用式電気鉄道を併願したが、土砂の廃棄先が決まらず断念。代わりに東京から厚木を経て小田原方面に至る鉄道の敷設を画策し、12年小田原急行鉄道(現・小田急電鉄)を創立、社長となり、昭和2年新宿―小田原間の本線を全線開通させ、さらに4年には江ノ島線を開通させた。　家娘=伊東静江(教育家)

戸田 氏共　とだ・うじたか
式部長官 伯爵

嘉永7年(1854)6月29日～昭和11年(1936)2月17日　生美濃国大垣(岐阜県大垣市)　歴明治元年襲封、版籍奉還後大垣藩知事をつとめ、4年米国に留学。のち文部、外務両省に出仕。15年伊藤博文に随行して渡欧、公使館参事官を経て、20～23年オーストリア・ハンガリー兼スイス公使を務める。のち宮内庁に転じ、主猟官、諸陵頭、式部次官兼主猟局長、式部長官を歴任した。

戸田 氏秀　とだ・うじひで
宮内事務官・式部官 伯爵

明治15年(1882)1月6日～大正13年(1924)6月19日　生東京　学東京帝国大学卒　歴上野高崎藩主・大河内輝声の二男で、戸田氏共の養子となる。宮内省に入り、東宮職主事、東宮職庶務課長、宮内事務官兼式部官などを務めた。　家実父=大河内輝声(高崎藩主)、養父=戸田氏共(伯爵)

戸田 忠行　とだ・ただゆき
貴院議員

弘化4年(1847)10月2日～大正7年(1918)12月31日　生江戸　籍栃木県　歴第6代足利藩主戸田忠禄の子。本家の宇都宮戸田家から養子に入った7代藩主・忠文が没すると、その後を嗣ぎ、安政5年(1858年)10歳で8代藩主となる。維新の動乱期に当たり、慶応2年(1866年)藩の軍制度改革に着手。さらに20歳の時には幕府の陸軍奉行並に任ぜられ、フランスの陸軍制度を伝習した。戊辰戦争時には新政府軍に味方し、維新ののち足利藩知事。明治4年廃藩置県で藩知事を辞し、東京に移って海軍御用掛などを歴任。のち華族として子爵に叙され、30年には貴院議員となった。その間、錦秋女学校長を務めたほか、蘭交会を結成して旧領の家臣らとたびたび交流を温めた。漢詩をよくし、詩集に「弄雪遺稿」がある。

戸田 利兵衛(1代目)　とだ・りへえ
戸田建設創業者

嘉永5年(1852)12月28日～大正9年(1920)7月5日　生京都　名幼名=宇吉　歴奈良屋と称する大工の家の四男。父を亡くすとその友人であった秋井藤兵衛の下で修業し、秋井家の本家に当たる菱屋利右衛門に見込まれて養子となり、利兵衛に改名した。明治9年鹿島組の初代鹿島岩吉の女婿になっていた次兄・確二を頼って上京し、鹿島組に5年間属したのを経て、14年独立して戸田方(現・戸田建設)を開業。27年日清戦争開戦に際し、軍の御用を請け負った大倉組の軍夫募集に応じ台湾に渡って活躍。帰国後、新潟県新発田の兵舎建設工事の監督に抜擢された。30年再び上京、31年京橋に新しい事務所を開業。33年法学者・梅謙次郎の邸宅の新築を皮切りに梅の紹介で法曹人の邸宅を手がけるようになり、34年には陸軍の藤沢工事を成功させて軍の信用を勝ち得た。41年戸田組に改組し、幹部制を導入するなど近代的な会社組織を整える。43年ロンドンで開催された日英博覧会において朝鮮総督府、南満州鉄道(満鉄)、台湾総督府などの特設館の建設を請け負ってからは受注が飛躍的に増加し、国の重要文化財建築物に指定されている「慶応義塾図書館」(42年)をはじめとして、「芝浦電気製作所」(大正2年)、「東京海上ビル」(6年)などの工事を行った。　家養子=戸田利兵衛(2代目)

栃内 曽次郎　とちない・そじろう
海軍大将

慶応2年(1866)6月8日～昭和7年(1932)7月12日 生陸奥国岩手郡上田村(岩手県盛岡市) 学札幌農学校予科卒、海兵(第13期)〔明治20年〕卒 歴陸奥南部藩士の二男。明治21年海軍少尉に任官。33年海軍省副官兼山本権兵衛海相秘書官、36年宮古、37年武蔵、38年八幡丸、同年須磨を艦長を務め、同年末英国大使館付武官。42年吾妻艦長、軍務局長、45年練習艦隊司令官、大正2年大湊要港部司令官、同年横須賀工廠長、3年第二艦隊、第一艦隊、第四戦隊の司令官を経て、4年技術本部長、6年海軍次官となり、9年海軍大将に進み第一艦隊司令長官。10年連合艦隊司令長官となる。11年佐世保鎮守府司令長官、13年予備役に編入。昭和7年勅選貴族議員となったが、間もなく没した。海軍次官時代に交通事故に遭い、右目を失明し、独眼で連合艦隊司令長官を務めた。 家長男＝栃内一彦(海上保安庁長官)、女婿＝安場保雄(海軍中将)、大西新蔵(海軍中将)

百々 三郎　どど・さぶろう
養蚕家　福山養蚕伝習所教師

天保10年(1839)7月3日～大正11年(1922)11月6日 生備後国福山(広島県福山市) 歴幕末期から桑の栽培を始め、明治3年以降は大阪や兵庫・京都などを巡って養蚕・製糸技術を修得した。6年には真綿の製造法を調査するため滋賀県を視察。さらに長野県などにも赴き、優良な桑の苗や蚕種を購入して郷里福山に移植した。また、自ら養蚕・製糸業の経営にも従事し、福山養蚕伝習所の教師を務めるなど福山における養蚕業の普及に尽力。著書に「蚕桑要説」などがある。

外波 内蔵吉　となみ・くらきち
海軍少将

文久3年(1863)10月8日～昭和12年(1937)3月11日 生愛知県 学海兵(第11期)〔明治17年〕卒、海大〔明治29年〕卒 歴明治19年海軍少尉に任官。33年無線電信調査委員長となり、三六式無線電信機の開発に貢献。同機は海軍のほとんどの艦艇に備えつけられ、日露戦争における日本海海戦の大勝利にも繋がった。38年明石、40年八雲の艦長を経て、43年朝鮮総督府付武官。同年海軍少将。大正2年予備役に編入。 家弟＝外波辰三郎(海軍機関少将)、岳父＝古沢滋(貴院議員)

外崎 嘉七　とのさき・かしち
篤農家　青森リンゴ中興の祖

安政6年(1859)3月20日～大正13年(1924)9月25日 生陸奥国清水村(青森県弘前市) 歴小作農家の三男に生まれる。明治6年弘前市の金木屋に見習い奉公。15年から岩木町の農牧社の牧夫となり農業技術を学ぶ。40年弘前市樹木に園地(外崎園)を開き、リンゴ栽培を始める。無学ではあったが、体で栽培技術を覚え、高い技術を持った生産者に成長、県内各地を回って、樹形改造・袋かけ・ボルドー液散布などの普及に努めた。"リンゴの神様""リンゴ中興の祖"と称された。 勲緑綬褒章

殿村 平右衛門(8代目)　とのむら・へいえもん
両替商

天保3年(1832)12月11日～明治7年(1874)9月14日 名名＝茂晴 歴大坂の両替商で、慶応3年(1867)兵庫開港の際に、商社御用となった。のち新政府による会計基立金募集に対して協力した。

土肥 謙蔵　どひ・けんぞう
元老院議官

文政10年(1827)～明治33年(1900)3月20日 生江戸 名旧姓・旧名＝田村喜三 歴安政元年(1854)28歳で鳥取藩儒土肥権右衛門の養子となる。2年養父の病気のため家業を継承し、江戸学問所に出勤。文久2年(1862)鳥取に戻り側役、3年周旋方頭取、記録方根取、御直書掛、元治元年(1864)学正本役などを経て、町奉行国事掛となる。この間藩内の尊攘運動に活動するが、長州が禁門の変に敗北すると、それに伴い元治元年(1864年)辞職謹慎。その後時事に関して沈黙するが、慶応3年(1867年)太政官より召され、明治元年物頭格国事掛、同年徴士参与国事務局判事となる。2年甲斐県権知事、3年甲斐県知事、4年山梨県令に就任し、6年辞職。のち23年7月元老院議官となり、10月閉院廃職となった。24年小田原に住み、旧藩主池田家の委嘱により「鳥取藩史」(第1期)の編纂に携わった。

飛嶋 文次郎　とびしま・ぶんじろう
飛島建設創業者

嘉永3年(1850)～昭和4年(1929)6月26日 生越前国(福井県) 歴明治4年の戸籍法制定により父の出身地である越前国大野郡富島(現・福井県大野市)にちなんで飛嶋を姓とした。福井県内での土木業界の活況に目を着け、16年福井が県庁所在地になったのに伴い新県庁新築のため福井城郭の取り壊し工事が始まると、飛島組(現・飛島建設)を名のって同工事の請負に参入。これを皮切りに九頭竜・日野・足羽各河川の改修や道路工事、耕地整理工事を手がけた。28年水害で石川県の手取川流域に甚大な被害があったことから、29年県が緊急に発注した同川の堤防改築に参加。同県から下りた予算が少ないで、義侠心から自宅を抵当に入れるなど苦心して工事を続行するが、30年再び同川で洪水が発生し、改築した箇所は破壊され資金も底を尽きたため、現場からの逃亡を余儀なくされた。以後は借金の返済に明け暮れた。のち長男・文吉の助言で福井に戻り、34年福井県立農学校の敷地造成工事で高い評価を受け再起に成功した。 家長男＝飛嶋文吉(飛島組社長)、孫＝飛島斉(飛島建設社長)

飛松 与次郎　とびまつ・よじろう
社会運動家

明治22年(1889)2月26日～昭和28年(1953)9月10日 生熊本県鹿本郡広見村(山鹿市) 学明治42年

松尾卯一太の「平民評論」に就職し、編集・発行人となるが第1号が発禁となる。「熊本評論」の読者と連絡をとってはどうかという松尾の示唆を受けたことから大逆事件に連坐。明治44年死刑判決を受けたが、翌日無期懲役に減刑、大正14年仮釈放された。

外松 孫太郎　とまつ・まごたろう
陸軍主計総監　貴院議員　男爵
弘化4年(1847)8月1日〜大正15年(1926)7月13日
生 紀伊国和歌山(和歌山県和歌山市)　名 旧姓・旧名＝大堀　歴 紀州藩士の二男に生まれ、のち同藩・外松孫左衛門の養嗣子となる。明治9年和歌山県出仕となり、のち陸軍省に入り、12年陸軍会計軍吏補、16年会計軍吏に進む。31年一等監督となり、34年経理局長、35年会計監督兼任などを経て、日露戦争では大本営野戦経理長官として出征。38年陸軍主計総監となり、40年男爵を授かる。42年予備役に編入され、同年から貴院議員。また維新史料編纂会委員を務めた。

富松 正安　とまつ・まさやす
自由民権運動家　加波山事件の首謀者
嘉永2年(1849)9月13日〜明治19年(1886)10月5日　生 常陸国下館(茨城県筑西市)　歴 茨城県内の小学校教員をつとめるうち、自由民権運動に志す。明治12年民風社を創立、13年集会条例公布以後、教職を辞し運動に専念。14年自由党結成に参画、茨城県下の民権運動の中心的存在となる。17年下館に有為館を開き館主。同年9月加波山事件で指導的役割を果たし、各地潜伏の末、11月千葉県市原郡姉ケ崎村で捕えられた。

富岡 敬明　とみおか・けいめい
熊本県知事　貴院議員(勅選)　男爵
文政5年(1822)11月8日〜明治42年(1909)2月28日　生 肥前国小城(佐賀県小城市)　名 旧姓・旧名＝神代、幼名＝耿介、通称＝九郎左衛門　歴 肥前小城藩士・神代家の二男で、佐賀藩士の富岡家を継ぐ。明治4年佐賀藩権大参事、同年伊万里県権参事、5年山梨県権参事、6年山梨県参事、8年名東県権令、9年熊本県権令を歴任。西南戦争に際しては熊本鎮台に籠城した。11年熊本県令に昇格、19年初代熊本県知事。24年勅選貴院議員。33年男爵を授かった。

富岡 定恭　とみおか・さだやす
海軍中将　男爵
嘉永7年(1854)11月5日〜大正6年(1917)7月1日
生 信濃国松代(長野県長野市)　学 海兵(第5期)〔明治11年〕卒　歴 幕末、信濃松代藩士としてフランス語や西洋式兵学を修める。明治9年海軍兵学寮を卒業した後、英国軍艦に乗船し、士官教程や砲術を学んだ。12年海軍少尉に任官。水雷・砲術関係の専門家として活躍、18年には夜間信号灯を考案した。19年艦政局兵器課に転じ、20年ヨーロッパへ出張して軍艦用32インチ砲の注文や兵器調査に従事。日清戦争に際しては厳島副長、龍田艦長として威海衛作戦などで戦功を立て、33年八雲、34年敷島の各艦長や36年軍令部第一局長を経て、同年海軍兵学校校長。40年海軍中将に昇進、次いで男爵となった。41年旅順鎮守府司令長官を務めた。44年予備役に編入。家 長男＝富岡定俊(海軍軍人)、弟＝富岡延治郎(海軍機関少将)

富沢 信　とみざわ・まこと
日新電機創業者
明治9年(1876)〜没年不詳
生 静岡県沼津　学 東京工業学校機械科〔明治33年〕卒　歴 父は警察官。静岡中学から東京の城北中学に転校し、明治33年東京工業学校(現・東京工業大学)機械科を卒業。同年近衛歩兵第一連隊で兵役についた後、35年大阪鉄工所に入ったが、36年京都帝国大学の電工掛に転じて青柳栄司教授の指導を受けた。日露戦争に出征して、38年除隊すると京都帝国大学に復帰して理工科大学助手となるも、40年島津製作所に入所。42年京都の自宅で日東商会を開き、丸型電池の製造を始め、「日東乾電池」として売り出した。43年日新工業社を設立、助手時代の先輩である上嶋深造を技師長に迎えてモーター用・配電盤用の指示計器製造を始めた。大正元年には配電盤の製造を開始。大正6年藤井善助を初代社長に迎えて日新電機株式会社を創業、常務に就任。9年取締役に引き、11年退社した。家 義兄＝山口久四郎(仁寿生命保険専務)

富沢 松之助　とみざわ・まつのすけ
初代東京都神代村長
弘化1年(1844)〜大正15年(1926)5月26日
生 武蔵国(東京都)　歴 明治元年武蔵国多摩郡(現・東京都)の深大寺村名主となる。安政の大地震で湧水が枯れたため荒廃した水田の復興を計画。4年砂川用水から取水した深大寺用水を完成させた。22年神代村初代村長に就任。

富島 暢夫　とみしま・のぶお
弁護士　衆院議員(新政会)
文久2年(1862)11月3日〜昭和20年(1945)8月6日
生 広島県　学 帝国大学法科大学英法科〔明治23年〕卒　歴 大阪始審裁判所判事、松江地裁判事、横浜地裁判事を歴任、その後弁護士業務に従事。広島市議、議長、広島弁護士会長となり、広島県35年衆院議員に当選、通算5期を務めた。広島瓦斯電軌監査役も務めた。

富田 重慶　とみた・じゅうけい
名古屋電気鉄道社長
明治5年(1872)3月15日〜昭和8年(1933)5月15日
生 愛知県　名 通称＝重助　歴 明治22年三井銀行に入行。福寿生命保険、明治銀行などの役員を経て、41年名古屋電気鉄道社長に就任。

富田 甚平　とみた・じんぺい
農業指導者

嘉永1年(1848)11月30日〜昭和2年(1927)3月3日　生肥後国菊池郡水島村(熊本県菊池市)　歴生家は郷士で田畑5町歩の地主。同郡辺田村の筑紫宗甫に入門して漢学を修める。のち農業に従事するようになり、明治11年に劣等の湿田が多い同郡の農業改善のため、暗渠排水による乾田化の実験を行って冨田式暗渠排水法を考案。23年鹿児島県農商課雇となり、加納久宜知事の下で耕地の整理事業を担当。33年には山口県農事巡回教師に就任し、自身が研究した排水法の普及や農事改良の指導に当たった。さらに43年から大正3年まで秋田県で耕地整理に携わった。その後、朝鮮に渡り、長男の両助と共に同地の開拓事業に尽力。建野保との共著に「冨田式暗渠排水法」がある。

富田 高慶　とみた・たかよし
農政家

文化11年(1814)6月1日〜明治23年(1890)1月5日　生陸奥国(福島県)　名字＝弘道　歴陸奥相馬藩士・斎藤嘉隆の二男。天保元年(1830年)江戸で屋代弘賢に入門した後、10年下野の二宮尊徳の門下となり、仕法(理念とその実践)の研究を深め、終生に渡って尊徳の片腕として活動し、尊徳四大弟子の一人と評される。弘化2年(1845年)藩主・相馬充胤の協力のもとで農村復興と藩財政立て直しに尽力し、"相馬仕法"を成功に導く。明治維新の際には藩論を勤皇に導き、また藩を戦火から救うため官軍との交渉などにあたった。公的な仕法から離れた後、明治10年西郷隆盛の協力により復興社を創業して社長に就任し、県内1000町歩の開発などに力をそそいだ。著書に「報徳論」「報徳記」など。

富田 鉄之助　とみた・てつのすけ
日本銀行総裁　東京府知事　富士紡績会長

天保6年(1835)10月16日〜大正5年(1916)2月27日　生陸奥国仙台(宮城県仙台市)　名名＝実則、号＝鉄耕　学ニューアーク商業学校(米国)　歴陸奥仙台藩の重臣・富田実保の四男。安政3年(1856年)江戸に出て高島流砲術を修め、赤城圭斎に蘭学を学んだ。4年帰郷するも、文久3年(1863年)蒸気機関と海軍術修業のために再び上京。同年勝海舟の氷解塾に入り、その知遇を得た。慶応3年(1867年)勝の長男・小鹿に随行して米国に留学。幕府崩壊後は改めて明治政府の留学生となり、ニューアーク商業学校で経済学を学んだ。明治5年岩倉使節団の随員となり在ニューヨーク領事心得を命じられ、6年在ニューヨーク副領事、9年在上海総領事(赴任せず)、10年外務省少書記官、11年在英国日本公使館一等書記官を歴任。この間、7年に一時帰国した際、森有礼と商法講習所(現・一橋大学)の創設準備に携わった。14年帰国して大蔵省権大書記官に転じ、日本銀行の創立事務を担当。15年日本銀行の初代副総裁兼文書局長となり、病気がちな初代総裁・吉原重俊に代わって事実上の総裁の役目を果たした。21年吉原の病死により第2代総裁に就任したが、22年横浜正金銀行に対する低利の為替資金供給政策に反対して松方正義蔵相と対立、節を曲げずに更迭された。23年勅選院議員となり、24〜26年東京府知事。29年富士紡績創設に参画して初代会長、30年には横浜火災保険創立に関与して社長となった。著書に「銀行小言」がある。　勲勲四等旭日小綬章〔明治39年〕、勲三等瑞宝章〔大正5年〕

富谷 鉎太郎　とみたに・せいたろう
大審院長　貴院議員(勅選)　明治大学学長

安政3年(1856)10月5日〜昭和11年(1936)5月5日　生下野国宇都宮(栃木県宇都宮市)　学司法省法学校〔明治17年〕卒　法学博士〔明治32年〕　歴明治19年ドイツに留学。帰国後、23年東京地裁判事、東京控訴院長を経て、大正10年大審院長に就任。退官後、11年勅選貴院議員、かたわら明治大学長などをつとめた。

富永 三十郎　とみなが・さんじゅうろう
地主

文政12年(1829)〜明治44年(1911)6月　出肥後国(熊本県)　歴肥後国白旗村に宝暦年間から続く酒造業の家に生まれる。嘉永3年(1850年)分家して独立。朝早くから仕事に励み、慶応4年(1868年)には肥後熊本藩に金5000両を上納するまでなり、累代士席を与えられた。維新後、地租改正や西南戦争に乗じて巨大な財をなし一代で大地主となったが、生活は質素勤倹で、よく貧者や弱者への施しを行った。また明治44年に亡くなるまで生涯チョンマゲ姿で過ごした。　家孫＝富永猿雄(貴院議員)、曽孫＝伊吹六郎(劇作家)

富永 清蔵　とみなが・せいぞう
常陸丸船長

明治6年(1873)〜大正7年(1918)2月7日　出山口県　名旧姓・旧名＝野村　学東京商船学校卒　歴明治29年日本郵船に入社。日露戦争では御用船船長として活躍。大正4年常陸丸船長となり、第一次大戦中の6年9月インド洋を航行中に敵国であるドイツ軍艦の攻撃を受け拿捕される。11月日本人乗客・乗員が同艦に移乗させられ、常陸丸は爆沈された。7年ドイツ近海に接近して乗客・乗員の安全を確認した後、入水自殺を遂げた。

富永 隼太　とみなが・はやた
衆院議員(政友会)

安政4年(1857)6月〜大正15年(1926)10月25日　出肥前国(長崎県)　歴長崎県議、徴兵参事員、学務委員歴任、明治23年衆院議員となり、通算5期を務めた。

富小路 敬直　とみのこうじ・ひろなお
明治天皇侍従　子爵

天保13年(1842)5月12日〜明治25年(1892)10月28日　生京都　名法名＝敬雲　歴代々連歌、俳諧、詩文をもって奉仕する富小路家の第23代当主。嘉

永元年(1848年)児(ちご)として出仕、6年元服と同時に近習となり、かつ御内儀に日々祗候を命ぜられた。安政元年(1854年)左馬権頭、5年中務大輔。文久元年(1861年)和宮降嫁問題では公武合体による幕府に対する朝廷の地位向上を画策してこれを推進、和宮の江戸行きにも随行したが、同じく降嫁を進めた久我建通、岩倉具視らと"四奸二嬪"として弾劾され、2年辞官・剃髪して敲雲と号し、洛北で蟄居を余儀なくされた。慶応3年(1867年)赦され、明治2年右京大夫、侍従となる。3年権大宣教使を兼任したが、4年兼官を免ぜられ、以後終生侍従を務めた。17年子爵。 家娘=富小路禎子(歌人)

富安 保太郎　とみやす・やすたろう
穂高銀行頭取　衆院議員(政友会)
元治1年(1864)5月6日～昭和6年(1931)10月26日 出福岡県 学明治学院高等部〔明治22年〕卒 歴福岡県議、議長を経て、明治41年衆院議員に当選、通算4期務めたのち、多額納税により貴院議員となる。穂高銀行頭取、九州製油社長、博多築港社長、政友会総務を務めた。

戸村 義得　とむら・よしのり
秋田県横手町長
嘉永2年(1849)5月～明治39年(1906)3月26日 名幼名=秀雄、通称=大学、号=棠堂、茶顚、静学軒 歴秋田藩家老・戸村義効の長男。横手城代を務め、戊辰戦争時には手勢300人をもって同城に篭城し、3000人余りの庄内・仙台藩軍と戦うが、2時間ばかりで落城したため、血路を開いて脱出し、各地に転戦した。明治11年国立第四十八銀行の設立に参画し、初代頭取に就任。13年秋田女子師範学校副校長心得。17年以降は河辺、鹿角、平鹿の各郡長を歴任したのを経て横手町長を務めたが、在任中に没した。 家父=戸村義効(秋田藩家老)

留岡 幸助　とめおか・こうすけ
社会事業家　牧師　北海道家庭学校創立者
元治1年(1864)3月4日～昭和9年(1934)2月5日 生備中国高梁(岡山県高梁市) 学同志社英学校神学科〔明治21年〕卒 歴17歳でキリスト教に入信。明治21年同志社英学校卒業後、日本組合丹波第一基督教会で伝道。23年牧師の資格をとり、24年北海道の空知集治監の教誨師となる。27年渡米し、監獄学、感化事業を学ぶ。29年帰国、日本組合霊南坂基督教会牧師を務め、「基督教新聞」の編集も行う。31年巣鴨監獄の教誨師を兼任。32年警察監獄学校教授となり、監獄改良、死刑廃止を説く。同年巣鴨に不良少年の感化救済のための"家庭学校"(東京家庭学校)を創設。38年「人道」を創刊。大正3年北海道遠軽に分校を設立、のちの北海道家庭学校を開設、教護院として農業、林業、牧畜などの教育を行った。著書に「感化事業の発達」「基督の教育」「二宮翁と諸家」などのほか、「留岡幸助著作集」(全5巻)がある。 家三男=留岡幸男

(北海道庁長官):四男=留岡清男(教育者)、曽孫=東家夢助(落語家)

友枝 梅次郎　ともえだ・うめじろう
衆院議員(政友会)
安政7年(1860)2月17日～大正9年(1920)11月10日 生豊前国築上郡八屋(福岡県豊前市) 歴村議を経て、足立炭坑の再開に従事。筑豊鉱業組合常議員となり、明治45年より衆院議員を通算2期つとめた。

塘林 虎五郎　ともばやし・とらごろう
社会事業家
慶応2年(1866)11月3日～昭和7年(1932)11月2日 出肥後国熊本(熊本県熊本市) 歴陸軍教導団を卒業後、歩兵第十三連隊に勤務。のち軍籍を離れ、明治25年貧児救済教育の必要を感じて熊本貧児寮を立てる。その後、しばしば組織と名称を改め、昭和3年熊本県社会事業協会の一学園となる。一方、肥後自活団を組織して孤児らに仕事を与え、大正11年夜間中学労学館を創立した。この間、文部省・内務省・宮内省及び教育会などより表彰される。昭和7年私設社会事業功労者として終身奨励金を受ける。 賞藍綬褒章〔昭和3年〕

外山 佐吉　とやま・さきち
言問団子の生みの親
文化14年(1817)～明治19年(1886)7月17日 歴江戸・向島の植木職人を経て、明治2年隅田川沿いに茶店を開く。"言問団子"と名付けた団子を売り、評判となった。

外山 脩造　とやま・しゅうぞう
阪神電気鉄道社長　衆院議員
天保13年(1842)11月10日～大正5年(1916)1月13日 生越後国古志郡小貫村(新潟県長岡市) 名旧姓・旧名=安井、幼名=寅太、号=軽雲 学慶応義塾卒、開成学校卒 歴安政5年(1858年)江戸へ出て清河八郎、塩谷宕陰に師事。のち河井継之助の蒼龍窟に入塾してその薫陶を受けた。戊辰戦争では師・継之助に従って長岡城攻防戦を戦うが、敗走後は戦死者の遺ırılınd́により商人を目指し、慶応義塾、開成学校、共立学校を転々とした。この頃、脩造に改名。明治5年秋田県の県立学校教員となるが、学制改革のため辞職して上京し、6年大蔵省に出仕。紙幣寮銀行課で渋沢栄一に才能を認められ、その推薦により、11年大阪の第三十二国立銀行総監役に就任し、同行の経営再建に成功。15年日本銀行理事大阪支店長に抜擢され、大阪銀行界の指導者となった。20年欧米諸国視察の際、ロンドンに商人の信用調査機関があることを知り、帰国後の24年、大阪に商業興信所を開設して総長となる。25年衆院議員に当選、1期。31年第三十二国立銀行を継承した浪速銀行の頭取に就いた。早くから鉄道の必要性を訴え続け、17年松本重太郎、藤田伝三郎らとともに大阪堺間鉄道(現・南海電気鉄道)を創設し、32年阪神電気鉄道株式会社が設立される

と、その初代社長に選ばれた。33年貸し倉庫業に着目して、松本らと大阪倉庫株式会社を設立。30～32年大阪銀行集会所委員長を務めた他、大阪麦酒(現・アサヒビール)、日本火災保険などの創立にも関与するなど、関西経済界を主導した。37年脳溢血で倒れてからは表舞台から身を引いた。

外山 光輔　とやま・みつすけ
公卿
天保14年(1843)10月27日～明治4年(1871)12月3日　京都　外山光親の二男。嘉永5年(1852年)元服して昇殿を許され宮内大輔となり、慶応2年(1866年)年従四位下に叙された。明治3年華族禄制改革により外山家は京都府華族となったが、明治維新後の遷都による京都の衰微を憂え、また、攘夷主義者であったことから新政府の政策に強い反感を抱いており、天皇の京都還幸や攘夷決行を目的に政府転覆を計画。4年京都で密議中に逮捕され、愛宕通旭らと自刃を命じられた。　父=外山光親(公卿)

豊岡 健資　とよおか・まさすけ
公卿
弘化2年(1845)7月16日～明治25年(1892)3月19日　京都　豊岡随資の子。嘉永2年(1849年)叙爵。勘解由次官、右兵衛佐を経て、安政7年(1860年)中務権大輔、文久元年(1861年)議奏加勢、3年国事参政を務める。同年八月十八日の政変で謹慎処分を受け、元治元年(1864年)禁門の変が起こると長州藩のために斡旋した。明治2年大学少監、3年次侍従、6年教部大講義を務めた。　父=豊岡随資(公卿)

豊川 良平　とよかわ・りょうへい
三菱銀行頭取
嘉永5年(1852)1月16日～大正9年(1920)6月12日　土佐国(高知県)　旧姓・旧名=小野春弥　慶応義塾〔明治8年〕卒　明治3年豊臣・徳川・張良・陳平の1字ずつをとって豊川良平と名乗る。13年犬養毅と「東海経済新報」を創刊、一方いとこの岩崎弥太郎が設立した三菱商業学校、明治義塾などの経営にあたる。22年三菱傘下の第百十九銀行頭取に就任、28年三合資会社銀行部創設に伴い同部支配人・部長をつとめ、三菱銀行の基礎を作った。43年三菱合資管事。大正2年に引退するまで三菱財閥の中枢として活躍。この間、銀行倶楽部委員長、東京手形交換所委員長などを歴任。大正期に入ると東京市議として市政刷新運動に参加、5年勅選貴院議員となった。　いとこ=岩崎弥太郎

豊島 直通　とよしま・なおみち
大審院刑事部長
明治4年(1871)12月18日～昭和5年(1930)10月14日　東京　帝国大学法科大学独法科〔明治28年〕卒 法学博士〔明治43年〕　明治28年司法官試補となり、東京控訴院検事、大審院検事、司法省法務局長・刑事局長、東京控訴院検事長を経て、大正12年判事に任命され、大審院刑事部長となる。この間、東京帝国大学講師も務めた。

豊島 陽蔵　とよしま・ようぞう
陸軍中将 広島市長
嘉永5年(1852)9月3日～大正11年(1922)2月9日　安芸国広島(広島県広島市)　陸士〔明治12年〕卒　明治13年陸軍砲兵少尉に任官。日清戦争では臨時徒歩砲兵連隊長、日露戦争では第三軍砲兵部隊長兼攻城砲兵司令官、のち独立重砲旅団長として従軍。39年要塞砲兵監、40年重砲兵監を歴任。41年中将。大正3年予備役となり、同年広島市長に就任した。

豊田 勝蔵　とよだ・かつぞう
福井県知事 樺太庁長官
明治15年(1882)12月～昭和14年(1939)11月23日　山口県　東京帝国大学法科大学法律学科〔明治41年〕卒　大正13年福井県知事、15年樺太庁長官、昭和2年台湾総督府局長などを歴任した。

豊田 佐吉　とよだ・さきち
豊田紡織創業者
慶応3年(1867)2月14日～昭和5年(1930)10月30日　遠江国敷智郡吉津村(静岡県湖西市)　小学校卒業後の12歳頃から父の大工仕事を手伝うが、明治18年専売特許条例の公布の影響で発明を志すようになる。徴兵検査の抽選に外れたことがきっかけでさらに発明にのめりこみ、近隣が遠州木綿の産地で紡績業が盛んであったことから、織機の改良に着手。23年木製人力織機を発明し、従来の手織木綿よりも4～5割の増織を可能にした。25年東京に出て浅草千束町に機屋を開業したが、26年経営に行き詰まり帰郷。28年糸繰返機を開発したのを経て、29年国産初の木・鉄混合製による豊田式汽力織機が完成。同年愛知県知多郡乙川の仲買商・石川藤八との合資で乙川綿布合資会社を設立して自作の木製動力織機を投入し、従来の人の力では為し得なかった品質の均一さと生産スピードの向上を達成した。やがてその評判は東京にも知れ渡り、三井物産がその発明事業を後援することが決定、以降は乙川綿布の全権を石川に譲り、自身が興した豊田商会に拠って織機を自動化する研究を進め、数々の特許を取得した。39年三井物産の後援を受け、豊田商会を豊田式織機株式会社に改組したが、日露戦争後の不況で業績が悪化、43年責任をとって辞職した。欧米の先進的織機メーカーを視察した後、44年帰国して独力で豊田自動織機布工場(現・豊田自動織機)を設立。さらに紡織工場の自営をはじめ、第一次大戦時の好況により個人経営が難しくなったことから、大正7年豊田紡織株式会社を発足させた。9年には事業による日中親善を掲げて家族とともに上海に移住し、豊田上海紡織廠を設立し、日本人による在華紡織業の伸長に貢献。13年には念願であった初の自動力織機であるG型無停止杼換式豊田自動織機を完成させた。

この自動織機は国内だけでなく海外でも関心を集め、世界屈指の紡織機メーカーである英国のプラット社に同自動織機の特許権を譲渡したことから豊田の名は世界に知れ渡り、"世界の織機王"と呼ばれた。また、明治末期の洋行時に自動車の国産化を決意したといわれ、プラット社との特許権譲渡交渉で得た10万ポンドをもとに、長男・喜一郎に国産自動車の研究開発を託したが、その着手をみることなく没した。一生を機械の発明に捧げ、生涯に得た特許は80余に及ぶ。　家長男＝豊田喜一郎(トヨタ自動車工業創立者)，孫＝豊田章一郎(トヨタ自動車社長)，豊田大吉郎(豊田通商会長)，豊田信吉郎(豊田紡織社長)，豊田禎吉郎(デンソー会長)，弟＝豊田佐助(豊田紡織社長)，女婿＝豊田利三郎(豊田自動織機製作所初代社長)，甥＝豊田英二(トヨタ自動車社長)

豊田 太蔵　とよだ・たぞう
教育家　鳥取県議　育英黌創設者
安政3年(1856)5月9日～昭和12年(1937)12月5日　生鳥取県東伯郡由良村(北栄町)　歴鳥取県議を務め、明治39年私財を投じて郷里の鳥取県由良村(現・大栄町)に育英黌(現・県立由良育英高)を創設した。

豊田 毒湛　とよだ・どくたん
僧侶　臨済宗妙心寺派管長
天保11年(1840)～大正6年(1917)1月9日　生美濃国本巣郡牛牧村祖父江(岐阜県本巣市)　名本名＝豊田匝三、別号＝高源室　歴弘化4年(1847年)郷里・美濃の東光寺・畯桑の法弟となり、翌年得度。安政4年(1857年)近江・永源寺の海州楚棟に参禅、のち筑後・梅林寺の羅山元磨の下で得悟。文久2年(1862年)東光寺継嗣となる。明治5年美濃妙心寺派取締となり、7年東光寺を譲り、11年岐阜の大仙院に住職となる。この間、潭海玄昌の印可を受け法を継ぐ。14年京都・円福寺住職、19年岐阜・永保寺住職を経て、29年南禅寺派管長、42年妙心寺派管長を務めた。

豊田 文三郎　とよだ・ぶんざぶろう
衆院議員(大手倶楽部)
嘉永6年(1853)7月～明治29年(1896)8月7日　生大坂　歴大阪府会議員、同常置委員を務め、大阪府2区から第1回、第4回衆院選に当選、大手倶楽部に所属。のち大阪電燈会社を創立、取締役となる。また大阪教育会、私立大阪衛生会を興し、育英、公共事業に尽力した。

豊永 長吉　とよなが・ちょうきち
衆院議員
天保2年(1831)2月18日～明治44年(1911)7月23日　生長門国豊浦郡長府(山口県下関市)　歴尊王攘夷が叫ばれた幕末、坂本龍馬や真木菊四郎らと志士活動、維新の大業に尽力した。のち会社に勤めたが、公共事業に投じ褒章を受けた。山口県から第8回衆院議員選挙に当選した。　勲藍綬褒章　賞正五位

豊辺 新作　とよべ・しんさく
陸軍中将
文久2年(1862)5月26日～昭和2年(1927)3月22日　生越後国(新潟県)　学陸士〔明治15年〕卒　歴明治15年陸軍騎兵少尉に任官。日清戦争には騎兵第五大隊中隊長として出征し、当時「騎兵が豊辺か、豊辺が騎兵か」とまで謳われた。日露戦争には騎兵第十四連隊長として各地を転戦。41年少将に進み樺太守備隊司令官を務め、42年騎兵第四旅団長、大正2年騎兵監となる。同年中将。

虎居 徳二　とらい・とくじ
英文極東案内の編纂者
明治3年(1870)11月8日～大正4年(1915)8月31日　生鹿児島県　名旧姓・旧名＝青山　学台湾国語学校卒　歴薩摩藩士・青山良啓の二男に生まれ、のち虎居家を継承する。造士館を中退、台湾国語学校を卒業し、台湾総督府、鉄道院に務める。明治34年特別任務を受け華南に赴き数年間滞在する。のち後藤新平の命で、英文による中国交通案内記を刊行のために中国各地を調査、約8年間を費やして英語版「極東交通案内」の原稿を完成したが、この編纂で健康を害し、脱稿直後の大正4年8月病死した。

鳥井 駒吉　とりい・こまきち
大阪麦酒会社創業者　南海鉄道社長
嘉永6年(1853)3月12日～明治42年(1909)5月24日　生和泉国堺(大阪府堺市)　号半静、粋處　歴明治3年16歳で父を失い、家業の酒造業を継ぐ。同年堺に新設された為替会社・通商会社の取締役に任ぜられ、間もなくその頭取に就任。8年には堺の酒造業の総括的な地位にあったといわれ、12年に堺酒造組合ができると、その初代組長となった。16年宅徳平らと精米会社を設立、醸造技術の革新にも着手。また、堺の実業界の重鎮である松本重太郎の側近としても活躍、17年松本、藤田伝三郎らとともに大阪―堺間の鉄道敷設の発起人となり、18年の阪堺鉄道(現・南海電鉄)の設立に参画した。一方でビールの輸入高の増加に着目し、20年松本、石崎喜兵衛らの後援を得て大阪麦酒会社(現・アサヒビール)を設立して初代社長に就任。25年同所で「アサヒビール」の醸造を開始して大阪府主催の工芸物品評会の二等銀牌を獲得するなど高い評価を受けた。31年阪堺鉄道が南海鉄道と合併されると、37年南海電鉄第2代社長に就任。39年日本麦酒、札幌麦酒の合併により大日本麦酒株式会社ができると馬越恭平の依頼で社長への就任を求められたが、病気のため固辞した。半静、粋處と号し、俳人としても知られた。

鳥井 信治郎　とりい・しんじろう
サントリー創業者
明治12年(1879)1月30日～昭和37年(1962)2月20日　生大阪府大阪市東区(中央区)　学大阪商〔明治25年〕中退　歴生家は大阪で両替商を営み、4

人きょうだい(2男2女)の二男。大阪商業学校に2年在籍した後、明治25年道修町の大店・小西儀助商店へ丁稚奉公に出た。同店は薬種問屋であったが、ぶどう酒の販売やウイスキー、ビールの製造も行っており、ここで洋酒に関する知識の一切を体得。32年鳥井商店を開業。当初はぶどう酒の製造・販売を中心とし、早くから中国大陸向けの輸出も行う。のち日本人の口に合うぶどう酒作りを目指し、39年スペイン産ワインをベースに「向獅子印甘味葡萄酒」を開発。同時に知人の西川定義を共同経営者に迎え、店名を寿屋洋酒店に改めた。40年「赤玉ポートワイン」を製造・発売、これを主力製品に酒類食料品問屋の大手・祭原商店と提携して関東に進出し急成長を遂げた。大正8年大阪港の埋立地に築港本工場を建設。同年樽に詰めたままであったリキュール用アルコールを試飲したところ美味であったため、「トリスウイスキー」と命名して販売、これが好評をもって迎えられたことから、本格的なウイスキー製造を志す。10年店を株式会社寿屋(現・サントリー)に改組し、代表取締役に就任。一方で積極的な広告戦略をとり、11年オペラ団の赤玉楽劇座を結成して全国を巡業させながら自社製品を宣伝。また同年の「赤玉ポートワイン」の宣伝ポスターには日本初の美人ヌード写真を使用し、話題となった。13年日本初の本格的なウイスキー醸造所である山崎工場を開設してウイスキーの醸造に着手。昭和4年には日本初の国産ウイスキー「サントリー白札」を発売した。　家長男＝鳥井吉太郎(寿屋副社長)、二男＝佐治敬三(サントリー社長)、三男＝鳥井道夫(サントリー副社長)、孫＝鳥井信一郎(サントリー社長)、佐治信忠(サントリー社長)　勲藍綬褒章〔昭和30年〕、勲三等旭日中綬章〔昭和37年〕

鳥居 忠文　とりい・ただぶみ
貴院議員 子爵
弘化4年(1847)9月12日〜大正3年(1914)10月31日　歴明治3年兄・忠宝の跡を継いで鳥居家を継ぎ、壬生藩知事となる。4年岩倉使節団と同行して米国に私費留学。帰国後は外務省御用掛、外務書記官などを務めた。23年貴院議員。　家父＝鳥居忠挙(下野壬生藩主)、兄＝鳥居忠宝(下野壬生藩主)

鳥尾 小弥太　とりお・こやた
陸軍中将 枢密顧問官 貴院議員 子爵
弘化4年(1847)12月5日〜明治38年(1905)4月13日　生長門国萩城下河島村(山口県萩市川島)　旧姓・旧名＝中村、幼名＝一之助、百太郎、諱＝敬孝、号＝得庵　歴長州藩士・中村家に生まれる。安政5年(1858年)父に従って江戸に入り、江川太郎左衛門(江川英龍)に砲術を学ぶ。帰藩後、尊王攘夷運動に挺身し、文久3年(1863年)奇兵隊に入隊。19歳の頃に乱暴な性格のために父母から勘当され、以来、鳥尾小弥太の変名を名のり、後には本名とした。戊辰戦争では鳥尾隊を組織して転戦。

明治3年紀伊和歌山藩に招かれて藩の兵制改革に当たり、同年兵部省に出仕。4年陸軍少将、兵学頭となり、5年陸軍省軍務局長、7年大阪鎮台司令長官を経て、9年陸軍中将に昇進。陸軍大輔から参謀局長に転じた。10年の西南戦争では輜重兵站を担当。12年近衛都督に任ぜられるが、13年病気のため辞職。14年北海道開拓使官有物払下げ事件が起こると、曽我祐準、三浦梧楼、谷干城とともに払下げの再議と国憲創立議会の創設を上申した。15年初代内閣統計院長。17年子爵。18年ヨーロッパへ出張。20年帰国後は反欧化主義を標榜し、21年日本国教大道社を設立。谷・三浦・元田永孚らとともに保守中正派を形成し、その機関誌「保守新論」を発行した。同年枢密顧問官。22年大隈重信外相の条約改正案と外国人判事任用を非難し、民間の反対集会にも出席したことから戒諭された。23年貴院議員に選ばれ、28年からは再び枢密顧問官を務めた。晩年は今北洪川に師事し、禅に帰依した。

鳥海 時雨郎　とりのうみ・じうろう
衆議院議員(自由党)
天保15年(1844)8月4日〜明治26年(1893)6月16日　生羽後国飽海郡上蕨岡村(山形県飽海郡遊佐町)　名号＝南泉坊　歴はじめ東之院に漢学と仏学を学ぶ。次いで皇学を常世長胤に師事し、大物忌神社禰宜少講義となった。早くから自由民権運動に挺身し、森藤右衛門ら同志とともに「両羽新報」を発刊。明治12年山形県議に選ばれて以来、23年まで在職し、この間、副議長、議長にもなれた。23年7月の第1回衆議院選挙では自由党から出馬して当選、25年まで1期2年を務めた。

頓宮 基雄　とんぐう・もとお
海軍大尉
明治21年(1888)〜大正5年(1916)3月20日
生岡山県　学海軍機関学校卒　歴大正3年海軍大尉、厳島分隊長。5年航空隊に編入される。同年3月飛行機で東京・上野公園で開催された海の博覧会開会式を訪問したが、帰途、芝明舟町の人家に墜落し、死亡した。

【な】

内貴 甚三郎　ないき・じんざぶろう
初代京都市長 衆院議員(大同倶楽部)
嘉永1年(1848)10月21日〜大正15年(1926)7月9日　生京都府京都市上京区　歴京都の呉服問屋に生まれ、経済学、漢学を修める。京都織物取締役、京都ガス取締役、京都商工会議所会頭などを歴任。のち京都市議となり、京都市参事会員として平安1100年紀念行事、内国勧業博覧会開催や、市制特例の撤廃活動に携わる。明治31年6月市制特例廃

止決定により市制実施準備委員長を経て、同年10月初代京都市長に就任。就任後は都市基盤の整備に努め、内国勧業博覧会跡地の岡崎に全国2番目の動物園を開設、周辺一帯を公園とし、今日まで続く文化ゾーンに位置付けた。また当時人口35万人だった京都市を百万都市とする構想を発表、市の東部は風致保存、北部は西陣産地として継続、西部は企業誘致、南部は工業地とする"京都策"を議会で力説した。この構想は後に様々な形で街作りに反映され、現在の京都市の地域機能分化の理念にも生かされている。市長6年の任期勤めた後、大同倶楽部の衆院議員となった。

内藤 新一郎　ないとう・しんいちろう
陸軍中将
安政4年(1857)4月～昭和10年(1935)12月6日　⊞出羽国(山形県)　学陸軍兵学寮卒　歴内藤秀升の三男に生まれる。明治10年西南戦争に従軍。日清戦争では第三師団高級副官、日露戦争では歩兵第三十八連隊長として、出征。38年歩兵第二十六旅団長、40年第十四旅団長、44年近衛歩兵第二旅団長を経て、45年陸軍中将となり下関要塞司令官を務めた。　家孫＝内藤昭(映画美術監督)

内藤 長太夫　ないとう・ちょうだゆう
農事改良家 殖産家
天保12年(1841)9月15日～明治44年(1911)5月24日　⊞近江国伊香郡古保利村(滋賀県長浜市)　歴地元・近江(滋賀県)伊香郡の伊香米の品質改良に努め、近江米同業組合を組織した。また各種名誉職を務め、更に繭共進会および製糸伝習所を創設し、学校・橋梁などを造るなど古保利村の公共財産の造成に尽力した。　勲藍綬褒章〔明治44年〕

内藤 久寛　ないとう・ひさひろ
日本石油創業者 衆院議員(進歩党)
安政6年(1859)7月22日～昭和20年(1945)1月29日　⊞越後国刈羽郡石地村(新潟県柏崎市)　学新潟英語学校中退　歴生家は代々里正を務めて名字帯刀を許され、海運業を営んで全国にも知られた名家。3人兄姉(2男1女)の二男だが、兄姉とも生後間もなく亡くなり、事実上の一人息子として育つ。柏崎県贅に入るが、東京遊学を志して出奔。横浜の高島学校に入ったところ、後に学校が焼失し帰郷。改めて新潟英語学校に入学したが、この頃に初めて家産が傾いていることを知り、家業再建のため学問を断念し中退した。明治12年父の隠居により家督を相続。18年県内最年少で新潟県議に当選。19年我が国で初めて組合規約を定め、農商務省の認可を得た水産組合・豊野浜組合が設立されると初代組合長となり、水産業の振興に力を尽くした。この頃、隣村で石油が産出していることに目を付け、山口権三郎らと石油会社設立に動き、21年有限責任日本石油会社を発足させ、常務理事(社長)に就任。発起人会後の晩餐の席上、風雪の中から一匹の蝙蝠が飛び込んできたのをみ

て、"蝠"は"福"につながって縁起がよいという話になり、同社の商標にコウモリを用いることが決まった。23年米国より掘削機を輸入して機械掘りを開始。大正3年には黒川五号油井が大噴出し、全国的な注目を集めた。10年には国内2位の宝田石油と合併、我が国の石油界を独占し"石油王"といわれた。15年社長を退く。この間、明治25年衆院選に立候補、対立候補の松村文治郎と同票であったため年長優先として松村が当選した。27年初当選、2期。14年勅選貴院議員。自伝に「春風秋雨録」がある。　勲緑綬褒章〔明治42年〕

内藤 文治良　ないとう・ぶんじろう
実業家 山梨県議
明治2年(1869)2月1日～昭和3年(1928)5月22日　⊞甲斐国(山梨県)　学法政大学卒　歴山梨農桑社を創業し、明治31年山梨農工銀行取締役、32年山梨県議などを歴任。「山梨県志」の編纂にも携わった。著書に「若尾逸平」などがある。

内藤 政挙　ないとう・まさたか
旧日向延岡藩主 子爵
嘉永3年(1850)5月10日～昭和2年(1927)5月23日　⊞江戸　歴日向国延岡(宮崎県延岡市)　名旧姓・旧名＝太田、幼名＝亀次郎　遠江掛川藩主・太田資始の子。万延元年(1860)日向延岡藩主・内藤政義の養子となり、文久2年(1862年)家督を継ぐ。明治2年延岡藩知事に就任するが、4年廃藩により免ぜられた。漢籍を学び、同年横浜高等学校で英語を修め、ついで慶応義塾に入るが、眼を患って中退した。22年帰郷し、育英事業に専念、延岡高女、延岡女子職業学校、日平尋常高小、見立尋高小の経営にあたった。また旧藩時代からの日平銅山を発展させ、大正初年見立に錫鉱を開発、延岡付近に電気を供給して、造林は杉、檜、楠など総数145万本にものぼった。　家父＝太田資始(遠江掛川藩主)、養父＝内藤政義(日向延岡藩主)

内藤 守三　ないとう・もりぞう
実業家 衆院議員 国勢調査の考案者
安政4年(1857)2月13日～昭和21年(1946)2月22日　⊞安芸国賀茂郡板木村(広島県広島市)　名幼名＝太郎一　学東京開成学校卒　歴明治3年に上京し、東京開成学校に学ぶ。黒瀬川の浚渫事業などに携わったのち実業家となり、21年広島県の呉に呉土工会社を設立、同地の市街地整備に当たった。また、25年には高性能弾薬の研究を進めていた下瀬雅允に資金を提供し、日露戦争で威力を発揮することとなる下瀬火薬の開発に協力。31年衆院議員に立候補し、以後3回連続して当選。この間、統計学者の杉亨二や呉文聡らとともに国勢調査の実施に尽力し、35年国会で法案を制定。38年には日露戦争のため国内での調査は出来なかったものの、台湾での予備的調査を行い、大正9年の第一回国勢調査の下地を作った。

435

内藤 利八　ないとう・りはち
衆院議員（自由党）播但鉄道社長
安政3年（1856）2月6日～大正10年（1921）6月28日
生 播磨国神東郡東川辺村（兵庫県神崎郡市川町）
歴 明治14年兵庫県議に当選、23年副議長。同年第1回総選挙で衆院議員に当選。通算4期務めた。また、26年播但鉄道を創立、今日のJR播但線を開通させた。姫路電灯、姫路水力電気の社長も務めた。

内藤 魯一　ないとう・ろいち
自由民権運動家　衆院議員（政友会）
弘化3年（1846）10月6日～明治44年（1911）6月29日　生 陸奥国福島（福島県福島市）　回 愛知県碧海郡上重原村　名 号＝萩平、参河山人　歴 福島藩家老職の家に生まれる。戊辰戦争では官軍に帰順。三河国重原に転封後は藩大参事となる。明治12年三河交親社を、翌年愛知県交親社を結成し、愛知県自由民権運動の育成に尽した。14年自由党結成に際し常議員となり「日本憲法見込案」を起草。19年加波山に関連して入獄。出獄後、愛知県議を4期（議長3回）つとめ、38年以後衆院議員に当選2回、政友会に所属し重きをなした。

中 辰之助　なか・たつのすけ
実業家　衆院議員
慶応4年（1868）4月26日～昭和11年（1936）12月1日　回 大坂　歴 漢学を学ぶ。和泉紡績取締役のほか、大阪農工銀行、岸和田貯蓄銀行、大阪窯業などの監査役を務める。明治31年から衆院議員に当選3回。

永井 いと　ながい・いと
養蚕家
天保7年（1836）6月～明治37年（1904）2月
生 上野国利根郡追貝（群馬県沼田市）　名 旧姓・旧名＝金子　歴 上野国追貝村の金子家に生まれ、隣村・片品の養蚕家・永井紺周郎に嫁ぐ。慶応4年（1868年）の戊辰戦争中、雨宿りに訪れた沼田藩士をもてなすため一晩中火を焚いたところ、煙や熱に当てられた蚕の成育が良くなったことから、いぶし飼いと呼ばれる温暖育法を発見。以後、同法の研究と改良を重ねて成果を上げ、明治17年には永井流（紺周郎流）と名付けられるに至った。20年夫が没すると、その遺志を継いで養蚕指導に奔走し、21年自宅に養蚕伝習所を開設。その教えを受けた者は群馬県内に遍く、勝ち気な性格で馬に乗って各地を指導して回ったことから"紺周郎婆さん"の名で親しまれた。　家 夫＝永井紺周郎（養蚕家）

永井 岩之丞　ながい・いわのじょう
大審院判事
弘化2年（1845）9月～明治40年（1907）5月25日
名 旧姓・旧名＝三好、幼名＝鍵之丞　歴 幕臣・三好山城守の子に生まれ、永井玄蕃頭（尚志）の養子となる。戊辰戦争の際は幕府の養父と共に江戸から脱し箱館の五稜郭に立て籠もった。維新後、明治6年司法省に入り、水戸始審裁判所判事長、東京控訴裁判所判事を経て、27年大審院判事となる。36年退職した。

長井 氏克　ながい・うじかつ
衆院議員（政友会）津市長　伊勢新聞社社長
天保13年（1842）10月～明治37年（1904）10月9日
回 伊勢国津（三重県津市）　歴 伊勢津藩士で、津藩学校に学ぶ。戊辰戦争には大軍監として従軍。明治12年三重県議となり、13年から3期連続議長を務めた。23年津市長を経て、35年衆院議員に当選。政友会に所属し、3期務めた。また伊勢新聞社を設立、日本赤十字社三重県委員長などを歴任した。

長井 兼太郎　ながい・かねたろう
石材業　大島石の販路拡大・知名度向上に貢献
明治3年（1870）～昭和22年（1947）
生 愛媛県今治市　歴 今治藩士の長男に生まれる。18歳で土木請負業を始め、明治27年頃には石材業を手掛ける。39年愛媛県宮窪村（現・今治市）に移り住み、"青みかげ"と呼ばれる花崗岩の大島石の採掘・販売に取り組む。採石場からの運搬道路や積み出し港を整備し、奈良帝室博物館、京都四条・七条大橋、出雲大社大鳥居などに大島石を納入するなど、大島石の販路拡大や知名度向上に力を尽くし、石材の町としての宮窪の基礎を築いた。

永井 金次郎　ながい・きんじろう
樺太庁長官　高知県知事
明治7年（1874）5月3日～昭和2年（1927）4月3日
生 新潟県　学 東京法学院〔明治30年〕卒　歴 富山県内務部長を経て、大正2年高知県知事。8～13年樺太庁長官を務めた。

長井 群吉　ながい・ぐんきち
海軍少将
生年不詳～昭和2年（1927）5月21日
回 鹿児島県　学 海兵（第11期）〔明治17年〕卒　歴 明治20年海軍少尉に任官。36年第四駆逐隊司令、38年扶桑、鎮遠の艦長、39年呉海兵団長を経て、41年呉水雷団長。42年海軍少将。43年予備役に編入。

永井 作次　ながい・さくじ
弁護士　衆院議員（政友会）
明治4年（1871）11月～昭和5年（1930）6月5日
回 鹿児島県　学 和仏法律学校〔明治27年〕卒　歴 司法官試補となり、鹿児島区裁判所検事に就任し、鹿児島地裁検事を兼任。退官後、弁護士となる。鹿児島市議を経て、大正9年宮崎から衆院議員（政友会）に当選2回。鹿児島電気常務、鹿児島商業会議所特別議員を務めた。

中井 三郎兵衛　なかい・さぶろべえ
中井商店社長　京都府議
嘉永4年（1851）12月～昭和7年（1932）3月27日
回 京都　歴 和洋紙問屋・中井商店の社長となり、明治17年京都紙商組合を作る。また京都織物・東京印刷・京津電気軌道・王子製紙などの役員のほか、

中井 三郎兵衛（3代目） なかい・さぶろべえ
越三商店主人
文政4年(1821)～明治32年(1899)9月5日
[生]京都 [名]幼名=三之助、名=孝之助、三平 [歴]京都で質商を営んでいた2代目中井三郎兵衛の二男。天保元年(1830年)越後屋呉服店に入り、孝之助と改名。呉服商に奉公に出たが、独立に際しては販路が広く、士農工商に関係なく天候に左右されずに四季を通じて需要があり、相場が大きく動かず、壊れにくいものを熟考した結果、白木綿と紙という結論に達し、弘化2年(1845年)和紙専売の越三商店を創業。嘉永年間には京都でも一流の紙問屋に育て上げた。明治3年主家の三井高福に請われて再び三井に戻り、同年家督を養子の4代目三郎兵衛に譲り、三平と改名。三井銀行の設立に際しては発起人の一人として尽力、我が国初の私立銀行である三井銀行の副長に就任した。越三商店は、9年4代目三郎兵衛により中井商店に改称。今日の日本紙パルプ商事へと発展した。 [家]養子=中井三郎兵衛(4代目)、父=中井三郎兵衛(2代目)

中井 太一郎 なかい・たいちろう
農事改良家
天保1年(1830)～大正2年(1913)
[生]伯耆国久米郡小鴨村（鳥取県倉吉市） [歴]安政5年(1858年)鳥取藩の地方改革に中庄屋となる。明治10年戸長となり、11年頃より農事の改良に尽力。短冊苗代、田植定規、簡易排水法などを案出。また水田の株間を除草する機具を開発。太一車または田打車と呼ばれ、除草剤が普及するまで広く使われた。農事改良の講演や実地指導に各地を巡視。著書に「大日本稲作要法」「大日本簡易排水法」がある。

中井 弘 なかい・ひろし
元老院議官 滋賀県知事 鹿鳴館の命名者
天保9年(1838)11月～明治27年(1894)10月10日
[生]薩摩国鹿児島平の馬場（鹿児島県鹿児島市） [名]幼名=横山林之進、別名=鮫島雲城、中井弘三、後藤久次郎、田中幸介、中井桜洲、号=桜洲山人 [歴]薩摩藩士・横山詠助の子として生まれる。藩学造士館に学んだが、18歳の時に脱藩して放浪。22歳で江戸に出、鮫島雲城と名を変えて尊攘運動に従った罪で国元に送還される。2年後再び脱藩して土佐へ行き、後藤象二郎の援助により慶応2年(1866年)英国に渡る。翌年帰国すると、宇和島藩の周旋方として京都で活躍し、中井弘三と名を改める。4年には英国公使パークスの危難を救ったことから、英国皇帝の褒賞を受けた。維新後、新政府により各国公使応接掛となる。神奈川県判事、東京府判事を歴任し、明治2年官を辞して一旦帰郷。4年西郷隆盛の東上に調役として随行、再び政府に仕える。岩倉具視に随行し欧米を視察。5年には左院四等官として渡米。7年駐英公使館記官となり、9年

帰国。この間西欧諸国を遊歴し、「漫遊記程」(全3巻その他)を刊行した。工部大書記官、倉庫局長を経て、17～23年滋賀県知事を務める。この間、22年元老院議官となり、23年勅選貴院議員。26年京都府知事となったが、まもなく病死した。他の著書に「目見耳聞西洋紀行」「西洋紀行航海新説」があり、日記もある。また桜洲山人と号し、漢学にも才能を発揮した。鹿鳴館の命名者で、妻・武子のちに外相・井上馨夫人となった。

中井 芳楠 なかい・ほうなん
横浜正金銀行ロンドン支店長
嘉永6年(1853)～明治36年(1903)2月9日
[生]紀伊国和歌山（和歌山県和歌山市） [学]慶応義塾卒 [歴]慶応義塾教員、和歌山自修学校校長などを経て、明治11年和歌山第四十三銀行支配人に就任。13年横浜正金銀行に転じて外国為替方主任となり、23年ロンドン支店長。以来12年間ロンドン市場での日本の公債売出しなどに活躍した。35年帰国。

長井 宮次 ながい・みやじ
愛媛県朝倉村にナシ栽培を広める
万延1年(1860)～明治43年(1910)
[生]伊予国（愛媛県今治市） [歴]別子鉱山や高浦鉱山で鉱夫を務める。愛媛県朝倉村への帰郷を考え始めた45歳頃から郷里にナシ園を広めようと、3年間に渡って春と秋に松山市内の果樹園を訪れ、ナシ栽培を学ぶ。鉱山の仕事で体を患っていたが、ナシ栽培の普及に力を尽くし、今日愛媛県のナシ栽培主産地である朝倉村の基礎を作った。

中江 勝治郎 なかえ・かつじろう
三中井百貨店創業者
明治5年(1872)～昭和19年(1944)
[生]滋賀県神崎郡南五ケ荘村金堂（東近江市） [歴]滋賀県の呉服小間物商・中井屋の長男として生まれる。15歳から呉服行商の見習いとして修業を積み、明治30年家督を相続。早くから朝鮮半島での商売に着目し、44年京城（現・ソウル）に呉服本店を移した。大正に入ると元山、釜山、平壌などに次々と支店を設置。3人の中江姓の兄弟と岳父の奥井和兵衛が共同出資したことから、それぞれの名前を取り"三中井"という社名になったと言われ、大正11年株式会社三中井呉服店を設立。13年米国で商業視察を行い、呉服屋から百貨店への業種転換を決断。朝鮮半島や中国大陸へ積極的に出店、一大流通チェーンを展開して"百貨店王"と呼ばれ、外地の一流デパートとして広く知られた。没後は国内に販売拠点を持たなかったため、敗戦を境に一挙に没落した。

永江 純一 ながえ・じゅんいち
衆院議員（政友会）三池銀行頭取
嘉永6年(1853)2月9日～大正6年(1917)12月19日
[生]筑後国三池郡江浦村（福岡県大牟田市） [歴]東京で法律を学び、郷里で自由党入党、明治19年福岡県議となった。25年の総選挙に選挙干渉を受け、爆

漢に襲われた。31年政友会に入り、衆院議員当選4回、政友会幹事長となった。また三池銀行頭取、三池土木、三池紡績、鐘ケ淵紡績などの重役を務めた。

中江 種造　なかえ・たねぞう
実業家
弘化3年(1846)～昭和6年(1931)3月27日
⊞播磨国豊岡(兵庫県豊岡市)　本名＝河本種造
歴生野鉱山で採鉱・精錬の技術を習得し、明治8年から古河市兵衛の下で足尾鉱山などを経営した。のち熊本や和歌山で鉱山を経営した。

中江 兆民　なかえ・ちょうみん
思想家　自由民権運動家
弘化4年(1847)11月1日～明治34年(1901)12月13日　⊞土佐国高知城下山田町(高知県高知市)　本名＝中江 篤介、通称＝竹馬、篤助、別号＝青陵、秋水、南海仙漁、木強生、火の番翁　歴土佐藩足軽の長男。文久元年(1861年)父の死により家督を継ぎ、2年より藩校・文武館で漢学を学め、細川潤次郎に英学を、萩原三圭に蘭学を学んだ。慶応元年(1865年)英学研修のため長崎へ派遣され、平井義十郎にフランス学を師事。また、滞在中に坂本龍馬の知遇を得た。2年後藤象二郎の後援で江戸に遊学し、村上英俊の達理堂に入門。3年にはフランス公使ロッシュらの通訳として関西に赴いた。明治2年箕作麟祥の塾に入って福地桜痴を知り、福地が私塾・日新社を開くと塾頭としてフランス学を担当。4年大久保利通に外国留学の志を直訴して許され、岩倉使節団に随行してフランスへ留学。リヨン、パリで法律を学習する一方、哲学や歴史、文学に興味を示し、同国滞在中の中西園寺公望、光妙寺三郎らと親交を結んだ。7年帰国して東京・麹町に仏蘭西学舎(仏学塾)を開設。8年東京外国語学校校長となるが短期間で辞し、新設の元老院に移って権少書記官に任ぜられるも、10年元老院幹事・陸奥宗光と意見を異にして退官した。14年西園寺の創刊した「東洋自由新聞」主筆に招かれ政府批判を展開。15年「政理叢談」(のち「欧米政理叢談」に改題)を発行し、ルソーの「社会契約論」を漢文訳した「民約訳解」を連載。また、同年自由党の機関紙「自由新聞」で論説を担当し、自由の原理や人民主義などを説いて民権左派の理論的指導者となり、"東洋のルソー"といわれた。16年日本出版会社を設立して社長となり、ルソーの「学問芸術論」を訳した「非開化論」論をはじめとする多数の啓蒙的著訳書を刊行。20年には「三酔人経綸問答」「平民の目さまし」を著した他、仏学塾の門弟らと「仏和辞林」を編纂した。同年三大事件建白運動の中心として活動するが保安条例で東京から追放され、21年大阪で発刊された「東雲新聞」主筆となり、民主主義の視点から政治、国会、外交、部落解放などを幅広く論じた。22年憲法の発布で赦され、東京の「日刊政論」主筆も兼任。23年第1回総選挙に大阪から当選、民権派の合同と自由党

結党に尽力するが、民党の堕落を憤って、24年辞任。その後、小樽の「北門新報」主筆に招かれて北海道へ渡り、同退社後は札幌で紙問屋を開いた他、鉄道・山林事業などを営む。30年既成政党の堕落に対し、門弟を中心に国民党を結成したが頓挫。33年旧自由党が伊藤博文らと結んで政友会ができるとこれを批判し、「万朝報」に入社していた弟子の幸徳秋水に「祭自由党文」を書かせた他、自らも近衛篤麿の国民同盟会に参加して政界改革を試みた。同年「毎夕新聞」主筆となるが、34年大阪旅行中に食道癌を発病して余命一年半と宣告され、文明批判的な随想「一年有半」「続一年有半」を著わしベストセラーとなった。家長男＝中江丑吉(中国思想研究者)

長尾 円澄　ながお・えんちょう
僧侶(真言宗)　園芸家
安政6年(1859)3月14日～大正11年(1922)1月28日　⊞備後国(広島県福山市)　歴9歳の時、備中国小田郡にある真言宗の名刹長福寺に入り、同寺住職の仁覚に師事。次いで高野山で修行し、20歳の時に長福寺住職となった。明治16年明治維新後の混乱で荒廃した寺を再興するため、篤農家渡辺淳一郎の協力で寺領に7ヘクタールの果樹園を造成し、桃の栽培を開始。のちには収穫や荷造りに工夫を加え、桃の遠隔地輸送を可能にした。また、品種改良の研究にも従事し、桃の優良品種「土用蜜桃」を開発。この品種は、間もなく全国的に普及し、桃の名産地・岡山の名声を更に高めることとなった。

長尾 介一郎　ながお・かいいちろう
農談会会長
弘化2年(1845)2月19日～大正3年(1914)3月24日　⊞陸奥国(青森県弘前市)　歴弘前藩士の子として生まれ、学者兼松石居に師事。石居の推挙で稽古館に勤めたのち東奥義塾教師・中津軽郡役所書記を経て第五十九国立銀行に勤務した。明治15年第五十九国立銀行頭取大道寺繁禎や中津軽郡長笹森儀助とはかり、岩木山麓に士族授産のための農場・農牧社を設立。16年同社より牛肉販売を委託されるが、17年谷量社を開業して牛乳販売に切り替えた。以後、牛舎の増築や青森市に支店を開くなど着実に業績を伸ばし、鉄道開通や第八師団設置による牛乳の需要増加もあって銀行を退職し販売に専念、青森県下の牛乳普及に大きく貢献した。また、農談会(のち青森産業会)会長にもなっている。

中尾 静摩　なかお・しずま
長崎県議
文政5年(1822)3月1日～明治38年(1905)2月12日　⊞肥前国大村(長崎県大村市)　本名＝貞彝、字＝俊輔、通称＝駒蔵　歴肥前国大村藩士。幼少時、江戸に出て安積艮斎、野田笛浦に師事。安政3年(1856年)五教館監察、文久2年(1862年)勘定奉行を経て、元治元年取締役。慶応2年(1866年)京都公用

人となり、油小路五条藩邸を新築するとともに、勤皇を提唱して同志とともに新精組を結成した。3年の大政奉還に際しては乾御門の守護に従事。戊辰戦争では新政府軍の先鋒を務めて大津、桑名、江戸、関東、東北を転戦。明治元年9月に帰郷した後は長崎御用掛に任ぜられ、以後、2年財用少参事、3年庶務大属、4年監察刑法大属、6年五大学区取締、7年十三大学区戸長、8年地租改正主宰を歴任。12年長崎県議に選出された。

長尾 四郎右衛門 ながお・しろうえもん
衆院議員（議員倶楽部）
安政2年（1855）12月～大正5年（1916）1月31日
囲岐阜県 歴菅田町議、武儀郡議、岐阜県議、同常置委員、相続税審査委員、所得税調査委員、地方森林会議員を歴任。明治23年岐阜県5区より衆院議員に当選、2期つとめる。多額納税により貴院議員。農林業・製糸業等を営み、濃飛農工銀行創立委員、同頭取となる。

中尾 捨吉 なかお・すてきち
弁護士
天保12年（1841）～明治37年（1904）5月14日
生土佐国土佐郡大川筋村（高知県高知市） 名本名=中尾真兄、旧姓・旧名=西村、号=水哉 歴土佐陽明学の奥宮慥斎に師事し、中江兆民と同門だった。のちフランス語を修め、法律を研究。明治新政府に出仕して兵学寮御用掛、明治5年ごろ陸軍兵学大属となり、6年ごろ陸軍少佐に進む。兆民らと交流し民権論を唱えたため当局に睨まれ、8年ごろ辞任に追い込まれた。9年36歳で司法界に転じて判事となり、各地の裁判所に勤務。一方、12年大阪府下土佐堀裏町に政社・民政社を設立し自ら社長となり、民権家判事の名を得る。幹事に岡軌光を据え、主催する政談演説会は盛況を極めたという。14年大阪控訴裁判所判事、18年第2期広島重罪裁判長、21年大阪控訴院評定官となる。続いて広島控訴院、函館控訴院に移り部長判事に進んだが、奇ława振る舞いで同僚とあわず、26年官を辞して広島に帰り弁護士を開業した。著書に「木内宗五郎伝」がある。官僚・西村亮吉は実兄、同郷の法制学者・細川潤次郎は妹・正の夫。 家兄=西村亮吉（貴院議員）

長尾 巻 ながお・まき
牧師
嘉永5年（1852）8月5日～昭和9年（1934）3月23日
生加賀国金沢（石川県金沢市） 名幼名=平治郎 学北陸英和学校神学科〔明治19年〕卒 歴旧加賀藩家老で金沢最初のキリスト教徒であった父の影響を受け、明治13年宣教師T.C.ウィンより受洗。19年ウィンの経営する北陸英和学校神学科を卒業して日本基督教会の伝道師となり、同年金沢元町教会を設立して初代牧師となった。その後、石川県小松などで伝道を行い、40年から約5年に渡って愛知県の豊橋教会で牧師を務めた。昭和7年に埼玉県越谷に隠退。 家父=長尾八之門（加賀藩家老）

長岡 外史 ながおか・がいし
陸軍中将 衆院議員（新正倶楽部）
安政5年（1858）5月13日～昭和8年（1933）4月21日
生周防国都濃郡末武北村（山口県下松市） 学陸士（旧2期）〔明治11年〕卒、陸大〔明治18年〕卒 歴陸大1期卒後、参謀本部に入り、明治14年に尉官11人で兵術研究の月曜会を結成したが、6年後には会員1678人にも増え、反山県・桂勢力として解散させられた。日清戦争時は大島混成旅団参謀、日露戦争時は参謀本部次長。その後、41年軍務局長、42年中将、43年第十三師団長、大正2年第十六師団長を歴任し、5年予備役編入。この間、新潟県高田の第十三師団長時代、来日中のオーストリアのヒル少佐を招いてスキーの普及に努めた。6年帝国飛行協会副会長となり、航空省の設置や羽田飛行場の建設などを提案して草創期のわが国民間航空界に尽くす。13年に衆院選に出馬して当選。また名物のカイゼルひげは、安全カミソリの商標にもなった。

永岡 鶴蔵 ながおか・つるぞう
労働運動家
文久3年（1863）12月9日～大正3年（1914）
囲大和国大日川村十二番屋敷（奈良県五条市） 名旧姓・旧名=中井 歴全国各地の金属鉱山を転々とし、明治23年上京してキリスト教を学ぶ。以後、働きながらキリスト教を伝道するため鉱山に戻った。はじめは「耶蘇」を嫌われて鉱夫仲間からさえ迫害されたが、26年院内銀山のストライキに成功。以後も各地の鉱山で「団結の必要」「労働の神聖」を説いてキリスト教の立場から労働運動をすすめた。35年北海道夕張炭鉱で南助松と共に大日本労働至誠会を結成。片山潜の影響を受け、足尾銅山に移る。39年労働至誠会足尾支部を設立、賃上げ要求を中心に活動し、急速に会員をふやした。40年足尾暴動の際に逮捕、起訴されたが無罪となった。39年結成の日本社会党員でもある。その後玩具の製造販売をし、その中で銀貨型のメダルを作って貨幣偽造行使罪に問われて懲役3年6カ月に処せられ、服役中千葉監獄で病死した。

永岡 久茂 ながおか・ひさしげ
思案橋事件の首謀者
天保12年（1841）～明治10年（1877）1月12日
囲陸奥国会津（福島県） 名字=子明、通称=敬次郎、号=磐湖 歴陸奥会津藩士永岡治左衛門の子。戊辰戦争で藩主松平容保を擁して会津城を守ったが降伏して江戸に幽閉された。明治2年免赦され陸奥斗南藩権少参事となる。廃藩後は青森権大属に転じて田名部支庁長を務めた。明治7年上京して評論新聞社を設立し、薩長による藩閥政府を攻撃。9年長州の前原一誠が挙兵すると、これに呼応して挙兵しようとして捕えられ（思案橋事件）、翌年獄死した。

中岡 黙　なかおか・もくす
陸軍少将

弘化4年(1847)5月13日～大正14年(1925)12月9日　生備前国邑久郡虫明村(岡山県瀬戸内市)　名字=子明、号=譽山　学陸士〔四期〕　父は岡山藩家老・伊木氏の学問所読書師。明治元年岡山藩兵の義戦隊に参加し、司令士を務める。5年大阪兵学寮の教導団に入るが、間もなく陸軍士官学校に移り、8年同校を卒業して陸軍少尉に任官。東京・熊本各鎮台の幕僚参謀を経て、10年の西南戦争では谷干城の配下として熊本城に籠城し、奮戦した。その後、参謀本部、監軍部などで幕僚を務め、日清戦争では歩兵中佐・対馬警備司令官として従軍。30年歩兵第四十四連隊長、31年陸軍省人事課長を経て、33年陸軍少将に昇進するとともに、陸軍省人事局長に就任。39年退役してからは岡山県武学生養成会を結成し、後進の育成に尽力した。詩文を趣味とし、森鷗外とも交流があった。

長岡 護美　ながおか・もりよし
元老院議官　子爵

天保13年(1842)9月7日～明治39年(1906)4月8日　生肥後国熊本城下町花畑邸(熊本県熊本市)　名旧姓・旧名＝細川護美、別名＝監物、細川良之助、号＝簾雨、雲城　学ケンブリッジ大学(英国)　歴肥後熊本藩主・細川斉護の五男として生まれる。嘉永3年(1850年)喜連川藩主足利煕氏の養子となるが、安政4年(1857年)養家を去る。のち分家して長岡姓を名乗る。明治維新に際して諸公卿の間に周旋献策し、その才により"肥後の牛若"と称せられた。明治元年参与となり、3年熊本藩大参事に就任して藩政改革に尽力。5～11年米英に留学、ケンブリッジ大学に学ぶ。その後、13年駐オランダ特命全権大使(ベルギー、デンマーク公使兼任)、15年元老院議官、16年高等法院陪審裁判官、30年貴族院議員などを歴任。また東亜同文会を設け、その副会長として清国留学生のために力を尽した。家父＝細川斉護(肥後熊本藩主)、兄＝細川護久(肥後熊本藩主)

中上 長平　なかがみ・ちょうへい
漁業家

天保11年(1840)11月1日～明治42年(1909)11月26日　生壱岐国勝本浦(長崎県壱岐市)　歴壱岐の荷受問屋の長男として生まれるが、早くから漁業に興味を持ち、漁具・漁法の改善を志す。明治2年にブリのタグリ漁に新技法を導入したのをはじめ、延縄漁やサバ漁などで次々と漁具改良・新漁場の開発を行い、"漁の神様"と崇められた。また、マグロ漁でも活躍し、魚の体格に合わせた羽色流し網をつくる。その他にも35年に壱岐の漁業家による共同事業の勝良組を組織するなど、漁業の近代化に尽くした功績は大きい。

中川 一介　なかがわ・いちすけ
札幌控訴院検事長

慶応3年(1867)10月～大正12年(1923)2月25日　生安芸国(広島県)　学帝国大学卒　歴明治23年横浜地裁判事となり、東京控訴院検事、大審院検事を歴任。大正2年東京地裁検事正となり、ますます手腕を発揮し名検事正として名を恣にした。3年シーメンス事件を担当し、10年札幌控訴院検事長となった。また韓国政府の招聘に応じて京城高等法院の検事正を務めた。禅を好み、よく鎌倉の建長寺に参禅したという。

中川 嘉兵衛　なかがわ・かへえ
製氷家　国内で初めて採氷を試みた

文化14年(1817)1月14日～明治30年(1897)1月4日　生三河国額田郡伊賀村(愛知県岡崎市)　名本名＝大谷　歴16歳で京都に出て漢学を修め、横浜開港時に江戸に出て英国公使のコック見習いとなる。横浜元町で牛肉販売に成功、江戸でも牛乳店や衛生・食品など洋式の新事業を手掛け、慶応3年(1867年)には「万国新聞」にパン、ビスケットの販売広告を掲載。その後、製氷事業が有望であると考え、富士山、諏訪湖、日光、釜石、青森県堤川などで採氷を試み、失敗と研究を重ねながら、明治元年北海道函館の五稜郭で天然氷約500トンの採氷に成功。これを横浜に送り氷会社を設立。14年内国勧業博覧会で賞牌を受け、函館名産の「竜紋氷」として知られた。

中川 源吾　なかがわ・げんご
水産家

弘化4年(1847)8月18日～大正12年(1923)5月26日　生近江国高島郡(滋賀県)　歴明治14年高島郡水産蕃殖会を設立、琵琶湖に養殖場を建設した他、魚の人工孵化・稚魚放流などを行い禁漁区を設置。著書に「琵琶湖水産誌」がある。

中川 源造　なかがわ・げんぞう
衆院議員(憲政本党)

安政2年(1855)3月4日～明治40年(1907)4月14日　生越後国高田(新潟県上越市)　歴明治13年新潟県議となり、15年市島謙吉、室孝次郎らと上越立憲改進党を結成。翌年「高田新聞」の創刊に加わり、信濃鉄道布設にも尽力。22年高田町長、32年県会副議長を経て、36年衆議員に当選。憲政本党に所属し、1期務めた。他に、高田中学、高田農学校、高田師範学校の設立にも力を尽くした。

中川 幸太郎　なかがわ・こうたろう
衆院議員(革新倶楽部)

万延1年(1860)12月～昭和15年(1940)8月1日　生兵庫県　歴農業・製油業・鉱業を営み、西丹貯蓄銀行頭取、丹陽煙草社長、山陰殖産社長、柏原銀行監査役、播丹鉄道取締役などを歴任する。兵庫県議、同議長を経て、大正4年から衆院議員を4期務めた。

中川 小十郎　なかがわ・こじゅうろう
台湾銀行頭取　立命館大学創立者

慶応2年(1866)1月4日～昭和19年(1944)10月7日 生丹波国北桑田郡馬路村(京都府亀岡市) 学帝国大学法科大学〔明治26年〕卒 歴文部省に入省し、西園寺公望文相の秘書官から京都帝国大学書記官として、京都帝国大学創立事業に従事。のち加島銀行理事、朝日生命副社長を経て、再び京都帝国大学書記官、西園寺公望首相の秘書官、樺太庁事務官を歴任。大正元年台湾銀行副頭取、9年頭取となり、辞任後の14年貴院議員となった。この間、明治33年私立京都法政学校設立。大正2年立命館大学と改称、昭和6年職制改革により初代立命館総長となる。 賞教育功労賞〔昭和8年〕

中川 幸子　なかがわ・さちこ
自由民権運動家
安政4年(1857)～明治43年(1910)
生越中国新川郡西加積村(富山県滑川市) 名本名=中川コウ、別名=中川幸世 歴幼少から学問を好み漢学と儒教を学ぶ。明治6年17歳で結婚するが、夫の放蕩のため子供を置いて離婚。12年上京。伯父で儒者の小長井小舟の家に身を寄せ、小長井の学塾に席を置き、民権家としての素地を養った。20年頃より全国各地で演説会を開催、女権拡張、婦選獲得を訴え、景山英子・岸田俊子とともに民権3婦人の1人といわれた。その後、私塾・三省舎を開き、精神教育に重点をおいた青年子女の教育にあたった。

中川 佐平　なかがわ・さへい
農事改良家
文久1年(1861)12月20日～昭和4年(1929)12月4日 出常陸国十都村(茨城県つくばみらい市) 歴郷里の茨城県十和村(現・つくばみらい市)で土壌改良や農具改善などに尽力。明治27年湿田を乾田にする中川式無材暗渠排水法を考案、二毛作の普及に功労があった。

中川 守脱　なかがわ・しゅだつ
僧侶(天台宗)
文化1年(1804)～明治17年(1884)2月10日
生伊勢国三重郡水沢村(三重県四日市市) 名字=大宝、号=清浄金剛 歴伊勢国水沢村(現・三重県四日市市)の真宗大谷派常願寺に生まれたが、長じて天台宗となる。16歳のとき比叡山の安楽院に入り三大部を講究。天保元年(1830年)より慧澄痴空に師事したが、のちには師の説に合わず安楽律の一派と対立し、明治2年寺門派に転じて近江・園城寺日光院の住職となった。以後、同寺の自性院で三大部を講義し、15年西本願寺に招かれて同寺の大教校で講義した。天台の他、儒学や音韻の学にも通じ、弟子に前田慧雲らがいる。

中川 正平　なかがわ・しょうへい
製茶業者
弘化2年(1845)2月6日～大正10年(1921)3月26日 生肥後国熊本郡三岳村(熊本県山鹿市) 歴長じて生地・肥後国熊本郡三村から獄間村に移ったが、獄間村が山地で製茶・植林に適していたため製茶業の改善を志す。明治6年熊本県の震岳(山鹿市津留)山麓2ヘクタールに茶の木を植える。中国人を招聘して製茶法を学び、ついで内務技師に就いて紅茶の製造法を習得し、ウラジオストックに渡り販路拡張の視察・交渉を行った。川尻町に肥後製茶を興し社長に就任、また山鹿郡茶業組合長を務める。31年から可徳乾三と提携し紅茶を輸出し、34年熊本県茶業組合から功労表彰され銀杯を受けた。

中川 虎之助　なかがわ・とらのすけ
実業家 衆院議員(中正会)
安政6年(1859)1月3日～大正15年(1926)3月16日 生阿波国板野郡(徳島県板野郡) 歴製糖業を営む家に生まれる。自身も長じて石垣島の名蔵平野を開き、サトウキビ畑を作って製糖に従事するが、台風で失敗。明治34年台湾に渡り、中川製糖所を設立。のち阿波和三盆糖の衰退を憂い、その再興を志す。41年衆院議員に当選、中正会に所属して2期を務めた。国会では、国内の製糖業者保護のため、砂糖行政の充実と輸入砂糖の関税引き上げを主張し、"砂糖代議士"と呼ばれた。明治45年以降は普通選挙運動にも参加。また、大正3年の衆院予算委員会では鳴門架橋を提案している。

中川 久任　なかがわ・ひさとう
国光生命保険社長 貴院議員 伯爵
明治4年(1871)5月20日～昭和10年(1935)7月14日 生広島県 出東京 名旧姓・旧名=浅野 学学習院卒 歴広島藩主・浅野長訓の弟、浅野懋績の八男に生まれ、豊後岡藩主・中川久成の養子となる。明治30年伯爵を継ぐ。42～44年貴院議員となり、大正9～14年再び貴院議員を務めた。国光生命保険社長。

中川 与志　なかがわ・よし
宗教家 修徳学校創立者
明治2年(1869)7月4日～大正11年(1922)3月22日 生丹波国篠山(兵庫県篠山市) 名旧姓・旧名=明山 歴生家・明山家は丹波亀山藩の蔵米払役をしていたが、明治維新の混乱期に没落、京都府船井郡南大谷村に移った。明治20年中川弥吉に嫁し、21年長男をもうける。23年大阪に移住。ここで弥吉の姉・いよに導かれて天理教会に参拝したことが、その一生を定める機縁となった。30年伝道するため上京、31年本所外手町に一戸を借り入れ、東本布教所とした以後、34年神殿増築、39年東本支教会、42年東本分教会に昇格。信徒が増加する中で、当時教育を受ける機会に恵まれなかった人々に教育の機会を与えようとし、40年頃には東本夜学部と呼ばれるようになり、教科書も使用され始めた。大正2年東京都知事より認可を受け、正式に天理教高安大教会東本分教会附属修徳学校の校名に変更。初代校長として発展に尽力した。 家息子=中川庫吉(修徳学園初代理事長)

長倉 訒　ながくら・しのぶ
西南戦争で挙兵した旧日向飫肥藩士
天保1年(1830)～明治16年(1883)2月14日
[生]日向国那珂郡楠原(宮崎県日南市)　[歴]日向飫肥藩士。長倉家の長男で、弟は小倉処平。藩校・振徳堂に学び、維新後は宮崎県中属、9年鹿児島県中属、宮崎県支庁詰。10年西郷軍の挙兵に呼応し、宮崎で伊東直記らとともに飫肥隊を組織。西南戦争に参加したが、久留米で捕えられる。懲役7年の判決を受け、東京・市谷監獄に3年在獄した。のち農商務省御用掛。15年官命により東北巡視中、病のため死去した。[家]弟＝小倉処平(日向飫肥藩士)

中倉 万次郎　なかくら・まんじろう
衆院議員(政友本党)
嘉永2年(1849)12月12日～昭和11年(1936)2月6日　[生]肥前国(長崎県)　[歴]長崎県議等を経て、明治35年長崎5区より、衆院議員初当選。通算8期を務めた。また、長崎県農工銀行頭取、佐世保鉄道社長等をも務めた。

長坂 研介　ながさか・けんすけ
陸軍中将
明治3年(1870)10月～昭和2年(1927)4月27日
[生]日向国延岡(宮崎県延岡市)　[学]士[明治24年]卒、陸大卒　[歴]日向国延岡藩士の長男に生まれる。明治25年歩兵少尉に任官。歩兵第五十連隊長、第十七師団参謀長などを経て、8年歩兵第十八旅団長、9年憲兵司令官などを歴任した。10年中将となり、11年第二師団長を務めた。

長崎 次郎　ながさき・じろう
長崎次郎書店創立者
天保15年(1844)7月21日～大正2年(1913)12月15日　[生]肥後国熊本(熊本県熊本市)　[歴]熊本藩の御用指物師の家に生まれる。明治7年熊本に書籍文房具店を開く。10年兵火に遭遇するが、その後事業は次第に発展し、22年には支店を設けるまでになり、近畿以西の書籍商の雄となる。のち書籍のほか教育器械・標本・運動具類などを販売し、44年合名会社の長崎次郎書店を創立した。

長崎 仁平　ながさき・にへい
骨董商
天保10年(1839)～明治41年(1908)1月19日
[生]肥後国熊本(熊本県熊本市)　[号]得翁　[歴]生地・熊本で指物業を営む傍ら、刀剣・書画・骨董などを売買していたが、のち骨董商に転業、優れた骨董類を九州や四国地方より蒐集し、関西で有数の骨董商となった。

中沢 清八　なかざわ・せいちはち
常総野製糸社長
嘉永4年(1851)11月25日～昭和11年(1936)2月11日　[生]下総国結城(茨城県結城市)　[歴]旧姓・旧名＝間々田清八。[歴]郷里茨城県の米穀商・中沢家の養子となる。明治19年結城米雑穀商組合頭取となり、23年常総野製糸を創業、社長に就任。結城銀行頭取、茨城農工銀行締役などを歴任した。

中沢 彦吉　なかざわ・ひこきち
衆院議員 八十四銀行頭取
天保10年(1839)2月27日～明治45年(1912)5月6日　[生]江戸松川町(東京都中央区)　[歴]家業の酒商を継ぎ、漢学を修め、のち箕作麟祥・福沢諭吉に洋学を学ぶ。明治25年衆院議員となり、のち東京市議となり、議長も務めた。この間、興業貯蓄銀行頭取、八十四銀行頭取、横浜電気鉄道社長、日本窯業社長、日本電灯社長、東京建築取締役、東京硫酸取締役、六十三銀行取締役などを歴任した。

中島 観珠　なかじま・かんしゅう
僧侶(浄土宗)知恩寺住職
嘉永1年(1848)9月22日～大正12年(1923)2月2日　[生]下総国豊田郡(茨城県)　[号]現蓮社紅誉西阿　[歴]茨城県の弘経寺で学び、明治26年浄土宗学本校校長、宗教大学(現・大正大学)教授。大正7年京都の知恩寺住職となる。著書に「浄土教と実生活」などがある。

中島 駒次　なかじま・こまじ
園芸家
慶応2年(1866)12月12日～昭和25年(1950)1月16日　[生]三河国牟呂吉田村(愛知県豊橋市)　[歴]明治34年郷里の愛知県牟呂吉田村(現・豊橋市)で油障子のフレームを用いた山椒の促成栽培を始める。のちガラス温室を導入してトマトやメロンを栽培。40年暖房用の中島式ボイラーを発明した。昭和4年豊橋温室園芸組合を設立、7年組合長に就任。

中島 才吉　なかじま・さいきち
在ミラノ公使館領事
弘化3年(1846)～大正14年(1925)
[名]幼名＝謙益、変名＝大坪才吉　[学]横浜仏蘭西語伝習所　[歴]長崎奉行支配役本佐衛門惣領や砲兵差図役勤方などを務めるが、横浜に仏蘭西語伝習所が開設されると、その第一期生として入所。幕末期には第一回フランス留学生に抜擢されるが、シャノアールを団長とするフランス軍事顧問団の通訳業務を優先して留学を延期した。明治2年より横須賀製鉄所に勤務、3年には稲垣多喜造と共に日本人初のフランス語教師に選ばれ、製鉄所内の語学教育に従事。のち大蔵省租税寮を経て8年には外務省一等書記官となり、ローマ公使館副領事としてイタリアに赴任。さらに11年にはミラノ公使館に転任した。[家]従弟＝川島忠之助(翻訳家)

中島 俊子　なかじま・としこ
自由民権運動家 婦人運動家
文久3年(1863)12月5日～明治34年(1901)5月25日　[生]京都　[名]旧姓・旧名＝岸田俊子、号＝中島湘烟、岸田湘烟、筆名＝しゅん女、粧圓、花妹、花の妹　[歴]号は湘烟ともしるす。17歳の時宮中に奉仕したが2年で退職。その後自由民権思想を抱くようにな

り、明治15年「日本立憲政党新聞」の客員に迎えられる。各地で民権と女権を一体のものととらえた演説を行い、16年演説「函入娘」で下獄。17年には「同胞姉妹に告ぐ」を「自由燈」に連載するなど、女性解放のために活躍した。18年自由党副総理中島信行と結婚。晩年は「女学雑誌」に多くの論文を投稿、横浜フェリス女学校(現・フェリス女学院大学)の学監もつとめた。没後の36年「湘烟日記」が刊行された。「湘煙選集」(全4巻)がある。　家夫＝中島信行(政治家)

中島 永元　なかじま・ながもと
元老院議官 三高校長
天保15年(1844)7月16日～大正11年(1922)11月10日　出肥前国佐賀(佐賀県)　学大学南校　歴肥前佐賀藩士。藩校・弘道館で文武を修め、ついで蘭学寮に学ぶ。慶応元年(1865年)副島種臣・大隈重信らと長崎へ遊学、済美館に入って蘭学を研究し、傍ら米国宣教師フルベッキについて英語を修めた。のち藩が長崎に造った洋学校・致遠館の教官に抜擢される。明治維新後は大学南校に学び、間もなく大学中助教兼中寮長を経て、大寮長に進む。明治3年大学権少丞となり、ついで大阪洋学校校長。4年文部省に転じ文部権少丞となり、同年の岩倉使節団に随行、欧米各国の教育事情を視察して帰国。以来専ら文部省内にあり、文部大書記官、大学分校長、三高校長、文部省参事官などを務め、教育制度の確立に尽くした。また、女子師範学校設立御用掛なども務めた。21年元老院議官、24年より勅選貴族院議員。

中島 信行　なかじま・のぶゆき
初代衆議院議長 衆議院議員(自由党) 男爵
弘化3年(1846)8月15日～明治32年(1899)3月26日　出土佐国高岡郡塚地村(高知県土佐市)　名幼名＝作太郎、号＝長城　歴元治元年(1864年)脱藩、坂本龍馬の海援隊に入った。戊辰戦争では会津攻撃に参加。維新後新政府の徴士、紙幣権頭、租税権頭などを経て、明治7年神奈川県令、9～13年元老院議官を歴任。14年自由党を脱党し、次いで大阪に組織された立憲政党総理となる。急進的自由主義を唱え、女権拡張論者の妻・中島俊子とともに民権を訴えた。19年夫婦で受洗。20年保安条例に触れて東京を追われ横浜に移住。23年神奈川県から衆議院議員に当選、初代衆議院議長となった。25年自由党を脱党、駐イタリア公使、27年勅選貴族院議員を歴任した。29年男爵。　妻＝中島俊子(女権拡張論者)、息子＝中島久万吉(実業家・政治家)

中島 広行　なかじま・ひろゆき
神職 歌人 長崎諏訪神社宮司
文化14年(1817)～明治33年(1900)2月8日
出肥前国島原(長崎県島原市)　名旧姓・旧名＝植木、初名＝隼太　歴はじめ肥後の学者・土瀬真幸に師事。のち長崎に赴いて国学者・中島広足に入門

し、認められてその養子となった。慶応4年(1868年)長崎府国学教授方取締助教に就任。その後、広運館本学局教授・長崎諏訪神社祀官・皇道講究所長を経て、明治28年長崎諏訪神社宮司となった。和歌に巧みで、長崎における歌壇の第一人者といわれた。　家養父＝中島広足(国学者)

中島 正賢　なかじま・まさかた
日東製鋼創立者
明治1年(1868)10月1日～大正9年(1920)12月26日　出武蔵国大里郡吉田村(埼玉県)　名旧姓・旧名＝松葉　学東京高工〔明治23年〕卒　歴明治24年鉄道庁技手、25年海軍造兵廠技師を経て、41年退官。43年室蘭製鋼、大正3年サミエル商会などを経て、4年日東製鋼を創立、専務となる。製鋼技術の改良をすすめ、またブリキ製造を創始した。

中島 正武　なかじま・まさたけ
陸軍中将
明治3年(1870)9月10日～昭和6年(1931)2月23日　出土佐国土佐郡小高坂村(高知県高知市)　学陸士〔明治23年〕卒、陸大〔明治32年〕卒　歴明治23年陸軍歩兵少尉、32年参謀本部付となり、東京衛戍総督府参謀、岐阜歩兵第六十八連隊長、駐ロシア大使館付武官、参謀本部欧米課長などを経て、大正5年歩兵第三十旅団長、6年参謀本部第二部長、7年ハルビン特務機関長を歴任。8年中将、再び参謀本部第二部長となり総務部長を兼務、のち第二師団長、11年近衛師団長を務める。12年予備役に入り、賀陽宮宮務監督などを務めた。この間、明治37年日露戦争で大本営の運輸通信兵官部の参謀として勤務。大正3年第一次大戦では観戦武官としてロシア軍に従軍。7年8月シベリア出兵では浦塩派遣軍の高級参謀を務め、陸軍有数のロシア通として知られた。

中島 錫胤　なかじま・ますたね
元老院議官 男爵
文政12年(1829)12月8日～明治38年(1905)10月4日　出阿波国徳島城下佐古楠小路(徳島県徳島市)　名旧姓・旧名＝三木、通称＝与市、永吉、直人、変名＝加茂象太郎、難破伝次郎、号＝无外、可庵　歴昌平黌に学び、水戸藩の金子孫二郎らと交わり、万延元年(1860年)桜田門外の変で金子らの救出を図り、投獄されたが、3年放免。文久3年(1863年)京都等持院の足利尊氏木像を切った事件に関係、四国に逃れた。同年の七郷落ちの際、事をあげようとして捕まり、投獄6年。明治維新で出獄、徴士として上京、元年刑法事務局権判事、2年兵庫県令。司法省に転じ、大審院判事などを経て、17年元老院議官。29年男爵、37年勅選貴族院議員となった。

中島 雄　なかじま・ゆう
外務省事務取調嘱託
嘉永6年(1853)5月～明治43年(1910)2月17日
名旧姓・旧名＝中島太郎一　歴幕臣で明治維新後に静岡へ移り、静岡学問所で学ぶ。上京して中村

正直の同人社に入り、「同人社文学雑誌」を編集した。明治11年清国北京公使館の書記見習となり、36年一等書記官。40年外務省事務取調嘱託。33年の北清事変では、伊藤博文に従い、清国との談判で功績があった。

中島 祐八　なかじま・ゆうはち
衆院議員（立憲国民党）
嘉永7年（1854）7月～大正2年（1913）11月14日
⬜生上野国佐波郡赤堀村（群馬県伊勢崎市）　⬜学足利学校卒　⬜歴明治13年群馬県議に当選。16年「上野新報」を創刊して自由民権を唱えた。25年衆院議員に当選、8期つとめた。

中島 行孝　なかじま・ゆきたか
実業家　衆院議員
天保7年（1836）8月～大正3年（1914）5月1日
⬜生上野国佐波郡赤堀村（群馬県伊勢崎市）　⬜歴明治2年大蔵省に出仕。15年退官し、石炭業を経営。東京府会、市会各議員を長くつとめた。45年76歳で東京市から衆院議員に当選、院内一の高齢で、その容姿からお婆さんといわれた。貧しい盗人に所持品を与えたり、貧民の用水争議に同情して訴訟費用を負担するなど気概の人であった。

中島 与曽八　なかじま・よそはち
海軍機関中将
慶応4年（1868）2月19日～昭和4年（1929）10月6日
⬜出静岡県　⬜学海軍機関学校〔明治20年〕卒　工学博士〔大正4年〕　⬜歴明治20年海軍機関士に任官、25年大機関士。26年吉野回航委員として英国に出張。32～34年英国に留学、機械工学を修める。海軍大学校教官、横須賀、呉の各海軍工廠造機部長、技術本部第五部長などをつとめ、大正5年海軍機関中将。9年艦政本部第五部長。艦艇の燃料やエンジンの転換に貢献した。

長島 隆二　ながしま・りゅうじ
衆院議員（無所属）
明治11年（1878）11月29日～昭和15年（1940）10月8日　⬜生埼玉県足立郡小谷村（鴻巣市）　⬜学一高卒、東京帝国大学法科大学政治学科〔明治35年〕卒　⬜歴埼玉県小谷村長の二男。明治35年大蔵省に入省。37年ヨーロッパへ派遣され、日露戦争中の海外財務事務に従事。39年帰国、40年国庫課長兼造幣局長となり、41年首相秘書官を兼務。大正元年理財局長心得。2年岳父・桂太郎の立憲同志会結成に参画、3年衆院議員補選に当選。通算5期。著書に「政界秘話」「陰謀は輝く」「支那事変と世界戦争の危機」などがある。⬜家兄＝長島律太郎（衆院議員）、岳父＝桂太郎（首相・陸軍大将）

長島 鷲太郎　ながしま・わしたろう
弁護士　衆院議員（政友会）　日本曹達工業社長
慶応4年（1868）4月8日～昭和9年（1934）7月27日　⬜出安房国（千葉県）　⬜学帝国大学法科大学独法科〔明治23年〕卒　法学博士　⬜歴司法省参事官試補と

なり民事局に勤め、明治26年弁護士となる。傍ら、明治法律学校、日本法律学校、和仏法律学校、専修学校、東京法学院などで教えた。41年から衆院議員（政友会）に当選3回。大正6年東京弁護士会会長をつとめる。一方、日本曹達工業社長、東京毛織取締役、房総煉乳取締役、大日本セルロイド取締役、明治菓子取締役などをつとめた。この間、ベルリンで開催の第15回列国議会同盟会議に参列した。

中条 政恒　なかじょう・まさつね
福島県典事　安積開拓の功労者
天保12年（1841）3月8日～明治33年（1900）4月14日　⬜名本姓＝上、号＝開成山人、磐山　⬜出米沢藩士の長男として生まれる。周旋方として江戸に赴任し、戊辰戦争にも参戦。明治5年福島県典事に就任、現在の郡山市西部にある安積原野の開拓事業に着手。9年福島県を訪れた内務卿大久保利通に陳情して安積疎水事業の実現させるなど、安積開拓に尽力。14年明治政府に出仕、19年島根県大書記官などをつとめた。晩年は開拓民に請われて安積開拓のスタート地である桑野村に戻り、同地で没した。⬜家息子＝中条精一郎（建築家）、孫＝宮本百合子（小説家）

仲小路 廉　なかしょうじ・れん
農商務相　枢密顧問官
慶応2年（1866）7月3日～大正13年（1924）1月17日　⬜生周防国（山口県）　⬜学大阪府立開成学校〔明治15年〕卒　⬜歴明治20年判事検事試験に合格、東京地裁検事となり、以後東京控訴院検事司法省参事官、行政裁判所評定官、通信省官房長、内務省土木局長、同警保局長、通信次官などを歴任。44年～大正2年勅選貴院議員。この間、大正元年桂内閣の農商務相、5年寺内内閣に留任。12年枢密顧問官となる。

長瀬 富郎　ながせ・とみろう
花王石鹸創業者
文久3年（1863）11月21日～明治44年（1911）10月26日　⬜生美濃国恵那郡福岡村（岐阜県中津川市）　⬜名幼名＝富二郎　⬜歴米穀・酒造業者の二男に生れる。12歳で叔父の店に入る。明治18年上京、日本橋馬喰町の和洋小間物問屋伊能商店に入店、大番頭となり富郎と改名。20年独立し日本橋に長瀬洋物店を開くが、23年石鹸製造職人の村田亀太郎と提携して「花王石鹸」の発売に乗り出す。その後、粉歯磨、練歯磨、石蝋などの製造・販売にも事業を拡張、また工場を拡げ、石鹸製造技術の改良を行い、油脂石鹸業界に君臨するに至った。44年合資会社長瀬商会を設立。

中田 かつ子　なかだ・かつこ
キリスト教伝道者
明治2年（1869）7月31日～明治44年（1911）3月8日　⬜生陸奥国弘前（青森県弘前市）　⬜名旧姓・旧名＝小館　⬜学青森女子師範卒　⬜歴陸奥弘前藩士の娘。青森女子師範学校を卒業後、来徳女学校で教師を務

める。この時、弘前教会の牧師・相原英賢から洗礼を受けた。次いで横浜の聖経女学校に学び、帰郷後は弘前教会で伝道に従事。明治27年ホーリネス教会の創始者・中田重治と結婚し、夫の任地・択捉島に渡った。しかし、風土病を患って重体となり、弘前に戻って療養。その後、夫とともに秋田県大館に移った。ホーリネス教会創立時代の夫と苦楽を共にし、"ホーリネス教会の母"として慕われた。　家夫＝中田重治（伝道者）

中田 勘左衛門　なかた・かんざえもん
土佐紙工業社長 高知県議
元治2年（1865）1月20日～明治44年（1911）8月29日　生土佐国吾川郡伊野村（高知県吾川郡いの町）
歴父の没後、家業の製紙業・土佐紙工業会社の社長を継ぐ。中国大陸に販路を求め、ソウル、仁川などに支店を開設。傍ら土佐電鉄、土佐勧業銀行の重役を兼ねた。晩年は高知県議に選任された。

中田 錦吉　なかだ・きんきち
住友合資総理事
元治1年（1864）12月9日～大正15年（1926）2月20日　生出羽国大館（秋田県大館市）　学帝国大学法科大学法律学科〔明治23年〕卒　歴明治23年判事に任官。水戸裁判所長、東京控訴院部長を経て、33年住友本店に入り、35年別子鉱業所支配人となる。36年本店理事、41年銀行支配人となり、大正11年鈴木馬左也の後をついで住友合資総理事に就任、14年まで務めた。この間、住友信託、住友生命各社を創立し、住友銀行、大阪商船、住友倉庫、日本電気、東亜興業などの取締役を兼任。

永田 荘作　ながた・しょうさく
埼玉県議
天保14年（1843）11月23日～大正9年（1920）11月4日　生武蔵国足立郡土屋村（埼玉県さいたま市）
歴武蔵足立郡土屋村の地主で酒造業を営む家に生まれる。明治13年から埼玉県議を務め、25年同議長となる。同年衆院選挙に干渉した久保田貫一知事の解任を政府に求め、休職に追い込んだ。

永田 仁助　ながた・じんすけ
浪速銀行頭取 貴院議員（勅選）
文久3年（1863）3月22日～昭和2年（1927）3月10日　生大坂　幼名＝勝蔵、号＝磐舟　歴米穀商の長男。明治8年より藤沢南岳に師事、12年父の隠居により3代目仁助を名のった。22年大阪府議、同年大阪市議に当選、大阪市議は33年まで、府議は36年まで当選。この間、27年大阪明治銀行創立発起人となり、設立後は取締役を務める。32年合併先の浪速銀行常務を経て、41年頭取に就任。大正2年大阪電灯会社監査役、7年社長。14年勅選貴院議員、大阪放送局理事長。数多くの紛議の仲裁を頼まれて手腕を発揮し、"仲裁翁"と呼ばれた。

中田 正朔　なかだ・せいさく
神官 神宮皇学館館長

天保12年（1841）～大正2年（1913）1月12日
生伊勢国宇治（三重県伊勢市）　名旧姓・旧名＝旧名＝源太郎　歴明治9年伊勢外宮の豊受大神宮主典、13年祢宜となる。20年神宮皇学館館長。のち専任館長が廃止され神宮儀式課長となり、26年兵庫県の広田神宮宮司を務め、35年大阪大鳥神社に転じた。

中田 清兵衛　なかだ・せいべえ
第十二銀行頭取 貴院議員（多額納税）
嘉永4年（1851）11月20日～大正5年（1916）11月12日　生越中国（富山県）　歴薬種商・中田宗右衛門の長男に生まれる。家業の売薬業で財をなし、町年寄に任ぜられて苗字帯刀を許される。維新後、明治12年第百二十三国立銀行取締役、のち第十二銀行頭取に就任。また、金沢貯蓄銀行、北陸商業銀行を設立した。富山市議、富山電燈重役、富山商業会議所特別会員、富山売薬同業組合長などを務め、37年貴院議員（多額納税）となった。

永田 泰次郎　ながた・たいじろう
海軍中将
慶応2年（1866）2月～大正12年（1923）1月26日
生江戸　学海兵（第15期）〔明治22年〕卒　歴明治43年大湊要港部参謀長、44年千代田、45年鞍馬の艦長、大正2年舞鶴鎮守府参謀長、3年摂津艦長、4年第二艦隊参謀長、5年横須賀鎮守府参謀長、6年臨時南洋群島防備隊司令官。8年海軍中将となり、9年予備役に編入。神戸高等商船学校校長を務めたが、在職中に脳溢血で倒れ急逝した。

永田 暉明　ながた・てるあき
佐賀市長
天保9年（1838）～大正12年（1923）
歴旧蒲池藩士。慶応元年（1865年）江戸に遊学。明治4年蒲池大参事となったあと、西松浦郡長、神埼郡長などを経て、22年佐賀県議に当選。29年には第3代佐賀市長に就任し、31年までの約2年の在任期間中、市役所修繕のための仮移転し、火災に遭った佐賀立尋常中学校舎の復旧、佐賀駅舎着工などの政策を行った。詩文にも秀で、編著に「蒲池旧話」「蒲池藩史」などがある。

永田 伴正　ながた・ともまさ
第三十八国立銀行頭取
天保10年（1839）11月～明治36年（1903）12月5日
生播磨国姫路（兵庫県姫路市）　名幼名＝亥之次、弥四郎　歴播磨姫路藩士。藩の勤王党首領・河合惣兵衛らと尊攘運動に加わる。文久3年（1863年）不正をはたらく藩の御用商人・紅粉屋又左衛門を江坂栄次郎らと斬り、捕らえられて家名断絶・終身禁獄となる。明治元年赦されるとすぐに江戸幽囚の姫路藩家老・河合屏山を救出し、屏山の藩政改革に協力。飾磨県吏を経て実業界に転じ、26年第三十八国立銀行頭取となった。22～24年初代姫路市議会議長も務めた。

長田 兵平　ながた・ひょうへい
神官

天保5年(1834)4月8日～大正2年(1913)10月24日　生甲斐国八代郡右左口村向山(山梨県甲府市)　名本名=長田好静、通称=兵平、長守　歴甲斐国右左口村(山梨県甲府市)で代々名主を務める家に生まれ、14歳で家督を継ぎ20余年務める。明治維新後、近郷7ヶ村の区長となり、43歳で上京し24年間留まる。この間、名士と交わり、主に山岡鉄舟について皇学を修め、傍ら書道を学んだ。日露戦争の戦勝祈願のため全国の神社の巡拝を行い、のち神官となり郷社22社の神職を務めた。

中台 順吉　なかだい・じゅんきち
海軍主計中将

文久3年(1863)9月～昭和9年(1934)1月31日　生出羽国(秋田県)　歴中台彦助の長男に生まれる。明治19年陸軍少主計となり、佐世保鎮守府課長、海軍省経理局第二課長、橋立主計長などを経て、舞鶴・呉・横須賀の各経理部長兼鎮守府主計長を務めた。大正4年主計中将、総監となる。5年待命となり、のち予備役に編入となった。

中谷 桑南　なかたに・そうなん
僧侶(浄土真宗本願寺派)天文学者

文政2年(1819)～明治16年(1883)3月10日　生紀伊国海部郡(和歌山県和歌山市)　名本名=谷河　歴西本願寺学寮(現・龍谷大学)で学んだ後、天竜寺住職の環中に師事。仏教天文学を修め、須弥山を中心とした仏教世界観を説明するために太陽、月、星の動きを実際に動かして見せる器具"須弥山儀"を製作した。また、自作の望遠鏡で惑星を観測し、暦を配布するなど仏教天文学の普及に尽力。のち和歌山県の立正寺に私塾護正社を設けた。

長谷 信篤　ながたに・のぶあつ
元老院議官 京都府知事 子爵

文化15年(1818)2月24日～明治35年(1902)12月26日　歴旧姓・旧名=高倉、号=騰雲、梧園　歴高倉永雅の子で、長谷信好の養嗣子となった。安政5年(1858年)日米修好通商条約調印の勅許阻止を図る公家88人の列参に参加。文久3年(1863年)議奏となったが、同年八月十八日の政変で罷免され、参朝・他行・他人面会を禁止された。慶応3年(1867年)議奏に復帰。王政復古の政変後は参与、議定を務め、刑法事務総督を兼ねて徳川家の処分問題などに関与した。明治元年京都府の初代知事に就任、東京遷都に反対する京都市民を慰撫した。8年元老院議官に転じ、11年退任。　家子=長谷信成(公卿)、父=高倉永雅(公卿)、養父=長谷信好(公卿)

長谷 信成　ながたに・のぶなり
宮内少丞

天保12年(1841)1月27日～大正10年(1921)11月26日　生京都東院参町　歴長谷信篤の子。慶応2年(1866年)には中御門経之ら公卿22人の列参に

も加わり朝政刷新を訴え、差控を命じられる。3年2月赦され、12月参与助役、4年1月参与となり、2月会計事務局輔加勢を兼ねた。2年侍従、宮内権大丞、皇后宮亮を経て、4年宮内少丞。6年退任。　家父=長谷信篤(京都府知事)

中臣 俊嶺　なかとみ・しゅんれい
僧侶(浄土真宗本願寺派) 歌人

文化7年(1810)3月15日～明治21年(1888)12月13日　生越前国大樟浦(福井県丹生郡越前町)　名号=余輝道人、諡=寒松院　歴15歳で出家し、越前・順教寺に入る。文政11年(1828年)上京し、高倉学寮や高野山などで諸学を修め、慶恩に真宗学を師事。文久2年(1862年)司教となり、4年西本願寺学林の安居で「華厳孔目章」を開講。明治17年勧学を務める。また、福井の自坊・順教寺に私塾護法学寮を開設し、後進の育成に尽くした。一方、佐々木景欽の門に入り、和歌をよくした。著書に「因明三十三過作法筆記」「易行品略釈」、家集に「椎の舎集」などがある。

中西 牛郎　なかにし・うしお
宗教思想家

安政6年(1859)1月18日～昭和5年(1930)10月18日　生肥後国(熊本県)　名号=蘇山　幼少より中村直方、平河駿太に漢学、木村弦雄に漢学、洋学を学ぶ。のち東京の勧学義塾で英語を修め、更に同志社に転学。明治14年神水義塾を開き、傍ら済々黌で教鞭をとる。政党が起こると「紫溟雑誌」「紫溟新報」記者となり、また仏教を研究した。21年米国へ遊学、帰国後西本願寺文学寮の教頭となり、その傍ら雑誌「経世博義」を刊行して国粋主義を鼓吹した。井上円了、村上専精らに代表される「破邪顕正」運動の最盛期に、「宗教革命論」「組織仏教論」「宗教大勢論」「仏教大難論」「新仏教論」などを刊行し、宗教文壇の一方の雄と見られた。のち「大阪毎日新聞」「東京日日新聞」の記者となり、32年清国政府官報局翻訳主任、同年天理教の教典撰述に従事、また台湾の土地調査局、台湾総督府の嘱託として活躍。昭和2年神道扶桑教権大教正となり、同教の教典の撰述に従い、ついで同教大教正に就任した。

長西 英三郎　ながにし・えいざぶろう
醤油醸造家

天保5年(1834)6月～大正1年(1912)10月3日　生讃岐国小豆郡草壁村(香川県小豆郡小豆島町)　名旧姓・旧名=菅　小豆島で代々年寄役を務める家に生まれる。幼時、菅和治郎または与三郎と名乗り、壮年になって姓を長西、名を英三郎と改めた。幕末の頃、醤油の醸造を始め、島醤油製造を設立し社長となる。明治11年高橋弥三治と同業団体栄久社を組織し、関西各地に販路を広げ、小豆島の醤油王といわれた。公共事業にも尽力し、また小豆島神懸山が外国人に売却される風説が流れると神懸山保勝会に匿名で寄付しその売却を阻

止した。大正元年10月桃山御陵参拝の帰途、大阪で没した。

中西 清一　なかにし・せいいち
逓信次官 満鉄副社長
明治7年(1874)9月25日～昭和2年(1927)9月23日
生東京　学二高卒、東京帝国大学法科大学法律学科〔明治32年〕卒　歴明治32年内務省に入り、兵庫県理事官、法制局参事官を歴任。大正2年鉄道院監理部事務課長、同年官房文書主任兼法規主任、3年監督局長、4年南満州鉄道(満鉄)監理官、5年鉄道院官房文書課長、6年監督局長。7年原内閣の逓信次官。8年満鉄副社長となったが、10年満鉄背任容疑事件に関与、起訴された。

中西 虎之助　なかにし・とらのすけ
印刷事業家
慶応2年(1866)6月～昭和15年(1940)12月13日
生京都　歴小学校代用教員ののち、点林堂印刷所に入社。その後独立、中西英成堂を創立、村井商会のタバコ包装帯紙に電気銅凸版印刷を試刷りして成功、村井兄弟商会の東洋印刷会社に招かれ専務となった。明治35年中井徳太郎と大阪アルモ印刷を創立。大正3年に市田幸四郎と東京神田にオフセット印刷会社を創設し、米国のハリスオフ印刷機を輸入、日本初のオフセット印刷を始めた。7年合併で凸版に入り、インキの研究、製造に従事。

中西 正樹　なかにし・まさき
大陸浪人
安政4年(1857)12月12日～大正12年(1923)1月10日　生美濃国(岐阜県)　生駿河国(静岡県)　名旧姓・旧名＝柳沢　歴美濃岩村藩士の子に生まれる。明治初年に上京し漢籍を学び小学校教師となる。17年外務省留学生として天津領事館・北京領事館で修学し中国語を習得。のち中国各地を探検・調査し、日清戦争・日露戦争に際し日本軍に側面協力した。

中西 光三郎　なかにし・みつさぶろう
衆院議員(政友会)
弘化2年(1845)1月～明治43年(1910)7月10日
生紀伊国(和歌山県)　歴和歌山県野上組郷長、小区長、和歌山県議、同常置委員、同議長を歴任。伊都、那賀各郡長となる。明治30年多額納税により貴院議員となる。37年和歌山県郡部より衆院議員に当選、1期。

中西 六三郎　なかにし・ろくさぶろう
弁護士 衆院議員(第1控室会)
慶応2年(1866)1月27日～昭和5年(1930)2月3日
生京都　学大阪府立中卒　歴判事試補、敦賀治安裁判所判事、増毛治安裁判所判事、札幌地方裁判所判事を歴任。のち弁護士の業務に従事。北海道議、同議長、鉄道会議議員、臨時法制審議委員を経て、明治37年北海道1区より衆院議員に当選、5期。政友会総務、政友本党総務となる。第19

回列国議会同盟会議(ストックホルム)に参加。

永沼 秀文　ながぬま・ひでふみ
陸軍中将
慶応2年(1866)10月～昭和14年(1939)2月1日
生陸奥国(宮城県)　歴明治19年陸軍少尉に任官。35年騎兵第八連隊長、39年騎兵第十三連隊長を経て、45年騎兵第一旅団長。大正6年陸軍中将に進み、同年予備役に編入。

長野 一誠　ながの・いっせい
衆院議員
天保5年(1834)4月20日～大正1年(1912)12月7日
生肥後国(熊本県阿蘇郡南阿蘇村河陰)　名幼名＝九郎八、名＝瀬平　歴質屋や造り酒屋を営み、苗字帯刀を許された名家に生まれる。竹崎茶堂、林桜園に師事し、また武芸にも励み、二天一流皆伝の腕前。31歳で家督を相続。明治10年西南戦争に際しては南郷有志隊を結成して官軍に協力。熊本県議3期を経て、明治25年衆院議員に当選、2期務めた。阿蘇南郷谷地方の名望家として、道路建設など郷里の近代化に尽くした。

中野 いと　なかの・いと
自由民権運動家
安政3年(1856)4月10日～昭和4年(1929)12月25日　生遠江国浜松(静岡県浜松市)　名旧姓・旧名＝松原　歴浜松藩士の娘として生まれる。明治13年浜松で私塾を開いていた民権運動家中野二郎三郎と結婚。自身も自由民権運動に加わり、16年自由党の資金集めを主な目的として遠陽婦女自由党を組織し、その総理となる。19年自由党員による箱根離宮竣工式襲撃未遂事件(静岡事件)で夫が逮捕されると、上京して髪結いなどをしながら資金を稼ぎ、夫とその同志の救援活動に当たった。その間、20年に夫と入籍。夫が北海道集治監に移されると、22年自らも北海道に渡り、夫たちを激励した。30年大赦で釈放された夫とともに帰京。43年大逆事件で夫の同志であった奥宮健之が死刑になると、その遺族の世話に力を尽した。NHK大河ドラマ「獅子の時代」のモデルとなった。　家夫＝中野二郎三郎(自由民権運動家)

中野 貫一　なかの・かんいち
中野興業社長 衆院議員(憲政会)
弘化3年(1846)9月8日～昭和3年(1928)2月25日
生越後国蒲原郡金津村(新潟県新潟市)　名幼名＝弘平、寛一、号＝鶴堂　学朝日実学館卒　歴生地・越後国蒲原郡金津村(新潟県)で庄屋、戸長、村長となる。明治7年手掘り坑夫を雇い石油採掘を始め、幾度となく失敗と窮迫とを重ねた末、新潟県蒲原地方を中心に油田開発に成功した。36年米国式発掘機を用い、40年さらに大規模の製油を開設。中央石油社長、中野興業社長を務めた。のち、内藤久寛らと共に発起人となり日本石油会社を設立。43年渡米して油田を視察する。45年より衆院議員に2選。晩年は中野財団を設けて育英に貢献した。

長野 関吉　ながの・かんきち
製糸家　熊本製糸社長
慶応1年(1865)〜大正8年(1919)5月5日
生肥後国(熊本県)　歴明治18年から養蚕業と座繰り製糸業に従事し、27年熊本製糸合資を創立、のち株式会社に改め社長となる。また蚕糸業同業組合中央会議員、熊本県生糸同業組合長を務めた。

中野 梧一　なか・ごいち
大阪商法会議所副会頭　山口県令
天保13年(1842)1月8日〜明治16年(1883)9月19日　生江戸　名旧姓・旧名＝斎藤辰吉、別名＝中野第長　歴幕府御細工頭・斎藤嘉兵衛の三男として生まれ、兄2人が早世したことから実質上の長男として育つ。御勘定評定所に出仕、慶応4年(1868年)評定所組頭。榎本武揚に従って箱館・五稜郭で戦い、明治3年釈放されると中野悟一と改名。4年大蔵省に入り、井上馨の知遇を得て、4年山口県参事、5年権令となり、全国に先がけて同県の地租改正を断行した。7年県令となる。この間、井上馨、木戸孝允らと授産局(士族授産所)、防長協同会社を設立して士族対策に尽くした。8年退官後大阪に移り、9年藤田伝三郎の知遇に入社。10年西南戦争に際して官軍輜重用達方となって巨利を得た。11年大阪商法会議所(現・大阪商工会議所)を設立、副会頭に就任。12年藤田組紙幣贋造事件に連座して一時東京に拘囚された。14年五代友厚らと関西貿易商社を設立したが、政府から北海道開拓使の官有物払下げを受けようとして失敗した(開拓使官有物払下げ事件)。16年猟銃自殺した。

中野 権六　なかの・ごんろく
佐賀毎日新聞社長
文久1年(1861)〜大正10年(1921)6月4日
生肥前国藤津郡七浦村(佐賀県藤津郡太良町)　学大学予備門卒　歴佐賀藩士の長男に生れる。明治18年渡米し、「日本人新聞」を主宰。23年帰国後横浜で雑誌「進歩」を主宰。帰朝後、38年佐賀県議となり、また佐賀県農工銀行、朝鮮京城共同社などを創立。のち佐賀毎日新聞社長に就任。

長野 濬平　ながの・しゅんぺい
製糸業者
文政6年(1823)10月24日〜明治30年(1897)11月21日　生肥後国鹿本郡(熊本県)　名幼名＝壮、号＝立太、桑陰　歴時習館に学んだのち、横井小楠に師事。弘化4年(1847年)招かれて玉名郡南関にて私塾を開く。明治維新後、養蚕振興を志し、明治2年より群馬、長野、山梨、埼玉など斯業の先進地に赴いて技術を習得。4年には生徒15名を各地に派遣して養蚕技術を学ばせ、熊本県内に15ヶ所の養蚕伝習所を開設するとともに、自らも九品寺に養蚕製糸場を設立した。8年には嘉悦氏房とともに県内初の機械製糸工場である緑川製糸場を開いた他、温泉風穴への蚕種貯蔵や火育の法をはじめるなど、熊本の製糸業の発達に大きく貢献した。27年長男の関吉とともに熊本製糸を創立した。

中野 二郎三郎　なかの・じろさぶろう
自由民権運動家
嘉永6年(1853)3月4日〜大正7年(1918)9月4日
生丹波国(京都府)　歴明治期の自由民権家。亀山藩士で、明治維新後滋賀県の警部となる。明治13年頃から静岡県浜松で私塾を開き、15年自由党遠陽部の設立に参加、遠陽自由党常議員となった。19年6月自由党が企てた政府転覆事件(静岡事件)で逮捕され有期徒刑14年となり、30年特赦で出獄した。

中野 健明　なかの・たけあき
神奈川県知事
弘化4年(1847)9月〜明治31年(1898)5月12日
生肥前国佐賀(佐賀県佐賀市)　名初名＝剛太郎　歴明治3年外務権大丞、5年司法権中判事、7年外務一等書記官を経て、11年パリ公使館、12年オランダ公使館に勤務。15年大蔵大書記官から関税局長に転じ、17年一等主税官、大蔵省第二部長補、21年関税局長兼主税局勤務。23年長崎県知事、26年神奈川県知事となった。

中野 致明　なかの・ちめい
佐賀第百六銀行頭取
嘉永1年(1848)6月1日〜大正6年(1917)8月16日
生肥前国佐賀城下赤松町(佐賀県佐賀市)　歴肥前佐賀藩士・中野数馬の長男として生まれる。明治維新後、士族女子授産の厚生舎舎長となり、養蚕、製糸、蔬菜の栽培などを奨励。明治16年佐賀第百六銀行支配人に就任、のち頭取。29年佐賀商業会議所会頭。佐賀市議も務めた。40年広滝水力電気会社を設立、社長。家父＝中野数馬(佐賀藩執政)

中野 藤助　なかの・とうすけ
農事改良家
天保14年(1843)2月〜大正5年(1916)6月19日
生武蔵国南葛飾郡細田村(東京都葛飾区)　歴農家の子として生まれる。慶応4年(1868年)25歳で村年寄となり、明治維新後、33歳で細田村・曲金村・鎌倉新田村に任ぜられる。町村制の施行後は奥戸村助役を4年、同村議を5期24年務めた。この間、明治19年に内務省の三田育種場でキャベツの存在を知り、その種子(アーリーサンマー種)を入手して試作を開始。もともとキャベツは高緯度で涼しいヨーロッパで栽培されていたものであるため、日本の暑い夏には適さず、栽培当初には失敗も多かったが、研究を重ねた結果、本来は春に種を播くものを夏にずらし、秋に結球したものを翌春に開花させることで種子を取ることに成功。さらにそれを発展させ、秋に播種し、翌年の春まで苗を保存・育成して採種する方法を編み出した。この農法によって生み出された秋播き早生の品種は「中野カンラン」と呼ばれ、水田の裏作になることや折からの商品作物栽培の隆盛もあいまって東京東部の郊外を中心に広く栽培されるようになった。大正

2年それまでの功績により東京府知事から賞状を、4年には大日本農会から有功賞を受賞。そのキャベツ栽培・品種改良の志は息子の庫太郎、さらに孫の真一に受け継がれた。勲東京府知事賞状〔大正2年〕、大日本農会有功賞〔大正4年〕

中野 寅次郎　なかの・とらじろう
自由民権運動家　衆院議員
元治1年(1864)9月～昭和15年(1940)4月21日
生土佐国(高知県)　学高知師範〔明治15年〕卒　歴自由民権運動に参加し、県内各地を遊説。明治25年には上京して板垣退助に随行して各地を遊説した。その後、東京市議などを経て、大正6年高知県から衆院議員に当選した。

中野 直枝　なかの・なおえ
海軍中将
慶応4年(1868)2月16日～昭和35年(1960)7月6日
生土佐国(高知県)　学海兵(第15期)〔明治22年〕卒、海大〔明治32年〕卒　歴明治23年海軍少尉に任官。40年鳥海、同年韓崎、41年秋津洲、42年八雲、45年金剛の各艦長を経て、大正2年呉鎮守府参謀長、3年艦政本部第一部長、4年海軍艦政部長、5年艦政局長。6年海軍中将に進み、7年練習艦隊司令官、8年呉工廠長、9年旅順要港部司令官、10年第二戦隊司令官、11年第三艦隊司令長官、同年第二艦隊司令長官を歴任。13年予備役に編入。同年から昭和18年まで帝国在郷軍人会副会長を務めた。家長男=中野忠夫(海軍中佐)、女婿=戸苅隆始(海軍中将)

中野 武営　なかの・ぶえい
関西鉄道社長　東京商業会議所会頭　衆院議員
弘化5年(1848)1月3日～大正7年(1918)10月8日
生讃岐国高松(香川県高松市)　名幼名=権之助、作造、号=随郷　歴藩校講道館に学ぶ。明治5年香川県史生、権少属を経て、農商務省権少書記官となるが、14年の政変で辞職。16年改進党の創立に参加し、事務委員。22年愛媛県議、同議長、東京市議、同議長を歴任。23年東京市より第1回総選挙に立候補し衆院議員に当選、8期勤め、改進党、進歩党、憲政本党、戊申倶楽部などに所属。実業家として日本大博覧会評議員、東洋拓殖設立委員、関西鉄道社長、東京株式取引所理事長、東京商業会議所会頭を歴任。営業税廃止運動、第一次護憲運動に参加した。

永野 万蔵　ながの・まんぞう
カナダ日系移民第1号
安政2年(1855)～大正13年(1924)
生肥前国(長崎県)　歴漁師の家に生まれる。明治7年19歳の時、英国船に、船底のかまたき人夫として乗り組み、東南アジア各国を経て10年、カナダ・バンクーバーの近くに上陸。当時、カナダと明治政府に国交はなく、フレーザー川のサケ漁で身を起こし、26年日系漁民への白人の迫害、差別と戦いながら日系人として初めて塩ザケの製造、輸出を手がけ、ビクトリアなどで財を成す。大正11年、火災で全財産を失った上、結核にかかり、2年後郷里で死去した。

長野 幹　ながの・みき
鹿児島県知事
明治10年(1877)1月～昭和38年(1963)1月
生福井県福井市　名旧姓・旧名=三寺　学東京帝国大学法科大学〔明治36年〕卒　歴三寺家に生まれ、長じて先祖の長野姓を名のる。内務省に入省。大正5年三重県知事、8年山梨県知事、11年朝鮮総督府学務局長、中枢院書記長、13年秋田県知事、15年鹿児島県知事。昭和2年退任。

仲野 理一郎　なかの・りいちろう
水産業者
嘉永3年(1850)～昭和11年(1936)9月16日
生淡路国(兵庫県)　歴明治9年郷里の淡路島でナマコの加工品である海参の生産を再興。24年イワシ漁用の改良網と漁船用木貫軸を考案、30年水産博覧会で進歩一等賞を得た。三原郡水産組合長も勤め、遠洋漁業の推進にも力を注いだ。

中橋 徳五郎　なかはし・とくごろう
文相　衆院議員(政友会)　大阪商船社長
文久1年(1861)9月10日～昭和9年(1934)3月25日
生加賀国金沢(石川県金沢市)　名旧姓・旧名=斎藤、号=狸庵　学金沢専門学校文学部卒、東京大学選科〔明治19年〕卒　歴大学院で商法専攻。明治19年判事試補となり横浜始審裁判所詰。20年農務省に転じ、参事官、22年衆院制度取調局出仕となり欧米出張。帰国後衆院書記官、通信省参事官、同監査局長、鉄道局長を歴任。31年岳父で大阪船社長の田中市兵衛の要請で同社長に就任。台湾航路の拡大など社運をばん回、大正3年まで勤めた。かたわら日本窒素、宇佐川電気などで重役、熊本県水俣町に窒素肥料工場を建設、さらに渋沢栄一らと日清汽船を創設、監督役。のち衆院議員当選6回、政友会に入り、7年原敬、10年高橋是清両内閣の文相を勤めた。13年政友本党、14年政友会復党。昭和2年田中内閣の商工相、6年犬養内閣内相となった。勲勲一等旭日桐花大綬章

中林 友信　なかばやし・ゆうしん
衆院議員
明治4年(1871)2月～昭和3年(1928)2月18日
生大阪府　学明治法律学校〔明治26年〕卒　歴破産管財人、泉北郡議、大阪府議、同郡部会議長、大阪府教育会副会長、泉北部衛生会副会長を歴任。明治35年大阪10区より衆院議員に当選。5期。また東京自由通信社主幹、日刊近畿新聞社主兼社長、大阪盲人学校主兼校長などもつとめる。

中原 菊次郎　なかはら・きくじろう
鹿児島県議
明治13年(1880)9月7日～昭和29年(1954)2月27日　生鹿児島県串良町(鹿屋市)　名旧姓・旧名=

449

松下　歴大正8年鹿児島県議。シラス台地である笠野原の耕地整理事業に尽力した。

中原 作太郎　なかはら・さくたろう
製糸業者

万延1年(1860)12月〜明治42年(1909)2月

生信濃国伊那(長野県)　歴明治7年生糸製造業見習いとして郷里・長野県伊那付近の工場に入り、14年まで勤務、この間の貯金を資本に、自己独特の考案を加えた製紙機械を基に、小規模ながら独立の製糸工場を開く。19年福島県に移り、1万8000回転の揚げ返し改良機械を使用して、製糸工場五郎兵衛館を設立。宮城県、岩手県にも十数ケ所の工場を新設した。26年秋田県に蒸気機関を設備する改良工場を設けたが、度々の天災で挫折する。34年południ繭乾燥機、繭煮機を発明し、製糸業界に大いに貢献。また製糸製織の地として東北6県がその後発展するに功績があった。

中原 東岳　なかはら・とうがく
僧侶　臨済宗相国寺派管長

天保12年(1841)5月10日〜明治42年(1909)10月19日　出丹波国　歴15歳の時に京都・臨済宗相国寺派管長の荻野独園の弟子となる。播磨・加野常光寺の九峰慧507や備前の儀山善来に学び、のち再び独園に師事して、その法を継ぐ。明治28年独園が死去すると直ち臨済宗相国寺派管長となり、禅師の号を授けられた。禅学の他、漢学にも詳しく、左伝に通じた。

中原 南天棒　なかはら・なんてんぼう
僧侶(臨済宗)

天保10年(1839)4月3日〜大正14年(1925)2月12日　生肥前国東松浦郡十人町(佐賀県唐津市)　名字＝中原鄧州、法名＝全忠、号＝白崖窟　歴11歳のとき平戸雄香寺の麗宗のもとで得度、のち久留米梅林寺の羅山元磨に嗣法した。31歳で初めて周防徳山の大羅山に住し、ついで松島瑞厳寺、明治35年兵庫県武庫郡の海清寺の住職を務め、直心即道場を持論に禅の普及に努めた。乃木希典らが深く帰依したことでも知られる。著書に「提唱碧厳集」などがある。

中平 重虎　なかひら・しげとら
篤農家　高知県楠島村長

安政2年(1855)4月29日〜明治45年(1912)6月26日　生土佐国幡多郡大井川村(高知県高岡郡四万十町)　歴大井川村の庄屋に生まれる。明治11年楠島村(現・中村市楠島)村長となり、四万十川増水の度に冠水していた楠島村の農地に行李柳を栽培。31年には加工技術を習得し、村の産業に育てた。

中部 幾次郎　なかべ・いくじろう
林兼商店創業者　貴院議員(勅選)

慶応2年(1866)1月4日〜昭和21年(1946)5月19日　生播磨国明石城下東魚町(兵庫県明石市)　歴生家は鮮魚運搬業・林兼を営み、6人きょうだい(3男3女)の二男。8歳の時に兄が死去したため、早くから家業の後継者として家業を手伝い、商売を覚える。明治14年母の実家から姉の婿を迎えてからは、父や姉婿を助けて四国・九州方面で仕入れた魚を大阪の雑喉場に運搬する業務に従事したが、19年姉婿が亡くなったため一家の責任を負う立場となった。30年明石・淡路島間を運行していた小蒸気船を借り入れ、これを曳船として鮮魚運搬に利用し、巨利を博す。38年我が国初の石油発動機付き鮮魚運搬船である新生丸を建造。以降、下関に本拠地を置き、新生丸で各地を巡航し、カレイなどの買出しに成功。43年からは朝鮮・慶尚南道の方魚津を拠点としてアジやサバの縛り網・巾着網漁業を経営して好成績を上げた。大正期に入ってからは漁業の直営・多角経営化を進め、14年株式会社林兼商店(現・マルハニチロ水産)を設立して社長に就任。以後、台湾漁業や蟹工船経営、ブリの養殖事業、ディーゼル機関製作などで次々と新事業をはじめ、日本水産や日魯漁業と並ぶ総合水産会社に発展させた。　家長男＝中部兼市(大洋漁業社長)、二男＝中部謙吉(大洋漁業社長)、孫＝中部文治郎(林兼造船社長)、中部藤次郎(大洋漁業社長)、中部慶次郎(大洋漁業社長)、中部一次郎(林兼産業社長)、中部銀次郎(ゴルフ選手・日新タンカー会長)

永見 伝三郎　ながみ・でんざぶろう
第十八国立銀行頭取

天保2年(1831)〜明治32年(1899)8月27日　生肥前国長崎(長崎県長崎市)　名名＝英昌　歴生家は長崎の豪商・永見屋で、薩摩藩の御用達を務めた。本家を相続した長兄が若くして亡くなったため、家業の守り立てに奔走。交渉があった薩摩藩の五代友厚の貿易事業にも関わり、維新後は糸割符や俵物など旧産物会所の貸付金整理に携わった。のち近代的な金融機関設立を志し、明治5年に商人の松田源五郎とはかって永見松田商社(のち立誠社に改称)を創立。10年に国立銀行条例が改正されると、同社を第十八国立銀行に改組し、その初代頭取に就任した。

中御門 経隆　なかみかど・つねたか
貴院議員　男爵

嘉永5年(1852)2月29日〜昭和5年(1930)4月1日　歴中御門経之の三男。明治元年英国へ留学、10年海軍中尉に任官。のち大尉。30年予備役に編入。その後、商船学校教授を務めた。この間、13年分家し、17年男爵。32年貴院議員。　家長男＝中御門経民(男爵)、父＝中御門経之(公卿)

中上川 彦次郎　なかみがわ・ひこじろう
三井元方専務理事

嘉永7年(1854)8月13日〜明治34年(1901)10月7日　生豊前国中津(大分県中津市)　歴豊前中津に中津藩士の長男として生まれる。明治2年上京、母方の叔父である福沢諭吉の家に寄宿し、慶応義塾

に学ぶ。卒業後同校の教壇に立ち、明治7～10年英国へ留学。帰国後、留学中に知り合った井上馨の推薦で工部省に出仕、井上が外務省に移るとこれに従い、公信局長まで進むが、14年の政変で退官。のち時事新報社長、山陽鉄道社長、神戸商業会議所初代会頭などを歴任。24年三井銀行から理事として招かれ、以後、同副長、三井鉱山理事、三井物産理事、三井元方参事、同専務理事を務め、三井財閥の近代的改革を着手、三井の事業範囲の拡大に尽力した。　家三女=藤原あき（参院議員）、女婿=池田成彬（三井合名常務理事）、叔父=福沢諭吉

中溝 徳太郎　なかみぞ・とくたろう
海軍中将 貴院議員 男爵
安政4年（1857）12月22日～大正12年（1923）2月13日　生肥前国佐賀（佐賀県佐賀市）　学海兵（第5期）〔明治11年〕卒　歴肥前佐賀藩士の長男。明治14年海軍少尉に任官。34年舞鶴鎮守府参謀長、35年英国駐在、36年常備艦隊司令官、同海軍省軍務局長を経て、日露戦争では、37年呉鎮守府参謀長、38年舞鶴工廠長を務めた。40年海軍中将に進み、同男爵を授与られた。41年再び軍務局長となり、43年予備役に編入。44年～大正7年貴院議員。

永峰 弥吉　ながみね・やきち
佐賀県知事
天保10年（1839）11月～明治27年（1894）1月12日　生静岡県　歴戊辰戦争では箱館五稜郭に立てこもり、会計事務や物資調達に従事。明治5年特赦により出獄後、人見寧や梅沢敏らと集学所の設立に尽くす。その後、新政府に出仕、18年内務少書記官、19年大阪府書記官、20年福島県書記官を経て、24年宮崎県知事、25年佐賀県知事。在任中の27年、肺結核により病没した。

中牟田 倉之助　なかむた・くらのすけ
海軍中将 枢密顧問官 子爵
天保8年（1837）2月24日～大正5年（1916）3月30日　生肥前国佐賀（佐賀県佐賀市）　名旧姓・旧名=金丸　歴肥前佐賀藩士・金丸家の二男で、同藩士の中牟田家の養子となる。藩校・弘道館に学び、安政3年（1856年）長崎海軍伝習所に派遣され航海術を学ぶ。戊辰戦争にも従軍、明治2年箱館戦争には朝陽艦士官として参加したが蟠竜艦からの一弾が火薬庫を直撃して爆沈、重傷を負って英国軍艦ヘーグ号に救助された。3年海軍中佐となり、4年大佐、少将に進む。6年欧州へ出張。8年江華島事件に際しては西部指揮官として朝鮮に出動。10年海軍兵学校長、11年横須賀造船所長、同年海軍中将、13年東海鎮守府司令長官、14年海軍大輔、15年再び東海鎮守府、17年横須賀鎮守府、22年呉鎮守府の長官・司令長官を務め、25年海軍参謀部長兼海軍大学校校長、26年初代の海軍軍令部長。27年枢密顧問官となった。この間、17年子爵を授けられた。　家女婿=入沢達吉（医師・随筆家）、小寺謙吉（神戸市長・衆院議員）

中村 愛三　なかむら・あいぞう
陸軍中将
安政5年（1858）2月～大正14年（1925）10月22日　生伊勢国亀山（三重県亀山市）　名旧姓・旧名=船橋　学陸士卒　歴亀山藩士・船橋藤吾の二男に生まれ、のち亀津藩士・中村綾助の養嗣子となった。明治12年陸軍士官学校に入り、卒業して陸軍工兵少尉となる。陸軍工兵学校教官を経て、日清戦争には第二軍工兵部副官として功を立てた。ついで陸軍大学校教官、陸軍砲工学校教官兼工兵会議議員および参謀本部総務部員となり、日露戦争では第一臨時築城団長、第二軍工兵部長を務める。39年関東都督府工兵部長、同年清国駐屯軍司令官、41年交通兵旅団長、42年陸軍砲工学校校長、45年旅順要塞司令官などを歴任。大正元年中将となった。

中村 栄助　なかむら・えいすけ
衆院議員（政友会）
嘉永2年（1849）2月3日～昭和13年（1938）9月17日　生京都五条大橋（京都府京都市）　歴京都の油仲買商・河内屋栄助の長男に生まれる。明治維新後、家業を発展させ石油貿易でも活躍する一方、新島襄らと同志社の設立に尽力した。京都府会議員、明治22年初代京都市会議員、25年京都商業会議所会頭を歴任。23年から衆院議員（政友会）に当選2回。　家息子=高山義三（京都市長）

中村 円一郎　なかむら・えんいちろう
大井川鉄道社長 静岡県茶連会長 貴院議員（勅選）
慶応3年（1867）6月～昭和20年（1945）2月23日　生静岡県榛原郡青柳村（吉田町）　歴代々醤油製造を業とする家に生まれ、長じて家業を継いだ。その一方で茶の販売も手がけ、静岡県茶連議員や同会長を歴任。さらに日本製茶株式会社を創立し、明治32年のパリ万博をはじめ、ヨーロッパの各地を出張・視察して日本茶の販路拡大に努めた。40年日本共同株式会社を設立。次いで茶の再製を開始し、静岡県再製茶業組合長となって静岡県の茶業振興に尽力した。大正6年貴院議員に勅選、以後3期を務めた。また茶業振興を目的として大井川鉄道を開業し、その初代社長に就任。昭和8年シカゴ万博副団長、9年には万国博覧会議員代表を務めるなど、日本の産業の紹介に大きく貢献した。　勲緑綬褒章、紺綬褒章、勲三等瑞宝章

中村 修　なかむら・おさむ
名古屋市初代市長
天保14年（1843）11月25日～大正4年（1915）6月6日　生尾張国名古屋（愛知県名古屋市）　名初名=政和、通称=修之進　歴尾張藩士で、細野要斎に学び、幕末には尊皇派として活躍。明治維新後、宮内省御用掛、東京・函館の裁判所検事を経て、明治22年初代名古屋市長を務めた。

中村 雅真　なかむら・がしん
貴院議員（多額納税）
嘉永7年（1854）3月～昭和18年（1943）2月21日

歴奈良県議を経て、明治23年貴院議員。奈良帝室博物館学芸委員なども務めた。

中村 義上　なかむら・ぎじょう
篤農家
弘化2年(1845)5月10日～昭和14年(1939)
生三河国渥美郡田原(愛知県田原市)　歴父は三河国田原藩の中小姓で、農学者・大蔵永常の助手でもあった。幕末期、藩校成章館の教授を務めるが、廃藩置県とともに帰農。農事改良を志し、明治21年二宮尊徳の報徳社の流れを汲む三遠農学社に参加。26年には同社の東三支社長となり、田原村の柳沢に溜池を築造して稲の増産をはかった。また、肥料の改良や二毛作の奨励なども行い、41年に大日本農会の有功賞を受賞。その後、田原町助役として活躍。晩年は東京に住んだ。　賞大日本農会有功賞〔明治41年〕

中村 喜平　なかむら・きへい
衆院議員(政友会)　長浜生糸取引所理事長
文久2年(1862)9月～大正15年(1926)8月
生近江国坂田郡神照村(滋賀県長浜市)　歴縮緬生糸商を経営。滋賀県の長浜町長、県会議員、同参事会員を務めた。また長浜生糸取引所理事長、長浜瓦斯社長、長浜糸米取引所理事、同相談役、同審査委員など歴任。さらに滋賀県6区から衆院議員当選2回。

中村 公知　なかむら・きみとも
青森裁判所長
天保12年(1841)～明治38年(1905)7月13日
生肥前国大村(長崎県大村市)　歴文久3年(1863年)渡辺清兄弟らと大村藩37士の義盟に加わり、藩主を助けて国事に尽した。慶応元年(1865年)藩命によって上京し各藩との間を周旋、3年には藩主の上京の議に関し藩論が分裂したが一隊をひきいて上京した。明治元年徴士となり刑部少判事に進む。のち判事として小樽市、札幌市、弘前市に赴任し、青森裁判所長を務めた。

中村 駒蔵　なかむら・こまぞう
社会運動家　大和同志会常務理事
明治13年(1880)2月16日～昭和36年(1961)1月31日　生奈良県纏向村(桜井市)　歴郷里の奈良県纏向村議を務める。明治30年代後半から融和運動に尽力、大和同志会総務、常務理事を歴任した。

中村 是公　なかむら・これきみ
東京市長　満鉄総裁　貴院議員(勅選)
慶応3年(1867)11月25日～昭和2年(1927)3月1日　生安芸国佐伯郡五日市村(広島県広島市)　名旧姓・旧名＝柴野　学帝国大学法科大学〔明治26年〕卒　歴大蔵省に入り、明治29年台湾総督府事務官に転じ、38年総務局長。39年満鉄総裁となった後藤新平に起用されその副総裁、40年関東都督府民政長官兼任、41年満鉄総裁となった。大正2年退任、6年勅選貴院議員、鉄道院副総裁、7年総裁を歴任。13年東京市長となり震災復興に尽力した。

中村 覚　なかむら・さとる
陸軍大将　男爵
嘉永7年(1854)2月20日～大正14年(1925)1月29日　生近江国彦根(滋賀県彦根市)　歴彦根藩士の二男に生まれる。明治5年陸軍教導団に入り、8年陸軍少尉に任官。10年中尉に進み、西南戦争に出征。日清戦争の際は大本営侍従武官、歩兵第十連隊大隊長、第一師団参謀などを経て、33年台湾総督府幕僚参謀長となる。日露戦争では歩兵第二旅団長として出征、白襷隊として勇名を馳せた。38年教育総監部参謀長となり、40年第十五師団長、41年侍従武官、大正2年東京衛戍総督、3年関東都督などを歴任。4年大将に昇進。6年軍事参議官。8年予備役に編入。　家五男＝小林謙五(海軍中将)

中村 枝幸　なかむら・しこう
農政家
安政3年(1856)～昭和7年(1932)
生伯耆国(鳥取県)　歴伯耆国(鳥取県)から神奈川県に移住、タバコ栽培農家の生活安定に尽くし、"煙草翁"と呼ばれた。

中村 十作　なかむら・じっさく
農民運動家
慶応3年(1867)1月18日～昭和18年(1943)1月22日　生越後国板倉町稲増(新潟県上越市)　学東京専門学校卒　歴明治25年真珠養殖のため沖縄の宮古島へ渡る。しかし、人頭税下の悲惨な農民の生活を見て農民運動に参加、県内で人頭税廃止運動を展開した。26年事業資金を投じて農民代表西里蒲、平良真牛らと上京、沖縄の窮状を中央の政界と言論界に訴え、旧制改革の端緒を開いた。

中村 純九郎　なかむら・じゅんくろう
広島県知事　貴院議員(勅選)
嘉永6年(1853)7月～昭和22年(1947)12月18日　田肥前国(佐賀県)　学司法省法学校卒　歴福井県知事、広島県知事を歴任。大正9年～昭和22年貴院議員。

中村 舜次郎　なかむら・しゅんじろう
新聞記者　衆院議員(政友会)
弘化4年(1847)8月5日～昭和6年(1931)3月14日
生相模国足柄上郡松田惣領(神奈川県足柄上郡松田町)　歴豪農の家に生まれ、幕末期に百姓代を務めた。明治5年神奈川県内では横浜以外で初となる週刊新聞「足柄新聞」の経営を引き継ぎ、啓蒙的な活動を行う。11年足柄上郡長に就任し、以来、神奈川の国会開設運動や東海道本線開通を支援。また、治水事業でも実績があった。交詢社員として福沢諭吉とも親交。41年には衆院議員に当選、政友会に属した。

中村 勝契　なかむら・しょうけい
僧侶　天台座主

安政2年(1855)5月28日～昭和2年(1927)11月3日　[生]尾張国勝川町(愛知県春日井市)　[歴]尾張の日輪寺で得度し、明治10年延暦寺に入る。44年探題、名古屋の日暹寺(現・日泰寺)住職、青蓮院門跡を経て、昭和2年天台座主に就任。この間、明治29～30年天台宗憲章の草案を起稿した。

中村 精七郎　なかむら・せいしちろう
中村組社長
明治5年(1872)5月3日～昭和23年(1948)9月14日　[生]肥前国北松浦郡平戸(長崎県平戸市)　[歴]父は肥前平戸藩士で、7男3女の10人きょうだいの七男。四兄は実業家の山県勇三郎で、12歳の時に兄について北海道へ渡り、その知人である商店の丁稚奉公に出たが翌年には破産したため、平戸へ戻された。明治19年再び兄に預けられ、同年には父も北海道に移住。南米移住を志して渡米するも断念。その後、兄が東京・日本橋小網町に開設した運輸店・中村組の総支配人に起用されたが、31年花柳界で放蕩していると兄に誤解され馘首されたことから義絶した(のち復縁)。36年朝鮮に渡り、日露戦争が始まると軍需品の海運を手がけ、38年中村組を創業して独立。大正期に入ると第一次大戦による海運景気もあって事業を拡大、勝田銀次郎、内田信也、山下亀三郎らと“海運界の五人男”と呼ばれるほどになった。大正7年徳山燃料廠や八幡製鉄所などの揚荷役などを担当していた磯部組を買収して山九運輸(現・山九)を設立。中村組の子会社として海運・港湾荷役の一貫作業体制を整えた。その後、第一次大戦終了による打撃もあって中村組は経営困難に陥り、昭和10年最終整理が行われ中村汽船が発足した。　[家]長男＝中村勇一(山九運輸社長),兄＝山県勇三郎(実業家)

中村 清蔵　なかむら・せいぞう
倉庫銀行頭取
万延1年(1860)12月24日～大正14年(1925)11月9日　[生]江戸深川(東京都江東区)　[歴]明治9年叔父清右衛門の養子となり、直ちに家督を相続。早くから深川正米市場に進出し、同市場の有力者となった「上清」と称される。同時に味噌製造業、倉庫業を経営。34年中加貯蓄銀行、翌35年倉庫銀行を創立。40年頃から正米市場を離れ、実業方面に主力を注ぐ。金城銀行、明治商業銀行、大日本製糖、日本護謨など各会社の重役を務め、また深川区議、東京府議を歴任した。

中村 清造　なかむら・せいぞう
衆院議員(政友会)
明治4年(1871)3月～昭和7年(1932)7月21日
[出]筑前国(福岡県)　[学]福岡中〔明治22年〕卒　[歴]日清戦争・日露戦争に従軍。上西郷村長、津屋崎町長、宗像郡議、福岡県議を経て、大正9年から衆院議員(政友会)に当選2回。一方、酒造業も営み、福岡県地方森林会議員、全国酒造組合連合会評議員を務めた。

中村 仙巌　なかむら・せんがん
尼僧
嘉永2年(1849)8月9日～昭和4年(1929)3月10日　[生]越後国二十村郷(新潟県長岡市)　[名]諱＝活道　[歴]慶応2年(1866年)17歳の時に長岡の実相庵で出家。雲洞庵南木国定の許で剃髪し、さらに得度を受けて仙巌尼を名乗る。円通庵の天巌尼や京都養林院の観苗尼らに師事して修行を積んだのち長岡に戻り、児童教育を開始。明治20年には地方における女子教育の先駆けとなる仙巌学園(星野女学校の前身)を設立、一時は100人の学生を教えたが、28年に閉園を余儀なくされた。同年小出町に移り、円通寺を創建して庵主となる。その後も教育事業で活躍し、40年尼僧学林(のちの新潟県専門尼僧堂)を設立。また生涯に庵主として説教を行うこと6000回に及んだと言われるなど、熱心に活動した。大正7年中風に罹り、10年余り療養したのち没した。

中村 太八郎　なかむら・たはちろう
普選運動家
慶応4年(1868)2月20日～昭和10年(1935)10月17日　[生]信濃国筑摩郡大池村(長野県東筑摩郡山形村)　[歴]日清戦争後の社会問題に関心を示し、明治29年木下尚江らと郷里松本に平等会を組織、翌年は上京して片山潜らと社会問題研究会の結成に参画した。30年木下らと松本市に普通選挙期成同盟(のち普通選挙同盟会)を結成、32年全国組織の普通選挙期成同盟会成立の道をひらいた。以来約30年普選法成立まで常に運動の中心に立ち、「普選の父」と呼ばれた。

中村 千代松　なかむら・ちよまつ
衆院議員(立憲国民党)　秋田毎日新聞社長
慶応3年(1867)1月15日～昭和16年(1941)8月4日　[生]出羽国阿気(秋田県)　[学]秋田県師範〔明治18年〕卒　[歴]博文館編集員、「秋田魁新聞」主筆を経て、衆院議員を1期つとめた。

中村 直三　なかむら・なおぞう
農政家
文政2年(1819)3月8日～明治15年(1882)8月13日　[生]大和国山辺郡永原村(奈良県天理市)　[歴]奈良奉行所の番人小頭を務めながら四書五経や石門心学を独学。文久3年(1863年)稲種伊勢錦を試作したところ収穫が増え、播種を求める者が多数詰めかけたという。維新後は奈良県に出仕して農業指導にあたり、全国各地を出張して品種改良の指導などを行った。生涯を通じて農事改良と農民啓発に努め、“明治三老農”の一人に数えられる。著書に農業書「勧農微志」がある。

中村 弘毅　なかむら・ひろたけ
元老院議官
天保9年(1838)11月～明治20年(1887)7月3日
[生]土佐国土佐郡江ノ口(高知県高知市)　[歴]文久2年(1862年)土佐藩校致道館が設立されると文館助

教となり、同年8月教授に就任。ついで小監察、郡奉行に転じて民政にあたり、慶応元年(1865年)京都留守居役に任ぜられた。明治維新後は新政府に出仕し、明治元年刑法官権判事となり、以後民部官権判事、寺社判事、民部大丞、宮内大丞などを経て、10年大書記官、12年内閣書記官長、13年元老院議官、17年工部少輔を務め、再び元老院議官となった。また佐々木高行、土方久元、谷干城らと共に高知県に中立社を組織し、立志社の民権運動と静倹社の保守運動との調和に努力した。

中村 博愛 なかむら・ひろなり
外交官 貴院議員(勅選)
天保14年(1843)11月～明治35年(1902)10月30日 回薩摩国(鹿児島県) 名前名＝中村宗見、変名＝吉野清左衛門 学ロンドン大学ユニバーシティ・カレッジ(英国)法文学部〔慶応2年〕中退 歴薩摩藩士で、文久2年(1862年)に来日したオランダ人医師ボードウィンの門下生として長崎養生所で医学を学ぶ。帰藩して開成所で英学を勉学中、藩派遣の英国留学生に選ばれ、元治2年(1865年)吉野清左衛門の変名で鹿児島を出航。慶応2年(1866年)同行の田中静洲とロンドン大学ユニバーシティ・カレッジ法文学部を中退してフランスの貴族モンブラン伯爵の世話でフランスへ留学。3年間の留学を通してオランダ語・英語・フランス語の3ケ国語を習得し、明治元年帰国。名を宗見から博愛に改め、藩開成所のフランス語教授となった。2年西郷従道、山県有朋の欧州視察に通訳として随行。同年兵部省、3年工部省出仕を経て、6年外務省に転じ、外務二等書記官として駐ロシア公使館に勤務。在マルセイユ領事、10年駐ロシア公使館一等書記官、11年駐イタリア臨時代理公使などを経て、帰国後は外務大書記官、書記課長、会計課長を歴任。18～22年駐オランダ兼ロシア弁理公使。23年元老院議官、24年より勅選貴院議員を務めた。

中村 道太 なかむら・みちた
横浜正金銀行初代頭取
天保7年(1836)3月10日～大正10年(1921)1月3日 回三河国(愛知県) 歴三河国吉田藩士の子として生まれる。幕末の江戸で福沢諭吉の著した「西洋事情」を読んで影響を受け、福沢の下を訪れて交わりを結ぶ。戊辰戦争に際しては藩の大参事として占領軍の太政官と渡り合い、以後吉田藩財政の中心人物としてその再建に従事。明治3年豊橋に女子教育施設"好間社学習所"を開く。5年東京・日蔭町で洋物商・中村屋を開業。同年福沢の推挙により丸屋商社(現・丸善)に入社、6年には創業者の早矢仕有的と並んで共同社長となる。10年豊橋に第八国立銀行を設立。13年外国為替を専門とする横浜正金銀行創設に参画、初代頭取に就任。15年東京米商会所頭取に転じたが、農商務省から公金横領の容疑で告発され失脚した。その後は財界から身を退き、茶道の有楽流家元として暮らした。

中村 元雄 なかむら・もとお
大蔵省主税局長 貴院議員(勅選)
天保10年(1839)9月～明治36年(1903)1月4日 回豊後国日田(大分県日田市) 歴広瀬淡窓に学び、明治維新後日田県属、大分県権大属。その後大蔵省に勤め租税大属、権大書記官、一等主税官、主税局長を経て、群馬県知事となった。辞任後錦鶏間祗候を許され明治29年勅選貴院議員、30年内務次官兼臨時検疫局長官。

中村 静嘉 なかむら・やすよし
海軍少将 太平生命保険社長
安政7年(1860)2月～昭和11年(1936)6月18日 回加賀国金沢(石川県金沢市) 学海兵(第7期)〔明治13年〕卒 歴明治16年海軍少尉に任官。駐米国公使館付武官、海相秘書官、旅順港根拠地参謀を経て、32年明石艦長、33年軍令部第三局長、34年東宮武官。日露戦争には第三艦隊参謀長として出征、ついで水雷術練習所長に転じた。39年駐清国公使館付武官、同年海軍少将。41年佐世保水雷団長となり、42年予備役に編入。退役後は実業界に入り、太平生命保険を創立して社長に就任。郷里・金沢に大正織物もつくった。

中村 弥六 なかむら・やろく
衆院議員(中央倶楽部)
安政1年(1854)12月8日～昭和4年(1929)7月7日 回信濃国(長野県) 学大学南校卒 林学博士 歴ドイツに留学。独逸学協会教員、大阪師範学校教師兼監事、大蔵省御用掛、農商務省権少書記官、東京山林学校教授、東京農林学校教授、林務官、農商務技師、司法次官を歴任。明治23年長野県部より衆院議員に当選し、8期。臨時政務調査委員、司法事務に関する法令審査委員長となる。 家父＝中村黒水(儒学者)

中村 雄次郎 なかむら・ゆうじろう
陸軍中将 宮内相 満鉄総裁 男爵
嘉永5年(1852)2月28日～昭和3年(1928)10月20日 回伊勢国一志郡久居村(三重県津市) 学陸軍兵学寮 歴維新後、軍事研究のためフランスに留学。明治7年帰国し陸軍参謀本部に勤務、陸軍中尉となる。陸軍士官学校及び陸軍大学校の創設に関与した。21年欧州出張後、陸軍省に勤務。30年陸士校長に任ぜられる。31年第三次伊藤内閣で陸軍次官となり、35年陸軍中将。退役後、八幡製鉄所長官に就任し、37年貴院議員に勅選され、40年男爵を賜わる。大正3年満鉄総裁、6年関東都督となる。9年宮内相となったが10年免職。11年枢密顧問官となった。

中村 雪樹 なかむら・ゆきき
山口県萩町長
天保2年(1831)1月16日～明治23年(1890)9月23日 回長門国萩平安古(山口県萩市) 名幼名＝誠一、号＝栗軒、天海 歴長州藩医の二男として生まれる。嘉永3年(1850年)明倫館に入り、6年八組士

中村保和跡の家督を継ぐ。吉田松陰に兵学を、吉松淳蔵に漢学を、近藤芳樹に国学を学ぶ。安政2年(1855年)江戸に出て、安井息軒塾、羽倉簡堂塾に入り、3年水戸の会沢正志斎に学び、5年萩明倫館に戻った。6年御蔵元順番検使となり、文久2年(1862年)差別方検使、3年右筆添役、吉田代官、元治元年(1864年)政務座役、慶応元年(1865年)干城隊頭取、3年石州出張中御蔵元役、御撫育方頭人などを務めた。維新後は、明治元年御用所役、参政、2年山口藩権大参事、4年山代部大属、5年山口県典事、山口県大属を経て、7年退任。のち萩の巴城学舎校長、萩中学校長、山口県御用掛、阿武郡明倫小学校長などを歴任、22年には初代萩町長となった。23年上京し毛利家の編輯副総裁を務めた。

中村 要吉　なかむら・ようきち
アイヌ文化伝承者　北海道音更町開進区長
明治13年(1880)7月～昭和14年(1939)1月9日
生北海道河東郡上士幌町　名本名＝イベチカレ、戸籍名＝イベツカレ　歴北海道音更開進コタン(集落)出身のアイヌ人。はじめ和人に奉公するが、そこで文字の存在を知って大いに衝撃を受け、ウタリ(同族)の生活環境の改善に乗り出した。明治31年給付地を取得して農業経営を開始。34年に音更戸長役場が開かれると、日本政府に協力してウタリの創氏改名を推進し、戸籍を整備した。次いで教育の充実をはかり、39年に庁立音更尋常小学校を開設。その運営と維持に奔走し、42年北海道教育功労者に選ばれた。また、生活環境の改善・指導にも当たり、大正7年には飲酒習慣の追放を目的とした十勝旧土人連合自治矯風会を設立し、副会長に就任。その傍らでアイヌ民俗の伝承にも力を注ぎ、帯広に伝わる「チヨマトウ伝説」の口述・記録を行った。その後、十勝旭明社理事や十勝旧土人保護法改正運動執行委員などを歴任するなど、晩年までアイヌの権利獲得・生活改善に尽力。　賞北海道教育功労者〔明治42年〕、開拓功労者

長森 藤吉郎　ながもり・とうきちろう
東京地裁検事正　東洋硝子製造専務
万延1年(1860)12月28日～大正9年(1920)6月30日　生肥前国佐賀(佐賀県佐賀市)　名旧姓・旧名＝野田　学帝国大学法科大学卒　歴野田素平の二男に生まれ、のち長森敬斐の養子となる。帝国大学で法律学を修めて検事となり、東京地裁検事正に進む。明治34年司法官増俸案否決に抗議して司法官が同盟辞職した際に、責任を問われ免職となったが、同年大蔵省官房長に就任。のち実業界に転じ、東洋硝子製造専務、満韓塩業取締役などを務めた。

長屋 喜弥太　ながや・きやた
和歌山市長
天保9年(1838)～明治30年(1897)8月18日
歴紀伊藩士で、明治7年陸軍少佐。西南戦争では鹿児島屯在兵参謀を務めた。16年和歌山区長を経て、22年初代和歌山市長に就任。30年在任中に亡くなった。

永屋 茂　ながや・しげる
弁護士　衆院議員(政友会)
明治10年(1877)1月～大正12年(1923)11月8日
生広島県　名号＝如水、晩翠　学日本大学〔明治43年〕卒　歴弁護士及び特許弁理士の業務に従事し花井卓蔵に学ぶ。大正9年衆院議員(政友会)に当選1回。また日本人造絹糸監査役を務めた。

仲家 太郎吉　なかや・たろきち
漁業改良家
天保10年(1839)～明治34年(1901)8月7日
生豊後国北海部郡佐賀関(大分県大分市)　歴父とともに漁業に従事。漁船の改良と漁場の発見に努め、鰈縄の大鉤などを考案した。明治30年第2回水産博覧会に遠洋漁船を神戸まで回航し、名誉銀牌を受賞。

中屋 則哲　なかや・のりあき
陸軍中将
慶応3年(1867)6月13日～昭和5年(1930)4月28日
生土佐国安芸郡津呂村(高知県室戸市)　学陸士〔明治25年〕卒、陸大〔明治34年〕卒　歴海南学校(小津高校)を経て、明治25年陸軍少尉に任官。参謀本部付、陸軍省人事局補任課長、台湾総督府陸軍幕僚参議、近衛歩兵大3連隊長、第一師団参謀、大正6年歩兵第五旅団長などを経て、8年第十四師団司令本部付としてシベリアに出征、10年旅順の独立守備隊司令官となった。同年中将、11年予備役に編入となる。

永安 晋次郎　ながやす・しんじろう
海軍主計中将
明治6年(1873)1月～昭和10年(1935)2月19日
生東京　名旧姓・旧名＝小網　学東京帝国大学法科大学〔明治31年〕卒　歴小網源太郎の三男として生まれ、のち永安方幹の養嗣子となる。明治32年海軍主計に任官し、以来海軍の主計畑を歩き、大正3年駐英造艦造兵監督会計官となる。のち横須賀鎮守府主計長兼経理部長、13年海軍経理学校長、14年海軍省経理局長などを歴任。同年主計中将となる。退役後、昭和3年神戸製鋼社長に就任、また播磨造船所監査役を務めた。

中山 要人　なかやま・かなめ
弁護士
天保14年(1843)～明治40年(1907)6月28日
生武蔵国入間郡(埼玉県)　歴もと幕臣で、家は代々武蔵国入間郡飯能字中山に2500石を領した。明治維新の際には宗家徳川公に随い静岡に赴いたが、明治5年上京して法学を修め、17年山形治安裁判所判事となる。のち静岡始審裁判所、沼津裁判所、東京芝区巴町裁判所などに歴任。34年司法官増俸問題が起こると同僚と共に連署して司法大臣に建議するが容れられず、直ちに辞職して弁護士

となった。

中山 久蔵　なかやま・きゅうぞう
農業技術者 寒地稲作の父
文政11年(1828)3月21日～大正8年(1919)2月13日 [生]河内国石川郡春日村(大阪府南河内郡太子町) [名]旧姓・旧名=松村 [歴]仙台藩に仕えた後、安政元年(1854年)頃、北海道・白老に渡る。のち苫小牧、札幌郊外の島松に移り住む。明治6年赤毛種子を求め、1反歩の水田を試作。思うように発芽しない為、風呂桶を使って、温水を昼夜に亘って田に流し込むなど苦労を重ね、ついに秋二石三斗の収穫を得る。以来、米作りは石狩平野に根付き、さらに寒冷な地方へと広まった。米作の北限を一層増進させるという偉業をなし、民間人の創意と工夫で官庁の方針を転換させた。

中山 玄親　なかやま・げんしん
僧侶(天台宗)
嘉永4年(1851)～大正7年(1918)4月15日
[歴]天台宗の僧となり、権大僧正より大僧正に進んだ。滋賀県の明徳院住職を長年務め、天台宗精査局員を経て、京都真如堂の貫主となった。

中山 譲治　なかやま・じょうじ
宮内権大丞
天保10年(1839)6月15日～明治44年(1911)1月17日 [生]江戸本所石原(東京都墨田区) [名]旧姓・旧名=瀬戸, 幼名=新太郎, 前名=右門太, 号=酔古 [歴]実家は幕臣の瀬戸氏。6歳で中山家の養子となる。安政4年(1857年)長崎に遊学し、蘭学と英語を習得。次いで慶応元年(1865年)横浜の仏語伝習所に入り、一時期フランスに留学して陸軍教師シャノアーヌに学んだ。幕末期には、幕府の小十人格騎兵差図役頭取勤方に昇進。維新後は実業を志し、明治3年生糸の輸出・販売のためイタリアに渡った。帰国後、大蔵省出仕・租税権頭を経て外交官となり、5年イタリア・ヴェネチア総領事に就任。しかし、7年には同総領事館が廃館となったため帰国し、宮内省に出仕した。10年宮内権大丞を最後に辞官。のちハワイへの移民事業に携わり、18年日本人移民の監督総官を務め、28年には東洋移民合資会社を設立した。29年東京建物株式会社監査役。[勲]イタリア政府勲三等〔明治7年〕ナイト・コンマンドル・クラウン・オブ・ハワイ勲章〔明治19年〕

中山 新治郎　なかやま・しんじろう
天理教初代真柱
慶応2年(1866)～大正3年(1914)12月31日
[生]大和国添上郡櫟本町(奈良県天理市) [名]旧姓・旧名=梶本, 幼名=中山真之亮 [歴]天理教教祖・中山みきの孫で、生まれる前から祖母より、真柱(しんばしら)の真之亮の名前が定められていたという。明治13年中山家に移り住み、14年中山家に入籍、15年家督を相続。18年神道本局の教導職になり、のち評議員などを経て、20年祖母の死去にともない、願い主に。21年神道本局所属の天理教会として認可され、神道天理教会長に就任。以降、教勢の発展に努め、24年機関紙「道の友」を創刊。33年天理教校を開校、校主に。31年から40年頃にはのちの「稿本天理教教祖伝」の基礎となった教祖伝「教祖御伝(おやさまぎょでん)」を完成させた。傍ら一派独立を目指した活動も続け、41年天理教として独立、初代真柱に。43年から神殿建築を指揮し、大正2年神殿、3年教祖殿が完成、同年12月神殿新築落成奉告祭を目前に死去。 [家]祖母=中山みき(天理教教祖), 長男=中山正善(天理教2代目真柱), 孫=中山善衞(天理教3代目真柱)

中山 孝麿　なかやま・たかまろ
東宮大夫 宮中顧問官 貴院議員 侯爵
嘉永5年(1852)12月3日～大正8年(1919)11月24日 [生]京都 [歴]中山忠愛の二男。明治14年東京日本橋区長、麹町区長を務める。宮内書記官、東宮侍従長を経て、28年東宮大夫、35年宮中顧問官、36年帝室会計審査局長。40年宮中顧問官を再任。この間、東宮御婚儀御用掛を務め、35年小松宮彰仁親王に随行して英国皇帝皇后戴冠式に参列した。23年から貴院議員。大正8年藤原鎌足1550年の祭典に奈良へ出向いて病気になり、京都で没した。 [家]父=中山忠愛(公卿), 祖父=中山忠能(公卿), 叔母=中山慶子(孝明天皇典侍), 叔父=中山忠光(公卿)

永山 武四郎　ながやま・たけしろう
陸軍中将 北海道庁長官 屯田兵司令官 男爵
天保8年(1837)4月24日～明治37年(1904)5月27日 [生]薩摩国(鹿児島県) [歴]明治4年陸軍大尉となり、5年開拓使八等出仕となって北海道札幌に赴く。8年准陸軍少佐兼開拓使七等出仕となり、屯田兵制度整備に専念する。以後、18年陸軍少将・屯田本部長、22年屯田兵司令官、21～24年北海道庁長官を兼務するなど、北海道の開拓に尽力。その功績により27年特に男爵を授けられる。29年第七師団が置かれると同時に初代師団長に推され、同年陸軍中将に昇進。33年休職となり、36年貴院議員に勅選された。 [家]長男=永山武敏(陸軍大佐), 四女=阿部みどり女(俳人), 孫=永山武臣(松竹会長)

中山 忠能　なかやま・ただやす
宣教長官
文化6年(1809)11月11日～明治21年(1888)6月12日 [歴]中山忠頼の二男。明治天皇の外祖父にあたる。弘化4年(1847年)権大納言、安政5年(1858年)議奏に就任。日米修好通商条約締結の勅許に反対の立場をとる。万延元年(1860年)公武合体運動に参画し、和宮御縁組御用掛けとなり東下。尊攘派の弾劾によって辞職すると一転して長州藩尊攘派の活動を支援し、倒幕密勅に副書する。禁門の変の後に参朝停止処分を受けたが、慶応3年(1867年)明治天皇跡祚で赦免となり、岩倉具視らと王政復古に参画して議定に就任。従一位・准大臣、神祇伯、宣教長官などを歴任した。著書に「中山忠

長山 直厚　ながやま・なおあつ
社会運動家
明治20年(1887)〜昭和3年(1928)10月19日
⑰山口県萩市　⑰陸士卒　⑰第五師団のシベリア出兵に陸軍砲兵中尉として従軍しロシア革命を目撃し、帰国後辞職する。のち社会運動に参加し、大正11年極東民族大会に参加。12年高尾平兵衛とともに赤化防止団長米村嘉一郎を襲撃。15年豊島合同労働組合を結成し組合長になり、昭和3年無産大衆党執行委員となるなどして活躍した。

中山 直熊　なかやま・なおくま
軍事探偵
明治13年(1880)5月〜明治37年(1904)4月15日
⑰熊本県　⑰中学済々黌卒　⑰肥後熊本藩士の家に生まれる。税関に勤めた後、明治26年清国へ渡航。北京振華学堂に学び、天津の邦字紙「北支日日新聞」記者となった。37年日露戦争が起こると横川省三、沖禎介らと特別任務に従事。ロシア軍の補給路に当たる東清鉄道の爆破を図ったが、襲撃を受けて戦死した。

中山 信安　なかやま・のぶやす
茨城県権令
天保3年(1832)7月27日〜明治33年(1900)6月19日　⑰通称＝中山修輔　⑰旗本の子として生まれ、武芸に長じる。緒方洪庵に蘭学を学び、幕臣でありながら開港論を唱えた。元治元年(1864年)佐渡奉行配下の組頭蔵奉行、鉱山取締となる。維新後、佐渡県権判事などを経て、明治5年新潟県参事、6年同県知事、8年6代茨城県権令となる。師範学校、勧業試験場、勧業課を創設し、地租改正を手掛けた。9年地租改正の際に起きた那珂騒動の鎮圧に囚人を使った責任で免官。13年長野県少書記官として行政部門に復帰した。妻・幸子は薩摩藩士の娘。
⑰妻＝中山幸子(篤行家)

中山 秀雄　なかやま・ひでお
高知県議　高知商業会議所副会頭
嘉永2年(1849)8月23日〜大正10年(1921)9月1日　⑰土佐国香美郡金地村(高知県南国市)　⑰戊辰戦争に従軍後、奥宮慥斎に師事した。明治12年高知県議に当選、約10年にわたって議長を務める。傍ら、18年より製紙業に進出、高級紙を生産した。21〜26年高知商業会議所副会頭。

中山 平八郎　なかやま・へいはちろう
衆議院議員(憲政本党)
弘化2年(1845)11月〜昭和5年(1930)10月2日
⑰大和国(奈良県)　⑰大阪府議、奈良県議、同議長を経て、明治27年奈良1区より衆議院議員に当選。4期つとめる。

中山 巳代蔵　なかやま・みよぞう
栃木県知事
慶応3年(1867)10月1日〜大正10年(1921)2月21日　⑰備前国邑久郡豊原村(岡山県瀬戸内市)　⑰帝国大学法科大学〔明治22年〕卒　⑰内務省に入省。長崎県参事官、内務省事務官、京都府第一部長を経て、明治39〜44年栃木県知事を務めた。

中山 元成　なかやま・もとなり
茶業家
文政1年(1818)10月1日〜明治25年(1892)6月3日　⑰下総国猿島郡(茨城県)　⑰通称＝伝右衛門、号＝蘭花、朝陽　⑰製茶法の研究に取り組み、猿島茶の改良と普及に努めていたが、黒船来来によって日本が開国されると、安政6年(1859年)米国への輸出も手がけて財を成した。明治2年東京府物産局臨時御用係となり、10年内国勧業博覧会審査官に就任。17年茶組合の設立に尽力し、設立後は幹事として茶業界の発展に活躍した。

永山 盛興　ながやま・もりおき
貴院議員　男爵
元治1年(1864)9月18日〜大正13年(1924)12月4日　⑰明治法律学校卒　⑰文部省勤務を経て、のち通信省鉄道書記。明治35年父の死により襲爵。大正7年貴院議員。
⑰父＝永山盛輝(男爵)

永山 盛輝　ながやま・もりてる
元老院議官　筑摩県権令　男爵
文政9年(1826)8月5日〜明治35年(1902)1月18日　⑰薩摩国鹿児島(鹿児島県鹿児島市)　⑰通称＝清右衛門、左内、正蔵　⑰旧薩摩藩士。明治元年征東軍に薩摩藩兵の監軍として従軍し功あたをた。2年御東幸中用度宕判事となり、ついで大蔵省の用度権大佑、民部省監督権大佑となった。さらに3年伊那県少参事、県大参事、4年筑摩県(のち長野県)参事、6年筑摩県権令として学制の地方定着に尽力。同年から7年にかけて県下の230余校を巡察、各町村民に教育の功利的側面を説き、当時としては驚異的な就学率73％をあげ“教育県令”とよばれた。8年新潟県令、18年元老院議官を経て、24年勅選貴院議員となった。33年男爵。著書に「説諭要略」がある。

永山 弥一郎　ながやま・やいちろう
陸軍中佐
天保9年(1838)〜明治10年(1877)4月13日
⑰薩摩国鹿児島城下上荒田町(鹿児島県鹿児島市)　⑰号＝万斎　⑰戊辰戦争で薩摩四番隊監軍として東北地方に出征して軍功を挙げる。維新後、明治2年鹿児島常備隊の教導、4年御親兵に選抜されて少佐に任官、次いで開拓使三等出仕になり北海道に赴き中佐となった。屯田兵の長を兼務してロシアの南下に備えようと尽力したが、8年樺太・千島交換条約に反対して辞任、帰郷した。10年西郷挙兵に際しては躊躇したが桐野利秋の勧誘を拒絶しきれずに、三番大隊長として熊本城攻めに参加。奮戦したが御船で敗北、自刃した。

中山 慶子　なかやま・よしこ
孝明天皇典侍 明治天皇の御生母
天保6年(1835)11月28日～明治40年(1907)10月5日　生京都　名別名＝一位局　歴公卿中山忠能の二女。嘉永4年(1851年)宮中に出仕、典侍御雇として孝明天皇に仕え、安栄の名を賜わり典侍に補せられ今参と称す。のち権典侍と称す。5年9月皇子祐宮(明治天皇)を生み、祐宮付となって養育にあたる。安政6年(1859年)典侍を辞し新宰相と称す。明治元年従三位に叙せられ、三位局の称を賜り、大典侍となる。3年召によって京都から東京へ移住。同年従二位に進んで、二位局となり、12年皇孫明宮(大正天皇)誕生後はその養育にあたった。33年女性で最高位の従一位となり、一位局と称す。明治天皇に直言したことで知られる。　家父＝中山忠能(公卿)、夫＝孝明天皇、子＝明治天皇　勲一等宝冠章〔明治33年〕

中山 雷響　なかやま・らいきょう
僧侶(浄土真宗本願寺派) 仏教大学教授
安政5年(1858)6月1日～大正13年(1924)11月4日　生安芸国(広島県)　学大教校卒　歴安芸広島の西正寺に生まれる。幼少より学を好み、明治14年真宗本派の宗立大教校に入り、卒業と同時に同校教授となる。21年辞して岐阜県・専精寺の住職を務め、37年仏教大学教授に就任。大正5年浄土真宗本願寺派の勧学となり、7年宗内の最高権威である安居の本講となった。著書多数。

仲吉 朝助　なかよし・ちょうじょ
沖縄研究家 沖縄県農工銀行頭取 首里市長
慶応4年(1868)4月6日～大正15年(1926)9月3日　生琉球国首里(沖縄県那覇市首里)　学帝国大学農科大学〔明治24年〕卒　歴沖縄県農商課吏員、沖縄県農工銀行頭取、首里市長などを務めた。この間、明治36年5ヵ年がかりで完成した土地整理事業には、農商課にあってその推進役として重要な役割を果たした。また産業問題に関する多くの論説を発表し、「琉球地租の沿革概要」「琉球産業制度資料」「杣山制度論」「沖縄県糖業論」「沖縄県下糖業と農業経済」などの文献をまとめた。その後歴史研究、詩作に専念した。

名倉 太郎馬　なぐら・たろま
篤農家 区画整理法 "静岡式" を始める
天保11年(1840)5月5日～明治44年(1911)1月8日　生遠江国山名郡松袋井村(静岡県袋井市)　名旧姓・旧名＝兼子　歴遠江国山名郡松袋井村(静岡県袋井市)の兼子家に生まれ、同郡彦島村の名倉太右衛門の養子となり、松袋井村の復興のため、報徳仕法による結社を設立、6年戸長に就任。官費と報徳金を借り入れて同村および彦島村の常習水害地の集団的区画整理事業に着手し、8年完成させた。その後、磐田郡田原村の耕地整理委員となり、36年には同村の耕地整理を完成させた。名倉太郎馬が先鞭をつけた区画整理法は、のち同地方の鈴木浦八らに継承され、"静岡式"と呼ばれる区画整理法に集成される。

梨羽 時起　なしは・ときおき
海軍中将 貴院議員 男爵
嘉永3年(1850)8月19日～昭和3年(1928)10月24日　生長門国萩(山口県萩市)　名旧姓・旧名＝有地　歴長州藩士・有地家に生まれ、兄の有地品之允も海軍中将となった。梨羽家の養子となり、鉄道や内務関係の測量に携わった後、明治13年海軍中尉に任官。27年赤城、29年海門、同年葛城、30年金剛、31年秋津洲、32年橋立、33年鎮遠、同年高砂、34年常磐、同年初瀬の艦長を歴任。35年呉海兵団長、36年呉港務部長、36年常備艦隊司令官。日露戦争には第一戦隊司令官として出征、38年旅順鎮守府艦隊司令官に転じた。40年海軍中将、同年戦功により男爵となる。同年予備役に編入。44年貴院議員。富士生命保険社長なども務めた。　家兄＝有地品之允(海軍中将)、甥＝有地藤三郎(海軍造兵大佐)

梨本宮 守脩　なしもとのみや・もりおさ
梨本宮第1代
文政2年(1819)10月29日～明治14年(1881)9月1日　名幼称＝萬代宮、法名＝覚諄、昌仁　歴伏見宮貞敬親王の第10王子。天保2年(1831年)光格天皇の養子となり、円満院門跡の継承にあたり、4年守脩と命名され、親王宣下を受ける。同年得度。安政6年(1859年)梶井門跡を継ぎ、天台座主。王政復古の政変により、慶応4年(1868年)還俗して梶井宮を称し、明治3年改称して梨本宮家を創立した。　家実父＝伏見宮貞愛(伏見宮第21代)、養父＝光格天皇　勲旭日大綬章〔明治8年〕

那須 善治　なす・ぜんじ
灘購買組合組合長 コープこうべ創設者
慶応1年(1865)6月21日～昭和13年(1938)12月19日　生伊予国川之石村(愛媛県八幡浜市)　歴伊予国川之石村の造り酒屋に生まれる。海運業を営む大店などに奉公に出た後、明治15年17歳で家督を相続。四国や九州の物産を阪神地方に運んで成功を収め、34歳の時に大阪へ進出、株の仲買人となる。42年武庫郡住吉村(現・神戸市東灘区住吉町)に移住。その後、第一次大戦の好景気に乗り巨万の富を得るが、思うところあって実業界を退き、社会運動家の賀川豊彦や実業家の平生釟三郎の勧めを受けて大正10年灘購買組合(現・コープこうべ)を設立、組合長に就任。産地と直接取引を行う"産直方式"を開発した他、無報酬で早朝から深夜まで陣頭指揮を執り、今日世界最大の生活協同組合であるコープこうべの基礎を築いた。

奈須川 光宝　なすがわ・みつとみ
自由民権運動家 衆院議員
安政2年(1855)7月～昭和1年(1926)12月29日　生陸奥国八戸城下(青森県八戸市)　名旧姓・旧名＝川勝、通称＝広志　歴八戸藩士・川勝内記の三男

として生まれる。文久2年(1862年)7歳で奈須川光武の養子となる。奈須川家は八戸藩の馬政取締役で馬術師範を務め、この関係で早くから馬産関係に従事。藩校に学び、明治維新後は蛇口胤親と岩泉正意が開いた開文舎で英語・数学・世界事情・思想などを学ぶ。明治8年八戸小学校教員などを経て、のち八戸産馬組合長となり、14年八戸地域の自由民権運動のきっかけともなった産馬紛争事件では民間側のリーダーとなり勝訴に導いた。15年青森県議、21年県会副議長となり、22年源晟・浅水礼次郎・関春茂らと共に八戸土曜会を結成、藩閥官僚政治に対し八戸の自由民権思想を鼓吹した。23年第1回衆院議員に当選、3期務める。その後、源晟と交替して、27年県会議長となる。のち鮫村長、八戸町長を務め地方行政にも長年関わる。大正7年地域の港湾修築に対し期成同盟会を発足させ八戸港の拡張・整備に尽力した。

那須田 又七　なすだ・またしち
養鰻家　公共事業家
天保13年(1842)〜明治33年(1900)
[生]遠江国浜名郡(静岡県浜松市)　[歴]明治4年より郷里・静岡県浜名郡で郵便局長を務める。24年舞阪に養魚池を造営して鰻などの養殖を開始し、浜名湖の養鰻業の先鞭を付けた(のち、養魚家の服部倉治郎がこの事業を引き継ぎ、地場産業として発展させた)。その他にも、舞阪・新居間の架橋や弁天島海水浴場の開設などを率先して行い、浜名湖沿岸の開発に大きく貢献した。

夏川 熊次郎　なつかわ・くまじろう
オーミケンシ創業者
明治4年(1871)6月2日〜昭和5年(1930)10月11日
[生]滋賀県　[学]彦根中卒　[歴]父は桜田門外の変の際に大老・井伊直弼の警護を務めており、明治維新後は滋賀県青波村長を務めた。明治30年代より滋賀県彦根町議を務める傍ら、真綿の製造や、副蚕糸の輸出などを手がける。大正6年地方有志の出資参加を得、近江絹綿株式会社(現・オーミケンシ)を創業、取締役に就任。11年には代表取締役常務となり、実質的に経営を取り仕切った。　[家]二男=夏川嘉久次(近江絹綿社長)、三男=西村貞蔵(近江絹綿取締役)、四男=夏川英三郎(近江絹綿常務)、五男=夏川鉄之助(オーミケンシ社長)、孫=夏川浩(オーミケンシ社長)

名取 雅樹　なとり・まさき
実業家
文化11年(1814)〜明治33年(1900)9月28日
[生]甲斐国山梨郡中山田町(山梨県甲府市)　[初]名=彦兵衛　[歴]甲府の豪商・泉屋利右衛門の子。甲府で生糸・紙業を営む。慶応年間、製糸業の将来性に目を付けて製糸機械の改良をはじめ、明治4年直揚げ製糸機を発明。この機械は山梨県庁に高く評価され、のちには大蔵省から褒賞金を受けた。この頃から本業を廃して製糸業に没頭し、7年には新設された山梨県営勧業製糸場の経営に参画。しかし、自由民権運動の高揚によってその経営方針が紛糾され、12年同製糸場の経営から手を引いた。13年には自身が中心になって名取製糸場を設立した。

並河 理二郎　なびか・りじろう
安来製鋼所社長　衆院議員(政友会)
万延1年(1860)8月11日〜大正15年(1926)6月4日
[生]出雲国安来(島根県安来市)　[幼]名=茂七郎、号=適処、冬蛙　[歴]出雲安来の名家・並河家に生まれ、明治10年家督を継いで同家14代目の当主となった。以来、稲の品種改良や養蚕を奨励するなど農事の改良に尽力。その傍らで、安来製糸場・安来銀行・山陰電気会社などを興すなど、実業家としても活躍した。更に、政界でも活動し、島根県議や安来町長などを歴任。明治27年には衆院議員に選出され、政友会に所属、3期を務めた。大正5年安来製鋼所(現・日立金属安来工場)を設立して社長となり、第一次大戦後の不況下において和鋼の地位を守り続けた。また、漢学者山村勉斎の高弟として漢学や書画も嗜み、自宅を開放して若い芸術家を保護・指導し、町の文化の発展にも貢献した。このため、安来からは河井寛次郎や米原海雲・永井瓢斎らすぐれた芸術家を輩出した。　[家]弟=並河独尊(漢詩人)

鍋島 桂次郎　なべしま・けいじろう
駐ベルギー公使　貴院議員(勅選)
万延1年(1860)5月〜昭和8年(1933)1月30日
[出]肥前国長崎(長崎県長崎市)　[歴]外務省に入り、公使館一等書記官となり、米国・ドイツ・英国に勤務。韓国統監府の参与官などを経て、明治42年ベルギー公使を務める。29年から清(中国)、欧州各国、韓国などに出張、またベルギーで開催の万国海法会議に出席した。大正5年から貴院議員(勅選)。

鍋島 直明　なべしま・なおあきら
陸軍少将　貴院議員　男爵
明治2年(1869)12月25日〜昭和12年(1937)11月19日　[出]肥前国佐賀(佐賀県佐賀市)　[学]陸士卒　[歴]佐賀藩一門の出で、家は代々同藩の家老を勤めた。明治28年家督を相続し、男爵となる。長崎外国語学校を経て、陸軍士官学校を卒業。26年陸軍騎兵少尉となり、近衛騎兵連隊中隊長、載仁親王・恒久王の皇族付武官、騎兵第六連隊長などを務めた。この間、日清戦争・日露戦争にも従軍。大正8年少将となり、同年予備役に編入される。11年貴院議員となり公正会に属した。

鍋島 直虎　なべしま・なおとら
貴院議員　子爵
安政3年(1856)3月5日〜大正14年(1925)10月30日　[出]肥前国佐賀城下(佐賀県佐賀市)　[幼]名=鈇八郎　[歴]佐賀藩主の家に生まれ、支藩・小城藩主の養子となり、11代目藩主。明治2年版籍奉還と

ともに小城藩知事となり、4年廃藩置県によって免職された。6年英国に留学後、外務省御用掛を務める。17年子爵に叙せられ、23年貴院議員となった。

鍋島 直大　なべしま・なおひろ
元老院議官 式部長官 侯爵

弘化3年（1846）8月27日～大正10年（1921）6月19日　生肥前国佐賀城二の丸（佐賀県佐賀市）　名幼名＝淳一郎、直縄、前名＝茂実　歴文久元年（1861年）最後の肥前佐賀藩主となる。藩政刷新に努め、慶応3年（1867年）パリ万博に有田焼を出品。4年2月議定職、外国事務局輔加勢、同局権judge、3月横浜裁判所副総督となり、戊辰戦争では藩兵を東北に派遣。同年6月外国官副知事に任命され、対スペイン和親条約締結全権委員となり、のち左近衛権少将、参与職につく。明治2年薩長土3藩と版籍奉還を首唱、4年廃藩置県後に英国へ留学。12年帰国して外務省御用掛、13年駐イタリア公使となる。15年帰国して元老院議官、17年候爵授爵。同年式部長官、23年貴院議員、30年宮中顧問官を歴任。皇典講究所長、国学院院長も務めた。　家父＝鍋島直正（肥前佐賀藩主）、長男＝鍋島直映（貴院議員）

鍋島 直彬　なべしま・なおよし
初代沖縄県令

天保14年（1843）12月11日～大正4年（1915）6月14日　生肥前国鹿島（佐賀県鹿島市）　号＝綱堂　歴嘉永元年（1848年）肥前鹿島藩主をつぎ、原忠順を家老に起用して藩政を改革。尊攘論を唱え、宗主鍋島閑叟に協力、戊辰戦争には北陸道の先鋒をつとめた。明治2年鹿島藩知事となり、4年廃藩により免じられた。5年米国に留学、9年帰国して「米政撮要」を著わす。侍従、法制局出仕、侍補、文学御用掛などを歴任、12年初代沖縄県令となり、国語伝習所、師範学校、中学校、10余の小学校などを新設、また糖業振興に尽力した。14年元老院議官に進み、17年子爵を授けられ、23年以来貴院議員当選3回。生涯を通じて藩校弘文館をはじめ、郷党の育英事業に貢献した。

鍋島 栄子　なべしま・ながこ
社会事業家 日本赤十字社篤志看護婦人会会長

安政2年（1855）5月18日～昭和16年（1941）1月3日　生京都　名旧姓・旧名＝広橋　権大納言を務めた公卿・広橋胤保の5女として生まれる。明治13年イタリア全権公使として赴任する旧佐賀藩主鍋島直大に同行。妻を亡くして一人暮らしであった直大とローマで結婚し、のちに梨本宮守正夫人となる伊都子を産んだ。15年に帰国したのち、政府の欧化政策の一環として鹿鳴館が開かれると、その舞踏練習会幹事となった夫を助けてダンスの指導に当たった。この時の様子は、フランスの作家ピエール・ロティの小説「江戸の舞踏会」に描かれており、彼女も"アリマセン公爵夫人"として登場する。20年日本赤十字社篤志看護婦人協会会長に就任。以来、日清・日露戦争では率先して傷病兵

を看護したほか、各地の病院を慰問し"日本のナイチンゲール"と呼ばれた。その他、東洋婦人会・大日本婦人教育会などの役員も務めた。　家父＝広橋胤保（公卿）、夫＝鍋島直大（政治家）、娘＝梨本伊都子（皇族）

鍋島 幹　なべしま・みき
栃木県令 貴院議員 男爵

天保15年（1844）9月12日～大正2年（1913）9月1日　生肥前国（佐賀県）　歴伊藤祐元の三男で、鍋島藤陰の養子となる。明治元年5月仮司官となり、同年6月真岡県知事、4年日光県知事、栃木県令を経て、のち青森、広島各県知事を歴任した。28年男爵を授けられ、翌29年貴院議員を務めた。　勲勲一等旭日大綬章

生江 孝之　なまえ・たかゆき
キリスト教社会事業家

慶応3年（1867）11月2日～昭和32年（1957）7月31日　生陸前国仙台（宮城県仙台市）　学青山学院神学部〔明治32年〕　歴仙台藩士の子として生まれる。宮城中学在学中に洗礼を受け、明治19年伝道師を志して上京、東京英和学校（現・青山学院大学）に学ぶ。北海道で伝道に従事した後、再上京、青山学院神学部に入学。33年渡米、ニューヨークの社会事業学校、さらにボストン大学で社会学、神学を修めた。36年帰国、日露戦争後の軍人遺家族救護に当たり、内務省、大阪市、宮城県各嘱託、東京府社会事業協会理事、東京日日新聞社会事業団顧問などを務めた。44年医療事業のための済生会創設に関わり、のち社会部理事長。大正7年日本女子大学教授となり社会事業講座を担当、日本大学、立正大学などで講義を行う。欧米を始め世界各地の社会事業施設の調査に出張し、児童保護、監獄改良に尽力、社会事業の父といわれた。著書に自伝「わが九十年の生涯」のほか、「社会事業綱要」「細民と救済」「児童と社会」「日本基督教社会事業史」など。　勲勲四等瑞宝章〔昭和32年〕

並木 文右衛門　なみき・ぶんえもん
富山訓盲院創立者

慶応2年（1866）～昭和13年（1938）　生越中国富山（富山県富山市林木町）　歴12歳で並木家を継ぎ、文右衛門を襲名。家業の砂糖・石油などの販売に従事した。日露戦争終了後、金沢陸軍予備病院を慰問。これを機に失明の兵士の救済を決意し、その施設設立に奔走した。明治39年、独力をもってこの事業を遂行、教育の一切は専門家舘井次郎にゆだね、40年県の認可を得て自宅を仮校舎として私立富山訓盲院を創立。以来、昭和7年県立移管が実現するまでの25年間にわたって全く自身の浄財と赤十字の寄付によって盲教育に献身し、その基礎をつくった。明治42年以降は地方商工自治行政にも参画している。

名村 泰蔵　なむら・たいぞう
大審院長心得 貴院議員（勅選）

天保11年(1840)11月1日～明治40年(1907)9月6日 歴長崎通詞の名村家の養子となり、オランダ語を始め、英語・ドイツ語・フランス語など諸外国語を修める。文久元年(1861年)神奈川奉行所詰となり、慶応3年(1867年)には万国博覧会御用掛としてフランスへ渡る。明治元年長崎府上等通弁、2年仏学局助教授を経て、5年司法省理事官として司法制度研究のために欧州へ留学。6年パリ大学法学部教授だったボアソナードと出会い、雇用契約を結んで我が国への招聘することに成功、刑法や治罪法などフランス法の導入に力を注いだ。以後、司法大書記官、19年大審院検事長、23年大審院部長、25年大審院長心得を歴任。27年貴院議員に勅選。退官後は東京築地版製造所社長などを務め、実業界でも活躍した。

行方 正言　なめかた・まさこと
実業家
天保5年(1834)11月～明治44年(1911)10月2日 生若狭国小浜(福井県小浜市) 歴もと若狭小浜藩士で儒学に造詣があった。明治維新後、小浜師範学校校長を務めていたが、明治12年職を辞し同志と共に養蚕製糸業を興す。20年座繰り製糸を機械製糸に改め、22年蒸気機関を導入し、小浜製糸へと発展させた。

奈良 真志　なら・しんし
海軍主計総監
弘化3年(1846)3月22日～明治44年(1911)11月7日 生陸奥国盛岡(岩手県盛岡市) 歴明治3年華頂宮博経親王と南部英麿に従って米国に留学し、海軍会計事務を学ぶ。8年帰国して大主計、主計官養成所会計学舎の教頭となり、19年同学舎が改称して主計学校となると推されて校長となる。会計検査部長も兼任した。21年同校廃止となってのち海軍省に入り、26年主計総監に就任するが、同年退官した。海軍主計科産みの親の一人というべき人。

奈良 専二　なら・せんじ
篤農家
文政5年(1822)9月13日～明治25年(1892)5月4日 生讃岐国(香川県) 歴讃岐国三木郡池戸村の組頭奈良佐四郎の長男。私塾に学び、幼少時代より秀才として知られる。村組頭などの公職を務めながら、農具の改良や工夫を行い、農民の労力軽減に尽力。また各地を巡回して農事指導を行ったり、稲の優良種を見極めて奈良稲として普及させるなど、農業全般に多大な貢献をして"明治三老農"の一人に数えられる。著書に「農家得益弁」「新撰米作改良法」など。

奈良 武次　なら・たけじ
陸軍大将　男爵
慶応4年(1868)4月6日～昭和37年(1962)12月21日 生下野国(栃木県) 学陸士(第11期)〔明治22年〕卒、陸大〔明治32年〕卒 歴主に砲兵畑を歩

いて日露戦争にも参加。その前後にドイツに駐在し、帰国後は軍務局砲兵課長、支那駐屯軍司令官、軍務局長などを歴任。大正7年12月第一次大戦後のパリ講和会議に参謀本部付として派遣されたあと、9年7月昭和天皇裕仁の皇太子時代の東宮武官長となる。10年3月から半年間の皇太子の欧州訪問には供奉員を務めたが、11年から昭和8年に予備役となるまでは侍従武官長として側近にあった。その間、大正13年大将に昇進。のち男爵。昭和11年12月国体擁護に郷将校会を結成、組閣問題をめぐって宇垣内閣を流産に導いた。12～21年枢密顧問官、のち軍人援護会会長を務めた。

楢崎 猪太郎　ならざき・いたろう
労働運動家　日本海員組合初代組合長
元治2年(1865)2月20日～昭和7年(1932)9月22日 生筑前国糸島郡北崎村(福岡県福岡市西区) 学大阪商船〔明治14年〕卒 歴三井物産会社船舶部に勤務し、18年間海上生活をする。明治38年陸上監督となり三井船員規程を作成。42～大正7年まで満鉄大連埠頭事務所長を務め、9年には高級船員の団体である海員協会の専務理事に就任。多くの船員団体をまとめて10年日本海員組合を創設し、初代組合長。以後、海員組合の労資協調路線を推進。昭和2年に辞職。この間禁酒運動も積極的におこなった。

楢崎 圭三　ならさき・けいぞう
公共事業家
弘化4年(1847)3月4日～大正9年(1920)6月25日 生安芸国三田村(広島県広島市) 歴製炭法や椎茸栽培法の改良に尽くした。また広島と三次を結ぶ三田街道の改修にも力を注いだ。

奈良崎 八郎　ならざき・はちろう
大陸浪人
慶応1年(1865)10月～明治40年(1907)5月20日 生筑前国福岡(福岡県福岡市) 名号＝放南 歴同郷の頭山満の感化を受け、明治21年上海に遊学。以来清(中国)・韓国の地を往来して画策に努め、26年甲午農民戦争(東学党の乱)に尽力。27年朝鮮で甲午農民運動が起こると現地で工作に当たる。日清戦争では博多「陥陵新報」の従軍記者となり大島混成旅団に従って台湾に渡った。日露戦争では特別任務班に加わり特に東蒙古方面で功を立てた。

楢崎 頼三　ならざき・らいぞう
旧長州藩士
弘化2年(1845)5月15日～明治8年(1875)2月17日 生長門国(山口県) 名名＝景福、修、幼名＝竹次郎、旧姓＝林 歴長州藩士で弓馬剣槍に優れ、慶応2年(1866年)第二次長州征討、慶応4年(1868年)戊辰戦争に従軍して功をあげる。明治3年(1870年)兵部省よりフランス留学を命ぜられ留学するが、パリで病没した。

奈良原 繁　ならはら・しげる
沖縄県知事 元老院議官 男爵
天保5年(1834)5月23日〜大正7年(1918)8月13日
[生]薩摩国鹿児島城下高麗町(鹿児島県鹿児島市) [名]幼名=三次, 前名=喜八郎, 幸五郎 [歴]薩摩藩士で幕末期誠忠組(精忠組)の一員として国事に奔走し、文久3年(1863年)薩英戦争で活躍。明治初年鹿児島県官として琉球処分に当り、11年内務省御用掛、12年内務権大書記官、14年農商務大書記官に任命され、ついで静岡県令、工部大書記官となった。17年大日本鉄道会社初代総裁となり、21年元老院議官、23年勅選貴院議員、宮中顧問官を歴任。25年から41年まで沖縄県知事を務め、皇民化・土地整理・港湾施設整備などで共同体社会を解体し、沖縄の本土化を推進した。29年男爵。最後の"琉球王"と呼ばれた。

成川 尚義　なりかわ・なおよし
三重県知事 貴院議員(勅選)
天保12年(1841)8月20日〜明治32年(1899)11月27日 [生]上総国山辺郡白幡村(千葉県山武市) [歴]大蔵省庶務局長などを経て、明治22年三重県知事、30年勅選貴院議員。

成清 博愛　なりきよ・ひろえ
実業家 衆院議員(政友会)
元治1年(1864)10月〜大正5年(1916)1月18日
[生]筑後国小川村(福岡県みやま市) [名]号=的山 [学]慶応義塾中退 [歴]明治20年に上京して慶応義塾に学ぶが、病気のため中退を余儀なくされ、帰郷。23年村会議員に推され、以後、村長や福岡県議などを歴任。その間、九州改進党の結成にも参画し、その資金提供のために鉱山や炭坑を経営するもことごとく失敗した。37年大分県立石の馬上金山の鉱区権を買い取り、43年に開坑。苦心して金鉱を掘り続けた結果、45年に富鉱部を掘り当て、日本有数の高品位と産出量を誇る大鉱山に成長、金山王の名をほしいままにした。その傍ら、大湯鉄道(現・久大本線)や宇佐参宮鉄道(現・大分交通)、両豊銀行(現・大分銀行)の創立に関与。また、港湾整備や慈善事業にも携わるなど、地域の活性化に尽力した。大正4年総選挙に出馬して当選し、政友会に所属するが、間もなく議員を辞した。 [家]長男=成清信愛(実業家)

成田 栄信　なりた・しげのぶ
衆院議員(無所属)
明治2年(1869)11月〜昭和21年(1946)1月1日
[出]伊予国(愛媛県) [学]英吉利法律学校, 水産講習所卒 [歴]生保事業に従事したのち、東京社を創立して週刊雑誌を発行。明治45年愛媛2区から衆院議員に初当選。以来、通算5回つとめる。また日本織物、海南新聞社等の要職にもついた。

成田 直衛　なりた・なおえ
衆院議員(帝国党)
嘉永1年(1848)9月8日〜大正7年(1918)12月29日
[出]出羽国北秋田郡鷹巣町(秋田県北秋田市) [名]幼名=直治, 名=元道, 字=子成 [歴]父は秋田藩の郷士で、3人兄弟の二男。安政6年(1859年)青木家の養子となるが、文久元年(1861年)実父が亡くなり生家に戻り、2年兄も亡くなったことから家督を相続。戊辰戦争には官軍として参戦した。明治6年上京して福沢諭吉や細川潤次郎につき、8年帰郷。12年秋田県議となり、第1回以来3度にわたって議長に推された。19年山本郡長。23年第1回総選挙に当選。通算4期務めた。また、農業及び牧場を経営し、秋田県農工銀行頭取も務めた。

成田 正峰　なりた・まさたか
陸軍中将
慶応1年(1865)2月〜昭和17年(1942)8月24日
[出]鹿児島県 [学]陸士卒 [歴]明治19年陸軍少尉に任官。36年野砲第十六連隊長、38年野砲第十三連隊長、45年野砲第三旅団長、大正2年野砲第一旅団長を経て、5年野砲兵監。6年陸軍中将に進み、東京湾要塞司令官。8年予備役に編入。

成田 頼則　なりた・よりのり
駅逓権正
天保3年(1832)〜明治36年(1903)
[出]加賀国(石川県) [歴]加賀藩士で、500石の禄高を受け、町奉行などを務める。明治元年新政府に招かれ出仕、2年初代駅逓権正(のち郵政大臣)に就任。崩壊しかけていた駅逓制度を改善し、近代郵便制度への道筋を作った。晩年は不遇で、金沢養老院で窮死したといわれる。

成石 勘三郎　なるいし・かんざぶろう
大逆事件の犠牲者
明治13年(1880)2月15日〜昭和6年(1931)1月3日
[生]和歌山県東牟婁郡請川村(田辺市) [学]尋常小卒 [歴]社会主義者・成石平四郎の兄。郷里で売薬販売をしていたが、たまたま大石誠之助、新村忠雄、弟を酒席に招いたため、大逆に賛成したとされ、明治43年大逆罪で起訴、44年死刑判決を受けた。翌日無期懲役に減刑されて服役。昭和4年出獄。 [家]弟=成石平四郎(社会運動家)

成石 平四郎　なるいし・へいしろう
社会運動家
明治15年(1882)8月2日〜明治44年(1911)1月24日 [生]和歌山県東牟婁郡請川村(田辺市) [名]号=蛙聖 [学]中央大学法学部専門科〔明治40年〕卒 [歴]早くから社会主義に傾倒し、明治39年大石誠之助らを知り、新宮グループの一員となる。無政府主義のような発言をしていたが、42年大石の土産話を聞いたことから、43年の大逆事件に連坐し、処刑された。 [家]兄=成石勘三郎(大逆事件の犠牲者)

成川 揆　なるかわ・はかる
海軍少将
安政6年(1859)10月20日〜大正8年(1919)1月26日 [出]江戸 [学]海兵(第6期)〔明治12年〕卒, 海大

〔明治22年〕卒　歴明治15年海軍少尉に任官。31年愛宕、32年千代田、33年扶桑、同年須磨、同年高砂の艦長を経て、34年台湾総督府海軍参謀長。37年日露戦争には金剛艦長として出征。38年には仮装巡洋艦・信濃丸艦長を務めており、五島列島付近を哨戒中にロシアのバルチック艦隊を発見。「敵艦隊見ゆ」と歴史的な打電をして日本海海戦の大勝利の一員を担った。39年海軍少将に進み、予備役に編入。

成毛 基雄　なるげ・もとお
奈良県知事
明治7年(1874)1月～昭和25年(1950)2月20日
生千葉県　学帝国大学農科大学〔明治29年〕卒、東京専門学校英語政治科卒、和仏法律学校法律科卒　歴明治38年文官高等試験に合格し、内務省に入省。宮城県属同玉造郡長、富山県事務官、富山県警部長、秋田県警部長、熊本県警部長、兵庫県警部長、埼玉県内務部長、兵庫県内務部長、愛知県内務部長を歴任し、大正11～12年奈良県知事。帝室博物館評議員も務める。昭和2年内閣拓殖局長。

鳴滝 紫麿　なるたき・むらまろ
陸軍中将
明治7年(1874)9月～昭和10年(1935)10月8日
生三重県志摩郡鏡浦村(鳥羽市)　名旧姓・旧名＝古屋　学陸士〔明治29年〕卒、陸軍砲工学校卒、陸大卒　尾張藩士・古屋景命の四男として生まれ、のち鳴滝祖禅の嗣子となる。明治29年工兵少尉となり、由良要塞司令部参謀、鉄道第二連隊長、大正9年広島湾要塞司令官を経て、10年工兵監部付、14年陸軍運輸部長、中将となる。この間、シベリア出兵時には浦塩派遣臨時鉄道連隊長として従軍した。15年待命となったのちは日本海員掖済会理事、大日本少年団連盟理事などを務めた。

鳴海 廉之助　なるみ・れんのすけ
畜産家　青森県農工銀行頭取
安政1年(1854)～大正9年(1920)
生陸奥国(青森県つがる市)　歴青森県議を務めた鳴海健太郎の長男として生まれる。明治13年牛潟村戸長、14年豊富村戸長などを務め、16年第18組戸長。31年青森県農工銀行創設に参画、のち頭取に就任。33年金兵衛銀行を設立。深浦に放牧場、金木に競馬場、木造に馬市を開設した他、農場改良に尽くすなど、青森県の畜産振興に力を注いだ。33年村に赤痢が発生した際には私有地に隔離病棟を建て、患者の治療のために村に提供した。　家父＝鳴海健太郎(青森県議)

名和 又八郎　なわ・またはちろう
海軍大将
文久3年(1863)12月22日～昭和3年(1928)1月12日　生若狭国遠敷郡雲浜村(福井県小浜市)　名旧姓・旧名＝武兵(第10期)〔明治16年〕卒　歴若狭小浜藩士・武久家に生まれ、同藩士の名和家の養子となる。明治19年海軍少尉に任官。日清戦争では艦隊旗艦・松島の分隊長を務めた。36年海軍省人事局第二課長となり、日露戦争中は同局で人事を司った。39年出雲、同年厳島、40年生駒の艦長、同年軍令部参謀、43年呉鎮守府参謀長、45年第三艦隊司令官、大正3年教育本部長、4年第二艦隊司令長官、同年舞鶴、6年横須賀の鎮守府司令長官を歴任。大正7年海軍大将。12年予備役に編入。　家長男＝名和武(海軍技術中将)、孫＝名和友哉(日本ユニパック専務)、義兄＝滝川具和(海軍少将)

南郷 茂光　なんごう・しげみつ
海軍主計大監　貴院議員(勅選)
天保9年(1838)6月30日～明治42年(1909)12月11日　生加賀国金沢(石川県金沢市)　名前名＝浅津富之助　歴加賀藩士・南郷家の長男。初め浅津富之助と称したが、のち南郷茂光を名のった。安政2年(1855)江戸に出て村田蔵六(大村益次郎)の門下となる。下曽根金三郎(信敦)・高島秋帆(四郎大夫)に蘭学・西洋砲術を、細川潤次郎に兵学・英学を学び、文久3年(1863)藩の軍艦機械頭取として発機丸に乗り込む。慶応元年(1865年)「英式歩兵練法」を訳述し江戸・越中島の練兵場で英国式歩兵連隊の指揮官となる。3年加賀藩主・松平慶寧の命を受けロンドンへ留学。明治元年帰国後は大阪府判事試補を経て、5年兵部省に出仕。以後、海軍畑の文官僚として本省に勤務し、7年海軍秘書官、14年海軍少書記官、15年海軍権大書記官、同年海軍大書記官、16年内局長を経て、17年海軍主計大監となり総務局副長兼海軍卿秘書官と海軍省の中枢を歩んだ。19年官制の変更により海軍省中枢が兵科将校によって占められるようになって督買部理事官に移った。23年元老院議官、24年から勅選貴院議員。　家長男＝南郷次郎(柔道家・海軍少将)、弟＝遠藤喜太郎(海軍少将)、義弟＝嘉納治五郎(柔道家)

南条 神興　なんじょう・じんこう
僧侶(真宗大谷派)
文化11年(1814)8月15日～明治20年(1887)6月28日　生越前国南条郡金粕村(福井県南条郡南越前町)　名諱＝畍雄、神興、号＝老南、雲栖、三濤、諡＝雲樹院　歴越前・憶念寺の長男に生まれ、文政10年(1827年)同寺住職を継ぐ。紀伊・根本寺の大幢に倶舎・法相を学び、三河で天台学を修め、大含に師事して真宗学を究めた。安政元年(1854年)東本願寺の高倉学寮寮司となり、「唯識三類境選要」を講義。慶応元年(1865年)擬講、明治4年嗣議、16年講師に昇任。この間、教学事務顧問・大学寮総監を務めるなど、大谷派の教学を代表した。佐々木徹用の異義問題の解決に努め、キリスト教を排斥して仏教の振興に尽くした。著書に「無量寿経講弁」「観経四帖疏論草」などがある。　家養子＝南条文雄(梵語学者・僧侶)

難波 作之進　なんば・さくのしん
実業家　衆院議員

慶応1年(1865)5月～大正14年(1925)5月25日　生周防国熊毛郡周防村(山口県光市)　歴東崇一・難波覃庵の門に漢学を学ぶ。生地・山口県周防村の村長、熊毛郡議、山口県議などを経て、熊毛郡農会長、防長農工銀行取締役となる。大正9年衆院議員(庚申倶楽部)に当選1回。12年虎ノ門事件で死刑となった難波大助は四男に当たる。　家四男＝難波大助(無政府主義者)

難波 大助　なんば・だいすけ
無政府主義者

明治32年(1899)11月7日～大正13年(1924)11月15日　生山口県熊毛郡周防村(光市)　学早稲田高等学院文科〔大正12年〕中退　歴大正9年上京。予備校在学中から社会主義に関心を持ち、テロリズムに共鳴。関東大震災後の12年12月27日、東京の虎の門で皇太子(昭和天皇)の自動車に発砲(虎の門事件)。弾丸はそれて失敗したが、そのために処刑された。この事件のために第二次山本内閣は総辞職した。　家父＝難波作之進(代議士)

南部 辰丙　なんぶ・しんぺい
陸軍中将

安政3年(1856)4月10日～昭和6年(1931)2月21日　生加賀国金沢(石川県金沢市)　学陸士卒　歴明治6年陸軍教導団に入り、8年陸軍士官学校に転じる。西南戦争に従軍して、10年陸軍少尉に任官。のち陸軍士官学校、陸軍戸山学校教官を経て、ドイツ留学を命じられ帰国。日清戦争では第一軍管理部長、のち歩兵第四十二連隊長、東部都督部参謀となる。日露戦争では歩兵第六連隊長として出征。歩兵第五旅団長、38年陸軍士官学校校長、44年中将となり下関要塞司令官を務め、45年憲兵司令官、大正4年第二師団長などを歴任。その後、待命となり戦友共済生命顧問を務めた。

南部 利祥　なんぶ・としなが
陸軍騎兵中尉　伯爵

明治15年(1882)1月25日～明治38年(1905)3月4日　生東京府神田区(東京都千代田区)　学陸士(第14期)〔明治35年〕卒　歴陸奥盛岡藩主・南部利恭の長男。明治36年陸軍少尉に任官し、同年伯爵を襲爵。37年日露戦争に従軍、38年陸軍中尉に進むが間もなく戦死した。　家父＝南部利恭(陸奥盛岡藩主)、弟＝南部利淳(伯爵)

南部 甕男　なんぶ・みかお
大審院院長　枢密顧問官　男爵

弘化2年(1845)6月15日～大正12年(1923)9月19日　生土佐国高岡郡大野見郷熊秋村(高知県高岡郡中土佐町)　名通称＝南部静太郎、号＝南陽　歴土佐藩郷士に生まれ、少年時代に高知城下に出る。土佐勤王党に参加して文久2年(1863年)京都に赴き、尊皇攘夷運動に参加。明治維新では官軍に加わって各地を転戦した。明治2年兵部少録、4年司法権少判事となり、大阪、長崎などの裁判所長を歴任。14年司法権大書記官、司法省民事局長、高等法院予備裁判官、大審院部長、東京控訴院長などを務め、29～39年大審院長。同年男爵。のち枢密顧問官に任じ、宗秩寮審議官を務めた。

南部 光臣　なんぶ・みつおみ
宮中顧問官　貴院議員　男爵

元治2年(1865)2月25日～昭和6年(1931)7月3日　生京都　学帝国大学法科大学英法科〔明治25年〕卒　歴公卿・烏丸光徳(のち伯爵)の三男に生まれ、枢密顧問官・男爵の南部甕男の養子となり、大正12年家督を相続し襲爵。明治25年内務省に入り、香川県参事官、内務書記官、内務省土木局長を経て、群馬県知事、帝室林野管理局長官、宮内省参事官などを歴任、のち宮中顧問官となる。この間、梨本宮宮務監督、同宮特別当、皇室財産令施行準備委員長などを務める。35年ドイツで開催の第9回万国航海会議に出席のため渡航し、ついで欧米各国を視察した。大正14年から貴院議員。　家実父＝烏丸光徳(伯爵)、養父＝南部甕男(司法官)

南里 琢一　なんり・たくいち
衆院議員(政友本党)

安政6年(1859)1月～昭和13年(1938)4月14日　生肥前国(佐賀県)　歴佐賀県小城郡会議員、郡参事会員、県議を経て、大正4年から衆院議員に3回選出された。

【 に 】

二位 景暢　にい・かげのぶ
衆院議員(進歩党)

嘉永2年(1849)7月～大正13年(1924)1月13日　生肥前国(佐賀県)　歴明治23年衆院議員に初当選、以来4期務めた。また祐徳軌道取締役をも務めた。

新美 卯一郎　にいみ・ういちろう
社会主義者　ジャーナリスト

明治12年(1879)1月12日～明治44年(1911)1月24日　生熊本県飽託郡大江村(熊本市)　名筆名＝江潴　学早稲田専門学校中退　歴「鎮西日報」「熊本毎日新聞」の記者などをし、明治40年松尾卯一太とともに「熊本評論」を創刊。土地復権同志会の宮崎民蔵らの文章を載せたりして、筆禍事件を起こし、罰金刑を受けたりした。明治43年の大逆事件に連坐し、処刑された。

新村 善兵衛　にいむら・ぜんべえ
大逆事件の犠牲者

明治14年(1881)3月16日～大正9年(1920)4月2日　生長野県埴科郡屋代町(千曲市)　名幼名＝善雄

⚛高小卒 歴弟の忠雄に頼まれて、明治42年宮下太吉が明科製作所に入るための保証人となり、また、同年目的を知らぬまま、宮下に薬研を送った。そのために明治43年の大逆事件に連坐し、爆発物取締罰則で懲役8年に処せられた。 家弟=新村忠雄(社会運動家)

新村 忠雄 にいむら・ただお
社会運動家
明治20年(1887)4月26日～明治44年(1911)1月24日 生長野県埴科郡屋代町(千曲市) 名号=秋峰 歴高小卒業後上京して「群馬平民新聞」「東北評論」などに関わり逮捕される。明治42年出獄後は幸徳秋水の家に書生として住みこみ、43年5月大逆事件の1人として逮捕、翌44年1月処刑された。 家兄=新村善兵衛(社会運動家)

新納 中三 にいろ・なかぞう
大島島司 大審院判事
天保3年(1832)4月15日～明治22年(1889)12月10日 生薩摩国(鹿児島県) 名通称=刑部、字=久脩、幼名=万次郎、次郎四郎、次郎次郎、変名=石垣鋭之助 歴薩摩藩主島津家の一門で、代々、藩の家老職を務める家に生まれる。藩の兵制の近代化に尽力し、文久3年(1863年)の薩英戦争では軍役奉行として藩兵を指揮。慶応元年(1865年)大目付となり、松木弘安(のちの外務卿・寺島宗則)や町田久成ら藩の留学生を率いてヨーロッパに渡った。フランスやドイツ・ベルギー・オランダを視察し、紡績業の移植やパリ万博への参加を約して帰国。その後、勝手方家老に昇進し、藩の外交事務を統括。また、洋学の教育機関である開成所の総責任者としても活躍した。戊辰戦争では京都にあって軍務を監督し、維新後は藩政の改革に努めた。一時病を得て退職するが、明治9年に7等判事として任官し、大審院をはじめ各級判所の判事を歴任。18年には奄美大島の島司に就任して特産品の黒糖の流通改革に乗り出し、島民の絶大な支持を得た。しかし、黒糖の独占をはかる商人たちの反対にあって失脚。

仁尾 惟茂 にお・これしげ
専売局長官 貴院議員(勅選)
嘉永1年(1848)12月28日～昭和7年(1932)4月11日 生高知県幡多郡伊屋村(四万十市) 歴明治初期以来、福岡県収税長、大蔵省主税官、専売局長、煙草専売局長、同長官、初代専売局長官などを歴任した。その間韓国政府財政顧問、また煙草専売制度視察のため欧米、清国などに出張。40年勅選貴院議員となり錦鶏間祇候を許された。

丹尾 頼馬 にお・たのま
衆院議員(政友会)
安政5年(1858)9月～昭和3年(1928)7月8日 生福井県 学慶応義塾 歴農業を営むかたわら、戸長、村長、郡議、福井県議、同参事会員を務めた。明治35年衆院議員に初当選。以降4期務めた。

後に北陸絹糸社長に就任。

仁木 竹吉 にき・たけよし
北海道開拓者
天保5年(1834)2月17日～大正4年(1915)8月31日 生阿波国(徳島県) 名本名=大島竹吉 歴北海道の開拓を志し、郷里の徳島県で移住希望者を募集して明治12年余市郡に入植。開墾の祖として姓の仁木が村名となった。

水郡 長義 にごり・ながよし
姫路地裁検事
嘉永5年(1852)～明治43年(1910)7月18日 生河内国甲田村(大阪府富田林市) 名通称=英太郎 歴河内(大阪府)甲田村の庄屋・水郡善之祐の長男に生まれる。文久3年(1862年)13歳で父と共に大和(奈良県)で挙兵した天誅組の変に参加、中山忠光の小姓となり、のち各地に転戦、紀州堺で捕らえられ京都に護送されたが、年少のため釈放される。父は元治元年(1864年)処刑された。戊辰戦争に従軍。明治維新後は、東京少属となり、5年米国に留学、帰国後は宮内省に出仕、15年熊谷始審裁判所検事を務める。また警視庁警部、大阪地裁・和歌山地裁・姫路地裁などの検事を歴任した。

西 英太郎 にし・えいたろう
衆院議員
元治1年(1864)9月3日～昭和5年(1930)8月4日 生肥前国(佐賀県) 歴佐賀藩士の子に生まれる。佐賀県毎日新聞、九州窯業の各社長を務めるなど、早くから実業家として知られた。佐賀県議を長く務めた後、第11回総選挙の補選で衆院議員となり、昭和5年に没するまで当選6回。憲政会総務、民政党顧問を歴任した。

西 寛二郎 にし・かんじろう
陸軍大将 子爵
弘化3年(1846)3月10日～明治45年(1912)2月28日 生薩摩国(鹿児島県) 歴幼少より薩摩藩国主・島津久光に近侍して京薩を間を往来する。戊辰戦争では遊撃隊長として、鳥羽・伏見の戦いをはじめ、会津、越後に転戦。明治4年陸軍中尉。10年西南戦争にも従軍し、以後歩兵第十一連隊長、参謀本部第一局長。歩兵第十一旅団長を歴任。日清戦争に際し、陸軍少将・歩兵第二旅団長として従軍、金州・旅順の攻略に功を立てて、戦後男爵を授けられ、28年陸軍中将。日露戦争では第一軍に属し、第二師団長として鴨緑江の戦、九連城攻撃に活躍、特に摩天嶺でケルレル率いるロシア軍を破り勇名をはせた。ついで遼陽、沙河、奉天の三大激戦に参加、37年陸軍大将に進み、戦後子爵となる。のち遼東守備軍司令官、教育総監、軍事参議官などを歴任。44年待命となる。

西 毅一 にし・きいち
自由民権運動家 衆院議員
天保14年(1843)7月16日～明治27年(1894)3月28

日　⒠備前国(岡山県)　⒩旧姓・旧名＝霜山、号＝薇山　⒣15歳で大阪に出て篠崎訥堂、後藤松蔭、森田節斎に学び、帰郷後節斎の門人西後村の学僕となり、のち後村の養子となる。東京に出て田口江村に入門、塾長となった。明治2年清国の事情探索のため上海に渡って英語を学び、帰国後岡山藩外交応接官となる。4年廃藩後は学校督事として洋学の振興、女子教訓所の開設に貢献した。9年参事に任じ判事を兼ね、東京上等裁判所詰となり、のち辞して帰国した。10年清国に再渡航。12年備前・備中・美作の国会開設請願運動を組織、条約改正を主張し、岡山地方自由民権運動を指導、元老院に国会開設建白書を提出した。14年閑谷黌長となり、第1・2回衆院議員に当選。晩年は閑谷黌で教育に専念した。著書に「薇山遺稿」(全2巻)。

西 源四郎　にし・げんしろう
外交官
万延1年(1860)10月～昭和3年(1928)1月10日　⒠長門国(山口県)　⒣ベルギーの大学を卒業。外務省に入省し、オーストリア、タイ、ルーマニア各公使などを歴任した。

西 紳六郎　にし・しんろくろう
海軍中将 貴院議員 男爵
万延1年(1860)9月28日～昭和8年(1933)10月16日　⒠江戸　⒢海兵(第8期)〔明治14年〕卒、海大〔明治22年〕卒　⒣幕府奥医師・林洞海の六男として江戸に生まれる。明治維新後、静岡藩の沼津病院医師となった父と共に沼津に移り、沼津兵学校頭取・西周の養子となった。明治18年海軍少尉に任官。32年米国公使館付武官、36年笠置艦長、37年佐世保海兵団長を務め、日露戦争では大本営付から馬公要港部参謀長に転じた。38年高千穂、壱岐、39年周防の艦長、40年横須賀海兵団長、41年佐世保鎮守府参謀長、侍従武官を経て、大正2年馬公要港部司令官となり、海軍中将。3年予備役に編入。7年貴院議員、14年から宮中顧問官を務めた。⒡父＝林洞海(幕府奥医師)、養父＝西周(啓蒙思想家)、義兄＝榎本武揚(政治家)、赤松則良(貴院議員)

西 徳二郎　にし・とくじろう
外交官 外相 枢密顧問官 男爵
弘化4年(1847)12月25日～明治45年(1912)3月13日　⒠薩摩国(鹿児島県)　⒢ペテルブルク大学(ロシア)法政科〔明治8年〕卒　⒣戊辰戦争で黒田清隆に従い北越に従軍。明治3年大学少舎長、ロシア留学、9年フランス公使館2等書記見習、11年ロシア公使館2等書記官、13年3月同代理公使、帰国後14年太政官大書記官、15年宮内大書記官兼務、19年駐露公使。日清戦争で情報収集に殊勲、男爵。30年枢密顧問官、同年第二次松方内閣、つづく第三次伊藤内閣で外相。31年駐清公使となり、32年義和国事件の処理に当たった。34年枢密顧問官再任。ロシアからの帰り、シベリアを横断、その報告書を陸軍省から出版。著書に「中央亜細亜紀事」。⒡長男＝西竹一(馬術選手・陸軍大佐)

西 成度　にし・なりたき
大審院院長
天保6年(1835)6月22日～明治24年(1891)4月7日　⒠肥前国平戸(長崎県平戸市)　⒩通称＝吉十郎　⒣阿蘭陀通詞として肥前国平戸で生まれる。戊辰戦争中では幕府外国奉行支配組頭として大阪城内に従軍。明治2年8月静岡藩(旧府中藩)権少参事に任じられ、4年司法省に入る。以後、司法省の大審院刑事第一局長、13年3月東京上等裁判所長、14年10月東京控訴裁判所長、19年5月大審院刑事第一局長、同年8月東京控訴院長、23年8月大審院長を歴任。

西有 穆山　にしあり・ぼくざん
僧侶 曹洞宗管長 西有寺開山
文政4年(1821)10月23日～明治43年(1910)12月4日　⒠陸奥国三戸郡浜通湊村(青森県八戸市湊町)　⒩幼名＝万吉、別号＝金英、瑾英　⒣13歳で得度、金英と名のる。21歳で江戸に出、一寺の住職となる。30歳の時、「正法眼蔵」を学ぶため、相模の海蔵寺の月潭に弟子入りし、12年間修行。明治8年陸奥の法光寺に転じ、のち北海道の開拓巡教にも従事。33年横浜に西有寺を開山。34年石川県の総持寺貫主となり、同年明治天皇より"直心浄国"の禅師号を賜る。35年曹洞宗第7代管長に就任。注釈書「正法眼蔵啓迪」がある。

西五辻 文仲　にしいつつじ・あやなか
貴院議員 男爵
安政6年(1859)1月7日～昭和10年(1935)4月17日　⒩旧姓・旧名＝五辻、幼名＝亀麿　⒣五辻高仲の二男。幼い頃に奈良・興福寺の中大聖院住職となったが、明治元年勅命で還俗。春日神社司となり、2年家号を西五辻とした。昇殿を許され、4年家禄のうち200石を陸海軍に奉還したが、6年元の家禄を賜った。17年男爵。この間、開成学校でドイツ語を学び、6年宮内省に入省。宮中祗候御歌会講頌、青山御所助教を務めた。23年貴院議員。⒡父＝五辻高仲(公卿)

西内 成郷　にしうち・なりさと
神官 橿原神宮宮司 奈良県議
安政2年(1855)6月2日～明治44年(1911)4月2日　⒠大和国高市郡高取村上之島(奈良県高市郡高取町)　⒣明治5年18歳の時、病父に代わって戸長を代行。8年小区副戸長、11年堺地租改正掛、14年大阪府租税課員を経て、16年孝元天皇陵の陵掌となり、以後奈良県内十余の天皇陵の守長を務める。20年奈良県議。公務の間に陵史研究を重ね、神武天皇橿原宮跡の保存顕彰と橿原神宮の創建に尽力すると共に、「官国幣社便覧」を編集。23年橿原神社が竣工後、奈良県下各社の神職を歴任し、39年橿原神宮の宮司となった。

西内 義顕 にしうち・よしあき
養蚕家
天保15年(1844)10月12日～大正12年(1923)2月27日 生土佐国土佐郡一宮村(高知県高知市) 名幼名=嘉藤次 土佐郡一宮村士族・島田用七の二男に生まれる。文久2年(1862年)小高坂村郷士・西内清蔵の養子となり、その娘・登良と結婚し跡目を継ぐ。同年京都に出て、4年海防小頭役、慶応3年(1867年)取立役などを務め、4年東征に従軍し、戊辰戦争に参加。明治4年陸軍少尉親兵となる。6年依願退官し一旦帰郷したが、旧士族救済のため養蚕業の振興を計画、群馬県で養蚕を視察し、滋賀県から桑の苗を高知県に試植し養蚕業の発展に努める。9年高知県勧農係となる。22年西カ原養蚕試験場の講習会に参加、以来西カ原伝習所で研究、種々の交配により高知県産の良種の製出に成功し、28年官を辞し、高知県蚕糸同業組合を設立し、組合長に就任。大正6年藍綬褒章を受章。 勲藍綬褒章〔大正6年〕

西浦 円治(5代目) にしうら・えんじ
実業家
安政3年(1856)～大正3年(1914)4月12日 出美濃国(岐阜県) 名本名=西浦繁太郎、別名=加藤円治 歴陶業家・3代目西浦円治の孫、4代目円治の甥に生まれ、明治21年5代目を継ぐ。22年名古屋に製陶工場を造り、横浜に西浦商会を設立した。更に多治見貿易を興し、32年ボストンに支店を開設する。精美な磁器を製出して輸出に力を注ぎ、西浦焼の名を広めた。

西尾 岩吉 にしお・いわきち
初代和歌山県三栖村長
安政2年(1855)～明治27年(1894) 出紀伊国(和歌山県) 歴和歌山県田辺市の上三栖地区に生まれ、三栖村の初代村長となる。村の合併推進や明治22年の大水害からの復興に手腕を発揮したが、村に赤痢が発生した際に患者の家を激励に回り、自らも感染して39歳で病没した。

西潟 為蔵 にしかた・ためぞう
民権運動家 衆院議員(自由党)
弘化2年(1845)10月15日～大正13年(1924)9月6日 生越後国蒲原郡福791新田(新潟県三条市) 歴越後国蒲原郡福791の豪農の家に生まれる。慶応4年(1868年)同郡で起こった下田郷一揆の指導者として、請願書10箇条の起草を担当。明治13年以降は国会開設運動に奔走し、山際七司らと行動を共にした。14年自由党に参加、同時に新潟でも越佐共致会を結成し、盛んに活動。20年条約改正中止建白書を携えて上京するが、保安条例に抵触し、間もなく東京を追われた。さらに21年には総理大臣伊藤博文に辞職勧告を突きつけるが、逆に出版条例違反で逮捕・入獄。22年に出獄後は新潟県議を経て23年第1回衆議院選挙に当選、自由党に所属して2期を務めた。著書に「雪月花」などがある。

西潟 訥 にしかた・とつ
大審院判事
天保9年(1838)～大正4年(1915)4月22日 生越後国蒲原郡臼井村(新潟県新潟市) 名通称=八雲、別名=小林敏之助 歴戊辰戦争では遠藤七郎を助けて北辰隊を組織。戦後、越後府に出仕し、佐渡民政局に入る。明治4年文部省に転じ、学制取調掛などを務めた。7年司法省に移って上等裁判所判事となり、20年仙台控訴院長を経て、大審院判事に任じられた。

西上 国蔵 にしがみ・くにぞう
品種改良家
天保11年(1840)3月2日～昭和8年(1933)1月9日 出阿波国(徳島県) 歴肥前国大村(長崎県)産のサツマイモの中から変種を選抜し、収量が多く甘味が強い上に干魃にも強い新品種「あいのこ」を作出。栽培の普及にも努めた。

西川 嘉右衛門 にしかわ・かえもん
滋賀県議
明治7年(1874)5月8日～昭和9年(1934)11月7日 生滋賀県円山村(近江八幡市) 学同志社卒 歴滋賀県円山村(現・近江八幡市)で商人を営む家に生まれる。村に家産造成百年計画制度同盟会を作り、村民の生活向上を図った。明治40年滋賀県議。

西川 義延 にしかわ・ぎえん
衆院議員(独立倶楽部)
嘉永1年(1848)12月～明治41年(1908)10月26日 出河内国(大阪府) 名旧姓・旧名=山中 歴漢籍を学び、また農業を営む。明治14年京都府綴喜郡の南山義塾の創設に加わり、自由民権思想の普及に努める。綴喜郡長、京都府議・議長を経て、25年衆院議員(独立倶楽部)に当選1回。

西川 光二郎 にしかわ・こうじろう
社会主義者
明治9年(1876)4月29日～昭和15年(1940)10月22日 生名東県津名郡佐野村(兵庫県淡路市) 名号=白熊 学札幌農学校、東京専門学校英語政治科卒 歴中学時代にキリスト教に入信、札幌農学校で新渡戸稲造、内村鑑三の影響を受け、東京専門学校在学中に社会主義に傾倒する。卒業後、片山潜に協力して雑誌「労働世界」を発行。社会主義協会、社会民主党、平民社への参加を経て、明治40年代には幸徳秋水、堺利彦らの直接行動論に対し、片山潜らとともに議会政策派を代表した。大逆事件後転向し、大正3年「自働道話社」を興して「自働道話」を主宰、以後は精神修養家として著述活動などに従事した。孔子学会会長。著書に「日本之労働運動」(共著)「人道の戦士社会主義の父カールマルクス」「改革者の心情」「心懐語」など。家妻=西川文子(婦人運動家)

西川 作平 にしかわ・さくへい
植林家

天保13年(1842)3月～大正7年(1918)12月
生近江国愛知郡秦川村(滋賀県愛知郡愛荘町) 歴幼時より山仕事に従事するうち、植林されない山の荒廃と水害を見て、痩せ地でもよく生育するハゲシバリ(ヒメヤシャブシ)を郷里の滋賀県秦川村(愛荘町)の秦川山・向山に植林し緑化と砂防に努める。岩根村(甲西町)の植林事業にも寄与した。

西川 甚五郎(11代目) にしかわ・じんごろう
山形屋14代目 衆院議員
嘉永1年(1848)12月16日～明治38年(1905)4月10日 生近江国(滋賀県) 歴織豊時代からの蚊帳業者・山形屋(現・西川ふとん店)の14代目に生まれる。近江蚊帳が衰運の時、八幡に蚊帳工場を新設し、製織機50台を据付けて改良を加え、また長浜、奈良、武蔵など各産地の蚊帳を買収し、全国需要の大半を供給するに至った。また布団の販売に着手し、さらに八幡銀行を創立、衆院議員になるなど、広く活躍した。

西川 忠亮 にしかわ・ちゅうりょう
東京築地活版製造所会長
安政2年(1855)1月～明治45年(1912)7月14日 出肥前国(長崎県) 歴明治15年東京で西川求林堂を創業し、印刷用インキ・機器の輸入業を営む。22年印刷インキの国産化に成功。東京築地活版製造所会長、東京印刷監査役などを歴任した。

西川 貞二郎 にしかわ・ていじろう
漁業家 八幡銀行頭取
安政5年(1858)4月～大正13年(1924)3月
生近江国(滋賀県) 名旧姓・旧名＝井狩 歴近江国八幡の西川家の婿養子となり、のち江戸時代初期から続く北海道の場所請負人西川伝右衛門家の10代目当主となる。当時の西川家は忍路・高島場所(現・小樽市)の請負人として大いに栄えており、明治2年に場所請負制が廃止されたあとも規模を縮小しながら20カ所で建網による漁業を経営した。明治10年代には他業種へ事業を拡大し、中一商会・大阪商船株式会社・大日本帝国水産株式会社の設立に関与。15年滋賀県に八幡銀行を創立し、その初代頭取に就任した。25年には小樽地方で初めてタラバガニの缶詰製造を開始。

西川 鉄次郎 にしかわ・てつじろう
長崎控訴院院長
嘉永6年(1853)～昭和7年(1932)6月1日
生江戸小石川(東京都文京区) 学東京大学〔明治11年〕卒 歴明治11年大学を卒業して外務省に入り、12年ロンドン公使館書記官として赴任。間もなく内務省、文部省に転じた。19年司法省に転じて判事となり、大審院判事、函館控訴院長、長崎控訴院長を歴任。大正2年退官。この間、明治18年増島六一郎らと18名で英吉利法律学校(現・中央大学)を創設した。

西川 寅吉 にしかわ・とらきち
"五寸釘寅吉"といわれた脱獄犯
嘉永7年(1854)3月15日～昭和16年(1941)6月22日 歴明治7年14歳の時闘殺罪・放火未遂罪で三重監獄に投じられて以来、脱獄―逮捕―入監を繰り返したといわれ、通説によると、三重・秋田両監獄で3回脱走し、五寸釘踏み抜きの逃走を演じて捕まり、"五寸釘寅吉"と呼ばれた。

西川 虎次郎 にしかわ・とらじろう
陸軍中将
慶応3年(1867)9月1日～昭和19年(1944)8月18日 出福岡県 学陸士〔明治22年〕卒、陸大〔明治30年〕卒 歴明治33年北清事変に従軍。日露戦争では大本営兵站監部参謀から鴨緑江軍参謀に転じて出征した。大正2年歩兵第十九旅団長、3年関東都督府参謀長、5年参謀本部第四部長、6年中将となり、歩兵学校長。7年第十三師団長、10年第一師団長。12年予備役。この間、関東都督府参謀長時代に第二次大隈内閣の袁世凱打倒政策や第二次満蒙開拓運動などに携わった。

西川 甫 にしかわ・はじめ
実業家
生年不詳～明治37年(1904)2月
出阿波国(徳島県) 歴医家に生まれる。維新の際、徳島藩の少参事となる。明治の初め頃、大阪に出て事業を広げる。のち大阪府議に当選、12～15年議長。また大阪日報社を興し、社主。大東日報社社主も務めた。

西川 文子 にしかわ・ふみこ
婦人運動家
明治15年(1882)4月2日～昭和35年(1960)1月23日 生岐阜県 名旧姓・旧名＝志多、別姓＝松岡 学京都高女専攻科 歴在学中に松岡荒村と恋愛、結婚。夫の死別後平民社に入社し婦人運動の道に入り、西川光二郎と再婚。大正2年新真婦人会を主宰し、「新真婦人」を発刊。9年婦人社会問題研究会結成に参加。著書に「婦人解放論」「松岡荒村の思い出」などがある。 家夫＝松岡荒村(詩人・死別)、西川光二郎(社会運動家)

西川 吉輔 にしかわ・よしすけ
商人 神官 学者
文化13年(1816)～明治13年(1880)5月19日
生近江国(滋賀県) 名通称＝善六、号＝蔵六、亀洲 歴近江八幡の豪商西川屋善六の7代。大国隆正らに師事し、有志と共に勤王運動に参加。また家塾を開いて書物収集も行う。文久3年(1863年)足利三代木像梟首事件に連座して捕えられるが、後にゆるされる。明治維新後は、国学復古主義の啓蒙に努める一方、近江日吉神社の大宮司などを務めた。莫大な財産を自らの活動のために使いはたした。

錦小路 在明　にしきのこうじ・ありあき
東宮主事　子爵

明治2年（1869）7月9日〜明治44年（1911）11月24日　旧姓・旧名＝唐橋　東京美術学校卒　唐橋家に生まれ、錦小路家に婿入りした。明治31年子爵となり、東宮主事を務めた。　兄＝唐橋在正（貴院議員）

西口 利平　にしぐち・りへい
製網機械発明者　三重製網社長

明治3年（1870）5月〜昭和7年（1932）12月2日　伊勢国（三重県）　旧姓・旧名＝前田　三重紡績（東洋紡績の前身）に入り、明治33年製網機の発明に成功する。35年独立し、37年三重製網を設立して社長となる。機械の改良に努め、製品の漁網を海外に輸出した。

西久保 弘道　にしくぼ・ひろみち
東京市長　警視総監

文久3年（1863）5月15日〜昭和5年（1930）7月8日　肥前国（佐賀県）　明治18年司法省法律学校仏法科に学び、21年広島陸軍偕行社仏語教師、のち大学に入り28年卒業。30年文官高等試験合格、愛知県参事官となり、以後石川県警察部長、山梨・静岡・茨城各県書記官、滋賀・愛知各県事務官を経て、福島県知事。次いで北海道庁長官、警視総監など歴任。退官後、勅選貴院議員、大正15年東京市長となった。一方大正7年千集に弘道館を開き、8年より大日本武徳会副会長、武道専門学校長を務めた。昭和5年歿士。

錦織 教久　にしごり・ゆきひさ
貴院議員　子爵

嘉永3年（1850）5月29日〜明治40年（1907）12月20日　安政3年（1856年）元服して昇殿を許され、中務大輔となり淑子内親王家執事を務める。明治初年に宮中祇候となり、明治13年判事補となり、堺安裁判所長、大審院書記、群馬県属、宮内省御用掛、英照皇太后御霊前奉仕斎宮などを務める。15年家督を継ぎ、17年子爵、30年から貴院議員。　父＝錦織久隆（公卿）

西沢 喜太郎（2代目）　にしざわ・きたろう
書籍商　実業家

慶応1年（1865）12月13日〜昭和9年（1934）　長野県埴科郡屋代町（千曲市）　旧姓・旧名＝堀内　長野県屋代町の堀内家に生まれ、長野町の書籍商、松葉軒・西沢喜太郎の養子となる。のち上京して正則塾に学ぶ。陸軍教導団に入り一等軍曹にまでなるが帰郷、家業の書籍商・2代目喜太郎を襲名する。のち業務を拡大し、県内外に支店・出張所を設ける。更に教科書供給の権利を得て、西沢書店と改称し県下各地に販売網を広げた。昭和4年長野市に県立図書館が設立されると書籍約9000冊を寄贈。書籍業として発展する傍ら、実業家としても活躍し、長野商業銀行取締役、長野農工銀行頭取、長野貯蓄銀行頭取などを歴任。また長野

市議、善光寺保存会理事長も務めた。　養父＝西沢喜太郎（1代目）（書籍商）

西沢 定吉　にしざわ・さだきち
衆院議員（政友会）

明治4年（1871）11月4日〜昭和16年（1941）9月24日　出羽国西村山郡大谷村（山形県）　専修学校理財科〔明治26年〕卒　山形県議、同参事会員、東村山郡議、天童町長、県農会特別議員のほか、天童製粉社長、山形製紙・荘内電気各取締役を歴任。明治41年衆院議員に初当選。以降4選。第24回列国議会同盟会議（パリ）に参列した。

西沢 正太郎　にしざわ・しょうたろう
福島県知事

文久3年（1863）9月9日〜明治43年（1910）2月14日　信濃国（長野県埴科郡坂城町）　帝国大学法科大学〔明治23年〕卒　明治23年内務省に入省。30年滋賀県書記官、31年大阪府書記官を経て、37年青森県知事、41年福島県知事。

西沢 真蔵　にしざわ・しんぞう
実業家　治水家

天保15年（1844）1月5日〜明治30年（1897）3月1日　近江国（滋賀県愛知郡愛荘町）　家業の麻布問屋の他、繊維工場や銀行の経営を手がける実業家として活動。明治19年愛知の枝下用水の開発事業に出資、次々と出資者が手を退く中、実業から身を退いて工事に尽力。27年に工事を完成させ、4本の用水路を通して1700ヘクタールの耕地を作り上げた。

西島 助義　にしじま・すけよし
陸軍中将　男爵

弘化4年（1847）9月3日〜昭和8年（1933）2月8日　山口県　西島光義の養嗣子となる。陸軍に入り、明治6年陸軍少尉に任官し、37年陸軍中将に昇進。その間、歩兵第十一・第四十四各連隊長、陸軍教導団長、歩兵第二十四・第七各旅団長、台湾守備混成第三旅団長など歴任。37年第二師団長、のち第六師団長をつとめ、42年予備役に入る。日清戦争、日露戦争に出征し、偉功をたて40年男爵を授けられた。

西田 周吉　にしだ・しゅうきち
実業家　三重県議

明治6年（1873）11月23日〜昭和9年（1934）10月31日　三重県宇治山田（伊勢市）　生地の三重県宇治山田市で旅館業を営み、明治32年「伊勢朝報」を創刊する。また宇治山田市議、三重県議を務めた。

西田 天香　にしだ・てんこう
一燈園創始者

明治5年（1872）2月10日〜昭和43年（1968）2月29日　滋賀県長浜市　本名＝西田市太郎　滋賀県長浜の紙問屋に生まれる。明治24年北海道に渡り、開拓事業の監督となるが、小作農と資本主との紛争に苦悩を深め、3年余で辞職。懐疑と求道

の放浪生活を送る。トルストイの「我が宗教」に啓発され、人生の理想は"無心"と悟る。明治38年京都に"一燈園"を設立、托鉢、奉仕、懺悔の生活に入った。大正10年その教話集「懺悔の生活」がベストセラーとなる。その後、中国や北アメリカにも進出、すわらじ劇団を設立した。

西高辻 信巌　にしたかつじ・のぶかね
神官　太宰府神社宮司　男爵
弘化3年(1846)9月20日～明治32年(1899)1月29日　歴高辻以長の四男。筑前国太宰府の延寿王院で出家、慶応4年(1868年)還俗して西高辻家を立てた。太宰府神社宮司を務めた。　家兄＝高辻修長(東宮侍従長・子爵)

西谷 金蔵　にしたに・きんぞう
衆院議員(政友会)　山陰製糸社長
安政5年(1858)8月18日～昭和8年(1933)12月15日　生伯耆国東伯郡北谷村(鳥取県倉吉市)　歴因伯時報社、山陰製糸、倉吉倉庫などの社長をはじめ、因幡銀行、山陽水力電気、皆生温泉土地、四国生糸、帝国蚕糸、倉吉合同運送各株式会社の取締役を務めた。また横浜取引所、福岡レール監査役のほか蚕糸業同業組合中央会泙議員、鳥取県農会、鳥取県蚕糸業同業組合連合会各会長を兼務。明治27年の第3回以来衆院議員当選8回、鳥取県政友会支部長を務めた。

西野 恵之助　にしの・けいのすけ
白木屋呉服店社長
元治1年(1864)8月23日～昭和20年(1945)3月3日　生京都　学慶応義塾本科〔明治20年〕卒　歴福沢諭吉のすすめにより、明治20年山陽鉄道に入社。鉄道事業の改良に尽力、食堂車、寝台車、赤帽制などを創案推進。40年帝国劇場創設のため専務に就任、芝居茶屋を廃し、洋風椅子とし、女優学校設立など国際的な劇場を発足させた。大正2年東京海上保険に転じ兼営部長として火災保険、自動車保険を創設、6年東洋製鉄創立に参画。10年白木屋呉服店社長。昭和3年日本航空輸送会社創立に際し、社長に就任。明治近代化を推進した新しいタイプの専門経営者として、また「創業の偉才」と評される。

西野 元　にしの・げん
枢密院顧問官　十五銀行頭取
明治8年(1875)11月29日～昭和25年(1950)8月3日　生茨城県水戸市　学東京帝国大学法科大学政治科〔明治35年〕卒　歴大蔵省に入り、参事官、臨時国債整理局書記官。英国、欧米諸国に出張後、主計局予算課長、大正5年横浜税関長、主計局長を経て、11年大蔵次官、13年退官、勅選貴院議員。14年錦鶏間祇候を受け、十五銀行頭取となった。昭和2年の金融恐慌で休業となった十五銀行の復興に尽力。16年勧業銀行総裁、21年退任、枢密院顧問官となった。著書に「会計制度要論」「予算概論」がある。

西野 謙四郎　にしの・けんしろう
実業家　衆院議員(政友会)
嘉永2年(1849)1月～昭和8年(1933)8月12日　出阿波国(徳島県)　名旧姓・旧名＝江本　歴江本家に生まれ、漢学を学び、のち藍商・西野家を継ぐ。阿波国共同汽船社長、阿波商業銀行取締役、阿波貯蓄銀行取締役などを務め、また小松島港の開発に尽力した。一方、小松島村議、勝浦郡議を経て、大正5年衆院議員(政友会)に当選1回。

西野 文太郎　にしの・ぶんたろう
森有礼の暗殺犯
慶応1年(1865)9月9日～明治22年(1889)2月11日　生長門国萩(山口県萩市)　歴明治20年上京、21年内務省土木会計課の雇員となる。22年2月11日、大日本帝国憲法発布式に参列する予定の森有礼文相を官邸に訪ねて出刃包丁で刺し、その場で護衛の警官に斬殺された。森はその傷がもとで翌日亡くなった。森は急進的な欧化主義者と目され、伊勢神宮内宮を訪れた際に社殿の御簾をステッキでどけ中を覗いたとの噂があり、これが暗殺の原因となった。

西洞院 信愛　にしのとういん・のぶなる
公卿　子爵
弘化3年(1846)7月16日～明治37年(1904)6月6日　歴明治元年大阪行幸の際、肥前平戸藩主・松浦詮との御前試合に勝つなど、武事を好み、自邸に演武館を開設、門弟の養成に努めた。明治維新後、松尾神社、平野大社の宮司を経て、下鴨神社宮司。

西原 亀三　にしはら・かめぞう
実業家　政治家
明治6年(1873)6月3日～昭和29年(1954)8月22日　生京都府与謝郡雲原村(福知山市)　学小卒　家業の製糸業没落、父の死で丁稚奉公、京都、東京と転じ、郷里の先輩神鞭知常の知遇を得てアジア問題に関心。日露戦後、朝鮮に渡り、共益社を創立、綿製品の貿易に従事、寺内正毅朝鮮総督のもとに出入りした。大正5年帰国、のち中国渡航後、寺内内閣の北京政府援助政策に参画、交通銀行借款を取り決め、7年段祺瑞政権に対し1億4500万円の借款(西原借款)を供与した。しかし回収できず国民の非難を浴びた。その後東亜研究会などを設立、田中内閣を支持、昭和7年には宇垣一成擁立運動を行った。13年故郷に帰り雲原村村長を務めた。著書に「経済立国策」「夢の70年―西原亀三自伝」などがある。

西原 茂太郎　にしはら・しげたろう
陸軍中将
明治5年(1872)1月～昭和10年(1935)12月21日　生福岡県　学陸士〔明治26年〕卒　歴明治27年陸軍工兵少尉となる。陸軍砲工学校教官、工兵第七大隊長、工兵第十大隊長、工兵第十八大隊長、陸軍士官学校教官、陸軍電信隊長兼陸軍技術審査部議員を経て、大正8年対馬警備隊司令官、9年対馬

西原 為五郎　にしはら・ためごろう
陸軍少将
明治3年(1870)8月～昭和2年(1927)2月20日
出伊予国(愛媛県)　学陸大卒　歴陸軍に入り、歩兵第三十一連隊長、第十六師団参謀長などを歴任。大正7年シベリア出兵には少将に進み歩兵第二十二旅団長として出征。10年ウラジオストクで日本軍歩哨の小笠原利五郎一等卒が米国海軍のラングトン大尉を暗夜に誤射した事件の責任者として待命となった。

西松 桂輔　にしまつ・けいすけ
西松建設創業者
嘉永3年(1850)5月6日～明治42年(1909)11月21日　生美濃国安八郡名森村字南条(岐阜県安八郡安八町)　歴明治2年頃から土木の世界に身を投じ、7年に初めて土木事業に携わった。10年西南戦争に際し九州・若松へ一党を率いて上陸したが、すでに戦争は終わっており、一旗揚げることもできず引き返してきたという。13年から鉄道工事の下請をこなし、そのまじめな働きぶりから一目置かれ、間組創設者の間猛馬から客分として迎えられた。36年53歳で引退し、長男の光治郎が家業を継いだ。光治郎は明治39年、間猛馬と合同歩合組合組織を結成。大正3年独立して西松工業所を創業した。5年西松組と改称。昭和23年西松建設となった。　家長男=西松光治郎(西松組社長)

西村 伊三郎　にしむら・いさぶろう
侠客
明治4年(1871)～大正9年(1920)1月15日
名通称=砂子川　歴京都の伏見に勢力を張る侠客。日露戦争に際して弾薬搬送の軍夫募集を任され、子分50人を率いる軍夫長として従軍。旅順攻撃などで功を立て、陸軍中将中山信儀から陸軍の山形胸章を一家の代紋として使用することを許された。大正8年内務大臣床次竹二郎の要請を受けて東西の侠客を糾合し、無産政党や労働争議の高揚に対抗するため大日本国粋会を結成。しかし、会長の選出問題などで紛糾し、死後の11年には関東派が関東国粋会を旗揚げして組織は分裂した。

西村 勝三　にしむら・かつぞう
桜組創業者 品川白煉瓦創業者
天保7年(1836)12月9日～明治40年(1907)1月31日　生江戸丸ノ内(東京都千代田区)　出下野国佐野(栃木県佐野市)　名幼名=三平、通称=伊勢屋勝三、伊勢勝　歴父は下野佐野藩付家老で、7人きょうだい(5男2女)の三男(4番目)。長兄は明六社に参加し、宮中顧問官や貴院議員を務めた西村茂樹。安政3年(1856年)脱藩。やがて佐野の豪商・正田利右衛門の知己を得て鉛の精錬を依頼され、高野長英が翻訳した「鉄鋼全書」を手に入れて精錬中の反射炉自作を試みるも、耐火煉瓦が製造できずに失敗した。文久元年(1861年)横浜に出て商売の道に入り、禁制であった朱の密売に手を染めて摘発され、2年余を石川島の人足寄場で過ごした。慶応元年(1865年)特赦で放免され、銃砲店を開業。明治維新の際には銃砲弾薬の販売で巨利を得、維新後は大総督府御用達となった。また、各種事業に手を広げ、明治3年東京・築地で創業した我が国初の製靴工場と、8年にガス灯用のガス発生炉用耐火煉瓦を国産で賄うために始めた耐火煉瓦製造業は成功を収めた。製靴は今日のリーガルコーポレーションに、工場の製革部門はニッピとして発展。耐火煉瓦製造は、36年品川白煉瓦株式会社となって鉄道院中央停車場(現・東京駅)の赤レンガ全量を手がけるまでになり、今日の品川リフラクトリーズとなった。晩年には工業教育、工業史の編纂にも私費を投じ、「日本近世窯業史」「日本近世造船史」を編纂させた。　家兄=西村茂樹(貴院議員)　勲緑綬褒章〔明治33年〕、勲五等瑞宝章〔明治39年〕

西村 皓平　にしむら・こうへい
北海道開拓者 新十津川村戸長
天保11年(1840)9月8日～大正8年(1919)12月3日　出大和国十津川村(奈良県吉野郡十津川村)　歴明治22年郷里の奈良県十津川村が大洪水で壊滅したため、東武らと北海道空知地方に全村あげての移住を計画、実行した。26年新十津川村戸長となり、水田造成、製麻工場誘致、学校施設の拡充などに尽くした。

西村 七右衛門　にしむら・しちえもん
実業家 開拓者
文化11年(1814)9月23日～明治28年(1895)1月31日　生武蔵国北足立郡門前村(埼玉県さいたま市)　名旧姓・旧名=長島、名=義忠、郡司　歴江戸の富商・西村三郎兵衛の養子。はじめ東京・深川で商業を営むが、安政6年(1859年)開港直後の横浜に赴き、貿易商に転換。材木や雑貨を取り扱い、のちには佐賀藩の用達も兼ねて巨利を得た。戊辰戦争では、新政府軍に軍資金一万両を献じ、名字帯刀を許された。明治2年政府は東京府内の流民対策のため下総にあった旧幕府の牧野を開放。この時、彼は開墾会社の経営に参加して頭取に挙げられ、下総国八街や三咲をはじめ、各地の開拓に当たった。5年に開拓会社の解散した後も地主として八街の開発を続け、寺院や学校を建設するなど同地発展の礎を築いた。20年藍綬褒章を受章。　勲藍綬褒章〔明治20年〕、黄綬褒章

西村 七三郎　にしむら・しちさぶろう
京都府議
嘉永5年(1852)～大正12年(1923)
出京都　歴京都府議などを経て、明治23年京都市議会議長。京都公民会幹部として京都―宮津間の車道開削事業や琵琶湖疏水を利用した京都電灯会社の設立など力を注いだ。

西村 治兵衛　にしむら・じへえ
商工貯金銀行頭取　衆院議員

文久1年(1861)3月～明治43年(1910)12月14日　回京都　名本名＝西村貞規　歴漢学・法律学を修め、京都の呉服商・千切屋（現・千切屋治兵衛株式会社）14代目店主となる。また京都商業会議所会頭、京都鉄道会社取締役、京都商工銀行副頭取、商工貯金銀行頭取、京都織物取締役、京都銀行集会所委員長、京都呉服商組合組長などを歴任。一方、京都市議・議長を経て、明治41年京都市から衆院議員に当選1回。第4回内国勧業博覧会審査官、第5回内国勧業博覧会評議員、日本大博覧会評議員、セントルイス万博織物審査官なども務めた。

西村 甚右衛門　にしむら・じんうえもん
衆院議員（公同会）

弘化4年(1847)1月～大正15年(1926)10月24日　回千葉県　歴漢学を修めたのち、千葉県議となり、東京醤油会社、東京乗合馬車会社を創立。明治23年衆院議員に初当選、以降連続4期務めた。

西村 真太郎　にしむら・しんたろう
衆院議員（憲政本党）

安政6年(1859)11月～大正11年(1922)9月13日　回兵庫県　歴漢学を修めたのち、兵庫県議、播磨鉄道取締役、関西競馬倶楽部監事、社銀行・大阪四ツ橋銀行各頭取、西丹貯蓄銀行取締役等を歴任。明治27年衆院初当選、以来8期務めた。

西村 捨三　にしむら・すてぞう
農商務次官　大阪府知事

天保14年(1843)7月29日～明治41年(1908)1月14日　生近江国彦根下片原（滋賀県彦根市）　名初名＝得三郎、名＝有信、号＝酔処　歴父は彦根藩の作事奉行。10歳から幼君の井伊直憲に仕える。藩校教授・長野主膳の推挙により江戸に留学。一代限騎馬従士、藩校教授、京都周旋方などを歴任した。明治2年彦根藩権大参事。5年直密に従い欧米を巡歴。10年内務省に出仕、警保局長、土木局長。22年大阪府知事に就任、淀川改修や上水道整備に努めた。のち農商務次官、北海道炭鉱汽船社長。先人の顕彰、祭礼の近代化に熱中し、"衣冠の侠客"と呼ばれた。

西村 精一　にしむら・せいいち
陸軍中将　男爵

安政2年(1855)6月8日～大正13年(1924)3月21日　回長門国（山口県萩市）　学陸軍兵学寮〔明治9年〕卒　歴明治10年陸軍少尉に任官し、39年陸軍中将に昇進。その間、陸軍士官学校教官、野戦砲兵第一大隊長、野戦砲兵第十連隊長、舞鶴要塞司令官、東京砲兵工廠提理など歴任。大正2年待命、ついで予備役に入る。明治40年日露戦争の功により男爵を授けられる。

西村 丹治郎　にしむら・たんじろう
衆院議員

慶応2年(1866)10月2日～昭和12年(1937)12月20日　生備前国吉備郡秦村福谷（岡山県総社市）　名旧姓・旧名＝板野　学東京専門学校〔明治23年〕卒　歴エール大学に留学し、政治、経済学を学び帰国。数年間新聞、雑誌に筆を執り、明治35年以来衆院議員当選14回、国民党、のち民政党に属した。昭和6年第二次若槻内閣の農林政務次官となり、他に文政審議会、米穀調査会各委員を務めた。列国議会同盟会議に出席し、欧米を視察した。

西邑 虎四郎　にしむら・とらしろう
三井銀行総裁代理副長

文政13年(1830)7月5日～明治31年(1898)8月24日　回京都府京都市　歴生家は代々漢方医。南三井家に奉公にあがり、維新後、大阪両替店、大阪為替場に勤務。明治9年三井銀行創立に関与し、大阪支店長、監事を経て、11年副長、15年総長代理副長に昇格。官金取扱事務が日本銀行に移管され不振に陥った同行の経営にあたった。24年後任の中上川彦次郎の入行に伴い、25年監事、26年理事となった。29年三井地所理事に転じ、30年11月引退した。

西村 正則　にしむら・まさのり
衆院議員（政友本党）

慶応2年(1866)4月～大正13年(1924)4月30日　回石川県　歴石川県議、同参事会員、帝国農会議員等を経て、大正4年衆院議員に当選。以来4期務めた。後に朝鮮興農・北陸土木各社長をつとめた。

西村 隆次　にしむら・りゅうじ
実業家　兵庫県議

明治4年(1871)9月～昭和3年(1928)7月31日　回兵庫県　歴西丹銀行、小田銀行、東播電気など各社の重役を務め、また兵庫県議、同議長を務めた。

西村 亮吉　にしむら・りょうきち
鳥取県知事　貴院議員

天保10年(1839)12月13日～大正6年(1917)7月2日　生土佐国高知城下竹代町（高知県高知市）　名名＝貞丘　歴土佐藩士・西村勇之進の長男に生まれる。西洋兵学を修め、尊皇攘夷・大政奉還に国事間を奔走し、明治維新後は政府や藩の軍事務官などを務める。のち大阪府、山梨県に出仕を経て、明治7年内務省に入り、佐賀の乱に大久保利通に随行する。8年山梨県参事、12年大分県知事となり、小原正朝ら立憲改進党系の議会勢力と対決しつつ明治憲法体制、明治地方自治体制を確立した。24年鳥取県知事に就任。25年貴院議員。家弟＝中尾捨吉（司法官）、三男＝西村万寿（地質学者）

西村屋 忠兵衛　にしむらや・ちゅうべえ
北前船主

文政2年(1819)～明治18年(1885)

生能登国羽咋郡千田村（石川県羽咋市千田町）　歴文政8年(1825年)能登国一ノ宮村の西村屋忠兵衛の養子となる。北前船の沖船頭を経て、文久2年

(1862年)独立。政徳丸はじめとする傭船の船主として、北海道―関西間の交易を手がけ、ニシンしめ粕の売買で富を得る。明治11年大阪の北海道産物荷受問屋・一番組に加入し、事業を広げた。

西山 禾山　にしやま・かさん
僧侶(臨済宗)
天保8年(1837)12月～大正6年(1917)4月3日
生伊予国(愛媛県八幡浜市穴日)　名別名＝西山玄鼓、号＝不顧庵　歴13歳で愛媛県八幡浜市にある大法寺に入り得度、禅鉄と名付けられる。18歳から大分の儒者・竹内蓬州に儒学を学び、次いで金剛山大隆寺の晦厳に維摩経などを学ぶ。その後、諸国修行の旅を経て、37歳の時に大法寺第18代住職に就任、名を禾山と改める。明治14年9月9日に大法寺が火災に遭うと弟子の制止を振り切ってお経を運び出すために猛火の中に飛び込んで全身に火傷を負い、人々に"焼け和尚"と呼ばれた。大法寺復旧の後は塔頭の退休軒に隠居して弟子たちの指導に当たり、34年からは度々上京して仏教講話を行うなど、臨済宗の傑僧として知られた。

西山 志澄　にしやま・ゆきずみ
自由民権運動家　衆院議員(政友会)　警視総監
天保13年(1842)6月6日～明治44年(1911)5月27日　生土佐国高知城下南新町(高知県高知市)　名旧姓・旧名＝西山直次郎、別名＝植木志澄　歴藩校政道館に学び、土佐勤王党の武市半平太に従って尊王を唱えた。戊辰戦争には板垣退助の部下として会津戦争に従軍。維新後、新政府に仕え、明治10年高知県二等官となる。7年板垣退助の立志社、愛国社設立に尽力し、11年立志社副社長となり、以後、自由民権運動に活躍。13年高知県高岡郡長、14年土佐郡長、同年自由党結成に参加し、土陽新聞社長、22年自由党幹事となる。25年以来衆院議員当選5回。31年大隈内閣の警視総監を務めた。晩年キリスト教を信仰、聖書を楽しんだ。　家妻＝平井加尾、義兄＝平井収二郎(土佐藩士)

二条 厚基　にじょう・あつもと
貴院議員　公爵
明治16年(1883)6月14日～昭和2年(1927)9月11日　生東京都　学東京帝国大学卒　歴公爵・二条基弘の二男。学習院高等科を経て、東京帝国大学に学んだ。大正9年家督を継いで公爵となる。同年から貴院議員となり研究会に属した。財団法人の済生会理事長、日本青年館理事などを兼務した。　家父＝二条基弘(貴院議員)、祖父＝九条尚忠(公卿)

二条 恒子　にじょう・つねこ
関白左大臣・二条斉敬の妻
文政9年(1826)1月20日～大正5年(1916)9月20日　名幼称＝岡宮、号＝清閑院　歴伏見宮邦家親王の第1王女で、幼称は岡宮。二条斉敬に嫁し、明治11年夫が亡くなると髪をおろして清閑院と号した。　家夫＝二条斉敬(公卿)、父＝伏見宮邦家、妹＝一条順子、久我誓円(尼僧)、大知文秀(尼僧)、村雲日栄(尼僧)

二条 正麿　にじょう・まさまろ
貴院議員　男爵
明治5年(1872)1月9日～昭和4年(1929)2月18日　回東京　学東京帝国大学法科大学〔明治32年〕卒　歴公卿・二条斉敬の四男に生まれ、明治35年分家して男爵となる。37年から司法官試補、東京区裁判所検事代理となり、狩猟調査会委員、寺院境内地讓与審査会委員などを務める。38年貴院議員となり、昭和4年死去するまで務めた。

二条 基弘　にじょう・もとひろ
貴院議員　公爵
安政6年(1859)10月25日～昭和3年(1928)4月4日　生京都　名幼名＝英麿　歴公卿・九条尚忠の八男。明治4年二条家を継ぐ。育英義塾英語学校、同人社などに修学し、17年公爵となり、式部寮御用掛を務める。20年英国に留学してケンブリッジ大学に学び、22年帰国。23年～大正9年貴院議員を務めた。同年爵位を二男・厚基に譲る。一方、明治40年～大正5年宮中顧問官を務め、12年春日神社宮司となった。　家二男＝二条厚基(貴院議員)、父＝九条尚忠(公卿)

西四辻 公業　にしよつつじ・きんなり
明治天皇侍従
天保9年(1838)3月5日～明治32年(1899)10月7日　生京都　歴安政5年(1858年)日米修好通商条約調印の勅許阻止を図る公家88人の列参に参加。慶応2年(1866年)には中御門経之ら公卿22人の列参にも加わり朝政刷新を訴え、蟄居を命じられた。3年赦されて、王政復古の政変にあたっては参与助役となる。4年1月参与兼会計事務督として新政府に画し、2月東征大総督府参謀を務める。関八州監察使、江戸鎮台補、民政裁判所総督を兼ねて関東の鎮定に従事。2年大阪府知事に就任、5年侍従に任ぜられ、以後明治天皇に仕えた。17年子爵。

西脇 国三郎　にしわき・くにさぶろう
両毛鉄道社長
安政1年(1854)～明治29年(1896)2月7日　生越後国小千谷(新潟県小千谷市)　名号＝雲林　歴明治14年新潟県小千谷の金融会社頭取を経て、24年小千谷町長。両毛鉄道社長、第四国立銀行取締役などを歴任。

仁田原 重行　にたはら・しげゆき
陸軍大将
文久2年(1862)10月2日～大正14年(1925)3月24日　生筑後国八女郡豊岡村(福岡県八女市)　学陸士〔明6期〕卒、陸大〔明治21年〕卒　歴明治16年陸軍少尉に任官。日清戦争では第二師団参謀、北清事変では第五師団兵站参謀を務めた。日露戦争では第五師団参謀長として出征、奉天会戦後に歩兵第七旅団長に転じた。44年歩兵第一旅団長、45年第二師団長、大正4年第四師団長、5年

473

近衛師団長、6年東京衛戍総監を歴任。7年大将に昇進。

二反長 音蔵　にたんおさ・おとぞう
篤農家　ナニワの阿片王
明治8年(1875)7月1日〜昭和26年(1951)8月7日
出 大阪府福井村(茨木市)　名 旧姓・旧名=川端
専 阿片栽培　歴 大阪府福井村(現・茨木市)の篤農家で、国家のためと信じ、台湾が日本の統治下となった翌年の明治29年内務省衛生局長だった後藤新平に、台湾の阿片中毒患者の治療に使うために阿片を国内産でまかなうよう進言。ケシ栽培の試験園に指定され、私財を投じて品種改良と普及に尽力。関西が阿片生産の中心地となり、"ナニワの阿片王"の異名をとる。戦況が悪化した中国にも出向いて指導にあたった。のち、日本軍の阿片政策は戦争犯罪だったとする考えが強まり、茨木市で阿片栽培と音蔵について実態調査が進められる。児童文学作家の二男・半が著わした伝記「戦争と日本阿片史　阿片王二反長音蔵の生涯」がある。　家
二男=二反長半(児童文学作家)

日昇　にっしょう
僧侶(日蓮宗)池上本門寺62世貫主
天保3年(1832)〜明治24年(1891)11月30日
名 俗姓=小林、字=泰山、号=妙乗院、楮庵輝、入り師に。新潟の本覚寺住職などを務めた後、東京で池上本門寺62世となる。儒学、詩、書画もよくした。著書に「迹門宗義鈔」などがある。

新田 邦光　にった・くにてる
神道修成派初代管長
文政12年(1829)12月5日〜明治35年(1902)11月25日　生 阿波国美馬郡拝原村(徳島県美馬市)　名 旧姓・旧名=竹沢寛三郎　歴 神道修成派の創唱者。弘化・嘉永の頃西国各地を巡って勤王報国を唱え岩倉具視に招かれて志士と交わり、有栖川宮にも進講した。王政復古の後、明治元年神祇官御用掛。戊辰戦争の際には飛騨、美濃に軍を進めて功があった。2年官を辞し、祖先の姓の新田に復し、新田邦光と称す。6年神儒二道を折衷して修成講社を結成。9年には教部省の認下があって神道修成派管長となり、その本部を有栖川宮邸内に設けて布教した。これより先に8年権少教正、17年権大教正に補せられた。著書に「教道大意」「回転策用行録」「軍備将略」などがある。

新田 忠純　にった・ただずみ
貴院議員　男爵
安政3年(1856)11月18日〜昭和6年(1931)1月21日　生 上野国新田郡(群馬県)　歴 明治5年パリに留学し、帰国後外務書に入省。30年〜大正14年貴院議員。　名 義兄=井上馨(政治家)

新田 長次郎　にった・ちょうじろう
社会事業家　新田ベニヤ製造所長　松山高商創立者
安政4年(1857)5月29日〜昭和11年(1936)7月17日　生 伊予国温泉郡山西村(愛媛県松山市)　名 号=温山　歴 5歳で父と死別し、明治10年大阪に出て米屋西尾商店に丁稚奉公する。のち藤田組製革所の見習工に雇われ西欧式製革技術を習得して、17年結婚を機に、18年大阪で妻のツルと妻の兄・井上利三郎とで新田製作所を設立し製革業を始めた。ベルト工業などの事業に成功し、26年単身渡米し皮革工場を見学、更に欧州に渡り機械を購入して帰国。技術の発明改良と事業経営の発展に努め、革製パッキングを始め、十数種類の特許を取り、北海道に工場を建設、従業員2千数百名の社長となり、名実共に東洋一のベルト業者となる。ベルト工業を中心にゼラチン、ベニヤ、ゴム工業など関連事業を興しヒット商品を生み、大正末期からは工場近代化と国際化を計り、東京・名古屋・小樽に支店を置き、ボンベイ・満州などに進出する。また財界では大阪工業会の設立発起人になるなど、日本産業界に貢献した。一方、社会事業にも力を注ぎ、私財を投じて、44年大阪市難波に有隣小学校を、大正12年松山高等商業学校を設立し、子弟教育にも尽力した。生涯で得た特許29、実用新案10、内外博覧会に出品し最高賞牌受賞100という。

新田 融　にった・とおる
無政府主義者
明治13年(1880)3月12日〜昭和13年(1938)3月20日　生 宮城県仙台(仙台市)　出 北海道小樽市　歴 機械工として働き、明治42年青森県の官営製材所から長野県の明科製材所へ転勤、同僚の宮下太吉の影響を受け無政府共産主義に共鳴。天皇暗殺の陰謀には加わらなかったが、宮下の依頼で爆弾用ブリキ缶を作ったということで、43年の大逆事件で起訴され、爆発物取締罰則違反で10年の刑に処せられ、秋田監獄に服役。大正5年仮出獄。

二宮 邦次郎　にのみや・くにじろう
宣教師　女子教育家　松山女学校創立者
安政7年(1860)1月2日〜大正15年(1926)9月7日　生 備中国高梁(岡山県高梁市)　名 旧姓=片貝　歴 岡山師範〔明治9年〕卒、同志社神学校備中高梁藩士・片貝家に生まれ、二宮家の養子となる。小学校教師の傍ら、自由民権運動に参加。新島襄らに感化されてキリスト教徒となり、同志社神学校で学んだ。その後、伝道師として松山に赴き、明治18年松山教会を創立。19年増田シゲ、蜂谷芳太郎らと四国で初めて私立松山女学校(現・松山東雲学園)を創立して初代校長に就任。開校後、転任することになるが喜多川久徴らの協力を得て校長職を留任。2年間全国を巡教したのち、新伝道地開拓にあたり、校長職を退いた。

二宮 尊親　にのみや・たかちか
北海道開拓者
安政2年(1855)11月16日〜大正11年(1922)11月16日　生 下野国(栃木県)　歴 祖父・二宮尊徳の遺志を継ぎ、明治10年富田高慶と福島県相馬に興復

社をおこす。29年同社再建のため北海道に渡り、十勝の牛首別(豊頓町)に興復社幼農場を開いた。編著に「尊徳翁分度論」などがある。　家祖父=二宮尊徳(篤農家)

二宮 わか　にのみや・わか
児童福祉家 教育家
文久1年(1861)9月22日~昭和5年(1930)10月25日　生周防国吉敷郡(山口県)　名旧姓・旧名=中原　学横浜共立女学校〔明治14年〕卒　歴女学校在学中横浜海岸教会に出席、明治9年J.H.バラから受洗。14年二宮彦次と結婚。同年12月横浜不老町の貧児教育を行う警醒学校設立に参加、教師となった。17年横浜メソヂスト教会に移り、21年稲垣寿恵子らと横浜婦人慈善会を創立。同年根岸に第二警醒学校(後の相沢託児園)、25年横浜慈善病院、26年神奈川幼稚園、27年聖経女学校校長バン・ペテンらと中村愛児園を開設、さらに32年には警醒学校附属児童教育所を開いた。38年には日露戦争出征軍人の遺家族救済のため相沢託児園を設立するなど、民間児童福祉の先覚者として活躍した。また日本基督教婦人矯風会のためにも尽力。大正10年から方面委員(現・民生委員)も務めた。

仁保 清作　にほ・せいさく
養蚕家 仁保館設立者
明治6年(1873)~昭和13年(1938)1月29日
出群馬県　歴埼玉県の競進社で養蚕法を学ぶ。のち三重県阿山郡の仁保喜内の女婿となり、養父の養蚕業を継ぐ。明治29年養蚕伝習所「仁保館」を設立し、養蚕業の改良と人材養成に尽くした。家養父=仁保喜内

仁礼 景範　にれ・かげのり
海軍中将 子爵
天保2年(1831)2月24日~明治33年(1900)11月22日　生薩摩国鹿児島郡荒田村(鹿児島県鹿児島市)　名通称=平馬、源之丞　歴安政6年(1859年)誠忠組(精忠組)に参加、尊攘運動に投じた。文久3年(1863年)薩英戦争でスイカ売りの決死隊に加わった。慶応3年(1867年)米国留学、明治4年兵部省に入り、5年少佐、7年海軍大佐。10年西南戦争に際して長崎臨時海軍事務局長官を務めた。11年海兵校長、13年少将、17年海軍省軍務部長となり、海軍省の機構改革に尽くした。同年子爵。18年伊藤博文に従い清国訪問、同年中将。19年参謀本部次長、21年海軍参謀本部長、22年横須賀鎮守府司令長官、24年海大校長、25年第二次伊藤内閣の海相を歴任。26年予備役に編入され枢密顧問官となり、30年議定官。西郷従道、川村純義とともに海軍三元勲といわれた。

丹羽 五郎　にわ・ごろう
北海道開拓者
嘉永5年(1852)3月14日~昭和3年(1928)9月6日　生陸奥国会津(福島県会津若松市)　歴会津藩士。父の族(やから)は野尻代官。宗家の丹羽勘解由家1000石を継ぐ。戊辰戦争時には藩主・松平喜徳の御使番を務めた。維新後は遅卒となり、明治10年の西南戦争では田原坂の戦いに参加して戦功を立てた。のち神田和泉橋警察署長。25年郷里・会津の人たちを連れて北海道に渡り、瀬棚郡利別原野を開拓して丹羽村(現・久遠郡せたな町)を建設、その経営と発展に後半生を捧げた。著書に「我が丹羽村の経営」などがある。

丹羽 賢　にわ・まさる
三重県権令
弘化3年(1846)閏5月3日~明治11年(1878)3月20日　生尾張国名古屋城下長堀町筋(愛知県名古屋市)　歴名古屋の蝋燭商・国枝老足に漢学を学び、影響を受ける。のち藩主に認められて学官に登用。元治元年(1864年)征長軍に従軍。王政復古の改革令で参与となり、翌年単身で二条城の無血接収を果たした。また藩校の学制を改革、英、仏、中国語を奨励。明治2年名古屋藩権大参事、同大参事に就任し、藩士帰農策を実施、廃藩置県後は安濃津県参事、三重県権令、司法少丞兼権大検事、同権大丞、五等判事などを歴任し、10年の判事廃官とともに退官した。

【ぬ】

忽滑谷 快天　ぬかりや・かいてん
僧侶(曹洞宗) 仏教学者
慶応3年(1867)12月1日~昭和9年(1934)7月11日　生武蔵国北多摩郡東村山村字久米川(東京都東村山市)　学慶應義塾文学科〔明治26年〕卒 文学博士〔大正14年〕　歴曹洞宗の僧。曹洞宗中学林、同高等中学林、曹洞宗大学林、慶大などで講義し、大正6年雑誌「達磨禅」を創刊・主宰。9年曹洞宗大学(現・駒沢大学)学長に就任。その間明治44年から大正3年まで英・米に留学し、仏教思想の海外への普及につとめた。禅の研究、特に歴史的な研究に業績を残した。著書に「禅学批判論」「禅の妙味」「禅学思想史」(全2巻)、「朝鮮禅教史」など。

沼間 守一　ぬま・もりかず
政治家 ジャーナリスト 東京府議 嚶鳴社主宰
天保14年(1843)12月2日~明治23年(1890)5月17日　生江戸牛込(東京都新宿区)　名旧姓・旧名=高梨、幼名=慎次郎、号=弄花生　歴幕臣・高梨仙太夫の二男で、幕臣・沼間平六郎の養子となった。安政6年(1859年)長崎奉行所勤務となった養父に同行して長崎へ行き、英語・西洋兵学を習得。江戸に帰ったのちは谷田堀景蔵に海軍技術を習い、横浜で米国人医師ヘボンの下で英学を研修した。慶応元年(1865年)幕府の陸軍伝習所の歩兵科に入ってフランス士官から洋式兵術の訓練を受け、卒業

475

後は幕臣に取り立てられて歩兵頭並などを務めた。戊辰戦争では主戦派として江戸を脱走、大鳥圭介らと官軍を相手に善戦した。明治維新後はその軍事的才能を認められて土佐藩に招かれたが、廃藩置県後は横浜で両替商を営んだ。明治5年井上馨の推薦で新政府の大蔵省租税寮に出仕。同年守一に改名。同年司法省に転じて河野敏鎌と欧州へ派遣され、英法や演説法を学ぶと共に民権思想に触れた。帰国後、元老院権大書記官に任ぜられ、鶴岡事件の解決に尽力。6年河野らと共に演説・討論会の嚆矢である法律講義会を設立し、11年これを嚶鳴社と改組して民権思想の鼓吹に努めた。12年官を辞し、同年「嚶鳴雑誌」を創刊。また「横浜毎日新聞」を買収して「東京横浜毎日新聞」に改題し、その社長に就任。政界でも活動し、同年から東京府議を務めた。14年自由党の結党に参加するが、意見が合わずすぐに離脱し、立憲改進党の創立に際して島田三郎、肥塚龍ら嚶鳴社の同志たちと参画、同党内最左派の領袖となった。15年東京府会議長。名演説家としても知られる。

沼田 宇源太　ぬまた・うげんた
弁護士 衆議院議員（憲政本党）

文久1年（1861）6月20日～明治44年（1911）8月12日　⊞出羽国（秋田県横手市）　⊠名＝信訥、幼名＝半助、号＝雪窓　⊠東京法学院〔明治24年〕卒　⊠慶応4年（1868年）戊辰戦争により父を失い、祖母である漢詩人・沼田香雪に抱かれて逃げる。のち祖母に養育され、東京法学院卒業後は弁護士として活動。その後、秋田県議、秋田魁新聞社理事などを務める。明治27年衆議員に初当選。以来4期務めた。　⊠祖母＝沼田香雪（漢詩人）、曽祖父＝沼田孤松（漢学者）

沼田 喜三郎　ぬまた・きさぶろう
北海道の開拓者

天保5年（1834）～大正13年（1924）
⊞越中国（富山県小矢部市新西島）　⊠富山県小矢部市新西島で呉服店、質店などを営み、悠々自適できる身でありながら新天地で一旗あげようと、明治15年49歳の時北海道に渡る。小樽に居を構え、精米業などを営んでいたが、次第に開拓事業が盛んになり、雨竜本願寺農場を開墾するために、開墾委託会社を組織。本格的に開墾に着手する他、水稲栽培を試みた。一度は失敗したものの、翌年には収益をあげた。37年開墾の目的が終わったとして会社を解散、その後も、製材工場の建設など、地方の産業興隆のため尽くした。

【ね】

根岸 鉄次郎　ねぎし・てつじろう
第四十国立銀行頭取

文政11年（1828）11月22日～明治26年（1893）9月23日　⊞江戸呉服橋（東京都千代田区）　⊠上野国（群馬県）　⊠名＝友行　⊠上野館林藩士の子で、江戸・呉服橋の藩邸で生まれる。幼い頃から武技を好み、中でも馬術に優れた。万延元年（1860年）藩命で陸奥津軽藩へ赴き、調息流馭法を学んだ。同年抜擢されて藩校の馬術師範となり、慶応3年（1867年）軍馬奉行に就任。軍馬隊を編制し、戊辰戦争における活躍の素地をつくった。4年官軍東下の動きに対して使者を立て、勤王の意思を訴え藩の動向を明らかにした。明治2年参政となり、10年士族の金禄を資に第四十国立銀行を創立し、頭取に就任した。

根来 源之　ねごろ・もとゆき
労働運動指導者 ジャーナリスト

明治8年（1875）6月14日～昭和14年（1939）4月18日　⊞和歌山県池田村（紀の川市）　⊠カリフォルニア大学（米国）法学部　⊠17歳で米国に渡り、苦学しながらカリフォルニア大学で法律を修める。のちハワイのホノルルに法律事務所を開設。傍ら、日本人移民の労働条件改善を志し、明治38年革新同志会を結成して移民会社を弾劾、さらにハワイ総領事の更迭にも成功した。41年人種差別に基づく劣悪な賃金の改善を求めて耕地労働者増給論を主張し批評活動を展開、4ヶ月に渡る7000人規模の大ストライキを指導して逮捕された。また大正9年の同盟罷工でも先頭に立って運動を推進し、投獄された。著書に「明治41～42年布哇邦人活躍史」「米国憲法」「大罷工回顧史」などがある。

根津 嘉一郎（1代目）　ねづ・かいちろう
根津コンツェルン総帥 衆院議員（憲政会）

万延1年（1860）6月15日～昭和15年（1940）1月4日　⊞甲斐国山梨郡正徳寺村（山梨県山梨市）　⊠明治10年山梨県東山梨郡の書記となり、13年上京し漢学を学んだ。帰郷すると東山梨郡平等村議を皮切りに、郡議、山梨県議を経て、正徳寺村長となる。25年頃から甲州財閥の先輩・若尾逸平の"株は将来性を買え、灯り（電力）と乗りもの（鉄道）を買え"という言葉に影響されて株取引に熱中、機敏な才覚を発揮して巨利を得た。26年有信貯蓄銀行を設立。やがて若尾と同じく郷里の先輩・雨宮敬次郎の教えによって実業にも関心を持つようになり、東京に進出して若尾財閥系の実業家として活動。37年衆院議員に当選、憲政会に属し以後、通算4期を務める。一方で鉄道経営にも乗り出し、38年請われて東武鉄道の社長に就任。赤字続きであった

同社の再建に成功し、のちには内外の私鉄24社を支配下に収め"鉄道王"といわれた。業績不振の会社の株を買収して経営再建を図ることで事業を拡大し"ボロ買い一郎"とも揶揄されたが、館林製粉（現・日清製粉）、日本麦酒鉱泉（現・アサヒビール）、富国強兵保険（現・富国生命保険）などを創立して、いわゆる"根津コンツェルン"を形成した。"事業で社会から得た利益を社会に還元する"という持論から教育事業にも力を注ぎ、大正10年根津育英会を設立し、同年我が国初の7年制高等学校である武蔵高校を創立。15年勅選貴族議員。古美術愛好家としても知られ、没後に根津美術館が設立された。 家長男＝根津嘉一郎（2代目）（東武鉄道社長）、孫＝根津公一（東武百貨店社長）、根津嘉澄（東武鉄道社長）

根津 一 ねず・はじめ
陸軍砲兵少佐 東亜同文書院初代院長
万延1年（1860）5月2日～昭和2年（1927）2月18日 生甲斐国東山梨郡日川村（山梨県山梨市） 名号＝山洲 学陸士（旧4期）〔明治16年〕卒、陸大中退 歴砲兵少尉で広島鎮台砲兵隊付となり、明治18年陸大に入ったが、ドイツ人教官メッケルと衝突して退学。20年参謀本部付となり、荒尾精と日清貿易研究所設立を図り、23年上海に設立。「清国通商総覧」を編纂刊行。27年上海で諜報活動に従事中、日清戦争がおこり、第二軍参謀として金州、旅順攻撃に参加、少佐に昇進。その後予備役となり、31年近衛篤麿の設立した東亜同文会に参加、34年東亜同文書院初代院長に就任、多くの大陸浪人を養成した。

根本 正 ねもと・ただし
禁酒運動家 衆院議員（政友会）
嘉永4年（1851）10月9日～昭和8年（1933）1月5日 生常陸国五台村（茨城県那珂市） 学バーモント大学（米国）卒 歴明治2年上京、人力車の車夫をしながら啓蒙学者・中村正直、米国人宣教師に師事し、キリスト教に入信。10年渡米、小、中学校を経て、バーモント大学で学び23年帰国。板垣退助らの勧めで政界入りし、同年安藤太郎と日本禁酒同盟を組織、顧問となる。同時に自由党入りの、ち政友会に属し、31年の第5回以来衆院議員当選11回。この間、義務教育の無償化や未成年者飲酒禁止法成立などの功績を残した。

【 の 】

能海 寛 のうみ・ゆたか
僧侶（真宗大谷派）チベット探検の先駆者
慶応4年（1868）5月18日～明治34年（1901）12月 生島根県那賀郡金城町（浜田市） 歴生家は島根県金城町の真宗大谷派浄蓮寺。12歳で得度し、現在の慶応義塾大学と東洋大学で学ぶ。仏教の源流は長く鎖国が続いているチベットにこそ伝わると考え、チベット語経典の研究に没頭。明治32年から3回にわたって入国を試みたが、34年4月に中国南西部の雲南省・大理からの手紙を最後に音信を絶つ。大正6年旅先から妻や恩師に送られてきた書簡や紀行文を中心とした遺稿集が刊行された。その後、シルクロードや西域史への関心の高まりにつれチベット探検の先駆者としてその存在が見直された。

野上 運海 のがみ・うんかい
僧侶 浄土宗管長 知恩院門跡
文政12年（1829）3月11日～明治37年（1904）12月21日 生播磨国（兵庫県） 名字＝無功用、号＝到蓮社竟誉任阿 歴江戸・増上寺で修行し、嘉永3年（1850年）智象から法統を継ぐ。山口県龍相寺や増上寺の住職、浄土宗学本校校長などを務め、明治29年京都・知恩院門跡、浄土宗管長に就任。

乃木 勝典 のぎ・かつすけ
陸軍歩兵中尉
明治12年（1879）8月28日～明治37年（1904）5月28日 学陸士卒 歴陸軍大将・乃木希典の長男。日露戦争で第一師団歩兵第一連隊に属して出征、金州南山の戦闘で戦傷を受け、戦死した。 家父＝乃木希典（陸軍大将）、母＝乃木静子、弟＝乃木保典（陸軍少尉）、伯父＝湯地定基（貴族議員）、湯地定監（海軍機関中将）

乃木 静子 のぎ・しずこ
陸軍大将・乃木希典の妻
安政6年（1859）11月27日～大正1年（1912）9月13日 名旧姓・旧名＝湯地、幼名＝お七 学麹町女学校卒 歴薩摩藩士の四女に生まれ、明治5年一家で上京。11年陸軍軍人の乃木希典と結婚、希典の号・静堂により名を静子と改名。4人の子をもうけるが2人は早世し、長男・勝典、二男・保典も日露戦争で相次いで失った。大正元年9月13日明治天皇に殉じ、夫と共に自邸で自刃した。辞世の句は「出てましてかへります日のなしときくふの御幸に逢ふそかなしき」。軍人の妻として、その私生活は非常に質素であったといわれる。 家夫＝乃木希典（陸軍大将）、兄＝湯地定基（貴族議員）、湯地定監（海軍機関中将）

乃木 希典 のぎ・まれすけ
陸軍大将 学習院院長 伯爵
嘉永2年（1849）11月11日～大正1年（1912）9月13日 生江戸麻布日ケ窪（東京都港区） 出長門国長府（山口県） 名幼名＝無人 歴長府藩士・乃木希次の三男として生まれ、吉田松陰の伯父である玉木文之進に師事。明治4年陸軍少佐となり、西南戦争では熊本鎮台歩兵第十四連隊長心得として出征、田原坂の激戦で連隊旗を失う。責任を感じて自決を図るが止められ、この出来事が終生乃木を苦し

めたと言われる。11年薩摩藩士の娘・お七(結婚後、静子と改名)と結婚。19〜20年川上操六とドイツに留学、戦術を研究した。帰国後、軍規確立に関する意見書を提出、それまでの鬱屈からの放蕩の日々と訣別して軍規を体現して生きることを自らに課した。日清戦争には歩兵第一旅団長として出征。29年台湾総督を経て、日露戦争では大将、第三軍司令官に補せられ、旅順攻略を指揮。難攻不落といわれた旅順要塞に3度にわたる総攻撃をかけて自らの長男、二男を含む多数の戦死者を出した末に攻略に成功。戦後、39年軍事参議官、40年伯爵。41年学習院長となり、迪宮(のちの昭和天皇)の教育に尽くした。大正元年9月13日、明治天皇大葬の日に妻と自邸で殉死した。日露戦争で2子を失った悲劇の将軍として国民的敬愛を集め、死後も"聖雄""軍神"として語り継がれた。旅順要塞司令官・ステッセル将軍との会見は文部省唱歌「水師営の会見」となり、広く歌われた。 家妻＝乃木静子、義兄＝湯地定基(貴院議員)、湯地定監(海軍機関中将)

乃木 保典　のぎ・やすすけ
陸軍歩兵少尉
明治14年(1881)2月〜明治37年(1904)11月30日
学陸士卒 歴陸軍大将・乃木希典の二男。日露戦争に後備歩兵第一旅団司令部付で出征、旅順の二〇三高地で戦死した。 家父＝乃木希典(陸軍大将)、母＝乃木静子、兄＝乃木勝典(陸軍中尉)、伯父＝湯地定基(貴院議員)、湯地定監(海軍機関中将)

野口 英夫　のぐち・えいふ
甲府日日新聞社長 山梨県議
安政3年(1856)9月3日〜大正11年(1922)2月20日
生阿波国(徳島県) 歴中村正直の同人社に学ぶ。明治12年「甲府日日新聞」(現・山梨日日新聞)主筆となり、13年社長。また18年から山梨県議を4期務め、中央線敷設運動や山梨農工銀行創立などに携わった。 家二男＝野口二郎(山梨日日新聞社長)、孫＝野口英火(山梨日日新聞社長)

野口 男三郎　のぐち・おさぶろう
明治期の殺人犯
明治13年(1880)〜明治41年(1908)7月2日
生大阪府大阪市 名本名＝武林男三郎 歴東京外国語学校露語科中退、動物学者・石川千代松のもとを経て、漢詩人・野口寧斎の書生となった。やがて寧斎の妹と恋愛関係となり、同家の女婿となった。1女をもうけたが離縁され、明治38年薬局店主殺しの容疑で逮捕される。逮捕後、3年前に起こった少年が殺害され臀肉が切り取られた猟奇事件と、寧斎殺害の容疑ももたれ起訴されたが、薬店主殺しで死刑判決、ほか2件は無罪となった。40年10月上告が棄却され、41年7月刑が執行された。事件は「美しき天然」のメロディに乗せられた「夜半の追憶(男三郎の歌)」という歌となり、演歌師たちによって全国的に広まった。

野口 勝一　のぐち・かついち
衆院議員(自由党) 茨城日日新聞社長
嘉永1年(1848)10月16日〜明治38年(1905)11月23日
生常陸国磯原村(茨城県北茨城市) 名号＝珂北、北厳 学茨城師範卒 歴自由民権運動から政治の世界に入り、茨城県議・議長を経て、明治25年衆院議員に当選、以来3回当選。「茨城新報」主筆、茨城日日新聞社長なども務めた。また北厳塾を開き、子弟の教育に当たる一方、維新資料の収集につとめた。書画をよくし、蝦蟇の絵を得意とした。著書に「桜田始末」「印旛沼開疏論」「征露戦史」など。 家おい＝野口雨情

野口 坤之　のぐち・こんし
陸軍中将
万延1年(1860)〜大正8年(1919)3月7日
生陸奥国猪苗代(福島県耶麻郡猪苗代町) 学陸士(旧6期)卒、陸大(明治21年)卒 歴明治初年に東京に出て秋月韋軒の門に学び漢学を修めたが、明治14年陸軍士官学校に入る。19年陸軍大学校に進み卒業後、日清戦争に従軍。日露戦争には第四師団参謀長として出征し遼陽会戦後に帰還。39年陸軍中央幼年学校長、41年歩兵第十一旅団長、43年歩兵第一旅団長、44年陸軍士官学校長などを歴任。大正2年中将、のち予備役に編入となった。

野口 富蔵　のぐち・とみぞう
京都府勧業課
天保12年(1841)〜明治15年(1882)
生陸奥国(福島県) 歴会津藩士・野口成義の二男として生まれる。箱館の英国領事に英語を学び、慶応元年(1865年)から英国の外交官アーネスト・サトウと同居し、その私設秘書となる。明治2年サトウの英国帰国に随行して私費留学し、6年帰国。この間、岩倉使節団の通訳兼案内人をも務める。帰国後は大蔵省勧業寮、陸軍省砲兵局、工部省電信寮などを経て、10年から京都府勧業課に勤務した。

野口 正章　のぐち・まさあきら
酒造家 十一屋主人
嘉永2年(1849)〜大正10年(1921)
生甲斐国甲府(山梨県甲府市) 歴酒・醤油醸造業を営む十一屋の主人。新しいヨーロッパの酒であるバースビールに魅せられ、試行錯誤の末、横浜から米国人技師・コープランを甲府に招き、明治7年初のビールを完成し売り出した。翌年京都博覧会に出品、銅製賞牌を受ける。また同年"三ツ鱗ビール"発売に関して新聞に広告を掲載、これが「広告」という語の創始といわれる。その後、需要の少ないビール醸造は失敗に終り、東京に出、甲府に帰ることはなかった。 家妻＝野口小蘋(日本画家)

野口 能毅　のぐち・よしき
佐賀市長
万延1年(1860)8月〜昭和15年(1940)5月22日

⊞肥前国小城（佐賀県小城郡）　歴明治32年佐賀県小城郡長、33年佐賀県警察部長、38年秋田市長を経て、45年佐賀市長に就任。昭和6年まで4期16年務めた。7年初代小城町長となった。　家兄＝波多野敬直（官僚・子爵）

野倉 万治　のぐら・まんじ
労働運動家
明治15年（1882）1月24日～昭和17年（1942）12月
⊞兵庫県揖保郡神岡村（たつの市）　学小卒　歴黒田鉄鋼所機械工見習い、家業の風呂屋など各種の仕事を転々とし、明治43年川崎造船所本社工場造船工作部の仕上工となる。大正5年には伍長心得となり、模範職工として表彰されたこともある。4年友愛会に入り、8年のサボタージュ闘争では最高責任者となり、10年友愛会神戸連合会会長となる。同年の川崎・三菱両造船所争議では参謀としてて争議団を指導、その責任者として懲役2年に処せられた。出獄後は再び神戸連合会会長となり、評議会結成と同時に中央委員、神戸地方協議会議長に選ばれる。15年から労働運動を退き、養鶏業を営み、のちブラジルに移住した。

野崎 啓造　のざき・けいぞう
司法省検事総長 貴院議員（勅選）
嘉永5年（1852）2月～明治43年（1910）11月17日
⊞安芸国（広島県）　歴明治8年司法省に出仕し、14年に検事となる。22年からフランス・ドイツを視察し、帰国したのちは横浜・東京の地方裁判所検事正や大審院検事などを歴任。この間、李鴻章狙撃事件（下関事件）や朝鮮の閔妃暗殺事件などの裁判に関わった。31年東京控訴院検事長となるが、法相と対立して辞任した横田国臣の後任として、同年11月検事総長に就任。38年勅選貴院議員。

野崎 定次郎　のざき・さだじろう
衆院議員 児島銀行頭取
嘉永7年（1854）7月18日～昭和8年（1933）12月20日　⊞備前国児島郡野味村（岡山県倉敷市）　学慶応義塾　歴慶応義塾を卒業後、兄・武吉郎が経営する塩業を手伝う。兄が高額納税者として貴院議員となると、政治活動に参加するようになり、岡山県味野町長を経て明治30年岡山県議に当選。31年には衆院議員となり、進歩党に所属した。政界での活動の一方、実業界でも活躍し、児島銀行頭取や味野紡績社長などを歴任。　家兄＝野崎武吉郎（塩業家、政治家）

野崎 貞澄　のざき・さだずみ
陸軍中将 男爵
天保11年（1840）1月～明治39年（1906）1月8日
⊞薩摩国鹿児島（鹿児島県鹿児島市）　名通称＝善蔵、善太郎　歴文久3年（1863年）京都の守備につき、戊辰戦争では城下9番隊監軍を務め鳥羽・伏見・奥羽で旧幕府軍と戦った。明治4年大尉となり、7年佐賀の乱に近衛歩兵第一連隊長を務めた。

10年西南戦争では征討第二旅団に属して西郷軍と戦い、大佐に昇進し熊本鎮台参謀となった。15年少将となり広島鎮台司令官、18年歩兵第十二旅団長、19年歩兵第二旅団長を歴任。20年男爵を授かる。22年将校学校監、23年中将となり第六師団長。27年日清戦争では留守近衛師団長、留守第一師団長を務めた。

野崎 徳四郎　のざき・とくしろう
愛知ハクサイの生みの親
嘉永3年（1850）～昭和8年（1933）
歴明治18年からハクサイの栽培を始め、28年現在のハクサイの一般的な形状となる結球ハクサイの栽培に成功。大正6年に愛知ハクサイと命名された。自身で考案したハクサイの原種を地元の農家に配り、地域に広めた。

野崎 武吉郎　のざき・ぶきちろう
塩業家 貴院議員
嘉永1年（1848）8月3日～大正14年（1925）10月25日　⊞備前国（岡山県）　名幼名＝富太郎、通称＝武左衛門、号＝竜山　歴元治元年（1864年）祖父が亡くなると、翌年に家督を継ぎ、大庄屋格に任ぜられるとともに家業の製塩業に従事。明治時代に入ると、瀬戸内地方の塩業者によって組織された十州塩業同盟会に関与し、明治20年十州塩田組合本部長となる。また同年野崎家の経営方針を定めた「野崎家家則決議書」を制定、のちには180町歩以上の塩田を抱える大塩業者にまで成長した。23年貴院議員に選ばれ、台湾における塩田開発や塩専売法成立などで活躍し、39年まで在任。一方、私財を投じての慈善事業や教育事業にも当たり、道路の改修や学校建設を援助するなど地域の発展に貢献した。　家祖父＝野崎武左衛門（塩業家）

野崎 万三郎　のざき・まんざぶろう
実業家 岡山県書記官
天保10年（1839）1月11日～明治43年（1910）2月8日　⊞備前国邑久郡西幸西村（岡山県岡山市）　歴安政5年（1858年）わずか19歳で名主役に挙げられ、大庄屋役を経て明治2年岡山藩議院議頭職に選ばれる。次いで3年には藩の郷佐役となり、同藩独自の農地租税改革である悪田畑改正を建議・実施した。廃藩置県の岡山県庁に出仕し、権中属・収税長・参事官・書記官などを歴任。この間、8年には地租改正掛官員に任ぜられ、減租要求・民の蓄積を掲げて中央政府と対立したこともあった。26年に退官後は実業・社会事業で活躍し、岡山県農工銀行や備作恵済会・相互扶助組織の協同社などの設立に携わった。　家三男＝野崎藤三郎（軍医）

野沢 重吉　のざわ・じゅうきち
社会運動家
安政4年（1857）～大正4年（1915）9月25日
⊞上野国（群馬県）　歴東京築地で人力車夫をしていたが、社会主義に関心を抱き、明治36年平民社の運動に参加。「平民新聞」社友となって、明治40

年労働奨励会の発起人会に参加し、のち世話人をつとめる。生涯を人力車夫として働きながら社会主義運動に従事した。

野沢 泰次郎 のざわ・たいじろう
栃木県議
天保15年(1844)11月3日～大正9年(1920)10月19日 [生]下野国芳賀郡大内村(栃木県真岡市) [歴]郷里栃木県の真岡区長を務める傍ら、養蚕業に従事。明治8年には養蚕業組合「鬼怒川組」を興し、その組頭として蚕ческое改良などを研究した。12年栃木県議に当選し、初代同副議長を務めた。のち実業界に転じ、18年に近代的な設備を備えた野沢紡績所を設立。20年には同社を下野紡績株式会社に改組し、埼玉県や東京に支工場をおくまでに事業を拡大した。その他にも那須開墾社・西沢金山株式会社・金町煉瓦株式会社などの設立・経営に関与し、栃木県の産業開発・発展に大きな足跡を残した。

野沢 武之助 のざわ・たけのすけ
衆院議員
慶応2年(1866)～昭和16年(1941)
[生]下野国下籠谷村(栃木県真岡市) [歴]農商務卿・品川弥二郎に同行して渡欧して以来、長くドイツやスイスに留学。帰国後は韓国統監府や外務省に出仕し、法学博士・高等官として活躍した。この間、明治31年の第5回総選挙に出馬して当選、衆院議員を1期務めたが、続く第6回総選挙で自由党の星亨に敗れ、国政から退いた。編著に「国際私法講義」「セニョボー氏文明史」などがある。

野津 鎮雄 のず・しずお
陸軍中将
天保6年(1835)9月5日～明治13年(1880)7月21日
[生]薩摩国鹿児島城下高麗町(鹿児島県鹿児島市) [歴]薩摩藩士・野津鎮圭の長男で、野津道貫の実兄。薩英戦争では少壮隊長として沖小島を守った。慶応3年(1867年)藩兵として京都守護の任にあたり、小隊監軍ついで小隊長となる。戊辰戦争では五番隊長となって鳥羽・伏見の戦いに参加し、奥羽・箱館に転戦した。明治4年御親兵として上京、同年陸軍少佐に任官。7年佐賀の乱の鎮定に当たり、8年熊本鎮台司令長官、9年東京鎮台司令長官。10年西南戦争に際しては第一旅団司令長官を務めた。11年陸軍中将に進んだが、13年44歳で亡くなった。
[家]弟＝野津道貫(陸軍大将・元帥)

野津 道貫 のず・みちつら
陸軍大将・元帥 侯爵
天保12年(1841)11月3日～明治41年(1908)10月18日 [生]薩摩国鹿児島城下高麗町(鹿児島県鹿児島市) [歴]薩摩藩士・野津鎮圭の二男で、野津鎮雄の実弟。戊辰戦争では六番小隊長として兄と各地を転戦。明治4年上京して御親兵となり、陸軍少佐に任官。10年西南戦争に第二旅団参謀長として従軍。11年陸軍省第二局長、12年東京鎮台司令官を経て、16年大山巌に随行して渡欧、18年には伊藤博文に従って清国へ出張。同年広島鎮台司令官、21年第五師団長となり、27年日清戦争では山県有朋と代わって第一軍を指揮した。28年陸軍大将に進み、近衛師団長、29年東京防禦総督、同年東部都督、33年教育総監を歴任。日露戦争では第四軍司令官。39年元帥府に列し元帥陸軍大将となった。40年侯爵。 [家]兄＝野津鎮雄(陸軍中将)、女婿＝上原勇作(陸軍大将・元帥)

野瀬 市太郎 のせ・いちたろう
滋賀県議
明治1年(1868)9月30日～昭和6年(1931)10月12日 [生]近江国東甲良村(滋賀県犬上郡甲良町) [学]東京専門学校卒 [歴]滋賀県議、同東甲良村(現・甲良村)村長を歴任。隣接の5ケ村と厚生社信用組合を設立した。

野副 重一 のぞえ・じゅういち
弁護士 衆院議員(政友会)
慶応1年(1865)9月～昭和2年(1927)4月1日
[生]陸奥国(宮城県) [学]帝国大学法科大学英法科〔明治25年〕卒 [歴]弁護士、仙台市議を経て、衆院議員を1期つとめた。

野添 宗三 のぞえ・そうぞう
弁護士 衆院議員(国民党)
明治3年(1870)3月～大正8年(1919)8月27日
[生]丹波国氷上郡(兵庫県) [学]明治法律学校〔明治23年〕卒 [歴]明治29年司法官試補となり、のち検事を務める。34年退官して神戸で弁護士を開業し、破産管財人、神戸弁護士会副会長・会長を歴任。神戸市議を経て、43年神戸市から衆院議員に当選、国民党に所属し、4期務めた。

野田 卯太郎 のだ・うたろう
衆院議員(政友会) 通信相 商工相 三池紡績社長
嘉永6年(1853)11月21日～昭和2年(1927)2月23日 [生]筑後国三池郡岩津村(福岡県みやま市) [名]号＝野田大塊 [歴]筑後国岩津村の豪農の子であったが、父が早世し、母も父の弟に再嫁したため、豆腐屋を営む外祖父に養われた。明治13年自由民権運動に参加、19年福岡県議に当選。27年副議長。この間、19年三池銀行、20年三池土木会社、22年三池紡績、30年福岡農工銀行などの設立に関与するなど、実業家としても活動した。31年衆院議員に当選。以来通算10期。33年政友会の結党に参加し、45年幹事長、大正6年総務委員、10年顧問、12年政務調査会長、13年副総裁を歴任。7年原内閣の通信相として初入閣。13年第一次加藤高明内閣の商工相に就任。2～5年東洋拓殖副総裁。肥満に丸顔で"よかたい、よかたい"と方言丸出しで話す風采で、桂園時代に桂太郎と西園寺公望の間を取り持つなど、交渉の取りまとめに技量を発揮。"妥協の神様"と称され政友会の伸長に貢献し、大正期を代表する党人政治家として重きをなした。

野田 四郎　のだ・しろう
和歌山県議　有田郡長
天保11年(1840)9月23日～明治37年(1904)5月27日　生紀伊国有田郡藤並村野田(和歌山県有田郡有田川町)　名俳号＝梅邁　歴北逼蘂洲に書を学び、青年期には菊池海荘、浜口梧陵に私淑。製茶や養蚕業に私有地や私財を投じ、殖産興業の発展に努めた。明治12年郡制実施に際し、有田郡書記となり、16年有田郡長。また、その後和歌山県議を通算2期務めた。郡長として数々の功績をあげ、名郡長といわれた。

野田 豁通　のだ・ひろみち
陸軍主計総監　男爵
弘化1年(1844)12月～大正2年(1913)1月6日　出肥後国熊本(熊本県熊本市)　歴肥後熊本藩士・石光文平の三男で、のち野田淳平の嗣子となる。横井小楠の塾に学び、戊辰戦争で功を立てた。同年兵部少輔、さらに軍事参謀試補兼軍事会計総轄となり、明治2年五稜郭の攻撃に従軍。のち胆沢、弘前などの参事となり、さらに陸軍会計史となった。10年西南戦争には第三旅団会計部長として従い、以来累進して陸軍省経理局長となり、28年日清戦争での功により男爵を授けられた。のち陸軍主計総監に進み、陸軍唯一の最高主計官に就任。34年予備役に退いてのち、貴院議員に勅選された。
家孫＝中村公彦(映画美術監督)

野手 一郎　のて・いちろう
自由民権運動家
嘉永6年(1853)12月15日～明治35年(1902)6月9日　生下総国豊田郡加養村(茨城県下妻市)　歴郷里茨城県下で小学校教師を務める。その傍ら、自由民権運動に参加し、明治12年には同志とはかって民権結社・同舟社を設立した。13年には教師を辞職し、運動に専心。さらに、同年筑波山で開かれた民権政社の会合で議長に選出されるなど、茨城県における民権運動の中心として重きをなした。その後、警視庁に勤務。

野々村 政也　ののむら・まさや
日本銀行株式局長　鴻池銀行監査役
安政2年(1855)6月22日～昭和5年(1930)4月24日　出鳥取県　名号＝悔堂　学大阪師範卒　歴明治23年日本銀行に入り、株式局長などを歴任。のち鴻池合名に入社、鴻池銀行常務監査役、鴻池家理事を務めた。漢文学に通じ、また書にも優れ、悔堂と号した。

野間口 兼雄　のまぐち・かねお
海軍大将
慶応2年(1866)2月14日～昭和18年(1943)12月24日　生薩摩国(鹿児島県)　学海兵(第13期)〔明治20年〕卒　歴明治21年海軍少尉に任官。日清戦争に西海艦隊参謀で従軍。明治34年英国駐在、36年海軍省副官兼山本権兵衛海相秘書官、39年高千穂、松島、40年浅間の各艦長。同年軍務局先任局員、42年第一艦隊、44年佐世保鎮守府、45年呉鎮守府の各参謀長などを経て、大正2年軍務局長、3年呉工廠長、5年海軍兵学校校長、7年舞鶴鎮守府司令長官、8年第三艦隊司令長官などを経て、9年海軍大将。同年教育本部長。12年横須賀鎮守府司令長官となり、13年予備役に編入。書類を決裁する時、印を斜めや逆さに押すことにより、案件の同意不同意を表明したという。　家息子＝野間口光雄(海軍技術中佐)

能村 磐夫　のむら・いわお
陸軍中将
明治7年(1874)4月～昭和8年(1933)6月6日　生徳島県　学陸士〔明治27年〕卒　歴明治28年陸軍砲兵少尉に任官。兵器本廠検査官、大阪砲兵工廠兵器製造所所長・設計課長を経て、陸軍技術会議議員となり、大正11年東京工廠設計課長、12年造兵廠作業部長、13年技術本部総務部長を歴任。15年中将、火工廠長となる。昭和3年予備役に退き、のち石川島自動車製作所社長に就任した。造兵方面での一権威であった。

野村 維章　のむら・これあきら
控訴院検事長　男爵
天保15年(1844)4月8日～明治36年(1903)5月7日　生土佐国土佐郡小高坂(高知県高知市)　歴文久2年(1862年)土佐藩の砲術教授となる。元治元年(1864年)藩船南海丸に乗組んで長崎に渡り、同地の宗福寺内英語講習所で修業中、坂本龍馬を知り、慶応2年(1866年)脱藩して龍馬の社中に参加、以後海援隊士として活躍。明治元年4月長崎裁判所御用掛となり、同年7月長崎で編成された振遠隊出陣に軍監として東北に従軍。2年神奈川巡察試補、長崎県御用掛、同県兵軍監を経て、5年神奈川に出征して権検官、権総長、7年佐賀県権参事に転じ、8年同参事に就任。のち茨城県権令、同県令、検事を務め、宮城、東京、大阪、函館などの控訴院検事を歴任、ついでまた控訴院長、検事長を務めた。33年男爵となる。

野村 佐平治　のむら・さへいじ
製茶商人
文政5年(1822)～明治35年(1902)8月29日　生下総国猿島郡山崎村(茨城県猿島郡境町)　歴下総国猿島地方に茶の栽培を導入した佐五右衛門の子孫。自身も製茶業に従事した。天保の大飢饉がおこると、打撃を受けた農村を救済するため、茶の改良を企図。江戸・日本橋の茶商人から宇治茶の栽培・製法を教わり、試作に成功して良質な茶を得た。これが江戸の茶商古木屋佐平により"江戸の花"として売り出され、猿島産の茶の評判が高まった。維新後、茶の輸出増加に伴い粗製乱造品が多くなったため、茨城県の要請を受けて茶業家の中山元成とともに茶業組合を設立。以来、製茶共進会や集談会を開くなどして猿島茶の地位・品質向上に寄与した。また、明治28年には野村流

製茶伝習所を開設し、製茶教育にも力を注いだ。著書に「製茶指針論」などがある。

野村 成満　のむら・しげみつ
滝本水路建設の功労者
天保9年(1838)6月7日～大正13年(1924)12月13日　囲高知県高岡郡松葉川村一斗俵(四万十町)　歴京都土佐藩邸で京都御用役や大阪住居陣屋詰を務め、明治2年高知に帰郷。東津野村などで医者として活躍。27年農民のために立ち上がり、窪川町松葉川地区の滝本水路建設に着手、離工事の末、37年に完成させた。この地域開発の功績により、大正6年村人たちによって導水トンネル出口に記念碑が建てられ、8年には高知県知事から銀杯と褒状を受けた。松葉川の救世主といわれる。

野村 治三郎　のむら・じさぶろう
実業家 社会事業家
文政11年(1828)11月～明治33年(1900)9月8日　生陸奥国野辺地(青森県上北郡野辺地町)　家は陸奥国野辺地の回船問屋で、代々、南部藩の御用商人を務める。彼はその6代目の当主で、家業の傍ら災害救援や慈善活動で活躍。安政2年(1858年)の飢饉やコレラの流行・明治23年の青森大火など県内で災害が起こると、金や食糧による援助を惜しまず、被災民に感謝された。また、公共施設の充実・町内の整備にも尽力し、泥濘のひどい道路に御影石を敷き詰めて通行の便を改良したことでも知られる。さらに、9年及び14年の明治天皇青森行幸の際には、天皇の行在所を新築し、それらの功績により政治家・岩倉具視らと並んで天皇に拝謁するの栄に浴した。23年貴族院議員に当選。

野村 治三郎(8代目)　のむら・じさぶろう
衆院議員 野村銀行頭取
明治10年(1877)10月28日～昭和24年(1949)1月13日　生青森県野辺地町　名幼名=常太郎　学慶応義塾中退　歴豪商野村家の7代治三郎の長男に生まれ、明治33年家督を継ぎ、治三郎を襲名。35年甲地村(現・東北町)長者久保の所有地に大平競馬場の造成を開始、39年には第1回青森県競馬会を開き、以後馬産振興に尽力す。また青森県農工銀行・野村銀行・上北銀行各頭取、野辺地電気社長としても活躍した。一方、地方森林会議員、恩賜財団済生会評議員、日本産業協会評議員を経て、大正4年衆院議員に当選。以来連続4期務めた。10年から野辺地町会議員。　賞野辺地町名誉町民〔昭和51年〕

野村 実三郎　のむら・じつさぶろう
野村商店創業者
明治13年(1880)11月23日～大正8年(1919)1月26日　生大阪府大阪市　父は大阪で銭両替商・野村徳七商店を営んでいた初代野村徳七で、7人きょうだい(5男2女)の三男。小学校では常に首席で通していたが、兄が商業学校に通い家業が手薄になり、親族間に学問無用論が台頭した明治26

年両親の命で小学校高等科を中退し、家業に従事した。33年徴兵検査に合格。兄が入営中であり、病気がちな父やあまり役にたたない店員に店を任せるわけにはいかないと徴集延期を願ったが、聞き入れられず、東京の近衛歩兵第一連隊第八大隊に入隊。36年除隊。父の没後は兄を助けて野村家の興隆に尽くし、大正6年野村徳七商店を改組して株式会社野村商店(現・コスモ証券)が誕生すると代表取締役となったが、8年スペイン風邪に罹って急逝した。　家二兄=野村恵二(野村生命保険社長)、三男=野村康三(野村海外事業社長)、父=野村徳七(1代目)、兄=野村徳七(2代目)、弟=野村元五郎(野村銀行頭取)

野村 宗十郎　のむら・そうじゅうろう
東京築地活版製造所社長 和文ポイント活字創始者
安政4年(1857)5月4日～大正14年(1925)4月23日　生肥前国長崎(長崎県長崎市)　名旧姓・旧名=服部　歴長崎の薩摩屋敷に生れる。長崎で本木昌造の新街私塾に入り、英学、漢学、数学及び活版印刷技術を学ぶ。明治12年上京し大蔵省銀行局に出仕、国立銀行検査官ののち、22年東京築地活版製作所に入り、26年支配人、39年取締役兼支配人を経て、40年社長に就任。この間、24年に欧米のポイント活字システムについての記事を「印刷雑誌」に訳載し、27年初めて10ポイント活字を鋳造した。36年第5回内国勧業博覧会に9ポイント活字を出品、以後新聞に採用され、印刷界に一大革命をもたらした。また活字書体の改良にも取り組み、"築地体"と呼ばれる明朝体を創案した。　勲藍綬褒章〔大正5年〕

野村 貞　のむら・ただし
海軍少将
弘化2年(1845)1月16日～明治32年(1899)5月4日　生越後国(新潟県)　名旧姓・旧名=萩原　歴越後長岡藩士・萩原家に生まれ、同藩家老・河井継之助の甥に当たる。明治4年海軍中尉に任官。17年孟春、比叡、清輝の3艦、19年大和、20年筑波、22年富士山の艦長を務め、同年海軍造兵廠長、24年佐世保鎮守府参謀長。26年松島艦長となり、日清戦争には高千穂艦長として従軍、黄海海戦で活躍した。29年海軍少将。30年横須賀軍港司令官、31年常備艦隊司令官、32年呉鎮守府艦隊司令官を務めたが、同年亡くなった。　家甥=山本五十六(海軍大将・元帥)、おじ=河井継之助(越後長岡藩家老)

野村 鈐吉　のむら・ちんきち
弁護士
安政2年(1855)10月2日～明治29年(1896)1月20日　生上野国前橋(群馬県)　学東京大学法学部英法科〔明治11年〕卒　歴大蔵省に入省。関税局に入り、横浜税関、主税局を経て、明治19年大阪始審裁判所検事。26年退官し、大阪地裁所属の代言人(弁護士)となる。また、関西法律学校(現・関西大学)創立に関わり、法学士ながら"経済学"を

野村 徳七（2代目） のむら・とくしち
野村財閥創始者

明治11年（1878）8月7日～昭和20年（1945）1月15日 〔生〕大阪府大阪市 〔名〕幼名=信之助 〔学〕大坂商〔明治28年〕中退 〔歴〕父は大阪で銭両替商・野村徳七商店を営んでいた初代野村徳七で、7人きょうだい（5男2女）の二男。兄が早世したことから事実上の長男として育つ。明治25年大阪商業学校予科に入り家業を手伝いながら学ぶが、28年肺炎を病み、本科への進級試験中に倒れて中退。商業簿記を修めるため夜学の大阪実業学館に通い、30年卒業。37年野村徳七商店を継承、40年2代目徳七を襲名。両替商から証券業に転身、いち早く調査部を設置するなど昔ながらの株屋から脱却を図った。日露戦争の株価狂乱時には、戦後の暴落を予想して株式投資で巨万の富を得、社業を基礎を築いた。41年欧米に外遊。大正6年野村徳七商店を改組して株式会社野村商店（現・コスモ証券）を、7年大阪野村銀行（現・りそな銀行）、野村総本店、14年野村証券を設立。第一次大戦の好況でも莫大な富を稼ぎ、また、戦後の暴落をうまく回避し、8年末頃にはおよそ3000万円の資産を保有した。11年野村合名会社を設立、同社を中心に一代で数十社に及ぶ野村財閥を築き上げた。昭和4年貴院議員に勅選。また、茶道、能楽などの趣味にも打ち込み、京都・南禅寺で名園を有する碧雲荘は国の重要文化財に指定された。〔家〕長男=野村徳七（3代目）、孫=野村文英（野村建設工業社長）、父=野村徳七（1代目）、弟=野村実三郎（野村商店創業者）、野村元五郎（野村銀行頭取）、義兄=八代祐太郎（敷島紡績社長）、甥=野村恵二（野村生命保険社長）、野村康三（野村海外事業社長）〔勲〕紺綬褒章〔大正10年〕、勲三等瑞宝章〔昭和4年〕、旭日中綬章〔昭和9年〕、勲二等瑞宝章〔昭和15年〕、旭日重光章〔昭和20年〕

野村 政明 のむら・まさあき
愛知県知事

嘉永7年（1854）3月23日～明治35年（1902）10月2日 〔生〕薩摩国（鹿児島県） 〔名〕本名=市来七之助〔歴〕明治20年愛媛県書記官、22年内務省参事官、27年鳥取県知事、29年拓殖省南部局長、30年台湾事務局長、31年和歌山県知事、32年岐阜県知事、33年宮城県知事、同年石川県知事、35年愛知県知事。〔勲〕勲四等瑞宝章〔明治29年〕

野村 素介 のむら・もとすけ
元老院議官 男爵

天保13年（1842）5月18日～昭和2年（1927）12月23日 〔生〕周防国吉敷郡長野村（山口県山口市） 〔名〕旧姓・旧名=有地、字=絢夫、通称=範輔、右仲、号=素軒 〔歴〕長州藩士の子。藩校明倫館に学び、安政6年（1859年）江戸に出て桜田藩邸の有備館に入り、次いで塩谷宕陰に漢籍を、小島成斎に書道を学んだ。

文久2年（1862年）帰国して明倫館の舎長となる。3年野村正ష の養子となり、慶応2年（1866年）家督を継ぐ。維新の際は国事に奔走し、明治元年山口藩参政兼公儀人となり軍政主事となった。以降藩政改革に尽力。2年権大参事となり、4年欧州を視察し、翌年帰国。茨城県参事から文部省に出仕して文部少丞、文部大丞、教部大丞、大督学等を経て、10年文部大書記官、13年元老院大書記官、元老院議官を歴任。23年勅選貴院議員となった。33年男爵。晩年は書家として活躍し、書道奨励会会頭を務めた。〔家〕娘=大山久子

野村 盛秀 のむら・もりひで
埼玉県令

天保2年（1831）3月3日～明治6年（1873）5月21日 〔生〕薩摩国（鹿児島県） 〔名〕旧姓・旧名=野元 〔歴〕薩摩藩士で、幕末は長崎詰の文官。文久3年（1863年）の薩英戦争で捕虜となった五代友厚の嫌疑を晴らすのに尽力。慶応3年（1867年）パリ万博に薩藩代表随員として渡仏。4年長崎裁判所参謀助役、明治2年長崎県初代県知事、3年日田（大分県）県知事、4年初代埼玉県令。

野村 靖 のむら・やすし
内相 通信相 通信次官 神奈川県令 子爵

天保13年（1842）8月6日～明治42年（1909）1月24日 〔生〕長門国萩土原（山口県萩市） 〔名〕字=子共、通称=入江嘉伝次、入江和作、野村靖之助、変名=桜井藤太、号=靖録、欲庵、香夢庵主、芳風 〔歴〕長州藩の足軽・野村嘉伝次の二男。安政4年（1857年）兄・入江九一と吉田松陰の松下村塾に入門。師の影響で尊皇攘夷運動に挺身し、文久2年（1862年）英国公使館焼討ち事件に参加した。禁門の変後、藩保守派の打倒に貢献し、藩論を倒幕に導く。第二次長州征討では御楯隊を率いて芸州口に出陣し、幕府軍相手に奮戦した。明治4年新政府に出仕して木戸孝允の側近として活動し、宮内権大丞、宮内少丞を経て、岩倉使節団に随行して渡欧。6年帰国、8年外務権大丞、9年神奈川県権令を務め、11年同県令に就任。14年駅逓総官に転じてからは通信方面で活躍し、18年通信大輔心得、19年駅逓総監、同年通信次官と累進し、20年子爵に叙された。21年枢密顧問官。24年より駐フランス公使を務め、帰国後の26年枢密顧問官に復帰。27年第二次伊藤内閣で内相として入閣するが、自由党との連携を模索する伊藤と意見を異にして辞任した。29年第二次松方内閣の通信相。同内閣の退陣後は、33年3度目の枢密顧問官となり、超然主義を主張して政党政治に対抗し続けた。40年富美宮、泰宮両内親王御養育掛長。また、師・松陰の著書刊行にも尽力し、没後は東京・世田谷の松陰神社境内に葬られた。〔家〕兄=入江九一（志士）、長女=本野久子（愛国婦人会会長）、長男=野村益三（貴院議員）、二男=入江貫一（帝室会計審査局長官）、女婿=本野一郎（外交官）〔勲〕旭日桐花大綬章

野本 恭八郎　のもと・きょうはちろう
社会事業家 新潟県議
嘉永5年(1852)10月24日～昭和11年(1936)12月4日 [生]越後国刈羽郡横沢村(新潟県長岡市) [名]旧姓・旧名=山口, 号=互尊 [歴]越後の大地主・山口平三郎の子として生まれ、明治5年長岡の豪商・野本家の婿養子になり同家を継ぐ。第六十九国立銀行取締役、長岡電燈会社取締役、新潟県議などを務める。互尊即独尊を説き、大正4年長岡に互尊文庫(長岡市立中央図書館の前身)を創設。昭和9年全財産を投じて日本互尊社を設立したが、同社はその後、社会教育事業に寄与した。 [家]長兄=山口権三郎

野元 驍　のもと・たけし
浪速銀行頭取
嘉永6年(1853)8月23日～昭和2年(1927)2月14日 [出]鹿児島県 [名]旧姓・旧名=山本 [歴]明治31年浪速銀行常務を経て、33年頭取に就任。のち豊川鉄道、大阪商船、川崎造船所などの重役を務めた。

野元 綱明　のもと・つなあきら
海軍中将
安政5年(1858)2月15日～大正11年(1922)12月7日 [出]薩摩国(鹿児島県) [名]旧姓・旧名=伊集院 [学]海兵(第7期)〔明治13年〕卒 [歴]高知県令を務めた伊集院兼善の三男。明治16年海軍少尉に任官。24年横須賀鎮守府参謀を経て、25年ロシアへ留学。26年ロシア大使館付武官となり、以後2回のロシア派遣を含めて約7年半に渡り同地に滞在。37年戦艦朝日艦長に着任、日露戦争の日本海海戦では第一艦隊の主力として活躍した。41年第二艦隊司令長官、43年第一艦隊司令長官などを歴任、44年海軍中将。大正2年予備役に編入。 [家]父=伊集院兼善(高知県令), 兄=伊集院兼寛(貴院議員), 義弟=釜屋六郎(海軍中将), 女婿=太田質平(海軍少将)

乗松 雅休　のりまつ・まさやす
キリスト教伝道者
文久3年(1863)7月12日～大正10年(1921)2月12日 [生]伊予国松山(愛媛県松山市) [学]松山中卒, 明治学院神学部中退 [歴]松山中学卒業後、上京し神奈川県属となり、在職中に入信。退官して明治学院神学部に入る。のち日本橋教会牧師となるが、教会内の分裂問題で離脱、無教派・無信条のキリスト教を主張する。明治29年単身朝鮮半島に渡り、京城、水原を中心に伝道に従事、朝鮮民衆から深い信頼を得た。著訳書に「朝鮮語羅馬語」「朝鮮語讃頌歌」、共訳に「ローマ書新訳」などがある。

則元 由庸　のりもと・なおつね
弁護士 衆院議員 長崎日日新聞社長
文久2年(1862)2月～昭和6年(1931)8月6日
[生]肥後国熊本城下寺原町(熊本県熊本市) [学]明治法律学校 [歴]明治16年代言人試験に合格して長崎で弁護士を開業。31年長崎市議、次いで議長。のち衆院議員に当選、民政党長崎県支部長。一方、長崎日日新聞社長を務めた。

野呂 多一郎　のろ・たいちろう
農事改良家
天保6年(1835)1月28日～明治45年(1912)3月6日
[生]出羽国秋田郡西館村(秋田県大館市) [歴]明治6年生地・出羽秋田郡西館村の世話係となって以来、肥料・苗代管理の改良など、農業の振興と生活改善に努めた。また農会を開設して、農村自治の精神を高め、貯蓄を勧め、産馬の改良を促した。この功績により、39年大日本農会総裁より緑白綬有功章を、同年農商務大臣より功労書を受領し、41年東宮行啓の際、彰行録を賜った。

野呂 武左衛門　のろ・ぶざえもん
植林家 農商務省官林一等監守
天保7年(1836)～明治35年(1902)
[生]陸奥国舘岡村(青森県つがる市) [歴]代々、弘前藩の新田・山林事業に当たってきた野呂家の9代目当主。津軽半島西部において田畑を風害から守るため野呂家の3代目当主・理左衛門が作った屏風山防風林が、天明・天保の大飢饉で盗伐されて荒廃したため、藩命を受けて安政2年(1855年)より屏風山再興を期した植林事業を開始。家督継承ののち元治元年(1864年)に屏風山新松仕立役を命じられ、近隣の農民らが資金を拠出して明治7年まで植林を続行、松苗の確保や盗伐防止に苦心し、結果的に約178万本を植林。その後、青森県の西野合樹木取締役、農商務省の官林一等監守を歴任し、屏風山の管理を続けた。15年には3代目理左衛門以来約250年に渡って一族が行ってきた植林が政府に認められ、屏風山は全国二等山林となり、武左衛門にも銀杯一個と金30円が下賜された。また、14年に明治天皇が屏風山を行幸した際、その先導を務めている。17年故郷舘岡に洪福寺を創建。

【は】

芳賀 種義　はが・たねよし
福岡県議
文久1年(1861)9月28日～昭和14年(1939)2月28日 [生]豊前国八幡村(福岡県北九州市) [歴]八幡村の大庄屋に生まれる。明治25年八幡村長となり、自ら地元住民への説得にあたったり、私財を投じるなどして官営八幡製鉄所の誘致に尽力した。地元政財界の支援を受けた官民一体の誘致活動の結果、誘致に成功。村長を6年間務めた後、福岡県議、八幡商工会の初代会長などを歴任した。

萩野 左門　はぎの・さもん
衆院議員(猶興会) 栃木県知事
嘉永4年(1851)8月～大正6年(1917)12月30日

越後国(新潟県) 歴漢学を修めたのち、新潟県議、栃木県知事、新潟市長を歴任。明治27年衆院議員に当選。以来5選された。私立北越学館の創立者でもある。

萩野 末吉 はぎの・すえきち
陸軍中将
万延1年(1860)9月1日～昭和15年(1940)2月13日
生備前国岡山城下(岡山県岡山市) 学陸士〔明治14年〕卒 歴岡山藩士・萩野閑吾の二男として岡山城下忍屋敷に生まれる。幼くして藩校に学び、明治5年東京に出て英語を修めた。8年陸軍教導団に入り、12年陸軍士官学校に入学。14年卒業し、近衛歩兵第一連隊、18年参謀本部勤務後、同年～21年シベリアに出張。帰国後、陸軍幼年学校副官などを経て、25年ロシアに留学。26年帰国後再び参謀本部でロシアの情報調査を行う。40年ロシア大使館付武官、43年帰国し歩兵第二十九旅団長、台湾第二守備隊司令官などを務め、大正3年陸軍中将。4年予備役に入るが、8～11年再び召集されウラジオストック軍司令部付となった。

萩原 角左衛門 はぎわら・かくざえもん
林業家 東京府戸倉村長
文久1年(1861)～大正2年(1913)1月6日
生武蔵国多摩郡戸倉村(東京都あきる野市) 名本名=萩原茂能 歴武蔵国多摩郡戸倉村で代々林業・材木卸商を営む家に生まれる。家業を継いで角左衛門と称した。明治維新後の森林の荒廃を憂い、自己所有の山林に植林して模範を示し、近郷に造林を指導。また、造林総代人となり村内の共同造林用にスギ・ヒノキを24万本植えた。その後、村長となって村有林野120余ヘクタールの整理を行い、のち近隣町村の荒廃地500ヘクタールを各町村の基本財産となるよう計画・整理し、明治37年目的を達成。村政の改革、西多摩郡農会の組織化、蚕業の改善などに尽くし、模範村として認められ内相より表彰された。 勲藍綬褒章〔明治44年〕

萩原 守一 はぎわら・しゅいち
外交官
慶応4年(1868)2月27日～明治44年(1911)5月26日 生長門国(山口県) 学帝国大学法科大学法律学科〔明治28年〕卒 歴明治26年萩原氏をつぐ。28年帝国大学法科を卒業後、直ちに外交官となり、ベルギー、韓国、清国に公使館書記官として勤務。ついで大使館一等書記官として米国に駐在、のち奉天総領事を経て、41年外務省通商局長に就任。

萩原 正清 はぎわら・まさきよ
農民運動家
嘉永6年(1853)3月9日～昭和2年(1927)9月27日
生越中国西礪波郡鷹栖村(富山県礪波市) 名別名=沢田六郎兵衛 歴明治27年小作人組合「小作同盟会」を結成。大正3年から6年にかけて鷹栖村長となり、のち郡会議員をつとめる。大正15年日本農民党に参加、また富山県農業団体連合会を結成

するなど、農民運動に大きな足跡を残した。

萩原 鐐太郎 はぎわら・りょうたろう
碓氷社社長 群馬県議
天保14年(1843)7月～大正5年(1916)7月1日
生上野国碓氷郡磯部村(群馬県安中市) 歴明治2年名主となり、戸長、区長など歴任。11年萩原音吉らと養蚕農家の協同組合による碓氷社を創設、18年社長となる。一方、15年から群馬県議に当選、以来10年間にわたって県政界で敏腕をふるい、この間19年には碓氷郡長も務める。31年衆院議員に当選したが、すぐ解散したため、以後は碓氷社の改革発展に尽くし、蚕糸業界の発展に貢献した。 勲緑綬褒章〔明治26年〕

箱田 六輔 はこだ・ろくすけ
自由民権運動家 玄洋社社長
嘉永3年(1850)5月～明治21年(1888)1月19日
生筑前国福岡(福岡県福岡市) 名旧姓・旧名=青木, 幼名=円三郎 歴筑前福岡藩士の二男として生まれ、箱田家の養子となる。戊辰戦争に参加、維新後征韓論に共鳴したが、明治7年佐賀の乱に際し鎮撫隊を組織して従軍。高場乱の塾に学ぶ。8年頭山満、平岡浩太郎らと矯志社、強忍社、堅志社を組織。翌9年萩の乱に参加し投獄される。釈放後、12年向志社と向陽社を組織、初代社長となり、自由民権運動に参加。また筑前共愛会会長となり、愛国社、国会期成同盟などの全国的活動分野でも指導的役割をつとめた。14年向陽社を玄洋社と改めた際、一時平岡に社長を譲ったが、平岡が退いたのち再び社長に就任した。

間 猛馬 はざま・たけま
間組創業者
安政5年(1858)6月2日～昭和2年(1927)2月22日
生土佐国高知城下(高知県高知市) 歴土佐藩士に生まれ、25歳で上京。明治22年土木建築請負業の間組を設立して、九州鉄道の工事を請け負う。30年には南海鉄道の工事を落札して本州に進出。さらに日露戦争では京釜・京義線の速成工事に従事した。大正9年には東京にも進出した。

箸尾 覚道 はしお・かくどう
僧侶(真言宗)
天保4年(1833)～明治38年(1905)10月21日
生山城国(京都府) 歴弘化元年(1844年)高野山に上って持宝院(真言宗)で出家し、覚応に師事。のち、もう一人の師・栄秀の後を嗣いで蓮台院の住職となる。明治5年奈良県内の寺院取締役に任ぜられ、金剛峰寺代理を経て遍照尊院住職に就任。22年には高野山内にある弘法大師ゆかりの宝亀院を復興した。27年法印に昇任し、37年には無量寿院に転じて権大僧正となった。

橘口 文蔵 はしぐち・ぶんぞう
台湾総督府台北県知事
嘉永6年(1853)6月1日～明治36年(1903)8月10日

生薩摩国(鹿児島県)　学マサチューセッツ農科大学(米国)卒　歴農商務省の官吏として製糖事業を志し、製糖の近代化を図るため自らドイツに赴いて機械購入やドイツ人技師の招聘に尽力。これをもとにして明治16年北海道紋鼈の製糖所長に就任し、甜菜からの製糖の事業化に成功した。また、北海道各地の農場で洋式農業を試みた。その後、札幌農学校校長や北海道庁第二部長・台湾総督府台北県知事などを歴任。

橋口 勇馬　はしぐち・ゆうま
陸軍少将

文久2年(1862)3月15日～大正7年(1918)1月11日　出鹿児島県　学陸士(第6期)〔明治16年〕卒　歴父は寺田屋事件で斬られた薩摩藩士・橋口伝蔵。明治16年陸軍少尉に任官。日露戦争では馬賊を操って満州で後方攪乱に従事した。40年歩兵第六十二連隊長、大正元年歩兵第四十連隊長を経て、3年陸軍少将となり、歩兵第十三旅団長。6年予備役に編入。　家父＝橋口伝蔵(薩摩藩士)、岳父＝山沢静吾(陸軍中将)

箸蔵 善龍　はしくら・ぜんりゅう
僧侶 真言宗小野派管長

嘉永5年(1852)4月18日～昭和3年(1928)11月1日　出阿波国(徳島県)　歴阿波(徳島県)第一の巨利・箸蔵寺で出家して住職となり、京都太秦の広隆寺住職を兼ねた。大正元年京都随心院門跡、ついで真言宗小野派管長、大僧正となった。

橋爪 捨三郎　はしづめ・すてさぶろう
鐘淵紡績副社長

慶応3年(1867)11月4日～昭和5年(1930)9月15日　出陸奥国会津(福島県)　学帝国大学法科大学〔明治28年〕卒　歴会津藩士の三男に生まれる。明治28年大学を卒業して直ちに三井物産に入り、のち上海紡績に転じる。32年同社が合併した鐘淵紡績に移り、のち副支配人、支配人を経て、大正7年取締役となる。昭和2年常務、のち副社長に就任し、社運の隆盛に貢献した。

橋爪 武　はしづめ・たけし
北溟会創立者

安政5年(1858)～明治41年(1908)　出加賀国金沢(石川県金沢市)　名旧姓・旧名＝岡田　歴加賀藩士・岡田助右衛門の五男に生まれ、15歳の時に橋爪家の養子となる。明治10年頃東京に出て警視庁巡査となるが、父の病により帰郷。11年再上京して島田一良らの大久保利通暗殺の計画に加わり、終身刑となるが、21年特赦により出獄。のち河野主一郎の経営する日本水産会社に入る。34年金沢に北溟会を設立し、ロシア、中国に多くの青年を送った。　家兄＝広瀬千磨(国家主義者)

橋本 峨山　はしもと・がざん
僧侶 臨済宗天竜寺派管長

嘉永6年(1853)～明治33年(1900)10月21日　出京都烏丸四条下ル町　名法名＝昌禎、別号＝息耕軒、別名＝峨山　歴安政5年(1858年)京都嵯峨・鹿王院の僧・義堂昌碩の弟子となる。明治2年岐阜・正眼寺の泰岳文象の下で学び、臨済宗の名刹・天竜寺の由利滴水の法統を嗣いだ。28年同寺の副住職となり、32年臨済宗天竜寺派管長に就任。維新・明治初期の動乱で衰微しつつあった同派の再興に心血を注いだ。著書に「息耕語録」「峨山禅師言行録」などがある。

橋本 喜助(6代目)　はしもと・きすけ
実業家 埼玉県議

安政6年(1859)6月13日～明治24年(1891)2月25日　出武蔵国忍町(埼玉県行田市)　歴埼玉県行田で家業の足袋製造業に携わり、6代目喜助を襲名。明治19年足袋工場を建設し、品質の統一、生産能率の向上に尽力。23年には手ミシンと裁断機を導入し、足袋産業の近代化を図った。また行田電灯、忍商業銀行などを創業。20～22年埼玉県議を務めた。

橋本 久太郎　はしもと・きゅうたろう
衆議院議員(政友会)

安政2年(1855)1月16日～大正15年(1926)11月23日　出阿波国徳島(徳島県徳島市)　学慶応義塾、共慣義塾　歴明治14年徳島県議に当選。地方衛生会委員、県徴兵参事員を経て阿波国教育会、同衛生会各評議員を務める。ほかに東京市麹町区長にも就任。25年衆院議員に当選、以来10期務めた。

橋本 幸八郎　はしもと・こうはちろう
岐阜県議 岐阜県明知町長

嘉永4年(1851)9月1日～昭和5年(1930)1月20日　出美濃国土岐郡鶴里村大字柿野(岐阜県土岐市)　名旧姓・旧名＝林　歴美濃(岐阜県)土岐郡鶴里村の林音一郎の長男に生まれ、長じて岐阜県恵那郡明知村の庄屋・橋本家の養子となる。岐阜県議を経て、明治38年明知町長に就任。地方自治および殖産興業に貢献すること多く、特に水力電気事業に関しては、41年町営では日本最初の電気事業を開始した。　勲藍綬褒章〔大正6年〕

橋本 実梁　はしもと・さねやな
元老院議官 伯爵

天保5年(1834)4月5日～明治18年(1885)9月16日　出京都　名旧姓・旧名＝小倉、幼名＝茂丸　歴小倉輔季の子で、橋本実麗の養子となる。安政5年(1858年)日米修好通商条約調印の勅許阻止を図る公家88人の列参に参加。文久元年(1861年)侍従となり和宮降嫁に随従。2年国事御用係、3年3月左近衛少将となるが、同年八月十八日の政変により差控を命じられた。慶応3年(1867年)赦されて出仕し、12月王政復古の政変にともに参与となる。4年戊辰戦争では東海道鎮撫総督、同先鋒総督兼鎮撫使として従軍。閏4月左近衛中将に昇任。7月度会府知事、同県知事・県令、5年式部権助、15年式部助を歴任。17年伯爵。18年元老院議官。　家実父＝小

倉輔季(公卿), 養父=橋本実麗(公卿)

橋本 省吾　はしもと・せいご
衆院議員 葛西浦漁業組合初代組合長
安政2年(1855)11月～昭和4年(1929)8月17日
生武蔵国南葛飾郡下今井村(東京都江戸川区) 歴農業を営む傍ら、生地の東京府南葛飾郡下今井村議、東京府議などを経て、明治27年衆院議員(無所属)に当選1回。また森興昌らによって事業化された葛西海苔の改善に尽くし、36年葛西浦漁業組合を設立して初代組合長となった。東京府農工銀行創立委員、同頭取を歴任し、東京乾海苔重役も務めた。

橋本 善右衛門　はしもと・ぜんえもん
実業家 衆院議員 大阪府議
安政4年(1857)6月14日～大正11年(1922)11月9日　出大坂 歴明治25年大阪府より衆院議員に当選1回。32年大阪府議に当選、議長に推される。晩年には更に大阪市議を務めた。実業界にも重きをなし、水利組合事業など公共事業にも尽力、受賞十数回に及んだ。

橋本 太吉　はしもと・たきち
衆院議員(正交倶楽部)
明治5年(1872)6月10日～昭和8年(1933)8月28日
出広島県 学慶応義塾大学〔明治24年〕卒 歴醸造業を営むかたわら、尾道市議、尾道米塩取引所理事、尾道電燈社長、中外石油アスファルト・東海化学工業各取締役を歴任。明治41年衆院議員に当選、以来4期務めた。

橋本 独山　はしもと・どくさん
僧侶 臨済宗相国寺派管長
明治2年(1869)6月11日～昭和13年(1938)8月15日　生越後国(新潟県) 名法名=玄義、別号=対雲窟 歴絵画を学ぶが、明治23年橋本峨山のもとで得度し、臨済宗の僧となる。京都・天竜寺の僧堂に住して峨山の法を継ぎ、33年峨山が没すると京都の鹿王院を嗣いで住職となり、橋本姓を名乗る。44年相国寺住職、相国寺派管長となる。のち鳥取県三朝に南苑寺を開いた。書画に勝れたことでも知られる。遺録に「対雲録」がある。

橋本 八右衛門(6代目)
はしもと・はちうえもん
八戸水力電気創設者
明治14年(1881)～昭和7年(1932)
生青森県八戸町(八戸市) 名本名=橋本昭訓 歴天明年間から続く酒造業河内屋の跡取りとして生まれる。明治20年に父が死去、これにより10歳に満たずに河内屋当主となり、6代目八右衛門を襲名。家業に従事する傍ら八戸商銀取締役などを務め、38年には八戸青年会賛助員となり町の発展にも貢献。また公的事業にも携わり、42年満州を視察したのち電力の必要性を感じて43年八戸水力電気株式会社を創設、44年には是川発電所を建造し

八戸地方で初の電力供給を開始した。大正元年には全国で3番目となる定期バスの運行事業をはじめるが、高額な運賃のため経営が行き詰まり5年に解散。その後も10年八戸製氷株式会社を興して水産業の振興をはかるなど事業に奔走、昭和初期には恐慌下にあって八戸銀行頭取として経営再建に尽力するが、中途で死去。

橋元 正明　はしもと・まさあき
海軍中将 男爵
嘉永6年(1853)12月29日～昭和4年(1929)3月31日　生薩摩国鹿児島(鹿児島県鹿児島市) 学海兵(第4期)〔明治10年〕卒 歴薩摩藩士の子。明治4年海軍兵学寮に入り、西南戦争では浅間艦に乗り組み功を立てる。34年舞鶴港務部長、35年同艦政部長兼務、36年舞鶴工廠長を経て、36年人事部長となり、38年海軍中将。同年馬公要港部司令官、39年旅順鎮守府司令長官。40年男爵。42年予備役に編入。

橋本 増治郎　はしもと・ますじろう
実業家 自動車工業の草分け
明治8年(1875)4月28日～昭和19年(1944)1月18日　生愛知県 学東京工業学校機械科〔明治28年〕卒 歴住友別子鉱業所に入り機械課に勤務、農商務省海外実業練習生として渡米。帰国後、九州炭砿汽船に勤め、社長の長田健次郎、青山禄郎、竹内明太郎の出資協力を得て、明治44年快進社を設立。社長となり、大正2年出資者3人のイニシャルを関したDAT(ダット)号を完成。のち経営難に陥り、後身のダット自動車製造を戸畑鋳物に譲った。

橋本 柳一　はしもと・りゅういち
陸軍歩兵少尉
明治20年(1887)～大正9年(1920)12月30日
出福岡県 歴大正9年ロシアの反革命独立運動のセミョーノフ軍中隊長として各地を転戦。馬賊を味方にひきいれようと画策した。

葉住 利蔵　はすみ・りぞう
実業家 衆院議員(政友会)
慶応2年(1866)7月6日～大正15年(1926)9月14日　生上野国新田郡太田町(群馬県太田市) 名号=松堂 学横浜商〔明治18年〕卒 歴群馬県農工銀行頭取、新田銀行頭取、太田軽便鉄道社長、利根軌道社長、利根発電社長、前橋瓦斯取締役、藪塚石材取締役、幸手電燈取締役などを歴任。この間、新田郡書記を経て、明治31年群馬県議となり、参事会員、地方森林会議員、県教育会副会頭などを務め、45年衆院議員に当選、2期務める。また私財を投じて群馬県育英会、金山図書館を創設した。

長谷川 謹介　はせがわ・きんすけ
鉄道院副総裁
安政2年(1855)8月10日～大正10年(1921)8月27日　生長門国厚狭郡千崎村(山口県小野田市) 学大阪英語学校卒 工学博士〔大正8年〕 歴父は郷

士で、5人きょうだい(2男3女)の3番目の二男。明治6年外国人の経営するガス会社に勤めたが、7年兄の知人であった井上勝に見込まれ、明治7年鉄道寮に入る。10年鉄道工技生養成所に第1期生として入所。11年より京都―大津間の鉄道工事建設事務に当たるが、これは日本人の手のみによる初めての鉄道工事の竣工だった。16年工部省一等技手となり、17年欧州に出張。帰国後は鉄道技師として天竜川橋梁工事などに従事した。25年一旦官を辞し日本鉄道に入社。30年岩越鉄道会社技師長を経て、32年台湾総督府の臨時台湾鉄道敷設部技師長、39年同鉄道部長となり、台湾縦貫鉄道の建設に努めた。41年欧米各国を視察。同年鉄道院東部鉄道管理局長、44年西部鉄道管理局長、大正4年中部鉄道管理局長を歴任し、大正5年技監、7年副総裁。同年退官。　家兄=長谷川為治(大蔵省造幣局長)

長谷川 敬一郎　はせがわ・けいいちろう
実業家　衆院議員
弘化2年(1845)6月10日～大正7年(1918)9月28日　生肥前国松浦郡(佐賀県)　歴農業を営む。一方、明治14年長崎県議、ついで佐賀県議・議長となり、大正2年衆院議員(無所属)に当選1回。この間、唐津石炭合併社長、唐津製塩社長、西海商業銀行役員、唐津魚市場取締役、東・西松浦郡水産組合組長などを務めた。

長谷川 鉎五郎　はせがわ・けいごろう
実業家
慶応3年(1867)11月11日～昭和6年(1931)11月30日　生肥前国唐津(佐賀県唐津市)　学唐津中〔明治12年〕中退　歴唐津藩士・長谷川久誠の六男。明治12年三菱物産長崎支店に入り、ロンドン支店長代理、大阪支店副支配人、神戸・香港・門司の各支店長を務め、36年病気のため退社。のち独立して海運業を営み、転じて静岡県の土肥金山を開発し同社社長となり、長慶商会社長も務める。この間、明治製糖、大連土地家屋会社を創立して専務に就任。神戸で摩耶鋼索鉄道などを経営し、神戸商業会議所特別議員に選ばれた。

長谷川 敬助　はせがわ・けいすけ
埼玉農工銀行頭取　埼玉県議
嘉永3年(1850)7月28日～大正11年(1922)7月16日　生武蔵国埼玉郡北河原村(埼玉県行田市)　歴寺門静軒に学ぶ。明治12年埼玉県入間郡長、13年埼玉県議、19年県書記官を歴任。のち熊谷銀行頭取、埼玉農工銀行頭取を務めた。

長谷川 作七　はせがわ・さくしち
足利絹糸社長　栃木県足利町長
安政2年(1855)～明治33年(1900)4月22日　生下野国安蘇郡戸奈良(栃木県佐野市)　名旧姓・旧名=山口　歴栃木県足利の綿織業者・長谷川吉兵衛の養嗣子。家業を継いだのち、松方デフレの混乱に乗じて華綾文絹といった輸出用絹織物の生産をはじめる。明治18年横浜の貿易商・岩本良助らと直接取引し、本格的な海外輸出に着手。24年には更なる品質向上と流通の改良をはかるため足利輸出組合を結成し、日本人を中心とする直輸出業者・堀越商会の設立にも参画した。また、足利機業組合理事・足利銀行監査役など足利地方における経済界の要職を歴任し、30年には足利絹糸株式会社の初代社長に就任。この間、足利町会議員・足利郡議・栃木県議として地方政界でも活躍し、32年には足利町長に選出された。

長谷川 貞雄　はせがわ・さだお
海軍主計中将　貴院議員
弘化2年(1845)5月20日～明治38年(1905)2月8日　生遠江国豊田郡川袋村(静岡県磐田市)　名初名=厳、通称=権太夫　歴15歳で家業の酒造業を継ぐ。幼少から学問を好み、有賀篤秋に和歌を学び、22歳の時に羽田野敬雄の紹介で平田篤胤没後の門人となる。慶応4年(1868年)戊辰戦争に際し、神職中心の遠州報国隊を組織して東征軍に従う。明治5年陸軍省に入り、累任して、22年中将となり会計局長、海軍主計総監。23年第三局長。海軍主計科産みの親というべき一人。24年現役を退官して勅選貴院議員。晩年は浜松に住み、西遠教育会総裁などを務め、西遠地方の公共事業に尽力した。　家女婿=寺内正毅(首相)

長谷川 佐太郎　はせがわ・さたろう
篤農家
文政10年(1827)9月6日～明治32年(1899)1月26日　生讃岐国那珂郡榎井村(香川県仲多度郡琴平町)　名諱=信之、字=忠順、幼名=松太郎、号=松坂、梧陽室、小巴　歴讃岐国那珂郡の天領・榎井村(現・香川県琴平町)で、酒造を営む豪農の家に生まれる。勤王の志篤く、日柳燕石、久坂玄瑞ら志士たちとも交わり、琴平に来た桂小五郎、高杉晋作らを庇護したこともあった。また好んで人の困苦を救い、安政元年(1854年)に決壊し、那珂・多度両郡で甚大な被害を出したまま幕末期の藩財政貧窮のためにほとんど対策がなされず、10年以上放置されていた満濃池の堤防の修築を企図し、明治2年に着工。以来、明治新政府からの仕官の勧めも固辞し、私財を投じて工事に当たり、3年にこれを完成させた。そのために家産は著しく傾いたが意に介さず、書画や俳諧に遊んだ。

長谷川 準也　はせがわ・じゅんや
金沢市長
天保14年(1843)～明治40年(1907)9月
歴加賀藩士で、西下した水戸天狗党の軍と戦った。明治6年金沢総区長となるが、廃藩で失業した士族の救済のため、7年弟・大塚志良と金沢製糸を設立。10年には金沢銅器会社を創業、他にも撚糸会社など多数の会社を興した。のち石川県議を経て、26年金沢市長。

長谷川 丈吉　はせがわ・じょうきち
養蚕家

文久2年(1862)3月2日〜昭和2年(1927)12月15日　⑰安芸国岩谷村(広島県府中市)　⑲明治21年郷里で蚕種製造を始める。29年蚕種改良組合を設立し、蚕種の検査と改良普及に取り組んだ。著作に「養蚕飼育法」。

長谷川 庄蔵　はせがわ・しょうぞう
富山消防議会の結成者

元治1年(1864)〜昭和4年(1929)
⑰越中国(富山県富山市森)　⑳岩瀬小卒　⑲小学校卒業後大西昇軒、岡田呉陽らに師事して漢学を学ぶ。19歳で初代長谷川庄蔵の経営していた呉服商井沢屋の婿養子となった。家業に励み、刺繍作品で各種展覧会に入賞。その後、富山市議、県議となり、議長も務めた。明治45年富山消防組頭に就任。消防力が弱いことなどに心を痛め、大正8年富山消防議会を結成した他、10年消防自動車を購入するなど組織確立に尽力。同年「消防時言」を著し、防火意識の啓蒙に努めた。

長谷川 喬　はせがわ・たかし
東京控訴院院長

嘉永5年(1852)10月15日〜大正1年(1912)12月10日　⑰越前国福井(福井県福井市)　⑲越前福井藩士・長谷川純一の長男に生まれる。明治初年に横浜の高島英学塾に学び、12年司法省に入省。13年判事となり、14年横浜治安裁判所所長、16年神奈川重罪裁判所所長となる。18年ベルギーで開催の万国商法編纂会議に出席し、ついで英国・フランス・ドイツ・オランダの各国裁判所の実況慣取調を命じられ、23年東京院院判事、25年大審院判事などを経て、36年東京控訴院院長に就任した。法律学に対する造詣が深く、数々の委員を務めた。

長谷川 太兵衛　はせがわ・たひょうえ
実業家　愛知県議

弘化3年(1846)3月28日〜明治39年(1906)6月27日　⑰尾張国金城村(愛知県名古屋市北区)　㊂通称＝木太　⑲明治25年名古屋市議となり、次いで27年には愛知県議に当選。中川運河の開発や名古屋港築港などの大事業を実現させ、名古屋の開発に大きく貢献した。名古屋財界談話会の会員も務め、同市の財界の顔役でもあった。また、自ら劇場御園座を設立して芸能活動を盛んにするなど、文化の面でも大きな業績を残している。

長谷川 為治　はせがわ・ためじ
大蔵省造幣局長

生年不詳〜昭和13年(1938)5月7日
⑰長門国(山口県)　⑲明治3年大蔵省造幣寮(現・造幣局)に入局。26年造幣局長となって20年に渡って同職にあり、大正2年退官。在任中は貨幣法の制定や、動力電化・貨幣製造能力倍増の設備拡張工事などに力を尽くした。　㊁弟＝長谷川謹介(鉄道院副総裁)

長谷川 藤次郎　はせがわ・とうじろう
漁業 巻き網漁業の先駆者

安政2年(1855)〜昭和8年(1933)
⑰伊勢国(三重県多気郡明和町)　⑲慶応2年(1866年)江戸に出、松坂屋へ奉公。明治維新後、三井呉服店に移る。八戸沖で捕れたイワシの土肥料が名古屋、大阪方面に流通している点に着目し、明治19年青森県鮫村(現・八戸市)で海産肥料・雑穀商を開業。漁獲量を増やすため、23年三重県から導入した麻製の揚縛り網(アグリ網)で試験操業を開始。翌年千葉県より改良アグリ網を導入、その後綿糸製への改良などを経て、20世紀の初めまでに現在の巻き網漁業の基礎を確立した。水産八戸近代化の祖といわれ、その後、渤海湾や北海道東部にまで事業を広げた。

長谷川 藤太郎　はせがわ・とうたろう
長谷川香料創業者

明治10年(1877)5月2日〜昭和22年(1947)9月22日　⑰東京下谷(東京都台東区)　⑲東京・下谷竹町の呉服商の長男。小学校卒業後は丁稚見習いとして父の外商に同行したが自分には向かないと見切りを付け、明治24年芳香薬剤の松沢商店の丁稚となった。36年日本橋に芳香原料商の長谷川藤太郎商店を創業して独立。大正12年の関東大震災で店舗を焼失するなど大きな被害を受けたが、復興に尽力、今日の長谷川香料の基礎を固めた。14年〜昭和12年東京香料商組合組合長。　㊁三男＝長谷川正三(長谷川香料社長)、孫＝長谷川徳二郎(長谷川香料社長)

長谷川 豊吉　はせがわ・とよきち
衆院議員(無所属)

嘉永5年(1852)2月〜大正12年(1923)9月1日
⑰神奈川県　⑲漢学を修めたのち、戸長、県徴兵参事員、神奈川県議、同常置委員、水利組合会議員等を務める。明治35年衆院議員に当選。以来4期務めた。小田原通商銀行監査役、小田原電気鉄道・足柄肥料各取締役を歴任した。

長谷川 芳之助　はせがわ・よしのすけ
三菱会社鉱山部長 衆院議員(無所属)

安政2年(1855)12月15日〜大正1年(1912)8月12日　⑰肥前国唐津(佐賀県唐津市)　⑳大阪開成学校卒、大学南校卒、コロンビア大学(米国)鉱山学科〔明治11年〕卒 工学博士　⑲明治8年コロンビア大学に留学し、つづいてドイツのフライブルク大学で製鉄業を学ぶ。帰国後の13年三菱会社に入り、鉱山部長となり、高島炭坑、尾去沢など多くの鉱山、炭坑の開発・採掘・経営に参画した。26年退社し、唐津で鉱山業を経営。また製鉄事業調査会委員として官営八幡製鉄所の設立(30年)に尽力した。35年鳥取県から衆院議員当選。対露同志会、太平洋会に参加、対外強硬論を展開した。

長谷川 好道　はせがわ・よしみち
陸軍大将・元帥 伯爵

嘉永3年(1850)8月26日～大正13年(1924)1月27日 [生]周防国岩国(山口県岩国市) [歴]周防国岩国藩士の長男に生まれる。戊辰戦争に従軍し、東山道先鋒として各地に転戦。明治3年大阪兵学寮に入り、4年陸軍大尉に任ぜられ、西南戦争には中佐で従軍。19年少将に昇進、歩兵第十二旅団長となり、日清戦争には混成旅団長として第二軍に従軍。戦功により戦後華族に列せられ、28年男爵。29年中将、のち第三師団長、近衛師団長などを経て、37年大将、韓国駐箚軍司令官となり、日露戦争には第一軍に従軍。40年子爵、41年軍事参議官、45年参謀総長などを歴任。大正3年元帥となるが、翌年参謀総長を免ぜられた。5年伯爵。5～8年第2代朝鮮総督。初代寺内正毅総督の朝鮮統治方針を受けつぎ、武断政治を徹底させ、土地調査事業などを完了させたが、朝鮮民族の激しい抵抗(三一独立運動)にあい総督を辞任した。

長谷場 純孝　はせば・すみたか
衆院議長 文相 衆院議員(政友会)
嘉永7年(1854)4月1日～大正3年(1914)3月15日 [生]薩摩国日置郡串木野郷(鹿児島県いちき串木野市) [幼]幼名=弥四郎、号=致堂 [歴]薩摩藩士・長谷場藤蔵の長男。父は藩の組頭や金山奉行を務め、西郷隆盛らとも親しかった。明治4年上京して警視庁に出仕し、6年少警部。7年征韓論に敗れて下野した西郷に従い、官を辞して帰郷。西郷の私学校に入り、10年の西南戦争では田原坂の戦いに出陣するが、負傷して投降された。13年特赦で出獄したのちは国会開設運動に参加し、15年九州改進党の創立に参画して中江兆民らと親交を持つ。17年上海で大陸志士の養成所たる東洋学館の開校に尽力。18～20年鹿児島県議、20～23年薩摩郡などの郡長を経て、23年鹿児島同志会の推薦により第1回総選挙に出馬して当選。以後、11回連続当選。自由党に属して地価修正などに力を尽くすが、26年の第5議会で星亨衆議員議長の処分を主張して党主流派と対立し、同党を脱党。その後、同志倶楽部、立憲革新党、進歩党、憲政党、無所属を経て、33年政友会に参加し、幹事、総務、院内総理などを歴任した。41年衆院議長。44年第二次西園寺内閣に文相として入閣するが、大正元年病気により辞任。3年再び衆院議長に推されシーメンス事件後混迷を極めた議会の収拾に奔走したが、就任一週間余で急死した。

長谷部 辰連　はせべ・たつつら
山形県知事 貴院議員(勅選)
天保15年(1844)5月2日～明治43年(1910)6月11日 [生]越前国(福井県) [歴]明治元年会計事務局に出仕。開拓大書記官、工部大書記官、札幌工業管理局長、農商務大書記官、札幌工業事務長、元老院議官などを歴任し、明治22年山形県知事。38年勅選貴院議員。

畑 英太郎　はた・えいたろう
陸軍大将
明治5年(1872)7月25日～昭和5年(1930)5月31日 [生]北海道 [出]福島県 [学]陸士(第7期) [明治29年]卒、陸大 [明治36年]卒 [歴]父は会津藩士畑能賢。歩兵少尉に任官し、累進して陸軍中将となる。日露戦争では大尉で従軍、戦後英国、インドに派遣される。帰国後、陸大教官、陸軍技術審査部議員、歩兵第五十六連隊長、航空局次長、軍務局長等を歴任。大正15年宇垣陸相のもとで陸軍次官をつとめ、昭和3年第一師団長、4年関東軍司令官に就任。死去とともに大将に進級した。[家]弟=畑俊六(陸軍大将・元帥)

羽田 恭輔　はだ・きょうすけ
政論家
天保12年(1841)～大正3年(1914)3月30日 [生]土佐国(高知県) [名]旧姓・旧名=岡崎、変名=松並深蔵 [歴]明治初年から征韓論を唱え、2年長州の奇兵隊脱隊騒動に際し、これに呼応しようとして失敗。4年直接征韓の実行を企て、これにも失敗。同志丸山作楽は捕えられたが、10年まで逃亡、捕えられて終身刑となったが、13年特赦で出獄。のち立憲帝政党に参加。丸山作楽・福地源一郎と三人政党を組織し、大阪で「大東日報」を発行し、反動的立場から政府批判を展開した。

秦 豊助　はた・とよすけ
衆院議員(政友会) 徳島県知事
明治5年(1872)8月27日～昭和8年(1933)2月4日 [生]東京築地(東京都中央区) [名]号=囂月盡心庵 [学]帝国大学法科大学[明治29年]卒 [歴]内務省に入り、36年福井県参事官、以後長崎県内務部長、45年秋田、大正3年徳島各県知事を歴任。4年退官。以後衆院議員当選7回、政友会に属し党幹事長、総務を務めた。13年海軍政務次官、14年商工政務次官、昭和6年犬養内閣の拓相となった。国光生命会社取締役も務めた。

羽田 彦四郎　はた・ひこしろう
弁護士 実業家 衆院議員
明治2年(1869)7月～昭和21年(1946)7月16日 [生]豊後国杵築(大分県杵築市) [学]東京法学院[明治24年]卒 [歴]明治20年18歳で上京。同郷の代言人(弁護士)・国枝穀の門下生として学び、次いで東京法学院(現・中央大学)に進んだ。卒業後は東京で弁護士を開業。一方、実業界でも活躍し、中央鉄道社長などを務めた。大正9年大分選挙区に移った憲政党の箕浦勝人の地盤を受け継ぎ、郷里・杵築から同党所属で衆院選に出馬(落選)。13年大分三区から立候補し、憲政本党所属の木下謙次郎と競り合った。開票時の混乱の末に木下の当選となったが、これに憲政会支持者らが抗議し、一大騒擾に発展。検挙される者も数多く、結局当落の判定は法廷に持ち越された。15年大審院裁定の結果、当選が確定。晴れて衆院議員となり、1期務めた。

畑 良太郎　はた・りょうたろう
駐スウェーデン公使
慶応3年(1867)2月～昭和12年(1937)4月5日
生信濃国(長野県)　学帝国大学法科大学独法科〔明治23年〕卒　歴公使館一等書記官、外相秘書官、駐ドイツ大使館参事官などを経て、ブラジル、スウェーデンなどの駐在特命全権公使を務め、大正14年退官、錦鶏間祗候となった。

畠山 勇子　はたけやま・ゆうこ
大津事件で自決した烈女
元治2年(1865)1月2日～明治24年(1891)5月20日
生安房国朝夷郡加茂川(千葉県鴨川市)　歴旧家に嫁ぐが、23歳で離婚し、伯父で維新の義商と呼ばれた榎本六兵衛を頼って上京。華族・万里小路家や実業家・原六郎の家などを経て、魚屋に奉公した。仕事の傍ら、政治小説や歴史書を読みふけり、周囲からは変人扱いされていたという。明治24年5月11日、大津で旅行中のロシア皇太子ニコライが巡査津田三蔵に斬りつけられるという事件(大津事件)が勃発。彼女は日本の行く末と日露両国の国交を憂慮し、単身汽車に乗って西下。同月20日早朝に京都府庁門前にて日本政府や露国官僚などに宛てた遺書を並べて自殺し、憂国の意を示した。その烈婦ぶりは俳人・沼波瓊音や、小泉八雲・モラエスら日本在留の外国人によって内外に紹介された。　家伯父＝榎本六兵衛(商人)

畠山 雄三　はたけやま・ゆうぞう
秋田魁新報社長　衆院議員
嘉永4年(1851)3月13日～昭和7年(1932)1月24日
生出羽国秋田郡(秋田県北秋田市)　名旧姓・旧名＝長岐　歴明治12年秋田県議に当選。政界での活動の傍ら15年に大久保鉄作とともに「秋田日報」を創刊し、同紙の廃刊後は22年から秋田魁新報社社長を務めた。また、畜産事業にも携わり、運送用・乗用・農耕用など多目的に使用できる馬を生み出すために外国産種馬を輸入。獣医学校や畜産品の競り市場整備にも力を入れ、22年には雑種馬を用いた秋田・土崎間の馬車鉄道を開業した。31年衆議院議員選挙に出馬し、当選。憲政本党に所属し、2期務めた。

畠山 義成　はたけやま・よしなり
教育行政家　東京開成学校校長
天保13年(1842)9月～明治9年(1876)10月20日
生薩摩国鹿児島(鹿児島県鹿児島市)　名本名＝畠山義成、通称＝丈之助、変名＝杉浦弘蔵　歴薩摩藩士。23歳の時に当番頭となり鹿児島開成所で英学を学び、元治2年(1865年)藩から英国留学を命じられた。当時、急進的攘夷論者で洋行を恥とし、出発には杉浦弘蔵と変名し渡英。ロンドン大学でウィリアムソン教授の指導を受け語学・陸軍技術を学ぶ。2年後に森有礼らと渡米した頃には攘夷思想は消え、欧米先進文化を吸収するようになり、宗教家トマス・レーク・ハリスのハリス教団・新生社に入るが、その教義に疑問を覚えて脱退。慶応4年(1868年)ラトガース大学に入学、法律・政事などの社会学を専攻、ダビット・マレー教授を知り教育・文化への造詣を養う。在学中の明治3年に洗礼を受け、以後キリスト教精神に基づいた国民啓蒙を志すようになった。4年新政府が帰国命令を受け、三等書記官となり、欧州経由で岩倉遣外使節に随行、久米邦武と共に記録掛を勤め、その成果が久米編「米欧回覧実記」となった。6年使節と共に帰国し文部省に出仕、同年開成学校初代校長となり、この時恩師マレーが文部省に招かれ学監となる。8年新発足の東京書籍館(国立国会図書館の前身)・博物館館長を兼任、教育行政の近代化に貢献、明治教育界の改革者として知られる。9年フィラデルフィア万博出席のため渡米、病にかかり帰途に就くが船中で客死した。蔵書約1000冊が国立国会図書館に収蔵されている。

波多野 承五郎　はたの・しょうごろう
朝野新聞社長　衆院議員
安政1年(1854)11月27日～昭和4年(1929)9月16日　生遠江国掛川(静岡県掛川市)　学慶応義塾〔明治9年〕卒　歴慶応義塾大学教授を経て、明治15年東京市議となる。のち「郵便報知」「時事新報」記者となったが間もなく外務省に入り、天津領事、外務書記官などを務めた。28年外務省を退職、「朝野新聞」を買収して社長兼主筆となった。のち三井銀行に入り取締役に就任、以後王子製紙、東神倉庫、北海道炭砿汽船など三井系の会社の重役を兼ねた。この間、大正9年から衆議院議員を1期務めた。

波多野 毅　はたの・たけし
陸軍中将
弘化4年(1847)～大正6年(1917)10月7日
生周防国徳山(山口県徳山市)　歴明治25年陸軍士官学校校長、30年第十九旅団長、37年第十一師団長などを務めた。39年中将。

波多野 尹政　はたの・ただまさ
実業家
弘化2年(1845)～明治40年(1907)9月27日
歴明治8年日本の牧羊の始まりとされる千葉県下総牧場の経営に携わる。その後、教育事業や銀行業に従事した。

波多野 鶴吉　はたの・つるきち
郡是製糸創業者
安政5年(1858)2月13日～大正7年(1918)2月23日
生丹波国何鹿郡延村(京都府綾部市)　名旧姓・旧名＝羽室、幼名＝鶴二郎　学京都中〔明治9年〕中退　歴生家は代々庄屋を務めた豪農・羽室家で、6人きょうだい(3男3女)の二男(3番目)。慶応2年(1866年)母の実家・波多野家の養子となった。明治8年京都に出て数学を学び、11年「啓蒙方程式」を出版。12年には数理探求義塾を開いた。また、自由民権運動にも携わった。14年生家の羽室家に

戻って妻と寄宿し、15年小学校教師となったが、地元随一の蚕糸業者・梅原和助に見込まれて蚕糸業界に身を投じ、19年何鹿郡蚕糸業組合設立とともに組合長に就任。21年京都府蚕糸業取締所副頭取、24年頭取となり、26年取締所の施設として高等養蚕伝習所を開設、指導者養成に尽くした。また、何鹿郡の蚕糸業者統合による地域産業振興を目指して、29年の郡是製糸株式会社創立を主導。実兄・7代目羽室嘉右衛門が初代社長となり、自身は取締役に就いた。34年2代目社長に就任し、今日のグンゼの基礎を築いた。キリスト教信者であり、23年留岡幸助により受洗している。 家養子＝波多野林一(郡是製糸社長)、兄＝羽室嘉右衛門(7代目)、弟＝羽室亀太郎(比叡山鉄道初代社長) 勲緑綬褒章〔明治29年〕

波多野 伝三郎　はたの・でんざぶろう
実業家 衆議院議員(憲政本党) 福井県知事
安政3年(1856)8月22日～明治40年(1907)2月13日　生越後国長岡(新潟県長岡市)　名幼名＝友弥　学共立学舎　歴明治4年波多野家を嗣ぐ。7年上京し、共立学舎に学び、その同舎で教鞭をとり、12年舎長となる。同年嚶鳴社に加入。13年文部省に入省するが翌年辞職。同年「東京横浜毎日新聞」社員となり、政治・言論活動に入る。15年立憲改進党結成に参加。21年新潟県議。24年以来衆議院議員に当選5回。この間、30年第二次松方内閣の下で福井県知事に任命される(31年辞職)。また石油会社役員など実業界でも活躍した。

波多野 敬直　はたの・よしなお
宮内相 司法相 子爵
嘉永3年(1850)10月10日～大正11年(1922)8月21日　生江戸　出肥前国(佐賀県)　学南校　歴興譲館、南校で学び、明治7年司法省に入る。12年判事、14年広島始審裁判所長、20年司法参事官、24年大審院判事、29年函館控訴院検事、31年東京控訴院検事、32年司法次官などを歴任し、33年司法省総務長官兼官房長、36年第一次桂内閣の司法相。39年勅選貴族院議員。44年東宮大夫、大正3年宮内大臣となり、大正天皇即位の大礼を司る。9年退官。この間、皇族制度や宮中財政など困難な問題を解決した。明治40年男爵、大正6年子爵。 家弟＝野口能毅(佐賀市長) 勲勲一等旭日桐花大綬章

波多野 義彦　はたの・よしひこ
陸軍中将
生年不詳～昭和16年(1941)7月25日
出山口県　学陸士〔明治27年〕卒、陸大〔明治36年〕卒　歴明治27年陸軍少尉に任官。大正2年野砲第二十三連隊長、6年第十三師団参謀長、8年野砲第二旅団長、10年野砲兵射撃学校長、11年野戦砲兵学校長を経て、12年砲工学校長。13年陸軍中将に進み、砲兵監。15年予備役に編入。

八馬 兼介(1代目)　はちうま・かねすけ
八馬汽船創業者

天保10年(1839)7月23日～大正7年(1918)2月3日　生摂津国西宮(兵庫県西宮市)　名幼名＝兼吉、後名＝八馬兼翁　歴文久元年(1861年)摂津国西宮(現・兵庫県西宮市)で米穀小売商を、慶応4年(1868年)米穀問屋を開業した。明治11年洋式帆船・西尾丸を購入し八馬商店船舶部として阪神—東京間の沿岸輸送を始め、海運業に進出。また、24年西宮銀行、29年武庫銀行を設立して各頭取に就任。大正3年養子・永蔵に家督を譲ったが、6年永蔵が病没。その長男・栄之介が2代目兼介を襲名した。没後、13年事業は八馬汽船株式会社に改組された。

蜂須賀 正韶　はちすか・まさあき
貴院副議長 侯爵
明治4年(1871)3月8日～昭和7年(1932)12月31日　生東京府　出徳島県　学ケンブリッジ大学(英国)　歴阿波徳島藩主・蜂須賀茂韶の長男に生まれる。蜂須賀家17代当主。明治19年英国に留学、ケンブリッジ大学で政治・経済・文学を学ぶ。26年帰国、宮内省に出仕、式部官兼主猟官、皇后職主事などを歴任し、大正5年襲爵後、貴院議員となる。13年～昭和5年貴院副議長を務めた。 家父＝蜂須賀茂韶(貴院議員・侯爵)、長男＝蜂須賀正氏(鳥類学者)

蜂須賀 茂韶　はちすか・もちあき
阿波徳島藩主 貴院議長 文相 東京府知事 侯爵
弘化3年(1846)8月8日～大正7年(1918)2月10日　生江戸　出徳島県　名幼名＝氏太郎、千松丸、号＝誠堂、微風、蕺笠　歴阿波徳島藩主・蜂須賀斉裕の子。慶応4年(1848年)襲封。明治維新後、版籍奉還で徳島藩知事。4年廃藩置県で辞任。5年英国へ留学、12年帰国すると外務省御用掛となった。13年大蔵省関税局長。15年駐フランス公使に就任し、16年にはスペイン、ポルトガル、スイス、ベルギー公使を兼任。17年侯爵。19年帰国。21年元老院議官、23年東京府知事を経て、同年～大正7年貴院議員。この間、明治24年貴院議長、29年第二次松方内閣の文相、30年枢密顧問官、33年会計検査官懲戒裁判所長官などを歴任。また、26年北海道雨竜で蜂須賀農場を経営。日本地理学会会長も務めた。能楽を嗜み、俳句をよくするなど文化方面にも功績があり、歌集に「うしほのおと」がある。 家父＝蜂須賀斉裕(徳島藩主)、長男＝蜂須賀正韶(貴院議員・侯爵)

八浜 徳三郎　はちはま・とくさぶろう
社会事業家 牧師
明治4年(1871)5月21日～昭和26年(1951)10月22日　生岡山県小田郡笠岡村(笠岡市)　学同志社神学校別課〔明治29年〕卒　歴小学校を中退して丁稚奉公、養蚕伝習業などを経て、明治25年笠岡教会で受洗。29年岡山県津山で伝道に従事。31年上京、郷里の先輩で教師留・留岡幸助の「基督教新聞」編集を手伝う。36年京都洛陽教会仮牧師となり、38年按手礼を受けた。42年神戸活田教会牧師

となり救済事業も始めたが、44年留岡を頼って上京、同年内務省の「細民調査」に従事。45年大阪職業紹介所の設立で主事。職業紹介法成立の大正10年所長となり、労働市場の開拓、対等な労使関係、労働権の尊重などを説いた。著書に「下層社会研究」がある。

初瀬川 健増　はつせがわ・けんぞう
会津藩蝋漆木取締役
嘉永4年(1851)12月~大正13年(1924)4月3日
生陸奥国(福島県)　名本名=宮川健増　歴元治元年(1864年)陸奥国大沼郡小谷村肝煎、陸奥会津藩蝋漆木取締役となる。明治維新後は戸長、郡書記を歴任。ウルシの栽培、掻取技術研究に取り組み、会津漆器の発展に貢献した。著作に「漆樹栽培書」などがある。

八田 達也　はった・たつや
蚕糸改良家 山梨県蚕糸協会会長 山梨県議
嘉永7年(1854)8月12日~大正5年(1916)6月4日
生甲斐国山梨郡歌田村(山梨県山梨市)　名旧姓・旧名=志村　歴山梨県東八代郡の八田家の養子。明治16年養蚕業の盛んな山梨県内に、福島県で行われていた温暖育による蚕の飼育法を導入。同年山梨県養蚕協会の創設に参画し、21年山梨県蚕糸業取締所頭取、22年山梨県蚕糸協会会長を歴任して県下の養蚕業振興のために奔走した。32年には合資会社八達館を設立し、秋蚕種の製造や富士山麓の風穴を用いた貯蔵法を考案するなど養蚕技術の発達と普及に尽力。その一方で明治15年から22年まで山梨県議を務めるなど地方政界でも活躍し、32年東八代郡長を経て33年に北都留郡長となった。著書に「蚕事輯説」「新撰養蚕書」などがある。

八田 裕二郎　はった・ゆうじろう
海軍大佐 衆院議員(憲政会)
嘉永2年(1849)11月17日~昭和5年(1930)1月23日　生福井県　学グリニッジ英国海軍大学校〔明治11年〕卒　歴明治2年海軍操練所へ入り、3年同寮長。4年英国へ留学。同国の海軍大学校を卒業し、14年帰国。17年東伏見宮依仁親王の留学に随行。20年海軍大佐に進み、21年フランス公使館付武官。26年予備役に編入。45年より衆院議員に2選。

服部 一三　はっとり・いちぞう
兵庫県知事 貴院議員(勅選)
嘉永3年(1851)2月11日~昭和4年(1929)1月25日
生周防国吉敷郡吉敷村(山口県山口市)　名旧姓・旧名=渡辺、幼名=猪三郎　学ラトガース大学(米国)理学部〔明治8年〕卒B.S.　歴長州藩士・渡辺家に5人兄妹(3男2女)の3番目の三男として生まれ、兄2人が早世したため事実上の長男として育つ。同藩士・服部家の養子となった。遊撃隊士を経て、慶応3年(1867年)長崎に遊学して英語を学ぶ。明治2年岩倉具経・貞定に従い折田彦市らと渡米、8年ラトガース大学理学部を卒業して帰国。文部省督学局に出仕し、9年東京英語学校校長、10年大学予備門主幹、東京大学法学部・理学部総理補兼任、12年大阪専門学校総理などを経て、14年東大法学部長兼予備門長、15年同大幹事を歴任。17年農商務省御用掛兼務。同年欧米へ出張、ニューオリンズで開催された博覧会事務官を務めたが、同地で文筆家のラフカディオ・ハーン(小泉八雲)と知り合い、23年ハーンが来日した際に松江中学の英語教師の職を斡旋した。22年文部省普通学務局長、24年岩手県知事、31年広島県知事、同年長崎県知事、33年兵庫県知事。36年知事在任のまま勅選貴院議員となった。　家二男=服部兵次郎(陸軍少将)

服部 兼三郎　はっとり・かねさぶろう
刃(かねか)服部商店専務
明治3年(1870)11月~大正9年(1920)6月
生尾張国丹羽郡古知野村(愛知県江南市)　名旧姓・旧名=堀尾　歴はじめ名古屋の糸問屋糸重商店に勤め、のち服部氏の養子となって独立し、27年綿糸問屋服部商店を開いた。投機の取引で短期間のうちに業績を上げ、大正元年商店を刃(かねか)服部商店に改組して専務取締役に就任。大阪や浜松・和歌山・上海などに支店を展開したほか各地に工場を経営する大規模な紡績会社に成長した同社は、のちに興国紡績・興和新薬などを擁するコーワグループに発展した。豊田紡織社主豊田佐吉との親交は有名で、またその商社からは石田退三(のちトヨタ自動車社長)ら中京地区を代表する実業家を輩出している。

服部 金太郎　はっとり・きんたろう
服部時計店創業者
万延1年(1860)10月9日~昭和9年(1934)3月1日
生江戸　歴江戸・京橋で古物商の尾張屋を営む服部喜三郎の一人息子。明治7年奉公先の近くにあった小林時計店の営業振りを見て時計製造を志すようになり、時計技術を修業して自宅に服部時計修繕所の看板を掲げ、中古時計の修理・売買を行った。14年京橋に服部時計店(現・セイコー)を開業。舶来時計の輸入・販売も行い、開業3年目の17年には「東京高名時計商繁盛鏡」なる番付に名前が載るまでに至った。20年銀座4丁目の表通りに進出。25年本所石原町に精工舎を設立し、時計の製造に着手。27年には銀座4丁目角の旧朝野新聞社社屋を買い取り、米国帰りの建築家・伊藤為吉の設計によって服部時計店を改築、特に屋上の"服部の時計台"は銀座のランドマークとして知られる存在となった。28年自社初の懐中時計となる「タイムキーパー」を製造。35年フランス政府主催の東洋農工芸博覧会に出品した掛・置時計が金牌を受賞するなどその製品は国内外で高い評価を受け、"日本の時計王"の異名をとった。大正2年腕時計に将来性を見出し、初の国産腕時計となる「ローレル」を開発。第一次大戦を機に欧米からの受注も増加、「セイコー」ブランドの製品が世界中に普及

した。昭和2年勅選貴族院議員。　家長男＝服部玄三（服部時計店社長），二男＝服部正次（服部時計店社長），孫＝服部謙太郎（服部時計店社長），服部礼次郎（セイコー社長），服部一郎（セイコー電子工業社長），女婿＝篠原三千郎（東京光学機械社長），牛塚虎太郎（東京市長）　勲紺綬褒章〔大正9年〕，勲三等旭日中綬章〔昭和6年〕

服部 倉次郎　はっとり・くらじろう
養魚家
嘉永6年（1853）10月10日～大正9年（1920）5月5日
生武蔵国葛飾郡千田新田（東京都江東区）　歴漁師の家に生まれ，父の死後家業を継いで川魚の捕獲，養殖に従事。慶応2年（1866年）"スッポン"の養殖をはじめて試み，明治12年孵化に成功する。以後，"ウナギ""ボラ"の養殖にも取り組み，17年深川養魚，30年洲崎養魚などの会社を設立。32年愛知県水産試験場嘱託となり，浜名湖畔を養殖の適地として着目し，同年静岡県舞阪町吹上にスッポンの養池7町歩を設置。以後，浜名湖畔にウナギなどの養池を拡大し，養殖業発展の基礎を築いた。

服部 俊一　はっとり・しゅんいち
東洋紡績取締役
嘉永6年（1853）3月8日～昭和3年（1928）3月15日
出山口県　名旧姓・旧名＝竹井　学工部大学校卒　歴農商務省兵庫造船所などに務める。明治20年尾張紡績の創業に尽力し，21年取締役兼支配人となる。尾崎紡績と合併した三重紡績が，大正3年更に大阪紡績と合併して創立された東洋紡績の取締役となった。

服部 はる子　はっとり・はるこ
精工舎工場監督
天保3年（1832）～大正4年（1915）4月10日
歴明治20年に夫と死別。以後，息子の金太郎が興した服部時計店（現・服部セイコー）の経営を助ける。25年に東京・本所に時計工場精工舎が開設されると，61歳の高齢ながら工場監督を引き受け，職工たちに慕われた。没後，その遺志により東京市養育院やガン研究所などに寄付金が贈られた。
家長男＝服部金太郎（実業家）

服部 正義　はっとり・まさよし
水戸市長　下市代耕銀行頭取
天保10年（1839）9月20日～大正4年（1915）9月12日　出常陸国（茨城県）　名本名＝雨宮正義　歴旧水戸藩士。茨城県那珂郡長などを経て，明治22年初代水戸市長となる。下市代耕銀行頭取なども務めた。

服部 雄吉　はっとり・ゆうきち
海軍中佐
文久3年（1863）5月24日～明治33年（1900）6月17日　生京都　出薩摩国（鹿児島県）　学海兵（第11期）〔明治17年〕卒，海大〔明治24年〕卒　歴薩摩藩士の三男。明治19年海軍少尉に任官。32年海軍中佐となり，同年第二水雷敷設隊司令，佐世保海兵団副長。33年北清事変では海軍陸戦隊を率いて北京に向かうが，砲台占領の際に敵弾を受け戦死した。

初見 八郎　はつみ・はちろう
衆院議員（憲政会）
文久1年（1861）3月～昭和5年（1930）5月31日
出常陸国（茨城県）　歴漢学と仏蘭西学を修めたのち新聞記者として活躍し，のちに各種学校の重役を歴任した。明治27年衆院議員に当選，以来4期務めた。

鳩山 和夫　はとやま・かずお
弁護士　法学者　衆院議長　早稲田大学総長
安政3年（1856）4月3日～明治44年（1911）10月4日
生江戸　出岡山県　学開成学校法律科〔明治8年〕卒　法学博士〔明治21年〕　歴美作国勝山藩士・鳩山博房の四男。大学南校，開成学校を経て，明治8年渡米，コロンビア大，エール大で法律を学び，13年帰国。東大法学部講師となるが，15年辞任して代言人（弁護士）となり東京代言人組合長，東京府会議員を務めた。18年外務省権大書記官として条約改正に参画。19年帝国大学法科大学教授に就任，教頭。23年弁護士に復帰。25年以来衆院議員当選9回，立憲改進党，進歩党に属し29年衆院議長，31年外務次官を歴任。この間，東京専門学校校長，早大総長を務める。晩年政友会入党。
家妻＝鳩山春子（共立女子大創立者），長男＝鳩山一郎（首相），二男＝鳩山秀夫（東大教授・衆院議員），孫＝古沢百合子（家庭生活研究会会長），鳩山威一郎（参院議員），長男の妻＝鳩山薫（共立女子学園理事長），曾孫＝鳩山由紀夫（元首相）

羽鳥 権平　はとり・ごんぺい
高崎藩領の減税一揆 "五万石騒動" の指導者
嘉永1年（1848）～没年不詳
出上野国群馬郡宿大類村（群馬県高崎市）　歴明治2年高崎藩領の8公2民の重税に対して減税を求めて行った百姓一揆 "五万石騒動" の指導者の1人。元水戸藩士の小園江丹宮の私塾に学び，岩鼻県知事の小室信夫に願書を提出した。　家孫＝羽鳥純二（牧師）

花井 お梅　はない・おうめ
芸者　箱屋峯吉殺し事件の犯人
元治1年（1864）～大正5年（1916）12月14日
出下総国佐倉（千葉県佐倉市）　名本名＝花井ムメ，前名＝宇田川屋秀吉　歴東京・新橋の売れっ子芸妓となり，4代目沢村源之助とも浮名を流すが，明治20年銀行頭取を旦那に日本橋浜町に待合・酔月楼を開き，箱屋峯吉こと八杉峯三郎を番頭として雇った。同年6月9日店の経営や気ままな素行をめぐって実父と争い，それに絡んだ峯吉を刺殺。同年無期徒刑の宣告を受けた（箱屋峯吉殺し事件）。36年特赦による出獄後，峯吉殺しを自演する旅役者に落ちぶれた。この事件は世間に喧伝され，21

年河竹黙阿弥が「月梅薫朧夜」として歌舞伎に脚色した。また、新派でも種々の脚本が書かれ、伊原青々園の小説「仮名屋小梅」などの他、昭和10年川口松太郎の「明治一代女」が新派の当り狂言となり、同名の歌もヒットした。

花井 卓蔵　はない・たくぞう
弁護士 衆院議員（正交倶楽部）
慶応4年（1868）6月12日～昭和6年（1931）12月3日　⑰安芸国御調郡三原町（広島県三原市）　⑳旧姓・旧名＝立原熊次郎　⑳英吉利法律学校〔明治21年〕卒 法学博士〔明治42年〕　⑳東京法学院大学部に学び、明治23年代言人試験合格、直ちに弁護士開業。刑事弁護を専門に足尾鉱毒事件、日比谷焼き打ち事件、大逆事件、大本教事件などの弁護を担当。日本弁護士協会創立委員、東京弁護士会会長、中央大講師を務めた。一方、明治31年以来広島県から衆議院議員当選7回、議員同志倶楽部などを興し、普選法実現に努力。傍ら、刑事司法改革（刑法改正案・借地法案・陪審法案など作成）にも尽力。大正4年衆議院副議長、11年勅選貴院議員となり、法制審議会委員もを務めた。死刑廃止論者としても知られる。著書に「訟庭論草」（全8巻）「刑法俗論」「人生と犯罪」など。　⑳勲一等旭日大綬章

花城 永渡　はなぐすく・えいと
弁護士 衆院議員（政友会）
明治11年（1878）9月24日～昭和13年（1938）2月1日　⑰沖縄県八重山　⑳日本大学専門部法律科〔明治40年〕卒　⑳小学校長、会計検査院属を経て司法官試補となる。のちに、弁護士となり、那覇市議、議長等も務めた。大正9年衆議員に当選、以来4選。那覇弁護士会長、沖縄産業取締役を歴任した。

華園 摂信　はなぞの・せっしん
僧侶 真宗興正派門主
文化5年（1808）2月16日～明治10年（1877）12月12日　⑰京都　⑳字＝本寂　⑳鷹司政通の二男。文化15年（1818年）得度し、同年興正寺第27世となる。慶応4年（1868年）朝廷の命を奉じて東海道鎮撫副督輔翼となり、門徒を率いて大津を警護した。廃仏毀釈にあたって仏教擁護とキリスト教の排斥を唱え、大教院の設置にも尽力。9年西本願寺から独立して真宗興正派を興し、門主となった。　⑳父＝鷹司政通（公卿）

花田 仲之助　はなだ・ちゅうのすけ
陸軍軍人 社会教育家 報徳会創立者
万延1年（1860）6月10日～昭和20年（1945）1月2日　⑰薩摩国（鹿児島県）　⑳陸士〔明治16年〕卒　⑳明治10年西南戦争に参加。17年歩兵第九連隊付、23年歩兵第三連隊付、27年日清戦争に従軍。30～32年清水松月と変名して西シベリアに入り、ロシア軍の動向調査。32年少佐で予備役。報徳会の主唱者となり、34年郷里鹿児島で会作りに従事。37年日露戦争に応召、38年中佐、後備第二十三連隊大隊長、大本営幕領を務めた。のち全国各地を巡講、報徳会普及に努め、国民精神作興の指導者となった。昭和14年平沼内閣下の国民精神総動員中央連盟理事。著書に「報徳実践修養講話」。

花房 太郎　はなふさ・たろう
海軍少将 貴院議員 子爵
明治6年（1873）4月19日～昭和7年（1932）8月22日　⑰備前国岡山（岡山県岡山市）　⑳海兵（第24期）〔明治30年〕卒　⑳花房義質の長男。明治31年海軍少尉に任官。32年磐手回航委員として英国に出張。37年日露戦争では千歳の航海長として活躍。44年皇族付武官兼軍事参謀官副官などを務め、大正6年父の跡を継いで子爵となる。10年海軍少将、12年予備役に編入。14年から貴院議員となり、傍ら日本赤十字社理事として社会事業に貢献した。　⑳父＝花房義質（外交官）

花房 端連　はなぶさ・まさつら
第二十二国立銀行頭取 初代岡山市長
文政7年（1824）8月3日～明治32年（1899）4月7日　⑰備中国吉備郡真備町（岡山県倉敷市）　⑳旧姓・旧名＝徳田、通称＝七太夫、号＝蘭堂　⑳備中岡田藩士の二男に生まれ、岡山藩士の養子となる。岡山藩の少参事、大参事を歴任。廃藩後、工部省鉄道寮に出仕、鉄道権助となるが、明治9年辞任。10年旧岡山藩主池田章政の出資を得て士族授産を目的に第二十二国立銀行を岡山に創立し、頭取に就任。16年には岡山紡績会社を創設。14～26年岡山商法会議所初代会頭を務め、また22年岡山の市制施行にともない初代岡山市長となる。23年辞職。これより先、14年郷校・閑谷黌の再興を図り、さらに救貧院、感化院を創設、水陸交通・産業の発展に尽した。　⑳長男＝花房義質（外交官），三男＝花房直三郎（統計学者）

花房 義質　はなぶさ・よしもと
外交官 日本赤十字社社長 子爵
天保13年（1842）1月1日～大正6年（1917）7月9日　⑰備前国岡山（岡山県岡山市）　⑳幼名＝虎太郎、号＝眠雲，長嶺居士　⑳備前岡山藩士で、岡山市長も務めた実業家・花房端連の長男。藩儒について漢籍を学び、緒方洪庵門下で蘭学を学ぶ。慶応3年（1867年）欧米に留学。帰国後、明治2年外国御雇となり、同年外務大録、3年外務権少丞、4年外務少丞、5年外務大丞、同年外務右局長など歴任し、清国や朝鮮に出張。6年ロシア公使館一等書記官となり、榎本武揚を援けて樺太千島交換条約締結に携わった。13年朝鮮弁理公使として赴任、外国使臣として初めて国王に謁見した。15年壬午軍乱に際しては一旦帰国、再度渡航して済物浦条約を結び、公使館護衛の名目で駐兵権を獲得した。16年ロシア特命全権公使、20年農商務次官、21年宮中顧問官、24年宮内次官、28年帝室会計審査局長、36年再び宮内次官を歴任、44年枢密顧問官。この間、20年より日本赤十字社副社長を務め、大正元

羽成 卯兵衛　はなり・うへえ
私財を投じて霞ケ浦の八木干拓を推進
明治16年(1883)11月10日〜昭和9年(1934)11月5日　[生]茨城県高浜町(石岡市)　[学]茨城師範卒　[歴]代々で米穀販売、醤油醸造業を営む家に生まれる。大正11年より私財を投じて、霞ケ浦の関川村八木干拓を進めた。昭和3年完成。

埴原 正直　はにはら・まさなお
駐米大使
明治9年(1876)8月25日〜昭和9年(1934)12月20日　[生]山梨県　[学]東京専門学校〔明治30年〕卒　[歴]明治31年外交官及び領事館試験に合格し、外務省に入る。外務書記官、総領事などを経て、大正7年通商局長、8年外務次官、10年ワシントン会議に全権委員として出席。11年駐米大使となり、排日法案の阻止、日米両国間の偏見と誤解の排除に尽くしたが、13年米国政府にあてた書簡が排日移民法成立の一因とされ、責任をとって帰国、待命となった。昭和2年外交界を引退。　[家]妹=埴原久和代(洋画家)。

羽生 氏熟　はにゅう・うじなり
殖産家　秋田市長
嘉永2年(1849)3月15日〜昭和7年(1932)1月9日　[生]出羽国久保田(秋田県秋田市)　[号]=眠鶴　[歴]久保田藩右筆を務める。維新後、太政大臣に士族授産を建議し、容れられて明治12年に秋成社を設立。以後、帰農した130人の士族とともに秋田県大張野の開拓に従事、養蚕・機業の奨励を行い、養蚕所や農学校を開設。さらに同県将軍野の開拓も行った。28年には第2代秋田市長に就任。35年同社解散の後は県勧業課長・第四十八銀行取締役・秋田電気取締役などを歴任し、地方の産業発展に尽力した。また、眠鶴と号し、歌人としても名高い。

馬場 愿治　ばば・げんじ
大審院部長　弁護士
万延1年(1860)8月14日〜昭和15年(1940)11月13日　[生]陸奥国大沼郡(福島県)　[学]東京大学法学部〔明治18年〕卒　法学博士〔大正7年〕　[歴]東京始審裁判所判事、横浜地方裁判所部長、東京控訴院判事、同控訴院部長、浦和地方裁判所長、函館、広島各控訴院長から大審院部長となった。明治32年英米に留学。大正12年退官して弁護士開業。その後中央大学法学部教授、同理事、同大学長を歴任した。

馬場 辰猪　ばば・たつい
自由民権家
嘉永3年(1850)5月15日〜明治21年(1888)11月1日　[生]土佐国高知城下中島町(高知県高知市)　[学]慶応義塾　[歴]土佐藩士の子で、遠祖は戦国武将・武田信玄配下の武田二十四将の一人に数えられる馬場信春。藩校・文武館に学ぶが、元治元年(1864年)父の失脚で禄を減ぜられ、慶応元年(1865年)家督を継ぐ。2年藩命で江戸に遊学し、福沢諭吉の家塾に入門。4年には長崎に派遣され、オランダ人宣教師フルベッキに英語を学んだ。明治維新後、再び東京に出て慶応義塾で経済学を専攻するとともに地理や physics を教授。明治3年藩より洋行を命ぜられ、英国へ留学。7年いったん帰国するが、8年には旧藩主・山内家の援助により再度渡英し、法律を研究した。滞英中には英文で「日本語文典」「日英条約改正論」などを刊行。11年帰国後は学習院に出講する傍ら、司法省などの依頼で法律書の翻訳に携わり、日本にローマ法の観念を紹介した。また、小室梓らの共存同衆会に参加し、「共存雑誌」などで論評を掲載した他、各地で演説を行った。14年国友会に所属して自由民権運動に参加し、同年自由党に入党。15年「天賦人権論」を刊行し、加藤弘之の唱えた"人権新説"を批判した。この間、訴訟鑑定所を開いて法律実務に従事し、明治義塾で教鞭を執る。同年自由党の機関紙として創刊された「自由新聞」の主筆に就任するが、板垣退助の洋行に反対したことから退けられ、16年大石正巳、末広鉄腸らと同党を脱党。その後も民権運動を続けるが、18年爆発物取締規則違反容疑で逮捕され、約6ケ月入獄。19年証拠不十分で釈放された直後に渡米し、現地の新聞に「日本人監獄論」などを執筆して藩閥政府批判を行うが、21年フィラデルフィアで客死した。　[家]弟=馬場孤蝶(評論家)。

馬場 道久　ばば・みちひさ
越中通船会社社長　貴院議員
弘化3年(1846)11月21日〜大正5年(1916)5月20日　[生]越中国上新川郡東岩瀬町(富山県富山市)　[名]幼名=吉次郎　[歴]越中国の船問屋・馬場家当主の三男として生まれる。明治12年家督を継ぐ。14年藤井能三らと北陸通船を設立、30年越中通船社長。この間、24年日本海運業同盟会を設立した。36年馬場合資会社を創立。一方、石川県議、富山県議なども務め、23〜30年貴院議員。

波部 本次郎　はべ・もとじろう
殖産家　第百三十七国立銀行頭取　兵庫県議
天保13年(1842)10月26日〜大正5年(1916)2月21日　[生]丹波国多紀郡日置村(兵庫県篠山市)　[家]は丹波多紀郡の大庄屋で篠山藩御用達を務める。18歳で父の跡を継ぐ。明治維新後は大郷長、大区長となり、11年篠山第百三十七国立銀行を創立して頭取に就任、12年兵庫県議となる。多紀郡農会会長、畜産組合長、兵庫県森林会議員として地方産業に貢献し、また農業の改良、牧畜の奨励、養蚕の改善などに尽力した。

浜渦 文右衛門　はまうず・ぶんえもん
事業家
嘉永3年(1850)1月25日〜大正9年(1920)5月27日

出土佐国安芸郡北川村柏木(高知県安芸郡北川村)。歴貧農の長男として生まれる。大正5年に「北川村小島宝の温泉」という現在の北川温泉を発見、「薬水なり」の歌で宣伝した高知の先達として知られる。

浜尾 新　はまお・あらた
東京帝国大学総長 枢密院議長 文相 貴院議員
嘉永2年(1849)4月20日～大正14年(1925)9月25日　生但馬国豊岡(兵庫県豊岡市)　学慶応義塾、大学南校　歴但馬豊岡藩士・浜尾嘉平治の子。幕末に藩命で英学・仏学を学ぶ。明治5年文部省に出仕し、大学南校舎中監事、南校監事となる。6年米国オークランドの兵学校に留学し、実地の学校経営を研修。7年帰国後は東京開成学校に勤務し、校長心得、校長補を経て、10年同校の改組により東大の前身となる東京大学が発足すると法理文三学部綜理補となり、加藤弘之綜理を助けて東大草創期の基礎固めに貢献した。13年文部省に転じて官立学務局長、14年専門学務局長を歴任し、18年学術制度調査のため欧州へ派遣。20年帰国後は専門学務局長に再任し、高等教育・実業教育の拡充に力を注いだ。23年貴院議員。26年井上毅文相の下で帝国大学総長に就任し、ヨーロッパの大学に倣って講座制を導入したほか、教授会自治方式を取り入れるなど、学内の諸制度改革を進めた。30～31年第二次松方内閣の文相。38年戸水事件で辞職した山川健次郎の後を受け、再び東京帝大総長となって同事件の収拾に当たり、大正元年まで在職した。元年東宮御学問所副総裁となり、7年に渡って昭和天皇の教育を担当。また、明治44年から枢密顧問官を務め、大正11年枢密院副議長、13年同議長。14年焚き火が袴に燃え移って火傷を負い、それが元となって死去した。　家息子＝浜尾四郎(小説家)、孫＝浜尾実(宮内庁東宮侍従)、浜尾文郎(カトリック枢機卿)

浜岡 光哲　はまおか・こうてつ
京都日出新聞社長 衆院議員
嘉永6年(1853)5月29日～昭和11年(1936)12月6日　生山城国嵯峨村(京都府京都市)　名旧姓・旧名＝福原、幼名＝他千代　歴南朝方に仕えた公卿・日野家の子孫で、代々京都の大覚寺で坊官を務めた。5人きょうだい(3男2女)の三男。生家は野路井家だが、故あって福原姓を名のり、明治元年院承任御経蔵卿・浜岡家の養嗣子となった。7年より山本覚馬に親炙。10年浜岡家先代と親交のあった岩倉具視に謁し、岩倉より皇家東下後の京都の振興を頼まれ、これに尽くすことを決意した。12年「京都新報」を創刊、同年「京都滋賀新報」、13年「中外電報」と改題。18年姉妹紙である「京都日出新聞」を創刊、22年中外電報を廃刊して京都日出新聞社に就任。また、15年京都商工会議所創設に参画して副会長、17年会長。23年京都商業会議所設立に際して会頭。昭和3年商業会議所の商工会議所改称に伴い辞任。明治19年京都商工銀行、27年京都電鉄、大正11年京都火災の設立に際して初

代頭取・社長を務めるなど、京都実業界で重きをなした。また、22年京都市議、23年第1回総選挙に立候補して衆院議員に当選。通算3期。　家孫＝浜岡晋(日本ホッケー協会副会長)、従兄＝田中源太郎(実業家・政治家)、女婿＝浜岡五雄(日本銀行理事)　勲勲四等瑞宝章〔大正5年〕、勲三等瑞宝章〔昭和3年〕

浜口 雄幸　はまぐち・おさち
内相 大蔵次官 衆院議員
明治3年(1870)4月1日～昭和6年(1931)8月26日　生高知県長岡郡五台山村唐谷(高知市)　名旧姓・旧名＝水口　学帝国大学法科大学政治学科〔明治28年〕卒　歴山林官水口胤平の三男に生まれ、明治21年高知県安芸郡田野町の旧郷士浜口家の養子となる。三高、東大卒業後、大蔵省に入り、専売局長官を経て、大正元年通信次官、3年大蔵次官となる。4年政界に転じ高知から衆院議員に当選、憲政会きっての財政通として活躍。加藤高明内閣の蔵相、若槻内閣の蔵相・内相を経て、昭和2年民政党初代総裁に選ばれ、4年首相に就任。金融恐慌のなかで、軍縮・緊縮財政と金解禁を断行。"ライオン宰相"の異名をとる。深刻な不況と社会の激化した5年11月、東京駅で右翼青年に狙撃されて重傷を負う。容態が悪化して翌6年首相・総裁を若槻に譲り、8月死去。　家長男＝浜口雄彦(銀行家)、二男＝浜口厳根(銀行家)、女婿＝大橋武夫(国務相)　勲勲一等旭日桐花大綬章

浜口 吉右衛門　はまぐち・きちえもん
ヤマサ醤油経営者 衆院議員(政友会)
文久2年(1862)5月16日～大正2年(1913)12月11日　生紀伊国有田郡広村(和歌山県有田郡広川町)　出東京　学慶応義塾　歴浜口家10世の主人としてヤマサ醤油および塩を経営。第4回衆院議員補欠選挙で初当選。以来、3期務め、明治40年貴院議員。富士瓦斯紡績社長、豊国銀行頭取、九州水力電気社長などを歴任。

浜口 駒次郎　はまぐち・こまじろう
浜口汽船社長
安政5年(1858)2月5日～昭和12年(1937)3月11日　生土佐国高岡郡佐川村(高知県高岡郡佐川町)　歴神戸で煉瓦製造工場に勤めたのち、明治23年独立して堺市に煉瓦店を開業。のち海運業に転じて浜口汽船を創立した。また、大阪市議もつとめた。

浜口 梧陵　はまぐち・ごりょう
和歌山県議
文政3年(1820)6月15日～明治18年(1885)4月21日　生紀伊国有田郡広村(和歌山県有田郡広川町)　名本名＝浜口成則、通称＝浜口儀兵衛　歴浅酱油醸造元に生まれ、代々儀兵衛を襲名。銚子にも店を広げヤマサ醤油を経営。家業の傍ら故郷に尊皇攘夷の組織崇義団をつくり、民兵を養成。嘉永6年(1853年)ペリー来航を機に和魂洋芸(才)の開国論を唱え、後進の育成のためにと耐久学舎や共

立学舎を建設。7年郷里を襲った大津波の時、私財を投じて救済に努め、その後防波堤も築いて地元の復興に尽力。また種痘館を設立するなど地域振興にも努めた。それらの話は小泉八雲により"リビング・ゴット"(生き神様)として世に紹介され、「稲むらの火」として小学校の読本にも掲載された。明治維新時には藩の勘定奉行として改革に参画。その後和歌山藩少参事、松阪民政局長、藩の権大参事、政府の駅逓頭を歴任後、県の大参事を経て、明治13年初代和歌山県議会議長に推挙。傍ら和歌山県民の政治思想向上のため木国同友会を結成し、地方自治の重要性を唱えた。明治17年65歳の時見聞を広めるため、米国に渡ったが、志半ばで18年ニューヨークで客死。勝海舟や福沢諭吉と親交があった。杉村広太郎編「浜口梧陵伝」がある。

浜田 健次郎　はまだ・けんじろう
大阪商業会議所書記長
万延1年(1860)～大正7年(1918)1月23日
[学]東京大学法学部〔明治17年〕卒　[歴]東京・大阪の商業会議所で財政経済の調査に貢献。また図書に通暁し、官報局時代に送り仮名法制定に腐心、官報局、法制局諸文書はその送り仮名法によった。

浜田 精蔵　はまだ・せいぞう
西部合同瓦斯社長　衆院議員(政友会)
明治13年(1880)12月～大正15年(1926)9月8日
[生]鹿児島県　[学]慶応義塾大学政治科〔明治38年〕卒　[歴]浜田清四郎の二男に生まれる。明治38年時事新報社に入社し、ロンドン特派員、経済部長を務めて退社。福岡市議、同議長、博多商業会議所副会頭などを経て、千代田生命保険に入り、のち西部合同瓦斯社長、諏訪炭鉱取締役、九州化学工業取締役などを歴任。大正13年衆院議員に選ばれ政友会に属した。著書に「支那大観」がある。

浜田 長策　はまだ・ちょうさく
実業家
明治5年(1872)11月2日～大正15年(1926)10月31日　[生]兵庫県三原郡松帆村(南あわじ市)　[学]慶応義塾〔明治26年〕卒　[歴]明治26年慶応義塾を卒業して「神戸新聞」「時事新報」などに筆を執ったが、のち実業界に転じ日本樟脳支配人を経て、千代田生命保険専務となる。大正11年政府の嘱託として欧米に出張し保険事業の調査・研究を行い、帰国後、保険業界に大いに貢献した。

浜田 恒之助　はまだ・つねのすけ
京都府知事
明治3年(1870)9月19日～昭和20年(1945)4月28日　[生]土佐国安芸郡奈半利村(高知県安芸郡奈半利町)　[名]号＝奈水　[学]帝国大学法科大学政治科〔明治29年〕卒　[歴]高知尋常中学・三高を経て東京帝国大学政治科に学び、29年に卒業して高等文官試験に合格。以来、一貫して内務官僚として活躍し、奈良県警察部長・北海道第一部長などを歴任、明

治43年には富山県知事に任ぜられ、さらに宮城や広島の各県知事なども務めた。大正12年拓殖局長官となり、ついで15年には京都府知事に就任。同在任中、京都府立女子専門学校の設立や産業の振興などに当たり、よく府政に尽くした。また、昭和2年の丹後大地震に際しては、被災地復旧のために復興課を設置。退官後は伊豆修善寺に隠棲した。

浜名 寛祐　はまな・かんゆう
陸軍主計少将
元治1年(1864)5月5日～昭和13年(1938)2月23日
[生]静岡県　[学]陸軍経理学校〔明治21年〕卒　[歴]明治21年陸軍主計少尉となり、のち主計少将に進む。この間、35年ロシア領でスパイの嫌疑を受けロシア官憲に捕らわれ、懲役1年に処せられる。この時、当時ロシアに捕らわれていた日本人800名強を後に無事救出する手掛かりを作ったと言われる。37年日露戦争に従軍。39年第十二師団、大正2年主計監となり、千住製絨所長、3年関東都督府経理部長を歴任。大正3年予備役に編入となった。

浜名 信平　はまな・しんぺい
衆院議員(政友会)
安政2年(1855)10月12日～大正5年(1916)1月29日　[生]常陸国真壁郡関本村(茨城県筑西市)　[名]父は志士・浜名又一で、8人弟妹(4男4女)の長男。明治14年茨城県議に当選するも、間もなく被選挙権がなかったことが判明して当選取り消しとなった。15年改めて県議となり、副議長、議長を歴任。23年第1回総選挙に立候補したが落選。27年3度目の立候補で衆院議員に初当選。以来9期。政友会に属したが、大正3年離党。4年引退した。　[家]義弟＝西村喜久治(茨城県議)

浜野 茂　はまの・しげる
相場師　衆院議員
嘉永5年(1852)～大正3年(1914)9月28日
[生]摂津国西宮(兵庫県西宮市)　[歴]生家は綿商だったが、幼くして寺の小僧となる。のち寺を追われ、材木、酒、薬種、砂糖などの商売を転々とし、博徒となる。維新後、伊藤博文の知遇を得て、一時太政官に入るが、その後投機によって数十万円の財を成し、衆院議員となる。明治27年東京鉄道不正事件に連座し零落したが、再び投機により巨富を得た。東京新宿に56万余坪の土地を所有し、相場界では"新宿将軍"の名で知られた。

浜の家 お花　はまのや・おはな
待合茶屋店主
弘化4年(1847)～大正13年(1924)10月15日
[生]江戸　[名]本名＝内田はな、源氏名＝小浜　[歴]はじめ小浜を名乗り、新橋で芸者となる。のち長州藩士・井上聞多(のちの政治家・井上馨)の愛人や料理屋を営む伊勢屋源七の内縁の妻となったのを経て、明治9年柴日蔭町に待合茶屋・浜の家を開業。店は大繁盛し、数多くの名士が来店。特に、玄洋社の頭山満は3年間に渡って店に居座り続けたほど

であったが、その間彼女は頭山に勘定を請求することはなかったという。また、井上や伊藤博文・山県有朋ら長州閥の政治家にも贔屓にされ、その会合場所としてもたびたび利用された。このことから、待合政治の名が生まれたと言われている。大正8年に店の敷地の一部が鉄道用地となったため廃業。晩年は立会川の別荘に住んだ。

羽室 嘉右衛門　はむろ・かえもん
衆院議員(政友会) 郡是製糸社長
安政3年(1856)11月～大正13年(1924)8月25日
[生]丹波国何鹿郡(京都府)　[歴]丹波の豪農で、漢学を修めた後、農業および酒造業を営む。明治29年弟の波多野鶴吉が創業した郡是製糸(現・グンゼ)の社長となり、製糸工場を設立、蚕糸業開発に尽力した。一方、戸長、中筋村長、京都府議、何鹿郡農会長、何鹿郡教育会長などを経て、35年から衆院議員(政友会)を1期務めた。　[家]弟=波多野鶴吉(郡是製糸創業者), 羽室亀太郎(比叡山鉄道初代社長)

羽室 亀太郎　はむろ・かめたろう
比叡山鉄道初代社長
文久1年(1861)～昭和16年(1941)7月29日
[歴]奥野市次郎らと自由党創立に尽力、政友会京都支部常任幹事を務める。日清戦争の好景気の中、京都農商銀行、西陣織物組合にも関与した。明治43年京津電鉄初代支配人を経て専務となるが、京阪電車との合併を機に退き、その後、推されて比叡山鉄道初代社長となった。京都基督教会執事も務めた。　[家]兄=羽室嘉右衛門(衆院議員・郡是製糸初代社長), 波多野鶴吉(郡是製糸創業者)

羽室 庸之助　はむろ・ようのすけ
住友鋳鉄所副支配人 衆院議員(実業同志会)
明治1年(1868)9月～昭和19年(1944)12月30日
[出]丹波国多紀郡(兵庫県)　[名]旧姓・旧名=山内　[学]東京工業学校機械科〔明治23年〕卒　[歴]明治23年私立中学の鳳鳴義塾教師に招かれ理化学の教鞭を執った後、27年農商務省製鉄所技師に転じる。28年若松製鉄所設立に際して同技師となり、ドイツに留学してクルップ製鉄所で学んだ。30年帰国後、32年設立の大阪の日本鋳鋼所で、我が国初の鋼鉄鋳造を行った。34年経営が行き詰まったため住友が引き取り、住友鋳鉄所として再出発。今日の住友金属工業の基礎を作った。大正2年住友製鋼所副支配人を退き、独立して羽室鋳鉄所を創業、所長を務めた。13年大阪から衆院議員に当選、1期務めた。

早川 勇　はやかわ・いさみ
元老院大書記官
天保3年(1832)7月～明治32年(1899)2月13日
[生]筑前国遠賀郡虫生津村(福岡県遠賀郡遠賀町)　[名]旧姓・旧名=嶺, 初名=養敬, 洗, 字=退候, 通称=浩蔵, 号=春波　[歴]農民の家に生まれ、福岡藩医・早川元瑞の養子となる。医師・板垣養水らに学び、養水に随行して江戸に出てからは大橋訥庵に師事するとともに、諸国の志士と交友した。帰郷後も筑前の同志に薩長連合を説くなど国事に奔走し、特に都落ちしてきた尊攘派の五卿を大宰府へ移住させるのに大きく貢献した。慶応元年(1865年)藩論が一変(乙丑の変)したため幽閉された。明治元年新政府に出仕して待詔院に勤務。2年奈良府判事、奈良県大参事となって十津川の治水に努め、3年には福岡藩御用掛に転じて4年福岡藩権大参事に進み、藩政の処置に当たった。11月大分県参事に、12月には山形県判事に任ぜられるが赴任せず、5年以降は警保寮に出仕して9年中検事となり、13年司法省奏任御用掛、元老院御用掛、14年元老院少書記官、同権大書記官を経て、17年同大書記官に就任。20年官を辞したのちは悠々自適の晩年を送った。

早川 権弥　はやかわ・ごんや
自由民権運動家 衆院議員 佐久教会長老
文久1年(1861)6月18日～大正10年(1921)8月10日　[生]信濃国佐久郡前山村(長野県佐久市)　[名]本名=早川義親　[学]長野県師範学校卒　[歴]明治15年自由党に加わり、同党の地方担当として党勢拡張に奔走。17年長野の民権家による政府転覆が発覚し(飯田事件)、これに関係したとして検挙された。出獄後も自由民権運動を続け、20年には上京して条約改正反対・地租軽減・言論集会の自由を求めた三大建白運動に参加するが、保安条例によって東京より追放される。その後、郷里に戻って21年に長野県議となり、廃娼などを提言。また、この頃キリスト教に接近し、22年オランダ改革派の宣教師J.H.バラから洗礼を受けた。以後、佐久地方におけるキリスト教の先覚者として活躍し、伝道師・教育者木村熊二を支援して臼田教会の設立に尽力。のち佐久教会の初代長老に選ばれた。31年衆院議員に当選。南佐久郡議や、郷里である前山村長なども務めた。

早川 千吉郎　はやかわ・せんきちろう
三井銀行筆頭常務 満鉄社長 貴院議員(勅選)
文久3年(1863)6月21日～大正11年(1922)11月14日　[生]加賀国(石川県)　[学]帝国大学法科大学卒　[歴]明治23年大蔵省に入省、参事官、書記官、大臣秘書官、日銀監理官など歴任。33年井上馨の推挙で三井銀行に移り、初めは三井同族会の理事。34年中上川彦次郎の死去後、その後任として、以来17年間三井銀行の専務理事(42年筆頭常務)となり、終始潤滑油としての存在に徹する。大正3年三井合名会社参事、7年副理事長に就任。9年勅選貴院議員、10年南満州鉄道(満鉄)社長となる。

早川 鉄治　はやかわ・てつや
外務省政務局長 衆院議員(同志会)
慶応1年(1865)5月25日～昭和16年(1941)6月5日
[生]備前国岡山(岡山県)　[学]札幌農学校〔明治17

年〕卒 歴外務省に入り、政務局長などを歴任。明治45年衆議院議員に当選、1期務める。

早川 智寛　はやかわ・ともひろ
殖産家　仙台市長
天保15年(1844)7月24日～大正7年(1918)1月22日　生豊前国上篠崎村(福岡県北九州市)　歴もと豊前小倉藩士。慶応3年(1867年)長崎に遊学、明治2年攻玉塾に学び、翌3年静изен学校に入って軍事を研究した。4年土木寮に出仕し、13年宮城県土木課長を務めるなど、三重県・宮城県・愛媛県などに勤務する。退官後、20年土建業・早川組を仙台に設立。社運盛んであったが、26年解散してのち産業開発に専心し、松方正義の経営する鬼石原開拓の後を承けて蔵王山麓で牧場経営に当たった。36～40年仙台市長。勲藍綬褒章

早川 龍介　はやかわ・りゅうすけ
衆院議員(憲政会)
嘉永6年(1853)8月12日～昭和8年(1933)9月22日　出尾張国(愛知県)　歴明治5年戸長、13年初代愛知県議を経て、23年以来愛知県から衆院議員当選10回。早くから農工業の振興に力を入れ、中国、朝鮮、米国を視察、殖産興業の発展に努めた。また財を投じ子弟に外国語を学ばせるなど国政、県政のために尽した。さらに信参鉄道取締役、愛知農工銀行、尾三農工銀行各監査役を務めた。

早崎 源吾　はやさき・げんご
海軍少将
嘉永6年(1853)12月12日～大正7年(1918)9月20日　出鹿児島県　学海兵(第3期)〔明治9年〕卒　歴明治11年海軍少尉に任官。26年鳳翔、27年天城、赤城、28年海門、29年和泉、31年高千穂、高砂、32年鎮遠、比叡、同年再び鎮遠、34年三笠の艦長を歴任。36年海軍少将となり予備役に編入。

林 市蔵　はやし・いちぞう
大阪府知事
慶応3年(1867)11月28日～昭和27年(1952)2月21日　出肥後国(熊本県)　学帝国大学法科大学〔明治29年〕卒　歴零落した貧乏士族の家に育ち、苦学して帝大に進む。内務官吏として各地を転勤、その間明治32年警察監獄学校教授となり、社会事業への関心を深める。41年三重県知事に就任、地方自治の育成に尽した。のち大阪府知事となり、在任中に米騒動に遭遇、民生対策として小河滋次郎とともに大正7年方面委員(現・民生委員)制度を創設した。退官後も関西地方を中心に民間社会事業を指導、庶民信用組合の頭取として防貧事業に携わる。「民生委員の父林市蔵先生」がある。

林 歌子　はやし・うたこ
社会事業家
元治1年(1864)12月14日～昭和21年(1946)3月24日　生越前国(福井県)　学福井女子師範〔明治13年〕卒、立教高女卒　歴郷里で初等教育に当るが、離婚、愛児の死を契機に上京。立教高等女学校に学び、キリスト教に入信し、明治20年聖公会主教C.M.ウィリアムズより受洗。25年博愛社に入り、創立者小橋勝之助の後をうけて孤児の養育事業に従い、同社の基礎を固めた。32年日本基督教婦人矯風会大阪支部を設立。以来婦人ホームの設立、廃娼運動、婦人参政権獲得運動、平和運動など生涯にわたり矯風会の運動の中心として活動、奉仕事業に献身し、"大阪のジェーン・アダムズ"と呼ばれた。昭和13年日本基督教婦人矯風会第5代会頭。戦前・戦中にかけては旧満州から中国中部にかけて実践の足をのばし、北京で医療セツルメント建設、孤児救済などの事業を行った。

林 遠里　はやし・おんり
農業改良家
天保2年(1831)1月24日～明治39年(1906)1月30日　生筑前国早良郡鳥飼村(福岡県福岡市)　名幼名＝彦太郎、策兵衛　歴旧福岡藩士。武芸に秀で、藩中銃術教導を務めたが、明治4年廃藩置県により帰農し、農事研究に専念。やがて稲作改良を志し、種籾の"寒水びたし""土囲法"を実験、稲の増収に成功。明治10年「勧農新書」を著わし、12年興産社を創設、16年には私塾勧農社を設立し、新しい稲作技術の普及に尽した。また、従来の長床犂に代えて深耕可能な抱持立犂による馬耕法を広めた。22～23年欧米の農法を見学。稲作法の安定普及と牛馬耕の普及に功績を残した。明治三老農の一人。著書に「老農林遠里農事演説筆記」「林氏米作改良演説筆記」など。

林 包明　はやし・かねあきら
自由民権運動家
安政5年(1858)7月17日～大正9年(1920)6月17日　生土佐国幡多郡宿毛村(高知県宿毛市)　歴藩立陸軍兵学校に学び、のち大阪に出て自由民権運動に参加、河野広中、片岡健吉らと交わり、明治13年自由党結成で幹事となった。15年政府に弾圧され東京で入獄。出獄後著述と子弟の教育に従事。18年日本英学館を設立、星亨、山田泰造らと「公論新報」を発行。20年保安条例により東京追放となるが、22年憲法発布で特赦された。23年には第1回総選挙に立候補している。

林 儀作　はやし・ぎさく
実業家　新聞記者　北海道議
明治16年(1883)2月～昭和10年(1935)1月20日　生新潟県佐渡郡相川町(佐渡市)　出北海道　名号＝濁川　歴「北海新聞」「函館新聞」の記者・編集長を経て、大正7年「函館日日新聞」創刊に加わり、理事・主筆となる。号は濁川。更に東洋印刷社長、函館共働館泊所理事長、私立の函館東部職業紹介所長などを務め、また北海道議、函館市議に選ばれた。昭和7年北海道から衆院議員(政友会)に当選1回。

林 欽次　はやし・きんじ
東京市議　三田英学校創設者
文政5年(1822)～明治29年(1896)2月24日
[名]別名＝林正十郎　[歴]磐城泉藩士の家に生まれる。文久元年(1861年)6月藩書調所教授手伝並に任ぜられ、仏蘭西学科の開設に尽力。次いで教授手伝を経て、慶応2年(1866年)12月教授職並に進み藩籍を脱して幕臣となる。維新後陸軍省に出仕。退官後、東京市議に当選。

林 謙吉郎　はやし・けんきちろう
実業家
慶応1年(1865)9月10日～大正9年(1920)8月28日
[生]丹波国氷上郡鴨庄村(兵庫県丹波市)　[名]旧姓・旧名＝長井、幼名＝策太郎　[歴]19歳の時、家を弟に譲り東京に出て皮革商を営む。のち貿易商・林謙吉郎の養子となり、養父の名を継ぐ。明治33年北浜銀行取締役となり、京阪電鉄や千代田瓦斯の設立に尽力する。日本活動写真・東京瓦斯などの取締役も務めた。

林 賢徳　はやし・けんとく
実業家　日本鉄道創立者
天保9年(1838)9月8日～大正3年(1914)6月13日
[出]加賀国(石川県金沢市)　[歴]加賀藩士。明治元年民政局に出仕、8年退官。はやくから公共事業に意を用い、8年士族授産を目的に東京麻布に農学舎を創設。また、鉄道の重要性を主張し、旧大名や公卿たちが秩禄処分で得た公債を元本として14年日本鉄道会社を設立、国家の保護のもとに東北線、高崎線の建設を進めた。日本における私鉄敷設の先駆者として功績を残した。また金沢の育英舎、東京の明倫舎などで郷里の青年の育成事業にも尽くした。

林 駒之助　はやし・こまのすけ
北海道庁林務課長
慶応2年(1866)3月3日～昭和14年(1939)8月24日
[生]越前国(福井県)　[学]東京農林学校卒　[歴]石川・大阪の大林区署勤務を経て、福島・秋田の大林区署長となる。大正3年から19年間北海道庁林務課長として林野行政に携わり北海道の林業確立に寄与する。森林防火組合を道内の各地に設立し山火事防止と早期消火の体制を作り上げ、また国有林の斫伐事業を起こし森林鉄道による深山開発と管理の布石を敷いた。更に国有防風保安林を造成し林野面積の増大を図った。昭和7年現役を退いてからも北海道における林野事業の顧問格として務め、14年温根湯国有林を視察中に森林鉄道事故に遭い殉職した。　[家]祖父＝林毛川(筑前勝山藩家老)

林 権助　はやし・ごんすけ
駐英大使　男爵
安政7年(1860)3月2日～昭和14年(1939)6月27日
[生]陸奥国若松(福島県会津若松市)　[学]帝国大学法科大学卒　[歴]会津藩士の家に生まれる。明治20年外務省入り。北京公使館首席書記官から通商局長を経て、32年駐韓国公使となり、以後対韓外交の第一線で過ごし、37年の日韓議定書から日韓協約など日韓合併の基礎を作った。39年駐清国公使、41年駐伊大使を経て、大正5年駐中国公使に復し、寺内内閣が進めた対中強硬外交にも現地にあって協力した。8年関東府長官に就任、北方軍関の援助に奔走。9年駐英大使。退官後、14年宮内省御用掛となり再渡欧、留学中の秩父宮親王の補導に当たる。昭和4年宮内省式部長官、9年から枢密顧問官。著書に「わが七十年を語る」がある。

林 丈太郎　はやし・じょうたろう
農事改良家
明治8年(1875)5月3日～昭和2年(1927)3月6日
[出]東京府平山村(東京都日野市)　[歴]陸稲を改良し、「丈太おかぼ」を作る。大正7年東京府農事試験場で新品種「平山」と命名された。

林 董　はやし・ただす
外交官　外相　伯爵
嘉永3年(1850)2月29日～大正2年(1913)7月10日
[生]江戸　[出]下総国佐倉本町(千葉県佐倉市)　[名]旧姓・旧名＝佐藤、幼名＝信五郎、董三郎　[歴]下総佐倉藩医で蘭方医の佐藤泰然の五男に生まれる。文久2年(1862年)父に従い横浜に出、浜田彦蔵(通称ジョセフ・ヒコ、アメリカ彦蔵)やヘボン夫人らに英語を学ぶ。同年幕府の御典医であった林洞海の養子となる。慶応2年(1866年)幕命で英国留学、4年帰国。義弟の榎本武揚軍に従って箱館で戦い、敗れた。明治3年放され、4年新政府の神奈川県出仕、同年外務省に入り岩倉遣外使節団に随行。6年帰国、工部少丞、工部権大書記官、通信大書記者、通信省内信局長、香川・兵庫各県知事を歴任、24年外務次官、28年駐清国公使、30年駐ロシア公使、33年駐英公使となり日英同盟締結に尽力。38年駐英大使。39年第一次西園寺内閣の外相となり、日露・日仏協商締結を行う。44年第二次西園寺内閣の通信相。40年旧幕臣としては最高位となる伯爵に叙せられた。訳書に「羅馬史論」「刑法論綱」「火教大意」などの他、自伝「後は昔の記」。　[家]実父＝佐藤泰然(佐倉藩医)、養父＝林洞海(蘭方医)、兄＝松本順(陸軍軍医総監)、義弟＝榎本武揚(政治家)

林 友幸　はやし・ともゆき
枢密顧問官　貴院議員　伯爵
文政6年(1823)2月6日～明治40年(1907)11月8日
[生]長門国阿武郡土原(山口県萩市)　[名]通称＝周次郎、半七、号＝秋畝　[歴]尊攘運動に加わり奇兵隊参謀として活躍、馬関戦争、さらに第二次長州征討、戊辰戦争に参加。明治元年徴士会計官権判事となり、奥羽に出張。2年7月盛岡藩大参事、8月九戸県権知事。3年民部大丞兼大蔵大丞、4年中野県権知事兼任。6年大蔵大丞、7年内務大臣衆土木頭、8年内務少輔を歴任。13年元老院議官、23年貴院議員、28年宮中顧問官となり、33年枢密顧問官に就任し

501

林 平四郎　はやし・へいしろう
衆院議員

安政4年(1857)11月～昭和16年(1941)12月11日　回山口県　歴明治22年以降山口県議、下関市議、商業会議所議員、同会頭などを歴任。大正14年～昭和14年貴院議員を2期務め、他に衆院議員を2期務めた。また、長州鉄道、山陽電気軌道、下関倉庫、関門汽船などの重役、下関取引所理事長を務めた。　家息子＝林佳介(衆院議員)、孫＝林義郎(衆院議員)、林孝介(サンデン交通社長)

林 平次郎　はやし・へいじろう
六合館館主

文久1年(1861)4月15日～昭和6年(1931)11月30日　生江戸浅草西鳥越(東京都台東区)　名旧姓・旧名＝加藤、通称＝林平　歴東京・浅草西鳥越の加藤六兵衛の長男に生まれ、林ナカ子の養子となる。12歳で京橋伝馬町の書店・弘文館の店員となり、20年27歳で独立し、日本橋に書籍取次店・文魁堂を開く。明治初年から欧米の原書を翻訳発行していた六合館を、27年買収して館主となり本格的に出版を始め、大槻文彦編『言海』、浜野知三郎編『新訳漢和大辞典』などを刊行。中等教科書の関東地区一手販売を行うなど幅広く事業を進めた。国定教科書共同販売所常務、日本書籍会長ほか、大日本図書・東京辞書出版・弘道館・大阪宝文館・盛文館などの役員に就任。また全国書籍商組合会長、東京書籍商組合組合長を務めるなど、出版業界の大御所とも呼ばれ、通商を林平といった。

林 三子雄　はやし・みねお
海軍大佐

元治1年(1864)11月15日～明治37年(1904)5月26日　回河内国(大阪府)　学海兵(第12期)〔明治19年〕卒、海大〔明治26年〕卒　歴明治21年海軍少尉に任官。30年ドイツへ留学、31年ドイツ公使館付武官。37年2月天城、3月鳥海の艦長を務め、5月の第三次旅順口閉塞作戦の指揮を執った。同月戦死した。

林 弥三吉　はやし・やさきち
陸軍中将

明治9年(1876)4月8日～昭和23年(1948)8月31日　生石川県　学陸士(第8期)〔明治29年〕卒、陸大〔明治36年〕卒　歴明治30年歩兵少尉、歩兵第十八旅団副官として日露戦争に従事。39年軍務局課員、42年ドイツ駐在、大正2年陸大教官。参謀本部員、浦塩派遣軍参謀、歩兵第三十七連隊長などを経て、10年陸軍省軍事課長。11年中国公使館付武官、14年歩兵第三旅団長、昭和2年中将、歩兵学校長、3年第四師団長、5年東京警備司令官、7年予備役。12年宇垣一成組閣の参謀役を務めたが、陸相を任命できず流産。

林 勇蔵　はやし・ゆうぞう
豪農　防長共同会社頭取

文化10年(1813)7月16日～明治32年(1899)9月24日　生周防国吉敷郡矢原村(山口県山口市)　名旧姓・旧名＝山田　歴文政9年(1826年)周防国吉敷郡上中郷(現・山口県山口市)の林家の養子となる。10年同郷内の給領庄屋、天保12年(1841年)同庄屋を経て、安政2年(1855年)大庄屋に進み、この間、仁保津鬟田の開拓や椹野川の堤防改修工事などに当たった。一方で勤王の志篤く、長州の藩論が保守派と真の尊王攘夷を奉じる正義派とに分裂した際には後者を応援し、積極的に財政援助を行うなど勤王大庄屋として知られた。維新後の明治5年には山口県の地租改正事業に関与。さらに7年から10年にかけては地租米を集荷する防長共同会社の副頭取や頭取を歴任した。　勲藍綬褒章〔明治30年〕

林 有造　はやし・ゆうぞう
農商務相　通信相　衆院議員(政友会)

天保13年(1842)8月17日～大正10年(1921)12月29日　生土佐国幡多郡宿毛村(高知県宿毛市)　名本名＝林包直、旧姓・旧名＝岩村、号＝梅溪　歴土佐藩家老・伊賀家に仕えた岩村英俊の二男で、林家の養子となる。幕末、脱藩して板垣退助らと尊王攘夷運動に投じ、戊辰戦争では宿毛隊を率いて越後・東北を転戦。明治3年板垣の推薦で品川弥二郎らと欧州軍事視察団に選ばれて渡欧。帰国後は高知に帰り、4年高知藩少参事、高知県参事。5年外務省に出仕したが、征韓論に敗れて板垣らと下野し、帰国して片岡健吉らと立志社を結成した。10年の西南戦争では西郷軍に加担して土佐派の挙兵をはかり、大江卓らと武器の購入を進めるが、発覚して岩手監獄に投獄された。17年仮出所ののち政界に復帰し、自由党解党問題では解党を支持した。20年後藤象二郎、大江らと大同団結運動、三大事件建白運動を進めるが、保安条例で東京から追放され、帰郷して新田開発などに従事。22年憲法発布の特赦で東京追放が解かれると、23年愛国公党結成に参加。同年第1回総選挙に高知県から出馬し当選、以後当選8回。議会では自由党土佐派の重鎮として活躍し、31年第一次大隈内閣で通信相として入閣。33年には伊藤博文と板垣退助との連携を助けて政友会の創立に深く関与。同党結成後は総務委員となり、第四次伊藤内閣では農商務相を務めた。41年政界を引退して実業界に転じ、同年予土真珠を創業。著書に『林有造旧夢談』がある。　家二男＝林譲治(衆院議員)、兄＝岩村通俊(貴院議員・男爵)、弟＝岩村高俊(貴院議員・男爵)、孫＝林迶(参院議員)、林逍(宿毛市長)、甥＝岩村通世(司法官)

早矢仕 有的　はやし・ゆうてき
丸善創業者

天保8年(1837)8月9日～明治34年(1901)2月18日　生美濃国武儀郡笠賀村(岐阜県関市)　名旧姓・旧名＝山田、別名＝丸屋善七、幼名＝右京　歴亡き実

父の跡を継いで医者になることを決意、大垣・名古屋で修学したのち、嘉永7年(1854年)帰郷して開業。安政6年(1859年)江戸へ出、万延元年(1860年)橘町に医院を開いた。やがて蘭方医学を志し、坪井信道に師事。文久3年(1863年)師の推薦で美濃岩村藩主・松平家のお抱え医師となった。慶応3年(1867年)慶応義塾に入門。塾頭の福沢諭吉からは英学を教わるとともに事業の相談を受けるなど友人に近い扱いを受けた。明治維新後は商業に転向し、明治2年横浜に書店の丸屋商社を開いて福沢や柳河春三らの著訳を販売。各地に支店を出し、唐物屋や仕立にも手を染めるなど多角的な経営を行った。この間、福沢の依頼で西洋文物の輸入も手がけるようになり、5年米国サンフランシスコのローマン社と提携して外国書籍や文具の直接輸入を開始。8年貯蓄銀行としての役割を持った交銀局を設置し、13年には銀行条例の改正を機に丸屋銀行を創設した。13年株式組織の丸善商社に改組してその初代社長に就任、今日の丸善の基礎を築いた。14年には為替の取扱いをはじめ、16年丸家銀行と丸善為替店を合併するが、17年同銀行の経営が破綻したことで丸善グループ全体の経営が危機に陥り、18年社長を辞任した。出版人としては「新説八十日間世界一周」「新体詩抄」、文部省編版の「百科全書」、外山正一「演劇改良論私考」など、主として学術出版に専心、30年機関誌「学の燈」を創刊した。　家長男＝早矢仕四郎(実業家)、女婿＝野平道男(三井物産上海支店長)

林田 亀太郎　はやしだ・かめたろう
衆院議員(政友会)　衆院書記官長
文久3年(1863)8月15日～昭和2年(1927)12月1日　生肥後国(熊本県)　名号＝雲樵、芳卿園　学帝国大学法科大学政治科〔明治20年〕卒　歴肥後熊本藩士の長男。明治20年帝国大学法科大学政治科を卒業して法制局に入る。23年国会開設により衆議院書記官。24年衆議院庶務課長、27年議事課長を経て、30年衆議院書記官長となり、選挙法改正案の起草、単記無記名式大選挙区制の制定などに関与するなど議会の名物男として知られた。大正4年大浦事件にからんで辞職。9年東京2区から衆院選に出馬し、当選2回。はじめ無所属であったが、政友会を経て、11年革新俱楽部の創立に参加し、同党が護憲三派の一角として与党となった加藤高明内閣では普通選挙法の起案に当たった。14年同党と政友会の合体に反対し、新正俱楽部を結成。一方、鮫川電力社長、「東京毎夕新聞」主筆も務めた。文筆にも長じ、著書に「明治大正政界側面史」「日本政党史」(全2巻)「芸者の研究」などがある。

林田 甚八　はやしだ・じんぱち
ニチモウ創業者
生年不詳～大正15年(1926)9月8日
学水産講習所漁撈科〔明治38年〕卒　歴明治41年遠洋漁業練習生の第3回生として水産講習所同期の岩本千代馬(当時は福井姓)と英国に留学。43年帰

国すると農商務省主任技師の山脇宗次の紹介で、神戸の高津商店が企図していたトロール漁業の事業化に参画。下関に同商店漁業部を興した。44年には後から帰国した岩本も同部に参加。トロール漁業の淘汰期に入る率先して業者の大同団結を図り、大正3年共同漁業設立に伴い同社常務に転出。第一次大戦が勃発するとトロール漁船の売却ブームが起き、同社も多くの株主の要望によりほとんどの持ち船を売却して解散の危機に陥ったが、この風潮に敢然と反対し、ボロ船1隻を残して会社を存続させた。15年臨時株主総会へ向かう途上、山陽線柳井津付近で列車デッキより転落死した。

林田 騰九郎　はやしだ・とうくろう
衆院議員(同盟俱楽部)
天保14年(1843)9月21日～明治32年(1899)9月5日　生近江国甲賀郡相模村(滋賀県甲賀市)　歴明治5年生地の滋賀県甲賀郡ではじめての小学校開設に尽力。のち同郡第七区長、13年滋賀県議に当選、道路の改修や病院の設立などに尽くした。初代大原村長を経て、25年衆院議員に当選。同盟俱楽部に所属し、1期務めた。また、水口米穀取引所を設立した。

速水 熊太郎　はやみ・くまたろう
実業家　衆院議員
慶応1年(1865)5月8日～明治37年(1904)10月20日　生紀伊国牟婁郡引本浦(三重県北牟婁郡紀北町)　歴普通学を修めた後、林業を営む。明治23年頃、熊野灘で夏敷網漁業を始める。また紀北商業銀行(百五銀行の前身)頭取、三重県農工銀行監査役などを務めた。一方、戸長、引本浦区議、引本町議、三重県議などを経て、36年から衆院議員に当選2回。

早速 整爾　はやみ・せいじ
蔵相 農相 衆院議員(憲政会)
明治1年(1868)10月2日～大正15年(1926)9月13日　生安芸国沼田郡新庄村(広島県広島市)　名旧姓・旧名＝中山、幼名＝米吉　学東京専門学校政治経済英学科卒　歴広島中学中退後、東京専門学校(現・早稲田大学)政治経済英学科に学ぶ。明治20年同校を卒業後、埼玉英和学校の教師となり、21年辞して博文館編集部に入る。「芸備日日新聞」に投稿を続けたことが縁で同紙の社主・早速勝三の知遇を得、22年同紙に入社して主筆として経済・財政問題で健筆をふるう一方、早速家の養子となり社長として経営に参画した。29年広島県議、34年広島市議を経て、35年衆院議員に初当選。37年度衆院議員となり、以後連続7選。新聞界・実業界での豊富な活動経験から財政通として知られ、はじめ既存政党には属さず、花井卓蔵らと又新会、中正会を組織、常に健全財政を主張して政府を批判した。大正4年衆院副議長。5年憲政会の創立に参画し、13年護憲三派内閣で鉄道次官となり、14年第二次加藤高明内閣に農相として入閣。15年の

第一次若槻内閣では蔵相を務めた。

原 霞外　はら・かがい
社会主義者
明治13年(1880)10月9日～大正15年(1926)11月21日　⒢愛知県名古屋市米屋町　⒩本名＝原真一郎、芸名＝原延夫　⒭東京専門学校政治科　⒣明治36年平民社に出入りして社会主義運動に参加。37年加藤時次郎経営の「直言」の編集に携わる。翌38年神田三崎町に平民社ミルクホールを経営した。また演劇、講談、浪曲などによって主義の宣伝に努めた。同年火鞭会をおこし、「火鞭」を発行。40年日刊「平民新聞」の編集部に参加。晩年は名古屋新聞社岡崎支局長を務めた。

原 錦吾　はら・きんご
日本共立火災会長
慶応3年(1867)3月26日～昭和11年(1936)4月13日　⒢江戸　⒭高等商業卒　⒣母校・高等商業などの教授を経て、明治25年明治火災保険に入社。副支配人、のち取締役となり同社の基盤を固める。大正3年常務となるが、4年退任。のち日本初の火災保険協会を設立し、業界の発展に貢献した。

原 三溪　はら・さんけい
美術収集家　原合名会社社長　横浜興信銀行頭取
慶応4年(1868)8月23日～昭和14年(1939)8月16日　⒢美濃国厚見郡下佐波村(岐阜県岐阜市)　⒩本名＝原富太郎、旧姓・旧名＝青木　⒭東京専門学校法律学科〔明治22年〕卒　⒣生家は美濃国下佐波村(現・岐阜県岐阜市)の名家で、10人きょうだい(3男7女)の長男。画家の高橋杏村は母方の祖父。明治18年上京して東京専門学校(現・早稲田大学)に入学。23年女子教育家の跡見花蹊の取り持ちで横浜随一の商人・原善三郎の孫娘と結婚して原家に婿入りした。32年家督を相続、経営責任者となり経営合理化を断行。生糸売込問屋を拡大する一方、33年絹織物、34年生糸の海外輸出に踏み切り、35年には三井物産から富岡製糸場を買い取るなど製糸業にも進出、問屋・輸出・製糸と生糸に関する全分野を手がけた。大正7年七十四銀行が危機に陥るとその整理・再建に乗りだし、9年破綻整理のため横浜興信銀行を設立、初代頭取に就任。同年関東大震災により横浜が大きな被害を受けると横浜市復興会会長に推され、復興の陣頭に立った。一方、近代日本を代表するパトロンとして名高く、下村寒山、横山大観、小林古径、前田青邨、安田靫彦ら多くの芸術家を後援。自らも芸術的センスに優れ、明治35年から横浜・本牧に日本庭園・三溪園の造成を始め、41年に外苑、大正12年に内苑が完成。没後の昭和28年、横浜市に譲渡・寄贈された。また、早くから古美術品の収集に力を入れ、国宝「孔雀明王像」「寝覚物語絵巻」など多くの名品を所蔵した。益田孝(鈍翁)と並ぶ実業家中の茶人として知られる。　⒡長男＝原善一郎(実業家)、二男＝原良三郎(実業家)、祖父＝高橋杏村(画家)

バラ，ジェームス・ハミルトン
Ballagh, James Hamilton
宣教師(オランダ改革派教会)　横浜海岸教会創立者
1832年9月7日～1920年1月29日
⒦米国　⒢米国ニューヨーク州ホバート　⒭ラトガース大学(米国)〔1857年〕卒、ニューブランスウィック神学校(米国)〔1860年〕卒　神学博士(ラトガース大学)〔1907年〕　⒣1861年(文久元年)11月米国のオランダ改革派教会派遣の宣教師として妻と共に来日。横浜に住み、ヘボンらと宣教の準備をする。1862年横浜英学所で、1871年(明治4年)には高島学校で英語を教え、翌年弟のジョン・バラを招く。1871年小会堂で日本人学生を集め英語・聖書を教える。この間、1865年(慶応元年)矢野元隆に授洗、日本プロテスタントの最初の授洗となった。1872年(明治5年)より日本人の初週祈祷会を指導し、3月日本初のプロテスタント教会である横浜日本基督公会を設立、仮牧師となる。1875年公会会堂を建設、横浜海岸教会と改称。以後、各地で布教活動を行う。1919年(大正8年)帰国した。
⒡弟＝バラ，ジョン・クレイグ(教育家)

原 心猛　はら・しんみょう
僧侶(真言宗)　金剛峯寺第384世座主
天保4年(1833)～明治39年(1906)5月6日
⒢出雲国斐川(島根県簸川郡斐川町)　⒣幼少の頃より高野山で修行。竜光院住職を経て、明治20年高野山真言宗総本山金剛峯寺第384世座主、高野山真言宗管長・大僧正。32年真言宗古義各派統一連合総裁となった。高野派管長として財政整理に功績がある。

原 澄治　はら・すみじ
社会事業家　倉敷紡績取締役　中国民報社主
明治11年(1878)7月23日～昭和43年(1968)1月4日　⒢岡山県児島郡藤戸村(倉敷市)　⒩旧姓・旧名＝星島　⒭早稲田大学政治経済科〔明治36年〕卒
⒣「中外商業新報」経済部長を経て、明治40年倉敷紡績に入社。42年原家を継ぐ。大正4年取締役に就任し社長・大原孫三郎の側近として系列の奨農土地会長、倉敷絹織取締役、中国信託社長、岡山合同貯蓄銀行頭取、中国銀行取締役などを兼任する。一方、大正2年大原が坂本金弥から買収した「中国民報」(現・山陽新聞)社主に就任、7年「四国民報」初代社主も兼務した。12年蔵書を寄贈し倉敷図書館を創設したほか、15年倉敷天文台を創設するなど私財を投じて倉敷人事相談所や倉敷職業紹介所を設置、自ら所長を務めるなど社会事業にも尽くした。　⒣藍綬褒章〔昭和39年〕　⒫倉敷市名誉市民〔昭和35年〕

原 善三郎　はら・ぜんざぶろう
横浜商業会議所会頭　衆議院議員(実業同志倶楽部)
文政10年(1827)4月28日～明治32年(1899)2月6日　⒢武蔵国児玉郡渡瀬村(埼玉県児玉郡神川町)

屋亀屋 歴幕末、横浜弁天通3丁目（横浜市中区）に生糸売込問屋・亀屋を開業。明治初年には茂木惣兵衛と並ぶトップクラスの問屋となり、19年横浜蚕糸売込業組合初代頭取に就任。他に貿易商社頭取、第二国立銀行初代頭取、横浜商法会議所初代頭取、横浜市議、同初代議長、28年横浜商業会議所会頭を歴任した。25年衆議院議員に当選、以来3期務め、30年多額納税貴院議員となった。また東武鉄道・東洋汽船・富士紡績取締役も務めた。

原 敬 はら・たかし
首相 政友会総裁 外務次官
安政3年（1856）2月9日～大正10年（1921）11月4日 生陸奥国本宮村（岩手県盛岡市） 名号＝一山、逸山 学司法省法学校〔明治12年〕中退 歴陸奥南部藩の上士の二男。明治5年藩が東京に設立した共慣義塾を中退して神学校に入り、6年受洗。7年新潟に移り、エブラル神父の学僕となってフランス語を修めた。8年分家したため平民となり、再度上京して箕作秋坪の三又学舎を経て、9年司法省法学校に入学するが、12年賄賂征伐から端を発した薩摩出身の校長排斥運動を主唱したかどで同窓の陸羯南、福本日南、国分青崖、加藤拓川らと退学処分を受けた。同年中井弘の推薦で「郵便報知新聞」に入社し、フランス新聞の翻訳や評論を担当するも、15年矢野龍渓の社長就任に伴い退社。同年立憲帝政党系の「大東日報」に移るが間もなく退社し、井上馨の知遇を得て外務省御用掛として官界入り。16年天津領事、18年パリ日本公使館勤務を経て、21年帰国。22年農商務省に転じ、24年官房秘書課長。陸奥宗光農商務相の信任を受け、25年陸奥の辞職とともに同省を離れるが、同年8月に陸奥が第二次伊藤内閣の外相になると外務省通商局長に抜擢され、28年外務次官、29年駐朝鮮公使を務めた。30年陸奥の死去により退官して「大阪毎日新聞」に入社して編輯総理、31年社長。33年伊藤博文を総裁とする政友会の創立に参画し、同年第四次伊藤内閣の逓相として初入閣。35年より衆議院議員に連続8選。第2代政友会総裁となった西園寺公望を補佐し、桂太郎との提携によって39年第一次西園寺内閣を成立させ、内相に就任。44年～大正元年の第二次西園寺内閣、2～3年第一次山本内閣でも内相を務め、地方制度や行財政の改革を行って藩閥・官僚の勢力削減を図り、政党勢力の拡張に尽力。3年第3代政友会総裁となり、一旦は野党に転落するものの6年の総選挙で大勝。7年米騒動を受けて退陣した寺内内閣に代り内閣を組織、藩閥や貴族の出身でもなかったことから"平民宰相"と呼ばれて世論の支持を受けた。しかし、衆議院での多数の議席を背景とした強硬政策や普通選挙の導入拒否、汚職事件などで批判が高まり、10年東京駅頭で当時19歳の国鉄職員・中岡艮一に短刀で胸を刺され死去した。

原 忠順 はら・ただゆき
貴院議員（多額納税）
天保5年（1834）8月21日～明治27年（1894）10月28日 生肥前国鹿島（佐賀県鹿島市） 名旧称＝弥太右衛門 歴佐賀藩の支藩鹿島藩の藩士。藩命で江戸昌平黌に学び、高杉晋作ら諸藩の志士と親交を結ぶ。文久3年（1863年）藩主鍋島直彬に従って上洛、公武間の周旋にあたり、慶応3年（1867年）王政復古の発布前後には、佐賀藩論を勤王へ導いた。維新後は藩政改革に従事し、明治5年直彬と共に米国へ留学、「米政撮要」を著わした。一時中央政府に入ったが、12年直彬の初代沖縄県令就任に伴い、同県大書記官となる。14年帰郷して殖産興業に尽し、22年貴院議員となった。

原 胤昭 はら・たねあき
キリスト教社会事業家 教誨師
嘉永6年（1853）2月2日～昭和17年（1942）2月23日 生江戸八丁堀（東京都中央区） 歴江戸南町奉行所与力の家に生まれ、13歳で家職を継ぐ。明治維新後、東京府記録方を経て、7年米国の宣教師カロザースにキリスト教を学び受洗。9年東京の銀座に原女学校を創立、また十字屋書店を開業しキリスト教関係図書を出版。16年刊行物が新聞紙条例に触れ、石川島監獄に入獄。そこで非人道的な監獄体験から免囚保護事業を志し、20年日本初の教誨師となる。釧路集治監、樺戸集治監で囚人の教化、待遇改善に尽力。30年帰京し、東京出獄人保護会を設立、出獄者の更正保護事業に取り組む。著書に「出獄人保護」がある。

原 坦山 はら・たんざん
僧侶（曹洞宗）仏教学者
文政2年（1819）10月18日～明治25年（1892）7月27日 生陸奥国（福島県） 名幼名＝良作、号＝鶴巣 歴陸奥国平藩士の子。15歳で江戸に出て儒学と医学を学んだが、26歳の時に出家。禅の修行を経た後、西洋医学なども学ぶ。明治12年（1879年）東京大学和漢文学科講師となり、東大におけるインド哲学最初の講師として仏教典籍などの講義を行った。

原 恒太郎 はら・つねたろう
東宮侍従
安政6年（1859）6月～昭和11年（1936）5月2日 生筑前国福岡（福岡県福岡市） 歴筑前福岡藩士・原正儔の長男に生まれる。宮内省に入って内事課に勤務し、内大臣秘書官、東宮侍従などを歴任。明治44年式部官となり東宮主事取扱を命じられる。大正2年再び東宮侍従を務め、昭和2年宮中顧問官となった。

原 時行 はら・ときゆき
宮崎県議
文政9年（1826）12月12日～明治32年（1899）7月7日 名通称＝小太郎、字＝粛卿、号＝千穂、公孫 歴日向延岡藩の重臣の家に生まれる。壮年時に江戸へ遊学し、添川完平、安井息軒に師事。戊辰戦争後には譜代大名ゆえに幕府側についた延岡藩を救うため奔走し、ついに藩の叛名を解くことに成功

した。明治維新後、藩校の廃止を受け、明治6年私財を投じて延岡社学(8年に亮天社に改称)を設立し、自ら教壇に立って子弟を教育し、延岡の教育の基礎を築く。11年には宮内省に出仕し、以後、鹿児島県属、臼杵郡長、東白杵郡長、宮崎県議などを歴任。晩年は旧藩主・内藤家の顧問を務めるとともに日平銅山の管理にも当たった。勝海舟、山岡鉄舟、福沢諭吉、神田孝平ら天下の名士とも交際を持った。

原 保太郎　はら・やすたろう
山口県知事　貴院議員(勅選)
弘化4年(1847)7月～昭和11年(1936)11月2日
生京都　出長門国(山口県)　歴京都府士族の原官次の四男。明治4年米国留学を命ぜられラトガース大学に入学。7年頃英国に暮らし、原六郎と共にキングス・カレッジでレーヴィのもとに経済学や経済史を学んだ。留学中はロンドンのチャーリングクロスでビリヤードなどに興じ、留学生活を満喫。このころ長岡護美、蜂須賀茂韶、菊池大麓らと親交を結んだ。9年帰国後は、兵庫県少書記、兵庫県大書記官を経て、14年山口県令、19年山口県知事となる。県令から在任14年間という官選知事としては最長記録をつくった。28年日清戦争の講和会議が赤間関の春帆楼で開かれた際、清(中国)の全権大使・李鴻章が狙撃されたことで責任をとらされ辞任したが、同年7月特旨によって福島県知事として復活。29年北海道庁長官、31年農商務省山林局長を経て、36年貴院議員に勅選された。

原 亮一郎　はら・りょういちろう
東京書籍会長
明治2年(1869)2月12日～昭和10年(1935)10月9日　生東京府　学東京高商卒、ダレッジ・カレッジ　歴出版経営者・原亮三郎の長男として生まれる。明治19年英国に留学、ダレッチ・カレッジで経済学を専攻し帰国。25年衆院議員となった父に代わり、父が経営した金港堂を継ぐが、35年の教科書疑獄事件により事業が衰退。42年小学校国定教科書の発行を目的とする東京書籍の創立に関わり初代会長に就任した。帝国印刷、日本製紙などの各重役も務めた。　家父=原亮三郎(政治家)

原 林之助　はら・りんのすけ
建設業者　清水店(現・清水建設)支配人
安政4年(1857)7月4日～明治45年(1912)4月22日
歴明治20年清水建設の前身・清水店支配人となり、近代的請負業の基礎を築いた。また建設業の同業組合設立にも尽力した。　家祖父=清水喜助(清水建設創始者)

原 六郎　はら・ろくろう
第百国立銀行頭取　横浜正金銀行頭取
天保13年(1842)11月9日～昭和8年(1933)11月14日　生但馬国朝来郡佐嚢村(兵庫県朝来市)　名旧姓・旧名=進藤　歴生家は豪農。弘化4年(1847年)より深高寺住職について素読を習い、安政2年(1855年)池田草庵の青谿書院に学ぶ。尊攘運動に参加。平野国臣と親交を結び、文久3年(1863年)生野の挙兵に参加し、さらに長州藩兵として討幕運動に加わる。維新後欧米に留学し銀行論を学び、明治10年帰国。11年第百国立銀行創立に参加し頭取に就任。13年東京貯蓄銀行を創立、16年横浜正金国立銀行頭取となる。また、日本・台湾・勧業・興業各銀行創立委員をつとめ、日本の銀行業確立に功績を残した。この他、富士製紙、横浜船渠の社長、山陽、東武、北越各鉄道会社、東洋汽船、帝国ホテル等各社の重役を歴任。渋沢栄一、安田善次郎、大倉喜八郎、古河市兵衛と共に"5人男"と称され、実業界に重きをなした。　家養子=原邦造(愛国生命社長)

原口 兼済　はらぐち・けんさい
陸軍中将　貴院議員　男爵
弘化4年(1847)2月17日～大正8年(1919)6月18日
生豊後国森(大分県玖珠郡玖珠町)　名旧姓・旧名=才木　学陸軍兵学寮　歴森藩士の才木家に生まれ、原口家の養子となる。明治5年陸軍少尉に任官。陸軍戸山学校長、近衛歩兵第一連隊長などを務め、日清戦争には第四師団参謀長として出征。31年台湾守備混成第一旅団長、33年歩兵第十七旅団長を経て、36年休職。37年日露戦争により復帰、韓国駐剳軍司令官、教育総監部参謀長から新設の第十三師団長となり、樺太を占領した。戦後、戦功により男爵を授けられ、40年予備役に編入。43年～大正7年貴院議員を務めた。　家三男=原口徠(銀行家)

原口 針水　はらぐち・しんすい
僧侶
文化5年(1808)8月3日～明治26年(1893)6月12日
生肥後国山鹿郡内田村(熊本県山鹿市)　名=得慶、鬱潭　歴肥後の光照寺に生まれる。幼い頃より父密意の教えを受け、博多万行寺の曇竜にも真宗学を学ぶ。また長崎で宣教師からキリスト教も学んだ。明治5年(1872年)大教院教導職となり、キリスト教の排撃運動に尽力。その後、明治17年(1884年)西本願寺第22世大谷光瑞の真宗学指南、明治24年(1891年)西本願寺大学林総理事務取扱などを歴任した。

原口 聞一　はらぐち・ぶんいち
満州開発者　実業家
明治6年(1873)9月23日～昭和10年(1935)6月12日　生長崎県西彼杵郡瀬戸村(西海市)　学東京帝国大学〔明治32年〕中退　歴大学在学中から井上雅二らと東亜同文会の発足に関わり、明治32年中退して清(中国)に渡る。「満州日々新聞」の創刊に参画、41年奉天支局長。傍ら、各種事業を請け負い、33年日華合弁清和社長。44年辛亥革命で革命党を援助し過去命令を受けるが、大正2年再び渡満、3年奉天居留民会長となり、奉天取引所、奉天商工会議所副会頭を務めたほか、満州土地建物、

満州殖産銀行など数種の会社重役を歴任し、満州で病没した。

原田 一道　はらだ・いちどう
陸軍少将 元老院議官 男爵
文政13年（1830）8月21日～明治43年（1910）12月8日　生備中国浅口郡西大島村（岡山県笠岡市）　名通称＝吾一、敬策　歴江戸に出て洋式兵学を修め、幕府の蕃書調所出役教授手伝、海陸軍兵書取調出役となり兵学を講じた。文久3年（1863年）横浜鎖港談判使節池田長発らに加わり渡欧、兵書を収集。引続きオランダに留学、帰国後江戸で西周、大村益次郎らと洋学を教授。明治維新後徴士、兵学校御用掛、大教授、太政官大書記官を歴任。14年陸軍少将、東京砲兵工廠長となる。19年元老院議官、23年勅選貴院議員、33年男爵。家長男＝原田豊吉（地質学者）、二男＝原田直次郎（洋画家）、孫＝原田熊雄（政治家・男爵）。

原田 金之祐　はらだ・きんのすけ
京城商業会議所初代会頭
嘉永7年（1854）3月22日～昭和9年（1934）5月22日　生近江国（滋賀県）　歴原田延次郎の長男に生まれる。明治15年共同運輸会社設立委員となり、その設立と同時に支配人となる。16年富山県の伏木支店長となり、同社が三菱運輸と合併して日本郵船となった後も同職を勤めた。27年大阪支店長に転じ、14年間大阪実業界に尽力。39年本店調度課長を経て、44年取締役となる。同年朝鮮郵船の設立に尽くし、45年初代社長。京城商業会議所初代会頭にも就任し朝鮮実業界に貢献した。晩年は諸役を辞し、郷里の滋賀に帰って近江信託社長を務めた。

原田 佐之治　はらだ・さのじ
衆院議員
明治7年（1874）3月26日～昭和11年（1936）11月20日　生徳島県徳島市国府町　学慶応義塾中退　歴明治36年徳島県議に当選、大正2年議長。7年より衆院議員に5選した。徳島県酒造試験所理事長、徳島倉庫社長なども務めた。

原田 十衛　はらだ・じゅうえ
衆院議員（政友会）
文久1年（1861）12月27日～昭和16年（1941）8月7日　生肥後国飽託郡古町村（熊本県）　歴中江兆民の仏学塾に学び、自由通信社社主筆となる。文部大臣秘書官、司法大臣秘書官、大蔵大臣秘書官、東京市助役を経て、衆院議員となる。明治41年以来連続7回当選。また日本博覧理事、熊本米穀取引所理事長、小田原急行鉄道監査役などを歴任した。

原田 十次郎　はらだ・じゅうじろう
原田汽船創立者
嘉永1年（1848）～大正5年（1916）9月8日
生薩摩国鹿児島（鹿児島県鹿児島市）　歴慶応元年（1865年）藩艦「春日」に乗り組み、のち機関長。明治10年西南の役には西郷隆盛についた。のち大阪に出て近海回漕業を創業、日清・日露戦争で急成長。36年造船業を始め、42年原田商行を設立、大正5年原田汽船会社を創立、関西海運界の雄となった。

原田 二郎　はらだ・じろう
鴻池財閥経営者 原田積善会創設者
嘉永2年（1849）10月10日～昭和5年（1930）5月5日　生伊勢国松阪（三重県松阪市）　名幼名＝徳松、号＝嘉朝　歴紀伊藩に仕える同心の家に生まれる。慶応元年（1865年）松阪町奉行所同心となるが、2年軍制改革のため同心が廃され、銃隊に編入。明治2年郷里の先輩である世古格太郎に従い京都、4年には東京に出、5年には横浜で外国人について英語を学ぶ。この時の学友に藤波言忠・広橋賢光兄弟がおり、生涯親交を結んだ。8年大蔵省に入省。12年横浜の第七十四国立銀行頭取となるが、2年で辞任した。以来、長く利回り生活を続けていたが、33年井上馨の要請により大阪の鴻池銀行に入行してその整理・再建に従事。40年専務理事、大正4年鴻池本家監督となり、鴻池家の財政改革に貢献。明治44年には血族でも譜代の店員でもないにかかわらず、鴻池本家に次ぐ連家と同じ待遇を授けられた。大正8年鴻池家から引退。9年1000万円の私財を投じて財団法人の原田積善会を設立、広く教育・教化・救療その他の社会事業に当たった。また、同郷の佐々木弘綱・佐佐木信綱父子に師事し、原田嘉朝の名で和歌をよくした。　勲勲二等瑞宝章〔大正13年〕

原田 赳城　はらだ・たけき
衆院議員（立憲同志会）
安政3年（1856）7月～大正14年（1925）8月15日　生下野国（栃木県）　学栃木県師範〔明治7年〕卒　歴栃木県議、同県足利一梁田郡書記、島根県属、同県那賀郡長、隠岐島司、島根県参事会員を歴任した。また島根県私立教育会長、太陽生命保険社長、総武鉄道取締役、栄城銀行専務取締役等に就任。明治31年衆院議員に当選、以来4期務めた。

原田 鎮治　はらだ・ちんじ
鉱山技術者 三菱製鉄会長
万延1年（1860）10月7日～昭和6年（1931）12月28日　生江戸日本橋箱崎町（東京都中央区）　学東京大学工学部採鉱・冶金科〔明治15年〕卒 工学博士〔大正4年〕　歴明治9年東京開成学校に入り、15年東京大学工科大学採鉱冶金科を卒業。同年農商務省地質調査所に入り鉱山調査に携わる。20年三菱に転じ各地の鉱山技師・鉱山支配人、33年佐渡鉱山部長を歴任。35年東京三菱合資鉱山部長となり欧米・南アを視察して、36年帰国。43年三菱鉱山部長を経て、大正2年三菱理事となる。のち三菱製鉄（新日本製鉄の前身）の設立と共に会長に就任。日本鉱業会長も務めた。

原田 良太郎　はらだ・りょうたろう
陸軍少将

嘉永5年(1852)～明治36年(1903)3月24日 生周防国都濃郡末武村(山口県下松市) 歴明治5年陸軍省に入り、西南戦争には陸軍中尉として出征。大本営運輸通信部長などを経て、30年陸軍少将となり憲兵司令官を務める。32年輜重(輸送)兵監を兼ね、同年騎兵監に転じた。

春木 義彰　はるき・よしあき
司法省検事総長 貴院議員(勅選)
弘化3年(1846)1月1日～明治37年(1904)12月17日 生大和国法隆寺村(奈良県生駒郡斑鳩町) 名通称=雄吉 歴文久3年(1863年)師の伴林光平が天誅組の変に参加し、元治元年(1864年)獄死すると、その遺志を継いで慶応元年(1865年)京都に出て志士と交わる。3年鷲尾隆聚らの高野山挙兵を授けた。鳥羽・伏見の戦い、奥羽鎮撫にも従軍した。戦後は兵部省の命令で十津川郷士の尊攘的動きの鎮撫にあたり、3年五条県設置に伴い、同県権少属となり鷲尾知事を援けた。のち司法界に入り、6年司法権少検事、以後東京上等裁判所判事、長崎控訴裁判所検事長を歴任。18年大審院検事、25年検事総長に就任。31年東京控訴院長に転じ、36年12月引退。37年勅選貴院議員となった。

伴 鉄太郎　ばん・てつたろう
海軍大佐
生年不詳～明治35年(1902)8月7日
生江戸 歴安政3年(1856年)箱館奉行支配調役並となり、同年伊沢金吾、榎本武揚、肥田浜五郎らとともに長崎海軍伝習所に第2期生として入り、海軍術を修める。5年咸臨丸で江戸に戻り、築地の軍艦操練所教授となる。7年遣米使節に従い小野友五郎、松岡磐吉とともに測量方として咸臨丸に乗り組む。万延元年(1860年)帰国し、文久元年(1861年)軍艦頭取に進む。元治元年(1864年)開成所取締役を兼務。慶応3年(1867年)軍艦頭並、4年軍艦頭に昇任。明治2年沼津兵学校一等教授方に就任。4年同校が兵部省に移管され、海軍省出仕となり、7年頃海軍少佐。水路権助を兼ね、15年中佐に進む。19年退官。

伴 百悦　ばん・ひゃくえつ
東松事件の首謀者
文政10年(1827)～明治3年(1870)6月22日
生陸奥国会津(福島県) 歴会津藩で鷹匠を務める家に長男として生まれる。戊辰戦争後、奥羽越列藩同盟に加わった戦死者は新政府軍により埋葬を許可されず放置されていたが、明治2年ようやく埋葬が認められたが、被差別部落の人々の手によるという命令だったため、士族の身分を捨て、部落民に混じって1000人を超える藩関係者の遺体を埋葬した。また、会津に対する過酷な戦後処理に不満を持ち、それを担った旧越前藩士の久保村文四郎を帰国途中に待ち伏せて斬殺した(東松事件)。その後、越後国大安寺村(現・新潟県)に身を隠したが、3年6月潜伏先を取り囲まれ、自害した。

坂西 利八郎　ばんざい・りはちろう
陸軍中将
明治3年(1870)12月16日～昭和25年(1950)5月31日 生和歌山県 名号=菊澤 学陸士〔明治24年〕卒、陸大〔明治33年〕卒 歴明治25年砲兵少尉、野砲第六連隊付となり28年日清戦争に従軍。35年参謀本部員として清国派遣、37年袁世凱政権顧問。41年帰国し、ヨーロッパへ出張。43年野砲第九連隊長となり、44年から北京駐在武官、大正10年中将、12年黎元洪大統領顧問、13年中国政府顧問となり、昭和2年まで北京に滞在した。支那通として青木宣純の後継者となり、中国併吞論を主張した。昭和2年予備役、勅選貴院議員となり21年まで務めた。講演集「隣邦を語る」がある。

万丈 悟光　ばんじょう・ごこう
僧侶(黄檗宗) 万福寺住職
文化12年(1815)4月12日～明治35年(1902)6月9日 生豊前国下毛郡(大分県) 名旧姓・旧名=荒瀬、別号=逍遥 歴文政7年(1824年)豊前国小倉の福聚寺(黄檗宗)に入り、出家。同寺の住職・鶴洲達峰に学び、その法を嗣いだ。達峰の死後は京都万福寺や南禅寺・近江正明寺などを転々とし、弘化2年(1845年)より伯耆国之春寺の良忠如隆に師事。のち京都万福寺の住職となった師に従い、同寺で典座や維那を務めた。明治10年同寺住職に昇任し、権少教正・権中教正を兼務。13年に隠退して円通庵に移った。

飯田 宏作　はんだ・こうさく
弁護士
安政3年(1856)6月8日～大正1年(1912)11月15日 生陸奥国仙台(宮城県仙台市) 学司法省法学校〔明治17年〕卒 歴旧仙台藩士。大阪始審裁判所判事、東京控訴院判事などを経て、明治26年弁護士開業。東京弁護士会副会長、会長を歴任。また富井政章らと和仏法律学校を創立し、講師、校長、理事を務めた。この間、相馬事件、星亨暗殺事件、足尾鉱毒事件、日比谷焼打事件などの弁護士として活躍した。

半田 鶴三郎　はんだ・つるさぶろう
水産養殖家 大分県水産会議員
元治1年(1864)4月16日～昭和12年(1937)5月13日 生豊後国三佐村(大分県大分市) 歴大分県の三佐村で長く漁業組合長を務め、漁業の傍ら海苔の養殖に取り組む。明治33年上京し、海苔の本場である大森海岸で養殖法や加工法を研究。帰郷後、私費を投じて海苔の養殖試験を行い、漁民の反発に遭いながらも相当の成功を収めた。その後も品質の向上を目指して研究をかさねたほか、養殖の奨励や組合員への技術指導にも当たり、一生をかけて三佐海苔の発展と普及に尽くした。また、三佐村議・大分郡議・大分県水産会議員などを歴任。

繁田 満義　はんだ・みつよし
殖産家 埼玉県茶業取締所頭取 埼玉県議

弘化2年(1845)～大正9年(1920)2月25日
生武蔵国入間郡黒須村(埼玉県入間郡)　名通称=武平　歴名主の家に生まれ、長じて12代武平を襲名し、文久2年(1862年)名主を継いだ。慶応3年(1867年)より山林3ヘクタールを開墾して茶園を経営。維新後、大惣代や区戸長などを務めながら茶業を続け、明治8年入間・狭山近郊の同業者とともに狭山会社を組織し、茶の粗製乱造防止・茶の米国直輸出などを進めた。しかし、輸出で大きな損益を出したため、社の経営は振るわず。のち製茶の改良研究に従事し、17年埼玉県作業取締所の初代頭取に就任、県内の茶業を統括した。　勲緑綬褒章〔明治39年〕

板東 勘五郎　ばんどう・かんごろう
衆院議員(政友会)
文久1年(1861)1月5日～大正7年(1918)3月23日
生阿波国那賀郡羽浦(徳島県阿南市)　歴教師などを経て、明治20年徳島県議となった。27年衆院議員に当選、以来10選。政友会創立に尽力した。

坂東 国八　ばんどう・くにはち
畜産家
安政3年(1856)1月～昭和11年(1936)12月
生淡路国三原郡賀集村(兵庫県南あわじ市)　名旧姓・旧名=加藤　歴淡路・賀集村の加藤善太郎の八男に生まれ、北阿萬村の坂東文吉に養われるが、のち出て洲本町に暮らす。儒学者・奥井寒泉に従学し、伴われて東京に行き、一時芝区小学校の教員となる。のち郷里に帰り久米次銀行に務め、支店長に進むが、退職して、明治15年から兵庫県淡路島の洲本で乳牛を飼育し、19年牛乳の市販を始める。のち坂東牛乳の名で知られた。町議、町学務委員などの公職も務め、淡路産牛組合を作るなど、淡路の酪農・畜産の発展に尽力した。

坂野 兼通　ばんの・かねみち
山口合資理事　山口銀行常務
文久3年(1863)12月～昭和6年(1931)8月12日
生尾張国名古屋(愛知県名古屋市)　学東京高商卒　歴三菱合資に入社、銀行部大阪支店長を務め、明治43年山口銀行理事に就任、のち常務。個人経営から株式会社への改組、東京支店の開設など支店網の拡大、外国為替業務の開始など銀行業務の充実のほか、関西信託会社・大阪貯蓄銀行など関連事業へも進出し同行の発展・近代化に貢献した。大正13年筆頭常務を退任し、以後山口合資理事に専念した。

【ひ】

日置 益　ひおき・えき
駐ドイツ大使
文久1年(1861)11月20日～大正15年(1926)10月22日　生伊勢国(三重県)　学帝国大学法科大学法律学科〔明治21年〕卒　歴明治24年外交官試補をふり出しに外交官生活に入る。41年特命全権公使としてチリ駐在を命じられ、ペルー、アルゼンチン両国公使を兼任した。大正3年中国公使に転じ、4年対華21カ条要求の交渉を担当。ついでスウェーデン、ノルウェー、デンマーク駐在を経て、9年駐ドイツ特命全権大使となり、12年帰国。14年北京における関税特別会議に全権として出席した。

日置 黙仙　ひおき・もくせん
僧侶　曹洞宗管長　永平寺貫首
弘化4年(1847)1月23日～大正9年(1920)9月2日
生伯耆国久米郡島村(鳥取県東伯郡北栄町)　名幼名=源之助、号=維室　歴文久元年(1861年)13歳で出家、加賀の天徳院突堂に師事、印可を与えられる。各地の住職を経て、静岡の可睡斎に入寺、宗政にも関わる。明治33年仏舎利奉迎使としてシャム(タイ)に赴き、帰国後名古屋に仏骨を収めた各宗共済の覚王山日暹寺(現・日泰寺)仏骨塔を率先して建設。40年シャム国王戴冠式に仏教各宗管長を代表して出席、のち朝鮮、中国東北地方、台湾各地を巡回、大正4年米国サンフランシスコでの万国仏教徒大会に出席。5年永平寺貫主、6年曹洞宗管長に就任した。著書に「日置黙仙禅師語録」「黙仙禅話」など、また刊行会編「日置黙仙禅師伝」がある。

檜垣 直右　ひがき・なおすけ
岡山県知事
嘉永4年(1851)10月8日～昭和4年(1929)7月26日
生長門国萩城下(山口県萩市)　名旧姓・旧名=宇野　学東京師範卒　歴長州藩士・宇野氏に生まれ、7歳で周防山口の桧垣氏の養子に入る。幼名を安之進、家督を継いで直右と改める。藩校・明倫館に学び、明治3年上京して、5年東京師範学校に入り、卒業後、四国及び石川県などの師範学校長兼教諭を歴任し、文部省に入る。26年秋田県書記官、のち福島県書記官を経て、33年富山県知事、35年岡山県知事となる。この頃県南部に岡山県の玄関口となる港を築こうとする計画が行き詰まっていたが、反対運動が起こる中、宇野港築港事業を推進する。39年7月起工式(8月)の直前に知事休職の命が出て、計画は後任の寺田祐之知事に引き継がれ、42年宇野港が完成し、43年宇野線も開通、同時に宇高航路が開業した。同年朝鮮総督府京畿道長官となって植民地経営に参画し、大正2年退官して公

職を退いた。

檜垣 伸　ひがき・のぶる
愛媛県上浮穴郡長 四国新道の開削に尽力

嘉永3年(1850)9月18日～大正13年(1924)11月15日　生伊予国(愛媛県)　歴明治14年から愛媛県上浮穴郡長を務める。上浮穴の開発と発展の根幹は道路建設に尽きると、四国新道(丸亀・多度津—高知—松山、現・国道32、33号など)の開削に取り組む。自ら松山—久万間の峰に登り実測、その頃にできたダイナマイトの効力を試し、費用を算定した。愛媛、高知両知事を説得して18年工事に取り掛かった。工事は膨大な費用がかかり難航したが、先頭に立って槌を振るい郡民を励ました。25年松山—高知間が開通、のち国道に昇格した。また四国横断鉄道の必要性を説き、植林も熱心に進めるなど上浮穴を発展させる事業に打ち込んだ。

檜垣 正義　ひがき・まさよし
高知県議 「土陽新聞」理事

文久1年(1861)11月～大正13年(1924)7月4日　生土佐国安芸郡羽根村(高知県室戸市)　名旧姓、旧名=鍋島、初名=芳梅　歴明治15年より羽根村議を務める傍ら、自由民権運動に挺身し、安芸県内における自由党の中心人物と目された。20年三大事件建白運動に際し、同村総代として上京するが、保安条例に抵触して東京より強制退去。帰郷後、21年に高知県議に選ばれ、5期に渡る在任中に議長も務めた。その間、明治33年に政友会高知支部の創設に参加し、支部内の取りまとめに尽力。また「新土佐新聞」を創刊して主筆・社長を歴任し、同紙が「土陽新聞」に吸収されると、その理事となった。さらに、移民事業や真珠の養殖・漁業・実業界などでも活躍し、土佐農工銀行取締役・高知県水産組合長をはじめ、各種団体・企業の役員に就いた。

日景 弁吉　ひかげ・べんきち
殖産家 秋田県議

嘉永1年(1848)12月26日～大正8年(1919)6月30日　生出羽国(秋田県大館市)　歴秋田藩主一門の大館城主・佐竹西家の家臣の子として生まれ、戊辰戦争に従軍。維新後は郷里・釈迦内の発展に尽くし、明治8年有志を募って釈迦内・立花間の約6キロに新道を開いた。13年には養蚕技術の向上をはかるべく、機業生徒養成所を開設した。また教育の振興にも留意し、英学校を創立して村の若者に英語を学ばせたほか、自らの私有地を提供し、村立向陽学校の建設に協力した。明治12年秋田県議に選ばれ、26年まで在任。その間、地域振興の功績が認められ、18年秋田県で初めて藍綬褒章を受章した。　家長男=日景忠太(新聞記者)　勲藍綬褒章〔明治18年〕

東 乙彦　ひがし・おとひこ
陸軍中将

生年不詳～昭和11年(1936)10月13日

生山口県　学陸士〔明治26年〕卒　歴明治27年陸軍少尉に任官。41年駐英武官、44年野砲第八連隊長、大正3年第四師団参謀長、6年基隆要塞司令官、7年台湾総督府参謀長、同年駐支武官を経て、11年下関要塞司令官。同年陸軍中将に進み、12年予備役に編入。

東 政図　ひがし・まさみち
外交官

天保6年(1835)9月17日～明治44年(1911)3月3日　生陸奥国三戸郡沖田面村(青森県三戸郡南部町)　名通称=東次郎　歴生家の東氏は中世以来、南部氏一門として代々盛岡藩家老を務め、三戸郡名久井館主であった。嘉永6年(1853年)執政楢山佐渡の罷免の後を受けて19歳にして執政となり、革新派の代表として幕末の政局にあたるが、保守派の楢山とあわず、退けられて中士におとされ、維新の政局に活躍することができなかった。佐渡が政局を誤って自刃後、盛岡藩大参事に就任。のち、白石から盛岡復帰をめぐる70万両献金事件のため、いわゆる尾去沢銅山事件を生み、盛岡県成立と共に辞任した。明治7年台湾征討に旧藩士630余名と請願、外務省嘱託として朝鮮、満州に渡り、清国芝罘領事を務めた。

東尾 平太郎　ひがしお・へいたろう
衆議院議員(憲政本党)

嘉永4年(1851)9月～大正8年(1919)10月8日　生大阪　歴漢学を修めたのち大阪府議、同常置委員、同府部会議長を歴任し、明治23年衆院議員に当選。以来7期務めた。また、パリ万博評議員、高野鉄道社長等になった。

東久世 通禧　ひがしくぜ・みちとみ
枢密院副議長 貴院副議長 侍従長 伯爵

天保4年(1833)11月22日～明治45年(1912)1月4日　生京都丸太町(京都府京都市)　名幼名=保丸、字=煕卿、号=竹亭、古帆軒、通称=大籔竹斎　歴嘉永2年(1849年)侍従、のち左近権少将。幕末、尊王攘夷を唱えた公卿の一人。文久2年(1862年)国事御用掛、3年国事参政となったが、同年八月十八日政変で三条実美ら6卿とともに長州兵に守られて西走(七卿落ち)、太宰府に移った。慶応3年(1867年)王政復古で帰洛、参与となる。明治元年軍事参謀となり、外国事務総督、兵事裁判所、横浜裁判所総督、外国官副知事開拓長官などを歴任。4年侍従長となり岩倉具視の欧米巡遊に理事官として同行、5年帰国。のち、10年元老院議官、15年元老院副議長、21年枢密顧問官兼任、23年貴院副議長、25年枢密院副議長を務めた。明治17年伯爵。著書に「東久世通禧日記」、高瀬真卿編「竹亭回顧録—維新前後」がある。　家四男=東久世秀雄(貴院議員)、二女=東久世昌枝(学習院名誉理事)

東園 基愛　ひがしぞの・もとなる
宮中顧問官 子爵

嘉永4年(1851)6月14日～大正9年(1920)11月10

日 歴明治維新前より宮中に仕え、明治天皇の侍従、掌典次長、宮中顧問官を務めた。明治17年子爵となる。 家長男=東園基光(子爵)

東園 基光 ひがしぞの・もとみつ
富山県知事 東京府信用購買組合連合会理事長 子爵
明治8年(1875)3月4日～昭和9年(1934)2月26日
出東京 学東京帝国大学法科大学〔明治36年〕卒
歴明治38年内務省に入省。茨城県、東京府の内務部長などを経て、大正8年富山県知事。14年貴院議員。 家父=東園基愛(宮中顧問官)

東園 基敬 ひがしぞの・もとゆき
留守判官
文政3年(1820)10月23日～明治16年(1883)5月26日 出京都 歴文政5年(1822年)叙爵。安政6年(1859年)右中将。この間、5年日米修好通商条約調印の勅許阻止を図る公家88人の列参に参加。文久2年(1862年)国事御用書記、3年国事寄人となり尊王攘夷派として活動したが、同年の八月十八日の政変で参朝・他行・他人面会を禁止され、差控処分を受けた。慶応3年(1867年)正月赦され、王政復古の政変により参与。やがて弁事、権弁事、参議左中将、内弁事、宮内権大丞、宮内大丞、皇太后宮亮、留守判官などを歴任した。9年隠居。 家父=東園基貞(公卿)

東伏見宮 依仁 ひがしふしみのみや・よりひと
海軍大将・元帥
慶応3年(1867)9月19日～大正11年(1922)6月27日 出京宮 幼称=定宮 役海軍、ブレスト海軍兵学校(フランス)〔明治23年〕卒 歴伏見宮邦家親王の第17王子として生まれ、明治2年兄の山階宮晃親王の養嗣子となる。18年小松宮家後嗣となり、36年東伏見宮家を創立した(没後、後嗣が無く一代で断絶)。10年海軍兵学校に入学、17年英国、21年フランスへ留学。23年ブレスト海軍兵学校を卒業、25年帰国。のち累進して大正5年横須賀鎮守府司令長官、6年第二艦隊司令長官、7年軍事参議官を務めた。同年海軍大将。 家父=伏見宮邦家、兄=山階宮晃、久邇宮朝彦、小松宮彰仁親王(皇族、陸軍軍人)、北白川宮能久(陸軍大将)、華頂宮博経(海軍少将)、伏見宮貞愛(陸軍大将・元帥)、清棲家教(貴院議員)、閑院宮載仁(陸軍大将・元帥)

匹田 鋭吉 ひきた・えいきち
衆院議員(翼賛議員同盟)
慶応4年(1868)4月～昭和19年(1944)11月9日
出岐阜県 学東京専門学校政治経済科〔明治21年〕卒 歴岐阜日日新聞社兼主筆となり、土木会議員、日本石炭設立委員等を経て、大正4年衆院議員に当選、以来7期務めた。政友会総務に就任。

樋口 喜輔 ひぐち・きすけ
衆院議員 青森商業会議所会頭
安政3年(1856)7月～昭和8年(1933)11月10日

生陸奥国南郡浪岡村(青森県青森市) 名旧姓・旧名=山内 学明治法律学校卒 歴商店での見習い奉公ののち、明治8年青森県寺町(青森市)に何でも屋を開業。卸問屋を通さない直仕入で利益をあげ、経営の基礎を固めた。のち銀行業や電気事業にも参入し、青森銀行取締役・第五十九銀行取締役・青森電灯取締役などを歴任。25年青森県議に当選。青森市の市政発布後は市議や市議会議長・青森商業会議所会頭などを務め、同市における政財界の中心と目されるに至った。さらに45年には衆院議員となり、政友会に所属。大正10年青森貯蓄銀行を設立し、その初代頭取として経営に尽力した。

樋口 誠三郎 ひぐち・せいざぶろう
陸軍少将
文久2年(1862)6月13日～大正10年(1921)11月17日 出丹波国篠山(兵庫県篠山市) 学陸士〔明治15年〕卒 歴丹波篠山藩士・樋口易貢の三男に生まれる。明治9年もと藩主・青山忠誠の召命により上京、15年陸軍士官学校を卒業して陸軍工兵少尉となる。27年日清戦争には中隊長として混成第十二旅団に属し威海衛攻撃に奮戦、絵草紙にまで掲載された。のち陸軍士官学校教官、陸地測量部班長、陸軍大学校教官を経て、35年工兵中佐に昇進、工兵第四大隊長を務める。37年日露戦争には第二軍第四師団に属して従軍、大佐に進み、39年陸地測量部三角科長となった。45年少将。

樋口 達兵衛 ひぐち・たつべえ
第百三十七銀行頭取
慶応3年(1867)12月～昭和3年(1928)5月10日
出丹波国篠山(兵庫県篠山市) 学横浜商卒 歴明治28年共同貯蓄銀行を創立し、33年第五十三銀行と合併して専務、昭和2年頭取となる。篠山電灯社長なども務めた。

樋口 典常 ひぐち・のりつね
衆院議員(昭和会)
慶応4年(1868)1月～昭和21年(1946)5月8日
出福岡県 学東京法学院〔明治23年〕卒 歴福岡県議、台湾総督府評議会員を経て、明治45年衆院議員に当選。以来4期務めた。岡田内閣の鉄道政務次官、台湾製塩取締役、台湾農林社長を歴任した。

樋口 竜温 ひぐち・りゅうおん
僧侶(真宗大谷派)
寛政12年(1800)4月～明治18年(1885)7月12日
生陸奥国会津(福島県) 名字=雲解、号=香山院 歴陸奥・西永寺の義教の子。幼い頃より六経や論語を読み、14歳で会津若松の児島宗武に儒学を学んだ。また、19歳の時に越後・無為信寺の徳竜に師事。文政7年(1824年)東本願寺の高倉学寮に入り、智積院や園城寺にも遊学。天保10年(1839年)京都・円光寺住職となる。嘉永2年(1849年)擬講、文久元年(1861年)嗣講を経て、慶応元年(1865年)講師。護法場の運営に尽力した。明治5年教部省設置

に伴い大講義となり、6年一等学師、9年権少教正。著書に「闢邪護法策」「浄土論講義」「愚禿鈔講義」などがある。

彦坂 諶厚　ひこさか・じんこう
僧侶（天台宗）輪王寺門跡

天保4年（1833）1月25日～明治30年（1897）7月5日　生信濃国水内郡善光寺町（長野県長野市）　歴叔父の日光山護光院大僧都諶貞の門弟となり、安政2年（1855年）護光院住職となる。明治元年神仏分離令が出るや、日光山輪王寺総代として上京、日光山の神仏分離は不可能であると社寺裁判所に訴え、その実行を遅らせ、諸堂舎の破壊を防いだ。また4年廃仏毀釈のため仏堂を撤去し、僧侶を追放すべき命を受けたが、これを免れるよう尽力。6年同山の神体は国幣中社二荒山神社、別格官幣社東照宮となり、寺坊は満願寺（16年に輪王寺に復称）に合併する命を受け、仏堂の修理に力を注いだ。15年満願寺住職、18年輪王寺門跡、28年大僧正となった。

久板 卯之助　ひさいた・うのすけ
社会運動家

明治11年（1878）4月16日～大正11年（1922）1月21日　生京都府京都市木屋町　学同志社神学校中退　歴明治39年キリスト教の洗礼を受ける。牧師を目指して同志社神学校に入学するが、社会主義思想に触れ、中退後は牧場労働などに従事し、のち上京。売文社に出入りしながら雑誌社勤務をはじめ種々の労働をする。大杉栄の家に住んで共同活動をし、「労働新聞」の発行に協力。新聞紙法違反に問われて懲役5カ月に処せられた。大正8年ごろからは労働運動社や北風会に参加、また民衆芸術運動を標榜する黒耀会を結成した。

久松 定謨　ひさまつ・さだこと
陸軍中将

慶応3年（1867）9月9日～昭和18年（1943）2月19日　出旧国　名旧姓・旧名＝松平　学サン・シール陸軍士官学校（フランス）　歴明治5年伊予松山藩主・久松定昭の養子となり、家督を継ぐ。フランス公使館付武官、近衛歩兵第一連隊長、歩兵第五旅団長、第一旅団長などを歴任。大正9年陸軍中将。　家養父＝久松定昭（伊予松山藩主）

久光 仁平　ひさみつ・にへえ
久光製薬創業者

文政1年（1818）～明治10年（1877）10月12日　生肥前国田代（佐賀県鳥栖市）　歴肥前国田代で名字帯刀を許された問屋・小松屋の長男。物資仲介業と旅館を生業としていたが、弘化4年（1847年）漢方薬の製法を習い、製薬・売薬業に進出。安政3年（1856年）父が亡くなると店を継いだ。明治4年問屋をやめて薬業に専念し、屋号を小松屋から久光常英堂に改めるとともに家督を長男・与市に譲った。没後の36年、孫4人により久光兄弟合名が設立され、今日の久光製薬に発展した。　家長男＝久光与市（久光常英堂主人）、孫＝中冨三郎（久光兄弟合名社長）

土方 久元　ひじかた・ひさもと
宮内相 伯爵

天保4年（1833）10月16日～大正7年（1918）11月4日　生土佐国土佐郡秦泉寺村（高知県高知市）　名通称＝楠左衛門、大一郎、変名＝南大一郎、号＝秦山　歴土佐藩郷士の長男。安政4年（1857年）江戸に遊学して大橋訥庵に師事。帰郷後の文久元年（1861年）、武市瑞山の土佐勤王党に参加して尊攘運動に身を投じ、諸藩の志士と交流した。3年藩命で京都に上り三条実美の信任を受け、八月十八日の政変で三条ら七卿が都から追放されるとこれに従い、長州・太宰府へ下った。その後、討幕運動に加わり、慶応2年（1866年）中岡慎太郎らと薩長連合の実現に尽力。明治維新後は新政府に出仕、東京府判事・鎮将府弁事として東京の民政を担当。明治4年より太政官に勤務し枢密大史、8年大史、9年兼議定官、10年一等侍補兼議定官、11年宮内少輔、14年内務大輔兼議定官を経て、17年参事院議官兼議定兼内閣書記官長となり、同年子爵。18年欧州へ出張し、帰国後の19年宮中顧問官。20年谷干城の後任として第一次伊藤内閣の農商務相に就任。同年宮内相に転じ、21年からは枢密顧問官も兼任。佐佐木高行、元田永孚らとともに明治天皇の側近くに仕え、宮中の保守勢力の中心と見られた。31年宮内相を辞任。大正3年宮内省臨時帝室編修局総裁、7年国学院学長を務めた。この間、17年子爵、28年伯爵。

比志島 義輝　ひしじま・よしてる
陸軍中将

弘化4年（1847）9月3日～昭和2年（1927）3月14日　出薩摩国（鹿児島県）　歴明治18年参謀本部第一局第一課長、19年歩兵第十九連隊長、22年歩兵第一連隊長、25年第四師団参謀長、28年後備歩兵第一連隊長、台湾混成支隊司令官、台湾兵站監、29年台湾守備混成第三旅団長を経て、31年歩兵第十五旅団長。34年予備役に編入。37年後備歩兵第九旅団長。39年陸軍中将に進み、召集解除。

菱田 重禧　ひしだ・しげよし
青森県権令

天保7年（1836）6月14日～明治28年（1895）　出美濃国（岐阜県）　名幼名＝又蔵　歴美濃大垣藩の儒学者・菱田毅斎の六男。藩の家老・小原鉄心に藩学の教官に抜擢された。明治維新後は新政府で働き、明治3年福島県権知事、4年青森県権令。8年文部省書記、13年司法省雇で判事となり、長崎上等裁判所、広島控訴院に転じた。　家父＝菱田毅斎（儒学者）

肥田 景之　ひだ・かげゆき
衆院議員（中央倶楽部）大東鉱業社長

嘉永3年（1850）2月～昭和7年（1932）4月　生薩摩国（鹿児島県）　歴日向国都城（宮崎県都城市）　歴藩校で和漢、兵学を修め、のち鹿児島造士

館教授、都城神社祠官、鹿児島県警部などを歴任。その後第五国立銀行支配人、大東鉱業社長、日本電気興業、北海道瓦斯、内外化学薬品、大北電機、横浜正金銀行各重役を務めた。その間宮崎県から衆院議員当選数回、中央倶楽部に属した。国民外交同盟に参加、満蒙問題にもかかわった。

日高 栄三郎　ひだか・えいざぶろう
漁業家　宮崎県県議　貴院議員
明治2年(1869)12月22日〜昭和18年(1943)3月18日　生日向国(宮崎県)　歴赤水浦でブリ漁の大敷網の改良に努め、明治43年日高式大謀網を完成。この間宮崎県議を経て、36年貴院議員。　家父＝日高亀市(漁業家)

日高 亀市　ひだか・かめいち
漁業家　日高式鰤大敷網完成者
弘化2年(1845)2月4日〜大正6年(1917)10月23日　生日向国臼杵郡伊形村赤水(宮崎県延岡市)　歴慶応2年(1866年)父・喜右衛門と共に鰤の建刺網を考案したが失敗。その後、技術改良に努め、明治8年鰤の沖廻刺網を考案、一網3000余匹を捕獲。さらに研究を重ね、25年には5000匹という好成績をあげた。43年改良を加えて"日高式大敷網"と名付け、全国に普及し、これにより近代定置網漁業の発展の基礎が築かれた。

日高 謹爾　ひたか・きんじ
海軍少将
明治10年(1877)3月9日〜昭和3年(1928)1月16日　生栃木県安蘇郡植野村(佐野市)　学海兵(第26期)〔明治31年〕卒、海大〔明治40年〕卒　歴明治33年海軍少尉に任官。北清事変に従軍、日露戦争では高千穂、日進の水雷長。大正5年軍令部第六課長、8年軍令部出仕兼参謀、9年横須賀鎮守府付。11年海軍少将に進み、12年予備役に編入。文筆に長じ、「ジュトランド海戦の研究」などを著し、海軍軍事知識の普及に努めた。

日高 壮之丞　ひだか・そうのじょう
海軍大将　男爵
嘉永1年(1848)3月23日〜昭和7年(1932)7月24日　生薩摩国鹿児島郡堅野馬場(鹿児島県鹿児島市)　名旧姓・旧名＝宮内　学海兵(第2期)〔明治7年〕卒　歴薩摩藩士・宮内家の四男で、同藩士・日高家の養子となる。戊辰戦争に従軍後、明治4年海軍兵学寮に入り、10年海軍少尉に任官。23年金剛、24年武蔵、25年鳳翔、27年橋立、28年松島の艦長を歴任。同年海軍兵学校長、32年常備艦隊司令官、33年竹敷要港部司令官を務め、35年常備艦隊司令官となるが、日露戦争直前に東郷平八郎と交代し舞鶴鎮守府司令長官に転じた。40年男爵を授けられ、41年海軍大将に進む。42年予備役に編入。

秀島 家良　ひでしま・いえよし
会計検査院四等検査官

嘉永5年(1852)〜明治45年(1912)3月6日　生肥前国(佐賀県)　歴もと肥前佐賀藩士で、明治4年藩命で松田正久らとフランスに留学し法律・馬政学を研究、6年帰国。のち文部省に出仕、陸軍省に転じ軍馬担当となり、西南戦争には中尉として出征。11年司法省に転じ民法の編集に従事、14年会計検査院四等検査官となるが、15年大隈参議の下野に殉じて退官。のち秀英舎(現・大日本印刷)取締役、第三十銀行監査役を務めた。

秀島 成忠　ひでしま・しげただ
海軍少将　郷土史家
慶応1年(1865)11月23日〜昭和23年(1948)7月2日　生肥前国(佐賀県)　専軍事史、佐賀史　学海兵(第13期)〔明治20年〕卒　歴明治38年金剛、比叡、39年新高の艦長を歴任し、40年海軍大佐に進んで41年大湊要港部参謀長に就任。42年鎮遠、43年厳島、44年鞍馬の艦長や、45年台湾総督府参謀長を経て、大正3年海軍少将に昇進し待命、4年予備役に編入された。以後、旧肥前佐賀藩主の鍋島侯爵家に嘱託されてその編纂主任となり、佐賀藩の歴史研究に専念、軍事史・海軍史の分野ですぐれた著述を残した。編著に「佐賀藩海軍史」「佐賀藩鉄砲沿革史」などがある。

一柳 末徳　ひとつやなぎ・すえのり
貴院議員　子爵
嘉永3年(1850)7月19日〜大正11年(1922)3月21日　生播磨国(兵庫県)　歴丹波綾部藩藩主・九鬼隆都の五男。文久3年(1863年)播磨小野藩主一柳家の養子となり、家督を継ぐ。明治2年小野藩知事。7年子爵。23年貴院議員。　家実父＝九鬼隆都(綾部藩主)、養父＝一柳末彦(旧小野藩主)、息子＝広岡恵三(大同生命社長)、娘＝一柳満喜子(近江兄弟社学園創立者)、女婿＝ヴォーリズ、ウィリアム・メレル(キリスト教伝道者)

人見 寧　ひとみ・ねい
茨城県令
天保14年(1843)9月16日〜大正11年(1922)12月31日　生京都　名旧姓・旧名＝人見勝太郎　歴京都二条城詰め鉄砲奉行組同心の子として城内に生まれ、剣術砲術や儒学を学ぶ。慶応3年(1867年)遊撃隊に加わり、同隊もを務める。戊辰戦争では同隊を率いて東北を転戦、やがて榎本武揚らと合流すると蝦夷共和国政府の松前奉行に就任した。明治2年新政府に降伏、投獄されたが、3年赦免。9年七等判事として司法省に出仕し、間もなく内務省に転じる。13年茨城県令に任じられ、養蚕の振興や弘道館公園の開設に取り組んだ。18年加波山事件に絡み免官。20年利根運河社長。

人見 米次郎　ひとみ・よねじろう
実業家　衆院議員(国民党)
慶応1年(1865)9月〜昭和10年(1935)1月6日　生近江国(滋賀県)　学彦根中〔明治12年〕卒　歴明治12年県立彦根中学を卒業後、数学・ドイツ語

を学ぶ。第百三十三国立銀行、日本生命保険、神戸井上倉庫などに勤めた後、運送業、日豪貿易業を営む。欧米各国を巡遊した。一方、神戸市議を経て、明治45年衆院議員（国民党）に当選1回。

日向 輝武　ひなた・てるたけ
衆院議員（政友会）草津鉱山重役 人民新聞社長
明治3年（1870）8月3日～大正7年（1918）5月28日　🅖群馬県西群馬郡井出村（高崎市）　🅖東京専門学校卒　🅗米国に留学、パシフィック大学で政治、経済学を学び、滞米10年、この間サンフランシスコで新聞を発行。明治30年帰国し、草津鉱山、茂浦鉄道重役となり、人民新聞社長、日本電報通信社取締役を兼任。35年以来群馬県から衆院議員当選5回。尾崎行雄らと同志研究会を組織、反政府運動に走ったが、のち政友会に入った。　🅘妻＝林きむ子（日本舞踊家），四女＝林一枝（日本舞踊家）

日根野 要吉郎　ひねの・ようきちろう
宮中顧問官
嘉永5年（1852）12月15日～昭和7年（1932）5月28日　🅗陸軍馬術教官となり、明治天皇の馬術の相手を務める。その後、宮内省に入り、侍従となり、のち宮中顧問官を務めた。

日野 義順　ひの・ぎじゅん
東京府日野町長
天保10年（1839）6月13日～大正5年（1916）4月18日　🅖武蔵国多摩郡（東京都）　🅝通称＝信誠　🅗上野戦争に彰義隊小隊長として参加。明治6年日野学校初代校長。33年日野町長に就任。また養蚕研究の扶桑社社長、東京府農会議員などを歴任。

日野 熊蔵　ひの・くまぞう
陸軍歩兵中佐 航空の先駆者
明治11年（1878）6月9日～昭和21年（1946）1月15日　🅖熊本県　🅗千葉県佐倉の歩兵連隊を経て、軍用気球委員会会員となり、明治43年飛行機操縦術習得のためヨーロッパへ派遣された。同年12月9日代々木練兵場で、徳川好敏陸軍大尉とともにそれぞれフランス、ドイツから持ち帰ったファルマン機とグラーデ機を操縦、日本初の公開飛行に成功した。のち福岡歩兵連隊大隊長、十条火薬製造所長となった。

日野 資秀　ひの・すけひで
貴院議員 伯爵
文久3年（1863）5月19日～明治36年（1903）11月24日　🅗柳原光愛の五男に生まれ、北小路随光の養子となるが、離縁して日野資宗の養子となる。明治13年地宮に出仕し、21年英国に留学。同年御用掛、27～28年東宮侍従などを務める。この間、17年侯爵を授けられ、33～36年貴院議員を務めた。　🅘父＝柳原光愛（公卿），養父＝日野資宗（公卿）

日野 強　ひの・つとむ
陸軍歩兵大佐 新疆伊犂探検家
慶応1年（1865）12月7日～大正9年（1920）12月23日　🅖伊予国小松（愛媛県西条市）　🅗愛媛師範卒、陸士（旧11期）卒　🅗日清戦争に歩兵中尉として従軍。明治35年参謀本部出仕となり、日露戦争では第一軍司令部付となる。39年中国、インドに派遣され、1年4ヶ月をかけて伊犂（中国・新疆ウイグル自治区）からさらにヒマラヤ山脈を越えてインドに出るという、邦人初の探検を達成した。42年中佐。大正元年再び中国に派遣され、李烈鈞らの革命派を援助した後、李の日本への亡命を援けた。2年帰国後、大佐となって予備役に編入され、中国で実業に従事した後、大本教の幹部となった。著書に「伊犂紀行」（全2巻）がある。

日野 藤吉　ひの・とうきち
梨の町である宮城県利府町の基礎を築く
嘉永2年（1849）～大正14年（1925）　🅖陸奥国（宮城県）　🅗明治17年宮城県石巻で冷害の年ながらたくさんの実を付けている梨の木を見つけ、安定した収入を図るために梨栽培を思い立つ。田をつぶして作った20アールの土地に150本の梨を植えたところ、4年後には実がなり収入が得られるようになったことから周囲の人々もそれに倣い、梨の町として知られる利府町の基礎を築いた。利府駅前第2公園に最初の植えられた梨の木の最後の一本が今日でも植わっている。

日野 霊瑞　ひの・れいずい
僧侶 浄土宗管長 知恩院門跡
文政1年（1818）8月10日～明治29年（1896）5月14日　🅖信濃国更級郡布施高田村（長野県長野市）　🅝本名＝丸山、字＝眠竜、号＝麟蓮社、鳳誉、亀阿、諱＝順説　🅗郷士の家に生まれる。7歳の時、信濃・蓮光寺住職の仁説に従い、出家。文政12年（1829年）江戸・増上寺の慈恵に浄土教を師事。のち公卿・日野資愛の養子となった。文久2年（1862年）学頭となり、同年下総・生実の大巌寺、明治5年上野・新田の大光寺を経て、19年増上寺住職、浄土宗管長に就任。21年京都・知恩院門跡に転じる。大般若経六百巻書写の大願を起こし完成させた他、各地を巡教して基金を募り、数年来の紛争で生じた多額の負債を完済するなど、浄土宗の復興に尽力した。　🅘養父＝日野資愛（公卿）

日比 翁助　ひび・おうすけ
三越呉服店会長
万延1年（1860）6月26日～昭和6年（1931）2月22日　🅖筑後国久留米（福岡県久留米市）　🅝旧姓・旧名＝竹井　🅖慶応義塾〔明治17年〕卒　🅗久留米藩士竹井弥太夫の二男で、明治12年日比家の養子となる。麻布天文台、海軍水路部勤務を経て、日本橋のモスリン商会支配人となる。中上川彦次郎に認められて、29年三井銀行に転じ、和歌山支店支配人として同店の整理に成功、31年本店副支配人に抜擢された。同年9月三井呉服店支配人となり、経営刷新を断行、37年株式会社三越呉服店に改組

日比 重明　ひび・しげあき
沖縄県知事
嘉永1年(1848)5月27日～大正15年(1926)8月2日
生三重県　歴明治41年～大正2年沖縄県知事を務めた。

日疋 信亮　ひびき・のぶすけ
陸軍主計監
安政4年(1857)12月1日～昭和15年(1940)
生紀伊国海草郡黒江町(和歌山県海南市)　歴明治37年第四軍兵站経理部長、39年第六師団経理部長、42年第一師団経理部長などを務め、44年陸軍主計監。大正元年朝鮮駐剳軍経理部長となり、3年予備役に編入。退役後は郷里の和歌山県黒江町と日方町の合併に力を尽くし、昭和7年海南市が誕生した際には初代市長に推されたが、高齢を理由に固辞した。

日比谷 平左衛門　ひびや・へいざえもん
富士瓦斯紡績社長
弘化5年(1848)2月21日～大正10年(1921)1月9日
生越後国蒲原郡三条町(新潟県三条市)　名旧姓・旧名＝大島　歴万延元年(1860年)江戸に出て日本橋の綿糸商松本屋に奉公、18歳で支配人の地位に就く。明治11年日比谷ツネの養子となり、のち独立して日比谷商店を開設、綿糸・綿花の卸商を営む。29年商業から工業に転向をはかり東京瓦斯紡績を設立し専務。31年小名木綿布の取締役となり、32年社長に就任。33年森村市左衛門の要請で経営不振の富士紡績の取締役となり、36年小名木を富士紡績に合併。39年富士紡績と東京瓦斯紡績の合併により富士瓦斯紡績が成立、社長。さらに鐘淵紡績会長、日清紡績会長も務めるなど、日本の紡績界に大きな功績を残し、紡績王と呼ばれるにいたった。大正8年日比谷銀行を設立。また第一生命保険、東京毛織などの重役や東京商業会議所副会頭なども歴任した。

姫野 佐平　ひめの・さへい
農業指導者 大分県椎茸同業組合長
元治1年(1864)～昭和19年(1944)10月2日
生豊後国府内(大分県大分市)　歴家業の呉服屋を継ぐが、椎茸の栽培に興味を持ち、自ら大分県東庄内村に椎茸山を持つ。大分は椎茸の特産地であったが、その取引のほとんどを大阪や神戸の商人に独占されており、その状況を打開するため、明治40年大分の同業者とはかって大分県椎茸同業組合を設立。以来、その初代組合長として生産者の地位向上・品質の改良・取引体制の是正などに取り組み、大分を椎茸生産日本一の地位に押し上げる原動力となった。昭和5年に同組合長を退任。

百武 三郎　ひゃくたけ・さぶろう
海軍大将
明治5年(1872)4月28日～昭和38年(1963)10月30日　生佐賀県　学海兵(第19期)〔明治25年〕卒,大〔明治33年〕卒　歴肥前佐賀藩士の三男で、弟の源吾も海軍大将、晴吉は陸軍中将。明治27年海軍少尉に任官。大正4年磐手、5年榛名の艦長、6年第二艦隊参謀長、7年佐世保鎮守府参謀長、8年教育本部第二部長、10年第三戦隊司令官、11年鎮海要港部司令官、12年舞鶴要港部司令官、13年練習艦隊司令官を経て、14年佐世保鎮守府司令長官。大正15年軍事参議官、昭和3年海軍大将に進み、まもなく予備役に編入。11年二・二六事件で襲撃された鈴木貫太郎の後を受け、侍従長に就任。19年昭和天皇側近として在職した。同年枢密顧問官。家弟＝百武源吾(海軍大将), 百武晴吉(陸軍中将)

兵藤 正懿　ひょうどう・まさし
千葉県知事
弘化4年(1847)10月8日～明治43年(1910)8月13日　生伊予国(愛媛県)　歴明治24年大蔵省参事官、預金局長を経て、26年千葉県知事。29年退任。勲勲六等単光旭日章〔明治16年〕,勲五等瑞宝章〔明治21年〕,勲四等瑞宝章〔明治26年〕

兵頭 雅誉　ひょうどう・まさよ
陸軍中将
安政5年(1858)1月～昭和2年(1927)4月1日
出伊予国(愛媛県)　学陸士〔明治12年〕卒　歴尾張藩士の長男に生まれる。明治12年陸軍少尉となる。日清戦争・日露戦争では野戦砲兵隊を指揮して功を立て、40年基隆要塞司令官、43年兵器本廠長、同年東京砲兵工廠提理などを務める。大正元年中将となった。

平井 希昌　ひらい・きしょう
外交官 駐米弁理公使 賞勲局書記官
天保10年(1839)1月27日～明治29年(1896)2月12日　生肥前国長崎(長崎県長崎市)　名通称＝義十郎、号＝東皋　歴嘉永5年(1852年)通事見習を経て、安政3年(1856年)唐稽古通事となる。幕命により、英国船乗組の中国人から英語を学び、慶応3年(1867年)長崎奉行所通弁御用頭取に進む。維新後新政府に仕え、長崎裁判所通弁役御取となり、民部省、工部省に出仕。明治4年外務省に入り、6年二等書記官として副島種臣大使とともに清国へ渡る。その後も練達した語学を利し、13年太政官権大書記官・賞勲局主事となり、19年賞勲局書記官に進み、26年米国駐在弁理公使に任じられた。この間内政外交および外交文書の翻訳に従事し、特に賞勲制度の整備に寄与した。著書に「万国公法」「万国勲章略誌」など。

平井 由太郎　ひらい・よしたろう
実業家 衆院議員(政友会)
元治1年(1864)6月～昭和8年(1933)3月27日
出大和国(奈良県)　歴漢籍を修め、農業を営む。白銀村長、奈良県議、吉野郡議などを経て、明治36年衆院議員(政友会)に当選1回。37年渡米し口

サンゼルスで植木園、病院を経営する。南カリフォルニア中央日本人会会長などを務め、昭和2年帰国した。

平井 六右衛門（12代目）　ひらい・ろくえもん
紫波牛馬市場社長 衆院議員（政友会）
慶応1年（1865）11月22日～大正10年（1921）10月19日 [生]陸奥国紫波郡日詰（岩手県紫波郡紫波町） [歴]明治26年祖父の跡を継ぎ、岩手県下の大地主として不動の地位を占める。本業の酒及び醤油製造の傍ら、紫波牛馬市場社長、岩手銀行、盛岡銀行、花巻銀行、南部鉄瓶、南部鉄道、岩手軽便鉄道の各取締役、盛岡電気監査役などを務め、東北実業界の重鎮であった。また大正4年衆院議員、8年貴院議員（多額納税）にも選ばれた。

平岩 愃保　ひらいわ・よしやす
宣教師 日本メソヂスト教会監督 東洋英和学校総理
安政3年（1856）12月17日～昭和8年（1933）7月26日 [生]江戸小石川（東京都文京区） [学]開成学校〔明治9年〕中退 [歴]明治8年カナダ・メソヂスト教会宣教師カクランにより受洗。牛込、下谷メソヂスト教会でキリスト教の伝道に努め、14年按手礼を受け、カナダ・メソヂスト協会最初の教職につく。以後甲府、静岡、麻布、駒込、本郷中央会堂など各地で牧師を務め、この間、東洋英和学校神学部教授、同総理、関西学院長も務めた。40年メソヂスト3派合同に際し、教会条例制定編纂委員長に選ばれた。また本多庸一のあとを継いで、45年日本メソヂスト教会第2代監督に就任。大正8年まで務め、以後は東京阿佐ケ谷の自宅で伝道に従事、阿佐ケ谷教会の基礎を築いた。

平尾 在脩　ひらお・ざいしゅう
農村指導者 初代兵庫県三宅村長
天保12年（1841）1月19日～明治44年（1911）1月25日 [生]但馬国出石郡神美村三宅（兵庫県豊岡市） [名]本名=平尾学治郎, 幼名=大吉, 号=在脩 [歴]元治元年（1864年）家を嗣ぎ、父の事業を継承し成果を上げた。明治元年出石藩御用達に、2年三宅村庄屋となり、同年の飢饉に際し困窮者のために無利子の質物預所を設けるなど救済活動に当たった。のち戸長を勤め、22年初代村長となり、生涯三宅村の発展に尽くした。農業経済指導を実地に即して行い、治水・灌漑の施設を整備し、試験田の設置、農具・農法を技術改良する。また三宅村維持資産会を作り、村独自の共済制度を設けた。教育面でも、明治6年小学校を開設、また談話会を開いて報徳主義を説き、22年三宅村国恩会を組織した。こうした事績は高く評価され「今尊徳」と呼ばれた。 [勲]藍綬褒章〔明治34年〕

平生 釟三郎　ひらお・はちさぶろう
東京海上火災専務 甲南学園理事長
慶応2年（1866）5月22日～昭和20年（1945）10月27日 [生]美濃国稲葉郡加納（岐阜県岐阜市） [名]旧姓・旧名=田中 [学]東京高商〔明治23年〕卒 [歴]美濃加納藩士の田中家に生まれ、明治19年平生家の養子となる。23年高等商業学校卒業と同時に同校の助教授となり、附属主計学校で経済学や英語を教える。同年同校長・矢野二郎の推薦で韓国仁川海関の税関吏として朝鮮に赴任。傍ら無料の英学塾を開き、これがのちの仁川南公立商業学校の母体となった。26年再び矢野に推されて校務不振に陥っていた神戸商業学校の校長に任ぜられ、学校の再建に尽力。27年東京海上火災に入社して大阪支店の設立に当たり、30年同支店長、33年神戸支店長兼務を経て、大正6年専務となった。この間、兵庫県武庫郡の有志の懇請を受け、明治43年甲南幼稚園、44年甲南小学校を創立。さらに久原房之助の後援を受けて大正8年甲南中学を新設し、12年には中学校を廃して7年制の甲南高等学校を創立した。14年教育事業に専念するため東京海上火災取締役を辞し、15年甲南学園理事長に就任。昭和6年川崎造船再建を要請されて実業界に復帰、8年同社長。10年貴院議員に勅選。11年には広田内閣に文相として入閣した。

平尾 喜寿　ひらお・よしとし
殖産家 日本紅茶商会頭取 製茶功労者
弘化4年（1847）～明治45年（1912）1月6日
[生]土佐国小高坂村（高知県高知市） [名]通称=左金吾 [歴]もと土佐藩士で代々土佐城下に住し山内家に仕えた小姓格。父は剣道・小栗流を子弟に教授したが、父の没後その跡を継いで文武館の剣道導役となった。明治維新後、士族授産のため紅茶製造を計画し、明治13年泯々社を興して社長となる。台湾・セイロン（スリランカ）などを視察後、日本紅茶商会を創立し、のち頭取に就任、製品の海外輸出化に尽力した。

平岡 浩太郎　ひらおか・こうたろう
衆院議員（憲政本党） 玄洋社社長 赤池炭山経営
嘉永4年（1851）6月23日～明治39年（1906）10月24日 [生]筑前国福岡町（福岡県福岡市） [歴]修猷館に学び、戊辰戦争で奥羽に従軍、明治10年西南戦争には謀叛組として挙兵を計画、投獄された。出獄後、自由民権運動で活動。12年頭山満らと向陽社を組織、14年玄洋社と改称し社長となった。16年以後、筑豊の赤池炭山を経営するなど炭鉱業に乗り出し産をなす。27年以来衆院議員に6回当選、29年進歩党、31年憲政党結党に奔走、憲政党分裂後は憲政本党（旧進歩党派）に属し、国権派のリーダーとして活動。36年対露同志会に参加、日露戦争で中国に渡り、大陸膨張主義を唱えた。また八幡製鉄、九州鉄道の創設などにも関わった。 [家]曽孫=田中健之（皇極社社主）

平岡 貞一　ひらおか・さだかず
海軍少将
慶応4年（1868）2月3日～昭和21年（1946）1月5日
[学]海兵（第16期）〔明治23年〕卒 [歴]明治24年海軍少尉に任官。41年海軍省先任副官、大正元年旅順

鎮守府参謀長、2年横須賀工廠検査官、3年佐世保工廠造兵部長を経て、同年海軍少将。4年横須賀工廠造兵部長。7年予備役に編入。

平岡 定太郎 ひらおか・ていたろう
樺太庁長官 三島由紀夫の祖父
文久3年(1863)6月4日〜昭和17年(1942)8月26日
生兵庫県 学一高卒、帝国大学法科大学法律学科〔明治25年〕卒 歴もと兵庫県印南郡で製塩業を営んでいた家に生まれる。明治25年内務省に入省。37年大阪府内務部長、38年大阪府第一部長、39年福島県知事を経て、41年樺太庁長官。大正3年汚職事件に絡み免官、4年横領罪で起訴されたが、5年無罪判決が下った。9年東京市道路局長。妻は幕臣・永井尚志の孫娘で、小説家・三島由紀夫の祖父にあたる。 家長男=平岡梓(農林省木産局長)、孫=三島由紀夫(小説家)、平岡千之(駐ポルトガル大使)

平岡 徳次郎 ひらおか・とくじろう
国家主義者
安政1年(1854)〜大正6年(1917)7月3日
生筑前国福岡(福岡県福岡市) 歴福岡藩士の四男に生まれる。明治10年西南戦争では長兄・良五郎、次兄・浩太郎と共に薩摩軍に属し、敗れて投獄される。のち玄洋社を運営し赤池炭坑・豊後炭坑を開いて炭鉱経営に当たった次兄・浩太郎を、長兄と共に補佐した。 家兄=平岡浩太郎(政治家)、内田良平(国家主義者)

平岡 熈 ひらおか・ひろし
邦楽作曲家 東明流創始者
安政3年(1856)8月19日〜昭和9年(1934)5月6日
生江戸本所緑町(東京都墨田区) 名本名=平岡熈、幼名=庄次郎、別名=平岡吟舟、江見庵吟舟 歴幕臣の子で、一橋家に仕え幕末に暗殺された平岡円四郎は親戚筋にあたる。明治4年渡米、ボストンのハイスクールを中退した後、ヒンクリー機関車製造所やフィラデルフィアのボールドウィン汽車製造会社で職工として働き、また夜学に通う。この間、ボストンを訪れた岩倉使節団一行の通訳を担当、工部卿だった伊藤博文らの知遇を得た。9年帰国後は伊藤の計らいで工部省に出仕。16年新橋鉄道局汽車課長兼工場長、18年少技長を経て、19年四等技師。22年退官。23年より鉄道車両の製造工場である平岡製作所を経営。事業にも腕を発揮して数年のうちに東京でも屈指の工場に育て上げ、32年からは大阪で設立された汽車製造合資会社の副社長を兼務した(33年平岡製作所は同社に吸収合併)。一方、帰国に際して我が国に初めてベースボールとローラースケートを持ち込み、11年新橋工場で野球チーム・新橋アスレチックス倶楽部を結成。当時は米国でもグローブや防具などをつけずにプレーしていたため、ある時に強打で右の小指の骨を挫き、その自由を失った。米国から最新の野球用具やルールブックを輸入し、野球の発展に多大な影響を及ぼしたことから、昭和34年"日本の野球の祖"として野球殿堂入り第1号(特別表彰)に選ばれた。また、明治の実業家中でも指折りの通人として花柳界で名を馳せ、その遊びぶりから"平岡大尽"と称された。明治35年頃より三味線の東明流(東明節)を名のって「大磯八景」「向島八景」「月の霜夜」「都鳥」などを作詞・作曲、一家をなした。江戸の袋物収集でも有名。 家父=平岡煕一(幕臣)、二女=東明柳屋(1代目)、二男=平岡次郎(作曲家)、孫=平岡精二(作曲家)、女婿=高橋義雄(実業家)、甥=平岡養一(木琴奏者)

平岡 万次郎 ひらおか・まんじろう
弁護士 衆院議員(憲政本党)
万延1年(1860)3月〜大正12年(1923)2月3日
生兵庫県 学明治法律学校卒 歴弁護士となり、石川県専門学校講師、「裁判粋誌」編集員を務める。明治31年から衆院議員に連続4回選出された。

平賀 敏 ひらが・さとし
阪神急行電鉄社長
安政6年(1859)8月13日〜昭和6年(1931)1月14日
生江戸駿河台(東京都千代田区) 学慶応義塾正科〔明治14年〕卒 歴旗本平賀勝足の四男。明治15年静岡師範教諭、22年宮内省官吏となり、大正天皇の東宮時代の御養育係を経て、29年三井銀行に入行し、本店勤務。名古屋支店、大阪支店の各支配人を務め、40年退職し、小林一三と共に箕面有馬電気鉄道(大正7年阪神急行電鉄と改称)を創立。その後、桜セメント社長、播磨水力電気取締役などに就任。明治43年大日本製糖の窮状暴露で経営危機に陥った藤本ビルブローカー銀行の会長となり、同行の整理にあたった。また阪神急行電鉄社長、日本簡易火災保険社長、山陽中央水電社長などを歴任し、関西財界で重きをなした。大正14年財界を引退。

平佐 良蔵 ひらさ・りょうぞう
陸軍中将
嘉永4年(1851)〜明治45年(1912)7月3日
生周防国(山口県) 歴岩国藩士。慶応2年(1866年)第二次長州征討では小瀬川口の戦いに参加し、のち日新隊に入隊。戊辰主水に従って京に入ったのち、4年には鳥羽・伏見の戦いから奥羽戦線を転戦した。明治維新後、明治3年大阪兵学寮に入り、以後は陸軍軍人となって佐賀の乱や西南戦争にも出征。33年歩兵第十旅団長、34年台湾守備混成第二旅団長を経て、日露戦争では歩兵第十八旅団長として従軍し、旅順攻囲戦や奉天会戦などで奮戦。39年陸軍中将に昇進した。

平沢 嘉太郎 ひらさわ・かたろう
浅野川電鉄創業者
元治1年(1864)〜昭和7年(1932)6月1日
生加賀国(石川県) 歴材木商として成功後、大正13年浅野川電鉄(現・北陸鉄道浅野川線)を設立。14年沿線の石川県内灘町に娯楽施設・粟ケ崎遊園

を建設、"北陸の宝塚"を目指した。

平沢 計七　ひらさわ・けいしち
労働運動家 プロレタリア演劇運動の先駆者
明治22年(1889)7月14日～大正12年(1923)9月4日　生新潟県小千谷町(小千谷市)　出埼玉県大宮市(さいたま市)　名旧姓・旧名＝田中、号＝紫魂　学高小卒　歴日本鉄道大宮工場付属の職工見習生教場で、近代的鍛冶工の技術を学ぶ。この頃から「文章世界」などに投稿。大宮工場、鉄道院新橋工場、同院浜松工場に勤務し、そのかたわら小山内薫に師事して、明治44年戯曲「夜行軍」を発表。大正3年南葛飾郡大島町の東京スプリング製作所に入って大島支部を組織し、5年本部書記となり、機関誌「労働及産業」の編集に従事。7年出版部長に就任。8年小説・戯曲集「創作・労働問題」を刊行。9年友愛会を脱退し、純労働者組合を結成、主事。10年労働劇団を組織して自作品を上演、プロレタリア演劇の先駆者となる。「新組織」「労働週報」などの編集に携わり、日本鋳鋼所、関東車輌工組合などの争議を指導。12年9月1日に起こった関東大震災直後の混乱に乗じて亀戸警察署に検束され、虐殺された(亀戸事件)。

平島 松尾　ひらしま・まつお
衆院議員(憲政会)
安政1年(1854)11月～昭和14年(1939)8月13日
出陸奥国(福島県)　学二本松藩学校　歴大蔵省出仕、福島県出仕となる。自由民権運動に加わり、明治14年自由党の結成に参加する。福島県議を経て、27年衆議院議員に初当選。大正9年まで通算7期務めた。

平瀬 亀之輔　ひらせ・かめのすけ
日本火災保険社長 大阪博物場長
天保10年(1839)9月19日～明治41年(1908)2月8日　生大坂　名本名＝平瀬春愛、号＝平瀬露香、桜蔭、木花園、梅雪、芸名＝坂氏連、尾木平十郎、赤松雅枝　歴大坂屈指の両替商・千草屋に生まれる。伯父・宗十郎の後を継いで7代目当主となり、明治9年第三十二国立銀行(のち浪速銀行)を設立。大阪株式取引所や手形交換所の建設にも携わり、日本火災保険社長などを歴任。大阪博物場長や日本美術協会大阪支部長を務めるなど文化にも深い理解を持ち、禅や茶道にも精通。茶道具の収集でも知られる。また能楽の保護者としても著名で、金剛謹之助や野村三次郎らについて金剛流を学び、自らも坂氏連、尾木平十郎などの名で舞台に上がった。金剛流謡本の復刻や大阪博物場への能舞台設置も手がけ、大阪能楽界に大きく貢献した。

平田 東助　ひらた・とうすけ
内大臣 農商務相 貴院議員(勅選) 伯爵
嘉永2年(1849)3月3日～大正14年(1925)4月14日　出出羽国米沢(山形県米沢市)　名旧姓・旧名＝伊東　学法学博士〔明治41年〕　歴出羽米沢藩医・伊東昇迪の二男で、同藩医・平田亮伯の養子とな

る。元治元年(1864)実父に従って江戸に上り、古賀謹堂に師事。戊辰戦争では奥羽越列藩同盟に加盟して新政府軍と敵対した藩の一員として出征、医務に従事した。その後、渡辺洪基に洋学を教わり、明治2年藩命で上京、大学南校でロシア語を研修。4年ロシア留学を命ぜられ岩倉使節団に随行するが、品川弥二郎、青木周蔵らの勧めでドイツ留学に転じ、ベルリン大学、ハイデルベルク大学などで学んだ。9年帰国して内務省御用掛、10年大蔵省御用掛、11年大蔵権少書記官兼太政官権少書記官。15年伊藤博文に随行して渡欧するが、間もなく病気で帰国。以後、16年太政官文書局長、17年同大書記官兼大蔵大書記官、18年参事院議官補、同年法政局参事官、20年同部長、23年法制局行政部長、27年枢密院書記官長を歴任。この間、官報の発行や会計検査院法・会計法補則などの法令整備に努める一方、23年貴院議員に勅選され、24年古市公威らと茶話会を結成するなど貴族院内の官僚勢力の中心人物として活躍した。また山県有朋に信任され、31年第二次山県内閣で法制局長官兼恩給局長に就任、枢密顧問官も兼ねた。34年第一次桂内閣に農商務相として初入閣したが、36年辞職。41年第二次桂内閣の内相。43年大逆事件が起こると犯人の検挙に全力を挙げ、事件解決後に責をとって辞表を提出するが、明治天皇の慰留により同内閣の総辞職まで留任した。晩年は貴族院官僚派の中枢として隠然たる影響力を持ち、第一次山本内閣の倒閣や、寺内内閣・清浦内閣の成立に関与した。11年内大臣。この間、明治35年男爵、44年子爵、大正11年伯爵。家長男＝平田栄二(日本画家)、三男＝平田昇(海軍中将)、父＝伊東昇迪(蘭方医)、甥＝伊東祐彦(小児科学者)、伊東忠太(建築学者)、村井三雄蔵(山形交通創業者)

平田 知夫　ひらた・ともお
外交官 在モスクワ総領事
明治13年(1880)～大正7年(1918)3月15日
生福岡県宗像郡池野村(宗像市)　学東京帝国大学法科大学〔明治38年〕卒　歴明治38年大学を卒業して外務省に入り、インドの在カルカッタ領事を経て、第一次大戦中は駐オーストリア大使館書記官、在モスクワ総領事を務めた。のち南ロシア、コーカサス地方を視察中に病気となり帰国した。広田弘毅とは同郷の友で、玄洋社との関係も親密であった。

平田 文右衛門(2代目)　ひらた・ぶんえもん
函館毎日新聞社長
嘉永2年(1849)7月25日～明治34年(1901)10月7日　出蝦夷(北海道)　名幼名＝兵五郎　歴北海道函館の呉服太物商平田家8代目。明治8年和洋建築鉄物商に転じ、函館区議、函館毎日新聞社長なども務めた。また実業家・渡辺熊四郎らと共に、学校や病院の設立など、公共事業に尽力した。

平田 安吉　ひらた・やすきち
農業指導者　山形県議　第六十七国立銀行取締役
安政4年(1857)4月22日～明治29年(1896)7月19日　⽣出羽国田川郡鶴岡(山形県鶴岡市)　歷明治初期から田畑を買い入れ、庄内地方屈指の地主となる。その傍ら、製紙工場や印刷所を建設するなどして農林・養蚕・水産事業を興し、地域の殖産をすすめた。明治14年には第六十七国立銀行の取締役に就任。明治22年元地の地主を糾合して田川郡勧農会を結成し、福岡より教師を招いて乾田馬耕の普及や稲作の技術革新をはかった。さらに28年には鶴岡米穀取引所を設立するなど、同地方の農事改良に大きく貢献。また、町会議員や県会議員を歴任するなど地方政界でも活躍し、旧藩の遺臣を中心とした保守派層に対抗する町方勢力の中心人物として重んじられた。

平塚 広義　ひらつか・ひろよし
栃木県知事　貴院議員
明治8年(1875)9月～昭和23年(1948)1月26日　⽣山形県　学東京帝国大学卒　歷神奈川県警察部長、愛媛・新潟・兵庫各県内務部長を経て、大正5～11年栃木県知事に就任、宇都宮高等農林学校の設立などに尽力した。のち長崎県知事、兵庫県知事を歴任し、14年～昭和4年東京府知事、7～11年台湾総督府総務長官を務めた。14年貴院議員。家弟＝平塚英吉

平塚 らいてう　ひらつか・らいちょう
婦人解放運動家　「青鞜」創刊者
明治19年(1886)2月10日～昭和46年(1971)5月24日　⽣東京市麹町区三番町(東京都千代田区)　图本名＝奥村明、旧姓・旧名＝平塚　学日本女子大学家政科〔明治39年〕卒　歷与謝野晶子、生田長江らに教えを受ける。明治41年森田草平と心中未遂事件(煤煙事件)を起こしたのち、禅と英語の勉強に没頭。44年女性だけの文芸雑誌「青鞜」を創刊。「元始女性は太陽であった」という創刊の辞をかかげ、婦人解放運動の源流となる。大正2年「新しい女」を発表し、「円窓より」を刊行。3年画家・奥村博史と同棲(後結婚)し、4年「青鞜」の編集をおりる。エレン・ケイの思想に共鳴、7年与謝野晶子との母性保護論争では母性主義を主張。9年市川房枝、奥むめおらと新婦人協会を結成し、婦人参政権運動の歴史的な第一歩を踏み出した。家夫＝奥村博史(画家)、父＝平塚定二郎(会計検査院長)

平出 喜三郎　ひらで・きさぶろう
衆院議員(政友会)
明治9年(1876)3月15日～昭和6年(1931)10月13日　⽣石川県　学慶応義塾高等科卒　歷函館市議を経て、明治45年以来衆院議員に当選4回。また函館新聞社主、函館商業会議所会頭、東京屑物市場社長なども務めた。

平出 喜三郎(1代目)　ひらで・きさぶろう
実業家　衆院議員(政友会)
天保12年(1841)9月～明治41年(1908)3月7日　⽣加賀国(石川県)　歷堺の河内屋の千石船の船頭として蝦夷地(北海道)との間を往来し、箱館戦争では新政府軍の兵器を運搬した。のち函館で独立、千島漁業で成功を収めた。函館区議、北海道議・議長を務める。また函館商業会議所会頭、北海道拓殖銀行創立委員、函館銀行取締役なども務めた。明治35年衆院議員(政友会)に当選1回。家養子＝平出喜三郎(2代目)(実業家・政治家)

平沼 騏一郎　ひらぬま・きいちろう
司法省検事総長　大審院長　法相
慶応3年(1867)9月28日～昭和27年(1952)8月22日　⽣美作国津山(岡山県津山市)　图号＝機外　学帝国大学法科大学英法科〔明治21年〕卒　法学博士〔明治40年〕　歷明治21年司法省に入り、38年大審院検事、44年検事局長、45年から10年間検事総長、大正10年大審院長を歴任。12年第二次山本内閣の法相となり、13年勅選貴院議員、15年枢密院副議長。同年男爵。この間、大逆事件、シーメンス事件、大浦内相事件、八幡製鉄所事件などに手腕を振るった。昭和期に入ると、昭和11年枢密院議長、14年首相、15年第二次近衛内閣の内相、20年枢密院議長を歴任した。家孫＝平沼赳夫(衆院議員)

平沼 専蔵　ひらぬま・せんぞう
横浜銀行創立者　衆院議員(政友会)
天保7年(1836)1月2日～大正2年(1913)4月6日　⽣武蔵国飯能村(埼玉県飯能市)　歷横浜に出て商店奉公の後、慶応元年(1865年)独立して羅紗・唐桟輸入の商売を始め、明治11年には生糸売込問屋を営む。土地売買、米穀投機、株式投機を通じて利益をあげ、23年横浜銀行、金叶貯蓄銀行(のち平沼貯蓄銀行と改称)を設立。44年平沼銀行を創立、生糸売込商の機関銀行として発展。その他、東京瓦斯紡績、日清紡績、横浜共同電灯など諸会社の経営に参与。また33年多額納税貴院議員、35年衆院議員、44年横浜市水道局長などを歴任した。

平野 運平　ひらの・うんぺい
海外開拓家　南米ブラジル移民の先駆者
明治19年(1886)3月28日～大正8年(1919)2月6日　⽣静岡県小笠郡栗本村(掛川市)　图旧姓・旧名＝榛葉　学掛川中卒、東京外国語学校卒　歷榛葉健蔵の三男に生まれ、中学卒業後、義兄に当たる平野家に入籍。明治41年第1回ブラジル移民の通訳としてサンパウロ州グワタパラ耕地に入り、副支配人となる。のち現地日本人の有志を集め広大な農園・平野植民地を開いた。昭和2年業績を偲び現地に鎮魂碑が建った。

平野 永太郎　ひらの・えいたろう
労働運動家
明治2年(1869)3月18日～大正12年(1923)7月22日　⽣丹波国北桑田郡牧村(大阪府豊能郡豊能町)　歷製靴技術を学び、明治22年サンフランシスコに

平野 長祥　ひらの・ながよし
貴院議員　男爵
明治2年(1869)12月3日～昭和9年(1934)5月7日
[学]学習院卒　[歴]大和田原本藩主平野長裕の長男。東京海上保険、加島銀行勤務を経て、富山護王銀行専務。明治30年貴院議員。　[家]父＝平野長裕(旧田原本藩主)

平野 武次郎　ひらの・ぶじろう
水産家
天保13年(1842)1月15日～大正3年(1914)10月
[出]下総国(千葉県)　[歴]明治5年千葉県大堀村(現・富津市)で家業の農業と製塩業を継ぐ。16年東京湾の海苔養殖に"ひび"をもちいた移植法を導入し成功した。

平野 増吉　ひらの・ますきち
実業家
明治11年(1878)4月20日～昭和34年(1959)11月1日　[出]岐阜県　[歴]明治24年林業界に入る。庄川木材取締役、飛州木材専務、日本農林新聞社長、岐阜県木材組合連合会会長となり、のち岐阜県木材協同組合理事長、木曽林産開発取締役を務める。この間、流木権と山村民の生活権をめぐって電力会社と争う。40年の長良川事件、大正11年の木曽川事件、15年の庄川事件などで中心的な役割を果たした。昭和21年岐阜県から衆議院議員(民主党)に当選1回。また日本進歩党常議員・総務委員を務めた。　[家]息子＝平野三郎(政治家)、弟＝平野力三(政治家)

平野 光三郎　ひらの・みつさぶろう
平野光三郎商店創業者
生没年不詳
[歴]明治23年平野光三郎商店を創業。27年平野ゴム製造所を設立。大正8年合名会社平野護謨製造所とした。昭和18年東洋紡績の資本参加に伴い平野護謨製造所(現・東洋ゴム工業)を設立。

平松 時厚　ひらまつ・ときあつ
元老院議官　子爵
弘化2年(1845)9月11日～明治44年(1911)8月22日　[出]山城国(京都府)　[歴]平松時言の長男。安政2年(1855年)元服して昇殿を許され、甲斐権介に任じられる。幕府の専横を憤り、同志の公卿や各藩の志士と交際したために、元治元年(1864年)の禁門の変後、参朝・他行・他人面会を禁止された。慶応3年(1867年)赦され、戊辰戦争に従軍。新政府の参与となり、三河兼遠江鎮撫使、明治4年初代新潟県令。6年華族結社・通款社を結成。17年子爵。23年元老院議官となり、貴院議員も務めた。　[家]父＝平松時言(公卿)、孫＝一条尊昭(尼僧)

平松 理英　ひらまつ・りえい
僧侶(真宗大谷派)
安政2年(1855)～大正5年(1916)10月21日
[歴]真宗大谷派の僧で、高地達蔵、林鶴梁、松林了英に師事。明治初年に廃仏毀釈が起こると大洲鉄然・島地黙雷らと共に仏教復興を目指し布教伝道に尽力。寺田福寿・土664善静らと仏教講談会を設立、各地を巡り仏教の公開演説会を開いた。また「中桜新聞」、雑誌「法話」を発行し文書伝道を行う。一方、東本願寺の渥美契縁・石川舜台両派の政争に対して顕真会を設立して注意を喚起。また日清・日露戦争では布教師として従軍した。のち東京北品川の正徳寺住職となり、大正13年擬講追贈された。著書に「教海美譚」「無尽蔵」「廻瀾始末」「寺門改良論」など。

平村 ペンリウク　ひらむら・ぺんりうく
アイヌの首長
天保4年(1833)1月～明治36年(1903)11月28日
[生]蝦夷地日高地方平取コタン(北海道沙流郡平取町)　[歴]平取コタンの首長。その名は幕末期に蝦夷を探険した松浦武四郎の「左留日記」にも登場する。幕末・明治期を通じてアイヌ民族の指導・発展に尽力し、明治13年には佐瑠太小学校の平取分校を創立、アイヌの子弟に教育の道を開いた。20年には北海道庁長官岩村通俊に呼ばれ、アイヌの現状を報告。また、北海道に来た宣教師ジョン・バチェラーを自宅に滞在させるなど篤く応対し、その伝道とアイヌ研究に協力した。

平山 周　ひらやま・しゅう
中国革命支援者
明治3年(1870)～昭和15年(1940)
[生]福岡県　[学]東洋英和学校卒　[歴]明治・大正期に大陸浪人として活躍。中国革命の援助者・宮崎滔天のタイ行に同行、明治30年犬養毅の紹介で外務省派遣の形で宮崎らと清国に渡り中国革命運動の秘密結社を調査。同年革命の指導者孫文来日に際し、中山の語学教師という名目で申請した。31年再び清国に渡り、孫文派の日本亡命を援助。38年中国同盟会結成に参加。昭和6年国民政府の陸海空軍総司令部顧問となる。

平山 省斎　ひらやま・せいさい
大成教会創始者・管長
文化12年(1815)2月19日～明治23年(1890)5月22日　[生]陸奥国三春(福島県田村郡三春町)　[名]本名＝黒岡、名＝平山敬忠、通称＝謙二郎、字＝安民　[歴]安政元年(1854年)幕府徒目付としてペリー一行を下田で応接。また勘定奉行・水野忠徳に従い、長崎でロシア、オランダ使節と応接。将軍継嗣問題では一橋(徳川)慶喜を支持したことから免職となる。慶応3年(1867年)若年寄兼外国総奉行に抜擢され、浦上キリシタン事件の処理や、朝鮮との交渉などにあたった。維新後、日枝神社や氷川神社の神職となり、神道大成教を創立した。

平山 藤次郎　ひらやま・とうじろう
海軍大佐
嘉永4年(1851)8月～明治43年(1910)4月11日
生江戸　名旧姓・旧名＝宇橋　学海兵卒　歴江戸で宇橋源栄の二男に生まれ、徳島藩士・平山留蔵の養子となる。明治3年藩命で海軍兵学寮に入り、累進して海軍大佐となり、27年日清戦争では八重山艦長などを務める。当時台湾征討に当たり敵将・劉永福が英国商船に身を託して逃亡するのを探知し追跡、厦門で強制臨検を行おうとしたところ、英国政府が国際公法への抵触を理由に抗議、引責辞任した。29年予備役となり、同年商船学校校長に就任、帆船運航の必要を主張し、反対派を制して教育課程に繰り込んだ。

平山 成信　ひらやま・なりのぶ
枢密顧問官　日本赤十字社社長　男爵
嘉永7年(1854)11月6日～昭和4年(1929)9月25日
生江戸　歴明治4年左院に出任、権少書記、五等書記生となり、6年ウィーン万博事務官として出張。帰国後正院に出任、大蔵省書記官、元老院権大書記官などを経て、24年第一次松方内閣書記官長。以後枢密院書記官長、大蔵省書記官、宮中顧問官、行政裁判所評定官、枢密顧問官を歴任。この間、27年より勅選貴院議員。また帝国女専、日本高女、静修女学校などの校長を務め、一方、日本赤十字社創立以来理事、次いで社長となる。産業協会、帝展の創設に尽力、また啓明会会長として学術振興に貢献した。大正13年男爵。　家父＝平山省斎(幕臣)

平山 靖彦　ひらやま・やすひこ
衆院議員(中央交渉部)　佐賀県知事
天保15年(1844)10月6日～大正1年(1912)12月9日　生安芸国(広島県)　名旧姓・旧名＝成川　歴安芸広島藩士・成川家の二男で、同藩士・平山家の養子となる。広島、奈良、兵庫各県書記官を務め、奈良博物館長を兼ねた。明治23年第1回総選挙に当選し衆院議員となる。25年秋田県知事、29年大分県知事、31年佐賀県知事を歴任。40年貴院議員に勅選された。

比留間 妻吉　ひるま・つまきち
機織業者
明治6年(1873)5月6日～大正8年(1919)7月15日
生東京府北多摩郡村山村(東京都武蔵村山市)　歴大正8年群馬県の伊勢崎から技術者を招き、従来の絣製法を改良して村山大島紬生産の礎を築いた。

広井 一　ひろい・はじめ
北越新報社社長　長岡銀行常務　新潟県議
慶応1年(1865)9月11日～昭和9年(1934)1月17日
生越後国古志郡小栗山村(新潟県小千谷市)　学東京専門学校〔明治18年〕卒　歴長岡学校を経て、東京専門学校に入学、小野梓らに師事し、明治18年卒業ののち帰郷して郷里・新潟の政治・文化・産業の開発を図り、20年「越佐毎日新聞」主筆となる。ついで「北越新報」「新潟新聞」の経営に当たり、大正15年北越新報社社長に就任。また新潟県議となる。一方、長岡銀行の創立に尽力し支配人、のち常務を務める。北越鉄道・越後鉄道の創立にも貢献し、長岡病院(日本赤十字病院の前身)、長岡商業会議所、長岡貯蓄銀行、長岡市教育会などの創設・経営など地方社会事業にも関わった。文明協会理事、早稲田大学評議員を歴任。著書に「北越偉人の片鱗」「山口権三郎伝」などがある。

広海 二三郎　ひろうみ・にさぶろう
広海汽船社長　貴院議員(多額納税)
嘉永7年(1854)11月3日～昭和4年(1929)1月28日
生加賀国(石川県)　歴代々加賀国江沼郡瀬越村(石川県加賀市)で北前船主を営む家に生まれる。明治19年大阪に移る。和船を蒸気船に切り替えて広海汽船社長となり、家業を発展させた。41年広海商事を設立。この間、37年貴族院の多額納税議員となった。

広岡 浅子　ひろおか・あさこ
加島銀行創業者　大同生命保険創業者
嘉永2年(1849)9月3日～大正8年(1919)1月14日
生京都油小路出水　名旧姓・旧名＝三井　歴三井高益の四女に生まれ、17歳で大阪の豪商加島屋広岡信五郎と結婚。維新に際し家運が傾きかけたため、単身上京して諸侯御用金の整理に成功したのをはじめ、店務を総轄、実業界に入る。鉱山、銀行の経営にあたり、明治21年加島銀行、35年大同生命創業に参画。夫没後、女婿の恵三に事業を譲る。また女子教育事業に尽力し、日本女子大学創立の際成瀬仁蔵を助けて、最初の後援者となった。44年受洗、晩年は宗教活動に従事し、38年日本キリスト教女子青年会(YWCA)創立中央委員、大正7年大阪YWCA創立準備委員長をつとめた。著書に「一週一信」など。

広岡 宇一郎　ひろおか・ういちろう
弁護士　衆院議員(政友会)
慶応3年(1867)7月～昭和16年(1941)4月8日
生兵庫県　学日本法律学校卒　歴弁護士を営む。大正4年衆院議員に初当選し、連続6回当選。田中内閣逓信政務次官、道路会議議員、鉄道会議議員、臨時海事法令調査委員を歴任する。また政友本党総務、政友会顧問も務めた。

広岡 久右衛門(9代目)　ひろおか・きゅうえもん
大同生命保険初代社長
天保15年(1844)9月28日～明治42年(1909)6月20日　生大坂土佐堀　名本名＝広岡正秋、幼名＝文之助、別名＝加島屋久右衛門　歴三井・鴻池と並ぶ大坂の両替商兼米問屋、加島屋久右衛門(7代目)の三男に生まれる。兄喜三郎が早世したため、総本家を継いで9代目久右衛門となった。18歳の時大坂東役所で会計見習を務め、明治天皇東幸の際には御用掛、また長州藩主・毛利敬親に召出されて

朝廷の出納役なども務めた。明治元年由利公正発行の金札（太政官札）の流布に鴻池と共に尽力し、2年民部省より大阪為替会社惣頭取を命ぜられ、また大阪通商会社惣頭取となる。21年一族の出資で加島銀行を設立、頭取に就任。22年大阪市議。32年朝日生命重役を兼ね、35年護国生命、北海生命を合併して大同生命保険株式会社とし、初代社長となった。この間32年堂島米穀取引所理事となり、36年理事長。

広岡 信五郎 ひろおか・しんごろう
尼崎紡績創業者
生没年不詳
歴広岡久右衛門の二男で、広岡商店と加島銀行を創立。明治22年有限責任尼崎紡績会社を設立、社長に就任。24年第一工場の完成を機に引退した。大正7年尼崎紡績は摂津紡績を合併し大日本紡績株式会社と社名変更。昭和39年ニチボーに社名変更し、44年日本レイヨンと合併してユニチカが発足した。

広岡 安太 ひろおか・やすた
大陸浪人
明治1年（1868）～明治22年（1889）
生肥後国熊本（熊本県熊本市）歴明治19年清国に渡航、上海で中国語を修める。その後北清各地を歴遊するが、漢口楽善堂で荒尾精が清国開発のため志士を糾合していると聞き、これに参画。22年4月、清国奥地の地理人情調査のため、重慶から貴州の苗族地帯に入り、以後消息を絶った。

広沢 金次郎 ひろさわ・きんじろう
貴院議員 伯爵
明治4年（1871）7月13日～昭和3年（1928）12月13日 出長門国（山口県）学ケンブリッジ大学（英国）卒 歴父は維新の功臣である広沢真臣。明治17年伯爵。首相秘書官、スペイン兼ポルトガル特命全権公使などを歴任。30年貴院議員。 家父＝広沢真臣（政治家）

広沢 真臣 ひろさわ・さねおみ
政治家
天保4年（1833）12月29日～明治4年（1871）1月9日
生長門国（山口県）名旧姓・旧名＝柏村、波多野、幼名＝季之進、通称＝波多野金吾、広沢藤右衛門、広沢兵助、号＝障岳 歴長州藩士・柏村家の三男で、弘化元年（1844年）波多野家の養子となる。安政6年（1859年）家督を相続。藩の実務官僚として抜擢され、蔵司検使、軍制詮議用掛、当役手元役、用所役用取計などを歴任。文久2年（1862年）からは藩の渉外関係を取り仕切り、元治元年（1864年）の四ケ国艦隊による下関砲撃の善後処理に当たった。同年広沢に改姓。第一次長州征討後は保守派の巻き返しにあって退けられ、萩の野山獄に投獄。慶応元年（1865年）出獄して藩政の中枢に復帰し、後手用掛、用所右筆役、用所役などを務める。2年の第二次長州征討後には長州の代表として厳島の

幕府の勝海舟と会見し、休戦協定を締結。対幕府折衝に当たる一方で倒幕運動にも奔走した。王政復古の政変後、新政府の参与に任ぜられ、大久保の唱えた大阪への遷都案に同調。2年薩長土諸藩の代表とともに版籍奉還を議す。同年民部官副知事、民部大輔を経て、参議に就任。3年民部・大蔵両省の分離に伴い民部省御用掛を兼務。長州閥の重鎮として急激な改革より着実な漸進を主張したが、4年1月9日私邸にて暗殺された。 家長男＝広沢金次郎（貴院議員・伯爵）

広沢 安任 ひろさわ・やすとう
広沢牧場主 牧畜事業の先駆者
文政13年（1830）2月2日～明治24年（1891）2月5日
生陸奥国会津（福島県）歴会津藩下級武士庄助の二男。藩校日新館に学び、館の師として子弟を教育。26歳の時江戸詰めとなり、昌平黌で舎長を務めた。文久2年（1862年）箱館奉行の一行に加えられ蝦夷地へ向かう、3年藩主松平容保が京都守護職就任と共に公用方となり上洛。戊辰戦争では藩主の冤罪を訴えて投獄されたが、出獄後、斗南藩権大属、少参事などを務める。明治5年小川原湖東岸の谷地頭（現・三沢市）に英国式の広沢牧場を経営。英国人技師ルセー、マキノンの2人を横浜から雇い、外国産種牡牛、馬を導入、在来種の改良と牧草の研究に当たり、わが国洋式牧場の先駆者となった。9年明治天皇東北巡幸の折、牛、馬が天覧に供され、10年の第1回勧業博に出品して好評を得た。21年上京し、東京に牧場を設け牛乳を販売。23年日本畜産協会の創立で幹事長となった。

広住 久道 ひろずみ・きゅうどう
衆院議員（憲政本党）
嘉永5年（1852）10月～明治43年（1910）2月5日
生駿河国志太郡阿知ケ谷村（静岡県島田市）歴志太郡議、静岡県議等を経て、明治25年衆院議員となる。35年まで連続5回当選。のち六合村長となる。また日本赤十字社地方委員も務めた。

広瀬 勝比古 ひろせ・かつひこ
海軍少将
文久2年（1862）8月27日～大正9年（1920）10月20日 生豊後国直入郡竹田町（大分県竹田市）学海兵（第10期）〔明治16年〕卒 歴豊後岡藩の志士・広瀬重武の長男で、広瀬武夫の実兄。明治19年海軍少尉に任官。日清戦争では浪速砲術長を務めた。37年大島、38年秋津洲、浪速、40年富士、42年筑波の艦長を歴任。44年海軍少将となり、同年予備役に編入。 家弟＝広瀬武夫（海軍中佐）

広瀬 孝作 ひろせ・こうさく
函館運輸事務所長 青森駅長
安政4年（1857）～大正6年（1917）6月16日
生下野国足利郡三重村（栃木県足利市）歴明治19年両毛鉄道会社に入社し、会社が鉄道院に買収されるのを機に鉄道院に入る。以後、水戸運輸事務所長、青森駅長、旭川運輸事務所長を経て、函

運輸事務所長に就任、大正5年退官した。先に栃木県議にも選ばれた。

広瀬 宰平　ひろせ・さいへい
住友本店総理

文政11年(1828)5月5日〜大正3年(1914)1月31日　生＝近江国野洲郡八夫村(滋賀県野洲市)　名＝旧姓・旧名＝北脇駒之助、諱＝満忠、号＝保水、遠図、通称＝新右衛門、義右衛門　歴11歳の時から住友家に仕え、別子銅山支配方の叔父北脇治右衛門の世話で別子銅山勘定場の丁稚からはじめ、慶応元年(1865年)別子銅山支配人に就任。この間、安政2年(1855年)広瀬家(予州住友別家)の養子となる。明治維新後は住友家筆頭番頭として事業にあたり、以後住友財閥の総帥として明治27年に引退するまで活躍。鉱山、両替店をはじめ、生糸、樟脳にまで事業を拡げ、住友家の今日の基礎を築いた。一方、住友家をバックに関西財界に臨み、2年築港義社を起して安治川河口を改修、8年八幡社を設立して大阪市中の在来墓地の整理を行った。11年五代友厚らと共に大阪商法会議所を創設し、ついで大阪株式取引所、大阪製銅会社、硫酸会社等の創立に関与しての重役をつとめた。さらに17年大阪商船会社を設立し、頭取に就任した。27年住友本店総理辞任。著書に「半世物語」(全2巻)、詩集「錬石余響」などがある。　勲勲四等瑞宝章〔明治25年〕

広瀬 貞文　ひろせ・さだふみ
衆院議員(無所属)

嘉永6年(1853)9月〜大正3年(1914)4月15日　生大分県　学慶応義塾卒　歴刑法・治罪法を学び、大審院書記となる。その後大分で家塾咸宜園を再興した。大分県教英中学校長、台湾総督府事務嘱託、日田町長等を歴任し、明治25年衆議員となる。35年まで連続5回当選。また上海商務印書館で法律書の翻訳に携わった。著書に「淡窓詩話」がある。

広瀬 重武　ひろせ・しげたけ
判事支庁長

天保7年(1836)9月1日〜明治34年(1901)4月7日　生豊後国直入郡竹田(大分県竹田市)　歴勤王の志厚く、文久2年(1862年)島津久光の入京の際に藩論をまとめ上坂、寺田屋事件に遭遇、帰藩後幽閉されるが、解禁後上京し、慶応元年(1865年)僧胤康事件により再び禁固となる。のち許されて岡藩権大属となり、明治2年堺県少参事。7年司法省に出仕、判事として全国を転じ、判事支庁長を最後に没した。

広瀬 次郎　ひろせ・じろう
愛媛県中萩村長

明治6年(1873)〜昭和27年(1952)　生東京都　学東京帝国大学農科大学　歴東京絵付の中心人物である河原徳立の子として生まれる。東京帝国大学で蚕体病理学を専攻、同分野の第一人者として知られ、明治33年見込まれて愛媛県の

実業家である広瀬家の婿養子となる。35年新居郡立農学校校長、大正11年中萩村(現・新居浜市)村長に就任、養蚕農家の窮状を救うため病気に強い蚕を効率的に飼育する"広瀬式養蚕法"を開発したほか、私財を投じて中萩小学校の校舎や講堂を寄付するなど、地域振興に力を尽くした。　家父＝河原徳立(瓢池園設立者)、義父＝広瀬満正(実業家)

弘世 助三郎　ひろせ・すけさぶろう
日本生命保険創業者

天保14年(1843)1月3日〜大正2年(1913)11月17日　生近江国彦根(滋賀県彦根市)　名旧姓・旧名＝川添　歴近江彦根の素封家・川添家の二男で、弘化3年(1846年)伯父に当たる江州商人・弘世助市の養嗣子となる。養父に従って行商をはじめ早くから商才を発揮、13歳からは単身で行商に出た。明治3年旧近江彦根藩主・井伊直憲が藩札の管理・交換を目的とした彦根融通会社を設立すると、会社筆頭としてその経営を担当。10年には井伊家や伊関寛治らとともに経済施設がなかった彦根に国立銀行設置を出願し、12年実際に第百三十三国立銀行が創立されるとその取締役支配人に挙げられ、副頭取、頭取を歴任。19年滋賀県議となり、彦根中学や県立女学校の開校などに尽力。27年県議を辞任。この間、17年湖東鉄道(現・JR東海道線)を発起し、22年開通。また、20年には関西鉄道・大阪鉄道の発起人となった。一方で保険事業を計画し、鴻池善右衛門や岡橋治助ら関西財界の重鎮の協力を取り付け、22年日本で3番目の保険会社である有限会社日本生命保険会社を創設。鴻池を社長に据え、自らは筆頭取締役となった。さらに数学者の藤沢利喜太郎に依頼して日本人による初の生命表を作成し、我が国最初の科学的な保険表を完成させた。　家長男＝弘世助太郎(日本生命保険社長)、三男＝弘世保三郎(千葉医科専門学校教授)

広瀬 誠一郎　ひろせ・せいいちろう
治水家 茨城県議

天保8年(1837)1月15日〜明治23年(1890)3月18日　生下総国(茨城県)　歴下総相馬郡下高井村(現・茨城県取手市)で名主を務める家に生まれる。明治12年より3年間にわたって茨城県議を務め、治水の必要性を主張。議員を辞した後、小貝川の下流から取水する岡堰の改修に尽力。17年以降は利根川と江戸川とを結ぶ利根運河の開削に力を注ぎ、人見寧らと利根運河株式会社を設立、21年着工にこぎつけた。しかし、工事の完成を見ぬまま23年3月に死去。その3ヶ月後の同年6月に工事は完成し、運河への通水が行われた。

広瀬 千麿　ひろせ・せんまろ
国家主義者

安政2年(1855)8月〜大正11年(1922)9月27日　生加賀国金沢(石川県金沢市)　名旧姓・旧名＝岡田　歴加賀藩士・岡田助右衛門の三男に生まれ、

のち同藩士・広瀬仁次郎の養子となる。藩校・明倫堂に学び、のち同堂の舎監を務めた。明治8年金沢第5区長となり、仁恵学校を設立し主管を務め貧民教育に尽力。13年遠藤秀景らと金沢に士族の結社・盈進社を創り政学の革新を図った。19年頃に頭山満・杉山茂丸らと知り合い、後藤象二郎に従う。また柴四朗（東海散士）らと「大阪毎日新聞」の創刊に携わる。のち佐々友房らの国民協会結成を助けた。　家弟＝橘爪武（北溟会創立者）

広瀬 武夫　ひろせ・たけお
海軍中佐
慶応4年（1868）5月27日～明治37年（1904）3月27日　生豊後国直入郡竹田町（大分県竹田市）　学海兵（第15期）〔明治22年〕卒　歴明治24年海軍少尉となり、27年日清戦争には運送船監督、戦艦扶桑航海士として従軍。30年ロシアに留学、同駐在武官となり、英、独、仏などを視察。33年少佐、35年帰国。37年日露戦争に戦艦朝日の水雷長として従軍し、第1回旅順閉塞作戦に参加、第2回閉塞に福井丸の指揮官となるが、ロシアの魚雷に当り自爆。その際行方不明となった部下の杉野孫七上等兵曹を捜してボートに移ったが、敵弾に当り戦死した。死後中佐となる。その部下を思う心は指揮官の亀鑑として軍人精神教育の好材料とされ、"軍神"に祭り上げられ、小学唱歌にも歌われた。東京・神田須田町に建てられた銅像は第二次大戦後に撤去された。また郷里には広瀬神社が建立されている。大分県教育会編「広瀬中佐評伝」、有馬成甫「軍神広瀬中佐伝」がある。　家兄＝広瀬勝比古（海軍少将）

広瀬 鎮之　ひろせ・ちんし
実業家　衆院議員（政友会）
元治1年（1864）6月8日～昭和5年（1930）10月21日　生越中国（富山県）　歴漁業及び農業を営む。また光針製造、日本電気興業、東方会、樺太炭礦などの取締役を務める。明治45年から衆院議員（政友会）に当選3回。

広瀬 久政　ひろせ・ひさまさ
衆院議員（政友会）
元治2年（1865）2月～昭和14年（1939）9月28日　生甲斐国（山梨県）　学東京法学校修了　歴東山梨郡書記、東山梨郡議、山梨県議を経て、明治35年衆院議員に当選、3期務める。また、七里銀行を創立し、取締役を務めた他、日本勧業銀行山梨県地方顧問、自由党機関紙「甲斐新聞」主幹を歴任。　家長男＝広瀬久忠（厚相・東京都長官）、三男＝川村茂久（外交官）

広瀬 満正　ひろせ・みつまさ
実業家　貴院議員
安政6年（1859）12月18日～昭和3年（1928）12月5日　生伊予国（愛媛県）　学東京外国語学校卒　歴東京外国語学校を卒業後、郷里の愛媛県に帰り萩邑・金子村で数千ヘクタールの土地開拓に尽く
し、農業を経営した。明治44年～大正7年貴院議員。川崎汽船や朝鮮殖産銀行などの重役も務めた。　家父＝広瀬宰平（実業家）、養子＝広瀬次郎（愛媛県中萩村村長）

広瀬 和育　ひろせ・わいく
山梨県藤田村長　第十銀行頭取　貴院議員
嘉永2年（1849）4月14日～大正14年（1925）4月29日　生甲斐国中巨摩郡藤田村（山梨県南アルプス市）　名字＝致中、号＝梧杯、東田外史　歴明治元年藤田村名主役、6年戸長、以後大正12年まで50年間村長を務めた。その間中巨摩郡参事会員、山梨県参事会員、県農会頭、第十銀行頭取、武田神社奉建会評議員などを歴任、貴院議員となった。一方荒地開墾、道路・橋梁の修治などに尽力。書や絵画にも長じ、水仙をよく描いた。　勲藍綬褒章、勲八等瑞宝章

広田 亀次　ひろた・かめじ
農業技術改良家
天保11年（1840）6月15日～明治29年（1896）10月3日　生出雲国能義郡荒島村（島根県安来市）　歴生家は松江藩の蔵番をしていたが、農業を兼ねていたため、稲作技術の改良、特に稲の品種改良に努めた。明治8年のちに"亀次"と呼ばれた優秀な新品種を作ることに成功。虫害に強く、栽培も安易な上、味もよく、山陰をはじめ、中国、近畿地方にまで普及した。

広橋 賢光　ひろはし・まさみつ
内閣記録局長　貴院議員
安政2年（1855）8月9日～明治43年（1910）3月21日　生京都　歴明治9年跡を継いで伯爵。8年内務省に入り、参事院議官補、法制局参事官、福岡県書記官、内務書記官、内務省参事官、同地理局長などを経て、内閣記録局長、ついで宮内省に移り調査課長、帝室制度調査局御用掛などを務めた。15年伊藤博文の欧州視察に随行。23～30年貴院議員。

広幡 忠礼　ひろはた・ただあや
貴院議員
文政7年（1824）6月28日～明治30年（1897）2月18日　生京都　歴天保5年（1834年）元服。10年近衛忠熙の猶子となる。文久2年（1862年）久我建通、岩倉具視らを"四奸二嬪"を弾劾、失脚をさせた。同年議奏加勢から議奏に進み、ついで国事御用掛となったが、洛8月18日の政変で参朝・他行・他人面会を禁止された。慶応3年（1867年）正月赦され、11月内大臣に進む。12月の王政復古の政変で国事御用掛が廃されると公武合体派として参朝停止を命ぜられたが、4年明治天皇元服の大赦により赦された。23年貴院議員。　家父＝広幡基豊（公卿）

広幡 忠朝　ひろはた・ただとも
侍従武官　貴院議員　侯爵
万延1年（1860）11月9日～明治38年（1905）1月12日　生京都　歴明治5年元服して、8年宮内省に入

り、11年侍従試補心得、17年侍従試補を経て、27年侍従試官となる。この間、18年陸軍騎兵中尉、27年大尉。30年家督を継ぎ、侯爵。同年から貴院議員を務めた。　勲勲三等瑞宝章〔明治38年〕

【ふ】

富貴楼お倉　ふうきろう・おくら
割烹店・富貴楼女将
天保7年(1836)12月24日～明治43年(1910)9月11日　生江戸　名本名=斎藤たけ、旧姓・旧名=渡井、星野　歴江戸新宿の遊女を振り出しに、のち大阪新地の芸者となる。ついで横浜尾上町に割烹店・富貴楼を経営。闊達な性格にして、貴顕紳士の間をとりもち、店は当時の大官たちによく利用され、伊藤博文、陸奥宗光なども常に出入りしていたという。横浜開港の初め、株式投資によって大きな利益を得、金使いもよく、花柳界に女傑としてならした。

深尾 韶　ふかお・しょう
社会運動家
明治13年(1880)11月12日～昭和38年(1963)11月8日　生静岡県静岡市追手町　学小島尋常小〔明治24年〕卒　歴明治25年監獄給仕、ついで裁判所書記となったが、30年より代用教員として静岡県や北海道で働く。社会主義に近づき平民社の伝道行商に出ることを決意して、38年富士川小学校を退職。39年日本社会党を結党、堺利彦宅に起居して「社会主義研究」などを編集。その後「光」「平民新聞」などを発刊。40年運動を離れた。その後地方新聞記者などをしながらボーイスカウト運動の普及に力を尽し、大正3年静岡少年団を発会、12年少年団日本連盟常任理事。21年(財)報恩会静岡分会長。28年ボーイスカウト日本連盟より、「先達」の称号がおくられた。著書に「少年軍団教範」「ボーイスカウト読本」。

深沢 利重　ふかざわ・とししげ
実業家　蚕糸業諮問機関委員
安政3年(1856)3月23日～昭和9年(1934)10月7日　生豊前国宇佐郡天津村(大分県宇佐市)　名旧姓・旧名=大慈弥　歴少年の時に長崎で蚕糸技術を学ぶ。明治12年前橋の蚕糸指導者・深沢雄象と会い、その影響でキリスト教(ハリストス正教会)に入信した。15年深沢の婿養子となり、前橋で蚕糸業に従事、関東有数の製糸業者に成長した。一方で湯浅治郎や柏木義円ら群馬のキリスト教指導者たちと交流。政府の養蚕行政に対しては批判的で、25年金子堅太郎農商務相が蚕糸業者に政府の方針を押しつけると、介入拒否の運動を展開。この事件を通じて相馬愛蔵の知遇を得、35年には前橋から

第7回総選挙に立候補した木下尚江の後援に奔走。結局落選したものの、木下との友情が深まり、その社会主義思想に大きく影響されて37年12月には「日露時局論」を著し、日露戦争の早期終結と非戦を唱えた。　家義父=深沢雄象(蚕糸業者)

深沢 雄象　ふかさわ・ゆうぞう
前橋精糸原社社長
天保4年(1833)10月27日～明治40年(1907)8月5日　生武蔵国川越(埼玉県川越市)　歴上野前橋藩士。幕末・維新期に藩の大目付・町奉行・小参事などを歴任。のち実業界に転じ、速水堅曹らとともに明治3年前橋に日本初となる藩営器械製糸工場を興した。次いで8年勢多郡に研繭器械製糸工場を、10年には前橋製糸原社をそれぞれ設立。また、上毛繭糸改良会社を運営して生糸の品質改良に務めるなど、群馬県における製糸業の発展に重大な役割を果たした。他方、敬虔なロシア正教徒としても知られ、その伝道にも力を尽している。　家養子=深沢利重(実業家)

深田 米次郎　ふかだ・よねじろう
深田銀行頭取
安政3年(1856)2月7日～昭和10年(1935)1月11日　歴東京株式取引所の仲買人を経て、明治44年深田銀行を創設、頭取に就任。

深野 一三　ふかの・いちぞう
愛知県知事 貴院議員(勅選)
嘉永5年(1852)1月15日～大正7年(1918)6月23日　生肥後国山崎村(熊本県)　歴肥後熊本藩士の長男で、西南戦争では熊本隊の一員として西郷方に加わり、戦後投獄される。明治15年鳥取県警察部長、書記官などを経て、28年香川県知事、29年鳥取県知事、32年福岡県知事、35年愛知県知事。大正元年まで務め、奥田正香名古屋商業会議所会頭、加藤重三郎名古屋市長と"三角同盟"を組んだが、稲永遊廓の移転に絡まる疑獄事件のため3人とも司直の調べを受け、無罪となるも官界を去った。明治44年勅選貴院議員。

深水 嘉平　ふかみ・かへい
農事改良家
天保15年(1844)2月2日～大正8年(1919)6月26日　生日向国(宮崎県)　歴旧飫肥藩士。明治17年松永村(日南市)戸長となり水利施設の整備や育林に力を注いだ。また日本初の回転式水田除草機を考案した。

深見 寅之助　ふかみ・とらのすけ
衆院議員(政友会)
明治10年(1877)11月2日～昭和3年(1928)3月6日　生愛媛県越智郡木浦村(今治市)　歴今治の漢学者・菅周庵に師事。商業に従事したのち、明治37年に東伯方村長となり、長きに渡って村政に尽力。40年愛媛県議に当選し、4期の在任期間中に2度議長を務めた。大正9年には衆院議員となり、政友会に

525

所属して1期在任。その後も政友会愛媛県支部の顧問として県政界に重きをなした。一方、今治瓦斯や愛媛自動車を創立して取締役となるなど、実業界でも活躍した。

吹原 九郎三郎(11代目) ふきはら・くろうさぶろう
実業家 名古屋市議
嘉永6年(1853)12月28日〜大正2年(1913)12月22日　屋吹原屋　歴家は屋号を吹原屋といって木綿問屋を営み、幕末期には尾張藩の御勝手御用達を務めた。彼はその当主となって11代目九郎三郎を継ぎ、家業の木綿販売に従事。その傍ら、岡谷惣助、関戸守彦ら旧尾張藩の特権商人で構成された大資本グループの一員として通商会社・第十一国立銀行・名古屋紡績・愛知銀行(のちの東海銀行)などの創立に参画し、役員などを歴任した。明治22年名古屋市議に選ばれ、25年まで在任。

福井 三郎 ふくい・さぶろう
衆院議員(政友本党)
安政4年(1857)5月5日〜昭和10年(1935)12月7日　生美作国真島郡木山村(岡山県真庭市)　学岡山師範〔明治8年〕卒　歴甲府日日新聞」記者、「峡中新報」主幹、東京米穀取引所監査役を務める。日清戦争の際朝鮮に渡り、排日運動に対抗して鶏林奨業団を組織する。明治36年以来衆院議員に6選、大正9年までつとめた。　家長男＝半井清(大阪府知事)

福井 直吉 ふくい・なおきち
衆院議員(自由党)　江ノ島電鉄創業者
弘化5年(1848)1月15日〜大正6年(1917)11月13日　生相模国大住郡小嶺村(神奈川県平塚市)　歴相模国大住郡(現・神奈川県平塚市)有数の豪農の家に生まれる。漢学・数学を修め、明治12年第1回神奈川県議選に当選。5期を務める。6年にわたって議長を務めた。一方で自由民権運動の指導者としても活躍し、同じく神奈川県内の民権家であった石坂昌孝の紹介で板垣退助の知遇を得、自由党に所属。13年地方官会議を傍聴するため上京した際には神奈川県内で国会開設運動が立ち遅れていることを痛感し、帰県後は大住郡・淘綾郡での運動を取りまとめ、請願書提出総代理人に推された。14年湘南社の結成に参加。25年衆院議員に当選、2期。27年政界引退後は実業界に転じ、28年函根水力発電会社取締役、32年農工銀行頭取などを歴任。33年には江之島電気鉄道株式会社(現・江ノ電鉄)の創設に際して発起人となり、35年藤沢—片瀬間を日本で6番目の電気鉄道として開業させた。　家長男＝福井準造(衆院議員)

福江 角太郎 ふくえ・かくたろう
衆院議員
弘化2年(1845)11月〜明治35年(1902)11月24日　生豊前国(福岡県)　歴幕末、企救郡下南方村庄屋をつとめる。明治維新後、明治11年福岡県議に当選して議長も務め、27年からは衆院議員に2選。門司鉄道や若松〜小倉の馬車鉄道の整備に尽力した。

福恵 道貫 ふくえ・どうかん
僧侶(天台宗)　善光寺大勧進住職
嘉永6年(1853)〜明治40年(1907)6月12日　生近江国(滋賀県)　歴近江彦根藩士の子に生まれる。16歳で比叡山双巌寺の藤本道永について得度し天台宗の僧となる。滋賀県池寺の住職となり、明治10年比叡山双巌寺を嗣ぐ。27年信濃・善光寺の大勧進副住職を経て、38年住職、権大僧正となった。

福岡 健良 ふくおか・けんりょう
鉱山経営者
安政3年(1856)〜明治38年(1905)6月23日　生越前国南条郡下平吹村(福井県越前市)　名旧姓・旧名＝三田村　歴三田村家に生まれ、7歳の時に武蔵深谷の医師・福岡青春の養子となる。長じて伊東玄伯の塾、大学南校、開成学校などに学ぶ。のち鉱山局、第一国立銀行に務め、明治12年古河市兵衛に招かれ九重郡畑の鉱山の経営、更に足尾銅山の経営に当たり、事業を改善して同山を世界有数の鉱山たらしめた。

福岡 精一 ふくおか・せいいち
弁護士　衆院議員(政友会)
安政2年(1855)4月〜昭和17年(1942)4月9日　生愛知県　歴法律学を学び、弁護士を営む。愛知県議を経て、明治35年衆院議員となる。大正4年まで連続5期務めた。

福岡 世徳 ふくおか・せいとく
自由民権運動家　初代松江市長　衆院議員(政友会)
嘉永1年(1848)10月15日〜昭和2年(1927)1月30日　生出雲国松江(島根県松江市)　歴松江藩士・吉田蔵六の二男に生まれ、同藩士・福岡至仙の娘・松と結婚して婿養子となる。松江藩士の砲術士御番方に属し、廃藩後は島根県大属となり東京に駐在する。のち郷里に帰郷し松江雑賀南小学校教員となるが、自由民権運動に指導的役割を果たし、出雲国有志人民総代による国会開設請願の松江の会合では議長を務めた。明治14年大野義就が党首に山陰自由党を結成し党幹事の一人として活動。15年「山陰新聞」(現・山陰中央新報)の創設には印刷長として参画した。16年山陰自由党が解散し公道会に改組、幹事を務める。のち代言人(弁護士)を開業。22年初代松江市長に就任し、以来22年間務めた。45年政友会から衆院議員に当選、2年7ヶ月の間、代議士として活躍した。　賞松江市名誉市民

福岡 孝弟 ふくおか・たかちか
元老院議官　子爵
天保6年(1835)2月5日〜大正8年(1919)3月5日　生土佐国高知城下弘小路(高知県高知市)　名通称＝藤次、号＝南蘋　歴土佐藩士。吉田東洋に師事し、安政6年(1859年)大監察、慶応3年(1867年)参政

となり、前藩主山内容堂の意をうけ後藤象二郎と上洛、将軍慶喜に大政奉還を説き、公議政体論を主張した。維新後新政府参与となり、五ケ条の御誓文起草に当たった。由利公正の原案に加筆、第一条を「列侯会議を興し万機公論に決すべし」と修正。また政体書公布に尽力した。明治3年高知藩少参事、同権大参事となり、板垣退助と藩政改革を行った。のち明治政府に出仕して、5年文部大輔、司法大輔となり、征韓論政変後辞職。8年元老院議官となるが下野、13年同議官に復帰。14年参議兼文部卿、16年参院議長兼任、18年宮中顧問官、21年枢密顧問官を歴任。著書に「五事御誓文起草始末」がある。17年子爵。

福垣 真応 ふくがき・しんおう
僧侶（真言宗）西大寺管長
明治4年（1871）〜昭和3年（1928）5月27日
生三重県名賀郡阿保町（伊賀市） 歴7歳で得度し真言宗の僧となり、のち独力で密教教理を修める。明治28年頃に宗派が分かれ、奈良西大寺を本山とした真言律宗を究める。39年管長となり、名僧の聞こえが高かった。郷里の三重県名賀郡阿保町の宝厳寺で没した。

福川 泉吾 ふくかわ・せんご
実業家
天保2年（1831）〜明治45年（1912）
生遠江国森町村（静岡県周智郡森町） 歴製茶貿易、製糸、製材、植林など実業家として活躍し、福川財閥を築いた。明治町（森町）の新設や、伏間道路の開削などに多額の私財を投じた他、明治39年鈴木藤三郎とともに私立周智農林学校（現・遠江総合高校）を創立。また、鈴木の製糖事業を助けて事業を成功させた。

福沢 桃介 ふくざわ・ももすけ
大同電力社長 衆院議員
慶応4年（1868）6月25日〜昭和13年（1938）2月15日 生武蔵国横見郡荒子村（埼玉県比企郡吉見町） 名旧姓・旧名＝岩崎 学慶応義塾〔明治20年〕卒 歴明治16年慶応義塾に入学。福沢諭吉の二女・ふさの婿養子となり、20年福沢家に入籍（のち分家）。同年慶応義塾を卒業して渡米、ニューヨーク州のイーストマン・ビジネス・カレッジに通学するとともに、鉄道会社の創立を企図していた諭吉の勧めによりペンシルベニア鉄道会社で見習いとして1年余にわたり実業を研修した。22年帰国して北海道炭砿鉄道に入社、石炭販売や海外への輸出を取り仕切るが、28年肺結核にかかり退社。療養中から株式投資をはじめ、"売り逃げの桃介"とあだ名されるほど天賦の才能を発揮した。32年株で儲けた資金で松永安左エ門とともに木材輸出業の丸三商会を創立したが、33年倒産。自身も肺結核が再発して休養を余儀なくされた。34年北海道炭砿鉄道に再入社して復帰。日露戦争時には株式投機で財を成し、それを資金にして39年瀬戸鉱山、40年日清紡績をそれぞれ設立。43年からは木曽川水系の電源開発に着手し、44年の八百津発電所を建設したのを皮切りに、矢作水力（現・東亜合成）、大阪送電などの電力会社や賤母発電所、大桑発電所などをつくった。45年衆院議員に当選、1期。大正3年愛知電気鉄道及び名古屋電灯社長。5年名古屋電灯の製鋼部門を分離して株式会社電気製鋼所（現・大同特殊鋼）を設立し、6年同社長に就任。9年には名古屋電灯などを改組して五大電力資本の一つである大同電力を設立して社長職に就き、以後同社を基盤に、13年竣工の日本初のダム式発電所である大井ダムをはじめとして読書発電所、桃山発電所、落合発電所などを次々と建築、木曽川水系の電源開発に大きな功績を残した。関係した会社は100社にのぼったが、昭和3年実業界からの引退を宣言した。 家長男＝福沢駒吉（東亜合成社長）、妹＝杉浦翠子（歌人）、岳父＝福沢諭吉、義弟＝杉浦非水（画家） 勲勲三等旭日中綬章〔昭和3年〕

福沢 泰江 ふくざわ・やすえ
長野県赤穂村長
明治4年（1871）9月30日〜昭和12年（1937）7月10日 生長野県伊那郡赤穂村（駒ケ根市） 歴19歳で生地・長野県赤穂村の収入役となる。大正2年村営の電灯計画をめぐって混乱に陥った時、立て直しの任を帯びて、3年村長に就任、昭和12年まで24年間務める。当時の中央集権的な自治制度に反対して模範村赤穂を作り上げた。また全国町村長会の創立に参画、大正9年長野県町村会会長に、昭和4年3代目全国町村長会長に推された。大正6年には村立の公民実業学校（現・赤穂高）を創立、12年には郡役所廃止を実現、地方財政調整交付金制度の創設、小学校教員俸給国庫支弁要求などの運動にも尽力した。昭和10年内閣調査局勅任参与となった。

福島 勝太郎 ふくしま・かつたろう
衆院議員（政友会）
慶応1年（1865）5月〜大正10年（1921）10月6日 出静岡県 学エール大学（米国）法学部〔明治26年〕卒 歴静岡実業銀行取締役を務め、扶桑銀行を創立する。明治31年以来衆院議員に当選4回。また静岡農工銀行取締役も務めた。

福嶌 才治 ふくしま・さいじ
農業改良者
慶応1年（1865）3月25日〜大正8年（1919）2月14日 生岐阜県大野郡川崎村（瑞穂市） 歴はじめ医者を志し、明治15年岐阜病院の実習生となるが、健康の理由で修学を断念。以後、郷里の農事改良に心血を注いだ。同地は「居倉御所」という柿の産地で、17年父親から農業を任されてからは、隣家から柿の穂木を分けてもらい、その増殖に着手した。さらに医学生時代に学んだ生物学と遺伝学の知識を生かして優良系統の選抜も行い、研究と苦心を重ねて30年代初めには従来の「居倉御所」よりも種子が少なく優れた風味を持つ新品種の作出に成

功。32年これを岐阜県農会主催のカキ博覧会に出展したところ一等賞を獲得、中国の古典「礼記」の一節からこの新品種を「富有」と命名した。その後も研究を続け、実生の台木に接木することで量産を可能とし、今日では我が国のカキ栽培面積の約40パーセントを占める有力品種となっている。

福島 藤助　ふくしま・とうすけ
福島醸造社主 弘前市商工会長

明治4年(1871)2月2日～大正14年(1925)7月6日 ⬚生青森県弘前市 ⬚歴16歳で大工となり、棟梁になることを志すが、日清戦争後の好況に乗じて明治29年酒造業に転じた。以後、醸造所経営と同時に醸造法研究にも取り組み、まず酵母の直接醸造法による速成醸造を開発して日露戦争後の戦勝ムードの中で大いに売り上げを伸ばし、次いで通年の酒造を可能にした四季醸造を開発した。40年には福島酒造合資会社を設立して大規模な醸造所を建造し、次いで大正7年清水村(のち弘前市)にも新工場を建てて富名醸造株式会社を設立、さらに11年には福島酒造合資会社を株式会社に改組。その一方で、製糸業や発電事業にも着手、また弘前市商工会長や弘前商業会議所議員・弘前電灯株式会社役員などを歴任するなど弘前地方の経済界発展に大きく貢献した。

福島 浪蔵　ふくしま・なみぞう
相場師

万延1年(1860)4月6日～大正8年(1919)1月18日 ⬚出江戸 ⬚名本名＝松原浪蔵 ⬚歴株式仲買人で、日露戦争時の相場急騰により巨利を得た。明治42年福島商会を創立。

福島 安正　ふくしま・やすまさ
陸軍大将 男爵

嘉永5年(1852)9月15日～大正8年(1919)2月18日 ⬚生信濃国松本(長野県松本市) ⬚学大学南校中退 ⬚歴信濃松本藩士の長男に生まれる。慶応元年(1865年)江戸でオランダ式兵法を学び、維新後、明治2年大学南校に学ぶ。5年司法卿江藤新平の知遇を得てその才気を認められ、6年司法省に入る。同省翻訳官から語学力を買われて7年陸軍省文官となり、西南戦争には征討軍筆記生として従軍、平定後武官に転じ陸軍中将。中国、朝鮮関係の官職を経て、20年歩兵少佐となり、同年ドイツ駐在武官としてベルリンに赴任。25年帰国に際し、単身乗馬で1年2カ月以上もかけてロシア、シベリヤを横断、26年帰国。この壮挙に国内は沸いた、勲三等受賞。日清戦争には第一軍参謀として出征、大鳥圭介駐韓公使を動かし、対韓強硬論を唱えた。33年の北清事変(義和団事件)には少将・臨時派遣軍司令官として活躍。37年日露戦争では満州軍参謀、39年参謀本部次長、中将、45年関東都督。大正3年大将に進級して退官、予備役編入、以後帝国在郷軍人会副会長。中尉から少将の約30年を情報畑一筋に通し、幾度か欧亜を旅行して10カ国語以上に通じ、軍政

第一の地理学者、語学者と称せられ、明治期陸軍きっての情報将校だった。明治40年男爵。著書に「伯林より東京へ単騎遠征」、また島貫重節「福島安正と単騎シベリヤ横断」(全2巻)がある。

福島 敬典　ふくしま・よしのり
海軍少将

天保10年(1839)7月22日～明治29年(1896)12月3日 ⬚出越前国福井(福井県福井市) ⬚名通称＝弥太六 ⬚歴明治4年海軍大尉に任官。9年筑波艦長、12年海軍兵学校次長、15年扶桑、迅鯨の艦長から横須賀水兵屯営長、19年海軍兵学校次長を務め、20年海軍少将。22年横須賀軍港司令官、25年海軍省第二局長。26年予備役に編入。名は「たかのり」とも読む。

福島 良助　ふくしま・りょうすけ
実業家

嘉永2年(1849)1月～明治35年(1902)4月7日 ⬚生薩摩国鹿児島(鹿児島県鹿児島市) ⬚歴戊辰戦争に出兵し、明治維新後は陸軍に所属。大蔵組大阪支店長を経て、明治22年田川採炭社長に就任。その石炭を運ぶために豊州鉄道を設立した。

福田 義導　ふくだ・ぎどう
僧侶(真宗大谷派)

文化2年(1805)9月9日～明治14年(1881)1月16日 ⬚生越後国南蒲原郡井土巻村(新潟県燕市) ⬚名号＝帰牛、不思議庵、威力院、別名＝義導 ⬚歴18歳の時、長生院智現に師事。弘化元年(1844年)京都・高倉学寮寮司となる、同年夏安居で「正観大意」を、弘化3年(1846年)夏安居で「法華経」を講じた。安政3年(1856年)擬講。越後・景清寺に住した後、慶応元年(1865年)美濃・顕性坊に移る。2年嗣講となり、「攘夷速撃論」を著し、幕府に提出。明治2年近江・長照寺に転住。13年大講義。

福田 行誡　ふくだ・ぎょうかい
僧侶 浄土宗管長 知恩院門跡

文化3年(1806)4月9日～明治21年(1888)4月25日 ⬚生武蔵国 ⬚名字＝晋阿、号＝建蓮社立誉 ⬚歴小石川伝通院で出家したのち、京都で天台学などを修め、江戸に帰って東叡山寛永寺の慧澄に学ぶ。慶応2年(1866年)回向院の住職となる。維新後の廃仏毀釈に際し、諸宗同盟会の会頭として仏教の擁護と旧弊一新を唱えて活躍。明治12年増上寺住職となり、浄土宗東部管長、大教正を経て、20年知恩院門跡、浄土宗管長となる。家集に「於知菴集」などがあり、歌人としても知られた。

福田 源兵衛　ふくだ・げんべえ
公共事業家

天保4年(1833)11月8日～明治39年(1906)2月28日 ⬚生加賀国石川郡河内村福岡(石川県白山市) ⬚歴生地の加賀(石川県)石川郡福岡村の助役、村長を務め、50年間公職にあった。この間、殖産興業に努め、道路の改修や原野の開墾、造林事業などに

尽くす。また、明治11年手取川に大橋を架設した。

福田 五郎　ふくだ・ごろう
衆院議員
明治10年(1877)9月〜昭和6年(1931)6月23日
生佐賀県　学京都帝国大学法科大学〔明治38年〕卒　歴同法省に入り、福岡地方、小倉区各裁判所判事を経て、熊本区、熊本地方、福島区、福島地方、仙台区、神戸地方各裁判所検事などを務めた。その後退官し、海運業を経営。大正3年以来衆議員当選3回、憲政会、のち民政党に属し、通信参事官を務めた。

福田 循誘　ふくだ・じゅんゆう
僧侶(浄土宗) 深川本誓寺住職
嘉永2年(1849)11月20日〜大正4年(1915)2月27日　生江戸　名旧姓・旧名＝岡田　歴安政2年(1855年)7歳で江戸・伝通院の福田行誡の門に帰依し浄土宗の僧となる。明治21年行誡大僧正が没するまで長く師事し、のち深川本誓寺の住職となる。古銭の鑑識に優れ、古経の書写に秀でた。大正4年病没後、京都知恩院にある行誡の墓側に葬られた。

福田 辰五郎　ふくだ・たつごろう
弁護士 衆院議員(新政会)
明治2年(1869)10月〜大正7年(1918)8月5日
生埼玉県入間郡南畑村(富士見市)　学東京高商卒、東京法学院卒 法学博士　歴検事となり各地を回り、のち米国に留学、エール大、ワシントン大で学び明治35年帰国。官を辞して弁護士開業。また、埼玉県から衆院議員に当選した。実業界でも諸種の会社重役を務めた。

福田 久松　ふくだ・ひさまつ
衆院議員(憲政本党)
嘉永1年(1848)12月〜大正11年(1922)12月1日
生武蔵国(埼玉県)　学埼玉師範卒　歴埼玉県議を経て、明治25年以来衆院議員に当選4回。教育会委員、地方衛生会委員を務める。また埼玉県茶業組合連合会議所議長となった。著書に「経済要論」「大日本文明略史」「東洋の立憲政治」がある。

福田 英子　ふくだ・ひでこ
婦人解放運動家 自由民権運動家
慶応1年(1865)10月5日〜昭和2年(1927)5月2日
生備前国野田屋町(岡山県岡山市)　名旧姓・旧名＝景山英子　学新栄女学校　歴15歳で小学校助教。19歳で民権闘士小林樟雄と婚約。岡山で中島俊子の演説を聞いて婦人解放を志し、明治16年私塾・蒸紅学舎を設立したが、集会条例によって閉鎖。17年上京、18年大井憲太郎らと朝鮮改革のクーデターを計画、失敗し大阪事件に連座、投獄される。22年出獄後、大井との間に一子をなすが離別。25年米国帰りの自由主義者・福田友作と結婚、3人の子をもうけるが、33年夫と死別。34年角筈女子工芸学校を開くなど実業教育を通して女性解放のた

めに尽力。このころ、堺利彦らの平民社と交流。自叙伝「妾(わらわ)の半生涯」(37年)「わらはの思出」(38年)で文名を高める。40年雑誌「世界婦人」を発刊、安部磯雄、堺利彦らの寄稿を得、婦人の独立、人権の平等を主張するなど先駆的活動を続けた。また足尾鉱毒事件の犠牲となった栃木県谷中村の救援につくした。

福田 平治　ふくだ・へいじ
社会事業家 (財)松江育児院主
慶応2年(1866)2月〜昭和16年(1941)1月16日
生因幡国(鳥取県)　歴松江で内村鱸香塾に学び、天野漱石に画を習った。14歳で父の版刻印刷事業を継ぎ、紙型製版、活字鋳造機を輸入、「関西殖業雑誌」などの出版に成功。明治26年松江市の大水害で孤児、貧窮児を自宅に収容・救済したが、多人数でその家の経営も困難となり世人の嘲笑を浴びた。キリスト教に深く帰依し、30年全財産を投じ(財)松江育児院を創設。また妹ヨシを助け私立松江盲唖学校(島根県立松江盲唖学校の前身)を創立、鳥取市に育児院を開設。また職業紹介所、養老施設、のち京都愛隣育児院設立など、終生社会事業に奉仕。この間、社会事業功労者として幾度か表彰を受け、昭和8年松江市議に推された。遺言で遺体は骨格標本として松江盲唖学校に贈られた。

福田 雅太郎　ふくだ・まさたろう
陸軍大将
慶応2年(1866)5月25日〜昭和7年(1932)6月1日
生肥前国大村田ノ平郷(長崎県)　学陸士(旧9期)〔明治20年〕卒、陸大〔明治26年〕卒　歴日清戦争に参加。明治30年ドイツ駐在、33年帰国し、陸軍大学校教官となる。のち、参謀本部付となり、日露戦争にかかわる。オーストリア駐在武官、歩兵第三十八・第五十三連隊長などを経て、大正7年第五師団長に就任。10年陸軍大将となる。12年関東大震災に際し、関東戒厳司令官として治安対策にあたる。13年甘粕事件に関連してアナーキストに狙撃されるが無事。昭和5年枢密顧問官。日本相撲協会会長。

福田 又一　ふくだ・またいち
衆院議員(憲政会)
元治1年(1864)8月10日〜昭和14年(1939)1月25日　生埼玉県　学英吉利法律学校卒　歴弁護士を営み、破産管財人、大日本博覧会評議員を歴任する。神田区議、同副議長、東京府議、東京市議、同副議長を経て、明治41年から衆院議員を3期務める。

福地 常彰　ふくち・つねあき
佐賀の乱で挙兵した旧佐賀藩士
天保4年(1833)〜明治7年(1874)4月13日
生肥前国佐賀城下(佐賀県佐賀市)　名旧姓・旧名＝中島　歴改姓し、福地春右衛門を名のる。佐賀の藩民訴訟裁判を聴断。元治年間第一次長州征討に従軍し、戊辰戦争に参加し功をたてた。7年佐賀

の乱には弟・中島彦助とともに憂国党に加わり、党幹部となって島義勇を助けた。敗戦ののち鹿児島に逃れたが伊集院駅で捕えられ、佐賀にて処刑された。

福永 尊介 ふくなが・たかすけ
福井県知事
明治18年(1885)1月〜昭和4年(1929)1月30日
出北海道 学東京帝国大学卒 歴明治42年樺太庁に入庁。青森県視学、警視庁衛生監督係などを経て、大正13年福井県知事、昭和2年千葉県知事。

福羽 美静 ふくば・びせい
元老院議官 国学者 子爵
天保2年(1831)7月17日〜明治40年(1907)8月14日 出石見国鹿足郡木部村下組木園(島根県鹿足郡津和野町) 名初名=美黙、通称=文三郎、号=木園、硯堂 歴旧津和野藩士。藩校養老館に学び、嘉永6年(1853年)京都の大国隆正に国学を学んだ。安政5年(1858年)江戸に出て平田銕胤に入門。万延元年(1860年)帰藩して養老館教授。文久2年(1862年)上洛、尊攘派として国事に奔走。3年八月十八日の政変後帰藩し、藩主亀井茲監に認められる。維新後は廃仏毀釈、神道政策の推進に尽くした。明治元年徴士に挙げられ神祇事務局権判事となり、ついで明治天皇に「古事記」を進講、2年侍講、大学校御用掛兼務、3年神祇少副、4年歌道御用掛となる。13年文部省御用掛を経て、18年元老院議官に就任。20年子爵を授けられ、23年貴院議員となった。和歌や書にも長じ、明治初年には自らが書いた習字読本が出て世に行われた。著書に「国民の本義」「一夢の記」「神官要義」「古事記神代系図」「忠孝本義」など。

福原 有信 ふくはら・ありのぶ
資生堂創業者 帝国生命保険創立者
嘉永1年(1848)4月8日〜大正13年(1924)3月30日 出安房国松岡村(千葉県館山市竜岡) 名幼名=金太郎、前名=友斎 歴医師・福原有琳の子。漢方医であった祖父の影響で自身も医師を志し、元治元年(1864年)江戸に出て織田研斎に師事。慶応元年(1865年)幕府医学所に入り、松本良順(松本順)について西洋薬学を学んだ。明治2年東京大病院の中司薬に採用され、4年海軍病院薬局長となるが、5年官を辞して東京・京橋開陽院診療所を開業、さらに医薬分業による民間初の洋風調剤所の薬局資生堂を設立した。7年東京製薬所を開設。13年新制の薬剤師試験に合格・登録。15年東京薬会を創立、会長に就任。21年政府からの出資を受け大日本製薬会社を創立するなど、近代製薬界の興隆に果たした役割は大きい。また、生命保険事業の発展にも力を尽くし、21年朝日生命の前身である帝国生命保険会社を創立し、26年社長。一方、自身の資生堂は明治30年代から化粧品の製造・販売事業を始めたが、やがてはこちらが同社の中心となり、現在の同社の発展につながっていった。 家

三男=福原信三(資生堂社長・写真家)、四男=福原路草(資生堂副会長・写真家)、五男=福原信義(資生堂会長)、孫=福原信和(資生堂社長)、福原義春(資生堂社長) 勲緑綬褒章〔大正10年〕

福原 和勝 ふくはら・かずかつ
陸軍大佐
弘化3年(1846)5月11日〜明治10年(1877)3月23日 出長門国(山口県) 名旧姓・旧名=村上 歴長門長府藩士・村上家の三男で、文久3年(1863年)福原家の養子となる。慶応元年(1865年)奇兵隊に入隊。2年報国隊軍監となり、3年上海へ渡る。明治2年英国へ留学。5年帰国。6年陸軍大佐となり、7年佐賀の乱では征討軍の参謀を務めた。7年大久保利通に従って清国へ赴き、8年清国公使館付武官。10年別働第三旅団参謀長として西南戦争に従軍、戦傷死した。

福原 信蔵 ふくはら・しんぞう
陸軍少将
安政3年(1856)〜明治38年(1905)11月30日
出筑前国福岡(福岡県福岡市) 学陸士卒 歴明治5年陸軍幼年学校に入り、陸軍士官学校へ進む。10年西南戦争に陸軍工兵少尉で参謀本部出仕となり、征討軍団付として従軍。15年中尉として参謀本部海防局員、19年大尉、21年頃第部第二局員となり、23年陸海連合大演習で陪従官となる。24年革命で青木宣純ら砲兵大尉3名とベルギーに留学。帰国後、少佐となり、陸軍大学校教官、兵站総監部参謀、占領地総督府参謀、参謀本部第二局員を経て、海軍大学校教官を務める。この間、28年中佐となる。30年大佐、31年土木会委員、32年条約実施委員および林野整理審査委員を務めて、同年韓国に派遣される。工兵課長、33年築城本部御用掛となり、34年欧州に築城技術習得のため出張、同年陸軍砲工学校校長となり、陸軍高等教育会議員を務める。36年少将となり、37年築城本部長を務め、同年日露戦争に第四軍工兵部長として出征した。

福原 銭太郎 ふくはら・せんたろう
陸軍中将
生年不詳〜昭和13年(1938)9月26日
出三重県 学陸士卒、陸大〔明治29年〕卒 歴明治20年陸軍少尉に任官。38年歩兵第六十八連隊長、42年臨時朝鮮派遣歩兵第一連隊長、43年第十六師団参謀、大正3年歩兵第二十六旅団長を経て、5年独立守備隊司令官。7年陸軍中将。8年予備役に編入。

福原 豊功 ふくはら・とよこと
陸軍少将
嘉永5年(1852)6月〜明治28年(1895)7月27日
出長門国(山口県) 歴長州藩士の二男。松本鼎に学び、山田顕義や品川弥二郎の薫陶を受けた。明治2年大村益次郎に認められて大阪兵学寮に入り、3年陸軍少尉に任官。17年歩兵第十八連隊長、21年近衛歩兵第二連隊長、25年第五師団参謀長、27年

第六師団参謀長を経て、同年陸軍少将に進み、歩兵第八旅団長。同年南部兵站監、28年占領地総督府参謀長となったが、陣中で病没した。30年二男に男爵が授けられた。

福原 芳山 ふくはら・ほうざん
大阪裁判所判事
弘化4年(1847)6月23日～明治15年(1882)8月17日 [生]長門国萩(山口県萩市) [名]旧姓・旧名＝粟屋、諱＝良通、親徳、別名＝鈴尾五郎 [歴]長州藩士・粟屋家の二男で、慶応元年(1865年)藩家老・福原越後の養嗣子となり干城隊総督に就任。同年鈴尾に改姓、2年の第二次長州征討では安芸・亀尾川口進軍の総指揮を執った。3年英国に留学し、明治元年福原姓に復す。7年帰国して司法省に入省。11年大阪裁判所判事。 [家]長男＝福原俊丸(貴院議員)、養父＝福原越後(長州藩家老)

福原 実 ふくはら・みのる
陸軍少将 沖縄県知事 貴院議員(勅選) 男爵
天保15年(1844)10月15日～明治33年(1900)9月24日 [生]長門国(山口県) [歴]明治4年兵部権大丞となり、10年西南戦争では征討軍団砲兵部長として出征。11年陸軍少将となり、仙台鎮台司令長官を務めた。12年予備役に編入。15年元老院議官、20年沖縄県知事。23年より勅選貴院議員。33年男爵。

福原 鐐二郎 ふくはら・りょうじろう
文部次官 帝国美術院長 学習院院長 貴院議員
慶応4年(1868)6月25日～昭和7年(1932)1月17日 [生]伊勢国(三重県) [学]帝国大学法科大学英法科〔明治25年〕卒 [歴]明治32年ドイツ、フランスに留学。通信省から内務省参事官に転じ、ついで奈良県に移り奈良帝室博物館理事を兼ね、文部省に入って視察官・書記官、専門学務局長などを務め、44年文部次官となる。この間、34年欧州各国を視察した。大正5年から貴院議員(勅選)となり、以後、九州帝国大学工科大学学長、東北帝国大学総長、学習院院長、帝国美術院院長、宮中顧問官、文政審議会委員などを務めた。 [家]女婿＝(海軍中将)

福村 周義 ふくむら・ちかよし
海軍中佐
天保7年(1836)5月8日～明治10年(1877)8月16日 [歴]幼少より算学を好み、長谷川善左衛門について学ぶ。安政2年(1855年)幕府砲術師三浦新十郎に従って長崎に赴き、海軍伝習所に入りオランダ人について砲術を修め、教師や勝海舟らにも認められ給費生となる。オランダ海軍学校に留学し、卒業後、英、米、仏をまわり各国軍制を視察。帰国後、江戸棚倉藩邸で数学測量技術を教授し、棚倉藩に砲兵隊を組織し大砲を鋳造するなど、軍制の改革を行った。戊辰戦争では藩軍に従って戦功を立て、平定後、東京に出て塾を開き、明治2年海軍練習所に出仕し、6年海軍少佐となる。10年西南戦争では軍艦筑波の副長として出陣し、中佐に進んだ。

日本で初めて水雷術の研究を手がけたことで知られる。

福本 元之助 ふくもと・もとのすけ
尼崎紡績社長
慶応2年(1866)8月26日～昭和12年(1937)10月27日 [生]大坂 [家]家は代々綿布および紡績商として関西地方に名を知られた大坂の富商で、明治17年先代の跡を承けて家督を継ぐ。初め学者を志し碩儒・藤沢南岳に漢学を学んだが、実業界に入って、22年尼崎紡績(現・ユニチカ)の創立に加わり、のち社長となる。福本レーヨン、大日本紡績、関西コークス、東洋拓殖、日本相互貯蓄銀行、大阪米穀、大阪工業など各業界を代表する会社の重鎮を務め、関西財界の重鎮として活躍した。

福山 滝助 ふくやま・たきすけ
報徳実践家
文化14年(1817)4月28日～明治26年(1893)4月16日 [生]相模国足柄下郡小田原古新宿町(神奈川県小田原市) [名]通称＝多喜蔵、号＝倹翁 [歴]4歳で父を亡くし、少年時代から母や兄を助けて家業の菓子を背負って近隣に売り歩いた。天保14年(1843年)小田原報徳社が創立されると入社し、二宮尊徳に師事。15年福山家を継いで生家と同じ菓子商をはじめ、報徳主義を実践して店を繁昌させる一方、衰えた小田原報徳社を再興した。家督を譲ってからは報徳伝道に力を注ぎ、中でも遠江・三河地方の報徳社結成とその指導に功績があり、遠江の報徳運動を再興させた。

福山 黙堂 ふくやま・もくどう
僧侶(曹洞宗) 永平寺65世貫首
天保12年(1841)5月11日～大正5年(1916)3月30日 [生]三河国御油(愛知県豊川市) [名]号＝寿硯 [歴]6歳で三河(愛知県)豊川・妙厳寺住職の禅海霊竜に師事し、明治8年35歳で住持を継ぎ29世となる。この間、明治元年豊川・真興寺の住職を務めた。10年本山に出仕、14年権少教正、22年曹洞宗大学林教授、同年更に総監を務め、23年永平寺東京出張所の監院に転じ執事となった。以来、貫首の滝谷琢宗・森田悟由を補佐し、特に悟由と共に総持寺と大提携、諸堂の改修、植林などに尽力し、永平寺百年の計を立てた。29年妙厳寺を弟子の白麟に譲り、36年永平寺西堂、大正4年永平寺65世貫首となる。5年熊本県天草の金慶寺で教化中に倒れ没した。著書に「舎利礼文些便」「永平黙堂禅師語録」「日本曹洞宗名称考」「曹洞教会修証義典彙或問」がある。

藤井 希璞 ふじい・きぼく
元老院議官
文政7年(1824)7月～明治26年(1893)6月27日 [生]近江国滋賀郡上坂本村(滋賀県大津市) [名]通称＝少進、献吉 [歴]父は近江国日吉神社の宮司。元治元年(1864年)有栖川宮家の家士となる。以降は藤本鉄石らをはじめとする勤王の志士たちと交流し、

自らも国事に奔走。慶応3年(1867年)有栖川宮熾仁王の密使として長州に赴くが、幕吏に捕らえられ、宮家が助命に動いたため解放された。戊辰戦争で熾仁王が新政府軍の東征大総督となると、それに従って関東に赴いた。戦後、京都に戻り、御用人席を経て、明治3年有栖川宮家扶を命ぜられ、さらに5年宮内省七等出仕・同家家令となる。9年からは東伏見宮家令を兼任。以降は宮内省御用掛、有栖川宮東伏見宮御付、内閣少書記官などを歴任し、21年元老院議官に就任した。

藤井 九成　ふじい・きゅうせい
宮内省陵墓守長

天保8年(1837)～明治43年(1910)7月13日

生京都　名本名=藤井直幸、通称=幸太郎、主水、変名=加茂次郎　歴曽祖父は明和事件の首謀者として知られる藤井右門。幼い頃に三条家の小姓となり、同家の儒者・富田織部に従って西国を漫遊したのち、明経博士・伏原家が経営する孔彰堂で学ぶ。尊皇攘夷の志厚く、安政3年(1856年)家督を弟に譲って出奔。以来、加茂次郎の変名を用いて国事に奔走した。文久2年(1862年)岩倉具視の知遇を得、その信任を受けて朝廷と諸藩の志士との間を周旋した。戊辰戦争では東征軍軍監・大監察兼金穀方として甲州を転戦。明治維新後は岩倉家家令となり、次いで官途について宮内省陵墓守長などを歴任した。

藤井 啓一　ふじい・けいいち
衆院議員

慶応3年(1867)12月～昭和28年(1953)6月18日

出長門国(山口県)　学東京法学院卒　歴弁護士となり、破産管財人、民事調停委員、山口弁護士会長を務める。山口県議を経て、大正9年以来衆院議員に3回選出される。また下関市商業会議所顧問、朝鮮勧業取締役、長州鉄道取締役も歴任した。

藤井 較一　ふじい・こういち
海軍大将

安政5年(1858)8月18日～大正15年(1926)7月8日

生備前国赤坂郡坂部村(岡山県赤磐市)　学海兵(第7期)〔明治13年〕卒　歴備前岡山藩士の長男。明治16年海軍少尉に任官。24年ロシアのニコライ皇太子来日に際して、接伴皇族の有栖川宮威仁親王付武官として大津事件に遭遇。天皇の行幸を請う電文を起草するなど事後処理にあたった。34年軍務局第二課長、同年軍令部第二局長、36年吾妻艦長を経て、日露戦争では第二艦隊参謀長として旅順港口への機雷敷設を進言、敵艦隊旗艦の撃沈に成功した。また、日本海海戦に際しては島村速雄第二艦隊司令長官と共にバルチック艦隊の対馬海峡通過を説き、海戦勝利に貢献した。38年第一艦隊参謀長、39年横須賀鎮守府参謀長、40年第一艦隊司令官、41年佐世保工廠長、42年軍令部次長、大正3年佐世保鎮守府司令長官、4年横須賀鎮守府司令長官などを歴任。5年海軍大将。9年予備役に編入。

藤井 幸槌　ふじい・こうつち
陸軍中将

文久4年(1864)1月5日～昭和2年(1927)4月18日

出山口県　学陸士(旧8期)卒、陸大〔明治25年〕卒　歴明治39年第六師団参謀長、40年歩兵第二十二連隊長、42年歩兵第三連隊長、同年近衛師団参謀長、45年歩兵第七旅団長、大正3年独立守備隊司令官を経て、5年第七師団長。同年中将に進み、8年近衛師団長。11年予備役に編入。

藤井 最証　ふじい・さいしょう
僧侶(真宗大谷派)暦算家

天保9年(1838)～明治40年(1907)3月23日

生近江国浅井郡杳掛(滋賀県長浜市)　名旧姓・旧名=河村　歴幼少のころ山城(京都府)宇治の真宗大谷派教栄寺に母が再縁、連れ子として入り、のち住職となる。仏教に基づく天文暦学である宿曜を学び、西洋暦学との比較研究を行う。大谷派本山の大学校の天文教育機関で教えた。また宇治山慎島の和算家・山上光道や土御門家の伊藤信興と親しく交流した。老後には本山から天文暦学の著述を命じられ、門人には土居恵鎧がいる。

藤井 茂太　ふじい・しげた
陸軍中将

万延1年(1860)9月～昭和20年(1945)1月14日

出兵庫県　学陸士(旧3期)〔明治13年〕卒、陸大〔明治18年〕卒　歴明治23年ドイツ留学、26年陸大教官、第二軍参謀で日清戦争に従軍。30年オーストリア公使館付、35年陸大校長、37年第一軍参謀長として日露戦争に従軍。42年中将となり東京湾要塞司令官、大正2年第十二師団長、3年予備役。家弟=藤井光五郎(海軍少将)

藤井 十三郎　ふじい・じゅうざぶろう
公共事業家

明治8年(1875)3月15日～明治45年(1912)5月9日

生富山県大家庄村(朝日町)　歴富山県大家庄村(朝日町)の地主に生まれる。明治31年集落と耕地の再編成事業を計画、道路を敷き、家屋を道路沿いにまとめ、共同浴場兼集会所、物品購買所などを作った。

藤井 静一　ふじい・せいいち
社会事業家　馬屋上村共同済世社社長

明治3年(1870)11月23日～昭和27年(1952)5月2日　生備前国津高郡面室村(岡山県岡山市)　歴地主の家に生まれ、長じて農業を営む。のち農村の疲弊を憂い、農村救済事業に着手。その思想は日蓮宗の信仰と二宮尊徳の報徳主義より出たもので、小作料取り立てや松茸の売買で得た手数料を貧しい小作人の名義で貯蓄、それを基に田畑や山林を購入して貧民に貸し与えた。明治35年相互扶助の精神に基づく安部倉儀悔会を組織し、貧困救済を目的とした融通講を開始した。また、農村の精神

修養や風紀矯正にも携わり、41年には安部倉矯風会を結成した。その後、岡山県の済世顧問や馬屋上村共同済世社社長などを歴任し、引き続き貧困者救済に尽力。救済事業のために私財を使い果たし、晩年は安部倉山に済世庵を結んだ。　勳藍綬褒章〔昭和15年〕

藤井 宣界　ふじい・せんかい
僧侶（浄土真宗本願寺派）
文化8年（1811）～明治23年（1890）2月28日
生越後国頸城郡桜井新田（新潟県上越市）　名号＝宝瀍、蛙声堂主人、諡＝正化院、別名＝宣界　歷越後・真常寺住職恵照の長男。正念寺の崑崙社で興隆、僧朗、慧麟に師事し、真宗学を修める。嘉永2年（1849年）光西寺に私塾を開き、興正寺の華園摂信によって"徳水社"と命名された。慶応3年（1867年）司教となり、教導職として権少教正を務め、明治16年勧学に就任。17年西本願寺の夏安居で「讚阿弥陀仏偈」を講説した。

藤井 善助　ふじい・ぜんすけ
衆院議員（国民党）京都有鄰館長
明治6年（1873）3月8日～昭和18年（1943）1月14日
生滋賀県　学京都府立商卒　歷商業学校を卒業して上海日進貿易研究所に学ぶ。農業・貿易商・織物商などを営み、大阪金巾製織、江商（のちの兼松江商）、山陽紡績などの創立に加わり役員を務める。また天満織物・日本共立生命・関西倉庫・湖南鉄道・近江倉庫・大津電車軌道・日新電機・日本メリヤス・琵琶湖ホテルの各社長に就任。その他、多数の会社の重役を務めた。この間、明治37年に生地・滋賀県北五個荘村の村長となり、神崎郡立実業学校を創立。滋賀県農会会長も務める。41年衆院議員（国民党）に当選、3期務める。ローマで開催の第17回列国会議同盟会議に派遣された。育英事業、社会事業、司法保護事業などに尽力し、実業界・政界で活躍すると共に、私立の天体観測所や東洋美術館を創設し、中国古美術収集家としても知られ、コレクションは京都市にある・藤井有鄰館に展示されている。

藤井 武　ふじい・たけし
キリスト教伝道者 聖書学者
明治21年（1888）1月15日～昭和5年（1930）7月14日　生石川県金沢　学東京帝国大学法科大学政治学科〔明治44年〕卒　歷在学中の明治42年内村鑑三の聖書研究会員となり、柏会を作る。44年内務省に入り、京都府勤務、大正2年山形県警視、翌3年理事官となり、自治講習所を設立、人材養成に当たったが、4年辞任。上京し、内村の助手となったが、9年独立して聖書研究会を始め、雑誌「旧約と新約」を創刊、無教会主義の指導者として伝道を行った。主著に「聖書より見たる日本」、未完の長編詩「羔の婚姻」、「藤井武全集」（全10巻）など。

藤井 種太郎　ふじい・たねたろう
国家主義者 玄洋社幹事

明治3年（1870）6月16日～大正3年（1914）11月21日　生福岡県筑紫郡住吉村（福岡市）　学慶応義塾　歷明治18年玄洋社に入り、高場乱の塾で漢籍を学ぶ。20年頭山満の「福陵新報」創刊と同時に入社。のち上京、23年慶応義塾に入学。日清戦争後再び玄洋社の運動に従い、37年日露戦争では満州義勇軍に参加した。のち立憲同志会支部幹部、玄洋社幹事として活動、中国第一革命（辛亥革命）時には頭山満とともに参加した。

藤井 能三　ふじい・のうぞう
北陸通船創立者
弘化3年（1846）9月21日～大正2年（1913）4月20日
生越中国射水郡伏木村（富山県高岡市）　名幼名＝嘉他郎　歷越中国伏木（富山県高岡市）に廻漕問屋・能戸屋三右衛門の子として生まれる。家業を継いで富山藩用達となり、苗字帯刀を許された。明治元年の北越戦争に際して藩の輜重運輸に従事。2年藩命により神戸に物産輸出のための商法・為替両会社を設立、頭取となった。8年伏木に三菱汽船を誘致し、また北陸通船を創立。ウラジオストック航路を開き、対岸貿易を目指した。一方、中越鉄道会社や第十二国立銀行、富山県農工銀行などを設立して富山県西部の近代化に力を注いだ。6年私財を投じて富山県内初の伏木小学校を開校した。　勳藍綬褒章〔明治27年〕

藤井 行徳　ふじい・ゆきのり
平野神社宮司 貴院議員 子爵
安政2年（1855）4月8日～昭和7年（1932）3月5日
生京都　歷京都の松尾神社、平野神社などの宮司。明治30年～大正7年貴院議員。

藤江 章夫　ふじえ・あきお
実業家 兵庫県議
嘉永7年（1854）4月18日～昭和3年（1928）11月16日　生播磨国姫路（兵庫県姫路市）　歷姫路藩士の長男に生まれ、漢学を修める。長じて兵庫県議となり、明治13年同県の三原郡長を務めた。のち実業界に入り、淡路紡績を創立して専務に就任。29年同社が鐘淵紡績に合併されると退社して大阪アルカリを設立、社長となり肥料製造に活躍する。また淡路銀行・鬼怒川水力電気・関西信託・京城電気軌道・小田原急行電軌などの重役も兼任した。

藤岡 覚音　ふじおか・がくおん
僧侶（浄土真宗本願寺派）西本願寺勧学
文政6年（1823）10月3日～明治40年（1907）8月23日　生肥後国宇土郡網津村（熊本県宇土市）　歷実家は肥後国網津村の浄蓮寺（浄土真宗本願寺派）。天保13年（1842年）に得度し、漢籍や宗学を修める。嘉永6年（1853年）正覚寺の13世住職となり、真言宗乗を研究。その傍らで自坊に宗学研究機関の竜水学館を開き、寺院の子弟を薫陶した。のち助教・試補・少講義を経て、明治36年勧学に昇進。「広文類題目」「正信偈略解」など著述も多い。

533

藤岡 正右衛門　ふじおか・しょうえもん
部落解放運動家
明治24年(1891)～昭和5年(1930)7月2日
生福岡県筑紫郡堅粕町馬出(福岡市)　歴全九州水平社の創立につくし、大正12年福岡県水平社の委員長となり、14年全国水平社大会で本部組織部員となる。15年の福岡連隊差別事件で投獄される。保釈中に堅粕町議に当選するが、翌年懲役3年の刑に処され、服役中に肺結核となり、昭和5年仮出獄後間もなく死去した。

藤岡 甚三郎　ふじおか・じんざぶろう
養蚕家
天保10年(1839)～明治25年(1892)7月18日
生信濃国安曇郡中萱村(長野県安曇野市)　歴信濃国中萱村で養蚕を営む。長い経験から、低温下で蚕の卵を管理・孵化させることにより、秋蚕用の不越年種ができることを発見。これは窮理法と呼ばれ、秋蚕種の生産安定に大きな役割を果たすことになった。　家子=藤岡甚三郎(2代目)(養蚕家)

藤岡 好古　ふじおか・よしふる
神宮教管長　国語学者
嘉永1年(1848)8月11日～大正6年(1917)6月17日
生江戸浅草(東京都台東区)　名旧姓・旧名=青山　歴堀秀成に入門し、国学、音韻学を修める。明治5年教部省に出仕し、田島神社、生国魂神社、皇太神宮神官をつとめ、21年神宮教大教正、30年神宮教管長、32年神宮奉斎会会長、大正元年神宮神部署主事などを歴任。4年東京府神職連合会会長をつとめた。また論文「国語と霊魂」を「神社教会雑誌」に発表。編著に「校訂音義全書」がある。

藤川 三渓　ふじかわ・さんけい
水産家
文政1年(1818)～明治22年(1889)10月22日
生讃岐国山田郡三谷村(香川県高松市)　名諱=忠獣、字=伯孝、通称=求馬、能登、将監　歴幼い頃に高松藩の儒医であった父に医学を、中山城山に経史を習う。天保12年(1841年)長崎の高島秋帆に入門して蘭学・砲術・海利を学び、13年肥前国五島で捕鯨銃殺法を修得した。嘉永4年(1851年)江戸に出て輪王寺宮慈性入道親王の侍講を勤めるとともに、大鳥圭介、藤森天山、松本奎堂ら尊王の志士と交遊。安政元年(1854年)門下の岡本監輔とともに蝦夷を探検。文久3年(1863年)には高松藩の松平左近を説いて海辺防衛のための竜虎隊を結成させ、その隊長となって洋式練兵を行った。さらに徳川慶喜、徳川慶篤らに書を寄せて時事を開陳したが、そのために藩の嫌疑を受け入獄。鳥羽・伏見の戦いの後に赦され、ただちに東上して公卿・沢為量の家司となり、戊辰戦争では奥羽鎮撫副総督となった沢に従って東北地方を転戦。明治3年太政官権少史に任官するが、間もなく辞し、6年開洋社を設立してお雇い外国人とともに洋式捕鯨を試みた。7年広沢学舎を開設。8年修史館三等協修として出仕し、「維新実記」などを宮内省に献呈した。20年東京に日本初の水産学校である大日本水産学校を開いたが、同年官立の東京農林学校に水産科開設されたため、間もなく閉校した。22年大阪に水産学校を創立。編者に「春秋大義」「捕鯨図識」「海国急務」「水産図解」「水産製造新編」などがある。

藤川 為親　ふじかわ・ためちか
島根県令
天保7年(1836)～明治18年(1885)8月27日
生肥前国(長崎県)　歴新川県大書記官を経て、明治13年2代目栃木県令、16年島根県令。18年在任中に病没した。

藤倉 善八　ふじくら・ぜんぱち
フジクラ創業者
天保14年(1843)1月28日～明治34年(1901)10月8日　生下野国安蘇郡船津川村(栃木県佐野市)　歴農家に生まれ、農業の傍ら精米業を営む。明治8年東京に進出し、14年神田淡路町に移って根掛け(日本髪のもとどりにかける装飾品)の製造を始める。18年絹巻線と綿巻線の製造を開始。19年には営業を開始した東京電灯の被覆線製造に参加、「東京線」と呼ばれる電線を製造。26年我が国初となるゴム被覆電線の開発に成功した。34年藤倉電線護謨合名会社(現・フジクラ)を設立を目前にして病死した。　家弟=松本留吉(藤倉電線社長)、甥=岡田顕三(藤倉電線常務)

藤崎 三郎助(4代目)　ふじさき・さぶろうすけ
藤崎社長
明治1年(1868)5月10日～大正15年(1926)
生陸奥国仙台大町(宮城県仙台市)　歴仙台城下で豪商として栄えた呉服商を近代的小売業に発展させ、仙台市の百貨店・藤崎の初代社長となった。ブラジルやアルゼンチンにも進出、日系人支援にも当たったが、没後、世界恐慌のために撤退した。

藤沢 幾之輔　ふじさわ・いくのすけ
商工相　衆院議員
安政6年(1859)2月16日～昭和15年(1940)4月3日
生陸奥国仙台(宮城県仙台市)　名号=成天　学宮城英語学校卒　歴茂松法学舎にも学び、明治12年司法試験合格、代言人(弁護士)を開業。22年仙台市議となり、議長。宮城県議、議長を経て25年以来衆院議員当選13回。改進党系に属し、憲政本党常議員、立憲同志会総務、憲政会総務、民政党総務、衆院予算委員長などを歴任し、大正15年第一次若槻内閣の商工相、昭和5年衆院議長、6年勅選貴院議員、9年から枢密顧問官をつとめた。

藤沢 友吉(1代目)　ふじさわ・ともきち
藤沢薬品工業創業者
慶応2年(1866)3月5日～昭和7年(1932)4月17日
生大和国松山町(奈良県宇陀市)　回伊賀国名張本町(三重県名張市)　名旧姓・旧名=福守　歴明治

7年大阪に出て薬種売買の修業を積み、15年旧摂津尼崎藩医で漢方医の藤沢新平の養子となった。24年別家を許され、27年道修町に薬種商の藤沢商店を開業。仁丹を商う森下南陽堂や東京の津村順天堂、大田胃散、山崎帝国堂などの大手製薬業者と取引をして基盤を固めるとともに、徳島の富田久三郎製薬所と契約し、その苦汁製品(マグネシア塩類)を一手に取り扱った。一方で、30年家庭衣料用防虫・消臭剤「藤沢樟脳」の製造・販売を始め、32年天満に藤沢樟脳精製所を開設。新聞広告や鐘馗印を商標とした広告戦略で売り上げを伸ばし、41年には海外への輸出入を開始した。同社は、昭和18年藤沢薬品工業となり、平成17年山之内製薬との合併により、アステラス製薬株式会社となった。
家養子=藤沢友吉(2代目) 賞大阪府実業功労者表彰〔昭和2年〕

藤沢 万九郎 ふじさわ・まんくろう
衆院議員(政友会)
慶応1年(1865)11月〜大正15年(1926)3月29日
生近江国(滋賀県) 学長浜講習学校〔明治14年〕卒 歴明治14年長浜講習学校を卒業、のち漢学を修める。郷里・滋賀県の東浅井郡議・議長、滋賀県議・議長を経て、大正13年衆院議員(政友会)に当選1回。また農業、売薬商を営み、近江米取引所理事、東浅井郡会副会長、滋賀県山林会評議員などを務めた。

藤島 正健 ふじしま・まさたけ
日本勧業銀行副総裁
弘化2年(1845)3月〜明治37年(1904)10月15日
生肥後国熊本(熊本県熊本市) 歴得能良介の知遇を得て、印刷局事務官となる。更に大蔵書記官、銀行局長を経て、富山県知事、千葉県知事を務め、明治30年日本勧業銀行副総裁となる。33年職を辞し、以来専ら南米貿易の開拓に力を注ぎ、自らチリにも赴いた。

藤島 了穏 ふじしま・りょうおん
僧侶(浄土真宗本願寺派) 西本願寺勧学
嘉永5年(1852)8月15日〜大正7年(1918)11月12日 生近江国(滋賀県) 名号=胆岳、威徳院 学西本願寺西山教校卒 歴近江国金法寺の住職の子として生まれ、西本願寺の西山教校に学ぶ。同校卒業後、第21世西本願寺宗主・大谷光尊の命を受けて上京、法律を修め、明治13年より寺法の編纂に従事した。ついで15年から約7年間に渡ってフランスに留学。この間、義浄の「南海寄帰内法伝」をフランス語に翻訳し、フランス政府から勲章を授けられた。帰国後は西本願寺の寺務に携わり、司教を経て43年勧学に就任。著書は他に「三国仏法伝通縁起摘解」などがある。

藤瀬 政次郎 ふじせ・まさじろう
三井物産常務 東洋棉花社長
慶応3年(1867)1月5日〜昭和2年(1927)1月7日
生肥前国長崎(長崎県長崎市) 学東京商法講習所卒 歴明治18年三井物産に入り、香港・上海で活躍し、常務となる。綿花部から独立した東洋棉花(現・トーメン)社長も務めた。

藤田 四郎 ふじた・しろう
農商務省総務長官 日本火災保険社長
文久1年(1861)6月18日〜昭和9年(1934)1月9日
生越後国西蒲原郡弥彦村(新潟県西蒲原郡弥彦村) 学東京大学法学部〔明治18年〕卒 歴外務省御用掛から外交官試補となり、明治20年オーストリア、ドイツ各公使館に勤務。23年遍相秘書官、24年ウィーンの万国郵便会議に出席。その後、逓信省参事官、農商務省参事官、特許局長、農務局長、水産局長、31年農商務次官を歴任し、同年ワシントンのオットセイ保護問題万国会議に出席。33年農商務省総務長官、34年勅選貴院議員。のち日本火災保険社長、台湾製糖取締役会長、絹糸紡績相談役、台南農林取締役会長、南国産業監査役を務めた。 勲正四位勲二等

藤田 高之 ふじた・たかゆき
衆院議員(立憲改進党) 東京上等裁判所検事
弘化4年(1847)7月18日〜大正10年(1921)5月28日 生安芸国広島(広島県広島市) 名通称=次郎、号=九樹 歴文久3年(1863年)藩の句読師となり、慶応3年(1867年)神機隊隊長。戊辰戦争では備中鎮圧に従い、軍監として武蔵国に派遣され、さらに奥羽地方へ転戦。明治7年司法省に出仕、司法少丞となり、13年東京上等裁判所検事。15年立憲改進党創立に参加。その後広島県から衆院議員に当選した。

藤田 達芳 ふじた・たつよし
塩業家 東浜塩産社長 衆院議員
安政5年(1858)6月28日〜大正12年(1923)6月21日 生伊予国新居郡多喜浜(愛媛県新居浜市) 名旧姓・旧名=小野 学東京専門学校卒 歴伊予多喜浜で製塩業を営む。明治11年多喜浜地区の代表者として瀬戸内海沿岸の製塩業者で構成された十州同盟塩会議に出席。東京専門学校の第一期生として卒業ののち、26年に東浜塩産株式会社を設立して社長に就任、衰微しつつあった多喜浜の製塩業復興に乗り出した。27年衆院議員に当選、以来一貫して塩業の発展と塩の専売制確立に尽力し、大日本塩業同盟委員として香川県の鎌田勝太郎と共に「清国ヘノ塩輸出」を提案。また29年に設立された大日本塩業協会の評議員や幹事なども務める。31年塩業調査会委員として台湾の製塩業を視察。34年には秋良貞臣と共に「塩田国有論」を唱え、38年の塩専売法の成立に貢献した。

藤田 伝三郎 ふじた・でんざぶろう
藤田組創業者 男爵
天保12年(1841)5月15日〜明治45年(1912)3月30日 生長門国萩(山口県萩市) 名幼名=六三郎、号=光徳 歴幼時は郷塾で漢学を学び、16歳で分家を再興して家業の酒造、醤油製造業を営む。尊

擾運動の刺激を受け山口を出て高杉晋作に師事。長州藩志士とともに国事に奔走。明治2年大阪に出て実業家を志し、靴製造業の大阪の豪商大賀幾助方に奉公。10年西南戦争では兵站部御用として軍需物資の調達にあたり巨利を博す。14年兄鹿太郎、久原庄三郎らと藤田組を組織し、26年合名会社に改組、以後小坂鉱山を中心とした鉱山業、農林業、児島湾の干拓、開墾を中心に関西財界に台頭。この間、12年贋札事件の疑惑を受け中野梧一と共に逮捕されたが無罪となった。また大阪商法会議所（現・大阪商工会議所）設立に参加し、18年会頭に就任。五代友厚、中野死後の大阪財界の指導的地位を占めた。この他、大阪硫酸製造、太湖汽船、山陽鉄道、阪堺鉄道、大阪紡績など諸会社の創立に参与した。44年男爵受爵。また書画骨董などを嗜好し、多くの美術品コレクションを残している。
家兄＝久原庄三郎（実業家）、甥＝久原房之介（実業家・政治家）

藤田 平太郎 ふじた・へいたろう
藤田組社長 貴院議員 男爵
明治2年（1869）10月7日～昭和15年（1940）2月23日 出長門国（山口県） 学慶応義塾、ロイヤル・カレッジ・オブ・サイエンス鉱山科（英国）〔明治28年〕採鉱・冶金学科〔明治29年〕修了 歴藤田組創業者・藤田伝三郎の長男。慶応義塾に学んだ後、明治21年英国へ留学し、ロイヤル・カレッジ・オブ・サイエンスの鉱山科及び採鉱・冶金学科を修了。30年帰国。32年藤田組支配人、38年副社長を経て、45年父の死により社長に就任。大正7年～昭和4年貴院議員。 家妻＝藤田富子（藤田美術館館長）、父＝藤田伝三郎（実業家）、岳父＝芳川顕正（官僚・政治家・伯爵）

藤田 積中 ふじた・もりちか
兵庫県議
文政12年（1829）6月25日～明治21年（1888）1月8日 名＝積蔵、積径、通称＝亀蔵、徳三郎、号＝旭湾 歴広瀬淡窓に師事した。慶応4年（1868年）兵庫最初の官許新聞「湊川濯余」を発行、勤王論の立場から幕府系新聞を批判した。同年大小の寺子屋を統合して明親館が新設されるとその教師となったが、初代兵庫県令である伊藤博文に抜擢され、官界に入り兵庫県聴訟吏に就任。また、通商・工部・鉄道・勧業の諸官庁に出仕した。明治12年兵庫県議。兵庫商法会議所副会頭なども務めた。

藤田 吉亨 ふじた・よしはる
衆院議員 初代栃木県大田原町長
天保10年（1839）～大正12年（1923）
生下野国大田原（栃木県大田原市） 旧旧姓・旧名＝伊藤 歴大田原藩士・伊藤家に生まれ、同藩の藤田家の養子となる。旧藩時代には藩勘頭や少参事などを歴任。廃藩後は宇都宮県（のち栃木県）に出仕し、真岡・佐野警察署長や那須郡長を務めた。明治17年栃木県議となり、21年には郷土・大田原

町の初代町長に選ばれた。28年衆院議員補欠選挙に当選（栃木県北部で初の代議士）。36年には大田原町長に復帰した。

藤田 若水 ふじた・わかみ
弁護士 衆院議員 広島市長
明治9年（1876）12月11日～昭和26年（1951）12月29日 生愛媛県新居郡中萩町（新居浜市） 学東京専門学校什政科〔明治31年〕卒 歴明治34年大阪で弁護士を開業、36年広島市へ移る。41年広島県議、43年広島市議、大正2年広島弁護士会会長を歴任し、第15回の衆院議員補欠選挙で当選。通算5期務めた。昭和14～18年広島市長。

藤波 言忠 ふじなみ・ことただ
宮中顧問官 貴院議員 子爵
嘉永6年（1853）9月12日～大正15年（1926）5月23日 生京都 歴橋胤保の子で、藤波教忠の養子となる。明治天皇の学友で、慶応4年（1868年）神祇権大副。明治7年宮内省に出仕、12年侍従。17年子爵。馬の鑑定にすぐれ、新冠牧馬場御用掛などを経て、18年御厩制度などの調査のため欧米に渡る。21年帰国。22年～大正5年主馬頭として、明治・大正両天皇の馬術の御相手を務めた。同年貴院議員。のち宮中顧問官。

藤波 元雄 ふじなみ・もとお
大審院判事
慶応2年（1866）10月21日～昭和6年（1931）7月1日 出豊後国（大分県） 学帝国大学卒 歴千葉地裁部長、東京地裁部長、大阪地裁部長、大阪控訴院部長などを務める。のち大審院判事となった。

藤縄 英一 ふじなわ・えいいち
民間飛行家
明治27年（1894）～大正10年（1921）12月15日
生新潟県高田（上越市） 歴大正5年東京浅草に藤縄電気商会を設立。9年洲崎の小栗飛行学校に入り、21年自宅に飛行機研究所を設けた。傍ら東京航空練習所を開設し所長となったが、経営難のため閉鎖。ついで津田沼飛行場の飛行士となり、自家工場で4人乗飛行機を製作。航空局が設置されるとその第1号の飛行免許を取得。さらに2等飛行士の免許を得るための準備飛行中、津田沼海岸の沖合で墜落死した。

藤野 政高 ふじの・まさたか
民権運動家 衆院議員
安政3年（1856）5月25日～大正4年（1915）6月30日 生伊予国松山（愛媛県松山市） 歴伊予松山藩士の子として生まれ、藩校明教館に学ぶ。のち上京して法律を修め、代言人（弁護士）の資格を取得。明治11年に帰郷し、長尾忠明らが主宰する自由民権結社・公共社に加入、愛媛県下における民権運動の中心として活躍した。19年愛媛県議に当選し、20年三大事件建白者の総代として上京するが、保安条例に抵触して東京から強制退去。23年第一回

総選挙に立候補して当選、以後3期に渡って代議士を務めるが、資金難のため27年9月の総選挙には出馬しなかった。その後、憲政会や政友会の愛媛県支部代表や「海南新聞」(現・愛媛新聞)社長を務めるなど、愛媛県の政界に影響力を持ち続けたが、42年の三津浜築港疑獄事件で逮捕され、政界を引退。

伏原 宣足 ふしはら・のぶたる
貴院議員 子爵
弘化2年(1845)5月27日～昭和5年(1930)2月19日
囲明治3年以後、侍従、太政官御用掛などを務めた。のち賀茂別雷神社宮司兼賀茂御祖神社宮司。26年貴院議員。 家父＝伏原宣諭(公卿)

伏見宮 貞愛 ふしみのみや・さだなる
陸軍大将・元帥 伏見宮第21代
安政5年(1858)4月28日～大正12年(1923)2月4日
囲京都今出川通清棲殿 名幼称＝敦宮 学陸士(旧1期)卒、陸大 歴孝明天皇の養子となるが、明治5年復帰して伏見宮家を継ぐ。西南戦争に中尉をもって出征。近衛歩兵第四連隊長を経て、25年少将、日清戦争では歩兵第四旅団長として従軍。31年陸軍中将に進み、日露戦争に第一師団長として出征。37年陸軍大将。38年軍事参議官、のち特別大演習諸兵指揮官、特命検閲使等を歴任。大正4年元帥。明治天皇・大正天皇の親任を受け、大日本農会・大日本蚕糸会・帝国在郷軍人会などの総裁を歴任した。 家長男＝伏見宮博恭(海軍大将・元帥)、父＝伏見宮邦家、兄＝山階宮晃、久邇宮朝彦、小松宮彰仁親王(皇族、陸軍軍人)、北白川宮能久(陸軍大将)、華頂宮博経(海軍大将)、弟＝清棲家教(貴院議員)、閑院宮載仁(陸軍大将・元帥)、東伏見宮依仁(海軍大将・元帥)

伏見宮 博恭 ふしみのみや・ひろやす
海軍大将・元帥
明治8年(1875)10月16日～昭和21年(1946)8月16日 囲東京 学海兵(第16期)〔明治23年〕卒、キール海軍大学校(ドイツ)卒 歴伏見宮家は北朝第3代崇光天皇の皇子栄仁親王を祖とし、明治維新前に創立された宮家中も最も古く、博恭王はその23代。海軍兵学校第16期で、明治22年から4年間、ドイツに留学。27年海軍少尉に任官。41年から3年間、英国に駐在。43年朝日、45年伊吹の艦長。大正2年横須賀鎮守府艦隊司令官、3年海軍大学校校長、8年第二艦隊司令長官を経て、11年海軍大将。13年佐世保鎮守府司令長官、14年軍事参事官。昭和７年軍令部長となり、同年元帥府に列し元帥海軍大将となる。8年軍令部総長と改名され、16年４月まで海軍統帥の最高責任者として昭和天皇を補佐した。 家父＝伏見宮貞愛(陸軍大将)

藤村 九平 ふじむら・くへい
実業家
安政3年(1856)11月24日～昭和4年(1929)3月8日
囲阿波国(徳島県) 歴明治8年度器請負製作人となり、吉野川沿岸の竹で製造を始める。竹尺生地脱法を考案、竹尺踏目盛器械を発明し大量生産に成功した。

藤村 紫朗 ふじむら・しろう
地方行政官 山梨県知事 男爵
弘化2年(1845)3月1日～明治42年(1909)1月5日
囲肥後国熊本城下町寺原町(熊本県熊本市) 名旧姓・旧名＝黒瀬、初名＝萱野平八、前名＝萱野嘉右衛門、通称＝四郎、字＝信卿 歴萱野家の養子となり、初め嘉右衛門下と称した。文久2年(1862年)上洛、勤王志士と交わり、国事に奔走。3年親兵に選ばれ、八月十八日の政変で三条実美ら七卿と長州へ西下、脱藩して元治元年(1864年)長州軍の軍監となり禁門の変に参加、敗れた。慶応3年(1867年)鷲尾隆聚の高野山挙兵に参加。明治維新に際して初めて藤村姓を称する。明治元年徴士・内国事務局権判事から軍監となり北越へ出征。2年警察司事、次いで兵部省に出仕し京都府少参事、4年大阪府参事。6年山梨県権令、7年県令(のち知事)となり、以後14年間山梨県の行政を指揮した。20年愛媛県知事を経て、23年国会開設とともに勅選貴院議員。29年男爵。 家長男＝藤村義朗(男爵・貴院議員)

藤村 義朗 ふじむら・よしろう
通信相 国際電話社長 三井物産取締役 男爵
明治3年(1870)12月4日～昭和8年(1933)11月27日 囲京都府 名幼名＝狐狸馬 学ケンブリッジ大学(英国)卒、セントジョンズ大学(米国)卒 歴明治42年家督を相続し男爵を襲爵。熊本済々黌教授を経て、明治27年三井鉱山に入社。30年欧米巡遊、31年三井物産に転じ、39年ロンドン支店勤務、42年帰国。本社人事課長、調査課長を経て、大正3年上海支店長、4年英国会社上海紡績有限公司専務を兼任、7年三井物産取締役となる。同年貴院議員、公正会に属し幹事をつとめる。歴代内閣批判で"カマキリ男爵"の異名をとる。9年大正日日新聞社長、10年全国養蚕組合連合会会長、13年清浦内閣の逓相。辞任後は東京瓦斯取締役、国際電話社長、蚕糸業界の役員などを務めた。著書に「東野選稿――藤村義朗遺稿」。 家父＝藤村紫朗(男爵・貴院議員)

藤本 周三 ふじもと・しゅうぞう
官僚
嘉永1年(1848)～大正4年(1915)12月22日
囲上野国山田郡台之郷村(群馬県太田市) 名旧姓・旧名＝森尻、号＝小台、二洲 歴森尻林之助の子に生まれ、下野(栃木県)小俣の藤本彦兵衛の養子となる。新政府軍に加わり、上野(群馬県)・下野で戦う。維新後、明治2年岩鼻県に出仕、のち太政官に転じた。その後、内閣属となり詔勅および高官の辞令を書いた。

藤本 清兵衛(1代目) ふじもと・せいべえ
実業家

天保12年(1841)6月15日～明治24年(1891)10月31日　⣤丹波国桑田郡杉村(京都府亀岡市)　旧姓・旧名＝川勝、幼名＝丑之助　⣤10歳で大坂天満真砂町の雑穀商に丁稚奉公し、慶応元年(1865年)大坂曽根崎の米穀商・住吉屋清兵衛の婿養子となる。のち家督を継いで清兵衛を襲名し、藤本姓を名乗った。明治維新後、大坂の堂島に米の仲買店を開業し、淀川の水運を利用した京都向けの米の売買・輸送で巨利を博した。次いで、京都にも支店を設け、堂島米会所が発足するとその仲買人としても活躍。明治14年米価調節のために備荒儲蓄法が施行されると、政府の御用米を取り扱うようになり、機を見るに敏な商才と優れた手腕で明治20年代初頭には日本一の米取引高を誇る大商人に成長した。また、大阪商船会社や泉州紡績会社などの株主や役員なども務めたが、腸チフスにかかり急逝した。　⣤養子＝藤本清兵衛(2代目)

藤本　清兵衛(2代目)　ふじもと・せいべえ
藤本ビルブローカー創業者　紀阪銀行頭取
明治3年(1870)10月15日～昭和24年(1949)1月7日　⣤紀伊国海草郡日方町(和歌山県海南市)　⣤米穀商・柳家の長男で、明治20年大阪へ出て米穀商の藤本商店に入社。24年同店の創業者・初代藤本清兵衛が没するとその養女と結婚、家督を継いで2代目清兵衛を襲名した。同店の近代化を図り、27年福島紡績を興して紡績業に進出。金融方面にも手を広げ、28年藤本銀行を創立した。35年金融業務に新分野を開拓するためビルブローカー(手形仲買)業に着手し、藤本ビルブローカーを創業して商業手形や担保付手形の売買をはじめる。39年株式会社に改組すると米国に倣って会長制を敷き、自身がその座に就いた。同年藤本銀行を一旦廃業して岩下清周の北浜銀行に譲渡。40年藤本ビルブローカーに銀行業を兼ねさせて藤本ビルブローカー銀行に改組し、土地・建物会社への融資を開始、これが後年の大和証券の基盤となった。42年大口融資先の大日本精糖が破綻すると支払停止に追い込まれ、経営の一切を知人の平賀敏に譲って同行との関係を絶つ。以後は藤本商店に拠って土地取引で活躍、不動産を証券化する投資形式を確立した。その後、再び銀行業に戻り、大正6年紀阪銀行頭取に就任。同年頃から藤本ビルブローカー銀行に大株主として復活したが、第一次大戦後の反動不況でそれらの株を整理し、晩年は経済界の表舞台を退いた。　⣤養父＝藤本清兵衛(1代目)

藤本　善右衛門　ふじもと・ぜんえもん
養蚕家　長野県蚕種大惣代
文化12年(1815)～明治23年(1890)6月18日　⣤信濃国小県郡上塩尻村(長野県上田市)　⣤号＝縄葛　⣤青年の頃、国学者の平田篤胤に私淑し、その没後の門人となって国学を学んだ。のち家業の養蚕に従事し、明治5年長野県の蚕種大惣代に任ぜられ、養蚕に関する各種法令・規則の制定に関与。また、明治初期に生糸の輸入が増大したこと

により、粗悪品の横行が懸念されると、同業組合の妙妙連を組織して品質の向上に努めた。6年には妙妙連を発展させて均業会社を設立し、政府の方針に沿いながら、値下がりを防ぐための生産制限や養蚕伝習生の教育などに力を注いだ。他方で、全国の歴代天皇陵を跋渉・調査し、「聖陵図草」を刊行している。　⣤祖父＝藤本昌信(養蚕家)

藤本　荘太郎　ふじもと・そうたろう
大阪府緞通組合組合長　堺市長
嘉永2年(1849)4月12日～明治35年(1902)7月28日　⣤和泉国堺車之町(大阪府堺市)　⣤諱＝泰忠、号＝凌霜　⣤生家は代々糸物商で、真田紐製造を業とし、特に祖父庄左衛門は手織込緞通を創始した。父長治郎の没後、安政5年(1858年)9歳で家業を継ぎ、文久2年(1862年)模様摺込緞通を発明、以後テップ製造・麻緞通(ゴロス)の製織を始め、製品改良、斯業発展に尽くし、海外視察にも赴いて外国輸出も推進、堺緞通は明治10～20年代の黄金時代を現出した。その間、堺市長など公職を務め、堺緞通・大阪府緞通組合組合長、堺商法集会所(商業会議所)会頭などを歴任した。　⣤祖父＝藤本庄三衛門(毛織込緞通創始者)

藤本　太平次　ふじもと・たへいじ
公共事業家
弘化5年(1848)2月15日～大正12年(1923)9月10日　⣤近江国高島郡深溝(滋賀県高島市)　⣤明治31年私財を投じて深溝港に通じる長さ1.7キロの直線道路を建設し、42年港に桟橋と防波堤を築いた。

藤本　太郎　ふじもと・たろう
陸軍中将
嘉永7年(1854)8月23日～昭和15年(1940)9月7日　⣤土佐国吾川郡(高知県高知市)　⣤明治4年御親兵として上京。8年陸軍少尉に任官。30年陸士生徒隊長、33年歩兵第十連隊長、36年第四師団参謀長、37年歩兵第三十三連隊長、38年歩兵第二十七旅団長、39年歩兵第二十旅団長を経て、43年歩兵第三十二旅団長。45年陸軍中将に進み、同年予備役に編入。

藤森　弥彦　ふじもり・やひこ
藤森工業創業者
明治9年(1876)1月1日～昭和2年(1927)1月2日　⣤長野県湖南村真志野(諏訪市)　⣤旧姓・旧名＝藤森環治　⣤栃木県立織物講習所卒　⣤長男として生まれる。繊維・織物工業の道へ進もうと栃木県立織物講習所(現・足利工)に学び、卒業すると富山県の薬の行商を経験、商売のコツを身につけた。三井物産に入社すると貿易部で繊維製品の輸出関連事業に従事。やがて取引先の薩摩商店より懇請を受けて同社支配人に転じ、日露戦争の際に旅順口をふさぐために爆沈させられた弥彦丸の引き揚げ作業に取り組み、この難事業を成し遂げたのを機に名前を"環治"から"弥彦"に改めた。大正2年三井物産を辞し、3年合資会社藤森工業所を

設立。5年藤森式特殊防水塗料加工の防湿・防水紙（ターポリン紙）を完成させ、専売特許権を獲得した。12年関東大震災の復興需要で業績を伸ばしたが、昭和2年脳卒中で倒れ急逝した。 家長男＝藤森俊彦（藤森工業社長）、二男＝藤森道彦（藤森工業副社長）、三男＝藤森弘彦（藤森工業副社長）、孫＝藤森明彦（藤森工業社長）

不二門 智光　ふじもん・ちこう
僧侶（天台宗）比叡山延暦寺244世座主
天保12年（1841）～大正7年（1918）4月11日
出因幡国鳥取（鳥取県鳥取市） 名本名＝須村 歴因幡鳥取の大雲院・光譲大僧都に従って得度し、天台宗の僧となる。宋の碩学について法戒を受け、大僧正となり、已講、探題、宗機顧問の要職に就く。また天台宗西部大学・尋常中学校長として教育にも尽くした。明治12年吉祥院を創し、29年徳源院中理教寺を再設して観音寺と改称し、30年勉学寮を復建するなど因幡の諸寺を中興する。比叡山延暦寺に住し、44年第244世天台座主となる。宗教公共のために貢献した。

藤安 辰次郎　ふじやす・たつじろう
鹿児島紡績社長　鹿児島商業会議所副会頭
文久2年（1862）3月～昭和6年（1931）3月2日
出薩摩国（鹿児島県） 歴醸造業を家業の家に生まれる。明治26年から鹿児島市区議、市議、鹿児島県議を歴任。鹿児島実業新聞社長となり、鹿児島商業会議所の設立に尽力し、大正5年副会頭となる。鹿児島紡績社長、大隅鉄道取締役なども務めた。14年から貴院議員。

藤山 雷太　ふじやま・らいた
大日本製糖社長　東京商業会議所会頭
文久3年（1863）8月1日～昭和13年（1938）12月19日 生肥前国松浦郡大里村（佐賀県伊万里市） 学長崎師範〔明治13年〕卒、慶応義塾〔明治20年〕卒 歴佐賀藩士の三男に生まれる。長崎師範卒業後、郷里で小学校教師を務め、のち上京して慶応義塾に学ぶ。明治20年帰郷し、同年佐賀県議に選ばれ、ついで議長となり、外国人居留地買収問題などで活躍。のち上京、25年実業界に転じて師の福沢諭吉のすすめで三井銀行に入り、諭吉の義兄・中上川彦次郎を助けて三井財閥の改革にあたる。中上川に抜擢され芝浦製作所長に就任、さらに中上川の内命で王子製紙の乗取りに成功。三井を去ったのち、東京市街電鉄、日本火災、帝国劇場などの創立に参加。42年大日本製糖会社（日糖）の不始末による破綻のあとをうけ、渋沢栄一の推挙で同社社長に就任し、再建に成功、一躍財界に重きをなした。以来、日糖を中心に台湾製糖、パルプ業の発展に貢献、藤山コンツェルンの基礎を築いた。大正6～14年東京商業会議所会頭。12年勅選貴院議員。他に藤山同族社長、大日本製氷会長、日印協会理事、また三井、安田、共同の各信託会社の相談役、取締役を務めるなど、その活動は多岐にわたり、財界の一方の雄として活躍した。著書に「満鮮遊記」「熱海閑談録」などがある。 家長男＝藤山愛一郎（実業家・政治家）、二男＝藤山勝彦（大日本製糖会長）、息子＝藤山洋吉（日東化学工業副社長）

藤原 英三郎　ふじわら・えいざぶろう
海軍中将
生年不詳～昭和24年（1949）11月5日
出佐賀県 学海兵（第21期）〔明治27年〕卒、海大〔明治39年〕卒 歴明治28年海軍少尉に任官。大正5年艦政局第一課長、同年艦政本部監督官となり、英国に駐在。7年艦政局第六課長、9年艦政本部総務部長を経て、11年横須賀工廠長。12年海軍中将に進み、13年軍需局長、同年馬公要港部司令官。14年予備役に編入。

藤原 源作　ふじわら・げんさく
実業家
文化6年（1809）12月8日～明治33年（1900）12月25日 出近江国蒲生郡八幡町（滋賀県近江八幡市） 名旧姓・旧名＝岡442、通称＝忠兵衛 歴実家は干鰯問屋を営むが、家産が傾き、20歳の時に京都へ上る。次いで同地の帷子絵付業「鍵屋」こと藤原源兵衛の養子となるが、間もなく養家も衰微したため、絵付業を廃して木綿屋に転換。以後、非常な努力で家運を盛り返し、京都の大店・鍵忠の基礎を築いた。のちには社会福祉事業にも力を注いだ。

藤原 五郎平　ふじわら・ごろべえ
農業　愛媛県葉タバコ栽培の功労者
明治5年（1872）～昭和2年（1927）
出愛媛県 歴明治28年日清戦争従軍から帰村、農業に従事して葉タバコの栽培を行う。当時まだ未熟であった葉タバコの栽培法を研究、幾度か専売局から模範耕作者として表彰された。のち専売局嘱託指導員として愛媛県や徳島県を回って栽培法を指導、品質向上に大きく貢献。その熱心な指導ぶりから近隣の人々から"古家の五郎さん"として親しまれた。

藤原 日迦　ふじわら・にっか
僧侶　日蓮宗管長　池上本門寺住職
天保8年（1837）10月3日～大正5年（1916）9月2日 生大坂 歴幼にして仏門に入り、嘉永3年（1850年）下野小山（栃木県）妙建寺の住職・日協について出家し、日蓮宗宗義を究める。のち下総飯高（千葉県）の壇林（学問所）で学び、慶応元年（1865年）妙建寺住職となる。明治元年東京浅草・長遠寺住職、25年神奈川県藤沢の龍口寺住職兼片瀬小壇林長などを経て、40年池上本門寺住職となる。大正5年日蓮宗管長。

藤原 元太郎　ふじわら・もとたろう
衆院議員（国民党）　第一合同銀行取締役
慶応2年（1866）1月10日～昭和8年（1933）3月6日 生備前国児島郡八浜村（岡山県玉野市） 歴貝類の

539

養殖を業とし、明治23年児島養貝株式会社を設立。25年玉井村の村長に選ばれ、34年に同村が八浜町となった後も引き続き町長を務め、通算して約33年間在職した。この間、岡山県議として県政にも参与し、明治42年には県会議長に選出された。さらに大正4年には国政の場に進出し、国民党所属の衆院議員となるが、1期で引退。また、東児銀行の経営にも関わり、7年の同行の頭取に就任。次いで、11年に同行が第一合同銀行に合併されると、その取締役となった。その他にも、産業や水産など各種団体の要職を歴任、岡山県の産業発展に寄与するところが大きかった。

藤原 利三郎　ふじわら・りさぶろう
リンゴの品種・平鹿ゴールデンの生みの親
明治1年（1868）11月1日〜昭和10年（1935）5月9日　生出羽国（秋田県雄勝郡）　名旧姓・旧名＝茂木　歴秋田における養蚕振興の先覚者・茂木亀六の六男として生まれ、18歳の時に藤原家の養子となる。果樹栽培の視察のため山形に赴き、リンゴの苗を得て帰郷、さっそく私有の杉林を切り開き、持ち帰った苗を植えた。明治34年秋田県増田町にリンゴ園を造成し、本格的な栽培を開始。のち、徐々にリンゴ栽培業者が増えると、組合組織を結成して栽培・販売の合理化をはかった。大正10年には豊作を機にリンゴの値崩れ防止のため、貯蔵庫を建造。12年黄色のリンゴ・ゴールデンデリシャスが輸入されると、これをいち早く導入して平鹿ゴールデンの栽培に成功。その栽培を奨励したため、間もなく同品は平鹿の特産品となった。　家父＝茂木亀六（養蚕家）

ブース，ウィリアム　Booth, William
救世軍創立者
1829年4月10日〜1912年8月20日
国英国　生英国ノッティンガム　歴英国教会の信徒として教育を受けたが、1856年（安政3年）メソジスト派教会の牧師となり、1861年（文久1年）教会を離れて独立の伝道師となった。1865年（慶応元年）ロンドンのイーストエンドの貧民街で"キリストの伝道活動"を開始。1878年（明治11年）伝道会を軍隊組織に改め、"救世軍"を創設、社会的救済事業を行った。以後、各国に支部を設け、救世軍を世界的規模に発展させた。1907年来日、山室軍平とともに各地を巡回し、わが国の救世軍活動の普及につとめた。著書に「最暗黒の英国及其救済策」（1890年）、「軍令及軍律」（1902年）などがある。"ジェネラル・ブース（ブース大将）"と呼ばれる。

布施 慶助　ふせ・けいすけ
陸軍中将
慶応1年（1865）4月〜昭和8年（1933）2月21日　出羽国置賜郡（山形県）　学陸士〔明治22年〕卒、陸大〔明治30年〕卒　歴明治22年陸軍少尉となり、第二師団馬廠長、輜重兵第四大隊長、近衛輜重兵

隊長を経て、大正6年輜重兵監となる。10年中将。この間、欧州各国に軍事視察のため派遣された。昭和3年予備役に編入。

布施 辰治　ふせ・たつじ
弁護士
明治13年（1880）11月13日〜昭和28年（1953）9月13日　生宮城県牡鹿郡蛇田村（石巻市）　学明治法律学校〔明治35年〕卒　歴判検事試験に合格、司法官試補となり宇都宮地裁に赴任したが、1年で辞任、明治36年弁護士となる。大正中期から数多くの労働・農民・水平・無産運動被告の弁護、救援活動、人権擁護運動に活躍。44年の東京市電争議、大正7年の米騒動、亀戸事件、朴烈大逆事件、再三弾圧にあった共産党事件など、官憲と対決する姿勢を貫く。捜査機関の被疑者に対する拷問による自白強要を激しく攻撃する論文を公表、このため2度も検挙され服役し、昭和7年には弁護士資格を奪われた。

伏島 近蔵　ふせじま・きんぞう
第七十四国立銀行頭取
天保8年（1837）〜明治34年（1901）8月7日
出上野国新田郡藪塚村（群馬県太田市）　歴農家に生まれるが、慶応元年（1865年）横浜に出て、行商を始める。明治元年貿易商・田辺屋を開業。5年蚕卵紙の販売を手がけ、西南戦争の際には羅紗の取引などで財をなした。9年ウォルシュ・ホール商会の大番頭を経て、11年第七十四国立銀行を設立、頭取に就任。14年蚕卵紙の販売交渉のためイタリアに渡るなど、貿易商人としての活動も続けた。33年横浜市議に選ばれる。また公共事業に尽力し、私財を投じて、27年新吉田川、31年新富士川の開削などにあたった。34年牧場経営のため視察に行った北海道で病死した。

伏屋 美濃　ふせや・みの
女官　明治天皇の乳母
文政12年（1829）12月19日〜明治39年（1906）10月25日　生京都　名本名＝伏屋道子　歴13歳の時より公卿・高辻家に仕える。天保14年（1843年）阿波国から原田重光を婿養子に迎え、3男5女を産んだ。嘉永5年（1852年）祐宮（のちの明治天皇）の誕生により、最初の乳母に選ばれた。明治12年には明宮（のちの大正天皇）の養育係話に就任。次いで34年迪宮（のちの昭和天皇）誕生後の御七夜の儀でも御抱初で奉仕した。

二神 深蔵　ふたがみ・しんぞう
愛媛県議
弘化2年（1845）6月3日〜大正9年（1920）9月6日　生伊予国宇和郡城辺村（愛媛県南宇和郡愛南町）　名幼名＝道治郎、作馬　名は礼和。代々里正を務める家に生まれる。慶応元年（1865年）宇和島藩主伊達宗城が長州征討に赴くことになると、民兵を率いていち早くその下に参じ、郷士溜間格に列せられた。維新後は地方自治に力を注ぎ、板垣退助

らと自由民権運動に参加、のち城辺村初代村長や愛媛県議を務めた。山林河川の整理改修や産業教育の発達進展にも尽力し、私財を投じた。晩年は国風俳句に親しみ「礼和遺稿」を残した。

二上 兵治　ふたがみ・ひょうじ
枢密顧問官 貴院議員（勅選）
明治11年（1878）2月25日～昭和20年（1945）11月19日　生富山県　学東京帝国大学卒　歴通信書記官を経て、枢密院書記官に転じ、同議長秘書官、大正5年同書記官長となり、枢密院の特権擁護のため画策、伊東巳代治の智謀として活躍した。13年勅選院議員。昭和9年書記官長を辞任、行政裁判所長官を経て、14年枢密顧問官となる。

二子石 官太郎　ふたごいし・かんたろう
陸軍中将
生年不詳～昭和17年（1942）9月26日
出熊本県　学陸士〔明治29年〕卒、陸大〔明治40年〕卒　歴明治30年陸軍少尉に任官。大正6年歩兵第五十二連隊長、7年第五師団参謀長を経て、11年第十六師団司令部。昭和2年陸軍中将に進み、東京湾要塞司令官。3年予備役に編入。

二田 是儀　ふただ・これのり
開拓者
嘉永3年（1850）12月19日～明治43年（1910）2月13日　生出羽国南秋田郡天王村（秋田県潟上市）　歴天王村の荒蕪地開拓という祖父以来の志を受け継ぎ、五十丁川の水を引いて村落を造ることに尽力した。数個の貯水溜池を築造、水路を開削し、洞溝樋管を5里にわたって築いて田地を整備。工事はたびたび水害にあい幾度か水路が破壊されたが、その復旧に家財を傾け、明治32年10数年間かかって完成をみた。この工事により、開拓面積は700町歩、防風林160万本に及び、同地方の農業発展に大いに役立った。

二見 庄兵衛　ふたみ・しょうべえ
篤農家
天保3年（1832）～明治23年（1890）9月25日
生相模国淘綾郡土屋村（神奈川県平塚市）　歴相模淘綾郡山西村釜野（現・神奈川県二宮町）の二見家の養子となる。研究心に富み、製油・松脂製造・紡績・水車・鉄道の枕木搬入などの事業で活躍した。明治6年横浜の南京街で食したラッカセイが非常に美味であったので、外国人からラッカセイの種子を分けてもらい栽培を開始。入手した種子の大半は地面を這うタイプのものであったが、その中に1株だけ立つタイプを発見。この種は後に「立駱駝」と命名され、莢・実ともに長大であり、栽培も比較的容易であったことから神奈川県下で広く栽培された。

補陀落 天俊　ふだらく・てんしゅん
僧侶（真言宗）
嘉永6年（1853）5月2日～明治42年（1909）2月23日　生土佐国吾川郡弘岡下之村（高知県高知市）　名本名＝門脇豊次、号＝孤岸　歴文久2年（1862年）10歳で高知城下の永国寺の住職・海雲（のちの補陀落海雲）の弟子となって仏門に入り、天俊と称した。海雲に従って、15歳で高岡郡宇佐（土佐市）の青龍寺に移り、17歳で足摺岬の金剛福寺の塔中・西之坊の住職となる。21歳で海雲の後を継いで金剛福寺の住職となり、補陀落の姓も嗣ぐ。明治維新後、荒廃した同寺の伽藍の再興に尽力した。14年弟子の鈴江純浄に金剛福寺を託し、江ノ口村（高知市）の安楽寺住職を兼任。18年キリスト教の高知県下伝道企画を聞き、対抗論争の仏教界代表者として論戦した。のち長岡郡十市（南国市）の禅師峯寺に隠退したが、安楽寺の全焼に際しこれを再建、更に、37年焼失した禅師峯寺を再建し、その後も県内の数々の寺の再興に貢献した。県下の真言宗の元老、南海の重鎮として活躍し、総本山長谷寺一山集会議員、仁和寺本末議員などを務めた。24年中僧都、38年権大僧都となり、没時に権少僧正が贈られた。

仏海　ぶっかい
即身仏となった僧侶
文政11年（1828）5月9日～明治36年（1903）3月20日　生越後国村上（新潟県村上市）　名俗名＝近藤庄次郎　歴商人の子として生まれるが、16歳の時に誤って背負っていた子供を地面に落としてしまい、出家を志す。弘化2年（1845年）湯殿山の注連寺に入り、二度に渡って千日間の山籠修業を行った。文久2年（1862年）以来、死ぬまで木食修行を続け、のち郷里新潟県村上の観音寺住職となった。土中入定して即身仏となることを望むが、それが維新後の法律によって禁ぜられていたため果たせず、明治36年臨終に当たって遺言し、切石で造った石室に結跏趺坐の姿で埋葬された。その後、昭和36年の調査により、即身仏となった彼が発掘され、生前に住持した観音寺に祀られた。

船尾 栄太郎　ふなお・えいたろう
三井信託副社長
明治5年（1872）10月1日～昭和4年（1929）10月28日　出和歌山県　学慶応義塾卒　歴慶応義塾を卒業して三井銀行、のち三井物産を経て、大日本製糖に入る。明治40年三井合名に移り植林係長、のち三井信託副社長に就任。三井慈善病院事務長、理事なども務めた。

船岡 芳勝　ふなおか・ほうしょう
僧侶（真言宗智山派）智積院45世化主
天保11年（1840）1月20日～明治29年（1896）11月5日　生越後国三島郡深沢村（新潟県長岡市）　名字＝純賢　歴嘉永3年（1850年）越後・慈眼寺の芳順の下で出家し、船岡姓を名のる。安政4年（1857年）智積院の暎澄から両部灌頂を受け、慶応元年（1865年）水原弘栄から報恩院流神道灌頂を受け、明治17年金剛宥性から中性院流を伝授された。23年東京

智山大学林教師、新潟五智院住職を経て、29年智積院能化。東京・真福寺に転住した。

舟木 真 ふなき・しん
開拓家
弘化4年(1847)7月15日～大正5年(1916)2月5日
生常陸国(茨城県) 歴旧下館藩士。のち内務省官吏となり、オーストラリアの牧畜を視察。明治12年綿羊飼育を中心とする西洋式農法を志して茨城県鹿田原の国有地払い下げを受け、波東農社を設立した。

船越 衛 ふなこし・まもる
枢密顧問官 貴院議員(勅選) 男爵
天保11年(1840)6月15日～大正2年(1913)12月23日 生安芸国(広島県) 歴大村益次郎について兵学を学び、文久3年(1863年)上京、尊皇攘夷論を唱える。長州征討では和解につとめる。維新後新政府の徴士、江戸府判事、軍務官権判事となる。戊辰戦争では東北遊撃軍参謀として奥羽に出征。2年兵部権大丞、のち同大丞、5年陸軍大丞となり、7年佐賀の乱に従軍。同年内務省に転じ、内務大丞、内務権大書記官を経て、13年千葉県令、19年千葉県知事、21年元老院議官、23年石川県知事、24年宮城県知事などを歴任。27年貴院議員、43年枢密顧問官をつとめた。29年男爵。

船津 辰一郎 ふなつ・たついちろう
外交官 南京政府経済顧問
明治6年(1873)8月9日～昭和22年(1947)4月4日 生佐賀県杵島郡須古村(白石町) 学佐賀松陰学舎卒 歴明治22年に大鳥圭介公使の書生として北京や朝鮮漢城に赴く。その傍らで中国語や朝鮮語を修め、27年外務省留学生試験に合格。29年芝罘領事館書記生となり、以後は中国語の才能を買われて主に対中国外交を担当、温厚な人柄のため中国人の知己が多かった。大正15年在ドイツ大使館参事官を最後に退官し、在華日本紡績同業会総務理事に転じた。日中戦争が勃発すると対中和平工作に尽力。その後、上海特別市政府顧問・南京政府経済顧問などを歴任し、終戦後は中国居留の日本人の安全確保と帰国に力を尽くした。

船津 伝次平 ふなつ・でんじへい
篤農家 農事指導者
天保3年(1832)11月1日～明治31年(1898)6月15日 生上野国勢多郡富士見村原之郷(群馬県前橋市) 名幼名=市蔵 歴生家は代々名主で、安政4年(1857年)家督を継ぎ伝次平を襲名、5年名主となる。農民の経済を興すことを志し、赤城山麓400余町歩に松を植林、また水害予防のため築堤を行うなど農政上の功労が大であった。維新後、地租改正御用掛などを勤め、のち勧農寮に出仕して稲作、野菜作りその他に西洋農法を取り入れ、在来農法の改良に尽くした。明治10年内務卿大久保利通に見いだされ、駒場農学校農場監督となり、実習指導と農業の講義にあたった。18年農商務省

務局技師、のち国立農事試験場に移り、全国各地を巡回して農事改良の指導に務めた。31年退職、帰村。著書に「太陽暦耕作一覧」「養蚕の教」「稲作小言」など。明治前期の老農の第一人者であった。 勲藍綬褒章〔明治23年〕

船橋 善弥 ふなばし・ぜんや
海軍中将
慶応3年(1867)～大正14年(1925)4月14日
生三重県 学海軍機関学校〔明治30年〕卒 歴明治30年海軍少機関士となり、日露戦争などに従軍。大正元年呉鎮守府機関長、5年教育本部第三部長を経て、6年中将となり、母校・海軍機関学校校長に就任。10年機関局長を務め、12年軍令部出仕となる。この間、第二艦隊機関長、第一艦隊機関長なども務めた。

船橋 芳蔵 ふなばし・よしぞう
陸軍少将
慶応4年(1868)7月～昭和8年(1933)3月17日
生鳥取県 歴日清・日露戦争に従軍。第九連隊長を経て、大正7年第十四旅団長。陸軍少将。

麓 純義 ふもと・じゅんぎ
弁護士 那覇市長 衆院議員
元治1年(1864)8月28日～昭和10年(1935)2月8日 生琉球国名瀬間切(鹿児島県奄美市) 学東京法学院卒 歴代言人(弁護士)を務め、明治31年衆院議員に当選し、昭和3年まで通算4期。政友本党政務調査会長となる。また那覇市長も務めた。

麓 常三郎 ふもと・つねさぶろう
実業家
慶応4年(1868)4月13日～昭和4年(1929)8月26日
生伊予国越智郡盛村(愛媛県今治市) 歴郷里・越智郡盛村の収入役を務める一方で、積善会を組織し、青年たちのために夜学を開いた。のち実業界に入り、明治27年盛村に木綿会社を創業、36年には本社を伊予ネル製造の盛んな今治に移した。43年高性能なタオル織機「バッタン」を発明し、次いで富本合名会社を興してタオルの製造を開始。これを機に、今治では伊予ネルからタオル製造に転換する業者が増え、いわゆる「今治タオル」の基礎が確立された。また、耕地整理や旅館事業も手がけるが、晩年は事業に失敗して破産し、国鉄今治駅前で腹ワ饅頭の店を営んだ。

古井 由之 ふるい・よしゆき
衆院議員(政友会)
元治2年(1865)2月～昭和12年(1937)8月23日
生岐阜県 歴岐阜県議、県参事会員を経て、明治35年から衆院議員に連続4回当選。また地方森林会員、県農会理事、大垣共立銀行取締役、丸三商店社長なども務めた。

古市 与一郎 ふるいち・よいちろう
農事改良者

文政11年(1828)2月10日～明治31年(1898)4月15日 生伊勢国河芸郡河曲村(三重県鈴鹿市) 学農社卒 歴早くから家業の農業を手伝い、弱冠14歳にして鍬などの操作や牛耕に熟達したという。24歳で家を継ぎ、村の年寄役・里正・戸長などを歴任。明治9年には旧幕臣の津田仙が経営する学農社農学校に入学。卒業後、郷里三重県河芸郡に帰って農事の改良に尽くし、17年には深耕に適した新型農具・与一犂を発明した。20年化学者・沢野淳の許で近代的な農芸化学を学び、選種・苗作・堆肥・害虫駆除などの総合的な稲作法である与一流を考案。以来、その普及と指導のため三重・静岡・岐阜などの各地を巡り、30年には河芸郡に稲作伝習所を開いた。

古河 市兵衛　ふるかわ・いちべえ
古河財閥創設者
天保3年(1832)3月16日～明治36年(1903)4月5日 生山城国愛宕郡岡崎村(京都府京都市左京区) 名旧姓・旧名＝木村、幼名＝巳之助、幸助 歴商人を志して家業の豆腐の行商を始める。嘉永2年(1849年)2人目の継嗣母の実兄である叔父・木村理助を頼って陸奥国盛岡へ赴き、幸助と改名。南部藩為替御用掛・鴻池屋伊助に勤めたが、店が取り付けに遭って閉店した。安政5年(1858年)京都井筒屋小野店に勤める古河太郎左衛門の養子となって古河市兵衛を名のり、文久2年(1862年)養父が中風を病むと代わって小野店の奥州における生糸買付けを任された。明治2年小野宗家より分家を許され、4年東京・築地に製糸工場を建設。明治維新後に小野組となった主家の下で蚕卵紙買占めや鉱山経営などに手腕を発揮したが、7年主家は閉店。8年独立して鉱山業に進出。旧知の相馬子爵家家令・志賀直道(小説家・志賀直哉の祖父)を通じて相馬家の援助を得、9年新潟の草倉銅山を入手。10年栃木の足尾銅山も取得して相馬家との共同経営とし、18年には官営の院内、阿仁鉱山の払下げを受けた。10年には生糸売買から手を引き、以後は鉱山業に専念。国内産銅の3～4割を占めるまでになり、"銅山王"と呼ばれた。17年東京・本所に銅を精錬するための本所鎔銅所を設立。23年には足尾銅山のために我が国初の水力発電所である足尾鉱山間藤発電所を開設したが、これらによる積極的な開発は銅の生産量を飛躍的に伸ばす一方で、足尾銅山鉱毒事件という悲劇を生むことになった。30年東京に古河鉱業事務所を設立。没後、養嗣子・潤吉の下で事業の近代化が図られ、戦前の古河財閥、戦後の古河グループへと発展した。 家養子＝古河潤吉(古河財閥2代目当主)、長男＝古河虎之助(古河財閥3代目当主) 勲勲四等瑞宝章〔明治25年〕

古川 勝次郎　ふるかわ・かつじろう
京都府議
明治21年(1888)～大正11年(1922) 生京都府相楽郡 学東京専門学校卒 歴京都府相楽郡議などを経て、大正4年京都府議。山城製茶事業に尽くした他、公友新聞社取締役なども務めた。

古河 潤吉　ふるかわ・じゅんきち
古河財閥2代目当主
明治3年(1870)10月4日～明治38年(1905)12月12日 生紀伊国和歌山雑賀屋町(和歌山県和歌山市) 名旧姓・旧名＝陸奥 学コーネル大学(米国)〔明治26年〕卒 歴陸奥宗光の二男。明治6年古河市兵衛の養嗣子となり、13年陸奥家を去って古河家に入った。16年養嗣子として入籍の手続きを終え、古河姓を名のる。21年駐米公使として赴任する実父に伴われ米国へ留学、24年コーネル大学に入り化学を専攻した。27年帰国。30年より古河家の事業に参画、36年養父の死去により古河家の2代目当主に就任。古河とその事業の分離を図り、37年合名会社の古河鉱業を設立するなど事業の近代化を進めたが、38年35歳の若さで病没した。 家実父＝陸奥宗光(外交官・伯爵)、兄＝陸奥広吉(外交官・伯爵)、養父＝古河市兵衛(古河財閥創設者) 勲勲五等瑞宝章〔明治38年〕

古河 力作　ふるかわ・りきさく
無政府主義者
明治17年(1884)6月14日～明治44年(1911)1月24日 生福井県遠敷郡西津村(小浜市) 学高小卒 歴神戸にいたが、明治36年上京し園芸場康楽園に住込み勤務し、社会主義に関心を抱いていく。42年幸徳秋水に依頼されて『自由思想』の印刷名義人となり、43年大逆事件に連座し、処刑された。

古河 老川　ふるかわ・ろうせん
仏教運動家 評論家
明治4年(1871)6月3日～明治32年(1899)11月15日 生和歌山県 名本名＝古河勇 学帝国大学選科卒 歴明治27年経緯会を設立し、自由主義的立場で新仏教運動を推進した。「仏教」誌を主張の中心の場として、『懐疑時代に入れり』などを発表した。『老川遺稿』がある。

古沢 滋　ふるさわ・しげる
自由民権運動家 山口県知事 「自由新聞」主筆
弘化4年(1847)1月11日～明治44年(1911)12月24日 生土佐国高岡郡佐川村(高知県高岡郡佐川町) 名初名＝光迂、別名＝古沢迂郎、号＝介堂 閥土佐藩士・古沢南洋の二男。父と尊王攘夷運動に挺身し、文久2年(1862年)より京都で活動するが、元治元年(1864年)藩に捕えられた。慶応3年(1867年)出獄。明治2年新政府に出仕し、3年大蔵省に入って官命により英国に留学して立憲思想や議会制度を研究。6年帰国後は官吏の身でありながら立花光臣の筆名で『日新真事誌』などに寄稿し、同年『郵便報知新聞』主筆となる。7年下野した板垣退助らと自由公党を結成して、民撰議院設立建白書を起草、自由民権運動の先頭に立った。また、立志社、愛国社結成にも尽力。13年大阪日報社長、15年『自由新聞』主筆として英国流の立憲思想の普

及に尽くした。自由党解党後の19年、官界に復帰。23年逓信省郵便局長を経て、27年奈良県知事、29年石川県知事、32年山口県知事を歴任。37年勅選貴院議員。漢詩人としても知られ、奈良県知事在職中に平城吟社を起こし、奈良の詩壇の発展に貢献した。　家兄＝岩神主一郎(島根県知事)

古荘 嘉門　ふるしょう・かもん
三重県知事　一高校長　衆院議員(国民協会)

天保11年(1840)12月1日～大正4年(1915)5月11日　生肥後国熊本城下歩小路(熊本県熊本市南坪井)　名幼名＝鶴吉、養節、号＝火南　歴熊本藩に仕える漢方医の家に生まれる。16歳で木村軍潭の塾に入り、竹添進一郎、井上毅、木村弦雄と並んで木下門下の四天王と称された。明治維新に際しては河上彦斎らと謀り、薩長と対抗するため奥羽諸藩を連合させるように画策。明治2年豊後にある飛び地の鶴崎詰役となり、郷兵を集めて兵営・有終館を設立、外国との交易をも考え、同地を熊本藩の海軍基地とする構想を企図した。3年有終館解散を命じられ、さらに捕縛されようとしたので逃亡、東京で勝海舟、山岡鉄舟の世話になった。下獄後、7年佐賀の乱鎮圧に出陣したことがきっかけで司法省に出仕、11年大阪上等裁判所判事となるが、間もなく4年に起こった広沢真臣参議暗殺の容疑で裁判所への出勤途上で逮捕され、3年間の未決監生活を送った。無罪となり出獄した後は郷里に戻り、佐々友房らと政治結社・紫溟会を結成、自由民権論に対抗して国家主義を唱えた。16年青森県大書記官、19年大分県大書記官を経て、20年森有礼文相に抜擢され第一高等中学校長に就任。23年6月国権党を設立、7月第1回総選挙に出馬して当選、以来通算5期務めた。28年台湾・台南県知事心得、29年台湾総督府民政局内務部長、31年群馬県知事、33年三重県知事、38年～大正4年貴院議員を歴任した。　家義兄＝木村弦雄(国学者)

古庄 敬一郎　ふるしょう・けいいちろう
公益家　大分県議

嘉永3年(1850)8月13日～明治44年(1911)1月4日　生豊後国直入郡宮城村大字炭窟(大分県竹田市)　歴生家は代々里正。戸長や宮城村長を務め、上畑井路の開設や竹田―日田間の道路を完成させる。明治14年には宮城村農談会を発足させ、農業技術の改良にも努めた。郡会議員、25年県議を歴任した。

古橋 暉児　ふるはし・てるのり
篤農家

文化10年(1813)3月23日～明治25年(1892)12月24日　生三河国設楽郡稲橋村(愛知県豊田市)　名幼名＝唯四郎、通称＝源六郎　歴天保2年(1831年)代々続いた古橋家の改革に着手し、また併せて名主として、稲橋村および周辺各村の殖産興業にも尽力。平田国学を学んで幕末には尊王攘夷運動に参加し、農兵隊を組織した。明治維新後は、養蚕や茶栽培などの産業発展にも寄与したほか、適

培を求めて農談会を創ったり自力更正運動を指導するなど"天下の三老農"の一人に数えられた。著書に「経済之百年」「北設楽郡殖産意見書」「製茶意見書」など。

古橋 義真　ふるはし・よしざね
篤農家　愛知県議

嘉永3年(1850)11月28日～明治42年(1909)11月13日　生三河国北設楽郡稲橋村(愛知県豊田市)　名幼名＝英四郎、通称＝古橋源六郎　家父＝三河国稲橋の篤農家・古橋暉児。慶応2年(1866年)平田篤胤の門人・馬島靖庵に国学を、水戸浪士・木村久之進(浦山良左衛門)に剣を学ぶ。明治元年稲橋村名主となり、5年家督を相続。11年北設楽郡長、15年愛知県議、19年東加茂郡長、22年稲橋村村長などを歴任。養蚕伝習所、愛知県立産馬講習所を設置した他、養蚕や製茶など地場産業の育成に努め、政府が振興する殖産興業政策に尽くした。一時、立憲帝政党に協力。上からの行政式報徳運動にも力を注いだ。また地方銀行の稲橋銀行を設立、さらに「三河人物誌」編纂にも携わった。著書に「三河分権論」。　家父＝古橋暉児(篤農家)

降旗 元太郎　ふるはた・もとたろう
衆院議員　信濃日報社長

元治1年(1864)5月～昭和6年(1931)9月15日　生信濃国東筑摩郡本郷村(長野県松本市)　学東京専門学校卒　歴明治19年本郷蚕種業組合を創立し、組合長。当時農商務省は繊維の細い秋蚕が米国で不評として、廃止の方針を出したが、抗争2年後、同省の非を認めさせた。以来東筑農事政良会長、信濃蚕業伝習所長、帝国蚕糸取締役などを歴任。一方「扶桑新報」「内外新報」など新聞を発行、信濃日報社長となる。その間長崎県議、同参事会員を経て、29年普選期成同盟会を組織、31年以来長野県から衆院議員当選11回。山下倶楽部専任幹事を経て、憲政会結成に尽くし幹事。のち陸海、鉄道各政務次官、民政党顧問を歴任した。

フルベッキ, ギード
Verbeck, Guido Herman Fridolin
宣教師(オランダ改革派教会)　大学南校教頭

1830年1月23日～1898年3月10日　国オランダ　学オランダ・ユトレヒト・ツァイスト、オーバン神学校(米国)〔1859年〕卒　歴モラビアン派の学校で学び、敬虔な信仰の中で育つ。のちユトレヒトの工業学校で機械工学を修め、1852年(嘉永5年)米国に渡り、アーカンソー州ヘレナで架橋工事に技師として勤務。病を得て外国伝道を志し、ニューヨーク州オーバン神学校に入学。1859年(安政6年)オランダ改革派教会の宣教師として来日、長崎に住む。日本語を研究し伝道に努め、また幕府の英学校・済美館、佐賀藩の致遠館の教師を務め、大隈重信、副島種臣らを教えた。1869年(明治2年)開成学校(現・東京大学)の教師となり、1872年後身の大学南校の教頭に就任。ま

た、太政官正院、左院、元老院にも関係、お雇い外国人として明治政府のために尽くした。1875年新政府との関係終了後はキリスト教の宣教に専念し、全国各地を伝道。一致神学校、明治学院の教師となり、説教学、旧約釈義、新約聖書緒論などを教授、また1882～87年聖書翻訳委員長として活躍し、「詩篇」の名訳を生んだ。お雇い外国人の招聘、日本人青年の米国留学の紹介、ドイツ医学の導入など、明治期の日本に多大の貢献をした。　勲勲三等旭日章（日本）〔1877年〕

古海 厳潮　ふるみ・いずしお
陸軍中将
慶応1年（1865）9月11日～昭和13年（1938）8月7日
生伊予国（愛媛県）　学陸士〔明治20年〕卒、陸大卒　歴明治20年陸軍歩兵少尉となり、のち陸軍戸山学校教官、陸軍大学校教官を務める。日清戦争、日露戦争に従軍し、のち第五師団参謀長、第十八師団参謀長、45年歩兵第三十六旅団長、大正3年朝鮮駐剳憲兵司令官などを経て、5年中将となり、7年第十七師団長を務めた。10年待命、ついで予備役に編入となった。

古屋 専蔵　ふるや・せんぞう
衆院議員（巴倶楽部）
嘉永7年（1854）3月7日～大正13年（1924）7月25日
生甲斐国（山梨県）　歴御代咲村戸長・村議、東八代郡議、山梨県議、県臨時道路河川調査委員、県地方森林会議員を務める。一方、大日本坑油、東京実業銀行、秋田銀山、富士身延鉄道、早川電力の各重役を務める。明治13年田辺有栄・依田孝らと共に峡中同進会の総代として国会開設請願を行う。明治天皇巡幸に際して国会開設の直奏を計画した。23年第1回衆院議員に山梨3区から出馬し当選、1期務めた。著書に「政党の解剖」「農業協同組合の理論と実践」がある。

古谷 辰四郎（1代目）　ふるや・たつしろう
古谷製菓創業者
慶応4年（1868）2月13日～昭和5年（1930）8月9日
生近江国野洲郡行谷村（滋賀県）　歴大阪での乾物商奉公を経て北海道に渡り、同郷の乾物商・北村与惣弥の下で修業、明治32年頃札幌で乾物商を開く。米穀・雑貨卸商屋、製菓業と事業を広げ、大正12年古谷製菓を創業。14年ミルクキャラメルを発売し、フルヤの名を全国に知らしめた。また酪農事業の振興のために、3年北海道煉乳（のちの大日本乳製品）を創立。昭和3年には酪農事業の基礎強化に向けスイス・ネッスル社との業務提携を計画したが大手乳製品会社の反対を受け実現できなかった。しかし、この時期の外資提携計画は注目すべき事業センスとして語り継がれている。札幌区議、札幌商工会議所顧問のほか、殖産無尽、北拓鉄道、三山商事（運輸）、大成商事（輸出）、札幌火力送電など各社の要職も歴任。社会事業や育英事業の発展にも貢献した。　家息子＝古谷辰四郎（2代目）

（実業家）

古屋 徳兵衛（1代目）　ふるや・とくべえ
松屋創業者
嘉永2年（1849）～明治44年（1911）7月30日
生甲斐国巨摩郡上教来石村（山梨県北杜市）　名幼名＝徳太郎　歴文久元年江戸に出て丁稚奉公をし、明治元年横浜緑町で呉服中継業を開き、2年横浜石川町で端切類の鶴屋呉服店を開業。22年東京・神田今川橋の松屋呉服店（松屋デパートの前身）を買収、33年にこれを松屋百貨店に変更し、今日の銀座松屋、浅草松屋をつくり上げた。　家妻＝古屋満寿（松屋創業者）、二男＝古屋徳兵衛（2代目）（松屋社長）

古谷 久綱　ふるや・ひさつな
衆院議員（政友会）伊藤博文首相秘書官
明治7年（1874）6月17日～大正8年（1919）2月11日
生愛媛県　学同志社〔明治16年〕卒、ブリュッセル大学卒　歴「国民新聞」記者を経て、明治33年東京高商教授、同年伊藤博文首相秘書官となり、35年伊藤の欧米巡遊に随行。38年伊藤が韓国統監になるとその秘書官、41年伊藤枢密院議長秘書官。42年伊藤の死後宮内省勅任式部官となり、李王家御用掛兼任。大正3年辞任、4年以来愛媛県から衆院議員当選2回、政友会に属した。

古屋 満寿　ふるや・ます
松屋創業者
嘉永3年（1850）～明治40年（1907）
名旧姓・旧名＝牛山とみ　歴明治2年19歳で東京と横浜を行き来する呉服仲買商の古屋徳兵衛と結婚。横浜石川口あたりに家を構え、端切れ類の小売業を開店。やがて誠実な商いから繁盛し、鶴屋呉服店に発展。22年には東京・神田今川橋の松屋呉服店を買収・継承、今日の百貨店・松屋へと発展する礎を築いた。愛国婦人会神奈川支部の幹事や評議員も務めた。　家夫＝古屋徳兵衛（1代目）、二男＝古屋徳兵衛（2代目）、孫＝古屋徳兵衛（3代目）

【へ】

別所 栄厳　べっしょ・えいごん
僧侶（真言宗）仁和寺門跡
文化11年（1814）1月3日～明治33年（1900）12月28日　生淡路国相川（兵庫県洲本市）　名旧姓・旧名＝上撫、字＝天霊、号＝一不道人　歴13歳のときに常楽寺の教栄のもとで出家。文政11（1828年）高野山に上り、西南院の隆快に両部灌頂を授けられる。天保9年（1838年）より常楽寺に住すが、のち再び高野山に上り、阿字観を修するとともに、真別所の隆鎮から野沢諸流を学んだ。文久2年（1862

年)からは真別所を住持し、さらに僧堂を建てて律部を講じた。明治11年勧修寺門跡。12年からは大和の長谷寺で戒を授け、以来、求めに応じて経論の講説や灌頂の開壇などを行った。13年大教正、17年仁和寺門跡を経て、21年真言宗長者職となり、寺門の再興に尽くした。編著に「諸流行要」「密宗安心教示章」などがある。

別役 成義　べっちゃく・なりよし
陸軍少将

天保15年(1844)11月10日～明治38年(1905)3月27日　⊞土佐国土佐郡鴨部村(高知県高知市)　⊠初名=柳馬　㊱戊辰戦争では迅衝隊に属し、会津城攻撃などで活躍。明治4年土佐藩兵の一員として上京し、陸軍軍人となる。西南戦争では熊本城に籠城し、西郷軍の攻撃によくもちこたえた。その後、工兵第五方面提理・工兵会議議長心得・工兵監を歴任し、日本陸軍における工兵科の育成・発展に尽力。23年陸軍少将に昇進して予備役に編集されるが、日清戦争や北清事変で再招集され、留守師団長などを務めた。晩年は宮内省御用掛に任ぜられた。刀剣収集を趣味とし、33年には今村長賀らとともに刀剣会を設立。刀剣に関する講話集に「剣話録」がある。

別府 晋介　べっぷ・しんすけ
陸軍少佐

弘化4年(1847)～明治10年(1877)9月24日　⊞薩摩国鹿児島郡吉野村実方(鹿児島県鹿児島市)　⊠諱=景長　㊱戊辰戦争において薩摩隊の分隊長となり奥羽を転戦、明治2年鹿児島常備隊小隊長となる。4年上京し近衛陸軍大尉、ついで少佐に進む。5年征韓論が起こると西郷隆盛の密命を受け、花房義質、北村重頼と共に朝鮮を視察。6年征韓論政変で西郷に従って下野、帰郷し、鹿児島県加治木郷など5か郷の区長として私学校創設に尽力。10年西南戦争に際しては、加治木、帖佐、重富、山田、溝辺各郷の兵を募り、二個大隊を組織してその連合大隊長となり熊本城を包囲。同年4月辺見十郎太らと鹿児島に戻り、9月鹿児島城山で戦死した。　㊊従兄=桐野利秋(陸軍少将)

別府 総太郎　べっぷ・そうたろう
栃木県知事

明治18年(1885)5月17日～昭和6年(1931)5月16日　⊞山口県　㊐東京帝国大学法科大学政経学科〔明治42年〕卒　㊱福岡県理事官、群馬県理事官・視学官を務め、大正6年内閣書記官。のち会計課長、内閣拓殖事務局長を経て、13年島根県知事、15年奈良県知事、昭和2年栃木県知事。その後、台湾総督府殖産局長、営林局長を務めた。

別府 丑太郎　べふ・うしたろう
鉄道省経理局長

明治5年(1872)8月4日～昭和9年(1934)1月12日　⊞高知県土佐郡宇治村(いの町)　㊐高知県尋常中〔明治22年〕卒　㊱高知地方裁判所の書記を経て、明治29年農商務省特許局に入り、同庶務課長や審査官を務める。40年日本大博覧会事務官。また43年の日英博覧会の際にも文書課長として運営に携わった。大正3年鉄道院に移り、以後は鉄道院参事・同調査課長・同理事などを歴任。大正9年鉄道省への改変に伴い、経理局長となった。14年コマンドール・クーロンヌ勲章を受章。民間の鉄道会社や各種団体の委員・役員も務め、昭和6年西武鉄道社長に就任した。　㊗コマンドール・クーロンヌ勲章〔大正14年〕

逸見 十郎太　へんみ・じゅうろうた
陸軍大尉

嘉永2年(1849)11月7日～明治10年(1877)9月24日　⊞薩摩国鹿児島荒田町(鹿児島県鹿児島市)　㊱薩摩藩士。戊辰戦争に薩摩2番小隊長として従軍し、奥羽を転戦、明治2年鹿児島常備隊小隊長となる。4年上京して近衛陸軍大尉となり、6年征韓論政変で西郷隆盛に従って鹿児島に帰った。8年宮之城区長となり私学校創設に尽力。10年西南戦争に際しては薩摩3番大隊1番小隊長として熊本城を攻撃、段山方面で激戦。兵員補強のため帰郷し、八代の官軍を襲撃。熊本城包囲を解き薩軍編成を改正して雷撃隊大隊長となり、たびたび大口方面で官軍を破る。城山が陥ると別府晋介と共に岩崎谷に進み、流弾で戦死した。

逸見 直造　へんみ・なおぞう
社会運動家

明治10年(1877)3月1日～大正12年(1923)10月23日　⊞岡山県都窪郡早島村字無津(早島町)　⊠本名=逸見直蔵　㊱明治32年渡米し、コック学校、法律学校などで学び、各地を転々とする。36年帰国、同年大阪で西洋料理店を開き、来日のドイツ人から社会主義思想を学ぶ。のち再渡米し、41年帰国し社会主義運動に入る。大正4年労働者無料法律相談所(9年借家人同盟に発展)を開設、大阪市電車賃・電灯料金引き下げ運動などの市民運動を組織。8年大杉栄の労働運動社に参加し、「労働運動」の普及に努めた。また11年総同盟のアナ・ボル統一をはかる。12年9月3日震災テロで検束されるが月末に釈放。　㊊二男=逸見吉三(社会運動家)

【 ほ 】

法貴 発　ほうき・はつ
衆院議員(弥生倶楽部)

弘化3年(1846)8月9日～明治23年(1890)12月23日　⊞丹波国篠山(兵庫県篠山市)　⊠初名=篤介、信保　㊱丹波篠山藩士の二男。明治5年大蔵省に入

る。13年政治結社・自治社を結成。兵庫県議となり、板垣退助らの自由党結成に参加した。23年第1回総選挙に当選、衆院議員となったが、死の床にあり登院できないまま亡くなった。

北条 霞山　ほうじょう・あいざん
僧侶（浄土真宗）
安政3年（1856）〜明治44年（1911）1月13日
出江戸　名本名＝北条祐賢、号＝匏盧　歴幼少より学を好み、奥山東洋・大橋訥庵・大槻磐渓らに儒学を学ぶ。易・老荘に通じ、詩文をよくした。のち松林墨鶏・阿満得聞・古谷覚寿・井上円了らについて仏教を修め、明治18年父の譲を受けて東京大森厳正寺の住職となる。大谷光尊にとりたてられて巡回教師となり、関西・北海道などを廻った。詩文集に「匏盧遺稿」がある。

北条 氏恭　ほうじょう・うじゆき
明治天皇侍従 宮中顧問官 子爵
弘化2年（1845）8月18日〜大正8年（1919）10月16日　回河内国（大阪府）　名旧姓・旧名＝堀田　歴下野佐野藩主・堀田正衡の三男に生まれ、のち北条氏燕の養嗣子となり、文久元年（1861年）家督を継いで河内（大阪府）狭山藩主北条家12代目となる。和泉（大阪府）高石海岸の砲台作りや警備などに出兵した。明治維新後、2年狭山藩知事となり、のち制度局に転じ、4年明治天皇の侍従を務め、宮中顧問官を兼務した。　家養父＝北条氏燕（河内狭山藩主）

北条 時敬　ほうじょう・ときよし
教育行政家 東北帝国大学総長 貴院議員（勅選）
安政5年（1858）3月23日〜昭和4年（1929）4月27日
生加賀国金沢（石川県金沢市）　名幼名＝条次郎
学東京大学理学部数学科〔明治18年〕卒　歴加賀藩士・北条ާ助の二男。明治18年石川専門学校教授、金沢工業学校教諭嘱託となり、ついで四高、一高講師を経て、27年山口高校教授、29年同校校長に就任。31年四高、35年広島高等師範学校各校長を歴任して、大正2年東北帝国大学総長、さらに学習院長を務めた。9年には貴院議員に勅選され、また宮中顧問官になった。著書に「廓堂庁影」がある。

坊城 俊章　ほうじょう・としあや
陸軍歩兵中佐 貴院議員 伯爵
弘化4年（1847）1月24日〜明治39年（1906）6月23日　出京都　名坊城俊政の長男（1852年）叙爵、元治元年（1864年）侍従となる。明治元年参与となり、ついで弁事、外国事務局権輔を兼任。同年三等軍将に転じ、旧幕艦隊の来攻に備えて摂泉防禦総督を命じられ、大坂警備にあたる。ついで旧官制の左少弁となる。2年両羽、三陸、磐城巡察使となり、陸軍少将に任じ、3年山形県知事に就任。4年知事を辞してロシア、ドイツへ留学し、7年帰国。11年家督を相続し、17年伯爵。陸軍歩兵中佐となり、日清戦争に従軍、台湾兵站司令官となった。30年予備役に編入され、貴院議員。　家四男＝坊城俊良（伊勢神宮大宮司・皇太后宮大夫）、孫＝坊城俊民（式部職嘱託）、坊城俊周（共同テレビ社長）

北条 直正　ほうじょう・なおまさ
初代兵庫県加古郡長
嘉永1年（1848）〜大正9年（1920）
歴兵庫県加古郡の初代郡長を務める。明治12年11月新聞に"兵庫県武庫郡は葡萄栽培に適した地質で、今度内務省勧農局の官吏が出張して土地を調べている"との記事が載っているのを目にして、即座に県と話をまとめ、内務省役人を現地調査に招く。一方で農民たちを説得して土地を確保し、13年3月には官営葡萄園を開園。これを契機にさらに国を動かして疎水建設計画の工費を引き出し、乾燥した印南野の台地に農業用水を確保する淡河川疎水建設を成功させた。

北条 弁旭　ほうじょう・べんきょく
僧侶（浄土宗）知恩寺住職
天保14年（1843）8月15日〜大正7年（1918）3月22日　生近江国蒲生郡安土村（滋賀県近江八幡市）
名号＝康誉、超雲　歴安政2年（1855年）近江（滋賀県）八幡・顧故寺の俊伊について得度し、浄土宗の僧となり、明治4年彦根の円常寺の住職となる。のち江戸・増上寺の闡誉教音の法を継ぐ。19年東京浅草の神吉町・幡随院に転任、宗務執綱より宗務顧問に進んだ。29年長崎・大音寺に転任、30年京都・知恩院執事などを経て、38年京都・大本山百万遍知恩寺の住職となり、41年管長代理を務め、44年大僧正に進む。増上寺の再建にも尽力した。山陰に巡錫中、大正7年3月島根県三隅村で没した。詩歌を好み、家集に「采花堂集」がある。

北条 元利　ほうじょう・もととし
岩手県知事
嘉永2年（1849）8月5日〜明治38年（1905）7月27日　出出羽国（山形県）　文久2年（1862年）家督を相続。検事を経て、明治33年岩手県知事。

星 亨　ほし・とおる
逓信相 衆院議員（政友会）東京市参事会員
嘉永3年（1850）4月〜明治34年（1901）6月21日
生江戸築地小田原町（東京都中央区）　名幼名＝浜吉、登　歴横浜で英語を学び、大阪の塾で陸奥宗光に英語を教えた。その縁で明治7年横浜税関長となった。同年英国留学、法律を修め10年帰国、11年官営附属代言人（弁護士）となる。15年自由党に入り「自由新聞」により藩閥政府を批判。16年福島事件の河野広中を弁護。17年官吏侮辱の罪に問われ、20年保安条例発布で東京を追われた。21年出版条例違反で入獄。22年出獄し、欧米漫遊。25年栃木県から衆院議員に当選、議長となったが、相馬事件の嫌疑を受け除名。次の選挙に当選、29年駐米公使。31年憲政党基盤の大隈内閣成立を知り帰国、憲政党を分裂させ、33年政友会創立に

参加、第四次伊藤内閣で通信相となったが、東京市疑獄事件で辞職。のち東京市議、市参事会員となり、政友会院内総務として活躍した。政敵も多く、34年6月剣客・伊庭想太郎により東京市役所内で刺殺された。

星 一　ほし・はじめ
星製薬創業者

明治6年（1873）12月25日～昭和26年（1951）1月19日　⽣福島県いわき市　学東京高商卒、コロンビア大学（米国）政治経済科〔明治34年〕卒　歴明治27年に渡米、7年間の留学中に英字新聞「ジャパン・アンド・アメリカ」を発刊。34年に400円を携えて帰国、製薬事業に乗り出し、43年星製薬を設立、のち星薬学専門学校（星薬科大学）を建学した。星製薬を"クスリハホシ"のキャッチフレーズで代表的な製薬会社に仕立て上げ、後に"日本の製薬王"といわれた。一方、41年衆院議員（政友会）に初当選。後藤新平の政治資金の提供者になるなど関係を深め、その世話で台湾産阿片の払い下げを独占した。そのため、大正13年に後藤が失脚したあと、召喚・逮捕（のち無罪）が続き、昭和6年には破産宣告をする。12年以後衆院議員に連続3回当選。戦後、22年4月第1回参院選で全国区から出馬、48万余票を得票してトップ当選。当時、「名前が覚えやすいから」と陰口をたたかれ、4年後米国で客死する。　家長男＝星新一（SF作家）

星島 謹一郎　ほしじま・きんいちろう
星島銀行頭取　貴院議員（多額納税）

安政6年（1859）6月15日～昭和17年（1942）2月2日　⽣備前国児島郡藤戸村（岡山県倉敷市）　字＝士信、号＝鳴龍　歴岡山県の素封家・星島啓三郎の長男。犬飼松窓の塾に学び、大阪で藤沢南岳に師事した。明治21年岡山県議、33年児島郡議となり、大正4年貴院議員。また、明治30年星島銀行を創立、頭取を務めた。　家長男＝星島義兵衛（実業家）、二男＝星島二郎（政治家）、父＝星島啓三郎（岡山県議）

星野 金吾　ほしの・きんご
陸軍中将

文久3年（1863）11月～昭和8年（1933）5月29日　⽣越後国村上（新潟県村上市）　旧姓・旧名＝松樹　学陸士（旧5期）〔明治15年〕卒、陸大〔明治23年〕卒　歴越後村上藩士・松樹南寿の四男に生まれ、のち伊勢長島藩士の伯父・星野包永の養嗣子となる。明治15年陸軍砲兵少尉となり、27年日清戦争には第三師団参謀として出征。近衛砲兵連隊長、第三師団参謀長、第六師団参謀長、陸軍大学校教官などを歴任。37年日露戦争には第一師団参謀長として従軍。40年関東都督府参謀長を経て、大正2年野戦砲兵監となり、砲兵科の改善・刷新を進めた。同年中将。5年第十七師団長を務めた。

星野 考祥　ほしの・こうしょう
民政家

文政6年（1823）～明治20年（1887）

⽣越後国中条村（新潟県）　通称＝理右衛門、忠三　歴文久3年（1863年）信濃川の支流、刈谷田川の堤防が決壊したことを発端とする地域農民の紛争において、江戸に出て訴訟のために尽くし、新発田藩領に勝訴をもたらした。また明治維新後は、北越地方の地租改正事業に尽くした。

星野 錫　ほしの・しゃく
東京印刷社長

安政1年（1854）12月26日～昭和13年（1938）11月10日　⽣江戸　歴姫路藩校に学び、明治6年印刷職工となった。20年印刷業視察に渡米、帰国後王子製紙入社。29年東京印刷株式会社を創立、専務、社長となった。以後、衆院議員、東京商業会議所副会頭、東京事業組合連合会会長などを歴任。また北海道拓銀、マレーゴム、大日本水産会、大日本製糖、東亜石油などの社長、役員を兼ね、政財界の世話役に任じた。

星野 庄三郎　ほしの・しょうざぶろう
陸軍中将

慶応3年（1867）4月～昭和6年（1931）1月22日　⽣越後国（新潟県）　学陸士〔明治25年〕卒、陸大卒　歴明治25年陸軍工兵少尉に任官。日露戦争には満洲軍総司令部参謀として出征。第六師団参謀長、満州駐屯軍参謀長、陸軍大学校教官、海軍軍令部参謀、大正5年参謀本部第三部長、8年野戦交通部長を経て、同年中将となる。その後も、9年参謀本部附、10年陸軍大学校校長、11年航空局長官、同年第九師団長などを歴任した。

星野 甚右衛門　ほしの・じんえもん
衆院議員　出雲商業銀行頭取

慶応1年（1865）～大正8年（1919）　⽣出雲国神門郡鵜鷺村（島根県出雲市）　幼名＝信三郎　学早稲田専門学校法政科・理財科卒　歴家は出雲国鵜鷺蔵の大地主で、代々甚右衛門を名乗る。上京して早稲田専門学校法政科・理財科に学び、卒業後に家督を相続。以後、星野合名会社を経営し、山陰汽船株式会社・荒谷銅山・中山石青鉱山・東亜製鉄など各会社の役員を歴任。また、出雲商業銀行の初代頭取に就任するなど、出雲地方経済界の重鎮であった。一方、明治25年には島根県議に当選し、次いで31年には衆院議員に選出された。

星野 仙蔵　ほしの・せんぞう
衆院議員（憲政本党）　剣道家

明治3年（1870）1月15日～大正6年（1917）8月26日　⽣武蔵国入間郡（埼玉県）　幼名＝安太郎　歴武蔵国福岡の船問屋・福田屋の長男。明治16年上京して湯島聖堂の漢学塾に学ぶ傍ら、剣の腕を磨く。27年家業を継ぎ、28年仙蔵に改名。29年入間郡議、32年埼玉県議を経て、37年衆院議員に当選、1期。41年引退。また、東上鉄道（現・東武東上線）の上福岡駅開設に尽力した。一方、若い頃より剣道に没頭し、野見「金是」次郎に直心影流、高野佐三

郎に小野派一刀流、根岸信五郎に神道無念流を学んでそれぞれの免許を受けた。当時日本一の剣豪といわれた高野佐三郎門下の四天王筆頭とされる。44年大日本武徳会より剣道教士の称号を受け、同年大日本帝国剣道型制定の委員も務めた。

星野　長太郎　ほしの・ちょうたろう
上毛繭糸改良会社頭取　衆院議員（大同倶楽部）
弘化2年（1845）2月3日～明治41年（1908）11月27日　生上野国勢多郡水沼村（群馬県桐生市）　歴上野国水沼村（現・群馬県桐生市）の地主で繭糸商を営む家の長男として生まれる。明治7年県の出資を受けて初の民間器械製糸である水沼製糸場を創業。9年には実弟である新井領一郎をニューヨークに派遣して民間初の生糸直輸入を試みたが、水沼製糸場の生糸だけでは少量のため、村内の座繰り上げ糸の仕上げ工程を共同する結社を作り、生糸の大量出荷を図った。13年群馬県下の製糸結社を統合した上毛繭糸改良会社を創設、頭取に就任し、群馬蚕糸業発展の基礎を築く。また群馬県議、副議長も務め、37年衆院議員に当選、1期務めた。　家弟＝新井領一郎（実業家）

星野　鉄太郎　ほしの・てつたろう
教育者　政治家　初代静岡市長　衆院議員
天保8年（1837）12月～明治42年（1909）4月10日　生駿河国駿府（静岡県静岡市）　名旧姓・旧名＝田宮　歴もと幕臣。嘉永6年（1853年）駿府町奉行与力見習となり、明治12年静岡県の富士郡長、安倍郡長、榛原郡長を経て、22年初代静岡市長に就任、3期務め、35年退任した。この間、静岡漆工学校校長、静岡高等女学校校長を兼任、御用邸の設定、第三十四連隊の設立などに尽力、地方自治の向上発展に貢献した。同年から衆院議員に当選2回。

細川　興貫　ほそかわ・おきつら
貴院議員　子爵
天保3年（1832）12月8日～明治40年（1907）9月11日　生江戸　名幼名＝辰太郎　歴常陸谷田部藩主・細川興建の長男。嘉永5年（1852年）家督を継ぎ、同藩第9代藩主となる。元治元年（1864年）水戸天狗党の乱に際して、日光東照宮の警護に従事。維新期には新政府軍の一員となり、慶応4年（1868年）藩兵を率いて京都の警備に当たった。明治2年版籍奉還により谷田部藩知事に任ぜられるが、4年には下野国茂木に移り、茂木藩に改称。廃藩置県後は華族に列し、23年には貴院議員に選ばれた。子爵。　家父＝細川興建（常陸谷田部藩主）

細川　潤次郎　ほそかわ・じゅんじろう
元老院議官　男爵
天保5年（1834）2月2日～大正12年（1923）7月20日　生土佐国高知（高知県高知市）　名幼名＝熊太郎、諱＝元、号＝十洲　学文学博士〔明治42年〕　歴土佐藩校に学んだ後、長崎や江戸で蘭学・兵法・航海術・英学を修めて、帰藩し、藩政改革に着手。維新後、明治2年に学校権判事となり、開成学校を開く。新聞紙条例・出版条例の起草を行った。4年工部少丞として米国留学を命ぜられ、帰国後少議官、中議官、二等議官と進み、6年印刷局長、9年元老院議官となり、刑法草案、治罪法草案の起草に参画。会社条例編纂にも携わる。23年元老院廃止に伴い、貴院議員に勅選、24年副議長に推される。26年～大正12年まで枢密顧問官。この間、女子高等師範学校校長、華族女学校校長など歴任。明治33年男爵。著書に「十洲全集」（全3巻）がある。

細川　千巌　ほそかわ・せんがん
僧侶（真宗大谷派）
天保5年（1834）1月25日～明治30年（1897）11月25日　生美濃国南条（岐阜県安八郡安八町）　名幼名＝善次郎、諱＝知海、現、号＝来々子　歴12歳で得度し、高倉学寮で学ぶ。安政3年（1856年）同寮の寮司となったのを経て、慶応元年（1865年）伯東寺の住職となる。また、法主の命によって長崎に赴き、キリスト教を視察したのがきっかけで、反キリスト教の立場をとった。明治維新後は明治2年員外擬講、4年擬講を歴任し、16年学寮で大乗法苑義林章を講じた。以後もしばしば安居の講師として学生の指導に当たり、19年副講、26年高倉学寮学監を経て、27年学階講師に就任。編著に「阿弥陀経商量記」「六要鈔講義」「選択集講述」などがある。

細川　広世　ほそかわ・ひろよ
元老院議官
天保10年（1839）9月25日～明治20年（1887）7月9日　生土佐国高岡郡佐川（高知県高岡郡佐川町）　歴医師の家に生まれ、野町養清に医術を学ぶ。明治2年東京府より医学校出仕を命じられ、大学少助教、4年文部省出仕。5年左院に転じ、6年左院三等書記官、7年二等書記官。10年元老院議官。　家長男＝細川風谷（講談作家）

細川　護成　ほそかわ・もりしげ
貴院議員　侯爵
慶応4年（1868）8月3日～大正3年（1914）8月26日　生肥後国（熊本県）　学学習院卒　歴英仏に留学、明治26年襲爵、27年帰国して貴院議員となった。叔父long細川護良子爵の影響で東亜問題に関心、東京・目白の東亜同文書院第2代院長となった。のち、東亜同文会副会長として中国各地を巡遊。中国留学生のための同院充実に努め、日華親善に尽力した。　家父＝細川護久（肥後熊本藩主）、弟＝細川護立（侯爵・国宝保存会長）、叔父＝長岡護美（子爵・東亜同文会副会長）

細川　護久　ほそかわ・もりひさ
熊本藩知事　貴院議員　侯爵
天保10年（1839）3月1日～明治26年（1893）8月30日　生肥後国熊本城下町花畑邸（熊本県熊本市）　名別名＝長岡澄之助　歴旧熊本藩主・細川斉護の二男。兄・韶邦の世子となり、文久3年藩主名代として上洛、幕末の政局にあたる。明治3年兄に代

わって熊本藩知事となり、進歩的な藩政改革を推進。4年には古城医学校、熊本洋学校を設立して開明的な教育に尽力した。のち侯爵を授けられ貴院議員を務める。

細川 義昌　ほそかわ・よしまさ
衆院議員（政友会）高知県水産組合頭取
嘉永2年(1849)11月～大正12年(1923)2月23日
[生]土佐国吾川郡秋山村（高知県高知市）　[名]旧姓・旧名＝島村、幼名＝伝太郎、善萬　[歴]父の薫陶を受け長谷川流居合の免許皆伝、土佐藩校・致道館にも通った。戊辰戦争には高松征討に参加し、廃藩置県の際には藩兵として上京、御親兵砲兵軍曹として在京。帰県後、自由民権運動に参加、14年自由党に入り、秋山村長、吾川郡議、高知県議・副議長などを経て、41年衆院議員（政友会）に当選1回。20年の大同団結運動では保安条例による退去命令に応じず禁固刑を受け、22年憲法発布に際し特赦放免となった経歴を持つ。一方、高知県水産業組合頭取、土佐遠洋漁業社長、土陽新聞社社長、土佐慈善協会評議員など社会事業での活動も多く、特に、31年から13年間務めた水産組合頭取として、高知県の近代漁業確立に多大の功績を残した。また18年片岡健吉らと共に高知教会でキリスト教の洗礼を受け、母・梶、妻・千鶴子以下子息も一同キリスト教徒となり、高知教会および地元に設置された秋山講義所での布教活動にも尽力した。大正3年政治から完全に引退し、高知市内から秋山村に帰って自適の生活を送る。細川家伝来の近世・近代資料約1万数千点が「細川家資料」として高知市立自由民権記念館で収蔵、展示されている。

細野 次郎　ほその・じろう
実業家　衆院議員（亦楽会）
慶応3年(1867)～大正5年(1916)6月15日
[生]上野国伊勢崎（群馬県伊勢崎市）　[歴]東京帝国大学選科で法律を学び、明治23年郷里伊勢崎に商業銀行、また鉱山業を経営した。35年以来群馬県から衆院議員当選3回、中立議員として活躍。日露戦争開戦前に対露同志会の一員として開戦を主張、のち日露講和条約締結反対を唱え、38年9月5日の非講和国民大会が一転して日比谷焼打事件に発展するに及び、投獄された。のち無罪となり、長く東京日本橋に住んだが、任侠の人として"上州長脇差"といわれた。

細野 辰雄　ほその・たつお
陸軍少将
明治5年(1872)～昭和10年(1935)2月22日
[生]石川県　[学]陸大卒　[歴]日清・日露戦争やシベリア出兵に従軍。陸軍大学校兵学教官、第六師団参謀長、歩兵第二十一旅団長を歴任した。陸軍少将。

細谷 十次夫　ほそや・じゅうだゆう
開拓使権少主典
弘化2年(1845)～明治40年(1907)5月6日
[生]陸奥国仙台（宮城県仙台市）　[名]諱＝直英　[歴]

石の下士の家に生まれ、早く両親を失ったが、普請方役人として頭角を現わし、戊辰戦争で近在の博徒などを募り衝撃隊を組織。黒ずくめの服装で"からす組"と呼ばれ、白河城奪取作戦などに活躍、この功により小姓頭に抜擢され、200石を加増された。藩の降伏後は逃亡。家跡没収蟄居を命ぜられたが、のち赦され、明治5年北海道の開拓使権少主典となる。その後磐前県に転じ、西南戦争に従軍。宮城県五等属として勧業事務に従い、27年日清戦争に従軍し、のち満州、台湾で活躍した。

細谷 安太郎　ほそや・やすたろう
海軍省造船上師　高田商会パリ支店長
嘉永4年(1851)3月26日～大正10年(1921)8月5日
[生]江戸　[歴]幕臣細谷喜三郎の長男として生まれる。幕命により横浜仏蘭西語学所伝習生として語学を学ぶ。慶応3年(1867年)幕府の第一回遣仏留学生に選ばれるが、横浜で通訳が必要となったため田島応親らと共に派遣延期。明治維新の際、最後まで幕臣として奮戦し、五稜郭の戦いでは新政府軍と戦って負傷した。フランス語に優れていたため明治5年横須賀造船所に入って通訳となり、運輸事務主任として構内機材の管理なども担当。同年倉庫掛一等訳官に就任、報告書の記入もフランス人上司への報告も全て自身の達者なフランス語を用いて行ったという。次いで海軍省に転じ、同一等属や造船上師などを歴任。退官後は民間の高田商会に入社し、長きに渡ってパリ支店長を務めた。のち高田商会を辞し、一時期は個人で貿易に従事したが、肋膜炎に罹って茅ヶ崎に隠退した。

法性 宥鑁　ほっしょう・ゆうばん
僧侶　真言宗泉涌寺派管長
万延1年(1860)～昭和4年(1929)11月10日
[生]越後国（新潟県）　[歴]11歳で出家し高野山で学び、真言宗の僧となる。高野山遍光院の住職を経て、大正13年京都泉涌寺派管長に就任した。

堀田 正忠　ほった・まさただ
大阪控訴院検事
安政6年(1859)12月27日～昭和13年(1938)3月11日　[生]千葉県　[歴]明治6年司法省顧問ボアソナードの住み込み書生となり、法典の翻訳、編集の手伝いをして法律知識を得る。16年ボアソナードの推薦を受け、福島事件の検察官となった。高田事件でも主任検事となり"国事犯の堀田か、堀田の国事犯か"といわれる。19年大阪控訴院詰に転じ、大阪事件を担当。この間、関西法律学校（現・関西大学）創立に関わり、治罪法などを講じる。22年講師、及び検事を辞し、大阪毎日新聞社に入社。23年第1回総選挙に立候補した。また、東京法学社（現・法政大学）創立にも関わった。著書に「刑法釈義」「治罪法要論」「仏国会社法要論」などがある。

堀田 正養　ほった・まさやす
逓信相　貴院議員　子爵
弘化5年(1848)2月28日～明治44年(1911)5月10

日 生出羽国由利郡亀田(秋田県由利本荘市) 名旧姓・旧名=岩城,幼名=駒之助,三四郎 歴亀田藩主岩城隆水の八男に生まれ,文久3年(1863年)近江国宮川藩主堀田正誠の養子となり,家督を継ぎ,最後の宮川藩主となる。明治2年版籍奉還により宮川藩知事となり,4年廃藩後,東京赤坂,下谷,深川などの各区長を歴任。17年華族令発布により子爵。23年貴院議員に当選,研究会,尚友会の設立に参加。41年第一次西園寺内閣で通信大臣に就任。その間,東京府会副議長,東京十五区会議長,鉄道会議員,鉄道国有調査会委員長の他,日本興業銀行,南満州鉄道(満鉄)などの設立委員を務めるなど,旧諸侯出身者のうち有為の人とみられ,特に鉄道政策への造詣が深かった。

堀田 貢 ほった・みつぐ
内務次官
明治9年(1876)1月28日～大正15年(1926)2月3日 出福島県 学東京帝国大学卒 歴明治37年大学を卒業して直ちに内務省に入り千葉県事務官,大正4年京都府内務部長となり,欧米視察を経て,内務省土木局長となる。のち福島県から衆院議員に立候補して敗れたが,政治家・水野錬太郎の知遇を得て起用され警視総監となり,ついで内務次官に進んだ。11年病気となり一進一退の病状にあったが,15年2月没した。

堀田 康人 ほった・やすひと
弁護士 衆院議員(自由党)
安政2年(1855)3月～大正10年(1921)1月21日 出尾張国(愛知県) 歴漢学を修め,のち京都で法律・政治学を学び,代言人(弁護士)となり,ついで弁護士の業務に従事し,京都弁護士組合会長,京都弁護士会会長を務める。京都府議,京都市議・議長を経て,明治27年衆院議員(自由党)に当選1回。40年第十六師団誘致問題で反対派に襲撃された。

堀田 連太郎 ほった・れんたろう
衆院議員(憲政本党)
安政4年(1857)4月29日～大正4年(1915)12月20日 出信濃国松代(長野県長野市) 学東京大学採鉱冶金科〔明治14年〕卒 歴明治14年農商務省に出仕の後,15年三菱へ入社。同年6月を経て,28年欧米の鉱山を視察する。帰国後,30年農商務省鉱山技監となり,3年間かけて足尾銅山の鉱毒除去にとり組む。31年以来衆院議員に連続5回当選。鉄道国有調査会委員などを務める。37年以降柵原鉱山,44年からは日本鉱業会社の経営にも携わった。

堀 栄一 ほり・えいいち
大審院判事
慶応2年(1866)7月2日～昭和3年(1928)12月6日 出長門国(山口県) 名旧姓・旧名=木川 学帝国大学卒 歴木川家に生まれ,堀真五郎の養子となる。大正5年大審院判事となり,東京帝国大学法学部講師を兼ねた。 家養父=堀真五郎(大審院判事)

堀 三太郎 ほり・さんたろう
実業家 衆院議員(政友会)
慶応2年(1866)8月～昭和33年(1958)7月19日 出福岡県 歴福岡県でいくつもの炭鉱を経営し,貝島・麻生・伊藤・安川と並び"筑豊の五大炭鉱主"と呼ばれた。銀行も経営,九州経済界で重きをなしたが,晩年は事業を整理して引退した。大正4年衆院議員に当選,1期務めた。

堀 真五郎 ほり・しんごろう
大審院判事
天保9年(1838)閏4月11日～大正2年(1913)10月25日 生長門国萩(山口県萩市) 名本名=堀義彦,号=水石 歴万延元年(1860年)萩を脱して中国諸藩を遊歴したのち,2年帰萩して松下村塾に潜伏。文久2年(1862年)久坂玄瑞らに推されて薩摩に行き,のち上京して寺田屋事件に遭う。同年品川御殿山の英国公使館焼討ちに参加。3年八月十八日の政変後山口に帰り,八幡隊を編成してその総管となる。慶応2年(1866年)幕長戦では八幡隊参謀として各地を転戦した。明治元年討幕軍の中軍として福山城を攻略し,大坂の守衛に任じた。維新後,内国事務局権判事となって箱館裁判所に赴任。8年判事となり,以来,東京裁判所勤務,大審院詰,金沢裁判所長,水戸始審裁判所長,大審院評定官,東京始審裁判所長を歴任し,23年大審院判事に進み退官した。著書に「伝家録」がある。

堀 藤十郎 ほり・とうじゅうろう
実業家
嘉永6年(1853)6月18日～大正13年(1924)10月6日 生石見国鹿足郡畑迫村(島根県鹿足郡津和野町) 名戸籍名=礼造,字=礼助,号=楽山 歴生家は鉱山家として代々,笹ケ谷鉱山を経営。津和野藩校の養老館に学ぶが,明治4年同校の廃校に伴って家業に従事。8年23歳で家督を継ぎ,15代藤十郎を襲名した。以来,笹ケ谷をはじめ,山口・鳥取・京都・大阪などの各府県で鉱山事業を展開し,「中国の銅山王」の異名をとった。また,鉱山労働者とその家族のために25年には畑迫病院を開設。大正3年には石見水力電気株式会社を設立し,発電所を建設するなど地域の発展にも寄与するところが大きかった。第一次大戦後,不況の到来を見越して笹ケ谷と石ケ谷以外の全鉱山を売却。

堀 二作 ほり・にさく
高岡市長 富山県会議長
嘉永2年(1849)～昭和14年(1939)1月11日 生越中国(富山県) 歴明治6年から郷里射水郡作道村(現高岡市)戸長,村長を務め,治水,道路改修,農事改良,産業振興を指導,29年庄川はんらんによる全村流失には復旧工事に全力を尽くした。23年富山県議,25年県会議長,同年高岡市長。自由党,政友会所属。のち高岡市長に再任され,射水郡農会長,私立高岡教育会長なども務めた。

堀 基　ほり・もとい
開拓史屯田事務局長　貴院議員（勅選）
天保15年（1844）6月15日～明治45年（1912）4月8日　[生]薩摩国鹿児島城下（鹿児島県鹿児島市）　[歴]薩摩藩士。江川太郎左衛門（江川英龍）の塾に入って砲術を学び、のち勝海舟について航海術を学ぶ。鳥羽・伏見の戦いに従軍後、箱館裁判所の監察となり、2年開拓使に転じ、8年開拓判官に進んで、主に樺太に在勤してロシアとの交渉にあたった。10年准陸軍大佐兼開拓判官となり、開拓大書記官を兼任。同年4月熊本に出兵し西南戦争に従軍した。戦後北海道に戻り、屯田事務局長となり、15年杉浦嘉七らと北海道運輸会社を設立し海運業を始める。のち日本郵船会社理事、北海道庁理事官などを歴任し、27年貴院議員に勅選された。

堀内 伊太郎　ほりうち・いたろう
実業家
慶応4年（1868）1月27日～昭和6年（1931）4月29日　[生]信濃国伊那郡青島村（長野県伊那市）　[名]号＝槐堂　[学]和仏法律学校中退、東京薬学校　[歴]17歳で上京し和仏法律学校に入り法律家を志したが、中途で東京薬学校に転じた。漢方医・浅田宗伯の教えを受けて、明治20年に父・伊三郎が創製した御薬さらし水飴の製造・販売に力を注ぐ。のち浅田飴と改め浅田飴本舗を営んだ。実業家として名を成すと、神田区議、東京市議、東京府議を務め、市政・府政に貢献した。雅号を槐堂と称し、晩年は書道に励み一家をなした。

堀内 三郎　ほりのうち・さぶろう
海軍中将
明治2年（1869）12月6日～昭和8年（1933）12月20日　[生]丹波国篠山（兵庫県篠山市）　[名]旧姓・旧名＝吉原　[学]海兵（第17期）〔明治23年〕卒、海大〔明治32年〕卒　[歴]丹波篠山藩家老・吉原利恒の三男で、同藩士・堀内家の養子となる。明治25年海軍少尉に任官。41年第一艦隊先任参謀、45年宗谷艦長、大正2年筑波艦長、同年海軍兵学校教頭兼監事長、3年教育本部第一部長、4年第一艦隊参謀長、6年横須賀鎮守府参謀長、7年砲術学校長兼水雷学校長を経て、8年練習艦隊司令官。同年海軍中将に進み、9年海軍省軍事局長、11年海軍大学校長、12年海軍司令部次長、13年横須賀鎮守府司令長官。14年予備役に編入。

堀内 寿太郎　ほりうち・じゅたろう
実業家
文久3年（1863）11月12日～大正9年（1920）11月2日　[生]土佐国高知城下水通町（高知県高知市）　[歴]11歳で父を亡くし、12歳から商店に奉公に出て、のち製紙職工となる。郷里の高知県で製紙技術を学び、明治15年20歳の時に妻と共に上京、数年後に小石川に製紙工場を開く。「キレー紙」と名付けた桃色の化粧紙を発明・販売、評判を得て事業を拡大し、第1・第2工場を建設して職工約500名を擁

するまでに繁盛した。

堀内 誠之進　ほりうち・せいのしん
西南戦争で挙兵した志士
天保13年（1842）10月～明治12年（1879）10月　[生]土佐国高岡郡仁井田村柿本山（高知県高岡郡四万十町）　[名]旧姓・旧名＝島村安範、名＝安春　[歴]土佐の郷士で庄屋を務めていた島村文蔵の二男。同郷の羽田恭輔らと国事に奔走、明治2年長州で捕らえられ1年間入獄。征韓論を唱える備前の丸山作楽に従い反政府運動に参加、4年朝鮮渡航を企てたが、またも捕らえられて終身禁固となり、鹿児島獄舎に移送された。10年保釈。西南戦争が起こると西郷軍に入り、桐野利秋、林有造の連絡役を務めた。土佐に帰り、同士たちと反政府運動に加わったが、11年政府軍に自首して再び逮捕、12年10月滋賀県大津で獄死した。

堀内 仙右衛門　ほりうち・せんえもん
篤農家　南陽社社長
天保15年（1844）～昭和8年（1933）　[生]紀伊国那賀郡安楽川村（和歌山県紀の川市）　[名]別名＝堀内為左衛門　[歴]紀伊那賀郡の庄屋の家に生まれる。はじめ醤油や酒の醸造を業とするが、明治2年に有田や宇治を視察して温州ミカンや茶の有望性に着目し、帰郷してそれらの栽培を開始した。百合山を開き、ミカン栽培に従事。10年仲買人から生産者を守るため、同業でのちに「ネーブル柑橘全書」を著述（森重之丈との共著）。堂本秀之進らとミカン出荷組合の南陽社（のち改進社に改称）を結成し、販路を全国に広げた。18年には温州ミカンを米国カリフォルニアに輸出するが、同地の名産ネーブルオレンジの前に苦戦した。そこで、ネーブルオレンジの苗2本を入手し、ミカンへの接木の方法を編み出すなど栽培に工夫を凝らし、その普及に成功。35年には日本産のネーブルを米国に逆輸出するまでに至った。その他、河川改修や道路工事などにも功があり、緑綬褒章を受けた。　[勲]緑綬褒章

堀内 千万蔵　ほりうち・ちまぞう
郷土史家　長野県塩尻村長
明治1年（1868）～昭和21年（1946）　[生]信濃国筑摩郡平田村（長野県松本市）　[名]旧姓・旧名＝百瀬、号＝葵堂　[専]長野県　[学]松本中卒　[歴]松本中学卒業後、筑摩郡塩尻の堀内家の養子となる。明治31年塩尻村長に就任し、36年まで在職。44年再び村長に選ばれ、大正6年まで務めた。晩年は松本に住んで郷土史研究に没頭し、「安筑史料叢書」「信濃二千六百年史」「松本市史」などの編纂に協力した他、松本史談会の指導に当たった。囲碁好きとしても知られ、その邸宅には多くの碁客が訪れたという。編著に「塩尻地史」「信濃戦国時代史」などがある。

堀内 文次郎　ほりうち・ぶんじろう
陸軍中将　日本スキー界の草分け

文久3年(1863)9月17日～昭和17年(1942)3月14日 ⑰信濃国松代(長野県長野市) ⑳攻玉社、陸士(旧7期)〔明治18年〕卒 ㊥松代藩士の子に生まれる。明治27年陸士教官、31年台湾総督府副官、34年参謀本部副官。日露戦争中は大本営陸軍部副官となり、38年「陸軍省沿革史」を執筆、39年新潟県高田の歩兵第五十八連隊長、第一次大戦時には歩兵第二十三旅団を率いて青島を攻略した。大正5年中将で予備役。のち平安中学校長、満蒙学校長。愛国婦人会創立者の一人で、昭和17年大日本婦人協会顧問。また歩兵第五十八連隊長時代の明治44年、オーストリア派遣武官レルヒからスキーを学び、日本スキー界の草分けとなった。

堀江 芳介　ほりえ・よしすけ
陸軍少将 衆院議員

弘化2年(1845)3月3日～明治35年(1902)3月27日 ⑰長門国(山口県) ㊥幕末、奇兵隊に参加し、戊辰戦争などで戦功を立てた。明治2年大阪兵学寮に入って陸軍軍人となり、のちフランスに留学。10年の西南戦争には第二師団参謀長として従軍。16年には陸軍少将に昇進し、陸軍戸山学校校長や近衛歩兵第一旅団長などを歴任した。22年元老院議官に転じるが、23年の第一回総選挙に出馬・当選し、衆院議員となった。また、山口県の阿月村長を務めるなど、地方自治でも活躍した。

堀尾 貫務　ほりお・かんむ
僧侶(浄土宗) 増上寺住職

文政11年(1828)1月7日～大正10年(1921)4月25日 ⑰尾張国名古屋(愛知県名古屋市) ㊪号=総蓮社安誉住阿 ㊥尾張藩士の子として生まれる。幼時より出家の志を持ち、天保3年(1832年)に寿経寺(浄土宗)の法随に従って剃髪得度。次いで弘化元年(1844年)江戸に出て芝増上寺に入り、智典に師事。弘化2年(1845年)宗戒相承。その後、名古屋の寿経寺・養林寺を経て慶応3年(1867年)より高岳院の住職を務める。明治14年京都の大本山清浄華院に転じ、さらに23年には知恩院に移った。日清戦争に際しては全国を巡って軍用金を募り、政府に寄付。その足跡は全国に遍く、説法によってその感化を受けた者は10万人以上と言われるほどに、35年には全国の宗徒に推されて芝増上寺の住職に就任。また僧職の傍らで社会福祉にも携わり、常に貧民救済に心血を注いだほか、36年の東北凶作や44年の岩手県下洪水などでも被災者の救恤に当たった。他方、教学院議員や浄土専門学校長を務めるなど、教育活動にも熱心であった。44年増上寺が火災で焼き落ちると、再建の募金活動に奔走。大正10年苦心の末に同本堂が完成し、棟上式を挙行、その御忌法要を主導したが、高齢のため身体を壊し、間もなく入寂した。

堀川 乘経　ほりかわ・じょうきょう
僧侶(浄土真宗本願寺派)

文政7年(1824)～明治11年(1878)6月25日 ⑰陸奥国下北郡川内村(青森県むつ市) ㊪初名=法恵 ㊥下北郡川内村願乗寺に生まれる。天保12年(1841年)蝦夷地に渡り、同地の実情などを調査したのち、安政4年(1857年)幕府の許可を得て、箱館、小樽などに寺院を建立し、浄土真宗本願寺派の先駆となって布教活動に尽力した。一方で、安政6年(1859年)箱館の亀田川開削工事を手掛けて地元住民に大いに喜ばれ、また交通の便を向上させた功により幕府から土地を受け、そこに傷病兵や困窮民の救済施設を創設した。明治10年本願寺函館別院の初代輪番に任ぜられた。なお、長女トネは地震学者ジョン・ミルンの妻となり、四男道太郎は学校を経営するなど、一族の多くが箱館の文化に寄与した。

堀川 新三郎　ほりかわ・しんざぶろう
染色業者

嘉永4年(1851)9月3日～大正3年(1914)10月27日 ⑰大坂 ㊥はじめ大阪の洋反物問屋・笠井商店の手代を務めるが、のち独立。明治12年京都の広行社染工場の経営を引き継ぎ、染色業に乗り出した。当時、染色されたモスリンは専ら外国からの輸入品に頼っていたが、彼は国産品の開発を志し、染法の改良を進めて14年頃には移し染法を考案。これで輸入モスリン生地に友禅模様を染め抜き、モスリン友禅として販売して、好評を博した。30年欧米を視察し、英国で捺染機械を購入して帰国、京都に捺染工場を開き、日本における捺染工業の先駆者となるが、晩年は事業に行き詰まり、不遇であった。

堀河 武子　ほりかわ・たけこ
女官 権掌侍

天保6年(1835)7月～明治40年(1907)1月29日 ⑰京都 ㊪通称=菊の命婦 ㊥公卿・堀河宣弘の三女として生まれる。天保14年(1843年)より准后朔平門院夙子(のちの英照皇太后)に仕える。弘化4年(1847年)に女御となり、明治元年からは年寄として現孝明天皇の皇后美子(照憲皇后)に近侍。4年には権命婦に任ぜられ、菊の命婦の称を得た。その後、権掌侍の待遇で皇太子明宮(のちの大正天皇)御用掛や花御殿勤務などを歴任。39年に退官し、40年1月の死去と同時に正五位を追贈された。㊁父=堀河宣弘(公卿)

堀河 康隆　ほりかわ・やすたか
明治天皇侍従

天保7年(1836)2月15日～明治29年(1896)1月2日 ⑰京都 ㊥堀河親賀の長男。弘化4年(1847年)元服して昇殿を許され、嘉永元年(1848年)刑部大輔、元治元年(1864年)侍従。この間、安政5年(1858年)日米修好通商条約調印の勅許阻止を図る公家88人の列参に参加。明治2年明治天皇の侍従となり、以来20年余にわたって側近として仕えた。㊁父=堀河親賀(公卿)

堀木 忠良　ほりき・ただよし
三重県議

天保14年(1843)8月〜大正2年(1913)2月
［出］伊勢国(三重県四日市市)　［名］号＝茹亭　［歴］明治6年三重県四日市で英語学校の国語教師となる。22年四日市町長を経て、三重県議。

堀口 九万一　ほりぐち・くまいち
随筆家 駐ルーマニア公使

元治2年(1865)1月28日〜昭和20年(1945)10月30日　［生］越後国長岡(新潟県長岡市)　［名］号＝長城　［学］帝国大学法科大学法律学科〔明治26年〕卒　［歴］越後長岡藩士の長男で、父は戊辰戦争で戦死。明治18年司法省法学校に入学。26年帝国大学法科大学を卒業、27年第1回外交官領事官試験に合格して朝鮮国仁川に赴任。28年閔妃殺害事件に関与して非職となり広島獄に収監されたが、29年復職。同年清国、オランダ、31年ベルギー、33年ブラジルに赴任。35年アルゼンチンに出張し、同国が建造していた巡洋艦2隻をロシアに先んじて購入することに成功。両艦は「日進」「春日」と命名され、日露戦争で活躍した。39年スウェーデン、42年メキシコ、大正2年スペインと転じ、7年駐ブラジル公使、12年駐ルーマニア公使。14年退官。この間、明治41年万国著作権保護同盟会議に日本代表委員として参加。また、メキシコ公使時代にはマデロ大統領がウエルタ将軍のクーデターにより監禁・殺害された際、その夫人や一族らを日本公使館に匿い助けたこともある。退官後は著述や講演を続け、昭和5年随筆集「游心録」を出版。漢詩をよくし、没後、長男の大学による日本語訳が付された「長城詩抄」が編まれた。他の著書に「南米及び西班牙」「外交と文芸」「世界と世界人」「世界の思い出」などがある。　［家］長男＝堀口大学(詩人・翻訳家)、孫＝堀口すみれ子(詩人・エッセイスト)、秋山光和(美術史家)、女婿＝秋山光夫(美術史家)

堀越 角次郎(1代目)　ほりこし・かくじろう
商人

文化3年(1806)1月15日〜明治18年(1885)8月25日　［生］上野国碓氷郡藤塚村(群馬県高崎市)　［名］本姓＝田島、名＝安平　［歴］村を追われて江戸に出て、同郷の呉服商堀越文右衛門の養子となり、天保14年(1843)本船町に呉服太物店を開業。横浜が開港となると、洋織物商を営んで巨富を得、さらに土地に投資して地価高騰により利益を上げた。のち横浜正金銀行の創立発起人となって総資本金の3分の1を引き受け、また株式投資にも手腕を発揮した。明治12年長男に家督を譲って隠居した。

堀越 寛介　ほりこし・かんすけ
衆院議員(憲政本党) 大日本生命保険社長

安政6年(1859)7月〜大正5年(1916)2月27日　［出］武蔵国(埼玉県)　［学］東京専門学校邦語政治科卒　［歴］川俣村議、埼玉県議を経て、明治23年第1回衆院総選挙に当選。その後37年まで通算4期務める。ま た大日本生命保険社長、東武鉄道監査役、自由新聞社長を歴任する。著書に「国会議員撰定鏡」「国務大臣責任概論」「立憲国民心得」がある。

堀越 善重郎　ほりこし・ぜんじゅうろう
実業家

文久3年(1863)5月3日〜昭和11年(1936)4月24日　［生］下野国足利郡三重村(栃木県足利市)　［学］東京法講習所〔明治16年〕　［歴］堀越好三の五男に生まれ、足利の川島長十郎、木村半兵衛の援助で東京商法講習所に学ぶ。明治17年木村の援助で渡米、ニューヨークのメーソン商会に入社し足利の羽二重絹織物を輸入する。18年日本支店支配人となり日米貿易の拡大に貢献。26年渋沢栄一、中上川彦次郎、益田孝らの後援を得て堀越商会を創立、ロンドン、パリ、ニューヨークなどに支店を設け大貿易商に。昭和11年の渡米は太平洋横断80回を数え"太平洋上の絹の橋"を架けたと評価された。同年ニューヨークで病死。

堀田 義次郎　ほりた・ぎじろう
滋賀県知事 衆院議員

明治7年(1874)4月〜昭和17年(1942)11月19日　［出］福岡県　［学］東京帝国大学法科大学政治学科〔明治35年〕卒　［歴］三重県、滋賀県、愛知県の内務部長を経て、大正8年滋賀県知事。13年退官して三重県から衆院議員に当選。昭和8〜17年大津市長を務めた。

堀部 彦次郎　ほりべ・ひこじろう
宇和島運輸社長 衆院議員

万延1年(1860)3月18日〜昭和5年(1930)8月30日　［生］伊予国宇和郡宮下村(愛媛県)　［歴］庄屋の二男に生まれる。明治19年愛媛県議を経て、25年衆院議員(自民党)に当選するが、1期限りで政界を退く。31年宇和島運輸社長となり以来死去するまで30余年間就任、南予海運界に貢献した。大正4年宇和島鉄道社長となり、12年宇和島―近永間の軽便鉄道を吉野生まで延長する。13年宇和島銀行頭取となり、宇和島商工会議所が結成されると初代会頭に就任。宇和島地方実業界の各方面に関与して指導力を発揮した。

堀本 礼造　ほりもと・れいぞう
陸軍工兵中尉

弘化5年(1848)1月3日〜明治15年(1882)7月23日　［歴］明治4年召集され陸軍に入営。11年陸軍少尉に任官、13年韓国伝習兵教官として朝鮮へ派遣される。15年4月陸軍中尉。7月壬午事変により暴徒に殺害された。

堀谷 紋助　ほりや・もんすけ
青森県議

文久3年(1863)2月19日〜昭和7年(1932)4月8日　［出］陸奥国津軽郡(青森県)　［歴］北海道磯谷郡で杉の植林をすすめた。青森県議、青森県一本木村長を歴任。

本郷 房太郎　ほんごう・ふさたろう
陸軍大将
安政7年(1860)1月24日～昭和6年(1931)3月20日
[生]丹波国篠山(兵庫県篠山市)　[学]陸士(第3期)〔明治12年〕卒　[歴]明治35年歩兵第四十二連隊長。日露戦争に出征後、38年7月少将となり俘虜情報局長官に就任、日露戦争の俘虜全員の引渡しに努力。この時、日本に帰化を願い出た2人の俘虜は逃走行方不明者として扱い、その願いをかなえたという逸話がある。その後、人事局長、教育総監部本部長、陸軍次官、第十七、第一各師団長、青島守備軍司令官を歴任、大正7年に大将、軍事参議官となった。10年には予備役に編入され、15年から日本武徳会長を務めたが、つねに“軍部愛”を提唱、将校連の親睦融和を説いた。

本庄 京三郎　ほんじょう・きょうざぶろう
実業家 教育家 関西工学専修学校創立者
慶応4年(1868)4月13日～昭和13年(1938)12月23日　[生]岡山県　[学]東京法学院〔明治24年〕卒　[歴]生家は岡山の素封家。東京法学院(現・中央大学)を卒業後、米国に留学し、信託制度を学んで帰国。大正5年頃、大正信託を設立。その後、7年甲陽土地、8年大阪カフェ・パウリスタ、9年有馬パラダイス土地などを経営。11年関西工学専修学校(現・常翔学園)を設立し、15年まで校主を務めた。

本城 清彦　ほんじょう・きよひこ
東京貯蔵銀行取締役支配人
嘉永5年(1852)9月10日～明治44年(1911)12月29日　[生]因幡国(鳥取県)　[歴]もと因幡鳥取藩士。明治維新後、実業を志し、12年第百銀行に入り、25年横浜支店長を経て、39年東京貯蔵銀行取締役となり、支配人を兼ねた。

本荘 堅宏　ほんじょう・けんこう
大陸浪人
文久3年(1863)～昭和9年(1934)12月20日
[生]筑後国久留米(福岡県久留米市)　[歴]筑後久留米の真宗東本願寺派の本庄寺住職・慈門の長男に生まれる。のち鹿児島造士館の漢学教師となり、ついで京都に出て真宗大谷学校の教師を務める。明治30年札幌に露清語学校が開設され教授として赴任。同校の閉鎖後、岩倉善久らと共に満州(中国東北部)、韓国、ロシアの各地を視察。日露戦争が始まると甲辰義会を組織して樺太(サハリン)海馬島を占領し、のち漁場を開いた。大正4年頃東京に日露郵報社を設けて両国事情の紹介に努め、6年末からセミョーノフ将軍を助けてシベリア独立を画策した。

本庄 波衛　ほんじょう・なみえ
事業家
万延1年(1860)11月20日～昭和3年(1928)10月6日　[生]讃岐国多度津(香川県仲多度郡多度津町)　[学]専修学校卒　[歴]年少にして上京、専修学校で法律学を学ぶ。のち九州・四国などで鉱山業に従事し、日露戦争に軍属として出征し満州(中国東北部)に渡る。その後も満州に留まり、大正元年鉄道敷設工事、5年炭鉱の経営に尽力し、学校を創設して中国人子弟に教育を施し、満州における朝鮮人の救済指導にも努めた。

本城 安太郎　ほんじょう・やすたろう
大陸浪人
万延1年(1860)～大正7年(1918)7月4日
[生]筑前国(福岡県)　[歴]筑前福岡藩士の子。明治9年上京し、新聞「日本」記者を経て、22年フランスに渡る。帰国後、陸軍の川上操六の知遇を受け、25年日清開戦に先立って軍の密命を受け中国・芝罘方面に渡る。日清戦争には陸軍通訳官として従軍。以来、北清事変、日露戦争、辛亥革命などで中国大陸の工作要員として偵察・裏面工作などに従事した。また、玄洋社社員、黒龍会同人として対支連合会、国民外交同盟会の評議員をつとめた。

本荘 了寛　ほんじょう・りょうかん
僧侶(真宗大谷派)
弘化4年(1847)～大正9年(1920)3月7日
[生]佐渡国相川(新潟県佐渡市)　[名]旧姓・旧名=笠野, 号=思水　[歴]佐渡(新潟県)相川の真宗大谷派光楽寺住職・笠野揀斎の長男に生まれる。思水と号し、明治元年金沢村の得勝寺住職を継ぐ。3年越後の青柳剛について漢学を修め、相川県の中教院訓導となり、8年東京で島地黙雷に西洋宗教を学び、帰郷後に「教法微言」を著す。のち小学校の教師を15年間務める。20年佐渡における初の月刊誌「北溟雑誌」を発行。また佐渡物産陳列会を設けるなど社会事業にも尽くした。著書に「佐渡地図」「佐渡水難実記」、日記に「竹窓日記」などがある。

本多 新　ほんだ・あらた
自由民権運動家
天保14年(1843)閏9月5日～大正3年(1914)1月12日　[生]出羽国村山郡十日町(山形県山形市)　[名]幼名=茂助, 号=暁山, 別名=新平　[歴]慶応元年(1865年)江戸に上り、儒学者の安井息軒に入門。蝦夷地の開拓を志して建言書の提出など様々な運動を行い、明治5年には開拓使に採用されて北海道に渡り、開拓事業に従事した。のち室蘭で宿屋兼銭湯を開く。傍ら、自由民権運動に挺身し、国会開設を目指して13年元老院に建言書を出したほか、各地の有志に檄文を送った。14年自由党の創立大会に北海道唯一の党員として参加し、北海道で同志を募って15年には自由党札幌支部を創設。憲法発布後も北海道の参政権獲得や鉄道敷設、室蘭地方の公共事業などに力を尽くした。

本多 主馬　ほんだ・しゅめ
僧侶(天台宗)
明治6年(1873)9月6日～昭和13年(1938)2月3日
[名]旧姓・旧名=石井　[専]仏教学　[学]真宗大学研究科卒　[歴]明治35～40年母校・真宗大学の教授となり、45年～大正4年後身の真宗大谷大学教授、更に

後身の大谷大学教授を経て、昭和12年同大学長に就任、宗学院指導を兼ねた。この間、安居次講に法華経を講じたこともあり、7年講師の最高学階を授かる。天台宗の権威で、日蓮宗の教義にも精通し、大谷大学学長就任後も日蓮宗の講義を続けていた。三重県四日市の専福寺住職。権僧正となり、のち僧正に追補された。著書に「入出二門偈講義」などがある。

誉田 甚八 ほんだ・じんぱち
陸軍歩兵大佐
明治2年（1869）12月29日〜明治42年（1909）5月30日 [生]加賀国金沢（石川県金沢市）[学]陸大〔明治31年〕卒 [歴]陸軍大学校在学中に日清戦争に会し、近衛歩兵第三連隊に入り出征、終戦後に復学し、明治31年卒業。32年参謀本員となり、以来戦史の編纂に従事する。北清事変には第五師団参謀として従軍、日露戦争には大本営で軍議に参じ、特に日清戦争・北清事変・日露戦争の3戦史は多くの部分を編修した。陸軍大学校教官も務めた。陸軍大佐。著書に「露国の行動」などがある。

本田 親雄 ほんだ・ちかお
枢密顧問官 男爵
文政12年（1829）9月6日〜明治42年（1909）3月1日 [生]薩摩国（鹿児島県）[名]通称＝弥右衛門、弥平 [歴]文久2年（1862年）の寺田屋事変の際には双方の負傷者の救護に尽力する。戊辰戦争時には海軍参謀兼任陸軍参謀となり、のち越後府権判事に転じる。他権大書記官、大書記官等歴任し、明治13年元老院議官となる。その後行政裁判所評定官、貴院議員、錦鶏間祗候を経て40〜42年枢密院顧問官を務める。功により男爵に叙せられた。

本田 恒之 ほんだ・つねゆき
弁護士 衆院議員
文久2年（1862）4月〜昭和9年（1934）2月4日 [生]肥前国島原（長崎県島原市）[名]旧姓・旧名＝下田 [学]専修学校〔明治18年〕卒 [歴]明治9年鹿児島に遊学、ついで上京し専修学校で法律、経済学を学んだ。東京で代言人（弁護士）となり、雑誌「法叢」を発行。28年長崎で弁護士を開業、長崎市弁護士会長、県会議員となった。また市会議員、県会議員も歴任当選。45年以来衆院議員当選7回、民政党に属し、司法政務次官となった。のち国民同盟に参加、同党顧問、長崎支部長を務めた。

本多 貞次郎 ほんだ・ていじろう
京成電鉄創業者 衆院議員（政友会）
安政5年（1858）1月7日〜昭和12年（1937）2月26日 [生]下野国宇都宮（栃木県宇都宮市）[家]下野宇都宮藩士の二男。明治15年工部省に出仕し、神戸、名古屋などにおける東海道線鉄道工事で現場監督を務めた。のち実業界に入り、厚張炭坑を設立して取締役。32年中央炭坑を開業。日本鋳鉄、豆相人車鉄道、葛飾瓦斯などの創立・経営にも関与した。36年東京市街鉄道会社工務課長。42年京成電気軌

道会社を創立して専務に推され、大正4年押上―市川間を開業させた後、順次千葉方面へ路線を延長。10年千葉までの開通とともにその初代社長に就任（昭和11年まで）、今日の京成電鉄の基礎を築いた。また、北総鉄道、武州鉄道、渡良瀬水力電気、大同電気などの重役も兼任した他、京葉地区での乗合バスや電灯供給事業を興し、同地区の産業発展に寄与した。一方で政界でも活動し、大正6年千葉県議を経て、9年から衆院議員を通算5期務めた。14年市川町長。同年帝国鉄道協会理事に選ばれ、昭和11年同副会長。[勲]藍綬褒章、勲四等瑞宝章

本多 日生 ほんだ・にっしょう
僧侶 日蓮宗管長
慶応3年（1867）3月13日〜昭和6年（1931）3月16日 [生]播磨国（兵庫県）[歴]姫路藩・国友氏の出身で母方の檀那寺姫路の日蓮宗妙満寺派妙善寺・本多日境の姓を継ぎ、12歳で出家。明治19年上京、哲学館（のちの東洋大学）に学ぶ。23年妙満寺派（のちの顕本法華宗）教務部長となる。急進的な宗門改革を唱え、一時宗門を追放されたが、28年復籍。38年管長。42年日蓮主義を研鑽する天晴会を結成、44年同様に女性対象の地明会を創り門下統合、布教に尽くした。大正7年労働者を対象に自慶会を、昭和3年国民対象の知法思国会を組織し、田中智学とともに近代日蓮教団の国家主義の傾向を体現した。著書に「大蔵経要義」など。

本多 政以 ほんだ・まささね
石川県農工銀行頭取 貴院議員 男爵
元治1年（1864）10月21日〜大正10年（1921）7月16日 [生]加賀国金沢（石川県金沢市）[名]幼名＝資松 [歴]加賀藩家老・本多政均の長男に生まれる。明治2年執政であった父が守旧派に暗殺され、6歳で家督を継ぐ。5年金沢で英数の学を修め、12年東京に出て小永井小舟に漢籍を学び、13年大阪で藤沢南岳に師事。のち織物工場経営の後、30年石川県農工銀行の設立に尽力し、31年頭取に就任。金沢実業会会長、七尾鉄道取締役なども務めた。33年男爵。37年貴院議員。

本多 正憲 ほんだ・まさのり
貴院議員 子爵
嘉永2年（1849）6月11日〜昭和12年（1937）5月3日 [歴]明治3年安房長尾藩を継ぎ、長尾藩知事となる。明治23年貴院議員。三島神社大宮司などを務めた。[家]父＝本多正貞、養父＝本多正訥（長尾藩主）

本多 正復 ほんだ・まさもと
宮中顧問官 子爵
明治6年（1873）12月23日〜昭和9年（1934）4月9日 [学]学習院高等科卒 [歴]宮内省に入り、東宮侍従、掌典次長、宮中顧問官を歴任。[家]父＝松浦詮（平戸藩主）、養父＝本多正憲（長尾藩主）

本多 道純　ほんだ・みちずみ
陸軍中将
文久1年(1861)6月2日～大正4年(1915)3月11日
[生]江戸 [学]陸士卒 [歴]陸軍士官学校を卒業して陸軍騎兵少尉となる。27年日清戦争には第四師団騎兵第四大隊長、37年日露戦争には騎兵第十六連隊長として従軍。この間、陸軍省軍務局騎兵課長を経て、39年騎兵第一旅団長、42年騎兵第三旅団長、44年軍馬補充部本部長を務める。大正元年中将となった。

本多 庸一　ほんだ・よういつ
牧師 教育家 日本メソジスト教会初代監督
嘉永1年(1848)12月13日～明治45年(1912)3月26日 [生]陸奥国弘前(青森県弘前市) [名]幼名=徳蔵 [歴]陸奥弘前藩士の長男。藩校・稽古館に学び、16歳で同校の司監に抜擢された。戊辰戦争に際しては菊池九郎とともに出羽庄内藩に派遣され奥羽越列藩同盟締結に奔走するが、藩論が勤王に傾いて弘前藩が同盟を脱退するとこれを不服とし、藩を脱けた。明治元年許されて帰藩し、3年藩命により横浜に内地留学して宣教師J.H.バラの薫陶を受けた。4年廃藩により一時帰郷するが、5年私費で再び横浜に遊学、バラより洗礼を受けた。7年菊池が創設した東奥義塾の塾頭に迎えられ宣教師のJ.イングと帰郷、11年塾長。この間、8年弘前キリスト公会を創設し、9年教派をメソジストに転じて弘前メソジスト教会とした。11年塾の関係者と政治結社・共同会を結成して自由民権運動に携わり、15年青森県議、17年同議長となるなど地方政界で活躍する傍ら、16年上京して築地の新栄教会で按手礼を受けて長老(正教師)となりキリスト教伝道にも努めた。20年東京英和学校(現・青山学院大学)教授に迎えられ、21年渡米。ドルー神学校で神学を修め、23年帰国後は東京英和学校総理(校長)に就任。以後40年まで在任して同校の父と称せられ、32年文部省訓令第12号で宗教教育が禁止された際もキリスト教主義学校各校の代表として政府との折衝を続け、実質的な権利回復にこぎ着けた。また、40年日本メソジスト教会の成立に伴い青山学院を辞してその初代監督となった。

本出 保太郎　ほんで・やすたろう
衆院議員(維新会) 大阪堂島米穀取引所理事
慶応3年(1867)9月～大正6年(1917)7月6日
[生]大坂 [歴]阪北土地、東洋生命保険の各重役を兼務し、大阪堂島米穀取引所理事を務めた。その間郡会議員となり、また大阪府郡部から衆院議員当選5回、維新会に属した。

本間 清雄　ほんま・きよお
外交官
天保14年(1843)3月27日～大正12年(1923)
[生]遠江国小笠郡平田村(静岡県菊川市) [名]幼名=潜蔵 [歴]医師・本間鶴翁の二男。14歳の時に家を出て横浜に赴き、米国人ヘボンについて語学を学ぶ。元治元年(1864年)ジョセフ・ヒコの知遇を得、筆記方として彼が発刊した日本初の民間新聞・海外新聞を助けた。慶応2年末(1866年)同紙が廃刊すると、海外渡航の機会を窺い、3年パリ万博に参列する徳川昭武の一行に従ってヨーロッパに渡った。明治維新後は外務省に勤務し、明治3年駐オーストリア代理公使としてヨーロッパに派遣。フランクフルトで紙幣製造監督を務め、7年ウィーンに赴任。西園寺公望ら歴代公使を補佐し、18年帰国。24年無任所弁理公使となり、26年退官。34年赤十字社常議員。また、植村正久の洗礼でキリスト教徒となり、東京神学校の後援にも力を尽くした。

本間 金之助　ほんま・きんのすけ
第四十八銀行頭取 貴院議員
弘化2年(1845)2月10日～昭和4年(1929)1月14日
[生]出羽国湯沢(秋田県湯沢市) [名]旧姓・旧名=山内 [歴]生地の湯沢で漢学者の芳賀修介に学ぶ。明治2年秋田藩の御用商人である本間家の養子となる。家業の小間物屋を継ぎ、一時は出版業も兼ねた。28年本誓寺の僧・笹原貫軒の発案により、貧しい家の子供たちのために私立福田小学校を開設した。のち銀行業にも携わり、第四十八銀行及び秋田貯蓄銀行頭取や貴院議員を歴任。 [家]弟=辻兵吉(実業家)

本間 源三郎　ほんま・げんざぶろう
山口県議 衆院議員(国民協会)
弘化3年(1846)1月～明治41年(1908)7月9日
[生]山口県嘉川村(山口市) [歴]山口県嘉川村の庄屋に生まれる。明治12年初代山口県議に当選。22年初代嘉川村長を経て、31年山口1区から衆院議員に当選。その間、山口県農会(農協)代表者を務め、コメの品種改良や技術指導にも尽力、40年には大日本農会から表彰された。

本間 三郎　ほんま・さぶろう
衆院議員(憲政会) 剣道家(範士)
安政6年(1859)3月～昭和3年(1928)12月26日
[生]上野国佐波郡赤堀村(群馬県伊勢崎市) [名]本名=本間応登 [専]念流剣術 [歴]群馬県赤堀村議、佐波郡議などを経て、大正4年から衆院議員(憲政会)に当選3回。一方、本間家伝来の念流剣術を修め、直心影流・無刀流も学び、9年大日本武徳会剣道範士となる。伊勢崎警察署、群馬県工業学校などで剣道を教えた。

本間 光輝　ほんま・みつてる
大地主 豪商
安政1年(1854)12月16日～大正11年(1922)4月30日 [生]出羽国酒田(山形県酒田市) [名]幼名=恕一郎,序一郎,源吉 [歴]酒田の大地主本間光美の長男として生まれ、明治8年酒田本間家7代目当主となる。父が行なった農事改良と地方事業の振興への努力を継ぎ、自らも公共事業に尽力、政府にも多額の献納金をおさめた。明治維新に際しては、70万両の巨資を献じて庄内藩主の磐城への移封を救っ

た。初代酒田町長を務め、21年本立銀行、30年本間農商、40年信成合成会社(本間店)を設立した。

本間 光弥 ほんま・みつや
実業家 本間家8代当主
明治9年(1876)9月26日~昭和4年(1929)7月31日
出山形県酒田 歴山形県酒田の大地主・本間家の8代目。本立銀行頭取、信成合資社長を務め、地域産業の発展に尽力する。また光丘神社を創建し、光丘文庫を設立するなど社会事業にも貢献した。

【ま】

真家 信太郎 まいえ・しんたろう
農業指導者 茨城県園部村長
明治2年(1869)9月8日~昭和6年(1931)6月4日
出茨城県園部村(石岡市) 歴若くして郷里の茨城県園部村の農会長に押され、郡農会副会長や村長を歴任。傍ら農事改良に力を尽くし、農業の先進地を自ら調査してその長所を導入。特に大豆の品種改良で知られる。明治33年には千葉県北条町(現・館山市)で野菜の促成栽培の視察。34年以降園部村でも促成栽培の試作を開始し、試行錯誤の末これを成功させた。大正5年園部村共同蔬菜促成移出組合を結成し、同村における商業的農業の礎を築いた。

蒔田 広孝 まいた・ひろたか
岡山県総社町長
嘉永2年(1849)2月4日~大正7年(1918)3月24日
生江戸 出岡山県 歴御書院番を務める旗本・蒔田家に生まれる。安政4年(1857年)備中国井手を知行する寄合の蒔田広運の養嗣子となり、安政5年(1858年)家督を相続し、7千石を領した。文久3年(1863年)以来、羽田や江戸市中の警備に功があり、同年1万石に格上げされ、知行地の備中国井手から同国浅尾に陣屋を移し、浅尾藩を立てた。元治元年(1864年)京都見廻役を命ぜられ、同年7月の禁門の変では長州藩兵の追討に活躍。しかし、そのために慶応2年(1866年)には長州藩奇兵隊の報復を受け、浅尾陣屋を襲撃された。4年新政府側の追求を避けるべく、備中松山藩攻撃に参加し、にわかに勤王派に協力。維新後、浅尾藩知事となるが、廃藩置県で東京に移住して華族に列し、子爵を授けられた。その後、浅尾に戻り、浅尾村長を経て明治41年初代総社町長に選ばれた。

前川 定五郎 まえかわ・さだごろう
鈴鹿川への架橋に尽力
天保3年(1832)11月9日~大正6年(1917)5月16日
生伊勢国鈴鹿郡甲斐村(三重県鈴鹿市甲斐町) 歴伊勢国鈴鹿郡甲斐村(現・三重県鈴鹿市甲斐町)に生まれ、18歳の時に前川家の養子となる。安政元年(1854年)安政の大地震のために養父が亡くなり家督を継ぐ。明治に入り関西鉄道が建設されると鉄道工事促進のため奉仕活動を行う。29年鈴鹿川甲斐の渡しを徒歩で渡る通行人のために私費で船を購入、無償で渡し船として運営するが、渡し船より橋を架けた方がよいと近隣に寄付を募り、同年川に杭を打ち込んで板を張った板橋を作り上げる。しかし、間もなく大雨のために流出したため、30年再び寄付を募り、自ら田畑を売り払って土橋を架橋。その後、より良い橋を架けるために募金をつづけ、鈴鹿郡長の知遇を得たことから郡と県からの出仕を受けて41年本格的な木造の大橋が完成、架橋に尽力した定五郎の名前を付けて"定五郎橋"と名付けられた。橋が完成した後も亡くなるまで毎日橋に通い、点検補修を行った。鈴鹿市の牧田小学校内に前川定五郎資料室がある。

前川 太郎兵衛(1代目) まえかわ・たろべえ
豪商
文政12年(1829)11月~明治43年(1910)11月29日
生近江国犬上郡高宮村(滋賀県彦根市) 歴地元の商家奉公を経て、万延元年(1860年)江戸に出て山下町に呉服太物小売店を開く。文久元年(1861年)日本橋堀留に移り、以後各種織物の小売・卸業で財をなし、大阪、伊勢崎、小樽などにも進出した。商才に長け、ついには都下有数の豪商となり、近江商人の立志伝中の偉材として知られた。文久2年(1862年)甥の信次郎を養嗣子とし、明治15年2代目太郎兵衛を譲った。家養子=前川太郎兵衛(2代目)、甥=前川善三郎(実業家)

前川 太郎兵衛(2代目) まえかわ・たろべえ
東京瓦斯紡績初代社長
嘉永5年(1852)1月27日~大正15年(1926)3月23日 生近江国犬上郡高宮村(滋賀県彦根市) 名=新助、信次郎 歴寺子屋で学んだ後、日本橋堀留で織物問屋を営んでいた叔父・初代前川太郎兵衛の下へ奉公に出る。文久2年(1862年)叔父の養嗣子となり、明治15年2代目前川太郎兵衛を襲名。この間、横浜から輸入される綿糸布を扱って利益を上げ、13年頃には本店の運営を任された。29年東京瓦斯紡績の初代社長となった。家養父=前川太郎兵衛(1代目)、兄=前川善三郎(実業家)

前川 槙造 まえかわ・まきぞう
衆院議員(無所属)
安政7年(1860)2月~明治35年(1902)7月12日
出大坂 学東京専門学校卒 歴大阪府議、徴兵参事員、地方衛生会委員を務め、明治27年衆院議員に初当選。35年に死去するまで連続4回当選。また朝日商社社長、中央セメント監査役なども務めた。

前島 豊太郎 まえじま・とよたろう
自由民権運動家 弁護士
天保6年(1835)7月5日~明治33年(1900)3月13日
生駿河国有度郡古庄村(静岡県静岡市) 歴幕末期

は郷里・駿河国古庄村の組頭や名主を務め、幕府寄りの行動をとった。維新後は戸長や静岡県出仕を歴任するが、間もなく辞して明治7年東京へ遊学。9年には代言人(弁護士)資格を取得し、静岡に代言人事務所・択善社を開業した(静岡県初の弁護士)。12年民権家の大江孝之らと自由民権団体・静陵社を設立。13年には静岡県議に選出されるが、備荒儲蓄法案の問題で同県令・大迫忠清と衝突し、14年に辞職した。同年、同志と共に攪眠社を結成。さらに国文学者・土居光華らを招いて「東海暁鐘新報」創刊し、民権思想を鼓吹した。しかし、同年10月に行った演説「事物変遷論」が讒謗律違反となり、逮捕・入獄。17年に出獄したのちも言論活動を続けるが、第1回・第2回の総選挙に立候補して連敗を喫し、25年に政治活動から身を引いた。

前島 密　まえじま・ひそか
逓信次官 北越鉄道社長 男爵
天保6年(1835)1月7日～大正8年(1919)4月27日
[生]越後国頸城郡下池部村(新潟県上越市)　[名]旧姓・旧名=上野,幼名=房五郎　[歴]越後の豪農・上野家に生まれる。弘化4年(1847年)江戸に出て医学を修め、のち幕府の箱館諸術調所で洋学を学ぶ。慶応2年(1866年)幕吏前島錠次郎の家を継ぐ。明治2年民部、大蔵の両省に出仕、3年駅逓権頭兼租税権頭。飛脚に代わる郵便制度調査のため渡欧、4年帰国し、国営による全国均一料金の近代的郵便制度の確立に尽くした。"郵便""切手"などの名称も考案。また、電話官業を制定するなど功多く、次いで内務少輔、同大輔、駅逓総官、勧業局長、元老院議官などを歴任。大隈重信と親交があり、"明治14年の政変"で大隈と共に辞職し、立憲改進党に参加。19年東京専門学校長、21年逓信次官をつとめたが、実業界に入り、北越鉄道、東館汽船、石狩石炭、日清生命保険など各社の重役に就任した。35年男爵に叙せられ、38年勅選貴院議員。国字改良論者としても有名で、晩年文部省の国語調査会委員になった。

前田 孝階　まえだ・こうかい
宮城控訴院院長
安政5年(1858)1月10日～明治43年(1910)4月13日　[生]加賀国(石川県)　[学]司法省法学校〔明治17年〕卒　[歴]明治17年司法官となる。19年欧州に留学。のち東京地裁所長となり、38年宮城控訴院長を務めた。

前田 駒次　まえだ・こまじ
政治家 開拓者 北海道議
安政5年(1858)1月14日～昭和20年(1945)2月20日　[生]土佐国長岡郡下関村(高知県長岡郡本山町)　[名]旧姓・旧名=志和　[歴]明治12年前田家の婿養子となり、のち家督を相続。自由民権運動に加わり、20年に上京して武市安哉らと三大事件建白運動を推進するが、保安条例によって東京からの退去を命ぜられ帰郷。23年故郷本山村の助役となる。26年キリスト教に入信、自宅を教会に提供して基督教団高須講義所を設立した。同年7月武市らとともに北海道浦臼に入植し、聖園農場が出来ると武市を補佐してその経営を助けた。武市の死後はその中心人物として農事・教育・布教・入植者の受け入れと多方面に活躍。28年北光社の要請でクンネップ原野(現・北海道北見市)調査に携わる。30年開拓指導者として同地に移住、北光社農場で農業試験に従事するとともに、農会書記として開拓地をよく取りまとめ、鉄道敷設運動にも参加。37年北光社支配人・同農場長。40年北海道議に選ばれ、以後7期を務めその間に副議長・議長を歴任した。また大正4年には野付牛村長を兼任。開拓者・政治家としてクンネップ原野の開拓と北見の発展に尽くした功績は大きく、「北見開拓の父」と呼ばれる。

前田 荘助　まえだ・しょうすけ
治水家 虎姫村戸長
文政12年(1829)8月9日～大正13年(1924)12月2日　[生]近江国東浅井郡虎姫(滋賀県長浜市)　[歴]元治元年(1864年)36歳の時に村の庄屋となる。明治5年戸長となり、以後21年に渡って民政に尽力。特に治水事業で大いに治績を上げ、豪雨の際の田川と高時川の合流点における水害に対処すべく、高時川の下にカルバート(トンネル式伏樋)を作り琵琶湖に放水することを提案。多くの費用と労力かけて17年にこれを完成させ、村を水害から守ることに成功した。

前田 清吉　まえだ・せいきち
漁師 沖鱈底建網を考案した
文久1年(1861)～昭和25年(1950)
[生]陸奥国(青森県東津軽郡外ケ浜町野田)　[歴]陸奥湾に面する平舘村に生まれ、漁師を生業とする。北海道沖を回遊して産卵のために陸奥湾戻ってくる鱈を漁の対象としていたが、明治中期から不漁が続き、それまで波が荒く潮の流れも速いために漁ができなかった下北半島沖での操業を試みる。明治38年同じ村で漁師をしていた木村仁佐と共同で、船を大きくして乗組員を増やし、網も拡大するなど改良を重ねた。この間、荒波で船が転覆して命を落としかけたこともあったが、41年"沖鱈底建網"を完成させ、近隣の漁村に再び活気を取り戻させた。

前田 隆礼　まえだ・たかのり
陸軍中将
嘉永1年(1848)8月2日～明治38年(1905)3月26日
[生]大和国吉野郡十津川(奈良県吉野郡十津川村)
[歴]十津川郷士の長男。天誅組に属し、明治維新後は陸軍に入って明治5年陸軍中尉に任官。24年歩兵第八連隊長となり、日清戦争に従軍。29年歩兵第四十八連隊長、32年歩兵第十八旅団長、36年台湾守備混成第二旅団長、37年歩兵第二十二旅団長。日露戦争に出征、38年奉天会戦で戦傷を負い戦死

した。40年男爵を追贈された。　家養子＝前田勇（陸軍大佐・貴院議員）

前田 たけ　まえだ・たけ
婦人運動家　愛国婦人会創立者
安政1年（1854）～昭和13年（1938）6月6日
歴明治34年奥村五百子らとともに愛国婦人会創立に尽力。他の社会事業にも奔走した。また神道流柔術の達人でもあった。

前田 辰雄　まえだ・たつお
畜産技師　豊後牛の生みの親
慶応2年（1866）～昭和10年（1935）
出大分県　歴大正4年山口県から大分県畜産主任技師として着任、県産和牛の改良に取り組む。山陰から優良雄牛を導入し、遅れていた飼養管理の改善を指導、10年には全国畜産博覧会1等1席の"千代山号"を育てあげた。

前田 利同　まえだ・としあつ
宮中顧問官　伯爵
安政3年（1856）6月27日～大正10年（1921）12月23日　生江戸加賀藩邸　名幼名＝茂松、字＝稠松　歴加賀藩主の家に生まれ、富山藩主の養子となり、安政6年（1859年）13代目藩主をつぐ。戊辰戦争では新政府に従って越後に派兵し、戦功により従4位下侍従に叙任。明治2年版籍奉還で富山藩知事となり、4年廃藩置県により免職となった。ロンドン、パリに留学後、外務省に入り、のち宮中顧問官、17年伯爵となった。

前田 利豊　まえだ・としか
貴院議員　子爵
天保12年（1841）6月12日～大正9年（1920）7月27日　生加賀国金沢（石川県金沢市）　歴加賀藩主前田斉泰の七男に生まれ、藩臣前田貞亨の養子となるが、兄の大聖寺藩主前田利行が早世したため復籍、安政2年（1855年）遺領を継ぐ。幕末、同藩は加賀藩に追随する佐幕主義をとっていたが、明治元年大勢が決して北越戦争が始まると、北陸道鎮撫総督高倉永祐に親書を奉呈して忠誠を誓い、また弾薬製造命令には贋金を鋳造してまでも資金調達をしてこれに応じ、自発的に越後新潟の警衛にあたるなど勤王に努めた。維新の混乱期を一度も戦わず乗り切り、翌2年版籍奉還に際して藩知事に就任、4年廃藩を機に東京へ移り、以後宮中の諸職を歴任した。9年宮中祗候、11年御歌会講師、12年御書籍御道具取調宸翰取調御用掛、15年太政官御用掛、ついで御歌会講頭御人数、修史館御用掛を経て、20年掌典となり、御歌会始講頌御歌所参候などを努めた。この間17年子爵。30年貴院議員となった。

前田 利定　まえだ・としさだ
実業家　通信相　子爵
明治7年（1874）12月10日～昭和19年（1944）10月2日　生東京　学東京帝国大学法科大学独法科〔明治35年〕卒　歴明治29年襲爵。35年1年志願兵となり陸軍歩兵少尉、37年貴院議員（研究会）。大正11年加藤友三郎内閣の通信相、13年清浦内閣の農商務相を務め、昭和19年まで貴院議員。また安田銀行、東武鉄道、川崎窯業、上毛鉄道会社などの重役を兼任。竹柏会門下で和歌に長じた。　家父＝前田利昭（上野七日市藩主）

前田 利嗣　まえだ・としつぐ
貴院議員　侯爵
安政5年（1858）4月19日～明治33年（1900）6月14日　歴加賀藩主・前田慶寧の長男。明治4年英国へ留学。6年帰国し、22年再び渡欧。鉄道や育英事業に努めた。23年貴院議員。　家父＝前田慶寧（加賀藩主）

前田 漾子　まえだ・なみこ
前田利為侯爵の妻
明治20年（1887）6月30日～大正12年（1923）4月17日　生東京本郷（東京都文京区）　家父は旧加賀藩主利同家の当主で侯爵の前田利соо。華族女学校小学校を卒業したのち家庭教師につき、諸芸や学問を学ぶ。明治39年親戚に当たる上野国七日市藩主・前田家から利為を婿養子に迎え、2児を授かった。大正9年夫とともにフランスへ渡り、パリの社交界の華として活躍したが、同地で病に罹り、帰国準備中の12年4月にパリで死去した。文筆を嗜み、没後には夫によって遺文集「花筐」が編まれた。　家夫＝前田利為（陸軍大将・侯爵），長男＝前田利建（貴院議員），父＝前田利嗣（侯爵）

前田 則邦　まえだ・のりくに
富山市長　第百二十三銀行初代頭取
弘化4年（1847）～大正4年（1915）8月23日
生越中国（富山県）　名幼名＝竹太郎、武太郎、通称＝春江、旧名＝若土則邦　歴富山藩9代目藩主を務めた前田利幹の子・利民の長男。家督相続に当たって若土則邦と名のり、明治8年前田姓に復す。この間、5年新川県小属として出仕、11年石川県富山師範学校校長兼石川県女子師範学校富山支校校長、同年第百二十三銀行初代頭取に就任。婦負郡長、上新川郡長を務めた後、22年初代富山市長となった。　家祖父＝前田利幹（旧富山藩主）

前田 正名　まえだ・まさな
農政家　農商務次官　貴院議員（勅選）男爵
嘉永3年（1850）3月12日～大正10年（1921）8月11日　生薩摩国鹿児島（鹿児島県鹿児島市）　歴慶応元年（1865年）長崎に留学、八木称平に師事。明治2年より8年間フランスに留学し、のちのパリ万博では事務次官及び総領事を務める。10年内務省御用掛、12年大蔵省御用掛、14年農商務・大蔵大書記官となり、17年農商務省で「興業意見」（30巻）編纂に取り組む。また大久保利通の命を受けワイン造りに取り組み、兵庫県稲美町に欧州産ブドウの栽培と醸造を目的とした播州葡萄園を設立。18年にいったん官を辞して各地の農園事業の振興に

尽力。その後、21年山形県知事、東京農村学校長、23年農商務次官を歴任。同年元老院議官、同年～30年、37年～大正10年勅選貴院議員を務める。この間、明治25年25年以降は各地を巡歴し"布衣の農相"と評された。30年代は農村調査計画である「町村是」普及に努めた。死後、男爵を授けられる。編著に英和辞典「薩摩辞書」がある。

前田 正之　まえだ・まさゆき
皇宮警部
天保13年(1842)～明治25年(1892)7月23日
生 大和国吉野郡十津川(奈良県吉野郡十津川村) 歴 大和吉野郡の十津川郷士として生まれ、ペリー来航後、尊攘論を唱えて、文久3年(1863年)同志とともに上洛。中川宮を通じて十津川郷士由緒復古の願書を提出し、禁裏守衛の任についた。同年の天誅組の大和挙兵後は十津川郷士と善後策を図った。慶応3年(1867年)高野山挙兵に加わり、郷士を組織。翌年太政官より十津川郷士管轄役を命ぜられ、北越戦争で戦功をあげ、永世60石を給された。維新後、明治3年兵部省に出仕し、19年皇宮警部まで進み、21年退官した。

前原 一誠　まえばら・いっせい
参議 萩の乱の首謀者
天保5年(1834)3月20日～明治9年(1876)12月3日
生 長門国萩(山口県萩市) 名 旧姓・旧名＝佐世、幼名＝八十郎、彦太郎、通称＝八十郎、号＝梅窓 歴 安政4年(1857年)松下村塾に入り、吉田松陰に師事、その誠実さをとくに評価され、6年2月選ばれて長崎に留学、のち西洋学所に学ぶ。文久2年(1862年)尊攘激派の松下村塾の仲間たちと共に脱藩し、公武合体を唱える長井雅楽の暗殺を図る。3年八月十八日政変により長州藩を頼った七卿方の御用掛となる。元治元年(1864年)高杉晋作らと挙兵し、藩権力を掌握。慶応元年(1865年)千城隊頭取役。この頃前原姓を名のる。4年戊辰戦争では参謀として北越に赴任。維新後、徴士越後府判事となり、明治2年参議、兵部大輔などを歴任するが3年病気のため帰郷に帰る。9年10月熊本の神風連の乱に呼応し、奥平謙輔らと萩で挙兵するが(萩の乱)捕えられ、同年12月3日反乱罪により処刑された。 家 弟＝山田顕太郎(陸軍少佐)

曲田 成　まがた・せい
東京築地活版製造所所長 播但鉄道専務
弘化3年(1846)～明治27年(1894)10月15日
生 阿波国徳島(徳島県徳島市) 名 通称＝岩本松平 歴 もと阿波徳島藩士。元治元年(1864年)阿波徳島藩の一番大隊小隊長となるが、維新後、実業界に入り、明治16年石川島平野造船所(石川島播磨重工業の前身)創業者・平野富二の設立した東京築地活版製造所を引き継ぎ所長となった。播但鉄道専務も務めた。

真柄 要助　まがら・ようすけ
真柄建設創業者
天保14年(1843)～大正7年(1918)
名 幼名＝為吉、後名＝藤二、別名＝松任屋要助 歴 真柄家10代目で、同家で初めて大工業に携わった松任屋藤兵衛の二男。父と同じ大工となり、家督を継ぐ。明治に入ると名字を真柄とし、「デッケン居館」「尾山神社」などの建設に携わった。明治40年大工業から土木建設請負業に転じて真柄組(現・真柄建設)を創業した。 家 長男＝真柄要助(真柄組社長)、孫＝真柄要助(真柄建設社長)

槇 哲　まき・あきら
実業家
慶応2年(1866)11月10日～昭和14年(1939)5月30日 生 越後国(新潟県) 学 慶応義塾大学理財科〔明治23年〕卒 歴 越後長岡藩士の二男に生まれる。慶応義塾監督、舎監を務めたのち、明治29年北越鉄道に入り、倉庫係のとき新潟・亀田間鉄橋破壊事件にあい、修復に手腕を発揮した。のち王子製紙を経て、台湾塩水港製糖に転じ、40年常務、大正6年社長に就任。昭和3年社長を辞すが、8年再び社長に復帰した。この他台湾花蓮港木材、新日本砂糖工業、東北砂鉄会社社長を務め、植民地経営に情熱を燃やした。 家 甥＝槇有恒(登山家)

牧 朴真　まき・たねおみ
衆議院議員 青森県知事
嘉永2年(1849)3月29日～昭和9年(1934)4月29日 生 肥前国島原(長崎県島原市) 歴 太政官などに勤務後、明治23年衆院議員に当選、2期務める。のち官僚となり台湾台中県知事を経て、佐和知事更迭反対が渦巻く中、29～30年青森県知事に就任したが、自由派を遠ざけるなどしたため県会と対立し3度不信任決議が可決された。のち愛媛県知事、農商務省水産局長を歴任、実業界では総武鉄道社長、大日本水産会副総裁などを務める。水産業発展のために尽力した。

真木 長義　まき・ながよし
海軍中将 貴院議員 男爵
天保7年(1836)5月15日～大正6年(1917)3月3日
名 通称＝鉄太郎、安左衛門 歴 佐賀藩士。安政元年(1854年)藩の蘭学寮に学び、ついで長崎にある幕府設立の海軍伝習所に中牟田倉之助らと共に伝習生として派遣された。6年長崎伝習所廃止後は中牟田、佐野常民らと三重津に海軍所を創設し教官となる。戊辰戦争では藩の電流丸艦長として戦った。ついで明治政府に出仕し、4年海軍に入る。のち累進して、明治18年海軍中将。この間、日進艦長、海軍裁判所長、海軍少輔、海軍省総務局長、海軍機関学校長、呉鎮守府建築委員長など歴任。20年男爵。22年から宮中顧問官、伏見宮・山階宮各別当を務めた。39～44年貴院議員。

牧田 重勝　まきた・しげかつ
剣客(直心影流) 警察官
安政1年(1854)～大正3年(1914)
生 遠江国浜松(静岡県浜松市) 歴 父は白河藩の弓

術指南役。少年期から剣術を習い、明治維新には彰義隊で戦う。明治7年東京で警視庁巡査。14年北海道空知管内月形町の樺戸集治監看守。22年石狩警察署巡査。23年直心影流16代目継承し、全北海道を武者修業。25年厚田村に道場直心館を開き、脱獄囚に対する用心棒を務めた。

牧野 菊之助　まきの・きくのすけ
大審院部長
慶応2年(1866)12月21日～昭和11年(1936)12月24日　[生]江戸　[学]帝国大学法科大学法律学科〔明治24年〕卒 法学博士〔大正7年〕　[歴]一高を経て、明治24年帝国大学法科大学を卒業し司法官試補となる。26年前橋地裁判事、28年東京麹町区裁判所判事、29年東京地裁判事、31年同部長、同年東京控訴院判事、36年同部長、41年大審院判事、44年同部長を歴任。43～44年欧州に出張。45年京都地裁所長、大正2年東京地裁所長、9年名古屋控訴院長、10年東京控訴院長、13年大審院部長などを経て、昭和2年大審院長に就任。6年退官して、9～11年日本大学法学部長。明治年間の野口男三郎事件の裁判長として知られる。

牧野 清人　まきの・きよひと
陸軍中将
文久2年(1862)～昭和11年(1936)9月2日
[生]備後国奴可郡東城(広島県庄原市)　[学]陸士〔明治15年〕卒　[歴]明治16年陸軍工兵少尉となる。日清戦争・日露戦争に出征。43年台湾の基隆要塞司令官、大正元年陸軍参謀本部陸地測量部長、3年東京湾要塞司令官などを歴任して、4年中将となった。

牧野 貞寧　まきの・さだやす
貴院議員 子爵
安政4年(1857)6月10日～大正5年(1916)12月24日　[出]常陸国(茨城県)　[名]初名=貞邦　[学]慶応義塾　[歴]明治元年常陸笠間藩主を相続。2年笠間藩知事。33年貴院議員。　[家]父=牧野貞直(常陸笠間藩主)

牧野 随吉　まきの・ずいきち
自由民権運動家 神奈川県議
万延1年(1860)6月18日～昭和4年(1929)4月5日
[出]相模国(神奈川県)　[名]旧姓・旧名=前川　[歴]明治16年神奈川県で長谷川彦八、峰尾文太郎らと真友会を結成。26年綾瀬村に蓼川学舎を設立。29年神奈川県議。

牧野 毅　まきの・たけし
陸軍少将
天保14年(1843)～明治27年(1894)
[出]信濃国松代(長野県長野市)　[名]幼名=良平　[歴]松代藩士大島家に生まれ、同藩士牧野家の養子となる。初め佐久間象山に学び、のち江戸に出て開成所教授川本幸民に従って蘭学を受け、海軍操練所で洋算を学び、幕府の通訳・福地桜痴について仏学を修めた。戊辰戦争に従軍した後、松代藩兵制士官学校助教を務め、明治4年上京して兵部省権大録となり、5年陸軍大尉に任ぜられる。7年少佐に進み、参謀局勤務となり、品川・横須賀など各地の沿岸を測量し、海岸防備の策を講じた。11年中佐、12年大阪砲兵工廠提理、23年9月少将に累進し、10月要塞砲兵器監となる。また山野砲、海岸砲を改良して制式採用された。

牧野 忠篤　まきの・ただあつ
初代長岡市長 貴院議員 子爵
明治3年(1870)10月12日～昭和10年(1935)4月11日　[学]慶応義塾別科〔明治26年〕卒　[歴]明治11年家督を継ぎ、17年子爵、30年以来貴院議員に当選6回。研究会の幹部として活躍した。29年初代の長岡市長に就任。宝田石油社長、日本石油、長岡鉄道各重役、帝国農会会長、日本中央蚕糸会会長、米穀統制調査会、教科用図書審査会各委員などの要職を務めた。

牧野 伸顕　まきの・のぶあき
内大臣 宮内相 外相 文相 伯爵
文久1年(1861)10月22日～昭和24年(1949)1月25日　[生]薩摩国鹿児島(鹿児島県鹿児島市)　[名]旧姓・旧名=大久保　[学]開成学校中退　[歴]明治の元勲・大久保利通の二男に生まれ、牧野家の養子となる。明治4年父の洋行に随員として参加したのが機で知った同行の伊藤博文に引き立てられて法制局参事官、福井・茨城各県知事。30年からはイタリア、オーストリア・ハンガリーの各公使を歴任。40年以降は第一次西園寺内閣の文相、第二次同内閣の農商務相を務めたあと、大正2年第一次山本内閣の外相となり、8年のベルサイユ講和会議では次席全権として活躍した。10年から宮内相、14年からは内大臣として15年間、西園寺公望とともに昭和天皇の側近にあって軍部の横暴阻止に努める。このため右翼からは“君側の奸”として標的とされ、軍部急進派からも親英米派としてマークされるようになり、昭和10年病気を理由に辞任。翌年の二・二六事件では神奈川県・湯河原の旅館に滞在中を襲われたが、九死に一生を得て隠退。のち帝室経済顧問、東亜同文会会長、日本棋院総裁などを務めた。日本に野球を輸入した元祖としても知られ、著書に大正7年までの経歴を記した「牧野伸顕回顧録」がある。　[家]父=大久保利通(政治家),兄=大久保利和(実業家),弟=大久保利武(大阪府知事),女婿=吉田茂(首相)

牧野 平五郎　まきの・へいごろう
実業家 衆院議員 富山市長
元治1年(1864)8月1日～昭和3年(1928)5月10日
[出]越中国(富山県)　[名]幼名=金太郎　[歴]呉服商に生まれ、漢学・数学を修め、家業を継ぐ。一方、富山市議・議長、富山県議・議長を経て、明治36年から衆院議員に当選2回。大正8年から富山市長を3期務める。富山商業会議所会頭、十二銀行・北陸商業銀行・第四十七銀行・中越鉄道・北陸生命保

険・富山電燈・富山鉄道などの取締役も務めた。また「富山実業新聞」を創刊した。

牧野 元次郎　まきの・もとじろう
不動貯金銀行頭取
明治7年(1874)2月17日～昭和18年(1943)12月7日 [生]千葉県 [学]東京高商〔明治25年〕中退 [歴]成田英学塾で教えていたが、成田銀行を設立時に支配人としてまねかれる。明治33年岳父小堀清と共に不動貯金銀行(のちの協和銀行)を設立、35年取締役、37年頭取に就任。「庶民金融第一主義」をとり、3年満期の積み立て貯金を考案、また関東大震災直後にも預金者の払い戻しに応じて信用を高め、同行を業界第一の貯蓄銀行に発展させた。昭和16年相談役。

槇村 正直　まきむら・まさなお
元老院議官 京都府知事 男爵
天保5年(1834)5月23日～明治29年(1896)4月21日 [生]長門国美祢郡大田村(山口県美祢市) [名]旧姓・旧名=羽仁, 通称=安之進, 半九郎 [歴]嘉永3年(1850年)杉田文佐衛門の養子となり、安政元年(1854年)槇村五八郎満久の養子となる。慶応元年(1865年)家督を相続し、明治元年上京。京都府に出仕し、議政官史官、権大参事、4年大参事、8年権知事、10年知事に昇進。この間、府の勧業場を設け、舎密局、授産所、養蚕所、製革場などを管理して産業の振興を計った。また、学校、図書館、病院の設立にも尽力。14年元老院議官に転じ、行政裁判所長官などを歴任。20年男爵、23年貴院議員。

正井 観順　まさい・かんじゅん
僧侶(天台宗)
万延1年(1860)～大正2年(1913)9月18日
[出]陸奥国南津軽郡尾上村(青森県平川市) [名]本名=正井覚蔵 [歴]雑貨商で成功したが、明治24年の津軽海峡汽船衝突事故で犠牲者の法要を主催したことから人生が転回、妻子を捨てて出家した。26年天台宗の小林道洵に就いて得度、のち比叡山に入り、天台宗木曽有の三千日回峰行に挑んだ。

政井 みね　まさい・みね
女工 「あゝ野麦峠」の主人公
明治22年(1889)～明治42年(1909)11月20日
[生]岐阜県吉城郡河合村(飛騨市) [歴]14、5歳のころ野麦峠を越えて信州の製糸工場へ働きに出たが、厳しい労働で胸を患い、兄の背におぶられ故郷へ戻る途中、野麦峠で息絶えた。本人らを主人公にした“女工哀史”は山本茂実の手により小説「あゝ野麦峠」となり、昭和54年には山本薩夫監督により映画化もされた。

政尾 藤吉　まさお・とうきち
衆院議員(政友会)
明治3年(1870)11月17日～大正10年(1921)8月11日 [生]伊予国喜多郡大洲町(愛媛県大洲市) [学]東京専門学校〔明治22年〕卒, 西バージニア大学(米国)〔明治29年〕卒, エール大学(米国) 法学博士〔明治36年〕 [歴]伊予大洲藩御用商・政尾吉左衛門の長男に生まれる。渡米しエール大学などで法学を学び、のち同大助手となる。明治30年帰国し「ジャパン・タイムズ」主筆代理を経て、外務省の委嘱で、同年シャム(タイ)政府法律顧問となり近代法典編集に参画。34年シャム司法省顧問として刑法、民法、商法を起草した。大正4年から衆院議員に当選2回。10年シャム特命全権公使となり、同年バンコクで死去。

正木 照蔵　まさき・てるぞう
衆院議員(憲政会) 日本郵船業務調査主査
文久2年(1862)7月～大正13年(1924)5月
[生]淡路国三原郡神代村(兵庫県南あわじ市) [名]字=光, 号=鶴山, 因果庵 [歴]代々村長の家系。漢学を学び、大阪で英語を修め、郷里で小学校教員となった。明治21年兵庫県議、のち報知新聞を経て、日本郵船会社に入社、外航課長、業務調査主査を歴任し、大正5年退社。衆院議員に当選、海運通として活躍し、13年引退した。詩歌、書画をよくした。

真崎 仁六　まさき・にろく
三菱鉛筆創業者
弘化5年(1848)1月13日～大正14年(1925)1月16日 [生]肥前国佐賀郡巨勢村(佐賀県佐賀市) [歴]明治元年上京して汽船会社の書記となり、次いで同郷の政治家・大隈重信の紹介で貿易商社・起立商工会社に転じ、金属工場の技師長(工場支配人)となった。11年パリ万博に出張、そこで鉛筆の便利さに惹かれ、帰国後ただちにその製造・研究に着手。研究の結果、鹿児島県加世田の黒鉛と栃木県烏山の粘土、北海道のアララギが鉛筆作りに適していることを突き止め、20年起立商工会社を退社して東京・内藤新宿に真崎鉛筆製造所を創業。国産鉛筆の製造を始め、34年逓信省御用品として採用されてようやく経営が安定。この記念として考案された“三菱”のマークを、36年商標登録した。37年輸入雑貨商・市川商店と提携して真崎市川鉛筆株式会社を設立。これまで苦手としてきた販売面を市川商店に一手にまかせ製造に専念し、高級鉛筆としての名声を不動のものとした。しかし、第一次大戦後の不景気で市川商店と決裂し、大正10年完全に社を分かった。14年同社は大和鉛筆と合併して真崎大和鉛筆株式会社(現・三菱鉛筆)として再スタートを切ったが、その実現を前に亡くなった。

正木 義太　まさき・よしもと
海軍中将
明治4年(1871)10月25日～昭和9年(1934)10月29日 [生]広島県佐伯郡玖波村(大竹市) [学]海兵(第21期)〔明治27年〕卒 [歴]明治28年海軍少尉に任官。日清戦争には大和乗組として従軍。33年北清事変には鳥海分隊長として居留民の保護に従事し、

37年日露戦争には米山丸指揮官として旅順口閉塞に参加して重傷を負った。大正3年第一次大戦では海軍重砲隊指揮官として出征、青島攻略に参戦した。9年呉鎮守府参謀長、11年舞鶴工廠長、12年舞鶴工作部長、13年横須賀工廠長などを歴任。同年海軍中将となり、14年予備役に編入。 家長男=正木生虎(海軍大佐)、女婿=鳥巣建之助(海軍中佐)

間島 弟彦 まじま・つぎひこ
歌人 三井銀行常務
明治4年(1871)7月7日〜昭和3年(1928)3月21日
歴米国留学後、十五銀行に入行。その後、三井銀行に転じ横浜支店長、常務を歴任。歌人としても知られた。 家父=間島冬道(歌人)

間島 冬道 まじま・ふゆみち
十五銀行支配人 歌人
文政10年(1827)10月8日〜明治23年(1890)9月30日 生尾張国名古屋(愛知県名古屋市) 名幼名=万次郎、字=正興、正休 歴尾張藩士の子として生まれる。父、外祖父ともに歌人として名を成し、その影響で植松茂岳に国学を学ぶ。のち藩命によって大坂に赴いた際、香川景樹門下の歌人であった熊谷直好に師事した。勤王の志篤く、幕末期には尊攘派志士と交流し、国事に奔走。また藩にあっても木曽奉行、勘定奉行などの要職を務めて藩主・徳川慶勝を助け、慶勝の密命によって京都に上ったこともあった。しかし、安政の大獄で慶勝が幽閉されると、同志たちとともに蟄居謹慎を命ぜられた。明治元年徴士となり、涌谷県(現・宮城県)知事を皮切りに名古屋県参事、宇和島県権令などを歴任。5年に退官した後は十五銀行支配人や日本鉄道会社監査役を務めるなど実業界で活動した。歌人としては、19年宮内省御歌所寄人となった。その歌風は温雅平淡で歌の"誠"と"風韻"を重んじた。歌集に「冬道翁歌集」「間島冬道翁全集」、歌論集に「歌のはなし」がある。

増島 六一郎 ますじま・ろくいちろう
弁護士 法学者 英吉利法律学校初代校長
安政4年(1857)6月17日〜昭和23年(1948)11月13日 生近江国(滋賀県彦根市) 学東京大学法学部〔明治12年〕卒 法学博士〔明治24年〕 歴英国に留学し、ロンドンのミドル・テンプル法学院でバリスター・アト・ロー(法廷弁護士)の称号を得た。帰国後、東大講師を経て、英吉利法律学校(現・中央大学)創立に参画、明治18年初代校長となった。弁護士としても活躍、東京代言人組合会長、弁護士組合会長を務めた。著書に「法律沿革論」「英吉利治罪法」「契約法判例評」「訴訟法」「日本法令索引総覧」(全2巻)などがある。

益田 克徳 ますだ・かつのり
東京米穀取引所理事長
嘉永5年(1852)1月〜明治36年(1903)4月8日
生佐渡国相川(新潟県佐渡市) 名別名=名村一郎、号=無為庵,非黙 学慶応義塾 歴安政元年(1854年)江戸に出て、2年函館に渡り、万延元年(1860年)再び江戸に出て英学・漢学を学び、英学者・名村八五郎に養われ名村一郎と称した。のち海軍修業生となり榎本武揚に従って軍艦で函館に向かうが途中難破して捕らえられ禁固百日に処せられた。明治初年、名を益田荘作に復して慶応義塾に学び、4年高松藩に招かれ子弟に英学を教える。5年帰京して司法省に出仕し検事となる。山田顕義に随行して欧米各国を視察し、7年前島密の下僚となり海上保険条例を編成した。12年創立されると同時に東京海上保険の支配人となり、29年まで勤め、30年監査役に退く。傍ら、東京米穀取引所理事長のほか、明治火災、明治生命、王子製紙、鐘ケ淵紡績、石川島造船所などの重役も務めた。一方、茶法を不白流川上宗順より受け、兄・孝、弟・英作と共に茶道に親しみ茶人としても名を成した。造園・陶磁器に精通し、自身も作陶に優れ、道具類の目利きとしても知られる。また率先して工芸家を扶助誘導した。

増田 嘉兵衛 ますだ・かへえ
実業家
天保6年(1835)5月15日〜大正9年(1920)9月4日
出伊賀国(三重県) 歴伊勢から江戸に出て、砂糖商・増田屋に奉公した。横浜の将来性を見込んで、文久2年(1862年)自ら横浜で砂糖問屋の増田嘉兵衛商店を開き、外国糖の輸入で富を築いた。明治2年横浜為替(横浜銀行の前身)の創立に加わる。3年伊藤博文の訪米商業視察団にも随行した。

増田 繁幸 ますだ・しげゆき
衆院議員(大成会)
文政8年(1825)6月〜明治29年(1896)3月14日
出陸奥国(宮城県) 学仙台藩校養賢堂 歴仙台藩権参事、一ノ関県参事、宮城県議、同議長等を歴任した後、明治23年7月宮城1区より衆院議員に当選。25年勅選貴院議員。

増田 宋太郎 ますだ・そうたろう
西南戦争で挙兵した旧豊前中津藩士
嘉永2年(1849)3月23日〜明治10年(1877)9月3日 生豊前国中津(大分県中津市) 歴水戸学の影響を受け、国学者渡辺重石丸の塾に学ぶ。一時、慶応義塾に学ぶ。明治9年「田舎新聞」を作り、政府批判の論陣を張る。10年薩軍敗退の色見え、同志61名を集め義勇軍を編成、挙兵した。

益田 素平 ますだ・そへい
農業技術者 福岡県議
天保14年(1843)7月25日〜明治35年(1902)10月14日 生筑後国八女郡(福岡県) 名幼名=常太郎 歴庄屋の家に生まれ、明治5年同郡の戸長となる。当時、同地方ではイネを食い荒らすメイチュウの被害が大であったため、その駆除法の研究を進めた。明治10年メイチュウがイネの切り株の中で越冬することを発見し、切り株掘り起こし法を考

案。そのための特製農具を開発して普及させよう としたが、労働の強化につながると考えた農民た ちの反対に遭い、家を襲撃されるという暴動事件 （筑後稲虫騒動）にまで発展するが、それでも屈せ ずに研究を続け、農民たちの信頼をかち得た。ま た、養蚕や養鶏の奨励にも尽くした。その後、村 長や福岡県議などを務めた。著書に「稲虫実験録」 などがある。

益田 孝 ますだ・たかし
茶人 三井物産社長 三井合名会社理事長 男爵
嘉永1年（1848）10月17日～昭和13年（1938）12月 28日 生佐渡国相川（新潟県佐渡市） 名通称＝徳 之進、進、号＝益田鈍翁、別名＝中屋徳兵衛 歴佐渡 奉行所の地役人の家に生まれる。文久3年（1863年） 幕府遣欧使節・池田長発の随員となった父の従者 としてヨーロッパへ渡航した。明治維新後は多く の幕臣が徳川家の駿河転封に従う中、商売で身を 立てる決心をし、横浜居留地のウォルシュ・ホール 商会に入って商業や貿易の業務を学んだ。5年井上 馨の知遇を得、その勧めで大蔵省に入り造幣権頭 となるが、6年予算をめぐって大隈大輔を辞職した 井上に続き、自らも退官。7年井上と貿易商社の先 収会社を創立、頭取となる。9年井上が政界に復帰 したのに伴って先収会社が解散したが、代わりに 新しい商社の設立を画策していた三井家に招かれ、 三井物産会社の創業に参画。初代社長として全面 的に実際の経営を委任され、三池炭鉱で算出され た石炭や国産米の海外輸出などを手がけて事業を 拡大、三井物産を日本最大の貿易商社に育て上げ た。これによって同社を三井家の中核とし、同家の 近代化及び財閥化にも貢献。21年には三池炭坑の 払い下げを受け、22年三井炭鉱社（のち三井鉱山、 現・日本コークス工業）を設立。34年中上川彦次郎 が没すると名実ともに三井財閥の中心人物となり、 財閥の主力である三井銀行、三井物産、三井鉱山 をそれぞれ株式会社化して三井合名会社を創立し、 理事長に就任。この間、9年商業上の知識を普及す る新聞として「中外物価新報」（現・日本経済新聞） を創刊。11年には渋沢栄一とともに東京商法会議 所を創設した。また、美術品収集家、茶人として も知られ、原叟の作である茶器「鈍太郎」を手に 入れたのを機に鈍翁と号した。家長男＝益田太 郎（劇作家・実業家）、益田克徳（実業家）、益田英 作（茶人）、孫＝益田克信（台糖ファイザー社長）、益 田義信（洋画家）、益田貞信（ジャズ・ピアニスト）

増田 高頼 ますだ・たかより
海軍少将
慶応4年（1868）6月5日～昭和4年（1929）2月19日 生肥前国（佐賀県） 学海兵（第18期）［明治24年］ 卒。明治24年海軍少尉に任官。大正3年厳島、4 年日進の艦長、同年支那公使館付武官、5年軍令部 参謀、同年朝日、6年安芸艦長を経て、7年台湾総 督府海軍参謀長。8年海軍少将に進み、9年予備役 に編入。

増田 信之 ますだ・のぶゆき
大阪製銅会社社長
嘉永5年（1852）2月～明治37年（1904）7月8日 生淡路国津名郡物部（兵庫県洲本市） 歴もと阿波 徳島藩足軽。15歳で父を失い、母子ともに辛酸を 嘗める。幼少より算術が得意で、明治4年神戸に出 て、鉄道局測量手などで資材を得、12年京都製靴 場を譲り受けて大阪で経営。13年大阪製銅会社支 配人となり、のち社長に就任。26年大阪火災保険 （のち住友海上火災と合併）を創立、他に増田銀行 を設立。また朝鮮に渡り、25年朝鮮王朝の貨幣改 造に協力、皇帝より勲四等に叙せられ、八封章を 賜った。

増田 平四郎 ますだ・へいしろう
農民運動家
文化4年（1807）～明治25年（1892）
生伊豆国（静岡県三島） 歴浮島沼の新田開発のた め、広沼地先の放水路開削を計画。韮山代官所や 江戸に出願、出訴を繰り返し行い、ついに幕府よ り慶応元年（1865年）その許可を得る。放水路工事 が完成した明治25年に没した。

枡富 安左衛門 ますとみ・やすざえもん
韓国人の人材育成のための教育に尽力
明治13年（1880）5月27日～昭和9年（1934）11月6 日 生福岡県門司市（北九州市） 学早稲田大学中 退、神戸神学校 歴醤油醸造業者の長男。明治29 年下関商業学校に進学、30年父の死で家業を継ぐ。 その後、早稲田大学を中退。日露戦争に従軍した 後、39年韓国・全羅北道に入植して農場経営を始 める。傍ら、農地改革も志し農業技術を導入・指 導する一方、水利組合を作って灌漑事業にも取り 組み、高敞郡吾山里で果樹園も経営。40年クリス チャンの日本人女性と結婚、43年キリスト教に入 信。大正元年神戸神学校に入学。韓国に戻った後 は吾山里などに教会を設立し、私費で入学させた 朝鮮人学生とともに普教活動に従事。私財を投じ、 同年私立興徳学堂、7年吾山高等普通学校を設立、 校長や理事長を務めた。吾山高等普通学校は、日 本の植民地支配の中、独立運動にも加担した学 生らを寛大に受け入れたことから、民族運動揺籃 の地として朝鮮半島全土にその名を知られた。奨 学金で日本の大学などに留学させた他、東京の自 宅で留学生らとともに朝鮮のための祈祷会も開く。 昭和9年死去後は妻や親族らが事業を引き継いだ が、敗戦後は韓国政府に接収された。 勲大韓民 国牡丹章［平成7年］

升巴 陸龍 ますとも・りくりょう
僧侶（浄土真宗本願寺派）太陽通信社社長
明治15年（1882）～大正8年（1919）1月4日
生大分県 学文学寮卒 歴大分県見目村（現・豊 後高田市）の長泉寺に長男として生まれる。浄土 宗本願寺派の文学寮を卒業後、本山に仕えて法主 の大谷光瑞に認められた。明治35～36年"大谷探

検隊"の一員として仏跡探検に随行し、仏跡巡拝記の記録係を務めた。37年ロシア領だった満州に出張。のち太陽通信社社長となり、雑誌「黒潮」を主宰した。大正7年八幡製鉄所長官押川則吉の汚職事件に連座して逮捕されたが、無罪となった。

益満 行靖　ますみつ・ゆきやす
陸軍中佐
弘化4年(1847)～明治11年(1878)8月5日
生薩摩国(鹿児島県鹿児島市高麗町)　名通称=益満宗之助　歴兄は薩摩の志士として活躍した益満休之助。薩摩藩士の家に生まれ、戊辰戦争では鳥羽、伏見、会津を転戦して戦功を立てる。明治5年陸軍少佐となり、6年参謀本部などの兵制研究のためにドイツに留学。9年中佐に進級。6年間に渡り研究を重ねたが、帰国間際の11年、肺結核のために客死した。　家兄=益満休之助(志士)

升本 喜兵衛　ますもと・きへえ
実業家 東京府議
嘉永2年(1849)1月5日～大正3年(1914)12月22日
生江戸牛込揚場町(東京都新宿区)　名旧姓・旧名=松本　歴実業家・升本喜楽の養子となり、酒問屋を継ぐ。一方、中央貯蓄銀行取締役、牛込区議、東京府議を務めた。労働者に草鞋を、困窮者には金を与え、その額は毎月数百円に上ったという。

升本 喜楽　ますもと・きらく
実業家
文政5年(1822)8月25日～明治40年(1907)9月13日　生江戸千駄ヶ谷(東京都新宿区)　名本名=升本喜兵衛　歴13歳で牛込揚場町の酒商・三河屋に奉公し、26歳で独立。喜楽の代になり、徳川幕府が倒れて江戸の地価が暴落したとき、土地を買収して巨額の富を築いた。また慈善行為も多く行いその徳を称された。

間瀬 みつ　ませ・みつ
「戊辰後雑記」の著者
天保4年(1833)～大正10年(1921)
生陸奥国会津(福島県会津若松市)　歴陸奥会津藩士の娘として生まれる。慶応4年(1868年)34歳で戊辰戦争の会津攻防戦に際会し、若松城に籠城。しかし、この戦いで、父や白虎隊員であった末弟・源七郎らを失った。維新後、他の会津藩士とともに青森の斗南に移住し、明治7年の春に会津へ帰郷した。籠城から帰郷までを書き続けた日記は、のちに「戊辰後雑記」として公刊。会津戦争の詳細な史料であるとともに、女性の目から戦争を捉えたすぐれた記録として高く評価されている。　家弟=間瀬源七郎(会津藩士)

真館 貞造　またち・ていぞう
衆院議員(立憲同志会)
嘉永7年(1854)3月～昭和6年(1931)11月9日
出石川県　歴石川県議などを経て、明治27年衆院議員となり、以来3期務める。農蚕業・織物業を営

み、また七尾鉄道取締役も務めた。

町井 台水　まちい・だいすい
砲術家
天保7年(1836)～明治39年(1906)6月11日
生伊賀国阿拝郡上野(三重県伊賀市)　歴家は代々津藩に仕え、奥村流砲術師範役を勤める。文を中内樸堂に学ぶ。砲術の研究を行い、火薬製造中あやまって顔に重傷の火傷を負った。文久3年(1863年)27歳で天誅組浪士討伐に撤隊分隊長として数名を捕えて功を立て、明治元年鳥羽・伏見の戦いの際には、藩主藤堂高猷に朝廷につくべき主張をして容れられた。政府軍に参加し、伊賀隊long藤堂豊前のもとで小軍監として仙台などで活躍。明治維新後司法官となるが、まもなく退き、私塾猶賢艫鳴学舎を開設、のち志摩郡長、名賀郡長を務めた。

町田 菊次郎　まちだ・きくじろう
養蚕家
嘉永3年(1850)～大正6年(1917)4月2日
生群馬県多野郡美九里村(藤岡市)　歴群馬県本郷村(藤岡市)の蚕糸業者で、養蚕法の改良に努め、明治25年緑綬褒章を受ける。また高山長五郎の伝習所を継いで高山社蚕業学校に発展させた。　勲緑綬褒章〔明治25年〕

町田 経宇　まちだ・けいう
陸軍大将
慶応1年(1865)9月3日～昭和14年(1939)1月10日
出薩摩国鹿児島(鹿児島県鹿児島市)　名旧姓・旧名=井尾、別名=宮崎愛次郎　学陸士(旧9期)〔明治20年〕卒、陸大〔明治26年〕卒　歴明治28年中尉で日清戦争に従軍。参謀本部員を経て、37年少佐・第四軍参謀で日露戦争に出征。フランス大使館付武官から42年参謀本部課長、次いで歩兵第四十八連隊長、第十五師団参謀長、少将、歩兵第三十旅団長、参謀本部第二部長などを歴任し、大正5年中将。第一・第四師団長を経て、10年シベリア出兵に際してはサガレン州(サハリン州)派遣軍司令官となり、北樺太を占領。11年大将に昇進し、12年軍事参議官、14年予備役。のち元照会総裁などを務めた。　家養父=町田実一(外交官)

町田 忠治　まちだ・ちゅうじ
衆議院議員 蔵相 東洋経済新報社社長
文久3年(1863)3月30日～昭和21年(1946)11月12日　名号=幾堂　学帝国大学法科大学選科〔明治20年〕卒　歴生家は出羽秋田藩主・佐竹家の支族に当たる町田家で、6人きょうだい(5男1女)の四男。明治8年伯母の養子となる。13年県の留学生に選ばれて上京。大学予備門に入るが、15年脚気を患い帰郷。16年「秋田日報」主筆として犬養毅が秋田に来ると、その思想に大きな影響を受けた。17年再び上京、犬養と行動を共にし大隈重信の知遇を得た。20年帝国大学法科大学を卒業すると法制局に勤務したが、21年朝野新聞社に入り新聞記者となる。24年

犬養、尾崎行雄らと同社を辞めて「郵便報知新聞」に転じた。28年東洋経済新報社を設立、主幹となった。29年同社を天野為之に譲り、30年日本銀行に入行して副支配役、大阪支店次席、同支店金庫監査役などを歴任。32年山本達雄の日銀総裁就任を巡る、いわゆる"日銀騒動"に絡んで同行を辞した後、請われて在阪の山口銀行総理事に就任。関西財界の有力者となったが、43年辞職。45年秋田県から衆院議員に当選して政界に入り、以後当選10回。はじめ立憲国民党に属したが、大正2年立憲同志会、5年憲政会の結党に参加。同会の会計監督や総務、筆頭総務などを歴任。15年第一次若槻内閣の改造に伴い農林相として入閣して以来、たびたび大臣を務めた。昭和10年民政党総裁。大正8～13年報知新聞社長。その風貌が、麻生豊の4コマ漫画「ノンキナトウサン」の主人公によく似ていることから"ノントー"さんの愛称で衆望を集めた。 勲勲三等旭日中綬章〔大正5年〕,勲二等瑞宝章〔大正15年〕,勲一等瑞宝章〔昭和6年〕

町田 久成　まちだ・ひさなり

内務省博物局長　帝国博物館長　博物館創設者

天保9年(1838)1月2日～明治30年(1897)9月15日　生薩摩国鹿児島城下(鹿児島県鹿児島市)　幼名＝五郎太郎、三郎、通称＝民部、号＝石谷、変名＝上野良太郎　歴旧薩摩藩士で26歳の時大目付、慶応元年(1865年)藩命で英国に留学。帰国後、明治元年参与職となり外国事務に従事。長崎裁判所判事、九州鎮撫使参謀を兼務。2年外務大丞、3年大学大丞、4年大学が文部省となり文部大丞、博物局掛を兼務。5年ウィーン万博準備のための博覧会事務局が発足すると、同局御用掛を兼務、同年5月から京都、大阪、大和路の寺社宝物調査に出張。帰京後文部省四等出仕、博覧会事務官専一。その後内務大丞・内務大書記官に転じ、後内に博物局が創設されると初代局長となり博物館設置を提案してその建設に尽力。のち初代帝国博物館長に就任した。農商務大書記官から18年元老院議官。この間、シカゴ万博、万国宗教会などに出席した。退官後僧籍に入り滋賀県三井寺光淨院住職となった。古美術研究の先覚者。

町田 武須計　まちだ・ぶすけ

初代三重県桑名町長　三重県議

天保9年(1838)1月26日～明治28年(1895)7月18日　生伊勢国桑名(三重県桑名市)　幼名＝老之丞、通称＝伝太夫、武須計　歴伊勢桑名藩士。藩主・松平定敬、定教に仕える。戊辰戦争では幕府軍に加わり、神風隊の隊長として越後、長岡、会津と転戦したが、庄内で新政府軍に降伏。明治2年ゆるされて桑名藩権大参事、軍務掛となる。10年西南戦争にも出征。20～25年三重県議。また、22年初代桑名町長となるが、在任中の28年に急病により死去した。　家弟＝立見尚文(陸軍大将)

町野 武馬　まちの・たけま

陸軍大佐　衆院議員(無所属)

明治8年(1875)11月16日～昭和43年(1968)1月10日　生福島県　学陸士(第10期)〔明治31年〕卒　歴陸奥会津藩家老・町野主水の長男。明治32年陸軍少尉に任官。37年北京駐屯歩兵隊副官、39年北京警務学堂総教習(清国政府応聘武官)、大正2年帰国して歩兵第四十五連隊長。3年奉天督軍顧問となり、11年陸軍大佐。12年予備役に編入。13年衆院議員に当選。1期。この間、14年から張作霖の軍事顧問を務めた。昭和4年帰国。大日本武徳会会長も務めた。

町村 金弥　まちむら・きんや

畜産家

安政6年(1859)1月12日～昭和19年(1944)11月25日　生越前国(福井県越前市)　学札幌農学校〔明治14年〕卒　歴明治10年工部大学校から札幌農学校2期生に転じる。開拓使に入り、真駒内牧牛場を担当。22年から華族組合農場の指導にあたった。34年陸軍省専任技師。　家長男＝町村敬貴(畜産家)、二男＝町村金五(政治家)

松井 慶四郎　まつい・けいしろう

外交官　外相　男爵

慶応4年(1868)3月5日～昭和21年(1946)6月4日　生大坂西横堀(大阪府大阪市)　学帝国大学法科大学法律学科英法科〔明治22年〕卒　歴明治22年外務省入省。大正2年から牧野伸顕・加藤高明外相の下で外務次官。5年駐フランス大使となり、8年ベルサイユ講和会議では全権委員を務め、9年その功績により男爵を授けられる。13年清浦内閣の外相に就任。同年貴院議員に勅選。14年～昭和3年駐英大使。4年退官。13～21年枢密顧問官。著書に「松井慶四郎自叙伝」がある。　家長女＝田中千代(ファッションデザイナー)、長男＝松井明(外交官)、孫＝田中久(薬学者)、岳父＝今村清之助(実業家)、女婿＝田中薫(地理学者)

松井 元淳　まつい・げんじゅん

奈良市長

文久2年(1862)8月13日～昭和6年(1931)8月17日　生大和国奈良(奈良県奈良市椿井)　歴父は奈良墨業・古梅園10代目店主。明治7年伊賀名張の鎌田梁洲に漢学を学び、9年京都の儒学者・頼支峰の門に入る。25年奈良町議、30年奈良町長を経て、38年奈良市長に就任。奈良公園改良、奈良連隊設置、奈良女高師設立など、市の発展に尽力し、41年まで務めた。

松井 茂　まつい・しげる

愛知県知事

慶応2年(1866)9月27日～昭和20年(1945)9月9日　生広島県　学帝国大学法科大学独法科〔明治26年〕卒　法学博士〔明治43年〕　歴明治26年内務省に入省。警視庁試補、消防部長、韓国警務局長、静岡・愛知各県知事、大正8～13年警察講習所長兼内務

察官などを歴任。退官後錦鶏間祇候、昭和8～20年貴院議員を務める。内務省警察講習所顧問、中央教化団体連合会理事長、日本赤十字社などの公職を兼ねた。著書に「日本警察要論」「自治と警察」「警察の根本問題」「警察読本」「松井茂自伝」などがある。

松井 庄五郎　まつい・しょうごろう
融和運動家 大和同志会会長
明治2年(1869)12月～昭和6年(1931)11月29日
[生]奈良県奈良市　[名]旧姓・旧名=亀井　[学]東京帝国大学農科大学〔明治35年〕卒　[歴]東京哲学館に学び、次いで東京帝国大学農科大学を卒業。獣医となる傍ら、実家の精肉業や車挽業なども経営し、のち士族籍を買って松井氏に改姓した。明治35年西本願寺僧の差別発言を糾弾したことから部落差別撤廃運動に身を投じ、36年に結成された日本同胞融和会に参加。また寺の経費不正使用を暴くなど本願寺改革でも活躍した。45年林春吉・阪本清三郎・小川幸三郎らと大和同志会を結成してその初代会長となり、同志の糾合を呼びかけるとともに行政の改善事業を批判、奈良県に部落民本位の事業推進を求めた。さらに機関誌「明治之光」を発行。大正8年部落民代表として帝国公道会主催の第1回同情融和大会に参加。大和同志会は8年一時的に会の活動を停止するが、11年全国水平社の水平運動に対抗しうる融和団体として県から認められ、活動を再開した。　[賞]融和事業功労者〔昭和3年〕

松井 兵三郎　まつい・ひょうざぶろう
陸軍中将
明治7年(1874)6月～昭和12年(1937)9月20日
[出]京都府　[学]陸士〔明治29年〕卒, 陸大卒　[歴]明治30年陸軍歩兵少尉となる。教育総監部参謀、陸軍戸山学校教官、陸軍砲工学校教官、歩兵第四十二連隊長、第十四師団参謀長兼軍政部長を歴任。軍務局航空課長から、大正9年青島(中国)守備歩兵隊司令官に転じ、のち一線の指揮官を多く務めた。10年サハレン州派遣軍参謀長、12年第五師団司令部付、同年歩兵第一旅団長を経て、14年中将となり憲兵司令官を務める。この間、日露戦争・第一次大戦・シベリア出兵に従軍。昭和2年第十六師団長となり、5年待命となった。

松井 文太郎　まつい・ぶんたろう
衆院議員 福井商工会議所会頭
慶応4年(1868)8月～昭和8年(1933)9月2日
[出]福井県　[学]福井師範卒　[歴]福井県議、福井市議を経て、大正6年衆院議員となり、通算3期務める。また福井商業会議所会頭、野沢屋輸出店社長、福井染色社長、福井織物社長を歴任し、パリ万博には福井県出品人総代として参加した。

松石 安治　まついし・やすはる
陸軍中将
安政6年(1859)5月21日～大正4年(1915)5月25日
[出]筑後国三池郡三川村(福岡県大牟田市)　[学]陸士(旧6期)〔明治16年〕卒, 陸大〔明治23年〕卒　[歴]明治23年陸軍大学校卒業後、参謀本部に配属され、川上操六参謀次長に才幹を激賞される。33年軍事研究のためドイツに留学。35年帰国、陸大教官となる。日露戦争直前には朝鮮に派遣されて対露作戦の予備工作に携わり、開戦後は第一軍参謀副長、大本営参謀として作戦計画に従事。戦後、参謀本部第二部長、第一部長を務めて陸軍の将来を担う人材と目されたが、43年満州出張中に宿舎のオンドルの故障によりガス中毒に罹り、重態となった。大正3年陸軍中将に昇進。その後も療養を続けたが、4年死去した。

松浦 寛威　まつうら・かんい
陸軍中将
慶応2年(1866)11月28日～昭和3年(1928)12月9日　[出]筑後国上妻郡豊岡村(福岡県八女市)　[名]幼名=堅太郎　[学]陸士〔明治21年〕卒　[歴]明治21年陸軍歩兵少尉となり、日清戦争に従軍。のち陸軍士官学校教官、四川省成都府武備学堂総教習となり、日露戦争には安東県軍政長官、遼陽軍政長官、第三軍司令部付を務める。その後、熊本地方幼年学校校長、歩兵第七十連隊長、陸軍中央幼年学校校長などを歴任して、大正4年歩兵第三十四旅団長、8年中将となり、9年シベリア出兵には第九師団長として出征した。弟の松浦淳六郎も陸軍中将。　[家]弟=松浦淳六郎(陸軍中将)

松浦 五兵衛　まつうら・ごへえ
衆院副議長(政友会) 掛川商業銀行頭取
明治3年(1870)9月～昭和6年(1931)3月12日
[生]静岡県小笠郡河城村(菊川市)　[学]東京法学院卒　[歴]静岡県議、同参事会員、県農会長となり、県産業の発達、海外進出に尽力し、掛川商業銀行頭取、富士鉱業社長など歴任。一方明治35年以来、衆院議員当選10回、衆院副議長を務めた。政友会に属し、分裂の際には政友本党に移り、幹事長に就任。

松浦 斌　まつうら・さかる
神官 公共事業家
嘉永4年(1851)8月22日～明治23年(1890)1月17日　[生]隠岐国知夫郡美田村(島根県隠岐郡西ノ島町)　[歴]隠岐国(島根県)の焼火神社の神官。明治17年隠岐島と本土の間に汽船を就航させる案が出た際、案が否決されそうになると必要経費の半額を自己負担することを提言し、定期航路の開設に尽くした。そのため焼火山の森林は伐採されたという。

松浦 泰次郎　まつうら・たいじろう
広島瓦斯電軌社長
明治5年(1872)11月20日～昭和28年(1953)12月12日　[出]広島県　[歴]日清戦争後、広島市に缶詰工場を建設。明治42年広島瓦斯社長。大正3年広島盲学校、広島聾唖学校を設立した。6年広島瓦斯電軌社長に就任。

松浦 千代松　まつうら・ちよまつ
秋田県議

文久1年(1861)9月24日～大正10年(1921)4月20日　⽣出羽国(秋田県横手市)　名号=操筠　歴地主の四男に生まれ、明治21年に分家独立した後は生糸仲買を営んだ。その傍ら、煙草の仲買にも手を出し、米の単作で生計を立てる農民に副収入の道があることを説いた。31年羽後煙草合資会社を設立するが、37年に煙草専売法の制定により解散。これによって失業者が増えたため、救済策として電気事業を開始し、43年には増田水力電気会社を興して秋田県増田・横手・湯沢の約650戸への送電を行った。地方行政にも活躍し、増田村議・平鹿郡議・秋田県議を歴任。

松江 豊寿　まつえ・とよひさ
陸軍少将　若松市長

明治5年(1872)6月6日～昭和31年(1956)5月21日　学陸士卒　歴旧会津藩士の子として生まれる。歩兵第二十五連隊大隊長、第七師団副官などを経て、大正3年徳島俘虜収容所長、6年板東俘虜収容所長。所長時代はドイツ人捕虜を祖国のために戦った愛国者として遇し、地域住民との交流を図った。施設内でも比較的自由を許したことから、捕虜オーケストラによってベートーベンの「第九交響曲」合唱付きが国内初演されるきっかけとなる。11年若松市長に当選。

松尾 卯一太　まつお・ういった
社会運動家

明治12年(1879)1月27日～明治44年(1911)1月24日　⽣熊本県玉名郡豊水村(玉名市)　学済々黌4年修了　歴土地復権同志会の運動に関心を抱き、明治40年「熊本評論」を創刊し、土地復権運動の紙面を提供し、また社会主義運動の記事を掲載し、41年弾圧のため廃刊となる。同年上京し、幸徳秋水と会う。そのため43年の大逆事件に連坐し、死刑に処せられた。

松尾 広吉　まつお・こうきち
佐賀県伊万里町長　貴院議員

慶応2年(1866)12月3日～昭和12年(1937)1月16日　⽣肥前国(佐賀県)　歴明治30年佐賀県伊万里に伊万里魚市場を設立。また伊万里鉄道の開通に尽力した。44年貴院議員、大正10年伊万里町長。

松尾 五郎兵衛　まつお・ごろべえ
京都府蚕糸業取締所副頭取

弘化3年(1846)～大正12年(1923)　⽣丹波国千原村(京都府福知山市)　歴京都・千原村の大富豪の家に生まれ、幼少より家庭教師について学び、23歳で周辺十村の連合戸長に就任。傍ら、養蚕業を営み、全国から桑の苗を取り寄せて品種改良に努め、配られた苗を近隣に無償で配るなど、京都近辺の養蚕業近代化に尽力、京都府蚕糸業取締所副頭取も務めた。配られた苗は人々から千原村の"千"と松尾の"松"を取って、"千松"と呼ばれ、大切に育てられたという。献身的な活動により晩年は財を失い、大阪で没した。

松尾 臣善　まつお・しげよし
日本銀行総裁　貴院議員(勅選)　男爵

天保14年(1843)2月6日～大正5年(1916)4月7日　⽣播磨国姫路(兵庫県姫路市)　歴播磨姫路藩の郷士の長男。数学に精通し、伊予宇和島藩に任官して士籍に列す。文久3年(1863年)藩の興業を管理して功があった。明治2年大阪に国庫事務が開始されると選ばれてその事務取扱を命ぜられ、大阪府権大属、外国局会計課長となる。のち大蔵省に入り、19年出納局長、ついで日本銀行監理官、主計局長、貯金局長、理財局長を歴任。36年日本銀行総裁に就任し、日露戦争の戦費捻出のため公債募集に尽力、また明治末正貨危機の対策など金本位制の維持に取り組んだ。39年男爵となり、44年から勅選貴院議員も務めた。著書に「還暦記念録」がある。

松尾 安兵衛　まつお・やすべえ
松尾建設創業者

天保13年(1842)11月10日～大正5年(1916)5月25日　⽣肥前国杵島郡川古村(佐賀県武雄市)　歴生家は肥前国川古村(現・佐賀県武雄市)で代々庄屋を務めて名字帯刀を許された家柄で、5人きょうだいの長男。明治7年佐賀の乱に際して反乱軍鎮撫に訪れた元老院議官・山口尚芳から土建業の有望性を説かれ、松尾家が代々積み重ねてきた土木事業の経験を生かして土建業に進出する決意を固めた。16年衆院議員となった山口小一から企業としての土木請負業の創立を熱心に勧められ、18年松尾組(現・松尾建設)を創業。"良く、早く、安く"を掲げて請負工事に臨み、今日の松尾建設の基礎をきいた。　家長男=松尾清一(松尾建設社長)、孫=松尾静磨(日本航空社長)、松尾文雄(松尾建設社長)

松岡 毅軒　まつおか・きけん
元老院議官

文化11年(1814)12月26日～明治10年(1877)11月6日　⽣土佐国高岡郡日下村(高知県高岡郡日高村)　名本名=松岡時敏、字=欲訥、通称=七助、号=毅堂　歴土佐藩士の長男。江戸で安積艮斎に経史を学び、安政年間に吉田東洋に抜擢されて山内容堂の侍読となる。藩の法典「海南政典」制定の中心を担い、慶応年間には藩史「藩志内篇」の編纂に従事した。明治維新後は新政府に出仕して学校判事、大史、文部大丞を務め、明治8年元老院議官に就任。

松岡 好一　まつおか・こういち
大陸浪人

慶応1年(1865)～大正10年(1921)6月29日　⽣信濃国南安曇郡長尾村(長野県安曇野市)　歴15歳で上京し、新門辰五郎のもとに投じ、剣客榊原健吉に入門。「東洋自由新聞」記者となり、また芝の温知学舎に学ぶ。明治16年小笠原島に渡って小学教師となるが、在島中何かの罪に問われて

東京鍛冶橋監獄に投ぜられ、出獄後九州方面に流浪して高島炭鉱の坑夫などにもなった。21年雑誌「日本人」に高島炭鉱坑夫虐待事件を摘発したルポルタージュを発表し話題となる。三宅雪嶺の北守南進論に共鳴し、24年シドニーに渡り日本人の南洋諸島進出の基礎をつくった。30年香港に赴き、宮崎滔天、平山周らと交わり中国問題を討究。のち康有為の「知新報」客筆となった。34年広東の時敏学堂教師となり、傍ら香港に旅館を経営し、台湾総督府に情報を通じた。

松岡 静雄　まつおか・しずお
海軍大佐 言語学者
明治11年(1878)5月1日～昭和11年(1936)5月23日　[生]兵庫県神崎郡田原村辻川(福崎町)　[学]海兵(第25期)〔明治30年〕卒　[歴]明治31年シドニーに向けて遠洋航海に出る。32年海軍少尉に任官。33年八雲の廻航員としてドイツに派遣され、日露戦争には千代田航海長として従軍。ついで軍令部参謀、42年オーストリア大使館付武官を歴任し、大正3年第一次大戦では筑波副長として南洋諸島に出動しポナペ島を占領、軍政署長となった。5年海軍大佐に進み、7年予備役に編入。その後、日蘭通交調査会を設立し理事となるが、13年病のため辞し、以後はもっぱら国語及び言語学研究に従った。南洋諸島民族研究の権威であり、南進論者として活躍した。著書に「日本言語学」「太平洋民族誌」「日本古俗誌」「ミクロネシア民族誌」「日本古語大辞典」(2巻)「紀記論攻」(14巻)「滞欧日記」などがある。　[家]兄=井上通泰(歌人・国文学者・眼科医), 柳田国男(民俗学者), 弟=松岡映丘(日本画家)

松岡 広吉　まつおか・ひろきち
公共事業家 神奈川県箱根町長
安政1年(1854)～明治41年(1908)6月13日
[生]相模国足柄下郡箱根(神奈川県足柄下郡箱根町)
[歴]生地・相模(神奈川県)箱根の村政に従事、自治の発達に功績を納める。松坂万右衛門らと共に宮ノ下―芦之湯―箱根町の車道開削を計画、明治34年起工して、37年完成させた(大正9年国道に編入)。また基本財産の造成、植林事業の奨励など町村のために尽力、模範村長と称せられた。

松岡 康毅　まつおか・やすたけ
大審院検事総長 農商務相 内務次官 男爵
弘化3年(1846)6月23日～大正12年(1923)9月1日
[生]阿波国(徳島県)　[名]幼名=毅之進, 号=退堂, 伴鶴　[歴]明治3年徳島藩に出仕、4年司法省に入り、大録、次いで小判事、東京、神戸各裁判所長、13年司法権大書記官、庶務課長を歴任。19年欧州に出張、20年遣外中大審院判事となり、民事刑事局長、高等法院陪席裁判官を経て、23年東京控訴院長、次いで検事となり、24年大審院検事総長に就任。同年勅選貴院議員となり、以後、27年と31年内務次官2回、31年行政裁判所長官、39年第一次西園寺内閣の農商務相を務める。大正6年男爵、9年枢密顧問官。また詩文に長じ、日本法律学校(日本大学)初代学長を務めた。

松岡 万　まつおか・よろず
篤行家 鷹匠
天保9年(1838)～明治24年(1891)3月17日
[生]江戸小石川小日向(東京都文京区)　[歴]旗本鷹匠組頭の家に生まれ、講武所、また中村正直らに学ぶ。山岡鉄舟らと親交を結び、幕府精鋭隊に属した。徳川亀之助(家達)の駿河移封に従い、庵原郡小島の小島奉行添役として民政にあたり、のち水利路程掛に登用され、安倍川の架橋を企画するなどの功労があった。磐田郡於保村の大池干拓、志太郎蓮華寺池の干拓、同郡岡部宿枝郷の山論などに関与した。裁決が極めて公平的確だったため、地元の人々により生前から地主霊社、松岡神社としてその徳を称えて祀られた。

松家 徳二　まつか・とくじ
衆院議員(立憲同志会)
明治4年(1871)3月～昭和4年(1929)11月14日
[出]香川県　[歴]香川県議を経て、明治35年8月香川郡部より衆院議員初当選。通算5期を務めた。

松方 巌　まつかた・いわお
十五銀行頭取 貴院議員 侯爵
文久2年(1862)4月6日～昭和17年(1942)8月9日
[生]薩摩国鹿児島(鹿児島県鹿児島市)　[学]大学予備門卒　[歴]明治16年ベルリン、ライプチヒ、ハイデルベルク各大学に留学。26年帰国、銀行界に入り、大正11年十五銀行頭取。12年父の死で襲爵、貴院議員となる。昭和2年金融恐慌による十五銀行危機に際し、全私財を投じ、爵位も返上、公職を退いた。栃木県に千本松農場を持ち馬匹改良に尽力した。　[家]父=松方正義(首相・公爵), 弟=松方幸次郎(実業家・美術蒐集家), 松方三郎(義三郎)(登山家・ジャーナリスト)

松方 幸次郎　まつかた・こうじろう
美術蒐集家 川崎造船所社長
慶応1年(1865)12月1日～昭和25年(1950)6月24日　[生]薩摩国鹿児島(鹿児島県鹿児島市)　[学]エール大学(米国)〔明治23年〕卒 Ph.D.(エール大学)〔明治23年〕　[歴]明治の元勲・松方正義の三男。明治17年米国へ留学、ラトガース大学、エール大学に学んだ。23年帰国し、24年父が第一次内閣を組閣したのに伴い首相秘書官となる。29年川崎正蔵に招かれて株式会社となった川崎造船所の初代社長となり、日露戦争後の世界的な軍備拡張の波に乗って積極的な経営戦略で社業を躍進させ、同社を日本有数の造船所に育て上げた。大正期には第一次大戦中の好況に乗じて事業の多角化を推進し、飛行機や自動車の製造もはじめ、大正8年国際汽船・川崎汽船を設立して海運業にも進出。しかし、昭和2年金融恐慌により経営が急速に悪化、3年社長を辞任した。一方、明治32年神戸新聞社社長。41年九州電気鉄道(現・西日本鉄道)の創立に際し

初代社長に就任。45年衆院議員に当選。通算4期。第一次大戦の頃からヨーロッパでの絵画・彫刻・浮世絵収集をはじめ、日本のみならず英国、フランスに膨大なコレクションを保管。これらは"松方コレクション"の名で知られ、没後その一部をもとに国立西洋美術館が開設された。[家]父=松方正義（首相・公爵）、兄=松方巌（銀行家）、松方正作（外交官）、弟=松方正雄（渡辺銀行頭取）、松方五郎（東京瓦斯社長）、松方乙彦（日活社長）、松方正熊（帝国精糖社長）、松方義行（森村産業社長）、松方三郎（登山家・ジャーナリスト）、娘=松方為子（聖ドミニコ学園理事長）、岳父=九鬼隆義（播磨三田藩主）、甥=松本重治（ジャーナリスト）、松方峰雄（松方家当主）、姪=ライシャワー、ハル・マツカタ

松方 正熊　まつかた・しょうくま
北海道製糖創業者
明治14年（1881）12月11日～昭和44年（1969）5月　[生]東京府　[学]東京帝国大学農科大学林学科〔明治37年〕卒　[歴]明治の元勲で首相も務めた松方正義の子。東京帝国大学卒業後、米国エール大学に留学。帰国後の明治43年、山口誠太郎らと帝国製糖を設立。大正8年北海道製糖を創立、社長に就任。原料輸送のため鉄道建設を行い、12年には地元住民の要望に応えて十勝鉄道を設立。15年社長を退任。19年北海道製糖は明治製糖の傘下に入り、社名を北海道興農工業と改めた。22年日本甜菜製糖と改称。[家]父=松方正義（政治家・公爵）、兄=松方巌（銀行家）、松方幸次郎（実業家・美術収集家）、松方乙彦（日活社長）、弟=松方三郎（登山家・ジャーナリスト）

松方 正義　まつかた・まさよし
首相 財政家 元老 公爵
天保6年（1835）2月25日～大正13年（1924）7月2日　[生]薩摩国鹿児島（鹿児島県鹿児島市）　[名]幼名=金次郎、前名=助左衛門、号=海東、孤立　[歴]薩摩藩士・松方正恭の四男。早くに父母を亡くし、貧しい中で武術・経学を修める。文久2年（1862年）島津久光の上洛及び江戸帰府に随行、久光の信任を受けて抜擢され、公武合体運動や討幕運動に関係した。戊辰戦争時には長崎に在勤していたが、土佐藩の佐々木高行と協力して長崎奉行所を占拠し、治安の維持に努めた。明治元年日田県知事から、3年民部大丞、4年大蔵省権大丞に転じ、同年租税権頭、7年租税頭、8年大蔵大輔、10年兼勧業頭など財政関係の役職を歴任。11年フランスに出張し、同国の蔵相レオン・セイと会見。帰国後の13年内務卿となり、殖産興業政策を推進した。西南戦争後にインフレが起こると参議・大隈重信の主張した外債募集に反対。明治十四年の政変による大隈らの下野後は大蔵卿に就任し、緊縮政策と紙幣整理を進める一方で増税も行ったことから、極端なデフレーション（松方デフレ）に移行して急速に景気が悪化した。また、15年日本銀行の設立、17年兌換銀行券の発行を行った他、所得税をはじめとする各種税制の整備や銀行条例の制定など"松方財政"と呼ばれる一連の経済政策を主導し、近代的な財政・金融制度の確立に力を尽くした。18年内閣制度の施行に伴い、第一次伊藤内閣に蔵相として入閣。つづく黒田内閣、第一次山県内閣でも留任し、24年には首相となって第一次松方内閣を組織し蔵相を兼ねるが、軍事予算削減などで閣内の意見調整ができず瓦解した。28年日清戦争後の財政を担うべく再び蔵相に任ぜられ、29年第二次内閣を組閣して蔵相を兼任したが、連立していた進歩党の大隈重信外相と対立し、やがて連立の破棄に至ったことから、31年総辞職した。同年第二次山県内閣の蔵相。36年枢密顧問官。大正6年内大臣となり、大正天皇の側近に仕えるとともに、元老として重きをなした。[家]長男=松方巌（銀行家）、二男=松方正作（外交官）、三男=松方幸次郎（実業家）、四男=松方正雄（渡辺銀行頭取）、五男=松方五郎（東京瓦斯社長）、八男=松方乙彦（日活社長）、九男=松方正熊（北海道製糖創業者）、十四男=森村義行（森村産業社長）、十五男=松方三郎（登山家・ジャーナリスト）

松川 敏胤　まつかわ・としたね
陸軍大将
安政6年（1859）11月9日～昭和3年（1928）3月7日　[生]陸奥国仙台（宮城県仙台市）　[学]二松学舎、陸士（旧5期）〔明治15年〕卒、陸大〔明治20年〕卒　[歴]仙台藩士の長男として生まれる。明治15年陸軍少尉に任官。26～28年軍事研究のためドイツに留学。日清戦争末期に帰国し、第二軍参謀として出征、台湾鎮圧戦に参加した。なお帰国に際してスキー道具を持ち帰り、わが国にスキーを紹介した。陸大教官、ドイツ公使館付武官を経て、参謀本部第一部長となり、松石安らと対露作戦の策定に従事。日露戦争が始まると満州軍参謀に転じて児玉源太郎参謀長の下で作戦主任を務め、知略を尽くして勝利に貢献した。41年歩兵第六旅団長、44年歩兵第二旅団長、45年第十師団長、大正3年第十六師団長、5年東京衛戍総督、6年朝鮮駐剳軍司令官、7年朝鮮軍司令官などを歴任。同年陸軍大将。12年予備役に編入。

松木 幹一郎　まつき・かんいちろう
帝都復興院副総裁 山下合名総理事
明治5年（1872）2月2日～昭和14年（1939）6月14日　[生]愛媛県周桑郡楠河村（西条市）　[学]三高〔明治26年〕卒、帝国大学法科大学法学科〔明治29年〕卒　[歴]8人きょうだい（3男5女）の3番目の長男。明治29年逓信省に入省。34年広島郵便電信局長、38年官房文書課長、39年横浜郵便局長を経て、40年鉄道庁に転じ、41年鉄道総裁秘書課長、42年計理部庶務課長。43年理事に進んだ。44年東京市に転任して初代の電気局長。大正4年辞職。5年山下ース店総理事に転身、6年山下合名総理事兼山下汽船副社長。11年退社、東京市政調査会理事、12年専務理事。関東大震災後は帝都復興院副総裁。昭和4年

571

台湾電力社長となり、その再建に尽力した。

松坂 万右衛門　まつざか・まんえもん
公共事業家
天保14年(1843)～昭和2年(1927)4月17日
[生]相模国(神奈川県)　[名]旧姓・旧名＝川辺　[歴]相模国(神奈川県)芦ノ湯村の旅館・松坂屋の養子となり、7代目となる。明治31年宮ノ下から芦ノ湯を経由して芦ノ湖に至る箱根の道路開削を計画、私財を投じて工事を行い、37年に完成させた。

松崎 保一　まつざき・やすいち
軍事探偵
明治7年(1874)1月6日～明治37年(1904)4月15日
[生]宮崎県延岡　[学]宮崎中(旧制)〔明治28年〕卒　[歴]中学卒業後、志願兵として陸軍に入り、明治32年陸軍少尉に任官。税関の官吏であったが、34年職を辞して中国へ渡航した。37年日露戦争が起こると横川省三、沖禎介らと特別任務に従事。ロシア軍の補給路に当たる東清鉄道の爆破を図ったが、襲撃を受けて戦死した。

松沢 求策　まつざわ・きゅうさく
自由民権運動家　国会期成同盟創設者
安政2年(1855)6月15日～明治20年(1887)6月25日　[生]信濃国安曇郡等々力町林(長野県安曇野市)　[名]号＝鶴舟　[歴]明治8年地元の武居用拙の塾で漢学を修めた。東京の大井憲太郎らの講法学社でも学ぶ。12年松本で「松本新聞」主筆となり、自由民権思想を広めた。13年長野県における国会開設政治結社・奨匡社創立に参加し、代表として大阪の国会開設請願運動総代会に出席、同盟規約起草委員となり、上京して請願に奔走。同年河野広中、田中正造らと国会期成同盟を結成、政党樹立を提案。14年「東洋自由新聞」を創刊、西園寺公望を社長に迎えたが、政府の圧力で西園寺は退社、真相糾明を訴えて投獄された。出獄後八丈島に会社を創立したが失敗。のち長野県議に選ばれたが、20年代言人(弁護士)試験問題漏洩の罪で再び入獄した。

松沢 貞逸　まつざわ・ていいつ
白馬山荘創業者
明治22年(1889)～大正15年(1926)
[生]長野県北安曇郡北城村(白馬村)　[歴]長野県北城村(現・白馬村)の山木旅館の長男として生まれる。33年11歳の時白馬岳に初登頂。15歳の時父が他界し、旅館を引き継ぐ。38年16歳の時、かつて参謀本部陸地測量部が一等三角点を設置する際、技師の寝屋として作った石室を買い取り、山小屋として営業を開始。40年木造の山小屋を併設、実質的な創業となる。大正4年建物を2棟増設、白馬山荘と名付ける。5年登山口の白馬尻に山小屋を新築。一方、同年馬車業を開始。11年には外車のフォードを購入し、当時開通していなかった信濃大町から北城村間を往復。またスキー講習会を開いたほか、14年登山案内人の組織として北城案内人組合を結成するなど事業を展開し、登山者の便宜を図っ

た。傍ら貧しい村人の電気代を立て替えるなど多くの人に親しまれ"白馬の父"として知られた。15年37歳の時車ごと木崎湖に転落し、死去。

松下 直美　まつした・なおよし
大審院判事　福岡市長
嘉永1年(1848)11月1日～昭和2年(1927)5月18日
[名]通称＝嘉一郎、駿一郎　[歴]筑前福岡藩士。蘭学、英語を学び、慶応3年(1867年)スイスへ留学。維新後は山口地裁所長、大審院判事などを歴任。明治32年福岡市長。

松島 善海　まつしま・ぜんかい
僧侶(浄土真宗本願寺派)　西本願寺執行長
安政2年(1855)6月2日～大正12年(1923)3月23日
[生]豊前国蠣瀬村(大分県中津市)　[歴]備前蛎瀬村の浄土真宗本願寺派照雲寺の第11世住職・松島善譲の子に生まれ、元治元年(1864年)得度し、明治10年同寺第12世住職となる。幼時、中津の手島物斎、築上郡の恒遠精斎・戸月春村らについて漢学を修め、父・善譲にも学び、宗乗を研究した。16年助教となり、同年～22年生家・照雲寺の学寮・信昌閣で教えた。のち補教、司教を経て、36年49歳で最高職の勧学となる。37年軍隊布教師として別府に派遣され、38年仏教大学講師となり、39年生前に院号・無辺院を授かる。大正3年本願寺顧問を務め、4年辞して帰郷し信昌閣で宗学を教える。10年本願寺執行長となり本山講総務を取り扱い、11年立教7百年記念慶鑽事務理事長に特命され、同年龍谷大学財団理事長に就任。大谷光瑞法主の信任を受ける。詩歌・文章・書画に堪能で著書も多数ある。12年広島県字品に没したが、生前の功労により本山葬となった。

松島 廉作　まつしま・れんさく
衆院議員(無所属)
安政3年(1856)8月～昭和14年(1939)4月22日
[生]静岡県　[学]東京専門学校法律学科・経済学科　[歴]農業を営み、明治25年2月衆議員初当選。その後5回の当選を果たした。また、静岡民友新聞社を創立し社長を務めた。

松角 武忠　まつずみ・たけただ
昌平銀行頭取　東京府議
慶応1年(1865)～明治45年(1912)4月9日
[生]江戸　[名]俳号＝四海庵天禄　[歴]東京市の水道計画の不備を指摘したことがきっかけで、区議、市議、府議を務めた。明治34年昌平銀行を創立して頭取に就任。

松園 尚嘉　まつぞの・ひさよし
神官　丹生川神社大宮司　男爵
天保11年(1840)4月8日～明治36年(1903)6月29日　[生]京都　[歴]関白・九条尚忠の二男。姉は孝明天皇女御・英照太皇后、兄は宮内省掌典長を務めた九条道孝。嘉永2年(1849年)奈良大乗院門跡・隆温の弟子となり、4年出家し、一条院住職、春日

松田 吉三郎　まつだ・きちさぶろう
衆院議員（政友会）

安政5年(1858)10月21日～昭和18年(1943)6月30日　⽣加賀国石川郡一木村（石川県白山市）　歴石川県議を経て、明治23年衆院議員となり、通算9期を務めた。農業に従事したほか、「北陸自由新聞」を主管、のち加能合同銀行取締役に就任。

松田 源五郎　まつだ・げんごろう
第十八銀行創立者　衆院議員

天保11年(1840)4月8日～明治34年(1901)3月1日　⽣肥前国長崎酒屋町（長崎県長崎市）　名旧姓・旧名＝鶴野　歴縫箔業を営む家の長男として生まれ、幼少より家業を助け、また叔父・松田勝五郎に頼り、外国貿易業を志す。私塾に学び、安政開国の際には江戸・大阪や新開港地の実況を視察した。万延元年(1860年)叔父・勝五郎の養嗣子となる。明治3年永見伝三郎と共同で商事会社・永見松田商社を組織した。本木昌造の活版事業に関与、平野富二が石川島造船所を設立すると監査役となり、渋沢栄一らと共に事業を助けた。のち小野組支配人となり、第一銀行の組織化に携わる。9年第十八国立銀行を創立して支配人、頭取となる。12年長崎商法会議所初代会頭。25年衆院議員を1期務める。また長崎貯蓄銀行頭取のほか、九州鉄道、長崎電灯、長崎製氷、九州倉庫、香港ローラ麦粉、東京築地活版製造所の各取締役、長崎県議、長崎市議・議長などを務めるなど、長崎県内で諸般の公職につき、汽船航海の事業、水道敷設、港湾改良など に尽力、「長崎新聞」の創刊や商業学校の創立など、長崎実業界で指導的役割を果たした。

松田 源治　まつだ・げんじ
衆院副議長

明治8年(1875)10月4日～昭和11年(1936)2月1日　⽣大分県宇佐郡柳ケ浦（宇佐市）　学東京法学院卒、日本法律学校〔明治29年〕卒　歴明治30年司法官試補、福岡、佐賀各区裁判所検事代理を経て、31年弁護士開業。41年以来、衆院議員当選9回、政友会に属し、会幹事、大正9年内務省参事官、11年衆院副議長を歴任。13年床次竹二郎らと政友本党を結成、昭和2年民政党に合流し、同党総務、幹事長を務める。4年浜口内閣の拓務相、9年岡田内閣の文相となった。

松田 秀雄　まつだ・ひでお
東京市長　衆院議員（政友会）

嘉永4年(1851)～明治39年(1906)1月23日　⽣近江国（滋賀県）　歴明治22年東京の神田区議、24年東京府議、次いで副議長。28年東京から衆院議員に当選。29年東京府会議長代理、東京府農工銀行頭取となった。31～36年東京市長。37年神田区から2級候補者として市会議員、市参事会員、38年同1級候補として市会議員に当選した。

松田 雅典　まつだ・まさのり
実業家　日本で初めて缶詰を製造

天保3年(1832)10月～明治28年(1895)5月20日　⽣肥前国（長崎県）　名本名＝馬田　歴明治2年長崎の英語学校・広運館に勤務中、同校のフランス人教師レオン・ジュリーから缶詰製造技術を学び、4年日本で初めて缶詰を製造。広運館閉校後は長崎県勧業御用掛となり、県知事に働きかけて、12年長崎県缶詰試験所を設立し、管理官を務める。17年払い下げを受けて、松田缶詰製造所を経営した。

松田 正久　まつだ・まさひさ
司法相　衆院議長　衆院議員（政友会）　男爵

弘化2年(1845)4月12日～大正3年(1914)3月4日　⽣肥前国（佐賀県）　名旧姓・旧名＝横尾　歴藩校に学び、明治5年陸軍省からフランスに留学、政治・法律を学んで帰国、陸軍翻訳官となり、のち検事となった。14年退官し、西園寺公望と共に「東洋自由新聞」を創刊。廃刊後、鹿児島造士館教諭・教頭、次いで文部省参事官。その後九州進歩党に参加、長崎県議、同県会議長となる。23年以来佐賀県から衆院議員当選7回。31年大隈内閣の蔵相。33年政友会に参画し、第四次伊藤内閣の文相となり、以後、37～39年衆院議員、39年西園寺内閣の司法相兼蔵相、44年第二次西園寺内閣、大正2年山本内閣の各司法相を歴任。原敬と並ぶ政友会重鎮。3年男爵。　賞勲一等旭日桐花大綬章

松田 道之　まつだ・みちゆき
東京府知事　内務大書記官

天保10年(1839)5月12日～明治15年(1882)7月6日　⽣因幡国鳥取（鳥取県鳥取市）　名旧姓・旧名＝久保正人、幼名＝伊三郎　歴安政2年(1855年)豊後国日田に行き広瀬淡窓の門に入る。5年帰国後、松田家の養嗣子となり、文久2年(1862年)京都に赴き鳥取藩の周旋方として活動した。慶応元年(1865年)周旋方を辞めたが、明治元年山陰道鎮撫使・西園寺公望の奉迎を命じられ、同年閏4月徴士内国事務局権判事に任じられた。以後、新政府において京都府大参事、大津県令、8年内務大丞、10年内務大書記官、12年東京府知事を歴任した。この間、8～12年琉球に出張し、琉球処分を断行、さらに東京府の市区改正・道路拡張などに貢献した。15年在職中に病に倒れ没した。

松平 容大　まつだいら・かたはる
貴院議員　子爵

明治2年(1869)6月3日～明治43年(1910)6月11日　⽣東京小石川（東京都文京区）　名幼名＝慶三郎　学早稲田専門学校行政科〔明治26年〕卒　歴会津藩主・松平容保の長男として生まれる。明治2年生後半年にして家名再興のために陸奥国斗南藩知事

となる。17年子爵。陸軍に入り、日露戦争にも従軍した。騎兵大尉で予備役に編入。39年貴院議員。 家父＝松平容保（会津藩主）

松平 定教　まつだいら・さだのり
桑名藩知事　貴院議員　子爵

安政4年（1857）4月23日～明治32年（1899）5月21日　生伊勢国桑名（三重県桑名市）　名通称＝万之助　学ラトガース大学（米国）　歴伊勢国桑名藩主・松平定猷の長男。安政6年（1859年）に父が亡くなった時は、まだ3歳であったため、松平定敬（美濃高須藩主・松平義建の七男）が養子となって家督を継いだ。鳥羽・伏見の戦いで定敬は幕府軍として戦ったため反逆罪となったが、自身は家老らとともに謝罪し、城を明け渡す。謹慎を経て、明治2年桑名藩再興を許され、万之助から定教に改名して家督を相続、桑名藩知事となった。廃藩後は東京に出て、7年米国に留学、ラトガース大学で理科を修め、11年帰国。15年外務卿付書記となりイタリア公使館に勤務。17年子爵となり、21年式武官。30～32年貴院議員。　家父＝松平定猷（伊勢桑名藩主）、義兄＝松平定敬（伊勢桑名藩主）

松平 太郎　まつだいら・たろう
外交官

天保10年（1839）～明治42年（1909）5月24日　名本名＝松平正規　歴幕臣。奥右筆、外国奉行支配組頭を務めた。明治元年の戊辰戦争の際、陸軍奉行並として主戦論を唱えて西軍討伐を画策したが、将軍慶喜に露見し、職を解かれた。のち榎本武揚らの軍に加わり、箱館を占領、箱館政府副総裁となった。降伏、特赦の後、開拓使出仕、7年三潴県権参事、12年外務省出仕、ウラジオストック駐在などとして新政府に仕えた。その後、実業を志したが成功しなかった。　家息子＝松平太郎（東京小型自動車社長・日本史学者）

松平 太郎　まつだいら・たろう
日本史学者　東京小型自動車社長

明治8年（1875）～昭和13年（1938）6月29日　生東京府本郷区丸山福山町（東京都文京区）　学東京外国語学校仏語科〔明治35年〕卒、京都帝国大学法科大学仏法科〔明治40年〕卒　歴明治40年東京外国語学校講師に就任、かたわら神田小川町において花月卓造と共同して弁護士事務所を開設。41年胸部疾患のため療養生活に入る。大正9年東京小型自動車の創立に着手、10年専務、11年社長。14年会社を退任し、糖尿病の療養に専念。この間、明治43年より「江戸時代制度の研究」の著述に着手。大正8年上巻が刊行され、昭和13年下巻を脱稿したが、20年東京大空襲により焼失。平成5年復刻・刊行された。　家父＝松平太郎（外交官）、妻＝松平浜子（関東学園理事長）、息子＝松平順一（医師・関東学園学園長）

松平 直亮　まつだいら・なおあき
貴院議員　伯爵

慶応1年（1865）9月10日～昭和15年（1940）10月7日　出出雲国松江（島根県松江市）　歴出雲松江藩の11代目、松平不昧（治郷）の末孫。明治以後貴院議員を務め伯爵。茶の湯を好み、不昧公の収集した伝来の名品を多数所持した。

松平 直徳　まつだいら・なおのり
貴院議員　子爵

明治2年（1869）7月23日～昭和6年（1931）12月24日　出播磨国明石（兵庫県明石市）　歴播磨明石藩主・松平慶憲の二男として生まれる。兄の養子となり、明治17年家督を相続。36年貴院議員。　家実父＝松平慶憲（明石藩主）、兄＝松平直致（明石藩主）

松平 直平　まつだいら・なおひら
貴院議員　子爵

明治2年（1869）5月9日～昭和14年（1939）7月30日　出東京　名通称＝篤郎　歴出雲松江藩主・松平定安の四男として生まれる。出雲広瀬藩主・松平直巳の養子となり、明治9年家督を継ぐ。30年貴院議員。　家実父＝松平定安（松江藩主）、養父＝松平直巳（広瀬藩主）

松平 直之　まつだいら・なおゆき
貴院議員　伯爵

文久1年（1861）7月27日～昭和7年（1932）4月11日　出筑後国（福岡県）　歴上野前橋藩主・松平直克の長男に生まれる。松平基則（松平典則の三男）の養子となり、明治40年家督を継ぎ、伯爵となる。44年～大正9年貴院議員を務めた。

松平 信正　まつだいら・のぶまさ
貴院議員　子爵

嘉永5年（1852）4月29日～明治42年（1909）10月28日　出丹波国亀山（京都府亀岡市）　歴松平信親の七男で、義兄・松平信義の養子となる。慶応4年（1868年）山陰道鎮撫総督西園寺公望に帰順。明治2年亀岡藩知事。大蔵省、会計検査院で御用掛、元老院書記官などを歴任。23～30年貴院議員。

松平 乗承　まつだいら・のりつぐ
貴院議員　子爵

嘉永4年（1851）12月8日～昭和4年（1929）7月13日　出三河国（愛知県）　歴三河西尾藩主・松平乗全の子として生まれる。兄の養子となり、明治6年家督を継ぐ。10年西南戦争に際して佐野常民らと博愛社（現・日本赤十字社）創設に尽力し、幹事、理事、副社長を歴任。また宮内省御用掛、太政官御用掛、宗秩寮審議官などを務めた。23年貴院議員。　家父＝松平乗全（三河西尾藩主）、兄＝松平乗秩（三河西尾藩主）

松平 乗長　まつだいら・のりなが
貴院議員　子爵

明治1年（1868）10月11日～昭和3年（1928）1月12日　名初名＝賢二郎　学東京美術学校日本画科〔明治31年〕卒　歴明治38年家督を継ぎ、子爵。43年

貴院議員。　家父=鍋島直紀(蓮池藩主),養父=松平乗命(岩村藩主)

松平 正直　まつだいら・まさなお
内務次官　枢密顧問官　男爵
天保15年(1844)2月26日～大正4年(1915)4月20日　生越前国福井(福井県福井市)　名通称=源太郎　歴安政5年(1858年)家督相続。文久元年(1861年)九州に遊学、戊辰戦争に越後口軍監として会津征討に従軍。明治2年福井藩少参事、3年民部省に出仕、5年新潟県参事。7年内務省に転じ、10年内務権大書記官、11年宮城県権令、同県令を経て、19年同県知事、24年熊本県知事、29年第二次松方内閣、31年第二次山県内閣各内務次官を歴任。同年勅選貴院議員となり、33年男爵。のち石狩石炭、肥後酒精各役員、日本教育生命保険社長などを務めた。43年枢密顧問官。

松平 茂昭　まつだいら・もちあき
福井藩知事　侯爵
天保7年(1836)8月7日～明治23年(1890)7月25日　生江戸内桜(東京都港区)　卒福井県　名初名=直廉、号=巽岳　歴越後国糸魚川藩主松平直春の長男で、安政4年(1857年)襲封し1万石を領す。翌年幕命により隠居・謹慎となった宗家・福井藩主松平慶永の後を継ぎ、32万石を領す。文久元年(1861年)江戸内海警衛を命ぜられ、元治元年(1864年)朝命により御所内御門外の警備、同年堺町御門の警備に任じる。禁門の変では長州藩兵の騒乱に応戦し、長州征討の副総督となる。戊辰戦争に会津征討のため越後口に出張を命ぜられたが、病により果せず、代わって藩兵を出陣させて功あり、明治2年賞典禄1万石を永世下賜された。ついで版籍奉還により福井藩知事となり、4年廃藩により藩知事を免ぜられた。解藩の儀式の様子は当時福井藩に聘せられていた米人グリフィスの「ミカドの帝国」に詳細に書かれている。17年伯爵、21年侯爵。　家父=松平直春(糸魚川藩主)

松平 保男　まつだいら・もりお
海軍少将　子爵
明治11年(1878)12月6日～昭和19年(1944)1月19日　卒東京都　歴海兵(第28期)・海大(第33期)卒　歴陸奥会津藩主・松平容保の子。明治35年海軍少尉に任官。大正11年伊吹、摂津の各艦長を務め、12年横須賀海兵団長。14年海軍少将となり予備役に編入。昭和7年貴院議員。　家父=松平容保(陸奥会津藩主)、兄=松平恒雄(外交官・政治家)

松戸 覚之助　まつど・かくのすけ
果樹園芸家　二十世紀梨の育成者
明治8年(1875)～昭和9年(1934)
生千葉県東葛飾郡八柱村(松戸市)　卒松戸小高等科卒　歴10歳の頃に父がナシ園を始め、13歳のときにゴミ捨て場から見慣れないナシの苗木を見つけ父のナシ園に移植。青みがかり、水分豊かな甘味のある新種を収穫し「新太白」と名付けた。37年

「新太白」を含む3種のナシが渡瀬寅次郎、池田伴親らにより、日露戦争にちなんで「二十世紀(はじめ天慶)」「天佑」「全勝」と名付けられ、38年には「興農雑誌」に「二十世紀」として広告された。その後、岡山、鳥取、新潟など全国各地で栽培されるようになった。大正10年には「二十世紀」を皇太子(のち昭和天皇)に献上している。他にそのナシ園より「八千代」などの新品種を送り出した。

松永 正敏　まつなが・まさとし
陸軍中将　男爵
嘉永4年(1851)6月1日～明治45年(1912)2月18日　生肥後国鹿本郡中富村(熊本県山鹿市)　名松永利吉の第2子に生まれる。幼少より杉谷文明に学び、明治4年陸軍に入る。台湾出兵、西南戦争に出征を経て、日清戦争で歩兵第二連隊長、日露戦争では少将、歩兵第三旅団長、第三軍参謀長などを歴任。38年中将、男爵、第三師団長となる。39年第二師団長を務め、43年朝鮮駐剳を命ぜられた。

松波 幸三郎　まつなみ・こうざぶろう
治水家
嘉永5年(1852)7月～明治45年(1912)
生越中国(富山県)　歴現在の富山市水橋小池に生まれる。東京で農学を学び、富山にホルスタイン種の乳牛を普及させた。また水利組合の組合長として水橋地域の灌漑用水の安定供給に尽くした。没後の大正5年に銅像が建立されたが、昭和19年太平洋戦争中に武器製造のために供出された。

松波 秀実　まつなみ・ひでみ
農商務省山林局林務課長
元治2年(1865)3月14日～大正11年(1922)9月14日　生陸奥国盛岡(岩手県盛岡市)　名旧姓・旧名=松波誠次郎　専林学　歴東京農林学校林学科〔明治21年〕卒　林学博士〔大正8年〕　歴明治22年農商務技手として山林局に勤務、26年農商務技師を経て、27年大阪大林区署長、29年山林局に戻り、30年林務課長。大正11年退職。国有林野特別経営事業、10年創設の公有林野官行造林事業などを手がけた。著書に「明治林業史菱後輯」がある。

松信 大助　まつのぶ・だいすけ
有隣堂創業者
明治17年(1884)10月27日～昭和28年(1953)10月14日　生神奈川県横浜市尾上町　名旧姓・旧名=大野　歴父は小千谷縮の商人で、5人きょうだい(4男1女)姉兄の末っ子の四男。明治19年1歳で父を亡くし、25年叔父・松信家の養子となる。尋常高等小学校を中退し、29年日本橋の清水メリヤス店に奉公に出、30年金子毛糸店に移った。35年病気の長兄を助けるため、横浜・吉田町で兄が営んでいた書店・第一有隣堂に入店。37年応召して習志野騎兵第十三連隊に入隊。日露戦争では戦場には赴かず、40年除隊。42年横浜・伊勢佐木町に第四有隣堂を開店して独立。大正9年第四有隣堂を株式会社有隣堂に改組して第一有隣堂を吸収。12年

関東大震災で店舗・住居とも失うが、バラックの古本屋を開いて営業を再開。その後、太平洋戦争での空襲などを乗り越え、首都圏でも指折りの小売書店となった同社の基礎を築いた。家＝妻＝松信隆子(有隣堂社長)、長女＝江守節子(山手学院校長)、二男＝松信総次郎(有隣堂社長)、三男＝松信泰輔(有隣堂社長)、五男＝松信太助(有隣堂取締役相談役)、六男＝松信隆也(有隣堂副社長)、七男＝松信幹男(山手英学院理事長)、八男＝松信八十男(慶応義塾大学名誉教授)、九男＝松信義章(有隣堂副社長)、二女＝篠崎孝子(有隣堂会長)、孫＝松信裕(有隣堂社長)。

松原 権四郎　まつばら・ごんしろう
青森県知事
明治16年(1883)9月10日～昭和8年(1933)5月17日　生香川県　学京都帝国大学卒　歴神奈川県内務部長、青森県知事、京都市助役などを経て、昭和4年高松市長となる。

松原 芳太郎　まつばら・よしたろう
衆院議員(無所属)
文久1年(1861)12月15日～昭和3年(1928)11月4日　生岐阜県　歴萩原村長、萩原村議、岐阜県議等を経て、明治27年衆院議員に当選、のち多額納税により貴院議員となる。大垣銀行、大垣共立銀行、濃飛農工銀行のそれぞれ取締役、岐阜県農事協会長などを歴任。

松村 介石　まつむら・かいせき
道会創始者
安政6年(1859)10月16日～昭和14年(1939)11月29日　生播磨国明石(兵庫県明石市)　名本名＝松村介石、別名＝市谷隠士、足堂、容膝堂主人　学東京一致神学校中退　歴明治3年上京して安井息軒、市村水香の私塾で儒学を修め、一転して大阪外国語学校で英語を学んだのち、横浜に出てJ.H.バラの指導でキリスト教に入信し、10年日本基督教会高梁教会の牧師となる。22年「立志之礎」を刊行。25年から基督教青年会(YMCA)の精神講話の講師を務め名をあげる。40年キリスト教に儒教を加味した教義を説く日本教会(のち道会と改称)を起し、41年機関誌「道」を創刊。大正4年大倉孫兵衛らの援助で東京・渋谷に拝天堂を建設。国士肌の宗教家として正統派からは異端視される一方、副島種臣、大隈重信らの知遇を受けた。他の著書に「リンコルン伝」「デビニテー」「修養録」「信仰五十年」など。

松村 務本　まつむら・かねもと
陸軍中将
嘉永5年(1852)12月27日～明治38年(1905)2月4日　生加賀国金沢(石川県金沢市)　歴加賀藩士の子に生まれる。明治4年大阪陸軍教導大隊に入り、6年陸軍少尉となる。歩兵第三連隊長を経て、27年日清戦争には第六師団参謀長として従軍。のち近衛師団参謀長、30年台湾守備混成第二旅団長、31年歩兵第一旅団長などを歴任。37年日露戦争には歩兵第一旅団長として出征、南山の激戦に戦功を立て、同年7月中将となり第一師団長に転じ旅順二〇三高地の占領で活躍、ついで北進中の38年、病没した。

松村 菊勇　まつむら・きくお
海軍中将
明治7年(1874年)10月23日～昭和16年(1941)4月4日　生佐賀県　学海兵(第23期)〔明治29年〕卒、海大〔明治39年〕卒　歴松村安種海軍少佐の二男。明治31年海軍少尉に任官。大正4年フランス公使館付武官、8年常磐、9年比叡の艦長、同年第二艦隊参謀長、10年教育本部第一部長、12年第五戦隊司令官を経て、13年鎮海要港部司令官。同年海軍中将。14年予備役に編入。家兄＝松村龍雄(海軍中将)、岳父＝有田義資(三重県知事)

松村 貞雄　まつむら・さだお
在ウラジオストック総領事
慶応4年(1868)9月6日～大正12年(1923)2月21日　生土佐国土佐郡鴨部村(高知県高知市)　学和仏法律学校卒　歴土佐藩士の二男に生まれる。外務省に入り、外交官として華南、満州、ヨーロッパ各地に駐在。北清事変のときは上海、日露戦争のときはニ―ロッパに在って活躍、漢口領事時代には長沙事件ならびに第一革命に遭遇して手腕をふるう。また初代長春領事として赴任後、大正10年シベリア出兵中は軍司令部付外交官として北樺太に駐在。撤兵の際は浦潮在勤総領事となり、撤兵終了後過労が原因で没した。

松村 純一　まつむら・じゅんいち
海軍中将
明治4年(1871)7月～昭和10年(1935)4月17日　生佐賀県　学海兵(第18期)〔明治24年〕卒　歴明治27年海軍少尉となる。日清戦争・日露戦争に従軍。43年駐フランス公使館付武官、大正2年宗谷、5年生駒、霧島の艦長を経て、6年呉鎮守府参謀長、8年第一潜水戦隊司令官を歴任。10年海軍中将となり、12年予備役に編入。

松村 淳蔵　まつむら・じゅんぞう
海軍中将　男爵
天保13年(1842)5月18日～大正8年(1919)1月7日　生薩摩国鹿児島城下(鹿児島県鹿児島市)　名本名＝市来勘十郎　学アナポリス米国海軍兵学校〔明治6年〕卒　歴薩摩藩士・市来家の三男。慶応元年(1865年)藩の奥小姓、開成所諸生から選ばれ、18人と英国に留学して測量術を学んだ。密航であったので松村淳蔵の変名を使い、以後これを通称とした。3年森有礼ら5人とともに米国に移り、ラトガース大学を経て、アナポリスの米国海軍兵学校に学び、明治6年帰国して海軍中佐に任官。8年渡英、9年海軍兵学校校長に就任。以来、断続的に海兵校長を務め、多くの将校を育成した。24年海軍中将。20年男爵を授けられた。著書に「松村淳蔵

洋行日記」がある。家おじ＝横井小楠(儒学者)

松村 龍雄 まつむら・たつお
海軍中将
慶応4年(1868)2月3日～昭和7年(1932)7月18日 出肥前国佐賀(佐賀県佐賀市) 学海兵(第14期)〔明治20年〕卒、海大〔明治31年〕卒 歴松村安種海軍少佐の長男。明治22年海軍少尉に任官。31年海軍大学校を首席で卒業。38年日露戦争の日本海海戦の際には連合艦隊旗艦である三笠副長を務めた。42年海軍大学校教頭、44年安芸艦長、大正元年教育本部第一部長。3年第一次大戦が起こると第二南遣支隊司令官となり出征、ドイツ領の南洋諸島の占領に従事。4年第一艦隊司令官、練習艦隊司令官、5年第一水雷戦隊司令官を歴任、同年海軍中将に昇進して馬公要港部司令官。11年予備役に編入。 家弟＝松村菊勇(海軍中将)

松村 辰喜 まつむら・たつき
阿蘇国立公園の父
明治1年(1868)～昭和12年(1937)3月20日 生肥後国阿蘇郡内牧村小里(熊本県阿蘇市) 歴士族の家に生まれるが、幼い頃に父を失う。15歳で小学校の代用教員となり、21歳で校長に抜擢される。のち憂国の情から朝鮮に渡り、京城の日本語学校に勤務、同僚だった歌人・与謝野鉄幹と親交を結ぶ。明治28年朝鮮王室の王妃であった閔妃暗殺のクーデターに関与、日本に投獄される。証拠不十分により釈放された後、郷里の熊本で陸軍御用達の洋服と靴を専門とする熊本組を設立したが、事業に失敗して破産宣告を受けた。大正6年熊本市議に当選。何にでも首を突っ込むことから"阿蘇の泥亀"、様々な構想を展開することから"ワク立て博士"とあだ名され、10年周辺市町村の熊本市への大合併や昭和9年阿蘇国立公園の設立などに尽力した。

松村 時次 まつむら・ときじ
衆院議員(立憲同志会)
安政2年(1855)2月～大正6年(1917)7月9日 出肥後国(熊本県) 歴熊本県議、玉名郡議、議長、熊本県会玉名郡代表者等を歴任。明治36年衆院議員に当選、通算2期を務めたのち、多額納税により貴院議員となる。玉名銀行頭取、日韓殖産取締役、玉名製糸社長等も務めた。

松村 辰昌 まつむら・ときまさ
陶業家 佐賀県勧業課長
天保9年(1838)～大正4年(1915)1月 生肥前国西松浦郡外尾村(佐賀県西松浦郡有田町) 名幼名＝平吉、別名＝権太夫、俊平、号＝秀軒 歴幼名は平吉、のち権太夫または俊平と称し、秀軒と号して和歌を楽しむ。壮年の頃、肥前大川野郡代、兵庫県租税課長を務め、明治10年辞して姫路で火世社を興す。有田の陶工・柴田善平らを出石に招いて士族授産の製陶工場を造り製品を海外に輸出した。晩年は佐賀県勧業課長を務めた。

松村 文次郎 まつむら・ぶんじろう
衆院議員(弥生倶楽部)
天保10年(1839)3月2日～明治42年(1909)9月23日 生越後国刈羽郡柏崎村(新潟県柏崎市) 歴越後柏崎の豪族で、維新には官軍に宿舎を提供。明治6年柏崎小学校、柏崎洋学校創立に参画。12年新潟県議に当選し、初代議長。自由民権を唱え、鈴木昌司らと北越自由党を結成、加波山事件で河野広中、大阪事件で大井憲太郎を裏から支援した。23年第1回以来衆院議員当選2回、弥生倶楽部に属した。愛硯家として知られ、同好者の犬養毅と親交があった。

松村 雄之進 まつむら・ゆうのしん
政治活動家 衆院議員(無所属)
嘉永5年(1852)2月21日～大正10年(1921)2月22日 生筑後国久留米(福岡県久留米市) 名号＝鉄肝 歴若くして国事に奔也、明治4年長州奇兵隊の大楽源太郎が脱走して久留米に逃げ込み、久留米藩主が政府に疑われたため大楽を暗殺、政治犯として入獄。11年出獄。13年藩士150戸を率いて福島県に移住、水用を開拓した。15年立憲帝政党結成に参加、次いで大阪府警部となったが半年で辞任し神戸で茶の輸出商となった。28年日清戦争に従軍、戦後台湾新竹支庁長となり、「台湾制度考」を編纂、次いで29年雲林支庁長、30年北海道宗谷支庁長などを歴任。35年久留米から衆院議員に当選したが、以後出馬せず院外団の活動家として活躍した。大正2年対支連合会に加盟して満蒙問題に尽力した。

松室 致 まつむろ・いたす
司法相 大審院検事総長 貴院議員(勅選)
嘉永5年(1852)1月2日～昭和6年(1931)2月16日 生豊前国小倉(福岡県北九州市) 学司法省法学校正則科〔明治17年〕卒 法学博士〔大正7年〕 歴明治17年判事補、18年判事となり、以後浦和始審裁判所判事、東京地裁長、東京控訴院判事を経て、31年長崎控訴院検事長、34年同院長、39年検事総長、行政裁判所長官などを歴任。大正元年桂内閣の司法相、3年帝室会計審査局長官、5年寺内内閣司法相。7～13年勅選貴族議員、13年枢密顧問官。昭和3年会計検査官、懲戒裁判所長官などを務めた。大正2年より法政大学学長。著書に「改正刑事訴訟法論」。

松本 和 まつもと・かず
海軍中将
安政7年(1860)2月23日～昭和15年(1940)1月20日 生江戸 学海兵(第7期)〔明治13年〕卒、海大〔明治21年〕卒 歴明治16年海軍少尉に任官。32年八重山艦長、33年艦政本部第二課長、34年厳島艦長を経て、日露戦争時は富士艦長として従軍。39年横須賀工廠長、41年艦政本部長を経て、42年海軍中将に進み、大正2年呉鎮守府司令長官。3年

5月海軍はじまって以来の不祥事件となったシーメンス事件が発覚、艦政本部長時代の装甲巡洋艦発注をめぐる収賄の事実が判明し、懲役4年、追徴金40万円の判決を受け免官、位記返上した。

松本 鼎　まつもと・かなえ
衆院議員(無所属)男爵
天保10年(1839)4月～明治40年(1907)10月22日
出周防国三田尻(山口県防府市)　名僧名=提山
歴萩東光寺の霧龍和尚の門に入り、通心寺の僧となる。松下村塾に学び、安政6年(1859年)吉田松陰の死に際し、還俗して松本鼎と称する。禁門の変、境の役、奥羽征討に従軍、維新後、大阪府大属、熊本県書記官、和歌山県書記官を経て、明治16年和歌山県令、19年和歌山県知事、23年元老院議官となる。同年衆議院議員となり1期。25年貴院議員に勅選される。死後男爵を授けられた。

松本 鼎　まつもと・かなえ
陸軍中将
安政3年(1856)1月～昭和3年(1928)1月20日
出石見国(島根県)　学陸士[明治12年]卒　歴石見津和野藩士の長男。明治14年陸軍砲兵少尉となる。野戦重砲兵第十二連隊長、野戦砲兵射撃学校校長などを経て、日露戦争では第一軍の砲兵部長として出征。40年野戦砲兵第三旅団長、45年野戦砲兵第一旅団長を歴任。大正2年中将となり東京湾要塞司令官を務めた。

松本 貫四郎　まつもと・かんしろう
殖産家　香川県議
天保3年(1832)9月4日～明治24年(1891)6月30日
生讃岐国山田郡潟元村(香川県高松市)　名旧姓・旧名=柏原貫四郎、幼名=要人、諱=信富、通称=久四郎　歴讃岐高松藩医・柏原謙好の二男。安政2年(1855年)上京、種田流槍術を極めた。やがて高松藩士・松本家の養子となる。戊辰戦争に際して朝敵とされた高松藩の救済に奔走、徳島藩の讃岐討ち入りを中止させた。明治維新後は地方自治に携わる一方、個人で旧士族救済のため信立社を設立して士族授産事業を促進。明治11年第百十四国立銀行設立に参画、初代頭取に就任。士族授産に力を尽くし、「讃岐西郷」ともいわれた。初代香川県議会議長も務めた。家父=柏原謙好(医師)、兄=柏原謙益(医師)、弟=柏原学而(医師)

松本 歓次郎　まつもと・かんじろう
松江商工会議所会頭
天保10年(1839)7月28日～明治37年(1904)1月22日　生伯耆国会見郡渡村(鳥取県境港市)　名幼名=繁太郎　歴16歳で同族の酒・醤油醸造業・松本保左衛門家を相続。家業の他に織物や鉄・米穀なども扱い、巨富を貯えた。26歳の時には長崎での綿花貿易に乗り出すが、密貿易の嫌疑をかけられて頓挫した。明治5年島根県松江に移り、島根県の管理下にあった朝鮮人参製造業の払い下げを受け、6年に第一人参製造会社を設立。以来、その会頭

として経営に当たり、上海に支店を設けるなど中国への直売を積極的に推進した。また、鉱山業や織物業にも手を広げるが、いずれも失敗。現在の山陰合同銀行の前身である松江銀行・山陰貯蓄銀行の創立に関与し、その頭取となって松江における金融業の基礎を築いた。27年には松江商工会議所初代頭取に就任。

松本 喜作　まつもと・きさく
篤農家
明治6年(1873)～昭和8年(1933)
生静岡県小笠郡相草村(菊川市)　学帝国大学農科大学中退　歴報徳社に学び、帝国大学農科大学で得た学識で稲、茶、養蚕を柱とする複合農業経営を確立した篤農家。さらに西洋農法も応用して成功した。著書に「茶圃一力園創造記」「米作法概要」がある。

松本 君平　まつもと・くんぺい
ジャーナリスト　衆院議員(政友会)
明治3年(1870)4月～昭和19年(1944)7月28日
出静岡県周智郡菊川町(菊川市)　学フィラデルフィア大学、ブラウン大学(米国)大学院 文学博士　歴「ニューヨーク・トリビューン」記者、「東京日日新聞」記者、「自由新聞」主筆を経て、雑誌「大日本」を発刊する。その後中国に渡り、英文紙「チャイナ・タイムス」、「週刊チャイナ・トリビューン」を天津で発行、また北京では「日刊新支那」を発刊する。明治37年に衆院議員となり、通算5期務め、広東軍政府顧問、田中内閣海軍参与官となった。「金貨本位論」「新聞学」「欧風米雲録」など多くの著書がある。

松本 健次郎　まつもと・けんじろう
明治鉱業社長　黒崎窯業創業者
明治3年(1870)10月4日～昭和38年(1963)10月17日　生福岡県福岡市　名旧姓・旧名=安川　学ペンシルベニア大学(米国)　歴安川財閥創立者である安川敬一郎の二男。明治20年安川商店神戸支店に入り、21年上京して国民英語学校と物理学校に入学。22年一年志願兵として熊本歩兵第十三連隊に入営、23年除隊。同年叔父・松本潜の養子となり、松本姓を継いだ。24年米国へ留学、ペンシルベニア大学の財政経済学科に学んだ。26年帰国して実兄や養父と石炭販売会社・安川松本商店を設立、仲買人を通さない石炭の直接販売に従事した。34年赤池鉱山と明治炭鉱の全所有権を取得、35年には我が国初の炭坑技術者養成機関である赤池鉱山学校を設立した(36年赤池炭坑火災のため廃校)。39年豊国炭坑を引き受け、41年明治・赤池・豊国の3炭坑と合併させて明治鉱業株式合資会社を設立して副社長に就任。同じ炭鉱業の貝島家、麻生家とともに"筑豊御三家"と呼ばれた。この間、27年清戦争、37年日露戦争に出征している。また、32年海軍大将・元帥の井上良馨の娘と再婚した。大正7年実父の引退を受け、安川財閥の総帥に就任。

同年煉瓦専門会社の黒崎窯業株式会社を創業。8年明治鉱業を株式会社に改組して同社長。昭和4年明治鉱業、18年黒崎窯業の社長を退く。 家長男＝松本幹一郎（明治鉱業社長）、二男＝松本兼二郎（黒崎窯業社長）、三男＝松本馨（早稲田大学教授）、七男＝松本七郎（衆院議員）、実父＝安川敬一郎（安川財閥創立者・衆院議員）、養父＝松本潜（実業家）、弟＝安川清三郎（安川電機製作所社長）、安川第五郎（安川電機製作所社長）、岳父＝井上良馨（海軍大将・元帥） 勲勲二等瑞宝章〔昭和38年〕 賞ペンシルベニア大学名誉法学博士〔昭和31年〕、戸畑市名誉市民〔昭和34年〕

松本 剛吉　まつもと・ごうきち
衆院議員（憲政党）
文久2年（1862）8月8日〜昭和4年（1929）3月5日
生丹波国氷上郡柏原（兵庫県丹波市） 名旧姓・旧名＝今井 歴明治初年上京、中村正直の同人社に入り、千葉県巡査となった。17年神奈川、埼玉各県警部から31年憲政党入党、逓信相秘書官、農商務相秘書官を経て、37年以来兵庫県から衆院議員当選4回。45年選挙違反で起訴。大正5年逓信相秘書官、8年台湾総督府秘書官、昭和2年勅選貴院議員。板垣退助、星亨、原敬、山県有朋、西園寺公望らと深く交わり、政界の裏面に活躍、その「政治日誌」は貴重な資料となっている。著書に「夢の跡」がある。

松本 重太郎　まつもと・じゅうたろう
第百三十国立銀行頭取
天保15年（1844）10月5日〜大正2年（1913）6月20日 生丹後国竹野郡間人村（京都府京丹後市） 名旧姓・旧名＝松岡、幼名＝亀蔵 歴大坂の大手太物問屋で十数年修業したのち、独立して松本重太郎と改名。明治3年大阪・心斎橋筋に洋反物・雑貨商の丹重を開店。その後、洋服の販売に転じて巨利を博した。11年第百三十国立銀行の創設に参画して取締役・支配人となり、人物本位・無担保の信用貸しを行って大阪の商人に信頼された。13年同頭取に就任。15年渋沢栄一、益田孝、大倉喜八郎らと合同して大阪紡績（現・東洋紡績）を設立。また、この頃から鉄道事業に関心を抱き、大阪―堺間への鉄道敷設に有望性を見出し、17年日本初の私設鉄道である大阪堺間鉄道（現・南海電気鉄道）の創立に参画した。20年には大阪麦酒株式会社（現・アサヒビール）創設にも関与。25年神戸から三原・下関方面への鉄道敷設を目指し、山陽鉄道（現・JR山陽本線）を設立した。五代友厚、藤田伝三郎と並ぶ関西経済界の重鎮として知られ、29年明治銀行を設立、30年頭取に就任。この間、29年衆院補選に当選、1期務めた。茶人としても知られ、毎年5月には"権現まつり"と呼ばれる豪華な茶席を設けたが、日露戦争後の不況により第百三十銀行が経営破綻すると収集した茶道具を含むすべての資産を整理し、晩年はかつて出入りしていた大工職人の世話を受けた。

松本 十郎　まつもと・じゅうろう
開拓使判官
天保10年（1839）8月18日〜大正5年（1916）11月27日 生出羽国鶴岡（山形県鶴岡市） 名前名＝戸田惣十郎、諱＝直温、号＝松農夫、一樽居士 歴出羽鶴岡藩士。文久3年（1863年）藩の物頭に就任した父とともに蝦夷地天塩にある鶴岡藩領の警備に従事。慶応3年（1867年）には一旦帰郷するが、間もなく藩命で江戸に赴き、市中の取り締まりに当たった。戊辰戦争では幕府方についた鶴岡藩の機要係として諸藩に使いしたほか、新庄攻撃にも参戦。鶴岡藩の降伏以後は松本十郎と名乗り、藩の保存と再興をはかって各地の有力者に藩の窮状を説いた。この間、薩摩藩出身の黒田清隆の知遇を得、黒田が開拓長官として北海道に赴任すると、その推挙で開拓使判官に任ぜられた。6年には同大判官に昇進。初期における北海道開拓行政の要として類い希なる手腕を発揮したが、9年にアイヌの強制移住が議となると、アイヌに味方して黒田と対立し辞職。以後、郷里鶴岡で碑文の撰などをしながら、文雅に遊んだ。

松本 恒之助　まつもと・つねのすけ
衆院議員（憲政会）
慶応3年（1867）2月29日〜大正15年（1926）6月1日 生伊勢国一志郡矢野村（三重県津市） 学東京専門学校英語本科〔明治21年〕卒 歴津市議、津商業会議所特別議員を経て、明治37年衆院議員に当選。4期つとめる。また伊勢鉄道、伊勢新聞各社長、北海道拓殖銀行、三重県農工銀行各監査役を歴任する。

松本 留吉　まつもと・とめきち
藤倉電線創業者
明治1年（1868）11月28日〜昭和13年（1938）3月24日 生下野国安蘇郡植野村（栃木県佐野市） 名旧姓・旧名＝藤倉 学東京英語学校 歴藤倉熊吉の六男に生まれる。16歳で上京し長兄・善八方に同居、東京英語学校で英語を学ぶ。明治19年善八が始めた電線製造の研究のために渡米し、新興の電気事業を学ぶ。23年帰国し善八と電線製造事業に従事する。24歳の時、群馬県の松本浪義の養子となり家業を経営するが、善八の死去に伴い34歳で藤倉電線護謨合名会社を設立。43年株式会社に改組、社名を藤倉電線とし専務に就任。のち社長を務めた。

松本 白華　まつもと・はっか
僧侶（真宗大谷派）東本願寺上海別院輪番
天保9年（1838）〜大正15年（1926）2月5日
生加賀国石川郡松任町（石川県白山市） 名幼名＝隼丸、号＝厳護法城、梅穏、西塘、林泉、諡号＝白華院厳護 歴加賀国松任の本誓寺（真宗大谷派）に生まれる。17歳のとき大阪に出て儒学者・広瀬旭荘に入門。次いで京都に移り、竜温に師事して宗学を修めた。明治3年富山藩が領内の寺院に対して極端な廃合を行った際、東本願寺から派遣されてそ

の調査に当たる。5年、石川舜台・成島柳北らととも に東本願寺法嗣・大谷光瑩に随行し、欧米の宗教事情を視察。そこで大いに宗派内改革の必要性を感じ、6年に帰国後、梵語学習のために同派の学僧南条文雄を英国に留学させた。その後、東本願寺執事補や同上海別院輪番などを歴任し、宗派の改革と護法運動に尽力。著書に「航海録」「備忘漫録」、詩集に「白華余事」などがある。

松本 彦平 まつもと・ひこへい
滋賀県議
安政3年(1856)6月17日～大正8年(1919)1月22日 [生]近江国(滋賀県) [歴]滋賀県議、川上村村長を歴任。水不足を解消のため淡海耕地整理組合を設立し、大正元年灌漑用の溜池の築造。昭和12年に完成した。

松本 文治 まつもと・ぶんじ
殖産家
天保14年(1843)～明治14年(1881) [生]遠江国掛川(静岡県掛川市) [歴]掛川藩の御用達を務める葛布問屋の家に生まれる。同家は藩の御三家の一つに数えられるほどの資産家で、多額の藩債を引き受け、廃藩後の整理では掛川で広大な土地を獲得。それらによって得た資金によって山崎徳次郎、河井重蔵らとともに公益事業を行い、明治6年資産金貸付所御用係、8年同所掛川分所主務を歴任。明治10年代には山崎らと掛川厚生社を興し、さらに13年には掛川銀行を設立した。一方で、岡田佐平治・良一郎父子の報徳運動を助けた他、殖産興業にも力を尽くし、廃藩ののち衰退の一途をたどっていた掛川特産の葛布の復活を図って業者に無利子で資金を提供した。倹約や陰徳などに関する逸話も多く、人格者として地域の人々に慕われた。

松本 孫右衛門 まつもと・まごえもん
衆院議員(政友会)
明治6年(1873)1月～昭和23年(1948)9月6日 [出]福島県 [学]東京物理学校卒 [歴]東京株式取引所理事、東京信用銀行頭取、都新聞社取締役、東京信用商事取締役などを務める。明治37年衆院議員となり、通算4回当選。政友会常議員、鉄道会議員となる。

松本 正忠 まつもと・まさただ
大審院評定官
天保4年(1833)～明治24年(1891)5月8日 [生]伊予国(愛媛県) [名]旧姓・旧名=竹鼻、字=恕卿、通称=小次郎、号=栖屋、滄海 [歴]近藤篤山、藤森弘庵に学び、安政年間(1854～59年)備中の森田節斎に師事。備前岡山藩家老伊木氏に仕え、京都有栖川家に出入りして尊攘運動に参加。明治2年度会県大属、岡山県少参事を経て、5年司法省に出仕、のち大審院評定官となった。

松山 原造 まつやま・げんぞう
農事改良者
明治8年(1875)11月21日～昭和38年(1963)12月3日 [生]長野県小県郡大門村(長和町) [歴]20歳代で郡の農事改良に従事。かたわら土を掘り起こす犂の改良に着手、起こした土を左右のどちらへでも反転できる双用犂を発明、明治34年特許を得た。当時創立した製造所が後の松山犂製作所に発展。

松山 高吉 まつやま・たかよし
牧師 聖書翻訳家
弘化3年(1846)12月10日～昭和10年(1935)1月4日 [生]越後国糸魚川(新潟県糸魚川市) [歴]幼い頃から国学や漢学を学び、明治2年京都白川家学館で国史などを修める。4年国学者の黒川真頼に師事。平田派神道の立場からキリスト教撲滅を志し、5年関貫三の変名で神戸在住の宣教師グリーンの下に潜入するが、聖書を学ぶうちに回心して7年受洗する。同年摂津第一公会(のち神戸教会)創立に参画。また同年ヘボンを中心とした聖書翻訳委員会ができるとその邦訳を補佐。13～17年「新約聖書」、17～20年「旧約聖書」の訳業に従事し、漢文体、雅文風、俗文体は古くさくないと、中庸かつ荘厳な文体での翻訳に力を尽くした。同年京都平安教会牧師、24年同志社教授。同志社創設の新島襄没後の混乱期に指導力を発揮したが、同志社の自立方針から宣教師無用論が起きると、宣教師に非礼だとして、組合派から聖公会に移った。日本最初の賛美歌編纂にも携わり、作詞も行った。

松山 守善 まつやま・もりよし
弁護士 相愛社副社長
嘉永1年(1848)～昭和20年(1945)7月22日 [歴]肥後熊本藩士・脇坂家の三男。15歳の時に廃家だった松山家の家督を継ぎ、同家を再興。獄吏を務めていた時に肥後勤王党の首領である轟武兵衛と山田信道の拷問に立ち会い、その毅然たる態度に感銘を受けた。明治2年斎藤求三郎の塾に入り敬神党の一員として遇され、佐久間象山の暗殺者として知られる河上彦斎の下で彼らと刑死すると寄りどころを失い、上京。東京で新知識に触れ、民権論者に転向。7年帰郷、同志と植木学校を設立して講師兼会計方を務める。学校が閉鎖されると15等の最下級の官吏として裁判所に仕官、かつての同志たちが起こした神風連の乱や、西南戦争にも参加せず、官吏生活を貫く。11年下野して代言人(弁護士)となり、植木学校の残党が組織した相愛社の副社長に就任。23年第1回総選挙に出馬、当選するが無効票が出たために失格となる。政友会の政客として以後も度々出馬したが、当選できなかった。同郷の井上毅と元田永孚が起草した教育勅語を酷評し、80歳を過ぎてなお依頼があれば遠方まで出向いて弁護に当たるなど、反骨精神の持ち主として知られた。昭和8年「自叙伝」を著す。木下順二の初期の戯曲「風浪」のモデルの一人とされる。 [家]女婿=深水武平次(陸軍軍人)

松山 良朔　まつやま・りょうさく
陸軍中将
明治7年(1874)10月～昭和5年(1930)7月8日
[生]石川県　[名]旧姓・旧名=名雪　[学]陸士〔明治28年〕卒、陸大〔明治34年〕卒　[歴]明治28年陸軍歩兵少尉となり、37年日露戦争には姫路第十師団参謀として出征したが、講和成立と同時に鉄道受領員として敏腕を振るった。ついで台湾歩兵第二連隊長となり、第十二師団参謀長としてシベリアに従軍、のち歩兵第二十五旅団長、第四師団司令部付などを務め、大正13年中将となった。

松浦 詮　まつら・あきら
貴院議員 伯爵
天保11年(1840)10月18日～明治41年(1908)4月13日
[生]肥前国松浦郡平戸串崎(長崎県平戸市)　[名]字=景武、義卿、通称=朝五郎、源三郎、肥前守、号=乾字、稽詢斎、松浦心月庵　[歴]嘉永2年(1849年)伯父の肥前平戸藩主・松浦曜の養嗣子となり、安政5年(1858年)襲封。尊王攘夷論者で、藩領の海防に努めた。戊辰戦争では奥羽征討に従軍。明治維新後、制度寮副総裁、平戸藩知事、御歌会始奉行、明宮祇候、宮内省御用掛などを歴任。17年伯爵。23～41年貴院議員を務めた。文武に通じ、ことに茶道は石州流鎮信派家元で布引茶入など名器を収集。和歌にも長じ、心月庵と号し「蓬園月次歌集」などがある。[家]長男=松浦厚(貴院議員・伯爵)

松浦 厚　まつら・あつし
貴院議員 伯爵
元治1年(1864)6月3日～昭和9年(1934)5月7日
[生]肥前国平戸(長崎県平戸市)　[学]学習院卒、陸軍予備士官学校修了　[歴]肥前平戸藩主・松浦詮の子。明治17年英国へ留学、ケンブリッジ大学トリニティ・カレッジで国際公法を学び、欧州諸国を歴訪して、26年帰国。とくに水産業界で活躍し大日本海軍事学会会長を務めた。41年伯爵を継ぎ、44年貴院議員に当選。旧平戸藩内の殖産事業にも尽力。昭和年に辞任し、素行会長、弓馬会長、華族乗馬会幹事、学習院評議員などを務めた。[家]父=松浦詮(貴院議員・伯爵)

万里小路 正秀　までのこうじ・なおひで
式部官 男爵
安政5年(1858)8月16日～大正3年(1914)6月10日
[名]幼名=秀麿　[歴]明治4年から10年間、ロシア貴族の下に留学。式部官、大膳頭などを歴任。17年男爵。[家]父=万里小路正房

万里小路 博房　までのこうじ・ひろふさ
皇太后宮大夫
文政7年(1824)6月25日～明治17年(1884)2月22日　[生]京都　[歴]嘉永4年(1851年)侍従となる。尊攘派の公家で、文久2年(1861年)国事御用掛、3年国事参政となったが、同年八月十八日の政変で失脚。他行・他人面会を禁じられ、差控を命じられた。慶応3年(1867年)差控を赦され、9月右大弁、12月の王政復古の政変で参与となった。明治2年宮内卿、4年宮内大輔、10年皇太后宮大夫を歴任。[家]長男=万里小路通房(公卿)、父=万里小路正房(公卿)

万里小路 通房　までのこうじ・みちふさ
明治天皇侍従 伯爵
嘉永1年(1848)5月27日～昭和7年(1932)3月4日
[生]京都　[歴]父は万里小路博房。慶応元年(1865年)右少弁。3年王政復古の政変で書記御用掛となり、4年2月参与、軍防事務局親兵掛兼任。8月奥羽追討総督府参謀として東北に出征。2年洋行を命ぜられ渡英。7年帰国後、工部省、宮内省に奉職、15年侍従となる。17年伯爵。[家]父=万里小路博房(公卿)、祖父=万里小路正房(公卿)

的野 半介　まとの・はんすけ
衆院議員(憲政会)
安政5年(1858)5月28日～大正6年(1917)11月29日　[生]筑前国福岡(福岡県福岡市)　[歴]もと福岡藩士で、漢学を学ぶ。平岡浩太郎・頭山満らの玄洋社の社員となり自由党に入る。明治41年から衆院議員(憲政会)に当選3回。また九州日報社長、関門新報社長、遼東新報顧問、若松取引所理事、筑豊坑業組合幹事などを務めた。

真名井 純一　まない・じゅんいち
養蚕改良家
文政12年(1829)～明治35年(1902)7月16日
[生]丹後国与謝郡岩滝村(京都府与謝郡与謝野町)　[名]旧姓・旧名=小室利七　[歴]丹後国岩滝村(現・京都府与謝郡与謝野町)で代々生糸縮緬問屋を営み、海運業も手がけていた山家屋に生まれる。万延元年(1860年)米沢の製糸業を視察、女工を連れ帰り伝習所を開いて女工を養成した他、郡内に蚕種を頒布し、桑の木の改良も行う。明治3年徳島藩に蚕糸改良のために招かれ、家督を長男に譲り真名井純一を名乗る。9年旧来の座繰製糸器にケンネル式抱合装置を取り付けた"真名井座繰"を考案。その後も舞鶴、岐阜、兵庫などに招かれ、晩年は京都府技師として養蚕製糸技術の改良向上に尽くした。[勲]緑綬褒章〔明治25年〕

真鍋 斌　まなべ・あきら
陸軍中将 貴院議員 男爵
嘉永4年(1851)12月5日～大正7年(1918)12月14日　[生]長門国萩(山口県萩市)　[学]陸軍青年学舎〔明治4年〕卒　[歴]明治5年陸軍少尉に任官、西南・日清戦争に出征して戦功をたて、38年陸軍中将に昇進。40年日露戦争の功により男爵を賜わる。その間、第四師団参謀長、陸軍大臣副官、歩兵第九旅団長、留守第五師団長など歴任し、41年予備役編入。44年～大正7年貴院議員。

馬淵 鋭太郎　まぶち・えいたろう
京都府知事 京都市長

慶応3年(1867)1月18日～昭和18年(1943)9月13日 [生]美濃国(岐阜県) [学]帝国大学卒 [歴]山形・山口・三重・広島の県知事を経て、大正7年京都府知事となる。米騒動の鎮圧、淀川改修、伝統産業の近代化に努めた。10年京都市長となり、中央卸売市場の設置、万国博覧会参加五十年記念博覧会の開催を推進した。

丸尾 錦作　まるお・きんさく
宮中顧問官
安政3年(1856)4月～大正14年(1925)5月4日
[出]美濃国(岐阜県) [学]東京師範卒 [歴]学習院教授を経て、明治28年東宮(大正天皇)侍従となる。38年から裕仁親王(昭和天皇)、雍仁親王(秩父宮)の養育掛長を務めた。大正4年宮中顧問官に就任、14年在官中に病没した。

丸尾 文六　まるお・ぶんろく
茶業家 衆院議員
天保3年(1832)8月1日～明治29年(1896)5月1日
[生]遠江国城東郡池新田村(静岡県御前崎市) [歴]明治維新後、東海道金谷宿伝馬所取締役・島田郡役所最寄総代を務める。明治3年大井川に渡船が開設されたため、川越え人足の失業を懸念して布引原(牧ノ原)への入植と同地での茶栽培事業を開始。自らも入植地に入って茶園を経営し、有信社や静岡製茶直輸会社などの設立に参画して茶の米国向け輸出を手がけた。のち静岡県茶業取締所総括・静岡県茶業組合連合会議長・同会議所事務長などを歴任し、静岡の茶業発展に多大な貢献をなした。また、明治9年に浜松県民会議員に選ばれて以来、地方自治の分野でも活動し、12年に静岡県議、次いで17年から25年まで県会議長。さらに25年には衆院選挙に出馬して当選、立憲改進党に属した。

円中 孫平　まるなか・まごへい
貿易商
文政13年(1830)10月～明治43年(1910)7月
[生]越中国砺波郡和泉村(富山県南砺市) [名]旧姓・旧名＝石崎 [歴]石崎八郎兵衛の三男に生まれ、嘉永4年(1851年)金沢の商人・中野屋孫兵衛の養子となる。藩より円中姓を許され、慶応2年(1866年)外国貿易を志して大坂に益亀組を創立。北海道への加賀絹販売や、九谷焼の改良に尽力する。明治維新後は欧米人の嗜好研究のため、明治9年渡米しフィラデルフィア万博を視察した。11年横浜に輸出用雑貨を扱う円中組を開業。同年の内国勧業博覧会、パリ万博には加賀産の出品で好評を博す。13年には製糸・製茶を扱う扶桑商会、14年にはフランスに円中組パリ支店を設立したが、17年為替相場の激変により円中組本支店、扶桑商会を閉店した。

丸山 英一郎　まるやま・えいいちろう
地方官吏 実業家 長野県議
嘉永4年(1851)～明治34年(1901)9月28日
[生]信濃国安曇郡本村(長野県安曇野市) [歴]明治6年生地・長野県豊科村の副戸長、11年地租改正郡村総代、12年から2年間京都の茂松法学社で法律を学ぶ。郷里から長野県議当選の通知により帰郷、県会常設委員に選ばれる。15年から長野県下水内郡長(2回)、南安曇郡長、下高井郡長、上伊那郡長を歴任。22年官を辞した後は、松本貯蓄銀行、南安銀行、長野農工銀行の創立に加わり、重役を務めた。また政友会の重鎮として南信四部に重きをなした。

丸山 嵯峨一郎　まるやま・さがいちろう
弁護士 衆院議員(政友本党)
慶応4年(1868)1月～昭和19年(1944)2月5日
[出]越後国(新潟県) [学]帝国大学法科大学独法科〔明治27年〕卒 [歴]弁護士業に従事。明治31年新潟7区より衆院議員に当選。5期つとめる。また新潟県弁護士会長、同県競馬倶楽部会長となる。

丸山 作楽　まるやま・さくら
元老院議官 国学者
天保11年(1840)10月3日～明治32年(1899)8月19日 [生]江戸芝三田四国町(東京都港区) [出]長崎県 [名]本名＝丸山正路, 幼名＝勇太郎, 号＝盤之屋 [歴]肥前島原藩士の長男。幼くして坊主見習いとなり、平田銕胤らに学ぶ。文久、元治の頃は志士と交わり国事に奔走し、慶応2年(1866年)入獄する。明治元年作楽と改名。官途に就いたが、対外硬派となり、5年内乱のかどで終身禁錮刑に処せられ、13年恩赦で出獄。14年忠愛社をおこして「明治日報」を創刊。15年福地桜痴らと帝政党を結成。19年宮内省図書助となり、憲法・皇室典範の調査に当たる。20年外遊。23年6月元老院議官、9月貴院議員となった。国学者として万葉調の和歌をよくし、歌集に没後の32年刊行された「盤之屋歌集」がある。

丸山 重俊　まるやま・しげとし
島根県知事
安政2年(1855)～明治44年(1911)5月22日
[出]肥後国(熊本県) [歴]肥後熊本藩士で、藩校・時習館では佐々木友房ら並びと俊才として知られた。明治維新後は、明治35年警視庁第一部長、38年韓国政府警務顧問などを務めた。41年島根県知事。

丸山 名政　まるやま・なまさ
衆院議員(同志研究会)
安政4年(1857)9月25日～大正11年(1922)11月21日 [生]江戸 [出]信濃国須坂(長野県須坂市) [学]明治法律学校卒 [歴]講法学舎、明治法律学校に学び、内務省地理局に勤務。のち自由民権運動を始め、立憲改進党結成に参画。明治14年「東京輿論新誌」の編集に従事、「東京横浜毎日新聞」記者、16年「下野新聞」主筆、18年代言人(弁護士)となる。東京市議、東京府議を経て、25年第2回総選挙に長野2区より出馬、衆院議員に。36年第8回総選挙では東京2区から当選。また、東京市助役、日本証券社長、松本瓦斯取締役も務めた。著書に「通俗憲法論」「国会之準備」「憲法論 大日本帝国憲法註釈」

がある。

丸山 茂助　まるやま・もすけ
実業家
嘉永6年(1853)2月23日～大正6年(1917)9月4日
囲備後国沼隈郡(広島県福山市)　图名＝重剛　歴明治11年下駄の製造・販売を始める。材料の転換や、糸鋸機の導入など機械化をすすめた。　家息子＝丸山鶴吉(警視総監)

馬渡 俊雄　まわたり・としお
福島県知事
明治9年(1876)12月14日～没年不詳
囲東京都　图旧姓・旧名＝加藤　学東京帝国大学法科大学政治学科〔明治39年〕卒　歴東京大学初代総長、帝国学士院初代院長を務めた加藤弘之の三男。明治18年馬渡家の養子となった。神奈川県警察部長、和歌山県内務部長、新潟県内務部長を経て、大正8年愛媛県知事、11年福島県知事。東京市助役も務めた。　家父＝加藤弘之(啓蒙学者)、兄＝加藤照麿(貴院議員)

【 み 】

三井 道郎　みい・みちろう
司祭　正教神学者　ロシア語学者
安政5年(1858)7月2日～昭和15年(1940)1月4日
囲陸奥国盛岡城下加賀野新小路(岩手県盛岡市)　图旧姓・旧名＝三井修治、洗礼名＝シメオン　学正教神学校、キーエフ神学大学　歴ニコライ大主教(カサートキン)傘下の十哲の一人といわれる。明治7年函館正教会で洗礼を受け、8年神学校入学、16年キーエフ神学大学に留学、20年帰国。正教神学校校長となり、27年司祭叙聖、京都正教会を経て、東京のニコライ堂に。大正6年モスクワの全ロシア正教会地方公会議に日本代表として出席。教理書「正教訓蒙」、紀行文「回顧断片」「往事断片」「訪露紀行」などがある。　家孫＝桜井本篤(米国三菱商事社長)

美泉 定山　みいずみ・じょうざん
僧侶　定山渓温泉の開祖
文化2年(1805)1月7日～明治10年(1877)11月4日
囲備前国赤坂郡周匝村(岡山県赤磐市)　图旧姓・旧名＝宮崎、幼名＝常三　歴備前国(現・岡山県)に僧侶の二男として生まれる。17歳で修験者となり、高野山で真言密教を修行。安政2年(155年)頃に蝦夷地(現・北海道)に渡り、久遠村(現・せたな町)の太田権現に"宗健"の名で籠もった。3年太田権現を訪れた松浦武四郎と面会。慶応2年(1866年)今日の定山渓温泉を探し当て、その開発に従事。明治4年開拓使より湯守に任命され、7年頃に美泉定山を名のった。10年行き先を告げずに定山渓を去った。

三浦 功　みうら・いさお
海軍中将
嘉永3年(1850)5月8日～大正8年(1919)4月26日
囲江戸　歴もと幕臣で、戊辰戦争では榎本武揚に従い宮古湾の戦闘に参加した。明治4年海軍に入り少尉となる。天龍、比叡、八重山丸の各艦長を歴任。日清戦争で呉鎮守府予備艦部長兼知港事から山城丸艦長として出征、ついで旅順口根拠地知港事を務める。29年戦艦富士の回航委員長、同艦長。日露戦争では、37年戦時艦隊集合地港務部長、38年旅順口港務部長を務め、同年中将となった。沈没艦の引き上げには特技を有し、また関門海峡の通過など運用術の権威として知られた。

三浦 数平　みうら・かずへい
弁護士　大分市長
明治4年(1871)1月～昭和4年(1929)9月7日
囲大分県大分郡荏隈村(大分市)　图旧姓・旧名＝桜井　学明治法律学校卒　歴卒業後寺尾亨教授について国際私法を専攻。新房総主筆、「朝日新聞」記者から、判検事試験に合格して司法官試補となり、次いで大分町で弁護士、特許弁理士の事務所を開業。大分町会議員、同市会議員、同議長、県会議員を経て、大分市長を10年務めた。昭和元年郷里から衆院議員当選、3年再選、政友会に属した。著書に「公民必携選挙法規と判決例」がある。　家息子＝三浦義一(国家主義者・歌人)

三浦 梧楼　みうら・ごろう
陸軍中将　枢密顧問官　貴院議員(勅選)　子爵
弘化3年(1846)11月15日～大正15年(1926)1月28日　囲長門国萩浜崎町(山口県萩市)　图旧姓・旧名＝五十部五郎、号＝三浦観樹、諱＝一貫、変名＝三浦一郎　歴文久2年(1862年)三浦道庵の家督を継ぐ。3年奇兵隊に入隊、戊辰戦争に参加。明治3年兵部権少丞、4年陸軍大佐兼兵部権大丞を経て、6年陸軍省第三局長となる。9年広島鎮台司令官として神風連の乱、萩の乱を鎮圧、10年西南戦争には征討第三旅団司令官として従軍した。11年陸軍中将に昇進。16年大山巌に随行して兵制視察のため渡欧、帰国後子爵。21年宮中顧問官兼学習院院長、23～24年貴院議員に勅選される。28年駐朝鮮公使を務めていた時に同国における日本勢力回復を図り、朝鮮王室の王妃であった閔妃暗殺のクーデターに関与して投獄された(のち無罪)。43年～大正13年枢密顧問官。晩年は政党間の斡旋を行うなど、政界の黒幕として活躍した。

三浦 十郎　みうら・じゅうろう
印刷局技師　国際結婚の先駆者
弘化3年(1846)11月24日～大正3年(1914)8月　囲日向国佐土原(宮崎県宮崎市)　学ウィルヘルム大学(ドイツ)　歴日向佐土原藩士。文久3年(1863年)藩校・学習館の塾頭となる。明治3年藩命によ

583

り岩倉使節団に随行してフランスへ渡り、次いでドイツに転じてウィルヘルム大学などで学んだ。6年頃に帰国するが、ドイツ滞在中に親しくなったドイツ人女性クレーセンツ・ゲルストマイエルが彼を追って日本に来たため、7年1月に東京築地の協会で結婚（国際結婚の先駆け）。その後、大蔵省造幣局に勤務し、調査局長や印刷局技師などを歴任した。

三浦 仁　みうら・じん
料亭の女将
明治1年（1868）～昭和23年（1948）9月6日
⽣伊予国松山（愛媛県松山市）　名旧姓・旧名＝忽那、別名＝ジン　歴家の出身で、10歳の時に熊本県二本木の親戚が営む一流の料亭・一日本店の養女となる。同店は政治家や財界人をはじめ数多くの名士が贔屓にしたが、中でも大陸浪人の宮崎滔天は大陸からの帰国後や東京から帰京する途中などに必ず立ち寄ったという。明治34年中国での革命運動に頓挫した滔天は失意の内に彼女の許へ現れたが、彼女は滔天になおも革命を続けるべき事を強く諭し、50円を貸し与えた。これによって俄に活力を取り戻した滔天は、後々までこのことを忘れず、その回顧録「三十三年之夢」の序文でも彼女への謝辞を書き記している。

三浦 盛徳　みうら・せいとく
衆院議員（政友会）
安政7年（1860）2月～大正5年（1916）9月17日
⽣出羽国（秋田県）　歴同人社及び慶応義塾に学んだ後、教員となり、山本県議、秋田県議を経て、明治36年3月衆院議員に初当選。以後連続4期つとめる。

三浦 徹　みうら・とおる
牧師
嘉永3年（1850）9月17日～大正14年（1925）9月30日　⽣駿河国沼津（静岡県沼津市）　学東京一致神学校〔明治12年〕卒　歴上京し、初めフランス式兵学、英学を学ぶ。のち東京・築地で宣教師カロザースの教えを受けてキリスト教に入信、明治8年ダヴィドソンより洗礼を受ける。のち東京・両国、盛岡、静岡、三島などの教会の牧師となって伝道を行った。この間、15年日本で最初の児童キリスト教文学雑誌である「喜の音」（よろこびのおとずれ）の編集を担当した手記「恥かき記」（全29巻）は日本のプロテスタント史研究の貴重な資料といわれる。

三浦 虎次郎　みうら・とらじろう
海軍三等水兵　軍歌「勇敢なる水兵」のモデル
明治8年（1875）12月23日～明治27年（1894）9月17日　⽣佐賀県　歴25年志願兵として佐世保海兵団に入る。27年1月軍艦松島に乗り組み、6月三等水兵となる。9月日清戦争の黄海海戦で重傷を負った際、通りかかった副艦長の向山慎吉に清国北洋艦隊の戦艦定遠が沈んだかどうかを訊ね、向山から定遠はもう戦闘不能に陥ったと伝えられると、「仇をうって下さい」と言い残し絶命した。この美談は佐佐木信綱作詞の軍歌「勇敢なる水兵」に取り上げられ、「まだ沈まずや定遠は」の歌詞とともに広く世に知られた。

三浦 弘夫　みうら・ひろお
神官　国学者
天保3年（1832）～大正2年（1913）11月
⽣駿河国庵原郡蒲原町（静岡県静岡市清水区）　名旧姓・旧名＝高村、号＝静篁舎　歴駿河蒲原の高村氏に生まれ、のち三浦氏を嗣いだ。15歳で江戸・小石川に住み、和漢の学を修め、国学者・鬼島広蔭の門人となる。明治維新の頃に大久保一翁の下で歌書を講じた。のち小梳神社の祠官となり、9年出島竹斎と共に同境内に静篁舎を設けて子弟の教育に当る。16年静岡県の神部・浅間・大歳御祖神社の祠官となり、3社の国幣小社昇格に尽力した。21年国幣小社に昇格するや初代宮司となる。晩年は古文典を講じ、歌学の普及に貢献した。また35年水落町に裁縫女学校を創立し、女子の実業教育に努めた。

三浦 安　みうら・やすし
元老院議官　東京府知事
文政12年（1829）8月18日～明治43年（1910）12月11日　⽣伊予国西条（愛媛県西条市）　名旧姓・旧名＝小川、幼名＝光太郎、通称＝三浦休太郎、五助、変名＝内田敬之助、号＝香瀾、雨窓、蓮堂　歴西条藩から紀伊藩に移籍。江戸の昌平黌に学んだ。佐幕党のリーダーとして活躍。慶応3年（1867年）土佐海援隊・坂本龍馬のいろは丸が紀伊藩船と衝突沈没、紀伊藩が償金を出して解決。坂本が京都で暗殺されたのは三浦が新撰組を教唆したと伝わり、海援隊に襲われ負傷。明治3年藩の参与。のち大蔵省・内務省に入り、内務権大丞、15年元老院議官。23年勅選貴院議員、36年東京府知事、のち宮中顧問官となった。

三浦 安太郎　みうら・やすたろう
社会運動家
明治21年（1888）2月10日～大正5年（1916）5月18日　⽣兵庫県武庫郡鳴尾村（西宮市）　学私立高小卒　歴大阪でブリキ細工職をしていたが、明治40年頃から社会主義に関心を抱き、森近運平を訪問して平民社の活動を助ける。その後、大石誠之助、内山愚童らと会い、それらがために43年大逆事件に連坐して死刑判決をうけるが、判決の翌日、特赦で無期懲役となる。

三浦 芳次郎　みうら・よしじろう
青物仲買人
天保3年（1832）～明治43年（1910）
⽣山城国（京都府乙訓郡大山崎町円明寺）　歴青物仲買人として販売経路が限定され衰退していた乙訓産タケノコの取引を神戸や大阪の大問屋と成功させ、淀川を利用した大量水運を行ってその販路

を飛躍的に拡大させた。また鉄道輸送にも着目、明治30年代からの20年間で収穫高を3倍に伸ばし、今日の乙訓産タケノコの全国的名声の礎を築いた。

御巫 清直　みかなぎ・きよなお
神官　国学者
文化9年(1812)2月15日～明治27年(1894)7月4日　生伊勢国度会郡山田町(三重県伊勢市)　名旧姓・旧名＝杉原、幼名寿之助光直、通称＝権之亮、志津摩、尚書　歴実父や本居春庭に国学を学ぶ。文政9年(1826年)伊勢外宮の神職を務める従祖父の御巫家を継ぎ、天保9年(1838年)豊受大神宮御巫内人に補任。弘化元年(1845年)高宮権玉串内人の庁宣を受け、嘉永6年(1853年)正六位上に叙されたが、慶応3年(1867年)長男に家督を譲った。明治維新後は度会温故堂都講や宮崎学校の教授などを務めたが、4年の神宮改革により御巫内人に補任状と位階を返上。9年教部省御用掛に任ぜられ、10年同省の廃止により退官して帰郷。12年からは神宮司庁に出仕し、以後は神宮教院にあって教義上の研究・調査に従事した。特に我が国における神道教典の本義を明らかにした「喪儀類証」を著述したことで知られる。15年神宮禰宜となるとともに造神宮頭を兼ね、19年官制改革により権禰宜に就任。21年神宮司庁儀式課顧問、神宮皇学館嘱託。26年神苑会委員を嘱託され、神宮古儀式図を調査して神嘗祭旧式図、斎宮群行図の下図を完成させた。他の編著に「大神宮本記帰正抄」「伊勢式内神社検録」「斎宮寮考証」などがある。

三上 豊夷　みかみ・とよつね
内国通運社長
文久3年(1863)2月2日～昭和17年(1942)10月30日　出越前国(福井県)　歴神戸で海運業を営み、孫文の革命運動を支援した。大正8、12年内国通運(のちの日本通運)社長に就任。著書に「世界平和般若波羅蜜多経」がある。

三木 猪太郎　みき・いたろう
東京控訴院検事長
明治3年(1870)6月29日～昭和9年(1934)1月7日　出阿波国(徳島県)　学東京帝国大学卒　歴明治29年司法官試補となる。東京区裁判所判事、宇都宮・神戸・横浜の地検検事、東京控訴院検事、長崎地裁検事正、司法省参事官兼東京地裁検事、宮城・広島・名古屋の控訴院検事長を歴任。大正13年東京控訴院検事長となり、昭和8年定年により退官した。

三木 与吉郎(9代目)　みき・よきちろう
商人
文化5年(1808)7月1日～明治18年(1885)8月12日　生阿波国板野郡中喜来浦(徳島県板野郡松茂町)　名本名＝三木光治、幼名＝萬次郎、父＝三木志成　歴代々与吉郎を称し、阿波藍商を営む。同家隆盛の基礎を築いた8代目与吉郎の子で、家業を継いで9代目を襲名した。幕末の動乱期を乗り切り、明治維新後も豪商として財力を保った。　家

三男＝三木与吉郎(11代目)、父＝三木与吉郎(8代目)、孫＝三木与吉郎(12代目)

三木 与吉郎(12代目)　みき・よきちろう
三木商店社長　衆院議員
明治8年(1875)11月27日～昭和13年(1938)6月23日　生徳島県板野郡松茂村中喜来(松茂町)　名旧姓・旧名＝三木康治　学京都商補充科〔明治24年〕卒　歴祖先は播磨国三木城主・別所長治の一族で、阿波国に移って藍屋与吉郎を名のり、阿波藍と清酒醸造を営んだ。父は貴院議員を務めた11代目与吉郎で、2人きょうだい(1男1女)の長男。明治41年父が亡くなり、家督を相続して12代目与吉郎を名のる。43年ドイツのカレー染料会社チオン染料の全国一手販売権を獲得。大正5年阿波製紙株式会社を設立、取締役。7年三木与吉郎商店を株式会社三木商店に改組、社長に就任。9年阿波製紙社長に。この間、明治42年徳島県議となり、大正4年衆院議員に当選。7年より貴院議員に3選。長男の13代目与吉郎は三木産業社長の他、衆院議員1期、参院議員3期を務めた。　家長男＝三木与吉郎(13代目)、孫＝三木与吉郎(14代目)、三木俊治(徳島市長)、三木与吉郎(11代目)　勲勲四等瑞宝章〔大正5年〕、勲三等旭日中綬章〔昭和9年〕、勲二等瑞宝章〔昭和15年〕

御木本 幸吉　みきもと・こうきち
真珠養殖家　ミキモト創業者　貴院議員(多額納税)
安政5年(1858)1月25日～昭和29年(1954)9月21日　生志摩国鳥羽浦大里町(三重県鳥羽市)　歴生家は阿波幸の屋号でうどんの製造販売を営み、11人きょうだい(8男3女)の長男。明治4年より家業を手伝う傍ら青物の行商を始め、9年より米穀商を営んだ。11年家督を継いで吉松から幸吉に改名。同年東京へ赴いた帰路に静岡県で人命救助をして新聞に名前が載った。13年鳥羽町議に当選する一方、海産物取引に進出して真珠に興味を抱き、21年より鳥羽・神明浦で真珠養殖に着手。26年には英虞湾田徳島(多徳島)に養殖場を設けて本格的な真珠養殖を始めた。29年半円真珠の特許を獲得して真珠養殖専業となり、その養殖・加工・販売に従事。32年東京・銀座に御木本真珠店(現・ミキモト)を開店。その後、女婿の西川藤吉により真円真珠養殖法が発明された。以来、品質改良に努めるとともに海外にも販路を拡張。各地の博覧会などに出品し、"ミキモト・パール"の名声は世界各地にとどろき"真珠王"の名をほしいままにした。大正13年には宮内省御用達に指名された。同年貴院議員。　家長男＝御木本隆三(経済学者)、孫＝御木本美隆(御木本真珠店社長)、弟＝斎藤信吉(大日本真珠組合長)、女婿＝武藤穣太郎(海軍中将)、西川藤吉(真珠養殖の創始者)、池田嘉吉(御木本パール総支配人)、乙竹岩造(東京文理科大学名誉教授)　勲緑綬褒章〔明治38年〕、紺綬褒章〔大正12年〕、勲四等瑞宝章〔昭和2年〕、勲一等瑞宝章〔昭和29年〕　賞発明功労者〔明治42年〕、帝国発明協会恩賜記

念賞〔大正15年〕，鳥羽市名誉市民〔昭和42年〕

三崎 亀之助　みさき・かめのすけ
衆院議員（自由党）横浜正金銀行副頭取

安政5年（1858）1月2日～明治39年（1906）3月16日　[生]讃岐国丸亀（香川県丸亀市）　[学]東京大学法学部〔明治15年〕卒　[歴]『明治日報』記者を経て、明治17年外務省御用掛となり、外務省記官として米国公使館駐在。さらに公使官書記官としてワシントン駐在、次いで外務省参事官となった。辞任後、京都の「中外電報」に執筆。23年以来香川県から衆院議員に連続当選4回、立憲自由党（弥生倶楽部）に所属。29～31年内務省県治局長。29～39年勅選貴院議員。退官後、32年横浜正金銀行支配人となり、33～39年副頭取を務めた。

三島 億二郎　みしま・おくじろう
六十九銀行頭取

文政8年（1825）10月18日～明治25年（1892）3月25日　[出]越後国長岡（新潟県長岡市）　[名]旧姓・旧名＝伊丹、前名＝川島億次郎、名＝心臓、字＝子楽、幼名＝鋭次郎、通称＝宗右衛門、号＝古狂、三洲、叢軒、信水漁夫　[歴]越後国長岡藩士・伊丹家に生まれ、弘化元年（1844年）川島家の養子となり、文久3年（1863年）家督を相続。家老・河井継之助を助けて藩政の改革に尽くした。三島に改姓。戊辰戦争後、明治2年長岡藩大参事、3年柏崎県大参事となり、長岡の復興や士族授産に努めた。8年第三大区長、12年古志郡長。郡長を辞した後は北海道開拓に力を注ぎ、北越殖民会社を興して6度にわたって北海道へ渡り、移民のために奔走した。この間、11年六十九銀行設立に参画し、17～23年頭取。

三島 左次右衛門（7代目）　みしま・さじえもん
松江銀行頭取　松江商業会議所会頭

嘉永5年（1852）11月～明治43年（1910）1月　[生]出雲国松江（島根県松江市）　[名]旧姓・旧名＝山口、名＝粲、幼名＝豊三郎、号＝睡雨　[歴]山口家に生まれ、三島家の養子となる。明治20年7代目左次右衛門を襲名。22年松江銀行、29年山陰貯蓄銀行の設立に参画。31年松江商業会議所会頭。　[家]養子＝三島左次右衛門（8代目）　[勲]藍綬褒章〔明治41年〕

三島 左次右衛門（8代目）　みしま・さじえもん
松江銀行頭取　島根県議

明治1年（1868）～昭和2年（1927）　[出]出雲国松江（島根県松江市）　[名]旧姓・旧名＝三成、通称＝種三郎　[歴]三成家に生まれ、三島家の養子となる。明治43年8代目左次右衛門を襲名。松江銀行頭取や松江市議、同議長、島根県議2期などを歴任した。

三島 通庸　みしま・みちつね
警視総監　栃木県令　子爵

天保6年（1835）6月1日～明治21年（1888）10月23日　[生]薩摩国鹿児島城下上之園町（鹿児島県鹿児島市）　[名]別名＝林太郎、弥兵衛、千木　[歴]薩摩藩士で、生家は代々鼓師範家であった。文久2年（1862年）寺田屋事件に関係したが失敗。戊辰戦争では山陰、東北に従軍。維新後大久保利通の信任を受け、明治4年東京府権参事、翌年教部大丞を経て、7年酒田県令となり"わっぱ騒動"を鎮圧。鶴岡県令、山形県令を経て、15年福島県令となり、三方道路建設を命令。これに反対する農民、福島自由党員を弾圧、福島事件をひき起こし、"土木県令""鬼県令"といわれた。翌16年栃木県令を兼任。ここでも自由党の組織撲滅を図り、いわゆる加波山事件が起こった。17年内務省土木局長、18年警視総監に就任。20年保安条例の公布とともに民権家弾圧を強行、自由党ら570名を東京から追放、3000人を検挙した。同年子爵。　[家]長男＝三島弥太郎（日銀総裁）

三島 弥太郎　みしま・やたろう
日本銀行総裁　貴院議員　子爵

慶応3年（1867）4月1日～大正8年（1919）3月7日　[生]薩摩国鹿児島（鹿児島県鹿児島市）　[学]山形師範卒、マサチューセッツ農科大学（米国）〔明治21年〕卒、コーネル大学〔明治23年〕中退　[歴]薩摩藩士で、明治17年米国へ留学、マサチューセッツ農科大学に学ぶ。21年帰国し家督を継ぐ。翌22年再び渡米し、コーネル大学で害虫学を研究。25年農商務省及び通信省の嘱託を経て、39年横浜正金銀行に入り、44年頭取となる。大正2年日本銀行第8代総裁に就任、6年間務めた。この間、明治30年～大正8年貴院議員。他に岩越鉄道、中国興業、日仏銀行など諸会社の重役も兼ねた。徳冨蘆花の小説「不如帰」の主人公のモデル。　[家]父＝三島通庸（警視総監・子爵）、息子＝三島通陽（政治家・ボーイスカウト日本連盟創設者）

三須 成懋　みす・せいも
義済堂会頭

天保9年（1838）～明治36年（1903）4月17日　[出]周防国岩国（山口県岩国市）　[名]旧姓・旧名＝足助、字＝仲敬、号＝紫崖　[歴]周防岩国藩士の二男に生まれ、天保12年（1841年）同藩士・三須教方の養嗣子となる。玉乃五竜・東沢潟に師事し、文久3年（1863年）同藩文武横目付となり兵備の拡張を建議し、のち兵制掛。慶応3年（1867年）に岩国藩に節倹局が創設され節倹掛となって殖産興業に力を注ぐ。明治維新後は、2年岩国藩少参事となり、のち奈良県大参事、群馬県大参事を歴任。6年帰郷して藩主・吉川家の家政を管理し義成堂を創立、綿工業などを興して士族授産に努め、旧藩士の自活の道を開いた。2年後に義成堂を解散して義済堂（義斉堂とも）を新設し会頭となって綿織物を中心とする工場を経営した。その後、義済堂は絹織物業にも進出し、地場産業として発展した。著書に「切磋録」がある。

三須 宗太郎　みす・そうたろう
海軍大将 男爵
安政2年(1855)8月6日～大正10年(1921)12月24日　⽣近江国彦根(滋賀県彦根市)　学海兵(第5期)〔明治11年〕卒　歴近江彦根藩士の長男。明治14年海軍少尉に任官。日清戦争時は人事課長を務めた。30年須磨、31年浪速、33年朝日の艦長を歴任し、34年人事局長、日露戦争開戦時は第二戦隊司令官。38年5月東郷平八郎司令長官直率の第一艦隊第一戦隊司令官として日本海海戦に参加、敵艦隊の直前で回頭する"T字戦法"により旗艦の日進が被弾し左目失明の戦傷を受けた。同年教育本部長、39年旅順口鎮守府司令長官、同年軍令部次長。44年舞鶴鎮守府司令長官。大正2年海軍大将となり、3年予備役に編入。この間、明治40年男爵を授けられた。

水上 助三郎　みずかみ・すけさぶろう
漁業家
元治1年(1864)2月28日～大正11年(1922)7月30日　⽣陸奥国(岩手県大船渡市)　歴北洋漁業、三陸養殖の先覚者。製塩、漁業、畜産などに挑んで失敗した後、明治31年からオットセイ漁で空前の記録的成功を収め、"オットセイ王"と呼ばれた。"耕海富国"を唱えて先見の明をみせ、アワビ、ウナギ、カキの保護養殖に先べんをつけた。カキでは"水上式垂下法"を案出、今日の松島カキの基礎をつくる。また、"不漁の年は山が助けてくれる"と言い、植林を実行、さらに水上短角の導入やシイタケ栽培も手がけた。　勲緑綬褒章〔大正11年〕

水上 長次郎　みずかみ・ちょうじろう
大阪控訴院長 貴院議員(勅選)
安政4年(1857)12月～昭和11年(1936)4月3日　⽣近江国彦根(滋賀県彦根市)　学司法省法学校〔明治17年〕卒　歴彦根藩士の長男に生まれる。明治17年判事補、18年判事となる。大阪地裁部長、大阪控訴院判事、福井地裁所長、岐阜地裁所長などを経て検事に転じ、大阪地裁検事正、広島・長崎・大阪の控訴院検事長を歴任。48年欧米に出張し学識・見聞を深め、帰朝後は長崎・名古屋・大阪の控訴院長を務める。大正10年退官。同年から貴院議員(勅選)を務めた。

水越 理三郎　みずこし・りさぶろう
農事改良家
文化10年(1813)～明治34年(1901)11月20日　⽣尾張国丹羽郡豊秋村(愛知県)　歴尾張(愛知県)岩倉羽根で、穀物の良種を収集して試作。播種・栽培・施肥・耕転の良法を工夫し、農事改良会・種子交換会・農談会などの集会や講師を務め、各地の招聘に応じて勧農の必要を説き、70年間指導・普及に努めた。

水島 保太郎　みずしま・やすたろう
衆院議員(新自由党)
弘化3年(1846)11月～明治33年(1900)4月24日　⽣相模国中里村(神奈川県中郡二宮町)　歴相模中里村(神奈川県二宮町)の豪農の家に生まれ、漢学・英学・ドイツ学・数学を修める。農業を営む傍ら、村議、郡連合会議員、町村連合会議員などを務め、明治13年相模会議員となる。14年湘南社の創立に加わり、自由党へ入党、18年大阪事件に関わり捕らえられた。27年衆院議員(新自由党)に当選1回。また鉄道その他の会社の創立に従事した。

水谷 新六　みずたに・しんろく
南鳥島の開拓者
嘉永6年(1853)3月～没年不詳　⽣伊勢国桑名郡益生村(三重県桑名市)　歴上京して呉服商や雑貨商を営み成功を収める。一方、明治29年西太平洋のマーカス島(南鳥島)を発見、水谷村と名付け、30年正式に日本領土に上申。その後東京府に南鳥島拝借願を提出し、鳥獣捕獲事業に着手するなど同島の開拓に尽力。さらに沖の大東島(ラサ島)の土地使用権も有し、同島で発見したリン鉱石は、のちのラサ工業発展の基礎となった。昭和18年「週刊朝日」(9月12日号)に「南鳥島占領秘話」として紹介された。

水谷 宗次　みずたに・そうじ
実業家
明治9年(1876)3月31日～大正12年(1923)1月30日　⽣愛知県　歴明治32年水谷毛織工場を設立、愛知県西部屈指の工場に育て上げた。また稲沢農学校の県立移管や東海道線稲沢操車場の開設にも尽くした。

水谷 真熊　みずたに・まくま
社会事業家 農政家
明治3年(1870)5月16日～大正14年(1925)2月17日　⽣熊本県　号号=大遊子、空瓢、雁山　学東京専門学校邦語政治科卒　歴一時水谷家に入り、のち実家の上様に復す。大江義塾に学び、のち郷里にて農政、社会事業に尽くした。在学中、国木田独歩らと親交を結び、青年文学同人となる。一時は雑誌編集の中心であった。日記類の一部が「国木田独歩全集」第10巻(学研)に収録されている。

水登 勇太郎　みずと・ゆうたろう
畜産家 織物業者 会津市産牛組合長
嘉永5年(1852)～大正6年(1917)10月　⽣陸奥国会津(福島県会津若松市)　歴明治10年牛乳搾取業を開き、22年わが国で初めてホルスタイン種を米国より輸入した。25年会津市産牛組合長に就任。乳牛の飼養、牛乳の改良に尽力した。傍ら織物業も経営し、31年津田米次郎考案による力織機を採用し、石川県絹織業の力織機化の中心となった。晩年は育英事業にも力を尽くし、英和学校校長となり、また北陸女学校を創立した。

水野 幸吉　みずの・こうきち
外交官 俳人
明治6年(1873)12月25日～大正3年(1914)5月23

日　生兵庫県洲本　名号＝水野酔香　学東京帝国大学卒　歴大正2年中国公使館参事官となり、辛亥革命の善後策にあたった。一方、筑波会結成とともに会員となり、「帝国文学」を舞台として活躍。明治33年ドイツに日本公使館員として赴任、翌34年巌谷小波を指導者に在留邦人の間に結ばれた白人会の有力な作家であった。句は「酔香遺芳」「白人集」に見られる。

水野 常倫　みずの・じょうりん
尼僧 微笑堂11代庵主
嘉永1年(1848)11月5日〜昭和2年(1927)5月5日　生尾張国大野(愛知県常滑市)　名本名＝水野琴子、旧姓・旧名＝清水、号＝天明　歴9歳のとき実家に近い微笑堂の観光尼のもとで出家。安政5年(1858年)師の観光尼に従って京都の養林院に移り、さらに6年名古屋の水野平蔵の招きで師と共に7日間の法華経諷説法を行った。この時に平蔵の養女とし、以後水野姓を称した。明治17年微笑堂の11代庵主となり、26年まで在職。のち各地を巡歴しながら説法を行い、35年には全国尼僧取締役に就任。36年愛知県東春日井郡の薬師ara寺に私立の尼僧学林(現・愛知県専門尼僧堂)を開き、38年曹洞宗立の認可を受けて尼僧の教育に力を尽くした。その後も旺盛な説法活動を続けるが、晩年の大正11年に失明。

水野 甚次郎(4代目)　みずの・じんじろう
五洋建設創業者
安政5年(1858)10月20日〜昭和3年(1928)12月21日　生安芸国安芸郡宮原村(広島県呉市)　名幼名＝佐蔵　歴売薬業を営む素封家の家に生まれ、父の3代目甚次郎は医師も兼ねた。15歳のとき父が病に倒れて働けなくなったため学業を中断し、農業の傍ら家業である薬品の製造販売に従事した。明治7年父の死により4代目甚次郎を襲名して家督を継ぐ。その後も家業は順調であったが、呉に海軍の鎮守府が設置されることになり、17年から用地買収、19年から本格的な海岸工事がはじまると、23年その工事の下請けをしていた神原組から請われて設計・会計・渉外などの業務担当者となり、土木業界に入った。26年神原組を宮原村土木同盟会社に改組してその代表者となり、28年関東に進出。29年宮原村の自宅に個人経営の水野組(現・五洋建設)を設立して独立、各地の港湾土木工事を次々と成功させて技術と信用を高め、"水の土木の水野組"といわれた。　家長男＝水野甚次郎(5代目)

水野 遵　みずの・たかし
台湾民政局長 衆院書記官長 貴院議員(勅選)
嘉永3年(1850)12月3日〜明治33年(1900)6月15日　生尾張国(愛知県名古屋市)　歴明治2年明治天皇の東京再幸に駅逓司付御雇をつとめ、3年名古屋藩史生となる。清国留学後海軍省に入り、7年台湾征討に従軍。8年長崎英語学校長、16年参事院御用掛、のち法制局書記官、衆院書記官長などを経て、28年台湾民政局長。その後勅選貴院議員、台湾協会幹事を務めた。

水野 忠弘　みずの・ただひろ
貴院議員 子爵
安政3年(1856)6月18日〜明治38年(1905)12月7日　歴慶応2年(1866年)父・忠精の辞職により出羽山形藩主となる。4年父と上洛、勤王を誓約して従五位和泉守に叙任される。戊辰戦争では初め征討軍に従軍したが、のち奥羽越列藩同盟に加わったため征討軍の攻撃を受け、降服。その後、官軍の庄内藩攻撃に従軍した。同年山形藩知事となり、3年山形藩の廃止に伴い近江浅井郡朝日山藩知事となったが、4年廃藩置県により免ぜられた。17年子爵。のち貴院議員を務めた。

水野 寅次郎　みずの・とらじろう
奈良県知事
嘉永7年(1854)8月8日〜明治42年(1909)6月23日　生土佐国高知城下山田町(高知県高知市)　歴板垣退助の立志社に入ったが、明治10年西南戦争に参加しようとして捕まった。その後板垣と意見が合わず共行社を組織。15年東洋新報社長となり、福地桜痴、丸山作楽の3人で帝政党を結成、「東京曙新聞」を買収し、その主張を宣伝した。16年解党、内閣書記官となり、29年奈良県知事。32年帰郷。38年日露戦争終結に非講和を唱え県民大会を開いた。

水野 直　みずの・なおし
貴院議員 子爵
明治12年(1879)1月5日〜昭和4年(1929)4月30日　生東京麹町平河町(東京都千代田区)　学東京帝国大学法科大学〔明治36年〕卒　歴明治37年以来貴院議員当選5回、初め研究会、一時親和会、再び研究会に属した。影武者といわれ、別宅数か所、休憩所数十か所を設け、2台の専用車で1日80マイル以上駆け回ったという。大正14年加藤高明内閣の陸軍政務次官、続く若槻内閣でも留任、昭和2年辞職と共に退役した。　贈従三位勲一等瑞宝章

水野 晴雄　みずの・はるお
神官 著述家
天保2年(1831)〜明治44年(1911)
名号＝水野瓜渓　歴安芸郡馬ノ上村瓜生谷字岡(現・芸西村)に住み、御林神社と仁井田神社に神官として奉仕。霧散しがちな世間話を収集し、62歳から73歳ごろまでの間に「指並笑種袋」計19巻を著述、貴重な社会・民俗資料を残した。

水野 利八　みずの・りはち
ミズノ創業者
明治17年(1884)5月15日〜昭和45年(1970)3月9日　生岐阜県大垣市　学興文小高等科〔明治29年〕中退　歴生家は美濃大垣藩の大工棟梁。二男として生まれたが、兄が早世したため事実上の長男として育つ。明治36年三高野球クラブの試合を見て野球に取り憑かれ、39年弟の水野利七と大阪で水野

兄弟商会(現・ミズノ)を設立して洋品雑貨のほかスポーツ用品を販売し、40年からは運動服のオーダーメイドを開始。43年には店舗を大阪・梅田新道に移して美津濃商店に改名し、同時に下請けを使った運動用品の量産体制を確立。明治時代末期以降に野球、テニス、ゴルフなどのスポーツ熱が庶民の間で高まると、それらの服装や用品をファッションと位置付けた戦略を打ち立てて学生を中心に幅広い支持を受け、売り上げを伸ばした。41年同商店として大阪実業団野球大会(現・都市対抗野球大会)を主催。大正2年からは関西学生野球連合大会も主催したが、のち大阪朝日新聞社から全国規模の大会にしたいとの要請を受け、同4年同新聞社主催の第1回全国中等学校優勝野球大会(現・全国高校野球選手権大会)へと発展を遂げることとなった。同年父の名・利八を襲名。没後の昭和46年、スポーツ製品業者としてはじめて野球殿堂入りを果たした。 家息子=水野健次郎(ミズノ会長)、弟=水野利七(実業家)、孫=水野正人(ミズノ会長)、水野明人(ミズノ社長) 勲紺綬褒章〔昭和2年〕、藍綬褒章〔昭和31年〕、勲五等双光旭日章〔昭和39年〕、勲四等瑞宝章〔昭和45年〕

水野 龍　みずの・りょう
ブラジル移民の父

安政6年(1859)11月～昭和26年(1951)8月20日 国ブラジル 生土佐国高岡郡佐川村(高知県高岡郡佐川町) 学慶応義塾〔明治21年〕卒 歴自由民権運動に携わった後、小学校教師や巡査、役人などを務め、明治21年慶応義塾を卒業。38年ブラジルに渡り、現地の移民の実態を調査。皇国殖民会を起こして社長となり、40年再度ブラジルに渡り、41年州政府との間に第1回農業契約を結び、移民誘入契約の締結をした。同年移民を率いてブラジルに渡る。ブラジル集団移民の端初を開き、"ブラジル移民の父"と仰がれた。その後、資金調達のために帰国したが、太平洋戦争勃発のため帰国不能となり、昭和25年になって9年ぶりに第二の故郷となったサンパウロに戻った。 勲勲六等単光旭日章(日本)〔昭和8年〕

水野 錬太郎　みずの・れんたろう
内相 内務次官 貴院議員(勅選)

慶応4年(1868)1月10日～昭和24年(1949)11月25日 生江戸 学帝国大学法科大学英法科〔明治25年〕卒 歴大学卒業後、第一銀行を経て内務省に入り、神社、土木、地方局長を歴任。大正元年勅選貴院議員。2年内務次官となり、7年寺内内閣、11年加藤友三郎内閣、13年清浦内閣で内相をつとめた。この間、7～11年朝鮮総督府政務総監。15年政友会に入党、昭和2年田中内閣の文相となったが久原房之助の入閣に反対、いわゆる"優諚問題"を起こして辞任した。

水之江 文二郎　みずのえ・ぶんじろう
衆院議員(政友会)

万延1年(1860)10月～昭和4年(1929)2月11日 生豊前国宇佐郡和間村(大分県宇佐市) 名旧姓・旧名=鶴田、号=弧峰 学東京大学中退 歴若い頃から漢学・詩・和歌を嗜む。明治13年に上京し、東京大学で医学を学ぶが、病気のため中退し帰郷。19年宇佐郡封戸村の素封家・水之江家の養子となり、22年より3期連続で同村長を務めた。この間に宇佐郡議・大分県議に選ばれ、32年には郡会議長・県会議長に就任。35年選挙に出馬して当選、政友会所属の衆院議員として2期に渡って国政に参与した。政友会の大分県支部結成にも尽力し、その支部長として県の政界に重きを成すが、大正12年同党から政友本党が分立すると、その大分県支部長に推された。その一方で、鉄道事業や教育・実業界でも活躍し、地域の近代化と発展に貢献した。

水平 三治　みずひら・さんじ
社会運動家

文久2年(1862)3月10日～昭和19年(1944)8月12日 生出羽国(秋田県秋田市) 名旧姓・旧名=渡辺 歴秋田藩士の子として生まれ、明治2年水平氏の養子となる。15年に上京し、漢学者・根本通明に入門。また、日本の法律顧問を務めたフランス人ボアソナードにも師事し、その世話で19年米国に渡った。24年に帰国したのち、八戸や大館でキリスト教の伝道に従事。32年秋田県立図書館書記となり、我が国初の巡回図書館を開始するなど独自の運営を進め、36年には同館長に就任した。その傍ら、秋田市の出征軍人家族授産会長として慈善活動に当たる。その後、岩手県恩愛金山鉱業所長や日比谷図書館設立準備委員長を歴任し、42年には秋田市にユニバサリスト教会を設立。大正期以降は人類愛に基づいた労働運動を展開し、大正3年秋田市大工業組合総組長に推され、14年には秋田市議に当選した。しかし、昭和初期の労働運動の退潮を機として東京へ移った。

水町 袈裟六　みずまち・けさろく
枢密顧問官

元治1年(1864)3月11日～昭和9年(1934)7月10日 出肥前国佐賀(佐賀県佐賀市) 学帝国大学法科大学仏法科〔明治22年〕卒 法学博士 歴大蔵省に入省。明治24年大蔵参事官に任命され、31年経済状況視察のため、ヨーロッパ各国に出張。36年大蔵省理財局長、40年大蔵次官で財務特派員となる。日露戦争後の外債処理問題で、英・仏両国と交渉。44年退官。その後日本銀行副総裁兼横浜正金銀行頭取を務め、大正13年会計検査院長に就任し、昭和4年まで務める。院長辞任後、枢密顧問官、ロンドン条約精査委員、満州国財政委員等を歴任。

水町 元　みずまち・はじめ
海軍少将

生年不詳～昭和11年(1936)11月18日 出宮崎県 学海兵(第14期)〔明治20年〕卒 歴明治22年海軍少尉に任官。42年第六兼第七駆逐隊司

令、43年常磐艦長、44年千歳兼見島艦長、大正元年春日艦長を経て、2年呉海兵団長兼丹後艦長。同年鹿島艦長となり、3年日進艦長を兼務。4年海軍少将に進み、5年予備役に編入。

水原 宏遠　みずもと・こうおん
僧侶（浄土真宗本願寺派）

文化5年（1808）12月5日～明治23年（1890）6月21日　生近江国犬上郡高宮町（滋賀県彦根市）　名諱＝滋空、宏遠、号＝鏡華、諡＝遊心院　歴近江・円寺の大濤の三男。文政5年（1822年）得度し、9年同寺の住職を継ぐ。大坂・浄光寺の普行を寺に招き、真宗学を修め、智山の薩摩に唯識を学ぶ。嘉永元年（1848年）得業、慶応4年（1868年）司教、明治5年勧学。同年同寺学林の夏安居で「無量寿経」を、13年「浄土論」を講じる。西本願寺20世・広如の命で、兄の超然と共に「真宗法要集拠」の校補を手がけた。　家父＝大濤（円照寺住職）

水原 慈音　みずもと・じおん
僧侶（真宗大谷派）

天保6年（1835）1月～明治41年（1908）1月12日　生近江国（滋賀県）　名号＝虚谷、大悲院　歴近江国円照寺（真宗大谷派）の住職・宏遠の子として生まれる。父や乙訓寺の海印法師に宗学を学び、文久元年（1861年）に円照寺住職となった。幕末期は叔父の超然と共に勤王僧として活動し、戊辰戦争では彦根藩を説得して朝廷に恭順させた。明治2年には同藩の議事院議員兼人民教諭幹事に就任。5年以降は浄土真宗大谷派本山の要職を歴任し、内事局長・執行・護持会長・顧問などを務めた。仏祖を崇敬すること篤く、生活は至って簡素で、人々から慕われたという。　家父＝宏遠（僧侶）、叔父＝超然（僧侶）

見瀬 辰平　みせ・たつへい
真珠養殖技術者

明治13年（1880）3月16日～大正13年（1924）8月3日　生三重県　歴船大工などを経て、真珠の養殖を研究。明治40年真円真珠養殖法の特許を巡り、御木本幸吉の女婿・西川藤吉と争ったが、41年譲歩。のち日本人として初めて外国で真珠養殖法の特許を取得した。

溝口 敏子　みぞぐち・としこ
婦人運動家

明治8年（1875）～昭和27年（1952）　生佐賀県　学英和女学校（福岡）卒　歴外科医の溝口喜六と結婚。のち東京から昭和にかけ福岡基督教婦人矯風会会員として公娼制度廃止運動を進めた。熱心なクリスチャンでもあった。

溝手 保太郎　みぞて・やすたろう
岡山合同貯蓄銀行頭取　貴院議員（多額納税）

明治10年（1877）3月30日～昭和8年（1933）11月25日　生岡山県都宇郡早島村（都窪郡早島町）　歴岡山県早島の大地主の子として生まれ、9歳で家督を

相続。以来、広大な小作地を経営し、それらの収入を株や公債購入に当て、さらなる利殖をはかった。明治29年近村の地主たちと共に中備銀行を設立し、その頭取となって運営に尽力。また、倉敷紡績会社・早島紡績会社の役員や岡山合同貯蓄銀行頭取も務め、地域産業の発展にも貢献した。43年の日韓併合を期として朝鮮での土地経営を開始し、最終的には180町歩を有する大地主に成長。大正12年貴院議員に選ばれた。

溝部 惟幾　みぞべ・いいく
栃木県知事

安政5年（1858）～明治36年（1903）10月24日　生山口県　歴島根県書記官、福井県内務部長を経て、明治32年栃木県知事。35年教科書疑獄事件により逮捕され、獄死した。

溝辺 文四郎　みぞべ・ぶんしろう
文化財保護運動家

嘉永6年（1853）12月22日～大正7年（1918）7月17日　生大和国（奈良県奈良市）　歴明治37年茶販売業などを経て、棚田嘉十郎らの平城宮跡保存運動に参加。大正2年棚田とともに発起人となり、平城京大極殿跡保存会を発足させた。

溝部 洋六　みぞべ・ようろく
海軍大佐

明治14年（1881）～大正8年（1919）11月6日　生大分県　学海兵（第29期）〔明治34年〕卒、海大〔大正2年〕卒　歴明治36年海軍少尉に任官。大正2年海軍大学校を首席で卒業。軍令部参謀兼海軍大学校教官を卒業後、同8年10月海軍大演習で伊勢に搭乗し審判官を務めたが、11月髄膜炎により死去した。没後、海軍大佐に進級。著書に「海へ」「海国日本」などがある。

三田 義正　みた・よしまさ
三田商店創業者　貴院議員（多額納税）

文久1年（1861）4月21日～昭和10年（1935）12月31日　生陸奥国（岩手県盛岡市）　名幼名＝寅太郎　学宮城英語学校〔明治11年〕卒、学農社卒　歴津田仙の学農社卒業後、県庁に1年勤め、明治16年山林会社・養土社を設立。その後、洋式農耕、牧畜、製糖事業などを多角経営したが、すべて失敗する。28年火薬銃砲店を出し、鉱山開発や日露戦争景気に助けられて事業を拡大した。大正7年岩手林業、昭和2年南部土地を設立。4年個人経営だった三田商店を株式会社・三田商店と三田合資会社とし法人化した。一方、岩手県議、盛岡市議を経て、大正11～14年貴院議員を務める。また、15年に私財12万円を投じて岩手奨学会を設け、岩手中学（現・岩手高校）を創設するなど地域教育にも尽力した。　家弟＝三田俊次郎（医師・教育者）

三谷 軌秀　みたに・のりひで
衆院議員（政友会）　大阪土地社長

安政5年（1858）1月5日～昭和9年（1934）3月8日

［生］土佐国長岡郡東豊永村（高知県長岡郡大豊町）
［学］和仏法律学校〔明治19年〕卒　［歴］明治22年大阪で公証人となる。大阪商業会議所特別議員、大阪市議を経て、32年大阪府議となり、42年議長に就任。44年には衆院議員に当選し2期つとめた。また大阪土地社長をはじめ、大和鉄道、参宮急行電鉄、大阪電気軌道、大阪合同紡績、同興紡織、中勢鉄道各重役を務めた。

三田村 甚三郎　みたむら・じんざぶろう
実業家　衆院議員
慶応3年（1867）10月〜昭和9年（1934）2月13日
［出］越前国武生（福井県越前市）　［名］前名＝欽二　［学］東京専門学校政治科〔明治23年〕卒　［歴］先代・甚三郎の長男に生まれる。明治23年家督を継いで、前名・欽二を改めた。同年東京専門学校政治科を卒業して福井県武生で打刃物商を営む。傍ら、越前打刃物同業組合長、第五十七銀行取締役、南越鉄道取締役、大同肥料取締役を務める。一方、31年衆院議員に当選。憲政本党に属し、機関紙「福井新聞」（第四次）を創刊し社長も務めた。昭和5年民政党から出馬して2度目の当選を果たす。また福井県議、産業組合武生金庫組合長を歴任。晩年には福井県武生町長となった。

道重 信教　みちしげ・しんきょう
僧侶（浄土宗）増上寺法主
安政3年（1856）3月4日〜昭和9年（1934）1月29日
［生］長門国厚狭郡宇部（山口県宇部市）　［学］浄土宗学山口講習所卒、知恩院大教院〔明治18年〕卒　［歴］明治元年13歳で出家。吉見浄名寺の仁保領運に宗乗を、松岡通治に漢学を学ぶ。5年浄土宗学山口講習所に入り、同年山下現有より五重相伝を受け、伊藤無関・野上運海に宗乗・余乗を学んだ。更に京都に上り知恩院大教院で修学の傍ら、泉涌寺の佐伯旭雅から倶舎・唯識・因明を、楠玉諦から華厳を、金剛宥性から紀信論を学んだ。19年山口学校教授。その後、山口・鎮西・東京の宗学支校を経て、25年浄土宗学本校教授となり、曹洞宗大学林、哲学館などでも教鞭を執る。30年伝道講習院教授を務める。33年増上寺内に仏学院を開いて一般に仏教を講じ、外国人の仏教研究者や知名の日本人に個人教授を行い、のち淑女仏教研究会を創立した。大正2年朝鮮開教総長、12年増上寺法主。13年大僧正に進む。ラジオの法話などを通じて仏教の民衆化に努めた。

三井 高明　みつい・たかあきら
三井本村町家初代当主　三井物産社長
安政3年（1856）3月22日〜大正10年（1921）8月8日
［生］京都　［名］前名＝三井弥之助、通称＝三井養之助、号＝不二斎　［歴］三井高喜の三男。三井連家の一つ、本村町家初代当主となる。明治5年同族5人とともに大蔵少輔、吉田清成に随伴して渡米、銀行業務を研修。6年三井家の事業に従事。9年三井物産会社が設立されると社主に選ばれ、25年社長に就任。

大正9年三井物産取締役社長。他に三井銀行監査役、鐘淵紡績、堺セルロイド各取締役会長など歴任した。　［家］父＝三井高喜（三井小石川家第7代当主）、兄＝三井高景（三井鉱山社長・三井小石川家第8代当主）　［勲］勲三等瑞宝章

三井 高景　みつい・たかかげ
三井小石川家第8代当主　三井鉱山社長
嘉永3年（1850）〜明治45年（1912）4月6日
［生］京都　［名］幼名＝弁蔵、別名＝三井三郎助　［歴］京都両替店の御用名前三郎助を襲名。明治初年京都府に任官したが間もなく辞職。5年大蔵少輔吉田清成に随行し同族子弟5人と共に渡米、ニューブランズウィックに滞在し銀行での実務研究をして帰国。三井家の事業に従事し、25年三井鉱山会社社長に就任。以来三井鉱山業の基礎を固め、また三池築港の経営にも力を尽くした。40年益田孝らと欧米各国を巡遊する。　［家］三男＝三井高修（三井小石川家9代当主）

三井 高堅　みつい・たかかた
三井新町家第9代当主　三井銀行社長　拓本収集家
慶応3年（1867）5月22日〜昭和20年（1945）5月31日　［生］京都　［名］別名＝三井源右衛門、号＝聴氷閣　［歴］三井十一家の一つ三井松坂家に生まれ、のち三井新町家の9代目を継ぐ。呉服の御用名前・源右衛門を襲名。明治27年三井呉服店社長となる。42年三井合名設立に伴い同監査役、45年監査部長。大正2年三井鉱山代表取締役、3年三井物産社長、9年三井銀行社長を歴任。一方、美術品の収集家として知られ、書の収集で名高い。特に篆刻家・河井荃廬の強い影響で中国の拓本の収集に情熱を注ぎ、明治36年からは京都から荃廬を東京に招いて本格的に拓本を収集した。中国の戦国〜唐時代名筆家の碑（いしぶみ）からとった碑帖と呼ばれる冊子形式の拓本が中心で、収集品は高堅の号から"聴氷閣本（ていひょうかくほん）"と呼ばれ、世界屈指の碑帖コレクションとして有名。

三井 高生　みつい・たかしげ
三井伊皿子家第7代当主
天保14年（1843）5月23日〜大正3年（1914）8月12日　［生］大坂高麗橋　［名］幼名＝守之助、通称＝源右衛門、元之助、字＝子徳、号＝宗峯など　［歴］三井一族の大阪店主。嘉永2年（1849年）7歳の時伊皿子家に入り、安政4年（1857年）家督を相続し源右衛門を嗣ぐ。万延元年（1860年）元之助を名のる。明治元年会計基立金の出張所・大阪商法司全所が設立されると、鴻池、広岡とともに元締に任命された。2年東京に生まれた通商司為替会社の総元締に任命され、5年小野組との共同銀行設立に努力したが失敗。20年東京に移転。三井監督部会長や三井家同族会議長を歴任。26年家督を元之助を長男高寛に譲り、高生を名のる。40年以降は専ら趣味の生活に入り、能楽・俳句・茶の湯に親しんだ。
［家］長男＝三井高寛（三井伊皿子家第8代当主）

三井 高信　みつい・たかのぶ
三井一本松町家初代当主 王子製紙社長
明治4年(1871)10月11日～大正11年(1922)8月17日　[生]京都府　[名]幼名=宇之助, 通称=三井則兵衛, 三井得右衛門　[歴]三井連家の一つ、一本松町家初代当主となる。明治20年鐘淵紡績会社(現・カネボウ)、44年王子製紙などの社長を歴任。他に三井呉服店、三井鉱山、三井物産、三井合名、三井銀行の監査役も務めた。

三井 高徳　みつい・たかのり
三井南家第9代当主
明治7年(1874)11月16日～昭和12年(1937)1月7日　[生]京都府　[名]幼名・通称名=寿太郎, 諱=篤敬, 号=凉華, 南山, 晩翠亭, 宗哲　[学]学習院卒　[歴]三井南家第代当主・三井高弘の長男。三井物産、三井呉服店、三井鉱山各監査役を経て、大正9～13年三井鉱山代表取締役を務めた。また幼少より絵を好み、長じて円山応挙に私淑した。著書に「南山遺稿」がある。　[家]父=三井高弘(三井南家第代当主), 長男=三井高陽(三井南家第10代当主)

三井 高寛　みつい・たかひろ
三井伊皿子家第8代当主 三井物産社長
明治1年(1868)10月14日～昭和18年(1943)12月19日　[生]京都府　[名]幼名=長五郎, 通称=元之助, 号=渓泉, 霞遊, 宗寛　[学]素修商法学校豊国学校修了　[歴]三井伊皿子家第7代当主・高生の長男。明治26年家督を相続し、元之助の名を嗣ぐ。三井物産社長、三井銀行監査役、東神倉庫取締役社長、三井鉱山代表取締役社長を歴任。昭和11年引退。　[家]父=三井高生(三井伊皿子家第7代当主)

三井 高保　みつい・たかやす
三井室町家第10代当主 三井銀行社長 男爵
嘉永3年(1850)5月26日～大正11年(1922)1月4日　[生]京都　[名]幼名・通称=宸之助, 震之助, 号=三井華精, 宗熙など　[歴]三井総領家(北家)第8代当主・高福の五男。慶応4年(1868年)三井室町家高良の養子となり同家第10代当主となる。明治9年三井銀行に入行。20年銀行視察のため欧米に出張。24年三井銀行総長、のち社長となり、大正9年まで務め、銀行発展のために活躍した。この間、42年三井合名会社が設立されると業務執行社員となる。大正4年男爵。表千家流の茶人としても知られる。[家]父=三井八郎右衛門(13代目)(=高福), 兄=三井八郎右衛門(14代目)(=高朗), 弟=三井八郎右衛門(15代目)(=高棟), 五男=三井高精(三井室町家第11代当主)

三井 高喜　みつい・たかよし
三井小石川家第7代当主 三井銀行総長
文政6年(1823)9月21日～明治27年(1894)3月11日　[生]京都　[名]幼名=八十助, 通称=三郎助　[歴]三井南家の5代・高英の八男として生まれ、天保12年(1841年)北家に入って三井高福の義弟となったのを経て、小石川家の三井高益の養子となる。弘化4年(1847年)同家の家督を継ぎ、三郎助に改名。幕末から維新期にかけては総領家の高福・高朗父子を助けて三井同族による大元方経営で指導的な役割を果たし、幕府の政商から明治新政府の政商への転換を図るなど、近代における三井財閥の基礎固めに大きく貢献。明治元年には会計官御掛屋頭取に任ぜられて苗字帯刀を許された。6年三井組・小野組の共同による第一国立銀行の頭取に就任。9年三井銀行を設立した後はその重役として財政面や金融面で明治政府を支援した。12年同行副長を経て、三井高朗の死後の18年総長となり、銀行改革条目10か条を作成したのをはじめとして同行の民間商業銀行化を主導した。20年隠居し、高喜を称した。

三井 八郎右衛門(13代目)
みつい・はちろうえもん
三井総領家第8代当主
文化5年(1808)9月26日～明治18年(1885)12月20日　[生]京都　[名]本名=三井高福　[歴]三井惣領家(北家)8代目当主。天保6年(1835年)家督を相続。天保の改革による不景気や数度におよぶ幕府の御用金負担を克服し、文久2年(1862年)頃には厖大な借金を完済。一方で、万延元年(1860年)外国金銀の両替を行う外国奉行所御用達を引き受けるなど、開港の情勢などをみながら三井家財政の建て直しを図った。明治元年鳥羽・伏見の戦いの後には朝廷側の兵站を引き受けて維新政府の政商の筆頭となり、太政官札の発行にも貢献。その後も為替会社の総頭取、第一国立銀行頭取など維新政府の金融政策の主役として活躍した。さらに9年我が国初の私立銀行である三井銀行と、近代的総合商社三井物産を創設し、三井財閥の近代発展の基礎を築いた。絵画や茶の湯、華道、能楽など幅広い趣味の人として知られたが、慶応年間から写真術を研究し、明治9年の「東京写真見立競」にも写真師として取り扱われている。　[家]息子=三井八郎右衛門(14代目)(=高朗), 三井高保(三井室町家10代当主), 三井八郎右衛門(15代目)(=高棟)

三井 八郎右衛門(14代目)
みつい・はちろうえもん
三井総領家第9代当主 三井銀行総長
天保8年(1837)12月～明治27年(1894)2月8日
[生]京都油小路夷川　[名]本名=三井高朗, 通称=三井次郎右衛門　[歴]三井総領家(北家)第8代当主・高福の長男。早くから家業を見習い江戸店を任された。明治5年大蔵少輔吉田清成に随行し同族子弟5人と共に渡米、ニューブランズウィックに滞在し銀行での実務研修をして帰国。6年第一国立銀行、7年三井組為替銀行、8年三井銀行、9年三井物産とつぎつぎ設立し、頭取および総長となった。12年家督を相続して14代八郎右衛門を襲名。以来三井の近代化をはかり三井財閥の基礎を固めた。18年家督を弟の高棟にゆずった。　[家]父=三井八郎右衛門(13代目)(=高福), 弟=三井高保(三井室町家10代当

三井 八郎右衛門（15代目）
みつい・はちろうえもん
三井総領家第10代当主 三井合名会社社長 男爵
安政4年（1857）1月14日～昭和23年（1948）2月9日
生京都 名本名＝三井高棟、法名＝三井宗恭 歴三井総領家（北家）第8代当主・高福の八男。明治5年米国へ留学し、7年帰国。三井経営陣に加わり、18年家督を相続し15代目三井八郎右衛門を襲名。26年最高統轄機関として三井家同族会を設立し議長となる。29年男爵位を受爵。42年三井合名会社を設立し社長に就任。昭和8年辞任し、家督を嗣子高公にゆずり引退した。この間、三井総領家当主として三井同族11家をとりまとめるとともに、三井財閥の総帥として、大番頭益田孝、団琢磨らと名コンビをくみ、同財閥の発展を推進した。 家父＝三井八郎右衛門（13代目）（＝高福）、兄＝三井八郎右衛門（14代目）（＝高朗）、三井高保（三井室町家10代当主）、二男＝三井八郎右衛門（16代目）（＝高公）、娘＝三井礼子（女性史研究家）

三井 八郎次郎 みつい・はちろうじろう
三井南家第8代当主 三井物産社長 男爵
嘉永2年（1849）4月7日～大正8年（1919）9月30日
生京都 名本名＝三井高弘、号＝三井松籟 歴三井総領家（北家）第8代当主・高福の四男。生まれてすぐの嘉永2年（1849年）5月南家第7代当主・高愛の養子となり、6年家督を継ぐ。明治5年八郎次郎を襲名。12年第一国立銀行取締役となり、27年三井鉱山理事、34年三井物産社長を歴任、三井財閥形成の過程で腕を振るった。大正3年シーメンス事件で辞任。この間、明治44年には特別の勲功により男爵を授与された。また美術、工芸の愛好家としても知られ、帝室博物館鑑査委員などを務めた。表千家流の茶人としても知られる。

満島 惣左衛門 みつしま・そうざえもん
植林家
弘化4年（1847）12月26日～大正8年（1919）11月7日 生近江国（滋賀県） 歴滋賀県豊田村東円堂の区長となる。明治23年官有地払い下げと隣村からの買収により共有山林を創設した。

満田 寛一 みつだ・かんいち
大審院判事
明治9年（1876）8月10日～昭和17年（1942）5月3日
生山梨県東山梨郡松里村小屋敷（甲州市） 名旧姓・旧名＝向山 学一高〔明治29年〕卒、東京帝国大学法科大学〔明治32年〕卒 歴向山家の三男で、明治23年旧幕臣・満田家の養子となる。36年司法官試補となり、38年判事に任官。42年東京地裁判事、43年東京地裁部長、45年東京控訴院判事、大正7年同部長を経て、13年大審院判事。昭和3年退官して公証人となった。また、山梨県出身者のための寄宿舎・山梨共修社の設立・運営に努めた。 家弟＝向山佳年（東京地裁判事）、向山孝之（台北帝国

大学教授）

密田 林蔵（9代目） みつだ・りんぞう
広貫堂社主
天保8年（1837）9月24日～明治14年（1881）8月11日 生越中国富山町（富山県富山市） 歴富山の売薬商人で、代々、林蔵を名乗る。商機を見るに敏で、9代目林蔵を襲名ののち売薬業の近代化を志し、行商で貯めた資金をもとに、明治9年同業者の中田清平とはかって株式会社広貫堂を設立。同社は富山の売薬業の牽引役として今日に至っている。さらに、明治11年には富山第百十二国立銀行（のちの北陸銀行）の創立に参画し、その副頭取を務めた。

光永 星郎 みつなが・ほしお
電通創業者 貴院議員（勅選）
慶応2年（1866）7月26日～昭和20年（1945）2月20日 生肥後国八代郡野津村（熊本県八代郡氷川町）名幼名＝喜一、号＝八火 歴横井小楠の高弟である徳富一敬の共立学舎に入り、一敬の子である徳富蘇峰にも師事した。明治16年当時高揚していた自由民権運動の九州の実情を見て回り、福岡では頭山満と出会い、その大陸経営論に大きな影響を受けたといわれる。22年「大阪朝日新聞」嘱託通信員、23年「大阪公論」記者となったが、同年多額納税で第1回貴院議員に選ばれた郷里の資産家・井芹典太の政治顧問を委嘱されて上京。東京では星亨の院外政治団体・自由倶楽部の党員となり、26年朝鮮を視察。27年甲午農民戦争（東学党の乱）が起こると、「めさまし新聞」特派員として再び同地へ渡り、同年の日清戦争でも従軍記者を務めた。台湾で官吏、北海道庁で開拓事業に従事した後、34年日向輝武、山崎嘉太郎の後援を得て日本広告株式会社を創立して常務となり、同年個人経営の電報通信社を発足。39年株式会社電報通信社を設立して専務となり、40年両社を合併して日本電報通信社（現・電通）と改称、通信業と広告代理業の一体経営化を実現させた。大正12年社長制を敷いて初代社長に就任。この間、明治40年米国のUP通信社と提携、ロイター通信社の独占であった我が国の国際通信界に新生面を開いた。博報堂と並ぶ我が国の2大広告代理店となった電通の基礎を築いた。 家弟＝光永真三（電通社長）

三橋 信方 みつはし・のぶかた
駐オランダ大使 横浜市長
安政3年（1856）12月～明治43年（1910）6月25日
生江戸 歴明治5年電信寮に入り、12年外務省勤務となり、15年神奈川県庁に転じ、書記官となる。26年築港局次長となったが築港作業中に亀裂問題が起こり職を辞す。日清戦争には陸軍通訳を務めた。のち外務省秘書課長などを経て、34年オランダ公使となりデンマーク公使を兼ねる。39年退官して横浜市長となり、没年まで務めた。

三間 正弘　みつま・まさひろ
陸軍大佐 石川県知事
天保7年(1836)～明治32年(1899)6月3日
⊞越後国長岡(新潟県長岡市)　幼名=建蔵、通称=三間市之進、織部、佃一郎　歴越後長岡藩士で、洋学を志して江戸に出、塩谷宕陰の塾に学ぶ。東禅寺における英国人殺傷事件の嫌疑で一時捕らわれたが、許されて帰国した。戊辰戦争に際しては河井継之助が流れ弾により戦死すると後事を託され、官軍に抗した。明治維新後は新政府に仕え、警視庁に出仕。西南戦争にも従軍した。明治17年陸軍大佐に進み、21年憲兵本部長。26～29年石川県知事を務めた。

光村 利藻　みつむら・としも
光村印刷創業者
明治10年(1877)11月4日～昭和30年(1955)2月21日　⊞大阪府　学慶応義塾卒、二松学舎卒　歴神戸の豪商・光村弥兵衛の長男。明治24年13歳で父を亡くし、住友財閥の広瀬宰平、伊庭貞剛を後見人として家督を相続。この頃から写真撮影に熱中し、26年上京。慶応義塾、二松学舎に学ぶ傍ら、写真趣味を通じて大橋乙羽や巌谷小波と親交を結び、軍艦の撮影を通じて名和又八郎、斎藤実、坂本一といった後年海軍の重鎮となる知己を増やした。28年には日清戦争で鹵獲された清国軍艦・鎮遠を撮影して明治天皇に献上。31年我が国に輸入された初の映画撮影機を購入、我が国初の活動写真(映画)の撮影を行う。34年神戸に関西写真製版合資会社を設立。37年セントルイス万博に仁和寺蔵「孔雀明王図」を木版多色刷り(千三百数十回)で復元出品して大きな話題を呼んだ。日露戦争には大本営海軍部からの委嘱を受け、私財を投じて写真班を派遣。乃木希典・ステッセル両将軍の水師営の会見などを撮影した。この頃には関西写真製版合資会社の経営は行き詰まっていたが、海相となっていた斎藤は光村の海軍や国家への貢献を高く評価しており、同社への融資を斡旋。39年この融資で光村合資会社を設立したが再び経営は破綻。42年改めて斎藤の肝いりで神戸に光村印刷株式会社を設立、事実上経営から外れた。父からの資産を失うと大阪で絵葉書問屋として再出発し、大正3年かつて落籍した芸妓・豆千代の手引きで上京。6年三菱製紙との取引が始まり、同社の援助を受けて東京で光村印刷所(現・光村印刷)を営むも、昭和3年同印刷所は長男・利之が業務運営にあたることになり、その手を離れた。派手な遊びぶりで明治後期に一代の蕩児として名を馳せ、同じく写真をよくして当代の名妓を落籍し家産を蕩尽した鹿島清兵衛と"東西蕩児の双璧"と呼ばれた。　家長男=光村利之(光村原色版印刷所社長)、父=光村弥兵衛(実業家)　勲六等瑞宝章(明治39年)

光村 弥兵衛　みつむら・やへえ
海運業者
文政10年(1827)～明治24年(1891)2月20日　⊞周防国(山口県)　嘉永3年(1850年)瀬戸内の堅ケ浜で製塩業を始めるが暴風雨で打撃を受けて大坂に出てからは、職を求めて西日本一円や江戸、横浜を転々とする。安政6年(1859年)神奈川開港に伴い、来航する外国船に生活必需品を売り込んで商人として成功。やがて本拠を兵庫に移し、慶応3年(1867年)神戸港が開港されると、明治2年には回船商社差配方に任じられ、神戸港における外国船運送の一切を手がけるようになった。3年大阪に旧知の井上馨が造幣頭として赴任すると造幣寮の所有船の運営を委ねられ、5年同船の払い下げを受けた。これを機に商船を購入して定期航路を開き、海運業で成功、10年には西南戦争の軍需輸送に従事して巨万の富を築いた。11年白内障を患い、13年失明のため一切の事業より引退。以後、神戸の邸宅に暮らし、社会事業に多額の寄付を行った。長男は光村原色印刷所創立者の光村利藻。　家長男=光村利藻(光村原色印刷所創立者)

莱袋 義一　みない・ぎいち
衆院議員(政友会)
安政1年(1854)～明治36年(1903)2月10日　⊞甲斐国中巨摩郡竜王村(山梨県甲斐市)　歴山梨の県議、郡長を経て、明治25年から衆議員当選2回。品川弥二郎と国民協会を創立、のち政友会に入り幹事となった。

水上 浩躬　みなかみ・ひろちか
神戸市長
文久1年(1861)7月7日～昭和7年(1932)3月26日　⊞肥後国(熊本県)　学帝国大学卒　歴神戸税関長、横浜税関長を経て、明治38年神戸市長となり、神戸港の築造を推進。のち日本酒造会長、明治神宮奉賛会理事長を務めた。著書に「神戸港の将来及び改良策」がある。

南 一郎平　みなみ・いちろうべえ
治水家 駅館川広瀬水路の完成者
天保7年(1836)5月22日～大正8年(1919)5月15日　⊞豊前国宇佐郡金屋村(大分県宇佐市)　後名=南尚　歴文久元年(1861年)父の遺志を継ぎ、天保期に失敗した広瀬井堰(水路)の工事を再開、私財を投じて難工事と言われたこの事業の完成に努める。維新後も工事を継続し、新政府に事業の現状を訴えるなどの運動をした結果、当時の日田県(現・大分県)知事松方正義の手によって日田県が工事の全てを統括することとなった。その後も松方の依頼で工事の総指揮に当たり、明治6年完成。これによって旧島原藩領から日田県・宇佐神宮領に至る幅広い土地が潤うことになった。のち松方の招きで上京、8年より新政府に出仕し、猪苗代湖疎水工事や那須野原開拓など多くの土木工事で手腕を発揮。19年に退官し現業社を設立、碓氷峠や箱根などのトンネル開通工事に従事し、松方をして"隠れた実業界の偉人"と賞された。

南 梅吉　みなみ・うめきち
部落解放運動家　全国水平社初代委員長
明治10年(1877)5月10日〜昭和22年(1947)10月24日　⽣滋賀県蒲生郡桐原村(近江八幡市)　学小卒　歴京都市内の被差別部落の商家に丁稚奉公をし、のち竹皮草履の仲買業を手広く営んだ。青年団長や村議もつとめたりしたが、大正期に入って官憲の指導による部落改善運動が進められると、それに積極的に参加。しかし、やがて同情融和運動に批判的になり、大正11年全国水平社が結成されるとその初代中央執行委員長に就任した。その後労働者・農民の階級闘争との共闘を主張する一派と意見が対立して退会。昭和2年日本水平社を結成し執行委員長となるがほとんど成功せず、17年解党届を出した。

南 弘　みなみ・ひろし
文部次官　貴院議員(勅選)
明治2年(1869)10月10日〜昭和21年(1946)2月8日　⽣富山市氷見市仏生寺　名旧姓・旧名=岩間、号=青園　学四高卒、帝国大学法科大学政治学科〔明治29年〕卒　歴岩間家に生まれ、石川県議もつとめた南兵衛の養子となる。明治29年内閣書記官室庶務課勤務を皮切りに、30年足尾銅山鉱毒調査会書記、31年内閣書記官、40年会計課長代理を経て、41年第一次西園寺内閣及び44年第二次西園寺内閣の内閣書記官長。大正元年に同職辞任後、貴院議員に勅選され、交友倶楽部に所属。2年福岡県知事となり、7年原内閣文部次官として入閣、犬養内閣で台湾総督に就任。同年斎藤内閣の成立によって逓信相として入閣し、通信事業特別会計の成立に力を尽くした。11〜21年枢密顧問官。戦後、21年食糧緊急措置会審査委員長となったが、枢密院での審議中に急死した。

南崎 常右衛門　みなみざき・つねえもん
茶業家
天保15年(1844)10月25日〜大正2年(1913)4月8日　⽣日向国庄内村(宮崎県都城市)　歴維新のお り京坂地方を歴遊。製茶業の必要性を認め、茶の栽培に着手。製法改良と販売拡張に取り組み、茶業の振興に努めた。

峯尾 節堂　みねお・せつどう
僧侶(臨済宗)　社会運動家
明治18年(1885)4月1日〜大正8年(1919)3月6日　⽣和歌山県東牟婁郡新宮村(新宮市)　名幼名=正一、俳号=草声　学高小卒　歴新宮町松巌院の小僧となり、ついで京都の妙心寺で修学して臨済宗の僧侶となり、南紀の寺を転々とした。明治40年大石誠之助と会い、新聞記者を志して上京。43年の大逆事件に連坐し、死刑判決を受けたが、その翌日特赦で無期懲役刑に減刑された。

峰島 喜代　みねしま・きよ
実業家
天保4年(1833)〜大正7年(1918)12月14日　歴嘉永元年(1848年)峰島茂兵衛と結婚、明治9年死別。以後、遺産で東京市内外の土地およそ70余万坪を購入、地価の上昇により巨万の富を得た。尾張屋銀行を経営し、32年株式会社に改組。44年尾張屋信託会社、大正4年峰島合資会社を創立。東京府に教育費として50万円を寄付し、7年勲七等に叙され、宝冠章を授与された。

箕浦 勝人　みのうら・かつんど
逓信次官　衆院副議長　衆院議員(憲政会)
嘉永7年(1854)2月15日〜昭和4年(1929)8月30日　⽣豊後国臼杵(大分県臼杵市)　名旧姓・旧名=実相寺　学慶応義塾〔明治7年〕卒　歴実相寺の僧の二男で、のちに臼杵藩御用人箕浦家の養子となる。明治4年上京。8年郵便報知新聞社に入り、12年主筆、20〜大正2年社長に就任。この間明治12年宮城県師範学校長、13年神戸商業講習所長となり教育に従事。14年立憲改進党に入党、15年東京府会議員、23年以来衆院議員に連続15回当選。29年農商務局長、31年逓信次官、36年衆院副議長を歴任。大正2年立憲同志会成立で加盟し、3年大隈内閣の逓信参与官、4年通信相となる。同志会が憲政会に合流後、加藤高明の下で役員。15年大阪松島遊廓移転にからむ疑獄に連座し、拘引されたが無罪判決を受ける。

三野村 利左衛門　みのむら・りざえもん
実業家
文政4年(1821)11月10日〜明治10年(1877)2月21日　名旧姓・旧名=木村、前名=美野川利八　父父は出羽庄内藩を出奔した浪人で、3人弟妹(2男1女)の長男。諸国を流浪して育ち、父を亡くした後、天保5年(1834年)江戸に出て、US戸・深川の干鰯問屋・丸屋に住み込み奉公した。やがて幕臣・小栗家の雇仲間となり、弘化2年(1845年)神田三河町の紀ノ国屋の婿養子に迎えられて美野川利八を名のる。嘉永5年(1852年)頃に両替商の株を入手。慶応2年(1866年)出入りしていた三井両替店の首席番頭・斎藤専蔵から、その商才と勘定奉行・小栗忠順たのてから見込まれて三井家への幕府の御用金減額を依頼され、これを成功させた。この一件により、一介の出入り商人から江戸時代を代表する大店の通勤支配格に登用・大抜擢され、三井家の "三"、美野川の "野"、旧姓・木村の "村" を合わせて "三野村" を名のり、名も利左衛門に改めた。当主・三井高福に信任を受けて幕末の難局を乗り越え、明治に入ると大元方総轄として三井家内の大改革を行う一方、三井銀行、三井物産を創設し、三井財閥の基礎を固めた。　家養子=三野村利助(三井銀行頭取)、曽孫=三野村清一郎(三井不動産常務)

三野村 利助　みのむら・りすけ
三井銀行総長代理副長
天保14年(1843)7月17日〜明治34年(1901)1月3日　⽣京都　歴実家は京都の商家・大文字屋。三

井南家に奉公していたところを同家の要人であった三野村利左衛門に見出され、のちにその養子となった。明治4年西京御用所組頭役となるが、間もなく東京為替座(為替座三井組)に転じて養父を補佐。9年三井銀行の創立とともに幹事を務め、10年には利左衛門に代わって総長代理副長に就任、同行の実質的な経営者として業務の安定・拡大に努めた。15年日本銀行の設立に伴い、同理事に転任。また、電灯事業の将来性に着目し、19年実業家の大倉喜八郎らと東京電燈会社を興した。　家養父＝三野村利左衛門(実業家)

三原 辰次　みはら・たつじ
陸軍中将
慶応4年(1868)8月～昭和5年(1930)11月11日
出薩摩国(鹿児島県)　学陸士〔明治26年〕卒、陸大卒　歴明治26年陸軍歩兵少尉となる。のち陸軍大学校を卒業して参謀本部付となり、支那駐屯軍参謀、満州軍参謀、陸軍大学校教官、歩兵第十連隊長を経て、大正3年第十五師団参謀長を務める。5年歩兵第三十五旅団長となり、7年シベリアに出兵してハバロフスク、ついでブラゴヴェシチェンスクを占領。9年中将となった。

壬生 基修　みぶ・もとなが
元老院議員
天保6年(1835)3月7日～明治39年(1906)3月5日
生京都　歴急進的な尊皇攘夷派として、朝権の挽回を図る。一時政変により失脚したが慶応4年(1868年)1月太政官参与として復帰した。5月には三等陸軍将に任じ、6月には会津征討越後口総督嘉彰親王の参謀として出征、明治2年1月に右近衛権少尉となった。ついで2月に越後府知事、10月東京府知事、4年12月には山形県権令等を歴任。8年7月元老院議官となった。

壬生 基義　みぶ・もとよし
陸軍少将 伯爵
明治6年(1873)6月15日～昭和11年(1936)10月27日　出東京　学陸士卒、陸大〔明治39年〕卒　歴明治15～23年明治天皇の側近として仕える。30年陸軍騎兵少尉に任官。東宮武官や侍従武官などを務め、大正11年少将に昇進。12年予備役。　家父＝壬生基義(伯爵)

御船 千鶴子　みふね・ちずこ
透視術で日本中を席巻
明治19年(1886)～明治44年(1911)1月19日
生熊本県宇土郡松合村(宇城市)　学鶴城学館卒　歴漢方医の二女に生まれる。小学校を卒業後、陸軍歩兵中尉と結婚するが、間もなく離婚。姉の夫で催眠術に興味を持っていた清原猛雄の誘導で透視術を獲得したといわれ、熊本出身の代議士・安達謙蔵の秘書婦人が海水浴中に紛失したダイヤを見つけ出したり、石炭層探査のため有明海の海底を透視して、万田坑を発見するなど評判を呼んだ。明治43年9月上京し、東大の文科、医科、理科の9博士の前で透視を実験。その実験は半ば成功、半ば失敗に終わったが、以後約半年間、"四里眼"や"天眼通"などと呼ばれ、世間を騒然とさせた。翌44年1月服毒自殺した。

美馬 儀一郎　みま・ぎいちろう
阿波商業銀行頭取 貴院議員(多額納税)
慶応3年(1867)3月3日～昭和14年(1939)8月19日
生阿波国那賀郡富岡村(徳島県阿南市)　歴明治18年美馬家の養子となり、31年儀一郎を襲名。39年阿波商業銀行頭取となる。44年～大正7年多額納税貴院議員。

三松 武夫　みまつ・たけお
新潟県知事
明治9年(1876)～昭和9年(1934)5月26日
生大分県　学東京帝国大学法科大学政治科〔明治33年〕卒　歴明治33年高等試験に合格。農商務省事務官を経て、大正3年鳥取県知事となり、のち山口県知事、新潟県知事を歴任した。昭和5年退官し、のち東京中央卸売市場顧問を務めた。

三村 久吾　みむら・きゅうご
自由民権運動家 岡山県議
天保15年(1844)6月～明治41年(1908)5月26日
生備前国和気郡滝谷村(岡山県備前市)　歴岡山の閑谷学校に学ぶ。幕末から維新期にかけて名主・里正を務め、明治5年より岡山県庁に出仕。第四番会議所副区長・岡山県勧業掛・邑久・津高の各区長などを経て12年には岡山県議となった。以来、民権派議員として活動し、岡山における自由民権運動の一大勢力であった両備作三国親睦会の結成に参加。13年に同会が国会開設の請願を行った際、備前地方の代表として上京委員に推され、盟友の忍峡稜威兒・井手毛三とともに東京に赴き、請願の建白書を元老院に提出した。その後、県会副議長・同議長を務め、17年に議員辞職。この間、実業界でも活動し、岡山市の第二十二国立銀行や岡山商法会議所の設立に関係。また、西毅一ら同窓生と共に閑谷保存会を興し、母校・閑谷学校の再興に尽力している。

三村 君平　みむら・くんぺい
第119国立銀行創業者
安政2年(1855)12月7日～大正9年(1920)1月6日
生豊後国北海部郡臼杵(大分県臼杵市)　名旧姓・旧名＝牧田　歴臼杵藩士・牧田弥三郎の二男に生まれ、同藩士・三村左司馬の養嗣子となる。郷里での銀行設立を計画し、明治11年旧藩主・稲葉家などの支援を受け第119国立銀行を創立。支配人となり、東京に本店を、臼杵に支店を置き開業。同行は東京在留の外国人から預金を受けた日本初の銀行として知られる。西南戦争の余波を受け経営不振となり、22年岩崎家に買収されるが、支配人として留任した。三菱同行営業期限満了時に三菱相互会社銀行部と改称し副部長、43年銀行部長となり、大正2年まで在職する。のち明治火災、東京

海上などの取締役を務めた。 [勲]紺綬褒章〔大正8年〕

三村 周　みむら・しゅう
三村工場創業者
嘉永5年(1852)9月4日～大正9年(1920)9月3日
[生]土佐国(高知県)　[名]旧姓・旧名=島崎　[歴]漢学者・島崎泰蔵の子。明治7年測量手伝として鉄道寮に出仕。10年工技生養成所第1期生として数学、力学、測量学、土木学、機械学などを学んだ。11年英国人技師長セルビントンの下で京都・鴨川の橋梁及鍛桁鉄道橋を設計した。その後、日本鉄道に入社。信号保安設備研究のため欧米に出張。32年退職し、東京・月島に三村工場を設立。同社は塩田工場・鉄道信号と合併して日本信号となった。

三村 日修　みむら・にっしゅう
僧侶 日蓮宗管長 身延山久遠寺75世法主
文政6年(1823)3月4日～明治24年(1891)5月17日
[生]備後国深津郡川口村(広島県福山市)　[名]幼名=万吉、字=円敬、寛政、号=心妙院　[歴]加賀金沢の立像寺充洽園で日輝に学ぶ。明治5年日蓮宗大坂中教院教授となり、11年京都・本圀寺住職。12年日蓮宗管長に就任。13年身延山久遠寺75世法主となり、大僧正に進んだ。1宗12壇林の制度を定めるなど、宗門の近代化に努めた。

三村 豊　みむら・ゆたか
陸軍少尉
明治25年(1892)10月18日～大正5年(1916)5月27日　[生]島根県　[歴]陸士(第26期)〔大正3年〕卒　[歴]大正3年陸軍少尉に任官。4年満州に駐屯し、5年1月退官。5月満州の実力者・張作霖を暗殺しようとその馬車に体当たりして爆死したが、張作霖は無事であった。　[家]兄=三村友茂(陸軍少将)

宮井 茂九郎　みやい・もくろう
衆院議員(政友会)
嘉永6年(1853)9月～明治39年(1906)11月17日
[生]香川県　[歴]高松県議、所得税調査委員等を経て、明治31年3月香川郡部より衆院議員初当選。以後、連続4回の当選を果たした。また、高松砂糖会社、讃岐紡績会社等を創立し取締役を歴任した。

宮内 翁助　みやうち・おうすけ
衆院議員(政友会)
嘉永6年(1853)2月4日～大正1年(1912)12月6日
[生]武蔵国江面村(埼玉県久喜市)　[歴]漢学を修め、農業を営む。明治26年生地の埼玉県江面村(のちの久喜市)に私立学校・明倫館を設立し、32年館長となった。一方、埼玉県議を経て、35年から衆院議員(政友会)に当選3回。また久喜銀行専務、埼玉織布取締役を歴任した。

宮尾 舜治　みやお・しゅんじ
帝都復興院副総裁
慶応4年(1868)1月8日～昭和12年(1937)4月3日

[生]越後国(新潟県)　[学]帝国大学法科大学〔明治29年〕卒　[歴]大蔵省に入り、参事官に任ぜられ、明治30年税務監督官となり、煙草専売創立事務を担当。33年台湾総督府に転じ、税務課長、殖産局長兼専売局長などを経て、43年拓殖局第一部長、ついで関東都督府民政長官、愛知県知事、北海道庁長官など歴任。大正12年帝都復興院副総裁となり、後藤新平を助けて震災後の復興に尽力。退官後東洋拓殖総裁などをつとめ、昭和9年勅選貴院議員。12年市政改新同盟に加盟、東京市議となった。

宮岡 直記　みやおか・なおき
海軍中将
生年不詳～昭和5年(1930)8月14日
[出]石川県　[学]海兵(第6期)〔明治12年〕卒、海大〔明治21年〕卒　[歴]明治30年鳥海艦長、31年海軍兵学校教頭兼監事長、32年筑波、33年橋立の艦長、34年常備艦隊駆逐隊司令、35年出雲艦長、36年大湊水雷団長、38年津軽海峡防禦司令官、同年横須賀水雷団長、39年韓国統監付武官を経て、41年鎮海防備隊司令官。44年海軍中将となり、予備役に編入。

宮川 久一郎(1代目)
みやかわ・きゅういちろう
角は呉服店創業者
嘉永4年(1851)7月27日～大正6年(1917)11月17日　[出]陸奥国弘前(青森県弘前市)　[歴]生家は藩の御用達を務め苗字帯刀を許された宮川久左衛門からの分家で、紺屋、荒物雑貨商を営む。17歳の時、呉服木綿商に家業を改める。明治4年には酒造業も始め、財をなした。27年弘前銀行取締役、29年弘前商業銀行取締役を務めるなど、多くの金融事業に係わった。

宮川 武行　みやかわ・たけゆき
九州日報社長
安政1年(1854)～明治45年(1912)2月15日
[生]筑前国福岡(福岡県福岡市)　[歴]もと筑前福岡藩士で、玄洋社同人。明治11～12年頃福岡に「平仮名新聞」を創刊し、当地言語界の先駆をなしたが、まもなく廃刊。ついで福岡県、鳥取県の警察官を経て、台湾の雲林支庁長となり開墾と産業開発に努めた。34年任を辞し帰郷して九州日報社長に就任。39年伊藤博文統監の時、韓国に赴任して警察部長となる。日鮮融和に貢献し帰郷後、43年頃九州板紙を創立した。

宮川 経輝　みやがわ・つねてる
牧師 日本組合基督教会大阪教会名誉牧師
安政4年(1857)1月17日～昭和11年(1936)2月2日　[生]肥後国阿蘇郡宮地村(熊本県阿蘇市)　[名]号=蘇渓　[学]同志社英学校〔明治12年〕卒　[歴]阿蘇の神官の家に生まれる。明治5年熊本洋学校に入学、ルロイ・ランシング・ジェーンズに接してキリスト教に入信。9年同志35名と花岡山で奉教結盟を結び誓約した中心人物の一人で、熊本バンドの一人とな

る。同年ジェーンズから受洗。10年同志とともに同志社英学校に転入学。卒後同志社女学校の教師を経て、15年日本組合基督教会大阪教会の牧師となり、43年間務めた。説教にすぐれ、大阪の知識人を教会にひきつけて大教会とした。また日本基督伝道会社委員として全国各地を巡回伝道するとともに、その伝道地域は朝鮮、満州、ハワイ、米国西海岸にまでおよんだ。33年「大阪講壇」(のち「生命」と改称)を創刊。大正14年退職後、名誉牧師となる。小崎弘道、海老名弾正と共に日本組合基督教会の3偉人(3元老)と称された。著書に「活基督」「ヨハネ伝講義」「牧会百話」「宮川先生説教集」など。

宮川 鉄次郎　みやがわ・てつじろう
東京市助役
慶応4年(1868)2月19日〜大正8年(1919)5月16日
生静岡県　学東京専門学校卒　歴東京専門学校を卒業して直ちに会計検査院勤務となり、「中央新聞」記者、「都新聞」記者などを約15年間務め、のち東京の牛込区議・議長となる。牛込区長を5年間務め、明治41年に東京市助役となって、市区改正、水道拡張などに努めた。

宮城 浩蔵　みやぎ・こうぞう
大審院判事 衆院議員 明治法律学校創立者
嘉永5年(1852)4月15日〜明治26年(1893)2月13日　出出羽国天童(山形県天童市)　学司法省明法寮〔明治9年〕卒　歴出羽天童藩士・武田玄々の二男として生まれ、慶応元年(1865年)同藩家老・宮城家の養子となる。藩校・養生館に学び、戊辰戦争にも従軍。明治2年藩命により上京、兵学、フランス語を学び、3年藩の貢進生として大学南校に入学。5年司法省明法寮に転じてボアソナードから法律を学んだ。ボアソナードの推薦により司法省の命でフランスに留学し、パリ大学、リヨン大学を卒業。13年帰国後は東京裁判所判事、司法省検事、大審院判事などを歴任、司法省書記官を経て、参事官となり、民法などの草案作成に従事。23年刑法改正案起草委員を務めた。同年衆院議員に当選、有楽組に所属し、2期務めた。この間、14年法学と国民の権利意識の普及のため、明法寮からの友人・岸本辰雄、矢代操と明治法律学校(現・明治大学)を創設。同校教頭となり、刑法学の教授も務めた。著書に「刑法講義」がある。

宮城 鉄夫　みやぎ・てつお
農事改良家
明治10年(1877)9月4日〜昭和9年(1934)8月27日　生沖縄県　学札幌農学校卒　歴沖縄の国頭農学校教師、校長を経て、大正9年台南製糖へ入社。台湾からサトウキビの大茎種を導入するなど、沖縄糖業の発展に力を注いだ。

宮城 時亮　みやぎ・ときすけ
宮城県令
天保9年(1838)3月〜明治26年(1893)3月13日　生山口県　歴長州藩士。明治4年入間県権参事、5年参事を経て、6年宮城県参事となり、11年同県令。

三宅 丞四郎　みやけ・じょうしろう
実業家
天保3年(1832)〜明治28年(1895)9月15日　生越前国福井(福井県福井市)　名幼名=嘉蔵　歴祖父の代から越前福井で織物業を営む。大坂で商売に従事したのち家業を継ぎ、安政6年(1859年)には福井藩物産会所の絹織物元締役に任ぜられた。明治維新ののち京都に移り、織機の研究を重ねて綜統にカタン糸を用いた糸繰機を開発。さらに郷里福井に一六社を興して特産の羽二重を生産・販売し、これを日本有数の輸出品にのし上げた。

三宅 駿五　みやけ・しんご
海軍中佐
明治16年(1883)12月6日〜大正9年(1920)3月13日　生兵庫県　学海兵(第34期)〔明治39年〕卒　歴明治40年海軍少尉に任官。44年海軍大学校選科学生として外国語学校にロシア語を学ぶ。大正4年ロシアへ私費留学。7年海軍少佐。8年シベリア出兵に伴い海軍無線電信隊を率いてニコライエフスクに駐在を命ぜられる。9年3月パルチザンの攻撃(尼港事件)により帝国領事館副領事・石田虎松らと共に戦死した。没後、海軍中佐に進級。　家兄=三宅驥一(植物学者)

三宅 碩夫　みやけ・せきお
弁護士
元治2年(1865)4月5日〜大正11年(1922)9月8日　生備中国浅口郡江長村(岡山県倉敷市)　名号=雲外　学英吉利法律学校卒　歴三宅庄左衛門の長男として生まれる。幼くして倉敷・森田弘道の塾、一族の三宅薇陽に学び、明治19年岡山県尋常師範学校を卒業。のち上京して東京英吉利法律学校に学ぶ。22年代言人(弁護士)試験に合格して東京・銀座に開業。29年同志を募り日本弁護士協会を創設し理事となる。大正6年東京弁護士協会副会長に就任。人権問題、シーメンス事件(3年)、米騒動(7年)などに関与する一方、房総鉄道、北海道鉄道の監査役を務める。相撲を好み角通としても知られ、常陸山会会長、東京相撲協会顧問として相撲協会の進展に貢献した。

三宅 安兵衛　みやけ・やすべえ
京都の名所旧跡に道標を設置
天保13年(1842)〜大正9年(1920)　出若狭国小浜(福井県小浜市)　歴江戸末期、若狭の陶器業を営む家に生まれる。9歳で父を亡くし、家族を助けるために京都へ出て木綿問屋に奉公する。2度の大火で主家は焼け落ちたが、再建を助け、26歳で独立。博多織の販売を始め、競合業者がいなかったため商売は繁盛、子どもたちにも恵まれて商人としては順調な人生を送った。明治後半に隠居すると近郷の名所旧跡を訪ね歩いたが、晩年に長男・清次郎に1万円を手渡し、京都のため公共

公益の事に使用するようにと言いつけて亡くなった。清次郎は旅好きだった父の遺志を汲み、名所旧跡に標石や道標を設置。その数は主なものだけでも384基、実際は400基以上にのぼると見られ、場所も京都市内だけでなく、八幡市や京田辺市、相楽郡など府南部一帯に広がる。これらの標石や道標は京の風情に溶け込み、現在も大切に保存されている。

宮古 啓三郎　みやこ・けいざぶろう
衆院議員（政友会）
慶応2年（1866）4月～昭和15年（1940）4月9日
⑪常陸国（茨城県）　㊫帝国大学法科大学仏法科〔明治25年〕卒　㊭弁護士を務め、日本法律学校講師、法制審議会臨時委員、土木会議議員、政友会総務を歴任する。この間、明治35年衆院議員となり、以来通算9期務めた。訳書に「一読奮起立志美談」「ル・ロア・ボリュー経済学」「民法講義」がある。

宮崎 栄治　みやざき・えいじ
衆院議員（政友会）
安政2年（1855）5月～大正4年（1915）1月25日
⑪肥前国（長崎県）　㊫長崎外語学校　㊭第2回水産博覧会評議員を経て、明治23年7月長崎郡部より衆院議員初当選。通算8期を務めた。

宮崎 嘉重　みやざき・かじゅう
神奈川県議　武相銀行支配人
安政5年（1858）3月21日～大正5年（1916）9月15日
⑪相模国（神奈川県）　㊭自由民権運動に参加。明治24年武相銀行支配人、29年神奈川県議。

宮崎 敬介　みやざき・けいすけ
大阪電灯社長
慶応3年（1867）11月17日～昭和3年（1928）10月17日　⑪大坂天王寺茶臼山町（大阪府大阪市）　㊇旧姓・旧名＝角中　㊫立教学校卒　㊭大坂で角中豊平の四男に生まれ、のち熊本県の宮崎勇太郎の養子となる。師範学校を経て、立教学校神学部を卒業後、米国に渡って苦学する。帰国後実業界に入り、東京株式取引所仲買人を経て、明治36年大阪の堂島米穀取引所支配人となり、のち理事長に就任、神戸商品取引所理事長を兼務した。また大阪土地建物を創立して社長となり、大阪電灯社長、大同電力副社長、門司築港社長、漢口・天津の各取引所重役などを務め、関西実業界の重鎮として活躍した。著書に「欧米より帰りて」がある。㊊養子＝宮崎高四（衆院議員）

宮崎 車之助　みやざき・しゃのすけ
秋月の乱の首謀者
天保10年（1839）～明治9年（1876）11月1日
⑪筑前国秋月（福岡県朝倉市）　㊇名＝重遠　㊭筑前秋月藩士。武術を好み、中でも槍術を得意とす。幕末期は尊王論を唱えて藩の佐幕派と対立。維新後、長州藩の脱兵騒動の首謀者であった大楽源太郎を匿って幽閉されるが、しばらくして藩の少参事として復帰。間もなく廃藩置県によって退職し、西郷隆盛らが唱えた征韓論に共鳴して国権確立運動に挺身。のち西郷らが政争に敗れて下野すると、熊本の敬神党や萩の前原一誠ら不平士族と連絡を取り、武力蜂起の機会を窺った。明治9年熊本で神風連が蜂起したのに呼応し、同年10月27日磯淳や実弟の今村百八郎らをはじめとする約200人の同志と共に秋月で挙兵（秋月の乱）。しかし、豊津で小倉鎮台兵との戦いに敗れ、同11月1日磯らと江川村の民家で自決した。

宮崎 晋一　みやざき・しんいち
大審院検事
明治7年（1874）1月12日～昭和4年（1929）2月8日
⑪山口県美祢郡綾木村（美祢市）　㊫早稲田専門学校英語政治学科〔明治26年〕卒、早稲田専門学校法律学〔明治31年〕修了　㊭明治32年判検事、弁護士登用試験に合格し、司法官試補として司直に入る。34年大分県中津区裁判所判事、のち佐伯・杵築各区裁判所判事、39年福岡地方裁判所上席予審判事、40年長崎控訴院判事を歴任。42年東京地方裁判所検事となり、大正2年宇都宮地方裁判所検事正に進み、奈良地方裁判所検事正、大阪控訴院検事を経て、13年大審院検事に就任。

宮崎 総五　みやざき・そうご
静岡県議　貴院議員（多額納税）
文政11年（1828）8月～明治42年（1909）4月24日
⑪駿河国安倍郡大里村弥勒（静岡県静岡市）　㊇幼名＝喜久太郎　㊭高村保六に漢籍を学び、ついで平田派国学を修め、のち名主となり安倍川の川越助郷、堤防修築などに尽力。勤王の志し厚く坂本龍馬・原市之進らの志士が来訪した。慶応4年（1868年）東征軍の駿府入りに際し萩原鶴夫と共に人心の鎮静に力を発揮する。また静岡藩の成立後は渋沢栄一らと同藩の財政に関与、商法会所御用達、常平倉役人となって殖産興業の一翼を担い、金穀の貸与に携わった。明治5年から戸長を務め、9年静岡県議、12～14年初代有渡安倍郡長となった。この間、11年中等教育機関、私塾・朝陽義塾を設立、安倍川架橋、宇津ノ谷トンネルの開通、静岡病院の設立に中心的な役割を果たし、地租改正に際しては駿府の地価算定をできるだけ低くするよう努力した。23～30年貴院議員（多額納税）に選出された。

宮崎 民蔵　みやざき・たみぞう
社会運動家　土地問題の先駆者
慶応1年（1865）5月20日～昭和3年（1928）8月15日
⑪肥後国玉名郡荒尾村（熊本県荒尾市）　㊇名＝巡耕、行雲、別名＝野村操介、中村幸作　㊭10歳頃から銀水義塾、友枝塾で学び、明治18年頃上京し中江兆民の仏学塾に入るが、病を得て帰郷する。この前後に仏・英語を学ぶ。16歳頃から土地問題について関心を抱き、"土地均享主義"を実行するた

め上京。30年渡米し、各国のアナキスト、社会主義者などと交わり、33年英文の「土地復権につき全人類に檄告する」をニューヨークで刊行。同年渡欧して帰国。34年3ケ月の約束で郷里の村長となり、上京して35年土地復権同志会を結成。39年「土地均享・人類の大権」を刊行して全国を遊説。このとき社会主義者とも交わった。のち朝鮮、中国に渡って弟滔天とともに孫文らの中国革命に協力し、また各種の実業を試みた。　家兄＝宮崎八郎（自由民権運動家）、弟＝宮崎弥蔵（革命家）、宮崎滔天（革命家・評論家）

宮崎 忠次郎　みやざき・ちゅうじろう
ばんどり騒動の指導者
天保3年（1832）～明治3年（1870）10月27日
生越中国新川郡塚越（富山県中新川郡立山町）
歴越中国塚越の農民で、明治2年10月年貢軽減・肥料配給・物価の引き下げなどを求め、近隣の農民と共に中新川郡の十村（大庄屋に当たる）役宅の打ち壊しを開始。この事件は同郡一帯に波及、11月には2万5000人もの農民が打ち壊しに参加する大騒動となった（ばんどり騒動）。やがて、加賀藩の銃卒隊が出陣して騒動が鎮圧されると、主導者として逮捕され、3年10月金沢で斬罪に処された。

宮崎 滔天　みやざき・とうてん
革命家　評論家
明治3年（1870）12月3日～大正11年（1922）12月6日　生肥後国玉名郡荒尾村（熊本県荒尾市）　名本名＝宮崎虎蔵、通称＝宮崎寅蔵、別号＝南蛮鉄、白寅学人、不忍庵主、雲介、白浪庵滔天、桃中軒牛右衛門など　学大江義塾、東京専門学校中退　歴豪農の6人兄弟の末っ子で、「官軍や官具は泥棒の類」を信条に成長。兄たちの感化もあって社会主義やアジア問題に深い関心を抱く。大陸雄飛の志を抱き、シャム（タイ）に渡るなどしたのち、犬養毅の口ききで外務省嘱託として中国に渡る。帰国後、明治30年に横浜で亡命中の孫文に会って傾倒、このときから犬養や頭山満とともに中国の革命運動やアギナルドのフィリピン独立運動に無欲の援助をする。だがいずれも失敗に帰したため一時、桃中軒雲右衛門の弟子となって浪曲を語りもした。35年「二六新報」に自伝「三十三年之夢」を書いたところ、これが漢訳されて孫文の紹介書となり、中国人の間に滔天の名を高めた。日露戦争中は、東京の中国人留学生の間に革命の機運が高まっていたが、38年孫文の来日を機に中国同盟会を発足させ、自らは同盟会の日本全権委員に。39年「革命評論」を創刊。44年辛亥革命が成立すると中国に渡り、革命の同志として総統府顧問に迎えられたが、同盟会は改組して国民党となった。以後も中国革命に無私の献身をしたが、大正9年の五四運動とその後の排日運動の高まりの中で病死した。「宮崎滔天全集」（全5巻、平凡社）がある。　長男＝宮崎龍介（東大新人会の創始者）、兄＝宮崎八郎（自由民権運動家）、宮崎民蔵（社会運動家）、宮崎弥蔵（革命家）

宮崎 八郎　みやざき・はちろう
自由民権運動家
嘉永4年（1851）～明治10年（1877）4月6日
生肥後国玉名郡荒尾村（熊本県荒尾市）　名本名＝宮崎真郷　歴熊本藩校時習館に学び、維新後藩命により東京に遊学、尺振八に英学、西周に万国公法を学ぶ。明治6年の征韓論に際し左院に建議、翌7年1月岩倉具視襲撃の嫌疑を受けて入獄。同年4月台湾出兵に際し義勇兵を組織して従軍。帰国後、熊本にルソー「民約論」を経典とする植木学校を主宰し、また霜月社を起こして自由民権を唱道。8年上京して海老原穆と交わり評論新聞社に入社、反政府の論調を張って新聞紙条例にふれ、再び入獄した。10年西南戦争では熊本協同隊を組織して西郷軍に加わり、八代萩原堤で戦死した。　家兄＝宮崎民蔵（社会運動家）、宮崎弥蔵（革命家）、宮崎滔天（革命家・評論家）

宮崎 弥蔵　みやざき・やぞう
革命家
慶応3年（1867）4月8日～明治29年（1896）7月4日　生肥後国玉名郡荒尾村（熊本県荒尾市）　名旧姓・旧名＝島津弥蔵、別名＝島津耕、曽仲甫、白熊　歴革命的アジア主義の理想をかかげ、中国に革命を起こしてアジア解放の根拠地を築くことを計画、日本国籍を脱することまで意図したが志半ばで病没。弟の寅蔵（号・滔天）は遺志を継ぎ孫文の革命運動に身を投じた。ほかに長兄・八郎は自由民権運動の先駆者、次兄・民蔵は土地の所有を基本的人権の一つとした社会運動家として知られる。　家兄＝宮崎八郎（自由民権運動家）、宮崎民蔵（社会運動家）、弟＝宮崎滔天（革命家・評論家）

宮地 堅磐　みやじ・かきわ
大社教管長
嘉永5年（1852）11月8日～明治37年（1904）3月2日　生土佐国土佐郡潮江村（高知県高知市）　名幼名＝政衛、名＝政աー、別号＝清海、水位、中和、再来　歴12歳で実家・土佐郡潮江村の潮江天満宮の神主となる。幼少から国史・天文を、やや長じて弓術・医学を学ぶ。また、土佐藩校・致道館の廃止後に父が購入したという同館の旧蔵書を引き継ぎ、博識多読で知られた。明治時代前期には神仙道学を唱導して神道界・神霊学界で活躍し、晩年は権大教正・大社教管長など神道の要職を歴任。歌人・著述家でもあり、「天狗叢談」「異境備忘録」など著書も多い。

宮地 義天　みやじ・ぎてん
僧侶（真宗大谷派）
文政10年（1827）～明治22年（1889）4月17日　生越中国礪波郡広瀬村（富山県南砺市）　名号＝狐竹、香華院　歴越中・真敬寺の法嗣の子。東本願寺の高倉学寮に入り、義譲に真宗学を師事。また天竜寺の環中に梵暦を、知積院の竜議、義観に性相

学を学んだ。元治元年(1864年)寮司となり「倶舎論」を、明治元年擬講となり、「唯識論述記」を講義。16年嗣講に進み、以後「観経定善義」「観無量寿経」などを講義した。22年講師。 [家]父＝法順(真敬寺住職)

宮地 貞辰　みやじ・さだとき
海軍少将
文久1年(1861)7月3日〜昭和12年(1937)12月26日　[生]土佐国土佐郡江ノ口村(高知県高知市)　[学]海兵(第9期)〔明治15年〕卒、海大〔明治26年〕卒　[歴]明治38年佐世保水雷団長、台湾総督府海軍参謀長、39年新高、浅間、40年朝日の艦長、41年呉港務部長を経て、44年海軍少将となり予備役に編入。三菱重工長崎造船所顧問となり、大正10年退任した。　[家]五男＝進藤貞和(三菱電機会長)

宮地 茂平　みやじ・もへい
自由民権運動家
万延1年(1860)7月15日〜大正7年(1918)5月28日　[生]土佐国(高知県)　[学]水戸法学館　[歴]在学中にスペンサーの「社会平権論」を読んで感銘を受ける。のち自由民権運動に加わり国会開設を主張、水戸を拠点として演説会や自由党員の募集をおこなった。明治14年同館の栗原寛亮と計り、太政大臣三条実美あてに「日本政府脱管圏」を提出し、政府の支配から離れた自由人になろうとするが、このために違制の罪に問われて100日の懲役を受ける。出獄後も民権運動に挺身、21年青年壮士を集めて大阪壮士倶楽部を結成し、主に大阪を中心に急進的な平権主義を唱えて活動。22年には一時高知に帰郷し、竹内綱・河野広中ら自由党の領袖らと演説会を開催した。しかし、同年6月に大阪で行われた関西有志大懇親会で酩酊し、巡査と格闘して拘引されるなど、その活動は次第に荒廃したものになった。のち東京に法律事務所東京法学館を開設。

宮下 太吉　みやした・たきち
無政府主義者　大逆事件の首謀者
明治8年(1875)9月30日〜明治44年(1911)1月24日　[生]山梨県甲府市若松村　[学]小卒　[歴]機械職工として各地の工場を転々とし、明治40年頃より「平民新聞」を読み、社会主義思想に接近して、天皇制に疑問を抱く。そのため天皇に爆弾を投げつけ、天皇も生きた神ではなく人間であることを証明しようとし、爆弾試作を続けた。42年上京して幸徳秋水にその旨を告げ、長野県明科で試作に成功した。43年に爆弾試作が発見され、大逆事件に発展。44年主犯として死刑となった。

宮島 誠一郎　みやじま・せいいちろう
漢詩人　宮内省爵位局主事　興亜学校創立者
天保9年(1838)7月6日〜明治44年(1911)3月15日　[生]出羽国米沢(山形県米沢市)　[名]幼名＝熊蔵、号＝栗香、養浩堂　[歴]戊辰戦争の奥羽諸藩の対官軍戦争防止に奔走。明治3年新政府の待詔院出仕、4年左院小議官儀制課長、10年修史館御用掛、17年参議官補、22年宮内省爵位局主事を経て、29年勅選貴院議員。この間、大陸問題に着目し、13年興亜会を設立、興亜学校を経営し、晩年は中国問題に力を入れた。著書に「戊辰日記」「国憲編纂起源」、漢詩集「養浩堂詩鈔」などがある。

宮島 伝兵衛(7代目)　みやじま・でんべえ
実業家
嘉永1年(1848)5月8日〜大正7年(1918)9月7日　[出]肥前国唐津(佐賀県唐津市)　[歴]家業の石炭の販売運送に従事。明治15年みそ、醤油の製造販売業を始め、宮島醤油の礎を築いた。

宮田 栄助(2代目)　みやた・えいすけ
実業家
元治1年(1864)9月16日〜昭和6年(1931)9月9日　[生]茨城県　[歴]国友伸行に銃の製造を学び、父の製銃工場で村田銃、測量器械などを製造。外国人に自転車の修理を頼まれたことから自転車の試作を始め、明治33年家督を相続して栄助の名を襲名、商号を宮田製作所と改める。猟銃の製造から自転車製造へ方向転換し、国産自転車「旭号」を開発、自転車製造業を企業化した。また企業としての体制作りのために週休制と10時間労働制を導入、家業を多角的な企業形態に刷新し、小型自動車にも着手した。

宮田 寅治　みやた・とらじ
自由民権運動家　神奈川県議
嘉永7年(1854)5月25日〜昭和13年(1938)10月12日　[生]相模国南金目村(神奈川県平塚市)　[歴]豪農の家に生まれる。自由民権活動家として国会開設運動、湘南社創立、地租軽減運動などに加わる。明治18年神奈川県議。26年金目村長。

宮代 謙吉　みやだい・けんきち
百足屋主人　神奈川県大磯町長
天保15年(1844)7月2日〜大正3年(1914)5月15日　[出]相模国(神奈川県)　[歴]相模国(神奈川県)大磯の旅館・百足屋の主人。明治維新後、副区長、戸長をつとめ、明治18年松本順らが提唱した日本初の海水浴場開設にも協力した。28年大磯町長。

宮原 幸三郎　みやはら・こうざぶろう
衆院議員
文久2年(1862)12月〜昭和9年(1934)8月31日　[生]安芸国呉(広島県呉市)　[歴]郵便局長、広島県議、同参事会員、同議長、呉市議、同議長などを歴任。さらに所得税調査委員、土地賃貸価格調査委員、実地価修正委員などを務める。実業界でも呉貯蓄銀行、呉馬車鉄道、呉起業銀行、中国電機、呉瓦斯、博愛汽船などを創立、社長または重役を務めた。明治41年以来衆院議員当選3回、民政党に属し、県支部長老として重きをなした。

宮部 襄　みやべ・のぼる
自由民権運動家　衆院議員

弘化4年(1847)4月8日～大正12年(1923)9月5日
幼名=伝四郎、勝之介　旧高崎藩士。儒学者安井息軒に師事。明治3年藩政改革を唱えたために投獄されるが、廃藩後は官吏となって8年には群馬県に出仕し、警保課長や学務課長を経て13年群馬県立師範学校校長。この間、自由民権派結社の有信社を創設し、群馬における民権運動を主導した。14年依願退官ののち自由党の創立に参画し幹事を務めるが、17年密偵殺人事件に連座して有期徒刑12年の刑を受けた。22年の帝国憲法発布の大赦で出獄し、32年の帝国党結党に参加して評議員に就任。その後、第7回・第8回総選挙に出馬するがいずれも落選し、37年の第9回総選挙で当選。はじめ大同倶楽部に所属したが幹部と対立して脱党し、政友会に入党した。41年の第10回総選挙で落選ののち政界を引退。

美山 貫一　みやま・かんいち
牧師　鎌倉メソジスト教会

弘化4年(1847)10月25日～昭和11年(1936)7月29日　長門国(山口県)　旧姓・旧名=内藤、初名=匡二郎　長州藩士の子として生まれ、藩の兵学校などに学ぶ。維新後、海軍兵学寮を受験するが失敗し、上京して陸軍省に勤務した。明治8年米国に渡り、サンフランシスコ滞在中に宣教師M.C.ハリスから洗礼を受け、キリスト教のメソジスト会員となった。また、同地で米国初の日本人キリスト教団体・福音会を結成し、現地邦人の生活矯正をはかった。17年に帰国し、銀座教会の設立。18年再び渡米し、サンフランシスコやホノルルで伝道に従事。その傍ら、ホノルルの日本総領事・安藤太郎をキリスト教に入信させ、共に禁酒運動を進めた。23年に帰国したのちは名古屋美以教会・銀座教会・鎌倉メソジスト教会などの牧師を歴任。引退後は鎌倉に住んだ。

三山 近六　みやま・きんろく
九州汽船社長　貴院議員(多額納税)

天保10年(1839)9月9日～大正2年(1913)12月2日　肥前国時津(長崎県西彼杵郡時津町)　三山汽船を設立し、大村湾に定期航路を開く。明治26年九州鉄道(長崎本線)の開通により湾内航路を中止、島原、佐世保および天草方面との定期航路を開拓した。43年九州汽船社長。44年貴院議員。

宮本 逸三　みやもと・いつぞう
実業家　衆院議員(政友会)

安政6年(1859)10月～昭和5年(1930)4月15日　常陸国(茨城県)　旧姓・旧名=須藤　漢学を修め、農業を営み、醤油醸造・肥料販売を家業とする。また太田鉄道監査役、水浜電車取締役、日本耐火工業取締役を歴任。大正6年から衆院議員(政友会)に当選2回。茨城県議、芳野村議、芳野村長も務めた。

宮本 吉右衛門　みやもと・きちえもん
第四十三銀行頭取

嘉永5年(1852)11月～昭和8年(1933)9月18日　紀伊国和歌山(和歌山県和歌山市)　旧名=宮本芳太郎　明治5年家督を継ぎ、前名・芳太郎を改め吉右衛門を襲名。21年第四十三銀行頭取となり経営の立て直しに尽力。南海鉄道、和歌山紡織、紀陽銀行などの監査役も務め、和歌山県実業界に重きをなした。

宮本 小一　みやもと・こいち
外務大書記官　元老院議官

天保7年(1836)2月30日～大正5年(1916)10月16日　江戸　幼名=守成、通称=小一郎　幕臣の長男。神奈川奉行支配組頭を務めたが、明治維新で幕府が崩壊すると一時静岡県に移住。慶応4年(1868年)東京府開市御用掛御用掛調役として出仕、同年外国官御用掛、条約書改革調掛、明治2年外国官判事試補。同年外務省が創設されると外務権少丞に就任、3年外務少丞、5年外務大丞、同年外事左局長、10年外務大書記官などを歴任。明治初期に我が国を訪れた外国貴賓の応接にあたった。16年元老院議官となり、24年～大正5年勅選貴院議員を務めた。

三善 清之　みよし・きよゆき
衆院議員(政友会)

安政6年(1859)12月～昭和17年(1942)11月19日　讃岐国(香川県)　陸士〔明治17年〕卒　大阪府 大阪府御用、工兵中尉になる。退官後大倉組に入り、軍用工事に従事、のちに岡山県技師、土木課長として児島湾開墾・宇野築港を指揮した。明治37年3月に香川2区から衆院議員に初当選。以後、通算4回当選した。

三好 重臣　みよし・しげおみ
陸軍中将　子爵

天保11年(1840)10月21日～明治33年(1900)11月29日　長門国萩(山口県萩市)　通称=三好軍太郎、変名=会田春輔、雅号=春畝、秋畝　長州藩奇兵隊の参謀として太貫山、赤坂で幕府軍を撃退させた。のち品川弥二郎らと共に薩長連合において奇兵隊代表として出兵上京。明治3年陸軍大佐に任ぜられ、ついで東北鎮台司令官となり、10年の西南戦争には第二旅団長として出征、高瀬口の激戦において功を立てる。戦後、陸軍少将、13年中将と進み、21年第一師団長、23年監軍。17年子爵。27～30年枢密顧問官を務めた。

三吉 正一　みよし・しょういち
三吉電機工場社長

嘉永6年(1853)6月～明治39年(1906)3月24日　周防国岩国(山口県岩国市)　はじめ富岡製糸場に勤務。ここで足踏製糸機械を発明し、明治10年の内国勧業博覧会に出展した。のち東京電信修技学校で電気技術を習得し、工部省の電信寮となった。16年同郷の技師藤岡市助と共に日本初の重電

機メーカーとなる三吉工場(のち三吉電機工場)を設立。同社では主に発電機や電動機・電信電話機などを扱ったが、23年には白熱舎を興し、初の国産白熱電球の製造に成功した。29年には白熱舎を改組して東京白熱電燈球製造株式会社とし、その社長に就任。部下を工手学校に通わせるなど、俠気に富んだ人柄と行動で信頼を集め、同社からは明電舎の創業者重宗芳水や小田電機工場の小田荘吉らを輩出した。しかし、日清戦争後の不況で経営が悪化し、31年三吉電機工場を閉鎖。

三好 退蔵 みよし・たいぞう
弁護士 大審院院長 貴院議員(勅選)
弘化2年(1845)5月7日〜明治41年(1908)8月20日 生日向国高鍋(宮崎県児湯郡高鍋町) 歴明治2年行政官に出仕、徴士待詔局参事、衆院権判官、大監察、厳原県権大参事、伊万里県少参事、司法大書記官、参事院外議官補、司法少輔、司法次官、控訴院、大審院各評定官、大審院検事長、検事総長、大審院長(明治26〜29年)などを歴任。その間伊藤博文に随行、欧州で裁判制度を調査、21年再びドイツに派遣。退官後代言人(弁護士)となり東京弁護士会会長に推され、30年勅選貴院議員。晩年は東京市養育院感化部顧問を務めるなど感化事業に力をいれた。

三好 琢磨 みよし・たくま
開拓者 弘農社社長
天保13年(1842)2月15日〜大正8年(1919)10月23日 生上野国館林(群馬県館林市) 名旧姓・旧名＝高山、初名＝弥蘇吉 歴早くから才覚を顕わし、15歳で上野国館林藩の藩校求道館の舎生長を務める。安政6年(1859年)常陸国麻生藩家老・三好七郎右衛門の養子となり、文久3年(1863年)に家督を相続。元治元年(1864年)には23歳で麻生藩の用人役に抜擢され、常に適切な判断で藩主・新庄直彪を助けた。明治2年の版籍奉還ののち藩少参事・軍務総長・藩校精義館督学などを歴任。3年には藩権大参事に任ぜられ、麻生藩の代表として集議院議員を兼ねた。その傍ら、維新後における麻生藩の残務処理に携わり、廃藩置県で麻生藩が新治県に移管されると、引き続き同県庁に出仕。没落しつつあった士族への授産を志し、15年には茨城県行方郡内の開墾を目的とした弘農社の社長となり、私財を投じて経営に従事した。その後も、興産業組合総代・麻生町農会長・麻生藩同志会理事などを歴任し、旧藩の士族や地元のために尽くすところがあった。42年実業功労者として茨城県知事表彰。
賞茨城県知事表彰〔明治42年〕

三好 成行 みよし・なりゆき
陸軍中将 男爵
弘化2年(1845)10月7日〜大正8年(1919)10月17日 生周防国吉敷郡小郡町(山口県山口市) 名旧姓・旧名＝田中 歴田中丈吉の二男として生まれ、のち三好善蔵の養嗣子となる。長州藩の奇兵隊員として第二次長州征討に従軍、戊辰戦争で奇兵隊長を務める。明治4年陸軍少尉。10年西南戦争では大隊長、日清戦争では歩兵第七連隊長、28年歩兵第六旅団長を経て、30年威海衛占領軍司令官となる。34年中将。日露戦争では後備第二師団長を務めた。40年男爵。退役後は京都に住んだ。

三好 保徳 みよし・やすのり
イヨカン栽培の伝道者
文久2年(1862)4月21日〜明治38年(1905)3月19日 生伊予国温泉郡持田村(愛媛県松山市持田町) 歴若い頃から全国各地を旅行して果樹栽培を視察、松山に大規模な果樹園を開く。山口県が貧しい士族に奨励していた夏ミカンの苗木を愛媛県に持ち帰り自宅に植えるが、寒波により枯死。明治22年再び山口を訪れ、日雇い人夫の約1年分の収入である50円という大金を払って夏ミカンの母樹を購入。接ぎ木した苗木を農民に配り、普及のために各地で講演を行うなど、今日"イヨカン"の名に代表される柑橘王国愛媛の基礎を築いた。また除虫菊栽培も広め、二十世紀ナシの栽培にも成功した。

三輪 市太郎 みわ・いちたろう
衆院議員(政友会)
慶応3年(1867)4月〜昭和5年(1930)2月8日 生尾張国(愛知県) 歴明治17年より土木事業を経営、愛知開墾社長となり、ほかに日光川倉庫銀行監査役、東海道電気鉄道取締役を務めた。一方海部郡会議員、愛知県議、同副議長、議長を経て、衆院議員当選6回、愛知県政友会の長老として活躍した。

三輪 信次郎 みわ・しんじろう
衆院議員(中正会)
嘉永7年(1854)4月7日〜昭和18年(1943)10月19日 生江戸 学慶應義塾 歴大蔵属を経て、明治36年3月東京市より衆院議員初当選。以後、連続3回当選を果たした。また、第15国立銀行役員をも務めた。

三輪 善兵衛(2代目) みわ・ぜんべえ
丸見屋社長
明治4年(1871)5月11日〜昭和14年(1939)5月8日 生東京日本橋(東京都中央区) 名幼名＝竹次郎 歴明治17年父・初代善兵衛死去に伴い2代目を襲名、小間物問屋・丸見屋を継ぐ。25年小間物同業組合設立に参画し、副頭取に就任。37年伊東胡蝶園と提携して化粧白粉の販売を一手に扱う。有鉛白粉の害毒が社会問題となっていた当時、御園白粉が無鉛無毒であることをアピールするため、連日新聞に大胆な意見広告を掲載し、大成功をおさめた。43年ミツワ石鹸を発売、大正4年日本初の民間化学研究所、ミツワ化学研究所を設立した。

三輪 伝七 みわ・でんしち
衆院議員(政友会)

万延1年(1860)3月～大正3年(1914)11月12日 周防国(山口県) 慶応義塾、同人社 小周防村議、同議長、周防村議、周防村長、熊毛郡議、山口県議、同議長等を経て、明治27年3月山口郡議より衆院議員初当選。通算4期を務めた。また、所得税調査委員、郡農会副会長等も歴任。

三輪 猶作　みわ・なおさく
衆院議員(大同倶楽部) 四日市銀行頭取
嘉永3年(1850)6月15日～大正6年(1917)9月17日 伊勢国四日市(三重県四日市市) 漢籍を修め。酒造業および肥料商を営み、明治27年生地・三重県四日市の米穀取引所の初代理事長となる。のち四日市銀行(現・三重銀行)の創立に参画し、2代目頭取となる。また関西鉄道監査役などを歴任。一方、副戸長、村議・議長、町議、四日市市議・議長、三重県議などを経て、35年から衆院議員に当選3回。

【 む 】

向井 巌　むかい・いわお
平壌控訴院検事長
安政5年(1858)～昭和11年(1936)1月15日 肥前国佐賀(佐賀県佐賀市) 肥前佐賀藩士の長男。明治20年判検事登用試験に合格して検事となる。水戸、宇都宮の地方検事正を経て、41年韓国政府に招かれて平壌控訴院検事長となる。ついで制度改正により平壌覆審法院検事となった。退職後、錦鶏間祗候となり文部省成人教育講師を務めた。

向井 弥一　むかい・やいち
海軍中将
生年不詳～昭和16年(1941)11月14日 佐賀県 海兵(第15期)〔明治22年〕卒 明治43年横須賀鎮守府付、44年満洲艦長、同年呉兵団長兼月後艦長、45年筑摩艦長。大正元年人事局首席局員、4年扶桑艦長を経て、5年侍従武官。9年海軍中将。12年予備役に編入。

麦生 富郎　むぎう・とみろう
農業技術者
明治4年(1871)10月16日～昭和24年(1949)9月15日 広島県 東京農学校卒 広島県農事試験場勤務ののち、大正5年県穀物検査所長。社倉の研究をすすめ、「芸備農報」に発表した。

麦田 宰三郎　むぎた・さいさぶろう
衆院議員(政友会)
嘉永6年(1853)2月～大正6年(1917)8月28日 広島県 広島県議、同常置委員、同副議長を経て明治31年広島郡部より衆院議員に当選。以来通算5期務めた。

椋本 竜海　むくもと・りょうかい
僧侶 真言宗泉涌寺派管長
明治2年(1869)8月5日～昭和25年(1950)1月16日 徳島県那賀郡 旧姓・旧名＝樫野 真言宗古義大学林〔明治24年〕卒、哲学館卒 明治12年故郷の真言宗福蔵寺幹竜誓について仏門に入り、雲高院釈玄賊の徒弟を経て、大学林などに学んだ、のち鼎竜から真言密教の実践的な根本十二流を伝承、泉涌寺所伝別受戒を受けた。27年の日清戦争には従軍布教師として清国に渡航。29年開教師として台湾駐在。31年帰国、京都泉涌寺塔頭新善光寺の住職、以来泉涌寺務長、仏教連合会幹事、真言宗泉涌寺派宗務長などを経て、大正15年泉涌寺長老同派管長となった。大僧正。

向山 慎吉　むこうやま・しんきち
海軍中将 男爵
嘉永6年(1853)9月14日～明治43年(1910)12月18日 駿河国(静岡県) 旧姓・旧名＝一色 海兵(第5期)〔明治11年〕卒 講武所取などを務めた幕臣・一色全翁の第三子に生まれ、従兄の幕臣・向山黄村の養子となる。明治5年沼津兵学校に入り、同年上京して海軍兵寮に転じた。西南戦争では軍艦筑波に乗り参戦。14年海軍少尉となる。18～19年高千穂回航のため英国へ出張。27年日清戦争開戦に先立ち旗艦松島の副長となり海軍陸戦隊指揮官として特命全権公使・大鳥圭介を護衛するなどの役割を果たし、同年龍田艦長。28年筑紫、大和、29年高雄、30年秋津洲の艦長を経て、同年英国公使館付武官。32年帰国して浅間、33年敷島の艦長、同年横須賀鎮守府参謀長、36年舞鶴海軍工廠長、38年佐世保海軍工廠長。佐世保港内に沈没した三笠の引き上げに成功した。同年海軍中将。40年男爵となり、41年竹敷要港部司令官に就任。42年待命となり、43年死去した。 養父＝向山黄村(漢詩人)

武者 伝二郎　むしゃ・でんじろう
衆院議員(公同会)
嘉永7年(1854)1月～明治34年(1901)9月3日 陸奥国(宮城県) 宮城県議、伊具・亘理郡長、志田・玉造郡長を経て、明治23年宮城2区より衆院議員に当選。以後27年まで連続4期当選を果たした。

牟田 万次郎　むた・まんじろう
九州鉄道創業者 長崎県議 佐賀県議
万延1年(1860)～大正13年(1924)11月24日 肥前国鹿島(佐賀県鹿島市) 本名＝前田万次郎、号＝橘堂、風外 明治14年成々社(のち鹿島銀行)を興す。15年長崎県議、16年佐賀県議。長崎で「西海日報」を発行。九州鉄道を創業した他、数多くの事業を手がけた。

牟田口 元学　むだぐち・げんがく
東京鉄道社長 貴院議員(勅選)

弘化1年(1844)12月26日～大正9年(1920)1月13日 生肥前国(佐賀県) 名号=鷹村 歴肥前佐賀藩士の長男に生まれる。戊辰戦争で奥羽に転戦。明治4年工部省に出仕、12年文部省大書記官、さらに農商務省に移り山林局長。14年の政変で辞職し、立憲改進党に加盟、河野敏鎌と修交社を起こし訴訟鑑定に従事。22年実業界に転じ、東京馬車鉄道会社の整理に腕をふるい、社長。33年電化して東京電車鉄道と改称。39年同2社を合併、東京鉄道会社となって社長に就任。44年市営化により退職し、以後、朝鮮瓦斯電気、小倉鉄道各社長、函館水電、日清生命、中央製糖、富士身延鉄道各取締役などを務めた。勅選貴院議員。

陸奥 イソ　むつ・いそ
外交官・陸奥広吉の妻
慶応4年(1868)5月～昭和5年(1930)6月
生英国 名旧姓・旧名=パッシングハム、エセル 歴明治20年生家パッシングハム家に下宿してきた日本人・陸奥広吉と恋に落ちる。26年広吉は帰国したが、32年外交官となった広吉と再開。34年来日し、38年広吉と結婚した。その後、夫婦で鎌倉に住み、大正7年「KAMAKURA FACT AND LEGEND」を出版した。家夫=陸奥広吉(外交官)、長男=陸奥陽之助(インタナショナル映画社長)、義父=陸奥宗光(政治家・外交官)

陸奥 広吉　むつ・ひろきち
外交官 伯爵
明治2年(1869)3月～昭和17年(1942)11月19日
学ロンドン法学院(英国)〔明治26年〕卒 歴政治家・外交官の陸奥宗光の子。明治20年英国へ留学、26年帰国、外務省に入り、翻訳官。27年外交官試験に合格、北京、ワシントン、サンフランシスコ、ローマ、ロンドンなどに駐在。大正3年特命全権公使となったが病気で退官、鎌倉に引退。この間、明治38年留学時代に知り合った下宿の娘である英国人エセル・パッシングハム(陸奥イソ)と結婚した。伯爵。家妻=陸奥イソ、長男=陸奥陽之助(インタナショナル映画社長)、父=陸奥宗光(政治家・外交官)

陸奥 宗光　むつ・むねみつ
外交官 外相 衆院議員(無所属) 伯爵
天保15年(1844)7月7日～明治30年(1897)8月24日 生紀伊国和歌山(和歌山県) 名幼名=牛麿、号=福堂、士峰、六石、変名=伊達陽之助、陸奥小次郎 歴紀伊藩士・伊達宗広の子。江戸で安井息軒、水本成美に学んだ後、脱藩した父が住む京都に移り、尊攘運動に参加。この頃、坂本龍馬と知り合い、神戸の海軍操練所では土佐藩士と偽って勝海舟の教えを受けた。のち薩摩藩士を称し、伊達陽之助、陸奥小次郎などの変名を用いて活動。3年龍馬の亀山社中・海援隊に加入した。王政復古の政変後、新政府に出仕したが、政府の人事が薩長土肥に偏るのに疑念を抱き、3年和歌山藩の強化を期して渡欧。帰国後の4年、神奈川県令に任ぜられ、5年外務大丞を兼務。一方で地租の改正を提言し、それが大隈重信に認められて、6年大蔵省地租改正局長に抜擢されるが、7年辞職。8年元老院議官となるも、10年西南戦争で林有造らと反政府挙兵を企図したとして免官され、禁獄5年の刑に処せられた。16年に釈放され、17年伊藤博文の勧めで渡欧。19年帰国して外務省に入り、21年駐米公使となり、メキシコとの間に日本初の対等条約を調印。23年第一次山県内閣の農商務相として初入閣。24年第1回総選挙で和歌山県から出馬して当選、同内閣僚中唯一の衆院議員となり、続く第一次松方内閣でも留任したが、25年松方の選挙干渉に反抗して辞職した。同年枢密顧問官。同年第二次伊藤内閣の外相に就任して不平等条約の改正に努力し、27年日英通商航海条約を調印。念願であった治外法権回収に成功した。一方で清国に対しては強硬外交を進めて日清戦争開戦に踏み切り、戦後の講和条約締結及び三国干渉などの処理にも力を尽くした。在任中の外交政策は"陸奥外交"といわれ、その辣腕振りから"カミソリ陸奥"と呼ばれた。この間、27年子爵、28年伯爵。29年日ごろの激務から肺病が悪化し辞職。療養中に外交記録「蹇蹇録」を執筆したが、昭和4年まで公表されなかった。家長男=陸奥広吉(外交官・伯爵)、二男=古河潤吉(古河財閥2代目当主)、父=伊達宗広(歌人・国学者)

武藤 環山　むとう・かんざん
衆院議員(国民協会) 熊本県議
天保7年(1836)12月20日～明治41年(1908)5月19日 生肥後国菊池郡原村(熊本県) 名本名=武藤一忠 歴文武に通じ、安政2年(1855年)木下梅里に師事、のちその私塾の教授。菊池文芸倡方となり菊池文武講堂で経書を講じた。明治維新には諸種の公職に就き、14年自由民権論が起こると欽定憲法を主張し紫溟会を組織。のち国権党を結成、熊本県議となり、同参事会員、副議長として活躍。30年以来衆院議員当選2回。晩年は詩文を楽しみ、著書に「環山草堂詩文集」「男虎太編」がある。

武藤 金吉　むとう・きんきち
実業家 衆院議員(政友会)
慶応2年(1866)5月15日～昭和3年(1928)4月22日 生上野国山田郡休泊村龍舞(群馬県太田市) 名号=龍山 学英吉利法律学校卒 歴自由党に入り自由民権を唱え、足尾鉱毒事件に活動。明治16年上京、法律学校卒業後は「実業新聞」「上野新聞」を主宰。のち実業界に入り、帝国蚕糸、群馬農工銀行、山保毛織などの重役を務めた。23年以来群馬県から衆院議員当選8回、その間赤城事件に連座、獄中立候補して当選した。政友会に属し、43年ベルギーの万国議員会議に出席、前後3回欧米漫遊。イタリア、中国の蚕糸業を視察、蚕糸業発展に尽した。生産調査会委員、大日本蚕糸会評議員、大日本蚕糸同業組合中央特別議員などを務めた。昭和2年田中内閣の内務政務次官に就任。

武藤 幸逸　むとう・こういつ
農事指導者 群馬県議
天保9年(1838)3月28日～大正3年(1914)8月20日
[名]本名=新居幸逸　[歴]群馬県竜舞村村長、群馬県議を務めた。明治11年共農舎を創設し、欧米式農法を取り入れた。

武東 晴一　むとう・せいいち
築地警察署長
嘉永5年(1852)～大正1年(1912)12月24日
[出]周防国(山口県)　[歴]明治7年警視庁に入庁。数々の難事件を手がけ、"鬼武東"の異名をとった。44年築地警察署長。

宗方 小太郎　むなかた・こたろう
大陸浪人 軍事探偵 東方通信社長
元治1年(1864)7月5日～大正12年(1923)2月3日
[生]肥後国宇土(熊本県宇土市)　[名]号=北平、中国名=宗大亮　[歴]肥後宇土藩士の子として生まれる。佐久友房の済々黌に学び、明治17年佐々に従って渡清、上海の東洋学館で中国語を学ぶ。21年参謀本部より派遣された荒尾精の楽善堂北京支部に入って清国事情の調査に当り、特に日清戦争中は特別任務班にあった。戦後、漢口で「漢報」、福州で「閩報」の新聞を主宰。ついで東亜同文会、東亜同文書院の設立に参画し、大正3年東方通信社を設立した。

宗像 政　むなかた・ただす
衆院議員(政友会) 東京府知事
嘉永7年(1854)1月2日～大正7年(1918)2月7日
[出]肥後国(熊本県)　[名]旧姓・旧名=田村政　[学]開拓使札幌学校、東京芝学校　[歴]明治4年上京。5年開拓使の札幌学校に入ったが、同校廃止に伴い東京芝学校に移る。8年病気により退学。10年西南戦争が起こると西郷軍に参加し、中隊長として各地を転戦した。戦後、5年の懲役を受ける。その後、自由民権運動に身を投じ、27年衆院議員に当選。30年埼玉県知事。同年田村姓から宗像姓に改名。31年第二次松方内閣が総辞職した際も「我は壇の浦まで行く」と豪語して知事を辞さず、"壇の浦知事"の異名をとった。32年青森県知事、34年福井県知事、35年宮城県知事、36年高知県知事、40年広島県知事、45年熊本県知事、大正元年東京府知事を歴任。同年再び衆院議員となった。通算2期。6年勅選貴院議員。

村井 菊蔵　むらい・きくぞう
育種家 秋田県農会技手
明治8年(1875)2月1日～昭和22年(1947)3月19日
[生]秋田県能代市　[名]初名=喜久蔵　[歴]小学校を卒業したのち、370ヘクタール余りの荒廃地を整理し、野菜・果樹園を造成。のち親類が持っていた果樹園の経営を任され、ナスやキュウリの温床床培を試み、ナスの「菊千代」やマクワの「菊マクワ」などの新種を開発。その手腕が認められ、国立興津園芸試験場の依頼で砂丘地での洋なしの実験栽培に着手し、「村井1号」「村井2号」などの品種を発見した。明治41年能代青年園芸研究会を結成。以後、秋田県農会種苗交換審査員・山本郡農業技手・秋田県農会技手などを歴任して技術の指導を行った。

村井 吉兵衛　むらい・きちべえ
村井商店創業者
文久4年(1864)1月22日～大正15年(1926)1月2日
[生]京都　[歴]9歳で叔父の煙草商・村井吉兵衛の養子となり、家督を相続。外国煙草の製法を学び、明治23年日本初の両切り紙巻き煙草「サンライス」を製造発売し、村井兄弟商会を設立。翌年美人画のカードなどを入れて販売したところ、爆発的に売れ、一挙に洋式タバコが普及した。さらに「ヒーロー」「ヴァージン」などの新製品を出し、岩谷松平の岩谷商店「天狗煙草」と激しいシェア争いを展開、世間の注目を浴びた。37年煙草専売法実施を機に政府に売却し、東京に村井銀行を設立。鉱山、石油、製糖、製粉などの諸事業に関係し、京都財界でも活躍した。

村井 恒蔵　むらい・こうぞう
三重県議
嘉永2年(1849)1月1日～大正4年(1915)12月1日
[出]伊勢国(三重県)　[名]号=栽軒　[歴]明治15年三重県議、36年議長。この間、初代宇治山田町長、39年市会議長。山田銀行(のち三重銀行)、伊勢電気を創業した。

村井 知至　むらい・ともよし
キリスト教社会主義者 教育家 英学者
文久1年(1861)9月19日～昭和19年(1944)2月16日　[生]伊予国(愛媛県)　[学]同志社卒　[歴]同志社で新島襄の教えを受け、クリスチャンとなる。今治教会で伝道に従事していたが、明治17年渡米しアンドヴァ神学校、アイオワ大学で学び、25年帰国。本郷教会などの説教者となり、この頃から社会問題に関心を抱き、21年労働組合期成会の評議員となり、31年には社会主義研究会会長となる。33年普選期成同盟会に参加。のち教育界に転じ日本女子大などを経て34年東京外国語学校教授。大正9年退官し、13年第一外国語学校を創立し、校長に就任。著書に「社会主義」「蛙の一生」など。

村井 長寛　むらい・ながひろ
陸軍中将
安政2年(1855)～明治38年(1905)4月6日
[生]江戸千駄ケ谷村原宿(東京都渋谷区)　[出]紀伊国(和歌山県)　[名]旧姓・旧名=大崎　[歴]江戸・千駄ケ谷村の平民から紀伊藩村井家の養子となる。明治4年東京鎮台に召集され、5年陸軍大尉となる。7年砲兵隊長として佐賀鎮圧に従軍、のち台湾に出征、10年西南戦争には砲兵第八大隊第一小隊長として従軍、12年少佐となり近衛砲兵大隊長を務める。17年陸軍卿・大山巌の欧州視察に随行し横浜から仏船メンザレー号で出航。イタリア、英国、オ

ランダ、ドイツを巡遊の間に中佐となり、18年帰国して砲兵局次長。27年日清戦争には第一軍砲兵部長として従軍。ついで、28年少将となり台湾総督府砲兵部長、29年東京防御都督府参謀長などを経て、34年中将に進み予備役に編入、和歌山出身軍人会の復虎会会長に選ばれる。日露戦争時は、38年3月現役に復し東京湾要塞司令官を務めるが、この頃より通風を病み、4月没した。

村井 真雄　むらい・まさお
実業家
文久3年(1863)11月7日～昭和7年(1932)2月5日　⑱美作国東北条郡阿波村(岡山県津山市)　⑲旧姓・旧名＝幸阪　⑳同志社〔明治23年〕卒　㉑幸阪源輔の四男に生れる。武信迪蔵に漢学を学び、明治23年同志社卒業後、大阪・神戸で貿易事業に従事する。27年京都で煙草商・村井兄弟商会を営む村井吉兵衛の知遇を得て、その義妹と結婚し村井姓となる。米国に渡り煙草業を研究し帰国後、義兄を助けて事業の拡張を図り、大阪支店支配人、本店支配人を務める。32年米国の亜米利加煙草会社と合同して同商会が株式会社となると副社長に就任。一方、鉱山事業や植林事業に乗り出し村井鉱業取締役、吉林林業取締役などを務める。37年たばこ製造の官営移行後は、村井家が設立した村井銀行取締役、村井貯蓄銀行取締役となったほか、関連企業の帝国製紙、東亜製粉、日本電線などの重役を兼任した。

村井 保固　むらい・やすかた
森村組ニューヨーク支店長
嘉永7年(1854)9月24日～昭和11年(1936)2月11日　⑱伊予国宇和島(愛媛県宇和島市)　⑲幼名＝三治　⑳慶応義塾〔明治11年〕卒　㉑吉田藩士林虎一の二男として生れる。明治2年村井家へ養子に入り、3年保固と改名。宇和島の不棄英学校で中上川彦次郎に学び、11年上京して慶応義塾に学ぶ。12年福沢諭吉の推薦により貿易商の森村組に入社、ニューヨーク支店に勤務して米国在住は50余年に及び、日米間を90回近くも横断したと言われる。37年日本陶器(現・ノリタケカンパニーリミテド)設立に参画、その製品の海外輸出に努めた。また大正11年村井保固実業奨励会、昭和10年村井保固愛郷会を設立して社会事業にも尽くした。

村岡 伊平治　むらおか・いへいじ
娼妓斡旋業者
慶応3年(1867)10月10日～没年不詳　⑱肥前国島原(長崎県島原市)　㉑荷受け問屋の長男として生れる。銘酒、青物のかつぎ売り、人力車夫を経て、明治18年香港に渡る。以後中国・天津、上海と移り住み、21年上海で娼妓斡旋業(女衒)を始める。その後台湾、シンガポール、ジャワ、セレベス、フィリピンなどで娼妓(からゆきさん)の斡旋を続け、44年廃業。他にも各種事業を手がけ、日本人会会長などを務めた。昭和18年頃に亡くなったという。著書に「村岡伊平治自伝」がある。

村岡 長太郎　むらおか・ちょうたろう
陸軍中将
明治4年(1871)11月～昭和5年(1930)8月19日　⑱佐賀県　⑳陸士〔明治27年〕卒、陸大〔明治35年〕卒　㉑旧佐賀藩士の四男に生れる。歩兵少尉に任官、歩兵第十三連隊付となり、陸大卒業後同連隊中隊長を経て、明治36年参謀本部に入り、37年日露戦争で韓国派遣、第一軍、第二師団各参謀を務める。40年陸大教官となり、44年トルコへ出張、大正元年第一次バルカン戦争でトルコ軍に従軍した。2年大佐、歩兵第二十九連隊長、4年教育総監部に転じ、第二課長、第一課長を歴任、7年少将となり臨時軍事調査委員長、10年歩兵学校長に就任。12年中将、第四師団長、昭和2年関東軍司令官となり、第一次山東出兵を強行したが、張作霖爆殺事件の責任を取って、4年引退した。

村上 格一　むらかみ・かくいち
海軍大将
文久2年(1862)11月1日～昭和2年(1927)11月15日　⑱肥前国佐賀(佐賀県佐賀市)　⑲幼名＝裂姿之助　⑳海兵(第11期)〔明治17年〕卒　㉑明治19年海軍少尉に任官。日清戦争に吉野水雷長で従軍。28年西郷従道海相秘書官兼副官、30年フランスへ留学。33年帰国して常備艦隊参謀。36年千代田艦長となり、日露戦争開戦時も唯一国外にいた同艦を指揮。仁川海戦でロシア軍艦を撃沈した。38年吾妻艦長として日本海海戦で奮戦。同年教育本部第一部長、39年海軍副官、41年教育本部第一部長兼第二部長、42年兼艦政本部第一部長、大正元年呉海軍工廠長、3年軍政本部長、4年軍政本部長、同年第三艦隊司令長官、6年教育本部長を歴任し、7年海軍大将。8年呉鎮守府司令長官、11年軍事参議官を経て、13年清浦内閣の海相となった。同年病気で辞職し、予備役に編入。

村上 我石　むらかみ・がせき
僧侶(真宗大谷派)
弘化2年(1845)5月16日～大正3年(1914)7月22日　⑱遠江国掛川(静岡県掛川市)　⑲本名＝村上徳、旧姓・旧名＝曽我、別号＝半儂　㉑幼少に曽我耐軒・向山黄村らに漢学・詩文を学ぶ。文久2年(1862年)仏学を金粕神興寺の塾に学ぶ。明治3年静岡集学校の漢学専任教師となり4年勤める、この間に同校で数学を研究、英書を学んだ。のち静岡大学校3等教師となり、漢学・数学を教授する。17年東洋絵画会の設立に関わり理事に就任。26～27年頃に大分県中津の宝蓮坊住職となり、寺務の傍ら風流を好み、詩壇を賑わし画もよくした。真宗大谷派東本願寺の議制会特選議員を2期務めた。著書に「煙霞画譚」がある。

村上 敬次郎　むらかみ・けいじろう
海軍主計総監　貴院議員　男爵

嘉永6年(1853)9月4日〜昭和4年(1929)2月15日
生広島県　名旧姓・旧名＝堀尾、別名＝村上啓次郎
歴堀尾笑石の二男として生まれ、のち村上邦裕の養子となる。明治4年海軍兵学寮の留学生として海軍伝習のため英国に赴く。16年海軍少書記官、軍大臣秘書官、呉鎮守府監督部長などを歴任。永い海軍省経理局長を務めた後、30年主計総監となり、42年予備役に編入。この間、37年日露戦争では大本営海軍経理部長として従軍した。40年男爵。42年貴院議員。

村上 俊吉　むらかみ・しゅんきち
牧師　日本基督伝道会社嘱託
弘化4年(1847)7月10日〜大正5年(1916)5月6日
生江戸　歴相模小田原藩医の子として生まれ、15歳の時に摂津三田藩医村上恒庵の養子となる。三田藩主九鬼隆義の命により福沢諭吉のもとで従学。のち学を了えて三田に戻り、藩の有志が設立した神戸の商社に勤務。ここで神戸在住の宣教師らと交わり、明治7年摂津第一公会でJ.D.デービスより洗礼を受けた。8年ギューリックが日本初のキリスト教週刊誌「七一雑報」を創刊したのに協力し、その編集人に就任。9年兵庫聖書講義所(兵庫教会)の設立に伴って伝道師となり、次いで按手礼を受けて日本組合基督教会の二人目の牧師となる。15年群馬県安中に移って伝道に従事するが、間もなく神戸に戻り「七一雑報」編集人に復帰した。16年同誌が「福音新報」に改題された後も引き続いて編集を担当。17年再び兵庫教会牧師となるとともに、多聞教会牧師も兼任。24年神戸教会を辞職後、日本基督伝道会社嘱託やアメリカン・ボードの巡回教師として伝道を続け、40年には神戸市須磨に須磨教会を設立した。

村上 彰一　むらかみ・しょういち
鉄道家　満鉄顧問　上野駅長
安政4年(1857)閏5月23日〜大正5年(1916)1月7日　生大坂　歴明治11年開拓使に入庁、幌内鉄道に関わる。16年日本鉄道会社に入り、上野駅長、運輸課長、貨物掛長などを歴任。34年台湾総督府鉄道顧問となり、台湾縦貫鉄道の建設に関わる。以後中国・東南アジア各地で交通調査を行い、「南洋雑記」を著す。これが後藤新平に認められ、南満州鉄道(満鉄)創立と同時に顧問に就任。のち後藤が鉄道院総裁となったのに伴い、同院嘱託に転じた。大正2年北京に赴任し、中華民国政府の交通政策に関係した。

村上 長毅　むらかみ・ちょうぎ
第二十二国立銀行頭取　岡山市議
弘化2年(1845)〜明治27年(1894)4月12日
生備前国岡山(岡山県岡山市)　歴もと備前岡山藩士。閑谷学校に学び、明治元年御身兵中隊長、2年抜擢されて軍務省監察。戊辰戦争で兄2人を亡くし、1人は他家を継いでいたため、故郷に戻り家督を相続。明治4年廃藩置県後は岡山県の中属となるが、まもなく辞職。10年第二十二国立銀行創立に発起人として加わり、初代支配人に就任、16年頭取となった。この間、岡山商法会議所初代副会頭、岡山紡績所支配人も兼務。山陽鉄道建設の岡山県側発起人にも名を連ねた。22年岡山市議、同2代議長に選ばれた。

村上 庸吉　むらかみ・ようきち
実業家
慶応4年(1868)4月〜昭和3年(1928)2月23日
生豊後国(大分県)　名旧姓・旧名＝石川　学東京法学院〔明治25年〕卒　歴豊後日出藩士・石川栗庵の二男に生まれ、のち村上家を継ぐ。台湾総督府、関東都督府に務め行政事務に携わり、ついで金州民政支署長となり民間警察を創設、また満鉄沿線付属地に民会を設置した。明治43年退官して大阪市助役となり市政を調整、財団法人弘済会の創立に尽力する。大正2年退職して住友家に入り住友総本店の営繕課長を務め、同家経営にも参加した。晩年は北港住宅取締役を務めた。

村上 義雄　むらかみ・よしお
石川県知事
安政2年(1855)5月14日〜大正8年(1919)
出肥後国(熊本県)　歴肥後熊本藩士・平塚家の二男で、同藩士・村上家の養子となる。明治7年東京府に出仕。26年徳島県知事、35〜43年石川県知事。

村上 隆吉　むらかみ・りゅうきち
農商務省水産局長　男爵
明治10年(1877)3月7日〜昭和9年(1934)12月15日　生東京　学東京帝国大学法科大学独法科〔明治35年〕卒　歴東京高師附属中学、一高を経て、明治35年東京帝国大学を卒業。36年農商務省に入り、39年欧州各国に派遣され、帰国後は保険事務官兼農商務参事官、水産講習所教授、特許局事務官などを歴任。大正6年特許局長、7年水産局長を務め、13年依願退官した。15年父の隠居により家督を継ぎ、男爵を襲爵。以来、水産界の長老として、帝国水産会・中央水産会・日本冷凍協会・全国淡水業連合会・東京水産会などの会長、三陸冷蔵会社・日本冷凍輸出会社の重役を務めた。また人口食糧問題、農村経済更正委員などの公職にあった。著書に「保険法論」「くろ潮」などがある。　家父＝村上敬次郎(男爵)

村木 源次郎　むらき・げんじろう
無政府主義者
明治23年(1890)〜大正14年(1925)1月24日
生神奈川県横浜市　歴幼年時代に一家離散し、そのため早くから写真屋などで働く。クリスチャンで、横浜の海岸教会に通っており、ここで知りあった服部浜次らが明治37年横浜平民結社(のちの曙会)を結成すると、その活動に参加。次第に社会主義運動に傾斜し、41年には赤旗事件に連座し重禁錮1年に処せられる。大正期に入ってからは大杉栄らと交わりアナキストとなる。13年関東大震災1

周年記念に震災時の戒厳司令官福田雅太郎大将の暗殺をはかったが失敗した。その予審中に肺結核が悪化し、仮出獄の2日目に死去した。

村木 雅美　むらき・まさみ
陸軍中将 貴院議員 男爵
安政3年(1856)10月8日～大正11年(1922)2月8日
[生]土佐国安芸郡田野村(高知県安芸郡田野町)　[歴]13歳で軍人を志して高知城下に出る。明治4年上京、旧藩主山内氏の海南私塾で学んだ。のちフランスに留学、砲兵科を修め、砲兵少尉に任官。日清戦争、日露戦争に出征し、39年陸軍中将に昇進。40年男爵となり、東宮武官長兼東宮大夫を経て、大正元年侍従武官。同年待命し、貴院議員となった。

村雲 日栄　むらくも・にちえい
尼僧 日蓮宗中檀林総裁
安政2年(1855)2月17日～大正9年(1920)3月22日
[名]幼称＝萬佐宮、通称＝村雲尼公、諱＝瑞法光院　[歴]伏見宮邦家親王の第10王女で、幼名は萬佐宮。九条尚忠の猶子となり、文久2年(1862年)叔母の瑞法文院日尊尼を師として落飾。各地を巡教して北海道にまで足を進める傍ら、明治末年には日蓮宗中檀林総裁として学舎を設立、大正8年尼衆修道院を設立した。一方、信徒を集めて村雲婦人会を興し、教化と社会事業に尽くした。　[家]父＝伏見宮邦家、姉＝二条恒子、一条順子、久我誓円(尼僧)、大知文秀(尼僧)

村田 惇　むらた・あつし
陸軍中将
嘉永7年(1854)10月3日～大正6年(1917)3月16日
[生]江戸　[名]本名＝高野惇　[学]陸士卒　[歴]明治19年フランス、イタリアに留学。32年ロシア駐在武官、35年佐世保要塞司令官、37年大本営陸軍部幕僚長、38年参謀本部付、39年韓国統監府付を経て、42年築城本部長。大正3年予備役に編入。

村田 岩熊　むらた・いわくま
西南戦争で戦死した村田新八の長男
安政6年(1859)～明治10年(1877)4月1日
[生]薩摩国鹿児島高見馬場(鹿児島県鹿児島市)　[名]別名＝村田十蔵　[歴]薩摩藩士で明治維新後は陸軍軍人となった村田新八の長男。明治5年北海道開拓使海外派遣留学生の一員として、西郷隆盛の息子・菊次郎らと米国に留学。農学と鉱山学を修めて帰国した後、10年父とともに西南戦争に従軍。四番大隊七番小隊に属したが、19歳で戦死した。民謡「田原坂」に登場する"馬上豊かな美少年"のモデルともいわれる。　[家]父＝村田新八(陸軍軍人)

村田 氏寿　むらた・うじひさ
内務大丞
文政4年(1821)2月14日～明治32年(1899)5月8日
[出]越前国(福井県)　[名]初名＝巳三郎、字＝子慎、号＝文峰　[歴]安政3年(1856年)福井藩の藩校明道館に務め、翌年藩主の命で横井小楠を招聘するため熊本に赴く。のち目付役として藩政に参与し、文久2年(1862年)藩主松平慶永が幕府政事総裁に就任すると、側近としてこれを補佐。戊辰戦争の際は会津攻略に活躍し、廃藩置県後は福井県参事、岐阜県権令を歴任し、のち内務大丞兼警保頭として活躍した。

村田 重治　むらた・しげはる
林野行政官
文久1年(1861)9月23日～昭和17年(1942)3月5日
[生]加賀国金沢(石川県金沢市)　[学]東京農林学校林科〔明治20年〕卒 林学博士〔明治41年〕　[歴]明治21年農商務省山林局に入り、22年愛媛大林区署長、26年林務課長、27年宮城大林区、29年熊本大林区各署長、30年森林監督官。以後山林局監督課長、43年林業試験場長心得などを経て、大正元年満州採木公司に出向、理事長となった。6年住友家山林事業の管理を委かされた。森林法、国有林野法などの制定、林業試験場の創設など、明治中・後期の林野行政に大きく貢献した。著書に「日本森林経済論」「森林税法論」などがある。

村田 寂順　むらた・じゃくじゅん
僧侶 天台座主
天保9年(1838)～明治38年(1905)10月29日
[生]出雲国松江(島根県松江市)　[歴]出雲松江藩士の三男として生まれる。弘化4年(1847年)9歳で八束郡酌村尻流寺の孝順に謁し、10歳で鰐淵寺で得度、安政5年(1858年)同山宜坊住職となる。慶応2年(1866年)第二次長州征討の際松江城天守閣九字護身法を、また藩主松平定安の陣営で五大明王護摩法を修し、七条袈裟を賜わる。明治元年廃仏毀釈がおこなり京都に急行し、梨本宮邦内親山出張所にて仏閣毀釈の不可を論じ、さらに朝廷に建白して、鰐山の焼毀の災厄を未然に防いだ。のち天台座主236世を継ぐ。

村田 静照　むらた・じょうしょう
僧侶(真宗高田派)
安政2年(1855)～昭和7年(1932)11月7日
[歴]博多・万行寺の七里恒順の弟子。明治30年頃津市の真宗高田派明覚寺の住職に。即席比喩を交えたわかりやすい説法で知られ、のち鎌倉円覚寺派管長といわれた朝比奈宗源老師の説法を聞いて仏心を覚り、それを機に仏心の提唱を始めたといわれる。著書に念仏法話集「念共讃裡(ねぐさり)」があり、ローマ教皇庁の尻枝正行神父の著書などで若者向きに紹介される。

村田 新八　むらた・しんぱち
陸軍軍人
天保7年(1836)11月3日～明治10年(1877)9月24日　[生]薩摩国鹿児島城下高見馬場(鹿児島県鹿児島市)　[名]旧姓・旧名＝高橋、諱＝経麿、経譲　[歴]薩摩藩士の高橋家に生まれ、村田家の養子となる。幼少時代より西郷隆盛に兄事し、文久2年(1862年)

西郷が徳之島に流されると、連座して鬼界ケ島に流された。元治元年(1864年)赦されると西郷の下で倒幕運動に奔走。戊辰戦争では薩軍二番隊の監軍として奥羽に出征し、明治2年鹿児島常備隊砲兵隊長となる。4年宮内大丞を経て、同年特命全権大使・岩倉具視の一行に加わり、欧米を回って7年帰国。帰国すると西郷が征韓論争に敗れて鹿児島に帰っていたので下野して帰郷、砲兵学校の監督となった。10年西南戦争では薩軍二番大隊長となり諸隊を指揮したが、同年9月鹿児島城山で戦死した。 家長男＝村田岩熊

村田 保 むらた・たもつ
大日本水産会副総裁 貴院議員(勅選)
天保13年(1842)12月28日～大正14年(1925)1月6日 出肥前国唐津(佐賀県唐津市) 号＝水産翁 歴早くから新政府に出仕、司法権大録、太政官兼内務大書記官を歴任。明治4年英国に留学、法律学を学ぶ。23年勅選院議員。早くから水産業を志し、15年大日本水産会を創立、副総裁となり、また水産伝習所(東京水産大学の前身)創立(21年)に尽力した。29年には大日本塩業協会を設立、会長を務めた。大正3年第一次山本内閣の末期、海軍収賄問題で弾劾演説をぶち、自らも議員を辞職した。著書には「治罪法註釈」「独逸法律書」「英国法家必携」「刑法注釈」などがある。

村田 経芳 むらた・つねよし
陸軍少将 貴院議員(勅選) 男爵
天保9年(1838)6月10日～大正10年(1921)2月9日 生薩摩国鹿児島(鹿児島県鹿児島市) 名通称＝勇右衛門 歴薩摩藩士の長男として生まれる。藩の砲術館で砲術を学び、戊辰戦争で外城一番隊(高岡隊)隊長として従軍、北陸から奥羽にかけて転戦した。明治4年上京、陸軍に入り大尉。射撃の妙手で、歩兵少佐時代の8年射撃の研究のためヨーロッパに出張、帰国後は国産銃の製造に努力した。10年西南戦争に従軍、その経験をもとに小銃の改良に努め、フランスのグラー銃に工夫を加え、13年最初の村田銃を発明。陸軍はこれを"十三年式村田銃"と称し、初めて採用した。以後、東京砲兵工廠御用掛。さらに18年"十八年式村田銃"に改造、22年には"二十二年式連発村田銃"を発明、この連発銃が日清戦争で用いられるなど、長く軍用銃の製作に携わった。23年貴院議員、同年少将にすすみ予備役、29年男爵となった。 勲勲一等瑞宝章〔明治39年〕

村野 山人 むらの・さんじん
山陽鉄道副社長 神戸電鉄社長
嘉永1年(1848)7月8日～大正11年(1922)1月13日 出山口県 歴小学校教師を経て、上京して巡査となり、警部に進む。兵庫県警部に任じ、郡長、神戸区長、書記官を歴任。のち官界を退き、実業界に入り、山陽鉄道の創立に参加して副社長となり、明治28～34年豊川鉄道社長。さらに神戸電気鉄道

を創立して社長に就任。乃木大将を深く敬慕し、私財を投じて、伏見桃山に乃木神社を建立した。

村野 常右衛門 むらの・つねえもん
衆院議員(政友会) 横浜倉庫社長
安政6年(1859)7月25日～昭和2年(1927)7月30日 生武蔵国南多摩郡野津田村(東京都町田市) 名幼名＝磯吉、号＝梅堂 歴豪農村野家の長男に生まれる。自由民権を唱え、明治14年石坂昌孝らと政治結社・融貫社を結成、地方自治に奔走。18年大井憲太郎らの大阪事件に連座、20年和歌山で入獄。22年憲法発布で特赦、以後鶴川村会議員、神奈川県議を経て、31年以来東京から衆院議員当選9回。この間、政友会幹事長、総務をつとめた。大正11年勅選貴院議員。傍ら小田急電鉄敷設に尽力、横浜倉庫社長、横浜鉄道監査役などを務めた。

村橋 久成 むらはし・ひさなり
開拓使勧業試験場長
天保13年(1842)10月～明治25年(1892)9月28日 出薩摩国(鹿児島県) 歴島津家一門の加治木島津家の分家・村橋家の嫡子。慶応元年(1864年)薩摩藩が国禁を犯して英国に派遣した留学生15人の内の一人で、ロンドン大学に入学した。明治4年開拓使に奉職、札幌本庁民事局副長、東京出張所の勧業試験場長などを歴任。麦酒醸造所を東京に建設する方針だった明治政府に"北海道がビール製造の適地"と札幌での建設を提案、実現させたことで知られる。醸造所建設の責任者となり、初の札幌産ビールを実現、"札幌のビール醸造の父"とも呼ばれる。明治政府の開拓使の廃止と、醸造所を含む官有物の払い下げを決めるを、14年突然開拓使を辞職。権少書記官という高い地位とともに家も家族も捨てて托鉢僧に身を変え放浪の旅に出た。11年後の25年9月25日、神戸市郊外の路上で行き倒れとなって発見され、3日後に名を告げただけで息絶えた。関連文書はサッポロビール博物館に収蔵されている。その生涯は長編小説「残響」(田中和夫作)、「夢のサムライ」(西村英樹作)などに描かれている。

村松 愛蔵 むらまつ・あいぞう
自由民権運動家 衆院議員(政友会)
安政4年(1857)3月2日～昭和14年(1939)4月11日 生三河国田原(愛知県田原市) 出田原藩の家老職の家に生まれる。明治5年15歳で上京、神田ニコライ堂内のロシア語学校、次いで東京外国語学校の露語科に学ぶ。12年田原に帰郷、翌13年旧士族と周辺の豪農、豪商層の青年に働きかけて民権政社・恒心社を結成。14年愛知自由党結成に参加。17年政府転覆を企てたのが発覚して下獄。出獄後、立憲自由党議員などを務める。27年インド、トルコ、ロシア、朝鮮などを旅行。31年以来衆院議員に4選。はじめ自由党、のち政友会に属す。42年日糖事件に連座して政界を引退。以後救世軍に入り、宗教活動に専念した。

村松 亀一郎　むらまつ・かめいちろう
自由民権運動家 衆院議員
嘉永6年(1853)1月5日～昭和3年(1928)9月22日
[生]陸奥国登米郡西郡村(宮城県登米市)　[学]法律学舎　[歴]法律学舎に学び、代言人(弁護士)となる。明治12年仙台に法律学会を設立、東北七州会を組織、自由民権を鼓吹した。13年大阪で愛国社により、片岡健吉、河野広中らと国会開設請願書を政府に提出。仙台に本立社を設立して民権論を唱えた。22年仙台市議、同議長、27年宮城県議、同議長などを経て、25年以来衆院議員当選9回。進歩党から改進党、憲政党、憲政本党、国民党、同志会、民政党と移った。代議会長、顧問を務め、大正8年選挙権拡張問題が起こると普選論を主張した。

村松 きみ　むらまつ・きみ
社会事業家
明治7年(1874)11月4日～昭和22年(1947)2月21日　[生]愛知県名古屋市　[名]旧姓・旧名=清水きみ　[歴]質屋と衣裳を商う商家の生まれ。名古屋で最初のミッションスクール清流女学校在学中、17歳で村松愛蔵と結婚。夫の女性関係に躓づくことなどあったが、その後代議士から救世軍士官へと転じた夫と共に、後半生を女性解放のかげの人として献げた。　[家]夫=村松愛蔵(民権運動家)

村松 恒一郎　むらまつ・つねいちろう
衆院議員
元治1年(1864)4月～昭和15年(1940)6月5日
[出]伊予国(愛媛県)　[学]同人社〔明治17年〕卒　[歴]高野山大学英学教師、「東京朝日新聞」などの記者を経て、明治39年政治雑誌「大国民」を発刊し、また日刊大東通信社社長となる。41年衆院議員となり当選5回。社会事業調査会委員、民政党総務を務めた。

村松 彦七　むらまつ・ひこしち
実業家
弘化2年(1845)～明治18年(1885)1月30日
[出]江戸　[歴]愛知小野組の主任。尾張特産の七宝焼に着目し、名古屋の豪商・岡谷惣助に勧め、明治4年愛知七宝会社を設立させ、支配人として欧米輸出を手がけた。14年名古屋紡績設立にも力を尽くした。

村山 邦彦　むらやま・くにひこ
陸軍少将
嘉永5年(1852)2月17日～大正6年(1917)6月11日
[出]安芸国(広島県)　[歴]明治31年陸軍省軍務局歩兵課長、35年総務局庶務課長兼機密課長。日露戦争では歩兵第二十一旅団長を務めた。

村山 照吉　むらやま・てるきち
自由民権運動家
安政2年(1855)12月16日～昭和17年(1942)1月26日　[出]飛騨国村山村(岐阜県高山市)　[歴]明治14年濃飛自由党の結成に参加。21年機関紙「濃飛日報」創刊に尽くした。23年社説が孝明天皇国賊論とみなされて不敬罪にとわれ、投獄された。

村山 具瞻　むらやま・ともみ
旧上野館林藩士
弘化5年(1848)2月20日～明治25年(1892)7月9日
[生]出羽国山形(山形県山形市)　[歴]慶応3年(1867年)江戸に出、戊辰戦争に徒士隊長として藩兵を率いて東北各地を転戦、功があった。3年中隊司令官に任ぜられたが、間もなく東京警視庁に転じ、5年権大警部、さらに中警部署長となった。10年西南戦争が起きると西郷隆盛との義を重んじて辞任、製塩業に携わった。16年邑楽郡長に任ぜられ、名園・躑躅ケ岡の復興などに尽くした。

室 孝次郎　むろ・こうじろう
衆院議員(進歩党)
天保10年(1839)9月14日～明治36年(1903)6月21日　[生]越後国高田本誓寺町(新潟県上越市)　[名]諱=方義, 字=子成, 変名=正木小七郎, 号=桜蔭　[歴]漢学、剣道、和歌を学び、勤王の志厚く、慶応2年(1866年)京都に上って広く志士と交わった。戊辰戦争には北陸道官軍の御用掛として従軍。明治3年高田藩聴訴掛、また同志と高田病院を創設。8年弥彦神社宮司、11年第8大区長、高田中学校長、12年西頸城部長。14年辞任し、信越鉄道敷設を計画、鈴木昌司らと頸城自由党を組織、のち上越立憲改進党を結成、21年さらに政友同盟会を創立、会長。23年以来衆院議員当選4回。29年進歩党頸城支部長、30年愛媛県知事となった。

室田 義文　むろた・よしあや
駐メキシコ公使 貴院議員(勅選)
弘化4年(1847)9月19日～昭和13年(1938)9月5日
[生]江戸小石川(東京都文京区)　[出]常陸国水戸(茨城県)　[名]幼名=一太郎, 一次郎, 喜三郎　[歴]水戸藩士の二男で、小石川の江戸藩邸で生まれる。徳川斉昭に茶坊主として仕え、幕末の弘道館戦争では勤王派として諸生党と戦い、右胸から右肩へと貫通する銃創を受け片肺を失った。明治2年太政官に出仕、3年丸山作楽に従い樺太へ出張。5年外務省に入り、19年在釜山領事、23年外務省会計局長、24年官房会計課長、25年在釜山総領事、29年在メキシコ総領事。31年領事館の公使館昇格に伴い初代メキシコ公使。33年帰国すると廈門事件処理のために現地へ派遣されたが、事件後に加藤高明外相と対立して官を辞した。34年より勅選貴院議員。同年旧知の伊藤博文と井上馨から下関の百十銀行再建の依頼を受け、頭取に就任。伊藤とは外務省入省の頃に知遇を得て以来の昵懇の間柄で、42年に伊藤がハルビン駅頭で射殺された際も同行していた。43年北海道炭砿汽船社長。　[家]女婿=鈴木栄作(外交官), 古谷重綱(外交官)

室原 富子　むろはら・とみこ
社会事業家 横浜基督教女子青年会会長
明治9年(1876)～昭和30年(1955)

生京都府宮津　旧姓・旧名＝川村たけ　学フェリス和英女学校卒　歴フェリス和英女学校に学び、在学中の明治24年にキリスト教の洗礼を受ける。卒業後、母校で教鞭を執ったが、23歳でドイツの染料会社・アーレンス商会の日本総支配人であった室原興重と結婚、名をたけから富子に改めた。大正2年日本YMCAの横浜倶楽部創設に関わり、5年横浜基督教女子青年会として独立すると初代会長に就任。12年退任、夫の転任により神戸へ移る。のち横浜に戻った。　家夫＝室原興重（アーレンス商会日本総支配人）

室町　公大　むろまち・きんもと
貴院議員　伯爵
慶応4年（1868）2月24日～明治40年（1907）9月7日
名旧姓・旧名＝四辻　歴四辻公賀の長男。明治17年先代・公康の代に四辻姓から室町姓に復した。23年家督を継ぎ、37年貴院議員。　家父＝四辻公賀（公卿）

【め】

明治天皇　めいじてんのう
第122代天皇
嘉永5年（1852）9月22日～明治45年（1912）7月30日　生京都　歴孝明天皇の第2皇子で、生母は権典侍の中山慶子。祐宮（さちのみや）と命名され、幼少時は中山邸で過ごし、安政3年（1856年）内裏に移る。万延元年（1860年）7月儲君（皇太子）となり、9月親王宣下し、睦仁（むつひと）の名を賜る。慶応3年（1867年）1月9日孝明天皇の崩御に伴い、14歳で践祚。10月第15代将軍・徳川慶喜の大政奉還を受け、12月王政復古の大号令を発した。4年1月元服、3月「五箇条の御誓文」を発布。8月122代天皇として即位し、9月明治に改元して"一世一元"の制を採用。12月一条春子を皇后とした（昭憲皇太后）。2年3月江戸城を皇居に定めて京都から江戸（東京）に遷都し、政府の諸機関も東京に移転。また、たびたび各地を巡幸し、日本の新しい君主としての存在感を発揮するとともに、民心の把握と安定に努めた。天皇親政の理念のもと幅広い教育を受け、元田永孚、福羽美静、加藤弘之、西村茂樹らに和漢洋の諸学問を、山岡鉄舟、村田新八らに剣術・馬術を学び、文武に秀でた青年君主として成長。また、12年に来日した米国前大統領グラントからの助言に影響を受け、国際的視野も広めた。一方、維新以来"万機親裁"のため政治の重要な会議には臨席したものの、当初は政治にさほど関心を示さず、明治10年代初頭には側近たちを中心に天皇親政運動が起こるが、伊藤博文らの反対で頓挫。しかし、伊藤が19年に示した「機務六箇条」などの影響もあって内閣制度の施行後はたび

たび閣議に臨席し、憲法や皇室典範の制定に関わる議論にも積極的に参加した。22年五箇条の御誓文の精神に則って大日本帝国憲法が制定され、12月に開かれた第1回帝国議会の開院式に臨席し、立憲政治を推進した。このとき大日本帝国憲法で天皇は"統治権の総攬者"と位置付けられ、政治・立法・軍事・外交の大権を持ったが、あくまで天皇はその大権を自ら積極的に行使することはなく、"群臣の輔弼と協賛"を得てそれを勅許する形で大権を行使するというルールが出来上がっていった。27年清国に対する宣戦布告がなされた際には戦争への疑念を表明したが、開戦後は広島の大本営にて政務・軍務を執行。内政においても藩閥と政党の連立を模索して政治危機の収拾を図るなど、大きな影響を持った。日露戦争後は体調がすぐれず、長年の激務から糖尿病と慢性腎炎を併発した上に尿毒症となり、45年7月29日夜半に崩御（公式発表は30日）。生前から英邁な名君として神格化され、"明治大帝"と称された。　家父＝孝明天皇、母＝中山慶子、妻＝昭憲皇太后

目賀田　種太郎　めがた・たねたろう
大蔵省主税局長　貴院議員（勅選）　男爵
嘉永6年（1853）7月21日～大正15年（1926）9月10日　生江戸本所太平町（東京都墨田区）　学ハーバード大学（米国）〔明治7年〕卒　歴旗本・目賀田家に2人兄妹の長男として生まれる。文久元年（1861年）父を亡くして家督を相続。昌平黌、開成所に学び、幕府が崩壊すると他の幕臣たちと静岡県へ移った。明治2年静岡藩学問所五等教授を経て、3年大学南校に入学、同年米国留学を命じられ、7年ハーバード大学を卒業して帰国。文部省に出仕したが、8年米国留学生監督として再び渡米。12年帰国すると東京・京橋に相馬永胤と共同法律事務所を開設。同年横浜米国領事裁判所代言人（弁護士）、13年東京代言人組合会長。14年からは横浜裁判所、東京裁判所などで判事を務めた。16年大蔵省に入り、24年横浜税関長、27～37年主税局長を務め、日清・日露戦争時の国家財政を支えた。また、税務監督局を創設して税官吏の養成を図る一方、関税自主権についての条約改正にも尽力。37年韓国政府財政顧問、40年韓国統監府財政監査長官。同年男爵。大正12年枢密顧問官。この間、明治37年～大正12年勅選貴院議員。明治13年専修学校（現・専修大学）創設にも参画した。　家長男＝目賀田綱美（男爵）、岳父＝勝海舟（海軍卿）、義弟＝松本荘一郎（鉄道官僚）、女婿＝門野重九郎（実業家）

目黒　和三郎　めぐろ・わさぶろう
神官　竜田神社宮司
慶応1年（1865）6月14日～大正12年（1923）10月23日　生相模国中郡大山町（神奈川県伊勢原市）　名号＝雨峯　学専修学校卒　歴明治12年から権田直助に師事して国典を修める。皇典講究所、専修学校経済科を卒業して、22年富山県尋常中学助教諭

となり、23年創設と同時に国学院講師に転じるが、郷里の神奈川県大山に帰り町長を務める。36年国学院主事兼皇典講究所幹事となる。この頃から出版に関わり、国書の刊行を行う。41年東京市府社金刀比羅宮社司、大正3年郷里・大山の阿夫利神社、8年奈良の竜田神社、10年大神神社の宮司を務めた。著書に「神社参拝の真義」「大日本国民訓」などがある。

メッケル、ヤコブ　Meckel, Jakob
日本の陸軍大学校教育の基礎を築く
1842年3月28日～1906年7月5日
国ドイツ　生ケルン　名本名＝メッケル,クレメンス・ウィルヘルム・ヤコブ　学ドイツ陸軍大学校〔1869年〕卒　歴ドイツ陸軍大学校在学中から多くの著作を著すほどの逸材として知られ、ドイツ皇帝ウィルヘルム1世の御前講義も行う。普仏戦争に従軍後、1885年(明治18年)幕末以来のフランス式軍制からドイツ式軍制への転換を図る日本陸軍の依頼を受け、創設間もない陸軍大学校教官として来日。初めて高等戦術を教授する教官として、現実の地形に赴いて戦術教育を行うなど高い評価を受ける。また行政機関としての陸軍省、軍の指揮統率を行う参謀本部、軍事教育を担当する監軍部の設置といった日本陸軍の制度改革や、国防上の観点からの日本列島縦断鉄道の敷設、関門海峡ほか枢要地への砲台建設など多くの提言を行って日本陸軍に大きな影響を与えた。1888年任期満了のために帰国。のちドイツ陸軍の少将まで昇進するが、1896年退役。晩年は軍事関係の著述の他、音楽に没頭してオペラの作曲なども行い、上演もされた。著書に「日本国防論」など。

米良　貞雄　めら・さだお
陸軍通訳
明治9年(1876)～大正12年(1923)1月25日
生長崎県大村　歴日清戦争の後、上海の東肥洋行に入り、北清事変では陸軍通訳として従軍。のち天津北洋工芸学堂の教習となったが、日露戦争では特別任務班に属して諜報任務に就いた。その後、南満州鉄道に入り、吉林満鉄公所所長を務め、大正12年大連で没した。

【も】

毛利　柴庵　もうり・さいあん
僧侶(真言宗)　ジャーナリスト
明治4年(1871)9月28日～昭和13年(1938)12月10日　生和歌山県新宮(新宮市)　名本名＝毛利清雅、幼名＝熊二郎、筆名＝田辺のマークス、別名＝成石熊二郎　学高野山大学林〔明治28年〕卒　歴高野山に学び、明治28年田辺の高山寺住職となる。33年牟婁新報社創立に参加し、主筆。34年東京遊学、35年「新仏教」同人となり、杉村縦横、高嶋米峰、堺利彦、木下尚江らと知る。36年再び「牟婁新報」主筆となり、紀州における社会主義の一牙城をつくった。43年の大逆事件後は地方政客の道を歩み、田辺町議を経て、和歌山県議在職中に没した。著書に「獄中の修養」「皇室と紀伊」など。

毛利　藤内　もうり・とうない
第百十国立銀行頭取
嘉永2年(1849)1月10日～明治18年(1885)5月23日　生長門国萩(山口県萩市)　歴慶応元年(1865年)右門毛利家を継ぐ。2年佐波郡諸京の総督となり、つづいて征長の役に石州出兵総督として奮戦した。3年上京して蛤門警衛に当たり、明治元年鳥羽・伏見に戦い、また干城隊を率いて北越に転戦、京都を経て凱旋した。2年藩政改革によって施政司に任じられ、3年には脱隊暴動の鎮撫に当たった。同年10月フランスに留学、7年帰国し、12年第百十国立銀行設立とともに頭取となった。没後の30年男爵を授けられる。　家養父＝毛利元亮(長州藩一門家老右田領主)

毛利　元昭　もうり・もとあきら
貴院議員　侯爵
慶応1年(1865)2月～昭和13年(1938)9月24日
出山口県　歴旧長州藩主。公爵となり、明治30年1月～昭和13年9月貴院議員。明治44年済生会評議員。

毛利　元徳　もうり・もとのり
貴院議員　公爵
天保10年(1839)9月22日～明治29年(1896)12月23日　生周防国徳山(山口県周南市)　名諱＝広封,定広、字＝世敏、通称＝驥之尉,長門守、号＝静斎,萩の舎,波支曽能,鄒躅園　歴安政元年(1854年)長州藩主毛利慶親(敬親)の養子となる。文久3年(1863年)父に代わって朝幕間周旋の指揮をとり、京都、江戸間を往来。尊攘を唱え、同年攘夷断行の勅命を出させることに成功、下関での米国船砲撃を実行した。しかし八月十八日政変で入京を禁止され、禁門の変で官位を奪われた。幕府の長州征討に一時恭順に傾いたが、高杉晋作らの革新派が勝ち、慶応2年(1866年)第二次長州征討軍を破った。3年討幕の密勅を受けたが、王政復古となり明治元年官位を回復。鳥羽・伏見の役に上洛、議定となる。2年山口に帰り家督を相続、山口藩知事となった。4年東京に移住。10年第十五国立銀行頭取、17年公爵、23年貴院議員となる。　家実父＝毛利広鎮(徳山藩主)、養父＝毛利慶親(長州藩主)

毛利　安子　もうり・やすこ
社会事業家　毛利元徳侯爵の妻
天保14年(1843)3月～大正14年(1925)7月25日
生江戸　名初名＝銀姫、号＝桜渓　歴実父は長府藩主・毛利元徳で、嘉永4年(1851年)萩藩主・毛利敬親の養女となる。安政5年(1858年)親戚の徳山藩

主毛利家から元徳を婿養子に迎え、慶応元年(1865年)には長男を出産した。明治維新後は社会事業に従事し、明治23年に日本婦人教育協会会長に就任するなど婦人の地位向上に貢献。また、慈善活動にも力を注ぎ、日本赤十字社の要職を歴任した。 [家]実父=毛利元運(長府藩主)、養父=毛利敬親(萩藩主)、夫=毛利元徳(侯爵)

最上 広胖　もがみ・こうはん
平鹿銀行頭取 貴院議員
弘化4年(1847)10月9日～昭和5年(1930)3月17日 [生]出羽国(秋田県大仙市) [歴]大地主の家に生まれる。大阪に輸送する米が腐るのを防ぐため、明治13年秋田改良社を創設し、米の乾燥事業とそのための融資を開始。彼はその支配人として上京し、松方正義・犬養毅・大隈重信ら大物政治家の知遇を得た。27年平鹿銀行を設立し、頭取に就任。33年には貴院議員に選ばれた。

茂木 佐平治(7代目)　もぎ・さへいじ
実業家
弘化1年(1844)～明治32年(1899)3月22日 [出]下総国野田(千葉県野田市) [名]幼名=源三郎、名=亀雄 [歴]醤油醸造業を継ぎ、明治14年より販売制度の改革を図る。広告宣伝を重視した販路拡大により、全国に亀甲万(現・キッコーマン)の名を広めた。

茂木 七郎右衛門(6代目)　もぎ・しちろうえもん
野田醤油社長
安政7年(1860)2月24日～昭和4年(1929)4月19日 [生]下総国野田(千葉県野田市) [名]旧姓・旧名=茂木兵三郎 [歴]5代目茂木七郎右衛門の長男として下野田(千葉県)で代々醤油醸造業を営む家に生まれる。明治22年野田町議となったほか、各種名誉職に就く。29年兵三郎を改め6代目を襲名。大正6年一門にて野田醤油(現・キッコーマン)が設立され、社長に就任した。傍ら、地方教育事業にも尽力した。

茂木 惣兵衛(1代目)　もぎ・そうべえ
生糸商人 野沢屋創業者 第七十四銀行頭取
文政10年(1827)10月20日～明治27年(1894)8月21日 [生]上野国群馬郡高崎(群馬県高崎市) [名]幼名=惣次郎、後名=保平 [歴]質屋の家に生まれるが、家業は弟に継がせ、自身は絹・生糸商を営んだ。安政6年(1859年)開港直後の横浜に赴き、売込問屋を経営する野沢庄三郎の下で働く。文久元年(1861年)庄三郎が急死したため、野沢屋の暖簾を譲り受けて独立。間もなく横浜有数の生糸売込問屋として急成長し、明治元年には野沢屋呉服店を開いて絹物の輸出業務を開始した。また横浜為替会社や第二国立銀行、横浜取引所などの役員を歴任し、14年には第七十四銀行頭取に就任。晩年は保平と称して隠居し、女婿の保次郎が2代目惣兵衛を襲名した。 [家]長女の婿=茂木惣兵衛(2代目)、二女の婿=茂木保平(2代目)

茂木 保平(2代目)　もぎ・やすへい
実業家
明治5年(1872)6月25日～大正1年(1912)10月29日 [生]愛知県名古屋 [名]旧姓・旧名=滝、幼名=泰次郎 [歴]名古屋の豪商滝定助の二男で、横浜屈指の生糸貿易商である茂木商店主初代茂木惣兵衛(のち保平)の次女栄と結婚し、のち2代目保平を襲名。初代惣兵衛の跡を継いだ2代目惣兵衛が病弱であったため、代わって茂木商店の業務を取り仕切った。明治29年茂木商店を合名会社化し、次いで合名会社茂木銀行を創立。また野沢屋輸出店を設立して海外貿易にも乗り出すなど、茂木家の業務拡大に力を尽くしたが、大正元年40歳で急死した。 [家]父=滝定助(商人)、義父=茂木惣兵衛(初代)、息子=茂木惣兵衛(3代目)、義兄=茂木惣兵衛(2代目)

物集女 清久　もずめ・きよひさ
実業家
弘化2年(1845)10月～大正2年(1913)2月19日 [生]江戸 [出]出羽国山形(山形県山形市) [学]慶応義塾[明治7年]卒 [歴]出羽山形藩の江戸藩邸で出生。明治7年慶応義塾を卒業して太政官に出仕し、統計の事務を執る。明治14年阿部泰蔵らが明治生命保険を設立した際に、統計の事務能力を買われて入社、経営に尽力し、44年取締役となった。

藻谷 伊太郎　もだに・いたろう
自由民権運動家
文久1年(1861)3月6日～明治34年(1901)12月8日 [生]越中国射水郡小杉(富山県射水市) [名]本名=藻谷鴻、旧姓・旧名=赤壁、字=子文、号=海東 [歴]14歳の時に藻谷家の養子となる。増田贄らと同人を集め、明治10年郷里で啓蒙雑誌「相益社談」を発行。15年越中改進党を組織し、民権の拡張、国会の開会、地租軽減などを唱えた。のち大橋十右衛門らと射水倶楽部を高岡に起こし、27年日本弘道会射水支会の副会長となった。

望月 右内　もちずき・うない
衆院議員(政友会) 東京電燈専務
安政5年(1858)5月22日～大正6年(1917)1月20日 [生]紀伊国伊都郡(和歌山県) [歴]明治15年紀州で県会議員、同議長。23年帝国議会開会で上京、同志と鉄道同志会を組織、会長なった。45年以来衆院議員当選7回。この間、東京電燈会社専務取締役を長く務めた。

望月 長夫　もちずき・おさお
弁護士 衆院議員(国民党)
文久4年(1864)1月～大正9年(1920)2月9日 [生]近江国甲賀郡三雲村(滋賀県湖南市) [名]旧姓・旧名=山中 [歴]明治法律学校[明治22年]卒 弁護士となり、長く弁護士会長を務めた。明治24年滋賀県会となり、次いで衆院議員当選6回、国民党に属した。

望月 小太郎　もちづき・こたろう
衆院議員（新党倶楽部）英文通信社社長
慶応1年（1865）11月15日～昭和2年（1927）5月19日　生甲斐国南巨摩郡身延村（山梨県南巨摩郡身延町）　学山梨師範〔明治15年〕卒、慶応義塾卒、ロンドン大学（英国）卒、ミッドル・テンプル大学法科（英国）卒　歴山県有朋の推薦で英国に留学、ロンドン大学など卒業後も留まって「日英実業雑誌」を発行。のち欧州各国を巡遊して帰国。明治29年山県有朋に随行してロシア皇帝戴冠式に出席、30年伊藤博文に従い英国ビクトリア女王即位60年式典参列。また大蔵省・農商務省の嘱託で欧米各国を視察。35年以来山梨県から衆院議員当選7回、はじめ政友会に属したが、大正4年以後は立憲同志会、憲政会に所属。この間、日露戦争後、英文通信社を創立し、「日刊英文通信」「英文日本財政経済月報」を発行、欧米各国に日本事情を紹介した。著書に「独逸の現勢」、英文「日本と亜米利加」「現時の日本」などがある。

望月 権平　もちづき・ごんぺい
大陸浪人
明治2年（1869）～昭和10年（1935）6月19日
生東京深川（東京都江東区）　歴少年にして中村正直の同人社に入り英学・漢学を修める。父の死後、家業を継いで、「望月式艀船」を発明、明治39年特許を得て好評を博した。平山周・佐藤知恭・鈴木信弘らと交わり、大正3年高橋天豪と大連に渡る。6年中村留吉と広東に渡航し、亜細亜鉱業公司を創立して日本にタングステン鉱を輸送した。のち広東省の鉱山経営、海南島開拓などを計ったが失敗し、排日運動のため全財産と地盤を失って、昭和6年帰国し、東京に広東貿易洋行を設立した。また広東で親交のあった六条寺住職・鉄禅和尚を、帰国後日本に招き、増上寺の貫主・道重信教に紹介して、日華修道院を創立する計画を立てたが、敷地選定中に信教が没して実現しなかった。

望月 実太郎　もちづき・じつたろう
大陸浪人
明治6年（1873）11月～大正15年（1926）1月
生広島県賀茂郡東野村（竹原市）　歴ウラジオストクに渡航しロシア語の研究、ロシア事情を調査して、明治32年満州（中国北部）に入り、奉天（現・瀋陽）に居留する。日露戦争が起こると陸軍通訳となり第一軍に従い各地に転戦した。その後、奉天で両替店・広福銀号を開き、満州における居留邦人のために尽力、奉天草分けの1人として重んぜられた。大正15年同地で没す。

望月 平七　もちづき・へいしち
漁業家　サクラエビ漁の創始者
嘉永6年（1853）7月14日～昭和6年（1931）3月20日　生駿河国庵原郡（静岡県静岡市清水区）　歴駿河地方で漁業を営む。明治27年富士川沖でアジの夜曳き網漁を行っていたとき、偶然にサクラエビを発見。これを機にサクラエビ漁を創始して網の改良に着手し、38年には従来の縄網を錦糸網に変えるなど、漁獲高の向上に努力した。後継者の指導にも熱心で、その技法は子や孫・曾孫に継承され、日々改良が重ねられている。

望月 龍太郎　もちづき・りゅうたろう
大陸浪人
慶応1年（1865）～昭和9年（1934）1月25日
生陸奥国会津（福島県）　学独逸学協会学校中退　歴陸奥会津藩士の家に生まれる。明治10年医学を志して上京し独逸学協会学校に入るが、志を転じて清（中国）へ渡り、同郷の福州駐在武官・柴五郎（のち陸軍大将）の下に身を寄せ、志士らと交わる。のち頭山満の媒酌により荒尾精の未亡人と結婚。ついで近衛篤麿の知遇を得、対露強硬を唱える国民同盟会が組織されるとこれに加わり活躍。日露戦争当時は朝鮮に渡り、宋秉畯（日本名は野田平次郎）らと交わり、宋らが率いる親日団体・一進会の顧問となって日韓合併を策謀した。戦後は朝鮮に再渡航し、航運業や石炭鉱山を経営した。

持田 若狭　もちだ・わかさ
衆院議員（大同倶楽部）
万延1年（1860）9月～昭和6年（1931）2月28日
出栃木県　名旧姓・旧名＝若佐　学専修学校　歴村議、下都賀郡議、栃木県議などを経て、明治31年8月に衆院議員に初当選。以来通算4回当選。また野州日報社長もつとめた。

餅原 平二　もちはら・へいじ
海軍中将　男爵
嘉永4年（1851）12月～大正9年（1920）2月25日
出薩摩国（鹿児島県）　歴明治11年海軍少尉に任官。日清戦争では第一水雷艇隊司令として威海衛の攻撃に加わる。のち赤城艦長、横須賀水雷団長、36年舞鶴港務部長などを経て、日露戦争では鎮海防備隊司令官、のち大湊要塞部司令官を務める。40年中将、同年男爵となった。

本告 辰二　もとい・たつじ
大陸浪人
明治25年（1892）～大正5年（1916）8月22日
生佐賀県杵島郡須古村（白石町）　学陸軍幼年学校中退　歴本告嘉一郎の嗣子として生まれる。中国に渡り、川島浪速に師事。大正4年川島の命によりモンゴルの巴布扎布の運営に参加し、満蒙独立運動（第二次）に従事。旧郭家店での中国軍との戦闘で、5年8月戦死した。

本岡 三千治　もとおか・みちじ
石川県議
嘉永6年（1853）3月3日～大正9年（1920）9月23日　出加賀国河北郡大楽免村（石川県金沢市）　名旧姓・旧名＝肝煎、幼名＝桃太郎　歴8人きょうだい（5男3女）の3番目の二男で、桃の節句に生まれたことから桃太郎と名付けられたが、青年時代に三

千治に改名。明治13年石川県河北郡連合村会議員となり、15年より石川県議を6期務めた。31年本多政以、表与兵衛と連名で大石正己農商務相に耕地区画改正事業に関する意見書を提出、我が国の耕地整理法制定の発端となった。[家]弟=小松証専（俳人）、孫=本岡三郎（セコム北陸社長）　[賞]大日本農会時局農事奨励賞〔明治39年〕

本宿 宅命　もとしゅく・たくめい
海軍主計総監

嘉永5年（1852）9月18日～明治25年（1892）12月31日　[生]陸奥国盛岡（岩手県盛岡市）　[名]幼名=恒太郎　[歴]陸奥国盛岡藩で世子の近侍を務めたが、明治2年上京して川崎魯助に入門。また、小笠原賢三に航海術を学び、4年兵部省に出仕、5年海軍少尉に任官。19年海軍省官房長、20年官房秘書官、22年官房主事を経て、24年海軍主計総監となり、第三局長に就任。第1回帝国議会で海軍省の政府委員として軍艦建造費予算案を説明した。

元田 亨吉　もとだ・こうきち
陸軍少将 男爵

明治3年（1870）12月～昭和6年（1931）3月18日　[学]陸士〔明治26年〕卒　[歴]明治27年陸軍少尉に任官。大正5年敦賀連隊区司令官、6年歩兵第七十連隊長を経て、10年陸軍少将となり歩兵第二十旅団長。12年予備役に編入。

元田 作之進　もとだ・さくのしん
司祭　日本聖公会東京教区主教　立教大学初代学長

文久2年（1862）2月22日～昭和3年（1928）4月16日　[生]筑後国久留米（福岡県久留米市）　[名]筆名=良山、洗礼名=ヨセフ　[学]久留米師範〔明治11年〕卒、フィラデルフィア神学校（米国）、ペンシルベニア大学（米国）Ph.D.（コロンビア大学）　[歴]久留米藩士の長男に生まれ、早くキリスト教に入信した。明治11年久留米師範学校を卒業、同県下の小中学校で教鞭をとったあと、14年米国聖公会宣教師T.S.ティングの大阪英和学舎で学び、15年受洗。19年渡米、フィラデルフィア神学校やペンシルベニア大学などで学び、29年1月司祭となる。同年9月帰国後、立教学校の教師となり、32年立教中学校長に就任。40年には立教大学初代校長（のち学長）となり、大正12年日本聖公会東京教区設立と同時にその初代主教に選ばれた。攻玉社講師、三一神学校教師なども務めた。著書に「日本聖公会史」「老監督ウィリアムス」などがある。

元田 直　もとだ・なおし
長崎上等裁判所判事　東京府立尋常師範学校校長

天保6年（1835）～大正5年（1916）2月4日　[生]豊後国杵築（大分県杵築市）　[名]字=温郷、号=南豊　[歴]文久3年（1863年）江戸に出て志士と交わり、勤王を唱えた。慶応2年（1866年）乱を謀り幽囚されたが明治維新により赦され、内国事務局書記、度会県判事となり、太政官大史に任ぜられた。2年東京代言人会初代会長となり、7年法律学校を建て生徒に教授した。13年長崎上等裁判所判事になったが、眼を患って15年辞職し、20年東京府立尋常師範学校校長となった。晩年に失明した。著書に「帝道」「南豊文集」などがある。[家]養子=元田肇（政治家）、父=元田竹渓（儒学者）

元田 永孚　もとだ・ながざね
儒学者　枢密顧問官　男爵

文政1年（1818）10月1日～明治24年（1891）1月21日　[生]肥後国（熊本県）　[名]幼名=大吉、伝之丞、通称=八右衛門、字=子中、号=東野、茶陽、東皐、猿岳樵翁　[歴]肥後熊本藩士の長男。文政11年（1828年）藩校・時習館に入る。天保8年（1837年）時習館居寮生となり、居寮長であった横井小楠の知遇を得るとともにその学問・思想的影響を強く受けた。実学として純粋朱子学を奉じ、14年小楠、長岡監物、下津休也らと「近思録」の会読を開始、藩内に実学党を形成。安政5年（1858年）家督を継ぐ。文久2年（1862年）中小姓番頭。元治元年（1864年）の第一次長州征討では藩の公子・長岡護美に従って小倉に出陣したが、慶応2年（1866年）の第二次長州征討には熊本藩の参戦に反対した。王政復古後は高瀬町奉行、用人兼奉行、中小姓頭を歴任したが、明治2年辞任して隠棲。3年細川護久が藩主となり実学党が藩政改革を始めると、藩主の侍読として復帰した。4年藩命で上京、宮内省に出仕して明治天皇の侍講となる。以後、一貫して天皇の側近として儒学を講じつつ、儒教的徳治主義の観点から君徳の輔導、天皇親政を主張し続けた。10年より侍補を兼ね、11年大久保利通の暗殺を契機として佐佐木高行、土方久元らと天皇親政運動を展開して藩閥政治に対抗した。19年宮中顧問官、21年枢密顧問官。一方で国教主義的な立場から教育問題でもたびたび進言し、23年井上毅とともに教育勅語の起草に当たった。条約改正問題にも強い関心を持ち、井上馨・大隈重信両外相の条約改正交渉や欧化政策に強く反対した。24年死去の直前に特旨により男爵を授けられた。著書に「教学大道」「幼学綱要」「還暦之記」「古稀之記」などがある。[家]女婿=小畑 敏四郎（陸軍中将）

元田 肇　もとだ・はじめ
通信相　初代鉄道相

安政5年（1858）1月15日～昭和13年（1938）10月1日　[生]豊後国東郡来浦村（大分県国東市）　[名]旧姓・旧名=猪俣、幼名=政右衛門、号=国東　[学]東京大学法学部〔明治13年〕卒　[歴]豊後国国東の庄屋・猪俣家に生まれ、豊後杵築藩の儒者・元田竹渓に師事し、師の子息・元田直の養子となった。上京して共貫義塾、開拓使仮学校、開成学校を経て、東京大学法学部に学ぶ。明治13年養父の事務所で代言人（弁護士）となり、23年第1回総選挙で衆院議員に当選、以来16回連続当選。大成会、国民協会、帝国党など吏党に属したが、のち伊藤博文らの政友会に参加。31～35年衆院副議長。34年政友会総務委員となり、44年第二次西園寺内閣で拓殖

局総裁を経て、大正2年第一次山本内閣の通信相として初入閣。9年原内閣で鉄道省が創設されると初代鉄道相に就任し、続く高橋内閣でも留任したが、高橋や横田千之助が推進した内閣改造に反対して同内閣を総辞職に導いたことから、11年同党を除名された。間もなく復党したが、13年の第二次護憲運動の際に脱党し、床次竹二郎、中橋徳五郎らと憲政本党を結成。昭和2年同党が憲政会に合流して民政党ができると、これに従わず政友会に復帰し、3年田中内閣で衆院議長に就任した。5年の総選挙で落選したが、40年近く保持してきた議席を失ったものの政友会の長老として遇された。7年枢密顧問官。　家長男＝元田敏夫（香川県知事）、養父＝元田直（法律家）、女婿＝船田中（政治家）

本野 一郎　もとの・いちろう
外交官　外相　子爵
文久2年（1862）2月23日～大正7年（1918）9月17日
生肥前国佐賀（佐賀県佐賀市）　学東京外国語学校卒、リヨン大学（フランス）法学部卒　法学博士〔明治26年〕　歴明治6年フランスに留学、9年帰国。13年横浜貿易商会に入り、15年商用のためにヨーロッパに渡り、パリ法科大学、リヨン法科大学に学ぶ。22年帰国し、23年外務省翻訳官として任官。29年駐ロシア公使館一等書記官、31年駐ベルギー公使、34年駐仏公使、39年駐露公使、41年同大使を歴任。その後、大正5～7年寺内内閣の外相を務めた。明治43年～大正6年読売新聞社長を兼務。また明治40年男爵、大正5年子爵を授けられた。　家父＝本野盛亨（官僚）、長男＝本野盛一（外交官）、弟＝本野英吉郎（化学者）、本野亨（電気工学者）、孫＝本野盛幸（外交官）、岳父＝野村靖（政治家）

籾山 唯四郎　もみやま・ただしろう
機業家　栃木県議
文久1年（1861）12月～大正11年（1922）10月30日
生下野国下都賀郡間々田村乙女（栃木県小山市）　歴足利郡助戸村の生糸商・籾山弥三郎の養嗣子となり、家業を織物製造業に転換。明治43年足利織物改良組を組織し、品質改良、販路の拡大に尽力、業界の重鎮となる。また染色、撚糸、毛織、綿紡、ガスなど足利の近代化事業の大半に参画、取締役などを務めた。足利郡議、足利市議、栃木県議、各種組合の会長などを歴任。

桃井 日威　ももい・にちい
僧侶　法華宗管長
天保14年（1843）～大正5年（1916）1月25日
出越前国（福井県）　名字＝泰礼、泰永　歴加賀・本光寺の日惹に師事。明治34年京都の本能寺住職、法華宗管長を務めた。

百瀬 葉千助　ももせ・はちすけ
畜産教育家
明治6年（1873）9月15日～大正10年（1921）4月10日　出北海道　学札幌農学校卒　歴明治36年熊本県立阿蘇農学校（現・阿蘇清峰高）教師。阿蘇原野のクローバーの植え付けや、シンメンタール種の種牛による肥後赤牛の改良に取り組んだ。

桃谷 政次郎　ももたに・まさじろう
桃谷順天館創始者
文久3年（1863）9月～昭和5年（1930）9月12日
生紀伊国（和歌山県）　学和歌山薬学校〔明治4年〕卒　歴大阪に出て、明治18年化粧品会社・桃谷順天館を創立し館主となる。また郷里・和歌山県粉河町の町長、那賀銀行役員なども務めた。

藻寄 鉄五郎　もより・てつごろう
衆議院議員（政友会）
慶応2年（1866）5月～昭和10年（1935）9月8日
出石川県　歴明治31年衆院議員に石川郡部より当選。以来通算4期務めた。

森 明　もり・あきら
牧師　神学者
明治21年（1888）5月12日～大正14年（1925）3月6日　生東京　学学習院初等科中退　歴喘息の持病のため学校を中退し、以後ほとんど独学。明治37年植村正久により受洗。40年から大正5年まで東京神学社に断続的に聴講。6年中渋谷日本基督教会を設立、按手礼を受けた。9年植村正久と台湾伝道。11年帝国大学・高等学校学生基督教共助会（キリスト教共助会）を設立し、キリスト教伝道に尽力した。著書に「森明著作集」（全1巻）、「宗教に関する科学及び哲学」など。　家父＝森有礼（政治家）、息子＝森有正（哲学者・仏文学者）、娘＝関屋綾子（平和運動家）

森 有礼　もり・ありのり
外交官　教育家　文相　明六社会長　子爵
弘化4年（1847）7月13日～明治22年（1889）2月12日　生薩摩国鹿児島城下春日町（鹿児島県鹿児島市）　幼名＝助五郎、通称＝金之丞、変名＝沢井鉄馬、沢井数馬　賞東京学士院会員〔明治12年〕　歴父は薩摩藩士で、5人兄弟の末っ子の五男。藩校・造士館に学ぶ一方、洋学者の上野景範に師事。元治元年（1864年）藩の洋学校・開成所に移り、2年藩命で英国へ渡る。慶応3年（1867年）米国へ渡った。4年6月帰国、7月新政府で外国官権判事として出仕。東京に移った後、自宅に米国留学から帰国した陸奥仙台藩出身の若者たちが書生として住み込んだが、中に高橋は清がいた。明治2年公議所議長心得、制度寮副総裁となったが、廃刀論を建議して大きな反発を受け、職を辞した。3年駐米少弁務使を拝命、初の外交官の一人として米国に赴任。6年帰国すると国民の啓蒙のため西村茂樹、加藤弘之、津田真道、西周、福沢諭吉、中村正直、箕作秋坪らと明六社を結成。7年「明六雑誌」を創刊して文明開化、欧化主義の中心となった。8年には商法講習所（現・一橋大学）を開設した。同年、6年外務大丞に起用され、8年駐清公使、11年外務大輔、12年駐英公使。17年帰国し参事院議官兼文部省御用掛を経て、18年第一次伊藤内閣の文相に就

任。38歳の最年少閣僚で、黒田内閣でも留任。小学校令、中学校令、帝国大学令、師範学校令などを公布して学制を整備し、教育制度の確立に力を注いだ。20年子爵。急進的な欧化主義者と目され、22年憲法発布式典の朝、自宅を訪ねてきた国粋主義者・西野文太郎に包丁で刺され落命した。日本初の契約結婚をしたことでも知られ、最初の妻との離婚後は岩倉具視の五女・寛子と再婚した。　[家]三男=森明（神学者）、孫=森有正（哲学者・仏文学者）、関屋綾子（平和運動家）、兄=横山安武（薩摩藩士）　[勲]勲一等旭日大綬章

森 愚一　もり・ぐいち
僧侶（時宗）
文政13年（1830）5月25日～明治43年（1910）10月30日　[回]京都　[名]法名=真阿証善　[歴]相模国塔ノ峰で修行。藤沢の遊行上人61世尊覚に師事し、浄土宗から時宗に転じる。明治15年横浜に浄光寺を開いた。

森 賢吾　もり・けんご
大蔵省海外駐箚財務官
明治8年（1875）9月1日～昭和9年（1934）1月19日　[生]佐賀県　[学]東京帝国大学法科大学政治科〔明治33年〕卒　[歴]明治33年文官高等試験に合格して大蔵省に入り、42年海外駐箚財務官となり、英国、フランスに駐在し外債募集に当たる。また、大正8年パリ講和会議の全権委員、9年ジュネーブで開催の賠償問題に関する会議に帝国政府代表委員、11年ゼノアでの経済財政会議の全権委員など国際経済会議の政府代表を務めた。昭和2年官を辞し実業界に入り日本電気証券会長のほか、東京電燈・東邦電力の財務顧問となる。3年パリ開催の対独賠償専門委員となり帝国政府代表として渡仏、4年帰国した。2年から貴院議員（勅選）を務めた。

森 謙治　もり・けんじ
長崎県湯江村議
安政5年（1858）7月13日～昭和7年（1932）4月15日　[名]旧姓・旧名=宇土謙治、号=湍水　[学]慶応義塾卒　[歴]長崎県湯江村（島原市）で酒造業を営み、村議を務める。明治27年から私財を投じて開墾や干拓に尽くした。

森 源三　もり・げんぞう
札幌農学校長　衆院議員
天保7年（1836）7月～明治43年（1910）6月1日　[生]越後国長岡（新潟県長岡市）　[名]旧姓・旧名=毛利　[歴]長岡藩士の三男に生まれる。江川英竜の塾で和漢学・砲術を学び、戊辰戦争には長岡藩家老・河井継之助の幕下で奮闘、慶応4年（1868年）継之助没後はその遺族を扶助し、のちに継之助の妹を妻とした。明治5年開拓使に出仕。東京芝の開拓使仮学校に務め、8年札幌に移り、12年開拓権少書記官に進み、14～20年札幌農学校校長を兼務した。15年農商務権少書記官、16年札幌農業事務所長兼宮内省御用掛となり新冠牧場事務長を兼ねる。22年郡長となり、ついで雨竜郡深川村で農場を拓き、更に札幌で木工場、苫小牧でマッチ軸木工場を経営、また養蚕事業の振興に努めた。35年北海道最初の衆院議員として対馬嘉三郎・札幌区長と激戦のうえ当選される。長男・広は有島武郎と札幌農学校の同級生で、有島の著作「或る女」の登場人物・木村のモデルといわれる。

森 鐐三郎　もり・こうざぶろう
自由民権運動家　神奈川県議
安政3年（1856）3月26日～大正3年（1914）3月30日　[回]相模国（神奈川県）　[名]号=鶴汀　[歴]明治14年湘南社の創立に参加し、16年自由党に入党。24年神奈川県議。　[家]兄=猪俣道之輔（自由民権運動家）

森 小弁　もり・こべん
漫画「冒険ダン吉」のモデル　「南進論」の先駆者
明治2年（1869）10月15日～昭和20年（1945）8月23日　[生]高知県土佐郡北新町（高知市）　[学]東京専門学校中退　[歴]明治20年に上京し、小美田利義らが発足した南島商会に共鳴、25年トラック諸島（現・ミクロネシア連邦チューク諸島）にたどり着き、酋長の娘と結婚。のち酋長を継ぎ、コブラの日本輸出を手掛けるなど、以来53年日本本土との交易業務に従事し、部族の長として、島の開発、島民の教化にも意をそそいだ。昭和8～14年「少年倶楽部」に掲載された漫画「冒険ダン吉」のモデル。

森 茂生　もり・しげお
衆院議員（政友会）　桑名商業銀行頭取
慶応1年（1865）5月25日～昭和4年（1929）8月22日　[生]伊勢国桑名郡益生村（三重県桑名市）　[学]慶応義塾卒　[歴]明治25年から三重県議に数回当選、副議長、参事会員を務めた。36年以来衆院議員当選3回、政友会に属した。実業界では桑名米穀取引所理事、桑名商業銀行頭取、日本染織会社監査役、桑名商業会議所副会長を歴任。

森 茂　もり・しげる
大陸浪人　東亜同文書院教授
明治9年（1876）～昭和3年（1928）5月12日　[生]高知県高知市　[名]号=滄浪　[学]東京専門学校〔明治32年〕卒　[歴]上海の東亜同文書院教授となり、ついで南満州鉄道（満鉄）に転じる。川島浪速らの満蒙独立運動に加わるが、大正6年運動の挫折後は再び東亜同文書院教授に招かれ、同院教頭、国士舘専門学校教授、大東文化学院教授、金鶏学院教授、早稲田大学講師などを歴任した。

森 秀次　もり・しゅうじ
衆院議員（憲政会）
安政2年（1855）9月～大正15年（1926）9月9日　[回]大坂　[歴]大阪府議、同議長等を務め、全国2府24県地価修正同盟の常務委員として解決に尽力した。阪神土地取締役、大阪朝報社常務取締役を歴任。明治36年衆院議員に当選。以来4期務めた。

森 庄一郎　もり・しょういちろう
林業家　山口県巡回林業教師
弘化3年(1846)11月1日〜大正5年(1916)12月15日　生大和国吉野郡川上村(奈良県吉野郡川上村)　歴奈良県吉野地方で材木商を営む。明治10年代には讃岐国川上村の材木方ністю時代を務めるなど、同郡の林業指導者として活躍。20年代以降は実地で得た経験や豊富な知識を買われて山口県や島根県で巡回林業教師を務めた。また、明治31年「吉野林業全書」、44年「実用重要樹造林の栞」を著述・刊行し、吉野の林業技術や市場での取引法を記述すると共に杉や檜などの人工造林技術の発達に寄与した。

森 甚太郎　もり・じんたろう
自由民権運動家
安政1年(1854)12月25日〜大正5年(1916)3月30日　生相模国(神奈川県)　号号=湘南堂茂麿　歴明治12年神奈川県・山中学校の世話役となり、のち荻野村、愛川村村長を歴任。愛甲郡自由党に入党した。

森 遷　もり・せん
香川県議
嘉永4年(1851)1月19日〜大正14年(1925)5月4日　生讃岐国小豆郡上村(香川県小豆島町)　名旧姓・旧名=大橋、幼名=駒吉、別名=喬木遷　歴万延元年(1860年)多々羅文雅の従弟となり、明治元年極楽寺の住職に就任。5年還俗して喬木遷と改名。7年森家の婿養子となる。小学校教員を経て、小豆郡書記、香川県議などを歴任。35年から果樹園を営み、除虫菊の栽培に力を注いだ。また「小豆郡誌」の編集や名勝・寒霞渓の保護・紹介にも携わった。　家長男=森洽蔵(国文学者)　勲藍綬褒章〔大正2年〕

森 隆介　もり・たかすけ
自由民権運動家　衆院議員
安政3年(1856)10月〜昭和8年(1933)2月27日　生下総国豊田郡本宗道村(茨城県下妻市)　学慶応義塾卒　歴漢学者・菊池三渓の晴雪塾や福沢諭吉の慶応義塾に学ぶ。自由民権運動に身を投じ、郷里茨城県下で絹糸社・同舟社・常総共立社などの結社を組織し、自由党の結成にも加わり、栗原良一ら同志と交流を深めた。20年啓蒙的な雑誌「常総之青年」を発刊。その後、県会議員などを経て25年衆院議員となり、東洋自由党に所属した。34年には普通選挙同盟会に参加、35年に社会主義者の幸徳秋水や堺利彦らが創刊した「平民新聞」にも同様の立場をとるなど、革新的な活動で知られた。著書に「常総農業要論」「革新同志会と総選挙」などがある。

森 多平　もり・たへい
民権運動家　新聞人
天保11年(1840)3月20日〜大正7年(1918)11月29日　生信濃国伊那郡川路村(長野県飯田市)　名幼名=銀吾　歴祖父の許で育てられ、漢学や剣術を修める。長じて家業の酒造に従事し、庄屋役なども務めた。維新後は社会改革を志し、明治8年下伊那34町村の地租軽減運動を指揮。また、政治結社奨匡社に拠って自由民権運動を進め、14年には自由党の結成に参加した。この時、同党の領袖板垣退助から新聞の発行を勧められ、15年郷里長野県飯田で「深山自由新聞」を創刊。以後、社説や記事などで民権の思想を鼓吹し、伊那地方における近代民主主義の確立に大きな業績を残した。しかし、そのために官憲の弾圧を受けてたびたび社屋を移転し、16年に廃刊。その後も政党人として教化運動などで活躍した。

森 恒太郎　もり・つねたろう
盲目の地方政治家
元治1年(1864)8月13日〜昭和9年(1934)4月7日　生伊予国伊予郡西余戸村(愛媛県松山市)　号号=森盲天外　学北予学校　歴18歳の時勉学のため上京し、中村正直の同人社に学ぶ。27歳で愛媛県議となるが33歳の時、網膜出血のため両眼失明する。失明後、盲天外と号す。明治30年35歳の時、余土村の村長に就任。「村是七項目」を定め、同村を全国の模範村へと高めていった。40年には松山市の愛媛盲唖学校の開校に尽くす。昭和7年道後湯之町の町長に就任。盲人として世界初の自治体首長となる。自伝「一粒米」がある。

森 東一郎　もり・とういちろう
衆院議員(政友会)
弘化4年(1847)12月〜昭和8年(1933)5月15日　出愛知県　歴愛知県議、同議長を経て、一宮紡績・愛知染色各社長、県農工銀行取締役、一宮米穀取引所理事長を歴任。明治23年衆院議員に当選。以来4期務めた。

森 肇　もり・はじめ
衆院議員(中央倶楽部)
元治1年(1864)6月〜昭和2年(1927)1月23日　出伊予国(愛媛県)　学英吉利法律学校〔明治38年〕卒　歴弁護士となる。明治35年衆院議員となり以来3期務める。また伊予日日新聞社長、日本赤十字社社員なども歴任した。　家娘=森律子(女優)

森 正隆　もり・まさたか
宮城県知事　貴院議員(勅選)
慶応1年(1865)11月〜大正10年(1921)10月28日　生出羽国米沢(山形県米沢市)　名旧姓・旧名=遠藤　学帝国大学法科大学〔明治26年〕卒　歴米沢藩士・遠藤家の二男で、森家を継ぐ。明治40年茨城県知事、41年秋田県知事、45年新潟県知事、大正2年宮城県知事、6年滋賀県知事、8年再び宮城県知事。10年勅選貴院議員となったが、間もなく没した。

619

森 松次郎　もり・まつじろう
キリスト教伝道者

天保7年(1836)10月12日～明治35年(1902)2月26日　生 肥前国五島鯛ノ浦(長崎県南松浦郡新上五島町)　歴 肥前国五島の隠れキリシタンの家に生まれる。幕末期にも周囲の隠れキリシタンたちとひそかに連絡をとり、自宅を礼拝堂として信仰を守り続けるなど、五島キリシタン復活の中心的役割を果たした。明治元年五島崩れ(五島における大規模なキリシタン迫害)を受けて浦上に逃れ、2年プティジャン司教に随行してマニラへ渡り、キリシタン版を筆写。帰国後は福江、若江、蕨尾といった五島の島々を転々とした。キリシタン禁制解除後は浦上天主堂で伝道に従事する傍ら、女子教育や孤児院の経営を行った。4人の娘は全員が修道女となった。

森 芳滋　もり・よししげ
園芸家　岡山県議

天保3年(1832)3月26日～明治30年(1897)5月25日　生 備前国津高郡栢谷村(岡山県岡山市)　歴 備前国栢谷村で名主役を務める家に生まれる。明治8年岡山県庁に入り、13年岡山県議、22年野谷村の初代村長を歴任。ブドウやナシ、オリーブ、トマト、イチゴなどを試作、村民にも栽培を勧め、果樹王国となった岡山県の基礎を築いた一人。

森岡 牛五郎　もりおか・うしごろう
愛媛県弘形村長

安政6年(1859)～昭和4年(1929)　生 伊予国日ノ浦本組(愛媛県上浮穴郡久万高原町)　歴 明治23年愛媛県弘形村(現・久万高原町)村議、27年助役を経て、33年村長に就任。当時これといった産業の無かった弘形村に茶の栽培を導入、指導者を育成するために製茶技師養成所を作るなど、その定着に力を尽くし、今日の美川茶の基礎を作った。また大正12年弘形電気会社を設立、他地域に先駆ける形で電灯利用を実現するなど、村の発展に大きな足跡を残した。

森丘 覚平　もりおか・かくへい
衆院議員

明治7年(1874)5月～昭和2年(1927)12月1日　生 富山県下新川郡大布施村(黒部市)　学 慶応義塾卒　歴 明治中期から郡会議員、同副議長、次いで富山県議、同参事会員、議長を歴任。45年以来衆院議員当選3回、民政党に属した。県政界元老。一方桜庄銀行、生地銀行各取締役、魚津銀行監査役などを務めた。

森岡 昌純　もりおか・まさずみ
日本郵船初代社長　貴院議員(勅選)　男爵

天保4年(1833)12月1日～明治31年(1898)3月27日　通称=清左衛門　生 薩摩国(鹿児島県)　歴 薩摩藩士時代、寺田屋騒動で攘夷派志士を倒して勇名をはせた。明治4年長崎県大参事となり、以後飾磨県権令、兵庫県権令、同県令、農商務少輔を歴任。18年4月芝同運輸会社第2代社長。郵便汽船三菱会社との合併方針が出されると、同年9月日本郵船会社創立委員長に任命され、創立後は初代社長に就任。沿岸近海航路から遠洋定期航路を可能にする基礎を築いた。27年取締役に退く。23年勅選貴院議員、31年男爵。

森岡 守成　もりおか・もりしげ
陸軍大将

明治2年(1869)8月9日～昭和20年(1945)4月28日　生 山口県　名 旧姓・旧名=森重弥蔵　学 陸士〔明治43年〕卒、陸大〔明治32年〕卒　歴 日清戦争に従軍後、騎兵第九連隊中隊長、陸大教官。明治37年日露戦争に第五師団参謀として出征。42年オーストリア大使館付武官、44年騎兵第十六連隊長、騎兵実施学校長を経て、大正2年参謀本部課長。第一次大戦では青島学備軍参謀長。のち写真補充本部長、第十二師団長、近衛師団長、軍事参議官を経て、15年大将となり朝鮮軍司令官、昭和2年予備役。

森川 源三郎　もりかわ・げんざぶろう
農事改良家　秋田県農会会長

弘化2年(1845)2月15日～大正15年(1926)6月7日　生 出羽国河辺郡新屋村(秋田県秋田市)　歴 秋田藩取立士族の長男に生まれる。維新後、農業に従事。明治11年秋田県勧業掛となり農事改良に尽力。27年大日本農会幹事長・前田正名の依頼をうけ、石川理紀之助らと農事奨励のため九州を巡回、農民指導にあたる。帰国後は河辺郡農会長、秋田県農会長を務めた。晩年は河辺郡上北手村(現・秋田市)に山荘をかまえ、植林に打ち込んだ。

森川 清治郎　もりかわ・せいじろう
台湾で神様として信仰を集める

文久1年(1861)～明治35年(1902)4月7日　生 神奈川県　歴 明治30年台湾総督府の巡査として台湾に渡り、各地を転々とする。嘉義県東石郷副瀬の派出所に勤務すると、自費で教師を雇って寺子屋を開いた他、農業技術の指導や弱者救済に尽くし、地元の人々に慕われた。のち貧しい農民たちから減税嘆願を受けて上司に報告するが、逆に上司から住民の操縦を誤っていると訓戒処分を受け、身の潔白を訴えて自殺した。没後20年以上を経た頃に没した地域の村の村長の枕元に立ち、疫病の流行を予言してその予防策を教え、村を疫病から救ったことから無病息災の神 "義愛公(ぎあいこう)" として祭られ、台湾各地で信仰を集めるようになった。

森川 六右衛門　もりかわ・ろくえもん
伊賀商業銀行頭取　衆院議員(三四倶楽部)

嘉永7年(1854)3月～明治38年(1905)10月15日　生 伊賀国上野(三重県伊賀市)　名 号=顕堂　歴 幼少より文武の業を修め、和漢学を学んだ後、商業を営む。大和街道の改修を図り、明治15年道路改良社を設立して社長となり、有料道路方式で完成

させた。町議、郡議・議長、三重県議・副議長を経て、31年衆院議員を1期務める。一方、伊賀商業銀行を創設し頭取に就任、上野米穀取引所理事長を兼任。上野銀行取締役、東海製糸取締役を務め、また私塾を開いて子弟の教育に尽力、更に公共事業にも貢献し、藍綬褒章を受けた。

森久保 作蔵　もりくぼ・さくぞう
自由民権家 衆院議員（政友会）
安政2年（1855）6月27日～大正15年（1926）11月4日　⬚生武蔵国南多摩郡七生村（東京都日野市）　明治15年自由党に加盟。三多摩自由党壮士の中心人物の一人で、18年大井憲太郎らの大阪事件に連座して逮捕されたが、無罪放免となった。出獄後、政友会に属して活躍。22年条約改正に反対して大隈重信外相を襲撃した来島恒喜の爆弾は彼の手から出たといわれる。衆院議員に当選5回。

森下 景端　もりした・けいたん
大分県令
文政7年（1824）～明治24年（1891）1月1日
⬚生江戸　⬚回備前国（岡山県）　⬚名幼名＝亀次郎、通称＝立太郎、号＝竹堂　⬚歴備前岡山藩士の子として江戸藩邸で生まれる。安政4年（1857年）家督を相続。戊辰戦争に際して耕戦隊を率いて従軍、江戸攻略に参加した他、奥州各地を転戦した。明治2年岡山県大参事を経て、4年大分県参事、6年大分県令となった。9年退官。　⬚家甥＝河原信可（実業家）

森下 博　もりした・ひろし
森下仁丹創業者
明治2年（1869）11月3日～昭和18年（1943）3月20日　⬚生備後国沼隈郡鞆町（広島県福山市）　⬚歴13歳で父を亡くして家督（宮司）を相続したが、福沢諭吉の「学問のすゝめ」「世界国尽」に触発されて独立を志し、明治15年大阪に出て船来小間物問屋で修業。9年後、年季が明けて別家を許され、26年大阪・淡路町に薬種商・森下南陽堂（現・森下仁丹）を開業した。33年ドイツの宰相ビスマルクの肖像を商品の商標に用いた梅毒薬「毒滅」を販売したところ、当時花柳病として猛威を振るっていた梅毒の画期的な新薬として注目を集め、一躍その名を高めた。38年には懐中薬「仁丹」を発売、大礼服に身を纏った軍人を商標にあしらって街々にその看板を立てたり、新聞に一面広告を打ったりするなどの大々的な宣伝活動の効果もあり、発売からわずか2年で日本の家庭薬第1位の座に輝いた。海外にも販路を拡大し、各地で楽隊やのぼりを使った大規模な宣伝を行い、大正時代には中国大陸での販売量が日本国内を上回った。大正3年宮内省御用、8年大阪府実業家功労者として宮中に召され、これを記念して天皇記念財団を設立し、育英事業にも尽くした。　⬚勲緑綬褒章〔大正9年〕、紺綬褒章〔昭和6年〕　⬚賞日本広告大賞（第2回）〔昭和13年〕

森田 悟由　もりた・ごゆう
僧侶（曹洞宗）永平寺64世貫主

天保5年（1834）1月1日～大正4年（1915）2月9日　⬚生尾張国知多郡大谷村（愛知県常滑市）　⬚名号＝大休、勅賜号＝性海慈船禅師　⬚歴7歳のとき名古屋・大光院の竜山泰門のもとで出家し、江戸駒込・吉祥寺の学寮で学んだのち、安政3年（1856年）諸嶽奕堂に師事。明治8年奕堂をついで金沢の天徳院住職となり、24年には永平寺第64世貫主となった。資料に五十嵐悟道「大休悟由禅師広録」（全6巻）、岡田実編「森田悟由禅師小伝」などがある。

森田 佐平　もりた・さへい
岡山県議
天保6年（1835）7月15日～明治26年（1893）1月10日　⬚生備中国小田郡笠岡村（岡山県笠岡市）　⬚名＝昌興、字＝秀甫、号＝三逕　⬚歴質屋や書籍商を営んだ後、明治5年小田県（現・岡山県）に出仕、6年「小田県新聞」を発行した。15年岡山県議となり、議長も務めた。19年窪屋郡長。　⬚家長男＝森田思軒（新聞記者・翻訳家）

守田 治兵衛　もりた・じへえ
実業家
天保12年（1841）6月14日～大正1年（1912）10月18日　⬚生江戸下谷池（東京都台東区）　⬚歴代々薬店を営む家に生まれ、安政6年（1859年）父親の死により9代目主人となる。折から江戸市中にコレラが大流行、これに対する薬を「宝丹」と名付け文久2年（1862年）に売り出したところ、効験あらたかと評判となる。一大ヒット商品となり、派手な宣伝効果もあって販路はついに海外にまで広がり、大いに産をなした。書画も能くし、書はのちに宝丹流と称した。東京府会議員、市会議員、東京商業会議所議員などにも選ばれた。

森田 庄兵衛　もりた・しょうべえ
伊都銀行創業者 貴院議員
文久2年（1862）9月21日～大正13年（1924）11月5日　⬚回紀伊国（和歌山県）　⬚歴慶応義塾卒　⬚歴明治15年郷里に私学伊都自助学校を創立し、英語などを教える。20年「紀陽新聞」を発行。また伊都酒造組合、伊都銀行などを設立した。44年貴院議員。

守田 精一　もりた・せいいち
開拓者 福岡県議
文政7年（1824）3月4日～明治43年（1910）4月19日　⬚生豊前国仲津郡今元村大字杏尾（福岡県行橋市）　⬚名本名＝守田房貫、字＝子道、通称＝甚左衛門、精一、号＝蓑洲　⬚歴豊前仲津郡（福岡県）杏尾村の大庄屋の家に生まれる。14歳で村上仏山に入門、経史を修める。父の職を継いで大里正となり、文久2年（1862年）小倉藩の命で今井浜の干拓工事を監督、80ヘクタール余の新田を開いた。良田で、のちに今井文久新開と称される。明治維新後は大区長、福岡県議を務め、42年間公職にあった。この間、山野の樹栽、稲作の改良に尽くしたほか、米商組合を創設して組長を務め、教育事業に私費を投じて貧家の俊才を遊学させた。晩年は専ら詩歌

に親しみ、最も書をよくし、文士客らと交流した。

盛田 善平　もりた・ぜんぺい
敷島製パン創業者 愛知県議

文久3年(1863)12月7日～昭和12年(1937)2月24日　生尾張国知多郡小鈴谷村(愛知県常滑市)　歴9人きょうだいの五男で、生家は清酒醸造業を営む。おじである4代目中埜又左衛門のもとでビール醸造法研究に携わり、明治25年「丸三ビール」を発売したが、米飯からパン食への変遷を予測し、ビール製造からパン製造に転じる。第一次大戦の際のドイツ人捕虜ハインリッヒ・フロインドリーブからパン製造を学び、大正8年敷島製パンを設立。昭和7年には我が国初となる電気運行パン焼き窯を設置、量産体制に入った。また、洋菓子や和菓子製造販売も行った。同年愛知県議。　家おじ＝中埜又左衛門(4代目)

守田 利遠　もりた・としとお
陸軍少将

文久3年(1863)5月9日～昭和11年(1936)2月10日　出筑前国(福岡県)　学陸士(第8期)〔明治19年〕卒　歴明治19年陸軍少尉に任官。30年清国に派遣され、33年北清事変に際して柴五郎らと北京に籠城。「北京籠城日記」を遺した。39年関東都督府陸軍部付(長春機関長)、43年歩兵第六十連隊長、45年参謀本部付、大正元年関東都督府陸軍部付(奉天特務機関長)。4年陸軍少将に進み、予備役に編入。

森田 正路　もりた・まさみち
衆院議員(政友会)

安政3年(1856)12月～昭和4年(1929)5月17日　出筑前国(福岡県)　歴農業を営む傍ら、早良郡議、鳥飼村議、鳥飼村助役、鳥飼村長、福岡県議・議長などを経て、大正6年衆議院議員(政友会)に当選1回。また福岡日日新聞社長を務めた。

森近 運平　もりちか・うんぺい
社会運動家

明治13年(1880)10月23日～明治44年(1911)1月24日　生岡山県後月郡高屋村(井原市)　名号＝覚牛　学岡山県立農学校〔明治33年〕卒　歴農商務省農事試験山陽支部に勤務した後、明治35年県庁に移る。この頃から社会主義思想に関心を抱き、37年「平民新聞」の読書会・岡山いろは倶楽部を組織する。同年免官され、38年大阪に移って大阪平民社を結成。同年上京し、39年日本社会党の結成に参加。40年大阪に戻り「大阪平民新聞」を刊行。その間しばしば新聞紙条令違反で処罰された。41年上京し幸徳秋水方に同居する。42年岡山に帰り、温室栽培による園芸に従事していたが、43年大逆事件に連坐し、翌44年死刑に処せられた。

森永 太一郎　もりなが・たいちろう
森永製菓創業者

慶応1年(1865)6月17日～昭和12年(1937)1月24日　生肥前国西松浦郡伊万里町(佐賀県伊万里市)　名幼名＝伊左衛門　歴陶器問屋の長男に生まれるが、家運が傾き奉公に出る。明治21年渡米し、ブルーニング工場で製菓技術を学び、またキリスト教信仰を得る。32年帰国後、東京・赤坂に日本最初の洋菓子店・森永西洋菓子製造所(44年森永製菓と改称)を設立。大正3年"森永ミルクキャラメル"ポケット用サック入りを発売し好評を博す。また積極的な広告を展開、"エンゼル・マーク"の森永の名は広く浸透した。"信仰第一"の創業精神を守り通し、昭和10年社長辞任後は全国の教会・学校などをまわり、講演活動に励んだ。　家長男＝森永太平(森永製菓会長)、孫＝森永剛太(森永製菓会長)　勲紺綬褒章〔昭和4年〕

森村 市左衛門　もりむら・いちざえもん
森村組創業者 男爵

天保10年(1839)10月28日～大正8年(1919)9月11日　生江戸京橋白魚河岸(東京都中央区)　名幼名＝市太郎　歴代々江戸・京橋白魚河岸に住む土佐藩用達商の長男。安政6年(1859年)横浜の開港を機に唐物商となり、大名家などとも取引した。この頃、福沢諭吉と親交を結ぶ。戊辰戦争の際は板垣退助の命により土佐藩のために兵器・食糧を調達。明治5年政府より馬具製造所の経営を命ぜられる。6年銀座にモリムラ・テーラーを開業し、ラシャを販売。9年森村組を設立し、工芸品・雑貨の対米貿易を開始。同年弟の豊を米国に派遣し、ニューヨークに日本の陶磁器・工芸品の直輸入を行う日の出商会を開店させた。14年同商会をモリムラ・ブラザーズに改称して卸売専門に転換。これと共に国内においても16年瀬戸焼の職人・川本半助に依頼して輸出用のコーヒー茶碗を作らせて東洋風絵付けを施すなど新規事業の開拓を進め、23年には京都に森村組専属の絵付工場を開設。27年6代目市左衛門を襲名。30年には森村銀行を設立した。のち陶磁器の絵付けを西洋風に切り替え、37年愛知県鷹羽村則武(現・名古屋市)に工場を建設し、大倉和親を代表社員、飛鳥井を技師長に据えて日本陶器合名会社(現・ノリタケカンパニーリミテド)を創立。大正3年には白色硬質陶磁器のディナーセットを完成させて販売し、"ノリタケチャイナ"のブランド名で世界に知れ渡った。第一次大戦の好況で事業の多角化を推進し、6年便器・洗面器などの衛生陶器に着目して東洋陶器(現・TOTO)を興した他、7年日本碍子を設立した。同年持ち株会社として森村組を株式会社に改組。社会文化事業にも熱心で、明治34年に豊明会(現・財団法人森村豊明会)を創設し、43年自宅に森村幼稚園・小学校を開設した。大正4年男爵。　家二男＝森村市左衛門(実業家)、弟＝森村豊(実業家)

森村 熊蔵　もりむら・くまぞう
機業家 群馬県議

嘉永3年(1850)～明治30年(1897)9月　生上野国佐波郡剛志村上県士(群馬県伊勢崎市)　歴生家は上野佐波郡の名主で、染色を家業とした。

明治14年織物製造をはじめ、草木染から化学染料の採用に努力した。19年伊勢崎染色講習所と、桐生に日本織物会社を設立。22年無伸縮の森村縮緬の特許を得た。24年絹紡織の使用を採用して伊勢崎織を一新し、伊勢崎物業の発展に尽力、同業組合長、25年県議を務めた。また、日本鉄道、京釜鉄道の創設にも努め、渋沢栄一から感謝状を受けた。

森村 豊 もりむら・とよ
森村組創立者
嘉永7年(1854)2月12日〜明治32年(1899)7月30日 [生]江戸京橋(東京都中央区) [学]慶応義塾〔明治7年〕卒 [歴]江戸京橋に露店商森村市左衛門の二男として生まれる。13歳で英学を志し、4年間外国人について学ぶ。慶応義塾卒業後の明治9年佐藤百太郎が募ったオセアニック・グループに参加、新井領一郎らとオセアニック号で渡米し、佐藤と共同で日之出商会を設立して日本からの雑貨の輸入販売を開始。その間、兄の市左衛門の横浜生糸合名会社設立に尽力、のちの森村商事隆盛の基礎を築く。日本とニューヨーク間を40回以上も往復して草စ貿易に活躍した。[家]兄=森村市左衛門(実業家), 甥=森村市左衛門(実業家)

森本 泉 もりもと・いずみ
山形県知事
明治6年(1873)4月13日〜昭和31年(1956)2月18日 [生]高知県 [名]号=白水 [学]慶応義塾大学理財科〔明治30年〕卒 [歴]土佐藩士の長男。大蔵省に入省。明治37年函館税務署長、大阪税関監視部長など主に税関・税務畑を歩き、大正2年栃木県内務部長、7年富山県内務部長を経て、10年山形県知事。11年退官。

森本 確也 もりもと・かくや
衆院議員(無所属)
文久2年(1862)4月〜昭和2年(1927)2月10日 [生]三重県 [学]三重師範〔明治10年〕卒 [歴]三重県議、同常置委員を経て、明治27年衆院議員に当選。以来通算5期務めた。

森本 駿 もりもと・しゅん
衆院議員(政友会)
安政5年(1858)12月〜昭和19年(1944)10月17日 [生]兵庫県 [名]旧姓・旧名=桜井 [歴]大蔵属、大蔵大臣秘書官、日本大博覧会評議員、出石町長を経て明治35年衆院議員に当選。以来連続4期務めた。

森本 荘三郎 もりもと・しょうざぶろう
殖産家 衆院議員(政友会)
文久3年(1863)6月〜明治44年(1911)7月31日 [生]丹波国篠山(兵庫県篠山市) [歴]明治19年生地の兵庫県篠山町に養蚕組合を作り組合長を務め、拡産社、養蚕伝習所を設けて農家の副業を広める。また共同貯蓄銀行取締役、百三十七銀行取締役、多紀郡醸造組合長などを歴任。更に製紙場、製糸場、篠山電話会、篠山電灯会社などを設立し地方産業の発達に尽力した。一方、篠山町議、兵庫県議を経て、27年から衆院議員(政友会)に当選2回。のち篠山町長を務めた。

森本 省一郎 もりもと・せいいちろう
衆院議員(自由党)
文久1年(1861)9月〜大正8年(1919)2月7日 [生]信濃国(長野県) [学]松本師範卒 [歴]郷里南安曇郡梓の小学校長に就任。明治15年上京して英語、漢詩を学び滞在数年。帰郷して松本新聞社に入社。19年埴科郡首席郡書記となる。21年長野県議に当選、参事会員兼任。27年以来衆院議員当選2回、自由党に属した。大正元年政界を引退。詩文をよくした。

森本 千吉 もりもと・せんきち
生駒鋼索鉄道創業者
元治1年(1864)9月25日〜昭和12年(1937)12月13日 [生]大和国(奈良県) [歴]神戸で土建業を興し、鉄道会の請負業者となる。生駒鋼索鉄道(現・近鉄生駒ケーブル線)を設立し、大正7年日本初のケーブルカーを運行。また大和鉄道(現・近鉄)の経営にもあたった。

森本 善七 もりもと・ぜんしち
名古屋銀行頭取 貴院議員
安政2年(1855)2月〜昭和3年(1928)5月1日 [生]尾張国(愛知県) [歴]尾張・名古屋の小間物商笹屋の3代目。名古屋銀行(のち東海銀行)頭取、東海倉庫(のち東陽倉庫)社長、名古屋株式取引所理事長などを歴任。大正14年貴院議員。

守屋 此助 もりや・このすけ
衆院議員(国民党) 神中鉄道社長 平沼製材社長
文久1年(1861)5月6日〜昭和6年(1931)6月9日 [生]備中国小田郡東大戸村(岡山県笠岡市) [学]東京法学校卒 [歴]明治18年代言人(弁護士)、次いで弁護士として法律事務に従事。27年以来衆院議員当選8回、国民党に属した。39年以来実業界に入り、神中鉄道、平沼製材各社長、興亜起業取締役会長。また膠奥電気股份有限公司重役、横浜桟橋倉庫、青島電気、山東起業、京浜電気鉄道各取締役、日本火薬製造、火薬工業各監査役、さらに法政大学理事を務めた。

守谷 吾平 もりや・ごへい
実業家
慶応2年(1866)11月6日〜昭和4年(1929)4月8日 [生]備中国浅口郡本庄村(岡山県浅口市) [学]岡山師範卒、慶応義塾〔明治25年〕卒 [歴]守谷金八の長男として生まれる。幼くして林李渓に学び、のち岡山師範学校を卒業、玉島尋常小学校訓導を3年間務めて上京、慶応義塾本科に学ぶ。明治25年卒業と同時に三井に入り地所部、芝浦製作所、三井銀行を経て、王子製紙経理課長を4年間務める。35年守谷商会を設立し鉱山用機械、銅、ゴムなど

623

を製造販売、電気部も創設。大正7年株式会社に改組、社長に就任、内外各地に支店・出張所を設け、海外に進出、国産の発展に尽力した。傍ら、日本電飾、中華紡績、日東製綱、東洋ゴムの各重役、東京商業会議所議員などを務めた。

守屋 富太郎　もりや・とみたろう
植林家

嘉永5年(1852)～大正10年(1921)3月

生信濃国伊那郡片倉村(長野県伊那市)　歴明治10年頃より生地の長野県片倉村で小学校の建設、共有地への造林を提唱し私費を投じる。また、杖突峠の荒れ地一帯を買収し、40年余に渡って落葉松約40万本などを植林、道路改修を行い、桑を試植して開墾にも努め、村民10数戸が移り住んだ。

森山 慶三郎　もりやま・けいざぶろう
海軍中将

明治3年(1870)～昭和19年(1944)5月24日

出佐賀県　学海兵(第17期)〔明治23年〕卒　歴明治26年海軍少尉に任官。38年海軍令部第三班長、39～43年駐フランス公使館付武官、44年春日艦長、同年海軍省先任副官、大正2年出雲艦長、3年遣米技隊司令官、4年第二戦隊司令官、同年軍令部第四班長、5年軍令部第三班長を経て、7年第一戦隊司令官、第二戦隊司令官。同年海軍中将に進み、8年大湊要港部司令官、9年呉工廠長。12年予備役に編入。

森山 茂　もりやま・しげる
外務権大丞 元老院議官 富山県知事

天保13年(1842)9月25日～大正8年(1919)2月26日　生大和国十市郡常磐村(奈良県橿原市)　名旧姓・旧名=箸尾、別名=菅沼一平　歴箸尾家に生まれ、森山家の養子となる。幕末には菅沼一平の名で京坂に出て国事に奔走した。明治維新後、兵庫裁判所に出仕し、明治2年外国官書記。同年外務少録となり朝鮮へ出張して以来、対朝鮮外交の交渉に専念。7年外務少丞。8年外務権大丞に任ぜられ、黒田清隆特命全権弁理大臣に随行して日朝修好条規締結交渉に携わった。10年退官。12年元老院権大書記官、13年同大書記官、20年元老院議官、23年富山県知事を歴任し、27年～大正8年勅選貴院議員。俳句や謡曲に通じ、謡曲では金春広成の高弟として知られた。　家息子=森山松之助(建築家)

森山 芳平　もりやま・よしへい
機業家

嘉永7年(1854)1月23日～大正4年(1915)2月27日　生上野国山田郡今泉村(群馬県桐生市)　歴少年時代から父について機業に従事。明治10年京都からジャカード織機を導入して、18年には佐羽喜六が米国から購入した鉄製ジャカード織機を導入し、同時に喜六がもたらした紋服機を実用化した。また桐生織物の染色法の改良、羽二重の輸出開始など桐生機業の発展に貢献。21年頃より宮内省織物御用達となる。博覧会・共進会などで賞を受ける

こと数10回に及び、万国博覧会にも出品して桐生織物の名声を高めた。また福井、米沢、福島などの羽二重勃興にも負うところが大きいといわれる。　勲緑綬褒章〔明治25年〕

モルガン 雪　もるがん・ゆき
米国の財閥夫人となった祇園の芸妓

明治14年(1881)8月7日～昭和38年(1963)5月18日　生京都府京都市柳馬場五条　名旧姓・旧名=加藤、別名=モルガンお雪　歴京都の刀剣商の四女で、家が没落したため14歳で姉3人と同じく祇園の芸妓に。19歳の時、米国の富豪ジョージ・D・モルガンに見染められたあげく、明治37年破格の4万円で身請けされて結婚したが、売女、国賊とまでのしられた。のちパリに定住し、大正4年に夫に死別した後もフランスにとどまった。軍人で言語学者のS.タンダールとマルセーユ、ニースに住んだあと、昭和13年に33年ぶりで帰国し京都に住む。日米開戦後、モルガン姓が不利になっても、離婚していないのに、と日本国籍に戻るのを拒み通す。53年カトリックに受洗。戦後、越路吹雪のミュージカル「モルガンお雪」がヒットしたが、当の本人は、京都でお茶やお花を教えながら、質素で静かな余生を送っていた。

諸井 恒平　もろい・つねへい
秩父セメント創業者

文久2年(1862)5月5日～昭和16年(1941)2月14日　生武蔵国(埼玉県)　武蔵国本庄(現・埼玉県本庄市)で養蚕を営む家の二男。早くから家業に従事し、明治11年16歳で本庄生糸改所頭取に推された。20年上京、親戚に当たる渋沢栄一の勧めで日本煉瓦製造会社上敷免工場の経営に当たり、支配人、取締役を経て、40年専務。この間、39年から渋沢らによって設立された東京毛織の専務も兼ねた。一方、30年秩父鉄道の創設に参画、43年渋沢の求めに応じて上武鉄道会社(現・秩父鉄道)取締役となり、同社の経営再建に尽力。さらにコンクリートの将来性を見越して秩父地方の武甲山で産出される石灰石に注目し、12年秩父セメント(現・太平洋セメント)を設立して社長に就任。関東大震災後のセメント需要激増という好運に恵まれ、後発ながら明治期から続く大手に伍すほどの発展を見せた。また、第三次セメント連合会の結成にも主導的な役割を果たした。14年秩父鉄道社長。　家息子=諸井貫一(秩父セメント社長)、諸井三郎(作曲家)、孫=諸井虔(秩父小野田会長)、諸井誠(作曲家)、弟=諸井春畦(実業家・書家)、諸井四郎(実業家)、諸井六郎(外交官)

諸井 六郎　もろい・ろくろう
駐アルゼンチン公使

明治5年(1872)1月～昭和15年(1940)5月7日　生埼玉県本庄市　学一高卒、帝国大学法科大学〔明治29年〕卒　歴外務省に入省。駐アルゼンチン公使を務めた。大正13年にはILO総会に使用者代表

顧問として参加。また、郷土史の研究も行い、明治45年「徳川時代之武蔵本庄」を出版した。 家兄=諸井恒平(秩父セメント創業者)、諸井春畦(実業家・書家)、諸井四郎(実業家)

師岡 千代子 もろおか・ちよこ
社会主義者・幸徳秋水の元妻
明治8年(1875)4月26日～昭和35年(1960)2月26日 生東京 因愛媛県宇和島 歴宇和島藩士で国学者・師岡正胤の娘。中江兆民の門下・井上音信の仲介で明治32年幸徳秋水と結婚。長く秋水の郷里、土佐中村に放置されたが、夫のスキャンダルを知って上京、42年協議離婚した。しかし翌年大逆事件が起こったため、捕えられた秋水のため差入れなどに奔走した。著書に「夫幸徳秋水の思ひ出」「風々雨々」がある。 家夫=幸徳秋水、父=師岡正胤(国学者)

諸嶽奕堂 もろたけえきどう
僧侶 曹洞宗管長 総持寺貫主
文化2年(1805)1月1日～明治12年(1879)8月24日 生尾張国名古屋(愛知県名古屋市) 名旧姓・旧名=平野、号=無似子、三界無職、道号=旃崖、諡号=弘済慈徳禅師 歴8歳で尾張国豊明村の聖応寺の雪堂晩林について得度し、諸寺を巡って修業したのち、弘化4年(1847年)京都山科大宅寺住持となり、安政4年(1857年)加賀天徳院に移る。明治初期の永平寺と総持寺の抗争に際しては両山の盟約締結に尽力し、明治3年総持寺独住1世となり、のち曹洞宗管長に就任した。

諸戸 清六(1代目) もろと・せいろく
実業家(大地主)
弘化3年(1846)1月26日～明治39年(1906)11月12日 生伊勢国桑名郡加路戸新田村(三重県桑名郡木曽岬町) 歴蓄財の才にたけ、家業の精米商を営む傍ら、明治10年西南戦争が起こるや、米価の騰貴を見越して米の独占販売を行う。20年木曽川治水工事に際して沿岸の荒れ地を廉価で買い開墾して大地主となるなど巨万の富を築き、投機界に名を知られる。その後、主要な投機対象を鉄道株や農地・山林、精米業に移した。育英事業家・公共事業家としても知られ、貧家の子弟に学費を給して学校教育を受けさせ、また私財を投じて桑名に水道を設けのちに無償で同町に寄付した。二男・清太と四男・清吾(のち2代目清六)によって土地経営規模が拡大し、大正13年には両者合計所有高は約2000ヘクタールに及んだ。 家四男=諸戸清六(2代目)、孫=諸戸民和(諸戸林産社長)、諸戸鉄男(諸戸林産社長)

【や】

矢板 武 やいた・たけし
下野新聞社社長 栃木県議
嘉永2年(1849)11月14日～大正11年(1922)3月22日 生下野国塩谷郡矢板村(栃木県矢板市) 名旧姓・旧名=坂巻、前名=武兵衛 歴幕末期に組頭を務め、維新後は村名主・戸長・小区民会議員・塩谷初期などを歴任。明治12年産馬協同会社副社長となって馬格改良をはかる。13年印南丈吉らと共に那須開墾社を設立して幹事となり、様式農具を用いて那須西原を開墾。また18年には印南らと協力して那須疎水の開削を完成させた。印南の死後、那須開墾社社長に就任するが、26年の同社解散後は個人事業家として矢板農場を経営した。一方、下野銀行・矢板信用銀行・矢板銀行・氏家銀行の創立に参画するなど実業界でも活躍し、30年には栃木県議に選ばれた。大正元年下野新聞社社長に就任。また、保晃会を作って日光山社寺の保存にも力を尽くした。

八尾 新助 やお・しんすけ
実業家 出版業者
文久1年(1861)11月17日～大正15年(1926)1月14日 生越前国福井(福井県福井市) 名幼名=弥一郎 学明治法律学校卒 歴先代新助の子に生まれる。初め福井藩儒・林氏の門に入り、更に藩黌・明新校に学ぶ。13歳で大阪に出て呉服商・村山重兵衛に雇われたが、のち辞して東京で3年間修学する。明治14年役人となり奥州諸地に巡察の後、辞して新潟に留まる。のち東京の明法社に入り岸本辰雄指導の下に主幹として「明法雑誌」の編集に従事する傍ら、明治法律学校で学ぶ。その後、神田で出版社を開業し法律書・教育書の編集・出版を始める。「日本教育新聞」を買収してこれを経営、また神田に印刷工場を設立し、更に京橋の活版所汽関社を買収した。ついで官報の発行を一手に引き受け、28～29年頃まで司法省の印刷物の発行や参謀本部の機密文書の印刷に従事した。この功により、33年一商人として初の勲六等瑞宝章を授かる。のち日本生命保険協議員、有隣生命保険取締役となり、晩年には東洋石油社長を務めた。また書籍営業組合委員などの公職も務め公共事業にも貢献した。

八木 逸郎 やぎ・いつろう
衆院議員(翼賛議員同盟)
文久3年(1863)9月～昭和20年(1945)1月4日 出大和国(奈良県) 学医科大学別課〔明治15年〕卒 Ph.D.(ロストック大学) 歴ドイツに留学。帰国後、医師として働く。奈良市議、県議、市および県医師会長を歴任。明治41年衆院議員に当選。以

来通算10期務めた。

八木 与三郎　やぎ・よさぶろう
八木商店社長
元治2年(1865)1月7日～昭和10年(1935)12月23日　[生]京都府京都市上京区　[歴]米穀商・八木重助の三男に生まれ、心学塾で漢籍を学ぶ。のち大阪に出て叔父の先代藤本清兵衛が営む玄米問屋に住み込みで働き、10年後支配人となる。明治26年藤本家の後援で独立し綿糸商・八木商店を開業。国内のほか清国・韓国への綿糸輸出で事業を拡大し、大正7年株式会社に改組。また大阪綿糸商組合を設立し、組合長を20余年務める。一方、浪速紡績専務、愛媛紡績相談役、東成土地建物相談役などを兼任した。　[勲]紺綬褒章〔大正9年〕

八木岡 新右衛門　やぎおか・しんえもん
園芸技術者
明治14年(1881)7月27日～昭和5年(1930)6月7日　[生]茨城県水戸市　[学]東京帝国大学農科大学実科卒　[歴]京都府農事試験場に勤め、主に丹波クリについて研究、明治38年頃には接木法による栗の品種改良に成功した。茨城県に帰郷後、新治郡で栽培されている茨城クリにも接木法を導入して品種改良を行い、同地の名産に育て上げた。著作に「実験栗の栽培」がある。

柳生 一義　やぎゅう・かずよし
台湾銀行頭取
元治1年(1864)12月12日～大正9年(1920)1月20日　[生]尾張国名古屋(愛知県名古屋市)　[学]帝国大学法科大学〔明治24年〕卒　[歴]明治24年大蔵省に入り書記官となり、横浜郵便電信局長に転じ、32年の台湾銀行設立に当たり副頭取に選任された。添田寿一頭取を助けて開拓時代の台湾金融界に尽力し、34年～大正5年頭取を務め、台湾の産業界の発達に大いに貢献する。退職後は東京に在住した。

柳生 俊久　やぎゅう・としなか
陸軍大佐 貴院議員 子爵
慶応3年(1867)3月～昭和16年(1941)2月5日
[出]江戸　[歴]明治21年陸軍歩兵少尉となり、大佐まで進む。歩兵第一連隊大隊長、松本連隊区司令官など歴任した。大正4年予備役に編入。同年大和柳生藩主・柳生子爵家を継ぐ。8年貴院議員。

八坂 甚八　やさか・じんぱち
衆院議員(無所属団)
嘉永6年(1853)10月～昭和4年(1929)3月29日
[出]肥前国(佐賀県)　[歴]佐賀県議、鳥栖町議等を歴任した後、明治30年9月から37年9月まで貴院議員として在任。45年衆院議員に佐賀郡部より当選。

矢島 浦太郎　やじま・うらたろう
衆院議員(憲政会)
安政7年(1860)2月～大正6年(1917)10月17日
[生]信濃国善光寺町(長野県長野市)　[学]長野県師範卒　[歴]長野町議、長野市議、長野県議などを経て、明治36年衆院議員に当選。以来連続5期務めた。

矢島 中　やじま・なか
衆院議員(政友会)
嘉永4年(1851)7月～大正11年(1922)1月26日
[出]下野国(栃木県)　[名]本名＝矢嶋中　[歴]宇都宮市長、栃木県議、同常置委員などを歴任した後、明治35年衆院議員に当選。以来連続4期務めた。

矢島 八郎　やじま・はちろう
衆院議員(憲政会) 初代高崎市市長
嘉永3年(1850)11月27日～大正10年(1921)9月7日　[生]上野国高崎(群馬県高崎市)　[歴]漢籍を学ぶ。生地の群馬県高崎を中心に運輸業を営む。高崎米穀取引所頭取、上野鉄道取締役などを歴任。明治17年高崎駅用地を寄付する。18年群馬県議、22年初代高崎町長などを経て、25年から衆院議員(憲政会)に当選3回。33年初代高崎市長に就任。また高崎商工会会頭、高崎自治会会長も務め、高崎尚武会を創立し会長となった。

八代 六郎　やしろ・ろくろう
海軍大将 男爵
安政7年(1860)1月3日～昭和5年(1930)6月30日
[生]尾張国丹羽郡楽田村(愛知県犬山市)　[名]旧姓・旧名＝松山　[学]海兵(第8期)〔明治14年〕卒　[歴]尾張犬山藩の大庄屋・松山家の三男で、明治元年水戸浪士・八代逸平の養子となる。愛知英語学校で学んだ後、9年上京。10年海軍兵学校に入り、18年海軍少尉に任官。28年ロシア公使館付武官、32年帰国。33年宮古、34年和泉、36年浅間の艦長を経て、38年ドイツ公使館付武官。42年第一艦隊、43年練習艦隊、44年第二艦隊の各司令官、同年海軍大学校校長、大正2年舞鶴鎮守府司令長官を経て、3年大隈内閣の海相に就任。シーメンス事件に際して、海軍の実力者であった山本権兵衛と斎藤実を予備役に編入するなど、事件の徹底解明と海軍再建に努めた。4年第二艦隊司令長官、6年佐世保鎮守府司令長官を務め、7年海軍大将。9年予備役に編入。この間、5年男爵を授けられ、14年枢密顧問官。

安井 兼吉　やすい・けんきち
安井ミシン商会創業者
生年不詳～大正14年(1925)11月28日
[歴]東京砲兵工廠熱田兵器製造所に勤め、20代で職長となる。明治41年工廠を退職、独立に際して岳父から“ミシンがいいのでは”との助言を受け、安井ミシン商会を創業。舶来ミシンとその部品の修理・改造に従事した。大正12年長男・正義に店を任せて隠居。没後、正義を含む10人の子どもたちは力を合わせて家業を守り、社名を安井ミシン兄弟商会と改め、今日のブラザー工業に発展させた。
[家]長男＝安井正義(ブラザー工業社長)，二男＝安井種雄(瑞穂ミシン代表取締役)，四男＝安井実一(ブラザー工業社長)、五男＝安井友七(ブラザー

精密工業社長), 六男=安井義一(ブラザー工業専務)

安井 好尚　やすい・こうしょう
農村指導者 教育家 大国英和学校長
弘化4年(1847)9月28日～大正11年(1922)10月10日　生石見国邇摩郡大国村(島根県大田市)　歴石見国大国の大地主。明治10年島根県出品人総代として第一回内国勧業博覧会に出席したのを機に農事の近代化を志す。12年殖牛社を設立し、島根の三瓶山で牛の放牧を開始。さらに篤農家・林遠里を大国に招き、福岡式農法を試みるなど技術の導入と研究を積極的に行った。また、勧農会や水産や蚕糸・畜産など各種の共進会を開催。その活動は農業のみにとどまらず、20年には私財を投じて大国英和学校を設立し、校長として教育にも力を注いだ。

安岡 雄吉　やすおか・おきち
衆院議員
嘉永7年(1854)3月～大正9年(1920)11月1日　生土佐国幡多郡中村(高知県四万十市)　学慶応義塾卒　歴幼時、父について漢学を修める。上京して慶応義塾に学んだのち、官吏となり元老院御用掛や東京府御用掛を歴任。明治20年郷党の先輩である政治家後藤象二郎の大同団結運動に加わり、その幹部として機関誌「政論」の編集・執筆を担当した。25年第2回総選挙に主党側の国民党から立候補し当選するが、党による投票箱紛失や投票破棄などの違反を自由党の林有造・片岡健吉に指摘され、失職。のち、37年の第9回選挙に再び出馬して当選、猶興会に所属した。

安岡 金馬　やすおか・きんま
海軍少主計
天保15年(1844)4月4日～明治27年(1894)2月21日　生土佐国土佐郡福井村(高知県高知市)　歴庄屋の二男として生まれ、勝海舟の門に学ぶ。慶応3年(1867年)海援隊士となり、明治元年には琵琶湖に初めて西洋型の船を浮かべた。6年海軍少主計となった。

安岡 良亮　やすおか・りょうすけ
熊本県令
文政8年(1825)～明治9年(1876)10月27日　生土佐国幡多郡中村(高知県四万十市)　名初名=良徹、通称=亮太郎、字=士徴、号=十洲　歴土佐の郷士で、戊辰戦争に際して新撰組局長・近藤勇を斬首した。明治維新後は新政府に仕え、弾正少忠、弾正大忠、高崎県参事、度会県参事を経て、明治6年白川県(現・熊本県)権令。在任中の9年、神風連の乱が起こり、殺害された。　家長男=安岡雄吉(衆院議員)、弟=安岡良哲(殖産家)

安川 敬一郎　やすかわ・けいいちろう
安川財閥創立者 衆院議員 男爵
嘉永2年(1849)4月17日～昭和9年(1934)11月30日　生筑前国早良郡鳥飼村(福岡県福岡市)　名旧姓・旧名=徳永　学慶応義塾中退　歴筑前福岡藩儒・徳永家に4人兄弟の四男として生まれ、元治元年(1864年)同藩の安川家の養子となった。慶応2年(1866年)養父の病没に伴って家督を継ぎ、敬一郎に改名。明治5年東京の慶応義塾に学ぶが、二兄・松本潜とともに炭鉱を経営していた三兄・幾島徳が佐賀の乱で戦死したため、7年帰郷。以降は亡き三兄の代わりに二兄を助け、遠賀郡の東谷炭鉱の経営に当たった。10年同郡芦屋に移って安川商店を開業し、石炭の直接販売を開始。18年神戸に支店を設置してからは、19年本店を福岡県若松(現・北九州市)に移転し、次第に販路を拡大した。また、西欧の新技術を採炭に導入しながら鉱区を広げ、19年嘉麻郡の大城炭鉱(のち明治炭鉱)を開き、22年には平岡浩太郎と赤池炭鉱の共同経営をはじめた。26年若松築港会社社長。41年明治炭坑株式会社を創立して同社長。34年平岡が別の炭坑を購入したため赤池炭山を安川個人の所有とし、我が国初の炭坑技術者養成機関である赤池鉱山学校を設立(36年赤池炭坑火災のため廃校)。39年の平岡没後にはその所有であった豊国炭坑を引き取り、同年明治炭坑を赤池・豊国の両炭坑と合併させて明治鉱業株式合資会社に改組。同じ炭鉱業の貝島家、麻生家とともに"筑豊御三家"と呼ばれた。一方で日露戦争後の石炭需要増加から紡績業など他業種への進出を開始し、さらに大正4年安川電機製作所、6年九州製鋼、9年耐火煉瓦製造の黒崎窯業(現・黒崎播磨)と、安川財閥を形成する諸会社を次々と設立した。明治40年工業専門の明治専門学校(現・九州工業大学)を創立し、教育事業にも貢献。政界でも活躍し、大正3年衆院議員に当選、1期。13年貴院議員。9年男爵。　家二男=松本健次郎(明治鉱業社長)、三男=安川清三郎(安川電機製作所社長)、五男=安川第五郎(安川電機製作所社長)、孫=松本馨(早稲田大学教授)、松本七郎(衆院議員)、安川寛(安川電機製作所社長)、安川壮(駐米大使)、安川敬二(安川電機製作所社長)、安川定男(中央大学名誉教授)　勲勲三等瑞宝章

安川 繁成　やすかわ・しげなり
愛国生命保険社長 衆院議員(憲政本党)
天保10年(1839)3月～明治39年(1906)8月29日　生上野国新田郡綿打村大字上田(群馬県太田市)　名旧姓・旧名=岩崎、幼名=文六郎　学慶応義塾　歴安政元年(1854年)江戸に出て佐藤一斎の門に2年間学び、陸奥白河藩士・安川休翁の養子となる。文久2年(1861年)から成島柳北・大島圭介らに従って蘭学を修め、開成所に入り、稽古人世話心得、句読師となり、慶応3年(1867年)福沢諭吉の慶応義塾に学んだ。戊辰戦争には棚倉藩の重臣を説得して2小隊を編成し奥羽に出征、岩倉具視に認められる。明治維新後、森有礼の推薦で行政官制度寮に出仕。4年欧米各国を巡廻して、5年帰国。8年印刷局副長、第1回地方官会議書記官、工

部大書記官、14年一等検査官兼統計院幹事を務めるが、間もなく退官して繁信山安川寺を開基した。19年再び検査官に任じ、20年検査院院長となり国家財政監督の重任を務めるが、30年内閣との抗争で辞職。のち東京市議、市参事会員に選ばれ、31年実業界に転じ、日本鉄道監査役や愛国生命保険社長を務めた。同年衆院議員（憲政本党）に当選1回。著書に「地球器図説」「条約各国旗章」「英国新聞紙開明鑑記」「英国政治概論」などがある。

安川 雄之助　やすかわ・ゆうのすけ
三井物産筆頭常務　東レ会長
明治3年（1870）4月4日～昭和19年（1944）2月13日
生 京都府南桑田郡篠村字柏原（亀岡市）　学 大阪商〔明治22年〕卒　歴 明治22年英語力を買われて三井物産大阪支店に入社。24年東京支店に転勤。25年支配人・飯田義一の勧めで綿花の買い付けのため単身インド・ボンベイに渡り、以後4年間同地で英国人や中国人らと競争しながら綿花の取引ルート確立に尽力した。32年ニューヨーク支店次長に就任。帰国後の34年、神戸支店次長となって神戸における外国貿易部門を仕切り、日清戦争以降の三井の海外商圏拡大に貢献した。37年天津支店長に抜擢され、43年満州営業部長、大正元年大連支店長、3年本店営業部長を経て、7年常務。第一次大戦中の好況時には事業拡大に努め、逆に戦争終結後には不況を予期して長期契約の禁止や在庫の売却を急がせるなど、機を見るに敏な活躍ぶりから"カミソリ安"といわれた。13年筆頭常務。一方で三井合名会社の直系子会社として、7年大正海上火災保険の創設に参画し、9年には同社の綿花部を分離して東洋棉花（現・トーメン）を創立。また、レーヨンの将来性に着目し、15年三井合名の団琢磨理事長を説き伏せて東洋レーヨン株式会社（現・東レ）を設立、初代会長を兼務して采配を振るった。　家 岳父＝山口尚芳（政治家）

安河内 麻吉　やすこうち・あさきち
内務次官
明治6年（1873）4月15日～昭和2年（1927）7月15日
生 福岡県　学 帝国大学法科大学〔明治30年〕卒　歴 家貧しく郡費で中学を卒業して上京、金子堅太郎に見込まれ黒田侯の後援を得て、明治30年大学を卒業。31年内務省に入り熊本県参事官を振り出しに、和歌山県参事官、大阪府参事官、愛知県事務官、佐賀県事務官、鳥取県警察部長、静岡県警察部長、農商務省書記官、内務省書記官を経て、製鉄所次長となる。大正3年第二次大隈内閣の内務省警保局長、4年静岡県知事に転じ、7年広島県知事、8年福岡県知事、11年神奈川県知事を歴任。昭和2年中義一内閣の内務次官となったが、間もなく没した。

安田 伊左衛門　やすだ・いざえもん
衆院議員（憲政会）
明治5年（1872）7月～昭和33年（1958）5月18日
生 岐阜県　学 帝国大学農科大学〔明治26年〕卒　歴 明治28年陸軍騎兵少尉、のち大尉に昇進。その間日清・日露の各戦争に従軍。45年衆院議員に当選。以来2期務め、貴院議員には昭和21年勅選される。その間東京競馬倶楽部を創立、会長となり、次いで日本中央競馬会理事長などを歴任した。

安田 勲　やすだ・いさお
衆院議員（憲政本党）
嘉永6年（1853）6月～大正6年（1917）6月9日
生 千葉県　学 慶応義塾　歴 千葉県議、同常置委員、徴兵参事員などを経て、明治23年衆院議員に当選。以来通算6期務めた。

安田 耕之助　やすだ・こうのすけ
京都市長
明治16年（1883）3月～昭和19年（1944）12月28日
生 京都府　学 東京帝国大学卒　歴 大阪税務監督官などを経て、大正14年京都市長。中央卸売市場の設立、京都染織見本市の開催などに取り組んだ。昭和2年辞任。

安田 定則　やすだ・さだのり
元老院議官
弘化2年（1845）6月17日～明治25年（1892）3月8日
生 薩摩国（鹿児島県）　歴 薩摩藩士の子。明治5年開拓使に出仕。11年同大書記官。19年1月元老院議官、5月茨城県知事。24年勅選貴院議員。

安田 善三郎　やすだ・ぜんざぶろう
安田財閥総帥　貴院議員
明治3年（1870）10月15日～昭和5年（1930）1月9日
生 東京　名 旧姓・旧名＝伊臣貞太郎　学 帝国大学法科大学〔明治25年〕卒　歴 明治25年安田製釘所に入り、30年財閥安田善次郎の養子となった。安田銀行など30余の銀行、会社の重役となり、安田一門の枢機を総括、善次郎隠居後は安田王国の実権を握った。貴院議員を3期務めた。　家 養父＝安田善次郎（安田財閥創始者）

安田 善次郎（1代目）　やすだ・ぜんじろう
安田財閥創始者　安田銀行創立者
天保9年（1838）10月9日～大正10年（1921）9月28日　生 越中国富山（富山県富山市）　名 幼名＝岩次郎　歴 20歳で江戸に出、丁稚奉公の末、元治元年（1864年）両替商安田屋を日本橋人形町に開くのに成功。慶応2年（1866年）安田商店と改称。維新直後、太政官札（不換紙幣）の買占めで巨利を博し、明治13年には安田銀行（現・富士銀行）を設立。15年新設の日本銀行理事に就任。日本銀行を背景に両銀行の経営を発展させた。ついで地方国立銀行の合併につとめ、全国的な系列銀行網を持つようになった。さらに26年帝国海上保険（のちの安田火災保険）を設立、27年には共済生命保険（のち安田生命保険）を設立して保険業でも最大の先駆者となり、一代で安田財閥を築きあげた。晩年、日比谷公会堂、東大安田講堂をはじめ、公共事業に

多くの寄付をしたが、大正10年大磯の別荘で国粋主義者朝日平吾に刺殺された。　家長男＝安田善次郎（2代目）（安田保善社総長）、孫＝安田一（安田生命保険会長）、安田楠雄（安田銀行取締役）、養子＝安田善三郎（貴院議員）

保田　久成　やすだ・ひさなり
印刷業者　英学者　秀英舎社長
天保7年（1836）12月19日～明治37年（1904）2月5日　生江戸本郷駒込（東京都文京区）　名幼名＝鉾太郎、字＝佩弦　歴昌平黌に学び、万延元年（1860年）幕府学問所教授方に出仕、文久3年（1863年）小十人組に入る。慶応元年（1865年）家督を継いで奥儒者となり、3年目付に任ぜられた。維新後静岡県掛川に移り、沼津兵学校支寮で教育に従事。明治5年司法省出仕を経て、東京師範学校教授嘱託、内務省地理局に勤務した。教え子の佐久間貞一が秀英舎（大日本図書の前身）を創立するにあたり取締役となり、31年佐久間に代わり社長に就任。印刷業発展のため「印刷雑誌」を創刊した。　家三男＝佐久間鋼三郎（実業家）

安田, フランク　やすだ・ふらんく
"アラスカのモーゼ"と呼ばれた日本人
明治1年（1868）11月20日～昭和33年（1958）1月12日　生陸奥国石巻（宮城県石巻市）　名本名＝安田恭輔　歴医師の三男として生まれる。15歳で両親を失い、兄弟とも別れて一人で生きることになる。三菱汽船の給仕から外国航路の見習船員になり、やがてアラスカのポイントバローに留まり、アラスカエスキモー（イヌピアト）の女性と結婚。以後、アラスカ社会に融けこみ、不漁による飢えに苦しむエスキモーたちのリーダーとなって新天地・ビーバー村を開拓、"アラスカのモーゼ"と称された。生涯日本に帰国することなく、89歳の生涯を終えた。新田次郎の小説「アラスカ物語」のモデルで、同小説はベストセラーとなり、映画化もされた。

安場　保和　やすば・やすかず
地方行政官　福岡県知事　貴院議員（勅選）男爵
天保6年（1835）4月17日～明治32年（1899）5月23日　生肥後国熊本城下建部一夜塘（熊本県熊本市）　名幼名＝一平、号＝咬菜軒　歴横井小楠に学び、戊辰戦争に従事。明治2年胆沢県大参事、次いで酒田県大参事、4年熊本藩少参事、同年大蔵大丞・租税権頭を歴任。5年岩倉具視使節団に従い欧米視察、帰国後福島県令、8年愛知県令を経て、13年元老院議官。19年から福岡県令・県知事となり7年間地方行政に尽力。25年勅選貴院議員、29年男爵。30年北海道長官となったが31年退職。

安原　金次　やすはら・きんじ
海軍少将
嘉永6年（1853）11月15日～大正15年（1926）6月28日　生江戸　学海兵（第5期）〔明治11年〕卒　歴明治29年軍令部諜報課長、31年同第三局長、33年駐韓国公使館付武官、浪速艦長、34年八雲艦長を経て、36年横須賀海兵団長。39年海軍少将となり予備役に編入。

安広　伴一郎　やすひろ・ともいちろう
満鉄総裁　枢密顧問官　法制局長官　貴院議員（勅選）
安政6年（1859）10月13日～昭和26年（1951）5月27日　生福岡県　学香港中央書院〔明治13年〕卒、ケンブリッジ大学（英国）〔明治20年〕卒　歴明治8年上京、のち香港・北京に渡り英学、中国語を学ぶ。また英国ケンブリッジ大学に留学し法学を学ぶ。内閣書記官、法制局・内務省各参事、司法・内務各大臣秘書官、内務省社寺局長を歴任し、内閣書記官長となった。その後、第二次桂内閣の法制局長官兼内閣恩給局長、さらに枢密顧問官、大正13年～昭和2年満鉄総裁を務めた。この間、明治33年～大正5年勅選貴院議員。　家父＝安広一郎（儒学者）

八隅　正名　やすみ・まさな
製糸業者　藩臣　小倉藩権大参事
文政9年（1826）～明治27年（1894）10月10日　生豊前国小倉（福岡県北九州市）　名本名＝鱒淵、通称＝六兵衛、号＝破甑　歴豊前小倉藩藩士・鰐淵家に生まれ、安政2年（1855年）八隅家を継ぐ。藩校・思永館に学んだ後、藩の重職に就き、5年軍議役兼陣場奉行。幕末期の慶応2年（1866年）高島流銃隊教授方、その数日後に小倉藩唯一の蒸気軍艦・飛龍丸の艦長となり、長州藩と戦った。明治元年小倉藩を代表する貢士となり、2年藩の権大参事に就任。小倉藩復興のため養蚕業など殖産興業に力を入れ、14年製糸会社・盤社を創立し、社長に就任。また、11年には第八十七国立銀行にも参加し、取締役。

矢田堀　鴻　やたぼり・こう
海軍軍人
文政12年（1829）～明治20年（1887）12月18日　名名＝敏、景蔵　歴関東代官荒井清兵衛の弟で、矢田堀氏の養子となる。嘉永6年（1853年）昌平黌に入り、測量、数学を学ぶ。安政2年（1855年）長崎海軍伝習所に学び、同4年（1857年）軍艦教授所の教授となり、慶応4年（1868年）海軍総裁となったがやがて辞任した。維新後は沼津兵学校校長となり、のち海軍省、工部省などにも出仕した。

柳川　秀勝　やながわ・ひでかつ
開拓者
天保4年（1833）9月23日～明治41年（1908）2月6日　生常陸国志崎村（茨城県鹿嶋市）　名通称＝宗左衛門　歴常陸国志崎村で名主を務める家に生まれる。弘化2年（1845年）父・秀一とはかって不毛の地であった常陸国鹿島郡日川地区の開拓に着手。150町余の払下げを受けて田畑約20町余を開墾し、間もなく常陸・上野・下野から50戸の入植者を迎えるに至った。嘉永元年（1848年）の旱魃をはじめ天災や凶作が重なり、開拓の道は平坦なものではなかったが、常に的確な善後策を施し、慶応元年（1865

年)に開拓事業は完成。開かれた新しい村は、彼の姓にちなんで柳川新田(現・茨城県神栖市)と名付けられた。維新後は漁業にも力を入れ、地引き網を導入した。また、水産学校の誘致にも力を尽くした。明治22年藍綬褒章を受章。 家父=柳川秀一 (開拓者) 勲藍綬褒章〔明治22年〕

柳沢 秋三郎　やなぎさわ・あきさぶろう
漁業家
明治10年(1877)1月10日~昭和35年(1960)9月21日　生愛媛県宇和郡真網代浦(八幡浜市)　歴明治32年に米国へ渡り、働いて資金を貯める。帰国後は漁業を営み、大正7年愛媛県下で初めて一艘曳きの機船底引き網漁法を導入した第一宇和丸の操業を開始。その後も網の研究と改良を重ね、11年には二艘による底引き網漁に転じ、さらなる能率化に成功した。

柳沢 光邦　やなぎさわ・みつくに
大蔵省御用掛 貴院議員 子爵
嘉永7年(1854)3月15日~大正12年(1923)10月22日　出越後国(新潟県)　名旧姓・旧名=武田、通称=伊織　学共立学校　歴慶応4年(1868年)越後黒川藩主となる。明治12年大蔵省御用掛。23年貴院議員。 家養父=柳沢光昭(黒川藩主)

柳田 藤吉　やなぎだ・とうきち
殖産家 衆院議員(政友会)
天保8年(1837)12月~明治42年(1909)5月10日　出陸奥国盛岡(岩手県盛岡市)　歴安政3年(1856年)北海道箱館に渡り海産物の貿易を始める。明治3年から根室に多くの漁場を開き、刻昆布製造業、漁業、硫黄鉱業などを営んだ。根室昆布営業組合頭取、根室鮭営業組合頭取となり、根室漁業組合副頭取、根室銀行頭取なども務める。また函館商業会議所特別議員、大日本水産会名誉会員となる。この間、函館府生産方商法掛、開拓使外国輸出品調所手代、根室郡総代、北海道議などを歴任した。37年衆院議員(政友会)に当選1回。

柳田 茂十郎　やなぎだ・もじゅうろう
商人
天保4年(1833)4月8日~明治32年(1899)4月23日　生信濃国小諸荒町(長野県小諸市)　歴信濃国小諸の薬種商の三男。文久元年(1861年)分家して小間物、茶の商いを始める。横浜での貿易に従事した後、帰郷。金物、砂糖、畳表などを扱った。明治3年頃から合議制や現金売りを採用するなど、近代的経営方法を導入し、店員の月2回交代制休日、賞与の積み立てなども行った。また、私財を投じ、農道の改修や開拓などに尽くした。

柳原 前光　やなぎわら・さきみつ
外交官 元老院議長 貴院議員
嘉永3年(1850)3月23日~明治27年(1894)9月2日　生京都　名幼名=次良麿　歴柳原光愛の長男。安政5年(1858年)元服して昇殿を許される。早くか

ら公家中の俊秀と目され、元治元年(1864年)侍従、慶応3年(1867年)参与助役。戊辰戦争では東海道鎮撫副総督を務め、江戸城開城に活躍。明治維新後は外務省に入り、明治3年外務大丞として日清修好条規交渉のため清国へ派遣。4年条約締結の際には副使として岳父でもある全権・伊達宗城を助けて天津において李鴻章と会見し、修好条約の締結に成功した。その後も駐清公使として副島種臣・大久保利通の対清交渉に随行。8年元老院議官、13年駐ロシア大使、16年賞勲局総裁、21年元老院副議長を経て、22年同議長。23年貴院議員、同年枢密顧問官。憲法調査や皇室典範をはじめとする皇室諸制度の制定にも関係した。17年伯爵。文化人としても知られ、漢詩をよくした。大正天皇の生母・柳原愛子は異母妹で、歌人の柳原白蓮は二女にあたる。 家二女=柳原白蓮(歌人)、父=柳原光愛(公卿)、妹=柳原愛子(大正天皇生母)、祖父=伊達宗城(伊予宇和島藩主)

柳原 愛子　やなぎわら・なるこ
大正天皇生母 皇太后宮典侍
安政2年(1855)4月16日~昭和18年(1943)10月16日　生京都　名通称=柳原二位局　歴明治維新の功臣、柳原光愛の二女で、明治3年から英照皇太后宮小女﨟として大宮御所に出仕、明治天皇に見染められて宮仕えを始め、源氏名を早蕨典侍(さわらびのすけ)と呼ばれた。6年権典侍となり、8年に薫子内親王、10年に敬仁親王を生んだが、ともに早く亡くなり、成長したのは12年に誕生した嘉仁親王(大正天皇)のみ。35年には女官として最高位の典侍に進み、大正元年皇太后宮典侍となる。また4年に従二位に叙されたあとは、二位局と称され、晩年は信濃町に住んで準皇族の扱いを受けていた。和歌に優れ、宮中歌会始めで3回選歌の栄に浴している。 家父=柳原光愛(公卿・権大納言)、兄=柳原前光(元老院議長・伯爵)、めい=柳原白蓮(歌人)

梁瀬 長太郎　やなせ・ちょうたろう
ヤナセ創業者
明治12年(1879)12月15日~昭和31年(1956)6月11日　生群馬県碓氷郡豊岡村(高崎市)　学東京高商〔明治37年〕卒　歴群馬県の旧家の長男。明治27年前橋中学に進むが、28年東京府立第一中学に転じ、32年東京高等商業学校(現・一橋大学)に学ぶ。37年大阪商船に入社、購買掛となったが、大阪商人の贈り物攻勢に驚き、38年三井物産に移った。中国やインドに赴任して40年帰国、大正2年機械部砿油係主任となり、自動車も扱った。4年同部の組織変更により自動車部が廃されたが、自動車部を個人名義にして梁瀬商会を創業。米国ゼネラル・モーターズ(GM)の輸入販売権を譲り受けてビュイック、キャデラックなどを販売し、第一次大戦を契機に売上げを伸ばした。9年改組して梁瀬自動車、梁瀬商事を設立。11年エンジンなど全てを自前で製作した純国産車「ヤナセ号」を製造した

が、コストが高すぎたため、以後は自動車の国産化から手を引いた。昭和2年GMとの話し合いがまとまらず同社の総代理権を放棄したが、6年再びシボレー以外の全日本販売権を手にした。戦時下でガソリンが手に入りにくくなると燃料に天然ガスを用いた自動車開発に携わり、14年日本瓦斯自動車を設立。15年には日本自動車修理加工工業組合連合会会長を務めた。20年梁瀬自動車会長。 家
二男＝梁瀬次郎（ヤナセ社長）

矢野 猪之八　やの・いのはち
弁護士　台湾覆審法院部長　徳島市長
慶応1年(1865)11月9日〜昭和3年(1928)3月29日
生 阿波国徳島（徳島県）　学 帝国大学法科大学〔明治20年〕卒　歴 明治30年岐阜地裁検事を経て、同年台湾に渡る。台湾総督府法院判官、台湾覆審法院判官、台南地方法院判官、台湾覆審法院部長を務め、43年退官。同年より台湾で弁護士として活動した。大正15年〜昭和2年徳島市長。

矢野 勘三郎　やの・かんざぶろう
豪商
文政4年(1821)12月〜明治27年(1894)6月4日
生 豊後国（大分県速見郡日出町）　名 名＝義和、字＝子節、号＝豹隠　歴 日出藩士の子であったが、直入郡玉来町（現・竹田市）の郷士矢野家の養子となり、やがて問屋"松屋"を経営するようになる。文久2年(1862年)豊後国岡藩士小河一敏らが、島津久光の上洛を機に事を起こそうとした際に、義侠心から松屋の資産を用いて援助にあたり、"天下の浪人問屋"と称されたが、寺田屋事件により不成功に終わり、関係者として岡藩に幽閉となった。明治元年蟄居を解かれ長崎で商業に従事。3年帰藩して藩士に列せられたが、長州藩からの逃亡者大楽源太郎をかくまったため禁固刑を受けて除族となり、22年の大赦令により復権して復族した。

矢野 恒太　やの・つねた
第一生命保険創業者
慶応1年(1865)12月2日〜昭和26年(1951)9月23日　生 備前国上道郡角山村（岡山県岡山市）　名 号＝蒼梧　学 第三高等中学医学部〔明治22年〕卒　歴 医科医の矢野三益で、4人きょうだい(1男3女)の長男。明治11年家業を継ぐため岡山医学教場に入るが、13年脱走同然に上京。同年東京独逸語学校を経て、大学予備門に入るが、15年学資の関係で退学・帰郷を余儀なくされた。16年岡山医学教場の後進である岡山県医学校に再入学。22年第三高等中学医学部（岡山県医学校から改名）を卒業後、大阪に出て日本生命保険会社の診査医となるが、やがて保険事業に関心を持つようになり、我が国最古の保険医学についての論文「保険医学管見録」などを執筆した。また、相互主義による保険会社経営の文献を発見して論文を発表する一方、自費出版した「非射利主義生命保険会社の設立を望む」と題する小冊子を携えて初代安田善次郎ら名士と面会。27年安田が経営していた共済五百名社を改組した共済生命保険合資会社の設立に参画し、その営業担当支配役となった。31年同社を辞して岡野敬次郎の勧めで農商務省に入り、保険業法の起草に当たる。33年には同省初代保険課長に抜擢され、保険業界の監査に当たった。34年退官し、35年念願の相互主義生命保険会社である第一生命保険相互会社を創業、社長に友人の柳沢保恵を据え、自らは専務取締役に就いた。大正4年社長に就任。第一次大戦の好況を受けて積極経営に転じ、都市部のサラリーマンを中心に新規契約を増やし、10年には日本全国における契約保有高で上位となり5大保険会社の一角を占めるに至った。11年には我が国における相互主義銀行の嚆矢である第一相互貯蓄銀行を創立して頭取となる。12年生命保険会社理事会会長。家 長男＝矢野一郎（第一生命保険社長）、女婿＝高木幹夫（東京海上火災保険社長）　勲 勲四等瑞宝章〔昭和3年〕,勲三等瑞宝章〔昭和26年〕　賞 厚生大臣表彰〔昭和27年〕

矢野 光儀　やの・みつよし
小田県令
文政5年(1822)〜明治13年(1880)9月13日
生 豊後国佐伯（大分県佐伯市）　名 幼名＝哲也、通称＝程蔵　歴 豊後佐伯藩士で、側役小納戸、浦奉行、御郡代兼町奉行を務めた。明治維新後は下総の葛飾県大参事、明治3年同県知事、4年深津県権令、5年小田権令を歴任。8年解任後は東京で園芸に親しんだ。家 長男＝矢野龍渓（小説家・政治家）、息子＝小栗貞雄（衆院議員）

矢吹 秀一　やぶき・ひでかず
陸軍中将　男爵
嘉永1年(1848)〜明治42年(1909)12月16日
生 駿河国駿東郡日吉村（静岡県沼津市）　名 旧姓・旧名＝常岡　歴 幕臣・常岡源兵衛の六男に生まれ、一橋家家臣・矢吹亘の養子となる。16歳で一橋慶喜の床机廻警衛となり、慶応2年(1866年)練習隊に入り、大阪表歩兵教導役となる。鳥羽・伏見の戦いで負傷、駿河国駿東郡日吉村（静岡県沼津市）に移り住み、明治2年第3期資生として沼津兵学校に入学した。4年政府に出仕し陸軍少尉となり鎮西鎮台に勤務する。6年中尉に進み兵学寮に入り、陸軍士官学校や教導団の教官を務める。10年西南戦争では征討軍監付となり、第三旅団伝令使などを務め大尉となり、のち監軍務局、熊本鎮台工兵第三大隊長心得などを務め、15年工兵少佐となる。参謀本部海防局長、工兵会議議員を務め、18年工兵局次長となり中佐に進んだ。20年工兵局長、22年大佐となり、その後も軍務局工兵事務課長、工兵会議議長を歴任。27年日清戦争では第一軍工兵部長として出征、鴨緑江に架橋し功績があった。28年少将となり、31年工兵監、将校生徒試験常置委員などを務め、33年中将。37年日露戦争では留守第一師団長を務めた。39年第一師団司令部付となり、40年男爵を授かる。のち富士生命保険社長

に就任した。　家三男＝矢吹省三（実業家）

矢吹 正則　やぶき・まさのり
岡山県議 郷土史家
天保4年(1833)11月22日～明治38年(1905)10月7日　生美作国勝南郡行信村(岡山県久米郡美咲町)　名通称＝弓龠,号＝弓斎　歴美作の豪農の家に生まれ、18歳から津山城下に住む。のち江戸に出て、初代斎藤弥九郎の門で剣術を修業した。文久2年(1862年)当時、津山藩家老の氷見家の家臣として、鞍懸吉寅らと藩論を尊皇に導き、藩の外事掛となる。明治元年津山藩士に登用され、廃藩置県後は北条県に出仕し地租改正事業を担当した。12～13年岡山県議となり、17年山陽山陰両道舟車道路開鑿工事発起同盟を結成し交通の便を図った。また自由民権運動に関わり、女学校を創設し淑徳館館長として中等女子教育にも貢献する。一方、美作地方の地理・歴史・の史料の収集・編纂に尽力した。24年鶴山城跡保存会を結成して津山城跡の保存運動を行い、国府遺跡の碑なども建立する。晩年は中山神社の祢宜を務めた。編著に「北条県史」「津山温知会誌」「美作略史」「津山誌」「美作古簡集」など多数。

薮田 岩松　やぶた・いわまつ
安田銀行支配人 東京建物社長
安政3年(1856)1月18日～昭和2年(1927)6月27日　生伊勢国(三重県)　歴明治10年上京して安田商店に入り、のち安田銀行支配人、相談役となる。東京建物社長を務めるなど、安田グループの長老として重きをなした。

薮波 浄慧　やぶなみ・じょうえ
僧侶(浄土真宗本願寺派) 農業指導者
嘉永5年(1852)～明治39年(1906)9月1日　生越中国射水郡塚原村朴木(富山県射水市)　名本名＝青木、院号＝利生院　歴[明治6年]卒　歴覚円寺に生まれ、のちに氷見郡（現・氷見市)の光稜寺を継ぐ。青年の頃、高岡で野上文山の学塾・待賢堂に学び、旧幣打破・殖産興業の革新思想に深く共鳴した。明治10年稲垣示らと協力して、高岡町に勧業教育所を創設。11年薫成社を設立。27年氷見郡農会、同年富山県農会を結成、31年4月副会頭を経て、12月会頭。この間、同じ本願寺派の滝水薫什と共に、本願寺教団改革運動に携わり、氷見に自督教社を作る。本山から破門されたが屈せず、死去にあたって僧籍復帰。また、その功績により、利生院の院号を追贈された。

矢部 喜好　やべ・きよし
牧師 日本初の良心的兵役拒否者
明治17年(1884)7月4日～昭和10年(1935)8月26日　生福島県耶麻郡木幡村(喜多方市)　学シカゴ大学(米国)神学部卒　歴明治35年実家の破産を機にキリスト教の一派セブンスデー・アドベンチストに入信。36年上京して東京末世福音教会伝道学校に学び、F.W.フィールドから洗礼を受けた。38年日露戦争における兵員補充に際し、キリスト教の戒律を守るため日本で初めて良心的な兵役拒否を行い、禁固2ヶ月の刑を受けて入獄。出獄後は看護卒補充兵となった。のち米国に渡りオッタパイン大学やシカゴ大学で神学を学び、基督同胞教会などで活躍。大正4年帰国して東京や滋賀での伝道活動に従事し、滋賀県膳所教会の設立などに力を尽くした。10年にはフィリピン伝道を挙行、マニラに日本人教会を設立。11年帰国。以後は主に滋賀県の農村での伝道に専念し、琵琶湖少年少女夏期学校や湖南農民福音学校などを主催した。

矢部 甚五　やべ・じんご
農民運動家
明治15年(1882)6月6日～昭和4年(1929)12月23日　生東京都府中市　歴大正10年東京初の農民組合である府中多磨小作人組合を結成。15年三多摩農民組合に発展させ、組合長。

山内 堤雲　やまうち・ていうん
鹿児島県知事
天保9年(1838)9月17日～大正12年(1923)2月5日　生江戸(東京都)　名本名＝山内六三郎、字＝一式　歴嘉永5年(1852年)叔父の蘭方医・佐藤泰然の順天堂に身を寄せ、蘭学と西洋医学を修める。安政3年(1856年)江戸に戻って箕作阮甫の門人となり、やがて蕃書調所に勤める。文久元年(1861年)神奈川奉行手付翻訳方となり、慶応3年(1867年)パリ万博出席の使節に随行して渡欧。戊辰戦争に際しては榎本武揚に従って箱館に籠もった。その後、新政府に仕えて開拓大書記官、農商務省大書記官、通信省会計局長を務め、明治23～25年鹿児島県知事。　家兄＝山内作左衛門(幕臣)、叔父＝佐藤泰然(蘭方医)

山内 豊誠　やまうち・とよしげ
東京地裁検事 貴院議員 子爵
天保13年(1842)2月4日～明治41年(1908)2月19日　生土佐国(高知県)　名別名＝薫　歴明治元年高知新田藩主山内家の6代となる。廃藩後、明治政府の官吏となり、侍従、華族局第五部長、司法省・宮内省各御用係などを経て、東京・水戸・浦和・京都の各裁判所判事、東京控訴院検事、東京地裁検事などを務めた。子爵を授けられ、23～41年貴院議員。

山内 文次郎　やまうち・ぶんじろう
外交官 式部官兼宮中顧問官
嘉永1年(1848)～大正1年(1912)12月27日　名別名＝勝明　歴旧幕臣。はじめ英学を学ぶが、慶応元年(1865年)に横浜仏蘭西語学所ができるとその伝習生となり、フランス語を修める。3年パリ万博に出席する徳川昭武一行に通訳として随行。フランスで昭武付の役目を解かれたあと、留学生としてスイス・オランダ・ベルギー・イタリアを巡って帰国。維新後、沼津の徳川家兵学校のフランス

語教師や陸軍出仕を経て、明治6年外務省に入る。15年三等書記官としてロシアに赴任、次いでイタリアに移り、一時期同地の臨時代理公使を務めた。帰朝後は伊学協会の創立に参画、また仏学会にも関心。のち宮内省に入り、大膳亮・式部寮御用掛などを歴任し、式部官兼宮中顧問官にまで至る。著書に「露帝亜歴山号葬送式」「露国儀式雑報」「露国帝室礼式報告書」などがある。

山尾 庸三　やまお・ようぞう
工部卿 法制局長官 宮中顧問官 子爵

天保8年(1837)10月8日～大正6年(1917)12月22日　生周防国吉敷郡二島村長浜(山口県山口市)　名変名＝山尾要蔵　歴長州藩士・山尾忠治郎の二男。吉田松陰らに学ぶ。文久元年(1861年)幕府の船でロシア領アムール地方に渡航。尊攘派志士として活動し、2年には英国公使館焼討ち事件に参加。3年英国商人グラバーらの協力を得て伊藤博文、井上馨らと渡英し、グラスゴーでロバート・アンド・サンズ造船所の見習い工となって工業技術を学んだ。明治3年帰国して新政府に出仕、民部権大丞兼大蔵権大丞に任官して横須賀造船所の事務を担当。同年工部省創設に関わり、4年工部頭兼測量正、5年工部大輔などを経て、13年工部卿に就任。この間、4年伊藤と政府へ建言して工部寮を創立、その責任者として6年工部学校、10年工部大学校と改組後も実務に携わり、日本の工業教育の基礎を作った。14年参事院議官、17年同副議長、18年宮中顧問官兼法制局長官。19年より有栖川宮、21年より北白川宮の別当を兼務。滞英中の見聞から盲唖教育の確立にも力を尽くし、訓盲所開設を目的としてヘンリー・フォールズ、津田仙、中村正直らが組織した楽善会にも参加、18年には同会長として訓盲唖院の政府直轄を実現させた。21年には臨時建築局総裁となり、東京・日比谷の官公庁街の建設に当たった。20年子爵。　家女婿＝木戸孝正(宮中顧問官)　勲勲一等桐花大綬章

山岡 熊治　やまおか・くまじ
陸軍中佐 社会事業家

明治1年(1868)10月25日～大正10年(1921)8月7日　生土佐国土佐郡井口村(高知県高知市)　学陸士〔明治23年〕卒、陸大〔明治32年〕卒　歴明治32年参謀本部に勤務。37年日露戦争が勃発すると乃木希典幕下の参謀として従軍し、ロシア軍の旅順水師営内にいる非戦闘員に避難を勧告するなどの戦功を立てた。しかし、奉天会戦で負傷して両目を失明。帰国ののち陸軍中佐に昇進。退役後は盲人教育に力を注ぎ、盲人協会会長や残桜会理事などを歴任。　家弟＝山岡重厚(陸軍軍人)、岳父＝細川潤次郎(政治家)　勲勲四等旭日小綬章

山岡 光太郎　やまおか・こうたろう
日本人初のメッカ巡礼者

明治13年(1880)3月7日～昭和34年(1959)9月23日　生広島県福山市　学東京外国語学校ロシア語科〔明治37年〕卒　歴明治37、38年の日露戦争で従軍通訳として活躍。42年29歳のとき、下関を出帆して、ボンベイ、アデン経由、イスラムの聖地メッカに、日本人として初の巡礼をした。速成のイスラム教徒として巡礼したが、大国ロシアを破った東洋の小国の珍客として大歓迎され、ついに熱心なイスラム信者となった。著書に「アラビア縦断記」がある。

山岡 順太郎　やまおか・じゅんたろう
大阪商業会議所会頭

慶応2年(1866)9月18日～昭和3年(1928)11月26日　生加賀国金沢(石川県金沢市)　歴中橋徳五郎の縁で通信省から大阪商船に転じ、大正3年副社長。大阪鉄工所会長、日本電力社長、大阪商業会議所会頭などを務めた。関西大学の運営にも尽力、11年学長に就任した。この間、明治29年滝村竹男らと共に大阪毛斯綸紡織会社を設立、更に東京毛斯綸紡織会社を発足させるなど、それまで輸入に頼っていたモスリンの製造を国内生産化に導いた。

山岡 鉄舟　やまおか・てっしゅう
剣術家 書家 明治天皇侍従 子爵

天保7年(1836)6月10日～明治21年(1888)7月19日　生江戸本所大河端(東京都墨田区)　名本名＝山岡高歩、旧姓・旧名＝小野、字＝曠野、猛虎、通称＝山岡鉄太郎、書号＝一楽斎　歴飛騨郡代を務めた旗本・小野朝右衛門の四男。弘化元年(1844年)久須美閑適斎について剣法を始め、2年父が飛騨高山に赴任すると同地で岩佐一亭より書を、井上清虎より一刀流剣術を学んだ。嘉永4年(1851年)から5年にかけて母と父を相次いで失い、5年江戸に戻った。安政2年(1855年)講武所に入って修行に励み、千葉周作に剣を、山岡静山に槍術を師事したが、同年山岡が亡くなると望まれて同家の養子となった。勝海舟、高橋泥舟と並び"幕末の三舟"と称されるが、泥舟は静山の実弟にあたる。3年講武所剣術世話心得を経て、文久2年(1862年)浪士組取締役として上洛したが、間もなく浪士組は分裂したため江戸へ戻った。慶応4年(1868年)精鋭隊頭となり徳川慶喜の警護にあたる。同年慶喜より恭順の意を伝える命を受けて駿府に赴き、西郷・勝会談を周旋して江戸無血開城への道を開いた。明治維新後は、明治4年茨城県参事、同年伊万里県令を歴任し、5年明治天皇の侍従となった。6年宮内少丞、8年宮内大丞、10年宮内大書記官、14年宮内少輔に進み、15年元老院議官、宮内省御用掛。20年子爵を授けられた。一方、剣禅二道に精進し、13年に極意を得て無刀流を創始。16年には四谷の自宅に一刀正伝無刀流道場・春風館を開設、多くの門下を育てた。書もよくし、また、東京・谷中の全生庵の開基となった。著書に「鉄舟随筆」がある。　家父＝小野朝右衛門(幕臣)、義兄＝山岡静山(槍術家)、高橋泥舟(槍術家・幕臣)

山岡 豊一　やまおか・とよいち
海軍中将
慶応4年(1868)3月～大正15年(1926)7月21日
[生]鳥取県　[学]海兵(第17期)〔明治23年〕卒　[歴]明治25年海軍少尉に任官。大正2年軍令部先任副官、5年扶桑艦長、7年遣支艦隊司令官、8年第一遣外艦隊司令官、第四戦隊司令官を経て、10年海軍中将。12年予備役に編入。

山岡 直記　やまおか・なおき
式部官 子爵
元治2年(1865)2月2日～昭和2年(1927)3月4日
[歴]"幕末の三舟"として知られる山岡鉄舟の長男。明治17年清国に留学し、上海仏蘭西学校に学ぶ。21年帰国、父の死により子爵を継ぎ、式部官となった。日露戦争では通訳官として従軍した。　[家]父=山岡鉄舟

山岡 春　やまおか・はる
女性運動家
慶応2年(1866)1月4日～昭和39年(1964)3月31日
[出]大坂　[名]旧姓・旧名=北住　[学]梅花女学校卒　[歴]明治20年牧師の山岡邦三郎と結婚。大正5年大阪飛田遊廓の設置反対運動に加わる。日本基督教婦人矯風会、全関西婦人連合会などの活動に取り組んだ。

山岡 元貞　やまおか・もとさだ
岡山県議
天保15年(1844)9月17日～明治36年(1903)8月20日　[生]備中国阿賀郡新見(岡山県新見市)　[名]号=新水　[歴]備中新見藩士の二男。代々医を業とする。漢書に造詣が深く、初め藩に仕えた。明治4年私塾を開く。12年第1回岡山県議選の補選で当選。以来3期連続務め、19～21年議長。

山鹿 旗之進　やまが・はたのしん
牧師
安政7年(1860)1月25日～昭和29年(1954)4月1日
[生]陸奥国弘前(青森県弘前市)　[学]美会神学校〔明治16年〕卒　[歴]軍学者山鹿素行の直系。東奥義塾に学び、郷里の先輩本多庸一の高弟。明治16年神学校を卒業、神田、名古屋で伝道に従事、26年渡米、ドルー神学校に学んだ。帰国後名古屋教会を経て、九段教会牧師となった。大正2年から婦人伝導者養成校の聖経女学校で教えた。

山鹿 元次郎　やまが・もとじろう
牧師 社会事業家 弘前女学校理事長
安政5年(1858)12月30日～昭和22年(1947)12月31日　[生]江戸　[名]旧姓・旧名=古田　[学]東奥義塾卒　[歴]弘前藩士古田家の出身で、のち山鹿家を継ぐ。青森の東奥義塾に学び、キリスト教信者であった同校経営者本多庸一やJ.イングの影響で明治8年に受洗。卒業後に新聞記者となり「青森新聞」社主に就任するが、17年に筆禍事件を起こして教職に転身し牧師の資格を取得。19年来徳女学校(のち弘前女学校・弘前学院)創立に参画し、同校教授や各地の教会などを経て37年弘前教会牧師となった。大正2年母校東奥義塾が廃校になると、その再興に尽力。また同年の東北地方における大凶作に際して教会内に凶作救済委員会を設立、被害にあった農民の救護に乗りだし、上京して東京市長らに援助を求めるなど全国的な募金・救援活動を展開した。さらに3年にチフスが流行すると、健康園を開設し徹底した健康管理のもとで児童を収容、併せて幼児を預かる託児園(のちサムエル保育園)も設置した。のち東奥義塾や弘前女学校の理事・理事長などを歴任。

山県 有朋　やまがた・ありとも
首相 陸軍大将・元帥 元老 公爵
天保9年(1838)閏4月22日～大正11年(1922)2月1日　[生]長門国萩城下川島庄(山口県萩市)　[名]幼名=辰之助, 前名=小輔, 狂介　[歴]生家は長州藩の下級武士。松下村塾に学び、高杉晋作、伊藤博文らと交わる。文久3年(1863年)高杉が組織した奇兵隊の軍監となり、四ケ国連合艦隊による馬関攻撃で負傷。第一次長州征討の後、奇兵隊を指導して藩内の保守派と打倒、藩論を倒幕へと導くのに貢献した。慶応2年(1866年)第二次長州征討では奇兵隊を率いて九州方面で戦い、幕府軍を破る。戊辰戦争では北陸道鎮撫総督兼会津征討越後国総督参謀として越後・会津を転戦。明治2年本人の強い希望により渡欧、3年帰国後は兵部少輔、4年兵部大輔、5年陸軍大輔・陸軍中将を経て、6年初代陸軍卿となり、徴兵制や軍備の近代化を推進。7年西郷隆盛の下野で近衛都督に転じたが、間もなく陸軍卿に復帰して参議を兼ね、佐賀の乱、西南戦争では参軍として出征。11年参謀本部長。その後、木戸孝允・大久保利通の死去や、大隈重信、板垣退助の失脚によって伊藤とともに藩閥政府の最高指導者となり、15年伊藤の外遊に伴って参事院議長に就任。16年内務卿。18年第一次伊藤内閣で内相を務め、21年黒田内閣でも留任。地方制度制定に意欲を注ぐと共に、民権派を敵視し、20年保安条例を公布した。22年第一次山県内閣を組閣、教育勅語の渙発などを行った。23年第1回総選挙を実施、第1回帝国議会を開会した。同年陸軍大将。24年総辞職後は元勲として遇され、25年第二次伊藤内閣の法相、26年枢密院議長を歴任。日清戦争では第一軍司令官として従軍するが、病気のため召還され監軍となる。28年陸相。29年ロシア新皇帝の戴冠式に出席した際に、ロシア外相ロバノフと会談して朝鮮における日露間の勢力均衡を図る山県・ロバノフ協定を結んだ。31年元帥府に列し元帥陸軍大将となる。一方で桂太郎、児玉源太郎、寺内正毅ら陸軍出身者や、平田東助、白根専一、清浦奎吾ら官僚出身の有力者を配下に置いて"山県閥"を形成。同年第二次内閣を組閣、軍部大臣現役武官制の制定や治安警察法の制定、選挙法改正、地租増徴などを行った。37年日露戦争でも参謀総長として指揮をとった。38年枢密院議長。伊藤博文没後には元老の中心として政党勢力に対抗し、首

相の奏薦や重要政策の決定などで政界に絶大な影響力を振るったが、大正10年宮中某重大事件(皇太子妃選定問題)で各方面の非難を受け、枢密院議長を辞任した。この間、明治17年伯爵、28年侯爵、40年公爵。陸軍の制度を確立し、政治においても伊藤と並んで国家を主導した。一方、近藤芳樹、井上通泰らに師事し、和歌に秀でた。　[家]養子＝山県伊三郎(貴院議員)

山県 伊三郎　やまがた・いさぶろう
逓信相　内務次官　貴院議員(勅選)　公爵
安政4年(1857)12月23日～昭和2年(1927)9月24日　[生]長門国萩城下川島庄(山口県萩市)　[名]旧姓・旧名＝今津　[歴]長州藩士・勝津家の二男で、叔父である山県有朋の養嗣子となった。明治4年岩倉使節団の全権副使である伊藤博文に従いドイツへ留学、青木周蔵の勧めで政法学を修めた。8年帰国。11年外務省翻訳見習、13～15年外務省三等書記官としてベルリンに在勤。16年太政官権少書記官、18年法制局参事官、20年愛知県第一部長、23年内務書記官、26年東京府書記官などを経て、29年徳島県知事、32年三重県知事、同年逓信省管船局長、34年内務省地方局長、36年内務次官、39年第一次西園寺内閣の逓信相として入閣、鉄道国有化を断行した。41年辞任、勅選貴院議員、43年韓国副統監、ついで朝鮮総督府設置により政務総監となり、朝鮮半島の統治・開発に努めた。大正9年関東長官、11年枢密顧問官。　[家]三男＝山県三郎(栃木県知事)、養父＝山県有朋(陸軍大将・元帥)

山県 小太郎　やまがた・こたろう
官吏
天保7年(1836)4月～明治28年(1895)2月1日　[生]豊後国直入郡白丹村(大分県竹田市)　[歴]幼くして両親を失い祖父母に育てられる。長じて尊王攘夷の志を持ち、祖父母に告げず脱藩して各地に流寓、江戸で数年を過ごしたあと、慶応3年(1867年)鷲尾侍従の勤王の募兵に応じた。戊辰戦争には軍曹となり、鷲尾総督府付を命じられ若松城の戦に功を立てた。明治2年大宮県に出仕し県判事、ついで権大参事となり、4年兵部省、5年海軍省に転じて艦船武具の製造に従った。

山県 治郎　やまがた・じろう
神奈川県知事
明治14年(1881)1月6日～昭和11年(1936)1月9日　[生]山口県　[学]東京帝国大学卒　[歴]内務省に入る。神奈川・兵庫などの県警察部長、内務監察官、初代都市計画局長などを歴任。石川・広島・兵庫・神奈川の各県知事を務めた。

山県 勇三郎　やまがた・ゆうざぶろう
実業家
万延1年(1860)～大正13年(1924)2月25日　[生]肥前国平戸(長崎県平戸市)　[名]旧姓・旧名＝中村　[歴]父は肥前平戸藩の勘定奉行。21歳のとき北海道根室に渡り、海産物業を営んで基礎を固め、

のちには漁業・海運・牧場・鉱山・木材工業など幅広く事業を展開。全国各地に支店を置くまでに成長し、根室実習学校の開設や「根室日報」「根室毎日新聞」など新聞経営も行った。日露戦争時には兵站や薪炭の補給を無償で行うが、そのために商店の財政が危機に瀕し、41年国内の経営を兄弟に任せ、新天地を求めてブラジルのリオ州マカエに移住。ここで5000町歩の土地を購入し、大規模農場と酒造業を経営、次第に漁業や製塩業に進出した。またブラジル初の水産学校を開き、のちには造船業の経営や大学の開設をも志したが果たせなかった。英国の植民地主義者セシル・ローズに範をとった快男児で、その生き方は若い日本人移民たちに大きな影響を与えた。

山川 えん　やまかわ・えん
自由民権運動家
嘉永1年(1848)～明治31年(1898)　[出]相模国(神奈川県)　[歴]相模国下荻野村(現・厚木市)の宿屋・釜屋の娘。夫は愛甲自由党の指導者・山川市郎で、八人の子どもを授かった。明治17年同党党員の妻や娘たちで愛甲婦女協会を結成した。　[家]夫＝山川市郎(自由民権運動家)

山川 浩　やまかわ・ひろし
陸軍少将　貴院議員(勅選)　男爵
弘化2年(1845)11月6日～明治31年(1898)2月4日　[生]陸奥国若松(福島県会津若松市)　[名]号＝屠竜子　[歴]会津藩士の家に生まれ、若くして父を失い、家督を相続。藩主松平容保の側近にあって、幕末の難局にあたる。慶応2年(1866年)幕府樺太境界議定の派遣員に選ばれて露独仏3国を巡航し、攘夷の非を悟る。帰国後藩政改革を志したが、戊辰戦争で会津城は開城。幼君松平容大を守り、明治2年旧藩主松平家の再興が許されて陸奥斗南の地3万石が与えられると、斗南藩の権大参事に就任。藩士の移住・授産に尽力する。廃藩後上京、6年陸軍省に出仕し、10年西南戦争では西征別動軍参謀をつとめた。その後、名古屋鎮台参謀長、陸軍省人事局長などを経て、初代の高等師範学校校長、23年勅選貴院議員、陸軍少将を歴任した。31年男爵。著書に「京都守護職始末」、歌集「さくら山集」など。　[家]弟＝山川健次郎(物理学者・東京帝国大学総長)、妹＝大山捨松(大山巌元帥夫人・社会奉仕家)

八巻 九万　やまき・くまん
衆院議員(巴倶楽部)
嘉永5年(1852)11月4日～昭和4年(1929)4月1日　[出]甲斐国(山梨県)　[学]慶応義塾卒　[歴]区長総代理、学区総取締、収税属、山梨県議・議長などを経て、明治23年第1回衆院議員(政友会)に当選1回。鉄道期成同盟会に入り、鉄道敷設法案を起草し、甲信鉄道敷設に尽力する。35年東京に山梨共修社を設立し、県出身者の育成にも貢献した。

山際 七司　やまぎわ・しちし
自由民権運動家　衆院議員（自由党）北辰自由党党首
嘉永2年（1849）1月1日～明治24年（1891）6月9日
生越後国蒲原郡木場村（新潟県新潟市）　名諱＝義晴、字＝鵬挙、号＝海洲、任天　歴生家は庄屋。幼時遠藤朝陽に漢学を学び、のち東京に遊学。明治11年新潟に立白社を設立し、雑誌「喚醒」を発行。12年新潟町議となり、国会開設運動の先頭に立って越後の総代として元老院に建白書を提出した。自由党結成に奔走し、14年西園寺公望、松田正久らと「東洋自由新聞」を創刊。15年北辰自由党を結成し党首となる。16年高田事件で逮捕されたが釈放、18年には大阪事件に連座して禁錮2年。後藤象二郎の大同団結運動に共鳴、政府の条約改正に反対して活躍。23年第1回総選挙で衆院議員に当選した。立憲自由党に所属していたが、路線対立から除名処分を受け、国民自由党を結成した。

山口 嘉七　やまぐち・かしち
実業家　衆院議員（政友会）
安政4年（1857）7月～昭和7年（1932）12月17日
生福井県　歴大津、京都で弁護士を開業。帰郷して福井県議となり、大正4年衆院議員（政友会）に当選、2期務める。また若狭電気社長、江若鉄道取締役、小浜実業会長などを歴任した。

山口 勝　やまぐち・かつ
陸軍中将
文久2年（1862）～昭和13年（1938）10月4日
生江戸　胆駿河国駿東郡東沢田村（静岡県沼津市）　名旧姓・旧名＝山口勝次郎　学陸士〔明治14年〕卒　歴幕臣・山口千造の二男。明治14年陸軍砲兵少尉に任官。22年大尉、野砲第四連隊中隊長となる。同年イタリアへ留学し、26年帰国。28年日清戦争に出征。30～31年渡仏。32年要塞砲兵射撃校長、34年軍務局砲兵課長、40年重砲第一旅団長を経て、大正元年重砲兵監。大正2年陸軍中将に進み、3年第十師団長、5年第十六師団長。8年予備役に編入。
家息子＝山口一太郎（陸軍大尉）

山口 吉郎兵衛（3代目）　やまぐち・きちろべえ
大阪第百四十八国立銀行頭取
嘉永4年（1851）～明治20年（1887）
歴明治12年大阪第百四十八国立銀行を設立。初代頭取を務めた。

山口 圭蔵　やまぐち・けいぞう
陸軍少将
文久1年（1861）10月1日～昭和7年（1932）6月15日
出京都　学陸士（旧3期）卒、陸大〔明治18年〕卒　歴明治19年陸軍大学校教授となる。21年ドイツに留学。歩兵第二十一連隊大隊長、第五師団参謀、戸山学校長、第十一師団参謀長、歩兵第五旅団長などを歴任。35年陸軍少将。

山口 玄洞　やまぐち・げんどう
実業家　貴院議員（多額納税）
文久3年（1863）10月10日～昭和12年（1937）1月9日　生備後国尾道（広島県尾道市）　歴代々尾道で医を業とする家に生まれたが、父親の死によって家運が傾き、大阪に出て店員となる。21歳のとき主家の破産に遭遇、独立して洋反物のブローカーを開業した。粉骨砕身して精励した結果、商運が開け巨万の富を得て、のち合資会社山口綿花商店を創立して屈指の綿花商となった。貴院議員にも当選。

山口 宏沢　やまぐち・こうたく
国家主義者
明治3年（1870）5月17日～昭和3年（1928）1月5日
生大隅国良郡重富村（鹿児島県始良市）　名初名＝正一郎　学東京帝国大学文科大学〔明治32年〕卒　歴薩摩藩島津家の御典医・山口祐清（一斎）の子に生まれるが、明治10年西南戦争の際は父は大義名分を主張して西郷方に斬られる。幼少より困苦を嘗め、のち島津家の家庭教師となり、29年上京、32年東京帝国大学を卒業する。ついで東亜同文会幹事となり、近衛篤麿の知遇を得た。33年南京同文書院の設立に関わる。42年ブラジルに土地を借りて移民を送る道を開き、海外興業会社設立の基礎を固めた。大正6年頃より天理教に入信、以来専ら著述に従事し、その著『修理固成の天冠』は特に有名。ほかの著書に『博士長谷川芳之助』『日本建国の精神』『神言通義』などがある。

山口 五郎太　やまぐち・ごろうた
大陸浪人
嘉永4年（1851）～明治35年（1902）12月13日
出肥前国佐賀（佐賀県佐賀市）　名旧姓・旧名＝藤崎　歴肥前佐賀藩士・藤崎家より、同藩・山口家に入る。藩校・弘道館に学び、明治維新の際は佐賀藩兵に加わり、奥羽方面に従軍。早くから副島種臣の知遇を得て、明治7年台湾征討には少尉相当官となって西郷都督に従い出征、負傷した。のち藩侯および副島などの後援で台湾、厦門、福州などで清（中国）の国情を調査。のち浪人となり、蘇亮明の中国島で活動。18年の朝鮮事件にも関係した。27年日清戦争には陸軍通訳となり旅順・金州で特別任務に従事。鈴木天眼・中野天鳴らに影響を与えた。

山口 権三郎　やまぐち・ごんざぶろう
日本石油創業者　新潟県議
天保9年（1838）6月9日～明治35年（1902）10月12日　生越後国刈羽郡横沢村（新潟県長岡市）　名幼名＝亀治　歴祖先は越後の戦国武将・上杉謙信に仕えた郷士で、上杉家の米沢転封後も越後に残って帰農した。大庄屋格の家柄の長男。嘉永元年（1848年）庄屋見習役、4年庄屋を命じられ、安政2年（1855年）大庄屋格兼帯刀を許された。この間、丸山貝陵、藍沢南城の塾に学ぶ。明治12年新潟県議に当選、13年、17年議長。一時は二弟・大塚益郎、三弟・野本恭八郎、四弟・田口十一郎も新潟県

議となり、4人同時に議席を持った。21年日本石油（現・新日本石油）設立に参画。22年欧米を視察し、23年帰国。同年第1回衆院選に立候補した。また、新潟第四国立銀行、殖産協会、新潟鉄工所、北越鉄道、長岡銀行などの設立に参加するなど、新潟県内実業界の立役者としても活躍した。　家弟＝大塚益郎（新潟県議）、野本恭八郎（新潟県議）、口十一郎（新潟県議）

山口　左七郎　やまぐち・さしちろう
衆院議員
嘉永2年（1849）5月23日～明治45年（1912）2月21日　生相模国足柄郡金子村（神奈川県足柄上郡大井町）　名旧姓・旧名＝間宮　歴相模国大住郡の豪農・山口氏の養子となり、明治5年家督を継ぐ。副戸長や神奈川県出仕などを経て11年大住・淘綾両郡の戸長に就任。同年、地主の地券詐欺から農民たちの暴動に発展した、いわゆる真土事件が起こると、首謀者の減刑に努め、神奈川県における民権運動高揚の端緒を開いた。また、自身も国会開設運動を支持し、14年同県令野村靖と意見対立して下野。その後、湘南社や自由党に拠って民権運動を進め、23年には衆議院選挙に出馬して当選、自由倶楽部に所属した。

山口　十八　やまぐち・じゅうはち
陸軍少将　子爵
明治11年（1878）10月～昭和12年（1937）1月30日　出山口県　名旧姓・旧名＝大賀　学陸士卒、陸軍大学校〔明治42年〕卒　歴陸軍大将・山口素臣の養嗣子となる。陸士卒後の明治33年歩兵少尉に任官、大正13年陸軍少将に昇進。その間陸大を卒業し、近衛師団参謀長、歩兵第十五連隊長、歩兵第十一旅団長、近衛歩兵第一旅団長など歴任。昭和4年待命となり、ついで予備役に入る。

山口　俊一　やまぐち・しゅんいち
衆院議員
万延1年（1860）12月～昭和8年（1933）10月1日　生丹波国天田郡細見村（京都府福知山市）　歴京都府の天田郡会議員、府会議員、同議長を経て、明治31年以来衆議院議員当選4回、民政党顧問を務めた。かたわら、福知山米穀生糸取引所理事長、京都土木、帝国用達各社長も務めた。

山口　仙之助　やまぐち・せんのすけ
富士屋ホテル創業者
嘉永4年（1851）5月5日～大正4年（1915）3月25日　生武蔵国橘樹郡大根村（神奈川県横浜市神奈川区）　名旧姓・旧名＝大浪　医者大浪昌随の五男で、10歳の時山口家の養子となり、江戸浅草の小幡塾で漢学を学ぶ。17歳で明治維新を迎え横浜に帰った。明治4年志を立てて単身渡米した際、欧米派遣特使岩倉具視一行と同船し、一行のメンバー浜尾新を知り、後年その知遇を得た。8年帰国、慶応義塾に入るがまもなくやめ、11年箱根宮の下の富士屋旅館を買収して富士屋ホテルと改め、外国人宿泊を専門とする本格的ホテルを創始、一代で全国屈指の大ホテルへと発展させた。開業当時狭くて不便だった箱根山の各温泉の道路を私財を投じて改良、19～20年塔沢・宮の下間1里16町、幅員3間余りの車道を完成させた他、箱根発展のため各方面に活躍した。

山口　達太郎　やまぐち・たつたろう
実業家　衆院議員（憲政本党）
安政5年（1858）6月9日～大正9年（1920）8月9日　生越後国刈羽郡横沢村（新潟県長岡市）　学慶応義塾〔明治18年〕卒　歴越後横沢村（新潟県長岡市）の庄屋・山口権三郎の長男に生まれ、漢学を修める。明治18年慶応義塾を卒業して帰郷し父を助けて石油業に従事する。35年父の死去に伴い父が設立した日本石油の常務となる。以来長年に渡って経営に当たり、同社の発展に業績を残した。また新潟鉄工所、長岡銀行、北越水力電気、北越製紙、東京山口銀行などを創設し社長・頭取を務め、育英事業にも貢献した。柏崎銀行頭取、新潟農工銀行頭取も歴任。37年衆院議員（憲政本党）に当選1回。　家父＝山口権三郎（実業家）　勲藍綬褒章

山口　太兵衛　やまぐち・たへえ
実業家
慶応2年（1866）9月～昭和9年（1934）12月10日　出鹿児島県　歴明治17年朝鮮に渡り、貿易業を興す。可部商会社長となり、朝鮮商業銀行取締役、京城電気取締役などを務め、京城実業界に重きをなした。また京城に教育機関を創設したほか、東本願寺の開教、京城神社の鎮座、公園・墓地の設置などに尽力し、公共事業にも貢献した。

山口　尚芳　やまぐち・なおよし
会計検査院長　元老院議官
天保10年（1839）5月11日～明治27年（1894）6月12日　出肥前国武雄（佐賀県武雄市）　名通称＝範蔵　歴佐賀藩一門の武雄鍋島家の家臣・山口尚澄の長男。長崎に遊学して蘭学を修め、さらに英人宣教師フルベッキから英語を習う。のち佐賀藩の翻訳兼練兵掛となり、幕末期には薩摩藩に接近して同藩の小松帯刀と親しく交流し、薩長の軍事同盟成立に力を尽くした。戊辰戦争では新政府軍の一員として従軍し、江戸開城の先頭に立った。慶応4年（1868年）外国事務局御用掛として新政府に出仕。4年木戸孝允、大久保利通、伊藤博文と岩倉使節団の特命全権副使に任じられ、欧米に派遣された。帰国後の征韓論争では内治優先を主張し、佐賀の乱に際しては政府軍に加わって郷里武雄町の士族の鎮静に奔走した。8年元老院議官となり、14年会計検査院長を兼務。同年参事院議官。23年勅選貴院議員。

山口　半七　やまぐち・はんしち
衆院議員　大分銀行整理委員長
嘉永6年（1853）1月7日～昭和7年（1932）6月9日　生豊前国中津（大分県中津市）　名初名＝克己　学

慶応義塾卒　歴豊前中津藩士の子として生まれる。郷里の先輩・福沢諭吉が経営する慶応義塾に学んだのち、中津中学・慶応出版局・鶴谷商会に勤務。明治15年豊州立憲改進党の創立に際して発起人となり、以後、県議や県会議長などを歴任。27年には衆院議員となり、公同倶楽部に所属した。その後も大分県における改進党系の重鎮として活躍。その傍ら、実業界でも活動し、豊中製糸会社・中津紡績会社・豊州瓦斯会社・耶馬渓鉄道などの設立に参画、43年には大分県農工銀行頭取に就任した。また、大正11年に大分銀行が休業すると、整理委員長としてその再建に奔走した。昭和4年に引退。

山口 弘達　やまぐち・ひろよし
貴院議員 子爵
万延1年（1860）3月23日〜昭和7年（1932）7月11日　生江戸赤坂（東京都港区）　名幼名＝長治郎、号＝薫石、唯文　学学習院研究科卒　歴常陸牛久藩主弘敞の長子で、文久2年（1862年）家督を相続し、従五位下周防守に任ぜられる。明治2年牛久藩知事、17年子爵。学習院教授を務め、貴院議員に5回選ばれた。また古法帖を研究、愛硯家として知られる。

山口 正定　やまぐち・まささだ
海軍大佐 侍従長 男爵
天保14年（1843）9月25日〜明治35年（1902）3月21日　生常陸国（茨城県）　名通称＝山口徳之進　歴常陸水戸藩士の長男。安政5年（1858年）家督を継ぎ、万延元年（1860年）大番組となる。尊攘派志士として活動し、文久元年（1861年）宇都宮の児島強介らと老中・安藤信正の襲撃を計画。3年藩主・徳川慶篤に従って上洛し、京都守衛にあたった。藩論が佐幕に転じた後も京都に留まるが、慶応4年（1868年）帰藩。戊辰戦争には北越追討軍を率いて参戦し、新政府軍に編入した。明治維新後は権大参事を経て、明治5年侍従として宮内省に出仕。明治天皇の側近として仕え、10年侍補。11年海軍中佐兼侍従長となり、天皇と海軍との連絡に努めた。海軍大佐、宮内大書記官、主猟局長官、主殿頭、宮中顧問官などを歴任し、29年男爵を授けられた。

山口 政二　やまぐち・まさじ
弁護士 衆院議員（新正倶楽部）
明治20年（1887）8月〜昭和2年（1927）2月23日　生埼玉県　学東京帝国大学法科大学独法科〔大正3年〕卒　歴朝鮮総督府事務官、陸軍省御用掛、青島守備軍民政部事務官を歴任。のち弁護士を開業しその業務に従事する。大正13年衆院議員（新正倶楽部）に当選1回。

山口 宗義　やまぐち・むねよし
日本銀行理事
嘉永4年（1851）9月2日〜昭和9年（1934）5月6日　生島根県　名号＝松陵　学大学南校卒　歴大蔵省主計官、台湾総督府財政部長、日本銀行理事などを歴任。漢詩人としても知られ、晩年多数の漢籍を松江図書館に寄贈した。　家弟＝山口半六（建築家）、山口鋭之助（宮中顧問官）

山口 素臣　やまぐち・もとおみ
陸軍大将 子爵
弘化3年（1846）5月15日〜明治37年（1904）8月7日　生長門国萩（山口県萩市）　歴長州藩士の家に生まれる。戊辰戦争では奇兵隊教導役として北陸・奥羽地方を転戦。明治6年陸軍少佐となり、7年佐賀の乱、10年西南戦争に参陣。戦後中佐となり、大阪歩兵第九連隊長、大津司令官。15年大佐に進み、熊本、東京の鎮台参謀長、近衛参謀長などを歴任。20〜21年米国・ドイツを視察。23年少将となり歩兵第十旅団長、日清戦争では歩兵第三旅団長として出征、その功により28年男爵。29年中将となり第五師団長。33年北清事変（義和団事件）には師団長として出征し、北京救援隊司令官を務めて功を立てる。37年陸軍大将に昇進。没後、多年の功により子爵を追贈された。

山口 熊野　やまぐち・ゆや
衆院議員（政友本党）
元治1年（1864）11月11日〜昭和25年（1950）6月24日　生紀伊国（和歌山県）　学東京外国語学校　歴米国に渡り、邦字新聞「新日本」を発刊、また在留日本人愛国同盟を組織する。帰国後、京浜銀行監査役、「自由新聞」記者、自由通信社長を務める。この間、明治31年以来衆院議員に7回選出された。

山越 永太郎　やまごし・えいたろう
治水家
天保6年（1835）11月14日〜明治31年（1898）1月　生上総国市原郡東海村（千葉県市原市）　歴鴻谷鹿門の門に学ぶ。明治11年千葉市原郡の二十五里、野毛、飯沼の連合戸長となる。困難といわれた養老川の改修に板羽目工法を採用して工事に着手し、16年板羽目堰を完成させた。

山座 円次郎　やまざ・えんじろう
外交官
慶応2年（1866）10月26日〜大正3年（1914）5月28日　生筑前国福岡（福岡県福岡市）　学一高卒、帝国大学法科大学〔明治25年〕卒　歴筑前福岡藩の足軽の二男。明治16年に上京し、天文学者・寺尾寿の書生となる。25年外務省に入省。26年釜山、28年仁川、29年ロンドン、32年京城公使館勤務を経て、34年外務省政務局長となり、豪傑肌ながら緻密な外交センスを持ち主として小村寿太郎外相の信任を得た。38年ポーツマス条約締結時には補佐役として講和全権大使の小村に随行。さらに同年小村に随行して北京に赴いて日清協約の締結を助けるなど、小村外交の中枢を担って活躍した。41年英国大使館参事官に就任。大正2年北京駐在特命全権公使に転じたが、在職中に急死した。福岡出身ということもあり玄洋社とひとつ深く、大陸浪人の活動を支援するなど大陸浪人と政府のパイプ役となった。　家岳父＝神鞭知常（衆院議員）、

義弟＝吉岡友愛（陸軍大佐）

山崎 景則 やまさき・かげのり
海軍少将
天保8年（1837）～明治42年（1909）10月22日
歴肥前佐賀藩士の長男。明治4年海軍大尉に任官。17年比叡、19年高千穂、同年常備艦隊小参謀長兼扶桑艦長、21年軍務局次長、22年海軍省第一局第一課長を経て、23年海軍少将に進み呉軍港司令官。25年海軍兵学校校長、同年横須賀軍港司令官。26年予備役に編入。家弟＝山崎鶴之助（海軍機関少将）

山崎 今朝弥 やまざき・けさや
弁護士 評論家
明治10年（1877）9月15日～昭和29年（1954）7月29日 生長野県 名筆名＝岡陽之助 学明治法律学校〔明治34年〕卒 歴明治34年に司法試験に合格したが、36年に渡米し、幸徳秋水らと知り合う。40年帰国して弁護士を開業、片山潜、堺利彦らと交際しながら個人誌「平民法律」を創刊し、平民大学を創設するなど社会主義の宣伝、教育にあたる。大正9年堺利彦、大杉栄らと日本社会主義同盟を結成したあと、自由法曹団、日本フェビアン協会、日本労働総連合などの結成・創立に参加し、日本労農党、日本大衆党、全国労農大衆党、社会大衆党などの役員や顧問を歴任する。一方、荒畑寒村、山川均らの事件など数多くの争議の弁護士を引き受けた。

山崎 羔三郎 やまさき・こうさぶろう
軍事探偵
元治1年（1864）7月4日～明治27年（1894）10月31日 生筑前国（福岡県福岡市簀子町） 名旧姓・旧名＝白水 歴筑前福岡藩士白水家の三男で、のち山崎家に入る。鞍手中卒業後小学校教師となったが、玄洋社に学び、のち東京に遊学して荒尾精の知遇を得、中国大陸を志すようになる。明治21年から約2年間、清（中国）各地を探訪。23年荒尾が上海に諜報活動機関・日清貿易研究所を設立するとこれに参加。25年再び清へ行き、写真屋を開業。日清戦争では功により陸軍通訳官に任命されたが、敵情偵察中に捕らえられ、27年10月処刑された。

山崎 四男六 やまさき・しおろく
日本銀行監事 大蔵省理財局長
慶応4年（1868）9月4日～昭和3年（1928）8月31日 生肥前国（佐賀県） 名旧姓・旧名＝石井 学帝国大学法科大学〔明治29年〕卒 歴佐賀藩士・石井直信の四男に生まれ、のち山崎峰次郎の養子となる。明治29年大蔵省に入り約20年間勤務し、司税官、主計官、税関事務官、書記官、大臣秘書官、参事官、横浜税関長、国債局長、理財局長などを歴任する。大正3年宮内省に移り内蔵頭となり、のち日本銀行監事を務めた。

山崎 所左衛門 やまざき・しょざえもん
青森県議
文化10年（1813）1月2日～明治24年（1891）7月4日 生陸奥国弘前（青森県弘前市） 名本名＝山崎清良、旧姓・旧名＝葛西、通称＝豹二郎、主計 歴陸奥弘前藩士・葛西家に生まれ、儒学者・山崎蘭州の嫡子・茂作の養子となる。文久2年（1862年）藩の大目付、慶応4年（1868年）留守居組頭。同年の戊辰戦争では奥羽鎮撫総督の命により庄内藩討伐のため秋田領内まで出陣したが、弘前藩が奥羽越列藩同盟に参加したため撤退、藩境・碇ケ関の守備に当たった。6月役職を解かれ蟄居・隠居の処分を受けたが、7月藩は列藩同盟を脱退、8月には役職に復帰。勤王の立場から藩論統一に努めた。9年初の青森県議選で当選した。

山崎 樵夫 やまさき・そまお
実業家 岡山市議
天保10年（1839）9月～大正3年（1914）9月28日 生備前国岡山（岡山県岡山市） 名旧姓・旧名＝水島 歴岡山藩家老天城池田氏家臣・水島家の二男に生まれ、幼名は近之助。のち金川日置氏家臣・山崎如水の養嗣子となる。岡山藩士・上田万太郎から種田流槍術の免許を受け、森田月瀬から陽明学を学ぶ。家老・日置帯刀に従い尊皇攘夷運動に関わり、明治維新後は岡山県御用掛を務める。明治13年実業界に転身、岡山米商会所取締役となり、14年頭取に就任。19年岡山県勧業諮問会員を務める傍ら、17年頃から自ら桑園を開き、津山の安藤重恭に蚕飼育法を教わるなど岡山県養蚕業の改善と発展に尽力した。また岡山茶業組合取締役、岡山生魚会社取締役、岡山石炭会社取締役などを歴任。一方、22～35年岡山市議、28～31年市会議長を務めるなど自治・産業功労者として多方面に活躍した。

山崎 直胤 やまさき・なおたね
内務省県治局長
嘉永5年（1852）5月～大正7年（1918）2月2日 生豊前国中津（大分県中津市） 歴明治5年工部留学生として渡仏しフランスの産業技術を調査、ウィーン万博事務官も務める。6年帰国し法制官、太政官少書記官、大蔵省大書記官などを経て、太政官大書記官に就任。15年伊藤博文の渡欧に随行、欧州の憲政を視察し、16年帰国。18年内務省初代県治局長、のち宮内省調度頭を務め、29年錦鶏間祗侯となる。

山崎 弁栄 やまさき・べんねい
仏教思想家
安政6年（1859）2月20日～大正9年（1920）12月4日 生下総国南相馬郡（千葉県柏市） 名幼名＝啓之介、号＝仏陀禅那、無別得不可知童子 歴明治12年20歳で出家し、千葉県東漸寺の大康に師事。14年東京に遊学、浄土宗乗の他、倶舎・唯識・華厳・真言などの余乗も広く学ぶ。15年帰郷し、夏の2カ月

間筑波山中で修行、さらに同年より3年間埼玉の草庵にこもり「一切経」を読了。27年インドの仏跡を参拝し、帰国後は「阿弥陀経図絵」にもとづく伝道活動を行う。30年代に入ると、「無量寿経」の十二光による光明主義運動として宗教活動を展開していった。大正3年如来光明意趣書を領布し、7年に伝道者養成のための光明学園を設立した。著書に「人生の帰趣」「光明の生活」「無量光寿」などがある。

山崎 寧　やまざき・やすし
カナダ日本人会を創設
明治3年(1870)5月〜昭和20年(1945)10月18日
回富山県 生生後まもなく父と死別し、13歳で上京。学校に通う傍ら、東京横浜毎日新聞社に勤務。明治21年、福沢諭吉の提唱する米国移住論に触発され渡米。のちカナダへ渡り、同国での日本人社会の形成に尽力した。40年には邦人紙「大陸日報」（現・カナダタイムス）を刊行。42年カナダ日本人会を設立し、初代会長に就任。カナダ移民史における功労者。昭和9年に帰国した後は終生日本で暮らした。

山崎 豊　やまざき・ゆたか
川越第八十五国立銀行頭取
天保2年(1831)11月18日〜明治45年(1912)2月27日　生武蔵国川越町(埼玉県川越市)　前名=山崎嘉七　歴代々菓子商を営む亀屋山崎嘉七の長男に生まれ、15歳の時、江戸で菓子作りを修業する。文久2年(1862年)4代目嘉七を襲名。慶応3年(1867年)武蔵川越藩御用達となる。明治8年仲間とともに志義学校を設立。11年埼玉県初の銀行、川越第八十五国立銀行の設立発起人となり、25年頭取に就任。また、29年には川越貯蓄銀行を創設し、33年川越商業会議所初代会頭に選ばれた。この間、16年家督を譲り、豊と改名。

山崎 豊　やまざき・ゆたか
陸軍伍長
嘉永1年(1848)〜明治9年(1876)11月24日
回遠江国(静岡県) 歴遠江国小笠原の雨桜神社神官の二男。遠江掛川藩校・教養館に学び、慶応4年(1868年)父・兄と遠州報国隊に参加、東征大総督に従って江戸入り。明治2年招魂社社司となり、7年陸軍の教導団に入って、9年陸軍伍長。同年熊本の不平士族・敬神党が反乱を起こすと（神風連の乱）、戦死した。

山沢 静吾　やまさわ・せいご
陸軍中将 男爵
弘化2年(1845)12月15日〜明治30年(1897)3月30日　回薩摩国(鹿児島県)　歴薩摩藩士の長男。慶応4年(1868年)川村義純に従って鳥羽・伏見の戦いや戊辰戦争に従軍。明治2年御親兵として上京、4年陸軍大尉に任官。5年牧畜研究のために米国に留学。7年帰国して陸軍に復帰、同年フランスへ派遣され、露土戦争を観戦した。11年帰国して歩兵

第三連隊長、16年歩兵第一連隊長、17年近衛歩兵第一連隊長、18年歩兵第三旅団長、23年歩兵第十旅団長、27年留守歩兵第九旅団長を歴任。28年陸軍中将となり、第四師団長として日清戦争に出征。同年男爵を授けられた。

山路 一善　やまじ・かずよし
海軍中将
明治3年(1870)3月13日〜昭和38年(1963)3月13日　生愛媛県　学海兵(第17期)(明治23年)卒　歴明治25年海軍少尉に任官。43年笠置、44年筑波の艦長、同年軍令部第二班長、3年第一艦隊参謀長、海軍砲術学校校長、5年第四戦隊司令官、6年第三特務艦隊司令官、第二戦隊司令官、7年馬公要港部司令官を経て、海軍中将。8年第二戦隊司令官、9年鎮海要港部司令官を務め、12年予備役に編入。著書に「日本海軍の興亡と責任者たち」などがある。　家兄=佃一予(日本興業銀行副総裁)、岳父=山本権兵衛(首相・海軍大将)

山路 丈太郎　やまじ・じょうたろう
殖産家
天保10年(1839)〜大正3年(1914)11月28日
生伊勢国安濃郡妙法寺村(三重県津市)　歴18歳で伊勢妙法寺村(三重県津市)の庄屋となる。のち庄屋の職を去って京都の宇治で製茶法を学び、帰郷して技術を広く伝え、地域の製茶業発展に尽くした。その後病を得て失明したが、製茶の販路拡張のため、有志と共に海外直輸会社を設立、日本製茶会社の創立、茶業組合の組織作りなどに貢献した。ま山野を開墾して桑樹を栽培し、学術振興のために私費を投じた。この間、安濃郡議、三重県勧業諮問委員などに選ばれた。

山地 元治　やまじ・もとはる
陸軍中将 子爵
天保12年(1841)7月25日〜明治30年(1897)10月3日　生土佐国土佐郡小高坂村(高知県高知市)　名通称=忠七　歴土佐藩士で弱冠にして土佐藩主山内容堂に扈従して江戸に赴き、文久2年(1862年)御側勤めとなって容堂に侍し、蒲田梅屋敷の周布政之助事件では小笠原唯八らと活躍した。慶応3年(1867年)藩の小隊司令となって本藩守護に任じる。戊辰戦争では七番隊長、胡蝶隊長として転戦し、岩代本宮の戦いで功を立てた。明治4年陸軍少佐となり、10年の西南戦争には中佐として従軍。11年大佐、14年少将、熊本・大阪鎮台司令長官となり、19年中将、20年男爵、23年東京第一師団長となる。日清戦争では第二軍に属して出征。28年子爵となり、ついで近衛師団長に任ぜられた。幼い頃に遊んでいて右目を失明し、後年勇猛な用兵から"独眼竜将軍"の異名をとった。　勲勲一等旭日大綬章

山下 亀三郎　やました・かめさぶろう
山下汽船創業者
慶応3年(1867)4月9日〜昭和19年(1944)12月13

山下 慶次郎　やました・けいじろう
開拓事業家

嘉永6年(1853)9月28日～大正3年(1914)3月14日　⊞伯耆国森藤村(鳥取県東伯郡琴浦町)　歴溜め池作りと水路開削を推進。明治45年明治池(大法堤)を完成させ、水田15ヘクタールを切り開いた。

山下 源太郎　やました・げんたろう
海軍大将　男爵

文久3年(1863)7月13日～昭和6年(1931)2月18日　⊞出羽国米沢(山形県米沢市)　学海兵(第10期)〔明治16年〕卒　歴出羽米沢藩士の二男。明治19年海軍少尉に任官。主に砲術畑を歩き、日清戦争では金剛砲術長を務めた。33年北清事変では天津駐在陸戦隊指揮官として天津城攻略に参加。日露戦争中は大本営参謀として作戦立案に携わり、ロシアのバルチック艦隊の対馬海峡通過を確信して戦勝に導く要因を作った。39年第一艦隊参謀長、41年佐世保鎮守府参謀長、42年艦政本部第一部長、43年軍令部参謀、同年海軍兵学校校長、大正3年軍令部次長、4年佐世保鎮守府司令長官、6年第一艦隊司令長官を経て、7年海軍大将。同年連合艦隊司令長官を兼任。9年軍令部長となり、八八艦隊計画の達成とワシントン軍縮会議による軍縮処理に関与した。昭和3年後備役となり、男爵を授けられた。　家養子＝山下知彦(海軍大佐)、岳父＝宮島誠一郎(政治家)、女婿＝渓口泰麿(海将)

山下 現有　やました・げんゆう
僧侶　浄土宗管長　知恩院門跡

天保3年(1832)8月29日～昭和9年(1934)4月11日　⊞尾張国赤見村(愛知県一宮市)　囮名＝俊敬、沢賢、字＝葵堂、号＝謙蓮社　家天保11年(1840年)伊勢松坂の樹敬寺・梧雲の下について9歳で得度。15歳の時、東京の増上寺山下谷の賢従学寮で修学、23歳で山下学寮安祥室の寮主となる。明治3年山口・善性寺に浄土宗学校を設立した。7年東京・幡随院、12年愛知・円成寺、20年京都・知恩寺62世、30年東京に戻り増上寺76世などの住職を経て、35年京都の浄土宗総本山知恩院79世門跡となり、浄土宗管長に就任。大正4年大典に仏教各宗派代表として参列した。著書に「桜寧邨舎詩」(全2巻)がある。

山下 千代雄　やました・ちよお
衆院議員(政友会)

安政4年(1857)9月～昭和4年(1929)2月4日　⊞出羽国米沢(山形県)　学司法省法学校卒　歴明道館を創立し、自由民権を主張。内務省県治局長を経て、明治27年衆院議員に初当選。以来通算5期務めた。

山下 友治郎　やました・ともじろう
写真材料店主

慶応3年(1867)～昭和6年(1931)3月20日　⊞大阪島の内(大阪府大阪市中央区)　歴青年時代、京都・祇園社近くに写真材料・名所風俗写真販売の店を開く。明治34年には寺町仏光寺に移って写真材料店を経営。36年浅沼商会と合併し、同社の京都支店支配人に就任した。大正7年上京して平町に写真材料卸を開業するとともに、関東・関西の融和を図るなど写真業界の発展に尽力。のち、麹町二丁目に店舗を設け、写真材料卸業界の雄として大いに名声を得た。

山下 芳太郎　やました・よしたろう
カナモジカイ創立者　住友本店総支配人

明治4年(1871)11月13日～大正12年(1923)4月7日　⊞愛媛県　学東京高商〔明治25年〕卒　歴愛媛県の士族の長男として生まれる。明治26年より外務省に勤務し、27年領事館書記生としてボンベイ駐在。のち領事館事務代理、副領事としてボンベイ、リヨン、ロンドンの領事館に勤務。34年実業界に転じ、住友神戸支店支配人代理、のち本店副支配人を歴任。39年第一次西園寺内閣の首相秘書官を務め、41年住友神戸支店支配人、住友銀行神戸支店支配人。大正4年住友本店総支配人となる。外交官時代から西洋の文字文化に触れ、熱心な国字改良論者となった。3年カタカナ左横書が一番適当であるとして国字改良案を発表、カナ活字を試作した。9年カナモジカイを創立。著書に「国字改良論」「カタミノコトバ」など。

山品 捨録　やましな・すてろく
福井市長

慶応3年(1867)12月19日～大正9年(1920)8月25日　⊞越前国(福井県)　歴明治22年福井市書記、26年助役を経て、40年福井市長。市立福井商業や市営ガスを設立した他、足羽山公園の開発などを行った。

山科 礼蔵　やましな・れいぞう
実業家　衆院議員(憲政本党)
文久4年(1864)1月〜昭和5年(1930)8月24日
囲備後国(広島県)　歴明治5年広島の遷善社で英学を修め、桜南社に入って漢学を学ぶ。17年東京に出て吉備商会を興し、のち海事工業所を設立し、築港・架橋や難破船引き上げに当たる。日本海事工業取締役、山科汽船監査役、東京商業会議所議員・副会頭などを歴任。また日本実業界特使として世界各国を歴訪した。35年衆院議員(憲政本党)に当選1回。

山階宮 晃　やましなのみや・あきら
山階宮第1代
文化13年(1816)2月2日〜明治31年(1898)2月17日　图幼称=静宮、法名=済範、初名=清保、志津宮、常陸太守　歴伏見宮邦家親王の長子。文化14年(1817年)勧修寺門跡を相続。文政元年(1818年)志津宮に名を改め、光格上皇の養子となった。6年親王宣下し、7年得度して法名を済範と称した。天保9年(1838年)阿闍梨に補されるが、12年姫路へと出奔。これを咎められ、13年親王・門跡の位を剥奪され、東寺で蟄居を命じられた。安政5年(1858年)赦され、文久3年(1863年)薩摩藩士・高崎正風の訪問を受けて時務策七十余条を提言。元治元年(1864年)島津久光、徳川慶喜らの建議により還俗して伏見宮に戻り、次いで住まいがあった山科にちなんで新たに山階宮家を創設して親王宣下、名を晃に改めるとともに国事御用掛に任ぜられた。以後、近衛忠房、正親町実愛とともに島津久光、松平慶永ら有力大名と提携し、徳川慶喜と結んだ関白・二条斉敬や弟の久邇宮朝彦親王らに対抗。慶応2年(1866年)二条斉敬・朝彦親王の罷免や諸侯会議の開催を求めて列参奏上した中御門経之、大原重徳ら廷臣22名を支持するが、そのため国事御用掛を罷免され、蟄居に処せられた。3年赦され、王政復古の政変後は議定に就任。外国事務総督、外国事務局督、治部卿も兼ねたが、明治元年これを免ぜられてからは新政府の官途につかなかった。また、東京への遷都に反対し、10年以降は京都に在住した。图長男=山階宮菊麿(皇族)、孫=山階武彦、山階芳麿(鳥類学者)、筑波藤麿(神官・日本史学者)、鹿島萩麿(海軍大尉・伯爵)、父=伏見宮邦家、弟=久邇宮朝彦、小松宮彰仁親王(皇族、陸軍人)、北白川宮能久(陸軍大将)、華頂宮博経(海軍少将)、伏見宮貞愛(陸軍大将・元帥)、清棲家教(貴院議員)、閑院宮載仁(陸軍大将・元帥)、東伏見宮依仁(海軍大将・元帥)

山階宮 菊麿　やましなのみや・きくまろ
海軍大佐　山階宮第2代
明治6年(1873)7月3日〜明治41年(1908)5月2日　囲京都府　学学習院卒、海兵卒　歴明治18年山階宮晃親王の継嗣となる。25年ドイツに留学、26年海軍少尉、27年帰国後、諸艦の分隊長を歴任。40年より常磐、壱岐、八雲などの副長を務め、累進

して海軍大佐に任ぜられる。图父=山階宮晃親王, 長男=山階武彦(山階宮第3代)、二男=山階芳麿(鳥類学者)、三男=筑波藤麿(神官・日本史学者)、四男=鹿島萩麿(海軍大尉・伯爵)　勲大勲位菊花大綬章〔明治36年〕

山階宮 常子　やましなのみや・ひさこ
山階宮菊麿王妃
明治7年(1874)2月7日〜昭和13年(1938)2月26日　囲鹿児島県　歴旧鹿児島藩主・公爵島津忠義の三女。明治35年山階宮菊麿王の後妃として御結婚。和歌、絵画、裁縫、刺繍などに堪能。先妻の子どもにも愛情深く接した。のち山階宮家は皇籍を離脱。图父=島津忠義(公爵)、夫=山階宮菊麿

山城屋 和助　やましろや・わすけ
商人
天保8年(1837)〜明治5年(1872)11月29日
囲周防国玖珂郡本郷村(山口県岩国市)　图本名=野村三千三　歴早くに両親を亡くして萩の竜昌院の小僧となったが、文久年間に還俗して野村三千三と名のった。文久3年(1863年)高杉晋作が組織した奇兵隊に入り、山県有朋の部下として馬関戦争や戊辰戦争に従軍。明治維新後は横浜に出て貿易商に転じ、山城屋和助と称した。かつての上司であった山県との関係から兵部省の御用商人となって莫大な利益を上げ、また各省の御用達にもなり明治初期の政商として知られた。山県から陸軍の公金を融通されて生糸貿易に手を染めたが、普仏戦争による価格暴落で大きな損害を被った。明治4年洋行先のフランスでの豪遊ぶりが評判となって外務省に通報され、山県に呼び返されて帰国。山県より貸し付けられた約65万円にのぼる公金の返済を迫られるも果たせず、証拠書類を全て焼き捨てた後、陸軍省の一室で割腹自殺を遂げた。

山瀬 幸人　やませ・こうじん
衆院議員(立憲自由党)
安政2年(1855)2月20日〜昭和10年(1935)12月3日　囲因幡国(鳥取県)　学尚徳館　歴因幡鳥取藩校・尚徳館で藩儒・正墻黙(適処)に学んだ後、小学校訓導、倉吉農学校校長となる。明治23年衆院議員に当選1回。25年鳥取県議となり、28年県議のまま簡易農学校の校長事務取扱となり、鳥取県立農学校への昇格に努める。勧学会の設立にも尽力した。また鳥取社報社員となり、のち因伯時報社を創設した。

山田 顕義　やまだ・あきよし
陸軍中将　司法相　伯爵
天保15年(1844)10月9日〜明治25年(1892)11月11日　囲長門国松本村(山口県萩市)　图通称=山田市之允、号=韓峯山人、空斎、不抜、養浩斎　歴長州藩士の長男で、同藩の藩政家・村田清風は大叔父にあたる。藩校の明倫館や、吉田松陰の松下村塾に学び、高杉晋作、久坂玄瑞らと尊王攘夷運動に加わる。元治元年(1864年)禁門の変に敗れて長

州に逃げ戻るも、第一次長州征討後、御楯隊を率いて高杉の決起に従い藩政を掌握。第二次征討では芸州口を転戦し幕府軍を退けた。戊辰戦争では官軍参謀として北越・東北・箱館五稜郭と戦い抜き、戦功を挙げた。明治2年大村益次郎の下で兵部大丞となり、大村が暗殺されるとその遺志を継いで兵制の確立に力を注いだ。4年岩倉使節団の一員として米欧に随行。6年東京鎮台司令官、同年清国特命全権公使兼任(赴任せず)。7年の佐賀の乱、10年の西南戦争の鎮定にあたり、11年陸軍中将。陸軍内では同じ長州出身の山県有朋の進める急激な徴兵制に反発、7年の台湾出兵の閣議決定でも反対の立場を示し、西南戦争後は軍政の第一線から退く一方で(21年予備役編入)、7〜12年司法大輔を務め、11年元老院議官、12年参議兼工部卿、14年内務卿を歴任するなど、行政家・政治家としての色彩を強めた。16年司法卿を経て、18年第一次伊藤内閣の司法相に就任、同年、17年伯爵。その後も黒田内閣、第一次山県内閣、第一次松方内閣の各司法相や法律取締委員長を務めて民法・商法などの各種法典の制定準備に尽力し、"法典伯"の異名を取った。24年大津事件の責任を取り司法相を辞任。この間、22年皇典講究所所長として国学院(現・国学院大学)の創立にも当たったほか、同年日本法律学校(現・日本大学)も創立した。25年生野銀山視察中に急死。病死したとされていたが、平成元年日大学術調査団の石棺発掘調査によって坑道の立て坑での転落死と鑑定された。　家孫=山田顕貞(日本大学法学部教授)

山田 いち　やまだ・いち
サツマイモの新品種 "紅赤" を発見
文久3年(1863)〜昭和13年(1938)3月24日
歴武蔵国針ケ谷村(現・さいたま市)の兼業農家の主婦で、明治31年 "八房" 種のサツマイモを収穫中に、皮が鮮紅色の芋を発見。親戚の吉岡三喜蔵がこの芋を "紅赤" と名づけて普及に努め、関東を中心に広まった。

山田 市郎兵衛　やまだ・いちろべえ
実業家
嘉永4年(1851)5月〜昭和3年(1928)7月27日
回大坂　歴少年時代から兄のお供で行商に出たが、学問好きで伴林光平に国学・漢学を学ぶ。行商中の旅宿で大坂の筆墨商・熊野屋の主人・先代山田市郎兵衛と出会ったのが縁で、熊野屋の業務に精励、明治9年25歳の時養子となり市郎兵衛の名を継ぐ。筆墨から絵の具へ、そして染料・工業薬品などの販売に転じる。のち欧州で発明・開発された合成染料を知り京染め業者に使用を説き、株式会社の大同藍を設立して輸入販路を拡大、29年大阪染料組合取締に選ばれるほど信用を得た。39年工業薬品を朝鮮・中国に輸出して利益を上げ、インドとの綿花貿易業を興し成功を収める。大阪曹達・東成土地など各種事業の創設・経営に関与し、大阪商業会議所議員も務め、大阪財界に重きをなした。

一方、公共・慈善に大金を投じ、帝塚山学院・大阪府立女子専門学校(現・大阪府立大学)の創設、病院の設立や橋梁・道路の普請、寺社の修繕にも関わった。長男・市治郎が後を継ぐが、古稀を過ぎても家業に励んだという。

山田 稲養　やまだ・いねやす
実業家
嘉永3年(1850)11月15日〜明治41年(1908)3月15日　生筑後国久留米(福岡県久留米市)　名別名=山田正之助　歴13歳で小倉戦争に初陣し、鳥羽・伏見の戦いにも従軍。15歳で小姓役となり、藩主・有馬頼咸の命で勝安芳の海軍練習所に入る。のち軍艦夕日丸艦長、更に千歳艦長となり、箱館に幕府軍を追撃した。明治元年米国人の勧めで高木三郎・富田鉄之助らと共に米国に留学。海外渡航券第1号を受けてサンフランシスコに渡り、マサチューセッツ州のウェスター学校に入学、ついでボストンに移りハーバード大学に転学した。軍事学と法律を修め、19年帰国し横浜税関吏となる。数年後、実業界に転じ、美術品貿易商に従事、日本貿易協会会長を務め、業界の発展に貢献する。前田正名の五二会の設立にも尽力した。

山田 穎太郎　やまだ・えいたろう
陸軍少佐
嘉永2年(1849)9月〜明治9年(1876)12月3日
生長門国萩(山口県萩市)　名別名=山田一昌　歴政治家・前原一誠の実弟。大村益次郎に兵学を学んだ。明治4年陸軍大尉となり、5年第十九番大隊長、6年陸軍少佐。7年台湾征討に従軍。8年歩兵第十四連隊長となるが、同年免官。9年萩の乱で挙兵し、斬罪に処された。　家兄=前原一誠(政治家)

山田 敏　やまだ・おさむ
帝国農会長　貴院議員(多額納税)
慶応1年(1865)8月19日〜昭和16年(1941)12月23日　生福井県　学明治法律学校〔明治21年〕卒
歴福井県議を経て、大正7〜14年貴院議員。

山田 脩　やまだ・おさむ
二本松紡織社長　福島県二本松町長
天保12年(1841)4月6日〜大正10年(1921)5月24日　生陸奥国二本松(福島県二本松市)　名旧姓・旧名=梅原、幼名=省吾　歴陸奥二本松藩士。戊辰戦争に従軍し、官軍と戦う。戦後、敗戦で疲弊した郷里に帰り、殖産興業を志した。明治6年小野組の代理人佐野理八とはかり、士族授産の目的として我が国における初の民間機械製紙工場である二本松製糸会社を創立。福島県令安場保和や当時製糸技術の第一人者であった速水堅曹らの協力で順調に事業を進めた。7年小野組破産の影響で経営が危ぶまれたが、間もなく地元で出資者を募るなど社の建て直しに奔走。松方正義蔵相の緊縮財政下ではいち早く取引を縮小。19年には同社を解散させて双松社に改組するなど、時節に敏感な対処で明治期における製糸業界の動揺を乗り切った。27

643

年二本松紡織を設立し、社長に就任。また、30年には二本松町長に選ばれ、同町の福祉・教育・産業の発展に大きく寄与した。

山田 揆一　やまだ・きいち
仙台市長
弘化4年(1847)〜大正12年(1923)1月5日
生 陸奥国一関(岩手県一関市)　名 本名＝山田勝矩、旧姓・旧名＝桜岡　歴 一関藩士の四男に生まれる。幼少から山田俊佑に養われ、のち婿養子となる。慶応元年(1865年)郡方書記官見習、明治維新には藩職となり、のち水沢、磐井を経て、宮城県に転じ収税課に進み、石川県、鹿児島県などの税務監督署長、宮城県書記官、ついで広島県、滋賀県、福岡県に勤務。のち北海道内務部長を務め、大正2年退官する。4年市民の働きかけで第7代仙台市長となった。

山田 喜之助　やまだ・きのすけ
弁護士　司法次官　衆院議員
安政6年(1859)6月1日〜大正2年(1913)2月20日
生 大坂　名 号＝奨南　学 東京大学法学部〔明治15年〕卒　歴 大坂の砂糖薬種問屋の長男。幼い頃に藤沢南岳について漢文を修めた。上京後、大学予備門から東京大学に入り、明治15年卒業して代言人(弁護士)となる。東京専門学校や立憲改進党の創立に関与した他、18年には英吉利法律学校(現・中央大学)の創立にも参画。18年司法省権少書記官、19年司法省参事官、東京控訴院・大審院の検事を経て、23年大審院判事。24年退官。30年衆議院書記官長、31年衆議院議員。同年司法次官。東京代言人組合長も3回務めた。38年日露戦争の講和に反対する国民大会に参加、これがもとで日比谷焼き討ち事件が発生したことから、その首領の一人として未決監獄に拘置されたこともあった。家 三男＝山田作之助(弁護士・最高裁判事)、弟＝山田正三(法学者)、岳父＝岡松甕谷(儒学者)、義弟＝岡松参太郎(法学者)、井上匡四郎(鉱山学者・政治家)、女婿＝小林俊三(最高裁判事)

山田 恵一　やまだ・けいいち
実業家　貴院議員(多額納税)
明治6年(1873)11月〜昭和5年(1930)12月13日
生 香川県木田郡　学 三高卒　歴 大正6年郷里の香川県木田郡で製糸工場を創業するなど、地域の産業振興に尽力した。木田郡農会長、香川県製糸組合長、香川県農会副会長、香川県蚕糸業同業組合連合会組長、高松電気軌道取締役、讃岐電燈取締役、讃岐農工銀行取締役などを務めた。大正14年から貴院議員(多額納税)。

山田 皓蔵　やまだ・こうぞう
実業家　漆器樹産社長
天保9年(1838)〜大正7年(1918)
生 陸奥国弘前(青森県弘前市)　歴 旧幕時代はお小姓組に属した中級の弘前藩士であった。維新後、伝統工芸であった津軽塗が衰退していくのを憂い、士

族授産を兼ねて明治13年に同志らと漆器樹産合資会社を設立。17年には同社社長に就任、漆器の製造・販売のほか職人の育成にも力を注ぎ、順調に業績を伸ばして明治20年代半ばには50人近くの職人を抱える大企業に成長した。明治末年には経営が行き詰まり、会社を人手に売却したが、津軽塗中興及び産業化の先覚者として評価されている。　家 子＝山田良政(大陸浪人)、山田純三郎(大陸浪人)

山田 作松　やまだ・さくまつ
無政府主義者
明治28年(1895)〜昭和3年(1928)12月31日
生 愛知県名古屋市　歴 名古屋で車両工場や専売局で働いた後、上京して岩倉鉄道学校で学ぶ。その後中国や満洲を放浪し、大正9年帰国してからはアナキストとして活躍。12年黒幽会、自然児連盟を相次いで結成。15年黒色青年連盟に加入、また自然児連盟を解散して自然人社をつくり、雑誌「自然人」を創刊したりした。

山田 珠一　やまだ・じゅいち
衆院議員(憲政会)　熊本市長
元治2年(1865)1月15日〜昭和9年(1934)4月17日
生 豊後国国東郡草地村(大分県豊後高田市)　学 済々黌卒　歴 熊本市議、熊本県議、県参事会員を経て、熊本市長となる。また熊本商業会議所議員、九州日日新聞社長も務めた。この間、明治37年以来衆院議員に5回選出された。

山田 春三　やまだ・しゅんぞう
静岡県知事　貴院議員
弘化3年(1846)6月9日〜大正10年(1921)9月13日
出 長門国(山口県)　名 本名＝村岡春三　歴 山口、岩手県警察部長を経て、福島県知事、埼玉県知事、静岡県知事などを歴任。のち宮中顧問官、明治39年貴院議員。

山田 荘左衛門(12代目)
やまだ・しょうざえもん
衆院議員(政友会)
嘉永4年(1851)4月〜大正6年(1917)10月1日
出 信濃国高井郡江部村(長野県中野市)　名 本名＝山田熊太郎、別名＝山田荘哉　歴 大地主の家に生まれ、長じて12代目荘左衛門を襲名。明治維新後は北信商社の設立に参画するなど実業界で活動したが、そのため明治3年の中野騒動で自邸を焼き討ちされた。のち政界に転じ、13年長野県議補選で当選。23年貴院議員に選ばれ、30年まで在職した。31年衆院議員に当選。以後、北信濃地方における政友会系の中心人物として重きを成した。

山田 省三郎　やまだ・しょうざぶろう
衆院議員(大同倶楽部)
天保13年(1842)12月5日〜大正5年(1916)3月8日
出 美濃国加納輪中佐波村(岐阜県岐阜市)　歴 漢学を修めた後、農業を営む。若くして名主となり、美濃加納輪中佐波村(岐阜県岐阜市)の庄屋を務め

る。加納藩堤防普請掛、佐波学校幹事などを経て、明治12年岐阜県議となる。一方、脇坂文助らと治水共同社を結成、更に金原明善らと大日本治水協会を設立、また加納輪中堤防委員、伏越水利組合総理となり、長年に渡って木曽三川の河川改修工事を進め、治水事業に尽力した。35年から衆院議員（大同倶楽部）に当選3回。

山田 四郎 やまだ・しろう
陸軍中将

明治1年（1868）11月28日〜昭和7年（1932）12月4日 [生]山口県 [学]陸士〔明治24年〕卒 [歴]明治25年陸軍歩兵少尉に任官。36年歩兵少佐に進み、日露戦争に歩兵第十一連隊大隊長として従軍、各戦で奮闘するが、38年負傷後送還される。39年戦功により金鵄勲章及び勲四等旭日小綬章を授けられた。その後、独立守備第二大隊長、徳島連隊区司令官、歩兵第四十三連隊長、歩兵第七十三連隊長、歩兵第十二旅団長、第十二師団司令部付など歴任。大正11年陸軍中将に昇進、12年に予備役に編入。

山田 勢三郎 やまだ・せいざぶろう
豪農

天保14年（1843）〜大正8年（1919）
[生]播磨国多可郡（兵庫県多可郡多可町） [歴]現在の兵庫県多可郡多可町に広大な水田を持っていた豪農で、毎年2000俵もの酒米を収穫し、酒造業者に売っていたといわれる。その所有地の広さは、長男が結婚する際、新妻が現在の西脇市郷瀬町から家までの約5キロの道のりを、山田家の敷地だけを通って来られたという逸話にもよく現れている。明治10年頃、水田の中に他よりも穂の長いイネが実っているのを小作農が発見、勢三郎はすぐさまこれを試作して増殖させ、自身の名にちなんで"山田稲"と名付けた。山田稲を無償で近隣の人に配布したといい、その後、これに山渡50‐7を交配して出来たものが酒造米として最適な「山田錦」であると伝えられているが、その来歴に関しては諸説がある。37年彼の還暦を祝い、地元の有志たちによって頌徳碑が建立された。

山田 泰造 やまだ・たいぞう
衆院議員（自由党）

天保14年（1843）1月〜大正6年（1917）9月12日
[生]神奈川県 [歴]弁護士として働く。明治23年衆院議員に当選、以来連続5期務めた。

山田 武甫 やまだ・たけとし
自由民権運動家 衆院議員（弥生倶楽部）

天保2年（1831）12月〜明治26年（1893）2月25日
[生]肥後国熊本（熊本県熊本市） [名]旧姓・旧名＝牛島、通称＝五次郎 [歴]熊本藩士の家に生まれ、横井小楠に陽明学を学ぶ。幕末藩論が佐幕に傾くと、勤王を主張した。明治元年熊本藩会計権判事、4年熊本県参事となり、英学校、医学校を創設、徳富蘇峰、北里柴三郎らの人材を出した。5年内務省に出仕、7年敦賀県令を経て、9年帰郷、蚕業会社を

創設して社長。また共立学舎を創設し、後進の育成に尽くし、13年熊本師範校長。15年九州改進党を結成し九州における自由民権運動の中心となる。22年熊本改進党を結成、23年から衆院議員に2選。立憲自由党結成に活躍、その後自由党内でも重きをなした。

山田 忠澄 やまだ・ただずみ
外交官

安政2年（1855）〜大正6年（1917）
[生]肥前国（長崎県） [歴]広運館で学んだあと、明治5年から通訳をつとめる。11年渡仏。リヨンのラ・マルティニエール工業学校卒後、化学肥料製造会社に勤務。19年日本領事官書記生となる。41年帰国、大正2年外務省退官。

山田 為暄 やまだ・ためのぶ
警視総監 貴院議員（勅選）

天保13年（1842）11月11日〜明治44年（1911）5月12日 [生]薩摩国（鹿児島県） [名]旧姓・旧名＝園田 [歴]維新後新政府に仕え、兵庫県警察部長、高知県書記官、福岡・大分各県知事を経て警視総監となった。明治33年勅選貴院議員。

山田 忠三郎 やまだ・ちゅうざぶろう
陸軍中将

安政4年（1857）8月6日〜大正5年（1916）8月3日
[生]京都 [学]陸士〔明治12年〕卒 [歴]明治12年陸軍少尉となる。近衛歩兵第一連隊長として日露戦争に出征、のち第三師団参謀長を務める。38年歩兵第7旅団長、のち陸軍戸山学校長、陸軍省人事局長、第十四師団長などを歴任。45年中将。

山田 信道 やまだ・のぶみち
農商務相 会計検査院長 男爵

天保4年（1833）11月3日〜明治33年（1900）3月1日 [生]肥後国熊本城下（熊本県熊本市） [名]旧姓・旧名＝井原、通称＝井原十郎 [歴]肥後熊本藩士。水戸派の国学、山鹿流の兵学を学ぶ。尊王攘夷を唱えて肥後勤王党に属し、寺田屋事件後は長州と結び、文久2年（1862年）親兵に選ばれて京都警備の任に当たる。3年七卿落ちに従って長州に下るが、元治元年（1864年）藩に逮捕され、以後5年にわたって拘禁された。明治維新後は新政府に出仕し、弾正大疏、弾正少忠となるが、江藤新平を弾劾したため、3年江刺県権知事に転出した。4年には広沢真臣暗殺の関与を疑われ、免官位記返上のうえ下獄。のち赦されて、6年司法省に出仕し、司法権少判事から同判事に進んで足柄県などの裁判所に勤務。14年鳥取県令に就任し、以後、福島県知事、大阪府知事、京都府知事を歴任した。29年男爵。30年第二次松方内閣に農商務相として入閣。31年会計検査院長となった。

山田 彦八 やまだ・ひこはち
海軍中将

安政2年（1855）2月29日〜昭和17年（1942）1月28

日 生鹿児島県 学海兵(第5期)〔明治11年〕卒
歴明治28年天城艦長、30年呉海兵団長、31年須磨艦長、33年磐手艦長、34年佐世保鎮守府参謀長、36年朝日艦長、37年第五戦隊司令官、38年第七戦隊司令官、同年第一艦隊司令官、39年佐世保水雷団長を経て、40年呉水雷団長、41年海軍中将に進み、第一艦隊司令官。42年竹敷要港部司令官、43年旅順鎮守府司令官、大正元年横須賀鎮守府司令長官。4年後備役に編入。

山田 秀典　やまだ・ひでのり
青森県令
天保6年(1835)2月～明治15年(1882)1月6日
出肥後国(熊本県)　名幼名=平兵衛　歴肥後熊本藩士の子。明治6年新川県县長官、9年青森県令。

山田 文右衛門(16代目)　やまだ・ぶんえもん
水産家
文政3年(1820)8月10日～明治16年(1883)9月12日　生蝦夷地福山(北海道松前市)　歴代々文右衛門を名のる家の16代目。家督を継いで場所請負人として勇払、沙流、厚岸、根室場所を経営。安政5年(1858年)から差配人並として幕府の北蝦夷地開発に関係した。一方で海中に遺棄されていた陶器に昆布が生育していたのに目を着け、万延元年(1860年)から沙流場所の日高門別で岩石の海中投入による昆布着礁を試みる。以来、私財を投じて約77万個の岩石を投入し、これに昆布が着生、それまで年間約50石であった取れ高が、明治元年には14倍の700石にまでなり、箱館奉行も一般に奨励するようになるなど昆布漁の発展に大きく貢献した。14年明治天皇巡幸に際し、多年の水産に対する功労により賞状を賜った。

山田 昌邦　やまだ・まさくに
東京製綱会長
嘉永1年(1848)5月1日～大正15年(1926)
生江戸　歴旗本の子として生まれ、海軍伝習生となる。明治元年榎本武揚率いる幕府艦隊の輸送船・美嘉保丸に乗り込んで五稜郭を目指すが、銚子沖で嵐に遭い、曳航されていたロープが切れて沈没。漁師に助けられて官軍に投降し、この体験は下母沢寛の小説「逃げる旗本」のモデルとなった。維新後は明治政府に出仕し、民部省、兵部省、海軍兵学校などに勤めた後、明治10年退官。以後、実業界に転じ、自身の遭難体験もあってロープと製綱技術を研究して近代的な製綱工場建設を唱え、東京製綱創設に参画。大正5年同社会長。

山田 又七　やまだ・またしち
宝田石油社長　衆院議員(国民党)
安政2年(1855)8月15日～大正6年(1917)12月21日　生越後国三島郡荒巻村(新潟県長岡市)　歴農家の七男。文久2年(1862年)自宅に押し入った強盗に右手を切りつけられ、人差し指の先が曲がる怪我を負ったことから、商人を志した。慶応2年(1866年)長岡の小間物商へ奉公に出、明治5年主

家の養子となったが、12年商いに失敗して離縁された。13年紡績工場を起こしたが、19年閉鎖。23年長岡石油を設立して専務となり、実務を取り仕切った。26年宝田石油を設立、社長に就任。零細油田を合併し、日本石油と業界を二分する企業に発展させた。この間、39年新潟県議、41年衆院議員に当選、2期務めた。　家長男=山田又司(衆院議員)、養子=山田多計治(津上製作所初代社長)　勲緑綬褒章〔明治44年〕

山田 安民　やまだ・やすたみ
ロート製薬創業者
慶応4年(1868)2月1日～昭和18年(1943)4月13日
生大和国宇陀郡伊那佐村字池上(奈良県宇陀市)
学英吉利法律学校中退　歴生家・山田家は山持ちの素封家で、奈良盆地の米と吉野地方の木材の中継ぎを生業とした。4人きょうだい(3男1女)の長男で、弟は津村順天堂創業者の津村重舎。東京市国民英学会、英吉利法律学校で学んだ後、明治32年山田安民薬房(現・ロート製薬)を創業。胃腸薬「胃活」、42年「ロート目薬」を発売。38年我が国初となる売薬輸出を開始、上海・天津に支店を持つなど事業を広げた。大正9年私立奈良盲啞学校を開設した。著作に「大和古今孝子伝」がある。　家弟=津村重舎(1代目)、津村岩吉(津村敬天堂経営)

山田 保永　やまだ・やすなが
陸軍中将
嘉永3年(1850)8月8日～昭和7年(1932)12月6日
出紀伊国(和歌山県)　歴明治5年陸軍少尉に任官。32年近衛歩兵第四連隊長、33年歩兵第七旅団長、35年台湾守備混成第三旅団長を経て、37年日露戦争には歩兵第九旅団長として出征。同年留守歩兵第二十一旅団長、38年第十三師団兵站監、同年樺太守備隊司令官。39年陸軍中将となり、予備役に編入。　家長男=山田良之助(陸軍中将)、甥=大杉栄(無政府主義者)

山田 与七　やまだ・よしち
山田電線製造所創業者
弘化2年(1845)～大正5年(1916)
生尾張国名古屋(愛知県名古屋市)　歴明治初めに横浜に近い芝生村に移り住み、流入する海外製品に対抗して国産化に腐心する発明家に育った。明治10年の第1回内国勧業博覧会に香水など4品を出品して花紋賞牌を、14年第2回内国勧業博覧会では護謨線3品とテール線を出品して褒状を受けた。17年横浜高島町に300坪の土地を借り山田電線製造所を開設。29年木村利右衛門ら横浜の有力商人の出資を得て横浜電線製造を設立、技士長に就任。32年退社。同社は古河電気工業へと発展した。

山田 良政　やまだ・よしまさ
中国革命援助者　上海同文書院教授
慶応4年(1868)1月1日～明治33年(1900)9月22日
生陸奥国弘前城下蔵主町(青森県弘前市)　名別名=田山良介、幼名=良吉、号=子漁　学青森師範、東

京水産講習所卒　歴陸奥弘前藩士で津軽塗の振興に貢献した山田晧蔵の長男に生まれる。東奥義塾、青森県師範学校を経て、東京水産講習所に学び第1期卒業生となる。明治23年23歳で東京昆布会社支店員として上海に赴き、基督教青年会を組織。日清戦争には陸軍通訳として台湾に従軍。のち海軍省嘱託として北京に赴き、戊戌の政変で梁啓超らの日本亡命を援助する。31～32年頃に孫文と出会い、次第に清朝打倒の政治志向を強め、宮崎滔天らと中国革命党の活動を助ける。33年上海同文書院教授に在職中の9月、中国革命最初の戦火とされる広東省の恵州蜂起に加わり戦死、同革命における日本人最初の犠牲者となった。弘前市の貞昌寺（山田家の菩提寺）、南京中山陵近傍に碑が建立されたが、大正8年建立の貞昌寺の碑文には、孫文の筆による追悼文が刻まれている。

山田 良水　やまだ・よしみ
陸軍中将

文久1年(1861)12月15日～昭和3年(1928)1月3日　出土佐国高知（高知県高知市）　学陸士卒、陸大卒　歴土佐藩士・山田良内の弟に生まれ、明治19年陸軍歩兵少尉となる。日露戦争では第十一師団参謀として出征し、のち歩兵第十九連隊長、歩兵第四十四連隊長を経て、大正元年歩兵第三十五旅団長などを歴任。2年歩兵第二十四旅団長となり、第一次大戦に参戦した。6年中将となり予備役に編入となった。

山田 隆一　やまだ・りゅういち
陸軍中将

慶応3年(1867)7月16日～大正8年(1919)3月7日　出長門国厚狭郡厚狭（山口県山陽小野田市）　学陸士（第10期）〔明治21年〕卒、陸大〔明治29年〕卒　歴明治21年陸士卒後、歩兵少尉に任官、29年陸大卒後、参謀本部付となり、44年陸軍少将、大正5年陸軍中将に昇進。その間明治30年ドイツに留学、軍政に関する研さんを積む。帰国後、皇族付武官、陸軍省副官、軍務局軍事課長、歩兵第十一旅団長、陸軍歩兵学校長、陸軍省軍務局長など歴任し、大正4年陸軍次官となる。

山中 一郎　やまなか・いちろう
佐賀の乱で挙兵した旧肥前佐賀藩士

嘉永1年(1848)～明治7年(1874)4月13日　出肥前国佐賀（佐賀県佐賀市）　歴肥前佐賀藩士の子として生まれ、藩校・弘道館に学ぶ。江藤新平に師事して香月経五郎と江藤門下の高足といわれた。明治維新後、勉学を志して上京。明治4年新政府の要人となっていた江藤の薦めで海外視察のため渡欧し、ドイツで政治学・経済学を修めた。次いでフランスに移り、高名な法学者ブランションの下で刑法とフランス語を研究し、6年帰国。同年征韓論問題で下野した江藤に従い、7年にはともに不平士族を率いて佐賀の乱を起こしたが敗れ、江藤と逃亡中に捕らえられて処刑された。

山中 柴吉　やまなか・しばきち
海軍中将

明治5年(1872)～昭和16年(1941)6月21日　出山口県　学海兵（第15期）〔明治22年〕卒、海大〔明治30年〕卒　歴明治42年千代田、日進、吾妻、大正元年摂津、2年金剛の艦長、3年第一艦隊参謀長、4年呉鎮守府参謀長、6年第二水雷戦隊司令官を経て、7年横須賀工廠長。同年海軍中将。11年予備役に編入。

山中 定迎　やまなか・じょうげい
僧侶（浄土宗）

文政10年(1827)～明治22年(1889)10月15日　生近江国蒲生郡鏡山村（滋賀県蒲生郡竜王町）　名幼名は辰次郎、号は請誉　歴天保9年(1838年)近江国浜野村（現・滋賀県東近江）西照寺の孝誉上人の下で得度し、18歳の時、江戸・増上寺で宗学や法義を学ぶ。6年の修行の後、西照寺に戻り、32歳の時、蒲生郡岡山村（現・滋賀県近江八幡市）浄悔寺住職となる。師の死去にあたり、西照寺住職を継いだ。また、知恩院の布教師として各地を巡歴し、鹿児島の不断光院、垂水の正覚寺などを復興した。明治13年大講義を経て、16年練習場教師。

山中 政亮　やまなか・まさすけ
内閣書記官・印刷局長

明治1年(1868)～明治40年(1907)12月1日　生山口県萩市（山口県萩市）　名号は桂岳　学帝国大学法科大学〔明治30年〕卒　歴山口区裁判所書記見習となり、土木監督署書記、内務県内務事務官などを経て、明治32年内閣書記官。40年印刷局長を務めた。

山梨 半造　やまなし・はんぞう
陸軍大将

元治1年(1864)3月1日～昭和19年(1944)7月2日　生相模国（神奈川県）　学陸士（旧8期）〔明治19年〕卒、陸大〔明治25年〕卒　歴日清戦争に中尉で従軍。明治29年参謀本部員、31年軍事研究のためドイツ駐在、日露戦争には少佐、第二軍参謀として従軍。以後歩兵第五十一連隊長、44年少将、歩兵第三十旅団長、参謀本部総務部長。大正3年第一次大戦には独立第十八師団参謀として青島出征。5年中将、7年陸軍次官、10年高橋内閣の陸相、大将。12年軍事参議官、14年予備役。昭和2年朝鮮総督となるが、朝鮮疑獄事件に連座し、4年辞任した。

山根 一貫　やまね・いっかん
陸軍少将

明治2年(1869)3月12日～大正6年(1917)8月2日　出長門国（山口県）　名旧姓・旧名＝橋本　学陸大卒　歴日露戦争に第一師団参謀として従軍。のち侍従武官、東宮武官長などを歴任。大正5年陸軍少将。

山根 武亮　やまね・たけすけ
陸軍中将　貴院議員　男爵

嘉永6年(1853)2月15日～昭和3年(1928)4月4日
[生]長門国萩(山口県萩市)　[学]陸士〔明治11年〕卒
[歴]長州藩士の二男として生まれる。陸軍士官学校に進んで工兵となり、日清戦争では第二軍兵站参謀長として出征。日露戦争に際しては鉄道監を務めた。39年陸軍中将に昇進、40年男爵を授けられる。下関要塞司令官、第八師団長、第十二師団長、近衛師団長を歴任。大正3年予備役。7年貴院議員となった。

山根 信成　やまね・のぶなり
陸軍少将 男爵
嘉永3年(1850)12月～明治28年(1895)10月
[出]長門国(山口県)　[歴]長州藩士の出身で、明治維新後は陸軍に入る。日清戦争では近衛歩兵第二旅団長として出征。ついで台湾平定に従事し、28年戦病死した。没後、男爵を授けられた。

山根 正次　やまね・まさつぐ
医師 衆院議員(無所属)
安政4年(1857)12月23日～大正14年(1925)8月29日　[出]長門国(山口県)　[名]幼名=吉太, 号=殿山
[学]東京大学医学部〔明治15年〕卒　[歴]父は長州藩の眼科医・山根孝中で、3人きょうだい(2男1女)の二男。明治3年藩の医学校に入り蘭学を修め、藩校・明倫館でドイツ語を学ぶ。6年上京して司馬凌海の門人となり、15年東京大学医学部を卒業。同期に青山胤通や猪子止戈之助らがいた。同年長崎県医学校教諭となる。20年法医学を学ぶため司法省の留学生として欧州を巡遊、24年帰国して警察医長兼医務局長に就任。35年以来衆院議員に当選6回。42年韓国統監府衛生顧問、43年朝鮮総督府衛生事務嘱託も務めた。　[勲]勲三等瑞宝章〔大正5年〕

山野 清平　やまの・せいべい
実業家 富山県議
文久1年(1861)～明治28年(1895)9月17日
[出]越中国(富山県)　[歴]家業は酒造業。明治14年富山県初の新聞「越中新誌」を創刊。17年には「中越新聞」を発刊し、21年「富山日報」と改称。この間、15年富山銀行を設立。25年第四十七銀行と改め、初代頭取に就任。28年富山米肥取引監査役となるが、同年コレラにかかり、死去。20年には富山県議も務めた。

山内 長人　やまのうち・おさひと
陸軍中将 貴院議員 男爵
嘉永3年(1850)9月9日～昭和6年(1931)7月11日
[出]江戸　[歴]幕臣・山内長敏の長男に生まれる。明治2年兵部省に入り、5年陸軍中尉に任官。6年陸軍戸山学校に学ぶ。陸軍戸山学校教官、陸軍士官学校次長、陸軍幼年学校校長を経て、30年歩兵第十八旅団長、32年憲兵司令官などを歴任し、37年留守近衛歩兵第二旅団長、38年中将となる。日清戦争には陸軍省高級副官として出征軍を陰から支えた。40年男爵となり、同年予備役に編入され宗秩寮審議官、44年～昭和4年貴院議員を務めた。

山之内 一次　やまのうち・かずじ
鉄道相 内閣書記官長 貴院議員(勅選)
慶応2年(1866)11月6日～昭和7年(1932)12月21日　[出]鹿児島県　[学]帝国大学法科大学政治学科〔明治23年〕卒　[歴]内務省に入り、熊本県参事官、同警察部長、内務書記官、広島県書記官、法制局参事官、内務書記官を歴任。明治32年ブリュッセル万国花柳病予防会議に出席。34年青森県知事となり、以後逓信省鉄道局長、鉄道院理事、北海道長官を歴任。大正2年第一次山本内閣書記官長、12年第二次山本内閣の鉄道相となった。大正3年勅選貴院議員。

山内 万寿治　やまのうち・ますじ
海軍中将 男爵
万延1年(1860)3月29日～大正8年(1919)9月18日
[生]江戸　[出]安芸国(広島県)　[学]海兵(第6期)〔明治12年〕卒　[歴]広島藩士の二男として生まれる。明治6年平民出身として初めて海軍兵学寮(のち海軍兵学校)に入学。12年首席で卒業、15年少尉に任官。17年ドイツ、オーストリアに留学して兵器製造の研究に従事。海軍兵器の向上に尽力し、山内式速射砲などを考案。呉海軍造兵廠長、36年呉鎮守府艦政部長、同年呉海軍工廠長などを歴任、38年海軍中将に昇進。39年呉鎮守府司令長官を経て、42年予備役に編入。この間、40年男爵となり、43年貴院議員に勅選。日本製鋼所会長などを務めたが、シーメンス事件に連座して大正4年依願免官となる。

山内 量平　やまのうち・りょうへい
牧師 日本福音ルーテル教会牧師
嘉永1年(1848)～大正7年(1918)11月11日
[生]紀伊国田辺(和歌山県田辺市)　[歴]兄の死によって家業の酒造業を継ぐが、間もなく税吏と衝突して廃業を余儀なくされた。のち妹である植村冬野(キリスト教牧師植村正久の妻)の勧めに従い、37歳でヘイルより洗礼を受けてキリスト教に入信。明治20年に上京、宣教師らを相手に日本語の教師をしながら神学を学び、印刷事業を興すなどして義弟植村正久の活動に協力した。また、貧民救助会を結成して下町の貧民保護にも当たった。日本語の教え子であったルーテル教会の宣教師ピアリらの要請を受けて26年日本福音ルーテル教会最初の日本人牧師となり、ピアリに随行して佐賀県の開拓伝道に従事。39年には博多に移って博多協会の設立に尽力し、大正6年からは大阪での開拓伝道を行った。7年病を得て引退。　[家]妹=植村冬野(キリスト教徒), 義弟=植村正久(牧師)

山辺 丈夫　やまのべ・たけお
東洋紡績社長
嘉永4年(1851)12月8日～大正9年(1920)5月14日
[生]石見国鹿足郡津和野(島根県鹿足郡津和野町)
[名]旧姓・旧名=清水　[歴]津和野藩士の家に生まれ、

同藩士山辺善蔵の養子となる。藩校養老館で学んだのち、明治3年上京し、中村正直、西周、福沢諭吉らに師事。10年ロンドン大学で経済学を学ぶが、渋沢栄一の勧めで紡績技術習得に転じ、キングスカレッジで機械工学を学び紡績工場で研修。13年帰国、15年渋沢らと共に大阪紡績会社を創立して工務支配人、28年取締役、29年専務を経て、31年社長に就任。のち大阪織布と三重紡績を吸収合併、大正3年東洋紡績と改称し社長、5年相談役。この間明治20年リング紡績機、33年ノースロップ自動機を導入。ほかに大日本紡績連合会の初代委員長も務めた。

山葉 寅楠　やまは・とらくす
日本楽器製造創業者
嘉永4年(1851)4月20日～大正5年(1916)8月6日
生江戸　出紀伊国(和歌山県)　歴紀伊藩士・山葉正孝の二男。家は代々天文方を務め、自宅には天体観測や測量の機械類があったことから、幼少期より機械に強い関心を持った。明治4年長崎で英国人より時計の修繕法を学び、8年大阪の医療器械商・河内屋の修理工となる。17年浜松病院の依頼で医療機器の修理したのを機に静岡県浜松に定住。医療機器の取扱いだけでは生計が立てられないため、病院長の車夫や時計修理などを副業にして糊口をしのいだ。20年浜松尋常小学校(現・元城小学校)のオルガン修理を依頼されたのがきっかけでオルガンの国産化を思い立ち、飾り職人の河合喜三郎と協力して試作を開始。21年には日本最初の本格的オルガン製造に成功した。さらに出来上がった試作オルガンを、我が国の音楽教育の中心であった東京音楽学校(現・東京芸術大学)に持ち込み、同校長・伊沢修二に助言を仰ぐとともに、その計らいにより同校で1ケ月間、音楽理論と調律を学びでオルガンに改良を加えた。21年浜松市内の普大寺の庫裏を改装して山葉風琴製造所を設立。22年には知人らから出仕を受けて合資会社にしたのを経て、24年山葉の個人経営に戻し、30年日本楽器製造株式会社(現・ヤマハ)に改組し社長に就任。この間、23年第3回内国勧業博覧会にオルガンを出展し、有功賞を受賞。32年文部省嘱託として米国に渡り、ピアノやオルガン及びその部品を購入。33年弟子の河合小市と初の国産アップライトピアノを製作、宮内省の御用品に選定された。また、高級洋家具やベニヤ、アスベストなどにも手を広げ、大正期に入ってからは国産ハーモニカ製造・販売にも乗り出した。　歴緑綬褒章〔明治35年〕　賞内国勧業博覧会有功賞(第3回)〔明治32年〕

山宮 藤吉　やまみや・とうきち
衆院議員
文久2年(1862)3月～昭和8年(1933)1月4日
生相模国高座郡萩園村(神奈川県茅ケ崎市)　歴独学で法学を学んだのち自由民権運動に関わり、明治26～30年鶴嶺村(旧・萩園村)村長。32年神奈川県議選、45年・大正4年・13総選挙に各々当選。大正2年国民党を脱党し、改進党の県実力者として活躍。昭和3年政界を引退。江陽銀行常務もつとめた。

山邑 太三郎　やまむら・たさぶろう
衆院議員(無所属)　山邑酒造代表
明治13年(1880)2月～昭和3年(1928)2月28日
出兵庫県　名初名=宗太郎　学大阪高等商業学校〔明治30年〕卒　歴灘の「桜正宗」醸造元。日露戦争に陸軍2等主計で従軍。明治43年兵庫県の魚崎町長を2期務め、大正9年以来兵庫県から衆院議員当選2回。山邑酒造代表のほか東醤油、日章火災海上保険、日章信託各社重役を兼ねた。

山村 豊次郎　やまむら・とよじろう
衆院議員(政友会)　初代宇和島市長
明治2年(1869)3月16日～昭和13年(1938)9月13日　生愛媛県宇和島　名旧姓・旧名=村松　学日本法律学校〔明治28年〕卒　歴村松喜久蔵を父に生まれ、父が土地株を買って別家させ山村を名乗った。明治28年郷里の愛媛県宇和島で弁護士を開業。一方、自由党に入党、政治の道に進む。39年から衆院議員(政友会)に当選3回。大正9年宇和島町長となり八幡町との合併を実現し、11年初代宇和島市長に就任。昭和2年再び市長となり上水道、港湾改修、泉屋新田と日振新田の埋め立て、近江帆布の誘致、須賀川の付け替えなど大事業を完遂し"宇和島の父"と呼ばれる。また宇和島市議・議長、宇和島鉄道社長、南予時報新聞社長、宇和島運輸専務などを務めた。

山室 機恵子　やまむろ・きえこ
社会事業家　婦人運動家
明治7年(1874)12月5日～大正5年(1916)7月12日
生岩手県花巻市　名本名=佐藤、別名=千里　学明治女学校〔明治28年〕卒　歴在学中の明治24年キリスト教教育家の植村正久から洗礼を受ける。教師となり、その傍ら「女学雑誌」編集や日本基督教婦人会矯風会書記などを務める。32年日本救世軍士官山室軍平と結婚して救世軍の廃娼運動に身を投じ、33年解放娼妓の更正施設東京婦人ホーム主任となって活躍。38年の東北飢饉に際しては人身売買を防ぐべく罹災地の子弟保護運動に乗り出し、保護した子弟の就業と授産・教育に尽くした。のち大都市に蔓延する結核対策のため療養所の設立を志し、教育者津田梅子らの協力を得て募金活動を行うが、その最中に過労で倒れ、大正5年救世軍結核療養所の完成間近に死去。夫との共著に「平民之福音」がある。　家夫=山室軍平(社会事業家)、長女=山室民子(教育者)、息子=山室武甫(社会事業家)

山室 軍平　やまむろ・ぐんぺい
社会事業家　キリスト教伝道者　日本救世軍創立者
明治5年(1872)8月20日～昭和15年(1940)3月13日　生岡山県哲多郡則安村(新見市)　学同志社神学校〔明治27年〕中退　歴貧農の子に生まれ、9歳

で叔父の養子に出される。15歳で家出して上京、活版工をするうちキリスト教に入信し、苦学して同志社に学んだあと伝道に入る。明治28年英国救世軍の来日を機に従軍し、日本最初の士官として日本救世軍の創設と発展に尽力した。32年に「平民之福音」を刊行、ベストセラーとなる。45年救世軍病院を開設。大正15年日本人初の救世軍司令官に就任、昭和5年に中将となる。この間、明治33年の廃娼運動に参加、吉原や洲崎の遊廓に進撃して娼妓の解放を社会運動に盛り上げる一方、職業紹介、結核療養、婦人・児童保護など社会事業に貢献した。42年の"慈善鍋"は大きな反響を呼び、やがて救世軍の代名詞ともなったほど。関東大震災では活発な救援活動を展開した。著書に「公唱全廃論」「社会廓清論」「民衆の聖書」「山室軍平選集」(全10巻・別巻1)などがある。 家娘=山室民子(救世軍活動家・キリスト教教育家)、山室光子(美術工芸家) 賞救世軍創立者賞〔昭和12年〕

山本 伊兵衛　やまもと・いへえ
実業家
安政6年(1859)10月28日～大正15年(1926)10月23日　出伊勢国(三重県)　号=鶏雪、豊斎　歴代々、木綿商を営む家に生まれる。明治9年村井恒蔵らと交修社を組織。14年志勢同盟会幹事。また三重県製革会社副社長、山田米穀取引所専務理事、山田銀行(のち三重銀行)常務などを歴任した。

山本 覚馬　やまもと・かくま
京都府議　京都商工会議所会頭　同志社創立者
文政11年(1828)1月11日～明治25年(1892)12月28日　生陸奥国会津(福島県会津若松市)　名幼名=義衛、良晴、号=相応斎　歴会津藩兵学指南の家に生まれ、江戸に出て洋式砲術の研鑽に努める。藩校・日新館の蘭学所の教授となる。元治元年(1864年)京都守護職になった藩主松平容保に従って上洛、砲兵隊を率いて禁門の変で戦い、失明。慶応4年(1868年)鳥羽・伏見の戦いでは薩摩軍に捕えられ、獄中において建白書「管見」を上申する。維新後、明治2年に京都府顧問となり、10年まで開明的諸施策を推進。12年京都府会議長、のち京都商工会議所会頭を歴任。新島襄の同志社の結社人としても知られ、新島の死後、臨時総長も務めた。 家妹=新島八重(新島襄夫人)、義弟=新島襄(同志社創立者)

山本 勝次　やまもと・かつじ
衆院議員
明治13年(1880)10月～昭和3年(1928)1月10日　生静岡県浜名郡白須賀町(湖西市)　学東京専門学校政治経済学科卒　歴病を得て一時故郷で療養するが、静岡県議などを務めた父の跡を継いで政界に入り、白須賀町議や同町長・静岡県議を歴任。また浜名郡農会や静岡県畜産組合などの役員も務め、農・産業界でも重きをなした。のち中央政界での活動を志して浜松に移り、大正13年には総選挙に当選して衆院議員となるが、昭和3年10月に病のため任期満了を前に急死した。 家父=山本庄次郎(政治家)

山本 菊子　やまもと・きくこ
馬賊の頭目
明治17年(1884)～大正12年(1923)4月
生熊本県天草　名通称=満州お菊　歴日清戦争前の7歳のころ、九州から朝鮮京城の料理屋へ売りとばされたあと、高官のめかけになったり、北部満州やシベリアの料理屋を渡り歩いたりし、大正の半ばすぎにはシベリア出兵の日本兵の慰安婦もしていた。その後、満州の間島付近をナワ張りにしていた馬賊の大頭目の孫花亭が日本軍警備隊に殺されるところを助けたのが縁で、馬賊の頭目にまつり上げられる。明治後期から大正にかけて中国大陸に軍閥が割拠していたころのことで、全くの無学だったが、馬賊同士のナワ張り争いの仲裁をし、やがて"満州お菊"として全満州の馬賊間にその名をはせるようになった。

山本 清堅　やまもと・きよかた
陸軍大佐
嘉永1年(1848)3月14日～明治24年(1891)3月14日　生鹿児島県　歴明治4年御親兵として上京。7年ロシア公使館付二等書記官、12年ロシア公使館付武官となり、14年帰国。15～16年ロシアへ出張。17年歩兵第十六連隊長、18年参謀本部第二局第一課長、20年嘉仁親王付。同年陸軍大佐。

山本 金蔵　やまもと・きんぞう
材木商 花屋敷創業者
嘉永1年(1848)～昭和2年(1927)
生江戸神田(東京都千代田区)　歴幕府の棟梁の家に生まれ、明治初年木場で材木商に転じて成功。18年浅草奥山に動植物園、茶席を備えた花屋敷を建設、開業した。27年に破産。 家息子=山本笑月(ジャーナリスト)、長谷川如是閑(評論家)、大野静方(画家)

山本 憲　やまもと・けん
自由民権運動家 漢学者
嘉永5年(1852)2月12日～昭和3年(1928)9月6日
生土佐国高岡郡佐川村(高知県高岡郡佐川町)　名字=永弼、号=山本梅崖　歴父の山本竹涯に儒学を学び、また英学を修める。明治2年致道館の儒員となり子弟に教授した。4年上京して塾を設け、またオランダ人のライへより地理学を授けられた。10年西南戦争に従軍、帰還後「大阪新報」記者となり、以後「中国日々新聞」「越前自由新聞」などに自由民権の健筆をふるった。15年大阪に漢学専門塾を開き、この頃自由党に入党。のち檄文執筆のかどで外患罪に問われたが、22年憲法発布とともに大赦にあった。その後は大井憲太郎と路線を同じくし、清国や朝鮮の改革派と交友を持った。37年岡山県牛窓に移り住み、専ら教育と経世に努めた。

山本 権兵衛　やまもと・ごんべえ
海軍大将 首相 伯爵

嘉永5年(1852)10月15日～昭和8年(1933)12月8日　生薩摩国鹿児島城下加治屋町(鹿児島県鹿児島市)　学海兵(第2期)〔明治7年〕卒　歴薩摩藩士・槍術師範役の山本五百助の三男。慶応3年(1867年)藩主に従って京都に赴き、禁門の警護に従事。鳥羽・伏見の戦いや戊辰戦争に従軍し、明治2年藩命により東京に遊学し、昌平黌・開成所を経て、3年海軍兵学寮に入る。7年卒業し、8年軍艦筑波で米国を巡航。10年にはドイツ軍艦ヴィネタ及びライプツィヒで世界を周航し、艦務の研究に当たった。11年帰国。22年高雄、23年高千穂の艦長を経て、24年海軍省官房主事(26年海軍省主事)となり、西郷従道海相を補佐して海軍内の改革に辣腕を振るい、26年には陸軍参謀本部の管轄下にあった海軍の軍令機能を軍令部として独立させた。日清戦争では大本営海軍大臣副官を務め、28年軍務局長となり、西郷海相の意を受け海軍の組織面・建艦面・教育面での充実を図り、海軍を陸軍と対等な存在に押し上げた。31年海軍中将。同年第二次山県内閣で海相として初入閣し、以後、第四次伊藤内閣、第一次桂内閣でも留任。特に桂太郎首相からは軍事のみならず外交の重要事項でも相談を受け、35年の日英同盟締結にも貢献した。34年男爵、37年海軍大将、40年伯爵。大正2年第三次桂内閣の瓦解により後継首相に就任し、原敬率いる政友会の協力を受けて行財政の整理、文官任用令の改正など積極政策を進めたが、3年シーメンス事件(海軍高官汚職)の発覚によって総辞職。同年予備役に編入。以後も海軍の重鎮として影響を持ち、12年第二次内閣を組閣して関東大震災の復興にあたったが、同年虎ノ門事件(皇太子狙撃事件)のため総辞職した。　家女婿=財部彪(海軍大将)　勲大勲位菊花大綬章〔昭和3年〕

山本 条太郎　やまもと・じょうたろう
三井物産常務 衆院議員(政友会)

慶応3年(1867)10月11日～昭和11年(1936)3月25日　生越前国武生町(福井県越前市)　没東京都　歴越前福井藩士・山本武の長男。明治5年主家・松平家が東京に移り住むのに従い上京。父が主家に近侍していたことから、松平慶永の謦咳に接し、直々に英語を教わったこともあった。神田の共立学校に学び、松方幸次郎、黒田清輝、小笠原長生らが同級にいたが、14年肋膜炎を病んで医者から勉学をやめるように忠告されたことから、母の実弟である吉田健三の勧めで三井物産横浜支店に奉公に出た。21年上海支店に転じ、34年同支店長、38年清国総監督、41年本店理事を経て、42年常務。日露戦争に際してはロシアのバルチック艦隊の動向調査に尽力して、同艦隊が対馬海峡を通過すると判断。これを当局に報じて日本海海戦の大勝利につなげ、39年従軍していない一民間人でありながら、勲六等旭日単光章を受けた。また、辛亥革命に際しては漢冶萍公司の日中合弁を条件に中華民国政府に300万円の借款を行った。大正3年海軍汚職であるシーメンス事件に連座して三井物産を退社。同年一審で懲役1年6ケ月、4年二審で懲役1年6ケ月、執行猶予4年の判決を受けたが、5年大正天皇即位の特赦を受けた。同年民間での爆薬製造を企図して日本火薬製造(現・日本化薬)の設立に参画。また、6年北陸電化、8年日本水力、同年日本紡織などを設立して各社長を務めた。9年原敬の勧めにより衆院議員に立候補して当選、通算5期。政友会に属し、13年行政整理特別委員長、昭和2年幹事長を歴任。同年南満州鉄道(満鉄)総裁となり4年まで在任した。10年貴院議員。　家伯父=宏仏海(秀英舎創業者)、叔父=吉田健三(実業家・ジャーナリスト)、岳父=原亮三郎(金港堂創業者・衆院議員)、義兄=原亮一郎(東京書籍会長)　勲勲六等旭日単光章〔明治39年〕,勲三等旭日中綬章〔昭和9年〕

山本 甚右衛門　やまもと・じんえもん
実業家 越前蚊帳織の元祖

天保5年(1834)5月6日～明治42年(1909)1月22日　生越前国南条郡上市村(福井県越前市)　名本名=渡辺,幼名=駒吉,前名=山本甚三郎　歴渡辺吉三郎の末子で生まれ、12歳の時、4代目山本甚三郎の養子となる。のちに甚右衛門と改名。越前国南部で作られる麻綛の問屋を営み、文久元年(1861年)蚊帳織りを手掛ける。3年蚊帳染色業を創業し、藩主より"越前蚊帳御問屋"の暖簾を賜る。明治初年には仕立蚊帳を販売。19年より輸入の麻紡績糸を用いた製織を始め、蚊帳の大量生産を図る。日清戦争の際には、軍に蚊帳のほか麻脚絆を納入した。

山本 新次郎　やまもと・しんじろう
農業研究家 水稲の新品種を発見

嘉永2年(1849)～大正7年(1918)
歴農業改良に励み、明治41年水田で見つけた稲から新品種・旭(朝日)を作り出す。旭は全国に普及し、戦前のピーク時には全国水稲作付面積の2割を占める全国一の品種となり、コシヒカリなど後の水稲に引き継がれた。

山本 新太郎　やまもと・しんたろう
海軍主計少監

明治10年(1877)～大正7年(1918)10月4日　生青森県　学東京高商卒　歴海軍少主計を経て、大正2年主計少監。7年欧米出張から帰国途中、乗船した平野丸が大西洋上でドイツ潜航艇の魚雷を受け、戦死した。

山本 誠之助　やまもと・せいのすけ
実業家 志士

天保13年(1842)12月18日～明治26年(1893)8月12日　生出羽国能代(秋田県能代市)　名号=権堂,僧名=大芳,名=清之助,諱=教導　歴真言東本願寺派西光寺の長男で、僧名大芳。慶応3年(1867年)東本願寺の学僧に選ばれて京都に遊学。神戸で洋学を学ぶ中、戊辰戦争が起こり、還俗して従軍

を志願、山本誠之助を名のる。4年出羽久保田藩のために軍艦アシュロット号(のち高雄丸に改名)を購入、授軍と軍資金を運んだ。維新後、一時入牢したが、明治4年廃藩置県で赦免となり大阪に出、正確な度量衡器の必要性を感じてその開発に成功、数々の特許を得て、巨財をなした。

山本 誠兵衛 やまもと・せいべえ
松江商工会議所副会頭
嘉永3年(1850)11月12日~大正12年(1923)4月29日 [生]出雲国松江(島根県松江市) [歴]明治7年島根県松江では初の洋服・製靴業を開く。以来、松江実業界の重鎮として活躍し、19年有志と共に松江商工懇話会を設立。27年に松江商工会議所ができると、その初代副会頭となった。のち松江電燈会社・山陰貯蓄銀行などを創設し、43年には山陰新聞社長に就任。また、大正3年出雲今市~雲州平田間を走る一畑軽便鉄道の創業に関与するなど、松江の近代化に果たした役割は大きい。

山本 滝之助 やまもと・たきのすけ
地方青年団運動指導者 教育家
明治6年(1873)11月15日~昭和6年(1931)10月26日 [生]広島県沼隈郡千年村大字草深(福山市) [学]草深小中等科卒 [歴]明治22年郷里の小学校代用教員となり、23年地域の青年の学習会・好友会を組織し、地域青年会の組織化を訴えた。29年「田舎青年」を著わし注目された。のち小学校長、実科補習学校長などを務める傍ら、地域青年会全国組織化に尽力。内務省や文部省の農村青年統合の方針とも合致して、各地の青年団や大日本連合青年団の結成を促した。大正10年教職を去り、日本青年館評議員を務め、13年から巡回青年講習所を始めた。"青年団の父"と呼ばれる。著書に「山本滝之助全集」(全1巻)などがある。 [勲]勲六等瑞宝章〔昭和3年〕

山本 唯三郎 やまもと・ただざぶろう
実業家
明治6年(1873)11月8日~昭和2年(1927)4月17日 [生]岡山県久米郡北条村鶴田村(岡山市) [名]旧姓・旧名=坂斎 [学]札幌農学校〔明治28年〕卒 [歴]鶴田藩士・坂斎正直の三男で生まれ、明治8年母方の同士族・山本竹次郎の養子となる。9歳の時、大阪に出て印刷工具として働く傍ら、夜間に泰西学館で英語を学ぶ。23年帰朝して閑谷黌に入り、24年京都同志社に進むが、間もなく北海道の札幌農学校に入学し、28年卒業。在学中に新渡戸稲造の尽力で石狩郡新篠津村の草原を譲り受け開拓、小作人を有する地主となる。34年北清事変が勃発すると対清貿易の重要性を認識して天津(中国)の松昌洋行に入社し支配人、のち店主となり開平炭の一手販売権を獲得し、釜石などの製鉄所に石炭を輸送、開平炭坑へは坑木を販売した。第一次大戦の開戦後は船舶業に転身し船成金となる。大正6年"山本征虎軍"と称して総勢25人で朝鮮に虎狩りに行き、帰京後に帝国ホテルで朝野の名士200余人を集めて試食会を開催した。請われて「佐竹本三十六歌仙絵巻」を購入し、更に評判が高まり"トラ大尽"とも呼ばれたが、9年の恐慌で絵巻も切り売りされるなど財産を失った。以後、事業は挫折するが、数社の会社役員を歴任し、日本工業倶楽部会員となった。この間、岡山県から2度衆議院議員選挙に立候補するが落選。5年岡山新聞社を創設したほか、郷里に山本農学校・山本実科高等女学校を設立、岡山市に図書館を、山陽高等女学校に教室1棟を寄付した。妻・多喜は石黒涵一郎衆議院議員の二女。 [家]岳父=石黒涵一郎(弁護士)

山本 忠秀 やまもと・ただひで
土佐農工銀行頭取 貴院議員(多額納税)
文久2年(1862)11月17日~昭和11年(1936)10月9日 [生]土佐国香美郡岩村(高知県南国市) [学]明治法律学校中退 [歴]自由民権運動に参加。明治26年高知県議となり、30~37年多額納税貴院議員。土佐電灯社長、土佐農工銀行頭取などをつとめた。

山本 達雄 やまもと・たつお
蔵相 農商務相 日本銀行総裁 男爵
安政3年(1856)3月3日~昭和22年(1947)11月12日 [生]豊後国海部郡臼杵(大分県臼杵市) [名]幼名=慎平 [学]慶応義塾〔明治11年〕中退、三菱商業学校〔明治13年〕卒 [歴]父は豊後臼杵藩士で、7人きょうだい(2男5女)の4人目の二男。慶応4年(1868年)本家の養子となり、明治3年家督を相続。6年大阪に出て、7年より小学校教師として生活費を貯め、10年上京して慶応義塾に入る。11年三菱商業学校に転じ、13年岡山県立商法講習所、15年大阪府立商業講習所で教職を務めた。16年郵便汽船三菱会社(現・日本郵船)に入社、19年元山支店支配人、20年東京支店副支配人。23年川田小一郎総裁に請われて日本銀行に転じ、26年営業局長兼株式局長、30年理事を経て、31年第5代目総裁に就任。36年総裁を辞任、勅選貴院議員。42年日本勧業銀行総裁となり、44年第二次西園寺内閣の蔵相として初入閣。大正2年第一次山本内閣、7年原内閣に農商務相として入閣。原敬首相が暗殺されて高橋是清が後継総理となると同内閣でも留任した。昭和7年斎藤内閣の内相。この間、大正2年政友会に入党。4年政務調査会長、5年総務委員、7年相談役を歴任したが、13年脱党して床次竹二郎、杉田定一、中橋徳五郎、元田肇らと政友本党を結成。昭和2年憲政会と合流して民政党が誕生すると顧問、10年最高顧問となった。この間、大正9年男爵。 [家]孫=山本達郎(東京大学名誉教授)、松村康平(お茶の水女子大学教授)、女婿=松村真一郎(農林次官・参議院議員)、広幡忠隆(皇后宮大夫) [勲]勲一等瑞宝章〔大正9年〕、旭日大綬章〔大正9年〕、満州国勲一等景光大綬章〔昭和9年〕

山本 忠助 やまもと・ちゅうすけ
漁業家

天保13年(1842)1月25日～明治44年(1911)4月6日　[生]伊豆国那賀郡宇久須村(静岡県賀茂郡西伊豆町)　[歴]明治38年田子湾で行われていたカツオ釣りの餌となる活イワシの養殖に着手し、成功。42年には田子地区で初めて漁船の動力化を行い、漁獲高の向上・漁場の拡大に大きく貢献するとともに、伊豆西海を拠点とする遠洋漁業の下地を作った。　[家]養子＝山本忠助(2代目)

山本 悌二郎　やまもと・ていじろう
衆院議員(政友会)　台湾製糖常務
明治3年(1870)1月10日～昭和12年(1937)12月14日　[生]新潟県佐渡　[学]独逸学協会学校〔明治19年〕卒　[歴]ドイツに留学、明治27年帰国し、二高講師、のち教授となる。30年退職、日本勧業銀行鑑定課長、33年台湾製糖設立に参画、常務となる。37年以来衆院議員当選11回、政友会に属し総務。昭和2年田中内閣、6年犬養内閣農相。11年五・一五事件で議員辞職、政友会顧問。他に南国産業、大正海上火災保険などの重役を務め、晩年は大東文化協会副会長となり、国体明徴運動に力を入れた。　[家]弟＝有田八郎(外相)

山本 藤助(2代目)　やまもと・とうすけ
山本汽船代表取締役　衆院議員(庚申倶楽部)
明治7年(1874)6月1日～大正15年(1926)8月16日　[生]鳥取県　[名]旧姓・旧名＝川田実　[学]京都府立一商〔明治28年〕卒　[歴]帝国海上保険会社社員を経て、明治35年鉄鋼・船舶業を営む山本家の婿養子となり、家業を発展させ、山本汽船代表取締役、大阪製鉄取締役、南洋製糖取締役、東印度貿易取締役、日本簡易火災保険取締役、実用自動車製造取締役など10数社の重役を務めた。また大阪市議、大阪商業会議所議員などを経て、大正9年鳥取1区から衆院議員(庚申倶楽部)に当選、1期務める。一方、5年私財を投じ帝塚山学院を創立し常任理事に就任した。　[家]長男＝山本藤助(3代目)

山本 秀煌　やまもと・ひでてる
牧師　神学者　明治学院神学部教授
安政4年(1857)10月30日～昭和18年(1943)11月21日　[生]丹後国峰山(京都府京丹後市)　[専]日本キリスト教史　[学]東京一致神学校〔明治11年〕卒　[歴]丹後田辺藩藩校・敬業堂で漢学を学び、明治6年横浜に出て軍医員瀬時衡の家に寄食、宣教師J.H.バラの説教を聞き、奥野昌綱の聖書講義を受けヘボンの学校に学んだ。7年日本基督公会横浜基督教会(海岸教会)で受洗、11年東京一致神学校(のち明治学院神学部)卒後牧師となった。日本基督教会の名古屋、横浜指路、高知、大阪東各教会で伝道した。この間、34年米国のオーバン神学校に学んだ。40年明治学院神学部教授となり、20年間勤め、のち無任所牧師、晩年は高輪教会の牧師を務めた。日本基督教会の大会議長を7回務め、日本キリスト教史の権威。著書に「日本基督教史」(全2巻)「近世日本基督教史」「西教史談」「日本基督教会史」

「ゼー・シー・ヘボン博士」「江戸切支丹屋敷の史蹟」「東洋の大使徒フランシスコ・ザベリヨ」などがある。

山本 幸彦　やまもと・ゆきひこ
衆院議員(政友会)
天保15年(1844)11月27日～大正2年(1913)5月23日　[生]土佐国高知城東南新町(高知県高知市)　[歴]藩立洋学校で英語を学び、明治8年高知に勤め、9年学務課長心得。10年公選の戸長。13年高知中学校長心得、14年高知師範校長、同女子師範、同中学校長兼任。その間板垣退助の立志社を経て、14年自由党結成後党幹部となる。20年上京、保安条例に触れて投獄され、22年大赦出獄。伊藤博文の政友会結成準備委員長となり、31年以来高知県から衆院議員当選3回。

山本 与七　やまもと・よしち
自由民権運動家
安政4年(1857)～大正3年(1914)
[生]相模国(神奈川県)　[歴]明治16年自由党に入党。18年大阪事件では神奈川県内行動隊として参加し、軽懲役8年の刑を受けた。のち特赦で釈放された。

山本 隆太郎　やまもと・りゅうたろう
衆院議員(政友会)
文久2年(1862)9月～昭和17年(1942)8月7日　[生]紀伊国(和歌山県)　[歴]和歌山県議、同常置委員、同参事会員となった。また、和歌山県穀株式綿糸取引所理事、関西土地興業取締役に就任した。明治27年衆院議員に当選。以来5期務めた。

山森 隆　やまもり・たかし
金沢市長　衆院議員(政友会)
安政5年(1858)9月24日～昭和4年(1929)12月13日　[生]加賀国(石川県)　[学]石川師範速成科〔明治8年〕卒　[歴]小学校教諭を経て、連合町議・議長、金沢市議、石川県議となり、明治35年衆院議員(政友会)に当選、2期務める。42年金沢市長に就任した。また書籍商を営み、石川新聞社長、金沢紡績社長も務めた。

山屋 他人　やまや・たにん
海軍大将
慶応2年(1866)3月4日～昭和15年(1940)9月10日　[生]陸奥国(岩手県盛岡市)　[学]海兵(第12期)〔明治19年〕卒、海大〔明治29年〕卒　[歴]陸奥南部藩士の長男。父の厄年の子で、当時は一度捨て子して他人に拾ってもらってから名付けないと丈夫に育たないという迷信があったが、その手順を億劫がった父が"他人"と命名した。明治21年海軍少尉に任官。日清戦争の黄海海戦には西京丸航海長として参加。日露戦争には秋津洲、笠置の各艦長として従軍した。38年第四艦隊、同年第二艦隊の参謀長、40年千歳艦長を経て、同年軍令部参謀第二班長、42年教育本部第一部長兼第二部長、44年海軍大学校校長兼務、同年舞鶴鎮守府予備艦隊司令

官、45年人事局長。大正2年海軍大学校校長、3年第一艦隊司令官、同年第一次大戦では第一南遣枝隊司令官としてドイツが領有していた南洋群島を占領。4年第三戦隊司令官、同年軍令部次長、7年第二艦隊司令長官を務め、8年海軍大将となり第一艦隊司令長官。9年連合艦隊司令長官を兼任。同年横須賀鎮守府司令長官となり、12年予備役に編入。海軍部内切っての戦術家として知られ、彼が考案した"円戦術"などの独創的な戦術は"山屋戦術"と呼ばれた。また、皇太子妃雅子さまの曽祖父にあたる。　家孫＝岩下秀男（法政大学名誉教授）、女婿＝岩下保太郎（海軍少将）、江頭豊（チッソ社長）、おじ＝野辺地尚義（蘭学者・実業家）、曽孫＝皇太子妃雅子

山脇 玄　やまわき・げん
行政裁判所長官 貴院議員（勅選）
嘉永2年（1849）3月3日〜大正14年（1925）10月7日　生越前国福井（福井県）　名幼名＝泰吉　学法学博士〔明治40年〕　歴越前福井藩の藩医の長男に生まれる。藩の医学校に学び、のち長崎で蘭学を修める。明治3年ドイツに留学、ベルリン、ライプチヒ、ハイデルベルヒ等の諸大学で法学を学び、10年帰国。太政官権少書記官、参事院議官、法制局参事官、行政裁判所評定官、同長官を歴任し、大正2年辞任。この間明治24年勅選院議員をつとめた。　家妻＝山脇房子（山脇高等女学校長）、養子＝山脇春樹（愛知県知事）

山脇 春樹　やまわき・はるき
愛知県知事 山脇高等女学校校長
明治4年（1871）5月24日〜昭和23年（1948）　生京都府　名旧姓・旧名＝畑田　学東京帝国大学法科大学政治学科〔明治32年〕卒　歴畑田家に生まれ、明治30年法律学者・山脇玄の養子となり同家の家督を継いだ。台湾総督府専売局長、臨時博覧会事務官長を経て、大正5年山梨県知事、8年三重県知事、11年栃木県知事、13年愛知県知事を歴任。15年退官後は養母・山脇房子が設立した山脇高等女学校の校長を務めた。　養父＝山脇玄（法律学者・貴院議員）、養母＝山脇房子（女子教育家）

家守 善平　やもり・ぜんぺい
児島織物創業者
文久3年（1863）4月〜昭和21年（1946）6月3日　生備前国児島郡小川村（岡山県倉敷市）　歴染色と織物を業とし、明治29年生産と販路を拡大するために児島織物合資会社を設立。主に袴地や足袋を生産し、40年には全国に先駆けて蒸気機関を導入して生産力を増大させた。大正9年に同社を児島織物株式会社に改組し、この間軍用、内需用の生産に徹して第一次大戦後の不況を乗り切り、大正後期には学生服の縫製を開始し、"大楠公"の商標で全国的に親しまれ、昭和初期には学生服中心の生産に移行した。昭和11年同社長に就任。日中戦争時には同社を軍の管理工場としたほか、民需拡大を

期して妹尾・京城・奉天などに分工場や被服工場を建設した。

山家 豊三郎　やんべ・とよさぶろう
公益家
天保3年（1832）〜明治29年（1896）11月5日　回陸奥国仙台（宮城県仙台市）　名本名＝山家頼道、号＝清奇園　歴陸奥仙台藩士の家に生まれ、少年時代に祖父から外記流の砲術を習う。安政4年（1857年）には大砲頭として蝦夷地の警備にあたった。その後江戸詰めとなり、戊辰戦争の時は白河口で活躍した。廃藩後、仙台の東一番丁立町通西北角の屋敷地を区割りして家を建て、商人に賃貸しする。一帯は山家横町と呼ばれ、仙台市の繁華街・東一番丁の礎となった。明治8年に開園した桜ケ岡公園の建設にも尽くした。

【ゆ】

湯浅 倉平　ゆあさ・くらへい
内務次官 貴院議員（勅選）
明治7年（1874）2月1日〜昭和15年（1940）12月24日　生福島県　学東京帝国大学法科大学政治科〔明治31年〕卒　歴明治31年内務省に入り、滋賀・兵庫各県参事官、鳥取・愛媛・長崎・神奈川各県内務部長を経て、大正元年内務省地方局長、2年岡山県知事、3年静岡県知事、4年内務省警保局長となった。5年辞任後、勅選院議員。その後、12年警視総監となるが虎ノ門事件で引責辞任。13年内務次官、14年朝鮮総督府政務総監。昭和4年会計検査院長、8年宮内相、11年内大臣となり、昭和天皇側近として元老西園寺公望の信を得た。

湯浅 治郎　ゆあさ・じろう
キリスト教社会運動家 群馬県議
嘉永3年（1850）10月21日〜昭和7年（1932）6月7日　生上野国碓氷郡安中村（群馬県安中市）　学同志社　歴明治11年新島襄より洗礼を受け、海老名弾正らと安中教会を創立。13年から群馬県議を務め、この間4度議長になり、16年他県にさきがけて廃娼運動を推進した。また、小崎弘道らと東京基督教青年会（YMCA）の創立や、同志社・組合教会の財政確立に尽力。大正2年朝鮮総督府の機密費による朝鮮伝道に柏木義円とともに反対した。　家五男＝湯浅八郎（同志社総長）、弟＝湯浅半月（詩人）、義弟＝徳富蘇峰（評論家）、徳富蘆花（小説家）

湯浅 竹次郎　ゆあさ・たけじろう
海軍少佐
明治4年（1871）〜明治37年（1904）5月3日　生茨城県　学海兵卒　歴父は陸奥会津藩士。海軍に入り、日清戦争では陸戦隊信号掛を務めた。明

治37年日露戦争に巡洋艦厳島の砲術長として出征。同年5月の第三次旅順口閉塞作戦で相模丸の指揮官を務め、戦死した。

湯浅 凡平　ゆあさ・ぼんぺい
衆院議員（新正倶楽部）
慶応3年（1867）11月～昭和18年（1943）5月17日
生広島県　学慶応義塾〔明治24年〕卒　歴日本郵船社員、密陽銀行業務執行社員、上南水利組合長を経て横浜市議、同参事会員となった。明治45年衆院議員に当選。以来5期務めた。第20回列国議会同盟会議（ウィーン）に参列した。

結城 無二三　ゆうき・むにぞう
牧師　旧新撰組隊士
弘化2年（1845）4月17日～明治45年（1912）5月17日　生甲斐国山梨郡一丁田中村（山梨県山梨市）
名=景祐、通称=米太郎、有無之助　歴16歳で医術修業のために江戸に出るが、のち砲術を学び幕府の講武所に入る。まもなく攘夷論者となって文久2年（1862年）京都に上り、のち転向して新徴組、新撰組で活動。明治元年東進する征討軍に対抗するため甲州経略を提言し、隊長近藤勇を中心とする甲陽鎮撫隊を組織、嚮導兼大砲指図役甲陽鎮撫隊軍監として入峡するが、柏尾の戦で敗れた。維新後沼津兵学校附属小学校で学び、のち郷里の甲州に戻り牧羊経営などに着手したが失敗。キリスト教の洗礼を受け、牧師として山中共古らと共に東京、浜松、山梨で布教活動を行った。伝記に息子の礼一郎が記した「旧幕新撰組の結城無二三」がある。　家息子=結城礼一郎（ジャーナリスト）

湯川 寛吉　ゆかわ・かんきち
住友合資総理事
慶応4年（1868）5月24日～昭和6年（1931）8月23日
生紀伊国東牟婁郡新宮（和歌山県新宮市）　学帝国大学法科大学独法科〔明治23年〕卒　歴明治23年逓信省に入り、以後累進して36年大阪管理局長となる。38年鈴木馬左也の懇望により、官を辞して住友に移り、住友本店支配人となる。43年理事となり、総本店支配人、さらに伸銅所支配人を兼ねた。大正4年住友銀行筆頭常務に転じ、銀行業務拡張のため欧米を視察。帰国後、大阪手形交換所委員、ついで住友合資総理事に就任し、関西実業界の重鎮となった。昭和5年実業界を退き、貴院議員となる。

湯河 元臣　ゆかわ・もとおみ
逓信次官
慶応1年（1865）11月24日～昭和7年（1932）9月25日　生静岡県　名旧姓・旧名=後藤　学帝国大学卒　歴逓信省参事官、管船局長などを経て、大正3年逓信次官となる。のち日本郵船取締役などを務めた。　家長男=湯河元咸（農林中央金庫理事長）

油川 錬三郎　ゆかわ・れんざぶろう
弁護士

天保13年（1842）～明治41年（1908）1月30日
生近江国甲賀郡水口（滋賀県甲賀市）　名本名=油川信近、変名=武田文蔵　歴近江水口藩士で藩儒・中村栗園の門に入り漢学を学ぶ。早くから国事に奔走し、脱藩して同志を甲賀郡松尾山に糾合して赤報隊を組織し、自ら武田文蔵と変名して、東海道鎮撫総督の下で活躍した。のち太政官に任ぜられ入京、一隊を編成して洋式訓練を行い、各地に転戦。凱旋後辞職に就き、判事を経て、廃藩置県後弁護士となった。

湯地 丈雄　ゆじ・たけお
篤志家
弘化4年（1847）4月4日～大正2年（1913）1月10日
生肥後国（熊本県）　歴明治6年熊本県警部となり、7年江藤新平の佐賀の乱を鎮定するに功を立てる。19年福岡警察署長を務める。在職中、国防の必要性を痛感し元寇記念碑の建設を志す。のち退官して幻灯映写と講演で全国を回って資金を募り、37年福岡県箱崎浜に碑・亀山上皇銅像を建てた。また大日本護国幼年会を設立した。

湯地 平生三　ゆじ・つねぞう
篤農家　清武商社社長
文政13年（1830）2月25日～明治32年（1899）9月21日　生日向国宮崎郡清武村（宮崎県宮崎市）　名旧姓・旧名=弓削　歴日向飫肥藩の勘定方物産係を務め、維新後、地租改正顧問、勧業委員、戸長などを歴任。また清武商社社長となる。養蚕、製糸などの改良に努めた。

湯地 幸平　ゆち・こうへい
内務省警保局長　貴院議員（勅選）
明治3年（1870）4月2日～昭和6年（1931）8月10日
生宮崎県宮崎郡田野村（宮崎市）　学東京師範卒、日本法律学校〔明治28年〕卒　歴明治35年文官高等試験合格、文部省嘱官から茨城県視学、福岡県などの事務官、警視庁警視、三重・愛知各県内務部長、台湾総督府警視総長、福井県知事、内務省警保局長などを歴任した。大正11年退官後、勅選貴院議員、帝国教員会評議員議長兼務。

湯地 定監　ゆち・さだのり
海軍機関中将　貴院議員（勅選）
嘉永2年（1849）10月8日～昭和2年（1927）1月29日
生薩摩国鹿児島（鹿児島県鹿児島市）　学アナポリス米国海軍兵学校　歴薩摩藩士の三男として生まれる。長兄・定基はのち貴院議員、妹・静子は陸軍軍人の乃木希典に嫁いだ。明治4年工部省、5年兵部省出仕となり、同年機関学研究のため米国へ留学。米国海軍兵学校に学び、14年帰国。軍艦筑紫、浪速、扶桑、高千穂などの機関長を歴任、日清戦争では連合艦隊機関長として出征。のち機関学校長や教育本部第二部長を務め、機関科士官の待遇改善などに尽力。39年予備役に編入。同年貴院議員に勅選。　家兄=湯地定基（貴院議員）, 義弟=乃木希典（陸軍大将）

湯地 定基　ゆち・さだもと
元老院議官
天保14年(1843)9月4日~昭和3年(1928)2月10日　[生]薩摩国鹿児島城下(鹿児島県鹿児島市)　[名]通称=湯地治左衛門　[学]マサチューセッツ農科大学(米国)　[歴]薩摩藩士の長男として生まれる。弟・定監はのち海軍機関中将、妹・静子は陸軍軍人の乃木希典に嫁いだ。明治2年薩摩藩第2回留学生として英国に渡り、3年米国でマサチューセッツ州立農科大学に学ぶ。4年帰国。5年開拓使に出仕、ケプロンなど外国人顧問の通訳となる。のち開拓使大主典、同権少書記官、同少書記官、根室県令、北海道庁理事官、元老院議官を歴任。24年貴院議員に勅選。　[家]弟=湯地定監(海軍機関中将)、義弟=乃木希典(陸軍大将)

柚木 慶二　ゆのき・けいじ
衆院議員(政友会)
安政6年(1859)9月~大正5年(1916)2月11日　[出]鹿児島県　[歴]西南戦争に従軍。役後、育英黌を設立した。明治35年衆院議員に当選。以来6期務めた。三州社常議員、同志会常務委員、また、鹿児島県議もつとめた。

由比 光衛　ゆひ・みつえ
陸軍大将
万延1年(1860)10月15日~大正14年(1925)9月18日　[生]土佐国土佐郡神田村高神(高知県高知市)　[学]陸士(旧5期)〔明治15年〕卒、陸大〔明治24年〕卒　[歴]歩兵少尉に任官し、日清、北清及び日露戦争に従軍、明治42年陸軍少将となる。44年参謀本部第一部長、大正3年陸軍中将に進み、陸軍大学校長、4年第十五師団長、6年近衛師団長などを歴任。7年ウラジオ派遣軍参謀長としてシベリア出兵、8年6月青島守備軍司令官、同年11月陸軍大将に昇進。11年軍事参議官となり、12年待命、13年予備役に編入した。

由布 武三郎　ゆふ・たけさぶろう
弁護士　高等商業学校校長
文久2年(1862)2月24日~大正15年(1926)2月22日　[出]福岡県　[学]東京大学卒　[歴]地裁所長、文部省参事官、高等商業校長などを経て、弁護士を開業。

湯本 善太郎　ゆもと・ぜんたろう
陸軍主計総監
安政2年(1855)8月25日~昭和8年(1933)1月26日　[出]播磨国(兵庫県)　[歴]明治16年陸軍三等軍吏となり、以来累進して、41年陸軍主計監に進み関東都督府陸軍経理部長、大正元年第十二師団経理部長などを経て、2年主計総監となる。予備役編入後は摂津釀造社長、大正製酒社長などを務め、のち洛永玩具社長に就任した。

湯本 義憲　ゆもと・よしのり
治水家　衆院議員(無所属)　岐阜県知事
嘉永2年(1849)2月25日~大正7年(1918)11月15日　[生]武蔵国北埼玉郡埼玉村(埼玉県行田市)　[名]旧姓・旧名=田島増太郎　[歴]明治16年埼玉県荒川沿岸水利組合委員。23年より衆院議員に4選。第1回帝国議会で治水法案を建議、24年採択され、貴衆両院の治水会常務幹事を務め、28年土木会議委員。30年治水家としての手腕を買われ、連続した風水害で大きな被害を受けていた岐阜県知事に就任。治山治水の先覚者として知られる金原明善を県の顧問に迎え、わずか1年の任期ながら治山治水に尽くして"治水翁"と呼ばれた。退官後は農業に従事、32年利根治水同盟会長、43年内務省治水調査委員を務めた。　[賞]勲四等瑞宝章

由良 守応　ゆら・もりまさ
実業家
文政10年(1827)~明治27年(1894)3月30日　[出]紀伊国日高郡門前村(和歌山県日高郡由良町)　[名]幼名=弥太次、源太郎、号=義渓　[歴]紀伊藩士の長男。京都で公家の庭田重胤に仕えた後、明治2年民部官御雇牧牛馬御用掛となり、民部省通商司権大佑、大蔵省勧農寮助を経て、4年宮内省御用兼勧農助。5年岩倉使節団に随行し、欧米諸国を歴訪した。6年帰国して後宮馬車係長となるが、同年皇后、皇太后同乗のお召馬車が転覆した事件の責任をとって辞職。7年乗合馬車業の千里軒を興し、2階建て馬車を浅草—新橋間で走行。19年大日本発動機を設立した。

由利 公正　ゆり・きみまさ
東京府知事　元老院議官　子爵
文政12年(1829)11月11日~明治42年(1909)4月28日　[生]越前国足羽郡毛矢町(福井県福井市)　[名]旧姓・旧名=三岡八郎、字=義由、通称=石五郎、八郎、号=雲軒、雲竹、好々能、方外　[歴]越前福井藩士・三岡義知の長男。幼い頃、剣・槍や学問に励み、弘化4年(1847年)西尾十左衛門に西洋砲術を習う。また、越前を訪れた横井小楠に財政を学んだ。嘉永6年(1853年)父の急死により家督を継ぐ。同年ペリー来航に衝撃を受け、富国強兵・殖産興業の必要性を説くとともに、藩の兵器製造に尽力。安政5年(1858年)上洛し、橋本左内と国事に奔走。同年福井藩に招かれた小楠の下で藩財政の改革に従事し、文久2年(1862年)には藩主・松平慶永の政事総裁職就任に伴って側用人に抜擢され、列藩会議の開催など種々の献策を行った。3年藩論が一変したことにより4年間蟄居を命ぜられるが、慶応3年(1867年)赦されて京都に招かれ、徴士・参与職などを歴任して新政府の財政を担当、太政官札の発行などの金融政策を推進して"由利財政"といわれた。4年には五箇条の誓文の起草にも当たる。同年公正に改名。明治2年参与職を辞して福井藩の改革に従事。3年祖先由利八郎以来の旧姓である由利を称す。4年東京府知事に就任し、東京市下で頻発した大火を機に銀座の煉瓦街化を推進した。5年岩倉具視の欧米視察に随行。7年板垣退助、江藤新平らの民撰議院設立建白書に連名。8年元老院の設立と

共に同議官となるが、間もなく辞した。一方、実業界でも活動し、中小坂鉱山の開発・経営や乳牛の飼育なども行った。18年元老院議官に再任。20年子爵、23年勅選貴院議員。27年有隣生命保険会社の設立と共に初代社長に就任。33年史談会会長。

由利 適水　ゆり・てきすい
僧侶 臨済宗天竜寺派管長
文政5年（1822）4月8日～明治32年（1899）1月20日
[生]丹波国何鹿郡物部村（京都府綾部市）　[名]旧姓・旧名＝上田, 名＝宜牧, 号＝無異室, 雲母　[歴]4歳で父を亡くし、9歳のときに丹波・竜勝寺に入る。天保12年（1841年）備前・曹源寺に入って儀山善成に入門し、適水と号した。嘉永6年（1853年）より京都・要行院の義堂昌碩に師事。文久2年（1862年）天竜寺西堂に補せられる。元治元年（1864年）禁門の変で同寺が長州藩兵の宿営となっていたために薩摩藩兵から攻撃を受けると、寺に被害を及ぼさぬよう薩摩の村田新八らを説き、違約によって寺が焼き討ちされると、開山・夢窓疎石の画像を守って避難した。明治4年天竜寺派管長となり、天竜寺の再建に尽力。5年禅宗三派の管長に就任。25年天竜寺派管長を退いて修学院の林丘寺に隠棲したが、30年天竜寺派管長に再任。高潔な人柄で山岡鉄舟や橋本峨山らも参禅した。

【 よ 】

与口 虎三郎　よぐち・とらさぶろう
篤農家 新潟県槙原村長
慶応3年（1867）～大正15年（1926）
[生]越後国刈羽郡橋場村（新潟県柏崎市）　[歴]古くからキュウリの産地として知られた越後刈羽郡橋場村に生まれる。早くからキュウリの改良に取り組み、明治の初めに“刈羽節成キュウリ”を創出。以後、息子の重治と共にその普及と改善、農業技術の革新に力を尽くした。明治43年刈羽節成胡瓜橋場採種組合を設立し、初代組合長に就任。当初の組合員は30名余りであったが、病害に強く寒地栽培に適することが評判となり、たちまち組合員は増加、その種子も新潟県内や国内のみならず遠く樺太や満州、米国にまでもたらされたという。また人望に篤く、槙原村村長なども務めた。あとを継いで2代目の組合長となった重治もキュウリの栽培指導に一生を捧げ、土地の人に感謝された。没後、与口親子の功績を称えて大国玉神社に彰功碑が建立された。　[家]子＝与口重治（篤農家）

与倉 喜平　よくら・きへい
陸軍中将
慶応1年（1865）9月15日～大正8年（1919）6月1日
[生]薩摩国鹿児島（鹿児島県鹿児島市）　[学]陸士〔明治21年〕卒　[歴]薩摩藩士中島弥九郎の二男に生まれ、のち与倉家を継ぐ。歩兵少尉に任官し、以来累進して大正7年陸軍中将となる。この間、歩兵第三十五旅団長、陸軍士官学校長などを歴任。日清戦争では第二軍司令部に属して従軍、日露戦争では大本営陸軍幕僚及び満洲軍司令部付軍政官として出征した。

横井 左平太　よこい・さへいた
元老院権少書記官 日本初の官費留学生
弘化2年（1845）～明治8年（1875）10月
[生]肥後国熊本城下（熊本県熊本市）　[歴]肥後熊本藩郡代改役・横井時明の長男で、早くに父を失い、叔父である儒学者・横井小楠に育てられる。元治元年（1864年）弟・大平と神戸海軍操練所に入って航海術を学び、慶応元年（1865年）長崎に移ってフルベッキに師事した。2年渡米、ラトガース大学附属中学からアナポリスの海軍兵学校に学び、我が国初の官費留学生となった。明治6年帰国。すぐに再渡米したが2年後に帰国、元老院権少書記官となるも間もなく結核のため病死した。　[家]兄＝横井大平, 叔父＝横井小楠（儒学者）

横井 甚四郎　よこい・じんしろう
衆院議員（政友会）
万延1年（1860）10月～明治42年（1909）8月16日
[出]愛知県　[学]県立養成学校〔明治9年〕卒　[歴]卒業後、漢学を修めた。愛知県議、同郡部会副議長を務める。また一宮銀行取締役に就任。明治31年衆院議員に当選。以来5期務めた。

横井 大平　よこい・たいへい
日本初の官費留学生
嘉永3年（1850）～明治4年（1871）2月3日
[生]肥後国熊本城下相撲町（熊本県熊本市）　[名]本名＝横井時実, 幼名＝倫彦, 別名＝沼川三郎, 伊勢多平太　[歴]肥後熊本藩郡代改役・横井時明の二男で、早くに父を失い、叔父である儒学者・横井小楠に育てられる。文久2年（1862年）小楠に従い江戸に出、洋書調所で英字に親しむ。元治元年（1864年）兄・左平太と神戸海軍操練所に入って航海術を学び、慶応元年（1865年）長崎に移ってフルベッキに師事した。2年渡米、ラトガース大学附属中学からアナポリスの海軍兵学校に学び、我が国初の官費留学生となった。しかし、やがて結核を病み帰国、明治4年21歳で早世した。　[家]兄＝横井左平太, 叔父＝横井小楠（儒学者）

横井 時雄　よこい・ときお
牧師 衆院議員（政友会） 同志社社長・校長
安政4年（1857）10月17日～昭和2年（1927）9月13日　[生]肥後国上益城郡沼山津村（熊本県熊本市）　[名]別名＝伊勢時雄, 伊勢又雄　[学]熊本洋学校〔明治8年〕卒, 同志社英学校英学科本科〔明治12年〕卒　[歴]いちじ伊勢姓を名のる。熊本洋学校の米人校長ジェーンズの導きで明治9年徳富蘇峰らとキリスト

教に入信。熊本バンドの一員となる。12年同志社卒業後、愛媛県・今治教会、東京・本郷教会の牧師となり伝道に活躍。「六合雑誌」「基督教新聞」の編集に従事。18年同志社教授。米国留学後、30年同志社社長兼校長となるが、翌年キリスト教主義をめぐる綱領削除問題で辞任。36年以来岡山県から衆院議員に当選2回、日糖事件に関係して42年政界を引退。その間、37年「東京日日新聞」主宰、37~39年姉崎正治と雑誌「時代思潮」を刊行。政界引退後は文筆に従事。大正8年パリ平和会議に出席。著書に「基督教新論」「我邦の基督教問題」がある。徳冨蘆花の「黒い眼と茶色の目」に能勢又雄の名で登場している。 家父=横井小楠(熊本藩士・儒学者)、いとこ=徳富蘇峰(評論家)、徳冨蘆花(小説家)

横尾 輝吉 よこお・てるきち
衆院議員(立憲同志会)
安政2年(1855)5月4日~大正8年(1919)5月21日
生下野国上都賀郡鹿沼町(栃木県鹿沼市) 名旧姓・旧名=角田 学東京専門学校 歴はじめ実業を営むが、独学して上京し、東京専門学校に入学。のち自由民権運動に加わり、国会開設を主張して郷里栃木県都賀に都賀演説会を興した。明治15年栃木県議に当選、大隈重信の立憲改進党に所属し、また田中正造らとともに栃木改進党を結党。栃木県庁移転問題では、移転派の三島通庸知事と対立。25年足尾鉱山鉱毒事件が問題化すると、仲裁委員として鉱山を経営する古河財閥と地域民の間を斡旋し、わずかな金銭で両者を示談させた。27年県会議長に選出され、2期を務めた。35年衆院議員となるが、間もなく解散のため失職し、栃木県議に復帰。44年には再び同県会議長となり、栃木における改進党系の領袖として自由党系の勢力を抑えた。45年立憲国民党より衆院選に出馬し当選。のち立憲同志会に所属し、大正4年の衆院選で再選された。

横川 省三 よこがわ・しょうぞう
軍事探偵
慶応1年(1865)4月4日~明治37年(1904)4月21日
生陸奥国盛岡(岩手県盛岡市) 名旧姓・旧名=三田村、号=北溟、精軒 歴盛岡藩士三田村家の三男で、横川家を継ぐ。明治17年小学校教師を辞して上京、有一館に入り自由民権運動に投じ、加波山事件に連座、禁錮6カ月。23年東京朝日新聞社に入社、26年郡司成忠の千島探検に参加し、同紙に「短艇遠征記」を掲載。日清戦争には従軍記者となったが、29年退社。34年内田康哉の北京公使に随行、35年蒙古縦断を企てて失敗。北京の東文学舎に入り沖禎介らと知る。日露戦争直前に満洲を中心とした軍事諜報活動に従事。37年日露開戦直後、沖禎介、松崎保一らとチチハル付近で鉄橋を爆破しようとしてロシア軍に逮捕され、ハルビンで銃殺された。

横川 峰月 よこがわ・ほうげつ
僧侶(浄土真宗本願寺派)
弘化4年(1847)1月10日~明治41年(1908)3月21日 生筑前国堅粕(福岡県福岡市) 名号=秋外、林渓、諡号=敬信院 歴実家は筑前堅粕の浄福寺。諸寺を遊歴し、越智洞観・原口針水・釈氏力精・谷口藍田らに学者・学僧に学ぶ。明治5年大阪の正宣寺住職となり、西本願寺大学林で宗学などを考究。16年同寺内に私塾・敬信黌を開いて子弟に真宗学や漢学を教え、23年にはその功により西本願寺から「正宣精舎」の額を贈られた。その後、浄土真宗本願寺派の助教・輔教・総代会衆などを歴任し、共保財団の設立に奔走。没後、司教の位を追贈された。

横田 永之助 よこた・えいのすけ
映画興行師
明治5年(1872)4月~昭和18年(1943)3月29日
生京都府京都市岡崎町 学札幌農学校卒 歴明治19年上京。杉浦重剛の称好塾、高等商業予科に学ぶが中退して米国へ留学、サンフランシスコ・パシフィック・ビジネス・カレッジに学んだ。22歳で帰国したのち神戸内外物産貿易に入社。23歳で再び渡米してX線を持ち帰り、これを見世物として京阪地方で興行した。その後、兄の紹介で稲畑勝太郎の知遇を得てその興行を手伝うこととなり、30年稲畑の所有していたリュミエールのシネマトグラフを携えて上京。浅草に仮設の興行場を設け、自ら弁士も務めた。33年パリ万博で渡仏したときにパテー映画社と直接購入の契約を取り交わしてからは横田商会を創立して映画事業に本腰を入れ、日露戦争の頃には報道記録映画を上映する巡業班を組織して各地を巡回させ、映画興行師の草分けの一人となった。41年には牧野省三と組んで自身初の劇映画である「本能寺合戦」を製作し、以後牧野と映画製作を進め、岡山の歌舞伎俳優・尾上松之助を主演とした時代劇映画を多作した。大正元年横田、吉沢、M・パテー、福宝堂の4社が合流して日活が設立されるとその重役となり、昭和2年社長に就任した。 家兄=横田万寿之助

横田 亀代 よこた・きよ
社会事業家 松本婦人協会々頭
天保7年(1836)~明治43年(1910)
生信濃国松代(長野県長野市) 名本名=横田きよ 歴信濃松代藩士の娘として生まれ、17歳の時に同藩の斎藤数馬を養子に迎える。夫は明治維新後に長野県埴科郡長などを務めるが、明治12年に死別。彼女はその後、矯風運動に従事し、21年松代婦人協会を設立して初代会頭に就任した。その傍ら、3男5女を立身興家の家庭教育で育て上げ、賢母として知られた。そのうち、長男の秀雄は大審院長、二男・小松謙次郎は鉄道大臣、三男・俊夫は判事となるなど立派に成長。長女の和田英も女工として官営富岡製糸場で活躍し、名著「富岡日記」を著すとともに、母の躾について書き記した「我が

母の躾」を刊行している。　家長男＝横田秀雄（法曹人），二男＝小松謙次郎（政治家），三男＝横田俊夫（判事），長女＝和田英（女工）

横田　国臣　よこた・くにおみ
大審院院長　男爵
嘉永3年（1850）8月9日〜大正12年（1923）2月24日
学法学博士〔明治40年〕　家島原藩士横田宗蔵の長男。主として独学で官途についた。初め埼玉県に出仕，明治9年司法省に入り検事補となり，13年検事，以後司法省権少書記官，統計委員，参事院議員，元老院議官補，司法少書記官を歴任。19年欧州留学，24年帰国して司法省参事官，25年同省民刑局長。29年司法次官に任命され司法部改革にあたる。31年検事総長となるが，同年10月時の内閣と衝突して懲戒免官。再起して32年東京控訴院検事，37年検事総長に復活。39年大審院長となり，15年間その職をつとめた。大正4年男爵。著書に「法律哲学」「観察哲学」「政略哲学」など。

横田　孝史　よこた・こうし
衆院議員（憲政会）
安政3年（1856）7月〜昭和9年（1934）12月6日
回兵庫県　学姫路師範卒　歴師範学校卒業後，医塾に学ぶ。薬局を開業し，薬業雑誌を発刊，また県薬剤師会頭，神戸薬業組合を歴任する。神戸市議，兵庫県議，県参事会員を経て，明治45年衆院議員に当選。以来連続3期務めた。

横田　郷助　よこた・ごうすけ
南洋庁長官
明治13年（1880）9月23日〜昭和6年（1931）10月11日　回山口県　学東京帝国大学卒　歴明治38年樺太民政署事務官となる。のち群馬県，三重県の内務部長などを経て，大正12年2代目南洋庁長官に就任。昭和6年任地・パラオで死去。

横田　千之助　よこた・せんのすけ
司法相　衆院議員（政友会）
明治3年（1870）8月22日〜大正14年（1925）2月5日
生下野国足利町（栃木県足利市）　学東京法学院卒　歴織物商の二男で，実家が没落したため小学校卒業後に地元の織物商の丁稚となった。上京して星亨の書生となり，苦学して東京法学院を卒業すると，弁護士試験に合格。はじめ星の法律事務所に勤務したが，明治32年頃に独立。星の死後には実業界でも活動するようになり，千代田瓦斯会社総支配人や日本木材輸出，有隣生命保険などの重役を務めた。35年友会公認で栃木県から衆院議員に当選，以来連続5選。大正2年幹事，3年幹事長となり，7年原内閣が成立すると法制局長官として入閣，原敬の懐刀として活躍した。10年ワシントン軍縮会議に全権委員の筆頭随員として参加したが，原の暗殺と高橋内閣の成立により直ちに帰国した。高橋内閣の総辞職後は政友会の総務委員として党内の刷新に尽力。13年第二次護憲運動では清浦内閣打倒を叫び，同内閣総辞職後に成立した護憲三派による加藤高明内閣で司法相に就任したが，在任中に死去した。　家長男＝横田　郁（第一勧業銀行頭取）　勲勲二等旭日大綬章

横田　保　よこた・たもつ
殖産家
天保2年（1831）〜明治34年（1901）
生遠江国浜名郡小野口村（静岡県浜松市）　歴14歳で大阪に赴き後藤松陰の門に学び，17歳で江戸に出て武術を磨き，嘉永年間（1848〜1854年）幕末・近藤力之助の用人となる。明治維新の際には，気賀の関所を守る近藤に勤王の大義を力説，尊攘運動に従う。維新後，桑・茶などの栽培を進め，三方原に新道を拓き，横田道と称された。明治6年気賀林らと共に茶園百里園を創設するなど静岡県三方原開墾に尽くす。23年には製茶産額3万9千余貫を得て，27年更に増量，小学校を建て，一村を形成するに至る。28年化学肥料試験所を設立し，同年第4回博覧会で有功一等賞を受けた。

横田　英夫　よこた・ひでお
農民運動家
明治22年（1889）10月13日〜大正15年（1926）2月10日　生埼玉県秩父郡高篠村大字松谷（秩父市）　名旧姓・旧名＝内田　歴埼玉，東京，長野，福島，新潟などを転々とし，新聞記者や著述業に従事した。大正3年「東京朝日新聞」に「農村革命論」を発表。新潟県で須貝快天の農村革新会に参加したのち，13年岐阜県の中部日本農民組合組合長に迎えられた。その後岐阜を中心に農民運動を指導。いくつもの争議で小作料減免を勝ち取って農民から絶大な信頼を得た。著書に「農村滅亡論」「日本農村論」などがある。

横田　穣　よこた・みのる
植林家　日出生台陸軍演習場主管
慶応1年（1865）4月11日〜昭和25年（1950）5月6日
生阿波国川島（徳島県吉野川市）　学陸軍砲兵工学校卒　歴はじめ小学校教員をしながら画家を志し，日本画家の川端玉章に師事した。のち陸軍教導団に入り砲兵として日清戦争に従軍。明治32年に陸軍砲兵工学校に入り，日露戦争の旅順攻略戦では砲台据え付けの任に当たった。40年砲兵少佐で予備役に編入。43年かつての上官の推薦で大分県日出生台陸軍演習場の主管に就任し，部隊や地域住民の防災・水資源確保に供すべく植林事業を開始。25年に及ぶ在任期間中に約1500ヘクタール・450万本の植林を行った。また，地域住民とともに日出生台奨励会を結成し，農事改良・防災・生活改善を指導した。昭和10年に退官し，別府に移住。

横堀　三子　よこほり・さんし
衆院議員（大同倶楽部）
嘉永5年（1852）9月〜大正3年（1914）3月24日
生下野国那須郡黒羽（栃木県大田原市）　名号＝鉄研　歴明治11年栃木県の芳賀郡書記，12年県議，次いで同副議長，議長，18年芳賀郡長を歴任。こ

の間改進党に参加、23年以来衆院議員当選4回。29年台湾総督府書記官。36年憲政党を脱党し、38年大同倶楽部に入る。詩と書をよくした。

横幕 武良子 よこまく・むらこ
社会事業家
嘉永6年(1853)〜大正6年(1917)9月13日
[出]東京市神田区(東京都千代田区) [歴]東京市神田区南伊賀町に住み、愛国婦人会神田支部、赤十字社篤志看護婦会、海事協会婦人会などの発展に尽力。その他数々の慈善事業に寄与し、特に傷病兵の社会復帰に貢献、"病兵の母"と謳われた。

横山 一平 よこやま・いっぺい
東洋捕鯨社長 衆院議員(政友会)
文久3年(1863)5月28日〜昭和7年(1932)6月10日
[出]加賀国(石川県) [学]金沢育英学校卒 [歴]漢・英学・法律学を修め、義侠館を設立して会長となる。その後、鉱山業に従事する。鉄道工業副社長、常磐興業社長となり、大日本捕鯨専務、日本石材社長、大日本水道木管取締役、金福鉄道取締役、金沢電気鉄道社長、東洋捕鯨社長などを歴任。明治37年千葉県から衆院議員(政友会)に当選1回。

横山 勝太郎 よこやま・かつたろう
弁護士 衆院議員
明治10年(1877)11月15日〜昭和6年(1931)5月12日 [出]広島県比婆郡東城町(庄原市) [学]日本法律学校〔明治33年〕卒 [歴]明治35年判検事試験に合格、司法官となり山口地方裁判所判事に。36年広島で弁護士開業、37年東京に事務所を開設。大正3年市議、6年以来衆院議員当選5回、民政党に属した。9年東京市の瓦斯疑獄では単独辞職。この間、東京弁護士会長、憲政会政調会長、幹事長、総務、民政党代議士会長などを務め、昭和4年浜口内閣の商工政務次官となった。

横山 久太郎 よこやま・きゅうたろう
釜石鉱山田中製鉄所創業者
安政3年(1856)10月10日〜大正11年(1922)3月31日 [出]遠江国(静岡県) [歴]廃山となった釜石鉱山を借受、明治19年高炉の出銑に成功、釜石鉱山田中製鉄所(現・新日鉄釜石)を設立。大正7年貴院議員。

横山 金太郎 よこやま・きんたろう
衆院議員
明治1年(1868)11月〜昭和20年(1945)9月25日
[出]広島県 [学]東京法学院〔明治24年〕卒 [歴]台湾総督府法院判官、破産管財人、広島県議、同副議長、同支部会議長、広島市議、同議長を歴任。明治37年衆院議員となり、以来9期。第二次若槻内閣の文部政務次官、鉄道会議議員、広島市長の他、広島弁護士会長もつとめた。

横山 省三 よこやま・しょうぞう
実業家 竜野醬油の先駆者
嘉永2年(1849)4月〜明治43年(1910)5月21日
[生]播磨国揖西郡竜野(兵庫県たつの市) [歴]大坂で修業した後、郷里に戻り、家業の醬油醸造業を継ぐ。明治13年竜野醬油醸造組合を結成し、初代組合長。品評会の開催、醬油試験場の設立にあたり、25年全国醬油醸造大会を開催。また、うす口醬油の技術改良を手がけ、兵庫県議も務めた。

横山 壮次郎 よこやま・そうじろう
農業技術者
慶応4年(1868)8月〜明治42年(1909)12月12日
[生]薩摩国(鹿児島県) [学]札幌農学校〔明治22年〕卒 [歴]薩摩藩士・横山安武の子で、森有礼の甥。明治3年父は東京集議院門前に征韓論議反対論の「時弊十条」の建白書をかかげ割腹し、外交官の叔父・有礼に養育された。有礼が暗殺された22年、札幌農学校を卒業して北海道庁に入り、のち母校・札幌農学校助教授を経て、台湾総督府の技師となる。日露戦争後、奉天(現・瀋陽)で農事試験場と農学校の設立に当たり、42年帰国。更に満州(中国東北部)の農事改良と農業技術者の育成に尽くした。
[家]父=横山安武(儒学者)、叔父=森有礼

横山 隆興 よこやま・たかおき
加州銀行頭取
嘉永1年(1848)5月15日〜大正5年(1916)4月11日
[生]加賀国金沢(石川県金沢市) [名]俳号=居中 [歴]加賀金沢藩家老・横山遠江守隆章の三男。明治2年分家し、藩校・明倫堂で和漢、大阪開成学校で洋学を修学。13年吉田八百松らの銅山協同採掘に関与する。14年甥の横山隆平と尾小屋銅山を経営、さらに飛騨の平金銅山などに事業を拡大、北陸の銅山王と呼ばれ、横山鉱業部の基礎を築いた。加州銀行頭取、金沢電気瓦斯取締役などを務めた。

横山 隆俊 よこやま・たかとし
加州銀行頭取 貴院議員 男爵
明治9年(1876)9月25日〜昭和8年(1933)12月19日 [出]石川県金沢 [学]専修学校〔明治30年〕卒 [歴]金沢藩家老のでちに鉱山経営者・男爵となった横山隆平の長男に生まれる。四高に学び、上京して専修学校で理財学を修め、明治30年卒業と共に父の事業を助け、尾小屋鉱山・平金鉱山の経営に当たる。36年父が没し家督を相続して襲爵する。37年合名会社・横山鉱業部を組織して代表社員となり、その後、山形県・石川県・秋田県などの鉱山を買収し、業績を伸ばす。44年産業視察のためシベリア及び満州・朝鮮各地を旅行。加州銀行頭取、金沢電気軌道社長のほか、多数の会社重役を兼ね、金沢商工会顧問、金沢商工会議所会頭などを務め北陸実業界に重きをなす。また北陸美術協会会長、石川県図書館評議員など数多くの団体役員として尽力、教育面でも26年間の長きに渡り石川県教育会長を務め、県下教育界のために貢献した。大正7年から貴院議員。 [家]父=横山隆平(実業家)
[勲]勲六等単光旭日章,紺綬褒章〔大正8年〕

横山 隆平　よこやま・たかひら
鉱山経営者　男爵
弘化1年(1844)～明治36年(1903)7月31日
生=加賀国金沢(石川県金沢市)　名=通称=三左衛門
歴=代々加賀藩家老の横山家の嫡男として生まれる。父が祖父に先立ち没したため、文久元年(1861年)祖父・隆章の遺知を領し、3年藩家老となる。明治2年藩制改革により人持組頭から一等上士頭となる。14年叔父・横山隆興が関与していた尾小屋銅山の鉱業権を得て、隆興を鉱山長として隆宝館を設立、館主となる。機械化と洋式製錬法を導入して生産を拡大した。また公共事業にも力を注いだ。33年華族に列し男爵となる。36年病没後、長男・隆俊が鉱業権を相続、37年横山鉱業部を創立し、41年には盛大な追善会が開催された。　家=長男＝横山隆俊(実業家)、叔父＝横山隆興(鉱山王)

横山 俊彦　よこやま・としひこ
萩の乱で挙兵した旧長州藩士
嘉永3年(1850)～明治9年(1876)12月3日
名=幼名＝新之允　歴=長州藩士で、藩校・明倫館や吉田松陰の松下村塾に学んだ。明治9年前原一誠らの萩の乱に加わり、処刑された。

横山 寅一郎　よこやま・とらいちろう
衆院議員(政友会)
万延1年(1860)6月7日～大正12年(1923)5月22日
出=肥前国(長崎県)　学=大村藩五教館　歴=私立大村中学を創立した。長崎県議、長崎市長、臨時博覧会評議員等を務めた。明治37年衆院議員に当選、以来5期。また国光生命保険専務取締役となった。

横山 好子　よこやま・よしこ
社会事業家
明治6年(1873)～明治40年(1907)3月4日
生=山口県山口　学=同志社女学校〔明治30年〕卒　歴=同志社女学校に学んだのち上京し、教師として啓蒙小学校に勤務。その傍ら、築地ヤングメン伝道学校に入り、次いで慈恵病院で看護学を修めた。34年看護婦の養成を志し、東京・神田神保町に矯正看護婦会を設立。37年に日露戦争が勃発すると、私費を投じて軍人遺族保護会を組織し、戦没軍人の遺児の養育に尽くした。東北飢饉では現地の児童の保護・救済に当たったが、やがて経営に行き詰まり、援助を求めて遊説中に没した。

吉井 幸蔵　よしい・こうぞう
海軍少佐　貴院議員　伯爵
安政2年(1855)10月4日～昭和2年(1927)10月7日
生=薩摩国鹿児島郡武村(鹿児島県)　名=号＝友昌、嘉左衛門、学=海兵〔明治14年〕卒　歴=宮内官僚・吉井友実の長男。明治2年私費で英国に留学、6年米独英3国に留学を命じられた。16年海軍少尉に任官。19年西郷従道海相に随行して訪欧。24年家督を相続。27年海軍少佐に進み、日清戦争では武蔵副長として威海衛攻撃で戦功をあげた。28年侍従武官を経て、30年予備役となり、同年貴院議員に当選。黎明期にあった日本の海軍屈指の国際派として山本権兵衛を助け、海軍力の近代化に尽力した。　家=父＝吉井友実、息子＝吉井勇(歌人)、吉井千代田(日本薬史学会常任幹事)

吉井 友兄　よしい・ともえ
日本銀行理事
文久3年(1863)6月26日～昭和9年(1934)2月17日
出=薩摩国(鹿児島県)　学=帝国大学卒　歴=大蔵省主税局、日本銀行勤務を経て、明治32年大蔵省東京税務管理局長。のち日本銀行に復帰。43年米国、ドイツ、フランスに出張。帰国後、日本銀行理事となった。

吉井 友実　よしい・ともざね
宮内次官　元老院議官　伯爵
文政11年(1828)2月26日～明治24年(1891)4月22日
生=薩摩国鹿児島城下高麗町(鹿児島県鹿児島市)　名=幼名＝仲助、通称＝吉井幸輔、仁左衛門、徳春、変名＝山科兵部　歴=薩摩藩士・吉井友昌の長男。安政3年(1856年)大坂の薩摩藩邸に出張して諸国の志士と交流し、安政の大獄で幕吏に追われた僧・月照らを援助。幼い頃から西郷隆盛、大久保利通と親しく、6年西郷・大久保らと誠忠組(精忠組)を結成し、文久元年(1861年)藩政改革により徒行役に抜擢された。2年島津久光に従って上洛し、勅使・大原重徳の東下に際しては山科兵部を名のり、その従士として江戸に赴いた。元治元年(1864年)の禁門の変では西郷、伊地知正治らと薩摩藩兵を率いて長州軍を撃退。その後、土佐藩との連携を図り、慶応3年(1867年)西郷、小松帯刀、中岡慎太郎、岩倉具視らと王政復古の計画を協議した。王政復古の政変により徴士参与職、軍防事務局判事などを務め、戊辰戦争では東北各地を転戦。3年民部少輔兼大蔵少輔、4年宮内少輔などを経て、8年元老院議官。11年一等侍補、13年工部大輔なども兼ね、明治天皇の側近として活躍した。15年日本鉄道会社の創立と共に退官、社長に就任。17年伯爵。同年官界に復帰して宮内大輔となり、19年官制改革で宮内次官に就任。21年からは枢密顧問官も兼任し、憲法草案の審議などにも関与した。24年より枢密顧問官専任。歌人の吉井勇は孫にあたる。　家=長男＝吉井幸蔵(海軍少佐・貴院議員)、孫＝吉井勇(歌人)、吉井千代田(薬事日報編集長)、女婿＝大山巌(陸軍大将・元帥)

吉植 庄一郎　よしうえ・しょういちろう
衆院議員(政友会)
慶応1年(1865)9月～昭和18年(1943)3月10日
出=千葉県　学=千葉県立中〔明治16年〕卒　歴=北海道で開墾に従事し、北海タイムス・中央新聞社各社長となる。植民制度調査のため南米に渡航した。明治37年衆院議員に当選、以来9期。田中内閣の商工政務次官、政友本党総務等を歴任した。　家=息子＝吉植庄亮(歌人・政治家)

吉海 良作　よしうみ・りょうさく
神風連の乱で挙兵した旧肥後熊本藩士
天保8年(1837)～明治9年(1876)10月
生 肥後国(熊本県)　歴 肥後熊本藩士で、宮部鼎蔵や林桜園に入門。明治4年久留米藩難事件に連座した。9年熊本の不平士族・敬神党が反乱を起こすと(神風連の乱)、太田黒伴雄の幕下で一隊を率いて熊本鎮台を攻撃したが、その最中に戦死した。

吉江 石之助　よしえ・いしのすけ
陸軍中将
慶応3年(1867)6月～昭和10年(1935)3月8日
生 越前国福井(福井県福井市)　学 陸士〔明治25年〕卒、陸大卒　歴 福井藩士の長男に生れる。明治25年陸軍歩兵少尉となり、日清戦争・日露戦争に従軍。近衛師団副官、第十三師団参謀長、歩兵第四十七連隊長、第五師団参謀長などを歴任。大正6年歩兵第三十旅団長となり、シベリア出兵時の臨時編制旅団長を務め、ザバイカル方面での警備・治安維持の任に就いた。10年中将となり、同年予備役に編入された。

吉岡 顕作　よしおか・けんさく
陸軍中将
明治5年(1872)～昭和3年(1928)6月26日
生 大分県国東郡下山口村(国東市)　学 陸士卒、陸大卒　歴 上等小学校を出て14歳で中武蔵国吉弘学校の助教を務め、明治25年陸軍教導団に入る。士官学校に進み、陸軍大学を主席で卒業。日露戦争では久邇宮殿下付き武官で黒木将軍第二軍参謀。その後、参謀本部に属し、42年オーストリア駐在武官。大正元年帰国し陸軍大学校教官兼大山巌元帥の副官、6年歩兵第六十一連隊長、歩兵第十旅団長、12年支那駐屯軍司令官などを歴任。9年少将、14年中将。15年陸軍大学校で講演中に倒れ療養していたが、昭和3年死去。

吉岡 友愛　よしおか・ともなる
陸軍大佐
文久2年(1862)10月6日～明治38年(1905)3月7日
生 筑前国志摩郡今津村(福岡県福岡市)　名 旧姓・旧名=藤山　学 陸士(旧9期)〔明治20年〕卒、陸大〔明治26年〕卒　歴 明治20年陸軍少尉に任官。37年日露戦争で旅順攻略を担当する第三軍の副官となった。38年1月歩兵第三十三連隊長となり、3月奉天会戦で戦死、陸軍大佐に進級。　家 義兄=山座円次郎(外交官)

吉岡 範策　よしおか・はんさく
海軍中将
明治2年(1869)5月～昭和5年(1930)3月19日
生 肥後国(熊本県)　学 海兵(第18期)〔明治24年〕卒、海大〔明治32年〕卒　歴 肥後熊本藩士の長男。明治27年海軍少尉に任官。日清戦争では軍艦浪速の分隊士として東郷平八郎艦長の下で働き、日露戦争では出雲砲術長として日本海海戦を戦った。第一次大戦では浅間艦長として南洋諸島に従軍。大正4年筑波、5年金剛の艦長を経て、6年教育本部第二部長、8年第一艦隊参謀長。10年海軍中将に進み砲術学校長。13年予備役に編入。

芳川 顕正　よしかわ・あきまさ
内相 枢密院副議長 東京府知事 伯爵
天保12年(1841)12月10日～大正9年(1920)1月10日　生 阿波国麻植郡川田村(徳島県吉野川市)　名 本名=芳川賢吉、旧姓・旧名=原田、高橋、幼名=賢吉、号=越山　歴 医師・原田民部の子として生まれる。浅野玄碩に医術を学び、医師・高橋文昨の養嗣子となった。文久2年(1862年)以降、しばしば長崎に遊学して養生所で医学を研修する傍ら、何礼之助、瓜生寅らに英学を教わる。長崎滞在中の慶応3年(1867年)伊藤博文と知り合い、英語を教えたこともあった。明治元年芳川に改姓。維新後は郷里・徳島で洋学教師となるが、3年伊藤の推挙により大蔵省に出仕。4年伊藤の渡米に随行して同国の貨幣・金融制度について見聞を深めた。帰国後、5年紙幣頭、7年工部大丞、10年工部大書記官電信局長兼書記局長、13年外務少輔、14年工部少輔を経て、15年東京府知事となり東京の区画整理や築港を進めた。18年内務大輔、19年内務次官となり、内務卿・内相の山県有朋を補佐し、23年第一次山県内閣が成立すると文相として初入閣、教育勅語の制定に関与した。以後も山県系政治家の一員として活躍し、31年第二次伊藤内閣の司法相、同年第三次伊藤内閣の内相、同年第二次山県内閣の通信相を歴任。この間、29年子爵に叙され、33年貴院議員。34年第一次桂内閣の通信相となり、37年同内閣の内相に転じたが、38年日比谷焼打ち事件が起こると自宅を群集に焼打ちされ、暴動鎮圧ののち責任をとって辞職した。40年伯爵に昇爵。43年枢密顧問官。同年より国学院大学学長、皇典講究所所長も兼ねた。45年山県議長の下で枢密院副議長となるが、大正6年四女・鎌子が起こした心中未遂事件(千葉心中)の責を負って辞任した。　家 女婿=藤田平太郎(実業家・男爵)

吉川 金兵衛　よしかわ・きんべえ
実業家
天保8年(1837)～明治42年(1909)5月25日
生 信濃国飯田(長野県飯田市)　歴 幼少より武芸を好み、新陰流の剣術を天野喜兵衛に学んだ。明治維新後は東京に出て、第十五国立銀行の設立に携わり要職に就く。明治9年日本橋兜町に秩禄公債証書を売買する取引所を開き、日本の証券仲買業の初めとなる。11年から株式証券の取引も始め、以後兜町で30年余り証券仲買業を続け、東京株式取引所の最古参となった。

吉川 治郎左衛門　よしかわ・じろうざえもん
農村指導者 滋賀県議
安政3年(1856)7月23日～大正13年(1924)7月8日
生 近江国野洲郡吉川村(滋賀県野洲市)　歴 代々地

主を務める家に生まれ、若い時から村政に携わった。明治16年村の有志とはかって吉川奨励社を設立し、農談会を開いて農事の改良や奨励・篤農への表彰などを行う。17年滋賀県議に選ばれ、自由党に所属、以後33年に渡って県政の発展に努めた。25年琵琶湖沿岸地域の干拓や水利事業のため吉川興農銀行を興し、喜合・菖蒲地区の新田開発や野洲川の堤防改修などを行った。また30年には野洲地区と大津との交通改良をはかり、吉川汽船株式会社を設立。その他にも、蒸気ポンプ式の揚水場建築や養蚕業振興・学校の建造などにも当たり、地域の活性化・文化の興隆に力を尽くした。大正4年紫綬褒章を受章。　勲紫綬褒章〔大正4年〕

吉川 泰二郎　よしかわ・たいじろう
日本郵船社長　宮城県師範学校長
嘉永4年(1851)12月29日～明治28年(1895)11月11日　囚大和国(奈良県)　歴慶応義塾に学び、和歌山の共立学舎で教え、明治5年東奥義塾で英学を講じた。6年文部省に入り、8年愛知県英語学校長、次いで宮城県師範学校長を務めた。実業界に転じ、11年郵便汽船三菱会社に入社。横浜・神戸・東京の各支店長、18年合併で日本郵船となり、大阪支店支配人、19年本店支配人、20年理事、21年副社長を経て、27年社長に就任。日清戦争に際しては兵員の食糧運送に貢献し、また豪州移民に尽力した。

吉川 類次　よしかわ・るいじ
篤農家
安政5年(1858)10月7日～昭和2年(1927)8月10日　生土佐国長岡郡稲生村衣笠(高知県南国市稲生)　歴生来研究心が強く、努力して耕作地を広め、石炭業を兼ねた。水稲の超早生品種を研究し、明治32年新品種を作出、44年"衣笠早生"と命名された。以後、"衣笠早生"は昭和28年頃まで高知県水稲二期作の第一期作用として栽培され、二期作の発展に大きく寄与した。

吉沢 直行　よしざわ・なおゆき
初代小倉市長
天保6年(1835)9月19日～明治34年(1901)2月8日　歴明治12年陸軍会計局次長、18年演習師団会計部長、19年一等監督を歴任。日清戦争では第一軍監督本部長をつとめた。退役後、27年豊州鉄道の初代社長に就任。33年には小倉市初代市長となった。

吉田 磯吉　よしだ・いそきち
衆院議員
慶応3年(1867)5月～昭和11年(1936)1月17日　囚筑前国若松(福岡県北九州市)　歴芦屋鉄道、平山炭礦、吉田商事、若松魚市場、若松運輸の社長を歴任し、石炭鉱業互助会顧問となる。この間、大正4年衆院議員となり当選5回。政友会総務を務めた。

吉田 清成　よしだ・きよなり
農商務次官　元老院議官　子爵

弘化2年(1845)2月14日～明治24年(1891)8月3日　生薩摩国鹿児島城下上之園町(鹿児島県鹿児島市)　名幼名＝巳之次、通称＝太郎、変名＝永井五百助　学ラトガース大学(米国)卒　歴藩吏となり、慶応元年(1865年)から薩摩藩留学生として英米に7年間留学。明治3年帰国、4年大蔵省少輔となり大久保利通・大隈重信らを補佐し、秩禄処分の実施にあたった。7年駐米公使となり、11年日米新条約(吉田・エバーツ条約)の締結に成功。15年外務大輔、18年農商務大輔、19年農商務次官を務め、20年5月子爵に叙せられた。同年7月元老院議官元老院議官。21～24年枢密顧問官。

吉田 清英　よしだ・きよひで
埼玉県令
天保11年(1840)10月7日～大正7年(1918)2月18日　囚薩摩国(鹿児島県)　歴旧薩摩藩士。明治15年埼玉県令となり、自由民権運動が活発だった県議会と対立。秩父事件では軍隊を投入して鎮圧に尽力。20年県庁を浦和から熊谷に移そうと図ったが、失敗した。

吉田 源応　よしだ・げんおう
僧侶　天台座主　四天王寺貫主
嘉永2年(1849)6月10日～昭和2年(1927)7月25日　生尾張国西春日井郡春日村(愛知県清須市)　歴12歳の時、尾張密院住職・円龍僧正の下で得度し天台宗の僧となる。明治30年大僧正に進み、36年天台座主。37年退くが、大正7年再び座主に就任、四天王寺住職を兼ねた。のち延暦寺管主及び四天王寺貫主となり、天王寺の大梵鐘を作った。また天王寺女学校を経営し、同高等女学校の設立にも尽力した。一方、免囚保護事業に尽力し、大阪仏教和衷会会長を務めるなど、社会事業にも貢献するところが多かった。

吉田 健三　よしだ・けんぞう
実業家　ジャーナリスト　吉田茂・元首相の養父
嘉永2年(1849)～明治22年(1889)　囚越前国(福井県)　名旧姓・旧名＝渡辺　歴福井藩士・渡辺謙七の子だが同族の吉田姓を継ぎ、16歳で出郷、大阪で2年ほど医学を学んだのち、長崎で英学を学ぶ。慶応2年(1866)、明治元年英国の軍艦に水夫として乗り組み、海外へ。帰国後は、横浜で生糸商社のジャーディン・マセソン商会支配人をつとめたほか、船問屋なども営み数年で巨万の富を築き、横浜の市街地・宅地開発、学校建設、社寺造営などに尽くした。ジャーナリストとしては「東京日日新聞」創始者グループと親交があり、のちに「絵入自由新聞」も創刊(明治15年)。死後は養子であった吉田茂に莫大な遺産を残したと伝えられる。　家養子＝吉田茂(首相)

吉田 清一　よしだ・せいいち
陸軍中将
嘉永4年(1851)～大正8年(1919)9月2日　囚薩摩国(鹿児島県)　歴もと薩摩藩士で、戊辰戦

争には会津若松に転戦し偉功を立て、明治4年陸軍に入り中佐となる。日清戦争では歩兵第二十四連隊長として出征。34年少将に進み歩兵第十三旅団長となる。日露戦争では乃木第三軍に属し旅順北方の松樹山攻撃に参加した。40年中将。

吉田 清太郎　よしだ・せいたろう
牧師
文久3年(1863)7月1日～昭和25年(1950)1月22日
[生]伊予国松山(愛媛県松山市)　[名]旧姓・旧名=田中　[学]同志社〔明治23年〕卒　[歴]田中家の二男で、吉田家の養子となる。松山中学を卒業後、京都に出て同志社に入学。明治17年ラーネッドより受洗した。23年郷里に戻り松山女学校で教鞭を執り、25年佐賀県の鹿島鎔造館の舎監兼数学教師として勤務。31年より京都・天龍寺の峨山和尚についてたびたび参禅した。36年東京に出て政治家や教育者への伝道に努めた。38年より千駄木教会牧師。著書に「神を見る」「活ける宗教と人生」「愛の実行体験」などがある。

吉田 善三郎　よしだ・ぜんざぶろう
林業家 吉田銀行創業者
慶応3年(1867)10月～大正10年(1921)8月
[出]伊勢国度会郡(三重県)　[歴]家業の林業を継ぐ。明治32年吉田銀行(のち百五銀行)を創業した。

吉田 只次　よしだ・ただじ
社会運動家
明治10年(1877)12月4日～昭和38年(1963)8月23日　[生]熊本県葦北郡日奈久町(八代市)　[名]号=豊年　[学]日本法律学校中退　[歴]明治37年横浜平民結社さらに曙会に入会。39年日本社会党に参加。43年大逆事件に関連して検挙される。のち堺利彦、続いて大杉栄に師事し、アナルコ・サンジカリズム運動の中心となる。大正10年「貧乏人根絶論」を刊行、同年暁民共産党事件に連坐するが、関東大震災後は第一線から退いた。戦後、日本アナキスト・クラブに所属。

吉田 親之　よしだ・ちかゆき
岡山県黒崎村長
嘉永6年(1853)～明治43年(1910)2月12日
[生]備中国川上郡美沢村(岡山県高梁市)　[名]旧姓・旧名=美沢, 初名=次郎　[歴]9歳で浅口郡黒崎村の庄屋・吉田家の養子となる。慶応元年(1865年)に黒崎村の庄屋見習となったのを皮切りに里正・戸長を歴任。この間、明治13年に同村沙美の砂浜に保養施設・海浜園を開き、海水浴場としての整備に尽力した。明治33年には黒崎村村長に就任し、死去するまで在職した。

吉田 豊彦　よしだ・とよひこ
陸軍大将
明治6年(1873)12月1日～昭和26年(1951)1月10日　[生]鹿児島県　[学]陸士(第5期)〔明治27年〕卒, 陸軍砲兵工学校卒　[歴]砲兵少尉となり、明治32～35年ドイツ駐在、次いで英国、米国駐在武官。日露戦争に攻城砲兵司令部副官として従軍。陸軍省副官兼陸相秘書官、44年兵器局課員兼軍務局課員、大正4年同局鉄砲課長、7年同工政課長、10年兵器局長、13年中将、造兵廠長官、昭和3年技術本部長、5年大将、6年待命、予備役。傍ら兵器行政を担当。のち満州電業会社社長、日満マグネシウム会社相談役、日本製鉄会社取締役などを歴任した。

吉田 一　よしだ・はじめ
労働運動家
明治25年(1892)8月8日～昭和41年(1966)9月17日　[生]千葉県夷隅郡御宿町　[名]愛称=ピン　[歴]鍛冶屋の丁稚をふり出しに、明治40年頃上京し、秀英舎に鍛冶工として入職。その後労働運動に入り、大正8年水沼辰夫と労働相談所を開設。インテリ・アナキストに反発して労働者の視点からの運動を主張し、10年労働社を結成。11年モスクワで開かれたコミンテルン主催の極東民族会議に出席し、片山潜、田口運蔵、レーニン、スターリンらと会見。これを機にアナキズムから離れる。12年高尾平兵衛らと戦線同盟を結成し、赤化防止団長・米村嘉一郎を襲撃したが、逆に米村に発砲されて負傷した。その後は第一線から退き、飲食店などを経営した。著書に「レーニン会見記」。

吉田 平太郎　よしだ・へいたろう
陸軍中将
慶応3年(1867)9月23日～昭和9年(1934)6月20日
[生]豊前国日田郡西有田村(大分県日田市)　[学]陸士卒, 陸大〔明治30年〕卒　[歴]嘉兵衛の二男に生まれ、教英中学に学び、明治28年陸軍士官学校に入学、主席で卒業。25年陸軍大学校に入学、30年主席で卒業。この間、27年日清戦争に大本営衛兵長として従軍。参謀本部員を経て、32年陸軍大学校教官となり少佐、36年ドイツ駐在部官として赴任し中佐となる。37年日露戦争では第十師団参謀長。38年第七師団参謀長として奉天の戦いに参加、大佐に昇進。41年騎兵実施学校校長、42年陸軍省騎兵課長、乗馬委員長などを歴任。45年少将、大正5年中将。　[勲]勲三等旭日中綬章,金鵄勲章

吉田 正春　よしだ・まさはる
通信省書記官 探検家
嘉永5年(1852)4月19日～大正10年(1921)1月16日　[生]土佐国(高知県)　[名]通称=源太郎　[歴]土佐藩の藩校致道館で学び、明治初年上京、英学を修め、外務省理事官となった。13年ペルシャに渡り、国王ナッスル・エッデンに謁見、通商の許可を得た。次いでトルコ訪問、皇帝アブヅル・ハミッド2世に謁見。さらにウィーン、ロシアを経て、帰国。帰朝後著わした「回疆探検 波斯之旅」は我が国でペルシア方面の実情を紹介した嚆矢。その後法制局に移り、15年伊藤博文欧州派遣随員、次いで逓信省書記官となった。辞任後新聞を創刊、後藤象二郎の参謀として活躍した。　[家]父=吉田東洋(土

佐藩参政)、いとこ=後藤象二郎(政治家)

吉田 増次郎　よしだ・ますじろう
海軍中将
生年不詳~昭和17年(1942)3月14日
囲静岡県　学海兵(第17期)〔明治23年〕卒　歴明治25年海軍少尉に任官。41年軍令部参議、大正3~4年駐支武官、5年香取艦長、同年臨時南洋群島防備隊司令官、7年軍令部第三班長を経て、8年第一遣外艦隊司令官。9年海軍中将。12年予備役に編入。

吉田 豊　よしだ・ゆたか
神職 香椎宮宮司 神宮皇学館教授
明治4年(1871)1月~大正11年(1922)1月24日
囲福岡県嘉穂郡内野村(飯塚市)　学五高卒、帝国大学文科大学〔明治29年〕卒　歴生家は筑前穂波郡内野村(現・福岡県飯塚市)老松宮の神職。同地の粕谷宗親親に漢籍を学び、明治14年福岡の松田敏足に国学を学ぶ。五高を経て、帝国大学に入り、文科を卒業して、30年神宮皇学館教授となる。教育家として各地の中学校長を務めたのち、大正3年大和神社宮司となり、鎌倉・鶴岡八幡宮宮司、橿原神宮宮司、7年福岡・香椎宮の宮司を歴任した。

吉田 要作　よしだ・ようさく
外交官 鹿鳴館館長
嘉永3年(1850)12月11日~昭和2年(1927)12月16日　生江戸　名旧姓・旧名=戸塚鑑太郎　歴旧東京府士族・狩野伊敷の子として江戸に生まれる。横浜仏蘭西語伝習所に学び、慶応3年(1867年)フランスに留学。明治3年岡山藩の兵学校教官となりフランス語を教える。6年ウィーン万博事務官として出張、そのまま留学のため欧州に滞在し、この間、外務省書記官としてイタリアに赴任、8年ヴェネチア高等商業学校で日本語を指導。10年帰国し外務省反訳局勤務となる。12年イタリア王冠勲章を受章、同年日にイタリア皇族の接待役を果たす。13年オランダのハーグ公使館に赴任し、15年帰国。同年ソウル公使館に赴任し、17年帰国。公信局、会計局、総務局勤務を経て、23~25年鹿鳴館館長となり外国の要人の接待を務める。同年ドイツ公使館へ交際官試補として赴任、29年帰国。その後も宮中顧問官を務めるなど、明治・大正・昭和に渡って活躍した。　勲イタリア王冠勲章〔明治12年〕;赤鷲第四等勲章(ドイツ)〔明治29年〕、レジオン・ド・ヌール勲章オフィシエ章(フランス)〔明治29年〕

吉田 義方　よしだ・よしかた
小田原馬車鉄道社長 神奈川県議
天保11年(1840)~明治42年(1909)9月7日
生相模国足柄下郡吉浜村(神奈川県小田原市)　名旧氏・旧名=向笠、幼名=専助　囲模国吉浜村(現・神奈川県小田原市)の素封家に生まれ、小田原の薬舗・桔梗屋の女婿となる。幕末期には須藤町名主を務め、明治維新後には、明治4年副戸長、5年二小区副区長、8年緑町里長などを歴任。12年小田原町議会が開かれると同町議に選出され、38年まで在職する間、町長、町会議長、郡会議長などを務めた。この間、地域の発展のために新道開削や交通整備にも力を尽くし、21年国府津一湯本間の鉄道敷設を目的とした小田原馬車鉄道(現・箱根登山鉄道)の設立に際しては発起人総代に推され、同社が発足すると初代社長に就任。22年社長を退いたが、以後も取締役として経営に参画した。30年相洋汽船会社(のち東京湾汽船会社)を創立。33年神奈川県議に当選。34年小田原に県立第二中学(現・小田原高校)を誘致するなど、教育の振興にも貢献した。　家女婿=吉田義之(神奈川県議)

吉田 良義　よしだ・よしのり
神道家 子爵
天保8年(1837)3月9日~明治23年(1890)3月4日
生山城国(京都府)　歴安政3年(1856年)侍従となり、慶応元年(1865年)従三位に進み、3年神祇権大副となる。維新に際して、家学・吉田神道の振興を志して平田銕胤に入門、また矢野玄道に国学の講義を受けた。明治元年参与・神祇事務局輔となり、同年皇学所御用掛に任ぜられ、2年皇学所が廃されて宮中勤番を、3年皇太后宮職勤番を仰せ付けられた。従二位に叙し、子爵を授けられた。

吉富 簡一　よしとみ・かんいち
衆院議員(無所属) 山口県会議長 防長新聞社長
天保9年(1838)1月19日~大正3年(1914)1月18日
生周防国吉敷郡矢原村(山口県山口市)　名諱=篤敬、通称=美之助、藤兵衛、号=桂花楼、静思、楽水　歴周防国矢原村の豪農で、代々村長。慶応元年(1865年)井上馨の鴻城軍組織化に尽力、幕長戦に活躍。明治2年脱隊騒動に木戸孝允を援けた。3年小郡県大属、4年大蔵省大属。同年帰郷し7年先収会社頭取、10年山口協同会社社長となる。12~23年山口県会議長を務め、この間16年鴻城憲政党を組織、幹事となる。17年防長新聞社を創立、社長。23年以来衆院議員当選3回。

吉富 磯一　よしとみ・きいち
北海電化工業社長
明治4年(1871)11月10日~昭和4年(1929)4月11日　生山口県　学東京高商卒　歴三井物産に入社。東京、名古屋、大阪の各支店を経て、ロンドン支店に勤務。明治44年退社。北海電化工業社長、日魯漁業(現・ニチロ)取締役などを歴任した。

芳野 世経　よしの・つぐつね
衆院議員(無所属)
嘉永2年(1849)11月~昭和2年(1927)6月20日
生江戸　歴漢学を修めた後、小石川区議、東京市議、同参事会員、東京府議、同議長となり、東京市学務委員長、同伝染病予防委員長、同土木常設委員長、東京府教育会長、警視庁防疫評議員などを歴任。また育英事業を志し私学蓬莱学校を小石川区大塚町に、その分校を日本橋区本石町に設立

665

し、一般子弟の修学に尽力した。明治23年衆院議員となり1期務めた。 家女婿=日下部四郎太（地球物理学者）

吉橋 徳三郎　よしはし・とくさぶろう
陸軍少将
明治3年（1870）11月13日～大正9年（1920）8月9日　出埼玉県　学陸大卒　歴日露戦争では陸軍第三師団参謀として出征。第七師団参謀、騎兵学校長などを経て、騎兵第四旅団長。大正9年陸軍高官と騎兵戦術上の論戦をしたのち、自殺した。

吉原 重俊　よしはら・しげとし
日本銀行総裁
弘化2年（1845）4月～明治20年（1887）12月19日　名幼名=弥次郎　歴薩摩藩士の子。慶応2年（1866年）森有礼、吉田清成らと共に選ばれて米国へ留学。明治4年外務三等書記官として岩倉使節団に参加し、6年外務一等書記官となり米国公使館付、7年久保利通に随行し清国へ渡る。同年租税権頭、9年大蔵大丞、10年大蔵大書記官となり租税局長、関税局長を兼務。13年横浜正金銀行管理長を兼ね、13年大蔵少輔に進む。同時に租税局長に再任、14年まで兼務した。15年日本銀行創立委員となり、17年大蔵少輔のまま日本銀行の初代総裁に就任したが、在任中に病没した。 家長男=吉原重成（鉄道省電気局長）、二男=吉原重時（海軍造機少将）

吉原 正隆　よしはら・まさたか
衆院議員（政友会）
明治14年（1881）11月～大正15年（1926）6月24日　出福岡県　学京都帝国大学経済科〔明治39年〕卒　歴農業を営む。朝鮮鎮海では貸家業を経営。明治45年衆院議員に当選、以来4期。後に逓相秘書官となった。大正14～15年多額納税の貴院議員。

吉松 茂太郎　よしまつ・もたろう
海軍大将
安政6年（1859）1月7日～昭和10年（1935）1月2日　生土佐国幡多郡中村町（高知県四万十市）　学海兵（第7期）〔明治13年〕卒　歴土佐藩士・吉松万弥の長男。明治3年藩校・致道館で学び、上京。7年海軍兵学寮に入学し、13年卒業。16年海軍少尉に任官。18年巡洋艦浪速の回航のため英国に派遣される。21年フランスへ留学、砲術・海軍制度の研究などを経て、26年帰国。37年常磐、38年敷島の艦長、同年佐世保鎮守府、39年呉鎮守府の参謀長、同年第一艦隊、40年練習艦隊の司令官を経て、41年海軍兵学校校長、43年海軍大学校校長、44年竹敷要港部司令官、同年第二艦隊司令官、大正元年教育本部長、3年呉鎮守府司令長官、4年第一艦隊司令長官。5年海軍大将。9年予備役に編入。

吉見 輝　よしみ・あきら
群馬県知事
安政3年（1856）～昭和11年（1936）10月11日　生常陸国水戸（茨城県水戸市）　歴西南戦争に参加後、警視庁第一部長などを経て、明治35年群馬県知事に就任。 家長男=吉見静一（理研工業社長）

吉水 玄信　よしみず・げんしん
僧侶（浄土宗）増上寺住職
文政12年（1829）9月17日～明治20年（1887）7月17日　出信濃国（長野県）　名本名=丸田、字=光沢、号=香蓮社馨誉柔阿　歴江戸の伝通院、増上寺で修行の後、明治8年鎌倉光明寺住職。20年浄土宗管長事務取扱となり、新たな浄土宗制度の確立に力を尽くした。同年増上寺住職。著書に「記主禅師行状絵詞伝」などがある。

吉村 伊助　よしむら・いすけ
実業家 衆院議員（政友会）
明治6年（1873）1月23日～昭和3年（1928）3月15日　生兵庫県城崎郡日高町（豊岡市）　名前名=勝太郎　学東京商業卒　歴先代吉村伊助の養子で、前名を勝太郎。明治37年京都府峰山町議を経て、40年～大正5年峰山町長を4期務めq、12年京都府議・議長となる。13年から衆院議員（政友会）に当選2回。一方、縮緬製造業を営み、丹後縮緬の発展に尽力。丹後縮緬同業組合連合会長、丹後商工銀行専務、丹後織物社長のほか、三丹電気、備中電気、北本電気、丹後商品取引、丹後製錬食倉庫などの各社長を歴任した。

吉村 甚兵衛　よしむら・じんべえ
内国通運会社頭取
天保7年（1836）～明治19年（1886）11月26日　生江戸　歴三都定飛脚問屋・和泉屋の当主。明治維新後、官営郵便が始まると大きな打撃を受けたが、駅逓頭・前島密からの勧告や、手代・佐々木社助の助言に従い、明治5年陸運元会社を設立、その頭取に就任。8年内国通運会社（現・日本通運）に改称した。14年退任。東京為替会社頭取並、廻漕会社頭取も務めた。

吉村 鉄之助　よしむら・てつのすけ
衆院議員（政友本党）江若鉄道社長
安政5年（1858）8月1日～昭和12年（1937）8月28日　生近江国大津（滋賀県大津市）　学同志社　歴同志社に学び、漢学を修める。電気機械器具製造ならびに輸出入販売業を経営し、吉村商店社長、江若鉄道社長、東洋無線電信電話社長を務める。また日本機械、満州製粉、満州製糖、帝国製糖、帝国電燈、大日本電球、相масс紡績、絹毛紡績などの重役を歴任した。傍ら、家庭学校を創立する。大正6年から衆院議員（政友本党）に当選2回。東京商業会議所議員、幸橋税務署轄内営業税調査委員長なども務めた。

芳村 正秉　よしむら・まさもち
神習教教祖
天保10年（1839）9月19日～大正4年（1915）1月21日　生美作国（岡山県）　歴旧津山藩士。京都に上って儒学・皇学・漢学などを修める。幕末、尊皇

攘夷運動に加わり志士たちと交流したため幕府から追われる身となり、鞍馬山に潜伏、この時の修行で信仰心と宗教への関心を強めた。維新後は神祇官、次いで教部省に出仕するが、明治新政府の神仏合同布教と大教院設立に反対して官を辞した。明治7年より神宮司庁に勤務。この頃から、独自の神道を探求するため富士山など各地の霊山にて修行。13年独自の神道観によって諸国の神官や修験者を合同させ神道教会を開き、公許を得た。次いで15年には一派独立を認められて神習教に改組、その初代管長に就任して惟神（かんながら）の道の宣揚に努めた。著書に「神道三要」「宇宙之精神」などがある。

吉安 勘左衛門　よしやす・かんざえもん
社会事業家
天保15年（1844）11月1日～大正6年（1917）4月29日　生美濃国（岐阜県）　歴明治維新後、岐阜県池野村の戸長となる。明治17年池野村の原野を開拓して池野市場を開設した。

吉原 三郎　よしわら・さぶろう
内務次官 東洋拓殖総裁
嘉永7年（1854）3月8日～大正5年（1916）11月16日　生上総国夷隅郡作田村（千葉県）　卒千葉県いすみ市　幼名＝阿虎、通称＝虎之助、別名＝文二、諱＝敬徳、字＝叔有、号＝陽山　学帝国大学法科大学〔明治22年〕卒　歴9人きょうだい（4男5女）の8番目の三男で、元治元年（1864年）吉原白水の養嗣子となる。小学校教師を経て、明治9年司法省法学校に入学。22年帝国大学法科大学を卒業。23年衆議院書記官、24年速記課長、25年守衛部長を兼務。埼玉・大阪・愛知の各府県書記官を経て、31年長崎県知事、33年岡山県知事、34年内務省地方局長、39年内務次官。41年東洋拓殖に入り副総裁、大正2年総裁を務め、朝鮮の産業開発に尽力した。5年退任。

与田 銀次郎　よだ・ぎんじろう
実業家 輸出織物の先駆者
安政5年（1858）1月10日～大正4年（1915）8月25日　生備前国児島郡日比村（岡山県倉敷市）　歴幼少時に父母を亡くしたため叔父の家で育てられ、8歳で他家へ奉公に出る。明治11年叔父の店に入り、岡山県児島で小倉真田や醤油の製造・販売に従事した。23年朝鮮半島を視察した際に韓人紐の存在を知り、帰国ののちその製造と輸出を開始して販路の拡大に成功。さらに日露戦争後には中国人が用いる腿帯子を製品化し、量産体制を確立。38年本格的に中国大陸での商圏拡大をはかって拠点を大連に移転、これを機に児島の織物業者が続々と海外に進出するようになった。また、染料の開発・製造も行い、第一次大戦の影響で輸入が激減した硫化黒の国産に着手するが、完成を見ずして死去した。

依田 銈次郎　よだ・けいじろう
弁護士 広島県知事

万延1年（1860）7月～昭和8年（1933）9月28日　生丹波国篠山（兵庫県篠山市）　卒江戸　学明治法律学校〔明治15年〕卒　歴篠山藩士の家に生まれる。明治9年上京、15年明治法律学校を卒業して代言人（弁護士）となる。自由民権運動に参加、帝国議会開設のために奔走。27年判事に任官。31年宮崎県警察部長、41年石川県内務部長、東京府内務部長を経て、45年群馬県知事。のち長野、山形、広島の各県知事を歴任し、大正11年退官。

依田 佐二平　よだ・さじべい
実業家 衆院議員
弘化3年（1846）2月10日～大正13年（1924）10月15日　生伊豆国那賀郡大沢村（静岡県賀茂郡松崎町）　歴伊豆国大沢村で代々名主を務める家に生まれる。叔父で漢学者の土屋三余に師事し、江戸にも遊学した。21歳で名主を嗣ぎ、維新後は足柄県第九区長・静岡県議・那賀郡長などを歴任。その傍ら、製糸工場の設立や桑畑の開発などを行い、製糸・養蚕業の発展に寄与。海運業界でも活動し、明治15年松崎汽船会社を興して下田経由の沼津・東京間航路を開いた。また、私財を投じて大沢学舎や豆陽学校を創立するなど、教育活動にも尽力。23年には第一回総選挙に出馬して当選し、衆院議員となった。北海道十勝平野の開拓者・依田勉三は弟。　家弟＝依田勉三（開拓者）、叔父＝土屋三余（漢学者）

依田 広太郎　よだ・ひろたろう
陸軍中将
嘉永1年（1848）～大正5年（1916）5月20日　生京都府　学陸軍兵学寮　歴丹後宮津藩士の長男に生まれる。明治4年陸軍兵学寮に入り、10年西南戦争に従軍して陸軍少尉に任官。19年フランスに留学を命じられ、帰朝後、陸軍士官学校教官、陸軍戸山学校校長を務める。36年歩兵第四旅団長となり、日露戦争に出征。40年歩兵第十二旅団長、ついで歩兵第一旅団長などを歴任し、43年中将となり第十一師団長を務めた。大正3年待命となる。　家父＝依田伴蔵（宮津藩軍監）

依田 勉三　よだ・べんぞう
開拓家 北海道の開拓に尽くす
嘉永6年（1853）5月15日～大正14年（1925）12月12日　生伊豆国賀茂郡大沢村（静岡県賀茂郡松崎町）　学慶応義塾　歴伊豆の豪農の三男として生まれる。安政6年（1859年）叔父で教育家の土屋三余に入門、人間平等や国家のために働く魂の教育をうけた。横浜で英語を修めた後、慶応義塾で学ぶ。北海道の開拓を志し、明治16年親族の出資で晩成社移民団を結成し、帯広・十勝に移住。40余年間、人間愛に満ちた開拓事業を行なったが、失敗に終わった。戦後、北海道開拓神社に"農聖""拓聖"として追加合祀された。　家兄＝依田佐二平（衆院議員）、叔父＝土屋三余（教育家）

四ツ門 きん　よつかど・きん
公共事業家

天保13年(1842)～明治39年(1906)10月14日 ⬛生遠江国豊田郡浦川村(静岡県浜松市) ⬛歴明治18年に夫と死別するが、質素倹約の生活で家業を続けた。その傍ら、地域の婦人活動家として活躍し、36年渡船による交通が主であった大千瀬川への架橋を郡長に提案。37年には私費を投じて同川への橋梁建設に当たり、完成後には錦橋と命名されたが、地域の人々は彼女への親しみを込めて"おきん橋"と呼んだという。没後、その功績に対し、銀杯一組を下賜された。

四辻 清子　よつつじ・きよこ
明治天皇女官

天保11年(1840)12月～明治35年(1902)1月10日 ⬛生山城国(京都府) ⬛名通称＝お柳、高松 ⬛歴権大納言・四辻公績の娘に生まれる。安政3年(1856年)祐宮(明治天皇)付として宮中に入り、翌4年上臈となる。万延元年(1860年)祐宮立太子に当たり名を高松と称し、慶応3年(1867年)明治天皇の践祚に伴い典侍となる。その後、権典侍、中納言典侍、二典侍と改称した。明治4年女官制改正により改めて権典侍に選任され、紅梅典侍と称した。6年典侍に昇格、以後終身典侍として務めた。明治天皇の側近として46年間仕え、知遇を受けた。

四辻 公賀　よつつじ・きんよし
大伴人

天保11年(1840)7月19日～明治13年(1880)12月19日 ⬛生京都 ⬛歴四辻公績の子。嘉永6年(1853年)元服して昇殿を許される。万延2年(1861年)侍従、文久2年(1862年)右少将、慶応元年(1865年)参議。4年越後府知事、明治2年宮内権大丞、3年雅楽助、4年式部寮七等出仕、6年大伴人を務めた。 ⬛家長男＝室町公大(貴院議員)

米井 源治郎　よねい・げんじろう
麒麟麦酒専務

文久1年(1861)9月16日～大正8年(1919)7月20日 ⬛生美作国東北条郡高倉村(岡山県津山市) ⬛学慶応義塾〔明治20年〕卒 ⬛歴豪農の二男。明治20年慶応義塾を卒業すると、またいとこの磯野計が創業した食料品輸入販売業の明治屋に入り、磯野の片腕として活躍。21年同社が横浜の香港籍ビール会社ジャパン・ブルワリー(麒麟ビールの前身)の総代理店として「麒麟ビール」を一手販売を始めるとそれを担い、磯野の没後は遺児である菊の後見人を務め、36年同社を合名会社に改組して社長となった。44年株式会社に改組。40年実業家・岩崎久弥の援助を受けてジャパン・ブルワリーを買収、麒麟麦酒株式会社として専務に就任。大正6年明治商会を受け継いで米井商会に改組し、鉄・機械の輸出入業及び請負業を経営。また、桜セメントや日本硝子工業などにも関係した。

米津 政敏　よねず・まさとし
貴院議員 子爵

嘉永4年(1851)3月29日～明治28年(1895)10月30日 ⬛歴出羽長瀞藩主・米津政明の子。慶応元年(1865年)家督を継承。明治2年6月版籍奉還により長瀞藩知事となり、同年上総大網藩知事、4年常陸竜ケ崎藩知事に転じた。23年貴院議員。 ⬛家父＝米津政明(出羽長瀞藩主)

米倉 一平　よねくら・いっぺい
実業家

天保2年(1831)～明治37年(1904)6月1日 ⬛生豊後国日田郡陣屋廻村(大分県日田市) ⬛名幼名＝永一 ⬛歴幼くして父を亡くし、23歳まで日田の豪商・草野家で働く。幕末になって幕府日田代官所の窪田郡代のもとで制勝組兵糧方となり、慶応4年(1868年)鳥羽・伏見の戦いで功を立てる。明治維新で日田県勤務となるが、日田県の廃止で、4年東京に出て、日田県知事だった松方正義の助力で第5国立銀行取締役となり、ついで日本初の株式会社・中外商業の設立に関わり社長を務める。6年米穀市場を開き、9年蠣殻町米商会所を興し頭取に就任。また東京商業会議所議員、米穀取引所理事長などを務め、東京での米の取引業界や株式取引業界を取り仕切ったという。ほかに米倉商会、埼玉生糸、沼尻硫黄山、東京水力電気、日本運輸会社の設立・運営に関与し、日本資本主義の黎明期に活躍した。

米倉 清族　よねくら・きよつぐ
鉱業家

文久3年(1863)1月12日～昭和6年(1931)10月26日 ⬛生肥前国佐賀城下片田江小路(佐賀県佐賀市) ⬛学帝国大学工科大学採鉱冶金科〔明治19年〕卒 工学博士〔大正4年〕 ⬛歴明治19年北海道庁技手、のち技師となり、北海道各地の地質・炭層・鉱床などの調査に従事する。22年5月北有社が創立されると官を辞して同社に入り空知炭鉱の試掘に従事。同年11月同社解散と共に北海道炭礦鉄道に入り、空知炭鉱・夕張炭鉱などの炭鉱長、技師長、監事などを務めた。この間、社命により欧米各国の採炭事業を視察して帰国。42年農商務省に移り、製鉄所二瀬炭鉱事業の鉱長となる。43年製鉄所の用務でスマトラ、ジャワ、ボルネオ、インド、ビルマ、中国に出張、主として鉄鉱・石炭に関する調査を行う。44年南満州鉄道撫順鉱長に就任。大正8年3月社用で英国・米国へ出張、同年11月退社した。その後、魯大公司専務、大阪乾溜工業専務のほか、日本鉱業会、燃料協会、日本鉱山協会、日本動力協会、工政会、東京工業会などの各役員を務めた。

米沢 紋三郎　よねざわ・もんざぶろう
衆院議員(政友会)

安政4年(1857)3月5日～昭和4年(1929)11月10日 ⬛出越中国(富山県) ⬛歴越中富山藩の藩儒・岡田呉陽に学ぶ。漢学を修め、のち農業を営む。明治14年越中自由党を結成、15年越中改進党と改称し、幹事となる。16年富山県議となり、議長を務める。36年から衆院議員(政友会)に当選2回。入善銀行

米田 武八郎　よねだ・ぶはちろう
衆院議員
嘉永5年(1852)9月～大正8年(1919)5月15日
出備後国(広島県)　歴国学・漢学を修めた後、郡書記から広島県議・議長などを経て、明治37年衆院議員に当選1回。この間、33年塚原牧場の創設に尽くす。また双三郡議・議長、広島県農会議長、双三郡教育会長、所得調査会長を歴任。晩年は双三貯蓄銀行取締役を務めた。

米田 稔　よねだ・みのる
衆院議員(政友会)
文久4年(1864)1月12日～大正10年(1921)12月2日　出加賀国(石川県)　歴石川県松任町議、同町長を経て、加能新聞社長、「大阪新報」主幹を歴任。明治41年衆院議員に当選。4期務めた。

米田 龍平　よねだ・りゅうへい
大里製粉所工場長　日本近代製粉技術の先駆者
明治1年(1868)～昭和2年(1927)
生大坂(大阪府)　歴17歳の時に初めて渡米を図るが、親に気付かれ果たせなかった。19歳で単身渡米、製粉業の中心地だったミネアポリスの製粉機械製作工場で働き製粉技術を身に付け、陽気な性格もあり"ドラゴン・ヨネダ"の愛称で呼ばれた。明治34年帰国、35年札幌製粉が設立されると技師長兼支配人に就任。その後、英国人が経営する香港の製粉会社勤務を経て、のち鈴木商店が門司に設立した大里製粉所の工場長となる。高品質の製粉を大量生産できる機械製粉システムを確立し、日本の近代製粉技術の先駆者として知られる。

米村 靖雄　よねむら・やすお
陸軍中佐
明治15年(1882)1月23日～大正14年(1925)2月1日　出熊本県　学陸士卒　歴陸軍幼年学校生徒監、参謀本部副官、第一旅団長副官などを歴任。関東大震災の際は関東戒厳副官、東京警備副官を務めた。

頼富 実毅　よりとみ・じつき
僧侶(真言宗勧修寺派)　勧修寺門跡
弘化3年(1846)～大正5年(1916)6月21日
生讃岐国大川郡富田村(香川県さぬき市)　歴11歳で仏門に入り、阿弥陀寺・実乗に従って出家、16歳で白峰寺貫主・剛戒に従い伝法入壇した。ついで佐伯旭雅、雲照、龍暢に師事。漢学を藤村南岳に学んだ。帰って讃岐本山寺の住職となり、明治15年高松高野山出張所惣453、讃岐宗門管理を経て、44年権大僧正となり、大正2年京都山科の大本山勧修寺門跡を務める。讃岐中学林の創立、高野山大学の建築、津田の法道寺新寺の開基、本山寺五重塔の建築などに尽力した。また方位学にも精通し指示を請う者が多かった。大正5年没後に大僧正を授与。

【 り 】

李家 隆介　りのいえ・たかすけ
長崎県知事
慶応2年(1866)8月22日～昭和8年(1933)7月23日
出長門国萩(山口県萩市)　学帝国大学法科大学政治科〔明治23年〕卒　歴長州藩典医・李家隆彦の長男に生まれる。明治23年内務省に入り、大分・富山の各県参事官、岡山・神奈川の各県書記官を経て、富山・石川・静岡の各県知事を歴任。大正元年～6年長崎県知事、同年金鶏間祇候となる。9～11年下関市長を務めた。

李家 裕二　りのいえ・ゆうじ
内務省神社局長
安政6年(1859)9月25日～明治34年(1901)4月29日　出長門国萩(山口県萩市)　学東京大学〔明治17年〕卒　歴明治20年内務書記官に任官。31年三重県知事、32年徳島県知事を経て、33年内務省神社局長。

龍池 密雄　りゅうち・みつおう
僧侶　高野山真言宗管長　金剛峯寺座主
天保14年(1843)～昭和9年(1934)3月4日
出備後国深安郡道上村(広島県福山市)　名旧姓・旧名＝和田　歴安政6年(1859年)高野山に登り、修行。明治6年高野山顕正院住職、のち同総持院、福山明王院住職となる。廃仏毀釈運動が起こるとこれに抗して備後地方の真言宗寺院の統合・結束を図った。大正3年高野山富貴門主、京都大覚寺門跡を経て、高野山金剛峯寺座主となり、高野山真言宗管長を兼任した。

良基　りょうき
僧侶　高野山真言宗管長　宝性院門主
享和3年(1803)～明治10年(1877)11月16日
出備後国分部下岩成村(広島県福山市)　名諱＝覚如、号＝英澄　歴10歳で備後国助元村(現・広島県福山市)の信光寺に入る。その後、法光寺に入り、備中・西方院で空道・覚明に師事。法寿の下で出家。18歳で五室寺の空慧から灌頂を受けた。文政5年(1822年)高野山宝亀院の光盛の弟子となり、天保6年(1835年)竜華院、11年宝亀院、嘉永6年(1853年)正智院に歴住。安政3年(1856年)碩学。京都・清水寺の勤王僧、月照・信海と親交があり、安政の大獄では勤王の志士を通じたとして隠居を命じられた。のち許されて、文久2年(1862年)宝性院門主、明治8年高野山真言宗管長、大教正に進む。高野山検校法印を務めた。

【る】

ル・ジャンドル,C.W.
Le Gendre, Charles William
外交官 軍人 外務省顧問
1830年8月26日～1899年9月1日
国米国 生フランス 名漢字名＝李仙得、李善得、李聖得 学パリ大学（フランス） 歴フランスの名門の家柄に生まれ、パリ大学で学んだのち米国に渡り帰化した。その間、米国女性と結婚。1861（万延2年）～65年（慶応元年）南北戦争に従軍し負傷した。少将に昇任。1866年12月清国の厦門駐在領事となり、台湾に行き風俗地理を研究。1872年（明治5年）任期を終え帰国の途中横浜に立寄り、副島種臣外務卿の要請で外務省顧問となり、1873年の台湾事件の際は台湾併合を進言した。1889年日本政府との契約が切れると、韓国の招きに応じ韓国政府顧問となり、以後10年にわたって同国の国賓として遇された。日本滞在中、松平慶永の庶子池田糸と結婚。声楽家・関屋敏子は孫。 家孫＝関屋敏子（声楽家）

【れ】

冷泉 雅二郎　れいぜい・まさじろう
弁護士
天保12年（1841）～明治36年（1903）
生長門国（山口県萩市） 名本名＝天野御民、号＝本清 歴長州藩士天野継ぎ御民と改名。明倫館に学び松下村塾の吉田松陰に入門。その後高杉晋作の奇兵隊や、御楯隊などに加わり、国事に奔走した。維新後は刑部権大録、判事などを務める。晩年山口に引退して弁護士を開業。著書に「松下村塾零話」「防長正気集」などがある。

【ろ】

六郷 政賢　ろくごう・まさかた
貴院議員 子爵
明治5年（1872）2月28日～大正15年（1926）3月6日
生秋田県 歴岩手県立水産学校教諭、帝室林野管理局、東京帝室博物館技手などを務めた。大正9年貴院議員。 家父＝六郷政鑑（旧本荘藩主）

【わ】

和井内 貞行　わいない・さだゆき
養魚事業家
安政5年（1858）2月15日～大正11年（1922）5月16日
生秋田県鹿角郡毛馬内村（鹿角市） 歴大和田鉱山勤務時代に、イモリ以外魚が全くいなかった十和田湖に養魚を思い立ち、明治17年コイ、フナ、イワナを放流したが失敗。36年青森県斡旋で支笏湖のカバチェポヒメマスの卵5万粒を放流、38年10月の回帰を知り、以来家財のすべてを投じて養殖に成功、"和井内鱒"と呼ばれ、教科書にも載った。この間、37年2月に区画漁業免許を取得。その後各地にこのマスが配卵された。また十和田湖国立公園設置に尽力、十和田乗合自動車組合を創立した。 家孫＝和井内恭子（創作舞踊家） 勲緑綬褒章〔明治45年〕

若尾 幾造（1代目）　わかお・いくぞう
実業家
文政12年（1829）12月～明治29年（1896）10月10日
生甲斐国（山梨県） 歴異母兄・若尾逸平に誘われて横浜に移り、生糸・水晶・綿花・砂糖を商う。明治8年財産を兄弟で分け、生糸売り込み問屋を譲り受けた。13年横浜商法会議所が開設され初代常議員となった。 家息子＝若尾幾造（2代目）（実業家・政治家）、兄＝若尾逸平（実業家）

若尾 幾造（2代目）　わかお・いくぞう
若尾銀行頭取 衆院議員（政友会）
安政4年（1857）12月8日～昭和3年（1928）4月29日
生甲斐国中巨摩郡白根村（山梨県南アルプス市） 名幼名＝隣之助、前名＝林平 歴伯父は甲州財閥の雄として知られる若尾逸平。明治29年家督を相続して2代目幾造を襲名。家業の生糸貿易商を発展させる一方、若尾銀行や製糸工場を創業。日本鉄道、日清紡織、大師電鉄、日本鋼管など数多くの会社で役員を歴任。38年貴院議員を1期、45年から衆院議員を3期務めた。 家父＝若尾幾造（1代目）、伯父＝若尾逸平（実業家）

若尾 逸平　わかお・いっぺい
若尾財閥形成者 初代甲府市長
文政3年（1820）12月6日～大正2年（1913）9月7日
生甲斐国巨摩郡在家塚村（山梨県南アルプス市） 歴19歳で江戸に出て種々の商売を営んだのち、安政6年（1859年）横浜開港と共に生糸、綿製品、砂糖などの貿易に従事。また若尾式製糸機を発明し、文久2年（1862年）甲府に小工場を興した。明治5年山梨県の蚕種製造人大総代に、6年生糸改会社副社長に任命される。10年紙幣乱発による紙幣価値の下落を利用して生糸の買占めで巨利を博し、大地

主となった。20年代以降株式取得に乗り出す。22年横浜正金銀行取締役となり、26年若尾銀行と山梨貯蓄銀行を創立。一方、東京馬車鉄道、東京電灯などの事業に関与し、次第に甲州財閥の中軸としての若尾財閥を形成していった。また22年甲府市長、23年貴院議員をつとめた。しかし地元山梨県下の蚕糸業支配を強引に進めたため、農民の強い反感を買い、地租改正時の農民一揆や米騒動では襲撃の対象となった。　勲緑綬褒章〔明治32年〕

若尾 民造　わかお・たみぞう
若尾銀行頭取 甲府市長
嘉永6年(1853)12月4日～大正6年(1917)2月22日 生甲斐国(山梨県) 名旧姓・旧名＝細田 歴細田利兵衛の三男に生まれ、明治5年若尾財閥の創始者・若尾逸平の婿養子となる。28年家督を相続し、若尾銀行頭取となり、東京電灯会長、横浜正金銀行監査役、横浜倉庫相談役、甲府米穀取引所相談役などを務め、実業界に活躍した。また39年甲府市長に就任。市政の改善に尽力し、公共慈善の事業に寄与した。　家岳父＝若尾逸平(実業家)

若槻 武樹　わかずき・たけき
公共事業家 静岡県富士川村長
文政8年(1825)～明治34年(1901)1月7日 生駿河国庵原郡中之郷村(静岡県富士市) 歴家は代々、駿河国中之郷村の名主を務め、その傍ら酒造を業とした。早くから国学を学び、荘厳な神社を建てるなど村民間の宗教心高揚に尽力。また、当時度々洪水による被害に見舞われた富士川沿岸の荒蕪地を開拓し、養子・直作と共に私財を投じて新田を開発。さらに、植樹や小学校の設立・東海道線岩淵駅の誘致なども行い、広く地域の発展に寄与した。明治22年には富士川村の初代村長に選ばれた。　家養子＝若槻直作(公共事業家)

若槻 礼次郎　わかつき・れいじろう
首相 大蔵次官 男爵
慶応2年(1866)2月5日～昭和24年(1949)11月20日 生出雲国松江(島根県松江市雑賀町) 名旧姓・旧名＝奥村、号＝克堂 学一高卒、帝国大学法科大学仏法科〔明治25年〕卒 歴出雲松江藩士・和田仙三郎の二男で、叔父・若槻敬の養子となった。小学校の代用教員などを経て上京し、司法省法学校、一高を経て、明治25年帝国大学法科大学仏法科を首席で卒業。同年大蔵省に入り、27年愛媛県収税長、29年大蔵書記官兼参事官、30年内国税課長、37年主税局長を経て、39年第一次西園寺内閣の阪谷芳郎蔵相の下で大蔵次官となる。40年政府特派財政委員としてロンドン・パリに駐在するが、41年帰国して第二次桂内閣で大蔵次官に再任した。44年同内閣の総辞職と共に貴院議員に勅選。45年桂太郎の訪欧に随行するが、明治天皇崩御のため間もなく帰国し、大正元年12月第三次桂内閣の組閣により蔵相として初入閣。この間、桂に政党の結成を勧め、2年立憲同志会が結成される

と総務に選ばれた。3年第二次大隈内閣の蔵相に就任するが、4年加藤高明と辞職。その後、5年憲政会に参加し、約10年に及ぶ雌伏の期間を経て、13年護憲三派による加藤高明内閣できると内相に任ぜられ、普通選挙法・治安維持法の制定に関わった。15年加藤の死によって憲政会総裁となり、第一次若槻内閣を組閣。しかし少数与党のため政権運営に苦心し、さらに幣原外交への批判や金融恐慌が重なり、台湾銀行救済のための緊急勅令が枢密院によって否定されたことから、昭和2年総辞職した。5年ロンドン軍縮会議に首席全権として出席し、海軍軍令部の反対を押し切って条約に調印した。6年男爵。同年浜口雄幸に代わって民政党総裁となり、再び首相に就任。おりしも同年満州事変が起こり、不拡大方針を打ち出して関東軍の押さえ込みを図るが、閣内の意思を統一できず、同年末に辞職した。9年に民政党総裁を辞した後は重臣として遇され、親英米派として日米開戦に反対した。著書に「古風庵回顧録」がある。　家長男＝若槻有格(日本銀行証券局長)

若林 玨蔵　わかばやし・かんぞう
速記者 衆議院速記主任
安政4年(1857)8月2日～昭和13年(1938)5月3日 生武蔵国埼玉郡(埼玉県) 名旧姓・旧名＝若林鉎太郎 学明治法律学校卒 歴明治法律学校に学ぶ傍ら、明治15年田鎖綱紀が開いた日本傍聴筆記法講習会の第1回講習生となって速記を学び、その実用化に成功。17年埼玉県会の議事記録を作成、また「経国美談(後編)」の口述筆記を担当し、「怪談牡丹燈籠」を速記し出版した。23年帝国議会の常任速記者となり、衆議院速記主任を務めた。また多くの後進を養成した。著書に「速記法要訣」、自伝「若翁自伝」などがある。

若林 三郎　わかばやし・さぶろう
社会運動家 弁護士
明治28年(1895)10月21日～昭和3年(1928)3月1日 生長野県小県郡上田町(上田市) 学明治大学法律専門部特科〔大正8年〕卒 歴大正9年弁護士となり、間もなくドイツに留学し、帰国後は日農顧問弁護士となり、高松市に常駐。13年香川県大田村伏石で地主が競落した稲立毛を、小作人に刈取らせたため検挙され、小作人らと共に有罪判決を受け、懲役10カ月に処せられた。その後、農民を入獄させたことに責任を感じて東京で自殺した。

若林 賚蔵　わかばやし・らいぞう
京都府知事 貴院議員(勅選)
慶応1年(1865)11月28日～昭和16年(1941)11月27日 生越後国(新潟県) 学帝国大学法科大学〔明治26年〕卒 歴明治26年警視庁に入る。群馬・沖縄の県警部長、山形・石川の県書記官などを経て、島根、奈良、山梨、佐賀、香川、愛媛、広島の県知事を歴任。大正10年京都府知事、11年貴院議員。韓国政府警視総監、大礼使事務官、奈良帝

室博物館評議員なども務めた。

若見 虎治　わかみ・とらじ
陸軍中将
慶応2年(1866)5月25日～昭和10年(1935)2月12日　[生]肥前国長崎島原村(長崎県長崎市)　[名]旧姓・旧名=羽太　[学]陸士(旧9期)〔明治20年〕卒,陸大〔明治26年〕卒　[歴]長崎の羽太伊寿の長男に生まれ、のち若見氏を嗣ぐ。明治20年陸軍歩兵少尉。第四師団参謀長、台湾守備混成第一旅団参謀長などを経て、日露戦争では第十師団参謀として従軍。第十三師団参謀長、大正2年侍従武官、5年歩兵第十七旅団長などを歴任した。6年中将。

脇 栄太郎　わき・えいたろう
衆院議員(政友会)
弘化4年(1847)10月～明治41年(1908)12月7日
[出]広島県　[歴]賀茂郡書記、広島県議、同議長を経て、山陽鉄道・中国紡績各重役、私立関西中学校財団理事を歴任。明治23年衆院議員に初当選。以来4期務めた。

脇 隆景　わき・たかかげ
実業家 広島県の缶詰の元祖
生年不詳～明治45年(1912)1月
[出]安芸国(広島県)　[歴]明治9年広島県西条(東広島市)でフランス人宣教師バーテルから缶詰の製法を習得。13年仲間と共に六氏園を興し、野菜の缶詰製造を試みるが失敗。その後、缶詰の改良に努め、16年逸見青陽堂缶詰部の設立に参加したのち、独立。製造を手がけた牛肉の缶詰は、日露戦争時に軍用食とされた。

脇 光三　わき・みつぞう
軍事探偵
明治13年(1880)12月～明治37年(1904)4月15日
[生]滋賀県彦根町(彦根市)　[名]旧姓・旧名=浅岡,筆名=華堂　[歴]浅岡家に生まれ、幼い頃に脇家の養子となった。台湾協会学校に学んだ後、明治35年北京へ渡って東文学社に入る。36年日本語学校を設立したが、間もなく廃校にして天津の北支那毎日新聞社の記者となり、華堂の筆名で執筆。37年日露戦争が起こると横川省三、沖禎介らと特別任務に従事。ロシア軍の補給路に当たる東清鉄道の爆破を図ったが、襲撃を受けて戦死した。

脇坂 行三　わきざか・ぎょうぞう
衆院議員(政友会)
嘉永2年(1849)2月～大正3年(1914)9月7日
[出]近江国(滋賀県)　[歴]医師となり地方衛生会委員、滋賀県議などを務める。また、滋賀県農工銀行取締役に就任した。第1回補欠選挙で衆院議員に当選。以来5期。

和気 宥雄　わけ・ゆうおう
僧侶 真言宗醍醐派管長
天保13年(1842)～大正9年(1920)5月29日
[生]讃岐国三豊郡麻村(香川県三豊市)　[名]旧姓・旧名=篠原,号=積水　[歴]篠原利兵衛の三男として生まれる。11歳で仏門に入り、高野山で修行、長崎で周彬如について仏学・漢詩文を学ぶ。明治3年郷里・讃岐の多度津道隆寺住職、のち大護寺住職などを務めた。大講義に進み、33年真言宗醍醐寺91世座主兼三宝院42世門跡となり、道隆寺住職も兼務。のち醍醐派管長、大僧正となる。多度津道隆寺中興の祖。

鷲尾 教導　わしお・きょうどう
僧侶(浄土真宗) 仏教史学者
明治7年(1874)8月25日～昭和3年(1928)4月11日
[生]新潟県南蒲原郡柳橋新田村(見附市)　[学]興仁教校高等普通全科〔明治26年〕卒　[歴]新潟県の安城寺に生まれる。浄土真宗の僧侶として岡山県の監獄教誨に携わる。この間、社会主義に興味を持ち、森近運平らと「平民新聞」の読書会である岡山いろは倶楽部を創設。明治44年本願寺史編纂事業が開設されるとその史料収集にあたり、仏教大学(現・龍谷大学)書記として編纂事業に従事。大正9年新潟県の互尊文庫書記。10年西本願寺書庫を調査中に親鸞の妻・恵信尼が娘の覚新尼に送った文書を発見、12年「恵信尼文書の研究」を刊行した。

鷲尾 隆聚　わしのお・たかつむ
元老院議官 伯爵
天保13年(1842)12月25日～明治45年(1912)3月4日　[出]京都府京都市　[歴]早くから勤王討幕の志を抱き、慶応3年(1867年)諸藩の藩士を高野山に集め、京都の同志と呼応、大坂城の攻略を企画し、また紀州藩に帰順を迫った。4年1月錦旗を授けられる。同月入京して参与となり、6月東征大総督参謀、奥羽追討白河口総督として東北各地を転戦。維新後は、明治2年陸軍少将になり、3年五条県知事、4年若松県知事、同県令、6年愛知県令、12年工部大書記官等を歴任、15年元老院議官となった。17年伯爵。

和島 貞二　わじま・ていじ
北千島水産組合組合長 蟹工船の生みの親
明治8年(1875)4月16日～大正14年(1925)
[生]石川県　[歴]明治20年16歳の時に郷里の石川県能登町小木から北海道の根室に移り住む。大正5年から北千島で蟹の缶詰製造業をはじめ、北千島水産組合の初代組合長に就任。9年に富山県水産講習所の所属船呉羽丸が蟹刺網漁業で成功したのに影響され、10年から沿海州沖で民間初となる蟹工船の操業を開始、我が国における工船式漁業発展の端緒を開いた。生前、蟹工船の特許申請を勧められたが、"これは国家的事業であり個人の利権ではない"と断ったといわれる。

輪島 聞声　わじま・もんしょう
尼僧 淑徳女学校創立者
嘉永5年(1852)5月15日～大正9年(1920)4月3日
[生]蝦夷地福山(北海道松前郡松前町)　[名]俗名=輪

島こと ▣明治9年浄土宗僧・福田行誡のもとで出家、東京の感応寺に住む。12年京都の知恩院入信院に移り、浄土宗大学林に学ぶ。21年入信院に尼衆教場を創設、22年教場を内田貞恩尼に託し、感応寺住職となる。同年東京・芝増上寺に東京尼衆教場を創設、監督兼教授に就任。25年東京・小石川の伝通院に淑徳女学校を創立し、主任となった。

和田 英　わだ・えい
伝習工女　「富岡日記」の著者
安政4年(1857)8月21日〜昭和4年(1929)9月26日　▣信濃国埴科郡松代町(長野県長野市)　▣本名＝和田ゑい、旧姓・旧名＝横田　▣父はもと松代藩士で明治5年開業の富岡製糸場の工女募集係を務めていた。同製糸場ははじめ、その指導的立場にあったフランス人が飲むワインを人間の生き血と勘違いしたことから工女が集まらなかった。そこで彼女は父の指示により6年の春率先して同製糸場に入り、人々を啓蒙してのちに続く工女たちの模範を示すと共に1年数ケ月に渡って製糸技術を伝習。その後は郷里に帰り、地元の西条村製糸場(のち六工社)や長野県製糸場などで工女たちへの技術指導に当たった。13年に退職して陸軍軍人・和田盛治と結婚。のち富岡製糸場時代の思い出を「富岡日記」として綴り、大正2年に稿了。この書は日本における殖産興業期を伝える貴重な資料として高い評価を得ている。　▣弟＝横田 秀雄(法学者・大審院院長)

和田 久太郎　わだ・きゅうたろう
無政府主義者　俳人
明治26年(1893)2月6日〜昭和3年(1928)2月20日　▣兵庫県明石郡明石町　▣別号＝錦江、酔蜂　▣大阪で株屋の丁稚から店員となるが、20歳の時放浪して社会主義者となり、上京して大杉栄らのアナキズム運動に参加。大正13年陸軍大将福田雅太郎を、前年の大杉栄夫妻虐殺の復讐として狙撃したが失敗に終わり、無期懲役に処せられ、昭和3年秋田監獄で縊死した。著書に獄中の俳句、短歌、書簡を収めた「獄窓から」がある。

和田 賢助　わだ・けんすけ
海軍中将
生年不詳〜昭和14年(1939)10月20日　▣鹿児島県　▣海兵(第8期)〔明治14年〕卒、海大〔明治25年〕卒　▣明治35年和泉、36年須磨、37年浪速、38年見島、同年常磐、39年敷島の艦長、41年横須賀工廠長、43年舞鶴鎮守府参謀長、44年佐世保鎮守府予備艦隊司令官を経て、45年横須賀鎮守府参謀長。大正2年海軍中将に進み、予備役に編入。

和田 三郎　わだ・さぶろう
板垣退助の秘書　中国革命援助者
明治5年(1872)6月22日〜大正15年(1926)11月1日　▣高知県土佐郡土佐山村西川(高知市)　▣明治学院神学部卒　▣明治20年高知教会員となり、24年植木枝盛と知り合う。30年「土陽新聞」(現・高知新聞)に記者として入社、34年には退社、上京して板垣退助の秘書となり、板垣のゴーストライターとして板垣と行動を共にした。35年から宇田滄溟の後をうけて「自由党史」の執筆に着手。38年孫文が設立した中国革命同盟会に参加、宮崎滔天、平山周、それに高知共立学校の同級生だった萱野長知らと共に革命評論社を興し、中国革命党を声援した。44年から板垣の雑誌「社会政策」はじめ、「日本及日本人」「太陽」に論文を発表。著書に「自由党史」(明治43年)がある。

和田 高英　わだ・たかひで
大阪府議
安政5年(1858)1月15日〜大正8年(1919)12月31日　▣摂津国西成郡吉右衛門肝煎地堀村(大阪府大阪市天王寺区)　▣明治維新後、上京して林謙三(安保清康)宅に寄寓して大学予備校に通い、英国人チェンバレンに英語を習った。海軍省に勤務したが、父の引退に伴い帰郷。清堀村長や大阪府議を務めた。

和田 智満　わだ・ちまん
僧侶(真言宗)　随心院門跡
天保6年(1835)5月5日〜明治42年(1909)12月21日　▣摂津国北浜(大阪府大阪市東区)　▣幼名＝千方吉、字＝空心　▣画家・和田呉山の三男として生まれる。7歳のとき河内国にある高井寺の住職・智幢のもとで出家。その後、量観・密賢・篠崎小竹・仏海・玄乗ら各地の高僧・学者に師事し、真言宗の宗学のほか神道・天台・漢学などを修めた。中でも悉曇や四分律に精通。安政元年(1854年)より京都神光院に住し、荒廃した同院の復興に尽力。その後、随心院の門跡となり、明治33年には大僧正に昇った。文事を好み、特に書に秀でたという。　▣父＝和田呉山(画家)

和田 豊治　わだ・とよじ
富士瓦斯紡績社長
文久1年(1861)11月18日〜大正13年(1924)3月4日　▣豊前国下毛郡中津町(大分県中津市)　▣慶応義塾〔明治18年〕卒　▣中津藩士の長男に生まれる。明治18年武藤山治と共に渡米し、24年帰国。日本郵船、三井銀行、鐘ケ淵紡績東京本店支配人、三井呉服店を経て、34年富士紡績に迎えられる。専務として社運を挽回し、39年東京瓦斯紡績との合併により富士瓦斯紡績が成立、大正5年社長に就任。6年大橋新太郎らと日本工業倶楽部を設立し、財界の世話役として活躍。鐘紡の武藤山治と並んで紡績業界の巨頭といわれた。11年勅選議院議員。

和田 彦次郎　わだ・ひこじろう
衆院議員(無所属)
安政6年(1859)6月12日〜昭和14年(1939)7月12日　▣広島県　▣明治25年衆議院議員となり当選8回。31年農商務省農務局長となり、以後商工局長、

総務長官、日本大博覧会事務総長、日英博覧会事務官長を歴任する。44年貴院議員に勅選される。また鉄道会議議員2期、国有財産調査会委員も務めた。

和田 秀豊　わだ・ひでとよ
牧師 社会事業家 同愛訓盲学校校長
嘉永7年(1854)1月24日～昭和21年(1946)7月27日　⽣薩摩国鹿児島(鹿児島県鹿児島市)　⽳聖パウロ学院卒　歴郷里で漢学と英学を修め、明治6年上京。日本聖公会の宣教師C.M.ウィリアムズに英学を学び、7年受洗。10年陸軍省勤務、12年海軍御用掛となり、海軍兵学校で英学、数学を教えた。独学でキリスト教を学び、15年海軍を辞め17年芝教会牧師となった。その後大阪北、芝、美普などの教会で布教に従事。27年ライ患者の施設・目黒慰廃園を設立、園主となり、34年雑誌「聖書の友」の創刊に尽力。さらに大正9年同愛訓盲院院長となり、13年同院が公立の訓盲学校になって校長を務めるなど、社会事業に貢献した。　家長男=和田英作(洋画家)

和田 方正　わだ・ほうせい
衆院議員
嘉永5年(1852)～明治28年(1895)
⽣下野国塩谷郡岡村(栃木県矢板市)　歴塩谷郡岡村で戸長を務める家に生まれ、21歳のとき三大区三小区の副戸長にとなったのを皮切りに、戸長・区長・学区取締役を歴任。明治15年県議となり、23年まで在職した。この間、塩谷郡の学務課長も兼任している。27年改進党から第3回総選挙に出馬し、自由党の塩田奥造と競り合うも僅差で落選。続く第4回総選挙で当選を果たしたが、在任わずか1年で病死した。

渡瀬 政礼　わたせ・まさのり
金沢市長
嘉永5年(1852)～大正12年(1923)7月22日
⽣加賀国(石川県)　歴旧加賀藩士。明治維新後、石川県議、明治35年金沢市長を歴任。

渡辺 章　わたなべ・あきら
陸軍中将 男爵
嘉永4年(1851)2月～昭和9年(1934)5月27日
⽣長門国(山口県萩市)　⽳旧姓・旧名=村上　歴渡辺与右衛門の養嗣子となる。元治元年(1864年)14歳で禁門の変に参戦して以来、長州征討、伏見、鳥羽、上野、会津など維新前後の戦いに参戦。明治4年陸軍少尉に任官後も秋月の乱、西南戦争、日清戦争に従事。日露戦争には近衛歩兵第二旅団長として出征、驍名を馳せた。戦後陸軍中将に昇進し、40年男爵を授けられる。以後、第八、第三各師団長など歴任。

渡辺 治　わたなべ・おさむ
大阪毎日新聞社長 衆院議員(無所属)
安政3年(1856)2月～明治26年(1893)10月15日　⽣常陸国水戸(茨城県水戸市)　⽳字=台水　⽳慶応義塾修了　歴「時事新報」記者となり、のち「今日新聞」を買収し、「都新聞」と改称して経営。明治22年「大阪毎日新聞」主筆となり、23年株式会社に改組して取締役、さらに社長となり、経営難の同紙を本山彦一らと更生した。23年茨城県から衆院議員に当選1回。

渡辺 修　わたなべ・おさむ
衆院議員(政友本党) 松山電気鉄道社長
安政6年(1859)12月10日～昭和7年(1932)10月15日　⽣伊予国宇和郡泉村(愛媛県北宇和郡吉北町)　⽳本名=渡辺脩　⽳慶応義塾〔明治14年〕卒　歴「中外物価新報」記者を経て、明治15年農商務省御用掛、のち外務省、通信省各参事官、32年愛媛県、33年香川県各内務部長。35年以来愛媛県から衆院議員当選7回、政友会に属した。この間、佐世保市長、大阪電燈常務、松山電気軌道、宇和水力電気、大阪電球などの社長を歴任。日本電気協会会長、また日本瓦斯、第一火災海上、南予製紙、京都電気鉄道などの重役、大阪三品取引所理事長、横浜取引所理事長も務めた。

渡辺 勝三郎　わたなべ・かつさぶろう
長崎県知事 横浜市長 東洋拓殖総裁
明治5年(1872)1月4日～昭和15年(1940)9月24日　⽣岡山県後月郡井原村(井原市)　⽳一高卒、帝国大学法科大学英法科〔明治29年〕卒　歴高等文官試験合格。内務省に入り、奈良、広島各県参事官、福島、和歌山各県書記官、京都府事務官などを経て、明治41年徳島県知事、大正3年内務省地方局長、6年新潟県知事、8年長崎県知事などを歴任。10年外遊後横浜市長となった。12年の大震災後、その復興計画に尽力。14年東洋拓殖総裁。辞任後錦鶏間祇候を許され、高松宮別当、昭和12年宮中顧問官となった。

渡辺 カネ　わたなべ・かね
帯広の開拓の母
安政6年(1859)～昭和20年(1945)
⽣江戸本郷御弓町(東京都文京区)　⽳共立女学校英学部〔明治15年〕卒、共立女学校皇漢学部〔明治16年〕卒　歴信濃国上田藩の重臣・鈴木親長の長女として生まれる。明治9年キリスト教の洗礼を受ける。学校卒業後、寄宿舎の舎監兼教師をしていたが、兄銃太郎が開拓を目的とする晩成社にいたので、これに同調。16年晩成社幹部の渡辺勝と結婚、北海道下帯広村(現・帯広市)の開墾地に入植。自ら畑に立ちながら二男四女を育てた。一方、塾を開き、約10年間人々に読み書きを教え、アイヌ系住民の相談相手にもなった。"帯広開拓の母"と呼ばれる。　家父=鈴木親長、夫=渡辺勝、孫=渡辺洪(歌人)

渡辺 勘十郎　わたなべ・かんじゅうろう
衆院議員(政友会) 東京市収入役
元治1年(1864)10月17日～大正15年(1926)10月4

日 [生]豊前国宇佐郡柳ケ浦村（宇佐市） [名]旧姓・旧名＝今井 [学]英吉利法律学校〔明治22年〕卒 [歴]東京に出て星亨に従い自由党で活躍。明治22年英吉利法律学校卒業後、米国に渡航、帰国後殖民協会を創立し、移民事業の確立に努めた。31年政界に入り、自由党で活躍。32年自由通信社を設立、主幹。40年には東京市助役となり、42年収入役に就任。41年衆院議員に当選1回。

渡辺 清　わたなべ・きよし

福島県知事　元老院議官　男爵
天保6年（1835）3月15日～明治37年（1904）12月30日　[生]肥前国大村（長崎県大村市）　[名]本名＝渡辺武勝、通称＝清左衛門、号＝東山 [歴]肥前大村藩士。戊辰戦争では東征軍監、東征大総督参謀として関東各地に転戦。さらに奥羽追討総督参謀として奥羽に進撃して偉功をたてた。維新後、民部官権判事、同権大丞、民部大丞兼三陸磐城両羽按察使判官として東北地方の民政に当たり、明治4年厳原藩知事、大蔵大丞を経て、7年福岡県令となる。以後14年元老院議官、21年福島県知事を歴任。20年には功により男爵を授けられ、23～38年貴院議員を務めた。　[家]弟＝渡辺昇（会計検査院長・子爵）

渡辺 国武　わたなべ・くにたけ

蔵相　大蔵次官　福岡県令　子爵
弘化3年（1846）3月3日～大正8年（1919）5月11日　[生]信濃国諏訪郡美地村（長野県岡谷市）　[名]旧姓・旧名＝小池、号＝無辺侠禅 [歴]信濃高島藩士の子。一時小池家の養子となるが、のち実家に復した。兄は官僚の渡辺千秋。江戸に出て国事に奔走する傍ら洋式兵学、外国語を学んだ。明治3年伊那県に出仕するが、4年民部省、同年大蔵省に転じ、租視寮で地租改正の事業に従事。9年高知県権令となり自由民権運動を弾圧。11年高知県令に昇任するが、県下の四郡合併を専断したことで譴責され、12年依願免職した。14年福岡県令となって復帰し、15年大蔵省調査局長、19年主計局長を経て、21年松方正義蔵相の下で大蔵次官に就任。25年第二次伊藤内閣に初入閣。26年貨幣制度調査会を設置して金本位制実施の準備に携わる一方、日清戦争では国庫余剰金や公債、特別資金の繰入によって戦費の調達に当たった。28年子爵。同年一時松方に蔵相を譲り、通信相に転じるが、間もなく蔵相に戻って日清戦後経営の大綱を立案。軍備増強、製鉄所建設、鉄道敷設、教育拡充のために登録税・営業税・葉煙草専売の創設や酒造税の増税などを行った。33年政友会の創立委員長として伊藤博文を助け、同年の第四次伊藤内閣の組閣に当たっては当初予定されていた井上馨を排除して蔵相に再任、極端な緊縮財政を推進するが、そのために政友会出身の閣僚の反発に遭い、34年閣内不統一による内閣瓦解の因をつくった。以後は信頼と影響力を失い、失意の晩年を送った。　[家]兄＝渡辺千秋（宮内相・伯爵）、養子＝渡辺千冬（司法相）

渡辺 熊四郎（1代目）　わたなべ・くましろう

実業家
天保11年（1840）6月17日～明治40年（1907）11月30日　[生]豊後国竹田古町（大分県竹田市）　[名]旧姓・旧名＝山下 [歴]17歳のとき長崎に出て商業に携わる。文久3年（1863年）箱館に渡り、箱館奉行備船の会計方となる。明治2年函館で雑貨商を営み、さらに小間物、洋食料品の支店、時計、眼鏡などの支店を設け、やがては船具店、砂糖店、書籍店、回船業、倉庫業などを経営するに至り、店舗の数は数十におよんだ。かたわら公共事業に熱心で、貧民学校、鶴岡小学校を設立し、病院を建設して寄付した。29年家督を息子に譲って引退した。　[家]孫＝渡辺恒三郎（金森商船会長）　[勲]藍綬褒章〔明治15年〕

渡辺 熊四郎（2代目）　わたなべ・くましろう

渡辺合名会社創業者
弘化4年（1847）1月～大正5年（1916）9月28日　[生]豊後国（大分県）　[名]旧姓・旧名＝山下音吉 [歴]明治7年初代渡辺熊四郎の養子となり、29年家督を相続。39年渡辺合名会社を設立。41年鶴岡学校理事長。　[家]養父＝渡辺熊四郎（1代目）

渡辺 慶次郎　わたなべ・けいじろう

農業改良家
天保12年（1841）～大正3年（1914）4月18日　[生]相模国淘綾郡寺坂村（神奈川県中郡大磯町） [歴]明治4年横浜の知人の家で当時"異人豆"と呼ばれていた落花生を食したところ非常に美味であったため、種子を得て試作をはじめる。5年横浜居留地の中国人より落花生の種子を5合譲り受け、さらに栽培の研究を進め、良品種を作出した。西湘地方は落花生を生産する農家が多かったが、31年葉タバコ専売法の施行によりタバコの自由栽培が禁じられたため落花生の耕作に転換する農家が増え、同地方は一躍落花生の産地として急成長した。西湘地方の"落花生の父"と呼ばれる。

渡辺 洪基　わたなべ・こうき

衆院議員（無所属）　東京府知事　帝国大学初代総長
弘化4年（1847）12月23日～明治34年（1901）5月24日　[生]越前国武生（福井県越前市）　[名]号＝浩堂 [学]慶応義塾卒 [歴]蘭方医・渡辺静庵の長男で、2歳のとき父の手で福井ではじめて種痘を受けた。元治元年（1864年）佐藤舜海の医塾に入り、慶応元年（1865年）江戸に出て開成所に学ぶ一方で箕作麟祥、福沢諭吉に英学を教わった。3年幕府医学所の句読師となり、戊辰戦争では幕府軍の一員として松本良順（松本順）に従って東北各地に転戦。その後、赦されて新政府に出仕し、明治2年大学少教に挙げられたが、4年外務省に転じ岩倉使節団の外遊に参加。ついで外務書記官としてイタリア、オーストリアに在勤した。9年帰国して外務省記録局長心得、10年同局長、11年外務大書記官を経て、11年より学習院次長を兼ね、学内規則の整備に当

675

たる。太政官法制部主事在職中の13年、集会条例を起草し民権派に批判された。14年太政官大書記官兼外務大書記官のとき「外交志稿」の編纂に従事するが、同書完成後に一時退官。15年元老院議官、17年工部少輔、18年東京府知事を経て、19年帝国大学の初代総長に就任し、法科大学長を兼任した。23年駐オーストラリア公使となり、駐ハンガリー、駐スイス公使を兼務。25年衆院議員に当選、1期。30年勅選貴院議員。この間、33年政友会創立委員。世話好きな性格から東京地学協会をはじめとして多数の団体・会社で役員を兼ね、"三十六会長"とあだ名された。 家父＝渡辺静庵(蘭方医)

渡辺 佐助(2代目)　わたなべ・さすけ
青森商業会議所会頭
天保2年(1831)～明治33年(1900)4月26日
生陸奥国青森(青森県青森市)　名旧姓・旧名＝長谷川、名＝重応　歴青森の味噌・醤油醸造業「丸屋」の店主である初代渡辺佐助の養嗣子となり、2代目佐助を襲名。第一国立銀行の株主として青森の金融業界に重きをなし、明治12年弘前五十九銀行の創立に参画。また、安田銀行が函館から支店を青森に移す際にも協力した。29年青森銀行を開業。その後、青森商業会議所会頭や青森電灯株式会社初代社長などを歴任した。　家孫＝渡辺佐助(3代目)

渡辺 治右衛門(10代目)　わたなべ・じえもん
東京渡辺銀行頭取
明治4年(1871)12月28日～昭和5年(1930)1月4日
生東京　歴10代目治右衛門を襲名し、二十七国立銀行、東京湾汽船、あかぢ貯蓄銀行の事業を継ぐ。明治45年旭日生命保険、ついで渡辺倉庫、渡辺保険会社を設立。大正9年二十七銀行を東京渡辺銀行に改称、頭取となる。12年の関東大震災により経営が悪化、のち同行および関係企業は倒産し、東京屈指の資本家であった渡辺家は10代目の死去とともに財産を放棄した。　家孫＝渡辺保(演劇評論家)

渡辺 淳一郎　わたなべ・じゅんいちろう
園芸家
安政5年(1858)4月30日～明治27年(1894)11月30日　生備中国小田郡広浜村(岡山県笠岡市)　歴明治6年徒歩で上京し、三田勧業家で樟류桃の配布を受け、帰郷してモモの栽培を開始。さらにナシやリンゴ、夏ミカン、カキ、ブドウなどにも手を広げ、17年からは果実袋の研究・製造も行った。一方、郷里・小田郡広浜村の副戸長や戸長を歴任するなど地方政界でも活動したが、20年には一切の公職を辞し、桃梨園と命名した自身の果樹園の経営に専念。同年岡山県ではじめてオリーブを栽培したほか、23年にはその夏ミカン300個が宮内省買い上げになるなど高い評価を得た。その後も土質の調査や品種・栽培技法の研究を重ね、山の急斜面を利用した大規模農園経営に成功するなど、岡山における果樹園芸の先駆者として他の生産者に大きな影響を与えたが、36歳の若さで急逝した。

渡辺 新三郎　わたなべ・しんざぶろう
検事
天保4年(1833)1月5日～明治38年(1905)1月29日
生周防国都濃郡富田八幡宮(山口県周南市)　名別名＝渡辺玄包、字＝常品、号＝菅処別名　歴周防国都濃郡富田八幡宮の宮司の息子。初め黒神直氏に学び、ついで亀井昭陽、広瀬淡窓に漢学を、大国隆正に国学を学んだ。文久2年(1862年)上京、同志とともに周防徳山藩主・毛利元蕃をたすけて尊攘に尽くす。禁門の変により帰国し、浜崎の獄舎に入れられ、慶応元年(1865年)釈放。明治2年神祇官、5年教部省、8年司法省、11年内務省、16年再び司法省に勤務。18年検事となり、27年退官した。

渡辺 驥　わたなべ・すすむ
大審院検事長 元老院議官
天保7年(1836)9月9日～明治29年(1896)6月21日
生信濃国松代(長野県長野市)　名通称＝左太郎、号＝中洲　歴佐久間象山に学び、のち京都に出て勤王の志士と交わり、戊辰戦争には東北で転戦。明治2年刑部省に出仕、3年弾正少忠、のち司法省に転じ10年司法大書記官、12年太政官大書記官兼任、13年大審院勅任検事となり、14年検事長に就任。のち元老院議官を経て、23年勅選貴院議員。茶器の収集でも知られ、特に遠州以来伝来の小堀家の茶器を約200点入手した。

渡部 精司　わたなべ・せいじ
農業指導者
文久2年(1862)7月24日～大正15年(1926)6月26日　生陸奥国会津(福島県)　歴会津の薬種商の家に生まれる。明治26年北海道の湧別原野に入植、ハッカに着目して生産を奨励。北見地方がハッカ産地となる基礎を築いた。

渡辺 全愚　わたなべ・ぜんぐ
僧侶(臨済宗)
天保5年(1834)～明治37年(1904)11月24日
生美濃国安八郡輪之内町(岐阜県安八郡輪之内町)　名諱＝全愚、号＝希有庵、晦蔵室、白山道者、無道道者、別名＝渡辺南隠　歴17歳で豊後国日田の儒者・広瀬淡窓に入門。のち京都に出て、佐篠延陵に周易を学ぶが、観音大士への篤い信仰から美濃・天沢寺の万寧玄奥について出家した。万延元年(1860年)万寧が没したのちは備前・曹源寺に参禅。次いで久留米に赴き、梅林寺の住職・羅山元磨の法統を継承した。明治2年讃岐国丸亀の玄要寺住職となり、岐阜・竜禅寺観音堂や岐阜・隠渓院などを経て、11年佐野に栄昌院を開創。17年には東京・谷中の全生庵の檀家である山岡鉄舟に招かれ、同庵の住職となった。鉄舟の死後は白山の竜雲院に禅堂・白山道場を開き、後進の指導に尽くした。

渡辺 多満　わたなべ・たま
社会事業家

安政5年(1858)3月5日～昭和13年(1938)10月26日　生上野国碓氷郡松井田(群馬県安中市)　名本名＝渡辺たま、旧姓・旧名＝大河原　歴上野国松井田(現・群馬県)に商人の二女として生まれる。明治7年横浜の実業家で、貴院議員も務めた渡辺福三郎と結婚。夫は渡辺銀行を経営した渡辺家の分家。32年日本赤十字社篤志看護婦人会神奈川県支会副会長、34年横浜婦人慈善会理事となり、日露戦争当時の婦人活動を指導。中でも自宅で作った副食品「鰹節デンプ」を兵士たちに贈り、好評を博した。41年横浜孤児院院長、同保育院院長となり、日本初の女子夜学校である横浜女子商業補習学校の設立にも関与。今日の横浜山手女子高校となった。大正12年には横浜連合婦人会を結成、関東大震災後の復興にも尽力。日本初の民間婦人会館も開館させた。　家夫＝渡辺福三郎(実業家)

渡辺 為太郎　わたなべ・ためたろう
陸軍中将

明治5年(1872)8月21日～大正14年(1925)4月8日　生岐阜県　出三重県　学陸士〔明治27年〕卒、陸大卒　歴明治27年陸軍騎兵少尉に任官。日清戦争に従軍、日露戦争には第二師団参謀として出征。陸軍大学校を卒業し皇族付武官となり、42年欧州へ派遣される。44年帰国して陸軍騎兵実施学校教官、清国駐屯軍司令部付、騎兵第十三連隊長、第十六師団参謀長、大正5年侍従武官などを歴任。11年中将、軍馬補充部本部長となり、馬政長官を兼任した。13年待命となった。

渡辺 千秋　わたなべ・ちあき
宮内相 内務次官 貴院議員(勅選) 伯爵

天保14年(1843)5月20日～大正10年(1921)8月27日　生信濃国諏訪郡長地村(長野県岡谷市)　名幼名＝鍋太郎、号＝楓関　漢学を藩校長善館で修め、明治維新においては倒幕運動に参加。維新後伊那県に出任、高島藩権少参事、筑摩県典事、鹿児島県大書記官、鹿児島県令、滋賀県知事などを歴任。明治25年内務次官となり、27年貴院議員に勅選され42年まで務める。この間、28年宮内省内蔵頭となり、42年宮内次官を経て、43年宮内大臣に就任。42～43年には枢密顧問官も務めた。33年男爵を授けられ、40年子爵、44年伯爵に叙せられた。　家弟＝渡辺国武(蔵相)、三男＝渡辺千冬(法相)

渡辺 千春　わたなべ・ちはる
日本銀行理事

明治5年(1872)9月28日～大正7年(1918)6月8日　出長野県　学帝国大学卒　歴明治28年ドイツに留学。横浜正金銀行から日本銀行に転じ、理事を務めた。　家父＝渡辺千秋(官僚)、弟＝渡辺千冬(政治家)

渡辺 てう　わたなべ・ちょう
労働運動家

明治11年(1878)1月22日～昭和20年(1945)7月28日　生千葉県東葛飾郡菅野村(市川市)　歴大正7年39歳でセルロイド工場の労働者になり、8年息子の政之輔が新人セルロイド工組合を結成して以来、その運動を支援する。15年から昭和3年の間、東京合同労組本部事務所に住み込む。政之輔の死後、5年頃から市ケ谷刑務所近くの日本赤色救援会の事務所に住み、救援活動に献身した。　家長男＝渡辺政之輔(労働運動家)

渡辺 千代三郎　わたなべ・ちよさぶろう
南海鉄道社長

慶応1年(1865)8月～昭和11年(1936)4月5日　出岐阜県　学帝国大学法科大学〔明治22年〕卒　歴明治24年日本銀行に勤務を経て、帝国商業銀行に入り副支配人を務める。のち西成鉄道社長、大阪瓦斯社長、南海鉄道社長、帝国瓦斯協会会長などを歴任。26年以降、銀貨制度取り調べのために米国、メキシコ、カナダ諸国へ、また取引所制度及び外国のガス事業関係法規並びに経営方法取り調べなどのため欧米各国に出張した。昭和2年から貴院議員(勅選)。

渡辺 哲信　わたなべ・てっしん
僧侶(浄土真宗本願寺派) 探検家

明治7年(1874)9月12日～昭和32年(1957)3月17日　生広島県三原　学広島中〔明治23年〕卒、文学寮〔明治28年〕卒　歴三原の浄念寺に生まれる。明治29年ロシアのペテルスブルクに留学、30年帰国。32年のちの西本願寺第22世門主・大谷光瑞に同行して英国に留学。35年光瑞の第一次中央アジア探険に同行、36年タクラマカン砂漠を縦断しキジル千仏洞を調査。37年探険を終えて一時帰国、のち北京へ。40年スウェーデンの探検家・ヘディンに清国のパスポートを周旋、のちロンドンへ。43年光瑞の妻と九条武子のヨーロッパ旅行に同行し、帰国。この年、西本願寺築地別院輪番となる。光瑞の西本願寺辞職ののち、大正4年輪番を辞職。5年項『報知新聞』北京特派員となり、のち北京の「順天時報」第4代社長。英字新聞「North China Standard」も刊行。昭和5年「順天時報」を廃刊し帰国、東京に在住。12年「新西域記」の刊行により、西域旅行時の日記が公となる。18年浄念寺に帰山。伝記に「忘れられた明治の探険家 渡辺哲信」がある。

渡辺 暢　わたなべ・とおる
朝鮮高等法院院長 貴院議員(勅選)

安政5年(1858)4月8日～昭和14年(1939)5月24日　学司法省法学校〔明治17年〕卒　歴明治17年判事に任官。44年韓国大審院長、42年韓国統監府判事に転じて朝鮮高等法院院長。大正13年勅選貴院議員。

渡辺 昇　わたなべ・のぼる
会計検査院長 元老院議官 子爵

天保9年(1838)4月8日～大正2年(1913)11月10日　生肥前国大村(長崎県大村市)　歴肥前大村藩士の

二男として生まれる。安政元年(1854年)江戸に出て安井息軒に漢学を修め、また剣を斎藤弥九郎の塾に学び、のち桂小五郎(木戸孝允)に代わりその塾長となった。文久3年(1863年)以降大村藩勤王の士の領軸として活躍、土佐の坂本龍馬と薩摩・長州の間を奔走し、薩長両藩の調停に尽力した。明治元年長崎裁判所に出仕し、以後太政官権弁事兼刑法官権判事、待詔局主事、中弁、弾正大忠を歴任、キリシタン処分及び各地の贋金取締りにあたる。4年盛岡県権知事、大阪府大参事、同権知事を経て、10年大阪府知事、13年元老院議官に就任、31年退官した。この間、20年子爵に叙せられ、37〜44年貴院議員を務めた。 家兄=渡辺清(貴院議員・男爵)

渡辺 福三郎　わたなべ・ふくさぶろう
渡辺銀行頭取　貴院議員(多額納税)
安政2年(1855)1月18日〜昭和9年(1934)5月10日
生江戸日本橋材木町(東京都中央区)　歴横浜で海産物貿易、土地金融などを営み、明治9年以降、第二十七銀行取締役、海産乾物貿易商組合頭取、水産伝習所参事員などのほか、神奈川県議、横浜市議・議長を歴任。37〜38年貴院議員。45年渡辺銀行を創立して頭取となった。

渡辺 文七(2代目)　わたなべ・ぶんしち
帝国蚕糸組合専務理事　横浜市議
明治4年(1871)8月12日〜昭和5年(1930)1月9日
出山梨県　名旧姓・旧名＝小林　学横浜商法学校卒　歴小林家に生まれ、初代渡辺文七の養子となる。明治29年跡を継いで生糸屑物問屋、蚕糸仲買業を営み、2代目文七を名乗る。横浜市議、横浜蚕糸貿易商同業組合長、帝国蚕糸組合専務理事などを務めた。

渡部 平治郎　わたなべ・へいじろう
農民運動家
明治7年(1874)4月14日〜昭和26年(1951)3月31日　生山形県飽海郡北平田村(酒田市)　名僧名＝渡辺永綱　歴大正3年、平田郷6カ村の小作人1000人を糾合し飽海義挙団を結成し地主と対立。8年にわたって闘いぬき、小作料引き下げなどの要求を貫徹した。13年新義真言宗の僧籍に入った。

渡辺 政太郎　わたなべ・まさたろう
社会運動家　無政府主義者
明治6年(1873)7月17日〜大正7年(1918)5月17日　生山梨県中巨摩郡松島村(甲斐市)　名号＝北風　歴幼少の頃に家運が傾き、紡績会社の職工など多くの仕事を経験したことがのちに社会運動に入るきっかけとなった。またキリスト教の洗礼を受け、明治30年上京し、この頃から社会主義に近づき、社会主義協会に入って実践運動を始めた。また東京孤児院、富士育児院の運営に協力し、平民床と名づけられた床屋を開業。37年頃から静岡や山梨で社会主義の宣伝に努めた。その後、議会政策派の「東京社会新聞」などに関係し、第一次大戦が始まると「微光」「労働青年」などにも協力した。自ら"研究会"を主宰し、このメンバーはのちのアナキズム運動に大きな役割を果した。地道な活動と人柄によってアナキズム運動の慈父と慕われた。"研究会"は死後、"北風会"と改められた。

渡辺 真澄　わたなべ・ますみ
神官
文化7年(1824)4月5日〜明治39年(1906)2月9日
生豊後国東郡横嶺村(大分県豊後高田市)　名通称＝源兵衛　歴代々里正を務める家に生まれる。早くから郷里を離れ、筑後国の志士・真木和泉に従って国学を学ぶ。明治3年島原藩の委嘱を受けて藩内の神社を調査。6年からは神道黒住教の宣揚に努め、講社取締・中教義・白髪田原神社祀官などを歴任した。神官と教導職とが分離した16年以降は専ら九州各地で布教活動に当たり、38年には権大教正に進んだ。

渡辺 満三　わたなべ・まんぞう
労働運動家
明治24年(1891)〜大正14年(1925)5月11日
生愛媛県温泉郡湯山村(松山市)　学小卒　歴農業に従事していたが、大正5年学業を志して上京し苦学する。7年時計工となり、9年巣鴨のナポルツ時計工場で時計工連合会を結成し、10年の組合幹部の解雇闘争を指導する。11年共産党の創立と同時に入党し、12年の第一次共産党事件に連坐する。13年時計工組合を総同盟に加盟させた。

渡辺 祐策　わたなべ・ゆうさく
宇部セメント社長　衆院議員(政友会)
元治1年(1864)6月16日〜昭和9年(1934)7月20日
生長門国厚狭郡宇部村(山口県宇部市)　学協興学舎卒　歴農業に従事、宇部村役場勤務。宇部村会議員や助役を務める。宇部村海岸に一大炭脈を発見、沖ノ山炭鉱、本山炭鉱の経営に成功し、明治30年宇部石炭鉱業組合を結成。以後、経営業務を拡張して宇部電気鉄道、宇部鉄工所各社長となった。45年以来、衆院議員当選4回、政友会山口県支部長を務める。大正12年宇部セメント社長に就任。ほかに宇部紡績所、宇部窒素工業の創立など関連事業の育成に努め、宇部地域の発展に尽力した。これら企業は昭和17年設立の宇部興産の土台となった。 家二男＝渡辺剛二(宇部興産会長)

渡辺 水哉　わたなべ・ゆきちか
陸軍少将
嘉永5年(1852)〜昭和2年(1927)6月13日
生筑後国三潴郡(福岡県)　歴筑後・柳河藩士の子として生まれる。8歳頃から仏門に入り、禅の修行に努める。のち軍人を志し、明治8年陸軍教導団に入り、11年陸軍少尉に任官。33年歩兵第二十五連隊長を経て、39年歩兵第二十七旅団長。同年陸軍少将に進み、42年臨時韓国派遣隊司令官、43年後備役に編入。一方、少年教育に関心を持ち、大正

渡辺 融　わたなべ・ゆずる
山口県知事
天保15年(1844)9月6日～没年不詳
生 肥後国(熊本県)　歴 明治30年農商務省山林局長を経て、33年高知県知事。36年山口県知事となり、9年にわたって同職を務めた。

渡辺 与八郎　わたなべ・よはちろう
博多電気軌創設者
慶応2年(1866)5月1日～明治44年(1911)10月29日　名 幼名=房吉　歴 福岡県博多で呉服商を営む。明治36年私財を投じて、京都帝国大学福岡医科大学(現・九州大学医学部)の誘致にあたった。また博多を一周する博多電気軌道(西鉄福岡市内電車の前身)を設立し、44年開業にこぎつけた。

渡辺 廉吉　わたなべ・れんきち
行政裁判所評定官 貴院議員(勅選)
嘉永7年(1854)1月8日～大正14年(1925)2月14日　生 越後国長岡城下呉服町(新潟県長岡市)　学 大学南校卒 法学博士〔明治43年〕　歴 明治6年東京外国語学校助教師となる。13年オーストリア公使館書記生となり、ウィーン大学のシュタインに公法、行政学を学んだ。16年帰国、太政官権少書記兼制度取調局御用掛として憲法制定に参画した。18年法制局参事官、法律取調委員として民事訴訟法の制定の立案に当った。21年帝室制度取調掛、23年地方官、25年法制局参事官、26年行政裁判所評定官を歴任、43年法学博士の学位を受け、大正11年には貴院議員に勅選された。著書に「独逸訴訟法要論」など、資料として伝記刊行会編「渡辺廉吉伝」がある。

綿貫 吉直　わたぬき・よしなお
警視副総監
天保2年(1831)1月～明治22年(1889)6月24日　生 筑後国山門郡五十丁村(福岡県久留米市)　歴 戊辰戦争では柳川藩英隊の大砲隊に編入され、奥州磐城平攻略に従い、明治2年には海軍参謀付属を命ぜられ箱館戦争に参加した。同年東京府巡査となり、3年東京府権大属、同年大属に進み、5年少警視に転じ、のち警視副総監となった。

綿野 吉二　わたの・きちじ
陶業家 日魯実業会社社長
安政6年(1859)12月28日～昭和9年(1934)1月　生 加賀国能美郡寺井村(石川県能美市)　名 九谷焼　歴 加賀・寺井の綿屋源右衛門の長男に生まれる。海外貿易を志し、明治9年神戸に支店を開き、13年横浜本町に移り、大正12年の関東大震災まで約50年を通じ、九谷焼の輸出を続けた。この間、フランスへの直輸出、華南方面への出張、米仏博覧会への渡航などのほか、欧米への販路拡大に努める。一方、日魯実業会社社長となり、その他の会社の重職にも当たった。また石川県寺井の本邸に錦窯を築いて特製品に絵付けするほか、明治34年邸内にフランス式本窯を設けて、大正6年まで外国向け、主に欧州向けの製品を作らせた。

亘理 胤正　わたり・たねまさ
農事改良家 衆院議員(憲政会)
明治11年(1878)4月～昭和4年(1929)8月30日　生 宮城県　学 コーネル大学(米国)　歴 明治44年米国に留学してニューヨーク州のコーネル大学で畜産学・養鶏学を学び、政治学の研究を兼ねる。農業・養鶏事業を営み、種鶏、種豚などの飼育、養蚕の奨励など殖産興業に尽力、また農事改良に貢献し、大日本農会総裁よりしばしば表彰された。傍ら、旧領子弟の育英事業にも尽くした。大正4年宮城県から衆院議員(憲政会)に当選2回。

藁谷 英孝　わらがい・ひでたか
西南戦争で挙兵した旧日向延岡藩士
天保3年(1832)～明治41年(1908)1月
生 日向国延岡(宮崎県延岡市)　名 通称=甚兵衛　歴 日向延岡藩士で、藩校・文武寮に学び、無敵流の剣技に優れた。明治維新の際、藩の少参事となり、のち宮崎県、鹿児島県に務める。西南戦争で西郷側に属して戦い宮崎で投降、懲役10年の刑を受けた。

分野別索引

分野別索引　目次

- 皇　族 …………………………………… 683
- 政　治 …………………………………… 683
- 官界・法曹 ……………………………… 688
- 軍　人 …………………………………… 693
- 地方政治 ………………………………… 696
- 社会運動 ………………………………… 699
- 産　業 …………………………………… 701
- 農林・水産 ……………………………… 708
- 運　輸 …………………………………… 710
- 宗　教 …………………………………… 710
- 社会事業 ………………………………… 712
- その他 …………………………………… 713

分野別索引　　　　　　　　　　　政治

【皇族】

有栖川宮 貞子	26
有栖川宮 幟仁	26
有栖川宮 威仁	26
有栖川宮 董子	26
有栖川宮 熾仁	26
有栖川宮 慰子	27
一条 順子	57
英照皇太后	106
華頂宮 郁子	178
華頂宮 博経	178
賀陽宮 邦憲	193
閑院宮 載仁	205
北白川宮 富子	213
北白川宮 成久	213
北白川宮 能久	213
清棲 家教	222
久邇 倪子	228
久邇宮 朝彦	229
久邇宮 邦彦	229
久邇宮 多嘉	229
久我 誓円	249
小松宮 彰仁	264
小松宮 頼子	264
昭憲皇太后	323
大正天皇	355
大知 文秀	355
竹田宮 恒久	376
貞明皇后	415
中山 慶子	458
梨本宮 守脩	458
二条 恒子	473
東伏見宮 依仁	511
伏見宮 貞愛	537
伏見宮 博恭	537
村雲 日栄	609
明治天皇	612
柳原 愛子	630
山階宮 晃	642
山階宮 菊麿	642
山階宮 常子	642

【政治】

愛沢 寧堅	3
相島 勘次郎	3
相浦 紀道	3
青木 周蔵	4
青木 正太郎	4
青地 雄太郎	5
青山 朗	6
青山 幸宜	6

赤土 亮	8
赤間 嘉之吉	8
赤松 新右衛門	8
秋岡 義一	9
秋山 忠夫	10
秋山 定輔	11
浅井 新九郎	11
浅香 克孝	11
朝倉 親為	12
浅田 徳則	12
浅野 氏祐	13
浅野 順平	13
浅羽 靖	14
浅見 与一右衛門	15
安島 重三郎	15
東 武	16
麻生 太吉	17
安達 謙蔵	17
足立 孫六	17
足立 正声	17
穴水 要七	18
阿部 興人	19
安部 熊之助	19
阿部 徳三郎	20
阿部 浩	20
阿部 政太郎	21
阿部 武智雄	21
安部 磐根	21
安保 庸三	22
天春 文衛	22
雨森 菊太郎	23
綾部 惣兵衛	23
阿由葉 鎗三郎	23
新井 啓一郎	24
新井 毫	24
新井 章吾	24
荒川 五郎	25
有馬 秀雄	28
有森 新吉	28
粟谷 品三	29
淡谷 清蔵(5代目)	29
安藤 亀太郎	30
安東 九華	30
安藤 謙介	30
安藤 新太郎	30
安藤 則命	31
安楽 兼道	31
飯島 丈三郎	33
家永 芳彦	34
池田 章政	35
池田 亀治	36
池田 藤八郎	37
池田 寅治郎	37
池谷 繁太郎	38
諫早 一学	39
伊沢 多喜男	39

石井 謹吾	40
石谷 董九郎	41
石黒 涵一郎	43
石郷岡 文吉	44
石坂 昌孝	44
石塚 重平	45
石田 貫之助	45
石田 幸吉	45
石田 仁太郎	46
石田 平吉	46
石谷 伝四郎	46
石橋 為之助	47
石原 半右衛門	48
石原 彦太郎	48
井島 茂作	48
石本 鏆太郎	49
伊集院 兼知	49
石渡 秀吉	50
和泉 邦彦	50
磯貝 浩	51
磯部 四郎	52
磯辺 尚	53
磯部 保次	53
板垣 退助	53
板倉 勝懿	54
板倉 勝達	54
板倉 胤臣	54
板倉 中	54
市川 文蔵	56
市来 乙彦	57
市田 兵七	57
一ノ倉 貫一	57
市村 貞造	58
井手 啓一郎	59
井出 繁三郎	59
井手 毛三	59
伊藤 一郎	59
伊藤 恭之介	60
伊東 熊夫	61
伊東 圭介	61
伊藤 謙吉	61
伊東 祐賢	62
伊藤 大八	62
伊藤 伝右衛門	63
伊藤 徳三	64
伊東 知也	64
伊藤 直純	64
伊藤 広幾	65
伊藤 博邦	65
伊東 巳代治	65
伊藤 要蔵	66
稲垣 示	67
稲垣 太祥	67
稲沢 徳一郎	67
稲田 又左衛門	68

稲茂登 三郎	69
犬飼 源太郎	69
犬養 毅	69
犬塚 勝太郎	69
井上 馨	70
井上 角五郎	70
井上 要	70
井上 敬之助	71
井上 孝哉	71
井上 準之助	72
井上 甚太郎	72
井上 正一	72
井上 高格	72
井上 篤太郎	73
井上 虎治	73
井上 彦左衛門	74
井上 広居	74
祷 苗代	75
井原 喜代太郎	75
井深 彦三郎	76
今井 磯一郎	76
今西 林三郎	78
今村 勤三	79
今村 七平	79
色川 三郎兵衛	80
岩倉 具視	82
岩崎 勲	82
岩崎 一高	82
岩崎 萬次郎	83
岩崎 弥之助	84
岩村 定高	86
岩村 通俊	87
岩元 信兵衛	87
岩本 幸之	87
岩谷 松平	88
植木 枝盛	88
植木 元太郎	88
上杉 茂憲	89
上田 兵吉	90
上田 休	90
植竹 龍三郎	90
上野 松次郎	92
上野 弥一郎	92
上埜 安太郎	92
植場 平	92
上原 鹿造	93
魚住 逸治	94
鵜飼 郁次郎	94
鵜飼 節郎	94
浮田 桂造	95
宇佐美 春三郎	95
鵜沢 宇八	96
牛場 卓蔵	97
臼井 哲夫	97
太秦 供康	97
宇田 友四郎	98

政治　　　　　　　　　　　　　分野別索引

内田 康哉	98	大谷 尊由	129	小田切 磐太郎	159	川口 木七郎	196
内野 辰次郎	99	大津 淳一郎	130	小野 吉彦	163	川越 進	197
内山 安兵衛	100	大戸 復三郎	131	小野 隆助	163	河崎 助太郎	197
内海 忠勝	101	大西 伍一郎	132	小原 重哉	165	川崎 祐名	197
梅原 亀七	103	大野 亀次郎	133	小原 適	165	川崎 安之助	198
梅原 修平	103	大場 茂馬	133	尾見 浜五郎	166	河島 醇	199
漆 昌巌	106	大橋 十右衛門	133	小山田 信蔵	166	川島 宇一郎	199
海野 謙次郎	106	大橋 頼摸	134	小里 頼永	166	河田 煕	200
江木 翼	107	大浜 忠三郎		折田 兼至	166	河波 荒次郎	201
江口 三省	107	（2代目）	134	折原 巳一郎	167	川原 茂輔	202
江角 千代次郎	108	大原 重徳	134	改野 耕三	167	川真田 徳三郎	203
江副 靖臣	108	大原 重朝	134	海江田 信義	168	河村 善益	204
江藤 新作	108	大東 義徹	135	嘉悦 氏房	168	川本 達	204
江藤 新平	109	大三輪 長兵衛	136	加賀美 嘉兵衛		菊池 侃二	207
江藤 哲蔵	109	大矢 馬太郎	137	（2代目）	169	菊池 九郎	208
榎本 武揚	109	大屋 斧次郎	137	景山 甚右衛門	171	菊池 武徳	208
江橋 厚	109	大矢 四郎兵衛	137	影山 秀樹	171	木佐 徳三郎	209
江間 俊一	110	岡内 重俊	140	風早 公紀	172	北川 矩一	212
遠藤 温	110	岡崎 運兵衛	140	梶野 敬三	172	喜多川 孝経	212
遠藤 貞一郎	111	岡崎 久次郎	140	鹿島 秀麿	173	北村 佐吉	215
遠藤 秀景	111	岡崎 邦輔	140	梶山 鼎介	174	木戸 孝允	215
遠藤 庸治	112	小笠原 貞信	142	柏田 盛文	174	木下 吉	216
遠藤 良吉	112	岡田 逸治郎	142	柏原 文太郎	175	木下 謙次郎	216
大井 憲太郎	112	岡田 孤鹿	143	粕谷 義三	175	木下 成太郎	217
大井 卜新	112	尾形 兵太郎	144	加瀬 禧逸	175	木村 格之輔	218
大石 正巳	113	岡田 良一郎	144	片岡 健吉	175	木村 誓太郎	219
大内 暢三	114	岡田 良平	145	片岡 直温	176	木村 半兵衛	
大浦 兼武	114	岡部 次郎	145	片桐 西次郎	176	（4代目）	220
大江 卓	114	岡村 貢		堅田 少輔	177	木村 政次郎	220
大岡 育造	114	岡山 兼吉	147	交野 時万	177	京極 高徳	221
大木 遠吉	115	小河 源一	147	勝 海舟	178	京極 高典	221
大木 喬任	116	小川 平吉	148	香月 恕経	179	京極 高備	221
大北 作次郎	116	奥 繁三郎	150	桂 太郎	180	清浦 奎吾	221
正親町 公董	116	奥田 栄之進	150	加藤 宇兵衛	181	清棲 家教	222
大口 喜六	116	奥田 亀造	151	加藤 勝弥	181	宜湾 朝保	223
大久保 一翁	117	奥田 義人	151	加藤 定吉	181	九鬼 隆義	224
大久保 源吾	117	奥田 柳蔵	151	加藤 重三郎	181	九鬼 紋七（1代目）	224
大久保 鉄作	117	奥平 昌邁	151	加藤 高明	181	日下 義雄	225
大久保 利和	118	奥野 市次郎	152	加藤 恒忠	182	草刈 親明	225
大久保 利通	118	奥野 小四郎	152	加藤 武三郎	182	草刈 武八郎	225
大久保 不二	119	奥村 亀三郎	153	加藤 平四郎	182	串本 康三	225
大久保 弁太郎	119	奥村 善右衛門	153	加藤 政之助	183	葛生 能久	226
大隈 熊子	119	小栗 貞雄	154	加藤 六蔵	183	久須美 秀三郎	227
大隈 重信	119	尾崎 三良	155	金尾 稜厳	184	楠本 正隆	227
大河内 輝剛	121	尾崎 元次郎	156	金岡 又左衛門	184	楠本 正敏	227
大坂 金助	121	尾崎 行雄	156	金沢 仁作	184	工藤 吉次	228
大迫 貞清	122	長田 桃蔵	156	金森 吉次郎	185	工藤 善太郎	228
大芝 惣吉	123	長田 文次郎	156	金山 従革	185	工藤 卓爾	228
大島 寛爾	123	小山内 鉄弥	157	金子 堅太郎	185	工藤 行幹	228
大島 久満次	123	小沢 愛次郎	157	金子 元三郎	186	国井 庫	229
大島 信	123	押川 方義	157	樺山 資美	188	国沢 新兵衛	229
大島 要三	124	小田 貫一	158	鎌田 三之助	189	久保 伊一郎	230
大須賀 庸之助	125	小田 為綱	158	神谷 卓男	191	久保 断三	230
太田 清蔵（4代目）	125	小田 知周	158	蒲生 仙	193	久保田 与四郎	232
大竹 貫一	127	織田 信愛	158	烏丸 光亨	194	熊谷 五右衛門	232
大谷 嘉兵衛	127	愛宕 通旭	159	川合 直次	194	熊谷 直太	232

684

分野別索引　政治

蔵内 次郎作	233	小林 源蔵	260	佐々木 平次郎	289	庄司 良朗	323
蔵園 三四郎	233	小林 信近	262	佐々木 安五郎	289	勝田 主計	323
倉富 勇三郎	234	小林 雄七郎	262	佐々田 懋	289	庄野 金十郎	324
蔵原 惟郭	234	小間 粛	263	佐治 幸平	290	白井 遠平(1代目)	324
栗塚 省吾	235	駒田 小次郎	263	指田 義雄	290	白井 遠平(2代目)	324
栗林 五朔	235	小松 謙次郎	264	佐瀬 熊鉄	290	白井 新太郎	325
栗原 亮一	236	小松原 英太郎	264	佐竹 作太郎	291	白根 専一	327
久留島 通簡	236	駒林 広運	265	佐竹 義理	291	陣 軍吉	328
来栖 七郎	236	小村 寿太郎	265	佐々 友房	292	進藤 喜平太	328
来栖 壮兵衛	237	小室 信夫	265	佐藤 里治	293	神藤 才一	328
黒住 成章	239	小柳 卯三郎	266	佐藤 潤象	293	末延 道成	329
黒田 清隆	239	小山 谷蔵	267	佐藤 昌蔵	293	末松 謙澄	329
黒田 清綱	240	小山 久之助	267	佐野 助作	295	末吉 忠晴	330
黒田 綱彦	240	権藤 貫一	269	佐野 常民	295	菅原 伝	331
黒田 長成	240	近藤 準平	269	鮫島 慶彦	297	杉下 太郎右衛門	333
黒田 長知	240	西園寺 公望	270	鮫島 相政	297	杉田 定一	333
桑原 政	241	才賀 藤吉	271	沢 簡徳	297	杉山 茂丸	335
小池 靖一	243	沢 彦太郎	271	沢 宜嘉	298	杉山 四五郎	335
小池 仁郎	243	西郷 隆盛	271	沢 来太郎	298	鈴置 倉次郎	336
肥塚 龍	243	西郷 従道	272	沢田 佐助	298	鈴木 梅四郎	336
小泉 策太郎	243	斎藤 斐	273	沢田 寧	299	鈴木 久次郎	337
小出 五郎	244	斎藤 宇一郎	273	三条 実美	300	鈴木 重遠	338
神崎 修三	245	斎藤 卯八	273	塩田 奥造	301	鈴木 舎定	338
合田 福太郎	245	斎藤 珪次	273	重岡 薫五郎	303	鈴木 昌司	338
河野 庄太郎	246	斎藤 善右衛門		重野 謙次郎	304	鈴木 摠兵衛	
河野 敏鎌	247	(9代目)	274	滋野井 公寿	304	(8代目)	339
河野 広中	247	斎藤 仁太郎	275	紫藤 寛治	306	鈴木 伝五郎	340
河野 広躰	247	斎藤 寿雄	275	品川 弥二郎	307	鈴木 藤三郎	340
光妙寺 三郎	248	斎藤 実	275	四宮 有信	308	鈴木 寅彦	340
神鞭 知常	248	斎藤 義雄	276	志波 三九郎	308	鈴木 万次郎	341
郡 葆淙	248	斎藤 良輔	276	志波 安一郎	308	須藤 嘉吉	342
古賀 庸蔵	249	斎藤 和平太	276	柴田 家門	309	須藤 善一郎	342
古賀 廉造	249	西原 清東	277	柴原 和	309	須藤 時一郎	342
黄金井 為造	249	佐伯 剛平	277	島津 珍彦	313	首藤 陸三	342
小久保 喜七	250	榊田 忠亮	278	島津 忠亮	313	砂川 雄峻	342
木暮 武太夫	250	榊田 清兵衛	279	島津 忠済	314	須見 千次郎	343
小坂 善之助	250	坂口 仁一郎	280	島津 忠義	314	角 利助	343
小塩 八郎右衛門	251	坂田 警軒	280	島津 長丸	314	清 釜太郎	344
児島 惟謙	251	坂田 貞	281	島津 久光	314	関 信之介	344
古島 一雄	251	阪谷 芳郎	281	島田 三郎	315	関 直彦	345
越山 太刀三郎	252	坂本 金弥	281	島田 孝之	315	関 春茂	345
五条 為功	253	坂本 素魯哉	282	島田 糺	315	関 和知	346
児玉 源太郎	254	坂本 則美	282	島田 保之助	315	関口 八兵衛	347
児玉 仲児	255	坂元 英俊	283	清水 市太郎	317	関戸 覚蔵	347
児玉 亮太郎	255	坂本 政均	283	志水 小一郎	317	関根 柳石	347
後藤 象二郎	256	坂井 理一郎	283	清水 隆徳	317	関野 善次郎	347
後藤 新平	256	桜井 一久	284	志水 直	318	関矢 儀八郎	348
後藤 文一郎	257	柵瀬 軍之佐	285	清水 宗徳	318	関矢 孫左衛門	348
小西 和	258	桜井 静	285	下飯坂 権三郎	319	世古 格太郎	348
小西 甚之助	258	桜井 忠興	285	下出 民義	319	千家 尊福	349
近衛 篤麿	258	桜井 勉	285	下岡 忠治	319	仙石 政固	349
小橋 一太	259	佐々木 嘉太郎		下郷 伝平(1代目)	319	仙石 貢	349
小橋 栄太郎	259	(1代目)	286	下条 正雄	319	千田 軍之助	350
小橋 藻三衛	259	佐々木 正蔵	287	下元 鹿之助	320	仙波 太郎	350
小林 樟雄	260	佐々木 政义	287	重城 保	321	宗 重正	350
小林 乾一郎	260	佐々木 文一	289	十文字 信介	321	副島 種臣	351

685

添田 敬一郎	352	龍野 周一郎	383	手塚 正次	416	中倉 万次郎	442
添田 寿一	352	伊達 邦宗	384	寺井 純司	416	中沢 彦吉	442
曽我 祐準	352	伊達 時	384	寺内 正毅	416	中島 信行	443
曽我部 道夫	352	伊達 宗敦	384	寺島 秋介	417	中島 祐八	444
曽祢 荒助	352	伊達 宗曜	384	寺島 誠一郎	417	中島 行孝	444
園 基祥	353	伊達 宗城	384	寺島 宗則	417	長島 隆二	444
園池 公静	353	立石 寛司	385	寺田 彦太郎	418	長島 鷲太郎	444
園山 勇	354	立石 岐	385	田 健治郎	419	仲小路 廉	444
征矢野 半弥	354	蓼沼 丈吉	385	田 艇吉	419	中西 光三郎	447
醍醐 忠順	355	立野 寛	386	戸井 嘉作	419	中西 六三郎	447
醍醐 忠敬	355	田中 亀之助	387	土居 光華	419	長野 一誠	447
高木 正年	358	田中 喜太郎	387	土居 通夫	419	中野 寅次郎	449
高島 兵吉	360	田中 清文	387	藤 金作	420	中野 武営	449
高須 峯造	360	田中 源太郎	388	東海 散士	420	中橋 徳五郎	449
高須賀 穣	360	田中 定吉	388	藤堂 高成	421	中林 友信	449
高杉 金作	360	田中 正造	389	遠山 正和	422	中御門 経恭	450
高田 露	360	田中 栄四郎	389	戸狩 権之助	422	中村 栄助	451
高千穂 宣麿	361	田中 善立	389	時任 為基	423	中村 雅真	451
高津 仲次郎	362	田中 鳥雄	391	徳川 昭武	423	中村 喜平	452
高島 順作	362	田中 不二麿	391	徳川 家達	424	中村 舜次郎	452
高梨 哲四郎	362	田中 光顕	392	徳川 義礼	424	中村 清造	453
高野 源之助	362	田中 譲	392	徳川 慶喜	424	中村 千代松	453
高野 孟矩	363	田中 遜	392	徳川 慶久	425	中村 弥六	454
高橋 嘉太郎	364	田辺 有栄	393	徳川 頼倫	425	永屋 茂	455
高橋 喜惣治	364	田辺 熊一	393	徳差 藤兵衛		中山 平八郎	457
高橋 久次郎	364	谷 干城	394	(6代目)	425	永山 盛興	457
高橋 是清	364	谷河 尚忠	395	徳大寺 公弘	425	奈須川 光宝	458
高橋 直治	366	谷沢 龍蔵	396	床次 竹二郎	426	並河 理二郎	459
高橋 光威	366	頼母木 桂吉	397	戸沢 正実	426	鍋島 直虎	459
高橋 本吉	367	玉松 真幸	398	利光 鶴松	427	鍋島 直大	460
高橋 義信	367	田村 惟昌	400	戸田 忠行	427	成清 博愛	462
高嶺 朝教	368	田村 順之助	400	富島 暢夫	429	成田 栄信	462
高柳 覚太郎	368	田村 新吉	400	富永 隼太	430	成田 直衛	462
高山 長幸	369	樽井 藤吉	401	富安 保太郎	431	難波 作之進	464
多木 久米次郎	369	丹後 直平	402	友枝 勘次郎	431	南里 知大	464
滝口 吉良	370	千葉 禎太郎	403	外山 脩造	431	二位 景暢	464
武石 敬治	372	塚原 嘉藤	404	外山 光輔	432	丹尾 頼馬	465
武市 庫太	372	津軽 承昭	405	豊岡 健資	432	西 英太郎	465
武市 彰一	372	津軽 承叙	405	豊田 文三郎	433	西 毅一	465
竹内 清明	373	津久居 彦七	406	豊永 長吉	433	西 紳六郎	466
竹内 綱	373	辻 維岳	407	鳥居 忠文	434	西 徳二郎	466
竹内 明太郎	373	辻 寛	407	鳥海 時雨郎	434	西五辻 文仲	466
武田 貞之助	375	津島 源右衛門	408	内貴 甚三郎	434	西潟 為蔵	467
武市 安哉	376	津田 出	408	内藤 久寛	435	西川 義延	467
武富 時敏	376	津田 鍛雄	408	内藤 守三	435	西郷 菊五郎	
武内 作平	377	津田 静一	409	内藤 利八	436	(11代目)	468
竹内 正志	377	土屋 興	410	内藤 魯一	436	西久保 弘道	469
竹腰 正己	377	堤 清六	410	中 辰之助	436	錦織 教久	469
武満 義雄	377	堤 猷久	411	長井 氏克	436	西沢 定吉	469
竹村 藤兵衛	377	恒松 隆慶	411	永井 作次	436	西谷 金蔵	470
田坂 初太郎	378	都野 異	411	永江 純一	437	西野 謙四郎	470
田島 達策	378	津田村 是重	412	長尾 四郎右衛門	439	西原 亀三	470
田代 進四郎	380	津波古 政正	413	長岡 外史	439	西村 治兵衛	472
多田 作兵衛	380	津原 武	413	中川 源造	440	西村 甚右衛門	472
立入 奇一	381	鶴田 皓	414	中川 幸太郎	440	西村 真太郎	472
立川 雲平	382	鶴原 定吉	414	中川 虎之助	441	西村 丹治郎	472

分野別索引　　政治

氏名	頁	氏名	頁	氏名	頁	氏名	頁
西村 正則	472	早川 権弥	499	福島 勝太郎	527	牧 朴真	561
西山 志澄	473	早川 鉄冶	499	福田 五郎	529	牧野 貞寧	562
二条 厚基	473	早川 龍介	500	福田 辰五郎	529	牧野 伸顕	562
二条 正麿	473	林 董	501	福田 久松	529	牧野 平五郎	562
二条 基弘	473	林 平四郎	502	福田 与一	529	政尾 藤吉	563
新田 忠純	474	林 有造	502	藤井 啓一	532	正木 照蔵	563
沼田 宇源太	476	林田 亀太郎	503	藤井 善助	533	増田 繁幸	564
根津 嘉一郎		林田 騰九郎	503	藤井 行徳	533	真館 貞造	566
（1代目）	476	速水 熊太郎	503	藤沢 幾之輔	534	町田 忠治	566
根本 正	477	早速 整爾	503	藤沢 万九郎	535	町野 武馬	567
野口 勝一	478	原 善三郎	504	藤田 高之	535	松井 慶四郎	567
野崎 啓造	479	原 敬	505	藤田 達芳	535	松井 文太郎	568
野崎 定次郎	479	原 忠順	505	藤田 吉亨	536	松浦 五兵衛	568
野沢 武之助	480	原田 一道	507	藤田 若水	536	松岡 康毅	570
野副 重一	480	原田 佐之治	507	藤野 政高	536	松家 徳二	570
野添 宗三	480	原田 十衛	507	伏原 宣足	537	松方 幸次郎	570
野田 卯太郎	480	原田 越城	507	藤村 義朗	537	松方 正義	571
野村 治三郎		板東 勘五郎	509	藤原 元太郎	539	松沢 求策	572
（8代目）	482	東尾 平太郎	510	麓 純義	542	松島 廉作	572
野村 靖	483	匹田 鋭吉	511	古井 由之	542	松田 吉三郎	573
則元 由庸	484	樋口 喜輔	511	古沢 滋	543	松田 源五郎	573
荻野 左門	484	樋口 典常	511	古荘 嘉門	544	松田 源治	573
橋本 久太郎	486	肥田 景之	512	降旗 元太郎	544	松田 秀雄	573
橋本 実梁	486	一柳 末徳	513	古屋 専蔵	545	松田 正久	573
橋本 省吾	487	人見 米次郎	513	古谷 久綱	545	松平 容大	573
橋本 善右衛門	487	日向 輝武	514	法貴 発	546	松平 直亮	574
橋本 太吉	487	日野 資秀	514	星 亨	547	松平 直徳	574
葉住 利蔵	487	平井 由太郎	515	星野 甚右衛門	548	松平 直平	574
長谷川 敬一郎	488	平井 六右衛門		星野 仙蔵	548	松平 直之	574
長谷川 豊吉	489	（12代目）	516	星野 長太郎	549	松平 信正	574
長谷川 芳之助	489	平岡 浩太郎	516	星野 鉄太郎	549	松平 乗承	574
長谷場 純孝	490	平岡 万次郎	517	細川 興貫	549	松平 乗長	574
羽田 恭輔	490	平島 松尾	518	細川 護成	549	松原 芳太郎	576
秦 豊助	490	平出 喜三郎	519	細川 義昌	550	松村 時雄	577
羽田 彦四郎	490	平出 喜三郎		細野 次郎	550	松村 次郎	577
畠山 雄三	491	（1代目）	519	堀田 正養	550	松村 雄之進	577
波多野 承五郎	491	平沼 専蔵	519	堀田 康人	551	松室 致	577
波多野 伝三郎	492	平野 長祥	520	堀田 連太郎	551	松本 鼎	578
波多野 敬直	492	平松 時厚	520	堀 三太郎	551	松本 君平	578
蜂須賀 正韶	492	平山 靖彦	521	堀 基	552	松本 剛吉	579
蜂須賀 茂韶	492	平岡 宇一郎	521	堀江 芳介	553	松本 恒之助	579
八田 裕二郎	493	広沢 金次郎	522	堀越 寛介	554	松本 孫右衛門	580
初見 八郎	494	広沢 真臣	522	堀田 義次郎	554	松浦 詮	581
鳩山 和夫	494	広住 久道	522	堀部 彦次郎	554	松浦 厚	581
花井 卓蔵	495	広瀬 貞文	523	本田 恒之	556	的野 半介	581
花城 永渡	495	広瀬 鎮之	524	本多 次郎	556	丸尾 文六	582
馬場 辰猪	496	広瀬 久政	524	本多 正憲	556	丸山 嵯峨一郎	582
浜尾 新	497	広幡 忠礼	524	本出 保太郎	557	丸山 作楽	582
浜岡 光哲	497	深見 寅之助	525	本間 源三郎	557	丸山 名政	582
浜口 雄幸	497	福井 三郎	526	本間 三郎	557	三浦 盛徳	584
浜口 吉右衛門	497	福井 直吉	526	前川 槇造	558	三木 与吉郎	
浜田 精蔵	498	福江 角太郎	526	前田 利嗣	559	（12代目）	585
浜名 信平	498	福岡 精一	526	前田 利鬯	560	三崎 亀之助	586
浜野 茂	498	福岡 世徳	526	前田 利定	560	水島 保太郎	587
羽室 嘉右衛門	499	福岡 孝弟	526	前田 利嗣	560	水野 忠弘	588
羽室 庸之助	499	福沢 桃介	527	前原 一誠	561	水野 直	588

687

官界・法曹

水野 錬太郎	589	森本 駿	623	柚木 慶二	656	赤司 鷹一郎	7
水之江 文二郎	589	森本 荘三郎	623	湯本 義憲	656	明石 元二郎	7
三谷 軌秀	590	森本 省一郎	623	横井 甚四郎	657	赤羽 四郎	8
三田村 甚三郎	591	守屋 此助	623	横井 時雄	657	赤星 典太	8
薬袋 義一	594	八木 逸郎	625	横尾 輝吉	658	阿川 光裕	9
南 弘	595	八坂 甚八	626	横田 孝史	659	秋月 左都夫	9
箕浦 勝人	595	矢島 浦太郎	626	横田 千之助	659	秋月 種樹	9
宮井 茂九郎	597	矢島 中	626	横堀 三子	659	秋元 興朝	10
宮内 翁助	597	矢島 八郎	626	横山 一平	660	秋山 雅之介	11
宮城 浩蔵	598	安岡 雄吉	627	横山 勝太郎	660	浅田 徳則	12
宮古 啓三郎	599	安川 敬一郎	627	横山 金太郎	660	浅野 長勲	13
宮崎 栄治	599	安川 繁成	627	横山 寅一郎	661	飛鳥井 雅望	16
宮原 幸三郎	601	安田 伊左衛門	628	吉植 庄一郎	661	安立 綱之	17
宮部 襄	602	安田 勲	628	芳川 顕正	662	安立 利綱	17
宮本 逸三	602	柳田 藤吉	630	吉田 磯吉	663	足立 正声	17
三善 清之	602	山内 豊誠	632	吉富 簡一	665	安達 峰一郎	18
三好 退蔵	603	山県 有朋	634	芳野 世経	665	阿野 公誠	18
三輪 市太郎	603	八巻 九万	635	吉原 正隆	666	油小路 隆董	18
三輪 信次郎	603	山際 七司	636	吉村 伊助	666	阿部 亀彦	19
三輪 伝七	603	山口 嘉七	636	吉村 鉄之助	666	阿部 徳吉郎	20
三輪 猶作	604	山口 左七郎	637	依田 佐二平	667	阿部 徳三郎	20
麦田 宰三郎	604	山口 俊一郎	637	米津 政敏	668	阿部 浩	20
武者 伝二郎	604	山口 達太郎	637	米沢 紋三郎	668	阿部 守太郎	21
陸奥 宗光	605	山口 半七	637	米田 武八郎	669	綾小路 家政	23
武藤 環山	605	山口 弘達	638	米田 稔	669	荒井 郁之助	23
武藤 金吉	605	山口 政二	638	六郷 政賢	670	荒井 賢太郎	24
宗像 政	606	山口 熊野	638	若尾 幾造(2代目)	670	荒尾 邦雄	25
村上 敬次郎	607	山下 千代雄	641	若槻 礼次郎	671	荒川 邦巌	25
村木 雅美	609	山科 礼蔵	642	脇 栄太郎	672	荒川 義太郎	26
村野 常右衛門	610	山瀬 幸人	642	脇坂 行三	672	有島 武	26
村松 愛蔵	610	山田 顕義	642	鷲尾 隆聚	672	有田 義資	27
村松 亀一郎	611	山田 喜之助	644	和田 彦次郎	673	有地 品之允	27
村松 恒一郎	611	山田 珠一	644	和田 方伯	674	有馬 藤太	27
室 孝次郎	611	山田 荘左衛門		渡辺 治	674	有馬 頼万	28
室町 公大	612	（12代目）	644	渡辺 修	674	有馬 良橘	28
毛利 元昭	613	山田 省三郎	644	渡辺 勘十郎	674	有松 英義	28
毛利 元徳	613	山田 泰造	645	渡辺 国武	675	有吉 忠一	28
望月 右内	614	山田 武甫	645	渡辺 洪基	675	安藤 兼吉	30
望月 長夫	614	山田 信道	645	渡辺 驥	676	安藤 謙介	30
望月 小太郎	615	山田 又七	646	渡辺 千秋	677	安藤 太郎	30
持田 若狭	615	山根 正次	648	渡辺 暢	677	安藤 就高	31
元田 肇	616	山之内 一次	648	渡辺 祐策	678	安藤 則命	31
本野 一郎	617	山宮 藤吉	649	渡辺 廉吉	679	安楽 兼道	31
藻寄 鉄五郎	617	山邑 太三郎	649	亘理 胤с	679	飯島 喬平	31
森 有礼	617	山村 豊次郎	649			祝 辰巳	34
森 源三	618	山本 勝次	650	【官界・法曹】		生本 伝九郎	34
森 茂生	618	山本 権兵衛	651			池内 進六	35
森 秀次	618	山本 条太郎	651	青江 秀	4	池上 三郎	35
森 隆介	619	山本 達雄	652	青木 周蔵	4	池上 四郎	35
森 東一郎	619	山本 悌二郎	653	青木 貞三	5	池田 謙蔵	36
森 肇	619	山本 藤助(2代目)	653	青山 貞	5	池田 宏	37
森丘 覚平	620	山本 幸彦	653	青山 元	5	池原 鹿之助	38
森川 六右衛門	620	山本 隆太郎	653	赤池 濃	6	池袋 秀太郎	38
森久保 作蔵	621	山森 隆	653	赤川 敬三	6	池松 時和	38
森田 正路	622	湯浅 倉平	654	赤座 弥太郎	6	諫早 家崇	39
森本 確也	623	湯浅 凡平	655			伊沢 多喜男	39

688

分野別索引　　　官界・法曹

石井 菊次郎	39	岩倉 具経	81	大築 彦五郎	130	片山 遠平	178
石井 邦猷	40	岩崎 馬之助	82	大槻 吉直	130	勝間田 稔	179
石井 省一郎	40	岩崎 弥之助	84	大鳥 圭介	131	桂 潜太郎	179
石井 忠恭	40	岩下 方平	84	大鳥 富士太郎	132	勘解由小路 資承	180
石井 常英	41	岩田 一郎	85	大庭 寛一	133	加藤 次郎	181
石沢 謹吾	44	岩田 衞	85	大場 茂馬	133	加藤 恒忠	182
石塚 英蔵	45	岩村 高俊	86	大原 重実	135	加藤 本四郎	183
石田 英吉	45	岩村 通俊	87	大森 鐘一	137	楫取 素彦	183
石田 仁太郎	46	岩元 禧	87	大山 巌	137	金井 之恭	184
石田 虎松	46	岩山 敬義	88	大山 綱介	138	金丸 鉄	185
伊地知 貞馨	46	上杉 茂憲	89	大山 綱昌	138	金山 尚志	185
伊地知 正治	47	上田 仙太郎	89	岡 喜七郎	139	鹿子木 小五郎	188
石橋 政方	48	上野 景範	91	岡 兵一	139	樺山 資雄	188
石原 健三	48	上野 季三郎	91	岡内 重俊	140	樺山 資紀	188
石山 基正	49	上原 鹿造	92	小笠原 武英	141	樺山 資英	188
伊集院 兼善	49	植村 俊平	93	岡田 宇之助	142	加太 邦憲	189
伊集院 彦吉	50	宇佐川 一正	95	岡田 庄作	143	鎌田 景弼	189
石渡 敏一	50	宇佐美 勝夫	95	尾形 兵太郎	144	神野 勝之助	190
井関 盛艮	51	鵜沢 総明	96	岡田 文次	144	上山 満之進	192
磯貝 静蔵	51	潮 恒太郎	96	岡部 長職	146	亀井 英三郎	192
磯部 醇	52	薄井 龍之	97	岡本 健三郎	146	亀山 理平太	193
磯部 四郎	52	内田 嘉吉	98	沖 守固	149	烏丸 光徳	194
磯辺 尚	53	内田 康哉	98	大給 恒	150	唐橋 在正	194
井田 譲	53	内田 定槌	98	奥田 義人	151	唐 房次郎	194
板倉 松太郎	54	内田 司馬彦	98	奥戸 善之助	152	川上 九郎	195
伊丹 重賢	55	内田 政風	99	小倉 信近	153	川上 親晴	196
市川 正寧	56	内海 忠勝	101	小倉 久	154	川上 鎮石	196
市来 乙彦	57	馬屋原 彰	102	小倉 文子	154	川上 俊彦	196
市来 政方	57	馬屋原 二郎	103	小河 一敏	154	河北 俊弼	196
井出 繁三郎	59	梅渓 通善	103	尾崎 三良	155	川口 彦治	196
伊藤 修	59	瓜生 寅	105	尾崎 忠治	155	川越 壮介	197
伊藤 欽亮	60	江木 千之	107	長田 銈太郎	156	川崎 卓吉	197
伊藤 博邦	65	江木 衷	107	押川 則吉	157	川崎 寛美	198
伊東 巳代治	65	遠藤 謹助	110	尾高 惇忠	159	川路 利恭	198
稲垣 満次郎	67	大井 上 輝前	113	小田切 万寿之助	160	川路 利良	198
稲葉 正縄	68	大海原 重義	114	尾立 維孝	160	河島 醇	199
稲村 藤太郎	69	大浦 兼武	114	落合 謙太郎	160	川島 純幹	199
乾 孚志	69	正親町 実正	116	乙骨 亘	161	河津 祐之	199
犬塚 勝太郎	69	大久保 一翁	117	小野 英二郎	161	河瀬 秀治	199
井上 勝之助	70	大久保 利武	118	小野 隆助	163	河瀬 真孝	200
井上 孝哉	71	大河内 正質	121	尾上 栄文	163	河田 景与	200
井上 毅	71	大越 亨	121	小野田 元凞	164	川田 小一郎	200
井上 準之助	72	大迫 貞清	122	小畑 美稲	164	河鰭 公篤	202
井上 正一	72	大芝 惣吉	123	小幡 高政	164	河鰭 実文	202
井上 友一	73	大島 久満次	123	小花 作助	165	河村 譲三郎	203
井上 操	74	大島 健一	123	小原 新三	165	川村 純義	203
井原 昂	75	大島 貞敏	123	折田 平内	166	川村 竹治	203
今村 和郎	79	大島 誠治	124	何 礼之	167	河村 善益	204
今村 次吉	79	大島 直道	124	香川 敬三	169	川目 亨一	204
今村 信行	79	太田 秀次郎	126	香川 真一	169	河原田 盛美	205
今村 恭太郎	80	太田 政弘	126	香川 輝	169	木内 重四郎	206
今村 力三郎	80	太田 峰三郎	126	柿沼 欽吾	170	菊池 九郎	208
入江 為守	80	太田 保太郎	126	柿沼 竹雄	170	菊地 駒次	208
岩男 三郎	81	大谷 靖	129	笠井 信一	172	菊池 武夫	208
岩倉 具定	81	大津 麟平	130	加瀬 禧逸	175	菊亭 修季	209
岩倉 具綱	81	大塚 慊三郎	130	片岡 利和	176	岸 清一	210

689

岸良 兼養	210	久我 通久	249	桜井 勉	285	執行 軌正	322
北垣 国道	212	古賀 廉造	249	桜井 能監	286	春藤 嘉平	322
北川 信従	212	国分 三亥	250	酒匂 常明	286	城 数馬	322
北島 伊登子	213	児島 惟謙	251	佐々木 正蔵	287	城島 又八	323
北島 秀朝	213	小島 源三郎	251	佐々木 善次郎	288	庄野 金十郎	324
北島 良吉	213	児島 正一郎	251	佐佐木 高行	288	白川 資訓	326
北畠 治房	214	五条 為栄	253	佐々木 陽太郎	289	白仁 武	327
北村 佐吉	215	児玉 愛次郎	254	笹田 黙介	290	白根 専一	327
吉川 重吉	215	児玉 亮太郎	255	佐田 素一郎	291	白根 多助	327
木戸 孝正	215	籠手田 安定	255	佐竹 義文	291	進 十六	328
木梨 精一郎	216	後藤 純平	256	佐藤 暢	293	末弘 厳石	329
木下 周一	217	後藤 新平	256	佐藤 信寛	294	菅井 誠美	330
木下 哲三郎	217	後藤 祐明	257	佐藤 秀顕	294	菅沼 豊次郎	331
木村 鋭市	218	近衛 篤麿	258	佐藤 愛麿	295	菅原 通敬	332
木村 格之輔	218	木場 貞長	259	里見 義正	295	杉 孫七郎	332
清浦 奎吾	221	小橋 一太	259	佐分利 貞男	296	杉浦 譲	332
清岡 公張	222	小林 源蔵	260	鮫島 武之助	297	杉田 金之助	333
九鬼 隆一	224	小林 芳郎	262	鮫島 尚信	297	杉村 濬	334
日下 義雄	225	小牧 昌業	263	佐柳 藤太	297	杉本 重遠	334
草刈 親明	225	小松 謙次郎	264	佐和 正	298	杉山 彬	335
九条 道実	225	小松 済治	264	沢 宣元	298	調所 広丈	336
九条 道孝	226	小松原 英太郎	264	沢田 牛麿	298	鈴木 英太郎	337
楠田 英世	226	小宮 三保松	265	沢田 俊三	298	薄 定吉	338
工藤 則勝	228	小村 寿太郎	265	三条西 公允	300	鈴木 定直	338
国貞 廉平	229	小村 俊三郎	265	三宮 義胤	300	鈴木 宗言	339
国沢 新兵衛	229	米田 虎雄	266	塩田 三郎	301	鈴木 荘六	339
国司 仙吉	229	子安 峻	266	志賀 親朋	302	鈴木 大亮	339
国重 正文	229	小山 愛司	266	志方 鍛	303	鈴木 利亨	340
久保 鼎	231	小山 健三	267	宍戸 璣	305	砂川 雄峻	342
久保田 貫一	231	小山 松吉	267	四条 隆謌	305	周布 公平	343
久保田 政周	231	近藤 真鋤	270	四条 隆平	305	清野 長太郎	344
窪田 静太郎	232	西郷 菊次郎	271	幣原 喜重郎	306	関 清英	344
久保田 譲	232	税所 篤	272	品川 忠道	306	関 新平	345
熊谷 喜一郎	232	斎藤 修一郎	274	品川 弥二郎	307	関 宗喜	345
熊谷 武五郎	232	斎藤 利行	275	信太 時尚	307	関 義臣	346
熊谷 直太	232	斎藤 一	275	志波 三九郎	308	関口 隆吉	346
熊野 敏三	233	斎藤 桃太郎	276	柴田 家門	309	関口 忠篤	347
倉知 鉄吉	234	斎藤 龍	276	柴原 亀二	309	勢多 章甫	348
倉富 勇三郎	234	佐伯 剛平	277	柴原 和	309	仙石 貢	349
栗塚 省吾	235	坂 仲輔	277	渋川 忠二郎	310	専崎 弥五平	350
栗野 慎一郎	235	境 二郎	278	渋谷 在明	311	添田 寿一	352
栗本 勇之助	236	境 豊吉	279	島 惟精	311	曽我部 道夫	352
黒金 泰義	237	酒井 明	279	島 真一	312	曽祢 荒助	352
黒川 誠一郎	238	堺 与三吉	279	島川 毅三郎	312	曽根 静夫	353
黒住 成章	239	榊原 幾久若	279	島津 忠弘	314	園池 実康	353
桑山 鉄男	242	坂田 重次郎	280	島津 忠義	314	園田 安賢	354
小嶹 伝	242	阪谷 芳郎	281	島田 剛太郎	315	大道 良太	355
小池 張造	243	坂野 鉄次郎	281	島村 久	316	高尾 亨	356
小出 五郎	244	坂本 三郎	282	清水 篤守	317	高岡 直吉	357
郷 純造	244	阪本 釤之助	282	清水 市太郎	317	高木 豊三	358
郷田 兼徳	245	坂本 政均	283	志水 小一郎	317	高倉 寿之	358
河野 主一郎	246	昌谷 彰	283	清水 彦五郎	318	高崎 五六	358
河野 忠三	246	佐久間 左馬太	283	清水谷 公考	318	高崎 親章	358
光妙寺 三郎	248	桜井 一久	284	志村 源太郎	319	高崎 安彦	359
神山 郡廉	248	桜井 熊太郎	284	下 啓助	319	高島 鞆之助	359
古賀 定雄	249	桜井 慎平	285	下岡 忠治	319	高須 峯造	360

鷹司 熈通	362	塚田 達二郎	404	中川 一介	440	西沢 正太郎	469
高辻 修長	362	塚原 嘉藤	404	中川 小十郎	440	西野 元	470
高野 孟矩	363	塚原 周造	404	中島 才吉	442	西洞院 信愛	470
高野瀬 宗則	363	塚本 清治	405	中島 永元	443	西村 捨三	472
高橋 其三	364	津軽 英麿	405	中島 信行	443	西村 亮吉	472
高橋 健三	364	月形 潔	405	中島 錫胤	443	西山 志澄	473
高橋 是清	364	月田 藤三郎	405	中島 雄	443	西四辻 公業	473
高橋 新吉	365	佃 一誠	406	長島 鷲太郎	444	丹羽 賢	475
高橋 捨六	365	佃 一予	406	中条 政恒	444	沼田 宇源太	476
高橋 琢也	366	辻 新次	407	仲小路 廉	444	野口 能毅	478
高平 小五郎	367	都筑 馨六	408	長谷 信篤	446	野崎 啓造	479
財部 羌	369	土屋 信民	410	長谷 信成	446	野崎 万三郎	479
滝 弥太郎	369	堤 正誼	411	中西 清一	447	野副 重一	480
多久 乾一郎	370	椿 蓁一郎	412	中西 六三郎	447	野添 宗三	480
多久 茂族	371	坪井 九八郎	413	中野 梧一	448	野々村 政也	481
田口 太郎	371	鶴 丈一郎	414	中野 健明	448	野村 維章	481
武井 守正	372	鶴田 皓	414	長野 幹	449	野村 鈴吉	482
竹内 金太郎	372	鶴原 定吉	414	永峰 弥吉	451	野村 政明	483
武田 千代三郎	375	鶴見 守義	414	中村 公知	452	野村 素介	483
武田 貞之助	375	鄭 永寧	414	中村 是公	452	野村 盛秀	483
武田 敬孝	376	鄭 永邦	415	中村 純九郎	452	野村 靖	483
田尻 稲次郎	379	手塚 太郎	416	中村 弘毅	453	則元 由庸	484
多田 好問	380	寺島 直	417	中村 博愛	454	萩野 左門	484
多田 才吉	381	寺田 宗則	417	中村 元雄	454	萩原 一三	485
立 嘉度	381	寺田 栄	417	中村 雄次郎	454	橋口 文蔵	485
立川 勇次郎	381	寺田 祐之	418	長森 藤吉郎	455	長谷川 謹介	487
立木 兼善	381	寺原 長輝	418	永屋 茂	455	長谷川 喬	489
立花 種恭	382	田 健治郎	419	中山 要人	455	長谷川 為治	489
田付 七太	383	道家 斉	420	中山 讓治	456	長谷部 辰連	490
伊達 宗興	384	時任 為基	423	中山 孝麿	456	秦 豊助	490
伊達 宗陳	385	徳川 篤敬	424	永山 武四郎	456	羽田 彦四郎	490
立石 斧次郎	385	徳川 達孝	424	中山 忠能	456	畑 良太郎	491
建野 郷三	385	徳大寺 実則	425	中山 信安	457	畠山 義成	491
田中 健三郎	388	得能 亜斯登	425	中山 巳代蔵	457	波多野 敬直	492
田中 健之助	388	得能 通昌	426	永山 盛輝	457	蜂須賀 茂韶	492
田中 次郎	389	得能 良介	426	鍋島 桂次郎	459	服部 一三	493
田中 貞吉	390	徳久 恒範	426	鍋島 直大	460	鳩山 和夫	494
田中 不二麿	391	徳丸 作蔵	426	鍋島 直彬	460	花井 卓蔵	495
田中 光顕	392	戸田 氏共	427	鍋島 幹	460	花城 永渡	495
田辺 太一	393	戸田 氏秀	427	名村 泰蔵	460	花房 義質	495
田辺 輝実	393	土肥 謙蔵	428	奈良 武次	461	埴原 正直	496
田辺 良顕	394	富岡 敬明	429	奈良原 繁	462	馬場 愿治	496
谷 鉄臣	395	富島 暢夫	429	成川 尚義	462	浜尾 新	497
谷 義信	395	富田 鉄之助	430	成田 頼則	462	浜田 健次郎	498
谷川 達海	395	富谷 鉎太郎	430	成毛 基雄	463	浜田 恒之助	498
谷口 留五郎	396	富小路 敬直	430	南部 甕男	464	早川 勇	499
谷 格	396	豊島 直蔵	432	南部 光臣	464	早川 千吉郎	499
谷森 真男	396	豊田 勝蔵	432	新納 中三	465	早川 鉄冶	499
田畑 常秋	397	虎居 徳二	433	仁尾 惟茂	465	林 市蔵	500
玉乃 世履	398	鳥尾 小弥太	434	水郡 長義	465	林 権助	501
千頭 清臣	402	永井 岩之丞	436	西 源四郎	466	林 董	501
力石 雄一郎	402	永井 金次郎	436	西 徳二郎	466	林 友幸	501
千種 有任	402	永井 作次	436	西 成度	466	林田 亀太郎	503
千阪 高雅	402	中井 弘	437	西潟 訥	467	原 敬	505
千葉 貞幹	403	中尾 捨吉	439	西川 鉄次郎	468	原 恒太郎	505
珍田 捨巳	404	長岡 護美	440	錦小路 在明	469	原 保太郎	506

官界・法曹　　　　　　　分野別索引

春木 義彰	508	古荘 嘉門	544	万里小路 通房	581	森本 泉	623
飯田 宏作	508	古谷 久綱	545	馬淵 鋭太郎	581	森山 茂	624
日置 益	509	別府 総太郎	546	丸尾 錦作	582	諸井 六郎	624
檜垣 直右	509	別府 丑太郎	546	丸山 嵯峨一郎	582	八代 六郎	626
東 政図	510	北条 氏恭	547	丸山 重俊	582	安岡 良亮	627
東久世 通禧	510	北条 元利	547	馬渡 俊雄	583	安河内 麻吉	628
東園 基愛	510	細川 潤次郎	549	三浦 数平	583	安田 定則	628
東園 基光	511	細川 広世	549	三浦 梧楼	583	安場 保和	629
東園 基敬	511	細谷 十太夫	550	三浦 安	584	安広 伴一郎	629
土方 久元	512	細田 安太郎	550	三木 猪太郎	585	柳沢 光邦	630
菱田 重禧	512	堀田 正忠	550	三崎 亀之助	586	柳原 前光	630
秀島 家良	513	堀田 貢	551	三島 通庸	586	矢野 猪之八	631
人見 寧	513	堀田 康人	551	三島 弥太郎	586	矢野 光儀	631
日根野 要吉郎	514	堀 栄一	551	水上 長次郎	587	山内 堤雲	632
日比 重明	515	堀 真五郎	551	水野 幸吉	587	山内 豊誠	632
兵藤 正懿	515	堀 基	552	水野 遵	588	山内 文次郎	632
平井 希昌	515	堀河 武子	553	水野 寅次郎	588	山尾 庸三	633
平岡 定太郎	517	堀河 康隆	553	水野 錬太郎	589	山岡 鉄舟	633
平岡 万次郎	517	堀口 九万一	554	水町 袈裟六	589	山岡 直記	634
平田 東助	518	堀田 義次郎	554	溝部 惟幾	590	山県 伊三郎	635
平田 知夫	518	本田 親雄	556	満田 寛一	593	山県 小太郎	635
平塚 広義	519	本田 恒之	556	三橋 信方	593	山県 治郎	635
平沼 騏一郎	519	本多 正復	556	南 弘	595	山口 尚芳	637
平山 成信	521	本間 清雄	557	壬生 基修	596	山口 正定	638
平山 靖彦	521	前島 豊太郎	558	三松 武夫	596	山口 政二	638
広岡 宇一郎	521	前島 密	559	宮尾 舜治	597	山口 宗義	638
広瀬 孝作	522	前田 孝階	559	宮城 浩蔵	598	山座 円次郎	638
広瀬 重武	523	前田 利同	560	宮城 時亮	598	山崎 今朝弥	639
広橋 賢光	524	前田 正名	560	三宅 碩夫	598	山崎 四男六	639
広幡 忠朝	524	前田 正之	561	宮崎 晋一	599	山崎 直胤	639
深野 一三	525	牧 朴真	561	宮島 誠一郎	601	山田 撰一	644
福岡 精一	526	牧田 重勝	561	宮本 小一	602	山田 喜之助	644
福田 辰五郎	529	牧野 菊之助	562	三好 退蔵	603	山田 春三	644
福永 尊介	530	横村 正直	563	向井 巌	604	山田 忠澄	645
福羽 美静	530	間島 冬道	564	陸奥 広吉	605	山田 為暄	645
福原 芳山	531	増島 六一郎	564	陸奥 宗光	605	山田 信道	645
福原 実	531	町田 久成	567	武東 晴一	606	山田 秀典	646
福原 鐐二郎	531	松井 慶四郎	567	宗像 政	606	山中 政亮	647
藤井 希璞	531	松井 茂	567	村上 義雄	608	山之内 一次	648
藤井 九成	532	松尾 臣善	569	村上 隆吉	608	山本 達雄	652
藤川 為親	534	松岡 毅軒	569	村田 氏寿	609	山脇 玄	654
藤島 正健	535	松岡 康毅	570	村田 重治	609	山脇 春樹	654
藤田 四郎	535	松木 幹一郎	571	村橋 久成	610	湯浅 倉平	654
藤田 高之	535	松下 直美	572	室田 義文	611	湯河 元臣	655
藤田 若水	536	松田 道之	573	目賀田 種太郎	612	油川 錬三郎	655
藤波 言忠	536	松平 太郎	574	毛利 藤内	613	湯地 幸平	655
藤波 元雄	536	松平 正直	575	望月 長夫	614	湯地 定基	656
藤村 紫朗	537	松波 秀実	575	元田 直	616	由布 武三郎	656
藤本 周三	537	松原 権四郎	576	元田 永孚	616	湯本 義憲	656
布施 辰治	540	松村 貞雄	576	本野 一郎	617	由利 公正	656
伏屋 美濃	540	松室 致	577	森 有礼	617	横山 左平太	657
二上 兵治	541	松本 十郎	579	森 賢吾	618	横田 国臣	659
船越 衛	542	松本 正忠	580	森 源三	618	横田 郷助	659
船津 辰一郎	542	松山 守善	580	森 正隆	619	横山 勝太郎	660
籠 純義	542	万里小路 正秀	581	森岡 昌純	620	吉井 友兄	661
古沢 滋	543	万里小路 博房	581	森下 景端	621	吉井 友実	661

分野別索引　軍人

芳川 顕正	662	有坂 成章	26	井上 良馨	74	大築 尚志	130
吉田 清成	663	有栖川宮 威仁	26	井上 良智	75	大寺 安純	131
吉田 清英	663	有地 品之允	27	伊庭 三郎	75	大沼 渉	132
吉田 正春	664	有馬 新一	27	揖斐 章	76	大野 豊四	133
吉田 要作	665	有馬 良橘	28	井深 彦三郎	76	大庭 二郎	133
吉原 重俊	666	安藤 厳水	29	今井 兼晶	77	大村 純英	136
吉見 輝	666	安東 貞美	30	今井 健	77	大村 益次郎	136
吉原 三郎	667	飯田 英三	32	今村 信敬	79	大山 巌	137
依田 銈次郎	667	鋳方 徳蔵	34	岩崎 達人	82	岡 市之助	139
四辻 清子	668	生井 順造	34	上田 有沢	89	岡崎 生三	140
四辻 公賀	668	井口 省吾	34	上田 太郎	90	岡崎 貞伍	141
李家 隆介	669	池田 岩三郎	36	上田 兵吉	90	岡沢 精	141
李家 裕二	669	池田 安政	37	上原 伸次郎	92	小笠原 長生	142
ル・ジャンドル, C.W.	670	池上 四郎	38	上原 太一	92	岡田 啓介	142
冷泉 雅二郎	670	石川 敦古	41	上原 勇作	92	岡田 五郎	143
若槻 礼次郎	671	石川 伍一	41	植村 永孚	93	岡田 重久	143
若林 珨蔵	671	石田 一郎	45	宇垣 一成	94	緒方 多賀雄	143
若林 三郎	671	伊地知 幸介	46	宇佐川 一正	95	岡田 貫之	143
若林 賚蔵	671	伊地知 季清	47	鵜沢 総司	96	岡田 三善	144
鷲尾 隆聚	672	伊地知 季珍	47	宇治田 虎之助	97	岡田 善長	144
渡辺 勝三郎	674	伊地知 彦次郎	47	宇宿 行輔	97	岡野 友次郎	145
渡辺 清	675	石橋 健蔵	47	内田 正敏	99	岡本 春三	146
渡辺 甫	675	石橋 甫	48	内野 辰次郎	99	岡本 四郎	146
渡辺 国武	675	石光 真臣	48	内山 小二郎	100	岡本 柳之助	147
渡辺 洪基	675	石光 真清	48	宇都宮 鼎	101	小川 又次	148
渡辺 新三郎	676	石本 新六	49	宇都宮 太郎	101	隠岐 重節	149
渡辺 驥	676	伊集院 五郎	49	梅沢 道治	103	沖 禎介	149
渡辺 千秋	677	伊集院 俊	50	瓜生 外吉	105	沖原 光孚	150
渡辺 千春	677	出石 猷彦	50	江頭 安太郎	106	奥 保鞏	150
渡辺 暢	677	磯林 真蔵	52	江口 麟六	108	奥野 角四郎	151
渡辺 昇	677	磯辺 包義	52	江田 国通	108	小国 磐	152
渡辺 融	679	猪田 正吉	53	榎本 武揚	109	奥宮 衛	152
渡辺 廉吉	679	井田 讓	53	遠藤 喜太郎	110	小倉 卯之助	153
綿貫 吉直	679	市川 紀元二	55	遠藤 慎司	111	小倉 鋲一郎	154
		市川 堅太郎	56	大井 成元	112	小栗 孝三郎	155
【軍人】		市川 清次郎	56	大石 正吉	113	小坂 千尋	155
		市川 徹弥	56	大内 義一	114	小沢 武雄	157
相浦 紀道	3	一条 実輝	57	大久保 利貞	117	小沢 徳平	157
相原 四郎	3	一戸 兵衛	58	大久保 徳明	118	押上 森蔵	157
相原 文四郎	4	伊月 一郎	58	大久保 春野	118	小田 喜代蔵	158
青木 宣純	5	井出 謙治	59	大熊 鵬	120	落合 豊三郎	161
青山 忠誠	5	伊藤 乙次郎	59	大蔵 平三	120	尾野 実信	163
青山 朗	6	伊東 主一	61	大越 兼吉	121	小畑 豊之助	165
明石 元二郎	7	伊東 祐麿	62	大迫 尚道	122	小原 伝	165
赤塚 源六	7	伊東 祐保	62	大沢 界雄	122	小原 文平	165
秋山 真之	10	伊東 祐亨	62	大島 健一	123	尾本 知道	166
秋山 藤吉	11	伊東 焉吉	64	大島 貞恭	123	香川 富太郎	170
秋山 好古	11	伊東 義五郎	66	大島 久直	124	蠣崎 富三郎	170
浅川 敏靖	11	伊藤 柳太郎	66	大島 義昌	124	梶川 重太郎	172
浅田 信興	12	稲葉 滝三郎	68	太田 三次郎	125	梶川 良吉	172
浅羽 金三郎	14	稲村 新六	68	太田 貞固	125	柏原 長繁	175
足立 愛蔵	17	犬塚 太郎	69	太田 徳三郎	125	片岡 七郎	176
安保 清種	22	井上 一雄	70	大竹 沢治	127	片桐 酉次郎	176
安保 清康	22	井上 桓征	72	大谷 喜久蔵	127	華頂宮 博経	178
新井 有貫	25	井上 仁郎	73	大谷 幸四郎	128	勝 小鹿	179
		井上 光	74	大多和 新輔	129	桂 太郎	180

693

軍人　　　　　　　　　　　　　分野別索引

加藤 定吉	181	楠内 友次郎	226	坂本 俊篤	282	関 文炳	346
加藤 友三郎	182	楠瀬 幸彦	226	坂元 八郎太	282	関田 駒吉	347
金久保 万吉	184	朽木 綱貞	227	酒匂 景信	283	関谷 連三	348
金子 新太郎	186	久邇宮 邦彦	229	佐久間 左馬太	283	世良田 亮	349
鐘崎 三郎	187	久能 司	230	佐久間 勉	284	千田 登文	350
兼松 習吉	187	隈部 親信	233	佐久間 浩	284	仙頭 武央	350
樺山 可也	188	隈元 政次	233	佐々倉 桐太郎	289	仙波 太郎	350
樺山 資紀	188	栗田 富太郎	235	定平 吾一	291	曽我 祐準	352
鎌田 宜正	189	栗田 直八郎	235	佐藤 鋼次郎	293	曽根 俊虎	353
釜屋 忠道	189	黒井 悌次郎	237	佐藤 正	293	曽根原 千代三	353
釜屋 六郎	189	黒岡 帯刀	237	佐藤 鉄太郎	293	多賀 宗之	356
上泉 徳弥	190	黒川 通軌	238	佐藤 甫	294	高井 敬義	356
神尾 光臣	190	黒木 為楨	238	鮫島 員規	296	高木 英次郎	357
上村 翁輔	190	黒木 親慶	238	鮫島 重雄	297	高木 作蔵	357
上村 彦之丞	190	黒沢 準	239	塩谷 武令	302	高崎 元彦	358
上村 正之丞	191	黒瀬 義門	239	四竈 孝輔	303	高島 茂徳	359
亀岡 泰辰	192	黒田 久孝	240	滋野 清彦	304	高島 鞆之助	359
賀茂 厳雄	193	桑島 省三	241	重松 翠	304	鷹司 熙通	362
河合 操	195	桑田 安三郎	241	重見 熊雄	304	高橋 真八	365
河上 清吉	195	郡司 成忠	242	志佐 勝	305	高橋 藤兵衛	366
川上 操六	195	小池 安之	243	四条 隆謌	305	財部 彪	369
河北 俊弼	196	小泉 正保	244	静間 知次	305	滝川 具和	370
川口 武定	196	河内 暁	245	篠田 治策	307	竹内 栄喜	372
川崎 祐名	197	河野 恒吉	246	篠原 国幹	307	竹内 正策	373
川崎 良三郎	198	河野 通好	247	柴 勝三郎	308	武内 徹	373
川島 令次郎	199	児島 惣次郎	251	柴 五郎	308	竹垣 純信	374
河内 礼蔵	201	小島 好問	252	柴 豊彦	308	竹下 勇	374
川原 裂娑太郎	202	五条 為栄	253	芝田 忠五郎	309	武田 三郎	375
河原 要一	202	小菅 知渕	253	柴田 豊彦	309	武田 秀雄	375
川人 潔太郎	202	小関 観三	253	柴山 矢八	310	武田 秀山	375
川村 景明	203	児玉 源太郎	254	渋谷 在明	311	竹田宮 恒久	376
川村 純義	203	児玉 徳太郎	255	島 弘毅	312	武富 邦鼎	376
河村 正彦	204	児玉 利国	255	島川 文八郎	312	竹中 安太郎	377
閑院宮 載仁	205	後藤 兼三	256	島村 千雄	316	竹内 一次	377
神成 文吉	206	後藤 常伴	257	島村 速雄	316	竹内 越夫	377
木口 小平	208	後藤 房之助	257	清水 宇助	317	竹橋 尚文	377
菊池 慎之助	208	小松 直幹	264	志水 小一郎	317	但馬 惟孝	378
木越 安綱	209	小松 秀夫	264	志村 喜代作	318	田島 応親	379
貴志 弥次郎	210	小松宮 彰仁	264	下条 於菟丸	319	多田 保房	381
岸本 鹿太郎	210	小山 秋作	267	下条 正雄	319	立花 小一郎	381
木田 伊之助	211	小山田 繁蔵	268	首藤 多喜馬	322	橘 周太	382
北川 武	212	権藤 久宜	270	勝田 四方蔵	324	立見 尚文	383
北古賀 竹一郎	213	西郷 隆盛	271	浄法寺 五郎	324	田中 義一	387
北白川宮 成久	213	西郷 従道	272	白井 二郎	324	田中 国重	387
北白川宮 能久	213	西郷 寅太郎	272	白石 葭江	326	田中 弘太郎	388
北村 重頼	215	税所 篤文	273	白川 義則	326	田中 耕太郎	388
木原 仙八	217	斎藤 孝至	274	白根 熊三	327	田中 次郎	389
木全 多見	217	斎藤 七五郎	274	白水 淡	328	田中 綱常	390
木村 戒自	218	斎藤 季治郎	274	末次 直次郎	329	田中 政明	391
木村 浩吉	219	斎藤 実	275	菅野 尚一	331	田中 光顕	392
木村 壮介	219	斎藤 元宏	276	杉野 孫七	334	田部 正壮	394
木村 剛	219	斎藤 力三郎	276	鈴木 貫太郎	337	谷 干城	394
木村 宣明	220	阪井 重季	278	鈴木 荘六	339	谷田 繁太郎	396
肝付 兼行	221	榊原 昇造	280	鈴木 孝雄	339	谷田 文衛	396
桐野 利秋	222	坂 虎之助	281	摺沢 静夫	344	種子田 秀実	397
久木村 治休	224	坂本 志魯雄	282	関 重忠	344	種田 政明	397

694

分野別索引　軍人

田内 三吉	397	中村 雄次郎	454	原田 兼済	506	誉田 甚八	556
玉利 親賢	398	中屋 則哲	455	原田 一道	507	本多 道純	557
田村 一三	399	永安 晋次郎	455	原田 良太郎	507	前田 隆礼	559
田村 怡与造	399	永山 武四郎	456	伴 鉄太郎	508	真木 長義	561
田村 沖之甫	399	中山 直熊	457	坂西 利八郎	508	牧野 清人	562
田村 守衛	401	永山 弥一郎	457	東 乙彦	510	牧野 毅	562
近野 鳩三	402	梨羽 時起	458	東伏見宮 依仁	511	正木 義太	563
千阪 智次郎	403	鍋島 直明	459	樋口 誠三郎	511	増田 高頼	565
塚田 清一	404	奈良 真志	461	久松 定謨	512	益満 行靖	566
塚本 勝嘉	404	奈良 武次	461	比志島 義輝	512	町田 経宇	566
津久居 平吉	406	成田 正峰	462	日高 謹爾	513	町田 武馬	567
筑紫 熊七	406	成川 揆	462	日高 壮之丞	513	松井 兵三郎	568
鼓 包武	408	鳴滝 紫磨	463	秀島 成忠	513	松石 安治	568
津田 出	408	名和 又八郎	463	日野 熊蔵	514	松浦 寛威	568
土屋 光春	410	南郷 茂光	463	日野 強	514	松江 豊寿	569
津野 一輔	411	南部 辰丙	464	日正 信亮	515	松岡 静雄	570
津野 是重	412	南部 利祥	464	百武 三郎	515	松川 敏胤	571
角田 秀松	412	西 寛二郎	465	兵頭 雅誉	515	松崎 保一	572
坪井 航三	413	西 紳六郎	466	平岡 貞一	516	松平 保男	575
寺内 正毅	416	西川 虎次郎	468	平佐 良蔵	517	松永 正敏	575
寺垣 猪三	417	西島 助義	469	平山 藤次郎	521	松村 務本	576
寺西 秀武	418	西原 茂太郎	470	広瀬 勝比古	522	松村 菊勇	576
出羽 重遠	418	西原 為五郎	471	広瀬 武夫	524	松村 純一	576
土井 市之進	419	西村 精一	472	福島 安正	528	松村 淳蔵	576
東郷 静之介	420	仁田原 重行	473	福島 敬典	528	松村 龍雄	577
東郷 平八郎	420	仁礼 景範	475	福田 雅太郎	529	松本 和	577
東郷 正路	421	根津 一	477	福原 和勝	530	松本 鼎	578
東条 英教	421	乃木 勝典	477	福原 信蔵	530	松山 良朔	581
遠武 秀行	422	乃木 希典	477	福原 銭太郎	530	真鍋 斌	581
遠山 規方	422	乃木 保典	478	福原 豊功	530	三浦 功	583
土岐 裕	423	野口 坤之	478	福原 実	531	三浦 梧楼	583
徳川 好敏	424	野崎 貞澄	479	福村 周義	531	三浦 虎次郎	584
栃内 曽次郎	427	野津 鎮雄	480	藤井 較一	532	三須 宗太郎	587
外波 内蔵吉	428	野津 道貫	480	藤井 幸槌	532	水町 元	589
外松 孫太郎	429	野田 豁通	481	藤井 茂太	532	溝部 洋六	590
富岡 定恭	429	野間口 兼雄	481	伏見宮 貞愛	537	三間 正弘	594
豊島 陽蔵	432	能村 磐夫	481	伏見宮 博恭	537	三原 辰次	596
豊辺 新作	433	野村 貞	482	藤本 太郎	538	壬生 基義	596
鳥尾 小弥太	434	野元 綱明	484	藤原 英三郎	539	三村 豊	597
頓宮 基雄	434	萩野 末吉	485	布施 慶助	540	宮岡 直記	597
内藤 新一郎	435	橋口 勇馬	486	二子石 官太郎	541	三宅 驍五	598
長井 群吉	436	橋元 正明	487	船橋 善弥	542	宮地 貞辰	601
長岡 外史	439	橋本 柳一	487	船橋 芳蔵	542	三好 重臣	602
中岡 黙	440	長谷川 貞雄	488	古海 厳潮	545	三好 成行	603
長坂 研介	442	長谷川 好道	489	別役 成義	546	向井 弥一	604
中島 正武	443	畑 英太郎	490	別府 晋介	546	向山 慎吉	604
中島 与曽八	444	波多野 毅	491	逸見 十郎太	546	村井 長寛	606
永田 泰次郎	445	波多野 義彦	492	坊城 俊章	547	村岡 長太郎	607
中台 順吉	446	八田 裕二郎	493	星野 金吾	548	村上 格一	607
永沼 秀文	447	服部 雄吉	494	星野 庄三郎	548	村上 敬次郎	607
中野 直枝	449	花田 仲之助	495	細野 辰雄	550	村木 雅美	609
中溝 徳太郎	451	花房 太郎	495	堀内 文次郎	552	村田 惇	609
中牟田 倉之助	451	浜名 寛祐	498	堀江 芳介	553	村田 新八	609
中村 愛三	451	早崎 源吾	500	堀内 三郎	552	村田 経芳	610
中村 覚	452	林 三子雄	502	堀本 礼造	554	村山 邦彦	611
中村 静嘉	454	林 弥三吉	502	本郷 房太郎	555	メッケル, ヤコブ	613

695

米良 貞雄	613	吉江 石之助	662	池田 有蔵	37	今泉 良子	78
餅原 平二	615	吉岡 顕作	662	池田 類治郎	37	今福 元顕	78
本宿 宅命	616	吉岡 友愛	662	生駒 主税	38	井山 憲太郎	80
元田 亨吉	616	吉岡 範策	662	猪崎 保直	39	岩井 勝太郎	81
森岡 守成	620	吉田 清一	663	石川 邦光	41	岩泉 正意	81
守田 利遠	622	吉田 豊彦	664	石川 理紀之助	43	岩尾 伏次郎	81
森山 慶三郎	624	吉田 平太郎	664	石黒 務	43	岩崎 革也	82
柳生 俊久	626	吉田 増次郎	665	石郷岡 文吉	44	岩崎 一高	82
八代 六郎	626	吉橋 徳三郎	666	石坂 金一郎	44	岩田 伊左衛門	85
安岡 金馬	627	吉松 茂太郎	666	石田 音吉(2代目)	45	岩根 静一	86
安原 金次	629	依田 広太郎	667	石谷 源蔵	46	印南 文作	88
矢田堀 鴻	629	米村 靖雄	669	石橋 為之助	47	上田 武治郎	90
矢吹 秀一	631	ル・ジャンドル, C.W.	670	石原 彦太郎	48	上田 集成	90
山岡 熊治	633			伊集院 俊	50	上田 忠一郎	90
山岡 豊一	634	若見 虎治	672	石渡 秀雄	50	上野 朔	91
山県 有朋	634	脇 光三	672	泉 麟太郎	51	上野 八郎右衛門	92
山川 浩	635	和田 賢助	673	磯崎 定吉	51	浮谷 権兵衛	95
山口 勝	636	渡辺 章	674	磯部 為吉	52	宇佐美 祐次	96
山口 圭蔵	636	渡辺 為太郎	677	井田 文三	53	牛越 佐市	96
山口 十八	637	渡辺 水哉	678	板垣 董五郎	54	宇田 成一	97
山口 正定	638			板倉 源太郎	54	内田 瀞	98
山口 素臣	638	【地方政治】		井谷 正命	54	内野 杢左衛門	100
山崎 景則	639			市井 善之助	55	宇都宮 仙太郎	101
山崎 羔三郎	639			市川 幸吉	56	宇都宮 誠集	101
山崎 豊	640	青山 朗	6	市川 安左衛門	56	宇野 円三郎	102
山沢 静吾	640	赤石 行三	6	市川 量造	56	売間 九兵衛	106
山路 一善	640	赤沢 仁兵衛	7	一坂 俊太郎	57	海野 孝三郎	106
山地 元治	640	吾妻 謙	7	一瀬 益吉	58	永田 藤司	106
山下 源太郎	641	赤松 椒園	9	市橋 保治郎	58	永田 藤兵衛	106
山階宮 菊麿	642	秋野 茂右衛門	9	市原 ツギ	58	江上 津直	107
山田 顕義	642	葦津 磯夫	15	一色 耕平	59	江沢 潤一郎	108
山田 顕太郎	643	足立 民治	18	伊藤 一隆	60	江戸 周	108
山田 四郎	645	穴沢 松五郎	18	伊藤 里之助	61	衛藤 薫	108
山田 忠三郎	645	穴沢 祐造	18	伊藤 重兵衛		榎 市次郎	109
山田 済八	645	阿部 亀治	19	(4代目)	62	海老名 季昌	110
山田 保永	646	阿部 政太郎	21	伊藤 長次郎		遠藤 十次郎	111
山田 良水	647	阿部 又吉	21	(4代目)	63	遠藤 慎司	111
山田 隆一	647	阿部 光之助	21	伊藤 長次郎		遠藤 庸治	112
山中 柴吉	647	阿部 与之助	21	(5代目)	63	大石 保	113
山梨 半造	647	天野 政立	22	伊藤 東太夫	64	大岡 熊次郎	114
山根 一貫	647	雨宮 竹轩	23	伊東 春義	64	大川 健介	115
山根 武亮	647	鮎瀬 淳一郎	23	伊藤 弥	66	大串 竜太郎	116
山根 信成	648	新井 高四郎	24	絲原 権造	66	大久保 意吉	117
山内 長人	648	有吉 忠一	28	稲垣 義方	67	大久保 重五郎	117
山内 万寿治	648	有賀 善五郎		稲田 邦植	67	大久保 諶之丞	117
山本 清堅	650	(14代目)	28	稲葉 三右衛門	68	大熊 徳太郎	119
山本 権兵衛	651	粟野 善知	29	稲原 寅惣	68	大河内 庄五郎	121
山本 新太郎	651	淡谷 清蔵(5代目)	29	犬丸 石雄	70	大崎 連	122
山屋 他人	653	安生 順四郎	29	井上 亀太郎	71	大沢 多門	122
湯浅 竹次郎	654	安瀬 敬蔵	29	井上 高格	72	大島 小太郎	123
湯地 定監	655	安藤 黄楊	30	井上 広居	74	大島 正義	124
由比 光衛	656	飯野 喜四郎	33	井上 平四郎	74	太田 広城	126
湯本 善太郎	656	井内 恭太郎	33	猪俣 道之輔	75	太田 紋助	126
与倉 喜平	657	井狩 弥左衛門	34	井部 栄範	76	太田 龍太郎	126
横川 省三	658	池知 重利	35	今井 伊太郎	77	大滝 甚太郎	126
吉井 幸蔵	661	池田 八次郎	37	今井 佐次平	77	大田黒 惟信	126

大塚 笹一	130	加賀美 嘉兵衛		木村 仁佐	220	榊原 豊	280
大坪 二市	131	（1代目）	169	木村 半兵衛		坂本 与惣次郎	283
大友 亀太郎	131	香川 真一	169	（3代目）	220	佐久間 友太郎	284
大西 常右衛門	132	鍵富 三作（1代目）	170	木村 利三郎	221	桜井 忠剛	285
大沼 十右衛門	132	筧 雄平	171	肝付 兼行	221	桜田 儀兵衛	286
大野 盛郁	133	影山 禎太郎	171	清岡 等	222	佐々木 栄介	286
大橋 淡	133	柏倉 文四郎	174	木呂子 退蔵	223	佐々木 弘造	287
大橋 誠一	133	梶原 友太郎	175	金原 明善	223	佐々木 甚蔵	287
大橋 房太郎	134	片岡 倉吉	175	久我 房三	224	佐々木 秀司	288
大日向 作太郎	135	勝又 昱	179	楠美 冬次郎	227	佐々野 富章	290
大矢 馬太郎	137	勝山 直久	179	工藤 吉郎兵衛	228	笹貝 八郎兵衛	290
大山 綱良	138	桂 誉恕	180	工藤 此吉	228	佐藤 栄助	292
大和田 熊太郎	138	葛城 理吉	180	工藤 卓爾	228	佐藤 勝三郎	292
岡 兵一	139	加藤 呆	180	工藤 轍郎	228	佐藤 徳助	294
岡崎 高厚	141	加藤 重三郎	181	国富 友次郎	229	佐藤 弥六	294
小笠原 耕一	141	加藤 恒忠	182	窪添 慶吉	231	佐野 助作	295
小笠原 忠忱	141	金井 俊行	184	久保田 伊平	231	佐野 楽翁	296
小笠原 伝次	142	金森 吉次郎	185	熊谷 直孝	232	鮫島 十内	297
岡田 磐	142	金子 角之助	185	隈部 親信	233	沢 茂吉	298
岡田 亀久郎	142	金子 尚雄	186	倉富 恒二郎	234	沢田 佐一郎	298
岡田 佐平治	143	加納 久宜	188	倉次 亨	234	沢野 利正	299
尾形 多五郎	143	鎌田 三之助	189	栗田 多十郎	235	沢原 為綱	299
岡田 只治	143	神谷 源蔵	191	黒宮 許三郎	241	椎野 辛資	301
岡田 三善	144	神谷 与平治	192	小池 勇	242	塩田 奥造	301
岡部 竹治郎	145	辛島 格	194	鯉沼 九八郎	244	塩谷 良翰	302
岡本 兵松	147	唐牛 桃里	194	上坂 伝次	245	志賀 法立正	302
沖 良賢	149	川北 元助	196	神津 邦太郎	245	式地 亀七	303
沖山 権蔵	150	河野 栄蔵	202	幸地 朝常	245	式地 喜平	303
奥川 吉三郎	150	川淵 竜起	202	小樽 久郎	250	鴫原 佐蔵	303
奥宮 衛	152	川村 益太郎	204	小島 太郎一	252	志田 力二	306
奥村 謙蔵	153	河原田 盛美	205	古城 弥二郎	253	篠原 無然	308
奥村 栄滋	153	菅 克復	205	五代 五兵衛	253	柴 太一郎	308
尾崎 琴洞	155	神崎 慶次郎	205	児玉 伊織	254	柴山 典	309
尾崎 信太郎	155	神田 兵右衛門	205	小塚 逸夫	255	渋谷 良平	311
小崎 利準	156	紀 俊秀	206	後藤 快五郎	255	島 省左右	312
小山内 鉄弥	157	菊池 九郎	208	小納 宗吉（1代目）	257	清水 謙吾	317
忍峡 稜威兄	157	菊池 楯衛	209	小橋 元雄	260	志水 直	318
織田 喜作	158	岸上 克己	210	小林 喜作	260	清水 佳之助	318
小田 知周	158	木島 才次郎	210	小林 五助	260	下城 弥一郎	319
織田 又太郎	159	木津 慶次教	211	小林 重吉	260	下田 収蔵	319
小田 安正	159	喜早 伊右衛門	211	小林 寿郎	261	下村 亀三郎	320
小田島 由義	160	喜多 長七郎	211	小林 虎三郎	261	下村 善太郎	320
越智 茂登太	160	北川 嘉平	212	小柳 九一郎	266	宿輪 卓爾	322
小野 惟一郎	161	北川 矩一	212	小山 愛司	266	春藤 嘉平	322
小野 忠造	162	北川 清助	212	小山 益太	267	白川 福儀	326
小野江 善六	163	北島 七兵衛	213	木幡 久右衛門		白洲 退蔵	326
尾上 又次郎	163	北能 喜市郎	214	（13代目）	268	白鳥 鴻彰	327
小野田 五郎兵衛	164	北原 雅長	214	権藤 貫一	269	新庄 厚信	328
小原 正朝	165	北村 益	215	近藤 弥三郎	270	進藤 作左衛門	328
表 与兵衛	166	北村 雄治	215	三枝 七内	271	菅沼 達吉	330
小山 幸右衛門	166	北脇 永治	215	斎藤 義一	273	杉田 仙十郎	333
小里 頼永	166	城所 元七（1代目）	216	斎藤 孝治	274	杉田 又三	333
折目 徳巳	167	城所 元七（2代目）	216	坂 三郎	277	杉原 栄三郎	334
海部 壮平	168	木南 正宜	216	酒井 猪太郎	277	杉本 又三郎	335
海部 正秀	168	紀平 雅次郎	217	酒井 忠篤	278	杉山 克巳	335
		木村 恒太郎	220	酒井 調良	278	杉山 彦三郎	336

鈴木 浦八	336	伊達 邦成	384	内貴 甚三郎	434	野沢 泰次郎	480
鈴木 久太夫	337	伊達 邦直	384	内藤 長太夫	435	野瀬 市太郎	480
鈴木 清	337	伊達 保子	385	内藤 文治良	435	野田 四郎	481
鈴木 左内	338	立山 弟四郎	386	永井 いと	436	野村 佐平治	481
鈴木 三蔵	338	田中 栄助	386	長井 氏克	436	野村 成満	482
鈴木 誠作	339	田中 耕造	388	長井 兼太郎	436	野村 治三郎	482
鈴木 哲朗	340	田中 治郎左衛門	389	中井 三郎兵衛	436	野本 恭八郎	484
鈴木 準道	340	田中 善助	389	中井 太一郎	437	野呂 多一郎	484
鈴木 不二三	341	田中 長太郎	390	長井 宮次	437	野呂 武左衛門	484
鈴木 要三	341	田中 友一	390	長尾 介一郎	438	芳賀 種義	484
須藤 幹三	341	田部 長右衛門		中尾 静摩	438	萩原 角左衛門	485
首藤 周三	342	（21代目）	393	中川 佐平	441	萩原 鐐太郎	485
須藤 善一郎	342	田部 正壮	394	中川 正平	441	橋本 喜助（6代目）	486
須永 伝蔵	342	谷口 直吉	396	中島 駒次	442	橋本 幸八郎	486
栖原 角兵衛		田丸 猪吉	399	中田 勘左衛門	445	橋本 善右衛門	487
（10代目）	343	田村 顕允	399	永田 荘作	445	長谷川 敬助	488
住 民平	343	田村 太兵衛	400	永田 暉明	445	長谷川 作七	488
関 直之	345	田村 又吉	401	仲野 理一郎	449	長谷川 佐太郎	488
関 一	345	長 熙	404	中原 菊次郎	449	長谷川 準也	488
関 春茂	345	塚本 正之	405	中平 重虎	450	長谷川 丈吉	489
関口 友愛	347	辻 喜代蔵	407	中村 修	451	長谷川 庄蔵	489
関矢 孫左衛門	348	辻 啓太郎	407	中村 義上	452	長谷川 太兵衛	489
妹尾 万次郎	348	辻 利右衛門	407	中村 枝幸	452	長谷川 藤次郎	489
瀬見 善水	349	辻野 惣兵衛	407	中村 雪樹	454	初瀬川 健増	493
泉水 宗助	350	対馬 嘉三郎	407	中村 要吉	455	八田 達也	493
千田 貞暁	350	辻本 菊次郎	408	長屋 喜弥太	455	服部 倉次郎	494
左右田 金作	351	津田 永佐久	408	中山 秀雄	457	服部 正義	494
相馬 真一	351	津田 維寧	409	中山 元成	457	花房 端連	495
早山 清太郎	351	土田 万助	409	仲吉 朝助	458	羽成 卯兵衛	496
園田 多祐	354	土持 政照	409	名倉 太郎馬	458	羽生 氏熟	496
園田 太邑	354	土屋 邦敬	410	那須田 又七	459	波部 本次郎	496
園田 六左衛門	354	恒石 熊吉	411	並木 文右衛門	460	浜渦 文右衛門	496
醍醐 忠順	355	恒岡 直史	411	奈良 専二	461	浜口 梧陵	497
大道寺 繁禎	356	角田 喜右作	412	楢崎 圭三	461	早川 智寛	500
高多 久兵衛	361	椿 角太郎	412	鳴海 廉之助	463	林 儀作	500
鷹野 徳右衛門	363	津村 重兵衛	414	仁木 竹吉	465	林 欽次	501
高野 正誠	363	手代木 勝任	416	西内 成郷	466	林 駒之助	501
高橋 健三	364	鉄 伝七	416	西内 義顕	467	林 勇蔵	502
高橋 正作	365	寺田 彦八郎	418	西尾 岩吉	467	原 時行	505
高橋 正意	365	東条 定太郎	421	上 국吉	467	半田 鶴三郎	508
高嶺 朝教	368	藤平 謹一郎	421	西川 嘉右衛門	467	繁田 満義	508
高柳 嘉一	368	藤間 源左衛門	421	西川 作平	467	坂東 国八	509
高柳 覚太郎	368	当麻 辰次郎	421	西久保 弘道	469	檜垣 伸	510
高山 善右衛門	368	当山 久三	422	西沢 真蔵	469	檜垣 正義	510
高山 伝蔵	368	徳川 権七	424	西田 周吉	469	日景 弁吉	510
滝本 金蔵	370	徳川 茂承	424	西村 皓平	471	日高 栄三郎	513
竹井 澹如	372	土倉 庄三郎	426	西村 七三郎	471	日野 義順	514
武市 彰一	372	百々 三郎	428	西村 隆次	472	日野 藤吉	514
武内 徹	373	外崎 嘉七	428	二宮 尊親	474	姫野 佐平	515
田島 善平	378	富沢 松之助	429	仁保 清作	475	平尾 在脩	516
田島 直之	379	富田 高慶	430	丹羽 五郎	475	平田 安吉	519
田尻 栄太郎	380	富永 三十郎	430	沼間 守一	475	平村 ペンリウク	520
田尻 清五郎		戸村 義得	431	沼田 喜三郎	476	広井 一	521
（3代目）	380	塘林 虎五郎	431	野口 英夫	478	広沢 安任	522
立花 小一郎	381	豊島 陽蔵	432	野口 富蔵	478	広瀬 次郎	523
立花 寛治	382	豊田 太蔵	433	野崎 徳四郎	479	広瀬 誠一郎	523

広瀬 和育	524	松井 元淳	567	森 恒太郎	619	和井内 貞行	670
広田 亀次	524	松浦 千代松	569	森 芳滋	620	若尾 逸平	670
深水 嘉平	525	松江 豊寿	569	森岡 牛五郎	620	若尾 民造	671
吹原 九郎三郎		松尾 広吉	569	森川 源三郎	620	若槻 武樹	671
（11代目）	526	松尾 五郎兵衛	569	森田 佐平	621	和田 高英	673
福岡 世徳	526	松岡 広吉	570	守田 精一	621	渡瀬 政礼	674
福沢 泰江	527	松岡 万	570	盛田 善平	622	渡辺 勝三郎	674
福嶌 才治	527	松坂 万右衛門	572	森村 熊蔵	622	渡辺 カネ	674
福田 源兵衛	528	松下 直美	572	森本 荘三郎	623	渡辺 勘十郎	674
福田 平治	529	松角 武忠	572	守屋 富太郎	624	渡辺 慶次郎	675
藤井 十三郎	532	松田 秀雄	573	矢板 武	626	渡辺 淳一郎	676
藤井 静一	532	松平 定教	574	八木岡 新右衛門	626	渡部 精司	676
藤江 章夫	533	松平 茂昭	575	矢島 八郎	626	渡辺 文七（2代目）	678
藤田 積中	536	松戸 覚之助	575	安田 耕之助	628		
藤田 吉亨	536	松波 幸三郎	575	八隅 正全	629	【社会運動】	
藤田 若水	536	松村 辰喜	577	柳川 秀勝	629		
藤本 善右衛門	538	松村 辰昌	577	柳沢 秋三郎	630	赤井 景韶	6
藤本 荘太郎	538	松本 貫四郎	578	矢吹 正則	632	赤羽 一	8
藤本 太平次	538	松本 喜作	578	矢部 甚五	632	朝日 平吾	14
藤原 五郎平	539	松本 彦平	580	山岡 元貞	634	安部 磯雄	19
藤原 利三郎	540	松本 文治	580	山口 権三郎	636	阿部 乙吉	19
二神 深蔵	540	丸山 英一郎	582	山越 永太郎	638	天野 政立	22
二田 是儀	541	美泉 定山	583	山崎 所左衛門	639	荒尾 精	25
二見 庄兵衛	541	三浦 数平	583	山崎 樵夫	639	新垣 弓太郎	25
舟木 真	542	三島 左次右衛門		山路 丈太郎	640	有福 徇允	27
籠 純義	542	（8代目）	586	山下 慶次郎	641	安瀬 敬蔵	29
古川 勝次郎	543	水上 助三郎	587	山品 捨録	641	飯塚 森蔵	32
古沢 滋	543	水谷 真熊	587	山田 いち	643	飯田 護	33
古庄 敬一郎	544	満島 惣左衛門	593	山田 脩	643	池知 鉄利	35
古橋 義真	544	三間 正弘	594	山田 珠一	644	池田 応助	36
北条 直正	547	水上 浩躬	594	山田 勢三郎	645	池辺 吉十郎	38
星野 考祥	548	南 一郎平	594	山田 文右衛門		石川 三四郎	41
星野 鉄太郎	549	三村 久吾	596	（16代目）	646	石坂 昌孝	44
細川 護久	549	宮川 鉄次郎	598	山野 清平	648	石坂 公歴	44
堀 二作	551	三宅 安兵衛	598	山村 豊次郎	649	石塚 重平	45
堀内 仙右衛門	552	宮崎 嘉重	599	山本 覚馬	650	石田 六次郎	46
堀内 千万蔵	552	宮崎 総五	599	山本 忠助	652	石本 権四郎	49
堀木 忠良	554	宮田 寅治	601	山森 隆	653	磯山 清兵衛	53
堀谷 紋助	554	宮代 謙吉	601	山家 豊三郎	654	井田 文三	53
本間 源三郎	557	三好 琢磨	603	湯浅 治郎	654	市川 量造	56
真家 信太郎	558	三好 保徳	603	湯地 丈雄	655	市来 宗介	57
蒔田 広孝	558	牟田 万次郎	604	湯地 平生三	655	一坂 俊太郎	57
前川 定五郎	558	武藤 環山	605	与口 虎三郎	657	井手 為吉	59
前田 駒次	559	武藤 幸逸	606	横田 亀代	658	伊藤 俊三	62
前田 荘助	559	村井 菊蔵	606	横田 保	659	伊藤 鋑次郎	63
前田 則邦	560	村井 恒蔵	606	横田 穣	659	伊藤 野枝	64
牧野 随吉	562	村上 長毅	608	吉川 治郎左衛門	662	稲垣 示	67
牧野 忠篤	562	村山 具瞻	611	吉川 類次	663	稲垣 良之助	67
牧野 平五郎	562	望月 平七	615	吉沢 直行	663	井上 兼吉	71
益田 素平	564	本岡 三千治	615	吉田 親定	664	井上 伝蔵	73
増田 平四郎	565	籾山 唯四郎	617	吉田 義方	665	猪俣 道之輔	75
升本 喜兵衛	565	百瀬 葉志助	617	吉富 簡一	665	今知 元顕	78
町井 台水	566	森 謙治	618	吉安 勘左衛門	667	今村 百八郎	80
町田 菊次郎	566	森 錬三郎	618	依田 佐二平	667	井山 惟誠	80
町田 武須計	567	森 庄一郎	619	依田 勉三	667	岩崎 革也	82
町村 金弥	567	森 遷	619	四ツ門 きん	667		

社会運動

岩崎 萬次郎	83	片岡 健吉	175	小松 丑治	263	高野 房太郎	363
植木 枝盛	88	片山 潜	178	小山 久之助	267	高畠 素之	367
上田 蟻善	89	香月 経五郎	179	近藤 栄蔵	269	高村 謹一	368
植田 好太郎	89	勝山 直久	179	権藤 成卿	269	田口 運蔵	371
上田 忠一郎	90	桂 徳次	180	西郷 小兵衛	271	田口 亀造	371
上田 立夫	90	桂 久武	180	斎藤 兼次郎	273	竹内 余所次郎	374
上野 富左右	91	加藤 仡夫	180	堺 為子	278	武田 九平	374
上原 多市	92	加藤 宗七	181	堺 利彦	279	武田 範之	375
氏家 直国	96	金子 角之助	185	酒井 雄三郎	279	武市 安哉	376
牛丸 友佐	97	金子 喜一	185	坂崎 斌	280	武部 小四郎	377
宇田 成一	97	金子 弥平	187	阪本 清俊	281	竹本 長十郎	378
内田 良平	99	神川 マツ子	190	坂本 直寛	282	田代 栄助	380
内野 杢左衛門	100	亀井 一郎	192	阪本 良彦	283	田代 季吉	380
内山 愚童	100	加屋 霽堅	193	崎久保 誓一	283	田添 鉄二	380
内山 安兵衛	100	萱野 長知	193	桜井 平吉	285	太刀 フシ	381
宇土 照蔵	102	川島 浪速	199	佐々木 銀一	287	立川 雲平	382
海浦 篤弥	103	河村 武道	204	佐々木 専治	287	立石 岐	385
浦 敬一	104	神崎 正蔵	205	佐々木 道元	288	館野 芳之助	386
浦上 正孝	104	管野 すが	206	佐々城 豊寿	288	田中 賢道	388
海老名 みや	110	冠 弥右衛門	206	佐治 実然	290	田中 正造	389
遠藤 友四郎	111	菊田 梥三郎	207	佐藤 俊宜	294	谷 重喜	394
大井 憲太郎	112	菊池 貫平	207	佐藤 三喜蔵	294	玉木 文之進	398
大石 誠之助	113	菊地 喜市	207	沢田 半之助	299	田母野 秀顕	401
大江 卓	114	岸上 克己	210	沢田 実	299	樽井 藤吉	401
大作 理三郎	122	北岡 龍三郎	211	沢辺 正修	299	丹 悦太	401
大須賀 さと子	125	木下 尚江	217	山東 直砥	300	千葉 卓三郎	403
大杉 栄	125	木村 錠吉	219	椎葉 糾義	301	塚本 ふじ	405
太田 紋助	126	木村 信二	219	塩野 倉之助	302	月成 勲	406
太田黒 伴雄	127	木本 凡人	221	塩谷 武次	302	津下 四郎左衛門	406
大矢 正夫	137	清藤 幸七郎	222	志賀 友吉	303	辻 暎	406
岡 喬	139	木呂子 退蔵	223	渋谷 彦右衛門	311	辻本 菊次郎	408
岡 千代彦	139	陸 九皐	224	島 義勇	312	恒屋 盛服	411
岡崎 熊吉	140	日下部 正一	225	島上 勝次郎	312	角田 他十郎	412
岡崎 高厚	141	櫛引 武四郎	225	島中 雄三	316	寺島 直	417
岡林 寅松	145	葛生 東介	226	島本 仲道	317	土居 光華	419
岡本 顕一郎	146	葛生 能久	226	城 常太郎	322	当山 久三	422
岡本 柳之助	147	楠瀬 喜多	226	進藤 喜平太	328	頭山 満	422
岡本 弥	147	楠本 正徹	227	末永 節	329	徳永 参二	425
小川 運平	147	久野 初太郎	230	須貝 快甫	330	飛松 与次郎	428
奥平 謙輔	151	窪田 常吉	232	杉山 重義	335	富松 正安	429
奥宮 健之	152	倉田 利作	234	鈴木 音高	337	内藤 魯一	436
奥村 五百子	152	栗須 七郎	235	鈴木 昌司	338	中江 兆民	438
奥村 甚之助	153	来島 恒喜	236	鈴木 楯夫	339	永岡 鶴蔵	439
小倉 処平	153	黒沢 兼次郎	238	鈴木 伝五郎	340	永岡 久茂	439
小越 平陸	155	桑田 豊蔵	241	鈴木 秀男	341	中川 幸次	441
忍峡 稜威兄	157	小池 勇	242	須長 漣造	342	長倉 訒	442
小島 龍太郎	158	鯉沼 九八郎	244	砂川 泰忠	343	中島 俊子	442
小田 頼造	159	幸地 朝常	245	炭谷 小梅	344	中西 正樹	447
越智 彦四郎	160	幸徳 秋水	245	諏訪 与三郎	344	中野 いと	447
落合 寅市	161	河野 広中	247	関 春茂	345	中野 二郎三郎	448
落合 直言	161	小島 文次郎	252	関島 金一郎	347	中野 寅次郎	449
小野 正朝	162	小平 甚右衛門	254	関屋 斧太郎	348	中村 駒蔵	452
小美田 隆美	166	後藤 謙太郎	256	高尾 平兵衛	356	中村 十作	452
賀川 純一	169	小早川 秀雄	260	高木 顕明	357	中村 太八郎	453
梶川 光	172	小林 樟雄	260	高田 一二	360	長山 直厚	457
加治木 常樹	172	小林 泰一	261	高田 三六	361	那須 善治	458

700

奈須川 光宝	458	松井 庄五郎	568	吉田 只次	664	阿部 彦太郎	20
楢崎 猪太郎	461	松尾 卯一太	569	吉田 一	664	阿部 房次郎	20
奈良崎 八郎	461	松岡 好一	569	若林 三郎	671	阿部 平助	20
成石 勘三郎	462	松沢 求策	572	和田 久太郎	673	阿部 光之助	21
成石 平四郎	462	松山 守善	580	和田 三郎	673	阿部 茂兵衛	21
難波 大助	464	三浦 安太郎	584	渡辺 てう	677	安保 庸三	22
新美 卯一郎	464	水平 三治	589	渡部 平治郎	678	天野 清兵衛	22
新村 善兵衛	464	溝口 敏子	590	渡辺 政太郎	678	雨宮 敬次郎	22
新村 忠雄	465	南 梅吉	595	渡辺 満三	678	雨宮 亘	23
西 毅一	465	峯尾 節堂	595	薬谷 英孝	679	新井 粂次郎	24
西潟 為蔵	467	三村 久吾	596			荒井 泰治	24
西川 光二郎	467	宮崎 車之助	599			新井 高四郎	24
西川 文子	468	宮崎 民蔵	599	**【産業】**		新井 領一郎	25
西山 志澄	473	宮崎 忠次郎	600			荒川 政七 (1代目)	25
新田 融	474	宮崎 滔天	600	相生 由太郎	3	有川 矢九郎	26
根来 源之	476	宮崎 八郎	600	愛甲 兼達	3	有島 武	26
根本 正	477	宮崎 弥蔵	600	青木 角蔵	4	有田 音松	27
野倉 万治	479	宮地 茂平	601	青木 正太郎	4	有本 国蔵	28
野沢 重吉	479	宮下 太吉	601	青木 甚九郎	4	有賀 善五郎	
野手 一郎	481	宮田 寅治	601	青木 大三郎	4	(14代目)	28
萩原 正清	485	宮部 襄	602	青木 貞三	5	有賀 長文	28
箱田 六輔	485	宗方 小太郎	606	青木 八右衛門	5	有賀 文八郎	29
橋爪 武	486	村木 源次郎	608	青山 謹之助	5	粟津 清亮	29
羽田 恭輔	490	村松 愛蔵	610	赤阪 音七	6	安藤 兼吉	30
羽鳥 権平	494	村松 亀一郎	611	赤星 弥之助	8	安藤 庄太郎	30
馬場 辰猪	496	村山 照吉	611	赤間 嘉之吉	8	安藤 福太郎	31
早川 権弥	499	藻谷 伊太郎	614	秋月 左都夫	9	安中 常次郎	31
林 包明	500	望月 権平	615	秋田 半三	9	安楽 勇十郎	31
原 霞外	504	望月 実太郎	615	秋山 源兵衛	10	飯 忠七	31
伴 百悦	508	望月 龍太郎	615	秋山 広太	11	飯島 善太郎	32
久板 卯之助	512	本告 辰二	615	浅倉屋 久兵衛		飯島 保作	32
平岡 徳次郎	517	森 鐐三郎	618	(9代目)	12	飯田 歌子	32
平沢 計七	518	森 茂	618	浅田 知定	12	飯田 義一	32
平塚 らいてう	519	森 甚太郎	619	浅田 正文	12	飯田 新七 (2代目)	33
平野 永太郎	519	森 隆介	619	朝田 又七	12	飯田 新七 (4代目)	33
平山 周	520	森 多平	619	浅沼 幸吉	12	飯野 喜四郎	33
広岡 安太	522	森久保 作蔵	621	浅沼 藤吉	12	飯野 寅吉	33
広瀬 千磨	523	森近 運平	622	浅野 総一郎	13	井内 太平	34
深尾 韶	525	師岡 千代子	625	浅野 長太郎	13	五十嵐 甚蔵	34
福岡 世徳	526	山岡 春	634	朝吹 英二	14	池貝 庄太郎	
福田 英子	529	山川 えん	635	浅見 文吉	15	(1代目)	35
福地 常彰	529	山際 七司	636	浅見 与一右衛門	15	池田 応助	36
藤井 種太郎	533	山口 宏沢	636	芦森 武兵衛		池田 経三郎	36
藤岡 正右衛門	534	山口 五郎太	636	(10代目)	15	池田 謙三	36
藤野 政高	536	山田 作松	644	飛鳥井 清	16	池田 寅治郎	37
古河 力作	543	山田 武甫	645	飛鳥井 孝太郎	16	池田 成章	37
古沢 滋	543	山田 良政	646	東 武	16	池田 孫一	37
逸見 直造	546	山中 一郎	647	安住 伊三郎	16	池田 有蔵	37
堀内 誠之進	552	山室 機恵子	649	麻生 太吉	17	池田 竜一	37
本荘 堅宏	555	山本 憲	650	穴水 要七	18	池原 鹿之助	38
本城 安太郎	555	山本 誠之助	651	油屋 熊八	18	井坂 孝	38
本多 新	555	山本 与七	653	阿部 碧海	19	井坂 直幹	38
前島 豊太郎	558	湯浅 治郎	654	阿部 興人	19	猪崎 保直	39
前田 たけ	560	横田 英夫	659	阿部 蔵吉	19	伊沢 良立	39
牧野 随吉	562	横山 俊彦	661	安部 幸兵衛	19	石井 吉之助	39
増田 宋太郎	564	吉海 良作	662	阿部 泰蔵	20	石井 絹治郎	40

701

産業　分野別索引

石井 謹吾	40	伊東 栄(2代目)	61	岩崎 弥太郎	83	遠藤 十次郎	111
石井 良一	41	伊藤 次郎左衛門		岩崎 弥之助	84	大井 卜新	112
石川 亀翁	41	（14代目）	62	岩下 清周	84	大池 忠助	113
石川 七財	42	伊藤 仙太郎	62	岩瀬 弥助(4代目)	84	大石 保	113
石川 正蔵	42	伊藤 忠兵衛		岩田 惣三郎	85	大泉 梅治郎	113
石川 藤八(7代目)	42	（1代目）	63	岩垂 邦彦	85	大川 英太郎	115
石川 篤三郎	42	伊藤 長次郎		岩永 省一	86	大川 平三郎	115
石川 文右衛門	43	（4代目）	63	岩橋 轍輔	86	大木 口哲	116
石黒 慶三郎	43	伊藤 伝右衛門	63	岩原 謙三	86	大串 竜太郎	116
石郷岡 文吉	44	伊藤 伝七(9代目)	63	岩本 栄之助	87	大久保 不二	119
石坂 周造	44	伊藤 伝七		岩元 信兵衛	87	大隈 栄一	119
石坂 荘作	44	（10代目）	63	岩本 良助	87	大倉 和親	120
石田 音吉(2代目)	45	伊藤 徳三	64	岩谷 松平	88	大倉 喜八郎	120
石田 幸吉	45	伊藤 広幾	65	植木 亀之助	88	大倉 孫兵衛	121
石田 平吉	46	伊東 要蔵	66	植木 元太郎	88	大倉 保五郎	121
石田 米助	46	伊奈 米治郎	66	上坂 忠七郎	88	大河内 輝剛	121
伊地知 壮熊	47	伊奈 初之丞	67	植木 小太郎	89	大坂 金助	121
石野 寛平	47	稲垣 恒吉	67	上田 治一	89	大里 忠一郎	122
石橋 禹三郎	47	稲畑 勝太郎	68	植竹 三右衛門	90	大沢 善助	122
井島 茂作	48	稲村 藤太郎	69	植竹 龍三郎	90	大島 寛爾	123
石本 鑛太郎	49	稲茂登 三郎	69	上西 威	90	大島 小太郎	123
伊集院 兼常	49	乾 新兵衛(1代目)	69	上野 松次郎	92	大島 要三	124
井関 盛艮	51	犬飼 源太郎	69	上原 鹿造	92	大城 孝蔵	124
磯貝 浩	51	犬塚 信太郎	70	上原 豊吉	92	太田 三郎	125
磯野 小右衛門	52	井上 馨	70	植村 澄三郎	93	太田 清蔵(4代目)	125
磯野 計	52	井上 角五郎	70	上山 英一郎	93	太田 保太郎	126
磯部 保次	53	井上 要	70	浮田 桂造	95	大滝 甚太郎	126
磯村 音介	53	井上 源五郎	71	浮田 佐平	95	大田黒 惟信	126
磯村 豊太郎	53	井上 公二	71	右近 権左衛門		大田黒 重五郎	127
伊丹 弥太郎	55	井上 甚太郎	72	（10代目）	95	大谷 嘉兵衛	127
板谷 宮吉	55	井上 竹次郎	72	牛場 卓蔵	97	大谷 吟右衛門	128
市川 金三郎	55	井上 篤太郎	73	碓氷 勝三郎	97	大谷 幸蔵	129
市川 銀三郎	55	井上 虎治	73	宇田 友四郎	98	大谷 竹次郎	129
市川 文蔵	56	井上 八郎	73	内田 太郎	98	大塚 惟明	130
市川 安左衛門	56	井上 保次郎	74	内田 忠光	99	大塚 笹一	130
一坂 俊太郎	57	井上 利助	74	内田 平四郎	99	大戸 復三郎	131
市田 弥一郎		伊庭 貞剛	75	内山 信治	100	大西 伍一郎	132
（1代目）	57	井花 伊兵衛	75	宇都宮 金之丞	101	大西 正雄	132
一ノ倉 貫一	57	伊原木 藻平		宇都宮 徳蔵	101	大沼 十右衛門	132
一庭 啓二	58	（3代目）	76	宇野 清左衛門	102	大橋 淡	133
市橋 保治郎	58	井部 栄範	76	宇野沢 辰雄	102	大橋 艶之助	133
市原 定直	58	今井 五介	77	馬越 恭平	102	大橋 頼摸	134
市原 盛宏	58	今井 清次郎	77	梅浦 精一	103	大浜 忠三郎	
伊藤 亀太郎	60	今井 太郎右衛門	78	梅原 亀七	103	（2代目）	134
伊藤 喜十郎		今井 藤七	78	梅屋 庄吉	104	大林 芳五郎	134
（1代目）	60	今西 清之助	78	浦山 太吉	105	大原 孝四郎	135
伊藤 吉太郎	60	今西 林三郎	78	瓜生 震	105	大原 孫三郎	135
伊藤 恭之介	60	今村 勤三	79	瓜生 寅	105	大藤 藤三郎	135
伊藤 欽亮	60	今村 七平	79	永田 藤平	106	大間知 芳之助	135
伊東 熊夫	61	今村 清之助	79	永田 藤兵衛	106	大海原 尚義	135
伊藤 謙吉	61	色川 三郎兵衛	80	江川 次之進	107	大三輪 長兵衛	136
伊藤 小左衛門		岩井 勝次郎	80	江沢 金五郎	108	大村 彦太郎	
（5代目）	61	岩井 信六	81	江副 靖臣	108	（10代目）	136
伊藤 小左衛門		岩崎 革也	82	江戸 周	108	大森 喜右衛門	
（6代目）	61	岩崎 俊弥	83	江守 清	110	（11代目）	136
伊東 栄(1代目)	61	岩崎 久弥	83	遠藤 敬止	111	大脇 順若	138

702

大和田 荘七	139	鍵富 三作(1代目)	170	亀井 甚三郎	192	喜多川 孝経	212
岡 幸七郎	139	柿沼 谷蔵	170	亀井 文平	192	北島 七兵衛	213
岡 十郎	139	柿原 万蔵	171	亀岡 勝知	192	喜谷 市郎右衛門	214
岡 烈	139	景山 甚右衛門	171	亀田 介治郎	193	北村 重威	215
岡崎 国臣	140	影山 禎太郎	171	嘉門 長蔵	193	紀平 雅次郎	217
岡崎 藤吉	141	籠橋 休兵衛	171	辛島 祥平	194	木村 浅七(1代目)	218
小笠原 貞信	142	笠井 順八	171	河合 亀太郎	194	木村 延吉	218
岡田 逸治郎	142	梶野 甚之助	173	川上 賢三	195	木村 久太郎	218
岡田 孤鹿	143	鹿島 岩吉	173	川上 佐七郎	195	木村 久寿弥太	218
岡田 繁治	143	鹿島 岩蔵	173	川上 俊介	195	木村 清四郎	219
岡田 令高	143	鹿島 万平	173	川上 俊彦	196	木村 静幽	219
岡野 喜太郎	145	鹿島 万兵衛	173	川上 直本	196	木村 荘平	219
岡橋 治助	145	柏村 信	175	川喜田 四郎兵衛	196	木村 長七	220
岡村 貢	146	梶原 仲治	175	川崎 幾三郎	197	木村 半兵衛	
岡本 健三郎	146	賀田 金三郎	175	川崎 栄助	197	(3代目)	220
岡本 貞烋	146	片岡 直輝	176	川崎 正蔵	197	木村 半兵衛	
岡本 兵松	147	片岡 直温	176	川崎 八右衛門	198	(4代目)	220
岡谷 惣助(9代目)	147	片岡 春吉	176	川崎 芳太郎	198	木村 正幹	220
小川 鉚吉	148	片倉 市助	177	川島 甚兵衛		木村 安兵衛	221
小川 トク	148	片倉 兼太郎		(2代目)	199	木村 利右衛門	221
沖 牙太郎	148	(1代目)	177	河瀬 秀治	199	清岡 等	222
荻野 万太郎	150	片倉 兼太郎		河田 悦治郎	200	金田一 勝定	223
奥 繁三郎	150	(2代目)	177	川田 谷五郎	200	銀林 綱男	223
奥沢 庄平	150	加知 貞一	178	川田 龍吉	201	金原 明善	223
奥田 正香	151	勝野 吉兵衛	179	川西 清兵衛	201	九鬼 紋七(1代目)	224
小倉 武之助	153	勝山 宗三郎	179	河野 栄蔵	202	櫛引 弓人	225
小倉 常吉	153	加藤 重三郎	181	川原 忠次郎	202	久次米 兵次郎	
小栗 三郎	154	加藤 忍九郎	182	河原 信可	202	(9代目)	225
尾崎 伊兵衛	155	加藤 正義	183	川村 迂叟	203	久須美 三郎	226
尾崎 邦蔵(1代目)	155	加藤 義之	183	川村 又助	204	久須美 秀三郎	227
小関 亨	158	門野 幾之進	183	河本 磯平	204	楠本 武俊	227
小曽根 喜一郎	158	上遠野 富之助	183	河盛 仁平	205	国武 喜次郎	229
尾高 惇忠	159	金岡 又左衛門	184	河盛 又三郎	205	久原 庄三郎	230
尾高 次郎	159	金沢 仁作	184	河原田 次重	205	久保 勇	230
小田川 全之	159	金原 磊	185	菅 克復	205	久保 市三郎	230
小野 義真	161	金山 従革	185	神崎 正誼	205	久保 貢	231
小野 金六	161	可児 孝次郎	185	神田 鐳蔵	206	久保田 権四郎	231
小野 善右衛門	162	金子 直吉	186	神戸 挙一	206	熊谷 直孝	232
小野 藤兵衛		金子 政吉	186	紀 俊秀	206	熊谷 直行	233
(3代目)	162	金田 増爛	186	気賀 林	207	久米 良作	233
小野 光景	163	兼松 房治郎	187	菊川 与三平	207	蔵内 次郎作	233
小野 吉彦	163	嘉納 治兵衛	187	菊竹 嘉市	207	蔵内 保房	233
尾上 作兵衛	163	嘉納 治郎右衛門		菊池 恭三	208	倉田 雲平	233
小野寺 正敬	164	(8代目)	187	菊池 長四郎	209	グラバー,トーマス	234
小幡 高政	164	嘉納 治郎作	187	菊地 東陽	209	栗林 五朔	235
帯谷 幸助	165	加納 宗七	187	菊池 虎太郎	209	栗原 イネ	235
小布施 新三郎	166	樺島 礼吉	188	木佐 徳三郎	209	栗原 幸八	236
小渕 志ち	166	鎌田 勝太郎	189	岸田 伊之助	210	栗原 信近	236
小柳津 要人	166	神永 喜八	190	岸本 吉右衛門	210	栗本 勇之助	236
貝島 太助	167	神野 金之助		岸本 五兵衛		栗生 武右衛門	236
甲斐荘 楠香	167	(1代目)	190	(1代目)	210	来栖 壮兵衛	237
加賀田 勘一郎		神谷 源之助	191	岸本 五兵衛		黒板 伝作	237
(1代目)	169	神谷 伝蔵	191	(2代目)	210	黒岡 季備	237
加賀美 嘉兵衛		神谷 伝兵衛		喜多 又蔵	211	黒川 栄次郎	238
(2代目)	169	(1代目)	191	北風 正造	212	黒川 幸七(1代目)	238
書上 順四郎	170	亀井 覚平(1代目)	192	北川 矩一	212	黒沢 鷹次郎	239

黒田 新六郎	240	駒井 喜兵衛	263	指田 義雄	290	下村 善太郎	320
黒田 綱彦	240	駒田 作五郎	263	佐竹 作太郎	291	下村 房次郎	320
黒野 猪吉郎	241	小松 彰	263	佐竹 利市	291	下元 鹿之助	320
桑田 正三郎	241	小室 三吉	265	薩摩 治兵衛	292	シャンド, アレキサンダー・アラン	321
桑原 政	241	小室 信夫	265	里井 円治郎	292	十文字 大元	321
桑原 仁三郎	242	五明 良平	266	佐藤 潤象	293	荘 清次郎	322
慶田 政太郎	242	子安 峻	266	佐藤 助九郎（1代目）	293	城 常太郎	322
小池 国三	243	小山 健三	267			正田 貞一郎	323
小池 張造	243	小山 光利	267	佐藤 助九郎（2代目）	293	荘田 平五郎	324
小池 仁郎	243	昆田 文治郎	268	佐藤 暢	293	松風 嘉定(3代目)	324
小泉 信吉	244	渾大防 益三郎	269	佐藤 秀蔵	294	白井 遠平(1代目)	324
郷 誠之助	244	渾大防 芳造	269	佐野 理八	296	白井 遠平(2代目)	324
高坂 万兵衛	245	近藤 喜八郎	269	佐羽 喜六	296	白井 新太郎	325
河野 元育	246	近藤 利兵衛（2代目）	270	沢村 則正	299	白井 松次郎	325
向野 堅一	246	近藤 廉平	270	沢山 精八郎	299	白石 重太郎	325
河野 庄太郎	246	紺野 登米吉	270	椎野 正兵衛	301	白石 元治郎	325
鴻池 善右衛門（10代目）	247	才賀 藤吉	271	塩田 奥造	301	白岩 龍平	326
		三枝 彦太郎	271	塩田 泰介	301	白川 福儀	326
鴻池 善右衛門（11代目）	248	斎藤 斐	273	塩野 義三郎（1代目）	302	白洲 退蔵	326
		斎藤 謙蔵	273			白仁 武	327
鴻池 忠治郎	248	斎藤 修一郎	274	塩見 政治	302	宍道 政一郎	328
古賀 辰四郎	249	斎藤 善右衛門（9代目）	274	志賀 法立正	302	末延 道成	329
黄金井 為造	249			志賀 直温	303	菅 運吉	330
国分 勘兵衛（9代目）	250	斎藤 恒三	275	志方 勢七	303	菅 礼治	330
		斎藤 恂	276	重松 太三郎	304	菅沼 達吉	330
小坂 善之助	250	斎藤 美知彦	276	重宗 芳水	304	菅野 勘兵衛	331
越 寿三郎	250	斎藤 安雄	276	志立 鉄次郎	306	菅野 伝右衛門	331
児嶋 幸吉	251	斎藤 遊糸	276	篠原 善次郎	307	菅谷 元治	331
小島 仲三郎（1代目）	252	西原 清東	277	篠原 忠右衛門	308	菅原 恒覧	331
		坂 仲輔	277	柴岡 晋	308	杉浦 治郎右衛門（9代目）	332
小島 百蔵	252	酒井 猪太郎	277	芝川 又右衛門（2代目）	309		
小島 政五郎	252	境 豊吉	279			杉江 善右衛門	332
古城 管堂	253	酒井 明	279	柴田 忠次郎	309	杉田 与三郎	333
小菅 丹治(1代目)	253	酒井 理一郎	279	渋沢 栄一	310	杉野 喜精	333
五代 友厚	254	阪田 恒四郎	281	渋沢 喜作	310	杉原 栄三郎	334
児玉 一造	254	坂本 格	281	渋谷 善作	311	杉村 正太郎	334
小塚 逸夫	255	坂本 三郎	282	島 定治郎	312	杉村 甚兵衛（2代目）	334
後藤 快五郎	255	坂本 則美	282	島 徳蔵	312		
後藤 恕作	256	佐久間 鋼三郎	283	島津 源蔵(1代目)	313	杉本 又三郎	335
後藤 武夫	257	佐久間 貞一	284	島田 帰	314	杉山 岩三郎	335
後藤 半七	257	柵瀬 軍之佐	285	島田 久兵衛	315	杉山 義雄	336
小西 新右衛門（11代目）	258	酒匂 常明	286	島田 孫市	315	菅 実秀	336
		佐々木 栄介	286	島村 浅夫	316	鈴木 岩治郎	336
小西 伝助	258	佐々木 男也	286	島本 仲道	316	鈴木 梅四郎	336
小西 六右衛門	258	佐々木 嘉太郎（1代目）	286	清水 喜助(2代目)	317	鈴木 清	337
許斐 鷹助	259			清水 宗徳	318	鈴木 三郎助（2代目）	338
小林 忠治郎	261	佐々木 清麿	287	清水 宜輝	318		
小林 忠兵衛	261	佐々木 慎思郎	287	清水次郎長	318	鈴木 誠仁	339
小林 徳一郎	261	佐々木 清七	287	志村 源太郎	319	鈴木 宗言	339
小林 富次郎（1代目）	261	佐々木 秀司	288	下出 民義	319	鈴木 摠兵衛（8代目）	339
		佐々木 平次郎	289	下川 馬次郎	319		
小林 信近	262	佐々木 勇之助	289	下郷 伝平(1代目)	319	鈴木 摠兵衛（9代目）	339
小林 紀茂	262	笹田 伝左衛門	290	下城 弥一郎	319		
小林 八郎兵衛	262	笹目 八郎兵衛	290	下村 耕前	320	鈴木 藤三郎	340
小林 秀知	262	指田 茂十郎	290	下村 正太郎	320	鈴木 利亨	340
小林 平三郎	262						

704

鈴木 ナカ	340	高橋 箒庵	366	田中 玄蕃		津田 鍛雄	408
鈴木 馬左也	341	高橋 長秋	366	(12代目)	388	津田 興二	409
鈴木 要三	341	高橋 彦次郎	366	田中 幸三郎	388	土井 七郎兵衛	409
鈴木 四十	341	高橋 義信	367	田中 次郎	389	土橋 長兵衛	409
鈴木 よね	341	高林 維兵衛	367	田中 善助	389	土屋 興	410
鈴木 利兵衛		高山 圭三	368	田中 太介	389	土屋 竜憲	410
(2代目)	341	多木 久米次郎	369	田中 長兵衛		土谷 秀立	410
須藤 時一郎	342	滝 定助	369	(1代目)	390	堤 清六	410
砂川 泰忠	343	滝 信四郎	369	田中 長兵衛		堤 長発	410
栖原 角兵衛		滝 兵右衛門	369	(2代目)	390	恒岡 直史	411
(10代目)	343	滝上 卯内	369	田中 長嶺	391	恒松 隆慶	411
住 治平	343	滝川 弁三	370	田中 博	391	津幡 文長	413
角 利助	343	滝口 吉良	370	田中 平八	391	坪井 九八郎	413
住友 吉左衛門		宅 徳平	371	田中 勇三	392	津村 重舎(1代目)	413
(15代目)	343	田口 謙吉	371	田中 譲	392	津村 重兵衛	414
瀬川 安五郎	344	田口 精爾	371	田中丸 善蔵	392	鶴原 定吉	414
関 宗喜	345	武居 綾蔵	372	棚橋 寅五郎	393	鄭 永慶	414
瀬木 博尚	345	武井 守正	372	田辺 有栄	393	手塚 亀之助	416
関口 八兵衛	347	竹内 綱	373	田辺 貞吉	393	手塚 猛昌	416
瀬戸 十助	348	竹内 明太郎	373	谷 謹一郎	394	手塚 太郎	416
銭高 善造	348	竹尾 治右衛門		谷 新助	394	鉄 伝七	416
妹尾 万次郎	348	(11代目)	374	谷 義信	395	寺田 甚与茂	417
草郷 清四郎	350	武岡 豊太	374	谷川 達海	395	寺田 元吉	418
左右田 金作	351	竹腰 徳蔵(1代目)	374	谷口 清八	395	寺田 利吉	418
相馬 愛蔵	351	竹代 治助	374	谷口 房蔵	396	寺見 機一	418
相馬 哲平	351	武市 森太郎	376	谷本 伊太郎	396	田 艇吉	419
相馬 永胤	351	武内 才吉	377	谷元 道之	396	土居 喜久弥	419
外海 銕次郎	352	竹村 藤兵衛	377	田沼 義三郎	396	土井 八郎兵衛	419
曽根原 千代三	353	武山 勘七	378	田沼 太右衛門	397	土居 通夫	419
園田 孝左	353	田坂 善四郎	378	玉井 庸四郎	398	土居 通博	420
園田 安賢	354	田坂 初太郎	378	玉置 半右衛門	398	藤堂 高泰	421
祖父江 重兵衛	354	田島 達策	378	玉塚 栄次郎		藤平 謹一郎	421
征矢野 半弥	354	田代 重右衛門	380	(1代目)	398	戸狩 権之助	422
大道寺 繁禎	356	立 嘉度	381	玉手 弘通	398	時岡 鶴吉	423
田内 栄三郎	356	立川 勇次郎	381	田村 市郎	399	時田 光介	423
高木 吉造	357	辰馬 悦蔵	382	田村 四郎	399	徳田 真寿	425
高木 貞衛	357	辰馬 吉左衛門		田村 英二	399	利光 鶴松	427
高木 三郎	357	(13代目)	382	田村 駒治郎		戸田 利兵衛	
高木 文平	358	辰馬 きよ	382	(1代目)	400	(1代目)	427
高倉 藤平	358	田附 政次郎	383	田村 新吉	400	殿村 平右衛門	
高沢 節五郎		辰沢 延次郎	383	田村 太兵衛	400	(8代目)	428
(1代目)	359	龍野 周一郎	383	田村 利七	401	飛嶋 文次郎	428
高島 嘉右衛門	359	巽 孝之丞	383	団 琢磨	401	富沢 信	429
高島 小金治	359	伊達 林右衛門		丹沢 善利(1代目)	402	富田 重慶	429
高島 義恭	360	(5代目)	385	千阪 高雅	402	富田 鉄之助	430
高杉 金作	360	蓼沼 丈吉	385	千葉 勝五郎	403	富安 保太郎	431
高田 嘉助	361	建野 郷三	385	千葉 禎三郎	403	外山 佐吉	431
高田 小次郎	361	田中 市太郎	386	千葉 松兵衛	403	外山 脩造	431
高田 慎蔵	361	田中 市兵衛	386	塚原 周造	404	豊川 良平	432
高取 伊好	362	田中 栄八郎	386	塚本 くの子	405	豊田 佐吉	432
高野 源之助	362	田中 音吉	387	津久居 彦七	406	鳥井 駒吉	433
高野 積成	363	田中 清文	387	辻 忠右衛門	407	鳥井 信治郎	433
高橋 音松	363	田中 惣兵衛	387	辻野 惣兵衛	407	内藤 久寛	435
高橋 志摩五郎	365	田中 銀次郎	387	対馬 嘉三郎	407	内藤 文治良	435
高橋 庄之助	365	田中 銀之助	387	津島 源右衛門	408	内藤 守三	435
高橋 新吉	365	田中 源太郎	388	辻本 福松	408	内藤 利八	436

中 辰之助	436	難波 作之進	464	長谷川 鉎五郎	488	樋口 達兵衛	511
長井 氏克	436	西 英太郎	465	長谷川 敬助	488	久光 仁平	512
中井 三郎兵衛	436	西浦 円治(5代目)	467	長谷川 作七	488	肥田 景之	512
中井 三郎兵衛		西川 甚五郎		長谷川 太兵衛	489	人見 米次郎	513
（3代目）	437	（11代目）	468	長谷川 藤太郎	489	日向 輝武	514
中井 芳楠	437	西川 忠亮	468	長谷川 芳之助	489	日比 翁助	514
中江 勝治郎	437	西川 貞二郎	468	羽田 彦四郎	490	日比谷 平左衛門	515
永江 純一	437	西川 甫	468	畠山 雄三	491	平井 由太郎	515
中江 種造	438	西川 吉輔	468	波多野 承五郎	491	平井 六右衛門	
中川 嘉兵衛	440	西口 利平	469	波多野 尹政	491	（12代目）	516
中川 小十郎	440	西沢 喜太郎		波多野 鶴吉	491	平生 釟三郎	516
中川 虎之助	441	（2代目）	469	八馬 兼介(1代目)	492	平尾 喜寿	516
中川 久任	441	西沢 真蔵	469	服部 兼三郎	493	平岡 浩太郎	516
長崎 次郎	442	西田 周吉	469	服部 金太郎	493	平岡 凞	517
長崎 仁平	442	西谷 金蔵	470	服部 俊一	494	平賀 敏	517
中沢 清八	442	西野 恵之助	470	服部 はる子	494	平沢 嘉太郎	517
中沢 彦吉	442	西野 元	470	服部 正義	494	平瀬 亀之輔	518
中島 正賢	443	西野 謙四郎	470	花房 端連	495	平田 文右衛門	
中島 行孝	444	西原 亀三	470	羽生 氏熟	496	（2代目）	518
長島 鷲太郎	444	西松 桂輔	471	馬場 道久	496	平出 喜三郎	
長瀬 富郎	444	西村 勝三	471	波部 本次郎	496	（1代目）	519
中田 勘左衛門	445	西村 七右衛門	471	浜岡 光哲	497	平沼 専蔵	519
中田 錦吉	445	西村 治兵衛	472	浜口 吉右衛門	497	平野 増吉	520
永田 仁助	445	西邑 虎四郎	472	浜口 駒次郎	497	平野 光三郎	520
中田 清兵衛	445	西村 隆次	472	浜田 精蔵	498	比留間 妻吉	521
永田 伴正	445	西村屋 忠兵衛	472	浜田 長策	498	広井 一	521
長西 英三郎	446	西脇 国三郎	473	浜野 茂	498	広海 二三郎	521
中西 虎之助	447	新田 長次郎	474	浜の家 お花	498	広岡 浅子	521
中野 貫一	447	根岸 鉄次郎	476	羽室 嘉右衛門	499	広岡 久右衛門	
長野 関吉	448	根津 嘉一郎		羽室 亀太郎	499	（9代目）	521
中野 梧一	448	（1代目）	476	羽室 庸之助	499	広岡 信五郎	522
中野 権六	448	野口 英夫	478	早川 千吉郎	499	広瀬 宰平	523
長野 濤平	448	野口 勝一	478	早川 龍介	500	弘世 助三郎	523
中野 致明	448	野口 正章	478	林 儀作	500	広瀬 鎮之	524
中野 武営	449	野崎 定次郎	479	林 謙吉郎	501	広瀬 満武	524
中橋 徳五郎	449	野崎 万三郎	479	林 賢徳	501	深沢 利重	525
中原 作太郎	450	野田 卯太郎	480	林 平次郎	502	深沢 雄象	525
中部 幾次郎	450	野村 治三郎	482	早矢仕 有的	502	深田 米次郎	525
永見 伝三郎	450	野村 治郎		林田 甚八	503	吹原 九郎三郎	
中上川 彦次郎	450	（8代目）	482	速水 熊太郎	503	（11代目）	526
中村 円一郎	451	野村 実三郎	482	原 錦吾	504	福井 直吉	526
中村 喜平	452	野村 宗十郎	482	原 三渓	504	福園 健良	526
中村 精七郎	453	野村 徳七(2代目)	483	原 澄治	504	福川 泉吾	527
中村 清蔵	453	野元 驍	484	原 善三郎	504	福沢 桃介	527
中村 道太	454	則元 由庸	484	原 亮一郎	506	福島 藤助	528
中村 静嘉	454	萩原 鐐太郎	485	原 林之助	506	福島 浪蔵	528
長森 藤吉郎	455	箱田 六輔	485	原 六郎	506	福島 良助	528
中山 譲治	456	間 猛馬	485	原口 聞一	506	福原 有信	530
中山 秀雄	457	橋爪 捨三郎	486	原田 金之祐	507	福本 元之助	531
仲吉 朝助	458	橋本 喜助(6代目)	486	原田 十次郎	507	藤井 善助	533
那須 善治	458	橋本 善右衛門	487	原田 二郎	507	藤井 能三	533
夏川 熊次郎	459	橋本 八右衛門		原田 歳三	507	藤江 章夫	533
名取 雅樹	459	（6代目）	487	坂野 兼通	509	藤倉 善八	534
並河 理二郎	459	橋本 増治郎	487	檜垣 正義	510	藤崎 三郎助	
行方 正信	461	葉住 利蔵	487	日景 弁吉	510	（4代目）	534
成清 博愛	462	長谷川 敬一郎	488	樋口 喜輔	511	藤沢 友吉(1代目)	534

分野別索引　産業

藤瀬 政次郎	535	前川 太郎兵衛		水谷 宗次	587	村井 真雄	607
藤田 四郎	535	（1代目）	558	水野 甚次郎		村井 保固	607
藤田 伝三郎	535	前川 太郎兵衛		（4代目）	588	村上 彰一	608
藤田 平太郎	536	（2代目）	558	水野 利八	588	村上 長毅	608
藤村 九平	537	前田 利定	560	溝手 保太郎	590	村上 庸吉	608
藤村 義朗	537	前田 則邦	560	三田 義正	590	村田 保	610
藤本 清兵衛		曲田 成	561	三谷 軌秀	590	村野 山人	610
（1代目）	537	真柄 要助	561	三田村 甚三郎	591	村野 常右衛門	610
藤本 清兵衛		槇 哲	561	三井 高明	591	村松 彦七	611
（2代目）	538	牧野 平五郎	562	三井 高景	591	最上 広胖	614
藤本 荘太郎	538	牧野 元次郎	563	三井 高堅	591	茂木 佐平治	
藤森 弥彦	538	真崎 仁六	563	三井 高生	591	（7代目）	614
藤安 辰次郎	539	間島 弟彦	564	三井 高信	592	茂木 七郎右衛門	
藤山 雷太	539	益田 克徳	564	三井 高徳	592	（6代目）	614
藤原 源作	539	増田 嘉兵衛	564	三井 高寛	592	茂木 惣兵衛	
藤原 元太郎	539	益田 孝	565	三井 高保	592	（1代目）	614
伏島 近蔵	540	増田 信之	565	三井 高喜	592	茂木 保平(2代目)	614
船尾 栄太郎	541	升本 喜兵衛	566	三井 八郎右衛門		物集女 清久	614
麓 常三郎	542	升本 喜楽	566	（13代目）	592	望月 右内	614
古河 市兵衛	543	町田 忠治	566	三井 八郎右衛門		望月 小太郎	615
古河 潤吉	543	松井 文太郎	568	（14代目）	592	籾山 唯四郎	617
降旗 元太郎	544	松浦 五兵衛	568	三井 八郎右衛門		桃谷 政次郎	617
古谷 辰四郎		松尾 臣善	568	（15代目）	593	森 茂生	618
（1代目）	545	松尾 五郎兵衛	569	三井 八郎次郎	593	森 多平	619
古屋 徳兵衛		松尾 安兵衛	569	密田 林蔵(9代目)	593	森岡 昌純	620
（1代目）	545	松方 巌	570	光永 星郎	593	森川 六右衛門	620
古屋 満寿	545	松方 幸次郎	570	光村 利藻	594	森下 博	621
星 一	—	松方 正熊	571	光村 弥兵衛	594	守田 治兵衛	621
星島 謹一郎	548	松木 幹一郎	571	峰島 喜代	595	森田 吉兵衛	621
星野 錫	548	松沢 貞း	572	三野村 利左衛門	595	盛田 善平	622
星野 甚右衛門	548	松角 武忠	572	三野村 利助	595	森永 太一郎	622
星野 長太郎	549	松田 源五郎	573	美馬 儀一郎	596	森村 市左衛門	622
細川 義昌	550	松田 雅典	573	三村 君平	596	森村 熊蔵	622
細野 次郎	550	松平 太郎	574	三村 周	597	森村 豊	623
細谷 安太郎	550	松村 大助	575	宮川 久一郎		森本 荘三郎	623
堀田 連太郎	551	松村 辰昌	577	（1代目）	597	森本 千吉	623
堀 三太郎	551	松本 歓次郎	578	宮川 武行	597	森本 善七	623
堀 藤十郎	551	松本 健次郎	578	三宅 丞四郎	598	守屋 此助	623
堀内 伊太郎	552	松本 重太郎	579	宮崎 嘉重	599	守谷 吾平	623
堀内 寿太郎	552	松本 留吉	579	宮崎 敬介	599	森山 芳795	624
堀川 新三郎	553	円中 孫平	582	宮島 伝兵衛		諸井 恒平	624
堀越 角次郎		丸山 英一郎	582	（7代目）	601	諸戸 清六(1代目)	625
（1代目）	554	丸山 茂助	583	宮田 栄助(2代目)	601	矢板 武	625
堀越 寛一	554	三浦 芳次郎	584	宮代 謙吉	601	八尾 新助	625
堀越 善重郎	554	三上 豊夷	585	宮原 幸三郎	601	八木 与三郎	626
堀部 彦次郎	554	三木 与吉郎		三山 近六	602	柳生 一義	626
本庄 京三郎	555	（9代目）	585	宮本 逸三	602	安井 兼吉	626
本城 清彦	555	三木 与吉郎		宮本 吉右衛門	602	安川 敬一郎	627
本庄 波衛	555	（12代目）	585	三吉 正一	602	安川 繁成	627
本多 貞次郎	556	御木本 幸吉	585	三輪 善兵衛		安川 雄之助	628
本多 政以	556	三島 億二郎	586	（2代目）	603	安田 善三郎	628
本出 保太郎	557	三島 左次右衛門		三輪 猪作	604	（1代目）	628
本間 金之助	557	（7代目）	586	牟田 万次郎	604	保田 久成	629
本間 光輝	557	三島 左次右衛門		牟田口 元学	604	八隅 正名	629
本間 光弥	558	（8代目）	586	武藤 金吉	605	柳田 藤吉	630
		三須 成懋	586	村井 吉兵衛	606		

707

農林・水産　　　　　　　　　　分野別索引

柳田 茂十郎	630	横山 隆俊	660	阿部 亀治	19	大河内 庄五郎	121
梁瀬 長太郎	630	横山 隆平	661	安部 熊之助	19	大崎 連	122
矢野 勘三郎	631	吉川 金兵衛	662	阿部 与之助	21	大塩 秋平	123
矢野 恒太	631	吉川 泰二郎	663	雨宮 竹輔	23	大島 正義	124
藪田 岩松	632	吉田 健三	663	鮎瀬 淳一郎	23	太田 広城	126
山岡 順太郎	633	吉田 善三郎	664	粟野 善知	29	太田 紋助	126
山県 勇三郎	635	吉田 義方	665	安生 順四郎	29	大坪 二市	131
山口 嘉七	636	吉富 簡一	665	池田 謙蔵	36	大友 亀太郎	131
山口 吉郎兵衛		吉富 瑯一	665	池田 類治郎	37	大橋 誠一	133
（3代目）	636	吉村 伊助	666	石川 理紀之助	43	大橋 房太郎	134
山口 玄洞	636	吉村 甚兵衛	666	石黒 岩次郎	43	大森 熊太郎	137
山口 権三郎	636	吉村 鉄之助	666	石谷 源蔵	46	岡崎 熊治	140
山口 仙之助	637	与田 銀次郎	667	伊集院 兼知	49	岡崎 清九郎	140
山口 達太郎	637	依田 佐二平	667	石渡 秀雄	50	小笠原 伝次	142
山口 太兵衛	637	米井 源治郎	668	泉 麟太郎	51	岡田 亀久郎	142
山口 半七	637	米倉 一平	668	磯崎 定吉	51	岡田 佐平治	143
山崎 樵夫	639	米田 清族	668	板垣 重五郎	54	尾形 多五郎	143
山崎 豊	640	米田 武八郎	669	板倉 源太郎	54	岡部 竹治郎	145
山下 亀三郎	640	米田 龍平	669	市井 善之助	55	沖山 権蔵	150
山下 友治郎	641	若尾 幾造（1代目）	670	市川 幸吉	56	奥川 吉三郎	150
山下 芳太郎	641	若尾 幾造（2代目）	670	一瀬 益吉	58	奥田 亀造	151
山科 礼蔵	642	若尾 逸平	670	市原 ツギ	58	奥村 謙蔵	153
山城屋 和助	642	若尾 民造	671	伊藤 音市	59	織田 又五郎	159
山田 市郎兵衛	643	脇 隆景	672	伊藤 重兵衛		小田川 全之	159
山田 稔養	643	和島 貞二	672	（4代目）	62	小谷 源之助	160
山田 敵	643	和田 豊治	673	伊藤 長次郎		小野 惟一郎	161
山田 脩	643	渡辺 治	674	（5代目）	63	尾上 又次郎	163
山田 恵修	644	渡辺 修	674	伊藤 東太夫	64	小畑 種吉	164
山田 皓蔵	644	渡辺 熊四郎		絲原 権造	66	表 与兵衛	166
山田 昌邦	646	（1代目）	675	井上 亀太郎	71	小山 幸右衛門	166
山田 又七	646	渡辺 熊四郎		今井 伊兵衛	77	折本 良平	167
山田 安民	646	（2代目）	675	今井 佐次平	77	海部 壮平	168
山田 与七	646	渡辺 佐助（2代目）	676	今泉 良治	78	海部 正秀	168
山野 清平	648	渡辺 治右衛門		井山 強太郎	80	賀集 久太郎	174
山辺 丈夫	648	（10代目）	676	岩井 勝太郎	81	柏倉 文四郎	174
山葉 寅楠	649	渡辺 千代三郎	677	岩尾 伏次郎	81	梶原 友太郎	175
山邑 太三郎	649	渡辺 福三郎	678	岩田 伊左衛門	85	片平 信明	177
山本 伊兵衛	650	渡辺 文七（2代目）	678	岩田 太郎	85	片山 七兵衛	
山本 金蔵	650	渡辺 祐策	678	岩根 静一	86	（1代目）	178
山本 条太郎	651	渡辺 与八郎	679	印南 文作	88	金森 丈作	185
山本 甚右衛門	651	綿野 吉二	679	上田 集成	90	加納 久宜	188
山本 誠之助	651			上野 八郎右衛門	92	神谷 与平治	192
山本 誠兵衛	652	【農林・水産】		浮谷 権兵衛	95	河田 悦治郎	200
山本 唯三郎	652			牛島 謹爾	96	川田 兵治	200
山本 忠秀	652	赤沢 仁兵衛	7	碓氷 勝三郎	97	川村 永之助	203
山本 悌二郎	653	吾妻 謙	7	内田 瀞	98	河原田 盛美	205
山本 藤助（2代目）	653	秋山 吉五郎		宇都宮 仙太郎	101	菊池 楯衛	209
家守 善平	654	（1代目）	10	宇都宮 誠集	101	菊亭 修季	209
湯川 寛吉	655	秋良 貞臣	11	宇野 円治	102	木島 才次郎	210
湯本 善太郎	656	浅野 勘三郎	13	海野 孝三郎	106	喜早 伊右衛門	211
由良 守応	656	浅野 多吉	13	大家 百次郎	112	喜多 長七郎	211
横田 永之助	658	浅海 友市	15	大岡 熊次郎	114	北川 多三郎	212
横山 一平	660	足立 民治	18	大川 健介	115	北川 清助	212
横山 久太郎	660	穴沢 松五郎	18	大久保 意吉	117	北村 雄治	215
横山 省三	660	穴沢 祐造	18	大久保 重五郎	117	北脇 永治	215
横山 隆興	660			大熊 徳太郎	119	城所 元七（1代目）	216

708

城所 元七（2代目）	216	下 啓助	319	寺田 彦八郎	418	萩原 角左衛門	485
木村 九蔵	218	下村 亀三郎	320	土井 八郎兵衛	419	橋本 省吾	487
木村 仁佐	220	宿輪 卓爾	322	東条 定太郎	421	長谷川 佐太郎	488
木村 利三郎	221	杉田 仙十郎	333	当麻 辰次郎	421	長谷川 丈吉	489
金原 明善	223	杉田 文三	333	徳川 権七	424	長谷川 藤次郎	489
草山 貞胤	225	杉山 克巳	335	土倉 庄三郎	426	初瀬川 健増	493
楠美 冬次郎	227	杉山 彦三郎	336	百々 三郎	428	八田 達也	493
工藤 吉郎兵衛	228	鈴木 浦八	336	外崎 嘉七	428	服部 倉次郎	494
工藤 此吉	228	鈴木 久太夫	337	冨田 甚平	429	林 遠里	500
工藤 轍郎	228	鈴木 三蔵	338	富田 高慶	430	林 駒之助	501
窪添 慶吉	231	鈴木 哲朗	340	内藤 長太夫	435	林 丈太郎	501
久保田 伊平	231	須田 幹三	341	永井 いと	436	林 勇蔵	502
倉次 亨	234	須永 伝蔵	342	長井 兼太郎	436	半田 鶴三郎	508
栗原 信近	236	栖原 角兵衛		中井 太一郎	437	繁田 満義	508
黒部 銑次郎	241	（10代目）	343	長井 宮次	437	坂東 国八	509
黒宮 許三郎	241	関 直之	345	長尾 円澄	438	日高 栄三郎	513
上坂 伝次	245	関沢 明清	347	長尾 介一郎	438	日高 亀市	513
神津 邦太郎	245	関矢 孫左衛門	348	中上 長平	440	日野 藤吉	514
河野 安信	247	相馬 貞一	351	中川 源吾	440	姫野 佐平	515
古城 弥二郎	253	早山 清太郎	351	中川 佐平	441	平尾 在脩	516
児玉 伊織	254	高須賀 穣	360	中川 正平	441	平田 安吉	519
小納 宗吉（1代目）	257	高多 久兵衛	361	中島 駒次	442	平野 武治郎	520
小林 喜作	260	高田 重右衛門	361	中条 政恒	444	広沢 安任	522
小林 寿郎	261	高野 正誠	363	中野 藤助	448	広瀬 誠一郎	523
小松 春鄰	264	高橋 健三	364	仲野 理一郎	449	広田 亀次	524
小山 益太	267	高橋 正作	365	中平 重虎	450	深水 嘉平	525
権田 愛三	268	高柳 嘉一	368	中村 円一郎	451	福篤 才治	527
三枝 七内	271	高山 長五郎	368	中村 義止	452	藤岡 甚三郎	534
斎藤 宇一郎	273	滝本 金蔵	370	中村 枝幸	452	藤川 三渓	534
斎藤 勝広	273	田窪 藤平	371	中村 直三	453	藤田 達芳	535
斎藤 高行	274	竹本 要斎	378	中村 要吉	455	藤本 善右衛門	538
斎藤 司	275	田島 直之	379	仲家 太郎吉	455	藤原 五郎平	539
坂 三郎	277	田島 弥平	379	中山 久蔵	456	藤原 利三郎	540
酒井 忠興	278	田尻 栄太郎	380	中山 元成	457	二田 是儀	541
酒井 調良	278	多田 元吉	381	名倉 太郎馬	458	二見 庄兵衛	541
坂本 幾次郎	281	立花 寛治	382	那須田 又七	459	舟木 真	542
坂本 理一郎	283	伊達 邦成	384	奈良 専二	461	船津 伝次平	542
佐久間 友太郎	284	伊達 邦直	384	鳴海 廉之助	463	古市 与一郎	542
佐々木 弘造	287	伊達 保子	385	仁木 竹吉	465	古橋 暉児	544
佐々木 甚蔵	287	立山 弟四郎	386	西内 義顕	467	古橋 義真	544
佐々木 長淳	288	田中 友一	390	西上 国蔵	467	堀内 仙右衛門	552
佐藤 栄助	292	田部 長右衛門		西川 作平	467	真家 信太郎	558
佐藤 勝三郎	292	（21代目）	393	西川 貞二郎	468	前田 駒次	559
佐藤 弥六	294	谷川 利善	395	西沢 真蔵	469	前田 荘助	559
佐野 楽翁	296	玉井 庸四郎	398	西村 皓平	471	前田 清吉	559
鮫島 十内	297	田丸 猪吉	399	西村 七右衛門	471	前田 庄雄	560
沢 茂吉	298	田村 顕允	399	二反長 音蔵	474	前田 正名	560
沢田 佐一郎	298	田村 又吉	401	二宮 尊親	474	益田 素平	564
式地 亀七	303	長 煕	404	仁保 清作	475	増田 平四郎	565
式田 喜平	303	辻 利右衛門	407	丹羽 五郎	475	町田 菊次郎	566
鴫原 佐蔵	303	対馬 嘉三郎	407	沼田 喜三郎	476	町村 金弥	567
志田 力二	306	土田 万助	409	野崎 徳四郎	479	松岡 万	570
品川 弥一	307	土屋 邦敬	410	野崎 武吉郎	479	松戸 覚之助	575
渋谷 兼八	311	恒石 熊次	411	野村 佐平治	481	松波 幸三郎	575
清水 謙吾	317	角田 喜右作	412	野呂 多一郎	484	松本 喜作	578
清水 及衛	318	椿 角太郎	412	野呂 武左衛門	484	松本 文治	580

運輸　　　　　　　　　　　分野別索引

松山 原造	580			池上 慧澄	35	海老名 隣	110
真名井 純一	581	【運輸】		池上 雪枝	35	遠藤 允信	111
丸尾 文六	582			石川 舜台	42	大内 青巒	113
御木本 幸吉	585			石川 照勤	42	大賀 旭川	115
水上 助三郎	587	秋葉 大助	10	石川 素童	42	大草 慧実	116
水越 理三郎	587	和泉 要助	51	石川 台嶺	42	大久保 利貞	117
水谷 真熊	587	岡田 ますこ	144	石沢 慈興	45	大洲 鉄然	124
水登 勇太郎	587	荻田 常三郎	149	石田 友治	46	大谷 籌子	127
見瀬 辰平	590	北ケ市 市太郎	212	石室 孝暢	48	大谷 光瑩	128
満島 惣左衛門	593	吉良 平治郎	222	泉 智等	50	大谷 光演	128
南 一郎平	594	小関 観三	253	磯部 最信	53	大谷 光勝	128
南崎 常右衛門	595	後藤 勇吉	257	市川 栄之助	55	大谷 光瑞	128
宮城 鉄夫	598	坂野 鉄次郎	281	一戸 兵衛	58	大谷 光尊	129
三好 琢磨	603	塩沢 徳次郎	301	伊藤 一隆	60	大谷 尊由	129
三好 保徳	603	滋野 清武	304	伊藤 六郎兵衛	66	大谷 愍成	129
麦生 富郎	604	志田 岩太郎	306	到津 公熈	66	鴻 雪爪	131
武着 幸逸	606	白戸 栄之助	327	稲垣 信	67	鴻 雪年	132
村井 菊蔵	606	鈴木 徳次郎	340	稲葉 道貫	68	大貫 真済	132
村田 保	610	高橋 善一	365	井口 丑二	75	大森 定久	137
望月 平七	615	武石 浩波	372	井深 梶之助	76	丘 宗潭	139
百瀬 葉千助	617	武市 正俊	376	飯降 伊蔵	76	小方 仙之助	143
森 庄一郎	619	玉井 清太郎	397	今井 清彦	77	岡田 普理衞	144
森 芳滋	620	徳川 好敏	424	今北 洪川	78	岡部 太郎	145
森川 源三郎	620	富永 清蔵	430	今村 恵猛	79	小川 光義	147
守田 精一	621	広瀬 孝作	522	井村 智宗	80	小川 義綏	148
守屋 富太郎	624	藤縄 英一	536	石井 大宣	81	荻野 独園	149
八木岡 新右衛門	626	村上 彰一	608	岩佐 普潤	82	奥田 貫昭	151
安井 好尚	627			岩瀬 覚栄	84	奥野 昌綱	152
柳川 秀勝	629	【宗教】		岩木 マキ	86	奥村 円心	152
柳沢 秋三郎	630			上田 照遍	89	小栗栖 香頂	154
薮波 浄慧	632			上野 教道	91	押川 方義	157
矢部 甚五	632	青藤 雪鴻	4	上野 相慶	91	小田 頼造	159
山越 永太郎	638	青山 秀泰	5	植村 正久	93	越智 橘園	160
山田 いち	643	赤木 日正	6	ヴォーリズ、ウィリアム・メレル	94	越智 専明	160
山田 勢三郎	645	赤沢 元造	7			小野 荘五郎	162
山田 文右衛門（16代目）	646	赤松 照幢	8	鵜飼 大俊	94	小野 尊光	162
		赤松 連城	9	養鸕 徹定	94	小野崎 通亮	164
山本 新次郎	651	秋野 孝道	9	浮岳 尭太	95	折田 要蔵	167
山本 忠助	652	秋庭 貞山	10	鵜崎 庚午郎	95	恢嶺	168
湯地 平生三	655	浅原 才市	14	内田 貞音	99	利井 鮮妙	168
湯本 義憲	656	足利 義山	15	内田 はま	99	利井 明朗	168
与口 虎三郎	657	葦津 実全	15	内村 鑑三	100	曜日 蒼龍	169
横田 穣	659	畔上 楳仙	16	内山 愚童	100	賀川 豊彦	170
横山 壮次郎	660	阿蘇 惟孝	16	内山 正如	100	風間 日法	172
吉川 治郎左衛門	662	阿蘇 惟治	16	宇都宮 善道	101	嵩 俊海	172
吉川 類次	663	渥美 契縁	18	梅上 沢融	103	鹿島 則文	173
吉田 善三郎	664	阿部 真造	20	梅高 秀山	103	柏井 園	174
依田 勉三	667	天野 快道	22	浦上 隆応	104	柏木 義円	174
和井内 貞行	670	新井 奥邃	24	浦上 長民	104	加藤 万治	181
和島 貞二	672	新井 石禅	24	浦上 大蔵	104	金尾 稜厳	184
渡辺 カネ	674	新井 日薩	24	占部 観順	104	金田 徳光	184
渡辺 慶次郎	675	有žь 文八郎	29	越渓 守謙	108	金森 通倫	185
渡辺 淳一郎	676	粟津 高明	29	越叟 義格	108	鎌田 観応	189
渡部 精司	676	飯田 岩治郎	32	江藤 正澄	109	神谷 大周	191
亘理 胤正	679	飯野 吉三郎	33	海老名 弾正	109	賀茂 水穂	193
		井口 貞法尼	34	海老名 みや	110	川合 清丸	194

710

分野別索引　宗教

河合 日辰	194	済門 文幢	277	関本 諦承	347	留岡 幸助	431
川勝 鉄弥	195	佐伯 旭雅	277	石門 慈韶	348	豊田 毒湛	433
川崎 田豆雄	198	佐伯 隆基	277	千家 尊澄	349	長尾 円澄	438
川面 凡児	201	坂田 鉄安	280	千家 尊福	349	長尾 巻	439
川手 文治郎	201	桜井 義肇	284	薗田 宗恵	353	中川 守脱	441
河辺 貞吉	203	桜井 敬徳	284	尊純	354	中川 与志	441
観輪 行乗	206	佐々木 了綱	289	他阿 尊覚	354	中島 観琇	442
菊岡 義衷	207	佐崎 了重	289	大知 文秀	355	中島 広行	443
木曽 源太郎	211	笹森 卯一郎	290	大道 長安	355	中田 かつ子	444
キダー, アンナ	211	佐治 実然	290	大道 久之	355	中田 正朔	445
木田 韜光	211	佐田 介石	291	高岡 増隆	356	長田 兵平	446
北方 心泉	212	佐々 鶴城	291	高木 習道	357	中谷 桑南	446
北島 斉孝	213	颯田 本真	292	高木 仙右衛門	357	中臣 俊嶺	446
北野 元峰	214	佐藤 範雄	294	高木 政勝	358	中西 牛郎	446
北畠 道龍	214	真田 増丸	295	高木 龍淵	358	中原 東岳	450
北畠 通城	214	佐野 前励	295	高志 大了	359	中原 南天棒	450
吉川 日鑑	215	佐野 経彦	296	高階 倉造	359	中村 勝契	452
木野戸 勝隆	217	佐保山 晋月	296	高嶋 米峰	360	中村 仙厳	453
清沢 満之	222	沢辺 琢磨	299	高田 道見	361	中山 玄親	456
金獅 広威	223	沢山 保羅	300	高千穂 宜麿	361	中山 新治郎	456
草山 貞胤	225	慈教	303	高津 柏樹	362	中山 雷響	458
国重 正文	229	滋野 七郎	304	高橋 富枝	366	生江 孝之	460
久布白 直勝	230	獅子吼 観定	305	高幢 顕暢	367	南条 神興	463
久能 恵鄰	231	宍野 半	305	高松 誓	368	西有 穆山	466
久保田 日亀	232	志津里 得隣	305	滝田 融智	370	西内 成郷	466
庫本 恵範	235	七里 恒順	306	滝谷 琢宗	370	西川 吉輔	468
車戸 宗功	237	篠崎 桂之助	307	武田 行忠	374	西田 天香	469
黒住 宗篤	239	柴田 花守	309	武田 範初	375	西高辻 信厳	470
黒住 宗子	239	渋谷 真意	311	武田 範之	375	西山 禾山	473
桑原 楷雄	241	島地 大等	313	竹田 黙雷	375	日昇	474
慶雲海量	242	島地 黙雷	313	多田 順映	380	新田 邦光	474
小泉 日慈	244	島貫 兵太夫	316	立花 照夫	382	二宮 邦次郎	474
小泉 了諦	244	島村 光津	316	竜山 慈影	383	忽滑谷 快天	475
弘現	245	釈 雲照	320	田中 舎身	389	能海 寛	477
興然	246	釈 興然	321	田中 智学	390	野上 運海	477
河野 法善	247	釈 宗演	321	田中 尚房	391	乗松 雅休	484
河本 香芽子	248	宗般 玄芳	321	田中 守平	392	箸尾 覚道	485
久我 誓円	249	修多羅 亮延	322	田中 頼庸	392	箸蔵 善龍	486
小北 寅之助	250	韶舜	323	田原 法水	397	橋本 峨山	486
小崎 弘道	250	少林 踏雲	324	田中 慶忍	399	橋本 独山	487
古泉 性信	253	白石 喜之助	325	田村 直臣	400	八浜 徳三郎	492
後藤 環爾	255	白神 新一郎	326	竹林坊 光映	402	華園 摂信	495
小林 全信	261	末広 照啓	329	千輪 性海	404	早川 権弥	499
小林 宗輔	261	菅 広州	330	土川 善澂	409	バラ, ジェームス・ハミルトン	504
小林 日董	262	菅原 時保	331	綱島 佳吉	411	原 心猛	504
孤峰 白巌	263	杉田 日布	333	角田 忠行	412	原 胤昭	505
小村 鄰	265	杉本 道山	334	出口 王仁三郎	415	原 坦山	505
小山 憲栄	266	杉山 重義	335	出口 すみ	415	原口 針水	506
小山 進	267	杉山 辰子	335	出口 なを	415	万丈 悟光	508
是山 恵覚	268	鈴木 恵照	337	道永 通昌	420	日置 黙仙	509
金剛 宥性	268	鈴木 信教	339	道契	420	樋口 竜温	511
権田 雷斧	268	砂本 貞吉	343	東陽 円月	422	彦坂 諶厚	512
近藤 良空	270	炭谷 小梅	344	土宜 法竜	423	日野 霊瑞	514
斎藤 普春	273	関 実叢	344	常磐井 尭煕	423	平岩 愃保	516
斎藤 多須久	274	関 守一	346	徳田 寛豊	425	平松 理英	520
斎藤 司	275	関 文奕	346				

711

平山 省斎	520	美山 貫一	602	秋元 国子	10	川北 元助	196
福恵 道貫	526	椋本 竜海	604	足立 儀代松	17	川村 矯一郎	203
福垣 真応	527	村井 知至	606	安達 憲忠	17	神田 兵右衛門	205
福田 義導	528	村上 我石	607	有馬 四郎助	27	北川 波津	213
福田 行誡	528	村上 俊生	608	安藤 太郎	30	北島 良吉	213
福田 循誘	529	村雲 日栄	609	五十嵐 喜広	34	窪田 静太郎	232
福山 黙堂	531	村田 寂順	609	井口 貞法尼	34	熊谷 直行	233
藤井 最証	532	村田 静照	609	池上 雪枝	35	黒川 フシ	238
藤井 宜界	533	目黒 和三郎	612	池田 八次郎	37	小池 九一	243
藤井 武	533	毛利 柴庵	613	石井 十次	40	五代 五兵衛	253
藤井 行徳	533	元田 作之進	616	石井 辰子	40	小橋 勝之助	259
藤岡 覚音	533	桃井 日威	617	石井 亮一	41	小橋 実之助	259
藤岡 好古	534	森 明	617	石黒 久賀子	43	小林 佐兵衛	260
藤島 了穏	535	森 愚一	618	石田 六次郎	46	木幡 久右衛門	
不二門 智光	539	森 松次郎	620	伊東 平蔵	65	（13代目）	268
藤原 日迦	539	森田 悟由	621	稲田 邦植	67	近藤 富重	269
ブース, ウィリアム	540	諸嶽 奕堂	625	稲葉 三右衛門	68	斎藤 高行	274
補陀落 天俊	541	薮波 浄慧	632	井上 長次郎	73	西原 清東	277
仏海	541	矢部 喜好	632	井上 平四郎	74	酒井 襄	278
船岡 芳勝	541	山鹿 旗之進	634	今井 貫一	77	左近允 孝之進	286
古河 老川	543	山鹿 元次郎	634	岩井 信六	81	佐々木 五三郎	287
フルベッキ, ギード	544	山崎 弁栄	639	岩井 きぬ	85	颯田 本真	292
別所 栄厳	545	山下 現有	641	岩田 民次郎	85	佐野 常民	295
北条 靏山	547	山中 定迎	647	岩永 マキ	86	佐野 友三郎	296
北条 弁旭	547	山内 量平	648	岩本 廉蔵	87	沢原 為綱	299
細川 千巌	549	山室 軍平	649	上野 教道	91	篠原 無然	308
法性 宥鑁	550	山本 秀煌	653	ヴォーリズ, ウィリアム・メレル	94	清水 佳之助	318
堀尾 貫務	553	湯浅 治郎	654			志波 六郎助	328
堀川 乗経	553	結城 無二三	655	潮田 千勢子	96	新村 豊作	328
本荘 了寛	555	由利 適水	657	牛越 佐市	96	杉山 辰子	335
本多 主馬	555	横井 時雄	657	瓜生 岩	105	鈴木 信教	339
本多 日生	556	横川 峰月	658	売間 九兵衛	106	鈴木 不二三	341
本多 庸一	557	吉田 源応	663	江沢 潤一郎	108	炭谷 小梅	344
正井 観順	563	吉田 清太郎	664	衛藤 薫	108	園田 多祐	354
升巴 陸龍	565	吉田 豊	665	海老名 隣	110	鷹野 徳右衛門	363
松浦 斌	568	吉田 良義	665	大久保 謹之丞	117	竹井 澹如	372
松島 善海	572	吉水 玄信	666	大塚 かね	130	多田 順映	380
松園 尚嘉	572	芳村 正秉	666	大原 孫三郎	135	田中 栄助	386
松村 介石	576	頼富 実毅	669	大森 安仁子	136	田中 治郎左衛門	389
松本 白華	579	龍池 密雄	669	岡田 良一郎	144	田中 貞吉	390
松山 高吉	580	良基	669	岡上 菊栄	145	棚田 嘉十郎	392
三井 道郎	583	和気 宥雄	672	岡本 兵松	147	谷口 直吉	396
美泉 定山	583	鷲尾 教導	672	小河 滋次郎	147	千輪 性海	404
三浦 徹	584	輪島 聞声	672	尾崎 琴洞	155	辻 喜代蔵	407
三浦 弘夫	584	和田 智満	673	尾崎 信太郎	155	土det 政照	409
御巫 清直	585	和田 秀豊	674	小野 太三郎	162	寺島 ノブヘ	417
水野 常倫	588	渡辺 全愚	676	小野江 善六	163	留岡 幸助	431
水野 晴雄	588	渡辺 哲信	677	賀川 豊彦	170	塘林 虎五郎	431
水原 宏遠	590	渡辺 真澄	678	筧 雄平	171	内藤 長太夫	435
水原 慈音	590			片岡 倉吉	175	内藤 政挙	435
道重 信教	591	【社会事業】		片淵 琢	177	那須田 又七	459
峯尾 節堂	595			葛城 理吉	180	鍋島 栄子	460
三村 日修	597			加藤 万治	181	生江 孝之	460
宮川 経輝	597	青木 庄蔵	4	金子 尚雄	186	並木 文右衛門	460
宮地 堅磐	600	赤松 照幢	8	上泉 徳弥	190	楢崎 圭三	461
宮地 義天	600	赤松 安子	8	神谷 与平治	192	新田 長次郎	474

二宮 わか	475	伊庭 想太郎	75	三浦 十郎	583
野村 成満	482	今井 信郎	78	三浦 仁	584
野村 治三郎	482	岩田 正彦	85	水谷 新六	587
野本 恭八郎	484	岩淵 熊次郎	86	御船 千鶴子	596
野呂 武左衛門	484	上塚 周平	88	陸奥 イソ	605
八浜 徳三郎	492	上野 幾子	91	村岡 伊平治	607
花田 仲之助	495	植村 季野	93	村田 岩熊	609
林 歌子	500	江木 欣々	107	毛利 安子	613
原 胤昭	505	お栄	112	森 小弁	618
平野 運平	519	大隈 綾子	119	森川 清治郎	620
深尾 韶	525	大西 性二郎	132	モルガン 雪	624
福田 源兵衛	528	大山 捨松	138	安田, フランク	629
福田 平治	529	大山 久子	138	山岡 光太郎	633
福山 滝助	531	岡田 滿	144	山本 菊子	650
藤井 十三郎	532	鹿島 ゑつ	173	横井 左平太	657
藤井 静一	532	片岡 信子	176	横井 大平	657
藤本 太平次	538	金子 政吉	186	和田 英	673
星野 考祥	548	川村 ハル	204		
枡富 安左衛門	565	クーデンホーフ 光子	227		
松浦 斌	568				
松岡 広吉	570	工野 儀兵衛	230		
松坂 万右衛門	572	熊坂 長庵	233		
水野 龍	589	グラバー, ツル	234		
溝辺 文四郎	590	桑山 仲治	242		
三宅 安兵衛	598	小竹 トメ	254		
村松 きみ	611	小林 佐兵衛	260		
室原 富子	611	小山 六之助	267		
毛利 安子	613	近藤 実左衛門	269		
山岡 熊治	633	沢山 久子	299		
山鹿 元次郎	634	仕立屋 銀次	306		
山崎 寧	640	島田 一良	314		
山下 慶次郎	641	清水次郎長	318		
山室 機恵子	649	末弘 ヒロ子	329		
山室 軍平	649	高橋 お伝	363		
山本 滝之助	652	武市 喜久馬	376		
湯地 丈雄	655	武市 熊吉	376		
横田 亀代	658	谷 玖満子	394		
横幕 武良子	660	谷 弥五郎	395		
横山 好子	661	弾 直樹	401		
吉田 源応	663	千葉 十七	403		
吉安 勘左衛門	667	長 連豪	404		
四ツ門 きん	667	津田 三蔵	409		
若槻 武樹	671	鶴田 丹蔵	414		
和田 秀豊	674	永野 万蔵	449		
渡辺 多満	677	楢崎 頼三	461		
		西川 寅吉	468		
【その他】		西野 文太郎	470		
		西村 伊三郎	471		
		乃木 静子	477		
会津 小鉄	3	野口 男三郎	478		
相原 宇太郎	3	畠山 勇子	491		
芦原 金次郎	15	花井 お梅	494		
池田 亀太郎	36	富貴楼お倉	525		
伊藤 梅子	59	前田 漾子	560		
伊藤 きん	60	政井 みね	563		
井上 武子	72	間瀬 みつ	566		

明治大正人物事典 Ⅰ 政治・軍事・産業篇

2011年7月25日　第1刷発行

発　行　者／山下浩
編集・発行／日外アソシエーツ株式会社
　　　　　　〒140-0013 東京都品川区南大井6-16-16 鈴中ビル大森アネックス
　　　　　　電話 (03)3763-5241（代表）FAX(03)3764-0845
　　　　　　URL　https://www.nichigai.co.jp/

電算漢字処理／日外アソシエーツ株式会社
印刷・製本／光写真印刷株式会社

不許複製・禁無断転載　　《中性紙H-三菱書籍用紙イエロー使用》
〈落丁・乱丁本はお取り替えいたします〉
ISBN978-4-8169-2328-9　　Printed in Japan, 2011

本書はディジタルデータでご利用いただくことができます。詳細はお問い合わせください。

郷土ゆかりの人物総覧　データブック・出身県別3万人

A5・1,100頁　定価14,910円（本体14,200円）　2011.1刊

郷土ゆかりの人物を調べるツール。都道府県ごとに出生・出身・ゆかりのある人物を一覧できる。日本史上の人物から現代の政治家、研究者、作家、芸術家、スポーツ選手、芸能人まで古今の人物を幅広く収録。

新撰 芸能人物事典　明治～平成

A5・970頁　定価12,600円（本体12,000円）　2010.11刊

明治から平成まで、舞台・映画・ラジオ・テレビで活躍した往年の歌手・役者・芸人・タレント5,394人を収録した人名事典。生没年、経歴、受賞歴などの詳細なプロフィール、伝記図書を掲載。「別名・グループ名索引」付き。

歌い継がれる名曲案内
音楽教科書掲載作品10000

A5・1,060頁　定価12,915円（本体12,300円）　2011.1刊

1949～2009年の小・中・高校の音楽教科書に掲載された楽曲を作詞者・作曲者ごとに一覧できる初のツール。世代を超えて歌い継がれる童謡・唱歌、クラシック、外国民謡から近年のポピュラー音楽まで全作品を掲載。作品名から引ける索引付き。

日本芸能事典　50年の記録

A5・890頁　定価14,800円（本体14,095円）　2008.2刊

昭和33年から平成19年まで、テレビ・ラジオ、映画、演劇、音楽、舞踊など、日本の芸能界50年間の出来事を総覧できる記録事典。公演、襲名、ヒット曲、受賞、訃報、流行語など5,600件のトピックスを年月日順に掲載。

東洋人名・著者名典拠録

B5・2分冊　セット定価69,300円（本体66,000円）　2010.10刊

古代から現代までの東洋人名32,500人を収録した国内最大の典拠録。漢字文化圏（中国、韓国、北朝鮮、台湾、香港など）や世界各国の漢字で表記される人名を収録。生没年、国・地域、職業、肩書、専門分野、著書など人物同定に必要な項目を記載。

データベースカンパニー
日外アソシエーツ　〒143-8550　東京都大田区大森北1-23-8
TEL.(03)3763-5241　FAX.(03)3764-0845　http://www.nichigai.co.jp/